CW00735665

GUIDE
MICHELIN

RESTAURANTS & HÉBERGEMENTS

FRANCE
2023

SOMMAIRE
CONTENTS

Le Palmarès

Les cartes régionales

La Sélection 2023   132

Restaurants & Hébergements

Le Magazine

Index généraux

ÉDITORIAL

*C*hère lectrice, cher lecteur,

Nous sommes heureux de vous présenter l'édition 2023 du Guide MICHELIN. Fruit d'une palpitante année de travail de terrain, notre sélection de restaurants porte haut les couleurs d'une France gastronomique qui résiste, rayonne et s'affirme. Une promesse de moments mémorables pour les gourmets-voyageurs, d'autant plus que le Guide propose de nouvelles adresses d'hébergements, plus inspirantes les unes que les autres.

Authentique, éclectique et engagée, la scène culinaire française l'est à plus d'un titre. D'abord par l'impulsion d'une myriade de jeunes talents qui se révèlent aux quatre coins du pays. Investis dans la promotion de leurs terroirs ainsi que dans la défense d'une gastronomie toujours plus durable, nombreux sont ceux qui font de leurs maisons de véritables destinations régionales.

Des maraîchers aux couteliers, des potiers aux pêcheurs ou éleveurs de proximité, de plus en plus de restaurateurs se muent en tisseurs de liens économiques, humains et culturels. Et si la jeunesse rend la France gourmande si belle, célébrons également tous les professionnels confirmés et les maisons de tradition qui continuent de faire la gloire et la réputation de notre gastronomie.

A côté de ce tableau réjouissant, l'année 2023 ne s'annonce pas si simple. La hausse des prix des matières premières, la pénurie de personnel, le remboursement des prêts garantis par l'Etat, mettent en effet les restaurateurs et les hôteliers face à des équations compliquées. C'est pourquoi, plus que jamais, en nous installant à leur table, en réservant l'une de leurs chambres, gardons en tête qu'au-delà du plaisir que ces moments nous procurent, nous réalisons aussi un véritable acte de solidarité.

Amie lectrice, ami lecteur, ce Guide a été conçu pour vous. Compagnon de route, d'escapades et de voyages, à vous de vous l'approprier. N'hésitez pas à nous faire part de vos retours, de vos découvertes ou de vos déconvenues. Dynamique et réactif grâce à ses interfaces numériques qui complètent cet ouvrage, le Guide MICHELIN est à votre écoute ■

L'équipe du Guide MICHELIN

SÉLECTION MICHELIN 2023
LES FAITS MARQUANTS

Réjouissons-nous : la gastronomie résiste à tout et continue d'offrir, vaille que vaille, à travers toute la France, sa moisson de bonnes tables, de chefs et de cheffes qui bougent ou qui ouvrent leur première adresse – sans jamais cesser de faire assaut de talent.

Gloire aux Pays de la Loire

Une région, les Pays de la Loire, tire particulièrement son épingle du jeu – avec comme emblème glorieux et gourmand **la Marine** d'**Alexandre et Céline Couillon** sur l'île de Noirmoutier, qui gagne ses trois Étoiles. Est-ce le climat, la douceur de vivre, la fertilité de ses élevages et de ses potagers, ses côtes poissonneuses ou ses herbages nourriciers ? Est-ce aussi l'envie pour ces chefs de se mettre au vert, loin des fracas du monde ? Les nouvelles Étoiles fleurissent cette année (**Maison Desamy**, **Les Cadets**, **Les Reflets**, **L'Abissiou**, **L'Épicurien - Abbaye de Villeneuve**), de même que les nouveaux Bib Gourmand (**L'Ardoise**, **L'Ourse**, **L'Orangerie**).

Aussi divers soient-ils, tous ces chefs et cheffes témoignent d'une passion intacte : pour la fraîcheur absolue de leurs produits souvent issus des circuits courts (le maraîchage fait partie de l'identité de la région, notamment autour de Nantes) ; pour leurs jus et sauces plein de caractère (sans parler de nombreux condiments et fermentations) ; pour la maîtrise des fondamentaux de leur artisanat ; enfin, pour le respect du goût.

Des déménagements...

Cette année a été également embellie par une succession d'ouvertures et de déménagements, aussi réussis les uns que les autres. Sans exhaustivité, on pense notamment à **Christophe Hay - Fleur de Loire**, installé désormais face au fleuve à Blois dans un ancien hospice du Grand Siècle ; à **Romain Meder**, complice de toujours d'Alain Ducasse au Plaza Athénée, qui s'est « retiré » avec panache dans une belle demeure d'Eure-et-Loir ; à **Diego Delbecq et Camille Pailleau (Rozó)**, désormais installés dans une ancienne imprimerie relookée en loft de goût ; à **Nicolas Grandclaude**, qui a déménagé avec succès sa table dans une ancienne maison de maître à dix minutes d'Épinal ; à **Tanguy Laviale** dont le **Garopapilles** de Bordeaux s'est transformé tout naturellement en **Ressources** ; à **Florian Descours**, qui a replanté sa **Bòria** de Privas au milieu des collines ardéchoises pour être toujours plus proche de la nature.

...et des ouvertures

Saluons aussi celles et ceux qui volent maintenant de leurs propres ailes pour la première fois. Auvergnat attaché à la Normandie, le chef **Olivier Barbarin** fait chauffer la lave de son **Magma** au cœur de Caen ; **Christophe Schuffenecker** a troqué les Alpes pour le Mont Ventoux, perdant en altitude mais pas en talent ; compliments admiratifs au jeune **Thomas Eblin** qui ouvre pour la première fois à Ribeauvillé dans une belle bâtisse rouge à colombages du 15e s., mais aussi à **Jeanne Satori** et **David Degoursy** dont le restaurant **de:ja** mérite déjà l'étape. Nous aurions pu également citer **Miro** à Ostwald (67), **Aumì** à Puymoyen (16), **Ezia** à Montlivaut (41), **So'Mets** à Beaulieu-sur-Mer (06), **L'Alchimie** à Nice (06), parmi tant d'autres.

Cheffes : une floraison de talents et de reconversions

Des cheffes de talent font feu de tout bois pour illuminer les quatre coins de l'Hexagone à grand renfort de tables modernes où l'on se presse. Nantes caracole en tête de cette tendance avec **Lucie Berthier Gembara** (**Sépia**), **Céline Mingam** (**l'Ourse**), **Charlotte Gondor** (**Maison Bagarre**). Nombreuses sont celles aussi qui sont arrivées en cuisine après un parcours universitaire, souvent artistique, voire autodidacte. À un titre ou à un autre, il ne faut pas manquer le talent de **Georgiana Viou** (**Rouge** à Nîmes), d'**Oxana Cretu** (**Cromagnon** à Bordeaux), de **Rebecca Beaufour** (**Dante** à Paris), d'**Anne-Sophie Godry** (**Le Chiquito** à Méry-sur-Oise), de **Tabata Mey** et de **Carla Kirsch** (**Les Apothicaires et Alebrije** à Lyon), de **Clara Reydet** (**Monique** à Dijon)...

Le ventre de Paris

Dans le creuset turbulent de la capitale, il y en a comme d'habitude pour tous les goûts, si vous aimez, au choix : la cuisson au feu chez **Braise**, les produits haute couture chez **Maison Ruggieri**, les Top Chef (**Mallory Gabsi, Chocho, Quelque Part**), la créativité (**Mâche**), l'iode (**VIVE, Maison Mer**), la Méditerranée (**Alluma, Dune, Tekés**), esprit Scandinavie branchée (**Nhome**), ou les bistrots traditionnels (**Jeanne-Aimée, Bonhomme, Maison Cluny**...). Paris ne démérite pas. ∎

Vous l'aurez peut-être remarqué au contenu de cet ouvrage, la sélection d'hébergements du Guide MICHELIN fait son retour dans l'édition papier 2023 !

Si les lieux de séjour ont toujours fait partie de l'histoire du Guide, la sélection que nos experts vous proposent aujourd'hui prolonge la promesse de nos recommandations. Ainsi, à l'image des restaurants que vous trouverez dans ces pages, les hébergements que nous référençons répondent à une même exigence de confort, de service, de personnalité et de ... singularité !

Plus que des lieux pour passer une nuit, ces adresses, et celles que nous recommandons dans plus de 130 pays, sont de véritables destinations qui promeuvent un certain art de vivre et de recevoir.

Amis lecteurs, depuis plus d'un siècle, vous feuilletez avec enthousiasme les pages de notre guide. Afin de bénéficier de tous les services déployés par nos équipes pour planifier et réserver vos voyages, nous vous encourageons vivement à compléter la consultation de cet ouvrage par l'utilisation de notre site internet et de notre application mobile.

Vous nous avez demandé de continuer à indiquer dans ce guide les hébergements qui agrémentent vos voyages ou prolongent vos expériences gastronomiques... Nous sommes même allés un peu plus loin.

TOUJOURS PLUS !

L'application Guide Michelin

Pour réserver les meilleurs restaurants et hébergements partout dans le monde !

L'application Guide MICHELIN, c'est l'intégralité de la sélection mondiale en ligne et mise à jour en temps réel. En réunissant les meilleurs restaurants et hébergements en une seule application, le Guide MICHELIN vous permet de découvrir et de réserver en toute facilité les établissements qui répondent le mieux à vos attentes.

Un outil idéal pour planifier chacun de vos séjours, dans le monde entier, mais aussi pour gérer et partager vos expériences, grâce à vos favoris et vos listes personnalisées.

Rechercher une table aux saveurs inoubliables, séjourner dans un lieu incroyable… Téléchargez l'application Guide MICHELIN dès aujourd'hui et emportez-là partout où vous allez !

Programme Plus

Plus

Profitez d'avantages exclusifs sur notre sélection d'hébergemtents avec le programme "Guide Plus" !

En réservant sur le site Web ou l'application Guide MICHELIN, profitez de l'adhésion **Guide Plus** : elle vous offre un traitement VIP dans plus de 1 000 hébergements parmi les meilleurs de notre sélection. Repérez ceux qui sont accompagnés du logo *Plus* et découvrez les privilèges et avantages qu'offrent ces établissements : surclassement de chambre, petit-déjeuner gratuit, départ tardif, parking gratuit, crédit d'hôtel, etc. Mieux encore, vous pouvez réserver autant de séjours *Plus* que vous le souhaitez, et pour qui vous voulez.

Visitez le site Web ou l'application du Guide MICHELIN et bénéficiez d'un essai gratuit de 30 jours de **Guide Plus** lors de votre prochaine réservation d'hébergement.

VALRHONA
Imaginons le meilleur du chocolat

Ensemble
FAISONS DU BIEN AVEC DU BON

Depuis 100 ans, avec ses producteurs, collaborateurs et tous les artisans du goût,
Valrhona imagine le meilleur du chocolat. Sa mission ? Créer une filière cacao juste
et durable et inspirer une gastronomie créative et responsable. 100% de nos cacaos
sont tracés depuis nos 17215 producteurs, ce qui donne l'assurance de savoir d'où vient
le cacao, qui l'a récolté et qu'il a été produit dans de bonnes conditions. Grâce à cet
engagement, Valrhona est fière d'être certifiée B-Corp depuis janvier 2020. Choisir
Valrhona, c'est choisir un chocolat qui respecte les Hommes et de la Planète.

Entreprise
B
Certifiée

POUR EN SAVOIR PLUS SUR NOS ENGAGEMENTS,
RENDEZ-VOUS SUR VALRHONA.COM

PASSION DESSERT, POUR FAIRE BRILLER LA GASTRONOMIE SUCRÉE

Partenaire des artisans du goût depuis 1922, pionnier et référent dans le monde du chocolat, chez Valrhona notre mission, « Ensemble, faisons du bien avec du bon », exprime la force de notre engagement. Avec les producteurs de cacao, les artisans et tous les passionnés de gastronomie, nous imaginons chaque jour le meilleur du chocolat pour créer une filière cacao juste et durable et inspirer une gastronomie créative et responsable. La construction de relations directes et de long terme avec les producteurs, la recherche de la prochaine innovation chocolat et le partage des savoir-faire sont les combats qui nous animent au quotidien. Aux côtés des chefs, Valrhona soutient l'artisanat et c'est en repoussant sans cesse les limites de la créativité qu'elle les accompagne dans leur quête de singularité.

En créant et soutenant Passion Dessert avec le Guide MICHELIN pour la cinquième année consécutive, nous sommes fiers de mettre à l'honneur la gastronomie sucrée et de faire briller les métiers de la pâtisserie.

VALRHONA

Imaginons le meilleur du chocolat®

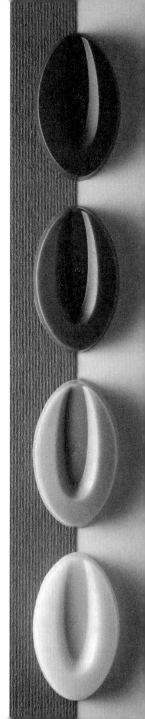

ENGLISH

EDITORIAL

Dear Reader,

We are thrilled to present the 2023 edition of the MICHELIN Guide. The culmination of an inspiring year of work in the field by our inspectors, the restaurant selection in this Guide is flying the flag for a gastronomic France that is proving its mettle, shining bright and going from strength to strength. The Guide in your hands promises all the more memorable moments in that it also reveals unique accommodation tips for gourmets on the go.

Fuelled by myriad young talents who are emerging all across the country, France's culinary scene is authentic, eclectic and invested. Committed to promoting their terroirs, as well as championing an ever more sustainable gastronomy, many from this demographic are making their restaurants regional destinations in their own right.

Whether with market gardeners or cutlers, potters, fishermen or local farmers, more and more restaurant owners are forging economic, human and cultural ties. And, while the youth are putting the sheen on France's food service industry, let us also celebrate all those long-standing professionals and traditional establishments that have made France's reputation for gastronomy what it is today and will no doubt continue to be its pride and joy.

Notwithstanding this glowing report, the year 2023 does not look entirely straightforward: the rising costs of raw materials, shortages of personnel and the repayment of loans guaranteed by the State mean that France's restaurant owners and hoteliers are being confronted with complicated equations. This is why, now more than ever, by dining at their tables, by reserving one of their guestrooms, keep in mind that beyond your own enjoyment, you are also engaging in a true act of solidarity.

This Guide has been designed for you, our readers. As a companion on the road, on your journey and on your travels, it is for you to make your own. Feel free to share your feedback, your experiences or your disappointments with us: thanks to the digital interfaces that complement this book, the MICHELIN Guide is dynamic, responsive and ready to listen ■

The MICHELIN Guide Team

MICHELIN SELECTION **2023**
HIGHLIGHTS

What a joy to see the resilience of the restaurant scene all over France! Overcoming whatever obstacles it may come up against, the sector continues to present a profusion of great restaurants and of chefs, male and female, who are relocating or going it alone for the first time – in a never-waning display of talent.

Hats off to the Pays de la Loire

One region, the Pays de la Loire, is a particularly notable success story – with its crowning glory, Alexandre and Céline Couillon's La Marine, on the island of Noirmoutier, having clinched its third star. Is it the climate, the pleasant way of life, its farms and fertile vegetable gardens, the coastline teeming with fish or its life-sustaining pastures? Is it these chefs' desire to trade the bustle of the city for the country life? Many new stars have been awarded this year (Maison Desamy, Les Cadets, Les Reflets, L'Abissiou, L'Épicurien - Abbaye de Villeneuve), as well as new Bib Gourmands (L'Ardoise, L'Ourse, L'Orangerie).

They may be a diverse bunch, but all these chefs have in common a passion that is as strong as ever: a passion for the absolute freshness of their ingredients, often from short supply chains (market gardening is part of the region's identity, especially around Nantes); for their jus and sauces that are bursting with character (not to mention a feast of condiments and fermented foods); for their command of the fundamentals of their craft; and, finally, for the respect they show for the produce's flavour.

Relocations...

This year has also seen a host of restaurants strike gold, whether newly opened or in a new location. To name but a few, we are thinking of the likes of Christophe Hay – Fleur de Loire, who has moved to what was once a Grand Siècle hospice overlooking the river in Blois; Romain Meder, Alain Ducasse's long-time associate at Plaza Athénée, who has "retired" with panache to a beautiful estate in the Yvelines; Diego Delbecq and Camille Pailleau (Rozó), who are now operating in a former printing works, redesigned as a tasteful loft; Nicolas Grandclaude, who has successfully moved to a converted townhouse ten minutes from Épinal; Tanguy Laviale, whose restaurant Garopapilles in Bordeaux has been transformed into Ressources; Florian Descours, who has upped sticks and replanted his La Bòria, Privas to the middle of the Ardèche hills in a bid to get ever closer to nature.

... and new openings

Let us also applaud those who have struck out alone for the first time. Chef Olivier Barbarin, who comes from Auvergne but has a soft spot for Normandy, has opened Magma in the heart of Caen; Christophe Schuffenecker has swapped the Alps for Mont Ventoux, losing altitude but maintaining form; our admiration goes to young Thomas Eblin, who has set up shop for the first time in Ribeauvillé, in a striking red half-timbered building dating from the 15C, but also to Jeanne Satori and David Degoursy, whose restaurant de:ja is another one to watch. We could also have cited Miro in Ostwald (Bas-Rhin), Aumì in Puymoyen (Charente), Ézia in Montlivaut (Loir-et-Cher), So'Mets in Beaulieu-sur-Mer (Alpes-Maritimes), L'Alchimie in Nice (Alpes-Maritimes), among many others.

Female chefs: a burgeoning of talent and seamless segues

There is a trend of talented women chefs blazing trails to the four corners of France, where they are making their mark in a wealth of buzzing modern restaurants. Nantes is leading the way, with Lucie Berthier Gembara (Sépia), Céline Mingam (L'Ourse) and Charlotte Gondor (Maison Bagarre). Many of these chefs turned their hand to cooking after studying at university, often the arts, or are even self-taught. Georgiana Viou (Rouge in Nîmes), Oxana Cretu (Cromagnon in Bordeaux), Rebecca Beaufour (Dante in Paris), Anne-Sophie Godry (Le Chiquito in Méry-sur-Oise), Tabata Mey and Carla Kirsch (Les Apothicaires and Alebrije in Lyon), Clara Reydet (Monique in Dijon), among countless others, are all huge talents to discover without delay.

The belly of Paris

In the tumult of the melting pot that is the French capital, there is, as ever, something for everyone: wood-fired cooking (at Braise), haute couture produce (at Maison Ruggieri), TV's Top Chef (Mallory Gabsi at Chocho and Quelque Part), creativity (Mâche), fish and seafood (VIVE, Maison Mer), Mediterranean (Alluma, Dune, Tekés), trendy Scandinavian style (Nhome), or traditional bistros (Jeanne-Aimée, Bonhomme, Maison Cluny...). Paris has not lost its lustre. ■

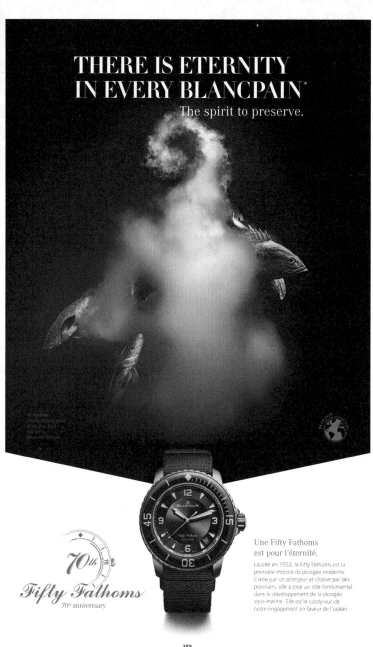

You *may notice from the contents of this publication, the MICHELIN Guide's accommodation selection is making a comeback in this year's edition!*

While accommodations has always been part of the MICHELIN Guide's history, the selection our experts are offering today extends the promise of our recommendations. Just like the restaurants you will find in these pages, the accommodation we list meets the same high standards of comfort, service, personality and ... uniqueness!

More than just a room for the night, these places, and the ones we recommend in over 130 countries, are true destinations that promote a certain way of life and offer memorable experiences.

Dear readers, for over a century, you have been eagerly flipping through the pages of our paper guide. To take advantage of all the services that the MICHELIN Guide offers to make your travels simpler, we strongly recommend that you supplement the use of this book by consulting our website and our mobile app. You asked us to continue to recommend places to stay that enhance your travels or extend your dining experiences. We've gone a step further.

MORE AND MORE!

Michelin Guide Apps

Download the MICHELIN Guide app.
Book the best restaurants and accommodation!

The MICHELIN Guide app is a milestone. It marks the first time in history that the entire global guide — every restaurant and every accommodation address — is all together, all in one place, and updated in real-time.

The app makes it easy to plan your next adventure, or enhance your current one. Use it to find and book MICHELIN Guide restaurants and accommodation, and to create and share lists of your favorites.

Stay in amazing places. Eat unforgettable meals. Take the MICHELIN Guide app wherever you go. Download today!

Plus Program

Get exclusive benefits on our accommodation selection with our "Plus" program!

A Guide Plus membership gives you VIP treatment at over 1,000 top accommodation addresses when you book on the MICHELIN Guide website or app. When you see an establishment with the *Plus* logo, you'll see the privileges they offer, including perks like room upgrades, complimentary breakfast, late check-out, free parking, credit for extras, and more.

Best of all, you can book as many *Plus* stays as you want, for whomever you want.

Visit the MICHELIN Guide website or app and get a 30-day free trial of **Guide Plus** with your next accommodation booking.

LES ENGAGEMENTS DU GUIDE MICHELIN

Qu'il soit au Japon, aux Etats-Unis, en Chine ou en Europe, l'inspecteur du Guide MICHELIN respecte exactement les mêmes critères pour évaluer la qualité d'une table. Car si le guide peut se prévaloir d'une notoriété mondiale, c'est notamment grâce à la constance de son engagement vis-à-vis de ses lecteurs. Un engagement dont nous voulons réaffirmer ici les principes :

Première règle d'or, les inspecteurs testent les tables **de façon anonyme et régulière**, afin d'apprécier pleinement le niveau des prestations offertes à tout client, et ils s'acquittent toujours de leurs additions. Les avis de nos lecteurs nous fournissent, par ailleurs, de précieux témoignages, autant d'informations qui sont prises en compte lors de l'élaboration de nos itinéraires gastronomiques.

Pour garder un point de vue parfaitement objectif – dans le seul intérêt du lecteur –, la sélection des restaurants s'effectue **en toute indépendance**, et leur inscription dans le Guide est totalement gratuite. Les décisions sont discutées collégialement par les inspecteurs et le rédacteur en chef, et les plus hautes distinctions font l'objet d'un débat au niveau international.

Loin de l'annuaire d'adresses, le Guide se concentre sur une **sélection** des meilleurs établissements, dans toutes les catégories de standing et de prix. Un choix qui résulte de l'application rigoureuse d'une **même méthode** par tous les inspecteurs.

Si les distinctions sont revues chaque année par nos équipes, les informations pratiques sont quant à elles **mises à jour** en temps réel sur nos plateformes numériques afin d'offrir l'information la plus fiable à nos lecteurs.

Les critères de classification sont identiques pour tous les pays couverts par le Guide MICHELIN. à chaque culture sa cuisine, mais la **qualité** se doit de rester un **principe universel...**

De Tokyo à San Francisco, de Paris à Copenhagen, la vocation du Guide MICHELIN est toujours la même : dénicher les meilleures tables du monde.

Diversité des cuisines et des savoir-faire, créativité débridée ou grande tradition, quel que soit le lieu ou le style, les inspectrices et inspecteurs du Guide n'ont qu'une quête : le gout et la qualité.

...Et l'émotion. Car un repas dans l'un de ces restaurants est d'abord un moment de plaisir : c'est l'art des plus grands chefs que de métamorphoser une bouchée éphémère en souvenir inoubliable.

Aussi, parmi toutes les tables sélectionnées dans le Guide, les plus remarquables se voient décerner une distinction : ce sont les étoiles – jusqu'à trois pour les tables qui vous transportent au sommet de la gastronomie. C'est également le Bib Gourmand, qui conjugue astucieusement prix et qualité.

Enfin, une autre étoile, non pas rouge mais verte, met en lumière les établissements qui s'engagent pour une cuisine respectueuse de l'environnement.

Autant d'expériences gustatives à vivre et tenter : la sélection du Guide MICHELIN, c'est tout cela – et plus encore !

LA SÉLECTION DU GUIDE MICHELIN

LES DISTINCTIONS DE QUALITÉ DE CUISINE

LES ÉTOILES

Les restaurants sont classés par qualité de cuisine. Nos étoiles – une ✿, deux ✿✿ ou trois ✿✿✿ – distinguent les cuisines les plus remarquables, quel que soit leur style. Le choix des produits, la maîtrise des techniques culinaires et des cuissons, l'harmonie et l'équilibre des saveurs, la personnalité de la cuisine et la constance de la prestation.

✿✿✿	Une cuisine unique. Vaut le voyage !
✿✿	Une cuisine d'exception. Vaut le détour !
✿	Une cuisine d'une grande finesse. Vaut l'étape !

BIB GOURMAND

De bons produits bien mis en valeur, une addition mesurée : une cuisine d'un excellent rapport qualité-prix.

L'ÉTOILE VERTE

GASTRONOMIE & DURABILITÉ

Repérez l'Étoile Verte MICHELIN dans notre sélection de restaurants : elle identifie les établissements particulièrement engagés pour une gastronomie durable. Une citation du chef illustre la démarche de ces restaurants modèles.

LES SYMBOLES
RESTAURANTS

N (circled) Nouvel établissement dans le guide
N Établissement recevant une nouvelle distinction cette année

Équipements & services

⚘ Carte des vins particulièrement intéressante
⌖ Restaurant avec chambres
≼ Belle vue
⚘ Parc ou jardin
⚐ Accès pour personnes à mobilité réduite
[AC] Air conditionné
⚞ Repas servi au jardin ou en terrasse
✿ Salons pour repas privés
⚘ Service de voiturier
[P] 🚗 Parking - Garage
⊘ Cartes de paiement non acceptées

Gamme de prix

€ moins de 35 €
€ € de 35 à 60 €
€ € € de 60 à 100 €
€ € € € plus de 100 €

Mots-clés

Deux mots-clés pour identifier en un coup d'œil le type de cuisine et le style de décor de l'établissement.

CUISINE CRÉATIVE • DESIGN

LES SYMBOLES
HÉBERGEMENTS

Plus   Avantages «Plus» (voir page 11)

Équipements & services

♿	Accès pour personnes à mobilité réduite
≼	Belle vue
🎋	Parc ou jardin
◣	Plage privée
🐾 🐾	Animaux autorisés/ non autorisés
⏄ 🔲	Piscine découverte/couverte
Spa	Spa
🕸	Sauna
♈	Activités thermales
🏋	Fitness
🚲	Location ou prêt de bicyclettes
🧗	Rooftop
🧑‍💼	Salle de conférences
🍴○	Service de restauration
🏃	Voiturier
🚗	Borne de recharge pour véhicule électrique
🅿	Parking

Prix

€	moins de 250€
€€	de 250 à 350€
€€€	de 350 à 500€
€€€€	plus de 500€

Mot-clé

Un mot-clé pour identifier en un coup d'œil l'ambiance décorative de l'établissement.

AVANT-GARDE

LÉGENDE
DES PLANS

• Restaurants

Curiosités

Bâtiment intéressant

Édifice religieux intéressant

Voirie

Autoroute • Double chaussée de type autoroutier

Echangeurs numérotés: complet, partiels

Grande voie de circulation

Rue piétonne

Parking

Tunnel

Gare et voie ferrée

Funiculaire

Téléphérique

Signes divers

Office de tourisme

Édifice religieux

Tour • Ruines • Moulin à vent

Jardin, parc, bois • Cimetière

Stade • Golf • Hippodrome

Piscine de plein air, couverte

Vue • Panorama

Monument • Fontaine

Port de plaisance

Phare

Aéroport

Station de métro

Gare routière

Tramway

Transport de voitures et passagers
Transport de passagers seulement

Bureau principal de poste restante

Hôtel de ville

31

THE MICHELIN GUIDE'S COMMITMENTS

Whether they are in Japan, the USA, China or Europe, our inspectors apply the same criteria to judge the quality of each and every restaurant that they visit. The MICHELIN Guide commands a **worldwide reputation** thanks to the commitments we make to our readers – and we reiterate these below:

Our inspectors make regular and **anonymous visits** to restaurants to gauge the quality of products and services offered to any customer, and they settle their own bill.

To remain totally objective for our readers, the selection is made with complete **independence**. Entry into the guide is free. All decisions are discussed with the Editor and our highest awards are considered at an international level.

The guide offers a **selection** of the best restaurants in every category of comfort and price. This is only possible because all the inspectors rigorously apply the same methods.

All the practical information, classifications and awards are revised and updated every year to give the most **reliable information** possible.

In order to guarantee the **consistency** of our selection, our classification criteria are the same in every country covered by the MICHELIN Guide. Each culture may have its own unique cuisine but **quality** remains the **universal principle** behind our selection.

THE MICHELIN GUIDE'S SELECTION

CUISINE QUALITY AWARDS

STARS

Our famous One ✿, Two ✿✿ and Three ✿✿✿ Stars identify establishments serving the highest quality cuisine – taking into account the quality of ingredients, the mastery of techniques and flavours, the levels of creativity and, of course, consistency.

✿✿✿	Exceptional cuisine, worth a special journey!
✿✿	Excellent cuisine, worth a detour!
✿	High quality cooking, worth a stop!

BIB GOURMAND

Good quality, good value cooking.
'Bibs' are awarded for simple yet
skilful cooking.

THE MICHELIN GREEN STAR

GASTRONOMY AND SUSTAINABILITY

The MICHELIN Green Star highlights role-model establishments actively committed to sustainable gastronomy. A quote by the chef outlines the vision of these trail-blazing establishments. Look out for the MICHELIN Green Star in our restaurant selection!

From Tokyo to San Francisco, Paris to Copenhagen,
the mission of the MICHELIN Guide has always been the same:
to uncover the best restaurants in the world.

Cuisine of every type; prepared using grand traditions or
unbridled creativity; whatever the place, whatever the style..
the MICHELIN Guide Inspectors have a quest to discover great
quality, know-how and flavours.

And let's not forget emotion... because a meal in one of these
restaurants is, first and foremost, a moment of pleasure: it is
experiencing the artistry of great chefs, who can transform
a fleeting bite into an unforgettable memory.

From all of the restaurants selected for the Guide, the most
remarkable are awarded a distinction: first there are the Stars,
with up to Three awarded for those which transport you to
the top of the gastronomic world. Then there is the
Bib Gourmand, which cleverly combines quality with price.

And finally, another Star, not red but green, which shines the
spotlight on establishments that are committed to producing
sustainable cuisine.

There are so many culinary experiences to enjoy:
the MICHELIN Guide brings you all these and more!

SYMBOLS
RESTAURANTS

Ⓝ	New establishment in the guide
N	Establishment getting a new distinction this year

Facilities & services

🍾	Particularly interesting wine list
🛏	Restaurant with rooms
⟨	Great view
🌳	Park or garden
♿	Wheelchair access
AC	Air conditioning
🏠	Outside dining available
⟷	Private dining room
🅿 🚗	Valet parking
🅿 🚗	Car park - Garage
🚫	Credit cards not accepted

Range price

€	under 35 €
€ €	35 - 60 €
€ € €	60 - 100 €
€ € € €	over 100 €

Key words

Two keywords help you make your choice more quickly:
orange for the type of cuisine, gold for the atmosphere.

CUISINE CRÉATIVE • DESIGN

SYMBOLS
ACCOMMODATION

Plus   "Plus" advantages (see page 21)

Facilities & services

♿	Wheelchair access
≼	Great view
⛩	Garden or park
🏖	Private beach
🐾 🐾	Pet friendly - Not pet friendly
⛱ 🏊	Outdoor pool - Indoor pool
SPA	Spa
♨	Sauna
⚕	Hydrotherapy
🏋	Fitness
🚲	Rent or loan bicycles
🏙 🏛	Rooftop - Conference rooms
🍽	Catering service
🚗	Valet parking
⚡	Electric vehicle charging station
🅿	Car park

Range price

€	under 250€
€€	from 250 to 350€
€€€	from 350 to 500€
€€€€	over 500€

Key word

A keyword helps you choose more quickly the decorative style of the accommodation.

AVANT-GARDE

TOWN PLAN KEY

• Restaurants

Sights

🖼	Place of interest
⚱♁🕌🗼⛩✡	Interesting place of worship

Road

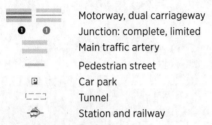

═══ ▦▦▦	Motorway, dual carriageway
❶ ❶	Junction: complete, limited
▦▦▦	Main traffic artery
—	Pedestrian street
🅿	Car park
⌐ ¬	Tunnel
🚇	Station and railway
++++++	Funicular
—•—•—	Cable car, cable way

Various signs

🛈	Tourist Information Centre
⚱♁🕌🗼⛩✡	Place of worship
● ⁂ ✲	Tower or mast • Ruins • Windmill
▨ t†t	Garden, park, wood • Cemetery
⬭ ⚑ 🏇	Stadium • Golf course • Racecourse
≋ ⊠	Outdoor or indoor swimming pool
◄ ❋	View • Panorama
■ ◎	Monument • Fountain
⚓	Pleasure boat harbour
🚩	Lighthouse
✈	Airport
●	Underground station
🚌	Coach station
○	Tramway
🚢	Ferry passengers and cars
⇌	Ferry passengers only
✉	Main post office with poste restante
🏛	Town Hall

LE PALMARÈS
2023
LES 3 ÉTOILES ✿ ✿ ✿

N : une étoile de plus cette année !

Annecy (74)	**Le Clos des Sens**
Les Baux-de-Provence (13)	**L'Oustau de Baumanière**
Cassis (13)	**La Villa Madie**
Chagny (71)	**Maison Lameloise**
Courchevel (73)	**Le 1947 à Cheval Blanc**
Eugénie-les-Bains (40)	**Les Prés d'Eugénie - Michel Guérard**
Fontjoncouse (11)	**Auberge du Vieux Puits**
Île de Noirmoutier / L'Herbaudière (85)	**La Marine N**
Marseille (13)	**AM par Alexandre Mazzia**
Marseille (13)	**Le Petit Nice**
Megève (74)	**Flocons de Sel**

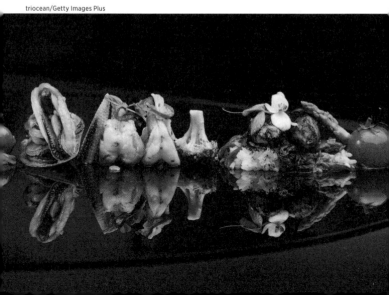

ALEXANDRE COUILLON,
Trois étoiles à la Marine

S'il est un cuisinier du vivant, sauvage et libre, c'est bien lui. Enraciné dans son terroir de l'île de Noirmoutier, Alexandre Couillon y puise toute son inspiration. La réussite de son aventure gastronomique n'avait à l'origine rien d'évident. À moins de 25 ans, il décide avec son épouse Céline de reprendre le restaurant familial. Pas simple de se lancer si jeune... mais leurs efforts seront vite récompensés par un Bib Gourmand, puis une première étoile en 2007. Un nouveau cap est franchi en 2013 avec l'arrivée de la deuxième étoile, avant le sacre de cette année 2023.

Cette récompense vient couronner un parcours hors du commun au cours duquel le discret Alexandre Couillon s'est inventé lui-même ou presque. Sur cette île sablonneuse vouée traditionnellement à la monoculture de la pomme de terre, ce fils de marin-patate (le surnom local du pêcheur-cultivateur) a créé son propre potager, afin d'aller encore plus loin dans la recherche d'excellence. Il s'est également imposé de travailler au maximum les produits de son île.

Tout Alexandre Couillon est résumé dans cette entreprise audacieuse : volontaire, courageux, passionné, l'amour du métier coulant dans les veines. Si Michel Guérard et Thierry Marx l'ont marqué à ses débuts, il s'est forgé seul son identité culinaire en multipliant les contacts et les voyages, continuant à naviguer en solitaire – même par gros temps.

Maquereau à la braise, betterave et beurre de persil, pâte de citron.

Avec ce potager étonnant, son autre source d'inspiration demeure bien évidemment l'océan. Chaque matin, il se rend à la criée du petit port de l'Herbaudière, juste en face. Il y choisit avec la complicité de ses amis pêcheurs les plus belles pièces de poissons, à peine sorties de l'Atlantique. Il pratique d'ailleurs en virtuose la technique de l'*ikejime*, apprise au Japon. Elle lui permet de conserver toute la fraîcheur des poissons ou au contraire de jouer sur les temps de maturation et la texture de leur chair.

En tant que cuisinier, il use avec une intelligence rare de toutes les techniques modernes et traditionnelles de préparation et de cuisson. Sans renier les bases classiques de son art, il cisèle une cuisine du produit, épurée, qui magnifie le végétal et l'iode sans jamais dénaturer le goût.

La simplicité de son style – une vraie noblesse sans effets inutiles – n'appartient qu'aux grands cuisiniers, de ceux qui savent enlever pour révéler les saveurs et libérer l'imaginaire du mangeur. Parmi les plats qui nous ont laissé un souvenir impérissable, citons notamment : le maquereau cuit à la braise, betterave et écume de persil ; le turbot, tiges et feuilles de blettes, jus de têtes ; le dessert au blé noir et caramel, laitue de mer et agrumes confits. La Marine d'Alexandre et Céline vaut assurément le voyage ■

Les Tables étoilées 2023

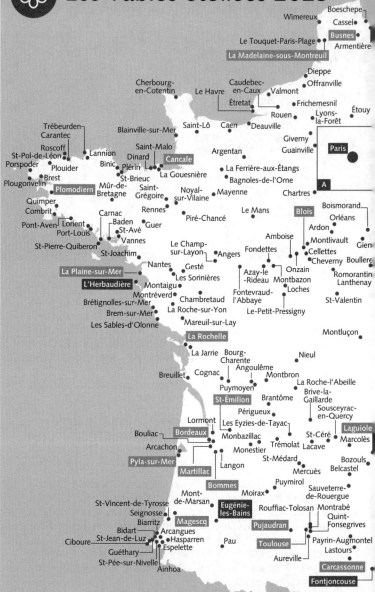

La couleur correspond à l'établissement
le plus étoilé de la localité.

Paris ✳✳✳ La localité possède au moins
un restaurant 3 étoiles

Dijon ✳✳ La localité possède au moins
un restaurant 2 étoiles

Rennes ✳ La localité possède au moins
un restaurant 1 étoile

Bondues
• Croix
• Marcq-en-Barœul
Lille

St-Jean-aux-Bois

Reims
• Montchenot
Champillon
Châlons-en-
Champagne
Colombey-
les-Deux-Églises
• Sens
Joigny
• Courban
Vault-de-Lugny
Gevrey-
Chambertin
Saulieu
Prenois **Dijon**
Pernand-Vergelesses •
Beaune • Levernois
Chassagne-
Montrachet
Buxy **Chagny**
St-Rémy
Ambierle
Tournus

Hagondange • Sarreguemines
Wingen-sur-Moder
Lembach
Faulquemont Baerenthal **Laubach** Sessenheim
Languimberg Marlenheim Drusenheim
Nancy • Monswiller Schiltigheim
Lunéville **Obernai** La Wantzenau
Strasbourg
Kaysersberg **C**
Épinal • **Illhaeusern**
Colmar
Mulhouse •Rixheim
Danjoutin Sierentz
Altkirch
Bonnétage
Sampans
Dole **Port-Lesney**
Malbuisson

Clermont-Ferrand
Pouilly-
sous-Charlieu
Vichy
Pont-du-Château
Chamalières
• Issoire
Le Broc
St-Bonnet-le-Froid

St-Amour-Bellevue **Veyrier-du-Lac** **D**
Vonnas
Ouches **Collonges-au-** **Talloires-Montmin**
Mont-d'Or Annecy
Lyon **Jongieux** • Megève
Vienne **St Martin-** **Val-d'Isère**
de-Belleville **Courchevel**

Grenoble • Les Deux-Alpes
Alleyras **Valence** **Uriage-**
Charmes- **les-Bains** St-Crépin
sur-Rhône
Chaudes- Grâne Granges-lès-
Aigues St-Germain Beaumont
Aumont- Grignan •Malataverne
Aubrac
Les Vans
Colombières-
sur-Orb
Montpellier **Nîmes** **Les Baux-**
Vailhan **de-Provence**
Assignan Pézenas **Garons**
• Sète
Béziers
Narbonne **Marseille**
Leucate
Perpignan **Cassis**
Collioure

Moustiers-
Ste-Marie **La Turbie** **Monaco**
Menton
B **Éze**
Nice
Lorgues **Le Cannet**
Les Arcs **Cannes**

Le Lavandou **St-Tropez**
La Croix- **Ramatuelle**
Valmer

• Lumio
Calvi

Porto-Vecchio
• Murtoli

47

Les Tables étoilées 2023

La couleur correspond à l'établissement
le plus étoilé de la localité.

Île-de-France

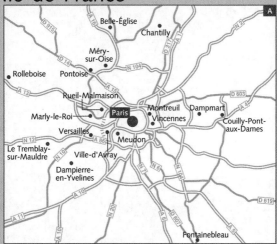

Provence

Alsace

C

Barr
Rhinau
La Vancelle
Zellenberg
Riquewihr
Illhaeusern
Kaysersberg
Ammerschwihr
Colmar
Wihr-au-Val

Rhône-Alpes

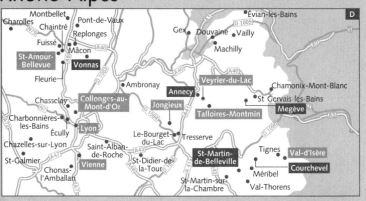

D

Montbellet
Charolles
Chaintré
Pont-de-Vaux
Évian-les-Bains
Replonges
Gex
Douvaine
Vailly
Fuissé
Mâcon
Machilly
St-Amour-Bellevue
Vonnas
Fleurie
Ambronay
Veyrier-du-Lac
Chamonix-Mont-Blanc
Chasselay
Collonges-au-Mont-d'Or
Annecy
St Gervais les-Bains
Jongieux
Megève
Charbonnières-les-Bains
Lyon
Talloires-Montmin
Écully
Le-Bourget-du-Lac
Tresserve
Chazelles-sur-Lyon
Saint-Alban-de-Roche
Tignes
Val-d'Isère
St-Galmier
Vienne
St-Didier-de-la-Tour
St-Martin-de-Belleville
Courchevel
Chonas-l'Amballan
Méribel
St-Martin-sur-la-Chambre
Val-Thorens

Côte-d'Azur

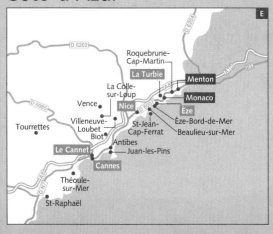

E

Roquebrune-Cap-Martin
La Turbie
Menton
La Colle-sur-Loup
Monaco
Vence
Nice
Èze
Tourrettes
Villeneuve-Loubet
St-Jean-Cap-Ferrat
Èze-Bord-de-Mer
Biot
Beaulieu-sur-Mer
Antibes
Le Cannet
Juan-les-Pins
Cannes
Théoule-sur-Mer
St-Raphaël

INDEX DES RESTAURANTS ÉTOILÉS

STARRED RESTAURANTS

N **Nouvelle distinction cette année !**
New awarded distinction this year!

✽ ✽ ✽

Localité (Dépt)	Restaurant	Page
Annecy (74)	Le Clos des Sens ✽	158
Les Baux-de-Provence (13)	L'Oustau de Baumanière ✽	206
Cassis (13)	La Villa Madie	301
Chagny (71)	Maison Lameloise	311
Courchevel (73)	Le 1947 à Cheval Blanc	408
Eugénie-les-Bains (40)	Les Prés d'Eugénie - Michel Guérard	475
Fontjoncouse (11)	Auberge du Vieux Puits	489
L'Herbaudière (85)	La Marine ✽ **N**	533
Marseille (13)	AM par Alexandre Mazzia	623
Marseille (13)	Le Petit Nice	623
Megève (74)	Flocons de Sel	638
Menton (06)	Mirazur ✽	644
Monaco (98)	Le Louis XV - Alain Ducasse à l'Hôtel de Paris	657
Ouches (42)	Troisgros - Le Bois sans Feuilles ✽	733
Paris (8e)	Alléno Paris au Pavillon Ledoyen	804
Paris (4e)	L'Ambroisie	778
Paris (7e)	Arpège ✽	794
Paris (8e)	Le Cinq	804
Paris (8e)	Épicure	804
Paris (1e)	Kei	756
Paris (8e)	Pierre Gagnaire	804
Paris (1e)	Plénitude - Cheval Blanc Paris	757
Paris (16e)	Le Pré Catelan	852
Reims (51)	Assiette Champenoise	917
Saint-Bonnet-le-Froid (43)	Régis et Jacques Marcon ✽	982
Saint-Martin-de-Belleville (73)	René et Maxime Meilleur	1016
Saint-Tropez (83)	La Vague d'Or - Cheval Blanc St-Tropez	1032
Valence (26)	Pic	1122
Vonnas (01)	Georges Blanc	1154

AUVERGNE-RHÔNE-ALPES

Saint-Gervais-les-Bains (74)	Le Sérac	996
Saint-Martin-sur-la-Chambre (73)	Le Clocher des Pères	1017
Tignes (73)	Ursus ✿	1082
Tresserve (73)	L'Incomparable **N**	1107
Vailly (74)	Frédéric Molina au Moulin de Léré ✿	1115
Val Thorens (73)	Les Explorateurs - Hôtel Pashmina	1120
Val-d'Isère (73)	La Table de l'Ours	1117
Valence (26)	La Cachette	1122
Valence (26)	Flaveurs	1123
Les Vans (07)	Likoké	1131
Vichy (03)	Maison Decoret	1143

BOURGOGNE-FRANCHE-COMTÉ

Localité (Dépt)	Restaurant	Page
Beaune (21)	Le Bénaton	213
Beaune (21)	Le Carmin	213
Beaune (21)	Clos du Cèdre	214
Bonnétage (25)	L'Étang du Moulin ✿	243
Buxy (71)	L'Empreinte	275
Chaintré (71)	La Table de Chaintré	312
Charolles (71)	Frédéric Doucet	351
Chassagne-Montrachet (21)	Ed.Em	353
Courban (21)	Château de Courban	406
Danjoutin (90)	Le Pot d'Étain	423
Dijon (21)	L'Aspérule	456
Dijon (21)	CIBO	457
Dijon (21)	Loiseau des Ducs	457
Dijon (21)	Origine	457
Dole (39)	La Chaumière	464
Fuissé (71)	L'O des Vignes	493
Gevrey-Chambertin (21)	La Table d'Hôtes - La Rôtisserie du Chambertin ✿	502
Levernois (21)	Hostellerie de Levernois	564
Mâcon (71)	Pierre	612
Malbuisson (25)	Le Bon Accueil	616
Montbellet (71)	La Marande	667
Pernand-Vergelesses (21)	Le Charlemagne	880
Prenois (21)	Auberge de la Charme	904
Sampans (39)	Château du Mont Joly	1044
Sens (89)	La Madeleine	1055
Tournus (71)	Aux Terrasses ✿	1096
Tournus (71)	L'Écrin de Yohann Chapuis	1096
Vault-de-Lugny (89)	Château de Vault-de-Lugny	1132

BRETAGNE

Localité (Dépt)	Restaurant	Page
Baden (56)	Le Gavrinis	193
Binic (22)	La Table d'Asten	236
Brest (29)	L'Embrun	268

CENTRE-VAL DE LOIRE

HAUTS-DE-FRANCE

ÎLE-DE-FRANCE

Paris (16ᵉ)	L'Archeste	852
Paris (6ᵉ)	Armani Ristorante	787
Paris (8ᵉ)	L'Arôme	807
Paris (9ᵉ)	Aspic	821
Paris (16ᵉ)	Astrance **N**	853
Paris (5ᵉ)	AT	781
Paris (8ᵉ)	L'Atelier de Joël Robuchon - Étoile	807
Paris (7ᵉ)	L'Atelier de Joël Robuchon - St-Germain	795
Paris (3ᵉ)	Auberge Nicolas Flamel	774
Paris (7ᵉ)	Auguste	795
Paris (11ᵉ)	Automne	832
Paris (5ᵉ)	Baieta	781
Paris (1ᵉ)	Le Baudelaire	758
Paris (16ᵉ)	Bellefeuille - Saint James Paris	853
Paris (4ᵉ)	Benoit	778
Paris (8ᵉ)	Le Chiberta	808
Paris (7ᵉ)	Les Climats	795
Paris (16ᵉ)	Comice	853
Paris (9ᵉ)	La Condesa	821
Paris (8ᵉ)	Contraste	808
Paris (1ᵉ)	La Dame de Pic	758
Paris (7ᵉ)	Divellec	795
Paris (16ᵉ)	Don Juan II	854
Paris (8ᵉ)	L'Écrin	808
Paris (2ᵉ)	ERH	767
Paris (7ᵉ)	ES	796
Paris (17ᵉ)	Le Faham by Kelly Rangama	860
Paris (11ᵉ)	FIEF	832
Paris (2ᵉ)	Fleur de Pavé	767
Paris (17ᵉ)	Frédéric Simonin	860
Paris (2ᵉ)	Frenchie	767
Paris (7ᵉ)	Gaya par Pierre Gagnaire	796
Paris (8ᵉ)	Le George ❧	808
Paris (16ᵉ)	La Grande Cascade	854
Paris (1ᵉ)	Granite	758
Paris (8ᵉ)	Helen	809
Paris (8ᵉ)	Il Carpaccio	809
Paris (17ᵉ)	Jacques Faussat	861
Paris (8ᵉ)	Jean Imbert au Plaza Athénée	809
Paris (1ᵉ)	Jin	758
Paris (7ᵉ)	Le Jules Verne	796
Paris (8ᵉ)	Lasserre	810
Paris (9ᵉ)	Louis	821
Paris (8ᵉ)	Lucas Carton	810
Paris (8ᵉ)	Maison Ruggieri **N**	810
Paris (17ᵉ)	Mallory Gabsi **N**	861
Paris (5ᵉ)	Mavrommatis	781
Paris (14ᵉ)	MoSuke	845
Paris (7ᵉ)	Nakatani	796
Paris (15ᵉ)	Neige d'Été	848

Paris (9ᵉ)	NESO	821
Paris (16ᵉ)	Nomicos	854
Paris (3ᵉ)	Ogata	774
Paris (5ᵉ)	OKA	782
Paris (1ᵉ)	Omar Dhiab **N**	759
Paris (8ᵉ)	L'Orangerie	810
Paris (16ᵉ)	Ōrtensia **N**	854
Paris (17ᵉ)	Oxte	861
Paris (16ᵉ)	Pages	855
Paris (2ᵉ)	Pantagruel	768
Paris (8ᵉ)	Pavyllon	811
Paris (7ᵉ)	Pertinence	797
Paris (2ᵉ)	Pur' - Jean-François Rouquette	768
Paris (11ᵉ)	Qui Plume la Lune	832
Paris (6ᵉ)	Quinsou	787
Paris (6ᵉ)	Relais Louis XIII	788
Paris (4ᵉ)	Restaurant H	778
Paris (17ᵉ)	La Scène Thélème	861
Paris (11ᵉ)	Septime ✿	832
Paris (4ᵉ)	Le Sergent Recruteur	779
Paris (2ᵉ)	Shabour	768
Paris (16ᵉ)	Shang Palace	855
Paris (5ᵉ)	Sola	782
Paris (5ᵉ)	Solstice	782
Paris (16ᵉ)	Substance	855
Paris (2ᵉ)	Sushi B	769
Paris (7ᵉ)	Tomy & Co	797
Paris (5ᵉ)	Tour d'Argent	782
Paris (8ᵉ)	Trente-Trois	811
Paris (7ᵉ)	Le Violon d'Ingres	797
Paris (12ᵉ)	Virtus	839
Paris (1ᵉ)	Yam'Tcha	759
Paris (6ᵉ)	Yoshinori	788
Paris (6ᵉ)	Ze Kitchen Galerie	788
Pontoise (95)	L'Or Q'idée ✿	899
Rolleboise (78)	Le Panoramique - Domaine de la Corniche	966
Rueil-Malmaison (92)	Ochre	974
Le Tremblay-sur-Mauldre (78)	Numéro 3	1105
Versailles (78)	Gordon Ramsay au Trianon	1137
Versailles (78)	Le Grand Contrôle	1137
Versailles (78)	La Table du 11	1138
Ville-d'Avray (92)	Le Corot	1147
Vincennes (94)	L'Ours	1152

NORMANDIE

Localité (Dépt)	Restaurant	Page
Argentan (61)	La Renaissance	172
Bagnoles-de-l'Orne (61)	Le Manoir du Lys	195
Blainville-sur-Mer (50)	Le Mascaret	238

OCCITANIE

PAYS DE LA LOIRE

PROVENCE-ALPES-CÔTE D'AZUR

INDEX DES BIB GOURMAND

INDEX OF BIB GOURMAND

N Nouvelle distinction cette année !
New awarded distinction this year!

AUVERGNE-RHÔNE-ALPES

BOURGOGNE-FRANCHE-COMTÉ

BRETAGNE

CENTRE-VAL DE LOIRE

CORSE

GRAND EST

HAUTS-DE-FRANCE

ÎLE-DE-FRANCE

Paris (5e)	Baca'v	783
Paris (14e)	Bistrotters	845
Paris (10e)	Brigade du Tigre	828
Paris (9e)	Le Caillebotte	822
Paris (20e)	Les Canailles Ménilmontant	870
Paris (9e)	Les Canailles Pigalle	822
Paris (15e)	Le Casse Noix	848
Paris (19e)	Cheval d'Or	870
Paris (7e)	Chez les Anges	798
Paris (10e)	Chez Michel	828
Paris (11e)	Clamato	833
Paris (5e)	Cucina	783
Paris (11e)	Double Dragon	833
Paris (2e)	Dune **N**	769
Paris (13e)	Impérial Choisy	842
Paris (12e)	Jouvence	839
Paris (8e)	Kisin	811
Paris (14e)	Kwon **N**	845
Paris (1e)	Lai'Tcha	759
Paris (8e)	Mandoobar	811
Paris (6e)	La Méditerranée	789
Paris (19e)	Mensae	870
Paris (17e)	Mova	862
Paris (18e)	Ose **N**	866
Paris (9e)	Le Pantruche	822
Paris (14e)	Les Petits Parisiens	845
Paris (13e)	Pho Tai	842
Paris (15e)	Le Radis Beurre	848
Paris (9e)	Richer	822
Paris (13e)	Sellae	842
Paris (2e)	Spoon	769
Paris (6e)	La Table de Mee **N**	789
Paris (20e)	La Vierge	870
Paris (1e)	Zen	759
Rungis (94)	La Grange des Halles	975
Suresnes (92)	Les Petits Princes	1074
Yerres (91)	Bird	1160

NORMANDIE

Localité (Dépt)	Restaurant	Page
Alençon (61)	L'Alezan **N**	146
Alençon (61)	Au Petit Vatel	146
Auzouville-sur-Saâne (76)	Auberge de La Mère Duval	185
Bayeux (14)	L'Alcôve	208
Bayeux (14)	L'Angle Saint-Laurent	208
Bayeux (14)	La Rapière **N**	208
Bernay (27)	Le Moulin Fouret	224
Blainville-sur-Mer (50)	L'Athome	239
Coutances (50)	Kalamansi	414
Dieppe (76)	Bistrot du Pollet	427

NOUVELLE-AQUITAINE

OCCITANIE

Sète (34)	Paris Méditerranée	1058
Sète (34)	Quai 17	1058
Sommières (30)	Le Patio by Lou Caléou	1061
Thuir (66)	Arbequina	1082
Toulouse (31)	L'Air de Famille	1089
Toulouse (31)	Cartouches	1090
Toulouse (31)	Cécile	1090
Toulouse (31)	Une Table à Deux	1090
Valras-Plage (34)	Sépia **N**	1126
Villefranche-de-Rouergue (12)	Côté Saveurs	1148

PAYS DE LA LOIRE

Localité (Dépt)	Restaurant	Page
Angers (49)	L'Ardoise **N**	154
Angers (49)	Gribiche	155
Beaulieu-sous-la-Roche (85)	Le Café des Arts	210
La Chaize-Giraud (85)	La Chaize Gourmande	312
Château-Thébaud (44)	Auberge La Gaillotière	355
Cholet (49)	L'Ourdissoir	363
Le Croisic (44)	L'Estacade	416
La Ferté-Bernard (72)	Restaurant du Dauphin	483
Gesté (49)	Le 1825 - La Table bistronomique	501
L'Herbaudière (85)	La Table d'Élise	533
Les Herbiers (85)	L'Envers du Décor	524
Nantes (44)	L'Océanide	698
Nantes (44)	L'Ourse **N**	700
Noirmoutier-en-l'Île (85)	L'Assiette au Jardin	534
Pornic (44)	L'Orangerie **N**	899
Saint-Lyphard (44)	Auberge le Nézil	1010
Thorigné-sur-Dué (72)	Le Saint-Jacques	1081
Varades (44)	La Closerie des Roses	1132
Vertou (44)	Le Laurier Fleuri **N**	1140

PROVENCE-ALPES-CÔTE D'AZUR

Localité (Dépt)	Restaurant	Page
Arles (13)	Le Gibolin **N**	173
Aups (83)	Le Saint Marc	182
Avignon (84)	Acte 2 **N**	188
Avignon (84)	L'Agape	188
Avignon (84)	Avenio **N**	188
Avignon (84)	Italie là-bas	190
Bandol (83)	Au Clair de la Vigne **N**	197
Briançon (05)	Au Plaisir Ambré	270
Cairanne (84)	Coteaux et Fourchettes	284
Cannes (06)	Aux Bons Enfants	289
Le Cannet (06)	Bistrot des Anges	292
Le Cannet (06)	Bistrot Saint-Sauveur	293
Caromb (84)	Le 6 à Table	299
Châteauneuf-de-Gadagne (84)	La Maison de Celou	355

INDEX DES ÉTOILES VERTES

INDEX OF GREEN STARS

79

ÉTOILES VERTES

82

Cartes
régionales

LES CARTES RÉGIONALES
de 1 à 25

GREAT BRITAIN

MANCHE

Rouen •

Caen •

NORMANDIE
17

BRETAGNE
7

Rennes •

23

PAYS DE LA LOIRE

8

CENTRE-
VAL DE LOIRE

Nantes •

OCÉAN ATLANTIQUE

Poitiers •

Poitou-Charentes
20

Limousin

Limoges •
19

NOUVELLE-AQUITAINE

Bordeaux •

Aquitaine
18

22

Midi -

Toulouse •

ESPAÑA

BELGIË

Lille

Bruxelles
Brussel

BELGIQUE

DEUTSCHLAND

LUXEMBOURG

Luxembourg

13 Nord-Pas-de-Calais

Amiens

HAUTS-DE-FRANCE

14 Picardie

Châlons-en-Champagne

Metz

Strasbourg

PARIS

ÎLE-DE-FRANCE

15 16

11 Champagne-Ardenne

12 Lorraine

10 Alsace

GRAND EST

Orléans

Bourgogne

5

Dijon

6 Franche-Comté

Besançon

SCHWEIZ

Bern

SUISSE

BOURGOGNE-FRANCHE-COMTÉ

1 Auvergne

Clermont-Ferrand

Lyon

Rhône-Alpes

2 3 4

AUVERGNE-RHÔNE-ALPES

ITALIA

OCCITANIE

Pyrénées

Montpellier

Languedoc-Roussillon

21

PROVENCE-ALPES-CÔTE-D'AZUR

24 25

Marseille

CORSE

Ajaccio

9

MER
MÉDITERRANÉE

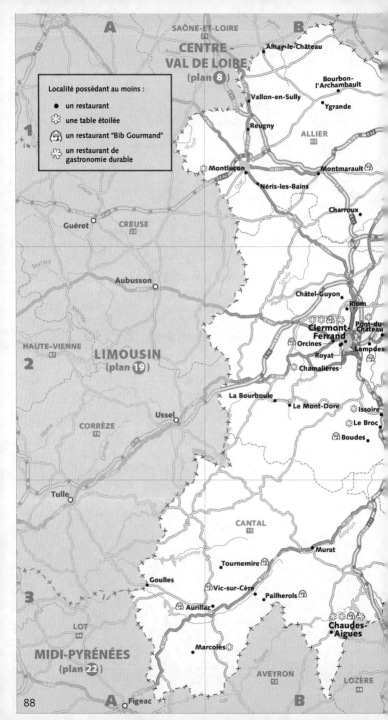

Localité possédant au moins :
- ● un restaurant
- ✿ une table étoilée
- 🐷 un restaurant "Bib Gourmand"
- ✿ un restaurant de gastronomie durable

SAÔNE-ET-LOIRE

CENTRE-
VAL DE LOIRE
(plan 8)

Ainay-le-Château

Bourbon-
l'Archambault

Vallon-en-Sully

Ygrande

Reugny

ALLIER
03

✿ Montluçon

Montmarault 🐷

Néris-les-Bains

Charroux

Guéret

CREUSE
23

Aubusson

Châtel-Guyon

Riom

HAUTE-VIENNE
87

LIMOUSIN
(plan 19)

✿✿✿✿✿ Clermont-
Ferrand

Pont-du-
Château

🐷 Orcines

Royat

Lempdes

Chamalières ✿

CORRÈZE
19

Ussel

La Bourboule

Le Mont-Dore

✿ Issoire

✿ Le Broc

🐷 Boudes

Tulle

CANTAL
15

Murat

Tournemire 🐷

Goulles

🐷 Vic-sur-Cère

Pailherols 🐷

3

🐷 Aurillac

✿✿✿ Chaudes-
Aigues

LOT
46

MIDI-PYRÉNÉES
(plan 22)

Marcolès ✿

AVEYRON
12

LOZÈRE
48

88

Figeac

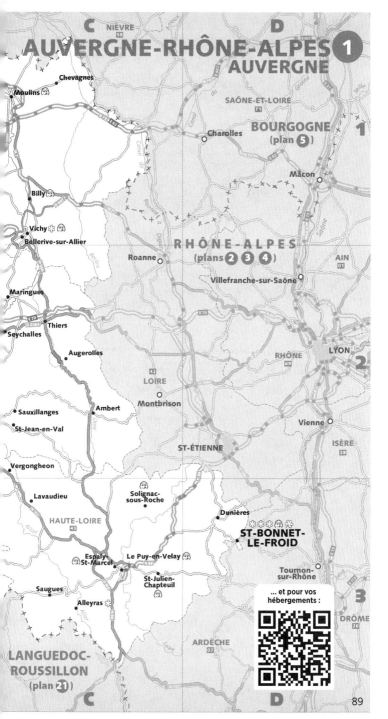

AUVERGNE-RHÔNE-ALPES ❶
AUVERGNE

NIÈVRE 58

Chevagnes

Moulins ⊛

SAÔNE-ET-LOIRE 71

Charolles

BOURGOGNE
(plan ❺)

Mâcon

Billy ⊛

Vichy ✿ ⊛
Bellerive-sur-Allier

Roanne

RHÔNE-ALPES
(plans ❷ ❸ ❹)

AIN 01

Villefranche-sur-Saône

Maringues

Thiers
Seychalles

Augerolles

RHÔNE 69

LYON

LOIRE 42

Montbrison

Sauxillanges
St-Jean-en-Val

Ambert

Vienne

ISÈRE 38

ST-ÉTIENNE

Vergongheon

Lavaudieu

Solignac-
sous-Roche

Dunières

✲✲✲✲⊛✿
ST-BONNET-
LE-FROID

HAUTE-LOIRE 43

Espaly-
⊛St-Marcel

Le Puy-en-Velay ⊛

Tournon-
sur-Rhône

Sauges

St-Julien-
Chapteuil ⊛

Alleyras ✿

... et pour vos
hébergements :

DRÔME 26

ARDÈCHE 07

LANGUEDOC-
ROUSSILLON
(plan ㉑)

C   D   89

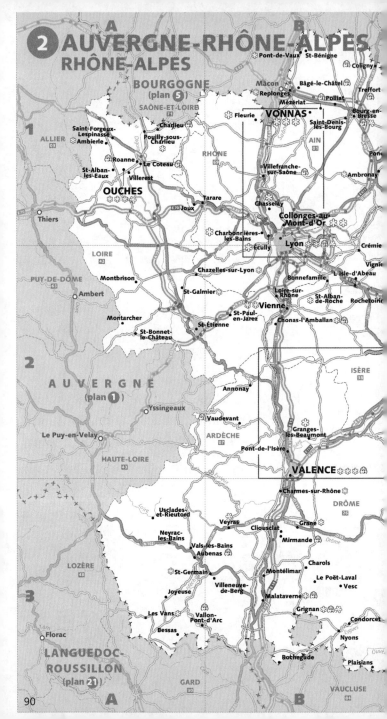

Localité possédant au moins :

- ● un restaurant
- ✿ une table étoilée
- 🙂 un restaurant "Bib Gourmand"
- ✿ un restaurant de gastronomie durable

... et pour vos hébergements :

E

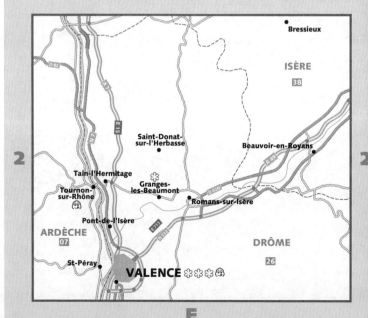

Localité possédant au moins :

- ● un restaurant
- ✿ une table étoilée
- 😊 un restaurant "Bib Gourmand"
- ✿ un restaurant de gastronomie durable

VONNAS ●
✿✿✿

✿ Fleurie

Buellas

L'Abergement-Clémenciat ●

Cercié ●

Belleville 😊

Châtillon-sur-
Chalaronne ●

Vaux-en-
Beaujolais ●

Montmerle-
sur-Saône ●

AIN
01

😊 Villefranche-
sur-Saône ●

Jassans-Riottier ●

Bagnols ●

Anse 😊

Chasselay ✿

**Collonges-au-
Mont-d'Or** ✿✿✿

Dardilly ●

Charbonnières-
les-Bains
✿

Écully
✿

● Caluire-et-Cuire

✿ ✿✿✿
Lyon

RHÔNE
69

St-Priest ●

● Bressieux

ISÈRE
38

Saint-Donat-
sur-l'Herbasse ●

Beauvoir-en-Royans ●

Tain-l'Hermitage ●

✿ Granges-
les-Beaumont

Tournon-
sur-Rhône ●

Romans-sur-Isère ●

Pont-de-l'Isère ●

ARDÈCHE
07

DRÔME
26

St-Péray ●

VALENCE ✿✿✿😊

E

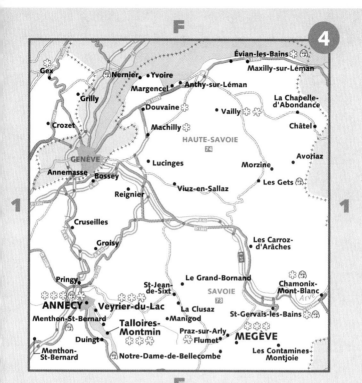

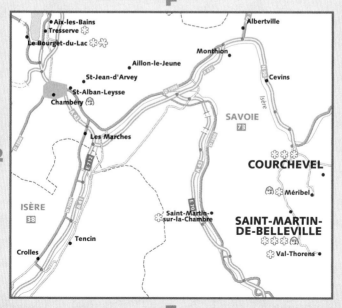

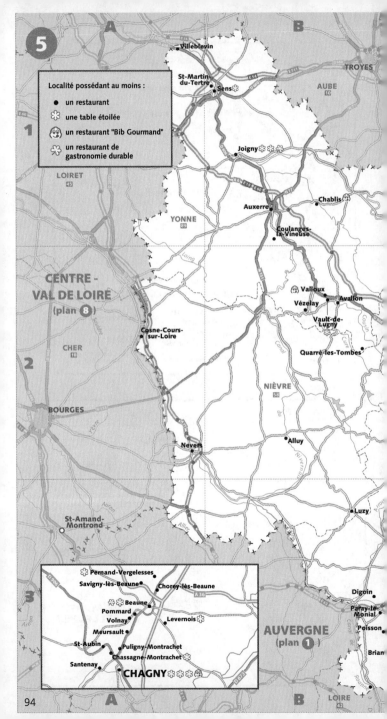

5

Localité possédant au moins :
- ● un restaurant
- ❀ une table étoilée
- 🎅 un restaurant "Bib Gourmand"
- ❀ un restaurant de gastronomie durable

Villeblevin

St-Martin-du-Tertre

Sens ❀

TROYES

AUBE
10

LOIRET
45

Joigny ❀ ❀ ❀

Chablis 🎅

Auxerre

Coulanges-la-Vineuse

YONNE
89

CENTRE -
VAL DE LOIRE
(plan 8)

Valloux 🎅

Vézelay

Avallon

Vault-de-Lugny

CHER
18

Cosne-Cours-sur-Loire

Quarré-les-Tombes

BOURGES

NIÈVRE
58

Alluy

Nevers

St-Amand-Montrond

Luzy

Digoin

Paray-le-Monial

Poisson

AUVERGNE
(plan 1)

Brian

Pernand-Vergelesses ❀
Savigny-lès-Beaune ●
Chorey-lès-Beaune
❀ ❀ Beaune
Pommard ●
Volnay ●
Meursault ●
Levernois ❀
St-Aubin ●
Puligny-Montrachet
Chassagne-Montrachet ❀
Santenay ●
CHAGNY ❀ ❀ ❀ 🎅

94

LOIRE
42

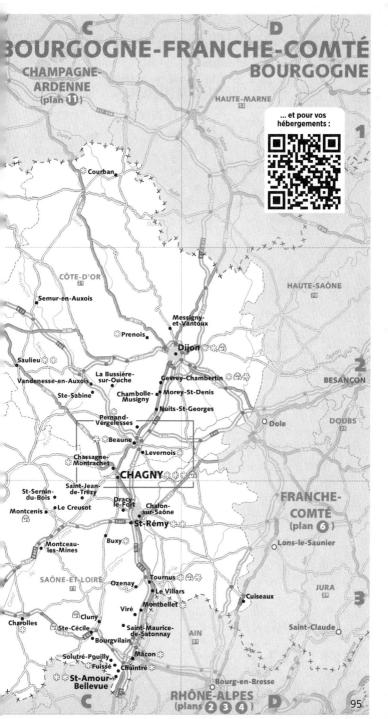

CHAMPAGNE-
ARDENNE
(plan ⑪)

HAUTE-MARNE
52

... et pour vos
hébergements :

1

Courban

CÔTE-D'OR
21

HAUTE-SAÔNE
70

Semur-en-Auxois

Messigny-
et-Vantoux

Prenois

Dijon

2

Saulieu

Gevrey-Chambertin

BESANCON

Vandenesse-en-Auxois

La Bussière-
sur-Ouche

Morey-St-Denis

Ste-Sabine

Chambolle-
Musigny

Nuits-St-Georges

Dole

DOUBS
25

Pernand-
Vergelesses

Beaune

Levernois

Chassagne-
Montrachet

CHAGNY

St-Sernin-
du-Bois

Saint-Jean-
de-Trézy

Dracy-
le-Fort

FRANCHE-
COMTÉ
(plan ⑥)

Montcenis

Le Creusot

Chalon-
sur-Saône

St-Rémy

Lons-le-Saunier

Buxy

Montceau-
les-Mines

SAÔNE-ET-LOIRE
71

Ozenay

Tournus

JURA
39

Le Villars

Viré

Montbellet

Cuiseaux

3

Cluny

Charolles

Ste-Cécile

Saint-Maurice-
de-Satonnay

Saint-Claude

Bourgvilain

AIN
01

Solutré-Pouilly

Mâcon

Fuissé

Chaintré

St-Amour-
Bellevue

Bourg-en-Bresse

RHÔNE-ALPES
(plans ② ③ ④)

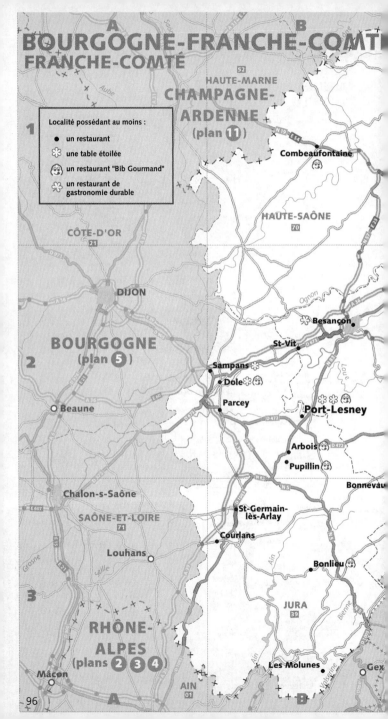

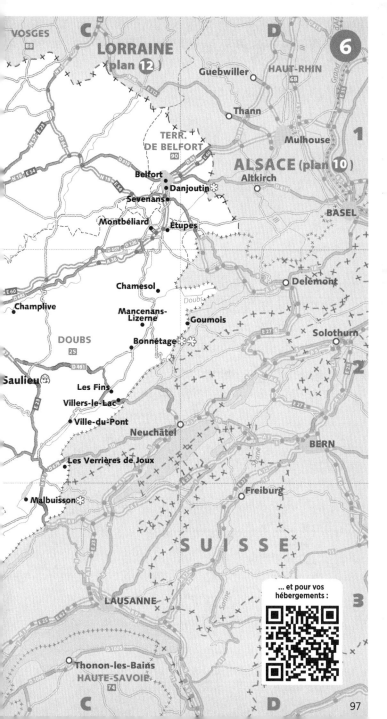

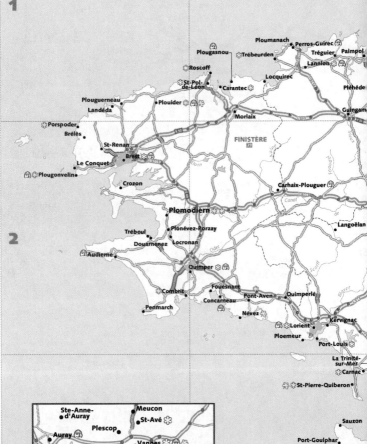

- Ploumanach
- Plougasnou
- Trébeurden
- Perros-Guirec
- Tréguier
- Paimpol
- Roscoff
- Lannion
- Locquirec
- St-Pol-de-Léon
- Carantec
- Pléhédé
- Plouguerneau
- Plouider
- Plouider
- Morlaix
- Guingam
- Landéda
- Porspoder
- FINISTÈRE
- Brélès
- St-Renan
- Brest
- Le Conquet
- Plougonvelin
- Carhaix-Plouguer
- Crozon
- Plomodiern
- Langoëlan
- Tréboul
- Plonévez-Porzay
- Douarnenez
- Locronan
- Audierne
- Quimper
- Combrit
- Fouesnant
- Pont-Aven
- Quimperlé
- Concarneau
- Penmarch
- Névez
- Kervignac
- Lorient
- Ploemeur
- Port-Louis
- La Trinité-sur-Mer
- Carnac
- St-Pierre-Quiberon
- Sauzon
- Port-Goulphar

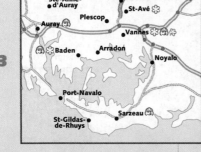

- Ste-Anne-d'Auray
- Meucon
- St-Avé
- Auray
- Plescop
- Vannes
- Baden
- Arradon
- Noyalo
- Port-Navalo
- St-Gildas-de-Rhuys
- Sarzeau

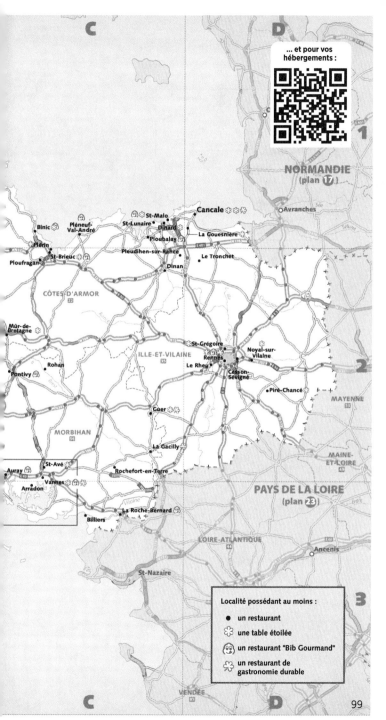

... et pour vos hébergements :

NORMANDIE
(plan 17)

Avranches

Binic
Pléneuf-Val-André
St-Malo
St-Lunaire
Dinard
Cancale
Plérin
Ploubalay
La Gouesnière
St-Brieuc
Pleudihen-sur-Rance
Le Tronchet
Ploufragan
Dinan

CÔTES D'ARMOR
22

Mûr-de-Bretagne

St-Grégoire
Noyal-sur-Vilaine
ILLE-ET-VILAINE
35
Rennes
Pontivy
Rohan
Le Rheu
Cesson-Sévigné
Piré-Chancé

MAYENNE
53

Guer
MORBIHAN
56

MAINE-ET-LOIRE
49
La Gacilly

Auray
St-Avé
Rochefort-en-Terre
PAYS DE LA LOIRE
(plan 23)
Arradon
Vannes

Billiers
La Roche-Bernard

LOIRE-ATLANTIQUE
44
Ancenis

St-Nazaire

Localité possédant au moins :

- ● un restaurant
- ✿ une table étoilée
- 🐵 un restaurant "Bib Gourmand"
- ✿ un restaurant de gastronomie durable

VENDÉE
85

99

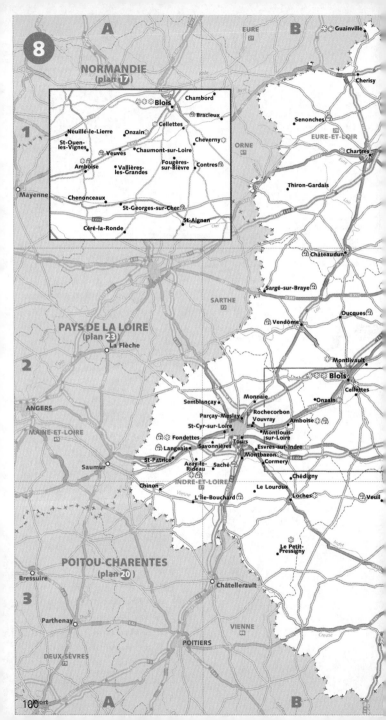

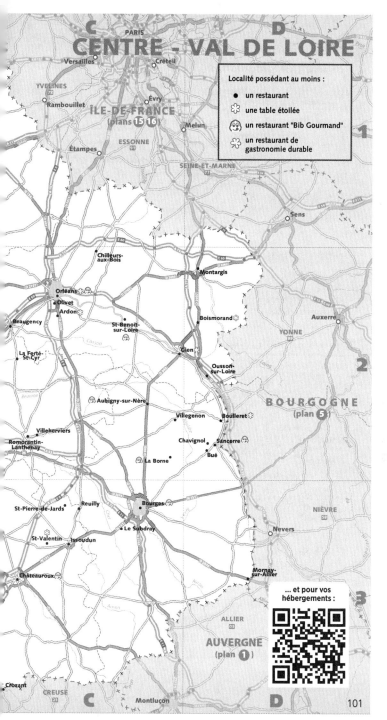

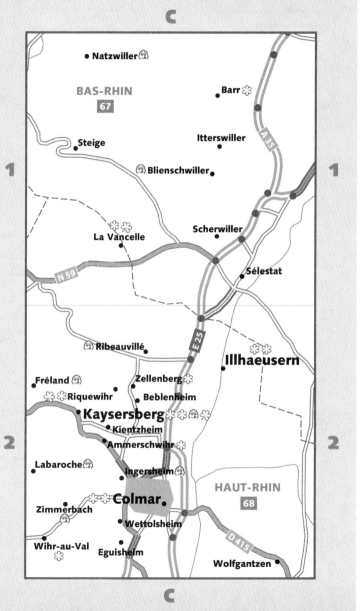

C

Natzwiller

BAS-RHIN
67

Barr

Steige

Itterswiller

Blienschwiller

La Vancelle

Scherwiller

Sélestat

Ribeauvillé

Illhaeusern

Fréland

Zellenberg

Riquewihr

Beblenheim

Kaysersberg

Kientzheim

Ammerschwihr

Labaroche

Ingersheim

HAUT-RHIN
68

Zimmerbach

Colmar

Wihr-au-Val

Wettolsheim

Eguisheim

Wolfgantzen

C

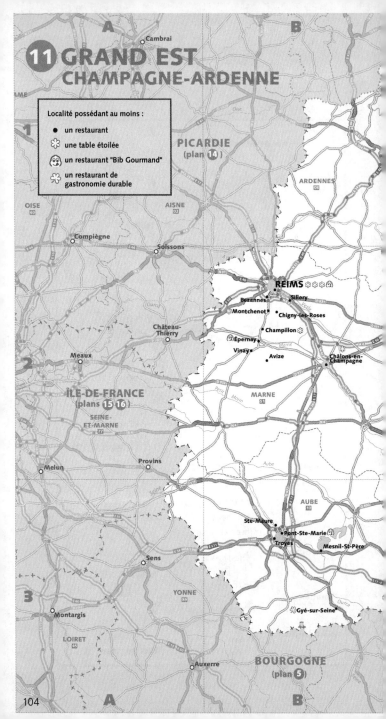

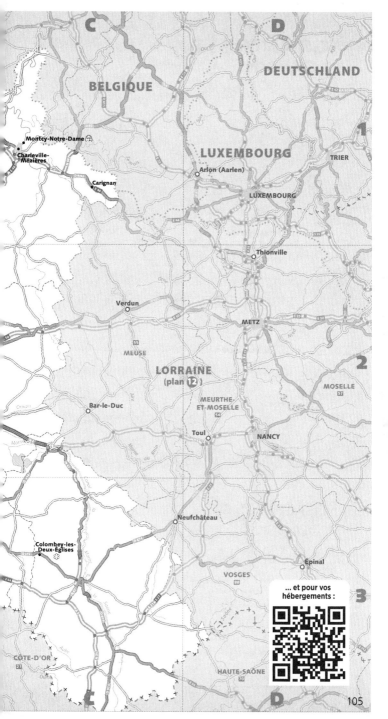

BELGIQUE

DEUTSCHLAND

Montcy-Notre-Dame

Charleville-Mézières

Carignan

LUXEMBOURG

Arlon (Aarlen)

LUXEMBOURG

TRIER

Thionville

Verdun

METZ

MEUSE
55

LORRAINE
(plan 12)

MOSELLE
57

Bar-le-Duc

MEURTHE-
ET-MOSELLE
54

Toul

NANCY

Neufchâteau

Colombey-les-
Deux-Églises

Épinal

VOSGES
88

... et pour vos
hébergements :

CÔTE-D'OR

HAUTE-SAÔNE
70

105

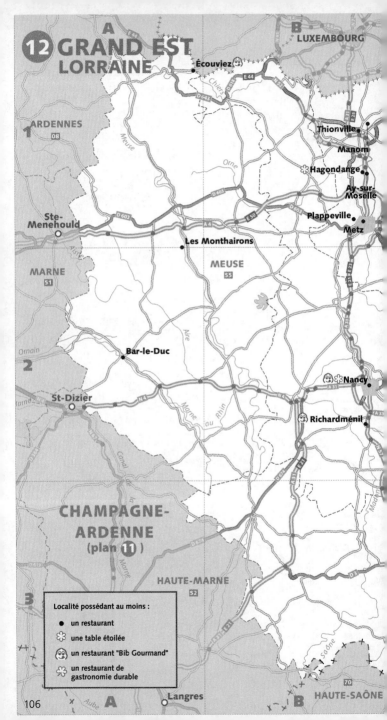

LUXEMBOURG

12 GRAND EST
LORRAINE

Écouviez

Thionville
Manom
Hagondange
Ay-sur-Moselle

Plappeville
Metz

Ste-Menehould

Les Monthairons

MEUSE
55

ARDENNES
08

MARNE
51

Bar-le-Duc

Nancy

St-Dizier

Richardménil

CHAMPAGNE-
ARDENNE
(plan **11**)

HAUTE-MARNE
52

Localité possédant au moins :

● un restaurant

✿ une table étoilée

😊 un restaurant "Bib Gourmand"

❀ un restaurant de
gastronomie durable

106

HAUTE-SAÔNE
70

Langres

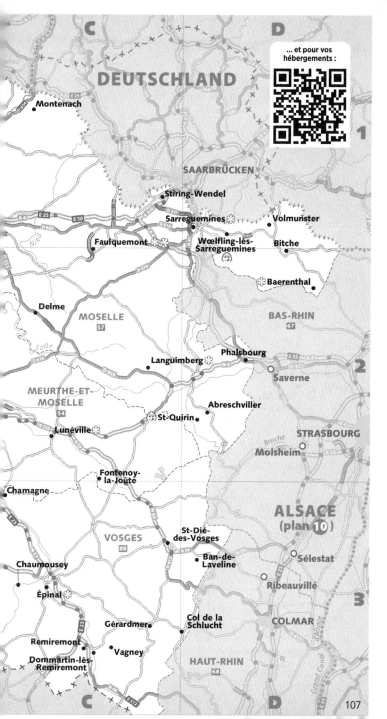

DEUTSCHLAND

Montenach

SAARBRÜCKEN

Stiring-Wendel

Sarreguemines

Faulquemont

Wœlfling-lès-
Sarreguemines

Volmunster

Bitche

Baerenthal

Delme

MOSELLE
57

BAS-RHIN
67

Languimberg

Phalsbourg

Saverne

MEURTHE-ET-
MOSELLE
54

Abreschviller

St-Quirin

Lunéville

STRASBOURG

Molsheim

Fontenoy-
la-Joûte

Chamagne

ALSACE
(plan 10)

VOSGES
88

St-Dié-
des-Vosges

Ban-de-
Laveline

Sélestat

Chaumousey

Ribeauvillé

Épinal

Col de la
Schlucht

COLMAR

Gérardmer

Remiremont

Vagney

HAUT-RHIN
68

Dommartin-lès-
Remiremont

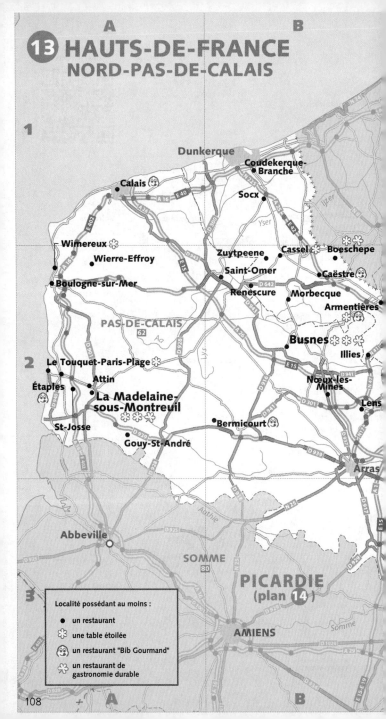

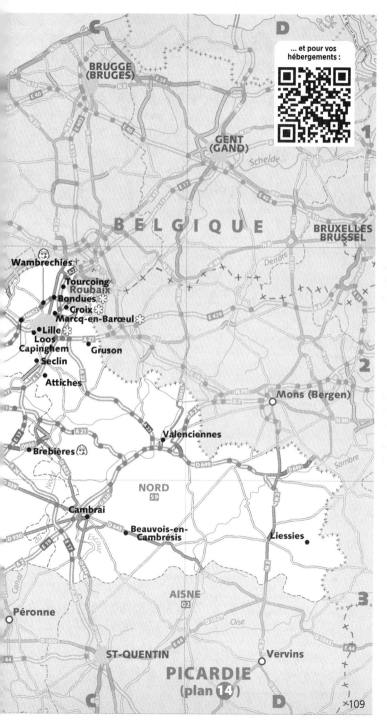

BRUGGE
(BRUGES)

GENT
(GAND)

Schelde

B E L G I Q U E

BRUXELLES
BRUSSEL

Dendre

Wambrechies

Tourcoing
Roubaix
Bondues
Croix
Marcq-en-Barœul

Lille
Loos
Capinghem
Seclin

Gruson

Attiches

Mons (Bergen)

Valenciennes

Sambre

D 649

Brebières

NORD
59

Cambrai

Beauvois-en-
Cambrésis

Liessies

AISNE
02

Oise

Péronne

ST-QUENTIN

Vervins

PICARDIE
(plan 14)

109

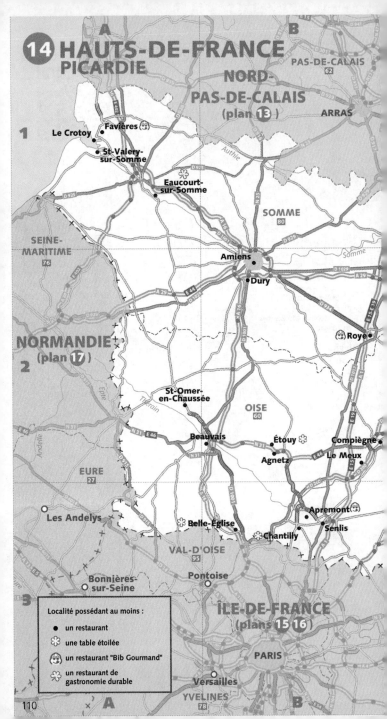

14 HAUTS-DE-FRANCE
PICARDIE

PAS-DE-CALAIS 62

NORD-PAS-DE-CALAIS (plan 13)

ARRAS

1 Le Crotoy • Favières 🥘

• St-Valery-sur-Somme

Eaucourt-sur-Somme

SOMME 80

SEINE-MARITIME 76

Amiens • Dury

NORMANDIE
(plan 17)

2 😊 Roye •

St-Omer-en-Chaussée

OISE 60

Beauvais • Étouy ❀ • Compiègne •

Agnetz • Le Meux •

EURE 27

Apremont 😊

❀ Belle-Église • Senlis •

Les Andelys

❀ Chantilly •

VAL-D'OISE 95

Bonnières-sur-Seine

Pontoise

ÎLE-DE-FRANCE
(plans 15 16)

3

Localité possédant au moins :

• un restaurant
❀ une table étoilée
😊 un restaurant "Bib Gourmand"
🥘 un restaurant de gastronomie durable

PARIS

Versailles

YVELINES 78

A

B

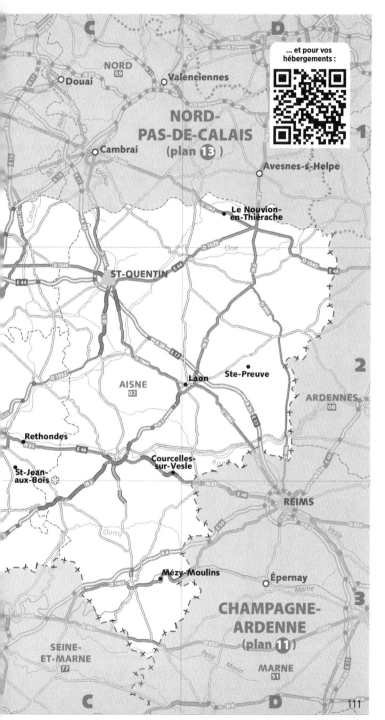

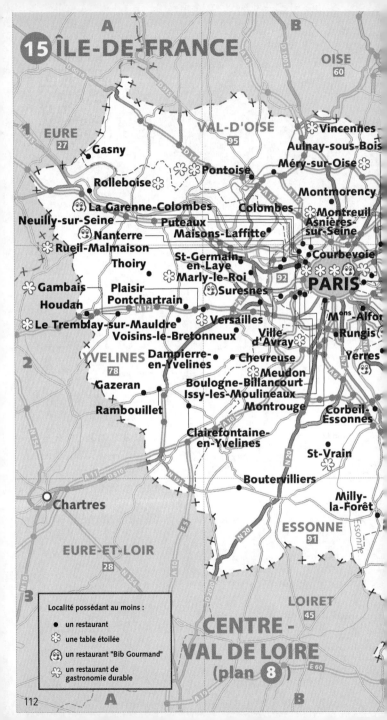

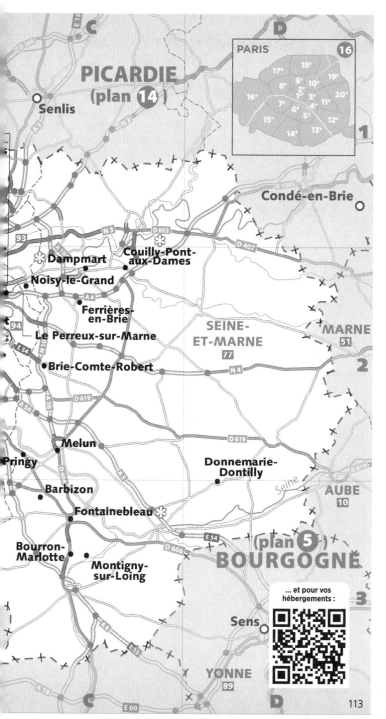

PICARDIE
(plan 14)

PARIS 16

Senlis

Condé-en-Brie

Dampmart
Couilly-Pont-
aux-Dames

Noisy-le-Grand

Ferrières-
en-Brie

Le Perreux-sur-Marne

SEINE-
ET-MARNE
77

MARNE
51

Brie-Comte-Robert

Melun

Pringy

Donnemarie-
Dontilly

AUBE
10

Barbizon

Fontainebleau

(plan 5)
BOURGOGNE

Bourron-
Marlotte

Montigny-
sur-Loing

Sens

... et pour vos
hébergements :

YONNE
89

113

1

St-Germain-
des-Vaux
Urville-Nacqueville
Cherbourg-
en-Cotentin ✿
La Pernelle

Barneville-
Carteret
Grandcamp-Maisy

Courseulles-
sur-Mer   Bernières-
sur-Mer
Port-
en-Bessin   Houlgate
✿ Bayeux   Ouistreham   Cabourg

MANCHE
50   Hérouville-
St-Clair
✿ Caen

Saint-Lô ✿   Fleury-
sur-Orne

2

✿ 🦉   CALVADOS
Blainville-sur-Mer   14

Agon-Coutainville   Coutances 🦉
🦉 Heugueville-sur-Sienne   St-Denis-le-Vêtu

Bricqueville-   Hambye 🦉
sur-Mer   Clécy

Granville   Falaise

Vire 🦉

Flers

La Ferrière-
aux-Étangs ✿
St-Quentin-
sur-le-Homme   Bagnoles-
de-l'Orne
Servon ✿   Juvigny-sous-
Andaine

ILLE-ET-VILAINE
35

BRETAGNE
(plan 7)

MAYENNE
53

3
Mayenne

PAYS DE LA LOIRE
(plan 23)

Localité possédant au moins :

● un restaurant

✿ une table étoilée

🦉 un restaurant "Bib Gourmand"

✿ un restaurant de
gastronomie durable

Laval

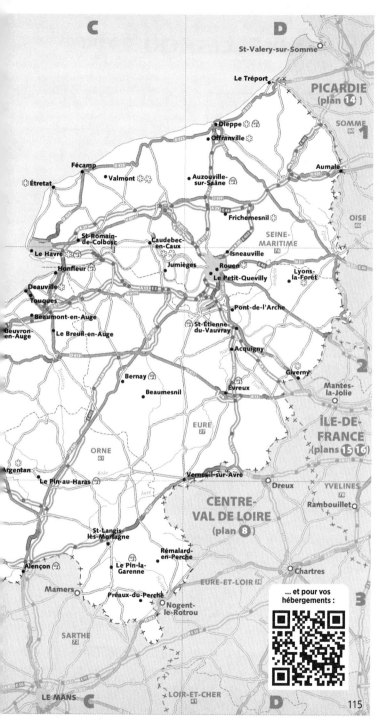

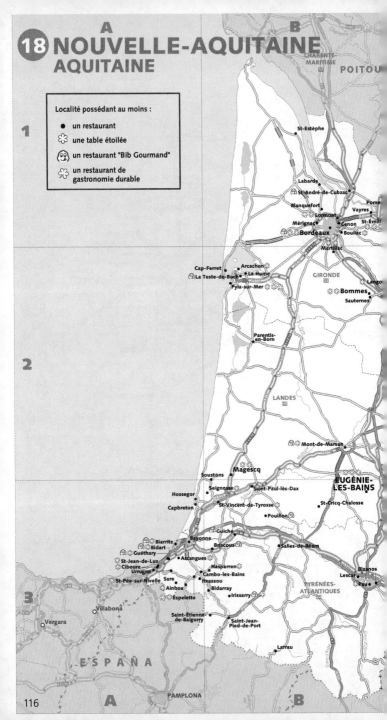

18 NOUVELLE-AQUITAINE
AQUITAINE

A   B

CHARENTE-MARITIME

POITOU

Localité possédant au moins :

● un restaurant
✿ une table étoilée
🙂 un restaurant "Bib Gourmand"
✿ un restaurant de gastronomie durable

St-Estèphe

Labarde
St-André-de-Cubzac   Pome
Blanquefort   Vayres
Lormont   St-Émili
Mérignac   Cenon
Bordeaux   Bouliac

Martillac

Cap-Ferret   Arcachon
La Teste-de-Buch   La Hume
Pyla-sur-Mer

GIRONDE

Langc
Bommes
Sauternes

Parentis-en-Born

LANDES

Mont-de-Marsan

Magescq

EUGÉNIE-LES-BAINS

Soustons
Seignosse
Saint-Paul-lès-Dax
Hossegor
St-Vincent-de-Tyrosse
Capbreton
St-Cricq-Chalosse
Pouillon

Guiche
Biarritz   Bayonne
Bidart   Briscous   Salies-de-Béarn
Guéthary
St-Jean-de-Luz   Arcangues
Ciboure   Hasparren
Urrugne   Cambo-les-Bains
St-Pée-sur-Nivelle   Sare   Itxassou
Ainhoa   Bidarray
Espelette   Irissarry

Bizanos
Lescar   Pau
PYRÉNÉES-ATLANTIQUES

Villabona

Vergara

Saint-Étienne-de-Baïgorry   Saint-Jean-Pied-de-Port

ESPAÑA

Larrau

116   A   PAMPLONA   B

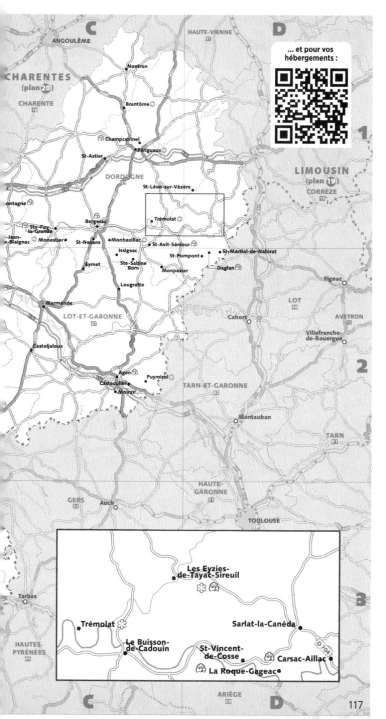

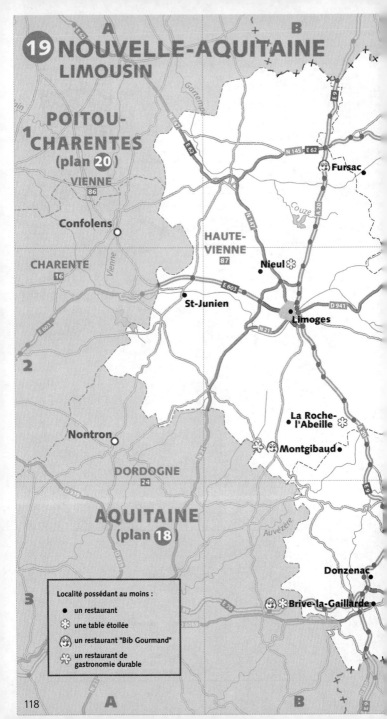

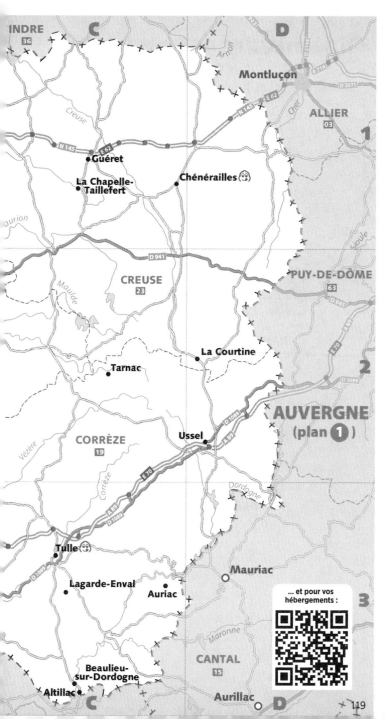

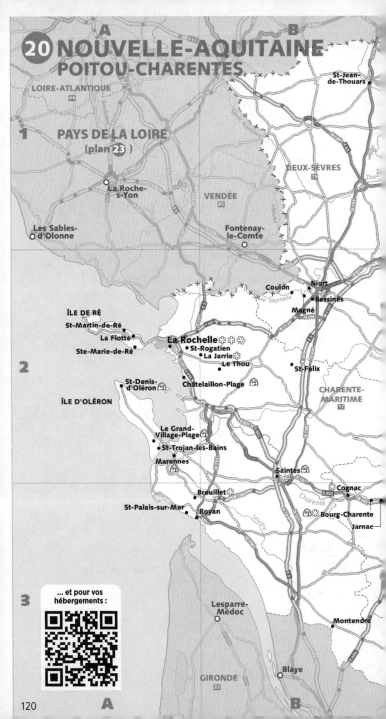

LOIRE-ATLANTIQUE

St-Jean-de-Thouars

1

PAYS DE LA LOIRE
(plan 23)

DEUX-SÈVRES

La Roche-s-Yon

VENDÉE

Les Sables-d'Olonne

Fontenay-le-Comte

Coulon

Niort

Bessines

Magné

ÎLE DE RÉ

St-Martin-de-Ré

La Flotte

La Rochelle

St-Rogatien

La Jarrie

Ste-Marie-de-Ré

Le Thou

St-Félix

2

St-Denis-d'Oléron

Châtelaillon-Plage

ÎLE D'OLÉRON

CHARENTE-MARITIME

Le Grand-Village-Plage

St-Trojan-les-Bains

Marennes

Saintes

Cognac

Breuillet

Bourg-Charente

Jarnac

St-Palais-sur-Mer

Royan

Charente

Seudre

3

... et pour vos hébergements :

Lesparre-Médoc

Montendre

GIRONDE

Blaye

120

A · B

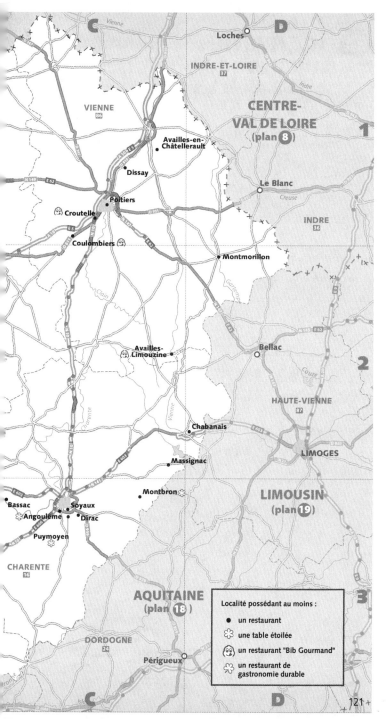

C · Vienne
Loches
D

INDRE-ET-LOIRE
37

CENTRE-
VAL DE LOIRE
(plan 8)

1

VIENNE
86

Availles-en-
Châtellerault

Dissay

Le Blanc
Creuse

INDRE
36

Croutelle

Poitiers

Coulombiers

Montmorillon

Bellac

2

Availles-
Limouzine

HAUTE-VIENNE
87

Couze

Chabanais

Massignac

LIMOGES

Montbron

Bassac
Soyaux
Angoulême Dirac

LIMOUSIN
(plan 19)

Puymoyen

CHARENTE
16

AQUITAINE
(plan 18)

3

Localité possédant au moins :

- ● un restaurant
- ✿ une table étoilée
- 🍴 un restaurant "Bib Gourmand"
- ✿ un restaurant de gastronomie durable

DORDOGNE
24

Périgueux

C
D

121

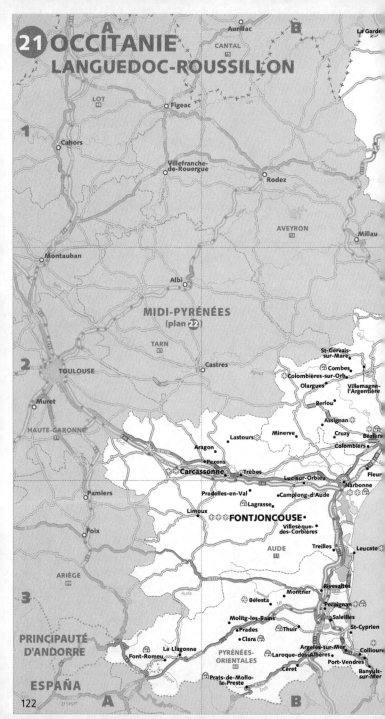

A

B

Aurillac

CANTAL 15

La Garde

1

LOT 46

Figeac

Cahors

Villefranche-de-Rouergue

Rodez

Millau

AVEYRON 12

Montauban

Albi

MIDI-PYRÉNÉES
(plan 22)

TARN 81

Castres

St-Gervais-sur-Mare

Combes

Colombières-sur-Orb

Olargues

Villemagne-l'Argentière

Berlou

2

TOULOUSE

Muret

HAUTE-GARONNE 31

Assignan

Minerve

Cruzy

Béziers

Lastours

Colombiers

Aragon

Pezens

Carcassonne

Trèbes

Luc-sur-Orbieu

Fleur

Narbonne

Pamiers

Pradelles-en-Val

Camplong-d'Aude

Lagrasse

Limoux

FONTJONCOUSE

Foix

Villesèque-des-Corbières

ARIÈGE 09

AUDE 11

Treilles

Leucate

3

Rivesaltes

Bélesta

Montner

Perpignan

PRINCIPAUTÉ
D'ANDORRE

Molitg-les-Bains

Prades

Thuir

Saleilles

St-Cyprien

Clara

La Llagonne

Font-Romeu

PYRÉNÉES-ORIENTALES 66

Argelès-sur-Mer

Laroque-des-Albères

Collioure

Céret

Port-Vendres

ESPAÑA

Prats-de-Mollo-la-Preste

Banyuls-sur-Mer

A

B

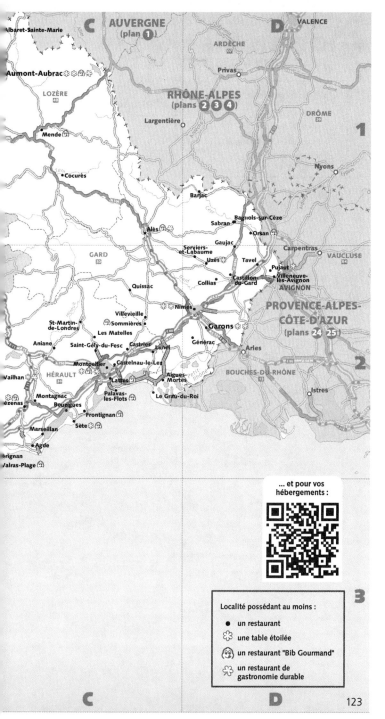

AUVERGNE
(plan ①)

VALENCE

Albaret-Sainte-Marie

ARDÈCHE
07

Privas

RHÔNE-ALPES
(plans ② ③ ④)

Aumont-Aubrac ❄ ❄ 🐸 ❀

LOZÈRE
48

DRÔME
26

Largentière

Mende 🐸

1

Nyons

Cocurès

Barjac

Bagnols-sur-Cèze

Sabran

Orsan 🐸

Alès 🐸 ❀

Serviers-
et-Labaume

Gaujac

Carpentras

VAUCLUSE
84

GARD
30

Uzès ❄

Tavel

Pujaut 🐸

Villeneuve-
lès-Avignon

Quissac

Collias

Castillon-
du-Gard

AVIGNON

Villevieille

Sommières 🐸

❄ ❄ Nîmes ❄

PROVENCE-ALPES-
CÔTE-D'AZUR
(plans ㉔ ㉕)

St-Martin-
de-Londres

Les Matelles

St-Gély-du-Fesc

Castries

Lunel

Garons ❄ ❀

Aniane

Générac

Castelnau-le-Lez

Arles

Vailhan ❄ 🐸

HÉRAULT
34

Montpellier 🐸 ❄

Lattes

BOUCHES-DU-RHÔNE

Istres

❀ 🐸 ézenas

Montagnac

Bouzigues

Palavas-
les-Flots 🐸

Aigues-
Mortes

Le Grau-du-Roi

2

Frontignan 🐸

Marseillan

Sète ❄ 🐸

Agde

érignan

/alras-Plage 🐸

... et pour vos
hébergements :

3

Localité possédant au moins :

● un restaurant

❄ une table étoilée

🐸 un restaurant "Bib Gourmand"

❀ un restaurant de
gastronomie durable

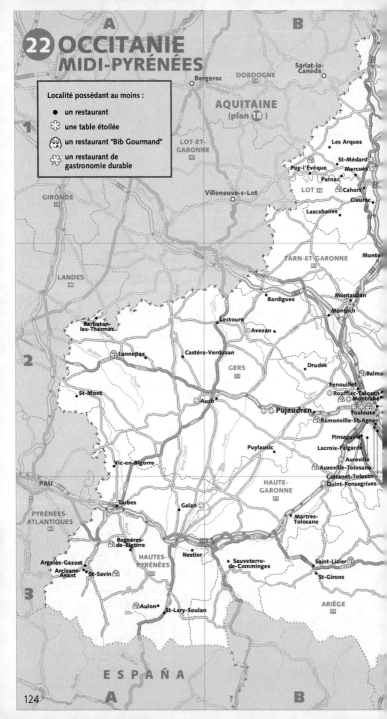

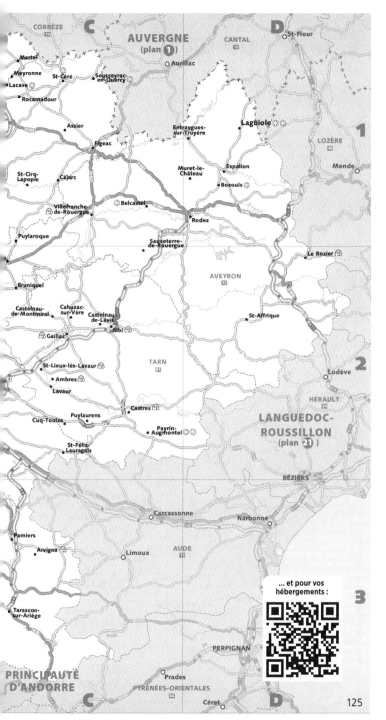

CORRÈZE

AUVERGNE
(plan ❶)

CANTAL

St-Flour

Martel
Meyronne
Lacave
St-Céré
Sousceyrac-
en-Quercy
Aurillac

Rocamadour

Assier

Entraygues-
sur-Truyère

Laguiole

Figeac

LOZÈRE

St-Cirq-
Lapopie
Cajarc

Muret-le-
Château
Espalion

Bozouls

Mende

Villefranche-
de-Rouergue
Belcastel

Rodez

Puylaroque

Sauveterre-
de-Rouergue

Le Rozier

Bruniquel

AVEYRON

Castelnau-
de-Montmiral
Cahuzac-
sur-Vère
Castelnau-
de-Lévis

Gaillac
Albi

St-Affrique

St-Lieux-lès-Lavaur

TARN

Ambres
Lavaur

Lodève

Castres

HÉRAULT

Cuq-Toulza
Puylaurens

Payrin-
Augmontel

St-Félix-
Lauragais

LANGUEDOC-
ROUSSILLON
(plan ❷)

BÉZIERS

Carcassonne
Narbonne

Pamiers

Arvigna

Limoux

AUDE

... et pour vos
hébergements :

Tarascon-
sur-Ariège

PRINCIPAUTÉ
D'ANDORRE

Prades

PYRÉNÉES-ORIENTALES

PERPIGNAN

Céret

125

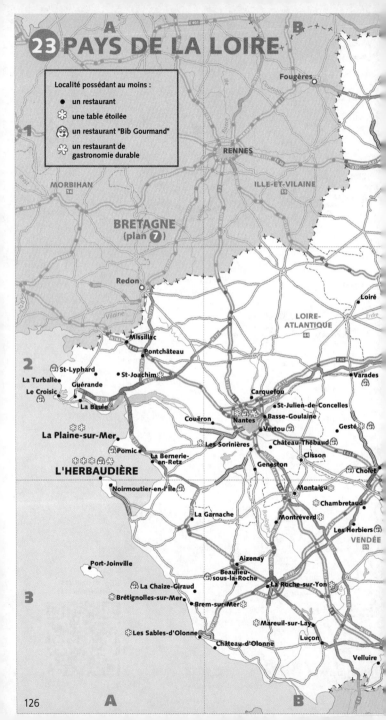

Mortagne-au-Perche

ORNE
61

EURE-ET-LOIR
28

Mayenne ✿

Fontaine-Daniel

MAYENNE
53

SARTHE
72

La Ferté-Bernard

1

Laval

Loué

Le Mans

Thorigné-sur-Dué

LOIR-ET-CHER
41

Fillé · Arnage

Solesmes

Le Grand-Lucé

Vendôme

La Flèche

CENTRE-VAL DE LOIRE
(plan 8)

Briollay

MAINE-ET-LOIRE
49

Avrillé

Angers ✿

TOURS

2

Les Ponts-de-Cé

Chênehutte-Trèves-Cunault

Le Champ-sur-Layon

Saumur

Doué-la-Fontaine

Montsoreau

INDRE-ET-LOIRE
37

Fontevraud-l'Abbaye ✿

Maulévrier

... et pour vos hébergements :

Argenton-les-Vallées

POITOU-CHARENTES
(plan 20)

Lencloître

VIENNE
86

INDRE
36

3

Secondigny

POITIERS

DEUX-SÈVRES
79

Lussac-les-Châteaux

Niort

127

C · D

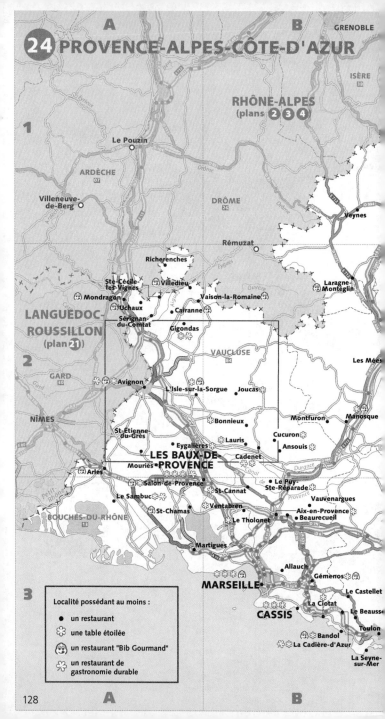

GRENOBLE

A   B

ISÈRE

RHÔNE-ALPES
(plans ② ③ ④)

ARDÈCHE
07

Le Pouzin

DRÔME
26

Villeneuve-
de-Berg

Veynes

Rémuzat

Richerenches

Laragne-
Montéglin

Ste-Cécile-
les-Vignes   Villedieu
Mondragon   Vaison-la-Romaine
Uchaux   Cairanne

LANGUEDOC-
ROUSSILLON
(plan 21)   Sérignan-
du-Comtat   Gigondas

VAUCLUSE
84

Les Mées

GARD
30   Avignon   L'Isle-sur-la-Sorgue   Joucas

NÎMES   Bonnieux   Montfuron   Manosque

St-Étienne-
du-Grès   Lauris   Cucuron   Ansouis

Eygalières   Cadenet
LES BAUX-DE-
Mouriès •PROVENCE   Durance

Arles   Le Puy-
Salon-de-Provence   St-Cannat   Ste-Réparade
Le Sambuc   Vauvenargues
St-Chamas   Ventabren   Aix-en-Provence
Le Tholonet   Beaurecueil

BOUCHES-DU-RHÔNE
13

Martigues

Allauch

MARSEILLE•   Gémenos   Le Castellet
Le Beausse
La Ciotat
CASSIS   Toulon
Bandol
La Cadière-d'Azur   La Seyne-
sur-Mer

A   B

... et pour vos hébergements :

129

E

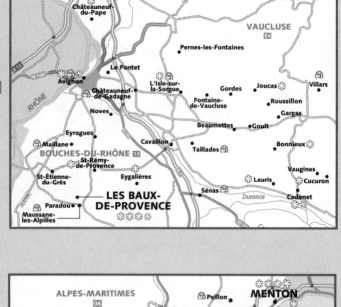

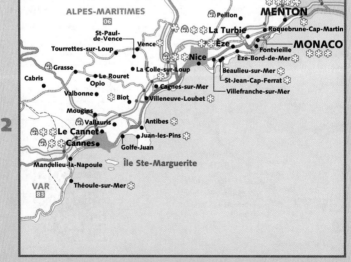

E

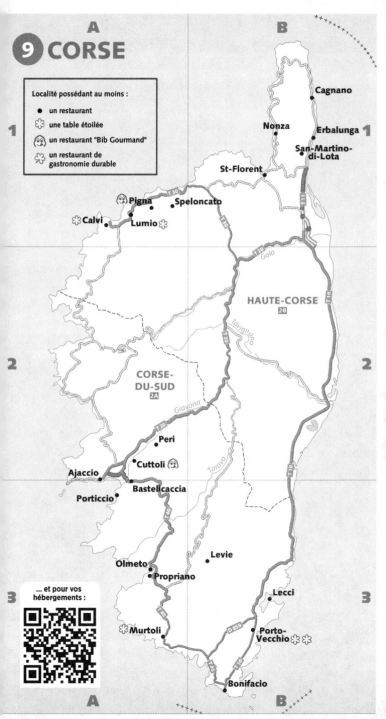

La sélection 2023

Les restaurants et les hôtels sont classés par localité de A à Z. Retrouvez-les également en fin de guide, page 1172, grâce à l'index par département.

L'ABERGEMENT-CLÉMENCIAT

✉ 01400 – Ain – Carte régionale n° **4**–E1

LE SAINT LAZARE

MODERNE • ÉLÉGANT Cette maison est dans la famille depuis 1899 ! Aujourd'hui, père et fils cuisinent à quatre mains : ils déclinent un menu "carte blanche" inventif, à base de bons produits frais, avec plusieurs sortes de pain maison pour accompagner chaque plat. À apprécier dans la lumineuse salle à manger.

&⌂☆ – Prix : €€€

19 route de la Fontaine – ℰ 04 74 24 00 23 – www.lesaintlazare.fr – Fermé du lundi au jeudi et dimanche soir

ABLON

✉ 14600 – Calvados

LE DOMAINE D'ABLON

ÉLÉGANCE TRADITIONNELLE Tout près de Honfleur et de l'embouchure de la Seine, le Domaine d'Ablon répartit ses hébergements aux prestations haut-de-gamme dans des bâtiments au charme rural : 2 suites occupent une ancienne grange, une autre est installée dans un colombier rond du 17e s., et la chaumière indépendante du 14e s. dispose d'une terrasse et d'un jardin privatifs ainsi que d'une cuisine équipée.

🐾 P ⌂ 🛏 🚲 🍽 - 5 chambres – Prix : €€€€

2504 route de Genneville – ℰ 07 89 08 58 14

ABRESCHVILLER

✉ 57560 – Moselle – Carte régionale n° **12**–D2

AUBERGE DE LA FORÊT

MODERNE • ÉLÉGANT Cette imposante auberge, nichée au cœur de la vallée d'Abreschviller, propose classicisme et modernité, du décor, cossu, à l'assiette, au goût du jour. Profitez de la belle terrasse couverte, face au jardin verdoyant.

🛏&🅰🍴🚗 P – Prix : €€€

276 rue des Verriers, à Lettenbach – ℰ 03 87 03 71 78 – www.aubergedelaforet57. com/fr – Fermé lundi, et mardi, mercredi, jeudi et dimanche soir

ACQUIGNY

✉ 27400 – Eure – Carte régionale n° **17**–D2

L'HOSTELLERIE D'ACQUIGNY

MODERNE • CONTEMPORAIN Le bel exemple d'une auberge de village qui a su prendre le train de la modernité, sans oublier les fondamentaux : tons et aménagements contemporains d'un côté, recettes dans l'air du temps de l'autre, réunis par le savoir-faire d'un chef amoureux des beaux produits. Cinq chambres plaisantes, dont une avec double jacuzzi privé.

&🅰🍴 P – Prix : €€

1 rue d'Évreux – ℰ 02 32 50 20 05 – www.hostellerie-acquigny.fr – Fermé lundi et dimanche

AGDE

✉ 34300 – Hérault – Carte régionale n° **21**-C2

LE BISTRO D'HERVÉ

MODERNE • BISTRO Voilà un sympathique bistrot ! Dans un décor contemporain, on déguste une appétissante cuisine d'aujourd'hui : salade de haricots verts croquants aux écrevisses et huile de truffe ; épaule d'agneau de Sisteron cuite 7h, aubergines confites et tomates séchées... Le bar à tapas se prête aux grignotages. Aux beaux jours, profitez de la terrasse ombragée.

&⃞ 🏧 🍴 – Prix : €€

47 rue Brescou – 📞 *04 67 62 30 69 – www.lebistrodherve.com – Fermé lundi et dimanche*

AGEN

✉ 47000 – Lot-et-Garonne – Carte régionale n° **18**-C2

😊 L'AFFRANCHI

MODERNE • CONTEMPORAIN Tout Agen a entendu parler de cette affaire créée dans un esprit de "gastronomie décomplexée" : l'équipe aux commandes régale grâce à une cuisine fraîche et bonne, au plus près des producteurs et des saisons. Côté décor, c'est tout bon aussi : pierre apparente, joli parquet en chêne...

&⃞ 🏧 🍴 – Prix : €€

33 rue des Cornières – 📞 *07 50 72 35 30 – www.restaurant-laffranchi.fr*

😊 LA TABLE DE MICHEL DUSSAU

MODERNE • DESIGN En retrait du centre ville, non loin du stade de rugby, le chef Michel Dussau propose une cuisine gourmande dans un cadre moderne de brasserie contemporaine. Il valorise les produits du terroir au gré des saisons, avec une prédilection pour l'agriculture biologique. Et aussi : cave à vins vitrée, armoire de maturation des viandes.

&⃞ 🏧 🅿 – Prix : €€

1350 avenue du Midi – 📞 *05 53 96 15 15 – www.la-table-agen.com – Fermé lundi et dimanche*

AGNETZ

✉ 60600 – Oise – Carte régionale n° **14**-B2

AUBERGE DU J'Y COURS

MODERNE • CONVIVIAL Une adresse sympathique, bien dans son époque, avec une cuisine au goût du jour de bonne facture. Duo de makis, tomates anciennes, mozzarella et fraises ; gambas et caviar d'aubergines : les assiettes, goûteuses et soignées, sont servies dans une salle de bistrot chic, lumineuse et accueillante. On y court.

&⃞ 🍴 💬 – Prix : €€

466 avenue Philippe-Courtial – 📞 *03 44 51 15 19 – auberge-du-j-y-cours. webnode.fr – Fermé lundi, et mercredi et dimanche soir*

AGON-COUTAINVILLE

✉ 50230 – Manche – Carte régionale n° **17**-A2

SALICORNE

TRADITIONNELLE • TENDANCE Voilà donc un jeune chef, qui, après un bac S se proposait de devenir... professeur de golf, avant de "tomber" par hasard sur la cuisine ! Après un solide parcours, il a aménagé un ancien garage automobile, dont il a conservé l'esprit (matériaux bruts, chaises vintage). Il y propose une carte courte et de saison, pleine de gourmandise. Mission accomplie.

&. 🄰🄲 ⇔ – Prix : €

38 rue Amiral-Tourville – 𝒸 09 73 21 29 29 – www.restaurant-salicorne.fr

AIGALIERS

✉ 30700 – Gard

 ### LES SARDINES AUX YEUX BLEUS   *Plus*

CLASSIQUE CONTEMPORAIN Un nom poétique pour un lieu inspiré par les multiples influences de ses propriétaires, un photographe parisien et une mannequin suédoise. Ces Sardines sont nées de la restauration passionnée d'une ferme entre Uzès, Nîmes et Avignon. Une pépite qui a conservé tout son caractère : des murs en pierre dorée, une coiffe en tuiles provençales, une charpente révélée et une végétation rafraîchissante. Les trois chambres et trois appartements font la part belle au naturel : des variations de couleurs douces et lumineuses et une déclinaison de bois et de pierre soulignent un mobilier éclectique. Peut-être croiserez-vous le regard bleu des sardines au fond de la piscine ?

🄿 ⊲ 🛏 🚲 ⏛ - 3 chambres – Prix : €

Hameau de Gattigues – 𝒸 04 66 03 10 04

AIGUES-MORTES

✉ 30220 – Gard – Carte régionale n° **21**–C2

L'ATELIER DE NICOLAS

MODERNE • TENDANCE Dans ce restaurant au style de loft industriel, avec porte vitrée en fer forgé, le chef Nicolas concocte une cuisine au goût du jour, qu'il agrémente de quelques touches asiatiques, glanées lors de ses séjours en Thaïlande. Le chef travaille volontiers les produits bio de la région ainsi qu'une petite sélection de vins nature.

&. 🄰🄲 – Prix : €€

28 rue Alsace-Lorraine – 𝒸 04 34 28 04 84 – restaurant-latelierdenicolas.fr –
Fermé mercredi et jeudi, et dimanche soir

 ### LES REMPARTS   *Plus*

DESIGN MODERNE Nichée entre la porte de la Gardette et la tour de Constance, cette ancienne caserne militaire du 18e s. bénéficie d'un magnifique emplacement dans la cité close. A l'intérieur, le vaste lobby ouvre sur un salon très joliment décoré qui met en avant les pierres anciennes associées à des éléments contemporains. Chambres élégantes et matériaux haut-de-gamme. Petit espace détente. Charmant.

&. 🄿 ⊲ 🛏 🚲 ⏛ 🚗 - 14 chambres – Prix : €€€

6 place Anatole France – 𝒸 04 66 53 82 77

 ### LA VILLA MAZARIN   *Plus*

ÉLÉGANCE TRADITIONNELLE Au cœur du village médiéval, une demeure du 15e s. tout en pierre blonde. Escalier à balustres, mobilier ancien, piscine intérieure, jardinet, mais aussi salle de sport et un étonnant spa doré... On apprécie l'élégance et la discrétion des lieux.

🄿 ⊲ 🍽 - 23 chambres – Prix : €€€

35 boulevard Gambetta – 𝒸 04 66 73 90 48

AILLON-LE-JEUNE

✉ 73340 – Savoie – Carte régionale n° **4**–F2

AUBERGE D'AILLON ET D'AILLEURS ⓝ

MODERNE • COSY Dans le massif des Bauges, havre de nature préservé, cet hôtel contemporain offre une jolie table emmenée par un jeune chef qui a de la technique et des idées. Il met du cœur à l'ouvrage pour tirer le meilleur du terroir du Val d'Aillon : potager, fromage de coopérative, agneau fermier, herbes sauvages... Le menu change régulièrement.

&. AC ℙ – Prix : €€€

795 route de la Correrie – ℰ 04 58 39 01 30 – www.aillon-ailleurs.com – Fermé lundi et mardi, et dimanche soir

AIME

✉ 73210 – Savoie – Carte régionale n° **2**–D2

UNION

MODERNE • BISTRO Union, c'est celle du britannique Phil Howard (chef de The Square, puis Elystan Street, à Londres) avec Martin Cuchet, un ami français fondu de montagne. De décembre à avril, ils régalent dans une veine simple et généreuse, en plein dans les saisons : à titre d'exemple, soufflé au Beaufort "double cuisson", fondue de poireaux et champignons, ou encore tarte tatin crème chantilly... Réjouissant.

Prix : €€

Vieux village de Montalbert – ℰ 04 79 55 51 07 – www.unionmontalbert.com/ fr – Fermé lundi et dimanche

AINAY-LE-CHÂTEAU

✉ 03360 – Allier – Carte régionale n° **1**–B1

DORANGEVILLE

MODERNE • CONTEMPORAIN Au cœur d'un charmant village médiéval, une table au cadre cosy et élégant, avec une terrasse ouverte sur le jardin – appréciable pour prendre l'apéritif ou le café. Quentin Dorangeville, chef trentenaire originaire de la Sarthe, propose une cuisine rythmée par les saisons, aussi soignée qu'ambitieuse : on passe un agréable moment.

🍴& – Prix : €€€

3 rue du Vieux-Château – ℰ 04 70 64 18 48 – www.dorangeville.fr – Fermé lundi et mardi, et mercredi et dimanche soir

AINHOA

✉ 64250 – Pyrénées-Atlantiques – Carte régionale n° **18**–A3

⁂ ITHURRIA

Chef : Xavier Isabal

MODERNE • AUBERGE Place du Fronton à Ainhoa, face au terrain de trinquet : plus basque, tu meurs ! Cette belle maison traditionnelle et ô combien familiale a conservé ses tomettes au sol, ses poutres au plafond, ses cuivres rutilants et ses assiettes anciennes. Secondé par son frère Stéphane en salle, le chef Xavier Isabal tient les fourneaux avec désormais le renfort de ses neveux Martin en cuisine et Louis en pâtisserie – d'ailleurs, on sent poindre une petite brise de modernité sur les plats. Fidèle à sa carte alléchante, le cuisinier se fournit exclusivement auprès des producteurs locaux basques, tout en agrémentant l'ordinaire avec ses propres fruits et légumes. Le terroir est mis en valeur avec gourmandise : asperge des landes, sauce mousseline au poivre et croustillant de jaune d'œuf ; merlu de ligne façon Koskera ; carré d'agneau de lait rôti et sa caillette d'épaule confite.

🛶 ⟿ 🈲 ♿ 🅰🅲 🅿 – Prix : €€€

Place du Fronton – ℰ 05 59 29 92 11 – www.ithurria.com – Fermé mercredi et jeudi midi

ARGI EDER

BASQUE • TRADITIONNEL Œuf piperade revisité ; veau Axuria, gnocchi et girolles ; tarte Argi Eder au caramel, vanille et citron jaune... Au menu de ce restaurant à la fois rustique et coquet, une fine cuisine aux accents du terroir basque, signée par un chef passionné par les produits locaux. Tenu par la même famille depuis des générations et entouré de verdure, l'hôtel qui l'héberge est un véritable havre de paix.

⟿ ⟨ 🈲 ♿ 🅰🅲 🍴 🅿 – Prix : €€

Route de la Chapelle - quartier Boxate – ℰ 05 59 93 72 00 – www.argi-eder.fr/fr – Fermé mercredi, et lundi, mardi et vendredi midi

HÔTEL ITHURRIA   *Plus*

ÉLÉGANCE TRADITIONNELLE Propriété familiale depuis les années 60, voici un petit hôtel de ferme dont les chambres associent le charme de l'ancien aux couleurs contemporaines. Les plus petites chambres sont intimes et confortables, tandis que les plus grandes peuvent accueillir jusqu'à cinq personnes. Belle vue sur les collines du Pays basque depuis la piscine.

♿ 🅿 ☁ 🏊 🈲 🏋 🐾 🍴 - 26 chambres – Prix : €

Place du Fronton – ℰ 05 59 29 92 11

❀ **Ithurria** - Voir la sélection des restaurants

AIX-EN-PROVENCE

✉ 13100 – Bouches-du-Rhône – Carte régionale n° **24**–B3

Chaque ville possède une figure, un regard, une voix... À Aix, on écoute le murmure des fontaines, le chant des vieilles pierres célébrant les fastes du passé et, bien sûr, la symphonie des marchés. Dans l'assiette et sur les étals, la trilogie tomate, huile d'olive et ail impose sa couleur et ses parfums. Fruits et légumes sont d'une grande variété – la vallée du Rhône et de la Durance sont les plus grands vergers et potagers de France ! Les poissons de la Méditerranée sont ici comme chez eux. En ville, de belles boutiques historiques continuent de défendre le calisson, le fruit confit ou le chocolat. Aux portes de la ville, des vignobles, riches de cinq AOP, produisent blancs, rosés et rouges, tour à tour suaves, sensuels ou puissants.

🌸 **LE ART**

MODERNE · ÉLÉGANT Aux fourneaux de cette magnifique bastide du 18 e s., le chef Matthieu Dupuis-Baumal propose des assiettes audacieuses, où les notes provençales se parent de subtiles influences japonaises. Les saveurs sont franches, toujours contrôlées, et chaque recette porte le sceau d'une personnalité culinaire affirmée. Un lieu magique et une terrasse magnifique, somptueux écrin pour un feu d'artifice de saveurs, associées à une splendide carte des vins (dont ceux du château, évidemment).

🏮 🍽 🚪 ♿ 🅰🄲 🍴 ↔ 🅿 – Prix : €€€€

Hors plan – *Château de la Gaude, 3959 route des Pinchinats – ☎ 04 84 93 09 30 – www.chateaudelagaude.com/fr – Fermé lundi et mardi, et dimanche soir*

🌸 **MICKAËL FÉVAL**

Chef : Mickaël Féval

MODERNE · ÉLÉGANT Ancien collaborateur de plusieurs grands chefs (Antoine Westermann, Bernard Loiseau), le chef Mickaël Féval a posé ses valises dans cette maison du cœur d'Aix. Ses recettes créatives mettent en valeur les saisons, les producteurs locaux et des produits classiques (canette des Dombes, volaille de Challans, foie gras, langoustine). Le chef aime toujours autant travailler le poisson (souvenirs de son passage chez Antoine), comme le démontre ce tartare de bar, quinoa, pamplemousse et avocat, tuile encre de seiche, que l'on déguste dans une longue salle atypique avec petites voûtes et murs blancs. Ne manquez pas non plus le baba au rhum ! Service professionnel et attentionné.

🄰🄲 – Prix : €€€

Plan : B2-1 – *11 petite rue Saint-Jean – ☎ 04 42 93 29 60 – www.mickaelfeval.fr – Fermé lundi et dimanche*

PIERRE REBOUL

Chef : Pierre Reboul

CRÉATIVE • ÉLÉGANT Pierre Reboul a roulé sa bosse par monts et par vaux. Apprenti chez Michel Chabran à Pont-de-l'Isère, membre de la brigade de l'immense Jacques Pic (le père d'Anne-Sophie) à Valence, cuisinier à Paris chez Taillevent et Rostang, le chef a ensuite ouvert sous son propre nom à Saint-Rémy-de-Provence, Tain-l'Hermitage puis Aix-en-Provence. Sa cuisine ludique et créative, un brin moléculaire, s'épanouit dans le cadre élégant d'un château du 16 e s. Texture, inventivité, respect des saisons (légumes en permaculture et pêche raisonnée) : les fondamentaux sont respectés.

🕸 🖐🏠🔄🅿 – Prix : €€€€

Hors plan – *Château de la Pioline, 260 rue Guillaume-du-Vair* – 𝒞 *04 42 52 27 27* – *www.chateaudelapioline.com/fr* – *Fermé lundi, mercredi et dimanche*

ÂMA TERRA

MODERNE • ÉLÉGANT Choix cornélien dans le restaurant de cet hôtel magnifique dont Pierre Gagnaire a conçu la carte ! Vous allez hésiter entre la salle et sa verrière Second Empire, ses lustres de cristal à pampilles, son immense vaisselier ou... cette terrasse irrésistible, bercée par le doux murmure des bassins et des fontaines, embaumée par les effluves typiquement méditerranéens. Dans l'assiette, le chef Jean-Denis Le Bras signe une cuisine d'esprit gastronomique aux accents provençaux - sur fond d'associations originales et percutantes inspirées par son mentor...

🖐🖕🕸🏠🔄🖐🅿 – Prix : €€€€

Hors plan – *7 traverse Saint-Pierre* – 𝒞 *04 42 95 10 10* – *www.villasaintange.com* – *Fermé lundi et mardi, et dimanche soir*

CÔTÉ COUR

TRADITIONNELLE • TENDANCE Sur le cours Mirabeau, décor épuré aux matières naturelles, toit ouvrant, ambiance glamour et musique lounge : Ronan Kernen, ancien candidat de Top Chef, a su créer ici une atmosphère tout à fait particulière. On vient ici pour voir et être vu... mais surtout pour bien manger : la cuisine du chef ne manque pas de personnalité, et ne manque pas de rendre hommage aux recettes de la tradition et aux plats de sa grand-mère, tel ce risotto crémeux aux champignons.

🕸🏠 – Prix : €€

Plan : B2-2 – *19 cours Mirabeau* – 𝒞 *04 42 93 12 51* – *restaurantcotecour.fr* – *Fermé lundi et dimanche*

LES INSÉPARABLES

MODERNE • CONTEMPORAIN Les Inséparables, c'est la rencontre de Christophe Bonanno (chef passé par le Crillon, Astrance, Laurent) et de Mathieu Jégo, manager dans l'âme et féru de gastronomie. Dans un intérieur vintage, très années 1970, ils proposent une partition culinaire assez tendance, et qui fait mouche. Grande et belle terrasse sous deux vieux platanes.

🕸🏠 – Prix : €€€

Hors plan – *4 avenue de la Reine-Astrid* – 𝒞 *04 42 27 90 32* – *lesinseparables-aix.fr* – *Fermé lundi et dimanche*

KAISEKI

JAPONAISE • ÉLÉGANT Dans le cadre magique de cette bastide du 18e s., ce Kaiseki s'inspire du repas gastronomique à la japonaise composé de plusieurs services, décliné ici en deux menus. Les chefs Matthieu Dupuis Baumal et Kazunari Noda unissent leurs talents pour offrir un goûteux dépaysement entre France et Japon. Accolée au restaurant, la partie brasserie, le "K", propose une offre variée et plus abordable.

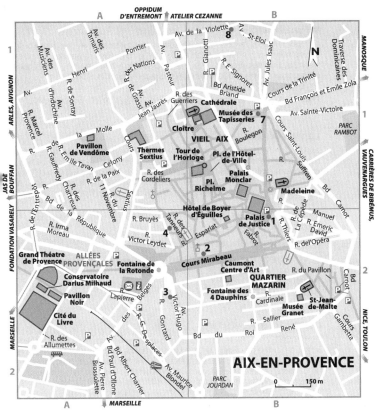

Map labels (AIX-EN-PROVENCE):

OPPIDUM D'ENTREMONT · ATELIER CEZANNE

MANOSQUE

ARLES, AVIGNON

CARRIÈRES DE BIBÉMUS, VAUVENARGUES

JAS DE BOUFFAN

FONDATION VASARELY

MARSEILLE

NICE, TOULON

Av. de la Violette — **8** — Av. St-Eloi

N

Traverse des Dominicaines

Av. des Musiciens — Pontier — Av. des Nations

R. Gianotti — R. E. Signoret — Av. Jules Isaac

Cours de la Trinité

Av. Henri — R. d'Indochine — R. de Sontay

Bd Aristide Briand

Bd François et Emile Zola

Av. Marcel Provence — R. de Grassi — Av. Pasteur

R. des Guerriers — **Cathédrale**

Musée des Tapisseries — **7**

Av. Sainte-Victoire

la Molle — Jean Jaurès

Cloître

R. Boulegon

Cours Saint-Louis

PARC RAMBOT

Pavillon de Vendôme

Cours — **VIEIL AIX**

R. de E. me Tavan — Celony

Thermes Sextius — **Tour de l'Horloge** — **Pl. de l'Hôtel-de-Ville**

Suffren

R. de la Paix — R. des Cordeliers

Palais Monclar

Bd Carnot

R. du 11 Novembre — Sextius

Pl. Richelme

Madeleine

R. de La Cépède — Manuel

Bd de la République — R. des Chartreux

Hôtel de Boyer d'Éguilles

R. Thiers — R. Emeric David

R. de l'Entrepôt — R. Irma Moreau

R. Bruyès — R. des Tanneurs — Esparriat

Palais de Justice — **1**

R. Fabrot

R. del'Opéra

Av. Victor Leydet — **4**

2

Grand Théâtre de Provence

ALLÉES PROVENÇALES

Fontaine de la Rotonde

Cours Mirabeau

Caumont Centre d'Art

R. du Pavillon

Conservatoire Darius Milhaud

R. des Belges — Lapierre

3 — Av. Victor Hugo — R. Gontard

QUARTIER MAZARIN

Bd Carnot

Pavillon Noir

Fontaine des 4 Dauphins

R. Cardinale

St-Jean-de-Malte

Cours Gambetta

Cité du Livre

Av. De-space

Musée Granet

R. Sallier — René

R. des Allumettes — Bd Albert Charrier — Bd Paul d'Ollone — Av. Pierre Brossolette

Bd du Roi

AIX-EN-PROVENCE

Av. Maurice Blondel

PARC JOURDAN

0 — 150 m

MARSEILLE

⟜ & 🅿 – Prix : €€€€

Hors plan – *Château de la Gaude, 3959 route des Pinchinats –* ☎ *04 84 93 09 30 – chateaudelagaude.com/fr – Fermé lundi, dimanche et du mardi au samedi à midi*

LICANDRO - LE BISTRO

TRADITIONNELLE · COLORÉ Une petite affaire familiale tenue par Felipe Licandro, chef passé par de belles maisons partout en France, accompagné de son épouse Julie en salle. L'ardoise du midi propose une cuisine du marché bien faite ; le soir, on profite d'un choix plus étoffé, mais l'esprit bistronomie et tradition reste de mise.

🆔 ⇄ – Prix : €€

Plan : A2-4 – *18 rue de la Couronne –* ☎ *06 27 20 03 99 – www.licandrolebistro. com – Fermé mardi et mercredi*

LA PETITE FERME

TRADITIONNELLE · COSY Cette nouvelle brasserie contemporaine chic tenue par Ronan Kernen, le chef-propriétaire de Côté Cour, mélange les plats issus des cuisines du monde et un large choix de viandes cuites à la braise, à la broche et au feu de bois. Le résultat est plaisant, on se régale.

& 🆔 🍴 – Prix : €€

Plan : A2-3 – *7 avenue Victor-Hugo –* ☎ *04 42 26 68 84 – www.lapetiteferme-aix.com – Fermé lundi et dimanche*

VILLA GALLICI

TRADITIONNELLE • COSY Luxe et tradition, sans ostentation. Au menu : une belle cuisine française gorgée de soleil, à déguster sur les tables basses des superbes salons, ou près des platanes sur la jolie terrasse... On a même aménagé un élégant caveau pour vous faire découvrir quelques grands crus. L'esprit du Sud !

🏨 ⬅ 🅰 🍴 ♿ 🅿 – Prix : €€€€

Plan : B1-8 – *18 bis avenue de la Violette* – ☎ *04 42 23 29 23* – *www.villagallici. com/fr* – *Fermé lundi et mardi à midi*

LE VINTRÉPIDE

TRADITIONNELLE • ÉLÉGANT On tombe de suite sous le charme de ce décor contemporain et cosy (mobilier design, bois blond et murs de couleur vert-bleu) : une agréable petite adresse tenue par deux associés qui ont le souci de bien faire. L'un, en cuisine, prépare de délicieux plats de saison au gré de son inspiration. L'autre, sommelier, a toujours le bon conseil pour le choix des vins. Un duo gagnant.

🏨 🅰 – Prix : €€

Plan : B1-7 – *48 rue du Puits-Neuf* – ☎ *09 83 88 96 59* – *www.vintrepide.com* – *Fermé lundi et dimanche*

CÉZANNE

CLASSIQUE CONTEMPORAIN De belles chambres design pour cet hôtel situé entre la gare et le centre-ville, à deux pas du cours Mirabeau. Accueil et service aux petits soins.

♿ 🅿 🛎 🚲 ♨ - 55 chambres – Prix : €

40 avenue Victor Hugo – ☎ *04 42 91 11 11*

CHÂTEAU DE LA GAUDE

CLASSIQUE CONTEMPORAIN Entouré d'un domaine viticole biologique (à visiter) et de jardins paysagers, le Château de la Gaude n'est pas nouveau, mais ses 17 chambres et suites, réparties entre les différents bâtiments ont connu une cure de jouvence. Les intérieurs ont conservé leurs détails d'époque : les chambres de la Bastide, classée monument historique, dévoilent des moulures ornées et des cheminées en pierre sculptée. Ce qui est nouveau en revanche, l'est vraiment : mobilier contemporain haut de gamme, équipements modernes et éléments de confort high-tech font de cet ensemble un hôtel ultramoderne au charme historique.

🏊 🅿 ⬅ 🍴 🛎 🍷 ⓦ ♨ 🧖 🍽 - 17 chambres – Prix : €€€€

3913 route des Pinchinats – ☎ *04 84 93 09 30*

❀ **Le Art • Kaiseki** - Voir la sélection des restaurants

GRAND HÔTEL ROI RENÉ   *Plus*

CLASSIQUE CONTEMPORAIN À cent mètres du Parc Jourdan, le Grand Hôtel Roi René, revisité sur un mode contemporain, s'enroule autour d'un patio fleuri avec piscine. À l'intérieur, le moderne rencontre l'ancien sans heurts. Les chambres réchauffent leur décoration très actuelle d'une légère touche "zen provençal" : lignes claires, dégradés terriens, chaleur et soleil du Sud en filigrane. Sans oublier la qualité de la literie et la baignoire grand luxe.

♿ 🏊 🅿 ⬅ 🍴 🚲 🍷 🧖 ♨ 🍽 - 134 chambres – Prix : €

24 boulevard du Roi René – ☎ *04 42 37 61 00*

LES LODGES SAINTE-VICTOIRE   *Plus*

CLASSIQUE CONTEMPORAIN Sur la route de la montagne Ste-Victoire chère à Cézanne, ce domaine inauguré en 2013 cultive une quiétude toute provençale... Dans la belle bastide du 18ᵉ s. comme dans les superbes lodges indépendants (avec piscine privée) règne la même alliance de modernité et d'esprit bourgeois : un sommet du confort !

♿ 🏊 ⬅ - 35 chambres – Prix : €€

2250 route Cézanne – ☎ *04 42 24 80 40*

MAISON JALON
Plus

DESIGN MODERNE La Maison Jalon, c'est cet élégant rectangle de vitres et de béton posé dans un jardin luxuriant des environs d'Aix-en-Provence. Une architecture ultra contemporaine qui détonne avec le paysage provençal. Si les propriétaires occupent le rez-de-chaussée, l'étage est réservé aux quatre chambres avec balcon, dont la décoration brute est égayée de cadres colorés et d'objets amassés par des passionnés de déco. La piscine tout en longueur et le jardin piqué de cactus et de hamacs colorés revêtent un petit air de Marrakech, où les propriétaires avaient ouvert leur première maison d'hôtes.

🅿 🛏 ⛲ - 4 chambres – Prix : €

2575 route de Puyricard – 𝒞 06 21 35 57 60

LE PIGONNET

CLASSIQUE CONTEMPORAIN En périphérie d'Aix, dans un beau parc verdoyant, une imposante bastide dont les chambres cultivent le romantisme et l'élégance ; celles situées dans la partie "Résidence" adoptent un style moderne et chaleureux. Cézanne lui-même s'imprégna ici des parfums et couleurs de la Provence !

🌳 🅿 🍃 🕭 🛏 🚲 ⛲ 📶 🏠 ⛱ ⑂ - 45 chambres – Prix : €€

5 avenue du Pigonnet – 𝒞 04 42 59 02 90

VILLA GALLICI
Plus

ÉLÉGANCE TRADITIONNELLE Cyprès, fontaine, jasmin et rosiers : voici quelques-uns des charmes du ravissant jardin provençal de cette discrète villa juchée sur les hauteurs d'Aix. Les chambres, au charme baroque, sont uniques et raffinées. Un lieu à part !

🌳 🅿 🍃 🕭 🛏 ⛲ 📶 🏠 ⛱ ⑂ - 22 chambres – Prix : €€€€

18 avenue de la Violette – 𝒞 04 42 23 29 23

Villa Gallici - Voir la sélection des restaurants

VILLA SAINT-ANGE
Plus

ÉLÉGANCE TRADITIONNELLE Séjour aux anges garanti dans cette ancienne bastide du 18e s. réhabilitée en hôtel d'exception qui se mire dans une piscine chauffée toute l'année... Luxueuses chambres ravissantes, décorées dans l'esprit d'une maison bourgeoise avec tableaux et mobilier chinés, beaux papiers peints artisanaux. Espace détente et mille autres petits raffinements divins.

♿ 🌳 🅿 🍃 🕭 🛏 ⛲ 📶 ⛱ ⑂ - 34 chambres – Prix : €€€€

5 traverse Saint-Pierre – 𝒞 04 42 95 10 10

Âma Terra - Voir la sélection des restaurants

AIX-LES-BAINS
✉ 73100 – Savoie – Carte régionale n° **4**-F1

LE 59 RESTAURANT

MODERNE • TENDANCE Dans la famille Campanella, je demande... le frère ! Cédric a succédé à Boris aux fourneaux de cette ancienne épicerie transformée en restaurant. Dans l'assiette, on retrouve le goût de la précision, et une cuisine actuelle, volontiers inventive. Une adresse incontournable de la ville.

🆊 🍽 – Prix : €€€

59 rue du Casino – 𝒞 04 56 57 11 96 – www.restaurant-le59.fr – Fermé du lundi au mercredi

L'ESTRADE

MODERNE • CONVIVIAL Situé à deux pas du centre-ville, ce restaurant propose une cuisine oscillant avec gourmandise entre tradition et modernisme, sans s'interdire aucun détour créatif. Produits locaux et de saison à l'image de ce ceviche de lavaret, lait de coco et courgette violon. C'est très bon.

               ♿ Ⓐ ⇺ – Prix : €€
1 avenue de Marlioz – ☏ 04 79 34 20 20 – restaurant-aix-les-bains.com – Fermé lundi, et jeudi et dimanche soir

🛏 **GOLDEN TULIP** *Plus*

DESIGN MODERNE À deux pas du casino où se produisirent jadis Sarah Bernhardt et Luis Mariano, ce bel hôtel contemporain propose des chambres fonctionnelles et très confortables. De quoi faire des rêves de paillettes... À moins que vous ne préfériez vous détendre dans le jardin japonais ou au spa.

♿ 🅿 ⎲ ⏆ 🔊 ♘ ƒô 💪 🍽 - 111 chambres – Prix : €
Avenue Charles de Gaulle – ☏ 04 79 34 19 19

AIZENAY
✉ 85190 – Vendée – Carte régionale n° **23**–B3

    LA SITTELLE

MODERNE · ÉLÉGANT Cette jolie villa de la fin des années 1940 connaît une nouvelle jeunesse grâce à deux associés, anciens du château de Locguénolé. Le chef met en avant les produits de la région dans des recettes plutôt originales, avec de nombreux accords terre-mer. Accueil agréable et attentionné.

♿ ⇺ 🅿 – Prix : €€
33 rue du Maréchal-Leclerc – ☏ 02 51 34 79 90 – restaurantlasittellecom. wordpress.com – Fermé mardi et mercredi

AJACCIO - Corse-du-Sud (20) ➔ Voir Corse

ALBARET-SAINTE-MARIE
✉ 48200 – Lozère – Carte régionale n° **21**–C1

    CHÂTEAU D'ORFEUILLETTE

MODERNE · ROMANTIQUE Atmosphère châtelaine, feutrée et romantique pour une table associant élégance des vieilles pierres et esprit très contemporain. Avec de bons produits locaux, le chef concocte une cuisine d'aujourd'hui, fine et plaisante. Côté chambre, ce hôtel du 19ᵉ s. au milieu de son parc, joue résolument la carte du contemporain et du glamour... entre Aubrac et Margeride.

† 🅿 ♿ 🅿 – Prix : €€
La Garde – ☏ 04 66 42 65 65 – www.hotels-brunel.com/fr/modern-art-et-services.php – Fermé les midis

L'ALBENC
✉ 38470 – Isère – Carte régionale n° **2**–C2

🙂 **BISTROT LOUISE**

MODERNE · SIMPLE La petite terrasse face à l'église ressemble à un séchoir à noix traditionnel... Bienvenue dans ce village de nuciculteurs où Yann Tanneau (ex-MadaM à Grenoble, formé chez Ducasse) a planté ses couteaux. Fou de bons produits, il mitonne une cuisine savoureuse à travers des menus qui changent toutes les semaines. Bon plan assuré, excellent rapport qualité/prix au déjeuner et ambiance décontractée.

Ⓐ 🍽 – Prix : €€
80 place Jean-Vinay – ☏ 06 34 20 16 91 – Fermé lundi, mardi, mercredi midi et dimanche soir

ALBERTVILLE

✉ 73200 – Savoie – Carte régionale n° **4**–F2

MILLION

CLASSIQUE • TRADITIONNEL Une hostellerie familiale qui cultive la tradition, aussi bien à sa table, autour de recettes classiques, que dans ses chambres au cadre gentiment suranné.

🐾 ⇦ ♿ Ⓜ 🍴 🅿 – Prix : €€

8 place de la Liberté – ☏ 04 79 32 25 15 – www.hotelmillion.fr – Fermé lundi, et mardi, mercredi et dimanche soir

ALBI

✉ 81000 – Tarn – Carte régionale n° **22**–C2

🕸 L'ÉPICURIEN

MODERNE • BRANCHÉ Ce n'est pas un hasard si cette adresse, face à la fontaine Jean Jaurès, en plein cœur d'Albi, est devenue le rendez-vous local... des Épicuriens ! Un mot d'abord sur la déco, au design épuré, qui témoigne d'un bel esprit nordique : le chef est d'origine suédoise, ceci explique probablement cela. En cuisine, il revisite les classiques avec une maîtrise incontestable ; il en résulte de jolies assiettes dans l'air du temps, gourmandes, copieuses et bien ficelées. Notons aussi la judicieuse carte des vins et l'excellente prestation de l'équipe en salle, aussi professionnelle que conviviale.

🐾 ♿ Ⓜ 🍴 ⇔ – Prix : €€

42 place Jean-Jaurès – ☏ 05 63 53 10 70 – www.restaurantlepicurien.com – Fermé lundi et dimanche soir

ALCHIMY

TRADITIONNELLE • ÉLÉGANT Au cœur de la vieille ville, cette belle bâtisse Art déco abrite une brasserie de style contemporain, sous une jolie verrière : impossible de manquer l'imposant lustre Murano ! Un cadre sympathique et une carte où tout fait envie. Dans l'assiette, le chef met en avant les produits locaux en revisitant joliment les classiques : pied de porc en viennoise, sauce ravigote ; parmentier de canard, magret en ceviche ; baba au combawa.

♿ Ⓜ 🍴 ⇔ – Prix : €€

12 place du Palais – ☏ 05 63 76 18 18 – www.alchimyalbi.fr

AMAPOLA KITCHEN ⓝ

MODERNE • BRANCHÉ L'emplacement vaut le détour : au pied du Pont Vieux, ce bistrot de poche, savamment looké, offre une vue imprenable sur la vieille ville et sa sublime cathédrale. Ex-historienne de l'art, la cheffe envoie une cuisine colorée et healthy, en plein dans le mille, sous forme de petits plats à partager. DJ gourmande et décomplexée, elle mixe les influences de la cuisine japonaise à la cuisine mexicaine en passant par le Moyen-Orient : harissa de fanes de carotte, aguachile de betterave ou encore makis de poireau. Belle sélection de vins bios et nature.

🍴 – Prix : €€

100 rue Porta – ☏ 05 63 77 63 04 – Fermé mardi, mercredi, et jeudi et vendredi à midi

LA PART DES ANGES

MODERNE • DESIGN Au dernier étage au-dessus du Grand Théâtre, vous dégusterez une cuisine au goût du jour, maîtrisée et souvent renouvelée. Des saveurs bien équilibrées et très franches, des assaisonnements parfaits (comme pour ce cabillaud, chou-fleur, beurre blanc au kalamansi et tartare de Saint-Jacques aux agrumes). Aux beaux jours, profitez de la vaste terrasse dominant la ville. Un ange passe...

 ♿ Ⓐ 家 – Prix : €€

Place de l'Amitié Entre les Peuples – ☎ 05 63 49 77 81 – www. lapartdesangesalbi.fr – Fermé lundi et dimanche

LA TABLE DU SOMMELIER

MODERNE • BISTRO Père et fils, sommeliers de formation, travaillent en duo dans ce sympathique bistrot contemporain. Le résultat ? Une cuisine savoureuse, qui revisite habilement le terroir, un imposant choix de vins (500 références), et, l'été, deux terrasses au choix : sous la pergola ou à ciel ouvert... Une adresse hautement recommandable.

☼ ♿ Ⓐ 家 ⇄ – Prix : €

20 rue Porta – ☎ 05 63 46 20 10 – www.latabledusommelier.com – Fermé lundi et dimanche

ALCHIMY
Plus

CLASSIQUE CONTEMPORAIN Pour concilier le plaisir de la table et le confort d'un séjour à Albi, on optera pour cet hôtel, dont les chambres sont peut-être les plus jolies de la ville ! L'élégance est le maître-mot des lieux : meubles signés, marbre blanc dans les salles de bains, dans une veine Art déco qui distille le charme des années folles... L'alchimie fonctionne pleinement.

♿ 🅿 ⇄ 扰 🍽 - 10 chambres – Prix : €

10-12 place du Palais, rue du Docteur Devoisin – ☎ 05 63 76 18 18
Alchimy - Voir la sélection des restaurants

ALENÇON
✉ 61000 – Orne – Carte régionale n° **17**–A3

L'ALEZAN

MODERNE • ÉLÉGANT Entrez dans cette ancienne écurie entièrement rénovée, et résolument moderne : on n'attend plus que vous ! Un jeune couple est aux commandes : en cuisine, le chef propose une partition soignée et goûteuse, qui évolue au fil de son inspiration du moment, tandis qu'en salle son épouse assure un service de qualité. Une valeur sûre.

♿ 家 ⇄ 🅿 – Prix : €€

183 avenue du Général-Leclerc – ☎ 02 33 28 67 67 – www.lalezan-restaurant. com – Fermé lundi et dimanche

AU PETIT VATEL

MODERNE • CONTEMPORAIN "La" table d'Alençon, véritable institution, est tenue par le chef Julien Perrodin (formé à bonne école), épaulé par son épouse Barbara, en salle. On propose ici une cuisine moderne et de saison concoctée à base de bons produits locaux (le chef est natif du coin), sans oublier le chariot de dessert où tout fait envie. Les intitulés sont alléchants, et le goût est là, souvent twisté par une petite touche exotique. Les prix sont doux, et la générosité, digne de cette belle région de l'Orne.

家 ⇄ – Prix : €€

72 place du Commandant-Desmeulles – ☎ 02 33 28 47 67 – www.aupetitvatel. fr – Fermé mardi et mercredi, et dimanche soir

LA SUITE

MODERNE • CHIC Dans une rue un peu excentrée du centre historique, une cuisine traditionnelle de saison et 100% maison, remise au goût du jour, avec comme seule priorité, la gourmandise – en témoigne cette presa de cochon ibérique laquée au miel de soja, coulis de courgette. Belle maîtrise, saveurs franches, jeux sucrés/salés : une partition qui s'accorde avec le cadre agréable, moderne et chic.

  ♿ 🅰 ⇄ – Prix : €
19 place Auguste-Poulet-Malassis – ☏ 02 33 29 70 85 – lasuite.cover.page/fr –
Fermé samedi et dimanche

ALÈS

✉ 30100 – Gard – Carte régionale n° **21**–C1

ÉPICES ET TOUT

MODERNE • CONVIVIAL Ce petit restaurant à la devanture discrète secoue les papilles. Cuisine soignée, produits frais, et des épices utilisées avec justesse. De jolis plats comme cet œuf basse température, champignons et crémeux, cette pintade, légumes de saison, sauce aigre-douce ou bien ce macaron aux agrumes. Un menu appétissant à déguster en été sur la petite terrasse.

  ♿ 🅰 家 – Prix : €
15 avenue Carnot – ☏ 04 66 52 43 79 – www.epicesettout.fr – Fermé dimanche, samedi midi et mercredi soir

LE RICHE

Chef : Sébastien Rath

MODERNE • CONTEMPORAIN Une institution alésienne, ce bel immeuble du début du 20ᵉ s. marqué par l'Art nouveau. Dans un décor actuel, le chef Sébastien Rath concocte une cuisine moderne et créative en puisant dans les produits cévenols, de l'oignon aux cèpes, des herbes de la garrigue au cochon fermier du Gard.

✿ **L'engagement du chef :** Nous proposons des menus à l'aveugle, qui nous permettent de travailler à 99% avec des producteurs locaux, en respectant la saisonnalité. Poisson de la pêche du Grau du Roi, truite des Fumades, porc fermier des Cévennes, veau et agneau de Lozère, pigeons des Costières, escargots et miel de lavande de Laval-Pradel, herbes sauvages du parc des Cévennes, tomates d'Alès en prairie, olives du Mont Bouquet...

🅰 家 ⇄ – Prix : €€€
42 place Sémard – ☏ 04 66 52 30 87 – www.leriche.fr – Fermé lundi, mardi, mercredi midi et dimanche soir

ALLAUCH

✉ 13190 – Bouches-du-Rhône – Carte régionale n° **24**–B3

IOD'IN Ⓝ

MÉDITERRANÉENNE • CONTEMPORAIN À la périphérie du joli village d'Allauch, cette brasserie marine moderne et spacieuse mérite le détour. Le jeune chef Anthony de Filippo (passé à l'Alcyone de Lionel Levy et chez Dominique Frérard aux Trois Forts à Marseille) embarque son équipage de gourmets au fil d'une délicieuse cuisine iodée et décomplexée où le poisson et les crustacés sont rois. Bouillabaisse sur commande.

  ♿ 🅰 家 ⇄ 🄿 – Prix : €€
602 avenue du 7ᵉ-Régiment-de-Tirailleurs-Algériens – ☏ 04 91 07 67 80 – www. restaurantiodin.fr – Fermé lundi et dimanche

ALLEYRAS

✉ 43580 – Haute-Loire – Carte régionale n° **1**–C3

LE HAUT-ALLIER

Chefs : Philippe et Clément Brun

MODERNE • CONTEMPORAIN Au cœur des gorges de l'Allier, cet hôtel-restaurant familial regarde le pont et la rivière depuis ses fenêtres. Bien ancrée dans son terroir, la famille Brun – Philippe et Michelle, les parents, épaulés par leur fils et sa compagne – magnifie ces rudes contrées. Ils célèbrent ainsi les nombreux produits qu'ils trouvent dans ce coin de nature : champignons, viandes et fromages auvergnats, omble d'élevage, mais aussi plantes et fleurs sauvages. On se régale d'un filet mignon de veau, navets glacés au porto, gnocchis d'épinards et condiment de moutarde, ou d'une surprenante "alliance" d'agrumes, carotte et lait d'amande, sorbet mojito.

🕸 🍴 ❄ – Prix : €€€

Le Pont d'Alleyras – ☎ 04 71 57 57 63 – www.hotel-lehautallier.com/fr – Fermé lundi et mardi

ALLUY

✉ 58110 – Nièvre – Carte régionale n° **5**–B2

LA GRANGÉE

MODERNE • AUBERGE Originaire (et amoureux !) de la région, le chef Jean-Baptiste Girard a transformé cette auberge communale à sa main, épaulé par son épouse japonaise Maiko. Il y met en avant la production locale (Charolais du Bourbonnais, légumes bio de Rouy, pintades de Vandenesse) et la cueillette, qu'il pratique lui-même le weekend : baies sauvages, herbes... Une réussite.

🍴 – Prix : €€

Le Bourg – ☎ 03 86 76 11 56 – www.restaurantlagrangee.com – Fermé du lundi au mercredi, jeudi midi et dimanche soir

ALPE-D'HUEZ

✉ 38750 – Isère – Carte régionale n° **2**–C2

L'AMÉTHYSTE

CRÉATIVE • COSY Nouvelle proposition gastronomique à la table du Daria-I Nor, devenu le restaurant principal de cet hôtel cinq étoiles posé au bord des pistes. Les produits, bien sélectionnés, sont au service de l'univers du nouveau chef...

♿ – Prix : €€€

Hôtel Daria-I Nor, 80 rue du 93ème-R.A.M., L'Éclose – ☎ 04 79 31 18 65 – www.hotel-dariainor.com/fr – Fermé mardi, et lundi, mercredi, jeudi, vendredi, samedi et dimanche midi

AU CHAMOIS D'OR

CLASSIQUE • ÉLÉGANT Cette jolie table n'est pas le moindre atout de l'hôtel Chamois d'Or : dans le décor chaleureux et feutré d'une salle tout en bois, on apprécie une cuisine classique et généreuse. L'atmosphère de l'endroit se fait même romantique le soir venu...

≼ 🍴 🅿 – Prix : €€€

169 rue Fontbelle – ☎ 04 76 80 31 32 – chamoisdor-alpedhuez.com

L'ESPÉRANCE

MODERNE • TENDANCE L'Espérance : le nom du restaurant évoque celui de l'établissement originel, qui appartenait à l'arrière-grand-père de l'actuelle propriétaire. La carte privilégie les circuits courts, et des plats gourmands travaillés dans une veine bistronomique. Les poissons arrivent directement de Concarneau, et les homards de leur vivier !

≼ 🍴 ❄ – Prix : €€

Les Grandes Rousses, 425 route du Signal – ☎ 04 58 19 20 03 – www.hotelgrandesrousses.com – Fermé les midis

🛏 AU CHAMOIS D'OR
Plus

ÉLÉGANCE TRADITIONNELLE Un grand chalet en bois aux balcons ciselés : sous la neige, une véritable image d'Épinal... Des feux crépitent, le décor évoque une demeure particulière, les enfants peuvent s'amuser dans "leur" salon (jeux, TV, etc.) et leurs parents profiter du spa : un vrai havre au cœur des Alpes...

🛐 🅿 ⏏ ⣶ 🅐 🌀 ⏹ - 42 chambres – Prix : €€

Rond-point des Pistes – ℰ *04 76 80 31 32*

🛏 **DARIA-I NOR** *Plus*

CLASSIQUE CONTEMPORAIN Le Daria-I Nor est l'un des plus grands diamants au monde... et l'hôtel du même nom s'est imposé, dès sa création, comme l'un des joyaux du tourisme alpin ! Chambres et suites spacieuses et épurées, spa de 800 m², espace piano-bar à l'ambiance feutrée et "select" : exceptionnel en tous points.

🛐 🅿 ⏏ ⣶ 🅐 🌀 ⏹ 🕙 - 46 chambres – Prix : €€€€

80 rue du 93ème-R.A.M., L'Éclose – ℰ *04 79 31 18 65*

L'Amethyste - Voir la sélection des restaurants

🛏 **LES GRANDES ROUSSES** *Plus*

DESIGN MODERNE Cet établissement est le fruit d'une histoire familiale, démarrée à Huez au début du 20ᵉ s. Le cuivre et le rouge sont le fil conducteur de cet intérieur montagnard d'une grande élégance. Les chambres, confortables, se parent de parquet et de pierre. Et pour les amateurs, un beau spa.

🅐 🛐 🅿 ⏏ ⣶ 🅐 🌀 🕙 ⏹ - 105 chambres – Prix : €€

Route du Signal – ℰ *04 76 80 33 11*

L'Espérance - Voir la sélection des restaurants

🛏 **LE PIC BLANC** *Plus*

ÉLÉGANCE TRADITIONNELLE Grande construction moderne d'esprit chalet campée dans le quartier des Bergers, sur les hauteurs de la station. Les chambres spacieuses, de style anglais, sont dotées d'un balcon ; la salle à manger fait face aux montagnes... Solarium, piscine, sauna.

🛐 🅿 ⏏ ⣶ 🅐 🌀 ⏹ 🕙 - 92 chambres – Prix : €

Quartier des Bergers – ℰ *04 76 11 42 42*

🛏 **ROYAL OURS BLANC** *Plus*

DESIGN MODERNE À 100 m des pistes, cet imposant hôtel tout en hauteur dévoile une déco moderne et design, qui multiplie les clins d'œil aux ursidés (pattes d'ours sur la moquette, imitations de nids d'abeilles)... Original et très accueillant !

🅿 ⏏ ⣶ 🅐 🌀 🕙 - 46 chambres – Prix : €

Avenue des Jeux – ℰ *04 76 80 35 50*

ALTILLAC

✉ 19120 - Corrèze – Carte régionale n° **19**–C3

CUEILLETTE ⓝ

MODERNE • DESIGN Sur la frontière entre la Corrèze et le Lot, ce manoir du 19ᵉ s., entièrement rénové, comporte une extension moderne avec une salle lumineuse et design. Les "pommes" en céramique suspendues au plafond évoquent le verger mais aussi le potager que le restaurant cultive à moins de 2 km de là. En cuisine, le jeune chef Oscar Garcia (passé chez Franck Putelat à Carcassonne et à La Table d'Uzès) s'attèle avec talent à une cuisine de saison un brin créative : truite aux herbes du potager, salade de haricots verts, fromage frais, fraises mara des Bois ; œuf coulant, poitrine de cochon, potimarron et courge spaghettis. Dans les étages, 5 confortables chambres.

🍴 🅐 🅐 🅿 – Prix : €€

3 La Raufie – ℰ *05 19 90 00 19 – restaurant-cueillette.fr – Fermé lundi et dimanche*

ALTKIRCH

✉ 68130 – Haut-Rhin – Carte régionale n° **10**–A3

✿ L'ORCHIDÉE

Chef : Chatchai Klanklong

THAÏLANDAISE • CONTEMPORAIN Cette orchidée nous invite à un très agréable voyage gastronomique. Dans l'assiette, une cuisine thaïlandaise moderne et soignée, élégante et parfumée, à l'instar de ce tom yam de homard bleu, lait de coco, galanga ou du pigeonneau des Vosges, maïs, girolles, polenta, curry rouge. On se régale du début à la fin. Une réussite étincelante.

🔠 – Prix : €€€

33 rue Gilardoni – 𝒞 03 89 88 50 39 – www.orchidee-altkirch.com – Fermé lundi et dimanche

AUBERGE SUNDGOVIENNE

MODERNE • ÉLÉGANT Ce restaurant d'hôtel est très sympathique : tout y est avenant, contemporain et cosy, et l'on y apprécie une bonne cuisine d'aujourd'hui, concoctée par un chef soucieux de bien faire (salade au saumon fumé, foie gras de canard et magret fumé, filet de bœuf Angus, sauce aux morilles). Chambres bien tenues pour l'étape.

🐕 🛏 🔠 ⛲ ⇔ 🅿 – Prix : €€

1 route de Belfort, à Carspach – 𝒞 03 89 40 97 18 – auberge-sundgovienne.fr – Fermé lundi, mardi midi et dimanche soir

ALTWILLER

✉ 67260 – Bas-Rhin – Carte régionale n° **10**–A1

L'ÉCLUSE 16

MODERNE • CONTEMPORAIN Cet ancien relais de chevaux de halage borde le canal des houillères de la Sarre. Le chef, originaire du Morbihan, offre une partition soignée et gourmande, comme en témoignent ce risotto safrané au chorizo accompagnant une volaille label rouge aux crevettes sauvages, ou le souvenir ému d'une tatin revisitée avec pertinence. Il utilise à l'occasion les produits du terroir local, agrémentés de condiments ou d'huiles aromatisées maison.

🛏 🔠 ⇔ 🅿 – Prix : €€

Route de Bonnefontaine – 𝒞 03 88 00 90 42 – ecluse16.com – Fermé lundi et mardi, et dimanche soir

AMBERT

✉ 63600 – Puy-de-Dôme – Carte régionale n° **1**–C2

LE M

MODERNE • CONVIVIAL On « M » ce bistrot contemporain branché, pour son accueil charmant comme pour sa cuisine actuelle et savoureuse, à l'image de cet épais dos de cabillaud, fregola sarda et son jus de volaille. Le menu-carte restreint assure fraîcheur et qualité des produits de saison, et offre un très bon rapport qualité-prix le midi ! Ne passez pas à côté de l'excellent cannelé, clin d'œil aux origines bordelaises du couple. Belle sélection de vins à l'ardoise.

🔠 – Prix : €€

1 place du Livradois – 𝒞 04 73 82 28 91 – Fermé lundi, mardi, mercredi midi et dimanche soir

AMBIERLE

✉ 42820 – Loire – Carte régionale n° **2**-A1

❀ LE PRIEURÉ

Chef : Thierry Fernandes

MODERNE • CONTEMPORAIN Au centre de ce village de vignerons de la Côte roannaise, ce restaurant jouxte un magnifique prieuré bénédictin du 15 e s. à la toiture de tuiles polychromes vernissées de style bourguignon. Une partie contemporaine en bois est venue moderniser la belle bâtisse traditionnelle en granit qui accueille le restaurant. Enfant du pays comme son épouse qui l'épaule en salle, le chef Thierry Fernandes cisèle une jolie cuisine de bases classiques, où la technique et les saveurs sont au rendez-vous dans chaque assiette.

&. ⓜ – Prix : €€€

11 rue de la Mairie – ☏ 04 77 65 63 24 – www.leprieureambierle.fr – Fermé mardi et mercredi, et dimanche soir

AMBOISE

✉ 37530 – Indre-et-Loire – Carte régionale n° **8**-A1

❀ CHÂTEAU DE PRAY

MODERNE • ÉLÉGANT En amont d'Amboise, sur la rive sud de la Loire, ce château médiéval remanié à la Renaissance attire l'œil avec ses deux tours massives. L'édifice trône paisiblement au milieu d'un vaste parc à la française, où l'art de vivre ligérien perdure. On aime l'élégance de cette orangerie en partie troglodyte, taillée dans la roche du coteau, et l'on apprécie aux beaux jours la plaisante terrasse tournée vers les jardins. La cuisine du chef, Arnaud Philippon, flirte joliment avec notre époque : asperges blanches toastées, capucines et "sauce jaunes d'œufs ; homard bleu rôti au sautoir, pois chiches du pays Lochois, sarrasin et pousse de cassissier ; soufflé chaud au cassis de Touraine, sorbet au cassis frais. Finesse d'exécution, équilibre des saveurs, approvisionnement auprès de producteurs locaux : la vie de château a du bon.

◁▷ 🛏 🛁 ⇄ 🅿 – Prix : €€€

Rue du Cèdre, à Chargé – ☏ 02 47 57 23 67 – www.chateaudepray.fr – Fermé lundi, mardi, mercredi midi et dimanche soir

❀ LES ARPENTS

MODERNE • CONTEMPORAIN Pas très loin du château, derrière une façade couleur bordeaux, ce bistrot contemporain nous a tapé dans l'œil avec ses murs recouverts de lames bois crème et son mobilier contemporain. Deux anciens copains, qui se sont rencontrés sur les bancs de l'école hôtelière de Tours, assurent une partition gourmande sans faute. Ils puisent généreusement dans les produits locaux, asperges et fraises de Touraine en saison, porc roi rose et fromages de chèvre. Dans l'assiette, on se régale d'un biscuit de carpe dans l'idée d'une matelote, topinambour et quelques champignons, accompagné de sa béarnaise ; ou encore d'une tarte au citron saupoudrée de citron noir séché, détail diabolique qui ne fait qu'augmenter notre plaisir.

ⓜ 🛁 – Prix : €€

5 rue d'Orange – ☏ 02 36 20 92 44 – restaurant-lesarpents.fr – Fermé lundi et dimanche

L'ÉCLUSE

MODERNE • CONVIVIAL Tout près du château royal d'Amboise et du Clos Lucé, la cheffe Mélanie Popineau propose une cuisine bistronomique réjouissante, pleine de saveurs, sous la forme de courts menus de saisons. De son côté, son compagnon assure un accueil simple mais charmant. Aux beaux jours, courez vous régaler sur la terrasse.

&. 🛁 – Prix : €€

Rue Racine – ☏ 02 47 79 94 91 – www.ecluse-amboise.fr – Fermé lundi et dimanche

🛏️ **AU CHARME RABELAISIEN** *Plus*

ÉLÉGANCE TRADITIONNELLE Cette demeure bourgeoise qui abrita une banque, une école et une étude notariale est devenue un hôtel de charme. Les chambres sont confortables (celles du dernier étage offrent une vue sur le château), et l'accueil familial. Petit jardin avec piscine et agréable espace bien-être.

&. 🅿️ ⌂ 🛏️ - 10 chambres – Prix : €€

25 rue Rabelais – 𝒞 *02 47 57 53 84*

🛏️ **CHÂTEAU DE PRAY** *Plus*

ÉLÉGANCE TRADITIONNELLE Sur la rive sud de la Loire, il était une fois... un château aux fondations médiévales, largement remanié à la Renaissance. Sous ses imposantes tours rondes, un grand parc arboré avec son jardin à la française et ses terrasses. Dans les chambres, quelques lits à baldaquin... À la croisée des époques, caractère et agrément !

&. 🅿️ 🛏️ 🚲 ⌂ ⑩ - 19 chambres – Prix : €

Rue du Cèdre, à Chargé – 𝒞 *02 47 57 23 67*

❀ **Château de Pray** - Voir la sélection des restaurants

AMBRES

✉ 81500 – Tarn – Carte régionale n° **22**–C2

😊 **CHEZ JOHN**

MODERNE • CONTEMPORAIN Un chef anglais réinterprétant avec brio le terroir local ? Bienvenue Chez John. On s'installe à l'intérieur ou sur la terrasse à l'abri des regards pour se délecter d'une cuisine colorée et attentive aux saisons. Passé par de bonnes maisons, le chef maîtrise sa partition. La finesse de sa cuisine, comme son rapport qualité-prix assez imbattable, attire une clientèle d'habitués. Chez John, ou l'anti-Brexit.

&. 🄰 🝧 🅿️ – Prix : €€

465 route de Gaillac – 𝒞 *05 63 57 64 85 – Fermé lundi et dimanche*

AMBRONAY

✉ 01500 – Ain – Carte régionale n° **2**–B1

❀ **AUBERGE DE L'ABBAYE**

Chef : Ivan Lavaux

MODERNE • CONTEMPORAIN Au pied de l'abbaye bénédictine d'Ambronay, cette auberge lumineuse se pare d'une agréable décoration, bien dans l'air du temps. Natif de Nantua, formé à l'école hôtelière de Thonon-les-Bains, le chef Ivan Lavaux a commencé par travailler en salle dans de belles maisons, à Paris comme sur la Côte d'Azur. Dans sa nouvelle peau de cuisinier, il s'avère un excellent artisan appliqué à suivre, comme il l'explique, la « logique des produits ». Sélectionnés avec minutie, ils sont souvent locaux, comme cette truite de l'Ain fumée, accompagnée d'une macération de tomate, fraise et framboise. Deux menus surprise sans choix, au déjeuner comme au dîner.

❀❀ &. – Prix : €€€

47 place des Anciens-Combattants – 𝒞 *04 74 46 42 54 – www. aubergedelabbaye-ambronay.com/fr – Fermé lundi et mardi, et dimanche soir*

🛏️ **LA MAISON D'AMBRONAY** *Plus*

DESIGN MODERNE Retour en enfance : cette ancienne école s'était choisi pour cadre une bâtisse de 1870, pleine d'élégance, agrémentée d'un patio, de colonnes, d'arches et d'escaliers en briques et en pierre et fer forgé. Métamorphosée en maison d'hôtes, elle a converti les quatre classes en chambres débordantes de vie, lumineuses et chamarrées, pleines de références enfantines. Les parties de baby-foot, de ping-pong et de flippers remplacent les interrogations surprises et un brunch convivial les goûters de la récré.

🅿 🍽 - 4 chambres – Prix : €

46 Grande Rue – 𝒞 07 82 32 90 79

AMIENS

✉ 80000 – Somme – Carte régionale n° **14**–B2

AIL DES OURS

MODERNE • CONTEMPORAIN Entre la rue des Jacobins et la cathédrale, cette table sympathique et tendance est menée par le jeune chef Stéphane Bruyer. Cuisine simple, de saison, valorisant les produits du marché, menu unique le soir (choix entre poisson ou viande) : le restaurant est plébiscité à Amiens... et l'on comprend pourquoi.

🕭 🖬 – Prix : €€

11 rue Sire-Firmin-Leroux – 𝒞 03 22 48 35 40 – www.aildesours-restaurant.fr – Fermé lundi, dimanche et mardi midi

LES ORFÈVRES

MODERNE • CONTEMPORAIN À deux pas de la célèbre cathédrale, un restaurant au décor de type atelier, épuré et moderne. Au menu : une cuisine qui connaît ses classiques, avec quelques touches plus modernes par-ci par-là... et une ambiance conviviale. Le chef aime travailler le poisson à l'image de ce savoureux tourteau, avocat et citron.

Prix : €€€

14 rue des Orfèvres – 𝒞 03 22 92 36 01 – lesorfevres.com/fr – Fermé lundi, mercredi midi et dimanche soir

🛏 MAROTTE   *Plus*

CLASSIQUE CONTEMPORAIN Bel établissement inauguré fin 2012 au cœur de la ville. Il prend ses aises dans une bâtisse de brique rouge du 19ᵉ s. (avec une extension contemporaine), dont il conserve le cachet – boiseries, moulures, etc. – et même l'esprit de demeure privée. Élégance, atmosphère feutrée et accueil charmant...

🕭 🍽 🅿 ☁ 🚲 🕭 ♨ - 12 chambres – Prix : €€

3 rue Marotte – 𝒞 03 60 12 50 00

AMMERSCHWIHR

✉ 68770 – Haut-Rhin – Carte régionale n° **10**–C2

✿ JULIEN BINZ

Chef : Julien Binz

MODERNE • ÉLÉGANT Sur la route des vins, au sud de Colmar, le charmant village viticole d'Ammerschwihr est niché dans la vallée du Kaysersberg, surnommée la vallée aux étoiles... Michelin, bien sûr ! Rompu aux ficelles du métier, ancien de la brigade de l'Auberge de l'Ill, Julien Binz maîtrise toutes les cordes de l'arc culinaire. Il compose une cuisine classique et saisonnière : langoustines en tartare, rôties et en crème chaude ; filet de chevreuil rôti, canneloni de patate douce au foie gras et truffe administrent une tranquille leçon de gourmandise. Quant au sommelier de la maison, François Lhermitte, il fait assaut de bons conseils.

🕭 🕭 🖬 🍽 – Prix : €€€

7 rue des Cigognes – 𝒞 03 89 22 98 23 – www.restaurantjulienbinz.com – Fermé lundi et mardi, et mercredi soir

ANGERS

✉ 49000 – Maine-et-Loire – Carte régionale n° **23**–C2

La capitale de l'Anjou se distingue autant par la richesse de son patrimoine que par celle de sa gastronomie. Cité florissante de la Renaissance, elle abrite les murailles de la forteresse médiévale du roi René et la tenture de l'Apocalypse. Elle est aussi la ville de naissance du "prince des gastronomes", l'écrivain et journaliste Curnonsky, qui mit son appétit d'Angevin au service de la défense du terroir. Et ce ne sont pas les spécialités qui manquent ici : sandre au beurre blanc, pâté aux prunes... En ville, c'est la Maison Jouis qui incarne depuis 1954 la référence en matière de rillettes ou de rillauds – ces morceaux de poitrine de porc maigre cuits dans la graisse où ils sont confits. Quant au quernon, un chocolat bleu, croquant et fondant, il évoque le bloc de schiste brut fendu par l'ardoisier angevin. Enfin, les vins de Loire et d'Anjou offrent une diversité fascinante.

⊛ LAIT THYM SEL

Chef : Gaëtan Morvan

CRÉATIVE • COSY Parmi les belles maisons à colombages du quartier de la Doutre, on vous recommande chaudement cette pépite tenue par un couple talentueux. Côté cuisine, Gaëtan Morvan, le jeune chef passé par de grandes tables étoilées, propose une expérience culinaire atypique en quinze séquences très originales qui valorisent les produits de la région. Inventivité, associations inattendues, on se laisse embarquer dans son univers gourmand. Côté salle, Fanny Gardier assure un service efficace et suggère de jolis vins respectueux de l'environnement. Attention, réservation indispensable ; la petite salle cosy n'accueille que 16 convives.

🌿 **L'engagement du chef :** Notre maraîcher est installé à 50 km du restaurant. Nous travaillons les poissons de Loire en saison, les poissons de mer de Loire-Atlantique, de Bretagne ou de Normandie, la viande des Pays de la Loire. Pain de notre artisan et possibilité d'emporter le pain non consommé pour lutter contre le gaspillage alimentaire. Carte des vins orientée nature et bio. Nous sommes en train d'éliminer les caisses en polystyrène.

Prix : €€€

Plan : A1-2 – *65 rue Beaurepaire –* 𝒞 *02 41 72 08 64 – www.laitthymsel.fr – Fermé lundi, samedi et dimanche, et mardi et mercredi à midi*

😋 L'ARDOISE ⓝ

MÉDITERRANÉENNE • COSY On a beau être sur la rive gauche de la Maine, dans un décor réussi de brasserie contemporaine, les recettes prennent volontiers ici une chaude couleur méditerranéenne, notamment avec une sélection d'antipastis à partager ou pas (houmous, panisse...), suivie de plats appétissants (pasta aux coquillages...), sans oublier les desserts (tiramisu, entremet à la pistache et fleur d'oranger) – quelques préparations plus traditionnelles (terrine maison, pâté en croûte, profiteroles...) répondent également présents. Le tout à prix sage.

&. 🚗 🍴 – Prix : €

Plan : A1-6 – *7 place Molière* – ☏ *02 72 73 11 91* – *lardoise-angers.fr* – *Fermé lundi et dimanche*

GRIBICHE

TRADITIONNELLE • CONTEMPORAIN Ô le joli bistrot coup de cœur ! Quand ce couple sort son ardoise de plats traditionnels dépoussiérés et généreux, les papilles défaillent : pâté en croûte, tête de veau sauce gribiche, souris d'agneau, dessert gourmand comme ce kouign amann, caramel au beurre salé, glace vanille. Beau choix de vins à prix sages.

🚗 🍴 – Prix : €€

Plan : A2-1 – *9 rue Max-Richard* – ☏ *02 41 19 14 48* – *Fermé lundi et dimanche, et mercredi soir*

AUTOUR D'UN CEP

TRADITIONNELLE • BISTRO Changement de chef et de ton dans cette petite maison dont le millésime se perd entre le 15 e et le 16 e s., à mi-chemin entre la cathédrale et la Maine. Le chef Thony Pohu signe désormais une cuisine plus ancrée dans l'air du temps et la saison, privilégiant uniquement le végétal en entrée. Et toujours une jolie sélection de vins au verre de propriétaires locaux.

🍴 – Prix : €€

Plan : A1-3 – *9 rue Baudrière* – ☏ *02 41 42 61 00* – *Fermé samedi, dimanche et du lundi au vendredi à midi*

ENVOL ⓝ

MODERNE • CONTEMPORAIN Dans cette ville historique d'une grande richesse patrimoniale, le chef Philippe Coco a joué une carte résolument contemporaine pour la décoration de son restaurant, pourtant situé au premier étage d'un hôtel particulier : salle à manger très haute de plafond, immense miroir, fresque colorée, mobilier tendance, surprenante sculpture orange, luminaires en forme de nuage, et une cuisine ouverte en forme de cube. Le chef, un ancien pâtissier qui a conservé tout son bagage technique, propose une belle cuisine, sagement créative, sans renier ses classiques. Produits frais, essentiellement régionaux, émaillent ses assiettes à l'image de cette savoureuse sole comme une lasagne, céleri et champignons, accompagné d'un plaisant sabayon au citron.

🍴 – Prix : €€€

Plan : B2-9 – *21 boulevard du Maréchal-Foch* – ☏ *02 41 36 12 12* – *www.restaurant-envol.fr* – *Fermé lundi, mardi et dimanche*

KAZUMI ⓝ

TEPPANYAKI • CONTEMPORAIN Derrière la façade anonyme de ce restaurant japonais se cache Kazumi Hatakenaka, un chef japonais arrivé en France à l'origine pour travailler dans une auberge traditionnelle du Beaujolais. Chez lui, sa cuisine raconte cette double culture culinaire franco-japonaise. Son menu dégustation alterne plats classiques français et ingrédients préparés sur le teppanyaki, avec la

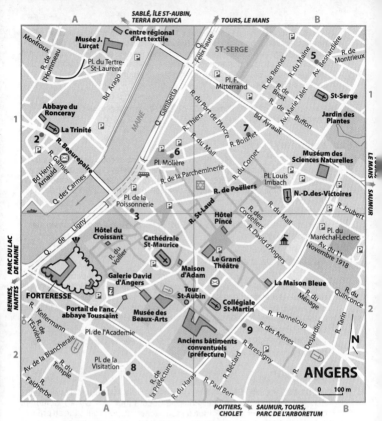

finesse et les touches nipponnes qui conviennent. Fraîcheur des produits (poissons, viandes et légumes), plats qui font saliver comme ces noix de Saint-Jacques, pack choï et shiitake, cuissons et assaisonnements réussis : un joli parcours gourmand – qui exige au dîner trois heures à table.

Prix : €€

Plan : A2-8 – *3 rue d'Anjou* – ℰ *02 53 57 21 42* – *www.restaurant-kazumi.com* – *Fermé dimanche, et mercredi et samedi à midi*

LE POIS GOURMAND

TRADITIONNELLE • BISTRO Ancien caviste, le chef a mis une attention toute particulière dans le choix des vins (de Loire, principalement) qui accompagnent les assiettes. Ces dernières sont réalisées par un chef amoureux de beaux produits – maraîchers bio, viande et poissons du marché, etc. Une cuisine bistrotière fraîche et réjouissante.

🕸 – Prix : €

Plan : B1-5 – *42 avenue Besnardière* – ℰ *02 41 24 09 25* – *Fermé samedi et dimanche, et du lundi au jeudi soir*

SENS

CRÉATIVE • ÉPURÉ Le jeune chef-patron, passé (notamment) chez Christopher Hache, le Bristol avec Éric Frechon ou David Toutain, propose une cuisine actuelle et créative, très personnelle, autour de menus aux courts intitulés, changés régulièrement au fil des saisons et des marchés. A découvrir dans une petite salle à manger contemporaine sobre et dépouillée.

Prix : €€

Plan : B1-7 – *8 rue Boisnet* – ℰ *02 41 05 12 28* – *restaurant-sens.com* – *Fermé lundi, mardi et dimanche et du mercredi au samedi à midi*

---

21 FOCH   *Plus*

DESIGN MODERNE Situé face au passage du tramway, cet ancien hôtel particulier (1850) est le pied-à-terre idéal pour visiter le château et le centre-ville. Contemporain, décoré avec goût dans des tonalités très claires, l'atmosphère y est des plus sympathiques.

🅿 🍽 - 12 chambres – Prix : €

21 boulevard du Maréchal Foch – ℰ *02 30 31 41 00*

Envol - Voir la sélection des restaurants

ANGOULÊME

✉ 16000 – Charente – Carte régionale n° **20**–C3

LES SOURCES DE FONTBELLE

Chef : Guillaume Veyssière

CRÉATIVE • DESIGN À 5 minutes du centre-ville, préparez-vous à un choc visuel, celui d'un bâtiment design tout en métal, béton et verre face... à la forêt ! Aux manettes de ce vaisseau, le chef Guillaume Veyssière signe une cuisine créative à la technique impeccable. Cette architecture qui lui sert d'atelier d'artiste lui va comme un gant : ce cuisinier est doté d'un sens indéniable de la mise en scène qui s'impose dès les amuse-bouches. Il s'impose aussi de louables contraintes locavores qui dopent sa réussite, à l'image de cette côte de cochon noir gascon, racine de persil rôti. Malicieux, il adresse aussi des clins d'œil savoureux à la tradition et au terroir (le casse-croûte charentais). Au déjeuner, plaisant menu de saison au bistrot Forêt des Sources.

🕸 ⇆ ⇗ ⅙ 🅼 🅿 – Prix : €€€

1 bis rue des Meules-à-Grain – ℰ *05 45 23 51 75* – *www.sourcesdefontbelle.com* – *Fermé lundi et mardi, et dimanche soir*

LE SAINT-GELAIS   *Plus*

CLASSIQUE CONTEMPORAIN Cet ancien prieuré réhabilité est l'un des plus agréables hôtels d'Angoulême. Les chambres, entre design et vintage, sont spacieuses et confortables : la garantie d'un séjour agréable. Restaurant bistronomique, terrasse arborée avec piscine, salle de séminaire.

⅙ 🅿 ⌂ ⌀ 🛎 🍽 - 13 chambres – Prix : €

12 rue du Père Deval – ℰ *05 45 90 02 64*

ANIANE

✉ 34150 – Hérault – Carte régionale n° **21**–C2

SOUKA

MODERNE • CONTEMPORAIN Dans ce petit village au cœur du vignoble des Terrasses du Larzac, Souka (la souche, en occitan) met en valeur le marché et les producteurs du coin. Que ce soit le soir, avec un menu ambitieux, ou à midi, avec des plats plus simples, on reconnaît la patte d'un chef qui sait faire.

⅙ 🛖 – Prix : €€

36 boulevard Saint-Jean – ℰ *04 67 57 44 83* – *www.soukarestaurant.com* – *Fermé lundi, dimanche et mardi midi*

ANNECY

✉ 74000 – Haute-Savoie – Carte régionale n° **4**–F1

En quelques années, Annecy et son lac sont devenus un foyer gastronomique incontournable. Serti dans un grandiose décor de montagnes, le lac est un joyau naturel dont les eaux pures recèlent bien des délices, tandis que la vieille ville mérite bien son surnom de "Venise savoyarde". Tout ici met les sens en émoi, des produits traditionnels jusqu'aux délicats poissons du lac, tels la féra ou l'omble chevalier. Des pêcheurs artisanaux veillent sur cette manne et font la joie des grandes tables étoilées… Les boutiques et les marchés de la vieille ville regorgent de produits des alpages ô combien emblématiques, tels le beaufort, le reblochon, la tomme de Savoie ou la tome des Bauges. De nombreux petits producteurs et maraîchers proposent aussi leurs herbes, leurs morilles et autres charcuteries artisanales.

✿✿✿ LE CLOS DES SENS

Chef : Franck Derouet

CRÉATIVE • ÉLÉGANT Dans cette belle demeure des hauts d'Annecy, le chef Franck Derouet et son associé Thomas Lorival continuent d'enrichir un univers culinaire tourné vers le végétal et le lacustre, avec une philosophie locavore évidente : tous les ingrédients proviennent du potager ou de producteurs situés à moins de 100 km. Fruits, légumes, fleurs et aromates de saison ponctuent chaque assiette, qui emprunte autant à la poésie qu'à l'art moderne – à l'image de cette polenta crémeuse aux œufs de brochet, de cette féra au curry vert du jardin ou de cette tarte fine à la chicorée. Pour être encore plus proche des saisons, le chef a choisi de travailler à nouveau les produits carnés par petites touches – notamment pendant la période de fermeture de la pêche –, à l'exemple de ce jus de gibier servi avec des cardons. En complément d'une carte des vins entièrement dédiée aux vignerons de l'arc alpin, les accords « mets et jus » (bouillons de légumes, infusions…) explorent de nouveaux champs de découvertes gustatives et célèbrent une complicité manifeste entre la salle et la cuisine. Dans ce clos, les sens sont bien à la fête.

✿ **L'engagement du chef :** Notre cuisine lacustre et végétale met en saveurs les produits de nos 1500 m2 de jardins potagers, aromatiques et fruitiers tous gérés selon la philosophie de la permaculture ainsi que les richesses des producteurs de saveurs locaux et engagés avec lesquels nous travaillons. Qu'il s'agisse de la mise en place d'un recyclage intelligent des déchets ou de la collecte et réutilisation de l'eau de pluie, nous nous efforçons d'amener du bons sens dans toute la vie du restaurant.

🐾 ⇔ ♿ Ⓜ ⌂ ⇧ – Prix : €€€€

Hors plan – *13 rue Jean-Mermoz - à Annecy-le-Vieux – 📞 04 50 23 07 90 – www.closdessens.com – Fermé lundi, dimanche, et mardi et jeudi à midi*

❄ L'ESQUISSE

Chef : Stéphane Dattrino

MODERNE • INTIME Ancien second de Laurent Petit au Clos des Sens, à Annecy-le-Vieux, Stéphane Dattrino s'est dessiné pour lui tout seul une jolie pochade de restaurant. Derrière une façade discrète, les tables pour deux dominent et le service, volontairement décontracté, ne prend pas la pose. Le coup de crayon du chef se révèle très sûr. Riche en goûts et en couleurs, sa palette de saison marie des produits de belle qualité, comme les plantes et les aromates locaux (ail des ours, asperges sauvages). Tarte fine à la duxelle de champignons et croûte de cèpes ; cœur de ris de veau croustillant et déclinaison de courge... Ses préparations pleines de goût et de finesse méritent les honneurs du Salon.

AC – Prix : €€€

Plan : A2-1 – *21 rue Royale* – ☏ *04 50 44 80 59* – *www.esquisse-annecy.fr* – *Fermé lundi et dimanche*

❄ LA ROTONDE DES TRÉSOMS

MODERNE • CONTEMPORAIN La grande verrière de cette Rotonde est un véritable belvédère surplombant le lac d'Annecy : avant même le début du repas, nous voilà déjà en lévitation. Originaire d'Arcachon, le chef Eric Prowalski saupoudre de Sud-Ouest ses assiettes, qui mettent en avant des produits locaux issus de l'agriculture raisonnée. Excellent technicien, il déroule une partition légère et flatteuse, où la créativité n'empiète jamais sur le plaisir, savoureux "dialogue" entre sa terre d'adoption et sa région d'origine. Tout cela dans une salle rénovée, épurée au maximum, mariage subtil de matériaux chaleureux comme le cuir et le chêne.

🕸 ⇐ 🖨 & ♻ 🅿 – Prix : €€€

Hors plan – *Les Trésoms, 15 boulevard de la Corniche* – ☏ *04 50 51 43 84* – *www.lestresoms.com* – *Fermé lundi, dimanche et samedi midi*

❄ VINCENT FAVRE FÉLIX

Chef : Vincent Favre-Félix

CRÉATIVE • CONTEMPORAIN Vincent Favre-Félix reçoit dans cet élégant pavillon contemporain adossé à un bâtiment historique d'Annecy-le-Vieux. Le chef, carrure de rugbyman et beau CV régional (le Père Bise à Talloires, l'Auberge de l'Eridan et l'Auberge du Lac à Veyrier-du-Lac), ne manque ni de finesse ni de subtilité. Toujours guidée par le terroir savoyard, sa cuisine créative et affirmée s'exprime avec talent au gré de menus carte blanche bien conçus, qui permettent de découvrir un de ses plats signatures, l'omble chevalier fumé au foin. À l'été, on profite de la ravissante terrasse sur jardin fleuri : tout est réuni pour passer un moment savoureux.

& AC 🍽 🅿 – Prix : €€€€

Hors plan – *15 chemin de l'Abbaye - à Annecy-le-Vieux* – ☏ *04 50 01 08 88* – *www.restaurant-vff.com* – *Fermé lundi, mardi et dimanche*

☺ 1ᴱᴿ METS

MODERNE • CONTEMPORAIN Tout près de l'hôtel de ville, ce restaurant de poche est le repaire d'un jeune couple plein d'allant. Le chef imagine des assiettes pile dans la saison, modernes, savoureuses, à l'image de cette féra crue et fumée façon maki, condiment jaune d'œuf, Savora et estragon... Une jolie surprise, d'autant que le service est tout sourire.

Prix : €€

Plan : A2-4 – *Place Saint-Maurice* – ☏ *04 57 09 10 54* – *www.restaurant-1ᵉʳmets.fr* – *Fermé samedi et dimanche*

☺ COZNA

MODERNE • CONTEMPORAIN Après un parcours dans plusieurs belles tables en France et aux États-Unis, Sandra et Léo ont posé leurs valises dans une rue piétonne du vieil Annecy. La tradition est leur credo ("cozna" signifie "cuisine" en patois savoyard) et on ne va pas s'en plaindre : dans l'assiette, c'est délicieux, et le service est tout sourire. Un super bon plan.

🖼 – Prix : €€

Plan : A2-2 – *22 faubourg Sainte-Claire – ℰ 04 50 65 00 25 – restaurantcozna. com – Fermé samedi et dimanche*

🙂 LE DENTI

MODERNE • TRADITIONNEL Ce petit restaurant éloigné de l'agitation touristique de la ville est tenu par un couple d'amateurs de denti (poisson méditerranéen), deux fins cuisiniers tout-terrain. Ils proposent une savoureuse cuisine du marché qui valorise notamment le poisson et suit le rythme des saisons. Le nombre de places est limité, pensez à réserver à l'avance !

♿ 🅰️ – Prix : €€

Hors plan – *25 bis avenue de Loverchy – ℰ 04 50 64 21 17 – Fermé mardi et mercredi, et dimanche soir*

🙂 MINAMI

JAPONAISE • ÉPURÉ Ce petit restaurant japonais fait le bonheur des habitués ! Le cadre, restreint et épuré, trouve un écho dans l'assiette, parfaitement maîtrisée. Les spécialités japonaises s'autorisent quelques incartades françaises, toujours avec bonheur : sushi de foie gras, anguille caramélisée ou encore crème brûlée au thé jasmin... Quelques tables en terrasse aux beaux jours.

🖼 – Prix : €

Plan : A2-3 – *19 faubourg Sainte-Claire – ℰ 04 50 45 75 42 – Fermé lundi et dimanche, et mercredi soir*

🙂 RACINES 🆕

MODERNE • SIMPLE Les racines de ce bistrot-là plongent dans l'histoire familiale du jeune couple propriétaire, avec d'un côté, une boucherie spécialisée dans la viande de choix (notamment le veau de lait du Limousin), et, de l'autre, des poules et des vergers. Le bon produit, ça les connaît comme en témoignent les assiettes du chef, ancien second de l'Esquisse : œuf parfait, crozets, brézain ; onglet de veau, polenta, poireau grillé, condiment ail...

🖼 – Prix : €€

Plan : A2-5 – *8 passage des Bains – ℰ 04 50 09 12 43 – racines-annecy.fr – Fermé lundi, et mardi, mercredi et dimanche soir*

L'AUBERGE SUR-LES-BOIS

MODERNE • CONTEMPORAIN Artisan passionné, Daniel Baratier accueille dans une auberge verdoyante, où il lâche la bride à son épicurisme à travers des produits et des plats aussi simples que bons : sardines fraîches, poulet fermier des Dombes, tartelette aux fraises... Belle carte des vins nature, défendue par un sommelier pointu. Excellent pain au levain maison, élaboré à partir de blés anciens.

🐝 ♿ 🅰️ 🖼 🅿️ – Prix : €€€

Hors plan – *79 route de Thônes - à Annecy-le-Vieux – ℰ 04 50 64 00 08 – www. laubergesurlesbois.fr/fr – Fermé lundi et dimanche, et mercredi soir*

LE BINÔME

MODERNE • BISTRO Mathilde et Rémi forment un binôme bien rôdé, en cuisine comme en salle : lui au salé, elle au sucré, tous les deux assurant le service avec le sourire. On se régale d'assiettes de retour du marché, simples et bien exécutées, avec même... un petit kouign amann en accompagnement du café, clin d'œil aux origines bretonnes de Mathilde.

🅰️ 🖼 – Prix : €€

Hors plan – *32A avenue des Carrés - à Annecy-le-Vieux – ℰ 06 50 75 83 54 – le-binome-restaurant.fr – Fermé mercredi, dimanche et samedi midi*

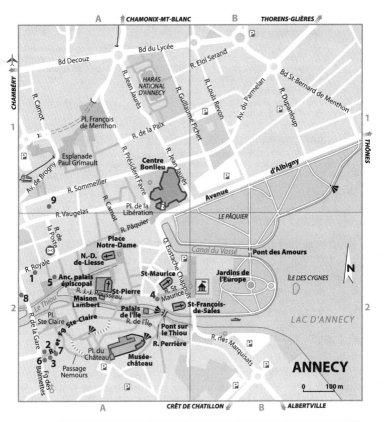

BLACK BASS

MODERNE • TENDANCE Ambiance chic, décor tendance, vue imprenable sur le lac... et cuisine bistronomique parsemée de touches créatives et exotiques : ceviche de maigre à la coriandre et jalapenos ; bar bio grillé au barbecue, harissa de framboise et salade de haricots verts ; spaghettis de pain grillé au citron et basilic...

⇚ 🖢 🕭 🕭 🅿 – Prix : €€

Hors plan – *Black Bass Hotel, 921 route d'Albertville, à Sevrier* – ℰ *04 50 52 40 36 – www.blackbasshotel-annecy.com – Fermé lundi et mardi*

LE BOUILLON

MODERNE • BISTRO Dans ce bistrot au cadre moderne, dont le nom est un clin d'œil aux premiers restaurants créés au 18 e s. à Paris, le chef réalise une sympathique cuisine du marché qui ne dédaigne pas quelques touches asiatiques, comme ce bouillon dashi aux pleurotes et shitakés ou encore ce médaillon de lotte aux algues nori. Carte courte et produits frais.

🆎 – Prix : €€

Plan : A2-8 – *9 rue de la Gare* – ℰ *04 50 77 31 02 – www.lebouillon-annecy.fr – Fermé lundi et dimanche*

BRASSERIE BRUNET

TRADITIONNELLE • COSY Pâté en croûte "Brunet", tête de cochon caraméli-sée, épaule d'agneau confite... Avalanche de bonnes recettes dans une ambiance décontractée, à deux pas de la gare SNCF. Points importants : l'ouverture tardive et l'agréable terrasse pour les beaux jours.

🏧 🍹 – Prix : €€

Plan : A1-9 – *10 rue de la Poste* – ✆ *04 50 51 22 10* – *www.brasseriebrunet.com* – *Fermé lundi et dimanche*

CAFÉ BRUNET

TRADITIONNELLE • BISTRO Un vrai havre de paix que ce café de 1875 qui a su conserver son âme de bistrot authentique et convivial. Sur la terrasse ombragée, on laisse le temps filer en savourant une sympathique cuisine canaille et de bons petits plats mijotés servis en cocotte... Bonne sélection de vins au verre.

🐾 ⅖ 🍹 – Prix : €€

Hors plan – *18 place Gabriel-Fauré – à Annecy-le-Vieux* – ✆ *04 50 27 65 65* – *cafebrunet.com* – *Fermé lundi et dimanche*

MAZETTE ! ⓝ

MODERNE • BISTRO Mazette, c'est tout bon ! Quand Laura la pâtissière et Maximilien le chef ouvrent un bistrot de poche et de tradition, de brique et de bois, on prend notre rond de serviette parmi la clientèle déjà fidèle. Au menu : classiques du genre (pâté croûte, tourte au comté et jambon truffé, poitrine de cochon grillée), clins d'œil à leurs racines alsaciennes (spaetzle, vol-au-vent de volaille et morilles, tarte aux pommes, compotée de rhubarbe) et petite ardoise de plats à partager. Prix : €€

Plan : A2-7 – *15 faubourg Sainte-Claire* – ✆ *04 50 45 50 26* – *mazette-restaurant.com* – *Fermé lundi et dimanche*

LE RICOCHET ⓝ

MODERNE • CONTEMPORAIN Très contemporaine, la dernière-née des brasse-ries annéciennes a beaucoup d'atouts dans son jeu gourmand : un grand espace lumineux et cosy à l'intérieur de l'hôtel Rivage, une belle terrasse avec vue sur le lac, une carte de saison et de beaux produits à partager (dorade entière, canette des Dombes, viande maturées...). Menu déjeuner à prix attractif.

⇐ ⅖ 🏧 🍹 ⇔ 🅿 – Prix : €€

Hors plan – *33 avenue du Petit-Port* – ✆ *04 50 51 01 10* – *www.rivage-hotel.com* – *Fermé dimanche*

SABA ⓝ

FUSION • CONVIVIAL On connaissait nombre de chefs japonais passionnés par la gastronomie française, voici un chef français passionné par la cuisine nippone ! Et qui la met en œuvre de belle manière dans son restaurant de poche du vieil Annecy, avec des assiettes fraîches et vives, non sans caractère : gyozas d'anguille fumée et saba (maquereau en japonais) ; lotte, aubergine et gochujang... Tout cela dans une démarche en faveur d'une agriculture et d'une pêche raisonnées. Service souriant et sympathique par Laure, qui saura vous conseiller un vin bio ou nature adapté à votre plat.

🍹 – Prix : €€

Plan : A2-6 – *21 faubourg Sainte-Claire* – ✆ *09 87 39 45 25* – *restaurant-saba.com* – *Fermé lundi, dimanche et mardi midi*

LA VOILE

MODERNE • ÉLÉGANT Un cadre feutré et cossu (18 tables dont une en salon privé) et une cuisine d'aujourd'hui, rythmée par les saisons et dressée avec soin – Adrien

Tupin Bron, le chef, est pâtissier de formation, ceci expliquant sûrement cela. Le tout à déguster en profitant de la jolie vue sur le lac...

⛆ ➩ ⓜ 🎍 ✿ 🅿 – Prix : €€€

Hors plan – *Impérial Palace, Allée de l'Impérial* – ℰ *04 50 09 36 54* – *www. hotel-imperial-palace.com/restaurants-la-voile-1196* – *Fermé lundi, et mardi et dimanche soir*

BLACK BASS   *Plus*

DESIGN MODERNE Tout, dans cet hôtel, évoque le lac voisin : chambres bleutées, têtes de lits et placards en forme d'écaille de poisson... L'ensemble est élégant et confortable, et l'on profite aussi de beaux équipements : piscine, spa, fitness, service voiturier, etc.

⛆ 🅿 ➩ 🛏 🎿 🕑 🛁 🏋 ⑩ - 25 chambres – Prix : €€

921 route d'Albertville – ℰ *04 50 52 40 36*

 Black Bass - Voir la sélection des restaurants

LE CLOS DES SENS   *Plus*

DESIGN MODERNE Beaux matériaux, équipements dernier cri, vue sur le lac ou la ville d'Annecy : on se sent comme chez soi dans les chambres de ce Clos des Sens. Le petit coin salon, avec sa cheminée et ses fauteuils clubs, ravira les lecteurs ; quant au beau couloir de nage, il fera la joie de tous !

🅿 🛏 🎿 ⑩ - 10 chambres – Prix : €€€

13 rue Jean Mermoz – ℰ *04 50 23 07 90*

❀❀❀ **Le Clos des Sens** - Voir la sélection des restaurants

HÉBÉ HÔTEL   *Plus*

DESIGN MODERNE Cet hôtel haut de gamme offre ce qu'il faut de contraste avec son cadre, sans jamais paraître déplacé. Dans les chambres, les planchers de bois sont un écho subtil au style "chalet alpin", tandis que l'ambiance dominante est celle d'une sophistication contemporaine aux lignes épurées : mobilier moderne, art contemporain et équipements de luxe. Certaines disposent de petites terrasses. Les produits bio d'origine locale s'invitent au petit-déjeuner, alors que le bar poursuit le service de restauration légère jusque tard dans la nuit.

⛆ 🚲 - 28 chambres – Prix : €

5 avenue d'Alery – ℰ *04 50 32 73 01*

LES TRÉSOMS   *Plus*

AVANT-GARDE Au-dessus du lac, dans un environnement boisé, cette demeure des années 1930 se modernise sans rien perdre de son charme Art déco ! Spa et piscines sont propices à la détente. Capteurs solaires ou places pour recharger sa voiture électrique : ici, la responsabilité écologique n'est pas un vain mot.

⛆ 🅿 🖤 ➩ 🛏 🚲 🎿 🕑 🛁 🏋 ⑩ - 56 chambres – Prix : €€

15 boulevard de la Corniche – ℰ *04 50 51 43 84*

❀ **La Rotonde des Trésoms** - Voir la sélection des restaurants

---

ANNONAY

✉ 07100 – Ardèche – Carte régionale n° **2**-B2

RADICELLES

MODERNE • CONVIVIAL Au cœur de la ville, ce bistrot au goût du jour, avec sa cuisine ouverte, fait son maximum pour s'approvisionner auprès des producteurs et agriculteurs ardéchois, très souvent bio, toujours respectueux de l'environnement. Les deux menus proposés dépendent tout entier des arrivages et de la cueillette du moment. Une bonne pousse que ces radicelles !

⛆ – Prix : €€

21 rue Montgolfier – ℰ *09 54 78 12 41* – *www.radicelles.fr* – *Fermé lundi, mardi et dimanche, et mercredi soir*

ANSE

✉ 69480 – Rhône – Carte régionale n° **3**–E2

🕸 AU COLOMBIER

MODERNE · CONVIVIAL En bord de Saône, une belle bâtisse du 18 e s., entre guinguette branchée et maison de pays. La cuisine est résolument dans l'air du temps mais n'oublie pas les grands classiques, telles ces belles cuisses de grenouille poêlées. Du goût et du caractère, à déguster sur une terrasse paisible et cosy...

⇐ & 🎄 ⇔ 🅿 – Prix : €€

126 allée Colombier – ☎ 04 74 67 04 68 – www.aucolombier.com – Fermé lundi et mardi, et dimanche soir

ANSOUIS

✉ 84240 – Vaucluse – Carte régionale n° **24**–B2

✿ LA CLOSERIE

Chef : Olivier Alemany

TRADITIONNELLE · ÉLÉGANT Dans le Luberon, cette Closerie-là est une ancienne poste, où l'on déguste une véritable ode à la Provence dans la salle à manger élégante et moderne, ou sur la petite terrasse panoramique. Après avoir fait la tournée de ses producteurs, le chef marseillais Olivier Alemany (formé notamment par Jacques Chibois) enchante une cuisine traditionnelle magnifiée par les superbes produits de Provence, gorgés de soleil et d'une fraîcheur incomparable. En salle, son épouse Delphine distille un service aux petits soins. Le charmant village d'Ansouis offre enfin aux mangeurs repus l'occasion d'une digestion apaisée, au gré de ses ruelles, jusqu'à l'église et le château.

& 🅰🅒 🎄 ⇔ – Prix : €€€

Boulevard des Platanes – ☎ 04 90 09 90 54 – www.lacloserieansouis.com – Fermé mercredi et jeudi, et dimanche soir

ANTHY-SUR-LÉMAN

✉ 74200 – Haute-Savoie – Carte régionale n° **4**–F1

L'AUBERGE D'ANTHY

TRADITIONNELLE · AUBERGE Ce petit hôtel-restaurant-café traditionnel mise tout sur des joies simples ! L'adresse est idéale pour apprécier le poisson du lac Léman (féra et omble), fourni par des pêcheurs locaux. Et le chef aime aussi mettre en valeur les charcuteries et fromages du terroir chablaisien.

🛏 & 🎄 – Prix : €€

2 rue des Écoles – ☎ 04 50 70 35 00 – www.auberge-anthy.com – Fermé lundi et dimanche soir

ANTIBES

✉ 06600 – Alpes-Maritimes – Carte régionale n° **25**–E2

Antibes ? C'est peut-être Picasso qui en parle le mieux avec sa Joie de Vivre, exposée dans son musée : le tableau partage une certaine vision de la Méditerranée éternelle. La ville est construite entre deux anses : St-Roch, où vous déambulerez sur le port de plaisance, et la Salis, où vous lézarderez sur la plage. Après une flânerie dans les ruelles de la vieille ville, vous ne résisterez pas longtemps aux saveurs du Sud. Le marché provençal du cours Masséna est un passage obligé pour qui veut se fournir en produits locaux, notamment en fruits et légumes, mais aussi en spécialités corses, en confitures, épices, olives (cassées, farcies, piquantes ou en tapenade) et fromages de chèvre... Enfin, le Marché des Pêcheurs accueille les derniers petits pêcheurs professionnels de la côte antiboise : fraîcheur garantie.

🕸 **LE FIGUIER DE SAINT-ESPRIT**

Chef : Christian Morisset

PROVENÇALE • ÉLÉGANT À cheval sur les remparts de la vieille ville, entre musée Picasso et marché provençal, cette maison de pays et de famille embaume la Provence ! Le figuier qui orne le patio ne dira pas le contraire. Voici le fief familial de Christian Morisset, dont la moustache frisée appartient presque au patrimoine antibois. Épaulé par sa femme en salle, entouré en cuisine par ses fils, le patriarche aime la cuisine de beaux et bons produits qu'il choisit chaque semaine sur les marchés. Seule concession à la modernité, un écran retransmet en direct l'activité en cuisine. Ses cannellonis de supions à l'encre de seiche, jus de coquillages aux feuilles de basilic frais et sa selle d'agneau cuite en terre d'argile de Vallauris sont devenus de véritables plats signature.

🅰🏠🍽 – Prix : €€€€

Plan : D1-3 – *14 rue Saint-Esprit* – ☎ *04 93 34 50 12* – *www.restaurant-figuier-saint-esprit.fr* – *Fermé mardi, et lundi et mercredi à midi*

🕸 **LOUROC - HÔTEL DU CAP-EDEN-ROC**

MODERNE • ÉLÉGANT La table de ce palace mythique a mis toutes les chances de son côté. On y conjugue un service attentionné (expert dans la découpe au guéridon), l'art de la table réalisé en grande partie par des artisans provençaux, une vue époustouflante sur la Méditerranée, et le talent du chef Sébastien Broda. Dans le garde-manger, uniquement des légumes du potager de l'hôtel et des maraîchers locaux, des poissons de petite pêche et des viandes sur mesure. Cette cuisine méditerranéenne est illustrée par des plats d'une parfaite lisibilité : langoustines de

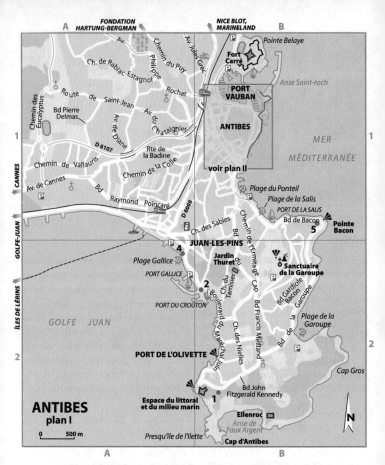

ANTIBES
plan I

0   500 m

casier, fine gelée de céleri branche ; rouget de roche rôti en fleur de courgette ; selle d'agneau des Alpilles aux herbes de garrigue et ail rose de Provence...

🕸 ⇆ ⇇ 🛗 ♿ 🅰 🛎 🅿 – Prix : €€€€

Plan : B2-1 – Boulevard J.-F.-Kennedy, au Cap d'Antibes – ✆ 04 93 61 39 01 – www.oetkercollection.com/hotels/hotel-du-cap-eden-roc – Fermé les midis

✿   **LES PÊCHEURS**

MÉDITERRANÉENNE • DESIGN Ces Pêcheurs sont superbement ancrés au bord des flots, en léger surplomb, offrant ainsi une vue somptueuse sur les îles de Lérins et les contreforts de l'Esterel. Formé ici-même, le niçois Nicolas Rondelli a ensuite navigué derrière les fourneaux d'Alain Llorca, de Michel Del Burgo, du Negresco et de Jacques Chibois. Honorant les saveurs du Sud, sa cuisine actuelle, pleinement de saison, met à l'honneur les poissons de la Méditerranée : rouget, saint-pierre, turbot et loup. Côté terre, quelques belles viandes : porcelet, chevreuil, veau fermier. Dans les deux cas, il favorise les producteurs locaux à l'image de son pêcheur Tony du port du Croûton, situé à... 50 mètres du restaurant.

🕸 ⇆ ⇇ ♿ 🛗 🏠 🛎 – Prix : €€€€

Plan : B2-2 – 10 boulevard du Maréchal-Juin, au Cap d'Antibes – ✆ 04 92 93 13 30 – www.ca-beachhotel.com – Fermé lundi, dimanche et du mardi au samedi à midi

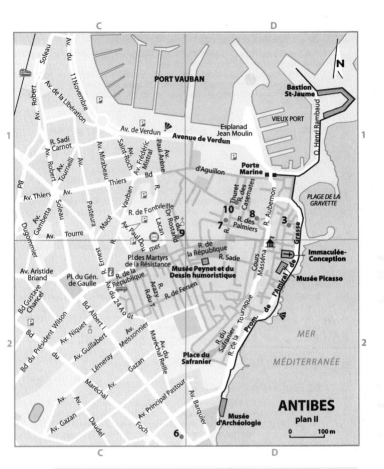

ANTIBES
plan II

0   100 m

LE 44

MODERNE • CONTEMPORAIN Au rez-de-chaussée d'un immeuble des années 1920 à la façade classée, non loin de la mer, ce restaurant au cadre épuré, tenu par un jeune chef passé par de belles maisons, propose une carte attentive au marché et, en saison, quelques suggestions appétissantes.

🆎 🛋 – Prix : €€€

Plan : C2-6 – *44 boulevard Albert-1ᵉʳ – ℰ 09 73 29 41 85 – le44riviera.com – Fermé lundi, dimanche et mardi midi*

L'ARAZUR

MODERNE • COSY À la barre de ce restaurant de poche niché dans une ruelle du vieil Antibes, le jeune chef-patron célèbre les saisons avec une cuisine fraîche et colorée, en toute simplicité. Les légumes y sont particulièrement bichonnés, et le goût est au rendez-vous : la garantie d'un super moment.

🆎 🛋 ♻ – Prix : €€

Plan : D1-8 – *6 rue des Palmiers – ℰ 04 93 34 75 60 – www.larazur.fr – Fermé dimanche*

CHEZ JULES LE DON JUAN

POISSONS ET FRUITS DE MER • MÉDITERRANÉEN L'atout majeur de ce Don Juan : un chef-patron passionné, infatigable "sourceur" de produits (légumes issus de sa famille, veau d'une ferme aveyronnaise, etc.). Sa cuisine fleure bon la Provence, pour notre plus grand plaisir ; le restaurant s'intègre dans un véritable petit "empire" de convivialité, avec le café, l'épicerie et le bistrot : ambiance garantie.

🅰🅲 🍴 – Prix : €€

Plan : D1-10 – *17 rue Thuret* – 𝒞 *04 93 34 58 63* – *www.chezjulesantibes. com* – *Fermé mercredi*

MAISON DE BÂCON

CLASSIQUE • MÉDITERRANÉEN Le Bâcon, institution antiboise depuis 1948, renaît sous le nom Maison de Bâcon. En cuisine, Nicolas Davouze, ancien de Bocuse et du Bristol, célèbre les incontournables de la maison (soupe de poissons de roche, bouillabaisse, millefeuille), avec une belle offre de poissons grillés au feu de bois. Vue splendide sur la grande bleue.

⪕ & 🅿 – Prix : €€€€

Plan : B1-5 – *664 boulevard de Bacon* – 𝒞 *04 93 61 50 02* – *maisondebacon. fr* – *Fermé lundi et mardi*

LE P'TIT CAGEOT

MODERNE • BISTRO Cette adresse lovée dans une rue piétonne du vieil Antibes, non loin du port de plaisance, invite à s'installer sur sa petite terrasse-trottoir. Un jeune couple y concocte des plats gourmands et maîtrisés, aux accents méditerranéens, dans un cadre authentique et intimiste.

🅰🅲 – Prix : €€

Plan : C1-9 – *5 rue du Docteur-Rostan* – 𝒞 *04 89 68 48 66* – *www. restaurantleptitcageot.fr* – *Fermé lundi et dimanche*

LE VAUBAN

MODERNE • ÉLÉGANT Dans une rue animée du vieil Antibes, ce Vauban nous sert une bonne cuisine française dans l'air du temps, réalisée avec technique et évoluant au gré des saisons- ballotine de caille, radis noir, bisque de crustacés ; dos de maigre, crème de céleri, topinambours ; soufflé fruits de la passion et banane. Réservation préférable.

& 🅰🅲 – Prix : €€

Plan : D1-7 – *7 bis rue Thuret* – 𝒞 *04 93 34 33 05* – *www.levauban.fr* – *Fermé lundi et mardi*

IMPERIAL GAROUPE
Plus

CLASSIQUE CONTEMPORAIN Au bout du cap, la Garoupe et cette belle demeure méditerranéenne au cœur d'une végétation luxuriante (cactus et plantes grasses). Balcon, terrasse ou jardinet privé dans les chambres ; plage privée avec son restaurant et sa vue sur les flots...

& 🐕 🅿 ⌂ ⌕ ⇔ 🏊 🛝 ⛵ 🍽 – 35 chambres – Prix : €€€€

770 chemin de la Garoupe – 𝒞 *04 92 93 31 61*

APREMONT

✉ 60300 – Oise – Carte régionale n° **14**-B3

😊 **AUBERGE LA GRANGE AUX LOUPS**

MODERNE • **AUBERGE** Cette auberge villageoise doit sa renaissance à un couple passionné, qui a complètement rénové les lieux dans une veine contemporaine. Le chef revisite joyeusement les classiques et y met un soin de tous les instants ; ses savoureuses assiettes se dégustent sur la terrasse d'été, aux beaux jours.

🏡 🛋 – Prix : €€

8 rue du 11-Novembre – 𝓟 03 44 25 33 79 – lagrangeauxloups.com – Fermé lundi et dimanche

ARAGON

✉ 11600 – Aude – Carte régionale n° **21**-B2

LA BERGERIE

MODERNE • **COSY** Dans les premiers contreforts de la Montagne Noire, cette Bergerie joue la qualité et la générosité, autour d'une cuisine au goût du jour. Le menu unique (disponible en ligne) se déguste dans un intérieur sobre et élégant. Atmosphère conviviale, presque familiale.

🍃 ♿ 🅰 🛋 ✧ 🅿 – Prix : €€

Allée Pech-Marie – 𝓟 04 68 26 10 65 – www.labergeriearagon.com – Fermé lundi, dimanche et du mardi au samedi à midi

ARBOIS

✉ 39600 – Jura – Carte régionale n° **6** B2

😊 **LE BISTRONÔME**

MODERNE • **BISTRO** Petite maison, grandes qualités ! Dans un cadre charmant au bord de la Cuisance, Lisa et Jérôme relèvent le défi et affirment leur restaurant comme un incontournable d'Arbois. La cuisine de saison du chef, préparée avec technique et un talent certain, saura vous séduire par sa finesse : truite des Planches farcie aux morilles et pleurotes, sauce au vin jaune (le plat phare) ; côte de cochon fermier du Jura, polenta crémeuse et jus à la bière infusé aux baies roses ; pigeonneau au poivre rouge de Kampot... Le menu "Au fil du jour" est imbattable, et l'accueil des plus sympathiques : pensez à réserver !

♿ 🛋 ✧ – Prix : €€

62 rue de Faramand – 𝓟 03 84 53 08 51 – le-bistronome-arbois.com – Fermé lundi et dimanche

CARMEL 1643 ⓝ

RÉGIONALE • **COSY** L'ancienne Maison Jeunet est devenue "Carmel 1643", en mémoire du couvent de carmélites qui était installé autrefois en ces murs. La fameuse salle où ont officié plusieurs générations de chefs a été relookée dans un esprit à la fois monacal et tendance. Le chef nous fait plaisir en remettant au goût du jour des classiques régionaux parfois rustiques, comme la croûte aux champignons, la truite au bleu ou le coq au vin jaune.

♿ 🅰 🛋 – Prix : €€

9 rue de l'Hôtel-de-Ville – 𝓟 03 84 66 05 67 – carmel1643.com/restaurant – Fermé mardi et mercredi

LES CAUDALIES

MODERNE • **ÉLÉGANT** A la tête de cette maison bourgeoise œuvre un savant sommelier, Meilleur Ouvrier de France : Philippe Troussard. Son talent et la richesse de sa carte (plus de 1000 références) lui permettent de trouver les accords parfaits avec les assiettes soignées concoctées par la cheffe. De l'agréable terrasse qui domine le parc et la Cuisance, on aperçoit le célèbre vignoble d'Arbois.

🏵 🕼♿🎦🌤️⛲🅿️ – Prix : €€€

20 avenue Pasteur – ☎ 03 84 73 06 54 – www.lescaudalies.fr/fr – Fermé lundi et dimanche

CLOSERIE LES CAPUCINES *Plus*

CLASSIQUE CONTEMPORAIN Ce couvent du 17ᵉ s. se niche dans une ruelle calme du centre-ville. Charme authentique, épure contemporaine dans les trois chambres et deux suites, patio, jardin exquis, piscine et sauna... Une parenthèse bienvenue.

🅿️🐾🕼🚲🛝🛁 – 5 chambres – Prix : €€

7 rue de Bourgogne – ☎ 03 84 66 17 38

ARCACHON – Gironde (33) ➜ Voir Bassin d'Arcachon

ARCANGUES

✉ 64200 – Pyrénées-Atlantiques – Carte régionale n° **18**–A3

MOULIN D'ALOTZ

Chef : Fabrice Idiart

CRÉATIVE • COSY Dans ce moulin basque du 17ᵉ niché au fond d'un vallon bucolique, une nouvelle verrière permet désormais de profiter de la nature et du grand jardin verdoyant toute l'année. À la belle saison, les narines hument les fragrances d'herbes coupées en guise de premier amuse-bouche. Tout l'univers écologique, humaniste et gastronomique du chef Fabrice Idiart est là. Prenez son menu de référence nommé "Ital", modèle d'équilibre entre végétal et animal, où les légumes omniprésents sont ponctués de sauces végétales et d'épices, accouchant d'un métissage singulier et original. Le chef, toujours aussi fan de reggae, séduit avec une déclinaison autour de la patate douce et des berberechos, charme avec un délicat merlu cuit à la plancha et rehaussé d'une sauce pil-pil aux herbes aromatiques du jardin, ravit avec un bœuf wagyu élevé en Navarre, merveille de viande persillée, sublimé par une variation de choux romanesco et brocoli.

🕼🎦🌤️🅿️ – Prix : €€€

Chemin Alotz-Errota – ☎ 05 59 43 04 54 – www.moulindalotz.com – Fermé mardi et mercredi

GAZTELUR

MODERNE • MAISON DE CAMPAGNE Cette magnifique demeure datant de 1401– meubles anciens, délicieux patio entouré de verdure – ne doit pas faire oublier l'essentiel : une cuisine de première fraîcheur, composée au gré du marché et des meilleurs produits basques et espagnols par le chef étoilé Fabrice Idiart qui a écrit une partition de "cuisine des familles" (foie gras de canard, œuf mollet mimosa, cochon kintoa). Avec pour écrin, un lieu sublime.

🍃🕼♿⛲🅿️ – Prix : €€

Chemin de Gastelhur – ☎ 05 59 23 04 06 – gaztelur.com – Fermé du lundi au mercredi

ARCIZANS-AVANT

✉ 65400 – Hautes-Pyrénées – Carte régionale n° **22**–A3

AUBERGE LE CABALIROS

TRADITIONNELLE • AUBERGE Cette sympathique auberge villageoise, à mi-chemin entre les célèbres cols d'Aubisque et du Tourmalet, tutoie les sommets pyrénéens. Dans l'assiette, de bonnes recettes de tradition – pavé de porc noir de Bigorre, ris de veau braisé –, goûteuses et joliment présentées. Et de petites chambres coquettes pour l'étape !

≤⛄🛏🍴**P** – Prix : €€

16 rue de l'Église – ℰ 05 62 97 04 31 – www.auberge-cabaliros.com – Fermé du lundi au mercredi

LES ARCS
✉ 83460 – Var – Carte régionale n° **24**-C3

✿ LE RELAIS DES MOINES

Chef : Sébastien Sanjou

MODERNE • AUBERGE Noyée dans la végétation, cette belle bastide du 16 e s. contemple le massif des Maures et le village pittoresque d'Arc-sur-Argens. Fils de restaurateurs du Sud-Ouest, Sébastien Sanjou est venu s'installer dans le Var où il a été soutenu à ses débuts par Jacques Maximin et Alain Ducasse. Ce Tarbais a su s'approprier avec brio le terroir méditerranéen. Il cultive notamment une relation d'exception avec son maraîcher Philippe Auda. De superbes tomates mûres et juteuses à souhait, accompagnées d'un sorbet au basilic, de burrata et assaison-nées à l'huile d'olive et au baume de Bouteville, font une entrée ensoleillée de choix. Toute la cuisine du chef est à l'avenant : colorée et imaginative, avec au cœur de chaque assiette, un beau produit, travaillé avec soin dans le respect du goût.

🐾 ⛄🅼🍴**P** – Prix : €€€

Route de Sainte-Roseline – ℰ 04 94 47 40 93 – www.lerelaisdesmoines.com/fr – Fermé lundi et mardi

🛏 L'AIGUILLE GRIVE   *Plus*

CLASSIQUE CONTEMPORAIN Directement sur les pistes et à quelques minutes de la station d'Arc 1800, ce vaisseau de bois et de verre offre des vues spectacu-laires sur le mont Blanc. Beaux tissus, mobilier chic, terrasse ensoleillée : tout n'est qu'ordre et sportivité, luxe, calme et sommets enneigés.

P 🕭⛄🛋🍴 - 18 chambres – Prix : €

Charmettoger – ℰ 04 79 40 20 30

ARDON
✉ 45160 – Loiret – Carte régionale n° **8**-C2

✿ LA TABLE D'À CÔTÉ

MODERNE • CONTEMPORAIN Face au golf de Limère, voici la deuxième adresse de Christophe Hay, avec sa salle contemporaine évoquant la nature et les forêts – les sources majeures d'inspiration du chef avec... les légumes de son jardin. C'est désormais le chef Loïs Bée qui tient les fourneaux. Dans les assiettes, on trouve une cuisine fine, travaillée, bien de saison, qui privilégie les circuits courts et le gibier en saison. Le sandre en vapeur de sous-bois est un must !

♿🅼🍴✿ – Prix : €€€€

200 allée des Quatre-Vents – ℰ 02 38 61 48 07 – www.latabledacote.fr – Fermé lundi et dimanche

ARGELÈS-GAZOST
✉ 65400 – Hautes-Pyrénées – Carte régionale n° **22**-A3

DES PETITS POIS SONT ROUGES

MODERNE • CONVIVIAL Pas besoin d'être résident de l'hôtel Miramont pour apprécier la cuisine de son chef. Ce dernier rend hommage au terroir pyrénéen, bien sûr, mais propose également de nombreux poissons à la carte. Côté déco, on baigne dans une ambiance résolument contemporaine : table centrale rehaussée, mobilier design...

 &⌂🅰🍴🅿 – Prix : €
44 avenue des Pyrénées – ☏ 05 62 97 01 26 – www.hotel-argeles-gazost.com/fr/la-table – Fermé mercredi et jeudi midi

ARGELÈS-SUR-MER
✉ 66700 – Pyrénées-Orientales – Carte régionale n° **21**–B3

LA BARTAVELLE
CRÉATIVE • COSY C'est une adresse que les amoureux de la bonne chère s'échangent avec gourmandise – et pour cause : le chef, Thibaut Lesage, et son épouse Stéphanie, pâtissière, ravissent les papilles et revisitent les classiques avec une inspiration constante. Un régal ! Attention : réservation indispensable.
🅰 – Prix : €€
24 rue de la République – ☏ 06 19 25 70 13 – www.restaurant-labartavelle.fr – Fermé lundi, dimanche, et mardi, jeudi et vendredi midi

LE BISTROT À LA MER
MODERNE • DESIGN Dans cet hôtel dominant la route de la Corniche en allant vers Collioure, on se régale de bons produits locaux (anchois de Collioure, agneau catalan) au fil d'un menu d'inspiration méditerranéenne. La jolie terrasse, avec vue sur la mer, est à la hauteur de la cuisine.
⋖ &🅰🍴✿🅿 – Prix : €€
Route de Collioure – ☏ 04 68 81 14 73 – www.grandhoteldugolfe.com – Fermé les midis

ARGENTAN
✉ 61200 – Orne – Carte régionale n° **17**–C2

✿ LA RENAISSANCE
Chef : Arnaud Viel
MODERNE • ÉLÉGANT Dans la petite bourgade d'Argentan, la façade de La Renaissance tranche par sa modernité – un grand parallélépipède contemporain de couleur tabac. Enfant du pays, Arnaud Viel est ici chez lui, tout comme son voisin, le philosophe Michel Onfray, qui a préfacé les menus de son restaurant. La Normandie est bien là, avec ses produits de la mer au top de leur fraîcheur, du homard de Carteret aux huîtres de Veules-les-Roses, en passant par la lotte de Port-en-Bessin, mais aussi ses carottes des sables de Créances et son foie gras du pays d'Auge. Ne manquez pas l'agréable chariot de mignardises (ça se fait plutôt rare !), et le dessert signature du chef : la sphère en variation de textures...
🕸 ⇆ &⌂&✿🅿 – Prix : €€€
20 avenue de la 2ème-Division-Blindée – ☏ 02 33 36 14 20 – www.arnaudviel.com/fr – Fermé lundi et dimanche

🛏 HÔTEL DE LA RENAISSANCE   *Plus*
DESIGN MODERNE Non loin du centre de la cité, cette imposante demeure d'après-guerre cache un hôtel confortable et feutré. Toutes les chambres ont été récemment rénovées dans un style contemporain et non moins cosy – préférez celles au calme, côté piscine. Une étape plaisante !
🅿 ⚄ ⌂ 🛁 ⊕ 🛎 🍽 - 18 chambres – Prix : €
20 avenue de la 2ème Division-Blindée – ☏ 02 33 36 14 20
✿ **La Renaissance** - Voir la sélection des restaurants

ARLES

✉ 13200 – Bouches-du-Rhône – Carte régionale n° **24**–A2

😊 LE GIBOLIN

DU MARCHÉ • BISTRO Arnaud Jourdan (passé notamment par les cuisine de la Chassagnette et Maison Rabanel) a habilement repris les rênes de ce bistrot qui propose toujours une cuisine du marché tout en gourmandise alliant simplicité et générosité, comme ce croustillant de pieds et oreilles de cochon ou ces gnudi (boulettes) ricotta-épinards, champignons, pécorino romano. En salle, une ambiance de copains, avec ou sans gibolin... Dans le verre, des vins nature et biodynamiques à prix sages. Vous boirez bien un p'tit coup ? Pour nous, c'est un coup de cœur !
ℳ 🈺 – Prix : €

Plan : A2-6 – *13 rue des Porcelets* – 𝒞 *04 88 65 43 14* – *Fermé lundi et dimanche*

L'ARLATAN

MÉDITERRANÉENNE • DESIGN On flashe d'abord sur le décor flamboyant et photogénique réalisés par l'artiste cubain Jorge Pardo. On zoome ensuite sur l'album de recettes saisonnières et méditerranéennes. Des plats savoureux bien composés qui développent des saveurs franches et plaisantes.
♿ ℳ – Prix : €€

Plan : A1-1 – *26 rue du Sauvage* – 𝒞 *04 65 88 20 20* – *www.arlatan.com/fr*

CHARDON

MODERNE • BISTRO Laura Vidal et Harry Cummins, instigateurs du concept nomade "Paris Pop Up", accueillent au Chardon des cuisiniers en résidence temporaire, avec une constante : l'utilisation de produits des environs. C'est frais, c'est bon, et ça se déguste dans un cadre de bistrot très chouette. Dans le mille !
Prix : €€

Plan : A2-4 – *37 rue des Arènes* – 𝒞 *09 72 86 72 04* – *www.hellochardon.com* – *Fermé mardi et mercredi*

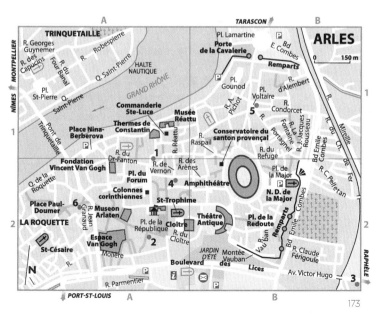

DRUM CAFÉ ⓝ

DU MARCHÉ • CONTEMPORAIN La silhouette de la tour Luma conçue par l'architecte Frank Gehry comme une sorte d'art - c'est aussi un fanal gourmand. Ce lieu, forcément branché, affiche des volumes impressionnants avec son immense bar en inox au centre. L'ensemble du mobilier et des matériaux a été conçu à partir de matériaux recyclés et de ressources naturelles, comme la laine de mérinos d'Arles. Dans l'assiette, le passionné d'art contemporain profite de beaux produits frais du coin (agneau des Alpilles, huîtres de Camargue, etc...) apprêtés avec liberté et gourmandise : linguines aux palourdes, ail des ours et coriandre ; asperges vertes en tempura, anchois de Cantabrie et cédrat... La carte des vins, surtout bio, se concentre sur les petits producteurs.

♿ 🅰️🅲 – Prix : €

Plan : B2-3 – *35 avenue Victor-Hugo* – ℘ *06 14 59 57 93* – *www.luma.org/ arles/nous-rendre-visite/se-restaurer-au-parc-des-ateliers/drum-cafe.html* – *Fermé mardi, et lundi, mercredi, jeudi, vendredi, samedi et dimanche soir*

INARI ⓝ

FUSION • HISTORIQUE Passée par certaines tables parisiennes emblématiques (Ze Kitchen Galerie, Saturne, Septime), la cheffe Céline Pham, habituée des tables nomades, a posé ses couteaux au cœur d'Arles dans une ancienne chapelle à la déco vintage. On retrouve avec un vif plaisir les marqueurs de sa cuisine fusion franco-vietnamienne, précise et gourmande, où le végétal, on s'en doute, s'impose souvent. Un exemple ? Cabillaud de ligne, aji verde, riz soufflé, shizo rouge, cébettes et matcha. Petite carte de vins nature.

🍃 – Prix : €€

Plan : B1-5 – *16 place Voltaire* – ℘ *09 82 27 28 33* – *www.inari-arles.com* – *Fermé du lundi au jeudi*

LES MAISONS RABANEL

CRÉATIVE • CONTEMPORAIN Le truculent Jean-Luc Rabanel est un trublion gourmand à l'accent chantant qui se réinvente perpétuellement sous le signe du végétal. Les Maisons Rabanel, un seul lieu, mais deux cuisines : d'un côté, le Greeniotage qui lorgne du côté du bistrot, de l'autre, le Greenstronome qui fait dans le gastro. Toujours sur la corde raide, ce chef attachant remet tout en cause à chaque service. Une personnalité à part.

🅰️🅲 🍃 ↔ – Prix : €€€€

Plan : A2-2 – *7 rue des Carmes* – ℘ *04 90 91 07 69* – *www.rabanel.com* – *Fermé lundi et mardi*

🛏 HÔTEL JULES CÉSAR   *Plus*

CLASSIQUE CONTEMPORAIN Montez dans la machine à remonter le temps ! Jouxtant le cloître de l'église St-Trophime, cet hôtel revisite le style des années 1950 : mobilier et coloris sont très séduisants. En prime, la terrasse sur le toit offre une belle vue sur la ville. Très bon rapport charme-prix.

♿ 🅿️ 🐾 🛎 🏊 📶 🐶 ⅈ🅞 - 52 chambres – Prix : €

9 boulevard des Lices – ℘ *04 90 52 52 52*

🛏 L'HÔTEL PARTICULIER   *Plus*

CLASSIQUE CONTEMPORAIN Dans un quartier animé du centre historique, l'Hôtel Particulier affirme son caractère confidentiel. Retiré sur une cour verdoyante, il s'isole de l'agitation extérieure pour offrir à ses hôtes un havre de calme. La maison du 19e s. a été redécorée dans un style contemporain qui préserve tout son romantisme. Les chambres sont spacieuses et luxueuses, et un petit spa occupe le sous-sol. Petit-déjeuner somptueux.

🅿️ 🏊 - 8 chambres – Prix : €€€

4 rue de La Monnaie – ℘ *04 90 52 51 40*

HÔTEL VOLTAIRE *Plus*

DESIGN MODERNE L'hôtel Voltaire apporte un vent de fraîcheur dans la chaleur arlésienne. Depuis sa rénovation en 2019, sa façade aux influences Art déco se dresse à deux pas des arènes, contrastant avec élégance avec les pierres gallo-romaines. À l'intérieur, ambiance bohème : matériaux de récupération, salles de bain carrelées, couleurs douces et ensoleillées, mobilier d'inspiration sixties et compositions florales. Ses douze chambres, dont trois quadruples, s'offrent toutes un balcon et une vue directe sur les toits de tuiles de la belle place.

⌖ - 9 chambres – Prix : €
1 place Voltaire – ✆ *04 90 96 49 18*

 MAISON VOLVER *Plus*

DESIGN MODERNE En lieu et place du Bar Américain qui a animé la vie locale pendant près de cinquante ans, se trouve aujourd'hui un petit hôtel cosy. L'établissement a conservé une atmosphère conviviale tout en apportant un peu de jeunesse et de fraîcheur à travers des teintes lumineuses, des matières naturelles, un mobilier vintage et la célébration des produits de la région. Des détails d'origine ont également été préservés (sols en pierre des années 50), mais associés à des pièces contemporaines comme des penderies métalliques. La Maison Volver possède aussi un mas pittoresque débordant de charme (murs en pierre, tomettes, poutres apparentes…) au cœur de la Camargue.

🅿 ⌖ ⌖ - 12 chambres – Prix : €
8 rue de la Cavalerie – ✆ *04 90 96 05 88*

ARMENTIÈRES
✉ 59280 – Nord – Carte régionale n° **13**–B2

❀ **NATURE**

Chef : Nicolas Gautier
MODERNE • ÉPURÉ Nicolas Gautier s'épanouit pleinement dans son nouveau fief d'Armentières. Sa cuisine, "nature" et dans l'air du temps, met en avant de jolis produits régionaux de saison – poissons de Boulogne et Dunkerque, entre autres – avec de solides bases classiques. Le tout sous forme de menus surprise composés de trois à six plats. On a adoré la dorade à l'oxalis et ail noir ainsi que le maigre de ligne au beurre blanc. Harmonie des saveurs, authenticité : une très belle maison.
⇔ – Prix : €€
20 place de Saint-Vaast – ✆ *03 20 87 93 05 – www.restaurant-nature.com/fr –*
Fermé lundi et dimanche

😊 **BISTROT RG**

TRADITIONNELLE • CONVIVIAL La piété filiale dans l'assiette ! Le chef étoilé Nicolas Gautier (à Nature, juste à côté) et son frère Mathieu rendent hommage à la cuisine de leur père Roger Gautier (RG) à travers une petite carte à prix doux et une cuisine gourmande et sans prise de tête qui ont tout pour plaire : terrine de foie gras au porto ; tête de veau sauce gribiche et poêlé de champignons à l'ail…
& – Prix : €
3 place du Général-de-Gaulle – ✆ *03 20 68 24 48 – bistrot-rg.com/fr –*
Fermé lundi et dimanche

ARNAGE
✉ 72230 – Sarthe – Carte régionale n° **23**–D1

AUBERGE DES MATFEUX

MODERNE • ÉLÉGANT Des motifs abstraits aux murs, une vaisselle signée par un artiste local : l'élégance du restaurant annonce celle de l'assiette. Avec une solide maîtrise technique, le chef compose de savoureux plats dans l'air du temps, qui

gardent toujours un œil sur la tradition. Ne manquez pas les ravioles de langoustines cuites dans leur jus.

⊗ ⌂ & ⊞ ⇔ 🅿 – Prix : €€€

289 avenue Nationale – ☎ 02 43 21 10 71 – www.aubergedesmatfeux.fr –
Fermé lundi et dimanche

LES ARQUES

✉ 46250 – Lot – Carte régionale n° **22**–B1

LA RÉCRÉATION

MODERNE • CONTEMPORAIN L'école est finie ! Dans cette sympathique maison,
l'ancienne salle de classe est devenue celle du restaurant, et le préau, une jolie
terrasse. Mais ici point de nostalgie : le décor tout comme la cuisine sont bien dans
l'air du temps.

🏠 – Prix : €€

Le Bourg – ☎ 05 65 22 88 08 – www.la-recreation-restaurant.com/fr –
Fermé mercredi et jeudi

ARRADON

✉ 56610 – Morbihan – Carte régionale n° **7**–A3

VIVANT ⓝ

MODERNE • ÉPURÉ Dans une belle salle claire et lumineuse comme une matinée
de printemps, les anciens du Moulin du Ponceau (Chartres) ont souhaité se rapprocher du "vivant " et de leurs producteurs - un locavorisme qui va de soi pour eux.
Dans l'assiette, le chef trousse une cuisine actuelle, axée sur la mer et le végétal
(à l'image de ce merlu côtier, chou sous toutes ses formes), qui recourt souvent
aux fermentations.

& ⇔ – Prix : €€€

4 rue François-Jarlégan – ☎ 06 38 44 60 06 – www.restaurant-vivant.fr –
Fermé lundi et dimanche soir

ARS-EN-RÉ - Charente-Maritime (17) ➜ Voir Île de Ré

ARVIGNA

✉ 09100 – Ariège – Carte régionale n° **22**–C3

😊 LE CLOS SAINT MARTIN - LA MÉTAIRIE

MODERNE • CONTEMPORAIN Nouvelle adresse pour Mélanie Zervos et son
compagnon Mickael Cappella, dans un petit village entre Mirepoix et Pamiers. La
cheffe fait la part belle aux produits des parages, comme cette poitrine de porc
d'Elodie Ribas confite et fumée, ou encore ce "dessert des sous-bois" tout en équilibre... On se régale.

⌂ & 🏠 🅿 – Prix : €

Lieu-dit Languit – ☎ 05 61 60 45 70 – www.restaurantlametairie.fr/index.php –
Fermé mercredi et jeudi, et lundi, mardi et dimanche soir

ASNIÈRES-SUR-SEINE

✉ 92600 – Hauts-de-Seine – Carte régionale n° **15**–B1

RHAPSODY

MODERNE • TENDANCE Au programme, jolis produits, recettes bistronomiques
gourmandes et bien ficelées - ravioles de poireaux, topinambours, bisque de

homard ; saucisse au couteau, purée, choux rouge ; Mont-Blanc marron, clémentine corse... à déguster, si possible, sur la terrasse à l'arrière, avec vue sur les cuisines.

&. 🖼 🍽 – Prix : €€

118 rue de Colombes – ☏ 01 47 93 33 94 – www.restaurant-rhapsody.fr – Fermé samedi et dimanche

ASSIER
✉ 46320 – Lot – Carte régionale n° **22**-C1

L'ASSIEROIS

MODERNE • CONTEMPORAIN Au centre du village, face à l'église et dotée d'une agréable terrasse ombragée, cette ancienne auberge offre désormais un cadre contemporain épuré où la femme du chef dispense une chaleur humaine plus qu'agréable. En cuisine, son mari propose une cuisine traditionnelle gourmande et généreuse, rythmée par les saisons, privilégiant toujours les produits locaux.

🍽 – Prix : €€

Place de l'Église – ☏ 05 65 40 56 27 – www.lassierois.com – Fermé lundi et mardi, et mercredi et dimanche soir

ASSIGNAN
✉ 34360 – Hérault – Carte régionale n° **21**-B2

🌸 LA TABLE DE CASTIGNO

MODERNE • ÉLÉGANT Une table à ne pas manquer dans ce village idyllique d'Occitanie. Au cœur du vignoble de Saint-Chinian, Assignan est devenu une halte zen et épicurienne à grand renfort de chambres d'hôtes de luxe, de galeries et d'adresses gourmandes comme cette table gastronomique, tenue par le couple de chefs Stéphan Paroche et Justine Viano. Une cuisine à quatre mains (vertes), méditerranéenne et colorée, accompagnée (cela va de soi) d'une jolie sélection de vins de la région – mais pas que. Des saveurs, de vieilles pierres, de beaux produits, du charme... Ce couple inspiré veille également sur les cartes de deux autres établissements du village, le bistrot La Petite Table et le bien nommé Thaï.

🚗🍽 🅿 – Prix : €€€

33 carriera de la Teuliera – ☏ 04 67 24 34 95 – villagecastigno.com – Fermé lundi et mardi

🛏 CHÂTEAU & VILLAGE CASTIGNO   *Plus*

CLASSIQUE CONTEMPORAIN Si Château Castigno est un producteur de vins bio, le Château & Village Castigno est aussi un hôtel "extra-ordinaire". Ses chambres occupent des maisons réparties dans tout le village, dont les rues sont ses espaces communs. De la luxueuse Villa Rouge (deux chambres, une cuisine complète et un jardin avec piscine privée) aux plus modestes chambres Vendangeur, les tailles et détails varient considérablement, mais toutes partagent le même style : un mélange vivant et coloré de contemporain et de traditionnel. A noter également le spa.

&. 🅿 🔔 🚗 🚲 🛋 ⚙ 🍸 🎿 🍽 - 24 chambres – Prix : €€

9 avenue de Saint-Chinian – ☏ 06 58 27 97 85

✿ **La Table de Castigno** - Voir la sélection des restaurants

ATTICHES
✉ 59551 – Nord – Carte régionale n° **13**-C2

L'ESSENTIEL

MODERNE • CONTEMPORAIN Une belle bâtisse en brique rouge au croisement de deux rues, dans le hameau du Petit Attiches, tenue par un jeune couple impliqué. Salle contemporaine, terrasse, joli jardin à l'arrière : il y fait bon vivre. Dans l'assiette, des plats actuels réalisés avec soin par le chef, à accompagner d'une jolie sélection de vins.

&& ⌂☖♿⛩♻ – Prix : €€€

19 rue de Neuville – ☎ 03 20 90 06 97 – www.essentiel-restaurant.fr – Fermé lundi et dimanche

ATTIN
✉ 62170 – Pas-de-Calais – Carte régionale n° **13**–A2

AU BON ACCUEIL

TRADITIONNELLE • BISTRO Entre Montreuil et le Touquet, cette chaleureuse adresse décorée façon bistrot contemporain propose une bonne cuisine faite maison, qui célèbre les produits du marché, mais pas seulement. Ce jour-là, maquereau farci à l'olivade et tartare de courgettes ; filet de bar, hollandaise au beurre noisette, semoule de chou-fleur aux herbes. Le tout à prix doux : que demander de plus ?

♿⛩ – Prix : €

52 route Nationale 39 – ☎ 03 21 06 93 55 – Fermé lundi et dimanche soir

AUBENAS
✉ 07200 – Ardèche – Carte régionale n° **2**–A3

L'AUBÉPINE

MODERNE • TRADITIONNEL L'Aubépine s'épanouit grâce à un jeune chercheur reconverti dans les saveurs... Pour Manuel, le chef, les choses sont claires : le circuit court est la règle, tout est fait maison, le jeu consistant à respecter à la fois les textures mais aussi les qualités nutritives des produits. Carte renouvelée toutes les semaines au gré du marché.

♿🅰 – Prix : €€

13 boulevard Jean-Mathon – ☎ 04 75 35 01 28 – www.restaurant-aubepine.fr/index.php?s=0&l=fr – Fermé lundi et dimanche, et du mardi au jeudi soir

LES COLOQUINTES

MODERNE • CLASSIQUE Ce restaurant, installé dans un ancien moulinage, et géré par un jeune couple – lui en cuisine, elle en salle – propose une cuisine respectueuse des saisons, des circuits courts et des produits locaux, truite, châtaignes, fruits, etc., à déguster dans une salle contemporaine mais aménagée sous le plafond voûté d'un ancien moulin. À l'été, profitez des tables à l'ombre des tilleuls, pour un dîner empreint de sérénité.

⌂⛩ – Prix : €

18 quai de l'Ardèche – ☎ 04 75 93 58 33 – www.les-coloquintes.com – Fermé mercredi, samedi midi et mardi soir

NOTES DE SAVEURS

MODERNE • TRADITIONNEL Assis dans la salle voûtée en pierre, face aux ruines de l'ancien couvent bénédictin, on savoure une cuisine où les produits de qualité ont la part belle : dans l'assiette, c'est généreux, gourmand, parfumé et original. Une adresse conviviale et agréable, qui mérite amplement son succès !

♿⛩ – Prix : €€

16 rue Nationale – ☎ 04 75 93 94 46 – Fermé lundi et dimanche, et mardi et mercredi soir

LA VILLA TARTARY

MODERNE • BRANCHÉ De belles voûtes en pierres de taille, un mobilier design, une terrasse délicieuse... Cet ancien moulin à eau – qui intervenait dans la fabrication de la soie – ne manque pas de charme ! Belles saveurs à la carte.

 ⏚ 🏠 **P** – Prix : €€

64 rue de Tartary – 𝒞 04 75 35 23 11 – www.restaurant-ardeche.com –
Fermé lundi et dimanche

AUBIGNY-SUR-NÈRE

✉ 18700 – Cher – Carte régionale n° **8**–C2

ⓐ LA CHAUMIÈRE

TRADITIONNELLE • **FAMILIAL** Ancien relais de poste du 19ème, cette auberge
familiale est tenue depuis 1992 par Philippe Arnault, épaulé par son épouse, sa
fille et son gendre Sébastien Provendier. On se délecte d'une truite gravlax à la
betterave ou d'une poule faisane aux châtaignes dans une agréable salle à manger
solognote ouverte sur la cour intérieure. Aux beaux jours, terrasse ombragée.

 ⏚ 🅼 🏠 ⇦⇨ **P** – Prix : €€

2 rue Paul-Lasnier – 𝒞 02 48 58 04 01 – hotel-restaurant-la-chaumiere.com –
Fermé lundi, mardi midi et dimanche soir

AUCH

✉ 32000 – Gers – Carte régionale n° **22**–B2

DOMAINE DE BAULIEU

Chefs : Maxime Deschamps

MODERNE • **CONTEMPORAIN** Dans une salle élégante et moderne, avec ses
grandes baies vitrées donnant sur la terrasse et la nature, on profite de la cuisine
du chef Maxime Deschamps. Les assiettes sont bien ficelées et tirent le meilleur de
la production locale. On passe un super moment.

🕸 L'engagement du chef : Nous utilisons essentiellement des produits locaux
et de saison. Nos déchets verts sont donnés aux ânes qui entretiennent nos
terres (éco-pâturage), ou compostés pour le potager, qui nous approvisionne en
plantes comestibles et aromates. Nous récupérons l'eau de pluie et retraitons les
eaux usées.

 ⇔🛏⏚🏠 **P** – Prix : €€

822 chemin de Lussan – 𝒞 05 62 59 97 38 – ledomainedebaulieu.com –
Fermé samedi, lundi midi et dimanche soir

LA GRANDE SALLE

MODERNE • **CLASSIQUE** Entièrement rénovée, cette institution du centre-ville
continue sa belle histoire sous l'égide d'une jeune équipe familiale – trois frères, l'un
en salle (Meilleur Ouvrier de France), l'autre en cuisine et le dernier en pâtisserie ! La
cuisine joue une partition contemporaine soignée qui met en valeur le patrimoine
gastronomique gersois. Cuisine du marché plus simple à la brasserie le 9 e .

🕸 ⇦⇨ – Prix : €€

Place de la Libération – 𝒞 05 62 61 71 71 – www.hoteldefrance-auch.com –
Fermé lundi et mardi, et dimanche soir

JEFF ENVOIE DU BOIS !!!

DU MARCHÉ • **ÉLÉGANT** Bons produits frais du marché où le chef Thomas Lloret
se rend deux fois par semaine, grande terrasse sur la place de la Libération, devanture sombre et élégante, intérieur design noir et blanc et surtout une bonne cuisine
du marché actuelle. Pas de doute, ce bistrot cantine, justement plébiscité, envoie
du bois...qu'on arrose avec des crus locaux bien choisis.

 ⏚ 🅼 🏠 – Prix : €€

12 place de la Libération – 𝒞 05 62 61 24 00 – Fermé lundi et dimanche, et mardi
et mercredi soir

AUDIERNE

✉ 29770 – Finistère – Carte régionale n° **7**–A2

⊛ ORIZHON

POISSONS ET FRUITS DE MER • CONTEMPORAIN Installés sur le port d'Audierne, ce Finistérien et cette Brésilienne font assurément voguer nos papilles vers de nouveaux horizons...Lui en salle, elle en cuisine, offrent le temps d'une escale une cuisine gourmande et parfumée. La cheffe puise évidemment dans le garde-manger local, majoritairement iodé, qu'elle mâtine de judicieuses touches de modernité et d'exotisme. Galettes de sarrasin façon tacos, porc confit, livèche ; tarte fine de thon, chutney de tomate aux épices ; poulpe grillé, betterave, chèvre frais, vinaigrette au vin rouge... Agréable salle contemporaine et colorée, terrasse avec vue sur le port.

🏠 – Prix : €€

2 quai Jacques-de-Thézac – ☎ 02 98 70 10 95 – orizhon-restaurant.fr –
Fermé lundi et dimanche, et du mardi au jeudi soir

AUDRIEU

✉ 14250 – Calvados

🛏 CHÂTEAU D'AUDRIEU

ÉLÉGANCE TRADITIONNELLE C'est un parfait exemple d'hôtel-château français que le Château d'Audrieu : un monument du 18ᵉ s. situé sur un domaine de 24 ha. entre Caen et Bayeux, dont les chambres et suites allient opulence rétro et confort moderne. Son spa est accompagné d'une belle piscine extérieure. De son côté, le bar 1715 (année de construction du château) propose toute la journée collations et boissons.

&🕏🅿🍃🕭🖔🚲⛱®🕯🍴 - 30 chambres – Prix : €€€

Château d'Audrieu – ☎ 02 31 80 21 52

AUGEROLLES

✉ 63930 – Puy-de-Dôme – Carte régionale n° **1**-C2

LES CHÊNES

TRADITIONNELLE • RUSTIQUE Restaurant de campagne en bordure de route, entouré par des forêts et les monts du Forez. Ouvert le midi pour une cuisine traditionnelle, généreuse et sans prétention qui fait la part belle aux produits de la région (viandes, champignons, fromages...). Toutes les bourses seront rassasiées grâce aux deux offres proposées (menu du jour ou menu gourmand). Une affaire de famille depuis 1975, qui a su prendre racine !

&🏠♻🅿 – Prix : €€

Route de Courpière – ☎ 04 73 53 50 34 – www.restaurant-les-chenes.com –
Fermé le soir

AULNAY-SOUS-BOIS

✉ 93600 – Seine-Saint-Denis – Carte régionale n° **15**–B1

AUBERGE DES SAINTS PÈRES

CRÉATIVE • ÉLÉGANT Il faut reconnaître au chef de cette Auberge des Saints Pères un incontestable mérite : celui de la régularité ! L'expérience incontestable du chef, sa cuisine moderne de bons produits, sa maîtrise des fondamentaux (cuissons, assaisonnements) expliquent la bonne cote locale dont l'établissement jouit auprès de ses clients fidèles. L'épouse du chef assure efficacement l'accueil et le service. Cadre épuré et élégant.

Ⓐ – Prix : €€€

212 avenue Nonneville – ℰ 01 48 66 62 11 – www.auberge-des-saints-peres.fr –
Fermé dimanche, lundi et samedi à midi , et mercredi soir

AULON

✉ 65240 – Hautes-Pyrénées – Carte régionale n° **22**–A3

AUBERGE DES ARYELETS

TRADITIONNELLE • AUBERGE Il faudra grimper un peu pour rejoindre ce village haut perché des Pyrénées qui défend avec une fierté justifiée un patrimoine
naturel exceptionnel. Sur la place centrale, un jeune couple fait vivre cette maison
avec allant, mettant à l'honneur la tradition et les produits de la région : cochon de
lait basse température et jus corsé ; agneau confit de mon enfance, jus d'ail noir...
🍴 – Prix : €€

Place du Village – ℰ 05 62 39 95 59 – www.aubergedesaryelets.com –
Fermé lundi et mardi

AULT

✉ 80460 – Somme

🛏 LE CISE   *Plus*

DESIGN MODERNE Cet hôtel a failli disparaître, et cela aurait été bien dommage
pour les citadins friands d'escapades déconnectées. A seulement deux heures
de Paris, il jouit d'une situation royale : perché sur une falaise du bois de Cise, site
naturel protégé, il surplombe la Manche et profite d'un calme monacal. Cinq villas
réparties sur le domaine entre mer et bois ont pour mission le bien-être et la relaxation. Selon les envies : jacuzzi et spa finlandais tournés vers la mer, balades à vélo le
long des falaises ou promenade sur la plage de galets, et restaurant gastronomique.
🅿 ⌂ 🛁 ♨ 🎐 🍴 - 21 chambres – Prix : €

Route de la Plage – ℰ 03 22 26 46 46

AUMALE

✉ 76390 – Seine-Maritime – Carte régionale n° **17**–D1

VILLA DES HOUX

TRADITIONNELLE • TRADITIONNEL Quel cachet ! L'architecture tout en colombages (19ᵉ s.), l'enceinte de verdure, le calme... Au menu, une cuisine généreuse et
savoureuse, amie du terroir : terrine de ris de veau, caille désossée en croûte de
sel... Côté décor, on joue la carte du classicisme, que ce soit dans la salle à manger
ou en terrasse.
🎐 ᇰ 🍴 ⇄ 🅿 – Prix : €€

6 avenue du Général-de-Gaulle – ℰ 02 35 93 93 30 – www.villa-des-houx.com –
Fermé lundi midi et dimanche soir

AUMONT-AUBRAC

✉ 48130 – Lozère – Carte régionale n° **21**–C1

✿✿ CYRIL ATTRAZIC

Chef : Cyril Attrazic

CRÉATIVE • CONTEMPORAIN Cyril Attrazic nous l'a confié : "Avant même la
passion de la cuisine, j'ai eu celle de la Maison". Explication de texte : la Maison,
c'est l'hôtel-restaurant familial, fondé par sa grand-mère au cœur de l'Aubrac, ce
haut-plateau d'altitude aux faux airs de steppe mongole. Tradition paysanne
et rude climat obligent, le restaurant ne badine pas avec l'hospitalité... version
contemporaine. En cuisine, le chef applique le précieux conseil du maître Michel

Bras : il faut "cuisiner son territoire, utiliser des produits identitaires". Il s'y emploie donc, en travaillant par exemple un cèpe géant cueilli dans un sous-bois voisin, ou en magnifiant la célèbre viande Aubrac, produit aux mille saveurs florales, qu'il sert "dans son écosystème...". Difficile de mieux goûter et humer la Lozère.

🌿 **L'engagement du chef :** Tous nos produits sont issus au jour le jour d'une agriculture raisonnée, respectueuse des saisons, des hommes et des femmes. Dans un monde où la cuisine se végétalise, l'Aubrac reste une terre d'élevage, de micro-exploitations. C'est à travers nos menus et cette sélection de produits que nous partageons avec nos clients cette passion pour notre territoire.

🏵 ⇔ & 🄰🄲 🄿 – Prix : €€€€

10 route du Languedoc – 𝒞 04 66 42 86 14 – www.cyrilattrazic.fr – Fermé du lundi au mercredi

😊 LE GABALE

TRADITIONNELLE • CONTEMPORAIN Cyril Attrazic tient avec cette brasserie le complément idéal à sa table gastronomique. Le décor moderne, paré de photos panoramiques des paysages d'Aubrac, est un bel écrin pour déguster des assiettes franches et bien réalisées ; on se régale le plus simplement du monde, à l'intérieur ou sur la jolie terrasse.

🏵 🄰🄲 🀕 🄿 – Prix : €€

10 route du Languedoc – 𝒞 04 66 42 86 14 – www.camillou.com – Fermé mardi et mercredi

🛏 CHEZ CAMILLOU   *Plus*

DESIGN MODERNE En léger retrait de la nationale, un hôtel récent avec des chambres agréables, d'esprit contemporain et frais. Les plus qui font la différence : un petit-déjeuner copieux (charcuteries et fromages locaux), et un accueil à la fois gentil et pro !

🄿 ⇔ ⊲ 🖫 🚲 ⚒ 🕭 🍴 - 37 chambres – Prix : €

10 route du Languedoc – 𝒞 04 66 42 80 22

❀❀ **Cyril Attrazic** • 🏵 **Le Gabale** - Voir la sélection des restaurants

AUPS

✉ 83630 – Var – Carte régionale n° **24**–C3

😊 LE SAINT MARC

PROVENÇALE • CONVIVIAL Au sud des gorges du Verdon, le petit village de Aups offre une jolie étape bistronomique. Le chef Alexandre Dimitch et sa petite équipe assurent une partition locale et bistronomique, généreuse et pleine de saveurs, avec truffe en été... Enfin, avis aux amateurs : la cave attenante se mue en bar à vins le soir venu.

🀕 – Prix : €€

7 rue Jean-Pierre-Aloisi – 𝒞 04 94 70 06 08 – lesaintmarc.com – Fermé mardi et lundi soir

AURAY

✉ 56400 – Morbihan – Carte régionale n° **7**–A3

😊 LE P'TIT GOUSTAN

MODERNE • COSY Aux fourneaux de ce P'tit Goustan, le chef aime cuisiner local, depuis les poissons de la pêche jusqu'aux viandes. Le meilleur de la Bretagne lui inspire des recettes originales et maîtrisées, à déguster dans l'une des deux salles contemporaines et cosy. Une adresse charmante, avec terrasse et vue sur le petit port.

🍴 ⇔ – Prix : €€

9 place Saint-Sauveur – ☏ 02 97 56 37 30 – www.restaurantleptitgoustan.com –
Fermé lundi, et mercredi et dimanche soir

TERRE-MER AU DOMAINE DE KERDRAIN

MODERNE • CHIC Nouvelle maison et nouveau décor pour Anthony Jehanno.
Demeurent le nom, l'alliance des terroirs et la lisibilité culinaire des racines bretonnes de ce jeune chef voyageur. Légumes anciens des maraîchers, coquillages
des mareyeurs de la Trinité-sur-Mer, poissons des petits bateaux de pêche... À
chaque instant, la terre épouse la mer, et ils ne sont pas prêts de divorcer.

🍴 & 🅰️ 🍴 ⇔ 🅿️ – Prix : €€€

20 rue Louis-Billet – ☏ 02 97 56 63 60 – www.restaurant-terre-mer.fr –
Fermé lundi et dimanche

AUREVILLE

✉ 31320 – Haute-Garonne – Carte régionale n° **22**–B2

❀ EN MARGE

Chef : Frank Renimel

CRÉATIVE • ÉLÉGANT Frank Renimel et son épouse ont décidé de se mettre
"en marge" de la ville de Toulouse : ils accueillent en plein cœur des coteaux du
Lauragais – un terroir connu comme un véritable pays de Cocagne. D'un ancien
corps de ferme, ils ont imaginé un loft gourmand de bois et de pierre, dont les larges
baies vitrées embrassent les vallonnements d'une campagne bucolique. Calé sur
les saisons, le chef change sa carte tous les mois, et marie les produits rustiques et
terriens à des perles nobles comme le caviar, la truffe ou le cèpe. On est souvent
bluffé par le travail dans l'assiette, où les émotions gustatives sont légion - ainsi
son cassoulet revisité, un classique de la carte. Pour prolonger la douceur du séjour,
cinq très belles chambres décorées avec goût par Madame Renimel et flanquées
d'une petite piscine sont idéales pour l'étape gastronomique. En Marge est au
cœur du goût.

🏵 ⇔ & 🅰️ 🍴 ⇔ 🅿️ – Prix : €€€€

1204 route de la Croix-Falrgarde – ☏ 05 61 53 07 24 – www.restaurantenmarge.
com/fr – Fermé dimanche soir

AURIAC

✉ 19220 – Corrèze – Carte régionale n° **19**–C3

LES JARDINS SOTHYS

MODERNE • RUSTIQUE Carrés d'herbes aromatiques, clos japonais, roseraie,
etc. Ces jardins (entrée payante), dus à la célèbre marque de cosmétiques, mêlent
poésie et culte des vertus de la nature. Au restaurant, le chef magnifie le terroir
corrézien à grand renfort d'épices – il a longtemps travaillé en Asie et aux Antilles
–, pour un résultat parfumé et maîtrisé.

⇔ 🍴 & 🍴 🅿️ – Prix : €€

Route de Darazac – ☏ 05 55 91 96 91 – www.lesjardinssothys.fr – Fermé lundi et
mardi, et mercredi, jeudi et dimanche soir

AURILLAC

✉ 15000 – Cantal – Carte régionale n° **1**–B3

😊 LES QUATRE SAISONS

MODERNE • TRADITIONNEL Sincère et bien tournée : telle est la cuisine de Didier
Guibert, installé dans une petite rue calme du centre-ville, qui ne travaille qu'avec

des produits frais – et notamment la viande de ses deux frères, bouchers de leur état. Une maison bien tenue.

🔳 – Prix : €€

10 rue Jean-Baptiste-Champeil – 𝒞 04 71 64 85 38 – www.quatresaisons.onlc.fr – Fermé lundi, mardi midi et dimanche soir

LE CROMESQUIS

MODERNE • CONVIVIAL Après un joli parcours dans des tables étoilées en Suisse, le chef est revenu aux sources : son épouse est originaire de la région. Dans ce lieu atypique – une ancienne forge réaménagée à grand renfort de bois, béton et baies vitrées –, il propose des recettes modernes et goûteuses... avec, bien entendu, un cromesquis proposé chaque jour parmi les entrées !

🏠 – Prix : €€

1 rue du Salut – 𝒞 04 71 62 34 80 – www.restaurant-cromesquis.fr – Fermé lundi et dimanche, et du mardi au jeudi soir

🛏 ### HÔTEL DES CARMES *Plus*

DESIGN MODERNE Dans le centre-ville, cet hôtel propose des chambres contemporaines et personnalisées, ainsi que de nombreux services de qualité : piscine couverte avec sauna, bar, salle de réunion... Un ensemble confortable et chaleureux. Cuisine bistrot au restaurant.

🅿 ⌧ 🛜 ⅼ◯ - 23 chambres – Prix : €

20 rue des Carmes – 𝒞 04 71 48 01 69

AUTRANS-MÉAUDRE EN VERCORS

✉ 38880 – Isère – Carte régionale n° **2**-C2

LES TILLEULS

MODERNE • AUBERGE La cinquième génération, incarnée par la fille des propriétaires et son mari, continue l'histoire. Le chef signe une cuisine traditionnelle en utilisant de bons produits du terroir - caillette, truite du Vercors, dessert à base de noix de Grenoble et Chartreuse verte. On apprécie ces plats dans une salle où l'esprit montagnard se fait contemporain et lumineux...

🛆🏠🅿 – Prix : €€

111 rue de Puilboreau – 𝒞 04 76 95 32 34 – www.hotel-tilleuls.com/accueil.htm – Fermé jeudi et mercredi soir

AUXERRE

✉ 89000 – Yonne – Carte régionale n° **5**-B1

L'ASPÉRULE

DU MARCHÉ • ÉPURÉ Dans une vieille maison de ville, voici une salle à la déco épurée, avec son sol en béton ciré et ses murs beige. Le chef japonais signe une cuisine qui associe les produits d'ici et la précision technique de là-bas, comme dans ce filet de canette servi parfaitement rosé, duxelle de champignons shiitaké, sauce balsamique. Menu du marché à prix doux le midi, menu dégustation plus ambitieux le soir.

🔳 – Prix : €€

34 rue du Pont – 𝒞 03 86 33 24 32 – www.restaurant-asperule.fr – Fermé lundi et dimanche

LE JARDIN GOURMAND

MODERNE • COSY Cette élégante maison bourgeoise est le fief du chef Pierre Boussereau et de son complice Olivier Laplaine, qui reçoivent désormais moins de dix couverts, dans un esprit convivial entre table d'hôtes et bistrot chic. Les préparations culinaires, soignées, inspirées par les produits du jardin et les voyages du chef, sont déclinées dans un plantureux menu dégustation.

🖷 🕭 🕭 – Prix : €€€€

56 boulevard Vauban – ☏ 03 86 51 53 52 – www.lejardingourmand.com – Fermé lundi, mardi, du mercredi au vendredi à midi, et dimanche soir

LE NOYO Ⓝ

MODERNE • CONTEMPORAIN Un vent de nouveauté souffle à Auxerre ! À quelques pas du marché couvert, cette petite adresse joliment rénovée est l'œuvre de François Liebaert, chef icaunais bien connu. Il propose un menu-carte de saison bien pensé et attractif, avec un fil conducteur sur chaque assiette ainsi que quelques touches créatives, à l'image de ce merlu de ligne aux saveurs espagnoles. Les assaisonnements sont justes et équilibrés, le visuel est soigné également. Service dynamique et attentionné par Estelle.

🄰🄲 – Prix : €€

26 rue du 24-Août – ☏ 09 87 13 26 75 – le-noyo-auxerre.eatbu.com – Fermé mercredi, samedi midi et mardi soir

AUZEVILLE-TOLOSANE

✉ 31320 – Haute-Garonne – Carte régionale n° **22**–B2

🛞 LA TABLE D'AUZEVILLE

CLASSIQUE • CONVIVIAL Au cœur d'un village de la banlieue de Toulouse, cette maison blanche est désormais le fief de Grégory Truilhé, qui était déjà présent ici en tant que second. Que les habitués se rassurent : il se montre fidèle à la réputation de la maison, et compose une cuisine tout à la gloire des grands classiques. C'est gourmand et bien réalisé : un plaisir.

🄰🄲 🕭 ✿ – Prix : €€

35 chemin de l'Église – ☏ 05 61 13 42 30 – www.latabledauzeville.fr – Fermé lundi et mardi, et dimanche soir

AUZOUVILLE-SUR-SAÂNE

✉ 76730 – Seine-Maritime – Carte régionale n° **17**–D1

🛞 AUBERGE DE LA MÈRE DUVAL

MODERNE • COSY Alexandre et Mélanie Baranzelli s'épanouissent désormais dans un nouveau domaine où coule une jolie rivière, enjambée par deux ponts et veillée par un moulin : bucolique à souhait ! Le chef, passé par de belles maisons, aime les recettes traditionnelles de son terroir normand, mais sa cuisine se révèle de plus en plus personnelle avec le temps.

🕷 🖷 🕭 ✿ 🅿 – Prix : €€

Impasse de la Linerie – ☏ 02 35 04 18 26 – www.lamereduval.fr – Fermé mardi et mercredi, et lundi soir

AVAILLES-EN-CHÂTELLERAULT

✉ 86530 – Vienne – Carte régionale n° **20**–C1

L'OUVRIÈRE

MODERNE • ÉPURÉ L'Ouvrière se conçoit comme une communauté sur le modèle de la ruche. Ludovic et Kelly Dumont espèrent ici créer une osmose entre les clients, les producteurs, les éleveurs et les artisans... Un pari joliment tenu avec une cuisine simple et bien réalisée (volaille à l'estragon, tarte aux fruits de saison) à partir de beaux produits. Situé sur la petite place du village, ce restaurant intimiste est une bonne nouvelle pour la ville.

✿ – Prix : €

6 place René-Descartes – ☏ 09 77 37 61 38 – Fermé lundi et mardi, et dimanche soir

AVAILLES-LIMOUZINE

✉ 86460 – Vienne – Carte régionale n° **20**–C2

🕸 LA CHATELLENIE

TRADITIONNELLE • CONTEMPORAIN Emilie et Thomas Fournier ont investi leur enthousiasme et leur talent dans cette auberge de charme nichée au fin fond de la Vienne, qui met à l'honneur les producteurs locaux. Des réalisations gourmandes au dressage soigné et à un bon rapport qualité-prix, comme cette tête de veau grillée fondante en bouche et ses carottes fanes. Une adresse qui vaut bien le détour.

⇦🔥🏧🍴 – Prix : €€

1 rue du Commerce – 𝄞 05 49 84 31 31 – www.lachatellenie.fr – Fermé lundi et dimanche

AVALLON

✉ 89200 – Yonne – Carte régionale n° **5**–B2

LES CORDOIS AUTREMENT

TRADITIONNELLE • CONTEMPORAIN Tenue par la même famille depuis 1910, cette maison est désormais adossée à une église du 12 e s. ; on s'installe au choix à l'intérieur, lumineux et coloré, ou sur la terrasse ombragée, pour se régaler d'une cuisine régionale remise au goût du jour : escargots de Bourgogne, œufs en meurette, rognon de veau à la graine de moutarde...

🔥🏧🍴 – Prix : €€

15 rue Bocquillot – 𝄞 03 86 33 11 79 – lescordois.fr – Fermé mardi et mercredi

AVEZAN

✉ 32380 – Gers – Carte régionale n° **22**–B2

LA TABLE DE NAZÈRE

Chef : Christopher Roussat

DU MARCHÉ • MAISON DE CAMPAGNE Au cœur de la Lomagne, cette ancienne ferme rénovée avec cachet abrite chambres d'hôtes, gîtes et une jolie table chic et champêtre baignée de lumière. Le chef Christopher Roussat signe une cuisine de saison et de terroir (foie gras et armagnac au programme), fine et gourmande, relevée par les herbes du potager.

🕸 **L'engagement du chef :** Nous entretenons une relation privilégiée avec les producteurs et artisans locaux. Nous avons un potager en permaculture au sein du domaine, avec aménagement de réserves d'eau grâce à des mares alimentées par des sources et des citernes qui stockent les eaux pluviales. Les déchets végétaux sont recyclés en compost ou pour les animaux de basse-cour. Les produits d'entretien sont écologiques.

⇦🏡🔥🏧🍴♻🅿 – Prix : €€

Lieu-dit Nazère – 𝄞 05 62 64 39 01 – www.nazere.fr/fr – Fermé lundi et mardi, et dimanche soir

AVIGNON

✉ 84000 – Vaucluse – Carte régionale n° **25**–E1

Quand son festival est clos, la Cité des papes se dévoile : palais, jardins, remparts, clochers, hôtels particuliers et toits de tuiles s'offrent au regard du promeneur. De tout temps, la ville fut un foyer de la gastronomie provençale. Les aromates règnent sans partage et parfument des plats gorgés de soleil : thym dans la ratatouille, romarin et sarriette sur les fromages, mais aussi ail, oignon et basilic sur la daube avignonnaise. L'huile d'olive est également incontournable, et l'on est agréablement surpris par le nombre de moulins encore en activité aux alentours d'Avignon, dans les Alpilles et la vallée des Baux, notamment. On trouve sur les marchés et dans les boutiques des tapenades, pistous et autres délices fabriqués tout près, à L'Isle-sur-la-Sorgue. Quant au marché des producteurs, il propose notamment les fruits et légumes cultivés sur l'île de la Barthelasse, la plus grande île fluviale d'Europe...

❀ **LA MIRANDE**

Chef : Florent Pietravalle

MODERNE • HISTORIQUE L'œuvre du soleil, le chatoiement des couleurs, la générosité : les assiettes, fines et savoureuses de Florent Pietravalle, respirent le Sud, ses produits et ses traditions (langoustine, saint-pierre etc.). Ici, tout est maîtrisé : des saveurs, marquées et marquantes, au service, professionnel, distingué et souriant. A noter, le menu surprise à base de remarquables produits de saison de la région parfaitement sourcés (à la fin du repas, une carte est remise avec les noms et localisations des producteurs). Ses recettes, à la fois techniquement maîtrisées et spontanées, révèlent l'héritage de ses expériences chez Jean-Luc Rabanel et surtout Pierre Gagnaire. Le décor aussi est délicieux : superbe salle 18 e s. ou ravissant jardin, entre les murs historiques de la Mirande, l'hôtel particulier qui touche le Palais des Papes. Le goût et l'élégance, réunis en un seul lieu.

 L'engagement du chef : On s'approvisionne chez les producteurs locaux qui intègrent nos besoins dans leurs plans de culture. Utilisation des produits bio ; cave pour la culture des champignons dans le cadre d'un projet agricole urbain pour privilégier les circuits courts, comme les herbes cultivées sur le toit de la cuisine. Menu végétarien pour soutenir l'alternative d'une alimentation moins carnée. Tri sélectif pour isoler les déchets compostables, récupérés par une association.

&⇔🛏🅼🍴♿ – Prix : €€€€

Plan : A2-1 – *4 place de l'Amirande* – ☎ *04 90 14 20 20* – *www.la-mirande.fr* – *Fermé du lundi au mercredi*

POLLEN

Chef : Mathieu Desmarest

CRÉATIVE • COSY Au détour de vos butinages dans les ruelles d'Avignon, découvrez cette jolie salle à manger avec sa grande cuisine ouverte où les les cuisiniers assurent le service en salle tandis qu'on profite des judicieux conseils bachiques d'un sommelier motivé (et bon connaisseur des vins en biodynamie). À travers son menu surprise, le chef Mathieu Desmarest propose une cuisine lisible, épurée et équilibrée qui évolue au fil des saisons en suivant les producteurs locaux. Il fait son miel de produits d'une qualité irréprochable (poulpe, thon rouge, pigeon...). Les subtiles préparations créatives et les mariages de saveurs francs séduisent sans effort.

🅰🄲 ⌂ – Prix : €€€

Plan : A2-3 – *18 rue Joseph-Vernet* – ☎ *04 86 34 93 74* – *www.pollen-restaurant. fr* – *Fermé samedi et dimanche, et mercredi soir*

LA VIEILLE FONTAINE

MODERNE • CLASSIQUE Boiseries, moulures, tapisseries et cheminée composent l'élégance provençale de cette maison historique. Parfaitement à son aise, le chef Pascal Auger décline aux fourneaux une cuisine délicieusement méridionale, aussi précise que bien ficelée, véritable défilé de couleurs et de saveurs. Un exemple ? Cette queue de lotte aux petits pois, framboise et moule de Méditerranée ou la douceur acidulée au citron caviar et fraises de pays et aneth... Un repas tout simplement exquis. Aux beaux jours – ils sont nombreux en Avignon –, on profite de ces douceurs sous le platane centenaire de la jolie terrasse face à la vieille fontaine...

🐾 ⇦ 🅰🄲 ⌂ ♿ – Prix : €€€

Plan : A2-2 – *Hôtel d'Europe, 12 place Crillon* – ☎ *04 90 14 76 76* – *www. heurope.com/fr* – *Fermé lundi et dimanche*

ACTE 2 🆕

MODERNE • CONTEMPORAIN Dans la ville du célèbre festival, le théâtre s'insinue jusque dans les assiettes. Premier acte : un jeune couple du métier, installé au centre historique. Deuxième acte : des assiettes qui respirent les bons produits frais locaux et de saison. Troisième acte : un excellent rapport qualité prix. Le décor est planté ! On se régale de l'œuf élevé en plein air, cuit à 64°C, servi sur une tarte fine aux petits pois frais, du cabillaud en pavé, servi moelleux, et ses légumes du moment, condiment herbacé, émulsion citron vert et du dessert "La vie en rose" qui fait tourner la tête...

♿ 🅰🄲 ⌂ – Prix : €€

Plan : A2-10 – *3 rue de la Petite-Calade* – ☎ *09 53 99 36 88* – *www. restaurantacte2.com* – *Fermé lundi et mardi, et dimanche soir*

L'AGAPE

MODERNE • CONTEMPORAIN Après un beau parcours étoilé, Julien Gleize a établi ses quartiers au cœur de la cité des papes. Courgette, rouget, olive, huile d'olive, artichaut, poivron : la Provence est mise à l'honneur dans de jolies compositions, rehaussées de discrètes touches actuelles (sésame, citronnelle, curcuma). A déguster dans un décor de style post-industriel ou sur la terrasse ombragée, au bord de la fontaine.

♿ 🅰🄲 ⌂ – Prix : €€

Plan : A3-4 – *21 place des Corps-Saints* – ☎ *04 90 85 04 06* – *www.restaurant-agape-avignon.com/fr* – *Fermé lundi et dimanche*

AVENIO

MODERNE • CONVIVIAL Au cœur d'Avignon, ce restaurant contemporain ouvert par un jeune couple passé par de belles maisons connaît un succès mérité : produits choisis et accueil chaleureux autour d'une cuisine qui sait humer l'air du temps. On se régale d'un œuf mollet fermier, épinards et champignons, du cabillaud en croûte

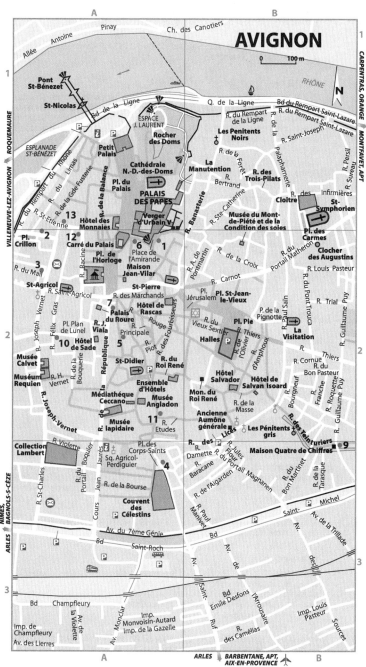

AVIGNON

0   100 m

N

RHÔNE

Ch. des Canotiers

Allée   Antoine   Pinay

VILLENEUVE-LEZ-AVIGNON   ROQUEMAURE

NÎMES, BAGNOLS-S-CÈZE   ARLES

Pont St-Bénezet

St-Nicolas

ESPLANADE ST-BÉNEZET

Bd de la Ligne

Q. de la Ligne

Bd du Rempart Saint-Lazare

R. du Rempart de la Ligne

R. du Rempart Saint-Lazare

R. Saint-Joseph

Les Penitents Noirs

ESPACE J. LAURENT

Rocher des Doms

R. de la Forêt

Petit Palais

Cathédrale N.-D.-des-Doms

La Manutention

R. Bertrand

R. des Trois-Pilats

Palabharmerie

R. Suau

R. Persil

Infirmières

St-Symphorien

Cloître

Pl. du Palais

PALAIS DES PAPES

R. Ste-Catherine

Musée du Mont-de-Piété et de la Condition des soies

R. des

Pl. des Carmes

Clocher des Augustins

Hôtel des Monnaies

Verger d'Urbain V

R. Banasterie

R. de la Croix

R. du Portail Matheron

R. Louis Pasteur

R. du Pont Trouca

R. Guillaume Puy

Pl. Crillon

13

12

Carré du Palais

Pl. de l'Horloge

6

1

Place de l'Amirande

R. A. de Pontmartin

R. Carnot

Maison Jean-Vilar

R. du Maïl

R. St-Etienne

R. de la Bance

R. de la Gde Fusterie

R. du Limas

R. du Rempart du Rhône

2

3

St-Agricol

R. Saint-Agricol

St-Pierre

R. des Marchands

Pl. Jérusalem

Pl. St-Jean-le-Vieux

7

Palais du Roure

Hôtel de Rascas

R. Rouge

Pl. Pie

La Visitation

R. du Vieux Sextier

Pl. Plan de Lunel

R. J. Viala

R. Principale

R. des Fourbisseurs

B. Thiers

R. de l'Olivier

R. du Pont Saint

R. Trial

Félix Gras

R. Joseph Vernet

10

Hôtel de Sade

5

R. Piot

Halles

R. d'Amphoux

R. Thiers

R. Cornue

R. du Bon Pasteur

R. de la Bouquerie

République

St-Didier

R. du Roi René

Hôtel Salvador

Hôtel de Salvan Isoard

R. Roquette

R. Franche

Musée Calvet

Muséum Requien

Ensemble d'Hôtels

Mon. du Roi René

R. de la Masse

R. Bougneuf

R. H. Vernet

Médiathèque Ceccano

Musée Angladon

11

Ancienne Aumône générale

Les Pénitents gris

R. des Teinturiers

R. Guillaume Puy

R. Joseph-Vernet

Musée lapidaire

R. des Etudes

R. des Lices

9

Maison Quatre de Chiffres

Collection Lambert

R. Violette

Pl. des Corps-Saints

R. des Damette

R. Jules Flour

R. du Portail Magnanen

R. St-Charles

R. du Portail Boquier

Sq. Agricol-Perdiguier

4

R. Baracane

R. de l'Aigarden

R. du Bon Martinet

R. de la Tarasque

R. Jean Jaurès

R. de la Bourse

Couvent des Célestins

Cours Jean

R. Paul Manivet

Saint-Michel

Av. de la Trillade

Av. du 7ème Génie

Bd

Saint-Roch

Av. de

Av.

3

Bd   Champfleury

Imp. Monvoisin-Autard   Imp. de la Gazelle

Av. Monclar

Bd   Émile Desfons

R. l'Arrousaire

Imp. Louis Pasteur

Imp. de Champfleury   Av. des Lierres

Av. de la Violette

Ruf

R. des Camélias

R. Sources

Saintd'herbes, fondue de poireaux, beurre de coquillages au safran ou de la pavlova aux agrumes et fruits de la passion... Attention il est prudent de réserver !

🅐🅒 – Prix : €€

Plan : A2-11 – *19 rue des Trois-Faucons* – *📞 04 90 03 14 41* – *restaurant-avenio. fr* – *Fermé lundi et dimanche*

ITALIE LÀ-BAS

ITALIENNE • COSY Ce couple d'Italiens passionnés fait vibrer en nous l'âme italienne : pendant qu'il s'occupe du service en salle, elle concocte de bons plats transalpins, à base de produits frais et propose même un menu végétal. Sardines en saor comme à Venise, vitello tonnato aux noisettes, café et poutargue, risotto en croûte... ça chante dans l'assiette ! On en sort ravi, avec l'accent italien.

🌲 😊 – Prix : €€

Plan : A2-5 – *23 rue de la Bancasse* – *📞 04 86 81 62 27* – *www.italielabas.fr* – *Fermé lundi, mardi et du mercredi au dimanche à midi*

LA FOURCHETTE

TRADITIONNELLE • BISTRO Collection de fourchettes et de guides MICHELIN, vieilles photos : un bistrot au décor original et à l'ambiance chaleureuse. Au menu, une cuisine traditionnelle aux savoureux accents du Sud, avec, en dessert, l'une des spécialités de la maison : la meringue glacée au pralin... L'adresse affiche souvent complet !

🅐🅒 – Prix : €€

Plan : A2-12 – *17 rue Racine* – *📞 04 90 85 20 93* – *www.la-fourchette.net* – *Fermé samedi et dimanche*

LE GOÛT DU JOUR

MODERNE • CONTEMPORAIN De bonnes idées, du savoir-faire... Julien Chazal, jeune chef originaire d'Avignon, fait ici une jolie démonstration ! Sa cuisine, ancrée dans les saisons, se révèle en plus soignée visuellement, avec des dressages qui ne doivent rien au hasard. Et n'oublions pas le service souriant.

🤝 🅐🅒 – Prix : €€

Plan : A1-13 – *20 rue Saint-Étienne* – *📞 04 32 76 32 16* – *legoutdujour84.com* – *Fermé mardi et mercredi*

HIÉLY-LUCULLUS

MODERNE • VINTAGE "Pérouvence" : c'est ainsi que le chef Gérald Azoulay, natif d'Avignon, nomme sa cuisine, étonnante union culinaire entre le Pérou (où est née Patricia, son épouse) et la Provence. Dans l'assiette, quand la pêche du jour rencontre les artichauts poivrade et la sauce parihuela ou que l'agneau de Provence se marie avec la sauce chimichurri, le métissage est savoureux. A déguster dans une salle à manger décorée façon Belle Époque. Jolie carte de vins de la vallée du Rhône.

🅐🅒 – Prix : €€€

Plan : A2-7 – *5 rue de la République* – *📞 04 90 86 17 07* – *www.hiely-lucullus. com* – *Fermé mardi et mercredi*

NUMÉRO 75

TRADITIONNELLE • CONVIVIAL Une demeure bourgeoise du 19 e s. noyée sous la végétation (glycine, vigne vierge et clématite) : joli décor pour un repas sur la plaisante terrasse arborée... Cette adresse connaît un franc succès dans la ville : la faute à son cadre chaleureux et à une cuisine du marché sincère, aux notes provençales. Service convivial et efficace.

🌲 😊 – Prix : €€

Plan : B3-9 – *75 rue Guillaume-Puy* – *📞 04 90 27 16 00* – *www.numero-75.com* – *Fermé dimanche, samedi midi et lundi soir*

SEVIN

MODERNE • ÉLÉGANT Dans cette demeure médiévale chargée d'histoire, installée en bordure immédiate du Palais des papes, le chef Guilhem Sevin compose une partition moderne autour de trois menus, et profite du soutien d'une équipe jeune et motivée. Si possible, profitez de la terrasse surplombant la place. Belle carte des vins.

🏍 📶 🎛 ✿ – Prix : €€€

Plan : A2-6 – *10 rue de Mons – 𝒞 04 90 86 16 50 – www.restaurantsevin.fr – Fermé mercredi et jeudi*

LA DIVINE COMÉDIE   *Plus*

CLASSIQUE CONTEMPORAIN Cet hôtel particulier peut se targuer de posséder le plus grand jardin privé d'Avignon, un havre de paix verdoyant en plein cœur de la ville médiévale. S'y niche un petit hôtel de cinq suites, taille idéale pour un service personnalisé, des espaces communs magnifiquement tranquilles et une atmosphère conviviale de maison de campagne, dont le salon regorgerait d'œuvres d'art. Les suites sont luxueuses, éclectiques, toutes différentes et toutes extraordinaires. L'orangerie abrite la salle à manger, et la verdure dissimule un tout petit spa, un jacuzzi et une piscine.

🅿 ⬦ 🛖 ☎ 🛌 🌐 🕸 - 5 chambres – Prix : €€€

16 impasse Jean-Pierre Gras – 𝒞 06 77 06 85 40

MAS DE CAPELOU   *Plus*

CLASSIQUE CONTEMPORAIN L'architecture de l'ancienne ferme a été méticuleusement préservée et restaurée, tandis que la décoration de ses cinq chambres révèle un œil moderne : simplicité des intérieurs, caractère plus contemporain des quatre appartements, sans perdre de vue leur identité provençale. Ce plaisir esthétique ne fait pas ombrage aux autres atouts du lieu, comme la petite piscine idéale pour prendre le soleil, ou le terrain et ses ambiances bucoliques.

🅿 🛖 ☎ 🌐 🍽 - 9 chambres – Prix : €€

1336 chemin des Poiriers – 𝒞 07 66 76 21 58

LA MIRANDE   *Plus*

ÉLÉGANCE TRADITIONNELLE Cet hôtel particulier du 17e s. est absolument superbe : pierres ouvragées, déluge d'objets d'art et de tentures dans l'esprit provençal du 18e s. et un délicieux jardin clos, qui s'épanouit à l'ombre du palais des Papes. Raffinement exquis !

🛀 🅿 ⬦ ⬦ 🛖 🛎 🍽 - 26 chambres – Prix : €€€€

4 place de l'Amirande – 𝒞 04 90 14 20 20

✿ **La Mirande** - Voir la sélection des restaurants

AVIZE
✉ 51190 – Marne – Carte régionale n° **11**–B2

LES AVISÉS

MODERNE • INTIME Les avisés marqueront un arrêt au domaine Selosse. Stéphane Rossillon en cuisine, et sa femme au service, deux anciens de chez Anne-Sophie Pic, composent un menu unique, à base de produits sélectionnés, servis dans une charmante atmosphère "maison d'hôtes". Aux beaux jours, on profite de la grande terrasse... Carte des vins superbe.

🏍 ♿ 🎛 🅿 – Prix : €€€

59 rue de Cramant – 𝒞 03 26 57 70 06 – www.selosse-lesavises.com – Fermé mardi et mercredi

AVORIAZ

✉ 74110 – Haute-Savoie – Carte régionale n° **4**–F1

LA RÉSERVE

TRADITIONNELLE • MONTAGNARD A mi-chemin entre le cœur de la station et le quartier de la "falaise", cet établissement est devenu un incontournable. Un succès à mettre sur le compte d'une gastronomie appétissante à dominante savoyarde, et d'une belle terrasse tournée vers le domaine skiable.

≤ 🈺 ⇔ – Prix : €€€

Immeuble Epicéa – ☎ 04 50 74 02 01 – www.la-reserve-avoriaz.com

LES DROMONTS   *Plus*

DESIGN MODERNE Cet hôtel mythique d'Avoriaz a réhabilité avec brio le style des années 1960 : son architecture singulière épouse harmonieusement le décor environnant. Cette station skis aux pieds et sans voiture ne tolère que les traîneaux, à la plus grande joie des amoureux de la nature. Les petites chambres tout confort et astucieusement aménagées dévoilent de superbes vues sur les monts enneigés. Petit spa.

🅿 🛏 🈺 🛌 🛁 🍽 - 35 chambres – Prix : €

40 place des Dromonts – ☎ 04 56 44 57 00

MIL8   *Plus*

AVANT-GARDE Le luxe de Courchevel, mais avec l'atmosphère d'Avoriaz. Hissé à 1800 m d'altitude, le MIL8 sort le grand jeu : sous son enveloppe alpine ultra contemporaine, un spa entièrement vitré avec piscine à débordement, sauna, salle de sport et cabines de massage, ainsi qu'un bar à cocktails conçu comme une bulle conviviale. Taillées comme des cabines réchauffées de fines lattes de bois, chambres et suites luxueuses et sophistiquées regardent à travers leurs hublots et baies vitrées les sommets alentour.

🛁 🛏 🈺 🛌 🛁 🍽 - 42 chambres – Prix : €

241 rue des Traîneaux – ☎ 04 58 57 18 00

AVRILLÉ

✉ 49240 – Maine-et-Loire – Carte régionale n° **23**–C2

PATACHÉE 🆕

DU MARCHÉ • BISTRO Au centre-ville, cette petite maison traditionnelle à la façade rénovée la joue esprit bistrot, entre notes rustiques rappelant l'âge de la maison et d'autres contemporaines avec le mobilier et les luminaires. Le chef, expérimenté, cuisine en fonction de l'arrivage de ses producteurs, dans une veine bistronomique gourmande juste ce qu'il faut : terrine de canard maison, aile de raie, moelleux au chocolat. Ardoise du jour au déjeuner.

Prix : €€

116 avenue Pierre-Mendès-France – ☎ 02 41 88 11 70 – www.patachee.com – Fermé samedi et dimanche, et du lundi au mercredi soir

AY-SUR-MOSELLE

✉ 57300 – Moselle – Carte régionale n° **12**–B1

LE MARTIN PÊCHEUR

CLASSIQUE • MAISON DE CAMPAGNE Entre le canal Camifémo et la Moselle, une ancienne maison de pêcheurs (1928), où règne un bel esprit d'auberge de campagne, agrémentée d'un adorable jardin estival. Ici, la tradition se mêle aux tendances actuelles, et la cave est bien fournie !

🐎 ⇔ 🈺 ⇔ 🅿 – Prix : €€€

1 route d'Hagondange – ☎ 03 87 71 42 31 – www.lemartinpecheur-restaurant.fr – Fermé lundi, samedi midi, et mardi, mercredi, jeudi et dimanche soir

AZAY-LE-RIDEAU

⊠ 37190 – Indre-et-Loire – Carte régionale n° **8**–A2

☼ AUBERGE POM'POIRE

Chef : Bastien Gillet

MODERNE • CONTEMPORAIN Au beau milieu des poiriers et des pommiers se cache parfois une belle table... Tel est le cas de cette auberge contemporaine, dont la salle lumineuse et chaleureuse s'ouvre sur les vergers et la nature. Un joli fruit coloré et acidulé : voilà exactement ce qui pourrait symboliser la cuisine de Bastien Gillet. Du peps, de la justesse, de la subtilité (sur les arômes comme sur les textures) : ses assiettes, composées avec de beaux produits fermiers de la région, débordent de saveurs ! Bref, c'est malin autant que gourmand : nul doute, Pom'Poire est une adresse à croquer.

 ⇔ � 🖐 🗚 🎍 ⇆ 🅿 – Prix : €€€

21 route de Vallères – ℰ 02 47 45 83 00 – www.aubergepompoire.fr –
Fermé lundi, dimanche et jeudi midi

☺ L'ÉPINE ⓝ

MODERNE • CONTEMPORAIN L'épine, ou épine noire, ou encore prunelier, est un arbuste épineux qui peuple les haies sauvages des campagnes et dont les petites baies bleutées sont souvent transformées en liqueur. C'est maintenant un restaurant et un hommage aux cueillettes que le chef Sébastien faisait en compagnie de son grand-père ! Dans cette ancienne école de 1866, le bon goût règne : un plafond aux poutres apparentes, de grandes ouvertures lumineuses qui donnent sur une terrasse arborée, des luminaires design, des œuvres d'art. Le chef signe une carte bistronomique de saison à prix doux qui célèbre les produits et les artisans locaux.

 🖐 🗚 🎍 – Prix : €€

19 place de la République – ℰ 02 47 45 39 84 – www.restaurant-lepine.fr –
Fermé lundi et dimanche

L'AIGLE D'OR

MODERNE • TRADITIONNEL À quelques centaines de mètres du château, voilà une adresse en or ! Dans cette maison de pays, on s'installe au coin de la cheminée ou sur la terrasse ombragée pour déguster une belle cuisine qui revisite la tradition. Au piano, le chef joue une savoureuse mélodie !

 ☸ 🖐 🗚 🎍 ⇆ – Prix : €€€

10 avenue Adélaïde-Riche – ℰ 02 47 45 24 58 – www.laigle-dor.com –
Fermé lundi et mardi, et dimanche soir

BADEN

⊠ 56870 – Morbihan – Carte régionale n° **7**–A3

☼ LE GAVRINIS

MODERNE • TRADITIONNEL L'enseigne de cette maison de pays rend hommage à l'île de Gavrinis toute proche. Il faut dire que le chef, formé par Pierre Gagnaire, cultive l'âme bretonne et la fierté d'un terroir riche et vivant. En témoignent ce florilège de champignons produits localement (pleurote, shitaké...) rôtis, en raviole, en consommé ou ce merlu vapeur au beurre, mémorable, accompagné de son excellente sauce crème au vin blanc, aux algues et au poivre de Timut. Une authentique étape gourmande, mise en valeur par une salle à manger "éco-design" où règnent le bois flotté et les teintes douces (écru, gris et beige). Une ravissante terrasse, très fleurie en été, met des points de suspension à votre bonheur.

 ⇔ 🚋 🖐 🎍 🅿 – Prix : €€

1 rue de l'Île-Gavrinis – ℰ 02 97 57 00 82 – www.gavrinis.fr – Fermé lundi et mardi

☺ LA CHAUMIÈRE DE POMPER

BRETONNE • CONTEMPORAIN Réputée dans la région, cette crêperie propose des galettes avec une farine de blé noir bio mélangée avec 10% de farine de froment, ainsi qu'une finesse de pâte et une cuisson les rendant davantage croustillantes que la moyenne... en breton, cela se nomme kraz ! Un conseil : optez pour les classiques, ce sont les meilleures... Belle carte de cidres.

🍴 ♿ 🅿️ – Prix : €

14 lieu-dit Kerhervé – ☎ 02 97 58 59 66 – lachaumieredepomper.fr – Fermé lundi et dimanche

BAERENTHAL

✉ 57230 – Moselle – Carte régionale n° **12**–D1

☸ L'ARNSBOURG

Chef : Fabien Mengus

MODERNE • ÉLÉGANT Un jeune couple, Laure et Fabien Mengus, préside désormais aux destinées de cette maison emblématique. Auparavant, Fabien avait fait connaître son talent au Cygne, une table voisine. Il se montre parfaitement à l'aise entre les murs de cette institution, multipliant les ponts entre tradition et modernité, aussi bien pour la décoration que pour l'assiette. Que ce soit côté salon ou près des baies vitrées donnant sur la forêt, on déguste une cuisine tout en variations, qui met à l'honneur de beaux produits ; ainsi la sériole confite au beurre noisette, crème de caviar Daurenki et son beurre blanc. Un moment à part.

🐝 🍴 ♿ Ⓚ 🅿️ – Prix : €€€

18 Untermuhlthal – ☎ 03 87 06 50 85 – www.arnsbourg.com/fr – Fermé lundi, mardi et mercredi midi

🛏 L'ARNSBOURG   *Plus*

DESIGN MODERNE Ses lignes contemporaines et épurées constituent un magnifique contraste dans ce paysage où le bois domine. Les chambres, spacieuses et zen, avec balcon privatif, sont la promesse d'un doux repos. Une communion hitech avec la nature environnante...

♿ 🅿️ 🐕 🍴 🚲 🍽 - 16 chambres – Prix : €€

18 Untermuhlthal – ☎ 03 87 27 05 60

☸ **L'Arnsbourg** - Voir la sélection des restaurants

BÂGÉ-LE-CHÂTEL

✉ 01380 – Ain – Carte régionale n° **2**–B1

😊 LA TABLE BÂGÉSIENNE

MODERNE • COSY La façade de cet ancien relais de poste est bien engageante ! Une fois passée la porte, on découvre une déco contemporaine refaite à neuf avec sa cave à vin vitrée (où le client peut venir choisir lui-même sa bouteille). On y déguste une généreuse cuisine bressane que le chef n'hésite pas à interpréter à sa façon.

♿ 🍴 – Prix : €€

19 Grande-Rue – ☎ 03 85 30 54 22 – www.latablebagesienne.com – Fermé du lundi au mercredi et dimanche soir

BAGNÈRES-DE-BIGORRE

✉ 65200 – Hautes-Pyrénées – Carte régionale n° **22**–A3

😊 O2C

DU MARCHÉ • COSY Le ciel mène à tout : ancien pilote d'hélicoptère et grand passionné de cuisine, Christophe Belegaud tient les fourneaux de ce restaurant aux tons crème et chocolat, à la déco sagement moderne. Basée sur les produits locaux et 100% maison, cette cuisine du marché bien de son temps va droit au but. Quant à Chantal, le second "c" de ce charmant o2c, elle assure un service attentionné.

🍴 – Prix : €€
*20 place de Strasbourg – ℰ 09 52 71 92 58 – o2c-restaurant.fr – Fermé lundi,
mardi et dimanche*

LE JARDIN DES BROUCHES

MODERNE • CONTEMPORAIN La jolie maison blanche est installée juste en face
de l'imposant casino de Bagnères-de-Bigorre. L'intérieur, lumineux, se pare de
couleurs contemporaines ; dans l'assiette, on trouve de bons produits frais et pleins
de saveurs, préparés avec amour par un chef épris d'herbes et d'épices. Séduisant.
&. 🅰️ 🍴 – Prix : €€
*1 boulevard de l'Hypéron – ℰ 05 62 91 07 95 – www.lejardindesbrouches.fr –
Fermé lundi, mardi, mercredi et dimanche et du jeudi au samedi à midi*

BAGNOLES-DE-L'ORNE

✉ 61140 – Orne – Carte régionale n° **17**–B3

LE MANOIR DU LYS

Chef : Franck Quinton
MODERNE • COSY Que serait cette table aux boiseries claires et à l'agréable
terrasse sans l'immense forêt d'Andaine qui l'entoure ? Aux confins du Maine, de la
Normandie et de la Bretagne, ce poumon vert nourrit la cuisine forestière du chef
Franck Quinton. À chaque saison, il prépare les champignons comme personne :
cèpes rôtis au thym et au laurier, girolles sautées au romarin, abricots et noisettes,
ou encore choux craquelin aux champignons... Ce cuistot passionné est aussi un
locavore qui s'ignore : il achète ses pigeons, ses légumes et sa viande à quelques
dizaines de kilomètres du restaurant. Une cuisine fine et goûteuse dans une atmosphère élégante et apaisante. Stages de cuisine et de cueillette.
❀ 🚗 &. 🍴 🛗 🅿️ – Prix : €€€€
*Route de Juvigny-sous-Andaine – ℰ 02 33 37 80 69 – www.manoir-du-lys.fr –
Fermé lundi, du mardi au vendredi à midi, et dimanche soir*

Ô GAYOT

TRADITIONNELLE • BISTRO Une jolie maison en pierre et son bistrot, pile dans
l'air du temps. Dans l'assiette, on trouve de bonnes recettes... bistrotières, comme
il se doit ! Pavé de cabillaud à la plancha, fricassée de cocos ; tartare de bœuf coupé
au couteau ; sablé au beurre et sa glace au caramel...
&. 🍴 – Prix : €€
*2 avenue de la Ferté-Macé – ℰ 02 33 38 44 01 – www.ogayot.com – Fermé lundi,
mardi midi et dimanche soir*

LE MANOIR DU LYS   *Plus*

DESIGN MODERNE Au milieu des bois et dans un superbe parc, cette belle
demeure normande est empreinte de quiétude... Les chambres du manoir affichent
un raffinement classique ou plus contemporain, toujours chaleureux ; dans le pavillon, des suites spacieuses.
🅿️ ⛲ 🚗 🚲 🏊 🍴 - 30 chambres – Prix : €
Route de Juvigny - La Croix Gautier – ℰ 02 33 37 80 69
❀ **Le Manoir du Lys** - Voir la sélection des restaurants

BAGNOLS

✉ 69620 – Rhône – Carte régionale n° **3**–E2

1217

MODERNE • CLASSIQUE Un cadre d'exception que ce superbe château médiéval,
qui semble cultiver des fastes immémoriaux... Sous le patronage d'une immense

cheminée gothique délicatement sculptée, le repas se fait festin d'une belle finesse, et la tradition s'en trouve renouvelée.

  ≤ ⌂ ⌂ ⌂ **P** – Prix : €€€€

Le Bourg – ☎ 04 74 71 40 00 – www.chateaudebagnols.com/fr –
Fermé mercredi, jeudi, et lundi, mardi, vendredi, samedi et dimanche midi

---

🛏 ## CHÂTEAU DE BAGNOLS   *Plus*

ÉLÉGANCE TRADITIONNELLE Les mots manqueraient presque pour décrire la magnificence de ce château du 13ᵉ s. dominant le vignoble beaujolais. L'accès par le pont-levis au-dessus des douves, les décors historiques (mobilier d'art, cheminées monumentales...), le superbe parc et son verger : tout est unique... jusqu'au spa, agencé à la manière d'une cuverie.

  ⌂ ⌂ ⌂ ⌂ ⌂ ⌂ ⌂ ⌂ - 19 chambres – Prix : €€

Le Bourg – ☎ 04 74 71 40 00

1217 - Voir la sélection des restaurants

BALMA

✉ 31130 – Haute-Garonne – Carte régionale n° **22**–B2

🐝 ## L'ÉQUILIBRE

MODERNE • CONTEMPORAIN Formidable succès pour ce restaurant tenu par un couple trentenaire, qui fait dans le bon et le simple. Le chef agrémente les produits frais du marché avec bonheur, comme en témoigne cet œuf coulant parfaitement cuit, avec crème de poireau au gingembre, haddock et pickles de carottes... Rapport qualité-prix exceptionnel. Un sans-faute.

  ⌂ ⌂ ⌂ – Prix : €€

Plan : D2-37 – *10 place de la Libération – ☎ 05 61 45 70 43 – www.restaurant-lequilibre.fr – Fermé lundi, samedi et dimanche*

BAN-DE-LAVELINE

✉ 88520 – Vosges – Carte régionale n° **12**–D3

MAISON DE LAVELINE

TRADITIONNELLE • AUBERGE Cette auberge du pays vosgien, tenue par un jeune couple, propose une cuisine traditionnelle, mais aussi, au cours de l'année, des dîners thématiques autour d'un produit de saison. Des plats généreux, comme cette entrecôte de veau bien tendre et son risotto aux asperges, qu'on déguste dans l'agréable salle à manger récemment rénovée, ou sur la terrasse aux beaux jours.

  ⌂ ⌂ ⌂ **P** – Prix : €€

5 rue du 8-Mai – ☎ 03 29 51 78 17 – www.maison-de-laveline.fr – Fermé lundi, et mercredi et dimanche soir

BANDOL

✉ 83150 – Var – Carte régionale n° **24**–B3

🌸 ## LES OLIVIERS

MODERNE • ÉLÉGANT Dans la baie de Renécros, on découvre avec bonheur cet intérieur lumineux et contemporain, d'une élégance rare, qui offre une vue imprenable sur la Grande Bleue. L'énergique Jérémy Czaplicki, Toulousain d'origine, a longtemps travaillé à Paris aux côtés de Jean-François Rouquette avant d'arriver dans le Var au Château de Berne. Le soir (et uniquement le soir!), il régale avec une cuisine méditerranéenne et provençale, colorée et parfumée. Les produits de la mer y sont souvent à la fête dans les trois menus carte proposés. Et pour déjeuner ou prendre un thé, le Bistrot Lumière est ouvert midi et après midi. Chambres accueillantes.

  ⇔ ≤ ⌂ ⌂ ⌂ **P** – Prix : €€€€

Hôtel Île Rousse, 25 boulevard Louis-Lumière – ☎ 04 94 29 33 12 – www.thalazur.fr/bandol/hotel/restaurant – Fermé les midis

AU CLAIR DE LA VIGNE

MODERNE • CONVIVIAL Animé avec chaleur par un passionné de vins, ce bistrot gourmand profite aussi des talents d'un ancien cuisinier de Christophe Bacquié. Il envoie une vraie cuisine, généreuse et gourmande. Sur l'ardoise renouvelée régulièrement, les plats bistrotiers figurent en bonne en place, remis au goût du jour avec des touches méridionales : risotto carnaroli au parmesan affiné 30 mois ; côte de cochon fermier, polenta crémeuse et sauce barbecue maison ; île flottante à la pistache... Cerise sur le gâteau, l'adresse est située dans une rue semi-piétonne, juste derrière le front de mer, mais à l'écart de l'agitation touristique.

🍽 – Prix : €€

25 rue du Docteur-Louis-Marçon – 𝒞 04 94 32 28 58 – Fermé mardi et mercredi

L'ESPÉRANCE

MODERNE • COSY Si vous avez la chance de vous rendre à Bandol, éloignez-vous un peu du port ; vous y découvrirez un lieu plein de fraîcheur, où Maria et Gilles Pradines exercent leur passion avec talent et gourmandise. De ses origines basques, le chef a conservé l'amour des produits du Grand Sud, ne dédaignant ni le piquillo farci, ni la cerise noire ou le pata negra. Il porte une attention particulière au choix de ses ingrédients et les mitonne avec grand soin : royale de champignons au jambon ibérique, pavé de morue fraîche, riz vénéré, jus de crustacés au safran... La présentation des plats n'est pas en reste, et le service est charmant !

🅰🅲 – Prix : €€€

21 rue du Docteur-Louis-Marçon – 𝒞 04 94 05 85 29 – www.lesperance-bandol.com – Fermé lundi et mardi, et dimanche soir

LE SHARDANA ⓝ

MODERNE • CONTEMPORAIN Au cœur de la station balnéaire, une adresse bienvenue, moderne et pimpante, cultive les charmes de la Sardaigne, et surtout ceux d'une cuisine de saison, renouvelée mensuellement qui butine son goûteux ordinaire dans les produits locaux et les ingrédients sardes. Des exemples ? Filet de maigre de la pêche locale à la vapeur douce, sauce armoricaine, légumes croquants et ail noir ou encore panettone façon pain perdu, pommes rôties, caramel au beurre salé et quenelle de straciatella. En salle, le sourire de la compagne du chef est un atout décisif ! Petite carte des vins, essentiellement italiens et locaux.

🅰🅲 🍽 – Prix : €€

16 rue de la République – 𝒞 04 94 32 17 79 – Fermé mercredi, et lundi, mardi, jeudi, vendredi et samedi midi

🛏 ÎLE ROUSSE - THALAZUR   *Plus*

DESIGN MODERNE Une situation idéale pour cet hôtel chic les pieds dans l'eau ! Tout séduit : le décor contemporain, le superbe centre de thalasso, le hall d'accueil ouvert sur la piscine d'eau de mer... sans oublier les deux plages où l'on prend le soleil en toute tranquillité.

🅿 - 67 chambres – Prix : €€

25 boulevard Louis Lumière – 𝒞 04 94 29 33 00

❀ **Les Oliviers** - Voir la sélection des restaurants

BANNE

✉ 07460 – Ardèche

🛏 AUBERGE DE BANNE   *Plus*

ÉLÉGANCE TRADITIONNELLE Sur sa colline à la frontière de l'Ardèche et du Gard, le village de Banne a tout d'une carte postale : un panorama superbe, un climat délicieux et... une ravissante auberge. Tombés amoureux de l'endroit, ses propriétaires ont tout repensé dans un bel esprit à la fois contemporain et rétro. Une réussite, à découvrir !

- 11 chambres – Prix : €€

Place du Fort – 𝒞 04 75 89 07 78

BANYULS-SUR-MER

✉ 66650 – Pyrénées-Orientales – Carte régionale n° **21**–B3

LE FANAL

MODERNE • **COSY** Juste devant le port de plaisance de Banyuls, laissez-vous guider par les lumières de ce Fanal. Pascal Borrell, Catalan pur souche, a choisi d'y jeter ses filets après avoir navigué jusqu'aux grandes maisons parisiennes, et mené le Chapon Fin à Perpignan. La grande affaire du Fanal, c'est évidemment le poisson frais : merlu, lotte, sole, turbot, morue, bouillabaisse de pêche locale. On peut aussi déguster un pigeon cuit à la braise ou du lapin en croûte d'herbes. Une cuisine terre et mer...

← AC 🍽 – Prix : €€€

18 avenue Pierre-Fabre – ☏ 04 68 98 65 88 – www.pascal-borrell.com/fr

BAR-LE-DUC

✉ 55000 – Meuse – Carte régionale n° **12**–A2

BISTRO SAINT-JEAN

MODERNE • **BISTRO** Cette ancienne épicerie est devenue un bistrot contemporain plein de saveurs et de couleurs, pile dans la tendance. Le patron, fils de pâtissier, réalise une cuisine du marché soignée, et dans l'air du temps, renouvelée au quotidien, comme avec ce magret de canard grillé et coquillettes façon risotto. Et toujours : le respect des produits. Service efficace et discret.

AC – Prix : €€

132 boulevard de la Rochelle – ☏ 03 29 45 40 40 – bistrostjean.fr – Fermé lundi, samedi midi, et jeudi et dimanche soir

BARBIZON

✉ 77630 – Seine-et-Marne – Carte régionale n° **15**–C3

L'ERMITAGE SAINT-ANTOINE

TRADITIONNELLE • **BISTRO** Sur cette ravissante rue du village des peintres, ce bistrot convivial invite à pousser la porte. Les deux salles – l'une bardée de bois et l'autre habillée de pierres – ne désemplissent pas, grâce à une cuisine traditionnelle riche en généreux plats bistrotiers. Petite terrasse dans le patio.

♿ 🍽 ♻ – Prix : €€

51 Grande-Rue – ☏ 01 64 81 96 96 – www.lermitagesaintantoine.com – Fermé mercredi et jeudi

BARBOTAN-LES-THERMES

✉ 32150 – Gers – Carte régionale n° **22**–A2

LA BASTIDE

MODERNE • **ÉLÉGANT** Un lieu élégant, qui a une âme, et deux concepts culinaires : d'une part une cuisine santé destinée aux curistes (carte renouvelée tous les jours) ; de l'autre des mets "d'appétit" mêlant avec raffinement terroir et air du temps.

🛏♿ AC 🍽 P – Prix : €€€

Avenue des Thermes – ☏ 05 62 08 31 00 – www.bastide-gasconne. com – Fermé lundi

🛏 LA BASTIDE EN GASCOGNE   *Plus*

CLASSIQUE CONTEMPORAIN Omniprésence de l'eau (avec de superbes fontaines dans les jardins à l'andalouse, une galerie menant aux thermes et au centre de balnéo) ; décor raffiné mêlant brique, bois, marbre et pierre ; chambres douillettes : cette bastide a un charme fou !

🛁 🅿 🕹 🛏 ⚒ 🔟 🛎 🍴 - 25 chambres – Prix : €€
Avenue des Thermes – ☎ 05 62 08 31 00
La Bastide - Voir la sélection des restaurants

BARCELONNETTE
✉ 04400 – Alpes-de-Haute-Provence

🛏 **AZTECA** *Plus*

CLASSIQUE CONTEMPORAIN Cette ancienne villa "mexicaine" de 1888 abrite aujourd'hui des chambres confortables, dont chacune est personnalisée dans un style contemporain. Dans les salons de l'hôtel, une galerie accueille le travail de nombreux artistes.
♿ 🅿 🕹 🛏 🔟 🛎 - 27 chambres – Prix : €
3 rue François Arnaud – ☎ 04 92 81 46 36

BARDIGUES
✉ 82340 – Tarn-et-Garonne – Carte régionale n° **22**–B2

IRIS CAFÉ 🅽

MODERNE • BRANCHÉ Reconversion réussie pour cette bâtisse contemporaine située au coeur du village, qui propose désormais une cuisine plus simple mais tout aussi savoureuse. En cuisine, Cyril, toujours fou de légumes, de fruits et de poissons, porte une attention particulière au locavorisme. De bons produits pour des plats harmonieux, comme ce filet de truite de la Ferme de Ciron, pulpe de céleri rave, émulsion livèche. Grande terrasse ouverte sur la campagne.
♿ 🅐🅒 🍽 – Prix : €
Le Bourg – ☎ 05 63 39 05 58 – www.iriscafe.fr – Fermé lundi et mardi, et mercredi et dimanche soir

BARJAC
✉ 30430 – Gard – Carte régionale n° **21**–D1

LE CARRÉ DES SAVEURS

TRADITIONNELLE • TENDANCE Un intérieur résolument contemporain, une agréable terrasse dans une jolie cour intérieure : cadre charmant que celui de cette ancienne magnanerie cernée par les vignes. La cuisine cultive l'esprit du terroir et de la tradition, tout à l'honneur des produits locaux. Petit plus, on peut goûter les vins et l'huile d'olive produits directement sur le domaine.
🛏 🍽 ♿ 🅿 – Prix : €€
1770 chemin du Mas-du-Terme – ☎ 04 66 24 56 31 – www.le-carre-des-saveurs.com

BARNEVILLE-CARTERET
✉ 50270 – Manche – Carte régionale n° **17**–A2

LA MARINE

MODERNE • ÉLÉGANT Avec sa vue panoramique sur les flots et le port, cette institution de la côte ouest de la presqu'île du Cotentin fait face aux îles anglo-normandes de Jersey et Guernesey. Dans une agréable salle contemporaine, vous pourrez déguster une cuisine bistronomique principalement tournée vers la pêche locale, plus ambitieuse le week-end.
🏵 ⇌ 🍽 ♿ 🅐🅒 🅿 – Prix : €€€
11 rue de Paris – ☎ 02 33 53 83 31 – www.hotelmarine.com – Fermé lundi et mardi

LES ORMES

MODERNE • CONTEMPORAIN Face au havre dunaire et au port de plaisance de Carteret, voici un hôtel restaurant de charme où l'on retrouve avec plaisir un chef expérimenté, Damien Goguet. Il travaille uniquement des produits de très belle qualité, ses préparations sont particulièrement soignées, il y a du mordant dans les saveurs. Rapport qualité-prix bluffant au déjeuner.

 – Prix : €€€

Promenade Jean-Barbey-d'Aurevilly – ☎ 02 33 52 23 50 – www.hotel-restaurant-les-ormes.fr – Fermé lundi et dimanche

LA MARINE   *Plus*

DESIGN MODERNE Quasiment les pieds dans l'eau ! Dans cette élégante maison immaculée, les chambres sont très contemporaines, dans un esprit bains de mer chic et épuré. Et côté plage, elles ont toutes une jolie terrasse... Du style, indéniablement.

  📶 - 26 chambres – Prix : €€€

11 rue de Paris – ☎ 02 33 53 83 31

La Marine - Voir la sélection des restaurants

BARNEVILLE-LA-BERTRAN

✉ 14600 – Calvados

AUBERGE DE LA SOURCE   *Plus*

ÉLÉGANCE TRADITIONNELLE À l'entrée du village, cette jolie maison en brique rouge et sa longère à colombages semblent incarner l'idéal champêtre : un jardin et ses beaux arbres fruitiers, des bassins où fraient truites et esturgeons, des chambres d'esprit nature et cosy... Charmant !

 - 15 chambres – Prix : €€

Chemin du Moulin – ☎ 02 31 89 25 02

BARON

✉ 30700 – Gard

LA MAISON D'ULYSSE   *Plus*

DESIGN MODERNE Cette ancienne magnanerie du 16ᵉ s. a délaissé l'élevage des vers à soie pour proposer un lieu dont l'élégance champêtre invite à se sentir du côté de chez soi. Jardin provençal, belle piscine, élégants volumes des chambres, mobilier design ou art déco : tout ici évoque le luxe tranquille, et sans afféterie. Mais aussi : terrain de boule, hammam...

 - 9 chambres – Prix : €€

20 place Ulysse Dumas – ☎ 04 66 81 38 41

BARR

✉ 67140 – Bas-Rhin – Carte régionale nº **10**–C1

ENFIN

MODERNE • CONVIVIAL Salle à manger épurée à la scandinave, beau plafond avec poutres en bois foncé, mariage heureux du rustique et du contemporain, immenses cuisines ouvertes avec comptoir où s'affaire la jeune brigade pleine d'entrain, feutre gris aux murs : qui pourrait deviner l'ancienne menuiserie transformée en restaurant ? Ici, du décor à l'assiette en passant par la tenue de l'équipe et évidemment les produits, on respecte à la lettre le local et la saison. Le chef propose une cuisine principalement végétale. Ses assiettes déploient tout un imaginaire gourmand qui joue avec créativité sur les nuances douce-amères, les épices et les agrumes. Dans cet univers où les protéines animales se réduisent comme peau de chagrin, le chef signe pourtant un civet de betterave qui rivalise d'intensité avec un plat carné. Un lieu avec du cachet, une cuisine avec de la personnalité.

 & 🅺 🅿 – Prix : €€€

2 chemin du Château-d'Andlau – 𝒞 03 69 61 37 30 – www.enfin-barr.com – Fermé lundi et mardi, et mercredi soir

BARRETAINE

✉ 39800 – Jura

🛏 MAISON ZUGNO

CLASSIQUE CONTEMPORAIN Cette maison du 17ᵉ s. au cachet bourgeois abrite des chambres confortables et personnalisées. Une adresse de renom réveillée par l'enthousiasme d'un jeune couple, qui a redonné vie à cette bâtisse perdue dans la nature.

🅿 🛏 ♨ 🍴 - 8 chambres – Prix : €

Sur le vallon de Vaux – 𝒞 03 84 53 10 31

BASSAC

✉ 16120 – Charente – Carte régionale n° **20**–C3

L'ESSILLE

TRADITIONNELLE • CONTEMPORAIN A deux pas d'une abbaye bénédictine, se concocte une cuisine dans l'air du temps. On accède au restaurant par un beau salon agrémenté de bouteilles de cognac – près de 200 références, l'une des plus belles collections de la région ! Chambres pour l'étape.

🏵 🛏 & 🅺 🍴 – Prix : €€

43 route de Condé – 𝒞 05 45 81 94 13 – www.hotel-restaurant-essille.com – Fermé samedi et midi dimanche soir

BASSE-GOULAINE

✉ 44115 – Loire-Atlantique – Carte régionale n° **23**–B2

RESTAURANT DU PONT 🆕

TRADITIONNELLE • ÉPURÉ Face au petit canal de Goulaine, cette maison blanche à la façade traditionnelle couverte de vigne fut jadis une buvette et une auberge de bord de rivière. Le chef Mathieu Corbineau nous met tout de suite à l'aise dans un cadre contemporain sobre. Lui qui a roulé sa bosse à l'étranger navigue entre recettes plutôt traditionnelles et influences plus actuelles : aujourd'hui, mi-cuit de thon, épices cajun, poireaux, sabayon nantais ; ballotine de volaille, pressé de pommes de terre, ail noir, jus réduit ; chou-craquelin de chocolat, orange sanguine. Menu déjeuner à prix doux. Le vignoble du muscadet est bien représenté sur la carte des vins, grâce un sommelier passionné et pédagogue.

& ⟳ – Prix : €€

147 rue du Grignon – 𝒞 02 40 03 58 62 – www.restaurant-du-pont.fr – Fermé lundi et dimanche, et mercredi soir

VILLA MON RÊVE

TRADITIONNELLE • COSY Dans un grand jardin protégé par une levée de la Loire, une jolie maison bourgeoise de la fin du 19 e s., au cadre élégant et feutré. La carte perpétue la tradition de la cuisine des bords de Loire : cuisses de grenouille au beurre persillé ou gros plant et sa sauce aux herbes ; poissons de la région (brochet, sandre et bar) au beurre blanc. Terrasse plaisante aux beaux jours.

🛏 🎋 ⟳ 🅿 – Prix : €€

2 levée de la Divatte – 𝒞 02 40 03 55 50 – www.villa-mon-reve.com – Fermé lundi et mardi, et dimanche soir

BASSIN D'ARCACHON

✉ 33120 - Gironde – Carte régionale n° **18** – B2

Le bassin d'Arcachon est une échancrure dans la longue Côte d'Argent, une lagune sertie par la forêt, autrefois domaine des résiniers. Devenu le sixième parc naturel marin français, cet univers, en partie protégé, est animé par le vol des oiseaux. Dans ce paysage sauvage, les pinasses colorées, les cabanes sur pilotis et les ducs-d'Albe témoignent de l'activité des hommes. Côté gourmandise, on commence par aller se régaler dans l'une des cabanes des ports ostréicoles (à la Teste-de-Buch, par exemple), en accompagnant ses huîtres d'un petit verre de blanc : si ce n'est pas le bonheur, ça y ressemble ! On ira aussi se régaler de sole ou de seiche dans l'un des nombreux restaurants du bassin, avant de passer au marché d'Arcachon : sa halle Baltard recèle bien des trésors, caviar d'Aquitaine, bars, soles et turbots de la criée, bœuf de Bazas et fromages des Pyrénées...

ARCACHON

🕸 **LE PATIO**

Chef : Thierry Renou

MODERNE • ÉLÉGANT Dans le quartier du port, ce restaurant s'est fait un devoir de mettre en valeur les meilleurs produits aquitains : asperge des Landes, agneau de Pauillac, huîtres du bassin, pigeon, foie gras... Le chef Thierry Renou voue aussi une passion à la Thaïlande où il séjourne régulièrement : il y a des pointes de métissage dans son foie gras poché au lait de coco, dans sa sole agrémentée d'un bouillon thaï, dans ses huîtres et ses sushis parfumés à l'aloe vera, sans parler des statues de Bouddha qui décorent son restaurant. Sa cuisine se veut contemporaine et porte une attention toute particulière à l'esthétisme des assiettes – autre influence asiatique ? Quant au fameux "patio", c'est aussi un régal : une verrière qui permet de déjeuner à l'air libre ou de dîner sous la voûte étoilée...

✿ – Prix : €€€

10 boulevard de la Plage – ☎ 05 56 83 02 72 – www.lepatio-thierryrenou.com – Fermé lundi et dimanche

KO-SOMETSUKE 2K

ASIATIQUE • SIMPLE Originaire du Cambodge, la famille Khong a posé ses valises à Arcachon, et désormais, c'est elle qui invite au voyage : de la Chine au Japon, et au sud-est asiatique, en utilisant des produits régionaux. Ne manquez pas les dim sum , les vraies stars de la maison, dont la pâte est d'une finesse rare...

🅰🄲 🍴 – Prix : €€

156 boulevard de la Plage – ☎ 05 56 83 67 69 – Fermé lundi, mardi et mercredi midi

🛏 **VILLA LAMARTINE** *Plus*

CLASSIQUE CONTEMPORAIN Cet établissement, situé dans une rue calme du centre-ville, offre tous les agréments d'une demeure bourgeoise familiale : petit salon cosy, plaisante salle des petits-déjeuners, et bien entendu, chambres confortables. Sans oublier un joli petit spa qui vous tend les bras...

♿ 🅿 🛎 🌐 🧖 ♨ - 24 chambres – Prix : €

28 avenue Lamartine – ☎ 05 56 83 95 77

🛏 **VILLE D'HIVER** *Plus*

DESIGN MODERNE Dans un quartier plein de cachet, cet ancien bâtiment de la Compagnie Générale des Eaux est devenu un charmant hôtel, ceinturé d'un beau jardin. À l'image de la station, il cultive un style balnéaire à la fois chic et décontracté. Les chambres sont douillettes, l'espace détente invite au lâcher-prise.

🅿 🍃 🛎 🛗 🍴 - 12 chambres – Prix : €

20 avenue Victor Hugo – ☎ 05 56 66 10 36

CAP-FERRET

PINASSE CAFÉ

POISSONS ET FRUITS DE MER • COSY Avec sa terrasse idyllique donnant sur les flots, ce restaurant est une ode au bassin et à la dune du Pilat ! Poissons et crustacés du cru sont à l'honneur (huître en tête) et, pour l'anecdote iodée, la pinasse est le bateau traditionnel du littoral arcachonnais.

≼ ♿ 🅰🄲 🍴 ↺ – Prix : €€

2 bis avenue de l'Océan – ☎ 05 56 03 77 87 – www.pinasse-cafe.com

LA HUME

BISTRO' 50

MODERNE • BRANCHÉ À 100 m de la plage et du port de la Hume, le chef propose une cuisine moderne et goûteuse, qui s'appuie sur une technique solide (cuissons, bouillons). Avec, comme on l'imagine, un certain penchant pour les produits marins – même si le pied de cochon ficelé à la pomme de terre demeure un incontournable. Aux beaux jours, on profite de la vaste et agréable terrasse.

♿ 🍴 – Prix : €€

50 avenue de la Plage – ☎ 05 57 16 35 43 – www.bistro50.fr – Fermé mardi et mercredi

LANTON

🛏 **VILLA LA TOSCA** *Plus*

CLASSIQUE CONTEMPORAIN Considérée comme l'un des plus fins exemples d'architecture arcachonnaise, cette adresse marie avec brio la villa à l'italienne avec ce style "villégiature" typique du Sud-Ouest. Les intérieurs sont contemporains, lumineux, décorés d'antiquités asiatiques et d'objets d'art. Un moment de calme et sérénité sur le bassin d'Arcachon, à distance raisonnable des vignobles du Bordelais.

🅿 🛎 🚲 🍴 - 9 chambres – Prix : €€

10 allée du Bassin – ☎ 05 56 60 29 86

PYLA-SUR-MER

✿✿ LE SKIFF CLUB

Chef : Stéphane Carrade

MODERNE • ÉLÉGANT Au sein de cet hôtel basque des années 1930 lové au cœur d'une pinède et relooké par le designer Philippe Starck, le restaurant le Skiff Club est un cocon, installé dans une coquette petite salle à manger décorée façon yacht club. Stéphane Carrade est un capitaine émérite et talentueux : il décline une réjouissante cuisine de "terroir progressif", célébrant l'Aquitaine de superbe manière. Ce chef allie générosité et finesse, à l'image de ces cèpes, chou-pointu sur un jus de daube, mousseline de betteraves ou encore de ce filet de saint-pierre à la braise, pappardelle de courgettes, vinaigrette chaude aux sucs des têtes. Le dessert enfin, signé Alexandre Blay, confirme toutes les promesses de cette table : la framboise et son sablé au basilic crémeux et marmelade au vinaigre sorbet et Zéphir à la betterave est à la fois poétique, aérienne et précise.

✿ **L'engagement du chef :** Fidèle à notre ligne de conduite qui prône le terroir progressif, nous travaillons au maximum avec les petits producteurs de notre région - pêche locale, légumes, herbes, bête entière, tout en privilégiant les plus beaux produits. Beau, bon et le plus naturel possible. Le chef roule en voiture 100 % électrique et va chercher lui-même certains produits comme les légumes cultivés à Biscarrosse.

⬅️ 🚫 ♿ 🅿️ – Prix : €€€€

1 avenue Louis-Gaume – ☎ 05 56 22 06 06 – www.haaitza.com – Fermé du lundi au vendredi à midi, dimanche soir

LA CO(O)RNICHE

TRADITIONNELLE • TENDANCE On s'attable dans une grande salle décorée par Philippe Starck, entourée de baies vitrées ouvertes sur l'immense terrasse : la vue sur le banc d'Arguin et le Cap Ferret ne laissera personne indifférent ! Quant à l'assiette, elle accueille des poissons et fruits de mer de première fraîcheur, à peine sortis de l'onde...

🚫 ⬅️ ♿ 🌿 – Prix : €€€

46 avenue Louis-Gaume – ☎ 05 56 22 72 11 – www.lacoorniche-pyla.com

🛏️ LA CO(O)RNICHE   *Plus*

AVANT-GARDE Sur les hauteurs – entre sable et pinède – cette villa néobasque des années 1930 a été entièrement rénovée par Philippe Starck. Chambres d'une blancheur immaculée, échappées superbes sur le bassin ou les dunes, augmentées de seize autres, nichées dans la partie Village des Cabanes, contre la célèbre Dune du Pilat. Un endroit très en vue !

🅿️ 🍷 🛏️ 🚲 ♨️ 🍽️ - 12 chambres – Prix : €€€€

46 avenue Louis Gaume – ☎ 05 56 22 72 11

La Co(o)rniche - Voir la sélection des restaurants

🛏️ LA GUITOUNE   *Plus*

DESIGN MODERNE Entièrement réhabilité, cet hôtel familial bien connu dans la région joue la carte des couleurs et du glamour : rideaux aux motifs de sirènes, moquette imprimée de homards rouges, mobilier Art déco, etc. Chambres confortables, dont quatre suites à part dans des cabanes, les fameuses "guitounes" !

♿ 🅿️ ☁️ 🍷 🛏️ 🍽️ - 25 chambres – Prix : €€€

95 boulevard de l'Océan – ☎ 05 56 83 00 00

🛏️ HA(A)ÏTZA   *Plus*

DESIGN MODERNE Tout près de la Dune du Pilat et de l'océan, cette villa des années 1930 en impose ! Intérieur design chaleureux et ultramoderne (signé Philippe Starck), jolies chambres lumineuses décorées avec raffinement, piscine sous verrière et spa... Un lieu d'exception.

🛁 🅿 ☁ 🪑 🛏 🚲 🐾 🛎 🍽 - 38 chambres – Prix : €€€
1 avenue Louis Gaume – ☎ 05 56 22 06 06
❀ ❀ **Le Skiff Club** - Voir la sélection des restaurants

LA TESTE-DE-BUCH

🌐 **L'AILLET**

MODERNE • BISTRO Se réclamant d'une approche paysanne, la cuisine du chef s'inscrit pourtant dans l'esprit des bistrots branchés d'aujourd'hui grâce à une esthétique résolument contemporaine. Il est aussi adepte des cuissons traditionnelles et des pièces rôties entières – vive le goût ! Qui s'en plaindra ? Pas nous ! Une adresse bienvenue autour du bassin d'Arcachon.
& 📻 🛋 – Prix : €€
16 place Gambetta – ☎ 05 40 70 23 98 – Fermé lundi et dimanche

BASTELICACCIA - Corse-du-Sud(20) ➜ Voir Corse

LA BAULE

✉ 44500 – Loire-Atlantique – Carte régionale n° **23**–A2

14 AVENUE

POISSONS ET FRUITS DE MER • CONVIVIAL Voilà une adresse dont les amateurs de poisson vont faire leur cantine ! D'emblée, on vous présente la pêche du jour, d'une fraîcheur sans faille : langoustes de gros calibre, soles, sardines de la Turballe... On se régale de ces beaux produits cuisinés dans le respect des saveurs.
🛋 – Prix : €€€
14 avenue Pavie – ☎ 02 40 60 09 21 – 14avenue-labaule.com – Fermé lundi et mardi, et dimanche soir

LES ALBATROS ⓝ

MODERNE • DÉCONTRACTÉ Un restaurant de plage, les pieds dans le sable et les yeux dans le bleu, tenu par l'équipe de Brut (Guérande). Une aubaine pour qui veut goûter une cuisine tendance (du petit-déjeuner au coucher du soleil), axée sur la fraîcheur et ponctuée de touches exotiques - œufs au tartare d'algues et œufs de truite, houmous à la betterave, zaalouk d'aubergine ou légumes au zaatar. Sur l'ardoise, des entrées à partager, des plats froids servis toute la journée et des assiettes chaudes réalisées avec soin - le tout à prix raisonnables.
⇆ 🛋 – Prix : €€
13 esplanade Lucien-Barrière – ☎ 02 44 73 90 08 – albatros-labaule.com – Fermé lundi et mardi

CASTEL MARIE-LOUISE

MODERNE • BOURGEOIS Témoin du style balnéaire baulois, ce manoir édifié au début du 20 e siècle abrite un hôtel et une salle à manger bourgeoise aux grandes baies tournées vers le parc et la charmante terrasse. Le chef s'inspire de la région (poissons, coquillages, algues, pigeon de Mesquer...) pour composer un menu évoluant au gré des saisons.
🏖 ⇆ 🛏 🛋 🅿 – Prix : €€€€
1 avenue Andrieu – ☎ 02 40 11 48 38 – www.hotelsbarriere.com/fr/la-baule/ le-castel-marie-louise.html – Fermé lundi, mardi et du mercredi au samedi à midi

FOUQUET'S

TRADITIONNELLE • CHIC Une table située au sein de l'hôtel Royal, typique des grands hôtels balnéaires du début du 20e s. Le décor cosy des boiseries et les photos d'acteurs signées du studio Harcourt évoquent l'ambiance du Fouquet's parisien. Carte d'inspiration brasserie (fruits de mer, sole meunière, filet de bœuf sauce béarnaise, andouillette, profiteroles), mais aussi des plats light - thalasso oblige !

🍴♿🎖➡ – Prix : €€

6 avenue Pierre-Loti – ☎ 02 40 11 48 48 – www.groupebarriere.com/fr.html

SAINT-CHRISTOPHE

MODERNE • COLORÉ Confortablement installé à l'abri d'une jolie villa d'architecture balnéaire, ce restaurant à l'atmosphère feutrée, colorée et dandy (banquettes en velours, moquette tigrée, portraits et tableaux) a subi une cure de rajeunissement. Il propose toujours une séduisante cuisine traditionnelle, ponctuée de quelques touches actuelles.

🍴🎪🅿 – Prix : €€

*1 avenue des Alcyons – ☎ 02 40 62 40 00 – www.st-christophe.
com – Fermé lundi*

L'HERMITAGE BARRIÈRE   *Plus*

ÉLÉGANCE TRADITIONNELLE Malgré les modes et l'usure du temps, le charme reste intact dans cet hôtel de luxe des années 1920, dont la façade anglo-normande se dresse face à la plage, au milieu des pins. Des vastes chambres pleines de charme à la piscine chauffée et au hammam, tout ici conspire à votre bonheur...

🅿🛎🍴🏊💆🐾🍴 - 200 chambres – Prix : €€

5 esplanade Lucien Barrière – ☎ 02 40 11 46 46

LE ROYAL LA BAULE   *Plus*

ÉLÉGANCE TRADITIONNELLE Bien-être et confort dans cet hôtel monumental né en 1896 face à la plage. Chambres contemporaines, lumineuses et imposante suite royale. Sans oublier le bar feutré et le centre de thalasso : hérité de la Belle Époque, le mythe Royal n'est pas prêt de s'éteindre !

🏖🅿🛎🍴🏊💆🐾💆🍴 - 87 chambres – Prix : €€

6 avenue Pierre Loti – ☎ 02 40 11 48 48

Fouquet's - Voir la sélection des restaurants

LES BAUX-DE-PROVENCE

✉ 13520 – Bouches-du-Rhône – Carte régionale n° **25**–E1

✿✿✿ L'OUSTAU DE BAUMANIÈRE

Chef : Glenn Viel

CRÉATIVE • ÉLÉGANT Formidable ambassadeur de l'art de vivre méditerranéen, le domaine provençal de Baumanière offre un mélange unique de repos, de rusticité et d'élégance. Glenn Viel y compose une partition de haute volée, piochant dans la riche production locale (huile d'olive de la vallée des Baux, légumes bio du jardin de Baumanière, mais aussi poules et cochons) pour composer des assiettes d'une simplicité désarmante, entourées de jolies attentions : accords mets et pains, vaisselle réalisée dans la poterie maison... Le chef se montre aussi à son aise pour rajeunir des recettes mythiques – poularde aux morilles, agneau des Alpilles en croûte, etc. Le pâtissier Brandon Dehan inscrit ses créations gourmandes originales dans le même esprit d'authenticité et de goût que celles du chef, auquel le lie une véritable complicité. À déguster aux beaux jours sur la terrasse ombragée, face aux Alpilles.

✿ **L'engagement du chef :** Les légumes de nos potagers biologiques et les produits des producteurs locaux occupent une place de choix dans notre cuisine afin de valoriser le terroir provençal dans nos menus. Notre engagement s'inscrit dans une réflexion globale qui va de la lutte contre le gaspillage alimentaire à la gestion des déchets et du plastique en passant par un partenariat avec les artisans de la région.

🐄🍃🌿🍴♿🎪🐖🅿 – Prix : €€€€

*Mas de Baumanière – ☎ 04 90 54 33 07 – www.baumaniere.com –
Fermé mercredi et jeudi*

ⵣ L'AUPIHO - DOMAINE DE MANVILLE

MODERNE • ÉLÉGANT Au sein d'un hôtel luxueux avec golf, spa et piscine, une table soignée, rendant un vibrant hommage à la tradition régionale – comment pourrait-il en être autrement sur ces terres privilégiées, au pied des Alpilles et des Baux ? Paradoxe : cette passion du terroir provençal, on la doit à un jeune chef belge, Lieven Van Aken, qui a commencé sa carrière à Bruxelles puis chez Michel Guérard. Les recettes sont précises, ce qui n'exclut ni l'audace, ni l'intensité : bouillabaisse végétale et rouille au safran ; ris de veau fumé et grillé, tartare d'algues et langoustines de Méditerranée. La terrasse, sous des platanes centenaires, n'est pas moins délicieuse...

⟆ 🛗 🏠 ✿ 🍽 🅿 – Prix : €€€€

Route de la Terre-des-Baux – ☏ 04 90 54 40 20 – www.domainedemanville.fr – Fermé mardi et mercredi

BENVENGUDO

PROVENÇALE • ÉLÉGANT Julie Chaix vous souhaite la bienvenue en Provence avec des recettes d'inspiration régionale parsemées de petites touches actuelles. Des produits locaux et une carte serrée pour un esprit bistrot le midi, mais gastronomique au dîner. On craque pour la fine tarte au café, croustillante et délicieusement parfumée... Deux élégantes salles à manger de style "rustique chic", une terrasse avec vue sur le parc arboré, et quelques jolies chambres pour prolonger le séjour.

🏠 🅿 – Prix : €€€

Vallon de l'Arcoule – ☏ 04 90 54 32 54 – www.benvengudo.com – Fermé mardi et mercredi

LA CABRO D'OR

PROVENÇALE • MÉDITERRANÉEN Un site superbe, avec une terrasse à l'ombre de mûriers-platanes et une jolie vue sur ces éperons rocheux qui ont fait la célébrité de la cité et de ses environs... Une adresse enchanteresse.

⟆ 🛎 🏠 🅿 – Prix : €€€

Mas de Baumanière – ☏ 04 90 54 33 07 – www.baumaniere.com – Fermé lundi et mardi

BAUMANIÈRE

CLASSIQUE CONTEMPORAIN L'Oustau, la Guigou, le Manoir, la Flora et la Carita : cinq demeures provençales composent ce domaine exceptionnel, situé aux pieds des rochers qui conduisent au Val d'Enfer. Les chambres y sont confortables et raffinées. On profite aussi d'un beau jardin avec piscine et spa.

🅿 🛎 🚴 ⅀ 🌀 🏠 🜲 🍽 - 54 chambres – Prix : €€€€

Chemin départemental 27 – ☏ 04 90 54 33 07

✿✿✿ **L'Oustau de Baumanière • La Cabro d'Or** - Voir la sélection des restaurants

BENVENGUDO   *Plus*

CLASSIQUE CONTEMPORAIN Le "bienvenue" provençal qui sert ici d'enseigne tient sa promesse : l'hospitalité est une vertu majeure dans cette bâtisse traditionnelle dressée sur 3 ha verdoyants, à l'ombre du Château des Baux-de-Provence. Le cadre est typique avec un horizon composé de champs de lavande, d'oliviers et au loin les sommets du massif des Alpilles. Les chambres et suites affichent un style traditionnel tout en jouant sur la légèreté et l'élégance, sans rien perdre de leur confort.

🅿 🛎 🛎 🚴 ⅀ 🜲 🍽 - 28 chambres – Prix : €€€

Vallon de l'Arcoule (D78F) – ☏ 04 90 54 32 54

Benvengudo - Voir la sélection des restaurants

🛏 **DOMAINE DE MANVILLE** *Plus*

CLASSIQUE CONTEMPORAIN Dans un ravissant vallon situé entre les Baux-de-Provence et Maussane-les-Alpilles, cet ancien domaine agricole a été magnifiquement reconverti : golf 18 trous, vastes chambres luxueuses, piscine, cinéma privé et spa... L'alliance du luxe, des vieilles pierres et de la nature provençale. Réparties dans plusieurs bâtiments, les chambres associent des meubles anciens soigneusement sélectionnés à des choix de décoration contemporaine tranchés.

🐎 🅿 ⌂ ⟲ ⇆ 🚴 ⚒ 🛁 📶 🎞 👁 ⚙ ⅋ 🍴 - 30 chambres – Prix : €€€€

D27 – ℰ 04 90 54 40 20

❀ **L'Aupiho - Domaine de Manville** - Voir la sélection des restaurants

BAYEUX

✉ 14400 – Calvados – Carte régionale n° **17**–B2

😊 **L'ALCÔVE**

MODERNE • CONVIVIAL Juste derrière la cathédrale, cette adresse a fait peau neuve, changeant de nom et de décor, mais conservant toutes ses belles qualités culinaires : une cuisine du marché fraîche et bien tournée, aussi savoureuse que sérieuse, qui tient ses promesses. Des exemples ? Araignée de mer, légumes croquants, sorbet vinaigre ; risotto de blé aux asperges, artichaut confit, émulsion ail des ours. Le succès est toujours au rendez-vous, d'autant que les tarifs sont doux.

🍴 – Prix : €€

31 rue Larcher – ℰ 02 31 92 30 08 – Fermé lundi et dimanche, et mardi soir

😊 **L'ANGLE SAINT-LAURENT**

MODERNE • COSY Un cadre plein de fraîcheur, à l'angle des rues St-Laurent et des Bouchers : pierres apparentes, poutres peintes, éclairage tamisé. Les produits de la région ont la part belle à la carte (cochon de Bayeux, huîtres normandes, gruyère de Carrouges...), à travers des recettes savoureuses, originales et joliment ficelées. Voilà un Angle au carré !

Prix : €€

2 rue des Bouchers – ℰ 02 31 92 03 01 – www.langlesaintlaurent.com – Fermé lundi, dimanche et samedi midi

😊 **LA RAPIÈRE**

MODERNE • COSY Cette maison du 15ᵉ s., nichée dans une ruelle pittoresque, propose sous l'égide de son sympathique chef Simon Boudet une cuisine de saison savoureuse, qui ne saurait renier de solides bases traditionnelles. L'ensemble fleure bon le terroir, et s'enrichit même de touches actuelles : samoussa de bœuf, mousseline de carottes ; filet mignon de porc, crème au Pont l'Évêque, purée de pommes de terre ; chou à la crème citron mangue, chocolat blanc. En garde !

♿ – Prix : €€

53 rue Saint-Jean – ℰ 02 31 21 05 45 – www.larapiere.net – Fermé dimanche et du lundi au samedi à midi

CHÂTEAU DE SULLY

MODERNE • ÉLÉGANT Ce château du 18 e s. étire sa longue façade classique au milieu d'un parc à l'anglaise, peuplé de cèdres bleus du Liban, de tilleuls et de séquoias. Dans des salons cossus ou dans la lumineuse véranda, vous dégusterez les assiettes du chef, qui font la part belle au terroir normand : légumes, fromages, foie gras, et bien sûr poissons de ligne.

⇦ ⇆ ♿ ⌂ 🅿 – Prix : €€€

Route de Port-en-Bessin – ℰ 02 31 22 29 48 – www.chateau-de-sully.com – Fermé lundi, du mardi au samedi à midi, et dimanche soir

LE LION D'OR

MODERNE • CONTEMPORAIN Le Lion d'Or rugit plus que jamais. Le chef travaille les produits du terroir normand de belle manière, agrémentés de touches asiatiques. Une rencontre inédite inspirée par ses périples en Asie, notamment au Japon et en Thaïlande. Ajoutons à cela une bonne maîtrise des cuissons et des assaisonnements et nous assistons à une vraie renaissance.

⇔ & 帝 ⇔ – Prix : €€

71 rue Saint-Jean – ☏ 02 31 92 06 90 – www.liondor-bayeux.fr/fr – Fermé lundi, dimanche et samedi midi

 ### CHÂTEAU DE SULLY   *Plus*

ÉLÉGANCE TRADITIONNELLE De lourdes grilles, une grande allée : une très belle entrée en matière pour ce château du 18e s. plein de charme. Les chambres cultivent un luxe discret et l'on aime à flâner sous les frondaisons du parc. Piscine et jacuzzi associent la détente à l'histoire...

☐ 🄿 ⇗ 🛏 ⌁ 🌐 📶 🍴 - 25 chambres – Prix : €€€

Route de Port-en-Bessin – ☏ 02 31 22 29 48

Château de Sully - Voir la sélection des restaurants

BAYONNE

✉ 64100 – Pyrénées-Atlantiques – Carte régionale n° **18**–A3

AUBERGE DU CHEVAL BLANC

CLASSIQUE • ÉLÉGANT Cet ancien relais de poste du 18e s. siècle est tenu par la même famille depuis 1959. La cuisine du chef Jean-Claude Tellechea revisite le répertoire régional : merlu croustillant, boudin noir, jambon Ibaïama, chocolat de Bayonne... à déguster dans une salle aux couleurs du Pays basque. Une offre variée de menus, qui saura satisfaire toutes les bourses.

🄺 ⇔ – Prix : €€

Plan : C1-19 – *68 rue Bourgneuf – ☏ 05 59 59 01 33 – www.cheval-blanc-bayonne.com – Fermé lundi, samedi midi et dimanche soir*

GOXOKI

TRADITIONNELLE • CLASSIQUE Le goxoki, en basque, c'est « l'endroit chaleureux ». Un nom tout indiqué pour ce restaurant du petit Bayonne où officie la famille Hourcastagnou, dans un cadre élégant et intemporel. Une cuisine qui fait la part belle aux produits locaux de saison, avec une alléchante carte de gibier. Avis aux gourmands : de généreuses saucières sont laissées à disposition. Le meilleur de la tradition française.

& 🄺 – Prix : €€€

Plan : C1-18 – *24 rue Marengo – ☏ 05 59 59 49 89 – www.restaurant-goxoki.fr – Fermé mercredi, lundi midi et dimanche soir*

LA GRANGE

TRADITIONNELLE • CONTEMPORAIN Dans cette maison en plein cœur de la ville, les vieilles pierres se marient harmonieusement avec une déco plutôt contemporaine. Dans l'assiette, place à une cuisine du marché et quelques spécialités de bistrot à l'accent basque. Et l'été, profitez de la terrasse sous les arcades, au bord de la Nive...

& 帝 – Prix : €€

Plan : C1-16 – *26 quai Galuperie – ☏ 05 59 46 17 84 – www.lagrange-bayonne. fr – Fermé lundi et dimanche*

L'INATTENDU

MODERNE • CONTEMPORAIN Venez vous blottir dans ce petit restaurant situé dans le quartier du petit Bayonne. Dans leur décor bohème, Manon et Mathieu sauront prendre soin de vous. Le chef mitonne une cuisine bistronomique locale et savoureuse, puisant dans la palette de la cuisine actuelle : fermentation, notes grillées et fumées, espuma aérienne... Et pour accompagner le tout, une judicieuse sélection de vins du monde.

&. 🅰️ – Prix : €€

Plan : C1-17 – *23 rue des Cordeliers* – 🕾 *05 59 59 83 44* – *www. linattendubayonne.com* – *Fermé lundi, dimanche et du mardi au vendredi à midi*

RELIEF 🅽

MODERNE • VINTAGE Dans la rue principale piétonne du quartier Saint-Michel, à côté de la gare, le chef Thibault Deverre, que l'on a connu au Bibent de Christian Constant, a pris ses quartiers dans ce bistro resté dans son jus - mobilier rustique et sièges paillés ! Crémeux de patate douce au citron vert, tempura de broccoli et sorbet persil ; onglet de bœuf, sauce barbecue, crémeux au pois chiche et chips de potimarron ; carotte cake et glace potimarron à l'orange : des plats frais et spontanés, travaillés avec finesse et originalité, qui mettent de bonne humeur ! Carton plein, notamment auprès de la jeunesse bayonnaise et gourmande.

🅰️ – Prix : €€

Plan : C1-4 – *9 rue Sainte-Catherine* – 🕾 *05 59 93 42 38* – *Fermé lundi et dimanche*

LA TABLE - SÉBASTIEN GRAVÉ

DU SUD-OUEST • BRANCHÉ Après le succès de son Pottoka parisien, le chef revient à ses racines bayonnaises. Il compose des plats de bistrot inspirés du meilleur de la production du Sud-Ouest, parmi lesquels le merlu de Saint-Jean-de-Luz au naturel, le maquereau mariné et brûlé ou encore l'échine de cochon Ibaïma. Une adresse conviviale et chaleureuse.

&. 🅰️ 🍴 – Prix : €€

Plan : C1-15 – *21 quai Amiral-Dubourdieu* – 🕾 *05 59 46 14 94* – *latable-sebastiengrave.fr* – *Fermé lundi et dimanche, et mercredi soir*

BEAUGENCY

✉️ 45190 – Loiret – Carte régionale n° **8**–C2

LE P'TIT BATEAU

MODERNE • INTIME C'est au cœur de la cité médiévale que ce P'tit Bateau a mis le cap sur la gourmandise, et les produits frais, avec du poisson en arrivage direct des criées de Bretagne, mais aussi du gibier de Sologne en saison. Tout est généreux, précis, présenté avec soin et savoureux. À noter : le sympathique patio pour un repas à l'air libre. Une maison qui respire l'envie de bien faire !

🍴 – Prix : €€€

54 rue du Pont – 🕾 *02 38 44 56 38* – *www.restaurant-lepetitbateau.fr* – *Fermé lundi et mardi*

BEAULIEU-SOUS-LA-ROCHE

✉️ 85190 – Vendée – Carte régionale n° **23**–B3

🐸 LE CAFÉ DES ARTS

MODERNE • COLORÉ Dans cette paisible bourgade, une sympathique maison menée par Virginie et Antoine Préteux, jeune couple aux solides parcours. Antoine mijote une savoureuse cuisine dans l'air du temps, inspirée par le marché et valorisant les produits régionaux souvent issus de l'agriculture biologique. On se régale dans un cadre coloré.

&. – Prix : €€

2 rue de la Poste – 🕾 *02 51 98 24 80* – *www.lecafedesarts-beaulieu.com* – *Fermé lundi et mercredi, et dimanche soir*

BEAULIEU-SUR-DORDOGNE

✉ 19120 – Corrèze – Carte régionale n° **19**–C3

LE TURENNE

MODERNE • CONTEMPORAIN Cuisine actuelle (gaspacho de tomates et fraises avec sa glace au basilic, ou rouget en filets à la tapenade et mousseline de carottes) dans ce restaurant qui mêle des vieilles pierres à un cadre contemporain. La terrasse, aux beaux jours, offre un prolongement rêvé à la gourmandise.

&🅼🆗🛋 – Prix : €€

Boulevard Saint-Rodolphe-de-Turenne – 𝒞 05 55 28 63 60 – www.leturenne. com – Fermé lundi et mardi, et dimanche soir

BEAULIEU-SUR-LAYON

✉ 49750 – Maine-et-Loire

DOMAINE DE LA SOUCHERIE   *Plus*

ÉLÉGANCE TRADITIONNELLE Sur les coteaux du Layon, un château au cœur d'un domaine viticole de 28 ha. Les chambres, situées dans les dépendances ("La Maison des Amis"), conjuguent à merveille mobilier ancien et confort moderne. Le plus : une visite de la propriété, avec dégustation, est proposée aux nouveaux arrivants. Une adresse raffinée.

🅿 - 4 chambres – Prix : €

La Soucherie – 𝒞 02 41 78 31 18

BEAULIEU-SUR-MER

✉ 06310 – Alpes-Maritimes – Carte régionale n° **25**–E2

🕸 LE RESTAURANT DES ROIS - LA RÉSERVE DE BEAULIEU

MODERNE • LUXE C'est l'un des palaces les plus chics de la Côte d'Azur. Construit en 1880, puis agrandi dans le style de la Renaissance florentine, il accueille à partir des années 1900 têtes couronnées et stars hollywoodiennes, de Rita Hayworth à Sinatra. Les dîners sur la terrasse face aux flots bleus sont magiques. La cuisine est désormais mise en œuvre par le chef Julien Roucheteau, arrivé de Paris (Table du Lancaster, Scène Thélème). Tout en restant fidèle à l'histoire de cette maison, il imprime d'ores et déjà sa patte, du graphisme des assiettes à la finesse de l'exécution, avec une thématique précise pour chaque plat : iodé, fumé, piquant, acide, fraîcheur...

⇦ ⪕&🛋✿🍽 – Prix : €€€€

5 boulevard du Maréchal-Leclerc – 𝒞 04 93 01 00 01 – www.reservebeaulieu. com – Fermé lundi, dimanche et du mardi au samedi à midi

SO'METS ⓝ

FRANÇAISE • CONTEMPORAIN La cheffe Anne-Sophie Sabini, passée par de belles maisons (notamment la Vague d'or), vole de ses propres ailes dans ce lieu moderne et coloré, dotée d'une jolie terrasse. Elle a conçu une carte courte qui change tous les mois où elle revisite des classiques avec une touche de féminité et de modernité : terrine de campagne maison juste tiède, sur un croque crème de truffe ; poêlée de cuisses de grenouilles au lard fumé ; filet de loup, artichauts poivrade rôtis, palourdes, émulsion coquillages ; île flottante So'mets, crème à la vanille, pistache ou praliné... Service dynamique, accueil charmant. Un bon plan (gourmand).

&🅼🛋 – Prix : €€

5 rue du Lieutenant-Colonelli – 𝒞 09 88 33 82 45 – www.somets-restaurant.fr – Fermé lundi et mardi

LA TABLE DE LA RÉSERVE

MÉDITERRANÉENNE • COLORÉ Cette Table apporte un plus indéniable à l'offre de restauration de ce superbe établissement. La carte, orientée terroir, fait aussi la part belle à la Méditerranée : cannelloni de légumes, pasta ou encore daurade royale rôtie... À déguster dans une ambiance conviviale et décontractée.

🅰🅒 🍴 – Prix : €€

5 boulevard du Maréchal-Leclerc – ℰ 04 93 01 00 01 – www.reservebeaulieu. com – Fermé mardi et mercredi

🛏 ## LA RÉSERVE DE BEAULIEU   *Plus*

CLASSIQUE CONTEMPORAIN Entre Nice et Monaco, cette architecture digne d'un palais florentin (1880) se détache magnifiquement sur les falaises tombant dans la Méditerranée... Avec ses décors fastueux (mobilier ancien, tapisseries, boiseries, etc.), sa superbe piscine en balcon sur la Grande Bleue, son ponton privé, etc., voilà bien l'une des plus belles adresses de la Riviera !

🐾 🅿 🛋 🕙 🛜 🍸 🍷 🏊 🛎 🐾 ♨ 🍽 – 39 chambres – Prix : €€€€

5 boulevard du Maréchal Leclerc – ℰ 04 93 01 00 01

❀ **Le Restaurant des Rois** • **La Table de la Réserve** - Voir la sélection des restaurants

BEAUMESNIL

✉ 27410 – Eure – Carte régionale n° **17**-C2

L'ÉTAPE LOUIS 13

TRADITIONNELLE • CLASSIQUE Près du château de Beaumesnil, au superbe style Louis XIII, ce presbytère du 17 e s. distille une ambiance intemporelle... Sous l'égide de ses propriétaires, il est idéal pour se mettre au parfum de la tradition normande : huîtres chaudes au camembert, soufflé léger au calvados, etc. Fraîcheur et saveurs sont au rendez-vous.

🍴 ♻ 🅿 – Prix : €€

2 route de la Barre-en-Ouche – ℰ 02 32 45 17 27 – etapelouis13.fr – Fermé lundi et mardi, et dimanche soir

BEAUMETTES

✉ 84220 – Vaucluse – Carte régionale n° **25**-E1

DOMITIA - MAISON DE CUISINIER

DU MARCHÉ • ÉLÉGANT Asperges vertes de Goult, citron vert, mayo crémeuse à la spiruline, œufs de truite, anguille fumée, poutargue : aucun doute, le chef (ancien étoilé au Domaine de Fontenille) connaît sa grammaire gourmande sur le bout de la fourchette. Une subtile cuisine basée sur une impressionnante sélection de produits locaux, vins y compris.

♿ 🍴 ♻ – Prix : €€

440 rue des Micocouliers – ℰ 04 90 72 23 05 – Fermé mercredi et jeudi

BEAUMONT-EN-AUGE

✉ 14950 – Calvados – Carte régionale n° **17**-D2

AUBERGE DE L'ABBAYE

TRADITIONNELLE • AUBERGE Cette auberge tient toutes ses promesses. Des produits du terroir bien travaillés, des dressages soignés, de la générosité et un goût pour les herbes fraîches, le tout évoluant au fil des saisons... sans oublier l'intérieur rustique, qui ne manque pas de cachet. Un vrai plaisir.

Prix : €€

2 rue de la Libération – ℰ 02 31 64 82 31 – www.auberge-abbaye-beaumont. com – Fermé mardi et mercredi

BEAUNE

✉ 21200 – Côte-d'Or – Carte régionale n° **5**-A3

Difficile de trouver une ville dont le destin dépende à ce point du vin. Et quelle beauté ! Au cœur du vignoble bourguignon, Beaune est à la fois la capitale viticole de la Bourgogne et une incomparable ville d'art. L'Hôtel-Dieu, la basilique-collégiale Notre-Dame, les remparts, dont les bastions abritent des caves fameuses, constituent l'un des plus beaux ensembles de la région. Les Hospices de Beaune possèdent notamment un extraordinaire vignoble situé sur la côte de Nuits et la côte de Beaune. Chaque année, sous la halle médiévale, a lieu une célébrissime vente aux enchères de ces vins. Dans les ruelles, restées très pittoresques, on trouve bars à vin, restos tendance et boutiques de bouche où les produits du terroir – pain d'épice ou moutarde – et les recettes emblématiques – escargots de Bourgogne ou jambon persillé – figurent en bonne place.

☼ **LE BÉNATON**

Chef : Keishi Sugimura

CRÉATIVE • CONTEMPORAIN Au cœur de la Bourgogne, Beaune est fameuse pour ses ventes aux enchères annuelles de vins, qui se tiennent entre les murs de ses Hospices aux toits de tuiles vernissées. C'est dire si le chef japonais Keishi Sugimura, passionné par la gastronomie et le vin français, est à sa place dans cette ville gourmande. Formé au Japon, le cuisinier voue une passion au pâté en croûte, qui lui valut le titre de vice-champion du monde en 2013. Il régale de beaux produits de saison avec une pointe de créativité, à travers des recettes classiques aux saveurs harmonieuses et aux cuissons millimétrées : œuf parfait, bouillon dashi, wagyu japonais ; pigeon de Corton en deux services. Cuisinière elle-même, l'épouse du chef assure le service, qui se déroule l'été sur une terrasse face à un petit jardin.
🌣 – Prix : €€€

Plan : A2-1 – *25 rue du Faubourg-Bretonnière* – ℰ *03 80 22 00 26* – *www. lebenaton.com* – *Fermé mercredi, et mardi, jeudi et samedi midi*

☼ **LE CARMIN**

Chef : Christophe Quéant

MODERNE • CONTEMPORAIN Sur la place Carnot, tout proche de l'Hôtel-Dieu, ce restaurant à la façade moderne occupe le rez-de-chaussée d'une vieille maison charmante. Passé dans les établissements de Robuchon et Ducasse, le chef Christophe Quéant y propose une cuisine au goût du jour et de saison, s'appuyant sur de solides bases traditionnelles. Ses produits au top sont servis par des cuissons au cordeau et des préparations lisibles et sans chichis ! Attablé dans une salle contemporaine refaite à neuf dans les tons beiges, avec pierres apparentes, on se régale alors d'escargots de Bourgogne au beurre d'herbes, d'un suprême et cuisses de caille caramélisées, mousseline de pommes de terre à la truffe d'été...

&. 🅰️ – Prix : €€€€

Plan : A2-2 – *4B place Carnot* – ☎ *03 80 24 22 42* – *www.restaurant-lecarmin. com* – *Fermé lundi, dimanche et mardi midi*

❀ ## CLOS DU CÈDRE

MODERNE • ÉLÉGANT Une élégante maison de maître vigneron, cossue et pleine de cachet, dans un jardin verdoyant où l'on installe quelques tables l'été venu... Un cadre parfait pour déguster la cuisine du jeune chef Jordan Billan, qui reprend avec brio le flambeau de son prédécesseur. Il fait preuve d'une finesse certaine grâce à une cuisine à la fois bien dans l'air du temps et solidement ancrée dans la tradition française (et les bons produits) : langoustines croustillantes, sauce gribiche, câpres ; volaille, crémeux de brocoli, quinoa et radis, jus à la moutarde et au miel... Dans cet établissement rénové de frais, on apprécie aussi le charme intemporel des chambres classiques et élégantes.

🛏️ ⇦ 🛏️ 🅰️ 🛋️ ⇔ – Prix : €€€

Plan : A1-3 – *12 boulevard du Maréchal-Foch* – ☎ *03 80 24 01 01* – *www. cedrebeaune.com* – *Fermé lundi, mardi et du mercredi au vendredi à midi*

8 CLOS

TRADITIONNELLE • BISTRO Dans une salle tout en longueur, associant banquettes en skaï noir et pierres apparentes, le chef Stéphane Léger, ancien étoilé, nous fait plaisir avec sa cuisine bourguignonne et ses plats traditionnels à l'accent méditerranéen. Au menu : œuf en meurette, joue de bœuf braisée, jambon persillé, escargots mais aussi une presa de porc ibérique, sauce barbecue.

🅰️ ⇔ – Prix : €€

Plan : B2-10 – *8 rue d'Alsace* – ☎ *03 80 21 04 19* – *bistrot-8-clos.edan.io* – *Fermé mardi et mercredi*

BISTRO DE L'HÔTEL

TRADITIONNELLE • CHIC Une élégante salle de style bistrot chic, au service d'une cuisine qui honore la tradition et les très beaux produits. La spécialité de la maison ? La volaille de Bresse rôtie ! Quant à la carte des vins, elle est tout simplement impressionnante...

🛏️ &. 🛋️ ⇔ – Prix : €€€€

Plan : B2-6 – *5 rue Samuel-Legay* – ☎ *03 80 25 94 10* – *www.lhoteldebeaune. com* – *Fermé dimanche et du lundi au samedi à midi*

CAVES MADELEINE

Chef : Martial Blanchon

MODERNE • BISTRO À deux pas du centre-ville, cette cave à manger est un petit bijou. Martial, le chef, s'est acoquiné avec les meilleurs producteurs du coin – y compris les meilleurs vignerons ! – et compose une cuisine saine, savoureuse et pleine de peps. Service décontracté et sans chichi : la vérité est dans le verre et dans l'assiette.

❀ **L'engagement du chef :** La proximité est le mot d'ordre de notre établissement. La cuisine que nous proposons se veut proche des producteurs responsables et locaux avec lesquels nous travaillons, proche des produits biologiques que nous sublimons, proche des artisans bourguignons engagés avec lesquels nous coopérons.

🛏️ – Prix : €€

Plan : B2-8 – *8 rue du Faubourg-Madeleine* – ☎ *03 80 22 93 30* – *cavesmadeleine.com* – *Fermé mercredi et dimanche*

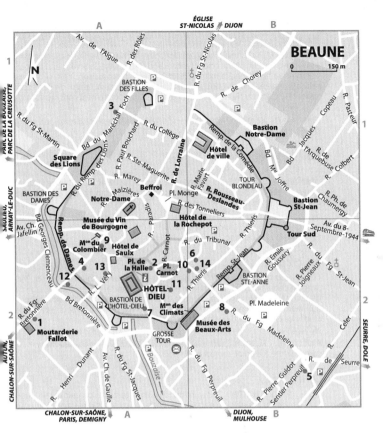

ÉGLISE ST-NICOLAS ✦ **DIJON**

BEAUNE

0   150 m

L'ÉCUSSON

MODERNE · CONTEMPORAIN Un Écusson aux couleurs de la gourmandise ! Le chef, passé par des maisons de renom, concocte une cuisine du marché fraîche, goûteuse et inspirée, à l'image des asperges vertes de Provence et tourteau ou du filet d'omble chevalier, pousses de brocoli et ail des ours... à apprécier dans une salle lumineuse et contemporaine.

&.🅰🍴 – Prix : €€€

Plan : B2-5 – *2 rue du Lieutenant-Dupuis* – ℰ *03 80 24 03 82* – *www.ecusson. fr* – *Fermé lundi et dimanche*

L'EXPRESSION

MODERNE · CONTEMPORAIN Cette adresse du centre-ville au cadre contemporain (cuisines ouvertes, cave vitrée) propose de jolis produits de saison et de belles pièces à partager (poisson du marché entier, côte de bœuf de Galice). Ici, les cuissons se font à haute température dans un four à charbon du bois et dans une ambiance conviviale. Vins triés sur le volet.

🐝 &.🅰 – Prix : €€€

Plan : A2-9 – *11 rue Maufoux* – ℰ *03 80 80 05 89* – *www.lexpressionbeaune.fr* – *Fermé mardi, mercredi et jeudi midi*

GARUM

MODERNE • CHIC Christophe Bocquillon a transformé son Jardin des Remparts en « table vivante », un bistrot chic et tendance où l'on déguste de bons produits à partager entre amis à l'apéritif (huîtres Gillardeau, charcuteries maison...). Menu-carte de saison gourmand et bien tourné. Quant au garum, c'est une sauce fermentée très prisée des Romains, que le chef affectionne et interprète notamment dans ses tartares.

🏠 – Prix : €€

Plan : A2-7 – *10 rue de l'Hôtel-Dieu* – ℰ *03 80 24 79 41* – *www.garum-beaune. fr* – *Fermé lundi et dimanche*

LOISEAU DES VIGNES

MODERNE • ÉLÉGANT Situé au centre-ville de Beaune, dans un cadre classique, cette cuisine griffée Loiseau propose une carte actuelle, agrémentée de touches exotiques et de clins d'œil au terroir bourguignon. A noter, une belle carte des vins, avec un choix rare de 70 vins au verre.

🐝 ☕ 🅰🅲 – Prix : €€€

Plan : A2-4 – *31 rue Maufoux* – ℰ *03 80 24 12 06* – *www.bernard-loiseau.com* – *Fermé lundi et dimanche*

MA CUISINE

TRADITIONNELLE • BISTRO Un bistrot convivial, où tout tourne autour du vin, avec un choix hors pair de quelque 800 crus (le patron est fin connaisseur de breuvages). Le chef régale sa clientèle d'une cuisine traditionnelle sans fioriture, qui va droit au but - escargots, foie gras, côte de veau, crème caramel - dans une ambiance qui est l'antithèse du bling-bling. Revigorant.

🐝 🅰🅲 – Prix : €

Plan : A2-11 – *Passage Sainte-Hélène* – ℰ *03 80 22 30 22* – *macuisinebeaune. com* – *Fermé mercredi, samedi et dimanche*

LE MAUFOUX

DU MARCHÉ • BISTRO Ce sympathique bistrot au cadre contemporain, tenu par l'équipe du Soufflot à Meursault, propose une cuisine simple mais goûteuse et généreuse : escargots en persillade, saumon fumé maison, cassoulet "allégé" (les plats chauds sont souvent servis en cocotte), cheesecake... Belle sélection de vins à prix d'ami.

🐝 – Prix : €

Plan : A2-12 – *45 rue Maufoux* – ℰ *03 80 80 02 40* – *www.lemaufoux.fr* – *Fermé samedi et dimanche*

LE RELAIS DE SAULX

MODERNE • CONVIVIAL Cette maison de caractère (1673) du centre de Beaune, non loin des Hospices, a été reprise par le chef Charles Danet qui tenait le Timbre à Paris. Le moins qu'on puisse dire, c'est qu'il a réussi rapidement son acclimatation à la Bourgogne ! Le tour de main est indéniable dans cette cuisine du marché saine et goûteuse, qui se définit comme "de saison et artisanale".

☕ 🅰🅲 – Prix : €€

Plan : A2-13 – *6 rue Louis-Véry* – ℰ *03 80 22 01 35* – *Fermé lundi, dimanche, et mardi, mercredi et samedi midi*

LA SUPERB

MODERNE • CONVIVIAL Sis dans une petite rue commerçante proche de la place Carnot, au cœur de la vieille ville, ce "bar à manger" contemporain propose une cuisine du marché, rythmée par les saisons, habile à valoriser de beaux produits. Sans oublier le sympathique menu déjeuner ! Goûteux et sans superflu.

☕ 🅰🅲 – Prix : €€

Plan : B2-14 – *15 rue d'Alsace* – ℰ *03 80 22 68 53* – *Fermé lundi et dimanche*

CHEZ LES FATIEN — *Plus*

CLASSIQUE CONTEMPORAIN Discrète, voire secrète, la maison se cache depuis le 14ᵉ s. en lisière du centre historique. Elle abrite une cour autour de laquelle se distribuent quatre chambres, qui sont autant de voyages dans le temps et les styles (colonial, Art Déco, bourguignon...). Deux d'entre elles, en duplex, sont plus grandes que bien des appartements... Petit-déjeuner composé de produits locaux de haute qualité.

👤 🅿 - 4 chambres – Prix : €€

17 rue Sainte-Marguerite – 𝒞 03 80 22 82 84

HOSTELLERIE CÈDRE & SPA — *Plus*

CLASSIQUE CONTEMPORAIN Dans le jardin, un cèdre majestueux et... cette belle demeure bourgeoise (début 20ᵉ s.) empreinte de classicisme. Boiseries, moulures, mobilier de style : les salons ont conservé toute leur atmosphère, tandis que les 40 chambres et suites, toutes spacieuses, affichent un style plus contemporain. Le confort est haut-de-gamme, jusque dans le spa.

🛁 🅿 ⌲ 🕭 🛏 🚲 🎱 🏊 🛁 ♨ 🍽️ - 40 chambres – Prix : €€€€

10-12 boulevard Maréchal Foch – 𝒞 03 80 24 01 01

🌸 **Clos du Cèdre** - Voir la sélection des restaurants

L'IMPRIMERIE — *Plus*

DESIGN MODERNE Une ancienne imprimerie, oui, mais d'étiquettes destinées aux plus grandes vins de la région. Le petit hôtel de cinq chambres qui a succédé aux machines a conservé cette fibre industrielle, comme en attestent les lampes de chevet, les tonalités encre, les notes métalliques, les briques apparentes et les fenêtres d'atelier qui donnent sur la verrière. Un caractère adouci par des matières naturelles et une déclinaison de bois pour une ambiance de loft douillet. Une cuisine, une salle à manger, un salon et une terrasse en font une petite maison de famille.

🅿 🍽️ - 5 chambres – Prix : €

12 rue Colbert – 𝒞 06 52 41 03 21

BEAURECUEIL

✉ 13100 – Bouches-du-Rhône – Carte régionale n° **24**–B3

LA TABLE DE BEAURECUEIL

TRADITIONNELLE • COLORÉ Dans une ancienne bergerie au décor résolument contemporain, on apprécie une cuisine traditionnelle aux bons parfums de Provence. Jolie sélection de vin au verre.

👤 🆚 🍴 ♻ 🅿 – Prix : €€€

66 allée des Mûriers – 𝒞 04 42 66 94 98 – www.latabledebeaurecueil.com – Fermé du lundi au mercredi

LE BEAUSSET

✉ 83330 – Var – Carte régionale n° **24**–B3

AUBERGE LA CAUQUIÈRE

MODERNE • AUBERGE Le chef-propriétaire de cette ancienne auberge mitonne une cuisine au goût du jour, soignée et parfumée : maquereau en chaud-froid, baba au rhum et crème chantilly à la vanille bourbon... à déguster dans une jolie salle en pierre apparente, ou en terrasse devant le jardin. De quoi repartir du bon pied !

🍴 🆚 – Prix : €€

7 rue du Chanoine-Bœuf – 𝒞 04 94 74 98 15 – lacauquiere.fr – Fermé lundi et mardi, et dimanche soir

LA FERME AUBERGE - DOMAINE DE LA FONT DES PÈRES

MODERNE • RUSTIQUE Au milieu des restanques, en plein cœur de la Provence, cette Ferme Auberge offre depuis sa terrasse une vue saisissante sur la vallée et le massif de la Sainte-Baume. Les produits du domaine sont les stars en cuisine (poulailler dans la pinède, fruitiers, oliviers, herbiers et potager), travaillés par le chef dans une veine saine et créative, avec de bons vins du domaine pour arroser le tout. Jolies chambres ou villas pour l'étape.

🏡 ⇽🛏🤚♿🎬🍴🅿 – Prix : €€

1306 chemin de Pontillaou – 𝒫 04 94 15 21 21 – www.lafontdesperes.com

BEAUVAIS

✉ 60000 – Oise – Carte régionale n° **14**–B2

AUTREMENT

MODERNE • TENDANCE Légèrement à l'écart du centre-ville, une petite adresse tranquille qui permet de voir la vie... autrement. Le chef, originaire de la région, maîtrise parfaitement cuissons et assaisonnements et travaille de bons produits ; sa cuisine, originale et colorée, a le mérite de la clarté - ainsi le thon servi en tataki façon pissaladière, sauce sésame ou l'agneau confit aux épices douces, caviar d'aubergine. Et son dessert signature fait toujours mouche : le paris-brest !

♿🍴🅿 – Prix : €€

128 rue de Paris – 𝒫 03 44 02 61 60 – www.autrement-restaurant.fr – Fermé lundi, dimanche et samedi midi

LE SENSO

MODERNE • ÉPURÉ Sur la place du marché, ce restaurant joue la carte de la simplicité, avec un décor contemporain de belle facture. Quelques touches créatives à signaler dans les assiettes du chef, qui porte une attention toute particulière aux dressages. Ne manquez pas sa spécialité : le kouign amann.

♿🎬 – Prix : €€

25 rue d'Agincourt – 𝒫 03 64 19 69 06 – lesensorestaurant.free.fr – Fermé lundi et dimanche

BEAUVOIR-EN-ROYANS

✉ 38160 – Isère – Carte régionale n° **3**–E2

AU ROMAN DU VERCORS

MODERNE • CONTEMPORAIN C'est désormais à flanc de Vercors, sur le site médiéval classé de l'ancien couvent des Carmes (avec son musée, son jardin et son verger conservatoire de variétés fruitières du Sud Grésivaudan - à visiter après le repas) qu'on est reçu par le chef et son épouse : au programme, cuisine du marché qui met en valeur les produits de saison et régionaux, salle habillée de claies qui rappellent les séchoirs à noix ou agréable terrasse ombragée.

♿🍴♻🅿 – Prix : €€

1 ancienne route de Presles – 𝒫 04 76 64 75 95 – www.restaurant-roman-du-vercors.com – Fermé lundi et mardi, et mercredi et dimanche soir

BEAUVOIS-EN-CAMBRÉSIS

✉ 59157 – Nord – Carte régionale n° **13**–C3

LE CONTEMPORAIN

MODERNE • TENDANCE Un couple expérimenté tient les rênes de cette maison de famille datant du 19 e s., devenue un restaurant en 2008. Lui assure le service et l'accueil, en plus de l'entretien du potager ; elle, aux fourneaux, met en valeur cette production maison dans des assiettes savoureuses. Véranda moderne et lumineuse.

&⅄₠⇧ – Prix : €€
4 rue Jean-Jaurès – 𝒞 03 27 76 03 17 – www.restaurant-lecontemporain.fr –
Fermé lundi, samedi midi, et mardi, mercredi et dimanche soir

BEBLENHEIM
✉ 68980 – Haut-Rhin – Carte régionale n° **10**–C2

AUBERGE LE BOUC BLEU
MODERNE • FAMILIAL Le bouc a fait peau neuve ! Deux amis passés par de
grandes tables en France et à l'étranger, le cuisinier Romain Hertrich et le sommelier
Romain Lambert, œuvrent désormais dans cette auberge entièrement rénovée. Au
programme : produits frais de saison et accords mets et vins.
⅋ ₠⇧ – Prix : €€
2 rue du 5-Décembre – 𝒞 03 89 47 88 21 – www.aubergeleboucbleu.com –
Fermé mercredi, jeudi et vendredi midi

BÉDOIN
✉ 84410 – Vaucluse – Carte régionale n° **25**–E1

LA COLOMBE ⓝ
MODERNE • MÉDITERRANÉEN Au pied du Mont Ventoux et au milieu des
vignes, cette douce colombe roucoule une bien jolie mélodie gourmande. Le
chef Christophe Schuffenecker (qui était auparavant aux fourneaux étoilés du
Château de Mazan) y propose une cuisine moderne, précise et lisible, sans fioriture, à l'image de son pigeon de Sarrians et purée de carotte au géranium. Pour
s'attabler ? Choisissez aux beaux jours la terrasse à l'ombre des auvents qui regarde
les vignes ou la salle à manger traditionnelle avec poutres apparentes et grande
cheminée toute provençale...
⅄₠⇧🅿 – Prix : €€
3890 route du Mont-Ventoux – 𝒞 04 90 65 61 20 – www.la-colombe.fr –
Fermé lundi, mardi et mercredi midi

BELCASTEL
✉ 12390 – Aveyron – Carte régionale n° **22**–C1

✿ VIEUX PONT
Chefs : Bruno Rouquier et Nicole Fagegaltier
MODERNE • COSY Niché dans la verdure et dominé par son château, le paisible
bourg de Belcastel grimpe en étages sur la rive droite de l'Aveyron. Rien de mieux,
pour s'ouvrir l'appétit, que ses rues couvertes de pavés ou de galets ainsi que ses
calades escarpées ! Régaler les hôtes de passage, c'est une tradition dans cette
maison familiale ouverte par les grands-parents des deux sœurs Nicole et Michèle
Fagegaltier, désormais aux commandes. La carte, alléchante comme il se doit, met
en avant l'agneau et le veau de l'Aveyron et du Ségala, le bœuf d'Aubrac, le porc noir
de Bigorre, l'oignon doux des Cévennes mais aussi des poissons et des fromages
fermiers. Bouillon d'oignons doux caramélisés, chou braisé au Laguiole, ou encore
ris d'agneau de la maison Greffeuille , mayonnaise à l'oseille et poireau grillé : qu'il
est bon ce Vieux Pont !
⅋ ⇆ ◁ Ⓚ 🅿 – Prix : €€€
Le Bourg – 𝒞 05 65 64 52 29 – www.hotelbelcastel.com – Fermé lundi et mardi,
et dimanche soir

BÉLESTA

✉ 66720 – Pyrénées-Orientales – Carte régionale n° **21**–B3

DOMAINE RIBERACH - LA COOPÉRATIVE

Chef : Julien Montassié

CRÉATIVE • ÉLÉGANT Cet ancien chai a conservé sa charpente métallique : l'endroit, très spacieux et confortable, a un charme fou ! A table, on retrouve une bonne partie de la production maison, légumes du potager et vins du domaine (bios et sans intrants), dans une partition de saison comme on les aime. Agréables chambres pour l'étape.

✿ **L'engagement du chef :** Le Domaine s'inscrit dans une démarche écologique depuis sa création. Nos vins sont produits en agro-écologie (sans pesticides, ni herbicides, ni produits de synthèse) ; nous chauffons les bâtiments par géothermie ; et notre piscine est filtrée par des plantes. Le restaurant est alimenté par un grand potager et nous avons une philosophie du km zéro pour l'approvisionnement.

❀ ⇐ & P – Prix : €€€

2 route de Caladroy – 𝒞 04 68 50 30 10 – www.riberach.com/fr – Fermé lundi, mardi, mercredi midi et dimanche soir

DOMAINE RIBERACH   *Plus*

DESIGN MODERNE Au pied du château médiéval, l'ancienne coopérative viticole s'est muée en hôtel de charme. Matériaux bruts, terrasses privatives : les chambres sont zen, design... avec vue sur les vignes. La piscine, filtrée naturellement, est ravissante.

P ⟿ ⬠ ⊆ ⚊ ⊛ ⚘ ⅺ○ – 24 chambres – Prix : €€

2 route de Caladroy – 𝒞 04 68 50 30 10

Domaine Riberach - La Coopérative - Voir la sélection des restaurants

BELFORT

✉ 90000 – Territoire de Belfort – Carte régionale n° **6**–C1

LE LIEN ⓝ

MODERNE • BISTRO Le lien, ici, est celui qui unit ce jeune couple de restaurateurs (elle en salle et lui aux fourneaux) aux vignerons et aux producteurs dont le travail finit dans les assiettes et les verres de ce bistrot chaleureux. Cette cuisine moderne, twistée d'une pointe de créativité, mise tout sur des produits de qualité et de saison, traités avec le respect qui leur est dû. Deux menus au déjeuner, et une carte plus travaillée le soir. Un bon plan.

ⓐⒸ – Prix : €€

32 faubourg de Montbéliard – 𝒞 03 84 58 05 59 – www.restaurant-lelien.com – Fermé lundi et dimanche

BELLE-ÉGLISE

✉ 60540 – Oise – Carte régionale n° **14**–B3

✿ LA GRANGE DE BELLE-ÉGLISE

Chef : Marc Duval

CLASSIQUE • ÉLÉGANT Il y a des noms de restaurants et de villages qui font très "France éternelle" : la Grange de Belle-Église relève de cet imaginaire bucolique et gourmand. On s'attend à y déguster de belles recettes traditionnelles, réalisées avec amour à partir de bons produits issus des campagnes environnantes. Gagné ! Dans cette ancienne grange à charbon reconvertie en un havre paisible et cossu, la bonne chère revêt ses plus beaux atours. Le chef Marc Duval fait assaut de clas-sicisme, non sans s'autoriser des écarts modernes. Le homard bleu, crémeux de petits légumes croquants, et la pièce de veau à la truffe se dégustent dans une salle à manger feutrée qui s'ouvre aux beaux jours sur un jardin pimpant.

🐝 🛎🕭🆒 🅿 – Prix : €€€

28 boulevard René-Aimé-Lagabrielle – ☏ 03 44 08 49 00 – www. lagrangedebelleeglise.fr – Fermé lundi, dimanche et mardi midi

BELLE-ÎLE

✉ 56360 – Morbihan – Carte régionale n° –

Port-Goulphar

LE 180°

CRÉATIVE • ÉLÉGANT À la barre de ce bateau, avec vue imprenable sur l'anse de Goulphar, le chef concocte des recettes créatives, avec les meilleurs produits de l'île, comme ce beau menu homard. Une traversée vivifiante, pleine d'embruns, de talent et de fraîcheur.

🐝 🍃🛎🕭🕷🔄 🅿 – Prix : €€€

☏ 02 97 31 84 21 – www.castel-clara.com – Fermé les midis

🛏 ### CASTEL CLARA   *Plus*

CLASSIQUE CONTEMPORAIN Emplacement idyllique sur la côte sauvage, centre "thalasso", chambres et suites raffinées, beau panorama : le luxe discret… au bout du monde. Ou comment respirer l'air du large en gardant les pieds sur terre ! Carte gastronomique, buffets de fruits de mer et de crustacés.

🕭🛁🅿🍷🛎🚲🏊💆♨🧖🛗🍽 - 63 chambres – Prix : €€

Port Goulphar – ☏ 02 97 31 84 21

Sauzon

CAFÉ DE LA CALE

POISSONS ET FRUITS DE MER • BISTRO Face au port, ce bistrot marin, précédé d'une terrasse, propose de déguster poissons frétillants et coquillages, issus pour partie de la pêche locale. Une seule viande à la carte, en général de l'agneau de Belle-Île-en-Mer. Une adresse conviviale et chaleureuse, où domine l'âme bretonne.

🕷 – Prix : €

Quai Guerveur – ☏ 02 97 31 65 74 – cafedelacale-sauzon.jimdofree.com

HÔTEL DU PHARE

POISSONS ET FRUITS DE MER • DESIGN Symbole de Belle-Île-en-Mer, l'Hôtel du Phare (1880) et sa table ont été revus et embellis par un célèbre architecte. Le décor original joue avec les couleurs vives et le noir et blanc du drapeau breton. Le chef a composé une carte d'esprit brasserie marine : soupe de poisson, couteaux à la plancha, plateaux de fruits de mer. Très belle terrasse surplombant le port.

🍃🕷 – Prix : €€

Quai Guerveur – ☏ 02 97 31 60 36 – www.hotelduphare-belle-ile.fr

BELLERIVE-SUR-ALLIER

✉ 03700 – Allier – Carte régionale n° **1**–C1

CHÂTEAU DU BOST

MODERNE • CONTEMPORAIN À quelques minutes de Vichy, dans un parc très paisible, ce château avec tours et douves en eau (15e-19e s.) décline un décor contemporain et cosy, complété d'une belle terrasse, et de quelques chambres confortables. Le restaurant au cadre épuré sert une goûteuse cuisine de saison allant à l'essentiel.

🛬 ⚙ 🅰 ❖ 🅿 – Prix : €€

27 rue de Beauséjour – ℰ 04 70 59 59 59 – chateau-du-bost.com – Fermé lundi et dimanche soir

BELLEVILLE

✉ 69220 – Rhône – Carte régionale n° **4**–E1

😊 LE BEAUJOLAIS

TRADITIONNELLE • CONVIVIAL Ce Beaujolais se devait de faire honneur à cette région riche en saveurs et en bons vins ! Le sympathique couple à la tête de cette maison relève le défi avec une bonne cuisine traditionnelle. Un exemple ? L'andouillette tirée à la ficelle, sauce graines de moutarde, pommes rissolées.

🅰 🅿 – Prix : €€

40 rue du Maréchal-Foch – ℰ 04 74 66 05 31 – www.restaurant-le-beaujolais. com – Fermé lundi et mercredi, et mardi et dimanche soir

BELLEY

✉ 01300 – Ain – Carte régionale n° **2**–C1

LA FINE FOURCHETTE

MODERNE • ÉLÉGANT Un jeune couple du métier a su apporter un souffle nouveau à cette adresse bugiste bien connue. Si la vue sur le canal du Rhône est toujours superbe, la salle a été revue dans un esprit contemporain et élégant et les assiettes font la part belle aux produits de l'Ain, servis avec générosité dans un style actuel bien maîtrisé par le chef Mickaël Brinioli. Le service n'est pas en reste grâce à Maëva. Longue vie !

⟜ 🛬 🅰 🅿 – Prix : €€

2500 avenue du Bugey, à Virignin – ℰ 04 79 81 59 33 – www. restaurantlafinefourchette.fr – Fermé mardi et mercredi

BERGERAC

✉ 24100 – Dordogne – Carte régionale n° **18**–C1

😊 LE BISTRO D'EN FACE

MODERNE • CONTEMPORAIN Le chef-patron Hugo Brégeon, épaulé par son épouse Aurore en salle, s'est installé dans une petite maison, dont la terrasse délivre un panorama imprenable sur la vieille ville, la Dordogne et ses gabarres. L'assiette, goûteuse et travaillée, est à la hauteur de la vue : une cuisine bistronomique pleine de fougue, qui revisite avec brio quelques classiques. Le tout pour un rapport plaisir/prix imbattable, et un joli choix de vins au verre. Un "bib plein pot", comme on dit chez nous.

⟜ ⚙ 🅰 🅰 – Prix : €

1 rue Fénelon – ℰ 05 53 61 34 06 – Fermé lundi et dimanche, et mardi et mercredi soir

L'IMPARFAIT

TRADITIONNELLE · RUSTIQUE Dans cette bâtisse médiévale du vieux Bergerac, on sert une goûteuse cuisine inspirée du terroir périgourdin, sur la terrasse en été, ou dans la salle à manger pleine de cachet, près de la cheminée monumentale. Des plats élégants et bien préparés, comme le pavé de cerf bien ferme et saignant à cœur ou les langoustines en kadaïf : un sans-faute pour L'Imparfait !

&. AC 🛋 ⇔ – Prix : €€

8 rue des Fontaines – 𝒞 05 53 57 47 92 – www.imparfait.com

LA TABLE DU MARCHÉ COUVERT

MODERNE · COSY Impossible de ne pas remarquer cette maison d'angle à la façade rouge, face aux halles ! Dans ce bistrot chic à l'élégance toute contemporaine – un cadre soigné –, les recettes s'inspirent du marché... évidemment.

AC 🛋 – Prix : €€

21 place Louis-de-la-Bardonnie – 𝒞 05 53 22 49 46 – www.table-du-marche. com – Fermé lundi et dimanche

BERGHOLTZ
✉ 68500 – Haut-Rhin – Carte régionale n° **10**–A3

LA PETITE AUBERGE

MODERNE · AUBERGE Des préparations goûteuses, 100 % maison, réalisées à base de bons produits : voilà ce que le chef vous réserve ! Il s'en tient à une philosophie toute simple : "Faire ce qu'on m'a appris depuis que j'ai commencé ce métier." Pari tenu et franc succès.

&. AC 🛋 – Prix : €€€

4 rue de l'Église – 𝒞 03 89 28 52 90 – www.restaurant-lapetiteauberge.fr – Fermé mardi et mercredi

BERLOU
✉ 34360 – Hérault – Carte régionale n° **21**–B2

LE FAITOUT

MODERNE · COSY Qu'espérer du faitout d'un chef touche-à-tout ? Un maximum de gourmandise ! Frédéric Révilla, porté par sa passion pour la région, fait feu de tout bois : saveurs du jardin, veau catalan, chevreau du pays, navet de Pardailhan, vin de St-Chinian (le village est voisin). Le chef et son épouse ont volontairement quitté Béziers pour s'immerger au cœur de ce terroir qu'ils chérissent - leurs assiettes généreuses le prouvent.

🛋 – Prix : €€

1 place du Pont – 𝒞 04 67 24 16 99 – www.restaurantlefaitout.com – Fermé lundi et dimanche soir

BERMICOURT
✉ 62130 – Pas-de-Calais – Carte régionale n° **13**–B2

😊 LA COUR DE RÉMI

TRADITIONNELLE · CONVIVIAL Après une première vie professionnelle menée tambour battant à l'étranger, le chef est revenu aux sources pour se consacrer à la cuisine, sa première passion. Cuissons millimétrées, assaisonnements au poil, bon rapport qualité-prix et vins naturels : il nous régale avec un enthousiasme communicatif !

  — Prix : €€

1 rue Baillet – ℰ 03 21 03 33 33 – www.lacourderemi.com – Fermé lundi, mardi et samedi à midi , et dimanche soir

BERNAY

✉ 27300 – Eure – Carte régionale n° **17**–C2

LE MOULIN FOURET

MODERNE • COSY Dans un charmant coin de campagne en retrait de Bernay, on tombe en admiration devant cette belle et grande maison couverte de vigne vierge, avec sa terrasse sous les bouleaux au calme d'un cours d'eau... et son moulin historique, ayant conservé ses rouages. L'endroit est délicieux (notamment en hiver au coin du feu), et la cuisine du chef Cédric Auger en est le parfait corollaire : produits frais et de qualité, préparations soignées, cuissons au cordeau, le tout proposé sous la forme de menus qui évoluent au rythme des saisons... On se régale, et l'on profite même de chambres confortables pour l'étape.

  — Prix : €€

2 route du Moulin-Fouret, à Saint-Aubin-le-Vertueux – ℰ 02 32 43 19 95 – www.lemoulinfouret.fr

LA BERNERIE-EN-RETZ

✉ 44760 – Loire-Atlantique – Carte régionale n° **23**–A2

AU G'RETZ DES SAISONS ⓝ

MODERNE • CONVIVIAL Tout est dans le nom : le jeune Samuel Duchêne, chef voyageur, cuisine au gré des saisons. Sa courte carte, qui change tous les mois, met principalement en avant les producteurs et artisans du Pays de Retz – poissons, œufs fermiers, sel de mer. Betterave marinée au cidre, jaune d'œuf confit, coulis de cresson ou filet de bar, carotte, émulsion de coco, curcuma : du travail, de l'audace et du goût – sans oublier un très bon pain maison. Petite capacité, pensez à réserver.

Prix : €€

17 rue Jean-Duplessis – ℰ 02 51 74 61 60 – www.augretzdessaisons.fr – Fermé lundi et mardi, et dimanche soir

BERNIÈRES-SUR-MER

✉ 14990 – Calvados – Carte régionale n° **17**–B2

L'AS DE TRÈFLE

MODERNE • CONTEMPORAIN Légèrement en retrait des plages du Débarquement, nous voilà dans le repaire d'Anthony Vallette, un chef normand plein d'entrain. Au fil des saisons, il pioche dans le terroir local – poissons de la Manche, andouille de Vire, cochon de Bayeux – et compose des plats bien maîtrisés, avec juste ce qu'il faut d'audace !

  — Prix : €€

420 rue Léopold-Hettier – ℰ 02 31 97 22 60 – www.restaurantasdetrefle.com – Fermé lundi et mardi soir

BERRWILLER

✉ 68500 – Haut-Rhin – Carte régionale n° **10**–A3

L'ARBRE VERT

MODERNE • ÉLÉGANT Cinquième génération et toujours très Vert ! Cet Arbre pourrait bien être généalogique, tant son histoire se confond avec celle de la famille Koenig... Au menu : toute la fraîcheur du terroir alsacien, avec de beaux vins du cru.

🦢 &⟨M⟩ ⟷ 🅿 – Prix : €€
96 rue Principale – ☏ 03 89 76 73 19 – www.restaurant-koenig.com – Fermé lundi
et mardi, et dimanche soir

BESANÇON
✉ 25000 – Doubs – Carte régionale n° **6**-B2

LE MANÈGE
MODERNE • TENDANCE Au pied de la citadelle, cet ancien manège militaire propose une cuisine délicate et savoureuse aux accents régionaux (comme la croûte
aux champignons parfumée au vin jaune ou l'étonnant boudin noir en tranches),
signée par un chef autodidacte et amoureux du travail bien fait. Une valeur sûre.
⟨M⟩ 🍽 ⟷ – Prix : €
2 faubourg Rivotte – ☏ 03 81 48 01 48 – www.restaurantlemanege.com –
Fermé lundi, dimanche et mardi midi

LE PARC
MODERNE • CONTEMPORAIN Ce restaurant situé dans l'ancien office du tourisme de la ville à l'entrée du parc Micaud, appartient aux propriétaires du Château
de Germigney : le bâtiment contemporain tout en baies vitrées propose une cuisine
moderne assortie d'une pointe de créativité. Souvenirs nostalgiques des abricots
rôtis au miel du château de Germigney accompagnés de leur île flottante caramel
aux fruits de la passion. A déguster les yeux dans le Doubs.
& ⟨M⟩ – Prix : €€€
Place de la 1ère-Armée-Française – ☏ 03 70 88 60 60 – leparcbesancon.com/
fr – Fermé lundi et mardi

LE SAINT CERF
Chef : Xavier Choulet
MODERNE • CONTEMPORAIN Ce bistrot contemporain au cadre agréable propose une cuisine mâtinée d'influences diverses, dont des touches asiatiques, maîtrisée de bout en bout, sans ostentation et goûteuse. Ajoutez à cela une tendance
affichée au "nature" (saisonnalité, produits), saupoudrez de plats végétariens et
vous obtenez une valeur sûre du renouveau bisontin.
🍃 L'engagement du chef : Nous travaillons uniquement des produits de
saison issus de partenaires régionaux. Légumes bio et herbes sauvages, pêche
française, viandes de qualité - bœuf Black Angus et Hereford principalement.
Notre compost est récupéré chaque semaine par un jeune créateur d'entreprise
de maraîchage bio. Nous servons une eau micro-filtrée à chaque table.
⟨M⟩ – Prix : €€
1 rue Megevand – ☏ 03 81 50 10 20 – Fermé samedi, dimanche, et lundi et mardi
à midi

LE SAINT-PIERRE
TRADITIONNELLE • ÉLÉGANT Une cuisine gastronomique mettant le poisson
et les bons produits à l'honneur ; beaucoup de finesse relevée d'une pointe d'originalité ; un cadre élégant et cosy (pierres apparentes) : ce Saint-Pierre est un petit
paradis des saveurs !
⟨M⟩ ⟷ – Prix : €€€
104 rue Battant – ☏ 03 81 81 20 99 – www.restaurant-saintpierre.com –
Fermé dimanche et samedi midi

LE SAUVAGE   *Plus*
ÉLÉGANCE TRADITIONNELLE Dans la vieille ville, le bâtiment est chargé d'histoire : couvent des minimes depuis le Moyen-Âge, saisi à la Révolution, il a été investi

par les sœurs clarisses à partir de 1854... Salons intimes, belles boiseries et mobilier chiné, vues sur le Doubs et les remparts : les lieux ne sont qu'élégance et quiétude.

 ♿ 🅿 🛁 🛏 - 24 chambres – Prix : €

6 rue du Chapître – ℰ 03 81 82 00 21

BESSAS

✉ 07150 – Ardèche – Carte régionale n° **2**–A3

AUBERGE DES GRANGES

MODERNE • CONVIVIAL Entre vallée de la Cèze et gorges de l'Ardèche, ce jeune chef régale ses clients avec une cuisine sincère appuyée sur le terroir. Il affectionne aussi les produits de la mer, qu'il sait travailler avec précision. Le charme de cette ancienne grange, tenue autrefois par son grand-père, se prolonge l'été grâce à la belle terrasse avec vue sur la campagne ardéchoise.

�ி – Prix : €€€

213 avenue des Granges – ℰ 04 75 38 02 01 – www.aubergedesgranges.com – Fermé lundi, du mardi au jeudi à midi, et dimanche soir

BESSINES

✉ 79000 – Deux-Sèvres – Carte régionale n° **20**–B2

L'ADRESS...

MODERNE • CONTEMPORAIN Un parallélépipède de verre prolongé par une terrasse face à la verdure : voilà pour le cadre, moderne et élégant ! Quant à la cuisine du chef, elle ne souffre d'aucun reproche : recettes qui font mouche, présentations soignées. Jolie sélection de vins et fromages parfaitement affinés.

🛁♿ 🆎 🌿 ⇄ 🅿 – Prix : €€

1 rue des Iris – ℰ 05 49 79 41 06 – restaurant-ladress.fr – Fermé lundi et dimanche

BEUVRON-EN-AUGE

✉ 14430 – Calvados – Carte régionale n° **17**–C2

LE PAVÉ D'AUGE

CLASSIQUE • ÉLÉGANT Au cœur du Pays d'Auge, entre Caen et Lisieux, Beuvron-en-Auge ressemble à une Normandie de carte postale, avec ses maisons à colombages des 17 e et 18 e s., ses manoirs et ses jardinières débordant de fleurs à la belle saison. Le restaurant occupe les anciennes halles du village, tout en conservant le meilleur des matériaux d'origine. Le chef Adrien Haye, ancien second ici même, travaille au fil des saisons les huîtres de Saint-Vaast, le homard de Carteret, le saint-pierre, mais aussi le foie gras et les ris de veau, sans oublier l'andouille et les tripes aux pommes – Normandie oblige.

🕸 ♿ 🌿 – Prix : €€€

Le Bourg – ℰ 02 31 79 26 71 – www.pavedauge.com – Fermé lundi et mardi

BEZANNES

✉ 51430 – Marne – Carte régionale n° **11**–B2

BOUCHE B

MODERNE • CONTEMPORAIN On retrouve ici le chef Thibault Laplaige (ex-étoilé à Reims), situé sur la "Place Gourmande" de cette localité proche de Reims. Il concocte une cuisine moderne bien ficelée à base de jolis produits, à l'image de ce tartare de daurade parfumé au lait de coco ou du filet de bar à la cuisson flatteuse, accompagné de sa sauce vierge. Bouche B comme Bon !

 ⌖ 🅿 – Prix : €€
9 rue Jean-Dausset – ☏ 03 26 35 19 37 – www.restaurant-bouche-b.fr –
Fermé dimanche, samedi midi et mercredi soir

BÉZIERS

✉ 34500 – Hérault – Carte régionale n° **21**–B2

✿ L'ALTER-NATIVE

Chef : Gilles Goujon
MODERNE • **ÉLÉGANT** L'Alter-Native, ou l'autre naissance, voire la renaissance :
voilà ce que représente ce projet biterrois pour Gilles Goujon. Dans la ville où il a
grandi et étudié, le chef 3 étoiles de L'Auberge du Vieux Puits, qu'on ne présente
plus, développe un concept de cuisine marine et végétale éco-responsable, avec la
volonté de tracer un nouveau sillon. Avec des légumes du potager en aquaponie, et
d'autres trésors bien du Sud, son chef exécutif Quentin Pellestor-Veyrier réalise des
assiettes pleines de générosité, franches et appétissantes : tomate farcie, fromage
de chèvre de la ferme Carrus et basilic en pistou ; petite galette d'estofinado, œufs
de truite et caviar "césarienne"... avec, en soutien, le talent naissant des deux fils
Goujon, Enzo et Axel ! Agréable terrasse-patio pour les beaux jours.
 ⌖ – Prix : €€€€
12 rue Boieldieu – ☏ 04 67 49 90 00 – www.lalternativegoujon.fr – Fermé lundi
et dimanche

☺ PICA PICA

MÉDITERRANÉENNE • **CONTEMPORAIN** Ancien chef étoilé à l'Octopus et MOF
2004, Fabien Lefebvre joue dans sa brasserie une partition gourmande et conviviale. On y sert une cuisine méditerranéenne décomplexée et joliment métissée. La
carte propose une sélection de tapas (houmous de pois chiches au cumin et pain
pita ; croquetas de jamon), des brochettes (picas) à l'image de cet agneau comme
un kebab, zaatar et sumac, ou encore le poulpe grillé ; mais aussi des plats soignés
comme le cabillaud demi-sel, cresson et gnocchi, émulsion citron et caviar... sans
oublier les desserts goûteux. Un concept sans chichi, imaginé dans un esprit de
partage. Le menu déjeuner est une aubaine. Une réussite.
 ⌖ – Prix : €€
20 boulevard Jean-Jaurès – ☏ 04 48 11 03 40 – www.pica-pica.fr

L'AMBASSADE

MODERNE • **ÉLÉGANT** Fraîcheur des produits, équilibre des assiettes : Patrick
Olry, chef bien connu dans la région, fait ici la démonstration de son savoir-faire
et de sa constance. Surtout, ne manquez pas les menus-dégustation sur la truffe,
la Saint-Jacques ou le homard, qui ne sont pas pour rien dans la réputation de la
maison.
⌖ – Prix : €€€
22 boulevard de Verdun – ☏ 04 67 76 06 24 – www.restaurant-lambassade.
com – Fermé lundi et dimanche

LA MAISON DE PETIT PIERRE

MODERNE • **AUBERGE** Dans son restaurant situé non loin des arènes, à la déco
chaleureuse (genre paillote branchée) qui lui ressemble, Pierre Augé arbore un
sourire contagieux : ce chef passionné, qui vient saluer chacun de ses clients, est là
pour faire plaisir, avec une cuisine goûteuse et créative ! Loin de se reposer sur ses
lauriers médiatiques, on sent chez lui une envie continuelle d'explorer de nouvelles
pistes gourmandes. C'est réjouissant, à l'image de son île flottante à la châtaigne,
et de sa volaille à la truffe, pomme Anna soufflée à l'oignon. L'ambiance et la convivialité font le reste : on recommande !

      🦽 🅰 🍴 ⟷ – Prix : €€

22 avenue Pierre-Verdier – ☎ 04 67 30 91 85 – www.lamaisondepetitpierre.fr –
Fermé dimanche et du lundi au jeudi soir

🛏 L'HÔTEL PARTICULIER — *Plus*

DESIGN MODERNE Cette belle maison bourgeoise de 1892 a su préserver le
charme de l'ancien (parquet, mosaïques de marbre) sans renoncer à la modernité
(moulures rétroéclairées, baignoires balnéo, bluetooth). Possibilité de massages
en chambre. Petit-déjeuner jusqu'à midi. Le bonheur !

🅿 🛏 ⟰ - 9 chambres – Prix : €

65bis avenue du 22 août 1944 – ☎ 04 67 49 04 47

🛏 LA VILLA GUY — *Plus*

AVANT-GARDE Ce splendide édifice à l'esthétique andalouse, classé monument
historique, trône au milieu d'un parc d'inspiration mauresque, en plein centre-ville.
Les chambres et suites mélangent toute l'audace contemporaine avec le romantisme classique ; il n'y a pas un centimètre carré qui soit sans intérêt. Ajoutez deux
salons, un bar, une salle de billard, une bibliothèque, une piscine, une rotonde avec
une vue imprenable sur le parc, un spa somptueux. Le détail séduisant : le petit-
déjeuner est servi dans l'un des charmants salons.

🅿 🛏 🚲 ⟰ 📶 ♨ 🧖 💆 - 6 chambres – Prix : €€

2 rue Giuseppe Verdi – ☎ 04 67 35 26 49

BIARRITZ

✉ 64200 – Pyrénées-Atlantiques – Carte régionale n° **18**–A3

Pourquoi ne pas commencer la journée par un café aux halles, le cœur battant de la ville, fréquentées par les épicuriens et les chefs ? Deux édifices, l'un de brique et de métal, l'autre de style basque et orné d'une belle charpente en bois, permettent de faire connaissance avec l'identité culinaire basque et ses délices. Et ils sont nombreux, à l'image de la préparation dite "à la basquaise", qui mêle tomate, poivron, ail et oignon – avec ou sans le fameux jambon de Bayonne. Impossible de passer également à côté de la piperade, manière de ratatouille relevée au piment avec œufs brouillés, jambon, voire poulet ou thon. Au Pays basque, le piment d'Espelette est croqué à toutes les sauces, cru, cuit, en poudre, notamment pour la conservation du jambon. Pour compléter votre panier, ne manquez pas de flâner dans les rayons de la Maison Arostéguy, une épicerie fine historique qui propose de beaux produits locaux salés et sucrés.

🍴 L'IMPERTINENT

Chef : Fabian Feldmann

CRÉATIVE • CONTEMPORAIN Impertinent : insolent, effronté et même irrévérencieux, selon le dictionnaire ! Il y a aussi un côté rock'n'roll chez l'Allemand Fabian Feldmann, un chef créatif qui aime casser les codes. Pourtant, les codes, il les connaît sur le bout de sa fourchette : notre rebelle a suivi le parcours classique des grandes maisons, comme L'Oasis à La Napoule et Pierre Gagnaire à Paris. Dans son repaire biarrot, il laisse libre cours à une imagination parfois débridée, mais toujours juste. De belles matières premières, notamment les poissons de la criée de Ciboure, sont cuisinées et assaisonnées avec originalité. Maquereau mi-cuit et fumé, asperges blanches en deux services, grillées et crues ; agneau rôti, céleri rave, jus aux herbes lié et moutarde acidulée ; pomelo corse, glace à l'estragon, crémeux amande et meringue anisée. L'impertinence a du bon.

🍴 ⅘ 🅰🅲 🍴 – Prix : €€€€

Plan : A1-2 – *5 rue d'Alsace* – ☎ *05 59 51 03 67* – *www.l-impertinent.fr* – *Fermé lundi, dimanche et du mardi au samedi à midi*

🍴 LES ROSIERS

Chefs : Stéphane et Andrée Rosier

MODERNE • CONVIVIAL Avec un tel patronyme, les Rosier auraient pu exercer le métier de pépiniériste. Au lieu de quoi, la première meilleure ouvrière de France (en 2007), aidée par son époux, concocte une séduisante cuisine-vérité à quatre

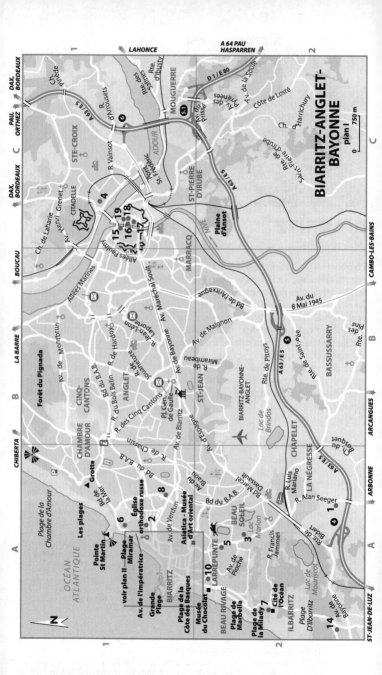

BIARRITZ-ANGLET-BAYONNE
plan I

0   750 m

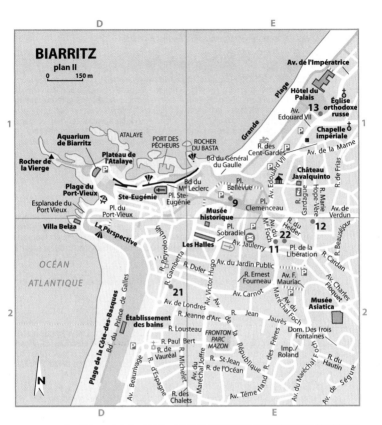

mains. Si leur adresse a conservé extérieurement ses atours basques, l'intérieur a basculé dans la modernité, avec ses murs dépouillés, son parquet de bois et ses tables rondes design. Notre virtuose ne met jamais sa technique en avant : elle préfère le goût et les saveurs qu'elle extrait de beaux produits locaux, poissons et crevettes sauvages, pigeonneau et volaille fermière, notamment. De la citronnelle et de l'algue nori par ici, du gingembre et du citron confit par-là, Andrée Rosier aime aussi booster ses plats avec quelques touches exotiques. Le Japon, où les Rosier ont ouvert deux tables, s'inviterait-il désormais à Biarritz ?

&. AC – Prix : €€€

Plan : A2-3 – *32 avenue Beau-Soleil* – ☏ *05 59 23 13 68* – *www.restaurant-lesrosiers.fr/fr* – *Fermé lundi et mardi, et dimanche soir*

සි **LA ROTONDE - LA TABLE D'AURÉLIEN LARGEAU**

MODERNE • ÉLÉGANT Offert en 1854 par Napoléon III pour son épouse Eugénie, l'Hôtel du Palais, palace emblématique de la ville de Biarritz, vient de rouvrir ses portes après une magifique rénovation. Sa table est à la hauteur du décor splendide, grâce au chef Aurélien Largeau (passé chez Christophe Hay) qui s'empare du sujet avec majesté. Anguille du Sud-Ouest, saint-pierre de nos côtes, pintade Baserri du Pays Basque : le terroir local est magnifié par des préparations au cordeau. Quant au chef pâtissier, Aleksandre Oliver (ex-Gordon Ramsay à Bordeaux), il réussit le mariage de l'algue et de la rhubarbe !

≼&🅺🛥🅿 – Prix : €€€€

Plan : E1-13 – *Hôtel du Palais, 1 avenue de l'Impératrice –* 📞 *05 59 41 12 34 –*
www.latabledaurelienlargeau.com – Fermé les midis

😊 AHPĒ Ⓝ

MODERNE • BISTRO Excentré, ce bistrot hyper animé et coloré, avec ses murs
couleur caramel et son joyeux mobilier dépareillé, fête chaque saison (comme les
initiales de son nom l'indique) dans la bonne humeur. Adepte de la fermentation
mais aussi des cuissons à la flamme et à la plancha, le chef Idir Fseil mitonne une
bonne petite cuisine du marché : thon blanc, eau de concombre et orange en saumure ; poitrine de cochon au piment vert, crème crue et betteraves ; tartare de
bœuf, radis noirs fermentés , poutargue et grenailles. Réservation indispensable.
&🅺 – Prix : €€

Plan : A2-5 – *34 avenue du Président-John-Fitzgerald-Kennedy –* 📞 *06 48 81 49
75 – ahpe-restaurant.fr – Fermé lundi et dimanche*

L'ATELIER ALEXANDRE BOUSQUET

MODERNE • COSY Sur les hauteurs de Biarritz, dans cette ancienne ferme basque
entourée de verdure et de chevaux, le chef compose une jolie cuisine autour de produits de qualité, locaux en grande majorité (foie gras, pêche de ligne, ormeaux...),
qu'il décline au long de menus en plusieurs séquences et d'un menu déjeuner. Une
cuisine affirmée de tendance créative.
🐕 ≼🚗&🏡🔄🅿 – Prix : €€€

Plan : A2-1 – *52 rue Alan-Seeger –* 📞 *05 59 41 10 11 – latelier-alexandrebousquet.
com – Fermé lundi et dimanche*

LE CAFÉ BASQUE

MODERNE • BRASSERIE Au cœur de la ville et juste au-dessus de la grande plage,
voici la table, entièrement rénovée avec panache, d'un hôtel mythique, le Café de
Paris. Le chef étoilé Cédric Béchade (l'Auberge basque) a conçu une partition de
brasserie, habilement réinterprétée, inspirée par le terroir local et émaillée de clins
d'œil ibériques.
≼🅺🏡 – Prix : €€

Plan : E1-9 – *5 place Bellevue –* 📞 *05 59 24 19 53 – www.hotel-cafedeparis-
biarritz.com*

CARØE Ⓝ

CRÉATIVE • CONVIVIAL Dans cette cantine biarotte d'esprit scandinave, l'ambiance respire le cool et la décontraction. Le chef, marié à une Danoise, source chacun de ses produits, poissons de petite pêche, produits bios et locaux. Renouvelée
régulièrement, sa carte propose une quinzaine de plats en format tapas. Les produits basques sont gentiment métissés d'influences asiatiques. Prenons le maquereau, exalté par un bouillon dashi et servi avec un riz vinaigré relevé de pointes
acidulées de citron : percutant et savoureux ! Le reste est à l'avenant. Quant à la
sélection pointue des vins nature, c'est un modèle.
🏡 – Prix : €€

Plan : D2-21 – *51 rue Gambetta –* 📞 *09 83 34 54 60 – www.caroe.fr –
Fermé dimanche et du lundi au samedi à midi*

CHERI BIBI Ⓝ

MODERNE • BISTRO Dans ce Cheri Bibi là, pas d'erreur judiciaire (ni gastronomique) comme dans le roman éponyme de Gaston Leroux ! Au centre-ville de la cité
du surf, en retrait du front de mer, voici l'un des spots tendance et cool de la scène
culinaire biarrote. Aux fourneaux, Adrien Witte, un ancien financier breton reconverti par passion, se donne du mal pour nous faire du bien : beaucoup d'assiettes à
partager (œufs Mimosa, aubergine confite, sashimi de thon, saucisse Lincolnshire
et polenta), des plats (déjà) classiques comme le tartare de bœuf verveine, anchois

citron brûlé ou le thon blanc, pêche et jus de kimchi. Les meilleurs produits locaux sont interprétés de libre et goûteuse manière, avec des clins d'œil au parcours international du chef. Sa compagne accueille avec sourire et efficacité. On peut soi-même choisir sa bouteille dans l'espace caviste. Décor de bistrot convivial avec bar et cuisine ouverte. Réservation obligatoire.

எ – Prix : €€

Plan : A2-10 – *50 rue d'Espagne* – ✆ *05 40 07 11 50* – *cheribibibiarritz.com* – *Fermé mardi, mercredi et samedi midi*

L'ENTRE DEUX

MODERNE • BRANCHÉ Le jeune chef Rémy Escale est aux manettes de ce bistrot branché, chaleureux et décoré avec goût. Objectif affiché en cuisine : rester au plus près du produit et du goût ! Il associe les saveurs avec brio et fait preuve d'une maîtrise technique sans faille : on passe un super moment.

& Ⓚ – Prix : €€

Plan : E2-11 – *5 avenue du Maréchal-Foch* – ✆ *05 59 22 51 50* – *www. lentredeuxbiarritz.com* – *Fermé dimanche et du lundi au samedi à midi*

IQORI

MODERNE • DESIGN Dans le cadre intemporel du Regina, cette table met à l'honneur avec brio les produits basques et de l'Atlantique, dans une veine moderne. Et n'oublions pas, dans la continuité du superbe lobby de l'hôtel, la grande terrasse avec vue sur le phare de Biarritz.

& Ⓚ 😳 ⓟ – Prix : €€

Plan : A1-6 – *52 avenue de l'Impératrice* – ✆ *05 59 41 33 09* – *hotelregina-biarritz.com/fr* – *Fermé du lundi au samedi à midi*

LÉONIE

MODERNE • BISTRO Le nom de ce restaurant rend hommage à la fondatrice de ce petit restaurant ouvert à la fin des années quarante. Il s'est mué en plaisant bistro gourmand contemporain sous l'impulsion d'un jeune couple. Originaire de Poitou-Charentes, le chef est tombé amoureux du Pays basque et de ses produits ; il a fait du gibier sa spécialité, en saison. Mais aujourd'hui, on s'est régalé d'un poireau vinaigrette, œuf mimosa, puis d'un paleron de bœuf, purée de pomme de terre et enfin d'une mousse à l'orange et meringue.

Ⓚ – Prix : €€

Plan : A1-8 – *7 avenue de Larochefoucault* – ✆ *05 59 41 01 26* – *www.restaurant-biarritz-leonie.com* – *Fermé mardi et mercredi*

LE PIM'PI BISTROT

MODERNE • BISTRO Une bonne cuisine de bistrot, moderne et bien pensée, gourmande sans jamais peser sur l'estomac : voilà ce que propose le chef du Pim'Pi, que l'on avait déjà croisé lorsqu'il officiait chez Léonie, à Biarritz également. Si l'on ajoute à cela une ambiance très conviviale, difficile de résister à l'envie de s'attabler ici...

Prix : €€

Plan : E2-12 – *14 avenue de Verdun* – ✆ *05 59 24 12 62* – *Fermé lundi et dimanche*

SILLON Ⓝ

MODERNE • CONTEMPORAIN Dans une petite rue calme du centre-ville, le chef Mathieu Rostaing-Tayard, qui est passé par les cuisines de Pierre Gagnaire, Michel Portos, Massimo Bottura et même celles de Virgilio Martinez au Pérou, accueille dans un lieu épuré et chic. Deux ambiances, deux propositions gastronomiques : le comptoir à l'entrée, plus animé, et ses assiettes à partager, inspirées de la carte ; la salle, plus calme, et sa carte courte et alléchante (merlu de ligne, turbot, cochon basque...). Dans les deux cas, sa cuisine créative vise dans le mille (qualité des produits, franchise des goûts, présentations élégantes).

Prix : €€

Plan : E2-22 – *4 rue Jean-Bart* – ☏ *05 59 24 76 08* – *www.sillon-biarritz.fr* – *Fermé lundi, dimanche, et mardi et samedi à midi*

LE SIN

MODERNE • DESIGN Au sein de la Cité de l'Océan, immanquable avec son architecture en forme de vague, le Sin offre une vue magnifique sur la mer et le château d'Ilbarritz. Le chef propose une cuisine bistrotière élaborée, qu'il fait évoluer tous les deux mois. Un exemple : ce pigeon fermier, jus tranché à l'ail et écrasé de pomme de terre.

⪕ 🅼 🍴 🅿 – Prix : €€€

Plan : A2-7 – *1 avenue de la Plage* – ☏ *05 59 47 82 89* – *Fermé lundi, et mardi et dimanche soir*

BEAUMANOIR *Plus*

CLASSIQUE CONTEMPORAIN Mobilier baroque et design dans les huit chambres et suites, salle à manger d'esprit orangeraie, bar à champagne : un charme luxueux règne dans ce manoir du 19ᵉ s., à deux pas du centre et des plages.

♿ 🛁 🅿 🍷 🛎 🚲 ⚒ 🚭 🍴 - 8 chambres – Prix : €€

10 avenue de Tamamès – ☏ *05 59 24 89 29*

HÔTEL DE SILHOUETTE *Plus*

DESIGN MODERNE Une architecture noble et des décors originaux (notes colorées, papiers peints d'inspiration surréaliste, etc.) : cette demeure du 17ᵉ s. – ancienne propriété de la famille de Silhouette – a accompli sa mue. Déco tendance et détente, surtout dans les chambres avec vue sur la mer...

♿ 🅿 🍷 🛎 🍴 - 20 chambres – Prix : €

30 rue Gambetta – ☏ *05 59 24 93 82*

HÔTEL DU PALAIS *Plus*

ÉLÉGANCE TRADITIONNELLE Un véritable palais de bord de mer... Résidence d'été construite par Napoléon III pour son épouse Eugénie, il fut ensuite l'un des hauts lieux de la Belle Époque, puis devint hôtel en 1893. Grand escalier magistral, antiquités, confort dans les moindres détails... Luxe intemporel !

♿ 🛁 🍷 ⚒ 🧖 🍴 - 154 chambres – Prix : €€€€

1 avenue de l'Impératrice – ☏ *05 59 41 64 00*

✿ **La Rotonde - La Table d'Aurélien Largeau** - Voir la sélection des restaurants

PALMITO *Plus*

DESIGN MODERNE Dans une rue piétonne du quartier du Port Vieux, ce petit hôtel de charme affiche une ambiance intime et informelle. Les intérieurs sont décorés avec goût sur un thème hawaïen, en référence au surf qui fait les beaux jours de la ville, et malgré le cadre urbain, la plage la plus proche est accessible à pied. Les chambres sont aussi confortables qu'attrayantes, et la Palmito Suite, un appartement de deux chambres avec terrasse, est de grand style.

🅿 🛎 ⚒ - 20 chambres – Prix : €

7 rue du Port Vieux – ☏ *05 59 24 16 56*

LE REGINA *Plus*

CLASSIQUE CONTEMPORAIN Une élégante façade blanche dominant la baie de Biarritz... La quintessence même du grand hôtel Belle Époque ! Après une complète réfection, l'établissement a retrouvé tout son lustre, mêlant âme Art déco et esprit couture – avec des clins d'œil à Coco Chanel. De la chambre "boudoir" au spa dernier cri, tout est superbe...

🛁 🅿 🍷 🛎 ⚒ 🚭 🧖 🍴 - 65 chambres – Prix : €€

52 avenue de l'Impératrice – ☏ *05 59 41 33 09*

Iqori - Voir la sélection des restaurants

BIDARRAY

✉ 64780 – Pyrénées-Atlantiques – Carte régionale n° **18**–A3

OSTAPÉ

CLASSIQUE • ÉLÉGANT Au sein d'un superbe domaine bucolique, entre de nobles murs du 17 e s., cette table élégante revisite avec bonheur la gastronomie navarraise. Les recettes sont autant de variations autour des bons produits locaux, à l'unisson de cette grandiose nature basque !

⬅ ⇔ ♨ ⅙ Ⓜ 🗟 🅿 – Prix : €€€

Domaine de Chahatoenia – ☏ *05 59 37 91 91 – www.ostape.com/fr*

BIDART

✉ 64210 – Pyrénées-Atlantiques – Carte régionale n° **18**–A3

✿ LA TABLE DES FRÈRES IBARBOURE

Chefs : Patrice et Xabi Ibarboure

MODERNE • ÉLÉGANT La troisième génération d'Ibarboure préside en douceur aux destinées de cette belle maison de famille, abritée au milieu de son parc. En cuisine, on retrouve les deux fils : Xabi, le chef, et Patrice, Meilleur ouvrier de France 2019 en pâtisserie, qui déroule son CV sucré construit entre Paris et New-York. On croisera au fil des saisons des produits basques qui plantent le décor : saumon de l'Adour, porc noir de Kintoa, fruits rouges de Mendionde, pain d'épices d'Ainhoa, piment d'Espelette, agneau des Pyrénées, fromage d'Ossau-Iraty. Mais leur propre potager leur permet aussi de "sortir" des fleurs de courgette farcies aux langoustines, ou bien ces légumes et jardin d'herbes, émulsion de roquette et eau de tomate, une belle recette printanière.

🐾 ⇄ ⇔ ♨ ⅙ Ⓜ 🗟 ⇳ 🅿 – Prix : €€€€

Chemin Ttalienea – ☏ *05 59 47 58 30 – freresibarboure.com – Fermé mardi et mercredi*

🐣 AHIZPAK LE RESTAURANT DES SŒURS

MODERNE • CONTEMPORAIN C'est ici le repaire d' ahizpak ("sœurs", en basque) absolument charmantes ! Cette fine équipe travaille de superbes produits du terroir basque au bon vouloir des arrivages et des saisons ; ses plats, en plus d'être fins et goûteux, témoignent d'une générosité sans faille. Brunch le dimanche.

⅙ Ⓜ 🗟 ⇳ 🅿 – Prix : €

Plan : A2-14 – *Avenue de Biarritz –* ☏ *05 59 22 58 81 – Fermé mercredi et mididimanche soir*

EZKIA Ⓝ

MODERNE • COSY Sous les tilleuls (« ezkia » en basque) de la terrasse ou dans la petite salle cosy et intimiste avec pierres apparentes, plancher, fauteuils en velours safran et banquettes, c'est la même maison basque traditionnelle, située au cœur du délicieux village de Bidart – une ambiance tranquille et raffinée. Un couple, transfuge de la table de Michel Guérard, s'active en douceur pour servir de jolies assiettes de saison, pleines de bons produits locaux basques, mitonnés avec précision : cochon fermier, thon de ligne, cerise noire, fromages fermiers affinés...

🗟 – Prix : €€

6 avenue de la Grande-Plage – ☏ *05 59 47 78 92 – www.ezkia-restaurant.fr – Fermé mercredi, jeudi, et lundi, mardi, vendredi et samedi midi*

🛏 LES FRÈRES IBARBOURE   *Plus*

DESIGN MODERNE Beaucoup de fraîcheur et de calme dans les chambres de cette grande demeure basque, qui est aussi une étape gastronomique reconnue dans la région. Bel atout : l'écrin de verdure du parc. Petit-déjeuner gourmand servi, l'été, au bord de la piscine.

🅿 ⬩ ⛄ ⬩ ↻⬩ - 12 chambres – Prix : €€€

Chemin Ttalienea – 𝒞 05 59 47 58 30

❀ **La Table des Frères Ibarboure** - Voir la sélection des restaurants

🛏 **ITSAS MENDIA**   *Plus*

CLASSIQUE CONTEMPORAIN Niché entre des maisons à pignons, des églises en bois et un moulin du 18ᵉ s., ce bâtiment d'apparence traditionnelle - murs blanchis à la chaux, volets rouges - est une ancienne pension. Poussée la porte, cet hôtel est étonnamment moderne : chambres spacieuses et lumineuses, hauts plafonds aux poutres apparentes, grandes fenêtres, parquet de chêne et douches à l'italienne. Beaucoup ont des balcons avec vue sur l'océan ou les jardins, où le petit déjeuner est servi parmi les hortensias. En été, la longue piscine et sa terrasse surplombent les montagnes.

🏊 🅿 ⬩ ↻ - 15 chambres – Prix : €

11 avenue de la Grande Plage – 𝒞 05 59 54 90 23

BILLIERS

✉ 56190 – Morbihan – Carte régionale n° **7**–C3

DOMAINE DE ROCHEVILAINE

MODERNE • ÉLÉGANT Face à l'océan, dans un charmant jardin, domaine composé d'anciennes maisons bretonnes, de longères et de manoirs, certains séculaires. La mer se retrouve dans la cuisine iodée du chef Maxime Nouail, lui-même pêcheur. Agréables salons, bar et salles à manger décorés avec soin. Très belle carte des vins. Luxueuses chambres et spa pour un séjour marin.

🌸 ⟿ ⬩ ⬩ 🅿 – Prix : €€€

à la Pointe de Pen-Lan – 𝒞 02 97 41 61 61 – www.domainerochevilaine.com

BILLY

✉ 03260 – Allier – Carte régionale n° **1**–C1

😊 **AUBERGE DU PONT**

MODERNE • AUBERGE Les fidèles de cette auberge se pressent toujours à ses portes, en quête d'une cuisine du marché goûteuse, réalisée par un chef plein d'entrain. Si le temps le permet, installez-vous sur la terrasse ombragée, qui surplombe l'Allier... Une certaine définition du bonheur.

🍽 ↻ 🅿 – Prix : €€

1 route de Marcenat – 𝒞 04 70 43 50 09 – www.auberge-du-pont-billy.fr – Fermé lundi et dimanche

BINIC

✉ 22520 – Côtes-d'Armor – Carte régionale n° **7**–C1

❀ **LA TABLE D'ASTEN**

Chef : Samuel Selosse

MODERNE • CONTEMPORAIN Il s'en passe de bien bonnes choses au premier étage de cette maison qui domine le port ! Après un parcours remarquable (le Coquillage à Cancale, la Pyramide - Patrick Henriroux à Vienne ou encore le K2 à Courchevel), le chef Samuel Selosse a lâché la bride à son inspiration. Enracinée dans l'air du temps, l'assiette, toujours superbement présentée, ne travaille que le meilleur (aussi bien les poissons que les légumes) et accouche de délices comme ce velouté de Saint-Jacques, ce merlan de petit bateau, et même cette simple ganache au chocolat noir. En salle, son épouse sommelière fait preuve de la même ambition.

↝ – Prix : €€€

8 boulevard Clemenceau – ℰ 02 56 44 28 42 – www.asten.restaurant –
Fermé lundi et mardi, et dimanche soir

BRASSERIE D'ASTEN

ACTUELLE • CONTEMPORAIN Sur le port de Binic, cette brasserie contemporaine regarde le large à travers ses grandes baies vitrées. Samuel Selosse, le chef au brillant parcours, se fait plaisir en signant une cuisine bistronomique alléchante, autour de menus d'un très bon rapport qualité-prix.

↝ – Prix : €

8 boulevard Clemenceau – ℰ 02 56 44 28 42 – www.asten.restaurant –
Fermé lundi et mardi, et dimanche soir

LA BIOLLE

✉ 73410 – Savoie – Carte régionale n° **2**–C1

LA TABLE DES BAUGES

DU MARCHÉ • CONTEMPORAIN Le massif des Bauges a sa Table, grâce au chef Clément Girod (passé chez Emmanuel Renaut) qui s'épanouit sur ses terres natales. Et il a tout bon : produits locaux, pain et glaces maison, carte des vins bio - avec en point d'orgue une cuisine du marché soignée, à l'image de ce merlu vapeur, tomates, courgette, caviar d'aubergine, tagète et beurre au piment fumé.

🚶 🏠 🅿 – Prix : €€

1821 route d'Annecy – ℰ 04 79 34 65 93 – latabledesbauges.com – Fermé lundi
et dimanche, et mardi et mercredi soir

BIOT

✉ 06410 – Alpes-Maritimes – Carte régionale n° **25**–E2

LES TERRAILLERS

Chef : Michaël Fulci

CRÉATIVE • ÉLÉGANT Entre Antibes et Cagnes-sur-Mer, ce village doit sa renommée à ses verreries d'art et sa poterie tirée d'un terroir riche en argile. D'ailleurs, les parents du chef Michaël Fulci ont créé leur restaurant dans un ancien atelier de potier, dont même le four a été transformé en petit salon cosy ! Aux beaux jours, la belle terrasse ombragée d'une treille attire les convives comme le pollen les abeilles... Michaël Fulci a reçu une véritable formation de cuisinier méditerranéen, passant d'Alain Ducasse au légendaire Roger Vergé. On retrouve ainsi à la carte tous les fruits et légumes des marchés locaux, des fleurs de courgette au citron de Menton en passant par la figue. La truffe est également bien présente, qu'elle soit noire et vauclusienne ou bien blanche et d'Alba. Une cuisine aux accents du sud, raffinée et goûteuse.

🅰🅲 🏠 ⇔ 🅿 – Prix : €€€€

11 chemin Neuf – ℰ 04 93 65 01 59 – www.lesterraillers.fr – Fermé lundi, mardi et
dimanche midi

LA BASTIDE DE BIOT

Plus

DESIGN MODERNE Situé en léger surplomb de la route qui mène à Biot, cet hôtel offre une très belle vue sur le village. Chaque chambre, à la décoration contemporaine et aux tons clairs, bénéficie d'un balcon ou d'une terrasse ombragée. La piscine dévoile un panorama superbe. Petite salle de fitness. Très agréable.

🅿 🛁 🖥 ⌚ 🐾 ♨ - 17 chambres – Prix : €

625 route de la Mer – ☎ 04 93 65 50 50

BITCHE

✉ 57230 – Moselle – Carte régionale n° **12**–D1

LE STRASBOURG

MODERNE • ÉLÉGANT L'appétissante cuisine de Lutz Janisch s'inscrit dans le terroir local, dont on savoure gibier (en saison), agneau, légumes et fromages. Une cuisine moderne solidement arc-boutée sur ses bases classiques. Chambres sobres et fonctionnelles, certaines rénovées.

🍽 – Prix : €€€

24 rue du Colonel-Teyssier – ☎ 03 87 96 00 44 – www.le-strasbourg.fr/fr – Fermé lundi, mardi midi et dimanche soir

BIZANOS

✉ 64320 – Pyrénées-Atlantiques – Carte régionale n° **18**–B3

L'ESBERIT

MODERNE • ÉLÉGANT Cette belle maison en pierre classée du 19e, située en bordure de route à quelques minutes du centre-ville de Pau, dévoile tout son charme à l'arrière, grâce à sa terrasse jardin baignée de calme et ombragée d'un majestueux chêne centenaire. À l'intérieur, c'est la salle à manger ornée d'un parquet à chevrons et d'une belle hauteur sous plafond qui séduit. Pas étonnant que le chef Nicolas Lormeau s'y épanouisse ! Sa cuisine inventive multiplie les jeux de textures et les saveurs harmonieuses ou toniques (comme sur le gravelax de maigre, pomme verte, huîtres et yaourt liquide). Du miel au piment en passant par le maïs, les produits béarnais sont aussi à l'honneur... Réservez (très) en amont !

♿ 🅰🅲 🍽 ⌚ – Prix : €€

34 boulevard du Commandant-René-Mouchotte – ☎ 09 83 97 58 58 – www.restaurant-louesberit.com – Fermé lundi, dimanche et mardi midi

BLAINVILLE-SUR-MER

✉ 50560 – Manche – Carte régionale n° **17**–A2

LE MASCARET

Chef : Philippe Hardy

MODERNE • CONTEMPORAIN Amoureux de sa Manche natale, l'aventureux Philippe Hardy a officié dans de grandes maisons étoilées, et aux fourneaux de l'ambassadeur de France à Sofia. C'est là qu'il a rencontré sa femme, Nadia, ex-danseuse étoile. Grâce à leurs efforts, cette ancienne pension de jeunes filles a été métamorphosée en petit hôtel-restaurant chic et doux. Tout autour s'épanouissent le jardin et le potager, qui fournissent légumes et herbes aromatiques à partir de semences paysannes. L'autre grande affaire du Mascaret, c'est la mer : le chef ne rate pas une occasion d'apprêter le poisson sauvage et les crustacés. Un régal, y compris grâce au rapport qualité-prix tout doux.

⇔ 🕭 ✿ 🅿 – Prix : €€€
1 rue de Bas – 𝒞 02 33 45 86 09 – lemascaret.fr – Fermé lundi et mercredi, et dimanche soir

🏵 L'ATHOME
MODERNE • CONVIVIAL Dans ce sympathique bistrot de village doté d'un espace caviste, le chef Lionel Cotentin (ça ne s'invente pas !) s'appuie sur une solide expérience et de bons produits locaux – maraîchage bio, pêche artisanale – pour décliner de délicieux menus d'un très bon rapport qualité-prix. Edwige, en salle, se révèle aussi souriante qu'efficace.
🕭 🎕 🅿 – Prix : €€
1 route du Hutrel – 𝒞 02 33 47 19 61 – www.lathome-restaurant.fr – Fermé lundi, mardi et dimanche, et mercredi et jeudi soir

BLANQUEFORT
✉ 33290 – Gironde – Carte régionale n° **18**-B1

LES CRIQUETS
MODERNE • ÉLÉGANT Cet élégant restaurant s'ouvre sur un joli jardin et une ravissante terrasse ; la carte suit savamment les saisons. Une agréable étape gastronomique aux portes de Bordeaux, disposant aussi de chambres confortables et d'un petit spa.
🕭 ✿ 🅿 – Prix : €€
130 avenue du 11-Novembre – 𝒞 05 56 35 09 24 – www.lescriquets.com – Fermé lundi et dimanche

BLIENSCHWILLER
✉ 67650 – Bas-Rhin – Carte régionale n° **10**-C1

🏵 LE PRESSOIR DE BACCHUS
MODERNE • COSY On se presse dans cette petite maison située dans un charmant village de la route des vins : la cuisine à quatre mains des Grucker, mère et fils, justifie amplement ce succès ! Traditionnelle et inventive, elle met en avant les produits du terroir : soupe de choucroute, lard virtuel ; parmentier de canard, champignons, sauce au 12 épices... aux côtés des spécialités immuables comme les escargots selon papy, les ravioles de carpe, sauce fumée et crémée et le vacherin glacé de Sylvie. Quant à la carte des vins, elle met à l'honneur les nombreux vignerons de la commune (une trentaine !).
🕭 🅌 – Prix : €€
50 route des Vins – 𝒞 03 88 92 43 01 – Fermé lundi, mardi et mercredi midi

BLOIS
✉ 41000 – Loir-et-Cher – Carte régionale n° **8**-A1

✿✿ CHRISTOPHE HAY - FLEUR DE LOIRE
Chef : Christophe Hay
MODERNE • ÉLÉGANT Le chef Christophe Hay est désormais, au sens propre, à fleur de Loire, dans ce nouvel établissement, un ancien hospice du 17ᵉ s. Les pierres séculaires regardent le grand fleuve d'où le chef tire toute son inspiration. Sa décoratrice Caroline Tissier l'a suivi pour transposer son univers au 2ᵉ étage de ce bel hôtel qui comporte également une brasserie, une pâtisserie et un spa. Dans une salle moderne où l'on retrouve de belles matières, le chef a tout loisir de montrer à nouveau son répertoire gastronomique créatif et ses classiques remarquables de légèreté mais aussi de goût et de textures. Il met toujours un point d'honneur à mettre en avant les meilleurs produits du Val de Loire : poissons (exclusivement)

de Loire de son pêcheur Sylvain Arnoult, légumes de son propre potager (qui a également gagné en superficie) et ceux des maraîchers locaux, viande de son élevage de Wagyu, caviar Osciètre de Sologne, anguille grillée, barbeau, carpe... Un déménagement réussi !

❀ **L'engagement du chef :** Le respect de l'environnement, mais aussi celui de nos convives et de nos équipes est au cœur de notre approche. Qu'il s'agisse d'une pêche dans le plus grand respect des espèces sur la Loire, de la culture de nos propres légumes en permaculture, de notre élevage de bœuf Wagyu et de porc gascon, ou encore de la gestion des déchets et de l'énergie du restaurant, c'est un travail à 360° qui s'inscrit dans le développement d'une économie locale que nous nous attachons à mener quotidiennement.

🏦 🗘 🖐 ᴲ 🅰 🥤 🅿 – Prix : €€€€

26 quai Villebois-Mareuil – 📞 02 46 68 01 20 – www.fleurdeloire.com – Fermé lundi et dimanche

❀ **ASSA**

Chefs : Fumiko et Anthony Maubert

CRÉATIVE • ÉPURÉ C'est en plein cœur de Blois, au 26 av. du Maréchal Maunoury, qu'Anthony et Fumiko Maubert ont décidé de s'installer provisoirement, en attendant la rénovation de leur adresse des bords de Loire prévue pour les mois à venir. Anthony et Fumiko Maubert, lui Français, elle Japonaise, ont choisi ce décor pour exercer leur métier. Anthony a longtemps travaillé aux côtés d'Arnaud Donckele (La Vague d'Or), tandis que Fumiko cumule les talents de nutritionniste et de pâtissière – de fait, ses créations frappent par leur légèreté et leur faible teneur en sucre ajouté. Chaque matin (traduction du japonais "asa"), ils réécrivent à quatre mains le menu du jour en s'appuyant sur des produits impeccables et sur de nombreux condiments et ingrédients japonais. Baies de Sanshō, yuzu sauvage, bouillon aux algues nori, thé matcha et pâte de haricot rouge azuki se marient harmonieusement au travail des petits producteurs ligériens.

❀ **L'engagement du chef :** Nos producteurs, tous situés dans un rayon de 20 mn autour du restaurant, partagent le même respect de leur terre et de leurs animaux. Nous mettons en valeur tous les morceaux de nos bêtes, achetées entières, et nous faisons comprendre à nos clients que nous ne sacrifions pas un animal seulement pour les meilleurs morceaux. Chaque cagette est redonnée à nos producteurs : nous ne jetons aucun emballage. Les rares déchets alimentaires du restaurant sont consommés par nos poules.

🏦 ᴲ 🖐 🅰 – Prix : €€€€

189 quai Ulysse-Besnard – 📞 02 54 78 09 01 – www.assarestaurant.com – Fermé lundi, mardi, et mercredi et jeudi à midi

AMOUR BLANC ⓝ

MODERNE • CONTEMPORAIN Amour Blanc ? C'est le nom d'une espèce de carpe et aussi celui de la seconde table de Christophe Hay. Elle est installée au premier étage d'une extension moderne en léger retrait de l'édifice historique. On aime de suite cette ambiance boisée, lumineuse et chaleureuse où de larges baies-vitrées plongent dans la Loire. Le chef de Fleur de Loire laisse libre cours à sa passion des produits ligériens (fromages locaux, géline de Touraine, friture et mulet de Loire, agneau et caviar de Sologne), mais aussi le bœuf wagyu issu de son propre élevage. Bref, que des beaux produits traités avec soin dans une veine plutôt classique.

ᴲ 🗘 🖐 🅰 🥤 – Prix : €€€

Hôtel Fleur de Loire, 24 quai Villebois-Mareuil – 📞 02 46 68 01 20 – fleurdeloire.com

BRO'S ⓝ

MODERNE • BISTRO Deux cuisiniers passionnés, mais surtout très bons amis, ont ouvert cette table vite prise d'assaut au cœur de la vieille ville et toute proche des bords de Loire. Partition bistronomique à l'étage dans un cadre mêlant avec goût le cachet rustique des lieux à des touches plus contemporaines, pour une goûteuse cuisine de saison privilégiant les circuits courts, et qui s'accompagne d'un beau flacon de vin de Loire. Des tapas inspirées des spécialités du Sud-Ouest et de l'Espagne sont également proposées (uniquement le soir et sans réservation) dans la salle du rez-de-chaussée.

🍽 – Prix : €€

36 rue de la Foulerie – 𝒞 02 54 70 43 18 – www.brosrestaurant.fr – Fermé mardi et mercredi

BRUT MAISON DE CUISINE ⓝ

MODERNE • CONTEMPORAIN Blois rime désormais avec "brut" : soit un bon bistrot d'esprit contemporain, avec cuisine ouverte, étagères remplies de bocaux de légumes fermentés et de livres, et quelques tables seulement qui obligent à réserver. Avec sa carte courte qui change régulièrement, le chef au solide parcours travaille selon trois axes : saison, produits locaux (comme cette volaille de Racan) et cuisine moderne, souvent audacieuse, à l'image de ce dessert qui associe un crémeux de topinambour naturellement sucré et une glace café au goût puissant. Petite carte de vins naturels et bio.

🅰🅲 – Prix : €€

14 quai Villebois-Mareuil – 𝒞 02 54 56 81 58 – www.brutmaisondecuisine.fr – Fermé lundi et dimanche

LE MÉDICIS

MODERNE • CLASSIQUE Dans un cadre élégant, le chef Damien Garanger montre chaque jour son attachement au terroir et aux saisons, sans oublier quelques notes asiatiques et exotiques en souvenir de ses voyages. Parmi les classiques de sa carte : le foie gras mariné au vouvray ou le ris de veau rôti, jus forestier. Service chaleureux.

🅰🅲 ✜ – Prix : €€€

2 allée François-Ier – 𝒞 02 54 43 94 04 – www.le-medicis.com – Fermé lundi et dimanche soir

BOESCHEPE

✉ 59299 – Nord – Carte régionale n° **13**–B2

❀ AUBERGE DU VERT MONT

Chef : Florent Ladeyn

CRÉATIVE • CONTEMPORAIN Dans son auberge champêtre, installée en pleine nature, le chef Florent Ladeyn, écolo-responsable depuis toujours, fait toujours figure de porte-étendard d'une cuisine solidement ancrée dans le terroir flamand, à la fois créative et instinctive, gourmande et attachante. Dans une salle entièrement refaite (avec charpente apparente) qui ouvre sur les Monts de Flandre, il s'est pris de passion pour la cuisine à la braise, exécutée devant les clients. Locavore, il émaille ses plats des fleurs et des plantes de sa région. Tout le monde, ou presque, a entendu parler de son cornet de frites au Maroilles, recouvert d'une fine couche d'oignon caramélisé. Mais son menu unique à l'aveugle, servi à l'ensemble des convives, réserve bien d'autres surprises !

❀ **L'engagement du chef :** La localité est le cœur de notre cuisine, qui est le reflet du terroir des Flandres. Nous ne travaillons qu'avec des produits de saison issus de producteurs locaux dans un cercle économique de proximité et vertueux. Une approche 100% locale dictée par la nature.

🍴 ♿ 🍽 ✜ 🅿 – Prix : €€€

1318 rue du Mont-Noir – 𝒞 03 28 49 41 26 – www.vertmont.fr – Fermé lundi et dimanche

LE BOIS-PLAGE-EN-RÉ – Charente-Maritime(17) ➜ Voir Île de Ré

BOISMORAND

⊠ 45290 – Loiret – Carte régionale n° **8**–D2

❀ **AUBERGE DES TEMPLIERS**

MODERNE • ÉLÉGANT Certaines beautés ne se démodent jamais... Les plus vieilles pierres de cet ancien relais de poste remontent au 17 e s. C'est la demeure solognote dans toute sa splendeur, avec sa façade à colombages et ses briques roses. Dans ce décor immuable, de poutres et de cristal, la salle ouvre sur un magnifique parc aux essences centenaires. Martin Simonart, un jeune chef d'origine belge, qui a fait ses classes auprès de Jean-Pierre Jacob à Courchevel puis au Bourget-du-Lac, régale ses convives avec une cuisine moderne et épurée, aux jeux de textures maîtrisés : la truite de Dany Ollivier servie tiède, yaourt fumé, granité au raifort ou le pigeon de la maison Miéral, rôti, cuisses confites et jus réduit sont immanquables.

✿ ⇆ 🛏 ♿ 🍽 ✿ **P** – Prix : €€€€

20 route Départementale 2007 – ℰ 02 38 31 80 01 – www.lestempliers.com/fr – Fermé mardi et mercredi

BOMMES

⊠ 33210 – Gironde – Carte régionale n° **18**–B2

❀❀ **LALIQUE**

MODERNE • LUXE Le château Lafaurie-Peyraguey est l'écrin idéal pour un repas de haute volée : une luxueuse salle à manger parée d'un lustre en feuilles de cristal Lalique (l'évidence même !), et dont la verrière est ouverte sur les vignes. Chef au parcours immaculé (Guy Lassausaie, Joël Robuchon, Thierry Marx... et MOF 2022), Jérôme Schilling construit ses menus autour du terroir sauternais et de la richesse aromatique du grand cru classé. La Saint-Jacques est ainsi associée aux sarments de vigne, le pigeon fermier à la lie de vin, la pomme et le caramel au millésime 2003... Évoluant entre classicisme et spécialités régionales, ses plats sont servis dans de magnifiques pièces de la cristallerie Lalique et autres créations en fine porcelaine, qui offrent un décor de table éblouissant. Un lieu hors du temps, une cuisine habile et précise au service de l'identité gustative du sauternes, qui figure bien sûr en place d'honneur dans la riche carte des vins.

✿ ⇆ ⬦ 🛏 ♿ 🍽 ✿ **P** – Prix : €€€€

Lieu-dit Peyraguey – ℰ 05 24 22 80 11 – www.lafauriepeyragueylalique.com/ le-restaurant

🛏 **CHÂTEAU LAFAURIE PEYRAGUEY**

CLASSIQUE CONTEMPORAIN Au cœur du vignoble de Sauternes, ce château du 17ᵉ s. a été joliment rénové par son propriétaire. Chambres sobres aux tons apaisants, avec une décoration largement signée Lalique, vue sur les vignes et grand calme : posez vos valises et profitez, tout simplement !

♨ **P** ⇆ 🛏 🍽 - 13 chambres – Prix : €€€

Lieu-dit Peyraguey – ℰ 05 24 22 80 11

❀❀ **Lalique** - Voir la sélection des restaurants

BONDUES

⊠ 59910 – Nord – Carte régionale n° **13**–C2

❀ **VAL D'AUGE**

Chef : Christophe Hagnerelle

MODERNE • ÉLÉGANT Cette maison est typique du Nord ! Briques rouges avec auvents gris, fenêtres à petits carreaux et encadrements de briques blanches... mais elle cache une ambiance contemporaine et feutrée. Tout jeune, le chef Christophe Hagnerelle a été profondément marqué par son passage aux côtés de Joël Robuchon du temps du Jamin, avant de s'exiler à Beyrouth et dans le

Connecticut. Aujourd'hui, ce véritable artisan réalise une cuisine de saison précise, sans esbroufe, avec une pointe d'inventivité. On retrouve à la carte de beaux poissons et coquillages de la mer du Nord, turbot, bar ou saint-pierre en fonction de la pêche et coquilles Saint-Jacques, mais aussi de la grouse et du lièvre royal en saison, des ris de veau et un pigeon... des Flandres, évidemment. Bon rapport qualité-prix au déjeuner.

🏱 🅺 ⇔ 🅿 – Prix : €€€

805 avenue du Général-de-Gaulle – ℰ 03 20 46 26 87 – www.valdauge.com – Fermé lundi, dimanche et samedi midi

BONIFACIO – Corse-du-Sud(20) ➜ Voir Corse

BONLIEU
✉ 39130 – Jura – Carte régionale n° **6**–B3

😋 LA POUTRE

MODERNE • RUSTIQUE Au cœur de ce joli village de la région des lacs du Jura, cette auberge familiale de 1740 cultive son charme rustique. Le chef François Moureaux travaille de beaux produits et délivre une cuisine d'aujourd'hui délicate et savoureuse, sans oublier de revisiter les spécialités locales. Côté décor, la salle a donné son nom à l'établissement : la poutre qui soutient le plafond mesure 17 m et provient d'une grume de sapin de 3 m 3 !

& 🍴 ⇔ 🅿 – Prix : €€

25 Grande-Rue – ℰ 03 84 25 57 77 – www.aubergedelapoutre.com – Fermé mardi et mercredi

BONNEFAMILLE
✉ 38090 – Isère – Carte régionale n° **2**–B2

L'ALOUETTE

TRADITIONNELLE • TENDANCE Voilà un restaurant contemporain fort agréable avec son sol en béton ciré, ses œuvres d'art (à vendre !), son piano à queue et son joli jardin. Le chef concocte une cuisine de saison, pleine de gourmandise, à l'instar de ce cannelloni de joue de bœuf, panais, et jus de viande. Pour accompagner cela, la cave offre un choix de plus de 450 références. Belles chambres contemporaines pour l'étape.

🏱 & 🍴 ⇔ 🅿 – Prix : €€

475 route de Crémieu – ℰ 04 78 40 06 08 – www.restaurant-alouette.com/fr – Fermé lundi, samedi midi et dimanche soir

BONNÉTAGE
✉ 25210 – Doubs – Carte régionale n° **6**–C2

⸬ L'ÉTANG DU MOULIN

Chef : Jacques Barnachon

MODERNE • FAMILIAL En été, on atterrit ici après une longue marche par les belles forêts jurassiennes, l'appétit en bandoulière. Et en hiver, c'est raquettes au pied qu'on s'installe dans ce décor de conte de Noël... Ce chalet contemporain, situé au pied des montagnes et au bord d'un étang, séduit avec un registre plutôt traditionnel. La cuisine de Jacques Barnachon fait la part belle au terroir, aux gibiers d'automne mais aussi aux produits nobles (turbot, langoustine, bœuf Simmental). Le chef est également un spécialiste de la morille, célébrée à travers un fameux ragoût. Côté décor, la salle du restaurant gastronomique, où le bois domine, a réduit sa capacité pour le confort des convives qui aperçoivent désormais les cuisines. Carte des vins pleine de bonnes surprises.

⸬ **L'engagement du chef :** Notre carte témoigne de notre engagement à proposer des produits durables et saisonniers, dont les ressources ne sont pas menacées. Nous nous attelons également à gérer nos déchets de la manière la plus réfléchie possible.

⅋ ≼⌂♿ℙ – Prix : €€€€

5 chemin de l'Étang-du-Moulin – ☏ 03 81 68 92 78 – www.etang-du-moulin.com – Fermé lundi, mardi, mercredi et jeudi à midi , et dimanche soir

LE BISTROT

TRADITIONNELLE • BISTRO Croûte forestière, entrecôte de veau, filet de truite, saucisse de Morteau : les produits et recettes de tradition sont au menu de cet agréable Bistrot, qui complète idéalement l'offre de restauration de l'Étang du Moulin. Une cuisine simple et bien réalisée : on en redemande !

⅋ ♿🏠 – Prix : €€

5 chemin de l'Étang-du-Moulin – ☏ 03 81 68 92 78 – www.etang-du-moulin.com – Fermé lundi et mardi midi

L'ÉTANG DU MOULIN   *Plus*

DESIGN MODERNE La nature pour écrin ! Ce grand chalet se dresse au bord d'un étang dont seul le léger clapotis vient troubler le calme des environs... Les chambres ouvrent grand sur la nature (certaines avec balcon) et leur décor contemporain rend zen. Agréable espace bien-être.

♿ℙ🍴⌂🌐🕯️⛱️🏋️‍♂️🍽 – 19 chambres – Prix : €€€

5 chemin de l'Étang-du-Moulin – ☏ 03 81 68 92 78

❀ **L'Étang du Moulin • Le Bistrot** - Voir la sélection des restaurants

BONNEVAUX

✉ 25560 – Doubs – Carte régionale n° **6**–B3

AUBERGE DE LA HAUTE-JOUX Ⓝ

MODERNE • AUBERGE Une ancienne philosophe (modèle de gentillesse et de pertinence pour les conseils en vins) et un globe-cooker biberonné aux étoilés ont repris cette auberge familiale qui tombe à point au milieu de ce village rural. Dans leur décor rustique, ces deux-là proposent un beau moment avec une cuisine qui évolue tranquillement entre recettes régionales d'un côté et recettes plus actuelles de l'autre, ponctuées de références aux multiples voyages du chef. Bref, à cette table, il y a aussi bien du vin jaune et du safran comtois qu'une vinaigrette de cacahuètes, une émulsion aux algues ou des moules de bouchot parfumées à la thaï.

♿🏠 – Prix : €€

2 rue du Jura – ☏ 03 81 89 70 99 – www.aubergedelahautejoux.com – Fermé lundi et mardi, et dimanche soir

BONNIEUX

✉ 84160 – Vaucluse – Carte régionale n° **25**–E1

LA BASTIDE

PROVENÇALE • ÉLÉGANT Cette maison emblématique du Luberon est aux mains d'une équipe talentueuse, à la tête de laquelle on retrouve le chef Noël Bérard (ancien second ici même). Les produits du Luberon et la cuisine provençale actuelle du chef s'expriment avec bonheur dans l'assiette au travers de trois menus dégustation. Des produits de belle qualité (bœuf du Luberon, truite de la Sorgue, cochon de Monteux...), des jus et des sauces percutantes et un style propre qui s'affirme tranquillement. Terrasse magnifique pour admirer le coucher de soleil... À noter également dans ce cadre enchanteur en pleine nature provençale, la présence d'un bistrot et des chambres de l'hôtel.

– Prix : €€€€

550 chemin des Cabanes – ℰ 04 90 75 89 78 – www.beaumier.com/fr/
proprietes/hotel-capelongue – Fermé mardi, mercredi, du jeudi au dimanche à
midi, et lundi soir

L'ARÔME

PROVENÇALE • COSY Au pied du village, cette adresse respire l'intimité avec le
terroir. De la salle voûtée du 14 e s. à la terrasse, le décor frais et champêtre est des
plus charmants. La cuisine elle-même cultive l'authenticité sans en faire trop : en
témoignent ces recettes provençales teintées de notes modernes. Petite terrasse
sur la rue de cette charmante bourgade.

🍽 – Prix : €€

2 rue Lucien-Blanc – ℰ 04 90 75 88 62 – www.laromerestaurant.com/fr –
Fermé mercredi et jeudi midi

CAPELONGUE   *Plus*

CLASSIQUE CONTEMPORAIN Au sommet des collines plantées de cèdres, ce
petit hameau est un hymne à la Provence. La plupart des chambres, confortables et
raffinées, jouissent d'une terrasse ou d'un balcon. Magnifique bassin de nage parmi
les lavandes. Idéal pour un bol d'air gorgé de soleil et de senteurs !

🅿 ⟲ ⌕ ⛌ ⛲ ⬡ 🍴 - 17 chambres – Prix : €€€€

Les Claparèdes 1 – ℰ 04 90 75 89 78

❀ **La Bastide** - Voir la sélection des restaurants

BORDEAUX

✉ 33000 – Gironde – Carte régionale n° **18**-B1

C'est peu dire que la capitale de l'Aquitaine a le vent en poupe, et l'inauguration de la Cité du vin et de la LGV (ligne grande vitesse, qui rapproche la ville à 2h05 de Paris) accentuent encore son pouvoir d'attraction. La ville poursuit sa métamorphose entamée avec la réhabilitation des quais et l'inscription de son somptueux centre historique au Patrimoine mondial de l'Unesco en 2007.

Mais Bordeaux, qui doit sa prospérité à la vigne et au commerce avec l'outre-mer, a aussi des arguments culinaires à revendre. Sa gastronomie s'appuie sur un terroir d'une richesse incomparable : agneau de Pauillac (généralement servi avec ses haricots), lamproie mijotée dans sa sauce – aux vins bordelais, bien sûr ! –, ou encore cannelés dévoilant leur irrésistible croûte caramélisée...

☆☆ **LE PRESSOIR D'ARGENT - GORDON RAMSAY**

MODERNE • ÉLÉGANT Le chef britannique Gordon Ramsay (né en Écosse), véritable star et triplement étoilé en Angleterre, signe la carte du Pressoir d'Argent, mise en scène avec talent par Romain Lorenzon, qui insuffle un vent de modernité à la cuisine classique. L'art de vivre à la française est valorisé par le décor opulent et raffiné, le service ultra compétent, la célébration des plus beaux produits du riche terroir bordelais et aquitain (foie gras, truffes, caviar, poissons), le superbe chariot de fromage... jusqu'à la presse à homard Christofle en argent massif qui circule de table en table. Sans oublier la remarquable compétence des trois sommeliers, au service d'une sélection de 1000 bouteilles aux 2/3 bordelaises, évidemment ! Gordon Ramsay ? So delicious !

🕸 🅰🅲 🍽 – Prix : €€€€

Plan : C2-11 – *Le Grand Hôtel, 2 place de la Comédie* – ☎ *05 57 30 43 42* – *www. bordeaux.intercontinental.com* – *Fermé lundi, dimanche et du mardi au samedi à midi*

☆ **MAISON NOUVELLE**

Chef : Philippe Etchebest

CRÉATIVE • ÉLÉGANT Sur la place du Marché des Chartrons, cette jolie maison en pierre est la nouvelle et dernière adresse du chef Philippe Etchebest, déjà présent à Bordeaux au Quatrième Mur. Il vous y reçoit comme chez lui, et l'on s'y sent bien ! Dans ce lieu feutré et cosy, on reconnaît bien son goût des bonnes choses et son exigence à ne travailler que de beaux produits locaux, qu'il sait faire partager à la talentueuse équipe qui l'entoure. Son menu dégustation rythmé par les saisons n'oublie pas quelques-uns de ses plats signatures comme la raviole de champignons et foie gras poêlé, ainsi que de jolies assiettes végétales. Bienvenue chez "Etxe Beste" ("maison nouvelle" en basque) !

🕸 ⌖ 🅺 ⇄ – Prix : €€€€

Plan : C1-2 – *11 rue Rode* – ☎ *05 33 09 46 90* – *www.maison-nouvelle.fr* – *Fermé lundi, dimanche et du mardi au samedi à midi*

⌘ L'OBSERVATOIRE DU GABRIEL

MODERNE • ÉLÉGANT Installé dans le pavillon central de la célèbre place de la Bourse, face au miroir d'eau, cet établissement a fait peau neuve sous la houlette de ses nouveaux propriétaires, ceux du Château Angelus, mais aussi du Logis de la Cadène. Les délicieux salons 18e s. sont désormais réunis en un unique espace au confort cossu – parquet en chêne et moquette épaisse, boiseries et moulures. Venu lui aussi de Saint-Émilion, le chef Alexandre Baumard signe une cuisine contemporaine, tournée vers la mer, sans pour autant renoncer aux beautés du classicisme, au moins dans l'esprit : la sole en mousseline croustillante ; l'anguille légèrement fumée et l'oignon dans tous ses états... Menus dégustations en 6 ou 10 temps, superbe carte des vins (600 références), bien répartie entre bordeaux et bourgogne.

🕸 ⬳⌖🅺 ⇄ – Prix : €€€€

Plan : C2-10 – *10 place de la Bourse* – ☎ *05 56 30 00 80* – *www.bordeaux-gabriel.fr* – *Fermé samedi, dimanche et du lundi au mercredi à midi*

⌘ L'OISEAU BLEU

Chef : François Sauvêtre

MODERNE • DESIGN Cette maison classique en pierre bordelaise est une institution de la rive droite, où les bonnes tables ne courent pas les rues ! Le chef réalise une cuisine épurée et lisible, à l'opposé de la démonstration technique, porté par deux obsessions très saines : le produit et le goût. Le menu surprise en 6 services permet de découvrir l'étendu de son savoir-faire, inspiré par les saisons et la récolte des petits producteurs. Côté décor, une salle lumineuse et colorée, et, indéniable atout : la grande terrasse plein sud et au grand calme donnant sur le jardin enchantent les beaux jours ! Un petit bistrot, en annexe, permet de manger vite et bien.

🕸 🅺 🍽 ⇄ – Prix : €€€

Hors plan – *127 avenue Thiers* – ☎ *05 56 81 09 39* – *www.loiseaubleu.fr* – *Fermé lundi et dimanche*

⌘ LE PAVILLON DES BOULEVARDS

Chef : Thomas Morel

CRÉATIVE • CONTEMPORAIN Véritable institution de la gastronomie bordelaise depuis plusieurs décennies, cette maison de ville – une échoppe bordelaise traditionnelle – invite à franchir son seuil. Aux commandes, le chef Thomas Morel et son épouse Célia ont laissé libre cours à leur inspiration, aussi bien du côté garde-manger que de la cave. Le couple propose une cuisine créative, jouant des associations d'arômes et de parfums, et accompagnée de bons vins de la région. Qu'il est bon de flâner sur ce boulevard.

🅺 🍽 ⇄ – Prix : €€€€

Plan : A1-4 – *120 rue de la Croix-de-Seguey* – ☎ *05 56 81 51 02* – *www.lepavillondesboulevards.fr* – *Fermé lundi et dimanche, et mercredi soir*

⌘ RESSOURCES Ⓝ

Chef : Tanguy Laviale

MODERNE • COSY Dans sa nouvelle adresse, le chef Tanguy Laviale (ex-Garopapilles) s'émancipe tranquillement des codes traditionnels de la gastronomie, à l'aide de son associé le sommelier Maxime Courvoisier dont l'ouverture d'esprit fait sourire d'aise Bacchus. Pensez donc : une carte courte composée de huit plats, à associer en toute liberté (4 à 5 de ces petites assiettes font un repas). La patte technique de ce chef talentueux fait toujours mouche, de la pertinence des associations

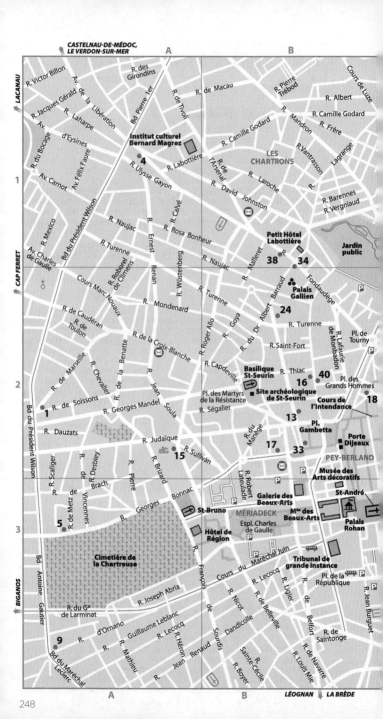

LACANAU

CAP FERRET

BIGANOS

A

B

R. Victor Billon

R. des Girondins

Av. de la Libération

R. Jacques Gérald

R. Laharpe

d'Eysines

Av. du Bocage

Av. Félix Faure

Av. Carnot

Bd Pierre 1er

R. de Tivoli

R. de Macau

R. Pierre Trebod

R. Albert

R. Camille Godard

R. Frère

R. Mandron

Institut culturel Bernard Magrez

● **4**

R. Ulysse Gayon

R. Labottière

R. Camille Godard

LES CHARTRONS

R. Vantrasson

Lagrange

R. de l'Arsenal

R. Laroche

R. Barennes

Av. du Président Wilson

R. Mexico

Av. Charles de Gaulle

R. Naujac

R. Turenne

R. Ernest

R. Calve

R. Rosa Bonheur

R. Wustenberg

R. David Johnston

R. Vergniaud

1

Petit Hôtel Labottière

● **38** ● **34**

Jardin public

Cours Marc Nouaux

R. Robbert de Climens

R. Renan

R. Mondenard

R. Turenne

R. Naujac

R. Maleret

R. Fondaudège

● **Palais Gallien**

R. de Caudéran

R. de Toulon

R. de la Benatte

R. de la Croix-Blanche

R. Roger Allo

R. Goya

R. du Dr Albert Barraud

● **24**

R. Turenne

R. Saint-Fort

Pl. de Tourny

R. Lafaurie de Monbadon

R. de Marseille

R. Chevalier

R. Jean Soula

R. Capdeville

Basilique St-Seurin ●

R. Thiac

● **40**

2

R. de Soissons

● **1**

R. Georges Mandel

Pl. des Martyrs de la Résistance ■ **Site archéologique de St-Seurin**

R. Ségalier

Pl. des Grands Hommes

● **18**

Cours de l'Intendance

R. Dauzats

R. Scaliger

R. Despiley

R. Brach

R. Pierre

R. Judaïque

R. Brizad

R. Sullivan

● **15**

● **13**

R. du Manège

Pl. Gambetta

● **17** ● **33**

Porte Dijeaux ■

PEY-BERLAND

R. de Metz

R. de Vincennes

● **5**

R. Georges Bonnac

St-Bruno ■

R. Robert Lateulade

P

Galerie des Beaux-Arts

MÉRIADECK

P

M^se des Beaux-Arts

Musée des Arts décoratifs ■

St-André ■

Palais Rohan

3

Cimetière de la Chartreuse

Hôtel de Région

Espl. Charles de Gaulle

P

Cours du Maréchal Juin

Tribunal de grande instance

Pl. de la République

P

Bd Antoine Gautier

R. du Gal de Larminat

R. Joseph Abria

R. François de

R. Lecocq

R. Nicot

R. de Belleville

R. Ligier

R. Lecocq

R. Belfort

R. Jean Burguet

● **9**

Bd du Maréchal Leclerc

d'Ornano

R. Guillaume Leblanc

R. Lecocq

R. Héron

R. Jean Renaud

R. Mathieu

R. Dandicolle

Sainte-Cécile

R. Boyer

R. de Saintonge

R. de Navarre

R. Louis Mie

A

B

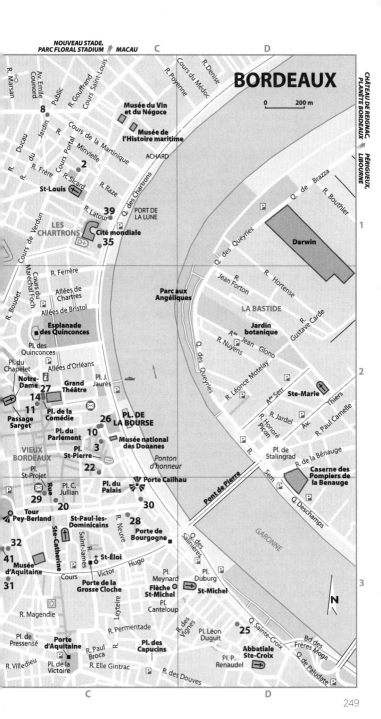

BORDEAUX

0   200 m

R. Marsan

Av. Émile Counord

R. Gouffrand

Cours Saint-Louis

R. Public

R. Ducau

Jardin Public

R. du Jardin

R. Frère

Cours Portal

R. Sicard

Cours de la Martinique

Minvielle

R. Raze

Cours du Médoc

R. Poyenne

R. Denise

Cours du Médoc

8

2

St-Louis

Musée du Vin et du Négoce

Musée de l'Histoire maritime

ACHARD

39

R. Latou

R. des Chartrons

PORT DE LA LUNE

Q. de Brazza

R. Bouthier

LES CHARTRONS

Cité mondiale

35

Cours de Verdun

Q. des Queyries

Darwin

1

R. Ferrère

Cours du Maréchal Foch

R. Boudet

Allées de Chartres

Allées de Bristol

R. Jean Forton

R. Hortense

Parc aux Angéliques

LA BASTIDE

Esplanade des Quinconces

Pl. des Quinconces

Allées d'Orléans

Pl. du Chapelet

Notre-Dame

Grand Théâtre

Pl. J. Jaurès

Jardin botanique

Ade Jean Giono

R. Nuyens

R. Gustave Carde

2

14

27

11

Passage Sarget

Pl. de la Comédie

26

PL. DE LA BOURSE

Q. des Queyries

R. Léonce Motelay

Ade Serr

Ste-Marie

Thiers

VIEUX BORDEAUX

Pl. du Parlement

10

Pl. St-Pierre

3

Musée national des Douanes

R. Honoré Picon

R. Jardel

Av.

R. Paul Camelle

22

Ponton d'honneur

Pl. St-Projet

Pl. C. Jullian

Pl. du Palais

Porte Cailhau

Pl. de Stalingrad

R. de la Bénauge

29

20

Rue

30

Pont de Pierre

Caserne des Pompiers de la Benauge

Tour Pey-Berland

St-Paul-les-Dominicains

28

Q. Deschamps

32

Ste-Catherine

Saint-James

R. Neuve

Porte de Bourgogne

Q. des Salinières

GARONNE

41

Musée d'Aquitaine

St-Éloi

Cours Victor Hugo

Pl. Meynard

Pl. Duburg

N

31

Porte de la Grosse Cloche

Flèche St-Michel

St-Michel

R. Magendie

Pl. Canteloup

Pl. de Pressensé

Porte d'Aquitaine

R. Paul Broca

Leyteire

R. Permentade

R. des Vignes

Pl. Léon Duguit

25

Q. Sainte-Croix

Bd des Frères Moga

R. Villedieu

Pl. de la Victoire

Pl. des Capucins

R. Elie Gintrac

R. des Douves

Pl. P. Renaudel

Abbatiale Ste-Croix

Q. de Paludate

à la mise en valeur du beau produit sans esbroufe, en passant par les garnitures et les assaisonnements pointus. Quelques exemples : rouget pané, choux kale et crème acidulée ; merlu de ligne, ravigote d'huîtres à la menthe. Enfin, toute la place est faite ici au vin : plus de 700 références prêtes à boire (et bien plus en cave), allant des grandes étiquettes aux petits vignerons – à tous les prix ! Sommeliers avant tout, les chefs de rang se font un devoir de mettre en avant les jeunes vignerons.

🕸 �& 🅰 – Prix : €€€€

Plan : B1-38 – *126 rue Fondaudège* – ℰ *09 70 66 72 32* – *www.ressources.com* – *Fermé samedi, dimanche et du lundi au vendredi à midi*

🕸 **SOLÉNA**

Chef : Victor Ostronzec

MODERNE • SIMPLE Légèrement à l'écart de l'hyper-centre bordelais, la façade discrète ouvre sur un intérieur confortable. Installé ici depuis 2016, on trouve un jeune chef : Victor Ostronzec, barbe blonde bien en ordre, vraie gentillesse et talent incontestable. Il se distingue par une cuisine technique et créative, avec des dressages souvent inspirés, et trouve toujours le petit plus qui fait la différence dans un plat. Sa volonté de surprendre est manifeste et fait plaisir à voir. Encore une bonne nouvelle, et pas des moindres : son travail est bien mis en valeur par un service aux petits soins.

🅰 – Prix : €€€

Plan : A2-15 – *5 rue Chauffour* – ℰ *05 57 53 28 06* – *www.solena-restaurant.com* – *Fermé lundi, dimanche, et mardi et mercredi à midi*

🕸 **LA TABLE D'HÔTES - LE QUATRIÈME MUR**

Chef : Philippe Etchebest

CRÉATIVE • CONVIVIAL Au Grand Théâtre de Bordeaux, magnifique exemple d'architecture néoclassique, même la gourmandise se donne en spectacle. Les 12 convives de "Chef Etchebest" partagent la même grande table dans une cave voûtée, et sont plongés dans les coulisses d'un restaurant, au milieu des annonces de plats et du va-et-vient des serveurs. Tout, ici, est surprise : du menu aux accords mets et vins, jusqu'aux couverts que l'on choisit soi-même. Même esprit dans les recettes du chef, franchement originales, qui témoignent d'une recherche poussée dans l'harmonie des saveurs. La technique est impeccable (ah, le foie gras des landes frit et fumé dans son jus de canard à l'orange !), on se régale tout en faisant connaissance avec ses voisins de table. Et même quand Philippe Etchebest est absent, il est un peu là : en visioconférence avec les convives, avant le début du repas ! Une expérience, on vous dit...

Prix : €€€€

Plan : C2-14 – *2 place de la Comédie* – ℰ *05 56 02 49 70* – *www.quatrieme-mur.com* – Fermé lundi, dimanche, et mercredi et jeudi à midi*

🕸 **TENTAZIONI**

Chef : Giovanni Pireddu

ITALIENNE • BISTRO Elle est bretonne, il est sarde, ils se sont rencontrés en Corse... et ils tiennent à Bordeaux une table petite par la taille, mais grande par le plaisir. Les assiettes du chef sont précises et toujours inspirées, surtout lorsqu'elles mettent en valeur des produits de haute volée : langoustine, araignée, thon rouge ou pigeon. Une cuisine très contemporaine, éclatante de saveurs et parcourue (origines du chef obligent !) de fréquents clins d'œil à l'Italie, sans jamais verser dans la nostalgie ou la démonstration "identitaire". Les menus dégustations changent chaque semaine au gré de l'inspiration du chef. Un vrai plaisir du début à la fin, jusqu'à l'excellent rapport qualité-prix du menu déjeuner.

Prix : €€€

Plan : B2-16 – *59 rue du Palais-Gallien* – ℰ *05 56 52 62 12* – *www.tentazioni-bordeaux.fr* – *Fermé lundi, dimanche et du mardi au jeudi à midi*

ISHIKAWA

JAPONAISE • ÉPURÉ Le chef Yugo Ishikawa est désormais chez lui dans ce restaurant épuré tout en longueur situé dans une rue piétonne animée du centre. Avec passion et minutie, il travaille la cuisine traditionnelle japonaise qu'il affectionne. Sur l'ardoise du jour : échine de porc tonkatsu panée, tataki de thon oroshi ponzu, légumes marinés tsukémono, et au déjeuner, un choix de petits plats savoureux. On se croirait presque dans un vrai izakaya tokyoïte. Une réussite.

🏠 – Prix : €€

Plan : C3-32 – *22 rue du Hâ – ℰ 05 57 99 71 69 – restaurant-ishikawa.com – Fermé lundi, dimanche, et mardi et samedi à midi*

LE 7 RESTAURANT PANORAMIQUE ⓝ

MODERNE • DESIGN La Cité du vin peut s'enorgueillir d'une bonne table : la carte est courte et les produits du sud-ouest sont à l'honneur : foie gras de canard de Chalosse, caviar d'Aquitaine, porc prince noir de Biscay, etc. Avec, en sus, un panorama imprenable sur la Garonne et le centre-ville de Bordeaux. Sélection de 500 vins du monde et 32 vins au verre.

🕸 ⪦ ᚹ 🎞 – Prix : €€€

Hors plan – *4 esplanade de Pontac – ℰ 05 64 31 05 40 – www.le7restaurant. com – Fermé lundi, mardi, mercredi et dimanche soir*

AKASHI

MODERNE • ÉPURÉ Une jolie salle blanche au décor minimaliste : tel est désormais l'écrin où s'épanouit le jeune chef nippon Akashi Kaneko. Dans l'assiette, c'est une partition française tout en sobriété et modernité, avec un vrai sens esthétique. Service aimable et efficace.

ᚹ 🎞 – Prix : €€

Plan : C3-20 – *45 rue du Loup – ℰ 09 74 56 96 68 – www.akashibordeaux.fr – Fermé lundi, dimanche et mardi midi*

ARCADA

MODERNE • BRANCHÉ Une bonne adresse discrète entre la place Camille-Jullian et Saint-Michel. Déco contemporaine dans une salle voûtée et cuisine bistronomique axée sur le produit d'ici, qui revisite en douceur les codes avec cet œuf parfait a 65 degrés, mousse légère à la mimolette, lard, paysan, croûtons. Au dîner, partition plus ambitieuse avec des produits nobles et une carte renouvelée chaque mois.

ᚹ 🎞 – Prix : €€

Plan : C3-28 – *13 rue de la Rousselle – ℰ 05 56 23 08 61 – www.arcada-restaurant.fr – Fermé lundi et dimanche*

LE BISTROT DU GABRIEL

DU MARCHÉ • BISTRO Au 1er étage du pavillon central de la célèbre place de la Bourse, ce bistrot chic, entièrement relooké (fauteuils rétro, parquet à bâtons rompus, plafonds à la française) offre de belles échappées sur les architectures et le fameux "miroir d'eau" de cette dernière. Au menu : une goûteuse cuisine de bistrot moderne qui musarde entre tradition et modernité.

ᚹ 🎞 – Prix : €€

Plan : C2-26 – *10 place de la Bourse – ℰ 05 56 30 00 80 – bordeaux-gabriel. fr – Fermé du lundi au mercredi*

BO-TANNIQUE

MODERNE • BRANCHÉ Située sur une agréable place piétonne pavée, cette jolie adresse (déco dans l'air du temps, pierre bordelaise apparente) propose une cuisine tout en franchise et en contrastes, à l'image de l'un des plats signature, la dorade en croûte et petits légumes à l'aigre douce. Carte des vins 100% naturelle et service tonique. Une réussite.

&. 🍴 – Prix : €€
Plan : C3-29 – *2 rue Tustal* – ℰ *05 56 81 34 92* – *www.bo-tannique.com* –
Fermé lundi et dimanche

LE CENT 33

CRÉATIVE • BRANCHÉ Ambiance select, cuisine de partage originale et voyageuse : Fabien Beaufour a peaufiné son concept dans les moindres détails. Les
saveurs sont intenses, contrastées, les cuissons parfaites et les assaisonnements
percutants... Parmi les incontournables, le charbonnier laqué au miso, la cannette
rôtie aux épices et le poulpe en salade tiède. Un régal.
&. 🅰🅲 – Prix : €€€€
Plan : C1-8 – *133 rue du Jardin-Public* – ℰ *05 56 15 90 40* – *cent33.com* –
Fermé lundi, dimanche et mercredi midi

LE CHAPON FIN

MODERNE • CLASSIQUE Tradition et générosité sont au menu de cette institution
locale, qui ravit par son décor de rocaille créé en 1901 ! La cave est superbe, avec
près de 250 références de vins au verre. Convivial et dépaysant.
🕸 🅰🅲 ⇔ – Prix : €€€
Plan : B2-18 – *5 rue Montesquieu* – ℰ *05 56 79 10 10* – *www.chapon-fin.com* –
Fermé lundi et dimanche

LE CHICOULA, BISTROT D'ART

MODERNE • VINTAGE Ce bistrot de poche a ouvert sans tambours ni trompettes,
et pourtant ! Le chef maîtrise très bien son sujet, comme en témoigne ce menu
unique tout en saveurs originales et en dressages harmonieux. La déco n'est pas
en reste, qui se pare d'œuvres d'artistes locaux, avec vernissages occasionnels – le
chef est lui-même peintre à ses heures...
&. – Prix : €€
Plan : C3-31 – *22 rue de Cursol* – ℰ *06 52 40 64 54* – *www.lechicoula.fr* –
Fermé lundi, dimanche, et mardi et mercredi à midi

LE CLOS D'AUGUSTA

MODERNE • COSY Voilà un restaurant qui inspire confiance : la façade vert bouteille est avenante, l'accueil est charmant, la terrasse jardin sur l'arrière a été embellie. Dans l'assiette, créative et maîtrisée, les produits de la région sont privilégiés.
🛵 🅰🅲 🍴 🅿 – Prix : €€
Plan : A3-5 – *339 rue Georges-Bonnac* – ℰ *05 56 96 32 51* – *www.
leclosdaugusta.fr* – *Fermé lundi, dimanche et samedi midi*

CROMAGNON 🔘

CRÉATIVE • ÉPURÉ Dans son petit restaurant à la déco dépouillée, la jeune
cheffe d'origine moldave Oxana Cretu (arrivée à Bordeaux comme jeune fille au
pair), laisse libre cours à son imaginaire culinaire au travers d'un menu surprise.
Perfectionniste et passionnée, la cheffe déroule avec brio de petites assiettes aux
influences japonisantes délicates : homard, bouillon thaï et grains de caviar ; omble
chevalier, salade d'algues à l'anguille fumée ; filet de pigeon, houmous de noix
de cajou, sirop de shiso frais et ume bushi... Au dessert, une réussite que cette
meringue, crème namélaka (un chocolat blanc japonais crémeux), marmelade
de citron pleine de peps, sorbet au jasmin onctueux et fraises du Lot. À noter,
l'originalité de la carte des vins qui mélange références étrangères et françaises.
&. – Prix : €€€
Plan : B2-40 – *48 rue du Palais-Gallien* – ℰ *05 56 81 17 52* – *lecromagnon.fr* –
Fermé lundi, dimanche et du mardi au samedi à midi

C'YUSHA

MODERNE • CONVIVIAL Au cœur du vieux Bordeaux, un lieu cosy et intimiste où le chef travaille seul, sous le regard des gourmands. Il signe une cuisine actuelle relevée d'épices, de plantes et d'herbes, en travaillant les légumes de son potager. Une adresse charmante qui sied aux amoureux.

🅰🅲 – Prix : €€

Plan : C3-30 – *12 rue Ausone* – *℗ 05 56 69 89 70* – *www.cyusha.com* – *Fermé lundi, dimanche et du mardi au samedi à midi*

LE DAVOLI

MODERNE • COSY Le quartier St-Pierre, ses petites rues, ses bars, ses restaurants et... Le Davoli ! Une adresse où les gourmands apprécient des recettes alléchantes, entre classicisme et modernité, réalisées par un chef ayant travaillé dans de belles maisons. Cerise sur le gâteau : l'accueil, aux petits soins.

🕸 – Prix : €€

Plan : C2-22 – *13 rue des Bahutiers* – *℗ 05 56 48 22 19* – *www.ledavoli.com* – *Fermé lundi et dimanche*

LA FINE BOUCHE 🟦

MODERNE • ÉLÉGANT Connaissez-vous le capucin ? C'est avec cet entonnoir en fonte muni d'une longue tige, dans lequel on vient faire fondre des tranches de lard, que le chef réalise le flambage de ses Saint-Jacques, au léger goût de grillé et de fumé. Cette cuisine ne néglige ni les traditions régionales ni une certaine créativité. La salle entièrement rénovée avec goût - parquet, moulures, pierres apparentes - dégage le soir venu un capiteux parfum d'intimité.

🍴 – Prix : €€€

Plan : C3-41 – *30 rue du Hâ* – *℗ 05 56 38 75 23* – *www.lafinebouche33.com* – *Fermé lundi, dimanche et samedi midi*

INFLUENCES

MODERNE • SIMPLE À deux pas de la place Gambetta, cette façade anodine réserve une très jolie surprise. Un sympathique couple franco-américain, Ronnie sous la toque (qui a travaillé en Californie, dans de solides établissements) et Aliénor, entre cuisine et service, propose des assiettes parfumées et savoureuses, aux influences française, américaine et italienne.

🅰🅲 – Prix : €€

Plan : B2-33 – *36 rue Saint-Sernin* – *℗ 05 56 81 01 05* – *www.restaurant-influences.com* – *Fermé du mardi au jeudi, et lundi, vendredi et samedi midi*

LIL'HOME 🟦

MODERNE • TENDANCE Boosté par son passage à Top-Chef, Lilian Douchet a ouvert deux adresses l'une parisienne, et l'autre bordelaise, sur le quai des Chartrons. Le lieu est séduisant (salon d'accueil avec son parquet en caisses de vins, fauteuils en velours, suspensions en osier..) dans le genre bistrot chic. Le chef expérimenté (ancien second au George V) propose une cuisine moderne et créative côté salle et des assiettes à partager côté terrasse.

♿ 🅰🅲 🍴 – Prix : €€

Plan : C1-39 – *29 quai des Chartrons* – *℗ 05 57 59 92 82* – *www.lilhome-restaurant.fr* – *Fermé lundi, dimanche, et mardi et mercredi à midi*

LOCO BY JEM'S

MODERNE • BRANCHÉ En bordure de la ligne du tramway, cette table jeune et dynamique accueille un chef inspiré qui compose une cuisine aux saveurs bien marquées et contrastées. Menu dégustation le soir avec suggestions d'accords mets et vin, déjeuner à prix d'amis et menu végétarien disponible sur demande.

&. 🅰🅺 – Prix : €€

Plan : A3-9 – *293 rue d'Ornano* – ☏ *05 56 55 99 37* – *www.locobyjems.com* – *Fermé samedi et dimanche, et mercredi soir*

LUME

ITALIENNE • ROMANTIQUE Un restaurant de 14 places à l'ambiance intimiste, éclairé en partie à la lumière de la bougie (Lume en italien). Le chef vénitien Riccardo Suppa enchante ses hôtes avec un menu unique en 6 temps, et privilégie les produits de la mer et les légumes bio. Tout est fait maison, des pâtes au pain à la farine de blé ancien. Alice, la compagne du chef, est une hôtesse accomplie et s'occupe aussi des desserts. Au menu : cicchetti comme à Venise, ravioli fatti in casa, pannacotta vanille...

Prix : €€

Plan : C2-3 – *3 rue des Faussets* – ☏ *05 47 79 47 56* – *www.ristorantelume.fr* – *Fermé mardi, mercredi, et lundi, jeudi, vendredi, samedi et dimanche midi*

METS MOTS

TRADITIONNELLE • BISTRO La recette gagnante de Mets Mots ? Un endroit riche de son histoire (une ancienne imprimerie), un trio de toques ayant travaillé chez Pierre Gagnaire, une cuisine du marché bien troussée. Jour après jour, les habitués s'y pressent, ce qui est toujours bon signe... Saveurs et convivialité : bravo. Menus plus ambitieux en soirée.

🅰🅺 – Prix : €€

Plan : B1-34 – *98 rue Fondaudège* – ☏ *05 57 83 38 24* – *www.metsmots.fr* – *Fermé samedi et dimanche, et lundi soir*

LE QUATRIÈME MUR

MODERNE • BRASSERIE Au théâtre, le quatrième mur est celui, invisible, qui sépare le public de la scène. Un nom tout choisi pour cette table installée dans les ors du Grand théâtre ! Un produit de qualité, une cuisson précise, une garniture et un jus : Philippe Etchebest va à l'essentiel et nous régale en toute simplicité. Installée sur une galerie latérale du grand théâtre, la terrasse est très agréable. Réservation impérative avec deux services à déjeuner et à dîner. Les menus changent chaque semaine.

🕸 🍽 – Prix : €€

Plan : C2-27 – *2 place de la Comédie* – ☏ *05 56 02 49 70* – *quatrieme-mur. com* – *Fermé lundi et dimanche*

RACINES BY DANIEL GALLACHER

CRÉATIVE • BISTRO Le nom Racines évoque celles, écossaises, du chef, comme son côté autodidacte. De fait, il signe une cuisine inventive et pétillante, loin des conventions, et fait évoluer chaque semaine son menu au gré du marché... Ces Racines-là sont aussi solides que goûteuses : le restaurant ne désemplit pas.

🅰🅺 – Prix : €€

Plan : B2-17 – *59 rue Georges-Bonnac* – ☏ *05 56 98 43 08* – *Fermé lundi et dimanche*

SENS

MODERNE • CONTEMPORAIN Un bistrot à la fois moderne et authentique tenu par Loren la pâtissière et Alexandre le chef de cuisine qui affichent chacun 15 ans d'expérience. La salle se révèle lumineuse, les murs bleu nuit contrastent agréablement avec le jaune safran des sièges et des rideaux. La cuisine est précise et bien tournée avec un menu unique à prix attractif le midi et un menu dégustation le soir. Tout fait Sens : une nouveauté prometteuse à Bordeaux.

🅰🅺 – Prix : €€

Plan : A2-1 – *93 rue de Soissons* – ☏ *09 83 45 52 29* – *restaurantgastronomique-bordeaux.fr* – *Fermé lundi, dimanche, et mardi et samedi à midi*

SYMBIOSE

MODERNE • BISTRO Tenue par quatre jeunes associés, cette Symbiose porte bien son nom ! Tout, ici, est marqué du sceau de l'évidence : les assiettes franches et rondement menées, le service convivial et décontracté, la clientèle majoritairement jeune et plutôt branchée, sans oublier la petite salle genre bistrot... et un bar à cocktail façon speakeasy, partie intégrante du concept ! Rapport qualité-prix imbattable à midi.

🌤 – Prix : €€

Plan : C1-35 – *4 quai des Chartrons* – 𝒞 *05 56 23 67 15* – *symbiose-bordeaux. com* – *Fermé dimanche et lundi soir*

LA TABLE DE MONTAIGNE

MODERNE • ÉLÉGANT Le restaurant du Palais Gallien, sis dans un hôtel particulier bâti en 1895, propose une belle cuisine d'inspiration classique, aux touches contemporaines. On en profite dans la salle à manger, fort plaisante, notamment, le soir, où il est possible de s'attabler devant un menu dégustation raffiné qui change très régulièrement.

♿ 🄰🄲 – Prix : €€

Plan : B2-24 – *144 rue de l'Abbé-de-l'Épée* – 𝒞 *05 57 08 01 27* – *hotel-palais-gallien-bordeaux.com* – *Fermé lundi, dimanche et mardi midi*

LA TUPINA

TRADITIONNELLE • RUSTIQUE Véritable institution, cette auberge champêtre a tout le goût d'autrefois... Sanguette, macaronade, frites à la graisse de canard : le terroir est défendu avec conviction, et l'on se régale de copieux plats du Sud-Ouest, mais aussi de viandes rôties et de légumes de saison – de beaux produits exposés sur le comptoir et qui mettent en appétit. Incontournable !

🕸 🌤 – Prix : €€

Plan : D3-25 – *6 rue Porte-de-la-Monnaie* – 𝒞 *05 56 91 56 37* – *latupina. com* – *Fermé lundi*

ZÉPHIRINE

MODERNE • COSY Zéphirine : beau prénom désuet pour cette auberge urbaine au joli décor de bistrot, précédée d'un comptoir d'épicerie fine. Une histoire de famille aussi qui réunit trois professionnels qui ont roulé leur bosse. Et, de fait, dans l'assiette, le chef montre tout de suite une patte très sûre (mention spéciale pour les garnitures, à partager, comme les entrées). Il envoie une bonne cuisine traditionnelle dans le fond, mais moderne dans la forme et hausse le niveau le soir.

🄰🄲 🌤 – Prix : €€

Plan : B2-13 – *62 rue de l'Abbé-de-l'Épée* – 𝒞 *09 72 45 55 36* – *zephirine.fr* – *Fermé lundi et dimanche*

🛏 LE BOUTIQUE HÔTEL   *Plus*

DESIGN MODERNE Pour allier luxe et design dans un hôtel particulier du 18e s., Le Boutique a du composer avec le cadre. Résultat, des espaces publics riches d'un mélange d'architecture classique, d'antiquités bien patinées, de moulures d'origine et de mobilier milieu de siècle. Et dans les chambres, un minimalisme tout confort, très équipé, mêlant habilement pièces design et touches déco à l'ancienne. Ajoutez à cela un bar à vin, Bordeaux oblige...

🕯 🅿 🛋 🍽 - 27 chambres – Prix : €€

3 rue Lafaurie de Monbadon – 𝒞 *05 56 48 80 40*

HÔTEL CARDINAL
Plus

DESIGN MODERNE Situé à deux pas de la place Pey-Berland, ce très bel hôtel particulier du 18ᵉ s. a été transformé en hôtel de charme. Matériaux nobles (velours, laiton, marbre), mobilier contemporain et beaux parquets en chêne, dans un style inspiré des années 30. Atmosphère feutrée et cosy. Idéal pour une villégiature en terre bordelaise.

🅿 ⟲ - 10 chambres – Prix : €€
4 rue Élisée Reclus – ☎ 05 56 01 62 32

L'HÔTEL PARTICULIER
Plus

CLASSIQUE CONTEMPORAIN Comme son nom l'indique, voici un majestueux hôtel particulier du 19ᵉ s., superbement conservé dans le centre historique de Bordeaux. Derrière ses murs cossus on retrouve de vastes salons ornés de moulures, parquets, cheminées en marbre et de hautes fenêtres, transformés en chambres et appartements sophistiqués. Toutes uniques, les chambres sont à la fois modernes, cosy et bourgeoises, ponctuées de couleurs chaudes et de pièces design, tandis que les appartements, donnant sur la cour, optent pour un look plus décontracté et urbain. Petit-déjeuner servi dans la salle à manger d'époque et service de conciergerie.

🅿 ⌂ - 12 chambres – Prix : €
44 rue Vital Carles – ☎ 05 57 88 28 80

INTERCONTINENTAL GRAND HÔTEL BORDEAUX
Plus

CLASSIQUE CONTEMPORAIN Sa façade néoclassique (1776), en parfaite harmonie avec celle du Grand Théâtre, est un petit joyau. Dans les chambres règne une atmosphère cossue, chatoyante et feutrée ; quant au spa de 1 000 m², il dispose d'une terrasse sur le toit offrant une vue imprenable sur Bordeaux. Un établissement de prestige, au cœur de la capitale du vin.

🚫 ♨ 🅿 ⟲ ⟳ 🚲 🏊 ⊕ 🕍 🛗 🔥 ⚖ ⍩ - 130 chambres – Prix : €€€
2-5 place de la Comédie – ☎ 05 57 30 44 44

❀❀ **Le Pressoir d'Argent - Gordon Ramsay** - Voir la sélection des restaurants

MAMA SHELTER BORDEAUX
Plus

AVANT-GARDE Mama Shelter, c'est un véritable concept : après Paris, Lyon et Marseille, il se décline en plein cœur de la métropole bordelaise. On retrouve avec plaisir cette déco très urbaine (béton brut, détails insolites et colorés, etc.) et cette ambiance éclectique (notamment au restaurant) qui en font toute la saveur !

🅿 ⟲ ⚖ ⍩ - 97 chambres – Prix : €
19 rue Poquelin Molière – ☎ 05 57 30 45 45

LE PALAIS GALLIEN
Plus

DESIGN MODERNE Près du Palais Gallien – un amphithéâtre romain, l'un des plus anciens vestiges de la ville –, cette maison de maître de la fin du 19ᵉ s. a été réhabilitée avec soin : chambres à l'identité affirmée (parquets anciens, moulures), jolies salles de bains, piscine dans la cour de l'hôtel...

🚫 ⟲ ⌂ 🏊 ⍩ - 26 chambres – Prix : €€€
144 rue Abbé de l'Epée – ☎ 05 57 08 01 27

SEEKO'O
Plus

AVANT-GARDE Seeko'o ? Un "iceberg" en inuit. L'extérieur explique d'emblée cette analogie avec son parallélépipède blanc aux angles faussés. L'intérieur joue cette carte nordique avec une alliance de bleu, blanc et de bois clairs ; les chambres, confortables, ont été rénovées avec beaucoup d'élégance.

🅿 🕍 🔥 ⚖ - 45 chambres – Prix : €
54 quai de Bacalan – ☎ 05 56 39 07 07

VILLAS FOCH *Plus*

DESIGN MODERNE À deux pas de la place du même nom, une demeure édifiée en 1834 dans le plus pur style bordelais. Grande verrière ouverte sur une courette avec jardin, chambres spacieuses – sept modernes et épurées, superbement rénovées, et deux davantage dans l'esprit des lieux... Un indéniable caractère.

 ♿ 🏊 **P** ⬡ ⛏ ⊛ 🛎 ♨ - 20 chambres – Prix : €€

25 cours du Maréchal Foch – ✆ 05 64 31 22 50

YNDO *Plus*

AVANT-GARDE Vu de l'extérieur, c'est un bel hôtel particulier du 18e s. Fort heureusement, l'intérieur n'est pas en reste : design et délicatement feutré, il est propice au repos... Les chambres sont confortables et ont chacune leur propre personnalité.

 ♿ 🏊 **P** ⬡ ⛏ 🛌 🛎 - 12 chambres – Prix : €€€€

108 rue Abbé de l'Épée – ✆ 05 56 23 88 88

BORMES-LES-MIMOSAS
✉ 83230 – Var – Carte régionale n° **24**–C3

LE JARDIN

TRADITIONNELLE • ROMANTIQUE Dans le village, tout près de l'église St-Trophyme, ce petit restaurant séduit d'abord par son cadre rustique et sa délicieuse terrasse, avec fontaine et pergola, noyée sous la verdure et les fleurs ... Aux fourneaux, un couple franco-anglais célèbre la tradition avec de beaux accents méridionaux. Tout est fait maison : on passe un super moment.

 🛋 – Prix : €€

1 ruelle du Moulin – ✆ 04 94 71 14 86 – www.lejardinrestaurant-bormes.com – Fermé lundi et mardi midi

MIMOSA

PROVENÇALE • TENDANCE Cet établissement proche du port de plaisance propose une cuisine moderne aux influences provençales. Fagottini de gambas sauvages, émulsion bisque; filet de daurade, citron confit et fenouil braisé, cheesecake aux fruits : les dressages sont soignés, les saveurs percutantes et les cuissons maîtrisées. Bref, on se régale, à toutes les étapes ! Menus truffe selon les saisons, et avenante terrasse pour les jours estivaux.

 ♿ 🅰 🛋 – Prix : €€

284 boulevard du Front-de-Mer – ✆ 09 87 36 49 46 – Fermé lundi et dimanche

LA BORNE
✉ 18250 – Cher – Carte régionale n° **8**–C2

🍴 L'ÉPICERIE

MODERNE • COSY Un restaurant qui fait épicerie ? Une épicerie qui fait restaurant ? Peu importe, on passe ici un super moment, et c'est tout ce qui compte. Cuisine de saison déclinée par Mathieu (salé) et Clémentine (desserts), produits locaux de rigueur : cette petite adresse a la cote localement, et on comprend pourquoi... Attention, vingt couverts seulement : réservez.

 ♿ – Prix : €€

Chemin des Usages – ✆ 02 48 59 57 50 – Fermé lundi et mardi, et mercredi et dimanche soir

BOSSEY

✉ 74160 – Haute-Savoie – Carte régionale n° **4**–F1

LA FERME DE L'HOSPITAL ⓝ

CLASSIQUE • ÉLÉGANT Les années passent... mais la tradition perdure dans cette maison réputée située à la frontière franco-suisse : salle élégante et chaleureuse, argenterie, service attentionné. Sur des bases classiques, le chef concocte des assiettes soignées et pleines de saveurs : ravioli de canard et foie gras, noisette de cerf au lard et sauce poivrade... Un très bon moment.

🛗 �ゴ ⇄ 🅿 – Prix : €€€

272 rue de la Mollard – ℰ 04 50 43 61 43 – www.ferme-hospital.fr – Fermé lundi, mardi et dimanche

BOUDES

✉ 63340 – Puy-de-Dôme – Carte régionale n° **1**–B2

😊 **LE BOUDES LA VIGNE**

TRADITIONNELLE • AUBERGE Cette sympathique auberge, bâtie sur d'anciennes fortifications, se trouve au cœur de ce village de vignerons où l'on produit... le boudes, l'un des cinq crus des côtes d'Auvergne. Derrière les fourneaux, Christian Coutarel, chef jovial qui réalise une cuisine traditionnelle généreuse et parfumée sans s'interdire des préparations plus modernes.

& 🛗 �ゴ – Prix : €€

Place de la Mairie – ℰ 04 73 96 55 66 – www.leboudeslavigne.franceserv.com – Fermé lundi et mardi, et mercredi et dimanche soir

BOULIAC

✉ 33270 – Gironde – Carte régionale n° **18**–B1

🍃 **LE SAINT-JAMES**

MODERNE • DESIGN Adresse mythique s'il en est, le Saint-James fut longtemps le fief de Jean-Marie Amat. Cet avant-gardiste avait fait appel à l'architecte Jean Nouvel pour rénover son hôtellerie, devenue une référence du design. Dans ce lieu magique dont les fenêtres regardent les vignes, on rend hommage aux producteurs de Nouvelle-Aquitaine, dont on magnifie les produits, du caviar de Gironde au bœuf de Bazas. C'est le chef Mathieu Martin, ancien second ici même, qui tient désormais ces fourneaux fameux. Le charme de cette cuisine toujours aussi fraîche et goûteuse opère avec brio. Le chef affirme un goût évident pour le végétal comme sur ces tomates, nature et au piment, soupe claire. Qu'on se rassure, la légende du Saint-James se perpétue.

🐾 ⇆ ≼ 🚪 🛗 🌃 🅿 – Prix : €€€€

3 place Camille-Hosteins – ℰ 05 57 97 06 00 – www.saintjames-bouliac.com – Fermé lundi, dimanche et mardi midi

🛏 **LE SAINT-JAMES** *Plus*

AVANT-GARDE Conçue par Jean Nouvel, cette maison surplombant la ville et les vignes – classées premières-côtes-de-bordeaux – s'inspire des séchoirs à tabac typiques de la région. L'épure, la lumière et le design dominent avec élégance et harmonie... Le Bordelais est à vous.

& ♨ 🅿 ⟲ ⊲ 🚪 🛗 🌃 🚲 ⍾ 🐶 ⋔ 🏊 ⑩ - 18 chambres - Prix : €€

3 place Camille Hostein – ℰ 05 57 97 06 00

🍃 **Le Saint-James** - Voir la sélection des restaurants

BOULLERET

✉ 18240 – Cher – Carte régionale n° **8**–D2

❀ **MAISON MEDARD**

Chef : Julien Medard

MODERNE • COSY Saveurs franches, jus, émulsions et sauces qui fusent en bouche à l'image de ce silure en quenelle, asperge blanche et crème de langoustine ou de ce filet mignon de porc et artichaut, jus de veau corsé. La version revisitée du crottin de Chavignol, travaillée sous forme de mousse siphonnée onctueuse et légère, et entourée d'une eau de tomate acidulée, emporte également l'adhésion. Une réussite que cette cuisine actuelle, astucieuse, fine et délicate, qui s'empare des produits locaux pour offrir des assiettes subtiles et colorées ! Le chef Julien Medard et son épouse Delphine (en salle) accueillent les chanceux – pardon, les clients – dans une salle cosy et feutrée qui unit avec goût rustique et contemporain.

🏵 ⚐ 🕭 – Prix : €€€

19 place des Tilleuls – ☎ 02 48 72 39 62 – www.maisonmedard.com – Fermé lundi et mardi, et dimanche soir

BOULOGNE-BILLANCOURT

✉ 92100 – Hauts-de-Seine – Carte régionale n° **15**–B2

LE 3B BRASSERIE

MODERNE • CONTEMPORAIN Salle lumineuse pour cette brasserie signée Jean Chauvel, aménagée par le chef d'origine bretonne en parallèle de son restaurant gastronomique. La carte met en valeur de beaux produits : tarte de tomates aux olives, volaille fermière rôtie au thym...

🏵 ⚐ 🅚 – Prix : €€

33 avenue Général-Leclerc – ☎ 01 55 60 79 95 – www.jeanchauvel.fr – Fermé lundi, dimanche et samedi midi

---

BONNOTTE ⓝ

MODERNE • CONVIVIAL À dix minutes à pied du Musée Albert Kahn, le restaurant d'Antoine Guichard (l'ancien second de David Bizet) et de Manon Negretti rend hommage à l'Île de Noirmoutier dont la bonnotte est une variété de pomme de terre locale. Dans un décor de bistrot sobre et contemporain, l'assiette joue la carte d'une cuisine bistronomique dans l'air du temps, concoctée à base de bons produits frais. Menu au déjeuner, et carte le soir.

Prix : €€

1 rue de Billancourt – ☎ 09 83 44 29 35 – bonnotte-restaurant.fr – Fermé samedi et dimanche

---

JEAN CHAUVEL

MODERNE • CONTEMPORAIN Jean Chauvel (qui a officié longtemps aux Magnolias, à Perreux) accueille dans une salle intimiste et élégante, aménagée au fond de sa brasserie 3B. Au fil de ses menus surprise, il fait la preuve de sa créativité et de sa technique, avec en particulier un travail poussé sur le végétal.

🏵 ⚐ 🅚 ⇩ – Prix : €€€

33 avenue Général-Leclerc – ☎ 01 55 60 79 95 – www.jeanchauvel.fr – Fermé lundi, dimanche et samedi midi

---

LA MACHINE À COUDES

MODERNE • BISTRO Toujours pétillante, la propriétaire Marlène a relooké son sympathique bistrot et confié les fourneaux au jeune chef italien Giacomo, qui travaille volontiers les produits du marché - maquereau ou foie de veau - autour d'un menu en plusieurs déclinaisons, soigné et ambitieux. Jolis accords mets-vins. Un bon moment de bistronomie.

Prix : €€€

35 rue Nationale – ℰ 01 47 79 05 06 – www.lamachineacoudes.fr – Fermé lundi, dimanche et samedi midi

PLANTXA

MODERNE • CONVIVIAL Sous la houlette du célèbre Juan Arbelaez, le jeune chef Andres Bolivar signe une cuisine originale pleine de saveurs : maquereau cuit à la flamme, beurre de maïs et fenouil croquant ; thon rouge, asperges vertes, framboises et sarrasin grillé... On se régale en toute décontraction, "comme à la maison", avec ses assiettes soignées. Vivifiant et bienvenu !

Prix : €€

58 rue Gallieni – ℰ 01 46 20 50 93 – www.plantxa.com – Fermé lundi et dimanche

LA TABLE DE CYBÈLE

MODERNE • CONTEMPORAIN À la tête de ce néobistrot œuvre un couple franco-américain, et c'est Cybèle, née à San Francisco, qui officie en cuisine, signant des recettes originales, axées sur de beaux produits, à l'instar de œuf parfait, velouté de lentille, fondue de poireaux et fenouil, magret séché, espuma de lait fumé... La Table de Cybèle est si jolie...

⊛ ⅃ 🝰 – Prix : €€

38 rue de Meudon – ℰ 01 46 21 75 90 – www.latabledecybele.com – Fermé lundi, dimanche et samedi midi

BOULOGNE-SUR-MER

✉ 62200 – Pas-de-Calais – Carte régionale n° **13**–A2

L'ÎLOT VERT

MODERNE • CONTEMPORAIN Une excellente surprise que ce restaurant aux airs de bistrot chic, où œuvre Tony Regnier, formé dans de belles maisons : il signe une cuisine bien d'aujourd'hui – avec une pointe de créativité –, joliment tournée et savoureuse, aux prix mesurés, à déguster dans une salle moderne, décorée avec un goût certain, ou sur la jolie terrasse fleurie côté cour. Souvenir ravi d'un mignon de cochon, ail noir et carotte. Service attentionné... un coup de cœur !

⅃ 🝰 ⇔ – Prix : €€

36 rue de Lille – ℰ 03 21 92 01 62 – www.lilotvert.fr – Fermé lundi et dimanche

LA MATELOTE

MODERNE • CONTEMPORAIN Une table familiale qui rend hommage aux femmes, c'est forcément de bon aloi ! La matelote est en effet la femme du... matelot, réputée experte en cuisson de poissons - tout comme cette table tout entière dédiée aux produits de la mer (mais pas seulement). Les poissons et les crustacés sont ici travaillés dans les règles de l'art et dans le respect d'une pêche durable. Côté dessert, on fait allégeance à la grande tradition de la pâtisserie française, à l'image du soufflé, un incontournable de la maison.

⅃ 🅰 🝰 ⇔ – Prix : €€

80 boulevard Sainte-Beuve – ℰ 03 21 30 17 97 – www.la-matelote.com

RESTAURANT DE LA PLAGE

POISSONS ET FRUITS DE MER • CONVIVIAL Après une petite baignade, rien de mieux qu'un bon repas pour reprendre des forces ! Face à la plage, cette adresse fait honneur aux produits de la mer : dos de cabillaud, riz rouge et coulis de poivron, noix de Saint-Jacques en saison... Avec, au dessert, des crêpes Suzette flambées en salle devant le client. Délicieux !

🦐 🍴🛏️♿ – Prix : €€
124 boulevard Sainte-Beuve – ℘ 03 21 99 90 90 – www.restaurantdelaplage.fr –
Fermé lundi et mercredi, et dimanche soir

🛏️ HÔTEL DE LA MATELOTE   *Plus*

CLASSIQUE CONTEMPORAIN Juste en face de l'aquarium et de la plage, l'Hôtel
La Matelote dispose de 35 chambres de caractère. Un jacuzzi, un hammam et un
sauna offrent une alternative à la mer, et le petit-déjeuner fait la part belle aux
produits locaux.

🅿️ ♨️ 🛁 🌐 🛌🍴 - 36 chambres – Prix : €
70 boulevard Sainte-Beuve – ℘ 03 21 30 33 33
La Matelote - Voir la sélection des restaurants

BOURBON-L'ARCHAMBAULT

✉️ 03160 – Allier – Carte régionale n° **1**-B1

LE TALLEYRAND

TRADITIONNELLE • HISTORIQUE À la table de la Montespan et de Talleyrand,
le classicisme français et la tradition bourbonnaise sont à l'honneur, dans un cadre
raffiné mêlant poutres et pierres. Et pour prolonger la parenthèse gastronomique,
l'hôtel propose une halte confortable. Du caractère !

🍴🍽️ – Prix : €€
Place des Thermes – ℘ 04 70 67 00 24 – hotel-montespan-talleyrand.com –
Fermé dimanche et du lundi au samedi soir

LA BOURBOULE

✉️ 63150 – Puy-de-Dôme – Carte régionale n° **1**-B2

L'AMUSE BOUCHE

MODERNE • BISTRO Au centre de la station thermale, un établissement sur deux
niveaux : au rez-de-chaussée, traiteur et petite cave à vins ; en mezzanine, des
dressages soignés et des recettes gourmandes, à l'image de cette tarte fine aux
cèpes et girolles ou encore ce paleron de bœuf en textures croustifondantes et son
chou farci de légumes racines... Bien plus qu'un simple amuse-bouche ! L'épouse
du chef est en salle et vous réserve un accueil tout sourire.

🍽️ – Prix : €€
15 rue des Frères-Rozier – ℘ 04 73 21 68 85 – www.restaurant-lamusebouche.
fr – Fermé du lundi au mercredi

BOURG-CHARENTE

✉️ 16200 – Charente – Carte régionale n° **20**-B3

LA RIBAUDIÈRE

Chefs : Julien et Thierry Verrat
CRÉATIVE • CONTEMPORAIN Une grande villa, un jardin qui descend en pente
douce vers la Charente coulant paisiblement en contrebas... De l'autre côté du
fleuve, la silhouette altière du château de Bourg-Charente domine les vignes. Dans
la salle aux murs gris ardoise, les grandes baies vitrées offrent une vue sur la délicieuse terrasse et sur les berges du fleuve. Dans le même ton, les chefs Thierry et
Julien Verrat, père et fils, signent une belle cuisine, où l'invention cultive le naturel.
Propriétaire d'une vigne et d'une truffière, l'homme voue une passion au terroir
charentais, un véritable pays de cocagne. Du cognac au pineau, en passant par le
poisson de la côte et les escargots sauvages, le chef exprime le meilleur de produits
de haute qualité : chacun de ses plats met le goût en avant avec une force tranquille.

⚬ ⇜⚿Ⓜ︎🏠️♿️🅿️ – Prix : €€€

2 place du Port – ☏ 05 45 81 30 54 – www.laribaudiere.com – Fermé lundi et mardi, et dimanche soir

☺ ### LA TABLE DU FLEUVE

DU MARCHÉ • DESIGN Signée Thierry et Julien Verrat, voilà une cuisine charentaise à la sauce bistronomique du plus bel aloi. Ici, le menu évolue au gré du marché. Ce jour-là, foie gras de canard mi-cuit aux truffes ; tartare de truite aux aromates et son caviar ou encore framboises fraîches, gel de Pineau des Charentes, meringue vapeur. Aux beaux jours, on sert aussi sur quelques tables en terrasse. Un petit cocon chaleureux et plaisant, où la gourmandise se sent chez elle.

♿️Ⓜ︎🏠️🅿️ – Prix : €

2 place du Port – ☏ 05 45 81 30 54 – www.laribaudiere.com – Fermé lundi et mardi, et dimanche soir

BOURG-EN-BRESSE

✉ 01000 – Ain – Carte régionale n° **2**–B1

☺ ### METS ET VINS

MODERNE • CONTEMPORAIN Ici œuvre Stéphane Prévalet, un chef adepte des produits du terroir local et du "fait maison", habile à s'extraire des sentiers battus de la tradition. On se régale ainsi d'une canette des Dombes en deux façons : le filet cuit rosé, servi avec sa cuisse en pastilla aux fruits secs... le tout dans une salle épurée, décorée de troncs de bouleaux. Une adresse comme on les aime.

♿️Ⓜ︎ – Prix : €

11 rue de la République – ☏ 04 74 45 20 78 – restaurant-metsetvins.com – Fermé lundi et mardi, et dimanche soir

L'AUBERGE BRESSANE

CLASSIQUE • TRADITIONNEL Une table incontournable : la cuisine fait la part belle aux spécialités régionales (volaille de Bresse, cuisses de grenouille, écrevisses et des... quenelles de brochet incontournables) et les vieux millésimes abondent sur la carte des vins. Terrasse avec vue sur l'église du monastère royal de Brou.

⚬ ⇜Ⓜ︎🏠️🅿️ – Prix : €€€

166 boulevard de Brou – ☏ 04 74 22 22 68 – www.aubergebressane. fr – Fermé mardi

PLACE BERNARD

TRADITIONNELLE • BRASSERIE Une maison 1900 placée sous la houlette du chef étoilé Georges Blanc. Cette jolie brasserie avec véranda, rehaussée d'une fresque à la gloire de la dynastie Blanc, donne sur le cours de Verdun. Dans l'assiette, le répertoire régional domine, dont la fameuse volaille de Bresse AOP à la crème selon la mère Blanc.

♿️🏠️ – Prix : €€

19 place Bernard – ☏ 04 74 45 29 11 – www.lespritblanc.com/fr

SCRATCH RESTAURANT

Chef : Andréas Baehr

MODERNE • CONVIVIAL Adhérents au mouvement Slowfood, Estelle et Andréas Baehr sont des passionnés qui mettent en avant de beaux produits frais, bio et locaux, à travers un menu déjeuner unique sans choix, rudement bien ficelé ! Même philosophie naturelle côté vins avec les choix experts de la patronne. Menus "découverte" plus ambitieux au dîner. Réservation indispensable.

🌿 **L'engagement du chef :** Nous avons une volonté de travailler dans une philosophie globale et durable et nous informons la clientèle de ces démarches. Nous proposons des menus uniques pour optimiser chaque produit en limitant les pertes. Nos produits locaux sont issus directement de petits producteurs dans leur quasi-totalité. Ces partenaires-artisans et nous-mêmes partageons un bon sens paysan, avec ou sans label. Les produits de la mer sont issus de la pêche durable française.

&. 🕅 – Prix : €€

2 rue des Fontanettes – 𝒞 04 27 53 49 86 – scratchrestaurant.fr – Fermé lundi et mardi, et mercredi, jeudi et dimanche soir

BOURGES

✉ 18000 – Cher – Carte régionale n° **8**–C3

🥑 LE BEAUVOIR

MODERNE • CONTEMPORAIN Une table élégante et accueillante, avec une terrasse sur la cour à l'arrière. À la suite de son beau-père, le chef concocte une appétissante cuisine actuelle, où les produits frais ont la part belle. Une valeur sûre.

88 &. 🕅 🛱 – Prix : €€

1 avenue Marx-Dormoy – 𝒞 02 48 65 42 44 – www.restaurant-lebeauvoir.com – Fermé mercredi, et mardi et dimanche soir

LE BOURBONNOUX

TRADITIONNELLE • CLASSIQUE Dans ce restaurant du quartier historique, les gourmands se régalent depuis plus de 30 ans de l'appétissante cuisine tradition-nelle mijotée par le chef Jean-Marie Huard : foie gras de canard au torchon et confiture d'oignons, pièce de bœuf charolais à la plancha et pommes dauphine, gâteau au chocolat guanaja et crème à la vanille Bourbon, sans oublier le gibier en saison. À savourer au beau milieu d'une collection de canards en porcelaine... pour un repas sans couacs.

🕅 – Prix : €€

44 rue Bourbonnoux – 𝒞 02 48 24 14 76 – www.bourbonnoux.com – Fermé vendredi, samedi midi et dimanche soir

LA SUITE

MODERNE • TENDANCE Ce bistrot contemporain a du style, avec son intérieur moderne et convivial, mais ce n'est pas son seul atout. La carte renouvelée réguliè-rement au fils des saisons met l'eau à la bouche... d'autant que les saveurs sont au rendez-vous ! N'oublions pas la jolie terrasse sur le patio, et la carte des vins qui ne doit rien au hasard – et pour cause, le patron est sommelier de formation pendant que son frère est aux fourneaux.

88 🕅 🛱 – Prix : €€

50 rue Bourbonnoux – 𝒞 02 48 65 96 26 – www.lasuite-bourges.com – Fermé samedi et dimanche

🛏 HÔTEL DE BOURBON   *Plus*

DESIGN MODERNE Une référence tant hôtelière qu'historique : l'ancienne abbaye, adjacente au charmant jardin des Prés Fichaux, abrite des chambres contemporaines.

&. 🅿 ⌂ ⇪ ⇛ 🖼 ⅱ◎ - 58 chambres – Prix : €

Boulevard de la République – 𝒞 02 48 70 70 00

🛏 VILLA C   *Plus*

DESIGN MODERNE Situé dans un quartier calme du nord de Bourges, non loin de la gare, ce manoir du 19ᵉ s. offre calme et discrétion. L'intérieur a gardé quantité de touches originales, des vitraux à l'escalier de chêne, tandis que les vingt chambres (et une suite) sont de style contemporain. Le bar et le salon de l'hôtel servent des boissons et un menu léger toute la journée.

&. 🅿 ⌂ ⇪ ⇛ - 21 chambres – Prix : €

20 avenue Henri Laudier – 𝒞 02 18 15 04 00

LE BOURGET-DU-LAC

✉ 73370 – Savoie – Carte régionale n° **4**–F2

❀ **ATMOSPHÈRES**

Chef : Alain Perrillat-Mercerot

CRÉATIVE • DESIGN De Lamartine à Stendhal en passant par Maupassant, les écrivains sont nombreux à avoir célébré l'atmosphère du lac du Bourget et la vue sur le massif des Bauges. Le chef Alain Perrillat-Mercerot en a fait, lui, un splendide écrin pour sa cuisine lacustre et créative. Ancien second de Laurent Petit, également marqué par Ferran Adrià, il défend avec ferveur le terroir savoyard. Fort de solides bases classiques, il travaille avec une précision redoutable les poissons d'eau douce, les fromages locaux ou les myrtilles sauvages. Son foie gras de canard, jus de citron vert et gentiane ou son aubergine confite, sorbet framboise et poivrons doux sont devenus des classiques. Belle carte des vins, célébrant (entre autres) la Savoie.

❀ **L'engagement du chef :** Le chef a toujours travaillé les produits locaux de saison - coopérative de fruits et légumes à La Motte-Servolex, maraîchers à Aix-les-Bains et Vimines, volailles de Bresse... Un jardin de simples permet à la cuisine de prélever des pousses d'herbes fraîches. Nous limitons nos emballages et nos déchets organiques sont valorisés en lien avec une plateforme agricole. Le linge est lavé sur place avec des lessives à faible impact environnemental.

🐟 ⇆ 🍴 ⛲ & 🍴 **P** – Prix : €€€€

618 route des Tournelles – ☏ 04 79 25 01 29 – www.atmospheres-hotel.com/fr – Fermé lundi, mardi et dimanche

❀ **LAMARTINE**

Chefs : Pierre et Valentin Marin

MODERNE • ROMANTIQUE Entre Aix-les-Bains et Chambéry, face au lac cher à Lamartine, cette table est une valeur sûre de la région et une institution fondée en 1964 qui ne désemplit pas. Désormais, Pierre et Valentin, père et fils, travaillent main dans la main. Les poissons d'eau douce et de lac sont traités avec le respect qu'il convient à une table savoyarde ; les herbes aromatiques du potager et celles recueillies lors de cueillettes en pleine nature trouvent naturellement leur place dans cette cuisine traditionnelle revisitée, solidement ancrée dans son terroir montagnard et lacustre. Enfin, le service très agréable se déroule dans un cadre romantique et élégant.

⇆ 🍴 & 🄰🄺 🍴 **P** – Prix : €€€

Route du Tunnel-du-Chat – ☏ 04 79 25 01 03 – www.lamartine-marin.com/fr – Fermé lundi et mardi, et dimanche soir

BOURGVILAIN

✉ 71520 – Saône-et-Loire – Carte régionale n° **5**–C3

AUBERGE LAROCHETTE

MODERNE • AUBERGE Cette sympathique auberge, située au cœur d'un village à quelques kilomètres de Cluny, dévoile une cuisine fraîche et maîtrisée. La cheminée crépite en hiver, la terrasse ombragée permet de profiter de l'été. Accueil attentionné.

🍴 – Prix : €€

Le Bourg – ☏ 03 85 50 81 73 – www.aubergelarochette.com – Fermé lundi, mardi midi et dimanche soir

BOURRON-MARLOTTE

⊠ 77780 – Seine-et-Marne – Carte régionale n° **15**–C3

LES PRÉMICES

CRÉATIVE • TENDANCE À l'orée de la forêt de Fontainebleau, une salle moderne et sa terrasse fleurie ont pris leurs aises dans les écuries du château de Bourron (fin 16e-début 17e s.). L'occasion pour le chef de composer une cuisine légère et inventive qui fait la part belle aux herbes aromatiques et aux condiments ; belle carte de vins.

🕸 ⅗ 🎐 🅿 – Prix : €€€

12bis rue Blaise-de-Montesquiou – ℰ 01 64 78 33 00 – www.restaurant-les-premices.com – Fermé lundi et mardi, et dimanche soir

BOUTERVILLIERS

⊠ 91150 – Essonne – Carte régionale n° **15**–B3

LA MAISON DES BLÉS - LE BOUCHE À OREILLE

MODERNE • ÉLÉGANT Un lieu contemporain, un intérieur moderne, dont les murs portent de beaux épis de blé en hommage à la campagne beauceronne et deux lieux pour se faire plaisir, la brasserie Louis (souris d'agneau, légumes du moment...) et la table gastronomique, le Bouche à oreille... À chaque fois, du professionnalisme et des assiettes, qui mettent en valeur de beaux produits. Chambres modernes et confortables.

🕮 ⅗ 🅚 🎐 ⇔ 🅿 – Prix : €€€

19 rue du Périgord – ℰ 01 64 95 69 50 – lamaisondesbles.fr – Fermé lundi et mardi, et dimanche soir

BOUZIGUES

⊠ 34140 – Hérault – Carte régionale n° **21**–C2

LA CÔTE BLEUE

POISSONS ET FRUITS DE MER • CLASSIQUE L'étang de Thau, haut-lieu de la conchyliculture languedocienne (les moules et les fameuses huîtres de Bouzigues), est aussi fameux pour sa biodiversité (des hippocampes aux oiseaux). Quelle chance donc de s'attabler à cette terrasse (ou dans la véranda) qui surplombe les eaux de la lagune. On vient évidemment déguster ici des produits de la mer d'excellente fraîcheur, dont les huîtres, mais aussi, en saison, des cigales de mer, plus rares...

🕮 🎐 🅿 – Prix : €€

Avenue Louis-Tudesq – ℰ 04 67 78 30 87 – www.la-cote-bleue.fr

BOZOULS

⊠ 12340 – Aveyron – Carte régionale n° **22**–D1

   LE BELVÉDÈRE

Chef : Guillaume Viala

MODERNE • COSY Guillaume Viala, qui se destinait à une carrière scientifique, a troqué éprouvettes et cornues contre couteau et planche à découper. Cet Aveyronnais a bifurqué vers la cuisine, passant notamment trois ans chez Michel Bras. Puis, avec son épouse sommelière, il a jeté son dévolu sur cette auberge rustique et chic, qui offre une vue imprenable sur le fameux "trou" de Bozouls, un cirque naturel creusé dans le causse. Tous deux nourrissent une passion contagieuse pour l'agriculture paysanne traditionnelle et les vins d'auteurs. Leur poulpe du golfe du Lion cuit en cocotte, jus épicé, charlotte fumée et pois chiche, pissenlit et roquette, est un exemple à suivre : simplicité enfantine, produits communs bien mis en valeur, exécution parfaite. Une réussite.

🕸 ⇦⇨ – Prix : €€€

11 route du Maquis-Jean-Pierre – ☎ 05 65 44 92 66 – www.belvedere-bozouls. com – Fermé lundi, mardi, mercredi midi et dimanche soir

À LA ROUTE D'ARGENT

TRADITIONNELLE • ÉLÉGANT Au rez-de-chaussée de l'hôtel, un restaurant à la décoration moderne et lumineuse, repris avec énergie par l'ancien second et sa compagne. On y déguste des plats traditionnels généreux et gourmands. Feuilleté aux asperges, foie gras, ris d'agneau, etc. : la carte varie au gré du marché et les cuissons sont toujours justes... Médaille d'argent !

🕭 🎬 ⇦⇨ 🅿 – Prix : €€

1 route de Gabriac – ☎ 05 65 44 92 27 – www.laroutedargent.com – Fermé lundi, mardi midi et dimanche soir

BRACIEUX
✉ 41250 – Loir-et-Cher – Carte régionale n° **8**–B1

😊 ### LE RENDEZ-VOUS DES GOURMETS

TRADITIONNELLE • AUBERGE Depuis la création de cette chaleureuse table de campagne, Didier Doreau a su l'imposer comme un véritable rendez-vous de gourmets. Terrine de brochet à la Chambord, petit pâté de gibier servi chaud et jus réduit, tête de veau à l'ancienne, gratin d'agrumes parfumé au Grand-Marnier... Voilà le portrait-type d'un repas empreint de tradition et de fraîcheur, dans lequel on devine tout le soin apporté à la sélection des produits et à la construction gustative des plats. Autre signe distinctif du chef : son remarquable travail du gibier en saison (lièvre, chevreuil, cerf, sanglier et on en passe...) qui assure à sa table une solide réputation dans les parages !

🕭 🏮 ⇦⇨ 🅿 – Prix : €€

20 rue Roger-Brun – ☎ 02 54 46 03 87 – Fermé mercredi, samedi midi et dimanche soir

BRANDO – Haute-Corse (2B) ➜ Voir Corse

BRANTÔME
✉ 24310 – Dordogne – Carte régionale n° **18**–C1

❄ ### LE MOULIN DE L'ABBAYE

MODERNE • ÉLÉGANT Dans un village pittoresque où l'on voyage de la Préhistoire jusqu'à la Renaissance, ce restaurant occupe un environnement exceptionnel. Adossée à la falaise, cette dépendance de l'abbaye bénédictine de Brantôme déroule une magnifique terrasse au bord de la Dronne, face à un pont coudé du 16 e s. La cuisine du chef, appuyée sur de bons produits, est fine et pourvue de jolies saveurs. Les cuissons sont justes et les dressages soignés. Charme contemporain et intemporel pour cette maison vénérable.

⇦ 🏠🏮 – Prix : €€€€

1 route de Bourdeilles – ☎ 05 53 05 80 22 – www.moulinabbaye.com – Fermé lundi, mardi et du mercredi au dimanche à midi

🛏 ### LE MOULIN DE L'ABBAYE   *Plus*

ÉLÉGANCE TRADITIONNELLE Un ravissant moulin et sa maison de meunier : voilà un cadre bucolique qui laisse rêveur ! Les chambres, empreintes de douceur romantique, sont bercées par le murmure d'une cascade. Quiétude, quand tu nous tiens...

🛁 🅿 🍸 🛏 ♿ 🍽 - 20 chambres – Prix : €€
1 route de Bourdeilles – 𝒞 *05 53 05 80 22*
🌸 **Le Moulin de l'Abbaye** - Voir la sélection des restaurants

BREBIÈRES
✉ 62117 – Pas-de-Calais – Carte régionale n° **13**–C2

 AIR ACCUEIL

MODERNE • CONVIVIAL Près de l'aérodrome de Vitry-en-Artois, cette vaste auberge est tout sauf une simple cantine ! C'est le monde de Franck Gilabert, grand passionné de jazz (la décoration et le fond sonore en attestent), qui régale sa clientèle d'une délicieuse cuisine où transparaît toute son expérience. Les saveurs décollent !
🍷 🛏 🍴 ♿ 🅿 – Prix : €€
50 rue Nationale – 𝒞 *03 21 50 01 02 – www.air-accueil-restaurant.com –*
Fermé lundi, et mercredi et dimanche soir

BREITENBACH
✉ 67220 – Bas-Rhin

 48° NORD *Plus*

DESIGN MODERNE L'architecte paysagiste franco-danois Emil Leroy-Jönsson et l'architecte norvégien Reiulf Ramstad ont conçu ces cabines hautes, étroites et minimalistes, en bois nu. Dépassant des arbres d'un site protégé, elles offrent une vue imprenable sur la campagne. Certaines sont équipées de jacuzzis ou de saunas, et le style moderne nordique apporte sa note à la fois naturelle et chaleureuse aux intérieurs. Le lodge central sert le petit-déjeuner et le dîner, là encore avec vue sur les collines.
14 chambres – Prix : €€
1048 route du Mont Saint-Odile – 𝒞 *03 67 50 00 05*

BRÉLÈS
✉ 29810 – Finistère – Carte régionale n° **7**–A1

AUBERGE DE BEL AIR

TRADITIONNELLE • AUBERGE Une charmante ferme en granit, posée au bord de l'Aber Ildut, avec un grand jardin et un étang. Dans l'assiette, une cuisine de la mer typique de la Bretagne, à l'image de ce filet de lieu jaune à la crème de homard. Quant au cadre, rustique, il prête à la tranquillité...
🛏 🍴 🅿 – Prix : €€
1 Moulin-de-Bel-Air – 𝒞 *02 98 04 36 01 – www.restaubergedebelair.com –*
Fermé lundi, et mardi, mercredi, jeudi, vendredi et dimanche soir

BREM-SUR-MER
✉ 85470 – Vendée – Carte régionale n° **23**–A3

❀ **LES GENÊTS**

Chef : Nicolas Coutand
CRÉATIVE • CONTEMPORAIN À quelques kilomètres des Sables-d'Olonne, une maison de maître, rénovée avec originalité, accueille le couple talentueux formé par Nicolas et Amélie Coutand. Le chef a notamment travaillé chez les Troisgros à Roanne et à L'Amphitryon à Lorient. Adepte de la fraîcheur et la saisonnalité, il propose une cuisine créative, enlevée et savoureuse, et met un point d'honneur à cuisiner des produits de la région ou réputés moins nobles - comme la sardine, le maquereau et le merlu. Un grand potager de 1400 mètres carrés apporte une touche végétale à des assiettes légères, d'une grande finesse, et proposées à des prix raisonnables.

♨ & 斎 ✿ – Prix : €€€

*21 bis rue de l'Océan – ☎ 02 51 96 81 59 – www.restaurant-les-genets.fr –
Fermé lundi et mardi, et dimanche soir*

BRESSIEUX

✉ 38870 – Isère – Carte régionale n° **3**–E2

AUBERGE DU CHÂTEAU

MODERNE • CONVIVIAL Christèle et Xavier Vanheule, passionnés de cuisine et
de bons vins, donnent le meilleur d'eux-mêmes pour faire de leur auberge une belle
maison. Les produits viennent des fermes environnantes et débordent de fraîcheur.
Tout en contemplant les monts du Lyonnais, on se régale de plats savoureux aux
parfums méridionaux...

❀ ⟨ 斎 **P** – Prix : €€€

*67 montée du Château – ☎ 04 74 20 91 01 – www.aubergedebressieux.fr –
Fermé mardi et mercredi, et dimanche soir*

BRESSON

✉ 38320 – Isère – Carte régionale n° **2**–C2

CHAVANT

CLASSIQUE • ÉLÉGANT Qu'il est doux de venir profiter des beaux jours, dans cette
auberge tenue par la famille Chavant depuis 1852 ! La cuisine donne le sourire ; pour
le reste, les atouts ne manquent pas – cave à vins, piscine, chambres spacieuses...

❀ ♨ 🏨 斎 ✿ **P** – Prix : €€€

*2 rue Émile-Chavant – ☎ 04 76 25 25 38 – www.chavanthotel.com – Fermé lundi,
samedi midi et dimanche soir*

BREST

✉ 29200 – Finistère – Carte régionale n° **7**–A2

✸ L'EMBRUN

Chef : Guillaume Pape

MODERNE • CONTEMPORAIN Les embruns médiatiques passés, retour aux
racines ! Guillaume Pape (Top Chef), s'est installé sur ses terres natales après avoir
travaillé notamment chez le chef Olivier Bellin (Auberge des Glazicks). Il s'est installé dans un lieu moderne, avec cuisine ouverte, pour proposer une cuisine de
saison et de terroir, bien réalisée, soucieuse de la qualité de ses produits, à l'instar
de son bar, brunoise de betteraves, ravioles de chèvre frais, jus de betterave au lait
ribot ou encore le dessert emblématique du chef, la douceur de lait (mousse de
riz au lait, confiture de lait, crème glacée à la vanille et opaline au lait). Son sens du
visuel (renforcé par son passage à la télé ?) fait le reste...

& – Prix : €€€

Plan : A1-1 – *48 rue de Lyon – ☎ 02 98 43 08 52 – www.lembrunrestaurant.fr –
Fermé lundi et dimanche*

🌱 PECK & CO

DU MARCHÉ • CONTEMPORAIN Le chef et sa compagne ont transformé leur
ancienne table gastronomique en un lieu plus convivial et davantage dans l'air du
temps, avec décor contemporain et cuisine ouverte. Romain, le chef, n'a rien perdu
de son talent. Il compose un menu au gré du marché avec de savoureuses recettes
bien parfumées et soignées, comme cette joue de bœuf confite et polenta.

Prix : €

Plan : A1-2 – *23 rue Fautras – ☎ 02 98 43 30 13 – peckandco.fr – Fermé lundi et
dimanche*

OUESSANT LE FRET

LE M

MODERNE • CONTEMPORAIN Conception des plats et associations de saveurs sont originales dans cette maison bourgeoise typiquement bretonne, au décor actuel. On y déguste une cuisine d'aujourd'hui, qui met à contribution les producteurs locaux (poisson, volaille, légumes...). L'été, on met le cap sur l'agréable terrasse.

🕸 ⬚ & 🪑 ⇄ 🅿 – Prix : €€€

Hors plan – 22 rue du Commandant-Drogou – ℰ 02 98 47 90 00 – restaurant-lem.fr/index.php/fr – Fermé lundi et dimanche

BRÉTIGNOLLES-SUR-MER

✉ 85470 – Vendée – Carte régionale n° **23**-A3

❀ **JEAN-MARC PÉROCHON**

Chef : Jean-Marc Pérochon

MODERNE • CONTEMPORAIN Attablé derrière les grandes baies vitrées du restaurant, on admire les reflets du soleil sur l'Atlantique... Un sacré loup de mer y a posé l'ancre : Jean-Marc Pérochon a pris la mer à l'âge de 17 ans, quand il a traversé la Manche direction l'Écosse, avant de parcourir l'Europe et le monde jusqu'aux Antilles. Mais c'est dans son hôtel-restaurant vendéen que sa cuisine a atteint l'épure : tout en saveurs exotiques, en extractions, en jus et émulsions, elle se révèle très percutante. Il faut dire aussi qu'elle s'appuie sur des produits impeccables :

269

notamment les poissons et les crustacés de la criée de Saint-Gilles-Croix-de-Vie (qui dominent la carte), mais aussi la volaille de Challans et les légumes des maraîchers locaux.

🕸 ⇆ ⇇ ⅙ 🄰🄺 🄿 – Prix : €€€

63 avenue de la Grande-Roche – ℰ 02 51 33 65 53 – www.lesbrisants.com – Fermé lundi et mardi, et dimanche soir

LE BREUIL-EN-AUGE

✉ 14130 – Calvados – Carte régionale n° **17**-C2

LE DAUPHIN

MODERNE • CLASSIQUE Avec ses colombages et sa charmante atmosphère, cet ancien relais de poste incarne la Normandie rêvée... Le jeune chef travaille de beaux produits avec passion (homards et ormeaux de la côte, par exemple) et maîtrise bien son sujet. On passe un moment agréable.

Prix : €€

2 rue de L'Église – ℰ 02 31 65 08 11 – www.ledauphin-restaurant.com – Fermé lundi, et mercredi et dimanche soir

BREUILLET

✉ 17920 – Charente-Maritime – Carte régionale n° **20**-A3

⸙ L'AQUARELLE

Chef : Xavier Taffart

CRÉATIVE • CONTEMPORAIN Ce grand pavillon cubique contemporain offre une étape gourmande au cœur de la campagne royannaise. Le chef de l'Aquarelle, Xavier Taffart, est fils d'ostréiculteur : autant dire qu'il en connaît un rayon sur les huîtres charentaises. Dans l'assiette, il se montre créatif et inspiré, ne travaillant que les beaux produits locaux. Adepte des associations terre-mer, il ne rechigne pas à l'exotisme : émietté de tourteau, bouillon parfumé au ponzu et jaune d'œuf fumé ; lieu jaune confit au lait d'amande... Côté décor, le design prévaut dans la grande salle panoramique, y compris sur la table, où trônent la porcelaine contemporaine d'un artisan poitevin et les couteaux siglés d'un coutelier rochelais. Un sens du détail qui cadre parfaitement avec les assiettes esthétiques et graphiques du chef.

🕸 ⇆ ⇇ ⅙ 🄰🄺 ⇔ 🄿 – Prix : €€€

71A route du Montil – ℰ 05 46 22 11 38 – www.laquarelle.net – Fermé lundi, mardi midi et dimanche soir

BRIANÇON

✉ 05100 – Hautes-Alpes – Carte régionale n° **24**-C1

⊛ AU PLAISIR AMBRÉ

MODERNE • CONTEMPORAIN Dans la cité Vauban, cette ancienne boucherie reste vouée aux bons produits. Fraîcheur : tel est le maître mot du chef, habile cuisinier qui sait révéler les meilleures saveurs. Un exemple ? Cette poitrine de cochon fermier longuement confite, jus au wasabi et purée de panais ou cette tarte au chocolat noir, sorbet noix de coco... Vous avez dit plaisir ?

Prix : €€

26 Grande Rue – ℰ 04 92 52 63 46 – www.auplaisirambre.com – Fermé mercredi et jeudi

LE PÊCHÉ GOURMAND

MODERNE • CONTEMPORAIN Un restaurant au bord de la Guisane, tenu par un jeune couple franco-australien amoureux de gastronomie. Sharon concocte une

agréable cuisine de saison ainsi que de la pâtisserie, et Jimmy veille sur la salle et...
le vin. Service aimable et professionnel.

🅿 – Prix : €€

2 route de Gap – ℰ 04 92 21 33 21 – www.peche-gourmand.com – Fermé lundi,
dimanche et samedi midi

BRIANT

✉ 71110 – Saône-et-Loire – Carte régionale n° **5**–B3

AUBERGE DE BRIANT

TRADITIONNELLE • AUBERGE La salle à manger, contemporaine et lumineuse,
surplombe la campagne environnante. On profite des bons plats du chef, Filipe,
mettant notamment en avant le bœuf de race charolaise... et des bons desserts
d'Angélique, son épouse, qui assure aussi un accueil charmant !

க்🏡🅿 – Prix : €€

au bourg – ℰ 03 85 25 98 69 – aubergedebriant.com – Fermé mardi et mercredi,
et lundi et dimanche soir

BRICQUEVILLE-SUR-MER

✉ 50290 – Manche – Carte régionale n° **17**–A2

LA PASSERELLE

MODERNE • CONTEMPORAIN Situé en bordure du Havre de la Vanlée, ce restaurant offre un paysage propice aux promenades parmi les moutons de pré salé. Le
chef réalise une cuisine du moment et du marché, fraîche et goûteuse, où figurent
en bonne place la pêche locale (bar, Saint-Pierre, lotte, homard...) et l'agneau du
pays. Une jolie adresse.

க்🅿 – Prix : €€

113 route du Havre-de-la-Vanlée – ℰ 02 33 61 65 51 – www.restaurant-la-
passerelle.fr – Fermé mardi et mercredi, et dimanche soir

BRIE-COMTE-ROBERT

✉ 77170 – Seine-et-Marne – Carte régionale n° **15**–C2

LA FABRIQUE

MODERNE • DESIGN Au cœur d'une ancienne tuilerie, ce loft d'esprit industriel
est bien caché au bout d'une petite allée, et il fait bon s'y régaler dans une atmosphère jeune et décontractée... Une adresse d'aujourd'hui, une cuisine basée sur
des produits exclusivement sélectionnés à Rungis, moderne et volontiers créative,
avec quelques fulgurances !

க்🅿 – Prix : €€€

1 bis rue du Coq-Gaulois – ℰ 01 60 02 10 10 – www.restaurantlafabrique.fr –
Fermé lundi, dimanche, samedi midi, et mardi et mercredi soir

BRIGNOGAN-PLAGE

✉ 29890 – Finistère

🛏 ## HÔTEL DE LA MER   *Plus*

DESIGN MODERNE L'Hôtel de la Mer, surplombant les récifs et la plage de la Côte
des Légendes, est un lieu délicieux : chambres spacieuses avec vue sur le littoral,
espace bien-être avec sauna, hammam et jacuzzi...

க் 🅿 ⇗ ⇔ 🏊 ⏀ - 26 chambres – Prix : €

Plage des Chardons Bleus – ℰ 02 98 43 18 47

BRIOLLAY

✉ 49125 – Maine-et-Loire – Carte régionale n° **23**–C2

CHÂTEAU DE NOIRIEUX

TRADITIONNELLE • CLASSIQUE Beau petit château du 17ᵉ s. et charmant manoir du 15 e s. dans un parc bordant le Loir. L'élégante salle à manger et l'agréable terrasse dominant la vallée servent d'écrin à une savoureuse cuisine plutôt traditionnelle, sagement actualisée, et respectueuse des saisons. Carte des vins principalement dédiée aux appellations de la région.

⪻ 🏠 🏡 ✲ 🅿 – Prix : €€€

26 route du Moulin – ☏ 02 41 42 50 05 – www.chateaudenoirieux.com/fr – Fermé lundi et mardi

BRISCOUS

✉ 64240 – Pyrénées-Atlantiques – Carte régionale n° **18**–B3

🏵 MAISON JOANTO

MODERNE • CONTEMPORAIN Joanto, c'est "Petit Jean" en basque... et pourtant, voilà bien une demeure qui ne mérite aucun diminutif ! Sa belle architecture traditionnelle, son ambiance chaleureuse, tout séduit, et plus encore la cuisine généreuse de sa cheffe, passée par les belles maisons, où le terroir basque fait le plein de saveurs : chipirons façon carbonara, paleron de bœuf braisé et sauce au vin rouge, chou à la crème, pistaches et agrumes. Le rapport qualité-prix a tout... d'un grand.

🦽 🅰🅲 🏡 – Prix : €

Chemin du Village – ☏ 05 59 20 27 70 – maisonjoanto-restaurant.com – Fermé lundi, et mardi, mercredi et dimanche soir

BRIVE-LA-GAILLARDE

✉ 19100 – Corrèze – Carte régionale n° **19**–B3

⁂ LA TABLE D'OLIVIER

Chef : Pierre Neveu

MODERNE • COSY À la Table d'Olivier, Pierre est en cuisine tandis que sa compagne Fanny, ex-pâtissière, caracole en salle. Lui, Normand d'origine, œuvre avec passion dans sa Corrèze d'adoption. Au cœur de la ville, il a bichonné cette maison de pierre apparente, au mobilier contemporain et aux luminaires design. Pour un rapport qualité-prix tout simplement renversant, sa cuisine au goût du jour se révèle très gourmande, aussi fine que colorée : foie gras, filet de bœuf, soja et algues nori ; lieu jaune de ligne, carotte-piments et chorizo ; fraises, jasmin et citron... À table !

🦽 🅰🅲 – Prix : €€€

3 rue Saint-Ambroise – ☏ 05 55 18 95 95 – Fermé lundi, dimanche et mardi midi

🏵 EN CUISINE

MODERNE • CONVIVIAL Prenez un jeune chef passionné, travailleur, entouré d'une équipe à son image. Ajoutez une cuisine raffinée, où les saveurs sont franches et où la présentation des plats met d'emblée l'eau à la bouche. Vous y êtes presque... Saupoudrez le tout d'un service avec le sourire. Vous pouvez savourer !

🦽 🅰🅲 🏡 – Prix : €€

39 avenue Édouard-Herriot – ☏ 05 55 74 97 53 – www.encuisine.net – Fermé lundi et dimanche

🏵 LA TOUPINE

MODERNE • CONTEMPORAIN Côté décor, ce restaurant affirme un certain chic contemporain (inox, pierre et bois exotique). Les Brivistes adorent aussi sa jolie terrasse et, bien sûr, sa cuisine, qui puise son inspiration au marché : **tartare de saumon d'Écosse, salade de roquette et salicorne ; ballotine de suprême de volaille aux gambas, émulsion d'Américaine...**

🅰 🍽 ⟷ – Prix : €€

27 avenue Pasteur – ℰ 05 55 23 71 58 – www.latoupine.fr – Fermé lundi et dimanche

CHEZ FRANCIS

TRADITIONNELLE • BISTRO Publicités rétro, objets en tout genre et dédicaces laissées par les clients : la parfaite ambiance d'un bistrot familial. On est tout à son aise pour déguster de bons produits et jolies recettes, avec en particulier de belles viandes limousines longuement maturées – un luxe !

🅱 🅰 – Prix : €€

61 avenue de Paris – ℰ 05 55 74 41 72 – www.chezfrancis.fr/encours – Fermé lundi et dimanche

LE BROC

✉ 63500 – Puy-de-Dôme – Carte régionale n° **1**–B2

🍀 **ORIGINES**

Chef : Adrien Descouls

CRÉATIVE • DESIGN Est-ce l'Auvergne, sa région natale, qui inspire à Adrien Descouls cette cuisine pleine de fraîcheur ? Tout près d'Issoire, dans ce bâtiment moderne perché juste à côté du château du 14 e s, il affirme ses qualités sans jamais en rajouter : choix du produit, capacité à mettre en valeur le terroir local, et cette jeunesse, qui permet parfois de déplacer des volcans. Pour l'étape, de belles chambres confortables avec jolie vue sur les environs.

🅱 ⇆ ⪜ & 🅰 🅿 – Prix : €€€€

Rue du Clos-de-la-Chaux – ℰ 04 73 71 71 71 – www.restaurant-origines.fr/fr – Fermé lundi, dimanche et du mardi au jeudi à midi

BRUNIQUEL

✉ 82800 – Tarn-et-Garonne – Carte régionale n° **22**–C2

LE DÉLICE DES PAPILLES

TRADITIONNELLE • CONTEMPORAIN Ici, on se délecte d'une bonne cuisine traditionnelle, à l'instar de ce ballotin de pigeon, farci au foie gras et truffe d'été, ou du carpaccio de langoustines. Six chambres à l'étage, et grande terrasse. Pour l'anecdote, on tourna ici quelques scènes du Vieux Fusil, avec Romy Schneider.

& 🅰 🍽 🅿 – Prix : €€

442 route des Gorges-de-l'Aveyron – ℰ 05 63 20 30 26 – ledelicedespapilles.fr – Fermé lundi et mardi, et mercredi, jeudi et dimanche soir

BUÉ

✉ 18300 – Cher – Carte régionale n° **8**–D2

MOMENTO

MODERNE • CONTEMPORAIN La garantie d'un "momento" délicieux, avec vue sur les vignes... À la manœuvre, on trouve un couple de trentenaires très pro : Thomas Jacquet, un enfant du pays (service, sommellerie), et son épouse Mariana Mateos, cheffe mexicaine, qui assure aux fourneaux une partition saisonnière tout en finesse et en générosité. Un vrai régal.

🅱 ⪜ 🍽 – Prix : €€€

5 rue de la Cure – ℰ 02 48 78 07 99 – www.momentosancerre.com – Fermé du lundi au mercredi et dimanche soir

BUELLAS

✉ 01310 – Ain – Carte régionale n° **3**–E1

L'AUBERGE BRESSANE DE BUELLAS

TRADITIONNELLE • AUBERGE Dans cette auberge (une ex-boulangerie), on se régale de belles recettes du terroir avec un zeste de saveurs du Sud et une dose d'inventivité. On peut opter pour le restaurant traditionnel, d'un côté, ou pour l'Intimiste, de l'autre, où la proposition est plus ambitieuse, et le décor élégant et cosy. Dans les deux cas, le service est attentionné et les prix raisonnables.

க் ℳ ஂ ₽ – Prix : €€

10 route de Buesle – ℰ 04 74 24 20 20 – www.auberge-buellas.com/fr – Fermé mercredi, lundi et mardi à midi , et dimanche soir

L'INTIMISTE

MODERNE • INTIME L'Intimiste est en quelque sorte la salle à manger "haut de gamme" de l'Auberge Bressane de Buellas. On y déguste une cuisine soignée et élaborée, avec un menu unique mettant en avant un produit différent selon la saison : homard, volaille de Bresse, céleri, etc. Une franche réussite.

க் ℳ ₽ – Prix : €€€

10 route de Buesle – ℰ 04 74 24 20 20 – www.auberge-buellas.com – Fermé du lundi au mercredi, jeudi midi et dimanche soir

LE BUISSON-DE-CADOUIN

✉ 24480 – Dordogne – Carte régionale n° **18**–C3

AUBERGE DE L'ESPÉRANCE

TRADITIONNELLE • AUBERGE Âmes désespérées, courez dans cette adresse qui saura vous redonner foi en la vie ! L'accueil de la patronne n'est que sourire et chaleur, et la cuisine est pleine de jolies attentions, alliant fraîcheur et franche gourmandise. Voilà qui rappelle que les plaisirs simples sont parfois les plus marquants...

க் ஂ – Prix : €€

3 avenue des Sycomores – ℰ 05 53 74 23 66 – lesperance.eatbu.com/?lang=fr – Fermé du lundi au mercredi

BUSNES

✉ 62350 – Pas-de-Calais – Carte régionale n° **13**–B2

✿✿ CHÂTEAU DE BEAULIEU - CHRISTOPHE DUFOSSÉ

Chef : Christophe Dufossé

MODERNE • ÉLÉGANT Depuis son retour aux sources dans sa région natale, Christophe Dufossé s'épanouit pleinement. Dans cette belle demeure sise au milieu d'un parc, agrandie désormais d'une lumineuse verrière contemporaine, il défend une cuisine terre/mer organique, autonome et durable, axée sur le végétal et les produits du Nord – et pas seulement les poissons. Chaque plat est travaillé avec une délicatesse qui n'exclut pas la générosité, relevé de sauces profondes de facture classique. Une réussite emblématique ? Les noix de Saint-Jacques de Boulogne aux endives du Nord et à la truffe noire, composition d'une harmonie remarquable. Soulignons enfin le travail sur le pain et les douceurs, dont l'inénarrable et pantagruélique chariot de mignardises.

✿ **L'engagement du chef :** Le restaurant s'appuie sur un réseau de plus de 30 producteurs locaux (bœuf Angus et échalote de Busnes, safran, pêche de la Côte d'Opale...) pour favoriser les circuits courts et réduire l'empreinte carbone. Le potager (irrigué par les sources du domaine et les douves) et le verger assurent une grande partie des besoins du restaurant. Le parc abrite également un conservatoire d'agrumes, une fermette qui se visite, un jardin aromatique en permaculture, des ruches et des nichoirs.

🐾 🛋 🍴 ♿ 🅰🄲 ⟷ 🅿 – Prix : €€€€

1098 route de Lillers – ☎ 03 21 68 88 88 – www.lechateaudebeaulieu.com –
Fermé lundi et mardi, et dimanche soir

CÔTÉ JARDIN

MODERNE • TENDANCE Le restaurant bistronomique du château de Beaulieu
propose une cuisine dans l'air du temps, imaginée par le chef Christophe Dufossé.
Le lieu est superbe et les assiettes sont de belle qualité - quasi de veau cuit 36
heures, jus corsé, céleri-rave rôti, salade pousses d'épinards. Barbecue en été, plats
mijotés en hiver.

🍴♿🄰🄲 🌲🅿 – Prix : €€

1098 route de Lillers – ☎ 03 21 68 88 88 – www.lechateaudebeaulieu.fr

🛏 LE CHÂTEAU DE BEAULIEU   *Plus*

CLASSIQUE CONTEMPORAIN Promesse d'un week-end de charme dans cette
élégante demeure en brique de 1680, sise dans un grand parc (jardin aromatique,
vignes). Élégantes et feutrées, les chambres sont très confortables et d'une quiétude incomparable. Grand espace séminaires.

♿🅿🔸🍴🛎 - 20 chambres – Prix : €€

1098 rue de Lillers – ☎ 03 21 68 88 88

❀❀ **Château de Beaulieu - Christophe Dufossé • Côté Jardin** - Voir la sélection
des restaurants

LA BUSSIÈRE-SUR-OUCHE

✉ 21360 – Côte-d'Or – Carte régionale n° **5**–C2

LE 1131 - ABBAYE DE LA BUSSIÈRE

MODERNE • HISTORIQUE Pouvait-on rêver lieu plus inspirant qu'une abbaye
cistercienne du 12ᵉ ? Sous ces impressionnantes voûtes en croisées d'ogives, le
terroir bourguignon est mis à l'honneur de belle manière : escargots, grenouilles,
poissons de lac et de rivière, cassis et miel des fleurs du parc... Prolongez votre
méditation dans le parc de 7 hectares ou dans l'une des luxueuses chambres. Au
déjeuner, cuisine plus simple au Bistrot des Moines.

🍴♿🅿 – Prix : €€€€

Route Départementale 33 – ☎ 03 80 49 02 29 – www.abbayedelabussiere.fr/fr/
restaurant-1131.html – Fermé lundi, mardi et du mercredi au samedi à midi

🛏 ABBAYE DE LA BUSSIÈRE   *Plus*

ÉLÉGANCE TRADITIONNELLE A une trentaine de kilomètres de Dijon et des
premiers Grands Crus de Bourgogne, l'Abbaye de la Bussière a troqué ses moines
pour une clientèle plus hédoniste. Entourée de plusieurs hectares de parcs et de
vignobles, cette abbaye cistercienne du 12ᵉ s., transformée en 2005, a intégré avec
bonheur ses rosaces, arcades et colimaçons dans le contexte hôtelier. Toutes différentes, les douze chambres sobrement décorées ont su jouer avec les charpentes
pour proposer de belles salles d'eau (bains à remous, porte-serviettes chauffants...).

🅿🔸🍴🛎 - 12 chambres – Prix : €€€

Route départementale 33 – ☎ 03 80 49 02 29

Le 1131 - Voir la sélection des restaurants

BUXY

✉ 71390 – Saône-et-Loire – Carte régionale n° **5**–C3

❀ L'EMPREINTE

Chef : Maxime Kowalczyk

MODERNE • ÉLÉGANT Ce jeune couple sympathique, passé par de belles maisons
de la région, propose des assiettes qui fleurent bon l'air du temps, avec comme fil

conducteur l'alliance de l'Auvergne et de la Bourgogne (régions respectives d'origine de Tiffany et Maxime). Les menus offrent un bon rapport qualité-prix et le chariot de fromages est riche d'une cinquantaine de variétés. Une agréable expérience.

🄰🄲 – Prix : €€€

2 Grande-Rue – ☏ 03 85 92 15 76 – www.lempreinte-restaurant.fr – Fermé lundi, mardi midi et dimanche soir

CABOURG

✉ 14390 – Calvados – Carte régionale n° **17**–B2

LE BALBEC – GRAND HÔTEL DE CABOURG

MODERNE • ÉLÉGANT Rendez-vous dans la galerie qui surplombe le front de mer... y retrouverez-vous le temps perdu ? Le Grand Hôtel de Cabourg, que fréquenta régulièrement Marcel Proust, est l'un des ensembles balnéaires les mieux conservés de la belle époque, fleuron de l'architecture Art déco. Son restaurant met toujours un point d'honneur à proposer des assiettes précises et raffinées, qui regorgent de belles saveurs.

❧ ⛶ ♿ ✿ 🖨 – Prix : €€€€

Grand Hôtel de Cabourg, Les Jardins du Casino – ☏ 02 31 91 01 79 – www.grand-hotel-cabourg.com – Fermé lundi, mardi et du mercredi au vendredi à midi

LE BALIGAN

POISSONS ET FRUITS DE MER • BISTRO Cannes à pêche, lithographies, fresques, etc. Dans ce bistrot au décor marin, on vous propose les poissons du jour venus (à pied, pourrait-on dire) de la criée locale et de superbes plateaux de fruits de mer (huîtres et coquilles Saint-Jacques), tout en fraîcheur. Les poissons du jour, comme aujourd'hui ces soles et ces turbots, sont vendus au poids. C'est tout l'intérêt de cette table.

♿ 🄰🄲 – Prix : €€€

8 avenue Alfred-Piat – ☏ 02 31 24 10 92 – lebaligan.fr – Fermé mercredi

CABRIS

✉ 06530 – Alpes-Maritimes – Carte régionale n° **25**–E2

AUBERGE DE LA CHÈVRE D'OR

TRADITIONNELLE • AUBERGE À l'entrée du village, voici une sympathique auberge où déguster une cuisine traditionnelle généreuse : tranche épaisse de saumon fumé maison, rognons de veau sautés à la graine de moutarde... Sans oublier la jolie terrasse.

🄰🄲 🍽 – Prix : €€

1 place du Puits – ☏ 04 93 60 54 22 – www.lachevredor.fr – Fermé mardi et mercredi

CADENET

✉ 84160 – Vaucluse – Carte régionale n° **25**–E1

☺ ## AUBERGE LA FENIÈRE

Cheffe : Nadia Sammut

CRÉATIVE • ÉLÉGANT S'engager pour un monde au goût meilleur : tel est le credo passionnant de Nadia Sammut, fille de Reine Sammut, et désormais à la tête des fourneaux de l'Auberge. Ici, gluten, sucre blanc raffiné et lait ont été bannis au profit d'un travail impressionnant sur les farines (de pois chiches, de pois cassés et de riz notamment) et les sucres de fruit. En témoigne aussi un menu dégustation original, impétueux, qui se nourrit de l'histoire de la région et de la famille de Nadia. En salle, son compagnon Ernest, passionné de sommellerie, choisit les poissons en méthode ikejime et les fait maturer. Le duo s'appuie aussi sur le potager maison pour nourrir cette gastronomie du Sud, saine et nature, ouverte sur l'avenir et le Grand Luberon.

🕸 **L'engagement du chef :** Nous nous engageons pour une alimentation bonne, propre et juste. Nous avons à cœur de cuisiner la récolte de notre jardin cultivé en permaculture ainsi que des produits de variétés anciennes, issus de l'agriculture locale et biologique, des élevages respectueux de l'environnement et de la pêche durable. Les farines sans gluten que nous utilisons sont moulues par nos soins et nous nous engageons à réduire au maximum notre production de déchets.

🕸 🛏 🍃 🚪 Ⓜ 🏠 ♿ 🅿 – Prix : €€€€

1680 route de Lourmarin – ☎ 04 90 68 11 79 – www.aubergelafeniere.com – Fermé lundi, mardi et dimanche midi

LA COUR DE FERME

PROVENÇALE • RUSTIQUE Cette cuisine provençale concoctée à quatre mains par Reine Sammut et sa fille Nadia propose de savoureuses recettes de saison, sans gluten, au fort ancrage régional (partenariats avec les producteurs du coin, farines maison, légumes du potager, etc). L'incontournable ? Les pieds et paquets marseillais. A l'été, on prélasse ses papilles sur la terrasse, installée sous les canisses. Une adresse tonique et vertueuse.

🏠 🅿 – Prix : €€

1680 route de Lourmarin – ☎ 04 90 68 11 79 – www.aubergelafeniere.com – Fermé du lundi au mercredi et dimanche soir

LA CADIÈRE-D'AZUR

✉ 83740 – Var – Carte régionale n° **24**–B3

✿ RENÉ'SENS PAR JEAN-FRANÇOIS BÉRARD

Chef : Jean-Francois Bérard

MODERNE • CLASSIQUE À la suite de son père René qui avait ouvert en 1969, Jean-François Bérard a repris le flambeau de la table familiale. Il a hérité d'un bel outil de travail, dans un village fortifié perché sur une colline face au Castellet. La vue, délicieuse, embrasse un paysage de pins, de palmiers et de vignes. Ce cuisinier est aussi un jardinier passionné, dont la main verte fourmille en permanence dans le potager attenant, comme en attestent certains noms de menus. On l'a compris, le chef ne travaille que les produits de qualité, mis en valeur par des jus corsés, des émulsions subtiles et de nombreuses herbes aromatiques "maison". Du beau travail au service du goût, entre héritage et nouveauté, dans une ambiance chaleureuse et familiale.

🕸 **L'engagement du chef :** Nous travaillons en grande majorité avec les artisans locaux (fromages de La Cadière, pêche de Sanary, huîtres de Tamaris). Les fruits, légumes et herbes aromatiques de nos potagers constituent le cœur de nos assiettes. Cette cuisine légumière, que nous étendons encore davantage dans un menu 100% végétal qui complète d'autres plus classiques, nous encourage alors à composer avec les saisons et à respecter notre environnement.

🕸 🛏 🍃 Ⓜ 🅿 – Prix : €€€€

6 rue Gabriel-Péri – ☎ 04 94 90 11 43 – www.hotel-berard.com – Fermé lundi et mardi

LE BISTROT DE JEF

PROVENÇALE • CONVIVIAL L'annexe de la maison mère de Jean-François Bérard, où une jeune équipe célèbre la Provence et la Méditerranée avec des assiettes gorgées de soleil : pissaladière mentonnaise, taütenes (des encornets) farcis de tomates, oseille et tentacules... Et le tout prend d'autant plus de relief dans la véranda, où l'on jouit d'une vue superbe sur la vallée.

🍃 Ⓜ 🏠 🅿 – Prix : €€

6 rue Gabriel-Péri – ☎ 04 94 90 11 43 – ww.hotel-berard.com – Fermé mercredi et jeudi

🛏 **HOSTELLERIE BÉRARD** *Plus*

ÉLÉGANCE TRADITIONNELLE Une de ces adresses de tradition de l'hôtellerie française... Elle réunit plusieurs maisons de ce joli village perché : charme des vieilles pierres, de l'esprit provençal et d'un accueil prévenant – sans compter les plaisirs gastronomiques –, sous l'égide de toute une famille animée par la quête de la qualité.

↩ ᵭ 🍽 - 40 chambres – Prix : €

Rue Gabriel Péri – ✆ *04 94 90 11 43*

✻ **René'Sens par Jean-François Bérard** • **Le Bistrot de Jef** - Voir la sélection des restaurants

CAEN

✉ 14000 – Calvados – Carte régionale n° **17**–B2

Belle vitrine d'une région réputée pour sa gastronomie, Caen en est la vitrine gourmande. Le meilleur de la Normandie s'est donné rendez-vous dans ses murs : fromages (du célébrissime camembert au livarot, en passant par le pont-l'évêque), pommes, calvados, cidre et pommeau, crème fraîche, mais aussi douceurs marines comme les huîtres et les Saint-Jacques. Caen possède même une recette à son nom, les tripes à la mode de Caen, dont raffolaient Guillaume le Conquérant et son épouse Mathilde ! Autre motif de délectation : le patrimoine architectural et culturel de la ville, pourtant largement éprouvée par les bombardements de la seconde guerre mondiale. Le Mémorial, l'Abbaye-aux-Hommes, le musée des Beaux-Arts, sans compter la vue depuis les remparts... Aucun doute, Caen vaut le coup.

✿ **À CONTRE SENS**

Chef : Anthony Caillot

MODERNE • COSY Sur son site Internet, le chef Anthony Caillot pose au milieu d'un troupeau de vaches, manière de rappeler pour ce fils d'agriculteur son lien très fort avec l'élevage, le maraîchage et le monde courageux des petits producteurs. Familier des étoilés et des hôtels de grand standing, le chef a craqué pour cette maison traditionnelle d'une rue discrète de Caen, où il reçoit avec simplicité et générosité. Saine au possible, la cuisine d'Anthony Caillot trouve son équilibre entre lisibilité et audace. Les produits normands sont transcendés par des cuissons impeccables et de petites touches exotiques (yuzu, kimchi, gingembre) : champignons en bouillon végétal fumé, raviole au shitake , encornet et langoustines ; Saint-Jacques grillée au naturel, chou-fleur au charbon, condiment mangue et piment ; poire crue et cuite, ganache au miel, crème glacée au foin... À Contre-sens suit la bonne route.

& ⒶⒸ ⇧ – Prix : €€€

Plan : A1-1 – *8-10 rue des Croisiers* – ☎ *02 31 97 44 48* – *www.acontresens.fr* – *Fermé lundi, dimanche et mardi midi*

✿ **IVAN VAUTIER**

Chef : Ivan Vautier

MODERNE • CONTEMPORAIN Ivan Vautier, normand pur beurre et ancien second de Michel Bruneau à La Bourride, qui s'est aussi illustré aux Crayères à Reims et chez Le Divellec, temple parisien de la cuisine iodée, est installé dans cette

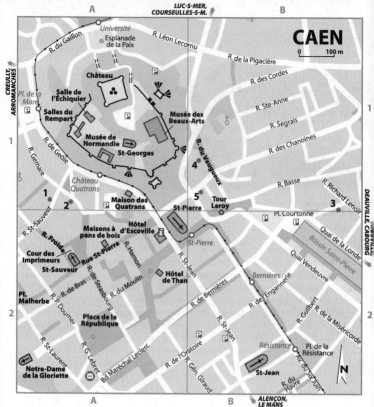

maison excentrée du cœur de ville, devenue un lieu sobrement contemporain. Fier de son terroir, le cuisinier cherche à mettre en valeur les produits du terroir normand à travers chacune de ses recettes : saumon de Cherbourg ; asperges normandes ; cochon normand aux céréales... Les chambres permettent de prolonger l'étape, tout en profitant de l'espace bien-être.

🐾 🍽️ ♿ 🅰️ 🍴 ⬆️ 🅿️ – Prix : €€€

Hors plan – *3 avenue Henry-Chéron* – ℰ *02 31 73 32 71* – *www.ivanvautier.com* – *Fermé lundi et dimanche soir*

L'ACCOLADE

MODERNE • COSY Le chef Pierre Lefebvre a installé son restaurant en plein cœur du quartier historique et pittoresque du Vaugueux, à deux pas du château. Il décline sa cuisine dans l'air du temps, goûteuse et généreuse, au gré des saisons et des trouvailles du marché. Les produits locaux sont rigoureusement sélectionnés, les accords mets et vins judicieux. Agréable patio, terrasse aux beaux jours.

♿ 🍴 ⬆️ – Prix : €€€

Plan : B1-4 – *18 rue Porte-au-Berger* – ℰ *02 31 80 30 44* – *www.laccolade.fr* – *Fermé lundi, dimanche, et mercredi et samedi à midi*

LE BOUCHON DU VAUGUEUX

TRADITIONNELLE • BISTRO Au cœur du quartier historique du Vaugueux, ce petit bistrot convivial d'esprit bouchon mérite la pause gourmande. Le chef patron y propose à l'ardoise une généreuse cuisine de tradition, émaillée de discrètes touches modernes. On se régale en toute simplicité d'un faux filet maturé par le chef lui-même, accompagné d'une sauce béarnaise et au dessert, d'une crêpe normande aux pommes et caramel beurre salé. Jolie sélection de vins de producteurs.

Prix : €

Plan : B1-5 – *12 rue Graindorge* – ℰ *02 31 44 26 26* – *www.bouchonduvaugueux. com* – *Fermé lundi, dimanche et mardi midi*

LE DAUPHIN

MODERNE • **ÉLÉGANT** En plein centre ville, non loin du château, un bel édifice d'époque héberge cette table au cadre élégant et confortable. Le chef patron fait la part belle au terroir normand. Au menu, huître de la baie d'Isigny, andouille et, évidemment tripes de Caen.

✿ – Prix : €€

Plan : A1-2 – *29 rue Gémare* – ℰ *02 31 86 22 26* – *www.le-dauphin-normandie. fr* – *Fermé dimanche et samedi midi*

MAGMA ⓝ

MODERNE • **CONTEMPORAIN** C'est une maison de ville sur 2 étages, à l'écart du centre-ville de Caen et à deux pas de l'Abbaye-aux-Hommes. Olivier Barbarin, un chef expérimenté familier des belles tables, a voulu un lieu et une cuisine à son image, décomplexée et gourmande, non sans un clin d'œil à son Auvergne natale - les murs violets évoquent d'ailleurs une roche volcanique comme la pouzzolane. Raviole de veau Marengo, merlu, pommes Anna, crème de potimarron : une formule au prix très attractif le midi et le soir menu dégustation renouvelé en fonction du marché et de ses inspirations.

Prix : €€

Hors plan – *24 rue Saint-Manvieu* – ℰ *02 50 53 69 86* – *magma-restaurant.fr* – *Fermé lundi et dimanche*

M-C.P ⓝ

MODERNE • **CONTEMPORAIN** Un nom mystérieux, pas de différence entre les entrées et les plats le soir, des échanges d'idées avec les clients (invités à venir les tester au piano) : le chef Antoine Triquet a choisi la différence, à l'image d'un parcours qui l'a mené des assurances à l'assiette. En cuisine, les fondamentaux sont bel et bien là, des portions gourmandes et généreuses, le respect de la nature et des saisons, des cuissons justes (volaille moelleuse et croustillante, polenta crémeuse et ketchup). Le tout dans une salle à la déco poétique pour mieux favoriser les échanges...

♿ – Prix : €€

Hors plan – *6 rue du 11-Novembre* – ℰ *02 31 99 33 42* – *www.mcp-restaurant. com* – *Fermé lundi et dimanche, et mardi et mercredi soir*

STÉPHANE CARBONE

CRÉATIVE • **CONTEMPORAIN** À deux pas du port de plaisance, au cœur de la vie caennaise, le chef Stéphane Carbone explore les terroirs, du Lyonnais à la Bresse (où il a grandi et appris la cuisine), jusqu'à la Calabre natale de ses parents et grands-parents, en passant par la Normandie. Produits de belle fraîcheur, menu tout homard et cours de cuisine chaque samedi matin.

♿ 🅰🅲 – Prix : €€€

Plan : B1-3 – *14 rue de Courtonne* – ℰ *02 31 28 36 60* – *www.stephanecarbone. fr* – *Fermé lundi, dimanche et samedi midi*

LA VRAIE VIE ⓝ

MODERNE • **COSY** La vraie vie, contrairement à ce que disait le poète, n'est pas toujours absente : la preuve avec la table du chef Matthieu Evrard (Taillevent, Akrame, Apicius…) qui souffle une brise gourmande bienvenue. Les moules de

Normandie batifolent sur un céleri rémoulade pepsé d'une mayonnaise coriandre et citron vert, tandis que le bœuf normand est japonisé en tataki sur une salade de chou rouge. Côté desserts, la gourmandise est de rigueur (chou praliné à la vanille de Tahiti, millefeuille à la verveine à partager). Décor de bistrot cosy.

Prix : €€

Hors plan – *102 rue Saint-Martin* – ✆ *02 14 40 51 54* – *restaurant-lavraievie.fr* – *Fermé lundi, mardi et dimanche*

CHEZ LAURENCE DU TILLY   *Plus*

DESIGN MODERNE Cette maison d'hôtes s'est choisie pour cadre un superbe hôtel particulier du centre-ville. Dans lequel trois appartements affichent chacun leur personnalité : le classique, un intérieur très haussmannien, frais et urbain ; le contemporain, aussi sophistiqué qu'un Parisien ; et l'atypique, au ton rétro pop. Ces atmosphères sont l'œuvre de la propriétaire, styliste de son état, qui a mis le design et l'art de vivre au cœur de son projet. Une maisonnette de campagne à 10 min de Caen complète la proposition.

🅿 ᗧᗧ - 3 chambres – Prix : €

9 rue Pemagnie – ✆ *07 86 23 28 28*

CAËSTRE

✉ 59190 – Nord – Carte régionale n° **13**–B2

L'AUBERGE

MODERNE • CONVIVIAL Non loin d'Hazebrouck, un lieu qui fut autrefois une tannerie, puis un estaminet dans la plus pure tradition chti, jusqu'à devenir ce restaurant à l'ambiance conviviale, où l'on met en valeur les produits de saison régionaux : barbue, haricots beurres, cerises acidulées, girolles et jus de veau. Bons classiques du terroir et chef au plus près de ses clients.

🍽 🅿 – Prix : €€

2590 route de Bailleul – ✆ *03 28 40 25 25* – *www.laubergecaestre.com* – *Fermé lundi et mardi, et dimanche soir*

CAGNANO - Haute-Corse (2B) ➜ Voir Corse

CAGNES-SUR-MER

✉ 06800 – Alpes-Maritimes – Carte régionale n° **25**–E2

CHÂTEAU LE CAGNARD

MODERNE • ROMANTIQUE La belle terrasse avec vue jusqu'au cap d'Antibes, la cuisine actuelle bien réalisée (tartare de thon rouge, mayonnaise au miso ; filet de canard laqué, carottes persillées et oignons cébettes) : voici les atouts du lieu. Détail qui séduit : l'élégante salle à manger dispose d'un toit coulissant pour laisser entrer la lumière.

≼ 🍽 🅿 – Prix : €€

54 rue Sous-Barri, le Haut-de-Cagnes – ✆ *04 93 20 73 22* – *www.lecagnard.fr* – *Fermé lundi, mardi et du mercredi au dimanche à midi*

FLEUR DE SEL

TRADITIONNELLE • BISTRO Dans ce charmant restaurant d'esprit très Sud, on savoure une cuisine méditerranéenne fraîche, colorée et généreuse. Légumes du jardin en soupe à l'ancienne, langoustines en risotto crémeux... Les créations d'un chef expérimenté, qui ne manque pas d'inspiration.

AC – Prix : €€

85 montée de la Bourgade – ☎ 04 93 20 33 33 – www.restaurant-fleurdesel.com/fr/bienvenue – Fermé mercredi, jeudi, et lundi, mardi, vendredi, samedi et dimanche midi

LA TABLE DE KAMIYA

MODERNE • CONTEMPORAIN Le chef japonais Takayuki Kamiya et Claire, sa femme franco-nippone et cheffe pâtissière, se sont installés sur le front de mer de Cagnes-sur-Mer. Ils proposent une cuisine qui marie leur terre d'adoption (la Provence) à leurs cultures familiales. Les menus déclinent des plats d'inspirations française (bar en croûte d'amande) ou provençale (poisson du jour aux courgettes) assorties de discrètes touches japonaises (wakame, sauce oloshi, yuzu). Mention spéciale pour le délicieux dessert au citron et le baba au rhum, un classique de la maison.

& AC 🍴 – Prix : €€

52 promenade de la Plage – ☎ 04 93 89 71 54 – www.la-table-de-kamiya.fr – Fermé lundi, dimanche et mardi midi

CHÂTEAU LE CAGNARD   *Plus*

CLASSIQUE CONTEMPORAIN Perchée sur les remparts de ce bourg médiéval, cette belle bâtisse du 13ᵉ s. domine les environs. Chambres et parties communes sont empreintes de caractère et d'élégance, avec des touches provençales. Beauvoir, Saint-Exupéry, Pagnol : ils sont nombreux à s'être laissés séduire...

🐕 🅿 ❄ 🚲 ♨ 🍴 - 28 chambres – Prix : €

54 rue Sous-Barri, le Haut-de-Cagnes – ☎ 04 93 20 73 22

Château Le Cagnard - Voir la sélection des restaurants

CAHORS

✉ 46000 – Lot – Carte régionale n° **22**–B1

😊 L'Ô À LA BOUCHE

MODERNE • CONTEMPORAIN À la tête de cette attachante adresse, un couple de passionnés qui a sillonné les contrées lointaines avant de jeter l'ancre à Cahors. Plats savoureux, service accueillant et au fond du verre, une judicieuse sélection de vins nature et bio. Nous sommes conquis.

& AC 🍴 – Prix : €€

56 allées Fénelon – ☎ 05 65 35 65 69 – www.loalabouche-restaurant.com – Fermé lundi et dimanche

LE BISTRO 1911

MODERNE • VINTAGE Vitraux, belle hauteur sous plafond, moulures... Le cadre de ce restaurant, propriété familiale depuis plus de 100 ans, vaut le détour. Aux fourneaux, Alexandre, le fils de la famille, propose une cuisine en phase avec son époque, tout en gardant certains "grands classiques" de la maison.

🍷 AC 🍴 – Prix : €€

5 avenue Charles-de-Freycinet – ☎ 05 65 53 32 00 – www.terminus-1911.fr – Fermé lundi et dimanche

CAHUZAC-SUR-VÈRE

✉ 81140 – Tarn – Carte régionale n° **22**–C2

CHÂTEAU DE SALETTES

MODERNE • ÉLÉGANT Ce restaurant est installé dans un château des 13 e et 15 e s., en plein cœur d'un domaine viticole du gaillacois... Un emplacement de choix ! La cuisine, bien dans l'air du temps, est basée sur de beaux produits ; la jolie carte des vins propose les crus du Château de Salettes. Aux beaux jours, la terrasse ne manque pas de charme - tout comme les chambres et les suites installées dans les tours et le mur d'enceinte.

🕸 ⏣ ⧉ & 🎬 🎒 ↔ 🅿 – Prix : €€

Château de Salettes – 𝒞 *05 63 33 60 60 – www.chateaudesalettes.com – Fermé lundi, et mardi et mercredi à midi*

CAIRANNE
✉ 84290 – Vaucluse – Carte régionale n° **24**–A2

😊 **COTEAUX ET FOURCHETTES**

MODERNE • CONTEMPORAIN À Cairanne, les vignobles s'étendent à perte de vue : c'est là qu'est installé le chef Cyril Glémot. D'un ancien caveau de dégustation, il a imaginé un restaurant au cadre original avec ses murs en douelles de tonneaux. On y déguste des recettes parfumées, inspirées par le terroir. Caveau de dégustation et vente en emporter... à prix de vigneron.

🕸 ⏣ & 🎬 ↔ 🅿 – Prix : €€

3340 route de Carpentras – 𝒞 *04 90 66 35 99 – www.coteauxetfourchettes. com – Fermé jeudi, et lundi et dimanche soir*

CAJARC
✉ 46160 – Lot – Carte régionale n° **22**–C1

JEU DE QUILLES

MODERNE • BISTRO Velouté glacé de courgettes, menthe et burrata, ou pièce de bœuf Aubrac grillée au poivre fumé : le chef de ce bistrot de poche propose une cuisine du marché simple et appétissante, déclinée à l'ardoise et à des prix très raisonnables. Ne manquez pas l'agréable terrasse sous la tonnelle.

& 🎬 – Prix : €

7 boulevard du Tour-de-Ville – 𝒞 *05 65 33 71 40 – Fermé lundi et dimanche*

CALAIS
✉ 62100 – Pas-de-Calais – Carte régionale n° **13**–A1

😊 **HISTOIRE ANCIENNE**

TRADITIONNELLE • BISTRO Au cœur du centre-ville, ce bistrot rétro n'est pas de l'histoire ancienne ! La cuisine traditionnelle et les plats canailles y conservent toute leur fraîcheur : dos de skrei, waterzoï de légumes, cassoulet, etc. C'est goûteux (viandes et poissons sont cuits sur la braise), généreux et pas onéreux.

🎬 – Prix : €€

20 rue Royale – 𝒞 *03 21 34 11 20 – www.histoire-ancienne.com – Fermé lundi et dimanche*

AQUAR'AILE

POISSONS ET FRUITS DE MER • TRADITIONNEL L'atout de cet agréable restaurant, situé au 4 e étage d'un immeuble ? Son panorama unique sur la Manche et les côtes anglaises ! La cuisine met en valeur la pêche locale : cocotte de homard, bar en croûte de sel, sole meunière... À déguster avec un bon vin issu de la carte, composée avec soin par le propriétaire des lieux.

🕸 ⏣ & 🎬 – Prix : €€

255 rue Jean-Moulin – 𝒞 *03 21 34 00 00 – aquaraile.fr – Fermé mercredi et dimanche soir*

AU CÔTE D'ARGENT

POISSONS ET FRUITS DE MER • ÉLÉGANT Embarquement immédiat pour un voyage gourmand, riche en saveurs iodées ! Dans un cadre inspiré par la mer, avec une vue imprenable sur le ballet des ferrys, les amateurs de poisson se régalent de la pêche locale : un exemple, la cotriade de filets de sole et coquillages. Belle sélection de bordeaux.

⛵🍴♻ – Prix : €€

1 digue Gaston-Berthe – 𝒞 03 21 34 68 07 – www.cotedargent.com – Fermé lundi et mardi, et dimanche soir

LE CHANNEL

POISSONS ET FRUITS DE MER • CONTEMPORAIN À Calais, ce restaurant est une institution. Décor élégant, cuisine classique empreinte de modernité, produits de la mer issus de la pêche locale, et très belle carte des vins (cave ouverte sur la salle)... Voilà une plaisante escale avant la traversée du "channel" !

🐾 ♿🄺 – Prix : €€

3 boulevard de la Résistance – 𝒞 03 21 34 42 30 – www.restaurant-lechannel. com – Fermé mardi et dimanche soir

LE GRAND BLEU

MODERNE • CONTEMPORAIN Le chef, Matthieu Colin, met à profit son expérience acquise dans des maisons étoilées. Dans un joli intérieur contemporain, il continue de rendre un joli hommage à la pêche locale, mais aussi aux produits du terroir, à travers des recettes créatives qui aiment cultiver la différence : bar en viennoise de chorizo, risotto paëlla, coulis de cresson. Service aimable et efficace.

♿🄺🍴♻ – Prix : €€

8 rue Jean-Pierre-Avron – 𝒞 03 21 97 97 98 – www.legrandbleu-calais.com – Fermé mercredi, et mardi et dimanche soir

CALLAS

✉ 83830 – Var – Carte régionale n° **24**–C3

HOSTELLERIE LES GORGES DE PENNAFORT

TRADITIONNELLE • CONTEMPORAIN Ce restaurant, à l'élégant décor contemporain, occupe les murs d'une ancienne bastide du 19 e s. adossée au calcaire des gorges de Pennafort, et sa terrasse sous les tilleuls est très prisée en été... Le cadre est séduisant. Dans l'assiette, la cuisine marie tradition et générosité.

🐾 ⛵🛏♿🄺🍴 🅿 – Prix : €€

8660 route Départementale 25 – 𝒞 04 94 76 66 51 – www.hostellerie-pennafort. com/fr – Fermé lundi et mardi, et dimanche soir

HOSTELLERIE LES GORGES DE PENNAFORT   *Plus*

DESIGN MODERNE Le calme est envoûtant dans ce site naturel qui ravit l'œil : les gorges de Pennafort, escarpées, rouges et noyées sous la végétation... Un véritable cocon de verdure ! Confort aux couleurs de la Provence ; belle piscine et espace bien-être de l'autre côté de la route.

🅿⛱🛏♨ 🍴 - 15 chambres – Prix : €€€

8660 route départementale 25 – 𝒞 04 94 76 66 51

Hostellerie Les Gorges de Pennafort - Voir la sélection des restaurants

CALUIRE-ET-CUIRE

✉ 69300 – Rhône – Carte régionale n° **3**–E1

RESTAURANT FOND ROSE

TRADITIONNELLE • BRASSERIE Une maison bourgeoise des années 1920 transformée en brasserie chic par le groupe Bocuse, avec sa terrasse entourée d'arbres centenaires : une certaine idée de la quiétude. La cuisine se révèle généreuse et savoureuse, dans la tradition des bords de Saône : grenouilles, quenelles, etc.

🖧 & 🅰 🈺 ↔ 🅿 – Prix : €€

Plan : B1-8 – *23 chemin de Fond-Rose* – ℰ *04 78 29 34 61* – *www.brasseriesbocuse.com*

CALVI – Haute-Corse (2B) ➔ Voir Corse

CAMBO-LES-BAINS

✉ 64250 – Pyrénées-Atlantiques – Carte régionale n° **18**–A3

LE BELLEVUE

MODERNE • TENDANCE La salle est claire, et la carte courte. Deux raisons de s'attarder dans ce restaurant décoré avec goût. La cuisine traditionnelle y est revisitée avec entrain et un sens aigu de la gourmandise, à l'image de cette terrine de pieds de porcs désossés, ou en dessert, ce soufflé chaud à l'eau de vie de poire.

≪ 🖧 & 🅰 🈺 🅿 – Prix : €€

Rue des Terrasses – ℰ *05 59 93 75 75* – *www.hotel-bellevue64.fr* – *Fermé lundi, et jeudi et dimanche soir*

CAMBRAI

✉ 59400 – Nord – Carte régionale n° **13**–C3

MAISON DEMARCQ

MODERNE • ÉLÉGANT Cette demeure bourgeoise a été marquée par l'histoire de la ville : Napoléon y a séjourné – tout près de l'endroit où aurait été signée la fameuse Paix des Dames (1529). Le décor cultive un élégant classicisme, et la cuisine se révèle actuelle et soignée. Une belle adresse dans la capitale des "bêtises".

& 🈺 ↔ 🅿 – Prix : €€

2 rue Saint-Pol – ℰ *03 27 37 77 78* – *www.maisondemarcq.com* – *Fermé lundi, samedi midi et dimanche soir*

CAMPLONG-D'AUDE

✉ 11200 – Aude – Carte régionale n° **21**–B3

LE CLOS DE MAUZAC

MODERNE • CONTEMPORAIN En haut du village, une bâtisse d'inspiration traditionnelle, flanquée d'une petite tour à l'entrée. Le chef, passionné et locavore, réalise une cuisine actuelle, aux touches créatives. Les produits, d'une grande fraîcheur, se dégustent, aux beaux jours, sur la terrasse.

🈺 ↔ 🅿 – Prix : €€

Chemin de Garrigue-Plane – ℰ *04 68 43 50 60* – *www.leclosdemauzac.com* – *Fermé lundi et mardi, et dimanche soir*

CANCALE

⊠ 35260 – Ille-et-Vilaine – Carte régionale n° **7**–D1

✿✿ LE COQUILLAGE

Chef : Hugo Roellinger

POISSONS ET FRUITS DE MER · ÉLÉGANT Hugo Roellinger avait commencé une carrière d'officier dans la marine marchande... avant de revenir au pays et à la cuisine, dont la passion le poursuit depuis l'enfance. Il s'est formé auprès de la crème des chefs, et a peaufiné son art patiemment, affirmant aujourd'hui une vraie personnalité culinaire comme l'attestent ses recettes. Il tient aujourd'hui la barre du vaisseau familial (une demeure bourgeoise qui domine magnifiquement la baie du Mont Saint-Michel) avec une conviction épatante, et une humilité chevillée au corps. Dans l'assiette, les herbes aromatiques et les légumes de la maison, les poissons (et coquillages) de la baie du Mont-Saint-Michel rencontrent de nombreuses épices ramenées d'ailleurs, dans la plus grande tradition malouine. L'émotion monte crescendo tout au long du repas, grâce à des jeux de saveurs envoûtants et une créativité maîtrisée...

✿ L'engagement du chef : Notre cuisine est une ode durable et responsable aux ressources marines : nous ne préparons que des poissons et des crustacés de petites pêches dont les stocks ne sont pas menacés et nous employons de nombreuses algues que nous ramassons nous-mêmes. Nous fabriquons notre propre pain et cultivons nos herbes aromatiques.

🕸 ⇦ ⇐ 🖴🅿 – Prix : €€€€

Lieu-dit Le Buot – 𝒞 02 99 89 64 76 – www.roellinger-bricourt.com –
Fermé lundi et dimanche

✿ LA TABLE BREIZH CAFÉ

MODERNE · ÉPURÉ Au premier étage d'une crêperie, un restaurant gastronomique franco-japonais : bienvenue dans l'univers de Bertrand Larcher ! Passionné par le sarrasin et la culture bretonne, l'homme a commencé par créer des crêperies au Japon... puis en France avec le même bonheur. Ici, dans cette salle qui contemple la baie du Mont-St-Michel, le chef Fumio Kudaka marie les produits bretons avec les techniques et les condiments japonais. Le homard est accompagné d'algues, la cuisse de poulet est marinée et frite façon karaage, la brioche est garnie à la crème de yuzu-miso et accompagnée d'une glace aux pétales de cerisier japonais. Produits au top, cuissons millimétrées, précisions des assaisonnements, légèreté des mets : les noces sont réussies. Menu plus simple au déjeuner en semaine.

⇦ ⇐ 🆔 ⇦ – Prix : €€€€

7 quai Thomas – 𝒞 02 99 89 56 46 – www.breizhcafe.com – Fermé mardi,
mercredi, et lundi, jeudi et vendredi midi

LE BISTROT DE CANCALE ®

POISSONS ET FRUITS DE MER · ÉLÉGANT Mené par Hugo Roellinger, ce restaurant est situé face à la plage de Port-Mer et aux petits bateaux au mouillage, avec, à l'horizon, le Mont-Saint-Michel. Côté assiette, voilà ce qui vous attend : huîtres, coquillages, langoustines, sole au jus pincé, turbot cuit sur l'arête, homard sur la braise – autant de produits d'excellence à la fraîcheur remarquable et souvent assaisonnés avec les fameux mélanges d'épices concoctés par Olivier Roellinger. Côté décor : une belle terrasse vue mer et à l'intérieur, un bistrot marin chic et modernisé, décoré de bibelots évoquant la Bretagne et la pêche, et illuminé par une fresque marine des années 1930 représentant une scène de vie sur le port de Saint-Malo.

⇐ 🍴 – Prix : €€€

à Port-Mer, 5 rue Eugène-et-Auguste-Feyen – 𝒞 02 99 89 64 76 – www.maisons-
de-bricourt.com – Fermé mardi, mercredi et jeudi midi

LE BOUT DU QUAI

MODERNE · CONTEMPORAIN Au bout du quai (en effet !), la belle façade vitrée de ce restaurant ouvre sur la baie du Mont-Saint-Michel et ses embruns...

Le chef Romain Roland, arrivé de Corse après avoir tenu les fourneaux d'une table étoilée, élabore une cuisine créative et ambitieuse, ponctuée de subtiles touches méditerranéennes.

⫷ & 斎 – Prix : €€€

Route de la Corniche – ℰ 02 23 15 13 62 – www.leboutduquai.fr – Fermé lundi et mardi

BREIZH CAFÉ

BRETONNE • BISTRO Sur le port de Cancale, ce Breizh Café n'a qu'une devise : "La crêpe autrement." Et pour cause : il est né... au Japon ! Son patron, Bertrand Larcher, a le premier exporté la galette bretonne à Tokyo, et après plusieurs enseignes nippones, a récidivé au sein de la mère patrie. La qualité est au rendez-vous.

AC – Prix : €

7 quai Thomas – ℰ 02 99 89 61 76 – www.breizhcafe.com

CÔTÉ MER

TRADITIONNELLE • ÉLÉGANT Un charmant petit port, des maisons de pêcheurs, l'air iodé du large... À Cancale, impossible de ne pas regarder Côté Mer ! Dans ce restaurant, face à la baie, on goûte une cuisine qui met en avant tous les produits de la côte, sans exclusive : coquilles Saint-Jacques, huîtres, agneau de prés salés, homards, ormeaux.

⫷ AC 斎 – Prix : €€€

4 rue Ernest-Lamort – ℰ 02 99 89 66 08 – www.restaurant-cotemer.fr – Fermé lundi et dimanche

L'ORMEAU

POISSONS ET FRUITS DE MER • TRADITIONNEL Ce restaurant au cadre élégant (une salle récemment rénovée, avec vue sur la flottille de pêche) comblera les amateurs de poisson et de fruits de mer. En effet, comment refuser un plateau d'huîtres de Cancale, un filet de saint-pierre ou... des ormeaux ?

⫷ & 斎 – Prix : €€

4 quai Thomas – ℰ 02 99 89 60 16 – www.hotel-cancale.com – Fermé mardi et mercredi

CANISY

✉ 50750 – Manche

CHÂTEAU DE CANISY *Plus*

ÉLÉGANCE TRADITIONNELLE Sur un terrain de 300 ha., cette propriété familiale, poussée au pays de Tocqueville et de Barbey d'Aurévilly, cernée de tours médiévales, de mâchicoulis et de douves, ne compte que dix-sept suites et chambres d'hôtes. Mais chacune est unique et porteuse d'histoire : réplique de la baignoire de Marat et de la salle de bains de Joséphine de Beauharnais, escalier de 1588, meubles et tableaux d'époque...Entre le Château et son parc, les activités abondent : balade à cheval, ball-trap, croquet, pétanque ou pêche parmi les cygnes. Dans la somptueuse salle à manger, entre tableaux d'ancêtres et originaux flamands, sont servis les produits du potager ou des fermes voisines. Et pour la soirée, après le salon de musique, le théâtre et le bar à l'anglaise, rendez-vous dans la cave discothèque.

P ⫸ ↿○ - 17 chambres – Prix : €€€

6-8 rue de Kergorlay – ℰ 02 33 56 61 06

CANNES

✉ 06400 – Alpes-Maritimes – Carte régionale n° **25**-E2

On adore Cannes, sa Croisette, son Festival mythique né en 1939, ses stars... et dans l'assiette, ses produits et recettes typiquement provençales, qui tiennent le haut de l'affiche ! Huile d'olive, légumes ensoleillés, herbes, pistou, beignets de fleur de courgette, farcis niçois ou encore estouffade sont les blockbusters qui ne quittent jamais les cartes des restaurants, les vitrines des boutiques et les étals des marchés.

Dans le Suquet, le plus vieux quartier de Cannes juché sur un rocher, le marché Forville est une aubaine. Accroché au plafond de l'immense halle couverte, le panneau "pêche locale" mène à une dizaine d'étals en faïence bleue qui ne proposent que la pêche des petits bateaux cannois. Outre ces trésors de la mer, de nombreux agriculteurs viennent vendre au marché leurs fruits et légumes.

🏵🏵 LA PALME D'OR

CRÉATIVE • LUXE Il y a des lieux dont on s'éprend au premier regard : la Palme d'Or est de ceux-là. Dans le somptueux cadre Art déco du Martinez, on domine la célébrissime Croisette et la baie de Cannes, tout en savourant le mariage réussi du luxe et du raffinement. Bien sûr, tout cela ne vaudrait rien sans une assiette de haute tenue. Aucune inquiétude de ce côté-là : Christian Sinicropi, chef natif de Cannes, maîtrise son sujet à merveille. À chaque étape d'un menu en "Mouvements", il sublime un produit avec les éléments de son écosystème. Le résultat, c'est une partition cohérente, sophistiquée, jusqu'aux desserts remarquables de précision signés Julien Ochando. Voilà qui mérite incontestablement une Palme d'Or.

🏨 ⇆ ⇇ & 🅰🏠🍽🅿 – Prix : €€€€

Plan : C2-1 – *73 boulevard de la Croisette* – 📞 *04 92 98 74 14* – *www.lapalmedor-restaurant.fr* – *Fermé lundi, dimanche et du mardi au samedi à midi*

🏵 AUX BONS ENFANTS

PROVENÇALE • BISTRO Le téléphone est (enfin) arrivé dans cette institution familiale née en 1935 où l'on paye néanmoins toujours en liquide. La quatrième génération continue de concocter une authentique cuisine provençale, ainsi que des plats canailles bien gourmands. Tous les produits, fruits, légumes et poissons de petite pêche, viennent directement du marché Forville situé à 50m.

🅰🏠🍴 – Prix : €€

Plan : A1-3 – *80 rue Meynadier* – 📞 *06 18 81 37 47* – *aux-bons-enfants-cannes.com* – *Fermé dimanche*

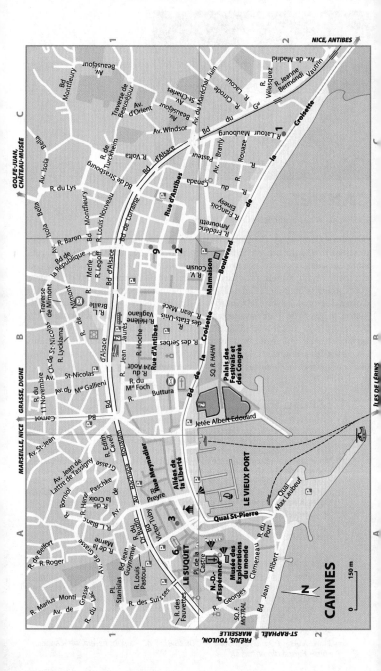

CANNES

NICE, ANTIBES

GOLFE-JUAN, CHÂTEAU-MUSÉE

MARSEILLE, NICE · GRASSE, DIGNE

ILES DE LÉRINS

FRÉJUS, TOULON, MARSEILLE · ST-RAPHAËL, MARSEILLE

LE SUQUET

LE VIEUX PORT

Palais des Festivals et des Congrès

Jetée Albert Edouard

Musée des Explorations du monde

N.-D. d'Espérance

Bd Montfleury
Av. Beauséjour
Av. du Maréchal Juin
Av. de Madrid
R. Vélasquez
R. Jeanne
Bermondi
Vautrin
R. Lacour
R. Girodet
Gⁿ
Traverse de Beauséjour
Av. d'Orient
Av. du Maréchal Juin
Av. St-Charles
Av. Windsor
Bd du
R. Latour Maubourg
la Croisette
R. de Turckheim
R. Volta
Bd d'Alsace
Av. Branly
Pasteur
Rouaze
de
Av. Isola
Bella
R. du Lys
Bd de Strasbourg
R. Louis Nouveau
Rue d'Antibes
Canada
R. François Einery
R. Frédéric Amouretti
Montfleury
R. Baron
Bd de Torrraine
R.V. Cousin
Bella
Av. Isola
Bd de la République
Merle
R. Legoff
R. d'Alsace
Malmaison
Boulevard
Traverse de Mimont
R. de
Mimont
R.L. Braille
R. Hélène Vagliano
R. Jean Macé
de la Croisette
R. du 11 Novembre
R. Lycklama
R. de
Jean Jaurès
R. Hoche
R. des Serbes
R. des États-Unis
SQ. R. HAHN
Carnot
Av.
St-Nicolas
Ch. de St-Nicolas
Bd d'Alsace
Rue d'Antibes
Bd de la Croisette
Bd
R. du 24 Août
R. du Mⁱˡ Foch
Buttura
R.
Av. St-Jean
Av. Jean de Lattre de Tassigny
Grasse
R. Edith Cavell
Rue Meynadier
R. Buttura
Borniol
R. de la Croix
R. Hervé Paschke
Grasse
Av. Buttura
Bd Jean Hibert
Allées de la Liberté
Quai St-Pierre
R. Marius Monti
R. de Belfort
R. Roger
R. de la Grasse
R.L. Blanc
Pl. Stanislas
Bd Jean Guynemer
Av. du Lac
R. Louis Pastour
R. des Fauvettes
R. des Suisses
Bd Victor Tuby
Av. du Dr Budin
Préyre
Pl. de la Castre
Georges
SQ. F. MISTRAL
Clemenceau
R. du Port
Bd Jean Hibert
Quai Max Laubeuf

6   3   9   2

0   150 m

290

L'AFFABLE

TRADITIONNELLE • CHIC Dans le centre de Cannes, ce bistrot contemporain a le vent en poupe et dévoile de beaux atouts... au premier rang desquels sa carte, qui change avec le marché : beignets de fleurs de courgettes en entrée et aïoli de morue, petits légumes vapeur et l'incontournable soufflé au Grand Marnier, la spécialité de la maison.

& AC – Prix : €€€

Plan : B1-2 – *5 rue La Fontaine* – ℰ *04 93 68 02 09* – *www.restaurant-laffable. fr* – *Fermé lundi et dimanche*

TABLE 22 PAR NOËL MANTEL

TRADITIONNELLE • CONTEMPORAIN Dans ce quartier très touristique, à deux pas du marché Forville, une équipe sérieuse et passionnée met en avant de bons produits et de jolies saveurs provençales - maquereau à la flamme, tomate cœur de bœuf et moutarde citron vert-gingembre ; saint-pierre, légumes vert et sauce bourride... Gourmandise au menu, de l'entrée au dessert.

௸ AC 舒 ✿ – Prix : €€€

Plan : A1-6 – *22 rue Saint-Antoine* – ℰ *04 93 39 13 10* – *www.restaurantmantel. com/index.php/fr* – *Fermé dimanche et du lundi au samedi à midi*

LA TABLE DU CHEF

TRADITIONNELLE • BISTRO Changement d'époque pour ce petit bistrot installé à deux pas de la rue d'Antibes. Dans sa cuisine ouverte, le jeune chef agrémente les produits du coin (marché Forville, boucher, poissonnier...) et les plats suivent le marché. Menu unique "surprise" le soir, avec notamment un velouté d'artichaut de pays à l'huile de truffe et parmesan...

AC 舒 – Prix : €€

Plan : B1-9 – *5 rue Jean-Daumas* – ℰ *04 93 68 27 40* – *Fermé lundi, dimanche et du mardi au samedi à midi*

BELLE PLAGE   *Plus*

AVANT-GARDE Ce classique des années 30 a connu une rénovation ambitieuse qui le projette à l'avant-garde, grâce au designer Raphaël Navot et aux architectes FAAR. Les 50 chambres et suites révèlent des lignes accrocheuses, adoucies par des matériaux naturels et des couleurs typiques du sud. Le restaurant propose des saveurs méditerranéennes, tandis que le bar sur le toit sert tout, de l'apéritif au dernier verre, avec une vue spectaculaire sur les montagnes, la mer et la cime des arbres de la place Mistral. Le plus ?

宖 ஃ - 55 chambres – Prix : €

2 rue Brougham - Square Mistral – ℰ *04 93 06 25 50*

FIVE SEAS   *Plus*

DESIGN MODERNE À deux pas de la Croisette, cet hôtel, imaginé dans l'ancien bâtiment de la Poste, cultive un charme indéniable : décor soigné, chambres personnalisées sur le thème du voyage, spa, piscine inox sur le toit... Une très agréable villégiature !

灜 P 🕸 ⑱ ஃ ⅄ ⑩ 🛇 ᒻ ஃ ⅓⊖ - 45 chambres – Prix : €€

1 rue Notre-Dame – ℰ *06 73 13 13 82*

GRAY D'ALBION   *Plus*

CLASSIQUE CONTEMPORAIN Entre la Croisette et la rue d'Antibes, cet hôtel est une valeur sûre pour tous ceux - voyageurs d'affaires ou touristes - qui sont en quête d'un haut niveau de confort et de prestations contemporaines.

& 灜 P 🕸 ஃ ⑩ ᒻ ஃ ⅓⊖ - 199 chambres – Prix : €

38 rue des Serbes – ℰ *04 92 99 79 79*

🛏 **LE MAJESTIC** *Plus*

CLASSIQUE CONTEMPORAIN Le Majestic est une vedette incontournable du Festival de Cannes, mais diffuse toute l'année la même atmosphère glamour. Les chambres illustrent à merveille le classicisme français, tissus opulents et meubles d'époque compris, et offrent une vue dégagée sur la baie et beaucoup de lumière naturelle. Les services sont à la hauteur de cette réputation, notamment, le club de plage privé et le casino.

🅿 🕭 🖐 🚲 📶 📶 ⛱ 🏋 ⏺ - 349 chambres – Prix : €
10 boulevard de la Croisette – ☎ 04 92 98 77 00

🛏 **MARTINEZ** *Plus*

DESIGN MODERNE Un véritable monument ! Majestueusement dressée face à la Méditerranée, sa façade Art déco immaculée (1929) porte en elle l'histoire de la villégiature version Côte d'Azur. Des magnifiques chambres et suites azuréennes jusqu'au spa, au dernier étage, confort exquis et prestations haut de gamme cultivent le mythe de la Croisette.

🏊 🅿 🕭 🖐 🚲 📶 📶 ⛱ 🏋 ⏺ - 403 chambres – Prix : €€€€
73 boulevard de la Croisette – ☎ 04 93 90 12 34
❀❀ **La Palme d'Or** - Voir la sélection des restaurants

🛏 **RADISSON BLU 1835 HOTEL & THALASSO** *Plus*

DESIGN MODERNE Véritable figure de proue, l'hôtel domine le vieux port de toute sa hauteur. Les chambres allient grand confort et esprit contemporain ; on profite des thermes marins et de la vue panoramique sur la baie de Cannes et le massif de l'Estérel.

♿ 🏊 🅿 🕭 ⑱ 🚲 ⬆ 📶 📶 ⛱ 🏋 ⏺ - 134 chambres – Prix : €€
1 boulevard Jean Hibert – ☎ 04 92 99 73 00

LE CANNET
✉ 06110 – Alpes-Maritimes – Carte régionale n° **25**-E2

❀❀ **LA VILLA ARCHANGE**

Chef : Bruno Oger

MODERNE • ÉLÉGANT Installez-vous dans la petite salle à manger cosy, avec vieux parquet et gros fauteuils, pour déguster la cuisine du chef Bruno Oger : ce Breton d'origine, Méditerranéen d'adoption, déploie ses inspirations iodées entre Bretagne et Côte d'Azur... De beaux ormeaux de l'île de Groix poêlés aux artichauts côtoient un homard breton, avant qu'un citron aux écailles d'agrumes, sorbet à l'orange sanguine et huile d'olive ne ponctuent la symphonie gourmande. À l'intérieur des cuisines, une table d'hôte permet de profiter au plus près de la cérémonie culinaire. Parce qu'il est le chef attitré du Festival de Cannes, Bruno Oger aura vu défiler à sa table les plus grands acteurs : Uma Thurman, Robert De Niro ou Audrey Tautou... De quoi justifier des vocations.

♿ 🅰 🍴 ⇄ 🅿 – Prix : €€€€
Rue de l'Ouest – ☎ 04 92 18 18 28 – www.bruno-oger.com – Fermé lundi et dimanche

😊 **BISTROT DES ANGES**

TRADITIONNELLE • CONTEMPORAIN Dans l'échelle séraphique, l'équipe de la Villa Archange pense brasserie : ici, décor moderne et ambiance conviviale, formules ensoleillées et chariot de douceurs... angéliques.

♿ 🅰 🍴 ⇄ 🅿 – Prix : €€
Rue de l'Ouest – ☎ 04 92 18 18 28 – www.bruno-oger.com/fr – Fermé lundi et dimanche

BISTROT SAINT-SAUVEUR

TRADITIONNELLE • CONTEMPORAIN Fauteuils noirs, rideaux blancs : bienvenue dans l'univers de Claude Sutter, style épuré et séduisant, jamais tape-à-l'œil. La cuisine bistrotière du chef se déguste avec bonheur, de l'andouillette grillée à la pêche Melba. Les fonds mijotent, les viandes rassissent, et nos appétits vibrionnent. Le plus difficile est de choisir !

&& 🅐🅒 🍴 – Prix : €€

87 rue Saint-Sauveur – 𝒞 04 93 94 42 03 – www.bistrotsaintsauveur.fr –
Fermé lundi, mardi et dimanche midi

KASHIWA

JAPONAISE • ORIENTAL Ce petit restaurant nippon (kashiwa signifie feuille de chêne), installé dans un ancien atelier de tapissier, offre une jolie palette de gastronomie japonaise (sushi, sashimi, soba etc.), mais aussi des plats plus travaillés, à l'image de ce thon rouge mi-cuit fondant. Le chef se fournit au marché Forville et auprès de petits pêcheurs, à Cannes. Petite terrasse, et position privilégiée, proche du musée Pierre Bonnard.

🅐🅒 🍴 ✿ – Prix : €€€

12 boulevard Gambetta – 𝒞 07 49 45 58 88 – restaurantkashiwa.wixsite.com/
kashiwa – Fermé lundi, mardi et mercredi midi

CAP-FERRET – Gironde(33) → Voir Bassin d'Arcachon

CAPBRETON
✉ 40130 – Landes – Carte régionale n° **18**–A3

LA CUISINE

MODERNE • CONVIVIAL Au centre du bourg, la cuisine est bel et bien à l'honneur : le chef, Johann Dubernet – secondé en salle par sa compagne Isabelle – signe des assiettes colorées, parfumées et visuelles : carpaccio de langoustine, guacamole coriandre, sésame et pousses de bambou ; saint-pierre, pâté de kumquat, sauce pomzo, tagliatelles au beurre d'algues… Subtilité et gourmandise !

Prix : €€

26 rue du Général-de-Gaulle – 𝒞 05 58 43 66 58 – www.restaurantlacuisine.fr –
Fermé du lundi au mercredi et dimanche soir

GOUSTUT

MODERNE • CONTEMPORAIN Goustut et bien fichue que cette petite adresse au look industriel, pop et décontractée, dédiée aux produits de la mer ! La cuisine brute et locavore du chef Patrice Lubet (formé chez Rostand et Trama, entre autres) se nourrit notamment des poissons des pêcheurs de Cap Breton et des légumes de la famille Bastelica. Les menus mezze - une multitude de petits plats locaux à partager - sont la grande spécialité de la maison. Une bonne table de copains, bien goûtue !

⪉ ⛓ 🅐🅒 🍴 – Prix : €€

Quai de la Pêcherie – 𝒞 05 58 42 18 38 – www.goustut.fr – Fermé lundi et
dimanche, et du mardi au jeudi soir

LA PETITE TABLE

MODERNE • CONVIVIAL Des recettes goûteuses et colorées, relevées d'agrumes et d'épices, qui vont à l'essentiel : voici ce que vous réserve le chef, fort d'une longue expérience – avec, en prime, quelques jolis clins d'œil aux traditions culinaires du Moyen-Orient, où il a travaillé dans le passé.

🏠 – Prix : €€
555 quai de la Pêcherie – ☏ 05 58 72 36 72 – lapetitetablecapbreton.fr –
Fermé lundi, mardi, du mercredi au vendredi à midi, et dimanche soir

CAPINGHEM
✉ 59160 – Nord – Carte régionale n° **13**–C2

LA MARMITE DE PIERROT

TRADITIONNELLE • BISTRO Les amateurs de produits tripiers et de cochonnailles se sentiront chez eux dans ce bistrot à l'ancienne (bar en bois, tables au
coude-à-coude, banquettes en velours). Et si le truculent Pierrot a passé la main, il
continue d'honorer chaque jour les lieux de sa présence… Une maison pittoresque
et attachante.

&🏠♻️🅿 – Prix : €€
93 rue Poincaré – ☏ 03 20 92 12 41 – www.marmite-de-pierrot.com – Fermé lundi
et mardi, et mercredi, jeudi et dimanche soir

CARANTEC
✉ 29660 – Finistère – Carte régionale n° **7**–B1

NICOLAS CARRO - HÔTEL DE CARANTEC
Chef : Nicolas Carro

MODERNE • CONTEMPORAIN Après une expérience réussie à La Table d'Olivier
Nasti, à Kaysersberg, Nicolas Carro s'est installé dans sa région natale – il est originaire de Loudéac. Le voilà aux fourneaux de cette maison iconique du Finistère,
rendue fameuse par le chef Patrick Jeffroy, et qui offre une vue magnifique sur la
baie de Morlaix. Comme son prédécesseur, il célèbre les produits locaux, marins
(crustacés et poissons de petite pêche) ou terrestres (légumes et viandes comme
la pintade et l'agneau des Monts d'Arrée). Finesse et délicatesse, jeux de textures
agréables, cuissons et assaisonnements rigoureux… Sa cuisine emporte la mise
sans difficulté. À Carantec, l'histoire continue ! Chambres agréables pour l'étape.

⇔⟨🅿 – Prix : €€€€
20 rue du Kelenn – ☏ 02 98 67 00 47 – www.hotel-carantec.fr – Fermé lundi et
mardi

L'HÔTEL DE CARANTEC *Plus*

DESIGN MODERNE Cette charmante maison de 1936 surplombe la baie de
Morlaix. Les chambres, contemporaines et épurées, donnent toutes sur la Manche
(terrasses au 2ᵉ étage). Le jardin descend vers la mer et l'on peut s'y installer, serein,
pour lire, boire un verre…

🅿⟨ 🍴 - 12 chambres – Prix : €
20 rue du Kelenn – ☏ 02 98 67 00 47

✿ **Nicolas Carro - Hôtel de Carantec** - Voir la sélection des restaurants

CARCASSONNE

✉ 11000 – Aude – Carte régionale n° **21**-B2

Avec sa double enceinte fortifiée surplombant la plaine viticole et, plus loin, les contreforts des Corbières, la cité de Carcassonne suscite un émerveillement sans égal. Tous ceux qui ont arpenté ses ruelles s'en souviennent encore. Tant pis pour les détracteurs de Viollet-le-Duc, qui pensent qu'il n'a pas été fidèle à l'histoire lorsqu'il en a supervisé la restauration ! Autour d'elle prospère un pays de Cocagne à cheval des mondes : sous un soleil généreux, les fruits et légumes de l'Aude profonde côtoient les poissons de la Méditerranée, les fromages et les gibiers de la Montagne Noire s'encanaillent avec ceux des Pyrénées... Quant aux œnophiles, en herbe ou aguerris, ils trouvent ici leur bonheur grâce aux vignobles des Corbières, du Minervois ou de Limoux.

ॐ ॐ   **LA TABLE DE FRANCK PUTELAT**

Chef : Franck Putelat

MODERNE • DESIGN La Cité médiévale fait partie du patrimoine immémorial de Carcassonne et sa région... et l'on pourrait presque en dire autant de Franck Putelat. Installé au pied des remparts de ladite cité, ce natif du Jura, Audois d'adoption, cuisine les produits de son grand potager (un hectare) selon le concept de classique-fiction qu'il a lui-même théorisé. Traduction dans l'assiette : un détournement astucieux des anciens tubes gastronomiques, que le chef emmène ailleurs au gré de son inspiration du jour. Trois exemples, devenus des incontournables : parmentier au biju de Méditerranée, cassoulet au suprême de pigeonneau et saucisse de cuisse, ou encore bouillabaisse au foie gras de canard. Des visuels appétissants, du goût et de la finesse : on se délecte dans une ambiance animée, parmi une clientèle très diverse. Au dessert, le pâtissier Alexis Pocinho cisèle une partition sucrée particulièrement équilibrée. 4 chambres sont disponibles pour l'étape.

॥ ⇆ ἀ AK ㄥ **P** – Prix : €€€€

Hors plan – *80 chemin des Anglais, au Sud de la Cité* – ℘ *04 68 71 80 80 – www.franckputelat.com – Fermé lundi et dimanche*

ॐ   **LA BARBACANE**

CLASSIQUE • ÉLÉGANT Au sein de la Cité de Carcassonne, l'Hôtel de la Cité est un superbe exemple d'édifice néogothique, bâti en 1909 sur le site de l'ancien palais épiscopal, avec de merveilleux jardins qui regardent les remparts. À l'intérieur, les vitraux, les armoiries et autres boiseries délivrent une ambiance digne de Viollet-le-Duc ! Originaire de la Bresse, ancien second de Franck Putelat ici-même, Jérôme Ryon est un chef solide dont on aime la manière classique. Basées sur des produits

CARCASSONNE
La Cité

de qualité, notamment les poissons et crustacés de la Méditerranée toute proche, ainsi que les gibiers et les champignons automnaux, ses savoureuses préparations chantent le terroir régional : légumes d'été en fricassée, pavé de loup braisé, filet de bœuf d'Aubrac au foie gras... Belle cave riche en capiteux flacons du Sud.

⇦ 🛏 🆊 🅿 – Prix : €€€

Plan : A2-3 – *Place Auguste-Pierre-Pont* – ℰ *04 68 71 98 71* – *www.cite-hotels. com/fr/etablissements/restaurant-la-barbacane.html*

BRASSERIE À 4 TEMPS

TRADITIONNELLE • CONTEMPORAIN Dans la salle à manger entièrement rénovée, ou sur la terrasse ombragée, on profite de classiques revisités par l'ancien second de Franck Putelat. Œuf poché carbonara aux coquillettes et truffe noire, ou encore saint-pierre au céleri et coquillages. Pensez à réserver, c'est souvent complet.

⛢ 🆊 🍴 – Prix : €€

Hors plan – *2 boulevard Barbès* – ℰ *04 68 11 44 44* – *www.brasserie4temps.com*

COMTE ROGER

TRADITIONNELLE • TENDANCE Un décor tout en épure contemporaine, avec derrière un joli patio empreint de fraîcheur... ce Comte Roger sait recevoir ! On cuisine ici l'époque avec une certaine noblesse, entre cassoulet (la spécialité maison) et un menu végétarien qui a fière allure. La bonne petite adresse du cœur touristique.

🍸 – Prix : €€

Plan : A2-4 – *14 rue Saint-Louis* – 𝒞 *04 68 11 93 40 – www.comteroger.com – Fermé lundi et dimanche*

DOMAINE D'AURIAC

CLASSIQUE • ROMANTIQUE Sur les hauteurs de Carcassonne, cette maison bourgeoise du 19 e s. pétrie d'histoire offre un cadre éminemment bourgeois : un décor qui sert à merveille une assiette tout en classicisme, relevée d'une pointe de modernité. Quand le temps le permet, on s'installe sur la terrasse ouvrant sur le parc. Plaisirs intemporels...

🐾 ♿🅼🍸♻🅿 – Prix : €€€€

Hors plan – *2535 route de Saint-Hilaire* – 𝒞 *04 68 25 72 22 – domaine-d-auriac. fr – Fermé dimanche soir*

LA TABLE D'ALAÏS

MODERNE • CONTEMPORAIN Au cœur de la cité, votre meilleur allié contre les pièges à touristes. On découvre deux salles décorées dans une veine contemporaine ; au bout, une cour-terrasse où l'on s'attable aux beaux jours. Tradition et modernité se côtoient à la carte, avec en prime un menu végétarien bien ficelé, à la gloire des légumes et céréales de la région.

🍸 – Prix : €€

Plan : B2-5 – *32 rue du Plô* – 𝒞 *04 68 71 60 63 – latabledalais.fr/fr/accueil-restaurant – Fermé mercredi et jeudi*

🛏 ## BLOC G   *Plus*

DESIGN MODERNE A la création, les trois sœurs Gallinier, qui ont apposé leur G au fronton de ce petit hôtel et leur patte décorative, pour un résultat radicalement contemporain. La bâtisse d'angle, en plein quartier historique, rassemble cinq chambres, un appartement, un restaurant et un bar à vin. En toile de fond, la Cité médiévale, ses murs fortifiés et ses 52 tours, qui veillent. Non loin, le Pont-Vieux et le canal du Midi. Si à l'extérieur on croirait encore entendre le trot des chevaliers, à l'intérieur, c'est une toute autre époque : intérieurs dépouillés, presque monochromes, réduits au minimum pour ne pas faire d'ombre aux vieilles pierres de la cité. Pour un peu plus de caractère, optez pour l'appartement.

🅿 🍴 - 6 chambres – Prix : €

112 rue Barbacane – 𝒞 *04 68 47 58 20*

🛏 ## DOMAINE D'AURIAC   *Plus*

ÉLÉGANCE TRADITIONNELLE Un grand parc arboré, un golf 18 trous et cette très belle maison de maître du 19e s. en pierre blonde. Toutes différentes et confortables, les chambres jouent la carte du classicisme bourgeois ou de la simplicité méridionale... Certaines, très spacieuses, sont idéales pour les familles.

🏌🅿♻🍷♿🏊🍴 - 21 chambres – Prix : €€€€

2535 route de Saint-Hilaire – 𝒞 *04 68 25 72 22*

Domaine d'Auriac - Voir la sélection des restaurants

🛏 ## HÔTEL DE LA CITÉ   *Plus*

ÉLÉGANCE TRADITIONNELLE Luxe, douceur et quiétude au cœur de la cité. Les chambres dégagent une atmosphère chaleureuse – certaines dans un style médiéval, mais donnant sur des terrasses ! – et, côté remparts, on profite du jardin et de la piscine, sans oublier le plaisant spa avec massages. Une belle manière de vivre Carcassonne...

- 61 chambres – Prix : €€€
Place Auguste-Pierre Pont – ☏ 04 68 71 98 71
✿ **La Barbacane** - Voir la sélection des restaurants

🛏 ### HÔTEL DU CHÂTEAU *Plus*

DESIGN MODERNE Ce nom très discret cache un petit hôtel de prestige à l'atmosphère princière, situé littéralement dans l'ombre de la cité fortifiée de Carcassonne. Il s'agit d'un établissement familial de 17 chambres seulement, mais toutes sont aussi spectaculaires que luxueuses, et le spa est inoubliable. Le bar propose des repas légers sur la terrasse face à la Citadelle.

P - 17 chambres – Prix : €
2 rue Camille Saint-Saëns – ☏ 04 68 11 38 38

CARHAIX-PLOUGUER
✉ 29270 – Finistère – Carte régionale n° **7**–B2

☺ ### ERASMO 🅝

MODERNE • CONTEMPORAIN Le chef vénitien Matteo Vianello (passé chez Alain Ducasse, Jean-François Piège, chez Mensae, puis Sellae en tant que chef) s'est rapproché de la mer en plantant ses couteaux dans le Finistère. Dans son petit bistrot contemporain dédié à l'île de San Erasmo (où pousse le fameux artichaut violet), il n'a rien perdu de sa faconde gourmande : sa cuisine alléchante mélange avec efficacité les répertoires breton et transalpin, revisitant les classiques, à l'image de sa soupe à l'oignon ou de son tiramisu.

& 🄰🄲 – Prix : €€
4 rue du Général-Lambert – ☏ 09 73 89 46 47 – www.restaurant-erasmo.fr – Fermé lundi et dimanche

CARIGNAN
✉ 08110 – Ardennes – Carte régionale n° **11**–C1

LA GOURMANDIÈRE

TRADITIONNELLE • ÉLÉGANT Cette maison bourgeoise de 1890 récemment rénovée choie ses convives : cuisine gourmande et généreuse, superbe carte des vins, et espace lounge. La cheffe est épaulée par son fils Maxence, qui réalise de savoureuses pâtisseries. Ris de veau et foie gras sont les spécialités maison.

🕸 ⛲&🌡☼**P** – Prix : €€€
19 avenue de Blagny – ☏ 03 24 22 20 99 – Fermé lundi et mardi, et dimanche soir

CARNAC
✉ 56340 – Morbihan – Carte régionale n° **7**–B3

✿ ### CÔTÉ CUISINE

Chefs : Laetitia et Stéphane Cosnier
MODERNE • CONTEMPORAIN Entre bourg et plage, cet hôtel restaurant est emmené avec un panache gastronomique certain par des professionnels passionnés. Côté déco, la grande salle contemporaine joue l'épure avec son sol en béton ciré, ses cuisines à moitié ouvertes et ses étagères remplies de livres de cuisine. Formés notamment au Bristol et chez Taillevent, nos deux complices réalisent une partition subtile et savoureuse, qui met en valeur des produits régionaux impeccables de la plus belle des manières - à un tarif très attractif. On s'en régale au coin de la cheminée, en hiver, ou sur l'agréable terrasse aux beaux jours.

⇆ ↻ 🛋 ⇔ 🅿 – Prix : €€

36 avenue Zacharie-Le-Rouzic – ✆ 02 97 57 50 35 – www.lannroz.fr/fr/hotel-restaurant-carnac-morbihan – Fermé mardi et mercredi

LE CAIRN - HÔTEL LE CELTIQUE

ACTUELLE • ÉLÉGANT Au cœur de Carnac-Plage et à quelques encablures du sable fin et de la mer trône l'Hôtel Le Celtique magnifié par une rénovation très réussie dans un esprit Art déco. La carte marie avec bonheur tendances actuelles et bases traditionnelles, mâtinées de quelques épices exotiques comme ce bar confit au miso, chou-fleur fumé et wasabi, bouillon curcuma...

& 🅰 🛋 ⇔ – Prix : €€

82 avenue des Druides – ✆ 02 97 52 14 15 – www.restaurant-lecairn.com – Fermé lundi, dimanche et du mardi au samedi à midi

LA CALYPSO

POISSONS ET FRUITS DE MER • CONVIVIAL Les habitués ne s'y trompent pas : dans ce charmant bistrot marin, poissons, coquillages et crustacés sont d'une grande fraîcheur. Dans l'une des salles, dont le décor est à l'unisson, on fait même griller les mets dans la cheminée. Face au parc à huîtres, une adresse authentique à souhait !

Prix : €€€€

158 rue du Pô – ✆ 02 97 52 06 14 – www.calypso-carnac.com – Fermé lundi et dimanche soir

ITSASOA ⓝ

DU MARCHÉ • CONTEMPORAIN Bienvenue au Pays basque, pardon, à Carnac en Bretagne ! Breton élevé dans les Pyrénées-Atlantiques, Erwann Le Pogam, ancien chef machiniste dans le cinéma, s'est reconverti dans la cuisine. Grand bien lui en a pris ! En toute liberté, sans œillères, il n'a qu'un objectif : faire bon, frais et sincère – en respectant le produit, le producteur et le client ! Quelques exemples piochés dans les menus du moment (qui changent fréquemment au gré des arrivages) : pavé de merlu, aubergines au miso, sauce encre de seiche ; tataki de thon blanc au barbecue japonais, fèves et framboises à l'estragon, sauce yaourt au paprika fumé.

Prix : €€

1 rue de Ker-Anna – ✆ 02 97 52 17 72 – www.itsasoa-restaurant.fr – Fermé mercredi

🛏 LE CELTIQUE   *Plus*

DESIGN MODERNE Le style architectural du bâtiment Art déco se reflète à l'intérieur, où se mêlent, dans une belle harmonie, atmosphère balnéaire d'antan, influences déco et luxe contemporain. Le spa et le centre de bien-être, où l'on utilise que des produits bretons, sont des plus agréables, tandis que le restaurant se concentre sur les fruits de mer.

🕭 ♨ 🕸 🐾 🔬 ⅋ - 53 chambres – Prix : €

82 avenue des Druides – ✆ 02 97 52 14 15

Le Cairn - Voir la sélection des restaurants

CAROMB

✉ 84330 – Vaucluse – Carte régionale n° **25**-E1

😊 LE 6 À TABLE

MODERNE • CONTEMPORAIN Dans ce village paisible, une placette qui coule des jours heureux dans l'ombre de l'église : digne d'une carte postale de jadis ! Le chef travaille un maximum de produits de saison, locaux pour la plupart (figues, fromages, légumes), et fait preuve de soin et de finesse dans la préparation de ses assiettes. Le tout dans un intérieur moderne, d'esprit atelier, ou sur la terrasse.

 ⌖ 🅼 🍴 ✧ – Prix : €€

6 place Nationale – ☏ 04 90 62 37 91 – www.pascal-poulain.com/fr – Fermé lundi et dimanche

CARQUEFOU

✉ 44470 – Loire-Atlantique – Carte régionale n° **23**–B2

AUBERGE DU VIEUX GACHET

MODERNE • CONVIVIAL Cette ancienne ferme évoque la campagne d'antan, à deux pas de la ville : au bord de l'Erdre, face aux flots, la vue se révèle très nature. De la belle cuisine, visible à l'entrée, s'échappent les fumets harmonieux d'une cuisine traditionnelle et généreuse. La carte des vins flirte avec 350 références, l'atout charme !

🕸 ⌖ ⌖ 🅼 🍴 ✧ 🅿 – Prix : €€

Le Vieux Gachet, au bord de l'Erdre – ☏ 02 40 25 10 92 – www. aubergeduvieuxgachet.com – Fermé lundi et dimanche

LA TABLE DU MARQUIS AU CHÂTEAU DE MAUBREUIL

ACTUELLE • ÉLÉGANT Les superlatifs manquent pour décrire la longue histoire de ce château romantique édifié au 19e s. Entouré d'un parc émaillé d'œuvres d'art, il dévoile un intérieur somptueux (miroirs immenses, cheminée sculptée, parquet ancien, mobilier d'esprit Napoléon III). Ne reste plus qu'à profiter d'une cuisine dans l'air du temps, plutôt bien réalisée.

⌖ 🌿 ⌖ 🅼 🍴 ✧ 🅿 – Prix : €€€

Allée de Maubreuil – ☏ 02 21 70 03 70 – www.chateaudemaubreuil.com/fr – Fermé lundi et dimanche soir

🛏 ## CHÂTEAU DE MAUBREUIL   *Plus*

CLASSIQUE CONTEMPORAIN Il est difficile d'imaginer un hôtel de campagne français plus parfait que celui-ci, à la périphérie de Nantes. Le château du 19e s. et son parc semblent perdus dans le temps, mais les somptueuses chambres et suites sont élégantes, d'un éclectisme de bon ton, toutes différentes et rendant hommage à des lieux éloignés, de Venise au Rajasthan. L'hôtel dispose d'un spa ainsi que du trio Pilates-sophrologie-sylvothérapie.

🅿 ✧ 🌿 🌊 🌐 🍽 - 14 chambres – Prix : €

Allée de Maubreuil – ☏ 02 21 70 03 70

La Table du Marquis au Château de Maubreuil - Voir la sélection des restaurants

LES CARROZ-D'ARÂCHES

✉ 74300 – Haute-Savoie – Carte régionale n° **4**–F1

LES SERVAGES

MODERNE • ÉLÉGANT Ce beau chalet sur les hauteurs de la station abrite un restaurant d'esprit montagnard chic. Le chef réalise une cuisine actuelle, soignée et généreuse, avec des produits de belle qualité : poissons frais, crustacés, bœuf Angus, cochon de l'Aveyron... La carte évolue régulièrement ; agréable terrasse.

⌖ 🌿 🍴 🅿 – Prix : €€€

841 route des Servages – ☏ 04 50 90 01 62 – www.servages.com/fr – Fermé lundi

🛏 ## HÔTEL LES SERVAGES D'ARMELLE   *Plus*

ÉLÉGANCE TRADITIONNELLE Sur les hauteurs de la station, ce superbe chalet ancien a été transformé en un hôtel de grand charme. Une dizaine de chambres et de suites spacieuses, toutes en matériaux de prestige : vieux planchers, poutres, meubles polis par les ans... et vraies cheminées !

P ⬗ 🛏 ⍟ - 10 chambres – Prix: €€
841 route des Servages – ℰ *04 50 90 01 62*
Les Servages - Voir la sélection des restaurants

CARSAC-AILLAC
✉ 24200 – Dordogne – Carte régionale n° **18**–D3

🏠 Ô MOULIN

MODERNE • **CONTEMPORAIN** Un jeune couple a transformé ce charmant moulin périgourdin en paisible restaurant campagnard, ouvert toute l'année. Le chef réalise une cuisine fraîche et savoureuse, bien dans son époque. Belle terrasse ombragée et service prévenant. Le premier menu est à prix doux. Une adresse sympathique.
&. 🍽 **P** – Prix: €€
1 place Martin-Dolt – ℰ *05 53 30 13 55 – www.latabledumoulin.com –*
Fermé mardi et mercredi, et dimanche soir

CASSEL
✉ 59670 – Nord – Carte régionale n° **13**–B2

⌘ HAUT BONHEUR DE LA TABLE

Chef : Eugène Hobraiche
MODERNE • **FAMILIAL** En plein cœur des Flandres, entre Steenvoorde et Saint-Omer, Cassel est un pimpant petit village de briques juché sur le mont du même nom. À petit village, petit restaurant : le Haut Bonheur de la Table offre une vingtaine de couverts à peine dans une belle demeure du 18 e s. Mais ses propriétaires n'en affichent pas moins une grande passion pour la belle gastronomie. Artisan soigneux, Eugène Hobraiche concocte une cuisine bien dans l'air du temps, en osmose avec les saisons et nourrie des fruits et des légumes locaux ainsi que des poissons de la criée de Dunkerque : turbot sauvage grillé, artichaut salicorne, jus de coriandre ; thon grillé, eau de tomate, sorbet tomate verte...
🍽 – Prix: €€
18 Grand'Place – ℰ *03 28 40 51 03 – www.hautbonheurdelatable.com –*
Fermé mardi et mercredi, et lundi et dimanche soir

FENÊTRE SUR COUR

MODERNE • **COSY** Ris de veau, girolles ; turbot, artichaut vinaigrette, basilic ; pigeonneau de Steenvoorde en deux façons ; lotte, bouillon, jeunes légumes et crevettes grises... Le chef propose une cuisine au goût du jour, au gré des saisons, autour de deux menus. La salle en mezzanine sur l'arrière (et sa fenêtre sur cour) sert de terrasse aux beaux jours.
&. 🍽 – Prix: €€
5 rue du Maréchal-Foch – ℰ *03 28 42 03 19 – www.restaurant-fenetresurcour.
com – Fermé mercredi, et lundi, mardi, jeudi et dimanche soir*

CASSIS
✉ 13260 – Bouches-du-Rhône – Carte régionale n° **24**–B3

⌘⌘⌘ LA VILLA MADIE

Chef : Dimitri Droisneau
CRÉATIVE • **CONTEMPORAIN** Lovée dans l'anse Corton, une crique naturelle et sauvage face au Cap Canaille, La Villa Madie, belle bâtisse contemporaine, occupe avec sa terrasse un site de rêve au-dessus des flots bleus de la Méditerranée. Normand devenu amoureux transi de la Provence, le chef Dimitri Droisneau, à l'impeccable curriculum vitae (La Tour d'Argent, le Lucas Carton, l'Ambroisie...), en

tire toute son inspiration. De plat en plat, celle-ci court, légère, subtile, savoureuse, fraîche et aromatique, percutante quand il le faut, toujours surprenante et renouvelée. Toute la magie du Sud – ses produits marins aussi bien que terrestres, ses poissons comme ses herbes, sauvages ou non – est apprivoisée au sommet dans cette cuisine. Ainsi en est-il d'un très grand plat comme la crevette carabineros, tartelette aux fruits rouges où l'association iodée et saline du crustacé avec les fruits relève de l'harmonie céleste. Côté vin, un sommelier charismatique rivalise de propositions intelligentes tandis que l'épouse du chef illustre avec dextérité l'art de la découpe en salle.

🦟 ≼🛏👍🅰️🍴♻️🍽️🅿️ – Prix : €€€€

Avenue de Revestel – ☎ 04 96 18 00 00 – www.lavillamadie.com – Fermé lundi, mardi et mercredi

LA BRASSERIE DU CORTON

MODERNE • ÉPURÉ L'espace brasserie de la Villa Madie joue toujours la carte de la simplicité, avec des produits du marché et de séduisantes associations terre et mer. Les menus sont différents midi et soir, renouvelés chaque semaine, à moindre prix que celui de la maison mère mais pas moins savoureux pour autant (ravioles de joue de bœuf, céleri et orange, blanquette de lotte et fondue de poireaux au chorizo, tarte au citron Madie...). Aux beaux jours, on profite de la terrasse offrant un point de vue splendide face à la jolie crique.

🦟 ≼🛏👍🅰️🍴🅿️ – Prix : €€

Avenue de Revestel – ☎ 04 96 18 00 00 – www.lavillamadie.com – Fermé samedi et dimanche, et du lundi au vendredi soir

LA PRESQU'ÎLE

MODERNE • MÉDITERRANÉEN L'endroit, au bout d'une presqu'île entre Cassis et ses célèbres calanques, est tout simplement magique ! La villa, comme posée sur les rochers face au cap Canaille, joue la modernité dans l'assiette, en s'appuyant sur de beaux produits méditerranéens.

≼🍴♻️🅿️ – Prix : €€

Avenue Notre-Dame - esplanade Port-Miou – ☎ 04 42 01 03 77 – www. restaurant-la-presquile.fr – Fermé lundi et dimanche soir

🛏 LES ROCHES BLANCHES   *Plus*

CLASSIQUE CONTEMPORAIN Cette magnifique bâtisse de 1878 devenue hôtel en 1920 et accrochée aux rochers de Cassis, se mire et s'admire dans la mer. Chambres spacieuses, matériaux nobles : l'âme des années 1930 et l'horizon comme unique infini. Sans doute le plus bel hôtel de front de mer des environs.

👍🏊💨🧖 - 36 chambres – Prix : €€€

9 avenue des Calanques – ☎ 06 58 03 03 14

CASTANET-TOLOSAN

✉ 31320 – Haute-Garonne – Carte régionale n° **22**–B2

LA TABLE DES MERVILLE

MODERNE • ÉLÉGANT Une extension tout en verre sur une jolie place avec terrasse, des cuisines ouvertes sur la salle donnant l'impression que le chef travaille parmi les clients : Claudie et Thierry Merville ont su créer un lieu original pour déguster des assiettes soignées et contemporaines.

👍🅰️🍴♻️ – Prix : €€€

3 place Pierre-Richard – ☎ 05 62 71 24 25 – www.table-des-merville.com/fr – Fermé lundi et dimanche

CASTECULIER

✉ 47240 – Lot-et-Garonne – Carte régionale n° **18**–C2

LE ROUERGAT ⓝ

MODERNE • CONVIVIAL Dans ce bistrot contemporain, c'est bistronomie le midi et gastronomie le soir ! Le chef aveyronnais au métier solide et à la passion contagieuse travaille les produits locaux de saison – ponctués de quelques souvenirs de voyages. Ce midi : terrine de foie gras de canard, chutney d'ananas et gingembre puis pintade rôtie, crème de petit pois, samoussa aux pleurotes. Ambiance conviviale.

  ♿ 🅰 🍽 🅿 – Prix : €€

4 place de la Mairie – ℰ 05 53 87 80 45 – lerouergat.fr – Fermé lundi, mardi et dimanche

CASTELJALOUX

✉ 47700 – Lot-et-Garonne – Carte régionale n° **18**–C2

LA VIEILLE AUBERGE

CLASSIQUE • CONTEMPORAIN Belle hauteur sous plafond, charpente cathédrale, grandes baies vitrées façon orangerie : suite à son déménagement, voici le superbe écrin de cette maison bien connue dans les parages. Côté cuisine, recettes classiques dans les règles de l'art, revisitées juste ce qu'il faut, déclinées dans deux menus au bon rapport qualité-prix.

  ♿ 🅰 🍽 🅿 – Prix : €€

13 avenue du 8-Mai-1945 – ℰ 05 53 93 01 36 – www.clos-castel.fr – Fermé dimanche soir

LE CASTELLET

✉ 83330 – Var – Carte régionale n° **24**–B3

SAN FELICE

MODERNE • BISTRO La San Felice n'est pas qu'un roman de Dumas, c'est aussi – au sein de l'hôtel du Castellet – un bistrot chic et inventif ! La carte est volontairement courte, bien de saison, avec un concept sympa de viandes maturées cuites à la braise. Quant à la terrasse, le long de la piscine, elle offre une vue imprenable sur le golf et la verdure...

  🌿 🍴 ♿ 🅰 🍽 🅿 – Prix : €€€

3001 route des Hauts-du-Camp, au Circuit Paul Ricard – ℰ 04 94 98 29 58 – www.hotelducastellet.net/fr

HÔTEL DU CASTELLET

CLASSIQUE CONTEMPORAIN Douze hectares de pinède dominant l'arrière-pays varois, avec la Méditerranée à l'horizon. Si tous les paradis sont perdus, l'hôtel du Castellet en a conservé le goût : coursives, bassins, parterres de lavande... et un spa de 700m². Les chambres et suites marient les styles classique et contemporain ponctués de couleurs provençales traditionnelles. Même les plus modestes sont spacieuses et luxueuses ! Félicité à la provençale...

  ♿ 🌿 🅿 🍴 🚲 ⚓ 🛢 🏦 ⚜ ⚒ 🍽 – 42 chambres – Prix : €€

3001 route des Hauts-du-Camp – ℰ 04 94 98 37 77

San Felice - Voir la sélection des restaurants

CASTELNAU-DE-LÉVIS

✉ 81150 – Tarn – Carte régionale n° **22**–C2

LA TAVERNE BESSON

TRADITIONNELLE • BRANCHÉ Amis gourmets, ne vous attendez pas à trouver ici une taverne comme dans les contes de Grimm mais plutôt une généreuse cuisine de tradition bien tournée (et un sympathique chariot de desserts), servie dans un cadre lumineux, ou sur la terrasse ouverte sur la campagne. On peut également réserver l'une des chambres.

&. 🅰🅲 🏠 – Prix : €€

Rue Aubijoux – ℰ 05 63 60 90 16 – www.tavernebesson.com – Fermé lundi, mardi midi et dimanche soir

CASTELNAU-DE-MONTMIRAL

✉ 81140 – Tarn – Carte régionale n° **22**–C2

LE MÉNAGIER

CLASSIQUE • AUBERGE On a retrouvé monsieur Garrigues, étoilé à Toulouse (le Pastel) et chef du Carré des Feuillants à son ouverture, avec Alain Dutournier et il est en forme olympique ! Ici, priment les beaux produits. De la truffe entière en chou farci et ris de veau au mille-feuilles minute au fruit de la passion, ce n'est qu'un défilé de gourmandise, qui laisse baba.

&. 🏠 – Prix : €€€

Place des Arcades – ℰ 05 63 42 08 35 – lemenagier.com

CASTELNAU-LE-LEZ

✉ 34170 – Hérault – Carte régionale n° **21**–C2

MARCELLE - DOMAINE DE VERCHANT

MODERNE • ÉLÉGANT À quelques minutes de Montpellier, la surprise est totale. Entouré de champs et de vignes, ce domaine hôtelier et viticole offre un cadre enchanteur que l'on aperçoit justement par les baies vitrées de la salle à manger. La solide expérience professionnelle du chef est au service d'assiettes bien travaillées, sans tomber dans l'excès de fioritures pour autant. Les préparations ont du caractère et du goût à l'image de ce hachis de pignons, sarriette et anchois, qui emballe son agneau rôti et caviar d'aubergine.

🛋 &. 🅰🅲 🏠 🅿 – Prix : €€€

1 boulevard Philippe-Lamour – ℰ 04 67 07 26 00 – www.domainedeverchant. com – Fermé mardi, mercredi, et lundi, jeudi et vendredi midi

🛏 ## DOMAINE DE VERCHANT   *Plus*

DESIGN MODERNE Trônant au cœur de 17 ha. de vignoble, le splendide hôtel de Verchant réussit avec brio le grand écart entre la pierre séculaire et le mobilier ultra-moderne. Ce grand manoir d'un blanc reposant propose vingt-deux chambres et suites décorées avec délicatesse, pour la plupart dans un esprit loft. Un moment d'évasion total où tout est agréable : la nature, le climat, la piscine en forme de lagon, le spa magnifique, ses soins aux huiles essentielles et aux oligo-éléments.

&. 🏊 🅿 🛋 🍴 🛋 🌡 ♨ 🐾 🕭 🏋 ⚜ 🍽 - 22 chambres – Prix : €€

1 boulevard Philippe Lamour – ℰ 04 67 07 26 00

Marcelle - Voir la sélection des restaurants

CASTÉRA-VERDUZAN

✉ 32410 – Gers – Carte régionale n° **22**–A2

LE FLORIDA

TRADITIONNELLE • SIMPLE À l'entrée de la station thermale, cette belle maison traditionnelle vous accueille depuis 4 générations. On y sert des spécialités régionales, près d'un feu de cheminée l'hiver, ou sur la terrasse ombragée l'été. Herbes, plantes et fleurs locales parsèment les plats. Une cuisine saine et fraîche... et un excellent petit déjeuner champêtre servi devant la porte des 4 chambres décorées avec goût.

🐦 – Prix : €€

2 rue du Lac – ℰ 05 62 68 13 22 – www.lefloridagascony.fr – Fermé lundi et mardi, et jeudi et dimanche soir

LE FLORIDA   *Plus*

DESIGN MODERNE Baptiste Ramounéda a quitté l'univers du luxe pour retrouver l'entreprise familiale, mais avec des idées de modernisation plein la tête. Car le restaurant créé par son arrière-grand-mère en 1935 avait bien besoin d'un petit coup de jeune. L'hôtelier a conservé l'identité culinaire du Florida mais créé deux chambres et deux suites haut-de-gamme. Lumineuses et épurées, luxueuses et dynamiques (jacuzzi, climatisation) elles sont l'incarnation d'une nouvelle génération.

🅿 🛏 🍽 - 4 chambres – Prix : €

2 rue du Lac – ℰ 05 62 68 13 22

Le Florida - Voir la sélection des restaurants

CASTETS

✉ 40260 – Landes

PALIKA LODGE   *Plus*

CLASSIQUE CONTEMPORAIN Le Palika Lodge fait partie de cette nouvelle tendance d'hôtels à la fibre écolo, comme en témoignent ses sept abris confortables disséminés à travers 20 ha de pins, entre deux lacs privés, à seulement quelques kilomètres de l'océan Atlantique. Ils s'inspirent des tentes de chasse des Maharajas, jusque dans leur décoration, composée d'objets glanés au fil de nombreux voyages en Inde. Entre leur toile de coton et leur plancher brut, les tissus brodés aux couleurs chatoyantes, le mobilier sculpté et les objets décoratifs hindous se recrée une atmosphère orientale dans la forêt landaise. Pour prolonger le voyage, des cours de yoga et des massages sont également dispensés.

🅿 🛏 - 7 chambres – Prix : €

903 route de Léon – ℰ 05 58 89 46 46

CASTILLON-DU-GARD

✉ 30210 – Gard – Carte régionale n° **21**–D2

L'AMPHITRYON

MODERNE • COSY Voûtes, pierre brute et touches modernes composent le cadre de cette demeure ancienne. Joli patio pour l'été. Cuisine régionale actualisée, ambiance à la fois chic et conviviale.

♿ 🐦 – Prix : €€€

Place du 8-Mai-1945 – ℰ 04 66 37 05 04 – restaurant-lamphitryon.ovh – Fermé mardi et mercredi, et dimanche soir

LE VIEUX CASTILLON

MODERNE • CLASSIQUE Tout autour ce ne sont que ruelles médiévales et champs de lavande... Dans ce coin de Provence inondé de lumière, cette table élégante – aux couleurs du Sud – vit au rythme des saisons et des produits gorgés de soleil. Au déjeuner, une simple carte snacking, tandis que le soir, c'est une offre gastronomique.

🕊️🃏🛋️🅿️ – Prix : €€€

10 rue Turion-Sabatier – ☎ 04 66 37 61 61 – www.vieuxcastillon.fr – Fermé lundi et mardi soir

LE VIEUX CASTILLON
Plus

DESIGN MODERNE Au cœur de ce beau village médiéval, surplombant la région, un havre au luxe discret : vieilles pierres, patios, terrasses, décor provençal, grand confort… Le charme intemporel du sud, à quelques encablures du pont du Gard.

🛋️🅿️🌿🐾🕊️🚴🍸🌐🛋️🍴 - 31 chambres – Prix : €€

10 rue Turion Sabatier – ☎ 04 66 37 61 61

Le Vieux Castillon - Voir la sélection des restaurants

CASTRES

✉ 81100 – Tarn – Carte régionale n° **22**–C2

BISTROT SAVEURS

MODERNE • COSY Le chef britannique Simon Scott a roulé sa bosse de Londres à la Provence, avant de s'installer dans le Tarn. Derrière une façade rouge éclatante se cache un décor (très) pop, coloré et cosy. Ce cuisinier éclectique aime assurément le bel ouvrage et ne travaille que les produits (locaux) de qualité pour servir à ses clients des assiettes précises, colorées et goûteuses : cannelloni de gambas en robe de courgette de pays, asperges, mimosa d'œuf truffé et crème glacée à l'encre ; pavé de veau à la plancha, mousseline de carotte et nigelle, carotte à la crème au cumin et carotte fane…

♿🅰️ – Prix : €€

5 rue Sainte-Foy – ☎ 05 63 50 11 45 – bistrot-saveurs-81.fr – Fermé samedi et dimanche

LES METS D'ADÉLAÏDE

MODERNE • ÉLÉGANT Nulle envie de retourner à l'école ? Parions que vous allez changer d'avis ! Ces Mets d'Adélaïde prennent leurs aises dans l'ancienne école du village, avec un préau qui fait office de terrasse l'été. Mais point de nostalgie : le décor est épuré et le chef délivre une jolie leçon de gastronomie d'aujourd'hui. L'accueil mérite aussi une bonne appréciation !

♿🅰️🃏 – Prix : €€

28 avenue Georges-Alquier-Les Salvages – ☎ 05 63 35 78 42 – www.lesmetsdadelaide.fr – Fermé lundi et mardi, et dimanche soir

LA PART DES ANGES

MODERNE • BRANCHÉ Une cuisine du marché en plein dans les saisons, généreuse et créative juste ce qu'il faut, voilà ce que mitonne le chef. Les petits producteurs des environs sont mis à l'honneur et les saveurs au rendez-vous. Service attentionné.

🅰️↔️ – Prix : €€

5 boulevard Raymond-Vittoz – ☎ 05 63 51 65 25 – www.lapartdesangescastres. fr – Fermé lundi et dimanche, et mardi soir

CASTRIES

✉ 34160 – Hérault – Carte régionale n° **21**–C2

DISINI

MODERNE • CONVIVIAL Au cœur d'un hôtel de standing entouré de chênes, ce restaurant gastronomique bénéficie d'une salle lumineuse et d'une agréable terrasse à l'abri des frondaisons. Le nouveau Chef y propose de belles assiettes d'inspiration traditionnelle à la forme modernisée, où les goûts sont francs. Coup de cœur pour le crousti-fondant et les arômes du dessert au Limoncello et sa glace riz soufflé et citron.

🔁 ⌂ 🛋 & 🄰🄺 🗼 🅿 – Prix : €€

1 rue des Carrières – ☎ 04 67 41 97 86 – www.disini-hotel.com

CAUDEBEC-EN-CAUX

✉ 76490 – Seine-Maritime – Carte régionale n° **17**–C1

✿ G.A. AU MANOIR DE RÉTIVAL

Chef : David Goerne

MODERNE • COSY Dans ce manoir perché au-dessus de la Seine, officie David Goerne, un chef allemand fou de gastronomie française. Adepte de la simplicité, il reçoit à sa "table d'hôte" dans sa cuisine vintage. Aux murs, les cuivres rutilent. Aux beaux jours, on pourra aussi s'attabler dehors sur la terrasse panoramique, surplombant la Seine et dominant le pont de Brotonne. Le chef aime improviser devant ses convives : subtil et créatif, notamment dans l'usage des herbes, des poivres et autres assaisonnements, il va droit à l'essentiel. Rehaussée par une brassée d'herbes et de fleurs et d'une émulsion au citron, sa divine poêlée de légumes frais du jardin sur un jaune d'œuf mariné à la sauce soja fleure bon le miracle printanier. S'il est fou de végétal, David Goerne n'est pas moins à l'aise avec le homard, le foie gras ou encore le pigeonneau, au gré d'une inspiration sans cesse renouvelée.

✿ **L'engagement du chef :** Nous sommes convaincus que chacun a son rôle à jouer dans la préservation de la Nature et de ses ressources et que chaque action compte. Nous avons ainsi banni le plastique de notre cuisine, compostons nos déchets et les menus que nous élaborons au quotidien mettent en saveurs les produits des champs situés à proximité du restaurant.

🔁 ⌂ 🛋 🗼 ⇄ 🅿 – Prix : €€€€

2 rue Saint-Clair – ☎ 06 50 23 43 63 – www.restaurant-ga.fr – Fermé du lundi au mercredi, jeudi midi et dimanche soir

CAVAILLON

✉ 84300 – Vaucluse – Carte régionale n° **25**–E1

L'ENVOL

DU MARCHÉ • CONTEMPORAIN Dans une petite rue du centre-ville, une adresse aussi charmante que discrète. Aux pianos, Laurent Renoult célèbre les légumes de Vert'Tige, à Cabannes, l'agneau de Sisteron ou encore le pigeon des Costières. C'est franc, goûteux, et l'accueil de Sarah Hotten est simple et charmant. Courez-y !

🄰🄺 🗼 – Prix : €€

35 rue Gustave-Flaubert – ☎ 04 90 78 15 27 – lenvolcavaillon.fr – Fermé lundi, dimanche, et mardi, mercredi, jeudi et samedi midi

CAVALIÈRE

✉ 83980 – Var – Carte régionale n° **24**–C3

SMASH CLUB

CLASSIQUE • CONVIVIAL Les locaux se pressent dans ce restaurant quelque peu insolite, car installé au cœur d'un club de tennis. Sous la houlette du chef David Archinard, on sert ici une bonne cuisine aux accents provençaux, à la fois généreuse et soignée. Le menu change régulièrement mais certains classiques demeurent, comme la roustide en début de repas et le baba au rhum au dessert.

🏵 🅿 – Prix : €€

Avenue du Golf – 𝒞 04 94 05 84 31 – www.smashclubrestaurant.fr

LA VIEILLE FONTAINE - LE CLUB DE CAVALIÈRE & SPA

MODERNE • ÉLÉGANT Rougets en filets, pistou d'herbes et fenouil confit ; loup de pleine mer rôti sur la peau ; soufflé chaud aux fruits de la passion... De beaux produits de la mer (et quelques viandes), cuisinés avec finesse. À apprécier face aux flots !

🏵 ⬝ ⬝ 🏵 🅿 – Prix : €€€

30 avenue du Cap-Nègre – 𝒞 04 98 04 34 34 – www.clubdecavaliere.com/fr

LA CELLE

✉ 83170 – Var – Carte régionale n° **24**–C3

✿ HOSTELLERIE DE L'ABBAYE DE LA CELLE

PROVENÇALE • HISTORIQUE Non loin de l'abbaye de la Celle, cette thébaïde gourmande occupe les murs d'une belle bâtisse classique du 18 e s. Cette adresse de la galaxie Ducasse offre désormais tous les agréments d'un hôtel de luxe. Formé au Louis XV à Monaco, le chef Nicolas Pierantoni, né à Brignoles, est un enfant du pays qui a grandi dans le village. On cisèle ici une cuisine méridionale pleine de sagesse et riche en légumes – ce qui n'empêche évidemment ni la gourmandise ni la générosité, à l'image de ces farcis de Provence au pistou d'herbes ou cette canette des Dombes rôtie au romarin. La tradition sans ostentation.

⬝ ⬝ 🏵 🅿 – Prix : €€€

Place du Général-de-Gaulle – 𝒞 04 98 05 14 14 – www.abbaye-celle.com –
Fermé mardi et mercredi

🛏 HOSTELLERIE DE L'ABBAYE DE LA CELLE   *Plus*

ÉLÉGANCE TRADITIONNELLE Cette ancienne hostellerie d'abbaye distille un bel esprit d'antan avec ses murs du 18e s. et son décor provençal bourgeois. Le matin, le soleil filtre à travers les grands arbres, et l'on découvre avec bonheur le jardin environnant, avec son potager et son conservatoire des vignes – 88 cépages différents !

⬝ 🅿 ⬝ ⬝ ⬝ ⬝ ⬝ ⬝ ⬝ - 10 chambres – Prix : €€€

10 place du Général-de-Gaulle – 𝒞 04 98 05 14 14

✿ **Hostellerie de l'Abbaye de la Celle** - Voir la sélection des restaurants

CELLETTES

✉ 41120 – Loir-et-Cher – Carte régionale n° **8**–A1

✿ LA VIEILLE TOUR

Chef : Alexis Letellier

MODERNE • INTIME La vieille tour de cette maison du quinzième siècle, visible de loin, vous guidera vers cette halte gourmande. Ici, on ne triche pas. Le jeune chef Alexis Letellier régale ses convives d'une cuisine actuelle bien troussée, réalisée avec de bons produits, teintée de notes asiatiques, et régulièrement réinventée au fil des saisons. Ce jour-là, fondant foie-gras, anguille fumée, granny smith, sorbet coriandre ; turbot , cannelloni épinards, safran, chorizo. Accueil dynamique et tout sourire de la compagne du chef Alice, de bon conseil pour le choix du vin. Finesse gustative, personnalité, dressages soignés : une adresse comme on les aime.

Prix : €€€

7 rue Nationale – ☏ 02 54 74 67 15 – www.restaurant-la-vieille-tour-blois.com – Fermé lundi et mercredi, et dimanche soir

CENON

✉ 33150 – Gironde – Carte régionale n° **18**–B1

PARADOXE

MODERNE • CONTEMPORAIN Le chef Christophe Girardot propose une cuisine au goût du jour, concoctée à base de produits de qualité. En salle, le sommelier propose de judicieux accords mets et vins. Terrasse d'été prisée aux beaux jours. Les menus surprises sont composés au fil des arrivages et des envies du chef.

⅏ & Ⓚ ⌂ – Prix : €€€

9 allée de la Morlette – ☏ 05 57 80 24 25 – restaurant-paradoxe.com – Fermé lundi et dimanche

CERCIÉ

✉ 69220 – Rhône – Carte régionale n° **3**–E1

L'ÉCUME GOURMANDE

MODERNE • CONTEMPORAIN Cette adresse est emmenée par un jeune chef passé par de belles maisons. Il mitonne une cuisine aux bases classiques, sagement inventive, à l'instar de cet œuf bio cuit "parfait", petits pois à la française et émulsion de poitrine fumée, ou ce pavé d'esturgeon, champignons shimeji et sauce basilic. Cave vitrée abritant des jolies références à prix raisonnables.

⅏ Ⓚ – Prix : €€

35 Grande-Rue – ☏ 04 37 55 23 06 – www.ecume-gourmande.fr – Fermé lundi et mardi, et dimanche soir

CÉRÉ-LA-RONDE

✉ 37460 – Indre-et-Loire – Carte régionale n° **8**–A2

AUBERGE DE MONTPOUPON

MODERNE • AUBERGE Une bien sympathique auberge, installée au pied du château de Montpoupon. L'intérieur marie joliment le rustique (pierre apparente, poutres) et le plus contemporain, tandis que la cuisine nous emmène faire un tour du Val de Loire, dans un genre gourmand et goûteux. Prix sages, terrasse avec vue sur le château.

& ⌂ ✿ Ⓟ – Prix : €

Le Moulin Bailly – ☏ 09 70 37 22 55 – auberge-montpoupon.fr – Fermé lundi et mardi, et mercredi, jeudi et dimanche soir

CÉRET

✉ 66400 – Pyrénées-Orientales – Carte régionale n° **21**–B3

L'ATELIER DE FRED

MÉDITERRANÉENNE • BISTRO C'est une adresse où les habitués se pressent. Le sens de l'accueil de Fred, la cuisine méditerranéenne goûteuse et gorgée de soleil de David, son associé, et ce je-ne-sais-quoi qui fait la différence. La majorité des légumes et herbes aromatiques servis au restaurant sont issus du potager de mille mètres carrés du chef. Le menu du déjeuner est d'un excellent rapport qualité/prix, la cuisine très soignée. On se régale.

⌂ Ⓚ ⌂ – Prix : €€

12 rue Saint-Férreol – ☏ 04 68 95 47 41 – Fermé lundi et dimanche

CERNAY

⊠ 68700 – Haut-Rhin – Carte régionale n° **10**–A3

HOSTELLERIE D'ALSACE

TRADITIONNELLE • CONVIVIAL Dans cette grande maison à colombages, le chef interprète avec savoir-faire les classiques de la maison : foie gras de canard, carré d'agneau rôti en croûte d'herbes, filet de bœuf aux morilles.

&. 🅰🄲 🄿 – Prix : €€€

61 rue Poincaré – ☎ 03 89 75 59 81 – www.hostellerie-alsace.fr – Fermé samedi et dimanche

CESSON-SÉVIGNÉ

⊠ 35510 – Ille-et-Vilaine – Carte régionale n° **7**–D2

CUEILLETTE 🆕

DU MARCHÉ • CONTEMPORAIN Une petite maison perdue dans la banlieue rennaise, une façade avenante, un intérieur contemporain, une terrasse couverte donnant sur les champs, et un accueil charmant. Et dans l'assiette, le chef a tout compris : des recettes efficaces, épurées et tout en finesse, des accords judicieux, des assaisonnements au cordeau. Une jolie cueillette urbaine.

&. �ூ 🄿 – Prix : €€

54 route de Fougères – ☎ 02 99 62 00 13 – www.cueilletterestaurant.fr – Fermé lundi et dimanche, et mardi soir

ZEST

MODERNE • SIMPLE Le succès de ce Zest ? Une cuisine du marché, des recettes originales mâtinées de touches exotiques, de condiments et d'épices, une ambiance conviviale, et, à la belle saison, une terrasse au bord de la Vilaine. Service efficace.

🌂 – Prix : €€

32 cours de la Vilaine – ☎ 02 99 83 82 06 – www.restaurant-zest.fr – Fermé lundi, mercredi et dimanche

CEVINS

⊠ 73730 – Savoie – Carte régionale n° **4**–F2

LA FLEUR DE SEL

MODERNE • CONVIVIAL Sur la route des stations, cette maison récente met en avant une appétissante cuisine de saison, servie par des produits de qualité, au gré de menus qui changent régulièrement. Côté décor, une salle moderne et cosy, centrée autour de la belle cheminée qui crépite au milieu de la pièce... Délicieux.

🌂 ⇄ 🄿 – Prix : €€

15 route du Portelin – ☎ 04 79 37 49 98 – www.restaurant-fleurdesel.fr – Fermé lundi, et mardi, jeudi et dimanche soir

CHABANAIS

⊠ 16150 – Charente – Carte régionale n° **20**–D2

LE VIEUX MOULIN

DU MARCHÉ • TRADITIONNEL Ce restaurant, aménagé dans un vieux moulin, nous accueille dans une salle lumineuse, avec sa belle cheminée pour les flambées hivernales. L'été, la terrasse bordant la rivière voisine permet de profiter de la jolie cuisine du marché, autour de recettes originales et maîtrisées, privilégiant les circuits courts.

♿ 🅰 🍽 **P** – Prix : €€

Étang du Bouchaud – 📞 05 45 84 24 97 – www.levieuxmoulin-chabanais.com – Fermé mardi et mercredi, et lundi soir

CHABLIS

✉ 89800 – Yonne – Carte régionale n° **5**–B1

🙂 LES TROIS BOURGEONS

MODERNE • SIMPLE Ce bistrot contemporain, au décor tout simple, a fleuri entre les murs d'une ancienne cave du Domaine Laroche, fameux producteur de chablis. Un chef japonais, formé à Tokyo et dans de belles maisons françaises, y soigne ses clients avec une fine cuisine, inspirée du répertoire régional, et revisitée avec goût et imagination. Très bon rapport qualité/prix.

♿ 🅰 – Prix : €

10 rue Auxerroise – 📞 03 86 46 63 23 – restaurant-chablis.fr – Fermé lundi et dimanche

AU FIL DU ZINC

MODERNE • CONTEMPORAIN Dans ce joli restaurant à cheval sur le Serein, le chef Mathieu Sagardoytho élabore des menus créatifs à la gloire de produits bien choisis (daurade grise de la baie de Quiberon en ceviche aux fraises, lapin de Bourgogne cuisiné aux moules de Groix, mirabelles de l'Yonne...), en harmonie avec une belle sélection de chablis et autres crus bourguignons.

ˆ ♿ 🅰 – Prix : €€

18 rue des Moulins – 📞 03 86 33 96 39 – www.aufilduzinc.fr – Fermé lundi et mardi, et dimanche soir

CHAGNY

✉ 71150 – Saône-et-Loire – Carte régionale n° **5**–A3

✿✿✿ MAISON LAMELOISE

Chef : Éric Pras

MODERNE • ÉLÉGANT Ah, Lameloise ! Le simple énoncé de ce nom fait déjà frémir d'aise les fins palais de Bourgogne et d'ailleurs. Impossible de résumer en quelques lignes l'histoire de cette institution qui entama son parcours étoilé, tenez-vous bien, en... 1926. Mais qu'on se rassure : en dépit de son grand âge, Lameloise n'a pas l'âme nostalgique. Eric Pras, devenu chef de la maison en 2009, le résume en une phrase, presque un mantra : "La tradition, c'est l'avenir." Autant dire qu'il n'a pas l'intention de se reposer sur ses lauriers. Fidèle à l'esprit des lieux, aussi inspiré que pointilleux, il assène avec sérénité de véritables coups de massue gustatifs, rendant hommage au terroir (escargots, volaille de Bresse, bœuf charolais, cazette du Morvan) tout en restant en phase avec l'époque. Très belle sélection de vins, au verre notamment. Du grand art.

ˆ 🍷 🅰 ⇔ – Prix : €€€€

36 place d'Armes – 📞 03 85 87 65 65 – www.lameloise.fr – Fermé mardi et mercredi

🙂 PIERRE & JEAN

MODERNE • CONVIVIAL Il ne s'agit pas du roman de Maupassant, mais de "la maison d'en face" du prestigieux Lameloise, du nom de ses fondateurs. Une "annexe" un rien canaille qui explore avec finesse la cuisine du moment et revisite les recettes des ancêtres. Les classiques de la maison : pâté en croûte tradition, paleron de bœuf charolais braisé au vin rouge...

♿ 🅰 🍽 – Prix : €€

2 rue de la Poste – 📞 03 85 87 08 67 – www.pierrejean-restaurant.fr – Fermé lundi et mardi

CHAINTRÉ

✉ 71570 – Saône-et-Loire – Carte régionale n° **5**–C3

❀ **LA TABLE DE CHAINTRÉ**

Chef : Sébastien Grospellier

MODERNE • INTIME La maison régionale dans toute sa splendeur ! Dans ce village typique niché au milieu du vignoble de Pouilly-Fuissé, on trouve un jeune couple sympathique et travailleur. Lui, en cuisine, pioche de beaux produits au marché et les magnifie avec des assiettes bien troussées. À titre d'exemple, citons ces asperges vertes et sardines bretonnes, ce homard normand au beurre mousseux, ou encore cette tranche de veau fermier avec radis multicolores et brocolis violets... Le tout accompagné de beaux nectars de Bourgogne et du Beaujolais. Envie d'y retourner ? Aucun souci, le menu unique est renouvelé chaque semaine. On aurait tort de se priver.

❀ �& ⏸ – Prix : €€€

72 place du Luminaire – ℰ 03 85 32 90 95 – www.latabledechaintre.com/fr – Fermé lundi et mardi, et dimanche soir

LA CHAIZE-GIRAUD

✉ 85220 – Vendée – Carte régionale n° **23**–A3

☺ **LA CHAIZE GOURMANDE**

DU MARCHÉ • BISTRO Dans un sympathique bistrot contemporain, Cédric Merlaud propose une cuisine du marché "sagement voyageuse". De discrètes touches d'originalité viennent taquiner de beaux ingrédients principalement régionaux comme la pêche des ports vendéens et les légumes de petits producteurs. Recettes soignées, parfumées et plaisantes. Un séduisant rapport plaisir-prix !

& ⏸ 𝌆 ⏸ – Prix : €

2 place du Marché – ℰ 02 51 22 75 33 – www.lachaizegourmande.com – Fermé mardi et mercredi, et dimanche soir

CHALON-SUR-SAÔNE

✉ 71100 – Saône-et-Loire – Carte régionale n° **5**–C3

AROMATIQUE

CRÉATIVE • ÉPURÉ Ici, c'est en couple que l'on Aromatise ! Fabien, en cuisine, compose une cuisine créative et inspirée avec de bons produits frais... et une petite touche d'épices ; Émilie, en salle, accueille chaleureusement la clientèle. Aucun risque de déjà-vu : le menu est renouvelé chaque mois. Probablement la meilleure table du centre-ville.

⏸ 𝌆 – Prix : €€

14 rue de Strasbourg – ℰ 03 58 09 62 25 – www.aromatique-restaurant.com – Fermé lundi et dimanche, et du mardi au jeudi soir

LE BISTROT

MODERNE • BISTRO Sur l'île St-Laurent, une adresse conviviale où le chef propose un menu à prix tendre le midi (jambon persillé, raviole de paleron de bœuf) et une partition plus élaborée le soir (pressé de homard aux céréales et tomates, menu truffe). À noter que légumes et fruits proviennent en partie du potager ; fraîcheur garantie.

& ⏸ ⏸ – Prix : €€

31 rue de Strasbourg – ℰ 03 85 93 22 01 – www.restaurant-le-bistrot.fr – Fermé lundi et dimanche, et mercredi soir

LES GOURMANDS DISENT

MODERNE • INTIME Dans la "rue des restaurants" de l'île St-Laurent, un duo de passionnés – lui est du Nord, elle de Saône-et-Loire – fait battre le cœur de cette petite adresse sympathique. Ils nous gratifient de préparations goûteuses, sans esbroufe, renouvelées régulièrement. Attention, amis gourmands : il y a peu de couverts, mieux vaut donc réserver... Qu'on se le dise !

🍴 – Prix : €€

59 rue de Strasbourg – ☎ 03 85 48 75 21 – www.les-gourmands-disent-restaurant.fr – Fermé lundi et mardi, et dimanche soir

PARCOURS

MODERNE • CONVIVIAL Dans une rue piétonne, tout près des quais de Saône, une agréable adresse. Le chef, sérieux et appliqué, maîtrise bien son sujet ; ses assiettes, bien dans l'air du temps, mettent en valeur de beaux produits de saison.

Prix : €€

32 rue de Strasbourg – ☎ 03 85 93 91 38 – www.restaurantparcours.com – Fermé mercredi et dimanche, et jeudi soir

CHÂLONS-EN-CHAMPAGNE

✉ 51000 – Marne – Carte régionale n° **11**–B2

❀ JÉRÔME FECK

Chef : Jérôme Feck

MODERNE • ÉLÉGANT On vient dans cette ville pour sa cathédrale Saint-Étienne, sa collégiale Notre-Dame-en-Vaux, son charme indéniable et ses nombreux lieux de mémoire, témoins d'un riche passé. Dans son hôtel d'Angleterre, le chef Jérôme Feck œuvre en faveur de la tradition gastronomique champenoise et perpétue l'héritage de cette table emblématique de la ville. Également pâtissier, il a roulé sa bosse de Langres à Reims en passant par Épernay : c'est dire s'il connaît son terroir de Champagne. Ses points forts ? Les sauces et les jus qui se révèlent intenses, concentrés et équilibrés – mention spéciale à la sauce aux épices douces qui flatte le suprême de pigeon. Les produits sont rehaussés de saveurs étudiées, tantôt jouant sur l'acidité, tantôt sur le fumé... Délicieux. Cuisine plus traditionnelle au bistrot Les Temps Changent, mitoyen de la table gastronomique.

🛏👤🅰🅒🅿 – Prix : €€€

19 place Monseigneur-Tissier – ☎ 03 26 68 21 51 – www.hotel-dangleterre.fr/fr/accueil – Fermé lundi, dimanche et samedi midi

AU CARILLON GOURMAND

MODERNE • ÉLÉGANT Dans cette adresse chic et élégante, volontiers design, le carillon sonne l'heure d'une cuisine moderne (carpaccio de daurade royale et déclinaison de carottes) que l'on découvre au travers d'un menu-carte... Accueil agréable, service efficace et vaisselle de belle facture.

👤🅰🅒 – Prix : €€

15 bis place Monseigneur-Tissier – ☎ 03 26 64 45 07 – www.carillongourmand.com – Fermé lundi, et mercredi et dimanche soir

CHAMAGNE

✉ 88130 – Vosges – Carte régionale n° **12**–C3

LE CHAMAGNON

MODERNE • CONTEMPORAIN Dans le village de Claude Gellée dit Le Lorrain, ce bistrot chaleureux propose une cuisine traditionnelle généreuse (filet de boeuf Hereford tendre à souhait et sa béarnaise maison, ris de veau aux morilles, crème brûlée aussi lisse que croustillante) parsemée de notes plus modernes (thon rouge et ses condiments). Des produits de qualité et une jolie carte des vins !

🅰🅲 – Prix : €€

236 rue Claude-Gellée – 𝒞 03 29 38 14 74 – www.restaurantlechamagnon.fr – Fermé lundi et mardi, et mercredi et dimanche soir

CHAMALIÈRES
✉ 63400 – Puy-de-Dôme – Carte régionale n° **1**–B2

🕸 RADIO

MODERNE • **ÉLÉGANT** Depuis les hauteurs de la ville, ce bel hôtel des années 1930 diffuse non-stop un hommage vibrant aux ondes hertziennes et à la lampe triode qui permit l'invention du cinéma parlant et de la TSF. Branché Art déco, son décor sonne comme au premier jour, avec ses mosaïques au sol, ses ferronneries d'art et son alliance du verre et du miroir. En studio, le chef Wilfrid Chaplain mixe les fréquences de sa région natale, la Normandie, et celles de son terroir d'adoption, l'Auvergne, dont il chante les douces harmonies méconnues. Technicien solide, il compose une cuisine ambitieuse, fine et délicate, qui charme le palais : foie gras de canard d'Auvergne, mûres et fruits du mendiant ; bar des côtes normandes, marinière de moules du Mont-St-Michel. Quant au plateau de fromages d'Auvergne, il fait le buzz à lui tout seul.

🕸 ⇔ 🅰🅲 🅿 – Prix : €€€

Plan : B2-1 – *43 avenue Pierre-et-Marie-Curie – 𝒞 04 73 30 87 83 – www.hotel-radio.fr – Fermé lundi, dimanche et samedi midi*

🛏 RADIO   *Plus*

CLASSIQUE CONTEMPORAIN Héritage des années 1930, cet hôtel des hauteurs de Chamalières offre un beau témoignage du style Art déco – celui des années radio ! À l'exception des chambres, spacieuses, décorées de manière contemporaine.

& 🅿 🌣 🍴 - 24 chambres – Prix : €

43 avenue Pierre-et-Marie Curie – 𝒞 04 73 30 87 83

🌣 **Radio** - Voir la sélection des restaurants

CHAMBÉRY
✉ 73000 – Savoie – Carte régionale n° **4**–F2

🍴 LE BISTROT

DU MARCHÉ • **ÉLÉGANT** Au menu de ce bistrot rétro et chic tout proche du théâtre et de la cathédrale, on trouve une cuisine du marché canaille et gourmande, basée sur de jolis produits, rendus dans toute leur vérité par un chef savoyard ayant travaillé longtemps dans la galaxie Ducasse. Le tout, aux beaux jours, se déguste sur une terrasse ombragée. Un vrai plaisir.

🕀 – Prix : €€

6 rue du Théâtre – 𝒞 09 82 32 10 78 – www.restaurant-lebistrot.com – Fermé lundi et dimanche

LE CARRÉ DES SENS

MODERNE • **BISTRO** Joliment située sur l'une des places centrales de la ville, cette maison est le fief d'un chef qui revisite les classiques de la tradition française avec passion et précision : raviole de lieu noir, crémeux champagne et corail de Saint-Jacques ; paleron de bœuf aux girolles ; crème brûlée à l'orange - de bons produits et des recettes soigneusement exécutées.

& 🕀 – Prix : €€

32 place Monge – 𝒞 04 79 65 98 07 – carre-des-sens.eatbu.com/?lang=fr – Fermé lundi et dimanche, et mercredi soir

FOLIE CUISINE D'ÉMOTIONS ⓝ

MODERNE • ÉLÉGANT Dans un immeuble historique situé au cœur du vieux Chambéry et pas très loin du château des Ducs de Savoie, faites une folie à cette table qui occupe l'ancienne cour de ce qui est maintenant un hôtel de luxe. Dans une ambiance intimiste et feutrée, le chef propose des menus "carte blanche" inspirés par les voyages, le terroir de Savoie et aussi les produits de la mer : pressé de dorade marinée au saké, coulis de coriandre et mayonnaise d'huître ; lotte aux litchis, couteaux de mer et chou-fleur...

  ⅏ 🅰 🎘 – Prix : €€€

23 rue Bonivard – ☏ 04 85 86 03 65 – restaurant-folie.com/fr – Fermé lundi et dimanche

L'ORANGERIE DU CHÂTEAU DE CANDIE

MODERNE • ÉLÉGANT Originaire de Bretagne, le chef David Loisel, fort d'une belle carrière et ancien second de Sylvestre Wahid, concocte une cuisine moderne en s'appuyant sur les richesses du terroir savoyard, qu'il mâtine de clins d'œil à sa Bretagne natale au travers d'un menu unique en plusieurs services.

  ⅏🛏🎘⇔🅿 – Prix : €€€

533 rue du Bois-de-Candie, Chambéry-le-Vieux – ☏ 04 79 96 63 00 – www.chateaudecandie.com/fr – Fermé lundi, mardi et du mercredi au vendredi à midi

PINSON

MODERNE • COSY Cette jolie adresse de centre-ville bénéficie de l'enthousiasme communicatif de ses jeunes propriétaires, qui comme le pinson, aiment voyager... et nous convier avec eux. Lui en cuisine, passé par de belles maisons (Londres, Paris), propose une cuisine soignée aux influences métissées ; madame en salle apporte son savoir-faire du milieu du luxe. L'accueil est charmant, le cadre chaleureux.

  🎘⇔ – Prix : €€

22 place Monge – ☏ 04 79 70 96 40 – restaurant-pinson.fr – Fermé lundi et dimanche, et du mardi au jeudi soir

🛏 ### PETIT HÔTEL CONFIDENTIEL   *Plus*

DESIGN MODERNE Ce joli hôtel de charme du centre-ville, installé dans un bâtiment du 15ᵉ s., diffuse l'atmosphère feutrée que seuls les siècles savent patiner : le verre rencontre le parquet massif dans un esprit loft. C'est à la fois chaleureux et plein de caractère : les habitués espèrent qu'il restera confidentiel...

  🍃🅿⇔✧🚲🛏🕸⛱ – 15 chambres – Prix : €€€

10 rue de la Trésorerie – ☏ 04 79 26 24 17

Folie Cuisine d'émotions - Voir la sélection des restaurants

CHAMBOLLE-MUSIGNY

✉ 21220 – Côte-d'Or – Carte régionale n° **5**-C2

LE MILLÉSIME

MODERNE • CONTEMPORAIN Un restaurant contemporain dans ce village de vignerons. Cuisine actuelle (ventrèche de thon rouge et fraise de veau croustillante ; pluma de cochon cul noir et consommé d'agrumes) tout comme le cadre, cave vitrée qui met en valeur la magnifique sélection de bourgognes, et boutique de vins où patientent quelques étiquettes prestigieuses...

  🍽 🅰 ⇔ – Prix : €€

1 rue Traversière – ☏ 03 80 62 80 37 – www.restaurant-le-millesime.com/fr – Fermé lundi et dimanche

CHAMBORD

✉ 41250 – Loir-et-Cher – Carte régionale n° **8**–B1

LE GRAND SAINT-MICHEL

MODERNE • ÉLÉGANT Cette table gastronomique au cadre élégant offre un environnement idéal pour déguster les assiettes créatives et soignées de la cheffe, comme cette entrée à base de petit pois uniquement, où l'ensemble du légume est travaillé. Ici, on utilise des produits locaux et les légumes du potager du mythique château de Chambord qu'on admire depuis la terrasse : une vue inoubliable !

 – Prix : €€€

Place Saint-Louis – ℰ 02 54 81 01 01 – relaisdechambord.com – Fermé lundi, mardi et du mercredi au dimanche à midi

🛏 RELAIS DE CHAMBORD   *Plus*

DESIGN MODERNE Au cœur du domaine de Chambord (dont le château a soufflé 500 bougies en 2019), cet hôtel a été rénové avec le concours du cabinet d'architecte de Jean-Michel Wilmotte. Relais de campagne chic, chambres élégantes (pas forcément très spacieuses) avec de nombreux clins d'œil au château, petit espace bien-être, table gastronomique et restauration plus légère au bar, sans oublier l'accès au domaine, encore plus exclusif le soir après le départ des touristes... Un séjour de choix.

 - 55 chambres – Prix : €€

Place Saint-Louis – ℰ 02 54 81 01 01

Le Grand Saint-Michel - Voir la sélection des restaurants

CHAMBRETAUD

✉ 85500 – Vendée – Carte régionale n° **23**–B3

✿ LA TABLE DU BOISNIARD

CRÉATIVE • ÉLÉGANT Dans un vaste parc, face au château dont les origines remontent au 15ème siècle, un restaurant mené par Valentin Morice, un chef, pâtissier de formation. Il propose une cuisine créative, élaborée à partir de produits d'excellence souvent de la région, avec une vraie passion pour les jus et les bouillons. Cette partition résolument contemporaine et respectueuse des saisons se savoure dans une élégante salle à manger ou en terrasse, aux beaux jours. Belles chambres au château et ravissants chalets dans les bois. Une adresse hautement recommandable.

🛏🔥🔲🍴⇔🅿 – Prix : €€€

Route de la Verrie – ℰ 02 51 67 50 01 – www.chateau-boisniard.com – Fermé lundi et mardi, et dimanche soir

CHAMESOL

✉ 25190 – Doubs – Carte régionale n° **6**–C2

MON PLAISIR

MODERNE • COSY Dans cette accueillante maison de pays, le chef Christian Pilloud travaille chacune de ses assiettes avec sérieux. En chef classique ouvert à la modernité, il recherche les bons produits du terroir bourguignon et franc-comtois pour réaliser des plats généreux : champignons d'automne et escargots fermiers ; croustillant de souris et ris de veau aux morilles, jus au vin jaune ; pigeon royal en croûte de feuilletage...

🐿 🔲🅿 – Prix : €€€

22 lieu-dit Journal – ℰ 03 81 92 56 17 – www.restaurant-mon-plaisir.fr/fr – Fermé lundi et mardi, et jeudi et dimanche soir

BECS SUCRÉS

ALEKSANDRE OLIVER
PRIX PASSION DESSERT

Hôtel du Palais à Biarritz

Après les célèbres Raymond, Michel et Bruno Oliver, c'est au tour d'Aleksandre de se faire un prénom. Si son père, son grand-père et son arrière-grand-père étaient davantage portés sur le salé, Aleksandre a été contraint de laisser éclore son talent en pâtisserie.

Pour quelle raison avez-vous opté pour le sucré ?

J'ai commencé à 17 ans chez mon père à Bordeaux au *Café Gourmand* mais côté salle puis je suis passé en cuisine. Malheureusement, il y a de nombreux produits que je ne peux pas manger, comme les fruits de mer ou les abats. Il était donc difficile pour moi de poursuivre dans cette voie. Par curiosité, je me suis donc essayé à la pâtisserie.

Quelle a été la suite de votre parcours ?

Après ce passage chez mon père, j'ai enchaîné avec un certain nombre de tables bordelaises comme le *Grand Hôtel* de Bordeaux, Dubern, *Le Bateau Lavoir* et *Racines* avant de partir en 2016 à l'autre bout de la France chez le chef Yoann Conte à Annecy.

Pourquoi ce chef et pourquoi cette destination ?

Jusque-là, j'avais le sentiment que le travail de pâtissier n'était pas forcément en phase avec les plats proposés par les chefs. Longtemps, le pâtissier a été ce professionnel qui travaille un peu tout seul dans son coin, qui attend son heure pour présenter ses créations qui, souvent, ne sont pas en rapport avec les plats précédents. Chez Yoann Conte, je savais que son attente était que le moment passé à table soit un tout, qu'il y ait une harmonie de l'amuse-bouche jusqu'aux mignardises, pas de rupture entre le salé et le sucré. Le tout en s'appuyant sur un positionnement *locavore*. Le chef avait aussi cette volonté d'épurer les assiettes et de ne miser que sur le goût. Pour moi, c'était un challenge que je me sentais capable de relever à cet instant de ma carrière.

Cette absence de rupture, vous l'avez aussi appliquée en arrivant à l'Hôtel du Palais en février 2021 ?

Le chef de cuisine, Aurélien Largeau, axe beaucoup ses créations sur les produits de la mer. J'ai alors cherché à intégrer dans mes desserts, ce iodé, cette salinité présente dans les plats qui précèdent les miens. C'est osé, audacieux, parfois perturbant mais il y a au final, des produits qui se complètent parfaitement comme la rhubarbe et les algues que je travaille en sauce.

Quels autres produits de la mer trouvent leur place en pâtisserie ?

La salicorne, la laitue de mer ou le haricot de mer qui se marie parfaitement avec l'acidité d'un citron.

Comment s'opère le sourcing de ces produits atypiques ?

J'en trouve certains localement mais pour le moment, je me tourne vers la Bretagne qui possède une culture de l'algue alimentaire. Mes producteurs sont des pionniers dans ce domaine. Je les connais, je suis allé les rencontrer, j'ai confiance.
Pour les autres produits, je veux toujours savoir qui est derrière. C'est vital de mettre un visage sur

un savoir-faire, de comprendre l'amour que ce producteur met à faire pousser tel ou tel produit. Globalement, je me fournis dans le Pays basque, dans les Landes et dans le Lot-et-Garonne. Je pousse jusqu'à la Corse pour les agrumes et dans la Somme pour la rhubarbe.

C'est votre second prix Passion Dessert. Quelle a été votre réaction ?

Pour être très honnête, je ne savais pas qu'on pouvait l'avoir plusieurs fois. Je l'avais obtenu chez Yoann Conte en 2019. J'ai donc été agréablement surpris d'être honoré en 2022. Cela valide un parti-pris que je sais osé. Je me dis que les inspecteurs du Guide ont goûté et apprécié des desserts à l'assiette avec des produits de la mer travaillés. Je voulais quelque chose de différent.
Ce prix, qui est aussi celui de mes équipes, confirme que nous avons eu raison d'aller vers un univers dans lequel personne n'avait osé mettre un pied. ▪

BECS SUCRÉS

■ La lignée Oliver prend le large avec une pâtisserie aux parfums iodés

MAXIME FRÉDÉRIC
PRIX PASSION DESSERT

Restaurant Plénitude – Le Cheval Blanc à Paris

Pâtissier engagé, qui a à cœur de toujours mettre en avant l'humain avant le produit, Maxime Frédéric possède ses propres poules pour la fourniture d'œufs, et travaille en étroite collaboration avec des agriculteurs qu'il n'omet jamais de mettre sur le devant de la scène.

Que représente pour vous ce prix Passion Dessert ?

J'aspirais à le recevoir mais je ne pensais pas que ce serait aussi rapide, quelques mois seulement après l'ouverture de l'hôtel et du restaurant. C'est bien que la pâtisserie soit valorisée à travers ce prix car cela doit contribuer à créer des vocations. Mais cette distinction n'est pas celle d'un seul homme, elle récompense toute une équipe et indirectement, nos pères spirituels. Je ne serais pas à ce niveau si je n'avais pas travaillé avec de grands professionnels comme Camille Lesecq à l'époque au *Meurice*. Des dizaines de grands pâtissiers ont enfanté une génération talentueuse qui éclot aujourd'hui. Ce prix c'est aussi un peu le leur.

Des voix s'élèvent pour dire que les pâtissiers ne sont pas assez locavores. Quel est votre point de vue ?

Premièrement, la pâtisserie a plusieurs visages. C'est encore compliqué pour un pâtissier de boutique de se concentrer sur des produits de son terroir et de plus, ses créations engendrent des volumes conséquents qui ne sont pas toujours compatibles avec les productions d'agriculteurs locaux. Pour la pâtisserie de restaurant, c'est plus facile de sourcer parce que nous sommes sur des petites quantités.
Deuxièmement, il ne faut pas oublier que nous dépendons de matières premières qui viennent de l'autre bout du monde comme

■ Ronce charnelle, dessert autour de la framboise et de la verveine

connu Corinne et Christophe, ils ne gagnaient pas grand-chose, ne se reposaient pas. Aujourd'hui, ils ont créé 7 emplois sans augmenter la taille de leur troupeau de vaches laitières. Ils ont des week-ends de libres et prennent des vacances. Vous n'imaginez pas la fierté qu'ils ont à produire pour un établissement comme le nôtre et l'envie qu'ils ont de progresser. Je travaille avec eux, par exemple, pour élaborer une crème liquide. Nous ne sommes pas encore au point mais ils y mettent du cœur et bientôt, nous pourrons utiliser ce produit.

C'est aussi le cas pour les œufs avec votre propre production...

Rendons à César ce qui appartient à César, cette production d'œufs, je la dois à ma grande sœur, Noémie et à ma compagne, Claire. J'ai eu l'idée, elles l'ont mise en œuvre en installant un élevage en plein air de poules pondeuses en Normandie. Nous avons environ 1000 poules de 4 races différentes qui produisent environ 3000 œufs par semaine. *Le Cheval Blanc* en achète environ 2000 et les autres sont vendus à des confrères et sur des marchés locaux. Chaque œuf utilisé au *Cheval Blanc* est issu de cette production.
Ce n'est pas seulement pour la pâtisserie mais pour toutes les brigades de l'établissement, de l'œuf du petit-déjeuner pour la clientèle à l'œuf pour faire une mayonnaise. J'en fais de même pour les noisettes produites en France et à l'avenir, je compte poursuivre ce sourcing en veillant toujours à valoriser l'humain. ◼

le chocolat, le café, la vanille pour ne citer qu'elles. Troisièmement, je crois que notre premier objectif est de penser aux hommes et aux femmes qui produisent. Si demain j'arrête le chocolat ou le café, je mets en péril une ou plusieurs familles en Amérique du Sud. Devenir *locavore*, c'est, quelque part, appauvrir quelqu'un ou une filière à l'autre bout de la chaîne, en France comme à l'étranger. Ce n'est pas ce que je souhaite d'autant que ces personnes ont un savoir-faire unique qu'il faut maintenir.

Votre cheval de bataille, c'est de défendre les petits producteurs ?

Ma démarche, c'est de valoriser les hommes et les femmes, de contribuer à créer des emplois. Pour le lait, la crème et le beurre, je fais appel à un couple d'agriculteurs de ma Normandie natale. Quand j'ai

LILIAN BONNEFOI,
PRIX PASSION DESSERT

Restaurant Louroc - Hôtel du Cap-Éden-Roc à Antibes

Chef pâtissier à l'Éden-Roc depuis 29 ans, Lilian Bonnefoi est sans doute, à 53 ans, le doyen des prix Passion Dessert. Mais pour ce professionnel aguerri, il n'y a pas d'âge pour être récompensé.

Si votre oncle n'avait pas été fleuriste, peut-être ne seriez-vous pas pâtissier ? Racontez-nous cette anecdote.

Je suis originaire de Roanne et la table la plus connue de cette ville était le restaurant de la famille Troisgros. Mon oncle était fleuriste et il préparait chaque semaine les centres de table pour le restaurant. Le mercredi, comme je n'avais pas école, je l'accompagnais et je l'aidais à la création et à la mise en place. Entouré de ces chefs avec leurs grandes toques, cette ambiance m'impressionnait et c'est ce qui m'a donné envie de travailler dans cet univers.

Mais vous vouliez être cuisinier, pas pâtissier ?

Là encore, c'est un hasard de la vie. Il était prévu que je fasse mon apprentissage dans un restaurant de la région mais en cuisine. Sauf qu'à cette époque, mon premier chef n'avait pas de place. Il m'a alors conseillé de faire une année en pâtisserie en attendant. J'y ai pris goût. J'ai passé mes diplômes, CAP puis brevet de maîtrise et j'ai fait mes armes à la pâtisserie Laurent. C'est là-bas que j'ai appris toutes les bases puis j'ai été recruté chez Troisgros en tant que commis.

J'y suis resté deux ans avant de partir trois ans à Saint-Barth dans un complexe hôtelier. À mon retour en France, j'ai trouvé une place à l'*Hôtel du Cap-Éden-Roc* et j'y suis toujours. Avec cette particularité d'être à la fois chef pâtissier dans cet hôtel et propriétaire d'une pâtisserie dans le centre d'Antibes. En 2015, j'ai eu envie de me diversifier et en accord avec la direction de l'hôtel, j'ai ouvert deux lieux distincts. Le premier est une pâtisserie, le second, ouvert en 2018, tient plus du salon de thé où l'on sert des brunchs, des gâteaux et une petite carte de plats bistronomiques.

Comment vous organisez-vous pour jongler entre les différentes adresses ?

Les équipes sont bien en place à l'hôtel comme dans mes boutiques mais pendant les 7 mois d'ouverture de l'hôtel, je suis le chef pâtissier et je gère les desserts du restaurant gastronomique, le Louroc, et la pâtisserie-chocolaterie pour les autres lieux de restauration mais aussi les banquets et les chambres.

Avez-vous un dessert signature ?

Un dessert à base de chocolat. C'est une fine fève de cacao brossée

avec une glace à l'huile d'olive, une émulsion au chocolat et un crumble aux noyaux d'olives grillés.

Et si l'on se rend dans votre pâtisserie, quel gâteau devons-nous goûter ?

En saison, la tarte au citron de Menton, le baba au rhum, la tarte finger au chocolat, la tarte aux coings, en saison également mais d'après les retours des clients, le dessert devenu culte, c'est le classique Paris-Brest présenté sous forme d'éclair riche d'un praliné maison réalisé avec des noisettes du Piémont.

Comment avez-vous réagi à votre prix Passion Dessert ?

C'était une joie immense parce que cette récompense ne se fait pas sur la base d'une nomination. Nous ne sommes pas dans un vote de la profession comme cela peut se faire pour d'autres prix qui sont remis chaque année. C'est le Guide Michelin qui l'attribue. Pour moi, c'était aussi inattendu que touchant. Cela récompense un parcours, une volonté de ne jamais s'endormir sur ses lauriers. Cela salue une complémentarité de travail avec mon chef Sébastien Broda, qui nous pousse à toujours plus de créativité.

Mais ce prix, ce n'est pas seulement le mien. Je l'attribue à toute mon équipe qui est composée de 17 pâtissiers. C'est grâce l'investissement de tous ces hommes et de toutes ces femmes que notre travail a été salué et même si je ne suis plus tout jeune, c'est l'une des plus belles distinctions de ma carrière. ▨

JÉRÉMY GARNIER
PRIX PASSION DESSERT

Restaurant La Marine à Noirmoutier

Passionné par le reportage Chef's Table consacré au chef Alexandre Couillon et à sa vision d'une cuisine durable, responsable et naturelle, Jérémy Garnier avait postulé pour intégrer la brigade de La Marine. Entré comme commis en 2020, il a été propulsé chef pâtissier quelques mois plus tard.

■ Meringue à la laitue de mer, agrumes confits et sorbet citron

Avant votre arrivée à La Marine à Noirmoutier, quel a été votre parcours ?

Je suis originaire de Montpellier. J'ai suivi un cursus de bac pro cuisine à Béziers et j'ai enchaîné sur une mention complémentaire en dessert de restaurant. J'ai ensuite travaillé au *Couvent des Minimes* dans les Alpes-de-Haute-Provence avant de rejoindre Noirmoutier. J'avais alors 21 ans.

Pourquoi cette envie de postuler à La Marine du chef Alexandre Couillon ?

J'avais cette envie naturelle de progresser, je voulais aussi retrouver le bord de mer et puis j'étais convaincu par l'approche du chef de ne travailler que des produits locaux en suivant les saisons et en s'appuyant sur le jardin du restaurant et sur la nature environnante.

Comment êtes-vous passé de commis à chef pâtissier en si peu de temps ?

Nous sortions du confinement de 2020. Le chef pâtissier avait décidé de partir. Je pensais qu'il allait être remplacé mais Alexandre Couillon m'a proposé de prendre la relève. J'étais à la fois surpris, fier mais pas apeuré car les desserts sont pensés avec lui. La pâtisserie est étroitement liée à la cuisine. Je savais que mon chef serait là pour valider ou non mes créations. Il a un côté paternaliste qui me rassure et en même temps, il a un côté nostalgique au niveau des saveurs et des textures comme avec le caramel, le riz au lait ou la tarte au sucre servie en mignardise. Ces valeurs sûres me conviennent aussi beaucoup.

Vous n'intervenez que sur le restaurant gastronomique ?

Non, il y a le restaurant avec 20 couverts par service, le bistrot avec 80 couverts, la partie hôtellerie pour les petits-déjeuners et la boutique où nous vendons notamment du pain au levain que je confectionne avec une farine qui nous est propre grâce au travail d'un agriculteur local.

Quels sont les produits qui vous fascinent sur l'île ?

La première chose a été d'admettre que je ne travaillerai plus la banane, les fruits de la passion ou l'ananas mais qu'il fallait que je trouve sur l'île ou aux environs, des produits qui soient au cœur de mes desserts en fonction des saisons. Je m'appuie sur le jardin pour les fraises. Bientôt les arbres fruitiers comme les pommiers ou les cerisiers donneront en conséquence. Je trouve aussi du sarrasin alors que je connaissais essentiellement le petit épeautre, des feuilles de figuier, du sureau, du fenouil sauvage ou de la réglisse. Je jongle avec toutes ces saveurs, tous ces parfums auxquels depuis peu, j'ajoute de la salicorne, des algues ou de la laitue de mer que je fais blanchir puis sécher pour enlever le salé et que j'intègre par exemple dans un sorbet au citron.

Quelles sont les alliances qui résument votre pâtisserie ?

Le travail autour des produits de la mer est désormais un virage que j'ai bien pris mais l'essentiel du positionnement des desserts, et parce que localement, nous n'avons pas accès à tous les fruits, c'est l'alliance avec les légumes du jardin qui est recherchée dans cette pâtisserie. Travailler la carotte ou le concombre en version sucrée, c'est passionnant pour le goût, les textures et les associations possibles surtout quand on peut y ajouter les herbes sauvages et leurs parfums aussi délicats que surprenants. ■

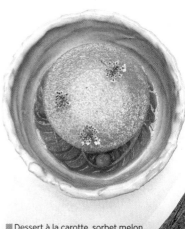

■ Dessert à la carotte, sorbet melon et mousse abricot

ADRIEN SALAVERT
PRIX PASSION DESSERT

Restaurant Les Belles Perdrix de Troplong Mondot à Saint-Émilion

"Plus on est créatif, plus on est créatif", telle est la maxime d'Adrien Salavert, chef pâtissier à la tête bien faite qui, malgré des études supérieures, a toujours su qu'il évoluerait dans les métiers de la boulangerie et de la pâtisserie.

Comment passe-t-on d'une licence en ressources humaines à un CAP pâtisserie ?

Depuis l'âge de 10 ans, je disais que je voulais être boulanger. Adolescent, j'aidais dans une boulangerie et à 17, je faisais mon premier job d'été dans une pâtisserie de l'île d'Oléron. Ce sont mes parents qui m'ont poussé à poursuivre mes études supérieures, pas parce qu'ils ne voulaient pas que je fasse ce métier mais parce qu'ils étaient convaincus que si un jour, je voulais être chef d'entreprise, il fallait s'armer pour.

Quels sont les diplômes que vous avez obtenus ?

J'ai un bac S spécialisation mathématiques, j'ai enchaîné sur un DUT en gestion des entreprises que j'ai passé à Bordeaux et j'ai terminé par une licence en ressources humaines. Après ces diplômes, j'ai passé mon

CAP pâtisserie en 6 mois à l'Institut national de la boulangerie et de la pâtisserie à Rouen et sur les conseils d'un de mes professeurs, je suis allé travailler dans une pâtisserie à Ambert dans le Puy-de-Dôme où tout était fait maison.

Ensuite tout s'est enchaîné rapidement...

Après deux ans à Ambert, je suis revenu en tant que commis au *Grand Hôtel* à Bordeaux puis j'ai rencontré le chef de cuisine Stéphane Carrade avec qui j'ai fait l'ouverture de l'hôtel *Ha(a)ïtza* au Pyla-sur-Mer. Je lui dois beaucoup

■ Un classique, réinterprété par Adrien Salavert : le tiramisu

parce qu'avec lui, j'ai appris à mieux comprendre le produit à travers le producteur. Il m'a aussi appris à ne pas en mettre trop dans l'assiette, à me concentrer sur le produit brut. Je suis ensuite allé à *La Réserve* à Paris avec le chef Jérôme Banctel. Je postulais pour un poste de sous-chef, je me suis retrouvé premier chef de partie, et trois mois plus tard, le chef m'a nommé chef pâtissier et j'y suis resté deux ans et demi. J'ai d'ailleurs reçu à cette époque mon premier prix Passion Dessert.

Pourquoi avoir choisi *Les Belles Perdrix* et la Gironde ?

Je voulais revenir sur mes terres. Je venais d'être papa. C'est un choix de vie d'aspirer à une vie familiale plus détendue et il y a eu cette rencontre avec le chef David Charrier totalement en phase avec ma vision humaniste du travail, le respect de l'homme, qu'il soit collaborateur ou producteur. Le bien-être au travail est quelque chose qui m'habite.

Que sous-entend votre maxime "plus on est créatif, plus on est créatif" ?

La créativité, on ne naît pas avec. C'est quelque chose qui se travaille au quotidien. Il faut avoir constamment les cinq sens en éveil pour ensuite reproduire ce que l'on ressent. Je reste émerveillé par la forme d'un cep de vigne, d'un vallon dans le brouillard, d'un branchage. Il faut aussi sentir une herbe sauvage, une céréale, un sapin, un bout de bois.
Toute cette ouverture d'esprit participe à développer votre créativité. Ce que j'entends par cette maxime, c'est que votre créativité ne s'arrête jamais tant que vous gardez vos sens en éveil. C'est le moteur de la création.

Comment résumeriez-vous votre pâtisserie actuelle ?

Un produit, une texture, une épice ou un parfum. Ma pâtisserie est très épurée visuellement. Ce que je veux, c'est que la personne qui lit l'intitulé en salle ne soit pas déçue par le visuel. Si vous proposez un dessert à la poire, elle doit être visible et pas transformée en purée ou en émulsion. Ce n'est pas ce que vous avez vendu.
Ma pâtisserie, c'est aussi un cheminement en lien avec l'Étoile Verte que nous avons obtenu avec notamment un approvisionnement en circuits courts pour les fruits dont beaucoup viennent de Dordogne comme les agrumes ou les kiwis et bientôt les fruits du verger de l'établissement. ∎

AYMERIC PINARD
PRIX PASSION DESSERT

Restaurant Le Grand Contrôle à Versailles

Aymeric Pinard aurait pu être pâtissier en boutique, mais, parce que la restauration s'est présentée à lui, il a opté pour les desserts à l'assiette. À 33 ans, il ne regrette rien d'un parcours qu'il a ardemment voulu après avoir croqué, très tôt, dans son premier gâteau.

Comme ce prix Passion Dessert vous est décerné pour la seconde fois, c'est l'occasion de nous rappeler votre parcours.

Je suis originaire de Nantes. Je pense que j'ai toujours adoré les gâteaux. J'allais d'ailleurs dans la pâtisserie d'un ami de mon père pour goûter. J'ai toujours su que je ferai ce métier. Ma scolarité est classique, CAP, mention complémentaire et BTM (Brevet technique des métiers). J'ai d'abord travaillé localement à La Baule et Pornichet avant de faire l'ouverture

des *Cures Marines* à Trouville puis j'ai rejoint le *Relais Bernard Loiseau* à Saulieu. J'y suis resté 4 ans et c'est là-bas que j'ai eu mon premier prix Passion Dessert. En 2021, j'ai rejoint *Le Grand Contrôle* à Versailles.

Il y a un point commun entre ces 3 établissements, ce sont tous des hôtels – restaurants.

Effectivement, j'aime cette complémentarité de mon métier. J'adore cette idée que je ne suis pas là simplement pour composer des desserts à l'assiette mais aussi pour piloter le tea-time, les viennoiseries, le room-service, la chocolaterie.
C'est un tout qui fédère une équipe entièrement engagée vers le bien-être du client du petit-déjeuner au dîner.

Comment travaillez-vous et imaginez-vous vos desserts ?

Autrefois, parce que j'aime beaucoup ça, je dessinais mes desserts. Avec le temps, je me suis rendu compte que ça me bloquait, que je restais sur mes croquis et que je cherchais à obtenir ce que j'avais dessiné.
Or un dessin ne vous amène pas forcément à réfléchir sur les différents modes de cuisson, sur les différentes possibilités qui vous sont offertes. J'ai donc abandonné pour opter pour le partage avec mes équipes. Je leur explique ce que je ressens, les produits que j'ai envie de travailler. Je peux partir d'une idée de base qui serait mandarine, beurre clarifié et marron et chacun propose. Je fais un premier tri dans les propositions, les miennes incluses et on retient quelques idées pour lesquelles on lance les premiers tests.

On dit de vos desserts qu'ils sont "efficaces". Qu'est-ce que cela signifie ?

Que je vais à l'essentiel. Au fil du temps, j'ai diminué le sucre, la crème pour me concentrer sur le goût, surtout quand il s'agit d'un fruit. L'efficacité, c'est aussi de penser, évidemment à la beauté du dressage, mais surtout de réfléchir à ce que le dessert soit considéré comme un plat. Quand vous commandez un plat à base de tourteau, d'asperges ou de sole, l'intitulé doit correspondre à ce que vous attendez dans l'assiette. Pour le dessert, c'est pareil. Si je vous annonce un dessert à la mandarine, elle doit avoir le premier rôle.

Après les chefs de cuisine, les chefs pâtissiers parlent de plus en plus de produits "locavores". Est-ce que ce n'est pas un frein en Île-de-France ?

Ce n'est pas un frein mais c'est plus compliqué. J'ai tout de même la chance d'être à Versailles à deux pas du Potager du Roi. J'ai donc sous la main un grand nombre de produits. Mais il est vrai que je passe un peu plus de temps à regarder ce qui se fait localement. L'Île-de-France a tout de même un très beau et riche patrimoine culinaire mais il faut prendre le temps de le découvrir, de sillonner la région, d'aller à la rencontre des producteurs. Je m'y emploie de plus en plus. ■

"BEAN-TO-BAR",
DE LA FÈVE À LA TABLETTE

Chez les artisans chocolatiers, mais aussi sur certaines cartes des desserts de restaurants, l'expression "bean-to-bar" fleurit depuis quelques années, que l'on traduit par "de la fève à la tablette".

Apparu dans les années 1990 aux États-Unis, le mouvement *bean-to-bar* regroupait des passionnés de cacao désireux de produire du chocolat en maîtrisant l'ensemble des opérations à commencer par le tri et la torréfaction des fèves. En France, c'était la norme jusqu'à la moitié du 20ᵉ s. mais avec l'essor des manufactures industrielles, les chocolatiers ont arrêté de torréfier et se sont tournés vers des fournisseurs de chocolat de couverture. Seule une poignée d'artisans a maintenu ce savoir-faire comme Pralus, Bonnat, Cluizel ou Bernachon. Ce sont, en somme, les ancêtres en France du mouvement *bean-to-bar*.

Depuis une quinzaine d'années, ils ont été rejoints par une jeune génération d'artisans chocolatiers dont un certain nombre s'est regroupé au sein de l'association *Bean-to-bar France*.

■ De la cabosse au chocolat, le long chemin vers une saveur incomparable

Lexique chocolatier

Beurre de cacao :
Matière grasse extraite par pression à froid de la fève de cacao. La mention "pur beurre de cacao" signifie qu'il n'y a pas d'autres matières grasses végétales ajoutées.

Cabosse :
Fruit du cacaoyer, récolté quatre à sept mois après la floraison. À l'intérieur, des fèves (de 20 à 60 par cabosse) enveloppées d'une pulpe blanche et visqueuse (le mucilage) très appréciée pour ses arômes fruités.

Criollo :
Variété de cacaoyer native d'Amérique, celle que les Espagnols découvrent au début du 16e s. en débarquant sur le continent. Sa rareté justifie son prix élevé.

Forastero :
La variété la plus courante. 80 à 90 % de la production mondiale provient de forasteros (Brésil, Afrique de l'Ouest). Robuste, productive, elle donne un chocolat particulièrement corsé.

Trinitario :
Issu du croisement du criollo et du forastero, le trinitario est apparu au 18e s. sur l'île de Trinidad. Cultivé au Mexique, en Colombie, au Venezuela, mais aussi en Afrique et en Asie, il représente 10 à 20 % de la production mondiale.

■ Entre la fermentation et le concassage, les fèves sont séchées

Maîtriser toute la chaine, et plus encore...

Être engagé dans ce mouvement, ce n'est pas seulement trier et torréfier des fèves pour les transformer en chocolat aux goûts spécifiques, c'est aussi une volonté personnelle de valoriser tous les acteurs de la filière du cacao en s'appuyant notamment sur deux piliers éthiques, le social et l'environnement. Le premier consiste à payer le prix juste aux producteurs, sans négociation, de façon à leur assurer une rémunération pérenne et leur permettre de développer des projets sociaux au sein de leur communauté.
Le second revient à valoriser les productions en bio ou inciter à les convertir et aider au développement de l'agroforesterie durable. ■

RACONTEZ-NOUS VOTRE CONCOURS DE
MEILLEUR OUVRIER DE FRANCE

Patrice Ibarboure – Les Frères Ibarboure à Bidart

Le diplôme de "MOF" est, pour beaucoup de professionnels, le concours d'une vie. Il demande des mois, parfois des années, de sacrifices, et rares sont ceux qui l'obtiennent du premier coup. Patrice Ibarboure, chef pâtissier, fait partie des lauréats 2019.

■ Chaud-froid au chocolat, tout en contrastes et surprises

À quel moment et pour quelle raison avez-vous pris la décision de vous inscrire à ce prestigieux concours ?

En 2017, j'ai participé au Championnat d'Europe du sucre d'art au Sirha à Lyon où j'ai fini deuxième. J'ai rencontré le pâtissier Thierry Bamas, installé à Biarritz, qui avait remporté cette compétition quelques années plus tôt et qui avait décroché le titre de Meilleur Ouvrier de France en 2011 à sa troisième tentative. C'est lui qui m'a incité à m'inscrire.

Vous connaissiez la difficulté de ce concours. Quels ont été les arguments de Thierry Bamas pour vous convaincre ?

Il est venu raconter son expérience au restaurant, ses douze années de

sacrifices. Ce que je voulais, c'est que tout le monde soit d'accord, ma femme, mon frère, mes équipes. Je ne voulais pas imposer ce choix aux autres. À l'unanimité, ils m'ont dit que c'était le bon timing.

Avant d'entrapercevoir la finale, il faut passer le cap de la demi-finale...

Elle se déroulait à Yssingeaux en Haute-Loire à l'École Nationale de Pâtisserie. Il fallait arriver avec 2 gâteaux de voyage pour 6 personnes déjà préparés. Nous avions 15 h sur 2 jours pour réaliser 1 pièce en chocolat, 1 pièce en sucre, 2 pâtés croûte, 2 entremets, 2 pâtisseries montées de 35 cm de haut, 18 petites viennoiseries, 14 tartelettes, 14 petits gâteaux à base de feuilleté et 12 barrettes de chocolat. Je me suis entraîné à partir du 1er septembre pour une présentation 5 mois plus tard.

54 inscrits, 36 présents le jour de la demi-finale et 16 qualifiés pour la finale…

Sauf que là, ce n'était plus la même histoire. Pour la demi-finale, je m'étais aménagé des plages de travail, mais je savais que pour la finale, il fallait que je me mette en retrait du restaurant pour ne me consacrer qu'à ça sous le coaching de Thierry Bamas. Mais comme il n'y avait pas assez de place dans les cuisines du restaurant, j'ai décidé de ne travailler que la nuit. 94 nuits consécutives. Je dormais de 16h à 22h, et ensuite je profitais d'être seul pour m'entraîner. Le thème, c'était "Hier, aujourd'hui et demain". Je suis parti sur les énergies en sachant que tout ce que vous devez produire doit correspondre au thème, même le plus petit des gâteaux.

Que deviez-vous réaliser et en combien de temps ?

Cette fois, nous avions 30 h sur 3 jours pour sortir 1 pièce en chocolat, 1 pièce en sucre, 18 gâteaux classiques de la pâtisserie française, 18 petits goûters, 18 gâteaux sans sucre et sans gluten et 12 pâtisseries. Ma pièce en chocolat reprenait les codes d'une mine de charbon avec des chariots sur des rails, des barils de pétrole pour représenter une autre énergie alors que la pièce en sucre représentait une

projection dans le temps avec la pureté du blanc et des éléments de la pièce en chocolat sur lesquels la nature avait repris ses droits, de la mousse, des fleurs, des herbes.

Quel bilan tirez-vous de cette expérience et du col bleu-blanc-rouge que vous arborez ?

Que notre corps est capable de s'adapter à toutes nos exigences même si dans les six mois qui ont suivi, j'étais toujours malade. Mon corps se vengeait. Qu'il faut aussi savoir s'entraîner très durement mais en s'octroyant des plages de repos, de sport ou de méditation. C'est au cours de ces moments que j'ai trouvé les solutions aux problèmes que certaines épreuves me posaient. Et si j'avais échoué, je pense que je l'aurais repassé. ∎

DIX DESSERTS MYTHIQUES...
ET LEURS CRÉATEURS

Derrière chaque dessert, il y a un créateur ou une créatrice. Si la tarte Tatin est attribuée depuis la fin du 19ᵉ s. aux sœurs Tatin - même si de sérieux doutes subsistent encore - qui se souvient du nom du créateur de la pêche Melba, du baba au rhum ou de l'opéra ?

Le baba au rhum

Le roi de Pologne, Stanislas Leszczynski (1677 – 1766), aurait trempé un morceau de kouglof préparé par son cuisinier, Nicolas Stohrer, dans un verre de vin parce qu'il le jugeait trop sec. Lorsque Stohrer devint le pâtissier de Louis XV, il introduisit le baba au rhum à la cour de Versailles avant de le populariser lorsqu'il s'installa rue Montorgueil à Paris en 1730.

Les crêpes Suzette

Au début du 20ᵉ s., Henri Charpentier, élève d'Auguste Escoffier (1846 – 1935), disait en être l'inventeur, mais sans jamais en apporter la preuve. La création fut donc attribuée au maître, mais les historiens ne s'accordent ni sur la date ni sur le lieu. Certains pensent qu'elle a été inventée en 1890 à l'Hôtel Savoy de Londres quand d'autres jugent qu'elle l'a été en 1896 au Grand-Hôtel de Monte-Carlo.

L'éclair

Appelée *pain à la Duchesse* avant 1850, cette pâtisserie était composée de pâte à choux enrobée d'amandes. On doit au cuisinier-pâtissier Antonin Carême (1784 – 1833) d'avoir suggéré de fourrer la pâte à choux de chocolat ou de café et de déposer un glaçage. Son nom actuel viendrait de sa forme allongée qui permettait de le déguster en... un éclair.

L'île flottante

Si cette création d'Auguste Escoffier se confond aujourd'hui avec les œufs à la neige, elle était historiquement composée de tranches de biscuit de Savoie rassis imbibées de kirsch, masquées de confiture d'abricot, de raisins de Corinthe, de crème montée et servie avec une crème anglaise.

La pavlova

Cette meringue nappée de crème fouettée et garnie de fruits de saison divise l'Océanie depuis des décennies. S'il est avéré que son nom rend hommage à la ballerine russe Anna Matveïevna Pavlova (1881 – 1931), deux pays s'en disputent la paternité. La Nouvelle-

La pavlova : un nom de ballerine russe pour une création pâtissière venue des antipodes.

■ Le saint-honoré, legs de la maison Chiboust aux gourmands du monde

Zélande considère que le chef d'un palace de Wellington l'a inventé en 1926 à l'occasion d'une tournée de la ballerine, quand l'Australie juge que le chef de l'hôtel Esplanade de Perth en aurait eu l'idée en 1935.

Le millefeuille
Dans *Le cuisinier françois* paru en 1651, son auteur, François Pierre de La Varenne (1618–1678) considéré comme le précurseur de l'écriture d'ouvrages de cuisine, décrit le millefeuille. On peut donc considérer qu'il en est le créateur.

Le paris-brest
Baptisé en hommage à la course cycliste, le paris-brest, en forme de roue de vélo, a été conçu par Louis Durand, pâtissier installé à Maisons-Laffitte, sur le parcours de la course dont la première édition eut lieu en 1891. Ce n'est qu'en 1909 que ce gâteau fait son apparition.

La religieuse
Elle a été proposée pour la première fois en 1856 par Frascati, un pâtissier originaire de Naples, installé au Café Frascati à Paris. Il semblerait qu'il s'agissait à l'époque d'un carré de pâte à

choux garni de crème pâtissière et de crème fouettée et dont la couleur du glaçage rappelait celle de l'habit des nonnes.

Le saint-honoré
Auguste Jullien de la maison Chiboust à Paris crée ce dessert en 1847. Son nom est à la fois un clin d'œil à la rue dans laquelle la maison Chiboust est installée et un hommage à Honoré d'Amiens, évêque du 6e s. et saint patron des boulangers et des pâtissiers.

La pêche Melba
C'est encore à Auguste Escoffier que l'on doit la création de ce dessert, baptisé en honneur de la cantatrice australienne Nellie Melba (1861–1931), de passage à Londres en 1893. Lors d'un dîner à l'Hôtel Savoy, Auguste Escoffier, qui en est le chef, présente ce dessert à la soprano coloratura. Il ne prendra officiellement le nom de pêche Melba qu'en 1900.

L'opéra
Gaston Lenôtre a tenté de s'approprier la paternité de ce gâteau en 1960, qui a en réalité été créé 5 ans auparavant par Cyriaque Gavillon, pâtissier et patron de la maison Dalloyau. ■

BECS SUCRÉS

■ Sans chantilly, la pêche Melba, telle que la créa le Maître Escoffier.

le magazine

AVEC OU SANS SUCRE ?

La pâtisserie, c'est du beurre, des œufs, de la farine, de la crème et du sucre. Si au fil des décennies, la légèreté est venue de la réduction de beurre - notamment dans certaines crèmes-, il semblerait que les professionnels sont, aujourd'hui, enclins à abaisser les taux de sucre dans les desserts.

BECS SUCRÉS

Faut-il diminuer les doses de sucre indiquées ou mieux choisir les substituts ? Il n'y a pas réellement deux camps qui s'opposent ou deux écoles qui se regardent en chien de faïence. L'époque est à la réduction du sucre dans les desserts et nombreux sont les pâtisiers et pâtissières qui jugent que l'on ne reviendra jamais en arrière.

Désucrer automatiquement

À la maison, lorsque l'on pâtisse, le premier réflexe à avoir, selon les pâtisiers, est de baisser légèrement le grammage du sucre surtout si le livre duquel est extrait la recette a plus de dix ans. Pour une recette plus récente, réduire la quantité de sucre a une incidence sur le résultat final, sauf si l'on reste dans une marge comprise entre 10 et 15 %, ce qui ne devrait, en rien, modifier la texture et la tenue du dessert. Cette marge, les pâtisiers se l'appliquent depuis un certain temps mais il faut prendre en compte le type de pâtisseries. En boutique, le sucre joue aussi le rôle de conservateur et apporte de la consistance et du maintien. En pâtisserie de restaurant, le dessert est encore plus éphémère et se consomme minute, il peut donc naturellement être moins sucré et s'appuyer sur les sucres naturels, notamment des fruits, qui, cueillis à maturité et issus

d'une production de pleine terre apportent la sucrosité nécessaire sans avoir recours à du sucre ajouté.

La quête du bon substitut

Plébiscités par les pâtisiers, les substituts remplacent rarement la globalité du grammage du sucre blanc annoncé dans une fiche technique mais ils représentent une alternative de goûts, de textures et parfois de couleurs. Parmi ces substituts, le miel. Un produit sain, exempt de transformation,

■ La tarte citron meringuée de Claire Heitzler

qui retrouve ses lettres de noblesse dans certains desserts, mais pas de façon systématique. Et les pâtisiers de souligner l'importance du choix des parfums et l'obligation d'avoir à disposition

336

■ Le gâteau de l'amitié au yuzu de Claire Heitzler

une palette conséquente de miels, toutes fleurs, de sapin, d'argousier, de lavande... Un miel un peu trop puissant va irrémédiablement dénaturer le dessert. Cela peut être aussi le cas avec le sucre de fleur de coco. Issu de la sève des fleurs du *coco nucifera*, il a un pouvoir sucrant assez fort mais le grammage conseillé reste le même comparé au sucre blanc. La seule différence est sa couleur foncée qui peut contribuer à modifier l'apparence d'une crème.

Autre produit en vogue, le sirop d'agave reconnu pour son index glycémique bas. Extrait de la sève de la plante, il possède un fort pouvoir sucrant puisque 30 grammes de sirop d'agave remplacent 100 grammes de sucre blanc. Sans être le dernier arrivé sur le marché des substituts, le sucre de bouleau plus connu sous le nom de xylitol est de plus en plus scruté par les pâtissiers. Édulcorant d'origine naturelle, à indice glycémique bas, souvent en provenance de Finlande, il s'utilise de la même façon que le sucre blanc pour sucrer des préparations froides. En revanche, pour la cuisson, il doit être moins dosé.

Garder en tête la recherche du plaisir

Si certains de ces substituts modifient les façons de travailler et la conception des desserts, ils demandent de nombreux essais. Mais comme le soulignent de nombreux pâtissiers, rien ne vaut le pouvoir sucrant d'un fruit frais arrivé à bonne maturité, et tous d'ajouter que si désucrer est une réalité aujourd'hui, il ne faut en aucun cas considérer qu'une pâtisserie ou un dessert est néfaste pour la santé par la seule présence du sucre, quelle que soit sa forme. Ce qui est réellement dangereux, ce sont les sucres cachés présents dans une grande partie des produits industriels, même salés. Savourer un dessert reste un moment de plaisir qui apporte de l'énergie et fait du bien au moral. ■

SAVEZ-VOUS PÂTISSER ?

De "abaisser" à "voiler", petit tour d'horizon des principaux termes techniques employés au quotidien par les pâtissiers et dans le déroulé des recettes qu'ils publient à l'attention du grand public.

Abaisser
Étaler ou aplatir un morceau de pâte au rouleau ou au laminoir selon la forme et l'épaisseur souhaitée, de façon à obtenir une abaisse.

Abricoter
Étaler au pinceau sur une tarte, un entremets ou un gâteau, un nappage blond ou gelée d'abricot pour protéger les fruits de l'oxydation et donner un côté brillant au dessert.

Canneler
Découper des lamelles ou tracer des rainures sur la surface d'un agrume ou d'un légume à l'aide d'un couteau canneleur.

Chiqueter
Pratiquer de petites entailles régulières à l'aide d'une pince à chiqueter ou le dos de la pointe d'un couteau sur une pâte feuilletée ou brisée avant cuisson pour permettre de souder les abaisses de feuilletage. C'est le cas pour les chaussons aux pommes ou les galettes des rois.

Corner
À l'aide d'une maryse ou d'une corne en plastique souple, récupérer les restes de crème ou d'appareil sur les parois d'un récipient pour en laisser le moins possible.

Filmer, ou "filmer au contact"
Signifie qu'il faut poser un film alimentaire directement sur la crème ou la préparation de manière à empêcher tout contact avec l'air et éviter la formation d'une pellicule en surface.

Fleurer
Le verbe le plus connu est *fariner* une plaque ou un moule. Se dit essentiellement pour le plan de travail que l'on parsème d'une très fine pellicule de farine.

Foncer
Chemiser un moule ou un cercle avec une abaisse de pâte.

Fraiser (ou fraser)
Consiste à écraser, sur un plan de travail, les éléments d'une pâte avec la paume de la main pour lisser puis de reformer une boule de pâte avant de répéter l'opération.

Manier
Travailler à la spatule, ou pétrir à la main, un ou plusieurs ingrédients dans un récipient de façon à obtenir une préparation homogène et sans grumeaux.

Monder
Se dit pour les pêches, les tomates, les amandes ou les pistaches. Il s'agit de retirer la peau soit après torréfaction soit après avoir plongé le produit dans une eau bouillante pendant une trentaine de secondes. Le mondage (ou émondage) se pratique avec un couteau d'office.

Le geste du professionnel, appris et répété mille fois, acquis et personnalisé jusqu'à la perfection.

Puncher

Faire pénétrer un sirop, alcoolisé ou pas, dans une préparation de pâtisserie pour l'imbiber ou la parfumer.

Rioler

Déposer des bandes de pâte à intervalles réguliers sur la surface d'un gâteau, avant la cuisson, de façon à ce qu'elles s'entrecroisent en diagonale pour former des losanges ou des carrés.

Rompre

Rabattre une pâte en la repliant plusieurs fois sur elle-même pour lui redonner son volume initial. Cette opération permet d'évacuer le gaz carbonique formé durant la fermentation.

Sabler

Deux définitions pour ce verbe. La première consiste à travailler la farine et une matière grasse entre les doigts jusqu'à obtenir une consistance rappelant celle du sable. La seconde est propre au praliné ; il s'agit de verser un sucre cuit à 121°C sur des fruits secs grillés, de mélanger jusqu'à obtention d'une masse sableuse et granuleuse.

Tant pour tant

Une part de poudre d'amandes pour une part de sucre c'est-à-dire le même poids. Si la recette indique un *tant pour tant* de 400 grammes, cela signifie qu'il y a 200 g de sucre et 200 g de poudre d'amandes.

Voiler

Recouvrir certaines pâtisseries, comme les œufs à la neige, complètement ou partiellement de sucre filé. ▪

HISTOIRE DES BASES PÂTISSIÈRES

Sans pâte feuilletée, point de millefeuille. Sans crème pâtissière, les fonds de tarte, les choux, les brioches ne sauraient être garnies. Sans crème anglaise, le fondant au chocolat se sentirait bien seul. Retour vers le passé pour rendre hommage à ceux qui les ont imaginées.

La crème pâtissière

Auteur de l'ouvrage *Le cuisinier roïal et bourgeois*, François Massialot (1660 – 1733), officier de bouche, serait le créateur de cette crème. On lui attribue également l'invention de la crème brûlée qu'il aurait servi au cours d'un repas pour Philippe d'Orléans.

La crème anglaise

Le mystère reste entier. Certains historiens pensent que des cuisiniers français auraient travaillé en Angleterre et découvert ce qui s'appelait la *custard cream* avant de la baptiser à leur retour en crème anglaise. Sauf que la *custard cream* était épaisse et salée. Rien à voir avec un certain François Massialot qui évoque dans un ouvrage de 1704 une recette de crème composée d'une chopine de crème douce, d'une chopine de lait, d'une demi-livre de sucre en poudre dans laquelle on délaye des œufs et que l'on fait bouillir. Il manque cependant un ingrédient primordial, la vanille.

La pâte à choux

Maître pâtissier italien de Catherine de Médicis, Popelini, est considéré comme le créateur de la pâte à choux et ce dès 1540. Sauf que pour Henri Pigaillem, dans son

■ Abaisser et plier, sans relâche, pour une pâte feuilletée légère et aérée

ouvrage *L'histoire à la casserole*, le premier créateur de la pâte à choux serait un certain Penterelli, le cuisinier précédent de Catherine de Médicis, qui l'aurait introduite en France dès 1533. Popelini n'aurait fait que reprendre la recette et l'améliorer pour créer de petits gâteaux nommés *poupelins*.

La pâte feuilletée

Le feuilletage existe depuis la nuit des temps mais il a évolué au fil des siècles. On sait que les Arabes et les Grecs le maîtrisaient mais il s'agissait d'un feuilletage simple c'est-à-dire une feuille après l'autre. Le principe des plis successifs n'apparaîtrait qu'autour des 17e et 18e s. et deux histoires s'opposent. La première cite le vosgien Claude Gellée, dit Le Lorrain. Artiste peintre, il fut un temps pâtissier auprès d'un peintre en Italie et c'est là-bas qu'il aurait inventé la technique de l'abaissage et du pliage. La seconde évoque un certain monsieur Feuillet, pâtissier du Prince de Condé.

La crème chiboust

Crème utilisée pour garnir le saint-honoré, la chiboust est le résultat de l'association d'une crème pâtissière collée à la gélatine avec une meringue italienne. Elle a été inventée par le pâtissier parisien, Auguste Julien de la maison Chiboust, lui-même créateur du saint-honoré.

La pâte sablée

L'on ne saura jamais la véritable histoire de cette pâte. Les habitants de Sablé-sur-Sarthe aiment à rappeler que la marquise de Sablé en 1670 offrit des sablés au frère de Louis XIV. La pâte sablée serait née. À 200 kilomètres plus au Nord, à Lisieux, on estime que cette pâte

D'origine controversée, la crème chantilly doit tout au coup de poignet... et à la gourmandise !

a été créée dans la ville au 19e s. Sauf qu'elle n'est peut-être pas française car d'anciens manuscrits la décrivent un peu partout en Europe et ce, plusieurs décennies avant.

La crème chantilly

Si certains historiens affirment qu'une crème fouettée sucrée existait déjà sous le règne de Catherine de Médicis (1519 – 1589), le nom de Chantilly n'était évidemment pas indiqué. C'est donc plus vraisemblablement François Vatel (1631 – 1671), maître d'hôtel et organisateur de dîners fastueux, qui en serait le créateur. Il l'aurait proposé pour la première fois à Vaux-le-Vicomte en 1661 pour le compte de Nicolas Fouquet. Devenu plus tard *Contrôleur officiel de la bouche* du Prince de Condé au Château de Chantilly, il aurait, à plusieurs reprises, fait servir cette crème qui porte le nom du château et de la ville où il s'est suicidé. ■

CHAMONIX-MONT-BLANC

✉ 74400 – Haute-Savoie – Carte régionale n° **4**-F1

Située au pied du mythique massif du Mont-Blanc, Chamonix jouit d'un statut unique dans les Alpes du Nord. Si sa vocation touristique est née avec les débuts de l'alpinisme, elle a su préserver et cultiver un esprit de village et une gastronomie de terroir, sur laquelle le reblochon règne en maître (on en fait même des sucettes !) – mais pas seulement. Ce serait oublier le persillé des Aravis, la tome de Savoie, le beaufort et l'abondance, le chevrotin, la tome des Bauges... Et nous ne parlons ici que de fromages ! Citons, au hasard de nos souvenirs gourmands, la longeole, cette variété locale de saucisson à cuire avec de petits morceaux de couenne, du fenouil et du vin rouge et l'inévitable tartiflette (une création récente puisque le plat date des années 1980 seulement), fille naturelle de Sa Majesté le reblochon. Arrosez le tout de Roussette de Savoie, ou d'un verre de genépi, et les sommets sont à vous.

🕸 **ALBERT 1ᴱᴿ**

MODERNE · ÉLÉGANT Pierre, Marcel, Joseph, Clothilde... depuis sa fondation en 1903, quatre générations ont porté cette maison, désormais entre les mains de Perrine Carrier. La cuisine du chef Damien Leveau, aux influences savoyardes et piémontaises, enchante les produits de la région (omble chevalier et féra du Léman, escargots du pays du Mont-Blanc, cochons et agneaux des fermes alentour...), rehaussés par tout ce qui pousse dans le jardin aromatique : oxalis, ache des montagnes, thym citronné, sarriette, mélisse ou sauge. À savourer dans un décor sobre et élégant.

❀ ⇆ 🛏🛋 **P** – Prix : €€€€

Plan : B1-1 – *Hameau Albert-1ᵉʳ, 38 route du Bouchet – 𝒞 04 50 53 05 09 – www.hameaualbert.fr/fr – Fermé mercredi, jeudi, et lundi et mardi à midi*

😊 **AKASHON**

MODERNE · ÉPURÉ Au sein du complexe hôtelier L'Heliopic, on dîne d'une cuisine fine et savoureuse, oscillant entre clins d'œils à la gastronomie locale et partition plus actuelle, le tout dans un cadre épuré aux matériaux bruts- métal et granit.
🛋🛋 – Prix : €€

Plan : A2-5 – *L'Héliopic, 50 place de l'Aiguille-du-Midi – 𝒞 04 50 54 55 56 – restaurant-akashon.com – Fermé les midis*

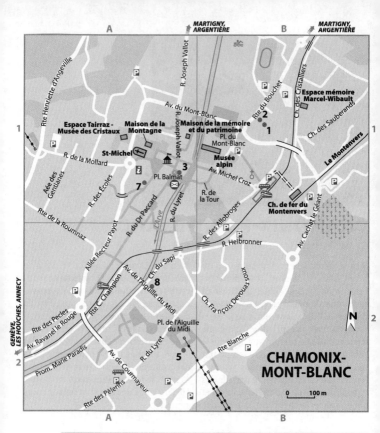

ATMOSPHÈRE

TRADITIONNELLE · TENDANCE Il faut emprunter un bel escalier en granit, abondamment fleuri, pour rejoindre la discrète entrée de ce restaurant "d'atmosphère". Le décor montagnard, épuré et cosy, mise sur la simplicité et la convivialité. Si l'opportunité se présente, demandez une table côté véranda : elle surplombe le cours de l'Arve et offre une échappée sur les aiguilles de Chamonix ! En cuisine, honneur à la tradition, aux spécialités régionales et au gibier en saison : un véritable festival de saveurs. Jolie carte des vins.

❀ ⏪ – Prix : €€€

Plan : A1-3 – *123 place Balmat* – ℰ *04 50 55 97 97* – *www.restaurant-atmosphere.com* – *Fermé mardi et mercredi*

AUBERGE DU BOIS PRIN

TRADITIONNELLE · COSY Dans un cadre chic et contemporain face au Mont-Blanc, l'équipe d'Emmanuel Renaut élabore une carte dédiée au terroir alpin, qui s'appuie notamment sur le potager maison et la cueillette. Joli résultat dans l'assiette, avec des plats modernes, généreux et gourmands : tarte aux champignons sauvages et jus d'oignon grillé, carré de cochon au sapin et aubergine fumée, baba aux noisettes du Piémont, miel et serpolet... En prime, la vue est époustouflante, en particulier depuis la terrasse.

⪡ 🏠 **P** – Prix : €€€

Hors plan – *69 chemin de l'Hermine – ☏ 04 50 53 33 51 – boisprin.com/fr –
Fermé lundi, mardi et mercredi midi*

LE COMPTOIR DES ALPES

MODERNE • CONTEMPORAIN Niché dans un hôtel moderne, ce restaurant
cultive l'esprit franco-italien du chef Daniele Raimondi qui mâtine ses assiettes
d'influences savoyardes. Des saveurs franches pour une cuisine moderne qui refuse
toute concession sur la qualité des ingrédients. Le menu-carte « Ascension » offre
un bon rapport qualité-prix. Une terrasse côté rue et une autre plus calme sur une
placette. La bonne affaire de la station !

&. 🅰 🏠 ✿ – Prix : €€

Plan : A2-8 – *151 avenue de l'Aiguille-du-Midi – ☏ 04 50 53 57 64 – comptoir-
des-alpes.com/fr*

LA MAISON CARRIER

RÉGIONALE • RUSTIQUE Au sein du luxueux Hameau Albert 1er, voici une ferme
typique et conviviale où l'on propose un menu de saison bien tourné. Vous pourrez déguster les charcuteries fumées et séchées sur place, et profiter de l'inamo-
vible "vré de toutes les tartes de la Grand-Mère", un plantureux buffet de desserts
où trônent en bonne place le biscuit de Savoie et la tarte aux myrtilles. Agréable
terrasse.

🐝 &. 🏠 **P** – Prix : €€

Plan : B1-2 – *44 route du Bouchet – ☏ 04 50 53 00 03 – www.hameaualbert.fr/
fr – Fermé lundi et mardi*

LE MATAFAN

MODERNE • ÉLÉGANT Que ce soit dans la salle à manger chaleureuse (belle
cheminée centrale) ou les pieds dans l'herbe, face à la grande piscine, on se régale !
La carte, assez courte, évolue au gré des saisons et profite de quelques influences
italiennes ; le service est convivial.

&. 🏠 **P** – Prix : €€

Plan : A1-7 – *62 allée du Majestic – ☏ 04 50 53 35 46 – lematafan.com*

AUBERGE DU BOIS PRIN   *Plus*

ÉLÉGANCE TRADITIONNELLE Ce joli chalet perché sur les hauteurs de la station,
offrant aux yeux une vue imprenable sur Chamonix et le massif du Mont-Blanc
et aux oreilles un calme absolu. Les chambres, toutes de mobilier classique et
de lambris, ont le goût de la simplicité. Deux suites plus contemporaines ont été
aménagées dans un chalet voisin.

&. **P** ⟿ ◁ 🛏 🔟 🕎 🍽 - 11 chambres – Prix : €€

69 chemin de l'Hermine – ☏ 04 50 53 33 51

Auberge du Bois Prin – Voir la sélection des restaurants

LE FAUCIGNY   *Plus*

DESIGN MODERNE Petit hôtel de charme de la vallée de Chamonix, Le Faucigny
joue la carte de l'élégance discrète et contemporaine. Bien que niché au pied
du Mont-Blanc, il n'a rien du chalet rustique. Flambant neuves, ses chambres
s'habillent d'une palette grise et blanche, de textures douillettes et d'un mobilier
moderne aux délicates touches rustiques. Un style nordique cosy que l'on retrouve
dans les espaces communs composés d'un salon, d'un coin bibliothèque avec cheminée, et d'un spa avec jacuzzi et sauna. Service de conciergerie efficace.

&. **P** 🕎 - 28 chambres – Prix : €

118 place de l'Église – ☏ 04 50 53 01 17

LA FOLIE DOUCE
Plus

AVANT-GARDE A Chamonix, La Folie Douce et les Hôtels Particuliers ont réussi le pari de tout offrir sous un même toit enneigé. 250 chambres, dont des chambres doubles, familiales et suites grand luxe, des dortoirs, mais aussi un bar à cocktails, un spa, un centre de remise en forme avec piscine extérieure chauffée, cours de fitness et yoga Yuj, un club pour enfants, une boutique de ski et une navette gratuite. Cet ancien hôtel The Savoy hérité des années 1900 a conservé son standing et adapté son caractère luxueux.

⟨icons⟩ - 250 chambres – Prix : €€€
823 allée du Recteur Payot – ℰ 04 50 55 10 00

GRAND HÔTEL DES ALPES
Plus

CLASSIQUE CONTEMPORAIN Ce "grand hôtel" mythique, bâti en 1840, a été merveilleusement restauré. Le résultat est à la fois intime et raffiné : hall cossu, bar feutré, élégants salons, chambres raffinées et des suites tout en bois rustique. Le tout au cœur de la station.

⟨icons⟩ - 33 chambres – Prix : €€
75 rue du Docteur Paccard – ℰ 04 50 55 37 80

LE HAMEAU ALBERT 1ᴱᴿ
Plus

CLASSIQUE CONTEMPORAIN Ce véritable hameau associant plusieurs chalets constitue un délicieux havre montagnard, sous un beau tapis de neige l'hiver, tout en vert tendre aux beaux jours... Noblesse des matériaux (dont des boiseries de vieux chalets d'alpage) et chic contemporain, confort extrême et spa d'exception : un sommet de luxe !

⟨icons⟩ - 27 chambres – Prix : €
38 route du Bouchet – ℰ 04 50 53 05 09

❁ **Albert 1ᵉʳ • La Maison Carrier** - Voir la sélection des restaurants

L'HÉLIOPIC
Plus

DESIGN MODERNE Au départ du téléphérique de l'aiguille du Midi, ces deux grands chalets de pierre et de bois nous plongent dans un décor contemporain, parsemé de clins d'œil à l'alpinisme des années 1950. Plaids, coussins et rideaux donnent aux chambres une délicieuse touche vintage ; on passe de longs moments dans le superbe spa...

⟨icons⟩ - 102 chambres – Prix : €€€
50 place de l'Aiguille du Midi – ℰ 04 50 54 55 56

❁ **Akashon** - Voir la sélection des restaurants

MONT-BLANC
Plus

CLASSIQUE CONTEMPORAIN Renaissance de cet hôtel historique, après une rénovation de pied en cap. La décoratrice Sybille de Margerie a su mettre en valeur tous les charmes du lieu, révélant la beauté des moulures anciennes et du grand escalier, et jouant partout la carte d'un chic à la fois contemporain et intemporel... À redécouvrir !

⟨icons⟩ - 41 chambres – Prix : €€
62 allée du Majestic – ℰ 04 50 53 05 64

Le Matafan - Voir la sélection des restaurants

LE MORGANE
Plus

DESIGN MODERNE La nature est ici pleinement respectée : engagement environnemental (zéro carbone), cadre épuré et beaux matériaux (bois brut, pierre, coton bio)... L'hôtel de montagne du 21ᵉ s. en quelque sorte ! En sous-sol, on trouve spa, hammam, sauna, et bassin de relaxation.

⟨icons⟩ - 56 chambres – Prix : €
145 avenue de l'Aiguille du Midi – ℰ 04 50 53 57 15

Le Comptoir des Alpes - Voir la sélection des restaurants

LE REFUGE DES AIGLONS
Plus

DESIGN MODERNE Un hôtel de luxe alpin résolument moderne. Mais de luxe écologique : isolation optimisée, gaz naturel local, chauffage de la piscine aux copeaux de bois... Cette approche environnementale s'étend au spa et à la piscine extérieure. La décoration intérieure mixe des meubles et objets aux lignes épurées et des murs d'un rouge audacieux. Mais le décor insurpassable reste le mont Blanc lui-même - qui sert également de panorama au restaurant.

107 chambres – Prix : €

270 avenue de Courmayeur – ✆ 04 50 55 90 93

REFUGE DU MONTENVERS
Plus

DESIGN MODERNE Cette bâtisse en granite, perchée à 1913 m et édifiée en 1880 pour héberger les premiers alpinistes, est devenue un hôtel au calme, rénové avec goût dans l'esprit refuge. Le restaurant panoramique dévoile une vue splendide sur la Mer de glace. Accessible uniquement par train, ou à pied pour les plus courageux ! Authentique.

🍴 ⌖ - 20 chambres – Prix : €€

Montenvers – ✆ 04 50 53 87 70

CHAMPCEVINEL
✉ 24750 – Dordogne – Carte régionale n° **18**–C1

LE BEL'ART ⓝ

TRADITIONNELLE • CLASSIQUE Sandrine et Vincent Cardoso (ex-Vieille Forge à Milhac-d'Auberoche), tiennent désormais table dans une bâtisse moderne et une salle fonctionnelle. Dans l'assiette, changement complet de décor : tout est mitonné aux petits oignons, cuisiné avec sincérité et, disons le, amour, à grand renfort de produits locaux de qualité (veau sous la mère, noix, myrtilles), et accompagné de légumes (le céleri et les pommes de terre avec la volaille farcie), de jus et de sauces (le caramel laitier à la verveine au dessert), tous objets d'un soin gourmand remarquable. Une aubaine avec un menu déjeuner très attractif.

🕭 🛋 – Prix : €

2 allée Jean-Boiteux – ✆ 05 53 07 85 51 – le-bel-art-restaurant.fr – Fermé lundi et dimanche, et du mardi au jeudi soir

LA TABLE DU POUYAUD

MODERNE • CONTEMPORAIN Sur les hauteurs de Périgueux, le chef (et enfant du pays) Gilles Gourvat, vous reçoit dans cette ferme joliment rénovée. La cuisine, actuelle, revisite la tradition périgourdine, et privilégie les produits locaux (truffe en saison). Ainsi ce magret de canard entier rôti aux cèpes ; brouillade aux truffes ; foie gras de canard mi-cuit fumé au foin... Goûteux.

🛋 ⇄ 🅿 – Prix : €€

57 route de Paris – ✆ 05 53 09 53 32 – www.table-pouyaud.com – Fermé lundi et mardi, et dimanche soir

CHAMPILLON
✉ 51160 – Marne – Carte régionale n° **11**–B2

✿ LE ROYAL

MODERNE • CONTEMPORAIN Au cœur du vignoble champenois, cette table célèbre le terroir à travers des préparations élégantes qui ne dédaignent pas lorgner du côté de la mer : Saint-Jacques aux salsifis et trompettes de la mort, chevreuil sauce grand veneur, poire au miel des ruches... À déguster dans une salle à manger contemporaine dédiée au champagne (plafond patiné doré, lustre monumental composé de 36 bulles ambrées en verre soufflé) mais aussi aux femmes ayant joué un rôle dans la vie de Napoléon, qui fit halte dans cet ancien relais de poste. Superbes chambres contemporaines ; cuisine plus simple à la brasserie le Bellevue.

🐾 ⇆ ⑆ � 🛎 🅿 – Prix : €€€€

Hameau de Bellevue, 9 rue de la République – 𝒞 03 26 52 87 11 – royalchampagne.com – Fermé lundi, dimanche et du mardi au samedi à midi

🛏 **LE ROYAL CHAMPAGNE** *Plus*

ÉLÉGANCE TRADITIONNELLE Après une longue rénovation, le Royal Champagne propose à nouveau ses chambres sans vis-à-vis avec balcon ou terrasse, une décoration contemporaine avec des notes de bois rappelant la nature environnante, un spa de 1500m² et des piscines intérieure et extérieure... Du grand standing.

🛎 🅿 ⇆ ⑄ ⟟ ⌘ 🍴 - 25 chambres – Prix : €€€€

9 rue de la République – 𝒞 03 26 52 87 11

✿ **Le Royal** - Voir la sélection des restaurants

LE CHAMP-SUR-LAYON

✉ 49380 – Maine-et-Loire – Carte régionale n° **23**-C2

✿ **LA TABLE DE LA BERGERIE**

Chef : David Guitton

MODERNE • CONTEMPORAIN Près d'Angers, en plein vignoble des coteaux-du-Layon, ce restaurant mérite toute votre attention. Il abrite le talentueux David Guitton, originaire de Loire-Atlantique, formé auprès des plus grands aux quatre coins du monde : États-Unis, Londres, Monaco... Pas de carte ici, mais un menu volontairement court pour mieux coller aux saisons. Le chef se fournit chez les petits producteurs locaux et compose de belles recettes au style plutôt épuré pour en apprécier toutes les saveurs. La séduisante carte des vins valorise la région dont la production (bio) du domaine.

⑆ 𝕄 ⇄ 🅿 – Prix : €€€

La Bergerie – 𝒞 02 41 78 30 62 – www.latable-bergerie.fr – Fermé lundi, dimanche et mardi midi

CHAMPLIVE

✉ 25360 – Doubs – Carte régionale n° **6**-C2

AUBERGE DU CHÂTEAU DE VAITE

RÉGIONALE • CONTEMPORAIN Désormais géré par la jeune génération de la famille, cette auberge moderne décline une cuisine traditionnelle mettant en avant le terroir franc-comtois. Les morilles sont à l'honneur avec le sandre ou encore le poulet au vin jaune, sans oublier les grenouilles fraîches de l'étang du restaurant en saison. Étonnant : ce distributeur de plats faits maison mis en place à côté du restaurant !

⇡ 🛋 🅿 – Prix : €€

17 Grande Rue – 𝒞 03 81 55 20 66 – www.auberge-chateau-vaite.com/fr – Fermé lundi soir

CHANTILLY

✉ 60520 – Oise – Carte régionale n° **14**-B3

✿ **LE VERBOIS**

Chef : Guillaume Guibet

MODERNE • CONTEMPORAIN Dans la famille Guibet, je demande le fils ! Dans la droite ligne de son père, Guillaume a repris les fourneaux de l'ancien relais de chasse (1886). Portée par les saisons, sa cuisine est créative et astucieuse, avec

CHANTILLY

parfois des touches asiatiques (et pour cause, il a fait ses classes chez Kei, à Paris), toujours convaincante. Les beaux produits, traités avec malice et finesse, se succèdent comme cette dorade royale traitée en ceviche fraîche et relevée à souhait, ou cette belle pomme de ris de veau mise en valeur par une garniture gourmande et un jus intense. Même dynamisme du côté du décor, entre bois, cuir et métal, d'une grande élégance.

🕸 🛏 🖢 🎢 ⇔ 🅿 – Prix : €€€€

6 rue la Grande-Folie, à St-Maximin – ✆ 03 44 24 06 22 – www.leverbois.fr – Fermé lundi et mardi, et dimanche soir

LA TABLE DU CONNÉTABLE - AUBERGE DU JEU DE PAUME

MODERNE • ÉLÉGANT Après une visite au château royal de Chantilly, on s'attable dans cette luxueuse auberge contiguë aux jardins. Dans ce cadre opulent, entre tableaux, lustres et tentures, la cuisine se fait volontiers créative et donne toute leur place au végétal et aux produits de la mer : champignons des bois et bouillon à la mélisse, langoustine et condiment passion, lotte en marinière à l'amaretto... Au bistrot le Jardin d'Hiver, plats traditionnels et de saison sont servis dans la galerie ou l'agréable terrasse-patio.

🖢 🎢 ⇔ 🍽 – Prix : €€€€

4 rue du Connétable – ✆ 03 44 65 50 00 – aubergedujeudepaumechantilly.fr – Fermé lundi, mardi, mercredi et dimanche et du jeudi au samedi à midi

🛏 AUBERGE DU JEU DE PAUME   *Plus*

ÉLÉGANCE TRADITIONNELLE Beaucoup de raffinement dans ce luxueux établissement en bordure du Domaine de Chantilly, entre les Grandes Écuries et le château. Les chambres spacieuses et à l'élégance classique (avec vue sur la ville ou le parc), le spa de 600 m²... tout est princier.

🍽 🅿 ⇗ 🛏 🚲 🏊 🕸 🕮 🍴 - 92 chambres – Prix : €€€

4 rue du Connétable – ✆ 03 44 65 50 00

La Table du Connétable - Auberge du Jeu de Paume - Voir la sélection des restaurants

🛏 MONT ROYAL   *Plus*

ÉLÉGANCE TRADITIONNELLE Bâti au 18e s. sur les hauteurs de la forêt de Chantilly, le Château Mont-Royal marie des alentours bucoliques et un raffinement tout aristocrate. Des parquets aux plafonds, les chambres comme la suite royale récitent le luxe à la française, mélange de décoration classique et de confort parfaitement moderne. Dans un décor de lustres et de moulures, l'ancienne salle de bal accueille aujourd'hui le restaurant, tandis que l'ancien fumoir a mis ses murs lambrissés, son plafond en ogive et sa belle cheminée au service du bar. Salles de réunion.

🖢 🍽 🅿 ⇗ ⇗ 🛏 🚲 🏊 🕸 🏋 🧖 🍴 - 109 chambres – Prix : €€€

Route de Plailly – ✆ 03 44 54 50 50

LA CHAPELLE-D'ABONDANCE

✉ 74360 – Haute-Savoie – Carte régionale n° **4**–F1

LES CORNETTES

TRADITIONNELLE • RÉGIONAL Ce restaurant, cité au guide Michelin depuis 1933, est une véritable institution dans tout le Chablais. Au menu : tourte au gibier, filet de féra à l'ail des ours et morilles, pintade rôtie sur l'os. Les charcuteries sont affinées et fumées sur place dans une atmosphère typiquement montagnarde. C'est simple, bon, et rustique à souhait.

🎢 🅿 – Prix : €€

43 route des Frasses – ✆ 04 50 73 50 24 – www.lescornettes.com/fr

LES GENTIANETTES

TRADITIONNELLE • CONVIVIAL La neige, la montagne, l'envie de paresser près de la cheminée autour de jolis plats… Ici, pas d'esbroufe, mais une cuisine traditionnelle pleine de finesse. Et côté carnotzet, honneur aux spécialités savoyardes (pierrade, raclette, fondue, etc.).

&.🅺 🛋 🅿 – Prix : €€€

Route de Chevenne – ☎ 04 50 73 56 46 – www.gentianettes.fr – Fermé lundi, mardi, mercredi, jeudi et dimanche midi

LA CHAPELLE-TAILLEFERT
✉ 23000 – Creuse – Carte régionale n° **19**–C1

INFLUENCE

MODERNE • ÉPURÉ Le patron de cette petite maison de village a la passion des beaux produits, volaille fermière, distillerie Philippe Marais, bœuf limousin de Courtille ; fort de sa longue expérience, il les met en valeur dans des assiettes gourmandes et bien maîtrisées.

🛋 – Prix : €€

1 rue des Remparts – ☎ 05 55 81 98 32 – www.restaurant-influence.com – Fermé lundi et dimanche, et mardi et mercredi soir

CHARBONNIÈRES-LES-BAINS
✉ 69260 – Rhône – Carte régionale n° **3**–E1

☸ LA ROTONDE

MODERNE • ÉLÉGANT Un agréable moment de gastronomie dans un havre de calme et de verdure aux portes de la ville. Sous la houlette du chef, Jean-François Malle, on profite de menus de saison à base de produits de grande qualité : Saint-Jacques de la baie de Morlaix en carpaccio ; volaille de Bresse avec gnocchis de butternut, soubise et trompettes ; ou lièvre à la royale et truffe fraîche…sans oublier le pâté en croûte "champion du monde" à partager. Une parenthèse délicieuse.

🕸 🍴 &.🅺 ✿ 🍽 🅿 – Prix : €€€

3 avenue Georges-Bassinet – ☎ 04 78 87 79 70 – www.pavillon-rotonde.com – Fermé lundi, mardi, samedi midi et dimanche soir

🛏 LE PAVILLON   *Plus*

DESIGN MODERNE À deux pas du casino et dans un beau parc arboré, cet hôtel luxueux mêle contemporain et discrètes touches Art déco. Certaines chambres disposent d'un hammam et d'une terrasse… et l'on sert un copieux brunch le dimanche ! Une très belle adresse en périphérie de Lyon.

🅿 ⌂ ◁ 🍴 ⌷ 🌐 🛋 🛁 🍽 - 22 chambres – Prix : €

3 avenue Georges Bassinet – ☎ 04 78 87 79 79

☸ **La Rotonde** - Voir la sélection des restaurants

CHARLEVILLE-MÉZIÈRES
✉ 08000 – Ardennes – Carte régionale n° **11**–C1

AMORINI

ITALIENNE • SIMPLE Un petit restaurant italien, sur la place Ducale, avec un menu au diapason : antipasti, charcuterie, bonnes pâtes et vins transalpins. Il y a même une petite épicerie ouverte pendant le service ! Une reproduction des fresques de la Villa des Mystères à Pompéi orne les quatre murs de la salle à manger.

Prix : €

46 place Ducale – ☎ 03 24 37 48 80 – Fermé lundi et dimanche, et du mardi au jeudi soir

LA TABLE D'ARTHUR R

MODERNE • CONVIVIAL Deux formules sont proposées à cette table. Recettes traditionnelles (à l'image de cet onglet de veau, cannelloni de jarret aux abricot secs) et beaux flacons dans la cave voûtée ; au rez-de-chaussée, bistrot contemporain et grands classiques (tête de veau, steak tartare, etc.). Soirées dégustation mets et vins (500 références). Décontracté et original !

🕸 ⅖ 🄺 🏠 – Prix : €€

9 rue Pierre-Bérégovoy – ☏ 03 24 57 05 64 – www.latabledarthurr.fr –
Fermé lundi et dimanche, et mercredi soir

CHARLIEU

✉ 42190 – Loire – Carte régionale n° **2**–A1

😊 RELAIS DE L'ABBAYE

MODERNE • CONTEMPORAIN Ce Relais de facture moderne, ouvert sur les prés environnants, est bien ancré dans son terroir. Aux fourneaux, on trouve un chef passionné de beaux produits, qui célèbre la production régionale (andouille de Charlieu, viande charolaise, fromage, etc.) dans des assiettes généreuses et soignées.

🍸 🛏 ⅖ 🄺 🏠 ♿ 🅿 – Prix : €€

415 route du Beaujolais – ☏ 04 77 60 00 88 – www.relais-abbaye.fr

CHARMES-SUR-RHÔNE

✉ 07800 – Ardèche – Carte régionale n° **2**–B3

✻ LE CARRÉ D'ALETHIUS

Chef : Olivier Samin

MODERNE • TENDANCE Entre Drôme et Ardèche, il souffle comme un parfum de Provence dans cette "maison romaine" dédiée au sénateur Aléthius. La villa est organisée autour de sa cour carrée, délicieux patio verdoyant où l'on s'attable aux beaux jours. Jeune légionnaire chez Jean-Michel Lorain à la Côte Saint-Jacques, Olivier Samin est devenu centurion chez Anne-Sophie Pic, l'emblématique chef trois étoiles de Valence où il a longtemps exercé le poste de second. Il compose une cuisine fraîche et sensible, au gré du marché (fruits et légumes régionaux, escargots de l'Eyrieux, fromages locaux) et des saisons (un menu est dédié à la truffe l'hiver, un autre au homard l'été), avec un sacré sens de l'équilibre : cuissons précises, veloutés et crèmes d'une légèreté aérienne. Carrément délicieux.

🕸 🍸 🄺 🏠 🅿 – Prix : €€€

4 rue Paul-Bertois – ☏ 04 75 78 30 52 – www.lecarredalethius.com/fr –
Fermé lundi, dimanche et mardi midi

CHAROLLES

✉ 71120 – Saône-et-Loire – Carte régionale n° **5**–C3

✻ FRÉDÉRIC DOUCET

Chef : Frédéric Doucet

MODERNE • ÉLÉGANT La table de Frédéric Doucet, c'est une certaine idée du terroir et de la tradition, réinventés avec passion et créativité. Fils de bistrotiers, cet enfant de la balle a roulé sa bosse chez les plus grands, de Pierre Orsi à Paul Bocuse en passant par l'illustre maison Troisgros. Blotti au cœur d'un village aux tours pointues et aux toits patinés, le chef administre une solide leçon de choses : rien que de beaux produits de Saône-et-Loire, bœuf, fromage de chèvre ou escargots, servis par une technique classique rigoureuse qui n'exclut jamais l'inspiration. Cuisses de grenouilles laquées à l'ail des ours aux couleurs des prairies charolaises ; pièce d'exception de charolaise maturée et imprégnée de whisky de Bourgogne :

difficile de résister aux douceurs de Frédéric Doucet, qui sait aussi retenir avec son spa et des chambres fort agréables.

🕸 ⇆ ♿ 🛜 ✿ – Prix : €€€€

2 avenue de la Libération – ☎ 03 85 24 11 32 – www.maison-doucet.com/fr – Fermé lundi et mardi, et dimanche soir

LE BISTROT DU QUAI

BOURGUIGNONNE • BISTRO Dans la deuxième adresse de la maison Doucet, le chef propose une cuisine traditionnelle et des viandes cuites à la broche. Menu du jour rythmé par les saisons, et menu charolais, mettant en avant les produits du terroir bourguignon. Terrasse surplombant le cours d'eau.

♿ ♿ 🛜 – Prix : €€

1 avenue de la Libération – ☎ 03 85 25 51 75 – www.maison-doucet.com/fr

CHAROLS

✉ 26450 – Drôme – Carte régionale n° **2**–B3

CHÂTEAU LES OLIVIERS DE SALETTES

MODERNE • HISTORIQUE Sur la terrasse en été face au parc du beau château ou bien au chaud dans la salle à manger voûtée en galets roulés avec son salon où l'âtre crépite, la cuisine met en valeur avec un talent certain les produits de la Drôme... Menus uniques sans choix possible.

🍴♿🛜🅿 – Prix : €€€

1205 route du Château – ☎ 04 75 00 19 30 – www.chateau-lesoliviers.com/fr – Fermé lundi, mardi et mercredi midi

🛏 ### CHÂTEAU LES OLIVIERS DE SALETTES *Plus*

CLASSIQUE CONTEMPORAIN Situé en pleine campagne, ce beau château du 16ᵉ s. entouré d'un agréable parc arboré, est le lieu idéal pour se ressourcer. Chambres élégantes, accueil charmant et superbe piscine à débordement. Difficile d'en partir...
♿🅿⇆🍴⚒🛜🛜🔥🍴 - 32 chambres – Prix : €

1205 route du Château – ☎ 04 75 00 19 30

Château Les Oliviers de Salettes - Voir la sélection des restaurants

CHARROUX

✉ 03140 – Allier – Carte régionale n° **1**–B1

LA FERME SAINT-SÉBASTIEN

MODERNE • AUBERGE Dans cette authentique ferme bourbonnaise du milieu du 19 e s. jouxtant la cité fortifiée de Charroux, il fait bon s'attabler autour des petits plats concoctés par la maîtresse des lieux, notamment aux beaux jours sur la terrasse... On y apprécie une cuisine d'aujourd'hui fleurant bon le terroir, à l'instar de ces beignets de courgette et sauce ciboulette. Une bonne adresse.

♿🛜✿🅿 – Prix : €

Chemin de Bourion – ☎ 04 70 56 88 83 – www.fermesaintsebastien.fr – Fermé lundi et mardi, et dimanche soir

CHARTRES

✉ 28000 – Eure-et-Loir – Carte régionale n° **8**–B1

🕸 ### LE GEORGES

MODERNE • COSY Le Grand Monarque, qui abrite le Georges, traverse les siècles avec constance – l'hôtel était déjà cité dans le Guide Michelin 1900. Cette maison au décor élégant occupe une place idéale entre Paris et la Loire, au carrefour des régions de l'Ouest. Formé à Narbonne mais aussi chez Joël Robuchon et Éric

Frechon, le jeune chef Thomas Parnaud insuffle un nouvel élan à cette table vénérable. Grand lecteur d'Escoffier, il s'emploie notamment à revisiter les préparations
"à la Chartres" où l'estragon est roi, comme dans sa recette d'œuf fermier cuit
mollet et glacé d'un jus de veau. On ne manquera pas non plus son soufflé au Grand
Marnier, classique d'entre les classiques parfaitement exécuté : de l'entrée au dessert, il fait toujours bon relâcher sa monture chez Georges… Cuisine plus simple et
de saison servie dans l'agréable patio. Chambres charmantes.

🕸 ⇔ 🕹 🅰 – Prix : €€€

22 place des Épars – ℰ 07 65 26 73 37 – www.grand-monarque.com/fr –
Fermé lundi, dimanche et mardi midi

LE MOULIN DE PONCEAU

MODERNE • CONTEMPORAIN Belle surprise avec ce restaurant bien connu des
Chartrains et Chartraines repris par des professionnels de l'hôtellerie. Dans une jolie
maison du XVIème siècle, située dans le cœur historique de la ville et au bord de
l'Eure, le chef réalise une cuisine de saison, maîtrisée, colorée dans une démarche
responsable. Service attentionné, terrasse au cadre bucolique.

🕹 🕼 ⇔ – Prix : €€

21 rue de la Tannerie – ℰ 02 37 26 28 00 – www.restaurant-moulin-ponceau.fr –
Fermé mardi et mercredi

TERRA

ITALIENNE • CONVIVIAL À deux pas du centre-ville, dans les faubourgs de
Chartres, une cuisine comme une invitation au voyage : le chef est Italien et son
épouse Sud-Africaine ! La cuisine se révèle excellente, tout droit venue d'Italie, et
se déguste dans une ambiance conviviale, façon bistrot. On se régale.

🕼 🅿 – Prix : €€

65 avenue du Maréchal Maunoury – ℰ 02 37 84 81 47 – www.terrachartres.com –
Fermé lundi, mercredi midi et dimanche soir

🛏 LE GRAND MONARQUE   *Plus*

CLASSIQUE CONTEMPORAIN L'hôtel de tradition par excellence, déjà recommandé par le guide Michelin 1900 ! On s'y repose dans des chambres spacieuses et élégantes. Un tour au magnifique spa s'impose avant d'aller dîner au restaurant des lieux.

🕸 🅿 ⇔ 🕹 🅐 🕼 🛁 🍽 - 58 chambres – Prix : €

22 place des Épars – ℰ 02 37 18 15 15

❀ **Le Georges** - Voir la sélection des restaurants

CHASSAGNE-MONTRACHET
✉ 21190 – Côte-d'Or – Carte régionale n° **5**-A3

❀ ED.EM

Chef : Édouard Mignot
MODERNE • CLASSIQUE Ed.Em ? La contraction d'Édouard et Émilie, qui se
sont rencontrés chez Régis Marcon : un jeune chef au solide parcours, commencé
au Quai d'Orsay, poursuivi chez Philippe Rochat et Lameloise, et une pâtissière
talentueuse qui garantit des fins de repas délicieuses. Avant, on aura goûté aux
plats du chef, qui réalise une cuisine à la fois personnelle et subtile à base de bons
produits. Qu'on en juge : brochet aux chanterelles, caille farcie au foie gras… Une
belle étape sur la route des vins.

🅰 ⇔ – Prix : €€€

4 impasse Chenevottes – ℰ 03 80 21 94 94 – www.restaurant-edem.com/fr –
Fermé mardi et mercredi

CHASSELAY

☒ 69380 – Rhône – Carte régionale n° **3**–E1

⸙ **GUY LASSAUSAIE**

Chef : Guy Lassausaie

MODERNE • ÉLÉGANT C'est en 1984 que Guy Lassausaie a pris place aux four-neaux de cette maison familiale, fondée quatre générations plus tôt – en 1906 – dans cette périphérie lyonnaise aujourd'hui constellée d'étoiles (le Pont de Collonges du regretté Paul Bocuse n'est qu'à une poignée de kilomètres). Là, le Meilleur Ouvrier de France trace un sillon rudement efficace : il célèbre la tradition locale (et, plus généralement, française) avec enthousiasme et de jolies inspirations. Citons par exemple ce merlu de ligne croustillant, purée de céleri à l'huile de sapin, jus de viande au lard fumé, ou encore ce carré d'agneau rôti sur l'os, épaule confite comme une caillette... Une cuisine étonnante et souvent attachante.

🕸 ⇐ ᵴ ᴀᴄ ⇔ 🅿 – Prix : €€€

35 rue de Belle-Sise – ℰ 04 78 47 62 59 – www.guy-lassausaie.com –
Fermé mardi et mercredi

CHÂTEAU-ARNOUX-SAINT-AUBAN

☒ 04160 – Alpes-de-Haute-Provence – Carte régionale n° **24**–C2

⸙ **LA BONNE ÉTAPE**

Chef : Jany Gleize

PROVENÇALE • ÉLÉGANT Sur la table, du pain, une fougasse, des olives et de l'huile d'olive, des tomates multicolores gorgées de soleil. Dans la salle de ce mas rénové, belle interprétation bourgeoise du répertoire local, il flotte comme des fra-grances de thym, de sarriette et de lavande... on dirait bien le Sud ! Depuis près d'un demi-siècle, le chef Jany Gleize incarne la cuisine provençale classique, goûteuse et gourmande. Cèpes en raviolis ou en flan, foie gras de canard et tourte de colvert, lièvre à la royale et agneau de Sisteron : Giono lui-même aurait apprécié ces saveurs bien marquées, ces parfums capiteux d'une cuisine riche. On vient de très loin pour déguster ces pieds et paquets d'anthologie, nappés d'une excellente sauce tomate bien relevée qui donne toute sa mesure à la recette. Quelques chambres spacieuses au mobilier d'époque : comme une envie de prolonger l'étape...

🕸 ⇐ ⇐ ᴀᴄ ⇔ 🅿 – Prix : €€€€

Chemin du Lac – ℰ 04 92 64 00 09 – www.bonneetape.com – Fermé lundi,
mardi et dimanche et du mercredi au vendredi à midi

BISTRO GABY

PROVENÇALE • VINTAGE Gaby ? c'est le prénom de la grand-mère du chef à qui il rend honneur en réalisant une goûteuse cuisine du terroir. Dans l'assiette, les produits du marché et du jardin défilent au gré des saisons. Cadre tout en simplicité, aux couleurs de la Provence.

ᴀᴄ ⇔ – Prix : €€

14 avenue du Général-de-Gaulle – ℰ 04 92 64 48 48 – www.bonneetape.com/fr/
bistrot.html – Fermé mercredi et jeudi

🛏 **LA BONNE ÉTAPE** *Plus*

CLASSIQUE CONTEMPORAIN Un petit hôtel provençal fièrement classique, logé dans un ancien relais de poste du 18ᵉ s., qui accueille des hôtes à la recherche d'un rythme tranquille. Les chambres et suites sont traditionnelles mais osent inté-grer dans leur décor quelques éléments contemporains ainsi que tout le confort moderne. Les meilleures suites junior disposent d'un balcon ou d'une terrasse donnant sur les magnifiques jardins de l'hôtel... Le restaurant éponyme, géré par le chef étoilé local Jany Gleize, est complété par un second restaurant, Bistro Gaby, qui sert des assiettes de bistrot aux produits frais du marché.

🅿️🛏️🛁🏊🍴 - 18 chambres – Prix : €€€

Chemin du Lac – 𝒞 04 92 64 00 09

❀ **La Bonne Étape -Bistro Gaby** - Voir la sélection des restaurants

CHÂTEAU-D'OLONNE
✉️ 85180 – Vendée – Carte régionale n° **23**–B3

CAYOLA

MODERNE · ROMANTIQUE Dans la salle ou sur la terrasse, la vue sur l'Atlantique est superbe et l'on se prend à rêver de croisières au long cours. Mais l'évasion est déjà dans l'assiette : les produits de la mer sont rois en ce royaume...

🍴🛁♿🔄🅿️ – Prix : €€€

76 promenade de Cayola, anse de Cayola – 𝒞 02 51 22 01 01 – www.le-cayola. com – Fermé lundi, et mardi, mercredi, jeudi et dimanche soir

CHÂTEAU-THÉBAUD
✉️ 44690 – Loire-Atlantique – Carte régionale n° **23**–B2

🐸 AUBERGE LA GAILLOTIÈRE

TRADITIONNELLE · RUSTIQUE Les vignes viennent presque caresser les murs et la terrasse de cet ancien chai au plaisant décor rustique. La cuisine jongle avec gourmandise entre bases traditionnelles et influences actuelles. Pour mieux suivre la saison, le chef change son menu deux fois par mois. Belle carte des vins mettant à l'honneur le terroir (Muscadet, Val de Loire, Fief vendéen) à prix sage. Service tout sourire.

🐷♿🛋️🅿️ – Prix : €

Lieu-dit La Gaillotière – 𝒞 02 28 21 31 16 – auberge-la-gaillotiere.fr – Fermé lundi et dimanche, et samedi soir

CHÂTEAUDUN
✉️ 28200 – Eure-et-Loir – Carte régionale n° **8**–B2

🐸 AUX TROIS PASTOUREAUX

TRADITIONNELLE · CLASSIQUE Si Jean-François Lucchese est un ancien pâtissier, il se définit surtout comme un "artisan du goût", soucieux des associations d'ingrédients, des cuissons et des assaisonnements. Ses recettes pétillent de saveurs ! Le "menu médiéval" plonge droit dans la tradition...

🛋️ – Prix : €€

31 rue André-Gillet – 𝒞 02 37 45 74 40 – aux-trois-pastoureaux.fr – Fermé lundi, dimanche, et mardi et jeudi à midi

CHÂTEAUNEUF-DE-GADAGNE
✉️ 84470 – Vaucluse – Carte régionale n° **25**–E1

🐸 LA MAISON DE CELOU

MODERNE · COSY Cette jolie maison, perchée sur les remparts du vieux village, incarne à merveille les douceurs provençales. Le chef y compose des assiettes enlevées et volontiers originales comme ce croque Saint-Jacques aux épinards et tomates confites. Mention spéciale pour les desserts, gourmands et addictifs. La terrasse offre une vue imprenable sur le mont Ventoux et le massif du Luberon.

🍴♿🛋️ – Prix : €€

5 rue Saint-Jouin – 𝒞 04 90 16 08 61 – www.lamaisondecelou84.com – Fermé lundi et dimanche, et mercredi soir

CHÂTEAUNEUF-DU-PAPE

✉ 84230 – Vaucluse – Carte régionale n° **25**–E1

🕸 LA MÈRE GERMAINE

MODERNE · ÉLÉGANT De Mistinguett à Gabin ou Fernandel, le tout Paris en partance pour le midi descendait autrefois dans ce village cher aux amateurs de vin. Le restaurant a d'ailleurs conservé le nom de sa fondatrice, Germaine Vion (en 1922). La maison séduit avec sa salle à manger décorée d'immenses fresques murales évoquant le Paris « Belle Époque » façon Toulouse-Lautrec, et grâce à sa la terrasse, à la jolie vue. Aux fourneaux, le chef belge Christophe Hardiquest (ex Bon Bon à Bruxelles) soigne les produits et les légumes de Provence à travers sa cuisine moderne et méditerranéenne, pleine de saveurs (notamment dans son menu végétarien). Très belle carte des vins et solide sélection de châteauneuf-du-pape.

🏵 ⇔ ⇐ 🎋 – Prix : €€€

3 rue du Commandant-Lemaître – 𝒞 04 90 22 78 34 – www.lameregermaine-chateauneufdupape.fr – Fermé lundi et mardi

LE COMPTOIR DE LA MÈRE GERMAINE

TRADITIONNELLE · CONTEMPORAIN Dans l'annexe de la table étoilée, on n'a pas fait les choses à moitié : cadre contemporain où domine le bois, grand comptoir et cuisine ouverte dotée d'une rôtissoire rutilante, et terrasse ombragée. Les viandes cuites à la rôtissoire - coquelet du Lubéron, cochon du Mont Ventoux - se succèdent, arrosés d'un bon choix de vins de... Châteauneuf-du-pape.

🕭 📷 🎋 ⇔ – Prix : €€

7 place Jean-Moulin – 𝒞 04 28 69 00 60 – www.lameregermaine-chateauneufdupape.fr/le-comptoir-de-la-mere-germaine – Fermé mardi et mercredi

CHÂTEAUROUX

✉ 36000 – Indre – Carte régionale n° **8**–C3

🕸 JEUX 2 GOÛTS

MODERNE · ÉLÉGANT Bien implanté dans sa région natale après plusieurs années passées dans de belles maisons parisiennes, Christophe Marchais agite les papilles de Châteauroux. Il prépare des assiettes goûteuses et créatives, stimulé par un lieu chargé d'histoire. La meilleure table de la ville.

🕭 📷 ⇔ – Prix : €€

40 rue Grande – 𝒞 02 54 27 66 28 – jeux2gouts.fr – Fermé lundi et dimanche

CHÂTEL

✉ 74390 – Haute-Savoie – Carte régionale n° **4**–F1

FLEUR DE NEIGE

MODERNE · COSY Pâté croûte au canard, veau, cochon et foie gras ; filet de féra du lac Léman ; souris d'agneau confite à l'ail et au thym : cette cuisine soignée et généreuse se déguste dans une agréable salle ouverte sur la belle terrasse panoramique, face aux massifs du Chablais. Service attentionné.

⇔ ⇐ 🕭 🎋 – Prix : €€

564 route de Vonnes – 𝒞 04 50 73 20 10 – www.hotel-fleurdeneige.fr – Fermé mardi et mercredi

LA POYA

TRADITIONNELLE · MONTAGNARD La Poya ? C'est le nom de ces peintures locales représentant la montée des troupeaux aux alpages. Situé au cœur de la station, ce restaurant propose de savoureuses recettes traditionnelles où les produits du terroir jouent les stars. Une bonne adresse pour reprendre des forces après quelques descentes !

⌂ – Prix : €€

196 route de Vonnes – ☏ 04 50 81 19 34 – Fermé lundi, mercredi, jeudi midi et dimanche soir

LE VIEUX FOUR

TRADITIONNELLE • RUSTIQUE Rustique et chaleureuse, cette vieille ferme (1852) joue la carte de l'authenticité et ravit ses hôtes. On admire les figurines nichées dans les mangeoires de l'étable, tout en se régalant de petits plats savoyards ou d'une cuisine plus actuelle.

⌂ ⇔ – Prix : €€

55 route du Boude – ☏ 04 50 73 30 56 – Fermé lundi et mardi

CHÂTEL-GUYON

✉ 63140 – Puy-de-Dôme – Carte régionale n° **1**–B2

L'IMPULSIF ⓝ

ACTUELLE • CONTEMPORAIN Elle en a du charme, cette petite station thermale auvergnate ! Tout comme ce restaurant installé au rez-de-chaussée d'un immeuble de style Belle Epoque. Un jeune chef, Rémi Laroque, passé par l'institut Bocuse, le Bateau Ivre, l'Hôtel du Palais à Biarritz et Thierry Drapeau en Vendée, y propose une cuisine actuelle – que cet enfant du Puy-de-Dôme, avec des origines vietnamiennes, ponctue de quelques touches asiatiques. Qu'on en juge : tofu de brochet, langoustines rôties et crème de crustacés au curry jaune ; lotte, maïs et champignons, jus au lard fumé...

Prix : €€€

19 avenue Baraduc – ☏ 04 73 86 48 89 – www.limpulsif-restaurant.com – Fermé lundi et dimanche

CHÂTELAILLON-PLAGE

✉ 17340 – Charente-Maritime – Carte régionale n° **20**–A2

🙂 LES FLOTS

MODERNE • CONTEMPORAIN Au bord du boulevard qui longe l'immense plage, voici une adresse qui devrait ravir les amateurs de sensations iodées. On s'installe dans une salle contemporaine qui offre une belle vue sur les flots pour déguster poissons et crustacés du jour, vedettes de goûteuses préparations cent pour cent maison. Partez à l'abordage de cette jolie maison bleu et blanc (1890) face à la plage.

⇆ ≼ ♿ Ⓜ ⌂ ⇔ – Prix : €€

52 boulevard de la Mer – ☏ 05 46 56 23 42 – les-flots.fr – Fermé mardi et dimanche soir

GAYA - CUISINE DE BORDS DE MER

POISSONS ET FRUITS DE MER • ÉLÉGANT Au sein de l'hôtel La Grande Terrasse, non loin des Boucholeurs, ce restaurant met l'iode à l'honneur. La carte est longue, les plats sont généreux, les jus, sauces et crèmes travaillés avec finesse. Le tout servi dans un cadre cosy qui ouvre sur la terrasse et la mer.

⇆ ≼ ♿ Ⓜ ⌂ ⇔ 🅿 – Prix : €€€

Avenue de la Falaise – ☏ 05 46 56 54 30 – www.la-grande-terrasse.com

CHÂTILLON-SUR-CHALARONNE

✉ 01400 – Ain – Carte régionale n° **3**–E1

LA TOUR

TRADITIONNELLE • CONTEMPORAIN Derrière une belle façade à colombages, on s'installe dans un décor baroque, où les bibelots abondent. Dans l'assiette, inspirée ancré par la tradition dombiste, les plaisirs défilent : fondant crémeux de brochet et écrevisse, volaille de la Dombes à la crème...

&♿ 🅰 🛋 – Prix : €€

Place de la République – ℰ 04 74 55 05 12 – www.hotel-latour.com – Fermé lundi et dimanche soir

CHAUDES-AIGUES

✉ 15110 – Cantal – Carte régionale n° **1**–B3

✿✿ SERGE VIEIRA

Chef : Serge Vieira

CRÉATIVE • DESIGN Natif de Clermont-Ferrand, Serge Vieira se destinait à une carrière de dessinateur industriel, avant de se réorienter vers la cuisine. Bonne pioche : après avoir observé et appris dans des maisons de renom (Dominique Robert, Régis Marcon), il remporte le Bocuse d'Or en 2005. Dans son vaisseau contemporain – pierre, fer et verre – niché dans une forteresse médiévale, avec une vue à 360° sur les alentours, il joue dans la cour des grands. Ses assiettes, élaborées au quart de poil, sont savamment composées, et sa technique ne prend jamais le pas sur le goût. Ah, une dernière chose : les plus fatigués d'entre vous pourront même réserver une chambre, avec vue imprenable sur les monts du Cantal.

✿ **L'engagement du chef :** Les produits qui figurent sur notre carte sont pour l'extrême majorité le reflet de notre terroir auvergnat et issus de circuits courts, du maraîchage ainsi que de l'élevage biologique. Notre logique se poursuit au-delà de l'assiette puisque nous n'employons que des produits d'entretien écologiques et que nous sensibilisons nos équipes au tri et au compostage.

🏝 ⬌ ⬳ ♿ 🅰 🅿 – Prix : €€€€

Le Couffour – ℰ 04 71 20 73 85 – www.sergevieira.com – Fermé lundi, mardi et dimanche

🅐 SODADE

MODERNE • CONTEMPORAIN Sodade, c'est une chanson de Cesária Évora, et un clin d'œil aux origines portugaises de Serge Vieira, propriétaire des lieux. Le chef signe une cuisine impeccable, simple et savoureuse, à déguster dans une grande salle à manger design ou sur la terrasse qui donne sur le ruisseau... Réjouissant.

⬌ ♿ 🅰 🛋 – Prix : €€

21 avenue du Président-Georges-Pompidou – ℰ 04 71 60 10 23 – www.sergevieira.com – Fermé lundi et mardi

CHAUMONT-SUR-LOIRE

✉ 41150 – Loir-et-Cher – Carte régionale n° **8**–A1

LE GRAND CHAUME ⓝ

MODERNE • CONTEMPORAIN Les architectes Patrick Bouchain et Loïc Julienne ont signé l'architecture de ce lieu incomparable où un toit de chaume traditionnel abrite un restaurant logé sous une charpente circassienne qui évoque un ciel étoilé la nuit. La salle "brute" est entièrement ouverte vers l'extérieur avec de grandes baies vitrées, et une partie donnant sur une petite terrasse et son étang : une réussite ! Dans l'assiette, le chef Guillaume Foucault (ex-Pertica) signe une cuisine créative sans concession, axée sur la naturalité des produits du Centre-Val de Loire.

⇔🛏♿🅿 – Prix : €€€

327 Queneau – ☎ 02 36 65 84 00 – leboisdeschambres.fr – Fermé lundi, mardi, mercredi et samedi et jeudi, vendredi et dimanche midi

CHAUMOUSEY

✉ 88390 – Vosges – Carte régionale n° **12**–C3

MAISON GRANDCLAUDE

MODERNE • COSY A dix minutes d'Epinal, Nicolas Grandclaude s'est fignolé avec son épouse une bien jolie table entre les murs de cette ancienne maison de maître dont la décoration contemporaine (très réussie) joue la carte des matériaux bruts (comme le bois de chêne). Le menu-carte déroule une cuisine moderne et gourmande (à l'image de ce tataki de thon/pois chiche/artichaut/grenade), avec des plats où le visuel léché à souhait (comme sur cette tomate/burrata revisitée) rivalise avec les saveurs – bref, on se régale.

♿🍽 – Prix : €€

37 rue d'Épinal – ☎ 03 29 66 80 77 – www.maison-grandclaude.com – Fermé mardi et mercredi, et dimanche soir

CHAVIGNOL

✉ 18300 – Cher – Carte régionale n° **8**–D2

LA CÔTE DES MONTS DAMNÉS

TRADITIONNELLE • FAMILIAL Toujours en synergie avec les vins du domaine, l'offre bistronomique du chef Jean-Marc Bourgeois se complète des grands classiques de la maison : tagliatelles au crottin de Chavignol, soufflé chaud... Gourmand à se damner. Chambres confortables pour prolonger l'étape.

🛏♿🅰🍽 – Prix : €€

Place de l'Orme – ☎ 02 48 54 01 72 – www.hotel-restaurant-chavignol.fr/fr/famille-bourgeois-sancerre-france – Fermé lundi, mardi midi et dimanche soir

CHAZELLES-SUR-LYON

✉ 42140 – Loire – Carte régionale n° **2**–A2

❀ CHÂTEAU BLANCHARD

Chef : Sylvain Roux

MODERNE • ÉLÉGANT Séduisante au milieu de son parc, cette grande maison des années 1920 s'inspire de la Renaissance italienne : peintures mythologiques en façade, marbre, mosaïques... Puis, dans l'élégante salle à manger à colonnes, la décoration fleure bon le contemporain avec son éclairage encastré, ses fauteuils profonds et son art de la table raffiné. Deux frères veillent sur cette affaire de famille : le sommelier Frédéric Roux, aux choix judicieux, et le chef Sylvain Roux dont les réjouissantes assiettes mettent en valeur de beaux produits : omble chevalier confit aux algues ; filet de veau de la région avec viennoise de morilles ; fine tartelette fraise-rhubarbe-eau de rose. Frédéric, le frère du chef, distille de judicieux conseils de vins, tirés d'une magnifique carte.

🛏⇔🛏♿🅰↻🅿 – Prix : €€€

36 route de Saint-Galmier – ☎ 04 77 54 28 88 – www.hotel-chateau-blanchard.com – Fermé lundi, mardi et dimanche

CHÉDIGNY

✉ 37310 – Indre-et-Loire – Carte régionale n° **8**–B2

LE CLOS AUX ROSES

TRADITIONNELLE • AUBERGE Il y a quelque chose d'apaisant à passer quelques heures dans cette jolie maison en pierre. La raison à cela ? La cuisine de la cheffe, Armelle Krause, basée sur de bons produits – laitages et volailles de producteurs locaux, par exemple – mais aussi l'emplacement du restaurant : en plein cœur d'un village fleuri qui n'a rien à envier à Giverny...

&. 🌿 🗘 – Prix : €€

2 rue du Lavoir – 🕿 02 47 92 20 29 – www.leclosauxroses.com – Fermé mardi et mercredi, et lundi et dimanche soir

CHÊNEHUTTE-TRÈVES-CUNAULT

✉ 49350 – Maine-et-Loire – Carte régionale n° **23**–C2

LE CASTELLANE - CHÂTEAU LE PRIEURÉ

MODERNE • ÉLÉGANT Le Castellane, restaurant du Château du Prieuré, propose une cuisine actuelle, qui fait la part belle aux produits de saison, au maximum locaux. On en profite dans une salle à manger au décor Empire ou sur la terrasse, qui offrent un beau panorama sur la Loire. Tout comme les chambres à la décoration unique et qui fleurent bon la vallée des rois...

≪ 🛏 &. 🎬 🌿 🗘 **P** – Prix : €€€

Route du Comte-de-Castellane – 🕿 02 41 67 90 14 – www.prieure.com – Fermé lundi et mardi, et dimanche soir

CHÉNÉRAILLES

✉ 23130 – Creuse – Carte régionale n° **19**–C1

🐫   ### LE COQ D'OR

MODERNE • FAMILIAL Une déco très... coquette, et pour cause : on trouve ici moults coqs rapportés des quatre coins du monde par les clients. Dans l'assiette ? Une cuisine fine et maîtrisée, alliant saveurs du terroir et créativité.

&. 🗘 – Prix : €€

7 place du Champ-de-Foire – 🕿 05 55 62 30 83 – www.restaurant-coqdor-23. com – Fermé lundi et mardi, et dimanche soir

CHENONCEAUX

✉ 37150 – Indre-et-Loire – Carte régionale n° **8**–A1

AUBERGE DU BON LABOUREUR

MODERNE • ÉLÉGANT Cette table creuse un sillon fertile : celui du produit et des saisons. Le chef Antoine Jeudi connaît ses gammes sur le bout des doigts, et ses savoureuses créations s'accompagnent d'un joli choix de vins. Un repas agréable, dans un cadre qui l'est tout autant.

🕸 🛏 &. 🎬 🌿 🗘 **P** – Prix : €€€

6 rue du Docteur-Bretonneau – 🕿 02 47 23 90 02 – www.bonlaboureur.com/fr/ hotel-chenonceaux – Fermé mardi midi

🛏   ### AUBERGE DU BON LABOUREUR   *Plus*

CLASSIQUE CONTEMPORAIN Près du "château des Dames", un véritable hameau de jolies maisonnettes couvertes de vigne vierge : chaque chambre y dis- tille un charme particulier, comme si tout un pittoresque village se faisait demeure de famille... avec, pour couronner le tout, une belle piscine chauffée et un espace bien-être. Un établissement qui conjugue le charme et l'authenticité d'autrefois au confort contemporain.

🐟🦢🍲 - 28 chambres – Prix : €€€

6 rue du Docteur- Bretonneau – ✆ 02 47 23 90 02

Auberge du Bon Laboureur - Voir la sélection des restaurants

CHERBOURG-EN-COTENTIN

✉ 50100 – Manche – Carte régionale n° **17**–A1

❄ LE PILY

Chef : Pierre Marion

CRÉATIVE • **CONTEMPORAIN** Pierre et Lydie règnent désormais sur le pont tournant, dans une élégante bâtisse contemporaine tout en verre dotée d'une vue imprenable sur le port. Quel plus bel endroit pour célébrer les poissons de petit bateau, homards et crustacés du Cotentin que le chef affectionne ? Pas de viande ici mais des produits de la mer travaillés avec finesse et précision, non sans quelques touches créatives, et des influences japonaises ou exotiques revendiquées : rouget barbet "salsa criolla" ; lieu jaune au yuzu et kéfir de lait ; filet de bar aux coques et légumes verts, nage "ginger beer"...

🍃♿🅰 – Prix : €€€

1 rue du Pont Tournant – ✆ 02 33 10 19 29 – www.restaurant-le-pily.com – Fermé lundi et dimanche

LE PATIO

DU MARCHÉ • **BISTRO** En plein cœur de la ville, on découvre le travail d'un jeune chef amoureux du bon produit. Il nous régale de jolies recettes traditionnelles réalisées dans les règles de l'art, avec un choix à l'ardoise renouvelé régulière- ment. Ajoutez à cela un bon rapport qualité-prix, vous obtenez une table tout à fait recommandable. Par beau temps, on s'installe dans le petit patio.

🍽 – Prix : €€

5 rue Christine – ✆ 02 33 52 49 10 – www.restaurant-lepatio-cherbourg.fr – Fermé lundi, dimanche et mardi midi

CHERISY

✉ 28500 – Eure-et-Loir – Carte régionale n° **8**–B1

LE VALLON DE CHÉRISY

TRADITIONNELLE • **AUBERGE** L'enseigne ? Un clin d'œil à une ode de Victor Hugo composée dans cette même auberge en 1821. Ici, la cuisine, copieuse et volontiers rustique, s'inspire des saisons et met en avant les produits locaux, en particulier les légumes et les herbes aromatiques... Gourmand et bon !

🍽🅿 – Prix : €€

12 route de Paris – ✆ 02 37 43 70 08 – www.le-vallon-de-cherisy.fr – Fermé mercredi, et mardi et dimanche soir

CHEVAGNES

✉ 03230 – Allier – Carte régionale n° **1**–C1

LE GOÛT DES CHOSES

TRADITIONNELLE • **FAMILIAL** Bienvenue dans cette maison traditionnelle et familiale, située dans la traversée du bourg. Elle est tenue depuis plus de 20 ans désormais par le chef Francis Chevalliez et son épouse Caroline. Cuisine tradition- nelle gourmande, sans esbroufe, réalisée à partir de produits locaux. On se régale ainsi d'un croquant de queue de bœuf sauce au vin rouge...

&.斎 – Prix : €€

*12 route Nationale – ℰ 04 70 43 11 12 – www.legoutdeschoses-03.com –
Fermé lundi, dimanche et mardi midi*

CHEVERNY

✉ 41700 – Loir-et-Cher – Carte régionale n° **8**-A1

ⵣ **LE FAVORI - LES SOURCES DE CHEVERNY**

MODERNE • CONTEMPORAIN Ce lieu élégant et raffiné offre une profonde harmonie avec la cuisine du chef Frédéric Calmels (ancien de la Réserve à Paris), qui
propose un menu dégustation sans choix à base de superbes produits de saison.
Dressages au cordeau, recettes millimétrées, beau visuel et excellentes sauces
révèlent l'essence du produit principal : fenouil de Touraine confit à la verveine ;
caviar de Sologne, pomme verte et concombre ; courge butternut confite au
whisky ; sucs d'oranges et homard bleu juste saisi. Garnitures et satellites, réfléchis
avec minutie, procurent de belles émotions gustatives, que prolonge la salle du
restaurant entièrement ouverte sur la nature. Précis, explosif, envoûtant.

🏦 ⇦ 🛏 &. 🆎 ⇄ 🅿 – Prix : €€€€

*23 route de Fougères – ℰ 02 54 44 20 20 – www.sources-cheverny.com –
Fermé lundi, mardi et du mercredi au vendredi à midi*

L'AUBERGE - LES SOURCES DE CHEVERNY

TRADITIONNELLE • BISTRO Au cœur d'un vaste domaine boisé, le bistrot chic
de l'hôtel Les Sources de Cheverny propose une cuisine de saison fine et soignée,
véritable tour d'horizon du Val de Loire, en même temps qu'ode aux circuits courts :
légumes d'un maraîcher de Mont-Près-Chambord, fraises de Sologne, échine de
porc roi rose de Touraine rôti à la cheminée... Cette dernière trône dans la salle à
manger : ici, la cuisson au feu de bois, c'est une spécialité !

🛏 &. 🆎 斎 🅿 – Prix : €€

23 route de Fougère – ℰ 02 54 44 20 20

🛏 **LES SOURCES DE CHEVERNY**   *Plus*

DESIGN MODERNE Entouré par les forêts et les vignobles de la vallée de la
Loire, un classique de la région viticole : un château et un domaine spectaculaire
transformé en un petit hôtel luxueux. Dans ses chambres et suites, les éléments
architecturaux d'époque se mêlent harmonieusement au mobilier moderne et au
design contemporain. Une piscine et un spa sont à disposition, ainsi que des vélos
électriques pour explorer la campagne, et un bar à vin.

🍴 - 49 chambres – Prix : €

23 route de Fougères – ℰ 02 54 44 20 20

ⵣ **Le Favori - Les Sources de Cheverny • L'Auberge - Les Sources de Cheverny** -
Voir la sélection des restaurants

CHEVREUSE

✉ 78460 – Yvelines – Carte régionale n° **15**-B2

LE CLOS DE CHEVREUSE

MODERNE • TRADITIONNEL Le chef Laurent Gasnier, dont le parcours est évo-
cateur (il a passé sept ans au Bristol, entre autres), compose ici des préparations
équilibrées et soignées, autant d'un point de vue des saveurs que sur le plan esthétique. L'été, on court s'installer sur la coquette terrasse fleurie, au calme de la cour.

斎 – Prix : €€

*33 rue de Rambouillet – ℰ 01 30 52 17 41 – www.leclosdechevreuse.fr –
Fermé lundi et mardi, et dimanche soir*

CHIGNY-LES-ROSES

✉ 51500 – Marne – Carte régionale n° **11**–B2

COUVERT DE VIGNES ⓝ

MODERNE • **CONTEMPORAIN** Au cœur de la montagne de Reims, dans le village de Chigny-les-Roses, ce restaurant - une ancienne salle de classe - est effectivement tout entier entouré de vignes. Derrière l'insert vitré qui donne sur les cuisines, on aperçoit le chef Benjamin Gilles. Après diverses expériences, il vole de ses propres ailes en signant cette cuisine moderne, pleine de fraîcheur, rehaussée d'une pointe de créativité. Les légumes et les fruits sont fortement mis à contribution, à travers diverses préparations (crus, cuits, en pickles...). Menu unique, midi et soir.

&. Ⓜ ⌖ 🅿 – Prix : €€

4 place Pommery – 𝒞 03 26 05 86 31 – www.benjamingillescuisine.fr –
Fermé lundi, samedi midi, et mardi et mercredi soir

CHILLEURS-AUX-BOIS

✉ 45170 – Loiret – Carte régionale n° **8**–C2

LE LANCELOT

MODERNE • **COSY** Au centre du village, cette accueillante maison fleurie avec jardin et terrasse est un véritable havre de tranquillité ! Cadre cosy et cuisine naviguant entre tradition et modernité (notamment le Pithiviers fondant, crème à la gousse de vanille), sans oublier le gibier de Sologne en saison.

⇦ &. Ⓜ ⌖ ⇆ – Prix : €€

12 rue des Déportés – 𝒞 02 38 32 91 15 – www.restaurantlelancelot.com –
Fermé lundi et mardi, et dimanche soir

CHINON

✉ 37500 – Indre-et-Loire – Carte régionale n° **8**–A3

LES ANNÉES 30

MODERNE • **ROMANTIQUE** Ne vous fiez pas au nom de cet établissement ! Ici, point d'esprit années 1930 mais un décor chaleureux : tuffeau, poutres et même une cheminée... Les gourmands y apprécient une appétissante cuisine centrée sur les produits frais. Terrasse pour les beaux jours.

⌖ – Prix : €€

78 rue Haute-Saint-Maurice – 𝒞 02 47 93 37 18 – www.lesannees30.com –
Fermé mardi et mercredi

L'OCÉANIC

POISSONS ET FRUITS DE MER • **CONTEMPORAIN** Le vent de l'Océan souffle jusqu'à Chinon ! Comme l'enseigne l'indique, les produits de la mer sont ici à l'honneur. En cuisine, le chef prépare des poissons très frais, y ajoutant un zeste d'originalité. En saison, les menus homard, et Saint-Jacques, sont les spécialités maison.

&. Ⓜ ⌖ – Prix : €€

13 rue Rabelais – 𝒞 02 47 93 44 55 – loceanic-chinon.com – Fermé lundi et
dimanche

CHOLET

✉ 49300 – Maine-et-Loire – Carte régionale n° **23**–B2

⊛ L'OURDISSOIR

MODERNE • **COSY** En léger retrait du centre, cette petite maison abrite un chaleureux décor servant d'écrin à une cuisine actuelle qui suit les saisons avec gourmandise. Joliment mise en scène, la partition est originale avec parfois des associations de saveurs inédites.

🕮 ⇦ – Prix : €€

40 rue Saint-Bonaventure – 𝒞 02 41 58 55 18 – lourdissoir.com – Fermé lundi et dimanche

LA GRANGE

MODERNE • AUBERGE Côté pile, l'image d'Épinal, les poutres apparentes qui rappellent l'ancienne ferme du pays. Côté face, des touches de couleur, de l'épure et du design, bref : la modernité ! À cheval sur tout cela, bien en équilibre : la savoureuse cuisine du chef, inspirée et respectueuse des saisons.

🛏 ⑁ 🕮 🍴 ⇦ 🅿 – Prix : €€

64 rue de Saint-Antoine – 𝒞 02 41 62 09 83 – www.lagrangecholet.fr – Fermé lundi et dimanche soir

LA P'TITE PATTE

MODERNE • CONTEMPORAIN Au sein d'une belle maison bourgeoise, voici, à côté de la table gastronomique (le Patte Noire), le bistrot ! Deux petites salles au décor d'inspiration rétro, quelques touches de modernité, ambiance paisible sur la terrasse. Côté assiette, éclectisme de rigueur : ceviche, carpaccio, pluma ibérique, pièce de bœuf sauce béarnaise, savarin, tarte au chocolat.

🛏 🍴 ⇦ 🅿 – Prix : €€

17 avenue de Nantes – 𝒞 02 41 28 91 80 – www.maisonpattenoire.fr – Fermé lundi et mercredi, et dimanche soir

LE PATTE NOIRE

MODERNE • ÉLÉGANT Pas besoin de montrer "patte blanche" pour goûter à cette table chaleureuse et colorée, installée dans une charmante maison bourgeoise au cœur d'un parc ! Adrien Roux, le chef, qui connaît ses classiques, y propose une bonne cuisine en phase avec l'époque, comme cette barbue, lard de Colonnata, champignons.

🛏 ⑁ ⇦ 🅿 – Prix : €€€

17 avenue de Nantes – 𝒞 02 41 28 91 80 – www.maisonpattenoire.fr – Fermé du lundi au mercredi, du jeudi au samedi à midi, et dimanche soir

CHONAS-L'AMBALLAN

✉ 38121 – Isère – Carte régionale n° **2**–B2

☆ ## LA TABLE DE PHILIPPE GIRARDON

Chef : Philippe Girardon

MODERNE • ÉLÉGANT Plus de 25 ans d'étoile pour cette maison, et pourtant nulle trace de routine ni d'ennui dans les assiettes. Le terroir gonfle le torse, les produits sont impeccables, les assiettes finement travaillées dans une veine classique. Il faut dire que cette élégante demeure du 18 e s., nichée dans un parc de trois hectares, fut jadis une villégiature pour les évêques de Lyon. C'est dans ce cadre chaleureux que l'on déguste le foie gras de canard mi-cuit macéré au saké ou un filet de veau du Limousin et son jus à la sarriette... Une adresse agréable, un bon rapport qualité/prix.

⅏ ⇦ 🛏 🕮 🍴 🅿 – Prix : €€€€

Domaine de Clairefontaine, Chemin des Fontanettes – 𝒞 04 74 58 81 52 – www. domaine-de-clairefontaine.fr – Fermé lundi et mardi, et dimanche soir

😊 ## LE COTTAGE

TRADITIONNELLE • BRANCHÉ Le restaurant du Cottage est emmené par Philippe Girardon, chef dont la passion et l'expérience sont incontestables ; il réalise ici une cuisine bistrotière à base de beaux produits frais, que l'on dévore dans la grande salle à manger ou en terrasse, à l'ombre des platanes...

🛋 ᕦ 🅰 🍴 🅿 – Prix : €

616 chemin du Marais – ☎ 04 74 58 83 28 – www.domaine-de-clairefontaine.fr – Fermé lundi, mardi et mercredi midi

CHOREY-LÈS-BEAUNE
✉ 21200 – Côte-d'Or – Carte régionale n° **5**–A3

ERMITAGE DE CORTON
MODERNE • CHIC Actuelle et soignée : telle est la cuisine de ce doux Ermitage, qui n'oublie pas de célébrer aussi les indémodables de la Bourgogne – œufs en meurette, escargots... Décor élégant, terrasse devant les vignes, chambres spacieuses pour l'étape.

🐷 ⬅ 🛋 🅰 🍴 🅿 – Prix : €€€

D 974 – ☎ 03 80 22 05 28 – www.ermitagecorton.com – Fermé mercredi

CIBOURE
✉ 64500 – Pyrénées-Atlantiques – Carte régionale n° **18**–A3

✿ EKAITZA
Chef : Guillaume Roget
MODERNE • CONTEMPORAIN Guillaume Roget, l'ancien chef du restaurant étoilé le Brouillarta à Saint-Jean-de-Luz, a traversé la baie de Socoa pour installer ses fourneaux à Ciboure sur le quai Ravel, au-dessus du port : un lieu bien choisi pour un restaurant nommé "tempête" (Ekaitza en basque). Pas d'orage et de grisaille dans la déco, mais un lieu clair avec de jolies tables espacées, d'où l'on peut jeter un coup d'œil sur la cuisine en fond de salle. Dans l'assiette, d'excellents produits basques sont tranquillement sublimés, parfois avec des associations hardies, et toujours des belles sauces. Au dîner, menu dégustation unique surprise, également proposé en version accords mets et vins - riche en choix pertinents (le chef est un ancien sommelier).

ᕦ 🅰 – Prix : €€€

Plan : A2-7 – *15 quai Maurice Ravel – ☎ 05 59 51 29 51 – www.restaurant-ekaitza. fr – Fermé lundi, dimanche et mardi midi*

CHEZ MATTIN
BASQUE • RUSTIQUE Ambiance très familiale dans cette maison de pays rustique à souhait, avec ses tables en bois massif et ses poutres apparentes. Spécialités basques et suggestions au gré du marché lancées à la cantonade, pour une cuisine spontanée, qui étonne et détonne : txangurro (spécialités à base de chair d'araignée de mer), ttoro (soupe de poisson), chipirons... Le poisson est à l'honneur et c'est un vrai bonheur !

🅰 – Prix : €€

Plan : A2-1 – *63 rue Evariste-Baignol – ☎ 05 59 47 19 52 – www.chezmattin.fr – Fermé lundi et dimanche*

CIEURAC
✉ 46230 – Lot – Carte régionale n° **22**–B1

LA TABLE DE HAUTE-SERRE
MODERNE • CONTEMPORAIN Dans l'ancien chai d'un château au cœur des vignes, ce restaurant dégage le parfum très particulier des lieux authentiques. Rack à charcuterie, billot, machine à jambon et caisses de vins annoncent un beau

moment de gourmandise, auquel on associe les vins du domaine. Soirée rôtissoire chaque vendredi. On se régale.

🍴 ⅋ 🅰 🕏 ♻ 🅿 – Prix : €€€

Château de Haute-Serre – 𝒞 05 65 20 80 20 – hauteserre.fr – Fermé mercredi et jeudi, et dimanche soir

LA CIOTAT

✉ 13600 – Bouches-du-Rhône – Carte régionale n° **24**–B3

❁ ## COULEURS DE SHIMATANI Ⓝ

Chefs : Yuichiro et Mika Shimatani

FUSION • ÉPURÉ Entre la Méditerranée et le Japon, le couple expérimenté formé par Yuichiro (le chef) et Mika Shimatani (la pâtissière) n'a pas choisi. Tant mieux : ils invitent dans leur restaurant de poche situé au cœur d'une rue piétonne à une délicieuse croisière gourmande entre ici et là-bas, au pays du Soleil Levant. Les produits de la mer mais aussi les légumes, tous d'une grande fraîcheur, bénéficient de cuissons, de présentations et d'assaisonnements japonisants d'une belle finesse. Une délicatesse qui est également au cœur du service assurée avec une extrême gentillesse par Mika. Table ouverte uniquement au déjeuner (vente à emporter le soir).

🅰 – Prix : €€€

35 rue Edgar-Quinet – 𝒞 04 86 18 92 16 – www.shimatani.fr – Fermé mardi et le soir

❁ ## LA TABLE DE NANS

Chef : Nans Gaillard

MÉDITERRANÉENNE • ÉPURÉ Nans Gaillard, enfant du pays et chef exigeant, avait un rêve de gamin : ouvrir son restaurant à La Ciotat, sa ville natale. Après une enfance bretonne et ses premiers pas en cuisine, de vrais postes à Paris, notamment chez Joël Robuchon, il trouve son bonheur : une auberge datant de l'entre-deux-guerres, construite en corniche face à la grande bleue avec sa terrasse magique et ses grands pins. Dans ce cadre de rêve, Nans rend hommage aux produits régionaux avec une cuisine classique revisitée avec finesse : légumes de Provence "cuits et crus", robiola frais et herbes potagères ; homard, confit de carottes au gingembre et citron vert, chair des pinces en ravioli, sauce onctueuse à la vanille de Madagascar...

≤ 🅰 🕏 🅿 – Prix : €€€

126 corniche du Liouquet – 𝒞 04 42 83 11 06 – www.latabledenans.com – Fermé lundi, dimanche et mardi midi

ROCHE BELLE

PROVENÇALE • RUSTIQUE Dans un chaleureux cadre provençal, une maison-nette couverte de vigne vierge et sa terrasse plantée d'oliviers. La cuisine est goûteuse, ensoleillée, et fleure bon le Midi. On se laissera facilement tenter par le menu du déjeuner facturé à prix doux, tout aussi généreux et alléchant que le reste de la carte. Aujourd'hui : terrine de gibier aux pistaches et genièvre, légumes en pickles ; pavé de venaison rôti aux griottes, sauce grand veneur ; mousse tiède au chocolat, amandes et sorbet poire.

🅰 🕏 ♻ – Prix : €€

455 corniche du Liouquet – 𝒞 04 42 71 47 60 – roche-belle.fr – Fermé lundi et dimanche

CLAIREFONTAINE-EN-YVELINES

✉ 78120 – Yvelines – Carte régionale n° **15**–A2

LES TERRASSES DE CLAIREFONTAINE

MODERNE • CONTEMPORAIN Situé au cœur de la Vallée de Chevreuse et de la forêt de Rambouillet, ce restaurant en bordure de l'étang de Clairefontaine propose une chaleureuse cuisine au goût du jour, avec une prédisposition (en saison) pour les truffes et les gibiers, et une jolie vue sur l'étang (en toutes saisons...).

&. AC 🏠 ✧ – Prix : €€€

1 rue de Rambouillet – 🕻 *01 30 59 19 19 – lesterrassesdeclairefontaine.com/ltdc – Fermé lundi et mardi, et dimanche soir*

CLARA

✉ 66500 – Pyrénées-Orientales – Carte régionale n° **21**–B3

😊 LES LOGES DU JARDIN D'AYMERIC

TRADITIONNELLE • AUBERGE Une adresse campagnarde comme on les aime, où l'on travaille avec une passion intacte ! Mordu de bons produits, le chef travaille les légumes de son potager, les agrumes des environs, et réalise lui-même son pain à base de farines anciennes. Pour le reste, service simple et familial, tarifs raisonnables : on passe un super moment.

🛏 P – Prix : €€

7 rue du Canigou – 🕻 *04 68 96 08 72 – www.logesaymeric.com – Fermé lundi et dimanche soir*

CLÉCY

✉ 14570 – Calvados – Carte régionale n° **17**–B2

AU SITE NORMAND

MODERNE • COSY Au cœur rural de la Suisse normande, Le chef et son épouse, sympathiques et professionnels comme on les aime, reçoivent dans leur auberge au joli cachet où le rouge domine : poutres peintes, cheminée... Au déjeuner, le chef propose dans son menu unique, inspiré du retour du marché, une cuisine au goût du jour de base traditionnelle ; le soir, viandes et poissons sont préparées au feu de cheminée. Chambres confortables et petit espace bien-être permettent de prolonger l'étape. Service charmant.

&. 🏠 P – Prix : €€

2 rue des Châtelets – 🕻 *02 31 69 71 05 – www.hotel-clecy.com – Fermé lundi et dimanche*

CLERMONT-FERRAND

✉ 63000 – Puy-de-Dôme – Carte régionale n° **1**–B2

Juchée sur les restes d'un ancien volcan, la capitale historique de l'Auvergne règne sur la plus grande prairie de France. Qui dit pâture dit élevage, viande et fromage ! Pas étonnant que cette ville soit l'un des ventres gourmands de la France – d'ailleurs, son sous-sol de tuf est un véritable gruyère où l'on fît longtemps mûrir vin et fromage. Arpentez les rues commerçantes de la vieille ville, comme la rue de la Boucherie, qui convergent vers la place Saint-Pierre et ses halles. Des artisans bouchers-charcutiers y vantent le porc fermier d'Auvergne, le bœuf du Mézenc, l'agneau du Puy-de-Dôme et le veau de Corrèze. Des sorciers de l'affinage subliment les cantals, les salers, les saint-nectaires et autres bleus d'Auvergne descendus des montagnes alentours. Les amateurs de poisson chercheront la truite et l'omble chevalier, qui se plaisent encore dans les rivières. D'ailleurs, à côté des crus auvergnats dont la cote ne cesse de grimper, les eaux de table auvergnates étincèlent de pureté...

❀❀ **LE PRÉ - XAVIER BEAUDIMENT**

Chef : Xavier Beaudiment

CRÉATIVE • ÉLÉGANT "L'Auvergne que je veux vous présenter est celle que nous allons cueillir chaque matin sur nos montagnes, dans nos prés et nos forêts". Ce qui est plaisant chez Xavier Beaudiment, originaire de la région, c'est que ses professions de foi ne sont pas boniments. Le Pré, à Clermont-Ferrand, c'est la quintessence de la simplicité – on y dîne de cochon, d'œuf ou de petits pois. Pas forcément des produits qui en mettent plein la bouche ! Mais ils sont sculptés avec une technicité époustouflante : oubliez carte et saisons, et laissez-vous bercer par une cuisine de l'instinct, au gré de menus poétiques – "Parfums des prés", "Printemps dans nos montagnes". Sans oublier la complicité, mesdames et messieurs, des 200 plantes ou herbes sauvages qui grandissent à l'abri des volcans, et d'escargots des murailles, servis dans un jus au tilleul de cueillette. Xavier Beaudiment ? Une raison suffisante pour visiter Clermont-Ferrand.

இ ⇆ と Ⓚ ⇄ 🅿 – Prix : €€€€

Plan : A1-2 – *Route de la Baraque* – 📞 *04 73 19 25 00* – *www.restaurant-lepre. com* – *Fermé du lundi au mercredi*

✿ APICIUS

Chef : Arkadiusz Zuchmanski

CRÉATIVE • CONTEMPORAIN Au cœur de la ville, à l'étage du marché Saint-Pierre, ce restaurant chic a choisi de prendre de la hauteur. Le lieu offre une succession de salles à manger à la décoration contemporaine très réussie, et les arts de la table y sont bien mis en valeur. Le chef Arkadiusz Zuchmanski, d'origine polonaise, s'est rapproché de la France pour fortifier une vocation née dans les cuisines de ses aïeux. Il voue une passion gourmande aux produits nobles et à l'Auvergne, qui lui rappelle les paysages de sa ville natale de Drzewica. Dans l'assiette, les produits sont toujours rendus dans leur vérité, à l'image de ce foie gras au poivre sauvage Voatsiperifery, ou ce ris de veau doré au sautoir, panais à la truffe.

🏵 ₺ 🄺 🛱 ⇔ – Prix : €€€

Plan : E1-5 – *Place du Marché-Saint-Pierre (à l'étage)* – ℰ *04 73 91 13 61 – www. apicius-clermont.com – Fermé lundi, dimanche, et mardi et jeudi à midi*

✿ JEAN-CLAUDE LECLERC

Chef : Jean-Claude Leclerc

MODERNE • ÉLÉGANT Dans cet établissement proche du palais de justice, point de convocation à une audience, mais une invitation à l'épicurisme ! Voilà plus de vingt ans que Jean-Claude Leclerc tient cette table clermontoise appréciée. Le chef y pratique une cuisine classique revisitée et de saison, à partir des produits fermiers venus aussi bien d'Auvergne que de Provence, voire de Bretagne lorsqu'il s'agit du turbot et de la sole. Tout en équilibre et maîtrisées, les assiettes ne manquent pas de saveurs, comme cette dorade cuite sur peau, risotto au vin rouge, oignon snacké et blanc de seiche, ou cet agneau, artichauts poivrade, pomme de terre et truffe.

🏵 🄺 🛱 ⇔ – Prix : €€€

Plan : E1-6 – *12 rue Saint-Adjutor* – ℰ *04 73 36 46 30 – www.restaurant-jcl. com – Fermé lundi et dimanche*

✿ L'OSTAL

Chef : Emmanuel Hébrard

MODERNE • CONTEMPORAIN Le chef clermontois Emmanuel Hébrard, qui a été formé par des pointures (Anne-Sophie Pic et Stéphane Raimbault, entre autres), ne jure que par son terroir natal (l'ostal signifie d'ailleurs « maison » en occitan auvergnat). Il régale donc avec une cuisine profondément "locale", autour d'un menu unique qui met en valeur les produits de la région - viandes du boucher du coin, légumes des maraîchers, fromages et œufs fermiers. Le respect de la nature et des producteurs n'est pas un vain mot ici. Il s'est concocté une salle intimiste d'une vingtaine de couverts à la déco chic et contemporaine, à base de matériaux naturels (bois, pierre), bien en phase avec l'identité de la cuisine.

✿ **L'engagement du chef :** Nous travaillons exclusivement avec des producteurs locaux, le plus souvent en bio - maraîchage, poissons de rivière, légumineuses d'Auvergne, viande de race et d'élevage local... Depuis l'ouverture, nous avons procédé à une réduction drastique de nos déchets plastiques. Les déchets organiques sont réintroduits dans le cycle naturel grâce à notre parcelle gérée en permaculture.

₺ 🄺 – Prix : €€€

Plan : F1-7 – *16 rue Claussmann* – ℰ *04 73 27 77 86 – www.lostal-restaurant.fr – Fermé lundi, dimanche et samedi midi*

☺ LE 62

MODERNE • CONVIVIAL Ce restaurant sait tenir nos papilles en alerte, notamment grâce à l'équilibre des assaisonnements et l'harmonie des saveurs, véritables points forts du jeune chef d'origine vietnamienne, formé à Chamalières puis à la Belle Meunière de Royat. Cette cuisine bistronomique (française) ne manque ni d'élégance ni de finesse ; ainsi cette côte de cochon fermier d'Auvergne, sauce grand veneur, risotto, petits légumes. Du très bon aussi en dessert, avec la pêche

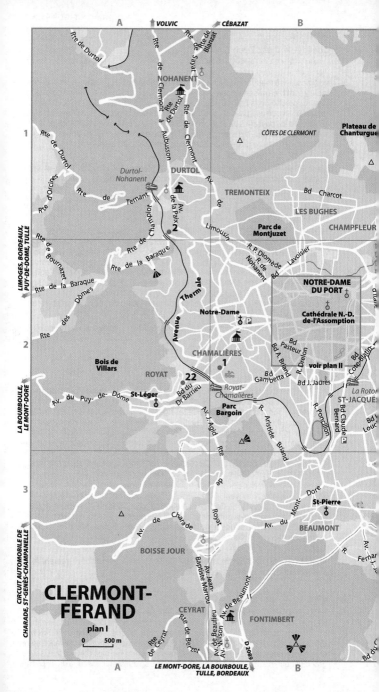

A · B

Rte de Durtol

Rte de Sayat

Rte de Blanzat

NOHANENT

CÔTES DE CLERMONT

Plateau de Chanturgue

1

Rte de Durtol

Rte d'Orcines

Rte de Clermont à Aubusson

Rte de Durtol

Rte de Clermont

Durtol-Nohanent

DURTOL

Av. de

Ternant

Av. de la Paix

2

TREMONTEIX

Bd Charcot

LES BUGHES

CHAMPFLEUR

Rte de Champiot

Rte de la Baraque

Limousin

Parc de Montjuzet

Rte de la Baraque

R. P. Diomède

R. de Nohanent

Lavoisier

voir plan II

NOTRE-DAME DU PORT

Cathédrale N.-D. de-l'Assomption

Rte de Bournazel

Rte des Dômes

Avenue

Thermale

Notre-Dame

Bd Pasteur

Bd A. Briand

R. Drelon

Bd Côte-Blatin

2

CHAMALIÈRES

1

Bd Gambetta

Bd J. Jaurès

La Rotor

ST-JACQUE

Bois de Villars

ROYAT

22

Bd du Dr Barrieu

Royat-Chamalières

Bd Claude Bernard

Bd Loue

R. Ponclon

Av. du Puy-de-Dôme

St-Léger

Parc Bargoin

Av. J.-Agid

R. Aristide Briand

LA BOURBOULE, LE MONT-DORE

LIMOGES, BORDEAUX, PUY-DE-DÔME, TULLE

Rte

Av. de Charade

Dore

St-Pierre

3

Av. du Mont-

BEAUMONT

Av. Fernan J.-

Royat

BOISSE JOUR

Av. Jean-Baptiste Marrou

CIRCUIT AUTOMOBILE DE CHARADE, ST-GENÈS-CHAMPANELLE

CLERMONT-FERAND

plan I

0   500 m

Rte de Ceyrat

Rte de Berzet

CEYRAT

Av. Wilson

Av. de Beaumont

D 2089

FONTIMBERT

Bd du

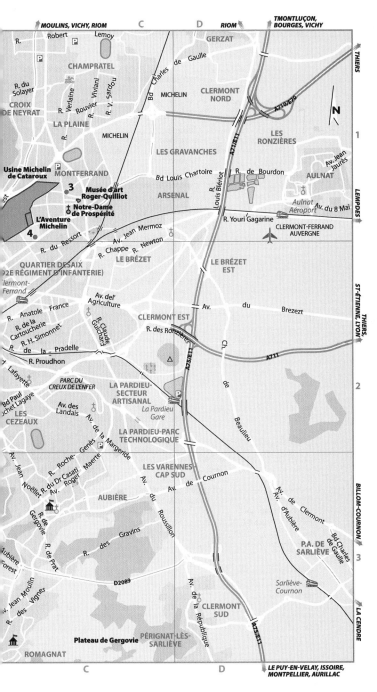

C

D

THIERS

R.

Robert

Lemoy

CHAMPRATEL

GERZAT

R. du Solayer

CROIX DE NEYRAT

Verlaine

Rouvier

R. V. Sardou

Viviani

CLERMONT NORD

MICHELIN

Bd Charles de Gaulle

LA PLAINE

MICHELIN

LES RONZIÈRES

LES GRAVANCHES

Usine Michelin de Cataroux

MONTFERRAND

3

Musée d'art Roger-Quilliot

Notre-Dame de Prospérité

Bd Louis Chartoire

ARSENAL

R. de Bourdon

AULNAT

Av. Jean Jaurès

R. Louis Blériot

R. Youri Gagarine

Aulnat Aéroport

Av. du 8 Mai

L'Aventure Michelin

4

R. du Ressort

Av. Jean Mermoz

CLERMONT-FERRAND AUVERGNE

R. Chappe

R. Newton

QUARTIER DESAIX (92E RÉGIMENT D'INFANTERIE)

LE BRÉZET

LE BRÉZET EST

Clermont-Ferrand

Av. de l'Agriculture

R. Anatole France

R. de la Cartoucherie

R. Claude Guichard

CLERMONT EST

Av.

du

Brezezt

R. H. Simonnet

R. des Ronzières

R. de la Pradelle

R. Proudhon

Ch.

A75/E11

A711

PARC DU CREUX DE L'ENFER

LA PARDIEU-SECTEUR ARTISANAL

de

Lafayette

Bd Paul chet Lagaye

LES CEZEAUX

Av. des Landais

La Pardieu Gare

Beaulieu

Av. de la Margeride

LA PARDIEU-PARC TECHNOLOGIQUE

R. Roche- Genès

R. du Dr Casati

Av. Roger Maerte

LES VARENNES-CAP SUD

Av. Jean Noëllet

AUBIÈRE

Av. du Roussillon

Av. de Cournon

Av. de Clermont

Av. d'Aubière

BILLOM-COURNON

R. de Gergovie

R. des Gravins

R. de Prat

P.A. DE SARLIÈVE

Bd Charles de Gaulle

Aubière Forest

Av. Jean Moulin

R. des Vignes

D2089

Sarliève-Cournon

Av. de la République

CLERMONT SUD

LA CENDRE

Plateau de Gergovie

PÉRIGNAT-LÈS-SARLIÈVE

ROMAGNAT

C

D

THIERS

LEMPDES

THIERS, ST-ÉTIENNE, LYON

1

2

3

jaune et crème diplomate vanille. Et le rapport qualité/prix, tout comme la petite terrasse, achèvent de rendre le lieu parfaitement séduisant.

🛋 – Prix : €€

Plan : E1-14 – *62 rue Fontgiève* – ☏ *04 73 36 18 49* – *restaurantle62clermont.fr* – *Fermé lundi, dimanche et du mardi au jeudi à midi*

🐵 LE CHARDONNAY

MODERNE • BISTRO Hugues Maisonneuve est aux commandes de ce bistrot vintage. Derrière les fourneaux, un jeune chef propose une courte carte de saison et un menu du marché particulièrement alléchant. Tout ici est savoureux et plaisant visuellement. Cadre patiné, lumières tamisées et agréable terrasse.

🆎 🛋 – Prix : €€

Plan : F1-8 – *1 place Philippe-Marcombes* – ☏ *04 73 26 79 95* – *www. lechardonnay.fr* – *Fermé lundi, dimanche et mardi midi*

🐵 L'ÉCUREUIL

MODERNE • CONVIVIAL Le chef voulait renouer avec ses origines en s'installant en Auvergne. Il a donc imaginé cet Écureuil chaleureux et gourmand. Au menu : une bien jolie cuisine du marché ! Attention, formule simplifiée au déjeuner. A déguster dans une salle au décor campagne chic.

♿ 🆎 – Prix : €

Plan : E1-10 – *18 rue Saint-Adjutor* – ☏ *04 73 37 83 86* – *ecureuil-restaurant. com* – *Fermé mercredi et dimanche*

🐵 LE SAINT-EUTROPE

MODERNE • BISTRO On adore l'intérieur vintage de ce bistrot (comptoir en formica, boiseries, mobilier de récup' et collection de tableaux), où la cuisine du chef britannique Harry célèbre le marché avec des plats bien sentis (chèvre frais, carottes rôties et miel ; steak au poivre, frites ; fabuleuse tarte aux coings et sa quenelle de crème double fermière), et l'on accompagne ces créations de vins "nature" bien choisis. Réjouissant !

🍸 – Prix : €€

Plan : E1-12 – *4 rue Saint-Eutrope* – ☏ *04 73 34 30 41* – *www.sainteutrope.com* – *Fermé lundi, mardi, mercredi et dimanche, et samedi soir*

LE BISTROT D'À CÔTÉ

MODERNE • CONVIVIAL Dans son restaurant situé dans une rue piétonne jouxtant la place de Jaude et l'église St-Pierre-les-Minimes, le chef Ludovic Raymond propose une cuisine actuelle et généreuse, faite de bons produits de saisons. On se régale d'une poule au pot en gelée de lentilles et moutarde de Charroux, ou d'un filet de skrei, écrasé de potimarron et vinaigrette à la mangue et au dessert d'un cheesecake menthe-yuzu... Belle carte de cocktails et d'alcools.

🆎 🛋 ✿ – Prix : €€

Plan : E1-9 – *16 rue des Minimes* – ☏ *04 73 29 16 16* – *www.restaurant-bistrotdacote.fr* – *Fermé dimanche*

LE DUGUESCLIN

MODERNE • INTIME Face aux vestiges de la maison d'octroi, ce restaurant au cadre intime avec sa salle voûtée propose une cuisine de saison bien travaillée. La courte carte est déclinable sous forme de menus "tout terre" ou "tout mer" au très bon rapport qualité-prix. En semaine, le menu du midi est adapté à la clientèle d'affaire pressée ; au dîner, la carte se veut plus ambitieuse. Terrasse d'été sur l'arrière pour les beaux jours.

🛋 ✿ – Prix : €€

Plan : C1-3 – *3 place des Cordeliers* – ☏ *04 73 25 76 69* – *www.le-duguesclin.fr* – *Fermé lundi et mardi, et mercredi et dimanche soir*

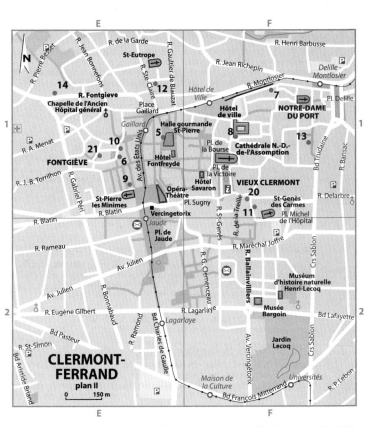

CLERMONT-FERRAND plan II

0   150 m

L'EN-BUT

MODERNE • CONVIVIAL Ce restaurant, situé dans l'enceinte du stade Marcel-Michelin, décline bien naturellement les valeurs du rugby, au travers des menus "En Avant", "Grand Chelem" ou "Chistera", autour d'une cuisine actuelle, les produits du Massif central qui jouent le rôle pivot. Imaginée dans l'esprit d'une brasserie contemporaine, la salle à manger offre une vue imprenable sur le stade et, depuis la terrasse, sur la chaine des Puys.

⇐ & 🅰 🍴 🅿 – Prix : €€

Plan : C1-4 – *107 avenue de la République* – ℰ 04 73 90 68 15 – *lenbut.com* – *Fermé samedi et dimanche*

L'INSTANTANÉ

MODERNE • BISTRO Ce bistrot contemporain situé dans le quartier des galeristes propose quelques instantanés de pure gourmandise, imaginés par un chef au beau parcours (Ritz, Lasserre, Plaza). Pâté en croûte de veau, volaille et cochon, bœuf braisé 12 heures en cocotte, dos de merlu rôti au beurre noisette, crème brûlée... Un régal jusqu'au dessert !

Prix : €

Plan : F1-20 – *2 rue de l'Abbé-Girard* – ℰ 04 73 91 97 19 – *linstantane-restaurant. fr* – *Fermé samedi et dimanche*

POLYPODE

MODERNE • CONTEMPORAIN Le bouche-à-oreille bat son plein à Clermont au sujet de ce Polypode, qui n'a rien de commun. Autour d'un menu-carte renouvelé tous les mois, le chef régale avec une cuisine fine et lisible, où le végétal fait de discrètes (et fructueuses !) apparitions. Accueil chaleureux.

 ⅋ AC 帝 – Prix : €€

Plan : E1-21 – 6 place du Champgil – 𝒞 04 73 19 37 82 – www.restaurantpolypode.fr – Fermé lundi et dimanche, et mardi et mercredi soir

SMØRREBRØD

MODERNE • ÉPURÉ Modernité, voici le maître mot, de la déco scandinave à l'assiette, qui met en avant de bons produits de saison (beignet de lapin braisé à la moutarde et livèche ; filet de flétan rôti sur peau, beurre blanc à la mandarine…) et s'accompagne d'une belle sélection de vins. Petite terrasse dans la rue.

 🕸 ⅋ AC 帝 – Prix : €€

Plan : F1-13 – 10-12 rue des Archers – 𝒞 04 73 90 44 02 – www.restaurant-smorrebrod.com – Fermé lundi et dimanche, et mardi et mercredi soir

UN GRAIN DE SAVEUR

MODERNE • SIMPLE Dans une ruelle du cœur de la vieille ville, non loin de la cathédrale, Damien Marie, chef normand au bon parcours propose une cuisine du marché bien travaillée, à l'instar de ce cabillaud aux saveurs de bouillabaisse, ou de ce côte de porc noir de Bigorre et jus truffé.

AC – Prix : €€

Plan : F1-11 – 8 rue de l'Abbé-Girard – 𝒞 04 73 90 30 59 – www.ungraindesaveur.fr – Fermé lundi, mardi et mercredi midi

AIDEN CLERMONT-FERRAND   *Plus*

AVANT-GARDE Avec son univers aux accents pop, voici un hôtel coloré, stylé, à proximité des transports, qui abrite un restaurant, un bar à cocktails et une boutique éphémère, ainsi qu'une salle de sport bien équipée et de nombreuses salles de réunion. Chaque chambre climatisée propose une décoration aux tons pastels apaisants.

 ⅋ 🅿 ☁ ⊘ 🛗 ⅏ ⅋⅋ 🍴 - 85 chambres – Prix : €

41 avenue de la République – 𝒞 04 44 05 01 30

CLIOUSCLAT

✉ 26270 – Drôme – Carte régionale n° **2**–B3

LA FONTAINE

TRADITIONNELLE • BISTRO Un bistrot de village sympathique. On aperçoit depuis la salle le chef s'activer en cuisine autour de produits du cru… Ici, on concocte une bonne cuisine régionale. Jolie terrasse sur la rue.

帝 – Prix : €

Le village – 𝒞 04 75 63 07 38 – lafontaine-cliousclat.fr – Fermé mercredi, et mardi, jeudi et dimanche soir

CLISSON

✉ 44190 – Loire-Atlantique – Carte régionale n° **23**–B2

VILLA SAINT-ANTOINE

MODERNE • BRASSERIE Le point fort de l'ancienne filature des bords de Sèvre nantaise ? La belle terrasse au bord de l'eau, qui dévoile une vue superbe sur le château de Clisson. La partition du chef, goûteuse et particulièrement soignée, se révèle en parfaite harmonie avec la géographie des lieux.

≼ & ⊠ ⊞ **P** – Prix : €€

8 rue Saint-Antoine – ℰ 02 40 85 46 46 – www.hotel-villa-saint-antoine.com

CLUNY
✉ 71250 – Saône-et-Loire – Carte régionale n° **5**–C3

HOSTELLERIE D'HÉLOÏSE

TRADITIONNELLE • COSY Les savoureuses recettes de la région – escargots de Bourgogne, bœuf charolais et réduction au vin rouge du Mâconnais... – font la réputation de cette hostellerie, qui propose aussi quelques plats plus actuels et une jolie sélection de vins au verre. Tout simplement !

& – Prix : €€

*7 route de Mâcon – ℰ 03 85 59 05 65 – www.hostelleriedheloise.com –
Fermé mercredi, jeudi midi et dimanche soir*

MAISON TANDEM   *Plus*

DESIGN MODERNE En plein cœur de la cité, non loin de l'abbaye, cette maison fut élevée en 1904 par le cuisinier du dernier empereur d'Autriche. C'est aujourd'hui une maison d'hôtes élégante et cosy. Aux beaux jours, on prend son petit-déjeuner sur la terrasse, au-dessus du jardin et de la piscine.

⊉ **P** ⊊ ⊐ - 4 chambres – Prix : €

21 rue d'Avril – ℰ 06 67 27 82 46

LA CLUSAZ
✉ 74220 – Haute-Savoie – Carte régionale n° **4**–F1

LE CINQ - AU CŒUR DU VILLAGE

CRÉATIVE • CONTEMPORAIN Dans une élégante salle intimiste d'esprit montagnard chic, le chef Vincent Deforce façonne une audacieuse cuisine fusion entre les Alpes et l'Océan Indien, pleine de parfums et de couleurs. Amoureux de l'Île Maurice, il en rapporte idées, produits et épices, qu'il marie avec talent au terroir savoyard, dans des assiettes créatives et esthétiques. Ainsi, le safran de Savoie côtoie les piments des îles, le marlin et l'ourite voisinent avec le crozet au sarrasin et le sandre du Léman. Un voyage "carte blanche" modulable en fonction de vos convenances. Service prévenant.

& ⊠ ⇧ – Prix : €€€

*26 montée du Château – ℰ 04 50 01 50 01 – www.hotel-aucoeurduvillage.fr –
Fermé lundi, dimanche et du mardi au samedi à midi*

PUR ⓝ

MODERNE • COSY Le nouveau restaurant de Laurent Dubois, que les habitués de La Clusaz connaissent bien, ne manque pas d'ambition. Dans un cadre contemporain ponctué de quelques touches montagnardes élégantes, le chef élabore des menus carte blanche. Dans les assiettes transparaissent son souci des dressages et son attachement aux beaux produits (féra, omble chevalier, veau fermier...). Déjà un incontournable de la station.

Prix : €€€

*27 passage du Mont-Blanc – ℰ 04 50 68 64 89 – www.pur-laclusaz.com –
Fermé mardi, mercredi, et lundi, jeudi, vendredi, samedi et dimanche midi*

AU CŒUR DU VILLAGE   *Plus*

ÉLÉGANCE TRADITIONNELLE Une harmonieuse variation sur les matières – bois, métal, grès – et les styles – design, alpestre : voici la principale réussite de cet hôtel, peut-être le meilleur de la station. Chambres chaleureuses, grand spa avec piscine couverte, hammam, et sauna... une étape de choix.

♨ 🅿 ☁ ⛵ ⵣ ⑩ 🛎 ⵏ◯ - 60 chambres – Prix : €€€

26 montée du Château – ☏ *04 50 01 50 01*

Le Cinq - Au Cœur du Village - Voir la sélection des restaurants

---

🛏 **SAINT-ALBAN** *Plus*

AVANT-GARDE La station tient son charme d'avoir pré-existé au développement du ski, tout comme le Saint-Alban : l'hôtel rend hommage à l'hospitalité alpine traditionnelle tout en y apportant sa propre touche. Comme cette montagne... de livres qui habille son bar Art déco aux airs de club anglais. Les chambres piochent aussi bien dans le style montagnard classique — bois blond et couvertures en laine — que dans le minimalisme des hôtels design. Une association élégante qui ne sacrifie rien au confort. Son spa l'élève définitivement au rang d'hôtel de luxe et sa boutique de ski vous permet de vous équiper entièrement sur place. Petit-déjeuner copieux et room-service en plus des collations servies au bar.

& ♨ 🅿 ⵃⵄ ⵣ ⑩ 🛎 - 48 chambres – Prix : €€€

195 route de la Piscine – ☏ *04 58 10 10 18*

COCURÈS

✉ 48400 – Lozère – Carte régionale n° **21**–C1

LA LOZERETTE

MODERNE • CLASSIQUE Au cœur des Cévennes, une auberge charmante, dont le chef propose des assiettes bien ficelées en utilisant la production régionale. Côté vins, même satisfaction : Pierrette, sommelière émérite, vous aide à choisir parmi les 300 références de la carte. N'oublions pas, enfin, le superbe plateau de fromages...

⅋ – Prix : €€

La Lozerette – ☏ *04 66 45 06 04 – www.lalozerette.com – Fermé du lundi au mercredi à midi*

COGNAC

✉ 16100 – Charente – Carte régionale n° **20**–B3

❀ **LES FOUDRES**

MODERNE • ÉLÉGANT Le restaurant des Chais Monnet s'ouvre dans l'ancienne salle des foudres, ces vastes barriques centenaires utilisées pour le vieillissement du cognac ! Dans la salle à manger attenante, aucun détail n'a été négligé, de la superbe argenterie contemporaine à la verrerie fine. On y déguste une cuisine finement technique qui met en avant les produits du territoire. De belles assiettes aux dressages soignés se succèdent – homard bleu cuit à l'huile de crustacés, aïoli au corail et légumes primeurs ; pigeon rôti sur coffre, pickles à l'hibiscus et betterave au shiso ; biscuit chocolat à la fleur de sel, croustillant de cacahuète et crémeux caramel.

⇦ & Ⓜ ⇔ 🅿 – Prix : €€€€

Chais Monnet, 50 avenue Paul-Firino-Martell – ☏ *05 17 22 32 23 – www.chaismonnethotel.com/les-foudres – Fermé lundi, mardi et du mercredi au dimanche à midi*

LA MAISON

MODERNE • CONTEMPORAIN Une jolie maison en pierre blanche de cœur de ville au décor décontracté et au concept aussi éclectique que ludique, assorti de clins d'œil à l'Asie et à la méditerranée. Grignotage et plats à partager font bon ménage avec les cocktails maison à base de Cognac. Ce jour-là, carpaccio de maigre, épaule d'agneau grillée et baba au gin.

♿ 🅐🅒 🍴 ✿ – Prix : €€

1 rue du 14-Juillet – 𝒞 05 45 35 21 77 – www.restaurant-lamaison-cognac.fr –
Fermé samedi et dimanche

POULPETTE

MODERNE • CONTEMPORAIN Voilà une table qui a tout compris. Le menu, volontairement restreint, propose une savoureuse cuisine du marché, à l'âme voyageuse, concoctée à base de beaux produits mitonnés avec soin et originalité. Amandine, ancienne professeur de danse, désormais responsable de salle et associée, et Antoine, ancien de Sciences Po mais passionné de cuisine, passé par Lucas Carton et Jadis ont uni leurs talents pour nous proposer une très agréable valse de saveurs.

♿ 🅐🅒 – Prix : €€

46 avenue du Maréchal-de-Lattre-de-Tassigny – 𝒞 05 45 82 22 08 – poulpette.
squarespace.com – Fermé lundi, samedi et dimanche, et mardi soir

CHAIS MONNET

CLASSIQUE CONTEMPORAIN La plus ancienne maison de négoce de Cognac (1838) a été entièrement transformée : on y trouve des appartements, un spa avec piscine intérieure et extérieure, un salon de thé... sans oublier le superbe bar à cognacs, riche de plus de 350 références. Un lieu rêvé, entre vignobles et détente.

🅿 ⌂ ⛱ 🍸 🏊 🐕 ℉ 🛎 – 92 chambres – Prix : €€

50 avenue Paul Firino Martell – 𝒞 05 17 22 32 23

✿ **Les Foudres** - Voir la sélection des restaurants

COGOLIN

✉ 83310 – Var – Carte régionale n° **24**-C3

GRAIN DE SEL

TRADITIONNELLE • BISTRO Au cœur de Cogolin, derrière la mairie, ce couple de pros souriants dirige ce bistrot de poche qui ne manque pas de sel, ni de réputation. En cuisine, Julien réalise des plats traditionnels, inspirés par une cuisine provençale généreuse ; en salle, Émilie est aussi accueillante qu'efficace. Une agréable adresse avec une terrasse fleurie bienvenue !

🅐🅒 🍴 – Prix : €€

6 rue du 11-Novembre – 𝒞 04 94 54 46 86 – Fermé lundi et dimanche

LA GRANGE DES AGAPES

MODERNE • ÉLÉGANT Comme tout véritable passionné, Thierry Barot est au four et au moulin. Non content de proposer une cuisine savoureuse et d'appétissants menus thématiques (tout légumes, provençal, asperges, truffe...), il donne aussi des cours de cuisine... Quelles agapes !

🅐🅒 🍴 – Prix : €€

7 rue du 11-Novembre – 𝒞 04 94 54 60 97 – www.grangeagapes.com –
Fermé lundi et dimanche

COISE-SAINT-JEAN-PIED-GAUTHIER

✉ 73800 – Savoie

CHÂTEAU DE LA TOUR DU PUITS   *Plus*

ÉLÉGANCE TRADITIONNELLE Ce gracieux château rebâti au 18e s. dresse sa tour en poivrière au milieu d'un superbe parc arboré. Chambres décorées avec soin (boutis, mobilier chiné...).

℉ - 13 chambres – Prix : €

Le Puits – 𝒞 04 79 28 88 00

COL DE LA SCHLUCHT

✉ 88400 – Vosges – Carte régionale n° **12**–D3

LE COLLET

MODERNE • MONTAGNARD Une cuisine du terroir, "instinctive et mitonnée minute", concoctée par un chef d'expérience, qui a formé de nombreux cuisiniers de la région, le tout servi dans un joli décor montagnard. Les produits des environs sont joliment mis en valeur.

⇦ 🅿 – Prix : €€

9937 route de Colmar – ☎ 03 29 60 09 57 – www.chalethotel-lecollet.com/fr – Fermé du lundi au vendredi à midi

COLIGNY

✉ 01270 – Ain – Carte régionale n° **2**–B1

🕸 **AU PETIT RELAIS**

TRADITIONNELLE • CLASSIQUE Ce Petit Relais propose une cuisine particulièrement goûteuse, assez sophistiquée, où se côtoient homard, poissons nobles, spécialités de la Bresse et vins choisis. La salle à manger est chaleureuse.

🕸 🅺 🅿 – Prix : €€

Grande-Rue – ☎ 04 74 30 10 07 – www.aupetitrelais.fr – Fermé mercredi, jeudi et dimanche soir

LA COLLE-SUR-LOUP

✉ 06480 – Alpes-Maritimes – Carte régionale n° **25**–E2

❀ **ALAIN LLORCA**

Chef : Alain Llorca

PROVENÇALE • AUBERGE Alain Llorca est une figure emblématique de la cuisine de la Côte d'Azur. Il a notamment œuvré au mythique palace Negresco, et a insufflé un temps toute son énergie au Moulin de Mougins, entre autres projets gourmands. Dans sa bastide de la Colle-sur-Loup, dont la terrasse offre une vue imprenable sur Saint-Paul-de-Vence, il laisse libre cours à sa sensibilité méditerranéenne. Cela prend souvent la forme d'une ode à l'iode, empreinte de finesse et sensibilité : loup en croûte d'aubergine, légumes du jardin ; poupeton de fleur de courgette à la truffe noire. Mais la cuisine de ce chef inspiré chante aussi le pigeon, le foie gras et le filet de bœuf.

⇦ 🖐 ♿ 🅺 🗻 ✥ 🐾 🅿 – Prix : €€€€

350 route de Saint-Paul – ☎ 04 93 32 02 93 – www.alainllorca.com – Fermé lundi et mardi, et dimanche soir

L'ATELIER DES SAVEURS BY STÉPHANE GARCIA

MODERNE • CONTEMPORAIN Le jeune chef a travaillé dans le Sud-Ouest (sa région natale), mais aussi à Monaco, avant de reprendre cette affaire. Il régale ici avec les produits du marché, dans une veine à la fois contemporaine et régionale. Son plat incontournable ? Le foie gras de canard en terrine, mariné au vin de Xérès...

🅺 🗻 – Prix : €€€

51 rue Georges-Clemenceau – ☎ 04 93 59 75 71 – restaurant-latelierdessaveurs-sg.com – Fermé lundi et mardi, et dimanche soir

🛏 **ALAIN LLORCA** *Plus*

ÉLÉGANCE TRADITIONNELLE Un "hôtel de chef", idéal pour parfaire l'expérience de la cuisine d'Alain Llorca. Pour décor, un jardin à flanc de colline. Pour horizon, la campagne provençale et le village de St-Paul-de-Vence... Beaux volumes et matériaux de qualité font toute l'élégance des chambres.

🅿 🛏 🐾 ♿ ⅰ○ - 10 chambres – Prix : €€
350 route de Saint-Paul – ℰ 04 93 32 02 93
✿ **Alain Llorca** - Voir la sélection des restaurants

COLLIAS
✉ 30210 – Gard – Carte régionale n° **21**–D2

CHÂTEAU DE COLLIAS 🆚

MODERNE • Ce château en pierre blonde du 16ᵉ s., avec sa tour, son donjon et son chemin de ronde, ne repousse plus les envahisseurs mais accueille désormais les voyageurs avec ses chambres et cette table gastronomique. On s'installe dans une grande salle à manger voûtée avec pierre apparente, ornée de lustres à pampilles, qui marie mobilier ancien et design. Le déjeuner propose un menu bistro composé de bons produits frais saisonniers, tandis que le dîner déroule avec majesté ses propositions gastronomiques en plusieurs séquences.
🍽 – Prix : €€€€
*8 place du Château – ℰ 04 48 27 09 50 – www.chateaudecollias.fr –
Fermé mardi et mercredi*

COLLIOURE
✉ 66190 – Pyrénées-Orientales – Carte régionale n° **21**–B3

❀ ### LA BALETTE

CRÉATIVE • **CONTEMPORAIN** Laurent Lemal donne toute la mesure de son talent dans ce lieu idyllique qui regarde la rade et la belle Collioure les pieds dans l'eau. Sa cuisine originale autour des produits de proximité immédiate exalte toute la richesse du pays catalan, avec une prédilection pour les associations terre et mer finement travaillées ("céleri de la mer" ; huître de l'étang de Leucate au basilic et palette de Bellota ; rouget aux oignons fanes fumés, boudin noir de poulpe et réduction de soupe de poissons aux épices chorizo...). Sa femme Julie signe quant à elle de délicats desserts. Pour personnaliser l'expérience, le menu se construit sur mesure avec le directeur de salle, qui passe voir chaque convive en début de repas. Une belle réussite.
🕸 🛏 ♿ 🅰🅲 🍽 – Prix : €€€€
*Route de Port-Vendres – ℰ 04 68 82 05 07 – www.relaisdestroismas.com –
Fermé lundi et mardi*

LE 5ÈME PÉCHÉ

MODERNE • **ÉPURÉ** Un chef tokyoïte passionné de mets français et de vins... et sa petite table du vieux Collioure : quand le Japon rencontre la Catalogne ! Alors bien sûr, on déguste ici une cuisine fusion, où le poisson ultrafrais est roi.
🅰🅲 – Prix : €€
16 rue de la Fraternité – ℰ 04 68 98 09 76 – Fermé lundi et dimanche

MAMMA - LES ROCHES BRUNES

ITALIENNE • **COSY** Perchées sur le rocher, les Roches Brunes en mettent plein les yeux : l'hôtel surplombe la mer et offre une vue imprenable sur le Château royal de Collioure, juste en face. Au restaurant, les chefs Denny Imbroisi et Antoine Cormoretto signent une carte chantante, qui réunit avec brio l'Italie et la production locale. C'est frais, c'est bon, les prix sont doux... À découvrir d'urgence.
♿ 🅰🅲 🍽 – Prix : €€
*15 route de Port-Vendres – ℰ 04 11 30 07 55 – hotel-lesrochesbrunes.com –
Fermé du lundi au vendredi à midi*

LE RELAIS DES TROIS MAS *Plus*

DESIGN MODERNE De ces mas enchâssés dans la roche, la vue est imprenable sur la baie de Collioure et Notre-Dame-des-Anges. Les chambres affichent un style contemporain, dans un esprit bord de mer ; la terrasse et sa magnifique piscine complètent ce décor paradisiaque.

🏊 🅿 🐾 ☌ 🌐 ⑪ - 23 chambres – Prix : €

Route de Port-Vendres – 📞 *04 68 82 05 07*

❀ **La Balette** - Voir la sélection des restaurants

 LES ROCHES BRUNES *Plus*

DESIGN MODERNE Surplombant la baie de Collioure, un petit hôtel spectaculaire se cache à la vue de tous, accroché à la colline rocheuse. Ses 15 chambres et ses trois suites ont été entièrement habillées de couleurs neutres et apaisantes, dans un style à la fois minimaliste et chaleureux. Les terrasses descendent jusqu'aux rochers bruns qui ont donné leur nom à l'hôtel, jusqu'à une petite plage accessible par un escalier.

🅿 ☌ 🛏 🚲 ⑪ - 18 chambres – Prix : €

Route de Port-Vendres – 📞 *04 11 30 07 55*

Mamma - Voir la sélection des restaurants

COLLONGES
✉ 01550 – Ain

 LA COLONIE *Plus*

ÉLÉGANCE TRADITIONNELLE Près de l'entrée du village se trouve La Colonie, une réinterprétation de l'Hôtel Parisien des années 1900. Ses chambres reflètent la tradition campagnarde française, rustique mais chic et chaleureuse. Deux lofts occupent le dernier étage, avec un plafond voûté généreux en volume. Possibilité de massage thaïlandais et spa thermal.

🅿 🛏 - 5 chambres – Prix : €

210 rue du Fort – 📞 *05 65 51 64 79*

COLLONGES-AU-MONT-D'OR
✉ 69660 – Rhône – Carte régionale n° **3**–E1

 PAUL BOCUSE

CLASSIQUE • ÉLÉGANT Tous les surnoms – primat des gueules, pape de la gastronomie – ne suffisent pas à résumer Paul Bocuse, chef hors pair, aussi fort aux fourneaux qu'en affaires, dont le décès en 2018 a laissé le monde des toques sans voix. Il est celui par qui les brigades et leurs chefs sont passés de l'obscurité à la lumière : il est, en quelque sorte, le premier des modernes. Depuis sa disparition, la brigade d'élite de la maison (deux chefs MOF, un pâtissier champion du monde de desserts glacés) perpétue l'héritage du grand chef : gratin de queues d'écrevisses ; soupe aux truffes VGE, loup en croute feuilletée, volaille de Bresse en vessie… avec un magnifique chariot de desserts. L'histoire continue à Collonges-au-Mont-d'Or.

🍴 ♿ 🎨 ☼ ☌ 🅿 - Prix : €€€€

40 quai de la Plage – 📞 *04 72 42 90 90 – www.bocuse.fr/fr –* Fermé lundi et mardi

COLMAR

✉ 68000 – Haut-Rhin – Carte régionale n° **10**-C2

Tout ici dit l'appartenance à l'Alsace : les canaux de la "petite Venise", les fontaines, les maisons à colombages, les géraniums aux balcons, mais aussi la gastronomie ! Les spécialités alsaciennes brillent à chaque coin de rue : choucroute, baeckeoffe, presskopf et autres spaetzle. On retrouve ces produits au marché couvert, une ancienne halle marchande rénovée qui abrite une vingtaine de commerçants et quelques tables où l'on s'arrête volontiers prendre un kougelhopf ou un jus bio. Côté douceur, la Maison alsacienne de biscuiterie propose 40 variétés de bredele, le berawecka à base de fruits, les bretzels et autres pains d'épices. Colmar est aussi l'une des rares villes à posséder des vignobles intramuros, comme le domaine Karcher, qui occupe une ancienne ferme (1602).

✿✿ JY'S

Chef : Jean-Yves Schillinger

CRÉATIVE • CONTEMPORAIN Schillinger : en Alsace, ce nom résonne avec une force particulière. On connaissait bien Jean, le père, on connaît aussi Jean-Yves, son fils qui, après s'être exilé du côté de New York (Destinée, Olica), est revenu en 2002 dans sa ville natale. On le retrouve en lisière du parc du Champ-de-mars, bouillonnant d'idées. Bondissant d'une tradition à l'autre, sa cuisine salue tour à tour l'Alsace, les États-Unis, la Bretagne et le Japon avec une facilité déconcertante. Confiant en ses forces, il régale tous azimuts. En témoignent ce homard breton cuit dans une cafetière Cona sur des pâtes au basilic et nem de homard, ou encore ce soufflé au citron avec sa glace à l'estragon et huile d'olive... sans oublier le très beau chariot de mignardises. Une expérience unique et des goûts d'exception.

🕏 ♿ 🅼 🛋 – Prix : €€€€

Plan : A2-1 – *3 allée du Champ-de-Mars –* 📞 *03 89 21 53 60 – www.jean-yves-schillinger.com – Fermé lundi et dimanche et mardi midi*

✿ L'ATELIER DU PEINTRE

Chef : Loïc Lefebvre

CRÉATIVE • COSY Martin Schongauer, l'un des plus grands graveurs et peintres rhénans de la fin du 15e s., est né juste en face de cet "Atelier" dont les murs eux-mêmes datent de la Renaissance. À l'intérieur, quelle rupture de ton ! Chic et cosy, le cadre est délibérément contemporain. Dans l'assiette, Loïc Lefebvre fait preuve d'une évidente personnalité culinaire. Ce Lorrain, formé au plus près des étoiles,

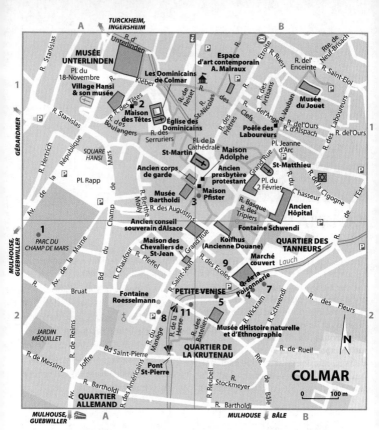

Plan : B1-3 – 1 rue Schongauer – ℰ 03 89 29 51 57 – www.atelier-peintre.fr –
Fermé lundi, dimanche et mardi midi

signe une cuisine créative et haute en couleurs, qui évolue évidemment au gré des
saisons. Fraîcheur et subtilité, précision et finesse marquent son omble chevalier
rôti, carpaccio de betterave et vinaigrette rhubarbe ou bien ce canon de lotte,
poutargue et citron confit.

🗚 🗚 – Prix : €€€

Plan : B1-3 – 1 rue Schongauer – ℰ 03 89 29 51 57 – www.atelier-peintre.fr –
Fermé lundi, dimanche et mardi midi

❁ ### GIRARDIN - GASTRONOMIQUE

Chef : Eric Girardin

MODERNE • ÉPURÉ La maison des Têtes, demeure Renaissance en pierre, richement décorée de visages grimaçants, est à l'image de Colmar : superbe. Classée,
elle abrite un restaurant. Aidé par deux architectes, Éric Girardin et son épouse ont
joué à fond la carte du minimalisme, du blanc et de l'épure... jusque dans le menu
dégustation proposé faisant la part belle au terroir alsacien. Dans l'assiette, rien
que du beau, du bon et des parfums d'une belle finesse : on se laisse séduire par la
fine et délicate duxelles de champignons de Colmar et son jaune d'œuf fermier, ou
la délicieuse déclinaison de chevreuil et son condiment poire brûlée. Le lieu abrite
également une brasserie et des chambres à l'élégance intemporelle.

❁ 🗚 🗚 🗚 – Prix : €€€€

Plan : A1-2 – 19 rue des Têtes – ℰ 03 89 24 43 43 – www.maisondestetes.com/
fr/restaurant-girardin.html – Fermé lundi, mardi, mercredi et dimanche et du
jeudi au samedi à midi

À L'ÉCHEVIN ⓝ

MODERNE • CLASSIQUE Au cœur de la "Petite Venise" et au sein de l'hôtel Le Maréchal, cette bâtisse à colombages impeccable abrite une bonne table à la déco très classique. Essayez de réserver en priorité une place dans la salle bleue sous charpente qui offre une vue sur la Lauch. Rien de classique en revanche dans l'assiette où le chef envoie une cuisine moderne bien ficelée, revisitant les classiques du terroir et de la gastronomie à coup de petites touches créatives, à l'image de cette langoustine, crémeux avocat, condiment mexicain, glace tequila.

&. 斎 – Prix : €€€

Plan : A2-8 – *4 place des Six-Montagnes-Noires* – ℰ *03 89 41 60 32* – *www. le-marechal.com* – *Fermé mardi et mercredi*

AUX TROIS POISSONS

POISSONS ET FRUITS DE MER • CLASSIQUE Cette belle maison à colombages (16ᵉ s.) de la "Petite Venise" est toujours fidèle au poste : une bonne nouvelle, car l'on ne voudrait pas se priver de son ambiance chaleureuse. Le chef propose une cuisine de la mer souvent associée à des produits régionaux (sandre sur lit de choucroute, petits lardons) ou bien encore des recettes plus actuelles (tartare de thon, Chantilly au wasabi et billes de Yuzu).

&. 🅐🅒 斎 – Prix : €€

Plan : B2-4 – *15 quai de la Poissonnerie* – ℰ *03 89 41 25 21* – *restaurant-aux-trois-poissons.fr* – *Fermé lundi et dimanche*

BORD'EAU

MODERNE • CONTEMPORAIN La seconde adresse du double étoilé Jean-Yves Schillinger est située le long de la Lauch au cœur de la Petite Venise. Le menu-carte laisse exprimer la créativité du chef entre recettes qui louchent vers l'Asie et terroir alsacien. Joli souvenir de gambas cuite minute et leur bouillon de crustacés, à déguster dans un cadre contemporain.

🅐🅒 斎 – Prix : €€

Plan : B2-5 – *17 rue de la Poissonnerie* – ℰ *03 89 21 53 65* – *www.jean-yves-schillinger.com* – *Fermé lundi, dimanche et mardi midi*

LA MAISON ROUGE

MODERNE • TRADITIONNEL Le jeune chef Jean Kuentz (dit Petit Jean), formé dans de belles adresses parisiennes a repris cette maison historique du vieux Colmar, à quelques encablures de la Petite Venise et du marché couvert. Dans cette bâtisse du 11ᵉ s., il propose une cuisine gourmande fine et soignée, naviguant entre préparations régionales et assiettes plus actuelles.

🅑🅑 斎 – Prix : €€

Plan : B2-9 – *9 rue des Écoles* – ℰ *03 89 23 53 22* – *restaurant-maisonrouge. com* – *Fermé lundi et dimanche*

LE QUAI 21

MODERNE • CONTEMPORAIN Embarquez sur les quais de la "Petite Venise" pour une balade ponctuée de gourmandises, grâce à cette cuisine soignée, fleurant l'air de l'époque - on se délecte ainsi d'un filet de bœuf allemand "sashi", accompagné de girolles, oignons, tomates cerises et parmesan. Chaleureuse salle à l'étage, complétée d'un agréable patio terrasse. Esprit bistrot chic au rez-de-chaussée.

&. 斎 – Prix : €€

Plan : B2-7 – *21 quai de la Poissonnerie* – ℰ *03 89 58 58 58* – *www.restaurant-quai21.fr* – *Fermé lundi et dimanche*

WISTUB BRENNER

ALSACIENNE • CONVIVIAL Au cœur de la "Petite Venise", dans cette authentique winstub, la cuisine est forcément régionale : salade au comté et cervelas, tarte à l'oignon de Papi Lucien, choucroute et jarret de porc braisé, sauce au Pinot Noir. Production locale, ambiance conviviale et sympathique terrasse.

🛖 – Prix : €€

Plan : A2-11 – *1 rue de Turenne – ☏ 03 89 41 42 33 – wistub-brenner.fr*

LE COLOMBIER   *Plus*

DESIGN MODERNE Idéalement situé à l'entrée de la Petite Venise, cet hôtel offre des chambres de caractère réparties dans plusieurs maisons du 16ᵉ s. On a su préserver l'âme et le cachet historique des lieux, tout en adoptant un esprit contemporain pour une atmosphère cosy et feutrée.

🔥 🅿 ♨ ⛛ 🛎 ♨ 🔥 - 65 chambres – Prix : €

7 rue Turenne – ☏ 03 89 23 96 00

L'ESQUISSE   *Plus*

DESIGN MODERNE Bien qu'il soit situé dans le cœur historique de Colmar, à deux pas des ruelles sinueuses, cet hôtel est aussi contemporain que possible. Il côtoie le verdoyant parc du Champ de Mars, et ses 62 chambres et suites sont un écrin à l'esthétique moderne du 20ᵉ s. Le spa est complété d'une piscine intérieure chauffée, un jacuzzi, un sauna et un hammam. Restaurant réputé.

♨ 🅿 🛎 ⛱ 🛎 ♨ - 62 chambres – Prix : €€

2 avenue de la Marne – ☏ 03 67 68 20 00

HÔTEL QUATORZE   *Plus*

DESIGN MODERNE Ancienne pharmacie du 19ᵉ s., ce petit hôtel a trouvé la formule parfaite pour prendre soin de vous. Une bonne dose de charme dû à la proximité de la cathédrale et la Petite Venise. Une grande mesure de design porté par des lignes épurées, une dualité blanc/noir et des équipements de pointe. Et un service luxueux pour compléter le soin : spa avec sauna à luminothérapie, massages ayurvédiques et japonais, voiturier et pâtisseries locales.

🔥 ♨ 🅿 ♨ ⛛ ♨ - 17 chambres – Prix : €

14 rue des Augustins – ☏ 03 89 20 45 20

LA MAISON DES TÊTES   *Plus*

DESIGN MODERNE Le couple Girardin a rénové avec goût cette superbe demeure, bâtie au 17ᵉ s. sur les vestiges du mur d'enceinte de Colmar. On apprécie l'élégance intemporelle des chambres, mêlant subtilement touches historiques des lieux à des notes plus actuelles. Un cocon charmant, à cheval sur les siècles.

🔥 🅿 ⛛ 🍴 - 21 chambres – Prix : €€

19 rue des Têtes – ☏ 03 89 24 43 43

✿ **Girardin - Gastronomique** - Voir la sélection des restaurants

---

LE MARÉCHAL   *Plus*

ÉLÉGANCE TRADITIONNELLE Idéalement situé à l'entrée de la Petite Venise, cet hôtel offre des chambres de caractère réparties dans plusieurs maisons du 16ᵉ s. On a su préserver l'âme et le cachet historique des lieux, tout en adoptant un esprit contemporain pour une atmosphère cosy et feutrée.

🅿 ⛛ 🚲 ⛷ 🍴 - 30 chambres – Prix : €

5 place des Six-Montagnes-Noires – ☏ 03 89 41 60 32

À l'Échevin - Voir la sélection des restaurants

COLOMBES

✉ 92700 – Hauts-de-Seine – Carte régionale n° **15**–B1

BISTROT PAS PARISIEN

TRADITIONNELLE • BRASSERIE Sur la rue principale, proche de l'impressionnante église de Jean Hébrard en béton armé, cette ancienne brasserie (1907) avec comptoir en zinc, miroirs, moulures et lustre à boule propose une cuisine traditionnelle sous forme d'un menu-carte et de quelques produits plus nobles, telle que la bavette black angus de 750 gr pour deux personnes.

&️ 🅼 ⇄ 🖐 – Prix : €€

3 place du Général-Leclerc – ☎ 01 47 84 22 48 – www.bistrotpasparisien.fr – Fermé lundi et dimanche

COLOMBEY-LES-DEUX-ÉGLISES

✉ 52330 – Haute-Marne – Carte régionale n° **11**–C3

✿ HOSTELLERIE LA MONTAGNE

Chef : Jean-Baptiste Natali

MODERNE • ÉLÉGANT Dans ce paisible village de Haute-Marne cher au général de Gaulle, cette belle demeure en pierres du 17ᵉ s. est tout entière ceinte par un beau parc qui se prolonge vers la campagne. Mais à l'intérieur, point de nostalgie ! Ni dans le décor contemporain, ni dans l'assiette – ni même dans ce menu intitulé… "Je vous ai compris !". Le chef Jean-Baptiste Natali a beaucoup voyagé, de Marrakech à Londres en passant par New York. Il signe une gastronomie française à l'heure contemporaine (non sans clins d'œil à ses nombreux voyages) en travaillant de beaux produits comme la langoustine, le rouget, le homard, le bœuf Angus, le ris de veau. Ses tomates, caviar et huîtres, ses langoustines royales rôties et jus de groseilles glacé, son filet de rouget snacké et sa mousseline au citron vert attestent d'un métier solide. Chambres cosy et confortables pour l'étape.

🕭 🛏🍴🏡⇄ – Prix : €€€

10 rue Pisseloup – ☎ 03 25 01 51 69 – www.hostellerielamontagne.com – Fermé lundi et mardi

🛏 HOSTELLERIE LA MONTAGNE   *Plus*

DESIGN MODERNE Jardin et verger, demeure rénovée avec goût dans une veine contemporaine, chambres cosy et confortables : cette demeure en pierre cultive joliment les charmes de la France éternelle, chère au Général de Gaulle, enterré au cimetière du village.

🅿 🔊 🛏 🍴 - 9 chambres – Prix : €

10 rue Pisseloup – ☎ 03 25 01 51 69

✿ **Hostellerie la Montagne** - Voir la sélection des restaurants

COLOMBIÈRES-SUR-ORB

✉ 34390 – Hérault – Carte régionale n° **21**–B2

✿ GRANIT - LA MÉCANIQUE DES FRÈRES BONANO

Chef : Clément Bonano

MODERNE • AUBERGE Cette belle mécanique bien huilée, où travaillent deux frères, l'un sommellerie, l'autre aux fourneaux, n'est autre qu'une ancienne filature de draps des bords de l'Orb. À l'intérieur, un décor tout de granit et de bois, avec au centre une grande cave vitrée : le raisin est ici chez lui ! En attestent la sélection très pointue, riche en références du Languedoc-Roussillon (mais pas seulement), et les judicieux accords mets et vins proposés. Dans l'assiette, le chef Clément équilibre les saveurs avec finesse, jouant souvent avec l'aigre-doux (à l'instar de sa canette fermière, aubergine, mûres et jus "Pékin duck"), voire les notes amères, sans jamais dénaturer le produit principal (local et de qualité, évidemment) – chapeau l'artiste ! Ambiance conviviale grâce au service professionnel et souriant de Benjamin. Formules tapas au bistrot le Trou du kru.

🕭 ⇆ 🍴🛏&️🅼🏡🅿 – Prix : €€€

Lieu-dit La Mécanique – ☎ 04 67 97 30 52 – www.lamecaniquedesfreresbonano. fr – Fermé du lundi au mercredi

COLOMBIERS

✉ 34440 – Hérault – Carte régionale n° **21**–B2

AU LAVOIR

MÉDITERRANÉENNE • ÉLÉGANT Voisine du canal du Midi, cette belle maison jaune semble rayonner, particulièrement quand le soleil baigne son jardin verdoyant (avec terrasse). Pleinement inspirée par la Méditerranée, la cuisine fait la part belle au produit et embaume les parfums du Sud. N'hésitez pas à réserver l'une des élégantes chambres de l'étage.

🅰 🍴 🅿 – Prix : €€

Rue du Lavoir – ☎ 04 67 26 16 15 – www.au-lavoir-restaurant-colombiers.com

COLROY-LA-ROCHE

✉ 67420 – Bas-Rhin – Carte régionale n° **10**–A2

HOSTELLERIE LA CHENEAUDIÈRE

MODERNE • ÉLÉGANT Dans cet établissement élégant, les salles à manger affichent un esprit nature, et montagnard chic. La carte, courte et raffinée, fait d'alléchantes propositions. Au point que de nombreux plats sont devenus des classiques comme la truite rose d'Alsace, légumes fermentés, crème au cumin ou bien encore ce homard entier cuit au charbon de bois et sa homardine crémeuse - proposés depuis 1982.

🐴 ⇔ ⩽ 🛌 ⚅ 🅰 🅿 – Prix : €€€

3 rue Vieux-Moulin – ☎ 03 88 97 61 64 – www.cheneaudiere.com – Fermé les midis

COMBEAUFONTAINE

✉ 70120 – Haute-Saône – Carte régionale n° **6**–B1

😊 ### LE BALCON

TRADITIONNELLE • AUBERGE Jean-Philippe Gauthier perpétue la tradition de cet ancien relais de diligence, restaurant familial depuis 1951. Les incontournables : terrine de caille aux pruneaux et à l'armagnac et splendide chariot de fromages affinés, que l'on savoure dans une salle alliant caractère et authenticité. Quant à l'accueil, il est tout aussi délicieux. Chambres pour l'étape.

♿ – Prix : €€

2 Grande-Rue – ☎ 03 84 92 11 13 – le-balcon-70.fr – Fermé lundi, mardi midi et dimanche soir

COMBES

✉ 34240 – Hérault – Carte régionale n° **21**–B2

😊 ### AUBERGE DE COMBES

TRADITIONNELLE • AUBERGE C'est une auberge de pays perchée sur les hauteurs de la vallée de l'Orb. Ici, le terroir s'exprime avec puissance : dans l'assiette comme dans le paysage, une suavité brute domine. Foie gras mi-cuit sur une braise de sarments de vigne, salmis de palombe, tarte aux châtaignes et poires… Les assiettes se dégustent entre les murs séculaires en pierre ou sur la terrasse, qui dévoile une vue magnifique sur la vallée. Le tout accompagné d'un verre de Faugères, bien entendu !

⩽ 🅰 🍴 – Prix : €€

Le Bourg – ☎ 04 67 95 66 55 – www.aubergedecombes.fr – Fermé lundi et mardi, et dimanche soir

COMBRIT

✉ 29120 – Finistère – Carte régionale n° **7**–A2

❀ **LES TROIS ROCHERS**

MODERNE · ÉLÉGANT Dans l'estuaire de l'Odet, face au port de Bénodet, on a les flots d'un côté et un parc de pins et de chênes de l'autre... Vous avouerez qu'il y a pire ! Le chef, diplômé à Quimper, a roulé sa bosse en Bretagne et en Suisse, et c'est avant tout les artisans et producteurs bretons (bio, pour la plupart) qu'il met en avant dans sa cuisine. Il marie les trésors de la région avec des épices venues d'ailleurs et des herbes fraîches, dans l'objectif d'en sublimer le goût. À titre d'exemple, ses ravioles de langoustines et bouillon de crustacés sont un vrai délice...

⇔ ⇐ 🍴 ♿ 🌿 – Prix : €€€

16 rue du Phare, à Sainte-Marine – ℰ 02 98 51 94 94 – www.trimen.fr –
Fermé lundi, dimanche et du mardi au vendredi à midi

BISTROT DU BAC

POISSONS ET FRUITS DE MER · BISTRO Une maison bretonne, petite sœur de la Villa Tri Men et de sa table étoilée située juste au-dessus, posée sur les quais du petit port de Ste-Marine, face à Bénodet – auquel il est relié par un bac en saison. La terrasse avec sa vue pittoresque sur l'estuaire de l'Odet, la salle en bleu et blanc (comme les chambres) et surtout une cuisine iodée qui honore la mer avec fraîcheur et simplicité (mention spéciale pour le cabillaud) : l'escale est fort sympathique !

⇐ 🌿 – Prix : €€

19 rue du Bac, à Sainte-Marine – ℰ 02 98 56 34 79 – www.hoteldubac.fr

🛏 **HÔTEL DU BAC** *Plus*

DESIGN MODERNE Campé face à l'Odet qui se jette un peu plus loin dans l'océan, l'Hôtel du Bac admire paisiblement les bateaux amarrés autour du port de Sainte-Marine. Ses chambres célèbrent la vie maritime avec simplicité et élégance : du bleu et du blanc évidemment, des motifs marins et quelques touches boisées.

◁ 🍴 - 11 chambres – Prix : €

19 rue du Bac – ℰ 02 98 51 33 33

Bistrot du Bac - Voir la sélection des restaurants

🛏 **VILLA TRI MEN** *Plus*

DESIGN MODERNE Le jardin de cette belle villa de 1913 descend en pente douce jusqu'à la mer, et l'on peut, en toute quiétude, y lire ou prendre un verre. L'intérieur, feutré et cossu, donne à l'ensemble un charme indéniable ; les chambres sont spacieuses et élégantes dans leur parti pris minimaliste.

♿ 🅿 ⇔ ◁ 🍴 - 19 chambres – Prix : €

16 rue du Phare - Sainte-Marine – ℰ 02 98 51 94 94

❀ **Les Trois Rochers** - Voir la sélection des restaurants

COMPIÈGNE

✉ 60200 – Oise – Carte régionale n° **14**–B2

RHIZOME

MODERNE · CONTEMPORAIN Le rhizome, c'est la tige souterraine remplie de réserve d'énergie chez certaines plantes, et qui s'apparente à la racine. Choix judicieux pour le retour aux sources de ce jeune couple de Soissons, revenu en Picardie, après des passages dans de belles maisons (Mère Brazier, Saturne à Paris, Auberge du Vert Mont). Racine aussi pour une cuisine du marché, vivante, instinctive et qui se renouvelle régulièrement. Racine enfin comme un témoignage de la démarche locavore, assortie de vins bio et naturels. Le bon plan gourmandise de la ville, avec un menu (unique) au déjeuner à un prix imbattable. Une bien jolie adresse.

Prix : €€
6 rue des Pâtissiers – ℰ 09 83 77 42 22 – www.restaurant-rhizome.fr –
Fermé lundi et dimanche, et mercredi soir

CONCARNEAU
✉ 29900 – Finistère – Carte régionale n° **7**–B2

LE FLAVEUR
MODERNE · CONTEMPORAIN Ce restaurant se niche dans une petite rue en
retrait du port de plaisance et de la ville close. En cuisine, un couple complice
réalise à quatre mains de véritables bouquets de fraîcheur. Ils se régalent, ils nous
régalent... en jouant avec les produits du terroir : sarrasin, pêche quotidienne issue
de petits bateaux, cochon breton, volailles de la Bruyère Blanche, œufs fermiers - et
mention spéciale pour l'excellent pain maison.
  🕭 – Prix : €€
4 rue Duquesne – ℰ 02 98 60 43 47 – Fermé lundi, et mercredi et dimanche soir

CONDORCET
✉ 26110 – Drôme – Carte régionale n° **2**–B3

LA CHARRETTE BLEUE
TRADITIONNELLE · RUSTIQUE Impossible de manquer ce relais de poste du 18
e s. avec sa charrette bleue sur le toit ! Joli hommage à René Barjavel, dont l'œuvre
du même nom racontait son enfance au pays. L'esprit de la région habite le décor
(terrasse sous les canisses) comme cette cuisine généreuse à l'instar de ce pressé
de légumes d'été grillés en gelée de tomate, à la provençale, à l'huile d'olive et
herbes du jardin.
  🅰🍽🅿 – Prix : €€
5 chemin Barjavel – ℰ 04 75 27 72 33 – www.lacharrettebleue.net – Fermé mardi
et mercredi, et dimanche soir

CONFOLENS
✉ 16500 – Charente

DOMAINE DE LA PARTOUCIE *Plus*
DESIGN MODERNE Logis féodal remanié au 18ᵉ s., cette demeure a su marier ses
meubles anciens à un design contemporain, pour un confort moderne luxueux.
Avec seulement cinq chambres, elle conserve l'atmosphère d'une résidence privée,
avec une piscine d'eau salée, un court de tennis et la possibilité de pêcher carpes
et brochets dans les douves. Petit déjeuner frais de la ferme.
  🅿 ⇗ ⇖ ⌁ - 5 chambres – Prix : €
La Partoucie – ℰ 06 15 66 06 77

LE CONQUET
✉ 29217 – Finistère – Carte régionale n° **7**–A2

LA CORNICHE - SAINTE-BARBE
MODERNE · CONTEMPORAIN Au sein de l'hôtel Sainte-Barbe, choisissez votre
vue : côté mer, côté port du Conquet... ou encore côté salle au plaisant décor
contemporain. Cuisine bien tournée autour de recettes à l'esprit bistronomie faisant
la part belle aux produits d'ici, notamment aux poissons et fruits de mer.
  ⇔ ⇖ & 🅰 🅿 – Prix : €€
Pointe Sainte-Barbe – ℰ 02 98 48 46 13 – www.hotelsaintebarbe.com

LES CONTAMINES-MONTJOIE

✉ 74170 – Haute-Savoie – Carte régionale n° **4**–F1

L'Ô À LA BOUCHE

MODERNE · CONTEMPORAIN Un lieu, deux atmosphères, mais toujours l'eau à la bouche... Au rez-de-chaussée, cadre contemporain autour d'une cuisine gastronomique fraîche et goûteuse, concoctée par un chef qui affectionne les produits frais et le poisson ; au sous-sol (et seulement l'hiver), raclettes, fondues, grillades. Ne manquez pas non plus l'excellente charcuterie maison. Suggestions orales suivant le retour du marché. Une convivialité toute montagnarde.

&.🍴 – Prix : €€

510 route Notre-Dame-de-la-Gorge – 📞 04 50 47 81 67 – www.lo-contamines. com – Fermé lundi et du mardi au samedi à midi

CONTRES

✉ 41700 – Loir-et-Cher – Carte régionale n° **8**–A1

😊 LA BOTTE D'ASPERGES

MODERNE · CONTEMPORAIN Avec son joli nom à vous donner des envies de printemps, ce restaurant joue la carte d'une cuisine savoureuse. Derrière cette bonne nouvelle pour nos papilles, un couple du métier et un chef au parcours solide. Côté cadre, c'est confortable, dans un esprit bistrot contemporain. Une adresse agréable.

AC – Prix : €€

52 rue Pierre-Henri-Mauger – 📞 02 54 79 50 49 – www.labottedasperges.com – Fermé lundi et mardi

CORBEIL-ESSONNES

✉ 91100 – Essonne – Carte régionale n° **15**–B2

AUX ARMES DE FRANCE

MODERNE · COSY Rien ne trouble cet ancien relais de poste, tenu par Yohann Giraud, chef passé par plusieurs maisons étoilées. Au menu : des recettes généreuses en saveurs, à l'image du plat signature, les macaronis farcis de foie gras, céleri rave et tartufata gratinés au parmesan, crème légère et jus de veau, ou du dessert plein de gourmandise, ce millefeuille et sa sauce au caramel. Enfin, pour parachever le tableau : ambiance feutrée, accueil charmant.

&.♻️ 🅿 – Prix : €€€

1 boulevard Jean-Jaurès – 📞 01 60 89 27 10 – aux-armes-de-france.fr – Fermé lundi et dimanche, et mercredi soir

CORENC

✉ 38700 – Isère – Carte régionale n° **2**–C2

LE PROVENCE

POISSONS ET FRUITS DE MER · CONVIVIAL Ici, le chef fait lui-même son marché, d'où les suggestions à l'ardoise ; on peut aussi le voir travailler en cuisine via un écran. Sa spécialité : de grosses pièces de poissons cuites entières (pageot, pagre, denti, bar...). Pensez aussi à commander sa bouillabaisse, 48 h à l'avance (pour deux personnes), son autre spécialité ! Et côté Comptoir 28, petits plats à partager et prix doux.

&.AC 🍴 – Prix : €€€

28 avenue du Grésivaudan – 📞 04 76 90 03 38 – www.leprovence.fr/fr – Fermé lundi, dimanche, samedi midi et mercredi soir

CORMERY

✉ 37320 – Indre-et-Loire – Carte régionale n° **8**–B2

LES ROSEAUX PENSANTS

MODERNE • CONTEMPORAIN Dans ce village charmant riche en vieilles pierres, un couple autodidacte a ouvert cette table qui se fournit exclusivement en produits locaux après avoir rencontré les producteurs en personne. Le chef, ex-avocat converti à la gastronomie par passion, mitonne juste et bon comme ce suprême de pintade cuit au barbecue, courgettes et aubergines rôties, aïoli gourmand et condiment pêche-piment qui fouette le tout. Délicieuse terrasse sous les tilleuls aux beaux jours.

&🛋️✿ – Prix : €€

2 place du Mail – ☎ 02 47 43 40 32 – lesroseauxpensants.fr – Fermé du lundi au mercredi et dimanche soir

CORRENÇON-EN-VERCORS

✉ 38250 – Isère

🛏️ HÔTEL DU GOLF   *Plus*

DESIGN MODERNE Quelle métamorphose pour ce qui n'était il y a cinquante ans qu'une minuscule auberge… L'œuvre de trois générations successives, qui ont créé un bel établissement sans perdre l'esprit de famille (aujourd'hui, le benjamin de la fratrie, menuisier, assure le travail du bois !). Espace, calme, grand confort, prestations variées : on quitte les lieux à regret…

🅿️ 🔊 🛋️ ⛳ 🏛️ 🍴 - 22 chambres – Prix : €

Les Ritons – ☎ 04 76 95 84 84

CORSE

Carte régionale n° **9**

Parcs naturels, parcours de randonnées mythiques, villes côtières chics, forêts chevelues et montagnes escarpées, telle demeure la Corse éternelle, cette île de beauté jamais mieux chantée qu'à la tombée du jour par les cigales elles-mêmes. Au-delà de ces images iconiques sur fond bleu translucide, pénétrons l'intimité de la terre natale de Napoléon et de Colomba, l'héroïne tragique de Prosper Mérimée. Et quel meilleur guide que le petit cochon noir semi-sauvage, rôti, grillé, fumé, salé, consommé à toutes les sauces, celui-là même qu'Obélix confondait avec un chef de clan corse. "Quand tu croques dans un morceau de jambon, tu sais que tu es en Corse", témoigne un inspecteur.

AJACCIO

✉ 20000 – Corse-du-Sud – Carte régionale n° **9**–A2

A NEPITA

DU MARCHÉ • **CONVIVIAL** Dans ce petit établissement où il est désormais chez lui à deux pas du palais de justice, Simon Andrews, un chef anglais d'expérience (ancien étoilé) concocte chaque jour au gré du marché et de ses envies une excellente cuisine toute de fraîcheur et de saveur.

🅰🅲 🍴 – Prix : €€

4 rue San-Lazaro – ☎ 04 95 26 75 68 – www.anepita.fr – Fermé lundi, dimanche, samedi midi et mardi soir

L'ÉCRIN

MODERNE • **CONVIVIAL** Ce sympathique petit restaurant, légèrement à l'écart de l'agitation de la vieille ville, propose une cuisine méditerranéenne de saison, fraîche et bien troussée, comme ce turbot confit à l'huile d'olive, ratatouille, sauce safran. L'été, on s'installe sur la petite terrasse (s'il reste de la place!), où l'accueil est des plus charmants. Un petit bijou !

🍴 – Prix : €€€

16 cours du Général-Leclerc – ☎ 06 10 95 94 61 – www.lecrinrestaurant.fr – Fermé lundi et dimanche

LE PETIT RESTAURANT 🔘

MODERNE • COSY Au cœur de la vieille ville d'Ajaccio, le petit Restaurant a tout d'un grand. Le chef Vincent Boucher est loin de se limiter à un certain répertoire méditerranéen. Solide cuisinier, il a surtout pour ambition de travailler les produits du moment à travers une cuisine moderne un brin créative (avec parfois quelques clins d'œil exotiques) à l'image de son tartare de thon rouge, melon mariné au soja. On s'est aussi régalé avec son plat de porc noir ibérique, sa généreuse quenelle de polenta et lomo. Côté salle, Kristel Paries distille un service souriant, aux petits soins avec ses clients, qui sont assurés de passer un bon moment.

🅰️ 🍽️ – Prix : €€

3 rue Pozzo-di-Borgo – ☎ 04 20 01 88 81 – www.lepetitrestaurant.fr – Fermé mercredi, dimanche et samedi midi

🛏️ HÔTEL LES MOUETTES

CLASSIQUE CONTEMPORAIN Cette grande demeure rose de 1880 offre une vue superbe sur la piscine et la plage privée. Chambres sobres et spacieuses, la plupart avec loggia, pour rêver en regardant les mouettes. Et le soir venu, les pieds dans la mer, compter les étoiles.

🅿️ 🔆 🛎️ 🛋️ 🈴 🐾 🔑 🍽️ – 27 chambres – Prix : €€

9 cours Lucien Bonaparte – ☎ 04 95 50 40 40

BASTELICACCIA

✉️ 20129 – Corse-du-Sud – Carte régionale n° **9**–A3

AUBERGE DU PRUNELLI

DU TERROIR • AUBERGE Ambiance conviviale et authentique dans cette auberge née en 1870, perdue dans les environs d'Ajaccio. Charcuterie, fromages et miel de la vallée, légumes du potager, petits plats mijotés des heures sur le coin du fourneau, tartes concoctées avec les fruits du verger, belle sélection de vins corses... Intemporel !

🐾 🍽️ – Prix : €€

Pont de Pisciatello – ☎ 04 95 20 02 75 – auberge-du-prunelli.fr – Fermé mardi

BONIFACIO

✉️ 20169 – Corse-du-Sud – Carte régionale n° **9**–B3

L'A CHEDA

MODERNE • MÉDITERRANÉEN Dans un décor romantique à souhait, on s'installe sur la charmante terrasse face à la piscine. Le chef privilégie les circuits courts et choisit ses fournisseurs avec grand soin : on se régale de poissons sauvages, viande bio corse, légumes frais du potager en permaculture... Service prévenant et carte des vins riches en jolies surprises.

🛎️ 🍽️ 🅿️ – Prix : €€€

Route de Cavallo-Morto – ☎ 04 95 73 03 82 – www.restaurant-bonifacio.com/fr/presentation

L'AN FAIM

MODERNE • CONVIVIAL Installé au bout de la marina, au pied des escaliers grimpant à la citadelle, ce petit restaurant prolongé d'une terrasse est un repaire d'habitués : au programme, une cuisine du marché haute en couleurs et en saveurs, qui pétille au gré d'assiettes épurées. Autant d'hommages à la production locale, comme ce succulent dos de pagre.

🅰️ 🍽️ – Prix : €€

7 montée Rastello – ☎ 04 95 73 09 10 – Fermé jeudi

DA PASSANO

CORSE • DESIGN Face au port, ce restaurant et bar à vins revisite la tradition corse et ses produits (veau, noisettes de Cervione) dans un cadre moderne et design. On se régale au chant des guitares les soirs d'été, sur la terrasse ombragée... Les plats en petites portions invitent naturellement au partage.

🅰🄲 🍴 – Prix : €€

53 quai Comparetti – 📞 *04 95 28 10 90 – www.da-passano.com*

LE VOILIER

POISSONS ET FRUITS DE MER • ÉLÉGANT Si vous mettez le cap sur cette étape gourmande, embarquez de préférence avec un portefeuille dodu (notamment pour le dîner, dont la carte est plus ambitieuse que celle du midi). Vous accosterez le long de la marina, sur une terrasse au cadre élégant, pour déguster une cuisine iodée d'une grande fraîcheur, embellie de légumes et d'herbes aromatiques.

🍴 – Prix : €€€

81 quai Comparetti – 📞 *04 95 73 07 06 – www.levoilier-bonifacio.com –*
Fermé dimanche soir

🛏 GENOVESE   *Plus*

CLASSIQUE CONTEMPORAIN Dans les remparts du fort, un établissement au minimalisme chic et moderne, propice à la détente. Les chambres sont réparties autour de la piscine, orientées côté marina ou citadelle. Trois superbes suites sont aussi disponibles sur le port, où un chauffeur pourra vous conduire !

🅿️ ☁ ⬒ 📶 ⚒ 💿 🍴 - 18 chambres – Prix : €€

Quartier de la Citadelle – 📞 *04 95 73 12 34*

🛏 HÔTEL DES PÊCHEURS   *Plus*

ÉLÉGANCE TRADITIONNELLE L'île de Cavallo est une réserve marine protégée, qui offre sa seule plage aux résidents de cet hôtel. Des chambres habillées de bleu et de beige, avec une vue remarquable sur l'archipel des Lavezzi, vous assurent de ne jamais perdre le sentiment de bord de mer. En fait, même le spa et la piscine surplombent la baie voisine.

🅿️ ☁ 📶 🚲 ⚒ 💿 🛁 💆 🍴 - 50 chambres – Prix : €€€€

Île de Cavallo – 📞 *04 95 70 36 39*

🛏 VERSION MAQUIS CITADELLE   *Plus*

DESIGN MODERNE Sept bungalows fondus dans la nature, pour cet hôtel perché sur les hauteurs de Bonifacio. La superbe piscine à débordement offre une vue imprenable sur la citadelle. Chambres d'exception, contemporaines et design, toutes avec terrasses, matériaux haut de gamme, et le maquis, partout autour. Un lieu d'exception qui invite à la contemplation.

🏊 🅿️ ☁ ⬒ 📶 🚲 ⚒ 💿 💆 🍴 - 14 chambres – Prix : €€€€

Quartier Padurella – 📞 *04 20 40 70 40*

🛏 VERSION MAQUIS SANTA MANZA   *Plus*

DESIGN MODERNE Dans le calme du maquis corse, loin de la foule, des chambres épurées (mais climatisées) dans une architecture toute simple, et une belle piscine à débordement. Accès gratuit au spa de l'hôtel cousin de Bonifacio. Le matin, on emprunte à pied le chemin menant à la mer, à une demi-heure de là... Dépaysement garanti !

🅿️ ☁ ⬒ 📶 ⚒ - 11 chambres – Prix : €€

Lieu-dit Canetto – 📞 *04 95 71 05 30*

BRANDO

✉ 20222 – Haute-Corse

 CASTEL BRANDO

CLASSIQUE CONTEMPORAIN Cette demeure aristocratique du 19e s. habite un vieux village de pêcheurs, Erbalunga, niché sur le cap Corse. Et plutôt que de vous éblouir avec son opulence, elle vous séduira par son charme tranquille. Les chambres se partagent la vieille maison, l'orangerie et une poignée de villas annexes. Toutes sont élégantes, décorées d'un mobilier classique, mais arrangées de façon contemporaine, et déploient leur luxe sans ostentation. S'y trouvent également une piscine chauffée, un jacuzzi, un petit spa et suffisamment d'espace pour se détendre, du patio aux jardins en passant par le lounge de la demeure principale.

🅰🅿🔸🔹🚲🏊⛱🐎🐕💆🍽 - 40 chambres – Prix : €€

Lieu-dit Erbalunga – ☎ 04 95 30 10 30

CAGNANO

✉ 20228 – Haute-Corse – Carte régionale n° **9**–B1

TRA DI NOÏ

MODERNE • ÉLÉGANT Le chef de Tra Di Noï ("entre nous", en corse) met à l'honneur les produits de l'île de façon originale, dans un esprit bistronomique revendiqué (épaule d'agneau confite, falafel de fèves, aubergine et sauce yaourt). Tout a du goût (de nombreux produits viennent du potager en permaculture), la technique et la créativité sont au rendez-vous, y compris au dessert : on passe un bon moment dans ce restaurant logé dans un hôtel discret du Cap Corse.

🍃🐕🔸🏡🅿 – Prix : €€

Lieu-dit Misincu – ☎ 04 95 35 21 21 – hotel-misincu.fr/fr

 MISINCU *Plus*

DESIGN MODERNE Dans cette partie de la Corse encore sauvage et préservée, un superbe hôtel d'une blancheur éclatante, tout en arcades et en patios... La Méditerranée, en somme ! Matériaux de qualité, chambres spacieuses et épurées, belle piscine : un véritable coup de cœur.

🏊🔹🍽 - 30 chambres – Prix : €€€

Lieu-dit Misincu – ☎ 04 95 35 21 21

Tra Di Noï - Voir la sélection des restaurants

CALVI

✉ 20260 – Haute-Corse – Carte régionale n° **9**–A1

 LA SIGNORIA

MODERNE • MÉDITERRANÉEN À quelques minutes de Calvi se niche cet ancien domaine seigneurial génois, entouré de pinèdes et de vignobles, tandis que se découpent au loin les cimes enneigées... On dîne sur la terrasse donnant sur le jardin méridional planté d'essences qui fleurent bon, du rosier à l'eucalyptus. Voilà un cadre approprié à cette cuisine qui met en valeur les produits corses, à travers de jolies assiettes : langoustine pochée, taboulé d'herbes, bouillon glacé à la pêche Corse ; "poisson de nos côtes" confit, chou cœur de bœuf, girolles et pâtissons... Pour prolonger l'expérience, de jolies villas et suites avec Spa vous attendent, ainsi que des menus de saison le midi, au Bistrot dans l'herbe.

💆🔹🍃🏡🏊⇔🅿 – Prix : €€€€

Route de la Forêt-de-Bonifato – ☎ 04 95 65 93 00 – www.hotel-la-signoria. com – Fermé les midis

LA TABLE BY LA VILLA

MODERNE • ÉLÉGANT Au sein de la Villa, dont le luxueux décor s'efface devant la majesté du panorama – la baie, la citadelle, les montagnes… –, cette Table met en avant les produits régionaux de qualité, à déguster sur la superbe terrasse panoramique. Cuisine plus simple (mais gourmande) le midi.

🕸 ⪜占🅺🍴🅿 – Prix : €€€

Chemin Notre-Dame-de-la-Serra – ℰ 04 95 65 83 60 – www.lavilla.fr

LA SIGNORIA   *Plus*

ÉLÉGANCE TRADITIONNELLE Nichée dans une pinède, cette demeure du 18ᵉ s. incarne à elle seule la Méditerranée : de l'ocre, du bleu, un mobilier corse d'époque, un beau jardin paysager et… des senteurs infinies, dans la plus grande quiétude ! Joli spa. Plusieurs villas et suites, idéales pour les familles.

占🅿⛲🛌🛎🌀🎿🍴 - 24 chambres – Prix : €€€

Route de la Forêt de Bonifato – ℰ 04 95 65 93 00

❀ **La Signoria** - Voir la sélection des restaurants

LA VILLA CALVI

CLASSIQUE CONTEMPORAIN La vieille ville et toute la baie semblent envier cette Villa juchée sur les hauteurs ! Ce complexe hôtelier à l'élégance épurée, digne d'un couvent, distille l'essence de l'Île de Beauté… Joli spa, centre de soins, salon de coiffure, fitness, trois piscines extérieures, une intérieure : un ensemble haut de gamme, pour un séjour reposant.

占🚴🅿⛲🛌🛎🌀🎿🏊🍴 - 49 chambres – Prix : €€€

Chemin de Notre-Dame de la Serra – ℰ 04 95 65 10 10

La Table by La Villa - Voir la sélection des restaurants

CORTE

✉ 20250 – Haute-Corse

DOMINIQUE COLONNA   *Plus*

CLASSIQUE CONTEMPORAIN À l'entrée des gorges, dans l'arrière-pays de Corte, cet hôtel paisible, entre rochers et pins, ravira les amoureux de la nature. Confort idéal, jolies chambres et splendide terrasse qui surplombe les flots tumultueux de la rivière, où les moins frileux iront piquer une tête !

占🅿🛌🎿 - 29 chambres – Prix : €€

Lieu-dit Restonica – ℰ 04 95 45 25 65

CUTTOLI

✉ 20167 – Corse-du-Sud – Carte régionale n° **9**–A2

😊 U LICETTU

TRADITIONNELLE • RUSTIQUE Et si on avait trouvé la vérité de la cuisine corse dans cette villa crépie de rose noyée sous les fleurs et qui domine le golfe ? Difficile à dire mais toujours est-il qu'ici la table est authentique et généreuse, que les produits sont tous de grande qualité, que le cochon est cuisiné des oreilles à la queue, que la cuisson douce au feu de bois est maîtrisée comme rarement, que la patronne veille à ce que chaque assiette soit finie. Boisson comprise dans le menu. Hautement recommandable !

⪜🛎🍴🅿 – Prix : €€

Plaine de Cuttoli – ℰ 04 95 25 61 57 – www.u-licettu.com – Fermé lundi

ERBALUNGA

⊠ 20222 – Haute-Corse – Carte régionale n° **9**–B1

LE PIRATE

POISSONS ET FRUITS DE MER • MÉDITERRANÉEN Ce restaurant est sans conteste l'une des meilleures adresses des environs. Travail dans l'assiette, originalité des associations de saveurs : le chef signe une partition solide, en se fournissant au maximum chez des producteurs locaux. Et n'oublions pas le cadre enchanteur, sur le petit port pittoresque d'Erbalunga...

🕸 ⩽ 🅺 🍴 – Prix : €€€

au port – ℰ 04 95 33 24 20 – www.restaurantlepirate.com

LECCI

⊠ 20137 – Corse-du-Sud – Carte régionale n° **9**–B3

EMPORIUM

MODERNE • TENDANCE On doit cette belle surprise à un chef originaire de Grenoble, né de parents italiens, et passé par des tables de renom : Guy Savoy, George V... En lien direct avec le terroir (pêche locale, maraîcher de Bonifacio, veau corse), il compose une cuisine contemporaine de très bonne facture, à prix sages.

⅋ 🍴 – Prix : €€

32 boulevard Napoléon, à San-Ciprianu – ℰ 04 95 73 55 86 – Fermé du lundi au mercredi à midi

LEVIE

⊠ 20170 – Corse-du-Sud – Carte régionale n° **9**–B3

A PIGNATA

CORSE • RUSTIQUE Dans cette ferme-auberge au charme bucolique, la cuisine familiale a le bon goût de la tradition et de la simplicité, avec ce menu unique composé de produits sont d'une qualité exceptionnelle. Mention spéciale pour la charcuterie corse fabriquée à partir des cochons de l'exploitation familiale... Installez-vous sous la tonnelle et profitez de la vue magnifique sur les montagnes et le potager !

⩽ ⇐ ⅋ 🍴 🅿 – Prix : €€

Route de Pianu – ℰ 04 95 78 41 90 – www.apignata.com

LUMIO

⊠ 20260 – Haute-Corse – Carte régionale n° **9**–A1

❀ A CASA DI MA

CRÉATIVE • CONTEMPORAIN Lumio, village de Haute-Corse baigné de lumière et de saveurs... Le chef réalise ici une partition fine et gourmande, relevée d'une petite note créative, et toujours respectueuse du beau produit – dont l'île n'est pas avare. On se délecte par exemple du petit jardin potager "Di Mà" ou d'un loup de mer rôti à l'huile de mandarine, carotte fumée, jus d'arête aux agrumes, caramel d'orange et calamansi. Le tout dans une salle au décor contemporain, ouverte sur une jolie terrasse : cadre idéal pour découvrir cette cuisine épurée, qui respire la Méditerranée et le terroir corse. Service affable et attentif. Un bel endroit, dont la magie se prolonge pour ceux qui passent la nuit à l'hôtel, face à la baie de Calvi.

🕸 ⇐ ⩽ 🅺 🍴 ✿ – Prix : €€€€

Route de Calvi – ℰ 04 95 60 61 71 – www.acasadima.com – Fermé mercredi et jeudi midi

MONTICELLO

✉ 20220 – Haute-Corse

🛏 A PIATTATELLA   *Plus*

CLASSIQUE CONTEMPORAIN Piattatella, ou "cachette" en corse. Un nom tout trouvé pour ce bel hôtel au décor contemporain, niché sur les hauteurs du village. Un parcours de remise en forme, un espace bien-être, deux belles piscines, les paysages de Balagne et ce parfait sentiment d'exclusivité : tout est là !

🅿 🛏 ⅀ 🕸 �🍽 - 17 chambres – Prix : €€

Chemin Saint-François – ☏ 04 95 60 07 00

🛏 MINERA   *Plus*

DESIGN MODERNE Détente et bien-être sont au programme de cet hôtel, qui surplombe la route du littoral et offre une vue somptueuse sur la mer. Chambres séduisantes, beau jardin paysager, piscine et terrasse pour prendre le petit-déjeuner : on y passerait bien ses vacances...

🅿 🛏 ⅀ 🔟 - 8 chambres – Prix : €€

Lieu-dit Minera – ☏ 04 95 60 00 45

MURTOLI

✉ 20100 – Corse-du-Sud – Carte régionale n° **9**–A3

✿ LA TABLE DE LA FERME

MODERNE • CHAMPÊTRE Murtoli échappe à toutes les définitions habituelles du tourisme. Un domaine gigantesque entre mer et colline, où l'on dort dans des bergeries ou villas avec piscine privative : le luxe campagnard dans tout sa splendeur (les nouvelles chambres associent modernité et charme de l'ancien dans un esprit d'architecture traditionnelle corse). Supervisée par Mathieu Pacaud, la table gastronomique de Murtoli met en valeur les meilleurs produits corses comme ceux du domaine, qui propose potagers, fromagerie, miellerie, mais aussi veau, agneau et huile d'olive... On se régale sur la terrasse, à l'abri de la tonnelle et des oliviers.

❀ ⇌ ⬗ 🛏 🏠 🅿 – Prix : €€€€

Vallée de l'Ortolo, domaine de Murtoli – ☏ 04 95 71 69 24 – www.murtoli.com

LA GROTTE

CORSE • CHAMPÊTRE Au-dessus du golf du domaine de Murtoli, en plein maquis, ce restaurant offre un cadre unique que son nom laisse présager. On dîne d'un menu corse en 5 plats, à la bougie, sur des bancs de bois, installés au cœur de la roche, ou sur l'une des superbes petites terrasses à la vue splendide. Difficile de rêver plus romantique. Réservation indispensable.

⬗ 🛏 🏠 🅿 – Prix : €€€

Vallée de l'Ortolo – ☏ 04 95 71 69 24 – www.murtoli.com – Fermé les midis

LA TABLE DE LA PLAGE

MÉDITERRANÉENNE • ROMANTIQUE Au bord de la plus jolie plage du domaine de Murtoli, ce restaurant au cadre exceptionnel se mérite, le cadre est idyllique et les pieds touchent presque l'eau... Poissons de pêche locale, langouste grillée, veau, bœuf ou agneau élevés sur le domaine : on se régale. Réservation indispensable pour pouvoir accéder à cette propriété très exclusive. Un charme qui laisse sans voix.

⬗ 🏠 🅿 – Prix : €€€€

Vallée de l'Ortolo – ☏ 04 95 71 69 24 – www.murtoli.com

NONZA

✉ 20217 – Haute-Corse – Carte régionale n° **9**–B1

BOCCAFINE

MODERNE • CONVIVIAL Maquereau et boutargue ; maigre, purée de carotte et petits pois : le chef (au très beau CV) propose des produits locaux et de saison dans une ambiance décontractée et chaleureuse à l'ombre d'une vigne vierge, au cœur du village. Une table dont on ressort avec le sourire et l'envie de revenir. Excellent rapport qualité/prix. Un coup de cœur.

🍽 – Prix : €€

Au village – 𝒞 06 80 95 85 07 – www.boccafine.fr – Fermé lundi et mardi

LA SASSA

MÉDITERRANÉENNE • TENDANCE Ce restaurant atypique, sans salle intérieure, se niche au pied de la tour paoline (18 e s.), véritable nid d'aigle, perché à 160 m de hauteur, offrant une vue exceptionnelle sur la côte du Cap Corse et le golfe de Saint-Florent. Cuisine basée sur les bons produits du potager maison (2000 m² !) et agréables terrasses aux multiples recoins... Réservation fortement recommandée.

⇐🍽 – Prix : €€€

à la tour de Nonza – 𝒞 04 95 38 55 26 – www.lasassa.com

OLETTA

✉ 20232 – Haute-Corse

🛏 ## AETHOS CORSICA

CLASSIQUE CONTEMPORAIN Installé dans une élégante maison nobiliaire du 17e s., cet hôtel de luxe abrite une impressionnante collection d'œuvres d'art contemporain : Anish Kapoor, Daniel Arsham, Paul de Pignol... Aethos Corsica s'apparente davantage à un domaine privé qu'à un hôtel, avec seulement neuf suites paisibles et raffinées. Toutes arborent un décor épuré, avec un mobilier chic et fonctionnel. Les plus petites affichent au minimum 32 m², le double pour les catégories supérieures. Quant aux activités, on pourra profiter de la piscine accrochée à flanc de colline, ou opter pour des excursions plus aventureuses, à pied, à cheval ou dans l'eau, vers le Cap Corse, Saint-Florent, ou les plus beaux villages de montagne.

🅿🗤🕭 🚲 🛋 🕒 🍴 - 9 chambres – Prix : €€

Lieu-dit Paganacce – 𝒞 04 95 38 39 39

🛏 ## LA DIMORA   *Plus*

DESIGN MODERNE Matériaux nobles, authenticité et luxe contemporain discret... Dans l'arrière-pays, cette villa du 18e s. vous reçoit en ami ; la piscine, l'espace bien-être et le jardin invitent délicatement au farniente.

🅿🗤🕭🕭 🚲 🛋 🕒 🕌 🍴 - 17 chambres – Prix : €€

Route de Saint-Florent – 𝒞 04 95 35 22 51

OLMETO

✉ 20113 – Corse-du-Sud – Carte régionale n° **9**–A3

LA VERRIÈRE

MODERNE • ÉLÉGANT Un chef d'origine corse au bon parcours signe ici une cuisine moderne qui met l'île de Beauté à l'honneur, à l'image de cet agneau de nos terres, condiment d'une vierge, myrte ou du loup, coques et croustillant d'herbes. Quant au cadre, il est idyllique : la terrasse offre une vue magnifique sur le golfe de Valinco et de Propriano...

⇐🍽🅿 – Prix : €€€€

Lieu-dit Vitricella – 𝒞 04 95 70 09 00 – www.hotel-marinca.com – Fermé lundi et du mardi au dimanche à midi

PERI

✉ 20167 – Corse-du-Sud – Carte régionale n° **9**–A2

CHEZ SÉRAPHIN

TRADITIONNELLE • FAMILIAL Une maison corse typique dans un charmant village à flanc de montagne. La patronne y travaille de bons produits du terroir avec simplicité ; elle les agrémente des fruits, légumes et herbes du jardin. Inusable Séraphin !

🏡 🅿 🍴 – Prix : €€€

au village – ☎ *04 95 25 68 94 – Fermé lundi et du mardi au jeudi à midi*

PIGNA

✉ 20220 – Haute-Corse – Carte régionale n° **9**–A1

A MANDRIA DI PIGNA

CORSE • AUBERGE Cette bergerie contemporaine est à l'image du village qui l'accueille : attachante ! Courgettes, tomates et herbes aromatiques du potager, agneau et cochon de lait, en grillades ou à la broche (uniquement le soir)... le terroir corse est à l'honneur. Et la générosité, de mise !

🏡 🅿 – Prix : €€

Village – ☎ *04 95 32 71 24 – www.restaurantpigna.com – Fermé lundi*

PORTICCIO

✉ 20166 – Corse-du-Sud – Carte régionale n° **9**–A3

L'ARBOUSIER

CLASSIQUE • CHIC Savourer des langoustines, du homard et des poissons de petits pêcheurs locaux en regardant la mer... quel délice ! Une institution locale.

≼ 🛖 🏡 🅿 – Prix : €€€

D55 - Boulevard Marie-Jeanne Bozzi – ☎ *04 95 25 05 55 – www.lemaquis.com/fr*

SOFITEL AJACCIO   *Plus*

CLASSIQUE CONTEMPORAIN Thalassa, déesse grecque de la mer, est bien la figure tutélaire de ce complexe hôtelier : situation isolée à la pointe du cap de Porticcio, institut de thalassothérapie, piscine à débordement, sports nautiques, chambres tournées vers la Méditerranée, et produits de la mer au restaurant, lui aussi face aux flots...

🕭 🐎 🅿 🗪 🌢 🛖 ⚒ 🌐 🕼 🏋 🐕 ℣ - 98 chambres – Prix : €€

Domaine de la Pointe – ☎ *04 95 29 40 40*

PORTO-VECCHIO

✉ 20137 – Corse-du-Sud – Carte régionale n° **9**–B3

✿✿ CASADELMAR

MODERNE • LUXE Ici, la mer est au centre de toutes choses. Bienvenue à Porto-Vecchio ! L'ancienne cité génoise a résisté à toutes les invasions barbares. Détruite, reconstruite, la citadelle de la ville porte haut la fierté corse. Autre motif de fierté, le restaurant Casadelmar : une table au (grand) cœur iodé. Ne vous laissez pas distraire par la vue ensorcelante sur la baie, ni le cadre de ce superbe hôtel, le plus étonnant se passe dans l'assiette ! Le chef Fabio Bragagnolo navigue entre Corse et Italie. Parmi ses plats fétiches, les "cannelloni de denti au tourteau, caviar, fraîcheur de légumes et cédrats de San Giuliano". Le poisson cru, découpé en fines lamelles, est fourré d'une chair de tourteau émietté, et surmonté d'une petite ligne de caviar iodé. Le tout offre une fraîcheur insensée aux papilles en apnée. Un travail d'orfèvre, qui se poursuit jusqu'aux desserts, légers en sucre et d'une grande finesse.

🕸 🛏 🍴 🖥 ♿ ☒ 🍴 🛥 **P** – Prix : €€€€

*7 km par route de la plage de Palombaggia – 𝒞 04 95 72 34 34 – www.
casadelmar.fr/fr – Fermé lundi, dimanche et du mardi au samedi à midi*

LE BELVÉDÈRE

MODERNE • ROMANTIQUE La mer vient flirter avec les tables, les monts se
découpent sur le ciel lointain... la terrasse est idyllique ! Au cœur du golfe de
Porto-Vecchio, cette enclave discrète joue la carte des beaux produits et de la
gastronomie d'aujourd'hui.

🕸 🛏 🍴 🖥 ♿ 🍴 ☺ **P** – Prix : €€€

Route de Palombaggia – 𝒞 04 95 70 54 13 – www.hbcorsica.com

DON CESAR

MODERNE • ÉLÉGANT Avec son décor luxueux et raffiné, et ses larges baies
vitrées ouvertes sur la terrasse, le restaurant de l'hôtel Don Cesar ne manque pas
de charme ! On y sert une cuisine entre France et Italie, soignée et pleine de saveurs,
qui fait la part belle aux produits de la mer, mais propose aussi un large choix de
plats à base de pâtes confectionnées sur place !

🛏 🍴 🖥 ♿ ☒ 🍴 ☺ **P** – Prix : €€€

*Rue du Commandant-Quilici – 𝒞 04 95 76 09 09 – www.hoteldoncesar.com –
Fermé les midis*

LA PINÈDE

MODERNE • MÉDITERRANÉEN La Pinède vous accueille pour un déjeuner en
bord de plage ou un dîner sous la tonnelle, dans un cadre intimiste et romantique...
Un service décontracté pour une cuisine méditerranéenne qui fait la fête aux produits locaux (herbes et légumes du potager sont de la partie). Sans oublier la cave
d'affinage pour les fromages et la belle carte de vins.

🕸 🍴 🖥 ♿ ☒ 🍴 – Prix : €€€

à Cala-Rossa – 𝒞 04 95 71 61 51 – www.hotel-calarossa.com/fr

LA TABLE DE MINA

MODERNE • MÉDITERRANÉEN Installé confortablement au bord de la piscine, sous
un toit de tuiles, on profite de la jolie vue sur la mer... Dans l'assiette, la préférence est
donnée à une cuisine moderne et méditerranéenne, matinées de touches ibériques et
italiennes. La carte courte joue la saison en choisissant des produits de belle qualité.

♿ 🍴 **P** – Prix : €€€

*Route de Palombaggia – 𝒞 04 95 70 03 23 – hotel-palombaggia.
com – Fermé lundi*

U SANTA MARINA

MODERNE • ROMANTIQUE La vue sur le golfe de Santa Giulia y est superbe, et
le soir venu, on pourrait croquer le soleil couchant... Dans l'assiette, une cuisine
goûteuse, personnelle, inspirée. Un moment romantique.

🕸 🍴 🖥 🍴 – Prix : €€€€

*Marina di Santa-Giulia – 𝒞 04 95 70 45 00 – usantamarina.com – Fermé du
lundi au jeudi et du vendredi au dimanche soir*

🛏 ## LES BERGERIES DE PALOMBAGGIA   *Plus*

CLASSIQUE CONTEMPORAIN Parmi les oliviers et les cyprès, plusieurs maisonnettes construites dans l'esprit des anciennes bergeries, mais très confortables...
luxueuses même ! Matériaux bruts, vue sur la mer (en étage) : pour une belle et
discrète villégiature à deux pas de la célèbre plage de Palombaggia.

🛥 **P** 🍴 🏊 🛎 – 21 chambres – Prix : €€€

Route de Palombaggia – 𝒞 04 95 70 03 23

La Table de Mina - Voir la sélection des restaurants

CASADELMAR
Plus

AVANT-GARDE Une structure ultra moderne en cèdre rouge et en verre, une piscine de 25 m, un mobilier dans la lignée du Corbusier ou de Bertoia, des chambres et des suites d'un blanc minimaliste teinté d'orange ou le violet : le design de Jean-François Bodin est aux antipodes du style "rustique". Chaque chambre possède une terrasse privée qui domine la baie, et les espaces communs répondent à la même exigence de modernité et de caractère, comme le spa et le centre de fitness. Plage privée.

🅿 ⌂ 🛏 🚲 ⌘ 🛁 📶 ⌂ ♨ ⌂ ⚲ ⌿⚲ - 20 chambres – Prix : €€€€

Route de Palombaggia – ℰ 04 95 72 34 34

✿✿ **Casadelmar** - Voir la sélection des restaurants

GRAND HOTEL DE CALA ROSSA
Plus

CLASSIQUE CONTEMPORAIN À demeure d'exception, écrin splendide : un jardin luxuriant, un ponton privé sur la plage et un spa de grand standing où l'on utilise des produits à base de plantes du maquis corse...

♨ 🅿 ⌂ 🛏 ⌘ 🛁 📶 ⌂ ⚲ ⌿⚲ - 32 chambres – Prix : €€€

Route de Cala Rossa – ℰ 04 95 71 61 51

La Pinède - Voir la sélection des restaurants

ISULELLA HÔTEL
Plus

CLASSIQUE CONTEMPORAIN La vue sur les montagnes depuis la piscine et le solarium de ce complexe de charme sont une vision inoubliable de la Corse. Un autre plaisir est le confort que réservent les élégantes suites de style contemporain.

🅿 ⌂ ⌐ 🛏 🚲 🛁 ⌿⚲ - 12 chambres – Prix : €€

Route de Palombaggia par Piccovaggia – ℰ 04 95 53 78 82

RÉSIDENCE MOBYDICK
Plus

CLASSIQUE CONTEMPORAIN Un hôtel de charme du sud de la Corse portant le nom d'un cachalot légendaire ? Ce n'est pas la seule surprise : son emplacement, sur une longue plage entre un lagon et la Méditerranée, juste en bas de la côte de Porto-Vecchio, est tout aussi singulier. Les intérieurs sont d'un contemporain lui aussi étonnant, tandis que le bâtiment moderne en bois patiné se fond dans le paysage verdoyant. Toutes les chambres donnent sur la mer ou la lagune, et la plage est idyllique. Bar et restaurant sur place, en alternative au village de Santa Giulia à l'autre bout de la plage.

🅿 🛏 - 44 chambres – Prix : €

Baie de Santa Giulia – ℰ 04 95 70 71 03

PROPRIANO
✉ 20110 – Corse-du-Sud – Carte régionale n° **9**–A3

CHEZ PARENTI

POISSONS ET FRUITS DE MER • CLASSIQUE Envie de poisson frais ou de homard ? Ce restaurant, tenu depuis 1935 par la famille Parenti, est exactement ce qu'il vous faut. Raviole d'araignée de mer, langouste grillée aux épices des îles, quelques viandes aussi, souvent corses (veau tigre...) : de bons produits pleins de fraîcheur, à déguster confortablement installé sur la terrasse, face au port de plaisance.

≤ 🍽 – Prix : €€€

10 avenue Napoléon-III – ℰ 04 95 76 12 14 – www.chezparenti.fr – Fermé lundi midi

TEMPI FÀ

DU TERROIR • BISTRO Tempi fà ou « au temps d'avant » en corse... C'est exactement là où ramène cette épicerie-bistrot ! On entre par la boutique, dont le décor original reproduit une place de village, avec un vrai marché local (charcuteries, fromages, vin de myrte, etc.). Et tous ces beaux produits sont proposés à la dégustation... sans oublier la belle carte de vins de l'île.

&& 🅰️ 🏠 – Prix : €

7 avenue Napoléon-III – 𝒞 04 95 76 06 52 – www.tempifa. com – Fermé dimanche

TERRA COTTA

POISSONS ET FRUITS DE MER • COSY Ce charmant petit restaurant offre aussi une magnifique terrasse qui prend ses aises le long des quais du port. Le chef Thomas Duval travaille chaque jour les poissons de son frère pêcheur, qu'il associe avec brio aux nourritures terrestres à travers une belle cuisine aux saveurs contrastées.

🅰️ 🏠 – Prix : €€€

29 avenue Napoléon-III – 𝒞 04 95 74 23 80 – Fermé dimanche et mercredi midi

SAINT-FLORENT

✉ 20217 – Haute-Corse – Carte régionale n° **9**–B1

L'AUBERGE DU PÊCHEUR

POISSONS ET FRUITS DE MER • MÉDITERRANÉEN Damien Muller, marin pêcheur et propriétaire de la poissonnerie Saint-Christophe, tient dans la cour jardin de la maison de son enfance un restaurant... en plein air. Dans l'assiette, une cuisine de la mer (langouste en saison) avec un travail des poissons selon la méthode ikéjime.

🏠 – Prix : €€€

Route de Bastia – 𝒞 06 24 36 30 42 – www.aubergedupecheur.net – Fermé les midis

LA GAFFE

MODERNE • CONTEMPORAIN Le chef Yann Le Scavarec, natif du Morbihan, est aux commandes de ce restaurant idéalement situé sur les quais de Saint-Florent. Sa cuisine, actuelle et soignée, met en valeur la production des environs : agneau et veau d'Oletta, poissons en direct d'un pêcheur local, langouste au barbecue... Le cadre, moderne, prolonge la philosophie de l'assiette.

& 🅰️ 🏠 – Prix : €€€

Promenade des Quais – 𝒞 04 95 37 00 12 – www.restaurant-lagaffe.com

MATHY'S

MODERNE • BISTRO Façade rouge pour ce restaurant de Saint-Florent, devancé par une jolie terrasse ombragée par un mûrier-platane. Dans un esprit « restaurant de village », on sert ici une cuisine bourgeoise, méditerranéenne et corse, plus travaillée le soir. Convivialité, service souriant et jolie carte des vins complètent l'agréable tableau.

🏠 – Prix : €€

Place Furnellu – 𝒞 04 95 37 20 73 – Fermé lundi et dimanche

LA ROYA

Plus

CLASSIQUE CONTEMPORAIN Sur la plage de sable fin de la Roya (accès direct) et dans un jardin ravissant embaumant les senteurs méditerranéennes, cet hôtel récent est un havre de paix. Les lits sont si douillets qu'on pourrait ne plus quitter la chambre, mais la Corse est si belle... D'ailleurs, ici, on prête des vélos.

🅿️ 🛋️ 🎄 🛁 🕙 - 28 chambres – Prix : €€€€

Plage de La Roya – 𝒞 04 95 37 00 40

SAINTE-LUCIE-DE-PORTO-VECCHIO

✉ 20144 – Corse-du-Sud

🛏 LE PINARELLO   *Plus*

CLASSIQUE CONTEMPORAIN Bel ensemble au luxe discret dans un cadre de rêve. Chambres et suites contemporaines, magnifique vue sur le golfe, centre de soins... et belle piscine sur le toit ! Déjeuner en terrasse face à la plage.

🏖 🅿 🚲 ⚒ 🆗 ⛵ ⑪ - 33 chambres – Prix : €€

Baie de Pinarello – 🕾 *04 95 71 44 39*

SAN-MARTINO-DI-LOTA

✉ 20200 – Haute-Corse – Carte régionale n° **9**–B1

LA CORNICHE

CORSE • AUBERGE Une maison chaleureuse accrochée à la montagne et donnant sur la mer, une belle terrasse sous les platanes... et une cuisine follement corse à l'instar des ravioli au brocciu et jus de daube. Le tout accompagné de vieux millésimes de l'île. Chambres avenantes.

🕭 ⇐ 🍽 🅿 – Prix : €€

Hameau de Castagneto – 🕾 *04 95 31 40 98 – www.hotel-lacorniche.com – Fermé lundi, mardi midi et dimanche soir*

SPELONCATO

✉ 20226 – Haute-Corse – Carte régionale n° **9**–A1

I SALTI

MODERNE • COSY Dans la vallée du Reginu, à côté du golf, un ancien moulin converti en jolie petite maison, avec son cadre bucolique et son jardin d'esprit guinguette. Les beaux produits de Balagne (pêche locale, légumes bio) composent une cuisine savoureuse. Accueil chaleureux et lieu plein de charme, loin de l'agitation. Un coup de cœur.

🍽 🗗 – Prix : €€€

au golf du Reginu - Moulin de Salti – 🕾 *04 95 34 35 59 – Fermé lundi*

CORTE – Haute-Corse (2B) ➜ Voir Corse

COSNE-COURS-SUR-LOIRE

✉ 58200 – Nièvre – Carte régionale n° **5**–A2

LE CHAT

MODERNE • BISTRO Comment un ancien bar de village – baptisé Le Chat depuis 1856, tout de même – se mue-t-il en bonne table ? Demandez donc au chef, aussi sympathique que travailleur, qui sait faire rimer créativité et convivialité. On en ronronne de plaisir.

🕭 ♿ 🍽 ⇔ – Prix : €€

42 rue des Guérins, à Villechaud – 🕾 *03 86 28 49 03 – www.restaurant-lechat. fr – Fermé lundi et mardi, et dimanche soir*

LE COTEAU

⊠ 42120 – Loire – Carte régionale n° **2**–A1

😊 **L'ATELIER LOCAVORE**

MODERNE · CONTEMPORAIN En bordure de Loire, une adresse menée par un jeune chef originaire du coin qui propose une cuisine du marché goûteuse, avec un menu déjeuner à petit prix et un menu du mois plus élaboré. Des produits sourcés pour la plupart dans un rayon de 200 kilomètres, même si la carte peut afficher du poisson d'eau de mer (la lotte bretonne piquée à la langoustine saura aussi ravir les locavores).

🍽 – Prix : €€

2 avenue de la Libération – ☏ 04 77 68 12 71 – www.atelier-locavore.fr – Fermé lundi et dimanche

COTIGNAC

⊠ 83570 – Var – Carte régionale n° **24**–C3

JARDIN SECRET

Chef : Benoit Witz

PROVENÇALE · MAISON DE CAMPAGNE Redescendu du rocher monégasque, Benoît Witz s'est installé dans un joli domaine de 3 hectares, au cœur d'un charmant village provençal. À l'abri des oliviers, libéré des codes gastronomiques, il envoie des assiettes 100% authentiques, dans un esprit "cuisine de grand-mère" bien assumé. Tartare de tomates cœur-de-bœuf du jardin, retour de pêche et légumes d'été, fondant au chocolat... C'est gourmand et généreux : on se régale.

🌿 **L'engagement du chef :** Le menu change tous les jours, et même souvent entre le midi et le soir. Les fruits et les légumes sont cultivés dans le potager bio et les achats sont effectués en circuit court, notamment sur les marchés de la Provence verte. Le chef pratique une cuisine zéro déchet en utilisant les produits dans leur intégralité ; le peu de restes est donné aux animaux ou transformé en compost. Les bâtiments, sans climatisation, ont été construits en tenant compte de la nature existante.

🍷♿🍽 – Prix : €€

13 rue de l'Araignée – ☏ 04 94 78 30 51 – www.loucalen.com – Fermé mercredi et jeudi

COUCY-LE-CHÂTEAU

⊠ 02380 – Aisne

🛏 **CHEZ RIC ET FER** *Plus*

DESIGN MODERNE Quand un photographe crée une maison d'hôtes à son image, le résultat est inspiré, coloré, un brin décalé. Ric(hard) et Fer(nanda) ont concentré créativité dans deux chambres et une suite aux accents fifties : mobilier design, pièces vintage, motifs géométriques. De quoi satisfaire les amateurs de design tout en faisant vivre l'une des plus anciennes maison de ce village fortifié, reconstruite avec les pierres du château après la Première Guerre mondiale.

🅿 🍴 - 2 chambres – Prix : €

1 place du Marché – ☏ 03 23 52 38 07

COUDEKERQUE-BRANCHE

⊠ 59210 – Nord – Carte régionale n° **13**–B1

LE SOUBISE

CLASSIQUE · AUBERGE Une table élégante, où l'on se régale d'une cuisine pleine d'authenticité et de générosité... à l'image du maître des lieux, Michel Hazebroucq, véritable figure de Dunkerque, qui a passé plus de soixante ans derrière les fourneaux. Quelle longévité !

✧ 🅿 – Prix : €€

49 route de Bergues – ☏ 03 28 64 66 00 – www.restaurantlesoubise.com –
Fermé samedi et dimanche

COUËRON

✉ 44220 – Loire-Atlantique – Carte régionale n° **23**–B2

LE FRANÇOIS II

TRADITIONNELLE · CONVIVIAL L'enseigne, au décor moderne, rend hommage au duc de Bretagne, père d'Anne, mort à Couëron. Ici, la tradition est reine, et le couple de propriétaires – d'origine bretonne – sait la faire vivre ! Le chef aime s'approvisionner dans la région et travaille en véritable artisan. Une adresse attachante.

🕭 🛱 ✧ – Prix : €€

5 place Aristide-Briand – ☏ 02 40 38 32 32 – www.francois2.com – Fermé lundi
et mardi, et mercredi, jeudi et dimanche soir

COUILLY-PONT-AUX-DAMES

✉ 77860 – Seine-et-Marne – Carte régionale n° **15**–C2

❀ AUBERGE DE LA BRIE

Chef : Alain Pavard

MODERNE · ÉLÉGANT Cette institution locale a fêté ses trente années d'étoile en 2021. Plébiscitée par ses nombreux fidèles, cette coquette maison a effectivement plus d'une corde à son arc : son cadre classique et lumineux (la salle donne sur le jardin), sa cuisine actuelle personnalisée et d'une régularité à toute épreuve, et l'accueil tout sourire de Céline, l'épouse du chef Alain Pavard. Ce dernier réalise une cuisine d'inspiration classique, mais bien ancrée dans l'époque. Il séduit avec de beaux produits et des saveurs précises : noix de Saint Jacques rôties, chutney de mangue ; filet de veau, mijoté de céleri et champignons.

🕸 🛳 🄰🄲 🅿 – Prix : €€€

14 avenue Alphonse-Boulingre – ☏ 01 64 63 51 80 – www.aubergedelabrie.net –
Fermé lundi, dimanche et mardi midi

COULANGES-LA-VINEUSE

✉ 89580 – Yonne – Carte régionale n° **5**–B1

J'MCA

MODERNE · TRADITIONNEL Une cuisine du marché, actuelle et soignée, goûteuse et bien ficelée, qui laisse s'épanouir de bons produits et un accueil souriant : voilà ce qui vous attend dans cette maison en pierre, installée à deux pas de l'église et de la place du village. Quant au décor, avec tableaux contemporains et plantes vertes, il ne manque pas non plus de charme et de confort.

🕭 🄰🄲 – Prix : €€

12 rue André-Vildieu – ☏ 03 86 34 33 41 – www.jmca-restaurant.fr –
Fermé mercredi, et lundi, mardi, jeudi et dimanche soir

COULOMBIERS

✉ 86600 – Vienne – Carte régionale n° **20**–C2

☺ AUBERGE LE CENTRE POITOU

TRADITIONNELLE · RUSTIQUE Depuis 1870, la même famille tient cette auberge qui fut autrefois un relais de poste et y cultive le sens de l'accueil. Mathias, en cuisine, apporte son énergie et concocte une cuisine savoureuse, à base de beaux produits. La maîtrise rejoint le talent pour le plaisir des gourmands. Une expérience à déguster dans une salle qui a conservé son charme rustique d'antan, mêlé de touches de modernités. Service attentionné en salle par Martial, le frère du chef. Formule plus simple au bistrot le midi. Quelques chambres pour l'étape. Dans l'assiette, on se régale d'une cuisine savoureuse, concoctée avec des produits soigneusement choisis, par Mathias, le fils, nouveau maître des fourneaux.

🖨🔥🌿 – Prix : €€€€

39 rue Nationale – ☎ 05 49 60 90 15 – www.centre-poitou.com – Fermé lundi et dimanche

COULON

✉ 79510 – Deux-Sèvres – Carte régionale n° **20**–B2

LE CENTRAL

MODERNE • AUBERGE Pour une escapade champêtre au cœur de la Venise verte. La cuisine navigue entre tradition et tendances, autour de quelques produits fétiches : anguilles, escargots, fromage de chèvre, etc. Une valeur sûre, petite boussole dans la géographie gourmande poitevine.

🛗🍷🌿🔄🅿 – Prix : €€

4 rue d'Autremont – ☎ 05 49 35 90 20 – www.hotel-lecentral-coulon.com – Fermé lundi et dimanche

COURBAN

✉ 21520 – Côte-d'Or – Carte régionale n° **5**–C1

❀ CHÂTEAU DE COURBAN

MODERNE • ÉLÉGANT De Tokyo au pays châtillonnais, au nord de la Bourgogne : voici le beau parcours du chef japonais Takashi Kinoshita. Aux fourneaux du château de Courban, il se révèle un véritable amoureux de la gastronomie française et du patrimoine culinaire bourguignon en particulier, qu'il travaille avec tout le raffinement propre aux cuisiniers nippons. Dans le potager attenant, il acclimate à la Bourgogne les herbes japonaises qu'il intègre dans sa cuisine... française. Un répertoire qu'il maîtrise sur le bout des baguettes. On en veut pour preuve ce magnifique filet de bœuf charolais parfaitement fondant et sa délicieuse "sanchollandaise" (sauce hollandaise au sansho). De la poésie.

🖨🛗🌿🔄🅿 – Prix : €€€

7 rue du Lavoir – ☎ 03 80 93 78 69 – www.chateaudecourban.com/fr – Fermé du lundi au samedi à midi

🛏 CHÂTEAU DE COURBAN   *Plus*

CLASSIQUE CONTEMPORAIN Charmante, champêtre, authentique et confortable : telle est cette belle gentilhommière de 1837. Les jardins, la piscine à débordement et le spa ajoutent encore au cachet du lieu. Et l'on est reçu comme dans une maison de famille... Sympathique !

🏊🅿🌳🍷🖨🛗🌐📶🍴 - 24 chambres – Prix : €€€

7 rue du Lavoir – ☎ 03 80 93 78 69

❀ **Château de Courban** - Voir la sélection des restaurants

COURBEVOIE

✉ 92400 – Hauts-de-Seine – Carte régionale n° **15**–B2

L'EXPÉRIENCE PIERRE LAMBERT

CRÉATIVE • ÉPURÉ En face du parc de Bécon, cette table au cadre épuré a été reprise par un ancien de la maison, Pierre Lambert. Au programme, on trouve une cuisine créative sous la forme d'un menu surprise unique décliné en 20 services, qui fait la part belle aux poissons, fruits de mer et, bien évidemment, aux produits de saison. Une véritable expérience !

🅰🅺 🍴 – Prix : €€

215 boulevard Saint-Denis – 𝒫 01 43 33 25 35 – www.pierrelambert.fr –
Fermé lundi, dimanche, et mardi et samedi à midi

COURCELLES-SUR-VESLE
✉ 02220 – Aisne – Carte régionale n° **14**–C2

CHÂTEAU DE COURCELLES

MODERNE · CLASSIQUE Noble demeure que ce château hérité du Grand Siècle, fastueux sans être opulent, et recelant un beau jardin d'hiver, d'inspiration Second Empire. Ce décor se prête à un élégant moment, autour de recettes inspirées par les tendances et accompagnées d'un impressionnant choix de vins. Ce jour-là, gambas en papillon sur son lit d'artichaut au citron noir d'Iran ; barbue rôtie, asperges en deux façons, sabayon orange. Une adresse très agréable.

🐾 🚗🍴🅿 – Prix : €€€

8 rue du Château – 𝒫 03 23 74 13 53 – www.chateau-de-courcelles.fr

🛏 CHÂTEAU DE COURCELLES

CLASSIQUE CONTEMPORAIN De longues enfilades de fenêtres, des toits à la Mansart, des allées de buis taillé... la parfaite image d'un château français du 17ᵉ s., fréquenté en leur temps par Crébillon, Rousseau ou encore Cocteau. Grand style dans les chambres et belles prestations.

🅿 🛋 🍴 🚗 🚲 ⚒ 🌐 🍴 - 20 chambres – Prix : €€€

8 rue du Château – 𝒫 03 23 74 13 53

Château de Courcelles - Voir la sélection des restaurants

COURCHEVEL

✉ 73120 – Savoie – Carte régionale n° **4**–F2

À proximité du Parc national de la Vanoise, Courchevel est l'une des stations de sports d'hiver les plus prestigieuses au monde. Sa vocation originelle, dédiée au tourisme social, a été oubliée, au profit de l'image jet-set véhiculée par Courchevel 1850, la plus huppée des quatre stations. Un conseil avant de vous lancer vers la vallée, où aiguilles et masses glacées du mont Blanc affichent leur splendeur : prenez des forces ! Fromages, fruits croquants, vin de Savoie, jus de fruits, charcuteries, miel, bières, crozets : Courchevel n'est pas qu'une station de villégiature huppée, c'est un lieu de gourmandise, ouvert à tous les appétits. Et si vous n'avez guère le goût pour un civet de marmotte (que l'on chasse d'octobre aux premières neiges), recette traditionnelle des Alpes, préférez la traditionnelle tartiflette, ce plat conçu comme un gratin et cuisiné avec des tranches de pommes de terre, des lardons fumés et du reblochon fermier, le tout copieusement arrosé d'un vin blanc de Savoie.

❀❀❀ LE 1947 À CHEVAL BLANC

CRÉATIVE • CONTEMPORAIN Remarquable parcours que celui de Yannick Alléno ! Au fil de sa progression régulière au sein des plus grands restaurants, le chef francilien a toujours su mettre sa passion au service de son ambition. Au cœur de l'Hôtel Cheval Blanc, il délivre pour une poignée de chanceux (cinq tables à peine) une saisissante partition de cuisine contemporaine, où la créativité et l'audace sont tout entières guidées par la recherche des saveurs. La Savoie est magnifiée à travers des produits superbes : chacun de ces trésors est travaillé avec le plus grand soin. Véritable marotte du chef, les sauces sont inoubliables – résultat d'un travail de longue haleine sur l'extraction et la fermentation –, et la maîtrise technique est totale : une leçon de haute cuisine.

🕸 🛇 ⇐ ♿ 🍽 – Prix : €€€€

Plan : B3-1 – *Le Jardin Alpin, Courchevel 1850* – 𝄞 *04 79 00 50 50 – www.chevalblanc.com/fr/maison/courchevel – Fermé lundi et du mardi au dimanche à midi*

❀❀ LE CHABICHOU BY STÉPHANE BURON

CLASSIQUE • ÉLÉGANT Chef solide, Stéphane Buron, Meilleur ouvrier de France 2004, perpétue fidèlement l'héritage de cette maison : produits nobles travaillés dans les règles de l'art, partition tout en finesse, classicisme parsemé de variations bienvenues... de la belle ouvrage ! On déguste désormais un menu unique déclinable en 5 à

9 plats qui met en valeur les produits de la région, jusqu'au beau chariot de fromages d'alpage. Côté décor, on trouve un intérieur d'une élégance toute feutrée : moquette, plafond à caissons, fauteuils design et confortables d'un blanc neigeux, tables modernes avec plateau en verre fumé, service charmant et belle carte des vins.

&⇔✷← – Prix : €€€€

Plan : A1-4 – *90 rue des Chenus, Courchevel 1850* – ℰ *04 79 08 00 55 – www. chabichou-courchevel.com – Fermé mardi*

✷✷ LE MONTGOMERIE

CRÉATIVE • **INTIME** Après un accueil chaleureux digne de ce nom, on s'attable dans une petite salle feutrée, sous charpente, intimiste à souhait, avec ses tables noires revêtues de cuir noir, ses couverts en argent et sa verrerie fine, ses composition florales de roses blanches. Vous pouvez vous laisser porter par le travail de Pieter Riedijk, toque hollandaise de talent : le Mont d'Or, lait et onctueux de vacherin, tombée de chou rouge et pomme, tuile de pain melba ; le chou-fleur, jus onctueux au brut Alpin et ail fermenté, noix de Saint-Jacques snackées... Côté dessert, on est enchanté par les délices audacieux du pâtissier Sébastien Vauxion, par ailleurs chef du Sarkara, à l'image du seigle – crème et velouté de seigle torréfié, poire ivre de vins blancs, myrtilles confites.

&⇔✷←⊕&✆ – Prix : €€€€

Hors plan – *Le K2 Altitude, 356 route de l'Altiport, Courchevel 1850* – ℰ *04 79 01 46 46 – www.lek2altitude.com/fr/deguster/montgomerie.html – Fermé samedi, et lundi, mardi, mercredi, jeudi, vendredi et dimanche midi*

✷✷ LE SARKARA

CRÉATIVE • **COSY** Sébastien Vauxion, chef-pâtissier de grand talent, vous emmène dans un périple sucré d'un nouveau genre. Du jamais vu, ou presque ! Ses créations autour des fruits et légumes (mais aussi du chocolat) sont tout bon-nement renversantes ; citons par exemple le céleri-clémentine, le pamplemousse-betterave, le cerfeuil tubéreux et la poire. Et si la tonalité d'ensemble est sucrée, qu'on se rassure : c'est toujours de façon inventive et délicate, dans ce joli jeux de textures et de saveurs, et même en prime des accords ultra-précis avec des thés et cafés de grande qualité. On sort de là ravi par autant d'audace, et l'on se prend même à rêver d'un tel niveau de dessert dans tous les grands restaurants de France.

⇔✷←⊕&✆ – Prix : €€€€

Plan : B2-3 – *Le K2 Palace, 238 rue des Clarines, Courchevel 1850* – ℰ *04 79 40 08 80 – www.lek2palace.com/fr/deguster/le-sarkara.html – Fermé les midis et le lundi*

✷ BAUMANIÈRE 1850

MODERNE • **ÉLÉGANT** Nous voici à Courchevel, synonyme depuis 1947 de luxe alpin, station huppée où rien n'est trop beau ni trop bon... Dans ce cossu chalet façon pension de famille, le talentueux chef Thomas Prod'Homme, formé à l'Oustau de Baumanière aux Baux-de-Provence, slalome avec précision et élégance entre produits locaux, influences hivernales et inspirations provençales : troncs de pleu-rotes cuits en cocotte, café des sous-bois ; endive, poire et noix, beurre de racine fumé à la sciure de poirier, foie gras ; Saint-Jacques à la flamme, mélange d'algues, petit lait foisonné. Grâce à la créativité du chef, son ambition, ses prises de risque, le plaisir est bel et bien au rendez-vous.

&⇔✷←&✎ – Prix : €€€€

Plan : B2-5 – *Le Strato, Route de Bellecôte, Courchevel 1850* – ℰ *04 79 41 51 80 – www.hotelstrato.com – Fermé dimanche et du lundi au samedi à midi*

✷ LE FARÇON

Chef : Julien Machet

MODERNE • **COSY** Nichée au cœur d'une forêt d'épicéas, la station de La Tania, toute proche de Courchevel, en est pourtant si différente ! Une superbe surprise vous y attend : le restaurant de Julien Machet régale ses convives de préparations minutieuses et soignées. Le chef compose une balade gustative qui plonge dans l'histoire du Duché de Savoie : les meilleurs produits de la Savoie, du Val d'Aoste, du Valais, du Piémont et jusqu'aux bords de la Méditerranée (sans oublier les légumes de saison, réminiscences du potager de sa grand-mère Mado) sont convoqués pour écrire une histoire délicieuse, juchée à 1400 mètres d'altitude. On se régale, la tête dans les nuages.

🕸 ⩽🍽 – Prix : €€€

Hors plan – *Immeuble Kalinka, La Tania* – ℰ 04 79 08 80 34 – www.lefarcon. fr – *Fermé dimanche*

⚜ ## SYLVESTRE WAHID - LES GRANDES ALPES

CRÉATIVE • ÉLÉGANT Sylvestre Wahid tient désormais table ouverte au cœur de la station. Épaulé par ses fidèles, le chef a choisi l'intimité pour cette nouvelle aventure alpestre : depuis sa cuisine ouverte, il régale seulement une quinzaine de convives dans un lieu exclusif. Cette expérience gastronomique sur mesure s'appuie volontiers sur les plats signatures du chef, revisités en altitude au gré de son inspiration, comme le tourteau de Roscoff ou le dessert citron et algues. Conclusion : le chef a parfaitement réussi son acclimatation à Courchevel. Produits magnifiques, ingrédients de luxe, sauces réconfortantes, assaisonnements pointus, technique irréprochable et surtout émotion illuminent un généreux menu dégustation.

Prix : €€€€

Plan : B2-2 – *1 rue de l'Église* – ℰ 04 79 00 00 00 – www.restaurantsylvestre.com – *Fermé dimanche, et lundi et samedi à midi*

L'ALTIPLANO AU K2 ALTITUDE Ⓝ

PÉRUVIENNE • ÉLÉGANT Ceviche classico de poisson blanc mariné au lait de tigre ; gambas grillées à la braise, cebette, piment rouge et citron vert ; postre estilo pisco… Voici quelques (délicieux) exemples de la cuisine péruvienne, modernisée et savoureuse, colorée et épicée avec doigté que l'on déguste dans cette table d'altitude au cadre feutré et intimiste (5 tables seulement).

⚇ 🍷 – Prix : €€€€

Hors plan – *356 route de l'Altiport* – ℰ 04 79 01 46 44 – lek2chogori.com/fr/ deguster/altiplano.html – *Fermé les midis*

AZIMUT

MODERNE • TRADITIONNEL Assise sur des bases traditionnelles, voici une cuisine qui ne cherche pas à surfer sur la mode du jour. Les produits sont choisis avec soin et mis en valeur avec simplicité, grâce à des cuissons justes et de bonnes sauces. On accompagne le repas de vins de Bourgogne ou du Jura – région où l'établissement prend ses quartiers d'été à Bonlieu. Les prix mesurés (pour Courchevel), ainsi que l'accueil aimable, ajoutent au plaisir du moment.

🕸 – Prix : €€€

Hors plan – *273 rue de la Madelon, Immeuble l'Or Blanc, centre station 1300, Le Praz* – ℰ 04 79 06 25 90 – www.restaurantazimut.com – *Fermé lundi et mercredi à midi*

BFIRE BY MAURO COLAGRECO

MODERNE • TENDANCE Sur les hauteurs de la station, c'est ici le rendez-vous des saveurs italo-argentines et des belles viandes cuites au four à bois Josper, le tout supervisé par Mauro Colagreco (le Mirazur, à Menton)… Autant dire que vous êtes entre de bonnes mains ! C'est goûteux et généreux, et les saveurs sont au rendez-vous. Un mot enfin sur le service, élégant et efficace.

⚇ 🍽 🅿 – Prix : €€€€

Plan : B2-6 – *Les Neiges, 422 rue de Bellecôte* – ℰ 04 57 55 22 00 – www. hotelsbarriere.com/fr.html – *Fermé les midis*

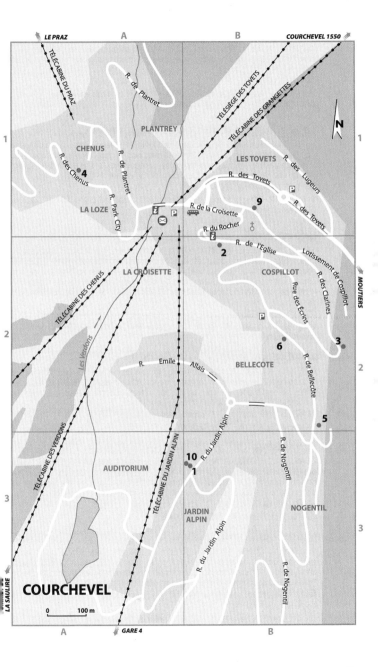

A

B

N

TÉLÉCABINE DU PRAZ

R. de Plantret

PLANTREY

TÉLÉSIÈGE DES TOVETS

TÉLÉCABINE DES GRANGETTES

1

CHENUS

R. des Chenus

4

R. de Plantret

LES TOVETS

R. des Lugeurs

R. des Tovets

R. des Tovets

P

R. des Tovets

LA LOZE

R. Park City

R. de la Croisette

9

R. du Rocher

R. de l'Eglise

2

COSPILLOT

Lotissement de Cospillot

MOUTIERS

LA CROISETTE

Rue des Écrins

R. des Clarines

TÉLÉCABINE DES CHENUS

Les Verdons

R. Emile   Allais

P

2

6

3

BELLECOTE

R. de Bellecôte

TÉLÉCABINE DES VERDONS

5

AUDITORIUM

TÉLÉCABINE DU JARDIN ALPIN

R. du Jardin Alpin

10
1

R. de Nogentil

3

JARDIN
ALPIN

NOGENTIL

R. du Jardin Alpin

R. de Nogentil

COURCHEVEL

0   100 m

A

GARE 4

B

LE BISTROT DU PRAZ

MODERNE • MONTAGNARD Un ancien second du Cheval Blanc (à Courchevel) dirige cette maison sympathique, située légèrement en retrait de la route. Dans l'assiette, on trouve une cuisine gourmande et soignée, qui oscille entre plats savoyards et créations plus exotiques ; le chef maîtrise bien son sujet et cela se sent !

🍴 – Prix : €€€

Hors plan – *Rue de la Chapelle, Le Praz* – 𝒞 *04 79 08 41 33* – *www. bistrotdupraz.fr* – *Fermé lundi et dimanche*

LE RESTAURANT DE CHEVAL BLANC COURCHEVEL

MODERNE • ÉLÉGANT Sous la houlette de Yannick Alléno, la brasserie alpine chic du luxueux hôtel Cheval Blanc réinvente avec brio la restauration d'altitude, avec une offre gastronomique contemporaine et décomplexée. Les papilles ne savent plus où donner de la tête ! Très belle carte des vins haut de gamme.

🐝 ♿ 🍴 ♻ 🐟 – Prix : €€€€

Plan : B3-10 – *Cheval Blanc, Le Jardin Alpin, Courchevel 1850* – 𝒞 *04 79 00 50 50* – *www.chevalblanc.com/courchevel*

LA SAULIRE

TRADITIONNELLE • MONTAGNARD Un décor tout de bois blond, rehaussé de vieux objets montagnards... C'est dans ce cadre authentique et chaleureux que le chef Benoît Redondo propose une cuisine soignée, où la fameuse fondue savoyarde côtoie sans rougir la truffe du Périgord. A noter - délicate attention - que l'on ferme le midi par beau temps, pour laisser les skieurs profiter des pistes enneigées de la station.

🐝 – Prix : €€€€

Plan : B1-9 – *16 place du Rocher, Courchevel 1850* – 𝒞 *04 79 08 07 52* – *www. lasaulire.com/fr*

🛏 ### AMAN LE MÉLÉZIN

CLASSIQUE CONTEMPORAIN Au pied des pistes, cet hôtel se révèle très intime et propice à la détente : spa complet, grandes chambres lumineuses et zen, certaines avec un espace de repos en journée... Le tout décoré avec un goût très sûr. À noter aussi, le service de conciergerie performant.

🅿 🏊 🍴 💻 🐟 ♨ 🍽 - 31 chambres – Prix : €€€€

310 rue de Bellecôte – 𝒞 *04 79 08 01 33*

🛏 ### ANNAPURNA   *Plus*

CLASSIQUE CONTEMPORAIN Cet Annapurna-là n'a presque rien à envier à celui de l'Himalaya ! L'hôtel – le plus haut de la station – tutoie les cimes, dans un environnement immaculé. Décor d'esprit montagnard dans les chambres, qui dominent les pistes côté sud. Depuis la terrasse, on admire la Saulire tout en reprenant des forces.

🅿 🏊 💻 🐟 ♨ 🍽 - 71 chambres – Prix : €€€

734 route de l'Altiport – 𝒞 *04 79 08 04 60*

🛏 ### CHEVAL BLANC COURCHEVEL   *Plus*

CLASSIQUE CONTEMPORAIN Du nom du célèbre château bordelais, un hôtel très "grand cru" ! Au sortir des pistes, on se réfugie avec plaisir dans ce chalet aménagé dans un superbe esprit contemporain, qui réinvente tout l'imaginaire de l'hiver... Luxe et confort dans les moindres détails, avec un spa délicieux.

🅿 🍽 - 36 chambres – Prix : €€€€

Le Jardin Alpin – 𝒞 *04 79 00 50 50*

❀❀❀ **Le 1947 à Cheval Blanc - Le Restaurant de Cheval Blanc Courcheve** - Voir la sélection des restaurants

HOTEL DES TROIS VALLÉES — *Plus*

DESIGN MODERNE Témoin historique des innovations de Charlotte Perriand, Jean Prouvé et Pierre Paulin, ce chalet alpin traditionnel a su conserver le charme rétro de son intérieur au fil des rénovations. Murs de pierre et meubles design cohabitent en toute harmonie. Certaines chambres ressemblent à de petits chalets individuels, d'autres sont plus modernes. Après une journée passée sur les pistes, le jacuzzi (de la taille d'une petite piscine !), le bar restaurant et la petite épicerie de l'hôtel apportent tout le réconfort mérité.

🅿 🛎 🛜 🛏 🍽 - 31 chambres – Prix : €€€€
Rue Park City – ✆ 04 79 08 00 12

LE K2 ALTITUDE — *Plus*

CLASSIQUE CONTEMPORAIN Bois vieillis, tissus chauds, cheminées… Tout le charme des Alpes est ici rendu avec un grand raffinement : ainsi culmine ce K2 Altitude, véritable hameau de montagne constitué d'un ensemble de chalets au confort absolu.

🅿 🛳 🛜 🛏 🍽 - 50 chambres – Prix : €€€€
356 rue de l'Altiport – ✆ 04 79 01 46 46

🌸🌸 **Le Montgomerie • L'Altiplano au K2 Altitude** - Voir la sélection des restaurants

LE K2 DJOLA — *Plus*

CLASSIQUE CONTEMPORAIN Tout le charme et l'élégance des établissements K2 sont déclinés ici en version "city hotel". Le résultat se révèle bluffant : chambres spacieuses décorées avec goût, service aux petits soins, espace bien-être au sous-sol… On est conquis.

🛜 🛏 - 24 chambres – Prix : €€€€
79 rue de Plantret – ✆ 04 79 22 11 99

LE K2 PALACE — *Plus*

CLASSIQUE CONTEMPORAIN C'est l'un des joyaux de la station ! Personnel d'un grand professionnalisme et prestations d'excellence attendent les clients de ce vaste établissement, qui s'enorgueillit d'un superbe spa, d'une salle de cinéma, et de belles chambres au luxe sans ostentation. Un vrai paradis montagnard…

🅿 🛳 🛜 🛏 🍽 - 34 chambres – Prix : €€€€
238 route des Clarines – ✆ 04 79 40 08 80

🌸🌸 **Le Sarkara** - Voir la sélection des restaurants

LES NEIGES — *Plus*

DESIGN MODERNE Derrière un extérieur alpin classique se cache un hôtel de 42 unités qui combine des vues spectaculaires sur les forêts et les sommets avec un confort ultra luxueux. Avec la piste de ski de Bellecôte juste à côté, les Trois Vallées sont à vos pieds, tandis qu'au retour le spa vous attend… tout comme le feu de bois et l'agréable bar.

🍽 - 42 chambres – Prix : €€€€
422 rue de Bellecôte – ✆ 04 57 55 22 00

BFire by Mauro Colagreco - Voir la sélection des restaurants

LE STRATO — *Plus*

CLASSIQUE CONTEMPORAIN À quelques pas du centre de la station, ce chalet associe luxe, grand confort et esprit sportif : spa de 800 m², mobilier design, pièces anciennes, décor mélangeant contemporain et baroque, vue sur la vallée et… accès direct aux pistes. Pour les rois de la glisse !

🛷 🅿 🛳 🛜 🛏 ♨ 🍽 - 25 chambres – Prix : €€€€
Route de Bellecôte – ✆ 04 79 41 51 60

🌸 **Baumanière 1850** - Voir la sélection des restaurants

COURLANS

✉ 39570 – Jura – Carte régionale n° **6**–B3

MICHEL BÉJEANNIN - AUBERGE DE CHAVANNES

MODERNE • ÉLÉGANT Une auberge contemporaine et chaleureuse ! L'assiette est joliment créative ; le chef se révèle aussi à l'aise avec la bouillabaisse (il a vécu à Marseille pendant 25 ans) qu'avec un poulet au vin jaune et morilles, clin d'œil à ses origines jurassiennes. Chambres spacieuses pour l'étape.

& 🅺 🕽 🅿 – Prix : €€€

1890 avenue de Châlon – ☎ 03 84 43 24 34 – www.auberge-de-chavannes.com –
Fermé lundi, du mardi au samedi à midi, et dimanche soir

COURSEULLES-SUR-MER

✉ 14470 – Calvados – Carte régionale n° **17**–B2

DÉGUSTATION DE L'ÎLE

POISSONS ET FRUITS DE MER • CONTEMPORAIN On doit à une famille d'ostréiculteurs l'ouverture de ce restaurant contemporain et bien pensé, qui met à l'honneur pêche côtière, fruits de mer, et bien entendu les huîtres affinées juste à côté, sans oublier d'autres bons produits normands. Le chef attache un soin particulier au dressage des assiettes, qui se révèlent aussi jolies que savoureuses.

& 🕽 🅿 – Prix : €

Route de Ver-sur-Mer – ☎ 02 31 77 35 16 – www.restaurant-degustationdelile.
fr – Fermé lundi et mardi

LA COURTINE

✉ 23100 – Creuse – Carte régionale n° **19**–D2

AU PETIT BREUIL

DU TERROIR • AUBERGE Tenue par la même famille depuis sept générations, cette maison à l'entrée du village dévoile un intérieur moderne et lumineux, qui ouvre sur la verdure. Ris de veau, foie gras chaud et cèpes de la région : dans l'assiette, le terroir est à la fête. Chambres rénovées pour l'étape.

🛏 & ♻ 🅿 – Prix : €

Route de Felletin – ☎ 05 55 66 76 67 – www.hotel-lepetitbreuil.co –
Fermé dimanche et vendredi soir

COUTANCES

✉ 50200 – Manche – Carte régionale n° **17**–A2

🕸 KALAMANSI

MODERNE • CONTEMPORAIN De retour d'Alsace, le chef Frédéric Michel a ouvert avec son épouse Manuella cette table réjouissante dans sa ville d'origine. Il décline des assiettes fraîches et franches, aux cuissons précises et aux saveurs bien marquées, en s'appuyant au maximum sur les circuits courts (pêche et maraîchage locaux, bœuf normand).

& – Prix : €€

10 place du Général-de-Gaulle – ☎ 02 33 17 41 45 – www.kalamansi.fr –
Fermé mardi et mercredi

CREISSELS

✉ 12100 – Aveyron

🛏 CHÂTEAU DE CREISSELS *Plus*

CLASSIQUE CONTEMPORAIN Un château du 12ᵉ s. sur un piton rocheux à l'écart de Millau, auquel on accède par une petite route. Les chambres mêlent avec élégance meubles anciens et style contemporain, avec du cachet dans la bâtisse principale, un esprit plus actuel dans son extension. Un charme auquel on succombe avec plaisir.

  ♧ 🅿 🛋 🍴 🚗 💈 ❧⚬ - 26 chambres – Prix : €

Place du Prieur – ☏ 05 65 60 16 59

CRÉMIEU

✉ 38460 – Isère – Carte régionale n° **2**–B2

AU PRÉ D'CHEZ VOUS

MODERNE • CONVIVIAL Désormais installé à quelques encablures de son ancienne adresse, François-Xavier Bouvet réalise une cuisine franche et précise qui doit sans doute beaucoup à un parcours scintillant : il fut notamment chef-pâtissier de la Pyramide, à Vienne. Les assiettes sont bien construites, lisibles et soignées, avec (logique !) des desserts à tomber.

  🍴 – Prix : €€€

21 rue Porcherie – ☏ 09 83 99 23 28 – Fermé du lundi au mercredi et dimanche soir

CRICQUEBŒUF

✉ 14113 – Calvados

🛏 MANOIR DE LA POTERIE *Plus*

CLASSIQUE CONTEMPORAIN Ces belles bâtisses d'inspiration normande conjuguent les styles baroque, Directoire, bord de mer (bois flotté et patiné) ou contemporain. Côté vue, vous avez le choix entre l'estran ou la campagne. Enfin, indéniable point fort : le spa, avec notamment une piscine intérieure lumineuse, prolongée d'une terrasse tournée vers la Manche.

  🅿 🛋 🚗 ⬛ 🌐 ♨ ❧⚬ - 24 chambres – Prix : €

Chemin Paul Ruel – ☏ 02 31 88 10 40

CRILLON-LE-BRAVE

✉ 84410 – Vaucluse – Carte régionale n° **25**–E1

LA MADELEINE

MODERNE • COSY Au cœur d'un village médiéval tout de pierres vêtu, cette table gastronomique fait face au Mont Ventoux depuis sa terrasse panoramique, où la vue sur la campagne environnante est à couper le souffle. Le restaurant emprunte son nom à un autre col bien connu des cyclistes et propose d'ailleurs un menu en plusieurs... étapes. C'est le chef Adrien Brunet qui est en selle pour cuisiner la production agricole du Ventoux et les produits de Méditerranée - huile d'olive évidemment, cochon du Ventoux, huître de Camargue, fromage de chèvre Banon... La sommelière vous guidera avec compétence et chaleur à travers une très belle carte des vins et une bonne sélection de vins au verre, à prix raisonnables. La petite salle à manger élégante respire l'intimité, avec ses murs boisés, ses banquettes en velours et ses fauteuils design en laque noir et paille tressée.

  🐝 🍴 🅿 – Prix : €€€€

Place de l'Église – ☏ 04 90 65 61 61 – www.crillonlebrave.com – Fermé lundi, dimanche et du mardi au samedi à midi

🛏 **CRILLON LE BRAVE** *Plus*

ÉLÉGANCE TRADITIONNELLE Un village perché, le mont Ventoux pour horizon et ces belles bastides en pierre... Les chambres sont tout imprégnées de Provence et le jardin à l'italienne descend jusqu'à la piscine... Une élégance rare ! Pour se restaurer, on choisit entre la table gastronomique et le bistrot.

&. 🛁 **P** ↷ ◁ 🚲 ⊼ 🛑 🛗 ⅏ - 33 chambres – Prix : €€€€

Place de l'Église – ☎ 04 90 65 61 61

La Madeleine - Voir la sélection des restaurants

LE CROISIC

✉ 44490 – Loire-Atlantique – Carte régionale n° **23**-A2

😊 **L'ESTACADE**

MODERNE • COSY Sur les quais, en face de la criée, cette adresse agréable, gérée par deux jeunes gens, passés par de belles maisons, propose une cuisine généreuse et soignée qui fait la part belles aux produits de la région (poissons, coquillages et algues bien sûr, mais aussi viandes). En salle, madame rayonne. Accueil tout sourire et service attentionné.

&. 🛋 – Prix : €€

4 quai du Lénigo – ☎ 02 40 23 03 77 – lestacade.fr – Fermé mercredi et jeudi

LE LÉNIGO

POISSONS ET FRUITS DE MER • RÉGIONAL Face à la criée, embarquez dans ce restaurant tenu par toute une famille très sympathique. Atmosphère marine (bois vernis, hublots) et cuisine de la mer fraîche et soignée.

🛋 – Prix : €€

11 quai du Lénigo – ☎ 02 40 23 00 31 – www.lelenigo.com – Fermé lundi

L'OCÉAN

POISSONS ET FRUITS DE MER • CONTEMPORAIN Quelle vue ! La verrière – de 30 m de long – face au large offre un panorama à couper le souffle. Ici, on savoure les produits de la mer "tout frais pêchés". Mention spéciale pour le bar en croûte de sel et la sole meunière. Et le soir, on dîne tout en regardant le soleil se coucher sur les flots...

🕸 ≼ &. 🔠 – Prix : €€€

Port-Lin – ☎ 02 40 62 90 03 – www.restaurantlocean.com

🛏 **L'OCÉAN** *Plus*

DESIGN MODERNE Une situation unique pour cet hôtel (affaire familiale depuis trois générations), à même les rochers de la côte sauvage, magnifiquement illuminés le soir venu. Il abrite des chambres spacieuses, élégantes et confortables ; toutes disposent d'un grand balcon donnant sur les flots. Produits artisanaux au petit-déjeuner. Une séduisante adresse.

P ◁ 🚲 ⅏ - 10 chambres – Prix : €

La Plage de Port Lin – ☎ 02 40 62 90 03

L'Océan - Voir la sélection des restaurants

CROIX

✉ 59170 – Nord – Carte régionale n° **13**-A2

🌿 **ARBORESCENCE** Ⓝ

Chef : Félix Robert

CRÉATIVE • ÉPURÉ Au sein d'une friche industrielle entièrement réhabilitée (un ancien château textile du début du 20e s.), dans un décor épuré et élégant, le chef

Félix Robert et son épouse Nidta exercent leur talent en toute liberté, après avoir officié chez Alexandre Gauthier, à Tokyo puis chez Troigros. Le chef déroule une partition créative et personnelle où l'iode et le végétal dominent, ponctuée de clins d'œil au Japon ou à l'Asie – tempuras, bao, coriandre vietnamienne ou encore curry thaï se dévoilent au fil de menus uniques. Citons ce très graphique cocon de langoustine en citrouille rafraîchie au vinaigre, agrumes et piment thaï, d'une redoutable efficacité. Une jeune table dont le succès fulgurant est amplement mérité.

&. 🏧 – Prix : €€€

76 rue de la Gare – ℰ 03 20 00 01 82 – www.r-arborescence.com – Fermé lundi, mardi et mercredi midi

LA CROIX-VALMER

✉ 83420 – Var – Carte régionale n° **24**-C3

� LA PALMERAIE - CHÂTEAU DE VALMER

MODERNE • MÉDITERRANÉEN Entre vignes, mer et verger, cet hôtel-restaurant, bastide familiale du début du 20 e s., se cache au milieu d'un jardin luxuriant, peuplé de palmiers centenaires et de magnolias. Un superbe outil de travail, tout comme ce potager méditerranéen où poussent courgettes, aubergines, tomates, aromates et artichauts... Servie dans le jardin ou sur la terrasse qu'ombrage une pergola, la cuisine d'Alexandre Fabris (ancien de La Signoria, à Calvi) se révèle très habile, tout en jeux de textures et en jolies associations de saveurs.

⇦ 🛏 &. 🏡 **P** – Prix : €€€€

81 boulevard de Gigaro – ℰ 04 94 55 15 17 – www.chateauvalmer.com/fr/hotel-luxe-cote-d-azur-var-saint-tropez – Fermé lundi et du mardi au dimanche à midi

LA PINÈDE-PLAGE

MÉDITERRANÉENNE • MÉDITERRANÉEN Plaisir d'un repas en bord de mer, sur une plage privée – avec en prime une belle vue sur les îles d'Or –, autour d'une jolie cuisine méridionale, mêlant poisson, terroir provençal et spécialités italiennes...

⇤ 🛏 🏡 **P** – Prix : €€€€

382 boulevard de Gigaro – ℰ 04 94 55 16 14 – www.pinedeplage.com/fr/hotel-4-etoiles-cote-d-azur

VISTA

MÉDITERRANÉENNE • TENDANCE Juché sur une colline sauvage face à la mer, l'hôtel est sublime ; le restaurant ultra-chic et bohème ne déçoit pas non plus. Au bord de la piscine, baigné dans un sentiment d'exclusivité rare, on déguste les plats du chef Vincent Maillard, à l'image de ces petits farcis provençaux et de ce fraisier au basilic et glace à l'huile d'olive. Service voiturier.

⇤ &. 🏧 🏡 🍽 **P** – Prix : €€€€

Colline Saint-Michel, quartier de Gigaro – ℰ 04 22 73 22 09 – www.lilyofthevalley.com

🛏 CHÂTEAU DE VALMER   *Plus*

CLASSIQUE CONTEMPORAIN À l'extrémité de la baie de Saint-Tropez se cache le Château de Valmer, qui associe charme provençal, luxe contemporain et situation géographique exceptionnelle. Les chambres marient l'esprit campagne et les éléments plus actuels. Son restaurant gastronomique étoilé est complété par un bistro décontracté, un bar-restaurant, un spa avec piscine intérieure, et la plage à 500m.

🏡 **P** ⇦ 🛏 🚲 ⛱ 🌐 👼 🐾 🧖 🍽 - 45 chambres – Prix : €€€

81 boulevard de Gigaro – ℰ 04 94 55 15 15

✿ **La Palmeraie - Château de Valmer** - Voir la sélection des restaurants

🛏 LILY OF THE VALLEY   *Plus*

DESIGN MODERNE Tout ici, est à couper le souffle : la vue imprenable sur la mer et les îles du Levant, le magnifique spa et son "village bien-être", sans oublier la déco signée Philippe Starck, association de bois et béton en harmonie parfaite avec la nature environnante. Magique et reposant.

🛁 🅿️ 🍃 🍽️ 🚲 🅿️ 🛁 ⚡ 🍴 - 44 chambres – Prix : €€€€

Colline Saint-Michel - Quartier de Gigaro – 𝒞 *04 22 73 22 00*

Vista - Voir la sélection des restaurants

🛏️ **LA PINÈDE-PLAGE**   *Plus*

CLASSIQUE CONTEMPORAIN Cet hôtel-restaurant porte bien son nom : ombragé de pins parasols et directement sur la plage, face aux îles d'Or ! Un établissement avec beaucoup de charme et de belles chambres ouvertes sur le large... Impression d'être loin de tout : parfait pour les vacances.

🛁 🅿️ 🍃 ⚡ 🍽️ 🏊 🍴 - 32 chambres – Prix : €€€€

382 boulevard de Gigaro – 𝒞 *04 94 55 16 16*

La Pinède-Plage - Voir la sélection des restaurants

CROLLES
✉️ 38920 – Isère – Carte régionale n° **4**–F2

LA MAISON HAUTE

MODERNE • CONVIVIAL Thomas Chegaray (en basque, "maison haute" se dit "etchegaray"), chef au beau parcours, concocte une cuisine actuelle à base de produits de saison, au gré d'une carte courte. Les plats, frais et colorés, jouent sur les textures et les goûts, ainsi cette grosse côte de cochon fermière, cuisson sur l'os, juteuse à souhait. Terrasse aux beaux jours et service très sympathique. Miam !

♿ 🅿️ 🏡 – Prix : €€

Place de l'Église – 𝒞 *04 76 08 07 68 – la-maison-haute.eatbu.com/?lang=fr –* *Fermé lundi et dimanche*

LE CROTOY
✉️ 80550 – Somme – Carte régionale n° **14**–A1

AUBERGE DE LA MARINE

MODERNE • BISTRO Une petite maison régionale, proche des quais, où un jeune couple met joliment en avant les produits locaux. Dans l'assiette : huîtres de St-Vaast snackées et tartare d'algues ; filet de carrelet cuit au beurre de cacao ; rhubarbe et crème cheesecake... Une cuisine savoureuse et toujours maîtrisée !

♿ – Prix : €€

1 rue Florentin-Lefils – 𝒞 *03 22 27 92 44 – www.aubergedelamarine.com –* *Fermé mardi et mercredi*

BELLEVUE

POISSONS ET FRUITS DE MER • SIMPLE La table ne pouvait pas mieux porter son nom : la vue sur la baie de Somme est tout simplement superbe. En accord avec cette situation, le chef met en avant les beaux poissons et fruits de mer des environs (moules et coques de la baie, crevettes grises, mulet, etc.). Souvenir d'un tartare de cabillaud, pesto basilic et de gambas rôtis, bouillon de crevettes grises. Les amateurs seront ravis.

🍽️♿ 🏡 – Prix : €€

526 digue Jules-Noiret – 𝒞 *03 22 27 86 42 – www.bellevuelecrotoy.fr –* *Fermé mercredi et jeudi*

CROUTELLE

✉ 86240 – Vienne – Carte régionale n° **20**–C1

🅐 LA CHÊNAIE

TRADITIONNELLE • ÉLÉGANT Ici, on régale à l'ancienne, avec générosité et sans chichis. Cette belle cuisine d'inspiration traditionnelle, rehaussée de quelques touches plus actuelles, s'apprécie dans les élégantes salles à manger, et notamment sous la véranda tournée vers le parc et ses chênes centenaires. Pour vous donner une idée, pot-au-feu au foie gras, caille farcie au foie gras, pomme façon tatin et sa glace au safran... Bon rapport qualité-prix et service avenant. Une invitation à la gourmandise.

🛏 🅐 🛉 🅿 – Prix : €€

Rue du Lejat - lieu-dit La Berlanderie – 𝒞 05 49 57 11 52 – www.restaurant-la-chenaie.fr – Fermé lundi, et mercredi et dimanche soir

CROZANT

✉ 23160 – Creuse – Carte régionale n° **8**–C3

AUBERGE DE LA VALLÉE

TRADITIONNELLE • CONVIVIAL Viandes d'éleveurs locaux (agneau, veau, bœuf), fromages de la région (chèvre, surtout !) et légumes de son grand potager... Le chef aime les produits du terroir, et cela se sent : il en tire une cuisine délicieuse, à apprécier dans un joli décor rustique. Une sympathique auberge de campagne.

🅐 – Prix : €€

48 rue Armand-Guillaumin – 𝒞 05 55 89 80 03 – www.laubergedelavallee.fr – Fermé lundi, et mardi, mercredi et dimanche soir

CROZET

✉ 01170 – Ain – Carte régionale n° **4**–F1

JIVA

MODERNE • BRANCHÉ En sanskrit, "jiva" signifie la vie : un nom engageant, voire même apaisant, pour ce resort au luxe discret. Au restaurant, on sert une cuisine française bien calibrée, fraîche et bonne, qui suit les saisons ; la clientèle profite dès que possible de la terrasse panoramique avec sa vue imprenable sur le mont Blanc.

🌐 ⇆ 🛏 ♿ 🅐 🛉 ⇧ 🅿 – Prix : €€€

Jiva Hill Resort, Route d'Harée – 𝒞 04 50 28 48 14 – www.jivahill.com – Fermé lundi et dimanche soir

🛏 JIVA HILL RESORT   *Plus*

DESIGN MODERNE Les lignes épurées et modernes sont ici tempérées par des couleurs et des matières généreuses, au service du confort. Les chambres deluxe portent bien leur nom, avec tous les incontournables high-tech et des salles de bains parfaitement contemporaines. Idem dans les six junior suites, qui comptent en plus une terrasse, un jardin et un jacuzzi privé. Le spa est étonnamment vaste vue la taille de l'hôtel.

🏊 🅿 🐾 🜊 🛏 🔨 🔟 🏮 ⅙ 🏛 🍽 – 34 chambres – Prix : €€

Route d'Harée – 𝒞 04 50 28 48 48

Jiva - Voir la sélection des restaurants

CROZON

✉ 29160 – Finistère – Carte régionale n° **7**–A2

HOSTELLERIE DE LA MER

MODERNE • TENDANCE Le chef propose une cuisine bien en phase avec l'époque, mariant à merveille le poisson de la pêche locale et le terroir breton, à l'image de cette royale de fenouil du Léon aux langoustines... Les cuissons sont précises et magnifient des produits bien choisis !

⇐ & – Prix : €€

11 quai du Fret – ℰ 02 98 27 61 90 – www.hostelleriedelamer.com – Fermé lundi, samedi midi et dimanche soir

LE MUTIN GOURMAND

MODERNE • AUBERGE Pas de mutinerie en vue parmi la clientèle de ce restaurant, qui occupe les locaux de l'ancienne poste de Crozon. On cuisine de bons produits frais de saison, avec quelques touches exotiques : tartare de thon rouge, citron confit et coriandre ; porc fermier de Landévennec... Avec un beau choix de vins !

🏤 & 🖾 ⇔ – Prix : €€

1 rue Graveran – ℰ 02 98 27 06 51 – www.lemutingourmand.fr – Fermé lundi et dimanche

CRUSEILLES

✉ 74350 – Haute-Savoie – Carte régionale n° **4**–F1

LE M DES AVENIÈRES

TRADITIONNELLE • CONTEMPORAIN Très joli cadre que celui de ce restaurant d'esprit 1920, avec boiseries, lampes d'époque et banquettes en velours... On s'y régale au fil d'une carte courte et de saison, qui utilise au mieux les produits locaux (dont la production du château). Même philosophie avec la carte des vins, volontiers nature ou bio.

⇐ & 🏤 ⇔ 🅿 – Prix : €€€

Les Avenières, lieu-dit Chenaz – ℰ 04 50 44 02 23 – www.chateau-des-avenieres. com – Fermé lundi et du mardi au jeudi à midi

CRUZY

✉ 34310 – Hérault – Carte régionale n° **21**–B2

LE TERMINUS

TRADITIONNELLE • BISTRO Terminus ! Tous les gourmands sont invités à descendre dans cette gare reconvertie en un petit bistrot convivial. Il est des arrêts indispensables, celui-ci en est un avec sa généreuse cuisine traditionnelle : croustillant de pied de cochon, purée maison, baba au rhum... Bon rapport saveurs-prix !

🖙 🖾 🏤 🅿 – Prix : €€

Avenue de la Gare – ℰ 04 67 89 71 26 – restaurantleterminus.com – Fermé lundi et dimanche soir

CUCURON

✉ 84160 – Vaucluse – Carte régionale n° **25**–E1

❀ ### LA PETITE MAISON DE CUCURON

Chef : Eric Sapet

CLASSIQUE • RUSTIQUE Il était une fois une petite maison jaune, véritable bonbonnière bourgeoise provençale bourrée de charme... Un excellent cordon bleu, Éric Sapet, y magnifiait les produits du marché : champignons, dont la truffe à laquelle il dédiait un menu tout l'hiver, petits légumes des maraîchers locaux, fromages de Provence, gibiers comme le lièvre, "royalement" cuisiné. Gourmand, passionné de vins et d'œnologie, ce chef possédait un solide métier longtemps exercé à Paris, à la Tour d'Argent et chez Jacques Cagna notamment. À sa table, on accourait pour se régaler d'une blanquette de noix de Saint-Jacques ou d'une caille farcie au riz à la truffe et au foie gras. Certains clients revenaient même le samedi pour suivre les cours du chef. Gare à ceux qui oubliaient de réserver : l'adresse affichait souvent complet.

֎ 🏠 ⇔ – Prix : €€€

Place de l'Étang – 𝒞 *04 90 68 21 99 – www.lapetitemaisondecucuron.com –*
Fermé lundi et mardi, et dimanche soir

MATCHA

MODERNE • SIMPLE Tout est frais et fait maison ici, des légumes des petits producteurs des environs aux viandes et volailles, élevées en plein air, à l'image de cette caille rôtie, farcie aux olives, et aubergine. Une cuisine au goût du jour, appétissante en diable !

🅐🅒 🏠 – Prix : €€

Montée du Château-Vieux – 𝒞 *04 86 78 55 96 – www.matcha-restaurant.fr –*
Fermé lundi, dimanche, samedi midi, et mardi et mercredi soir

CUISEAUX
✉ 71480 – Saône-et-Loire – Carte régionale n° **5**–D3

LE BISTROT GOURMAND

RÉGIONALE • BISTRO "Plaisir et tradition", telle est la devise de cette ancienne boucherie, reconvertie en "Bistrot Gourmand". Dans cette affaire familiale, père et fille se partagent la cuisine, tandis que la maman s'occupe du service en salle. Dans l'assiette, produits des terroirs bressan et jurassien, mais aussi terrines, glaces - ne manquez pas la corniotte, délicieuse pâtisserie de Louhans ! Jolie petite carte de vins. Une bonne table.

♿ 🏠 – Prix : €€

8 place Puvis-de-Chavannes – 𝒞 *03 85 72 71 57 – www.lebistrotgourmand-*
cuiseaux.fr – Fermé lundi et dimanche, et du mardi au jeudi soir

CUQ-TOULZA
✉ 81470 – Tarn – Carte régionale n° **22**–C2

CUQ EN TERRASSES

MODERNE • COSY Sur les hauteurs du village, cette charmante maison du 18 e s. est un havre de paix : insolite jardin en terrasses, accueil familial... Le chef, originaire des Cyclades, y met en valeur les produits du potager et la cuisine méditerranéenne. La véranda et la terrasse dévoilent une vue imprenable sur la plaine du Lauragais et la chaîne des Pyrénées, par beau temps. Cerise (musicale) sur le gâteau : le chef joue un morceau de piano mécanique à la fin du repas.

⇦ ⇜ 🍴🏠 – Prix : €€

8 chemin du Château – 𝒞 *05 63 82 54 00 – www.cuqenterrasses.com/fr –*
Fermé mercredi, et lundi, mardi, jeudi, vendredi, samedi et dimanche midi

CUTTOLI – Corse-du-Sud(20) ➜ Voir Corse

CUZANCE

✉ 46600 – Lot

🛏 **MANOIR DE MALAGORSE**   *Plus*

CLASSIQUE CONTEMPORAIN Ce domaine de 5 ha situé en pleine campagne
vous promet un séjour mémorable : chambres personnalisées et salon-bibliothèque cosy logés dans une bâtisse régionale en pierre (19ᵉ s.).

🅿 🛁 🏊 🍽 - 5 chambres – Prix : €€

Manoir de Malagorse – ☎ 06 89 33 54 45

DAGLAN

✉ 24250 – Dordogne – Carte régionale n° **18**–D2

😊 **LE PETIT PARIS**

MODERNE • RUSTIQUE Au cœur d'un charmant village périgourdin, une table
sympathique devancée par une grande terrasse tournée vers la place du village.
Deux salles joliment rustiques accueillent les convives. Ici, le chef – un enfant du
pays – met un point d'honneur à valoriser les produits de sa région. Carpaccio de
foie gras et sa vichyssoise au porto ; paleron de bœuf fondant et sauce au péchar-
mant ; en dessert, le traditionnel soufflé au grand Marnier.

🍳 – Prix : €€

*au bourg – ☎ 05 53 28 41 10 – www.le-petit-paris.fr – Fermé lundi, mardi, samedi
midi et dimanche soir*

DAMPIERRE-EN-YVELINES

✉ 78720 – Yvelines – Carte régionale n° **15**–B2

🌿 **LA TABLE DES BLOT - AUBERGE DU CHÂTEAU**

Chef : Christophe Blot

MODERNE • AUBERGE Cette belle et élégante auberge du 17 e s. a conservé sa salle
opulente, ses poutres rustiques et sa cheminée, et en dépit des touches modernes,
on reconnaît ici la douce langueur bourgeoise, synonyme de bien-être des appétits.
A l'aise dans cet univers qui donne des gages au temps qui passe, le talent du chef et
les saisons rythment la créativité des recettes. Prenons l'excellente tranche de terrine
de lapin, travaillée à l'ancienne, ou le beau et épais filet de turbot : nous sommes en
présence d'un homme qui aime son métier. Et le dessert, variation en trois préparations autour du chocolat, confirme l'intuition. Le service, très professionnel, valorise
cette partition maîtrisée, exécutée par un chef exigeant et passionné. C'est coloré,
parfumé, plein de saveurs. L'accueil chaleureux invite à prolonger l'étape - on peut
en effet réserver une jolie chambre façon maison de campagne.

🛏 ♿ 🅼 ✥ – Prix : €€€

*1 Grande-Rue – ☎ 01 30 47 56 56 – www.latabledesblot.com – Fermé lundi et
mardi, et dimanche soir*

DAMPMART

✉ 77400 – Seine-et-Marne – Carte régionale n° **15**–C2

🌿 **LE QUINCANGROGNE**

MODERNE • CONVIVIAL En bord de Marne, cette maison qui a traversé les
époques (tour à tour moulin, guinguette et même maison de retraite !) a été transformée en un hôtel-restaurant accueillant. En cuisine, on trouve Franck Charpentier,
chef au parcours solide – plusieurs tables étoilées au sein d'hôtels de luxe, notamment. En bon amoureux des goûts authentiques, il régale sa clientèle avec une carte
simple, axée sur des produits régionaux de grande qualité. Finesse et précision des
agencements de saveurs, visuels précis et bien travaillés : on se régale d'un bout à

l'autre du repas. En saison, on profite même de la belle terrasse avec sa vue sur la rivière toute proche… Une étape de choix.

🛏 🍴⅊🅼🍽⇄🅿 – Prix : €€€

7 rue de l'Abreuvoir – ☏ 01 64 44 44 80 – www.hotel-restaurant-lequincangrogne.fr – Fermé lundi et mardi

DANJOUTIN

✉ 90400 – Territoire de Belfort – Carte régionale n° **6**–C1

⸚ LE POT D'ÉTAIN

Chef : Philippe Zeiger

MODERNE • CONTEMPORAIN À quelques minutes du Lion de Belfort, ce Pot d'Étain brille de gourmandise grâce à un argentier de talent, le chef Philippe Zeiger qui a fait de son restaurant un temple incontournable de la bonne chère. Le chef met à l'honneur une cuisine française aussi généreuse que goûteuse, appuyée sur de superbes produits de saison (Saint-Jacques, lièvre à la royale, truffes). Voyez ces noix de Saint-Jacques en habit noir, voile de lard Colonnata, sauce au vin jaune ou encore ce dos de chevreuil, sauce civet, racines d'hiver. Une gourmandise qui file droit à l'essentiel ! À noter aussi, le service du vin au verre au magnum (aussi rare que bon).

🍴⅊🅼⇄🅿 – Prix : €€€

4 avenue de la République – ☏ 03 84 28 31 95 – www.restaurant-potdetain.fr – Fermé lundi, samedi midi et dimanche soir

DARDILLY

✉ 69570 – Rhône – Carte régionale n° **3**–E1

BOL D'AIR

TRADITIONNELLE • CONVIVIAL Dans cette maison de tradition, le chef travaille de beaux produits frais en fonction du marché, déclinant sans complexe une cuisine goûteuse et généreuse. Et l'hiver, c'est le cassoulet de Castelnaudary qui est à la carte – le patron est un Chaurien ! N'oublions pas enfin la "carte du boire" composée avec soin…

🍴🍽⇄ – Prix : €

77 avenue de Verdun – ☏ 04 78 66 14 55 – www.restoboldair.com – Fermé samedi et dimanche, et lundi soir

DEAUVILLE

✉ 14800 – Calvados – Carte régionale n° **17**–D2

Toujours entre deux séances de cinéma, une partie de golf ou de tennis, une course de polo ou une régate, Deauville soigne sa réputation de raffinement. Ses plages et ses somptueuses villas 1900, dont les plus belles s'alignent sur le boulevard longeant le front de mer, lui valent une réputation méritée. Quant à son air marin, il aiguise les appétits les plus blasés ! Direction le marché, établi sous de jolies halles à colombages près de la place Morny. Il est animé par des producteurs venus du pays d'Auge et de toute la Normandie. Vous trouverez votre bonheur entre les poissons et les coquillages, notamment les coques de Cabourg, les nombreux fromages (livarot et camembert au lait cru si possible), les pommes et autre gelée de cidre...

ॐ **L'ESSENTIEL**

Chefs : Mi-Ra et Charles Thuillant

MODERNE • CONTEMPORAIN Ce bistrot contemporain est le repaire du Français Charles Thuillant et la Coréenne Mi-Ra : ces deux oiseaux migrateurs, qui se sont rencontrés à Ze Kitchen Gallery, temple de la cuisine franco-asiatique, ont aussi été aperçus chez Robuchon, à l'Épi Dupin ou encore au Chateaubriand. Mais c'est à Deauville, où Charles enfant passait ses vacances, qu'ils ont ouvert cette adresse ensemble. À quatre mains, ils signent une cuisine vive et enjouée, en mouvement, où les produits du terroir normand sont associés à des influences asiatiques bien dosées : poisson mariné, lime, émulsion curry thaï ; poulpe, coco de Paimpol, vinaigre de mangue ; pâtes nodi marini, huître, wakame, légumes croquants ; bœuf Simmental, légumes de saison rôtis, jus samsang...

&. ⏃ ⌂ – Prix : €€€

Plan : B2-1 – *29 rue Mirabeau* – ☏ *02 31 87 22 11* – *www.lessentieldeauville.com* – *Fermé mardi et mercredi*

ॐ **MAXIMIN HELLIO**

Chef : Maximin Hellio

MODERNE • CONTEMPORAIN Situé en plein cœur de la station deauvillaise, ce restaurant à la devanture sobre et moderne a eu la bonne idée de laisser une partie vitrée en façade, qui permet d'observer les cuisiniers à l'œuvre depuis la rue. À l'intérieur, sous la toque, Maximin Hellio, chef de métier, passé chez Frédéric Anton, puis étoilé dans la maison familiale de la Voile d'Or à Sables-D'or-les-Pins en Bretagne. Il met à l'honneur les produits de la mer et normands, autour de préparations soignées et créatives aux saveurs franches et précises. Intéressants accords

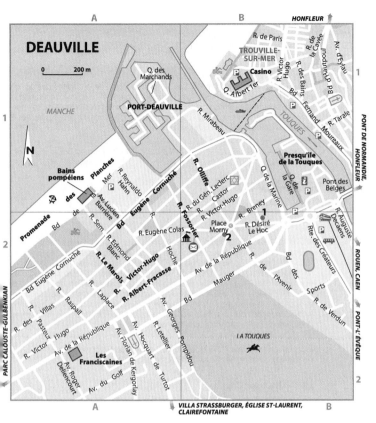

DEAUVILLE

0   200 m

MANCHE

PORT-DEAUVILLE

Q. des Marchands

HONFLEUR

TROUVILLE-SUR-MER

Casino

Q. Albert 1er

PONT DE NORMANDIE, HONFLEUR

Bains pompéiens

Planches

Promenade

Presqu'île de la Touques

Pont des Belges

Place Morny

LA TOUQUES

PARC CALOUSTE-GULBENKIAN

Les Franciscaines

ROUEN, CAEN   PONT-L'ÉVÊQUE

VILLA STRASSBURGER, ÉGLISE ST-LAURENT, CLAIREFONTAINE

mets et vins proposés sur tablette. Un établissement très prisé par la clientèle locale.

🕸 ♿ AC ⇄ – Prix : €€€€

Plan : B2-2 – 64 rue Gambetta – ℰ 07 71 93 79 97 – www.maximinhellio.fr – Fermé lundi et mardi

🛏 **LES MANOIRS DE TOURGÉVILLE**   *Plus*

CLASSIQUE CONTEMPORAIN En plein bocage du pays d'Auge, ce manoir est vraiment séduisant : chambres raffinées, apaisantes et spacieuses (nombreux duplex et triplex). Pour se détendre, il y a l'embarras du choix : piscine, vélo, massage, tennis, cinéma. Se lasser d'un tel endroit ? Impossible !

🅿 ◔ ⌕ 🛏 🛎 🎥 🏊 ♨ ♿ ⅋⅋ 🍴 - 57 chambres – Prix : €€

13 chemin de L'Orgueil – ℰ 02 31 14 48 68

🛏 **NORMANDY BARRIÈRE**   *Plus*

ÉLÉGANCE TRADITIONNELLE Ce fier manoir anglo-normand, édifié en 1912, est devenu l'emblème de la station. L'établissement a été entièrement rénové mais l'esprit des chambres, cosy et raffinées, demeure : toile de Jouy, boiseries... Pour se détendre, on peut profiter du magnifique spa. Un hôtel mythique avec sa brasserie chic.

🛁 🅿 ◔ ⌕ 🛏 🛎 🎥 🏊 ♨ ⅋⅋ 🍴 - 290 chambres – Prix : €€

38 rue Jean Mermoz – ℰ 09 70 82 13 14

DELME

✉ 57590 – Moselle – Carte régionale n° **12**-C2

À LA 12

CRÉATIVE • CONTEMPORAIN Voici le petit royaume de la famille François, qui en tient les rênes depuis 1954. Avec Thomas et Laura, la troisième génération, la maison est entre de bonnes mains. La cuisine de Thomas n'est simple qu'en apparence et se révèle vite subtile et délicate, avec un joli penchant pour les herbes et les épices : réjouissant.

🍴 ♿ 🅼 🏠 ✿ – Prix : €€€

6 place de la République – 📞 *03 87 01 30 18 – ala12.fr – Fermé lundi et mardi, et dimanche soir*

LES DEUX-ALPES

✉ 38860 – Isère – Carte régionale n° **2**-C2

✿ LE P'TIT POLYTE

MODERNE • RUSTIQUE Le Chalet Mounier, c'est une histoire de famille : celle de Marie et Hippolyte Mounier, qui ouvrent cet hôtel, le premier de la station, en 1933. Vient ensuite le fils Robert, dès 1971, puis aujourd'hui Alban et sa compagne Angélique, qui perpétuent l'héritage. La salle, petite et cosy, est propice aux confidences. Le chef Tanguy Rattier propose trois menus dégustation, dont l'un 100% végétal. L'équipe en cuisine réalise un beau travail sur la présentation des plats et le choix des produits : on se régale de préparations aussi légères que pétillantes... Idem du côté de la belle carte des vins, avec des suggestions pertinentes. Décidément, ce P'tit Polyte a tout d'un grand.

🕸 ⟨ 🍴 🏠 – Prix : €€€€

2 rue de la Chapelle – 📞 *04 76 80 56 90 – www.chalet-mounier.com – Fermé lundi, dimanche et du mardi au samedi à midi*

LE DIABLE AU CŒUR

TRADITIONNELLE • CONVIVIAL Direction les cimes ! Empruntez le télésiège pour aller déjeuner dans ce diable de restaurant, perché à 2 400 m d'altitude. Dans le cadre agréable d'un chalet en bois clair, face à la Muzelle, on profite d'une cuisine fine et soignée, y compris dans la présentation des plats.

⟨ 🏠 – Prix : €€

– 📞 *04 76 79 99 50 – www.lediableaucoeur.com – Fermé soir*

🛏 CHALET MOUNIER   *Plus*

ÉLÉGANCE TRADITIONNELLE Tout en haut des Deux-Alpes, sur le site d'une ferme d'alpage, l'aîné des hôtels de la station, né dans les années 1930 : les lieux ont la tradition de l'accueil chevillée au corps – des chevilles de bois, évidemment ! Tout pour un beau séjour à la montagne : grand confort, piscines, sauna, fitness...

♿ 🅿 ⟡ 🍴 🚲 ⌇ 💮 ♨ 🧖 🍽 - 43 chambres – Prix : €€

2 rue de la Chapelle – 📞 *04 76 80 56 90*

✿ **Le P'tit Polyte** - Voir la sélection des restaurants

DIENNE

✉ 15300 – Cantal

🛏 L'ÉPICERIE DE DIENNE   *Plus*

CLASSIQUE CONTEMPORAIN Pour les randonneurs qui ne refusent pas un peu de confort, les trois chambres et appartement du britannique Chris Wright, connu pour avoir dirigé le bistrot parisien Le Timbre, tombent à point nommé. Logées à l'étage de l'épicerie-restaurant, les chambres sont simples et accueillantes, reprenant la tonalité du paysage. Les produits bio et locaux proposés à l'épicerie vous régaleront jusqu'aux sommets.

🅿 🛏 ♨ - 4 chambres – Prix : €

6 route du Puy-Mary – 𝒞 04 71 20 59 84

DIEPPE

✉ 76200 – Seine-Maritime – Carte régionale n° **17**–D1

✿ LES VOILES D'OR

Chef : Tristan Arhan

MODERNE • **CONTEMPORAIN** Fort de son expérience, Tristan Arhan tient sur la falaise du Pollet (en surplomb de Dieppe) une table sans malentendu : ici, c'est la pêche du jour qui fait la loi pour ce chef passionné par les produits de la mer. La fraîcheur est au rendez-vous, le produit est mis en avant avec sobriété et délicatesse : on passe un excellent moment. Quant au décor, sobre et épuré, il est en phase avec le travail du chef. Service courtois assuré par la femme du chef. Nos voisins britanniques fréquentent beaucoup cette table qui a fait l'objet d'un reportage télévisé outre-manche. À noter : quelques chambres originales, et une petite terrasse quand le soleil s'invite à table.

&. 🍽 – Prix : €€€

2 chemin de la Falaise, à Neuville-lès-Dieppe – 𝒞 02 35 84 16 84 – www. lesvoilesdor.fr – Fermé lundi et mardi, et dimanche soir

☺ BISTROT DU POLLET

POISSONS ET FRUITS DE MER • **BISTRO** Qu'on se le dise : dans ce bistrot, c'est la mer qui décide, et les plats dépendent directement des arrivages de la pêche locale. La qualité et la fraîcheur sont au rendez-vous, et quelle générosité dans les préparations !

Prix : €€

23 rue Tête-de-Bœuf – 𝒞 02 35 84 68 57 – le-bistrot-du-pollet.zenchef.com – Fermé lundi et dimanche

COMPTOIR À HUÎTRES

POISSONS ET FRUITS DE MER • **BRASSERIE** Loin de l'agitation du front de mer, le long des quais, ce comptoir a des allures de brasserie parisienne bien dans son jus. Après que l'on vous a présenté la pêche du jour, sans chichi, vient l'heure du choix. Quel poisson ? Entier, coupé ? À la plancha ? À moins que vous ne préfériez la carte des huîtres... Que de fraîcheur !

Prix : €€

12 cours de Dakar – 𝒞 02 35 84 19 37 – Fermé lundi et dimanche

DIGOIN

✉ 71160 – Saône-et-Loire – Carte régionale n° **5**–B3

AUBERGE DE VIGNY

MODERNE • **CHAMPÊTRE** Dans cette ancienne salle de classe décorée avec soin, on sert une cuisine qui joue habilement de la tradition et du passage des saisons. La carte est changée régulièrement ; la jolie terrasse donne sur le jardin et le potager... pour une douce étape champêtre.

🛏 &. 🎴 🍽 🅿 – Prix : €€

Lieu-dit Vigny – 𝒞 03 85 81 10 13 – www.aubergedevigny.fr/www/site.php – Fermé lundi et mardi, et mercredi, jeudi et dimanche soir

CUISINE RESPONSABLE
& DURABLE

NICOLAS CONRAUX
ÉTOILE VERTE ✿

Restaurant La Butte à Plouider

Chasse au plastique, sourcing poussé de matières premières locales, développement du vrac, jardins en permaculture et en agroforesterie : Nicolas Conraux, face à l'urgence climatique et environnementale, a opéré un virage à 180° pour inscrire son établissement dans une dynamique durable et responsable.

Lors de la remise de votre Étoile Verte au printemps 2022, vous avez pris la parole et incité vos confrères à changer les choses.

J'ai insisté sur le fait que nous ne pouvions plus travailler comme autrefois. Nos clients ont évolué, nos collaborateurs aussi et l'urgence climatique est telle qu'il faut repenser notre métier. J'ai vécu cette prise de conscience, et à travers cette distinction, je voulais démontrer que nous pouvions tous le faire, quel que soit notre âge, notre territoire et nos expériences.

À quand remonte votre prise de conscience écologique ?

Quelques mois avant le Covid, qui a aussi servi d'accélérateur, j'ai senti que le métier ne me convenait plus, pas dans le fait de cuisiner, mais dans ce qu'il engendrait. Ces tonnes de déchets, ces kilos d'emballages, ces kilomètres parcourus pour livrer un petit carton. Tout cela n'était plus possible et une autre vision était envisageable. D'autres chefs l'ont fait avant moi. C'était à moi d'apporter ma pierre à l'édifice.

Quelles ont été vos premières actions ?

En réalité, il n'y en a pas une à prioriser. Il faut opérer tout, tout de suite et dans sa globalité pour que l'ensemble soit cohérent. Si vous luttez contre le plastique ou les emballages et que vous faites venir votre viande d'Espagne, ça n'a aucun sens. L'idée n'est pas non plus de devenir un activiste ou un extrémiste mais d'être en accord avec soi-même et la façon dont la maison doit être gérée tant pour la partie restauration que la partie hôtellerie.

Est-ce que le message est facile à faire comprendre aux clients ?

C'est l'un des freins qu'il faut tout de suite oublier. Nos clients sont en avance sur nous. Jamais ils ne nous reprocheront quelque chose. J'ai décidé, par exemple, de ne plus travailler les ris de veau ou la viande de bœuf parce que mon territoire n'est pas une terre d'élevage. Quand vous l'expliquez aux clients, ils acquiescent. Vous en aurez toujours un ou deux pour râler et dire qu'ils ne viendront plus. Peu importe,

d'autres les ont remplacés et ils sont en accord avec nos partis-pris. La cuisine doit s'adapter à la période. Ça nécessite de casser quelques automatismes mais avec des collaborateurs engagés, qui croient au projet, les choses vont plus vite qu'on ne le croit.

Vous avez créé 1700 m² de jardins. L'objectif est-il d'être auto-suffisant ?

Absolument pas. Je ne veux surtout pas perdre le lien avec mes maraîchers. Je ne suis pas là pour détruire des emplois et des savoirs. Les jardins ont un double objectif. Le premier, la beauté et le confort, pour les clients comme pour les collaborateurs qui traversent un écrin de verdure plutôt qu'un parking. Le second, c'est d'avoir sur place des herbes, des salades, des légumes que je ne trouve pas chez mes maraîchers et que je peux récolter à la dernière minute pour travailler des produits de toute première fraîcheur.

Si vous deviez convaincre un confrère de s'engager dans une cuisine durable et responsable, quels arguments avanceriez-vous ?

Premièrement, je lui dirais que cette cuisine ne casse pas nos savoir-faire. Ici, on continue de monter une sauce au beurre et on le fera toujours. On ne change pas notre cuisine, on la fait évoluer. Deuxièmement, je lui dirais que l'on peut se passer de dizaines de produits industriels comme les sodas, les vinaigres que l'on prend plaisir à faire nous-mêmes. Troisièmement, j'insisterais sur le fait que l'on se sent beaucoup plus apaisé, qu'il y a une harmonie qui se dégage de notre travail et que les clients le ressentent. ■

■ Truite du Léguer, cuir iodé et crème végétale

le magazine

JEAN-LUC BRENDEL
ÉTOILE VERTE ✿

Restaurant La Table du Gourmet à Riquewihr

En 2023, Jean-Luc Brendel fêtera les 40 ans de sa table de Riquewihr. S'il devait s'offrir un beau cadeau pour fêter cela, ce serait quelques ares supplémentaires de façon à ce que ses jardins en permaculture s'épanouissent sur un hectare, histoire de planter de nouvelles variétés à cuisiner.

Vous vous définissez comme cuisinier, poète et jardinier. Qu'est-ce que cela signifie ?

Le jardin, c'est ma muse, c'est la genèse de ma cuisine, une cuisine que je qualifie de vivante car je travaille sur des sols vivants. Poète parce que ce même jardin me porte, m'emporte, m'apporte. Vous n'imaginez pas la créativité qui se développe en cuisine quand vous avez sous les yeux ces centaines de fruits et légumes. Et enfin, cuisinier, parce que c'est mon métier et que je vibre tous les jours de faire à manger en m'appuyant sur les richesses de mon territoire.

Le jardin est le cœur de votre cuisine. Comment et pourquoi l'avez-vous développé ?

Le pourquoi est important. Petit, je vivais dans la banlieue de Strasbourg. Le week-end, je rendais visite à ma grand-mère Josefa. C'était une excellente cuisinière mais surtout, elle avait un jardin. Aller dans ce jardin, c'était un voyage de goût et de choses. Il m'a cultivé, il m'a enrichi. Alors quand je me suis installé en 1983 à Riquewihr, j'ai repensé à ces moments de plaisir dans le jardin de ma grand-mère et j'ai souhaité en développer

un. Cela a commencé par une petite parcelle sur laquelle il y avait une maisonnette, puis, une autre parcelle, et enfin une grande vigne que j'ai transformé en un immense jardin. J'ai pu ainsi multiplier par 5 mon terrain de jeu et de recherche. J'ai créé une société de maraîchage pour mettre en œuvre ce jardin avec l'achat de matériel, d'installation de serre, d'irrigation. J'ai fait appel à un architecte paysagiste pour en faire un lieu de vie qui me représente. C'est pour cela qu'il y a aussi un poulailler, une mare, des poissons, des abeilles, du bâti. Ce jardin vibre et le restaurant en est le principal client.

■ Truite Ikejime jardin et forêt

Êtes-vous autosuffisant ?

Pas toute l'année. Je le suis de juin à décembre à 98 %. Je suis obligé de faire quelques achats extérieurs notamment pour les échalotes, les oignons et l'ail. Il y en a dans le jardin mais pas assez pour les deux établissements que je dirige.

L'équation "jardin plus poulailler" est-elle égale à zéro déchet ?

Effectivement, les poules sont nourries avec une partie des déchets engendrés par les deux restaurant. Et pour tous les déchets végétaux, ils sont broyés et immédiatement remis sur les sols où ils finissent de se décomposer pour les enrichir.

Si votre jardin est au cœur de la création de vos assiettes, vous vous appuyez aussi sur un territoire.

Il faut bien le préciser. Ma table n'est pas végétarienne. Chez Jean-Luc Brendel, on ne mange pas que des légumes comme je l'entends

parfois. Je ne suis ni vegan, ni végétarien, je mange de tout. Il y a seulement eu un changement de paradigme. Avant, une assiette, c'était un produit carné et le légume était le parent pauvre de l'accompagnement. Aujourd'hui, le végétal a repris ses droits et il est souvent accompagné de produits de mon territoire, des poissons d'élevage, des viandes, du gibier. J'ai mis du temps, mais j'ai fini par créer autour de Riquewihr un réseau d'une trentaine de fermes qui me fournissent tout ce dont j'ai besoin pour m'exprimer.

Est-ce que vous ressentez le besoin de partager cette passion pour le vivant et la nature avec vos équipes ?

C'est primordial mais c'est un vrai travail de sensibilisation, de pédagogie, d'écoute. Du haut de mes 60 printemps, je suis cuisinier, jardinier et un peu professeur. C'est compliqué pour un cuisinier des villes de se retrouver confronté à une telle richesse de produits mais je veille à tout partager avec ces hommes et ces femmes qui cueillent avec moi, deux fois par jour. C'est en jardinant que l'on devient jardinier. ■

431

JULIEN MONTASSIÉ,
ÉTOILE VERTE ✿

Restaurant La Coopérative, Domaine Riberach à Bélesta

Ne pas forcer la nature à produire ce dont j'ai besoin mais la laisser m'apporter ce qu'elle a : tel est le credo de Julien Montassié qui, par d'inlassables recherches, a trouvé dans un petit périmètre, autour du domaine, un nombre conséquent de producteurs de qualité.

Riberach, par son positionnement "slow life" et ses engagements écoresponsables, vous oblige à vous en imprégner et à les développer autant que possible.

Quels sont les points forts du Domaine Riberach sur ces engagements ?

Ça va de la piscine naturelle, dont les bassins sont alimentés par l'eau de pluie qui est stockée, à la géothermie du bâtiment en passant par les panneaux solaires, le tri sélectif. Ma cuisine suit naturellement ce mouvement.

En quoi vous contribuez à parfaire ces engagements écoresponsables ?

Je suis arrivé dans cette maison en 2014. J'étais à l'époque sous-chef de Laurent Lemal et je suis désormais chef depuis 3 ans. Avant cette nomination, nous avions déjà recentré la cuisine sur le terroir local. Je me suis fixé un périmètre d'une dizaine de kilomètres autour du restaurant dans lequel je dois trouver des produits de qualité. Seuls les poissons sont exclus de ce périmètre mais ils viennent de la Méditerranée qui n'est pas si loin.

Vos convictions écologiques, vous les avez développées ou vous aviez déjà cette fibre en vous ?

Je viens d'un département rural, l'Ariège, de Lavelanet. J'ai le sentiment d'avoir toujours eu cette fibre naturellement en moi mais il est vrai que le Domaine

Ce n'est pas frustrant de ne pas tout trouver dans ce périmètre ?

Au contraire, ça booste la créativité, que ce soit au restaurant gastronomique ou au bistrot. J'ai l'habitude de dire que ce sont les producteurs qui composent le menu. Je cuisine en fonction de ce qu'ils me fournissent. Ici, rien ne se fait selon les 4 saisons. Il y a plein de micro-saisons qui apportent leur lot de produits éphémères comme l'ail des ours ou les fleurs de courgettes. Quand il n'y en a plus, on ne le fait pas venir d'ailleurs, on arrête le plat et on en invente un autre en fonction de ce qui est livré.

Vous veillez aussi au recyclage des déchets ?

Il y a une partie des déchets qui sont recyclés dans le compost. D'autres comme les carcasses qui nous ont servi à réaliser nos bouillons, nos jus ou nos sauces, sont données chaque soir à des habitants du village qui chassent ce qui permet de nourrir leurs chiens. Nous travaillons aussi beaucoup pour tendre vers le zéro plastique. Nous avons commencé en arrêtant l'eau en bouteille plastique qui est remplacée par de l'eau micro-filtrée. Et nous poursuivons nos efforts avec un objectif à atteindre dans les 2 à 3 ans qui viennent.

Est-ce que les équipes avec qui vous travaillez sont sensibles aux actions menées par la maison et par vous ?

C'est indispensable. Leurs conditions de travail sont bonnes, ils sont donc pour la plupart présents à mes côtés depuis un certain temps et ont très rapidement intégré nos engagements écologiques. Pour les plus jeunes qui arrivent, c'est plus compliqué. On sent qu'ils prennent rapidement le pli mais ils arrivent sans connaissance réelle de ce qu'est le recyclage des déchets.

Vous pensez que l'enseignement y est pour quelque chose ou c'est un problème générationnel ?

Il me semble important et impératif que les centres de formation ou les écoles hôtelières intègrent plus de modules sur l'écologie, sur l'écoresponsabilité d'un restaurant, sur les gestes ou les réflexes à avoir. En quelques jours, les nouveaux comprennent et mettent cela en place mais je pense qu'il serait bon que l'écologie soit dans tous les programmes avec des formateurs dédiés. ◼

◼ Coffre de canard, navet confit, red meat croquant au sapin du Canigou

le magazine

LOÏC VILLEMIN,
ÉTOILE VERTE ❀

Restaurant Toya à Faulquemont

Très engagé pour une cuisine durable et responsable, Loïc Villemin n'a de cesse de chercher de nouvelles solutions pour aller au-delà de ses convictions écologiques. Une démarche qui demande beaucoup de temps et d'énergie, saluée par une clientèle de plus en plus convaincue.

CUISINE RESPONSABLE & DURABLE

Quelle a été votre réaction à l'obtention de l'Étoile Verte ?

C'était l'objectif que je m'étais fixé pour 2022 et c'est une fierté de l'avoir obtenue car elle consacre mes engagements, mes convictions et tout le travail que je mène avec mes équipes, depuis des années, pour proposer une cuisine durable, écologique et vertueuse.

Est-ce que vos engagements, connus et salués, et cette Étoile Verte favorisent le recrutement ?

C'est incontestable. Les personnes qui postulent aujourd'hui au restaurant, que ce soit en salle ou en cuisine, sont de jeunes professionnels qui veulent travailler avec un chef dont les valeurs correspondent aux leurs. C'est passionnant pour moi de pouvoir échanger sur ce qu'ils ont vu ailleurs, sur leurs envies ou sur leur simple volonté de s'enrichir sur ce domaine de la cuisine vertueuse.

Avant cette Étoile Verte, quelles sont les actions que vous aviez menées ?

La rénovation du restaurant en 2017 a été un premier déclic

avec notamment l'utilisation de nombreux matériaux recyclables comme les rouleaux d'imprimerie qui ont servi pour l'isolation phonique. Ma fibre écologique se développait mais je ne pouvais pas me contenter de faire des efforts en salle et ne pas l'appliquer en cuisine. J'ai pris alors la décision de

me recentrer sur mon territoire et de construire un réseau restreint de producteurs pour réduire les coûts de transport et la pollution engendrée par les livraisons. J'ai aussi arrêté de travailler le chocolat, les poissons de mer pour ne cuisiner que les produits que la nature environnante voulait bien me proposer.

Vous avez aussi fait la chasse au plastique.

La moindre livraison engendre du plastique. En travaillant avec des producteurs locaux et sur du circuit court, en discutant avec eux, on finit par mettre en place des méthodes de livraison sans plastique à commencer par les caisses mais aussi les emballages. Pour 2023, je vise la certification zéro plastique.

Est-ce pour cette raison que vous avez développé votre propre élevage de vaches laitières ?

Pas seulement mais quand vous commandez du lait, du beurre ou de la crème, premièrement vous dépendez de grands groupes industriels et ça je ne le veux plus et deuxièmement, ce sont une fois encore des livraisons qui engendrent du plastique. L'idée de cet élevage part d'un constat : je suis dans une région où l'élevage laitier n'est pas très développé. Avec un agriculteur local, nous avons donc acheté, dans un premier temps 8 vaches de race jersiaise puis 8 autres ce qui me permet d'être autonome en lait et en crème. Comme ce sont des produits vivants, on a réadapté nos recettes en cuisine mais on est aussi heureux de présenter à notre clientèle à table de la crème crue qui a un goût totalement différent de ce que je pouvais avoir auparavant.

Quels sont les projets auxquels vous réfléchissez ?

Récemment, nous avons travaillé sur la récupération des écailles de poisson pour réaliser des panneaux d'isolation. Nous sommes en phase de test sur une partie d'un de nos couloirs. Si cela s'avère positif, on poursuivra et ce seront toujours autant de déchets qui n'iront pas à la poubelle. On travaille aussi sur le recyclage des huiles, sur des sacs pour le sous-vide en cuisine qui soient entièrement biodégradables. On a rénové le jardin de façon à ce qu'il soit plus nourricier. Il y a des dizaines de pistes à explorer. Notre planète va mal et c'est à chacun de contribuer à sa façon pour améliorer les choses. ∎

le magazine

VICTOR MERCIER,
PRIX DU JEUNE CHEF

Restaurant FIEF à Paris

Coup double en 2022 pour Victor Mercier qui se voit récompensé d'une première Étoile en son FIEF (Fait ici en France) et qui reçoit parallèlement le prix du Jeune Chef. Beaucoup d'émotion pour ce trentenaire habité par une cuisine écoresponsable.

Quel a été votre parcours avant d'ouvrir FIEF en octobre 2019 ?

J'ai commencé la cuisine en 2008 par une première expérience à l'*Escarbille* à Meudon où je suis resté un an. J'ai enchaîné ensuite avec une année au Danemark puis j'ai repris des études de cuisine à Paris pendant lesquelles j'ai été stagiaire à l'*Astrance*. Je suis reparti à l'étranger, notamment en Australie, avant de revenir en France et de travailler au *Sergent Recruteur* avec le chef Antonin Bonnet.

Vous militez pour une cuisine écoresponsable. Quels sont les événements ou les personnes qui ont éveillé votre conscience ?

En Australie, j'ai constaté que l'on travaillait parfois des produits français. Je me disais que c'était incongru de faire venir des produits d'aussi loin. Antonin Bonnet a aussi beaucoup compté. C'est un fervent défenseur de la permaculture. Il se fournissait notamment en produits de la Ferme du Bec Hellouin dans l'Eure et j'ai lu les livres des responsables de cette ferme, Perrine et Charles Hervé-Gruyer. Ça m'a ouvert les yeux sur une autre agriculture, une autre méthode de travail.

Le positionnement de votre restaurant, c'est de ne proposer que des matières premières produites en France. Comment avez-vous fait votre sourcing ?

En amont pendant presque une année, il y a eu un gros travail d'investigation sur la base de producteurs que je connaissais puis chacun m'a donné les coordonnées d'un confrère. Vous ajoutez à cela un peu de bouche-à-oreille, des clients qui vous donnent aussi des contacts et vous finissez par obtenir un large panel de tout ce qui peut être produit dans l'Hexagone et que je peux utiliser au quotidien. On finit même par découvrir que l'on produit du poivre en France, des cacahuètes, des fruits de la passion et même du feijoa, un fruit qui pousse au Brésil. Il n'y a que le chocolat qui est absent du territoire.

Pensez-vous que cette cuisine est plus facile à composer en province ou à Paris ?

C'est plus compliqué à Paris parce que même si j'ai atteint mon but qui était de ne travailler qu'avec des produits de l'Hexagone, j'aimerais être plus *locavore* mais, même si l'Île-de-France possède un formidable patrimoine culinaire, il y aura toujours des produits qui arrivent par camion du reste de la

France. Ça n'est pas plus simple en province mais un chef peut décider de ne cuisiner qu'avec les produits de son terroir ou de son territoire.

Est-ce qu'un jour on vous retrouvera en province ?

Oui j'aimerais bien mais dans une région qui ne serait pas encore trop touchée par le réchauffement climatique. Si je devais m'installer demain, je viserais sans doute les Charentes ou la Normandie.

Revenons à votre prix du Jeune Chef, quelle a été votre réaction ?

J'étais totalement abasourdi parce que tout avait été tenu secret. Je n'étais vraiment au courant de rien. Dans un premier temps, j'ai été victime du sentiment de l'imposteur en me demandant s'il n'y avait pas d'autres chefs à récompenser. Et puis, je me suis dit qu'il fallait embrasser le moment, l'apprécier. Me donner cette récompense, c'était me prouver que mes engagements, mes convictions, mon travail et celui de mes équipes, mon parcours aussi, avaient été remarqués et que ce positionnement culinaire était dans le vrai dans une époque où notre milieu cherche à s'engager dans une cuisine plus responsable, plus durable. ▩

THOMAS BENADY,
ÉTOILE VERTE ❀

Restaurant l'Auberge Sauvage à Servon

Initié dès son plus jeune âge à la cueillette sauvage, passionné par les races locales, défenseurs des semences anciennes, Thomas Benady a naturellement créé un écosystème quand il a ouvert son Auberge Sauvage au cœur de la Manche.

Depuis votre installation dans la Manche en juin 2021, vous sentez-vous plus en phase avec vos convictions écologiques ?

Ces convictions, je les ai toujours eues mais forcément à Paris, vous ne pouvez pas pleinement les exprimer. Évidemment, j'avais tout à disposition, tous les produits que j'aime défendre mais il y avait une problématique qui me gênait, c'était celle des transports. Avoir tout à portée de mains vous donne l'impression d'être locavore mais en réalité rien n'était écologique si l'on se réfère

au transport et aux kilomètres parcourus par chaque produit.

Ici, à dix kilomètres de la baie du Mont Saint-Michel, vous trouvez tout ce dont vous avez besoin ?

Non et c'est tout ce qui me plaît dans ce déménagement, c'est que je ne cuisine que ce que j'ai à disposition. Il a fallu aller à la rencontre des producteurs, des éleveurs, des maraîchers, des pêcheurs et je n'ai gardé que ceux dont les méthodes de travail étaient les plus proches des miennes. C'est important de sentir l'énergie des autres, de comprendre que l'on va dans le même sens, que l'on a les mêmes convictions. À titre d'exemple, un éleveur qui produit de l'agneau de pré-salé toute l'année, aussi bon soit-il, c'est aujourd'hui inconcevable pour moi. Il y a une saison pour cet agneau et l'éleveur comme le cuisinier doivent la respecter.

Vous vous appuyez sur un jardin. Quelle taille fait-il et êtes-vous autosuffisant ?

Il fait environ 2 000 m². J'y passe une partie de mon temps, toute l'année, avec Jessica ma compagne et une amie vient nous aider pour l'entretenir et au moment

■ Tartelette yaourt maison,
jaune d'œuf confit, mauve

des semis. Nous nous appuyons sur des semences anciennes, jamais d'hybrides. En plantes aromatiques, nous sommes autosuffisants. Pour les légumes, cela dépend des variétés mais globalement on s'en approche. Mais une fois encore, on ne cherche pas à obtenir telle ou telle quantité de navets, de courgettes ou de tomates. Nous ne cuisinons que ce que le jardin veut bien nous fournir. C'est pour cette raison que je n'ai pas de carte au restaurant mais seulement des menus que l'on compose en fonction des arrivages, ceux du jardin comme ceux de nos éleveurs et producteurs.

Quelles sont vos actions qui correspondent à l'Étoile Verte ?

Sur le plan des matières premières, je fais en sorte qu'elles ne parcourent qu'un minimum de kilomètres. À mes yeux, faire venir du poisson de la pointe

■ Cœur de courge deshydraté,
aigre doux de courge et œuf confit

bretonne, c'est déjà trop loin. Je m'engage à ne cuisiner que des races locales élevées dans un petit périmètre comme le cochon de Bayeux, la poule Cotentine, le mouton Avranchin ou le Roussin de la Hague, la vache Normande, Jersiaise ou Pie noir et pour tous ces animaux, je veille à travailler autant que possible tous les morceaux et pas seulement les parties nobles, par respect pour l'éleveur.

Vous veillez aussi à ce que les produits d'entretien soient respectueux de l'environnement ?

C'est quelque chose que j'avais déjà mis en place à Paris en m'appuyant sur des produits d'entretien bio. C'est valable pour la cuisine, la salle du restaurant mais aussi pour la partie hôtellerie. Quand on s'engage dans un système vertueux, il faut que tout soit logique, du produit d'entretien au jardin en passant par la chasse au plastique, le recyclage des déchets alimentaires dans le compost, la récupération de l'eau de pluie. Il y a mille et une choses à mettre en place mais rien n'est insurmontable. ■

DAVID CHARRIER,
ÉTOILE VERTE ❀

Restaurant Les Belles Perdrix à Saint-Émilion

Issu d'une famille du bocage Vendéen, David Charrier a toujours été sensibilisé au bon sens paysan. Chez lui, l'élevage, le potager, la culture en général étaient naturels et garantis sans pesticides. Il a transposé cette façon de faire dans sa vie de cuisinier.

La démarche environnementale défendue par les nouveaux propriétaires du Domaine Troplong-Mondot, sur lequel le restaurant est installé, s'est-elle appliquée à vous ?

Il n'y a pas eu beaucoup de discussions. Il était assez logique que le restaurant soit, comme le domaine, engagé vers un bilan carbone neutre et une gestion des déchets irréprochable. Pendant la fermeture pour travaux, qui ont duré trois ans, nous avons eu le temps de réfléchir aux objectifs à atteindre et aux actions à mener.

■ Tartare de veau et anguille fumée, ci-dessous, et pagre de ligne en carpaccio, voile de ponzu et caviar, page de droite

Et cela a commencé par un potager et la présence d'animaux...

Nous avons en réalité deux potagers. Un premier sur le domaine qui fait environ 1000 m² et un second dans le bas de Saint-Émilion qui fait 4000 m², confié à un jardinier. L'objectif n'est pas d'être autosuffisant sur toutes les variétés mais nous le sommes sur les herbes aromatiques et ce que j'appelle les "légumes faciles" comme les courgettes par exemple qui poussent aisément et en nombre.

La gestion des déchets est aussi un des points forts de l'établissement.

C'est là que les animaux interviennent. Nous avons accueilli des poules et des cochons qui sont

presque exclusivement nourris avec les déchets organiques du restaurant. Pour le reste, nous avons une politique de tri des déchets qui est très sérieuse. On a même agrandi le local à poubelles pour disposer l'ensemble des containers propres à chaque déchet et chaque semaine, nous avons un prestataire qui vient chercher les coquilles, les gros os ou les carcasses utilisées après la confection des bouillons et des jus pour les transformer en compost.

Cela nécessite beaucoup de formation auprès de vos équipes ?

Pour les nouveaux entrants, oui, d'autant qu'il est assez surprenant de découvrir qu'ils ont des réflexes de tri quand ils sont chez eux et qu'ils les perdent en entreprise. Mais une fois que tout le monde est bien briefé, chacun joue le jeu. En parallèle, les équipes qui travaillent au chai, dans les vignes, en cuisine ou en salle au restaurant, se retrouvent pour des journées de séminaire autour de la biodiversité. C'est une façon supplémentaire et complémentaire de sensibiliser tout le monde.

Quels sont les autres projets sur lesquels vous vous impliquez ?

On a un objectif à moyen terme de tendre vers le zéro plastique. C'est en bonne voie. On a commencé avec les petits fournisseurs qui n'utilisent plus de plastique pour les livraisons mais des caisses qui sont lavées et rendues à la livraison suivante. C'est plus compliqué sur des fournisseurs enfermés dans des normes de logistique mais la sensibilisation se poursuit. Nous sommes satisfaits par exemple de ne plus avoir de livraisons en caisse polystyrène.
Nous avons aussi misé sur l'eau micro-filtrée. Les salariés ont désormais des gourdes et cela participe à réduire le nombre de bouteilles, qu'elles soient en verre ou en plastique.

Est-ce que vous parlez de vos actions auprès de vos clients ?

Pas forcément, la salle a déjà beaucoup de messages à faire passer mais si un client s'interroge sur l'absence de grosses langoustines, de king crabe, les équipes pourront expliquer que c'est un de mes souhaits de ne plus travailler des produits qui viennent de loin. J'ai à portée de mains des produits fabuleux, de la terre et de la mer, je peux donc largement me passer de certains produits. C'est toujours autant de camions en moins sur les routes. ■

POUR NAOËLLE D'HAINAUT, IL N'Y A PAS DE PETITES ÉCOLOGIES

L'Or Q'Idée, à Pontoise

Lauréate de Top Chef en 2013, l'une des rares femmes cheffes étoilées s'est forgé un parcours remarquable, sans jamais renoncer à rendre la gastronomie toujours plus durable.

Si Naoëlle d'Hainaut parle volontiers des produits locaux dénichés autour de Pontoise et dans les départements voisins, très vite, ses engagements sur le recyclage et le gaspillage reviennent au premier plan. *"J'ai baigné dans des grandes maisons où l'on jetait trop. Sur le coup, je n'en avais pas forcément conscience mais a posteriori, je me rends compte que cette période était folle."* Dès l'ouverture de L'Or Q'Idée en 2017, elle met en place une politique de recyclage. *"Quand on est son propre patron, on compte ses sous. Il faut faire attention à tout,* *recycler, récupérer, ne rien jeter."* Pour la cheffe, c'est une question de bon sens et c'est globalement intégré, estime-t-elle, dans sa génération. Cela semble un peu plus compliqué pour la génération qui arrive en cuisine : *"Parmi les très jeunes, la simplicité, c'est de jeter. Je ne parle pas seulement au restaurant mais en général. Ils achètent, ils jettent quand ça ne marche plus et ils rachètent."* Auprès d'elle, ils apprennent vite car le message est ferme. Naoëlle d'Hainaut pense d'ailleurs que l'enseignement professionnel devrait développer des modules consacrés

■ L'huître de Naoëlle d'Hainaut.

au rapport recyclage, gain de temps et d'argent. À titre d'exemple, elle a opté pour l'eau filtrée au restaurant : moins de bouteilles, c'est moins de camions sur les routes et surtout, c'est du temps gagné. La cheffe en est convaincue, c'est aujourd'hui très facile de moins gaspiller et de recycler davantage.

Vous privilégiez les achats locaux et les circuits courts. Le résultat est-il à la hauteur de vos attentes ?

Trouver tous les produits dont j'ai besoin au restaurant dans un périmètre de quelques dizaines de kilomètres autour de Pontoise, c'est relativement facile, mais je suis confrontée à deux problèmes : la qualité et la quantité. Ce n'est pas parce que c'est produit localement que je vais les acheter. Il faut que ça réponde à un goût que je recherche. C'est un travail de longue haleine qui demande du temps. Il faut sillonner la région, écouter celles et ceux qui me donnent des adresses. Mais avec le temps, le rapport s'est un peu inversé, les producteurs viennent de plus en plus à ma rencontre.

Êtes-vous globalement satisfaite, trois ans après votre ouverture ?

Oui, parce que Pontoise est aux portes du parc naturel régional du Vexin riche en produits de qualité mais aussi aux frontières de l'Oise et très proche de l'Eure. En trois ans, sur ce périmètre, j'ai trouvé une productrice d'huile d'argan, des apiculteurs, un producteur de farine de pois chiches. Mon boulanger est à deux minutes à pied du restaurant et mon maraîcher, Laurent Berrurier, est à moins de 15 minutes. C'est d'ailleurs sa production qui dicte ma carte.

Il me reste à travailler sur les fromages locaux et sur la viande, même si elle est de moins en moins présente à la carte.

Et la carte des vins ?

Là, en revanche, impossible de s'appuyer sur la région... Mais avec mon mari, Matthieu, qui gère la salle, ce sont nos convictions écologiques qui parlent et notre carte est très majoritairement composée de vins issus d'une agriculture biologique ou biodynamique, sans oublier les vins naturels ■

POULPE FICTION

CUISINE RESPONSABLE & DURABLE

Omniprésent sur les cartes des restaurants, le poulpe est devenu tendance. Sauf qu'à trop vouloir le cuisiner, la forte demande met en péril – à certains endroits - cette population de céphalopodes, et les cours au kilo s'envolent. Si certains chefs le congèlent, d'autres ont décidé de ne plus le proposer pendant sa période de reproduction.

Poulpe grillé, radicchio et clémentines, poulpe au piquillo et sudachi, poulpe et pigeon en bouillon, poulpe en daube, poulpe en chapelure noire, poulpe, sauce vierge et œufs de truite... ces intitulés de plats proposés par des chefs de cuisine disparaîtront-ils des cartes de leurs établissements ?

Pour ne plus vivre le traumatisme du scandale économique et écologique de la pêche au thon rouge, peut-être est-il temps de lever le pied sur le poulpe, et considérer qu'il doit être cuisiné uniquement en saison ? À savoir, de la fin de l'été au mois de novembre, même si sa pêche est autorisée toute l'année. De l'aveu même de certains pêcheurs, le poulpe remonte de toute façon dans leurs filets alors même qu'ils étaient présents en mer pour pêcher des poissons.

Une situation paradoxale

130 000 tonnes de poulpes sont consommées chaque année en Europe. C'est deux fois plus qu'il y a dix ans. Une surpêche, souvent involontaire, qui n'est pas sans conséquence. En Méditerranée, il se raréfie. La cause ? La présence d'un poisson qui normalement fraie dans l'océan Indien. En raison probablement du réchauffement climatique, c'est désormais en Méditerranée qu'il vit et décime les populations de poulpes car il est friand de ses œufs.

En Bretagne mais aussi en Charente-Maritime, c'est l'inverse et toutes les criées s'accordent pour indiquer qu'il y a deux ans, seules quelques centaines

Poulpe ou pieuvre ? C'est le même animal, plutôt dénommé poulpe sur les menus des restaurants

de kilos étaient proposées à la vente contre plusieurs tonnes en 2022. Partout sur le littoral, les pêcheurs constatent une prolifération des poulpes qui se déplacent essentiellement dans les eaux du Morbihan, dans les pertuis charentais et dans certains estuaires. Si certains se frottent les mains, car la demande est forte et que les prix s'envolent, d'autres s'inquiètent car le poulpe est sacrément vorace. Grand prédateur, il s'attaque à tout ce qu'il trouve sur les fonds marins, à commencer par les coquilles Saint-Jacques, les moules, les huîtres, les pétoncles, les tourteaux et les araignées. Mais ce n'est pas tout, il entre aisément dans les casiers et dévore les homards et les langoustes pris au piège. Un manque à gagner pour les pêcheurs qui ont fait de cette pêche au casier leur spécialité. Face à cette situation, certains chefs, sensibilisés par des associations qui œuvrent pour la protection des océans, ont annoncé retirer le poulpe de leurs cartes pendant sa période de reproduction. Une première prise de conscience à saluer qui malheureusement n'aura que peu d'impact face au projet ubuesque soutenu par l'Espagne.

Une ferme de poulpes géante

L'Espagne prévoit en 2023 à Gran Canaria, aux îles Canaries, l'ouverture d'une ferme d'aquaculture de 52 000 m² capable de produire 3 000 tonnes de poulpes par an, soit l'équivalent de 1 million de céphalopodes. La raison de cette première mondiale, aussi ubuesque que désespérante ? Le poulpe, cet animal solitaire, est à la mode...

Et si, pour contrer ce projet qui n'est autre qu'un non-sens écologique, il suffisait de ne plus en cuisiner ? Ou seulement du poulpe sauvage et à des périodes bien définies dans l'année ? Le débat est ouvert et les chefs de cuisine auront prochainement un rôle pédagogique à jouer auprès de leur clientèle pour expliquer l'absence à leur carte de ce céphalopode si prisé. ■

le magazine

LA CUEILLETTE SAUVAGE, OU L'ART D'APPORTER SAVEURS ET TEXTURES

Les terroirs ou territoires autour du restaurant regorgent de centaines d'herbes, de fleurs ou de baies qui trouvent naturellement une place en cuisine. Longtemps délaissés parce que méconnus, ces trésors, mis en exergue par quelques chefs pionniers de la cueillette sauvage, sont aujourd'hui très recherchés et sont l'occasion de sorties pour la brigade.

Il existe des baies, des herbes ou des fleurs que tout le monde connaît ou presque comme la salicorne, l'aubépine, l'oxalis, l'achillée millefeuille, le pissenlit, l'ail des ours, le prunellier, le coquelicot, le mouron des oiseaux ou le sureau. Dans un jardin, sur un talus, au bord d'un chemin ou en s'enfonçant dans les bois, le cueilleur avisé trouvera des centaines d'autres variétés sauvages pour lesquelles une utilisation en cuisine est possible. Parfois seules les feuilles sont comestibles, parfois ce sont uniquement les fleurs, les fruits ou les graines à commencer par celles du **mélilot blanc** qui apportent une touche épicée pour parfumer des fromages frais.

Crues, cuites ou infusées

Pour l'**aster maritime**, que l'on trouve essentiellement sur le littoral, ce sont les feuilles qui sont recherchées de juillet à novembre. Crues, elles peuvent être associées dans un mesclun dans lequel elles développeront un goût assez proche de l'artichaut. Cuites, elles s'apprécient comme des épinards. En toute logique, il devrait y avoir non loin de la **soude maritime** dont la partie haute se consomme en tant que condiment comme la salicorne. Toujours en bord de mer,

mais aussi dans les haies et sur les bords de routes, le **caille-lait jaune** est recherché pour ses fleurs qui sentent le miel, apportent une saveur florale et une coloration jaune à une crème glacée ou une panna cotta.

En s'enfonçant dans les champs et les chemins forestiers, le regard, l'été, peut être attiré par la **brunelle commune** qui s'écrit désormais prunelle commune, sans doute en raison de la couleur de son calice pendant la floraison. Séchée et transformée en poudre, elle relève une sauce ou un beurre.

■ Le mélilot blanc

446

C'est aussi en été, que l'on trouve la **pimprenelle**, une plante vivace commune qui pousse dans les prairies ou sur les talus. Cuites ou crues, ses feuilles dévoilent un goût particulier de concombre, ce qui n'est pas le cas de la **dorine à feuilles opposées** qui se complaît dans les zones humides, souvent au bord des ruisseaux, parfois même en altitude.

Saveurs des champs, parfums des sous-bois

Connue aussi sous le nom de cresson de rocher, la dorine se mange crue en salade comme les feuilles de la bourse-à-pasteur. Mais ce n'est pas là seulement l'intérêt de cette herbe. Chez elle, tout se mange, la racine qui peut parfois mesurer 90 cm et les graines qui apportent un piquant assez proche de la moutarde alors que la **matricaire odorante** qui ne présente pas de couronne de pétales, s'apprécie, pour sa fleur au goût d'ananas, ce qui explique pourquoi les anglo-saxons l'ont surnommé pineapple-weed. De la douceur donc. Tout l'inverse du **lierre terrestre** - à ne pas confondre avec le lierre grimpant sur les façades des maisons ou sur les arbres - qui possède une légère amertume, des parfums d'humus, de camphre ou de menthe, idéaux pour aromatiser des blancs de volaille.

L'**aspérule odorante** fera davantage plaisir à un pâtissier qui fera infuser ses fleurs dans du lait ou de la crème pour retrouver des notes de vanille ou de fève tonka. Et que dire du **plantain**, du **polypode commun**, du **gaillet gratteron** qui se colle aux vestes et pantalons pendant les balades, du **compagnon rouge**, de la **vesce des bois** ?

La nature est d'une richesse insoupçonnée pour le plus grand bonheur des chefs de cuisine et des pâtissiers qui élargissent le champ des possibles. ■

■ La pimprenelle

■ L'aspérule odorante

AMÉLIE DARVAS INVITE LE POTAGER DANS LA CUISINE GASTRONOMIQUE

Äponem - Auberge du Presbytère, à Vailhan

En quittant Paris pour l'Occitanie, la jeune cheffe a trouvé son terrain d'expression. Une conversion motivée par une conviction "végétale", partagée avec son associée Gaby Benicio.

Amélie Darvas ne regrette pas sa vie parisienne ou plutôt, elle ne regrette pas ce choix de s'installer avec Gaby Benicio, il y a deux ans, dans un petit village de l'Hérault et la mise en place d'une nouvelle cuisine plus proche de la nature, du jardin, des producteurs locaux qui a découlé de ce choix : *"À Paris, mes assiettes s'articulaient autour des protéines parce que je pensais que ça répondait aux attentes des clients du restaurant."* À Vailhan, c'est désormais le jardin qui dicte sa loi et les fruits et les légumes sont majoritaires dans l'assiette. Il y a bien un peu de volaille qui arrive de l'Aveyron, quelques fromages de chèvre et parfois,

■ Le potager de l'Auberge du Presbytère, dans son écrin de nature

mais très rarement, des poissons de ligne de Méditerranée mais globalement, les assiettes sont construites autour du potager. *"Tous nos clients n'adhèrent pas à ce positionnement. On essaie de leur prouver que l'on peut faire de la cuisine gastronomique avec beaucoup de végétal et sans caviar, sans homard et sans truffe."*

La cheffe l'avoue, ça nécessite un peu de pédagogie en salle mais Gaby sait trouver les mots pour expliquer pourquoi le végétal est prédominant. Pourquoi d'ailleurs ? *"Nous ne sommes pas des intégristes du tout végétal mais nous sommes jeunes et nous avons pris conscience des dégâts que l'élevage engendre sur la planète. Il faut ralentir notre consommation de viande, moins mais mieux. Et puis, nous avons de la volaille et elle est particulièrement délicieuse."* Ses efforts pour une gastronomie durable ne s'arrêtent pas là. La cave, cornaquée par Gaby, est essentiellement tournée vers les vins en biodynamie ou naturels, le pain est maison et au levain naturel, les produits d'entretien sont désormais estampillés bio et le compost en cuisine est de rigueur. Amélie continue de réfléchir à la mise en place d'autres gestes du quotidien comme remplacer les boîtes en plastique par des bocaux en verre,

■ Amélie Darvas dans son potager : patience, attention, détermination

accompagnée de son équipe qu'elle sensibilise à ces questions d'écologie : *"Ca prend du temps, il faut de la patience mais le jeu en vaut la chandelle."*

Quelle surface de potager avez-vous à votre disposition ?

Nous avons aujourd'hui un hectare morcelé en six parcelles disséminées dans le village de Vailhan, dont une entièrement dédiée aux aromates. Trois nous appartiennent, nous louons les autres à des villageois. C'est un sport national ici, le jardinage. Tout le monde ou presque a un petit potager.

Vous travaillez en permaculture ?

Nous ne sommes pas encore des professionnelles de la permaculture mais globalement, on s'en approche. Ce qui est certain en revanche, c'est que tout est fait à la main, sans pesticides et avec le compost du restaurant. Nous ne sommes ici que depuis deux ans donc nous en sommes encore au stade des essais. On se rend compte que dans telle parcelle, les courgettes poussent moins bien donc on a fait des changements. On a mis beaucoup la main à la pâte, par soif de connaissances d'abord, mais aussi en raison du confinement qui nous a donné beaucoup de temps.

Est-ce que vous avez atteint l'autosuffisance ?

L'année dernière, nous étions presque en autosuffisance et assez fières de cela, d'autant plus que nous y arrivons avec nos propres semences. Nous complétons l'approvisionnement avec des producteurs locaux sourcés par Gaby dans un périmètre assez restreint, car nous souhaitons réduire notre empreinte carbone. Dans cette démarche, je ne cuisine plus les fruits exotiques ou des fruits qui ne seraient pas de la région. Personne n'est parfait donc il y a encore en cuisine de la fève de Tonka, des épices, du café ou du chocolat mais je regarde ce que font certains confrères comme Florent Ladeyn dans les Flandres qui a réussi à s'en passer. Ça viendra parce que c'est la suite logique de mon engagement. ■

SOUS NOS LATITUDES, DES TRÉSORS INSOUPÇONNÉS

Plus personne ne s'étonne de la présence du kiwi français sur les étals. Originaire de Chine, il s'est acclimaté dans l'Hexagone à tel point que la France est dans le top 10 des pays producteurs. Mais qui aurait pu imaginer un jour que des productions de thé, d'igname, de quinoa se développent sous nos latitudes ?

La petite commune de Saint-Claude-de-Diray dans le Loir-et-Cher a la particularité d'être la capitale européenne de production **d'igname**. Prépondérante en Afrique sub-saharienne, la culture de cette plante herbacée, tubercule farineux, riche en amidon qui peut se cuisiner comme des pommes de terre, se développe aussi dans certains pays tempérés comme la France. Dans le Loir-et-Cher, aussi surprenant que cela puisse paraître, cela fait 100 ans que l'on en produit sur des terres sableuses où il se complaît. Il a véritablement fallu attendre les années 1970 pour que sa production se développe réellement mais aujourd'hui une trentaine de producteurs sur Saint-Claude-de-Diray et quelques villages voisins met sur le marché plusieurs centaines de tonnes chaque année.

Le quinoa, sobre en eau

Non loin de là, toujours dans le Loir-et-Cher, dans le Vendômois, ce sont les petites parcelles de culture de **thé** qui interrogent. Émile Auté, - ça ne s'invente pas – fait partie de ces quelques producteurs récoltants de thé en France. Selon l'Association nationale pour la valorisation des producteurs de thé français, notre pays produirait environ 1,5 tonne de thé par an, vert, noir ou blanc. Dans le Loir-et-Cher mais aussi en Bretagne où l'on recense une quinzaine de producteurs, dans les Hautes-Pyrénées, au Pays basque et dans les Cévennes. En Anjou, parce que les terres et les agriculteurs souffrent d'un manque de cultures alternatives au blé et au maïs qui finissent par épuiser les sols,

■ Le quinoa, bien acclimaté à la douceur angevine

■ Le thé français, inattendu, et, en bas, l'igname, cultivé depuis un siècle.

la coopérative agricole des Pays de la Loire s'est tournée en 2008 vers une culture historiquement cantonnée au Pérou et à la Bolivie, le **quinoa**. Aujourd'hui, ce sont 350 producteurs qui se sont engagés dans cette filière qui fournit 35 % du marché français. Mais le quinoa, ce n'est pas seulement l'Anjou. D'autres producteurs dans le Berry, en Corrèze ou en Normandie ont eux-aussi décidé de se lancer dans cette production beaucoup moins gourmande en eau.

Bananes bio et avocats corses

Plus au sud, dans le Var, Marc Giovinnazzo s'est lancé un défi, celui de produire des **bananes**. Avec des variétés endémiques du Brésil, de Tanzanie, du Costa-Rica et du Honduras, produites naturellement, sans traitement, simplement enrichies en crottin de cheval. Chaque année, 2 tonnes de bananes sont produites et vendues sur les marchés locaux et auprès de quelques chefs du Var. De

l'autre côté de la Méditerranée, une culture intéresse le plus grand nombre, celle de **l'avocat**, symbole des excès du commerce mondialisé. En Corse, un domaine en culture bio, autrefois viticole, reconverti en agrumiculture (clémentine, citron, orange, pomelo) poursuit son développement et sa diversification en misant sur l'avocat. Une relance plus qu'un lancement car au siècle dernier, la Corse abritait un certain nombre de producteurs d'avocat. Aujourd'hui, ce domaine mise sur une production de 400 tonnes dans les 3 ans qui viendra compléter d'autres productions que l'on ne trouve pas si facilement sous nos latitudes : des **mangues**, des **fruits de la passion** et des **litchis**. ■

POUR UNE RESTAURATION PLUS DURABLE ET PLUS RESPONSABLE

La restauration peut réduire son impact environnemental à travers un changement de pratiques. Économiser l'eau et l'énergie, recycler davantage, émettre moins de gaz à effet de serre sont des démarches à la portée de toutes les tables à condition de trouver les bons outils.

Nombreux sont les chefs de cuisine et leurs brigades à avoir pris conscience, face à l'urgence climatique, qu'il devenait urgent de changer leurs pratiques. Certains ont investi dans un composteur, d'autres dans un économiseur d'eau quand d'autres font la chasse au plastique et aux produits ménagers conventionnels ou privilégient les achats en local. Enfin, certains réussissent à combiner le tout et font profiter d'autres acteurs locaux de leurs bonnes pratiques.

Recycler

Globalement le recyclage des papiers, cartons, verres, ampoules, huiles est acquis au sein des restaurants. En parallèle, d'autres filières se sont créées pour rendre le recyclage encore plus pointu. C'est le cas des **mégots de cigarettes**, ceux des collaborateurs comme ceux des clients. De nombreuses sociétés se sont lancées sur ce créneau. Dépollués, traités, disséqués, les mégots peuvent, une fois transformés, servir au rembourrage de doudounes, à la fabrication de tabourets, de pots à crayon, de montures de lunettes ou encore se métamorphoser en granules de plastique pour confectionner du mobilier urbain ou des matériaux isolants. Si les têtes des crevettes

peuvent servir à confectionner une excellente bisque, que faire des **coquilles d'huîtres** ? Des sociétés les récupèrent et les transforment en matière première pour l'alimentation animale, notamment les poules. Elles entrent aussi dans la composition des montures des lunettes au même titre que les coquilles de moules ou de saint-jacques ou sont utilisées dans la cosmétique.

Les **bouchons** ont aussi une seconde vie. Ceux en liège sont recyclés en tant que matériau pour l'isolation thermique ou accoustique ou utilisables à l'infini pour réaliser des créations d'objets de design. Ceux en plastique issus des bouteilles de savon, des produits de nettoyage, des briques de jus de fruits sont broyés en paillettes puis en granules pour redevenir objets en plastique mais aussi poubelles ou jardinières.

Composter

Si le compost a le vent en poupe, il peut s'opérer de deux principales façons.

La première, faire appel à des sociétés qui récupèrent les déchets de la restauration pour les recycler en matière première énergétique et agricole. La seconde, posséder son propre composteur et récupérer une matière première qui pourra enrichir le potager, le jardin ou les parterres du restaurant ou le distribuer à son maraîcher ou à des clients.

Il est une machine qui connaît un certain succès auprès des chefs de cuisine, c'est le **déshydrateur** de déchets alimentaires. Le coût est conséquent mais il permet de réduire et maîtriser les coûts des déchets, il garantit hygiène et suppression des nuisances olfactives, ne nécessite pas de qualification particulière et donne naissance 6 heures après sa mise en route à une poudre valorisable en engrais organique ou énergétique (méthanisation).

Réduire

Trier, recycler, composter, acheter en local, c'est contribuer à réduire son empreinte carbone mais d'autres gestes du quotidien peuvent être mis en place comme opter pour des ampoules LED, installer des détecteurs de présence dans certaines pièces qui permettent de limiter la consommation d'électricité, installer un mousseur sur les robinets pour réduire le volume d'eau.

Il existe aujourd'hui des solutions innovantes pensées pour faire rentrer la restauration dans un monde responsable, durable et humain. En effet, il va de soi que les actions menées le sont avec les hommes et les femmes de l'établissement mais aussi avec des acteurs locaux, vers lesquels le rapprochement est source de partage d'expériences et d'enrichissement culturel. ▪

THIERRY MARX,
PRIX DU CHEF MENTOR

Restaurant Sur Mesure à Paris

Les qualités d'un chef mentor ? Une soif de partager ses connaissances, une passion du métier et un flair pour repérer celles et ceux dont la curiosité permettra de créer et de nourrir l'échange tout au long de leur carrière.

À la remise de cette distinction, vous avez semblé surpris et ému. À qui avez-vous pensé en premier ?

J'ai pensé à tous ces jeunes chefs que j'ai formés dans les différents établissements dans lesquels j'ai travaillé et qui me citent quand ils décrivent leur parcours. J'ai aussi beaucoup pensé à tous ceux qui sont passés au sein de *Cuisine Mode d'Emploi*, cette approche imaginée en 2012 et qui a permis à 6 500 personnes de s'intégrer dans nos métiers par des formations courtes. Des hommes et des femmes qui se pensaient assignés à l'échec et qui au final, s'épanouissent dans les métiers de la restauration, de la salle, de la boulangerie et des produits de la mer.

Quels ont été vos propres chefs mentors ?

Il y a ceux qui ont disparu et ceux avec qui j'entretiens des moments de partage pour continuer d'avancer et de se poser des questions sur le métier. Parmi les disparus, il y a Bernard Loiseau, avec qui je n'ai pas travaillé, mais qui a pris le temps de m'ouvrir les portes de son restaurant et qui m'a raconté sa vie. Ca m'a beaucoup inspiré. Et puis il y a Claude Deligne au restaurant *Taillevent* à Paris qui m'a fait rentrer comme commis sur la base d'un CV bidon. Je sortais d'une adolescence turbulente, sans projet, relégué en mécanique générale parce que les écoles hôtelières ne voulaient pas de moi. Cet homme, alors que je n'avais pas de connexions dans le métier, a pensé que je n'avais pas à subir cette vie d'errance. Et enfin, il y a ceux qui m'inspirent encore aujourd'hui comme Jacques Maximin, sa maîtrise du geste, son recul sur nos métiers et Olivier

Roellinger pour ses engagements autour de l'environnement. Il a une culture sur ce sujet qui doit être entendue et écoutée par tous les chefs soucieux des problèmes écologiques et environnementaux.

À vos yeux, quelles sont les qualités d'un chef mentor ?

Des hommes et des femmes qui savent s'effacer pour mettre en avant ceux qu'ils ont formés. Les chefs mentor, ceux de la génération précédente, sont des professionnels qui ne cherchent pas la lumière. Ils sont humbles, discrets et en même temps toujours présents pour être membre d'un jury, organiser un concours, mettre en avant leur métier. Je pourrais en citer des dizaines mais Bernard Pacaud de l'*Ambroisie* à Paris est de ceux-là comme Guy Legay, l'ancien chef du *Ritz*, Patrick Berton chez *Bernard Loiseau*, la famille Coutanceau à La Rochelle, la famille Coussau dans les Landes, Christian Têtedoie à Lyon ou Patrick Jeffroy en Bretagne. Des hommes de cœur éloignés des réseaux sociaux, qui

marquent le métier, qui mettent leurs équipes en confiance, qui les valorisent et qui les font monter en puissance. Tous ces chefs sont des repères dans la gastronomie.

Le prix salue les engagements au service de la gastronomie, mais aussi les initiatives. Quelles sont celles dont vous êtes le plus fier ?

Cuisine Mode d'Emploi est ma plus grande fierté. La cuisine m'a tout donné et je vis grâce à elle depuis plusieurs années maintenant. Par cette initiative, je rends un peu de ce que la vie m'a offert. 90 % des stagiaires depuis 2012 ont trouvé ou retrouvé le chemin de l'emploi. Pour la plupart, ils étaient perdus, voués à l'échec, pas toujours très motivés. Grâce à ces formations, ils et elles relèvent la tête parce que toutes les équipes pédagogiques croient en eux et ce dernier point, pour beaucoup, est une vraie révélation, une source de motivation qui leur fait entrevoir un projet derrière une ligne d'horizon qu'ils trouvaient bien sombre. ■

455

DIJON

✉ 21000 – Côte-d'Or – Carte régionale n° **5**-C2

La capitale de la Bourgogne réussit le tour de force d'être une grande cité culturelle doublée d'une destination culinaire et viticole légendaire – n'eut-elle pas pour maire le chanoine Kir, ambassadeur d'un apéritif fameux ? Son centre-ville élégant et son musée des Beaux-Arts côtoient restaurants, bistrots, cavistes, vendeurs de moutarde et de pains d'épice. Au bout de la rue Musette, vous trouverez des halles métalliques (1875) qui abritent un marché animé. C'est une parfaite introduction aux produits de la gastronomie dijonnaise et bourguignonne. Les spécialités sont toutes un régal, notamment le jambon persillé (les morceaux maigres sont pris dans une gelée très persillée) ou, côté fromage, le soumaintrain et l'époisses. En ville, faites le plein de pain d'épice chez Mulot et Petitjean et de chocolats chez Fabrice Gillotte.

❁❁ **WILLIAM FRACHOT**

Chef : William Frachot

CRÉATIVE • CONTEMPORAIN Le terroir de Bourgogne a trouvé ici, dans cet ancien relais de poste du 19ᵉ s. situé en plein cœur du centre historique de Dijon, l'un de ses interprètes les plus talentueux. Fils de restaurateurs bourguignons et baroudeur émérite (Angleterre, Québec), William Frachot concocte des assiettes épurées à son image : sérieuses et appliquées, jonglant entre les saveurs d'ailleurs, les recettes et les produits locaux, avec ce qu'il faut d'inventivité et d'énergie. Il revisite les œufs en meurette et n'utilise que des poissons d'eau douce (perche, black bass, brochet, sandre…), à l'image de son omble de fontaine, sandre et soupe de poissons de rivière. Le tout à déguster dans un décor de caractère aux boiseries claires avec motifs de vignes et chaises "shark" pivotantes jaune moutarde – autant de clins d'œil au patrimoine régional.

❀ & 🅐🅒 ⇔ 🏛 – Prix : €€€€

Plan : A1-1 – *Hostellerie du Chapeau Rouge, 5 rue Michelet –* ☏ *03 80 50 88 88 – www.chapeau-rouge.fr/fr/restaurant-gastronomique-dijon – Fermé lundi, mardi et dimanche*

❁ **L'ASPÉRULE**

Chef : Keigo Kimura

MODERNE • CONTEMPORAIN Installé depuis une vingtaine d'années en France, à Auxerre notamment, Keigo Kimura élabore dans son adresse dijonnaise cette cuisine française mâtinée de Japon dont il a le secret. Inattaquable sur la précision et l'équilibre (dressage, cuissons, saveurs), il parsème aussi ses assiettes de clins d'œil appréciables à la région : sauces au pinot noir ou au vin jaune, pousses de moutarde... Dernier atout : sous le restaurant, la luxuriante cave à vins renferme des trésors.

⅘ ♿ 🅰 – Prix : €€€

Plan : B1-3 – *43 rue Jean-Jacques-Rousseau* – ☎ *03 80 19 12 84* – *www. restaurant-asperule.fr* – *Fermé lundi et dimanche*

CIBO

Chef : Angelo Ferrigno

MODERNE • **CONTEMPORAIN** Angelo Ferrigno, ancien chef de la Maison des Cariatides, a le bon goût de s'approvisionner exclusivement dans un rayon de 200 kilomètres – pas de turbot ici, priorité à la truite ou au silure ! Il compose une cuisine tendance aux influences brute, naturelle et nordique, sous forme de menu unique, où l'acidité, l'amertume et l'umami sont plus importantes que la prouesse technique et les montages, sans oublier de belles assiettes légumières. Bons conseils du sommelier. Une réussite pour une adresse prise d'assaut.

♿ 🅰 – Prix : €€€€

Plan : B1-4 – *24 rue Jeannin* – ☎ *03 80 28 80 76* – *www.cibo.restaurant* – *Fermé lundi, samedi et dimanche*

LOISEAU DES DUCS

MODERNE • **CHIC** Près du palais ducal, cette table du groupe Loiseau s'abrite dans l'hôtel de Talmay, du 16 e s., classé monument historique. Le chef Jean-Bruno Gosse, passé chez Yannick Franques et à l'Hostellerie de Levernois, continue de faire vivre la Bourgogne gourmande et les classiques de Bernard Loiseau, dans une veine moderniste. Le tout s'accompagne évidemment d'une très belle sélection de vins servis au verre.

⅘ ♿ 🅰 ⇔ – Prix : €€€€

Plan : B2-2 – *3 rue Vauban* – ☎ *03 80 30 28 09* – *www.bernard-loiseau.com* – *Fermé lundi et dimanche*

ORIGINE

Chef : Tomofumi Uchimura

MODERNE • **CONTEMPORAIN** Ancien second de la Maison Lameloise à Chagny, le chef japonais Tomofumi Uchimura, comme beaucoup de ses compatriotes installés dans l'hexagone, impressionne par sa maîtrise de la cuisine française. Cet amoureux de la Bourgogne magnifie avec élégance les produits du terroir - escargots de Vernot (accompagnés d'une émulsion de vieux comté et vin jaune, aérienne et délicieuse), omble de Veuxhaulles-sur-Aube (et son excellente sauce pôchouse), bœuf charolais (et son élégante déclinaison de carottes). Il ne s'interdit rien pourvu que la qualité soit au rendez-vous. En salle, c'est son épouse Seiko qui accueille avec élégance et professionnalisme dans un décor contemporain et élégant. Les conseils du sommelier sont les bienvenus.

⅘ 🅰 ⇔ – Prix : €€€

Plan : B2-9 – *10 place du Président-Wilson* – ☎ *03 80 67 74 64* – *www. restaurantorigine.fr* – *Fermé lundi, dimanche et mardi midi*

DZ'ENVIES

MODERNE • **BRANCHÉ** Des envies ? Faites confiance à David Zuddas et à ses initiales ! Dans son restaurant aux airs de cantine branchée, le chef laisse s'exprimer son amour du métier et des beaux produits. Le convive doit choisir entre un menu en trois, quatre ou cinq plats ou piocher dans une carte qui égrène les plats traditionnels et bourguignons. On se régale.

♿ 🅰 🍴 – Prix : €€

Plan : A1-5 – *12 rue Odebert* – ☎ *03 80 50 09 26* – *dzenvies. com* – *Fermé dimanche*

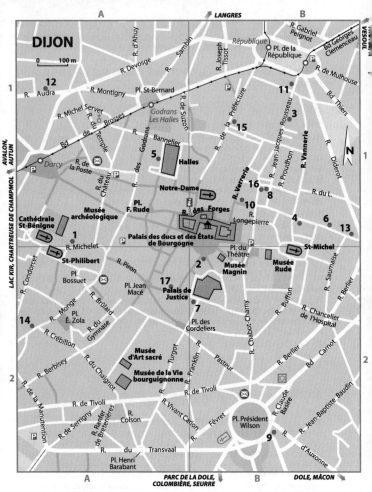

DIJON

0 ___ 100 m

LANGRES

- R. d'Ahuy
- R. Devosge
- Sambin
- R. Joseph Tissot
- R. Gabriel Peignot
- Bd Georges Clemenceau
- Pl. de la République
- République
- R. de Mulhouse
- Bd Thiers
- R. Montigny
- Pl. St-Bernard
- R. Audra **12**
- R. Michel Servet
- Brosses
- Godrans Les Halles
- R. de Suzon
- R. de la Préfecture
- **11**
- **3**
- R. Jean-Jacques Rousseau
- R. Proudhon
- R. Vannerie
- R. Diderot
- N
- Bd de la Temple
- R. des Godrans
- Bannelier
- **15**
- Darcy
- R. de la Poste
- R. du Château
- **5** Halles
- R. du L.
- Notre-Dame
- R. Verrerie **16**
- **8**
- Pl. F. Rude
- R. des Forges
- **10**
- R. Longepierre
- **4**
- **6**
- **13**
- Cathédrale St-Bénigne
- Musée archéologique
- **1**
- R. Michelet
- Palais des ducs et des États de Bourgogne
- Pl. du Théâtre
- St-Michel
- Musée Rude
- St-Philibert
- Pl. Bossuet
- R. Piron
- **2**
- Musée Magnin
- R. Condorcet
- Pl. Jean Macé
- **17** Palais de Justice
- **7**
- R. Buffon
- R. Saumaise
- R. Berlier
- R. Monge
- R. Brûlard
- Pl. É. Zola
- R. du Gymnase
- R. Crébillon
- Pl. des Cordeliers
- R. Chabot-Charny
- R. Chancelier de l'Hospital
- **14**
- Musée d'Art sacré
- Turgot
- Franklin
- Pasteur
- R. Berlier
- Bd Carnot
- R. Berbisey
- R. du Chaignot
- Musée de la Vie bourguignonne
- R. de Tivoli
- R. de Tivoli
- R. Claude Basire
- R. Jean-Baptiste Baudin
- R. de la Manutention
- R. de Serrigny
- R. Ranfer de Bretenières
- R. Colson
- R. Vivant Carion
- Févret
- Pl. Président Wilson
- **9**
- R. d'Auxonne
- R. du Transvaal
- Pl. Henri Barabant
- **PARC DE LA DOLE, COLOMBIÈRE, SEURRE**
- **DOLE, MÂCON**

LAC KIR, CHARTREUSE DE CHAMPMOL

AVALON, AUTUN

VESOUL

🛇 **L'ÉVIDENCE**

MODERNE • CONTEMPORAIN Passé par de grandes maisons, le chef Julien Burdin connaît un succès mérité : menu-carte à prix alléchant, dressages soignés, produits de belle qualité, saveurs franches. En dehors du menu, il propose des suggestions de produits nobles, comme par exemple cette pomme de ris de veau, asperges vertes et sauce au vin jaune. Accueil prévenant.

🅰🅒 ⇄ – Prix : €€

Plan : B1-6 – *53 rue Jeannin* – ☏ *03 80 67 69 37* – *restaurant-levidence-dijon. com* – *Fermé samedi et dimanche*

🛇 **SO**

MODERNE • CONVIVIAL Épaulé en salle par Rié, sa compagne, le chef japonais, So Takahashi, seul aux fourneaux après avoir œuvré dans de belles maisons, travaille les produits qu'il achète directement au marché voisin. Le résultat : une cuisine française traversée d'inspirations nippones, finement exécutée, légère et parfumée... So good !

458

🕸 ⌆ – Prix : €
Plan : B2-7 – *15 rue Amiral-Roussin* – ✆ *03 80 30 03 85* – *Fermé lundi et dimanche*

SPICA

MODERNE • BISTRO L'ancien "Café de la Préfecture" est emmené par un jeune chef japonais passé notamment à la Maison des Cariatides, aidé par sa compagne pâtissière. Façade repeinte, nouveau mobilier de récup', fond sonore jazzy, sans oublier la cuisine du marché soignée avec vins de Bourgogne à petits prix. Avec cette côte de veau parfaitement cuite rosée, ses girolles fermes et goûteuses, sa purée de panais relevée d'un trait d'huile de truffe, le tour est joué !
⌆ – Prix : €€
Plan : B1-15 – *48 rue de la Préfecture* – ✆ *06 26 85 87 17* – *www.restaurantspica. com* – *Fermé lundi et dimanche*

L'ARÔME

MODERNE • SIMPLE L'équipe de L'Aspérule cornaque avec bonheur ce petit havre de gourmandise. Assiettes soignées et travaillées, avec quelques touches japonisantes (beurre au shiso, poulet frit karaage...), sélection pointue de bourgognes et côtes-du-rhône, service professionnel et bon rapport qualité-prix : on aime.
🆔 – Prix : €€
Plan : B1-11 – *2 rue Jean-Jacques Rousseau* – ✆ *03 80 31 12 46* – *www. restaurant-aromedijon.com* – *Fermé lundi et dimanche*

BETTERAVE 🅝

VÉGÉTARIENNE • COSY Il y a du Woodstock dans cette adresse du centre ville, située derrière le Grand Théâtre, un air bienvenu de Californie hippie sixties avec ses tables en bois blond au vernis qui colle (un peu), les chaises imitation Tolix en acier avec leurs coussins à motif floral, les abats-jour en rotin, le comptoir de service en carrelage émaillé, les étagères de livres de cuisine, et surtout les bocaux de conserves maison ! Produits locaux, zéro gâchis alimentaire, petits producteurs à l'honneur dessinent une cuisine végétarienne réussie et plutôt inventive. Déjeuner à prix doux. Le soir, place au menu dégustation en plusieurs séquences. Brunch le premier dimanche du mois. Carte des vins nature.
Prix : €€
Plan : B1-16 – *17 rue Lamonnoye* – ✆ *09 51 13 30 48* – *www.betteraverestaurant. com* – *Fermé lundi et dimanche, et du mardi au jeudi soir*

L'ESSENTIEL

MODERNE • COLORÉ Le jeune chef-patron aux commandes de ce restaurant situé en léger retrait du centre touristique de la ville, concocte un menu carte rythmé par les saisons, aux saveurs marquées et harmonieuses. Les pressés préféreront le menu déjeuner attractif. Le tout, à déguster dans le patio, fort prisé aux beaux jours.
⌆🆔🍴 – Prix : €€€
Plan : A1-12 – *12 rue Audra* – ✆ *03 80 30 14 52* – *restaurant-lessentiel-dijon.fr* – *Fermé lundi et dimanche*

LA MAISON DES CARIATIDES

DU MARCHÉ • CHIC Dans cette belle maison du quartier des antiquaires (1603), dont la salle évoque un loft contemporain, le chef propose une cuisine du marché saine et souvent à base de produits locaux : poulet de la ferme de Clavisy en deux façons, topinambours et émulsion au café ; Saint-Jacques et poitrine de porc, mousseline de courge et châtaigne... Agréable terrasse sur l'arrière et menu déjeuner à prix doux.

🏵 ♿ 🅰 🍴 – Prix : €€

Plan : B1-8 – *28 rue Chaudronnerie* – ℰ *03 80 45 59 25* – *Fermé lundi et dimanche*

MASAMI

JAPONAISE • **INTIME** Un petit restaurant japonais au cadre épuré, où l'on savoure une cuisine authentique. Filet de bœuf charolais et foie gras, karaage de crabe mou... Voici les belles spécialités mises en avant par le chef ! Et pour ne rien gâcher, l'accueil est très sympathique et les tarifs mesurés.

Prix : €

Plan : B1-13 – *79 rue Jeannin* – ℰ *03 80 65 21 80* – *www.restaurantmasami. com* – *Fermé lundi et dimanche*

MONIQUE ⓝ

MODERNE • **CONVIVIAL** Qu'aurait pensé Monique, la grand-mère de la cheffe Clara Reydet (ex-Cariatides), de ce charmant bistrot où le légume de saison, cuisiné de la tête aux pieds, joue la vedette ? Que du bien évidemment ! Clara cuisine en toute liberté, se joue d'influences diverses et nous séduit, nous les chics types, avec des keftas d'agneau, chou rouge crémeux et cru ou des carottes rôties au garam masala, toum (l'aïoli oriental), jus de carottes réduit. Cette cuisine métissée à tendance végétarienne se déguste dans un cadre simple et pimpant de bois clair. Petite terrasse sur rue piétonne.

🍴 – Prix : €

Plan : A2-17 – *33 rue de l'Amiral-Roussin* – ℰ *03 80 49 99 36* – *www. moniqueboireetmanger.fr* – *Fermé dimanche, lundi midi, et mercredi et samedi soir*

PARAPLUIE

MODERNE • **SIMPLE** Ce restaurant de poche propose une cuisine actuelle et voyageuse, à base de produits de saison, locaux pour la plupart. On la décline sous forme d'un menu à trois services au déjeuner (avec choix), et d'un menu unique à cinq services le soir. Prix doux et jolie petite sélection de vins, bières et autres alcools (whiskys, eaux-de-vie, etc.).

Prix : €€

Plan : A2-14 – *74 rue Monge* – ℰ *03 80 28 79 94* – *www.parapluie-dijon.com* – *Fermé samedi et dimanche*

L'UN DES SENS

MODERNE • **ÉPURÉ** Proche du quartier des Antiquaires, ce restaurant propose une goûteuse cuisine, aux dressages soignés et aux saveurs marquées - ainsi ce carré de veau du Ségala, ravioles de petits pois au pecorino, cébette. Légumes et fruits proviennent souvent du potager du chef. Menu plus simple au déjeuner et agréable terrasse.

♿ 🅰 🍴 – Prix : €€

Plan : B1-10 – *3 rue Jeannin* – ℰ *03 80 65 75 58* – *lundessens-dijon.fr* – *Fermé lundi et dimanche, et mercredi soir*

🛏 ## GRAND HÔTEL LA CLOCHE   *Plus*

DESIGN MODERNE Il fait bon vivre dans cette bâtisse Belle Époque (1884), entièrement rénovée. Les chambres, aménagées dans un style contemporain chic, sont spacieuses et confortables. Le brunch du dimanche est très couru !

♿ 🛁 🅿 ❄ ⛴ 🏊 ☺ ⚄ 🧖 ℉ 🍽 - 93 chambres – Prix : €

14 place Darcy – ℰ *03 80 30 12 32*

HOSTELLERIE DU CHAPEAU ROUGE *Plus*

DESIGN MODERNE Une élégante "hostellerie" créée en 1863, mais toujours pleine de fraîcheur avec ses chambres au décor soigné, certaines très contemporaines. Le must : profiter de l'espace bien-être – massage, sauna, hammam – avant un bon dîner.

🛁 🅿 ⊕ 🕸 🏋 🍽 - 28 chambres – Prix : €

5 rue Michelet – ☎ *03 80 50 88 88*

❀❀ **William Frachot** - Voir la sélection des restaurants

LE VERTIGO *Plus*

CLASSIQUE CONTEMPORAIN Derrière sa façade haussmannienne le Vertigo se veut résolument moderne. Les chambres font rivaliser le design contemporain et la technologie, les parties communes proposent un bar et une piscine intérieure. Et pour explorer Dijon - l'une des capitales françaises de la gastronomie -, voitures électriques et vélos sont à votre disposition.

🕭 🅿 🔽 🔽 ⊕ 🕸 ⌖ 🏋 - 42 chambres – Prix : €

3 rue Devosge – ☎ *03 80 40 40 40*

DINAN

 22100 – Côtes-d'Armor – Carte régionale n° **7**–C2

COLIBRI

MODERNE • TENDANCE Dans le vieux Dinan, un bistrot contemporain : bois blond, parquet en chêne, cheminée et cuisine ouverte sur la petite salle. Dans l'assiette, le cuistot originaire de Bali, qui connaît toute la planète ou presque, a gardé le goût du...voyage : chorba, pois chiche, raviole d'agneau... Ses recettes s'inspirent du monde entier ou presque : mangez déconfinés !

🍴 – Prix : €

14 rue de la Mittrie – ☎ *02 96 83 97 89 – colibri-dinan.com – Fermé lundi, dimanche et samedi midi*

LA FLEUR DE SEL

MODERNE • COSY Dans une des vieilles rues du centre historique, une Fleur comme on les aime. On y goûte une cuisine goûteuse et créative juste ce qu'il faut : savoureux tzukune de crabe, aile de raie pochée accompagnée d'un beurre citronné, salade composée... le tout servi avec le sourire dans un décor contemporain et coloré.

Prix : €€

7 rue Sainte-Claire – ☎ *02 96 85 15 14 – www.restaurantlafleurdesel.com – Fermé lundi et mardi, et dimanche soir*

LA MAISON PAVIE *Plus*

ÉLÉGANCE TRADITIONNELLE Situé dans un bâtiment du 15e s. méticuleusement restauré, ce bed and breakfast de charme présente des détails architecturaux à l'intérieur et à l'extérieur, tels que des murs en torchis, des poutres massives et une cheminée «pattes de lion». La décoration de chaque chambre est inspirée d'une ville visitée par le célèbre explorateur français Auguste Pavie, né dans la maison en 1847, mais possède aussi tout le confort moderne. Copieux petit-déjeuner dans la salle à manger ou dans le romantique jardin clos.

🅿 🍽 - 5 chambres – Prix : €

10 place Saint-Sauveur – ☎ *02 96 84 45 37*

DINARD

✉ 35800 – Ille-et-Vilaine – Carte régionale n° **7**–C1

🏵 **LE POURQUOI PAS**

MODERNE • ÉLÉGANT Le restaurant de l'hôtel Castelbrac porte le nom du bateau du commandant Charcot, célèbre explorateur des zones polaires. Né à Dinan, le chef Julien Hennote a lui aussi exploré d'autres horizons (culinaires), comme ceux de la Côte d'Azur et même de la Polynésie. En cuisine, il privilégie les produits du terroir et la pêche côtière durable (coquilles Saint-Jacques et ormeaux de plongée, homard, algues) dans le respect des ressources. Ses recettes, ambitieuses, s'avèrent élégantes et savoureuses. Mention spéciale pour les délicieux desserts. Salle cosy et terrasse panoramique face à la mer, avec en ligne de mire, la cité corsaire.

⇔ ⩵ ♿ 🅰 🍸 – Prix : €€€

Hôtel Castelbrac, 17 avenue George-V – ☎ 02 99 80 30 00 – www.castelbrac. com – Fermé lundi et mardi

---

DIDIER MÉRIL

MODERNE • CONTEMPORAIN Si vous aimez les beaux paysages, installez-vous dans la salle panoramique de ce restaurant : la vue sur la baie du Prieuré y est superbe ! Les yeux rivés sur le large, les gourmands apprécient la cuisine plutôt créative du chef, à l'écoute des saisons. Chambres cosy à l'étage.

🛏 ⩵ 🅰 🍸 ⇔ – Prix : €€€

1 place du Général-de-Gaulle – ☎ 02 99 46 95 74 – www.restaurant-didier-meril. com – Fermé lundi et mardi

---

OMBELLE ⓝ

MODERNE • CONTEMPORAIN Après avoir enchaîné les saisons dans les grandes maisons, le chef Alexandre Frin et sa compagne en salle Ludivine la Rosa ont jeté l'ancre dans cette belle maison du début de 20ᵉ s. en briques rouges et aux grandes baies blanches à petits carreaux. Le chef compose une carte moderne 100% saisonnière, sans œillères et sans extravagances, avec de beaux produits qui privilégient les circuits courts mais aussi les herbes et les fleurs aromatiques du potager du grand-père. Cuisson nacrée du lieu fondant, subtil parfum à la sauge et à l'ananas de la pana cotta : un délicieux voyage.

♿ – Prix : €€

7 boulevard du Président-Wilson – ☎ 09 88 03 35 35 – www.restaurant-ombelle. fr – Fermé lundi, dimanche et mardi midi

---

LA VALLÉE

MODERNE • CONTEMPORAIN Si la salle est agréable avec ses grandes baies vitrées, on ne résiste pas à la terrasse, orientée plein sud juste au-dessus de la pittoresque cale du Bec de la Vallée. Idéal pour déguster de beaux produits de la mer, cuisinés avec tout le respect qui leur est dû.

⩵ ♿ 🍸 – Prix : €€€

6 avenue George-V – ☎ 02 99 46 94 00 – hoteldelavallee.com – Fermé lundi et mardi, et dimanche soir

---

🛏 **CASTELBRAC**

DESIGN MODERNE Cette demeure du 19ᵉ s., qui accueillait autrefois un muséum d'histoire naturelle, est installée juste au-dessus des flots : une situation exceptionnelle ! Les chambres, modernes et chaleureuses, offrent toutes une vue splendide sur la baie du Prieuré et St-Malo.

🏖 🅿 ⇔ 🛎 🚲 ⚒ 🏊 💪 🍽 - 25 chambres – Prix : €€

17 avenue George V – ☎ 02 99 80 30 00

🏵 **Le Pourquoi Pas** - Voir la sélection des restaurants

🛏 **EMERIA DINARD** *Plus*

DESIGN MODERNE Sur la pointe de St-Énogat, l'ex-Novotel Thalassa a changé de mains, mais dispose toujours d'un beau centre de thalassothérapie avec piscines d'eau de mer couvertes et chauffées, un bar et des salons de réception. Reposez-vous dans des chambres contemporaines, face à la mer.

🅿 🍴 🛏 ⅃ 🌐 🛉 🛁 ♨ ⅃〇 - 106 chambres – Prix : €
1 avenue du Château Hébert – ☎ 02 99 16 78 10

🛏 **GRAND HÔTEL DINARD** *Plus*

ÉLÉGANCE TRADITIONNELLE Ce "grand hôtel" du 19ᵉ s., qui domine la promenade maritime du Clair-de-Lune, accueille les stars de cinéma lors du Festival du film britannique. Les chambres sont aménagées avec sobriété et classicisme.

⅃ 🍴 🅿 🌙 🍴 🛏 ⅃ 🌐 🛉 🛁 ♨ ⅃〇 - 89 chambres – Prix : €€€€
46 avenue George V – ☎ 02 99 88 26 26

🛏 **ROYAL EMERAUDE** *Plus*

CLASSIQUE CONTEMPORAIN Agatha Christie aurait aimé ce bel hôtel en pierre et brique rouge de 1876, dont l'intérieur est réchauffé de boiseries sombres et de fauteuils clubs. Quatre thèmes président à la décoration des chambres : paquebot, aviation, Orient Express et Indes britanniques.

🅿 🌙 🛉 🛁 - 47 chambres – Prix : €
1 boulevard Albert 1ᵉʳ – ☎ 02 99 46 19 19

DIRAC

✉ 16410 – Charente – Carte régionale n° **20**–C3

DOMAINE DU CHÂTELARD

MODERNE • MAISON DE CAMPAGNE Dans cette belle "maison de campagne", le chef choisit bien ses produits et réalise une cuisine dans l'air du temps, fraîche et fine, que l'on déguste l'hiver dans la plaisante salle à manger dotée d'une cheminée et l'été, sur la ravissante terrasse offrant une vue sur le lac.

≼ 🛏 🍴 🅿 – Prix : €€
1079 route du Châtelard – ☎ 05 45 70 76 76 – domaineduchatelard.com –
Fermé lundi et mardi, et dimanche soir

DISSAY

✉ 86130 – Vienne – Carte régionale n° **20**–C1

Ô DISSAY

MODERNE • BOURGEOIS Le Château de Dissay propose une cuisine moderne et très visuelle, réalisée à quatre mains par deux jeunes chefs, Henri Dupont et Stanislas Simonet, à déguster dans une demeure du 15 e s. au cadre élégant et bourgeois. Agréable terrasse dans la cour du château.

🛏 ⅃ 🍴 ✢ 🅿 – Prix : €€€
111 place Pierre-d'Amboise – ☎ 05 49 11 11 11 – chateaudedissay.com/fr –
Fermé lundi, mardi et du mercredi au vendredi à midi

🛏 **LE CHÂTEAU DE DISSAY** *Plus*

ÉLÉGANCE TRADITIONNELLE Il a fière allure, ce château bâti au 15ᵉ s. par l'évêque de Poitiers ! Le cachet historique du lieu a été conservé, avec tout le confort moderne dont on peut rêver : chambres vastes et bien équipées, spa avec sauna, hammam et piscine intérieure... Un lieu à part.

🅿 🛏 ⅃ 🌐 🛉 ⅃〇 - 10 chambres – Prix : €
111 place Pierre d'Amboise – ☎ 05 49 11 11 11
Ô Dissay - Voir la sélection des restaurants

DOLE

✉ 39100 – Jura – Carte régionale n° **6**–B2

❀ ### LA CHAUMIÈRE

Chef : Joël Cesari

CRÉATIVE • ÉLÉGANT Dans cette auberge moderne située aux portes de Dole, le chef Joël Césari poursuit son sillon en amoureux de la nature, en trouvant son inspiration dans les produits locaux : légumes, fruits, herbes, champignons et poissons de rivière. Sa cuisine inventive se renouvelle au gré du marché et de la pêche : omble chevalier du lac mi-cuit, homard de casier et espuma passion-estragon, poularde de Bresse en deux services dont une étonnante version orientale. À noter : le restaurant gastronomique n'est ouvert que du vendredi soir au samedi soir ; en semaine, le bistrot Bagatelle prend le relais avec une offre bistronomique au bon rapport qualité-prix.

❀ ⇔ 🍴 🛏 ⇔ 🅿 – Prix : €€€€

346 avenue du Maréchal-Juin – ℰ 03 84 70 72 40 – www.lachaumiere-dole.fr/fr – Fermé lundi et dimanche

😊 ### GRAIN DE SEL

MODERNE • SIMPLE (Transfert prévu aux pavillons de Saint-Ylie, route Nationale, au printemps 2023) Dans cet accueillant Grain de Sel, le chef concocte des recettes originales, soignées et savoureuses, à l'image de ce merlu doré, salsifis en différentes textures et champignons japonais. La carte est renouvelée régulièrement, et l'on profite l'été d'une agréable terrasse.

🍴 – Prix : €€

67 rue Pasteur – ℰ 03 84 71 97 36 – www.restaurant-graindesel.fr – Fermé mardi et mercredi

😊 ### IIDA-YA

JAPONAISE • CONTEMPORAIN Confit de poitrine de porc sauce gingembre, sushis, makis ou tempura... Dans son restaurant zen et chic – et sous vos yeux –, le chef nippon concocte des mets raffinés, autour desquels se rencontrent (et s'apprécient) les cuisines française et japonaise. Belle carte de sakés. Adulé à Dole !

❀ ♿ 🅼 🍴 – Prix : €€

18 rue Arney – ℰ 03 84 70 98 73 – iida-ya.fr/fr – Fermé lundi et dimanche

DOMMARTIN-LÈS-REMIREMONT

✉ 88200 – Vosges – Carte régionale n° **12**–C3

LE KARELIAN

MODERNE • CONTEMPORAIN Une salle feutrée, épurée, écrin idéal pour ce chef qui propose une cuisine moderne et créative, à l'image de cet omble chevalier à la cuisson impeccable accompagné de sarrasin grillé et de baby poireaux croquants saveur saté. En salle, on apprécie l'accueil et le professionnalisme de son épouse. Le séduisant chariot de desserts ravira les amateurs de douceurs.

♿ 🅿 – Prix : €€

36 rue du Cuchot – ℰ 03 29 62 44 05 – www.lekarelian.com – Fermé lundi et mardi, et dimanche soir

DONNEMARIE-DONTILLY

✉ 77520 – Seine-et-Marne – Carte régionale n° **15**–D2

LA CROIX BLANCHE

MODERNE • ÉLÉGANT Aucun doute, vous allez marquer votre passage dans ce restaurant d'une croix blanche ! Derrière les fourneaux, le chef – originaire du coin – met un point d'honneur à n'utiliser que de beaux produits de saison. Dans l'assiette, le goût est au rendez-vous : une bonne adresse.

&. – Prix : €€

2 place du Marché – ℰ 01 64 60 67 86 – www.restaurant-croixblanche.fr –
Fermé mercredi, et lundi, mardi et dimanche soir

DONZENAC

✉ 19270 – Corrèze – Carte régionale n° **19**–B3

LE PÉRIGORD

TRADITIONNELLE · RUSTIQUE À l'entrée du bourg, venez vous asseoir dans cet intérieur paré de bois massif, près de l'imposante cheminée. On vous fera goûter la spécialité de la maison : la tête de veau sauce gribiche, indémodable et toujours aussi bonne ! Du rustique comme on l'aime.

&. – Prix : €

9 avenue de Paris – ℰ 05 55 85 72 34 – Fermé mercredi, et lundi, mardi et
dimanche soir

DOUARNENEZ

✉ 29100 – Finistère – Carte régionale n° **7**–A2

L'INSOLITE

MODERNE · TENDANCE Cette maison est dirigée par un chef au beau parcours, Gaël Ruscart, dont la cuisine inventive fait une belle place aux produits marins. Ravioles de dorade, langoustine et mangue aux herbes fraîches ; homard bleu de nos côtes à la nage crémeuse de corail et épices douces... Une valeur sûre de la ville.

🍴 – Prix : €€

4 rue Jean-Jaurès – ℰ 02 98 92 00 02 – lafrance-dz.com – Fermé lundi et
dimanche

TY MAD   *Plus*

DESIGN MODERNE L'enseigne signifie "bonne maison", en breton. Il faut dire que l'hôtel a du charme avec ses matériaux naturels (pierre et bois) et sa décoration franchement zen ; même la cour a des allures de jardin japonais aux ondes bienfaisantes. Une adresse où l'on se sent bien, tout simplement.

🛏 🍴 ⓦ 🛋 🍽 - 15 chambres – Prix : €

3 rue Saint-Jean – ℰ 02 98 74 00 53

DOUÉ-LA-FONTAINE

✉ 49700 – Maine-et-Loire – Carte régionale n° **23**–C2

AUBERGE BIENVENUE

TRADITIONNELLE · ÉLÉGANT Cette maison a fêté ses 30 ans d'existence, mais ne montre aucun signe de lassitude. Confortablement installé sous les poutres et les arcades de la grande salle, on constate que la tradition a toujours du bon, surtout en cuisine.

🛏 &. 🅰 🍴 ⇆ 🅿 – Prix : €€

104 rue de Cholet – ℰ 02 41 59 22 44 – aubergebienvenue.com –
Fermé dimanche soir

DOUVAINE

✉ 74140 – Haute-Savoie – Carte régionale n° **4**–F1

 Ô FLAVEURS

Chef : Jérôme Mamet

MODERNE • ROMANTIQUE Ô saisons, ô châteaux, ô saveurs... comme dit le gourmet ! Avec ses pierres apparentes, ses poutres, son plancher et sa cheminée pour les rudes soirées d'hiver, cet authentique petit château du 15 e s. ravira les âmes romantiques. Sur la terrasse, une clientèle majoritairement suisse se délecte de la cuisine pleine de saveurs et de fraîcheur de Jérôme Mamet, très soucieux de l'esthétisme de ses assiettes. Ce chef inventif et talentueux ne travaille que des produits de qualité, souvent bio, sélectionnés avec soin : féra, brochet, perche et écrevisse du lac Léman, poissons de mer sauvages pêchés à la ligne...

🌣🅿 – Prix : €€€€

Château de Chilly – ☎ 04 50 35 46 55 – www.oflaveurs.com – Fermé mardi et mercredi, et dimanche soir

DRACY-LE-FORT

✉ 71640 – Saône-et-Loire – Carte régionale n° **5**–C3

LA GARENNE

MODERNE • CONTEMPORAIN Une bien jolie Garenne (à l'image de cette terrasse sur le parc), où l'on se régale par exemple d'un tartare de thon rouge, crème légère iodée, d'une bourride de lotte, coquillages, aïoli, et d'une sphère à la mousse légère d'abricot, parfumée à la verveine. Pour ne rien gâcher, le décor est sobre et élégant, avec quelques jolies reproductions des œuvres d'Alain Thomas. Côté hôtel, chambres plaisantes, piscine et spa.

🛏🕭🎢🌣⇄🅿 – Prix : €€

Le Dracy, 4 rue du Pressoir – ☎ 03 85 87 81 81 – www.ledracy. com – Fermé dimanche

DRUDAS

✉ 31480 – Haute-Garonne – Carte régionale n° **22**–B2

LE VERDURIER - CHÂTEAU DE DRUDAS

MODERNE • BOURGEOIS Arrivé en 2020 entre deux confinements, Gabriele Ferri se fend ici d'une cuisine personnelle, qui joue intelligemment la carte terre-mer (truite et escargot, jolie surprise !) avec les herbes aromatiques du jardin maison. Dressages parfaits, saveurs équilibrées, service pro et sérieux : une maison très recommandable.

🛏🕭🌣⇄🅿 – Prix : €€€

au village – ☎ 05 34 57 88 88 – www.chateaudedrudas.com/fr/hotel-charme-toulouse – Fermé lundi, mardi, du mercredi au vendredi à midi, et dimanche soir

 CHÂTEAU DE DRUDAS   *Plus*

ÉLÉGANCE TRADITIONNELLE Dans un joli coin de campagne au nord-ouest de Toulouse, ce château du 18ᵉ s. découvre un intérieur d'une grande élégance, et des chambres de caractère. Petit espace de remise en forme avec jacuzzi et sauna.

🕭🅿⇄🛏🏊♨🐾⇅ - 23 chambres – Prix : €€€€

Le Village – ☎ 05 34 57 88 88

Le Verdurier - Voir la sélection des restaurants

DRUSENHEIM

✉ 67410 – Bas-Rhin – Carte régionale n° **10**–B1

AU GOURMET

Chef : Ludovic Kientz

MODERNE • CONTEMPORAIN Ludovic Kientz (ex-Crocodile, sous le règne d'Émile Jung) et sa compagne Sandy Ling, sommelière (formée notamment chez Michel Bras), insufflent du goût à cette auberge de campagne, entourée d'un grand jardin. Le chef prend un plaisir évident à travailler les produits de la mer et les sauces, sans oublier les légumes de son propre potager, autour d'une cuisine bourgeoise, empreinte de modernité. Ce jour-là : carpaccio de Saint-Jacques, truffe noire, poireau vinaigrette, gel de citron vert ; suprême de caille royale, ses cuisses en ravioles, fricassée de légumes, son jus à saucer.

⇌ ⊜ ✿ 🅿 – Prix : €€€

4 route de Herrlisheim – ☎ 03 88 53 30 60 – www.au-gourmet.fr – Fermé lundi, mardi, mercredi midi et dimanche soir

DUINGT

✉ 74410 – Haute-Savoie – Carte régionale n° **4**–F1

COMPTOIR DU LAC

MODERNE • DESIGN Un restaurant aux airs de grande verrière indus' et contemporaine, cerné par la verdure, la montagne et le lac... Un endroit vraiment sympathique, pour une cuisine actuelle qui l'est elle aussi !

⇜ ⊜ ⛱ 🅿 – Prix : €€

410 allée de la Plage – ☎ 04 50 68 14 10 – www.closmarcel.fr – Fermé mardi et mercredi

LE CLOS MARCEL   *Plus*

DESIGN MODERNE Sur un site privilégié au bord du lac d'Annecy (ponton privé), une architecture repensée dans un esprit écologique, des chambres design et confortables : un Clos Marcel résolument 21e s, face aux sommets qui se reflètent dans le miroir d'eau.

🅿 ⇌ 🚭 🏊 🍴 - 15 chambres – Prix : €€

410 allée de la Plage – ☎ 04 50 68 67 47

Comptoir du Lac - Voir la sélection des restaurants

DUNIÈRES

✉ 43220 – Haute-Loire – Carte régionale n° **1**–D3

LA TOUR

DU TERROIR • FAMILIAL Les produits locaux (lentilles vertes du Puy, escargots de Grazac, pintade fermière, etc.) se transforment en mets alléchants sous l'impulsion du chef. C'est bon, soigné, généreux, avec en prime, un beau chariot de fromages auvergnats. Tout est sympathique, y compris les chambres, bien pratiques.

♿ ⛱ ✿ 🅿 – Prix : €€

7 ter route du Fraisse – ☎ 04 71 66 86 66 – www.hotelrestaurantlatour.com – Fermé lundi et dimanche

DURY

✉ 80480 – Somme – Carte régionale n° **14**–B2

L'AUBERGADE

MODERNE • CONTEMPORAIN Une cuisine d'inspiration classique, respectueuse des saisons : voici le credo et la promesse du chef Éric Boutté, fin connaisseur du terroir picard et voyageur à ses heures. La déco, épurée, évoque la région (pans de mur en bleu "waide", plaques de béton brut mélangé à la chaux). Bon rapport qualité-prix.

&. ⇔ – Prix : €€€

78 route Nationale – ☎ 03 22 89 51 41 – www.aubergade-dury.com – Fermé lundi et dimanche

LA BONNE AUBERGE

MODERNE • ÉLÉGANT Dans cette pimpante auberge, point de carte : on choisit parmi les suggestions du jour, gage de fraîcheur. Le jeune chef se montre assez audacieux dans sa cuisine, osant quelques accords de saveurs originaux (qui ne font pas de mal, dans cette région où la tradition règne en maître...). Service aimable et efficace, bon rapport qualité-prix. A noter, la création d'une boutique mitoyenne au restaurant, avec plats à emporter de l'entrée au dessert, concoctés par le chef.

&. – Prix : €€

63 route Nationale – ☎ 03 22 95 03 33 – www.labonneauberge80.com – Fermé lundi, mardi et dimanche, et mercredi et jeudi soir

EAUCOURT-SUR-SOMME

✉ 80580 – Somme – Carte régionale n° **14**–A1

AUBERGE DU MOULIN - LE SALTIMBANQUE

Chef : Sébastien Porquet

MODERNE • CONTEMPORAIN Une adresse attachante surplombant la vallée de la Somme, tenue par un chef picard amoureux de son terroir. Le menu surprise, qui se décline en plusieurs séquences, met en avant des produits de l'agriculture raisonnée et des poissons de petite pêche. Les assiettes séduisent, on passe un agréable moment.

🍃 **L'engagement du chef :** Notre cuisine est un reflet authentique du terroir de la Picardie maritime. Les produits qui dictent au quotidien notre carte sont ceux d'artisans et de producteurs locaux et vertueux qui rendent respectueusement hommage à notre terre. Dans une optique de mutualisation, nous gérons la logistique avec un transporteur qui retire la marchandise à la ferme, et nous traitons les biodéchets par méthanisation.

← 🍴 &. ⇔ 🅿 – Prix : €€

1500 lieu-dit du Moulin – ☎ 03 22 27 08 94 – www.lesaltimbanque.fr – Fermé lundi et mardi, et dimanche soir

ÉCHIROLLES

✉ 38130 – Isère

 POMO *Plus*

DESIGN MODERNE Le sud de l'agglomération grenobloise offre un environnement semi-urbain à quelques minutes des pistes de ski... et un hôtel inoubliable ! Le PoMo doit son nom, suppose-t-on, au style post-moderne de son architecture et de sa décoration, un mélange de couleurs contemporaines, de graphismes et de typographies audacieuses, ainsi que de beaux meubles d'inspiration moderniste. Les chambres sont polyvalentes, combinant élégance et fonctionnalité pour servir occasionnellement de bureau. Le bar mérite également la visite, ouvert sur une terrasse.

🄿 ⌂ ◔ ⇦ ⌱ ⊛ ♒ ⅃ᵒ ♨ ⅊ ⇧ 🍽 - 67 chambres – Prix: €

16 avenue de Kimberley – ℰ 04 76 33 60 60

ÉCOUVIEZ

✉ 55600 – Meuse – Carte régionale n° **12**–A1

🙂 LES ÉPICES CURIENS

MODERNE • SIMPLE En se baladant dans les parages, on passe facilement en Belgique sans s'en rendre compte... mais l'ancienne gare de ce village frontalier, transformée en un sympathique restaurant, saura vous retenir en France. On y déguste une cuisine inspirée et bien tournée, accompagnée de bons petits vins. Beaucoup de goût !

& ⌂ ⇧ 🄿 – Prix: €€

3b place de la Gare – ℰ 03 29 86 84 58 – www.lesepicescuriens.com – Fermé mardi et mercredi, et lundi et dimanche soir

ÉCULLY

✉ 69130 – Rhône – Carte régionale n° **3**–E1

✿ SAISONS

MODERNE • BOURGEOIS Ce château du 19 e s., qui abrite l'école hôtelière internationale (autrefois placée sous l'égide de Paul Bocuse), propose une partition culinaire de haute volée. Elle est signée Florian Pansin, entouré d'une belle équipe tant en cuisine qu'en salle. On apprécie la finesse, la sensibilité, les dressages millimétrés, les assiettes colorées : belles langoustines rôties en croûte de gingembre et ail ; râble de lapin "entrelacé" avec de l'anguille fumée ; dessert autour de la rhubarbe et la menthe, tout en fraîcheur... Les cuissons sont justes, il y a ce qu'il faut de créativité dans l'assiette. En somme : une vraie et goûteuse cuisine de saison !

⇦ & ⌂ ⇧ 🄿 – Prix: €€€

Plan : A1-85 – *1A chemin de Calabert – ℰ 04 26 20 97 57 – www.saisons-restaurant.fr – Fermé samedi et dimanche*

🛏 MAISON D'ANTHOUARD   *Plus*

AVANT-GARDE Pratique par sa proximité de l'autoroute, cette belle maison nichée dans un parc aurait appartenu au général d'Anthouard, de l'armée napoléonienne. Cela explique peut-être les dimensions "impériales" de l'escalier, qui distribue fièrement des chambres élégantes et feutrées.

🄿 ⌂ ◔ ⇦ 🍽 - 16 chambres – Prix: €€

2 route de Champagne – ℰ 04 78 36 56 89

EGUISHEIM

✉ 68420 – Haut-Rhin – Carte régionale n° **10**–C2

AU VIEUX PORCHE

TRADITIONNELLE • AUBERGE Cette demeure typique (1707) est installée sur le domaine viticole de la famille de la gérante. Son mari concocte de bons plats classiques et régionaux, mais il est également vigneron... Autant dire qu'on se délecte de bons vins locaux.

& ⌂ ⇧ – Prix: €€

16 rue des Trois-Châteaux – ℰ 03 89 24 01 90 – www.auvieuxporche.fr – Fermé lundi et mardi

LE PAVILLON GOURMAND

MODERNE • CONTEMPORAIN Cette maison de village (1683) offre un cadre lumineux mariant avec goût le cachet historique de la bâtisse à des notes plus contemporaines. On se régale d'une cuisine voguant entre recettes alsaciennes (tarte à l'oignon, choucroute, sandre soufflé au Riesling) et préparations plus actuelles. Les vins blancs du vignoble d'Eguisheim sont bien représentés, et la petite terrasse, fort appréciée l'été.

 ⅏ 🎖 🍴 – Prix : €€

101 rue du Rempart-Sud – ☎ 03 89 24 36 88 – www.pavillon-gourmand.fr – Fermé mardi et mercredi

ENSISHEIM

✉ 68190 – Haut-Rhin

LE DOMAINE DU MOULIN   *Plus*

ÉLÉGANCE TRADITIONNELLE Le jardin, l'étang, la piscine et… cette grande maison récente et confortable, d'esprit alsacien, installée au cœur du village. Les chambres, spacieuses et confortables, se parent d'agréables touches contemporaines.

🅿 ⛗ ⌘ 🌐 ⍟ 🛁 🍴 - 64 chambres – Prix : €

44 rue de la 1ᵉ Armée – ☎ 03 89 83 42 39

ENTRAYGUES-SUR-TRUYÈRE

✉ 12140 – Aveyron – Carte régionale n° **22**–C1

LE CHOU ROUGE - LE PETIT CHOU

MODERNE • BISTRO Sur la place centrale de la ville, au rez-de-chaussée d'une bâtisse traditionnelle, ce petit bistrot "à la parisienne" – déco personnalisée, mobilier et objets chinés – propose une belle cuisine du marché, volontiers locavore. Tout, ou presque, est fait maison ! En prime, quatre jolies chambres pour l'étape.

🍴 – Prix : €€

3 place de la République – ☎ 05 65 48 58 03 – www.lepetitchou.fr – Fermé lundi, du mardi au samedi à midi, et dimanche soir

LE PETIT CHOU   *Plus*

ÉLÉGANCE TRADITIONNELLE Le Petit Chou fait partie d'une famille gastronome qui régale les habitants et visiteurs d'Entraygues, charmant village médiéval de l'Aveyron : restaurant bistronomique, salon de thé et épicerie fine s'accompagnent ainsi de quatre chambres coquettes. Celles-ci se déclinent en quatre couleurs - framboise, lilas, ocre et olive - et tirent leur cachet d'un mobilier ancien en bois, de coussins aux riches étoffes, de murs en pierres apparentes et, pour certaines, d'une vue sur la place principale du village. Placées ici et là, des touches de modernité leur donnent un petit coup de jeune. Côté restauration, faites confiance aux propriétaires.

🅿 ⍟ 🍴 - 4 chambres – Prix : €

4 place de la République – ☎ 05 65 66 21 08

Le Chou Rouge - Voir la sélection des restaurants

ÉPERNAY

✉ 51200 – Marne – Carte régionale n° **11**–B2

COOK'IN

INFLUENCES ASIATIQUES • CONVIVIAL Ce restaurant est le lieu de rencontre entre les univers français (lui, en cuisine) et thaïlandais (elle, en salle). Le résultat est une élégante cuisine fusion, réalisée avec de beaux produits – légumes de producteurs, poissons sauvages, viandes de la région –, à des tarifs plutôt imbattables. Goûtez au tournedos de bœuf mariné à la coriandre.

&. – Prix : €€

18 rue Porte-Lucas – ℰ 03 26 54 89 80 – restaurant-cookin.fr – Fermé lundi, dimanche et samedi midi

LA GRILLADE GOURMANDE

GRILLADES • COSY Les spécialités de ce restaurant ? Pigeonneau désossé au foie gras en feuilleté, ris de veau à la bourgeoise, le tout préparé par un sympathique chef, Lyonnais d'origine. Côté décor : la sobriété et l'élégance priment. Aux beaux jours, on profite du jardin d'été.

⇔ 🍽 – Prix : €€

16 rue de Reims – ℰ 03 26 55 44 22 – www.lagrilladegourmande.com – Fermé lundi et dimanche

SYMBIOSE

MODERNE • CONTEMPORAIN Une cuisine moderne aux équilibres maîtrisés, avec des touches créatives et un goût pour les épices, sans oublier des présentations soignées : voici ce que vous réserve Symbiose ! Le couple aux commandes sait où il va, et le plaisir est là.

&.🍽 – Prix : €€

5 rue de Reims – ℰ 03 26 54 75 20 – www.symbiose-restaurant.com – Fermé mardi et mercredi, et jeudi soir

LE THÉÂTRE

TRADITIONNELLE • BRASSERIE Près du théâtre, le rideau s'ouvre sur l'une des plus anciennes brasseries d'Épernay – début du 20ᵉ s. –, tout en moulures et hauts plafonds. Derrière les fourneaux, le chef fait rimer tradition et produits de saisons, comme avec ce rognon de veau à la moutarde de Meaux, classique de la maison. Idéal pour se restaurer en évoquant la dernière pièce !

&.Ⓜ ⇔ – Prix : €€

8 place Mendès-France – ℰ 03 26 58 88 19 – www.epernay-rest-letheatre.com – Fermé mercredi, et mardi et dimanche soir

ÉPINAL

✉ 88000 – Vosges – Carte régionale n° **12**–C3

⁂ LES DUCS DE LORRAINE

Chefs : Rémi Gornet et Stéphane Ringer

MODERNE • ÉLÉGANT Au cœur de la capitale des Vosges, Stéphane Ringer et Rémi Gornet en cuisine, Karine Ringer et Antoine Lecomte en salle règnent dans ce beau manoir de style Tudor où hauts plafonds, vitraux, bois nobles et stucs chatoient de concert pour offrir un moment d'exception. Quatre mains exécutent une cuisine fine et créative basée sur de très beaux produits – homard, langoustines, coquilles Saint-Jacques, caviar, ris de veau – et des cuissons impeccables. Final en beauté avec un délicieux chariot de desserts (dont un superbe gâteau au chocolat noir intense et biscuit légèrement imbibé au whisky). Rien de figé en cette table renommée, mais un travail de qualité, repas après repas.

⇔ &.🍽 – Prix : €€€€

5 avenue de Provence – ℰ 03 29 29 56 00 – www.restaurant-ducsdelorraine. com – Fermé lundi et dimanche, et mercredi soir

ERBALUNGA – Haute-Corse (2B) ➔ Voir Corse

ESPALION

✉ 12500 – Aveyron – Carte régionale n° **22**–D1

MAISON BURGARELLA

CRÉATIVE • ÉLÉGANT Entre Causses et Aubrac, la famille Burgarella vous accueille dans cette belle maison rénovée : au rez-de-chaussée, la brasserie la Table de Romane met à l'honneur les plats du terroir (tête de veau, tripoux de l'Aveyron...), tandis qu'à l'étage la table gastronomique la Tour permet au chef, depuis sa cuisine ouverte, de donner libre cours à sa créativité, sans jamais oublier ses racines aveyronnaises. Une belle pause gourmande sur les rives du Lot, sous l'égide du Château de Calmont.

🆔 – Prix : €€

3 place Saint-Georges – ☏ 05 65 44 03 30 – www.maison-burgarella.fr – Fermé lundi et dimanche soir

LE MÉJANE

MODERNE • CONVIVIAL Le Méjane, c'est d'abord une institution, et ensuite un endroit agréable, d'une sobre élégance contemporaine. Deux pros qui se sont connus chez Michel Bras viennent de reprendre ce lieu. Leur cuisine soignée et savoureuse puise dans le terroir aveyronnais, riche en saveurs - filet de truite, ris de veau, sans oublier les délicieux fromages locaux comme le roquefort.

🆔 – Prix : €€

8 rue Méjane – ☏ 05 65 48 22 37 – www.restaurant-mejane.fr – Fermé mardi et mercredi, et dimanche soir

ESPALY-SAINT-MARCEL

✉ 43000 – Haute-Loire – Carte régionale n° **1**–C3

😊 L'ERMITAGE

TRADITIONNELLE • COSY Cette ancienne grange a conservé son charme rustique et le côté naturel de ses origines. On y apprécie une cuisine de tradition fine et bien réalisée, avec notamment la découpe en salle de certains poissons et pièces de bœuf. N'oublions pas la cheminée, en hiver, et la sympathique terrasse aux beaux jours. Un vrai plaisir.

🌳 🅿 – Prix : €€

73 avenue de l'Ermitage – ☏ 04 71 04 08 99 – www.restaurantermitage.fr – Fermé lundi, et mercredi et dimanche soir

ESPELETTE

✉ 64250 – Pyrénées-Atlantiques – Carte régionale n° **18**–A3

🌿 CHOKO ONA

Chef : Clément Guillemot

MODERNE • CONTEMPORAIN Clément et Flora insufflent à cette maison un perpétuel air de jouvence, à l'image de ce potager d'herbes et de fleurs aromatiques qui s'invite entre les tables et dont les récoltes parsèment les assiettes. Sans oublier le piment d'ici et les épices d'ailleurs. Avec tout ça, le chef concocte une cuisine contemporaine, fine et subtile, aux produits sourcés au plus près d'Espelette : l'asperge blanche doucement grillée au barbecue à la tomme de brebis ; la belle langoustine snackée dans un bouillon safrané ; le pigeon cuit sur coffre dans son jus aux épices ras el hanout. Deux menus sont déclinés en fonction de votre appétit. Une table délicieuse à tous points de vue.

🌿 **L'engagement du chef :** Nos produits sont sourcés au plus près en agriculture bio et raisonnée, avec nos 600 m2 de potager qui fournissent de nombreux légumes et herbes. Les vins sont bio et biodynamique. Pour agir en faveur d'une gastronomie durable, nous avons réduit les plastiques à usage unique et les déchets ménagers et nous avons mis en place des récipients consignés avec nos producteurs. Tous les papiers du restaurant sont recyclés.

&. 🎰 🍴 🅿 – Prix : €€€

155 rue Xerrendako-Bidea – 𝒞 05 59 15 71 65 – www.choko-ona.fr – Fermé lundi et dimanche, et mercredi soir

ESVRES-SUR-INDRE

✉ 37320 – Indre-et-Loire – Carte régionale n° **8**–B2

ARDENT 🅽

MODERNE • CONTEMPORAIN Au sein d'une vaste forêt privée où lodges sur pilotis, arbres et art contemporain marient leurs charmes respectifs, on repère un ancien corps de ferme restauré, au cœur duquel se niche ce restaurant à la décoration tout entière sylvestre et arty, évidemment. Une sérénité se dégage immédiatement de cette table qui ne sert que des produits de qualité, cuisinés avec soin : velouté de petits pois, glace chèvre frais, huile de menthe et pain brûlé ; volaille fermière parfumée au café, navarin de légumes, jus de viande corsé...

🍴 &. 🎰 🍴 🅿 – Prix : €€€€

Loire Valley Lodges, 1 allée de la Duporterie – 𝒞 02 47 38 85 88 – loirevalleylodges.com – Fermé du lundi au mercredi et jeudi midi

🛏 LOIRE VALLEY LODGES   *Plus*

DESIGN MODERNE Si ces lodges se sont installés au cœur de la nature, c'est pour s'en inspirer : vous logerez, perché sur des pilotis, parmi les chênes, les châtaigniers et les pins de cette forêt de 300 ha. Ici, pas de wifi ni de télé : c'est un havre de paix d'esprit nordique moderne, noyé parmi les arbres mais avec tout le confort haut-de-gamme, dont un jacuzzi sur chaque terrasse.

🅿 ☁ 🍴 ⛲ 🛁 ⅱ○ - 18 chambres – Prix : €€

La Duporterie – 𝒞 02 47 38 85 88

Ardent - Voir la sélection des restaurants

ÉTAPLES

✉ 62630 – Pas-de-Calais – Carte régionale n° **13**–A2

😊 RACINES

MODERNE • CONVIVIAL Implanté à proximité immédiate du port d'Etaples, à seulement cinq kilomètres du Touquet, cette nouvelle table propose une cuisine gourmande, pleine de saveurs, mitonnée à base de produits locaux. Les recettes du chef Pierre Chavatte font mouche et la gourmandise ne se dément pas. On se régale dans un cadre contemporain avec cuisines semi ouvertes, éclairages en suspensions entourées de racines. Indéniablement, la bonne affaire du coin !

&. 🎰 – Prix : €€

46 boulevard de l'Impératrice – 𝒞 03 21 94 07 26 – restaurant-racines.fr – Fermé mardi et mercredi

ÉTOUY

✉ 60600 – Oise – Carte régionale n° **14**–B2

🌿 L'ORÉE DE LA FORÊT

Chef : Nicolas Leclercq

MODERNE • ÉLÉGANT En lisière de la forêt de Hez, cette belle demeure de la fin du 19 e s. accueille sereinement les clients dans son parc arboré. L'idéal pour se mettre au vert, l'appétit en bandoulière. L'intérieur, feutré et élégant, séduit grâce aux efforts familiaux du chef Nicolas Leclercq et de son épouse Yolaine. La grand-mère de Nicolas avait ouvert le restaurant en... 1956 et faisait elle-même son beurre grâce au lait de sa vache ! Le grand potager (flânerie obligatoire après le repas) approvisionne la table en légumes frais et herbes aromatiques – cueillette effectuée par le père du chef. Aujourd'hui, le cuisinier, qui fabrique lui-même son pain au levain, propose une cuisine franche, colorée et attentive aux saisons.

🖐🅿 – Prix : €€€€

255 rue de la Forêt – 𝒞 03 44 51 65 18 – www.loreedelaforet.fr – Fermé lundi et mardi, et dimanche soir

ÉTRETAT

✉ 76790 – Seine-Maritime – Carte régionale n° **17**-C1

✿ LE DONJON - DOMAINE SAINT-CLAIR

MODERNE • ÉLÉGANT Une partition réjouissante, rythmée par l'iode et les embruns : voilà ce qui vous attend dans cet élégant manoir normand, emmené par un chef à l'implication sans faille : Gabin Bouguet. C'est à la criée de Fécamp que ce chef imagine la carte, entre coques, homard, oursins et Saint-Jacques. Il en tire des assiettes techniques et pleines de saveurs, avec jus et sauces percutants, et même une pointe de malice qui n'est pas pour nous déplaire : on se souviendra de cette magnifique lotte cuite à basse température accompagnée d'un labneh légèrement fumé et sa vinaigrette de coque, une composition intense et addictive comme on aimerait en croiser plus souvent. On s'en délecte dans une salle à manger un brin déjantée, décorée d'une fresque par Jean-Charles de Castelbajac, avec Étretat et ses falaises en point d'horizon : comme cadre, on fait pire... Chambres personnalisées pour prolonger l'expérience ainsi qu'un bistrot avec sa terrasse donnant sur la piscine pour des dîners plus décontractés. Brunch le week-end en période estivale.

🕷 ⇆ ← 🖐 ✿ 🅿 – Prix : €€€

Chemin de Saint-Clair – 𝒞 02 35 27 08 23 – www.hoteletretat.com/fr – Fermé lundi, mardi, mercredi et jeudi à midi , et dimanche soir

LE BEL AMI 🆕

MODERNE • CONVIVIAL À quelques centaines de mètres du front de mer, au milieu des crêperies et autres tavernes, attablez-vous sans hésiter dans ce lieu charmant et coloré, cornaqué par le maître du Donjon - Domaine Saint-Clair, table étoilée des hauteurs d'Etretat. Ici, on se régale sans façon d'une cuisine d'inspiration méditerranéenne, en commençant par partager des mezze (houmous/tataki de bœuf, poutargue/kefta, aubergine ou bien encore ceviche aux agrumes et fenouil) avant d'attaquer un superbe pavé de maigre, tian de légume et hollandaise au romarin. C'est aussi une (petite) cave de vins à déguster sur place ou emporter.

🕭 – Prix : €€

25 rue Alphonse-Karr – 𝒞 02 27 43 56 25 – www.lebelami.com – Fermé lundi et mardi, et dimanche soir

🛏 LE DONJON - DOMAINE SAINT-CLAIR   *Plus*

CLASSIQUE CONTEMPORAIN Sur les hauteurs, à l'issue d'un chemin tortueux, un lieu à part, où l'on renoue avec les plaisirs de la Belle Époque... Le domaine réunit un castel et une villa : autant d'espaces intimes et charmants, décorés dans un esprit baroque, canaille ou moderne ! Les échappées sur la côte invitent, elles, à la contemplation...

🅿 ⌂ 🕭 🖐 🚲 ⊠ 🌐 🎿 ⚒ 🕭 - 25 chambres – Prix : €

Chemin Saint-Clair – 𝒞 02 35 27 08 23

✿ **Le Donjon - Domaine Saint-Clair** - Voir la sélection des restaurants

🛏 LES TILLEULS   *Plus*

CLASSIQUE CONTEMPORAIN Le jardin de tilleuls dissimule une grande bâtisse cossue bordée d'une cour en briques, un ancien hôtel particulier de 1738, dans le centre d'Étretat. La façade révèle des intérieurs tout aussi élégants qui ont conservé leur caractère 18e s. : un superbe escalier en bois souligné d'une dentelle en fer forgé, des sols en damier, un piano et un haut plafond moulurée. Dans les chambres et suites, le ton est aux tapisseries florales, au mobilier "royal" et aux cadres anciens. Un raffinement chargé d'histoire et des retraites bien-être (yoga, pilates, cuisine, detox...) pour se ressourcer. À l'origine de la recette, une jeune Belge qui a grandi dans les cuisines d'un restaurant étoilé. Tout s'explique !

P ⌂ - 5 chambres – Prix : €€

45 rue Isabey – ☎ 02 35 27 76 76

ÉTUPES

✉ 25460 – Doubs – Carte régionale n° **6**–C1

AU FIL DES SAISONS

MODERNE • **CONTEMPORAIN** Dans la jolie maison de Stéphane et Fabienne Robinne se cache un intérieur savamment repensé, avec tables en bois brut et chaises en velours... Une simplicité qui n'ôte rien à la qualité de la table car en cuisine, la patte du chef est bien là, le tout dans le respect de la tradition.

⅏ ⌂ ⌂ – Prix : €€

3 rue de la Libération – ☎ 03 81 94 17 12 – aufildessaisons.eu/fr – Fermé lundi, dimanche et samedi midi

EUGÉNIE-LES-BAINS

✉ 40320 – Landes – Carte régionale n° **18**–B3

✿✿✿ LES PRÉS D'EUGÉNIE - MICHEL GUÉRARD

Chef : Michel Guérard

CLASSIQUE • **ÉLÉGANT** Certains chefs doivent autant leur réputation à leur travail en cuisine qu'à leurs qualités humaines : Michel Guérard est de ceux-là. Considéré comme l'un des précurseurs de la Nouvelle Cuisine, admiré par ses pairs dans le monde entier, il continue de travailler avec la même passion et le même dévouement. Aux Prés d'Eugénie, l'expérience est totale : cadre enchanteur – une magnifique demeure au cœur d'un parc verdoyant –, service attentif au moindre détail... et surtout, cuisine en tous points exceptionnelle. On retrouve dans l'assiette tout l'héritage du chef Guérard : la veine naturaliste, bien sûr, une légèreté jamais prise en défaut, et cette capacité à marier les saveurs les plus diverses avec justesse, à la façon des instruments de l'orchestre. Le restaurant se situe dans les salons boisés de l'impératrice, pétris de l'histoire de la maison.

⅏ ⌂ ⌂ AK ⌂ **P** – Prix : €€€€

Place de l'Impératrice – ☎ 05 58 05 06 07 – www.lespresdeugenie.com – Fermé lundi, mardi et du mercredi au vendredi à midi

LA FERME AUX GRIVES

TRADITIONNELLE • **AUBERGE** Cette vieille auberge de village a retrouvé ses couleurs d'antan. Jardin potager, vieilles poutres et tomettes... Un cadre idéal pour savourer une cuisine du terroir joliment ressuscitée. Suites exquises, pour des nuits paisibles.

⌂ ⌂ **P** – Prix : €€

Place de l'Impératrice – ☎ 05 58 05 05 06 – lespresdeugenie.com – Fermé mercredi et jeudi

ÉVIAN-LES-BAINS

✉ 74500 – Haute-Savoie – Carte régionale n° **4**–F1

✿ LES FRESQUES - HÔTEL ROYAL

MODERNE • **LUXE** Installez-vous dans la majestueuse salle à manger de ce luxueux palace pour profiter des fresques Art Nouveau de Gustave Jaulmes. Le spectacle se déroule aussi dans l'assiette. Ici se déguste le meilleur du terroir rhônalpin, travaillé avec finesse et précision : pêche du Léman selon arrivage (omble chevalier, perches, écrevisses...), filet de bœuf d'Abondance fumé au foin d'alpage, poularde de Bresse au foie gras et vin jaune... Humble et passionné, le chef Patrice Vander ne propose que des produits nobles, et puise largement dans le potager du domaine. L'atmosphère exclusive et raffinée, tout comme la vue époustouflante et le service attentif, contribuent à ancrer cette expérience dans les mémoires.

🐙 🛵 🍷 🛎 ⛄ 🅿 – Prix : €€€€

13 avenue des Mateirons – ☏ 04 50 26 85 00 – www.hotel-royal-evian.com – Fermé lundi, dimanche et du mardi au samedi à midi

LE MURATORE

TRADITIONNELLE • BRASSERIE M. Muratore, liquoriste et confiseur, a donné son nom à cette maison située au cœur de la rue piétonne d'Évian, sur une ravissante placette pavée où trône une fontaine. Aux fourneaux, Marc Serres réalise une cuisine soignée et savoureuse, ancrée dans la région. Menu au bon rapport qualité-prix, et produits plus nobles à la carte, dont les poissons du lac selon arrivage. Aux beaux jours, profitez de la terrasse sous le tilleul.

🛄 🍷 – Prix : €€

8 place du Docteur-Jean-Bernex – ☏ 04 50 92 82 49 – www.muratore-restaurant-evian.com – Fermé lundi et dimanche soir

AU JARDIN D'EDEN

TRADITIONNELLE • BISTRO À l'entrée de la ville, cette table réunit bien des qualités : un chef-patron au beau parcours – dont 15 ans passés au Grand Véfour –, un retour aux sources à Évian (sans jeu de mots), une cuisine généreuse et attentive aux saisons. Fricassée de ris de veau aux champignons, cuisse de lapin farcie et gnocchis aux olives, filets de perche frais...

🍷 – Prix : €€

1 avenue Général-Dupas – ☏ 04 50 38 62 26 – www.jardin-eden-evian.com – Fermé lundi et mardi, et dimanche soir

HÔTEL ROYAL   *Plus*

CLASSIQUE CONTEMPORAIN Ce luxueux palace né en 1909, véritable mythe, a fait peau neuve pour retrouver l'esprit villégiature français des années 1930, entre fresques et coupole. Son splendide parc, sa vue imprenable sur le lac et les montagnes ont un goût d'éternité !

🐎 🅿 🛏 🍷 🛳 🌐 🛀 📶 🏋 🛎 – 150 chambres – Prix : €€

13 avenue des Mateirons – ☏ 04 50 26 85 00

❀ **Les Fresques - Hôtel Royal** - Voir la sélection des restaurants

ÉVREUX

✉ 27000 – Eure – Carte régionale n° **17**–D2

LA GAZETTE

MODERNE • CONTEMPORAIN Une valeur sûre que ce restaurant dont le décor mêle harmonieusement le contemporain et l'ancien, entre teintes claires et poutres centenaires... Aux fourneaux, Xavier Buzieux s'attache à mettre en valeur les petits producteurs locaux et à suivre les saisons. De quoi faire parler les gazettes !

🛄 🆎 – Prix : €

7 rue Saint-Sauveur – ☏ 02 32 33 43 40 – www.restaurant-lagazette.fr – Fermé lundi, dimanche et samedi midi

EYGALIÈRES

✉ 13810 – Bouches-du-Rhône – Carte régionale n° **25**–E1

✿ MAISON HACHE

Chef : Christopher Hache

PROVENÇALE • **ÉLÉGANT** Christopher Hache est enfin chez lui. Sa cuisine n'a rien de celle d'un palace et c'est bien comme ça. Loin du Crillon et des grandes tables parisiennes qu'il connaît sur le bout de la toque, le chef compose un hommage savoureux à la Provence et aux Alpilles. En témoignant, dans le désordre, une sélection rigoureuse de fruits et légumes, l'agneau et les vins du terroir : on privilégie ici la proximité, les produits et producteurs du cru. Quant aux assiettes, elles sont simples dans la forme, brutes, à l'image des saveurs qui s'en dégagent, franches et pures (dont le superbe jus d'agneau), sans détours ni chichis. Ajoutons à ce tableau un cadre chic, une carte des vins inspirée, ainsi que des chambres de grand confort à l'étage. En somme : une excellente adresse.

⚬ ⇦ ⒜ ⌂ ✿ – Prix : €€€

30 rue de la République – ✆ 04 90 95 00 04 – www.maisonhache.com – Fermé lundi et mardi

DOMAINE LA PIERRE BLANCHE

CLASSIQUE CONTEMPORAIN Au pied des Alpilles, l'un des hôtels de charme les plus tranquilles de toute la France. Les chambres et suites sont d'un style contemporain sobre qui complète l'architecture du lieu. Elles sont toutes confortables et certaines disposent d'un jacuzzi extérieur. Le contraste de la pierre brute et du bois patiné avec le mobilier moderne forme un style intemporel, léger et aéré. Les services ne sont pas en reste avec un petit spa, une piscine extérieure chauffée accompagnée d'un bar, des courts de tennis et de pétanque, des étendues infinies d'oliviers et de lavande.

よ Ⓟ ⌂ ⒜ ⇦ ⛳ ⟰ ⚘ ⒜ ⒣ - 15 chambres – Prix : €€€

2950 route d'Orgon – ✆ 06 47 40 17 00

EYMET

✉ 24500 – Dordogne – Carte régionale n° **18**–C2

LA COUR D'EYMET

CLASSIQUE • **BOURGEOIS** Sur la rue principale du bourg, une maison de style régional, flanquée d'une petite cour où l'on dresse quelques tables aux beaux jours. Les gourmands s'y régalent d'une cuisine soignée à base d'excellents produits. Enfin, le tout est accompagné de bons petits vins du pays.

よ ⌂ – Prix : €€

32 boulevard National – ✆ 05 53 22 72 83 – www.lacourdeymet.com – Fermé mercredi et dimanche soir

EYRAGUES

✉ 13630 – Bouches-du-Rhône – Carte régionale n° **25**–E1

LE PRÉ GOURMAND

MODERNE • **ÉLÉGANT** Cette sympathique adresse, située à la sortie du village, propose une cuisine méditerranéenne en harmonie avec les saisons : courgettes, aubergines, huile d'olive et citron accompagnent les poissons de la grande bleue ou l'agneau de La Crau. La belle terrasse située plein sud s'ouvre sur un jardin charmant. Et au bout du pré recouvert de fleurs, quelques jolies chambres vous attendent...

⇦ よ ⒜ ⌂ Ⓟ – Prix : €€€

175 avenue Max-Dormoy – ✆ 04 90 94 52 63 – www.lepre-gourmand.com/fr – Fermé lundi, samedi midi et dimanche soir

LES EYZIES-DE-TAYAC-SIREUIL

✉ 24620 – Dordogne – Carte régionale n° **18**-C3

✿ LE 1862 - LES GLYCINES

Chef : Pascal Lombard

MODERNE • CONTEMPORAIN Des assiettes colorées et originales, aux cuissons impeccables et réalisées avec des produits de grande qualité, dont les légumes du potager : voici l'alléchant programme qui n'attend que votre coup de fourchette au 1862, la table principale de l'hôtel Les Glycines. Cet ancien relais de poste, situé entre la gare et la Vézère, propose une cuisine du marché aux harmonies de saveurs subtiles, ainsi que des sauces très abouties. Le chef magnifie les plus beaux produits du coin : pigeon, foie gras, tomme de Sarlat et autres légumes ! On déguste tout cela dans une élégante salle contemporaine ouverte sur la terrasse-loggia donnant sur le parc. Service impeccable et bons conseils sur les vins.

🕸 ≤ 🛏 ᕃ 🅰 ⛲ 🅿 – Prix : €€€

4 avenue de Laugerie – ℰ 05 53 06 97 07 – www.les-glycines-dordogne.com/fr/ hotel-les-eyzies – Fermé lundi et du mardi au dimanche à midi

😊 LE BISTRO DES GLYCINES

MODERNE • CONTEMPORAIN L'un des atouts indéniables de cet hôtel : son excellent bistrot ! Dans la salle en véranda joliment décorée (tables en bois brut, chaises de style "shaker"...), on se régale le midi de plats dans l'air du temps, à bon rapport qualité-prix, comme cette longe de thon mi-cuit, légumes sautés au gingembre, ou ce chou du potager farci au confit de canard. Une carte créative et alléchante, qui rencontre un succès bien mérité !

ᕃ 🅰 ⛲ 🅿 – Prix : €€

4 avenue de Laugerie – ℰ 05 53 06 97 07 – www.les-glycines-dordogne.com/fr/ hotel-les-eyzies – Fermé lundi et du mardi au dimanche soir

LE CENTENAIRE

MODERNE • CLASSIQUE Cet établissement historique des Eyzies a retrouvé un coup de jeune depuis sa reprise par le chef Mathieu Métifet. Cet ancien ostréiculteur, qui s'inspire du terroir périgourdin et apprécie les touches marines, réalise une cuisine généreuse et personnelle, à l'instar de son plat signature, "les incontournables couteaux du Centenaire à la crème de morilles et magret fumé maison". Petits producteurs locaux triés sur le volet.

⇔ ᕃ 🅰 ⛲ 🅿 – Prix : €€€

2 avenue du Cingle – ℰ 05 53 06 68 68 – www.hotelducentenaire.fr – Fermé mardi, mercredi, et lundi, jeudi, vendredi et samedi midi

🛏 LES GLYCINES   *Plus*

CLASSIQUE CONTEMPORAIN Cet ancien relais de poste au bord de la Vézère respire la nature avec son parc, sa tonnelle de glycine et son potager. Les chambres se révèlent charmantes et confortables, en particulier les junior suites et les "écolodges". Espace bien-être et salle de soins.

ᕃ 🅿 ⇆ 🍃 🛏 ᛒ 🌀 ♨ ♨ 🍴 - 25 chambres – Prix : €€

4 avenue de Laugerie – ℰ 05 53 06 97 07

✿ **Le 1862 - Les Glycines** & 😊 **Le bistro des glycines** - Voir la sélection des restaurants

ÈZE

✉ 06360 – Alpes-Maritimes – Carte régionale n° **25**-E2

✿✿ LA CHÈVRE D'OR

CRÉATIVE • ÉLÉGANT Ce qui frappe en arrivant au Château de la Chèvre d'Or, c'est sa situation d'exception : niché sur les hauteurs d'un village médiéval à flanc de rocher, l'établissement offre une vue renversante sur l'arrière-pays azuréen et sur les reflets enchanteurs de la Méditerranée. Une fois remis de cette "claque" visuelle, place à table : là encore, l'enthousiasme est de mise. Avec les trésors dénichés alentour (poissons de la pêche, viandes et légumes, huile d'olive, herbes...) et tout le talent qu'on lui connaît, Arnaud Faye se fend d'assiettes harmonieuses et précises, souvent irrésistibles.

🕸 ⪪ 🏠 🎧 ⇄ 🅿 – Prix : €€€€

Rue du Barri – 𝒞 *04 92 10 66 61 – www.chevredor.com*

❀ CHÂTEAU EZA

MODERNE • ROMANTIQUE Attention, lieu magique. Il y a le panorama éblouissant, ces variations du paysage en contrebas, le massif qui plonge dans la Méditerranée. Mais il y a aussi la cuisine du chef Justin Schmitt ! Ce familier des belles maisons réalise dans ce cadre merveilleux une cuisine moderne et maîtrisée, non sans personnalité, à l'image de ce poulpe rôti au satay, crémeux de maïs et whisky fumé, ou de ce saint-pierre aux fleurs de courgettes, crevettes et verveine. Les desserts ne sont pas en reste et la vue depuis la terrasse est à couper le souffle !

⪪ ⪬ 🎧 ⇄ 🅿 – Prix : €€€€

Rue de la Pise – 𝒞 *04 93 41 12 24 – www.chateaueza.com*

LES REMPARTS

PROVENÇALE • ROMANTIQUE Pour découvrir la patte du chef Arnaud Faye, cette table nichée au sein de la Chèvre d'Or s'avère une option fort séduisante : terrasse au-dessus de la falaise (effet wahou garanti), vue magique sur la Grande Bleue, St-Jean-Cap-Ferrat et la baie des Anges, cuisine méridionale chic et gourmande, chariot de glaces et savoureuses pâtisseries. Un bonheur.

⪪ 🏠 🎧 🅿 – Prix : €€€

Rue du Barri – 𝒞 *04 92 10 66 61 – www.chevredor.com*

🛏 CHÂTEAU DE LA CHÈVRE D'OR   *Plus*

CLASSIQUE CONTEMPORAIN Un îlot céleste, agrippé aux rochers en surplomb de la Méditerranée. La plupart des chambres, disséminées dans le village, jouissent d'une vue splendide. Un petit paradis au-dessus de la mer.

🅿 🔆 ⟨ 🏠 ☂ 🏊 🛁 🍸 - 45 chambres – Prix : €€€€

Rue du Barri – 𝒞 *04 92 10 66 66*

❁❁ **La Chèvre d'Or • Les Remparts** - Voir la sélection des restaurants

🛏 CHÂTEAU EZA   *Plus*

ÉLÉGANCE TRADITIONNELLE Dans cette demeure du 14e s. perchée entre ciel et mer, la vue sur la côte est littéralement... époustouflante ! Quant à la décoration des chambres, elle mêle charme des pierres anciennes et raffinement contemporain : c'est élégant et subtil.

🅿 🔆 🧖 🍸 - 14 chambres – Prix : €€

Rue de la Pise – 𝒞 *04 93 41 12 24*

❁ **Château Eza** - Voir la sélection des restaurants

ÈZE-BORD-DE-MER

✉ 06360 – Alpes-Maritimes – Carte régionale n° **25**-E2

❀ LA TABLE DE PATRICK RAINGEARD

CRÉATIVE • LUXE Dans le cadre luxueux de l'hôtel Cap Estel, on franchit un lobby de marbre avant de descendre quelques marches pour arriver sur une terrasse avec la mer en toile de fond. L'art du chef Patrick Raingeard s'y épanouit au gré d'un bel hommage à la Méditerranée... Formé par Alain Passard et Jacques Maximin notamment, ce cuisinier voue un profond respect à la qualité des produits, et défend une pêche soucieuse de la préservation des ressources halieutiques. Une pointe d'inventivité rehausse toujours des menus volontiers voyageurs, dont un végétarien. Tout ici est idyllique et confidentiel à l'image de ce grand portail à l'enseigne discrète qui ouvre sur un chemin dérobé...

🔧 – Prix : €€€€

1312 avenue Raymond-Poincaré – 𝒞 04 93 76 29 29 – www.capestel.com/fr – Fermé lundi et dimanche, et mardi et mercredi soir

CAP ESTEL *Plus*

CLASSIQUE CONTEMPORAIN Sur une presqu'île privée, cette villa enchanteresse, construite par un prince russe à la fin du 19ᵉ s, cultive l'art du luxe discret. Ses salons magnifiques, ses chambres et suites somptueuses, son spa, son parc et sa piscine à débordement au-dessus de la mer... tout invite à un séjour de rêve, à l'abri des regards.

🔧 - 18 chambres – Prix : €€€€

1312 avenue Raymond-Poincaré – 𝒞 04 93 76 29 29

❀ **La Table de Patrick Raingeard** - Voir la sélection des restaurants

FALAISE

✉ 14700 – Calvados – Carte régionale n° **17**–B2

Ô SAVEURS

MODERNE • CONTEMPORAIN Cette adresse entièrement rénovée - une salle à manger contemporaine et lumineuse - fait le bonheur des habitués, et pour cause : le chef-patron signe une cuisine au goût du jour, délicate et colorée, respectant le produit et utilisant au maximum les herbes de la région... Pour un résultat goûteux et maîtrisé : asperges, œuf mollet à la morille, croustillant au sarrasin ; volaille à la truffe, pulpe de navet, petit pois...

🔧 – Prix : €€

38 rue Georges-Clemenceau – 𝒞 02 31 90 13 14 – www.hotelrestaurantosaveurs.com – Fermé lundi, samedi midi et dimanche soir

FAUGÈRES

✉ 07230 – Ardèche

DOMAINE DE CHALVÊCHES *Plus*

CLASSIQUE CONTEMPORAIN Ceux qui recherchent le silence et la nature adoreront cet hôtel moderne dont les chambres, disséminées dans le jardin, allient luxe et personnalisation. L'un des atouts de l'établissement est son exceptionnelle piscine, avec une superbe vue sur les bois et les collines alentours...

10 chambres – Prix : €€

Lieu-dit Chalvêches – 𝒞 04 75 35 76 16

FAULQUEMONT

✉ 57380 – Moselle – Carte régionale n° **12**–C1

TOYA

Chef : Loïc Villemin

CRÉATIVE • ÉPURÉ Tōya ? Un célèbre lac volcanique au nord du Japon, au cœur du parc national de Shikotsu-Tōya. Aux yeux du jeune chef globe-trotter Loïc Villemin, cette région est en quelque sorte l'Éden de la gastronomie. Poissons, plantes et herbes sauvages y abondent, tandis qu'on y pratique l'élevage extensif et un maraîchage de qualité. De quoi inspirer cette table zen (ouverte sur la verdure d'un golf) et branchée "nature" ! Notre aspirant moine bouddhiste a fait retraite dans les meilleurs monastères gourmands, ceux de Jean-Georges Klein, Nicolas Le Bec, Bernard Loiseau et Arnaud Lallement. Il aime travailler les beaux produits au travers d'un menu mystère parfois végétarien. Technique pointue et créativité s'expriment avec force et saveur dans ce mille-feuille d'omble chevalier-céleri et ses œufs de brochet. Immanquable.

🏵 **L'engagement du chef :** Depuis mon enfance j'ai été sensibilisé à l'écologie. Au Toya, je travaille pour que mon établissement réduise son impact sur tous les plans. Nous pratiquons une démarche zéro déchet, zéro plastique et sans poissons de mer, victimes de surpêche. Pour la viande, nous valorisons des pièces entières, le lait et la crème proviennent de nos vaches jersiaises. Nos légumes sont cultivés en collaboration avec un maraîcher dans un jardin dédié au restaurant.

🕸 ⇆ ⩽ ⬱ ⅋ Ⓜ 🛋 🅿 – Prix : €€€€

Avenue Jean-Monnet – ☏ 03 87 89 34 22 – www.toya-restaurant.fr – Fermé lundi, mardi et dimanche

FAVIÈRES

✉ 80120 – Somme – Carte régionale n° **14**–A1

😊 LA CLÉ DES CHAMPS

MODERNE • CONTEMPORAIN Un jeune couple de professionnels a transformé cette auberge en un restaurant des plus recommandables. On ne ménage pas sa peine pour faire plaisir au client, et le résultat est là, à l'image de ce réjouissant paleron de veau confit, aubergine, jus à la sarriette... une affaire qui roule et nous régale.

⩽ ⟳ – Prix : €€

Place des Frères-Caudron – ☏ 03 22 27 88 00 – www.restaurant-lacledeschamps.com – Fermé lundi, mercredi, jeudi et dimanche

FAYENCE

✉ 83440 – Var – Carte régionale n° **24**–C3

LE CASTELLARAS

PROVENÇALE • CONVIVIAL Une affaire de famille tenue dans une maison au cadre rénové, avec sa cuisine ouverte prolongée de la terrasse jouissant d'un magnifique panorama sur la vallée et la cité de Fayence. On y déguste une cuisine aux couleurs de la Provence, inspirée par le marché et les saisons, à l'image de ce râble de lapin rôti aux herbes et légumes du moment, à la cuisson juteuse bien maîtrisée. Quelques chambres pour l'étape.

⩽ ⬱ 🛋 🅿 – Prix : €€€

461 chemin de Peymeyan – ☏ 04 94 76 13 80 – www.restaurant-castellaras.com – Fermé lundi et mardi

FÉCAMP

✉ 76400 – Seine-Maritime – Carte régionale n° **17**–C1

LE VICOMTÉ

TRADITIONNELLE • BISTRO Non loin des riches façades du palais Bénédictine, une petite maison qui cultive la bonhomie et la simplicité : affiches humoristiques, vieilles photos... sans oublier le patron en salle avec son grand tablier. Beaucoup de cœur dans l'accueil comme dans la cuisine de la patronne, inspirée du marché !

Prix : €

4 rue du Président-René-Coty – ☏ 02 35 28 47 63 – Fermé mercredi et dimanche

FELDBACH

✉ 68640 – Haut-Rhin – Carte régionale n° **10**–A3

CHEVAL BLANC

TRADITIONNELLE • ÉLÉGANT Dans cette maison typique du Sundgau, la cuisine est une passion qui se transmet de génération en génération. À la suite de son père, le jeune chef est désormais seul aux fourneaux. Il y réalise de belles recettes traditionnelles teintées de modernité, avec un penchant particulier pour le gibier... Très beau choix de vins.

೫ ᵹ 🄺 🍴 ⇄ – Prix : €€

1 rue de Bisel – ☏ 03 89 25 81 86 – www.cheval-blanc-feldbach.fr – Fermé mardi et mercredi, et lundi soir

FENOUILLET

✉ 31150 – Haute-Garonne – Carte régionale n° **22**–B2

LE VIRGIL

MODERNE • COSY Le chef de ce Virgil revisite la tradition avec des assiettes pleines de saveurs, bien dans leur époque : noir de Bigorre parfumé à la sauge, truite confite verveine citron, mousse burrata aux herbes du jardin...Jolie terrasse arborée à l'arrière, service pro et attentionné.

ᵹ 🄺 🍴 ⇄ 🅿 – Prix : €€

40 rue Jean-Jaurès – ☏ 05 61 09 14 72 – www.levirgil.fr – Fermé lundi et dimanche

LA FERRIÈRE-AUX-ÉTANGS

✉ 61450 – Orne – Carte régionale n° **17**–B3

✿ ## AUBERGE DE LA MINE

Chef : Hubert Nobis

MODERNE • ÉLÉGANT Autrefois cantine de la mine de fer locale (fermée en avril 1970), cette auberge accueille le même chef depuis plus de trente ans. Formé à l'ancienne école, son maître-mot est la simplicité. Pas de chichis ou d'excès : franchise et sincérité sont au programme. Ce qui n'empêche pas une technique solide et de belles inspirations : on pense notamment à cette barbue, petits pois et beurre citronné, un vrai moment de plaisir ! Une jolie partition de saison, à déguster dans deux petites salles à manger ultra-chic et élégantes, pas guindées pour un sou. On n'aura jamais eu autant de plaisir à aller à la Mine...

🍴 🅿 – Prix : €€€

8 rue de Champsecret – ☏ 02 33 66 91 10 – www.aubergedelamine.com – Fermé lundi et mardi, et dimanche soir

FERRIÈRES-EN-BRIE

✉ 77164 – Seine-et-Marne – Carte régionale n° **15**–C2

LE BARON

CLASSIQUE • LUXE Le Baron est le restaurant gastronomique du Château de Ferrières, situé au sein même de l'ancienne demeure des Rothschild, devenu une école hôtelière de prestige. On goûte ici à une cuisine appliquée sur des bases classiques affirmées dans un cadre somptueux et unique. Le menu déjeuner est attrayant.

⇐ 🛏 🍴 🅿 – Prix : €€€

Rue du Château – ☏ 01 81 16 27 78 – lebaron-restaurant.fr – Fermé lundi et mardi, et dimanche soir

LA FERTÉ-BERNARD

✉ 72400 – Sarthe – Carte régionale n° **23**–D1

🍴 RESTAURANT DU DAUPHIN

MODERNE • TENDANCE Dans la vieille ville, au pied de la porte St-Julien, cette jolie demeure du 16 e s. au cadre chaleureux – bonne idée, par exemple, d'avoir conservé la cheminée ! – propose une cuisine maison et dans l'air du temps, un brin exotique parfois, mais qui conserve toujours quelques classiques de derrière les fagots. En témoigne ce tournedos de lotte, maki de légumes, asperges vertes, condiment sésame et salicornes. En dessert, quel plaisir de retrouver un vache-rin, un baba, ou un moelleux, qui assume sa gourmandise et fonctionne à tous les coups. Ajoutez à cela une belle sélection de vins au verre. Une adresse très recommandable !

& 🍴 – Prix : €€

3 rue d'Huisne – 𝒞 02 43 93 00 39 – www.restaurant-du-dauphin.com – Fermé lundi et dimanche

AU BISTRONOME

TRADITIONNELLE • BISTRO L'intérieur, lumineux et haut de plafond, est décoré à la façon d'un bistrot contemporain. Même philosophie dans l'assiette, qui met en avant la tradition avec notamment de bonnes grillades au charbon de bois – côte de bœuf, entrecôte, andouillette, thon, sole... – préparées directement dans la salle. Simple et généreux !

& – Prix : €€

11 rue Bourgneuf – 𝒞 02 43 93 21 58 – Fermé lundi et dimanche, et mardi et mercredi soir

LA FERTÉ-SAINT-CYR

✉ 41220 – Loir-et-Cher – Carte régionale n° **8**–C2

LA DILIGENCE

MODERNE • AUBERGE Cet ancien relais de poste joliment restauré propose de goûteuses préparations, mettant en valeur le terroir local, et dispose de chambres confortables et d'une piscine d'été appréciée. L'accueil est particulièrement char-mant. Une adresse aussi sympathique que coquette.

& 🍴 – Prix : €€

13 rue du Bourg – 𝒞 02 54 87 90 14 – hotel-la-diligence.com – Fermé lundi, mercredi midi et dimanche soir

FIGEAC

✉ 46100 – Lot – Carte régionale n° **22**–C1

LA CUISINE DU MARCHÉ

TRADITIONNELLE • AUBERGE La vieille ville est un bel écrin pour ce restaurant agréable, dont le nom est déjà un manifeste ! On utilise de bons produits du marché pour réaliser une cuisine simple et goûteuse, mâtinée de quelques touches espa-gnoles – origines du chef obligent.

🅰🅲 – Prix : €€

15 rue de Clermont – 𝒞 05 65 50 18 55 – www.lacuisinedumarchefigeac.com – Fermé dimanche et lundi midi

LA DÎNÉE DU VIGUIER

MODERNE • HISTORIQUE Dans cette adresse historique du centre-ville, le chef Grégory Tavan propose une cuisine de saison avec une touche de créativité. Côté cadre, c'est l'élégante salle des gardes du château, revue à la mode contemporaine.

⇦ 🕮 🏠 ♻ – Prix : €€

4 rue Boutaric – ☎ 05 65 50 08 08 – www.cite-hotels.com – Fermé lundi, du mardi au samedi à midi, et dimanche soir

LA RACINE ET LA MOELLE

MODERNE • BAR À VIN La cheffe Julie et son compagnon irlandais ont déjà conquis les Figeacois avec des assiettes modernes et savoureuses. Dressages sans chichis et cuissons impeccables se dégustent dans une ambiance conviviale et aussi nature que la jolie sélection de vins (le lieu fait aussi caviste). Carton plein !

🏠 – Prix : €€

6 rue du Consulat – ☎ 09 83 53 81 58 – Fermé lundi et dimanche, et mercredi soir

🛏 ### MERCURE FIGEAC VIGUIER DU ROY   *Plus*

ÉLÉGANCE TRADITIONNELLE De la charmante cour pavée aux tentures, en passant par le bistrot classique, cet hôtel de charme - autrefois une luxueuse résidence privée - est ancré dans l'histoire et la tradition locales. Les chambres sont simples et élégantes, avec des détails en pierre et en bois. L'esthétique s'articule autour de thèmes littéraires : bureaux anciens, calligraphies murales et lampes étudiées pour la lecture. Par temps chaud, l'hôtel dispose d'une piscine et d'une terrasse. Sinon, l'hôtel prête des vélos pour explorer les rues pavées de la ville et les petits cafés pittoresques.

& 🅿 🕭 🛏 ⌇ 🛋 ❙○ - 21 chambres – Prix : €

52 rue Émile Zola – ☎ 05 65 50 05 05

La Dînée du Viguier - Voir la sélection des restaurants

FILLÉ

✉ 72210 – Sarthe – Carte régionale n° **23**–C2

MAISON NIPA

MODERNE • CONTEMPORAIN Divine surprise que cette table ouverte par un couple de pros franco-philippin (lui au salé, elle au sucré) qui a décidé de nous régaler avec cette cuisine française bercée par les effluves de l'archipel aux 7107 îles, dit-on... Dans l'assiette, le voyage gustatif entre Sarthe et Philippine est garanti : Saint-Jacques, agrumes, choux et espuma d'orange sanguine et kalamansi ou encore cette poularde, patate douce, avocat banane. Si la maison n'arbore pas de toit en feuilles de palmier (c'est le sens de nippa), on aime cette salle moderne qui mélange avec habilité les matériaux et les codes (notes de bois, de nacre, de coco et de métal).

& ♻ 🅿 – Prix : €€€

13 rue des Gesleries – ☎ 02 43 87 40 40 – www.maisonnipa.fr – Fermé mardi et mercredi, et dimanche soir

LES FINS

✉ 25500 – Doubs – Carte régionale n° **6**–C2

CROQUE SAISON

DU MARCHÉ • CONTEMPORAIN Originaire du Mans, le chef a créé de toutes pièces cette maison en bois et verre, dont la terrasse offre une vue imprenable sur le val de Morteau. Les assiettes sont soignées, mettant en valeur des produits de superbe qualité (poissons, notamment), et le service est efficace. Venez croquer les saisons, vous ne le regretterez pas.

⇦ & 🏠 🅿 – Prix : €€

sous Les Sangles – ☎ 03 81 64 32 20 – croquesaison.fr – Fermé mercredi, et mardi et dimanche soir

FLAINE
✉ 74300 – Haute-Savoie

 TERMINAL NEIGE TOTEM *Plus*

DESIGN MODERNE Cet hôtel tendance, imaginé dans une veine industrielle (murs de béton nu), et qui s'affranchit avec panache des codes de l'hôtellerie (ainsi ces jeux d'arcade vintage dans la réception) offre un hébergement très confortable, augmenté d'un spa, avec massage et fitness, un bar et un service de restauration décontracté. Les suites disposent de petits coins salon.

& 🅿 🔊 🔟 🛜 🛁 🍴 - 96 chambres – Prix : €€

Flaine Forum – 𝒞 *04 30 05 03 40*

FLAYOSC
✉ 83780 – Var – Carte régionale n° **24**-C3

 LE NID

MODERNE • CONVIVIAL Une adresse tenue par des gens charmants : Emilie est aux petits soins avec ses clients, et le chef réalise une cuisine de saison, pleine de fraîcheur et de goût. Il privilégie les circuits courts, et les producteurs locaux. Une adresse qui fait le plein tous les jours. Un nid de gourmandise, à l'excellent rapport qualité/plaisir/prix...

& 🅰 – Prix : €€

37 boulevard Jean-Moulin – 𝒞 *04 98 09 57 62 – www.restaurantlenid-flayosc.fr – Fermé lundi, mardi et dimanche*

LE CIGALON

MODERNE • SIMPLE Une agréable maison, située en retrait du village de Flayosc. Elle en salle, lui en cuisine offrent à ce lieu une chaleur qui va au-delà de la gourmandise. Brandade de cabillaud et jambon cru grillé, daurade et légumes grillés, abricot rôti au miel... On dirait le Sud.

& 🍸 – Prix : €€

5 boulevard du Grand-Chemin – 𝒞 *04 94 68 69 65 – lecigalonflayosc.wixsite. com/site – Fermé mercredi et jeudi*

L'OUSTAOU

MODERNE • COSY Un ancien relais de poste de 1732, une atmosphère méridionale, un jeune couple sympathique, et une cuisine de saison généreuse et bien troussée, à l'instar de ce saltimbocca de veau à la sauge, tomate confite et polenta crémeuse : que demander de plus ? Peut-être de penser à prendre son temps sur la terrasse, face à la place du village...

🍸 – Prix : €€

5 place Joseph-Bremond – 𝒞 *04 94 70 42 69 – restaurantloustaou.wixsite.com/ flayosc – Fermé mardi et mercredi, et dimanche soir*

LA FLÈCHE
✉ 72200 – Sarthe – Carte régionale n° **23**-C2

LE MOULIN DES QUATRE SAISONS

MODERNE • CONTEMPORAIN Au centre de la ville, Cupidon semble veiller sur ce beau moulin du 17 e s. posé sur les eaux du Loir ! Un cadre enchanteur... pour une cuisine actuelle, rythmée par les saisons et accompagnée de beaux vins, certains d'Autriche – pays d'origine de la propriétaire.

🕊 🍴 & 🅰 🍸 🌳 🅿 – Prix : €€€

Rue Gallieni – 𝒞 *02 43 45 12 12 – www.moulindes4saisons.fr – Fermé lundi, et mercredi et dimanche soir*

FLERS

✉ 61100 – Orne – Carte régionale n° **17**–B2

AUBERGE DES VIEILLES PIERRES ⓝ

MODERNE • CONTEMPORAIN Sous l'égide d'un couple de professionnels attentionnés, cette auberge rénovée en 2020 a su conquérir le coeur des gourmands
de la région. Des recettes dans l'air du temps et bien réalisées, à déguster dans un
cadre moderne. Mention spéciale pour le chef pâtissier qui réalise des desserts
particulièrement savoureux, comme ce délice à la vanille, abricot poché au basilic,
crémeux basilic.

& ⅏ 🏠 ✿ 🅿 – Prix : €€

*169 Le Buisson Corblin – ☎ 02 33 65 06 96 – www.aubergedesvieillespierres.fr –
Fermé lundi et mardi, et dimanche soir*

FLEURIE

✉ 69820 – Rhône – Carte régionale n° **3**–E1

❀   ### AUBERGE DU CEP

Chef : Aurélien Merot

MODERNE • CHIC Inutile de présenter cette maison emblématique du Beaujolais,
devenue fameuse grâce au talent de la cheffe Chantal Chagny – 44 ans aux fourneaux, tout de même ! Son successeur, Aurélien Merot, s'inscrit dans une veine simi-
laire, alliance de finesse et de générosité. Il fait chanter le terroir régional (poulet
fermier de l'Ain cuisiné au vin de Fleurie, suprême farci au foie gras, la cuisse comme
un coq au vin en pâte) avec un travail particulier sur les jus et les sauces. Le rapport
qualité-prix se révèle excellent (le menu de midi est une affaire !) et l'on arrose le
repas d'une belle sélection de vins de la région.

🕸 – Prix : €€€

*Place de l'Église – ☎ 04 74 04 10 77 – www.aubergeducep.com – Fermé lundi et
dimanche*

FLEURY

✉ 11560 – Aude – Carte régionale n° **21**–B2

LA TULIPE NOIRE

MODERNE • AUBERGE Dans ce chai transformé avec goût, le chef et sa femme
suivent les saisons au plus près, notamment grâce à leur propre potager qui fournit l'essentiel des légumes que vous dégusterez ici. Derrière les intitulés de plats
volontairement simples se cache une cuisine finement technique qui revisite volontiers les classiques (pistou, soupe à l'oignon, tarte tatin).

🏠 – Prix : €€

*1 rue du Ramonétage – ☎ 04 68 46 59 80 – www.restaurant-tulipenoire.fr –
Fermé mardi et mercredi*

FLEURY-SUR-ORNE

✉ 14123 – Calvados – Carte régionale n° **17**–B2

AUBERGE DE L'ÎLE ENCHANTÉE

MODERNE • COSY L'ancien Chef de La Glycine (Bénouville) s'est installé dans cet
ancien bar de pêcheurs situé en bordure de l'Orne. Fidèle à l'esprit de la maison,
il propose une cuisine traditionnelle revisitée, qu'il fait évoluer au gré des saisons.
Du sérieux.

≼ & ✿ – Prix : €€

*1 rue Saint-André – ☎ 02 31 52 15 52 – www.ileenchantee.fr – Fermé lundi et
mardi, et dimanche soir*

LA FLOTTE – Charente-Maritime(17) → Voir Île de Ré

FLUMET
✉ 73590 – Haute-Savoie – Carte régionale n° **4**–F1

LE TOI DU MONDE
Chef : Stéphane Bertin

MODERNE • MONTAGNARD Située sur les hauteurs de Flumet, cette grange rénovée propose une cuisine moderne et savoureuse, aux visuels léchés. Les produits, dont certains issus de l'immense potager maison (un demi-hectare !) sont de saison et de qualité. Ce jour-là, délicieux tartare de saumon fumé maison et cabillaud rôti au beurre d'ail. Chambres confortables et concerts le samedi soir, tous les quinze jours. C'est très bon, convivial et dépaysant.

✿ L'engagement du chef : Nous sommes pleinement engagés dans une démarche durable. Notre potager nous permet de produire la majorité de nos légumes, nous élevons nos vaches à viande, produisons notre charcuterie et notre miel ; les autres produits viennent d'exploitations voisines. Le site est autonome en énergie thermique, neutre en carbone et équipé de bornes de recharge.

⇜ & 🏠 **P** – Prix : €€

Chemin des Zorgières – ℰ 04 79 10 63 53 – www.letoidumonde.com – Fermé lundi, mardi, du mercredi au vendredi à midi, et dimanche soir

FONDETTES
✉ 37230 – Indre-et-Loire – Carte régionale n° **8**–B2

✿ L'OPIDOM
Chef : Jérôme Roy

CRÉATIVE • CONTEMPORAIN De l'ambition, le chef Jérôme Roy n'en a jamais manqué comme l'atteste son beau parcours (Gagnaire et Troisgros notamment et une étoile gagnée au Couvent des Minimes à Mane-en-Provence par le passé). Né à Loches, il est de retour sur ses terres d'origine, épaulé en salle par son épouse. Dans un cadre contemporain, on découvre avec plaisir sa cuisine actuelle et créative, rythmée par les saisons, et qui s'appuie sur une sélection rigoureuse de très beaux produits : foie gras des Landes croustillant, gingembre confit, marinière de coquillages à la chlorella ; selle d'agneau rôtie aux épices douces, jus au citron vert, fondue de poivrons rouges, pulpe de mangue, gnocchi de Charlotte aux herbes fraîches ; gourmandise à la vanille, chocolat noir de Saint-Domingue, praliné à la pistache, parfums de rhum ambré.

& 🎀 ⇄ **P** – Prix : €€

4 quai de la Guignière – ℰ 02 47 35 81 63 – www.lopidom.fr – Fermé lundi et dimanche

😊 AUBERGE DE PORT VALLIÈRES
TRADITIONNELLE • CONTEMPORAIN L'agréable restaurant de Marie-Hélène et Bruno Leroux accueille les gourmands dans une jolie salle contemporaine. Une savoureuse cuisine d'inspiration tourangelle vous attend dans ce restaurant élégant et chaleureux, dont le chef affectionne les beaux produits : boudin blanc maison truffé, sauce poulette ; épaule d'agneau français de sept heures, jus au thym... Service attentionné et belle carte des vins. Quant à la cave, elle regorge de vins régionaux ! Une maison bien plaisante en somme, où l'on est toujours reçu avec un grand sourire.

🍽 🎀 🏠 ⇄ – Prix : €€

195 quai des Bateliers – ℰ 02 47 42 24 04 – www.auberge-de-port-vallieres.fr – Fermé lundi et mardi, et dimanche soir

FONTAINEBLEAU

✉ 77300 – Seine-et-Marne – Carte régionale n° **15**–C3

❀ **L'AXEL**

Chef : Kunihisa Goto

MODERNE • ÉLÉGANT Au cœur de Fontainebleau se cache ce restaurant sobre et chic où exerce un couple franco-japonais. Madame est en salle tandis que monsieur revisite la gastronomie française au plus près des saisons. Kunihisa Goto voue un culte sincère à la cuisine hexagonale, à ses vins et à ses produits emblématiques, du foie gras aux escargots. Formé à bonne école, il réinvente les classiques français avec un aplomb certain, à grand renfort de produits japonais – daikon, racines de lotus, algue nori, feuilles de shiso, bœuf wagyu... Sa variation sur l'œuf parfait est devenue un classique, accompagné de ravioles au comté, le tout parsemé de truffes. Vous retrouverez dans chaque plat ce souci graphique, cet équilibre et cette gourmandise. Service réactif et courtois.

🐜 🅐🅒 – Prix : €€€€

43 rue de France – 𝒞 01 64 22 01 57 – www.laxel-restaurant.com/fr –
Fermé lundi, mardi et mercredi midi

FUUMI

JAPONAISE • CONVIVIAL Ce restaurant japonais, situé dans le centre-ville de Fontainebleau n'est autre que l'annexe de l'Axel, le restaurant étoilé du chef patron Kunihisa Goto, et de son épouse Vanessa. En ce lieu convivial se dégustent plats traditionnels japonais, parfumés et généreux, mais aussi gyozas et ramen. Réservation (très) fortement conseillée.

🦽 🅐🅒 ⇆ – Prix : €€

39 rue de France – 𝒞 01 60 72 10 32 – www.restaurant-fuumi.com – Fermé lundi et dimanche

FONTAINE-DANIEL

✉ 53100 – Mayenne – Carte régionale n° **23**–C1

LA FORGE Ⓝ

MODERNE • TRADITIONNEL Nous voilà à Fontaine Daniel, très joli village chargé d'histoire, berceau des fameuses toiles de Mayenne. Face à un étang et à la forêt, ce restaurant est lui-même abrité dans l'ancienne dépendance d'une abbaye cistercienne, devenue au 19ᵉ s. le cœur de cette entreprise de textiles. Le chef William Blondel, qui est allé jusqu'en Nouvelle-Zélande, travaille les produits de saison avec justesse.

🍽 ⇆ – Prix : €€

8 place de l'Ondine – 𝒞 02 43 00 34 85 – www.laforge.restaurant – Fermé lundi et mardi, et dimanche soir

FONTAINE-DE-VAUCLUSE

✉ 84800 – Vaucluse – Carte régionale n° **25**–E1

PHILIP

TRADITIONNELLE • SIMPLE L'emplacement de ce restaurant est formidable. Au pied de la célèbre fontaine d'où jaillit la Sorgue, cette adresse sait jouer de ses charmes bucoliques. Père et fille (la maison est dans la famille depuis 1926) proposent une cuisine qui joue efficacement la carte de la tradition. Service souriant et efficace. Réservation obligatoire en saison.

⬉🍽 – Prix : €€

Chemin de la Fontaine – 𝒞 09 75 59 28 63

FONTENOY-LA-JOÛTE

✉ 54122 – Meurthe-et-Moselle – Carte régionale n° **12**–C2

L'IMPRIMERIE

MODERNE • CONVIVIAL Il était une fois un petit village connu pour sa passion du livre... Quoi de plus naturel que l'ancienne imprimerie se transforme en haut lieu de culture des sens ? Ici, on propose une cuisine moderne sous forme de menus surprises ; le chef aime à rôtir dans sa cheminée les pièces entières fournies par les éleveurs voisins...

&. 🅿 – Prix : €€

39 rue de la Division-Leclerc – ☏ 03 83 89 57 15 – www.restaurantlimprimerie. com – Fermé mardi et mercredi, et lundi soir

FONTEVRAUD-L'ABBAYE

✉ 49590 – Maine-et-Loire – Carte régionale n° **23**–C2

❁ ### FONTEVRAUD LE RESTAURANT

Chef : Thibaut Ruggeri

CRÉATIVE • DESIGN Au cœur de l'abbaye de Fontevraud, l'une des plus grandes cités monastiques d'Europe, se trouve le prieuré Saint-Lazare. Dans son cloître, devenu restaurant, le designer Patrick Jouin et l'architecte Sanjit Manku ont organisé la rencontre de l'épure monacale et des matériaux bruts, pour mieux laisser vibrer les plats du chef Thibaut Ruggeri. Ce dernier, Haut-Savoyard originaire de Megève, vainqueur du Bocuse d'Or 2013, a forgé sa foi chez les grands, de Michel Guérard à Georges Blanc. Apôtre du "beau et du bon" et de la biodynamie, il mise sur les produits du terroir local (volaille de Racan, pigeon d'Anjou...) et synchronise sa production potagère sur le calendrier lunaire. Délicieux programme !

❁ L'engagement du chef : Inscrit au cœur du projet Fontevraud - cité durable, le restaurant met tout en œuvre pour relever les défis du développement durable. Les produits que nous travaillons sont tous issus du terroir local ou du potager et des ruches de l'Abbaye Royale. Notre menu change à chaque lune, tous les 29 jours et demi, pour respecter au mieux le rythme des produits.

⇐ 🖐 &. 🏠 ✿ 🅿 – Prix : €€€€

38 rue Saint-Jean-de-l'Habit – ☏ 02 46 46 10 10 – www.fontevraud.fr – Fermé lundi, mardi et du mercredi au vendredi à midi

🛏 ### FONTEVRAUD L'HÔTEL   *Plus*

CLASSIQUE CONTEMPORAIN Cet hôtel, installé au sein même de la célèbre abbaye de Fontevraud, accueille les voyageurs dans un cadre unique, habilement mis en valeur à travers un style contemporain affirmé, dont la sobriété respecte parfaitement l'esprit monacal des lieux. Élégant et apaisant.

&. 🅿 🖐 ✪ 🄰 🍽 - 54 chambres – Prix : €

38 rue Saint-Jean-de-l'Habit – ☏ 02 46 46 10 10

✿ **Fontevraud Le Restaurant** - Voir la sélection des restaurants

FONTJONCOUSE

✉ 11360 – Aude – Carte régionale n° **21**–B3

❁❁❁ ### AUBERGE DU VIEUX PUITS

Chef : Gilles Goujon

CRÉATIVE • DESIGN L'aubergiste des Corbières : ainsi surnomme-t-on parfois Gilles Goujon, à qui l'on doit d'avoir placé le minuscule village de Fontjoncouse, dans l'Aude, sur la carte de la haute gastronomie française. Ses marques de fabrique ? La sincérité et le savoir-faire. Les habitués le savent, chacune de ses assiettes est faite avec le cœur. Goujon n'a pas son pareil pour s'effacer derrière le produit et le laisser s'exprimer dans toute sa simplicité : la marque des grands. On se contentera de citer son incontournable œuf "pourri" de truffes melanosporum avec purée de champignons, émulsion mousseuse à la truffe, briochine tiède et velouté : le plat superstar de la maison, à juste titre ! Le reste du repas est du même tonneau, précis et affirmé, soigné et généreux, jamais dans l'esbroufe : l'excellence, tout simplement.

🦟 ⇆ 🗓 🕮 ⇔ 🅿 – Prix : €€€€

5 avenue Saint-Victor – 𝒞 04 68 44 07 37 – www.aubergeduvieuxpuits.fr/fr –
Fermé lundi et mardi, et dimanche soir

FONT-ROMEU

✉ 66120 – Pyrénées-Orientales – Carte régionale n° **21**–A3

🙂 LA CHAUMIÈRE

CATALANE • AUBERGE Rangez les skis ! À l'entrée de la station, on ne résiste pas à cette sympathique chaumière où le bois domine. Au menu : une belle sélection de mets catalans et de vins régionaux. Le patron est un amoureux des bonnes choses (viandes de choix, légumes locaux) et a même créé... une cave à jambons !

🍽 ⇔ – Prix : €€

96 avenue Emmanuel-Brousse – 𝒞 04 68 30 04 40 – www.
restaurantlachaumiere.fr – Fermé lundi et mardi

FONTVIEILLE

✉ 13990 – Bouches-du-Rhône – Carte régionale n° **25**–E2

BELVÉDÈRE

MÉDITERRANÉENNE • CONTEMPORAIN Une bien jolie cuisine que celle du chef japonais Kohei Ohata, qui parvient à retranscrire avec justesse et saveurs les influences méditerranéennes des marchés environnants. Sa femme assure la partie dessert avec un vrai talent. C'est frais, parfumé et facturé au juste prix. Voilà une excellente adresse, un peu cachée dans l'hôtel Belesso - réservée aux gourmets, donc, et c'est très bien comme ça.

🕮 🍽 🅿 – Prix : €€

34 avenue des Baux – 𝒞 04 90 18 31 40 – www.hotelbelesso.fr – Fermé lundi,
mardi, du mercredi au samedi à midi, et dimanche soir

RELAIS DU CASTELET

PROVENÇALE • AUBERGE Véritable havre de paix, cet ancien relais de chasse cultive un esprit provençal et locavore : une cuisine copieuse et soignée essentiellement composée de viande et d'herbes du potager, complétés par les producteurs du coin. Pari réussi pour Jean-Baptiste Bert qui a remis au goût du jour ce mas familial qui l'a vu naître, et où il fait bon se gorger de soleil, entre les oliviers et les collines.

🍴 🗓 🕮 🍽 🅿 – Prix : €€

Mas le Castelet, quartier Montmajour – 𝒞 09 80 40 74 81 – lerelaisducastelet.fr –
Fermé lundi et dimanche, et du mardi au jeudi soir

🛏 VILLA REGALIDO   *Plus*

CLASSIQUE CONTEMPORAIN Ce vieux moulin à huile, blotti au cœur d'un jardin fleuri, rappelle les photos sépia de notre enfance. La plupart des chambres, sobres et élégantes, sont prolongées par un balcon... et l'on prend son petit-déjeuner sur une belle terrasse verdoyante.

🏊 🅿 🌳 🍷 🍴 🚲 ⛳ 🌀 🛎 🍴 - 18 chambres – Prix : €

118 avenue Frédéric Mistral – 𝒞 04 90 54 60 22

FORCALQUIER

✉ 04300 – Alpes-de-Haute-Provence

LA BASTIDE SAINT-GEORGES   *Plus*

CLASSIQUE CONTEMPORAIN Beaucoup de charme en ce domaine ! Les chambres sont décorées avec goût – et au naturel : bois, pierre, lin –, la plupart avec terrasse. Piscine, spa et massages. Idéal pour un séjour farniente décontracté.

🅿 🔊 🌐 🏡 ⏱ - 25 chambres – Prix : €€€€

Route de Banon (D 950) – ℰ 04 92 75 72 80

FOUDAY

✉ 67130 – Bas-Rhin – Carte régionale n° **10**–A2

 JULIEN

TRADITIONNELLE · ÉLÉGANT Personnel en costume traditionnel, décor typique des Vosges (tout en bois) : on célèbre ici le folklore local dans ce qu'il a de meilleur. Dans une ambiance animée mais raffinée, on dévore de goûteuses – et copieuses – préparations régionales : choucroute, rognons et ris de veau, bouchées à la reine... Réjouissant, tout comme les chambres, le parc et le beau spa de l'hôtel.

↩ 🛏 ♿ 🗚 🍴 🅿 – Prix : €€

Route de Strasbourg – ℰ 03 88 97 30 09 – www.hoteljulien.fr/fr – Fermé mardi midi

FOUESNANT

✉ 29170 – Finistère – Carte régionale n° **7**–B2

LA POINTE DU CAP COZ

MODERNE · CONTEMPORAIN Une petite maison blanche qui semble posée sur l'océan... C'est là, presque au bout du monde, qu'on apprécie la cuisine de ce chef. Elle valorise les produits de la pêche et du terroir, avec des présentations soignées, à l'image de lapin fermier farci, brick de pommes de terre, carottes à l'orange.

≼ ♿ ⇆ – Prix : €€

153 avenue de la Pointe, au Cap Coz – ℰ 02 98 56 01 63 – www.hotel-capcoz.com – Fermé lundi, mardi midi et dimanche soir

FOUGÈRES-SUR-BIÈVRE

✉ 41120 – Loir-et-Cher – Carte régionale n° **8**–A1

AVARUM 🆕

MODERNE · CONTEMPORAIN Point besoin de parler latin pour s'installer dans la salle flambant neuve de ce restaurant qui fait face au château médiéval. Mais on a le droit d'être gourmand (avarum en latin) pour fêter les produits locaux (comme le porc roi rose de Touraine) apprêtés avec soin par un jeune chef totalement investi dans son art ! Équipe en salle dynamique et sympathique.

♿ 🗚 🍴 – Prix : €€

31 rue de l'Église – ℰ 09 51 98 54 65 – www.avarumrestaurant.fr – Fermé lundi et mardi

FRÉJUS

✉ 83600 – Var – Carte régionale n° **24**–C3

 L'AMANDIER

MODERNE · COSY Tartare d'avocat et crevettes, relevé au xérès ; épaule d'agneau confite, jus tomaté au romarin ; riz au lait à la vanille... Les jolies recettes proposées par ce couple charmant ont l'accent méridional. Une excellente adresse à prix sages !

AK – Prix : €€

19 rue Marc-Antoine-Désaugiers – 𝒞 04 94 53 48 77 – www.restaurant-lamandier-frejus.com – Fermé dimanche, et lundi, mercredi et vendredi midi

FRÉLAND

✉ 68240 – Haut-Rhin – Carte régionale n° **10**–C2

RESTAURANT DU MUSÉE

MODERNE • RUSTIQUE Dans cet ancien moulin posé au bord de l'Ure, la cuisine d'Alain Schmitt incarne à merveille l'âme alsacienne sur son versant savoureux... Ses recettes, au goût du jour, mettent en avant le terroir et revisitent habilement la tradition. C'est simple et gourmand, et c'est surtout maîtrisé de bout en bout.

&⚲ – Prix : €€

2 rue de la Rochette – 𝒞 03 89 47 24 18 – www.restaurantmusee.fr – Fermé lundi, et mercredi et dimanche soir

LE FRENZ

✉ 68820 – Haut-Rhin – Carte régionale n° **12**–C3

LES QUATRE SAISONS

MODERNE • COSY Christelle aux fourneaux ; Frédéric choisissant avec soin de jolis crus... Ce couple à la ville forme ici un duo gourmand et gagnant. Dans ce chalet douillet, on se régale d'une délicieuse cuisine de saison, sans fausse note !

⅋ ⇐🏠🅿 – Prix : €

3 route du Frenz – 𝒞 03 89 82 28 61 – www.hotel4saisons.com – Fermé mardi, mercredi, et lundi et jeudi à midi

FRICHEMESNIL

✉ 76690 – Seine-Maritime – Carte régionale n° **17**–D1

AU SOUPER FIN

Chef : Eric Buisset

MODERNE • COSY Depuis trois décennies, le chef et propriétaire Éric Buisset et son épouse Véronique régalent avec une probité sans pareille ! Les fidèles en témoignent : voici une enseigne qui ne ment pas. Dans ce charmant village du pays de Caux, on vous sert un fin frichti de saveurs réfléchies, concocté à base de beaux produits très frais : foie gras de canard d'un éleveur local, saint-pierre de pêche côtière dieppoise, pommes de vergers normands, coquilles Saint-Jacques d'exception... Natif du Nord, Normand par amour, le chef ne triche pas avec le bon goût des choses. Sans oublier de jolies petites chambres, pour ceux qui souhaitent prolonger le plaisir.

⅋ ⇐🏠⚲ – Prix : €€€

1 route de Clères – 𝒞 02 35 33 33 88 – www.souperfin.fr – Fermé lundi, mardi, mercredi midi et dimanche soir

FRONTIGNAN

✉ 34110 – Hérault – Carte régionale n° **21**–C2

IN-FINE ⓝ

MODERNE • CONTEMPORAIN Voilà un chef qui n'hésite pas à payer de sa personne : dans son restaurant du centre-ville de Frontignan, le chef Grégory Doucet a choisi de privilégier un approvisionnement régional (notamment avec des poissons issus de la pêche locale) et multiplie les allers-retours entre sa cuisine ouverte et ses clients, faisant assaut de pédagogie à chaque plat. Sa cuisine savoureuse évolue entre terroir et modernité, avec le goût comme fil conducteur.

&. 🅰 – Prix : €€

2 rue de l'Hôtel-de-Ville – ℰ 07 77 95 02 11 – infinerestaurant. fr – Fermé dimanche

FUISSÉ

✉ 71960 – Saône-et-Loire – Carte régionale n° **5**–C3

✿ L'O DES VIGNES

Chef : Sébastien Chambru

MODERNE • CONTEMPORAIN Cette bâtisse en pierre du Mâconnais embrasse un paysage de vignes, qui court jusqu'à la Roche de Solutré. Elle accueille un Bourguignon du cru, Sébastien Chambru, qui a fait un passage remarqué au Moulin de Mougins, avant de s'envoler pour le Japon : à Tokyo, il est subjugué par le respect que les chefs nippons témoignent au produit. Auteur de plusieurs livres de cuisine, il cisèle aujourd'hui à Fuissé une cuisine légèrement créative, tout en finesse et en précision et dont l'inspiration change en fonction de l'arrivage. Dans le petit bar à vins adjacent, plats canailles et crus canons sont à l'ardoise. Aux beaux jours, service sur l'agréable terrasse-patio.

🕸 &. 🍴 – Prix : €€€

129 rue du Bourg – ℰ 03 85 38 33 40 – www.lodesvignes.fr/fr – Fermé mardi et mercredi, et dimanche soir

FURSAC

✉ 23290 – Creuse – Carte régionale n° **19**–B1

😊 NOUGIER

TRADITIONNELLE • CLASSIQUE Depuis trois générations, cette réjouissante auberge cultive l'art du bon accueil et du bien manger. Le chef concocte des plats soignés, entre tradition et modernité, comme autant d'hommages aux saisons. Alors, attablez-vous et commandez en confiance.

⟿ 🍴 🏵 ❖ 🅿 – Prix : €€

2 place de l'Église – ℰ 05 55 63 60 56 – www.hotelnougier.fr – Fermé lundi, mardi midi et dimanche soir

FUVEAU

✉ 13710 – Bouches-du-Rhône

🛏 DOMAINE RAMPALE   *Plus*

DESIGN MODERNE À mi-chemin entre Marseille et Aix, au calme d'un grand domaine arboré, on profite d'une villa aux chambres spacieuses et de deux lodges indépendants. Très belle piscine et solarium, salle de sport.

🅿 ⟿ 🍴 ⌇ 🛁 🕴 - 5 chambres – Prix : €

19 chemin de Fina, par chemin du Bœuf – ℰ 04 42 38 05 87

LA GACILLY

✉ 56200 – Morbihan – Carte régionale n° **7**–C2

LES JARDINS SAUVAGES - LA GRÉE DES LANDES

Chef : Fabien Manzoni

MODERNE • CONTEMPORAIN La Grée des Landes, hôtel écolo made by Yves Rocher, se devait d'avoir un restaurant en accord avec ses principes. Ces Jardins Sauvages, nés en 2009, proposent une cuisine fraîche où traçabilité et produits locavores (potager bio) dominent.

✿ **L'engagement du chef :** Entièrement éco-conçu avec des matériaux naturels, notre restaurant est certifié bio à 100% depuis 2013. Notre politique d'achats est locavore (dans un rayon de 70 km autour du restaurant) et nous gérons un potager bio. L'ensemble de nos déchets est traité et recyclé et nous avons un système de chauffage biomasse.

⇐ & 🖨 ⇔ 🅿 – Prix : €€

Cournon – 𝒞 02 99 08 50 50 – www.lagreedeslandes.com/fr – Fermé dimanche midi et samedi soir

LA GRÉE DES LANDES   *Plus*

CLASSIQUE CONTEMPORAIN Dans ce haut lieu de la cosmétique nature, voici un hôtel écologique tourné vers le bien-être. A l'orée du ravissant village, un paysage sauvage et paisible composé de landes, de bois et de fleurs des champs constitue le cadre parfait. Cette ode à l'environnement se retrouve dans l'architecture moderne drapée de bois et 100% verte de l'hôtel (collecte de l'eau de pluie, panneaux solaires, chauffage au bois...). Mais aussi au spa, qui utilise exclusivement des produits à base de plantes. Vous pourrez réserver une suite botanique au milieu des fleurs ou une cabane dans les arbres.

🅿 🔈 🚪 🌐 🦢 🛎 🍽 - 29 chambres – Prix : €

Les Tablettes-Cournon – 𝒞 02 99 08 50 50

Les Jardins Sauvages - La Grée des Landes - Voir la sélection des restaurants

GAILLAC

✉ 81600 – Tarn – Carte régionale n° **22**–C2

VIGNE EN FOULE

MODERNE • CONVIVIAL Un sympathique bar-restaurant qui propose une belle cuisine de bistrot revisitée, et quelques plats de viande à partager (cochon de lait, côte de veau...). Des assiettes modernes et gourmandes (notons l'excellente raviole ouverte de bœuf) qu'on déguste sur l'agréable terrasse dès le printemps. Quant à la cave, elle vous fera fait tourner la tête : près de 300 choix de vin !

🕸 & 🅺 🖨 ⇔ – Prix : €€

80 place de la Libération – 𝒞 05 63 41 79 08 – vigneenfoule.fr – Fermé dimanche

GALAN

✉ 65330 – Hautes-Pyrénées – Carte régionale n° **22**–A3

SANDIKALA

Chef : Luke MacLeod

MODERNE • MAISON DE CAMPAGNE L'australien Luke MacLeod et son épouse tarbaise ont jeté leur dévolu sur cette ancienne ferme qu'ils ont rénové avec goût dans une veine champêtre et raffinée. Le chef concocte une délicieuse cuisine de saison qui marie les produits du terroir aux saveurs d'ailleurs.

🕸 **L'engagement du chef :** Nous travaillons main dans la main avec un groupe de producteurs de fruits et légumes bio dans un rayon de 30 km autour du restaurant. La volaille, le bœuf, l'agneau et le porc viennent de petites exploitations des Hautes Pyrénées, tout comme les truites. Nous proposons un seul menu, ce qui aide à lutter contre le gaspillage. Nous avons un grand jardin aromatique et un petit potager, les deux irrigués par notre puits et nourris par le compostage des restes de légumes.

🕸 🚪 & 🅿 – Prix : €€

9 rue de la Barsogue – 𝒞 05 62 49 27 25 – www.sandikala.com – Fermé du lundi au mercredi et jeudi midi

GAMBAIS

✉ 78950 – Yvelines – Carte régionale n° **15**–A2

RUCHE 🆕

Cheffe : Cybèle Idelot

CRÉATIVE • AUBERGE En lisière de la forêt de Rambouillet, la cheffe Cybèle, qui oeuvre déjà à sa table boulonnaise éponyme, a craqué pour ce domaine de 1850

où elle peut désormais cultiver en permaculture tout ce qu'elle souhaite cuisiner... L'assiette privilégie donc la fraîcheur et le végétal, les fermentations et les circuits courts pour le reste. Pain, beurre et yahourt sont réalisés maison ! La déco, quant à elle, tire du côté scandinave. Joli carte des vins orientée biodynamie et nature. 5 jolies chambres, parfaites pour un weekend de silence et de bien-être.

❀ **L'engagement du chef :** Le restaurant Ruche est au cœur d'un domaine d'un hectare de parc arboré. Le potager en permaculture avec ses buttes, son mandala, sa serre et sa forêt fruitière alimente la table de la cheffe Cybèle Idelot. Les viandes viennent des fermes voisines et les poissons de ligne de l'Île d'Yeu. La philosophie zéro déchet implique l'utilisation du produit entier (fanes, feuilles...) et des techniques de conservation (fermentation). Les vins sont en biodynamie ou «nature».

🕸 🎟 🅿 – Prix : €€€

Domaine les Bruyères, 251 avenue de Neuville – ☎ 01 34 83 19 66 – domainelesbruyeres.com/ruche-le-restaurant – Fermé du lundi au mercredi, jeudi midi et dimanche soir

GAMBSHEIM
✉ 67760 – Bas-Rhin – Carte régionale n° **10**–B1

FLEUR DE SUREAU
MODERNE • CONTEMPORAIN Cette Fleur de Sureau a poussé face à la gare ! À ceci près que son jardinier est un chef qui a fait ses classes auprès de Jean-Georges Klein, à l'Arnsbourg, et qu'il y réalise une cuisine actuelle à base de beaux produits de saison. Le soir, carte plus sophistiquée.

🕭 🎟 ❀ – Prix : €€

22 rue du Chemin-de-Fer – ☎ 03 88 21 85 22 – fleurdesureau.fr – Fermé mardi, mercredi et samedi midi

LA GARDE
✉ 48200 – Lozère – Carte régionale n° **21**–B1

LE ROCHER BLANC
MODERNE • TENDANCE Une auberge campagnarde et... branchée ! Le chef, fan de déco, aime bousculer les habitudes, dans le décor – aux styles mêlés – comme dans l'assiette. À la carte : goût du terroir et zeste d'audace (raviole d'escargots aux herbes et crème de pélardon, matelote de sandre au vin rouge et carottes confites, baba exotique...). Une réussite !

🕸 🛏 🎟 🏠 🅿 – Prix : €

Route du Gévaudan – ☎ 04 66 31 90 09 – www.lerocherblanc.com – Fermé les midis

LA GARENNE-COLOMBES
✉ 92250 – Hauts-de-Seine – Carte régionale n° **15**–B1

🐸 ### LE SAINT JOSEPH
MODERNE • BISTRO Dans ce bistrot de quartier, mijote une goûteuse cuisine au goût du jour, déclinée sous forme d'un menu-carte, imaginé par le chef Benoît Bordier, passé par les Régalade de Bruno Doucet et étoilé à Jean (Paris 9). On se régale dans une ambiance familiale, jusqu'à la petite carte des vins, mettant en avant des femmes vigneronnes. Un coup de cœur.

🎟 🏠 – Prix : €€

100 boulevard de la République – ☎ 01 42 42 64 49 – lesaintjoseph-restaurant. fr – Fermé lundi, dimanche et samedi midi

GARGAS

✉ 84400 – Vaucluse – Carte régionale n° 25–E1

LES VIGNES ET SON JARDIN

TRADITIONNELLE • ÉLÉGANT Dans le bistrot chic ou dans le jardin au milieu du vignoble l'été... Un fil très rouge, donc, pour cette adresse gourmande : le travail des saisons et le sens du terroir – au sein d'un hôtel qui vaut le coup d'œil !

⬦ 🕮 ⬦ 🅰 🍴 🅿 – Prix : €€€

Hameau Le Perrotet – 🕾 *04 90 74 71 71 – coquillade.fr*

COQUILLADE - PROVENCE VILLAGE   *Plus*

DESIGN MODERNE Un hameau provençal dont les origines remontent au 11e s. : tel est le cadre de ce luxueux domaine hôtelier. Les chambres, réparties au sein de petits mas provençaux, expriment la quintessence des lieux (vieilles pierres, charpentes). On profite même d'un superbe spa... Vendange de plaisirs !

⬦ ⬦ 🅿 ⬦ ⬦ 🕮 🚲 ⬦ 📶 🛖 🖾 🍴 - 63 chambres – Prix : €€€

Le Perrotet – 🕾 *04 90 74 71 71*

Les Vignes et son Jardin - Voir la sélection des restaurants

LA GARNACHE

✉ 85710 – Vendée – Carte régionale n° 23–A3

LE PETIT SAINT THOMAS

MODERNE • TRADITIONNEL Ce sympathique restaurant familial accueille de nombreux habitués. Côté papilles, le chef, aux fourneaux depuis plus de vingt ans, mitonne des recettes plutôt traditionnelles parfois revisitées avec des petites touches exotiques (curry, soubressade, nori, mafé, coco).

⬦ 🅰 🍴 – Prix : €€

25 rue de Lattre-de-Tassigny – 🕾 *02 51 49 05 99 – www.restaurant-petit-st-thomas.com – Fermé lundi et mardi, et dimanche soir*

GARONS

✉ 30800 – Gard – Carte régionale n° 21–D2

🏵 🏵 MICHEL KAYSER - RESTAURANT ALEXANDRE

Chef : Michel Kayser

MODERNE • ÉLÉGANT Son site Internet annonce la couleur : "les mets peuvent évoluer selon l'arrivage de produits frais et l'inspiration du chef". Tout est dit ! Entre Nîmes et Arles, au sein d'un parc peuplé de cèdres centenaires, Michel Kayser fait ce qu'il sait faire de mieux : cuisiner avec le cœur, magnifier les produits, utiliser sa palette technique à bon escient pour susciter l'émotion des voyageurs de passage... C'est bien simple : dans le département, aucun chef ne célèbre le Sud avec autant de précision, avec autant d'aplomb. Huîtres Tarbouriech et coquillages en gelée de cardamome, ou encore tielle de Sète aux coudes de homards et crabes, encornets de Méditerranée et gambero rosso... Un cortège de produits méditerranéens, terre et mer confondues, et un authentique régal pour nos papilles ouvertes aux quatre vents. Avec la patte d'un chef pareil, cet Alexandre est assurément grand.

🕊 🕮 ⬦ 🅰 🍴 ⬦ 🅿 – Prix : €€€€

2 rue Xavier-Tronc – 🕾 *04 66 70 08 99 – www.michelkayser.com – Fermé lundi et mardi, et mercredi et dimanche soir*

LE MAS DE L'ESPÉRANCE   *Plus*

ÉLÉGANCE TRADITIONNELLE Dans un parc environné de pins, d'oliviers et d'arbres fruitiers – les propriétaires sont aussi arboriculteurs –, cette auguste demeure de 1780 vaut le coup d'œil ! Beaux volumes, esprit cosy, terrasses privatives dans chaque chambre, et même un lodge indonésien avec bain à remous privatif...

🅿 ♨ ⛤ ⅋○ - 5 chambres – Prix : €

Chemin de l'Espérance – 𝒞 04 66 70 01 51

GASNY

✉ 27620 – Eure – Carte régionale n° **15**–A1

AUBERGE DU PRIEURÉ NORMAND

TRADITIONNELLE • **AUBERGE** Depuis La Roche-Guyon, en suivant les boves crayeuses, votre route vous mènera à Gasny, où cette auberge familiale anime joliment la place centrale. Produits de qualité, sauces sapides, saveurs franches : la cuisine du chef – un sérieux professionnel – est généreuse et soignée !

🍽 ♧ – Prix : €€

1 place de la République – 𝒞 02 32 52 10 01 – www.aubergeduprieurenormand. com – Fermé mardi et mercredi

GASSIN

✉ 83580 – Var – Carte régionale n° **24**–C3

BELLO VISTO

TRADITIONNELLE • **AUBERGE** Gassin – dont le nom provient de l'expression Guardia Sinus , le gardien du golfe – est un ancien village sarrasin, occupé par les Maures jusqu'au 10 e s. Après avoir trouvé la maison, sur la place des "Barri", installez-vous sur la superbe terrasse et profitez de la vue sur le golfe de Saint-Tropez et sur les sommets alpins... On vient ici se régaler des spécialités maison (mitonnée de petits poulpes de roche, gnocchis à la truffe, soufflé au Grand Marnier) réalisées par un chef expérimenté et passionné, originaire de la région : sa grand-mère a vécu dans ce village ! Une très bonne table, avec quelques chambres pour l'étape.

🐾 Ⓜ 🍽 – Prix : €€€

Place des Barrys – 𝒞 04 94 56 17 30 – bellovisto.eu

CLUB L'INDOCHINE BY THE DUC NGO

FUSION • **LUXE** Nouveau concept de cuisine fusion asiatique par le chef Jimmy Coutel en collaboration avec le célèbre chef berlinois The Duc Ngo. Les assiettes sont généreuses, les recettes maîtrisées et ajustées avec soin au palais européen, à partir de bons produits locaux. En témoigne le carré d'agneau de Sisteron recouvert d'une fine chapelure de flocons de panko croustillants... La vue imprenable sur le golfe de Saint-Tropez, elle, n'a pas changé!

🐾 ⛷ Ⓜ 🍽 🅿 – Prix : €€€€

Boulevard des Crêtes – 𝒞 04 94 55 97 88 – www.althoffcollection.com/fr/althoff-villa-belrose/club-lindochine – Fermé les midis

LA TABLE DU MAS

TRADITIONNELLE • **ÉLÉGANT** À l'abri du tumulte tropézien, cette élégante bastide du 17 e s. célèbre au quotidien les trésors méditerranéens – loup, rouget, saint-pierre, poulpe – mais aussi les savoureux légumes de la région ; la carte va à l'essentiel au rythme des saisons, et se révèle en parfaite harmonie avec l'esprit de la maison, entre luxe et authenticité. Belle terrasse sous la tonnelle.

♨ 🍽 🅿 – Prix : €€€

2 chemin du Chastelas, quartier Bertaud – 𝒞 04 94 56 71 71 – chastelas.com/ – Fermé les midis

LA VERDOYANTE

TRADITIONNELLE • CONTEMPORAIN Posée au cœur des vignes, cette ancienne ferme rustique jouit d'un très beau panorama... Mais la Verdoyante ne serait rien sans la passion du couple qui en tient les rênes ! Dans un décor coquet ou sur la charmante terrasse, on se régale d'une délicieuse cuisine provençale aux parfums de garrigue.

⇐ & 🏠 ✿ 🅿 – Prix : €€

866 chemin vicinal Coste-Brigade – 𝒞 04 94 56 16 23 – www.la-verdoyante.fr – Fermé lundi et mardi midi

KUBE ST-TROPEZ   *Plus*

CLASSIQUE CONTEMPORAIN En lisière de la célèbre station balnéaire, cet hôtel de luxe moderne rappelle de la meilleure façon les années de gloire du milieu du siècle dernier. Les chambres se déclinent en trois styles : les Blanches, dans le bâtiment principal, les Bois, dans les jardins, tandis qu'Ibiza, côté terrasse et piscine, affiche un air plus bohème. Le spa et le centre de bien-être sont irréprochables.

& 🛥 🅿 ⌂ 🔊 🛏 🔟 🌐 ♨ 🛗 🔟 - 43 chambres – Prix : €€€€

319 route du Littoral – 𝒞 04 94 97 20 00

MAS DE CHASTELAS   *Plus*

CLASSIQUE CONTEMPORAIN Par sa situation privilégiée dans les collines de Gassin, cette demeure aristocratique du 18ᵉ s. représente la quintessence de l'atmosphère de Saint-Tropez. Les chambres et les suites sont réparties entre la bastide d'origine et deux villas plus récentes. Les chambres de la bastide ont préservé l'ambiance d'origine, tandis que les chambres des villas sont plus contemporaines ; toutes sont luxueuses et pleines de caractère. Grand parc, courts de tennis, pitching green, piscine extérieure chauffée, service de navette vers les plages ou la ville, bar à champagne et à cocktails.

🛥 🅿 ⌂ 🔊 🛏 🔟 🔟 - 23 chambres – Prix : €€€

2 chemin du Chastelas – 𝒞 04 94 56 71 71

La Table du Mas - Voir la sélection des restaurants

VILLA BELROSE

CLASSIQUE CONTEMPORAIN Ce "resort" ressemble plus à une résidence qu'à un hôtel : vaste, décoré d'une façon extravagante, avec tout le luxe rêvé. Les chambres sont de style contemporain, avec air et lumière à profusion pour une atmosphère de bord de mer. Chaque chambre possède sa propre terrasse, spacieuse, certaines avec vue sur la baie de St-Tropez, d'autres côté jardin. Salles de conférence, salle de fitness et piscine chauffée en extérieur. Une immense villa colorée et lumineuse qui semble tutoyer le soleil...

& 🛥 🅿 🔊 🛏 🚲 🔟 🌐 🛗 🔟 - 40 chambres – Prix : €€€

Boulevard des Crêtes – 𝒞 04 94 55 97 97

Club L'Indochine by The Duc Ngo - Voir la sélection des restaurants

GAUJAC

✉ 30330 – Gard – Carte régionale n° **21**–D2

LA MAISON

MODERNE • BISTRO On se sent bien, un peu comme à La Maison, dans cette ancienne demeure de vignerons ! Dans les salles, magnifiques écrins de pierre, on savoure une goûteuse cuisine du marché, réalisée par madame. Monsieur, lui, s'occupe de la belle sélection de vins qui comprend notamment des crus du village. Le tout à petits prix.

🍴 & 🏠 – Prix : €€

1 rue du Presbytère – 𝒞 04 66 39 33 08 – www.lamaison.gaujac.com – Fermé samedi et dimanche, et mercredi soir

GAZERAN

✉ 78125 – Yvelines – Carte régionale n° **15**–A2

VILLA MARINETTE

MODERNE • ÉLÉGANT Cette ancienne auberge cache un intérieur moderne, entièrement remanié dans des tons noir et jaune, avec parquet clair et motifs végétaux... et toujours une agréable terrasse dressée dans le joli jardin clos. On y déguste une cuisine au goût du jour rythmée par les saisons, signée par un chef respectueux du produit.

🖛&🛋️🔄 – Prix : €€€

20 avenue du Général-de-Gaulle – 🕾 01 34 83 19 01 – www.villamarinette.fr –
Fermé lundi et mardi, et dimanche soir

GÉMENOS

✉ 13420 – Bouches-du-Rhône – Carte régionale n° **24**–B3

✿ LA MAGDELEINE - MATHIAS DANDINE

Chef : Mathias Dandine

MÉDITERRANÉENNE • ÉLÉGANT Mathias Dandine a réalisé son rêve de gamin en devenant le chef de cette superbe maison de maître du 18ᵉ s., située au cœur d'un domaine aux arbres centenaires, loin des bruissements urbains. Le chef se révèle en parfaite harmonie avec l'âme des lieux, et célèbre la Provence avec un talent époustouflant. Sa cuisine méditerranéenne épurée, sans chichi ni tralalas, se moque bien d'épater les foodistas. Derrière l'apparente simplicité, ses recettes révèlent une grande maîtrise des cuissons, textures et équilibres des saveurs. Quand viennent les beaux jours, profitez de la terrasse ombragée aux essences méditerranéennes.

🕸 🖛🛋️🔄🅿 – Prix : €€€€

2 rond-point des Charrons – 🕾 04 42 32 20 16 – www.relais-magdeleine.com –
Fermé lundi et dimanche

🙂 LES ARÔMES

DU MARCHÉ • MÉDITERRANÉEN Dans cette maison des années 1930 cernée par les arômes de la Provence officient Françoise Besset, indéfectible hôtesse, et son époux Yannick. Celui-ci creuse avec réussite le même sillon : une âme d'aubergiste, un alliage de fraîcheur et d'inventivité. Une cuisine régionale à déguster dans l'une des charmantes petites salles à manger ou sur la véranda terrasse aux beaux jours, face à un jardin planté d'oliviers. Une table exemplaire.

🆎🛋️🔄 – Prix : €€

230 avenue du 2ème-Cuirassier – 🕾 09 80 73 06 60 – www.lesaromesgemenos.
fr – Fermé lundi et dimanche, et mardi et mercredi soir

🛏 LA MAGDELEINE - MATHIAS DANDINE   *Plus*

ÉLÉGANCE TRADITIONNELLE Tout enchante, dans cette demeure provençale datant du 18ᵉ s. : cheminées anciennes, mobilier de style, tomette vernissée au sol, jusqu'au parc alentour avec ses platanes séculaires... Une plongée dans l'histoire et un séjour délicieux.

🅿🛁🖛🎣🍴 - 28 chambres – Prix : €€€€

40 avenue du 2ᵉ Cuirassier – 🕾 04 42 32 20 16

✿ **La Magdeleine - Mathias Dandine** - Voir la sélection des restaurants

GÉNÉRAC

✉ 30510 – Gard – Carte régionale n° **21**–D2

L'INSTANT DU SUD

MODERNE • COSY Une jolie maison en pierre au cœur de ce village proche du Parc naturel régional de Camargue. Une terrasse sous les canisses, une petite salle à l'atmosphère intime : l'endroit est accueillant et les assiettes du chef achèvent de nous séduire. Bien tournées et actuelles, elles révèlent un excellent rapport qualité-prix !

& 🅰 🍴 – Prix : €

39 Grand-Rue – ☏ 04 66 02 03 93 – www.instantdusud.fr – Fermé lundi et dimanche, et du mardi au jeudi soir

GENESTON

✉ 44140 – Loire-Atlantique – Carte régionale n° **23**–B2

LE PÉLICAN

MODERNE • CONVIVIAL Olivier Guenoun, chef de cette affaire familiale depuis 2010, prépare une cuisine dans l'air du temps autour d'un menu-carte ponctué de suggestions du jour, au gré du marché. À l'image des locaux habitués du Pélican, ouvrez grand le bec pour découvrir un grand classique régional : le gâteau nantais, ici revisité avec ananas rôti et sorbet mojito !

& 🅰 – Prix : €€

13 place Georges-Gaudet – ☏ 02 40 04 77 88 – www.restaurantlepelican.fr – Fermé lundi et dimanche

GÉRARDMER

✉ 88400 – Vosges – Carte régionale n° **12**–C3

LES BAS-RUPTS

CLASSIQUE • ÉLÉGANT Sur les hauteurs de Gérardmer, un imposant chalet qui abrite une hostellerie tenue par la même famille depuis 5 générations. On y déguste une cuisine classique revisitée, à connotation régionale, avec par exemple cette potée lorraine servie comme un pâté en croute ou ce mignon de sanglier et ses tofailles de patate douce. Superbe carte des vins.

🏖 ⬅ 🛎 & 🅰 🍴 🅿 – Prix : €€€

181 route de la Bresse, les Bas-Rupts – ☏ 03 29 63 09 25 – www.bas-rupts.com/fr – Fermé du lundi au mercredi à midi

LA P'TITE SOPHIE

MODERNE • COSY Avec son cadre boisé et contemporain, met en valeur une cuisine saisonnière du marché. Outre l'accueil particulièrement sympathique, on aime la généreuse panna cotta de butternut et sa crème fouettée au persil ; quant à la crème brûlée aux bonbons des Vosges de La P'tite Sophie, réalisée dans les règles de l'art, elle a tout d'une grande !

& 🅰 – Prix : €€

40 rue Charles-de-Gaulle – ☏ 03 29 41 76 96 – www.compagnie-des-hotels-des-lacs.fr/fr – Fermé lundi, et jeudi et dimanche soir

LA TABLE DU ROUAN

MODERNE • BRASSERIE Julien Jeanselme, chef concerné et accueillant, réalise une cuisine franche et fraîche, dont l'ancrage régional n'interdit pas les clins d'œil, notamment à la Provence (il affectionne la soupe de poissons), ou les hommages – ici à l'arrière-grand-père, étoilé... en 1936! - avec la terrine de montagne "Ernest Jeanselme". Une valeur sûre.

& – Prix : €€

2 boulevard de la Jamagne – ☏ 03 29 63 36 86 – www.jamagne.com – Fermé lundi et mardi à midi

LES BAS-RUPTS *Plus*

ÉLÉGANCE TRADITIONNELLE Un parfait décor pour un séjour de charme à la montagne : boiseries, cheminées, salons confortables, objets anciens, tableaux, piscine intérieure, etc. – sans compter l'accueil exquis. On ne peut quitter les lieux sans nostalgie...

& **P** ⌂ ⌂ ⌂ 🚗 ⌂ 🕌 🍴 - 29 chambres – Prix : €€

181 route de la Bresse – ☎ 03 29 63 09 25

Les Bas-Rupts - Voir la sélection des restaurants

GESTÉ

✉ 49600 – Maine-et-Loire – Carte régionale n° **23**–B2

❀ **LE 1825 - LA TABLE GASTRONOMIQUE**

MODERNE • **ÉLÉGANT** Perdu dans la campagne, ce petit château du 19ᵉ ouvre le soir une table élégante emmenée par un jeune chef au parcours éloquent, de Daniel Boulud à New-York à Yannick Alléno à Courchevel. Il régale avec une partition remarquable où la technique fait honneur à des produits irréprochables. Le pigeonneau (parfaitement cuit rosé), lentilles vertes du Puy et barbajuan, avec son excellent jus au vinaigre fumé, donne le sourire. Le décor n'est pas en reste, à l'image de l'immense salle à manger aménagée dans l'ancienne orangerie, qui cumule hauteur sous plafond, pierres apparentes, mobilier tendance et baies vitrées donnant sur la cour.

⌂ ⌂ & 🅰🅲 **P** – Prix : €€€

Château de la Brûlaire - 404 La Brûlaire – ☎ 02 44 84 87 78 – www. domainedelabrulaire.fr – Fermé lundi et mardi, et dimanche soir

❀ **LE 1825 - LA TABLE BISTRONOMIQUE**

MODERNE • **ÉLÉGANT** Le 1825 propose, au déjeuner uniquement, une séduisante formule qui offre à prix sage de bien belles assiettes : filet de maquereau mariné et sabayon au Cointreau ; lieu jaune, fregola sarda et émulsion à la coriandre ; chou craquelin à la pistache et aux framboises... C'est simple, frais et parfumé : on aime !

⌂ & 🅰🅲 🏠 **P** – Prix : €€

Château de la Brûlaire - 404 La Brûlaire – ☎ 02 44 84 87 78 – www. domainedelabrulaire.fr – Fermé lundi, mardi et dimanche

LES GETS

✉ 74260 – Haute-Savoie – Carte régionale n° **4**–F1

❀ **L'AS DES NEIGES**

MODERNE • **CONVIVIAL** As de cœur pour cet As des Neiges ! Un couple à la formation solide, apprise dans des maisons étoilées, propose une cuisine précise et goûteuse, inspirée du marché et des saisons (omble chevalier, fromages de petits producteurs locaux etc.), à déguster dans un décor de chalet contemporain de pierre et bois. Un agréable moment à prix doux.

& 🏠 – Prix : €€

624 rue du Centre – ☎ 04 50 80 62 53 – www.asdesneiges-lesgets.com

 ALPINA *Plus*

CLASSIQUE CONTEMPORAIN Non loin du téléphérique, ce beau chalet à l'ambiance familiale domine le bourg... Les chambres, au style alpin épuré, proposent de jolies vues sur la vallée. Le restaurant, réservé aux résidents, se révèle sympathique : cadre cosy et bonne cuisine aux accents du pays.

P ⌂ 🚗 ⌂ 🕌 🍴 - 39 chambres – Prix : €

55 impasse de la Grange Neuve – ☎ 04 50 75 80 22

🛏 **CRYCHAR** *Plus*

CLASSIQUE CONTEMPORAIN Un petit chalet au pied des pistes, chaleureux et confortable. Le feu crépite dans le salon ; les chambres, tout en bois clair, sont pimpantes et jouissent d'un balcon, et le beau spa se révèle idéal pour la relaxation. Un concentré de Savoie !

🅿 ⟜ 🎿 💮 🛋 🍽 - 20 chambres – Prix : €€

136 impasse de la Grange Neuve – ☎ 04 50 75 80 50

GEVREY-CHAMBERTIN

✉ 21220 – Côte-d'Or – Carte régionale n° **5**-C2

❀ **LA TABLE D'HÔTES - LA RÔTISSERIE DU CHAMBERTIN**

Chef : Thomas Collomb

MODERNE • RUSTIQUE À Gevrey-Chambertin, Thomas Collomb tient une remarquable Table d'Hôtes ! Il faut dire qu'il met toutes les chances de son côté : produits irréprochables, bio pour la plupart et issus de fournisseurs triés sur le volet, assiettes lisibles et soignées déclinées au fil d'un menu dégustation plein de surprises, cadre rustique-chic du plus bel effet... Mais ce n'est pas tout : la carte des vins vaut aussi son pesant de raisin (la région s'y prête, il faut dire !) et le service se révèle pro et prévenant, sans être envahissant. Une réussite sur toute la ligne.

❀ **L'engagement du chef :** Notre cuisine est dictée par les saisons et la localité des produits que nous utilisons. Nous mettons ainsi un point d'honneur à privilégier les circuits courts et à sublimer des produits à première vue modestes. Nous luttons contre le gaspillage en achetant des bêtes entières, détaillées avec soin par la suite sur place.

🕸 ⇔ ♿ 🅿 – Prix : €€€

6 rue du Chambertin – ☎ 03 80 34 33 20 – www.rotisserie-chambertin.com/ la-table-dhote – Fermé lundi, mardi, mercredi et dimanche

🏠 **BISTROT LUCIEN**

TRADITIONNELLE • BISTRO Avec ses pierres apparentes, ses banquettes et son superbe bar en bois, ce bistrot est le complément idéal de l'hôtel qui l'accueille. Au programme, une belle cuisine bourguignonne : jambon persillé maison, escargots en cassolette, tartes aux fruits maison... Superbe carte des vins.

🕸 ♿ 🍽 ⇔ 🅿 – Prix : €€

La Rôtisserie du Chambertin, 6 rue du Chambertin – ☎ 03 80 34 33 20 – www. thomascollomb.fr – Fermé lundi et dimanche soir

GEX

✉ 01170 – Ain – Carte régionale n° **4**-F1

❀ **LA TABLE DE LA MAINAZ**

MODERNE • CONTEMPORAIN Au col de la Faucille, sur les hauteurs de Genève dans le Haut-Jura, cet hôtel de luxe offre une bien jolie vue sur le Mont-Blanc et le lac Léman depuis sa salle à manger contemporaine. Aux fourneaux, on reconnaît la patte talentueuse du chef Julien Thomasson (ancien propriétaire étoilé des Ambassadeurs à Saint-Chamond dans la Loire). Il signe une agréable cuisine dans l'air du temps et maîtrise les jus et les sauces comme sur cet agneau de Mijoux, le rognon rosé, le filet rôti et l'épaule confite, gnocchis, artichaut et purée de pois chiche ou sur le rouget barbet, fondant de pommes de terre et jus végétal...

⟜ ♿ 🍽 🅿 – Prix : €€€€

Route du Col de la Faucille, lieu-dit La Mainaz – ☎ 04 50 41 31 10 – www. la-mainaz.com – Fermé lundi et mardi

LA MAINAZ *Plus*

DESIGN MODERNE Atout incontestable de ce grand chalet en bois : la vue exceptionnelle sur le Léman et les Alpes ! L'hôtel a été rénové de la tête aux pieds : le style montagnard a cédé la place à un esprit alpin chic, jusque dans les chambres, très bien équipées. Au petit-déjeuner, priorité aux fromages de la région.

 ⌖ 🅿️ ⌂ ⌘ 🍴 ¡⚪ - 23 chambres – Prix : €€€

D1005 - Route du Col de la Faucille – ℰ 04 50 41 31 10

❀ **La Table de la Mainaz** - Voir la sélection des restaurants

GIEN

✉ 45500 – Loiret – Carte régionale n° **8**–C2

 ❀ **CÔTÉ JARDIN**

Chef : Arnaud Billard

CRÉATIVE • CONTEMPORAIN Sur la rive gauche de la Loire et sur la route de Bourges, la brise vient autant du grand fleuve que des bons produits sélectionnés avec soin ! La carte est orientée poisson – le chef Arnaud Billard s'approvisionne deux fois par semaine chez un mareyeur de Normandie : saint-pierre, merlu, crevettes sauvages, et tant d'autres. Côté... jardin, le fournisseur est un maraîcher local qui cultive plus de 300 variétés. Aux fourneaux, ce natif de Maubeuge signe une savoureuse cuisine du marché, tout en subtiles associations d'ingrédients.

🅰🅺 – Prix : €€€

14 route de Bourges – ℰ 02 38 38 24 67 – www.cotejardin45.fr – Fermé lundi, mardi et dimanche

LE P'TIT BOUCHON

TRADITIONNELLE • CONVIVIAL Un vrai repaire bistronomique que cette petite adresse située entre le cœur de ville et la faïencerie de Gien ! La tradition est quelque peu revisitée autour d'un court menu rythmé par les saisons, mais le croustillant de canard confit avec sa sauce au coteaux-du-layon et le moelleux au chocolat font partie des incontournables. On ne boude pas son plaisir.

Prix : €

66 rue Bernard-Palissy – ℰ 02 38 67 84 40 – Fermé lundi et dimanche

GIENS

✉ 83400 – Var – Carte régionale n° **24**–C3

LA RASCASSE

MÉDITERRANÉENNE • ÉLÉGANT Au cœur du petit village de Giens, cet hôtel-restaurant tenu par la même famille depuis 1951 a tout compris : sa table célèbre la petite pêche des ports de la Madrague et du Niel, accompagnés par des légumes des maraîchers du coin, tout ce qu'il y a de plus frais... Quant à la vue sur la Méditerranée et les îles d'Or, elle se passe de commentaires. Petit bistrot attenant pour déguster des plats canaille sur le pouce.

⪡ 🏠 ✿ – Prix : €€€

113 place Saint-Pierre – ℰ 04 98 04 54 54 – www.provencalhotel.com/fr

GIGONDAS

✉ 84190 – Vaucluse – Carte régionale n° **25**–E1

 ❀ **L'OUSTALET**

Chef : Laurent Deconinck

MODERNE • ÉLÉGANT Dans ce village de vignerons, une jolie maison en pierre dont la terrasse déborde sur une placette nantie de vieux platanes. Visuellement, on est déjà séduit ! Dans l'assiette, c'est aussi du plaisir en barres : produits de superbe fraîcheur, recettes raffinées et goûteuses, associations de saveurs pertinentes... autour d'un menu unique qui se décline en plusieurs séquences. Laurent Deconinck, chef-patron en ces lieux, sait parler aux papilles. On passe un délicieux moment, d'autant que le service est efficace, tout en fluidité, et que la cave des vins réserve de magnifiques surprises.

🐝 **L'engagement du chef :** Si les circuits courts nous garantissent de travailler les meilleurs produits locaux et saisonniers, notre ambition durable se retrouve dans tous les aspects de notre cuisine. Les méthodes d'élevage et de pêche sont des critères essentiels dans la sélection de nos viandes et poissons, mais aussi nous diminuons la place des protéines dans la conception de notre carte. Le recyclage est poussé au maximum, le conditionnement exclut le plastique et les déchets alimentaires sont donnés aux animaux.

🏵 ⇦ ⮜ 🅺 🏯 – Prix : €€€

5 place Gabrielle-Andéol – 𝒞 04 90 65 85 30 – www.loustalet-gigondas.com – Fermé lundi, mardi et dimanche

BISTROT DE L'OUSTALET

PROVENÇALE • **ÉLÉGANT** Précédé par une belle terrasse très disputée aux beaux jours, ce bistrot occupe l'emplacement de l'ancien fournil du village, avec un beau four à bois en pierre - un signe de bon augure ! Le chef cisèle des plats qui sentent bon le Sud autour d'une carte courte dans l'esprit d'une cuisine « retour du marché ». Belle sélection de vins au verre, Gigondas oblige.

🅺 🏯 – Prix : €€

5 place du Rouvis – 𝒞 04 90 37 66 64 – www.loustalet-gigondas.com – Fermé mercredi et jeudi

GIVERNY

✉ 27620 – Eure – Carte régionale n° **17**-D2

🐝 ### LE JARDIN DES PLUMES

Chef : David Gallienne

CRÉATIVE • **ÉLÉGANT** À quelques minutes à pied de la maison de Claude Monet, cette belle demeure anglo-normande à colombages de 1912 invite à la détente et à la gourmandise. Splendide nid douillet néo-Art Déco (carrelage d'origine blanc cassé mâtiné de bleu, murs bleu paon, fauteuils d'esprit 1960 en cuir blanc et tables en verre et palissandre...) et plaisante terrasse entourée d'un ravissant jardin arboré. Le chef normand David Gallienne formé au Manoir du Lys a conservé certains de ses anciens producteurs de l'Orne, ses pêcheurs dieppois et en a trouvé de nouveaux. Les plats inventifs jouent avec les mariages de saveurs insolites et les textures. Le chef a également ouvert une maison d'hôtes à proximité pour l'étape, et une épicerie fine à Vernon.

⇦ 🛏 ♿ 🏯 🅿 – Prix : €€€€

1 rue du Milieu – 𝒞 02 32 54 26 35 – www.jardindesplumes.fr/fr – Fermé lundi et mardi

LA MUSARDIÈRE

MODERNE • **BISTRO** Situé au cœur de bourg de Giverny, proche de la maison de Claude Monet et du musée des Impressionnistes, cette table sert une cuisine actuelle de bon aloi dans un cadre de bistrot contemporain et convivial, complété d'une plaisante terrasse ensoleillée aux beaux jours. Quelques chambres pour prolonger le séjour.

♿ 🏯 🅿 – Prix : €€

123 rue Claude-Monet – 𝒞 02 32 21 03 18 – www.lamusardiere.fr – Fermé du mardi au jeudi et dimanche soir

GOLFE-JUAN

✉ 06220 – Alpes-Maritimes – Carte régionale n° **25**-E2

LE BISTROT DU PORT

POISSONS ET FRUITS DE MER • **CONTEMPORAIN** Face au vieux port, le chef-patron laisse libre cours à sa passion des produits de la mer : l'iode est ici la règle, des canapés au dessert ! Les produits sont d'une fraîcheur remarquable, les cuissons sont maîtrisées et la prise de risque constante : un restaurant et un chef qui sortent clairement du lot.

⪜ ᕆ 🅰️ 🍽️ – Prix : €€€

53 avenue des Frères-Roustan – ☎ 04 93 63 70 64 – www.bistrotduport.com – Fermé mercredi et samedi midi

GORDES

✉ 84220 – Vaucluse – Carte régionale n° **25**–E1

LES BORIES

MODERNE • **ÉLÉGANT** Dans le Luberon, les "bories" sont les cabanes en pierres sèches des anciens bergers. Un modèle pour l'architecture de cette bastide située sur la route de l'abbaye de Sénanque. Dans ce cadre idyllique ouvert sur la garrigue, avec son parc, ses jardins aromatiques, on sert une alléchante cuisine d'esprit provençal qui met à l'honneur les produits régionaux, de l'agneau de Sisteron aux poissons de la Méditerranée, en passant par les fruits et les légumes du Luberon.

🐝 ᕆ ᕆ 🅰️ 🍽️ 🅿️ – Prix : €€€€

Route de l'Abbaye-de-Sénanque – ☎ 04 90 72 00 51 – www.hotellesbories.com/fr/hotel-luxe-gordes-provence

LE MAS - ALEXIS OSMONT

DU MARCHÉ • **MAISON DE CAMPAGNE** Une adresse reprise par Alexis Osmont, un jeune chef ayant travaillé ici avant de monter ses propres restaurants. Autant le vieux mas semble hors du temps, autant sa cuisine inspirée par le retour du marché joue la spontanéité ; ainsi cette fricassée d'escargots et crème de patate est un régal pour les papilles. Laissez-vous emporter "à l'aveugle" dans son univers. Créatif et savoureux.

ᕆ 🍽️ 🅿️ – Prix : €€

Chemin de Saint-Blaise (Les Imberts) – ☎ 04 90 04 03 57 – Fermé mardi, mercredi, et lundi, jeudi et vendredi midi

LA BASTIDE DE GORDES

CLASSIQUE CONTEMPORAIN Cette bastide, dressée à flanc de rocher face aux Alpilles, a rouvert ses portes après d'importants travaux. Plus qu'une simple rénovation, c'est une métamorphose : intérieur somptueux, évoquant avec goût l'esprit des châteaux de famille du 18ᵉ s. – tableaux, mobilier chiné –, piscines invitant à la détente...

ᕆ 🔳 🅿️ 🔅 🛁 ᕆ 🔞 🚲 ⛄ 🌀 🐾 💆 🏋️ 🍽️ - 41 chambres – Prix : €€€

61 rue de la Combe – ☎ 04 90 72 12 12

LA GOUESNIÈRE

✉ 35350 – Ille-et-Vilaine – Carte régionale n° **7**–D1

⭐ LA GOUESNIÈRE - MAISON TIREL-GUÉRIN

MODERNE • **ÉLÉGANT** Un vent ce fraîcheur souffle sur la table gastronomique de cette hostellerie fondée en 1936, grâce au chef Thomas Vonderscher. Venu de Toulouse, il s'est approprié avec aisance les plus beaux produits du terroir breton (pêche de la baie de Saint-Malo, agneau de pré salé, sarrasin...), qu'il valorise avec une vraie personnalité culinaire autour de fines recettes créatives. La gourmandise n'est pas en reste, comme le montre notamment le soin apporté aux jus et sauces (mention spéciale à la subtile crème de curry vert breton). Cuisine plus simple (mais attachante) au Bistrot 1936.

ᕆ ᕆ ᕆ 🅰️ 🔄 🅿️ – Prix : €€€

Lieu-dit Le Limonay – ☎ 02 99 89 10 46 – www.domaine-du-limonay.com/fr – Fermé lundi, mardi et du mercredi au vendredi à midi

GOULLES

✉ 19430 – Corrèze – Carte régionale n° **19**–C3

RELAIS DU TEULET

TRADITIONNELLE • MAISON DE CAMPAGNE Agréable surprise que cet ancien relais de diligence, tenu par la même famille depuis… cinq générations ! Le chef propose une cuisine actuelle simple et lisible, déclinée au gré d'une courte carte qui valorise les bons produits de la région – viandes de Corrèze, fruits et légumes d'Aurillac…

& ✿ 🅿 – Prix : €

Lieu-dit Le Teulet – ✆ 05 55 28 71 09 – www.relais-du-teulet.fr – Fermé samedi, et vendredi et dimanche soir

GOULT

✉ 84220 – Vaucluse – Carte régionale n° **25**–E1

LA BARTAVELLE

PROVENÇALE • RUSTIQUE Une petite mais charmante affaire familiale, située dans un pittoresque village du Luberon tenue par un couple expérimenté. Le chef propose un menu au choix volontairement limité pour assurer une meilleure qualité de cuisine. Et le résultat est probant : recettes soignées et parfumées, inspirées par la Provence et les beaux ingrédients du moment. Une valeur sûre de la région fréquentée par des habitués, ce qui est toujours bon signe. Il est prudent de réserver.

🍽 – Prix : €€

29 rue du Cheval-Blanc – ✆ 04 90 72 33 72 – labartavellegoult.com – Fermé mardi, mercredi, et lundi, jeudi, vendredi et samedi midi

LE CARILLON

MODERNE • ÉLÉGANT Face au carillon de la grande place de Goult, ce restaurant propose une bonne cuisine d'inspiration provençale mâtinée de notes contemporaines. On s'installe dans la petite salle au cadre actuel ou sur la terrasse, aux airs de petit village. L'accueil est charmant, la carte des vins joliment pensée, avec une attention particulière dédiée aux productions bio. Une jolie adresse.

& 🍽 – Prix : €€

10 avenue du Luberon (place de la Libération) – ✆ 04 90 72 15 09 – www. restaurant-goult.com – Fermé mardi et mercredi

GOUMOIS

✉ 25470 – Doubs – Carte régionale n° **6**–C2

TAILLARD

CLASSIQUE • VINTAGE La vue sur la vallée est très agréable et la cuisine du terroir concoctée par le chef – savoureuse et raffinée – n'a rien à lui envier ! Une maison de tradition où la fricassée de morilles en croûte de feuilletage est à l'honneur.

≤ 🍴 🍽 🅿 – Prix : €€€

3 route de la Corniche – ✆ 03 81 44 20 75 – hotel-taillard.fr – Fermé lundi et mercredi à midi

GOUVIEUX

✉ 60270 – Oise

 ### LE CHÂTEAU DE LA TOUR   *Plus*

ÉLÉGANCE TRADITIONNELLE Pour se mettre au vert pas trop loin de Paris, cette belle demeure du début du 20ᵉ s., cachée dans un joli parc de 8 ha, est toute indiquée. À l'intérieur, un salon très "british", avec fauteuil club, bar en bois et billard, et des chambres classiques et spacieuses.

🅿 ☁ 📶 ⛆ ⑪○ - 47 chambres – Prix : €

Chemin du Château de la Tour – ☏ 03 44 62 38 38

GOUY-SAINT-ANDRÉ

✉ 62870 – Pas-de-Calais – Carte régionale n° **13**–A2

LE CLOS DE LA PRAIRIE

MODERNE • **COSY** En pleine campagne, ce charmant restaurant dégage une douceur bucolique. Derrière les fourneaux, le chef concocte, avec maîtrise, des plats au goût du jour qui suivent le rythme des saisons. L'été, profitez de la terrasse qui donne sur... la prairie, au calme. Accessible uniquement sur réservation.

📶 ♿ 🍴 🅿 – Prix : €€

17 rue de Saint-Rémy – ☏ 03 21 90 39 58 – www.leclosdelaprairie.com –
Fermé mercredi, et lundi, mardi, jeudi, vendredi et samedi midi

LE GRAND-LUCÉ

✉ 72150 – Sarthe – Carte régionale n° **23**–D1

LE LUCÉ Ⓝ

MODERNE • **ÉLÉGANT** La vie de château dans toute sa splendeur : des jardins à la française, un palais du 18e s., et pour étancher sa soif et restaurer sa faim, une table dans son décor classique de miroirs et de lustres. Bref, le cadre est enchanteur. Dans l'assiette, on a l'intelligence de servir une cuisine gourmande qui s'appuie sur les produits de la région et ceux du potager : chou-fleur à la grenobloise ; mignon de porc en croûte de noix, sauce au jasnières..

📶 ♿ 🍴 ⇄ 🅿 – Prix : €€€

Château du Grand-Lucé, 7 place du Château – ☏ 02 55 48 40 40 –
chateaugrandluce.com – Fermé lundi et mardi

🛏 CHÂTEAU DU GRAND-LUCÉ   *Plus*

ÉLÉGANCE TRADITIONNELLE Diderot, Voltaire et Rousseau, mais aussi Mozart et Grimm ont séjourné dans ce splendide château néoclassique situé à quelques lieues des rives de la Loire. Il a d'abord été entièrement rénové par un architecte d'intérieur américain à grand renfort de meubles authentiques avant de devenir cet hôtel de luxe. Parterres et jardins à la française.

🅿 ⊲ 📶 ⛆ ⓰ 🅵 ⑪○ - 17 chambres – Prix : €€€€

9 place de la République – ☏ 02 55 48 40 40

Le Lucé - Voir la sélection des restaurants

LE GRAND-VILLAGE-PLAGE – Charente-Maritime(17) ➔ Voir Île d'Oléron

LE GRAND-BORNAND

✉ 74450 – Haute-Savoie – Carte régionale n° **4**–F1

CONFINS DES SENS

MODERNE • **INTIME** La spécialité de la maison ? La délicieuse soupe de foie gras au muscat, avec une compotée d'oignons rouges et ses cromesquis. Un bel hommage au terroir, avec la touche de créativité qui fait la différence ; le tout est mis en scène par deux chefs en cuisine. Terrasse orientée plein Sud.

🍴 🅿 – Prix : €€

Le Villavit – ☏ 04 50 69 94 25 – www.restaurant-grand-bornand.com –
Fermé mardi et mercredi, et dimanche soir

🛏 LES CÎMES
Plus

ÉLÉGANCE TRADITIONNELLE Au cœur de la station du Chinaillon, ce chalet entièrement rénové cultive un esprit atypique, proche d'une maison d'hôtes. Les chambres sont élégantes avec leurs murs entièrement tapissés de bois et ornés de motifs peints à la main. De véritables cocons de montagne ! Spa et bar lounge.

🅿 🚲 ⛷ 🛁 - 8 chambres – Prix : €€

Le Chinaillon – 🕿 *04 50 27 00 38*

GRANDCAMP-MAISY

✉ 14450 – Calvados – Carte régionale n° **17**–A2

LA TRINQUETTE

POISSONS ET FRUITS DE MER • CONTEMPORAIN Le chef passionné de cette table familiale à l'atmosphère contemporaine et chaleureuse, vous propose de déguster une cuisine d'une incomparable fraîcheur, avec l'impression de goûter moules, Saint-Jacques, sole ou turbot, au sortir de la barque du pêcheur ! Agréable véranda-salon d'un côté de la maison, et terrasse de l'autre.

♿ 🛋 – Prix : €€

7 rue du Joncal – 🕿 *02 31 22 64 90 – www.restaurant-la-trinquette.com – Fermé lundi et mardi*

GRANE

✉ 26400 – Drôme – Carte régionale n° **2**–B3

❀ LE KLÉBER - LA MAISON BONNET

Chef : Sébastien Bonnet

MODERNE • CONTEMPORAIN Julie et Sébastien Bonnet sont désormais installés dans un charmant village à quelques kilomètres de Crest, où se trouvait leur précédente adresse. Dans cet écrin cher à son cœur (il s'agit de l'ancienne Demeure de Grane, une institution locale où il a fait son apprentissage), Sébastien montre qu'il n'a rien perdu de sa verve et de son talent : sa cuisine de saison, axée autant sur la mer que la terre, est toujours aussi séduisante. Les assiettes sont précises, raffinées, voire même ludiques par instants. On se régale aussi des pains et brioches qui sortent du four de leur boulangerie. Et, pour ne rien gâcher, jolie carte des vins - notamment de la vallée du Rhône.

⛺ 🍃 ♿ 🅰🅲 – Prix : €€€

2 place du Champ-de-Mars – 🕿 *04 75 62 60 64 – www.lamaisonbonnet.fr – Fermé du lundi au mercredi, jeudi midi et dimanche soir*

LEN'K - LA MAISON BONNET

ACTUELLE • BISTRO Len'K, c'est la partie bistronomique de la nouvelle maison du couple Bonnet. Installé sur la terrasse à l'ombre des platanes, on passe un super moment en compagnie d'un pâté en croûte volaille et foie gras, ou d'un effeuillé de cabillaud à la purée de pois chiche et citron confit... Service décontracté.

♿ 🅰🅲 🛋 – Prix : €€

2 place du Champ-de-Mars – 🕿 *04 75 62 60 64 – www.lamaisonbonnet.fr – Fermé du lundi au mercredi et dimanche soir*

GRANGES-LES-BEAUMONT

✉ 26600 – Drôme – Carte régionale n° **3**–E2

❀ LES CÈDRES

Chef : Jacques Bertrand

CLASSIQUE • ÉLÉGANT Il est des tables discrètes, qui vivent à l'abri du tumulte médiatique : les Cèdres font partie de cette catégorie-là. Entre Romans et Tain-l'Hermitage, dans la Drôme, on pénètre dans cette maison toute de vert vêtue, installée à l'ombre des... cèdres, donc, pour y découvrir le travail des frères Bertrand : Jacques en cuisine et Jean-Paul en salle. Depuis 1988, ils ont développé leur restaurant à force de travail, d'humilité et de talent. Le résultat ? Une cuisine volontiers classique qui cultive le goût plutôt que la technique. Cerise sur le gâteau, l'accueil n'est pas en reste, chaleureux et efficace d'un bout à l'autre du repas.

అ ఆ ﷽ ﷽ ﷽ **P** – Prix : €€€€

25 rue Henri-Machon – ℰ 04 75 71 50 67 – www.restaurantlescedres.fr/fr – Fermé du lundi au mercredi et dimanche soir

GRANVILLE

✉ 50400 – Manche – Carte régionale n° **17**–A2

LE BISTRO'NOMIK

MODERNE • **CONTEMPORAIN** Voilà une adresse qui se démarque de la trilogie moules-frites-coquillages trop souvent vue à Granville. Face au port, l'agréable terrasse est déjà un argument de poids, mais la cuisine n'est pas en reste : ce filet ce barbue rôti aux asperges blanches, cébette grillée et beurre nantais en est la preuve...

﷽ – Prix : €

12 rue du Port – ℰ 02 33 59 60 37 – www.lebistronomik-granville.fr – Fermé jeudi, et mercredi et dimanche soir

L'EDULIS - JONATHAN DATIN

MODERNE • **DESIGN** Le décor tendance du restaurant profite à l'assiette, imaginée par un chef enthousiaste et talentueux, petit-fils de boulanger. Cuisine soignée, beaux produits régionaux, gourmandise : tout simplement, l'adresse incontournable de Granville.

& – Prix : €€

8 rue de l'Abreuvoir – ℰ 02 14 13 45 88 – www.restauranteledulis.com – Fermé lundi et mardi, et dimanche soir

GRASSE

✉ 06130 – Alpes-Maritimes – Carte régionale n° **25**–E2

☺ **LOUGOLIN**

MODERNE • **TENDANCE** Le chef Xavier Malandran a rapidement trouvé ses marques et prône ici une philosophie imparable : la fraîcheur au meilleur rapport qualité-prix. Ses recettes saisonnières sont plutôt dans l'air du temps, mâtinées de touches provençales, avec la pointe de créativité qui fait toute la différence. Un exemple ? Ce pavé de merlu frais parfaitement rôti, servi sur une compotée de fenouil cuit avec de l'orange de façon originale et plaisante, jus au vin et oignons grelots confits... L'idéal : s'installer en terrasse sous les tilleuls et profiter de la vue sur la plaine et la ville de Grasse.

అ ఆ ﷽ **P** – Prix : €€

381 route de Plascassier – ℰ 04 93 60 14 44 – www.lougolin.com – Fermé lundi et mardi, et dimanche soir

LA BASTIDE SAINT-ANTOINE

PROVENÇALE • **ÉLÉGANT** Cette bastide du dix-septième siècle, dont la terrasse donne sur l'arrière-pays, et une majestueuse oliveraie est la propriété de Jacques Chibois – l'un des chefs de file de la "cuisine du soleil". On y déguste des assiettes qui célèbrent pêle-mêle agrumes, herbes, huile d'olive, et autres spécialités régionales.

అ ఆ & ﷽ ﷽ ﷽ ﷽ **P** – Prix : €€€€

48 avenue Henri-Dunant – ℰ 04 93 70 94 94 – www.jacques-chibois.com

LA BASTIDE SAINT-ANTOINE

Plus

CLASSIQUE CONTEMPORAIN Cette imposante bastide du 18ᵉ s. trône dans un parc magnifique, doublé d'une immense oliveraie aménagée en restanques. L'image même de la Provence éternelle ! Luxueux mais sans ostentation, l'établissement cultive l'élégance aussi bien que la discrétion : la promesse d'un séjour enchanteur...

&. 🐎 **P** 🔄 🛜 🚲 🛏 🚶 ‖○ - 16 chambres – Prix : €€

48 avenue Henri Dunant – 𝒞 04 93 70 94 94

La Bastide Saint-Antoine - Voir la sélection des restaurants

LE GRAU-DU-ROI

✉ 30240 – Gard – Carte régionale n° **21**–C2

LE SPINAKER

MÉDITERRANÉENNE • CONTEMPORAIN Une cuisine méditerranéenne dans l'air du temps (ceviche de dorade et pickles d'oignons rouges, par exemple), à savourer dans une salle moderne ou sur la jolie terrasse ouverte sur la marina et ses bateaux de plaisance. Chambres plaisantes dans une ambiance vacances.

🛏 🛜 🅺 🍴 **P** – Prix : €€€

Voie de la Pointe-du-Môle – 𝒞 04 66 53 36 37 – www.spinaker.com – Fermé lundi et mardi

GRAUFTHAL

✉ 67320 – Bas-Rhin – Carte régionale n° **10**–A1

AU CHEVAL BLANC

TRADITIONNELLE • AUBERGE Une sympathique auberge, chaleureuse, à l'ambiance familiale, nichée au cœur du tranquille village troglodytique de Graufthal. Derrière les fourneaux, le chef, Gilles Stutzmann, concocte à sa façon une cuisine traditionnelle, soignée et savoureuse. En prime : un décor rustique à souhait.

🍴 🔄 **P** – Prix : €€

19 rue Principale – 𝒞 03 88 70 17 11 – www.auchevalblanc.net – Fermé mardi, et lundi, mercredi et jeudi soir

AU VIEUX MOULIN

MODERNE • ÉLÉGANT Installez-vous dans cette maison familiale, nichée au fond de la vallée de Graufthal, pour déguster la cuisine pleine de peps de Guillaume Kassel. Œuf de poule de la ferme du Moulin et escargots du Steiberg, poitrine de canette, girolles sautées et cerises, etc. Et une carte des vins de plus de 450 références. Chambres avec vue sur l'étang.

🏵 🛏 &. 🍴 🔄 **P** – Prix : €€€

7 rue du Vieux-Moulin – 𝒞 03 88 70 17 28 – www.auvieuxmoulin.eu – Fermé lundi et mardi, et dimanche soir

GRENOBLE

✉ 38000 – Isère – Carte régionale n° **2**–C2

LE FANTIN LATOUR - STÉPHANE FROIDEVAUX

Chef : Stéphane Froidevaux

CRÉATIVE • TENDANCE D'année en année, Stéphane Froidevaux étoffe sa palette de chef et affine son style, armé d'une sincérité à tout épreuve. Avec le temps il a trouvé un bel équilibre, et ses assiettes en témoignent ! Foie gras poêlé, maïs et bouillon parfumé au vin jaune ; ratatouille d'automne, légumes croquants et confits, vinaigrette tonka/argousier... Un travail soigné, goûteux, créatif sans être débridé, et qui porte toujours la marque de la proximité avec la nature – à l'image de ces herbes et fleurs qu'il ramène lui-même de la cueillette. La Brasserie du Fantin sert au déjeuner un menu d'un bon rapport qualité-prix, très prisé des habitués qui occupe très vite la terrasse aux beaux jours !

🛏 ♿ 🅰🅲 ⛲ ♻ – Prix : €€€€

Plan : B2-1 – *1 rue Général-de-Beylie – ℰ 04 76 24 38 18 – www.fantin-latour. fr – Fermé lundi et dimanche*

🐝 **JEANETTE**

MODERNE • DE QUARTIER Vins de terroir vinifiés naturellement, fruits et légumes bio issus des vallées autour de Grenoble, huiles aromatisées maison, tri des déchets et autres gestes respectueux de l'environnement : nos deux Jeannette(s) signent dans leur sympathique bistrot une cuisine originale et authentique (d'un très bon rapport qualité-prix, surtout au déjeuner).

Prix : €

Plan : A2-6 – *3 rue Génissieu – ℰ 09 54 61 61 54 – www.jeanette-restaurant.fr – Fermé mardi, dimanche, lundi midi, et mercredi et jeudi soir*

🐝 **LE ROUSSEAU**

CRÉATIVE • TENDANCE (Transfert prévu au 16 bis cours Saint-André au Pont-de-Claix début 2023) Le Rousseau, c'est un jeune chef, Élie Michel-Villaz, qui a fait de la simplicité son mantra et sa principale qualité. La partition est fraîche, travaillée avec beaucoup de soin, mariée à des flacons choisis avec amour (plusieurs centaines de références, beaucoup de nature et biodynamie)... et servie en toute convivialité. Une affaire (locavore) qui roule.

🐝 🅰🅲 – Prix : €€

Plan : B2-2 – *3 rue Jean-Jacques-Rousseau – ℰ 04 76 14 86 75 – lerousseaugrenoble.fr – Fermé samedi et dimanche*

L'AMÉLYSS

MODERNE • ÉPURÉ Un jeune couple a fait de cette adresse un restaurant attachant, qui bouleverse un peu les codes. Les plats modernes de la cheffe Éloïse Pelletier sont pleins de fraîcheur et d'envie, les produits ultra-frais, les assaisonnements sont millimétrés et les associations de saveurs subtiles. Belle carte des vins bien ficelée par monsieur qui assure le service. Au top !

🐝 🅰🅲 – Prix : €€

Plan : A2-4 – *3 boulevard Gambetta – ℰ 04 76 42 35 84 – sites.google.com/ view/restaurant-l-amelyss – Fermé samedi et dimanche, et lundi soir*

BRASSERIE CHAVANT

TRADITIONNELLE • BRASSERIE En plein centre-ville, cette adresse en impose avec son décor chic et baroque ! L'été, on profite de la terrasse face au lycée Champollion pour déguster les incontournables de la maison : ravioles de langoustines, truffes et foie gras ; poêlée de calamars au piment d'Espelette, sauce basquaise. Pour l'anecdote : Chavant était le nom des ancêtres du maître des lieux, restaurateurs depuis 1852.

♿ 🅰🅲 ⛲ – Prix : €€

Plan : A2-3 – *2 cours Lafontaine – ℰ 04 76 87 61 83 – www.brasserie-chavant.fr*

MADAM

MODERNE • VINTAGE Nouvelle équipe sous la houlette d'Alexandre Zdankevitch (ex-Zdank) qui a fréquenté de belles maisons (comme le Bristol ou Agapé). Fort de sa belle maîtrise technique, il assure une partition moderne à la gloire des produits régionaux - de l'escargot du Vercors à la Noix de Grenoble ! Le tout à déguster dans un cadre rétro des années 1930, qui ne gâche rien... Menu du marché le midi en semaine et plus élaboré le soir et le samedi.

♿ 🅰🅲 ⛲ – Prix : €€€

Plan : A2-5 – *34 rue Thiers – ℰ 04 76 50 12 50 – www.restaurant-madam.fr – Fermé lundi et dimanche*

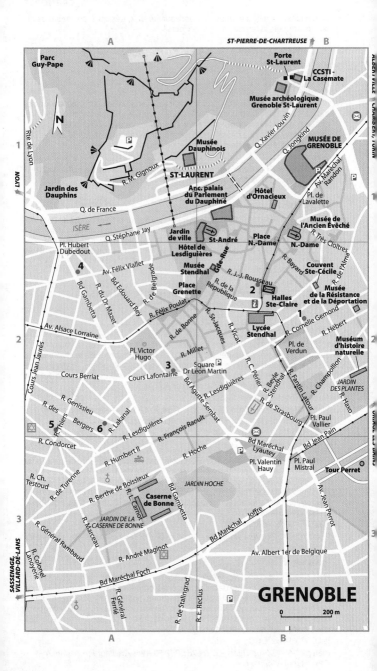

A

B

Parc
Guy-Pape

Porte
St-Laurent

CCSTI -
La Casemate

Musée archéologique
Grenoble St-Laurent

N

Musée
Dauphinois

Q. Xavier Jouvin

Q. Jongkind

**MUSÉE DE
GRENOBLE**

Rte de Lyon

R. M. Gignoux

ST-LAURENT

Av. Maréchal
Randon

Pl. de
Lavalette

Jardin des
Dauphins

Anc. palais
du Parlement
du Dauphiné

Hôtel
d'Ornacieux

Musée de
l'Ancien Évêché

Q. de France

R. Très Cloîtres

ISÈRE

Q. Stéphane Jay

Jardin
de ville

St-André

Place
N.-Dame

N.-Dame

R. Bayard

Pl. Hubert
Dubedout

Hôtel de
Lesdiguières

Grande-Rue

Couvent
Ste-Cécile

Av. Félix Viallet

Musée
Stendhal

R. J.-J. Rousseau

R. de l'Alma

Musée
de la Résistance
et de la Déportation

4

Bd Edouard Rey

R. de Belgrade

Place
Grenette

R. de la
République

2

Halles
Ste-Claire

R. du Dr Mazet

Bd Gambetta

R. Félix Poulat

R. St-Jacques

R. Cornélie Gemond

R. Hébert

Av. Alsace Lorraine

R. de Bonne

R. Vicat

Lycée
Stendhal

Pl. de
Verdun

**Muséum
d'histoire
naturelle**

Pl. Victor
Hugo

R. Millet

R. C. Pérter

R. Beyle
Stendhal

R. Fantin Latour

R. Champollion

R. Haxo

**JARDIN
DES PLANTES**

Cours Jean Jaurès

Cours Berriat

Cours Lafontaine

3

Square
Dr Léon Martin

Bd Agutte Sembat

R. de Strasbourg

Pl. Paul
Vallier

R. des
Bergers

R. Génissieu

R. Lakanal

R. Lesdiguières

R. François Raoult

Bd Jean Pain

5

R. Thiers

6

R. Condorcet

R. Hoche

Bd Maréchal
Lyautey

Pl. Valentin
Hayy

Pl. Paul
Mistral

Tour Perret

R. Ch.
Testoud

R. de Turenne

R. Humbert II

R. Berthe de Boisieux

Bd Gambetta

R. L. Carrel

**Caserne
de Bonne**

JARDIN HOCHE

Av. Jean Perrot

R. Général Rambaud

R. Marceau

**JARDIN DE LA
CASERNE DE BONNE**

R. André Maginot

Bd Maréchal Joffre

R. Colonel
Lanoyerie

Av. Albert 1er de Belgique

Bd Maréchal Foch

R. de Stalingrad

R. Général
Ferrié

R. E. Reclus

GRENOBLE

0   200 m

LE GRAND HÔTEL GRENOBLE   *Plus*

DESIGN MODERNE À deux pas de la maison natale de Stendhal, ce "grand hôtel" marie à merveille luxe et design. Pour accéder aux chambres, sobres et contemporaines, on emprunte le magnifique escalier d'époque. Un conseil : ne manquez pas le petit-déjeuner, délicieux !

🏖 **P** 🛎 ⚐ - 67 chambres – Prix : €
5 rue de la République – ☏ 09 75 25 80 38

 ### PARK HOTEL GRENOBLE   *Plus*

CLASSIQUE CONTEMPORAIN À l'image de la ville, cet hôtel cache bien son jeu, et ne révèle qu'aux curieux son mélange de luxe urbain et de charme campagnard : ses intérieurs sont plus colorés et plus contemporains que ne le laisserait croire sa façade relativement modeste. Les chambres sont d'un monochrome subtil, agrémenté de touches de couleur. Les suites, naturellement, sont assez vastes pour une réunion d'affaires au milieu d'œuvres d'art. Un buffet de petit-déjeuner, un bar-salon, un beau centre de bien-être, et même une navette vers les stations de ski.

♿ 🏖 **P** ⚐ ⚐ 🛎 🏊 - 39 chambres – Prix : €
10 place Paul Mistral – ☏ 04 76 85 81 23

GRESSE-EN-VERCORS
✉ 38650 – Isère – Carte régionale n° **2**–C2

LE CHALET

TRADITIONNELLE • RUSTIQUE Maison forte durant le Moyen Âge, couvent jusqu'en 1905, ce "chalet" est devenu un hôtel-restaurant sous l'impulsion de la famille Prayer, autour de deux valeurs primordiales : tradition et générosité. En témoignent les assiettes goûteuses, tels ce saumon fumé maison ou le gigot d'agneau cuit sept heures, et son gratin du Vercors...

♿ 🌳 **P** – Prix : €€
Le village – ☏ 04 76 34 32 08 – hotellechalet.fr – Fermé mercredi

GRIESHEIM-PRÈS-MOLSHEIM
✉ 67870 – Bas-Rhin – Carte régionale n° **10**–A2

AUBERGE DE LA CHÈVRERIE

MODERNE • CONVIVIAL Avec son décor soigné et contemporain, cette auberge perchée en pleine nature est un repaire de gourmands. Le menu-carte proposé y redessine le terroir alsacien grâce à de jolis produits de saison rigoureusement sélectionnés. Le fromage provient par exemple de la chèvrerie voisine, tenue par le frère du chef. On se régale d'un œuf parfait dans son nid croustillant et sa mousseline de céleri et truffe noire ou encore d'un banana split, régressif et addictif !

♿ 🆎 🌳 **P** – Prix : €€
1 rue des Puits – ☏ 03 88 38 83 59 – chevrerie.com – Fermé lundi et mardi, et mercredi et dimanche soir

GRIGNAN
✉ 26230 – Drôme – Carte régionale n° **2**–B3

 ### LE CLAIR DE LA PLUME

Chef : Benjamin Reilhes

MODERNE • ÉLÉGANT Niché au pied du château de Madame de Sévigné, le Clair de la Plume incarne à merveille l'hospitalité et la gourmandise provençales : huile d'olive de Nyons, pintades et petits légumes de la Drôme... sont judicieusement mis en valeur par le chef Benjamin Reilhes sous forme de trois menus dégustation en plusieurs étapes, dont un menu entièrement tourné vers le végétal. Une table qui célèbre les beaux produits méditerranéens ainsi que les vins de la vallée du Rhône. De son côté, le pâtissier Cédric Perret compose une partition sucrée en osmose avec la saison, et apporte souvent une touche originale et percutante à ses desserts.

🍀 **L'engagement du chef :** 95 % des produits que nous cuisinons sont issus d'exploitations situées à moins de 70 km. Les poissons sont pêchés durablement en Méditerranée, l'agneau et les volailles proviennent de fermes de proximité et les fruits et légumes bio sont cultivés dans la Drôme.

🕸 ⇔ 🔥 🏧 🌤 🄿 – Prix : €€€€

2 place du Mail – ☎ 04 75 91 81 30 – www.clairplume.com/fr – Fermé lundi, dimanche et du mardi au jeudi à midi

😊 LE BISTRO CHAPOUTON

TRADITIONNELLE • BISTRO À 400 m du Clair de la Plume, sa maison-mère, découvrez... le Bistro ! Comme on pouvait s'y attendre, la qualité est au rendez-vous : des produits de qualité, des cuissons respectées, de franches saveurs, bref, une cuisine bien maîtrisée. Œuf mollet bio, légumes primavera, vinaigrette potagère. Mousseline de merlan, espuma fruit de la passion et mangue. Si l'on ajoute à cela une agréable terrasse pour les beaux jours, on est vraiment comblé.

🖑 🏧 🌤 🄿 – Prix : €€

200 route de Montélimar – ☎ 04 75 00 01 01 – chapouton.com

LE POÈME DE GRIGNAN

MODERNE • INTIME Tout un poème, cette maison de village avec ses porcelaines anciennes et ses fleurs ! Ici, tout est soigné, goûteux, fait sur place... et sent bon la Provence. Une invitation aux plaisirs de la région.

🏧 🌤 – Prix : €€

Rue Saint-Louis – ☎ 04 75 91 10 90 – www.poemedegrignan.com – Fermé mardi et mercredi

LA TABLE DES DÉLICES

PROVENÇALE • ÉLÉGANT La maison, des années 1980, est sur la route de la grotte où Mme de Sévigné aimait se retirer. Le chef concocte une goûteuse cuisine régionale, à l'image de ce délicieux marbré de lapereau aux noix et petits oignons confits en habit de lard fumé. Belle carte des vins.

🕸 🖑 🌤 🄿 – Prix : €€

Chemin de Bessas – ☎ 04 75 46 57 22 – www.latabledesdelices.com – Fermé lundi, et mardi, mercredi, jeudi et dimanche soir

🛏 LE CLAIR DE LA PLUME   *Plus*

CLASSIQUE CONTEMPORAIN Le nom de cet hôtel aurait plu à Mme de Sévigné, qui résida à Grignan ! Cette demeure provençale du 18e s. propose des chambres ravissantes avec leur mobilier chiné – et plus encore lorsqu'elles donnent sur le joli jardin de curé. Chambres et suites supplémentaires sont proposées dans d'autres bâtisses voisines, ainsi qu'une piscine naturelle charmante.

🄿 🐾 🖑 🗡 🛁 🍽 - 16 chambres – Prix : €€€

Place du Mail – ☎ 04 75 91 81 30

❀ **Le Clair de la Plume** - Voir la sélection des restaurants

🛏 LA FERME CHAPOUTON   *Plus*

CLASSIQUE CONTEMPORAIN Une ferme de 1760 s'est transformée en un splendide petit hôtel avec neuf chambres exquises, des espaces extérieurs bucoliques, un bistrot primé et une vue dégagée sur le pittoresque Château de Grignan et le

Mont Ventoux. Les chambres allient les murs des bâtiments campagnards à une décoration contemporaine sobre. Salle à manger au coin du feu, terrasse avec vue.

🅿 ⌂ ⬧ 🏌 🚲 ⬚ ❚○ - 29 chambres – Prix : €

200 route de Montélimar – ☎ *04 75 00 01 01*

🍴 **Le Bistro Chapouton** - Voir la sélection des restaurants

GRILLY

✉ 01220 – Ain – Carte régionale n° **4**–F1

AUBERGE DE GRILLY

MODERNE • AUBERGE À trois kilomètres de Divonne-les-Bains, dans un charmant village, l'auberge est installée tout près de l'église : ô saints de la gourmandise, priez pour nous ! Si le décor est plutôt rustique, la cuisine, elle, fait dans le moderne et le beau produit. Attention : la réservation est impérative, le week-end surtout.

க. 🌤 – Prix : €€

34 ruelle de l'Église – ☎ *04 50 20 25 14 – www.aubergedegrilly.com –*
Fermé lundi, mardi et dimanche et du mercredi au vendredi à midi

GRIMAUD

✉ 83310 – Var – Carte régionale n° **24**–C3

APOPINO

MÉDITERRANÉENNE • CONVIVIAL À quelques minutes à peine de Saint-Tropez, cette adresse a su se faire une jolie place au soleil. Aux fourneaux, deux chefs d'origine italienne réalisent une cuisine provençale, aux accents forcément transalpins (burrata, tartare de bœuf en gravelax ; ossobuco façon cannelloni gratiné). Toutes les préparations témoignent d'une gourmandise certaine. Service charmant. Pour s'installer, on choisira soit la première salle avec bar, ou la seconde, plus intime, avec sa cheminée - sans parler de la terrasse !

க. 🌤 – Prix : €€

Place des Pénitents – ☎ *04 94 43 25 26 – www.apopinorestaurant.com –*
Fermé dimanche, et lundi et samedi à midi

LES SANTONS

CLASSIQUE • COSY Une belle auberge provençale pleine de caractère, avec ses poutres apparentes, ses compositions florales et sa collection de santons... L'assiette, jamais ennuyeuse, alterne entre cuisine classique et plats actuels joliment travaillés : en témoigne cette crème glacée de petits pois, écrevisses laquées au vinaigre d'hibiscus.

🆎 🌤 – Prix : €€€

743 route Nationale – ☎ *04 94 43 21 02 – www.restaurant-les-santons.fr –*
Fermé lundi, et mardi et mercredi à midi

GROISY

✉ 74570 – Haute-Savoie – Carte régionale n° **4**–F1

AUBERGE DE GROISY

CLASSIQUE • COSY Une jolie ferme du 19 e s. revue à la mode d'aujourd'hui : pierres apparentes et poutres pour le cachet. Un endroit charmant pour déguster une cuisine bien dans son temps, gourmande à souhait, qui valorise les produits de la région. Enfin, un vrai artisan cuisinier ! Coup de cœur assuré.

🌤 ⬧ – Prix : €€

34 route du Chef-Lieu – ☎ *04 50 68 09 54 – auberge-groisy.fr – Fermé lundi et mardi, et dimanche soir*

GRUSON

✉ 59152 – Nord – Carte régionale n° **13**–C2

L'ARBRE

MODERNE • **AUBERGE** Cette maison, tout de rouge vêtue, est installée sur un passage mythique de la course Paris-Roubaix. Mais bien loin de "l'Enfer du Nord", on profite ici d'une cuisine goûteuse et dans l'air du temps, réalisée par un jeune chef impliqué.

🚗 ♿ 🛋 ✿ – Prix : €€€

1 pavé Jean-Marie-Leblanc – 𝒞 03 20 79 55 33 – www.larbre.com/fr – Fermé lundi et mardi

GUAINVILLE

✉ 28260 – Eure – Carte régionale n° **8**–B1

✿ LES CHEMINS - DOMAINE DE PRIMARD

Chef : Romain Meder

MODERNE • **CONTEMPORAIN** Au cœur de la vallée de l'Eure, dans la Maison du Verger (l'ancienne demeure de Catherine Deneuve), le chef Romain Meder développe désormais sa propre cuisine, après la brillante carrière qu'il a effectuée aux côtés d'Alain Ducasse au Plaza Athénée. Ce tournant champêtre lui va comme un gant. Il fait feu de tout bois, en cuisinant les produits du potager, du jardin, de la forêt environnante, des petits producteurs alentour (escargots, beurre, pain...) mais aussi ceux de la mer. Ce grand technicien recourt à toutes les méthodes pour sublimer notamment des légumes éclatants de fraîcheur, dans une cuisine contemporaine et voyageuse où le goût de la nature n'est pas un vain mot.

✿ **L'engagement du chef :** Aux Chemins, la cuisine respecte les saisons et privilégie les meilleurs produits locaux. Les fruits et légumes proviennent en partie du jardin biologique cultivé selon les principes de la permaculture, et les plats à dominante végétale sont inspirés du dialogue quotidien avec le jardinier. Dans le vaste parc avec roseraie et collection d'arbres et d'arbustes rares, vaches Highland, moutons d'Ouessant, chevreuils et oiseaux aquatiques vivent paisiblement.

🏨 🚗 ♿ 🅰 🛋 ✿ 🅿 – Prix : €€€€

D16 – 𝒞 02 36 58 10 07 – www.lesdomainesdefontenille.com/fr/ domainedeprimard.html – Fermé du lundi au mercredi, jeudi midi et dimanche soir

OCTAVE - DOMAINE DE PRIMARD

TRADITIONNELLE • **CHAMPÊTRE** Supervisée par le chef Romain Meder, la partie bistrot de ce superbe hôtel propose une cuisine de goût et de tradition, et très végétale en même temps, qui se fournit en grande partie dans le potager du domaine. On peut aussi piocher parmi quelques propositions carnassières de viandes à la broche et à la braise. Quelques plats du moment : betterave cuite à la cendre, pesto de fanes, œufs de truite ; thon rouge de ligne, cocos aux épices, roquette. Pour les beaux jours, paisible terrasse sur l'herbe, entre les arbres du verger du château.

🚗 ♿ 🅰 🛋 ✿ 🅿 – Prix : €€

D16 – 𝒞 02 36 58 10 07 – www.lesdomainesdefontenille.com/fr/ domainedeprimard.html

🛏 DOMAINE DE PRIMARD

ÉLÉGANCE TRADITIONNELLE Dans l'atmosphère romantique d'une magnifique propriété du 18ᵉ s., le Château de Primard a repensé son décor Directoire pour offrir 40 chambres. Une esthétique classique et un accueil haut de gamme assurent une véritable relaxation. Reste à choisir entre la détente au spa, à la piscine extérieure chauffée, les nombreux chemins de randonnée, l'équitation ou le golf.

🅿 🛏 ♿ 🛗 🚲 ⛴ 🆓 🛜 🛁 🕍 🍽 - 40 chambres – Prix : €€€
Route départementale 16 – ☎ 02 36 58 10 08
❀ **Les Chemins • Octave** - Voir la sélection des restaurants

GUER

✉ 56380 – Morbihan – Carte régionale n° **7**–C2

❀ ### MAISON TIEGEZH

Chef : Baptiste Denieul

MODERNE • **ÉLÉGANT** Tiegezh, c'est "famille" en breton, tout est dit ! Ses grands-parents ont fondé la première fabrique de galettes fraîches de Bretagne : Baptiste Denieul, jeune chef talentueux (passé notamment par le Bristol d'Eric Frechon) vous accueille dans un intérieur élégant et raffiné, en totale adéquation avec sa cuisine. Il travaille poissons, légumes du potager et produits fermiers avec maîtrise et délicatesse. En salle, son épouse Marion s'occupe de mettre en musique la symphonie. La Maison Tiegezh intègre le restaurant gastronomique, le bistrot-crêperie et désormais un bel hôtel avec six chambres contemporaines et cosy qui permettent de prolonger l'expérience en douceur. Une halte bénéfique en terre de Brocéliande...

❀ L'engagement du chef : Nous souhaitons que le client, au-delà de bien manger, s'engage pour une économie locale et responsable où l'humain est au cœur. Nous produisons nos propres légumes et fruits dans notre potager, nous travaillons avec des producteurs respectueux dans un rayon de 200km, et nous pratiquons une gestion éco-responsable des déchets. L'eau est micro-filtrée, le mobilier et le matériel sont fabriqués en France.

♿ 🆎 ❖ 🅿 – Prix : €€€
7 place de la Gare – ☎ 02 97 22 00 26 – www.maisontiegezh.fr/fr

GUÉRANDE

✉ 44350 – Loire-Atlantique – Carte régionale n° **23**–A2

L'AGAPÉ BISTROT 🆕

MODERNE • **BISTRO** À deux pas des célèbres remparts de Guérande, ce bistrot familial au sobre décor contemporain sert une appétissante cuisine qui marie au gré de l'envie ingrédients régionaux (pêche du jour, algues, cochon, lait ribot, sarrasin) et pointes plus exotiques (épices, gingembre, citronnelle, coco, etc). C'est généreux, soigné, équilibré : célébrons sans attendre nos agapes à l'Agapé.

Prix : €
11 faubourg Saint-Michel – ☎ 02 40 11 78 78 – www.lagapebistrot.com –
Fermé lundi et dimanche, et du mardi au jeudi soir

BRUT.

MODERNE • **COSY** Au cœur des marais salants et d'un village de paludiers, une jolie maison blanche abrite ce restaurant charmant où 3 petites salles à manger dévoilent cette cuisine d'aujourd'hui qui fait son miel de la saison et de la région. Côté dessert, les soufflés sont la spécialité de la maison.

♿ ❖ – Prix : €€
16 rue des Prés-Garniers, à Saillé – ☎ 02 40 42 33 10 – www.restaurantsbrut.
com – Fermé lundi, mardi et mercredi midi

GUÉRET

✉ 23000 – Creuse – Carte régionale n° **19**–C1

LE COQ EN PÂTE

CLASSIQUE • ÉLÉGANT Dans cette maison bourgeoise et cossue (19 e s.), on sert une belle cuisine classique qui varie selon les saisons. Mais rassurez-vous : le homard du vivier et le filet de bœuf sont aussi des résidents permanents ! On les accompagne d'un des nombreux bordeaux présents sur la carte... Un agréable moment gastronomique.

⅏ ⇦⇦க்் ⇌🅿 – Prix : €€

2 rue de Pommeil – 𝒞 05 55 41 43 43 – www.restaurant-lecoqenpate.com – Fermé lundi, mardi et dimanche soir

GUÉTHARY

✉ 64210 – Pyrénées-Atlantiques – Carte régionale n° **18**–A3

❀ BRIKÉTÉNIA

Chefs : Martin et David Ibarboure

MODERNE • ÉLÉGANT Le petit village basque de Guétary est le fief d'une partie de la famille Ibarboure, l'autre étant à Bidart aux commandes... des Frères Ibarboure. Dans cette demeure basque des années 1930, un ancien hôtel, Martin le père et David le fils sont en cuisine. Marie-Claude, la mère, accueille ses hôtes avec une hospitalité toute basque tandis que Camille, la sœur, manie l'art bachique comme personne. Esprit de famille, quand tu nous tiens ! Notons tout de même que le fils s'est échappé jusqu'à Hong-Kong chez Pierre Gagnaire. Avec son père, il signe une cuisine de grande qualité : assaisonnements subtils, effets de transparence ou de contraste, produits choisis à leur parfaite maturité... Ces produits, très souvent basques évidemment, sont sublimés au naturel, et mis en valeur par un service charmant.

⇦க் 🅰 ⇌🅿 – Prix : €€€

142 rue de L'Église – 𝒞 05 59 26 51 34 – www.briketenia.com/fr – Fermé mardi et lundi soir

☻ BRIKET' BISTROT

MODERNE • TENDANCE L'hôtel de la famille Ibarboure accueille ce sympathique bistrot, indépendant du restaurant gastronomique. Le chef signe une cuisine soignée, délicate et pleine de goût, dans un cadre épuré. Les produits basques dominent logiquement la carte, mais s'agrémentent parfois de mets exotiques. L'équipe est jeune et avenante, les prix demeurent raisonnables. On se régale.

க்🅿 – Prix : €€

Rue de l'Église – 𝒞 05 59 26 51 34 – www.briketenia.com/fr – Fermé lundi et mardi

GÉTARIA

MODERNE • CONVIVIAL Bonne idée que de s'arrêter dans l'un des plus beaux villages de la côte basque. En plus d'une petite salle lambrissée en blanc, cette auberge profite d'une ravissante terrasse ombragée de platanes... cachée à l'arrière. Sacré vice-champion du monde de pâté en croûte (qui change à chaque saison), le chef travaille avec doigté aussi bien les poissons ultra-frais de la criée (voir ce tataki de thon ou cette soupe de crustacés, le ttoro) que les produits ibérico-basques. Menu-carte et déjeuner à prix attractif.

க்🅰 🍽 – Prix : €€

360 avenue du Général-de-Gaulle – 𝒞 05 59 51 24 11 – www.getaria.fr – Fermé mardi et mercredi

BRIKÉTÉNIA *Plus*

DESIGN MODERNE Sur le site d'une ancienne briqueterie (d'où "Brikéténia"), ce relais de poste du 17ᵉ s., blanc et rouge, offre une vue dégagée sur les environs. Refaites à neuf, les chambres allient confort et esprit contemporain.

  🛆 **P** 🍴 🚲 🍽 - 14 chambres – Prix : €€€

142 rue de l'Église – ℰ 05 59 26 51 34

  ☼ **Brikéténia** • 🍴 **Briket' Bistrot** - Voir la sélection des restaurants

GUEWENHEIM

✉ 68116 – Haut-Rhin – Carte régionale n° **10**–A3

LA GARE

TRADITIONNELLE • CONVIVIAL Une très contemporaine institution locale (depuis 1874) ! Ou comment mixer élégance, peps et convivialité ; mêler brasserie sur le pouce et joli repas traditionnel sur la belle terrasse verdoyante... Ce jour-là, œuf parfait, girolles, émulsion noisette et Saint-Pierre, risotto de pommes de terre, émulsion truffe. Ou comment présenter l'une des plus belles cartes des vins de France – rien que ça – tout en restant simple.

  🐝 🖿🎬🍴**P** – Prix : €€

2 rue Soppe – ℰ 03 89 82 51 29 – www.restaurantdelagare-guewenheim.fr – Fermé mardi et mercredi

GUICHE

✉ 64520 – Pyrénées-Atlantiques – Carte régionale n° **18**–B3

 ### LE GANTXO

MODERNE • CONTEMPORAIN Bienvenue en terre basque. Ce Gantxo – du nom d'une passe de pelote – donne directement sur le "trinquet", l'aire de jeu du célèbre sport local. En cuisine, le chef revisite la cuisine basque de façon très personnelle ; il compose des plats bien au goût du jour, souvent copieux, toujours goûteux. Un vrai coup de cœur !

  🛆🎬🍴**P** – Prix : €€

Quartier du Port – ℰ 05 59 56 46 63 – www.restaurant-le-gantxo.fr – Fermé mardi et mercredi, et lundi, jeudi et dimanche soir

GUINGAMP

✉ 22200 – Côtes-d'Armor – Carte régionale n° **7**–B1

LE CLOS DE LA FONTAINE

TRADITIONNELLE • RUSTIQUE Le patron est passionné par le poisson : dans votre assiette, toute la fraîcheur de la pêche côtière, cuisinée sans chichis. Au déjeuner, on ne sert que le menu du jour annoncé à l'ardoise, tandis que le soir, l'offre est plus étoffée. Quelques plats rendent aussi hommage au terroir breton, comme le kouign patatez, le traou mad, etc.

  🍴 ♧ – Prix : €€

9 rue du Général-de-Gaulle – ℰ 02 96 21 33 63 – Fermé lundi, et mardi et dimanche soir

GUNDERSHOFFEN

✉ 67110 – Bas-Rhin – Carte régionale n° **10**–B1

LE CYGNE

MODERNE • CONVIVIAL Cette noble demeure alsacienne a su évoluer avec son temps : on y découvre aujourd'hui une cuisine de bistrot modernisée, réalisée par un chef expérimenté. Fondez pour le magret de canard à la chair tendre et goûteuse et à la peau bien grillée, accompagné d'un bon jus de cuisson délicatement parfumé à l'orange et légérement épicé. Deux menus au choix.

&. 🅰️ ⇔ – Prix : €€

35 Grande-Rue – 𝒞 03 88 72 96 43 – www.aucygne.fr/fr – Fermé lundi et jeudi, et dimanche soir

LES JARDINS DU MOULIN

MODERNE • COSY Ce restaurant s'intègre idéalement dans l'environnement du Moulin : à travers les baies vitrées de l'élégante salle à manger, on admire le jardin et la magnifique terrasse... On se régale de créations actuelles, bien tournées et rythmées par les saisons.

&. 🅰️ 🍴 🅿️ – Prix : €€€

7 rue du Moulin – 𝒞 03 88 07 52 70 – www.les-jardins-du-moulin.fr – Fermé mercredi et mardi soir

GYÉ-SUR-SEINE

✉ 10250 – Aube – Carte régionale n° **11**–B3

LE GARDE CHAMPÊTRE

Chefs : Gil Nogueira et Sayaka Sawaguchi

MODERNE • TENDANCE Cet ancien entrepôt ferroviaire transformé en restaurant-ferme durable avec serres et potager bio par un collectif de quatre associés judicieusement acoquiné à deux vignerons du cru propose une cuisine fraîche et tonique, imaginée autour des produits locaux et du jardin. Une démarche locavore et écologique très plaisante, une adresse sympathique.

❀ L'engagement du chef : Transformation des produits bruts de notre potager biologique, fabrication de notre pain, techniques de fermentation, de fumage et cuisine autour du feu, nous mettons tout en oeuvre pour tendre vers le plus d'auto-suffisance possible. Notre restaurant est un lieu de vie et de rencontre pour les habitants et notre cuisine est directement inspirée de la nature que nous nous efforçons de protéger au quotidien.

❀ &. 🍴 🅿️ – Prix : €€

50 route des Riceys – 𝒞 03 52 96 00 06 – legardechampetre.fr – Fermé lundi, mardi et dimanche, samedi midi, et mercredi soir

HAGONDANGE

✉ 57300 – Moselle – Carte régionale n° **12**–B1

❀ ### QUAI DES SAVEURS

Chef : Frédéric Sandrini

MODERNE • TENDANCE Ceux qui l'aiment prendront le train ! Le chef Frédéric Sandrini a posé armes et bagages face à la gare d'Hagondange, toute vêtue de blanc et de grès des Vosges. Vos papilles ne resteront pas insensibles à son travail : épris de patrimoine et de transmission, il prend aussi un malin plaisir à bousculer la tradition gastronomique locale. Sa cuisine imaginative et moderne, en mouvement constant, s'appuie sur des produits de très haut niveau, notamment ses ormeaux de plongée de la baie de Saint-Brieuc, ses poissons du Guilvinec, ses volailles de Bresse ou son plateau de fromages signé Hervé Mons. Le tout dans un joli cadre contemporain plutôt sobre. Deux menus surprise à découvrir.

❀ &. 🅰️ ⇔ 🅿️ – Prix : €€€

69 rue de la Gare – 𝒞 03 87 71 24 98 – www.quaidessaveurs.com – Fermé lundi et mardi, et dimanche soir

HAGUENAU

✉ 67500 – Bas-Rhin – Carte régionale n° **10**–B1

GRAINS DE SEL

MODERNE • COSY Bien installé dans son restaurant près de la halle aux Houblons, Gilles Schnoering régale ses convives avec une courte carte de saison ; ses créations, fraîches et bien réalisées, doivent beaucoup à la qualité des produits utilisés. Judicieux accords mets et vins.

&. ℳ – Prix : €€

113 Grand-Rue – ℰ 03 88 90 83 82 – www.restaurant-grainsdesel.fr –
Fermé lundi et dimanche

LE JARDIN

MODERNE • ÉLÉGANT À l'unisson, père et fils ont composé une carte sagement actuelle, sans jamais oublier les classiques de la maison : soupe de poisson, carpaccio de thon, chateaubriand avec sauce béarnaise... Quant au décor, totalement modernisé, il se pare toujours d'un superbe plafond Renaissance.

&. ℳ ⌂ **🅿** – Prix : €€

16 rue de la Redoute – ℰ 03 88 93 29 39 – www.lejardinhaguenau.fr –
Fermé mardi et mercredi

HAMBYE

✉ 50450 – Manche – Carte régionale n° **17**–A2

🕄 AUBERGE DE L'ABBAYE

MODERNE • ÉLÉGANT À deux pas des ruines romantiques de l'abbaye de Hambye, cet hôtel-restaurant plutôt classique est tenu par un jeune couple énergique. Le chef y avait commencé son apprentissage (poursuivi dans de bonnes maisons) ; il signe une cuisine savoureuse et sans superflu, aux solides bases traditionnelles. De jolies litanies gourmandes !

&. ⌂ – Prix : €€

5 route de l'Abbaye – ℰ 02 33 61 42 19 – www.aubergedelabbayehambye.com –
Fermé lundi et dimanche soir

HASPARREN

✉ 64240 – Pyrénées-Atlantiques – Carte régionale n° **18**–B3

🕄 LA MAISON DE PIERRE

Chef : Nicolas Montceau

MODERNE • TRADITIONNEL Quelle belle surprise que cette table emmenée par un duo passé par de belles maisons, à l'enthousiasme communicatif. Le chef Nicolas Montceau, épaulé par Julien Bonnal en charge de la pâtisserie et de la salle, ne jure que par la production locale. Bonnes associations de saveurs, jus et sauces délicieux, créativité : on se régale ! Attention, la petite salle conviviale est vite pleine. À la belle saison, on s'accoude volontiers au bar à pintxos attenant.

&. – Prix : €€€

Quartier Urcuray – ℰ 05 59 93 40 49 – www.lamaisondepierre.fr – Fermé mardi,
mercredi et samedi midi

🛏 BERRIA   *Plus*

CLASSIQUE CONTEMPORAIN "Berria" signifie "nouveau", et ce n'est pas un hasard : cet hôtel presque centenaire a été rénové dans un style moderne, sans renier pour autant son identité basque – notamment avec le soutien d'artisans locaux. Un séjour de choix.

🅿 ⌁ ⅋○ – 20 chambres – Prix : €
68 rue Francis Jammes – ☎ *05 59 29 11 10*

HATTSTATT

✉ 68420 – Haut-Rhin – Carte régionale n° **10**–A2

⊛ L'ALTÉVIC

MODERNE • CONTEMPORAIN Avec tout le talent et toute l'expérience qu'on lui connaît, Jean-Christophe Perrin propose une cuisine dans l'air du temps, inspirée par le marché, dans laquelle un beau produit de saison suffit souvent à faire recette, avec menu vegan pour les amateurs... Réjouissant.

&. Ậ ꝯ 🅿 – Prix : €€€

4 rue du Wiggensbach – ☎ *03 89 78 83 56 – www.restaurant-laltevic.fr – Fermé lundi et mardi, et dimanche soir*

HAUTELUCE

✉ 73620 – Savoie – Carte régionale n° **2**–D1

LA FERME DU CHOZAL

MODERNE • CONVIVIAL Ce restaurant cultive un style montagnard typique ; la cuisine n'en n'est pas moins actuelle et appétissante, réalisée avec de beaux produits du terroir, et de jolies associations terre-mer : en témoigne ce croustillant d'omble, crozets, saucisse fumée et glace au reblochon... Sans oublier une remarquable carte de vins alpins.

⅋⅋ ⇐ 🖻 ꝯ 🅿 – Prix : €€€

361 route des Combes – ☎ *04 79 38 18 18 – www.lafermeduchozal.com/ fr – Fermé mardi*

MONT BLANC RESTAURANT & GOÛTER

MODERNE • MONTAGNARD Cette hostellerie centenaire, située à l'entrée du village et joliment rénovée, accueille l'enthousiasme d'un jeune chef, ancien pâtissier d'une maison étoilée. Aux jours d'été, on s'installe sur la terrasse ensoleillée, face aux massifs du Beaufortain. L'après-midi, les goûters sucrés du chef sont fort recommandables. Le menu change chaque semaine. Réservation très conseillée.

&. ꝯ – Prix : €€€

16 rue de la Voûte – ☎ *04 79 37 01 61 – www.montblanc-restaurant.com – Fermé lundi, mardi et du mercredi au dimanche à midi*

LE HAVRE

✉ 76600 – Seine-Maritime – Carte régionale n° **17**–C2

⁑ JEAN-LUC TARTARIN

Chef : Jean-Luc Tartarin

CRÉATIVE • COSY Normand de naissance et de cœur, Jean-Luc Tartarin élabore une cuisine tournée vers la mer, où le modernisme du Havre rencontre l'âme du terroir normand : raviole de foie gras à l'huître et au gingembre, homard aux asperges blanches, saint-pierre aux coques et stilton... À déguster dans un agréable décor cosy aux tons beige apaisants, au cœur du secteur classé au patrimoine mondial de l'Unesco. Belle carte des vins et jolie sélection de cidres et calvados.

⅋⅋ &. Ậ ꝯ – Prix : €€€

Plan : A1-1 – *73 avenue Foch –* ☎ *02 35 45 46 20 – www.jeanluc-tartarin.com/ fr – Fermé lundi, mardi et dimanche*

ÉTRETAT, PORT DU HAVRE-ANTIFER
YVETOT, CHÂTEAU DE FILIÈRES
PORT DU HAVRE-ANTIFER
CHÂTEAU D'ORCHER
PONT DE NORMANDIE, PONT DE TANCARVILLE
PONT-L'EVÊQUE
R. Henry Génestal
R. Béranger
Square St-Roch
R. Jules Ancel
Hôtel de ville
Av. René Coty
R. Maréchal Gallieni
R. Anatole France
R. Jean Baptiste Eyriès
R. Gabriel Péri
R. Jules Lecesne
Avenue Foch
St-Roch
Hôtel de ville
Bd de Strasbourg
Pl. de l'Hôtel-de-Ville
Narrow House
Palais de justice
R. Paul Doumer
Appartement-témoin Auguste-Perret
R. Victor Hugo
Pl. Jules Ferry
R. Jules Siegfried
R. du Mal de Lattre de Tassigny
R. Louis Brindeau
Quai George V
ST-JOSEPH
Espace Oscar-Niemeyer
Rue de Paris
Bassin du Commerce
R. F. Lemaître
R. Voltaire
Pl. Gén. de Gaulle
Quai Lamblardie
R. A. Carretté
R. Richelieu
Bassin du Roi
Hôtel Dubocage de Bléville
R. A. Normand
R. d'Estimauville
R. Emile Zola
Muséum d'histoire naturelle
R. Dauphine
Bd Clemenceau
QUARTIER MODERNE
R. du Gén. Faidherbe
Bassin de la Barre
Quai Lamandé
Bd François 1er
R. Edouard Lang
R. des Gallons
R. de la Mailleraye
Notre-Dame
Bassin de la Citadelle
R. Michel Yvon
Pl. de la Commune
Maison de l'Armateur
Av. L. Corbeaux
Quai de Southampton
Musée d'Art moderne André-Malraux (MuMa)
Catène de Conteneurs
TERMINAL DE LA CITADELLE
Sémaphore
Le Havre Port Center
Port
LE HAVRE
BASSIN DE LA MANCHE
0 200 m
Quai Roger Meunier
Crs de la Manche
N

LE BOUCHE À OREILLE

MODERNE • DE QUARTIER Derrière une sobre façade vitrée, on découvre une table de grande valeur. Le chef mitonne des plats généreux, francs et goûteux, dans un style volontairement traditionnel, mais pas dénué de personnalité et parfois accompagné d'une touche d'originalité à l'image de ce gyoza mozza tomate accompagné d'un délicieux gaspacho tomate et poivron. En salle, son épouse se montre sympathique et efficace, prodiguant de judicieux conseils pour le choix des vins.

Prix : €€

Plan : A1-3 – *19 rue Paul-Doumer – ✆ 02 35 45 44 60 – Fermé lundi et dimanche*

LE MARGOTE

MODERNE • CONTEMPORAIN Dans son restaurant face au bassin du Roi, le chef Gauthier Teissere, épaulé en salle par son épouse Marguerite, propose une partition actuelle, volontiers créative, rehaussée de quelques touches asiatiques. Le cadre, élégant et cosy, est en phase avec une cuisine joliment rythmée par les saisons. Chaque assiette séduit à l'image du tartare de thon rouge, avocat, sauce chimichurri ou du risotto au haddock et croûtons meunières.

– Prix : €€

Plan : B1-2 – *50 quai Michel-Féré – ✆ 02 35 43 68 10 – www.lemargote.fr – Fermé lundi et dimanche*

🏵 LA TABLÉE

MODERNE • CONTEMPORAIN À deux pas de la plage du Havre, ce restaurant au cadre épuré et contemporain vit grâce à l'impulsion de son jeune propriétaire et de son tout aussi jeune chef. Le menu-carte de saison évolue régulièrement, autour de préparations fines et soignées dont les saveurs bien marquées mettent en valeur des produits sélectionnés avec rigueur, à l'image de cette lotte, asperge verte, sauce vierge et pignon de pin, ou de ces fraises au vin rouge, sorbet yaourt, basilic et crumble. En plus du menu-carte, le convive peut déguster la cuisine du chef au travers d'un menu mystère. Service du vin au verre, souvent en magnum, parfois en Jéroboam - les amateurs apprécieront !

Prix : €€

Hors plan – *69 rue Guillemard* – ℰ *02 76 25 86 66* – *la-tablee.fr* – *Fermé samedi, dimanche et du lundi au mercredi à midi*

🛏 VENT D'OUEST   *Plus*

DESIGN MODERNE Tout près de l'église Saint-Joseph, signée Auguste Perret, cet hôtel occupe un immeuble typique du Havre, mais propose des chambres cosy et feutrées à l'esprit british : meubles cirés, tableaux de marine, fauteuils en cuir patiné... Agréable espace bien-être, avec hammam et salles de massages.

🅿 ↻ 🆂🅿 ✧ - 35 chambres – Prix : €

4 rue de Caligny – ℰ *02 35 42 50 69*

L'HERBAUDIÈRE – Vendée(85) → Voir Île de Noirmoutier

LES HERBIERS

✉ 85500 – Vendée – Carte régionale n° **23**–B3

🏵 L'ENVERS DU DÉCOR

MODERNE • CONTEMPORAIN Côté décor, une ancienne boulangerie transformée en restaurant contemporain, élégant et épuré, dans un esprit tout à fait zen. Côté chef, Aurélien Jousseaume, au parcours étoilé, passé notamment par chez Etchebest, Guy Savoy et Guy Martin. Multipliant les allers-retours entre sa cuisine ouverte et la salle, le chef, dont l'épanouissement est manifeste, prend lui-même en charge les commandes et la présentation des plats. Sa cuisine de saison goûteuse porte également une attention millimétrée aux sauces et aux jus : tous sont mémorables (jus crémeux à l'Amaretto sur les champignons, jus de veau au pruneau sur le ris de veau...).

&. 🅺 – Prix : €€

23 rue de la Bienfaisance – ℰ *09 86 19 30 21* – *envers-du-decor.fr* – *Fermé lundi et dimanche*

AROMA

MODERNE • CONTEMPORAIN Ce restaurant du centre-ville, moderne et coloré, est tenu par un jeune couple plein d'allant, auteur d'une carte évolutive, ne dérogeant jamais à la sacro-sainte trilogie : fraîcheur, gourmandise et... produits vendéens !

&. 🅺 – Prix : €

7 rue du Brandon – ℰ *02 51 91 05 48* – *www.restaurant-aroma.com* – *Fermé lundi et dimanche soir*

HÉROUVILLE-SAINT-CLAIR

✉ 14200 – Calvados – Carte régionale n° **17**–B2

🏵 L'ESPÉRANCE - STÉPHANE CARBONE

MODERNE • CONTEMPORAIN Sur le chemin de halage du canal reliant Caen et la mer, offrez-vous une escapade bucolique et gourmande à quelques encablures de la ville. Cette maison couleur rouille est la demeure de Stéphane Carbone, chef bien connu des Caennais : il y cultive un esprit qui lui est personnel, entre tradition et air du temps. Les préparations se révèlent soignées, réalisées à base de produits frais de grande qualité. On passe un excellent moment dans une ambiance conviviale, avec, à chaque table, une jolie vue sur le canal et ses péniches en partance... En saison, brunch dominical.

⬅🏧🍴🔄🅿 – Prix : €€

512 rue Abbé-Alix – 𝒫 02 31 44 97 10 – www.esperance-stephanecarbone.fr – Fermé lundi et mardi, et dimanche soir

HÉSINGUE

✉ 68220 – Haut-Rhin – Carte régionale n° **10**–B3

AU BŒUF NOIR

CLASSIQUE • CONVIVIAL Les produits frais de qualité rythment la vie de cette maison, de même que la fraîcheur et le goût dans les assiettes : risotto de homard façon paëlla, lièvre à la royale pendant la saison de la chasse... Jolie petite terrasse sur l'arrière, idéale aux beaux jours.

🏧🍴🅿 – Prix : €€€

2 rue Folgensbourg – 𝒫 03 89 69 76 40 – www.auboeufnoir.fr – Fermé lundi, samedi midi et dimanche soir

HEUGUEVILLE-SUR-SIENNE

✉ 50200 – Manche – Carte régionale n° **17**–A2

😊 THE PRESBYTERE 🅽

MODERNE • MAISON DE CAMPAGNE Dans un charmant petit coin de Normandie, le chef anglais Edward Delling-Williams (ex Grand Bain parisien) est tombé amoureux de ce presbytère qu'il a transformé en gastro-pub locavore. Entre table en bois brut et massacres de cerfs aux murs, imposante cheminée en pierre et poutres apparentes, le pèlerin affamé s'attable devant une douce assiette de moules à l'aïoli, puis enchaîne avec un confit de canard accompagné d'une inédite salade de concombre à la menthe bien rafraîchissante et conclut avec un cake à la courgette moelleux comme il faut. Le chef déborde également de projets, et notamment de la création d'une petite ferme.

🍴🅿 – Prix : €€

16 rue de la Sienne – 𝒫 09 71 04 93 22 – thepresbytere.com – Fermé mardi et mercredi

HOCHSTATT

✉ 68720 – Haut-Rhin – Carte régionale n° **10**–A3

AU CHEVAL BLANC

MODERNE • FAMILIAL Dans ce petit village aux portes du Sundgau, on se délecte de plats soignés et gourmands, réalisés par le chef au fil de son inspiration et du marché- terrine de sanglier à l'Armagnac, filet de bœuf Salers, girolles, etc. Une adresse pour le moins appétissante.

🐾🅿🍴🔄 – Prix : €€

55 Grande-Rue – 𝒫 03 89 06 27 77 – www.au-cheval-blanc-hochstatt.com – Fermé mercredi, et lundi, mardi et dimanche soir

HONFLEUR

✉ 14600 – Calvados – Carte régionale n° **17**–D2

Qui n'aime pas Honfleur ? Lieu béni des muses, ce petit port de la Côte fleurie a séduit les écrivains et les peintres, de Baudelaire à Musset, de Boudin à Seurat. Son Vieux-Bassin, ses façades anciennes et cette lumière sont proprement irrésistibles... De quoi mettre en appétit les esthètes ! Ancien port de pêche à la morue comme Le Havre, Honfleur possède toujours une flotte de petits bateaux. Du jeudi au dimanche matin, ils vendent en direct sur la jetée du transit – notamment des coques, des coquilles Saint-Jacques et des crevettes grises réputées. Le samedi matin, la place Saint-Catherine sert de cadre au déballage chatoyant des produits du terroir, comme des rillettes de lapin, du confit de porc et les dérivés du cidre. Une sélection judicieuse de calvados, mais aussi de cidres et de pommeaux vous attend à la Compagnie des Calvados, à la Cave normande ou chez Gribouille, dont le décor d'ancienne brocante charme l'œil.

😊 LA FLEUR DE SEL

MODERNE • COSY Dans une rue du quartier historique, Vincent Guyon réalise un travail admirable. Au menu, lotte et artichauts barigoule, tomates séchées, émulsion d'artichauts, bouillon et curry breton, ou bien un grand classique de la maison : le tartare de boeuf aux huîtres, accompagné de mizuna, vinaigrette caviar et riz grillé. Une cuisine inspirée et parfaitement maîtrisée.

Prix : €€

Plan : A1-2 – *17 rue Haute* – 📞 *02 31 89 01 92* – *www.lafleurdesel-honfleur.com* – *Fermé lundi et mardi*

😊 SAQUANA

CRÉATIVE • CONTEMPORAIN Alexandre Bourdas est-il en train de redéfinir les codes de la gastronomie ? Il a fait de son SaQuaNa un vrai lieu de vie, ouvert du matin au soir, avec l'idée de rendre la bonne cuisine accessible au plus grand nombre. La carte est variée, aux influences d'ici et d'ailleurs, et affiche toujours certains incontournables comme sa lotte bouillon coco et huile de combawa ou l'emblématique pascade : une partition talentueuse, décomplexée, inspirante.

Prix : €€

Plan : A1-3 – *22 place Hamelin* – 📞 *02 31 89 40 80* – *alexandre-bourdas.com* – *Fermé lundi et mardi*

L'ÂTRE

MODERNE • CONTEMPORAIN Dans un cadre entièrement refait à neuf et une cuisine ultra-moderne, Lauriane et Julien Lefebvre, couple anglaise de la région, réchauffent le gosier des gourmets avec leur savoureuse cuisine dans l'air du temps (tourteau de casier, rémoulade de chair et céleri maraîcher, pomme verte et nuage de verjus, sarrasin soufflé) qui met en avant les producteurs locaux.

🍴 – Prix : €€€

Plan : B2-5 – *25 cours des Fossés* – 𝒞 *02 31 88 30 82* – *restaurant-atre.com/fr* – *Fermé lundi et dimanche*

LE BRÉARD

MODERNE • CONTEMPORAIN Cadre contemporain et cuisine subtile au menu de ce restaurant, situé dans une ruelle pavée proche de l'église Ste-Catherine. Le chef associe de belles saveurs avec créativité et générosité !

🍴 – Prix : €€

Plan : A1-1 – *7 rue du Puits* – 𝒞 *02 31 89 53 40* – *www.restaurant-lebreard.com* – *Fermé mercredi, jeudi et lundi midi*

L'ENDROIT

MODERNE • BRANCHÉ Bistronomique et novateur : tel est cet Endroit, niché en léger retrait de l'agitation touristique d'Honfleur. En amoureux des beaux produits, le chef nous gratifie de beaux poissons frais, de légumes et volailles de fournisseurs locaux, qu'il travaille dans les règles de l'art. Soirées jazz les premiers vendredis du mois.

♿ – Prix : €€€

Plan : A2-7 – *3 rue Charles-et-Paul-Bréard* – 𝒞 *02 31 88 08 43* – *www. restaurantlendroithonfleur.com* – *Fermé lundi et dimanche*

ENTRE TERRE ET MER

MODERNE • COSY Sur une charmante petite place touristique près du Vieux-Bassin, ce restaurant au cadre élégant et cosy navigue entre terre et mer dans l'assiette, pour une cuisine rythmée par les saisons et marquée du sceau de l'authenticité normande.

🐳 🍴 ⇔ – Prix : €€€

Plan : A1-4 – *12 place Hamelin* – 𝒞 *02 31 89 70 60* – *www.entreterreetmer-honfleur.com*

HUÎTRE BRÛLÉE

MODERNE • CONVIVIAL Ici, pas d'Huître Brûlée... mais une cuisine actuelle aux produits de qualité, privilégiant les achats en circuits courts (légumes bio, poisson de petit bateau), imaginée autour d'une carte de saison resserrée. Une table sympathique et conviviale ouverte par un couple de passionnés, Paul Lacheray, originaire d'Honfleur en cuisine, et sa compagne Chloé Woestelandt en salle, qui réalise ainsi son rêve d'enfance...

Prix : €€

Plan : A1-8 – *8 rue Brûlée* – 𝒞 *09 82 57 90 18* – *Fermé mercredi et jeudi*

LES IMPRESSIONNISTES - LA FERME SAINT-SIMÉON

MODERNE • ÉLÉGANT L'intérieur de style normand, élégant et luxueux, le parc arboré avec sa roseraie, la terrasse offrant une superbe vue sur l'estuaire de la Seine : c'est enchanteur, bien sûr, mais pas de quoi nous détourner de l'assiette ! Le chef signe en effet une belle cuisine contemporaine, autour de beaux produits du terroir normand, faisant la part belle aux saisons.

🐳 ⇐ 🍴 ♿ 🍴 ⇔ 🅿 – Prix : €€€€

Hors plan – *20 rue Adolphe-Marais* – 𝒞 *02 31 81 78 00* – *fermesaintsimeon.fr* – *Fermé lundi, mardi et mercredi midi*

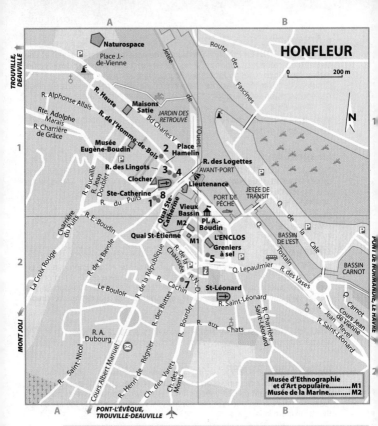

LE MANOIR DES IMPRESSIONNISTES

MODERNE • ÉLÉGANT Installez-vous dans la lumineuse salle à manger ou sur la terrasse aux beaux jours pour profiter d'un joli panorama sur l'estuaire, et d'une cuisine actuelle, centrée autour d'une carte de saison courte et appétissante, privilégiant les produits du terroir normand et de la pêche locale.

🕷 ⑂ 🖢 ᴁ 👯 ⇆ 🅿 – Prix : €€€

Hors plan – *23 route de Trouville* – ☎ *02 31 81 63 00* – *www. manoirdesimpressionnistes.com* – *Fermé du lundi au vendredi à midi*

LA CHAUMIÈRE   *Plus*

DESIGN MODERNE Cette jolie ferme normande se dresse face à l'estuaire de la Seine, dans un parc qui tombe dans la mer. Chambres "campagne-chic" au grand calme, coquettes et cosy, avec pour certaines une jolie vue sur les flots. Location de vélos, de kayaks, ou d'une petite voiture électrique idéale pour sillonner Honfleur.

🅿 ⌂ 🕊 🖢 🕸 🐾 🛁 🍽 – 10 chambres – Prix : €€

Route du Littoral – ☎ *02 31 81 63 20*

LA FERME SAINT-SIMÉON

CLASSIQUE CONTEMPORAIN Haut lieu de l'histoire de la peinture, l'auberge que fréquentaient les impressionnistes est devenue un hôtel magnifique. Le parc domine l'estuaire – et ses lumières changeantes –, les chambres, au calme, réinventent le style rustique, version luxe. Intemporel comme un tableau ou une chanson de Jacques Brel.

🛁 🅿 🛋 🛎 🖥 🚲 🌐 ♨ ❢ - 29 chambres – Prix : €€
Rue Adolphe Marais – 𝓒 02 31 81 78 00
Les Impressionnistes - La Ferme Saint-Siméon - Voir la sélection des restaurants

HÔTEL SAINT-DELIS   *Plus*

DESIGN MODERNE Ce monument local, qui fut autrefois la demeure du peintre Henri de Saint-Delis, est aujourd'hui un hôtel de luxe qui ne dépareillerait pas à Paris. Neuf chambres élégantes et contemporaines, toutes équipées de douche-hammam. Le petit-déjeuner est éventuellement servi dans la cour arborée.
🅿 🛎 ♨ - 9 chambres – Prix : €€
43 rue du Puits – 𝓒 02 31 81 78 10

LES MAISONS DE LÉA   *Plus*

DESIGN MODERNE En plein cœur de la ville, juste devant l'église Ste-Catherine, cette bâtisse est composée de plusieurs maisons élégantes, joliment décorées par thèmes (Campagne, Romance, Baltimore, Capitaine). Le confort est total, l'accueil est charmant : incontournable, tout simplement !
🅿 🛋 🖥 🌐 🛎 ❢ - 43 chambres – Prix : €€
Place Sainte-Catherine – 𝓒 02 31 14 49 49

LE MANOIR DE LA PLAGE   *Plus*

DESIGN MODERNE A Honfleur, il suffirait de laisser le cadre s'exprimer pour recevoir une bonne note. Mais plutôt que de jouer la facilité, la propriétaire de ce majestueux manoir a visé la version grand luxe. Six chambres d'une grande élégance, avec vue mer ou jardin, se partageant une combinaison d'inspirations rustique chic, bohème et bourgeois. Chaises en rotin, revêtement en velours, poutres apparentes ou moulures, selon vos préférences. Cours de méditation, piscine en sous-sol, terrain de tennis face à la mer et accès direct à la plage transforment le séjour en villégiature exclusive.
♿ 🅿 🛋 🖥 🔆 🌐 🛎 - 6 chambres – Prix : €€
Route de Trouville – 𝓒 06 58 18 02 81

HOSSEGOR

✉ 40150 – Landes – Carte régionale n° **18**–A3

LES HORTENSIAS DU LAC

MODERNE • CONVIVIAL Environnement idyllique en bord du lac d'Hossegor pour cette institution locale. Le chef Philippe Moreno y propose une carte mixte, entre "incontournables" régionaux et recettes plus actuelles. Les poissons de la criée de Capbreton ainsi que la belle volaille des Landes sont à l'honneur. On en profite dans un intérieur de bistrot lumineux, ou sur l'agréable terrasse, dans une ambiance décontractée chic.
🛋 ⩽ ♿ 🍽 🅿 - Prix : €€€
1578 avenue du Tour-du-Lac – 𝓒 05 58 43 99 00 – www.lesdomainesdefontenille. com/fr/leshortensiasdulac.html

JEAN DES SABLES

CRÉATIVE • DESIGN Cadre épuré pour ce restaurant de plage : béton ciré, murs clairs, vivier, vue sur l'Océan... La cuisine est moderne, déclinée au fil d'une carte courte et bien ficelée, avec un menu spécial dédié au homard. Accueil et service aux petits soins.
⩽ ♿ 🍽 🅿 - Prix : €€€
121 boulevard de la Dune, à Soorts – 𝓒 05 58 72 29 82 – www.jeandessables. com – Fermé lundi et mardi, et dimanche soir

LES HORTENSIAS DU LAC

DESIGN MODERNE Trois belles maisons entourées d'une pinède, au bord du lac d'Hossegor : l'ensemble, moderne et épuré, s'efface devant le paysage marin. On profite d'un beau jardin planté de pins des Landes, et du spa de 450 m², bien aménagé. Un lieu plein de charme et de vitalité.

P ⬦ ⬥ ⬦ ⬦ ⬦ ⬦ ⬦ ⬦ ⬦ - 25 chambres – Prix : €€

1578 avenue du Tour du Lac – ℰ 05 58 43 99 00

Les Hortensias du Lac - Voir la sélection des restaurants

VILLA SEREN
Plus

DESIGN MODERNE Cette belle bâtisse, mélange de bois et de béton, s'intègre bien dans son environnement. L'intérieur, superbement décoré, accueille entre autres du mobilier d'artisans de la région ; les chambres, spacieuses et confortables, offrent une vue imprenable sur le lac d'Hossegor.

⬦ P ⬦ ⬦ ⬦ ⬦ ⬦ ⬦ ⬦ - 27 chambres – Prix : €€

1111 avenue du Touring Club de France – ℰ 05 58 58 00 55

LES HOUCHES
✉ 74310 – Haute-Savoie

ROCKY POP
Plus

DESIGN MODERNE Atypique et convivial, cet hôtel branché sur le thème des mangas et des jeux vidéos vintage propose des chambres récentes et bien conçues. Espace guinguette, terrain de boule, solarium, et un amusant food truck. They will "Rocky Pop" you.

P ⬦ ⬦ ⬦ - 148 chambres – Prix : €

1476 avenue des Alpages – ℰ 04 85 30 00 00

HOUDAN
✉ 78550 – Yvelines – Carte régionale n° **15**–A2

LE DONJON

TRADITIONNELLE • CLASSIQUE Du château médiéval ne subsiste que le donjon, voisin de ce restaurant. Manasse Ameho, le chef, réalise une cuisine traditionnelle sobre et rythmée par les saisons, servie dans une salle confortable.

AC – Prix : €€

14 rue d'Épernon – ℰ 01 30 59 79 14 – restaurantledonjon.fr – Fermé lundi et dimanche soir

HOULGATE
✉ 14510 – Calvados – Carte régionale n° **17**–B2

L'ÉDEN

MODERNE • COSY Cette maison, tenue par un couple de sympathiques normands, Nicolas Tougard en cuisine et son épouse Virginie en salle, propose une cuisine au goût du jour évoluant au gré des saisons, avec des clins d'œil adressés à la Normandie (les producteurs locaux sont privilégiés) et à la tradition réinterprétée (sole meunière au beurre d'Isigny-sur-Mer, homard bleu braisé au pommeau...).

⬦ ⬦ – Prix : €€

7 rue Henri-Fouchard – ℰ 02 31 24 84 37 – www.eden-houlgate.com – Fermé lundi et mardi, et dimanche soir

LES PASSANTES Ⓝ

MODERNE • CONTEMPORAIN Si l'on passe dans la rue principale d'Houlgate, on passe aussi devant ces Passantes, une jolie maison de ville au toit d'ardoise et aux murs blancs. Dans un décor contemporain, un chef solide, Maxime Lehoucq travaille exclusivement les produits de saison normands (veau, œufs et crème fermiers) mais aussi les poissons fournis par son frère marin-pêcheur à Trouville. Sa patte bistronomique, mâtinée de quelques touches exotiques (comme ces épices cajun sur le suprême de volaille) fait le reste. Nouvelle carte toutes les semaines.

🍸 – Prix : €€

41 rue des Bains – ☏ 02 61 92 39 69 – www.les-passantes.fr – Fermé lundi et mardi

LES TERRES IODÉES Ⓝ

MODERNE • MAISON DE CAMPAGNE Si, comme les peintres impressionnistes, vous chérissez la lumière normande, franchissez le seuil de ce restaurant installé dans une auberge à colombages, entre Deauville et Houlgate. La grande salle à manger épurée bénéficie d'un double éclairage traversant, d'un parquet et d'un mobilier en bois clair. Le chef, fils de restaurateurs, propose une généreuse cuisine de saison. Il travaille essentiellement les bons produits locaux (bœuf normand, agneau des prés salés...). Son dos de lieu noir, étuvée de légumes, bouillon fumé, émulsion sésame, en est un bon exemple.

🚗&🍸🅿 – Prix : €€

64 route de la Corniche – ☏ 02 31 28 00 28 – www.aubergedesaulnettes.fr – Fermé lundi et mardi, et dimanche soir

LA HUME – Gironde(33) → Voir Bassin d'Arcachon

HUNINGUE

✉ 68330 – Haut-Rhin – Carte régionale n° **10**–B3

AUTOUR DE LA TABLE

CLASSIQUE • TRADITIONNEL L'adresse revendique un côté "école hôtelière" avec sa carte classique (paupiette de sole, filet de bœuf, crêpe soufflée à l'eau-de-vie de quetsche), son service sérieux et appliqué – on y pratique encore l'art oublié de découpe et la préparation en salle. Quand la tradition et le classicisme ont du bon, autour et surtout sur la table...

&🎖🍸♧ – Prix : €€€

17A rue de Village-Neuf – ☏ 09 81 11 40 17 – www.restaurant-autourdelatable.fr – Fermé lundi, mardi, mercredi, jeudi et samedi midi , et dimanche soir

HYÈRES

✉ 83400 – Var – Carte régionale n° **24**–C3

LA COLOMBE

TRADITIONNELLE • ÉLÉGANT Salade d'encornet au citron confit, sucrine grillée et boulgour ; piquaña de bœuf marinée aux épices et légumes du moment... C'est avec des assiettes généreuses, résolument provençales, que Pascal et Nadège Bonamy ont hissé leur restaurant, au pied du massif des Maurettes, parmi les bonnes tables de la région.

🎖🍸♧ – Prix : €€€

663 route de Toulon – ☏ 04 94 35 35 16 – restaurantlacolombe.com – Fermé lundi, mardi, samedi midi et dimanche soir

L'ENOTÉCA

MODERNE • CONTEMPORAIN Cette Énotéca est la première affaire d'un jeune couple de restaurateurs pleins d'envie et de talent. En cuisine, le chef compose une cuisine gourmande et savoureuse à mi-chemin entre Sud-Ouest et Provence, avec des produits de première qualité, tandis qu'en salle, sa compagne assure un service efficace et convivial.

🆎 🍽 – Prix : €€

3 rue des Porches – 𝒞 04 94 23 51 56 – www.l-enoteca.fr – Fermé lundi, mardi midi et dimanche soir

LA REINE JANE   *Plus*

DESIGN MODERNE Celle qui veille sur les bateaux du port de Hyères depuis les années 50 s'est offert un lifting dans les règles de l'art. Derrière sa façade maritime emblématique, la Reine Jane dévoile aujourd'hui quatorze chambres redécorées sur le thème de la Méditerranée par autant d'artistes récompensés lors du festival annuel du design de la villa Noailles, dans les hauteurs varoises. Selon vos penchants esthétiques, vous aurez ainsi le choix de l'ambiance : un ultra minimalisme enduit de bleu pétrole, des fonds marins chamarrés à l'esprit dessin animé ou une ambiance Cyclades sous des alcôves immaculées. Là-haut, le toit terrasse de 200 m² élargit un peu plus votre horizon.

🅿 ⥥ 🛏 🍽 - 14 chambres – Prix : €

Port de l'Ayguade, 1 quai des Cormorans – 𝒞 04 94 66 32 64

IGUERANDE

✉ 71340 – Saône-et-Loire – Carte régionale n° **5**–B3

LA COLLINE DU COLOMBIER

MODERNE • CHAMPÊTRE En pleine campagne, dominant la Loire, une ferme restaurée dans un style certes champêtre... mais chic et épuré ! Un lieu nature et design, pour déguster une cuisine du terroir raffinée. Et pour prolonger l'étape, on s'installe dans les fameuses "cadoles" sur pilotis !

⇦ ≼ 🛏 ♿ 🍽 ⟳ 🅿 – Prix : €€

Lieu-dit le Colombier – 𝒞 03 85 84 07 24 – www.troisgros.com – Fermé du lundi au mercredi

ÎLE D'OLÉRON

✉ 17310 Charente-Maritime – Carte régionale n° **20**–A2

Le Grand-Village-Plage

😊 LE RELAIS DES SALINES

POISSONS ET FRUITS DE MER • BISTRO Au menu de ce bistrot marin, saveurs iodées et produits top fraîcheur. La carte se partage entre indémodables (huîtres, gâteau de langoustines, riz au lait "façon Mariette", tarte au citron du patron) et inspirations du moment. La petite salle tire parti au mieux de cette ancienne cabane ostréicole. La partie terrasse est ouverte sur les marais. Une belle surprise.

🍽 – Prix : €€

Port-des-Salines – 𝒞 05 46 75 82 42 – www.lerelaisdessalines.fr – Fermé lundi et dimanche soir

Saint-Denis-d'Oléron

😊 LE JOUR DU POISSON

POISSONS ET FRUITS DE MER • BISTRO Emmené par un trio formé à Ferrandi, ce petit bistrot coquet du bout de l'île ne désemplit pas et ce n'est que justice. L'ardoise, aussi courte qu'alléchante, tient toutes ses promesses : le poisson est travaillé sous toutes ses formes, les circuits courts et les vins naturels sont privilégiés, le pain est fait maison à la farine oléronaise. C'est convivial, charmant et délicieux.

🍴 – Prix : €€

3 rue de l'Ormeau – ☏ 05 46 75 76 21 – Fermé mardi, mercredi et jeudi midi

Saint-Trojan-les-Bains

L'ÉCUME

MODERNE • CONTEMPORAIN L'une des meilleures tables d'Oléron. Tout le mérite en revient à la cuisine de Romaric Villeneuve, moderne et assez créative, avec des emprunts à l'Asie et l'utilisation judicieuse d'épices. Avec, par-dessus le marché, des desserts très réussis ! Succès oblige, la réservation est impérative.

♿ 🍴 ⛱ – Prix : €€

2 rue de la République – ☏ 05 46 75 34 66 – www.restaurant-lecume-oleron.fr – Fermé lundi, samedi midi et dimanche soir

ÎLE DE NOIRMOUTIER

✉ 85680 - Vendée – Carte régionale n° **23** –A2

L'Herbaudière

✿✿✿ LA MARINE

Chef : Alexandre Couillon

CRÉATIVE • ÉLÉGANT Tous les matins, Alexandre Couillon se lève à l'aube pour se rendre à la criée de Noirmoutier, point de ralliement des meilleurs poissons de l'Atlantique avant de poursuivre vers son potager, situé à quelques minutes du restaurant. On choisira avec profit le plus grand menu dégustation, constamment renouvelé au gré des arrivages pour profiter de cette cuisine du produit sublimé, d'une noblesse et d'une simplicité qui n'appartiennent qu'aux plus grands cuisiniers – de ceux qui savent épurer et enlever pour révéler les saveurs et libérer l'imaginaire du mangeur. La qualité des produits de la mer et des légumes est exceptionnelle. Autres attributs de son talent, la cuisson au feu, la cueillette maritime, les coulis de fruits et légumes condimentés, les réductions de fumets et jus corsés... sans oublier la cuisson millimétrée des poissons ! Souvenirs éclatants de ce maquereau cuit à la braise accompagné de betterave confite ou encore de cette remarquable laitue grillée à la flamme, myrtilles au vinaigre de sureau et ce dessert sarrasin, mousse de caramel, agrumes confits et sorbet à la laitue de mer. La Marine aujourd'hui, c'est aussi un décor revu avec des matières naturelles et des couleurs douces, et l'épicerie "Le petit couillon" où le chef met en avant ses artisans et producteurs.

✿ L'engagement du chef : Nous vivons au rythme de la Nature, qui seule nous dicte, jour après jour, ce qui figurera à la carte de notre restaurant. Nous travaillons avec de petits pêcheurs locaux et essayons au maximum de n'utiliser que des produits de notre jardin. Tous les déchets organiques sont quant à eux valorisés en compost, avant de retourner à la Terre.

🦽 ⇔ ♿ 🍴 ✿ – Prix : €€€€

3 rue Marie-Lemonnier – ☏ 02 51 39 23 09 – www.alexandrecouillon.com/fr – Fermé lundi, mardi et dimanche

🍃 LA TABLE D'ÉLISE

POISSONS ET FRUITS DE MER • BISTRO Juste en face du port de pêche, cette table iodée – annexe du restaurant gastronomique La Marine – honore les produits de la mer de fraîcheur exceptionnelle. On reconnaît la maitrise des saveurs et la précision technique d'Alexandre Couillon, le chef, ici en version bistrot et à des prix très séduisants. Un vrai coup de cœur !

      &. 🏠 – Prix : €

*5 rue Marie-Lemonnier – ☎ 02 28 10 68 35 – www.alexandrecouillon.com/fr –
Fermé lundi, mardi et dimanche*

Noirmoutier-en-l'Île

😀 **L'ASSIETTE AU JARDIN**

MODERNE • BISTRO On s'installe à l'intérieur d'une petite salle de bistrot aux étagères garnies de produits d'épicerie fine ou sur la coquette véranda pour déguster une partition pleine de gourmandise, où la tradition s'accommode joliment d'une âme voyageuse. Le menu, qui change toutes les deux semaines, met en avant les produits locaux ou régionaux. Une charmante adresse.

&. 🅰🅲 🏠 – Prix : €€

*9 rue du Robinet – ☎ 02 51 54 93 95 – lassietteaujardin.fr – Fermé lundi et du
mardi au vendredi à midi*

L'ÉTIER

POISSONS ET FRUITS DE MER • TRADITIONNEL Entre route et étier – un chenal d'eau de mer sur lequel donne la véranda –, cette maison basse typique de l'île propose de beaux produits de la pêche locale : homard grillé, turbot sauvage cuit sur l'arête, sole meunière, anguille du marais au jus d'herbes fines… sans oublier, les immanquables soufflé au Grand Marnier et paris-brest. Une cuisine de bon artisan, fraîche et savoureuse à souhait.

🅿 – Prix : €€

*Route de l'Épine – ☎ 02 51 39 10 28 – www.restaurant-letier.fr – Fermé lundi et
mardi*

LA MAISON DES TOQUÉS

DU MARCHÉ • COSY Aurore et Sébastien Duchenne ont quitté leur petit restaurant de l'Herbaudière pour s'installer à Noirmoutier-en-l'Île. Nouveau challenge, nouveau décor cosy, mais toujours la même passion pour les produits régionaux de qualité, valorisés par de belles recettes dans l'air du temps, imaginées au gré du marché. Réservation fortement conseillée.

Prix : €€€

*26 rue de la Prée-aux-Ducs – ☎ 02 28 10 15 12 – www.lamaisondestoques.fr –
Fermé mercredi et dimanche*

LE PETIT BANC

TRADITIONNELLE • BISTRO Originaires de la région lyonnaise, Véronique et Gilles ont investi cette jolie maison de pays située au pied du château. On s'installe dans un décor charmant avec banquettes rouges en skaï, mobilier de bistrot, miroirs, vieux plancher etc. pour déguster charcuteries de Lyon et produits vendéens. Ambiance à la bonne franquette.

&. – Prix : €

*7 rue des Douves – ☎ 02 28 10 93 21 – Fermé dimanche et du lundi au samedi à
midi*

🛏 **LE GÉNÉRAL D'ELBÉE**   *Plus*

DESIGN MODERNE Cette demeure historique du 18ᵉ s. a été métamorphosée en un hôtel contemporain du dernier chic. Déco de grande qualité, chambres cosy et confortables, ravissant salon-bibliothèque, sans oublier le spa et la piscine extérieure avec vue sur le château éclairé, la nuit… Une véritable renaissance !

&. 🛁 🏊 💯 🐾 – 25 chambres – Prix : €

Place d'Armes – ☎ 02 51 39 10 29

L'ILE Ô CHÂTEAU *Plus*

DESIGN MODERNE L'île en question est Noirmoutier, avec son château du 12ᵉ s., à côté duquel se trouve ce bâtiment classique. Converti récemment en hôtel contemporain, il mêle le style maritime avec une touche moderne monochrome. Une piscine chauffée, un délicieux petit-déjeuner et des vélos à louer font apprécier cette délectable vie insulaire.

🅿 🐾 🚲 ⏛ - 24 chambres – Prix : €

11 rue des Douves – ☏ 02 51 39 02 72

ÎLE D'YEU
✉ 85350 - Vendée – Carte régionale n° **23**–A2

Port-Joinville

VENT DEBOUT - HÔTEL LES HAUTES MERS Ⓝ

POISSONS ET FRUITS DE MER • ÉLÉGANT Plantons la scène : l'île d'Yeu, un joli petit hôtel face à la mer, avec son restaurant chic et décontracté, sa terrasse et sa salle à manger décorée de maquettes de vieux gréements... Bref, un véritable spot de charme gourmand. En cuisine, la cheffe Nawal Rezagui régale tranquillement avec sa cuisine régionale et délicieusement iodée, émaillée ici et là de quelques touches méditerranéennes bien dosées (huile d'olive, coriandre, jus épicé, pignon de pin, harissa, etc...) : ceviche de dorade au citron vert, herbes fraîches ; lieu jaune à la vapeur d'algues, chou vert, oignon doux étuvé, beurre blanc...

⪕ 🏠 ♿ 🍽 🅿 – Prix : €€

27 rue Pierre-Henry – ☏ 02 51 37 01 12 – www.lesdomainesdefontenille.com/fr/les-hautes-mers.html

ILE DE PORQUEROLLES
✉ 83400 – Var – Carte régionale n° **24**-C3

LA PINÈDE

MODERNE • CLASSIQUE Dans cet hôtel coupé du monde, voici le restaurant décontracté du Mas du Langoustier, ouvert uniquement au déjeuner. La carte met en valeur la Méditerranée dans un registre bistronomique : poisson du jour, langouste grillée, etc. À savourer avec pour compagnonnage la flore méditerranéenne et la mer : il n'y a plus qu'à profiter du moment...

⪕ 🏠 ♿ 🅰 🍽 – Prix : €€

Chemin du Langoustier – ☏ 04 94 58 34 83 – www.langoustier.com/fr/accueil
Fermé mardi et mercredi, et lundi, jeudi, vendredi, samedi et dimanche soir

ÎLE DE RÉ

✉ 17580 Charente-Maritime – Carte régionale n° **20**–A2

Véritable plat pays, l'île de Ré déroule ses villages chaulés et immaculés avec une discrétion exemplaire, pour la plus grande satisfaction des "people" qui fréquentent assidûment cette villégiature de Charente-Maritime. Mais, entre son littoral, ses bois et ses forêts, ses vignes et ses parcs à huîtres, se cache un véritable art de vivre, fait de peu mais ô combien savoureux. Les marais salants de Loix et d'Ars perpétuent la tradition de l'or blanc, et de son fleuron, la fleur de sel. On y affine également des huîtres mais aussi des palourdes et d'autres fruits de mer, à déguster dans les cabines ostréicoles qui fleurissent le long des pistes cyclables. On les accompagne de l'un des crus élevés sur l'île ou, pour les plus audacieux, de la bière locale, face au soleil couchant sur la côte sauvage. Ré la blanche produit également une délicieuse petite pomme de terre primeur.

ARS-EN-RÉ

🛏 **LE SÉNÉCHAL** *Plus*

DESIGN MODERNE Petit coin douillet de l'île de Ré, Le Sénéchal dissimule sa collection de chambres, suites, lofts, maisonnettes raffinés et de cours fleuries au cœur du village. Si tous les hébergements sont différents, ils partagent le même charme de murs intérieurs en pierre, baignés de lumière et réchauffés de tons pastels. Le tout mis en valeur par un agencement contemporain aux finitions soignées. Certaines aperçoivent la mer, d'autres donnent sur le village. Le mini complexe hôtelier s'organise comme un microcosme autour d'une enfilade de cours fleuries et de patios avec piscine.

🅿 🐕 🛋 - 22 chambres – Prix : €
6 rue Gambetta – ☎ 05 46 29 40 42

LE BOIS-PLAGE-EN-RÉ

🛏 **LES BOIS FLOTTAIS** *Plus*

DESIGN MODERNE Un petit hôtel à l'écart de l'agitation du village. Tomettes, lambris, bibelots marins... Ici, les chambres ont un décor très insulaire ; une partie d'entre elles donne sur l'une des piscines. Bons produits "maison" – confitures, gâteaux... – au petit-déjeuner.

17 chambres – Prix : €
Chemin des Mouettes – ☎ 05 46 09 27 00

🛏 **L'OCÉAN** *Plus*

CLASSIQUE CONTEMPORAIN Cet ensemble de plusieurs maisons de pays, au cœur du village, fut jadis la première pension de famille de l'île. On y retrouve le charme intemporel des habitations rhétaises. Chambres coquettes, piscine, et bar façon yacht-club.

♿ 🅿 ⌂ 🍴 🛋 🕙 ⁝⁝ - 29 chambres – Prix : €€

172 rue Saint-Martin – ℰ 05 46 09 23 07

LA FLOTTE

CHAI NOUS COMME CHAI VOUS

TRADITIONNELLE • BISTRO On se sent un peu comme chez soi dans ce restaurant de poche coquet et convivial. Au menu, une jolie cuisine de la mer, des vins bien choisis, une touche d'inventivité et de sympathiques petites attentions... Réservez !

♿ – Prix : €€€

*1 rue de la Garde – ℰ 05 46 09 49 85 – www.chainouscommechaivous.fr/fr –
Fermé les midis*

SAINT-MARTIN-DE-RÉ

L'AVANT PORT

POISSONS ET FRUITS DE MER • BISTRO Cette jolie maison du 17 e s. située à l'entrée du port s'est muée en bistrot chic et marin, dont on profite de la lumineuse verrière et d'une – ô combien – plaisante terrasse en été. Quant à la cuisine, au goût du jour, elle célèbre le produit avant tout : poisson extra-frais, légumes de l'île...

🄰🄺 🍴 – Prix : €€

8 quai Daniel-Rivaille – ℰ 05 46 68 06 68 – www.lavantport.com

LES EMBRUNS

TRADITIONNELLE • BISTRO Lolotte, la patronne de ce pittoresque restaurant, est une femme de caractère, aussi passionnée que sincère, et sa cuisine lui ressemble. L'ardoise fait la part belle au retour de la pêche et au marché, avec des assiettes généreuses que l'on déguste dans un décor de carte postale – bateau, rames, épuisette... Une adresse qui ne triche pas !

🍴 – Prix : €€

6 rue Chay-Morin – ℰ 05 46 66 46 31 – Fermé lundi et mardi

GEORGE'S

MODERNE • BRASSERIE Idéalement situé sur le port de Saint-Martin-de-Ré, ce restaurant contemporain au décor marin propose des produits de la région préparés avec sobriété et précision (poisson de la criée...) complété de quelques grands classiques de la cuisine traditionnelle (escargots gratinés...). Terrasse lounge et bar à cocktail aussi prisés qu'agréables. Service prévenant.

♿ 🍴 – Prix : €€€

*1 quai Job-Foran – ℰ 05 46 35 40 32 – hotel-de-toiras.com/fr – Fermé du lundi
au mercredi et jeudi midi*

🛏 **LA BARONNIE** *Plus*

CLASSIQUE CONTEMPORAIN Au cœur d'un beau jardin, ces deux hôtels particuliers du 18e s., restaurés avec goût dans un esprit bourgeois, permettent de se reposer au grand calme. Douceur de vivre, service aux petits soins : un véritable havre de paix et de sérénité.

🅿 ⌂ 🍴 🛋 🕙 ♨ 🧖 - 23 chambres – Prix : €€

17-21 rue Baron de Chantal – ℰ 05 46 09 21 29

CLOS SAINT-MARTIN · *Plus*

DESIGN MODERNE Un groupe de maisons typiquement rhétaises, nichées dans un beau jardin verdoyant à l'abri des regards. Spa haut de gamme, piscines extérieures chauffées, chambres d'une élégance sobre et très nature, location de vélos... et brunch le dimanche.

🅿 ⟡ 🛏 ⟰ 📶 ‖◯ - 32 chambres – Prix : €€€
87 cours Pasteur – ☎ *05 46 01 10 62*

HÔTEL DE TOIRAS

CLASSIQUE CONTEMPORAIN Une maison d'armateur au charme douillet et bourgeois : décoration soignée, à la fois luxueuse et cosy, accueil particulièrement attentionné... Une adresse pleine de charme.

⟐ 🖐 🅿 ⟡ 🛏 🚲 📶 ⟰ ‖◯ - 20 chambres – Prix : €€€€
1 quai Job Foran – ☎ *05 46 35 40 32*
George's - Voir la sélection des restaurants

VILLA CLARISSE

DESIGN MODERNE En limite du centre ville, une escapade parfaitement tranquille, dans un cadre du 18ᵉ s., actualisé par le confort d'aujourd'hui et un service attentif et impeccablement discret. La maison est divisée en seulement quatre chambres et cinq suites, dans un style contemporain-classique lumineux, presque monochrome, avec des accents de bleu marine et une simplicité parfaitement dosée. Entourée par les jardins, la pièce maîtresse de l'hôtel est une belle piscine extérieure et son spa. Somptueux petit déjeuner, pique-nique en saison chaude et plats légers au salon.

⟐ 🖐 🅿 ⟡ 🛏 🚲 📶 🕸 - 9 chambres – Prix : €€€€
5 rue du Général Lapasset – ☎ *05 46 68 43 00*

SAINTE-MARIE-DE-RÉ

LE CHAI

TRADITIONNELLE • BISTRO Deux associés ont repris ce bistrot avec un bonheur. Le chef Kévin Wolff, ancien second ici même, fait montre d'un bel esprit culinaire dans la tendance bistronomie, mâtiné de quelques influences plus contemporaines, avec une prédilection pour les légumes locaux de petits maraîchers et majoritairement bio. C'est frais, bien fait et d'un agréable rapport qualité/prix.

🆎 🍴 – Prix : €€
5 place d'Antioche – ☎ *05 46 30 03 55 – restaurantlechai.fr – Fermé lundi, et mercredi et dimanche soir*

L'ILE SOUS LE VENT · *Plus*

DESIGN MODERNE Une belle et grande maison de plain-pied, au grand calme, bien dans l'esprit de l'île. Les chambres, entre esprit contemporain et inspirations insulaires, sont des îlots de sérénité ; cinq d'entre elles disposent même d'une mini-terrasse privative.

⟐ 🅿 🛏 ⟰ - 10 chambres – Prix : €
17 bis rue du Petit Labat – ☎ *05 46 09 60 53*

L'ÎLE-BOUCHARD

✉ 37220 – Indre-et-Loire – Carte régionale n° **8**-A3

🏵 AUBERGE DE L'ÎLE

MODERNE • COSY Dans ce restaurant cossu ancré sur une île de la Vienne, le chef Pierre Koniecko régale ses convives avec ses recettes à la fois savoureuses et généreuses, comme ce merlu aux lardons et petits croûtons, embeurrée de chou. Les produits de qualité, joliment mis en valeur, se dégustent dans un cadre contemporain, ou à l'été, sur la terrasse en teck qui surplombe la rivière - un atout de charme indéniable !

よ㤫⇔**P** – Prix : €€

3 place Bouchard – ℰ 02 47 58 51 07 – www.aubergedelile.fr – Fermé mardi et mercredi

ILLHAEUSERN

✉ 68970 - Haut-Rhin – Carte régionale n° **10**–C2

 AUBERGE DE L'ILL

Chef : Marc Haeberlin

CLASSIQUE • LUXE L'Auberge de l'Ill est bien davantage qu'un simple restaurant : c'est l'auberge alsacienne dans toute sa splendeur. Un lieu convivial et chaleureux, hors du temps, où chaque client est accueilli comme un membre de la famille. Un symbole dans la région, mais aussi en France et dans le monde ! Dès sa création en 1882, entre Sélestat et Riquewihr, l'adresse se fait un nom avec sa matelote au riesling et ses préparations de gibiers alsaciens. Marc Haeberlin, petit-fils des fondateurs, fait aujourd'hui l'alliance entre ces créations historiques (timbale de homard, mousseline de grenouille, foie gras aux épices) et des plats plus personnels, plus modernes. Le mythe est toujours vivace.

🕸 ⇐ 🍷🏧⇔**P** – Prix : €€€€

2 rue de Collonges-au-Mont-d'Or – ℰ 03 89 71 89 00 – www.auberge-de-l-ill. com/fr – Fermé lundi et mardi

 HÔTEL DES BERGES *Plus*

AVANT-GARDE Ce délicieux refuge est niché au bord de l'eau, dans le parc de l'Auberge de l'Ill. Dans ces deux bâtiments rappelant les anciens séchoirs à tabac de la région, les chambres ont un cachet fou – meubles chinés, boiseries, tableaux, sculptures... Un magnifique ensemble, désormais doté d'un spa nature (800 m²).

よ🛁**P**⊙⊘🍷🎴🐾🌀🍽 - 19 chambres – Prix : €€

4 rue de Collonges-au-Mont-d'Or – ℰ 03 89 71 87 87

🕸🕸 **Auberge de l'Ill** - Voir la sélection des restaurants

ILLIES

✉ 59480 – Nord – Carte régionale n° **13**–B2

L'ÉPICURIEUX

MODERNE • CONVIVIAL L'ex-Top Chef Christophe Pirotais et sa compagne Julie Dieudonné ont racheté un ancien café à la pimpante façade blanche, face à l'église du village, pour en faire un bistrot, cosy et moderne. Évidemment curieux, le chef travaille des produits locaux, non sans gourmandise : escargots en persillade ; mignon de porc et mousseline de panais...

㤫 – Prix : €

5 rue Mermoz – ℰ 03 20 35 36 01 – www.restaurantlepicurieux.com – Fermé lundi, mercredi et dimanche

INGERSHEIM

✉ 68040 – Haut-Rhin – Carte régionale n° **10**–C2

 LA TAVERNE ALSACIENNE

TRADITIONNELLE • AUBERGE Dirigée par la famille Guggenbuhl depuis 1964, cette taverne à la façade saumon mérite amplement sa réputation. Même ceux qui ne connaissent rien à la cuisine alsacienne seront conquis, le tout accompagné de beaux vins d'Alsace ! Beau souvenir d'un œuf cuit à basse température, purée de petit pois et espuma de lard.

🕸 🅰🅲 – Prix : €€

99 rue de la République – ☏ 03 89 27 08 41 – www.tavernealsacienne-familleguggenbuhl.com – Fermé lundi et jeudi, et dimanche soir

INGRANDES

✉ 36300 – Indre

🛏 **SAINT-VICTOR LA GRAND' MAISON** *Plus*

ÉLÉGANCE TRADITIONNELLE Sous son nom modeste, la Grand' Maison est en réalité l'archétype du château de princesse : créneaux, tourelles, belvédère, coiffe d'ardoise et multiples façades mangées de lierre, on rêverait de tout quitter pour s'autoproclamer seigneur de ce domaine. De sa longue restauration, il a hérité un aménagement contemporain, mais le mobilier seigneurial, héritage familial ou collection de voyages, témoigne de son pedigree. Trois chambres logées dans le château, un studio dans les anciennes écuries, un deuxième dans un ancien atelier et quatre maisons indépendantes au style actuel composent un ensemble d'hébergement idéal pour un mariage princier. Un parc et deux piscines complètent le tableau.

🚻 🅿 🛏 🛆 🍽 - 3 chambres – Prix : €

Saint-Victor – ☏ 02 54 37 46 55

IRISSARRY

✉ 64780 – Pyrénées-Atlantiques – Carte régionale n° **18**–B3

😊 **ART'ZAIN**

Chef : Henri Amestoy

DU MARCHÉ • CONTEMPORAIN Artzain signifie "berger" en basque – hommage du propriétaire à son père. Située au centre du village, cette ancienne grange, entièrement réhabilitée dans un style rustique et design (le mobilier est l'œuvre de l'artisan basque Alki), propose une cuisine de saison volontiers locavore. Une bonne adresse.

🕸 **L'engagement du chef :** Nous avons une carte courte qui change toutes les six semaines ou qui évolue en suivant les productions et les cultures de nos producteurs. Nos fournisseurs sont tous installés dans un rayon réduit autour du restaurant afin de limiter notre empreinte carbone. Nous confions nos déchets organiques à nos poules et à nos cochons.

🚻 🅰🅲 🍴 – Prix : €€

au bourg – ☏ 05 59 37 23 83 – www.restaurant-art-zain.fr/fr – Fermé lundi et mardi, et dimanche soir

L'ISLE-D'ABEAU

✉ 38080 – Isère – Carte régionale n° **2**–B2

LE RELAIS DU ÇATEY

CLASSIQUE • TENDANCE Décor et éclairage contemporains soulignent le cachet préservé de cette maison dauphinoise de 1774. Rognon de veau juste poêlé et beurre mousseux au poivre de Sarawak ; mirabelles en tarte fine... Plats classiques et pointes d'inventivité.

🕸 🛏 🚻 🍴 ♻ 🅿 – Prix : €€

10 rue du Didier – ☏ 04 74 18 26 50 – www.le-relais-du-catey.com – Fermé lundi et dimanche

L'ISLE-ADAM

✉ 95590 – Val-d'Oise

🛏 **LE DOMAINE DES VANNEAUX** *Plus*

DESIGN MODERNE Face au golf de L'Isle-Adam, voici l'interprétation – signée Jean-Michel Wilmotte – d'un corps de ferme traditionnel... soit un luxueux hôtel niché dans un écrin de verdure, avec son golf et son spa. Idéal pour s'offrir une idylle nature aux portes de Paris, le temps d'un week-end.

⚅ 🐾 🅿 🍷 🛋 🎐 🌐 🏊 🧖 ⛷ ⅏ - 67 chambres – Prix : €

1 route du Golf des Vanneaux – ☎ 01 34 08 40 64

L'ISLE-SUR-LA-SORGUE

✉ 84800 – Vaucluse – Carte régionale n° **25**–E1

🌼 **LE VIVIER**

Chef : Romain Gandolphe

MODERNE • ÉLÉGANT Voilà une belle table, dans tous les sens du terme : dans cette capitale des antiquaires et des antiquités, sa terrasse face à la Sorgue et ses rives verdoyantes sont un plaisir pour les yeux. Ce vivier de talents est cornaqué de main de maître par son propriétaire, Patrick Fischnaller, longtemps manager de belles adresses londoniennes. À ses côtés, le jeune chef Romain Gandolphe, passé chez Thierry Marx et Philippe Labbé, propose des assiettes soignées, qui mêlent saveurs et textures non sans délicatesse et subtilité. Décor chaleureux de la salle contemporaine et service aux petits oignons.

🕃 🅼 🍴 – Prix : €€€

800 cours Fernande-Peyre – ☎ 04 90 38 52 80 – www.levivier-restaurant.com – Fermé lundi, mardi, samedi midi et dimanche soir

🐷 **SOLELH** ⓝ

MODERNE • DESIGN Les patrons du restaurant étoilé le Vivier ont eu la bonne idée d'ouvrir ce bistrot dans un lieu fort sympathique (cuisine ouverte et mobilier design, double terrasse), coincé entre un antiquaire et une galerie d'art, proche de la gare et au cœur du Carré des Arts du Luberon. Le chef envoie une bonne et franche cuisine bistrotière de style moderne, des plats à grignoter, des grillades de côte de bœuf ou encore une queue de lotte au barbecue japonais. La petite sélection de vins régionaux (mais pas seulement) convient parfaitement à notre bon plaisir ensoleillé...

⚅ 🅼 🍴 – Prix : €€

30 avenue de la Libération – ☎ 04 90 89 01 42 – www.solelh-restaurant.fr – Fermé mardi et mercredi, et lundi soir

LA BALADE DES SAVEURS

TRADITIONNELLE • CONTEMPORAIN Un couple sympathique – Benjamin et Sophie Fabre – règne sur ce restaurant plein de fraîcheur, dont la terrasse borde le cours pittoresque de la Sorgue. Les recettes cultivent aussi bien le caractère que la douceur de la Provence. Cette Balade des Saveurs est aussi... une ballade des gens heureux. Agréable terrasse le long du canal de la Sorgue.

⚅ 🅼 🍴 – Prix : €

3 quai Jean-Jaurès – ☎ 04 90 95 27 85 – balade-des-saveurs.com – Fermé lundi et mardi, et dimanche soir

LE PETIT HENRI

PROVENÇALE • ÉLÉGANT La table du Grand Hôtel Henri est dans le prolongement direct de l'établissement qui l'accueille : décor soigné, avec cheminée centenaire et lustres chatoyants, terrasse ombragée de mûriers-platanes autour d'une fontaine... et jolie cuisine de saison à dominante régionale.

♿ AC 🅿 - Prix : €€

1 cours René-Char - ✆ 04 90 38 10 52 - www.grandhotelhenri.com - Fermé lundi et mardi

GRAND HÔTEL HENRI Plus

DESIGN MODERNE Au cœur de la ville des antiquaires, on tombe immédiatement sous le charme de cette vénérable maison rénovée en 2015. Escalier en marbre de Carrare, chambres élégamment décorées de lampes et miroirs anciens, tableaux et fauteuils... Un havre de confort, jusqu'au bar à l'ambiance jazz.

♿ P - 17 chambres - Prix : €

1 cours René Char - ✆ 04 90 38 10 52

Le Petit Henri - Voir la sélection des restaurants

LA MAISON SUR LA SORGUE Plus

DESIGN MODERNE Un très bel hôtel particulier, dont la décoration "voyageuse" invite à l'évasion. Les chambres ont toutes leur propre cachet : baignoire sur pieds, loggia, vue sur l'église... Délicieux patio et piscine.

P - 4 chambres - Prix : €€

6 rue Rose Goudard - ✆ 06 87 32 58 68

ISNEAUVILLE

✉ 76230 - Seine-Maritime - Carte régionale n° **17**-D2

PRÉAMBULE Ⓝ

MODERNE • CONTEMPORAIN Goûtons en préambule la bistronomie du menu-carte (avec, par exemple, cet épatant velouté de tomates rôties, foccacia, huile aux herbes) avant de découvrir, le soir et le weekend, les belles assiettes gastronomiques d'un chef, enfant du pays, revenu chez lui après de belles expériences ici et là en France. Côté salle, deux options également : la première traditionnelle et tout en couleur, la seconde, contemporaine et revêtue de couleurs plus douces, donne également accès à la terrasse.

♿ - Prix : €€

1370 route de Neufchâtel - ✆ 02 32 19 44 86 - www.preambule-isneauville.eatbu.com - Fermé lundi et mardi, et mercredi et dimanche soir

ISSIGEAC

✉ 24560 - Dordogne - Carte régionale n° **18**-C2

L'ATELIER

MODERNE • COSY Aux portes de la cité médiévale, ce restaurant cosy aux notes rustiques est le fief du chef Fabrice Rodot. On apprécie sa cuisine dans l'air du temps, qui privilégie les produits du terroir local et de saison. Sans oublier l'excellent pain maison ! A déguster, l'été venu, sur l'agréable terrasse.

♿ - Prix : €€

62 Tour de Ville - ✆ 05 53 23 49 78 - www.latelierissigeac.com - Fermé mardi et mercredi

LA BRUCELIÈRE

TRADITIONNELLE • AUBERGE Avec ses murs en moellons et son mobilier en bois, sa vaisselle et sa poterie achetées au village, cette authentique auberge de campagne ne manque pas de charme. Le chef met un point d'honneur à cuisiner des produits frais à travers des recettes simples et bonnes. Jolie terrasse sur le jardin, à l'arrière.

Prix : €€

Place de la Capelle - ✆ 05 53 73 89 61 - www.labruceliere.com - Fermé du lundi au mercredi

ISSOIRE

✉ 63500 – Puy-de-Dôme – Carte régionale n° **1**–B2

⟨⟩ L'ATELIER YSSOIRIEN

Chef : Dorian Van Bronkhorst

CRÉATIVE • **DESIGN** C'est un chef propriétaire, né en Auvergne de parents hollandais, qui est à l'ouvrage dans cet "atelier" lieu design et contemporain, avec ses cuisines ouvertes, son sol en pierre grise, son bardage en bois brut et ses ampoules nues. Mécano inspiré, il s'y épanouit régulièrement en ciselant une cuisine aussi fine que créative avec produits d'ici (agneau de Boudes, bœuf fin gras du Mézenc, ail noir de Billom) et d'ailleurs (barbue des côtes bretonnes, anguille de Vendée). Il est capable, par exemple, d'émouvoir avec un remarquable tartare de bœuf, asperges blanches et sauvages, pickles de fraises, crémeux de jaune d'œuf, beurre blanc et dashi aux herbes. Quant à l'accueil et au service, ils cultivent gentillesse et excellence avec naturel.

& 🅰🅒 🍴 ⇄ – Prix : €€€

39 boulevard Triozon-Bayle – ℰ 04 73 89 44 47 – www.atelier-yssoirien.com – Fermé lundi et dimanche

AGASTACHE

MODERNE • **TENDANCE** Une adresse bistrotière, ouverte par le chef de l'Atelier Yssoirien. Le menu avec choix propose une cuisine actuelle et de saison, bien tournée et joliment présentée, dans une déco tendance à la mode scandinave.

& 🅰🅒 🍴 – Prix : €€

95 rue de Brioude – ℰ 04 73 55 84 59 – www.agastache-restaurant.com – Fermé lundi et dimanche

LE P'TIT ROSEAU

MODERNE • **CONVIVIAL** L'emplacement face à la gare n'est pas le plus glamour qui soit… mais il est largement compensé par la cuisine enthousiasmante de Jérémy Bonhivers. Préparations fines et goûteuses, utilisation judicieuse de fleurs, herbes aromatiques et jeunes pousses : de quoi passer un moment de qualité. A déguster dans une salle épurée ou, aux beaux jours, sur la terrasse et son extension, accolée au joli square René Cassin.

🍴 – Prix : €€

2 avenue de la Gare – ℰ 04 73 89 09 17 – www.lepetitroseau.fr – Fermé lundi et mardi, et dimanche soir

ISSOUDUN

✉ 36100 – Indre – Carte régionale n° **8**–C3

LA COGNETTE

CLASSIQUE • **BOURGEOIS** Dans cette maison familiale à la gloire de Balzac (l'auteur l'évoque avec enthousiasme dans le roman La Rabouilleuse) , la carte oscille entre tradition et modernité, avec aussi un menu régional. Quelques chambres confortables pour l'étape.

🐾 ⇆ & 🅰🅒 🍴 ⇄ – Prix : €€€

Boulevard Stalingrad – ℰ 02 54 03 59 59 – www.la-cognette.com – Fermé lundi, du mardi au jeudi à midi, et dimanche soir

ISSY-LES-MOULINEAUX

✉ 92130 – Hauts-de-Seine – Carte régionale n° **15**–B2

LA PASSERELLE

MODERNE • CONTEMPORAIN Des produits rigoureusement sélectionnés, une cuisine fine et colorée où la Méditerranée fait de fréquentes incursions, le tout réalisé par Mickaël Meziane, jeune chef talentueux et motivé, et servi par une équipe jeune et dévouée... On emprunte joyeusement cette Passerelle pour se rendre sur les terres de la gourmandise et des saveurs.

&. ᴀᴄ 🌿 ⇄ – Prix : €€€

172 quai de Stalingrad – 𝒞 01 46 48 80 81 – lapasserelle-issy.com – Fermé samedi et dimanche

ITTERSWILLER

✉ 67140 – Bas-Rhin – Carte régionale n° **10**–C1

WINSTUB ARNOLD

ALSACIENNE • WINSTUB Plongez au coeur de l'Alsace dans cette winstub mettant à l'honneur de nombreuses "elsässische Spezialitäten" : kougelhopf, choucroute, boudin noir, purée de pomme, baeckeofe servi en cocotte ou bien encore, comme suggestion du moment, cette bouchée à la reine façon Marie Leczinsca... Le tout accompagné de vins du domaine familial, dans un cadre tout aussi typique.

&. 🌿 🅿 – Prix : €€

98 route des Vins – 𝒞 03 88 85 50 58 – www.hotel-arnold.com

ITXASSOU

✉ 64250 – Pyrénées-Atlantiques – Carte régionale n° **18**–A3

RESTAURANT BONNET

TRADITIONNELLE • RUSTIQUE Avec Benat Bonnet, c'est la 3ᵉ génération qui est aux commandes de cette maison familiale dont la réputation n'est plus à faire dans la région. Les produits locaux y sont à la fête et la cuisine au goût du jour, comme avec le gravelax de truite de Baigorry et le grenadin de veau en viennoise de cèpes et chorizo. En dessert, craquez pour le finger sorbet coco, aussi croustillant que rafraîchissant !

⇆ ≤ &. 🌿 🅿 – Prix : €€

Place du Fronton – 𝒞 05 59 29 75 10 – www.maison-bonnet.com/fr/l-hotel-du-fronton.html – Fermé mardi et mercredi

JARNAC

✉ 16200 – Charente – Carte régionale n° **20**–B3

LE VERRE Y TABLE

MODERNE • CONTEMPORAIN La cuisine du jeune chef est fraîche, parfumée, dans l'air du temps, à l'image du décor, moderne et coloré, imaginé dans un esprit bistrot. Ce jour-là, thon mi-cuit et gambas rôties, salade estivale ; côte de cochon, jus au romarin, pommes grenailles, courgettes et purée soubise. Service souriant et efficace. Menu déjeuner à prix léger.

🌿 🅿 – Prix : €€

42 avenue Carnot, à Mainxe – 𝒞 05 45 35 07 28 – www.restaurant-leverreytable.com – Fermé lundi, dimanche et samedi midi

🛏 ### LIGARO   *Plus*

DESIGN MODERNE Juste en face de l'église St-Pierre, cette maison bourgeoise du 17ᵉ s. – l'une des plus vieilles de Jarnac – mêle ancien et contemporain, ambiance feutrée et cosy, petit-déjeuner façon table d'hôtes.

🅿 ⇲ 🍽 - 11 chambres – Prix : €

74 Grand Rue – 𝒞 05 45 32 71 38

LA JARRIE

✉ 17220 – Charente-Maritime – Carte régionale n° **20**–B2

✿ L'HYSOPE

Chef : Nicolas Durif

CRÉATIVE • CONTEMPORAIN Créatif, ce Nicolas Durif ! Il a pris pied au fond d'une ruelle, accessible à pied uniquement, dans un charmant petit village à une quinzaine de kilomètres de la Rochelle. Dans un ancien logement transformé en cabinet de curiosités, il s'adonne à sa passion de la collection, notamment de vaisselle. Cet Alsacien a donné un nom de plante à son restaurant : il en utilise jusqu'à 60 en été, de France comme du monde entier. Sa patrie d'origine s'exprime par touches discrètes, de la moutarde par ici, du raifort ou de la cannelle par là. On se délecte de menus surprises proposés en 4, 6 ou 8 plats où agrumes, épices et touches asiatiques sont très présentes. Sans oublier l'appétissant charriot de fromages d'une grande variété et parfaitement affiné.

&⭐ 🀰 🍴 – Prix : €€€€

25 rue de l'Aurore – ☎ 05 46 68 52 21 – www.lhysope.fr/fr – Fermé lundi et dimanche, et mercredi soir

JASSANS-RIOTTIER

✉ 01480 – Ain – Carte régionale n° **3**–E1

L'EMBARCADÈRE

TRADITIONNELLE • BRASSERIE "Cuisine de campagne au bord de l'eau" : voilà le credo de cette adresse griffée Georges Blanc, au bord de la Saône, entre guinguette chic et brasserie contemporaine. Quand la tradition se fait tendance... Embarquement immédiat !

&⭐ 🀰 🍴 – Prix : €€

15 avenue de la Plage – ☎ 04 74 07 07 07 – www.lespritblanc.com/fr

JAUSIERS

✉ 04850 – Alpes-de-Haute-Provence – Carte régionale n° **24**–C2

VILLA MORELIA

TRADITIONNELLE • BOURGEOIS Cette Villa Morelia distille un certain charme bourgeois... Un écrin flatteur pour une cuisine du marché, séduisante et fidèle à la tradition. De la fraîcheur, de belles saveurs : un moment gourmet et gourmand.

🀰 🍴 🅿 – Prix : €€€

Avenue des Mexicains – ☎ 04 92 84 67 78 – www.villa-morelia.com – Fermé les midis

JOIGNY

✉ 89300 – Yonne – Carte régionale n° **5**–B1

✿✿ LA CÔTE SAINT-JACQUES

Chefs : Jean-Michel Lorain et Alexandre Bondoux

CLASSIQUE • ÉLÉGANT Qu'elle est belle, cette bâtisse postée sur les bords de l'Yonne ! Fondée par Marie Lorain en 1945, la maison a gagné ses lettres de noblesse sous l'impulsion de son fils, Michel, puis de son petit-fils, Jean-Michel. Ce chef humble et travailleur laisse désormais à son neveu Alexandre Bondoux le soin de composer la carte. Les habitués retrouveront les plats signatures (huîtres spéciales Gillardeau en terrine océane, boudin noir maison) comme de beaux éclairs d'inspiration (île flottante au caviar, omble de Crisenon aux petits pois et amandes). Harmonie des saveurs, cuissons, assaisonnements : une belle partition gourmande rythmée par un service de qualité, efficace et proche du client.

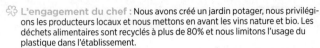

☙ **L'engagement du chef :** Nous avons créé un jardin potager, nous privilégions les producteurs locaux et nous mettons en avant les vins nature et bio. Les déchets alimentaires sont recyclés à plus de 80% et nous limitons l'usage du plastique dans l'établissement.

🍴 🛒 🍽 AC P – Prix : €€€€

14 faubourg de Paris – ☎ 03 86 62 09 70 – www.cotesaintjacques.com – Fermé lundi et mardi midi

JONGIEUX

✉ 73170 – Savoie – Carte régionale n° **2**–C1

☙ ☙ **LES MORAINIÈRES**

Chef : Michaël Arnoult

CRÉATIVE • CONTEMPORAIN Michaël Arnoult, formé chez Emmanuel Renaut, a transformé l'auberge des Morainières en un véritable petit paradis, dominant le coteau planté de vignes et la vallée du Rhône. Son credo : la fraîcheur du produit et le respect de celui ou celle qui l'a fait grandir. Choisir les producteurs locaux, les connaître, travailler de concert avec eux : une priorité. Gibiers, asperges vertes, agneau de lait, truite ou féra... cette exigence se lit dans l'assiette. Un plat représentatif de son art ? Prenons alors ce tartare d'écrevisse du Rhône de superbe fraîcheur, magnifié par son subtil jus de carcasse, ses fleurs de coriandre et de tagète anisata : l'excellence même ! On s'attable dans une salle épurée à l'image de la cuisine du chef, et ouvrant sur la vallée. Pour l'étape, six chambres confortables à quelques kilomètres du restaurant. Plus que jamais, les Morainières valent le détour.

🛒 🍽 ♿ AC 🍽 P – Prix : €€€€

Route de Marétel – ☎ 04 79 44 09 39 – www.les-morainieres.com/fr – Fermé lundi et mardi

JOUCAS

✉ 84220 – Vaucluse – Carte régionale n° **25**–E1

☙ **LA TABLE DE XAVIER MATHIEU**

Chef : Xavier Mathieu

CRÉATIVE • ÉLÉGANT Grandi à Marseille, Xavier Mathieu a la Provence chevillée au corps. Le célèbre Roger Vergé, un ami de la famille, lui a ouvert les portes de la haute gastronomie. Il a complété son apprentissage chez Joël Robuchon, à Paris, avant de revenir dans le beau mas familial niché au cœur de la garrigue du Luberon. Ce chef à l'emblématique crinière blanche donne un second souffle à la tradition provençale : chaque plat est une variation sur les origines. Soupe au pistou, haricots, ail et basilic ; gigot d'agneau cuit dans son sable chaud de Garrigue... Des recettes étonnantes, toujours personnelles, influencées par son terroir comme par ses voyages au long court (jambalaya de queue d'écrevisse, maïs et pomme de terre délicatesse). À découvrir dans le cadre privilégié d'une luxueuse bastide, édifiée sur des vestiges datant des Chevaliers de l'Ordre de Malte.

🍴 🛒 ♿ 🍽 AC 🍽 P – Prix : €€€€

Route de Murs – ☎ 04 90 05 78 83 – www.lephebus.com – Fermé lundi et du mardi au jeudi à midi

LE CAFÉ DE LA FONTAINE

MÉDITERRANÉENNE • RÉGIONAL La carte de ce Café propose une cuisine de saison aux influences méditerranéennes (asperges de Roussillon, côte de cochon du Ventoux, aïoli de merlan au sel...) combinées à des recettes dans l'esprit vacances (salade niçoise, club sandwich, etc.). Simple et efficace pour manger au bord de la fontaine avec vue sur la piscine.

🍽 🍽 P – Prix : €€

Route de Murs – ☎ 04 90 05 78 83 – www.lephebus.com

LA TABLE DU MAS

MODERNE • ÉLÉGANT L'âme méditerranéenne plane sur les assiettes, comme sur la grande terrasse ouverte sur la campagne. La table propose régulièrement des thèmes autour d'un produit, selon les saisons - tomate, artichaut... Ensoleillé, même par temps gris.

🕸 ⩢ 🖮 & 🅜 🍴 🅿 – Prix : €€€

Lieu-dit-Toron (route de Murs) – ☎ 04 90 05 79 79 – www.herbesblanches.com – Fermé du jeudi au dimanche soir

🛏 ### LE PHÉBUS *Plus*

CLASSIQUE CONTEMPORAIN Phébus... l'autre nom d'Apollon – et ce séjour que le dieu de la Beauté n'aurait sans doute pas renié ! Nichée dans la verdure, cette demeure provençale domine le Luberon ; la plupart des chambres jouissent d'un balcon, d'une terrasse voire d'une mini-piscine privée. Si loin du monde des hommes...

🛁 ⟲ 🛌 🕯 - 30 chambres – Prix : €€

220 route de Murs – ☎ 04 90 05 78 83

✿ **La Table de Xavier Mathieu • Le Café de la Fontaine** - Voir la sélection des restaurants

JOUX

✉ 69170 – Rhône – Carte régionale n° **2**–A1

LE TILIA

MODERNE • AUBERGE Tilia ? C'est le nom latin du tilleul, dont un spécimen quadri-centenaire trône en face du restaurant. Le chef, qui a notamment travaillé aux Etats-Unis et en Australie, mitonne une cuisine traditionnelle qui s'offre parfois des escapades plus modernes. Et pour le repos du gourmet, cinq jolies chambres contemporaines rendent hommage aux chefs illustres pour lesquels le patron a travaillé (Bocuse, Haeberlin, Lorrain...).

& 🍴 ⇄ 🅿 – Prix : €€€

Place du Plaisir – ☎ 04 74 05 19 46 – www.letilia.com/fr/le-restaurant – Fermé lundi et mardi, et dimanche soir

JOYEUSE

✉ 07260 – Ardèche – Carte régionale n° **2**–A3

LA MAISON DE NANY

MODERNE • COSY On franchit une volée de marches pavées, dans ce petit centre-ville joliment préservé, pour rejoindre le repaire de Nany : une trentaine de places assises, quelques objets chinés... et bien sûr la cuisine de la cheffe, simple et maîtrisée, renouvelée chaque semaine. On aurait tort de se priver.

🍴 – Prix : €€

6 rue de la Recluse – ☎ 06 26 59 53 37 – Fermé lundi, mardi et jeudi, vendredi midi, et dimanche soir

JUAN-LES-PINS

✉ 06160 – Alpes-Maritimes – Carte régionale n° **25**–E2

❀ ### LA PASSAGÈRE - HÔTEL BELLES RIVES

CRÉATIVE • LUXE Dans cet hôtel qui accueillit dans les années 1920 les amours tumultueuses de Scott et Zelda Fitzgerald, on est d'abord frappé par le cadre majestueux. Pas facile pour une assiette d'exister dans de telles conditions... et c'est pourtant le cas. Le chef signe une cuisine élégante, qui met en valeur les mille et une pépites du terroir méditerranéen, ainsi la raviole d'esquinado, caviar platine, écume à la verveine ou la nage de coquillages comme une marinière au chou-fleur confit, sans oublier de réjouissants desserts. On se délecte de ces créations sur la terrasse, en profitant de l'exceptionnelle vue sur la mer et l'Esterel.

⟿ ⟨ ᵭ ₥ 🏠 🍽 – Prix : €€€€

Plan : A2-4 – *33 boulevard Édouard-Baudoin – 𝄞 04 93 61 02 79 – www. bellesrives.com/fr – Fermé lundi, mardi et du mercredi au dimanche à midi*

BELLES RIVES   *Plus*

CLASSIQUE CONTEMPORAIN Un petit joyau Art déco où vécut Francis Scott Fitzgerald. Bar d'époque classé, chambres joliment décorées (mobilier 1930) – préférez celles côté mer –, deux restaurants (dont un gastronomique), ponton et plage privés... Élégance et nostalgie.

🏠 🅿 ᗗ 🚲 🍽 - 185 chambres – Prix : €€

33 boulevard Édouard Baudoin – 𝄞 04 93 61 02 79

🌸 **La Passagère** - Voir la sélection des restaurants

JUANA

CLASSIQUE CONTEMPORAIN Luxueux hôtel des années 1930 où l'on sait cultiver l'art de recevoir. Jolies chambres Art déco, équipements haut de gamme, belle piscine et, pour l'anecdote, magnifique ascenseur en bois... Le charme fou de la Côte d'Azur !

🏠 🅿 ⟿ ᗗ 🚲 🥂 ⊛ 🏊 ♨ 🧖 🏋 🍽 - 40 chambres – Prix : €

19 avenue Gallice – 𝄞 04 93 61 08 70

MADEMOISELLE   *Plus*

AVANT-GARDE Gold, Afrique, nuages, relais de chasse, romantique, sous-bois scandinave... tels sont les thèmes des chambres de cet hôtel atypique, situé au cœur de la cité. Rêverie et enchantement sont au programme.

🛏 ⅃ - 14 chambres – Prix : €

20 avenue du Docteur Dautheville – 𝄞 04 93 61 31 34

LA VILLA CAP D'ANTIBES   *Plus*

AVANT-GARDE Le jardin de cette grande villa 1900 est ravissant avec ses palmiers et ses oliviers. Mais il y a aussi la jolie piscine, l'accueil délicieux, ces chambres à la fois sobres et élégantes, le bar et le salon d'esprit balinais où il fait bon musarder... Un bel endroit, au calme.

🅿 ⟿ 🛏 ⅃ - 26 chambres – Prix : €

23 avenue Saramartel – 𝄞 04 92 93 48 00

JUMIÈGES

✉ 76480 – Seine-Maritime – Carte régionale n° **17**–C2

AUBERGE DES RUINES

MODERNE • COSY Juste en face des ruines de l'abbaye, arrêtez-vous dans cette jolie maison à colombages ! Aussi passionné que sympathique, le chef célèbre le terroir normand dans toute sa richesse, au rythme des saisons. Truite, bœuf et agneau, fruits et légumes, cidres et calvados, fromages de chèvre et de vache : tout vient de Normandie - sans oublier le magnifique chariot de fromages... Il y a du travail et du soin dans ces assiettes. Tout cela dans un décor chic et feutré ou dans la véranda ouverte sur la terrasse.

ᗳ 🏠 – Prix : €€

17 place de la Mairie – 𝄞 02 35 37 24 05 – www.auberge-des-ruines.fr – Fermé mercredi et jeudi, et dimanche soir

JUVIGNY-SOUS-ANDAINE

✉ 61140 – Orne – Carte régionale n° **17**–B3

⊛ AU BON ACCUEIL

CRÉATIVE • CONTEMPORAIN L'enseigne ne ment pas : dans ce restaurant tenu par un jeune couple, on vous accueille à bras ouverts. Dans un cadre moderne et lumineux, le chef propose de bons produits de saison, locaux pour la plupart, pour une cuisine créative et réalisée avec technique, à l'instar des langoustines rôties, émulsion de carapaces ou des ballottines de poulet fermier farcies de mousseline de persil.

&.🅰️🄰🄲 – Prix : €€

23 place Saint-Michel – ☏ 02 33 38 10 04 – www.aubonaccueil-normand.com –
Fermé mardi et mercredi, et dimanche soir

KAYSERSBERG

✉ 68240 – Haut-Rhin – Carte régionale n° **10**–C2

⌘⌘ LA TABLE D'OLIVIER NASTI

Chef : Olivier Nasti

CRÉATIVE • ÉLÉGANT Ah, Kaysersberg ! Sur la route des vins d'Alsace, le petit village se dévoile entre deux vallons... Impossible de rater la façade rouge du mythique hôtel Chambard, qui accueille la Table d'Olivier Nasti, Meilleur Ouvrier de France 2007. Magnifier le terroir, réinjecter la tradition dans des assiettes créatives, visuelles, voire ludiques : tel est l'objectif poursuivi par le chef. Pour cela, tous les ingrédients sont bons ! Gibier, morilles des Vosges, foie gras, anguille du Rhin, truffe ou encore omble chevalier des montagnes... Il signe une carte personnelle, soucieuse des saisons, en portant une attention toute particulière aux sauces et décoctions. Enfin, côté vins, on profite de la présence de Jean-Baptiste Klein, sommelier aussi talentueux que passionné. Décor épuré et chic dans les chambres du Chambard, sans oublier l'agréable spa.

🅿️ ⇔ &.🄰🄲 – Prix : €€€€

9-13 rue du Général-de-Gaulle – ☏ 03 89 47 10 17 – www.lechambard.fr/fr –
Fermé lundi, mardi et mercredi midi et jeudi midi

⌘ ALCHÉMILLE

Chef : Jérôme Jaegle

MODERNE • CONTEMPORAIN C'est l'histoire d'un enfant du village, véritable bête à concours gastronomiques, qui a transformé ce bar PMU en "lieu de vie". Fils et petit-fils de boucher-charcutier, Jérôme Jaegle est tout autant maraîcher et fou de permaculture que chef – formé par des pointures comme Jean-Yves Schillinger et Christian Têtedoie. Quasi scandinave dans l'allure, son restaurant, tout de bois clair et de matières naturelles, porte le nom de la plante favorite des alchimistes. Sa cuisine, créative et personnelle, est évidemment axée sur les herbes et les légumes de son potager, ainsi que sur les produits locaux. Menus sans choix décliné en plusieurs services, avec l'iode et le végétal en majesté.

⌘ L'engagement du chef : A L' Alchémille, nos cuisiniers sont également jardiniers. Ainsi, chaque journée commence par la cueillette des fruits, légumes et herbes aromatiques dans nos jardins maraîchers. Reconnecter la nature à l'assiette, travailler avec les meilleurs artisans locaux, tout cela nous permet de servir à nos clients l'expression la plus juste et la plus responsable de notre terroir.

🅿️ &.🄰🄲 – Prix : €€€€

53 route de Lapoutroie – ☏ 03 89 27 66 41 – www.alchemille.alsace –
Fermé lundi, dimanche et du mardi au jeudi à midi

⊛ LA VIEILLE FORGE

MODERNE • CONTEMPORAIN La façade rustique de cette charmante maison du 16e s. dissimule de bien jolies surprises : les assiettes de la cheffe Laurine Gutleben font la part belle aux produits frais et à la créativité, à l'instar du paleron de bœuf confit, jus de viande et pomme de terre dauphine. Belle Carte des vins en Alsace, mais pas seulement.

⛄ �& 🅰🅲 – Prix : €€

1 rue des Écoles – ☏ 03 89 47 17 51 – vieilleforge-kb.com – Fermé lundi et dimanche

😊 **WINSTUB DU CHAMBARD**

ALSACIENNE • WINSTUB La seconde table du Chambard, version winstub. Ici, Olivier Nasti revisite tout ce que le terroir alsacien peut offrir : baeckeoffe et choucroute, tarte à l'oignon, presskopf... Sans oublier cette délicieuse tête de veau et ses pommes de terre écrasées à la muscade : goûteux et généreux, une ode à la gourmandise ! Avec gibier, été comme hiver.

&. 🅰🅲 – Prix : €€

9-13 rue du Général-de-Gaulle – ☏ 03 89 47 10 17 – www.lechambard.fr/fr

KEMBS
✉ 68680 – Haut-Rhin – Carte régionale n° **10**–A3

LE PETIT KEMBS 🆕

MODERNE • COSY Cette jolie maison de village à colombages cache une petite salle à manger de 5 tables seulement, aux murs colorés, avec sa cuisines ouverte. Le chef s'occupe désormais de tout, de la cuisine (moderne, gourmande, bien ficelée) et... du service ! Une démarche authentique qui force le respect. Dans l'assiette, suprême de volaille, mousseline de patate douce, maïsotto (une belle idée !), truffe noire et, au dessert, crémeux banane, citron vert, sablé oréo. Tout est fait maison, à l'exception du pain (néanmoins délicieux !).

&. 🅰🅲 – Prix : €€

49 rue du Maréchal-Foch – ☏ 03 89 48 17 94 – www.lepetitkembs.fr – Fermé mardi et mercredi

KERVIGNAC
✉ 56700 – Morbihan – Carte régionale n° **7**–B2

CHAI L'AMÈRE KOLETTE

MODERNE • CONTEMPORAIN Entre Hennebont et Port-Louis, dans une petite zone commerciale, cette maison mérite que l'on s'y attarde. Dans sa cuisine visible depuis la salle claire et bien agencée, le chef propose des recettes élaborées au gré du marché, avec quelques touches personnelles.

&. 🍴 🅿 – Prix : €€

Parc d'activités de Kernours – ☏ 02 97 36 28 74 – www.chai-lamere-kolette.fr – Fermé mercredi et dimanche

KIENTZHEIM
✉ 68240 – Haut-Rhin – Carte régionale n° **10**–C2

CÔTÉ VIGNE

MODERNE • COSY Une maison à colombage du 16ᵉ s., située face à une belle fontaine et tenue par un couple charmant. La cheffe propose une cuisine moderne matinée de saveurs d'ailleurs comme ce tartare de bœuf au parfum asiatique ou bien encore ce quasi de veau et sa sauce chimichurri. Côté vigne, vous pourrez déguster des vins bio du domaine familial. Terrasse très agréable aux beaux jours. Au déjeuner uniquement, menu affaire au très bon rapport qualité/prix.

&. 🍴 – Prix : €€

30 Grand-Rue – ☏ 03 89 22 14 13 – cote-vigne.fr – Fermé lundi, samedi midi et dimanche soir

KILSTETT

✉ 67840 – Bas-Rhin – Carte régionale n° **10**–B1

AU CHEVAL NOIR

TRADITIONNELLE • **AUBERGE** C'est au galop qu'on se rend au Cheval Noir ! Derrière la façade de cette maison à colombages (18e s.), deux frères travaillent les beaux produits en tandem. Une cuisine traditionnelle à déguster dans de jolies salles... si tant est qu'on descende de sa monture.

🛏 🎴 🛋 ⇄ **P** – Prix : €€

1 rue du Sous-Lieutenant-Maussire – 𝒞 03 88 96 22 01 – restaurant-cheval-noir. com – Fermé lundi et mardi, et dimanche soir

KLINGENTHAL

✉ 67530 – Bas-Rhin – Carte régionale n° **10**–A2

À L'ÉTOILE

TRADITIONNELLE • **CONVIVIAL** Nichée dans un petit village alsacien, sur la route du Mont Sainte-Odile, cette auberge traditionnelle datant de 1920 est aujourd'hui tenue par la 4ème génération. Chaleureusement accueilli, on y déguste une cuisine traditionnelle du marché, proposée à l'ardoise : en entrée, une gaufre moelleuse, cœur de saumon fumé et agrumes... et pour les amateurs d'abats, fricassée de rognons et ris de veau.

🛋 ⇄ – Prix : €€

7 place de l'Étoile – 𝒞 03 88 95 82 90 – restaurantaletoile.fr – Fermé mercredi et jeudi, et dimanche soir

LABARDE

✉ 33460 – Gironde – Carte régionale n° **18**–B1

NOMADE

MODERNE • **CONVIVIAL** Jolie surprise que cette adresse ouverte en plein Médoc par un jeune couple originaire de la région. Le chef propose une cuisine française mâtinée de touches exotiques, en utilisant autant que possible les produits locaux : le goût est au rendez-vous. Décor agréable et accueil tout sourire.

🛋 🛋 – Prix : €€€

3 route des Châteaux – 𝒞 05 56 35 92 38 – www.restaurant-nomade.fr – Fermé lundi, dimanche et du mardi au jeudi à midi

LABAROCHE

✉ 68910 – Haut-Rhin – Carte régionale n° **10**–C2

😊 LA ROCHETTE

MODERNE • **COSY** Une belle découverte que ce restaurant contemporain ! Ici, on régale en famille : aux fourneaux, père et fils réalisent des plats savoureux et fins, telle une réconfortante matelote au riesling... et un deuxième fils œuvre en salle en tant que sommelier. Une histoire de famille.

🛏 ♿ 🛋 ⇄ **P** – Prix : €€

500 lieu-dit La Rochette – 𝒞 03 89 49 80 40 – www.larochette-hotel.fr – Fermé lundi et mardi

LACAVE

✉ 46200 – Lot – Carte régionale n° **22**–C1

❀ ### CHÂTEAU DE LA TREYNE

CLASSIQUE • HISTORIQUE Quel lieu splendide ! La Dordogne serpente au pied de ce superbe château, tout environné de verdure, avec son allée manucurée et son joli parc à la française. La vue de la terrasse embrasse un panorama qui laisse le voyageur rêveur. La salle à manger est telle qu'on l'attend, sol de marbre, tentures murales, plafond à caissons et cheminée en bois sculpté. La partition culinaire est signée Stéphane Andrieux, qui prit ici son premier poste de chef. On se régale de son filet et côte d'agneau du Quercy au zaatar, paupiette d'épaule et légumes à l'orientale, ou de cette nage de lotte au curry et safran...

⟨ 🖐 🅰🅺 🕾 ✿ 🅿 – Prix : €€€€

𝄞 05 65 27 60 60 – www.chateaudelatreyne.com/fr/restaurant-etoile-dordogne – Fermé du mardi au vendredi à midi

❀ ### LE PONT DE L'OUYSSE

Chef : Stéphane Chambon

MODERNE • MAISON DE CAMPAGNE Au bord de l'Ouysse, un magnifique affluent de la Dordogne, cette maison est située en contrebas d'une falaise. Elle demeure dans la même famille – les Chambon – depuis cinq générations. Elle fut construite à l'origine pour restaurer les travailleurs qui construisaient l'ancien pont emporté par une crue en 1966, et dont subsiste une arche. Deux frères veillent aujourd'hui sur l'établissement, l'un en salle et l'autre en cuisine. Avec de belles bases classiques, l'assiette magnifie de superbes produits, comme ce pigeon ramier en deux cuissons, les filets rôtis et les cuisses en salmis, ou ces truffes récoltées en famille...La terrasse sous les tilleuls apporte une touche de charme irrésistible. Étape possible à l'hôtel.

🕸 🖐♿🕾 🅿 – Prix : €€€

𝄞 05 65 37 87 04 – www.lepontdelouysse.com – Fermé lundi, et mardi et mercredi à midi

🛏 ### CHÂTEAU DE LA TREYNE   *Plus*

ÉLÉGANCE TRADITIONNELLE Une situation idyllique, en surplomb de la Dordogne qui lui prête ses reflets... Vivre est un art en ce château des 14e-17e s. ! Le parc abrite un jardin à la française et une chapelle romane (expositions, concerts), les chambres sont somptueuses.

🅿 🖐 ⼚ ♨ ⅃⃝ - 16 chambres – Prix : €€€

La Treyne - 𝄞 05 65 27 60 60

✿ **Château de la Treyne** - Voir la sélection des restaurants

🛏 ### LE PONT DE L'OUYSSE   *Plus*

CLASSIQUE CONTEMPORAIN Une séduisante demeure du 19e s., dans un jardin baigné par l'Ouysse, qui a creusé ce vallon escarpé et verdoyant... Beaucoup de charme dans les chambres, mêlant goût de l'ancien et esprit champêtre, et belle attention portée aux clients.

🅿 ◁) 🖐 ⼚ ⅃⃝ - 19 chambres – Prix : €

Le Pont de l'Ouysse - 𝄞 05 65 37 87 04

✿ **Le Pont de l'Ouysse** - Voir la sélection des restaurants

LACROIX-FALGARDE

✉ 31120 – Haute-Garonne – Carte régionale n° **22**–B2

LE BELLEVUE

CLASSIQUE • COSY Une agréable adresse, pas guindée pour un sou, dont le chef revisite les classiques avec générosité : pâté en croûte maison, filet de daurade

snacké et risotto aux asperges, cheesecake... Autre argument de poids aux beaux jours, la terrasse, perchée au bord de l'Ariège et ombragée, qui est un pur régal.
≤ 🛋 **P** – Prix : €€

1 avenue des Pyrénées – ℰ 05 61 76 94 97 – www.restaurant-lebellevue.com – Fermé mardi et mercredi, et lundi soir

LAGARDE-ENVAL
✉ 19150 – Corrèze – Carte régionale n° **19**-C3

MESTRE RESTAURATEURS 1869

TRADITIONNELLE · RUSTIQUE Très sympathique, ce restaurant familial qui fait aussi bar-tabac. La cuisine du terroir tulliste est à l'honneur : millassou, mique, tête de veau le mercredi et farcidure le jeudi... C'est généreux et goûteux, une véritable adresse à l'ancienne !
🛋 – Prix : €

Route de l'Étang – ℰ 05 55 27 16 12 – www.mestrerestaurateurs1869.com – Fermé lundi et dimanche

LAGRASSE
✉ 11220 – Aude – Carte régionale n° **21**-B3

⊛ LE BASTION

MODERNE · BRANCHÉ On s'installe dans l'une des deux jolies salles rustiques pour déguster une "cuisine avant-garde rurale", inspirée d'Auguste Escoffier mais modernisée, avec de beaux produits de la région – tomates des jardins d'Estarac, vinaigre de Cyril Codina, poissons de la criée de Port la Nouvelle... Petite carte de tapas et grande terrasse.
🛋 – Prix : €€

50 boulevard de la Promenade – ℰ 04 68 12 02 51 – www.restaurant-bastion-lagrasse.fr – Fermé lundi et mardi, et dimanche soir

LAGUIOLE
✉ 12210 – Aveyron – Carte régionale n° **22**-D1

❀❀ BRAS

Chef : Sébastien Bras

CRÉATIVE · DESIGN "Ma famille, l'amitié, l'Aubrac et la cuisine" : voici, énoncés par lui-même, les quatre éléments essentiels dans la vie de Sébastien Bras. Fidèle à l'héritage de son père, mais armé d'une sensibilité qui lui est propre, le chef puise dans la nature environnante et dans ses jardins les produits (fleurs, herbes, légumes) qu'il révèle ensuite dans l'assiette. Les saveurs se bousculent, l'émotion affleure bien souvent par surprise, et l'on croirait presque entendre la terre chanter au détour de certains plats. Envie de faire une étape ? De belles chambres vous accueillent, avec leurs baies vitrées ouvertes sur la campagne aveyronnaise. D'une génération à l'autre, le Suquet continue de tracer sa route singulière et attachante...
❀ ⇔ ≤ 🛏 🄰🄲 **P** – Prix : €€€€

Route de l'Aubrac – ℰ 05 65 51 18 20 – www.bras.fr/fr – Fermé lundi, mardi midi

GILLES MOREAU

MODERNE · ÉLÉGANT Le chef Gilles Moreau réalise une cuisine moderne bien ficelée. Sa patte ? Partir de recettes traditionnelles et les réactualiser au maximum. Et ça fonctionne ! Les desserts ne sont pas en reste. Terrasse sur l'arrière.
❀ ⇔ 🛋 – Prix : €€

2 allée de l'Amicale – ℰ 05 65 44 31 11 – www.gilles-moreau.fr/fr – Fermé mardi, et lundi, mercredi, jeudi, vendredi et samedi midi

LANDÉDA

✉ 29870 – Finistère – Carte régionale n° **7**–A1

LE VIOBEN

POISSONS ET FRUITS DE MER • CONTEMPORAIN Poissons de la pêche arti-sanale, homards et autres fruits de mer, et plus généralement cuisine gourmande basée sur les bons produits de la région... Cette adresse a la cote localement, notamment grâce à ce chaleureux décor contemporain, ces éclairages tendance et à l'atmosphère conviviale qui y règne...

& 🍴 ✿ – Prix : €€

30 Ar Palud – ☎ 02 98 04 96 77 – www.vioben.com/index.php/fr

LANGEAIS

✉ 37130 – Indre-et-Loire – Carte régionale n° **8**–A2

🏵 AU COIN DES HALLES

MODERNE • COSY Proche du château de Langeais, arrêtez-vous dans cette jolie maison en tuffeau. Les pièces ont conservé leurs boiseries et leur parquet d'origine, et le mobilier, plus contemporain, apporte une gaieté certaine. Le chef, Pascal Bouvier, réalise une cuisine inventive, boostée par les produits du terroir à l'image de cette pièce de veau, carottes nouvelles, patate douce, tamarin et jus arabica, ou de ces asperges blanches, kakuni de porc et pomelos confit. Les associations sont parfois surprenantes, mais toujours judicieuses : une belle cuisine avec un accueil charmant en prime. Et pour couronner le tout aux beaux jours, on profite de l'agréable terrasse.

🍴 – Prix : €€

9 rue Gambetta – ☎ 02 47 96 37 25 – www.aucoindeshalles.com –
Fermé mercredi et jeudi, et dimanche soir

LANGOËLAN

✉ 56160 – Morbihan – Carte régionale n° **7**–B2

L'ATELIER BISTROT

DU MARCHÉ • RUSTIQUE A 5 mn de Guéméné-sur-Scorff, dans un paisible village breton, cette jolie maison en pierre abrite une charmante auberge au plaisant décor rustique. Aux commandes, un jeune couple passionné qui propose une cuisine du marché valorisant les ingrédients des petits producteurs et artisans de la région. Aimable menu du jour au déjeuner ; au dîner, plats davantage élaborés.

& 🍴 ✿ – Prix : €€

24 rue du Chelas – ☎ 02 97 51 37 81 – Fermé du lundi au mercredi

LANGON

✉ 33210 – Gironde – Carte régionale n° **18**–B2

🏵 MAISON CLAUDE DARROZE

CLASSIQUE • CONTEMPORAIN Cet établissement familial sait perpétuer les traditions : on se délecte d'une cuisine classique, ponctuée de clins d'œil au Sud-Ouest, accompagnée de bons bordeaux (600 appellations). Les produits sont traités avec beaucoup de soin (à titre d'exemple, le pigeon de M. Duleau, la lamproie cuisinée au sauternes, le saint-pierre de ligne confit à la moelle), il y a du goût et de la générosité dans l'assiette, et les amateurs de gibier profiteront même d'un menu "chasse" en saison. Tout cela se déguste dans un cadre moderne ou sur l'agréable terrasse, protégée par les platanes, à la belle saison. Pour ceux qui souhaiteraient prolonger le séjour, quelques jolies chambres se tiennent à votre disposition.

🦪 ⟵ 🅰️ 🍴 🅿️ – Prix : €€€

95 cours du Général-Leclerc – ☎ 05 56 63 00 48 – www.darroze.com –
Fermé lundi, mardi et dimanche

L'ATELIER FLAVIEN VALÈRE

MODERNE • SIMPLE Formé à bonne école dans le Sud-Ouest, Flavien Valère vient rythmer l'offre gastronomique de Langon. Il connaît ses gammes, aucun doute là-dessus : cuissons impeccables, assaisonnements au point, bons produits locaux travaillés avec soin... et tout est fait maison. On s'y régale ! Le menu déjeuner offre un remarquable rapport qualité-prix. Pensez à réserver.

🅰️ 🍴 – Prix : €€

62 cours des Fossés – ☎ 05 56 76 25 66 – www.restaurant-atelierfv.fr –
Fermé lundi, et mardi, mercredi et dimanche soir

LANGUIMBERG

✉ 57810 – Moselle – Carte régionale n° **12**–C2

❀ **CHEZ MICHÈLE**

Chef : Bruno Poiré

MODERNE • ÉLÉGANT Ancien café de village, puis auberge familiale (entièrement rénovée)... et enfin table gastronomique reconnue au cœur de la région des étangs de Moselle. Voilà une jolie trajectoire pour ce restaurant dorénavant tenu par Bruno Poiré, le fils de Michèle. S'il a fait ses premières gammes dans le restaurant familial dès l'adolescence, ce chef a beaucoup appris sur la route, et notamment chez Georges Blanc à Vonnas et au Buerehiesel d'Antoine Westermann. Il signe une cuisine d'aujourd'hui généreuse et précise, qui n'hésite pas à lorgner du côté du Sud : on se régale dans un cadre vraiment plaisant, en profitant du service sérieux et attentif.

🅱️ 🍴 – Prix : €€€

57 rue Principale – ☎ 03 87 03 92 25 – www.chezmichele.fr/fr – Fermé mardi et mercredi

LANNEPAX

✉ 32190 – Gers – Carte régionale n° **22**–A2

😋 **LA FALÈNE BLEUE**

MODERNE • CONTEMPORAIN Ils sont jeunes, mais ont déjà de belles années d'expérience : tels sont Fabien et Hélène, qui ont uni leurs deux prénoms pour créer cette Falène Bleue. Tout ici est simple et délicieux, des assiettes (basées sur des produits de circuits courts exclusivement) au décor, avec ses tableaux et objets chinés.

🍴 – Prix : €€

Place de la Mairie – ☎ 05 62 65 76 92 – www.lafalenebleue.fr – Fermé lundi et mardi, et dimanche soir

LANNION

✉ 22300 – Côtes-d'Armor – Carte régionale n° **7**–B1

❀ **L'ANTHOCYANE**

Chef : Marc Briand

MODERNE • COSY Chez le chef Marc Briand, c'est l'expérience qui prime. Au cœur de Lannion, il régale ses convives avec une cuisine contemporaine française ponctuée d'influences nippones qui assume tranquillement sa passion pour le pays du Soleil Levant. Certaines de ses recettes millimétrées, basées sur des produits bretons ultra-frais (langoustine, homard, saint-pierre), sont régulièrement ponctuées d'ingrédients japonais comme le yuzu, les shiitake, le miso…L'imagination, l'esthétisme, une élégance certaine et la précision technique font le reste ! Sans oublier un décor aussi cosy que coloré.

&. – Prix : €€€

25 avenue Ernest-Renan – 𝄐 02 96 38 30 49 – www.lanthocyane.com – Fermé lundi et mardi, et dimanche soir

ⓐ LE BRÉLÉVENEZ

MODERNE • CONTEMPORAIN Jolie maison en pierre de Brélévenez (un quartier de Lannion) tenue par Priscilla et Christophe Le Marrec . Les affaires marchent très fort, il est donc prudent de réserver. Ce succès ne doit rien au hasard : le chef, autrefois au restaurant La Ville Blanche (Rospez), mitonne une cuisine tendance, bien pensée et savoureuse. D écor moderne et épurée.

&. 🅰🅲 🅿 – Prix : €€

1 rue Stang-Ar-Béo – 𝄐 02 56 14 07 91 – www.restaurant-lebrelevenez.fr – Fermé mardi, mercredi et samedi midi

LA VILLE BLANCHE

MODERNE • ÉLÉGANT Un jeune couple a investi cette jolie longère, pour y proposer une cuisine moderne qui a su fidéliser sa clientèle. Le chef porte une attention certaine aux saisons, grâce au réseau de producteurs qu'il a rassemblé autour de lui. Il valorise habilement cette goûteuse matière première, jouant souvent avec des notes fumées, avec une juste dose d'amertume et d'acidité.

🕸 &. 🅰🅲 ⇔ 🅿 – Prix : €€€

Lieu-dit Ville-Blanche – 𝄐 02 96 37 04 28 – la-ville-blanche.com – Fermé lundi et mardi, et dimanche soir

LANS-EN-VERCORS

✉ 38250 – Isère – Carte régionale n° **2**–C2

LE BOIS DES MÛRES

TRADITIONNELLE • CONTEMPORAIN Lovée au cœur de la verdure, cette adresse séduit grâce à sa cuisine familiale copieuse, à l'instar de ce rôti d'épaule d'agneau, purée de patate douce. Agréable terrasse pour l'été et menu déjeuner à prix imbattable !

🍽 – Prix : €

815 avenue Léopold-Fabre – 𝄐 04 76 95 48 99 – Fermé lundi et mardi

LANTON – Gironde(33) ➔ Voir Bassin d'Arcachon

LAON

✉ 02000 – Aisne – Carte régionale n° **14**–D2

ZORN - LA PETITE AUBERGE

MODERNE • CLASSIQUE Cuisine du marché (daurade royale façon ceviche, soupe froide de tomate et glace moutarde de Reims, épaule d'agneau au boulgour et jus épicé…) et menu "carte blanche" en 5 services : voici la proposition du chef expérimenté Willy-Marc Zorn, dans ce restaurant proche de la gare de Laon. Belle sélection de vins. Une valeur sûre.

🕸 🍽 ⇔ 🅿 – Prix : €€

45 boulevard Pierre-Brossolette – 𝄐 03 23 23 02 38 – Fermé dimanche, samedi midi et lundi soir

LAPOUTROIE

✉ 68650 – Haut-Rhin – Carte régionale n° **10**–A2

LES ALISIERS

MODERNE • COSY Une cuisine à quatre mains à base de produits de belle qualité et bio (les viandes exceptées) provenant du potager de la maison ou de petits producteurs locaux. Une adresse familiale attachante qui perdure depuis 1975.

⪡ 🕭 🕭 🕅 🅿 – Prix : €€

Lieu-dit Faudé – ☏ 03 89 47 52 82 – www.alisiers.com – Fermé lundi et mardi

LE VALTRIVIN ⓝ

TRADITIONNELLE • SIMPLE Une adresse attachante qui fait assaut de gentillesse. En cuisine, une cheffe d'origine russe qui vit en France depuis toujours ou presque ; en salle son compagnon sommelier, bardé de récompenses et ayant travaillé à l'Espérance à Vézelay mais aussi à la Pyramide à Vienne. Son talent est au service d'une carte de... 3500 références – un livre entier est consacré à l'Alsace. Dans l'assiette, la cheffe signe une cuisine plutôt traditionnelle (à l'instar de cette côte de veau au four, sauce à l'ail noir), notamment avec les gibiers provenant de la chasse d'Olivier Nasti.

🕸 🕭 ⇄ 🅿 – Prix : €€

5 rue de l'Europe – ☏ 06 45 72 70 54 – www.levaltrivin.fr – Fermé lundi, mercredi et samedi à midi , et dimanche soir

LARAGNE-MONTÉGLIN

✉ 05300 – Hautes-Alpes – Carte régionale n° **24**–B2

🕲 L'ARAIGNÉE GOURMANDE

TRADITIONNELLE • FAMILIAL Installez-vous dans cet intérieur moderne et lumineux pour découvrir le talent de Thierry Chouin : si le chef breton affectionne particulièrement les plats à base de poisson, il ne dédaigne pas l'agneau et la pomme (tous deux de la région), qu'il célèbre dans des assiettes bien tournées. De beaux hommages à la tradition.

🕭 🅼 – Prix : €€

8 rue de la Paix – ☏ 04 92 65 13 39 – www.laraignee-gourmande.fr – Fermé mardi et mercredi

LARMOR-PLAGE

✉ 56260 – Morbihan

🛏 LES RIVES DU TER   *Plus*

DESIGN MODERNE Cet hôtel récent bordant le Ter abrite des chambres spacieuses, au style épuré, avec terrasse ou balcon donnant sur l'étang, bien au calme. Une bonne option pour profiter des jolies plages des environs.

🕭 🅿 🐾 ⅏ 🕭 🕭 🛎 – 58 chambres – Prix : €

15 boulevard Jean Monnet – ☏ 02 97 33 33 50

LAROQUE-DES-ALBÈRES

✉ 66740 – Pyrénées-Orientales – Carte régionale n° **21**–B3

🕲 CÔTÉ SAISONS

MODERNE • BISTRO C'est au Ritz, à Paris, que le couple s'est rencontré. Elle était en salle, lui en cuisine, comme aujourd'hui dans leur restaurant. Une bâtisse du 19 e s. avec un jardin fleuri et une jolie terrasse pour être toujours... Côté Saisons, à l'instar des recettes, savoureuses et bien ficelées ! De plus, le service est tout sourire.

 ♿ 🍴 ✿ – Prix : €€

10 avenue de la Côte-Vermeille – ☏ 04 34 12 36 51 – www.cotesaisons.fr – Fermé du lundi au mercredi

LARRAU
✉ 64560 – Pyrénées-Atlantiques – Carte régionale n° **18**–B3

ETCHEMAÏTÉ

TRADITIONNELLE • RUSTIQUE Dans ces contrées montagneuses aux confins du Pays basque, une maison traditionnelle tout simplement charmante... d'autant qu'on s'y régale : par exemple, foie gras grillé, panais au pain d'épices, ou encore épaule d'agneau confite et piquillos... C'est simple, goûteux et généreux, et la vue sur les Pyrénées est superbe.

♿ 🍴 **P** – Prix : €€

Le Bourg – ☏ 05 59 28 61 45 – www.hotel-etchemaite.fr – Fermé lundi, mardi midi et dimanche soir

LASCABANES
✉ 46800 – Lot – Carte régionale n° **22**–B1

LE DOMAINE DE SAINT-GÉRY

TRADITIONNELLE • ROMANTIQUE Autoproclamé "cuisinier-paysan", Patrick Duler ne plaisante pas avec l'origine de ses produits : une grande partie de ce qui est dans l'assiette – jambon de porc noir, truffe, foie gras – vient directement de ses propres champs ! Ses préparations, simples et soignées, révèlent l'âme d'un chef véritablement passionné. Une qualité qui a son prix.

🍴 ✿ **P** – Prix : €€€€

Le Domaine de Saint-Géry – ☏ 05 65 31 82 51 – www.saint-gery.com – Fermé les midis

LASTOURS
✉ 11600 – Aude – Carte régionale n° **21**–B2

❀ ## LE PUITS DU TRÉSOR

Chef : Jean-Marc Boyer

MODERNE • ÉLÉGANT Jean-Marc Boyer est un véritable artisan, et sa passion ne fait aucun doute : lors de balades en solitaire dans les collines environnantes, il déniche l'inspiration pour sa cuisine. Herbes aromatiques, asperges sauvages ou ail des ours viennent agrémenter des plats colorés aux saveurs nettes et bien maîtrisées, comme ce maquereau mariné au concombre ou encore cette lotte aux carottes et ravioles de ricotta. Le tout est proposé dans un menu unique où l'on va de surprise en surprise. Dans une veine japonisante, la décoration signée Régis Dho est à l'unisson de cette cuisine qui vise l'épure. Petite note à l'attention des plus pressés : c'est un restaurant où l'on prend le temps de vivre.

🍃 ♿ 🅺 – Prix : €€€

21 route des Quatre-Châteaux – ☏ 04 68 77 50 24 – www.lepuitsdutresor.com – Fermé lundi et mardi

LATTES
✉ 34970 – Hérault – Carte régionale n° **21**–C2

🌱 ## LE TEMPS D'AIME ⓝ

MODERNE • SIMPLE Située au bord de la marina de Port Ariane, cette adresse de famille (père et fils) est assurément un bon plan. Qu'on s'installe en terrasse ou dans la salle moderne, la cuisine est la même : des produits frais de saison, issus pour la plupart des circuits courts, mitonnés avec goût dans un esprit retour du marché, le tout à prix doux. Tandem, on aime.

🍴 – Prix : €

8 rue des Consuls – ☎ 04 99 51 47 39 – www.restaurant-tempsdaime.com – Fermé lundi, samedi midi et dimanche soir

LAUBACH

✉ 67580 – Bas-Rhin – Carte régionale n° **10**-B1

❀❀ LA MERISE

Chef : Cédric Deckert

MODERNE • ÉLÉGANT Non loin d'Haguenau, cette maison alsacienne, étonnante construction neuve réalisée à partir de matériaux anciens, épouse à merveille son cadre champêtre avec vue sur la campagne, entre collines et vergers. C'est le repaire de Christelle et Cédric Deckert. À partir de produits de belle qualité, le chef concocte des recettes d'un beau classicisme, jamais ennuyeuses, rehaussées par un art subtil des jus et des sauces. En salle, le remarquable sommelier Joël Brendel prodigue d'excellents conseils.

🕸 ঌ 🅰️🄲 🅿️ – Prix : €€€€

7 rue d'Eschbach – ☎ 03 88 90 02 61 – www.lamerise.alsace – Fermé du lundi au mercredi

LAURIS

✉ 84360 – Vaucluse – Carte régionale n° **25**-E1

LE CHAMP DES LUNES

MODERNE • ÉLÉGANT Cette belle bastide aixoise du 18ᵉ s. déborde de charme, offrant parc aux essences centenaires, vignoble, potager mené en permaculture et même un espace d'exposition d'art contemporain, installé dans d'anciennes caves de vinification. La cuisine rend hommage aux richesses du Luberon et de la Provence. À déguster dans l'élégante salle à manger aux tonalités chaleureuses, ou sur l'agréable terrasse dominant le parc.

🖐ঌ 🄰🄲 🍴 🅿️ – Prix : €€€€

Route de Roquefraîche – ☎ 04 13 98 00 00 – www.lesdomainesdefontenille. com/fr/domainedefontenille.html – Fermé lundi, mardi, mercredi et dimanche et du jeudi au samedi à midi

LA CUISINE D'AMÉLIE

MÉDITERRANÉENNE • BISTRO Confortablement loti dans cette bastide du dix-huitième siècle, cet établissement propose une agréable cuisine méditerranéenne, au gré d'une carte renouvelée au fil des saisons. La formule bistrot décontracté bénéficie d'une superbe terrasse tournée vers le parc. Goûtez les vins du domaine.

🖐ঌ 🄰🄲 🍴 🅿️ – Prix : €€

Route de Roquefraiche – ☎ 04 13 98 00 00 – www.lesdomainesdefontenille. com/fr/domainedefontenille.html

DOMAINE DE FONTENILLE

CLASSIQUE CONTEMPORAIN Sur le versant sud du Luberon, dominant la plaine de la Durance, cette belle bastide provençale a su conserver son charme d'antan. L'art contemporain est ici partout. Les chambres lumineuses marient parfaitement couleurs régionales et modernité. Cet hôtel de charme se situe dans un domaine viticole bio de 35 ha (visite possible).

ঌ 🐾 🅿️ 🦢 🖐 🚲 ⛱ 🏊 🏤 🧖 🧖 🍴 – 18 chambres – Prix : €€

Route de Roquefraiche – ☎ 04 13 98 00 00

Le Champ des Lunes • La Cuisine d'Amélie - Voir la sélection des restaurants

LAVAL

✉ 53000 – Mayenne – Carte régionale n° **23**–C1

L'ANTIQUAIRE

MODERNE • ÉLÉGANT Amis chineurs, ici, vous ne trouverez ni livres anciens, ni toiles du 19 e s., ni objets des années 1930... mais vous n'y perdrez pas au change ! Cet Antiquaire-là est tout à fait plaisant et accueillant, et dans l'assiette, on apprécie une cuisine généreuse et teintée de créativité.

ᝪ 🏠 – Prix : €€

64 rue de Vaufleury – ℰ 02 43 53 66 76 – www.restaurant-lantiquaire.fr –
Fermé lundi et dimanche

L'EFFET PAPILLES ⓝ

MODERNE • CONTEMPORAIN Au cœur de la ville, à deux pas du château, le chef Adrien Barrier, un natif du Mans qui connaît sa Mayenne sur le bout de la fourchette, a ouvert ce bistrot moderne, tout en tons noir et blanc, rehaussé de touches de bois clair. Passé entre autres chez Yannick Alléno et Philippe Mille, cet artisan de talent régale avec une cuisine savoureuse et bien sentie, qui va droit au but, à l'instar de cet œuf parfait, nid de kadaïf, crème de petits pois à la menthe et huile pimentée ou cette poitrine de porc accompagnée de son cromesqui de pied de porc. Le tout se déguste dans une ambiance bon enfant.

ᝪ – Prix : €€

16 rue des Déportés – ℰ 02 43 65 68 03 – www.effetpapilles.fr – Fermé lundi et
dimanche

LE LAVANDOU

✉ 83980 – Var – Carte régionale n° **24**–C3

⁣🕸️ L'ARBRE AU SOLEIL

Chef : Yorann Vandriessche

MODERNE • CONTEMPORAIN On l'a connu au carrefour de l'Arbre, devant les pavés de Paris-Roubaix, où il connut le succès pendant cinq ans ; voici désormais Yorann Vandriessche installé au soleil, face aux bateaux de plaisance du port. Il met en valeur des produits de belle qualité, dans une cuisine d'abord dédiée aux poissons et aux crustacés : on se souvient par exemple d'un pavé de loup de belle fraîcheur, avec crème de fenouil, suprêmes d'orange et un condiment orange-kum-quat... Fraîcheur, relief, maîtrise : allez-y les yeux fermés.

🅰️🄲 🏠 – Prix : €€€

Nouveau Port – ℰ 04 94 24 06 04 – larbreausoleil.com – Fermé lundi, mardi et
dimanche

LE MAZET

MÉDITERRANÉENNE • CLASSIQUE Mazette que ce mazet m'agrée ! Pardi : c'est Patrice Hardy, l'ancien étoilé de Neuilly, qui a repris du service avec sa mie, la jolie Corinne. En retrait de la belle plage Saint-Clair, il s'adonne à son hobby favori : le beau produit (et notamment cette truffe qu'il chérit). Et dans l'assiette, une jolie mélodie : marbré de daurade, jus d'herbes et yuzu ; vitello tonnato ; figues de Solliès rôties...

Prix : €€€

8 chemin de la Cascade – ℰ 04 94 92 88 61 – www.lemazet.net – Fermé lundi,
mardi, et mercredi, jeudi et dimanche midi

PLANCHES & GAMELLES

MODERNE • BISTRO L'adresse se présente elle-même comme le "premier bouchon provençal" : voilà qui annonce la couleur, tout comme la splendide vinothèque. Face au port de plaisance, cette sympathique maison propose une chouette cuisine du pays, simple et fraîche (comme cette salade de poulpes et encornets aux poivrons confits), accompagnée d'un bon choix de vins locaux. Bon rapport qualité-prix.

🅰🄲 🍽 – Prix : €€

46 quai Baptistin-Pins – 𝒫 09 86 28 65 28 – www.planchesetgamelles.fr – Fermé mercredi et jeudi

LE SUD

MODERNE • COLORÉ Le tout jeune Séverin Pétra (ancien élève de Paul Bocuse) a pris ici la suite de son père au cœur de l'une des plus fameuses stations balnéaires du... Sud. Dans cette maison conviviale où l'on a plaisir à s'attabler dans un décor coloré, il y décline une cuisine gourmande, généreuse et sans artifice : carpaccio d'espadon, citron et vinaigrette d'agrume ; quasi de veau, girolles et cèpes... Le pigeon, purée de pomme de terre et truffe, demeure toujours la spécialité de la maison.

♿ 🅰🄲 🍽 – Prix : €€

Avenue des Trois-Dauphins – 𝒫 04 94 05 76 98 – www.petra-lesud.com – Fermé du lundi au samedi à midi

LES TAMARIS - CHEZ RAYMOND

POISSONS ET FRUITS DE MER • RUSTIQUE Beignets de courgette, seiche de Méditerranée... et surtout la fameuse bouillabaisse cuite au feu de bois, une rareté : sous la houlette de Raymond, son truculent patron, cette véritable institution locale, située sur la plage Saint-Clair, met à l'honneur les poissons de la pêche du jour. Et l'on ne résiste pas à la terrasse face à la mer qu'il faut demander impérativement lors de la réservation (obligatoire).

🅰🄲 🍽 – Prix : €€

Boulevard de la Baleine – 𝒫 04 94 71 07 22 – Fermé mardi

LAVAUDIEU

✉ 43100 – Haute-Loire – Carte régionale n° **1**-C3

COURT LA VIGNE

TRADITIONNELLE • RUSTIQUE Cherchez le cloître médiéval, cette charmante bergerie du 15 e s. est juste à deux pas. Tout y est plaisant, le bar, la cheminée, la cour... Des vins bio locaux accompagnent une cuisine du terroir tout en simplicité.

Prix : €

Le Bourg – 𝒫 04 71 76 45 79 – courtlavignel.wixsite.com/courtlavigne – Fermé mardi et mercredi

LAVAUR

✉ 81500 – Tarn – Carte régionale n° **22**-C2

L'ŒUF DE COQ

MODERNE • CONTEMPORAIN Ancien étudiant des beaux-arts, le chef Mathieu Lacaze soigne la présentation de ses assiettes. Sa sensibilité artistique s'exprime au travers d'une cuisine du marché résolument moderne et attentive aux saisons. On en profite dans un cadre contemporain avec murs en pierres et tuiles apparentes, ou, aux beaux jours, sur la petite terrasse patio. Très belle sélection de vins.

��� ♿ 🍽 – Prix : €€

1 place Pasteur – 𝒫 05 63 34 66 58 – loeufdecoq.com – Fermé lundi et mardi, et dimanche soir

LECCI – Corse-du-Sud(20) ➜ Voir Corse

LECTOURE

✉ 32700 – Gers – Carte régionale n° **22**–B2

L'AUBERGE DES BOUVIERS

TRADITIONNELLE • RUSTIQUE Au cœur de cette localité gersoise, l'établissement préserve si bien l'esprit "auberge" qu'il faudrait en classer la recette : des murs chaleureux (poutres et pierres), un accueil convivial, et surtout une cuisine généreuse et savoureuse, concoctée par un chef très engagé ! L'avenir appartient encore aux auberges de France...

⇔ – Prix : €€

8 rue Montebello – 𝒞 05 62 68 95 13 – aubergedesbouviers.eatbu.com –
Fermé lundi, mercredi, mardi, jeudi et vendredi midi , et dimanche soir

RACINE

MODERNE • CONVIVIAL Elle est canadienne, il est belge, ils ont posé leurs casseroles à Lectoure après un parcours atypique dans une ruelle pentue jouxtant la cathédrale du village. La salle façon loft a du coffre, une belle hauteur de plafond et les vieilles pierres et les poutres se marient bien avec un joli mobilier contemporain. Ils régalent avec une cuisine créative, saine et sans prétention, qui met en avant les bons produits du terroir local, mais aussi les herbes aromatiques, les condiments fermentés et les agrumes. Une jolie trouvaille, d'autant que les prix sont raisonnables. Carte des vins orientée nature.

♿ 🅰🅲 ⇔ – Prix : €

6 rue Fontélie – 𝒞 05 62 28 07 41 – www.racinerestaurant.fr – Fermé lundi,
samedi et dimanche

LEMBACH

✉ 67510 – Bas-Rhin – Carte régionale n° **10**–B1

✤✤ AUBERGE DU CHEVAL BLANC

Chef : Pascal Bastian

CRÉATIVE • ÉLÉGANT Sa mère était couturière, son père quincaillier : aucun restaurateur à l'horizon. Et voilà pourtant le tout jeune Pascal Bastian devenu commis à l'Auberge du Cheval Blanc, du chef Fernand Mischler. Puis, passage obligé par des tables prestigieuses (dont les Crayères, à Reims, avec Gérard Boyer), avant un retour au Cheval Blanc. Aujourd'hui, c'est le couple, Carole et Pascal, qui veille à l'avenir de ce noble relais de poste (18ᵉ s.), alliance du charme alsacien et du raffinement contemporain. Les tables sont espacées pour garantir l'intimité des conversations... et de l'expérience gastronomique. Le chef maîtrise aussi bien le classicisme que l'inventivité, sa carte est riche et pleine de finesse et fait honneur à sa région grâce à des produits de grande qualité. On se régale de grosses morilles farcies et glacées au jus de viande... Et pour les amoureux de la région, sachez que des chambres vous attendent.

🐾 🛏♿ 🅰🅲 ⇔ 🅿 – Prix : €€€€

4 rue de Wissembourg – 𝒞 03 88 94 41 86 – www.cheval-blanc-lembach.fr/fr –
Fermé lundi, mardi et mercredi midi

LEMPDES

✉ 63370 – Puy-de-Dôme – Carte régionale n° **1**–B2

🕸 B2K6

MODERNE • CONVIVIAL Ce sympathique bistrot est né de la rencontre de deux jeunes passionnés : Jérôme Bru, ancien second d'Anne-Sophie Pic, et Romain Billard, sommelier, passé également par de fameuses maisons. Au menu : une belle cuisine, rythmée par les saisons et les produits locaux, accompagnée des vins adéquats. Une belle complicité !

🕹 📠 – Prix : €€

6 rue du Caire – ☎ 04 73 61 74 71 – www.b2k6.com – Fermé lundi et dimanche, et mardi et mercredi soir

LENS

✉ 62300 – Pas-de-Calais – Carte régionale n° **13**–B2

L'ATELIER DE MARC MEURIN

MODERNE • TENDANCE Étonnant, le bâtiment dessine un cercle tout en verre : son architecture se marie parfaitement au Louvre-Lens voisin ! Loin d'être un simple restaurant de musée, cet Atelier met à l'honneur les produits de la région. Tout indiqué en cas de visite...

🛬 ♿ 📠 🌿 **P** – Prix : €€

97 rue Paul-Bert – ☎ 03 21 18 24 90 – www.atelierdemarcmeurin.fr – Fermé mardi et dimanche soir

LESCAR

✉ 64230 – Pyrénées-Atlantiques – Carte régionale n° **18**–B3

ARRADITZ

MODERNE • CONTEMPORAIN Cette maison du 19 e s., installée dans une petite ville à la périphérie de Pau, est le fief d'un duo bien préparé : elle, pâtissière, a fait ses armes au Plaza Athénée ; lui, aux fourneaux, a aussi travaillé dans plusieurs maisons étoilées. Leur cuisine, fine et bien exécutée, met en valeur les produits de la région. Courez-y !

🕹 ♿ 📠 ⇄ **P** – Prix : €€

2 rue Cachau – ☎ 05 59 32 31 40 – www.arraditz.com – Fermé lundi et mardi, et dimanche soir

LEUCATE

✉ 11370 – Aude – Carte régionale n° **21**–B3

✿ LE GRAND CAP

Chef : Erwan Houssin

MODERNE • DESIGN Erwan Houssin et Pamela, son épouse pâtissière, ont décidé de jeter l'ancre sur le plateau de Leucate. Comme on les comprend : la vue embrasse l'ensemble du littoral de Sète jusqu'au massif des Albères. Devant eux, la mer et ses richesses, derrière eux, la garrigue avec ses herbes, ses vignes et ses oliviers. Breton d'origine mais élevé dans les montagnes de l'Hérault, Erwan Houssin navigue entre viande et poisson, entre Atlantique et Méditerranée. Le bœuf de l'Aubrac surfe sur les anchois catalans et les lentilles de Corbières. Le homard bleu breton vogue avec le lard de Bigorre. La langoustine du Guilvinec voyage avec du caviar des Pyrénées. Il récolte lui-même sur la falaise le fenouil, le thym, le romarin et la sarriette sauvage dont il tire de remarquables infusions, jus et sauces... Embarquement immédiat.

⪜ ♿ 📠 **P** – Prix : €€€

Chemin du Phare – ☎ 09 67 78 13 73 – www.restaurant-grand-cap.fr – Fermé mardi et mercredi

LEUGNY

✉ 89130 – Yonne

LA BORDE

ÉLÉGANCE TRADITIONNELLE Le plus petit hôtel de grand luxe, ou l'un des plus extravagants bed and breakfast ? Résidence privée depuis cinq siècles, agrandie et remise au goût du jour, La Borde offre toujours les mêmes plaisirs intemporels de la campagne française. Certaines suites profitent d'une cheminée, toutes d'un jacuzzi et de poutres. Le délicieux petit-déjeuner est élaboré à partir de produits locaux, et le dîner raffiné est fait à la demande, grâce au grand potager de l'hôtel. Ravissante piscine extérieure chauffée, terrains de tennis, de basket et de pétanque, mini-spa avec bain turc, sauna et table de massage.

🕹 🏍 🅿 ⌂ 🚗 🚲 ⚒ 🌐 🏡 ♨ 🛁 🍴 - 6 chambres – Prix : €€€€

La Borde – 𝒞 *03 86 47 69 01*

LEVERNOIS

✉ 21200 – Côte-d'Or – Carte régionale n° **5**–A3

☼ HOSTELLERIE DE LEVERNOIS

MODERNE • **ÉLÉGANT** La tradition de l'hospitalité se perpétue dans cette maison élégante, située au cœur d'un grand parc traversé par une rivière. Le chef Philippe Augé y cisèle une cuisine de saison bien exécutée, réalisée sur de belles bases classiques – risotto Acquerello au vert, cuisses de grenouilles et escargots de Bourgogne ; homard bleu, moussaka d'aubergines, jus de crustacés coriandre et citronnelle. Gardez une petite place en fin de repas pour le plateau de fromages qui compte plus d'une quarantaine de variétés ! Boutique et cave de dégustation.

🐝 ⇔ 🚗 🕹 🅰 ⇔ 🅿 – Prix : €€€€

Rue du Golf – 𝒞 *03 80 24 73 58 – www.levernois.com/fr – Fermé lundi, mardi et du mercredi au samedi à midi*

LE BISTROT DU BORD DE L'EAU

TRADITIONNELLE • **CONVIVIAL** Une belle âme rustique – des pierres, des poutres, une cheminée – pour une cuisine traditionnelle et des plats du terroir. Œufs façon meurette, poitrine de cochon, blanquette de veau, à déguster au coin du feu ou sur la terrasse, au bord de la rivière... Gourmand et appétissant !

🚗 🕹 🅰 🍴 🅿 – Prix : €€

Hostellerie de Levernois, rue du Golf – 𝒞 *03 80 24 89 58 – www.levernois.com/fr*

LEVIE – Corse-du-Sud (2A) ➔ Voir Corse

LILLE

✉ 59800 – Nord – Carte régionale n° **13**–C2

Qu'il s'agisse du patrimoine ou de l'offre artistique et gastronomique, Lille n'a rien à envier aux grandes villes européennes. Tous les ingrédients sont réunis pour faire de la capitale des Flandres une destination incontournable. Cafés, boutiques et restaurants vous tendent les bras. Le sens de la fête et l'hospitalité des Lillois ne sont plus à prouver. Le terroir, les produits et la cuisine du Nord sont d'une grande diversité, trop méconnue. Préparations légumières à base de chou rouge, d'endive (le fameux chicon) ou de pomme de terre ; fromages puissants comme le maroilles ou la boulette d'Avesnes ; plats typiques comme la carbonade (un ragoût de bœuf à la bière) ou le potjevleesch, déclinaison infinie du hareng sur tous les modes. Enfin, il y a les bières qu'on ira choisir parmi les quelques 300 proposées par À les choppes, une institution du quartier de Wazemmes.

🖏 **PURETÉ**

Chef : Gérald Guille

MODERNE • CONTEMPORAIN Au cœur du vieux Lille, le chef Gérard Guille travaille dans un bel espace tout en longueur, avec cuisine ouverte, où les matériaux "purs" (terre cuite, béton, bois, cuir...) donnent le ton : sérénité et concentration. Un décor à l'image de ce cuisinier qui signe, comme il le dit, une « cuisine créative et décomplexée », personnelle et goûteuse. Il alterne audace et classicisme au fil de menus dégustation subtilement équilibrés : céleri, tourteau, lavande ; cochon, asperge, bergamote, aster maritime ; turbot, morille, petit pois, savagnin ; homard bleu, fenouil, ratte, safran...

🅰🅒 – Prix : €€€

Plan : C2-8 – *79 rue de la Monnaie* – ℰ *03 59 51 87 91* – *www.restaurant-purete. com* – *Fermé lundi, dimanche et mardi midi*

🖏 **LE RESTAURANT DU CERISIER**

MODERNE • CHIC Au premier étage d'un bâtiment ultracontemporain au cœur de Lille, l'ancien chef du Meurin, Mathieu Boutroy, s'active au sein d'une cuisine ouverte superbe. Son menu unique fait la part belle aux arrivages triés sur le volet. Qu'on en juge : cèpes de belle tenue, homard au top de sa fraîcheur, agneau servi rosé en croûte de ras-el-hanout. Le chef délivre des plats parfaitement exécutés, et notamment des sauces et des jus finement travaillés. De la couleur, de la vie et du parfum : les fruits appétissants de ce cerisier méritent une cueillette...

⇦ 🚗 🅰️ ⟷ – Prix : €€€€

Plan : C1-7 – *14 avenue du Peuple-Belge* – ℰ *03 74 49 49 49* – *www.lecerisier. com* – *Fermé lundi et mardi, et dimanche soir*

❀ ### LA TABLE - HÔTEL CLARANCE

MODERNE • **DESIGN** Au cœur du vieux Lille, cet ancien hôtel particulier du 18ᵉ s. abrite une table qui mérite notre attention. Les menus font la part belle aux produits du terroir local sourcés avec le plus grand sérieux, tels que les poissons de petit bateau, mais aussi au jardin d'herbes aromatiques de l'hôtel. Le convive s'installe au choix dans l'une des deux salles revêtues de boiseries d'époque, dans l'ancienne bibliothèque (qui abrite une table intimiste au pied d'un bel escalier en colimaçon) ou, à la belle saison, sur la terrasse face au parc arboré.

⇦ 🍴 ⟷ – Prix : €€€€

Plan : B2-1 – *32 rue de la Barre* – ℰ *03 59 36 35 59* – *www.clarancehotel.com* – *Fermé lundi, dimanche et samedi midi*

BLOEMPOT

MODERNE • **CONVIVIAL** Florent Ladeyn, grand défenseur de son terroir régional, anime cette "cantine flamande" revendiquée. Décor atypique (un ancien atelier de menuiserie), bons produits nature et recettes originales : rafraîchissant ! Attention, il n'y a pas de téléphone ici, les réservations se font par le site internet ou sur place.

🚗 🅰️ – Prix : €€

Plan : B2-13 – *22 rue des Bouchers* – *www.bloempot.fr* – *Fermé lundi et dimanche*

LE BRAQUE

MODERNE • **TENDANCE** Adoubé par Florent Ladeyn et la téléréalité, le chef Damien Laforce a ouvert avec Marcel - son braque - cette adresse tout en briques et bois clair avec cuisine ouverte. Il régale avec une cuisine du terroir goûteuse, ponctuée de quelques touches d'audace. Le midi, menu du marché ; le soir, carte de plats à partager. Petite carte de vins bio, service tout sourire. Une vingtaine de couverts mange-debout pour les clients sans réservation.

🚗 🅰️ – Prix : €€

Plan : C2-17 – *45 rue de la Monnaie* – ℰ *03 20 04 25 38* – *www.le-braque.fr* – *Fermé lundi et dimanche*

EMPREINTE

MODERNE • **ÉLÉGANT** Près de l'ancien hippodrome, dans un quartier résidentiel, bienvenue dans cette maison des années 1950 à l'intérieur coquet et chaleureux, entièrement rénové... jusque sur la terrasse et le salon de jardin. Dans l'assiette, le chef Isma'il Guerre-Genton compose une cuisine créative, avec de beaux jeux de textures et de saveurs : asperge blanche, anguille fumé ; rouget, petits pois, groseilles à maquereau ; veau, aubergine et raifort... Les menus dégustation sont aussi des menus surprise.

🍴 – Prix : €€€

Plan : A2-3 – *170 avenue de l'Hippodrome, à Lambersart* – ℰ *03 20 44 00 21* – *www.empreinterestaurant.com* – *Fermé lundi, dimanche, et mardi et mercredi à midi*

LA LAITERIE

MODERNE • **ÉLÉGANT** Petit-fils de producteurs laitiers et fils de restaurateurs, le chef Édouard Chouteau, formé notamment aux côtés de Pierre Gagnaire, Alain Passard et Christophe Pelé, a jeté son dévolu sur cette longère historique, une ancienne laiterie (cela ne s'invente pas), voisine du parc de la Citadelle et proche des bords de la Deûle. Deux belles salles, dont l'une avec cheminée, entourées d'un un grand jardin avec terrasse. Un bel instrument donc pour la partition créative et complexe du chef qui puise nombre de ses ingrédients dans le terroir nordiste :

bœuf, homard, herbes fraiches, crème crue au caviar ; cœur de ris de veau, queue de homard, morilles, gnocchis, estragon...

இ & ♨ ⇔ 🅿 – Prix : €€€

Plan : A2-2 – *138 avenue de l'Hippodrome, à Lambersart* – ☎ *03 20 92 79 73* – *www.lalaiterie.fr/fr* – *Fermé lundi et mardi, et dimanche soir*

ROUGE BARRE

MODERNE • CONVIVIAL Au cœur du vieux Lille, Steven Ramon, passé par la Laiterie et Top Chef, fait désormais partie des personnalités gastronomiques de la ville. Dans un intérieur intimiste à la fois moderne et vintage (avec quelques fameux pans de murs en "rouge barre", ce mélange de pierre blanche, de brique rouge et de chaux typique du Nord), ce ch'ti pur et dur fait salle comble, notamment auprès de la jeunesse - il faut dire que la décontraction règne ! En chef inspiré, il esquisse des assiettes pétillantes, qui magnifient de beaux produits. Terrasse à l'étage.

& ♨ – Prix : €€

Plan : C1-11 – *50 rue de la Halle* – ☎ *03 20 67 08 84* – *www.rougebarre.fr* – *Fermé lundi et dimanche*

SÉBASTOPOL

MODERNE • CONVIVIAL Le chef aime la tradition, avec jus et sauces de rigueur, dans un esprit bistronomique, et parsème ses assiettes d'associations personnelles, avec une prédilection pour le terre-mer. Et ça fonctionne ! Carte volontairement courte, renouvelée régulièrement, au fil des saisons et des produits, et jolie carte des vins avec un bon choix de petits propriétaires.

AC – Prix : €€

Plan : C3-14 – *1 place de Sébastopol* – ☎ *03 20 13 13 38* – *www. restaurantsebastopol.com* – *Fermé dimanche*

SOLANGE

MODERNE • BISTRO Toujours de belles associations des produits. La cuisine se veut généreuse et créative autour de produits locaux, avec un changement de menu toutes les semaines. Plats recherchés et goûteux, à l'instar de ce suprême de volaille de Licques, champignons et pommes de terre de l'île de Ré...

& AC – Prix : €€

Plan : A3-5 – *59 rue d'Isly* – ☎ *09 86 37 22 50* – *www.solange-restaurant.fr* – *Fermé lundi et dimanche*

SUZANNE ⓝ

MODERNE • CONTEMPORAIN Suzanne a été chantée par Leonard Cohen dans un tube interplanétaire... Dans cette adresse proche du palais des Beaux-Arts, on rend hommage aux talents de cuisinière de la grand-mère d'Elisa Rodriguez, la pâtissière et compagne du chef. Si ce dernier aime beaucoup travailler le végétal et les herbes aromatiques avec une constance certaine, il sait aussi percuter ses préparations bistronomiques et créatives avec de bonnes sauces (comme la grand-mère d'Elisa !), classique comme ce beurre blanc ou plus exotique comme cette sauce soja, anguille fumée et verjus qui accompagne son pain au lait grillé, glace aux cèpes, champignon.

AC ♨ – Prix : €€

Plan : C3-6 – *4 place Philippe-Lebon* – ☎ *03 20 00 81 21* – *www.suzannelille.fr* – *Fermé lundi et dimanche*

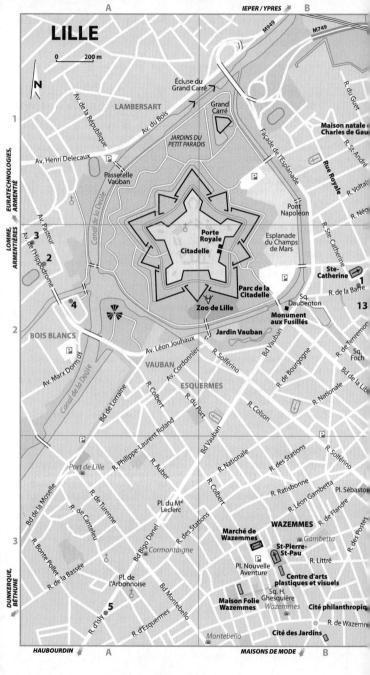

LILLE

0 — 200 m

N

IEPER / YPRES

A   B

LAMBERSART

Écluse du
Grand Carré

Grand
Carré

M949   M749

Av. de la République

Av. du Bois

JARDINS DU
PETIT PARADIS

Façade de l'Esplanade

Maison natale
Charles de Gaul

R. du Guet

R. St-André

Rue Royale

Av. Henri Delecaux

Passerelle
Vauban

Canal de la Deûle

R. Voltai

R. Nég

Pont
Napoléon

R. Ste-Catherine

Porte
Royale

Citadelle

Esplanade
du Champs
de Mars

Ste-
Catherine

R. de la Barre

Av. Pasteur

Av. de l'Hipodrome

2

3

4

Parc de la
Citadelle

Sq.
Daubenton

13

Zoo de Lille

Monument
aux Fusillés

Bd Vauban

R. de Tenremor

Sq.
Foch

Jardin Vauban

Bd de la Lib

BOIS BLANCS

Av. Léon Jouhaux

R. Cordonnier

R. Solférino

VAUBAN

Av. Marx Dormoy

Canal de la Deûle

ESQUERMES

Bd de Lorraine

R. Colbert

R. du Port

R. Colson

R. de Bourgogne

R. Nationale

Port de Lille

Bd Vauban

Bd de la Moselle

R. Philippe-Laurent Roland

R. Auber

R. Nationale

R. des Stations

R. Solférino

R. de Canteleu

Pl. du Mal
Leclerc

R. Colbert

R. Ratisbonne

Pl. Sébasto

R. de Turenne

R. des Stations

R. Léon Gambetta

R. de Flandre

R. des Postes

R. Bonte Pollet

Pl. Bigo Danel

Cormontaigne

WAZEMMES

Gambetta

R. de la Bassée

Marché de
Wazemmes

St-Pierre-
St-Pau

R. Littré

Pl. de
l'Arbonnoise

Pl. Nouvelle
Aventure

Centre d'arts
plastiques et visuels

Bd Montebello

Maison Folie
Wazemmes

Sq. H.
Ghesquière
Wazemmes

Cité philanthropiq

5

R. d'Isly

R. d'Esquermes

Montebello

Cité des Jardins

R. de Wazemn

DUNKERQUE,
BÉTHUNE

HAUBOURDIN

MAISONS DE MODE

LOMME,
ARMENTIÈRES

EURATECHNOLOGIES,
ARMENTIÈ

568

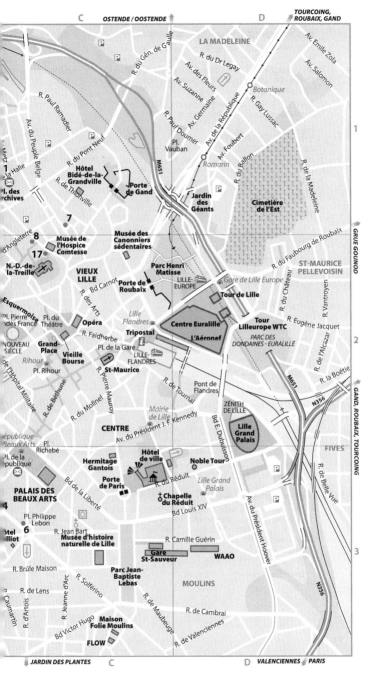

C
D

LA MADELEINE

Av. Emile Zola

Av. Salomon

R. du Gén. de Gaulle

R. du Dr Legay

Av. des Fleurs

Av. Suzanne

R. Paul Ramadier

R. du Pont Neuf

R. Paul Doumer

Av. Germaine

Av. de la République

R. Gay Lussac

Botanique

Av. Foubert

R. du Ballon

R. de la Madeleine

Av. du Peuple Belge

Pl.
Vauban

Romarin

1

Metz

Hôtel
Bidé-de-la-
Grandville

M651

R. de Thionville

Porte
de Gand

Jardin
des
Géants

Cimetière
de l'Est

Pl. des
Archives

La Halle

7

GRUE GOUNOD

Musée des
Canonniers
sédentaires

R. du Faubourg de Roubaix

ST-MAURICE
PELLEVOISIN

d'Angleterre

8

Musée de
l'Hospice
Comtesse

17

VIEUX
LILLE

Parc Henri
Matisse

R. du Château

R. Vantroyen

N.-D.-de-
la-Treille

Porte de
Roubaix

LILLE-
EUROPE

Gare de Lille Europe

Tour de Lille

Esquermoise

R. des Arts

Bd Carnot

Lille
Flandres

R. Eugène Jacquet

Pl. Pierre
Mendès France

Pl. du
Théâtre

Opéra

Tour
Lilleurope WTC

R. de l'Alcazar

2

NOUVEAU
SIÈCLE

Grand'
Place

R. Faidherbe

Tripostal

Centre Euralille

l'Aéronef

PARC DES
DONDAINES - EURALILLE

R. la Boétie

Rihour

Vieille
Bourse

Pl. de la Gare

LILLE-
FLANDRES

M651

de l'Hôpital Militaire

Pl. Rihour

R. Pierre Mauroy

St-Maurice

R. du Molinel

R. de Tournai

Pont de
Flandres

GAND, ROUBAIX, TOURCOING

R. de Béthune

ZÉNITH
DE LILLE

N356

Mairie
de Lille

CENTRE

Av. du Président J. F. Kennedy

Bd E. Dubuisson

Lille
Grand
Palais

République-
Beaux Arts

Pl.
Richebé

FIVES

Pl. de la
République

Hermitage
Gantois

Hôtel
de ville

Noble Tour

R. de Belle Vue

PALAIS DES
BEAUX ARTS

Porte
de Paris

R. du Réduit

Lille Grand
Palais

4

Bd de la Liberté

Chapelle
du Réduit

Bd Louis XIV

Av. du Président Hoover

Pl. Philippe
Lebon

Hôtel
Elliot

6

R. Jean Bart

Musée d'histoire
naturelle de Lille

R. Camille Guérin

Gare
St-Sauveur

WAAO

R. Brûle Maison

Parc Jean-
Baptiste
Lebas

MOULINS

3

R. de Lens

R. Solférino

R. Jeanne d'Arc

R. de Maubeuge

R. de Cambrai

Caumartin

R. d'Artois

Bd Victor Hugo

Maison
Folie Moulins

FLOW

R. de Valenciennes

N356

LES TOQUÉES BY BENOÎT BERNARD

MODERNE • COSY Benoît Bernard (revenu au pays après six ans passés à l'étranger) prend ses marques dans cette maison bourgeoise des bords de la Deule et affine sa cuisine, à son image : gourmande et truculente. À la – courte – carte, on trouve une cuisine aux solides bases classiques. Une bonne adresse.

🏮 – Prix : €€€

Plan : A2-4 – *110 quai Géry-Legrand* – ☎ *03 20 92 03 21* – *lestoquees.com* – *Fermé lundi, samedi et dimanche*

L'ARBRE VOYAGEUR   *Plus*

DESIGN MODERNE Ce bâtiment des années 1960 (qui abritait autrefois le consulat de Pologne) est devenu un hôtel à la gloire du voyage. Ambiance chaleureuse, chambres charmantes et bien insonorisées...

& 🅿 🛏 🛗 ⅈO - 48 chambres – Prix : €

45 boulevard Carnot – ☎ *03 20 20 62 62*

BARRIÈRE LILLE   *Plus*

DESIGN MODERNE Dans ce grand bâtiment de verre, on peut aller au théâtre, au casino et... regagner en un clin d'œil son hôtel – l'un des derniers-nés du groupe Barrière. Espace, lumière, luxe sans ostentation, brasserie contemporaine : de très séduisantes prestations.

& 🏊 ⌂ 🎣 - 142 chambres – Prix : €

777 bis Pont de Flandres – ☎ *03 28 14 45 00*

CLARANCE   *Plus*

CLASSIQUE CONTEMPORAIN Installé dans un hôtel particulier du 18ᵉ s., cet établissement est pour le moins atypique ! L'Albatros, le Cygne, le Balcon ou le Flacon : les chambres, claires et lumineuses, ont pour thème des poèmes de Baudelaire ; la décoration a été en partie réalisée par des artistes et artisans locaux.

🏊 🅿 ⌂ 🛏 ⅈO - 19 chambres – Prix : €

32 rue de la Barre – ☎ *03 59 36 35 59*

✿ **La Table - Hôtel Clarance** - Voir la sélection des restaurants

L'HERMITAGE GANTOIS   *Plus*

CLASSIQUE CONTEMPORAIN Fondé vers 1460, cet ancien hospice est aujourd'hui un bel hôtel. Architecture pluri-centenaire, nouveau classicisme contemporain, cours et patios intérieurs... de quoi se convertir en ermite ! Le tout ne manque pas d'élégance, avec un estaminet qui cultive joliment l'esprit du Nord.

& 🏊 🅿 🛁 🛏 🚲 🛎 🌐 🐾 🛗 ⅈO - 72 chambres – Prix : €€

224 rue Pierre Mauroy – ☎ *03 20 85 30 30*

MAMA SHELTER LILLE   *Plus*

AVANT-GARDE Au départ, une brasserie lilloise, que Mama Shelter a bousculée d'une explosion arty : une avalanche de motifs pour une stimulation visuelle permanente. Dans les chambres, le poudré se mêle au béton, les motifs ethniques à un mobilier hétéroclite, le tout baigné de lumière, pour un résultat unique et vibrant signé Jalil Amor. Pour couronner le tout, un rooftop.

& 🅿 ⌂ 🍸 ⅈO - 112 chambres – Prix : €

97 place Saint-Hubert – ☎ *03 59 82 72 72*

LIMOGES

✉ 87000 – Haute-Vienne – Carte régionale n° **19**–B2

AMPHITRYON

MODERNE • **COSY** Cette jolie maison à pans de bois, au cœur du pittoresque "village" des Bouchers, est le fief du chef Olivier Polla. Il propose à ses clients une cuisine moderne tournée vers le produit, mijotée au gré de ses inspirations. Un plaisir pour les papilles.

🍽 ✿ – Prix : €€€

Plan : A2-1 – *26 rue de la Boucherie* – ℰ *05 55 33 36 39* – *www.amphitryon-limoges.fr* – *Fermé lundi et dimanche*

L'APARTÉ

CRÉATIVE • **CHIC** Originaire de la Drôme, le jeune chef articule son travail autour des légumes de la saison et des belles viandes (veau et bœuf limousin) fournies par son beau-père. Il y a de la fraîcheur et de la maîtrise dans cette cuisine, qui se déguste dans un décor plaisant – fauteuils confortables, parquet patiné... Une vraie bonne adresse.

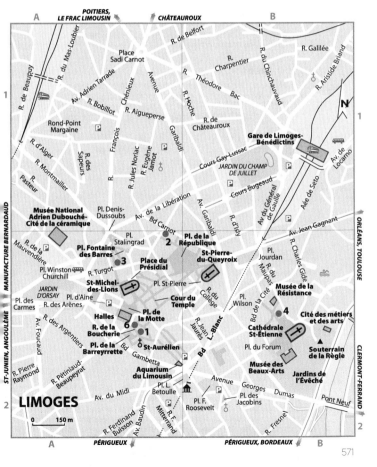

Prix : €€

Plan : A2-2 – *39 boulevard Carnot* – 𝒞 *05 87 08 25 20* – *www.laparte-limoges. fr* – *Fermé lundi et dimanche*

LA CUISINE DU CLOÎTRE

MODERNE • CONTEMPORAIN Au pied de la cathédrale, cet ancien cloître du 17 e s. a du cachet ! Au gré de son envie (menus surprises) et des saisons, le chef compose une bonne cuisine du marché. Les cuissons sont maîtrisées, les produits de qualité : une expérience sympathique.

& 🍴 ✿ – Prix : €€

Plan : B2-4 – *6 rue des Allois* – 𝒞 *05 55 10 28 29* – *www.la-cuisine-du-cloitre. fr* – *Fermé lundi et mardi, et dimanche soir*

MARTIN COMPTOIR

MODERNE • CONTEMPORAIN Non loin des halles (parfait pour les approvisionnements !), on vient profiter du travail d'un jeune chef, Martin Dumas, originaire de Limoges. Sa cuisine est bien dans l'air du temps, avec une courte carte de saison, de grosses pièces de viande à partager et l'incontournable "foie de veau en pavé épais" qu'il a appris auprès de Jean-Paul Arabian, à Paris. Petite terrasse dans la rue piétonne.

🍴 – Prix : €€

Plan : A2-6 – *13 rue Lansecot* – 𝒞 *05 55 34 25 53* – *www.martincomptoir.fr* – *Fermé lundi, mardi et dimanche*

PHILIPPE REDON

MODERNE • INTIME Vous aimez la cuisine vivante ? Vous allez être servi. Ici, on réalise des recettes qui oscillent entre bistronomie, air du temps et esprit gastronomique à l'ancienne... avec une prédilection pour les produits sur-mesure (volailles, huîtres, etc.), et même un menu végétarien. Et en prime, des conseils avisés sur le vin.

🐿 & 🅰🅲 🍴 – Prix : €€

Plan : A2-3 – *14 rue Adrien-Dubouché* – 𝒞 *05 55 79 37 50* – *restaurant-philipperedon.fr* – *Fermé lundi et dimanche*

LIMOUX

✉ 11300 – Aude – Carte régionale n° **21**–A3

ME.

MODERNE • CLASSIQUE Nouveau nom (exit Tantine et Tonton), déco modernisée, terrasse repensée... bref, tout nouveau départ pour le chef Stéphane Castaing. Il se montre ragaillardi et plus inspiré que jamais, nous emmenant d'une gambas sauvage en cru cuit, crème de laitue, gingembre-citron, à un astucieux poulpe rôti à la mélasse de grenade et baba ganoush.

🍴 ✿ – Prix : €€

1 place du Général-Leclerc – 𝒞 *04 68 31 21 95* – *grandhotelmodernepigeon.com*

LINGOLSHEIM

✉ 67380 – Bas-Rhin – Carte régionale n° **10**–B1

L'ID

MODERNE • CONTEMPORAIN Baptisé l'ID en clin d'œil aux initiales de ses chaleureux propriétaires, Isabelle et Denis Vetter, ce restaurant est niché dans une bâtisse cossue du 18ᵉ s., qui a conservé son escalier originel et grandiose. Le décor doux et contemporain voit défiler des assiettes rythmées par les saisons, entre recettes audacieuses (à l'image de ce pot au feu de la mer avec son aïoli à l'ail noir) et classiques rassurants, à l'instar du savoureux tournedos de bœuf, aligot à la tomme d'Alsace (tournedos de bœuf, aligot à la tome d'Alsace).

&. AC 🏠 ⇕ – Prix : €€

Plan : A2-1 – *11 rue du Château* – ℰ *03 88 78 40 48* – *restaurant-id.com* – *Fermé lundi et dimanche*

LA LLAGONNE
✉ 66210 – Pyrénées-Orientales – Carte régionale n° **21**–A3

LA TABLE DU CAPIL
TRADITIONNELLE • FAMILIAL Aux commandes de cette auberge, Fabrice Dubos, ancien chef de Dutournier, qui a ouvert et tenu pour lui le Pinxo, puis le Mangetout. Il réalise une partition d'aubergiste, sorte de cuisine familiale réinterprétée, à base de produits locaux. Ici, tout est garanti "maison". Chambres agréables pour l'étape.

⇜ ⩽ &. 🏠 **P** – Prix : €

Carrer de la Quillane – ℰ *04 68 04 94 48* – *www.hotel-corrieu.fr* – *Fermé lundi et mardi*

LOCHES
✉ 37600 – Indre-et-Loire – Carte régionale n° **8**–B3

🕸 ## ARBORE & SENS
Chef : Clément Dumont
MODERNE • COSY Aidé en salle par sa compagne sommelière Océane, un jeune chef originaire de la région au solide parcours, Clément Dumont, a fait de cette auberge située non loin de la citadelle royale une nouvelle adresse incontournable. Amoureux du végétal et de la saison, technicien inspiré, il signe une cuisine créative, voire audacieuse (comme cette entrée de topinambour, huître et café), qui puise son inspiration dans le terroir local, de la volaille au poisson de Loire, en passant par l'incontournable fromage de chèvre, les légumes de son propre potager, ou les herbes de sa cueilleuse, Juliette Krier. Agréable terrasse à l'ombre de la glycine.

🏠 ⇕ – Prix : €€

22 rue Balzac – ℰ *09 67 15 00 50* – *www.restaurant-arbore-et-sens.fr* – *Fermé lundi, mardi midi et dimanche soir*

LOCQUIREC
✉ 29241 – Finistère – Carte régionale n° **7**–B1

RESTAURANT DU PORT
TRADITIONNELLE • BISTRO Après une balade sur la pointe où l'on ne compte plus les jolies plages, cap sur le petit port de Locquirec ! On y prend connaissance de la pêche du jour, dos de turbot, huîtres de Sterec ou bien cette belle sole meunière que le chef, un pro passé notamment chez Michel Trama et Stéphane Carrade, a agrémenté d'un bol de pommes grenailles, de fines asperges vertes, de pois gourmands et de poivrons rouges confits. Sympathique atmosphère informelle.

&. 🏠 ⇕ – Prix : €

5 place du Port – ℰ *02 98 15 32 98* – *www.hotelduport-locquirec.fr*

LE GRAND HÔTEL DES BAINS *Plus*
CLASSIQUE CONTEMPORAIN Nostalgie, nostalgie... : c'est ici que Michel Lang tourna "L'Hôtel de la Plage". Aucun vestige des années 1970 néanmoins, plutôt un style élégant très Nouvelle-Angleterre : parquets cirés, beaux matériaux, tonalités miel, gris perle, bleu rétro... Face à la baie, spa et restaurant sont tout aussi chic.

P ⇙ 🏠 🎮 🛖 🍴 - 36 chambres – Prix : €€

15 rue de l'Église – ℰ *02 98 67 41 02*

LOCRONAN

✉ 29180 – Finistère – Carte régionale n° **7**–A2

AR MAEN HIR

TRADITIONNELLE • CONVIVIAL Pour installer sa première affaire, le jeune chef Thibaud Érard a choisi le joli village médiéval de Locronan, près de Quimper. Il semble s'épanouir en ces lieux, où il propose une cuisine traditionnelle sans sophistication inutile. Service sympathique.

&. 🎬 ⇔ – Prix : €€

15 bis rue du Prieuré – ☏ 02 56 10 18 37 – ar-maen-hir.business.site –
Fermé lundi, samedi midi, et mardi, mercredi et dimanche soir

LOIRÉ

✉ 49440 – Maine-et-Loire – Carte régionale n° **23**–B2

AUBERGE DE LA DILIGENCE

MODERNE • RUSTIQUE Vieilles pierres et terrasse : un charmant écrin pour la cuisine du chef, féru d'herbes du potager et de condiments ramenés de ses voyages en Asie. Jolie carte des vins.

🕸 &. 🎬 ⇔ – Prix : €€€

4 rue de la Libération – ☏ 02 41 94 10 04 – www.diligence.fr – Fermé lundi et
mardi, et dimanche soir

LOIRE-SUR-RHÔNE

✉ 69700 – Rhône – Carte régionale n° **2**–B2

MOUTON-BENOIT

MODERNE • CONTEMPORAIN Au bord de la route, cet établissement fondé en 1822 abritait autrefois les fourneaux des "mères" Dumas. En hiver, on y déguste la spécialité du chef : le lièvre à la royale selon la recette immortalisée par le sénateur Couteaux... il y a plus d'un siècle ! Enfin, de délicieux desserts viennent conclure ce repas.

🚗 🎬 – Prix : €€

417 rue Étienne-Flachy – ☏ 06 98 94 12 12 – www.restaurant-moutonbenoit.co –
Fermé lundi, mardi, samedi midi et dimanche soir

LOOS

✉ 59120 – Nord – Carte régionale n° **13**–C2

FÉLICIE

MODERNE • CONTEMPORAIN Dans un décor plutôt indus (béton ciré, briques, tables carrées brutes en fer dépoli et bois), une jeune équipe dynamique anime cette adresse de la banlieue lilloise. Les prix sont tout simplement canon pour une cuisine du marché de cette qualité - la félicité est bien au rendez-vous chez Félicie, oh oui !

&. 🅰🅲 – Prix : €€

78 rue du Maréchal-Foch – ☏ 03 20 48 23 85 – felicie-restaurant.com –
Fermé dimanche soir

LORGUES

✉ 83510 – Var – Carte régionale n° **24**–C3

✿ BRUNO

Chef : Benjamin Bruno

CLASSIQUE • AUBERGE Une maison doit tant à ses propriétaires... Dans ce mas provençal, l'ancienne maison de l'arrière-grand-mère des années 1920, c'est toute la générosité de la famille Bruno qui s'exhale ! Sous l'égide de Clément Bruno, géant bienveillant et truculente figure paternelle, connue pour son culte de la truffe, les deux frères, Samuel en salle et Benjamin en cuisine, poursuivent la tradition avec juste ce qu'il faut de modernité. Si le menu unique à base de truffe est toujours là (les diamants noirs changeant en fonction des saisons), les légumes sont désormais bien présents. On passe un délicieux moment, notamment grâce à un service aussi joyeux qu'attentionné.

🖐🍷⬅︎🕊🏠♻️🅿 – Prix : €€€€

2350 route des Arcs – ℰ 04 94 85 93 93 – www.restaurantbruno.com –
Fermé lundi et dimanche soir

LE JARDIN DE BERNE
❄️

Chef : Louis Rameau

MODERNE • ROMANTIQUE Un vignoble (1000 ha, excusez du peu...), un hôtel cinq étoiles et son spa, un restaurant étoilé et son potager : cette belle demeure à l'atmosphère mi-provençale, mi-toscane héberge le chef Louis Rameau, ancien second ici même. Il célèbre le terroir haut-varois grâce aux légumes, herbes et fleurs du potager, à l'huile d'olive et aux vins du domaine. Les fromages et les autres produits sont bio et locaux : le poireau « tête en l'air » avec son velours de citron et sabayon au safran, l'agneau confit en croûte de pain, kumquat et févettes, l'écorce chocolat du chef pâtissier Éric Raynal, bourré de talent. Table ouverte uniquement le soir, menus surprises (en plusieurs services).

❄️ L'engagement du chef : Le potager bio du domaine permet de fournir le restaurant en produits frais et de saison. Nous travaillons uniquement avec des producteurs locaux pour les viandes, les poissons et les légumes supplémentaires. Notre devise : du potager à l'assiette.

🏊 ♿🅰🕊♻️🅿 – Prix : €€€€

Chemin des Imberts – ℰ 04 94 60 49 79 – www.chateauberne.com –
Fermé lundi, mardi et du mercredi au dimanche à midi

LE BISTROT DE BERNE
🟤

TRADITIONNELLE • CONVIVIAL La cheffe Aurélie Liautaud assure une partition canaille et ensoleillée, à base de bons produits – en particulier les légumes du potager bio maison. Asperges du pays craquantes, merluchon rôti en croûte d'anchois, travers de porc confit : c'est frais et décomplexé, et ça s'arrose des bons vins du domaine. Le tout à prix doux !

🖐♿🕊🅿 – Prix : €€

Chemin des Imberts – ℰ 04 94 60 43 51 – www.chateauberne.com

L'ESTELLAN

DU MARCHÉ • FAMILIAL Au milieu des vignes et des oliviers, cette maisonnette séduit au premier coup d'œil grâce à son cadre bucolique et champêtre qui invite immédiatement à prendre le temps de vivre. Le couple bien dans son métier (qui y régale ses convives) le mérite amplement. Ces deux-là ont déjà une solide expérience et savent où ils vont : avec de beaux produits régionaux, ils composent une cuisine moderne et savoureuse, déclinée à travers une ardoise courte et alléchante, à l'image de carré de cochon fermier et beurre de cèpes.

♿🅰🕊🅿 – Prix : €€

1000 route de Saint-Antonin – ℰ 06 38 10 04 09 – www.estellanlorgues.com –
Fermé mardi, mercredi et dimanche

LA TABLE DU MOULIN 🆕

MODERNE • TRADITIONNEL Salade de gambas, ceviche de daurade, carré d'agneau rôti, lotte façon bourride, tarte Tatin... Derrière ses intitulés de plats, tous plus alléchants les uns que les autres, le mangeur devine un homme du métier, déterminé dans ses choix gourmands. Bingo ! Le chef et MOF Jacques Rolancy concocte en effet une réjouissante cuisine de bistrot entre les murs d'un ancien moulin (toujours frais, même en plein été). Menu ouvrier et jolie terrasse au calme.

🍷 – Prix : €€

5 rue de Climène – ☏ 04 89 53 42 20 – www.restaurant-la-table-du-moulin-lorgues.com – Fermé lundi, et mardi et dimanche soir

VIGNA

MÉDITERRANÉENNE • **CONTEMPORAIN** Au bout de belles routes sinueuses, on accède au chai ultra-moderne du château La Martinette dont la Vigna est le restaurant, conseillé par le chef Juan Arbelaez. Sur cette terrasse qui domine les vignes et un panorama d'exception, on pioche dans une carte courte de jolis plats dans l'air du temps.

🍃 & 🍷 🅿 – Prix : €€

4005 chemin de la Martinette – ☏ 04 94 73 84 93 – chateaulamartinette.com – Fermé lundi, mardi midi et dimanche soir

CHÂTEAU DE BERNE   *Plus*

DESIGN MODERNE C'est au terme d'un long chemin, serpentant à travers la garrigue, que se découvre la parenthèse bénie d'un domaine viticole de 500 ha. On partage son temps entre les chambres provençales (avec vue sur les vignes), les belles piscines intérieure et extérieure, le spa, les cours de cuisine, les dégustations de vin, les concerts...

🛁 🅿 🛏 🍴 🚲 🛜 🏊 ♨ 🛥 🏋 🍽 - 29 chambres – Prix : €€€€

Route de Salernes – ☏ 04 94 60 49 79

❀ **Le Jardin de Berne** • 🍴 **Le Bistrot de Berne** - Voir la sélection des restaurants

LORIENT

✉ 56100 – Morbihan – Carte régionale n° **7**–B2

⚛ SOURCES

Chef : Nicolas Le Tirrand

MODERNE • **CONTEMPORAIN** Deux frères originaires de Larmor-Plage, deux pros de la restauration, Nicolas et Mathieu, tiennent la barre de ce restaurant bien situé sur le Quai des Indes et dont les baies vitrées regardent le bassin à flot et les voiliers. La salle aux tons gris rehaussés par du parquet clair vibre à l'unisson de la cuisine ouverte. Dans l'assiette, une excellente cuisine au style épuré et efficace, jouant la sobriété pour mieux valoriser la qualité des ingrédients, souvent iodés - maquereau, langoustine, rouget. Farandole de saveurs, cuissons impeccables et une vraie identité bretonne. Une cuisine qui coule de source.

& 🍷 – Prix : €€€

Plan : B2-3 – *1 cours de la Bôve – ☏ 02 97 78 76 25 – www.restaurant-sources.com – Fermé lundi, dimanche et samedi midi*

😊 GARE AUX GOÛTS

ACTUELLE • **CONTEMPORAIN** Ticket gagnant pour le contrôleur en chef Vincent Seviller. Dans son adresse proche de la gare, il propose un voyage appétissant en terre bistronomique dans une salle sobre et moderne. L'homme connaît bien son métier et chaque assiette - soignée, goûteuse, équilibrée - fait mouche. Ardoise du jour au déjeuner, montée en gamme au dîner.

Prix : €

Plan : B1-6 – *26 rue Blanqui – ☏ 02 97 21 19 79 – restaurant-gare-aux-gouts.business.site – Fermé samedi et dimanche*

😊 LE TIRE BOUCHON

TRADITIONNELLE • **ÉPURÉ** Dans ce Tire Bouchon, proche de l'arsenal, on ne fait pas que déboucher des bouteilles ! Les gourmands viennent surtout ici pour se régaler d'une goûteuse cuisine de saison. Un bon moment à savourer dans une salle coquette à souhait : grande cheminée, poutres... Accueil souriant.

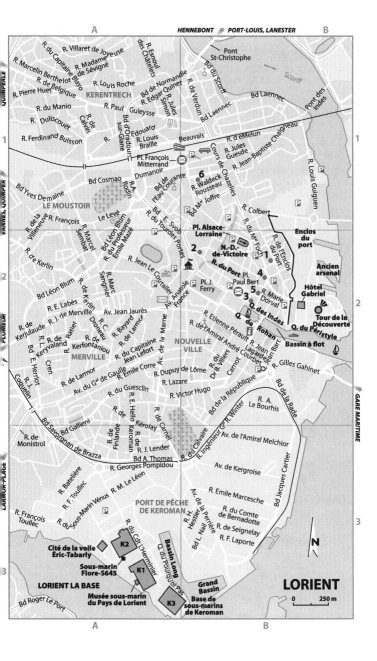

A   B

Pont
St-Christophe

Bd du Scorff

Scorff

Bd Laennec

Pont des Indes

R. Villaret de Joyeuse

R. du Capitaine Bayo

R. Marcelin Berthelot

R. de Sévigné

R. Madame

R. Esnoul des Châtels

R. Edgar Quinet

R. de Normandie

R. Louis Roche

R. Pierre Huet

R. de Belgique

R. du Manio

R. Paul Guieysse

R. Jules Simon

R. de Verdun

KERENTRECH

R. Duliscouët

R. de Calvin

R. Édouard sur-Glane

R. Louis Braille

R. Ferdinand Buisson

Bd d'Oradour

R.

R. d'Emelun

R. Jules Guesde

Beauvais

Cours de Châtelas

R. Jean-Baptiste Chaigneau

R. Louis Guiguen

Pl. François Mitterrand

Bd de l'Eau Courante

Dumanoir

6 R. Waldeck Rousseau

Bd Me Joffre

Bd Yves Demaine

Bd Cosmao

R. Colbert

LE MOUSTOIR

R. de la Villeneuve

R. François

Le Levé

Rodin

Bd Léon Blum

R. du Professeur Emile Mazé

Bd d. E. Svob

R. du Jourdes Portes

Enclos du port

R. Marcel Sembat

R. de l'Enclos du Port

R. du Me Foch

Pl. Alsace-Lorraine

Ancien arsenal

R. de Kerlin

Bd Léon Blum

R. Jean Le Coralleur

2 **N.-D.-de-Victoire**

1

4

Hôtel Gabriel

R. E. Labès

R. de Kerlin

R. Marc Sanghier

P

R. du Port

Pl. Paul Bert

5 R. Marie Dorval

R. de Kerjulaude

R.J. de Merville

R. C. Dronéau

Av. Anatole France

Pl. J. Ferry

3 Q. des Indes

Tour de la Découverte

Bd L. Keryvaland

R. C. Bayard

R. de Larmor

R. Etienne Pérault

Q. de Rohan

Bassin à flot

R.L. Batier

R. de Kerfontaniou

R. du Capitaine Jean Lefort

Av. de la Marne

R. de l'Amiral André Courbet

R. Jean Lagarde

Jean Bart

R.H. Herriot

Cren

MERVILLE

R. de Larmor

R. Emile Corre

R. Dupuy de Lôme

R. du Dr B. Villers

Carnot

R. Gilles Gahinet

Coquelin

R. de Larmor

Av. du Gal de Gaulle

R. du Guesclin

R. Lazare

R. Victor Hugo

Bd de la République

R. A. Le Bourhis

Bd de la Rade

NOUVELLE VILLE

R. de Monistrol

Bd Savignan de Brazza

Bd Gallieni

R. E. Hello

R. de Finlande

R. de Kérolay

R. du Calvaire

R. Ingénieur R. Winter

Av. de l'Amiral Melchior

R. J. Lender

Bd A. Thomas

R. Georges Pompidou

Av. de Kergroise

Bd Jacques Cartier

R. Batelière

R. F. Toullec

R. M. Le Léon

R. Emile Marceshe

R. François Toullec

R. du Sous-Marin Vénus

P

PORT DE PÊCHE DE KEROMAN

R.H. Hestier

Av. de la Perrière

R. du Comte de Bernadotte

R. de Seignelay

R. F. Laporte

Bd L. Nail

N

Cité de la voile Éric-Tabarly

K2

R. du Cdt l'Herminier

Q. du Pourquoi Pas

Bassin Long

LORIENT

0   250 m

Sous-marin Flore-S645

K1

LORIENT LA BASE

Bd Roger Le Port

Musée sous-marin du Pays de Lorient

K3

Grand Bassin

Base de sous-marins de Keroman

Prix : €€
Plan : B2-1 – *45 rue Jules-le-Grand* – ☏ *02 97 84 71 92* – *restaurantalorient. com* – *Fermé lundi, mardi et samedi midi*

LE 26-28

MODERNE • **CONTEMPORAIN** Un cadre contemporain, des cuisines ouvertes, un chef – Arthur Friess (au beau parcours étoilé) – et en salle, Charlotte, sa compagne : voilà les ingrédients de la réussite de cette table qui propose une belle cuisine actuelle, réalisée à partir de produits irréprochables – tel ce pigeon, épeautre gratiné et racines. La carte est renouvelée tous les mois.
&. 🅰🅲 ✿ – Prix : €€
Plan : B2-4 – *26-28 rue Poissonnière* – ☏ *02 97 50 29 13* – *www.le2628.com* – *Fermé lundi, dimanche et mardi midi*

L'AMPHITRYON

CRÉATIVE • **ÉPURÉ** Dans un décor design et épuré, contemporain et graphique, blanc et gris, du sol aux murs en passant par les tables, la cuisine du chef se fonde à la fois sur une technicité certaine et sur le respect des saisons. Menus surprises sans choix, composés au gré du marché et des arrivages de la marée.
🕸 🅰🅲 ✿ – Prix : €€€
Hors plan – *127 rue du Colonel-Müller* – ☏ *02 97 83 34 04* – *www.amphitryon-lorient.com* – *Fermé lundi, dimanche et mardi midi*

LOUISE

MODERNE • **ÉLÉGANT** Louise, c'était l'arrière-grand-mère du chef Julien Corderoch, qui lui a donné le goût de la cuisine : la naissance d'une vocation ! Dans un chaleureux cadre contemporain, il propose des menus surprises composés, au gré du marché, de savoureuses recettes plutôt iodées, mais aussi végétales. Le menu du déjeuner est une véritable affaire. Carte des vins à prix sage.
Prix : €€€
Plan : B2-2 – *4 rue Léo-le-Bourgo* – ☏ *02 97 84 72 12* – *www.restaurantlouise. fr* – *Fermé lundi, mardi et dimanche*

LE YACHTMAN

POISSONS ET FRUITS DE MER • **CONTEMPORAIN** Sans surprise, les produits de la mer – poissons de la criée, notamment – ont la part belle dans cette jolie adresse située non loin du port de plaisance. Simplicité et justesse sont de mise dans l'assiette ; quant à la salle, elle joue la carte de l'épure et de l'intime.
🕸 &. ✿ – Prix : €€
Plan : B2-5 – *14 rue Poissonnière* – ☏ *02 97 21 31 91* – *www.leyachtmanlorient. fr* – *Fermé lundi et dimanche*

LORMONT

✉ 33310 – Gironde – Carte régionale n° **18**–B1

⚜ LE PRINCE NOIR - VIVIEN DURAND

Chef : Vivien Durand
MODERNE • **DESIGN** Les écuries d'un château, un cube de verre et béton, une vue sur le pont d'Aquitaine et de la musique rock en fond sonore : la table détonne dans le paysage gastronomique bordelais. Mais pas autant que la cuisine de Vivien Durand, un chef qui fourmille d'idées originales et réinterprète la tradition française dans une veine gastronomique. Un pari osé, tant on semble avoir déjà tout déconstruit mais il faut admettre que son pari est réussi ! Huîtres en sauce matelote, foie gras grillé servi avec des betteraves infusées au café ou pigeon et son jus de carcasse : les saveurs sont souvent éclatantes, les produits (locaux pour l'immense majorité) sont superbement mis en valeur. Dans son travail prédomine un côté

"brut de décoffrage" attachant, qui parle à l'instinct et au cœur. Ajoutons à cela une démarche écolo sincère, on se retrouve avec une table exemplaire.

🌼 **L'engagement du chef :** Au-delà de l'exigence que nous avons à l'égard des produits que nous sélectionnons, nous supprimons au maximum les emballages à usage unique, les bouteilles en plastique et les détergents polluants, nous mettons en place un tri sélectif rigoureux (y compris les coquilles des fruits de mer) et fabriquons notre compost végétal et substrat pour nos maraîchers.

🅰️ 🍴 🅿️ – Prix : €€€€

1 rue du Prince-Noir – 𝒞 05 56 06 12 52 – www.leprincenoir-restaurant.fr –
Fermé samedi, dimanche, et mardi et mercredi à midi

LOUÉ
✉ 72540 – Sarthe – Carte régionale n° **23**–C1

RICORDEAU

MODERNE • **ÉLÉGANT** Installez-vous sur l'agréable terrasse dressée dans le parc, au bord de la Vègre, et laissez-vous tenter par la bonne cuisine gastronomique du chef. Des plats au goût du jour, sérieux et appliqués, réalisés avec de très bons produits, dont la célèbre volaille de Loué !

🛏️ ♿ 🍴 🔄 🅿️ – Prix : €€€

13 rue de la Libération – 𝒞 02 43 88 40 03 – www.hotel-ricordeau.fr/fr –
Fermé lundi et mardi, et dimanche soir

LOUGRATTE
✉ 47290 – Lot-et-Garonne – Carte régionale n° **18**–C2

LA TABLE DES SENS

MODERNE • **CONTEMPORAIN** Le chef Hervé Sauton et son associé pâtissier ont quitté Villeneuve-sur-Lot pour s'installer dans cette maison sur la route de Bergerac. Esprit de bistrot contemporain, agréable terrasse – demandez, si possible, l'une des tables avec vue sur le lac de Lougratte – et surtout, séduisante cuisine actuelle et de saison.

♿ 🅰️ 🍴 🔄 – Prix : €€

63 route de Villeneuve-sur-Lot – 𝒞 05 53 36 97 04 – www.latabledessens.com –
Fermé lundi et mardi, et dimanche soir

LOURMARIN
✉ 84160 – Vaucluse

🛏️ LE MOULIN   *Plus*

DESIGN MODERNE Dans un charmant village provençal, ce moulin à huile du 18e s. a été transformé en hôtel de luxe moderne. Le bâtiment a conservé ses caractéristiques architecturales d'origine, et ses 25 chambres et suites sont meublées de matériaux naturels et chaleureux, habillées de couleurs ensoleillées. Salle à manger pittoresque, joli patio, et un bar idéal pour un apéritif ou un dernier verre.

🅿️ ♨️ 🛁 🍴 - 27 chambres – Prix : €

Rue du Temple – 𝒞 04 90 68 06 69

LE LOUROUX
✉ 37240 – Indre-et-Loire – Carte régionale n° **8**–B3

LA TABLE DU PRIEURÉ

MODERNE • **CONVIVIAL** Un jeune chef sarthois, Pierre Drouineau, a repris cette table installée à l'entrée d'un beau prieuré fortifié. Le cadre est charmant et la cuisine aussi, des plats de saison à tarifs sages, plus ambitieux le soir et le week-end, privilégiant les produits du terroir : lentilles de Touraine, épeautre de Manthelan, fraises de Chouzé-sur-Loire...

&. 🛋 🄿 – Prix : €€

2 rue du Château – ℰ 02 47 19 26 75 – www.latableduprieure.fr – Fermé lundi, et mardi, mercredi et dimanche soir

LUC-SUR-ORBIEU
✉ 11200 – Aude – Carte régionale n° **21**–B3

LA LUCIOLE

TRADITIONNELLE • BISTRO Le chef a réalisé un rêve d'enfant en rachetant ce café sur la petite place du village. Autodidacte passionné, il concocte avec sa fille une cuisine simple et goûteuse, faisant la part belle aux produits locaux ; galettes croustillantes aux pieds de cochon, morue gratinée à l'aïoli, baba au rhum et sorbet mojito. À déguster en terrasse, à l'ombre d'un platane centenaire.

🛋 – Prix : €€

3 place de la République – ℰ 04 68 40 87 74 – www.restaurantlaluciole.fr – Fermé mercredi, dimanche et samedi midi

LUCINGES
✉ 74380 – Haute-Savoie – Carte régionale n° **4**–F1

LE BISTROT DE MADELEINE ⓝ

MODERNE • BISTRO Deux talentueux compères ont mis toutes leurs convictions vertes et gourmandes dans cette auberge de village, véritable madeleine pour les amateurs de bonnes (et saines) choses. N'hésitons pas à parler de cuisine programmatique dans ce bistrot un poil rustique : pédagogie en salle, intransigeance sur l'origine des produits en cuisine, bêtes achetées sur carcasse, maraîchage local, poissons en direct des criées, carte changée quotidiennement... Dans l'assiette ? C'est savoureux, généreux et gourmand.

🛋 – Prix : €€

67 place de l'Église – ℰ 04 50 39 64 74 – www.laubergedelucinges.fr – Fermé du lundi au mercredi

LE BONHEUR DANS LE PRÉ

MODERNE • BISTRO Dans cette vieille ferme en pleine nature, on joue à fond la carte de l'authenticité ! En cuisine, le chef compose un menu unique à partir de beaux produits locaux. Le tout bien accompagné d'un vin du coin. Dès lors, comment ne pas être convaincu que... le Bonheur est dans Le Pré ! Belle carte des vins.

⪻ 🖇 &. 🛋 🄿 – Prix : €€

2011 route de Bellevue – ℰ 04 50 43 37 77 – lebonheurdanslepre.ellohaweb. com – Fermé lundi, dimanche et du mardi au samedi à midi

LUÇON
✉ 85400 – Vendée – Carte régionale n° **23**–B3

AU FIL DES SAISONS

TRADITIONNELLE • CONTEMPORAIN Dans cette sympathique auberge de bord de route, on se sustente avec plaisir et simplicité d'une cuisine fraîche, d'inspiration traditionnelle et régionale (terrine de joue de bœuf, retour de la pêche du jour, etc). Le petit potager fournit quelques légumes et herbes aromatiques. Installez-vous dans la véranda ou le jardin... selon les saisons.

🖇 &. 🛋 ⇄ 🄿 – Prix : €€

55 route de la Roche-sur-Yon – ℰ 02 51 56 11 32 – www.aufildessaisons-vendee. com/fr – Fermé lundi et dimanche, et vendredi soir

LUMIO – Haute-Corse (2B) ➜ Voir Corse

LUNEL

✉ 34400 – Hérault – Carte régionale n° **21**–C2

LE BISTROT DE CARO

MODERNE • BISTRO Dans ce joli bistrot de centre-ville, accueil chaleureux et recettes du marché vont main dans la main, à l'image des propriétaires. Autour d'un menu unique, la cheffe autodidacte, régale avec des produits de saison et de proximité, qu'elle travaille avec soin et touches de créativité bien senties. Elle réalise également la charcuterie, grâce aux leçons reçues de son père boucher-charcutier... Un coup de cœur.

&. 🅰 🛋 – Prix : €€

129 cours Gabriel-Péri – ℰ 04 67 15 14 55 – lebistrotdecaro.fr – Fermé mercredi, samedi midi, et lundi, mardi et dimanche soir

LUNÉVILLE

✉ 54300 – Meurthe-et-Moselle – Carte régionale n° **12**–C2

❀ CHÂTEAU D'ADOMÉNIL

Chef : Cyril Leclerc

MODERNE • CLASSIQUE Au cœur de la campagne de Lunéville, ce charmant petit château classique se prélasse dans son parc boisé. On traverse une enfilade solennelle de salles au cachet historique intact, avec boiseries anciennes, parquets et cheminées... La salle à manger s'ouvre, elle, sur le parc. Quelques subtiles touches baroques et contemporaines viennent égayer ce décor de rêve qui est à l'unisson de la cuisine du chef, une cuisine traditionnelle, rehaussée de touches actuelles. Ancien pâtissier, Cyril Leclerc, lorrain talentueux et discret, aime les beaux produits. Il les traite avec respect comme en témoignent la justesse de ses cuissons et de ses saveurs. Célébrée par son épouse experte qui veille en salle, la carte des vins n'est pas en reste...

❀ 🖨 🅰 ✿ 🅿 – Prix : €€€€

7 route Mathieu-de-la-Haye - Adoménil-Rehainviller – ℰ 03 83 74 04 81 – www.adomenil.com – Fermé du lundi au mercredi, jeudi et vendredi à midi , et dimanche soir

🛏 CHÂTEAU D'ADOMÉNIL   *Plus*

ÉLÉGANCE TRADITIONNELLE On a forcément une bonne raison de loger dans cette belle demeure du 18ᵉ s., que ce soit pour son parc boisé, ses chambres bourgeoises ou son cachet historique indéniable. Et deux raisons de goûter aux cartes des deux restaurants !

🅿 🕹 🖨 🔟 🍽 - 14 chambres – Prix : €€

7 route Mathieu de la Haye – ℰ 03 83 74 04 81

❀ **Château d'Adoménil** - Voir la sélection des restaurants

LUZY

✉ 58170 – Nièvre – Carte régionale n° **5**–B3

LA TABLE DE JÉRÔME

MODERNE • CONTEMPORAIN Dans les murs de l'ancien Hôtel du Centre, le chef Jérôme Raymond propose une cuisine moderne et inventive qui fait la part belle au terroir du Morvan. Le bœuf charolais y est roi ! Belle carte des vins de 500 références, bien sûr majoritairement bourguignonnes, et confortables chambres pour prolonger l'étape.

❀ ⇆& – Prix : €€

Hôtel du Morvan, 26 rue de la République – ℰ 03 86 30 00 66 – www.hotelrestaurantdumorvan.fr/fr – Fermé lundi, mardi midi et dimanche soir

LYON

Lyon est-elle, comme le claironna un critique gastronomique en 1935, la "capitale mondiale de la gastronomie" ? Une chose est sûre : ici, l'art de bien manger est une affaire sérieuse. C'est une histoire multi-centenaire, celle des bouchons, avec leurs spécialités passées à la postérité – saucisson truffé ou pistaché, cervelle de canut, quenelles de brochet, bugnes et cardons à la moelle –, celle des Mères Lyonnaises, ces cuisinières d'exception qui ont enchanté les palais rhodaniens jusqu'à l'entre-deux-guerres, c'est aussi celle des vins de la région, beaujolais ou crozes-hermitage... ou ces coteaux-du-lyonnais, longtemps restés dans l'ombre, qui reprennent des couleurs dans une veine bio et nature.

De fait, Lyon ne se repose pas sur ses glorieux lauriers. Dans le 6e, sur la rive gauche, fleurissent les bistrots sans prise de tête (Agastache, Bistrot B, Sauf Imprévu), à la mode parisienne, tandis que la naturalité poursuit sa percée (Rustique, La Mutinerie). Tradition et créativité se partagent la vedette d'un quartier à l'autre ; la cuisine ethnique fait même son apparition çà et là dans la cité, à l'image de l'étonnante partition latino-américaine d'Andres Sandoval, le chef vénézuélien de Canaima, ou de l'inoubliable voyage péruvien promis par Carlos Camino (Miraflores).

LA SÉLECTION DU GUIDE MICHELIN

N   Nouvelle distinction cette année !
❉   Engagé pour une gastronomie durable

LES TABLES ÉTOILÉES

❉ ❉

Une cuisine d'exception. Vaut le détour !

❉

Une cuisine d'une grande finesse. Vaut l'étape !

LES BIB GOURMAND
Nos meilleurs rapports qualité-prix

LYON

LES TABLES PAR TYPE DE CUISINE

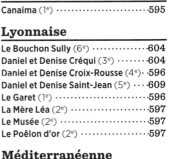

LYON

RESTAURANTS À MOINS DE 35 €

TABLES EN TERRASSE

LYON

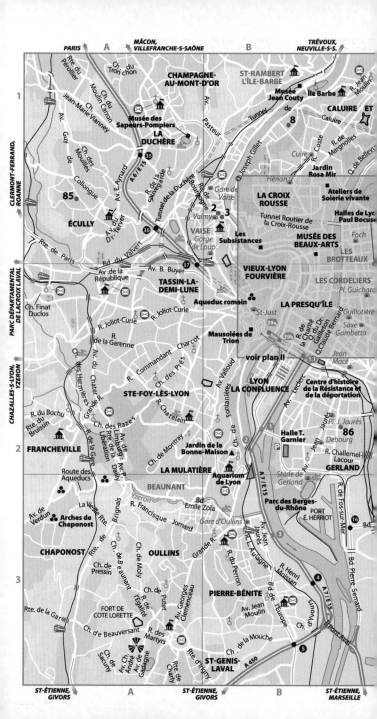

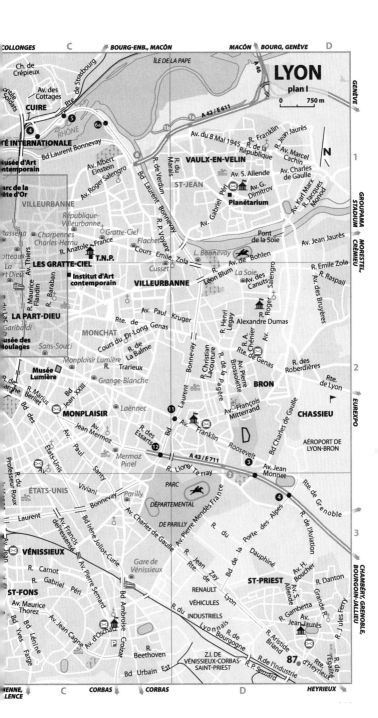

LYON

plan I

0   750 m

N

COLLONGES   C   BOURG-ENB., MÂCON   MÂCON   BOURG, GENÈVE   D

GENÈVE

Ch. de Crépieux
Av. des Cottages
ÎLE DE LA PAPE
A 46

CUIRE
RHÔNE
A 42 / E 611

TÉ INTERNATIONALE
Bd Laurent Bonnevay

Musée d'Art ontemporain

Av. du 8 Mai 1945
R. Franklin
R. de la République
R. Jean Jaurès
Av. Marcel Cachin

VAULX-EN-VELIN
ST-JEAN
Av. S. Allende
Av. G. Dimitrov
Av. Charles de Gaulle

VILLEURBANNE
Av. Albert Einstein
Av. Roger Salengro

Planétarium

Av. Gabriel Péri

Parc de la ête d'Or

Massena
Charpennes Charles-Hernu
République-Villeurbanne
Gratte-Ciel
R. Anatole France
Flachet
Cours Emile Zola
Cusset

GROUPAMA STADIUM

otteux
La rt Dieu

R. Thiers

LES GRATTE-CIEL
T.N.P.
Léon Blum
L. Bonnevay
Av. de Bohlen
R. Emile Zola

MORESTEL, CRÉMIEU

LA PART-DIEU
Garibaldi

Institut d'Art contemporain
VILLEURBANNE

La Soie
Av. des Canuts
R. Roger Salengro
R. Raspail
Av. des Bruyères

R. Maurice Flandin
R. Baraban

usée des oulages
Sans-Souci

Av. Paul Kruger
Rte. de Genas
R. Henri Legay
Alexandre Dumas
R. A. Chénier
Rte. de Genas

R. Marius Berliet
Musée Lumière
arghe

MONCHAT
Cours du Dr-Long
R. de La Balme
Monplaisir Lumière
R. Trarieux
Grange-Blanche

Bonnevay
R. Christian Lacouture
Av. Pierre Brossolette
R. de la Pagère

BRON

R. des Roberdières
Rte. de Lyon

EUREXPO

Bd Jean XXIII
Bd des
MONPLAISIR
Laënnec

Av. François Mitterrand

CHASSIEU

Av. Jean Mermoz
Av. Paul
R. des Essarts
Mermoz Pinel
Santy
A 43 / E 711
R. Lionel Terray

Av. Franklin
Roosevelt
Bd Charles de Gaulle

AÉROPORT DE LYON-BRON

ÉTATS-UNIS
R. du Professeur Roux
Av.
Viviani
Bonnevay
Parilly
Av. Francs dépensens

PARC DÉPARTEMENTAL
DE PARILLY

Av. Jean Monnet
Rte. de Grenoble

CHAMBÉRY, GRENOBLE, BOURGOIN-JALLIEU

Laurent
Av. Jean
VÉNISSIEUX
R. Carnot
R. Gabriel Péri

Av. Charles de Gaulle
Av. Pierre Mendès France
R. Jean Zay
Rte. de
Gare de Vénissieux

Bd de la Porte des Alpes
R. du Dauphiné

Av. H. Boucher
R. Danton

ST-PRIEST

ST-FONS
Av. Maurice Thorez
Av. Jean Cagne
Bd Lénine
Bd Yves Farge
Av. d'Oschatz
R. Beethoven

Av. Pierre Sémard
Bd Ambroise Croizat

RENAULT VÉHICULES INDUSTRIELS

R. du Lyonnais
R. de Bourgogne

Av. Gambetta
Av. S. Allende
Grande R.
Av. Jean Jaurès
R. Aristide Briand

R. Danton
87.

Av. H. Boucher

R. de l'Industrie
R. P. Sémard
Rte. d'Heyrieux
R. de l'Égalité
R. des Ferry

Z.I. DE VÉNISSIEUX-CORBAS-SAINT-PRIEST
Bd Urbain Est

IENNE, LENCE   C   CORBAS   CORBAS   D   HEYRIEUX

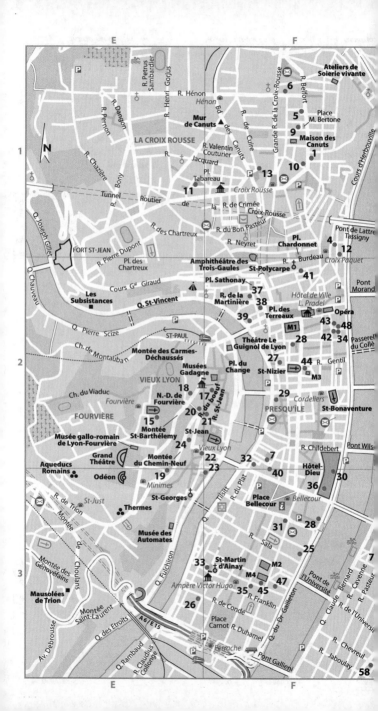

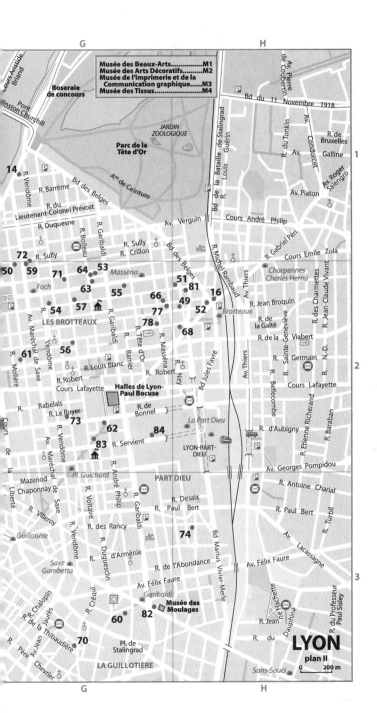

G   **H**

Roseraie
de concours

Musée des Beaux-Arts..............................M1
Musée des Arts Décoratifs.....................M2
Musée de l'imprimerie et de la
Communication graphique.................M3
Musée des Tissus.......................................M4

Pont Winston Churchill
Louis Aristide Briand
Av. Pierre de Coubertin
Bd du 11 Novembre 1918

JARDIN
ZOOLOGIQUE

Parc de la
Tête d'Or

Av. du Tonkin
Av. Condorcet
R. de Bruxelles
R. Galline

14
R. Vendôme
R. Barrème
Bd des Belges
A^ue de Ceinture
Bd de la Bataille de Stalingrad
R. Louis Guérin

Av. Piaton
Av. Roger Salengro

R. du
Lieutenant-Colonel Prévost
R. Duquesne

Av. Verguin
Cours André Philip

1

R. Boileau
R. Garibaldi
R. Sully
R. Crillon
Bd des Belges
R. Michel Rambaud

Cours Emile Zola
R. Gabriel Péri

72 R. Sully
50 **59** **71** **64** **53** Masséna
Foch **63**
55
54 **57**
LES BROTTEAUX
R. Garibaldi
R. Tête d'Or

Av. Thiers
Charpennes
Cheles Hernu
R. des Charmettes
R. Jean-Claude Vivant

51
66 **81**
49 **16**
77 **52** Brotteaux
R. Jean Broquin
R. de la Gaîté

78
68
R. de la Viabert
Sainte-Geneviève

2
Av. Maréchal de Saxe
61
56
Vendôme
R. Molière
R. Louis Blanc
R. Barrier
R. Robert
R. Masséna
R. Ney
Bd Jules Favre

R. Germain
N.-D.

Cours Lafayette
R. Robert

Bellecombe
Cours Lafayette
R. Étienne Richerand
R. Baraban

Cours Lafayette
R. Rabelais
R. Le Royer
73
62
83 R. Servient
Halles de Lyon-
Paul Bocuse
R. de
Bonnel
84
La Part Dieu
LYON-PART-
DIEU
R. d'Aubigny

Mazenod
Chaponnay
Av. Maréchal de Saxe
R. Villeroy
Guillotière
R. Vendôme
Pl. Guichard
R. André Philip
PART DIEU

Av. Georges Pompidou
R. Antoine Charial
R. Paul Bert
R. Turbil

R. des Rancy
R. Desaix
R. Paul Bert

Saxe
Gambetta
R. Voltaire
R. Garibaldi
R. d'Arménie
74
R. de l'Abondance
Bd Marius Vivier-Merle
Av. Lacassagne
Av. Félix Faure

3
Cours de la Liberté
R. Duguesclin
Av. Félix Faure
Garibaldi
Musée des
Moulages
R. Jean Hachette
Av. Dauphiné
R. du Professeur Paul Sisley

R. Chalopin
R. de la Thibaudière
Av. Jean Jaurès
R. Crequi
60 **82**
R. Jean
R. du

70
Pl. de
Stalingrad
LA GUILLOTIÈRE
Sans-Souci

R. Père Chevrier

LYON
plan II
0   200 m

G   **H**

LYON

⊠ 69000 – Rhône – Carte régionale n° **2**–B1

Lyon, ce sont d'abord les "bouchons", ces chaleureux estaminets des vieux quartiers, où l'on vient déguster les vins régionaux et la cuisine locale (tablier de sapeur, saucisson truffé ou pistaché, cervelle de canut, quenelles de brochet, bugnes, cardons à la moelle, volaille de Bresse...) dans une ambiance typiquement lyonnaise. C'est aussi, plus généralement, une offre pléthorique de bons restaurants, qui fait dire aux connaisseurs qu'il est presque impossible de mal manger dans la capitale des Gaules.

Presqu'Île • Croix-Rousse

1ᵉʳ - 2ᵉ - 4ᵉ ARRONDISSEMENTS

✿✿ MÈRE BRAZIER

Chef : Mathieu Viannay

CLASSIQUE • ÉLÉGANT Eugénie Brazier (1895-1977), cheffe d'exception et inspiratrice de tout un pan de la cuisine française, obtint trois étoiles dans deux établissements différents. C'est dans son adresse lyonnaise, rue Royale, que Mathieu Viannay donne sa propre lecture du "mythe" Brazier. Dans un magnifique décor hybride, où les vitraux et moulures 1930 rencontrent des fauteuils Tulipe Saarinen (il fallait oser !), le chef rend un vibrant hommage aux incontournables des lieux (volaille de Bresse demi-deuil aux truffes, pain de brochet croustillant, renversant soufflé au Grand Marnier) en y insufflant son talent et son inspiration. Ne manquez pas le menu déjeuner, sans doute le meilleur rapport qualité-prix de la maison. Au dessert, le pâtissier Rodolphe Tronc, passé notamment chez Pierre Gagnaire, séduit par sa technique remarquable et son sens du détail, notamment sur son omelette norvégienne, délicieusement rétro.

🕸 Ⓜ ⇄ 🍽 – Prix : €€€€

Plan : F1-4 – *12 rue Royale* – Ⓜ *Hôtel de Ville* – ☎ *04 78 23 17 20* – *www. lamerebrazier.fr – Fermé samedi et dimanche*

✿ PRAIRIAL

Chef : Gaëtan Gentil

MODERNE • ÉPURÉ Prairial : relatif aux prairies, selon le dictionnaire. Tout un programme, décoratif et culinaire, pour ce restaurant de la Presqu'île, entre la place Bellecour et les Terreaux. Le décor, tout d'abord : ambiance scandinave avec bois blond, pierres brutes, murs végétalisés... Gaëtan Gentil, ancien de l'Agapé

Substance (Paris), célèbre toutes les dimensions de la prairie : fruits, herbes et légumes, bien sûr, mais aussi bétail et poissons issus des lacs et rivières de la région. En témoigne ce veau de lait fumé au genévrier et sa purée panais-citron... Une cuisine de l'instant, résolument créative, tout en légèreté et en saveurs.

✿ L'engagement du chef : En plus des légumes que nous cultivons en permaculture, nous employons des produits locaux issus de petites exploitations responsables. Nous ne cuisinons plus que des poissons sauvages, pêchés durablement, et notre carte des vins est exclusivement composée de vins naturels. Enfin, nous limitons au maximum l'emploi de plastique.

🅰🅲 – Prix : €€€

Plan : F2-27 – *11 rue Chavanne* – 🚇 *Cordeliers* – ✆ *04 78 27 86 93* – *www. prairial-restaurant.fr* – *Fermé lundi, dimanche et du mardi au jeudi à midi*

✿ RUSTIQUE

Chef : Maxime Laurenson

CRÉATIVE • **CONVIVIAL** Un vent d'audace souffle sur le restaurant de Maxime Laurenson. Les assiettes, précises et lisibles, donnent à voir les produits dans leur simplicité, avec toujours une importance accordée au végétal et une démarche locavore poussée. Dans l'assiette, le menu unique sans choix se décline en une dizaine de séquences, composé avec le meilleur de la grande région, de l'Auvergne aux Alpes. On déguste le tout dans un décor inspiré de la nature, et une ambiance conviviale. Une adresse "naturalité" qui fait fureur à Lyon.

♿ – Prix : €€€

Plan : E3-26 – *14 rue d'Enghien* – 🚇 *Ampère* – ✆ *04 72 13 80 81* – *www. rustiquelyon.fr* – *Fermé samedi, dimanche et du lundi au vendredi à midi*

😊 ALEBRIJE Ⓝ

MEXICAINE • **COLORÉ** La jeune cheffe mexicaine Carla Kirsch, originaire de Veracruz, a posé ses valises dans le quartier de la Croix-Rousse après une formation à l'Institut Paul Bocuse et de belles expériences ici et là (notamment chez Troisgros). Du décor à l'assiette, le ton est donné : inspiration mexicaine (présence du maïs en entrée et au dessert, piments...) et produits locaux de saison se métissent avec jubilation dans un cadre qui associe vieilles poutres et touches de couleur. Nouveau menu chaque mois, quelques vins mexicains, ainsi qu'un choix de tequilas et de mezcals.

Prix : €€

Plan : F1-1 – *2 rue Belfort* – 🚇 *Croix-Rousse* – ✆ *04 72 00 03 02* – *alebrijelyon. fr* – *Fermé lundi, dimanche et du mardi au samedi à midi*

AROMATIC

MODERNE • **CONTEMPORAIN** À la Croix-Rousse, les complices Frédéric Taghavi et Pierre Julien Gay proposent des recettes modernes et inventives, avec des influences du monde entier : sauce chimichurri avec du thon albacore ; gravlax de saumon ; risotto printanier aux asperges vertes et petits pois, ou encore bœuf Simmental mariné façon thaïe avec noix de cajou et coriandre...

♿ 🅰🅲 ✿ – Prix : €€

Plan : F1-9 – *15 rue du Chariot-d'Or* – 🚇 *Croix-Rousse* – ✆ *04 78 23 73 61* – *aromaticrestaurant.fr* – *Fermé lundi et dimanche*

L'ARTICHAUT

MODERNE • **CHIC** Nichée dans un ancien presbytère transformé en charmant hôtel, cette table au délicieux cadre cosy propose une goûteuse cuisine actuelle (poulpe et soubressade, jus de coquillages et citron Meyer ; lotte, sucs de roche, fenouil safrané et moules...), réalisée avec justesse par le chef Clément Lopez.

♿ 🅰🅲 – Prix : €€

Plan : F3-33 – *L'Abbaye, 20 rue de l'Abbaye-d'Ainay* – 🚇 *Ampère-Victor-Hugo* – ✆ *04 78 05 69 02* – *hotelabbayelyon.com/restaurant-cafe* – *Fermé lundi et dimanche*

LYON

ARVINE

MODERNE • TENDANCE Ça bouge à la Martinière ! Dans cette rue proche de la place Sathonay bien dotée en adresses tendance, le repaire bistronomique de Benjamin Capelier (ex-Curnonsky) est un clin d'œil au fameux cépage valaisan qu'il affectionne. Il réalise une cuisine de saison contemporaine et tonique, assortie d'une jolie carte de vins en bio et biodynamie.

🕸 – Prix : €€

Plan : F2-37 – 6 rue Hippolyte-Flandrin – Ⓜ Hôtel de Ville – ℰ 04 78 28 32 26 – arvine-restaurant.fr – Fermé lundi, dimanche et du mardi au samedi à midi

L'ATELIER DES AUGUSTINS

MODERNE • CONTEMPORAIN Passé par de belles maisons et ancien chef des ambassades de France à Londres et à Bamako, Nicolas Guilloton a quitté les ors protocolaires pour créer cet Atelier, aménagé façon mini-loft avec beau plafond à la française et pierres apparentes. Ici, la cuisine reste une affaire capitale : le chef signe de jolies recettes, colorées et pleines de parfum, d'une modernité assumée. Menu surprise unique midi et soir en plusieurs déclinaisons (de 3, 4 ou 6 assiettes).

🕸 Ⓜ – Prix : €€€

Plan : F2-38 – 11 rue des Augustins – Ⓜ Hôtel de Ville – ℰ 04 72 00 88 01 – latelierdesaugustins.com/fr – Fermé lundi, dimanche et samedi midi

LE BISTROT DES VORACES

TRADITIONNELLE • BISTRO Êtes-vous simplement gourmand... ou franchement vorace ? Dans tous les cas, ce bistrot de quartier de la Croix-Rousse saura vous combler : son patron, Cédric Blin, s'est lancé ici en solo après avoir notamment fait ses classes aux Crayères, à Reims. Menu-carte à prix raisonnable.

🕯 – Prix : €

Plan : F1-10 – 13 rue d'Austerlitz – Ⓜ Croix-Rousse – ℰ 04 72 07 71 86 – www.bistrotdesvoraces.com – Fermé lundi et mardi

LES BOULISTES

TRADITIONNELLE • BISTRO Sur le plateau de la Croix-Rousse, ce restaurant situé sur une place (haut lieu de la pétanque... d'où le nom !) propose une cuisine traditionnelle et authentique à prix doux, dont de nombreuses cocottes (cassolette d'escargots). A déguster dans un cadre bistrot, ou sur la terrasse, installée dès les beaux jours et prise d'assaut, l'été venu !

🕯 – Prix : €

Plan : E1-11 – 9 place Tabareau – Ⓜ Croix-Rousse – ℰ 04 78 28 44 13 – www.lesboulistes.fr – Fermé lundi et dimanche, et mercredi soir

BRASSERIE LE SUD

MÉDITERRANÉENNE • BRASSERIE Il y a quelque chose de l'élégance grecque dans le décor blanc et bleu de cette brasserie Bocuse située à deux pas de la place Bellecour. Ce n'est pas un hasard : ici, c'est le Sud – pastilla de volaille cannelle et coriandre ; souris d'agneau en couscous ; morue fraîche en aïoli... Et ça l'est plus encore en été, en terrasse.

& Ⓜ 🕯 ☼ – Prix : €€

Plan : F2-28 – 11 place Antonin-Poncet – Ⓜ Bellecour – ℰ 04 72 77 80 00 – www.brasseries-bocuse.com

BURGUNDY BY MATTHIEU

MODERNE • CONTEMPORAIN Les meilleurs crus bourguignons sont ici chez eux dans cette maison ancienne des quais de Saône au décor contemporain. Leur porte-parole s'appelle Matthieu Girardon, ancien second à la Bouitte. Il se fournit auprès des meilleurs producteurs et sert une jolie cuisine moderne à l'image de cet omble chevalier juste nacré, émulsion de fumet. Accords mets et vins.

🕸 Ⓜ – Prix : €€€

Plan : F2-29 – 24 quai Saint-Antoine – Ⓜ Cordeliers – ℰ 04 72 04 04 51 – www.burgundybym.fr – Fermé mardi et mercredi

CAFÉ TERROIR

DU TERROIR • CONVIVIAL Dénicher les bons produits de la région et en faire des assiettes gourmandes : tel est le credo des deux patrons de ce Café Terroir, installé près du théâtre des Célestins. Les classiques maison : terrine de maman, saucisson pistaché rôti et sauce vin rouge, gâteau lyonnais. Belle sélection de vins, du Rhône mais pas que...

袋 🄐 🏠 – Prix : €

Plan : F2-40 – *14 rue d'Amboise* – **Ⓜ** *Bellecour* – *𝒞 09 53 36 08 11* – *www. cafeterroir.fr* – *Fermé samedi et dimanche midi*

CANAIMA

LATINO-AMÉRICAINE • TENDANCE Ce petit restaurant au cadre tendance, ouvert seulement le soir et tenu par un couple charmant, propose une cuisine latino-américaine tournée vers la mer et mâtinée d'influences françaises. Le chef vénézuélien, ancien de l'Institut Paul Bocuse, réalise des assiettes pétillantes, pleines de couleurs et de saveurs. Service tout sourire, vins chilien et argentin.

🄐 – Prix : €

Plan : F2-41 – *24 rue René-Leynaud* – **Ⓜ** *Croix-Paquet* – *𝒞 09 87 05 87 25* – *www.restaurantcanaima.fr* – *Fermé lundi, dimanche et du mardi au vendredi à midi*

LE CANUT ET LES GONES

MODERNE • BISTRO Une ambiance unique, entre bistrot et brocante – bar en formica, parquet au sol, tapisserie vintage, collection d'horloges anciennes aux murs –, une cuisine moderne et bien rythmée par les saisons, une carte des vins garnie de plus de 300 références... Dans un coin peu fréquenté de la Croix-Rousse, une adresse à découvrir absolument.

袋 – Prix : €€

Plan : F1-5 – *29 rue Belfort* – **Ⓜ** *Croix-Rousse* – *𝒞 04 78 29 17 23* – *lecanutetlesgones.com* – *Fermé lundi et dimanche*

CERCLE ROUGE

FUSION • BISTRO Cette petite façade vitrée, sise dans une rue animée proche de l'Opéra, dissimule un jeune bistrot, proposant une cuisine fusion aux influences asiatiques, sud-américaines, britanniques... à la belle maîtrise technique. Atmosphère très conviviale.

Prix : €€

Plan : F2-42 – *36 rue de l'Arbre-Sec* – **Ⓜ** *Hôtel de Ville* – *𝒞 04 78 28 41 98* – *cercle-rouge.fr* – *Fermé lundi et dimanche*

CINQ MAINS

MODERNE • BISTRO Dans ce quartier très touristique en bord de Saône, cette maison en pierre apparente est le fief de Grégory Cuilleron, entouré de son frère et d'un ami. La cuisine penche nettement du côté bistronomique et moderne, et s'accompagne d'une sélection de petits vins bien choisis – la passion des trois associés.

🏠 – Prix : €€

Plan : F2-23 – *12 rue Monseigneur-Lavarenne* – **Ⓜ** *Vieux Lyon* – *𝒞 04 37 57 30 52* – *www.cinqmains.fr/fr* – *Fermé lundi et dimanche*

LE COCHON QUI BOIT

MODERNE • BISTRO Deux anciens collègues du restaurant étoilé Christian Têtedoie ont troqué l'ourson contre le cochon (bête qu'ils travaillent d'ailleurs avec gourmandise à l'image de ce pressé d'effiloché de porc fermier des monts Lagast, gnocchis à la sauge et blettes sautées). On l'aura compris, dans ce bistrot convivial, on fait la part belle aux produits locaux bien sourcés et cuisinés avec justesse, arrosé de crus locaux (mais pas seulement).

🄐 – Prix : €€

Plan : F1-12 – *23 rue Royale* – **Ⓜ** *Opéra* – *𝒞 04 78 27 23 37* – *www. lecochonquiboit.fr* – *Fermé lundi et dimanche*

LYON

CULINA HORTUS

VÉGÉTARIENNE • CONTEMPORAIN Ce restaurant végétarien propose une cuisine travaillée, volontiers créative, au gré d'un menu dégustation (sans choix) composé au fil des saisons. On accompagne le tout d'une courte carte de vins bio et biodynamiques, dont on profite dans un décor cosy et contemporain - bois, béton, pisé.

🐝 ♿ 🅰️ – Prix : €€€

Plan : F2-34 – *38 rue de l'Arbre-Sec* – Ⓜ *Hôtel de Ville* – 𝒞 *04 69 84 71 08* – *www.culinahortus.com* – *Fermé lundi et dimanche*

DANIEL ET DENISE CROIX-ROUSSE

LYONNAISE • BOUCHON LYONNAIS Ce Daniel et Denise Croix-Rousse – le troisième du genre, après la rue de Créqui et le quartier St-Jean – rencontre le même succès que ses grands frères. Pour se rassasier d'une cuisine lyonnaise roborative, dans un décor de bouchon à l'ancienne.

♿ 🅰️ 🍽️ – Prix : €€

Plan : F1-13 – *8 rue de Cuire* – Ⓜ *Croix-Rousse* – 𝒞 *04 78 28 27 44* – *danieletdenise.fr* – *Fermé lundi et dimanche*

EPONA

MODERNE • CONTEMPORAIN Hôpital pendant huit siècles, l'ancien Hôtel-Dieu a conservé tout son caractère historique. Le restaurant Epona y propose des spécialités régionales piquées de modernité, à déguster dans un beau cadre, façon brasserie de luxe. Et aux beaux jours, l'équipe vous accueille dans une superbe cour-jardin...

♿ 🅰️ 🍽️ – Prix : €€

Plan : F3-30 – *InterContinental Lyon - Hotel Dieu, 20 quai Jules-Courmont* – Ⓜ *Bellecour* – 𝒞 *04 26 99 24 24* – *lyon.intercontinental.com/le-restaurant-epona*

L'ÉTABLI

MODERNE • CONTEMPORAIN Un vrai coup de cœur que ce restaurant emmené par un ancien de chez Christian Têtedoie. Menu déjeuner au bon rapport qualité-prix, plats dans l'air du temps et de saison (merlu, asperge, fenouil, framboise fumée), on se régale d'un bout à l'autre du repas. Pour ne rien gâcher, le service est attentionné.

🅰️ – Prix : €€€

Plan : F3-35 – *22 rue des Remparts-d'Ainay* – Ⓜ *Ampère Victor Hugo* – 𝒞 *04 78 37 49 83* – *www.letabli-restaurant.fr* – *Fermé samedi et dimanche*

LE GARET

LYONNAISE • BOUCHON LYONNAIS Une véritable institution bien connue des amateurs de cuisine lyonnaise : tête de veau, tripes, quenelles ou andouillettes se dégustent en toute convivialité dans un cadre exemplaire du genre. Le tout est complété par une ardoise du jour avec des plats du marché, aux prix raisonnables.

🅰️ ♿ – Prix : €

Plan : F2-43 – *7 rue du Garet* – Ⓜ *Hôtel de Ville* – 𝒞 *04 78 28 16 94* – *Fermé samedi et dimanche*

LE GRAND RÉFECTOIRE

MODERNE • BRASSERIE Au sein de l'Hôtel-Dieu, sous les voûtes séculaires de l'ancien réfectoire des sœurs, cette immense brasserie propose une carte signée Marcel Ravin, le chef doublement étoilé du Blue Bay à Monaco. On déguste une cuisine actuelle aux touches exotiques, avec des influences antillaises. Délicieux bar feutré à l'étage (L'Officine) et plaisante terrasse dans la cour intérieure.

♿ 🍽️ – Prix : €€

Plan : F2-36 – *3 cour Saint-Henri, Grand Hôtel-Dieu* – Ⓜ *Bellecour* – 𝒞 *04 72 41 84 96* – *legrandrefectoire.com* – *Fermé lundi et dimanche*

L'INSTITUT

MODERNE • **CONTEMPORAIN** Place Bellecour, le restaurant d'application de l'Institut Paul-Bocuse n'a rien d'une école ! Dans un décor très contemporain signé Pierre-Yves Rochon, avec des cuisines ouvertes sur la salle, les élèves délivrent une prestation exigeante. Les assiettes, fort bien maîtrisées, méritent une bonne note. Pourquoi ne pas prolonger votre séjour lyonnais dans l'hôtel d'application lui-même, le Royal ?

&. 🄰 ⇄ – Prix : €€€

Plan : F3-31 – *Le Royal, 20 place Bellecour* – Ⓜ *Bellecour* – 𝒞 *04 28 31 70 84* – *www.linstitut-restaurant.fr* – *Fermé samedi et dimanche*

LÉON DE LYON

TRADITIONNELLE • **CHIC** Cette institution lyonnaise, fondée en 1904, est toujours menée tambour battant. Joli cadre restauré (parquet, vitraux, banquettes en velours...), cuisine classique revisitée autour de beaux produits : pâté en croûte grande tradition au foie gras, pain de brochet sauce homardine, volaille de Bresse aux morilles, crêpes Suzette...

⅋ &. 🄰 🍽 ⇄ – Prix : €€€€

Plan : F2-28 – *1 rue Pléney* – Ⓜ *Hôtel de Ville* – 𝒞 *04 72 10 11 12* – *www. leondelyon.com/fr* – *Fermé lundi et dimanche*

LA MÈRE LÉA

LYONNAISE • **BOUCHON LYONNAIS** Cette véritable institution locale s'est agrandie sur les quais et bénéficie désormais de plus d'espace et d'une jolie vue sur Fourvière et St-Jean. Les spécialités lyonnaises sont toujours en bonne place, avec deux menus au bon rapport qualité-prix et une carte bien ficelée.

🄰 ⇄ – Prix : €

Plan : F2-32 – *11 place Antonin-Gourju* – Ⓜ *Bellecour* – 𝒞 *04 78 42 01 33* – *lamerelea.com* – *Fermé lundi et dimanche*

MONSIEUR P

MODERNE • **COSY** Monsieur P a eu l'audace de prendre ses quartiers de gourmandise dans un lieu mythique de la place des Célestins (jadis hôtel de passe, puis le célèbre Francotte). Installé sur deux étages, l'établissement vous accueille dans plusieurs petites salles à manger bourgeoises, cosy et confortables. Côté assiette, une cuisine de produits franche et goûteuse. Le service est impeccable. Coup de cœur assuré !

⇄ – Prix : €€€

Plan : F2-7 – *8 place des Célestins* – Ⓜ *Bellecour* – 𝒞 *04 81 18 70 24* – *www. monsieurp.fr* – *Fermé samedi et dimanche*

LE MUSÉE

LYONNAISE • **BOUCHON LYONNAIS** Un bouchon sincère et authentique ! Nappes à carreaux, tables au coude-à-coude, et une sacrée ambiance : le décor est planté. En cuisine, le jeune chef réalise les classiques avec un vrai savoir-faire : saucisson pistaché brioché fait maison, langue d'agneau sauce ravigote... Que du bon.

Prix : €

Plan : F2-44 – *2 rue des Forces* – Ⓜ *Cordeliers* – 𝒞 *04 78 37 71 54* – *Fermé lundi et dimanche, et samedi soir*

LE POÊLON D'OR

LYONNAISE • **BOUCHON LYONNAIS** On ne sait si le chef utilise effectivement un poêlon d'or ; en tout cas, il doit avoir un secret pour si bien revisiter le terroir lyonnais, et proposer une cuisine aussi goûteuse et parfaitement ficelée. Du gâteau de foie de volaille et coulis de tomate, à la quenelle de brochet en gratin et sauce béchamel... À découvrir !

🄰 ⇄ – Prix : €

Plan : F3-45 – *29 rue des Remparts-d'Ainay* – Ⓜ *Ampère* – 𝒞 *04 78 37 65 60* – *www.lepoelondor-restaurant.fr* – *Fermé lundi et dimanche*

LYON

REGAIN ❶

MODERNE • CONTEMPORAIN Proche des quais de Saône, une jeune équipe propose une jolie cuisine du marché (thon blanc, aubergine, mûre, tempura ; côte et ris de veau de la ferme de Clavisy, salicorne, pommes de terre et beurre blanc ; figue et lait de chèvre) déclinée sous forme d'un menu avec choix le midi, ou des formules dégustation en plusieurs temps le soir. Grande salle lumineuse qui lorgne vers le style industriel.

& 🄼 – Prix : €€

Plan : F2-39 – *3 rue d'Algérie* – ⓜ *Hôtel de Ville-Louis Pradel* – ☎ 09 81 10 65 08 – www.regainrestaurant.fr – Fermé samedi et dimanche*

SUBSTRAT

MODERNE • BISTRO "Produits de la cueillette et vins à boire" : voici la promesse de cette table entre maison de campagne et atelier d'artisan... La promesse est tenue : ail des ours, airelles, cèpes, bolets et autres myrtilles accompagnent des assiettes savoureuses et débordantes de nature, accompagnées de beaux cépages. On se régale !

& 🄼 – Prix : €€

Plan : F1-6 – *7 rue Pailleron* – ⓜ *Hénon* – ☎ 04 78 29 14 93 – www.substrat-restaurant.com – Fermé mercredi, dimanche, et lundi et jeudi à midi*

THOMAS

TRADITIONNELLE • BISTRO Dans ce bistrot contemporain, le chef-patron Thomas Ponson (qui possède aussi le Bistrot et le Bouchon, situés en face) concocte de sympathiques menus midi, et une offre plus élaborée le soir, aux produits nobles (maquereau breton, canard de Challans au sang etc.). Une adresse sérieuse.

🕸 🄼 ⇆ – Prix : €€

Plan : F3-47 – *6 rue Laurencin* – ⓜ *Bellecour* – ☎ 04 72 56 04 76 – www.restaurant-thomas.com – Fermé samedi et dimanche*

LES TROIS DÔMES

MODERNE • CONTEMPORAIN Au dernier étage de l'hôtel Sofitel Lyon Bellecour, entre deux coups d'œil sur un panorama unique, on déguste dans un cadre épuré une cuisine d'esprit brasserie contemporaine (tartare de daurade et langoustine, cœur de saumon mi-fumé confit...) avec quelques classiques revisités : lentilles vertes, saucisson lyonnais, voile de porto ; brioche de brochet, petit épeautre, sauce écrevisse.

≼ & 🄼 – Prix : €€€

Plan : F3-25 – *Sofitel Lyon Bellecour, 20 quai du Docteur-Gailleton* – ⓜ *Bellecour* – ☎ 04 72 41 20 97 – Fermé dimanche*

VICTOIRE & THOMAS

MODERNE • CONTEMPORAIN Le concept imaginé par Victoire et Thomas : une "cuisine de partage" fusion et créative, sous forme de plats et de planches, accompagnée de vins prestigieux sélectionnés par leurs soins. Au déjeuner, on profite d'un menu à prix doux ; tout cela est servi dans le cadre étonnant d'un ancien atelier de soierie. Accueil charmant.

🕸 & 🄼 ⇆ – Prix : €€

Plan : F2-48 – *27 rue de l'Arbre-Sec* – ⓜ *Hôtel de Ville* – ☎ 04 81 11 86 19 – www.victoire-thomas.com – Fermé lundi et dimanche*

🛏 BOSCOLO LYON

CLASSIQUE CONTEMPORAIN Situé sur la presqu'île et à deux pas de la place Bellecour, cet hôtel entièrement rénové illustre l'architecture haussmannienne de bien charmante manière. À l'intérieur, c'est un luxe discret et italianisant qui s'exprime en douceur dans les chambres et les suites. Au sous-sol, piscine intérieure et espace bien-être.

& 🛁 🅿 ⇌ 🚲 ⛎ 🌀 🎵 🍽 - 133 chambres – Prix : €

11 quai Jules Courmont – ☎ 04 87 25 72 00

HÔTEL DE L'ABBAYE *Plus*

DESIGN MODERNE Situé juste à côté de la Basilique de Saint-Martin d'Ainay, l'Hôtel de l'Abbaye a lui-même une longue histoire. Aujourd'hui hôtel de luxe, il mise sur une décoration parfaitement équilibrée entre héritage et esprit contemporain : ses designers ont réussi l'alliance de pièces vintage, des classiques du design et du luxe moderne.

🅿 🛏 ♨ ℡ - 21 chambres – Prix : €

20 rue de l'Abbaye d'Ainay – ℰ 04 78 05 60 40

L'Artichaut - Voir la sélection des restaurants

INTERCONTINENTAL HÔTEL-DIEU LYON *Plus*

DESIGN MODERNE Cet imposant édifice, sur les rives du Rhône, est constitué de deux bâtiments des 18e et 19e s. Dans un contraste réussi avec son architecture, ses intérieurs révèlent un pur luxe contemporain. Chambres et suites allient subtilement personnalité et rafinement, tandis que les espaces publics conjuguent de manière plus spectaculaire design contemporain et ornementation classique. Le salon, grandiose et accueillant, reçoit autant les Lyonnais que les visiteurs.

🏊 🅿 ♨ 🛏 🌐 ℡ - 144 chambres – Prix : €€

20 quai Jules Courmont – ℰ 04 26 99 23 23

Epona - Voir la sélection des restaurants

MOB HÔTEL LYON CONFLUENCE *Plus*

AVANT-GARDE Fort de son concept "d'hôtel pour les gens", le Mob Hotel a choisi pour son adresse lyonnaise le nouveau quartier Confluence, jeune et vivant. La silhouette si particulière du bâtiment donne une identité bien marquée. Les chambres, quoique peu spacieuses, ont été pensées avec autant d'attention : un décor épuré, en béton et bois blond, avec quelques judicieuses touches de couleur et de textures. Mais la clientèle apprécie surtout les cours de yoga, concerts, boutiques pop-up et les divers événements qui animent le charmant restaurant méditerranéen et sa terrasse en bord de rivière.

🅿 ☁ ♨ 🛏 ℡ - 99 chambres – Prix : €

55 quai Rambaud – ℰ 04 58 55 55 88

LE ROYAL *Plus*

CLASSIQUE CONTEMPORAIN Difficile d'imaginer un grand hôtel classique plus élégant. Immeuble haussmannien éclairé par un dôme de style Renaissance, cette référence lyonnaise domine la place Bellecour. Grâce à une rénovation inspirée, l'esprit est intact, avec une décoration riche d'étoffes aux motifs classiques et d'une palette de rouges et de bleus qui anoblissent le mobilier et les accessoires, même contemporains.

♿ 🏊 🅿 ♨ ℡ - 74 chambres – Prix : €

20 place Bellecour – ℰ 04 78 37 57 31

L'Institut - Voir la sélection des restaurants

SOFITEL LYON BELLECOUR *Plus*

DESIGN MODERNE Un Sofitel luxueux et élégant, de facture contemporaine, où la soie – fierté des célèbres canuts lyonnais – est à l'honneur ! Pour l'anecdote, Bill Clinton a séjourné dans la suite présidentielle.

♿ 🏊 🅿 ♨ 🛏 🌐 🏋 ♨ ℡ - 164 chambres – Prix : €

20 quai Gailleton – ℰ 04 72 41 20 20

Les Trois Dômes - Voir la sélection des restaurants

Les Brotteaux • La Part-Dieu •La Guillotière • Gerland

3e - 6e - 7e - 8e ARRONDISSEMENTS

✿✿ LE NEUVIÈME ART

Chef : Christophe Roure

CRÉATIVE • DESIGN C'est notamment dans les cuisines de Paul Bocuse ou de Régis Marcon que Christophe Roure, titulaire de trois CAP (cuisine, charcuterie, pâtisserie, qui dit mieux !) a fait son apprentissage. Meilleur Ouvrier de France en 2007, installé à Lyon depuis 2014, il fait jour après jour l'étalage de ses qualités : une subtile inventivité, une précision dans les mariages de saveurs, sans oublier un choix de produits irréprochable. À titre d'exemple, son huître et couteau en gelée tourbée, tartine d'hiver, nuage au café, est une merveille qui réussit à marier les parfums de l'iode, du sous-bois et de la torréfaction. Un plat cohérent et exigeant où rien n'est placé de manière anodine : à savourer tous les sens en éveil, comme on écouterait la 9e symphonie de Mahler.

🕸 🔥 Ⓜ – Prix : €€€€

Plan : H2-49 – *173 rue Cuvier* – Ⓜ *Brotteaux* – ✆ *04 72 74 12 74* – *www.leneuviemeart.com/fr – Fermé lundi et dimanche, et mardi midi*

✿✿ TAKAO TAKANO

Chef : Takao Takano

CRÉATIVE • DESIGN Comment ne pas admirer le parcours de Takao Takano ? Originaire de la préfecture de Yamanashi, au Japon, il a rapidement abandonné des études de droit pour se consacrer à sa véritable passion : la cuisine. Depuis 2013, il est installé dans le 6e arrondissement de Lyon, dans un intérieur tout en élégance et en sobriété. Si le restaurant, depuis son ouverture, fait presque toujours salle comble, c'est grâce à ses assiettes tout en originalité et en finesse, qui régalent et surprennent dans le même mouvement. Et remplissent à merveille l'objectif que s'est fixé le chef : "Faire simple et bon." Attardons-nous un moment sur ce filet d'omble chevalier, parfaitement cuit, avec queues d'écrevisses, chanterelles et vermouth de Chambéry, ou ce pigeonneau du Poitou, avec topinambours, guanciale et truffe du Vaucluse... Équilibre gustatif, intelligence de la composition : tout Takao Takano est là.

🕸 🔥 Ⓜ – Prix : €€€€

Plan : G2-50 – *33 rue Malesherbes* – Ⓜ *Foch* – ✆ *04 82 31 43 39* – *www.takaotakano.com – Fermé samedi et dimanche*

✿ LES APOTHICAIRES

Chefs : Ludovic et Tabata Mey

CRÉATIVE • COSY Voici une table tendance et qui régale ! Tabata, cheffe d'origine brésilienne, a rencontré Ludovic dans l'une des brasseries lyonnaises de Paul Bocuse : l'histoire commençait sous de bons auspices... Dans une ambiance joyeuse et confortable de bistrot (bibliothèque, banquettes), ils proposent une cuisine créative avec quelques touches de Scandinavie et d'Amérique du Sud. Petit plus notable : la possibilité de réserver, dès 11h du matin, l'une des deux places au passe pour le soir même. Parfait si le restaurant affiche complet – ce qui, vu son succès, est plutôt fréquent...

🔥 Ⓜ – Prix : €€€

Plan : G2-54 – *23 rue de Sèze* – Ⓜ *Foch* – ✆ *04 26 02 25 09* – *www.lesapothicairesrestaurant.com – Fermé samedi et dimanche*

✿ LE GOURMET DE SÈZE

Chef : Bernard Mariller

CLASSIQUE • ÉLÉGANT Une trentaine d'années déjà que Bernard Mariller, l'un des rénovateurs de la scène culinaire lyonnaise dans les années 1990, officie dans cette rue, à quelques pas seulement de l'adresse d'origine. Et ce fils et petit-fils d'agriculteurs de Saône-et-Loire, passé chez Joël Robuchon, Jacques Lameloise et Michel Troigros, a toujours la pêche ! Il réalise une cuisine moderne et goûteuse autour de produits de saison, souvent nobles (Saint-Jacques d'Erquy, bar de ligne de Bretagne...). Sa rigueur et son sérieux, ainsi que ses redoutables talents de saucier, sont toujours au rendez-vous.

⅏ & ⑭ ⇔ – Prix : €€€

Plan : H2-51 – *125 rue de Sèze* – ⑩ *Masséna* – ℰ *04 78 24 23 42* – *www. legourmetdeseze.com* – *Fermé lundi, dimanche et du mardi au jeudi à midi*

✿ MIRAFLORES

Chef : Carlos Camino

PÉRUVIENNE • INTIME Le chef Carlos Camino, natif du Pérou, vous entraîne dans un réjouissant voyage culinaire franco-péruvien au cœur d'un bel espace contemporain, avec sa cuisine ouverte. Le lieu, chic et raffiné, accueille la cuisine sincère et personnelle d'un chef dont la maturité et l'engagement magnifient des produits de grande qualité. Saveurs percutantes et jeux sur les textures : une cuisine intelligente et poétique, à l'image de ce ceviche hierba luisa, leche de tigre au cacao noir, ou cette pota (calmar géant) braisée palo santo, écume de mer et sauce nikkei. Une adresse savoureuse et voyageuse.

& ⑭ – Prix : €€€€

Plan : H2-52 – *112 boulevard des Belges* – ⑩ *Brotteaux* – ℰ *04 78 24 49 71* – *www.restaurant-miraflores.com* – *Fermé lundi, dimanche et du mardi au samedi à midi*

✿ LA MUTINERIE

Chef : Nicolas Seibold

CRÉATIVE • CONTEMPORAIN Un chef passé par de (très) belles maisons (Le Negresco, La Dame de Pic, Ledoyen et Têtedoie) a choisi un cadre épuré au look un brin vintage de briques, de bois et de béton ciré. Il y propose un menu mystère au déjeuner (au bon rapport qualité/prix) comme au dîner. Sa cuisine appliquée, végétale, fine et digeste, allie simplicité, limpidité et efficacité comme cet omble, livèche, pomme Granny Smith et aneth, ou encore ce pigeon, caillette et persil tubéreux. La Mutinerie, une vraie rébellion gourmande et créative.

& ⑭ ⛱ – Prix : €€€

Plan : G2-78 – *123 rue Bugeaud* – ⑩ *Masséna* – ℰ *04 72 74 91 51* – *www.la-mutinerie.fr* – *Fermé lundi, dimanche et du mardi au jeudi à midi*

✿ LE PASSE TEMPS

Chef : Younghoon Lee

CRÉATIVE • ÉPURÉ Le jeune chef coréen Younghoon Lee s'est pris de passion pour notre gastronomie dans un restaurant français de Séoul. Après avoir parfait son métier à l'Institut Paul Bocuse et chez Lasserre, il a ouvert son propre restaurant dans le quartier des Brotteaux avec son épouse. Épuré, l'espace est résolument contemporain avec son parquet en bois clair et sa cave à vin centrale vitrée. Doté un sens aigu de l'esthétisme et des saveurs, il réinterprète la cuisine française en l'habillant de subtiles touches coréennes : tartare de thon rouge fondant avec betterave et crème fraîche ; médaillon de lotte cuit à basse température avec une sauce au kimchi blanc. La cuisine de Lee : plus qu'un passe-temps, une passion.

⅏ & ⑭ – Prix : €€€

Plan : G2-53 – *52 rue Tronchet* – ⑩ *Masséna* – ℰ *04 72 82 90 14* – *www. lepassetemps-restaurant.com* – *Fermé lundi, dimanche et jeudi midi*

☺ AGASTACHE

CRÉATIVE • CONTEMPORAIN Voici un bistrot créé par deux jeunes associés talentueux au bon parcours lyonnais. Dans un décor simple mais actuel, on se régale d'une cuisine "d'instinct" contemporaine et fort travaillée. Produits, saisons, inspiration végétale : le résultat est bluffant d'élégance formelle et de cohérence gustative. Ajoutons à cela une générosité non feinte, une atmosphère conviviale et vous obtenez l'une des plus belles découvertes de la rive gauche.

                       ♿ 🅰 – Prix : €€

Plan : G2-56 – *134 rue Duguesclin* – Ⓜ *Foch* – ☄ *04 78 52 30 31* – *agastache-restaurant-lyon.fr* – *Fermé samedi et dimanche, et mercredi soir*

🙂 **BERGAMOTE**

MODERNE • CONVIVIAL Dans un quartier en pleine évolution, soudain... une perle gastronomique ! Dans un cadre simple et nature, un jeune chef nous régale de savoureuses assiettes de saison, nettes et soignées - le tout pour un prix très abordable au déjeuner. Cuisine plus ambitieuse le soir.

🅰 🍽 – Prix : €€

Plan : B2-86 – *123 rue de Gerland* – Ⓜ *Place Jean-Jaurès* – ☄ *04 78 72 64 32* – *restaurant-bergamote.fr* – *Fermé samedi et dimanche, et lundi et mardi soir*

🙂 **LE JEAN MOULIN**

MODERNE • CONTEMPORAIN On s'installe ici dans une salle en longueur, divisée en deux parties autour d'une cave vitrée, sous un plafond brut façon industrielle pour déguster une cuisine au goût du jour préparé par le chef Grégoire Baratier. Le menu change régulièrement, mais citons deux exemples de cette cuisine du marché pour s'en faire une idée : grosse raviole aux escargots et fondue de poireaux, émulsion ail et persil, mélange d'herbes folles ; paleron de veau confit, mousseline de racines de cerfeuil tubéreux, légumes d'hiver glacés, réduction de jus de cuisson. Une cuisine fraîche et bien réalisée, où affleurent parfois des clins d'œils à la tradition lyonnaise...

♿ 🅰 – Prix : €€

Plan : G2-57 – *45 rue de Sèze* – Ⓜ *Masséna* – ☄ *04 78 37 37 97* – *lejeanmoulin-lyon.com* – *Fermé lundi et dimanche*

🙂 **LE KITCHEN**

MODERNE • BRANCHÉ Dans le quartier des facultés Louis Lumière et Jean Moulin, ce Kitchen-là est une affaire qui roule. Le cadre design est délicieusement Art Déco et scandinave (comme la patronne), avec ses huit petites tables carrées ; la vitrine de pâtisseries/viennoiseries (à emporter ou à consommer sur place) de son compagnon pâtissier met l'eau à la bouche (le lieu ouvre au petit-déjeuner et au goûter, mais pas au dîner). On y savoure des assiettes faisant la part belle aux produits bio – notamment légumes – de la région...

🍽 – Prix : €

Plan : F3-58 – *34 rue Chevreul* – Ⓜ *Jean Macé* – ☄ *06 03 36 42 75* – *www.lekitchenlyon.com* – *Fermé mardi et mercredi, et lundi, jeudi, vendredi, samedi et dimanche soir*

🙂 **M RESTAURANT**

DU MARCHÉ • CONTEMPORAIN Survitaminée ! La table de Julien Gautier met de la bonne humeur dans la chic avenue Foch, bordée de platanes. Imaginez un décor chic et sobre dans les tons bleutés, des fauteuils design en feutre gris, des tables nappées, un bar et sa vinothèque entourés d'une verrière... Même énergie côté service - assuré par une équipe pro et enthousiaste - et côté cuisine. Le chef, un ancien de Léon de Lyon, propose notamment un appétissant menu du marché. Il sait mettre la technicité et le savoir-faire acquis dans cette grande maison au service de fines saveurs tout à fait adaptées à l'esprit de notre époque. Superbes madeleines au miel avec leur sorbet au fromage blanc en dessert. Il faut le dire franchement : on M.

🅰 🍽 – Prix : €€

Plan : G2-59 – *47 avenue Foch* – Ⓜ *Foch* – ☄ *04 78 89 55 19* – *www.mrestaurant.fr* – *Fermé samedi et dimanche*

🙂 **PY**

MODERNE • CONTEMPORAIN Dans cette petite brasserie des quartiers chics, Pierre (en cuisine) et Yuko (en salle) font des merveilles. On s'attable dans un décor contemporain pour déguster des assiettes travaillées et généreuses. Les papilles sont en émoi : boudin basque à la plancha, poulpe sauté et crémeux de pois cassés

- sans oublier les excellents desserts comme ce crémeux au pamplemousse, biscuit à l'huile d'olive et sorbet à la mangue. Le soir, les produits nobles sont plus nombreux (homard, filet de bœuf, ris de veau...).

🎞️ 🕌 – Prix : €

Plan : G2-55 – *16 cours Vitton* – 🅜 *Masséna* – ℰ *04 78 52 71 30 – pyrestaurant. fr/fr – Fermé lundi et dimanche*

SAKU RESTAURANT

MODERNE • SIMPLE Saku, c'est le surnom du chef de cette adresse abritée derrière une devanture discrète. Lui et son épouse, japonais tous deux, proposent une réjouissante cuisine française bien dans l'air du temps, parsemée de touches nipponnes. Les produits sont frais, les assiettes soignées, les prix doux, l'accueil des plus sympathiques : on passe un bon moment.

🎞️ – Prix : €€

Plan : G3-60 – *27 rue Rachais* – 🅜 *Garibaldi* – ℰ *04 78 69 45 31 – sakurestaurant.wordpress.com – Fermé dimanche et mercredi midi*

SAUF IMPRÉVU

DU MARCHÉ • BISTRO On peut tirer à Félix Gagnaire, pâtissier de formation et fils de Pierre – que l'on ne présente plus, multi-étoilé en France et à l'étranger –, un sacré coup de chapeau pour ce restaurant des Brotteaux. Son équipe y propose (à midi principalement) une cuisine savoureuse, avec un œil rivé sur la tradition : soupe de cresson, œuf poché et bacon ; pâté en croûte chaud ; cheesecake mangue-passion. La clientèle se délecte de plats gourmands et goûteux, comme de rigueur dans ces contrées rhônalpines. Tout est frais et fait maison, tout tombe juste... Une valeur sûre.

✧ – Prix : €

Plan : G2-61 – *40 rue Pierre-Corneille* – 🅜 *Foch* – ℰ *04 78 52 16 35 – Fermé samedi et dimanche, et lundi, mardi, mercredi et vendredi soir*

VERONATUTI 🆕

ITALIENNE • CONTEMPORAIN Une salade d'inspiration sicilienne au fenouil et à l'orange en entrée, une recette d'Émilie-Romagne en plat (un stracotto de bœuf braisé au vin rouge, carottes et oignons) et enfin un dessert d'inspiration lombarde et piémontaise (une glace maison à la "farina bòna", à base de maïs torréfié, crumble de sbrisolona et fine feuille de chocolat) : c'est à un véritable voyage gastronomique à travers l'Italie qu'invitent les deux compères de cette authentique trattoria. Tout est frais et maison, et le café vient même d'un torréfacteur artisanal lyonnais. Un régal à prix doux.

🎞️ – Prix : €

Plan : G3-70 – *122 rue Montesquieu* – 🅜 *Saxe-Gambetta* – ℰ *04 37 66 16 22 – veronatuti.com – Fermé lundi, dimanche, samedi midi et mardi soir*

LE ZESTE GOURMAND

MODERNE • CONTEMPORAIN Une déco épurée, bien dans l'air du temps (dalles anthracite, murs blancs et jaunes, ampoules nues...) et une cuisine au diapason : maîtrisée et savoureuse, basée sur des produits de qualité et au tarif raisonnable.

♿ 🎞️ – Prix : €€

Plan : G2-66 – *93 rue Bossuet* – 🅜 *Masséna* – ℰ *04 78 26 07 97 – lezestegourmand.fr – Fermé samedi, dimanche et lundi midi*

L'ALEXANDRIN

MODERNE • CONTEMPORAIN Voilà plus d'un quart de siècle maintenant que le chef Laurent Rigal régale discrètement à l'abri du Palais de Justice. Insensible aux modes, il trace tranquillement son sillon entre produits nobles (homard breton, volaille de Bresse...) et touches actuelles. Mention spéciale pour le menu "tendance légumes", où végétal et créativité s'entendent à merveille.

LYON

🅐🄲 – Prix : €€€

Plan : G2-83 – *83 rue Moncey –* Ⓜ *Place Guichard –* ℰ *04 72 61 15 69 – www. lalexandrin.fr – Fermé lundi et dimanche*

L'ARGOT

VIANDES • CONVIVIAL Dans le quartier des Brotteaux, un restaurant qui fait boucherie, à moins que ce ne soit le contraire... Le client choisit sa pièce de viande dans l'armoire vitrée – bœuf du Limousin, de Galice, d'Aubrac, agneau et veau d'Auvergne... – que le chef accompagne de la garniture du jour. Simple et savoureux.
🅐🄲 ⇔ – Prix : €€

Plan : H2-68 – *132 rue Bugeaud –* Ⓜ *Brotteaux –* ℰ *04 78 24 57 88 – Fermé lundi et dimanche, et mercredi et samedi soir*

BISTRO B

MODERNE • BISTRO À Lyon, ce néo-bistrot du 6ème propose une cuisine de marché goûteuse à prix doux. La décoration, un brin rétro avec des chaises anciennes d'estaminet et une banquette de cuir rouge, se marie à une structure plus moderne. Ici, on rôtit les carottes pour les associer à la clémentine et au cumin en salade, là, on fait voyager l'épaule d'agneau avec un jus Ras-el-Hanout et du boulgour. Les desserts, des classiques, sont goûteux et bien maîtrisés.
🅐🄲 – Prix : €€

Plan : G2-71 – *90 rue Duguesclin –* Ⓜ *Masséna –* ℰ *04 78 89 12 21 – www. bistrob-lyon.fr – Fermé lundi et dimanche, et mardi soir*

LE BOUCHON SULLY

LYONNAISE • BOUCHON LYONNAIS Un petit bistrot ouvert par Julien Gautier (propriétaire du M Restaurant voisin) dans un esprit de bouchon modernisé : gâteau de foies de volaille, foie de veau en persillade et tête de veau sauce ravigote sont à l'ardoise, pour notre plus grand plaisir. C'est gourmand et bien exécuté : on en redemande.
🅐🄲 – Prix : €€

Plan : G1-72 – *20 rue Sully –* Ⓜ *Foch –* ℰ *04 78 89 07 09 – www.lebouchonsully. com – Fermé samedi et dimanche*

CAZENOVE

TRADITIONNELLE • CLASSIQUE Un décor "so British", avec une ronde de sculptures en bronze et fauteuils Chesterfield... Dans cette atmosphère très chaleureuse, sous la houlette du Meilleur Ouvrier de France Pierre Orsi, on propose une cuisine de bistrot chic, classique et maîtrisée. L'adresse fait régulièrement salle comble !
🅐🄲 – Prix : €€

Plan : G2-64 – *75 rue Boileau –* Ⓜ *Masséna –* ℰ *04 78 89 82 92 – www. le-cazenove.com/fr – Fermé samedi et dimanche*

CELEST

MODERNE • CONTEMPORAIN Au 32ᵉ étage de la Tour de la Part-Dieu (165m en tout), que les Lyonnais appellent "Le Crayon", on découvre à la fois la ville magnifique et une cuisine actuelle qui fait la part belle au produit. Foie gras de canard, hibiscus et poivre voatsiperifery ; lotte rôtie au beurre demi-sel, risotto au lait d'amande ; damier pistache-framboise...
≼ ও 🅐🄲 – Prix : €€€

Plan : G2-84 – *Radisson Blu Lyon, 129 rue Servient –* Ⓜ *Part-Dieu –* ℰ *04 78 63 55 46 – www.celest-bar-restaurant.com – Fermé lundi, dimanche et du mardi au samedi à midi*

DANIEL ET DENISE CRÉQUI

LYONNAISE • BOUCHON LYONNAIS Joseph Viola, Meilleur ouvrier de France, règne sur ce petit bouchon pur jus, au décor patiné par le temps. Il propose des recettes traditionnelles parfaitement réalisées (tête de veau, quenelle de brochet...), à base de superbes produits, avec quelques suggestions de saison. Son plat fétiche ? Le pâté en croûte au ris de veau et foie gras... Laissez-vous tenter !

🗚 🍴 – Prix : €€

Plan : G2-73 – *156 rue de Créqui* – Ⓜ *Place Guichard* – 𝒞 *04 78 60 66 53 – danieletdenise.fr – Fermé samedi et dimanche*

DANTON

MODERNE • **BISTRO** Dans ce néobistrot convivial, pas de tergiversations : les recettes vont à l'essentiel, dans une veine aussi canaille que gourmande (avec une carte des vins faisant honneur à la région, mais pas seulement). Le petit plus qui fait la différence ? Les cuissons à basse température. En cas d'affluence, allez sonner à l'annexe mitoyenne "L'Escapade Danton".

🗚 – Prix : €€

Plan : H3-74 – *8 rue Danton* – Ⓜ *Part Dieu* – 𝒞 *04 37 48 00 10 – Fermé samedi et dimanche*

IMOUTO

FUSION • **DESIGN** Imouto ("petite sœur", en japonais) a trouvé sa place dans le quartier de la Guillotière. Originaire du Vietnam, Gaby Didonna imagine de savoureuses recettes fusion, entre tradition française et influences nippones. Goûteux et toujours bluffant !

🗚 – Prix : €€€

Plan : F3-76 – *21 rue Pasteur* – Ⓜ *Guillotière* – 𝒞 *04 72 76 99 53 – imouto.fr – Fermé lundi et mardi*

L'INATTENDU

MODERNE • **CONTEMPORAIN** Cet ancien infirmier, reconverti après avoir gagné l'émission Masterchef, concocte une cuisine moderne et généreuse, à l'image de cette entrée "inaTTendue" – devenue signature –, le tataki de bœuf et cervelle de canut. En salle, son épouse, ancienne aide soignante, s'occupe désormais de nos papilles. Une adresse décidément sympathique.

🗚 – Prix : €€

Plan : G2-77 – *95 rue Bossuet* – Ⓜ *Masséna* – 𝒞 *04 37 24 13 44 – www. linattendulyon.fr – Fermé samedi et dimanche*

PIERRE ORSI

CLASSIQUE • **BOURGEOIS** Venez profiter de l'élégance et du confort cossu d'une opulente maison bourgeoise. La tradition française est à l'honneur dans l'assiette : foie gras de canard, filet de sole aux pâtes fraîches, pigeonneau rôti en cocotte, crêpes Suzette...

🕸 🖰 🗚 🍴 ♻ 🥘 – Prix : €€€€

Plan : G2-63 – *3 place Kléber* – Ⓜ *Masséna* – 𝒞 *04 78 89 57 68 – www. pierreorsi.com/fr – Fermé lundi et dimanche*

LE PRÉSIDENT

MODERNE • **CONTEMPORAIN** Cette institution lyonnaise reprise par Christophe Marguin propose judicieusement une cuisine moderne, sans jamais oublier les grands classiques ; grenouilles à la crème, volaille de Bresse à la crème d'Etrez. Le "Président" Edouard Herriot, alors maire de Lyon, avait l'habitude de venir y prendre son café...

🖰 🗚 🍴 ♻ – Prix : €€€

Plan : G1-14 – *11 avenue de Grande-Bretagne* – Ⓜ *Foch* – 𝒞 *04 78 94 51 17 – restaurantlepresident.com – Fermé samedi et dimanche*

SINABRO

CORÉENNE • **SIMPLE** Une envie de bibimbap et d'authentique cuisine coréenne ? Alors bienvenue dans ce bistrot ! On apprécie d'abord un cadre contemporain (tables et chaises en bois clair), puis une carte resserrée, ensuite un service pro et souriant et, enfin, une cuisine saine et savoureuse – jusqu'au dessert.

LYON

AC – Prix : €

Plan : H2-81 – *126 rue de Sèze* – ⓜ *Masséna* – ☏ *04 78 52 74 34 – www.sinabro. fr – Fermé lundi et dimanche*

LE SUPRÊME

MODERNE • **TRADITIONNEL** Fruit de l'amour d'un couple de cuisiniers franco-coréen qui s'est rencontré à New-York, ce bistrot vintage de charme met à l'honneur l'iconique gallinacé. Le chef, ancien bras droit de Daniel Boulud, signe un gâteau de foies blonds de haute volée et une poularde demi-deuil, si réussie qu'elle est déjà classique. Il invite aussi avec brio la poire Nashi entre les Saint-Jacques et les choux de Bruxelles en tarte fine. En saison, on travaille le gibier local. Sélection de vins pointue.

♿ AC 🍽 – Prix : €€

Plan : G3-82 – *106 cours Gambetta* – ⓜ *Garibaldi* – ☏ *04 78 72 32 68 – lesupremelyon.fr/fr – Fermé lundi, dimanche et samedi midi*

LA TABLE 101

MODERNE • **DE QUARTIER** Dans le quartier de la Part-Dieu, non loin des halles Paul-Bocuse, l'adresse d'Olivier et Maryline Delbergues propose une cuisine du marché avec quelques touches créatives : sablé noisette, carbonara de ventrèche et escargots des Monts du Lyonnais, pigeon rôti sur le coffre avec quinoa et légumes façon tajine...Jolie sélection de vins.

AC 🍽 ⇦ – Prix : €

Plan : G2-62 – *101 rue Moncey* – ⓜ *Place Guichard* – ☏ *04 78 60 90 23 – www. latable101.fr – Fermé samedi et dimanche*

YKA BAR & CEVICHE

PÉRUVIENNE • **CONTEMPORAIN** Comptoir informel du restaurant gastrono-mique franco-Péruvien étoilé Miraflores, Yka est un lieu idéal pour un after-work aux Brotteaux. Dans un décor chaleureux et contemporain (belle fresque murale colorée représentant des Péruviens de la région de Cusco), on goûte à un cocktail au pisco, on picore quelques empanadas et leur tiède pâte feuilletée fourrée de bœuf et de petits pois, ou l'on choisit une ceviche parmi celles qui sont proposées.

AC 🍽 – Prix : €€

Plan : H2-16 – *112 boulevard des Belges* – ⓜ *Brotteaux* – ☏ *04 78 24 49 71 – www.restaurant-miraflores.com/yka – Fermé lundi et dimanche*

🛏 ## HO36 *Plus*

DESIGN MODERNE L'HO36, déjà présent à Avignon, Les Menuires et La Plagne, investit cette fois le quartier vibrant et bigarré de la Guillotière. Dortoirs, chambres privées et lofts, le confort et le design s'étoffent à mesure que l'on monte en gamme avec, pour les plus pimpantes, des intérieurs cosy, ténébreux ou d'inspiration indus-trielle. Le café-bar-restaurant fait le tour des envies avec une cuisine locale et une jolie carte d'alcools.

🛗 🍽 - 12 chambres – Prix : €

36 rue Montesquieu – ☏ *04 37 70 17 03*

🛏 ## MAMA SHELTER LYON *Plus*

AVANT-GARDE Comme ses cousines, cette Mama Shelter met en avant une déco branchée (béton brut, objets design, détails décalés...) et des chambres résolument contemporaines, tendance minimaliste. Quant au brunch, le dimanche, il ravira les amateurs !

🅿 🛎 ⇦ 🛗 🍽 - 156 chambres – Prix : €€

13 rue Domer – ☏ *04 78 02 58 00*

🛏 ## OKKO LYON PONT LAFAYETTE *Plus*

DESIGN MODERNE Situé sur les rives du Rhône, dans l'ancienne préfecture du 6ᵉ arrondissement de Lyon, cet établissement fait partie d'une famille grandissante et française d'hôtels de charme. Et si son architecture est haussmannienne, ses intérieurs, signés Patrick Norguet, sont aussi contemporains que possible, du mobilier design aux couleurs saturées jusqu'aux tons de pierres précieuses. Il n'y a pas de restaurant, mais l'hôtel sert le petit-déjeuner, un apéritif quotidien à l'italienne, ainsi qu'un menu léger toute la journée.

🛏 - 85 chambres - Prix : €

14 bis quai Général Sarrail – 𝒞 04 28 00 02 50

Vieux-Lyon • Vaise

5ᵉ - 9ᵉ ARRONDISSEMENTS

✿ AU 14 FÉVRIER

Chef : Tsuyoshi Arai

CRÉATIVE • DESIGN Le 14 février est installé rue du Bœuf, au cœur du vieux Lyon, parmi les hôtels particuliers Renaissance, les ruelles pavées et autres galeries à arcades... De quoi se mettre en appétit pour déguster le menu surprise du chef Tsuyoshi Arai dont le talent et l'imagination ne sont plus à prouver. Natif de Kyoto, il appartient à la grande famille des chefs japonais tombés amoureux du patrimoine culinaire gaulois. Il magnifie des produits d'une fraîcheur exceptionnelle (volaille de la maison Miéral, bœuf wagyu) en jouant sur les textures, l'amertume et l'acidité : petits pois, fèves et pois gourmands avec tamarin, tourteau et caviar ; tatin de betterave avec fraises et foie gras ; pigeonneau cuit au feu de bois de cerisier... À chaque repas, il enchante son auditoire avec sa symphonie saisonnière. Quant au service, il est d'une extrême gentillesse.

🍽 🅰 ⇔ – Prix : €€€€

Plan : E2-20 – *36 rue du Bœuf – Ⓜ Vieux Lyon – 𝒞 04 78 92 91 39 – www.ly-au14fevrier.com – Fermé samedi, dimanche et du lundi au jeudi à midi*

✿ JÉRÉMY GALVAN

Chef : Jérémy Galvan

CRÉATIVE • CONTEMPORAIN Au cœur du Vieux-Lyon, Jérémy Galvan s'est fait une place dans l'une des rues les plus étoilées de France, la rue du Bœuf. Savoyard, il a roulé sa bosse jusqu'au Québec. Petit-fils de maraîchers, ce locavore prend très au sérieux la défense de la planète et de ceux qui en vivent – les producteurs – tout en piochant dans son propre potager. À cette inspiration naturaliste, sa cuisine créative (un menu surprise unique) se pare désormais d'une véritable expérience artistique qui fait appel aux 5 sens – y compris la musique – et aux quatre éléments : audacieux autant que décoiffant ! La décoration de sa salle est à l'unisson, évoquant le feu par la couleur bronze par exemple. Une expérience exige du temps à table !

🅰 – Prix : €€€€

Plan : F2-21 – *29 rue du Bœuf – Ⓜ Vieux-Lyon – 𝒞 04 72 40 91 47 – www.jeremygalvanrestaurant.com – Fermé samedi, dimanche et du lundi au jeudi à midi*

✿ LES LOGES

MODERNE • ROMANTIQUE Attirés par les foires commerciales, les Italiens vinrent nombreux s'installer à Lyon à la Renaissance. Ces banquiers, imprimeurs et autres marchands firent construire de somptueux édifices, comme en témoignent Les Loges. Sous une verrière moderne, vous serez attablés au cœur d'une cour florentine cernée par trois étages de galeries. On y dîne à la lueur des bougies et le temps semble s'arrêter ! Petit-fils de maraîchers des Monts du Lyonnais, Anthony Bonnet est un vrai passionné du produit – notamment du légume. Il s'appuie sur un réseau de producteurs dont il est très proche, et place la saison et le goût au cœur de sa créativité. Quant à ses plats, ils aspirent à émouvoir le gourmet grâce à de savants contrastes de saveurs. Voilà qui ne mérite que des éloges...

🍴 🅰 ⇔ – Prix : €€€€

Plan : F2-17 – *Cour des Loges, 6 rue du Bœuf – Ⓜ Vieux Lyon – 𝒞 04 72 77 44 44 – www.courdesloges.com/gastronomie – (Fermé pour rénovation, réouverture prévue pour l'été 2023)*

LA SOMMELIÈRE

MODERNE • INTIME Tous deux originaires du Japon, la propriétaire sommelière Shoko Hasegawa et le chef Takafumi Kikuchi ont fourbi leurs armes au fameux 14 Février de Saint-Valentin (Indre). Dans ce micro-restaurant d'une dizaine de couverts au cœur du vieux Lyon, Mme Hasegawa assure un service plein d'attentions, tandis que le chef met son implacable rigueur au service d'une cuisine personnelle et bien de saison : consommé de crustacés, tomate et fromage ; foie gras de canard fumé et déclinaison de maïs ; maigre de ligne façon "acqua pazza"... Une expérience rehaussée par des accords mets-vins millimétrés et un bon rapport qualité-prix. Pensez absolument à réserver : les places sont chères !

⇔ 🅰️ – Prix : €€€

Plan : E2-22 – 6 rue Mourguet – Ⓜ Vieux Lyon – ☎ 04 78 79 86 45 – www.la-sommeliere.net – Fermé lundi, mardi et du mercredi au samedi à midi

LES TERRASSES DE LYON

MODERNE • ÉLÉGANT Juché sur la colline de Fourvière, ce couvent Renaissance abrite désormais un hôtel et un restaurant charmants, avec une verrière panoramique qui offre aux convives un panorama splendide sur les toits du vieux Lyon, en toute saison : on croirait presque toucher du doigt la cathédrale Saint-Jean. Il fallait ici un chef qui ne manque pas de vue, ni de perspectives ! C'est le cas de David Delsart, qui maîtrise tous les aspects de la cuisine française. Il donne souvent une tournure régionale à ses plats, fumant son pigeon (ou son homard) sur des sarments de vigne du Beaujolais, cuisinant la féra du Léman, la truite saumonée d'Isère et les escargots du Lyonnais. Desserts classiques de belle facture : charlotte, profiteroles, soufflé chaud...

⇔ ≼ ႕ 🅰️ ☂ 🅿️ – Prix : €€€€

Plan : E2-18 – Villa Florentine, 25 montée Saint-Barthélémy – Ⓜ Fourvière – ☎ 04 72 56 56 56 – www.villaflorentine.com/fr/restaurant.html – Fermé lundi, dimanche et mardi midi

TÊTEDOIE

Chef : Christian Têtedoie

CRÉATIVE • DESIGN À l'instar de son mentor Paul Bocuse, Christian Têtedoie a bâti un petit empire gourmand. Juché sur la colline de Fourvière, véritable balcon sur la ville, son restaurant Têtedoie en est la vitrine gastronomique. Défenseur des traditions culinaires françaises, ce fan d'art contemporain ne cesse de les explorer avec talent, voire de les moderniser. Nougats aux escargots, foie gras et pistaches ; rouget en portefeuille, carottes des sables et sauce bécasse ; colvert, marron grillé et courge "little Jack": ces noms de plats ne ressemblent-ils pas à une exposition de peinture abstraite ? Enfin, impossible de ne pas mentionner son plat signature, ce homard en cocotte et cromesquis de tête de veau, désormais rebaptisé HTV. Générosité, sensibilité, jeux intelligents sur les textures et les saveurs : tout y est.

🌿 **L'engagement du chef :** Nous privilégions des produits de saison, issus de nos deux potagers et de la collaboration avec des producteurs locaux. Les recettes utilisent en totalité le produit, dans le plat et à travers les trois cuisines de la maison. Nous retraitons les déchets organiques en compost en limitant la production de méthane et nous trions et recyclons les cartons, plastiques, papier, aluminium, verre. Les cagettes et canadiennes d'œufs sont consignées, les graisses usagées retraitées. Nos lumières sont LED.

⇔ ≼ ႕ 🅰️ ⇔ 🍽️ – Prix : €€€€

Plan : E3-19 – 4 rue Professeur-Pierre-Marion – Ⓜ Minimes – ☎ 04 78 29 40 10 – www.tetedoie.com – Fermé mardi

RACINE

MODERNE • CONVIVIAL Non pas une seule Racine, mais plusieurs. Celles, bourguignonnes, du chef, qui les revendique fièrement ; celles des produits qu'il utilise (dont 90% sont produits dans un rayon de 100 km). Quant à ses assiettes, savoureuses et équilibrées, elles font le reste !

&. 🅰 ⌂ – Prix : €€

Plan : B1-2 – *1 rue du Chapeau-Rouge* – ⓜ *Valmy* – ☏ *04 26 18 57 15 – www. racinerestaurant-lyon.com – Fermé samedi et dimanche, et du lundi au mercredi soir*

LE TIROIR

MODERNE • CONTEMPORAIN Qu'elle est sympathique, cette adresse du quartier populaire de Vaise ! Emmené par une jeune équipe, on slalome entre un velouté glacé de tomates et mousse au vinaigre balsamique blanc et des préparations plus classiques (tartare de bœuf, terrine de foie gras) - la carte et les menus sont renouvelés en permanence. Le rapport qualité-prix est au rendez-vous, y compris le soir.

🅰 ⌂ – Prix : €€

Plan : B1-3 – *20 Grande Rue de Vaise* – ⓜ *Valmy* – ☏ *04 78 64 75 96 – restaurant-letiroir.fr – Fermé samedi et dimanche, et lundi et mardi soir*

BULLE ⓝ

MODERNE • CONTEMPORAIN Le chef Guy Lassausaie a ouvert ce restaurant dans un ancien scolasticat jésuite (1853), entièrement réhabilité avec panache. L'heureux élu pénètre par le bar doté d'une terrasse panoramique époustouflante. Pour descendre ensuite au restaurant, on passe même devant les fondations gallo-romaines du bâtiment ! Dans ce cadre chic (lustres en cristal, parquet, cuisines ouvertes) et historique, on déguste une cuisine de saison colorée comme cet omble de fontaine, fenouil et champignons du moment...

⸝ &. 🅰 ⇔ – Prix : €€€

Plan : E2-15 – *9 place de Fourvière* – ⓜ *Fourvière* – ☏ *04 85 92 00 13 – www. bullerestaurantfourviere.fr*

DANIEL ET DENISE SAINT-JEAN

LYONNAISE • BOUCHON LYONNAIS À deux pas de la cathédrale St-Jean, ce bouchon emblématique du Vieux Lyon est tenu par le chef Joseph Viola (Meilleur Ouvrier de France en 2004), déjà connu pour son Daniel et Denise du 3ᵉ arrondissement. Au menu de cet opus, une cuisine lyonnaise traditionnelle, qui ravira les amateurs.

🅰 ⇔ – Prix : €€

Plan : E2-24 – *32 rue Tramassac* – ⓜ *Vieux Lyon* – ☏ *04 78 42 24 62 – danieletdenise.fr – Fermé lundi et dimanche*

COLLÈGE HÔTEL · *Plus*

CLASSIQUE CONTEMPORAIN Derrière une façade Art Déco aussi grandiose qu'élégante, la réception instaure immédiatement un esprit potache, sur le thème de l'école. Le reste est plus subtil et agréable : chambres simples et monochromes, sans être aussi spartiates que de vraies chambres d'étudiants, avec des pièces de design bien choisies. Les espaces communs sont confortables et chaleureux, et donnent accès à une terrasse verdoyante, des salles de réunion et des espaces de co-working. La cantine sert un copieux petit-déjeuner, et le bar à tapas d'inspiration sud-américaine et caribéenne assure les boissons et le dîner.

🅿 ⌂ ⇔ 🛎 - 40 chambres – Prix : €

5 place Saint-Paul – ☏ *04 72 10 05 05*

COUR DES LOGES · *Plus*

DESIGN MODERNE Sur la colline de Fourvière, ce beau bâtiment Renaissance, devenu couvent et agrandi aux 18ᵉ-19ᵉ s., jouit d'une vue incomparable sur la ville. Les chambres dévoilent un raffinement rare. Voilà bien l'un des établissements les plus agréables de la ville...

&. ♨ 🅿 ⌂ ⇔ 🍽 🚲 ⌘ 🍷 ☂ 🛎 ⚘ 🛎 – 60 chambres – Prix : €€€

6 rue du Bœuf – ☏ *04 72 77 44 44*

❁ **Les Loges** - Voir la sélection des restaurants

FOURVIÈRE HÔTEL *Plus*

DESIGN MODERNE A deux pas des théâtres gallo-romains, ce couvent du 19ᵉ s. à la somptueuse architecture romano-byzantine vous accueille dans l'ancienne chapelle. Le cloître héberge le bar-restaurant donnant sur le jardin. Si l'architecture et de nombreux motifs décoratifs d'origine rappellent le passé, chambres et suites ont adopté un ton contemporain bienvenu. Couloir de nage chauffé, spa tout équipé et autres plaisirs modernes.

🔥 🏛 🅿 ⟲ 🌀 🍴 🛋 🌐 📶 🧖 🛎 ⅰ◯ - 75 chambres – Prix : €

3 rue Roger Radisson – ☎ 04 74 70 07 00

LA TOUR ROSE *Plus*

ÉLÉGANCE TRADITIONNELLE Cet hôtel de luxe se compose de suites haut de gamme réparties dans six immeubles d'habitation du 18ᵉ s. Toutes ont un caractère spécifique, mais elles jouissent toutes d'aménagements modernes délicatement rehaussés de détails vintage, tant dans leur petite cuisine que dans leur salle de bains spacieuse et joliment carrelée. Le petit-déjeuner est déposé à votre porte chaque matin. L'idée ici est de vivre comme "chez soi" - un très beau "chez soi" !

12 chambres – Prix : €

22 rue du Bœuf – ☎ 04 28 29 65 94

VILLA FLORENTINE *Plus*

CLASSIQUE CONTEMPORAIN Les vues les plus spectaculaires de Lyon s'offrent aux terrasses et aux fenêtres de cet ancien couvent du 17ᵉ s. L'hôtel rappelle bien une villa florentine, avec ses dorés et ses roses de peinture de maître. Mais à l'intérieur, c'est un hommage à une Italie différente : les meubles transalpins modernes et un brin austères côtoient des reproductions Renaissance et des œuvres d'art contemporaines. Certaines chambres ont des mezzanines ou des terrasses, d'autres des plafonds à poutres apparentes, et beaucoup profitent de vues spectaculaires.

🏛 🅿 ⟲ 🌀 🍴 🛋 🌐 📶 🦽 🛎 ⅰ◯ - 28 chambres – Prix : €€

25-27 montée Saint-Barthélémy – ☎ 04 72 56 56 56

✿ **Les Terrasses de Lyon** - Voir la sélection des restaurants

VILLA MAÏA *Plus*

DESIGN MODERNE Imposant bâtiment de béton aux lignes épurées, perché sur la colline de Fourvière, Villa Maïa, dessiné par Jean-Michel Wilmotte, est l'hôtel de tous les superlatifs : sol en marbre, bar bibliothèque, et somptueuses chambres d'esprit zen, ouvertes sur les toits de Lyon… jusqu'aux Alpes ! Piscine couverte, fitness etc. Le luxe absolu.

🏛 🅿 ⟲ 🌀 🍴 🌐 📶 🦽 ⅰ◯ - 37 chambres – Prix : €€€€

8 rue du Professeur Pierre Marion – ☎ 04 78 16 01 01

✿ **Têtedoie** - Voir la sélection des restaurants

LYONS-LA-FORÊT

✉ 27480 – Eure – Carte régionale n° **17**-D2

⬡ LA LICORNE ROYALE

MODERNE · ÉLÉGANT Au sein de cette ancienne maison à colombages d'un petit village normand, le chef se révèle un artisan méritant. Bon technicien (notamment sur les sauces et les émulsions), il est aussi à son aise quand il s'agit de mélanger produits de la mer, ingrédients locaux et saveurs du Sud. On en profite dans un cadre chic et empreint de classicisme, avec de nombreux clins d'œil aux batailles napoléoniennes. La licorne existe, nous y avons mangé !

⇔🛏🛎🍴♿**P** – Prix : €€€€

27 place Issac-Benserade – ☎ 02 32 48 24 24 – www.hotel-licorne.com – Fermé mercredi et jeudi

---

LE BISTRO DU GRAND CERF

TRADITIONNELLE · BISTRO Ce néobistrot rustique a vraiment du cachet. Des poutres, de la brique et une jolie terrasse dans la cour pavée, pour une cuisine bistrotière – of course – résolument tournée vers le terroir : voici ce que vous attend ici. Cerf, cerf, ouvre-moi !

⇔♿🍴**P** – Prix : €€

31-32 place Issac-Bensarade – ☎ 02 32 49 50 50 – www.grandcerf.fr – Fermé lundi et mardi

---

MACHILLY

✉ 74140 – Haute-Savoie – Carte régionale n° **4**-F1

⬡ LE REFUGE DES GOURMETS

MODERNE · ÉLÉGANT Dans ce petit village de Haute-Savoie qui fut longtemps un haut-lieu de la culture de la framboise, le gourmet trouvera refuge dans cette auberge discrète. Ce restaurant cossu, d'inspiration Belle Époque, a été entièrement rénové dans un esprit contemporain. À la suite de son père, le chef Hubert Chanove compose une cuisine moderne aux touches créatives, inspirée des produits locaux et de la cueillette des fleurs et des herbes sauvages. Ses préparations s'articulent en général autour d'une saison ou d'un produit (écrevisses et poissons du Léman, chasse, morilles, truffe noire...). Le Côté Bistro est ouvert au déjeuner (du mer. au sam. et sur réservation uniquement).

♿🅰🍴♿**P** – Prix : €€€

90 route des Framboises – ☎ 04 50 43 53 87 – www.refugedesgourmets.com – Fermé lundi et mardi, et dimanche soir

---

MÂCON

✉ 71000 – Saône-et-Loire – Carte régionale n° **5**-C3

⬡ PIERRE

Chef : Christian Gaulin

CLASSIQUE · ÉLÉGANT Dans la plus méridionale des villes de Bourgogne, cette maison discrète d'une rue piétonne héberge une valeur sûre de la gastronomie locale. L'architecture traditionnelle – poutres apparentes, vieilles pierres chaleureuses, cheminée – s'y marie avec des touches contemporaines. Depuis 1991, Christian Gaulin y célèbre les noces classiques du terroir et de la modernité. Dès qu'il le peut, ce solide technicien rend un hommage subtil à la Bresse et à la Bourgogne. Dans l'assiette, le gourmet en goguette retrouve avec bonheur une savoureuse volaille de Bresse, un moelleux foie gras, des quenelles de brochet exemplaires, un tournedos charolais tendre à souhait et un soufflé au Grand Marnier réalisé dans les règles. Adepte des bons produits, le chef cuisine ce qu'il aime... et nous le fait aimer aussi.

 ⬧ 🎨 🏠 – Prix : €€€

7 rue Dufour – ℘ 03 85 38 14 23 – www.restaurant-pierre.com – Fermé lundi et mardi, et dimanche soir

CASSIS

MODERNE • CONTEMPORAIN Ce restaurant tenu par un jeune couple propose une cuisine soignée, goûteuse, sans chichis, dont un mémorable pâté en croûte, qui a obtenu la troisième place au Championnat du Monde, en 2016. Le chef, qui est passé chez Mathieu Viannay à La Mère Brazier, ne propose que des produits de bonne qualité (viande de Haute Loire, légumes d'un maraîcher de la région etc.), à savourer dans un cadre contemporain, avec table d'hôte et cave vitrée.

 ⬧ 🎨 – Prix : €€

74 rue Joseph-Dufour – ℘ 03 85 38 24 53 – www.cassisrestaurant-macon.fr – Fermé samedi et dimanche, et mercredi soir

MA TABLE EN VILLE

DU MARCHÉ • COLORÉ Voilà peut-être l'archétype du bistrot du XXI e s. Un intérieur contemporain et coloré, avec son éclairage composé d'ampoules suspendues à une ancienne tuyauterie... Le chef, épaulé par son épouse, a le souci du bon produit et réalise une cuisine saine et lisible, renouvelée chaque semaine. Bon choix de vins de la région et accueil tout sourire.

🎨 🏠 – Prix : €€

50 rue de Strasbourg – ℘ 03 85 30 99 91 – www.matableenville.fr – Fermé samedi et dimanche, et du mercredi au vendredi soir

LA MADELAINE-SOUS-MONTREUIL

✉ 62170 – Pas-de-Calais – Carte régionale n° **13**–A2

✿✿ LA GRENOUILLÈRE

Chef : Alexandre Gauthier

MODERNE • DESIGN Rares sont les chefs qui démontrent une personnalité culinaire aussi affirmée que le chef de la Madelaine-sous-Montreuil, dans le Pas-de-Calais. L'histoire se déroule sous deux chapiteaux métalliques aux lignes épurées (signés de l'architecte Patrick Bouchain), qui couronnent une salle ouverte sur la nature et les fourneaux. C'est en ce laboratoire qu'Alexandre Gauthier propose une "cuisine contemporaine de racine française, libérée de ses certitudes et de ses a priori". Véritable alchimiste, il asticote les saveurs au gré d'assiettes tranchantes, autant d'instantanés de créativité, où le produit chante les louanges des saisons. Une cuisine d'art et d'essai ébouriffante, installée dans une ancienne ferme picarde au luxe sauvage.

✿ **L'engagement du chef :** La cuisine de La Grenouillère est une cuisine de territoire, celui de la Côte d'Opale, que nous explorons sous tous ses aspects géographiques, naturels et humains. C'est une cuisine éminemment personnelle, profondément ancrée dans une temporalité. Toujours en mouvement, elle est une capture de l'éphémère, une photographie d'un instant, d'une humeur, d'une émotion.

🏵 ⬅ 🏠⬧ 🅿 – Prix : €€€€

19 rue de la Grenouillère – ℘ 03 21 06 07 22 – www.lagrenouillere.fr – Fermé mardi, mercredi, et lundi et jeudi à midi

MAGESCQ

✉ 40140 – Landes – Carte régionale n° **18**–B2

✿✿ RELAIS DE LA POSTE

Chefs : Clémentine et Jean Coussau

CLASSIQUE • ÉLÉGANT Face à la pinède, la maison Coussau cultive le classicisme ! À quatre mains, le chef et sa nièce Clémentine élaborent une "cuisine de cœur" qui rend hommage au meilleur du terroir landais : foie gras, volaille, bœuf de Chalosse, saumon de l'Adour, pêche de Capbreton. Appuyés sur un maillage de producteurs de proximité, ils délivrent avec ferveur les plats immuables réclamés par les habitués : brouillade à la truffe noire, foie gras de canard chaud aux raisins, sole aux cèpes. En automne, place à la palombe rôtie ou au lièvre à la royale. Ajoutons le superbe soufflé au Grand Marnier, aérien et crémeux, au centre duquel se glisse un petit sorbet à l'orange sanguine qui apporte une irrésistible fraîcheur. Un beau moment de tradition.

&& ⟷ ⓱ Ⓐ ✥ 🅿 – Prix : €€€€

24 avenue de Maremne – ☏ 05 58 47 70 25 – www.relaisposte.com/fr –
Fermé lundi et mardi

CÔTÉ QUILLIER

MODERNE • BISTRO Un élégant bistrot (une salle avec cheminée, l'autre avec une véranda lumineuse), entièrement dévolu à une bonne cuisine du marché saisonnière ! Tartare de Gascon à l'huile de sésame et coriandre, filet de merlu en croûte de chorizo, tarte soufflée au chocolat. On se régale sur la terrasse, avant de rejoindre le jardin où vous attend un jeu... de quilles. Ambiance conviviale.

⟷ ⓱ Ⓐ 🍴 🅿 – Prix : €€

26 avenue de Maremne – ☏ 05 58 47 79 50 – www.relaisposte.com/fr –
Fermé lundi et mardi

🛏 RELAIS DE LA POSTE   *Plus*

CLASSIQUE CONTEMPORAIN Des tapis de fleurs, un verger, des ceps de vignes, de belles allées de pins, une superbe piscine... On ne se lasse pas de ce parc de 8 ha, ni des chambres d'ailleurs, spacieuses et très confortables. Un castel landais plein de caractère.

♿ 🅿 📶 🐾 ⓱ 🌿 ⓦ 🏊 🍴 - 16 chambres – Prix : €

24 avenue de Maremne – ☏ 05 58 47 70 25

❀❀ **Relais de la Poste • Côté Quillier** - Voir la sélection des restaurants

MAGNÉ

✉ 79460 – Deux-Sèvres – Carte régionale n° **20**–B2

LE BŒUF EN ÉCAILLES

TRADITIONNELLE • COSY L'authenticité, valeur souvent galvaudée, a pourtant trouvé ici son expression gastronomique la plus savoureuse - une cuisine qui surfe entre poissons et viandes, à coup de recettes généreuses et gourmandes comme ce cochon de 16h, écrasé de pommes de terre à l'huile d'olive. Authentique aussi la terrasse charmante, posée au bord de la Sèvre niortaise.

≼ ♿ 🍴 ✥ 🅿 – Prix : €€

24 avenue du Marais-Poitevin – ☏ 05 16 25 77 52 – www.leboeufenecailles.com –
Fermé lundi et dimanche

MAILLANE

✉ 13910 – Bouches-du-Rhône – Carte régionale n° **25**–E1

🌳 L'OUSTALET MAÏANEN

TRADITIONNELLE • TRADITIONNEL Le chef de cette maison, Christian Garino, est un vrai passionné qui prend lui-même les commandes et fait parfois le service... Ici, on ne triche pas ! Sous la tonnelle de vigne vierge ou dans le patio, les Mireille d'aujourd'hui savourent ses créations gorgées de soleil, qui font la part belle aux produits régionaux.

Ⓐ 🍴 – Prix : €€

16 avenue Lamartine – ☏ 04 90 95 74 60 – www.restaurant-saint-remy-de-
provence.fr – Fermé lundi et mardi, et dimanche soir

MAISONS-ALFORT

✉ 94700 – Val-de-Marne – Carte régionale n° **15**–B2

LA BOURGOGNE

MODERNE • ÉLÉGANT La bonne table de Maisons-Alfort et au-delà. Ses atouts : un cadre moderne, chaleureux et surtout de belles saveurs, à l'image de ce ceviche de daurade, courgette et tartare d'avocat. La cuisine est ici une chose sérieuse, fondée sur les meilleurs produits et savoir-faire... sans craindre la nouveauté !

🅰️ ✿ – Prix : €€

164 rue Jean-Jaurès – ☎ 01 43 75 12 75 – www.restaurant-labourgogne.com –
Fermé mercredi, dimanche et samedi midi

MAISONS-LAFFITTE

✉ 78600 – Yvelines – Carte régionale n° **15**–B1

LA PLANCHA

MODERNE • COSY Ambiance voyageuse dans ce restaurant à deux pas de la gare du RER A. La carte, assez originale, propose des recettes sobres, efficaces et un brin créatives comme ce cabillaud nacré, houmous de petits pois et framboises fraîches. Et n'oublions pas les desserts, l'un des points forts du repas.

🅰️ ✿ – Prix : €€

5 avenue de Saint-Germain – ☎ 01 39 12 03 75 – laplanchadekiko.eatbu.com –
Fermé mardi et mercredi, et dimanche soir

LE TASTEVIN

CLASSIQUE • ÉLÉGANT En bordure de parc, cette maison bourgeoise élégamment décorée cultive un certain art de vivre à la française... et chante son amour des beaux produits ! Le chef Denis Rivoire, d'origine italienne, maîtrise bien son sujet ; il revisite les classiques en y apportant quelques touches méditerranéennes. Jolie carte des vins.

🕸 🏠 ✿ – Prix : €€€

9 avenue Eglé – ☎ 01 39 62 11 67 – www.letastevin-restaurant.fr – Fermé lundi et
dimanche soir

MALATAVERNE

✉ 26780 – Drôme – Carte régionale n° **2**–B3

❀ DOMAINE DU COLOMBIER

CRÉATIVE • ÉLÉGANT Sur les ruines d'un ermitage monastique situé au cœur de la Drôme provençale, cette fière bastide séduit d'abord l'œil par ses pierres apparentes, ses plafonds voûtés, son mobilier vintage et son patio terrasse. La cuisine célèbre la région et les beaux produits méditerranéens avec à-propos : les cuissons sont précises, les préparations savoureuses et équilibrées, pensées dans une démarche durable.

🕸 🛏 🅰️ 🏠 ✿ 🅿️ – Prix : €€€€

270 chemin de Malombre – ☎ 04 75 90 86 86 – www.domaine-colombier.com –
Fermé lundi, mardi et du mercredi au samedi à midi

🙂 LE BISTROT 270

TRADITIONNELLE • BISTRO Le second restaurant du Domaine du Colombier propose une cuisine de bistrot bien ficelée, inspirée par des produits d'une qualité irréprochable. Les recettes simples et goûteuses, aux saveurs franches, font honneur aux classiques - foie gras de canard mi-cuit ; quasi de veau ; parmentier. Aux beaux jours, on profite de la terrasse, située à proximité de la piscine et du bar du pool house, avec vue sur les champs et la bastide.

🛏🅰🍴🅿 – Prix : €€

270 chemin de Malombre – 𝒞 04 75 90 86 86 – www.domaine-colombier.com –
Fermé samedi et dimanche

MALBUISSON

✉ 25160 – Doubs – Carte régionale n° **6**–C3

❀ **LE BON ACCUEIL**

Chef : Marc Faivre

MODERNE • COSY Une solide adresse qui ne fait pas mentir son nom : depuis
quatre générations, ce chalet régional, chaleureux et confortable, pratique l'art
jurassien de l'hospitalité au cœur du Haut-Doubs. Il y a le lac de Saint-Point juste
de l'autre côté de la route, le Suchet et la Suisse, juste derrière. Ici, on met du cœur
pour vous assurer un bon accueil... et une bonne chère ! Le chef Marc Faivre a travaillé
chez Georges Blanc, Pierre Gagnaire et à la Maison Lameloise avant de revenir sur
ses terres pour y faire chanter le terroir franc-comtois. Sa cuisine fine et savoureuse
nous transporte : la truite au bleu ou à l'absinthe, le poulet fermier, morilles et sauce
au vin jaune du Jura (évidemment !) ou encore le pigeon rôti, foie gras de canard
et artichaut...

🐝 🍷🛏🅰 🅿 – Prix : €€€

1 chemin de la Grande-Source – 𝒞 03 81 69 30 58 – www.le-bon-accueil.fr/uk/
hotel-restaurant-pontarlier-site-officiel.php – Fermé lundi et mardi, et dimanche
soir

MANCENANS-LIZERNE

✉ 25120 – Doubs – Carte régionale n° **6**–C2

AU COIN DU BOIS

TRADITIONNELLE • ÉLÉGANT Une maison au calme entourée de sapins : un
cadre champêtre dont au peut profiter depuis l'agréable terrasse. Le chef concocte
une cuisine traditionnelle soignée, évoluant au plus près des saisons (grenouilles
de pays ; friture de truite de Franche-Comté ; feuilleté d'escargot au savagnin ;
gibiers...).

🛏🍴🅿 – Prix : €€

Rue Sous-le-Rang – 𝒞 03 81 64 00 55 – www.restaurant-aucoindubois.com –
Fermé mardi et mercredi, et lundi et dimanche soir

MANDELIEU-LA-NAPOULE

✉ 06210 – Alpes-Maritimes – Carte régionale n° **25**–E2

BESSEM

MODERNE • CONTEMPORAIN Savez-vous ce qu'est un Tuniçois ? C'est un chef
d'origine tunisienne, qui a le cœur à Nice. C'est le cas de Bessem Ben Abdallah, un
chef au beau parcours (notamment Gagnaire à Courchevel), qui propose un menu
mystère en plusieurs déclinaisons et des produits de qualité - asperges de Pertuis,
fraises mara des bois, selle d'agneau, saint-pierre...

🛏♿🅰🍴🅿 – Prix : €€€

183 avenue de la République – 𝒞 04 93 49 71 23 – www.bessem-restaurant.com –
Fermé lundi et mardi

LE REPÈRE ⓝ

MÉDITERRANÉENNE • DÉCONTRACTÉ Difficile de résister à cet emplacement...
irrésistible : cette adresse bien connue est dotée d'une terrasse les pieds dans
l'eau qui offre une vue panoramique sur la baie de Cannes et les îles de Lérins. On
retrouve avec plaisir Nicolas Decherchi, talentueux chef formé auprès des meilleurs

(de Bruno Oger à Alain Ducasse). Il a carte blanche pour exprimer le meilleur de la Méditerranée, notamment à travers des assiettes à partager. Si les poissons extra-frais sont à l'honneur, les belles viandes ne sont pas en reste. Ouverture en continu, ambiance hédoniste et décontractée.

⫷ 🅐 🏠 – Prix : €€

Port de la Rague – ℰ 04 93 47 07 95 – www.le-repere.com – Fermé du lundi au mercredi et dimanche soir

MANIGOD

✉ 74230 – Haute-Savoie – Carte régionale n° **4**-F1

LA TABLE DE MARIE-ANGE

TRADITIONNELLE • MONTAGNARD La terrasse face aux Aravis est tout simplement magique, et il est difficile de quitter la Table de Marie-Ange... On se régale d'une jolie cuisine attachée au terroir et pétrie d'authenticité : rissole aux cèpes, filets de perche sauvage du Léman, filet de bœuf en cocotte aux bolets et gratin de Mamie, sans oublier le plantureux buffet de desserts. Chaleureux décor mêlant vieux bois et outils de paysans, accueil souriant.

⫷ 🍴 🏠 🅿 – Prix : €€€

Route du Col – ℰ 04 50 44 90 16 – www.hotelchaletcroixfry.com/fr – Fermé lundi et du mardi au jeudi à midi

MANOM

✉ 57100 – Moselle – Carte régionale n° **12**-B1

LES ÉTANGS

MODERNE • TENDANCE À la sortie de Manom, prenez donc la route de Garche, vous tomberez sur cette bâtisse moderne, et sa terrasse au bord de l'eau. La cuisine, soignée et précise, se déguste dans une salle à dîner chic et tendance. De belles viandes maturées font de l'œil aux carnivores, depuis une cave de maturation...

🕸 ♿ 🏠 ♻ 🅿 – Prix : €€

Route de Garche – ℰ 03 82 53 26 92 – restaurantlesetangs.fr – Fermé lundi et mardi, et dimanche soir

MANOSQUE

✉ 04100 – Alpes-de-Haute-Provence – Carte régionale n° **24**-B2

✿ RESTAURANT PIERRE GREIN

Chef : Pierre Grein

MODERNE • CONTEMPORAIN Aventurez-vous dans cette zone d'affaires pour découvrir cette belle adresse contemporaine : vous ne le regretterez pas ! Sous une véranda/salle à manger lumineuse et confortable, le chef Pierre Grein sert une cuisine provençale de tradition, fine et modernisée, soignée et technique (à l'image des desserts en trompe-l'œil) : velouté de chou-fleur de plein champ, moules de bouchot sauce poulette ; bar rôti sur peau à l'unilatéral, parmentier de girolles et pousses d'épinard ; illusion d'une noisette dorée à l'or fin, caramel au beurre salé, mousse pralinée noisette, crumble chocolat. Tout est fait maison à partir d'excellents produits. Cerise(s) sur le gâteau : les délicieux amuse-bouches et le service, aimable et efficace, rythmé notamment par l'accent chantant du sommelier.

🅐 – Prix : €€€€

180 avenue Régis-Ryckebush – ℰ 04 92 72 41 86 – www.restaurantpierregrein.fr – Fermé lundi et dimanche, et du mardi au jeudi soir

LA LOGE BERTIN

MODERNE • CONVIVIAL Derrière cette pimpante façade verte, une équipe de passionnés nous emmène pour une jolie balade gourmande. Le chef ne travaille que les produits frais à travers une cuisine du marché, particulièrement gourmande et soignée. On s'attable dans une salle de bistrot contemporain (tables carrées en bois couleur chêne, chaises en bois ou molletonnées) où une fenêtre type atelier ouvre sur la cuisine.

🆎 – Prix : €€

62 avenue Jean Giono – ☎ 04 86 74 18 46 – Fermé lundi et dimanche, et mercredi soir

LE MANS

✉ 72000 – Sarthe – Carte régionale n° **23**–D1

L'AUBERGE DE BAGATELLE

Chef : Jean-Sébastien Monné

MODERNE • DESIGN Un jeune couple franco-belge chaleureux offre une nouvelle vie gastronomique à cette ancienne auberge au charme bucolique : sachez-le, ici se déguste désormais une cuisine soignée, pleine de saveurs et de gourmandise. Dix personnes en cuisine, des produits d'une qualité irréprochable (la féra d'Eric Jacquier, les volailles de la Cour d'Armoirie, vergers Saint-Eustache etc.). Dans l'assiette, araignée sauvage ; Saint-Pierre grillé... On passe un excellent moment.

&. 🆎 ⌂ ⇔ 🅿 – Prix : €€€

489 avenue Bollée – ☎ 02 43 85 25 73 – www.aubergedebagatelle.fr – Fermé lundi et mardi, et dimanche soir

BEAULIEU LA SUITE

MODERNE • ÉLÉGANT Ardoise(s) du jour ou du samedi, formules en deux ou trois plats : le chef Olivier Broussard s'amuse à multiplier les formules qui mettent en valeur des produits de bonne qualité et de saison. Langoustines rôties, chair d'araignée de St Malo ; tartare et gaspacho de tomates ; filet de bœuf race à viande, pommes de terre de Noirmoutier. Une cuisine bistronomique à déguster dans un cadre convivial.

🕸 &. 🆎 ⇔ – Prix : €€

34 bis place de la République – ☎ 02 43 87 78 37 – www.lebeaulieulemans.com – Fermé lundi et dimanche

LE GRENIER À SEL

MODERNE • CONTEMPORAIN À l'entrée de la cité Plantagenêt, cet ancien grenier à sel est rythmé par deux associés, avec un mot d'ordre : se faire plaisir et faire plaisir aux clients ! Dans un cadre contemporain, beaux produits – homard, turbot, foie gras... – et saveurs appuyées... le tout accompagné de jolis vins du Rhône, de Loire et de Bordeaux.

🕸 🆎 – Prix : €€

26 place de l'Éperon – ☎ 02 43 23 26 30 – www.restaurant-le-grenier-a-sel.fr – Fermé dimanche, samedi midi et mercredi soir

LES MARCHES

✉ 73800 – Savoie – Carte régionale n° **4**–F2

LE K'OZZIE

MODERNE • COSY Ce restaurant accueillant – et cosy ! – est le repaire de Maude et Sébastien, qui se sont rencontrés en Australie, pays des "Aussies" ou... "Ozzies". Vous n'aurez d'autre choix que de vous laisser guider par l'inspiration du chef ;

seule vous sera présentée une liste (non exhaustive) de produits du moment.
Enigmatique et savoureux.

🛋️🅿️ – Prix : €€

20 route de Francin, Porte-de-Savoie – 𝒞 04 79 36 91 76 – www.lekozzie.com –
Fermé lundi, dimanche, et mardi et mercredi à midi

MARCOLÈS

✉️ 15220 – Cantal – Carte régionale n° **1**–A3

�]] AUBERGE DE LA TOUR

Chef : Renaud Darmanin
MODERNE • CONTEMPORAIN Au cœur du village médiéval, cette bâtisse en
pierre, avec sa tour d'angle et son escalier à vis, déborde de charme. Renaud
Darmanin a modernisé et transformé cet ancien café en halte gastronomique.
Après ses études à Chamalières, ce chef a fait ses classes dans de belles maisons,
à Lyon chez Paul Bocuse, à Paris chez Frédéric Anton au Pré Catelan, à Genève au
Parc des Eaux Vives. Le chef ne travaille que de très beaux produits frais et locaux
(et notamment la châtaigne). Il réalise une cuisine fine et goûteuse, mariant avec
talent le terroir à des épices d'ici et d'ailleurs.

🐕⚓&🌀🅿️ – Prix : €€€

Place de la Fontaine – 𝒞 04 71 46 99 15 – www.aubergedela-tour.com –
Fermé lundi et dimanche

MARCQ-EN-BARŒUL

✉️ 59700 – Nord – Carte régionale n° **13**–C2

🌙 ROZÓ Ⓝ

Chef : Diego Delbecq
MODERNE • CONTEMPORAIN Enfin chez eux ! Le chef Diego Delbecq et sa compagne pâtissière Camille Pailleau ont investi avec toute leur énergie et leur talent
cette ancienne imprimerie pour en faire un loft gourmand où l'on s'attable sous
une vaste verrière et sa charpente métallique. Joli parquet, murs aux teintes claires,
grandes cuisines vitrées donnant sur la salle à manger : mise en scène impeccable
et beaucoup d'ambiance. Dans l'assiette, une cuisine moderne et savoureuse qui
aime les sauces, les notes acidulées et amères, les condiments et les poivres –
sans oublier quelques clins d'œil au Nord (endives, tarte au sucre...). Retenons
cette lotte, riz Koshihikari, basilic et piment vert. Le fidèle retrouvera les deux plats
signature que sont la déclinaison de champignons et le dessert autour du miel de
bruyère.

&🅼🌀 – Prix : €€€

34 rue Raymond-Derain – 𝒞 03 62 27 72 52 – www.restaurant-rozo.fr –
Fermé lundi et dimanche

MARENNES

✉️ 17320 – Charente-Maritime – Carte régionale n° **20**–A2

😊 MANGER & DORMIR SUR LA PLAGE

POISSONS ET FRUITS DE MER • CONVIVIAL On dirait le titre d'une chanson des
années 1980. Cette table jeune et décontractée située en face de la mer propose
une cuisine d'inspiration marine, avec un choix alléchant de crustacés, de poissons, et bien évidemment d'huîtres : l'établissement appartient en effet à la famille
Gillardeau, les célèbres ostréiculteurs. La grande terrasse offre une vue adorable,
avec l'île d'Oléron à l'horizon. Côté hébergement, "Dormir sur la Plage" dispose de
quatre grandes junior suites, très bien aménagées.

← < & 🅺 🍴 – Prix : €€

61 avenue William-Bertrand – ☏ 05 46 38 41 93 – www.dormirsurlaplage.fr –
Fermé lundi et mardi

MAREUIL-SUR-LAY

✉ 85320 – Vendée – Carte régionale n° **23**–B3

❀ **MAISON DESAMY** Ⓝ

Chef : Simon Bessonnet

MODERNE • ÉLÉGANT Ancien second d'Alexandre Couillon à La Marine, Simon Bessonnet s'est installé dans une maison de 1860 au cœur d'un village vigneron des Fiefs Vendéens. Mais foin de passéisme ! À l'image de la déco contemporaine qu'il a voulu chez lui, le chef est un cuisinier bien dans son époque. À partir d'un garde-manger régional (araignée de mer, lotte, carpe), il ose des associations originales et choisit les bonnes émulsions, jus et condiments qui boostent intelligemment un plat (l'ail des ours sur la carpe, le kumquat sur la lotte...). Au dessert, sa carotte confite, mousse au chocolat blanc, coriandre et sorbet aux herbes est un modèle gourmand du genre.

🕸 & 🅺 🍴 ✿ – Prix : €€

2 rue Hervé-de-Mareuil – ☏ 02 51 52 69 43 – www.restaurant-maisondesamy.fr –
Fermé lundi et dimanche

MARGENCEL

✉ 74200 – Haute-Savoie – Carte régionale n° **4**–F1

LE CLOS DU LAC

MODERNE • TRADITIONNEL Dans cette vieille ferme restaurée, on a certes conservé les mangeoires en pierre, mais tout est feutré et élégant. Le chef réalise une cuisine soignée et bien sentie, mettant en avant ses trouvailles du marché et les beaux produits régionaux. Quant aux chambres, colorées et contemporaines, elles sont bien agréables.

& 🍴 🅿 – Prix : €€

2 route des Meules, port de Séchex – ☏ 04 50 72 48 81 – www.restaurant-leclosdulac.com – Fermé lundi et mardi, et dimanche soir

MARIGNY-SAINT-MARCEL

✉ 74150 – Haute-Savoie – Carte régionale n° **4**–F1

BLANC

TRADITIONNELLE • CONTEMPORAIN Cette auberge familiale propose deux options alléchantes : un restaurant contemporain et élégant, bénéficiant d'une carte travaillée, avec de beaux produits, ou la brasserie boisée au décor de chalet, où priment les spécialités fromagères savoyardes (tout comme les grenouilles et la perche). Chambres confortables, pour ceux qui souhaitent profiter de la région.

& 🅺 🍴 ✿ 🅿 – Prix : €€

90 avenue Sindeldorf – ☏ 04 50 01 09 50 – www.blanc-hotel-restaurant.fr –
Fermé samedi et dimanche soir

MARINGUES

✉ 63350 – Puy-de-Dôme – Carte régionale n° **1**–C2

LE CARROUSEL

MODERNE • BOURGEOIS Le chef-patron, originaire de Béziers, réalise une bonne cuisine moderne, avec de franches inspirations sudistes. Produits de qualité, service professionnel et terrasse sur l'arrière... les raisons ne manquent pas de grimper dans ce Carrousel.

🌳 🅿 – Prix : €€

14 rue du Pont-de-Morge – ℰ 04 73 68 70 24 – restaurant-lecarrousel.com/ home.html – Fermé mardi et mercredi, et lundi et dimanche soir

MARLENHEIM

✉ 67520 – Bas-Rhin – Carte régionale n° **10**-A1

�ং LE CERF

Chef : Joël Philipps

MODERNE • COSY Faon ou daguet, allons bramer de plaisir et frotter nos cornes aux portes de cet ancien relais de poste, devenu une hostellerie gourmande ! Cet ensemble de jolies bâtisses, accessible par une cour intérieure pavée et un pimpant jardinet, nous donne des fourmis dans les sabots... pardon, les pinces ! Cette institution a longtemps brillé grâce au talent du chef Michel Husser qui a passé les rênes à Joël Philipps. Fort d'une belle maîtrise, le chef fait preuve de finesse et d'éclectisme gourmand à travers une carte courte et deux menus : tartare de langoustines ; poulpe grillé et chorizo ibérique ; opéra aux myrtilles sauvages et lavande...

↩ 🅰🅲 🌳 ✦ – Prix : €€€€

30 rue du Général-de-Gaulle – ℰ 03 88 87 73 73 – www.lecerf.com – Fermé mardi et mercredi

MARLY-LE-ROI

✉ 78160 – Yvelines – Carte régionale n° **15**-B2

☞ LE VILLAGE TOMOHIRO

Chef : Tomohiro Uido

MODERNE • CONTEMPORAIN Derrière la façade avenante de cette jolie auberge, sise dans une ruelle pittoresque du vieux Marly, on découvre un restaurant moderne et contemporain, une maison familiale tenue par un couple japonais. Le chef signe des préparations très maîtrisées, riches de jolis accords, de textures et de saveurs à l'image de son plat signature, le goï cuôn de homard bleu et son foie gras en terrine, petits légumes confits à l'huile d'olive, caviar d'Aquitaine.

♿ 🅰🅲 – Prix : €€€€

3 Grande-Rue – ℰ 01 39 16 28 14 – restaurant-levillage.fr – Fermé lundi et dimanche

MARMANDE

✉ 47200 – Lot-et-Garonne – Carte régionale n° **18**-C2

BOAT AUX SAVEURS

MODERNE • ÉLÉGANT Dans cette villa contemporaine à l'écart du centre ville tenue par une mère et sa fille, les gourmands se régalent d'une cuisine soignée bien dans son époque. La cheffe met un point d'honneur à se fournir chez les producteurs locaux, et presque tous les légumes viennent du potager maison !

♿ 🌳 ✦ 🅿 – Prix : €€

36-38 avenue Jean-Jaurès – ℰ 05 53 64 20 35 – www.restaurantboatauxsaveurs. fr – Fermé lundi, mardi, samedi midi, et mercredi, jeudi, vendredi et dimanche soir

MARSEILLAN

✉ 34340 – Hérault – Carte régionale n° **21**–C2

LA TABLE D'EMILIE

MODERNE • ÉLÉGANT La maison natale du poète Achille Maffre de Baugé accueille un restaurant très couru : cuisine gourmande et appliquée, bien adossée à la tradition (excellent pâté en croûte !), produits frais, bon rapport qualité-prix... Le tout à déguster sous les voûtes de la salle à manger, ou dans un agréable patio.

& ⚙ 🏠 – Prix : €€

8 place Carnot – ☎ 04 67 77 63 59 – www.la-table-demilie-marseillan.com –
Fermé lundi et mardi

DOMAINE TARBOURIECH   *Plus*

CLASSIQUE CONTEMPORAIN Cette ancienne maison bourgeoise de vigneron, perdue dans les vignes de Picpoul, à deux pas de l'étang de Thau, pratique l'ostréathérapie, un traitement cosmétique à base de nacre de coquilles d'huîtres. Ici, les chambres se nomment Casanova, Japon, Nacre ou Jefferson. Superbe spa, détente assurée.

🅿 ⚙ ⚙ ⚙ ⚙ 🏊 🏋 🍽 - 15 chambres – Prix : €

Chemin des Domaines – ☎ 04 48 14 00 30

MARSEILLE

✉ 13000 – Bouches-du-Rhône – Carte régionale n° **24**-B3

Tour à tour grecque puis romaine, millefeuille de peuples et d'influences, Marseille est l'une des capitales du bassin méditerranéen. Elle fait preuve d'un vrai dynamisme culturel autour de son MUCEM et de ses nouveaux espaces aménagés sur la façade maritime. C'est aussi un chaudron culinaire en ébullition permanente. Sur le Vieux-Port, on furète tous les matins devant le marché aux poissons du quai de la Fraternité, que tout le monde appelle encore de son ancien nom, le "quai des Belges". C'est le moment de préparer sa bouillabaisse ou sa bourride, la soupe de poissons de roche. Dans le quartier du Panier, les ruelles fleurent bon la Corse et l'Italie : Marseille est d'ailleurs l'un des épicentres de la pizza. Les marchés de Noailles et Belsunce ont des airs de souks à ciel ouvert : tous les ingrédients des cuisines du Maghreb sont là, des dattes aux tomates séchées, en passant par les piments et les épices.

✿✿✿ AM PAR ALEXANDRE MAZZIA

Chef : Alexandre Mazzia

CRÉATIVE • BRANCHÉ On manque de superlatifs pour qualifier le travail d'Alexandre Mazzia à AM, sa table installée dans une zone chic et résidentielle non loin du stade Vélodrome. Véritable chef-artiste en mouvement perpétuel, portant la petite portion au rang d'art, il joue avec virtuosité des épices, du torréfié et du fumé, irriguant sa cuisine de ses souvenirs d'enfance au Congo. Entre ses mains, tout déborde du cadre gastronomique tel qu'on le connaît, mais, plus important encore, tout a du sens ! Comme ces œufs de truites et saumon sauvage, lait fumé aux noisettes torréfiées, un plat d'une intensité rare, ou ces langoustines panées aux graines de sésame et bonite, condiment citron-géranium et popcorn d'algues, une pure merveille. Les quelques veinards du jour sont embarqués dans une aventure gustative d'un genre unique, rehaussée par un service parfait.

🅰️🅲 – Prix : €€€€

Hors plan – *9 rue François-Rocca – ℰ 04 91 24 83 63 – www.alexandre-mazzia. com – Fermé lundi, mardi et dimanche*

✿✿✿ LE PETIT NICE

Chef : Gérald Passedat

POISSONS ET FRUITS DE MER • ÉLÉGANT Impossible de dissocier Le Petit Nice de sa ville, Marseille, et de la personnalité de Gérald Passedat. "Dans la Méditerranée, je plonge dans tous les sens du terme, résume le chef. Elle me porte

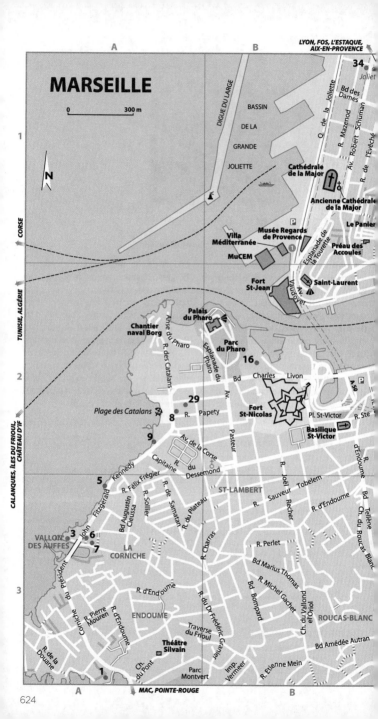

MARSEILLE

0 ——— 300 m

N

LYON, FOS, L'ESTAQUE, AIX-EN-PROVENCE

34 · Joliette

Bd des Dames

Q. de la Joliette

Q. Mazenod

Av. Robert Schuman

R. de l'Évêché

BASSIN DE LA GRANDE JOLIETTE

DIGUE DU LARGE

Cathédrale de la Major ✝

Ancienne Cathédrale de la Major

Le Panier

Musée Regards de Provence

Villa Méditerranée

MuCEM

Esplanade de la Tourette

Préau des Accoules

Fort St-Jean

Saint-Laurent

Av. Vaudoyer

Palais du Pharo

Chantier naval Borg

R. des Catalans

Anse du Pharo

R. des Catalans

Parc du Pharo

Esplanade du Pharo

16 ·

Bd Charles Livon

Fort St-Nicolas

Pl. St-Victor

R. Ste

A 50

Basilique St-Victor

Plage des Catalans

29 ·

8 · R. Papety

Av. du Desemond

Pasteur

9 ·

Av. de la Corse

R. Capitaine

5 ·

R. Félix Frégier

Kennedy

John Fitzgerald

Corniche du Président

R. Pierre Mouren

R. d'Endoume

VALLON DES AUFFES

3 · 6 · 7 ·

LA CORNICHE

Bd Augustin Cleussa

R. de Samatan

R. Soller

R. du Plateau

ST-LAMBERT

R. Joël

R. Sauveur Tobelem

R. Recher

R. d'Endoume

Bd Téléne

Ch. du Roucas Blanc

R. Charras

R. Perlet

Bd Marius Thomas

R. Michel Cachet

Bd Bompard

Ch. du Vallon el'Oriol

ROUCAS-BLANC

R. d'Endoume

ENDOUME

Traverse du Frioul

Théâtre Silvain

Ch. du Pont

R. du Dr Frédéric Granjer

Parc Montvert

Imp. Vermeer

R. Étienne Mein

Bd Amédée Autran

R. de la Douane

1 ·

MAC, POINTE-ROUGE

CORSE

TUNISIE, ALGÉRIE

CALANQUES, ÎLES DU FRIOUL, CHÂTEAU D'IF

R. Vincent
R. de la République
Blanc
Fauchier
Malaval
R. de Montolieu
R. Duverger
Av. Camille Pelletan
R. de la Joliette
Pl. J.-P. Guesde
Bd Charles Nedelec
R. Honnorat
St-Charles
Tunnel Saint-Charles
Bd Voltaire
National
Bd des Dames
J. Guesde
Porte d'Aix
R. des Petites Maries
R. Flégier
R. de la Rotonde
République
Dames
R. Sainte-Barbe
R. Francis de Pressensé
Bd d'Athènes
Bd de la Liberté
R. Saint-Bazile
Réformés-Canebière
R. Consolat
Colbert
d'Aix
R. Nationale
A⁴ᵉ Léon Gambetta
Centre de la Vieille Charité
Sadi Carnot
Belsunce Alcazar
Musée d'Histoire de Marseille
Alcazar
R. du Tapis Vert
La Canebière
Saint-Vincent de Paul
Hôtel-Dieu
11
R. Caisserie
Grand Rue
Bonneterie
Port antique
R. de Bir Hakeim
R. Thubaneau
Canebière-Garibaldi
R. Sénac de Meilhan
Curiol
R. St-Savournin
M7
M6
Q. du Port
20
17
Saint-Ferréol
M1
Cours St Louis
Noailles
28
R. Jean Roque
R. des Trois Mages
Pl. J. Jaurès
Vieux-Port-Hôtel-de-Ville
Pl. du Marché des Capucins
22
26
VIEUX PORT
R. de Beauvau
R. Haxo
R. du Moustier
R. de Rome
13
Cours Julien
R. Ferdinand Rey
Théâtre de la Criée
Q. de Rive Neuve
Opéra
Rome Davso
R. Estelle
Lieutaud
Fonfargue
N.-D.-du-Mont-Cours Julien
R. de Tilsit
Pl. Thiars les Arcenaulx
R. Ste
R. Fort N.-D.
31
27
Grignan
19
Musée Cantini
Pl. de Rome
R. des Bergers
R. de Lodi
30
Cours Pierre Puget
25
R. d'Armeny
R. Albert Chabanon
Cours Lieutaud
R. de Berlioz
Jardin P. Puget
33
R. Edouard Delanglade
23
R. Sylvabelle
Bd N.-D.
Saint-Jacques
R. Bel-Air
Rome Dragon
R. de Rome
R. de Village
R. Perrin-Solliers
Marengo
R. Vauvenargues
Montée de l'Oratoire
Bd André Aune
R. N.-D.
Bd Jules Moulet
R. Dragon
R. Breteuil
R. Aldebert
24
18
R. Edmond Rostand
12
Castellane
Bd Baille
R. Bonnefoy
R. Stanislas Torrents
R. Paradis
R. du Fort du Sanctuaire
Bd N.-D.
Bd Vauban
R. Jean Fiolle
R. Falque
Av. de Toulon
Av. du Prado
R. du Rouet
Notre-Dame de la Garde
R. du Bois Sacré
R. de la Martinique
R. Breteuil
R. du Dr Escat
Av. Monfray
R. de Milly
R. du Rouet

Palais de la Bourse - Musée de la Marine et de l'économie de Marseille	M1
Musée des Docks	M6
Maison diamantée	M7

625

et m'inspire, ainsi que toutes les terres qui l'entourent". C'est peu dire qu'il s'est inspiré du terroir méditerranéen (fruits, légumes, céréales, poissons, épices...) pour créer son identité culinaire. Ce sont par exemple plus de soixante-cinq types de poissons qui défilent aux fourneaux, de la dorade au denti, en passant par le pagre, le merlan, le sarran, et même, parfois, de la murène ! Héritier d'une famille d'artistes, ancien élève d'Alain Chapel, des frères Troisgros et de Michel Guérard, Gérald Passedat a conservé intact son plaisir de cuisiner, de surprendre et d'émouvoir. Comme un goût de calanques...

🦀 ⇦ ≼ & 🅰️🅲 🎐 ⇔ 🅿️ – Prix : €€€€

Plan : A3-1 - *Anse de Maldormé - ℰ 04 91 59 25 92 - www.passedat.fr - Fermé lundi, dimanche, et mercredi à midi*

❀ ## ALCYONE

MÉDITERRANÉENNE • ÉLÉGANT Le chef Lionel Levy, enfant de Marseille formé par Alain Ducasse et Eric Frechon, tient la barre de cet Alcyone (du nom de la fille du dieu Éole) né en 2013 au sein du fameux Hôtel-Dieu. Il y propose une cuisine créative, balayée par les épices et faisant la part belle aux produits méditerranéens, comme les poissons locaux (rouget, rascasse, loup) mais aussi le meilleur de la Provence, de l'agneau aux artichauts, en passant par la châtaigne. Un plat résume bien sa manière : ravioles à l'agneau, sanguins, artichaut, jus d'agneau.Tout cela dans une ambiance chic et sobre, véritable prolongement de l'hôtel : le cap est tenu.

⇦ ≼ & 🅰️🅲 🍽️ – Prix : €€€€

Plan : C1-11 - *1 place Daviel - ℰ 04 13 42 43 43 - www.marseille.intercontinental.com/alcyone - Fermé lundi, dimanche et du mardi au samedi à midi*

❀ ## L'ÉPUISETTE

POISSONS ET FRUITS DE MER • MÉDITERRANÉEN Une Épuisette parmi les rochers, quoi de plus évident ? Comme posée sur les récifs du vallon des Auffes – un cadre enchanteur –, cette table vit en intimité avec la mer... Le menu Fanny, signature de la maison, éblouit comme un soleil de juillet. Le chef maîtrise son sujet, les produits sont de première fraîcheur, les recettes précises, les saveurs marquées et la générosité naturelle. Au hasard de notre bonheur : la bouillabaisse - chapon, lotte, galinette, vive et saint-pierre, un plat gourmand et canaille en diable. Une délicieuse escale.

🦀 ≼ 🅰️🅲 – Prix : €€€€

Plan : A3-3 - *158 rue du Vallon-des-Auffes - ℰ 04 91 52 17 82 - www.l-epuisette.fr - Fermé lundi, dimanche et jeudi midi*

❀ ## SAISONS

Chef : Julien Diaz

MODERNE • CONVIVIAL Au cœur de Marseille et à deux pas de la Place Castellane, cet établissement contemporain bénéficie de l'enthousiasme conjugué d'un duo de pros, natifs de la cité phocéenne : le chef Julien Diaz, passé par Londres et la Corse, et son complice le sommelier Guillaume Bonneaud. Trente couverts environ, déco épurée (bois, fer, matériaux bruts), accords mets et vins pointus, et cuisine créative obéissant à un parti pris certain, celui évidemment de la saisonnalité et du local, grâce à des produits variant entre Méditerranée et Corse. Très bon rapport qualité-prix au déjeuner.

🅰️🅲 ⇔ – Prix : €€€

Plan : D3-12 - *8 rue Sainte-Victoire - ℰ 09 51 89 18 38 - www.restaurant-saisons.com - Fermé samedi et dimanche, et lundi soir*

❀ ## SIGNATURE

Cheffe : Coline Faulquier

MODERNE • CONTEMPORAIN La pétillante Coline Faulquier célèbre les vertus méditerranéennes du partage autour d'une carte ensoleillée (qui est aussi proposée en demi-portion afin de pouvoir tester plusieurs plats) et d'un menu dégustation. Les produits sont sélectionnés avec soin – maraîchers bios, cueilleurs d'herbes sauvages, poissons de la Méditerranée - et l'on se régale de son fameux aïoli, mosaïque de légumes croquants, baudroie et merlu, sauce et glace aïoli, tuile à l'encre ; d'une belle pêche du jour au naturel, glaçage léger à l'ail noir, jus d'arrêtes façon blanquette, main de Bouddha, asperges... De la personnalité, de l'envie, du goût : une vraie signature.

&. 🅐 🍴 – Prix : €€€

Hors plan – *180 rue du Rouet* – *𝒞 04 65 85 53 48* – *www.signaturemarseille.com* – *Fermé samedi et dimanche, et lundi soir*

❀ ## UNE TABLE, AU SUD

Chef : Ludovic Turac

MODERNE • **ÉLÉGANT** Aux commandes de cette table résolument ancrée dans le Sud : Ludovic Turac, cuisinier passé notamment par Le Bristol et Guy Savoy. Ses recettes inventives, à la créativité assagie, cultivent avec art l'esprit de la région – légumes provençaux, pêche locale, viandes des Alpes du Sud – à l'unisson du panorama sur le Vieux Port et la "Bonne Mère". On ne manquera pas de goûter à ses plats signature : "Ma version de l'aïoli", et la "pêche locale comme une bouille-abaisse", même s'il a conçu également un menu passeport, en hommage à la vocation maritime internationale de Marseille.

✎ 🅐 ✿ – Prix : €€€€

Plan : C2-17 – *2 quai du Port* – *𝒞 04 91 90 63 53* – *www.unetableausud.com* – *Fermé lundi et dimanche*

🐢 ## L'ARÔME

MODERNE • **CONVIVIAL** Dans une rue colorée typiquement marseillaise, ce petit restaurant ressemble à une vraie salle d'école avec ses vieilles cartes de France, ses chaises de classe et ses menus présentés dans un cahier. On y décline une cuisine méditerranéenne, savoureuse et soignée, à l'instar de ces cromesquis de veau. Atmosphère informelle et accueil souriant comme le soleil de Marseille.

🅐 – Prix : €

Plan : D2-13 – *9 rue des Trois-Rois* – *𝒞 06 17 79 19 97* – *Fermé dimanche et du lundi au samedi à midi*

LES BORDS DE MER

MODERNE • **CONTEMPORAIN** Une cuisine délicate avec vue imprenable sur la mer : qui dit mieux ? La cheffe marseillaise Camille Gandolfo apporte des notes de fraîcheur (parfois venues d'Asie) à des recettes méditerranéennes originales qui se conjuguent au gré des saisons. Jolie carte des vins avec une place de choix consacrée à la production bio du domaine de Fontenille (AOP Luberon) qui possède cet élégant établissement. Une adresse sérieuse et convaincante.

✎ &. 🅐 – Prix : €€

Plan : A2-9 – *52 corniche du Président-John-Fitzgerald-Kennedy* – *𝒞 04 13 94 34 00* – *www.lesdomainesdefontenille.com/fr/lesbordsdemer.html*

LA CANTINETTA

ITALIENNE • **TRATTORIA** Depuis l'enfance, Pierre-Antoine Denis est un fougueux passionné de la cuisine transalpine. Secondé par Luigi, un vieil Italien qui confectionne les pâtes, il se rend régulièrement dans la péninsule pour dénicher les meilleurs producteurs. Chaleureuse et gourmande, sa Cantinetta est une vraie trattoria !

🅐 🍴 – Prix : €€

Plan : D2-22 – *24 cours Julien* – *𝒞 04 91 48 10 48* – *restaurantlacantinetta. fr* – *Fermé dimanche*

CÉDRAT

MÉDITERRANÉENNE • **CONTEMPORAIN** Cette table contemporaine, que l'on doit à Eric Maillet, jeune chef passé par chez Gérald Passedat, propose de savoureuses recettes composées avec des produits locaux et mâtinées de plaisantes influences méditerranéennes et de discrètes touches asiatiques, réminiscences de ses voyages en Extrême-Orient. Chaque jour, il compose un menu annoncé sur ardoise au gré du marché et des arrivages ; le soir, menu imposé en 3 ou 5 temps. Une table pleine d'avenir.

- Prix : €€

Plan : C2-23 - *81 rue Breteuil - ✆ 04 91 42 94 41 - www.cedrat-restaurant-marseille.com - Fermé lundi et dimanche, et mercredi soir*

CHEZ FONFON

POISSONS ET FRUITS DE MER • TRADITIONNEL Fraîcheur : le maître mot de cette institution familiale fondée en 1952 par Alphonse, dit "Fonfon". Bourride et bouillabaisse sont les immuables de la carte, réalisées avec le poisson sorti tout droit des "pointus" en bois que l'on aperçoit en face dans le petit port. L'adresse niche en effet dans le beau vallon des Auffes...

- Prix : €€€

Plan : A3-7 - *140 vallon-des-Auffes - ✆ 04 91 52 14 38 - www.chez-fonfon.com*

EKUME (N)

MÉDITERRANÉENNE • BISTRO Après un parcours remarquable, le chef panaméen Edgar Bosquez a jeté l'ancre à Marseille, à quelques encablures de l'Abbaye Saint-Victor. Dans un décor actuel et chaleureux, il donne la parole aux produits de la mer et à la Provence : fine tartelette à l'aubergine ; dorade en fines tranches, jus de carotte, huile de roucou, agrumes et poutargue... Menus en plusieurs séquences, dont un consacré à la bouillabaisse.

- Prix : €€

Plan : B2-2 - *139 rue Sainte - ✆ 04 91 73 46 91 - www.ekume-restaurant.com - Fermé lundi, dimanche et samedi midi*

L'ESCAPADE MARSEILLAISE

MODERNE • CONVIVIAL Teintes douces entre gris et bois clair, jolis luminaires et mobilier tendance : une déco qui invite à faire une pause dans ce restaurant de quartier fréquenté par une clientèle d'habitués ! Dans l'assiette, le chef Yannick Stein déroule des recettes bien dans l'air du temps. Par beau temps, on monte à l'étage et direction la vaste terrasse située à l'arrière de la maison.

- Prix : €€

Plan : D3-18 - *134 rue Paradis - ✆ 04 91 31 61 69 - www.lescapademarseillaise.com - Fermé dimanche et du lundi au mercredi soir*

LA FEMME DU BOUCHER

VIANDES • BISTRO Installée dans une ancienne boucherie, Laëtitia Visse, patronne dynamique formée à l'école Ferrandi de Paris, avant de rejoindre de belles maisons étoilées et des tables bistrotières (Guy Savoy, Alain Dutournier, Cyril Lignac, Olivier Nasti à Kayserberg) mitonne une cuisine viandarde : terrine maison, boudin grillé, saucisse, pieds et paquets, etc. Pour rester dans la tendance, on présente une petite carte de vins nature ou élevés en biodynamie. Service décontracté et atmosphère des plus informelles. Délicieusement canaille.

- Prix : €€

Plan : D3-24 - *10 rue de Village - ✆ 04 91 48 79 65 - Fermé samedi et dimanche, et mardi et mercredi soir*

LE JARDIN MONTGRAND PAR HUGUES MBENDA

MODERNE • VINTAGE Après un déménagement réussi de l'Orphéon dans la Maison Montgrand, tout près du palais de justice, Hugues Mbenda continue au dîner de nous ravir avec des créations de saison dont il a le secret, agrémentées de touches exotiques (baobab, banane plantain). Le midi, son second Baptiste

Branche propose une formule simple et rapide dans un esprit bistronomique, à savourer sur la terrasse délicieusement calme.

🛏 🅰🅲 🏡 – Prix : €€

Plan : C2-25 – *35 rue Montgrand* – ✆ *04 91 00 35 21* – *orpheon-restaurant.com* – *Fermé dimanche et lundi soir*

LES JARDINS DU CLOÎTRE

DU MARCHÉ • **HISTORIQUE** Ouvert dans un ancien monastère, ce centre de formation géré par les Apprentis d'Auteuil abrite un restaurant ouvert au public. Encadrée par Jérémie Fenneteaux, un chef professionnel, la brigade de jeunes cuisiniers en formation assure une prestation culinaire de bel aloi dans un esprit bistronomie et cuisine de saison, avec un approvisionnement régional, de préférence bio. Une belle démarche éthique pour construire l'avenir de la génération qui arrive.

♿ 🏡 ♻ 🅿 – Prix : €€

Hors plan – *20 boulevard Madeleine-Rémusat* – ✆ *04 91 12 29 42* – *lesjardinsducloitredemars.fr* – *Fermé samedi et dimanche, et du lundi au vendredi soir*

LACAILLE

DU MARCHÉ • **BISTRO** Un duo très pro propose une cuisine du sud, à prix sage. Esprit de bistrot de quartier, cuisine simple et pleine de gourmandise renouvelée au gré des saisons et du marché - les beaux produits sont là et on s'en réjouit. Mention spéciale pour le service, qui est à l'image de l'assiette : affriolant.

🅰🅲 – Prix : €€

Plan : D2-26 – *42 rue des Trois-Mages* – ✆ *09 86 33 20 33* – *Fermé lundi, mardi et du mercredi au vendredi à midi*

LAURACÉE

TRADITIONNELLE • **CONTEMPORAIN** Pas de doute, le patron de cette maison en retrait du Vieux-Port ne sert que des produits frais : "Je ne sais pas faire autre chose !" Dans un cadre moderne et confortable, les papilles se laissent charmer par une cuisine à l'accent du Sud, tout aussi soignée que l'accueil. Quelques plats ? Œufs de poules en brouillade aux truffes ; cochon fermier de Bigorre, haricots tarbais au chorizo, crumble noisette, jus sauge ; baba au rhum ambré, chantilly mascarpone, ananas tatin et kiwi.

🅰🅲 – Prix : €€

Plan : C2-19 – *96 rue de Grignan* – ✆ *04 91 33 63 36* – *www.lelauracee.com* – *Fermé lundi, dimanche et samedi midi*

MADAME JEANNE

MÉDITERRANÉENNE • **TENDANCE** Au cœur de Marseille, dans un quartier vivant et animé, situé derrière le vieux port, Madame Jeanne est une pépite gourmande. Le chef Pavel Hug (Gagnaire, Colagreco et Anne Sophie Pic) balance une cuisine brute et originale matinée d'influences internationales. Jolie carte des vins, orientée "nature".

♿ 🅰🅲 🏡 – Prix : €€

Plan : C2-27 – *84 rue de Grignan* – ✆ *04 86 26 54 16* – *www.maisonbuon.com* – *Fermé dimanche et lundi midi*

LA MERCERIE

MODERNE • **BRANCHÉ** Une avalanche de produits locaux de qualité, un savoir-faire incontestable, de la gourmandise... Comptez sur la jeune équipe pour soigner votre faim de la meilleure des façons. Côté vins, on découvre une carte composée avec amour et résolument « nature », avec un turn-over de bon augure : tous les ingrédients pour passer un super moment.

  ᵴ 🅰🅲 🍴 – Prix : €€

Plan : D2-28 – *9 cours Saint-Louis* – *𝒞 04 91 06 18 44* – *www. lamerceriemarseille.com* – *Fermé mardi, mercredi, et lundi et jeudi à midi*

MICHEL - BRASSERIE DES CATALANS

POISSONS ET FRUITS DE MER • VINTAGE Ambiance 100 % rétro dans cette institution (1946) de la plage des Catalans. Ici, la bouillabaisse – marseillaise, évidemment – est une religion... autant qu'un délice ! Au menu, donc, la pêche du jour, d'une remarquable fraîcheur : admirez le poisson exposé dans le "pointu" à l'entrée.

🅰🅲 – Prix : €€€

Plan : A2-8 – *6 rue des Catalans* – *𝒞 04 91 52 30 63* – *www.restaurant-michel-13.fr*

NESTOU

MODERNE • BISTRO Située à deux encablures de la plage des Catalans, l'enseigne rend hommage à Ernest (Nestou), le jeune fils de Jean-Philippe et Jeanne Garbin, respectivement chef et cheffe de cuisine de ce sympathique restaurant. Lui aux plats chauds, elle aux entrées et aux desserts composent une cuisine originale qui surfe entre influences méditerranéennes et inspirations plus voyageuses. Une bonne table à partager entre copains.

  ᵴ 🅰🅲 🍴 – Prix : €€

Plan : A2-29 – *43 rue de Suez* – *𝒞 09 87 08 17 00* – *www.nestou.fr* – *Fermé lundi, dimanche et du mardi au samedi à midi*

OUREA

MODERNE • COSY Descendu de Paris où il travaillait chez Semilla, Matthieu Roche a ouvert avec sa compagne Camille ce bistrot de poche aux couleurs et saveurs de la Provence, situé entre le port et le tribunal. Le chef, attentif aux saisons, se fournit en local (poissons méditerranéens en direct du port, légumes de maraîcher de Mallemort, agrumes du Domaine du Jasson...).

Prix : €€

Plan : C2-30 – *72 rue de la Paix-Marcel-Paul* – *𝒞 04 91 73 21 53* – *www.ourea-restaurant.com* – *Fermé lundi et dimanche, et mardi soir*

PÉRON

POISSONS ET FRUITS DE MER • MÉDITERRANÉEN Sur la Corniche, cette bâtisse accrochée à la roche offre une vue à couper le souffle sur la baie de Marseille, ses îles, le château d'If... Un vent chargé d'embruns méditerranéens souffle sur la carte : pêche du jour locale et sauvage, farcis, mais aussi magret de canard et filet de bœuf, sans oublier la traditionnelle bouillabaisse, se dégustent sur la belle terrasse. Une institution depuis 1855.

  ≼ 🍴 – Prix : €€€

Plan : A3-5 – *56 corniche John-Fitzgerald-Kennedy* – *𝒞 04 91 52 15 22* – *www. restaurant-peron.com* – *Fermé lundi et dimanche*

LA POULE NOIRE

DU MARCHÉ • BISTRO Désormais aux commandes de cette Poule noire, le chef Damien Delgado et sa compagne Fanny Sauvage épatent avec des recettes dans l'esprit "retour du marché", privilégiant toujours les produits frais, cuisinés avec justesse. Excellent rapport qualité/prix au déjeuner. Une adresse fort recommandable, fréquentée par une clientèle d'habitués.

🅰🅲 🍴 ⇄ – Prix : €€

Plan : C2-31 – *61 rue Sainte* – *𝒞 04 91 55 68 86* – *restaurant-lapoulenoire.com* – *Fermé lundi, dimanche et du mardi au samedi à midi*

REGAIN Ⓝ

MODERNE • BISTRO Dans le quartier du Camas, ce bistrot de copains est emmené allegretto par la cheffe Sarah Chougnet-Strudel aux fourneaux (passée par les belles tables) et Lucien Salomon, sommelier qui veille sur la salle avec panache. Entre le comptoir en bois de châtaignier zingué et la cour arborée ouverte aux beaux jours, on se régale dans une salle comble avec cette cuisine du marché savoureuse à souhait (où l'on retrouve même quelques inspirations asiatiques). On arrose le tout en piochant une bouteille dans une belle sélection d'environ 200 bouteilles de vins vivants.

🍽 – Prix : €€

Hors plan – 53 rue Saint-Pierre – ℘ 04 86 68 33 20 – www.regain-marseille. com – Fermé samedi, dimanche et du lundi au mercredi à midi

LE RELAIS 50

PROVENÇALE • DESIGN Carrelage, appliques, chaises, etc. : ce Relais joue la carte "revival" avec malice et élégance. Au menu, une cuisine créative qui puise dans les traditions de la Méditerranée, et que l'on peut savourer sans se ruiner. Autre attrait : la terrasse sur le Vieux-Port, avec la "Bonne Mère" en ligne de mire !

🛏 ☚ க 🅰 🍽 – Prix : €€

Plan : C2-20 – 18 quai du Port – ℘ 04 91 52 52 50 – www.relais50.com – Fermé lundi et dimanche

SÉPIA

MODERNE • TENDANCE Chez Sépia, on passe une soirée haute en couleurs : cette guinguette nichée sur la colline de Puget offre une vue plongeante sur la cité phocéenne et la grande bleue. La carte aussi donne le vertige : ne manquez pas le millefeuille marseillais à la crème de pastis, aussi gourmand que léger. Une seconde adresse depuis peu : le Julis, bar à vin & tapas... On parie que l'ambiance y est aussi bonne !

க 🍽 – Prix : €€

Plan : C2-33 – 2 rue Vauvenargues – ℘ 09 83 82 67 27 – restaurant-sepia.fr – Fermé samedi et dimanche

TABI - IPPEI UEMURA

JAPONAISE CONTEMPORAINE • CONTEMPORAIN Tabi, c'est le voyage en japonais : tout est dit ! Originaire de Kyoto, le chef a choisi Marseille comme ville d'adoption. Il met la pêche locale en valeur dans une cuisine japonaise traditionnelle, préparée directement devant le client. Accords mets-sakés pour les amateurs. Dépaysement garanti.

க 🅰 – Prix : €€€

Plan : A3-6 – 165 corniche du Président-John-Fitzgerald-Kennedy – ℘ 04 91 22 09 33 – www.restauranttabi.com – Fermé lundi et dimanche

LES TROIS FORTS

MODERNE • ÉLÉGANT Tout Marseille est là : le Vieux Port et sa myriade de mâts, les quais qui fourmillent au loin, le ciel azuré... Au 7 e étage du Sofitel, le panorama est sublime. L'assiette rend également un bel hommage à la cité phocéenne, entre inspirations provençales et saveurs d'ailleurs. Beau moment !

☚ 🅰 🍽 ✿ – Prix : €€€

Plan : B2-16 – 36 boulevard Charles-Livon – ℘ 04 91 15 59 56 – www.sofitel-marseille-vieuxport.com – Fermé lundi et dimanche

UN PETIT CABANON BOUILLON

DU MARCHÉ • BISTRO Dans ce néobistrot au cadre minimaliste, le chef marseillais Anthony Germani privilégie des produits locaux et des saveurs marquées, y ajoutant une pointe de créativité qui fait toujours mouche. Suite aux multiples confinements, l'établissement s'est réinventé en bar à vin et tapas, avec une offre en continu en dehors du service du midi. Un petit bouillon Marseillais comme on les aime, qui rend de grands services à la gourmandise...

&. 🅰🅺 🎋 – Prix : €€

Plan : B1-34 – *63 avenue Robert-Schuman* – ☏ *04 91 90 01 53* – *www.petit-cabanon-restaurant-marseille.com* – *Fermé dimanche et samedi midi*

🛏 LES BORDS DE MER

DESIGN MODERNE À deux pas de la plage des catalans et en face du Frioul, cet ancien hôtel a quasiment les pieds dans l'eau... et a bénéficié d'une belle remise à flots. Chambres entre tons pastels et bois naturel, avec superbe vue sur la mer, mais aussi spa creusé dans la roche et rooftop : un séjour délicieux.

&. 🔾 **18** 🚲 🍹 🕸 🏵 ⅱ○ - 19 chambres – Prix : €€

52 corniche J.F. Kennedy – ☏ *04 13 94 34 00*

Les Bords de Mer - Voir la sélection des restaurants

🛏 C2 *Plus*

CLASSIQUE CONTEMPORAIN Légèrement en retrait du vieux port, cet ancien hôtel particulier (1860) est à la pointe de l'avant-garde phocéenne. Il abrite des chambres design et luxueuses ainsi qu'un salon-bar, sans oublier le petit – mais très joli – spa : bassin couvert, hammam, massages...

&. 🕸 🅿 🍹 🏵 🕸 🏵 ⅱ○ - 20 chambres – Prix : €€

48 rue Roux de Brignolles – ☏ *04 95 05 13 13*

🛏 LE CORBUSIER *Plus*

CLASSIQUE CONTEMPORAIN L'emblématique "Cité radieuse" de Le Corbusier n'est pas seulement l'une des premières (et des plus impressionnantes) structures brutalistes au monde, c'est un monument à l'utopie moderniste. Deux de ses étages sont désormais consacrés à un hôtel dont les clients vivent parmi les résidents permanents. Si les chambres ne sont ni particulièrement vastes ni excessivement luxueuses, elles sont chargées de l'atmosphère de l'époque - tout comme le restaurant, meublé de créations de Charlotte Perriand et Jean Prouvé.

&. 🅿 🦽 🏵 ⅱ○ - 21 chambres – Prix : €

280 boulevard Michelet – ☏ *04 91 16 78 00*

🛏 GOLDEN TULIP VILLA MASSALIA *Plus*

DESIGN MODERNE La Villa Massalia n'est ni côté Corniche, ni côté Vieux Port. Cette retraite urbaine propose pourtant des vues sur le bleu de la mer et le blanc des calanques. Dans un style net et précis, les chambres ne lésinent pas sur l'espace, et certaines suites tentent l'ambiance orientale, d'autres le glamour vénitien, avec meubles en acajou et tissus mordorés. Espaces de travail et de réunion attendent les voyageurs d'affaires, qui profiteront aussi, côté piscine, d'un centre bien-être avec jacuzzi, saunas et bains vapeur. A l'extérieur, un parc, un golf, un hippodrome et une plage à proximité immédiate.

&. 🅿 🔾 🕸 🚲 🍹 🏵 🕸 🏵 🦽 ⅱ○ - 140 chambres – Prix : €

17 place Louis Bonnefon – ☏ *04 91 72 90 00*

🛏 INTERCONTINENTAL HÔTEL-DIEU MARSEILLE *Plus*

DESIGN MODERNE A deux pas de la mairie et du Vieux-Port, cet ancien hôpital abrite désormais des chambres confortables. Derrière la monumentale façade (18-19ᵉ s.), les lieux rivalisent d'espace, de sobriété et d'élégance - avec tous les services d'un établissement de luxe, à l'instar du vaste spa très bien équipé. Comme dans la chanson, préférez une chambre avec vue.

🕸 🅿 🦽 🍹 🏵 🕸 🏵 🦽 ⅱ○ - 179 chambres – Prix : €€

1 place Daviel – ☏ *04 13 42 42 42*

⚙ **Alcyone** - Voir la sélection des restaurants

MAMA SHELTER MARSEILLE — *Plus*

AVANT-GARDE Cet hôtel ultramoderne, créé dans un quartier populaire de la cité phocéenne, rassemble tout l'esprit de l'enseigne. Sous la signature de Philippe Starck, la déco joue une carte design assumée : murs et plafonds en béton brut, aplats de blanc, mobilier minimaliste...

🅿 ⟨ symboles ⟩ - 127 chambres – Prix : €

64 rue de la Loubière – 𝒞 *04 84 35 20 00*

NHOW MARSEILLE — *Plus*

DESIGN MODERNE Qu'on se le dise : l'ancien Palm Beach, véritable institution locale, est devenu nhow (sans majuscule) ! L'établissement séduit avec des inspirations street art (reproductions de graffitis) et des chambres lumineuses qui donnent toutes sur la mer. Piscine, bars et spa avec hammam et jacuzzi.

⟨ symboles ⟩ - 160 chambres – Prix : €

200 corniche J.F. Kennedy – 𝒞 *04 91 16 19 00*

LE PETIT NICE — *Plus*

DESIGN MODERNE Sur la Corniche, ces architectures néoclassiques des années 1910 semblent lancer des œillades à la mer et à ses îles immaculées. Toute la lumière du Sud, toute la magie du site de Marseille, que l'on admire à loisir dans le plus grand confort...

⟨ symboles ⟩ - 16 chambres – Prix : €€€€

Anse de Maldorme – 𝒞 *04 91 59 25 92*

✽✽✽ **Le Petit Nice** - Voir la sélection des restaurants

RÉSIDENCE DU VIEUX PORT — *Plus*

DESIGN MODERNE Une décoration fort inspirée, en hommage aux années 50. Les amateurs de Prouvé, Perriand ou Lurçat seront aux anges ! Les chambres, qui marient confort et simplicité, offrent une magnifique vue sur le Vieux-Port et Notre-Dame-de-la-Garde.

🅿 ⟨ symboles ⟩ - 51 chambres – Prix : €

18 quai du Port – 𝒞 *04 91 91 91 22*

Le Relais 50 - Voir la sélection des restaurants

SOFITEL MARSEILLE VIEUX PORT

CLASSIQUE CONTEMPORAIN Sur les hauteurs du Pharo, dominant les forts, la passe... et tout le Vieux Port ! Plus d'une vingtaine de chambres jouissent d'une terrasse ouvrant sur le bassin. Le grand confort au cœur du mythe marseillais.

⟨ symboles ⟩ - 134 chambres – Prix : €€

36 boulevard Charles Livon – 𝒞 *04 91 15 59 55*

Les Trois Forts - Voir la sélection des restaurants

MARTEL

✉ 46600 – Lot – Carte régionale n° **22**–C1

SAVEURS DES HALLES

RÉGIONALE • TRADITIONNEL Queues de gambas à la plancha, tartelette de légumes du soleil ; daurade royale, sauce vierge et pignons de pain ; tarte aux fraises mara des bois... Une cuisine simple et bonne qui va à l'essentiel, voilà ce qu'on trouve dans cette petite adresse pleine de charme, tenue par un couple de trentenaires originaires d'Agen et du Pays basque.

⟨ symbole ⟩ – Prix : €€

Rue Sans-Lys – 𝒞 *05 65 37 35 66 – www.restaurant-saveurs-des-halles-martel. fr – Fermé mercredi et jeudi*

MARTIGUES

✉ 13500 – Bouches-du-Rhône – Carte régionale n° **24**–A2

GUSTO CAFFE

ITALIENNE • TRATTORIA Devant le port de plaisance du canal Baussengue, une sympathique trattoria où serveurs et clients s'interpellent dans une ambiance joyeuse et très... italienne ! Pâtes maison (spaghettis, gnocchis, etc.), prosciutto di parma découpé à la trancheuse, grands classiques transalpins... La terrasse est prise d'assaut dès les beaux jours, tout comme l'ardoise du midi, véritable bon plan.

ᴀᴄ 🛋 ⇔ – Prix : €€

4 quai Paul-Doumer – ℰ 04 42 43 97 85 – www.restaurantmartigues.com – Fermé lundi et dimanche

MARTILLAC

✉ 33650 – Gironde – Carte régionale n° **18**–B2

✿✿ LA GRAND'VIGNE - LES SOURCES DE CAUDALIE

MODERNE • ROMANTIQUE À quelques kilomètres seulement de Bordeaux, un véritable petit paradis niché au cœur du vignoble. Le lieu a subi une restauration complète, en accord avec la nature. Aux fourneaux de la Grand'Vigne, la table gastronomique de l'hôtel, officie le chef Nicolas Masse, dont la partition est tournée vers un but : sublimer le terroir aquitain (et sa manne végétale) et les vins, notamment ceux de Pessac Léognan. Ainsi le blanc révèle la tenue nacrée du merlu de ligne cuit avec des fleurs de courgette, nappé d'un fumet de poisson au vin blanc infusé à la fleur de capucine quand le vin rouge tombe en pâmoison (et nous avec lui!) devant l'agneau de lait des Pyrénées cuit rosé et garni de petites girolles du Médoc et d'une bugne farcie d'épaule d'agneau confite.

🐴 ⇆ 🖐 ᴦ ᴀᴄ 🛋 🅿 – Prix : €€€€

Chemin de Smith-Haut-Lafitte – ℰ 05 57 83 83 83 – www.sources-caudalie. com – Fermé lundi, mardi et du mercredi au vendredi à midi

LA TABLE DU LAVOIR - LES SOURCES DE CAUDALIE

DU TERROIR • RUSTIQUE Un cadre original que cette superbe halle tout en bois (18ᵉ s.), sous laquelle on lavait autrefois les vêtements utilisés pour les vendanges ! La cuisine joue la carte de la bonne tradition. Où l'on retrouve l'atmosphère plaisante des auberges d'autrefois.

🐴 ⇆ ᴦ ᴀᴄ 🛋 🅿 – Prix : €€

Chemin de Smith-Haut-Lafitte – ℰ 05 57 83 83 83 – www.sources-caudalie.com

🛏 LES SOURCES DE CAUDALIE   *Plus*

ÉLÉGANCE TRADITIONNELLE Au milieu des vignes, ce domaine superbe dédié au bien-être est le berceau de la vinothérapie. Bois brut, meubles chinés, plaisirs gastronomiques : le luxe sans ostentation, en harmonie avec la nature. Les chambres, réparties dans plusieurs demeures au milieu des vignes, sont autant d'invitation à la détente. Superbe spa.

🏊 🅿 ⇆ 🎴 🖐 🚲 ♨ 🧖 ⚘ ⑪ - 61 chambres – Prix : €€

Chemin de Smith Haut-Lafitte – ℰ 05 57 83 83 83

La Table du Lavoir - Les Sources de Caudalie - Voir la sélection des restaurants

MARTRES-TOLOSANE

✉ 31220 – Haute-Garonne – Carte régionale n° **22**–B3

MAISON CASTET

MODERNE • ÉLÉGANT Ce lieu contemporain, situé en retrait du centre-ville, fut jadis le café de la gare. Le chef mise sur de beaux produits et une technique solide, en particulier dans les impressionnants desserts. L'une de ses spécialités : le carré de porcelet, tartelette feuilletée, boudin noir et pommes, jus au cidre... On en sort régalé. Précipitez-vous !

🕸 🛱 ⇔ – Prix : €€€

44 avenue de la Gare – 𝒞 05 61 98 80 20 – maisoncastet.com – Fermé lundi et dimanche soir

MASSIGNAC

✉ 16310 – Charente – Carte régionale n° **20**–C3

DYADES AU DOMAINE DES ETANGS

MODERNE • **MAISON DE CAMPAGNE** Cette élégante table propose une cuisine fine et goûteuse, qui met en avant les herbes, fleurs, fruits et légumes du potager ; le tout est servi dans le cadre raffiné et luxueux des anciennes écuries du château.

🕸 ≼ 🖆 & 🛱 ⇔ 🅿 – Prix : €€€

Domaine des Etangs – 𝒞 05 45 61 85 05 – domainedesetangs.com/fr – Fermé lundi et mardi, et dimanche soir

🛏 DOMAINE DES ÉTANGS

CLASSIQUE CONTEMPORAIN Ce château de pierre, flanqué de tours fortifiées, abrite certaines suites et chambres, alors que d'autres occupent la longère ou l'une des six métairies, élégamment rénovées. Le vaste domaine offre des promenades bucoliques mais aussi deux piscines, un court de tennis et un grand lac.

& 🐎 🅿 ⌄ ◁ 🖆 ⚒ ⊛ 🏠 ⅙ ♨ 🍽 – 29 chambres – Prix : €€€€

Domaine des Étangs – 𝒞 05 45 61 85 00

Dyades au Domaine des Etangs - Voir la sélection des restaurants

LES MATELLES

✉ 34270 – Hérault – Carte régionale n° **21**–C2

LE PIC SAINT-LOUP

MODERNE • **AUBERGE** Au cœur d'un village médiéval pittoresque blotti au pied du Pic Saint-Loup, cet ancien chai réhabilité se place à la pointe du goût avec sa cuisine créative et équilibrée ! Entre les murs de pierre ou sur la terrasse arborée, le programme est appétissant : humeur joviale et assiettes qui mettent en valeur les ressources agricoles de la région, à l'instar du cochon aux coings, pomme de terre et genièvre. Excellent choix de petits vins locaux.

🛱 🅿 – Prix : €€

176 route de Montpellier – 𝒞 04 67 84 35 18 – www.lepicsaintloup.fr – Fermé lundi, mardi, mercredi midi et dimanche soir

MAULÉVRIER

✉ 49360 – Maine-et-Loire – Carte régionale n° **23**–C3

LE STOFFLET - CHÂTEAU COLBERT

MODERNE • **ROMANTIQUE** Quelle allure ! Au sein de ce beau château classique, les hauts plafonds et les lustres en cristal Grand Siècle rehaussent encore l'expérience gastronomique. Le chef signe une cuisine actuelle bien maîtrisée, inspirée par le terroir et les légumes du potager...

🖆 ⇔ 🅿 – Prix : €€€

Place du Château – 𝒞 02 41 55 51 33 – www.chateaucolbert.com – Fermé dimanche soir

MAUSSANE-LES-ALPILLES

✉ 13520 – Bouches-du-Rhône – Carte régionale n° **25**–E1

😊 LE CLOS ST-ROCH

DU MARCHÉ • ÉPURÉ Voilà une bien jolie adresse comme on les apprécie ! En artisan passionné, le patron mitonne de savoureuses recettes gorgées de soleil et de parfums de Provence. Tout est soigné et fort bien maîtrisé. L'été, essayez la charmante terrasse aux lauriers roses... et toute l'année, profitez de l'accueil aux petits soins et de l'excellent rapport qualité/prix.

🌿 ✿ – Prix : €€

87 avenue de la Vallée-des-Baux – 𝒞 04 90 98 77 15 – www.leclosaintroch.com – Fermé mercredi et jeudi

AUX ATELIERS

TRADITIONNELLE • BISTRO Ce bistrot détendu et chaleureux à l'atmosphère rétro ne désemplit pas. Le chef, un Normand amoureux des Alpilles, taquine votre gourmandise au gré d'une cuisine généreuse et sans afféterie : œuf mayo ; terrine de campagne ; cuisse de lapin confite à l'huile d'olive ; filet de canette et sa polenta crémeuse... Clientèle d'habitués et terrain de pétanque à l'extérieur.

🍴 🌿 ✿ 🅿 – Prix : €€

115 avenue de la Vallée-des-Baux – 𝒞 04 90 49 96 58 – Fermé lundi, mardi, du mercredi au vendredi à midi, et dimanche soir

MAISON DROUOT

MODERNE • COSY Le chef et son épouse souhaitaient sortir des codes de la restauration classique et accueillir les gens chez eux, façon table d'hôte. Pari remporté haut la main, avec cette adresse coup de cœur. Dans l'assiette, une belle cuisine contemporaine mêle produits du cru et saveurs plus lointaines. Service aux petits soins, discret et convivial. Deux chambres à l'étage joliment décorées, pour ceux qui ne veulent pas reprendre la route immédiatement. On les comprend.

🌿 – Prix : €€€

18 impasse Michel-Durand – 𝒞 06 61 07 38 54 – maisondrouot.com – Fermé lundi, dimanche et du mardi au samedi à midi

🛏 LES MAISONS DE L'HÔTEL PARTICULIER   *Plus*

CLASSIQUE CONTEMPORAIN Fort de son succès, l'Hôtel Particulier a enrichi son adresse du centre-ville de deux résidences supplémentaires dans la campagne arlésienne. Dont cet ancien prieuré du 15ᵉ s., splendide construction en pierre ocre, orné de colonnes, d'arches et de toits de tuiles provençaux. Un décor aux accents romains qui invite à la langueur. Sous les voûtes fraîches, au bord de la piscine en pierre, à l'ombre des cyprès et oliviers, on médite sur la douceur des lieux. Deux maisons hôtelières s'y sont logées, abritant chacune cinq chambres et suites sophistiquées mariant la sobriété du blanc, des espaces sans mobilier superflu et des matériaux nobles (baignoires en marbre, cheminées en pierre, parquet Versailles...) pour un rendu sophistiqué. Installé dans l'ancienne orangeraie, un spa.

10 chambres – Prix : €€€€

11 rue de l'Escampadou – 𝒞 04 90 52 51 40

MAXILLY-SUR-LÉMAN

✉ 74500 – Haute-Savoie – Carte régionale n° **4**–F1

CHEZ MATHILDE

MODERNE • CONVIVIAL Mathilde est la fille du célèbre pêcheur du Léman, Eric Jacquier. La voilà installée dans ce lumineux petit restaurant de centre du village avec comptoir en béton, luminaires décalés et mobilier bistrot en bois clair. Elle propose une petite ardoise à son image : spontanée, ludique et intuitive. Fort sympathique.

🅰 🍴 – Prix : €€

97 route de Lugrin – ☎ 04 50 74 36 31 – www.restaurant-chez-mathilde.com – Fermé lundi et mardi

MAYENNE

✉ 53100 – Mayenne – Carte régionale n° **23**–C1

❀ L'ÉVEIL DES SENS

Chef : Nicolas Nobis

MODERNE • CONTEMPORAIN À la sortie de la ville, impossible de manquer ce restaurant dont la façade façon résille en métal oxydé accroche l'œil. C'est le fief du chef Nicolas Nobis et de son épouse Isabelle, qui se sont rencontrés à Alençon et ont appris leur métier chez Bernard Loiseau et Georges Blanc. La décoration sobre et épurée de leur restaurant fait la part belle au bois. Même parti-pris de simplicité et de naturel dans la cuisine du chef qui aime travailler les plantes (hysope, verveine...) et les légumes des producteurs mayennais. Ses cuissons et ses assaisonnements précis achèvent de (r)éveiller les papilles et les sens des convives.

🅰 – Prix : €€€

429 boulevard Paul-Lintier – ☎ 02 43 30 42 17 – www.restaurant-leveildessens. fr – Fermé lundi et mardi, et dimanche soir

LES MÉES

✉ 04190 – Alpes-de-Haute-Provence – Carte régionale n° **24**–B2

LA MARMITE DU PÊCHEUR

MODERNE • CONTEMPORAIN Au pied des Pénitents, ces célèbres rochers pointus, les gourmands n'ont pas à faire profil bas ! Dans cet ancien moulin, on se régale de spécialités de poisson et de produits de la mer (bouillabaisse sur commande). La nouvelle équipe a donné un coup de jeune bienvenu aux plats. Et la roue à aubes trône toujours dans la salle à manger aux tons sable !

🅰 🍴 – Prix : €€

Boulevard des Tilleuls – ☎ 04 92 34 35 56 – www.lamarmitedupecheur.com – Fermé mardi et mercredi, et dimanche soir

MEGÈVE

✉ 74120 – Haute-Savoie – Carte régionale n° **4**–F1

Megève l'élégante, ses chalets rustiques chics, ses hôtels de luxe, ses routes chauffées, ses boutiques de créateurs... et sa tartiflette. Il suffit de se promener dans la région au printemps, quand les prairies sont redevenues verdoyantes et que les belles tarines aux longs cils vous adressent de tendres clins d'œil pour prendre conscience de l'insolente richesse de son terroir. Agneau, poulardes, légumes, fruits, fleurs, et herbes ! Le plus beau, c'est que tout cela se mange. Serpolet, genévrier commun, crocus printa-

nier, ail des ours, reine-des-prés... Grimpez au Mont-d'Arbois, fermez les yeux, le vent caresse votre visage. Cet air pur, vivifiant, qui pique vos paupières, n'est-ce pas le parfum du bonheur ? Et cette délicieuse odeur qui titille votre estomac crapahuteur, n'est-ce pas le fumet d'un chausson savoyard, cette spécialité préparée à base de pâte feuilletée, composée d'une farce aux lardons, de crème fraîche et de pommes de terre ? Décidément, aux pays des alpages, la gastronomie française est chez elle.

❀❀❀ FLOCONS DE SEL

Chef : Emmanuel Renaut

CRÉATIVE • ÉLÉGANT Tombé amoureux de la Haute-Savoie dans son enfance, bien avant d'arborer son col bleu-blanc-rouge, Emmanuel Renaut est viscéralement attaché au terroir alpin (brochet, omble et féra du lac Léman, champignons et herbes sauvages, fromages d'alpage...), sans rien s'interdire : avec malice, il prend parfois le contre-pied d'une cuisine de région attendue – comme avec ces superbes langoustines marinées au cédrat, caviar vivifié de pamplemousse et racines de gentiane. Le végétal prend également de plus en plus de place dans sa cuisine. Le repas ne serait pas complet sans les douceurs de la talentueuse Aurélie Collomb-Clerc, qui sait tout aussi bien réinterpréter les classiques de la maison (ô le soufflé au sapin !) que signer de belles créations, comme cet élégant monochrome blanc de meringue suisse et glace au lait d'alpage, dissimulant une compotée de mirabelle ou une marmelade d'orange, selon la saison. Un chalet d'altitude enchanteur pour une gastronomie au sommet.

&⃝ ⇐ 🚘🛏🐕🅿 – Prix : €€€€

Hors plan – 1775 route du Leutaz, Le Leutaz – ☏ 04 50 21 49 99 – www. floconsdesel.com/fr – Fermé mardi, mercredi, et lundi et jeudi à midi

✿ LA DAME DE PIC - LE 1920

CRÉATIVE • ÉLÉGANT Au sein du Four Seasons, Anne-Sophie Pic revisite ses classiques dans un esprit alpin, comme ses berlingots savoyards fourrés d'une délicieuse fondue de beaufort et abondance à l'absinthe, ou encore son millefeuille blanc, proposé ici dans une version au miel de Leatherwood, eucalyptus en fine gelée et cassis acidulé. Citons aussi l'agneau des alpages mariné à la mélisse et à la Chartreuse, si simple en apparence mais aux arômes complexes. Une partition subtile et aboutie, tant dans les puissantes associations de saveurs que dans les textures.

🕸 ⇦ ⇤ 🖐 ♿ ☂ 🏊 – Prix : €€€€

Hors plan – *Four Seasons Megève, 373 chemin des Follières* – ℰ *04 50 78 62 65* – *www.fourseasons.com/fr/megeve/dining/restaurants/le-1920* – *Fermé lundi, mardi, du mercredi au vendredi à midi, et dimanche soir*

✿ LA TABLE DE L'ALPAGA

MODERNE • CONTEMPORAIN Qu'il est doux de s'attabler dans ce nid chic et douillet, où des matériaux bruts et nobles tels que marbre et chêne composent un décor authentique et intemporel. À la table gastronomique, le jeune chef Alexandre Baule, originaire de l'Isère, s'attache à sublimer le terroir savoyard, avec une prédilection pour le végétal, tandis que côté desserts, Tess Evans-Mialet apporte sa touche légère et inventive. À noter aussi, les accords mets-cocktails (avec ou sans alcool) d'un barman talentueux. Au bistrot, ouvert tous les jours midi et soir, un joli répertoire régional. Et pour prolonger l'expérience, de confortables chambres aménagées dans des chalets vous attendent.

🕸 ⇦ ⇤ ♿ 🅿 – Prix : €€€€

Hors plan – *Alpaga, 66 allée des Marmoussets, route du Prariand* – ℰ *04 50 91 48 70* – *www.beaumier.com/fr/proprietes/hotel-alpaga/hiver/restaurants* – *Fermé lundi, mardi et du mercredi au dimanche à midi*

BEEF LODGE

VIANDES • ÉLÉGANT Un vrai repaire de carnivores, au décor très "animal" : trophées, peaux de bête, cuir... Dans la lignée des steakhouses américains, on y propose des viandes de grande qualité, sélectionnées – et maturées – avec soin : bœuf Black Angus ou Simmental, premium du Texas...

♿ 🅿 – Prix : €€

Plan : A1-3 – *Lodge Park, 100 rue d'Arly* – ℰ *04 50 93 05 03* – *www.lodgepark.com* – *Fermé les midis*

FLOCONS VILLAGE

TRADITIONNELLE • AUBERGE La deuxième adresse d'Emmanuel Renaut, le chef bien connu des Flocons de Sel. Ces Flocons-ci jouent la carte de la simplicité et de la franchise, avec une cuisine actuelle soignée et des bons plats du terroir.

🏠 – Prix : €€€

Plan : A1-4 – *75 rue Saint-François* – ℰ *04 50 78 35 01* – *www.floconsdesel.com/fr* – *Fermé lundi et mardi*

KAITO

JAPONAISE • ÉPURÉ Quand Megève rencontre le Japon au sein de l'hôtel Four Season, ça fait des étincelles ! Sashimis, tataki et sushis de belle fraîcheur côtoient, à la carte, des produits montagnards délicatement travaillés. Une cuisine fusion, dont on peut profiter sur la terrasse avec une jolie vue sur les pistes.

⇤ 🖐 ♿ 🏠 🏊 🅿 – Prix : €€€€

Hors plan – *Four Seasons Megève, 373 chemin des Follières* – ℰ *04 50 78 62 64* – *www.fourseasons.com/megeve* – *Fermé du lundi au jeudi à midi*

LE REFUGE

TRADITIONNELLE • AUBERGE Un charmant Refuge, typique et convivial, sur les hauteurs de la station. On y sert une vraie cuisine de chef, fine et goûteuse, mais aussi les incontournables savoyards. Parmi les spécialités : volaille rôtie au jus de truffe, tartelette de légumes bio... Avec, en prime, une sélection de grands crus servis au verre.

🌿 🍴 🄿 – Prix : €€

Hors plan – *2615 route du Leutaz* – 𝄞 *04 50 21 23 04* – *www.refuge-megeve. com/fr/home* – *Fermé lundi*

LE SAINT-NICOLAS - AU COIN DU FEU

MODERNE • RUSTIQUE Raviole d'escargots de Magland, pintade de l'Ain, chariot de fromages (100% savoyard), baba au foin : le jeune chef Marvin Lance, ancien second de Julien Gatillon au 1920, fait souffler un vent de renouveau sur ce sympathique chalet mégevan, où il apporte ses qualités techniques et son ambition. L'adresse qui monte à Megève !

🍴 – Prix : €€€

Plan : A2-5 – *252 route de Rochebrune* – 𝄞 *04 50 21 04 94* – *www.coindufeu. com* – *Fermé lundi, mardi, mercredi, jeudi et dimanche et vendredi et samedi à midi*

🛏 ALPAGA

Plus

DESIGN MODERNE Ce hameau de chalets très chic cultive sa différence à l'écart de la station : les chambres sont superbes dans leur esprit épuré – et néanmoins chaleureux –, loin des bâtisses plus traditionnelles. Mention spéciale pour le délicieux spa et son bain suédois avec vue sur le massif du Mont-Blanc...

♿ 🐾 🄿 🍴 🚲 ⛏ 🌐 ♨ 🧖 🏊 🍽 - 33 chambres – Prix : €€€€

66 allée des Marmousets – 𝄞 *04 50 91 48 70*

❀ **La Table de l'Alpaga** - Voir la sélection des restaurants

🛏 L'ARBOISIE

Plus

CLASSIQUE CONTEMPORAIN Cet hôtel dégage un charme alpin douillet, tout en cheminées en pierre, lambris et grandes baies vitrées donnant sur la montagne. Les chambres et les suites proposent des plaisirs simples, comme des couvertures moelleuses, des lampes de lecture bien placées et des bouquets de fleurs sauvages, mais aussi des balcons privés, des salles à manger et cuisines équipées. Certaines disposent de jacuzzis, mais un spa avec une piscine intérieure et un hammam sont à disposition de tous.

♿ 🐾 🄿 ☁ 🍴 ⛏ 🌐 ♨ 🧖 🏊 🍽 - 68 chambres – Prix : €€

483 route du Gollet – 𝄞 *04 50 55 35 90*

🛏 AU COIN DU FEU

Plus

ÉLÉGANCE TRADITIONNELLE Boiseries anciennes, murs chaulés, salles de bains modernes en granit et salon d'accueil au coin du feu... Atmosphère authentique, familiale et chic, pour cet hôtel entièrement rénové. Petit espace bien-être avec salle de massage.

🄿 🍴 ♨ 🍽 - 22 chambres – Prix : €

252 route du Téléphérique de Rochebrune – 𝄞 *04 50 21 04 94*

Le Saint-Nicolas - Au Coin du Feu - Voir la sélection des restaurants

🛏 LE CHALET ZANNIER

CLASSIQUE CONTEMPORAIN Un ensemble de trois superbes chalets savoyards, possédant un joli centre de détente avec piscine, hammam et sauna. L'esprit de luxe montagnard règne dans les chambres, sobres et chic, jamais tape-à-l'œil, et dans les nombreux services (navette privée vers la station).

🐾 🄿 🍴 ⛏ 🌐 ♨ 🍽 - 12 chambres – Prix : €€€

367 route du Crêt – 𝄞 *04 50 21 01 01*

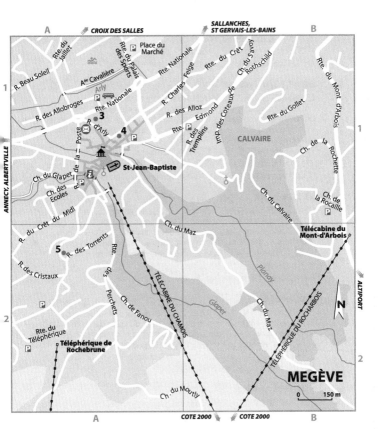

MEGÈVE

0   150 m

🛏️ **CŒUR DE MEGÈVE**   *Plus*

DESIGN MODERNE Un hôtel idéalement situé sur l'artère principale de la station, entièrement réhabilité dans un esprit alpin contemporain, et riche de nobles matériaux (bois de noyer brossé, laine, pierre du Hainaut). Déclinaison de couleurs brique, anis et bleu acier dans les chambres, avec vue sur les pistes, sur le village ou le torrent.

🦽 ⌔ 🚲 🏧 🛜 🍽️ - 39 chambres – Prix : €€

44 rue Charles Feige – ☎ *04 50 21 25 30*

🛏️ **LES FERMES DE MARIE**   *Plus*

CLASSIQUE CONTEMPORAIN On se verrait bien vivre dans ce hameau de fermes savoyardes reconstituées. Les chambres sont délicieusement montagnardes, boisées, décorées avec goût dans le style de la famille Sibuet, reconnaissable entre mille... Et le spa est superbe. Un véritable paradis des neiges !

🌳 🅿️ ⌔ ⌔ 🍽️ 🚲 ⚒️ 🏧 🛜 ♨️ 🧖 🍽️ - 70 chambres – Prix : €€€€

Chemin de Riante-Colline – ☎ *04 50 93 03 10*

🛏️ **FLOCONS DE SEL**   *Plus*

DESIGN MODERNE Les Flocons de Sel sont aussi un hôtel charmant ! Les chambres, réparties dans trois chalets, dévoilent le meilleur du chic montagnard : bois omniprésent, grands lits, salles de bains design... Le spa (avec sauna et hammam), la piscine couverte et le bain suédois achèvent d'en faire un lieu à part.

    ఈ 🍲 ⅰ◯ - 6 chambres – Prix : €€€€

1775 route du Leutaz – 𝒞 *04 50 21 49 99*

❀❀❀ **Flocons de Sel** - Voir la sélection des restaurants

🛏 **FOUR SEASONS MEGÈVE**   *Plus*

CLASSIQUE CONTEMPORAIN Trois ans de travaux, 55 chambres dont 14 suites (allant jusqu'à 150 m²), où le bois prédomine, dans un esprit chalet. Le superbe spa de 900 m² propose coiffeur, barbier, salles de massage et fitness, piscine extérieure et intérieure. Profitez aussi des activités exclusives : balade en traîneau à chiens, motoneige, et golf en été.

🍲 **P** ⅆ 🈺 ⅾ⅊ ⅀ ✆ 𝆑 *Fð* ⅰ◯ - 55 chambres – Prix : €€€€

373 chemin des Follières – 𝒞 *04 50 21 12 11*

❀ **La Dame de Pic - Le 1920 • Kaito** - Voir la sélection des restaurants

---

🛏 **LODGE PARK**   *Plus*

CLASSIQUE CONTEMPORAIN Atypique, chic et hors du temps : ce Lodge Park est tout cela à la fois. L'ambiance ? Celle d'une maison de trappeur dans le Grand Nord. Trophées de chasse, peaux de bêtes aux murs, cornes et bois... depuis les chambres, élégantes et chaleureuses, jusqu'au superbe spa !

🍲 **P** ⅆ 🈺 ⅾ⅊ ⅀ ✆ 𝆑 *Fð* ⅍ ⅰ◯ - 49 chambres – Prix : €€

100 rue d'Arly – 𝒞 *04 50 93 05 03*

Beef Lodge - Voir la sélection des restaurants

🛏 **M DE MEGÈVE**

CLASSIQUE CONTEMPORAIN L'esprit savoyard et le grand confort se sont donné rendez-vous dans cet imposant chalet du cœur de Megève. Le bois y est omniprésent, notamment dans les chambres, chic et chaleureuses ; on profite également d'un superbe spa, d'un hammam et d'une piscine avec jacuzzi.

ఈ 🍲 **P** ⌂ ⅆ 🈺 ⅀ ✆ 𝆑 *Fð* ⅍ ⅰ◯ - 42 chambres – Prix : €€€

15 route de Rochebrune – 𝒞 *04 50 21 41 09*

🛏 **MONT-BLANC**   *Plus*

CLASSIQUE CONTEMPORAIN Le mythique doyen des hôtels mégevans, magnifiquement illuminé le soir venu : le "21ᵉ arrondissement de Paris" selon Cocteau, qui y a laissé son empreinte. Du faste, un bar à champagne, le charme des sports d'hiver... la belle vie, très mondaine, en plein cœur de la station !

🍲 **P** ⅆ 🈺 ⅾ⅊ ⅀ ✆ 𝆑 ⅰ◯ - 38 chambres – Prix : €€

29 rue Ambroise Martin – 𝒞 *04 50 21 20 02*

MELUN

✉ 77000 – Seine-et-Marne – Carte régionale n° **15**–C2

LA BODEGA

ESPAGNOLE • CONVIVIAL On vient ici pour retrouver l'esprit de l'Espagne, en particulier celle des Asturies, d'où est originaire la famille propriétaire. Au menu, des produits de belle qualité, de succulentes recettes ibériques – pluma de cochon ibérique, paella bodega, chipirones à la plancha, délicieux turrones au dessert – et quelques plats plus actuels. On est comblé !

ఈ – Prix : €€

18 quai Hippolyte-Rossignol – 𝒞 *01 64 37 10 57* – *bodega-melun.fr* – *Fermé samedi et dimanche, et lundi soir*

MENDE

✉ 48000 – Lozère – Carte régionale n° **21**–C1

😊 LA SAFRANIÈRE

MODERNE • FAMILIAL Une étape gourmande sur les premières marches du Gévaudan, sur le site d'une ancienne exploitation de safran. Dans un décor frais et coloré, on apprécie une jolie cuisine de saison ; les vins et fromages de la région sont à l'honneur.

&. ✿ – Prix : €€

52 rue du Lavoir, hameau de Chabrits – ☎ 04 66 49 31 54 – www.restaurant-la-safraniere.fr – Fermé du lundi au mercredi, jeudi midi et dimanche soir

MÉNERBES

✉ 84560 – Vaucluse

🛏 LA BASTIDE DE MARIE   *Plus*

ÉLÉGANCE TRADITIONNELLE La Bastide de Marie ressuscite à sa façon le genre oublié des fermes d'hôtes. Moderne et sophistiqué, cet hôtel respecte pourtant la région, ses traditions et la nature environnante. Appréciez ce style éclectique et contemporain, ces meubles d'antiquaires, l'originalité des salles de bain de Philippe Starck.

🅿 🕭 🛏 🚲 ⟓ 🌐 ⚒ ⚗🍴 - 14 chambres – Prix : €€€€

Route de Bonnieux – ☎ 04 90 72 30 20

MENTHON-SAINT-BERNARD

✉ 74290 – Haute-Savoie – Carte régionale n° **4**–F1

😊 LE CONFIDENTIEL

MODERNE • COSY Parmi tous les restaurants (dont de grosses cylindrées !) qui entourent le lac, cette maison fait office de petit poucet... au grand talent. Dans une mini-salle se succèdent des plats d'une efficacité incontestable, où la franchise des saveurs va de pair avec une ambiance conviviale et détendue. Maintenant que vous êtes dans la confidence, courez-y. Un coup de cœur.

Prix : €€

24 route des Moulins – ☎ 04 50 44 00 68 – www.restaurant-leconfidentiel.fr – Fermé lundi et dimanche

LE PALACE DE MENTHON

MODERNE • TENDANCE De la couleur, une vue imprenable sur le lac... Un restaurant trendy et cosy, au service d'une cuisine bistronomique bien tournée : opéra de foie gras et magret de canard, filet de Saint-Pierre rôti au beurre d'algues, sablé breton et marmelade exotique.

⟓ 🛏 🖼 🅿 – Prix : €€€

665 route des Bains – ☎ 04 50 64 83 01 – www.palacedementhon.com/fr

🛏 LE PALACE DE MENTHON   *Plus*

ÉLÉGANCE TRADITIONNELLE Entre lac et montagne, cet imposant hôtel de 1906 a un vrai cachet et cultive avec élégance l'art de recevoir... Le parc verdoyant et délicieux, les chambres confortables (préférez celles situées côté lac, plus récentes), la belle piscine couverte creusée dans la roche, le sauna, le hammam : tout invite à la détente !

🏊 🅿 🕭 🛏 🚲 ⟓ 🌐 🎐 ⚓ ⚗🍴 - 72 chambres – Prix : €€€

665 route des Bains – ☎ 04 50 64 83 00

Le Palace de Menthon - Voir la sélection des restaurants

MENTON

✉ 06500 – Alpes-Maritimes – Carte régionale n° **25**–E2

✿✿✿ MIRAZUR

Chef : Mauro Colagreco

CRÉATIVE • CONTEMPORAIN Destin exceptionnel que celui de l'Argentin Mauro Colagreco, né à La Plata en 1976, et passé par toutes les écoles de l'excellence avant de voler de ses propres ailes... et de trouver, à Menton, sa véritable place. "Dernière maison avant l'Italie", le Mirazur regarde le ciel et le large les yeux dans les yeux : on ne compte plus les visiteurs hypnotisés par la vue exceptionnelle sur la Méditerranée. Porté par une équipe de talent, convaincu des bienfaits des circuits ultra-courts (son potager en permaculture en est la preuve), Mauro Colagreco est au sommet de son art. Réglée sur les cycles lunaires, transcendant les saisons et la région, sa cuisine est un hymne émouvant aux plantes aromatiques, aux fleurs, aux légumes et aux agrumes. Une expérience inoubliable.

✿ **L'engagement du chef :** Promouvoir une gastronomie pleine de sens au cœur d'un terroir, c'est le défi que nous essayons de relever quotidiennement. Vous pourrez donc savourer l'essence des produits que nous cultivons dans nos deux hectares de jardins potagers en permaculture, mais aussi les fruits de la cueillette sauvage, de la pêche et des élevages locaux. Nous tendons également à une ambition zéro déchet, qui nous permet de retourner à la terre ce que nous lui avons emprunté.

🐾 ⊰ 🛋 ᷛ 🅰 ⇪ 🅿 – Prix : €€€€

30 avenue Aristide-Briand – ☏ 04 92 41 86 86 – www.mirazur.fr – Fermé lundi et mardi

LE BISTROT DES JARDINS

TRADITIONNELLE • TRADITIONNEL "Ma ville est un jardin, mon restaurant est un jardin", revendique le chef, plus de quarante ans aux fourneaux tout de même... Nul doute, cet homme de métier sait cuisiner les produits – et l'esprit – du terroir méditerranéen ! Le repas est d'autant plus convivial en terrasse, aux airs de... jardin en ville.

🛋 – Prix : €€

14 avenue Boyer – ☏ 04 93 28 28 09 – www.le-bistrot-des-jardins.fr – Fermé lundi et dimanche soir

CASA FUEGO ⓝ

BARBECUE • MAISON DE CAMPAGNE Juste en face du vaisseau amiral du chef italo-argentin Mauro Colgreco, voici son grill argentin façon hacienda, avec sa grande terrasse couverte et ouverte sur la mer, la ville et le port. Le dépaysement est complet avec cette cuisson au feu, typique de l'Argentine, qui est ici maîtrisée et si goûteuse, avec ses effluves fumées : crevettes blanches de San Remo " aguachile " ; poulpe grillé ; flan dulce de leche. Une réussite, tout en convivialité gourmande.

⊰ ᷛ 🅰 🛋 – Prix : €€

80 bis boulevard de Garavan – ☏ 04 93 17 13 15 – www.casafuego.fr – Fermé mercredi, et lundi, mardi, jeudi et vendredi midi

JR BISTRONOMIE ⓝ

MODERNE • FAMILIAL À deux pas de la mer et du musée Jean Cocteau, on s'attable ici pour déguster une bonne cuisine bistronomique de saison, dans un cadre charmant, un peu comme dans une maisonnette de famille (avec son coin réservé aux enfants). Sous la houlette d'un chef expérimenté (également membre des disciples d'Escoffier), les classiques sont modernisés avec goût et intelligence. Ce soir-là, tarte tatin de tomates caramélisées ; selle d'agneau confite ; comme une pavlova au citron. Beaux produits frais, tour de main assuré ! JR, j'adhère !

&. &a – Prix : €€
11 rue Trenca – ☎ 06 07 54 89 50 – www.jrbistronomie.fr – Fermé dimanche et du lundi au samedi à midi

NAPOLÉON

Plus

DESIGN MODERNE Un hôtel très Riviera ! Dans une atmosphère élégante et contemporaine, les chambres rendent de charmants hommages à leurs hôtes illustres (Cocteau, Sutherland) et leur décoration est très soignée. Certaines, avec terrasse, donnent sur la mer : que demander de plus ?

🅿️ ⌂ 🕭 🛏 🛁 - 44 chambres – Prix : €
29 Porte de France – ☎ 04 93 35 89 50

LES MENUIRES

✉ 73440 – Savoie

CHALET HÔTEL KAYA

Plus

DESIGN MODERNE À 2 000 m d'altitude, cet hôtel donne directement sur les pistes. Les chambres déclinent un style épuré et contemporain, rehaussé par la chaleur du bois. Le spa et la piscine sont bien agréables, tout comme le restaurant, qui joue dans la tendance.

🌿 🅿️ ⌂ 🛁 🌐 🛁 ⁑ - 54 chambres – Prix : €€
Village de Reberty – ☎ 04 75 75 21 91

MERCUÈS

✉ 46090 – Lot – Carte régionale n° **22**-B1

LE DUÈZE - CHÂTEAU DE MERCUÈS

MODERNE • ÉLÉGANT Accroché au sommet d'une colline qui surplombe la vallée du Lot, ce superbe château médiéval, remanié d'innombrables fois, a traversé les siècles avec panache. Il n'abrite plus le siège du pouvoir épiscopal mais des chambres luxueuses et une table gastronomique, objet des soins du chef Julien Poisot, passé notamment chez Bernard Loiseau. Loin de pratiquer une cuisine historique entre ces murs séculaires, ce maître queux talentueux pratique une cuisine bien actuelle. Ses assiettes chantent le terroir lotois à travers des préparations goûteuses qui réactualisent la tradition de fort belle manière. On peut les accompagner par l'un des bons vins de la propriété, et aux beaux jours, s'attabler en terrasse dans la cour d'honneur.

⁑ ⌂ 🛏 🛁 🍽 ⊕ 🅿️ – Prix : €€€€
*Route du Château – ☎ 05 65 20 00 01 – ww.chateaudemercues.com –
Fermé lundi, dimanche et du mardi au samedi à midi*

CHÂTEAU DE MERCUÈS

Plus

ÉLÉGANCE TRADITIONNELLE Le Château de Mercuès a existé sous une forme ou une autre depuis l'an 650 avant J.-C., et fut pendant des siècles la résidence d'été des évêques de Cahors. Depuis, il a vu ses tours transformées en chambres somptueuses, et ses postes de guet dédiés à l'admiration béate du Lot, des vignes et des sentiers de campagne. Certaines chambres présentent des pierres et poutres apparentes, d'autres bénéficient de parquet, tapisseries de choix et penderies à l'ancienne. Celles de la Tour et de l'Évêque ont notre préférence, mais aucune n'est décevante.Le propriétaire Georges Vigouroux est d'abord vigneron, perpétuant avec talent la grande tradition du vin de Cahors.

🌿 🅿️ ⌂ 🛏 🚲 🛁 🍽 - 30 chambres – Prix : €€
Château de Mercuès – ☎ 05 65 20 00 01

⁑ **Le Duèze - Château de Mercuès** - Voir la sélection des restaurants

MÉRIBEL

✉ 73550 – Savoie – Carte régionale n° **4**–F2

★ **L'EKRIN BY LAURENT AZOULAY**

MODERNE • LUXE Dans ce chalet feutré où le luxe le dispute à l'élégance, cet Ekrin trouve parfaitement sa place : on y prend l'apéritif au coin du feu, avec en fond de jolies notes échappées du piano. Aux fourneaux, on trouve le chef Laurent Azoulay, fils de restaurateurs passé à l'Oustau de Baumanière et chez Pierre Gagnaire. Jouant habilement avec les terroirs et les climats, le chef propose une promenade entre la Provence (sa terre natale) et la Savoie (sa terre d'adoption) : on trouve aussi bien à sa carte les plus beaux poissons de la Méditerranée que du miel de bourgeon de sapin, du safran ou des escargots savoyards, sans oublier les légumes d'Éric Roy à Tours. Une cuisine créative et colorée, fine et délicate, qui ose des associations audacieuses.

🐾 ♿ – Prix : €€€€

Le Kaïla, 124 rue des Jeux-Olympiques – ℰ 04 79 41 69 35 – www.lekaila.com/fr/ hotel-luxe-meribel-savoie – Fermé les midis

☺ **LE CÈPE**

TRADITIONNELLE • COSY Tout commence par de beaux produits du terroir, cèpes de la montagne ou poissons des lacs voisins, que le chef vient présenter fièrement à ses clients... Il en tire ensuite des recettes réjouissantes, fraîches et d'autant plus savoureuses que les tarifs sont imbattables. Une adresse bien dans sa peau, tout simplement !

🌤 – Prix : €€

Immeuble Les Merisiers – ℰ 04 79 22 46 08

LE 80

TRADITIONNELLE • COSY Au 80, attablé sous quelques montgolfières, on cultive fièrement un esprit classique et traditionnel, autour d'une cuisine gourmande et bien tournée, à l'instar de ce ceviche de thon rouge, citron vert, yuzu ponzu et huile de sésame ou de la côte de cochon fermier fumée au foin. Le soir, au second service, ambiance plus festive. Partez donc sur les traces de Jules Verne !

Prix : €€€

La Chaudanne, rue des Jeux Olympiques – ℰ 04 79 41 69 79 – www.chaudanne. com/fr/restaurant-bar-meribel-le-80

LA COURSIVE DES ALPES

MODERNE • CONTEMPORAIN Cet établissement vous accueille dans l'ancien cinéma de la station - au rez-de-chaussée, le lounge bar pour un apéritif dînatoire et en mezzanine, le restaurant lui-même, disposé en coursives. Le chef propose une cuisine moderne, bien ficelée et goûteuse, à l'instar de l'effiloché de queue de bœuf, pomme rattes et truffes ou, en saison, des Saint-Jacques poêlées et risotto d'épeautre au Beaufort. Accueil des plus charmants.

🅰🅲 – Prix : €€

Galerie des Cimes – ℰ 04 79 06 44 97 – www.meribel-restaurants.com/index. php/la-coursive-des-alpes.html

🛏 **LE COUCOU**   *Plus*

DESIGN MODERNE Dernier né des 5 étoiles de la station, ce superbe chalet traditionnel, parfaitement intégré à l'environnement, bénéficie d'une situation idéale au pied des pistes, à flanc de montagne. Dix étages de lignes épurées, où le bois et la pierre contrastent avec la laine et le métal, le verre et le cuir. Chambres élégantes, spa luxueux, deux piscines chauffées, salle de fitness etc. La vue est époustouflante, le dépaysement total.

🅿 🛎 🌐 🛋 ⑩ - 55 chambres – Prix : €€€€

464 route du Belvédère – ℰ 04 57 58 37 37

LE KAÏLA *Plus*

CLASSIQUE CONTEMPORAIN S'il fallait illustrer le "luxe montagnard", ce grand chalet, situé au cœur de la station, ferait un parfait exemple. On ronronne de plaisir à la découverte de ses chambres chaleureuses, aux matériaux nobles (bois alpin, lauze), et du superbe petit-déjeuner... Un must !

&️ 🐾 **P** 🛋 🐟 🎿 🌐 🐾 🔥 🍴 - 38 chambres – Prix : €€€€

Route de la Montée – 𝒞 04 79 41 69 30

❀ **L'Ekrin by Laurent Azoulay** - Voir la sélection des restaurants

MÉRIGNAC

✉ 33700 – Gironde – Carte régionale n° **18**–B1

BLISSS

CRÉATIVE • CONTEMPORAIN Dans cette petite zone commerciale, une belle surprise que cette table moderne qui a fait totalement peau neuve, avec son mobilier fait sur mesure (notamment les tables en demi-lune) et une vaisselle en adéquation avec l'esprit de la cuisine. Anthony Aycaguer, chef expérimenté, décline un menu moderne et ludique (les clients doivent deviner les ingrédients) en plusieurs séquences, qui évolue au gré du marché. Réservation impérative.

🅰🅲 – Prix : €€€

98 avenue de Magudas – 𝒞 05 56 98 66 72 – www.blisss.fr – Fermé samedi, dimanche et du lundi au jeudi à midi

MERKWILLER-PECHELBRONN

✉ 67250 – Bas-Rhin – Carte régionale n° **10**–B1

AUBERGE BAECHEL-BRUNN

MODERNE • COSY Le cachet de l'ancien sublimé par un esprit design (art contemporain, cuisine ouverte). Ici, on sert une cuisine bien ficelée et originale (thon blanc de ligne du Pays Basque mi-cuit, crème de courge au lait de coco ; raviole de cabillaud confit, bouillon aux aromates, œufs de truite et tuile aux épices douces), accompagnée d'une belle carte des vins. Ou comment mêler avec goût tradition et modernité, dans le décor comme dans l'assiette.

🅰🅲 – Prix : €€€

3 route de Soultz – 𝒞 03 88 80 78 61 – www.baechel-brunn.com – Fermé du lundi au jeudi

MÉRY-SUR-OISE

✉ 95540 – Val-d'Oise – Carte régionale n° **15**–B1

 LE CHIQUITO

Cheffe : Anne-Sophie Godry

CLASSIQUE • ÉLÉGANT Cette maison francilienne du 17 e s. continue de porter haut l'étendard de l'hospitalité gourmande et d'une certaine élégance bourgeoise à l'image de l'enfilade des salles. La cheffe Anne-Sophie Godry, ancien bras droit du chef ici-même, tient désormais les fourneaux de cette institution vivement plébiscitée par une clientèle d'épicuriens fidèles. Elle continue d'œuvrer dans une veine classique et gourmande. Les plats emblématiques de la maison comme le cœur de pomme de ris de veau au beurre mousseux et le Paris-Brest praliné à l'ancienne avec sa crème anglaise à la chicorée, toujours à la carte, demeurent des valeurs sûres. La belle carte des vins, avec plus de 400 références, conforte ce charmant tableau. En salle, l'équipe met en œuvre un service de grande qualité, souriant, compétent, efficace.

❀ 🍴 & 🅰🅲 ⇪ **P** – Prix : €€€

3 rue de l'Oise – 𝒞 01 30 36 40 23 – www.lechiquito.fr – Fermé lundi et dimanche, et mercredi soir

MESNIL-SAINT-PÈRE

✉ 10140 – Aube – Carte régionale n° **11**–B3

AU VIEUX PRESSOIR

TRADITIONNELLE • ÉLÉGANT Sur la route du lac d'Orient, cette maison à colombages, typique de la Champagne humide, propose des spécialités maison, qui jonglent avec la tradition : salade de gambas au fenouil et pousses d'épinards, barbue et beurre blanc au champagne, sphère chocolat fruits rouges... On profite aussi de chambres confortables, d'un agréable espace bien-être et d'un bistrot dans une maison annexe. La "Maison Gublin" se porte bien.

🦿 ♿ 📶 🅟 – Prix : €€€

5 rue du 28-août-1944 – 𝒞 03 25 41 27 16 – www.auberge-du-lac.fr – Fermé du lundi au jeudi à midi

MESSANGES

✉ 40660 – Landes

🛏 **LA MAISON DE LA PRADE**   *Plus*

CLASSIQUE CONTEMPORAIN Voilà une maison qui sent bon les pins et les effluves salines de l'Atlantique. Tapie sous la forêt landaise, cette ancienne colonie de vacances des années 30 a été reconvertie en un hôtel de 16 chambres. Entre pinède, dunes et plage sauvage, sa façade Art déco joliment conservée s'ouvre sur un intérieur contemporain lumineux et épuré. Tons pastels, lambris peint et tapis en sisal se passent du superflu. A l'extérieur, on a le choix entre la piscine chauffée et la plage à moins d'un kilomètre. Une "colo" comme celle-là, d'accord !

🅟 🛁 🚲 ⅀ 🌐 - 16 chambres – Prix : €

Avenue de l'Océan – 𝒞 05 58 48 38 96

MESSIGNY-ET-VANTOUX

✉ 21380 – Côte-d'Or – Carte régionale n° **5**–C2

AUBERGE DES TILLEULS

TRADITIONNELLE • BISTRO Au programme de cette auberge, bonne cuisine traditionnelle et prix serrés. Le chef remet au goût du jour les bons plats bistrotiers qui ont fait l'histoire de la maison, mais signe aussi des plats plus actuels : terrine de foie de volaille, travers de porc braisés au miel, romarin et citronnelle, pavlova aux fruits rouges... Attention, c'est souvent complet.

♿ 📶 ♻ – Prix : €

8 place de l'Église – 𝒞 03 80 35 45 22 – www.restaurant-tilleuls.fr – Fermé lundi et dimanche, et du mardi au jeudi soir

MÉTHAMIS

✉ 84570 – Vaucluse

🛏 **MÉTAFORT**   *Plus*

DESIGN MODERNE Contrastant avec les spectaculaires reliefs du parc naturel du Luberon et du mont Ventoux, les intérieurs ultra-contemporains d'une villa provençale du 17ᵉ s. Cinq chambres, deux gîtes et une bonne dose de luxe : salles de bain flambant neuves, jacuzzi dans chaque chambre, piscine à débordement à couper le souffle et cuisine à l'esprit industriel ouverte sur le jardin. À vos pieds, les gorges de la Nesque et à 25km de là, le superbe village de Gordes.

🅟 ❄ 🛁 🚲 ⅀ - 5 chambres – Prix : €

31 montée du Vieil Hôpital – 𝒞 04 90 34 46 84

METZ

✉ 57000 – Moselle – Carte régionale n° **12**–B1

83 RESTAURANT

ITALIENNE • CONVIVIAL À 10mn à pied du Centre Pompidou-Metz, ce restaurant sympathique met à l'honneur la gastronomie italienne, à travers des produits triés sur le volet (charcuteries, burrata, pâtes, poissons sauvages, viandes de race). Et pour accompagner tout cela, une belle sélection de vins transalpins !

🕸 🄰🄺 ⇆ – Prix : €€

Plan : D2-6 – *83 rue Mazelle* – ☏ *03 87 75 20 20* – *www.83restaurant.com* – *Fermé lundi, dimanche et samedi midi*

CHEZ MOI

TRADITIONNELLE • BISTRO Ce bistrot de quartier a été repris par un jeune chef sympathique au bon parcours, qui a travaillé en France et à l'étranger. Ce double apprentissage se lit dans une cuisine qui évolue entre plats canailles (pâté en croûte) et spécialités du monde, à l'instar du bibimbap très parfumé. Sans oublier la soupe de fraise, savoureux hommage à sa grand-mère.

🄰🄺 🍃 – Prix : €€

Plan : D2-5 – *22 place des Charrons* – ☏ *03 87 74 39 79* – *www.chez-moi.fr* – *Fermé lundi et dimanche*

DERRIÈRE

MODERNE • COSY Quelle belle surprise ! Le chef réalise une cuisine soignée et lisible, sans jamais céder aux effets de mode, avec un respect profond pour le produit, comme avec ce thon rouge de méditerranée, avocat et yuzu. La petite salle de derrière (d'où le nom du restaurant) a été joliment aménagée ; le service est pro et détendu. Un bonheur.

🍃 – Prix : €€€

Plan : D1-1 – *17 rue de la Chèvre* – ☏ *03 87 66 23 63* – *www.restaurant-derriere. com* – *Fermé dimanche et lundi midi*

LE JARDIN DE BELLEVUE

MODERNE • ÉLÉGANT Une belle clientèle plébiscite cette maison centenaire de la périphérie messine (à 2 km du centre Pompidou), tenue par Nathalie et Philippe Jung. Lui, en cuisine, travaille des produits frais et propose des plats attractifs, au goût du jour. Elle, comme la jeune équipe qui l'entoure, assure un accueil charmant dans une salle à la sobriété toute actuelle.

🐾 🐾 🄰🄺 🅿 – Prix : €€€

Hors plan – *58 rue Claude-Bernard* – ☏ *03 87 37 10 27* – *www. lejardindebellevue.com* – *Fermé lundi, mardi, samedi midi et dimanche soir*

LA LANTERNE

MODERNE • CONTEMPORAIN Cette "Lanterne" s'inspire de "La Lanterne du Bon Dieu", surnom de la cathédrale de Metz qui domine le restaurant. Outre "le bon Dieu", cet établissement bénéficie de toutes les attentions d'un jeune couple, la cheffe Célia Bertrand, originaire de Metz, et son compagnon Romain Bouchesèche, jurassien, présent en salle et sommellerie. Célia propose une cuisine moderne (lieu jaune de ligne, morilles, vin jaune), assortie de clins d'œil au Jura où ils se sont rencontrés.

🕸 🄰🄺 🍃 – Prix : €€€

Plan : C1-2 – *17 place de la Chambre* – ☏ *03 87 79 42 08* – *lalanternemetz.fr* – *Fermé mercredi, dimanche et lundi midi*

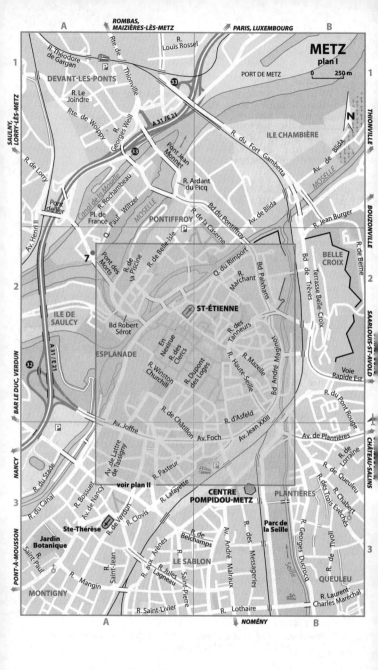

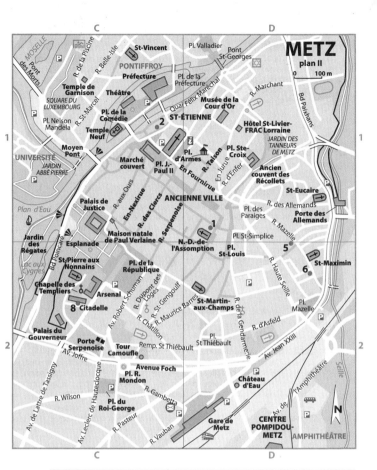

QUINTESSENCE

MODERNE • CONTEMPORAIN Sur cette petite île du cœur de Metz, Quintessence est la première adresse d'un jeune chef mosellan au beau parcours (Flocons de Sel, notamment). En lien direct avec les producteurs de la région, il signe une bonne cuisine entre tradition et créativité.

&. 🅰️ – Prix : €€

Plan : A2-7 – 1 rue de Paris – ☎ 03 87 31 46 88 – www.quintessence-restaurant. com – Fermé mardi et mercredi, et dimanche soir

LA RÉSERVE

MODERNE • CONTEMPORAIN Au sein de l'hôtel La Citadelle, ancien magasin aux vivres dont les origines remontent au 16ᵉ s., la cuisine bistrotière d'Aurélien Person s'avère tout à la fois gourmande et généreuse : tartare de gambas "Black Tiger" et coulis de tomates Green Zebra, filet de bœuf au lard lorrain et oignons doux... Une Réserve à apprécier sans réserve.

&. 🅰️ – Prix : €€

Plan : C2-8 – 5 avenue Ney – ☎ 03 87 17 17 17 – www.citadelle-metz.com

🛏️ **LA CITADELLE** *Plus*

DESIGN MODERNE Ce luxueux hôtel du centre-ville a su marier les contrastes : ses spacieuses chambres prennent leurs aises dans... un bâtiment militaire du 16e s. ! L'ensemble, aménagé dans un esprit contemporain feutré, est parfait pour un week-end chic à Metz.

♿ 🅿️ 🕼 🍽 - 68 chambres – Prix: €

5 avenue Ney – 𝒞 03 87 17 17 17

La Réserve - Voir la sélection des restaurants

METZERAL

✉️ 68380 – Haut-Rhin – Carte régionale n° **10**–A2

LES CLARINES D'ARGENT

TRADITIONNELLE • AUBERGE Dans ce restaurant installé près d'un étang, le chef concocte une bonne cuisine traditionnelle – avec un penchant particulier pour la truite –, à apprécier dans un cadre agréable. Accueil aimable, et chambres pour l'étape.

♿ 🅿️ – Prix: €€

12 rue Altenhof – 𝒞 03 89 77 61 48 – www.aux-deux-clefs.com – Fermé lundi et dimanche soir

MEUCON

✉️ 56890 – Morbihan – Carte régionale n° **7**–A3

AUBERGE DU ROHAN

TRADITIONNELLE • RUSTIQUE Dans cette ancienne ferme traditionnelle bretonne posée au bord de la route, à l'entrée du parc naturel du Golfe du Morbihan, un chef autodidacte accueille ses fidèles avec des recettes traditionnelles, soignées et généreuses : saumon fumé maison, foie gras aux épices douces, homard aux girolles, poisson du jour sauce crustacés, pigeonneau en deux façons.

🅿️ – Prix: €€

20 route de Vannes – 𝒞 02 97 44 50 50 – www.aubergedurohan.com – Fermé lundi et mardi, et mercredi, jeudi et dimanche soir

MEUDON

✉️ 92190 – Hauts-de-Seine – Carte régionale n° **15**–B2

❀ **L'ESCARBILLE**

Chef : Régis Douysset

MODERNE • BOURGEOIS Contre les voies de chemin de fer, cette maison bourgeoise (ancien buffet de la gare) est devenue un restaurant gourmet, à l'atmosphère chic et contemporaine, décoré de photos et tableaux. On déguste ici les recettes d'un chef expérimenté, secondé par une équipe de confiance. En cuisine, le produit a le beau rôle, préparé et assaisonné avec justesse ; on accompagne ces douceurs de vins de petits producteurs sélectionnés avec minutie (et présentés sur tablette). À noter que l'on peut également prendre son repas sur la terrasse, et profiter d'un service de voiturier. Une attachante Escarbille.

🕸 🍽 ✿ 🎖 – Prix: €€€

8 rue de Vélizy – 𝒞 01 45 34 12 03 – www.lescarbille.fr – Fermé lundi et dimanche

MEURSAULT

✉ 21190 – Côte-d'Or – Carte régionale n° **5**–A3

AU FIL DU CLOS

MODERNE • **CONTEMPORAIN** Un ancien clos au cœur des vignes de Meursault, avec son jardin, sa terrasse et sa pergola : voilà la nouvelle adresse, pleine de charme, du chef Jean-Christophe Moutet (que l'on a connu à Pommard). Ravioles d'escargots sauvages, émietté de tourteau, côte de veau poêlée, quelques classiques bourguignons : tout le savoureux savoir-faire du chef est intact.

❀ ⌂♿Ⓜ️ 🅿️ – Prix : €€€

1 rue de Mazeray – 𝒫 03 80 20 40 82 – www.aufilduclos.com/index.php/fr –
Fermé lundi et dimanche

LE CHEVREUIL

MODERNE • **TRADITIONNEL** Au centre du village, en face de l'église, cette maison historique est tenue par un jeune couple, lui en cuisine et elle en salle. On se régale avec la fameuse "terrine chaude de la mère Daugier", spécialité du lieu depuis 1870, mais aussi avec des plats au goût du jour. Côté décor, pierre de Bourgogne et touches contemporaines.

♿Ⓜ️🛋️ – Prix : €€

Place de l'Hôtel-de-Ville – 𝒫 03 80 21 23 25 – www.lechevreuil.fr –
Fermé mercredi, dimanche et jeudi midi

LE SOUFFLOT

MODERNE • **CONTEMPORAIN** Le jeune chef Jérémy Pèze réalise une cuisine gourmande, fine et délicate dans ce restaurant situé à l'intérieur d'une ancienne maison de vigneron. Sans oublier la remarquable carte de vins.

❀ Ⓜ️🅿️ – Prix : €€

8 route Nationale 74 – 𝒫 03 80 22 83 65 – www.restaurant-meursault.fr –
Fermé samedi et dimanche

LE MEUX

✉ 60880 – Oise – Carte régionale n° **14**–B2

AUBERGE DE LA VIEILLE FERME

MODERNE • **AUBERGE** Dans ce petit village non loin de Compiègne, l'ancienne ferme est aujourd'hui un hôtel-restaurant très couru. En cuisine, le chef signe une cuisine à la fois fine et gourmande, parsemée de touches personnelles, comme ce carpaccio de veau "vitello" et déclinaison d'aubergines, ou cet excellent millefeuille vanille caramel cacahouète. Très recommandable.

🛋️🅿️ – Prix : €€

58 rue de la République – 𝒫 03 44 41 58 54 – www.hotel-restaurant-oise.com

MEYRONNE

✉ 46200 – Lot – Carte régionale n° **22**–C1

LA TERRASSE

MODERNE • **HISTORIQUE** La terrasse, qui domine la Dordogne, est parfaite pour un dîner romantique, et l'hiver on peut se réfugier sous les voûtes médiévales de cette ancienne place forte du 11 e s. Au menu : une cuisine aux parfums bien marqués, avec une prédilection pour les épices. Charmant !

≼⌂🛋️ – Prix : €€

Place de l'Église – 𝒫 05 65 32 21 60 – www.hotel-la-terrasse.com – Fermé mardi

MÉZÉRIAT

✉ 01660 – Ain – Carte régionale n° **2**–B1

LE PETIT MÉZÉRIAT

MODERNE • CONTEMPORAIN Dans un petit village, proche de Vonnas, un jeune couple propose un menu du marché en semaine le midi et, le soir, un menu surprise (en 3/4/5 plats) composé des bons produits issus des circuits courts. Le tout est servi avec le sourire par Amandine, la femme du chef dans leur nouvelle et pimpante adresse au cadre contemporain ouverte début 2022.

&. – Prix : €€

250 Grande Rue – 𝒞 04 74 25 26 08 – le-petit-mezeriat-restaurant.eatbu. com/?lang=fr – Fermé lundi et dimanche, et du mardi au jeudi soir

MÉZY-MOULINS

✉ 02650 – Aisne – Carte régionale n° **14**–C3

LE MOULIN BABET

TRADITIONNELLE • AUBERGE Cet ancien moulin à eau tout en pierre (19 e s.) profite du seul voisinage de la verdure et du Surmelin, affluent de la Marne. L'intérieur donne dans le moderne et l'épure, avec plafond en bois clair et fauteuils de designers ; la cuisine de tradition prend des accents bucoliques. Et dans les chambres, pas un bruit...

&.🏠 ♿ 🅿 – Prix : €€€

8 rue du Moulin-Babet – 𝒞 03 23 71 44 72 – www.lemoulinbabet.com – Fermé mardi et mercredi, et lundi soir

MILLY-LA-FORÊT

✉ 91490 – Essonne – Carte régionale n° **15**–B3

LES COQS

MODERNE • CONTEMPORAIN Cette maison, installée dans un ancien magasin d'antiquités au cœur du village, a tout pour plaire : un intérieur contemporain et élégant, un patio-terrasse idéal pour les beaux jours... et, à sa tête, un jeune couple qui propose une cuisine du marché bien réalisée.

&.🏠 ♿ – Prix : €€

24 place du Marché – 𝒞 01 64 98 58 58 – www.lescoqs.fr – Fermé mardi et mercredi

MINERVE

✉ 34210 – Hérault – Carte régionale n° **21**–B2

RELAIS CHANTOVENT

TRADITIONNELLE • AUBERGE Une charmante petite auberge en pays cathare où gourmands et pèlerins se rendent à pied pour se régaler de plats de viandes longuement confites, comme ce pavé de cochon cuit 24h en basse température, ou encore le gigot cuit 20h à 70°. Ici, les produits des marchés locaux sont de rigueur. Le must : la terrasse et sa vue plongeante sur la vallée du Briant.

🍽 🏠 – Prix : €€

17 Grand-Rue – 𝒞 04 68 91 14 18 – www.relaischantovent-minerve.fr – Fermé mardi et mercredi, et dimanche soir

MIRMANDE

✉ 26270 – Drôme – Carte régionale n° **2**–B3

🕸 LA CAPITELLE

MODERNE • AUBERGE Cette Capitelle ne manque pas d'atouts : une courte
ardoise changée tous les deux ou trois jours, garnie de produits de qualité (locaux,
autant que possible) ; des recettes traditionnelles remises au goût du jour ; des
cuissons maîtrisées ; une jolie salle à manger voûtée, où trône une imposante
cheminée...

🏡 – Prix : €€

*1 rue du Boulanger – 𝄢 04 75 63 02 72 – www.lacapitelle.com – Fermé lundi et
dimanche soir*

MISSILLAC

✉ 44780 – Loire-Atlantique – Carte régionale n° **23**–A2

LE MONTAIGU - DOMAINE DE LA BRETESCHE

MODERNE • CLASSIQUE Les anciennes dépendances du château de la Bretesche
à l'imposante architecture médiévale abritent ce restaurant au cadre bourgeois
dont les fenêtres ouvrent sur le parc et le plan d'eau. Charmant bar installé dans les
anciennes écuries. Le chef propose une cuisine dans l'air du temps.

≼ 🀤 ♿ **P** – Prix : €€€

*Route de la Baule – 𝄢 02 51 76 86 96 – www.bretesche.com – Fermé lundi,
mardi, mercredi et dimanche et du jeudi au samedi à midi*

MOIRAX

✉ 47310 – Lot-et-Garonne – Carte régionale n° **18**–C2

🍀 AUBERGE LE PRIEURÉ

Chef : Benjamin Toursel

CRÉATIVE • CONVIVIAL Entre Bordeaux et Toulouse, au cœur d'un petit village
pittoresque des environs d'Agen, ce restaurant de campagne occupe une belle
maison en pierre de taille, plusieurs fois centenaire. La terrasse ombragée par de
robustes platanes fait face à un prieuré clunisien fondé au 11 e s. Ancien compagnon
de route de Michel Trama à Puymirol, le chef Benjamin Toursel a su développer son
propre style, moderne, créatif et audacieux, qui ne laisse jamais indifférent : thon,
crème d'amande, coulis de cerise, gaspacho vert ; courgettes au sel, pâte de citron,
prune umeboshi, poutargue... Un prieuré où l'on fait bonne chère...

🀤 🀜 ✧ – Prix : €€€

*4 Grand'Rue – 𝄢 05 53 47 59 55 – www.aubergeleprieure.fr – Fermé lundi et
mardi, et dimanche soir*

MOLITG-LES-BAINS

✉ 66500 – Pyrénées-Orientales – Carte régionale n° **21**–B3

CHÂTEAU DE RIELL

MODERNE • ÉLÉGANT En plein cœur des Pyrénées catalanes, ce restaurant raffiné puise dans les produits du riche terroir local pour offrir une cuisine vive et
pleine de goût ; on la déguste en terrasse ou devant les baies vitrées, en contemplant la cime enneigée du mont Canigou, au loin...

🔄 🀤 🏡 **P** – Prix : €€€

*Château de Riell – 𝄢 04 68 05 04 40 – www.chateauderiell.com – Fermé mardi,
mercredi, et lundi, jeudi, vendredi et samedi midi*

MOLLKIRCH

✉ 67190 – Bas-Rhin – Carte régionale n° **10**–A2

FISCHHUTTE

TRADITIONNELLE • AUBERGE Une auberge au cadre chaleureux, une cuisine traditionnelle bien réalisée et goûteuse, une équipe dynamique : un vent nouveau souffle sur cette sympathique adresse, appréciée des habitués.

🛏 ⪝ ♨ 🅿 – Prix : €€

30 route de la Fischhutte – 𝒞 03 88 97 42 03 – www.fischhutte.com/fr – Fermé lundi et mardi, et dimanche soir

LES MOLUNES

✉ 39310 – Jura – Carte régionale n° **6**–B3

LE PRÉ FILLET

TRADITIONNELLE • VINTAGE Au beau milieu des champs et des bois, un restaurant simple et authentique. Derrière les fourneaux, le chef concocte de bonnes recettes copieuses, dans lesquelles le terroir se taille la part du lion ; on les déguste dans une salle ouverte sur la nature. Et l'accueil est aux petits oignons !

🏵 ⪝ 🅿 – Prix : €€

Route des Moussières – 𝒞 03 84 41 62 89 – www.hotel-leprefillet.com – Fermé lundi et mardi, et dimanche soir

MONACO

✉ 98000 – Principauté de Monaco – Carte régionale n° **25**–E2

À mi-chemin entre Nice et la frontière italienne, la principauté de Monaco est l'un des joyaux de la Côte d'Azur. Habité dès la préhistoire, successivement phénicien, phocéen puis romain, ce petit rocher, deuxième plus petit état du monde après le Vatican, se dresse fièrement face à la Méditerranée. D'ailleurs, sa cuisine lui doit tout, délicieux mélange des traditions nissarde, italienne et provençale. Fruits, légumes, poissons et fruits de mer, généreusement arrosés d'huile d'olive, se disputent les cartes : loup de mer, gamberoni, dorade des côtes, agrumes du Mentonnais... Exemple éclatant, le Louis XV d'Alain Ducasse, qui assure depuis des décennies le triomphe de cette cuisine du soleil. Entre les palaces chers à Sacha Guitry et les yachts des milliardaires, Monaco s'adonne à une dolce vita cosmopolite où les beaux et les bons restaurants tiennent une place essentielle.

✿✿✿ LE LOUIS XV - ALAIN DUCASSE À L'HÔTEL DE PARIS

MÉDITERRANÉENNE • LUXE Difficile de présenter le Louis XV, sans évoquer Alain Ducasse. Son existence se conjugue au superlatif. L'enfant d'Orthez, aux amours méditerranéennes, chef et homme d'affaires brillant, devenu citoyen monégasque, se trouve à la tête d'un empire de plus de 30 établissements sur tous les continents du monde. Il n'a que 33 ans lorsqu'il décroche trois étoiles au Louis XV pour un niveau qui ne se démentira jamais. Le fameux menu "Jardin de Provence" autour des légumes, lancé ici même à Monaco le 27 mai 1987, a constitué l'une des pierres de touche de la gastronomie française de ces trente dernières années. La signature Alain Ducasse est ici mise en scène par son fidèle lieutenant, Emmanuel Pilon. On y célèbre la vérité du produit et la déesse Méditerranée, avec maestria, toujours.

🐌 ⇔ ♿ Ⓜ 🏡 🥘 – Prix : €€€€

Plan : B1-1 – *Place du Casino* – ✆ 98 06 88 64 – www.ducasse-paris.com – *Fermé mardi, mercredi, et lundi, jeudi et vendredi midi*

✿✿ LE BLUE BAY

CRÉATIVE • CONTEMPORAIN Après avoir bourlingué d'un rocher à l'autre, de la Martinique à Monaco et de l'Alsace à la Belgique, riche d'une personnalité culinaire affirmée, Marcel Ravin signe une cuisine créative qui nous transporte vers les Antilles. Avec une maîtrise technique sans faille (superbes sauces), il nous raconte son histoire et sa jeunesse heureuse passée à la Martinique, avec des clins d'œil aux plats mitonnés par sa grand-mère (le calalou, le blaff, le pain du lendemain...), qu'il réinterprète avec brio en s'appuyant sur les beaux produits du Sud : volaille et veau du Piémont, pêche de Méditerranée, légumes et herbes aromatiques du potager. Une cuisine attachante qui déborde de parfums antillais, parachevée par les créations à la fois fruitées et épicées de la cheffe pâtissière Floriane Grand. Le tout dans le cadre fastueux du Monte Carlo Bay Hotel and Resort, posé au bord de la presqu'île du Larvotto, avec pour superbe horizon une terrasse ouvrant grand sur la mer...

⇦ ᕳ ⇧ 🅿 – Prix : €€€€

Hors plan – *40 avenue Princesse-Grace* – ℰ *98 06 03 60* – *www. montecarlosbm.com/fr/restaurant-monaco/le-blue-bay* – *Fermé lundi, mardi et dimanche et du mercredi au samedi à midi*

❀ LE GRILL

CLASSIQUE • CHIC Au huitième étage de l'Hôtel de Paris, sous un toit ouvrant, le Grill demeure plus que jamais un restaurant mythique avec une vue à couper le souffle ! Ici, on connaît la signification du travail précis sur les beaux produits enfantés par une Côte d'Azur, toujours aussi munificente. Dans l'assiette, la cuisson au charbon de bois est de mise, et millimétrée : agnolotti piemontesi al plin, turbot côtier en tronçon, carré d'agneau à la sarriette, poussin fermier au doux parfum de Provence... Ici, la tradition du soufflé est défendue avec panache à l'image de ce soufflé chaud framboise et pistache qui est une pure merveille.

ಟಿ ⇦ ᐊ ᕳ 🎬 ⇧ 🏮 – Prix : €€€€

Plan : B1-2 – *Place du Casino* – ℰ *98 06 88 88* – *www.montecarlosbm.com/fr/ restaurant-monaco/le-grill*

❀ PAVYLLON, UN RESTAURANT DE YANNICK ALLÉNO, MONTE-CARLO

MODERNE • ÉLÉGANT La gastronomie de comptoir de Yannick Alléno, déjà goûtée et approuvée à Paris, s'est installée à l'Hôtel Hermitage Monte-Carlo avec les mêmes recettes imparables. Soit une gastronomie décomplexée, un cadre élégant et bleuté, inspiré des infinies variations chromatiques de la mer, une cuisine ouverte face à la terrasse avec son impressionnant comptoir de dégustation en bois métallisé, et, dans l'assiette, une cuisine de saison et de bien-être, ancrée dans le végétal et l'iode, avec des desserts peu sucrés. Aux beaux jours, on prend évidemment place sur la terrasse végétalisée face à la grande bleue pour profiter d'une vue spectaculaire.

⇦ ᐊ ᕳ 🎬 ᕳ ⇧ 🏮 – Prix : €€€€

Plan : B1-3 – *Square Beaumarchais* – ℰ *98 06 98 98* – *www.montecarlosbm. com/fr*

❀ LA TABLE D'ANTONIO SALVATORE AU RAMPOLDI

Chef : Antonio Salvatore

ITALIENNE • INTIME Venu au monde dans le Basilicate, au sud de Matera, l'italien Antonio Salvatore n'a cessé de voyager grâce à son métier de chef, de l'Espagne à l'Angleterre, en passant par la Russie où il rencontre le nouveau propriétaire du Rampoldi. Dans l'ancien salon à cigares, il s'est taillé un écrin sur mesure (5 tables seulement) où il déroule avec une rigueur sans faille une cuisine italienne contemporaine de haute volée, savoureuse et précise. Comme il se doit, le sourcing est irréprochable, associant les petits producteurs autour de Menton et ceux de San Remo, mais aussi certains produits importés du sud de la botte. Quelques exemples : bottoni di vitello tonnato ; cabri dodici ore ; texture di chocolato...Côté brasserie, la carte met en valeur quelques classiques modernisés.

🎬 🏮 – Prix : €€€€

Plan : B1-4 – *3 avenue des Spélugues* – ℰ *93 30 70 44* – *www.rampoldi.mc/ la-tabledantonio-salvatore* – *Fermé lundi, dimanche et du mardi au samedi à midi*

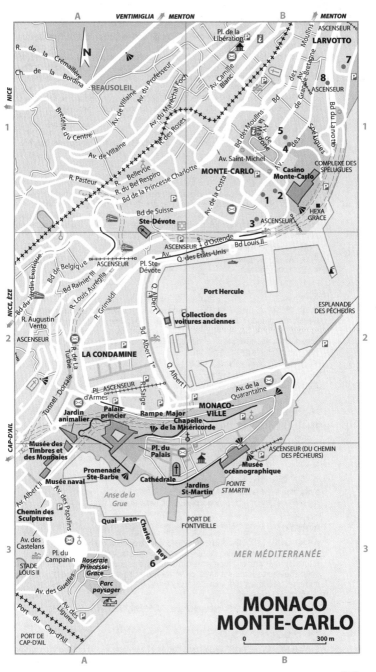

A B

LARVOTTO

7

8
ASCENSEUR

Pl. de la Libération

R. de la Crémaillère
Ch. de la Bordina

BEAUSOLEIL

R. de la

Bretelle du Centre

Av. de Villaine

Av. du Professeur

Av. de Villaine

Av. du Maréchal Foch

R. des Roses

Av. Camille Blanc

Bd de Grande-Bretagne

Bd du Larvotto

Bd des Moulins

R. Bellevue

R. du Bel Respiro

R. Pasteur

Bd de la Princesse Charlotte

Bd des Moulins

Av. de la Madone

Av. Saint-Michel

MONTE-CARLO

5

4

Casino Monte-Carlo

1 2

COMPLEXE DES SPÉLUGUES

Bd de Suisse

Ste-Dévote

Av. de la Costa

Av. d'Ostende

3 ASCENSEUR

HEXA GRACE

ASCENSEUR

Av. des États-Unis

Bd Louis II

Pl. Ste-Dévote

Q. des États-Unis

Port Hercule

ESPLANADE DES PÊCHEURS

Bd de Belgique

Bd Rainier III

Bd du Jardin Exotique

R. Augustin Vento

ASCENSEUR

Bd Louis Auréglia

R. Louis Auréglia

R. Grimaldi

Q. Albert I

Collection des voitures anciennes

R. de la Turbie

LA CONDAMINE

Bd Albert I

Q. Albert I

Pl. d'Armes

ASCENSEUR

passage

Tunnel Dorsale

Jardin animalier

Palais princier

Rampe Major

MONACO-VILLE

Av. de la Quarantaine

Musée des Timbres et des Monnaies

Chapelle de la Miséricorde

Pl. du Palais

Musée naval

Promenade Ste-Barbe

Cathédrale

Jardins St-Martin

Musée océanographique

ASCENSEUR (DU CHEMIN DES PÊCHEURS)

POINTE ST MARTIN

Av. Albert II

Av. des Papalins

Chemin des Sculptures

Anse de la Grue

PORT DE FONTVIEILLE

Av. des Castelans

Pl. du Campanin

Roseraie Princesse-Grace

Quai Jean-Charles Rey

6

MER MÉDITERRANÉE

STADE LOUIS II

Parc paysager

Av. des Guelfes

Av. des Ligures

Port du Cap-d'Ail

PORT DE CAP-D'AIL

0   300 m

MONACO
MONTE-CARLO

A B

NICE

NICE, ÈZE

CAP-D'AIL

YOSHI

JAPONAISE • ÉLÉGANT Monte-Carlo, son casino, son prince, sa terre battue... et sa gastronomie. La table du Métropole rend hommage à la cuisine nippone, avec des produits de premier choix et une technique solide. Bouillons parfumés, sushis et makis y sont traités par le chef Takeo Yamazaki avec Yoshi ("bonté"). Cette cuisine, plus fusion qu'authentiquement japonaise, a su s'adapter à une clientèle internationale. Elle n'en demeure pas moins précise, raffinée et affirmée, à l'image du ghindara no saiko yaki, un très beau filet de black cod, mariné au saké cuit au pot et enrobé dans une feuille de magnolia japonais, qui donne envie de faire un tour au pays du Soleil-Levant.

❀ ⇔ & 🅼 🍽 – Prix : €€€€

Plan : B1-5 – *4 avenue de la Madone* – ℰ 93 15 13 13 – *www.metropole.com/fr* – *Fermé lundi et dimanche*

BEEFBAR

VIANDES • TENDANCE Sur les quais du port de plaisance de Fontvieille, ce "bar à viandes" branché propose de belles viandes de bœuf (wagyu, black angus, certaines issues du terroir français) mais aussi de la street food, des salades gourmandes et quelques poissons. Cadre tendance, très prisé de la clientèle locale, tout comme les belles vitrines de maturation des viandes !

≼ 🅼 🍽 – Prix : €€€

Plan : A3-6 – *42 quai Jean-Charles-Rey, port de Fontvieille* – ℰ 97 77 09 29 – *beefbar.com/monaco*

ELSA

MÉDITERRANÉENNE • LUXE Contraste savoureux : au sein du Monte-Carlo Beach, magnifique palace des années 1930, on déguste une cuisine bien de notre époque, orientée bio et naturelle, tout en restant ancrée dans le terroir local, et zéro déchet. Assiettes saines et parfumées, joli cadre signé India Mahdavi, élégante terrasse devant la mer : un plaisir.

⇔ ≼ & 🅼 🍽 🍽 🅿 – Prix : €€€€

Hors plan – *Monte-Carlo Beach, avenue Princesse-Grace, Roquebrune-Cap-Martin* – ℰ 04 93 28 66 57 – *www.montecarlosbm.com/fr* – *Fermé lundi et mardi*

MAYA BAY

THAÏLANDAISE • DESIGN Dans un même lieu, un restaurant japonais et un restaurant thaïlandais et une même ambiance asiatique dans un décor contemporain glamour, nimbé de musique douce. Des produits de qualité, des épices maîtrisées et une même gamme de prix et de qualité ; il ne reste qu'à choisir entre le parfumé et l'épure.

& 🅼 🍽 ✧ – Prix : €€€€

Hors plan – *24 avenue Princesse-Grace* – ℰ 97 70 74 67 – *www.mayabayrestaurant.com/monaco* – *Fermé lundi et dimanche*

SONG QI

ASIATIQUE • LUXE Face au Grimaldi Forum, ce restaurant chinois, chic et gastronomique, joue la carte des matériaux nobles et de la sérénité. On s'installe pour y déguster une carte alléchante qui offre un vaste panorama de la cuisine chinoise : soupe pékinoise au poulet fumé, crevettes croustillantes du dragon à la moutarde chinoise, classiques dim sum. Réservez !

& 🅼 🍽 🍽 – Prix : €€€

Plan : B1-7 – *7 avenue Princesse-Grace* – ℰ 99 99 33 33 – *www.song-qi.mc*

LA TABLE D'ÉLISE 🆕

PROVENÇALE • BRASSERIE Dans cette belle brasserie chic et tendance, située à deux pas du jardin japonais et du Grimaldi forum, on est accueilli dans un cadre aussi moderne que spacieux sur fond de musique pop. La cuisine d'esprit provençal est comme on l'aime, directe, généreuse et savoureuse, préparée à base de bons produits de saison : vitello tonnato ; gnocchi au beurre de crustacés, gambas rôties, jus vert au cerfeuil et anis vert ; baba au rhum. Jetez un coup d'œil au menu du marché et à la formule déjeuner.

&. 🗚 ⌂ – Prix : €€

Plan : B1-8 – *2 rue du Portier –* 𝒞 *93 30 20 70 – www.latabledelise. mc – Fermé dimanche*

MONBAZILLAC
✉ 24240 – Dordogne – Carte régionale n° **18**-C1

❁ **LA TOUR DES VENTS**

MODERNE • ÉLÉGANT Au sommet du vignoble de Bergerac, à côté d'un moulin à vent ruiné, cette belle maison cossue offre une vue inoubliable. Le chef Damien Fagette cultive le terroir périgourdin en travaillant la blonde d'Aquitaine, le foie gras et le poulet fermier du Périgord. Soignée et maîtrisée, sa cuisine au goût du jour vaut par ses produits de grande qualité, la justesse de ses cuissons et ses saveurs bien marquées. Souvenirs d'une grillade d'encornets, jus d'échalote au vin rouge et churros au chorizo ; dégustation autour de l'agneau (la selle rôtie, l'épaule confite en rissole et le gigot mariné comme un kébab) ; soufflé chaud au Grand Marnier. Un vent d'enthousiasme souffle sur cette bonne table.

≼ ⇘ &. 🗚 ⌂ ✿ 🅿 – Prix : €€€

Lieu-dit Moulin-de-Malfourat – 𝒞 *05 53 58 30 10 – www.tourdesvents.com – Fermé lundi et mardi, et dimanche soir*

MONDRAGON
✉ 84430 – Vaucluse – Carte régionale n° **24**-A2

🕲 **LA BEAUGRAVIÈRE**

TRADITIONNELLE • AUBERGE Le temps semble s'être arrêté dans cette auberge familiale – et c'est un compliment ! À 70 ans passés, le chef Guy Jullien assure une réjouissante partition culinaire, qui fera frémir d'aise les nostalgiques invétérés : flan de foie gras et velouté de truffe, poularde de Bresse demi-deuil, carré d'agneau rôti au thym, vacherin glacé vanille-framboise... sans oublier des menus truffes à vous donner le vertige. C'est aussi goûteux que généreux, dans une veine classique droit dans ses bottes, et ça se déguste paisiblement à l'ombre des arbres, en saison. Côté vins, même tonneau : la cave est impressionnante, et recèle bien des trésors de la région. Une perle !

⅋ 🗚 ⌂ 🅿 – Prix : €€

214 avenue du Pont-Neuf (N7) – 𝒞 *04 90 40 82 54 – www.beaugraviere.com/ fr – Fermé lundi, et mardi, mercredi, jeudi et dimanche soir*

MONESTIER
✉ 24240 – Dordogne – Carte régionale n° **18**-C1

❁ **LES FRESQUES - CHÂTEAU DES VIGIERS**

MODERNE • ÉLÉGANT Situé au carrefour de la Dordogne, de la Gironde et du Lot-et-Garonne, le château de Vigiers est une belle demeure périgourdine du 16 e s. entourée d'un parc, d'un vignoble et même d'un golf très réputé. Et entre ces gros murs séculaires s'épanouit un restaurant aux murs décorés de fresques d'époque Renaissance... Didier Casaguana, peintre du goût, y dévoile une palette riche en goûts et en parfums, directement inspirée du terroir. Ce Toulousain confesse une passion dévorante pour la nature et les petits producteurs, travaillant aussi les produits nobles de ce Sud-Ouest opulent qu'il distille au sein de menus surprise : tartare d'huître au caviar prunier, pigeon à la chicorée et noisette, dessert autour de la fraise et sorbet estragon...

⇐ ⟨⟩ ⬡ 🅜 🛱 ✿ 🅿 – Prix : €€€

au Vigier – ℰ 05 53 61 50 00 – ww.vigiers.com – Fermé mercredi, dimanche et lundi midi

---

🛏 ### CHÂTEAU DES VIGIERS
Plus

ÉLÉGANCE TRADITIONNELLE En bordure du golf et dans un beau parc arboré, ce château du 16e s. est si paisible... Les chambres affichent un style élégant et classique, tandis que, dans l'annexe – une jolie bâtisse aux airs de séchoir à tabac –, elles sont plus contemporaines... Raffinement et verdure !

🅿 ⮾ 🛋 🆙 ⟨⟩ 🅵 🅰 🍽 - 71 chambres – Prix : €

Château des Vigiers – ℰ 05 53 61 50 00

✿ **Les Fresques** - Voir la sélection des restaurants

LE MONÊTIER-LES-BAINS
✉ 05220 – Hautes-Alpes – Carte régionale n° **24**–C1

16ÂME

MODERNE • CONTEMPORAIN Derrière une façade discrète, une salle chaleureuse, genre cabane de trappeur : montagne oblige ! Aux fourneaux, Julien Momon, originaire de Corse, est passé par les cuisines de Christophe Bacquié et celles de Gérard Boyer (l'ancien chef des Crayères à Reims) avant d'être le chef d'un hôtel ici-même au Monêtier-les-Bains. Dans l'assiette, rien que des produits de saison et locaux issus de ce territoire rural et alpin comme cet agneau des Hautes-Alpes, coriandre, menthe, jus perlé à l'huile d'olive ou cette crème infusée à la livèche.

🛱 – Prix : €€

32 rue des Glaciers – ℰ 04 92 46 84 12 – www.16ame.fr – Fermé lundi, dimanche et du mardi au vendredi à midi

LA TABLE DU CHAZAL

MODERNE • MONTAGNARD Au sommet d'un charmant hameau, cette ancienne écurie a gardé son aspect rustique (les mangeoires et les crochets pour les fumaisons subsistent), mais accueille dans une salle contemporaine. Un chef au parcours solide travaille les produits régionaux qu'il aime comme l'omble chevalier... Le fromage de brebis et le foie gras de canard proviennent du village.

Prix : €€

Les Guibertes – ℰ 04 92 24 45 54 – www.restaurant-chazal.fr – Fermé lundi et du mardi au samedi à midi

MONNAIE
✉ 37380 – Indre-et-Loire – Carte régionale n° **8**–B2

L'ÉPICURIEN

MODERNE • CONVIVIAL Ce restaurant a la cote dans la région, et c'est amplement justifié : accès pratique, bon rapport qualité-prix, mais surtout cuisine solide, élaborée par un chef aussi sympathique qu'expérimenté.

🅜 ✿ – Prix : €€

53 rue Nationale – ℰ 02 47 56 10 34 – www.restaurant-lepicurien.com – Fermé lundi, et jeudi et dimanche soir

MONPAZIER

✉ 24540 – Dordogne – Carte régionale n° **18**–C2

ÉLÉONORE

MODERNE • ÉLÉGANT Dans ce joli castel où l'on cultive l'art de la gentillesse, il existe une table élégante château où le chef, grand voyageur formé auprès de Paul Bocuse et de Marc Veyrat, accueille avec une carte courte qui suit les saisons et les bons produits, le tout dans une veine plutôt traditionnelle et hors du temps - comme ce lieu charmant !

⇔ & 🄰 🍴 🅿 – Prix : €€€

5 rue Saint-Pierre – ☎ 05 53 22 44 00 – hoteledward1er.com/fr/restaurant-eleonore.html – Fermé mercredi, et lundi, mardi, jeudi, vendredi, samedi et dimanche midi

MONSWILLER

✉ 67700 – Bas-Rhin – Carte régionale n° **10**–A1

❀ KASBÜR

Chef : Yves Kieffer

MODERNE • ÉLÉGANT Né en 1932, le Kasbür est lié à la famille Kieffer depuis trois générations. Cette adresse des abords de Saverne doit son nom à l'arrière-grand père, un paysan qui faisait ici-même ses fromages. Son arrière-petit-fils, Yves Kieffer, a fait entrer cette belle bâtisse dans la modernité avec sa salle à manger semi-circulaire ouvrant sur l'opulente campagne alsacienne. Après avoir connu les cuisines de la Tour d'Argent et celles de Marc Meneau à Vézelay, le chef est revenu, animé par la force de l'héritage et... une exigence jamais démentie. Il propose des produits de qualité et de saison à l'image de ces St-Jacques, déclinaison de chou-fleur et caviar d'Aquitaine.

⇔ 🏠 & 🄰 🍴 🅿 – Prix : €€€

8 route de Dettwiller – ☎ 03 88 02 14 20 – www.restaurant-kasbur.fr/fr – Fermé lundi et mardi, et dimanche soir

MONT-DE-MARSAN

✉ 40000 – Landes – Carte régionale n° **18**–B2

❀ LES CLEFS D'ARGENT

Chef : Christophe Dupouy

CRÉATIVE • FAMILIAL Avec les années, cette table, entièrement rénovée avec goût dans un style contemporain et épuré, est devenue un rendez-vous incontournable à Mont-de-Marsan. On doit ce succès au travail de Christophe Dupouy, solide professionnel formé à bonne école (de Ducasse à Michel Sarran). Orientée nature et locavore, sa cuisine est un exemple de métissage, mariant le terroir du Sud-Ouest (et plus particulièrement des Landes) à des influences béninoises – pays d'origine de son épouse Eugénie, véritable maîtresse des lieux, qui assure un service aussi prévenant que chaleureux. Ajoutez à cela une ambiance conviviale et bon enfant, vous obtenez une maison hautement recommandable.

🕸 & 🄰 🍴 ✿ – Prix : €€€

333 avenue des Martyrs-de-la-Résistance – ☎ 05 58 06 16 45 – www.clefs-dargent.com – Fermé lundi et dimanche

❀ LA TABLE MIRASOL

MODERNE • ÉLÉGANT Dans cette villa de 1912, véritable bijou de la Belle Époque, la table gastronomique est pilotée par le chef Philippe Lagraula. Il métisse habilement son terroir landais de touches voyageuses, notamment péruviennes – pays d'où est originaire son épouse. Le menu dégustation est un vrai plaisir, percutant, créatif et bien rythmé, mariant l'épure et le caractère : truite de Geloux à l'orange, volaille des Landes au piment jaune, chocolat Apurimac au panais et noisette. Sud-ouest oblige, très belle sélection d'armagnacs.

⇦ & 🅰 🍽 – Prix : €€€

2 boulevard Ferdinand-de-Candau – ℰ 05 58 44 14 14 – www.villamirasol.fr/fr – Fermé lundi et dimanche

🐾 VILLA MIRASOL - BISTROT 1912

DE SAISON • COSY La Villa Mirasol a confié les destinées de sa table au chef landais Philippe Lagraula, formé notamment dans les maisons Troisgros et Bras. On connaît ses points forts : dressage, originalité, harmonie des saveurs, des qualités illustrées par une cuisine actuelle, moderne et décomplexée, à l'image de ce boudin noir au piment jaune, œuf coulant et "cosa crocante".

⇦ & 🅰 🍽 – Prix : €€

2 boulevard Ferdinand-de-Candau – ℰ 05 58 44 14 14 – www.villamirasol.fr/fr – Fermé lundi et dimanche

LE MONT-DORE

✉ 63240 – Puy-de-Dôme – Carte régionale n° **1**–B2

LA GOLMOTTE

TRADITIONNELLE • AUBERGE Non loin du Mont d'Or, authenticité garantie dans cette auberge dont la salle à manger est une ancienne étable ! Des produits frais et des assiettes copieuses pour une cuisine traditionnelle goûteuse, avec par exemple ces joues de porc fondantes, purée de pomme de terre maison et sauce au Saint-Pourçain blanc... même si le chef ne s'interdit pas quelques plats plus au goût du jour, comme le saumon en gravelax.

& 🍽 🅿 – Prix : €€

Le Barbier – ℰ 04 73 65 05 77 – www.aubergelagolmotte.com/fr,1,14297.html – Fermé mardi et mercredi, et dimanche soir

MONTAGNAC

✉ 34530 – Hérault – Carte régionale n° **21**–C2

CÔTÉ MAS

MODERNE • ÉLÉGANT Au milieu des vignes, un restaurant chaleureux et joliment décoré : objets d'art contemporain, mobilier en bois exotique... Une mise en bouche raffinée pour mieux apprécier la bonne cuisine gourmande de bistrot contemporain qui se mitonne ici : ceviche de maigre, vinaigrette aux agrumes, guacamole ; suprême de poulet, espuma de maïs, oignons grelots. Belle carte des vins du domaine et des vignobles alentours, et jolie sélection de vins au verre (coin bistrot dans la boutique).

🐝 & 🅰 🍽 ⇦ 🅿 – Prix : €€

Route de Villeveyrac – ℰ 04 67 24 36 10 – www.cote-mas.fr – Fermé lundi, mardi, samedi midi et dimanche soir

MONTAGNE

✉ 33570 – Gironde – Carte régionale n° **18**–C1

🐾 LA RÉSERVE DU PRESBYTÈRE

TRADITIONNELLE • CONTEMPORAIN Dans un village vigneron, adresse bistronomique face à une église romane. La déco associe tables de bistrot et chaises industrielles sur fond de pierres apparentes. Le chef propose une cuisine traditionnelle goûteuse et pourtant toute en fraîcheur à l'image de cet explosif sorbet à la verveine du jardin qui accompagne le clafoutis aux abricots...

P – Prix : €€

22 Grand-Rue – ☎ 05 57 79 03 43 – www.lareserveedupresbytere.fr – Fermé lundi et dimanche soir

MONTAIGU

✉ 85600 – Vendée – Carte régionale n° **23**-B3

❀ LA ROBE

Chef : Xavier Giraudet

MODERNE • COSY La Robe, en œnologie, c'est la couleur, l'aspect extérieur d'un vin. Nom tout indiqué pour cette jolie maison ancienne nichée dans le vieux centre de Montaigu, qui met un point d'honneur à proposer aux clients de judicieux accords mets et vins. Côté cuisine, le chef Xavier Giraudet, passé par plusieurs maisons étoilées, ne manque pas de talent : produits locaux et de saison, parfois même en provenance du potager familial, cuissons bien maîtrisées, saveurs gourmandes, le tout dans une veine moderne de bon aloi. Quant au décor cosy, il marie harmonieusement les poutres anciennes de la demeure à du mobilier et des tableaux contemporains.

Prix : €€

3 place Reveillère-Lepeaux – ☎ 02 51 47 79 27 – www.restaurant-la-robe.com – Fermé lundi et dimanche, et mercredi soir

MONTANGES

✉ 01200 – Ain – Carte régionale n° **2**-C1

🕸 L'AUBERGE DU PONT DES PIERRES

MODERNE • CONVIVIAL Cette auberge, créée par un enfant du pays, ne désemplit pas ! Le jeune chef ne manque pas de talent pour cuisiner les produits de saison, souvent locaux, selon ses envies. Tout est fait maison (pain et glace compris) et l'on se régale... à petits prix. Jolie carte de vignerons indépendants.

⅏ ⇐& **P** – Prix : €€

754 rue Paul-de-Vanssay – ☎ 04 50 56 36 35 – www.pontdespierres.fr – Fermé mardi, mercredi et jeudi midi

MONTARCHER

✉ 42380 – Loire – Carte régionale n° **2**-A2

LE CLOS PERCHÉ

CRÉATIVE • AUBERGE Il était une fois une auberge qui jouait à chat perché sur les hauts plateaux du Forez, à 1150 mètres d'altitude. C'est ici, à l'entrée de ce minuscule village, que Julien Magne a posé ses valises. Derrière les fourneaux, ce chef réalise une cuisine colorée, inventive et ludique, pour laquelle on se fait volontiers souris !

⇐& ⅏ – Prix : €€

Le Bourg – ☎ 04 77 50 00 08 – leclosperche.fr – Fermé mardi et mercredi, et lundi soir

MONTARGIS

✉ 45200 – Loiret – Carte régionale n° **8**-D2

LA GLOIRE

MODERNE • ÉLÉGANT Une vénérable institution de Montargis, postée au bord de la N7. Depuis plusieurs générations, on revisite la tradition gastronomique avec une générosité certaine ; ne manquez pas l'imposant chariot de desserts. Quelques chambres pour l'étape.

    ⅘ ᕼ 🄰 – Prix : €€€

*74 avenue du Général-de-Gaulle – ✆ 02 38 85 04 69 – www.lagloire-montargis.
com – Fermé mardi et mercredi*

MONTAUBAN

✉ 82000 – Tarn-et-Garonne – Carte régionale n° **22**–B2

LES 5 BOUCHONS Ⓝ

MODERNE • CONVIVIAL Joliment abrité sous les arcades de la place Nationale (le
joyau architectural de la ville), face à un miroir d'eau tout juste sorti de terre, ce petit
restaurant élégant est emmené par un chef d'expérience. Sa cuisine bistronomique
et gourmande se découvre sur une ardoise courte qui évolue chaque semaine en
fonction du marché, nourrie de produits de saison bien sourcés : lieu noir, émulsion à la coriandre et haricots verts façon risotto ; paupiette de veau d'Occitanie,
pommes de terre grenaille ; pavlova aux fraises. En terrasse, face aux belles façades
en brique rouge, on passe un bon moment pour un prix fort raisonnable.

    ᕼ 🀫 – Prix : €

*24 place Nationale – ✆ 05 63 93 65 64 – Fermé lundi et dimanche, et du mardi
au vendredi soir*

DU BRUIT EN CUISINE

MODERNE • BRANCHÉ Voici un vrai repaire gourmand, où oeuvre un chef formé
dans plusieurs maisons de la galaxie Ducasse. Mathieu Lévêque signe une cuisine
contemporaine axée sur le produit et réalise un joli travail sur les jus, sauces et
condiments. Saveurs bien marquées comme sur cet agneau de lait, petits pois
et morilles… Un restaurant ambitieux qui devrait continuer de faire grand bruit !

    ᕼ 🄰 🀫 – Prix : €€

*12 allée Mortarieu – ✆ 05 63 91 19 25 – dubruitencuisine.fr – Fermé lundi et
dimanche*

NOUS

ACTUELLE • SIMPLE Dans ce bistrot moderne refait à neuf où l'on se sent bien, le
couple Campas régale la clientèle montalbanaise : chez eux, tout est fait maison, du
pain jusqu'aux glaces. Ils sélectionnent leurs produits régionaux avec soin (légumes
de petits maraîchers et fromages fermiers), au plus près des saisons, et le chef en
tire de belles assiettes colorées et goûteuses. Le menu change tous les mois : c'est
l'occasion de revenir plus souvent. Service attentionné et chaleureux.

    🄰 🀫 – Prix : €€

*7 rue Bessières – ✆ 05 63 91 97 03 – www.restaurant-nous.fr – Fermé samedi et
dimanche, et du lundi au vendredi soir*

MONTAUROUX

✉ 83440 – Var – Carte régionale n° **24**–C3

LE CARRÉ D'ANGE

MODERNE • ROMANTIQUE Une jolie auberge provençale, lumineuse et modernisée, où la cuisine du sud est savoureuse et mâtinée de soleil… Il n'y a qu'à voir ce
homard bleu servi froid, accompagné de sa crème légère de lingots blancs bio. À
déguster aux beaux jours sur la jolie terrasse.

    ᕼ 🄿 – Prix : €€€

*2169 quartier Narbonne – ✆ 04 94 47 71 65 – restaurant-carredange.fr –
Fermé lundi, mardi midi et dimanche soir*

MONTBAZON

✉ 37250 – Indre-et-Loire – Carte régionale n° **8**–B2

✿ L'ÉVIDENCE

Chef : Gaëtan Evrard

CRÉATIVE • CONTEMPORAIN Quitter la ville de Tours pour s'installer à la "campagne" dans cette maison ancienne en bordure d'une petite place ? Une "évidence" pour Gaëtan Evrard, tellement attaché à son terroir tourangeau. Légumes et viandes de la région, poissons en direct de Bretagne : le produit est ici à la fête, sublimé par la cuisine du marché d'un chef qui ne manque pas d'audace – à l'image de ce beau pavé de cabillaud du Guilvinec nappé d'une succulente sauce au safran de Sainte-Maure-de-Touraine, ou de ce nougat de Tours réinterprété avec brio. En accompagnement, on pioche dans une belle carte de vins de la Loire, et le tout se déguste dans un décor épuré, en parfaite harmonie avec les créations du chef.

❀ Ⓜ ✿ – Prix : €€€

1 place des Marronniers – ☎ 02 47 38 67 36 – www.restaurant-levidence.com – Fermé lundi, mercredi et dimanche

DOMAINE DE LA TORTINIÈRE

MODERNE • ÉLÉGANT Dans l'ancienne orangerie du château, dont la terrasse donne sur la vallée de l'Indre et le parc aux arbres centenaires, on profite d'une cuisine actuelle et soignée rythmée par les saisons. De la justesse dans l'assiette, un cadre enchanteur : que demander de mieux ?

♨Ⓜ🎄✿🅿 – Prix : €€

10 route de Ballan – ☎ 02 47 34 35 00 – www.tortiniere.com/fr

MONTBÉLIARD

✉ 25200 – Doubs – Carte régionale n° **6**–C1

LE SAINT-MARTIN

TRADITIONNELLE • INTIME Olivier Prévôt-Carme signe une cuisine riche de parfums, où le produit est roi. Pas de superflu, mais une justesse des recettes, cuissons et assaisonnements qui rehausse la saveur de chaque ingrédient. Rien de prétentieux, rien de compliqué... que du plaisir !

❀ ✿ – Prix : €€€

1 rue du Général-Leclerc – ☎ 03 81 91 18 37 – www.le-saint-martin.fr – Fermé lundi, dimanche et samedi midi

MONTBELLET

✉ 71260 – Saône-et-Loire – Carte régionale n° **5**–C3

✿ LA MARANDE

Chef : Philippe Michel

MODERNE • ÉLÉGANT "Marander" en patois local signifie... aller manger. Sur la route de Tournus, cette belle maison bourgeoise en pierre de Bourgogne, entourée d'un beau jardin paysager, mérite assurément une halte gourmande avant un sommeil paisible. Dans ce cadre familial à l'élégance toute contemporaine, on sent la volonté des propriétaires, Élisabeth et Philippe Michel, de transmettre les gestes de l'hospitalité et la culture des produits d'exception à leur équipe. Derrière ses fourneaux, le chef fait montre de maîtrise et de délicatesse à travers des assiettes particulièrement graphiques et généreuses. Cerise(s) sur le gâteau : le beau choix de bourgognes et la superbe terrasse.

❀ 🍃 ♨Ⓜ🎄✿🅿 – Prix : €€€

Route de Lugny, hameau de Mirande – ☎ 03 85 33 10 24 – www.hotel-restaurant-la-marande.com/fr – Fermé lundi et mardi

MONTBRISON

✉ 42600 – Loire – Carte régionale n° **2**–A2

APICIUS

MODERNE • **CONTEMPORAIN** Cadre contemporain et épuré pour cette petite adresse du centre-ville tenue par un couple au joli parcours. Cuisine du marché le midi à prix imbattable, menu plus élaboré le vendredi soir. Le chef privilégie les produits du terroir ainsi que les fleurs et plantes sauvages. En un mot : généreux !

&⌂ – Prix : €€

*29 rue Martin-Bernard – ℰ 09 82 38 34 65 – apicius-restaurant-montbrison.
eatbu.com – Fermé samedi et dimanche, et du lundi au jeudi soir*

MONTBRON

✉ 16220 – Charente – Carte régionale n° **20**–C3

❀ ### MOULIN DE LA TARDOIRE

Chef : Matthieu Brudo

MODERNE • **MAISON DE CAMPAGNE** Quelle histoire ! L'ancienne forge du 16
e s. a été transformée en moulin à farine en 1854, avant de devenir un moulin à huile... C'est aujourd'hui un restaurant bucolique et charmant, installé entre rivière et verdure. Le chef, Matthieu Brudo, y propose une cuisine de saison faisant la part belle au terroir local : escargots charentais, truite de Magnac, pigeonneau et magrets de canard de Nontron... sans oublier de superbes viandes achetées entières à des petits producteurs des environs. Justesse et finesse, soin dans la présentation : on aime.

🌿&🅜⌂✣🅿 – Prix : €€

*Lieu-dit La Forge – ℰ 05 45 66 41 46 – www.moulindelatardoire.fr – Fermé lundi
et mardi, et dimanche soir*

MONTCEAU-LES-MINES

✉ 71300 – Saône-et-Loire – Carte régionale n° **5**–C3

JÉRÔME BROCHOT

MODERNE • **ÉLÉGANT** Le chef Jérôme Brochot concocte une cuisine du marché, où l'ancrage régional est à l'honneur, à choisir entre le menu bistrot ou signature, plus ambitieux.

❀ &🅜 – Prix : €€

*7 place Beaubernard – ℰ 03 85 67 95 30 – www.jeromebrochot.com/fr –
Fermé lundi et mardi, et dimanche soir*

MONTCENIS

✉ 71710 – Saône-et-Loire – Carte régionale n° **5**–C3

😊 ### LE MONTCENIS

MODERNE • **COSY** Du cachet dans le décor (cave voûtée, pierres et poutres) comme dans l'assiette. Le chef, Laurent Dufour, propose une cuisine généreuse et sincère, réalisée avec de beaux produits ; il change sa carte cinq fois par an, histoire de titiller les gourmands. Et l'hiver, il rend hommage à la truffe, sa passion !

❀ ⌂✣ – Prix : €€

*2 place du Champ-de-Foire – ℰ 03 85 55 44 36 – restaurant-lemontcenis.fr –
Fermé du lundi au mercredi et dimanche soir*

MONTCHENOT

✉ 51500 – Marne – Carte régionale n° **11**–B2

⌘ LE GRAND CERF

Chefs : Pascal Champion et Dominique Giraudeau

CLASSIQUE • ÉLÉGANT Au pied de la montagne de Reims et sur la route d'Éper-nay, cette auberge imposante affiche sans ambages son style cossu... Dans l'élé-gante salle à manger de bois clair, l'ambiance se fait romantique le soir venu : écrin parfait pour une belle cuisine classique. Elle est signée du chef Dominique Giraudeau, qui a longtemps brillé dans les cuisines de Gérard Boyer aux Crayères. Il y a contracté le goût des produits nobles, du saint-pierre sauvage au veau de lait fermier, en passant par le gibier, le homard et la truffe, à laquelle un menu est dédié en saison. Superbe carte de vins de Champagne.

徐 ⌂⌂⌂⌂⌂ ⌂ **P** – Prix : €€€€

50 route Nationale – ℰ 03 26 97 60 07 – www.le-grand-cerf.fr – Fermé mardi et mercredi, et dimanche soir

MONTCUQ

✉ 46800 – Lot

⏚ FOUR MAISON D'HÔTES   *Plus*

DESIGN MODERNE Dans ce village médiéval, cette demeure de caractère allie authenticité et style contemporain. Les chambres personnalisées, avec mobilier design, draps en lin et petites terrasses, ont un charme fou. Jolie vue sur le village médiéval.

P ⌂ ⌂ ⌂ – 4 chambres – Prix : €

4 rue de Montmartre – ℰ 05 65 21 23 08

MONTCY-NOTRE-DAME

✉ 08090 – Ardennes – Carte régionale n° **11**–C1

☺ L'AUBERGE DU LAMINAK

MODERNE • AUBERGE Dans cette charmante auberge en lisière de forêt, le Pays basque – origine du chef – rencontre les beaux produits des Ardennes. Résultat, des recettes savoureuses, maîtrisées, tel cet œuf parfait, piperade et jambon basque.

⌂ ⌂ **P** – Prix : €€

Route de Nouzonville – ℰ 03 24 33 37 55 – Fermé dimanche et du lundi au mercredi soir

MONTECH

✉ 82700 – Tarn-et-Garonne – Carte régionale n° **22**–B2

BISTROT CONSTANT

TRADITIONNELLE • BISTRO La pimpante maison éclusière, installée au bord du canal latéral à la Garonne, abrite aujourd'hui un bistrot de chef de très bonne tenue. Côte de cochon fermier confite, gratin de macaronis ; tête de veau, langue et cervelle pochée : du grand classique effectué dans les règles de l'art, comme on l'aime !

⌂ ⌂ ⌂ ⌂ **P** – Prix : €€

25 rue de l'Usine – ℰ 05 63 24 63 02 – www.bistrotconstant.com – Fermé lundi et mardi, et dimanche soir

MONTEILS

✉ 82300 – Tarn-et-Garonne – Carte régionale n° **22**–B2

LE CLOS MONTEILS

TRADITIONNELLE • RUSTIQUE Françoise et Bernard Bordaries ont fait de ce presbytère de 1771 un lieu intime, telle une maison de famille. Elle vous accueille avec gentillesse, tandis que lui s'active aux fourneaux. Son credo : cuisiner sur des bases simples et mettre en avant les produits de saison avec des recettes bien ficelées.

&. 🏠 🅿 – Prix : €€

7 chemin du Moulin – ☎ 05 63 93 03 51 – www.leclosmonteils.fr – Fermé du lundi au mercredi et dimanche soir

MONTÉLIMAR

✉ 26200 – Drôme – Carte régionale n° **2**–B3

CAFÉ DE L'ARDÈCHE

MODERNE • CONTEMPORAIN Cadre contemporain (banquettes en cuir gris, mobilier contemporain), tableaux Pop art et jolie collection de peintures de l'artiste Ricardo Santamaria. Dans l'assiette, une cuisine de saison bien tournée à base de produits locaux, comme cette pintade fermière et son jus corsé aux girolles.

&. 🅰 🏠 – Prix : €€

19 avenue Charles-de-Gaulle – ☎ 04 75 52 51 39 – www.cafedelardeche.fr – Fermé lundi et dimanche soir

LE MODERNE

MODERNE • BISTRO Ce sympathique jeune couple qui vient d'ouvrir une jolie cave à vins-épicerie avec un choix de bocaux à emporter, ne démérite pas pour proposer une cuisine actuelle : en témoignent le croque monsieur au jambon d'Ardèche et cantal mais aussi le filet de maigre de Méditerranée et sa réduction de poissons de roche, à déguster en terrasse dès les beaux jours.

&. 🅰 🏠 ⇔ – Prix : €€

25 boulevard Aristide-Briand – ☎ 04 75 01 31 90 – restaurant-lemoderne.fr – Fermé lundi et mardi, et mercredi, jeudi et dimanche soir

LA PETITE FRANCE

TRADITIONNELLE • CLASSIQUE À moins d'être initié, ce restaurant ne se trouve pas facilement : il faut aller le dénicher dans une impasse de la vieille ville. Dans la salle voûtée et chaleureuse, on déguste une cuisine traditionnelle... made in Petite France. Ambiance familiale.

🅰 – Prix : €

34 impasse Raymond-Daujat – ☎ 04 75 46 07 94 – Fermé lundi et dimanche

MONTENACH

✉ 57480 – Moselle – Carte régionale n° **12**–C1

LE K

MODERNE • CONVIVIAL Cette imposante bâtisse en pierre de taille est située à quelques kilomètres à peine des frontières communes de la France, de l'Allemagne et du Luxembourg. Le restaurant abrite deux salles à manger : la première arbore une charpente et un superbe lustre en cristal de Trévise ; l'autre est une pièce voûtée en pierre – les deux pièces sont baignées de soleil grâce aux baies vitrées qui donnent sur la terrasse. Le chef Benoit Potdevin propose ici une fine et délicate cuisine moderne, déclinée à travers deux menus dont l'un reprend les plats signature du chef comme ce fameux tourteau rafraîchi aux agrumes, accompagné de caviar osciètre.

&🏠♿🅿 – Prix : €€€

2 impasse du Klaussberg – ✆ 03 82 83 19 75 – www.domainedelaklauss.com – Fermé dimanche et du lundi au samedi à midi

🛏 **LE DOMAINE DE LA KLAUSS** *Plus*

CLASSIQUE CONTEMPORAIN Maisons en pierre naturelle, chambres chic et spacieuses, joli spa... Un lieu débordant de charme. À l'Auberge, on cuisine et on vend les produits de la ferme familiale (canards, cochons, foie gras, charcuteries etc.). Fraîcheur et dépaysement assurés.

& 🅿 🔄 🚲 ⚒ 💯 🛁 🍽 - 28 chambres – Prix : €€

2 impasse du Klaussberg – ✆ 03 82 83 19 75

Le K - Voir la sélection des restaurants

MONTENDRE

✉ 17130 – Charente-Maritime – Carte régionale n° **20**–B3

LA QUINCAILLERIE ⓝ

TRADITIONNELLE • BISTRO Deux quincailliers de talent, Guillaume Weil, un jeune chef originaire de Moselle (flanqué d'un impressionnant parcours international) et Jérôme Douay, qui navigue entre salle et cuisine, proposent une cuisine plutôt traditionnelle (du pâté en croûte au filet mignon de veau à la truffe, en passant par l'île flottante), ponctuée de quelques ouvertures sur le monde. Les saisons sont respectées à la lettre, et les assiettes pleines de goût. Cette ancienne quincaillerie au grand escalier en bois, qui dessert une salle au 1er étage, a conservé son cadre un peu rétro. Cuisine ouverte et espace vins à emporter au rez-de-chaussée.

&🅺 – Prix : €€

30 rue de l'Hôtel-de-Ville – ✆ 05 46 70 42 41 – www.restocavequincaillerie.fr – Fermé lundi, samedi midi, et mardi et dimanche soir

MONTFERRAT

✉ 83131 – Var – Carte régionale n° **24**–C3

LE CLOS PIERREPONT

MODERNE • RUSTIQUE Beaux produits et dressages soignés pour cette jolie table, non loin des gorges de Châteaudouble. Fondez pour le risotto crémeux, courgette et sauce truffes d'été, et laissez-vous surprendre par la "pause fraîcheur" : un sorbet melon fondant coiffé de mousse mentholée. Une cuisine généreuse et ensoleillée, à déguster dans la bâtisse du 18e s. ou sur la terrasse donnant sur parc.

🥂🏠🅿 – Prix : €€€

56 route de Draguignan – ✆ 04 94 50 21 30 – www.clospierrepont.fr – Fermé mardi et mercredi

MONTFURON

✉ 04110 – Alpes-de-Haute-Provence – Carte régionale n° **24**–B2

CHEZ ÉRIC

TRADITIONNELLE • BISTRO Sur la place d'un charmant village, cette maison en pierre sèche a tout ce qu'il faut là où il faut, de la terrasse ombragée à la déco de bistrot. Pour couronner le tout, les petits plats provençaux se révèlent goûteux. Courgette fleur farcie à la brousse et basilic, Maigre de Méditerranée, bouillon de roche au safran et tarte Tatin à l'abricot de Provence : miam, n'est-ce pas ?

🏠 – Prix : €€

Place Daniel-Viguier – ✆ 04 92 77 75 32 – Fermé lundi et mardi, et dimanche soir

MONTGENÈVRE

✉ 05100 – Hautes-Alpes

 ANOVA   *Plus*

DESIGN MODERNE Tout près de la frontière italienne, d'agréables moments en perspectives dans cet imposant chalet contemporain. On y profite notamment d'une kyrielle de services bien pensés – ski shop et casiers à skis, location de VTT, salle de jeux - et de chambres confortables (préférez les chambres plein sud, face aux pistes).

🔥 **P** 🛋 ♨ 🛎 🚲 ⬛ 🅟 🛏 🍽 - 40 chambres – Prix : €

Hameau de l'Obélisque – ☏ *04 92 54 48 04*

MONTGIBAUD

✉ 19210 – Corrèze – Carte régionale n° **19**–B2

 LE TILLEUL DE SULLY

Chef : Thierry Parat

MODERNE • CONVIVIAL C'est là, à l'ombre du vieux tilleul, que se trouve cette auberge de campagne. Fleurs de courgette, choux pommelés, groseilles, etc., abondent dans le potager et le chef sait les préparer ! Une savoureuse cuisine du terroir corrézien, gourmande et généreuse, à déguster devant la cheminée ou dehors, face aux arbres fruitiers.

 L'engagement du chef : Les produits de notre jardin potager et ceux que nous fournissent les artisans locaux et engagés avec lesquels nous travaillons sont au cœur de notre cuisine saisonnière. Nous récupérons également l'eau de lavage des légumes et nous compostons tous les déchets organiques pour nourrir nos cultures.

♿ 🍽 – Prix : €€

Le Bourg – ☏ *05 55 98 01 96 – Fermé lundi et mardi, et dimanche soir*

LES MONTHAIRONS

✉ 55320 – Meuse – Carte régionale n° **12**–A1

HOSTELLERIE DU CHÂTEAU DES MONTHAIRONS

MODERNE • BOURGEOIS Lobe de foie gras de canard poêlé et son chutney de pomme Granny Smith, pavé de filet de bœuf, pommes grenailles, gibier en saison : cette table châtelaine et familiale permet d'apprécier une cuisine mêlant joliment bases classiques et touches plus actuelles. Et, comme on l'imagine, le cadre de ce château, situé dans la vallée de la Meuse, est superbe : moulures, vieux parquet, tentures épaisses...

🍃 🛎 🍽 ✪ **P** – Prix : €€€

26 route de Verdun – ☏ *03 29 87 78 55 – www.chateaudesmonthairons.fr – Fermé lundi et mardi midi*

MONTHIEUX

✉ 01390 – Ain

 LE DOMAINE DU GOUVERNEUR   *Plus*

CLASSIQUE CONTEMPORAIN On attend d'un gouverneur une demeure opulente, mais ce célèbre hôtel est bien davantage. Ses chambres et suites sont réparties entre l'ancienne écurie et une aile contemporaine et proposent un design moderne et gai. Luxueuses sans ostentation, elles donnent presque toutes sur les greens. En effet, l'autre point fort du Domaine, se sont ses trois terrains de golf - une densité unique dans toute la région - dont l'intégration dans le paysage sauvage est remarquable.

♿ **P** 🛋 ♨ 🛎 ⬛ ⛳ 🍽 - 53 chambres – Prix : €

Lieu-dit Le Breuil – ☏ *04 72 26 42 00*

MONTHION

✉ 73200 – Savoie – Carte régionale n° **4**–F2

LES 16 CLOCHERS

MODERNE • RUSTIQUE Depuis la terrasse de ce restaurant, on jouit d'un panorama imprenable sur les seize clochers de la vallée. La nouvelle équipe, jeune et dynamique, ne jure que par les producteurs locaux et bio (champignons, œufs, légumes notamment...) au service d'une cuisine du marché rudement bien ficelée. Menu changé très régulièrement, terrasse prisée en été.

⪻ & 🍽 **P** – Prix : €€

91 chemin des 16-Clochers – ℰ 04 79 31 30 39 – www.16clochers.com –
Fermé lundi et mardi, et dimanche soir

MONTICELLO – Haute-Corse (2B) ➜ Voir Corse

MONTIGNAC

✉ 24290 – Dordogne

  ### HÔTEL DE BOUILHAC   *Plus*

DESIGN MODERNE Un hôtel particulier du 17ᵉ s., inscrit aux monuments historiques, à quelques pas seulement des célébrissimes grottes de Lascaux... L'architecture est typique de la région (hauts plafonds, moulures, parquets massifs) et les chambres ne manquent pas de charme.

P 🛋 🐾 ✂ 🍽 - 10 chambres – Prix : €€

Rue du Docteur Mazel – ℰ 05 53 51 21 46

MONTIGNY-LA-RESLE

✉ 89230 – Yonne

  ### CHÂTEAU DE LA RESLE

DESIGN MODERNE Un château-hôtel unique, où romantisme campagnard et hôtellerie dernier cri font chambre commune. Vu de l'extérieur, volets blancs, lierre de façade et jardins soigneusement tondus. Mais pousser la porte révèle un écrin de design et d'art contemporain, sous l'égide de deux collectionneurs versés dans le mobilier haut de gamme. Et le plus étonnant est la chaleur qui en résulte. Certaines chambres dégagent un parfum d'antiquaire, d'autres tutoient l'avant-garde, mais on retrouve, dans tous les cas, la lumière en abondance. L'endroit est grand, mais n'héberge que six chambres, une salle de petit-déjeuner ensoleillée, une piscine cristalline, et un spa.

P 🔔 🐾 ✂ 🌐 🛁 🍽 - 6 chambres – Prix : €€

Lieu-dit La Resle – ℰ 06 86 11 29 22

MONTIGNY-SUR-LOING

✉ 77690 – Seine-et-Marne – Carte régionale n° **15**–C3

LE DIV'20

CRÉATIVE • BISTRO Ce discret bistrot contemporain propose une bonne cuisine inventive, comme le prouve ce faux filet de Salers, chou pointu rôti, carottes de couleurs bio, jus à l'anchois et câpres. On fait le plein de goûts et de saveurs, avec d'autant plus de plaisir que le service est efficace et chaleureux. Partition plus simple le midi et plus ambitieuse le soir.

& 🅰 – Prix : €€

20 rue du Loing – ℰ 01 64 45 76 79 – restaurantlediv20.fr – Fermé lundi et
dimanche, et du mardi au jeudi soir

MONTLIVAULT

✉ 41350 – Loir-et-Cher – Carte régionale n° **8**–B2

❄ **EZIA** Ⓝ

Chef : Nicolas Aubry

MODERNE • CONTEMPORAIN Nicolas Aubry, ex-chef exécutif de Christophe Hay, est désormais seul à bord de l'ancien restaurant de son mentor, dont le décor n'a pas changé : on retrouve avec plaisir cette salle moderne qui ménage une jolie vue sur la cuisine. Autour de menus uniques rythmés par les saisons et les produits du terroir ligérien, l'assiette, ciselée au cordeau, témoigne d'une cuisine fine et subtile qui sait faire preuve de beaucoup de personnalité.

🔥 & 🅐 – Prix : €€€

17 rue de Chambord – ℰ 02 54 20 62 30 – www.ezia-restaurant.fr – Fermé lundi et dimanche

MONTLOUIS-SUR-LOIRE

✉ 37270 – Indre-et-Loire – Carte régionale n° **8**–B2

LE BERLOT

MODERNE • BISTRO Quel plaisir de retrouver ce couple d'épicuriens ! Hervé et Patricia Chardonneau ont quitté leur Casse-Cailloux de Tours pour s'installer sur les hauteurs de ce village vigneron. Hervé propose une cuisine bistronomique qui puise son inspiration dans les saisons et les arrivages. Jolie carte des vins orientée bio et nature. Bar à vins indépendant.

🕸 & 🅐 🍴 – Prix : €€

2 place François-Mitterrand – ℰ 02 47 56 30 21 – Fermé lundi et mardi

MONTLUÇON

✉ 03100 – Allier – Carte régionale n° **1**–B1

❄ **LA CHAPELLE - CHÂTEAU SAINT-JEAN**

MODERNE • ÉLÉGANT La table du Château Saint-Jean se distingue d'abord par son cadre exceptionnel, une ancienne chapelle dont la partie supérieure a été habillée d'une cage en cuivre ajouré, qui la recouvre comme un dôme. Un étonnant (et très heureux) mariage des styles et des époques ! Dans l'assiette, même engouement : le chef Olivier Valade montre que son beau parcours (Loiseau, Darroze) ne doit rien au hasard. Sa cuisine, exécutée avec une grande précision, met en valeur de beaux produits de saison, et se révèle pleine de personnalité. Pour le reste, service efficace, rapport qualité-prix réaliste : un sans-faute.

🏡 & 🅐 🅿 – Prix : €€€€

Avenue Henri-de-la-Tourfondue – ℰ 04 70 03 26 57 – www.chateau-saint-jean. com – Fermé du lundi au mercredi, jeudi et vendredi à midi , et dimanche soir

BISTROT SAINT-JEAN

MODERNE • BISTRO Cette table bistrotière, seconde adresse du Château Saint-Jean, ouvre sur une terrasse extérieure et un parc. C'est dans ce cadre plaisant que le chef Olivier Valade (qui gère en parallèle la table gastronomique) propose une cuisine goûteuse, pleine d'entrain, à l'image de cette épaule d'agneau confite 30 h, jus réduit, caviar d'aubergine et bohémienne de courgettes. Bingo !

🏡 & 🅐 🍴 🅿 – Prix : €€

Avenue Henri-de-la-Tourfondue – ℰ 04 70 03 26 57 – www.chateau-saint-jean. com – Fermé lundi et mardi

MONTMARAULT

✉ 03390 – Allier – Carte régionale n° **1**–B1

RESTAURANT ANNE & MATTHIEU OMONT - HÔTEL DE FRANCE

MODERNE • CONTEMPORAIN Cet établissement, situé sur la rue principale du village, invite à la pause gourmande. Le chef, Matthieu Omont, y compose une partition maîtrisée, volontiers créative, à déguster dans un décor moderne et soigné. Chambres confortables, idéales pour l'étape.

⇔ & 🎇 ⇔ 🅿 – Prix : €€

1 rue Marx-Dormoy – 𝒞 04 70 07 60 26 – hoteldefrance-montmarault.com/fr – Fermé lundi et mardi

MONTMERLE-SUR-SAÔNE

✉ 01090 – Ain – Carte régionale n° **3**–E1

ÉMILE JOB

CLASSIQUE • TRADITIONNEL Il y a fort à parier que vous apprécierez les grands classiques qui valorisent le terroir : grenouilles, poissons de lac, poulette de Bresse, etc. Le tout à savourer dans un agréable cadre bourgeois. Aux beaux jours, on s'installe sur la terrasse qui donne sur la Saône.

& 🍽 ⇔ – Prix : €€

12 rue du Pont – 𝒞 04 74 69 33 92 – www.restaurantemilejob.com – Fermé lundi et mardi, et dimanche soir

MONTMEYRAN

✉ 26120 – Drôme

LA GRANDE MAISON   *Plus*

CLASSIQUE CONTEMPORAIN Le nom de cette cette demeure du 19e s., coiffée d'une ravissante tourelle, véhicule joliment l'esprit familial qui y règne. On s'y sent comme dans une maison de famille pleine de souvenirs, de pots de fleurs et de recoins pour bavarder, jouer aux cartes ou se plonger dans un roman. Sous son cachet, deux années de rénovation menées par un couple d'architectes : cinq chambres, dont deux familiales, sont venues rajeunir les lieux de leur esprit contemporain. Des touches de couleurs ensoleillées et des salles de bain modernes contrebalancent un mobilier d'antiquaire et des matières rustiques. La piscine et le parc de 4000 m² lui apportent la touche de luxe.

🅿 🛏 🚲 🏊 🍽 - 5 chambres – Prix : €€

Les Granges – 𝒞 09 52 58 04 80

MONTMORENCY

✉ 95160 – Val-d'Oise – Carte régionale n° **15**–B1

AU CŒUR DE LA FORÊT

TRADITIONNELLE • AUBERGE À l'issue d'un chemin cahotant, vous voilà bien au cœur de la forêt... Si le dépaysement est garanti, la cuisine suit sans détour la voie de la tradition : au menu, rien que des valeurs sûres, au gré du marché ! Cadre élégant et champêtre, comme il se doit, avec une jolie terrasse face aux frondaisons.

🛏 🍽 🅿 – Prix : €€

Avenue du Repos-de-Diane – 𝒞 01 39 64 99 19 – www.aucoeurdelaforet.com – Fermé lundi, et jeudi et dimanche soir

MONTMORILLON

✉ 86500 – Vienne – Carte régionale n° **20**–D2

LE LUCULLUS

MODERNE • CONTEMPORAIN On s'installe dans un cadre moderne pour profiter d'une cuisine qui mise sur les produits locaux. Et aux beaux jours, c'est au calme dans le patio que l'on songe au général romain Lucullus, passé à la postérité en raison du faste de sa table. Des assiettes goûteuses et joliment dressées, à l'image de ce cromesquis de chèvre et saumon fumé ou du cabillaud, écrasé de vitelottes, endives.

👥 🅰🅲 ⛱ – Prix : €€

4 boulevard de Strasbourg – ✆ *05 49 84 09 09 – www.hoteldefrance-lelucullus. fr*

MONTNER

✉ 66720 – Pyrénées-Orientales – Carte régionale n° **21**–B3

AUBERGE DU CELLIER

MODERNE • AUBERGE Dans ce charmant village catalan, Pierre-Louis Marin – un enfant du pays revenu aux sources – s'approvisionne surtout chez les petits producteurs locaux et concocte une cuisine sincère attachée aux saisons, avec une prédilection pour la truffe. Menu déjeuner attractif.

🐸 👥 🅰🅲 ⛱ – Prix : €€€

1 rue de Sainte-Eugénie – ✆ *04 68 29 09 78 – www.aubergeducellier.com – Fermé lundi et mardi, et dimanche soir*

MONTPELLIER

✉ 34000 – Hérault – Carte régionale n° **21**–C2

Effervescente, plurielle, audacieuse : ainsi se présente Montpellier à ses visiteurs toujours plus nombreux ! La ville joue à fond la carte de la culture pluridisciplinaire et des festivals à foison. Sa gastronomie lui ressemble, à la fois ancrée dans la tradition languedocienne et ouverte aux influences. Elle bichonne ses marchés, traditionnel, bio ou paysan, et ses quatre halles. Quand vient la saison, c'est par cageots entiers que vous pouvez acheter abricots rouges et pêches, ou des pommes reinettes du Vigan ! Pour l'apéro, privilégiez la Lucques, l'une des meilleures olives de table. On trouve aussi sur les étals des fromages comme le pélardon des Cévennes, le roquefort aveyronnais ou encore la fourme d'Aubrac. Enfin, le niveau des meilleurs vignerons de la région tutoie désormais l'excellence. Plurielle, on vous le disait !

❀ **JARDIN DES SENS**

Chefs : Jacques et Laurent Pourcel

MODERNE • **ÉLÉGANT** L'attente fut longue ! Des années après l'annonce de leur projet, Jacques et Laurent Pourcel ont enfin inauguré leur Jardin des Sens au sein de l'hôtel Richer de Belleval, superbe maison du 17e s. installée sur les hauteurs de la ville. Sous les imposantes fresques des plafonds, on retrouve avec bonheur la cuisine des jumeaux montpelliérains : pensée dans les moindres détails, millimétrée dans l'exécution, relevant une trame de cuisine classique avec la touche créative qui a fait leur renommée. Bref, c'est du solide, comme avec cette tarte givrée de tomates des Jardins de Costebelle, condiment d'herbes, ou encore cet agneau d'Occitanie remarquablement tendre, légumes primeurs et condiment d'estragon... Richer de Belleval, botaniste et fondateur du Jardin des Plantes de Montpellier, n'aurait pas manqué d'apprécier une telle partition !

❀ ⇦ ⅃ 🅰️ – Prix : €€€€

Plan : A2-14 – *Place de la Canourgue* – ☎ 04 99 66 18 18 – *www.hotel-richerdebelleval.com/jardin-des-sens* – *Fermé lundi, dimanche, et mardi et mercredi à midi*

❀ **LECLERE**

Chef : Guillaume Leclere

MODERNE • **DESIGN** Nouveau lieu, nouvelle déco pour le restaurant du chef Guillaume Leclere : une grande salle aux accents futuristes, sorte de vaisseau spatial où l'inox se marie à la pierre montpelliéraine, au carrelage et au granit. La « cuisine d'arrivage » du chef, comme il la définit lui-même, est toujours au rendez-vous. Les fondamentaux de sa cuisine reposent sur un menu unique, renouvelé quotidiennement en fonction des produits ultra-frais, issus des circuits courts (poissons méditerranéens, agneau du Cantal…). De la tomate jusqu'à la pêche, chaque produit est souligné avec finesse, aussi bien gustativement que visuellement.

&. 🄰🄲 – Prix : €€€

Plan : A3-6 – *8 rue André-Michel* – ℰ *04 67 68 96 85* – *www.restaurantleclere. com* – *Fermé lundi, dimanche, et mardi et mercredi à midi*

❄ **PASTIS**

Chef : Daniel Lutrand

MODERNE • INTIME On se faufile dans l'étroite rue Terral pour découvrir ce restaurant confortable et joliment décoré. C'est l'une des tables les plus prisées de la ville, et l'on comprend rapidement pourquoi : impossible de résister à la cuisine de Daniel Lutrand, inspirée et inspirante, aussi fine que délicate, et qui met en avant les meilleurs producteurs des environs, mais aussi quelques produits plus rares (comme le barracuda) : on peut citer par exemple cette volaille de Candillargues, artichaut à la noisette, jus réduit…. Outre le menu déjeuner au très bon rapport qualité prix, vous allez être conquis par son menu "surprise", qui évolue au gré de ses inspirations du moment. Service mené avec sourire et entrain par le directeur et associé Jean-Philippe Vivant, belle carte des vins : c'est tout bon.

&. 🄰🄲 🛋 – Prix : €€€

Plan : A2-4 – *3 rue Terral* – ℰ *04 67 66 37 26* – *www.pastis-restaurant.com* – *Fermé lundi et dimanche, et samedi soir*

❄ **REFLET D'OBIONE**

Chef : Laurent Cherchi

MODERNE • COSY Est-il possible de concilier gastronomie et cuisine sans gluten, plaisir et santé, notamment en réduisant les graisses et le sucre ? Formé dans les restaurants suisses et français étoilés (mais aussi en Australie), Laurent Cherchi, un jeune chef trentenaire, sensible à l'environnement, le prouve à quelques mètres de la jolie place de la Canourgue ! Il choisit avec soin ses produits, locaux, souvent bio et d'une fraîcheur irréprochable, des Cévennes à la Méditerranée (bœuf de l'Aubrac, agneau de pré-salé de Camargue, tomme du Larzac). Dans ses assiettes mûrement réfléchies, technique et précision sont de rigueur comme sur ce merlu à la chair parfaitement nacrée, carotte, panais, confit de bergamote. Une mise en vedette du légume qui enchante les papilles. Quant au décor, il joue la carte de l'épure à travers trois salles dont la première est face à la cuisine.

❄ L'engagement du chef : Nous nous fournissons principalement chez les producteurs locaux - légumes de Villeneuve-lès-Maguelone, fleurs et plantes sauvages de Lattes, fruits du Gard et de la Vallée du Rhône, viande d'élevage en plein air des Pyrénées et de l'Aubrac, poissons de ligne, produits secs et farines bio… Notre carte des vins est exclusivement composée de vins certifiés biologiques et biodynamiques.

Prix : €€€

Plan : A1-5 – *29 rue Jean-Jacques Rousseau* – ℰ *04 99 61 09 17* – *www.reflet-obione.com* – *Fermé lundi, dimanche, et mardi, mercredi et samedi midi*

❄ **LA RÉSERVE RIMBAUD**

Chef : Charles Fontès

MODERNE • ÉLÉGANT "Montpellier la surdouée", comme elle s'est elle-même baptisée, a caché ce restaurant sur les bords du Lez. Un peu à l'écart certes, mais bénéficiant d'une superbe terrasse ombragée de platanes au-dessus de la rivière… Ô fraîcheur ! Moderne et raffinée, cette réserve-là, une vieille maison de famille, recèle aussi des trésors de gourmandises, puisées dans le répertoire méconnu du Languedoc-Roussillon. Ancien second d'Alain Dutournier au Carré des Feuillants, Charles Fontès signe des compositions judicieuses, centrées sur le produit. De subtils jeux de textures et de saveurs au service d'une authentique simplicité : rare

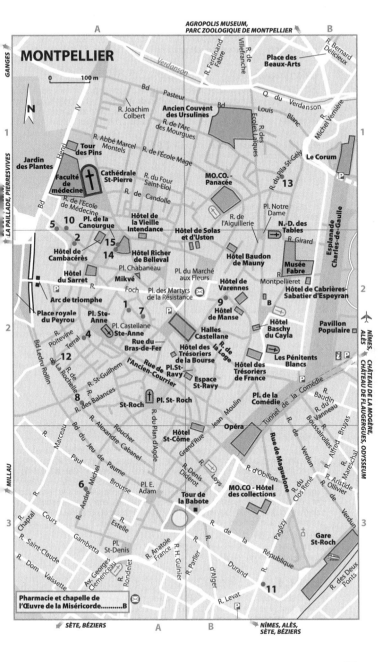

MONTPELLIER

GANGES

LA PAILLADE, PIERRESVIVES

MILLAU

SÈTE, BÉZIERS

NÎMES, ALÈS,
SÈTE, BÉZIERS

NÎMES,
ALÈS

CHÂTEAU DE LA MOGÈRE,
CHÂTEAU DE FLAUGERGUES, ODYSSEUM

0   100 m

Place des
Beaux-Arts

R. Bernard
Délicieux

R. de
Villefranche

R. Ferdinand
Fabre

R. de
Villefranche

Verdanson

Q. du Verdanson

Michel Vernière

Le Corum

Bd   Pasteur

Bd

Louis   Blanc

R. des
Écoles Laïques

Ancien Couvent
des Ursulines

R. Joachim
Colbert

R. de l'Arc
des Mourgues

R. Abbé Marcel
Montels

Henri

IV

Tour
des Pins

R. de l'École Mage

MO.CO. -
Panacée

R. du Pila St-Gély

13

Jardin
des Plantes

Faculté
de
médecine

Cathédrale
St-Pierre

R. du Four
Saint-Éloi

R. de
Candolle

R. de
l'Aiguillerie

Pl. Notre
Dame

N.-D. des
Tables

R. Girard

Esplanade Charles-de-Gaulle

R. de l'École
de Médecine

5   10

Pl. de la
Canourgue

2

15

14

Hôtel de
la Vieille
Intendance

Hôtel de Solas
et d'Uston

Hôtel Baudon
de Mauny

Musée
Fabre

Montpelliéret

Hôtel de Cabrières-
Sabatier d'Espeyran

Hôtel de
Cambacérès

Hôtel Richer
de Belleval

Pl. Chabaneau

Hôtel
du Sarret

Mikvé

Foch

Arc de triomphe

Pl. du Marché
aux Fleurs

Hôtel de
Varennes

B

Place royale
du Peyrou

Pl. Ste-
Anne

Pl. des Martyrs
de la Résistance

1   7

9

Hôtel
de Manse

Hôtel
Baschy
du Cayla

Pavillon
Populaire

4

Pl. Castellane
Ste-Anne

Rue du
Bras-de-Fer

Halles
Castellane

R. de
la Loge

Les Pénitents
Blancs

R. Poitevine

Terral

12

Rue de
l'Ancien-Courrier

Hôtel des
Trésoriers
de la Bourse

Pl. St-
Ravy

Espace
St-Ravy

Hôtel des
Trésoriers
de France

Bd Ledru Rollin

R. de
la Rochelle

R. St-Guilhem

R. des Balances

8

St-Roch

R. du Plan d'Agde

Pl. St- Roch

Jean Moulin

Pl. de la
Comédie

Tunnel de la Comédie

R.   Baudin

R. du
Vanneau

R. Boussairolles

R. Alfred Bruyas

Marceau

Bd du Jeu de Paume

R. Alexandre Cabanel

Roucher

Opéra

Grand'Rue

Rue de Maguelone

R. de Verdun

R. Aristide Ollivier

R. Maréchal

Paul

André Michel

Brousse

6

Pl. E.
Adam

Hôtel
St-Côme

R. Denis
Diderot

Loys

R. d'Obilion

R. du
Clos René

MO.CO - Hôtel
des collections

Verdun

R.

Chaptal

Cours

R. Saint-Claude

Gambetta

Pl.
St-Denis

R.
Estelle

Tour de
la Babote

R. de
la

République

Gare
St-Roch

R. des Deux Ponts

R. Dom Vaisselle

Av. Georges
Clemenceau

R.
Rondelet

R. Anatole
France

R. H. Guinier

R. Partier

R. d'Alger

R.
Pagézy

R. Durand

11

R. Levat

et délectable ! Dorade, poulpe et rouget de roche, anguille de Camargue et olives lucques en amuse-bouche : c'est toute l'Occitanie qui s'invite.

⟨& 🐟 🅿 – Prix : €€€

Hors plan – *820 avenue de Saint-Maur* – ℰ *04 67 72 52 53* – *www.reserve-rimbaud.com* – *Fermé samedi et dimanche*

L'ARTICHAUT

MODERNE • CONVIVIAL Emmené par un chef à la passion communicative, voici le temple de la cuisine de saison. Les recettes du marché s'y déclinent sous forme d'un menu-carte renouvelé régulièrement. Produits frais, préparations maison, vins régionaux : un restaurant qui fera fondre les cœurs... d'Artichaut.

Prix : €€

Plan : A2-7 – *15 bis rue Saint-Firmin* – ℰ *04 67 67 91 86* – *www.artichaut-restaurant.com* – *Fermé lundi et dimanche*

LE BISTRO URBAIN

MODERNE • TENDANCE À la barre de ce bistrot du cœur de Montpellier qui vient de déménager dans un lieu glamour et plus spacieux, on trouve Cédric Sangenito, chef au parcours sans accroc. Sa cuisine, moderne et un brin inventive, met en valeur de bons produits frais, et notamment le végétal ; la carte est renouvelée toutes les semaines - à l'exception du plat emblématique de la maison, le baba au rhum (mais dont le parfum change en permanence). Pour le reste, prix d'ami et accueil bienveillant : un sans-faute.

🐟 – Prix : €€

Plan : A2-8 – *5 rue Alexandre-Cabanel* – ℰ *06 60 94 96 16* – *www.bistrourbain.com* – *Fermé lundi et dimanche, et mardi soir*

ABACUS

MODERNE • INTIME Elle est de Rouen, lui de Paris, ils avaient envie de Sud : les voici au cœur de l'Écusson montpelliérain, dans un restaurant de poche à l'atmosphère intimiste et chaleureuse. Préparations soignées, jeux de textures, assiettes en évolution au gré des saisons, service souriant et choix de vins avisés : que demander de plus ?

Prix : €€

Plan : A2-12 – *26 rue Terral* – ℰ *04 34 35 32 86* – *abacus-restaurant.fr* – *Fermé lundi, dimanche et du mardi au vendredi à midi*

ANGA - BEAULIEU ⓝ

MODERNE • BRANCHÉ Une petite rue du vieux Montpellier, un bel édifice historique en pierres traditionnelles. À l'intérieur, un lieu unique, un seul chef, mais deux propositions culinaires distinctes : dans sa nouvelle adresse, Cyril Garcia fait dans le bistrot côté Beaulieu, et dans le gastro, côté Anga, en signant une cuisine créative (ganache chocolat blanc parfumée à l'ail noir, etc.), qui puise dans le terroir local et s'émaille de touches asiatiques (lait de coco, galanga, curry, agneau sous forme de gyozas...). La cuisine ouverte, précédée d'un comptoir et de quelques tabourets, sépare les deux espaces - qui ont séduit les Montpelliérains.

🅰🅺 🐟 – Prix : €€

Plan : A2-1 – *10 rue Saint-Firmin* – ℰ *04 67 02 71 62* – *www.anga-restaurant.fr* – *Fermé dimanche et lundi midi*

L'ARBRE

TRADITIONNELLE • BRASSERIE Au rez-de-chaussée d'un immeuble au design foisonnant, signé de l'architecte Sou Fujimoto, cette table joue la carte d'une cuisine gourmande aux accents bourgeois : ce très bon foie de veau, sauce madère et purée de pomme de terre, en témoigne ! Déco moderne où le blanc domine, dans un esprit de brasserie 2.0.

& 🅰 🍴 – Prix : €€

Hors plan – *10 parvis Oscar-Niemeyer – ℰ 04 34 76 96 96 – larbre-restaurant. fr – Fermé lundi et dimanche*

LA CANOURGUE

MODERNE • **CHIC** Installé sous une verrière, dans la superbe cour intérieure de l'hôtel Richer de Belleval, le nouveau bistrot des frères Pourcel a de l'allure : corniches, moulures, grands lustres en cristal... La cuisine n'est pas en reste, maîtrisée et pleine de saveurs, revisitant la tradition avec ce qu'il faut de créativité. Un vrai plaisir.

⇔ & 🍴 – Prix : €€

Plan : A2-15 – *Place de la Canourgue – ℰ 04 99 66 18 18 – www.hotel-richerdebelleval.com*

CHEZ DELAGARE

MODERNE • **TENDANCE** Une agréable surprise, juste en face de la gare Saint-Roch, au sein du complexe Belaroïa. Dans sa cuisine ouverte sur la salle, le chef Thierry Alix décline une carte courte et efficace, entre bistronomie et street food. C'est soigné, plein de couleurs et de parfums : une belle adresse.

& 🅰 – Prix : €€

Plan : B3-11 – *21 rue Jules-Ferry – ℰ 06 20 76 51 55 – www.belaroia.fr/chezdelagare – Fermé lundi et dimanche*

ÉBULLITION

MODERNE • **CONTEMPORAIN** Ils se sont rencontrés chez Jean Sulpice, à Val Thorens, et ont repris cette ancienne cantine asiatique pour en faire un repaire de gourmandise, chaleureux et contemporain. Cuisine d'inspiration méditerranéenne, produits issus du marché bio de Montpellier, vins de la région en biodynamie : vous êtes entre de bonne mains...

🅰 – Prix : €€

Plan : B1-13 – *10 rue du Pila-Saint-Gély – ℰ 09 86 10 84 84 – restaurant-ebullition.eu – Fermé lundi, samedi et dimanche et jeudi midi*

MAHÉ

MODERNE • **CONTEMPORAIN** Richard Juste et Sabrina Delcros, qui tenaient auparavant "l'Idée Saveurs", sont aux commandes de ce Mahé chaleureux et spacieux, avec une terrasse paisible à l'abri des regards. Le chef réalise des assiettes "franches et sans chichis", selon ses propres termes, avec de la précision dans les cuissons et les assemblages. Des exemples ? Poireaux grillés, œuf mollet, gnocchi de pomme de terre, parmesan et truffe ; queue de lotte, chou-rave façon risotto, carottes à l'huile d'olive, vierge de fenouil... Petite carte de vins locaux.

& 🅰 🍴 ⇔ – Prix : €€

Hors plan – *581 avenue de la Pompignane – ℰ 04 67 20 25 26 – www.mahe-restaurant.fr – Fermé lundi, dimanche, samedi midi, et mardi et mercredi soir*

LE PETIT JARDIN

MODERNE • **CLASSIQUE** Comme son nom l'indique, ce restaurant gastronomique traditionnel recèle l'une des plus jolies terrasses de la ville, nichée dans un jardin luxuriant, au calme. En salle, c'est dans une ambiance tamisée et bucolique, derrière une grande verrière, que défilent les petits plats de saison joliment tournés. Pour les becs sucrés, mention spéciale pour les desserts gourmands, à l'image de ce remarquable citron en trompe l'œil, sablé à la fleur de sel, sorbet citron. L'adresse abrite aussi une table de bistrot à la cuisine voyageuse.

🍴 – Prix : €€€

Plan : A1-10 – *20 rue Jean-Jacques-Rousseau – ℰ 04 67 60 78 78 – www.petit-jardin.com – Fermé lundi et dimanche*

SOULENQ

MODERNE · SIMPLE Un restaurant et une cave, aménagés dans une ancienne pépinière par cinq jeunes associés pleins d'avenir. L'assiette est simple et gourmande, avec de belles réussites (salade d'hiver au poulpe de Galice, vinaigrette kalamansi ; chou farci aux légumes, riz, émulsion curry Thaï) mais aussi des pièces de viande à partager. Les produits sont du marché et de saison : on se régale.

爛 ﻩ 痳 🅿 – Prix : €€

Hors plan – *469 rue de la Thériaque* – ☏ *04 67 41 38 74* – *www. soulenqrestaurant.fr* – *Fermé lundi et dimanche, et mardi soir*

TERMINAL #1

MODERNE · BRANCHÉ Cet ancien chai upcyclé par les frères Pourcel offre un vaste espace mariant joyeusement pierre, acier et bois, dans un style industriel d'atelier chic. Les plats, qui puisent dans les ressources locales au meilleur de leur maturité, sont pimpés d'inspirations lointaines à la manière voyageuse des célèbres jumeaux : ceviche de daurade et gambas, guacamole d'avocat et vinaigrette parfum d'orange ou encore carré d'agneau des Pyrénées rôti, petits artichauts grillés et jus curry coco, illustrent bien l'esprit bistrot gastronomique de la maison.

ﻩ 🅰🅲 痳 ⇔ – Prix : €€€

Hors plan – *1408 avenue de la Mer* – ☏ *04 99 58 38 38* – *www.terminalpourcel. com* – *Fermé lundi et dimanche*

UMAMI - LA CINQUIÈME SAVEUR ⓝ

CORÉENNE · SIMPLE Juste au-dessous de la place de la Canourgue, ce petit bistrot de poche épuré invite à découvrir la cuisine franco-coréenne, mâtinée de touches japonisantes, de la cheffe. Elle met tout son talent à ne travailler que des produits frais, à changer la carte tous les deux mois environ (sauf les classiques comme le bibimbap), et, bien évidemment, à mettre en valeur la saveur umami, comme sur cet œuf parfait, purée de champignons, crumble de sésame noir, sauté de champignons shimeji...

Prix : €€

Plan : A2-2 – *15 rue Jean-Jacques-Rousseau* – ☏ *04 67 92 75 95* – *www.umami-cinquiemesaveur.com* – *Fermé lundi et dimanche*

🛏 ## DOMAINE DE BIAR   *Plus*

CLASSIQUE CONTEMPORAIN Restauré avec amour et serti comme une pierre précieuse au milieu de 50 ha de terrain, d'arbres centenaires et de vignes, à quelques kilomètres de Montpellier, ce domaine est une "folie" au sens architectural du terme. Avec quatre chambres seulement, plus une suite et un appartement, les lieux sont d'un calme absolu. Les chambres reflètent différents styles, de l'hédonisme Belle Époque avec ses rouges sensuels au cabinet de curiosités avec lampes-accordéons et croquis d'instruments scientifiques. Les détails déco à la fois luxe et fantaisie abondent : baignoires sur pieds, portes dérobées, terrasses privées, parfois une cheminée. Mais les partis-pris environnementaux sont aussi concrets, dans le choix des matériaux et des sources d'énergie.

🅿 ⌂ 𝌚 🏊 ♨ ⇔ ⑩ - 6 chambres – Prix : €€

Chemin de Biar – ☏ *04 67 65 70 06*

🛏 ## MAS DE LAFEUILLADE   *Plus*

DESIGN MODERNE Entouré d'arbres centenaires, le Mas de Lafeuillade, bâti au 19ᵉ s., affiche lui aussi ses belles années. Ses cinq chambres sont contemporaines, mais habillées d'un air rétro avec quelques éléments des années 20. Le parc est le clou du spectacle.

🅿 ⌂ 𝌚 🏊 ⑩ - 5 chambres – Prix : €

281 rue Fra Angelico – ☏ *06 77 18 29 69*

MONTRABÉ

✉ 31850 – Haute-Garonne – Carte régionale n° **22**–B2

✿ L'APARTÉ

Chef : Jérémy Morin

MODERNE • CONVIVIAL En proche périphérie de Toulouse, dans un quartier moderne tout près de l'autoroute d'Albi, cette ancienne toulousaine accueille un chef de talent. Ses créations, très bien exécutées, naviguent entre classique et moderne. Ne manquez pas sa cocotte de légumes à la truffe, ni le gibier qu'il travaille en saison. Son lièvre à la royale, en particulier, mérite toute votre attention ! Le tout à déguster dans une ambiance sympathique, à l'intérieur ou sur l'agréable patio-terrasse, à l'ombre d'un beau tilleul. Service attentionné.

&. Ⓜ 🏛 ⇔ 🅿 – Prix : €€€

Plan : D1-1 – *21 rue de l'Europe – 𝒞 05 34 26 43 44 – www.restaurant-laparte. fr – Fermé lundi et dimanche*

☺ L'INSTANT...

MODERNE • CONTEMPORAIN L'Instant... d'une parenthèse gourmande non loin de Toulouse ! On s'installe dans un intérieur simple et moderne. Derrière les fourneaux, le chef régale avec les produits de la région, et s'autorise même quelques touches asiatiques. Ne manquez pas le menu "L'instant gourmet".

Ⓜ 🏛 – Prix : €€

Plan : D1-2 – *13-14 chemin du Logis-Vieux – 𝒞 05 61 48 25 24 – restaurant-linstant.fr – Fermé lundi et dimanche, et mardi soir*

MONTRÉAL

✉ 11290   Aude

🛏 CAMELLAS LLORET   *Plus*

CLASSIQUE CONTEMPORAIN Bien loin du Montréal québécois, les douces collines de la campagne toulousaine abritent une ravissante petite maison d'hôtes dans laquelle se sont glissées quatre chambres raffinées ainsi qu'un vaste appartement. Celui-ci dispose d'une cuisine, d'un lounge privé et d'un jardin, alors que les chambres partagent une véranda avec une table commune ainsi qu'un salon rempli de livres à feuilleter au coin de la cheminée, un verre à la main. L'architecture traditionnelle abrite un mobilier à la fois contemporain et discret créant un éclectisme charmant aux tons doux et neutres. Ici le maître-mot n'est pas le luxe, mais le confort, comme en témoignent les matelas faits main, les draps de lin, les produits naturels des salles de bain.

🅿 🛎 ☕ - 5 chambres – Prix : €

4 rue de l'Angle – 𝒞 06 45 73 96 42

MONTREUIL

✉ 93100 - Seine-Saint-Denis - Carte régionale n° 15-B1

✿ VILLA9TROIS ⓝ

MODERNE • DESIGN C'est une oasis de verdure au cœur de la banlieue parisienne urbanisée : en traversant le parc arboré de cette villa du 19ᵉ s., on croise un potager, des ruches et même une serre d'agrumes. Aux beaux jours, une terrasse couverte de parasols blanc enluminés de guirlandes accueille les clients. Le chef breton Camille Saint-M'leux met à l'honneur son terroir et ses produits iodés à l'image de son araignée de mer, bouillon anisé ou de son lieu jaune nacré, concombre, cresson. Une cuisine moderne pleine de peps.

🛎 &. 🏛 ⇔ 🅿 – Prix : €€€

71 rue Hoche – 𝒞 01 48 58 17 37 – www.villa9trois.com – Fermé lundi et mardi

MONTREUIL

✉ 62170 – Pas-de-Calais – Carte régionale n° **13**–A2

ANECDOTE

TRADITIONNELLE • **BISTRO** Alexandre Gauthier, chef de la Grenouillère, revient ici aux fondamentaux : goujonnettes, sauce gribiche ; côte à l'os à la braise, crêpes Suzette, tarte Tatin... avec même certains plats en hommage à son père. Bons produits, belles présentations, saveurs et générosité : une savoureuse "cuisine de mémoire".

&⬛🅰️🍽️ – Prix : €€

1 rue des Juifs – ℰ 03 21 86 65 80 – www.anecdote-restaurant.com – Fermé lundi et dimanche

LA TABLE DU CHÂTEAU

MODERNE • **ÉLÉGANT** Deux toques et quatre mains président aux destinées de cette table châtelaine, qui propose une cuisine entre modernité et tradition, avec une prédisposition marquée pour les produits de la côte d'Opale. Souvenirs d'un beau filet de Saint-Pierre cuit sur la peau, artichaut en barigoule et pêche jaune, et son jus de tête à la verveine. À déguster dans une salle à manger confortable, au décor feutré.

🕸️ 🍽️🎴❖🅿️ – Prix : €€€

4 chaussée des Capucins – ℰ 03 21 81 53 04 – www.chateaudemontreuil.com – Fermé du lundi au jeudi, vendredi midi et dimanche soir

🛏️ PIEUX   *Plus*

ÉLÉGANCE TRADITIONNELLE Les gastronomes connaissent sans doute déjà le propriétaire des lieux : Alexandre Gauthier, chef des cuisines de La Grenouillère, également propriétaire des restaurants Anecdote et Froggy's Tavern. Pour son retour aux sources à Montreuil-sur-Mer, il a choisi de se diversifier en ouvrant une maison d'hôtes. L'heureuse élue est une demeure de 1800, emplie d'une atmosphère douce et enveloppante, comme une maison de famille aux couleurs ravivées, prête à accueillir la nouvelle génération. Elle loge quatre chambres de caractère, un jardin d'hiver avec cheminée, un salon pour les jeux de société et une salle à manger à l'esprit de café parisien. Idéal pour un repos gourmand.

🅿️ 🍽️ - 4 chambres – Prix : €

1 rue des Étuves – ℰ 06 32 17 64 25

MONTRÉVERD

✉ 85260 – Vendée – Carte régionale n° **23**–B3

❀ LA CHABOTTERIE

Chef : Benjamin Patissier

MODERNE • **ÉLÉGANT** Avec notamment la lotte dorée au beurre demi-sel, radis et crème perlée curry-colza, ou la selle d'agneau roulée aux herbes fraiches, aubergine mentholée et jus aux tomates confites, Benjamin Patissier, chef MOF au beau CV (Patrick Henriroux à La Pyramide, Pierre Gagnaire et Anne-Sophie Pic), coche toutes les cases : beaux produits, maîtrise technique, saveurs limpides et dressage impeccable. Directrice et sommelière, son épouse parachève cette belle expérience en accueillant dans un restaurant contemporain installé dans l'une des dépendances du château de la Chabotterie.

🕸️ &🅿️ – Prix : €€€

Logis de La Chabotterie – ℰ 02 55 90 02 85 – www.lachabotterie.com/fr – Fermé mardi et mercredi, et dimanche soir

MONTROUGE

✉ 92120 – Hauts-de-Seine – Carte régionale n° **15**–B2

LA TABLE DE MAÏNA

FUSION • CONVIVIAL Au cœur de Montrouge, une bonne adresse se cache derrière cette devanture. Une cheffe formée aux quatre coins du monde, souvent chez les "grands" et notamment auprès de Nobu Matsuhisa, laisse libre cours à une inspiration fusion savoureuse. Les ingrédients, les épices et les produits du monde entier se marient avec justesse et harmonie. Formule plus simple le midi, plus ambitieuse le soir.

Prix : €€

18 rue Perier – ℰ 01 57 21 25 82 – www.latabledemaina.com – Fermé lundi, dimanche, samedi midi, et mardi et mercredi soir

MONTSOREAU

✉ 49730 – Maine-et-Loire – Carte régionale n° **23**–C2

VERVERT

TRADITIONNELLE • COSY Une maison des bords de Loire en tuffeau. En cuisine : Romain Butet, un chef au séduisant CV. Il cisèle une cuisine plutôt traditionnelle, revisitée juste ce qu'il faut, et qui s'accorde quelques (sages) escapades exotiques : délicieux pigeon d'Anjou, jus réduit, légumes ; chocolat noir, noisettes du Piémont. Intérieur contemporain plaisant, belle carte des vins à prix raisonnables.

⅋ ₲₷♻ – Prix : €€

7 place du Mail – ℰ 02 41 52 34 89 – www.ververt.com – Fermé mardi et mercredi

MOOSCH

✉ 68690 – Haut-Rhin – Carte régionale n° **10**–A3

AUX TROIS ROIS

TRADITIONNELLE • CLASSIQUE Pâté en croûte, tête de veau... Ici, les éternels bistrotiers sont rois, mais ils partagent volontiers leur couronne avec les produits de la mer. À l'ardoise, des propositions sans cesse renouvelées et des vins qui sont de vraies petites trouvailles : un royaume du goût, de la qualité et de la convivialité !

₲₷♻ – Prix : €€

35 rue du Général-de-Gaulle – ℰ 03 89 82 34 66 – www.aux-trois-rois.com – Fermé lundi et mardi, et dimanche soir

MORBECQUE

✉ 59190 – Nord – Carte régionale n° **13**–B2

AU CŒUR D'ARTICHAUT

MODERNE • ÉLÉGANT Ce restaurant contemporain, tenu avec dynamisme par un jeune couple originaire du village, propose une cuisine dans l'air du temps, attentive aux produits et aux saisons. Service attentionné, et belle salle à manger sous véranda.

⇦₲Ⓜ – Prix : €€

8 avenue des Flandres – ℰ 03 28 48 09 21 – www.aucoeurdartichaut.fr – Fermé mercredi, et lundi, mardi et dimanche soir

MOREY-SAINT-DENIS

✉ 21220 – Côte-d'Or – Carte régionale n° **5**–C2

CASTEL DE TRÈS GIRARD

MODERNE • CONTEMPORAIN Dans cet ancien pressoir, où règne une douce atmosphère contemporaine, le chef réalise une cuisine franche, de produit, et n'hésite pas à proposer de grosses pièces (pintade de la ferme de la Ruchotte rôtie, côte de bœuf de Galice, maturée 50 jours) qu'on accompagne d'un cru de la remarquable carte des vins. Belle terrasse.

🕸 ⇆ 🕭 🛱 **🅿** – Prix : €€

7 rue de Très-Girard – 𝒞 03 80 34 33 09 – www.castel-tres-girard.com/fr

MORLAIX

✉ 29600 – Finistère – Carte régionale n° **7**–B1

LE 21ÈME COMMIS

DU MARCHÉ • CONTEMPORAIN Au centre de Morlaix, entourée par de belles bâtisses à colombages, cette table récente est emmenée par un chef au solide parcours qui y propose une cuisine originale, mariant ingrédients bretons et influences plus exotiques (notamment asiatiques). Choix entre deux petits salles au décor actuel, tables hautes et comptoir bar, ou pièce aveugle et tables normales.
Prix : €€

23 rue du Mur – 𝒞 02 98 63 50 27 – Fermé lundi et dimanche, et mardi et mercredi soir

L'HERMINE

BRETONNE • RUSTIQUE Poutres, tables en bois ciré, objets rustiques : une crêperie bien sympathique dans un pittoresque quartier piétonnier, avec une petite terrasse... On peut choisir parmi une cinquantaine de crêpes au sarrasin et au froment, avec une spécialité : la Godaille, une galette au thon, au beurre d'ail et aux algues.
🛱 – Prix : €

35 rue Ange-de-Guernisac – 𝒞 02 98 88 10 91 – Fermé dimanche

MORNAY-SUR-ALLIER

✉ 18600 – Cher – Carte régionale n° **8**–D3

LE CLOS D'ÉMILE

MODERNE • MAISON DE CAMPAGNE Ce corps de ferme abrite une table attachante, où madame officie aux fourneaux tandis que monsieur distille en salle un service attentionné et de qualité. Dans l'assiette, une cuisine sincère, saine, faisant la part belle aux produits issus de fermes situées à moins de 30 km - mais aussi du bœuf et du cochon élevés sur place. Une adresse accueillante.
⇆ 🛱 ✿ – Prix : €€

1 Bel-Air – 𝒞 02 48 74 58 03 – www.closdemile.fr – Fermé lundi, mardi, mercredi et dimanche et jeudi et vendredi à midi

MORSBRONN-LES-BAINS

✉ 67360 – Bas-Rhin – Carte régionale n° **10**–B1

LA SOURCE DES SENS

MODERNE • CONTEMPORAIN Le cadre est résolument contemporain – moquette et murs noirs, photophores pour une lumière tamisée – et la cuisine se veut volontiers créative grâce à l'implication du chef Pierre Weller, qui fait quelques clins d'œil au Japon et réalise des dressages des plus soignés, à l'image de ces makis de thon et saumon Bomlo en mosaïque. Spa pour prolonger le plaisir des sens et agréables chambres pour l'étape.

&& ⇔ & ⩗ ⏱ 🄿 – Prix : €€€

19 route d'Haguenau – ⌀ 03 88 09 30 53 – www.lasourcedessens.com – Fermé lundi et mardi midi

LA SOURCE DES SENS   *Plus*

DESIGN MODERNE Un hôtel très agréable dans cette station thermale du nord de l'Alsace. Chambres tendance au design sobre – plus calmes sur l'arrière du bâtiment –, espace bien-être complet avec un magnifique spa : tous les sens sont flattés.

& 🄿 ⇔ ⇔ ⏱ 🏊 🛜 🛜 📶 ⏱🍴 - 32 chambres – Prix : €€

19 route de Haguenau – ⌀ 03 88 09 30 53

La Source des Sens - Voir la sélection des restaurants

MORZINE

✉ 74110 – Haute-Savoie – Carte régionale n° **4**–F1

L'ATELIER

MODERNE • TRADITIONNEL Au sein de l'hôtel Samoyède, un cadre montagnard chic, pour une cuisine inspirée directement par les produits du marché, rehaussée de jolies influences exotiques et déclinée à travers une courte carte et un menu dégustation.

&& ⩗ 🄿 – Prix : €€

9 place de l'Office-du-Tourisme – ⌀ 04 50 79 00 79 – hotel-lesamoyede.com – Fermé mardi, et lundi, mercredi, jeudi, vendredi, samedi et dimanche midi

LA FERME DE LA FRUITIÈRE

FROMAGES, FONDUES-RACLETTES • CONVIVIAL Dans cette salle boisée, une belle cheminée crépite sous vos yeux ; vous attendez l'arrivée de votre Berthoud, entre autres spécialités fromagères. Tournez la tête : à travers la vitre, la cave d'affinage de la fruitière voisine affiche ses meules d'Abondance, tommes et reblochons... Au cœur de la tradition !

⇔ & ⩗ ⇔ 🄿 – Prix : €€

337 route de La Plagne – ⌀ 04 50 79 77 70 – alpage-morzine.com – Fermé du lundi au jeudi à midi

LA BERGERIE   *Plus*

ÉLÉGANCE TRADITIONNELLE Un chalet sympathique où règne une ambiance familiale : chambres cosy et presque toutes équipées d'une kitchenette, jeux pour les enfants et piscine chauffée. À l'intérieur ou en terrasse, bon choix de fromages savoyards pour le petit-déjeuner.

🄿 ⇔ ⇔ ⏱ 🏊 🛜 📶 - 29 chambres – Prix : €€

103 route du Téléphérique – ⌀ 04 50 79 13 69

MOSTUÉJOULS

✉ 12720 – Aveyron

HÔTEL DE LA MUSE ET DU ROZIER   *Plus*

DESIGN MODERNE Dans le jardin de ce grand hôtel centenaire, une plage privée au bord du Tarn ! L'esprit des lieux ? Contemporain, sobre et zen, en harmonie avec les sublimes paysages environnants. Une certaine idée de l'élégance...

🄿 ⇔ ⇔ ⏱ 🍴 - 28 chambres – Prix : €

Lieu-dit La Muse D 907 – ⌀ 05 65 62 60 01

MOUGINS

✉ 06250 – Alpes-Maritimes – Carte régionale n° **25**–E2

L'AMANDIER DE MOUGINS

PROVENÇALE • **MÉDITERRANÉEN** Il y a plusieurs décennies, Roger Verger, chef mythique, a cuisiné dans cette maison. Aujourd'hui, on vient pour la superbe terrasse qui embrasse le pays de Grasse et une cuisine provençale traditionnelle. A noter, le semainier - aïoli le mardi, bouillabaisse le vendredi, cuisse de lapin confite le dimanche, etc.

🅰🈂↔ – Prix : €€

48 avenue Jean-Charles-Mallet – ☎ *04 93 90 00 91 – www.amandier.fr*

BOHÈME 🆕

FRANÇAISE CONTEMPORAINE • **TENDANCE** Adieu Paloma, bienvenue Bohème ! Dans cette adresse chic et cool, tout en matériaux nobles et bruts, l'assiette célèbre la belle viande de haute race, maturée et apprêtée selon les règles de l'art (l'un des propriétaires n'est autre qu'Alexandre Polmard, fils du célèbre éleveur-boucher, fournisseur des grandes tables). Cuites exclusivement au barbecue, les viandes fondent en bouche. Une adresse pour viandards exclusivement, me direz-vous ? Pas du tout : aux fourneaux, le chef péruvien Manuel Rondan Rodriguez n'a pas son pareil pour réaliser un ceviche de bar, ou servir un turbot au beurre demi-sel. La vue depuis la terrasse embrasse un panorama superbe, des Alpes à la Méditerranée. Prestation rapide et conviviale de la brigade sur fond de musique pop.

≼🕭🅰🈂↔🅿 – Prix : €€€

47 avenue du Moulin-de-la-Croix – ☎ *04 92 92 97 70 – Fermé lundi et dimanche*

LA PLACE DE MOUGINS

CRÉATIVE • **ÉLÉGANT** Sur la place du village, évidemment ! Dans ce charmant restaurant règne une atmosphère chic et cosy, tandis qu'en cuisine, c'est l'ébullition autour d'un chef créatif et passionné ; chaque mois, il met en valeur un produit de saison, magnifiant la truffe, l'asperge, etc.

🕭🅰🈂↔ – Prix : €€€

41 place du Commandant-Lamy – ☎ *04 93 90 15 78 – laplacedemougins.fr – Fermé mardi et mercredi*

MOULINS

✉ 03000 – Allier – Carte régionale n° **1**–C1

🏵 LE BISTROT DE GUILLAUME

MODERNE • **CONVIVIAL** En plein cœur de Moulins, la petite salle claire et intimiste donne déjà le "la", et l'on s'y attable sans se faire prier. Mais le meilleur est encore à venir : dans sa petite cuisine, le chef-patron compose des préparations à la fois fines et bien pensées, qui sont un ravissement pour les papilles.

🈂↔ – Prix : €

13 rue de Pont – ☎ *04 43 51 23 82 – Fermé lundi, et mardi, mercredi et dimanche soir*

LA BULLE D'AIR

CRÉATIVE • **CONTEMPORAIN** Depuis sa cuisine ouverte, sans jamais être prisonnier de sa bulle créative, le chef Vincent Hoareau propose une cuisine fraîche et savoureuse, à l'image de filet mignon label rouge, ravioles de Romans. Menu sans choix au déjeuner en semaine pour clientèle pressée. Le tout est à déguster dans un cadre contemporain, ou sur la charmante terrasse pavée en été.

⒜ ⌂ – Prix : €€
22 place d'Allier – ℰ 04 70 34 24 61 – Fermé lundi et dimanche

MOULON-SUR-DORDOGNE
✉ 33420 – Gironde

5 LASSERRE   *Plus*
CLASSIQUE CONTEMPORAIN Au grand calme, cette ferme a été rénovée luxueu-
sement dans un esprit contemporain chic... Les chambres sont grandes et très
raffinées ; la piscine à débordement offre une jolie vue sur la campagne, et il y a
même une vraie salle de cinéma. Un lieu d'exception !
🅿 ⌂ - 5 chambres – Prix : €€
5 lieu-dit La Serre – ℰ 05 57 51 46 77

MOURIÈS
✉ 13890 – Bouches-du-Rhône – Carte régionale n° **24**–A2

QUALIA Ⓝ
MODERNE • MAISON DE CAMPAGNE Un joli village oléicole, une ancienne écurie
rénovée en salle pleine de charme, l'accueil pro d'une hôtesse accorte qui connaît sa
carte des vins sur le bout des doigts, et un chef expérimenté : what else ? Passionné,
le chef Patrick Cuissard (Château de la Messardière, hôtel Sezz) bichonne ses
assiettes au millimètre avec le plaisir en ligne de mire : bœuf Herdshire, pommes
écrasées et crème de cèpe ; thon rouge, légumes wok et sauce satay.
⌂ – Prix : €€
*36 cours Paul-Revoil – ℰ 04 90 43 58 31 – www.qualiarestaurant.business.site –
Fermé lundi, dimanche et du mardi au samedi à midi*

MOUSTIERS-SAINTE-MARIE
✉ 04360 – Alpes-de-Haute-Provence – Carte régionale n° **24**–C2

⁑ LA BASTIDE DE MOUSTIERS
PROVENÇALE • ROMANTIQUE Dans cette bastide, on déguste une cuisine
méditerranéenne qui associe les saveurs du marché à celles du potager, dont deux
jardiniers s'occupent à plein temps (ne manquez pas le jardin des simples attenant).
Le chef met à l'honneur la cuisine provençale et méditerranéenne chère à Alain
Ducasse, à l'image de ce turbot au naturel, blettes du jardin et coquillages - le
végétal est traité ici avec les honneurs. On profite aussi d'un cadre agréable où
les oliviers sont rois et d'une terrasse ombragée de platanes. Un joli résumé de
la Provence.
⌂ ⌂ ⌂ 🅿 – Prix : €€€
*Chemin de Quinson – ℰ 04 92 70 47 47 – www.bastide-moustiers.com –
Fermé mardi et mercredi*

LA FERME SAINTE-CÉCILE
MODERNE • ROMANTIQUE Poussez la grille et empruntez la belle allée pavée...
au bout de laquelle cette ancienne ferme du 18 e s. fait le bonheur des gourmands !
Derrière les fourneaux, le chef concocte avec délicatesse et subtilité une savoureuse cuisine du Sud à l'image de cette daurade royale, pistou de légumes et glace
à l'ail rôti. L'une des meilleures tables de Moustiers.
⌘ ⌂ ⌂ 🅿 – Prix : €€
*Route des Gorges-du-Verdon – ℰ 04 92 74 64 18 – www.ferme-ste-cecile.com/
restaurant-moustiers/accueil.php – Fermé lundi et dimanche soir*

LA TREILLE MUSCATE

PROVENÇALE • TENDANCE Au pied des falaises, voilà un sympathique bistrot provençal, où l'on se régale d'une cuisine à l'accent du Sud, à l'instar de la spécialité maison, les "pieds et paquets comme les faisait Mémé Antoinette". Aux beaux jours, on profite de la terrasse, à l'ombre d'un platane qui fêtera bientôt ses 200 ans.

🍴 – Prix : €€

Place de l'Église – ℰ 04 92 74 64 31 – www.restaurant-latreillemuscate. fr/#2 – Fermé mercredi

LA BASTIDE DE MOUSTIERS   *Plus*

CLASSIQUE CONTEMPORAIN Un petit chemin, une grille en fer forgé, des arbres fruitiers, des vieilles pierres, des faïences régionales, des draps en lin, un grand potager aromatique, un âne, des chevaux, un poney... Plus qu'un inventaire à la Prévert, le charme irrésistible d'une bastide du 17ᵉ s. !

🅿 🛏 ♨ ⚅ 🛁 ⑭ ⑩ – 13 chambres – Prix : €€

Chemin de Quinson – ℰ 04 92 70 47 47

❀ **La Bastide de Moustiers** - Voir la sélection des restaurants

MUHLBACH-SUR-MUNSTER

✉ 68380 – Haut-Rhin – Carte régionale n° **10**–A2

PERLE DES VOSGES

MODERNE • TRADITIONNEL On aborde le repas avec un pâté en croûte forestière, airelles et pickles de concombre, une franche réussite, avant d'enchaîner avec les noisettes de sanglier, airelles et spaëtzle ou trois savoureuses quenelles de brochet. Puis, après avoir profité du munster, on conclut avec une forêt-noire revisitée et hyper-gourmande. Tout est dit !

♿ 🅰 🍴 ⭗ 🅿 – Prix : €€

22 route Gaschney – ℰ 03 89 77 61 34 – www.perledesvosges.net – Fermé lundi midi

MULHOUSE

✉ 68100 – Haut-Rhin – Carte régionale n° **10**–A3

IL CORTILE

Chef : Jean-Michel Feger

MÉDITERRANÉENNE • ÉLÉGANT Dans une rue piétonne du vieux Mulhouse, bienvenue dans cette maison du 16ᵉ s. bien connue des alsaciens. Présent ici depuis 2001, le chef Jean-Michel Feger compose une cuisine inspirée par la Méditerranée. Préparations modernes, techniquement abouties et une gourmandise qui donnerait l'accent italien ; ainsi le vitello tonnato, pesto de tomates séchées, beignets de mozzarella de bufflonne. Aux beaux jours, le temps d'un repas, on vit la dolce vita sur la terrasse installée dans la petite cour intérieure. Service agréable et détendu.

❀ ♿ 🅰 🍴 – Prix : €€€

11 rue des Franciscains – ℰ 03 89 66 39 79 – www.ilcortile-mulhouse.fr – Fermé lundi et dimanche

LE 4

MODERNE • CONVIVIAL Le jeune couple à la tête de ce petit restaurant du cœur de Mulhouse propose une ardoise courte aux libellés gourmands. Leurs plats sont colorés et inventifs, et font de réguliers clins d'œil aux produits et épices découverts lors de leurs nombreux voyages à l'autre bout du monde - ainsi le savoureux vitello tonnato ou les gambas de Madagascar, risotto de petits pois, émulsion homardine. Jolie carte des vins.

⌖ – Prix : €€
5 rue Bonbonnière – ⌘ 03 89 44 94 11 – restaurantle4.com – Fermé lundi et dimanche

L'ESTÉREL

MODERNE • CONVIVIAL Et oui, Mulhouse aussi possède son Estérel… Dans ce restaurant posté sur la route qui monte au zoo, on savoure une agréable cuisine du sud 100 % maison, 100% saisons. L'été, on profite de la terrasse ombragée. Le reste de l'année, l'agréable véranda en rotonde offre une alternative lumineuse.
⌖ ♢ **P** – Prix : €€€
83 avenue de la 1ère-Division-Blindée – ⌘ 03 89 44 23 24 – www.esterel-weber.fr – Fermé lundi et mardi, et dimanche soir

LA TABLE DE MICHÈLE

MODERNE • COSY Michèle Brouet est une figure de la gastronomie locale. Sa table est à son image, généreuse et enjouée, tout comme l'atmosphère de la maison, très chaleureuse avec son décor d'objets hétéroclites et de bouquets de fleurs. Gourmandise et plaisir sont au rendez-vous !
AC – Prix : €€
16 rue de Metz – ⌘ 03 89 45 37 82 – tabledemichele.fr – Fermé lundi, dimanche et samedi midi

MUNSTER
✉ 68140 – Haut-Rhin – Carte régionale n° **10**–A2

LES GRANDS ARBRES - VERTE VALLÉE

MODERNE • ÉLÉGANT Dans un décor réinventé, sobre et chic, on se régale grâce au chef Thony Billon, qui revisite avec élégance la production régionale. Il compose une partition moderne et soignée, accompagnée d'une jolie carte de vins d'Alsace : réjouissant, tout simplement.
℡ ♢ & AC ⌖ **P** – Prix : €€
10 rue Alfred-Hartmann – ⌘ 03 89 77 15 15 – www.vertevallee.com

L'OLIVIER

MODERNE • COSY Première affaire pour le chef Olivier Lamard, ancien second de l'étoilé Julien Binz, qui propose ici une cuisine moderne agrémentée d'une touche de terroir alsacien ; jolis souvenirs du gravelax de saumon, radis, bonbons de chèvre frais de la ferme du Wiedenthal et, en dessert, des abricots au miel, fromage blanc et pistache. Des plats bien ficelés à base de jolis produits dont une partie des légumes provient du potager du grand-père du chef. Une adresse sympathique.
AC – Prix : €€
2 rue Saint-Grégoire – ⌘ 03 89 77 34 08 – lolivier-munster.com – Fermé mardi et mercredi, et lundi soir

MÛR-DE-BRETAGNE
✉ 22530 – Côtes-d'Armor – Carte régionale n° **7**–C2

AUBERGE GRAND'MAISON
Chef : Christophe Le Fur

TRADITIONNELLE • CONTEMPORAIN Ici prime la tradition, à la fois classique, gourmande et toujours soignée. Christophe Le Fur, originaire du Cap Fréhel, ancien chef du recteur de l'académie de Paris, a cuisiné aussi bien pour le Dalaï-Lama que pour Hillary Clinton, avant de revenir sur ses terres natales pour réaliser une partition généreuse : crousti-fondant de volaille d'Ancenis, bouillon au foie gras ; biscuit de brochet, crackers blé noir et ricotta, sauce matelote.

⇔ ✿ – Prix : €€€

1 rue Léon-le-Cerf – ☎ 02 96 28 51 10 – www.auberge-grand-maison.com –
Fermé lundi et mardi, et dimanche soir

MURAT

✉ 15300 – Cantal – Carte régionale n° **1**–B3

LE JARROUSSET

MODERNE • CONVIVIAL Dans un environnement verdoyant, cette auberge traditionnelle cultive le goût des produits locaux : le chef s'approvisionne auprès
d'un réseau de fermes sélectionnées avec soin. Quant à l'ambiance, chapeau : le
décor est épuré et moderne, et le mobilier et la vaisselle ont été réalisés par des
artisans locaux.

⇔ 🛆 🅿 – Prix : €€

RN 122 – ☎ 04 71 20 10 69 – www.restaurant-le-jarrousset.com – Fermé lundi et
mardi

MURET-LE-CHÂTEAU

✉ 12330 – Aveyron – Carte régionale n° **22**–C1

L'AUBERGE DU CHÂTEAU

MODERNE • FAMILIAL Dans ce village de l'Aveyron, face à la mairie, l'adresse est
bien connue des gourmands, qui s'y régalent d'une cuisine qui donne la priorité
aux herbes, à la fraîcheur et aux produits bio, sur lesquels le chef ne transige pas !
Dans l'assiette, couleurs et saveurs sont au rendez-vous. Terrasse joliment fleurie.

⇔ 🛆 – Prix : €€€

Le Bourg – ☎ 05 65 47 71 57 – www.laubergeduchateau.com

MURTOLI – Corse-du-Sud (20) ➜ Voir Corse

NANCY

✉ 54000 – Meurthe-et-Moselle – Carte régionale n° **12**–B2

Qu'évoque Nancy pour vous ? La place Stanislas, toute de dorures sur fond de ciel bleu ? Les bergamotes sagement rangées dans leurs belles boîtes de fer ? Les macarons ? La capitale des ducs de Lorraine ? L'Art nouveau, présent dans les rues et dans les musées ? Nancy, c'est tout cela à la fois, comme on le découvre dans son marché couvert central et dans ses belles boutiques de bouche. On admire les douceurs lorraines de la Maison des Sœurs Macarons et celles de Jean-François Adam – Pâtisserie St-Epvre (fondée en 1882). Quant à la confiserie Lefèvre-Lemoine, une institution depuis 1840, c'est aussi un véritable musée de l'art lorrain, avec ses vaisseliers garnis de pièces anciennes fabriquées à la manufacture de faïences de Lunéville. Évidemment, on ne quitte pas Nancy sans un pot de confiture de groseilles de Bar-le-Duc, un munster (qui voyage bien mieux sous vide) ou une bouteille d'eau-de-vie de quetsche, mirabelle, cerise, framboise ou bien gentiane...

⌘ LA MAISON DANS LE PARC

Chef : Charles Coulombeau

MODERNE • DESIGN Un vent nouveau souffle sur cette maison emblématique de Nancy, une demeure bourgeoise accolée à l'opéra et située juste derrière l'une des plus belles places de France. Un jeune couple, Charles Coulombeau aux fourneaux et son épouse Roxane en salle, passés notamment par les Prés d'Eugénie, Lameloise et la Table des Frères Ibarboure, proposent une cuisine moderne, aux cuissons maîtrisées, agrémentée d'une pointe de créativité et de clins d'œil au Japon (où le chef a travaillé quelques mois) : les agrumes (comme la main de Bouddha ou le calamondin) et saveurs asiatiques côtoient de superbes produits tels que la langoustine ou la poularde de Bresse au nori. Un coup de cœur (sans oublier la fameuse terrasse face au... parc).

❀ 🔥 🅰 🍴 ✿ – Prix : €€€

Plan : B1-6 – *3 rue Sainte-Catherine* – ✆ *03 83 19 03 57* – *www.lamaisondansleparc.com* – *Fermé lundi et mardi, et dimanche soir*

☺ MADAME

MODERNE • CONVIVIAL Voici un bistrot plutôt inclassable, légèrement excentré (à l'échelle de Nancy), où une cheffe passionnée cuisine du frais selon le marché et ses envies du moment. L'ambiance est sympathique, c'est bon, et on ne s'ennuie jamais. Sans oublier une jolie sélection de vins nature, avec les conseils qui vont avec. Merci Madame !

🆔 – Prix : €

Plan : A1-3 – *52 rue Henri-Deglin – 𝒞 03 83 22 37 18 – www.madamerestaurant. fr – Fermé samedi et dimanche, et du mardi au jeudi soir*

LE 27 GAMBETTA

MODERNE • CONVIVIAL Ris de veau, foie gras : le chef ne travaille que de jolis produits de saison. Une cuisine de bistrot agrémentée d'une pointe de créativité, à deux pas de la place Stanislas.

🍽 ⇦ – Prix : €

Plan : A2-8 – *27 rue Gambetta – 𝒞 03 83 35 81 33 – Fermé lundi et dimanche*

LE CAPU

CLASSIQUE • TENDANCE Idéalement situé à 300 mètres de la place Stanislas : ici, on apprécie le décor élégant, au chic contemporain affirmé, rehaussé de notes baroques (couleur et velours) comme la cuisine, généreuse – ainsi le carré de porc Ibérique et sa mousseline d'artichaut poivrade.

🦽 🆔 ⇦ – Prix : €€

Plan : A2-5 – *31 rue Gambetta – 𝒞 03 83 35 26 98 – www.lecapu.com – Fermé lundi et dimanche*

RACINE

MODERNE • TENDANCE Situé à deux pas de la place Stanislas, le restaurant du jeune chef Martin Debuiche (ex-second de Vigato, chez Apicius) et son associé le boucher et restaurateur Alexandre Polmard propose une savoureuse cuisine du marché ancrée dans le terroir. Produits de saison bien sourcés, recettes bien ficelées ; on se régale !

🍽 ⇦ – Prix : €€€

Plan : A1-11 – *9 rue Stanislas – 𝒞 09 86 33 24 20 – www.racine-nancy.com – Fermé lundi et dimanche*

LA TOQ'

MODERNE • ÉLÉGANT Avec ou sans toque, le chef de ce restaurant est un sérieux professionnel, qui signe de savoureuses assiettes ! Les beaux produits sont sa matière première : escalope de saumon juste saisie présentée sur ardoise, suprême de volaille fermière cuite à basse température... Mais il est aussi à l'aise en milieu marin (ravioles de langoustines, minestrone de légumes croquants) et sucré (mille-feuille, crème légère à la vanille de Madagascar). Le tout s'accompagne d'une carte des vins de plus de 300 références, et toc ! Quant au cadre, élégant et feutré, avec ses voûtes en pierre séculaire, il fait forte impression.

🕸 🆔 🍽 – Prix : €€

Plan : A1-2 – *1 rue Monseigneur-Trouillet – 𝒞 03 83 30 17 20 – www.latoq.fr – Fermé lundi et dimanche soir*

TRANSPARENCE - LA TABLE DE PATRICK FRÉCHIN

MODERNE • CONTEMPORAIN À deux pas de la place Stanislas, dans une rue piétonne animée, le chef Patrick Fréchin a souhaité apparaître en toute Transparence : on peut donc le voir travailler derrière sa verrière d'atelier ! Ses assiettes, qui jouent volontiers la sobriété visuelle, mettent en valeur la production maraîchère locale, comme sur ce dessert qui associe la carotte au butternut.

🍽 ⇦ – Prix : €€€

Plan : A1-1 – *28 rue Stanislas – 𝒞 03 83 32 20 22 – www.restaurant-transparence.fr – Fermé lundi et dimanche*

Map labels:

R. Jean Lamour
Porte de la Citadelle
R. Grandville
R. Sellier
Bd Charles V
R. de Metz
R. des Glacis
Porte de la Craffe
Viaduc Louis Marin
PARC ZOOLOGIQUE
R. Desilles
Pl. du Luxembourg
Les Cordeliers
Statue Rodin
Palais ducal
Parc de la Pépinière
26e Régiment d'Infanterie
Bd Henri d'Infanterie
Rue Guilbert de Pixérécourt
R. Baron Louis
Crs Léopold
Pl. St-Epvre
Palais du Gouvernement
R. Hermite
Grande Rue
St-Epvre
Pl. de la Carrière
Muséum-aquarium de Nancy
R. Henri Bazin
St-Georges
Quai Claude le Lorrain
R. de la Ravinelle
Arc de triomphe
R. Ste-Catherine
Jardin Dominique-Alexandre Godron
Jardin d'eau
R. Lepois
Pl. Carnot
Musée des Beaux-Arts
6
Opéra
Pl. d'Alliance
PL. STANISLAS
Hôtel de ville
R. Ste-Georges
Division de Fer
R. de Serre
R. Stanislas
Cathédrale
Pl. du Colonel-Driant
FORÊT DE HAYE TOUL
R. St-Léon
R. Henri-Poincaré
Maison des Adam
Cathédrale
R. de la Primatiale
R. des Jardiniers
Bd Lobau
Point Central
Pl. Simone Veil
Pl. André Maginot
R. St-Jean
Pl. Charles III
R. des Tiercelins
R. Ste-Anne
R. Jeannot
R. des Fabriques
R. Charles III
Nancy Gare
Maginot
St-Sébastien
Pl. de la République
R. St-Dizier
R. St Nicolas
Av. Foch
Viaduc Kennedy
Kennedy
R. Cyffé
R. Charles III
R. des 4 Églises
R. de la Salle
R. A. Lebrun
R. Molitor
R. Jeanne d'Arc
R. Gabriel Mouilleron
Mon Désert
R. de Phalsbourg
Bd du Recteur Senn
R. Lionnois
R. de Mon Désert
Maison Bergeret

V FOUR

MODERNE • INTIME Disciple de Gérard Veissière, Bruno Faonio crée une cuisine créative et soignée, associant fraîcheur des produits et belles présentations. Inutile de dire qu'on joue souvent à guichets fermés et qu'il vaut mieux réserver.

🅰️🄲 🛋️ – Prix : €€

Plan : A1-7 – 10 rue Saint-Michel – ☎ 03 83 32 49 48 – www.levfour.fr – Fermé lundi et dimanche soir

MAISON DE MYON   *Plus*

CLASSIQUE CONTEMPORAIN Une charmante résidence aristocratique du 18e s., dans le cœur du vieux Nancy, est devenu un petit hôtel de luxe. Le résultat est fidèle à l'inspiration historique, mais les détails ont été choisis par un fin décorateur contemporain. Ses dix chambres, lofts et suites mêlent architecture d'époque et design éclectique. Plusieurs salons ainsi qu'une bibliothèque se déploient dans l'ancienne écurie et un espace de réunion occupe la grange. Également une splendide cour pour un petit-déjeuner en plein air en été.

🅿️ ❄️ - 5 chambres – Prix : €

7 rue Mably – ☎ 03 83 46 56 56

NANTERRE

✉ 92000 – Hauts-de-Seine – Carte régionale n° **15**–B2

☺ **CABANE**

MODERNE • TENDANCE Pour une première affaire, c'est un coup de maître. Le jeune chef Jean-François Bury au parcours consistant (George V et Shangri-La), ancien de Top Chef 2017, fait souffler sur Nanterre un vent de bistronomie des plus agréables au travers d'un menu-carte aux recettes modernes et aux assiettes généreuses. Ce jour-là, pluma, artichauts en textures, pommes grenailles. Tout est maîtrisé, on se régale.

& 🏠 ⇆ – Prix : €€

8 rue du Docteur-Foucault – ☎ 01 47 25 22 51 – www.cabanerestaurant.com – Fermé lundi, mardi et dimanche

NANTES

✉ 44000 – Loire-Atlantique – Carte régionale n° **23**–B2

Élégante, bourgeoise et dynamique, Nantes a le vent en poupe. Équilibre remarquable entre son riche passé et son modernisme, la cité des Ducs de Bretagne remporte régulièrement la palme de la ville française où il fait bon vivre et travailler. Et manger ! Située sur l'estuaire de la Loire, elle bénéficie du meilleur du fleuve, mais aussi de la campagne et de la mer. Une diversité dont on profite à chaque repas. Saveur incomparable du beurre blanc, pureté du sel de Guérande, gourmandise des douceurs nantaises ! La campagne est riche en races bovines locales, tandis que les criées de Pornic et de la Turballe approvisionnent la ville en poissons d'une fraîcheur exceptionnelle. A ses portes, le vignoble de Muscadet, une appellation dont les progrès considérables incitent à redécouvrir ce joli vin adapté à la cuisine régionale.

❀ **L'ATLANTIDE 1874 - MAISON GUÉHO**

Chef : Jean-Yves Guého

MODERNE • ÉLÉGANT À deux pas du petit musée Jules Verne, cette belle maison de 1874 surplombe la Loire, face à l'embouchure du fleuve et de l'île de Nantes. Par les grandes baies vitrées panoramiques de la salle du restaurant, on contemple le ballet des bateaux, le hangar à bananes et la grande grue grise, emblème de la cité portuaire de Nantes. Breton de Vannes, formé en Alsace à l'Auberge de l'Ill, cuisinier à la Nouvelle-Orléans et à Hong-Kong, Jean-Yves Guého extrait de beaux trésors de cette Atlantide. Le chef signe une cuisine très exacte et d'une belle finesse, qui fait la part belle au poisson. Intéressante carte de vins de Loire, quelques chambres avec vue pour l'étape.

🍴 🛏 ♿ AC ❀ – Prix : €€€

Hors plan – *5 rue de l'Hermitage – 𝒞 02 40 73 23 23 – www.atlantide1874.fr – Fermé lundi et dimanche*

❀ **LES CADETS** Ⓝ

Chef : Charles Bernabé

MODERNE • ÉLÉGANT Ce sont les cadets - deux frères et un associé - mais ils ne sont ni bretteurs (sauf du couteau et de la fourchette) et encore moins menteurs sans vergogne, la qualité exceptionnelle de leurs produits en témoigne. Charles Bernabé (longtemps aux côtés de Christophe Hay) sélectionne avec minutie les meilleurs légumes auprès des maraîchers du coin et de très beaux poissons issus des criées environnantes - clef de la réussite d'une entrée comme son maquereau, tomate, poivron. Loin d'être un bleu, il jongle avec maestria entre ses bases classiques, l'air du temps, la culture bretonne de sa grand-mère et même les origines pied-noir de son père. Le tout sans jamais céder sur la lisibilité de ses assiettes et le goût de ses sauces. Cadre contemporain inspiré par le design des années 1950, service charmant et précis.

ASH & – Prix : €€

Plan : A1-2 – *15 rue des Hauts Pavés* – ☎ *09 86 57 01 46* – *www.restaurantlescadets.fr* – *Fermé lundi, dimanche et mardi midi*

❀ ### LULUROUGET

Chef : Ludovic Pouzelgues

MODERNE • CONTEMPORAIN Formé chez Michel Troisgros, Ludovic Pouzelgues incarne (avec d'autres !) le renouveau gastronomique de la ville. À deux pas des célèbres Machines de l'île, il tient cette table au cadre plaisant, contemporain et très confortable. Ici trônent en majesté les beaux produits (les criées de la Turballe et du Croisic sont proches), travaillés avec inventivité et précision autour de menus surprises composés au gré du marché. Une cuisine moderne, pleine de personnalité : une vraie réussite.

ASH & AC 斎 – Prix : €€€

Plan : A3-7 – *4 place Albert-Camus* – ☎ *02 40 47 47 98* – *www.lulurouget.fr* – *Fermé lundi, mardi et dimanche*

❀ ### LE MANOIR DE LA RÉGATE

Chef : Mathieu Pérou

MODERNE • CONTEMPORAIN Aux portes de Nantes, dans une belle demeure voisine de l'Erdre, nous attendent une déco chic et tendance (joli parquet blond, mur végétalisé au fond de la salle, fauteuils épurés) et une brillante partition culinaire synonyme de plaisir. Mathieu Pérou, le chef passé par de grandes maisons étoilées, combine fraîcheur, esthétique et élégance des saveurs, tout en valorisant avec talent les meilleurs produits de la région. Anne-Charlotte, sa sœur, assure un agréable service très pro. Une maison vraiment séduisante !

❀ L'engagement du chef : Nous travaillons avec un maximum de producteurs en circuit court. Notre potager, situé à 500m du restaurant, fournit une partie des légumes, fleurs comestibles et fines herbes, et nous avons fait le choix de ne cuisiner que des poissons de l'Erdre, la rivière qui borde le restaurant. Notre vaisselle et nos accessoires de table ont été réalisés en collaboration avec des artisans locaux.

& 斎 ✿ ℗ – Prix : €€€

Hors plan – *155 route de Gachet* – ☎ *02 40 18 02 97* – *www.manoirdelaregate.com* – *Fermé lundi et dimanche*

❀ ### ROZA

Chef : Jean-François Pantaleon

MODERNE • ÉLÉGANT Effilochée de raie, fritos de cochon, citron, espuma de beurre noisette ; ris de veau croustillant, hélianthis, pomelos, noix, crème citron... Voici quelques exemples de ce qui vous attend à Roza, en plein centre-ville de Nantes. Jean-François Pantaleon, chef originaire des Pays de la Loire, en a décidément sous la toque ! Grand passionné de son terroir, il magnifie les produits locaux dans des assiettes pleines de caractère, précises techniquement, et savoureuses. L'ambiance, à la fois chaleureuse et décontractée, et l'intérieur cosy ajoutent au plaisir du repas. Une adresse qui sort du lot.

✿ – Prix : €€€

Plan : A2-6 – *3 place de la Monnaie* – ☎ *02 40 54 01 87* – *www.restaurantroza.com* – *Fermé samedi et dimanche*

⊛ ### L'OCÉANIDE

POISSONS ET FRUITS DE MER • VINTAGE Noix de Saint-Jacques rôties, jus de carottes acidulées, filet de carrelet rôti au beurre de thym, jus de crustacés... Cette

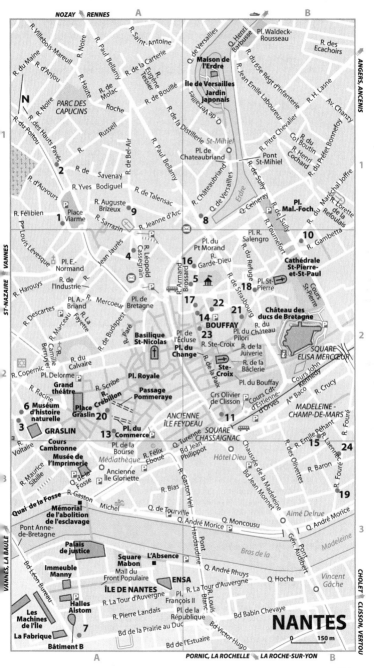

NANTES

Océanide-là est bien nymphe de la mer. C'est en voisin que le chef David Garrec va choisir ses produits au célèbre marché de Talensac, et la fraîcheur du poisson, parfaitement travaillé, ne trompe pas ! Cadre authentiquement vintage des années 1950, au charme désuet.

🕸 ⇆ – Prix : €€

Plan : B1-8 – *2 rue Paul-Bellamy* – ☏ *02 40 20 32 28* – *restaurant-oceanide.fr* – *Fermé lundi et dimanche*

L'OURSE ⓝ

DU MARCHÉ • BISTRO On ne se fera pas dévorer par le costume d'ours en provenance de l'Opéra de Paris qui égaye le cadre de ce bistrot de poche, décoré de tableaux et de bibelots. En cuisine, la cheffe Céline Mingam (ex-Galoubet à Arles) ne mitonne (savoureusement) le midi que sur ardoise du jour inspirée du marché. Le soir, l'offre à la carte, toujours aussi gourmande, s'étoffe : aubergine rôtie, feta, yaourt épicé, herbes fraîches ; suprême de pintade, grenailles rôties, fenouil braisé, jus de viande à l'estragon ... Prix doux.

🍴 – Prix : €

Plan : A2-3 – *1 rue Montesquieu* – ☏ *02 40 73 06 69* – *Fermé samedi et dimanche, et lundi et vendredi soir*

L'ABÉLIA

MODERNE • BOURGEOIS Légèrement excentrée du centre-ville, cette demeure bourgeoise du début du 20e s., restaurée avec goût jouit d'une clientèle fidèle. On s'installe sous la jolie verrière ou dans les petites salles bourgeoises pour déguster une carte régionale, entre légumes du marché et poisson de la côte. Le menu change tous les jours. Plaisante terrasse aux beaux jours.

🍴 ⇆ 🅿 – Prix : €€

Hors plan – *125 boulevard des Poilus* – ☏ *02 40 35 40 00* – *www.restaurantlabelia.com* – *Fermé lundi, mardi et dimanche*

LE BOUCHON

MODERNE • BISTRO Sa bonne cuisine dans l'air du temps, réinventée jour après jour ; son intérieur joliment décoré (tomettes au sol, poutres anciennes, miroirs) ; sa terrasse incontournable, véritable havre de verdure en plein cœur de la ville... On comprend mieux pourquoi cette adresse est aussi prisée des Nantais !

🍴 ⇆ – Prix : €€

Plan : B2-14 – *7 rue Bossuet* – ☏ *02 40 20 08 44* – *www.le-bouchon-nantes.com* – *Fermé lundi, dimanche et samedi midi*

LES BOUTEILLES

TRADITIONNELLE • BISTRO À côté du marché de Talensac, un bistrot à vins épatant : décor sympathique honorant Bacchus, belle cuisine de produits (charcuteries italiennes, plats canailles, poisson de la marée...) sans oublier – enseigne oblige – une mémorable carte des vins (700 références !) faisant notamment honneur à la Bourgogne.

🕸 – Prix : €€

Plan : A1-9 – *11 rue de Bel-Air* – ☏ *02 40 08 27 65* – *Fermé lundi, dimanche et samedi midi*

LES CHANTS D'AVRIL

DU MARCHÉ • BISTRO Christophe François, chef passionné et passionnant, mitonne chaque jour une sympathique cuisine du marché à l'esprit bistronomie assumé. Les beaux produits de la région sont déclinés autour de menus surprises et sans choix servis dans un plaisant cadre bistrot. Côté cave, on se laisse aussi surprendre par de gouleyantes trouvailles dégustées à l'aveugle. Convivial !

🛋 – Prix : €€

Plan : B2-15 – *2 rue Laennec* – ☎ *02 40 89 34 76* – *www.leschantsdavril.fr* –
Fermé samedi et dimanche, et du lundi au mercredi soir

ICI

MODERNE • **TENDANCE** À l'image de Nantes, le chef Xavier Rambaud, un vrai
globe-trotter, a pas mal navigué avant de jeter l'ancre dans cette salle à manger
d'esprit bistrot industriel (parquet, tables en bois, pierres apparentes et tuyaux en
fonte). Chaque assiette de cette cuisine moderne et locavore respire l'expérience :
plats équilibrés, saveurs et accords justes. Ici, et pas ailleurs !

🛋 – Prix : €€

Plan : B2-16 – *1 rue Léon-Blum* – ☎ *02 40 48 62 27* – *www.restaurant-ici.fr* –
Fermé lundi, dimanche et samedi midi

L'INSTINCT GOURMAND

TRADITIONNELLE • SIMPLE Plutôt de bon goût, ce bistrot "sans étiquette" qui
trace son sillon loin de tout formalisme : ici, la simplicité et la fraîcheur sont les
seuls mots d'ordre. Le menu, présenté à l'ardoise, est réalisé chaque jour au gré du
marché et réserve de savoureuses surprises... Pari gagnant.

AC – Prix : €€

Plan : B2-17 – *14 rue Saint-Léonard* – ☎ *02 40 47 41 64* – *linstinctgourmand.
com* – *Fermé lundi et dimanche*

L'AMÉNITÉ

MODERNE • **CONTEMPORAIN** Aménité ? "Qualité de ce qui est agréable à voir
ou à sentir, douceur " nous renseigne le dictionnaire... tout comme le décor plaisant
de blanc et de bleu. Telle est la profession de foi de ce chef atypique passé par la
finance, la psychologie et enfin les cuisines de Pickles. Dans l'assiette, des ingrédients saisonniers choisis chez de petits producteurs et des recettes dans la veine
de la bistronomie d'aujourd'hui.

🛋 ⇔ – Prix : €€

Plan : B2-22 – *4 rue Fénelon* – ☎ *02 40 20 03 46* – *www.lamenite-restaurant-
nantes.com* – *Fermé samedi et dimanche*

LAMACCOTTE

MODERNE • **TENDANCE** Non loin du château, un décor original et tendance
(couleurs pastel et formes arrondies) pour une cuisine qui ne l'est pas moins : le
chef, Maxime Fillaut (passé à la Mare aux Oiseaux et au Clarence à Paris), d'origine
britannique, en a sous le pied : il n'a pas son pareil pour mitonner une cuisine faussement simple mais terriblement juste, à partir de très bons produits.

Prix : €€€

Plan : B2-18 – *7 rue St-Denis* – ☎ *02 85 37 42 30* – *www.lamaccotte-restaurant-
nantes.com* – *Fermé lundi et dimanche*

LE LION ET L'AGNEAU

TRADITIONNELLE • **CONTEMPORAIN** Un lion et un agneau ornent les armoiries de la ville d'Auch - belle bourgade du sud-ouest dont le chef Thierry Lebé
(Drouant, Coq Rico aux côtés d'Antoine Westermann...) est originaire - il ne se
prive d'ailleurs pas pour multiplier les clins d'œil gourmands à son terroir. Entre
recettes bistronomiques et viandes cuites à la rôtisserie ou à la plancha (magret
de canard cuit sur l'os, côte de bœuf sauce béarnaise, pigeon entier), les clients (et
leur porte-monnaie) en redemandent. L'ardoise du midi offre un rapport qualité-
prix absolument imbattable.

🛋 – Prix : €€

Plan : B3-24 – *40 rue Fouré* – ☎ *02 55 10 58 74* – *www.le-lion-et-lagneau.fr* –
Fermé lundi et dimanche

MAISON BAGARRE ⓝ

MODERNE • CONTEMPORAIN Après avoir pris une mandale (voir à cette adresse), pourquoi ne pas prendre part à une savoureuse bagarre en cette maison où officie la cheffe Charlotte Gondor (ex L'Envie du Jour à Paris) ? Elle met à profit le riche réseau de producteurs (notamment de maraîchers) nantais pour réaliser une jolie formule bistronomique. On aime aussi ce cadre contemporain assez original (sur deux niveaux), notamment cette salle à manger installée dans une grande mezzanine, face à une cuisine ouverte.

Prix : €€

Plan : A2-13 – 6 rue Jean-Jacques-Rousseau – ☏ 02 40 56 79 09 – www.maison-bagarre.fr – Fermé samedi et dimanche

LA MANDALE ⓝ

DU MARCHÉ • BISTRO Le lieu : derrière une devanture bleue Klein, un bistrot tendance au mobilier chiné et aux nombreux bibelots, une salle comble, des sourires béats. Il semble bien que le chef, comme d'autres de sa génération, ait trouvé la recette qui cartonne : des plats frais et goûteux - soupe crémeuse à souhait de céleri, tahin, graines de tournesol et de sésames torréfiées ; poitrine de veau, patate douce épicée, chips, chou aigre-doux, tout en contraste de saveurs - qui nous mettent une petite mandale de plaisir. Au dîner, les recettes prennent du galon, les clients prennent davantage de temps pour savourer les bons petits plats du patron dans une atmosphère très décontractée.

🍽 – Prix : €

Plan : A2-4 – 32 rue Léon-Jamin – ☏ 02 28 44 21 34 – Fermé samedi et dimanche, et mercredi soir

MERAKI ⓝ

MODERNE • CONVIVIAL Meraki : une expression grecque qui signifie fait avec amour, passion et créativité ! Le ton est donné dans ce bistrot bois et bleu nuit. Maxime Bocquier en cuisine, et Clément Richard en salle (même s'il est aussi cuistot de formation) ont aussi choisi de mettre l'accent sur le végétal et le marin. Tous les produits sont locaux et bios - y compris la burrata issue d'une laiterie nantaise. Côté cave orientée bio voire nature, les vins de la Loire sont à l'honneur, mais on trouve aussi l'Alsace, le Rhône ou le Sud-Ouest.

Prix : €€

Plan : A1-1 – 2 rue Menou – ☏ 02 40 74 57 10 – www.meraki-nantes.com – Fermé samedi et dimanche

OMIJA

CRÉATIVE • CONTEMPORAIN L'omija est une baie coréenne connue pour associer cinq "saveurs" en parfaite harmonie (salé, sucré, acide, amer, piquant). C'est aussi ce que Romain Bonnet, jeune chef audacieux au solide CV a décidé de réaliser... c'est dire l'ambition. Dans l'assiette, une partition dans l'air du temps autour de produits impeccablement sourcés. Une adresse attachante.

♿ 🅐🅒 ✿ – Prix : €€€

Plan : B3-19 – 54 rue Fouré – ☏ 02 40 74 81 05 – www.omija.fr – Fermé samedi et dimanche

PICKLES

CRÉATIVE • COSY Dans ce néo-bistrot à la déco chaleureuse et colorée, le chef britannique donne libre cours à ses passions gourmandes : les voyages en Asie, les races de viandes anciennes et locales (comme le veau nantais et le porc blanc de l'Ouest), les poissons venus en direct des criées et les légumes des maraîchers bio. Résultat : une cuisine créative et décomplexée, légitimement plébiscitée !

♿ – Prix : €€

Plan : B2-5 – 2 rue du Marais – ☏ 02 51 84 11 89 – www.pickles-restaurant.com – Fermé lundi et dimanche

SAIN ⓝ

MODERNE • BISTRO À la fois café, cantine et épicerie, ce restaurant conjugue décontraction côté ambiance, respect du produit et de la planète côté assiette : éventaire de légumes bio de l'exploitation familiale guérandaise, étagère de vins plutôt nature (à emporter) et service décontracté assuré par Samuel Huitric. Son frère Josselin envoie une cuisine du marché juste et bonne, sans y aller par quatre chemins : œuf parfait, crème de courgettes, menthe, pistache, chips de jambon ; polpettes de porc, tomate, cumin, purée...

Prix : €

Plan : B2-10 – *93 rue du Maréchal-Joffre* – ☏ *02 40 72 82 48* – *sain-nantes. com* – *Fermé samedi et dimanche, et lundi et mardi soir*

SÉPIA ⓝ

CRÉATIVE • CONTEMPORAIN Toute auréolée de son passage à Top Chef, Lucie Berthier Gembara fait salle pleine dans son bistrot design et branché au rez-de-chaussée d'un bel immeuble classique du 18ᵉ s. De ses expériences chez Gérald Passedat et Alexandre Mazzia, elle a gardé un sens certain de la créativité et une appétence pour les influences orientales du bassin méditerranéen. On se laisse agréablement surprendre par ses petites assiettes à l'image de ces aubergines, baba ganoush charbon, lait de poule, crumble feta. Des plats indubitablement ludiques qui prennent les codes gastronomiques à rebrousse-poil, non sans une certaine gourmandise. Menu déjeuner plus « light » qui s'allonge au dîner.

🍴 – Prix : €€

Plan : B2-11 – *1 quai Turenne* – ☏ *02 51 82 71 59* – *www.sepia-restaurant.fr* – *Fermé lundi, dimanche, et mardi, mercredi et samedi midi*

SONG, SAVEURS & SENS

ASIATIQUE CONTEMPORAINE • TENDANCE Nhung Phung a changé de vie pour créer son restaurant. Autodidacte, certes, mais vraie cuisinière ! Originaire du Vietnam, elle grandit au Laos, au Cambodge et en Thaïlande. Et c'est à l'aune de ces terres de parfums qu'elle construit sa personnalité culinaire : une cuisine sensible, intelligente, mesurée, entre Asie du Sud-Est et France, épices subtiles et produits de qualité...

🅰🍴 – Prix : €€

Plan : A2-20 – *5 rue Santeuil* – ☏ *02 40 20 88 07* – *www.restaurant-song.fr* – *Fermé lundi et dimanche*

SOURCES

MODERNE • BRANCHÉ Viandes, poissons, légumes : tout est soigneusement sourcé chez Source. Guillaume et Ingrid, qui se sont rencontrés à l'école Ferrandi (Paris), nous régalent avec une cuisine fraîche et franche, végétale et iodée ; menu du marché au déjeuner, carte blanche au chef servi en 5 temps au dîner. Service pédagogique tout en proximité.

♿🍴 – Prix : €€

Plan : B2-21 – *22 rue de Verdun* – ☏ *02 40 89 42 42* – *www.sources-nantes.fr* – *Fermé lundi, dimanche et mardi midi*

VACARME

ACTUELLE • BISTRO La cheffe Sarah Mainguy, auteure d'un parcours remarqué à Top Chef, s'est installée avec son compagnon dans ce bistrot nantais à l'atmosphère cool et décontractée où la bonne humeur flotte sur toutes les lèvres. Renouvelée chaque semaine, l'assiette, en version bistronomie, donne aussi le sourire aux foodistas : raviole de poireaux, crème d'anchois ; saucisse maison, purée de rutabaga, jus aux agrumes ; chou farci au poulpe et au porc. Jolie carte de vins nature, bio et en biodynamie.

🛏 – Prix : €€

Plan : B2-23 – *5 rue des Bons-Français* – ☏ *09 87 34 18 82 – vacarme-nantes. com – Fermé lundi et dimanche*

🛏 **OKKO NANTES CHÂTEAU** *Plus*

AVANT-GARDE En créant cette chaîne hôtelière combinant luxe et dernières technologies, les fondateurs d'Okko s'adressent aux voyageurs ultra-connectés. Pour eux, un Club sur mesure comprenant des espaces de travail séduisants conçus comme des appartements (cuisine, coins détente, presse et snacks à disposition...) et animés le soir par un aperitivo de produits régionaux bio. Mais aussi une salle de sport avec sauna et conciergerie. Pour se reposer les méninges, des chambres zen, aux lignes pures et aux teintes apaisantes baignées de lumière. L'adresse nantaise s'offre également un emplacement royal face au château des ducs de Bretagne, en plein cœur de la ville.

♿ 🅿 🐾 📶 ♨ 🏋 - 80 chambres – Prix : €
15 rue de Strasbourg – ☏ *02 52 20 00 70*

🛏 **LA PÉROUSE** *Plus*

DESIGN MODERNE Situé sur le fameux Cours des 50-Otages, cet hôtel à l'étonnante architecture contemporaine, enregistré au patrimoine architectural du 20ᵉ s., ravira les amateurs de design, d'art contemporain et de chambres au look épuré, presque radical.

♿ 🐾 - 46 chambres – Prix : €
3 allée Duquesne cours des 50 Otages – ☏ *02 40 89 75 00*

🛏 **SOZO** *Plus*

AVANT-GARDE Proche voisin du Jardin des Plantes, cet hôtel a été créé dans une ancienne chapelle du 19ᵉ s. ! Chambres dans les absidioles ou le chœur, vitraux pour fenêtre, clés de voûte en guise de tête de lit et, partout, un aménagement des plus design... Le cachet d'un monument historique associé à l'épure contemporaine : unique !

🅿 🐾 📶 🏋 - 24 chambres – Prix : €
16 rue Frédéric Cailliaud – ☏ *02 51 82 40 00*

🛏 **SURPRENANTES DESTINATIONS** *Plus*

CLASSIQUE CONTEMPORAIN Implanté à Nantes, le groupe hôtelier Surprenantes célèbre Jules Verne, originaire de la cité, avec passion et inventivité. Une poignée d'appartements consacrés à son œuvre offrent aux visiteurs une redécouverte riche en aventures. Logés dans une majestueuse construction du 18ᵉ s. établie au bord de la Loire, ils jouissent d'un cadre sur-mesure. Agencées comme des cavernes d'explorateur à partir d'un mobilier et de trésors d'antiquaires piqués de détails industriels, les chambres nous plongent dans l'univers de l'écrivain. La cuisine fusée, la douche vaisseau spatial et le lit plateforme lunaire nous renvoient en enfance. Le groupe dispose aussi d'une chambre péniche et d'un château.

9 chambres – Prix : €
86 quai de la Fosse – ☏ *09 67 20 97 81*

NANTUA
✉ 01130 – Ain – Carte régionale n° **2**-C1

L'EMBARCADÈRE

CLASSIQUE • CONTEMPORAIN Les atouts de cet Embarcadère gourmand ? Sa situation près du lac bien entendu, sans oublier sa vue panoramique, mais surtout sa cuisine ! Entre spécialités du terroir bressan et quenelles de brochet de Nantua, on apprécie le travail propre et méticuleux du chef, ainsi que la fraîcheur des produits utilisés.

⛵ 🛎 ♿ 🆔 🅿 – Prix : €€
13 avenue du Lac – ☏ *04 74 75 22 88 – www.hotelembarcadere.com*

NARBONNE

✉ 11100 – Aude – Carte régionale n° **21**–B3

⸙⸙ LA TABLE LIONEL GIRAUD

Chef : Lionel Giraud

CRÉATIVE • ÉLÉGANT Les arcades et les pierres nues de ce restaurant rappellent qu'il fut un asile pour les pèlerins en route vers Saint-Jacques-de-Compostelle. Dans un cadre devenu aujourd'hui contemporain, Lionel Giraud puise son inspiration, volontiers poétique, dans les paysages de son enfance (comme le plateau de Leucate), les recettes de sa grand-mère et la richesse du terroir languedocien et de ses petits producteurs passionnés. Il cultive d'ailleurs avec eux une relation authentique, sa cuisine iodée et végétale (mais pas uniquement), fine et pourtant intense en goût, célèbre aussi bien le produit le plus noble que le plus simple (comme la… carotte ou le pois chiche du Lauragais). Grâce à sa maîtrise de l'ikejime, il est aussi capable de proposer à sa table un thon rouge maturé 48 jours, dont la chair dense fond littéralement en bouche.

❀ ⮜ 🄰🄲 ⇌ 🄿 – Prix : €€€€

Rond-point de la Liberté - 68 avenue du Général-Leclerc – 𝒞 04 68 41 37 37 – ww.maison.saintcrescent.com – Fermé lundi et dimanche

(☺) LA TABLE - CUISINIER CAVISTE

TRADITIONNELLE • BISTRO Un bistrot branché, bien dans son époque, une cuisine créative basée sur d'excellents produits du cru (poissons, légumes du potager maison ou d'un maraîcher en permaculture) : voilà pour le tableau d'ensemble de cette jolie adresse en plein cœur de Narbonne. On passe un super moment.

❀ ⮜ 🄰🄲 🍽 – Prix : €€

4 place Lamourguier – 𝒞 04 68 32 96 45 – www.table-cuisiniercaviste.com – Fermé lundi, dimanche, et mardi et mercredi à midi

L'ART DE VIVRE

MODERNE • CONTEMPORAIN Dans ce domaine viticole niché en plein massif de La Clape, le chef Laurent Chabert tire une partie de ses produits de son propre jardin potager, et notamment les herbes aromatiques ; sinon il recourt à de beaux produits locaux (bio, majoritairement). Il cisèle des plats colorés et parfumés… Des accords mets et vins sont proposés avec les crus de la propriété.

⮜ 🛏 ⮜ 🄰🄲 🍽 ⇌ 🄿 – Prix : €€€€

Route de Narbonne-Plage, l'Hospitalet – 𝒞 04 68 45 28 50 – www.chateau-hospitalet.com – Fermé mardi, mercredi, jeudi midi et lundi soir

LA CAVE À MANGER

TRADITIONNELLE • CONVIVIAL "La Cave à Manger" de Lionel Giraud propose une cuisine de bistrot à base d'excellents produits d'Occitanie. Une partition brute, savoureuse et précise – mention spéciale à la poitrine de canard rôtie et fricassée de champignons de Paris et girolles… À la "Cave à vin", située sous le même toit, 2500 références et droit de bouchon si consommation sur place. Un coup de cœur.

❀ ⮜ 🄰🄲 🍽 ⇌ 🄿 – Prix : €€

Rond-point de la Liberté - 68 avenue du Général-Leclerc – 𝒞 04 68 45 67 85 – maison.saintcrescent.com – Fermé lundi et dimanche soir

LE PETIT COMPTOIR

TRADITIONNELLE • VINTAGE Un bistrot au cachet 1930 où l'on célèbre les bons produits (charcuterie et poissons notamment) et la cuisine… bistrotière. La riche cave – 350 références, essentiellement régionales – et le bar à vins feront le bonheur des amateurs de nectars !

⊞ 🗿 ⇔ – Prix : €€

4 boulevard du Maréchal-Joffre – 𝒞 04 68 42 30 35 – www.petitcomptoir.com –
Fermé lundi et dimanche

🛏   **CHÂTEAU CAPITOUL**   *Plus*

DESIGN MODERNE C'est au sommet d'une colline bordée de vignobles, dans la campagne languedocienne, que trône ce château de conte de fées. Le bâtiment lui-même comprend huit chambres et suites ultra-chic, tandis que 44 villas de luxe modernes, de quatre à huit personnes, sont disséminées dans le domaine de 80 ha, toutes possédant une terrasse et un jardin privés, et la plupart une piscine privative. Les services sont à l'avenant : tennis, spa, deux restaurants dont un grill.

🅿 ⇄ ⇚ ⌁ 🌐 🛋 ⚐ �🍴 - 44 chambres – Prix : €

Avenue de Gruissan – 𝒞 04 48 22 07 24

NATZWILLER

✉ 67130 – Bas-Rhin – Carte régionale n° **10**–C1

☺   **AUBERGE METZGER**

TRADITIONNELLE • ÉLÉGANT Cuissons précises, produits de qualité, accompagnements soignés : Yves Metzger mitonne une cuisine régionale tout simplement délicieuse... et bon marché ! Une raison de plus pour faire étape dans cette auberge accueillante de la vallée de la Bruche. Chambres spacieuses et confortables.

⇚ ⤓ 🏠 ⇔ 🅿 – Prix : €€

55 rue Principale – 𝒞 03 88 97 02 42 – www.hotel-aubergemetzger.com –
Fermé lundi et mardi, et dimanche soir

NÉRIS-LES-BAINS

✉ 03310 – Allier – Carte régionale n° **1**–B1

CÔTÉ TOQUÉS

MODERNE • CONVIVIAL Marie et Julien Chabozy font bouger cette petite station thermale ! La cuisine du chef, goûteuse et parfumée, révèle les meilleurs produits locaux et ne manque pas de personnalité. Une maison attachante et conviviale qui est aussi une épicerie fine, sans oublier "La Cave des Toqués" toute proche pour les flacons. Un vrai coup de cœur.

⊞ ⚅ 🗿 🏠 – Prix : €€

21 rue Hoche – 𝒞 04 70 03 06 97 – Fermé lundi et dimanche, et du mardi au
jeudi soir

NERNIER

✉ 74140 – Haute-Savoie – Carte régionale n° **4**–F1

☺   **LA TABLE DE NERNIER** ⓝ

MODERNE • AUBERGE Sur les rives du lac Léman, entre Yvoire et Messery, le village médiéval de Nernier invite à franchir le seuil de cette charmante auberge. À l'intérieur, le rustique (tomettes, poutres) et le contemporain (suspensions lumineuses, chaises design) s'épousent avec gourmandise. Quant à la cuisine du chef : de saison, simple et bonne, aux cuissons impeccables, à l'image de ces excellents bolets en persillade ou de ce sandre rôti, sauce meurette. Carte mensuelle. Service souriant et attentionné de la compagne du chef. Agréable terrasse sur une charmante placette.

🏠 – Prix : €€

11 place du Musée – 𝒞 04 50 17 52 43 – la-table-de-nernier-restaurant.eatbu.
com – Fermé mardi et mercredi

NESTIER

✉ 65150 – Hautes-Pyrénées – Carte régionale n° **22**–A3

RELAIS DU CASTÉRA

TRADITIONNELLE • FAMILIAL Une auberge de tradition, tenue par le même couple de professionnels depuis de longues années. Les recettes, qui mettent à l'honneur le terroir et les produits de qualité, sont alléchantes : épaule d'agneau de sept heures en pastilla servie avec un jus de braisage aux épices douces, piquillos a la morue avec bisque de crustacé, belle côte de cochon cuite au sautoir.

🍽 – Prix : €€

Place du Calvaire – ☎ 05 62 39 77 37 – www.hotel-castera.com – Fermé lundi et mardi, et dimanche soir

NEUILLÉ-LE-LIERRE

✉ 37380 – Indre-et-Loire – Carte régionale n° **8**–A1

LIBERTÉ Ⓝ

MODERNE • COSY Liberté, j'ai écrit ton nom… gourmand, forcément gourmand ! D'abord au déjeuner, avec une formule (plus) simple où le chef, un ancien de la Table de Marçay, propose une cuisine moderne et savoureuse qui met en avant les produits tourangeaux : velouté d'asperge blanche de Touraine, porc ; bœuf, écrasé de pommes de terre, jus de viande, estragon. Le soir, au dîner, la liberté reprend ses droits de plus belle, avec un menu plus ambitieux.

&♿🍽 🅿 – Prix : €€

19 rue de la République – ☎ 02 47 52 95 05 – www.liberte-restaurant.fr – Fermé mardi et mercredi

NEUILLY-SUR-SEINE

✉ 92200 – Hauts-de-Seine – Carte régionale n° **15**–B2

RIBOTE

MODERNE • TENDANCE Ce fort sympathique néo-bistrot, lové au sein de Neuilly, propose une carte courte aux libellés succincts. Les produits sont de qualité et de saison, les associations de textures pertinentes, les cuissons justes et la générosité est présente. On retrouve ici tous les codes de la bistronomie de l'Est parisien, autour d'une cuisine pleine de peps. Sans oublier les vins (forcément) natures.

&♿🍽 – Prix : €€

17 rue Paul-Chatrousse – ☎ 01 47 47 73 17 – www.restaurantribote.fr – Fermé samedi et dimanche

YUSHIN Ⓝ

JAPONAISE • ÉPURÉ Entre l'île de la Jatte et l'hôpital Américain de Neuilly, ce restaurant japonais traditionnel sert différents menus : sushis, bento, omakase ainsi qu'un menu dégustation. Préparés avec un soin tout nippon, les poissons d'une belle fraîcheur sont à l'honneur, sans oublier les desserts traditionnels japonais très joliment présentés. Le cadre, on s'en doute, joue l'épure du bois clair et des murs blancs. Le personnel est 100% japonais avec toute la solennité qu'on imagine. Le service du thé se déroule devant vous. Le client est raccompagné et salué dans la rue à son départ.

♿ – Prix : €€€

77 rue Chauveau – ☎ 09 88 52 88 24 – www.yushin.fr – Fermé lundi et dimanche

NEVERS

✉ 58000 – Nièvre – Carte régionale n° **5**–A2

LE BENGY

MODERNE • CONVIVIAL Au nord de Nevers, cet ancien relais routier a su évoluer avec son temps ! On s'y rend toujours avec plaisir : le chef et son équipe concoctent une cuisine plaisante, avec des produits de qualité, et font évoluer la carte chaque mois. Aux beaux jours, optez pour la terrasse (récemment refaite) au calme, à l'arrière. Une bonne adresse.

🕸 ♿ 🅺 🍴 ✿ 🅿 – Prix : €

25 route de Paris, à Varennes-Vauzelles – 𝓒 03 86 38 02 84 – www.le-bengy-restaurant.com – Fermé lundi et dimanche

JEAN-MICHEL COURON

MODERNE • COSY Une valeur sûre de la gastronomie nivernaise, menée depuis de longues années par le chef Jean-Michel Couron, dont la cuisine associe bons produits, jolis visuels et notes d'invention. L'intérieur a été entièrement repensé dans une veine contemporaine, et l'on peut dîner sous les voûtes du 14 e s. d'un ancien cloître !

🕸 – Prix : €€

21 rue Saint-Étienne – 𝓒 03 86 61 19 28 – www.jm-couron.com – Fermé lundi et mardi, et dimanche soir

NÉVEZ

✉ 29920 – Finistère – Carte régionale n° **7**–B2

AR MEN DU

Chef : Philippe Emanuelli

MODERNE • COSY À vos pieds, la lande sauvage est battue par l'océan, et à quelques encablures, les rochers de l'îlot de Raguenès brillent au soleil... La maison a fait de la gastronomie durable une priorité : cette cuisine atypique est rigoureusement de saison, et s'appuie largement sur le potager et le jardin d'herbes aromatiques, mais aussi sur les produits de la mer issus de la pêche locale, les viandes de petits producteurs.

🌿 **L'engagement du chef :** Nos fournisseurs locaux (une dizaine de maraîchers, éleveurs de cailles et autres volailles...) pratiquent tous l'agriculture ou l'élevage biologique. Les poissons que nous cuisinons sont issus de la pêche de petits bateaux et nous avons mis en place un verger et un jardin aromatique, tous deux gérés en permaculture. Les déchets sont compostés, on vise le zéro plastique et les produits d'entretien sont écologiques.

🕸 ⇆ ≼ 🍴 ♿ 🅿 – Prix : €€€

47 rue des Îles, à Raguenès-Plage – 𝓒 02 98 06 84 22 – www.men-du.com – Fermé du lundi au mercredi à midi

NEYRAC-LES-BAINS

✉ 07380 – Ardèche – Carte régionale n° **2**–A3

BRIOUDE

MODERNE • TRADITIONNEL Cette auberge familiale récemment rénovée offre depuis 1887 une cuisine soignée et locavore : ici, on privilégie les producteurs du coin ! À midi, profitez des prix plus doux la partie bistrot, sous les platanes de la terrasse. Côté gastronomique, en salle, une lotte rôtie de première fraîcheur et sa variation autour du topinambour et de l'artichaut, face à la jolie vue sur la nature.

≼ ♿ 🅺 🍴 🅿 – Prix : €€

7 rue Mazade – 𝓒 04 75 36 41 07 – www.claudebrioude.fr – Fermé lundi et mardi, et dimanche soir

NICE

✉ 06000 – Alpes-Maritimes – Carte régionale n° **25**–E2

Bénie par son climat et sa double identité française et italienne, Nice est un festin. La cuisine "nissarde" s'inspire à la fois des traditions culinaires de la Provence et de la Ligurie. Les ruelles du vieux Nice accueillent tout l'éventail des produits méditerranéens. Croquez dans une socca, une galette de farine de pois chiche. Picorez l'olive noire de Nice ou la caillette, laissée six mois en saumure. Goûtez une pissaladière, tarte aux oignons garnie d'anchois et d'olives noires. Dévorez un pan bagnat, ce pain mouillé d'huile d'olive, de forme ronde, garni d'anchois et de tomates. Ne quittez pas la ville sans parcourir le marché du cours Saleya et, plus pittoresque encore, le marché aux poissons de la place Saint-François : vous y trouverez les plus belles espèces méditerranéennes, du loup à la dorade, en passant par le thon...

 FLAVEUR

Chefs : Mickaël et Gaël Tourteaux

CRÉATIVE • **ÉLÉGANT** Les frères Tourteaux, Gaël et Mickaël, sont inséparables. Même lycée hôtelier à Nice (avec passage d'examen dans la même salle !), formation commune au Negresco à l'époque d'Alain Llorca... et même envie de travailler le bon, le vrai, le savoureux, en étant son propre patron. Résultat de cette alliance fraternelle : Flaveur, leur bébé, auquel ils ont consacré toute leur énergie au point de décrocher une étoile Michelin en 2011, et une seconde en 2018. Comment résumer la "patte" Tourteaux ? Elle tient à une certaine forme de confiance, d'audace, de prise de risque bien dosée. Par exemple, entre le produit local et les épices lointaines, ils ne choisissent pas : ce sera les deux, mon capitaine ! Au détour d'une assiette, une rascasse de la pêche niçoise rencontre un bouillon de poisson rehaussé au vadouvan, un mélange d'épices indiennes au parfum puissant... c'était risqué, c'est une réussite. Une cuisine de caractère, fine et maîtrisée de bout en bout : bravo !
🐎 ♿ 🅰🅲 – Prix : €€€€

Plan : C1-1 – *25 rue Gubernatis* – ☎ 04 93 62 53 95 – *www.restaurant-flaveur.com* – *Fermé lundi, dimanche et samedi midi*

 LES AGITATEURS

Chefs : Juliette Busetto et Samuel Victori

CRÉATIVE • **CONVIVIAL** Ces agitateurs, situés derrière le port de Nice, ne brassent pas de l'air, bien au contraire : ce trio d'associés est bourré de talent ! Côté "gastro", le chef Samuel Victori (auparavant second au Passage 53) et sa compagne proposent des plats travaillés où textures, cuissons et saveurs sont maîtrisées. On travaille ici avec des fournisseurs locaux : boulanger, pêcheur, maraîcher, éleveur, potier, fleuriste...Leur mentor : Michel Troisgros. Leur credo : des recettes originales, toniques, ludiques, qui bousculent la tradition, à déguster dans une ambiance animée et conviviale, avec un service aux petits soins. Et côté "garde-manger des Agitateurs", on trouve une épicerie-traiteur et une formule déjeuner à prix d'ami. Une affaire qui roule !

🍽 ⌂ – Prix : €€€€

Plan : D2-5 – *24 rue Bonaparte* – ℰ 09 87 33 02 03 – www.lesagitateurs.com – *Fermé mardi, mercredi, et lundi, jeudi et vendredi midi*

✿ L'AROMATE

Chef : Mickaël Gracieux

MODERNE • ROMANTIQUE C'est au cœur de Nice, à proximité de la place Masséna, que se niche cette belle adresse. Salle contemporaine aux tons noir, blanc et doré, cuisines vitrées donnant sur la salle, matériaux bruts, bois et granit ; tout est en place pour accueillir la prestation gastronomique d'un chef au beau parcours (Oustau de Baumanière, Plaza Athénée, Le Bristol, Louis XV etc.). Il propose une cuisine moderne et créative, à base d'excellents produits, et aux dressages particulièrement soignés, qui met Nice à et le terroir méditerranéen à l'honneur. (gamberonis de San Remo, rouget de rouge, poulpe...). Le chef a du métier et de la suite dans les idées.

♿ 🍽 – Prix : €€€€

Plan : C2-3 – *2 rue Gustave-Deloye* – ℰ 04 93 62 98 24 – www.laromate.fr – *Fermé lundi, dimanche et du mardi au samedi à midi*

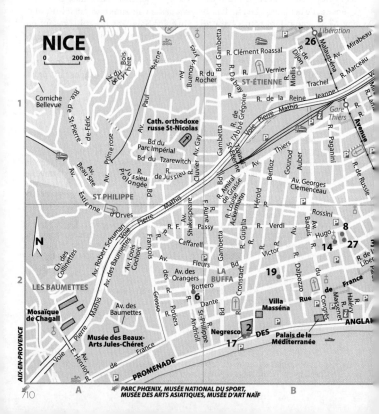

✿ LE CHANTECLER

MODERNE · ÉLÉGANT Sur la mythique Promenade des Anglais, le Negresco trône superbe face à la mer ; Virginie Basselot, Meilleur Ouvrier de France 2015, pilote les cuisines du Chantecler, sa table gastronomique. Dans ce cadre d'exception, la Normande d'origine s'exprime sans arrière-pensée, avec une idée claire : celle d'offrir une cuisine actuelle et créative autour de 3 menus sans choix, réalisée à partir de très beaux produits. Ici, comme ailleurs, la simplicité emporte l'adhésion, à l'image du tartare de loup et d'huître au caviar ou du cabillaud nacré sur son lit de perles du Japon, artichauts poivrade en barigoule, jus citron-mélisse et fleurs de capucine.

❀ & 🅰 ⇧ 🅿 – Prix : €€€€

Plan : B2-2 – 37 promenade des Anglais – ☎ 04 93 16 64 10 – www.hotel-negresco-nice.com/fr/les-restaurants/le-chantecler – Fermé lundi, mardi et du mercredi au dimanche à midi

✿ JAN

Chef : Jan Hendrick van der Westhuizen

CRÉATIVE · ÉLÉGANT Tour à tour chef sur des yachts privés à Monaco et reporter-photographe pour un grand magazine, le jeune Sud-Africain Jan Hendrik van der Westhuizen a déjà eu plusieurs vies... Dans son petit repaire intime et romantique, près du port, il signe une cuisine créative, personnelle, proposée sous forme de menu unique sans choix (à 5 ou 7 plats), dans lequel il joue des associations sucrée-salée, du fumé, du piquant, et de l'acide, proposant ainsi un aperçu de la

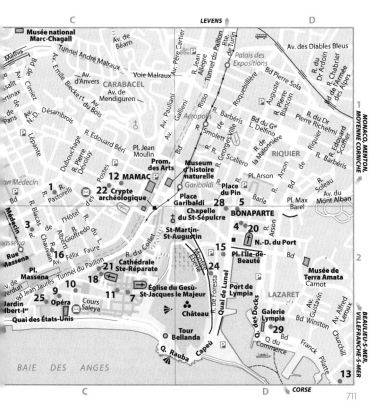

cuisine sud-africaine. Un établissement qui fait le bonheur des clients de passage sur la Riviera.

&. ⏃ ⏛ ⏚ – Prix : €€€€

Plan : D2-4 – *12 rue Lascaris* – ℰ *04 97 19 32 23* – *www.janonline.com* – *Fermé lundi et dimanche*

❀ **PURE & V**

MODERNE • SIMPLE (Transfert prévu au 7 rue du Lycée au premier trimestre) Pure & V, ça fait rêver ! Vanessa Massé, sommelière au parcours en béton armé et dénicheuse infatigable de vins vivants, travaille main dans la main avec ses équipes de cuisine, qui élaborent des assiettes épurées d'inspiration nordique. Une partition saine et équilibrée, basée sur des produits soigneusement sourcés, avec une importance particulière accordée au végétal et aux poissons. À déguster dans une ambiance conviviale.

⏛ ⏃ – Prix : €€€€

Plan : A2-6 – *15 rue Bottero* – ℰ *06 19 88 68 90* – *Fermé lundi, mardi et du mercredi au samedi à midi*

⏛ **L'ALCHIMIE** Ⓝ

FRANÇAISE • COLORÉ Ambiance conviviale et animée de bistrot de quartier, décor coloré et chaleureux d'ancien café rénové, petite carte courte aux intitulés alléchants, des tarifs serrés et un chef au CV bodybuildé : voilà les ingrédients contagieux de la réussite à table (on refuse du monde) et, pour nous, du plaisir ! Généreux velouté de butternut, marrons et émulsion de lard ; savoureuse dinde rôtie au tandoori, riz noir sauté aux légumes : une véritable alchimie gourmande ! Prix : €

Plan : B2-14 – *14 rue Maccarani* – ℰ *04 93 54 61 85* – *www.lalchimie-restaurant. com* – *Fermé lundi et dimanche, et du mardi au jeudi soir*

⏛ **BISTROT D'ANTOINE**

TRADITIONNELLE • BISTRO C'est l'accent du Sud qui chante dans ce bistrot de copains, où règne une ambiance très conviviale. En cuisine, c'est l'ébullition ! Côté papilles, que du bon, à l'instar de cette cocotte de cochon à l'ancienne ou de ce tartare de bœuf coupé au couteau. Bondé, vous avez dit bondé ? Antoine connaît un franc (et mérité) succès.

⏃ ⏛ – Prix : €€

Plan : C2-7 – *27 rue de la Préfecture* – ℰ *04 93 85 29 57* – *Fermé lundi et dimanche*

⏛ **CHEZ DAVIA**

RÉGIONALE • BISTRO Voilà une adresse attachante tenue par la même famille depuis 1953, imaginée par Davia, la grand-mère puis reprise en 1985 par Alda la mère, toujours en salle. Depuis 2016, c'est Pierre Altobelli qui, après un impressionnant parcours dans des maisons étoilées en France et en Asie, mitonne de savoureuses recettes niçoises. Tout ici est soigné et les produits sont choisis avec attention. À déguster dans un sympathique décor de bistrot rétro, dans son jus. Coup de cœur absolu.

⏛ – Prix : €€

Plan : B2-8 – *11 bis rue Grimaldi* – ℰ *04 93 87 91 39* – *www.chezdavia.com* – *Fermé lundi et mardi midi*

⏛ **FINE GUEULE**

TRADITIONNELLE • TENDANCE Dans le vieux Nice, face à la mairie, une salle flambante neuve, organisée autour d'une cuisine ouverte et d'un comptoir où les clients peuvent prendre place. Mais le plaisir est aussi – et surtout – gustatif, avec des assiettes de tradition déclinées chaque jour à l'ardoise, et comme ces entrées, pissaladière maison, œufs mimosa ou calamars à la plancha...

AC 🍴 – Prix : €€
Plan : C2-9 – *2 rue de l'Hôtel-de-Ville* – ℰ *04 93 80 21 64 – finegueule.fr* – *Fermé lundi et dimanche*

LA MERENDA

PROVENÇALE • **BISTRO** Un petit restaurant "à l'ancienne", d'une charmante simplicité... Dominique Le Stanc confectionne ici de bons petits plats de la région (sardines farcies, tripes à la niçoise, tourte de blettes, etc.) à déguster au coude-à-coude. Attention, pas de téléphone : il faut passer pour réserver.
AC 🍴 – Prix : €€
Plan : C2-10 – *4 rue Raoul-Bosio* – *www.lamerenda.net* – *Fermé samedi et dimanche*

OLIVE ET ARTICHAUT

RÉGIONALE • **BISTRO** Originaire de Nice, le jeune chef est venu s'installer dans la région avec son épouse, bretonne, après plusieurs expériences à l'étranger. Il met les produits locaux à l'honneur dans une cuisine très gourmande, "entre mer et montagne" : tarte fine façon pissaladière au boudin noir rôti, pavé d'ombrine et beurre monté aux citrons du pays...
AC – Prix : €€
Plan : C2-11 – *6 rue Sainte-Réparate* – ℰ *04 89 14 97 51 – www.oliveartichaut. com – Fermé lundi et dimanche*

ROUGE 🆕

MÉDITERRANÉENNE • **BAR À VIN** Derrière le port, dans le quartier des antiquaires, un disciple d'Yves Camdeborde est aux commandes de ce sympathique bar à vins. Le chef régale avec de jolies assiettes méditerranéennes à partager, concoctées avec des produits ultra-frais. C'est gourmand et généreux, et le porte-monnaie sourit d'aise. Une centaine de références de vins vivants à prix raisonnable. Ouverture en continu (attention, pas de réservation).
♿ AC 🍴 ♻ – Prix : €
Plan : D2-24 – *2 rue de Foresta* – ℰ *09 77 94 22 39 – www.rouge-restaurant.fr*

L'ATELIER 🆕

RÉGIONALE • **BISTRO** Originaire de Vendée, le jeune chef de cette maison doit être un peu "fada" ! Pensez-donc, oser revisiter la socca, cette indétrônable galette réalisée à base de farine de pois chiche... Et pourtant, quel succès ! Saint-pierre, bavette de bœuf Angus et gibier en saison... le tout arrosé d'une carte d'environ 500 références de vins nature : un régal !
🐾 AC 🍴 – Prix : €€
Plan : C1-12 – *17 rue Gioffredo* – ℰ *04 93 85 50 74 – www.l-atelier-restaurant-nice.com – Fermé lundi, samedi et dimanche*

BAR DES OISEAUX

TRADITIONNELLE • **BISTRO** Dans cette petite maison d'angle, le programme d'Armand Crespo ne manquera pas de réjouir les gourmands. La belle tradition (brandade, bourride) côtoie à la carte de bonnes pâtes artisanales : ravioles et volaille farcie, linguine à la mer, etc. Tout cela est proposé à prix doux, dans un décor inspiré par le pop art : on gazouille de plaisir.
AC 🍴 – Prix : €
Plan : C2-18 – *5 rue Saint-Vincent* – ℰ *04 93 80 27 33 – Fermé lundi et dimanche*

BY PM

MODERNE • **CONTEMPORAIN** Deux jeunes chefs talentueux aux beaux parcours (Robuchon à Monaco, la Chèvre d'Or à Èze) proposent ici sous forme de deux menus une cuisine inspirée de la culture méditerranéenne, avec une attention particulière portée au végétal, comme dans ce "Reflet d'un jardin de légumes", plat signature, décliné au gré des saisons.

&. 🅰🅲 – Prix : €€€

Plan : D2-15 – *4 bis quai Papacino – ℰ 04 93 26 05 80 – www.bypm-restaurant.
fr – Fermé dimanche et du lundi au samedi à midi*

LE CANON

MODERNE • BISTRO Séduisante adresse que ce Canon, proposant une cuisine à la fois simple et exigeante : sashimi de pélamide au citron Meyer, gigot d'agneau de lait rôti... Des fournisseurs locaux triés sur le volet, quelques clins d'œil à la Méditerranée, de jolis vins 100 % nature conseillés par le patron, un séduisant cadre de bistrot vintage : on se régale.

&. 🅰🅲 – Prix : €€

Plan : B2-19 – *23 rue Meyerbeer – ℰ 04 93 79 09 24 – www.lecanon.fr –
Fermé samedi et dimanche*

CHABROL

MODERNE • BISTRO Faire chabrol (ou chabrot) est une antique coutume du sud de la France qui consiste à ajouter un peu de vin dans un fond de soupe pour allonger le bouillon, avant de l'avaler à grandes goulées. Ici, à deux pas du port et de la vieille ville, deux amis d'enfance mettent en valeur des produits de qualité dans des recettes modernes, piquées d'une pointe d'originalité... et ça fonctionne !

&. 🏠 – Prix : €€

Plan : D2-20 – *12 rue Bavastro – ℰ 09 83 04 36 73 – www.le-chabrol-restaurant-
nice.com – Fermé lundi, dimanche et du mardi au vendredi à midi*

COMPTOIR DU MARCHÉ

TRADITIONNELLE • BISTRO Au cœur de l'animation, dans une ruelle du vieux Nice, décontraction et convivialité sont au programme ! Le nom de ce joli bistrot rétro dit tout du travail du chef, dont les créations sont pleines des couleurs et des parfums du marché. Carte courte, fraîcheur garantie, prix raisonnables : on passe un bon moment.

🏠 – Prix : €€

Plan : C2-21 – *8 rue du Marché – ℰ 04 93 13 45 01 – www.comptoirdumarche.
fr – Fermé lundi et dimanche*

LES DEUX CANAILLES

MODERNE • CONTEMPORAIN Ces Deux Canailles niçoises vont tambour battant, sous la houlette d'un chef japonais qui ne manque ni d'expérience ni de passion. La cuisine ? Méridionale et épurée, fraîche et d'une belle finesse, elle se pare de jolies touches nippones. Bilan : un bon moment !

🅰🅲 – Prix : €€

Plan : C2-16 – *6 rue Chauvain – ℰ 09 53 83 91 99 – www.lesdeuxcanailles.com –
Fermé lundi et dimanche, et du mardi au jeudi soir*

EAU DE VIE

MODERNE • SIMPLE Tous deux originaires de La Rochelle, Antoine (en cuisine) et Quentin (salle-sommellerie) ont fait parcours commun depuis l'école hôtelière, jusqu'à ouvrir ensemble ce bistrot dans le centre-ville. Recettes voyageuses et gourmandes : poulpe au satay, quinoa rouge, pastèques poêlées et coulis de coriandre, jusqu'à un redoutable baba au mezcal... Une table enthousiasmante.

🅰🅲 🏠 – Prix : €€

Plan : C1-22 – *11 rue Delille – ℰ 04 93 87 92 32 – www.restaurant-eaudevie.fr –
Fermé samedi et dimanche*

EPIRO

ITALIENNE • BISTRO Après une expérience réussie à Rome, où ils tiennent un bistrot très couru, Alessandra et Marco remettent le couvert à Nice, non loin du port. Dans l'assiette, savoureuses spécialités romaines, réjouissantes pâtes maison, de la générosité et de la gourmandise, sans oublier une jolie carte de vins italiens : carton plein.

🅰🅒 🍴 – Prix : €€

Plan : D2-29 – *53 boulevard Stalingrad – ☎ 04 83 39 51 89 – Fermé lundi et mardi*

LE MESCLUN

MODERNE • BISTRO Toujours aussi agréable, ce bistrot ! Ludovic Goux, chef autodidacte passé par Paris, Chamonix et Saint-Tropez, compose une cuisine de saison bien soignée avec de beaux produits, qu'on accompagne de vins issus d'une carte bien fournie. Pour ne rien gâcher, l'ambiance est chaleureuse et l'addition ne s'envole pas.

🅰🅒 🍴 – Prix : €€€

Hors plan – *215 avenue de la Californie – ☎ 04 93 83 81 21 – www.le-mesclun-nice.com – Fermé dimanche*

ONAKA ⓝ

SUSHI • COLORÉ Caché dans une impasse, ce comptoir à sushis ne désemplit pas (réservation fortement recommandée). Et pour cause : aux baguettes, un champion de France de sushis, formé notamment dans plusieurs restaurants du chef Nobu Matsuhisa. Riz parfaitement cuit, suprême de poulet moelleux, saumon fondant, thon bien rouge, bar à la chair ferme, sauce miso épicée enrichie d'herbes fraîches, wasabi rappé minute, belle carte de sakés (le sommelier et associé connaît son affaire) : tous les ingrédients sont réunis pour passer un excellent moment au fil d'un menu omakase, qui s'adapte à l'appétit et au porte-monnaie de chacun.

♿ 🍴 – Prix : €€

Plan : B2-30 – *12 passage Masséna – ☎ 09 52 97 26 83 – www.onaka-restaurant.com – Fermé lundi, dimanche et mardi midi*

PEIXES

POISSONS ET FRUITS DE MER • CONVIVIAL Près de la mairie et de l'opéra Peixes – à prononcer "pêche" qui veut dire poisson en portugais. Dans cette petite salle de bistrot au carrelage blanc et bleu, très "Méditerranée", on braconne de jolies préparations iodées d'esprit tapas (ceviche, carpaccio, fritures de poisson, accras de morue). Adresse prisée, terrasse prise d'assaut (pas de réservation !).

♿ 🅰🅒 🍴 – Prix : €€

Plan : C2-25 – *2 rue de l'Opéra – ☎ 04 93 85 96 15 – www.peixes.fr – Fermé dimanche*

RACINES

ACTUELLE • CONVIVIAL « On ne veut pas faire fortune ici ! Mais se faire plaisir et régaler nos clients »: telle est la philosophie, toujours généreuse, de Bruno Cirino et de son épouse, qui proposent "une cuisine potagère" (ni viande, ni poisson), travaillée en circuits très courts avec de petits producteurs exigeants, par ce « fou de cuisine» formé chez Jo Rostang, Roger Vergé, Jacques Maximin et Alain Ducasse. Son épouse, sommelière passionnée, propose des accords mets et vins des plus pointus. Des plats authentiques et un lieu à l'image des hôtes qui vous accueillent : chaleureux et convivial.

🕸 ♿ 🍴 – Prix : €€

Plan : B1-26 – *3 rue Clément-Roassal – ☎ 04 93 76 86 17 – www.hostellerie-jerome.com/racines-nice – Fermé dimanche*

LA RÉSERVE DE NICE

MODERNE • CHIC À l'écart de la ville, cette belle demeure jouit d'une situation exceptionnelle, en surplomb de la mer, face à la baie des Anges et au ballet des ferries reliant la Corse. Avec ses accents Art déco, la salle a l'allure d'un paquebot... et l'on embarque pour une croisière gastronomique raffinée, ancrée en Méditerranée.

⇐ & 🅰️ 🍴 ✿ 🍽️ – Prix : €€€

Plan : D2-13 – 60 boulevard Franck-Pilatte – ☏ 04 97 08 14 80 – www. lareservedenice.fr/fr – Fermé lundi et dimanche

LA ROTONDE

MÉDITERRANÉENNE • DESIGN La brasserie – en forme de rotonde – du palace mythique est résolument entrée dans la modernité. Dans cet espace lumineux (qui bénéficie d'une terrasse), on pioche dans une carte (conçue par la cheffe étoilée Virginie Basselot) qui célèbre une cuisine franche et colorée aux accents méditerranéens, avec des clins d'œil à la tradition niçoise...

🅰️ 🍴 – Prix : €€€

Plan : B2-17 – Le Negresco, 37 promenade des Anglais – ☏ 04 93 16 64 11 – www.hotel-negresco-nice.com/fr

LE SÉJOUR CAFÉ

MODERNE • COSY Des étagères garnies de livres, de bibelots et de plantes vertes, des tableaux et des photos aux murs... On se croirait dans la salle de séjour d'une jolie maison particulière, cosy et feutrée. Et c'est sans mentionner le charme exercé par la cuisine du marché et pleine de gourmandise rythmée par les saisons. Accueil et service des plus attentionnés.

& 🅰️ 🍴 – Prix : €€

Plan : B2-27 – 11 rue Grimaldi – ☏ 04 97 20 55 35 – www.sejourcafe.com – Fermé lundi et dimanche

YOSE

PÉRUVIENNE • TENDANCE Aux fourneaux, Eva Gonzalez, franco-péruvienne née à Lima, propose une vision séduisante de la cuisine du Pérou et de l'Amérique du Sud, mariée aux saveurs et produits de la Méditerranée. Le tout s'accompagne d'une jolie carte de cocktails et de vins, majoritairement sud-américains. Une adresse dépaysante à prix doux.

🅰️ 🍴 – Prix : €€

Plan : D2-28 – 20 rue Bonaparte – ☏ 09 83 46 43 21 – www.yoserestaurant.fr – Fermé lundi et dimanche

BOSCOLO EXEDRA NICE — *Plus*

DESIGN MODERNE Une façade Belle Époque éclatante pour un vaisseau grandiose et immaculé, tout en luxe et sobriété... Comment résister au spa, à la piscine sur le toit terrasse du 6e étage ? Le Boscolo Exedra, ou l'art de vivre la Côte d'Azur à l'heure internationale et urbaine !

🛁 🅿️ ⌂ 🛜 🚲 ⛲ 📶 🛜 ♨️ 🏋️ ⛽ - 113 chambres - Prix : €€

12 boulevard Victor Hugo – ☏ 04 97 03 89 89

HÔTEL AMOUR — *Plus*

CLASSIQUE CONTEMPORAIN Après les hôtels Amour et Grand Amour à Paris, Nice bénéficie à son tour d'une adresse au charme rétro. Les chambres s'illustrent ici par un caractère bohème, une palette pastel sucrée et des chambres décorées de trouvailles chinées des années 30 à 50. Le rooftop offre une piscine et un bar avec vue panoramique sur la ville, en plus du patio verdoyant. Enfin, une plage privée court le long de la Promenade des Anglais. Un amour partagé !

& ⌂ ⛲ ⛽ - 38 chambres - Prix : €

3 avenue des Fleurs – ☏ 04 65 27 10 10

⊨ HYATT REGENCY PALAIS DE LA MÉDITERRANÉE   *Plus*

CLASSIQUE CONTEMPORAIN Un véritable palais dédié à la Méditerranée...
Derrière sa grandiose façade Art déco, on découvre un ensemble éminemment
contemporain. Les grandes suites, la vue imprenable sur les flots (dans certaines
chambres), le piano-bar feutré... Toute l'allure d'une villégiature made in promenade des Anglais !

& ♨ 🅿 ⇘ ♿ ⊒ 🏊 ≼ ≼🛎 - 187 chambres – Prix : €€€€
13 promenade des Anglais – ☎ 04 93 27 12 34

⊨ LE NEGRESCO   *Plus*

ÉLÉGANCE TRADITIONNELLE Bâti en 1912 par Henri Negresco, cet établissement mythique regorge d'œuvres d'art exceptionnelles et cultive la démesure dans
un choc des styles qui n'appartient qu'à lui. De l'emphase, de la majesté...

& ♨ 🅿 ⇘ ≼ 🛎 - 117 chambres – Prix : €€€
37 promenade des Anglais – ☎ 04 93 16 64 00

❀ **Le Chantecler • La Rotonde** - Voir la sélection des restaurants

⊨ LA PÉROUSE   *Plus*

CLASSIQUE CONTEMPORAIN Une ligne d'horizon qui suit les courbes de la baie
des Anges, des terrasses en surplomb de la Méditerranée, un beau jardin planté de
citronniers... On est aux anges dans cette demeure un peu secrète, qui cultive une
charmante simplicité, arrimée au rocher du château !

♨ 🅿 ⇚ ⊒ 🏊 ≼ ≼🛎 - 60 chambres – Prix : €€€€
11 quai Rauba Capeu – ☎ 04 93 62 34 63

⊨ WINDSOR   *Plus*

CLASSIQUE CONTEMPORAIN Un hôtel dédié à l'art contemporain : un grand
nombre de ses chambres ont été décorées par des artistes (Ben, Basserole,
François Morellet, etc.). Avis aux amateurs ! Mention spéciale pour le jardin planté
de bambous et de bougainvillées, où l'on dîne les soirs d'été...

🅿 ⇘ ⇚ ⊒ 🐕 🏊 🛎 - 57 chambres – Prix : €
11 rue Dalpozzo – ☎ 04 93 88 59 35

NIEDERSCHAEFFOLSHEIM

✉ 67500 – Bas-Rhin – Carte régionale n° **10**–B1

AU BŒUF ROUGE

MODERNE • ÉLÉGANT Géré par la même famille depuis 1880, ce restaurant est
une véritable institution locale. Le chef François Golla propose une cuisine moderne
sans toutefois renier la tradition, comme avec cette langoustine royale en carpaccio
mais aussi travaillée en croustillant, tandis que sa femme dirige la salle avec bienveillance. Côté sommellerie, la sœur du chef propose notamment des vins au verre
souvent servis en magnum - très appréciable ! Une adresse attachante où il fait bon
s'attabler, notamment grâce à ce cadre bourgeois où le bois domine.

❀ & 🅺 ⇔ 🅿 - Prix : €€€
39 rue du Général de Gaulle – ☎ 03 88 73 81 00 – francois-golla.com –
Fermé lundi, mardi midi et dimanche soir

NIEDERSTEINBACH

✉ 67510 – Bas-Rhin – Carte régionale n° **10**–B1

AU CHEVAL BLANC

TRADITIONNELLE • RUSTIQUE L'âme d'une winstub... et le goût du pays porté
avec amour : truite au bleu, pavé de biche sauce grand-veneur... mousse au kirsch,
etc. Même esprit côté décor, tout en boiseries et composé de deux "stuben", ces

salles rustiques typiquement régionales. Enfin, mention spéciale pour l'accueil, tout à fait exemplaire !

🕸 ⌂🅰🔲🅿 – Prix : €€

11 rue Principale – ℰ 03 88 09 55 31 – www.hotel-cheval-blanc.fr –
Fermé mercredi et jeudi

NIEUL

✉ 87510 – Haute-Vienne – Carte régionale n° **19**–B2

❀ **LA CHAPELLE SAINT-MARTIN**

Chef : Gilles Dudognon

MODERNE • BOURGEOIS Aux portes de Limoges, ce petit castel est une ancienne maison de porcelainier, décorée avec de nombreux meubles et tableaux chinés. Le chef Gilles Dudognon et sa brigade sélectionnent avec rigueur de beaux produits régionaux. Ils en tirent une cuisine classique de caractère, qu'ils n'hésitent pas à parsemer de touches inventives. Entre deux coups d'œil admiratifs au joli parc, on se régale de "L'Intemporel" pâté en croûte Saint Martin (ris de veau, volaille, foie gras), ou d'un bar de ligne vapeur, pak-choi farci, comme un ceviche gingembre-sésame. Chambres charmantes.

🛏 ⌂🅰🔲 – Prix : €€€€

33 route Saint-Martin-du-Fault – ℰ 05 55 75 80 17 – www.chapellesaintmartin.
com/fr – Fermé lundi, mardi et mercredi midi

🛏 **LA CHAPELLE SAINT-MARTIN** *Plus*

CLASSIQUE CONTEMPORAIN Nichée dans un grand parc, tout près d'un bois, cette gentilhommière en constante évolution cultive son élégance bourgeoise : chambres parées d'étoffes colorées, beau mobilier, tentures fleuries et luxueuses suites contemporaines... Sculptures, photos signées : le propriétaire, esthète averti, aime l'art. Tout s'explique !

🅿 ❄ ⌂ 🚲 ⚓ ⍟ - 14 chambres – Prix : €€€

33 route Saint-Martin-du-Fault – ℰ 05 55 75 80 17

La Chapelle Saint-Martin - Voir la sélection des restaurants

NÎMES

⊠ 30900 – Gard – Carte régionale n° **21**–D2

Célèbre pour ses arènes, sa Maison Carrée et, désormais, son musée de la Romanité, la ville romaine est née au milieu de la garrigue, des oliveraies, des vignes et des châtaigniers. Tiraillée entre Cévennes et Camargue, elle fleure aussi délicieusement la Provence. Flânez au cœur de son Écusson, ce lacis de ruelles du quartier médiéval. Vous trouverez forcément une boutique où faire le plein de brandade de Nîmes, et une autre pour goûter à la gardiane de taureau. Pour l'apéritif, mettez sur la table des olives de Nîmes (qui bénéficient d'une AOC), une tapenade et une anchoïade. En saison, les Cévennes fournissent leur lot de pélardons, d'oignons doux et de pommes Reinette. Enfin, aux portes de la ville s'étend la plus méridionale des appellations de la vallée du Rhône : les Costières de Nîmes. Surtout dédié aux rouges, ce vignoble donne aussi des rosés et des blancs très méritants...

❀❀ **DUENDE**

MODERNE • ÉLÉGANT Duende ! Ou quand l'art du torero et de la danseuse de flamenco enflamment l'imaginaire de Pierre Gagnaire. L'adresse gastronomique de l'Hôtel Imperator bénéficie d'une entrée indépendante. Et d'indépendance, le maître n'en manque sûrement pas : produits de qualité, maîtrise technique avérée, spontanéité et originalité. Au piano, Nicolas Fontaine et Julien Caligo, qui semblent connaître sur le bout des doigts l'esprit frondeur de leur mentor. Le menu dégustation met subtilement à l'honneur les plus beaux produits du Gard et de l'axe méditerranéen (porc baron des Cévennes, légumes de petits maraîchers, pêche de Méditerranée...) autour d'assiettes subtiles et délicates. Superbe carte des vins, riche de plus de 1000 références, avec une préférence régionale marquée. Accueil charmant, service d'un grand professionnalisme et d'une grande élégance.

🐿 🍷♿Ⓜ🍽 – Prix : €€€€

Plan : A1-8 – *Quai de la Fontaine* – 𝄞 *04 66 21 94 34* – *www.maison-albar-hotels-l-imperator.com* – *Fermé du lundi au mercredi, jeudi midi et dimanche soir*

❀ **JÉRÔME NUTILE**

Chef : Jérôme Nutile

MODERNE • ÉLÉGANT Jérôme Nutile n'est pas le premier venu : Meilleur Ouvrier de France 2011, il a notamment fait les beaux jours de l'Hostellerie Le Castellas, à Collias. Dans son repaire nîmois, une ancienne ferme agricole réaménagée, il célèbre les saisons de très jolie manière : tendres poireaux cuits sur la fleur de sel de

Camargue, fondant de saumon sauvage confit ; traditionnel lièvre à la royale façon Antonin Carême et à la mode du sénateur Couteaux, un grand classique en deux façons, soigné et savoureux. Ajoutons à cela un service aimable et compétent, une belle carte des vins de la région, et le compte est bon !

🕸 ⇦🖐♿📶🗝✂📶🅿 – Prix : €€€€

Hors plan – *351 chemin Bas-du-Mas-de-Boudan – ℰ 04 66 40 65 65 – www. jerome-nutile.com – Fermé mardi et mercredi*

✿ **ROUGE** ⓝ

CRÉATIVE • INTIME Ce magnifique hôtel particulier du 15ᵉ s. abrite une table menée tambour battant par la cheffe Georgiana Viou. Calamar, émulsion de pomme de terre à l'huile d'herbes ; pigeon, pastilla et tajine de salsifis : sa cuisine fusionne les influences méditerranéennes (marseillaise d'adoption, elle y a même ouvert son premier restaurant) et ses racines béninoises ("dja", ketchup béninois...) pour enchanter des assiettes créatives et goûteuses. À l'image de cette meringue croustillante aux agrumes et herbes fraîches signée François Josse (ancien chef pâtissier du Taillevent), les desserts font montre de la même finesse. Grande terrasse dans la cour pour les beaux jours, ou joli intérieur feutré, avec son grand comptoir en prise directe avec la cheffe, qui prend toujours le temps d'échanger avec ses clients.

🕸 ⇦♿📶🗝 – Prix : €€€€

Plan : A2-6 – *Hôtel Chouleur, 6 rue Fresque – ℰ 04 48 27 08 01 – www. margaret-hotelchouleur.com – Fermé lundi, dimanche et du mardi au samedi à midi*

✿ **SKAB**

Chef : Damien Sanchez

MODERNE • CONTEMPORAIN Aux commandes de ce repaire de gourmandise situé derrière les arènes, juste en face du musée de la Romanité, on trouve le chef Damien Sanchez, un Nîmois qui a travaillé à la Cabro d'Or, à la Réserve de Beaulieu, chez Christopher Coutanceau à la Rochelle et, enfin, dans sa ville natale aux côtés de Jérôme Nutile. Il convainc aisément avec une cuisine pleine de fraîcheur et de vivacité qui met en valeur le terroir gardois : bar en deux façons à la vapeur et en tartare ; tournedos de lotte cuit, artichaut poivrade farci. Dès les premiers rayons de soleil, on s'installe dans le patio à l'ombre des érables.

🕸 ♿📶🗝✂ – Prix : €€€€

Hors plan – *7 rue de la République – ℰ 04 66 21 94 30 – www.restaurant-skab. fr – Fermé lundi, dimanche et mardi midi*

AUX PLAISIRS DES HALLES

TRADITIONNELLE • CONVIVIAL Pour l'hiver, une salle tout habillée de bois ; pour l'été, un joli patio fleuri... toute l'année, une cuisine du marché simple et bien tournée : velouté de chou-fleur travaillé avec les sublimes de pigeon, toast avec les abats ; filets de rouget de roche, courge farcie de lard fumé et jus de cuisson ; crêpe façon Suzette au Grand Marnier... Avec un peu de chance, vous serez de passage un jour où le chef réalise un plat surprise sur un billot au milieu de la salle, devant les clients... un show qui vaut le coup d'œil !

🕸 📶🗝✂ – Prix : €€

Plan : A1-5 – *4 rue Littré – ℰ 04 66 36 01 02 – www.auxplaisirsdeshalles.com – Fermé lundi et dimanche*

LE BISTR'AU - LE MAS DE BOUDAN

MODERNE • BISTRO Jérôme Nutile propose dans l'annexe de son adresse étoilée une ardoise composée au gré du marché ; ses préparations gourmandes revisitent les classiques et fleurent bon la bistronomie. Des exemples ? Tartine de pieds et oreilles de cochon à l'huile de truffe, poisson du jour en provenance du Grau-du-Roi, île flottante aux pralines roses, cheveux d'ange.

 🄰🄲 🀆 🅿 – Prix : €€

Hors plan – *351 chemin Bas-du-Mas-de-Boudan* – ☎ 04 66 40 60 75 – *www. jerome-nutile.com/fr – Fermé dimanche*

LE LISITA

MODERNE • CLASSIQUE Manger en terrasse face aux arènes de Nîmes et, la nuit venue, voir le monument s'illuminer... C'est tous les sens en éveil que l'on s'attable ici. Au menu, une cuisine régionale gorgée de soleil, soignée et généreuse, accompagnée d'un joli choix de vins. Plaisir des pupilles et des papilles !

 🄰🄲 🀆 ⇗ – Prix : €€

Plan : A2-2 – *2 boulevard des Arènes* – ☎ 04 66 67 29 15 – *www.lelisita.com – Fermé lundi et dimanche*

LA PIE QUI COUETTE

MÉDITERRANÉENNE • BAR À TAPAS Ce bar à tapas, tenu par un chef expérimenté, enchante les papilles en toute simplicité. La cuisine du marché est concoctée à partir des produits des étals voisins. Au nombre des spécialités de la maison : viandes maturées, brandade de morue, tartare de bœuf au couteau et île flottante. Les portions sont généreuses, le choix des vins judicieux. On mange au coude à coude, c'est très convivial. Attention pas de réservation possible, service de 11H30 à 15H00 et... c'est complet tous les jours. Heureusement, il y a en plus une table d'hôtes pour une douzaine de personnes.

🄰🄲 – Prix : €€

Plan : A1-3 – *1 rue Guizot* – ☎ 04 66 23 59 04 – *Fermé lundi et du mardi au dimanche soir*

LA TABLE DU 2

TRADITIONNELLE • BRASSERIE Entité gourmande du musée de la Romanité, cette brasserie contemporaine est parfaitement accordée, avec l'architecture du bâtiment. Elle offre une vue imprenable sur les arènes de Nîmes ainsi qu'une carte de saison chapeautée par le chef étoilé Franck Putelat. Sans jamais y perdre son latin, on se délecte d'une vraie cuisine traditionnelle : œuf meurette, ris de veau

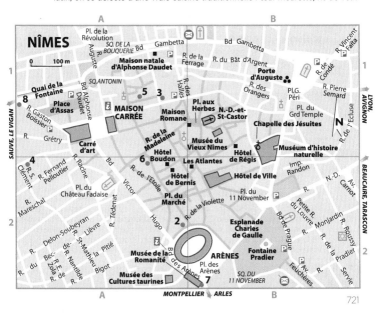

et pomme purée, jus au Maury, truite meunière et même d'indétrônables crêpes Suzette...

⪻ & 🅐 ☂ – Prix : €€

Plan : B2-7 – *2 rue de la République* – ✆ *04 48 27 22 22* – *latabledu2.com*

VINCENT CROIZARD

CRÉATIVE • ÉLÉGANT Dans une rue étroite près du Carré d'Art, il faut d'abord sonner à la porte de cette discrète maison de ville. Le chef, autodidacte, y compose une jolie cuisine créative, osant des mariages souvent surprenants. Et c'est à son épouse qu'on doit la superbe sélection de vins, qui fait la part belle au Languedoc-Roussillon.

🕸 ⪻ 🅐 ☂ – Prix : €€€

Plan : A2-4 – *17 rue des Chassaintes* – ✆ *04 66 67 04 99* – *www. restaurantcroizard.com* – *Fermé lundi, mardi et mercredi midi*

🛏 BIEN LOIN D'ICI   *Plus*

DESIGN MODERNE Trois éco-lodges plantés dans la garrigue provençale : l'objectif est rempli, la sensation d'ailleurs garantie. Dissimulé dans la végétation, cet hôtel offre un repli dans la nature, et dans le respect de celle-ci. Les deux Parisiens à l'origine de cette bulle de luxe écolo ont pensé à tout, de l'ossature en bois de leurs "maisons passives et bioclimatiques" jusqu'aux énergies vertes en passant par des matériaux 100% locaux, un jardin sec et un système de phytoépuration. Si vous redoutez de dormir sur un matelas de paille et de festoyer autour de fanes de carottes, la décoration ultra pointue, iPad, spa privé, guitare acoustique et vélos à disposition devraient vous rassurer.

🅿 ☁ ⪻ ⟁ 🛜 - 3 chambres – Prix : €€

386 traverse d'Engance – ✆ *06 86 76 14 30*

🛏 JARDINS SECRETS   *Plus*

CLASSIQUE CONTEMPORAIN Exquis et confidentiel... Au cœur de la ville, cet hôtel est une parenthèse : au sein d'un jardin semé de mille essences, le décor, imaginé par une propriétaire pleine de talents, puise dans tous les raffinements du 18ᵉ s. Le spa est très beau.

🏊 🅿 ◁ ⪻ ⟁ 🌐 🛜 - 14 chambres – Prix : €€

3 rue Gaston Maruejols – ✆ *04 66 84 82 64*

🛏 MAISON ALBAR HÔTELS L'IMPERATOR   *Plus*

CLASSIQUE CONTEMPORAIN Superbement restauré, cet hôtel en cœur de ville a retrouvé tout son charme Art déco, depuis les chambres (bois, marbre, rappels minéraux, bleu et vert façon 1930) jusqu'au joli patio-terrasse. Spa, fitness, piscine : un séjour délicieux.

& 🏊 🅿 ◁ ⪻ 🚲 ⟁ 🌐 🛜 ⅙ ⑩ - 60 chambres – Prix : €€€€

15 rue Gaston Boissier – ✆ *04 66 21 90 30*

❀❀ **Duende** - Voir la sélection des restaurants

NIORT

✉ 79000 – Deux-Sèvres – Carte régionale n° **20**–B2

AUBERGE DE LA ROUSSILLE

MODERNE • AUBERGE On tombe forcément sous le charme de cette belle maison d'éclusier, installée dans le cadre bucolique des bords de Sèvre... un environnement enchanteur qui ne saurait masquer l'essentiel : la cuisine du chef, soignée et bien calibrée, dans laquelle les produits sont au top et agrémentés sans superflu. Un vrai bonheur.

♿ Ⓜ ⛻ – Prix : €€

30 impasse de la Roussille, St-Liguaire – ☎ 05 49 06 98 38 – www.laroussille. com – Fermé lundi, et mardi et dimanche soir

NŒUX-LES-MINES

✉ 62290 – Pas-de-Calais – Carte régionale n° **13**–B2

LE CERCLE

MODERNE · COSY Des assiettes maîtrisées, une cuisine au goût du jour pas piquée des hannetons : qu'il fait bon s'asseoir autour de ce Cercle ! Les produits sont de qualité comme on le voit avec ses belles coquilles Saint-Jacques sur leur crémeux de chou-fleur ; quant au cadre, à la fois chic et cosy, il se pare d'élégants tableaux contemporains. Service souriant.

♿ Ⓜ ⛻ 🖥 ⚑ – Prix : €€

374 rue Nationale – ☎ 03 21 61 65 65 – www.hotel-lamaisonrouge.com

NOIRMOUTIER-EN-L'ÎLE – Vendée(85) → Voir Île de Noirmoutier

NOISY-LE-GRAND

✉ 93160 – Seine-Saint-Denis – Carte régionale n° **15**–C2

LES MÉROVINGIENS

ACTUELLE · CONTEMPORAIN Jacky Ribault (L'Ours à Vincennes, Qui Plume la Lune dans le 11 e à Paris) a ouvert cette brasserie au rez-de-chaussée d'une résidence du centre-ville de Noisy-le-Grand. L'adresse rend hommage à l'histoire de la ville, installée sur une nécropole mérovingienne et carolingienne. La carte déroule de bons petits classiques sagement relookés, réalisés à partir de produits impeccables. Tous les desserts sont signés du pâtissier de l'Ours, Hugo Correia. Cadre contemporain plaisant sur mesure. Brunch le dimanche, ouvert 7 jours sur 7, et service continu.

♿ Ⓜ ⛻ – Prix : €€

32 avenue Émile-Cossonneau – ☎ 01 43 03 67 78 – www.lesmerovingiens.fr

NONTRON

✉ 24300 – Dordogne – Carte régionale n° **18**–C1

L'ATELIER DES SENS Ⓒ

MODERNE · Au cœur du Périgord Vert, cette bonne adresse gourmande ne triche pas. Sa carte courte, en plein dans la saison, dégage un savoureux parfum d'authenticité. Les produits des fermes alentours sont cuisinés avec respect, ainsi que les truites des eaux de L'ival, l'esturgeon de Neuvic, ou les fromages caprins des Terres Vieilles. Mais l'artisanat n'exclut pas ce décor pop et chaleureux qu'on aime beaucoup aussi. À noter pour les amateurs, la collection remarquable de rhums arrangés du patron.

♿ Ⓜ ⛻ – Prix : €

20 rue Carnot – ☎ 05 53 56 10 42 – latelier-des-sens-81.webself.net – Fermé dimanche et du lundi au jeudi soir

NONZA – Haute-Corse (2B) → Voir Corse

NOTRE-DAME-DE-BELLECOMBE

✉ 73590 – Savoie – Carte régionale n° **4**–F1

😋 LA FERME DE VICTORINE

TRADITIONNELLE • CONVIVIAL Une ferme plus vraie que nature ; l'hiver, depuis la jolie salle rustique, on aperçoit même les vaches dans l'étable… Le chef est un passionné du terroir savoyard, toujours à la recherche des meilleurs fromages et charcuteries. Une table éminemment sympathique et très gourmande !

🍽 🅿 – Prix : €€

Le Planay – 𝒞 04 79 31 63 46 – la-ferme-de-victorine.com – Fermé mercredi et lundi midi

LE NOUVION-EN-THIÉRACHE

✉ 02170 – Aisne – Carte régionale n° **14**–D1

LA PAIX

TRADITIONNELLE • CLASSIQUE Briques, miroirs et bibelots : un décor agréable, au service d'une appétissante cuisine qui honore la tradition des bons petits plats depuis plus de trente ans. La spécialité : le pavé de bœuf au maroilles.

🛏 🅿 – Prix : €

37 rue Jean-Vimont-Vicary – 𝒞 03 23 97 04 55 – www.hotel-restaurant-lapaix02. com – Fermé lundi, dimanche, et mercredi et samedi à midi

NOVES

✉ 13550 – Bouches-du-Rhône – Carte régionale n° **25**–E1

AUBERGE DE NOVES

CLASSIQUE • VINTAGE Cette auberge se révèle tout à fait charmante, et sa terrasse sous les arbres idyllique ! À l'image du lieu, la cuisine donne dans le beau classicisme : le chef vous régalera, par exemple, d'un foie gras, d'un tartare de bœuf au couteau, etc. Belle carte des vins de plus de 350 références.

�︎ ≼ 🛏 🅺 🍽 🅿 – Prix : €€€

Route de Châteaurenard – 𝒞 04 90 24 28 28 – www.aubergedenoves.com – Fermé lundi et mardi

NOYAL-SUR-VILAINE

✉ 35530 – Ille-et-Vilaine – Carte régionale n° **7**–D2

🕸 AUBERGE DU PONT D'ACIGNÉ

Chef : Sylvain Guillemot

MODERNE • ÉLÉGANT Aux portes de Rennes, le long de la Vilaine, cette maison en granit mérite toute notre attention. Les propriétaires, Sylvain Guillemot et son épouse Marie-Pierre, se sont rencontrés chez Alain Passard. Sylvain revendique une "cuisine d'instant et d'instinct", travaille le terroir avec inventivité et une maîtrise de tous les instants. Il bichonne particulièrement ses relations avec ses amis producteurs – d'algues, de piment, de gingembre, de volaille et, bien sûr, de beurre. Le cadre, élégant et lumineux, la terrasse en bord de la Vilaine, comme le service, très agréable, ajoutent au plaisir de cette parenthèse gastronomique. Très beau choix de vins.

�︎ ♿ 🍽 ♻ 🅿 – Prix : €€€

Lieu-dit Pont-d'Acigné – 𝒞 02 99 62 52 55 – www.auberge-du-pont-dacigne. com/fr/accueil – Fermé lundi et mardi, et dimanche soir

NOYALO

✉ 56450 – Morbihan – Carte régionale n° **7**–A3

L'HORTENSIA

TRADITIONNELLE • MAISON DE CAMPAGNE Cette ancienne ferme en pierre a, comme sa voisine l'église du village, un certain cachet. La cuisine, qui fait la part belle aux produits de la mer et au terroir breton, se révèle savoureuse et bien maîtrisée. Pour l'étape, on trouve des chambres coquettes décorées sur le thème de l'hortensia.

இ& 🅿 – Prix : €€

18 rue Sainte-Brigitte – ☏ 02 97 43 02 00 – www.restaurantlhortensia.com – Fermé lundi et mardi, et dimanche soir

NUITS-SAINT-GEORGES

✉ 21700 – Côte-d'Or – Carte régionale n° **5**–C2

LA CABOTTE

MODERNE • CONVIVIAL Au centre de Nuits-Saint-Georges, on déguste une cuisine basée sur de bons produits (asperges de Cabannes, cochon de la ferme de Clavisy), dans un cadre rustique avec pierres apparentes et plafond à la française. Sans oublier une carte de vins étoffée et judicieuse : cette Cabotte en a dans la caboche !

இ Ⓜ 🛋 ⇔ – Prix : €€

24 Grande-Rue – ☏ 03 80 61 20 77 – www.lacabotte.fr – Fermé lundi et dimanche

NYONS

✉ 26110 – Drôme – Carte régionale n° **2**–B3

LE VERRE À SOIE

FUSION • CONVIVIAL Après une carrière chez Christian Têtedoie (Lyon), Fei-Hsiu et Jérome Lamy ont décidé de reprendre ce Verre à Soie. Lui œuvre toujours comme sommelier, proposant de séduisants accords mets et vins, mettant en valeur la jolie cuisine de son épouse, inspirée par ses origines taïwanaises. Un beau mariage franco-asiatique.

இ 🛋 – Prix : €€

12 place des Arcades – ☏ 04 75 26 15 18 – le-verre-a-soie.edan.io – Fermé mardi et mercredi, et jeudi soir

OBERNAI

✉ 67210 – Bas-Rhin – Carte régionale n° **10**–A2

✿✿ LA FOURCHETTE DES DUCS

Chef : Nicolas Stamm-Corby

CRÉATIVE • ÉLÉGANT Le chef Nicolas Stamm-Corby sait maintenir l'équilibre parfait entre la célébration des classiques et la pointe d'inventivité qui fait mouche. En toutes saisons, il nous gratifie d'assiettes de belle tenue, dans lesquelles les bons produits sont à la fête. En hiver, la ballottine de pigeonneau de nid de Théo Kieffer au foie gras, chou farci de choucroute fil d'or, jus de pigeon truffé fait honneur à l'Alsace... Côté sucré, le jeune pâtissier Benjamin Mornay démontre un réel savoir-faire sur cette orange sanguine en coque de chocolat blanc, ganache à la vanille Bourbon et sorbet orange sanguine. Enfin, on termine par un chariot de mignardises absolument mémorable (tartes aux fruits, kougelhopf, financier à la griotte, madeleine au miel de lavande...).

⅋ ⅁ ⏢ 🕭 ⟺ – Prix : €€€€

*6 rue de la Gare – ☏ 03 88 48 33 38 – www.lafourchettedesducs.com/fr –
Fermé lundi, du mardi au samedi à midi, et dimanche soir*

❀ ## THIERRY SCHWARTZ - LE RESTAURANT

Chef : Thierry Schwartz

CRÉATIVE • RUSTIQUE Pour Thierry Schwartz, "Alsacien de cœur et d'origine", la
nature ne s'envisage qu'en plein cœur de l'assiette : son engagement en faveur des
producteurs locaux en est la preuve, et lui a valu les insignes de chevalier du Mérite
agricole. Posons le décor : naturel et boisé, avec exposition de légumes du moment,
tables en bois et cheminée qui crépite... Il concocte trois remarquables menus
où le produit (alsacien et en permaculture) se suffit à lui-même : pur épeautre,
omble chevalier, oseille sauvage, œufs bio fermiers... Tout cela s'arrose d'un bon
cru, nature bien évidemment : vous aurez le choix, la carte comporte plus de 1500
références.

❀ L'engagement du chef : Depuis l'ouverture du restaurant il y a 20 ans, les
circuits courts sont notre priorité. 95% de nos produits viennent de moins de 50
km. Nous contactons nos maraîchers et éleveurs tous les jours et nous prenons
leurs produits à maturité. Notre carte change deux fois par semaine. Une grande
majorité de nos producteurs travaillent en biodynamie et nous encourageons la
réintroduction de variétés anciennes de fruits et de légumes. Nous transformons
les déchets dans un objectif « zéro déchet ».

⅋ 🕭 ⟺ – Prix : €€€€

*35 rue de Sélestat – ☏ 03 88 49 90 41 – www.thierry-schwartz.fr – Fermé lundi,
dimanche et mardi midi*

À L'AGNEAU D'OR

ALSACIENNE • WINSTUB Presskopf sauce vinaigrette, filet de sandre sur choucroute sauce riesling, tarte maison qui change tous les jours... Voici les douceurs
que vous réserve cette maison typiquement alsacienne, tant d'apparence que de
philosophie. Le décor est éminemment chaleureux et l'assiette cultive le goût des
bonnes recettes régionales.

⅁ – Prix : €€

99 rue Général-Gouraud – ☏ 03 88 95 28 22 – alagneaudor.e-monsite.com

LE PARC

MODERNE • ÉLÉGANT Voilà, dans les faubourgs de la ville, une imposante maison
alsacienne où les générations se succèdent depuis la création de l'établissement en
1954. Dans l'élégante salle à manger – boiseries couleur miel, plafond à caissons,
lustre en cristal – on se régale d'une bonne cuisine actuelle, fine et bien réalisée.

⟺ ⅁ 🕭 ⟺ ▣ – Prix : €€€

*169 route d'Ottrott – ☏ 03 88 95 50 08 – www.leparchotel.fr/fr/hotel-spa-
alsace – Fermé les midis*

🛏 ## LE PARC   *Plus*

CLASSIQUE CONTEMPORAIN Des travaux pharaoniques ont été nécessaires
pour l'ouverture d'un des plus vastes spa de France sur le thème "bains et jardins" :
2500 m² avec 3 saunas, 2 hammams, aqua-fitness, bassin de nage, boxing studio,
soins et massages.

⅁ ▣ ⏦ ⟺ 🚲 ⏢ 🌀 ♨ 🧖 ⚘ ⅋ – 62 chambres – Prix : €

169 route d'Ottrott – ☏ 03 88 95 50 08

Le Parc - Voir la sélection des restaurants

OBERSTEINBACH

✉ 67510 – Bas-Rhin – Carte régionale n° **10**–B1

ANTHON

MODERNE • COSY Georges Flaig représente la quatrième génération aux fourneaux de cette ravissante maison à colombages, datant de 1860. Nulle nostalgie
chez lui : sa cuisine est moderne et savoureuse, et met volontiers en avant les
producteurs des environs : bœuf de Highland du Windstein, truite de Wingen...

❀ ⇆&⌂**P** – Prix : €€

40 rue Principale – ☏ 03 88 09 55 01 – www.restaurant-anthon.fr – Fermé lundi,
mardi et mercredi midi

OFFRANVILLE

✉ 76550 – Seine-Maritime – Carte régionale n° **17**–D1

   ### LE COLOMBIER

Chef : Laurent Kleczewski

MODERNE • COSY En matière de cuisine, rien ne vaut la simplicité. Depuis 2002, le
chef Laurent Kleczewski en fait la preuve dans cette paisible maison normande : à
partir de produits de belle fraîcheur, il compose des plats gourmands et parfumés,
sans donner dans la démonstration ou l'esbroufe. Quelques notes exotiques, et
plus précisément asiatiques, viennent agrémenter les recettes, mais jamais dans
l'excès : un savant dosage qui permet de ne jamais dénaturer le produit de base.
Le tout proposé à des tarifs sympathiques, à midi surtout, dans une salle à manger
cosy qui marie l'esprit de la bâtisse (cheminée ancienne en brique rouge) à des
notes plus actuelles.

&. – Prix : €€€

Rue Loucheur – ☏ 02 35 85 48 50 – www.lecolombieroffranville.fr – Fermé mardi
et mercredi, et dimanche soir

OLARGUES

✉ 34390 – Hérault – Carte régionale n° **21**–B2

FLEURS D'OLARGUES

MODERNE • AUBERGE Une véritable affaire de famille que cette adresse où
le père Kasper, d'origine danoise, travaille avec son épouse et ses filles.Produits
locaux, légumes du potager, foie gras et pain maison (comme ce smørrebrød)
et subtiles touches nordiques (saumon mariné au jus de betterave, pommes de
terre hasselback) : voici le programme culinaire de cette jolie adresse familiale. La
terrasse bucolique donne sur le pont du Diable (12 e s.) et le village, classé parmi
les plus beaux de France.

⬳⌂ – Prix : €€

au Pont-du-Diable – ☏ 04 67 97 27 04 – www.fleursdeolargues.com – Fermé du
lundi au mercredi

OLETTA – Haute-Corse (2B) ➜ Voir Corse

OLIVET

✉ 45160 – Loiret – Carte régionale n° **8**–C2

LE PAVILLON BLEU

MODERNE • ROMANTIQUE Esprit guinguette pour cette bâtisse de 1903 des
bords du Loiret, où il fait bon s'installer sur la terrasse aux beaux jours, à l'ombre
de vieux platanes, quasiment "les pieds dans l'eau". Pour l'anecdote, la salle est
aménagée dans un ancien hangar à bateaux. Côté assiettes, les techniques sont

maîtrisées, les assaisonnements équilibrés : c'est savoureux. Chambres confortables pour l'étape.

🏡 🅿 – Prix : €€

315 rue de la Reine-Blanche – ☏ 02 38 66 14 30 – pavillonbleu-restaurant.com – Fermé lundi et dimanche soir

OLMETO – Corse-du-Sud(20) → Voir Corse

ONZAIN
✉ 41150 – Loir-et-Cher – Carte régionale n° **8**–A1

✿ LES HAUTS DE LOIRE

CLASSIQUE • ÉLÉGANT Dominique Pépin, second de Rémy Giraud pendant plus de trente ans et fidèle parmi les fidèles, est désormais le chef de ce pavillon de chasse du 19 e s., installé entre Amboise et Blois. Le cadre est tout simplement magnifique, notamment la salle à manger classique et la ravissante terrasse au calme... Le chef s'appuie sur des produits de grande qualité – truffe de Touraine, caviar de Sologne, poissons de Loire – qu'il travaille avec application. Dans la droite ligne de son prédécesseur, il cuisine volontiers le gibier régional et les fruits et légumes du potager maison...

🔄 🏡 🎬 🏡 🅿 – Prix : €€€€

79 rue Gilbert-Navard – ☏ 02 54 20 72 57 – www.hautsdeloire.com – Fermé lundi et mardi

BISTROT DES HAUTS DE LOIRE

TRADITIONNELLE • BISTRO Dans les dépendances du domaine, une jolie bâtisse solognote avec sa charpente apparente et son parquet de chêne... Le décor est planté ! Sur la terrasse face au jardin potager, on se régale de petits plats bistrotiers (viande maturée, cuissons à la broche) et de créations plus imaginatives. Un régal.

🏡 ♿ 🏡 🅿 – Prix : €€

79 rue Gilbert-Navard – ☏ 02 54 20 72 57 – www.hautsdeloire.com – Fermé mercredi et jeudi

🛏 LES HAUTS DE LOIRE   *Plus*

ÉLÉGANCE TRADITIONNELLE Dans son parc forestier à mi-chemin entre Chenonceaux, Amboise et Blois, ce castel plus que centenaire (1860) exprime l'âme noble de la région. Objets anciens, imprimés chatoyants, beaux volumes, charpente apparente dans certaines chambres : le savoir-vivre à la ligérienne.

🅿 ⌂ ⚛ 🏡 ⚒ 🌐 🎬 ✚ 🍽 - 31 chambres – Prix : €€€€

79 rue Gilbert Navard – ☏ 02 54 20 72 57

✿ **Les Hauts de Loire • Bistrot des Hauts de Loire** - Voir la sélection des restaurants

OPIO
✉ 06650 – Alpes-Maritimes – Carte régionale n° **25**–E2

CAFFÉ CÉSAR L'INITIAL

MODERNE • BRASSERIE Une grande terrasse, un intérieur moderne et spacieux : un écrin idéal pour découvrir une cuisine bistronomique aux bons parfums de Provence, soignée et gourmande : haricots cocos à la tomate, émulsion à la verveine citron ; lieu noir, pressé d'endives à la pancetta, réduction de bière... Une jolie découverte.

♿ 🎬 🏡 – Prix : €€

2 route de Nice – ☏ 04 93 36 09 03 – www.caffecesar.fr – Fermé mardi et mercredi

ORANGE

✉ 84100 – Vaucluse – Carte régionale n° **25**–E1

LE MAS DES AIGRAS - TABLE DU VERGER

PROVENÇALE • CONTEMPORAIN Un charmant mas en pierre, installé tranquillement au milieu des vignes et des champs. Le chef y prépare une goûteuse cuisine de saison, simple et bonne, avec des produits bien choisis. S'il fait beau, direction l'agréable terrasse. Pour l'étape, quelques chambres décorées dans un esprit contemporain.

🍴🏡🅿 – Prix : €€

Chemin des Aigras – 𝒞 04 90 34 81 01 – www.masdesaigras.com – Fermé du lundi au mercredi

ORCINES

✉ 63870 – Puy-de-Dôme – Carte régionale n° **1**–B2

🕸 AUBERGE DE LA BARAQUE

MODERNE • BOURGEOIS Cette Baraque-là, tout comme les plats qu'on y prépare, n'est pas faite de bric et de broc ! Dans le cadre cosy et feutré à souhait (cheminée, moulures et lustres à pampilles) de ce relais de diligence (1800), on apprécie une cuisine actuelle de qualité, savoureuse et bien présentée. Service agréable, prix raisonnables et jolie carte des vins.

🐝 ♿ ⇔ 🅿 – Prix : €€

2 route de Bordeaux – 𝒞 04 73 62 26 24 – www.laubrieres.com – Fermé mercredi

AUBERGE DE LA FONTAINE DU BERGER

TRADITIONNELLE • AUBERGE Cette maison de pays aux volets rouges regarde le puy de Dôme et le Pariou. On y apprécie une cuisine où les produits frais ont la part belle, avec par exemple ces poissons en arrivage direct de Bretagne. Ne manquez pas, en dessert, le délicieux paris-brest maison.

♿🏡🅿 – Prix : €€

167 route de Limoges – 𝒞 04 73 62 10 52 – www.auberge.fr – Fermé lundi et mardi, et mercredi et dimanche soir

ORGON

✉ 13660 – Bouches-du-Rhône

🛏 LE MAS DE LA ROSE   *Plus*

ÉLÉGANCE TRADITIONNELLE Dans un site bucolique, d'anciennes bergeries (17ᵉ s.) joliment réaménagées en adresse de charme. Les chambres, décorées avec soin, ont l'accent de la Provence... Superbe jardin paysager avec piscine.

🅿🍴⛵🍽 - 14 chambres – Prix : €€

Route d'Eygalières – 𝒞 04 90 73 08 91

ORLÉANS

✉ 45000 – Loiret – Carte régionale n° **8**–C2

🕸 LE LIÈVRE GOURMAND

Chef : Tristan Robreau

FUSION • ÉLÉGANT Le chef de cette maison des bords de Loire s'est formé chez les Meilleur à la Bouitte et Au Rendez-vous des pêcheurs à Blois. Tristan Robreau choisit ses fournisseurs avec soin, et délivre une cuisine fusion inspirée notamment de ses voyages en Asie, faisant montre d'une réelle identité culinaire. On retrouve, par exemple, truite séchée Soba, ail thaï ; turbot cardamome, endive rouge. Les

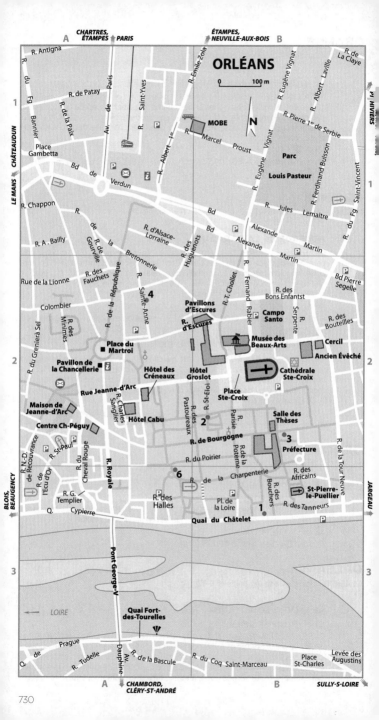

produits sont de très belle qualité, la technique est assurée et les saveurs sont marquées. Une cuisine d'équilibriste qui maintient sa promesse : le Lièvre gourmand demeure la meilleure table de la ville.

&. AC ⇔ – Prix : €€€

Plan : B3-1 – *28 quai du Châtelet* – ℰ *02 38 53 66 14* – *www.lelievregourmand.fr* – *Fermé lundi, mardi et mercredi midi*

LA DARIOLE

MODERNE • TRADITIONNEL Au cœur de la vieille ville et non loin de la cathédrale, cette maison à colombages du 15ᵉ s. mélange tranquillement vieilles pierres et touches cosy. Le chef, formé jadis ici même, sait y faire avec sa cuisine gourmande dans l'air du temps : menu carte de saison, renouvelé régulièrement et belles assiettes savoureuses à l'image de cette côte de cochon, pommes de terre et jus aux câpres...

🍴 ⇔ – Prix : €€

Plan : B2-2 – *25 rue Étienne-Dolet* – ℰ *02 38 77 26 67* – *www.ladariole.fr* – *Fermé lundi et dimanche, et mardi et mercredi soir*

L'HIBISCUS

MODERNE • CONTEMPORAIN La rue est piétonne et animée, la façade discrète. Poussez la porte : produits frais, recettes originales, cuisine moderne, le tout emmené par Céline Lefebvre, riche d'un parcours solide. Pas de Carte, mais un court menu changeant régulièrement selon les saisons et les arrivages. Prix raisonnables.

&. – Prix : €€

Plan : B2-3 – *175 rue de Bourgogne* – ℰ *02 38 72 74 11* – *www.hibiscus-restaurant.com* – *Fermé lundi et dimanche*

EUGÈNE

MODERNE • COSY De passage dans le Loiret, il est recommandé de pousser la porte de cette maison au cadre cosy pour découvrir la subtile cuisine de saison du chef, Alain Gérard : des plats soignés, goûteux et fins, et d'alléchants menus qu'il compose au gré de son inspiration.

AC ⇔ – Prix : €€

Plan : A2-4 – *24 rue Sainte-Anne* – ℰ *02 38 53 82 64* – *www.restauranteugene. fr* – *Fermé samedi et dimanche*

LA PARENTHÈSE

MODERNE • CONVIVIAL Porté par l'enthousiasme d'une équipe dynamique et accueillante, David Sterne, le chef, fait dans le classique et le fait bien : tartelette d'escargots et œuf parfait, émulsion à l'ail des ours ; filet de canard rôti et sa sauce aigre-douce à l'orange ; tatin de pêches caramélisées et sa glace maison au yaourt citronné. C'est copieux et ça se déguste dans un décor joliment rénové.

🍴 ⇔ – Prix : €€

Plan : A3-6 – *26 place du Châtelet* – ℰ *02 38 62 07 50* – *www.restaurant-la-parenthese.com* – *Fermé samedi et dimanche*

EMPREINTE HÔTEL   *Plus*

DESIGN MODERNE En bord de Loire, l'hôtel occupe une bâtisse du 15ᵉ s. Ses chambres (et l'unique suite) conservent cette "empreinte" historique, mais leur style est incontestablement contemporain. Beaucoup ont vue sur les toits de la ville ou sur le fleuve et le pont Georges V, et l'une possède sa propre terrasse privée. Spa moderne et élégant.

&. 🛋 P ⑂ ☏ ⑳ 🍴 – 32 chambres – Prix : €

80 quai du Châtelet – ℰ *02 38 75 10 52*

ORSAN

✉ 30200 – Gard – Carte régionale n° **21**–D1

🙂 **C'LA VIE**

MODERNE • ÉPURÉ Fils et petit-fils de boulanger, le chef Richard Durand a fait de C'la Vie un vrai rendez-vous gourmand. Ici, il fait bon vivre et il fait bon manger : le menu du jour met en avant de super produits (locaux pour la plupart), les saveurs sont marquées, la gourmandise est à l'honneur. À déguster dans un intérieur épuré ou sur la terrasse, à l'ombre d'un platane centenaire. Jolie sélection de vins, qui célèbre comme il se doit la vallée du Rhône et le Languedoc.

&. 🅰 🍴 – Prix : €€

12 avenue du Jasset – ☏ 04 66 39 29 15 – restaurant-clavie.fr – Fermé samedi et dimanche, et lundi et mercredi soir

OSTHOUSE

✉ 67150 – Bas-Rhin – Carte régionale n° **10**–B2

À L'AIGLE D'OR

CLASSIQUE • AUBERGE Accroché à un coin de cette jolie maison de village, l'aigle en fer forgé semble annoncer : "Vous êtes arrivé !" À l'intérieur, on se régale de grands classiques alsaciens (foie gras d'oie maison et gelée au porto, saumon soufflé à la façon de Paul Haeberlin) dans un cadre traditionnel et chaleureux. Ambiance plus familiale côté winstub.

&. 🅰 🅿 – Prix : €€€

Hameau de Gerstheim – ☏ 03 88 98 06 82 – www.hotelalaferme.com – Fermé lundi et mardi

OSTWALD

✉ 67540 – Bas-Rhin – Carte régionale n° **10**–B2

MIRO Ⓝ

FUSION • CONVIVIAL Ouvrez les yeux sur ce Miro situé dans un parc bucolique au bord de l'Ill : mi-Ronan et mi-Robin, le premier en salle, l'autre en cuisine, se sont associés pour mieux y voir clair. Familier des gastronomies sud-américaine, japonaise et française, le chef régale avec une cuisine savoureuse et décomplexée, inspirée de ses nombreux voyages, à l'image de ce ceviche de loup à la thaï, ou de cette superbe entrecôte de bœuf argentin terminée sur les braises. Menu déjeuner à prix imbattable.

&. 🍴 🅿 – Prix : €€

Plan : A3-4 – Rue de la Nachtweid – ☏ 03 88 66 58 88 – www.mirostrasbourg. com – Fermé lundi et mardi, et samedi soir

OTTROTT

✉ 67530 – Bas-Rhin – Carte régionale n° **10**–A2

À L'AMI FRITZ

ALSACIENNE • TRADITIONNEL M. Fritz, c'est le chef-patron, mais l'enseigne fait aussi référence au roman d'Erckmann et Chatrian (1854), dont le héros sacrifie tout à la bonne chère. Un sacré patronage pour une cuisine alsacienne bien exécutée, dans un décor qui porte également haut le charme de la région.

🛏 &. 🍴 🔧 🅿 – Prix : €€

8 rue des Châteaux – ☏ 03 88 95 80 81 – www.amifritz.com – Fermé mercredi

LE GARDEN

MODERNE · CONTEMPORAIN Envie de vous mettre au vert ? Ouvrant sur les bois, décoré en harmonie avec la nature, Le Garden propose un buffet pour le déjeuner en semaine et une formule plus ambitieuse le soir et le dimanche midi, sous forme de menu unique. Une cuisine moderne dont certains légumes proviennent directement du potager. On retient le faux-filet de bœuf Herdshire, croustillant de girolles et jus corsé.

🛌🅐🅜🏠🅟 – Prix : €€€

17 route de Klingenthal – 📞 *03 88 95 81 00 – www.leclosdesdelices.com*

HOSTELLERIE DES CHÂTEAUX

CLASSIQUE · ÉLÉGANT Un cadre feutré et intime, pour une cuisine classique avec quelques touches plus actuelles : foie gras d'oie maison et confit de renouée du Japon, canette rôtie aux épices douces, orecchiette à l'ail des ours... Chambres confortables qui marient le contemporain au style alsacien.

🛌🅖🅜🏠🅟 – Prix : €€€

11 rue des Châteaux – 📞 *03 88 48 14 14 – www.hostellerie-chateaux.fr – Fermé du lundi au samedi à midi*

🛏 HOSTELLERIE DES CHÂTEAUX   *Plus*

DESIGN MODERNE Cet imposant hôtel vous invite à un grand moment de détente : spa tout neuf et soins très complets, superbe piscine intérieure, formule brunch le dimanche... Dans les chambres, spacieuses, l'esprit contemporain se marie au style alsacien. Le chic suprême.

🅟 🛀🍽 - 65 chambres – Prix : €€

11 rue des Châteaux – 📞 *03 88 48 14 14*

Hostellerie des Châteaux - Voir la sélection des restaurants

OUCHES

✉ 42155 – Loire – Carte régionale n° **2**–A1

✿✿✿ TROISGROS - LE BOIS SANS FEUILLES

Chefs : César et Michel Troisgros

CRÉATIVE · ÉLÉGANT Au sein d'un décor naturaliste, imaginé par l'architecte Patrick Bouchain, les salles à manger vitrées s'articulent autour d'un grand chêne centenaire : c'est dans ce cadre que Michel et César perpétuent l'héritage familial de superbe manière, avec une cuisine qui porte plus que jamais la "patte" Troisgros - Saint-Pierre à la truffe noire ; consommé double à la moelle, anguille et écrevisse. Les assiettes, originales, s'autorisent de pertinentes audaces végétales, assorties de subtiles pointes d'acidité et d'amertume. Produits sublimés, préparations fines et aventureuses, potager en permaculture et étang : un restaurant d'exception, dans un cadre à couper le souffle.

✿ **L'engagement du chef :** Attachés à notre terre et aux hommes qui la cultivent, notre devoir est de la promouvoir et de la mettre en avant. Nous cuisinons avec joie les légumes de notre jardin. Inspirée par la permaculture, la biodiversité est merveilleuse : nous n'utilisons aucun intrant, la tonte des espaces verts est réduite au minimum, ruches, nichoirs à oiseaux, prairies, chevaux et animaux sauvages y cohabitent paisiblement.

🐝 🍽🛌🅖🅜🅟 – Prix : €€€€

728 route de Villerest – 📞 *04 77 71 66 97 – www.troisgros.com – Fermé lundi et mardi*

✿ CHÂTEAU D'ORIGNY 🆕

MODERNE · ÉLÉGANT Ouvrir un restaurant dans le village rendu célèbre par les Troisgros, il fallait oser ! Pari gagné haut la main grâce à Julien Laval, passé chez Serge Vieira à Chaudes-Aigues, mais aussi finaliste du championnat de France du dessert. Dans ce château du 16e s. où tomettes d'époque côtoient cheminées en pierre, ce chef s'épanouit en toute gourmandise, comme en témoignent ses plats d'inspiration classique dressés avec soin : cèpes en textures, pain perdu à la châtaigne et flan de courge ; poularde de Bresse en deux façons, gaufrette à la fourme de Montbrison ; gâteau basque aux coings du verger, gelée à la fleur d'hibiscus. La vie de château !

⟿ ⇔ 🅿 – Prix : €€€

2210 route de Roanne – ☏ 04 77 72 52 67 – www.restaurant.chateaudorigny.com – Fermé lundi et mardi

OUCQUES

✉ 41290 – Loir-et-Cher – Carte régionale n° **8**–B2

😊 Ô EN COULEUR

MODERNE • CONTEMPORAIN Elles enchantent, ces couleurs ! Le chef concocte des recettes bien ficelées avec de beaux produits, pour un résultat flatteur au palais et doux pour le porte-monnaie... Jolie salle au décor contemporain. Chambres confortables et colorées pour prolonger l'étape.

🕭 🄰🄲 🇭 🅿 – Prix : €€

9 rue de Beaugency – ☏ 02 54 23 20 41 – www.o-en-couleur-oucques.com – Fermé lundi, mardi midi et dimanche soir

OUISTREHAM

✉ 14150 – Calvados – Carte régionale n° **17**–B2

😊 LA TABLE D'HÔTES

MODERNE • COSY À deux pas de la station balnéaire, ce restaurant familial est le repaire d'un couple passé par de belles maisons. Joli symbole, Yoann Lavalley a racheté le fourneau sur lequel il a accompli son apprentissage... Il y conçoit une cuisine de saison gourmande et savoureuse. Son épouse vante les vertus d'une jolie carte des vins à l'excellent rapport qualité/prix. Poisson du jour, viande locale, fromages normands... Une sympathique adresse.

🕭 – Prix : €€

10 avenue du Général-Leclerc – ☏ 02 31 97 18 44 – latabledhotes-caen.com – Fermé mercredi, et mardi et dimanche soir

OUSSON-SUR-LOIRE

✉ 45250 – Loiret – Carte régionale n° **8**–D2

LE CLOS DU VIGNERON

TRADITIONNELLE • CLASSIQUE Les vignes des coteaux du Giennois jouxtent le Clos du vigneron. On apprécie ici une cuisine sincère, de saison et de fraîcheur, faisant la part belle au poisson : le chef travaille comme un véritable artisan, amoureux de son métier. Chambres pratiques pour l'étape.

🇭 ⇔ 🅿 – Prix : €€

18 route Nationale 7 – ☏ 02 38 31 43 11 – www.hotel-clos-du-vigneron. com – Fermé lundi

OZENAY

✉ 71700 – Saône-et-Loire – Carte régionale n° **5**–C3

LE RELAIS D'OZENAY

MODERNE • CONTEMPORAIN Dans un village pittoresque, ne manquez pas ce restaurant au décor moderne et élégant. Le chef, passé par de belles maisons dont celle de Bernard Loiseau, travaille des produits de qualité, souvent bio et locaux. Le tout s'accompagne de bons vins du Mâconnais.

&⌂🅿 – Prix : €€

Le Bourg – ☏ 03 85 32 17 93 – www.le-relais-dozenay.com – Fermé mardi et mercredi

PAILHEROLS

✉ 15800 – Cantal – Carte régionale n° **1**–B3

L'AUBERGE DES MONTAGNES

TRADITIONNELLE • AUBERGE Dans cette ferme située au cœur d'un joli village isolé (idéal pour des promenades dans la nature !), le chef propose une cuisine traditionnelle et soignée. Surtout, ne passez pas à côté du plateau de fromage, où trône le Salers produit à quelques mètres de là...

🛏⌂🅿 – Prix : €€

Le Bourg – ☏ 04 71 47 57 01 – www.auberge-des-montagnes.com – Fermé lundi et mardi

PAIMPOL

✉ 22500 – Côtes-d'Armor – Carte régionale n° **7**–B1

LA MARNE

MODERNE • CONTEMPORAIN En bordure du centre touristique de Paimpol, on trouve cette auberge en pierre datant du 19 e s., dont le chef élabore des recettes inventives et pleines d'allant, où la recherche visuelle occupe une place importante.

🐕 &🅰⌂🅿 – Prix : €€

30 rue de la Marne – ☏ 02 96 16 33 41 – www.hoteldelamarne-paimpol.fr – Fermé lundi, mardi, samedi midi et dimanche soir

LA SERRE

MODERNE • COSY Revenu d'Asie, où il a passé plusieurs années, le chef a créé avec deux autres associés ce restaurant chic et cosy, installé dans une rue tranquille de Paimpol. Sa cuisine moderne met en avant les produits de la région, avec de légers clins d'œil à l'Asie, et des dressages soignés.

⌂&⌂🅿 – Prix : €€€

4 rue de Poulgoic – ☏ 09 52 49 36 17 – www.laserrepaimpol.fr – Fermé lundi, mardi, du mercredi au samedi à midi, et dimanche soir

PALAVAS-LES-FLOTS

✉ 34250 – Hérault – Carte régionale n° **21**–C2

LE SAINT-GEORGES

MODERNE • CONVIVIAL Dans son restaurant, situé à deux pas du casino, Paul Courtaux ne joue pas à la roulette avec nos papilles. Il réalise une cuisine pétillante et savoureuse, dans laquelle les produits de la région sont joliment mis en avant, à l'instar de cette soupe de poisson froide en émulsion, poulpe et moule en aïoli, ou encore ce pavé de veau du Ségala, citron, basilic, aubergine, tomate et parmesan... Mention spéciale à la jolie carte des vins de la région et à l'accueil charmant.

🐕 🅰⌂ – Prix : €€

4 boulevard Maréchal-Foch – ☏ 04 67 68 31 38 – restaurant-st-georges.fr – Fermé lundi et mardi

PLAGE PALACE   *Plus*

DESIGN MODERNE Emplacement idyllique, face à la plage, pour cet hôtel haut de gamme qui porte la signature des frères Costes et dont la couleur discrète se fond dans le paysage. Toutes les chambres, épurées et élégantes, bénéficient d'un balcon ; préférez celles qui donnent sur la mer (à noter, les amusantes salles de bains nichées dans de fausses cabines de plage). Une très belle piscine de nage devance l'immense plage réservée aux clients.

  ♿ 🛁 **P** ⟲ ⟳ ⛛ 🅼 🛖 ♨ 🛏 🏋 ⓘ〇 - 72 chambres – Prix : €€€€

336 avenue Saint-Maurice – ☏ 04 34 08 63 00

LA PALUD-SUR-VERDON

✉ 04120 – Alpes-de-Haute-Provence

🛏 **HOTEL DES GORGES DU VERDON**   *Plus*

DESIGN MODERNE C'est toujours un plaisir de faire une halte dans cet hôtel de charme, à l'écart du vacarme... On s'y repose dans de belles chambres colorées et design (dont quelques beaux duplex familiaux). Beau spa avec hammam, fitness, salles de massage, sauna et jacuzzi.

  ♿ **P** ⟲ ⟳ 🚗 🅼 ♨ 🏋 🛏 ⓘ〇 - 30 chambres – Prix : €€

Route de La Maline – ☏ 04 92 77 38 26

PAMIERS

✉ 09100 – Ariège – Carte régionale n° **22**–C3

BASSAS

MODERNE • CONTEMPORAIN Le couple Bassas, que l'on a connu auparavant chez Deymier (à Pamiers aussi), a totalement rénové cette ancienne bâtisse du centre-ville. Le résultat en jette, autant dans le décor sobre et chic que dans l'assiette, qui fait la part belle aux producteurs des environs. Jolie carte des vins de la région.

  ♿ 🅼 🍽 **P** – Prix : €€

Place des 3 Pigeons – ☏ 05 61 67 28 76 – www.restaurant-bassas.fr –
Fermé lundi, mardi et dimanche

PARADOU

✉ 13520 – Bouches-du-Rhône – Carte régionale n° **25**–E1

BEC

MODERNE • COSY Installé dans un vieux mas provençal, à l'ombre d'une petite église et doté d'une jolie courette, ce restaurant tenu par un jeune couple propose une cuisine moderne pleine de fraîcheur, aux influences internationales. Les becs fins apprécieront la lotte marinée au saté et sa purée de cresson, à déguster dans la jolie salle rustique ou sur la ravissante terrasse égayée de lauriers et de vigne vierge.

  ♿ 🍽 ⟳ **P** – Prix : €€€

55 avenue de la Vallée-des-Baux – ☏ 04 86 63 57 52 – www.bec-restaurant.
com – Fermé mercredi et jeudi

LE BISTROT DU PARADOU

PROVENÇALE • BISTRO Comme dit la chanson, c'est une maison bleue, enfin aux volets bleus et surtout une véritable institution locale où la réservation par téléphone est obligatoire et où l'on s'enquiert du plat du jour qui change tous les jours mais revient chaque semaine dans un menu unique - comme le cassoulet du mercredi. Sinon, aïoli, volaille de Bresse à la broche, tête de veau sauce ravigote et tartes maison célèbrent le répertoire provençal avec des plats généreux et goûteux, à dévorer dans une ambiance joyeuse et bon enfant, au rythme turbulent d'un service à la bonne franquette.

  ♿ 🅼 ⟳ **P** – Prix : €€

57 avenue de la Vallée-des-Baux – ☏ 04 90 54 32 70 – Fermé lundi et dimanche

NANCY BOURGUIGNON

TRADITIONNELLE • CONTEMPORAIN Qu'il est doux le moment que l'on passe à cette table, où vous serez accueillis avec naturel et sympathie par la famille Bourguignon. Dans ce charmant restaurant, la cheffe passionnée concocte de subtiles recettes parfumées, mâtinées de jolies touches provençales. La terrasse, voisine de la piscine et entourée de végétation méditerranéenne, invite aux rêveries. Une oasis de quiétude et de charme.

🦤 & 🕭 🚲 ⇔ 🅿 – Prix : €€€€

Lieu-dit de Bourgeac, 1 chemin de l'Ancienne-Voie-Ferrée – ℰ 04 90 54 56 78 – www.ducotedesolivades.com – Fermé lundi et mardi midi

---

B DESIGN & SPA   *Plus*

AVANT-GARDE La modernité au service du confort et du bien-être résume l'esprit de cet hôtel, à l'entrée de la propriété. Vastes suites dessinées par un designer, terrasses, espace de remise de forme. Pour un beau séjour au calme...

🅿 🦤 ⏚ 🕭 ℟ - 14 chambres – Prix : €€

1 chemin de l'Ancienne Voie Ferrée – ℰ 04 90 54 56 78

Nancy Bourguignon - Voir la sélection des restaurants

PARAY-LE-MONIAL

✉ 71600 – Saône-et-Loire – Carte régionale n° **5**–B3

L'APOSTROPHE

MODERNE • CONTEMPORAIN Le couple Garrivier décline une cuisine moderne et enlevée, en phase avec les saisons (dont la mise en avant des légumes, souvent bio ou issus de l'exploitation familiale). Qu'on se rassure, le chef a toujours une belle pièce de bœuf charolais en réserve, à savourer sur la terrasse côté jardin aux beaux jours... Quelques chambres pour l'étape.

& 🕭 ℟ 🅿 – Prix : €€€

27 avenue de la Gare – ℰ 03 85 25 45 07 – hotel-restaurant-lapostrophe.com – Fermé dimanche et lundi midi

PARÇAY-MESLAY

✉ 37210 – Indre-et-Loire – Carte régionale n° **8**–B2

L'ARCHE DE MESLAY

MODERNE • CONTEMPORAIN On oublie très vite le quartier (une zone d'activités) pour se concentrer sur la cuisine fine et fraîche, véritablement pleine de saveurs... À l'image de la spécialité du chef breton : la bouillabaisse à la tourangelle – rouget, rascasse, rillons et andouillette !

& 🕭 ℟ 🅿 – Prix : €€

14 rue des Ailes – ℰ 02 47 29 00 07 – www.larchedemeslay.fr – Fermé lundi et dimanche

PARCEY

✉ 39100 – Jura – Carte régionale n° **6**–B2

LES JARDINS FLEURIS

TRADITIONNELLE • CLASSIQUE Dans cette maison de tradition bien tenue, le chef réalise des assiettes généreuses et savoureuses aux accents du terroir : terrine de chevreuil au foie gras, tournedos de lapin à la duxelle de champignons et jus brun aux morilles, soufflé glacé au marc d'Arbois... Plaisante terrasse sur l'arrière et accueil charmant.

     ఉ 斎 ⇔ – Prix : €
35 route Nationale 5 – 𝒞 03 84 71 04 84 – www.restaurant-jardins-fleuris.com –
Fermé lundi et mardi, et dimanche soir

PARENTIS-EN-BORN

✉ 40160 – Landes – Carte régionale n° **18**–B2

CHEZ FLO

MODERNE • BISTRO Un restaurant convivial où l'on est accueilli avec le sourire...
On retrouve la même générosité derrière les fourneaux, où officie un jeune chef
passionné : une cuisine de bistrot moderne réjouissante qui sent bon les produits
du cru, avec une carte renouvelée tous les mois et un menu d'un excellent rapport
qualité-prix le midi. Une adresse à ne pas manquer dans la région.
     ఉ 斎 – Prix : €
9 rue Saint-Barthélémy – 𝒞 05 58 78 40 21 – Fermé lundi et dimanche

PARIS

Disons-le sans ambages : on n'a jamais aussi bien mangé à Paris. Ce n'est pas un hasard si c'est ici même, autour du Palais Royal, qu'a été forgé, à la fin du 18e s., le concept de restaurant : plus qu'aucune cité au monde, la capitale bat au rythme de sa vie gastronomique. Une preuve parmi d'autres ? Des quartiers populaires de l'Est et du Nord, autrefois délaissés, sont devenus de véritables eldorados pour gourmets. Or, la gastronomie a cette saisissante faculté de gentrifier une rue (voire un arrondissement) plus rapidement que n'importe quelle politique municipale.

A ce titre, la rue de Charonne, dans le onzième, (Septime, Clamato) fait figure d'incubatrice de gourmandise. Cette évolution, on la doit, pêle-mêle, à une bistronomie qui tutoie les étoiles, à l'inlassable travail de « sourcing » de jeunes chefs passionnés d'agriculture raisonnée et de bio, ou encore à l'excellence de chefs étrangers (japonais, argentins, brésiliens etc.) qui subliment la cuisine française en apportant leurs histoires particulières. Sans oublier, le rôle des femmes, plus que jamais présentes, aux fourneaux, mais aussi en pâtisserie ou en sommellerie, deux domaines (parmi d'autres) dans lesquelles elles excellent.

Petite notule, adressée aux puristes du confort « gastronomique » : de nombreux établissements risquent de vous dérouter : absence de nappes, service détendu, dîner à la bonne franquette… Rien de plus logique : l'assiette et la qualité de la cuisine demeurent pour nous les seuls critères de décision. Avec une motivation essentielle : votre satisfaction.

LA SÉLECTION DU GUIDE MICHELIN

N   Nouvelle distinction cette année !
🌿   Engagé pour une gastronomie durable

LES TABLES ÉTOILÉES

❀❀❀

Une cuisine unique. Vaut le voyage !

❀❀

Une cuisine d'exception. Vaut le détour !

❀

Une cuisine d'une grande finesse. Vaut l'étape !

PARIS

LES BIB GOURMAND 🅑

Nos meilleurs rapports qualité-prix

PARIS

745

LES TABLES SELON VOS ENVIES

✿✿✿ 3 Étoiles
✿✿ 2 Étoiles
✿ 1 Étoile
🅐 Bib gourmand
✿ Engagé pour une gastronomie durable

LES TABLES PAR TYPE DE CUISINE

PARIS

RESTAURANTS À MOINS DE 35 €

TABLES EN TERRASSE

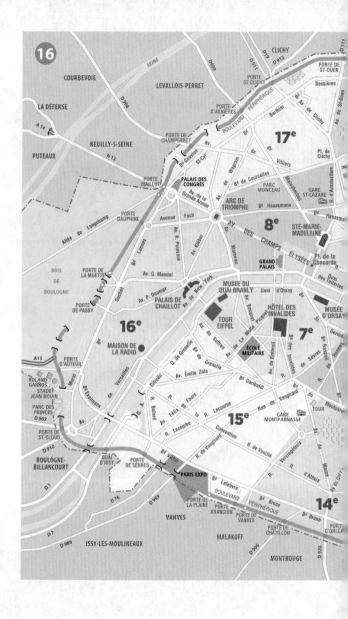

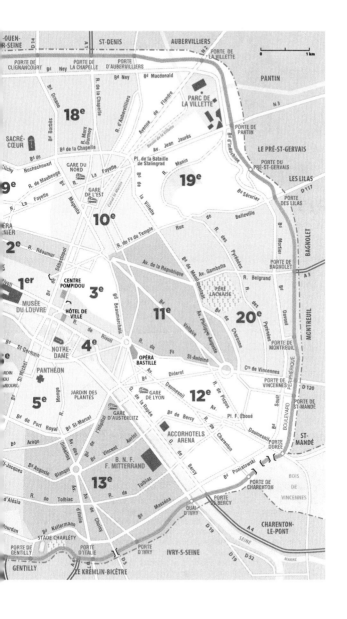

PARIS

✉ 75000 – Paris – Carte régionale n° **15**–B2

Paris, c'est d'abord un décor, reconnaissable entre tous : la Seine, la tour Eiffel, bien sûr, et la non moins fameuse pyramide du Louvre. Par son urbanisme et ses monuments en grande partie préservés, elle illustre les grandes pages de l'histoire de France et du rayonnement culturel du pays. Mais Paris c'est aussi un ensemble de quartiers, comme autant de villages, où toutes les communautés sont représentées. Et lorsqu'il s'agit des plaisirs de la table, quel bonheur d'être Parisien !

Ce n'est pas un hasard si c'est ici-même qu'a été forgé le concept de restaurant : Paris, plus qu'aucune cité au monde, bat au rythme de sa vie gastronomique. Grandes brasseries centenaires, palaces aux ors inoubliables, tables coréennes, argentines, italiennes, japonaises, maisons historiques ou tout juste apparues, grande tradition française ou créativité : mille surprises vous attendent sur les deux rives de la Seine.

Palais-Royal • Louvre • Tuileries • Les Halles

1ᵉʳ ARRONDISSEMENT

✿✿✿ KEI

Chef : Kei Kobayashi

MODERNE • ÉLÉGANT "Kei", c'est Kei Kobayashi, chef né à Nagano, au Japon, et formé à l'école prestigieuse des triples étoilés Gilles Goujon (L'Auberge du Vieux Puits, Fontjoncouse) et Alain Ducasse (Plaza Athénée, Paris 8 e). Son père était cuisinier dans un restaurant traditionnel kaiseki (gastronomie servie en petits plats, comparable à la grande cuisine occidentale), mais sa vocation naît véritablement en regardant un documentaire sur la cuisine française. Aujourd'hui, son travail tutoie la perfection : virtuose des alliances de saveurs, toujours juste dans la conception de ses assiettes, il magnifie des produits de grande qualité. Un exemple ? Ce bœuf Wagyu de Kagoshima (extrême sud de l'île de Kyushu), superbement persillé, à la chair fondante et nourrie par le gras, au goût fumé et de noisette, accompagné de beaux gnocchis poêlés... Au dessert, le chef pâtissier Toshiya Takatsuka est un autre voyageur du goût dont les créations sucrées atteignent des sommets de raffinement.

🅰🅲 – Prix : €€€€

5 rue du Coq-Héron – Ⓜ *Louvre - Rivoli – ℰ 01 42 33 14 74 – www.restaurant-kei. fr – Fermé lundi, dimanche, et mardi et mercredi à midi*

✿✿✿ PLÉNITUDE - CHEVAL BLANC PARIS

CRÉATIVE • ÉLÉGANT La Samaritaine réinventée accueille le luxueux hôtel Cheval Blanc, et ce Plénitude où œuvre le discret Arnaud Donckele, triple étoilé également à La Vague d'Or à St-Tropez. Totalement impliqué, le chef navigue en permanence de la cuisine à la salle, afin de toujours mieux partager sa passion avec ses convives. Cette « nouvelle cuisine classique », qu'il revendique, est un voyage entre la Normandie, sa région d'origine, la Méditerranée, sa terre d'adoption et le terroir d'Île-de-France... Impossible de ne pas être impressionné par son travail ici où la finesse le dispute à la générosité et à la qualité exceptionnelle des produits. Ce saucier hors pair, comparable seulement à un parfumeur ou un œnologue, apporte un soin inouï aux jus, vinaigrettes et sauces qui doivent être dégustés en premier pour mieux s'imprégner de l'univers aromatique si complexe de chaque plat, au final parfaitement équilibré. Côté sucré, l'impeccable Maxime Frédéric, ancien du George V, hausse la pâtisserie à un niveau rarement égalé. Une table de haute couture.

🕃 ⇦ ⇐ ♿ ⇔ 🍷 – Prix : €€€€

8 quai du Louvre – 🄼 *Pont-Neuf –* 🕿 *01 79 35 50 11 – www.chevalblanc.com/fr/maison/paris – Fermé lundi, mardi et du mercredi au dimanche à midi*

✿✿ PALAIS ROYAL RESTAURANT

CRÉATIVE • ÉLÉGANT C'est dans le cadre idyllique des jardins du Palais Royal, à deux pas du ministère de la Culture, que l'on trouve cet élégant restaurant où officie le chef grec Philip Chronopoulos, qui travailla notamment à l'Atelier de Joël Robuchon-Étoile et auprès d'Alain Passard. Avec de superbes produits, il signe une cuisine créative et percutante, et conçoit des recettes d'une vivifiante maturité : fins mezzes en amuse-bouche, salade de haricots verts sublimée de caviar et de crème d'Isigny, ou encore ce millefeuille de figue, vanille et fleur de sureau – un dessert tout simplement remarquable. L'été, la terrasse sous les arcades offre à vos agapes un décor à la hauteur de l'assiette. Royal, c'est le mot.

♿ ♿ 🍴 ⇔ 🍷 – Prix : €€€€

110 Galerie de Valois – 🄼 *Palais-Royal - Musée du Louvre –* 🕿 *01 40 20 00 27 – www.palaisroyalrestaurant.com – Fermé samedi, dimanche, lundi midi et mardi midi*

✿✿ RESTAURANT LE MEURICE ALAIN DUCASSE

CRÉATIVE • LUXE Prenez un célèbre palace installé face au jardin des Tuileries, ajoutez-y un chef surdoué, Alain Ducasse, saupoudrez d'un luxe insensé très versaillais (plafond blanc paré de dorures, lustres en cristal), et vous obtenez Le Meurice, dont le décor suscite l'admiration des fortunes étrangères venues chercher ici l'âme parisienne. La griffe Ducasse est mise en œuvre par Amaury Bouhours, un fidèle, au gré de menus dégustations déclinés en mets servis en petites portions mariant hommage à la tradition française et à la créativité du chef. Côté dessert, le très médiatique et talentueux Cédric Grolet compose des trompe-l'œil qui font le tour des réseaux sociaux.

🕃 ♿ ⇔ 🍷 – Prix : €€€€

Le Meurice, 228 rue de Rivoli – 🄼 *Tuileries –* 🕿 *01 44 58 10 55 – www.alainducasse-meurice.com/fr – Fermé samedi, dimanche et du lundi au vendredi à midi*

✿✿ SUR MESURE PAR THIERRY MARX

CRÉATIVE • ÉPURÉ On a tout dit, ou presque, de Thierry Marx : grand voyageur, alchimiste malicieux, adepte du tai-chi, à la tête des cuisines du Mandarin Oriental, palace parisien haute couture qui lui a imaginé un restaurant sur mesure. Ou plutôt à sa démesure ? Passé le sas d'entrée, vous voilà transporté dans un univers inédit, d'un blanc immaculé et cinématographique – on hésite entre Orange Mécanique et Bienvenue à Gattaca. Tout ici porte la signature du chef, et en premier lieu ses menus uniques, successions de plats aux saveurs étonnantes. En orfèvre minutieux, il travaille la matière, joue avec intelligence sur les transparences, les saveurs et les textures. "Risotto" de soja aux huîtres et girolles ; œuf mimosa en trompe-l'œil ; lieu de ligne, coquille d'huître végétale, pesto... Une expérience.

🕸 ♿ 🅺 🥢 – Prix : €€€€

Mandarin Oriental, 251 rue Saint-Honoré – Ⓜ Concorde – ℰ 01 70 98 73 00 – www.mandarinoriental.fr/paris/fine-dining/sur-mesure-par-thierry-marx – Fermé lundi et dimanche et le midi

❀

LE BAUDELAIRE

CRÉATIVE • ÉLÉGANT On se sent bien dans ce restaurant raffiné, niché au cœur d'un jeune palace arty et feutré célébrant le nouveau chic parisien. La salle s'ordonne autour de la cour intérieure de l'établissement, un beau jardin d'hiver où il fait bon lire Les Fleurs du mal devant un thé. Reflets du dehors sur les tables en laque noire, confort douillet des fauteuils, grandes verrières, murs immaculés : un havre de paix. On profite de la cuisine du chef Anthony Denon (venu de la Table du Connétable à Chantilly, autre modèle de classicisme), centrée sur le travail du légume, et des succulents desserts signés Pierre-Jean Quinonero.

🕸 ⇆ 🅺 🥢 – Prix : €€€€

Le Burgundy, 6-8 rue Duphot – Ⓜ Madeleine – ℰ 01 71 19 49 11 – www.leburgundy.com – Fermé lundi, dimanche et du mardi au samedi à midi

❀

LA DAME DE PIC

CRÉATIVE • CONTEMPORAIN Un bel atout dans la cartographie des bonnes tables parisiennes : Anne-Sophie Pic a créé à deux pas du Louvre, cette table... capitale. À 550 km de Valence, où son nom a tant marqué l'histoire de la cuisine (ses père et grand-père y conquirent eux aussi trois étoiles Michelin), mais au cœur de sa griffe originale. Un travail en finesse, en précision, doublé d'une inspiration pleine de vivacité : telle est la signature de cette grande dame de la gastronomie. On retrouve son sens de l'harmonie des saveurs, de la fraîcheur et de l'exactitude, avec toujours ces cuissons et assaisonnements au cordeau : berlingots au camembert fermier, maïs fumé et velouté à la flouve odorante ; lotte de petit bateau rôtie au beurre noisette, choux pluriels, jus vert à la coriandre vietnamienne ; la poire Williams cuite façon tatin, crème glacée à la bière et sobacha...

♿ 🅺 ⇆ – Prix : €€€€

20 rue du Louvre – Ⓜ Louvre - Rivoli – ℰ 01 42 60 40 40 – www.anne-sophie-pic.com/paris/#damedepic

❀

GRANITE

MODERNE • CONTEMPORAIN À la tête de cette table tout ce qu'il y a de moderne, on trouve le jeune Tom Meyer (passé par l'Hôtel de Ville à Crissier, La Chèvre d'Or à Èze, Anne-Sophie Pic... et MOF 2022) entouré d'une équipe dynamique et soudée, aux idées claires : engagement zéro déchet, zéro plastique, bien-être au travail... Au gré de menus uniques bien pensés, le chef célèbre des produits rigoureusement sourcés, comme ces asperges vertes des Landes rôties au barbecue japonais, ou ce turbot à la sauce champagne subtilement parfumée au géranium. C'est frais, fin et très soigné : on se régale.

🅺 – Prix : €€€€

6 rue Bailleul – Ⓜ Louvre - Rivoli – ℰ 01 40 13 64 06 – www.granite.paris – Fermé samedi et dimanche

❀

JIN

JAPONAISE • ÉLÉGANT Entre le musée du Louvre et la place Vendôme, une adresse chic et intime, réservée à une dizaine de privilégiés tout au plus, qui ont la chance (et les moyens !) de prendre place autour du joli comptoir en marronnier. Sous leurs yeux, le chef Taichi Sato compose avec dextérité des sushis et sashimis dans les règles de l'art, à base d'ingrédients de premier ordre (le poisson, en provenance de Bretagne ou d'Espagne, est maturé pour être servi au meilleur moment). Tous les menus sont "omakase", c'est-à-dire qu'ils relèvent des choix du chef : plus les ingrédients sont nobles, plus les prix montent. De l'entrée au final, l'interprétation est superbe... Service discret et efficace, excellents sakés.

Ⓐ️ – Prix : €€€€
6 rue de la Sourdière – Ⓜ Tuileries – ☏ 01 42 61 60 71 – www.jin-paris.com/fr –
Fermé lundi, dimanche et mardi midi

❀ **OMAR DHIAB** Ⓝ

Chef : Omar Dhiab

MODERNE • CONTEMPORAIN Tout près de la place des Victoires, le jeune chef Omar Dhiab au CV rutilant (Lasserre, l'Abeille, Loiseau Rive Gauche…) s'est choisi comme première adresse un lieu épuré avec cuisine ouverte et magnifique comptoir en marbre blanc. Sa cuisine déploie une savoureuse palette qui ose des associations créatives, à l'image de cette daurade royale marinée au kumquat et condiment livèche, ou ce paleron de bœuf jersiais maturé, rehaussé de poivre vert et de sardine fumée. Les desserts célèbrent quant à eux la saison avec légèreté et gourmandise. Entouré d'une jeune équipe sympathique, le chef évolue aussi bien en cuisine qu'en salle.

♿ – Prix : €€€€
23 rue Hérold – Ⓜ Louvre - Rivoli – ☏ 01 42 33 52 47 – www.omardhiab.com –
Fermé lundi et dimanche

❀ **YAM'TCHA**

Cheffe : Adeline Grattard

CRÉATIVE • ÉPURÉ Adeline Grattard a reçu – et cultivé ! – un don rare, celui du sens du produit. Dans son adresse de la rue Saint-Honoré, la cheffe choisit deux ou trois ingrédients, et ils occupent tout l'espace. Ni démonstration technique ni esbroufe, rien que de subtiles associations, rarement vues, et qui paraissent pourtant très naturelles. Formée auprès de Pascal Barbot (L'Astrance) et installée quelques années à Hong Kong, elle marie des produits d'une extrême qualité, principalement de France et d'Asie : on pense notamment à la sauce XO, au riz noir vinaigré ou au jus de crustacé… Le tout se déguste avec une sélection rare de thés asiatiques, autre source d'accords très convaincants (yam'tcha , en chinois, c'est "boire le thé"). Ni carte ni menu : de plat en plat, on se laisse surprendre par le marché et l'inspiration du jour.

Prix : €€€€
121 rue Saint-Honoré – Ⓜ Louvre - Rivoli – ☏ 01 40 26 08 07 – www.yamtcha. com – Fermé lundi, dimanche, et mardi et samedi à midi

☺ **LAI'TCHA**

ASIATIQUE • ÉPURÉ Dans cette annexe de Yam'tcha, située au pied de l'Eglise Saint-Eustache, on se régale d'une cuisine chinoise, simple mais allant droit au but, bien parfumée, à base de beaux produits. La carte courte propose de nombreux dim sum mais également des nouilles fraîches maison, du bœuf sauté à l'Impériale ou encore une excellente salade de bœuf de Galice, mâche et pleurotes.

♿ Ⓐ️ 🍴 – Prix : €
7 rue du Jour – Ⓜ Étienne Marcel – ☏ 01 40 26 05 05 – www.yamtcha.com –
Fermé lundi et dimanche

☺ **ZEN**

JAPONAISE • ÉPURÉ Cette table japonaise séduisante associe un décor traditionnel agréable et une authentique cuisine nippone : la carte, étoffée, est fidèle aux classiques sushis, grillades et autres tempuras, les grandes spécialités de la maison étant les gyozas et le chirashi. Attention : pas de réservation au déjeuner.

Ⓐ️ 🍴 – Prix : €€
8 rue de l'Échelle – Ⓜ Palais-Royal - Musée du Louvre – ☏ 01 42 61 93 99 – www. restaurantzenparis.fr/fr/jours-de-fermeture – Fermé dimanche

À L'ÉPI D'OR

TRADITIONNELLE • BISTRO Ce bistrot parigot des anciennes halles de Baltard appartient à Élodie et Jean-François Piège. Dans un décor rétro pur jus (vieux carrelage, miroirs anciens, murs jaunis par les ans), on y sert une cuisine traditionnelle déclinée dans un semainier, complété d'une courte carte d'incontournables : pâté en croûte, croque-madame, terrine de foie gras, steak tartare frites...

Prix : €€

25 rue Jean-Jacques Rousseau – Ⓜ Palais-Royal - Musée du Louvre – ℰ 01 42 36 38 12 – jeanfrançoispiege.com/a-lepi-dor – Fermé samedi et dimanche

L'ABSINTHE Ⓝ

TRADITIONNELLE • BISTRO En hommage à la fée verte chérie des poètes, ce bistrot fait dans le néo-rétro avec succès : carrelage et plancher anciens, comptoir en zinc, murs en brique, horloge monumentale. Dans l'assiette, une cuisine traditionnelle et généreuse. Les prix sont raisonnables, et quel choix ! Terrine de campagne, grillades au feu de bois, Saint-Jacques rôties, excellent millefeuille à la vanille Bourbon...

🄰🄲 ⌨ – Prix : €€

24 place du Marché-Saint-Honoré – Ⓜ Pyramides – ℰ 01 49 26 90 04 – www. restaurantabsinthe.com – Fermé dimanche et samedi midi

L'ARDOISE

TRADITIONNELLE • CONVIVIAL Avec ses murs recouverts d'ardoise, ce restaurant porte bien son nom. Voilà un sympathique hommage rendu à l'esprit bistrotier, hommage qui prévaut aussi dans l'assiette - pâté en croûte de volaille, foie gras et cèpe ; filet de bœuf au poivre noir et pommes anna ; tartelette au citron meringuée ; crème brûlée... Tout est généreux, frais et savoureux !

🄰🄲 ⌨ – Prix : €€

28 rue du Mont-Thabor – Ⓜ Concorde – ℰ 01 42 96 28 18 – Fermé dimanche

L'ASSAGGIO

ITALIENNE • CLASSIQUE L'assaggio , c'est le goût ! Le chef Ugo Alciati (du Guido Ristorante, dans le Piémont) a conçu la carte de cette élégante table installée dans l'hôtel Castille. Comme prévu, l'Italie du Nord est à l'honneur dans l'assiette – agnolotti préparés maison, risotto minute – et se déguste dans le ravissant patio intérieur, avec fontaine et fresques.

🄰🄲 🍽 – Prix : €€€

Castille Paris, 35 rue Cambon – Ⓜ Madeleine – ℰ 01 44 58 44 58 – collezione. starhotels.com/fr/nos-hotels/castille – Fermé lundi, dimanche et samedi midi

BRASSERIE DU LOUVRE - BOCUSE

TRADITIONNELLE • BRASSERIE On s'installe dans une salle vaste et élégante, entourée de grandes baies vitrées pour admirer une vue follement parisienne - Comédie-Française, Conseil d'État, Louvre - mais pas seulement : la carte, alléchante, navigue avec habileté entre grands classiques lyonnais (saucisson chaud pistaché en brioche, quenelle de brochet sauce nantua, etc.) et indémodables de brasserie (salade au foie gras, sole meunière, etc.). Très belle terrasse sous les arcades de ce bâtiment, typiquement haussmannien.

♿ 🄰🄲 🍽 – Prix : €€€

Place André-Malraux – Ⓜ Palais-Royal - Musée du Louvre – ℰ 01 44 58 37 21 – www.hyatt.com/fr-FR/hotel/france/hotel-du-louvre/paraz/dining/ brasserie-du-louvre-bocuse

LES CARTES POSTALES

TRADITIONNELLE • SIMPLE Carpaccio de bar façon japonaise, fricassée de langoustines aux champignons, filet de saint-pierre meunière : voici quelques exemples de la savoureuse cuisine française relevée de notes nippones que signe Yoshimasa Watanabe, chef arrivé du Japon il y a une trentaine d'années. Intéressante formule et demi-portions à la carte.

AC – Prix : €€

7 rue Gomboust – ⓜ Pyramides – ☎ 01 42 61 02 93 – Fermé dimanche, samedi midi et lundi soir

CHAMPEAUX

TRADITIONNELLE • CONTEMPORAIN Immortalisé par Zola, le Champeaux était autrefois situé place de la Bourse. Devenu brasserie contemporaine sous la canopée, il appartient désormais à la galaxie Ducasse. Burrata de Paris avec courge butternut épicée, poitrine de cochon avec semoule de céleri, savarin au rhum et crème chantilly... Le service en continu permet de satisfaire ses papilles à n'importe quelle heure de la journée.

& AC ⌂ ⇔ – Prix : €€

Forum des Halles, 12 passage de la Canopée – ⓜ Les Halles – ☎ 01 53 45 84 50 – www.restaurant-champeaux.com/fr

CLOVER GRILL

GRILLADES • TENDANCE D'appétissantes viandes maturées – noire de la Baltique, bœuf de Bavière, blonde d'Aquitaine, Black Angus – trônent en vitrine comme autant de pierres précieuses, à dévorer d'abord du regard... avant de les engloutir pour de bon ! De l'entrée au dessert, tout est cuit à la braise ou à la broche, ce qui donne à ce moment une saveur particulière. Une réussite.

& AC – Prix : €€€

6 rue Bailleul – ⓜ Louvre - Rivoli – ☎ 01 40 41 59 59 – jeanfrançoispiege.com/clover-grill – Fermé lundi et dimanche

LE GRAND VÉFOUR

MODERNE • HISTORIQUE Le plus vieux restaurant de Paris (1784-1785) est un lieu unique en son genre : deux magnifiques salles Directoire s'ouvrent sur le jardin par des arcades avec leur lot de miroirs, lustres en cristal, dorures, toiles peintes fixées sous verre inspirées de l'Antiquité... Ce mythe s'est réincarné en ouvrant désormais au déjeuner, au dîner et pendant le tea-time. Dans une ambiance chic et branchée, le chef Guy Martin déroule sa cuisine, entre tradition et modernité, et propose un semainier pour sa clientèle d'habitués.

🕸 AC ⇔ 🍴 – Prix : €€€

17 rue de Beaujolais – ⓜ Palais-Royal - Musée du Louvre – ☎ 01 42 96 56 27 – www.grand-vefour.com – Fermé lundi et dimanche

HALLE AUX GRAINS

MODERNE • CONTEMPORAIN L'ancienne halle aux blés, où trône une partie de la collection Pinault, héberge une table des plus créatives. En hommage à l'histoire du lieu, Michel et Sébastien Bras déclinent une cuisine saine et actuelle autour du thème des graines, céréales et légumineuses, avec notamment de savoureux desserts, comme ce paris-brest revisité, à base de crème légère à la graine de courge, croustillant et praliné. Vue imprenable sur les toits de Paris.

🍴 & – Prix : €€€

Bourse de Commerce, 2 rue de Viarmes – ⓜ Louvre - Rivoli – ☎ 01 82 71 71 60 – www.halleauxgrains.bras.fr – Fermé mardi midi

JANTCHI

CORÉENNE • SIMPLE Jantchi signifie "fête" en coréen. Prenez place dans la (petite) file d'attente sur le trottoir de la rue Thérèse. Ici, pas de réservation mais de grands classiques de la cuisine coréenne : kounmandou (raviolis frits au porc et légumes), bibimbap et barbecue coréen. Simple, convivial, authentique : une fête, vous dit-on !

🖾 – Prix : €

6 rue Thérèse – Ⓜ *Pyramides –* ☏ *01 40 15 91 07 – Fermé dimanche*

KUNITORAYA

JAPONAISE • VINTAGE Vieux zinc, miroirs et faïence métro : le Paris des soupers 1900... pour une cuisine nippone soignée à base d'udon, pâtes maison réalisées avec une farine de blé importée du Japon !

🖾 ⇄ – Prix : €€€

5 rue Villedo – Ⓜ *Pyramides –* ☏ *01 47 03 07 74 – kunitoraya.com – Fermé lundi et dimanche*

LANGOSTERIA

ITALIENNE • TENDANCE Au 7e étage de la Samaritaine, au cœur du Cheval-Blanc, une brasserie de la mer à l'italienne, "succursale" de Langosteria Milano. Ambiance vivante, bar à cocktails, remarquable carte des vins, poissons et crustacés de première fraîcheur, pâtes, délicieux desserts... et l'un des meilleurs espressi de tout Paris.

𝄑 ⅊ 🖾 🕭 – Prix : €€€€

8 quai du Louvre – Ⓜ *Pont-Neuf –* ☏ *01 79 35 50 33 – langosteria.com/ langosteria-parigi – Fermé lundi et mardi*

LOULOU

ITALIENNE • TENDANCE Le musée des Arts décoratifs vous invite à une parenthèse enchantée face aux jardins du Louvre. En cuisine, Benoît Dargère et Zouhair Bouhlal réinventent les classiques méditerranéens en sélectionnant les produits avec soin. En terrasse ou dans l'élégante salle à manger, le service est tout aussi exquis que les plats (risotto du jour ; piccata de veau de lait al limone, sauge ; poulpe à la braise, aïoli...). C'est cosy, raffiné, et savoureux.

🖾 🍴 🕭 – Prix : €€€

107 rue Rivoli – Ⓜ *Palais-Royal - Musée du Louvre –* ☏ *01 42 60 41 96 – www. loulou-paris.com*

NHOME 🆕

CRÉATIVE • TENDANCE Longtemps nomade, le chef privé des grandes maisons de couture, passé chez Frenchie à Londres, au Georges V avec Le Squer et chez Saturne avec Sven Chartier, a allumé ses fourneaux dans cette cave voûtée face au Palais Royal. Autour d'une unique et longue table d'hôtes d'une vingtaine de couverts, il déroule sa cuisine d'inspiration nordique déclinée autour de jolis produits : il y a de la saumure par ici, un peu de binchotan par là, des poissons, des gibiers à poil, beaucoup de légumes évidemment et quelques touches ludiques (comme ce lait de cornflakes en dessert, ou ce bouillon d'oignons à boire dans l'assiette).

Prix : €€€€

41 rue de Montpensier – Ⓜ *Palais-Royal - Musée du Louvre –* ☏ *01 89 33 48 43 – www.nhomeparis.com – Fermé lundi, samedi et dimanche et du mardi au vendredi à midi*

NODAÏWA

JAPONAISE • ÉPURÉ Cette petite adresse, dont la maison-mère est située à Tokyo, est spécialisée dans un produit atypique... l'anguille ! Elle est travaillée méticuleusement et assaisonnée avec du soja ou du sancho, un poivre asiatique. La grande majorité de la clientèle est japonaise, ce qui en dit long sur la qualité de la cuisine.

AC – Prix : €€

272 rue Saint-Honoré – Ⓜ Palais-Royal - Musée du Louvre – ☎ 01 42 86 03 42 –
www.nodaiwa.com – Fermé dimanche

NOLINSKI

MODERNE • VINTAGE Sur l'avenue de l'Opéra, proche de la Comédie-Française,
brasserie chic au cadre retro (entre Art déco et années 1970, avec miroirs, dorures,
marbre jaune et velours côtelé). Dans les assiettes, une cuisine ouverte sur le
monde (tacos, ceviche, carpaccio, escalope à la milanaise et filet de bœuf flambé
au cognac...) signée Philip Chronopoulos, doublement étoilé du Palais Royal
Restaurant.

& AC ⇔ 🥢 – Prix : €€€

16 avenue de l'Opéra – Ⓜ Pyramides – ☎ 01 42 86 10 10 – nolinskiparis.
com – Fermé dimanche

ODETTE

MODERNE • COSY Non loin des Halles, au sein du luxueux hôtel Albar, la famille
Rostang montre avec cette "auberge urbaine" qu'elle n'a pas perdu la main. Odette
nous régale à grands coups de belles pièces à partager, bar en croûte feuilleté –
succès garanti –, côte de veau, pintade rôtie, et d'assiettes efficaces, le tout sous la
responsabilité d'un chef au style bien marqué.

AC 🛋 – Prix : €€€

25 rue du Pont-Neuf – Ⓜ Châtelet – ☎ 01 44 88 92 78 – www.maison-albar-
hotels-le-pont-neuf.com/fr/page/restaurant-odette-paris.2488.html

PITANGA

MODERNE • BISTRO La Pitanga, ce fruit originaire du Brésil à la saveur aigre-
douce, est aussi une invitation à la gourmandise voyageuse. Ici, le chef d'origine
brésilienne Alexandre Furtado propose une cuisine "franco-latino-américaine"
(dont d'agréables tapas, comme ce ceviche de daurade) à base de jolis produits, au
gré d'une carte courte et appétissante. Souvenirs d'un excellent crémeux de maïs,
poulet pané et chorizo ibérique.

AC – Prix : €

11 rue Jean-Jacques-Rousseau – Ⓜ Louvre - Rivoli – ☎ 01 40 28 12 69 – www.
pitanga-paris.com – Fermé lundi et dimanche

LA POULE AU POT

TRADITIONNELLE • VINTAGE Les grands classiques du répertoire culinaire
français sont ici réhabilités par Jean-François Piège. Service sur plateau d'argent,
décor suranné de bistrot, comptoir en zinc : il ne manque rien. On se croirait chez
Audiard... jusque dans l'assiette : gratinée à l'oignon, quenelle de bar, hachis parmentier de paleron de bœuf, goujonnettes de sole limande et sauce tartare.

🍴 AC – Prix : €€€

9 rue Vauvilliers – Ⓜ Châtelet – ☎ 01 42 36 32 96 – jeanfrançoispiege.com/
la-poule-au-pot – Fermé lundi et dimanche

LA RÉGALADE ST-HONORÉ

TRADITIONNELLE • BISTRO Bruno Doucet régale les épicuriens du quartier des
Halles avec des recettes à la gloire du terroir et du marché. Après avoir patienté
avec la délicieuse terrine du chef, régalez-vous de girolles poêlées au jus de viande
et œuf poché, ou d'un paleron de bœuf, garniture d'un bourguignon... Belle sélection de vins.

🍴 & AC ⇔ – Prix : €€

106 rue Saint-Honoré – Ⓜ Louvre - Rivoli – ☎ 01 42 21 92 40 – laregalade.paris –
Fermé lundi et dimanche

RESTAURANT LE DALÍ

ACTUELLE • ÉLÉGANT Le "deuxième" restaurant du Meurice, situé au cœur de
la vie du palace, à la fois lieu de rendez-vous et... table soignée, qui propose une

agréable cuisine de saison aux doux accents méditerranéens, comme les grands classiques de la cuisine de palace. Le beau décor – pilastres et miroirs – rend hommage à Dalí, qui fut un hôte fidèle des lieux.

🖾 – Prix : €€€€

Le Meurice, 228 rue de Rivoli – Ⓜ Tuileries – ℰ 01 44 58 10 44 – www. dorchestercollection.com/fr/paris/le-meurice

TAMARA

ACTUELLE • ÉPURÉ Crâne rasé, bras tatoués, engagement durable assumé : tel est Clément Vergeat, candidat Top Chef 2018, qui a ouvert cette table attachante près de la Comédie Française. Courte carte de saison (maquereau, pickles, eau de tomates ; poisson du jour, cèpe, foie de volaille), belle carte de vins bio et nature, service sympa : Tamara a tout pour plaire.

Prix : €€€€

15 rue de Richelieu – Ⓜ Palais-Royal - Musée du Louvre – ℰ 01 71 60 91 30 – restaurant-tamara.com – Fermé lundi, dimanche et du mardi au samedi à midi

TENZEN Ⓝ

JAPONAISE • ÉPURÉ Au sous-sol de Zen, cette table se consacre avec rigueur à l'art de la tempura, dans une petite salle intimiste, vêtue de bois de la tête aux pieds – un décor émaillé de belles compositions florales. Une douzaine de clients assemblés autour d'un comptoir en hinoki observent le chef qui prépare les fritures sous leurs yeux. Une expérience authentique. Petite carte de boissons alcoolisées, shōchū, bières et sakés.

🖾 – Prix : €€€€

8 rue de l'Échelle – Ⓜ Pyramides – ℰ – tenzen.fr – Fermé lundi, dimanche et mardi midi

LE TOUT-PARIS

ACTUELLE • CONTEMPORAIN Cette brasserie à la déco colorée, signée Peter Marino, est nichée au 7e étage de l'hôtel Cheval Blanc. Sous la houlette d'Arnaud Donckele, à vous les classiques du genre (tartare, huîtres, soupe gratinée des Halles, langoustines mayonnaise) et les bons plats mijotés (blanquette). Détail de taille : la terrasse, avec sa vue plongeante sur la Seine et la Rive Gauche.

≼ ઙ 🖾 🖼 ⌂ – Prix : €€€

Cheval Blanc Paris, 8 quai du Louvre – Ⓜ Pont-Neuf – ℰ 01 79 35 50 22 – www. letoutparis.fr – Fermé soir

LE BURGUNDY

DESIGN MODERNE Luxueux, feutré et arty... Dans cet hôtel de standing, le chic parisien se décline de manière artistique : meubles design et œuvres d'art contemporain – spécialement créées – émaillent les lieux. Une réussite...

🖾 🄿 ⌂ 🛋 ⓦ 🜨 ℉ 🛁 🍽 - 59 chambres – Prix : €€€

6-8 rue Duphot – ℰ 01 42 60 34 12

✣ **Le Baudelaire** - Voir la sélection des restaurants

CASTILLE PARIS   *Plus*

DESIGN MODERNE Le voisinage des plus grands palaces ne semble pas effrayer le Castille, hôtel particulier établi depuis le 18e s. à deux portes de l'atelier de Coco Chanel. Ses deux ailes réconcilient des références supposées incompatibles : les suites rendent hommage à la célèbre créatrice — lignes pures, palette sobre, souvenirs d'un Paris en noir et blanc —, les chambres sont plus vénitiennes, toutes de tentures de soie, de salles de bain en marbre et de tonalités chatoyantes. Un sauna, un espace fitness et plusieurs salles de conférence complètent les services.

🖾 🄿 ⌂ ℉ 🛁 🍽 - 108 chambres – Prix : €€

33-37 rue Cambon – ℰ 01 44 58 44 58

L'Assaggio - Voir la sélection des restaurants

CHÂTEAU VOLTAIRE

AVANT-GARDE Un hôtel pensé comme une maison, telle est la philosophie des lieux ! Ici, tout repose sur une atmosphère cosy, ainsi que sur un sens de l'accueil chic et décontracté. Déco signée Sarah Lavoine, chambres tout confort : impeccable à tout point de vue.

& ⬦ ⤴ 🌐 🛏 ⅱ○ - 32 chambres – Prix : €€€€

55-57 rue Saint-Roch – ☏ *01 53 45 91 00*

CHEVAL BLANC PARIS   *Plus*

DESIGN MODERNE La réinvention totale de l'emblématique grand magasin Art Déco La Samaritaine, donnant sur le Pont Neuf, tient ses promesses. Avec seulement 72 chambres et suites, Cheval Blanc Paris a choisi de viser - avec succès - le luxe absolu : la suite la plus extravagante s'étend sur deux niveaux et possède sa propre piscine. Les points forts incluent le spa et une vaste piscine intérieure à débordement.

⬦ ⤴ 🌐 🛏 ℉♨ ⅱ○ - 72 chambres – Prix : €€€€

8 quai du Louvre – ☏ *01 40 28 00 00*

❀❀❀ **Plénitude - Cheval Blanc Paris • Langosteria • Le Tout-Paris** - Voir la sélection des restaurants

LA CLEF LOUVRE

CLASSIQUE CONTEMPORAIN Face à la Comédie-Française, à un jet de pierre du Palais-Royal et du Musée du Louvre, des Tuileries et de la rue du Faubourg Saint-Honoré, voici un hôtel qui cultive la discrétion. Il offre 51 suites spacieuses avec kitchenette. Le confort et l'intimité des suites luxueuses donnent envie de garder la chambre.

& 🅿 ⬦ 🚲 🌐 ℉♨ ♨ - 51 chambres – Prix : €€

8 rue de Richelieu – ☏ *01 55 35 28 00*

GRAND HÔTEL DU PALAIS ROYAL

DESIGN MODERNE Voisin du Palais-Royal, du ministère de la Culture et du Conseil d'État, cet immeuble du début du 18e s. est idéalement situé ! À l'intérieur, de l'élégance mais point de faste : les chambres jouent la sobriété, et l'on profite, des étages supérieurs, d'une vue splendide sur le Paris historique. Hammam, fitness et salon de coiffure.

& 🏊 🅿 ⬦ 🌐 🛏 ℉♨ ♨ ⅱ○ - 68 chambres – Prix : €€€€

4 rue de Valois – ☏ *01 42 96 15 35*

HÔTEL MADAME RÊVE   *Plus*

AVANT-GARDE Le grand édifice haussmannien, encore récemment la Poste du Louvre, renaît après une restauration très approfondie sous la baguette du directeur artistique Laurent Taïeb et de la designer Andrée Putman. Leur travail fait ressortir le hall d'époque postmoderne, ainsi que les chambres et suites contemporaines, parées de tons chauds et décorées d'œuvres d'art sur le thème du courrier. Les plus calmes donnent vers l'intérieur, sur le "sky garden" du restaurant, d'autres admirent les toits et les flèches gothiques de l'église Saint-Eustache. Un petit spa de luxe et deux restaurants, l'un en terrasse côté rue, l'autre en hauteur, sur les toits de la ville.

& 🏊 🅿 ⌂ 🛎 🚲 🌐 🛏 ℉♨ ♨ ⅱ○ - 82 chambres – Prix : €€€€

48 rue du Louvre – ☏ *01 80 40 77 70*

MANDARIN ORIENTAL   *Plus*

CLASSIQUE CONTEMPORAIN Le vaisseau amiral du groupe hongkongais à Paris. Fidèle à ses principes, celui-ci a signé un établissement d'un extrême raffinement, à la croisée de l'élégance française et de la délicatesse orientale. Jeux de lignes, d'espace, de quiétude, etc. Au cœur de la capitale, un palace capital !

& ⬦ 🛎 ⤴ 🌐 🛏 ℉♨ ⅱ○ - 138 chambres – Prix : €€€€

251 rue Saint-Honoré – ☏ *01 70 98 78 88*

❀❀ **Sur Mesure par Thierry Marx** - Voir la sélection des restaurants

PARIS

LE MEURICE

Plus

ÉLÉGANCE TRADITIONNELLE L'un des premiers hôtels de luxe parisiens, né en 1835. Face aux frondaisons du jardin des Tuileries, les lieux sont fastueux, dans un esprit très classique auquel le designer Philippe Starck a su apporter une touche contemporaine. Un spa superbe, un bar très intime : Le Meurice ou l'art du raffinement.

&. 🛏 🅿 🛜 🌐 ✿ 🕭 🍴 - 160 chambres – Prix : €€€€

228 rue de Rivoli – ✆ 01 44 58 10 10

✿✿ **Restaurant Le Meurice Alain Ducasse • Restaurant Le Dalí** - Voir la sélection des restaurants

NOLINSKI

DESIGN MODERNE Entre l'Opéra et la Comédie Française, un hôtel très chic, lieu d'art et de vie à la française, dont l'élégance haussmannienne illumine l'avenue. Marbre de Carrare, mobilier chic, chambres lumineuses : rien n'a été laissé au hasard, jusqu'au splendide spa (hammam, massages, etc.) et la grande piscine couverte.

&. 🛏 🅿 🛜 ⚓ 🌐 ✿ ⛲ 🍴 - 45 chambres – Prix : €€€€

16 avenue de l'Opéra – ✆ 01 42 86 10 10

Nolinski - Voir la sélection des restaurants

LE ROCH

DESIGN MODERNE Un hôtel pensé comme une maison, tel est la philosophie des lieux. Ici, tout repose sur une atmosphère chaleureuse, ainsi que sur un sens de l'accueil chic et décontracté. Déco signée Sarah Lavoine, chambres tout confort : impeccable à tout point de vue.

🛜 ⚓ 🌐 ✿ 🕭 🍴 - 37 chambres – Prix : €€

28 rue Saint-Roch – ✆ 01 70 83 00 00

THÉRÈSE

DESIGN MODERNE Une adresse charmante située dans une petite rue calme, nichée entre le Palais-Royal et l'avenue de l'Opéra. Son décor se révèle très cosy et chic, avec par exemple des pièces de mobilier inspirées des années 1950 et des références néo-industrielles... Les chambres sont douillettes et bien agencées : une réussite !

🅿 🚲 ⛲ - 40 chambres – Prix : €€

5-7 rue Thérèse – ✆ 01 42 96 10 01

Bourse • Sentier

2ᵉ ARRONDISSEMENT

☼ **ACCENTS TABLE BOURSE**

Cheffe : Ayumi Sugiyama

MODERNE • DESIGN "L'accent nous indique l'origine de la personne ; il nous renseigne sur son pays, sa région et son histoire. C'est cette idée d'ouverture et de découverte que je veux défendre, une cuisine faite de rencontres et d'échanges" : ainsi s'exprime Ayumi Sugiyama, patronne japonaise et cheffe pâtissière de ce lieu contemporain d'esprit scandinave. Les assiettes marient recettes classiques (savoureux lièvre à la royale en saison), créations plus audacieuses et travail subtil autour des arômes torréfiés et des saveurs fumées. De bout en bout, équilibre et précision... à l'image des créations sucrées d'Ayumi Sugiyama et des conseils pertinents du sommelier. Service tonique et chaleureux.

&. ⏣ – Prix : €€€

24 rue Feydeau – ⓜ Bourse – ☏ 01 40 39 92 88 – www.accents-restaurant.com – Fermé lundi et dimanche

☼ **ERH**

MODERNE • ÉLÉGANT E, R et H comme Eau, Riz, Hommes : intitulé aussi mystérieux que poétique pour cette table atypique, qui compagnonne avec une boutique de sakés et un bar à whisky. Le chef japonais Keita Kitamura (ancien de chez Pierre Gagnaire, entre autres) concocte une brillante cuisine française savoureuse et japonisante dans ses effets – son saint-pierre, shiso et poutargue en est l'exemple même. Il ne se prive pas de décocher quelques impressionnantes flèches gourmandes, à l'image de cette poitrine de volaille fermière, cuite au binchotan, pulpe d'aubergine. Possibilité d'opter pour les accords mets et sakés. Le client découvre une étonnante salle à manger contemporaine sous une grande verrière, assorti d'un long comptoir devant la cuisine ouverte, où, comme au Japon, officie le chef nippon. Un seul menu au déjeuner et au dîner.

⏣ – Prix : €€€€

11 rue Tiquetonne – ⓜ Étienne Marcel – ☏ 01 45 08 49 37 – www.restaurant-erh. com – Fermé lundi, dimanche et du mardi au jeudi à midi

☼ **FLEUR DE PAVÉ**

Chef : Sylvain Sendra

CRÉATIVE • TENDANCE Vous avez aimé Itinéraires ? Vous adorerez Fleur de Pavé, un resto bien d'aujourd'hui où le chef Sylvain Sendra continue son exploration culinaire, avec la même fougue et le même panache que dans sa précédente adresse. Il trousse des assiettes modernes et voyageuses, faussement brutes dans le dressage, avec des produits de superbe qualité – et en particulier les légumes très exclusifs de chez Asafumi Yamashita. Voici un chef qui n'essaie pas d'étourdir par sa technique, mais plutôt à mettre l'accent sur les saveurs et à se montrer fidèle à l'énoncé de ses plats – qu'il en soit remercié.

⅏ ⏣ ⇳ – Prix : €€€

5 rue Paul-Lelong – ⓜ Sentier – ☏ 01 40 26 38 87 – www.fleurdepave. com – Fermé dimanche

☼ **FRENCHIE**

Chef : Grégory Marchand

MODERNE • CONVIVIAL Drôlement Frenchy , le chef Grégory Marchand, qui a fait ses classes dans plusieurs grandes tables anglo-saxonnes (Gramercy Tavern à New York, Fifteen – par Jamie Oliver – à Londres, Mandarin Oriental à Hong Kong...). Il a aujourd'hui pris ses quartiers rue du Nil, dans ce restaurant de poche, au cœur du Sentier : la petite salle (briques, poutres, pierres apparentes, vue sur les fourneaux) ne désemplit pas, les stars s'y pressent, le murmure des gourmandises ouvre l'appétit. La "faute" à sa cuisine, qui partage tout du goût international contemporain, avec des associations de saveurs originales, centrées sur le produit, et des accords mets et vins judicieux. Très bonne ambiance entre cuisine et salle, personnel jeune, impliqué, preuve que l'on peut faire de la gastronomie "fun" et décontractée et rester très professionnel. Un succès largement mérité.

🅰🅒 – Prix : €€€€

5 rue du Nil – 🚇 Sentier – 📞 01 40 39 96 19 – www.frenchie-restaurant.com – Fermé samedi, dimanche et du lundi au vendredi à midi

❁ PANTAGRUEL

Chef : Jason Gouzy

MODERNE • COSY À l'instar du personnage éternel créé par Rabelais, le chef Jason Gouzy, un rémois trentenaire, est généreux – une générosité qu'il teinte d'une belle finesse, celle qu'il a apprise à l'école Ferrandi puis qui s'est exprimée progressivement à l'Assiette champenoise, au Bristol et au Baudelaire (hôtel Burgundy). Il s'est concocté avec l'aide d'une créatrice de mode un sobre cocon gourmand, à la fois bourgeois et romantique, au cœur du Sentier. Derrière la large baie vitrée de sa cuisine, le chef montre tout l'éventail de son savoir-faire au travers de plats déclinés en petites assiettes satellites – du jeu sur les textures aux associations terre-mer, en passant par le fumé et les condiments, à l'image de cette betterave fumée et sardine, ou de ce homard bleu en 3 déclinaisons.

♿ 🅰🅒 – Prix : €€€

24 rue du Sentier – 🚇 Sentier – 📞 01 73 74 77 28 – www.restaurant-pantagruel. com – Fermé samedi et dimanche

❁ PUR' - JEAN-FRANÇOIS ROUQUETTE

CRÉATIVE • ÉLÉGANT Deux restaurants contemporains au Park Hyatt : le Café Jeanne à l'heure du déjeuner et Pur', plus feutré, pour un bien agréable dîner. Ce dernier est évidemment à l'image de l'hôtel de la rue de la Paix, où luxe signifie raffinement, modernité et discrétion. Confiée à l'imagination d'Ed Tuttle, la décoration crée une atmosphère à la fois confortable et confidentielle, avec seulement 35 couverts. Tout est pensé dans les moindres détails : les harmonies de couleurs, l'éclairage jusqu'à l'espace lui-même – vaste rotonde surmontée d'une coupole et cerclée d'une colonnade. Jean-François Rouquette (Taillevent, le Crillon, la Cantine des Gourmets, les Muses) trouve ici un lieu à sa mesure pour exprimer la grande maîtrise de son talent. Sa cuisine, créative et inspirée, accorde avec finesse d'excellents produits. Un "pur" plaisir !

♿ 🅰🅒 🍽 – Prix : €€€€

Park Hyatt Paris-Vendôme, 5 rue de la Paix – 🚇 Opéra – 📞 01 58 71 10 60 – www. paris-restaurant-pur.fr – Fermé lundi, dimanche et du mardi au samedi à midi

❁ SHABOUR

Chef : Assaf Granit

CRÉATIVE • TENDANCE Derrière Shabour, on trouve Assaf Granit, chef israélien médiatique : déjà propriétaire d'une douzaine de restaurants à Jérusalem, Londres et Paris, il anime également la version locale de Cauchemar en cuisine. Il a jeté son dévolu sur un immeuble du 17e s dans un quartier animé, entre les rues Saint-Denis et Montorgueil. On retrouve ici ses marques de fabrique : ambiance débridée, déco brute émaillée notamment de gaines techniques métalliques au plafond, lumières tamisées... et surtout cette cuisine créative aux influences méditerranéennes, généreuse et surprenante, qui emporte tout par sa fraîcheur à l'image de ces carottes, œuf mollet, écume de tahini, œufs de saumon et tzimmes, de ce rouget snacké dans l'idée d'une bouillabaisse orientale ou encore de ce gâteau de semoule à la fleur d'oranger et crème anglaise à la citrouille.

🅰🅒 – Prix : €€€€

19 rue Saint-Sauveur – 🚇 Réaumur - Sébastopol – 📞 06 95 16 32 87 – www. restaurantshabour.com – Fermé dimanche et lundi midi

☸ SUSHI B

JAPONAISE • ÉPURÉ Aux abords du très agréable square Louvois, ce restaurant de poche (8 places seulement) mérite que l'on s'y attarde. Son cadre, tout d'abord, est zen et dépouillé – fauteuils en tissus, comptoir élégant, verreries fines, serviettes en coton blanc, baguettes d'une belle finesse... Le marbre est omniprésent jusque dans les toilettes – japonaises, évidemment ! Mais on vient surtout ici pour constater par soi-même le grand talent du chef : en excellent artisan, il ne travaille que des produits de qualité et de première fraîcheur, avec une précision chirurgicale. Il faut voir, par exemple, la qualité d'exécution de ses sushis et makis, dont les saveurs cavalent en bouche, sans jamais d'excès de soja ou de wasabi : le sens de la mesure personnifié. Les autres plats sont équilibrés, les textures complémentaires. Une adresse fort agréable.

🍴 – Prix : €€€€

5 rue Rameau – 🚇 *Bourse –* 📞 *01 40 26 52 87 – www.sushi-b-fr.com – Fermé lundi et mardi*

⊛ ADAR 🆕

MOYEN-ORIENTALE • BISTRO Remplies de bocaux de conserves et d'épices, les étagères de ce bistrot de poche du Passage des Panoramas donnent le ton ! Entre Moyen-Orient et Occident, cette adresse est le fief du chef Tamir Nahmias, israélien formé à l'institut Paul Bocuse, puis chez Frenchie et l'Astrance. Dans un univers qui évoque celui de Yottam Ottolenghi, les petites assiettes marient influences moyennes-orientales et techniques françaises. Au sein d'une carte aussi courte que fraîche, les épices ont évidemment le beau rôle comme sur ce fatayer libanais à l'agneau, ou ce muhammara.

Prix : €€

49 passage des Panoramas – 🚇 *Richelieu-Drouot –* 📞 *06 64 49 18 68 – adar-paris.com – Fermé samedi et dimanche, et du lundi au mercredi soir*

⊛ DUNE 🆕

TUNISIENNE • MÉDITERRANÉEN Après Plume, le chef Youssef Gastli ouvre une petite table où il célèbre les goûts et les couleurs de sa Tunisie natale et de la Méditerranée. Cette cuisine sent bon le Sud et les épices - entre clin d'œil à la street food avec les pitza (contraction de pita et de pizza) et plat de grand-mère à l'image de son agneau à la Gargoulette en cuisson longue. La convivialité est de rigueur grâce à des plats à partager, dont les portions vont de l'entrée généreuse jusqu'au copieux plat en terre cuite pour plusieurs convives. La carte, régulièrement rafraîchie, est divisée en plusieurs sections (mer, terre, végétal, pitza et desserts). Uniquement des vins du pourtour méditerranéen.

🍴 – Prix : €€

35 rue des Jeûneurs – 🚇 *Bourse –* 📞 *01 83 64 00 13 – www.dune.paris – Fermé lundi, dimanche et samedi midi*

⊛ SPOON

DU MONDE • DESIGN À l'entresol du Palais Brongniart, on spécule avec gourmandise sur les épices – tamarin, gingembre, coriandre, safran... Les plats du chef tracent leur route aromatique du Maghreb à l'Inde, en passant par le Moyen-Orient : pois chiche Doha au citron caviar ; sériole, feuilles de curry et lait de coco ; pastilla Fès aux fruits sec, cannelle et badiane.

🍴 🍷 ♿ 🎐 – Prix : €€

25 place de la Bourse – 🚇 *Bourse –* 📞 *01 83 92 20 30 – www.spoon-restaurant. com – Fermé dimanche soir*

L'APIBO

MODERNE • BISTRO Dans son petit bistrot du quartier Montorgueil (esprit feutré, parquet en chêne, pierre apparente), le chef Antony Boucher, au solide CV, signe une belle cuisine de produits, originale et délicate. Il est réputé pour ses deux classiques que sont le filet de bar, riz noir et sauce paprika et le cochon confit huit heures et sa mousseline de patate douce. Le service gentiment impertinent (et très pro) évoque l'esprit canaille qui flottait naguère sur les Halles...

🅰️🍷 – Prix : €€

31 rue Tiquetonne – ◎ Étienne Marcel – ℰ 01 55 34 94 50 – www.restaurant-lapibo.fr – Fermé lundi, dimanche et samedi midi

AUX LYONNAIS

LYONNAISE • BISTRO Dans ce bistrot fondé en 1890, au cadre délicieusement rétro, on se régale d'une savoureuse cuisine qui explore la gastronomie lyonnaise. Ainsi les terrines, quenelles de sandre aux écrevisses, ou le gâteau de foie blond disputent la part belle aux suggestions à l'ardoise et aux desserts convoquant la gourmandise.

🅰️ ⇔ – Prix : €€

32 rue Saint-Marc – ◎ Richelieu - Drouot – ℰ 01 42 96 65 04 – www.auxlyonnais. com – Fermé lundi et mardi, et dimanche soir

LA BOURSE ET LA VIE

TRADITIONNELLE • BISTRO Ce bistrot tenu par un chef américain connaît un franc succès. Sa recette ? Des plats biens français, sagement revisités par le maître des lieux, des produits de qualité et des saveurs ô combien plaisantes...

Prix : €€

12 rue Vivienne – ◎ Bourse – ℰ 01 42 60 08 83 – www.labourselavie.com – Fermé samedi et dimanche

CAFÉ COMPAGNON

MODERNE • BRANCHÉ Après Richer et 52 Faubourg, le restaurateur, sommelier et torréfacteur Charles Compagnon frappe encore ! Ce café ouvert en continu propose une carte variée, allant des grignotages à partager jusqu'aux glaces maison, le tout dans un esprit de cuisine bistrot moderne, originale et bien faite : entrée tout en fraîcheur, échine de cochon canaille. Une vraie comfort food, à déguster sans modération.

♿🅰️ – Prix : €€

22-26 rue Léopold-Bellan – ◎ Sentier – ℰ 09 77 09 62 24 – groupe-compagnon. com/pages/cafe-compagnon

CAFFÈ STERN

ITALIENNE • ÉLÉGANT Dans le passage des Panoramas, l'ancien atelier de gravure Stern a été reconverti en trattoria chic, sans rien perdre de son cachet de l'époque. À la carte, on trouve une cuisine italienne bien troussée et volontiers originale : risotto de saison ; pintade rôtie au marsala ; involtini de langoustines ; glace à la pistache "Stern"...

🅰️ ⇔ – Prix : €€

47 passage des Panoramas – ◎ Grands Boulevards – ℰ 01 75 43 63 10 – alajmo. it/fr/pages/homepage-caffe-stern – Fermé lundi et dimanche

DROUANT

TRADITIONNELLE • ÉLÉGANT Un lieu mythique et bien vivant que cette brasserie chic intemporelle où l'on décerne le prix Goncourt depuis 1914 et le Renaudot depuis 1926 ! Plus récemment, nouveau décor, et nouveau chef : Romain Van Thienen, qui, fort de son savoir-faire (passé par les cuisines de Cyril Lignac et celles de l'Allénotheque de Yannick Alléno, s'applique à continuer dans la même lignée en exécutant des grands classiques de la cuisine française tels que le vol-au-vent, la sole meunière, ou encore la fameuse madeleine de Proust...

🏵️🅰️🍷⇔🍽️ – Prix : €€€

16-18 place Gaillon – ◎ Quatre-Septembre – ℰ 01 42 65 15 16 – drouant.com

ITACOA

MODERNE • CONVIVIAL Itacoa, c'est le nom d'une plage brésilienne, sauvage et somptueuse, non loin de laquelle a grandi Rafael Gomes. Le jeune chef, vainqueur du Master chef brésilien, compose ici une cuisine du marché décomplexée, avec de nombreux hommages à ses voyages, une vraie cuisine globe-trotteuse ; quelques clins d'œils au Brésil ou à l'Amérique du Sud, sur certains plats (tacos, casquinha) ; le tout dans le respect des saisons, en partenariat avec des petits producteurs triés sur le volet.

Prix : €€

185 rue Saint-Denis – ⓜ Réaumur - Sébastopol – ℰ 09 50 48 35 78 – www. itacoa.paris – Fermé lundi, mardi midi et dimanche soir

JÒIA PAR HÉLÈNE DARROZE

DU SUD-OUEST • **CONTEMPORAIN** La table d'Hélène Darroze puise dans la mémoire de son Sud-Ouest natal, avec de jolis clins d'oeil aux Landes, au Pays Basque et au Béarn. Des saveurs marquées pour des plats incontournables (chipirons de Saint-Jean de Luz poêlés au chorizo, riz Carnaroli à l'encre de seiche, persil et émulsion de parmesan), à dévorer seul ou à partager, et des desserts qui éveillent la gourmandise (chou chocolat au piment d'Espelette, praliné cacahuète).

✧ – Prix : €€€

39 rue des Jeûneurs – ⓜ Grands Boulevards – ℰ 01 40 20 06 06 – www. joiahelenedarroze.com – Fermé lundi et dimanche soir

LIZA

LIBANAISE • **TENDANCE** Originaire de Beyrouth, Liza Asseily met ici la cuisine de son pays à l'honneur. Dans un décor contemporain parsemé de touches orientales, on opte pour un chich taouk, ou pour un kafta méchouiyé (agneau, houmous et tomates confites)... Le soir, les menus dégustation sont servis à la libanaise, c'est à dire avec une générosité proverbiale : un régal !

ⒶⒸ – Prix : €€

14 rue de la Banque – ⓜ Bourse – ℰ 01 55 35 00 66 – www.restaurant-liza.com – Fermé lundi, samedi midi et dimanche soir

MARCORE

MODERNE • **COSY** Marcore se réinvente en bar bistronomique ! Dans ce nouvel univers chic et détendu, le chef Marc Favier, toujours attaché aux bons produits, propose un menu déjeuner à prix doux, ainsi qu'une courte carte alléchante : œuf bio et girolles au vin jaune, faux-filet de bœuf Black Angus et sauce béarnaise, mousse tiède chocolat-praliné et glace vanille...

ⒶⒸ – Prix : €€

1 rue des Panoramas – ⓜ Bourse – ℰ 01 45 08 00 08 – www.marcore-paris. com – Fermé samedi, dimanche et du lundi au vendredi à midi

MORI VENICE BAR

ITALIENNE • **ÉLÉGANT** Installez-vous face à la Bourse ou au comptoir pour savourer les grandes spécialités de la cuisine vénitienne, et du nord-est de l'Italie. Le décor, signé Starck, évoque le raffinement vénitien. Massimo Mori, patron du restaurant étoilé Armani, choisit les produits, avec une attention portée au terroir : araignée de mer, délicieux risotto à la cuisson impeccable, foie de veau et jusqu'aux délicieuses glaces à agrémenter de noisettes du Piémont !

⅏ ♿ ⒶⒸ ⌂ – Prix : €€€

27 rue Vivienne – ⓜ Bourse – ℰ 01 44 55 51 55 – www.mori-venicebar.com – Fermé dimanche et samedi midi

L'OSEILLE

TRADITIONNELLE • **BISTRO** Pour l'allure, c'est le bistrot chic dans toute sa splendeur, avec comptoir, cave vitrée, chaises en bois et banquettes de rigueur. Dans l'assiette, le chef fait défiler les saisons sous la forme d'une carte courte, avec petites entrées à partager, et de généreux plats et desserts. Gourmandise et simplicité sont les maîtres-mots de cette adresse.

  ♿ 🅰 – Prix : €€

*3 rue Saint-Augustin – 🚇 Bourse – ✆ 01 45 08 13 76 – www.loseille-bourse.com –
Fermé lundi et dimanche*

RACINES

ITALIENNE • BISTRO Simone Tondo, jeune chef d'origine sarde, pilote ce bis-
trot-cave de charme qu'il a judicieusement transformé en "osteria" à l'ancienne.
Cuisine bien ancrée dans le terroir transalpin. Libre cours à la créativité du chef
avec un menu carte blanche, ou une ardoise du jour présentant un choix de recettes
italiennes sans chichi et aux saveurs franches, confectionnées avec soin à partir de
produits bien choisis : vitello tonnato, polpette al sugo, ravioli di ricotta, épinards
et encornets...

⚚ – Prix : €€

*8 passage des Panoramas – 🚇 Grands Boulevards – ✆ 01 40 13 06 41 –
racinesparis.com*

RESTAURANT DES GRANDS BOULEVARDS

ITALIENNE • CONTEMPORAIN Sous la verrière centrale de l'hôtel, une déco
moderne et tendance, un accueil chaleureux... et des saveurs franco-italiennes,
sous la direction du chef Giovanni Passerini. La carte courte est une leçon de simplicité et de gourmandise, en témoignent les paccheri à la lotte et poutargue ou
le carré d'agneau cuit au Josper, oignons de Roscoff, oeuf mollet, coques et jus
d'agneau. Belle carte des vins, étoffée et pointue.

≃ ♿ 🅰 ⚚ – Prix : €€

*17 boulevard Poissonnière – 🚇 Grands Boulevards – ✆ 01 85 73 33 32 – www.
grandsboulevardshotel.com*

TEKÉS 🔘

ISRAÉLIENNE • CONVIVIAL "Tekés", qui signifie cérémonie en hébreux, est le
nouveau restaurant d'Assaf Granit. À sa tête, la cheffe Cécile Lévy, formée en France
et passée par de bonnes tables israéliennes. Elle mitonne une cuisine moyen-
orientale et végétarienne (mais pas végane) sous forme de plats à partager. Entre
tradition levantine et street-food, ses recettes sont riches et généreuses, pleines
d'épices et intenses en saveur. Grand comptoir devant la cuisine ouverte ou grande
terrasse patio à l'arrière. L'ambiance aussi est épicée, musicale et festive.

☗ – Prix : €€

*4 bis rue Saint-Sauveur – 🚇 Réaumur - Sébastopol – ✆ 07 81 42 54 74 – www.
tekesrestaurant.com – Fermé dimanche midi*

🛏 BACHAUMONT   *Plus*

DESIGN MODERNE Idéalement situé entre la rue Montmartre et la rue Montorgueil,
cet hôtel typiquement parisien du début du 20ᵉ s., un temps transformé en clinique,
renaît avec élégance (porche en verre et fer forgé, couloir en marbre etc.). Les
chambres, contemporaines, sont confortables. Petit fitness au sous-sol.

♿ 🅿 - 49 chambres – Prix : €€

18 rue Bachaumont – ✆ 01 81 66 47 00

🛏 EDGAR & ACHILLE   *Plus*

AVANT-GARDE Dans une ancienne usine textile cet hôtel décalé-chic prend des
airs d'installation arty grandeur nature, avec petit-déjeuner de compétition et vélos
à disposition pour une balade alentour. Chaque chambre a été confiée à un créateur
différent, qui a donné libre cours à son talent.

♿ - 45 chambres – Prix : €

1 rue Sainte-Foy – ✆ 01 40 41 05 19

🛏 HÔTEL DES GRANDS BOULEVARDS

DESIGN MODERNE Dans ce quartier animé, l'hôtel est installé dans un immeuble
dont l'histoire remonte au 18ᵉ s. On retrouve cette identité dans les chambres,
coquettes et originales, qui donnent sur la cour intérieure ou le boulevard.

⓲ ⚵ ⅰ○ - 50 chambres – Prix : €€€
17 boulevard Poissonnière – ℗ *01 85 73 33 33*
Restaurant des Grands Boulevards - Voir la sélection des restaurants

HÔTEL DU SENTIER   *Plus*

DESIGN MODERNE En plein Paris, ce bâtiment au décor égyptien, sur la bien nommée Place du Caire, propose 30 chambres spacieuses et ensoleillées dont le design éclectique balaie toutes les époques, des Pharaons au modernisme du 20e s. Le bistrot de l'hôtel attire autant les locaux que les visiteurs.

⚵ ⅰ○ - 30 chambres – Prix : €€€
2 place du Caire – ℗ *01 86 54 12 12*

THE HOXTON   *Plus*

AVANT-GARDE Près des Grands Boulevards, cet ancien hôtel particulier abrite une adresse tendance, fort prisé des bobos, startupers et fashionistas. Les chambres, décorées dans l'esprit des années 50, proposent confort et élégance. A l'étage, un bar cosy ouvert en soirée.

🔔 ⚵ ⅰ○ - 172 chambres – Prix : €€€€
30-32 rue du Sentier – ℗ *01 85 65 75 00*

KIMPTON ST-HONORÉ   *Plus*

DESIGN MODERNE L'édifice Art Nouveau qui accueille cet hôtel se distingue par ses détails turquoise, cuivre et or. À l'intérieur, il a été (respectueusement) remis au goût du jour par le designer parisien Charles Zana : à la fois déco et moderne, pour un résultat élégant sans être sévère. Les chambres et les suites représentent une version idéalisée d'un appartement parisien. Un spa et une piscine intérieure tout en mosaïques.

P 🔔 ⚵ ⅰ○ - 149 chambres – Prix : €€€
25-29 boulevard des Capucines – ℗ *01 80 40 76 10*

Le Haut Marais • Temple

❀ **ANNE**

ACTUELLE • LUXE Le Pavillon de la Reine, magnifique demeure de la place des Vosges, rend hommage à Anne d'Autriche, reine de France et épouse de Louis XIII, qui a vécu dans ces murs. Au restaurant, supervisé par Mathieu Pacaud, le chef revisite les classiques avec intelligence et un talent certain. Les saveurs sont au rendez-vous, les produits sont irréprochables... On passe un excellent moment, que ce soit dans le cadre intimiste et romantique du salon bibliothèque ou sur la superbe cour-jardin verdoyante, aux beaux jours.

⇦&🅰️🏠🖃 – Prix : €€€€

28 place des Vosges – ⓜ Bastille – ℰ 01 40 29 19 19 – www.pavillon-de-la-reine. com/restaurant-bar – Fermé lundi et mardi, et dimanche soir

❀ **AUBERGE NICOLAS FLAMEL**

MODERNE • CONTEMPORAIN Nicolas Flamel, bourgeois fortuné et ancien propriétaire de cette maison, la plus vieille de Paris (1407), était-il alchimiste ? Si les historiens en débattent encore, les gourmets ont tranché à propos du chef Grégory Garimbay : ce cuisinier au CV en béton (Sylvestre Wahid, Alain Ducasse au Plaza Athénée) transforme bien les produits en or. Gelée de courgettes et mûres ; tomates de plein champs, ricotta fumée, sorbet de tomate Green Zébra ; homard bleu de Bretagne, petits pois, jus de crustacés : le nouveau maître queux de cette vénérable demeure signe là une cuisine actuelle parfaitement équilibrée, délicatement parfumée et intelligemment composée, sans fioriture et parfois originale, à l'image de cette tartelette au chocolat et girolles. Un véritable alchimiste !

✿ – Prix : €€€€

51 rue de Montmorency – ⓜ Rambuteau – ℰ 01 42 71 77 78 – www.auberge. nicolasflamel.fr – Fermé samedi et dimanche

❀ **OGATA**

JAPONAISE • DESIGN Ogata, c'est un peu la seconde ambassade du Japon à Paris : un temple dédié à l'art de vivre nippon, installé dans un hôtel particulier du Marais, signé du designer Shinichiro Ogata, véritable esthète contemporain. La cuisine japonaise, plutôt traditionnelle, s'inscrit dans l'esprit omakase, un menu dégustation composé de produits saisonniers irréprochables. Il est à l'image du restaurant, tout en finesse, élégance et raffinement. Ce jour-là, les entrées (fraîcheur d'épinard, asperges rôties, seiche frite, sashimi de chinchard, etc...) étaient remarquables, tout comme la tamago yaki, une omelette roulée aux parfums subtils. Les meilleures places se trouvent au comptoir. Un authentique voyage à poursuivre à travers la boutique ou la galerie d'art...

🅰️ ✿ – Prix : €€€€

16 rue Debelleyme – ⓜ Filles du Calvaire – ℰ 01 80 97 76 80 – www.ogata.com/ paris/restaurant – Fermé lundi et mardi

ANAHI

SUD-AMÉRICAINE • BISTRO Ce restaurant de poche au cadre délicieux était dans les années 1920 une boucherie-charcuterie dans les années 1920, comme en témoignent l'élégant plafond en verre peint et les faïences d'époque. Aujourd'hui, le chef Mauro Colagreco veille désormais sur la carte où l'on retrouve des plats argentins de son enfance, des viandes cuites à la braise et autres délices sud-américains. Le tout sur fond de musique latino et éclairé à la bougie.

Prix : €€€€

49 rue Volta – ⓜ Temple – ℰ 01 83 81 38 00 – www.anahi-paris.com – Fermé lundi, dimanche et du mardi au samedi à midi

BISTROT INSTINCT

MODERNE • CONTEMPORAIN Un bistrot de poche contemporain tenu par le chef Maximilian Wollek et sa jeune équipe motivée. Au menu, une cuisine du marché et des grands classiques modernisés, dans un esprit bistronomique. À vous de suivre votre instinct, mais on vous conseille la souris d'agneau confite, lentilles vertes du Puy, citron confit et grenade... fondante à souhait. Ici, tout est fait maison, jusqu'aux sirops utilisés pour des cocktails originaux.

🍽 – Prix : €€

19 rue de Picardie – Ⓜ Filles du Calvaire – ℰ 01 42 78 93 06 – instinct-paris.com/bistrot – Fermé lundi, dimanche et mardi midi

DESSANCE

MODERNE • CONTEMPORAIN Logé dans un hôtel particulier du Marais, cette adresse cultive la nature, autant dans le décor (chêne omniprésent, plantes vertes) que dans les assiettes avec l'arrivée d'un nouveau chef. Au choix, deux menus « carte blanche », l'un résolument végétal, l'autre à l'esprit terre-mer.

✿ – Prix : €€€

74 rue des Archives – Ⓜ Arts et Métiers – ℰ 01 42 77 23 62 – www.dessance. com – Fermé lundi, dimanche et du mardi au samedi à midi

ELMER

MODERNE • BRANCHÉ Tout près de République, on aime cette table chic où officie Simon Horwitz, jeune chef au riche parcours (Oustau de Baumanière, Pierre Gagnaire, voyages en Asie et en Amérique latine). Il compose une partition savoureuse et pleine de mordant, avec notamment de belles viandes cuites à la braise ou en rôtissoire.

♿ 🅰 ✿ – Prix : €€€

30 rue Notre-Dame-de-Nazareth – Ⓜ Temple – ℰ 01 43 56 22 95 – www.elmer-restaurant.fr – Fermé lundi, dimanche et samedi midi

LES ENFANTS ROUGES

DU MARCHÉ • BISTRO À l'origine, un chef d'origine japonaise, ayant fait son apprentissage chez Yves Camdeborde et Stéphane Jégo. À l'arrivée, un beau bistrot parisien proposant une savoureuse cuisine du marché à la française. Terrine d'agneau des Pyrénées, ravioli de citrouille à la noisette, cheesecake façon San Sébastien, etc... Et cerise sur le gâteau, c'est ouvert le week-end.

Prix : €€€

9 rue de Beauce – Ⓜ Filles du Calvaire – ℰ 01 48 87 80 61 – les-enfants-rouges-paris.fr/fr – Fermé mardi, mercredi et jeudi midi

ISTR

MODERNE • CONTEMPORAIN Terrasse jeune et bondée, musique à fond, ambiance et décor branchés (gaines techniques au plafond, tables hautes, comptoir-bar...) pour ce resto bar à cocktails et à huîtres, inspiré des modèles new-yorkais mais... mâtiné d'influences bretonnes ! La carte fait la part belle aux produits de la mer et s'égaille de touches contemporaines - le tout à partir de produits frais.

Prix : €€

41 rue Notre-Dame-de-Nazareth – Ⓜ Temple – ℰ 01 43 56 81 25 – www.istr. paris – Fermé samedi et dimanche à midi

L'OYAT Ⓝ

MODERNE • CONTEMPORAIN Même à deux pas de la place de la République, un chef ch'ti originaire de Dunkerque comme Jérémy Sergeant continue de penser aux grandes plages de son Nord natal où pousse...l'oyat, petite plante capable de fixer le sable des dunes. En cuisine, il n'a rien oublié de ses expériences précédentes : le produit est frais, la veine moderne et légère, le jus goûteux et le tout est nappé de sincérité. Le soir, la carte s'embourgeoise gentiment avec des produits plus nobles. Ambiance cosy et contemporaine.

Prix : €€

11 rue Notre-Dame-de-Nazareth – **M** *République –* 𝄚 *01 42 72 51 77 –*
restaurantloyat.com – Fermé lundi et dimanche

LE MAZENAY

DU MARCHÉ • **BISTRO** Ici, l'accent est mis sur la belle cuisson, le bon jus et le beau produit. Pas de tintamarre inutile quand on se régale d'escargots sauvages aux herbes ou d'une poulette fermière pochée. Mais le chef n'a qu'une hâte : que commence la saison du gibier ! Grouse d'Écosse rôtie, lièvre à la royale... Une adresse pour bons vivants.

& 🅰🅒 – Prix : €€

46 rue de Montmorency – **M** *Rambuteau –* 𝄚 *06 42 83 79 52 – www.lemazenay.
com – Fermé lundi, samedi et dimanche*

PARCELLES

TRADITIONNELLE • **BISTRO** Atmosphère, atmosphère ! Dans une ruelle entre Arts et Métiers et Beaubourg, voici un bistrot de 1936 sorti tout droit du Minuit à Paris de Woody Allen : mobilier typique, murs en pierres nues ou beige, sol en mosaïque rétro, plafond doré, comptoir bois et cuivre. Mais la cuisine est loin d'être en carton pâte comme l'atteste la terrine de campagne, le cochon et sa polenta crémeuse à l'ail ou encore sa tarte au chocolat noir. Du tout bon pour une adresse qui fait un carton (essayez de réserver...).

🕮 : – Prix : €€

13 rue Chapon – **M** *Arts et Métiers –* 𝄚 *01 43 37 91 64 – www.parcelles-paris.fr –
Fermé dimanche et samedi soir*

PASTIFICIO NORMA

ITALIENNE • **TRATTORIA** Entre la place de la République et Arts et Métiers, cette trattoria s'est spécialisée dans les recettes de Sicile, en offrant notamment avec un bon choix de pâtes maison, à base d'un mélange de farines de blés durs siciliens : paccheri, bucatini, gnocchi, casarecce, mais aussi mezzelune et raviolis. Les cuissons tombent juste, les sauces ont du goût, les portions sont plutôt généreuses. Avanti !

🞧 – Prix : €€

75 rue de Turbigo – **M** *Temple –* 𝄚 *01 77 32 67 82 – www.pastificionorma.fr*

TERRA

ACTUELLE • **ÉLÉGANT** Un long couloir mène à ce restaurant aménagé sous une verrière nichée dans la cour d'un vieil immeuble parisien, entre jardin d'hiver et esprit néo-industriel. Le chef cuisine avec franchise et efficacité des produits sélectionnés avec soin : œuf miroir, champignons en persillade ; agneau de Lozère au barbecue. Les plats principaux (entrecôte...) sont à partager.

& 🅰🅒 – Prix : €€

21 rue des Gravilliers – **M** *Arts et Métiers –* 𝄚 *01 45 30 02 58 – www.terraparis.
fr – Fermé lundi, dimanche et du mardi au samedi à midi*

🛏 ## LES BAINS

AVANT-GARDE Tel le phénix, les Bains renaissent toujours. Ils prennent aujourd'hui la forme d'un hôtel de caractère, mêlant habilement les styles (contemporain, design, Art déco) jusque dans les chambres, confortables et bien insonorisées. On profite aussi d'un bar à cocktails, de salons privés et... d'un club avec piscine !

🛁 🅿 🔔 🚲 ⚒ 🆙 👻 🍽 - 39 chambres – Prix : €€

7 rue du Bourg-l'Abbé – 𝄚 *01 42 77 07 07*

🛏 ## HÔTEL NATIONAL DES ARTS ET MÉTIERS   *Plus*

CLASSIQUE CONTEMPORAIN Haussmannien au-dehors, contemporain à l'intérieur, l'Hôtel National des Arts et Métiers affirme son caractère spécifique, inspiré de la célèbre école d'ingénieurs voisine. Les chambres aux murs en béton texturé,

PARIS

couleurs sombres et œuvres d'art sont équipées de salles de bains en terrazzo, certaines avec balcons, et le penthouse ajoute une kitchenette, une salle à manger et une terrasse privée. Parmi les commodités, un petit spa et un centre de remise en forme, une élégante trattoria et deux bars.

🍃 ⏣ 𝕃𝕒 ⏸ - 64 chambres – Prix : €€€
243 rue Saint-Martin – ☎ 01 81 66 47 10

LE PAVILLON DE LA REINE

ÉLÉGANCE TRADITIONNELLE L'élégance du Paris historique, tout en noble discrétion. Passé les voûtes de la place des Vosges, première illumination à la vision de la belle cour verdoyante. Et le ravissement continue avec les chambres, feutrées et raffinées. Le luxe sans ostentation !

🅿 🍃 ⇆ 🚲 💮 🛜 𝕃𝕒 ⏸ - 56 chambres – Prix : €€€
28 place des Vosges – ☎ 01 40 29 19 19
❀ **Anne** - Voir la sélection des restaurants

LE PETIT MOULIN

DESIGN MODERNE Christian Lacroix a imaginé le décor "couleur du temps" de cet hôtel du Marais. C'est inédit, raffiné et chaleureux, entre tradition et modernité. Baignoires à pieds, tons flashy : chaque chambre est une création originale !

♿ 🅿 🍃 ⏣ 🚲 💮 ⏸ - 17 chambres – Prix : €€
29-31 rue de Poitou – ☎ 01 42 74 10 10

SINNER

AVANT-GARDE On entre dans cet hôtel de luxe comme en religion : son nom signifie en effet « pécheur ». Ambiance gothique, concept-store dans une crypte, business-corner dans un confessionnal, bénitier dans les chambres : un concept détonnant en plein cœur du Marais. Changement radical d'ambiance avec le restaurant, festif et coloré.

🅿 ⏣ 🌊 💮 🛜 ⏸ - 43 chambres – Prix : €€€€
116 rue du Temple – ☎ 01 42 72 20 00

PARIS

Île de la Cité • Île St-Louis • Le Marais • Beaubourg

4ᵉ ARRONDISSEMENT

🌸🌸🌸 L'AMBROISIE

Chef : Bernard Pacaud

CLASSIQUE • LUXE Comment raconter les créations de Bernard Pacaud, dont les qualités culinaires n'ont d'égales que la modestie ? Ce chef est un taiseux : ça tombe bien, sa cuisine parle pour lui. Souverain, il occupe une demeure quasi florentine de la place des Vosges, décorée de miroirs anciens, immense tapisserie, sol en marbre blanc et noir, ainsi que d'étonnants panneaux muraux contemporains éclairés par des diodes rouges. Imperméable aux modes, intraitable sur l'excellence des produits, il poursuit son sillon en artisan pointilleux ; dans ses assiettes, simples en apparence, chaque élément est posé avec certitude. Il suffit de se laisser emporter : fricassée de homard sauce civet et mousseline Saint-Germain ; Saint-Jacques aux poireaux, pomme de terre et truffe ; tarte fine sablée au cacao amer et glace vanille...

🅰🅲 – Prix : €€€€

9 place des Vosges – 🚇 *Saint-Paul –* 📞 *01 42 78 51 45 – www.ambroisie-paris. com – Fermé lundi et dimanche*

🌸 BENOIT

CLASSIQUE • BISTRO Pour retrouver l'atmosphère d'un vrai bistrot parisien, poussez donc la porte du 20, rue St-Martin. C'est ici, en plein cœur de Paris, que l'enseigne vit le jour dès 1912, du temps des Halles populaires. À l'origine bouchon lyonnais, le bistrot est resté dans la famille Petit pendant trois générations, lesquelles ont façonné et entretenu son charme si désuet. Belle Époque, plus exactement : boiseries, cuivres, miroirs, banquettes en velours, tables serrées les unes contre les autres... Chaque élément, jusqu'aux assiettes siglées d'un "B", participe au cachet de la maison. Rien à voir avec les ersatz de bistrots à la mode ! Et si l'affaire a été cédée au groupe Ducasse (2005), elle a préservé son âme. Traditionnelles à souhait, les recettes allient produits du terroir, justesse des cuissons et générosité. Les habitués le savent bien : "Chez toi, Benoît, on boit, festoie en rois." Surtout si l'on pense aux plats canailles que tout le monde connaît, mais que l'on ne mange quasiment jamais... sauf ici.

🐌 🅰🅲 ⇔ – Prix : €€€

20 rue Saint-Martin – 🚇 *Châtelet –* 📞 *01 42 72 25 76 – www.benoit-paris.com*

🌸 RESTAURANT H

Chef : Hubert Duchenne

CRÉATIVE • INTIME "H", comme Hubert Duchenne, chef normand passé chez Akrame Benallal, et Jean-François Piège... Derrière une devanture élégante et discrète, moins de vingt couverts pour cette salle à manger intime, au cadre aussi chic que cosy. Les recettes, bien maîtrisées, vont toujours à l'essentiel. Vous réclamez des preuves ? Les couteaux de mer en persillade (plat signature), le lieu jaune, crémeux de carottes à l'orange et sobacha, le bœuf de Jersey au barbecue, purée d'oignon doux et charbon végétal : chaque plat ou presque envoûte le palais grâce à des notes torréfiées et acidulées remarquablement dosées. C'est inventif et très maîtrisé : on se régale, au fil d'un menu unique composé en fonction de l'arrivage d'excellents produits...

♿ 🅰🅲 – Prix : €€€

13 rue Jean-Beausire – 🚇 *Bastille –* 📞 *01 43 48 80 96 – www.restauranth.com – Fermé lundi, dimanche et du mardi au samedi à midi*

⊕ LE SERGENT RECRUTEUR

Chef : Alain Pégouret

MODERNE • CONTEMPORAIN Le chef Alain Pégouret a emprunté à Joël Robuchon l'amour du geste précis et la rigueur du travail. Il suffit, pour s'en assurer, de pousser la porte du Sergent Recruteur, taverne historique de l'île Saint-Louis, reconvertie en table gastronomique. L'ancien chef du Laurent fait montre d'une impressionnante maîtrise. Ses assiettes fines, aux saveurs ciselées – et qui dévoilent, en filigrane, de solides bases classiques –, laissent le souvenir d'une belle cohérence gustative, avec un travail subtil sur les jus et les sauces ainsi qu'une attention aux belles cuissons. La maison distille une ambiance élégante et feutrée, associant habilement design contemporain et murs anciens. Une renaissance réussie.

🅰️ ⇔ – Prix : €€€€

41 rue Saint-Louis-en-l'Île – ⓜ Pont Marie – ☎ 01 43 54 75 42 – www. lesergentrecruteur.fr – Fermé lundi, dimanche et mardi midi

BAFFO

ITALIENNE • TRATTORIA Originaire du sud de la Toscane et passionné de cuisine, Fabien Zannier a décidé de changer de vie pour rendre hommage aux saveurs de son enfance. De là cette petite table italienne forte en goût, où priment les produits frais et bio. Des antipasti originaux, des menus thématiques à partager (saveurs de la mer, truffe...), et une cave remplie de grands crus italien... l'occasion d'un "pranzo con i baffi", un repas à s'en lécher les moustaches !

🅰️ – Prix : €€€

12 rue Pecquay – ⓜ Rambuteau – ☎ 07 61 88 73 04 – www.baffo.fr – Fermé lundi, dimanche, et mardi et mercredi à midi

CAPITAINE

MODERNE • BISTRO Après avoir fréquenté les cuisines de grands restaurants (L'Ambroisie, L'Arpège, L'Astrance), Baptiste Day a pris le large à bord d'un petit bistrot et nous régale d'une jolie cuisine du marché, inspirée de ses origines bretonnes et teintée de saveurs exotiques. Les incontournables croquettes de cochon servies en entrée (mayonnaise au gingembre, ail et piment) vous donneront envie de poursuivre le voyage ! Sélection de vins bio et naturels.

Prix : €€

4 impasse Guéménée – ⓜ Bastille – ☎ 01 44 61 11 76 – www.restaurantcapitaine. fr – Fermé lundi, dimanche et mardi midi

GRANDCŒUR

MODERNE • VINTAGE On s'installe dans une ambiance chaleureuse en salle (poutres et pierres apparentes, tables en marbre et banquettes en velours), ou sur l'agréable terrasse dans la jolie cour pavée du Centre de danse du Marais. La cuisine, imaginée par Mauro Colagreco, agrémente la tradition française d'un peu d'international... Coup de cœur pour la cecina de wagyu, qui vous fera fondre, et la côte de veau à la milanaise, pour sa sauce béarnaise à tomber.

⅊ 🍴 ⇔ – Prix : €€€

41 rue du Temple – ⓜ Rambuteau – ☎ 01 58 28 18 90 – www.grandcoeur.paris

ILÔ ⓝ

MODERNE • SIMPLE Derrière un noren (le rideau que l'on accroche à la porte d'entrée des magasins au Japon) se cachent un genre de bistrot gourmand français acoquiné avec une taverne japonaise mais aussi un duo particulièrement inspiré, venu du restaurant étoilé Sola. D'un côté, en salle et à la sommellerie Yuki Onuma propose des accords mets et vins/sakés, futés et pointus ; de l'autre, le chef Seiya Kumabe balance un menu plaisir qui louvoie entre bistronomie française et inspiration japonaise.

Prix : €€

6 rue Castex – ⓜ Bastille – ☎ 01 44 54 06 61 – ilo-restaurant.eatbu.com – Fermé lundi, dimanche et du mardi au jeudi à midi

LA TABLE CACHÉE PAR MICHEL ROTH

MODERNE • COSY Au 5eme étage du BHV, derrière un mystérieux rideau vert, on a trouvé cette Table cachée... au bout d'un rayon lingerie ! Dans un cadre confortable à souhait (où chaque objet de décoration est en vente dans le magasin), le chef Michel Roth a conçu une carte de saison gourmande (foie gras poêlé au banyuls ; suprême de poulet rôti fermier ; tarte au citron). Belle terrasse panoramique avec vue sur l'Hôtel de ville.

🅰️ 🍴 – Prix : €€

BHV, 55 rue de la Verrerie – Ⓜ Hôtel de Ville – ☎ 01 42 74 91 86 – www.bhv.fr – Fermé lundi et dimanche

TAVLINE

ISRAÉLIENNE • CONVIVIAL Un petit bout de Tel-Aviv entre Saint-Paul et Hôtel de Ville, un zeste de Maroc, un soupçon de Liban. Telle est la recette de Tavline, où les épices, provenant du "Shuk Ha'Carmel", le plus grand marché de Tel-Aviv, agrémentent une cuisine fine, comme le kstsitsot daguim, des boulettes de poisson grillées aux herbes et épices sur lit de lentilles au yaourt et citron confit, ou encore ce mémorable memoulaïm (oignons farcis d'agneau), recette héritée de la mère du chef.

Prix : €€

25 rue du Roi-de-Sicile – Ⓜ Saint-Paul – ☎ 09 86 55 65 65 – www.tavline.fr – Fermé lundi et dimanche

THAÏ SPICES

THAÏLANDAISE • COSY Entre le quai des Célestins et le village St-Paul officie un chef, Willy Lieu, qui fut le cuisinier personnel de Jacques Chirac ! Chez lui, la cuisine thaïe est à l'honneur, en version authentique : les grands classiques sont au rendez-vous – pad thaï, tom yam –, généreux et pleins de saveurs, relevés comme il se doit. Tarifs plutôt modérés et service agréable.

🅰️ – Prix : €€

5-7 rue de l'Ave-Maria – Ⓜ Sully - Morland – ☎ 01 42 78 65 49 – www.thaispices.fr – Fermé dimanche et samedi midi

🛏️ **COUR DES VOSGES**

AVANT-GARDE L'élégance du Paris historique, tout en noble discrétion. Passées les voûtes de la place des Vosges, première illumination à la vision de la belle cour verdoyante. Et le ravissement continue avec les chambres, feutrées et raffinées. Le luxe sans ostentation !

🛁 🅿️ 🍷 🆑 - 12 chambres – Prix : €€€€

19 place des Vosges – ☎ 01 42 50 30 30

🛏️ **DUO** *Plus*

DESIGN MODERNE Un passé préservé (escalier classé, cave voûtée du 16e s.) et une atmosphère résolument contemporaine, douce et design, complétée par un bar à cocktails élégant, un salon confortable, un sauna et une salle de remise en forme : un beau Duo gagnant tenu par la même famille depuis 1918.

🚹 🐾 🄵 - 58 chambres – Prix : €€

11 rue du Temple – ☎ 01 42 72 72 22

Quartier Latin • Jardin des Plantes • Mouffetard

5e ARRONDISSEMENT

❀ **ALLIANCE**

Chef : Toshitaka Omiya

MODERNE • CONTEMPORAIN Entre les quais de la rive gauche et le boulevard St-Germain, ce restaurant célèbre l'Alliance de Shawn et Toshi, en charge respectivement de la salle et de la cuisine, complices dans cette belle aventure. Le chef Toshitaka Omiya préfère la vérité à l'esbroufe ou l'artificiel : sa cuisine s'appuie sur de beaux produits de saison et va à l'essentiel, tant visuellement que gustativement. Ainsi le foie gras et légumes d'un pot-au-feu au gingembre, qui s'affirme comme une spécialité de la maison. De vrais éclairs de simplicité, des mélanges subtils et bien exécutés, prolongés par les inspirations sucrées de la pâtissière Morgane Raimbaud, particulièrement en verve. Un mot enfin sur la salle épurée, aux subtiles touches nipponnes : on s'y sent bien, d'autant qu'elle offre une jolie vue sur les fourneaux.

&. 囷 – Prix : €€€€

5 rue de Poissy – ❶ Maubert - Mutualité – ☎ 01 75 51 57 54 – www.restaurant-alliance.fr – Fermé samedi et dimanche

❀ **AT**

Chef : Atsushi Tanaka

CRÉATIVE • ÉPURÉ Dans une rue proche des quais de Seine, cette façade sans enseigne cultive la discrétion. L'intérieur est à l'avenant : décor minimaliste, contemporain, et surtout sans esbroufe ! Le chef, Atsushi Tanaka, formé notamment chez Pierre Gagnaire, aime la fraîcheur et la précision. Armé d'une imagination et d'une créativité sans faille, il compose des assiettes séduisantes et sait nous tenir en haleine tout au long du repas. Enfin, pas d'inquiétude s'il vous prend l'envie – ô combien légitime ! – d'y retourner : le menu unique change très régulièrement.

囷 ⇔ – Prix : €€€€

4bis rue du Cardinal-Lemoine – ❶ Cardinal Lemoine – ☎ 01 56 81 94 08 – www.atsushitanaka.com – Fermé dimanche et lundi midi

❀ **BAIETA**

Cheffe : Julia Sedefdjian

MÉDITERRANÉENNE • CONTEMPORAIN "Ici, la bouillabaisse tutoie l'aïoli, et la pissaladière jalouse la socca, juste sortie du four à charbon". Julia Sedefdjian (ancienne des Fables de la Fontaine, Paris aussi) est chez elle, heureuse et épanouie. Sa cuisine, colorée et parfumée, s'en ressent. Elle chante la Méditerranée (sa "Bouillabaieta", une superbe bouillabaisse revisitée, est incontournable) et les bons produits, qu'elle sélectionne avec justesse et travaille avec créativité, sans jamais oublier ses racines niçoises. La cheffe propose désormais uniquement des menus surprise en plusieurs séquences. Bienvenue chez Baieta – le bisou en patois niçois !

&. – Prix : €€€

5 rue de Pontoise – ❶ Maubert - Mutualité – ☎ 01 42 02 59 19 – www.restaurant-baieta-paris.fr – Fermé lundi et dimanche

❀ **MAVROMMATIS**

Chef : Andréas Mavrommatis

GRECQUE • ÉLÉGANT Le chef chypriote Andréas Mavrommatis et ses équipes délivrent une cuisine généreuse et maîtrisée, inspirée de bases classiques françaises associées au meilleur des saveurs helléniques : morilles façon spanakopita, poulpe grillé et oignons confits au xinomavro, agneau de Lozère au halloumi... Au gré des saisons et des inspirations du chef, ce voyage en Grèce se poursuit dans un écrin feutré et épuré, propice au dépaysement.

&. 🅰 🌳 ⇆ – Prix : €€€€

42 rue Daubenton – Ⓜ Censier - Daubenton – ☏ 01 43 31 17 17 – www. mavrommatis.com – Fermé lundi, dimanche et du mardi au samedi à midi

✿ OKA

Chef : Raphaël Régo

CRÉATIVE • COSY Le chef propriétaire brésilien Raphaël Régo au parcours alléchant (école Ferrandi, Atelier de Joël Robuchon, Taillevent) signe chez Oka une partition créative, distillant une incontestable identité culinaire, naviguant entre France (pêche des côtes vendéennes) et Brésil, privilégiant toujours de très beaux produits. On déguste les menus dans un cadre cosy et élégant, avec cuisine ouverte sur l'artiste en chef. Les préparations, aux visuels sophistiqués et épurés, jouent avec talent sur le mariage des saveurs (sucrées, pimentées, acides...) et les textures, sans jamais tomber dans l'excès de la démonstration. Faites confiance à la subtilité du sommelier pour marier mets et vins. Infiniment personnel, soigné, parfumé - en un mot : stylé. Un coup de cœur.

&. 🅰 ⅊ – Prix : €€€€

1 rue Berthollet – Ⓜ Censier - Daubenton – ☏ 01 45 30 94 56 – www.okaparis.fr – Fermé dimanche et du lundi au samedi à midi

✿ SOLA

MODERNE • ÉLÉGANT Tout près des quais donnant sur Notre-Dame et... déjà au Japon ! Voilà Sola et son décor bois et zen avec, au sous-sol, la cave voûtée où les tables figurent un tatami (attention, prière de retirer ses chaussures). Le chef japonais Kosuke Nabeta propose une savoureuse passerelle entre exigence et précision de la gastronomie nippone et richesses du terroir français. Il nous donne à découvrir les techniques japonaises traditionnelles, qu'il manie avec art (fumaisons, séchages, marinades, fermentations, modes de cuisson alternatifs...). Ne ratez pas son plat signature de foie gras et anguille fumée ! Une cuisine harmonieuse, raffinée et personnelle.

🅰 ⇆ – Prix : €€€€

12 rue de l'Hôtel-Colbert – Ⓜ Maubert - Mutualité – ☏ 01 42 02 39 24 – www. restaurant-sola.com – Fermé lundi, dimanche et du mardi au jeudi à midi

✿ SOLSTICE

Chef : Eric Trochon

CRÉATIVE • CONTEMPORAIN S'il existe des "écrivains pour écrivains", il y a des chefs pour chefs. MOF, pilier de l'école Ferrandi, promoteur du design culinaire, restaurateur à Séoul, Éric Trochon est de cette trempe – admiré autant que méconnu. Il est désormais chez lui dans ce restaurant intime et moderne, en compagnie de son épouse coréenne et sommelière. La déco navigue entre mobilier design et murs bruts. La carte joue aussi le minimalisme avec deux propositions percutantes – et pas plus – de l'entrée au dessert. Dans l'assiette, les textures et les contrastes font mouche, comme sur cette nage de coco de Paimpol, fenouil et melon en pickles, granité reine-des-prés ou sur ce ris de veau (vraiment) croustillant et cœur fondant, ricotta et courgettes vertes et jaunes.

🕸 🅰 – Prix : €€€

45 rue Claude-Bernard – Ⓜ Censier - Daubenton – ☏ 09 88 09 63 52 – www. solsticeparis.com – Fermé lundi, dimanche et du mardi au vendredi à midi

✿ TOUR D'ARGENT

MODERNE • CLASSIQUE Fondée en 1582, cette élégante auberge de bords de Seine devient un restaurant en 1780. C'est au début du 20 e s. qu'André Terrail l'achète, avec une idée de génie : élever l'immeuble d'un étage pour y installer la salle à manger, et jouir ainsi d'un panorama unique, l'une des plus belles vues sur la Seine et Notre-Dame-de-Paris ! Pour le reste, l'âme de la Tour d'Argent évolue avec son temps : véritable palimpseste, la carte, réinterprétée par le chef MOF

Yannick Franques, conserve la mémoire de plusieurs décennies de haute gastronomie française. Que les puristes se rassurent, le service, parfaitement réglé, assure toujours le spectacle. Quant à l'extraordinaire cave, elle renfermerait près de... 300 000 bouteilles.

🕸 ⟨& 🏧 ⇔ 🍴 – Prix : €€€€

15 quai de la Tournelle – Ⓜ Maubert - Mutualité – ☏ 01 43 54 23 31 – www.tourdargent.com – Fermé du lundi au mercredi, samedi midi et dimanche soir

🕸 BACA'V

MODERNE • BISTRO Gourmandise et bonnes quilles : tout l'univers du chef Émile Cotte est là. Après un parcours classique, il a souhaité lâcher la bride à son inspiration. Désormais, il trousse des classiques bistrotiers revus au goût du jour. Renouvelé régulièrement, le menu-carte à l'ardoise est une bonne affaire. Également, un menu carte blanche en 5 plats.

Prix : €€

6 rue des Fossés-Saint-Marcel – Ⓜ Saint-Marcel – ☏ 01 47 07 91 25 – www.bacav.paris – Fermé samedi et dimanche

🕸 CUCINA

ITALIENNE • CONVIVIAL Côté atmosphère, déco de bistrot moderne et serveurs en marinière rouge et blanche. Côté assiette, une belle carte italienne de saison : on se régale de bout en bout, des antipasti aux dolce. Spaghetti aglio, olio e peperoncini ; orecchia di elefante, patate novelle e salvia : authentique et savoureux.

& 🏧 – Prix : €€

20 rue Saint-Victor – Ⓜ Maubert - Mutualité – ☏ 01 44 31 54 54 – www.cucina-mutualite.com

L'AGRUME

MODERNE • CONVIVIAL Ici, on mise sur les saisons, la fraîcheur des produits (le poisson vient de Bretagne et les primeurs des meilleures adresses) et une exécution pleine de finesse. L'assiette pétille de saveurs. Un bon bistrot de chef !

🏧 – Prix : €€

15 rue des Fossés-Saint-Marcel – Ⓜ Saint-Marcel – ☏ 01 43 31 86 48 – restaurant-lagrume.fr/fr – Fermé lundi et dimanche, et mardi soir

ATELIER MAÎTRE ALBERT

TRADITIONNELLE • CONVIVIAL Une cheminée médiévale et des rôtissoires cohabitent avec un bel intérieur design signé J.-M. Wilmotte. Guy Savoy a imaginé la carte, avec des produits d'une qualité indéniable. Imaginez une volaille à la peau croustillante, son jus parfumé...

🏧 ⇔ 🍴 – Prix : €€€

1 rue Maître-Albert – Ⓜ Maubert - Mutualité – ☏ 01 56 81 30 01 – www.ateliermaitrealbert.com

CHINASKI

MODERNE • BISTRO Dans un décor de récup' et de bois brut, depuis la grande cuisine ouverte, une carte courte et bien pensée. En journée, on se régale de délicieux gâteaux dans un esprit coffe shop ; le soir, le bistrot créatif reprend ses droits, avec un filet de lieu jaune cuit à la perfection, un "tres leches" imbibé de whisky en dessert, et un bon vin nature. Sans oublier les pancakes du brunch dominical...

🍽 – Prix : €€

46 rue Daubenton – Ⓜ Censier - Daubenton – ☏ 01 73 74 74 06 – www.chinaskiparis.com – Fermé lundi, mardi et du mercredi au samedi à midi

CIASA MIA

ITALIENNE • FAMILIAL Originaires du Nord de l'Italie (des Dolomites, pour être précis), Francesca et Samuel Mocci aiment à mettre en valeur ce patrimoine gustatif aussi savoureux que surprenant. Les assiettes respirent l'authenticité, tout comme le cadre, dans un esprit de petit chalet cosy. Une adresse attachante.

❀❀ – Prix : €€€

19 rue Laplace – Ⓜ Maubert - Mutualité – ☎ 01 43 29 19 77 – www.ciasamia.com – Fermé dimanche, et lundi et samedi à midi

LES DÉLICES D'APHRODITE

GRECQUE • TAVERNE Dans ce sympathique restaurant aux allures de taverne, on se croirait presque en Grèce ! Poulpe mariné, caviar d'aubergines, moussaka, etc. Cette cuisine fraîche et ensoleillée tire le meilleur parti de produits de qualité.

🅰🅒 🍴 – Prix : €€

4 rue de Candolle – Ⓜ Censier - Daubenton – ☎ 01 43 31 40 39 – www.mavrommatis.com/les-delices-daphrodite

FLOCON

DU MARCHÉ • CONTEMPORAIN Les frères Flocon, Alexis et Josselin, l'un dans la gestion de l'établissement, l'autre en cuisine, accueillent dans un intérieur lumineux et minimal. On découvre des assiettes surprenantes, où le végétal est en souvent en bonne place, basées sur des produits sourcés avec soin. Maquereau breton confit, sabayon à la dulce de mer, céleri et estragon, crakers aux fleurs ; épaule d'agneau fermier fumée puis rôtie, ravioles d'aubergine et citron brûlé, champignons, épinards, jus réduit au foin. Cerise sur le gâteau, les prix sont doux, y compris côté vins. Flocon fait chaud au cœur.

🅰🅒 – Prix : €€

75 rue Mouffetard – Ⓜ Place Monge – ☎ 01 47 07 19 29 – www.restaurantflocon.com – Fermé lundi, mardi, et mercredi et jeudi à midi

L'INITIAL

MODERNE • TRADITIONNEL Le chef japonais, au palmarès étincelant (Robuchon Tokyo, Bernard Loiseau à Saulieu), propose une cuisine française d'une remarquable précision réalisée autour d'un menu sans choix rythmé par les saisons. Bon rapport qualité-prix et service aux petits soins.

✿ – Prix : €€

9 rue de Bièvre – Ⓜ Maubert - Mutualité – ☎ 01 42 01 84 22 – restaurant-linitial.fr – Fermé lundi, dimanche et mardi midi

KITCHEN TER(RE)

MODERNE • CONTEMPORAIN William Ledeuil façonne un kaléidoscope de l'épure et du goût, où brillent des pâtes de haut-vol (réalisées par l'artisan Roland Feuillas à base d'épeautre, blé dur, engrain ou barbu du Roussillon), mais aussi un bouillon thaï , anguille, pomme de terre, ou encore un cappuccino, pommes au tamarin et glace au caramel... Absolument moderne, absolument gourmand.

🅰🅒 – Prix : €€

26 boulevard Saint-Germain – Ⓜ Maubert - Mutualité – ☎ 01 42 39 47 48 – zekitchengalerie.fr – Fermé lundi et dimanche

KOKORO

MODERNE • CONVIVIAL Un jeune couple franco-japonais (tous deux anciens de chez Passard) travaille d'arrache-pied dans cette adresse à deux pas du métro Cardinal-Lemoine. Leur cuisine, réglée sur les saisons, se révèle à la fois fine, intelligente et subtile, et réserve de belles surprises... Kokoro, c'est "cœur" en japonais.

🅰🅒 – Prix : €€

36 rue des Boulangers – Ⓜ Cardinal Lemoine – ☎ 01 44 07 13 29 – restaurantkokoro.blogspot.com – Fermé samedi, dimanche et du lundi au vendredi à midi

MAISON CLUNY Ⓝ

TRADITIONNELLE • COSY Pour notre plus grand plaisir, le duo gourmand du quartier Daguerre (ex-Cornichon) s'est reformé dans un joli bistrot face au jardin du musée de Cluny, en plein quartier latin. À l'ardoise, des plats bistrotiers bien ficelés et goûteux : terrine de foie de volaille, rognons de veau, chasse en saison, riz au lait... Décor chaleureux et accueil jovial.

⇵ – Prix : €€

3 rue de Cluny – ⓂCluny - La Sorbonne – ☏ 01 56 81 82 53 – www.maison-cluny. fr – Fermé lundi et dimanche

OTTO Ⓝ

MODERNE • CONVIVIAL Une adresse bienvenue dans la rue Mouffetard : un bistrot au cadre minimaliste, béton au sol et plafond, calqué sur le modèle des izakayas japonais. Sous la houlette du chef Eric Trochon, Otto offre une cuisine de partage à travers une courte carte axée sur le produit, simplement accompagnés d'un condiment ou d'une sauce pour apporter du peps. C'est ainsi que chimichurri, sauce vierge ou diable, sauce ponzu ou condiment citron escortent viandes et poissons, souvent cuits au binchotan. Attention, pas de réservation possible.

🆎 ⇵ – Prix : €€

5 rue Mouffetard – Ⓜ Cardinal Lemoine – www.otto-paris.com

LES PAPILLES

TRADITIONNELLE • BISTRO Bistrot, cave et épicerie : une adresse attachante, où l'on fait pitance entre casiers à vins et étagères garnies de conserves. Le soir, on vous propose un menu unique où les suggestions gourmandes affolent les papilles.

🕸 ⇵ – Prix : €€

30 rue Gay-Lussac – Ⓜ Luxembourg – ☏ 01 43 25 20 79 – www.lespapillesparis. fr – Fermé lundi et dimanche

LA TABLE DE COLETTE

MODERNE • CONTEMPORAIN Près du Panthéon, la table écoresponsable de Josselin Marie tient ses promesses. Électricité verte, équipements basse consommation, compost et semences paysannes, tout est pensé ici dans le plus grand respect de la planète. Les végétaux sont à l'honneur, avec des produits de saison sublimés, travaillés sous toutes leurs formes, parfois accompagnés de viande ou de poisson issu de la pêche durable. À la carte également, le bilan carbone des plats !

♿🍴 – Prix : €€€

17 rue Laplace – Ⓜ Cardinal Lemoine – ☏ 01 46 33 18 59 – www.latabledecolette. fr – Fermé samedi et dimanche

LA TRUFFIÈRE

MODERNE • INTIME Au cœur du vieux Paris, cette maison du 17ᵉ s. a du caractère... tout comme ce qu'on y sert ! Soupe à l'oignon revisitée ; filet de cerf, coing, cresson, poivre des gorilles ; et bien sûr la truffe, toujours à l'honneur, avec un menu spécial toute l'année. Autre particularité de la maison : une carte des vins vertigineuse, ainsi qu'une sélection conséquente de fromages et de digestifs... une adresse truffée de traditions !

🕸 🆎 ⇵ – Prix : €€€

4 rue Blainville – Ⓜ Place Monge – ☏ 01 46 33 29 82 – www.la-truffiere.fr – Fermé lundi et dimanche

LES DAMES DU PANTHÉON   *Plus*

DESIGN MODERNE Le Panthéon, la Sorbonne, le jardin du Luxembourg : pas de doute, nous sommes en plein cœur du Quartier latin ! Face au "temple des grands hommes", le décor des chambres s'inspire... de femmes françaises ayant marqué l'histoire : Duras, Gréco, Sand ou encore Piaf. Un hôtel romanesque et raffiné.

🅿🛏🍴🌐♿ - 35 chambres – Prix : €€

19 place du Panthéon – ☏ 01 43 54 32 95

MONGE

CLASSIQUE CONTEMPORAIN Cet hôtel de charme, situé dans le Quartier Latin, devant les arènes de Lutèce, a conservé le caractère des maisons bourgeoises du 19e s. (salons en enfilade, moulures, parquet...). La décoration des chambres, entre faune et flore, louche du côté du Jardin des Plantes. Toute l'élégance à la parisienne.

🛗 🐾 🕸 🛅 - 30 chambres – Prix : €

55 rue Monge – ☏ 01 43 54 55 55

SEVEN   *Plus*

AVANT-GARDE L'hôtel a pris le parti du rétro-futurisme, amenant la fibre optique jusque dans les salles de bain pour des effets renversants. L'une d'elles, toute en fluorescences violettes, évoque plutôt un vaisseau spatial ! Les suites sont un monde parallèle à elles seules, et dans son ensemble, le Seven réussit le grand écart entre boîte de nuit éclairée au laser et néo-boudoir au luxe extrême. Ajoutez à cela une grande cave à vins, un bar à champagne, un lounge tout en miroirs, entre délire et voyage intersidéral.

🅿 🛅 - 32 chambres – Prix : €

20 rue Berthollet – ☏ 01 43 31 47 52

St-Germain-des-Prés • Odéon • Jardin du Luxembourg

6ᵉ ARRONDISSEMENT

✿✿ GUY SAVOY

Chef : Guy Savoy

MODERNE • LUXE Dans le cadre exceptionnel de l'hôtel de la Monnaie, Guy Savoy poursuit l'histoire entamée quelques décennies plus tôt : lorsque, jeune garçon, il passait la tête au-dessus des casseroles familiales dans la cuisine de la Buvette de l'Esplanade, à Bourgoin-Jallieu... Ici, il a vu les choses en grand : six salles parées de toiles contemporaines et de sculptures – dont un grand nombre prêté par François Pinault –, avec des fenêtres à huisseries anciennes donnant sur la Seine. Ce faste ne détourne pas le chef de son travail : rendre chaque jour hommage à la cuisine française. On retrouve notamment la soupe d'artichaut et truffe, plat emblématique de la maison, à déguster avec sa brioche tartinée de beurre de truffes...

🕸 ᴴ ᴀᴄ ⇔ 🗂 – Prix : €€€€

11 quai de Conti – Ⓜ Saint-Michel – ℰ 01 43 80 40 61 – www.guysavoy.com – Fermé lundi, dimanche et samedi midi

✿✿ MARSAN PAR HÉLÈNE DARROZE

Cheffe : Hélène Darroze

MODERNE • CONTEMPORAIN Hélène Darroze a rouvert en 2019 son restaurant de la rue d'Assas. Le lieu est méconnaissable, totalement réinventé dans une veine cosy et élégante qui sied à merveille à cette cuisinière de grand talent. On retrouve bien entendu dans l'assiette ce qui fait la particularité de cette héritière d'une famille de cuisiniers du Sud-Ouest : la capacité à dénicher dans les terroirs de ces contrées (Aquitaine, Landes, Pays basque...) de quoi nourrir ses intentions culinaires, et la capacité à les mettre en valeur dans l'assiette, comme cette splendide lotte de petit bateau... On y retrouve aussi la rigueur, l'insatiable curiosité, et ce mélange de talent et d'intuition qui fait toute la différence. Une réussite incontestable.

ᴀᴄ ⇔ – Prix : €€€€

4 rue d'Assas – Ⓜ Sèvres - Babylone – ℰ 01 42 22 00 11 – www.helenedarroze. com – Fermé lundi et dimanche

✿ ARMANI RISTORANTE

ITALIENNE • CONTEMPORAIN Emplacement original pour ce restaurant, situé au 1er étage de la boutique Armani de St-Germain-des-Prés (non loin de l'église). La salle est épurée et élégante, dans le style du créateur bien sûr : camaïeu de beiges, banquettes, murs laqués, lumière tamisée... N'aurait-on affaire là qu'à un autre type de vitrine ? Au contraire, ce ristorante compte parmi les meilleures tables italiennes de la capitale. Le chef Massimo Tringali, ancien second du Casadelmar, à Porto-Vecchio, accommode des produits de grande qualité dans l'esprit de la cuisine transalpine contemporaine. C'est frais, goûteux et bien maîtrisé : de la belle ouvrage.

ᴴ ᴀᴄ – Prix : €€€€

7 place du Québec – Ⓜ Saint-Germain-des-Prés – ℰ 01 45 48 62 15 – www. armani.com/en-us/experience/armani-restaurant/emporio-armani-caffe-ristorante-paris – Fermé lundi, mardi, et mercredi et jeudi à midi

✿ QUINSOU

Chef : Antonin Bonnet

CRÉATIVE • TENDANCE En face de la fameuse école Ferrandi chante un pinson (Quinsou en occitan), dont les suaves vocalises gastronomiques risquent fort d'influencer les grandes toques de demain. Le chef, ancien du Sergent Recruteur, s'appelle Antonin Bonnet. Dans un cadre moderne et brut (carreaux de ciment, ampoules nues), il propose une cuisine d'artisan épurée, délicate, sensible et sans futilité. Dans l'assiette gazouille le produit, d'excellente qualité. Bar de ligne de Saint Jean-de-Luz, sauce bouilla-thaï, filet de bœuf de Salers et cèpes rôtis, crème d'ail à l'amande douce.... Menu unique pour cette belle table, animée par un chef passionné.

🕸 ⅚ – Prix : €€€

33 rue de l'Abbé-Grégoire – Ⓜ Saint-Placide – ℰ 01 42 22 66 09 – www.quinsourestaurant.fr – Fermé lundi, dimanche et du mardi au jeudi à midi

🏵 ## RELAIS LOUIS XIII

Chef : Manuel Martinez

CLASSIQUE • ÉLÉGANT Une table chargée d'histoire, bâtie sur les caves de l'ancien couvent des Grands-Augustins : c'est ici que, le 14 mai 1610, une heure après l'assassinat de son père Henri IV, Louis XIII apprit qu'il devrait désormais régner sur la France... La salle à manger semble se souvenir de ces grandes heures du passé : colombages, pierres apparentes, boiseries, vitraux et tentures, tout distille un charme d'autrefois, avec çà et là quelques éléments contemporains (cave vitrée, sculptures modernes). Une atmosphère particulièrement propice à la découverte de la cuisine du chef, Manuel Martinez, tenante d'un noble classicisme culinaire. Après un joli parcours chez Ledoyen, au Crillon, à la Tour d'Argent, ce Meilleur Ouvrier de France a décidé de s'installer au Relais pour y perpétuer la tradition. Quoi de plus logique ? L'histoire continue donc et les habitués sont nombreux, plébiscitant notamment la formule déjeuner, d'un excellent rapport qualité-prix !

🕸 🅺 ↭ 🍽 – Prix : €€€€

8 rue des Grands-Augustins – Ⓜ Odéon – ℰ 01 43 26 75 96 – www.relaislouis13.fr – Fermé lundi et dimanche

🏵 ## YOSHINORI

Chef : Yoshinori Morié

MODERNE • INTIME Le petit dernier du chef Yoshinori Morié (ex-Petit Verdot, Encore, L'Auberge du 15), loin de balbutier, étincelle ! Sis entre les murs d'un ancien restaurant italien entièrement transformé (pierres apparentes, poutres blanchies, boiseries japonisantes, éclairage design, lin blanc et porcelaine) nous régale d'une cuisine raffinée, végétale, esthétique, déclinée sous forme d'un menu de saison. Ainsi le tartare de veau de Corrèze, coques, choux fleur ; la lotte, lotus et champignons ou la ballotine de pigeon, cèpes, datte, carotte et combava... autant d'hymnes, non dissimulés, à l'élégance et à la gourmandise. Agréable formule du midi. Un coup de cœur.

Prix : €€€€

18 rue Grégoire-de-Tours – Ⓜ Odéon – ℰ 09 84 19 76 05 – www.yoshinori-paris.com – Fermé lundi, dimanche et mercredi midi

🏵 ## ZE KITCHEN GALERIE

Chef : William Ledeuil

CRÉATIVE • CONTEMPORAIN Sous son nom hybride, Ze Kitchen Galerie joue sur les frontières entre art et cuisine. Dans des volumes épurés cohabitent mobilier et vaisselle design, tableaux colorés, autour d'une cuisine vitrée pour suivre en direct le spectacle de la brigade. Aux fourneaux, William Ledeuil donne libre cours à sa passion pour les saveurs de l'Asie du Sud-Est (Thaïlande, Vietnam) où il puise son inspiration. Galanga, ka-chaï, curcuma, wasabi, gingembre... Autant d'herbes, de racines, d'épices et de condiments du bout du monde qui relèvent avec brio les recettes classiques françaises. Sa carte – à base de poissons, bouillons, pâtes, plats à la plancha – décline ainsi une palette d'assiettes inventives, modernes et ciselées, pour un voyage entre saveurs et couleurs.

🅺 🍽 – Prix : €€€

4 rue des Grands-Augustins – Ⓜ Saint-Michel – ℰ 01 44 32 00 32 – www.zekitchengalerie.fr – Fermé samedi et dimanche

LA MÉDITERRANÉE

POISSONS ET FRUITS DE MER • MÉDITERRANÉEN Dans ce restaurant face au théâtre de l'Odéon, des fresques évoquent la Méditerranée et la cuisine de la mer chante avec l'accent du Sud. Un soin tout particulier est apporté au choix des produits, comme dans ces spécialités maison : bouillabaisse, carpaccio de bar, dorade laquée au miel...

🅰🅲 ⇔ 🏵 – Prix : €€

2 place de l'Odéon – Ⓜ Odéon – ☎ 01 43 26 02 30 – www.la-mediterranee.com

LA TABLE DE MEE Ⓝ

CORÉENNE • ÉPURÉ Dans un décor boisé et épuré (où l'on peut prendre place au comptoir pour regarder le chef travailler sur sa grande plancha), voilà une table coréenne qui met à l'honneur les spécialités du pays. Saveurs et sauces relevées sont au rendez-vous, grâce aux incontournables kimchi, "KFC" et autres délicieux ssams. Mention spéciale aux filets de maquereau mijotés dans un bouillon au soja, piment et radis blanc. Conseils avisés d'un sommelier expérimenté (ex-Gaya et Pilgrim) pour choisir entre vins ou bières artisanales.

Prix : €€

6 rue des Ciseaux – Ⓜ Saint-Germain-des-Prés – ☎ 01 43 54 42 56 – Fermé lundi et dimanche

ALLARD

TRADITIONNELLE • BISTRO On pénètre par la cuisine dans cette véritable institution, qui fait désormais partie du groupe Ducasse. Servis dans un décor 1900 pur jus, les plats hésitent entre registre bistrotier et plats canaille : escargots au beurre aux fines herbes, pâté en croûte, sole meunière, profiteroles...

🅰🅲 🏵 – Prix : €€€

41 rue Saint-André-des-Arts – Ⓜ Saint-Michel – ☎ 01 43 26 48 23 – www.restaurant-allard.fr

ANICIA BISTROT NATURE

CRÉATIVE • CONTEMPORAIN Natif de Haute-Loire, François Gagnaire sélectionne soigneusement les petits producteurs de là-bas, et s'offre une excellente matière première pour sa cuisine : lentille verte du Puy, limousine des Monts-du-Velay, fin gras du Mézenc, fromage de vache aux artisous, bière Vellavia... Ses assiettes sont gourmandes et superbement présentées : on se régale.

🅰🅲 – Prix : €€

97 rue du Cherche-Midi – Ⓜ Vaneau – ☎ 01 43 35 41 50 – www.anicia-paris.com – Fermé lundi et dimanche

AUX PRÉS

MODERNE • BISTRO Un bistrot germanopratin ouvertement vintage (banquettes en cuir, miroirs fumés, papier peint floral) et une cuisine voyageuse signée Cyril Lignac, dont la créativité garde toujours un pied dans le(s) terroir(s) français, avec notamment de belles pièces de bœuf grillées.

🅰🅲 – Prix : €€€€

27 rue du Dragon – Ⓜ Saint-Germain-des-Prés – ☎ 01 45 48 29 68 – www.restaurantauxpres.com

LE BAR DES PRÉS

MODERNE • DESIGN Aux commandes de ce Bar, voisin de son restaurant Aux Prés, Cyril Lignac a installé un chef japonais aux solides références. Au menu, sushis et sashimis de grande fraîcheur, mais aussi quelques plats bien dans l'air du temps : tartare de dorade, petits pois mentholés ; galette craquante, tourteau au curry Madras... Cocktails réalisés par un mixologiste.

♿ 🅰🅲 – Prix : €€€

25 rue du Dragon – Ⓜ Saint-Germain-des-Prés – ☎ 01 43 25 87 67 – www.bardespres.com/fr/paris

LE BON SAINT-POURÇAIN

MODERNE • BISTRO Planqué derrière l'église St-Sulpice, en plein cœur de St-Germain-des-Prés, cet ancien restaurant bougnat montre du soin et la passion. La cuisine du chef lorgne vers la tradition bistrotière revisitée : c'est tout simplement délicieux, sans doute grâce à l'utilisation exclusive de bons produits du marché. Réservez !

🍴 – Prix : €€

10 bis rue Servandoni – Ⓜ Mabillon – ☏ 01 42 01 78 24 – www.bonsaintpourcain. com – Fermé lundi et dimanche

BOUTARY

MODERNE • CHIC Voilà le lieu idéal pour s'initier ou parfaire sa connaissance sur le caviar (osciètre, sterlet et béluga). La famille qui a repris ce restaurant élève depuis plusieurs générations ses propres esturgeons en Bulgarie du sud. On y apprécie, dans un esprit chic, le travail du chef Maxime Lesobre au beau parcours, dont la cuisine joue subtilement de notes fumées et acidulées. Avec dégustation du caviar à la royale, sur le dos de la main.

♿ 🆎 ⇕ – Prix : €€€

25 rue Mazarine – Ⓜ Odéon – ☏ 01 43 43 69 10 – www.boutary-restaurant.com – Fermé lundi, dimanche, et mardi et samedi à midi

BRASSERIE LUTETIA

POISSONS ET FRUITS DE MER • CHIC Tartare de bar sauvage, sole meunière, escargots de Bourgogne au beurre persillé : la célèbre brasserie du Lutetia retrouve des couleurs. Que les esthètes et les habitués se rassurent : l'atmosphère chic et décontractée perdure, tout comme les beaux plateaux de fruits de mer. Véranda, mezzanine ou patio : choisissez votre table.

♿ 🆎 🍴 ⇕ – Prix : €€€

45 boulevard Raspail – Ⓜ Sèvres - Babylone – ☏ 01 49 54 46 92 – www. hotellutetia.com/fr/brasserie

LE CHERCHE MIDI

ITALIENNE • BISTRO Si vous cherchiez le Midi, vous l'avez trouvé ! Dans ce bistrot italien, il règne une joie de vivre contagieuse. Pâtes fraîches fabriquées dans l'atelier à l'étage, superbes charcuteries affinées (ce jambon de Parme !), mortadelle, bresaola, mais aussi vins transalpins et café aussi serré que les tables...

🍴 – Prix : €€

22 rue du Cherche-Midi – Ⓜ Sèvres - Babylone – ☏ 01 45 48 27 44 – lecherchemidi.fr

LE CHRISTINE

MODERNE • CONTEMPORAIN C'est dans une ruelle plutôt calme que l'on découvre l'avenante façade de ce restaurant, où convivialité et générosité se donnent d'abord à lire, sur la carte (courte et appétissante), puis à déguster, dans les assiettes, joliment travaillées, avec toujours une option végétarienne. Service dès 18h30, le soir. Merci Christine, et à bientôt.

🆎 – Prix : €€€

1 rue Christine – Ⓜ Saint-Michel – ☏ 01 40 51 71 64 – lechristine.becsparisiens.fr

LE COMPTOIR DU RELAIS

TRADITIONNELLE • BISTRO Yves Camdeborde a confié les clefs de son célèbre bistrot de poche à... Bruno Doucet, chef auquel il avait déjà confié sa Régalade. Autant dire que la philosophie bistronomique du lieu est scrupuleusement respectée. Dans la minuscule salle où les tables sont à touche-touche ou encore sur la terrasse chauffée face au carrefour de l'Odéon, on se régale avec une carte (disponible non-stop de 12h à 23h, chose rare), qui navigue entre terroir et cuisine du marché, dans un respect absolu du bon produit. Pas de réservation possible.

8% ⓂⒾ 🛋 – Prix : €€

5 carrefour de l'Odéon – Ⓜ Odéon – 𝒞 01 44 27 07 97 – www.hotel-paris-relais-saint-germain.com

DUPIN

MODERNE • CONVIVIAL L'Épi Dupin est devenu Dupin, François Pasteau a passé la main à Nathan Helo (venu de chez Rostang) mais la démarche écologique et locavore de la maison demeure inchangée : achat de fruits et légumes en Île-de-France, traitement des déchets organiques, eau filtrée sur place, etc. Un respect de la nature et du "bien-vivre" que l'on retrouve dans ses assiettes.

🛋 – Prix : €€€

11 rue Dupin – Ⓜ Sèvres - Babylone – 𝒞 01 42 22 64 56 – www.restaurantdupin.com – Fermé lundi et dimanche

KGB

MODERNE • CONTEMPORAIN KGB pour Kitchen Galerie Bis. Il y règne le même esprit qu'à la maison mère, à mi-chemin entre galerie d'art et restaurant peu conventionnel. On s'y régale de "zors d'œuvres" – déclinaisons de hors-d'œuvre façon tapas –, de pâtes ou de plats cuisinés mêlant tradition hexagonale et assaisonnements asiatiques.

ⓂⒾ 🍃 – Prix : €€

25 rue des Grands-Augustins – Ⓜ Saint-Michel – 𝒞 01 46 33 00 85 – zekitchengalerie.fr – Fermé lundi et dimanche

KODAWARI RAMEN

JAPONAISE • SIMPLE On se croirait dans une ruelle du vieux Tokyo tant l'ambiance est animée et le restaurant étroit. Les ramen , fabriqués sur place et servis dans de délicieux bouillons de volaille des Landes, attirent les gourmets de tous bords. Spécialité du lieu : le "kurugoma tan tan men", à base de sauce secrète épicée et de porc haché. Évitez les heures de pointe, tant l'adresse est courue. Un succès mérité.

Prix : €

29 rue Mazarine – Ⓜ Mabillon – 𝒞 09 70 91 12 41 – www.kodawari-ramen.com

SAGAN

JAPONAISE • ÉPURÉ Près de l'Odéon, ce restaurant de poche (quinze couverts) propose une cuisine japonaise inventive et précise : sashimi de bar, sauce soja aux algues, sômen (nouilles froides japonaises) et soupe de dashi, grill au charbon de bois et... belle carte des vins, notamment de Bourgogne blanc. A déguster dans un décor feutré et intimiste.

8% – Prix : €€

8 rue Casimir-Delavigne – Ⓜ Odéon – 𝒞 06 69 37 82 19 – Fermé lundi, dimanche et du mardi au samedi à midi

SEMILLA

MODERNE • BRANCHÉ Une bonne "graine" (semilla en espagnol) que ce bistrot né à l'initiative des patrons de Fish La Boissonnerie, juste en face. Ambiance conviviale, déco branchée et, dans la cuisine ouverte sur la salle, une équipe jeune et passionnée, qui travaille avec des fournisseurs triés sur le volet. Gourmand et bien ficelé !

ⓂⒾ – Prix : €€

54 rue de Seine – Ⓜ Odéon – 𝒞 01 43 54 34 50 – www.semillaparis.com – Fermé lundi, mardi et du mercredi au vendredi à midi

SHU

JAPONAISE • ÉPURÉ Il faut se baisser pour passer par la porte qui mène à cette cave du 17 e s. Dans un décor minimaliste, on découvre une cuisine japonaise authentique et bien maîtrisée, où la fraîcheur des produits met en valeur kushiage, sushis et sashimis.

PARIS

Prix : €€

8 rue Suger – Ⓜ Saint-Michel – ✆ 01 46 34 25 88 – www.restaurant-shu.com –
Fermé lundi, dimanche et du mardi au samedi à midi

TAOKAN - ST-GERMAIN

CHINOISE • BRANCHÉ Au cœur de St-Germain-des-Prés, on pousse la porte de
ce joli restaurant pour célébrer une cuisine cantonaise légère et parfumée, avec
quelques détours par l'Asie du Sud-Est : incontournables dim-sum, bœuf spicy ou
loc lac, calamars sautés au poivre et piment frais... De belles présentations, de bons
produits : une vraie ambassade.

&. 🄰🄲 – Prix : €€

8 rue du Sabot – Ⓜ Saint-Germain-des-Prés – ✆ 01 42 84 18 36 – www.taokan.
fr – Fermé dimanche midi

TOYO

CRÉATIVE • ÉPURÉ Dans une autre vie, Toyomitsu Nakayama était le chef privé
du couturier Kenzo ; aujourd'hui, il excelle dans l'art d'assembler les saveurs et les
textures. Cerfeuil tubéreux frit relevé d'un râpé d'igname, homard breton cuit au
binchotan, cèpes et salade misuna... Une cuisine fraîche et parfumée, à accompagner d'un verre de Bourgogne et servie par une équipe attentive et discrète.
Impeccable.

🄰🄲 ✿ – Prix : €€€€

17 rue Jules-Chaplain – Ⓜ Vavin – ✆ 01 43 54 28 03 – www.restaurant-toyo.
com – Fermé dimanche et du lundi au samedi à midi

YEN

JAPONAISE • ÉPURÉ Un restaurant au décor très épuré pour amateurs de minimalisme zen. On s'y régale d'une cuisine japonaise soignée : sushi, tempura, soba,
oursins et tofu à la gelée de soja, poulpe cuit aux haricots rouges... Mets authentiques et service rigoureux.

🄰🄲 – Prix : €€€

22 rue Saint-Benoît – Ⓜ Saint-Germain-des-Prés – ✆ 01 45 44 11 18 – www.yen-
paris.fr – Fermé dimanche

🛏 BEL AMI

AVANT-GARDE Une ancienne imprimerie, d'où sortit le premier exemplaire de
Bel Ami, le célèbre roman de Maupassant. Une adresse pour urbains chic, avec un
bar tendance et des chambres à la mode 1970 revisitées. Espace fitness et soins,
brunch le week-end.

&. 🐾 🄿 🕸 🕸 🕸 ⅃ઙ 🛁 ⅃〇 - 108 chambres – Prix : €€€€

7-11 rue Saint-Benoît – ✆ 01 42 61 53 53

🛏 LA BELLE JULIETTE   *Plus*

DESIGN MODERNE Chaque étage de l'hôtel est décoré selon un thème différent :
Madame Récamier au 1ᵉʳ (la fameuse Juliette), l'Italie au 2ᵉ, Chateaubriand au 3ᵉ,
etc. Un cadre qui marie l'ancien au moderne en restant toujours chaleureux. Un
endroit de caractère !

&. 🄿 🕸 🚲 🚲 ⅃ 🕸 🕸 - 45 chambres – Prix : €€

92 rue du Cherche-Midi – ✆ 01 42 22 42 72

🛏 HÔTEL BAUME   *Plus*

DESIGN MODERNE A deux minutes du boulevard Saint-Germain, dans une ruelle
au charme parisien, cet hôtel puise son inspiration dans les années 30 – soie à
motifs, bois exotiques, chromes et miroirs. Jetez donc quelques vers dans votre
carnet, le Quartier Latin n'est pas loin. Pour des nuits Art déco et inspirées.

&. 🕸 🛁 - 35 chambres – Prix : €€

7 rue Casimir Delavigne – ✆ 01 53 10 28 50

HÔTEL LOUISON   *Plus*

CLASSIQUE CONTEMPORAIN Dans un immeuble 19e s., un lobby soigné, plusieurs étages de chambres coquettes et ensoleillées qui misent sur l'essentiel : lumière, parquet, lits douillets, meubles à l'ancienne, douches à l'italienne, balcon sur les toits pour la Suite Vaugirard. La rénovation récente a harmonieusement respecté son histoire tout en lui donnant un air plus contemporain.

P ⌄ - 42 chambres – Prix : €

105 rue de Vaugirard – ℰ 01 53 63 25 50

HÔTEL PAS DE CALAIS   *Plus*

DESIGN MODERNE Dans l'emblématique quartier de Saint-Germain-des-Prés, cet hôtel familial conjugue un caractère affirmé et un confort très respectable. Les intérieurs sont élégants mais aussi variés, certaines chambres pleines de couleurs saturées, d'autres plus sobres, mariant toutes une architecture classique avec un design contemporain.

⌄ ⚲ - 38 chambres – Prix : €€

59 rue des Saints-Pères – ℰ 01 45 48 78 74

HÔTEL RÉCAMIER

DESIGN MODERNE Tout près de l'église Saint-Sulpice, l'élégance et le confort ont rendez-vous : tableaux orientalistes et moquette léopard dans le salon-bibliothèque, style feutré jusque dans les chambres, où une réelle attention est portée à votre bien-être.

P ⊕ - 24 chambres – Prix : €€

3 bis place Saint-Sulpice – ℰ 01 43 26 04 89

L'HÔTEL

CLASSIQUE CONTEMPORAIN C'est à "L'Hôtel" que mourut en 1900 le grand Oscar Wilde. Le décor, signé Jacques Garcia, n'est pas sans rappeler les fastes de l'art pour l'art, avec des allusions aux styles baroque, Empire, oriental... Esthétique et atypique.

⌖ ⌄ ⌂ ⊕ ⌗ - 20 chambres – Prix : €€

13 rue des Beaux Arts – ℰ 01 44 41 99 00

LUTETIA

CLASSIQUE CONTEMPORAIN Après quatre ans (!) de rénovation, cet hôtel mythique de la rive gauche, bâti en 1910, a enfin rouvert ses portes. Au programme, une leçon d'élégance et de prestations haut-de-gamme : fresques étonnantes, plaisant patio, spa de 700 m², chambres sobres aux touches Art déco... Le Lutetia est bien de retour.

⌖ **P** ⌄ ⌂ ⊕ ⌗ ⌖ ⌘ ❈⚲ ⎯ - 137 chambres – Prix : €€€€

45 boulevard Raspail – ℰ 01 49 54 46 00

Brasserie Lutetia - Voir la sélection des restaurants

RELAIS CHRISTINE

ÉLÉGANCE TRADITIONNELLE Cet hôtel particulier conserve ce raffinement propre au 17e s. avec son salon, ses beaux parquets, ses tapisseries d'Aubusson... Les chambres sont modernes et chaleureuses. Vous apprécierez la grande piscine et le spa de 400 m² - rares, Rive gauche ! Et selon les jours, on organise des soirées jazz au Café Laurent, où résonnent encore les solos de trompette de Boris Vian.

⌖ ⌂ **P** ⌂ ⌄ ⌗ ⚲ ⊕ ⌗ ⌖ - 48 chambres – Prix : €€€€

3 rue Christine – ℰ 01 40 51 60 80

VILLA MADAME   *Plus*

CLASSIQUE CONTEMPORAIN Madame est très rive gauche ! À la fois élégant et chaleureux, ce petit hôtel de caractère mise sur les détails raffinés, les harmonies de couleurs apaisantes et les installations high-tech. Près de la cheminée, on feuillette un livre d'art...

⌖ **P** - 28 chambres – Prix : €

44 rue Madame – ℰ 01 45 48 02 81

Tour Eiffel • École Militaire • Invalides

✿✿✿ ARPÈGE

Chef : Alain Passard

CRÉATIVE • ÉLÉGANT "Le plus beau livre de cuisine a été écrit par la nature." Ainsi parle Alain Passard. Son nom est associé aux légumes – et, pour les connaisseurs, à une certaine betterave en croûte de sel. Il a su avant tout le monde. Un menu 100% légumes, pensez-vous ! Aujourd'hui, sa philosophie verte s'invite à toutes les tables. Malgré le succès, l'homme qui célèbre le fruit et la fleur ne se sent jamais aussi bien que dans l'un de ses trois potagers de l'Ouest de la France, où se conjuguent les mains du cuisinier et du jardinier. Il va y cueillir ses inspirations et explorer les possibilités culinaires du légume, apportant toute sa noblesse à ce produit d'ordinaire servi en accompagnement. Et désormais, une fresque bucolique évoque cet environnement directement dans la salle de son restaurant.

✿ **L'engagement du chef :** Depuis 2001, la cuisine légumière règne au sein de l'Arpège et les saisons donnent le tempo à notre cuisine. Le plus beau livre de cuisine a été écrit par la Nature. Nous sublimons les légumes, fruits et aromates 100 % naturels de nos trois potagers de Fillé-sur-Sarthe, du Bois-Giroult et de la Baie du Mont-Saint-Michel.

🕸 🅐🅒 ⇄ – Prix : €€€€

84 rue de Varenne – Ⓜ *Varenne – ☎ 01 47 05 09 06 – www.alain-passard.com – Fermé samedi et dimanche*

✿✿ DAVID TOUTAIN

Chef : David Toutain

CRÉATIVE • CONTEMPORAIN David Toutain, dont le nom est associé à de bien belles tables (Arpège, Agapé Substance...) a métamorphosé une rue discrète du quartier des ministères en carrefour de tendances. Dans un cadre moderne, façon loft, il propose une cartographie saisissante des goûts contemporains à travers une cuisine d'auteur aux ambitions assumées : inclinaisons végétales, légèreté et graphisme épuré. On sent le chef plein de fougue et de sagesse, parvenu à cet âge où l'équilibre intérieur permet d'assumer (et de canaliser !) sa créativité.

✿ **L'engagement du chef :** La nature est notre principale source d'inspiration. Nous concevons notre cuisine au rythme des saisons. Nous avons créé un potager en permaculture en Normandie et nous collaborons avec des petits producteurs ou artisans ayant une démarche respectueuse de l'environnement. Nos commandes sont réalisées en fonction des réservations afin de minimiser tout gaspillage et nous avons à cœur de partager avec tous les membres de l'équipe les bonnes pratiques à mettre en place. Nos déchets sont compostés.

🕸 🅐🅒 ⇄ – Prix : €€€€

29 rue Surcouf – Ⓜ *Invalides – ☎ 01 45 50 11 10 – www.davidtoutain.com – Fermé samedi, dimanche et mercredi midi*

✿ AIDA

Chef : Koji Aida

JAPONAISE • ÉPURÉ La façade blanche de ce petit restaurant niché dans une ruelle se fond si bien dans le paysage qu'on risque de passer devant sans la remarquer. Grave erreur ! Derrière se cache un secret jalousement gardé, celui d'une délicieuse table nippone. L'intérieur se révèle élégant et sans superflu, à l'image des établissements que l'on trouve au Japon. Au choix, attablez-vous au comptoir (seulement neuf places) pour être aux premières loges face aux grandes plaques de cuisson (teppanyaki), ou dans le petit salon privé sobrement aménagé avec son tatami. Au gré d'un menu dégustation unique, vous découvrirez une cuisine fine et pointue, tissant de beaux liens entre le Japon et la France ; les assaisonnements, les cuissons et les découpes ne font que souligner l'ingrédient principal, servi dans sa plus simple expression. Sashimis, homard de Bretagne, chateaubriand ou ris de veau, cuits au teppanyaki, s'accompagnent de bons vins de Bourgogne, sélectionnés avec passion par le chef. Service très attentif et prévenant.

🏵 🔖 ⇔ – Prix : €€€€

1 rue Pierre-Leroux – Ⓜ Vaneau – ✆ 01 43 06 14 18 – Fermé lundi et du mardi au dimanche à midi

✿ L'ATELIER DE JOËL ROBUCHON - ST-GERMAIN

CRÉATIVE • DESIGN Plongés dans une semi-pénombre étudiée, deux bars se répondent autour de la cuisine centrale où les plats sont élaborés sous le regard des hôtes, assis au comptoir sur de hauts tabourets. Une idée de "cantine chic", version occidentale du teppanyaki et des bars à sushis nippons, avec au menu une cuisine "personnalisable" sous forme de petites portions et d'assiettes et des ingrédients de choix. Caviar sur un œuf de poule mollet et friand au saumon fumé ; merlan frit Colbert avec un beurre aux herbes : près de 80 plats différents sont proposés à midi et le soir. Sans oublier les incontournables de la maison, ravioles de king crab, côtelettes d'agneau de lait et purée de pommes de terre Joël Robuchon.

🏵 🔖 ⇔ 🍷 – Prix : €€€€

5 rue de Montalembert – Ⓜ Rue du Bac – ✆ 01 42 22 56 56 – www.atelier-robuchon-saint-germain.com

✿ AUGUSTE

Chef : Gaël Orieux

MODERNE • CONTEMPORAIN La petite maison de Gaël Orieux – à peine une trentaine de couverts – offre un calme inattendu dans son élégant cadre contemporain, aux lignes faussement simplistes. Un espace chic et "classe" où l'on déguste une cuisine d'une sage modernité : huîtres creuses perles noires, gelée d'eau de mer, mousse de raifort, poire comice ; bar de ligne à la compotée de tomates, écume d'orange fleurée à la cannelle... La carte séduit par sa variété et la qualité des produits. Gaël Orieux s'approvisionne au marché et a fait notamment le choix de ne servir que des poissons dont l'espèce n'est pas menacée (mulet noir, maigre, tacaud). Quant au choix de vins, il invite à d'agréables découvertes à prix étudiés.

🔖 – Prix : €€€

54 rue de Bourgogne – Ⓜ Varenne – ✆ 01 45 51 61 09 – www.restaurantauguste. fr – Fermé samedi et dimanche

✿ LES CLIMATS

MODERNE • CHIC Le restaurant est installé dans le cadre atypique de l'ancienne Maison des Dames des Postes, Télégraphes et Téléphones, qui hébergea à partir de 1905 les opératrices des PTT. L'intérieur, d'un style Art nouveau assumé, est somptueux. Mosaïque ancienne au sol, plafond dont les arches sont égayées de motifs fleuris, luminaires originaux en laiton, vitraux etc. Côté cuisine, une alliance raffinée et créative de recettes d'inspiration française. Et n'oublions pas les deux grandes caves vitrées, offrant l'une des plus riches sélections de vins de Bourgogne de France.

🏵 🔖 🍷 – Prix : €€€€

41 rue de Lille – Ⓜ Rue du Bac – ✆ 01 58 62 10 08 – www.lesclimats.fr – Fermé lundi et dimanche

✿ DIVELLEC

Chef : Mathieu Pacaud

POISSONS ET FRUITS DE MER • CHIC Le célèbre restaurant de Jacques Le Divellec (de 1983 à 2013) est désormais tenu par Mathieu Pacaud. La thématique culinaire est toujours orientée vers le grand large, carte et menus, composés au gré de la marée, sacralisent de beaux produits iodés, comme avec cette sole meunière de petit bateau, beurre noisette ou le turbotin sauvage de Bretagne. Bien installé sur le pont, on profite de la jolie vue sur l'esplanade des Invalides. On a même récupéré une ancienne librairie pour agrandir le lieu et créer une salle d'inspiration jardin d'hiver : une respiration bienvenue.

🕮 🕭 🅐🅒 ⇄ 🍽 – Prix : €€€€

18 rue Fabert – Ⓜ *Invalides –* ℰ *01 45 51 91 96 – www.divellec-paris.fr*

❀ ES

Chef : Takayuki Honjo

MODERNE • ÉPURÉ L'adresse de Takayuki Honjo, chef japonais adepte de cuisine et de culture françaises. Formé dans des maisons prestigieuses (Astrance à Paris, Quintessence à Tokyo, Mugaritz au Pays basque), il a pensé son restaurant dans les moindres détails : une salle blanche et très épurée, presque monacale, où le mobilier moderne ne cherche pas à attirer l'attention. Dans ce contexte, le repas s'apparente à une forme de cérémonie. Foie gras et oursins, ou pigeon et cacao : les associations détonnent, les saveurs se mêlent intimement. L'harmonie des compositions, toujours subtiles, rappellent avec talent les racines nippones du jeune homme.

🅐🅒 – Prix : €€€€

91 rue de Grenelle – Ⓜ *Solférino –* ℰ *01 45 51 25 74 – www.es-restaurant.fr – Fermé lundi et dimanche*

❀ GAYA PAR PIERRE GAGNAIRE

Chef : Pierre Gagnaire

MODERNE • CHIC En lieu et place de la Ferme Saint-Simon (une institution datant de 1933), Gaya par Pierre Gagnaire affiche tous les signes distinctifs d'un temple de la gourmandise : sa façade bleu vif et ses beaux auvents attirent l'œil comme les bonnes adresses savent le faire. Une clientèle triée sur le volet vient y faire relâche dans un cadre de brasserie chic, épuré et confortable, avec ses cuivres rutilants et sa bar de première catégorie. Seule compte ici la liberté de se faire plaisir grâce à une cuisine actuelle qui met l'accent sur la mer (carpaccio de daurade royale, radis rose et gel de pamplemousse ; grosse langoustine, velouté de coco de Paimpol et cébettes), les légumes et désormais les viandes (avec un foie de veau à la vénitienne par exemple).

🕮 🕭 🅐🅒 ⇄ 🍽 – Prix : €€€

6 rue de Saint-Simon – Ⓜ *Rue du Bac –* ℰ *01 45 44 73 73 – www.restaurantgaya. com – Fermé lundi et dimanche*

❀ LE JULES VERNE

MODERNE • ÉLÉGANT Frédéric Anton préside aux destinées de ce restaurant emblématique situé au second étage de la Tour Eiffel. Accessible par ascenseur privé, la salle culmine à 125 m du sol. La magie opère instantanément et l'assiette se révèle, elle aussi... à la hauteur. Excellents produits, cuisine fine et maîtrisée, carte des vins ébouriffante : ici, le détail est roi. On se régale par exemple d'un cabillaud cuit au naturel, jus aux épices, ail frit et coriandre fraîche, ou d'un filet d'agneau dans son jus de viande parfumé à la réglisse. Pensez à réserver très à l'avance votre table près des baies vitrées : la vue sur Paris à travers les poutrelles métalliques de la tour est tout simplement spectaculaire.

🕮 ⇄🕭 🅐🅒 🍽 – Prix : €€€€

Tour Eiffel - Avenue Gustave-Eiffel – Ⓜ *Bir-Hakeim –* ℰ *01 72 76 16 61 – www. restaurants-toureiffel.com/fr/restaurant-jules-verne.html*

❀ NAKATANI

Chef : Shinsuke Nakatani

MODERNE • INTIME Après dix années passées auprès d'Hélène Darroze, Shinsuke Nakatani préside aux destinées de cette table feutrée et reposante, habillée de douces couleurs et de matières naturelles. Avec un sens aigu de l'assaisonnement, des cuissons et de l'esthétique des plats, ce chef japonais pétri de talent compose une belle cuisine française au gré des saisons ; les saveurs et les textures s'entremêlent avec harmonie et de l'ensemble émane une cohérence certaine.

On se régale d'un menu unique (4 plats le midi, 6 le soir), servi par un personnel discret et efficace. Étant donné le nombre de places (16 couverts), il faudra penser à réserver à l'avance. Le menu unique change tous les deux mois.

🔲 – Prix : €€€€

27 rue Pierre-Leroux – 🚇 *Vaneau –* 📞 *01 47 34 94 14 – www.restaurant-nakatani. com – Fermé lundi et dimanche*

✿ PERTINENCE

Chefs : Kwen Liew et Ryunosuke Naito

MODERNE • DESIGN C'est au restaurant Antoine, en 2011, que Ryunosuke Naito et Kwen Liew se sont rencontrés : lui, le Japonais formé dans quelques-unes des maisons les plus prestigieuses de la place parisienne (Taillevent, Meurice), elle la Malaisienne. C'est tout près du Champ-de-Mars qu'ils tiennent cette maison au cadre épuré – lattes de bois clair et chaises Knoll –, tout en pudeur, intimiste et chaleureuse, bref : à leur image. Aux fourneaux, ils composent à quatre mains une cuisine du marché aux saveurs intenses, offrant au passage un délicieux lifting à la tradition française. Leur talent ne fait décidément aucun doute.

Prix : €€€€

29 rue de l'Exposition – 🚇 *École Militaire –* 📞 *01 45 55 20 96 – www. restaurantpertinence.com – Fermé lundi et mardi midi*

✿ TOMY & CO

Chef : Tomy Gousset

MODERNE • CONVIVIAL À deux pas de la rue Saint-Dominique, cette adresse porte l'empreinte de Tomy Gousset, chef d'origine cambodgienne, qui trace sa route sans complexes, et avec le sourire. Le garçon, venu sur le tard à la cuisine (à 23 ans), se perfectionne au Meurice, chez Taillevent et Boulud à New York. Il invente aujourd'hui une partition gastro-bistrot ancrée dans son temps, et place son "karma" (selon ses mots) au service du goût et du produit, avec une vraie démarche locavore. Son crédo ? "Simplicité et sophistication", ce qui se traduit dans notre jargon par : "On se régale".

🔲 – Prix : €€€

22 rue Surcouf – 🚇 *Invalides –* 📞 *01 45 51 46 93 – www.tomygousset.com – Fermé samedi et dimanche*

✿ LE VIOLON D'INGRES

TRADITIONNELLE • CHIC Le changement (et la qualité) dans la continuité : Christian Constant a revendu son Violon d'Ingres à Bertrand Bluy, originaire également du Sud-Ouest (du Lot-et-Garonne), déjà propriétaire des Papilles (Paris 5). Que les aficionados se rassurent, l'esprit des lieux, façon néobrasserie de luxe, et la cuisine demeurent inchangés. En cuisine, c'est un travail à quatre mains, celles d'Alain Solivérès et de Jimmy Tsaramanana, qui célèbrent le Sud-Ouest avec une belle maîtrise technique, et des produits de grande qualité. Un détail : pensez à réserver, c'est souvent complet.

🕸 ♿ 🔲 – Prix : €€€€

135 rue Saint-Dominique – 🚇 *École Militaire –* 📞 *01 45 55 15 05 – www. leviolondingres.paris*

🙂 20 EIFFEL

TRADITIONNELLE • CLASSIQUE Dans une rue résidentielle à deux pas de la Tour Eiffel, ce restaurant vous accueille dans un cadre sobre et lumineux. Dans l'assiette, on trouve une cuisine traditionnelle, teintée de quelques recettes plus actuelles. Aujourd'hui, généreuse terrine de cerf, un bon tendron de veau braisé et ses topinambours, et un classique Mont-Blanc réalisé dans les règles. Même si le soufflé sucré tient toujours ici son rang de dessert signature ou... presque.

🔣 – Prix : €€

*20 rue de Monttessuy – Ⓜ Alma - Marceau – ℰ 01 47 05 14 20 – www.
restaurant20eiffel.fr – Fermé lundi et dimanche*

AU BON ACCUEIL

MODERNE • BISTRO À l'ombre de la tour Eiffel, dans une rue calme, le chef Satoshi Horiuchi compose une appétissante cuisine du marché, sensible au rythme des saisons. Confit de saumon ; croustillant de tête de veau ; joue de bœuf braisée au vin rouge ; mousse au cognac et sauce au chocolat chaud... le tout accompagné de crus bien choisis.

🔣 – Prix : €€€

*14 rue de Monttessuy – Ⓜ Alma - Marceau – ℰ 01 47 05 46 11 – www.
aubonaccueilparis.com – Fermé samedi et dimanche*

CHEZ LES ANGES

CLASSIQUE • ÉLÉGANT Une salle élégante pour une cuisine goûteuse et sincère, entre tradition et modernité : œuf mollet frit et lentilles multicolores ; baba au rhum Mathusalem... et en accompagnement, une belle carte de vins et whiskys.

🔣 – Prix : €€€

*54 boulevard de la Tour-Maubourg – Ⓜ La Tour-Maubourg – ℰ 01 47 05 89 86 –
www.chezlesanges.com – Fermé samedi et dimanche*

L'AMI JEAN

MODERNE • BISTRO Passionné du beau produit de saison, Stéphane Jégo sert une cuisine pleine de générosité et de saveurs. Sans oublier le riz au lait de Maman Philomène ! Vu le succès, c'est toujours bondé, animé et sympathique. Des plats au caractère bien trempé. Réservation indispensable.

Prix : €€€

*27 rue Malar – Ⓜ La Tour-Maubourg – ℰ 01 47 05 86 89 – lamijean.fr –
Fermé lundi et dimanche, et samedi soir*

ARNAUD NICOLAS

MODERNE • CONVIVIAL Un charcutier sachant cuisiner ne court pas les rues, et surtout pas celles de ce secteur résidentiel du 7ème arrondissement (à deux pas de la Tour Eiffel, tout de même) ! Le chef patron s'approprie pâté en croûte et terrine, pour imaginer une haute couture charcutière. À déguster dans un cadre sobre et élégant. À l'entrée du restaurant, un coin boutique permet de prolonger l'expérience culinaire.

🔣 – Prix : €€

*46 avenue de la Bourdonnais – Ⓜ École Militaire – ℰ 01 45 55 59 59 –
arnaudnicolas.paris – Fermé lundi et dimanche*

LES BOTANISTES

TRADITIONNELLE • BISTRO Non loin du Bon Marché, un bistrot sympathique, aux mains d'un chef qui ne triche ni avec les produits, ni avec le goût ! La cuisine bistrotière est ici célébrée dans son environnement naturel, banquettes, tables en bois, etc. Sympathique, gourmand et convivial : les clients sont ravis, et on les comprend.

Prix : €€

*11 bis rue Chomel – Ⓜ Sèvres - Babylone – ℰ 01 45 49 04 54 – www.
lesbotanistes.com – Fermé dimanche*

CAFÉ DES MINISTÈRES

TRADITIONNELLE • BISTRO Derrière le palais Bourbon, les amateurs d'authentique cuisine française traditionnelle (et notamment de belles sauces gourmandes) s'échangent volontiers l'adresse de ce bistrot aux allures de café de quartier. Jean Sévégnès, un chef du sud-ouest, n'a pas son pareil pour envoyer de bons petits plats savoureux, à l'image de ce vol-au-vent d'anthologie.

🆎 – Prix : €€

83 rue de l'Université – Ⓜ Assemblée Nationale – ☎ 01 47 05 43 62 – www.
cafedesministeres.fr – Fermé samedi, dimanche et lundi midi

CAFÉ LIGNAC

TRADITIONNELLE • **BISTRO** Le chef Christian Constant a quitté la rue Saint-Dominique et passé le flambeau de la cuisine bistrotière traditionnelle à Cyril Lignac. Le moins qu'on puisse dire, c'est que le nouveau proprio respecte le genre à la lettre : œufs mimosa, gratinée à l'oignon, pâté en croûte, boudin noir aux pommes, baba au rhum ou mille-feuille, mais aussi quelques classiques qui sont restés à la carte comme le cassoulet. On aime aussi l'ouverture 7 jours sur 7 en continu à partir de 7h30 – façon vrai bistrot.

🆎 – Prix : €€

139 rue Saint-Dominique – Ⓜ La Tour-Maubourg – ☎ 01 47 53 73 34 – cafelignac.com

ECLIPSES

MODERNE • **ÉLÉGANT** Cette adresse, créée par un jeune chef à l'excellent parcours étoilé (Ledoyen, Apicius, Grand Véfour) propose une cuisine dans l'air du temps, attentive aux saisons et aux produits. À déguster dans un écrin néo-classique de qualité au décor soigné. Joli caveau voûté.

♿ 🆎 ⇔ – Prix : €€€

27-29 rue de Beaune – Ⓜ Rue du Bac – ☎ 01 40 13 96 42 – eclipses.fr –
Fermé samedi et dimanche

FLORIMOND

TRADITIONNELLE • **BISTRO** Florimond – du nom du jardinier de Monet à Giverny – a l'esprit bistrotier et convivial... Pour faire honneur à ce prénom chantant, le chef agrémente sa cuisine du terroir (nombreux produits de Corrèze, sa région d'origine) de beaux légumes. Et ce fils de charcutier fait lui-même ses saucisses, boudins et conserves !

🆎 – Prix : €€

19 avenue de La Motte-Picquet – Ⓜ École Militaire – ☎ 01 45 55 40 38 – www.
leflorimond.com – Fermé samedi et dimanche

GARANCE

CRÉATIVE • **DESIGN** Dans cette table proche des Invalides, le jeune chef, passé par Piège et Toutain, sait donner le meilleur des beaux produits en provenance directe de la ferme maison, 160 hectares dans le Limousin. Les saveurs sont contrastées, les associations créatives et percutantes et la technique très au point. Une valeur sûre.

🕸 🆎 ⇔ – Prix : €€€

34 rue Saint-Dominique – Ⓜ Invalides – ☎ 01 45 55 27 56 – www.garance-
saintdominique.fr – Fermé samedi et dimanche

GEMELLUS Ⓝ

MODERNE • **CHIC** Deux jumeaux, évidemment, veillent sur cette petite adresse chic et moderne, où quatre murs couleur ficelle font une salle carrée avec moulures peintes et lustre à pampille, tables dorées et fauteuils en velours. Maxime Le Meur, formé à bonne école auprès de grands chefs, ne laisse rien au hasard en exécutant une belle cuisine classique et bourgeoise, twistée avec juste ce qu'il faut de créativité et de fraîcheur, comme sur ce tiramisu revisité aux cerises. Menu déjeuner intéressant, prix gastronomiques au dîner.

🆎 – Prix : €€€

37 avenue Duquesne – Ⓜ Saint-François-Xavier – ☎ 01 45 55 87 57 – gemellus-
restaurant.fr – Fermé samedi et dimanche

LE GENTIL

MODERNE • SIMPLE Cette table de la gourmande rue Surcouf, ouverte par le chef japonais Fumitoshi Kumagai, épaulé de son épouse japonaise en salle, propose une cuisine française actuelle agrémentée de quelques touches asiatiques : pieds de porc farcis avec chou pak choi, faux-filet de bœuf à la sauce japonaise...

Prix : €€

26 rue Surcouf – Ⓜ Invalides – ✆ 09 52 27 01 36 – Fermé samedi et dimanche, et mercredi soir

L'INCONNU

ITALIENNE • COSY Le chef, longtemps second au Passage 53, compose une cuisine d'inspiration italienne aux touches hexagonales, avec des clins d'œil au Japon, sa terre natale. Il ne travaille que de beaux produits et en tire une cuisine inédite et créative, ainsi ces queues de langoustines bretonnes surmontées d'une émulsion au cidre et citron confit...

Prix : €€€

4 rue Pierre-Leroux – Ⓜ Vaneau – ✆ 01 53 69 06 03 – restaurant-linconnu.fr – Fermé mardi et mercredi

MILAGRO Ⓝ

MODERNE • BRANCHÉ Chef américain originaire du Nouveau-Mexique, Justin Kent a du métier (il a notamment travaillé avec Alain Passard et David Toutain) et du goût : la déco de son petit bistrot néo-rétro tape dans le mille (comptoir en marbre blanc et chêne, parquet, tables en chêne blond, fauteuils rétro en bois et velours vert). Influences internationales et bistronomie parisienne se marient chez lui sans problème avec gourmandise et maîtrise : croquettes de chorizo et patate douce, yahourt grec ; côtelettes d'agneau, émulsion maïs, risotto de petit épeautre ; crémeux de céleri rave au chocolat blanc, glace et meringue.

Prix : €€

85 avenue Bosquet – Ⓜ École Militaire – ✆ 09 54 50 83 31 – www.milagroparis. com – Fermé lundi, dimanche et samedi midi

LES OMBRES Ⓝ

MODERNE • DESIGN Perché sur le toit terrasse du musée du quai Branly - Jacques Chirac, ce restaurant entièrement vitré, dont Jean Nouvel a signé l'architecture intérieure et extérieure, fait un clin d'œil à la tour Eiffel toute proche. Supervisée par Alain Ducasse, la carte est mise en scène avec talent par un proche, le chef Alexandre Sempere. Pas d'ombre(s) sur cette cuisine moderne de saison et de beaux produits, qui se ressent des influences méditerranéennes de son mentor. Mention spéciale aux desserts du chef pâtissier Jérémy Schotte, comme cette mousse de skyr fermier à la main de bouddha et granité de feuilles de citronnier.

⩗ & 🄰🄲 🍽 – Prix : €€€€

27 quai Branly – Ⓜ Pont de l'Alma – ✆ 01 47 53 68 00 – www.lesombres-restaurant.com

LES PARISIENS Ⓝ

TRADITIONNELLE • ÉLÉGANT Au sein d'un somptueux nouvel hôtel du Faubourg-Saint-Germain, cette table reprend tous les codes de la brasserie de luxe. Boiseries, grands miroirs, sol en mosaïque, banquettes ourlées en velours, dorures, tables en marbre noir : c'est élégant, légèrement rétro et très cosy – une réussite. Chaperonnée par Thibault Sombardier, la carte joue la tradition, rafraîchie et actualisée. Belle carte des vins éclectique, ponctuée de jolies références.

& 🄰🄲 – Prix : €€€

1 rue du Pré-aux-Clercs – Ⓜ Rue du Bac – ✆ 01 42 61 01 51 – www.pavillon-faubourg-saint-germain.com – Fermé lundi et dimanche

PARIS

PETROSSIAN

POISSONS ET FRUITS DE MER • CHIC Un nom mythique pour les amateurs de caviar depuis 1920, quand les frères Petrossian, d'origine arménienne, se lancèrent dans son importation. Le restaurant honore l'histoire de la maison avec de la dégustation "classique" de caviar, mais aussi des plats bien pensés où il apparaît sous d'autres formes (pressé, séché, maturé, liquide).

🅰🄲 ⛯ – Prix : €€€

13 boulevard de la Tour-Maubourg – Ⓜ Invalides – ✆ 01 44 11 32 32 – restaurant. petrossian.fr – Fermé lundi et dimanche

PHILIPPE EXCOFFIER

MODERNE • COSY Philippe Excoffier, chef d'origine savoyarde, a posé sa toque dans un arrondissement où les ambassades sont partout. Il concocte une cuisine gourmande et canaille, à l'instar de ce ris de veau aux champignons des bois, ou de cette cassolette de homard et tatin d'artichauts...

🅰🄲 – Prix : €€€

18 rue de l'Exposition – Ⓜ École Militaire – ✆ 01 45 51 78 08 – www.philippe-excoffier.fr – Fermé lundi et dimanche

PIERO TT

ITALIENNE • TRATTORIA Bienvenue dans cette trattoria italienne griffée Pierre Gagnaire, où le grand chef propose sa version personnelle et créative de la cuisine italienne, joliment exécutée à partir de produits rigoureusement sélectionnés. Atmosphère chic et décontractée, accueil chaleureux, et conseils avisés du sommelier qui propose les meilleurs crus de la péninsule. Réservation très conseillée.

🅰🄲 – Prix : €€€

44 rue du Bac – Ⓜ Rue du Bac – ✆ 01 43 20 00 40 – www.restaurantpiero.com – Fermé lundi et dimanche

PLUME

MODERNE • CONVIVIAL Né à Tunis, le chef ajoute un peu de diversité et beaucoup de talent à cette petite rue voisine du Bon Marché. On s'installe dans ce bistrot de poche, au coude-à-coude, pour apprécier une cuisine bien troussée, pile dans les saisons – avec, divine surprise, un vrai choix à la carte !

Prix : €€€

24 rue Pierre-Leroux – Ⓜ Vaneau – ✆ 01 43 06 79 85 – www.restaurantplume. com – Fermé lundi, dimanche et samedi midi

POTTOKA

BASQUE • CONVIVIAL Originellement, Pottoka est l'emblème de l'Aviron bayonnais – le club de rugby, comme son nom ne l'indique pas. Si le produit basque est omniprésent dans les plats (jambon de Bayonne, chorizo, ossau-iraty), le chef fait plutôt dans la bistronomie canaille, créative et bien dans l'air du temps. Essai transformé sur toute la ligne.

🅰🄲 🍴 ⇔ – Prix : €€

4 rue de l'Exposition – Ⓜ École Militaire – ✆ 01 45 51 88 38 – pottoka.fr – Fermé lundi et mardi, et dimanche soir

RACINES DES PRÉS

MODERNE • BRANCHÉ Cette adresse du cœur de Saint-Germain-des-Prés ne désemplit pas, et pour cause, tout y est à sa place : cuisine-comptoir, ambiance vintage décontractée, plats de bistrot bien tournés, à l'image de ce médaillon de lotte rôtie, butternut et consommé de crustacés au combawa. Le tout accompagné

PARIS

PARIS

de vins choisis, issus de petites cuvées de vignerons. Un coup de maître – et de cœur.

Prix : €€€

1 rue de Gribeauval – Ⓜ *Rue du Bac –* ☎ *01 45 48 14 16 – www.racinesdespres. com – Fermé samedi et dimanche*

SANCERRE RIVE GAUCHE

MODERNE · CONVIVIAL Sancerre, une colline, un vin et même un bon petit resto parisien dans ce quartier huppé – une adresse qui fut jadis le fief du grand vigneron sancerrois Alphonse Mellot. Dans une ambiance de bistrot moderne, Anne-Cécile Faye, rompue à l'art de l'hospitalité, accueille avec une verve réconfortante. Quant au chef Éric Lecerf, il réalise au cordeau une cuisine canaille aussi épatante que réjouissante : des pâtés, des abats et autres victuailles roboratives, sans oublier le plat phare de la maison, le chou farci, une vraie réussite. Tous présentés sur le comptoir, tartes et gâteaux entiers sont découpés par le serveur à la réclame.

Prix : €€

22 avenue Rapp – Ⓜ *Alma - Marceau –* ☎ *01 43 06 87 98 – www. sancerrerivegauche.com – Fermé lundi et dimanche*

🛏 LE CINQ CODET

DESIGN MODERNE A deux pas des Invalides, cet hôtel design a tout pour plaire : un emplacement rêvé, un mobilier chic et confortable, des équipements dernier cri, plus de 400 œuvres d'art contemporain... sans oublier l'espace bien-être et la belle terrasse patio. Concierge et voiturier.

🕭 🐾 🅿 🌐 📶 ⌘ 🍽 - 67 chambres – Prix : €€

5 rue Louis Codet – ☎ *01 53 85 15 60*

🛏 LA COMTESSE   *Plus*

DESIGN MODERNE Ici, les chambres donnent le choix entre "vue latérale tour Eiffel" ou "vue face tour Eiffel". En contrepoint, les chambres ne sont pas immenses, mais leur décoration relève d'un équilibre subtil entre esthétique moderne et romantisme hérité des salons littéraires du 18ᵉ s. Les espaces publics se parent de fresques ou de moulures rouge sang au-dessus rayonnages de livres d'art ou de design. L'hôtel propose également un petit-déjeuner continental chic, une petite salle de fitness et un hammam.

🕭 📶 ⌘ 🍽 - 40 chambres – Prix : €€€

29 avenue de Tourville – ☎ *01 45 51 29 29*

🛏 J.K. PLACE

AVANT-GARDE Situé à quelques pas de l'Assemblée Nationale et non loin de Saint-Germain-des-Prés, cet hôtel du groupe italien J.K. réchauffe l'ancienne ambassade de Norvège de son charme transalpin. Cet écrin discret tout en raffinement offre 29 chambres et suites luxueuses dans un style résolument contemporain. Spa et piscine.

🕭 🐾 🅿 ⊲ ⌇ 🌐 📶 ⌘ 🍽 - 29 chambres – Prix : €€€€

82 rue de Lille – ☎ *01 40 60 40 20*

🛏 MONTALEMBERT

CLASSIQUE CONTEMPORAIN Un noble bâtiment Belle Époque (1926) idéalement situé entre la Seine, le musée d'Orsay et St-Germain-des-Prés – la terrasse du restaurant, côté rue, voisine les éditions Gallimard... Décoration chic et chambres confortables, réinventées par le décorateur Pascal Allaman.

🐾 🅿 ⊲ ⚶ 🍽 - 50 chambres – Prix : €€

3 rue de Montalembert – ☎ *01 45 49 68 68*

🛏 PAVILLON FAUBOURG SAINT-GERMAIN

CLASSIQUE CONTEMPORAIN Au cœur du Carré Rive gauche, quartier célèbre pour ses antiquaires et ses galeries d'art, cet hôtel particulier respire l'élégance et le bien-être : parquet, meubles anciens et tons doux dans les chambres, salle de fitness avec hammam et soins...

🚲 🅿 🛎 ⦿ - 47 chambres – Prix : €€

3 rue du Pré-aux-Clercs – ☎ *01 42 61 01 51*

Les Parisiens - Voir la sélection des restaurants

THOUMIEUX   *Plus*

DESIGN MODERNE Élégance, tons bruns ou vert amande : la décoratrice, India Mahdavi, a imaginé des chambres décalées, tout en imprimés chatoyants, et des salles de bains en marbre aux formes courbes. Un style unique, à voir et à vivre...

🔊 ⦿ - 15 chambres – Prix : €€

79 rue Saint-Dominique – ☎ *01 47 05 49 75*

Champs-Élysées • Concorde • Madeleine

8e ARRONDISSEMENT

🏵🏵🏵 ALLÉNO PARIS AU PAVILLON LEDOYEN

Chef : Yannick Alléno

CRÉATIVE • LUXE Cette prestigieuse institution parisienne, installée dans un élégant pavillon des jardins des Champs-Élysées, incarne l'image même du grand restaurant à la française : le luxe du décor, la culture des arts de la table, le service orchestré avec élégance, tout dessine un écrin unique à la gloire de la gastronomie. De vastes baies vitrées ouvrent sur les Champs-Élysées. La cuisine de Yannick Alléno est éblouissante et technique, avec une mention spéciale pour les jus et les sauces (ce que le chef appelle "le verbe de la cuisine française"), magnifiés à travers de savantes extractions : ou comment l'avant-garde se met au service de la grande tradition culinaire française.

🕸 🔣 ⇄ 🍽 **P** – Prix : €€€€

8 avenue Dutuit – 🅜 *Champs-Élysées - Clemenceau –* 📞 *01 53 05 10 00 – www. yannick-alleno.com – Fermé samedi, dimanche et du lundi au vendredi à midi*

🏵🏵🏵 LE CINQ

MODERNE • LUXE Quel style, quel luxe opulent, entre colonnes altières, mou-lures, ou hautes gerbes de fleurs, sans oublier la douce lumière provenant du jardin intérieur... C'est ici, dans le plus grand des palaces parisiens, que le chef Christian Le Squer fait des merveilles année après année et force le respect. Sa cuisine intemporelle, toujours au service des meilleurs produits, déploie une technique virtuose et une finesse mémorable, à l'image de ce splendide beurre mousseux au vin jaune qui accompagne le homard, ou de cette délicate crème de chou-fleur servie avec les langues d'oursins... Cet enfant du Morbihan ne cesse d'évoquer sa Bretagne natale au cœur de Paris, signant de superbes hommages à ce terroir (le lait ribot associé au caviar et au bar, le beurre salé qui accompagne le homard) et aux produits de la mer. Côté sucré, le chef pâtissier Michael Bartocetti compose une partition de haute volée, proche de la nature, délaissant le sucre au profit des fruits et du miel. Le service sous l'égide d'Éric Beaumard (lui-même sommelier d'exception) – empathique et tout en prestance – est proche de la perfection.

🕸 🗓 🔣 ⇄ 🍽 – Prix : €€€€

Four Seasons George V, 31 avenue George-V – 🅜 *George V –* 📞 *01 49 52 71 54 – www.fourseasons.com – Fermé lundi, dimanche et du mardi au samedi à midi*

🏵🏵🏵 ÉPICURE

MODERNE • LUXE Le Bristol est un monde de luxe absolu, de suites en spa, du superbe jardin français à la piscine sur les toits, jusqu'à cette salle à manger avec mobilier Louis XVI, miroirs, grandes portes-fenêtres ouvertes sur la verdure... Le palace a choisi le nom d'Épicure pour enseigne : un philosophe grec, chantre du plaisir dans la tempérance. Une devise qui convient parfaitement à Éric Frechon, le chef : "Mon grand-père cultivait des légumes, mon père les vendait, moi, je les cuisine." Produits superbes, technique irréprochable : il fait des merveilles dans un style traditionnel assumé, sans rien laisser au hasard.

🕸 ⇄ 🗓 🔣 🍴 ⇄ 🍽 – Prix : €€€€

Le Bristol, 112 rue du Faubourg-Saint-Honoré – 🅜 *Miromesnil –* 📞 *01 53 43 43 40 – www.oetkercollection.com – Fermé lundi et dimanche*

🏵🏵🏵 PIERRE GAGNAIRE

CRÉATIVE • ÉLÉGANT Dans un écrin réinventé, dominé par une œuvre magistrale et animale – un "Lascaux urbain" réalisé au fusain par l'artiste Adel Abdessemed –, Pierre Gagnaire continue d'asticoter la cuisine française. Celui qui a été sacré meil-leur chef du monde par ses pairs en 2015 réalise une cuisine d'auteur exploratrice, entière, excessive. Ce grand amateur de jazz et d'art contemporain cherche sans relâche. Son restaurant, trois étoiles depuis 1996, est à l'image de son hôte : moderne et sobre, jouant la note du raffinement discret, ton sur ton avec le service, attentionné et délicat. Les assiettes aussi, poétiques et en réinvention permanente, petites portions "satellites" mises en orbite par le chef, si bien qu'il est impossible de citer un plat emblématique, ou même une qualité principale. Si ce n'est l'excellence.

⊛ ℥ 🅼 ⇔ 🍽 – Prix : €€€€

6 rue Balzac – Ⓜ George V – ☎ 01 58 36 12 50 – www.pierregagnaire.com/ restaurants/pierre_gagnaire – Fermé samedi et dimanche

L'ABYSSE AU PAVILLON LEDOYEN

JAPONAISE • DESIGN Un maître sushi, des produits d'une remarquable qualité (poissons ikejime de l'Atlantique) et la patte créative de Yannick Alléno... Le programme est alléchant. La salle, épurée, fait la part belle aux artistes contemporains – de l'installation de milliers de baguettes en bois par Tadashi Kawamata, street artist japonais, aux pans de murs de céramiques, imaginés par l'Américain William Coggin. Ajoutons à cela le service tiré à quatre épingles d'une grande maison, un somptueux livre de cave riche de sakés recherchés et douze places au comptoir en bois blond, pour se trouver au cœur de l'action. Détonant !

⊛ 🅼 🍽 – Prix : €€€€

8 avenue Dutuit – Ⓜ Champs-Élysées - Clemenceau – ☎ 01 53 05 10 30 – www. yannick-alleno.com/fr – Fermé samedi et dimanche

LE CLARENCE

MODERNE • LUXE Avec la fougue et le talent qu'on lui connaît, Christophe Pelé a investi ce somptueux hôtel particulier de 1884 situé à proximité des Champs-Élysées, un arrondissement que connaît bien le chef pour avoir officié chez Ledoyen, Lasserre, Pierre Gagnaire, ou au Bristol. Aux fourneaux, ça swingue. Cet artiste de l'association terre et mer propose une cuisine personnelle, aux saveurs franches et marquées, qui répond toujours à la promesse de l'annonce du plat. Le menu surprise avec son concept d'assiettes "satellites" qui s'ajoutent à la préparation principale s'avère judicieux. Quant à la carte des vins, elle donne le vertige (demandez à visiter la belle cave voûtée qui abrite les grands crus). Une expérience mémorable.

⊛ ℥ 🅼 ⇔ – Prix : €€€€

31 avenue Franklin-D.-Roosevelt – Ⓜ Franklin D. Roosevelt – ☎ 01 82 82 10 10 – www.le-clarence.paris/la-table – Fermé lundi, dimanche et mardi midi

LE GABRIEL - LA RÉSERVE PARIS

CRÉATIVE • ÉLÉGANT À deux pas des Champs-Élysées, ce restaurant est installé dans le décor élégant et luxueux de la Réserve, un ancien hôtel particulier du 19ᵉ s. Habitué des grandes maisons parisiennes (Bernard Pacaud, Alain Senderens), Jérôme Banctel a profité de la période récente pour changer entièrement de cap : ce Breton embarque désormais ses convives au gré de menus sans choix qui invitent à un voyage entre Bretagne et saveurs d'ailleurs – l'homme a beaucoup voyagé, notamment en Turquie où il a découvert la cuisine à la chaux. Cette liberté reconquise révèle une vraie identité culinaire qui navigue entre acidité, épices et iode, avec le talent d'un alchimiste cosmopolite. Il élabore ses assiettes avec de superbes produits (comme vous en aurez parfois rarement vu...), ne s'éloignant jamais de ses solides bases classiques. Admirons par exemple ce homard au binchotan, praliné d'amandes, pêches à la verveine ou encore ce merlan, morilles au jus de couteaux, petits pois.

⊛ ⇔ ℥ 🅼 🍽 – Prix : €€€€

La Réserve Paris, 42 avenue Gabriel – Ⓜ Champs-Élysées - Clemenceau – ☎ 01 58 36 60 50 – www.lareserve-paris.com – Fermé samedi et dimanche

LE GRAND RESTAURANT - JEAN-FRANÇOIS PIÈGE

Chef : Jean-François Piège

CRÉATIVE • ÉLÉGANT Bienvenue dans le "laboratoire de grande cuisine" de Jean-François Piège : une salle intimiste surplombée d'une verrière en angles et en reflets, où le chef exprime toute l'étendue de son expérience et de son savoir-faire : soit une cuisine d'auteur intemporelle qui puise aux sources livresques de l'histoire de la gastronomie française (le chef possède probablement l'une des plus belles bibliothèques culinaires de la place de Paris). Plus de carte ici mais un menu dégustation à travers les terroirs de la France, autour notamment de ses "mijotés modernes". Jean-François Piège montre sa capacité à créer, d'un geste, l'émotion culinaire et le goût sans jamais céder à la démonstration purement visuelle. Et il reste à chaque instant capable de surprendre avec un plat aussi simple que délicieux comme cette succulente langoustine cuite minute sur son pavé parisien accompagnée de sa laitue de mer, sabayon de sarrasin.

🕸 ♿ 🎴 – Prix : €€€€

7 rue d'Aguesseau – Ⓜ Madeleine – ☏ 01 53 05 00 00 – www.jeanfrançoispiege. com/le-grand-restaurant – Fermé samedi, dimanche et du lundi au mercredi à midi

LA SCÈNE

Cheffe : Stéphanie Le Quellec

MODERNE • ÉLÉGANT Stéphanie Le Quellec s'attelle à "désacraliser la grande cuisine" à travers ses menus déclinables en plusieurs actes, scène oblige : des assiettes simples en apparence mais pensées dans les moindres détails, où éclatent des saveurs nettes et franches. On retrouve avec plaisir certains de ses plats signature comme le "caviar, pain perdu et pomme Pompadour". On profite aussi des desserts de haute volée du pâtissier Pierre Chirac, qui prépare de véritables entremets "cuisinés" aux goûts marqués, à l'image de cette vanille aux deux origines : Tahiti en crème brûlée et Madagascar en crème glacée. Côté vins, profitez d'un beau choix de verres servis en magnum et même jéroboam... Le tout est mis en œuvre par une équipe au diapason, des cuisines à la salle, qui assure un service attentif et convivial. Au déjeuner, vous pourrez opter pour la partie bistrot, où vous attend une carte de saison alléchante et gourmande.

🕸 ♿ 🎴 – Prix : €€€€

32 avenue Matignon – Ⓜ Miromesnil – ☏ 01 42 65 05 61 – www.la-scene.paris – Fermé samedi et dimanche

LE TAILLEVENT

CLASSIQUE • LUXE Voici un établissement mythique, summum de classicisme à la française, propriété de la famille Gardinier (Les Crayères à Reims). Cette maison vénérable, l'ancien hôtel particulier du duc de Morny (19 e s.), est un lieu feutré et propice aux repas d'affaires. Dans l'assiette, selle d'agneau aux olives vertes et tourte aux girolles, boudin de langoustines "tradition Taillevent" . Les desserts ne démèritent pas et notamment les crêpes Suzette flambées, d'abord au Grand Marnier puis au cognac, un classique. Louons enfin la superbe carte des vins, riche de 2800 références et d'une gamme de prix permettant de satisfaire tous les portefeuilles - de moins de 40€ à 16000€ le flacon. Une table de référence.

🕸 ♿ 💠 🍽 – Prix : €€€€

15 rue Lamennais – Ⓜ Charles de Gaulle - Étoile – ☏ 01 44 95 15 01 – www.letaillevent.com – Fermé samedi, dimanche et lundi midi

114, FAUBOURG

MODERNE • ÉLÉGANT Au sein du Bristol, une brasserie unique, assurément ! La salle interpelle au premier coup d'œil : traversée d'imposantes colonnes dorées, elle arbore sur ses murs orangés de grands motifs de dahlias luminescents... En son cœur s'ouvre un grand escalier, qui dessert le niveau inférieur où les tables côtoient les cuisines ouvertes. Chic, chatoyant, à la fois animé et confidentiel, ce lieu est une réussite. Aux fourneaux, on revisite les grands classiques hexagonaux avec ce qu'il faut d'originalité. Les assiettes sont soigneusement dressées et les saveurs s'y marient joliment. Une prestation dans les règles de l'art.

♿ 🎴 – Prix : €€€€

Le Bristol, 114 rue du Faubourg-Saint-Honoré – Ⓜ Miromesnil – ☏ 01 53 43 44 44 – www.oetkercollection.com – Fermé samedi et dimanche à midi

✿ AKRAME

Chef : Akrame Benallal

CRÉATIVE • **DESIGN** À deux pas de la Madeleine, Akrame Benallal, chef vibrionnant s'il en est, travaille pourtant dans un lieu bien protégé des regards, derrière une immense porte cochère. En bon amateur du travail de Pierre Soulages, il a voulu son intérieur dominé par le noir et résolument contemporain – on y trouve plusieurs photographies, et, au plafond, une étonnante sculpture d'un homme qui tombe... Dans l'assiette, on retrouve une bonne partie de ce qui avait fait le succès de sa précédente adresse, rue Lauriston : l'inventivité, les produits de qualité, le soin apporté aux présentations. Comme on l'imagine, le succès est au rendez-vous.

♿ 🍤 – Prix : €€€€

7 rue Tronchet – 🅜 *Madeleine –* ☎ *01 40 67 11 16 – www.akrame.com –*
Fermé samedi et dimanche

✿ APICIUS

Chef : Mathieu Pacaud

MODERNE • **ÉLÉGANT** Installé dans un somptueux hôtel particulier du 18 e s. aux airs de petit palais, Apicius tient son nom de cet épicurien de l'Antiquité romaine qui aurait écrit le premier livre culinaire. Le chef Mathieu Pacaud continue d'écrire l'histoire de ce lieu mythique qui possède une terrasse magnifique, véritable jardin bucolique au cœur de Paris. Les assiettes perpétuent la belle tradition bourgeoise et réalisent la synthèse entre classicisme et créativité. Le temps passe, Apicius change... mais demeure !

🕭 🛖 🎔 🍤 ⇄ 🥘 – Prix : €€€€

20 rue d'Artois – 🅜 *Saint-Philippe du Roule –* ☎ *01 43 80 19 66 –*
www.restaurant-apicius.com – Fermé dimanche

✿ L'ARÔME

Chef : Thomas Boullault

MODERNE • **CHIC** Humer un arôme, un parfum, un bouquet : un alléchant programme proposé par cette élégante adresse, proche des Champs-Élysées, décorée par Emma Roux. Fidèle à son nom, le restaurant possède une belle cave, riche de 400 références, judicieusement sélectionnées. Grand amoureux des produits de saison, le chef Thomas Boullault élabore une cuisine raffinée et contemporaine. Les menus changent chaque jour au gré du marché. Vous tomberez sous le charme de la délicatesse et de l'équilibre des saveurs : thon rouge mi-cuit fumé au foin, côte de veau aux morilles... Arômes, senteurs et saveurs : à la bonne heure !

🕭 🎔 ⇄ 🥘 – Prix : €€€€

3 rue Saint-Philippe-du-Roule – 🅜 *Saint-Philippe du Roule –* ☎ *01 42 25 55 98 –*
www.larome-paris.com – Fermé samedi et dimanche

✿ L'ATELIER DE JOËL ROBUCHON - ÉTOILE

CRÉATIVE • **DESIGN** Avec deux pieds dans la capitale française, les célèbres Ateliers de Joël Robuchon font, au sens propre, le tour du monde. Beau symbole, cet opus est né à deux pas de l'Arc de Triomphe, au niveau - 1 du Publicis Drugstore des Champs-Élysées. Un décor tout en rouge et noir ; un grand comptoir autour duquel on prend place sur de hauts tabourets, face à la brigade à l'œuvre ; une ambiance feutrée et recueillie. L'enseigne incarne une approche contemporaine de la gastronomie. La carte laisse au client le choix entre petites portions dégustation ou portions normales. Enfin, le petit plus qui plaira aux œnophiles : tous les vins au verre sont servis au magnum.

🎔 ⇄ 🥘 – Prix : €€€€

133 avenue des Champs-Élysées – 🅜 *Charles de Gaulle - Étoile –* ☎ *01 47 23 75 75 – www.m.atelier-robuchon-etoile.com/fr – Fermé lundi et dimanche*

PARIS

❀ LE CHIBERTA

MODERNE • CHIC Le Chiberta version Guy Savoy s'est choisi le noir comme couleur, le vin comme symbole et l'inventivité comme fil conducteur. Cet univers, tamisé, calme et feutré, conçu par Jean-Michel Wilmotte, surprend par son minimalisme, tout en chic discret et design. La grande originalité du lieu reste indéniablement la "cave à vins verticale" : de grands crus - bourgogne et bordeaux en majesté - habillant les murs à la manière d'une bibliothèque. La cuisine du chef Irwin Durand (Joël Robuchon, Bernard Loiseau), supervisée par le "patron", revisite joliment la tradition (quenelle de brochet, cochon de lait, tête de veau, foie gras...), tout en restant au cœur de la saison. Menus dégustation (y compris autour de la truffe et du caviar), accords mets et vins.

🆎 ⇔ 🛥 – Prix : €€€€

3 rue Arsène-Houssaye – 🚇 *Charles de Gaulle - Étoile –* 📞 *01 53 53 42 00 – www. lechiberta.com – Fermé lundi, dimanche et samedi midi*

❀ CONTRASTE

MODERNE • ÉLÉGANT Pourquoi Contraste ? Un chef breton Erwan Ledru et un chef perpignanais Kevin de Porre, amis d'enfance réunis dans une même cuisine ; un décor qui mêle le cachet ancien des lieux à des touches plus contemporaines ; et enfin, un clin d'œil à l'une des grandes cuvées de champagne de la famille Selosse. La courte carte (complétée par un menu déjeuner et un menu dégustation) révèle une cuisine d'orfèvre actuel et savoureuse, travaillée autour de très beaux produits de saison. Les accords terre/mer sont particulièrement convaincants (homard breton et sarrasin ; lotte, coquillages et chorizo ibérique ; cochon ibérique et huîtres de Cancale).

🕸 🆎 – Prix : €€€

18 rue d'Anjou – 🚇 *Madeleine –* 📞 *01 42 65 08 36 – www.contraste.paris – Fermé samedi et dimanche*

❀ L'ÉCRIN

CRÉATIVE • ÉLÉGANT "À la recherche de l'accord parfait" : telle pourrait être la devise du luxueux Écrin de l'Hôtel de Crillon. Dans une démarche inédite et passionnante, le sommelier Xavier Thuizat et le chef Boris Campanella inversent les rôles : le choix des vins précède et détermine celui des plats ! Chaque convive vit ainsi une expérience personnalisée en fonction des nectars et du nombre de séquences qu'il a choisis. Une palette de combinaisons vertigineuse si l'on songe aux 2300 références en cave... et une prouesse qui démontre une ouverture d'esprit, une agilité technique et une entente parfaite entre les équipes. Avec des produits d'exception, le chef réalise des assiettes élégantes et pleines de caractère, qui s'approchent au plus près des arômes du vin. Un moment unique qui perpétue la grande tradition de l'art de vivre à la française.

🕸 ⇔ 🕭 🆎 🛥 – Prix : €€€€

Le Crillon, 10 place de la Concorde – 🚇 *Concorde –* 📞 *01 44 71 15 17 – www. rosewoodhotels.com/fr/hotel-de-crillon/dining/l-ecrin – Fermé samedi, dimanche et du lundi au vendredi à midi*

❀ LE GEORGE

Chef : Simone Zanoni

ITALIENNE • ÉLÉGANT Magistral lustre Baccarat, blancheur immaculée du décor et délicates compositions florales... Le décor chic et décontracté, signé Pierre-Yves Rochon, ne laisse aucun doute : on est bien au sein du prestigieux hôtel Four Seasons George V ! Aux fourneaux du George depuis septembre 2016, Simone Zanoni y imprime sa patte culinaire – dont l'empreinte a évidemment la forme de la botte transalpine. La cuisine garde de jolis accents maritimes, mais c'est plus précisément l'Italie qui remporte la mise ; on est sous le charme de cette cuisine aérienne, qui mise toujours sur sa patte culinaire, avec un respect particulier des saveurs et des méthodes de cuisson propres à la Méditerranée. À déguster à l'intérieur ou sous la haute véranda, pour profiter de la cour par tous les temps.

🌿 **L'engagement du chef :** Notre cuisine est le fruit d'une démarche locale et responsable grâce à un biosystème vertueux de la table à la table. Les déchets organiques du restaurant sont transformés en compost qui nourrit le sol de notre potager versaillais, qui est entretenu par des personnes en réinsertion professionnelle.

🐾 ⇔ ⛥ 🅰 🍽 – Prix : €€€€

Four Seasons George V, 31 avenue George-V – ⓜ *George V –* ☎ *01 49 52 72 09 –*
www.fourseasons.com

☸ HELEN

POISSONS ET FRUITS DE MER · ÉLÉGANT Créé en 2012, Helen est aujourd'hui une valeur sûre parmi les restaurants de poisson des beaux quartiers. Au menu : uniquement des pièces sauvages issues de la pêche quotidienne de petits bateaux, travaillées avec grand soin et simplicité. Dans l'assiette, en effet, pas de fioritures, une seule règle compte : mettre en valeur les saveurs naturelles – et iodées – du poisson (cru, grillé, à la plancha, à la vapeur, etc.). Les amateurs sont aux anges ! De plus, la carte varie au gré des arrivages, proposant par exemple un carpaccio de daurade royale au citron caviar, des sardines à l'escabèche, un turbotin rôti à la sauge et pancetta, des rougets barbets meunière... Tout cela est servi avec précision et savoir-faire : certains poissons sont même découpés directement en salle. Salle qui épouse également ce parti pris de sobriété, en faisant montre d'une épure toute contemporaine et d'une belle élégance... Helen, ou le raffinement dans la simplicité.

🅰 ⇔ 🍽 – Prix : €€€€

3 rue Berryer – ⓜ *George V –* ☎ *01 40 76 01 40 – www.helenrestaurant.com –*
Fermé lundi, dimanche et samedi midi

☸ IL CARPACCIO

ITALIENNE · ÉLÉGANT Au cœur du Royal Monceau, un couloir nacré, orné de milliers de coquillages, mène à votre table. Une belle évocation des nymphées du baroque italien qui transporte en Italie, version artiste et raffinée. La salle ressemble à un véritable jardin d'hiver, entièrement ceint de verrières aux couleurs printanières. Aux fourneaux, Oliver Piras et Alessandra Del Favero jouent avec subtilité la carte d'une gastronomie transalpine, sans sophistication inutile ni fioriture. Une cuisine pourtant hautement maîtrisée, aux saveurs séduisantes : les assiettes cultivent le goût des bons produits et des saveurs naturelles, autour d'ingrédients phares sélectionnés avec soin. Même esprit du côté des vins, principalement en provenance du Piémont et de la Toscane. Les desserts sont signés par Quentin Lechat, qui revisite avec talent les classiques de la péninsule.

🐾 ⛥ 🅰 🍴 ⇔ 🍽 – Prix : €€€€

Le Royal Monceau, 37 avenue Hoche – ⓜ *Charles de Gaulle - Étoile –* ☎ *01 42 99*
88 12 – www.leroyalmonceau.com – Fermé lundi, dimanche et samedi midi

☸ JEAN IMBERT AU PLAZA ATHÉNÉE

CLASSIQUE · LUXE Souvent pionnier tout au long de sa glorieuse histoire, le mythique palace de l'avenue Montaigne nous surprendra toujours. En confiant les rênes de sa grande table au médiatique Jean Imbert, il déclenche un véritable coup de tonnerre dans la gastronomie parisienne. Le "chef des stars" au sourire malicieux nous entraîne lui aussi où on ne l'attendait pas : entouré d'une équipe de haut vol, il s'attelle à revisiter avec générosité et gourmandise les trésors classiques du répertoire national (homard et langouste en Bellevue, veau Orloff, bœuf Richelieu, farandole de desserts présentée avec entrain par le duo de pâtissiers...). Revisité, le décor l'est aussi, dans un esprit classique chic qui redonne tout leur lustre aux ors du salon Régence. Attablé à la majestueuse table d'hôte centrale en marbre, comment ne pas être séduit ?

🐾 ⇔ ⛥ 🅰 🍽 – Prix : €€€€

25 avenue Montaigne – ⓜ *Alma - Marceau –* ☎ *01 53 67 65 00 – www.*
dorchestercollection.com/fr/paris/hotel-plaza-athenee – Fermé lundi, dimanche
et du mardi au vendredi à midi

PARIS

⪢ LASSERRE

CLASSIQUE • LUXE Tout près des Champs-Élysées, cet hôtel particulier de style Directoire marque immanquablement les esprits. René Lasserre (disparu en 2006), monté à Paris pour apprendre le métier alors qu'il était adolescent, a élevé son restaurant au rang de symbole. Ce temple historique de la gastronomie parisienne fête ses 80 ans en 2022. Située à l'étage, la salle à manger arbore un luxueux décor : colonnes, jardinières d'orchidées et de plantes vertes, vaisselle et bibelots en argent, lustres en cristal, porcelaines de Chine... Autre élément propre à la magie de l'endroit, un étonnant toit ouvrant, devenu célèbre, illumine les tables au gré des saisons. Le chef Jean-Louis Nomicos, qui connaît bien la maison, y peaufine la tradition avec un zeste de personnalité : macaronis farcis, truffes noires, céleri et foie gras de canard en léger gratin ; pigeonneau André Malraux, petits pois à la Française, émulsion de parmesan à la sauge...

🕸 🕮 ⇔ 🍽 – Prix : €€€€

17 avenue Franklin-D.-Roosevelt – Ⓜ Franklin D. Roosevelt – ℰ 01 43 59 02 13 – www.restaurant-lasserre.com/fr – Fermé lundi, dimanche et du mardi au samedi à midi

⪢ LUCAS CARTON

MODERNE • HISTORIQUE Ce nom évoque une longue histoire : Robert Lucas et sa "Taverne Anglaise" en 1732 ; Francis Carton en 1925 qui accole les deux patronymes et crée cette identité très sonore, "Lucas Carton", où il fera briller trois étoiles dans les années 1930 ; Alain Senderens, enfin, qui choisit en 2005 de lui donner son propre nom pour le repenser librement. Aujourd'hui, l'adresse endosse avec tact les nouveaux codes de la gastronomie contemporaine. Le jeune chef Hugo Bourny (passé notamment chez Marsan, Pic ou La Vague d'Or) sait donner à goûter l'essence des beaux produits au gré d'une cuisine d'intuition, qui sélectionne le meilleur de notre terroir – mention spéciale pour les légumes de petits producteurs. L'histoire continue pour cette institution.

🕸 🕮 ⇔ – Prix : €€€€

9 place de la Madeleine – Ⓜ Madeleine – ℰ 01 42 65 22 90 – www.lucascarton. com – Fermé lundi et dimanche

⪢ MAISON RUGGIERI Ⓝ

Chef : Martino Ruggieri

MODERNE • CHIC Au fronton de cet écrin flambant neuf, élégant et intime, Martino Ruggieri, l'ancien et brillant bras droit de Yannick Alléno au Pavillon Ledoyen, également Bocuse d'or Italie 2019, a apposé le beau nom réconfortant de « maison », sa maison : comme pour mieux nous accueillir. Pour preuve, ces deux menus et surtout cette carte, chose devenue si rare. Et même la possibilité de commander un plat, un produit, une recette à la réservation. Fuyant les effets de manche démonstratifs, sa cuisine fine et délicate file droit à l'essentiel : des produits d'exception au service du goût, des accords harmonieux même quand ils sont hardis (comme ces épinards associés à l'huître et au caviar) et des sauces remarquables (tel ce jus de viande monté comme une vinaigrette, servi avec la côte de bœuf aux couteaux et à l'anguille fumée).

⇔ – Prix : €€€€

11 rue Treilhard – Ⓜ Miromesnil – ℰ 01 45 61 09 46 – www.maisonruggieri.fr – Fermé samedi et dimanche

⪢ L'ORANGERIE

MODERNE • ÉLÉGANT Dans cet espace de poche (18 couverts seulement), aménagé au sein de l'hôtel George V, la carte est imaginée par le chef Alan Taudon. Sa cuisine s'inscrit dans une veine "healthy", qui privilégie les légumes, les produits laitiers et marins, en faisant volontairement l'impasse sur les viandes. Les assiettes sont savoureuses et complétées à merveille par des desserts en tout point excellents, et par une carte des vins déclinée de celle, impressionnante, du Cinq.

🕸 ⇔ ♿ 🕮 🍴 🍽 – Prix : €€€€

Four Seasons George V, 31 avenue George-V – Ⓜ George V – ℰ 01 49 52 72 24 – www.fourseasons.com/fr/paris/dining/restaurants/l-orangerie – Fermé les midis

✿ PAVYLLON

Chef : Yannick Alléno

MODERNE • **CONTEMPORAIN** On n'arrête plus Yannick Alléno ! Cette adresse du chef francilien fait salle comble, et ce n'est que justice. Trente couverts au comptoir (dans l'esprit d'un Atelier de Joël Robuchon, en plus feutré), une cuisine sans fausses notes, élaborée autour de belles bases classiques, mêlée de saveurs et de touches étrangères. C'est fin, délicat, servi dans une ambiance chic et décontractée : on passe un excellent moment.

❀ ᕫ 🅰 🍴 🅿 **– Prix : €€€€**

8 avenue Dutuit – 🚇 Champs-Élysées - Clemenceau – ☎ 01 53 05 10 10 – www.
yannick-alleno.com/fr

✿ TRENTE-TROIS

MODERNE • **BOURGEOIS** Dites "33" pour accéder à ce magnifique salon de style Belle Époque aux murs recouverts de boiserie, caché dans un immeuble discret en bordure du triangle d'or à deux pas des Champs-Élysées. Dans cette ambiance chic et intimiste, le chef étoilé Sébastien Sanjou (Le Relais des Moines dans le Var) sait choisir ses produits, tous excellents, composer une carte, délibérément courte et signer une fine cuisine actuelle de saison où tout tombe juste : les cuissons, les jus et les sauces, l'équilibre des goûts. Un exemple de plat ? Petit épeautre en risotto, artichauts violets glacés, d'autres en chips croustillantes et une touche de coriandre dans un délicieux jus, bien corsé et aromatique.

ᕫ 🅰 🍴 **– Prix : €€€**

33 rue Jean-Goujon – 🚇 Alma - Marceau – ☎ 01 45 05 68 00 – www.restaurant-
trente-trois.com – Fermé lundi et dimanche

🐸 KISIN

JAPONAISE • **SIMPLE** Quand un chef de Tokyo arrive à Paris, il ouvre un restaurant, sitôt ses valises posées, et nos papilles frémissent d'aise. Ici, on déguste produits japonais, et vrais udon, fabriquées devant le client. Une cuisine naturelle, sans additif, qui nous vient tout droit du pays du Soleil-Levant. Sain et goûteux.

🅰 **– Prix : €€**

7-9 rue de Ponthieu – 🚇 Franklin D. Roosevelt – ☎ 01 71 26 77 28 – udon-kisin.
fr – Fermé dimanche

🐸 MANDOOBAR

CORÉENNE • **SIMPLE** Les vraies bonnes tables coréennes ne courent pas les rues à Paris, et cette petite salle d'esprit comptoir en est une. Aussi agile que précis, le chef Kim Kwang-Loc réalise sous nos yeux les fameux mandu (les ravioles coréennes) et les tartares de thon et de bœuf qui composent l'essentiel de sa carte minimaliste. Passionné d'herbes coréennes, il relève chacune de ses assiettes fines et goûteuses de parfums addictifs, à la recherche probablement de ses premiers émois culinaires en Corée...

Prix : €

7 rue d'Édimbourg – 🚇 Europe – ☎ 01 55 06 08 53 – www.mandoobar.fr –
Fermé lundi et dimanche

LES 110 DE TAILLEVENT

TRADITIONNELLE • **CHIC** Sous l'égide de la prestigieuse maison Taillevent, une brasserie très chic, qui joue la carte des associations mets et vins. Une réussite, aussi bien le choix remarquable de 110 vins au verre, que la cuisine, traditionnelle et bien tournée (pâté en croûte, bavette sauce au poivre, etc.). Cadre élégant et chaleureux.

❀ ᕫ 🅰 **– Prix : €€€**

195 rue du Faubourg-Saint-Honoré – 🚇 Charles de Gaulle - Étoile – ☎ 01 40 74
20 20 – www.les-110-taillevent-paris.com – Fermé dimanche soir

24 - LE RESTAURANT

MODERNE • TENDANCE À deux pas du rond-point des Champs-Elysées, cet établissement propose des assiettes bien travaillées, qui n'ont pas besoin d'en mettre plein la vue pour égayer notre gourmandise : en témoigne la poitrine de cochon pochée, petits pois, girolles, céleri, pomme verte ou le quasi de veau fermier des Landes, pomme de terre mitraille, lard fumé et champignon de Paris... L'accueil est aussi souriant que professionnel, et le rapport qualité prix excellent.

🅰️🅲 – Prix : €€

24 rue Jean-Mermoz – Ⓜ Franklin D. Roosevelt – ☎ 01 42 25 24 24 – www.24lerestaurant.fr – Fermé samedi et dimanche

LE 39V

MODERNE • DESIGN La clientèle internationale se presse au sixième étage du 39 de l'avenue George-V... et pour cause ! Sur les toits de Paris, on profite d'une cuisine de bonne facture, avec de solides bases classiques. Le décor a été entièrement revu et chaque détail - du parquet en bois debout aux banquettes sur mesure, en passant par les assiettes haute couture - a fait l'objet d'un soin particulier. Comme dit l'autre, luxe, calme et...

🅰️🅲 – Prix : €€€

39 avenue George-V – Ⓜ George V – ☎ 01 56 62 39 05 – www.le39v.com – Fermé samedi et dimanche

AKIRA BACK PARIS Ⓝ

JAPONAISE • CONTEMPORAIN Au sein de l'hôtel Prince de Galles, voici la première adresse européenne du chef américano-coréen Akira Back. Après une carrière de snowboarder pro (il a grandi dans une station de ski ultra-chic, Aspen), il s'est tourné vers la cuisine avant de devenir le disciple du grand chef Nobuyuki Matsuhisa, et, plus tard, le chef exécutif de son restaurant. L'occasion nous est donnée de goûter cette cuisine japonaise revue et corrigée, véritable melting-pot de cultures et de saveurs, à l'image de sa spécialité, la AB Tuna pizza. On goûte aussi le décor fastueux de cette grande salle moderne à la lumière tamisée, dominée par les lustres Art Déco, tandis que la brigade s'affaire sur le comptoir en marbre.

♿🅰️🅲⇔🍽️ – Prix : €€€€

Prince de Galles, 33 avenue George-V – Ⓜ George V – ☎ 01 53 23 78 50 – www. akirabackparis.com/fr – Fermé dimanche, samedi midi et lundi soir

ARBORÉ Ⓝ

MODERNE • TENDANCE Arboré porte bien son nom : comme un jardin d'hiver (chaises en osier, tapisserie fleurie, miroirs fumés, faux citronnier et oranger imposant sous un puits de lumière) au sein de l'hôtel Royal Madeleine. Aux fourneaux, la Top Cheffe Pauline Séné en profite pour bousculer les codes gastronomiques de cet arrondissement tout ce qu'il y a de plus chic. Sa cuisine décomplexée propose une carte moderne, attrayante qui joue la carte de la gourmandise et de la légèreté. Le produit, jamais dénaturé, prends lui aussi la lumière à l'image de ce ris de veau, purée de pommes de terre, vierge...

🅰️🅲 – Prix : €€

29 rue de l'Arcade – Ⓜ Saint-Augustin – ☎ 01 88 32 74 27 – arborerestaurant. com – Fermé lundi et dimanche

BISTROT MARLOE

MODERNE • BISTRO Dans ce quartier huppé, à l'angle de deux jolies rues, Marloe, aux allures de bistrot chic et cosy, séduit au-delà de la clientèle du quartier. De fait, la cuisine, élaborée à partir de produits d'excellente qualité, se révèle maîtrisée et sans esbroufe. On aime cette gourmandise, et notamment le menu "truffe noire" en saison.

🅰️🅲🍽️ – Prix : €€

12 rue du Commandant-Rivière – Ⓜ Saint-Philippe du Roule – ☎ 01 53 76 44 44 – www.marloe.fr – Fermé samedi et dimanche

LE BOUDOIR

TRADITIONNELLE • BISTRO La carte a été conçue par le chef et Meilleur Ouvrier de France Christophe Raoux qui est évidemment passé par de belles maisons. Le jeune chef Mathis Jonquet l'interprète avec brio et traite la charcuterie en véritable art : voyez le splendide pâté en croûte de volaille et foie gras, ou encore ce cochon de l'Aveyron, légumes nouveaux et jus de cochon ! Décor sobre et élégant, service parfait.

🅐🅒 ⇔ – Prix : €€€

25 rue du Colisée – Ⓜ Franklin D. Roosevelt – ☎ 01 43 59 25 29 – www. boudoirparis.fr – Fermé samedi et dimanche

BRAISE Ⓝ

MODERNE • CONTEMPORAIN L'ancien second de Substance, Sylvain Courivaud, a décidé de nous réchauffer le sang avec cette table contemporaine entièrement dédiée à la cuisson au feu de bois. Barbecue japonais binchotan, big green egg, mais aussi fumoir : il fait feu de tout bois. Une belle maîtrise qui ne dénature jamais des produits de qualité, servis dans une ambiance (sans mauvais jeu de mot) chaleureuse.

🅐🅒 – Prix : €€€

19 rue d'Anjou – Ⓜ Madeleine – ☎ 01 40 70 00 99 – www.braise.paris – Fermé samedi et dimanche

CÈNA

MODERNE • CONTEMPORAIN Cèna, c'est dîner en latin. Et on y dîne sacrément bien, d'une cuisine sincère et de produits allant à l'essentiel, à deux pas du Parc Monceau, à l'abri de la foule et du tumulte du huitième arrondissement. Un coup de cœur.

Prix : €€

23 rue Treilhard – Ⓜ Miromesnil – ☎ 01 40 74 20 80 – www.cena.restaurant – Fermé samedi et dimanche

CHEZ MONSIEUR

TRADITIONNELLE • BISTRO Voilà le bistrot parisien dans toute sa splendeur (comptoir en zinc, banquettes en velours, carrelage à motifs), avec l'immuable – et très bonne ! – cuisine qui l'accompagne : escargots de Bourgogne au beurre blanc, blanquette de veau servie en cocotte... sans oublier un large panel de vins de toutes les régions de France.

🅖🅒 🅐🅒 – Prix : €€€

11 rue du Chevalier-de-Saint-George – Ⓜ Madeleine – ☎ 01 42 60 14 36 – www. chezmonsieur.fr – Fermé samedi et dimanche

L'ENVOLÉE - LA DEMEURE MONTAIGNE Ⓝ

MODERNE • CONTEMPORAIN À quelques pas des Champs-Elysées, non loin de l'avenue Montaigne, un chef au beau parcours, Grégory Réjou, invite à faire son nid dans le beau restaurant de ce palace haussmannien. Située dans une cour intérieure sous verrière, la salle a des airs de jardin d'hiver, avec ses fauteuils cannés. A l'abri des importuns, on picore en toute discrétion une cuisine moderne de saison, à l'image de cette volaille jaune des Landes, fumée au foin, légumes racines, ou de ces asperges blanches rôties, crème de pissenlit au beurre noisette.

♿ 🅐🅒 🍷 – Prix : €€€€

18 rue Clément-Marot – Ⓜ Alma - Marceau – ☎ 01 53 57 49 50 – www. lademeuremontaigne.com – Fermé dimanche

GALANGA

MODERNE • CHIC La table de l'hôtel Monsieur George a de quoi ravir : dans un cadre très chic, le chef Thomas Danigo a imaginé une carte qui met le végétal à l'honneur et les beaux produits, locaux ou moins locaux, du brie de Meaux à l'agneau de Lozère. Bistronomique au déjeuner, plus ambitieuse le soir, cette partition moderne, relevée, réglée sur les saisons, reçoit parfois quelques touches asiatiques discrètes.

&. 🅺 🍽 – Prix : €€€

17 rue Washington – Ⓜ George V – ℰ 01 87 89 48 49 – www.monsieurgeorge. com – Fermé lundi, dimanche et du mardi au samedi à midi

IL RISTORANTE - NIKO ROMITO

ITALIENNE • CONTEMPORAIN Après Milan, Dubaï, Pékin et Shangaï, l'occasion est enfin donnée aux Parisiens de découvrir le concept gastronomique des hôtels Bulgari ! Le chef Niko Romito, triplement étoilé dans les Abruzzes, actualise les classiques de la cuisine italienne dans une carte qui se concentre essentiellement sur le produit et ose la légèreté (peu de matière grasse, peu de sauces, cuissons à la vapeur, panures à l'amidon de riz...). En témoignent ce risotto safrané au parmesan subtil et digeste, ou cette magnifique côte de veau à la milanaise, à découvrir dans une salle d'une élégante sobriété ouverte sur le jardin intérieur.

🕸 &. 🅺 🍴 ⇄ 🍽 – Prix : €€€€

30 avenue George-V – Ⓜ George V – ℰ 01 81 72 10 80 – www.bulgarihotels.com/ paris

IMPERIAL TREASURE

CHINOISE • ÉLÉGANT Une envie de cuisine chinoise authentique, servie dans un cadre luxueux et élégant tout proche des Champs-Elysées ? C'est l'adresse qu'il vous faut. À vous la crevette impériale carabinero au riz gluant, le canard laqué à la pékinoise, ou encore l'anguille fumée au thé vert : des mets réalisés dans les règles de l'art par un chef émérite de Shangaï. Beaux produits, saveurs subtiles et service sans faute. Ne ratez pas les dim sum au déjeuner.

🕸 &. 🅺 ⇄ – Prix : €€€€

44 rue de Bassano – Ⓜ George V – ℰ 01 58 56 29 13 – www.imperialtreasure. com/france – Fermé lundi et mardi

LAZARE

TRADITIONNELLE • BRASSERIE Au cœur de la fameuse gare St-Lazare, on doit à Éric Frechon l'idée de cette élégante brasserie "ferroviaire" qui respecte les canons du genre : œufs mimosa, quenelles de brochet ou maquereaux au vin blanc, la belle tradition française est sur les rails ! Sympathique et très animé.

&. 🅺 🍴 🍽 – Prix : €€

Parvis de la gare Saint-Lazare, rue Intérieure – Ⓜ Saint-Lazare – ℰ 01 44 90 80 80 – lazare-paris.fr

MARIUS ET JANETTE

POISSONS ET FRUITS DE MER • MÉDITERRANÉEN Dans cet élégant décor façon yacht, la clientèle sélecte s'attable au milieu des cannes à pêche, filets et autres hublots en cuivre. Passé par le restaurant de Depardieu, le chef met évidemment les produits de la mer à l'honneur au gré d'une carte renouvelée chaque jour, au gré de la marée... Hareng matjes marinés ou linguine aux coques (une spécialité de la maison) : on se régale.

🅺 🍴 🍽 – Prix : €€€

4 avenue George-V – Ⓜ Alma - Marceau – ℰ 01 47 23 41 88 – richard-paris.com/ etablissements/marius-et-janette

LE MERMOZ

MODERNE • BISTRO Le chef californien Thomas Graham (ex-Äponem) a su imposer son propre style depuis son arrivée au Mermoz, bistrot-bar à vin qui ne désemplit pas. Produits irréprochables, assiettes percutantes et gourmandes avec des saveurs bien marquées, et carte des vins intéressante, notamment en références bio et nature.

🕸 – Prix : €€

16 rue Jean-Mermoz – Ⓜ Franklin D. Roosevelt – ℰ 01 45 63 65 26 – www. lemermozparis.fr – Fermé samedi et dimanche

NÉVA CUISINE

MODERNE • ÉLÉGANT La Néva n'est pas seulement un fleuve russe, c'est aussi ce restaurant où officie la cheffe mexicaine Beatriz Gonzalez, passée dans les grandes maisons, notamment Lucas Carton et la Grande Cascade. Dans le cadre convivial d'un bistrot parisien moderne, elle y signe une cuisine au goût du jour et métissée, à l'image de ces petits pois glacés, anguille fumée, pamplemousse ou encore lieu jaune de ligne, hollandaise, asperges blanches, pomme de terre et poutargue. Gourmandise et saveur(s) sont au rendez-vous.

🅰️ – Prix : €€

2 rue de Berne – ⓜ Europe – ☏ 01 45 22 18 91 – www.nevacuisineparis.com – Fermé samedi et dimanche

OKUDA

JAPONAISE • ÉLÉGANT Vingt-trois couverts, un décor sobre et élégant, des hôtesses en kimono traditionnel et un silence d'or : c'est dans cet écrin que l'on déguste depuis 2013 les créations "kaiseki" du célèbre chef japonais Toru Okuda.

♿ 🅰️ ⇔ 🍵 – Prix : €€€€

7 rue de la Trémoille – ⓜ Alma - Marceau – ☏ 01 40 70 19 19 – www.okuda.fr – Fermé mercredi et jeudi

ORIGINES RESTAURANT

MODERNE • CONTEMPORAIN Enfin chez lui ! Le chef aveyronnais Julien Boscus réalise ici une cuisine dans l'air du temps, à base de bons produits. Ainsi le ris de veau doré au sautoir crousti-fondant et relevé d'un jus de veau condimenté citron et câpres. Saveurs, technique sobre et maîtrisée, cadre contemporain : l'adresse a tout pour plaire.

♿ 🅰️ – Prix : €€€

6 rue de Ponthieu – ⓜ Franklin D. Roosevelt – ☏ 09 86 41 63 04 – www.origines-restaurant.com – Fermé samedi et dimanche

LE PETIT LUCAS

TRADITIONNELLE • CLASSIQUE À l'étage du restaurant Lucas Carton, dans un plaisant décor Art Nouveau, la cuisine du nouveau chef Hugo Bourny joue la simplicité et la gourmandise en plein dans la tradition, le tout avec une jovialité certaine : pâté en croûte de canard Apicius ; Saint-Jacques snackées, céleri, sauce pomme-agrume ; flan au chocolat. Un repas d'une belle tenue, et un moment de plaisir.

🅰️ – Prix : €€

9 place de la Madeleine – ⓜ Madeleine – ☏ 01 42 65 56 66 – www.lucascarton.com – Fermé lundi et dimanche

LE RELAIS PLAZA

CLASSIQUE • ÉLÉGANT Au sein du Plaza Athénée, comment résister au charme de cette brasserie au beau décor 1930 inspiré du paquebot Normandie ? Une ambiance unique pour une cuisine qui joue la carte de la belle tradition, entre "la cuisine de mamie" chère à Jean Imbert (gratin de daurade, tomate farcie et son riz pilaf) et les classiques qui ont fait la réputation de la célèbre adresse art déco.

🅰️ – Prix : €€€

25 avenue Montaigne – ⓜ Alma - Marceau – ☏ 01 53 67 64 00 – www.dorchestercollection.com/fr/paris/hotel-plaza-athenee

SHIRVAN CAFÉ MÉTISSE

MODERNE • CONTEMPORAIN Ce restaurant proche du pont de l'Alma porte la signature d'Akrame Benallal. Pas de nappage ici, mais des couverts design et, surtout, une cuisine nourrie aux influences de « la route de la soie », du Maroc à l'Inde en passant par l'Azerbaïdjan. Une gastronomie métissée riche en épices, à l'instar du tikki végétarien ou des côtelettes d'agneau confites à la harissa maison... Service efficace et quasi continu.

&. 🆎 🍽 – Prix : €€€

5 place de l'Alma – 🅼 *Alma - Marceau –* 📞 *01 47 23 09 48 – www.
shirvancafemetisse.fr*

TOSCA

ITALIENNE • INTIME L'Italie semble s'être donnée rendez-vous dans ce restaurant
de petite capacité, au mobilier chic. L'assiette chante les louanges de gastronomie
transalpine : viandes, huile d'olive, fromage... Plutôt classique le midi, plus soignée
le soir, souvent inspirée. L'hôtel, le Splendide Royal (ancienne demeure de Pierre
Cardin), offre des suites raffinées et élégantes.

&. 🆎 ✥ – Prix : €€€

18 rue du Cirque – 🅼 *Miromesnil –* 📞 *01 42 68 10 00 – www.splendideroyal.fr –
Fermé lundi, dimanche et du mardi au vendredi à midi*

LA TRABOULE

MODERNE • BISTRO À quelques centaines de mètres de... l'Élysée, cette table
n'a plus rien d'un bouchon lyonnais mais tout d'une cuisine du marché, réalisée
par un jeune chef napolitain formé dans de belles maisons. Dans le court menu-
carte émaillé de quelques suggestions (et de quelques notes italiennes, évidemment), on a pioché ces coquilles Saint-Jacques, sauce aux oignons de Roscoff,
ou encore ce filet de bœuf, polenta grillée et pleurotes. Des préparations simples
axées sur le goût, un bon rapport qualité-prix pour le quartier, dans un décor de
bistro contemporain.

Prix : €€

27 rue de Penthièvre – 🅼 *Miromesnil –* 📞 *01 42 56 27 32 – restaurantlatraboule.
fr – Fermé dimanche*

🛏 AMASTAN

DESIGN MODERNE Situation pratique et centrale pour cet hôtel à deux rues des
Champs-Élysées. Matériaux naturels (bois, cuivre, laiton et tapisseries tissées main
sur les murs) et lignes sobres et design en font une halte choisie. Cour intérieure
végétalisée très agréable.

🛗 🍽 - 24 chambres – Prix : €€

34 rue Jean Mermoz – 📞 *01 49 52 99 70*

🛏 BULGARI HÔTEL PARIS   *Plus*

DESIGN MODERNE Il en faut beaucoup pour percer dans le haut de gamme des
hôtels parisiens, mais l'incroyablement ultra-luxe Bulgari s'est immédiatement
imposé. L'avant-gardiste milanais Antonio Citterio a su marier le plus grand luxe
avec un goût d'une originalité peu commune. Le Bulgari Bar est un lieu de rencontre
pour les dénicheurs de tendances, et le vaste spa est aussi somptueux que les
autres équipements.

&. 🏊 🅿 ⛲ 🛎 🐕 ♨ 🛗 🍽 - 76 chambres – Prix : €€€€

30 avenue George V – 📞 *01 81 72 10 00*

Il Ristorante - Niko Romito - Voir la sélection des restaurants

🛏 LA CLEF CHAMPS-ÉLYSÉES PARIS   *Plus*

CLASSIQUE CONTEMPORAIN Dans un immeuble haussmannien de 1907,
ancienne résidence Belle Époque de la famille Hennessy, un hôtel de luxe est né, à
la fois traditionnel et moderne. Les marbres et l'architecture d'époque contrastent
de manière vivante avec un mobilier moderne épuré et des couleurs neutres, illu-
minées d'une touche d'or. Même les plus petites chambres sont généreuses, tandis
que les duplex s'étendent sur plus de 50 m², sans compter leurs terrasses sur le toit.
Un restaurant et un bar, résolument chinois, parachèvent le voyage.

&. 🅿 ⛲ 🛗 ♨ - 70 chambres – Prix : €€€€

46 rue de Bassano – 📞 *01 53 75 01 60*

CRILLON

ÉLÉGANCE TRADITIONNELLE Saluons la renaissance d'un chef-d'œuvre de l'architecture du 18ᵉ s., dont la façade, magnifiant la place de la Concorde, a conservé sa fastueuse ornementation. Chambres luxueuses, appartements à thème (dont l'un interprété par Karl Lagerfeld). L'art de vivre à la française, dans sa pure et intemporelle splendeur. Un palace mythique.

🛁 🅿 🛎 🍽 🚲 ⛲ 🔟 🐾 🥗 🍴 - 124 chambres – Prix : €€€€

10 place de la Concorde – ☎ 01 44 71 15 00

❀ **L'Écrin** - Voir la sélection des restaurants

LE DAMANTIN

DESIGN MODERNE Mêlant brique rouge et pierre de taille, cet hôtel a pris ses quartiers en bord de Seine. L'intérieur joue la carte du luxe sans ostentation : mobilier classique, velours tressés, tissus des maisons Pierre Frey, etc. Piscine, sauna et fitness, massage sur demande.

♿ 🛁 🅿 🛎 ⛲ 🔟 🐾 🍴 - 44 chambres – Prix : €€€€

1 rue Bayard – ☎ 01 53 75 62 62

LA DEMEURE MONTAIGNE   *Plus*

CLASSIQUE CONTEMPORAIN Les murs de cet hôtel particulier haussmannien, bâti en 1883, ont l'étoffe des lieux historiques. Palace réputé dès les années 1920, l'adresse devient le refuge de nombreux jazzmen américains à partir des années 1960. Sa clientèle fidèle aime aujourd'hui ses chambres sobres d'esprit néo-rétro avec moulures, jolis tissus tendus, marbre noir et blanc dans les salles de bains…

♿ 🛁 🅿 🛎 ⛲ 🔟 🐾 🥗 🍴 - 93 chambres – Prix : €€€€

18 rue Clément Marot – ☎ 01 53 57 49 50

L'Envolée - La Demeure Montaigne - Voir la sélection des restaurants

FOUQUET'S BARRIÈRE

CLASSIQUE CONTEMPORAIN Né dans le sillage de la mythique brasserie, ce luxueux hôtel a été décoré par Jacques Garcia : styles Empire et Art déco, foisonnement d'acajou, de soie, de velours, associés à des équipements high-tech et un spa superbe. Brasserie de qualité. Une authentique expérience parisienne.

🛁 🅿 ☁ 🛎 🚲 ⛲ 🔟 🐾 🥗 🍴 - 101 chambres – Prix : €€€€

46 avenue George V – ☎ 01 40 69 60 00

FOUR SEASONS GEORGE V   *Plus*

ÉLÉGANCE TRADITIONNELLE Ce palace mythique, né en 1928, s'est paré des splendeurs et raffinements du 18ᵉ s. Ses chambres, luxueuses et spacieuses, ses collections d'œuvres d'art, son spa superbe et sa belle cour intérieure : voilà bien un ensemble d'exception !

♿ 🛁 🅿 🛎 🐾 🥗 🍴 - 244 chambres – Prix : €€€€

31 avenue George V – ☎ 01 49 52 70 00

❀❀❀ **Le Cinq** • ❀ **Le George** • ❀ **L'Orangerie** - Voir la sélection des restaurants

GRAND POWERS

CLASSIQUE CONTEMPORAIN L'ex-Hôtel Powers a été entièrement rénové en 2018. La décoration classique de cet immeuble haussmannien (cheminées et moulures ouvragées) s'associe au contemporain chic et discret. Une nouvelle adresse très élégante à deux pas des Champs-Élysées. Petit espace fitness au sous-sol.

🛁 🅿 🛎 🚲 🔟 🐾 🥗 🍴 - 50 chambres – Prix : €€€

52 rue François 1ᵉʳ – ☎ 01 47 23 91 05

HÔTEL BOWMANN

CLASSIQUE CONTEMPORAIN Au cœur du triangle d'or, dans un immeuble du 19ᵉ s., l'hôtel ouvre à nouveau ses portes après deux ans de travaux. Chambres spacieuses, entre confort moderne et élégance haussmannienne (dont une grande suite au dernier étage, avec vue sur les toits !), espace bien-être : rien ne manque.

PARIS

 ♿ 🅿 🚲 ⬛ 🛎 🧖 ⚕ 🍴 - 53 chambres – Prix: €€€€
99 boulevard Haussmann – ☎ 01 40 08 00 10

🛏 **HÔTEL DE SERS**

DESIGN MODERNE Le marquis de Sers ne reconnaîtrait pas son hôtel particulier de la fin du 19e s. Il faut dire qu'il mélange les styles avec succès : si le hall a conservé son caractère d'origine, les chambres sont résolument contemporaines et tendance. Les suites avec terrasse donnent sur toute la ville, Tour Eiffel comprise ! Le service est irréprochable, un spa et une salle de gym sont situés dans les étages, et le bar est de grande qualité.

 ♿ 🅿 🚲 🛎 🧖 ⚕ 🍴 - 52 chambres – Prix: €€
41 avenue Pierre 1er de Serbie – ☎ 01 53 23 75 75

🛏 **HÔTEL VERNET**

DESIGN MODERNE L'Hôtel Vernet réunit le meilleur de la splendeur du Paris d'hier et du style impeccablement contemporain du Paris d'aujourd'hui. François Champsaur, architecte d'intérieur, a mis les deux tendances à égalité parfaite, de sorte qu'un séjour dans l'une des cinquante chambres ne dépayserait pas la clientèle de la Belle Époque. Le bar est remarquable ainsi que la salle du restaurant : mobilier moderne et art contemporain sous une monumentale verrière du maître verrier Charles Champigneulle, sur une armature signée Gustave Eiffel.

 ♿ 🅿 🚲 ⬛ ⚕ 🍴 - 50 chambres – Prix: €€€€
25 rue Vernet – ☎ 01 44 31 98 00

🛏 **HYATT PARIS MADELEINE**   *Plus*

CLASSIQUE CONTEMPORAIN Une belle verrière réalisée par Eiffel, d'agréables chambres contemporaines : un hôtel sobre et chaleureux tout à la fois. Sauna, hammam, mais aussi centre d'affaires... Cuisine actuelle au Café M et, le soir, bar à champagne.

🅿 🚲 ⬛ ⚕ 🍴 - 85 chambres – Prix: €€€
24 boulevard Malesherbes – ☎ 01 55 27 12 34

🛏 **INTERCONTINENTAL CHAMPS-ÉLYSÉES ÉTOILE**   *Plus*

DESIGN MODERNE Un immeuble des Années folles dans une petite rue près des Champs-Élysées... qui abrite un hôtel entièrement rénové ! Il se dégage de ces lieux un je-ne-sais-quoi de très parisien, du hall d'entrée lumineux aux chambres, dont on appréciera le décor soigné et feutré.

🅿 🚲 ⚕ 🍴 - 55 chambres – Prix: €€
64 avenue Marceau – ☎ 01 44 43 36 36

🛏 **LES JARDINS DU FAUBOURG**   *Plus*

DESIGN MODERNE À un jet de pierre de l'ambassade de Grande-Bretagne, un petit bijou associant modernité et classicisme très "parisien", avec une petite courterrasse aux jasmins envoûtants... Espace bien-être au sous-sol.

 ♿ 🅿 🚲 ⬛ 🧖 🍴 - 36 chambres – Prix: €€€€
9 rue d'Aguesseau – ☎ 01 86 54 15 15

🛏 **L'HÔTEL FAUCHON**

CLASSIQUE CONTEMPORAIN Un bel établissement, idéalement situé. Les chambres, spacieuses, ont du style (dans une veine "hôtel gourmand" chère à la marque), et donnent sur l'église de la Madeleine ou le boulevard. Espace bien-être avec hammam, fitness et cabines de soins.

🅿 ⬛ ⚕ 🍴 - 54 chambres – Prix: €€€€
4 boulevard Malesherbes – ☎ 01 87 86 28 00

MARIGNAN CHAMPS-ELYSÉES   *Plus*

DESIGN MODERNE Le luxe discret : voilà le parti pris de cet ancien hôtel particulier, voisin des Champs-Élysées. Toutes les chambres révèlent une décoration
élégante et épurée, avec parquet en chêne, mobilier chic des années 1950 et 1960,
grandes literies… Du style et de la subtilité !

🛁 🅿 ⌂ ⌀ 🔥 ⑩ - 50 chambres – Prix : €€

12 rue de Marignan – ☎ *01 40 76 34 56*

MARQUIS FAUBOURG ST-HONORÉ

CLASSIQUE CONTEMPORAIN Cet hôtel doit son nom au marquis de La Fayette,
le "héros des deux mondes", qui vécut dans cet hôtel particulier du 18e s. De vastes
chambres, une décoration chic et sobre, de luxueuses salles de bains : l'adresse ne
manque ni de charme ni de panache !

♿ 🛁 🅿 ⌀ 🚲 ⑩ ♨ - 15 chambres – Prix : €€€€

8 rue d'Anjou – ☎ *01 44 80 00 00*

MONSIEUR GEORGE

AVANT-GARDE Marlène Dietrich appréciait le charme discret de cet hôtel particulier, construit en 1889 à deux pas des Champs-Élysées : parquets d'époque et
cheminées, mobilier des 18e et 19e s., œuvres d'art, etc.

🛁 🅿 ⌂ ⌀ 📶 ⑩ 🍸 ♨ ⑩ - 46 chambres – Prix : €€€€

17 rue Washington – ☎ *01 87 89 48 48*

Galanga - Voir la sélection des restaurants

LE PAVILLON DES LETTRES

DESIGN MODERNE Un hôtel littéraire en plein cœur de Paris ? Vingt-six chambres
pour les vingt-six lettres de l'alphabet, chacune portant le nom d'un écrivain et
déclinant son œuvre dans leur décoration. Élégant et subtil : parfait pour réviser
ses classiques et découvrir la ville autrement.

♿ 🅿 🚲 🔥 - 26 chambres – Prix : €€

12 rue des Saussaies – ☎ *01 49 24 26 26*

PLAZA ATHÉNÉE   *Plus*

ÉLÉGANCE TRADITIONNELLE Palace parisien par excellence, inauguré en 1911,
le Plaza Athénée vit merveilleusement le passage des années. Rien n'altère la primauté de l'établissement, véritable sommet de luxe et d'élégance à la française.
Des services d'exception, dont le somptueux spa, une cour-jardin pour prendre un
repas léger aux beaux jours : le mythe continue…

♿ 🛁 🅿 ⌀ ⑩ 📶 🔥 🔥 ⑩ - 208 chambres – Prix : €€€€

25 avenue Montaigne – ☎ *01 53 67 66 65*

❀ **Jean Imbert au Plaza Athénée • Le Relais Plaza** - Voir la sélection des restaurants

LA RÉSERVE PARIS

CLASSIQUE CONTEMPORAIN Parquet Versailles, larges canapés, corniches
dorées à l'or fin : c'est vers le chic parisien de la Belle Époque que lorgne ce superbe
hôtel particulier du 19e s., décoré par Jacques Garcia. Suites avec vue sur les jardins
de l'Élysée, le Grand Palais ou la Tour Eiffel. Cuisine internationale "sur la route des
épices" proposée à la Pagode de Cos.

♿ 🛁 🅿 ⌀ 🚲 🛎 ⑩ 📶 🔥 ⑩ - 40 chambres – Prix : €€€€

42 avenue Gabriel – ☎ *01 58 36 60 60*

❀❀ **Le Gabriel - La Réserve Paris** - Voir la sélection des restaurants

LE ROYAL MONCEAU   *Plus*

AVANT-GARDE Ce palace du 21e s., décoré par un Philippe Starck débridé, se
joue des codes en vigueur : galerie d'art, librairie, salle de cinéma high-tech, spa
superbe, club pour enfants, salles de conférence… Luxueux et impeccable, mais
aussi assurément arty ! En un mot : Royal.

⌖ ♨ 🅿 🛇 🍽 ⊼ 🛜 🛜 ⚘ 🎇 ◖ - 149 chambres – Prix : €€€€

37 avenue Hoche – ☎ 01 42 99 88 00

❀ **Il Carpaccio** - Voir la sélection des restaurants

SOFITEL LE FAUBOURG

ÉLÉGANCE TRADITIONNELLE Élégant hôtel dans deux demeures des 18ᵉ et 19ᵉ s. Les chambres, décorées dans un style moderne et épuré, ne manquent pas d'élégance : on profite d'un salon sous verrière, ainsi que d'un joli fitness avec hammam et salles de massage.

♨ 🅿 🛇 🛇 🍽 🚲 🛜 🛜 ⚘ 🎇 ◖ - 147 chambres – Prix : €€€

15 rue Boissy d'Anglas – ☎ 01 4 494 14 14

VILLEROY

CLASSIQUE CONTEMPORAIN Dans l'un des quartiers les plus huppés de la capitale, une rue discrète accueille cet hôtel - ou plutôt cette luxueuse maison privée, avec majordome pour chaque chambre ! Onze chambres et suites, avec toutes de superbes baignoires en marbre, des meubles sur mesure et matelas faits main. Malgré sa petite taille, le Villeroy dispose d'un spa et d'un fitness haut de gamme. Le bar n'est pas en reste avec ses moulures dorées et sa sélection inégalée de whiskies japonais.

⌖ ♨ 🅿 🛇 🛜 🛜 ⚘ ◖ - 11 chambres – Prix : €€€€

33 rue Jean Goujon – ☎ 01 45 05 68 00

❀ **Trente-Trois** - Voir la sélection des restaurants

Opéra • Grands Boulevards

9ᵉ ARRONDISSEMENT

❀ **ASPIC**

Chef : Quentin Giroud

MODERNE • BISTRO Après avoir plaqué le monde de la finance pour entrer à l'école Ferrandi, le chef a multiplié les expériences (ministère des Affaires étrangères, L'Épi Dupin entre autres) avant d'ouvrir sa propre table rue de la Tour d'Auvergne. Esprit rétro, cuisine ouverte sur la salle, service attentionné : on se sent immédiatement à l'aise. Impression confirmée par les assiettes aux dressages soignés : le menu surprise, en sept séquences, met en valeur des produits impeccables (viandes et volailles fermières, poissons de ligne et de petit bateau, herbes et épices, le tout issu des circuits courts, autant que possible) dans des préparations subtiles et délicates... avec juste ce qu'il faut de créativité bien maîtrisée. Un bonheur.

🆎 – Prix : €€€€

24 rue de la Tour-d'Auvergne – Ⓜ *Cadet –* 𝒞 *09 82 49 30 98 – www.aspic-restaurant.fr – Fermé samedi, dimanche et du lundi au vendredi à midi*

❀ **LA CONDESA**

Chef : Indra Carrillo Perea

CRÉATIVE • COSY La Condesa est un quartier de Mexico, et c'est aussi le restaurant d'Indra Carrillo, venu du Mexique pour intégrer l'institut Paul Bocuse, avant de rejoindre de grandes maisons comme le Bristol ou l'Astrance. Formé chez des MOF, notamment en poissonnerie et boulangerie, il a également travaillé au Japon. Ses techniques sont françaises, mais ses inspirations font la part belle à différentes cultures gastronomiques, et pas seulement mexicaine. Ses agnolettis de maïs infusés dans un bouillon à l'huile de piment mexicain sont en passe de devenir un plat signature. À déguster dans une nouvelle salle chic et épurée.

🆎 – Prix : €€€€

13 rue Rodier – Ⓜ *Notre-Dame-de-Lorette –* 𝒞 *01 53 20 94 90 – www.lacondesa-paris.com – Fermé lundi, dimanche, et mardi, mercredi, jeudi et samedi midi*

❀ **LOUIS**

Chef : Stéphane Pitré

MODERNE • INTIME Non loin des grands magasins mais dans une rue tranquille, ce petit restaurant accueille dans un intérieur intimiste. Aux fourneaux, le chef breton Stéphane Pitré, passé chez Senderens, rend hommage à son père, grand-père et arrière-grand-père, tous prénommés "Louis". Il cisèle des menus originaux en petites portions, déclinés en 7 ou 9 temps (et en 3 temps pour un déjeuner rapide) : tartare de bœuf black Angus au cassis et huître en tempura ; lotte cuite à basse température aux épices thaïes ; quasi de veau rôti, burrata d'Île-de-France fumée. C'est inventif, spontané, et la cuisine est attentive au marché et aux saisons. Une pause gourmande au calme... et pour une expérience bistrotière, direction Le Cellier et sa cuisine simple et franche, à deux numéros de là.

♿ – Prix : €€€€

23 rue de la Victoire – Ⓜ *Le Peletier –* 𝒞 *01 55 07 86 52 – www.stephanepitre.fr – Fermé samedi et dimanche*

❀ **NESO**

Chef : Guillaume Sanchez

CRÉATIVE • CONTEMPORAIN L'attachant – et très tatoué – Guillaume Sanchez propose une cuisine tout feu tout flamme dans un lieu sobre et élégant (plafond de 5m30, façade en métal). E xtractions de vapeur à froid, fermentation des légumes : le chef, qui ne travaille que poisson et végétal, des produits d'une grande qualité et exclusivement français, a de l'imagination et de la technique à revendre. Variations de saveurs et de textures, dressages originaux et très soignés, on enchaîne les petites bombinettes de saveurs, pour ainsi dire, jusqu'à quelques tentatives qui laissent plus perplexes mais témoignent d'une identité forte et assumée.

&. 🅰️ – Prix : €€€€

3 rue Papillon – Ⓜ Poissonnière – ℰ 01 48 24 04 13 – www.neso.paris – Fermé samedi, dimanche et du lundi au vendredi à midi

😊 ABRI SOBA

JAPONAISE • BISTRO Connaissez vous les soba , des pâtes japonaises au sarrasin ? Ce restaurant en a fait sa spécialité et les propose, pour ainsi dire, à toutes les sauces : à midi et le soir, froides ou chaudes, avec bouillon et émincé de canard par exemple. C'est simple et savoureux : à vos baguettes.

Prix : €

10 rue Saulnier – Ⓜ Cadet – ℰ 01 45 23 51 68 – Fermé lundi et dimanche

😊 LE CAILLEBOTTE

MODERNE • CONVIVIAL Franck Baranger, le chef, compose ces assiettes fraîches et résolument modernes dont il a le secret : maquereau mariné, oignon doux à la girofle et pickles au miel ; pêche côtière, blette farcie au petit épeautre et beurre blanc à l'aneth... C'est gourmand, coloré, et colle parfaitement à l'ambiance conviviale des lieux.

Prix : €€

8 rue Hippolyte-Lebas – Ⓜ Notre-Dame-de-Lorette – ℰ 01 53 20 88 70 – www. lapantruchoise.com – Fermé dimanche

😊 LES CANAILLES PIGALLE

MODERNE • BISTRO Parfaite pour s'encanailler, cette sympathique adresse a été créée par deux Bretons formés à bonne école. Ici, ils jouent la carte de la bistronomie et des recettes de saison. Spécialités : le carpaccio de langue de bœuf et sauce ravigote, et le baba au rhum avec sa chantilly à la vanille... On se régale !

🅰️ – Prix : €€

25 rue La Bruyère – Ⓜ Saint-Georges – ℰ 01 48 74 10 48 – www. restaurantlescanailles.fr – Fermé samedi et dimanche

😊 LE PANTRUCHE

MODERNE • BISTRO Pantruche, c'est Paris en argot... Un nom tout trouvé pour ce bistrot au décor rétro-chic, qui cultive volontiers l'atmosphère gouailleuse et canaille des années 1940-1950. Côté papilles, le chef et sa petite équipe concoctent de jolis plats de saison, pile dans la tendance bistronomique.

Prix : €€

3 rue Victor-Massé – Ⓜ Pigalle – ℰ 01 48 78 55 60 – www.lapantruchoise.com – Fermé samedi et dimanche

😊 RICHER

MODERNE • BRANCHÉ Cette maison séduit autant par son esprit de cantine arty que par ses assiettes, qui dévoilent une cuisine du marché fraîche et goûteuse, à l'image de ce paleron de bœuf longuement braisé déposé sur une fine purée de brocolis. Attention cependant, le seul moyen de réserver est de... se présenter sur place.

&. – Prix : €€

2 rue Richer – Ⓜ Poissonnière – ℰ 09 67 29 18 43 – www.lericher.com

LES AFFRANCHIS

MODERNE • BISTRO "Affranchi" des maisons où il était salarié, le chef se joue avec bonheur des classiques pour élaborer une cuisine goûteuse, à l'image de cet œuf parfait, façon carbonara ou du lieu jaune en arlequin de chou-fleur, orange et poutargue. Une adresse qui va comme un gant à ce 9 e arrondissement, aussi bourgeois que bohème.

Prix : €€

5 rue Henri-Monnier – ⓜ Saint-Georges – ☏ 01 45 26 26 30 – lesaffranchisrestaurant.com/fr – Fermé lundi et mardi

ALLEUDIUM

MODERNE • **CONTEMPORAIN** Keiichi Shinohara, chef japonais aux références solides (notamment passé par le Violon d'Ingres époque Christian Constant) tient cette table au sobre décor contemporain. On sent l'envie de bien faire à tous les niveaux et en particulier dans l'assiette, moderne et inspirée, avec quelques touches rappelant les origines du chef.

🅰🅒 – Prix : €€€

24 rue Rodier – ⓜ Anvers – ☏ 01 45 26 86 26 – www.alleudium.com – Fermé lundi, dimanche et du mardi au jeudi à midi

BELLE MAISON

MODERNE • **BISTRO** Les trois associés de Pantruche et Caillebotte rythment cette Belle Maison, baptisée ainsi d'après la plage de l'île d'Yeu où ils passaient leurs vacances. Le chef manie l'iode avec une facilité déconcertante – cannelloni de crabe, sauce tom kha khaï, ail noir et œufs d'harengs fumés... Appel du large reçu cinq sur cinq.

Prix : €€

4 rue de Navarin – ⓜ Saint-Georges – ☏ 01 42 81 11 00 – www.lapantruchoise. com – Fermé dimanche

BOUILLON 47

MODERNE • **CONVIVIAL** Première affaire pour ce chef, qui fut pendant trois ans second de Bruno Doucet à La Régalade St-Honoré – à bonne école, donc ! Il compose ici une cuisine bistronomique bien ficelée, avec de judicieuses associations de produits de saison et de qualité... C'est gourmand, goûteux : on passe un excellent moment.

♿ 🅰🅒 – Prix : €€

47 rue de Rochechouart – ⓜ Poissonnière – ☏ 09 51 18 66 59 – www. bouillonparis.fr – Fermé lundi et dimanche

CODA ⓝ

MODERNE • À l'écart de la tonitruante rue Blanche, c'est un troquet de poche parigot comme on les aime. Un maximum de plaisir pour un minimum de place(s) : une quinzaine de couverts où les tables sont à touche-touche. Chaleureux en diable et bichonnant leurs clients, Pauline et Vincent Da Costa (ancien second à la Régalade avec Bruno Doucet) vont droit au but : une cuisine du marché de saison, directement sourcée auprès des producteurs. On se régale sans prise de tête. Formule déjeuner à prix doux.

Prix : €€

15 rue de la Tour-des-Dames – ⓜ Trinité - d'Estienne d'Orves – ☏ 01 48 74 50 33 – Fermé samedi, dimanche et lundi midi

FRENCHIE PIGALLE

MODERNE • **TENDANCE** Dans la famille Frenchie, donnez-moi Pigalle ! Le chef Grégory Marchand met désormais l'ambiance au rez-de-chaussée de cet hôtel où il propose des plats à partager dans une joyeuse ambiance de cantine. Les papilles batifolent entre comfort food de terroir, classiques impeccables et world food. En outre, jolie sélection de fromages et vins d'obédience naturelle.

&. 🅰️ – Prix : €€€

29 rue Victor-Massé – Ⓜ Pigalle – ℰ 01 85 73 10 46 – www.frenchie-pigalle.com – Fermé samedi et dimanche à midi

LE GARDE TEMPS

MODERNE • BISTRO Murs en pierres apparentes, comptoir en carrelage de métro... Bienvenue au Garde Temps, sympathique bistrot de quartier ouvert par un ancien d'Yves Camdeborde qui sait soigner ses convives : c'est frais et bien travaillé, saumon d'Écosse bio mariné au poivre vert ; poitrine de cochon fumé fermier confit à la baie de genièvre ; riz au lait crémeux, caramel fleur de sel. En saison, l'ardoise s'autorise quelques plats ambitieux (truffe, homard).

🅰️ – Prix : €€

19 bis rue Pierre-Fontaine – Ⓜ Blanche – ℰ 09 81 48 50 55 – www.restaurant-legardetemps.fr – Fermé dimanche et samedi midi

JEANNE-AIMÉE Ⓝ

MODERNE • CONTEMPORAIN Carton plein pour ce bistrot mi-indus, mi-cosy, qui longe l'église Notre-Dame-de-Lorette. Deux compères mettent les bouchées doubles pour nous régaler : d'un côté, Dan Humphris (qui tient à proximité une épicerie boulangerie où il vend les produits bios de la ferme yvelinoise de son père) ; de l'autre, Sylvain Parisot, jeune chef passé par de belles maisons étoilées (notamment l'Astrance et la Marine de Alexandre Couillon). Conclusion ? Du bon produit (côte de porc gascon, volaille des Landes), de l'audace (l'accord huître et glace au camembert), de la générosité, un bon rapport qualité/prix et un service péchu et sympa.

🅰️ – Prix : €€€

3 rue Bourdaloue – Ⓜ Notre-Dame-de-Lorette – ℰ 09 73 88 48 44 – www.restaurantjeanneaimee.com – Fermé samedi, dimanche et lundi midi

MIEUX

MODERNE • CONVIVIAL Trois associés de longue date ont ouvert cette adresse sympathique, archétype de la bistronomie décomplexée qui comble les papilles sans ruiner le gourmet. La cuisine célèbre le marché et les bons produits, toujours au plus près de la saison, l'ambiance décontractée est conviviale et sans prétention. Très bon rapport qualité-prix à midi.

✿ – Prix : €€

21 rue Saint-Lazare – Ⓜ Notre-Dame-de-Lorette – ℰ 01 71 32 46 73 – www.mieux-restaurant.com – Fermé dimanche

PASSIONNÉ Ⓝ

MODERNE • ÉLÉGANT Derrière les grands boulevards, cette adresse joue la carte de l'épure avec son bar aux mosaïques bleu nuit, ses murs et son sol sombre, ses luminaires épurés. On parlera d'élégance toute japonaise pour cette adresse où officie le chef Satoshi Horiuchi, natif de l'île d'Hokkaïdo, à quelques kilomètres de Sapporo, une préfecture très riche en petits producteurs, notamment maraîchers. Toujours passionné, il signe une cuisine française moderne où la recherche du bon produit et de la cuisson juste donne le ton..

🅰️ – Prix : €€€

17 rue Bergère – ℰ 01 42 28 58 14 – www.restaurantpassionne.com – Fermé lundi

PERCEPTION

MODERNE • CONTEMPORAIN Une table contemporaine à l'atmosphère douce et feutrée, avec ses murs en pierres apparentes, ses miroirs, ses banquettes de velours couleur rouille ... Aux fourneaux, Sukwon Yong, chef coréen fou de gastronomie française, cisèle une cuisine moderne, émaillée çà et là de clins d'œil à son pays d'origine (tartare de bœuf à la coréenne réhaussé d'un condiment de sésame noir). Le soir, on sort le grand jeu, avec des produits plus nobles et menu dégustation en plusieurs séquences.

Prix : €€€

53 rue Blanche – Ⓜ Blanche – ☎ 01 40 35 78 32 – www.restaurant-perception. com – Fermé lundi, dimanche et samedi midi

PÉTRELLE

MODERNE • INTIME Deux anciens des Caves Legrand, le sommelier Luca Danti et la cheffe Lucie Boursier-Mougenot, ont remis au (bon) goût du jour cet ancien resto people. Dans ce boudoir romantique et intimiste mâtiné d'esprit brocante, la cheffe signe une belle cuisine du marché délicate et saine, aux influences méditer-ranéennes revendiquées à l'image de ce succulent rouget, panisse, petits pois et son jus corsé dans l'esprit d'une bouillabaisse. Belle cave de plus de 150 références, à tous les prix et un accueil des plus sympathiques.

Prix : €€€

34 rue Pétrelle – Ⓜ Anvers – ☎ 01 42 82 11 02 – www.petrelle.fr – Fermé lundi, mardi et du mercredi au vendredi à midi

QUELQUE PART Ⓝ

CRÉATIVE • INTIME Une adresse qui en cache deux : au rez-de-chaussée, le bis-trot Les Prémices, en sous-sol, Les Abysses, la table gastronomique : une grotte intimiste, l'antre sous-marin de l'ancien Top Chef Florian Barbarot. Tel un capitaine Nemo, il invite ses plongeurs à explorer par paliers sa cuisine finement créative où les produits de la mer, les légumes de saison et les ingrédients soigneusement sourcés nagent de concert. Le menu en 8 séquences ouvre le sas de la "capsule", où le chef cuisine un produit d'exception devant ses convives.

ঙ 🆔 – Prix : €€€

1 rue Ambroise-Thomas – Ⓜ Poissonnière – ☎ 01 83 97 22 65 – www. quelquepart-restaurant.com – Fermé lundi et dimanche

🛏 ADÈLE & JULES

DESIGN MODERNE Joyau de 60 chambres poli au cœur des Grands Boulevards, Adèle & Jules est le petit frère des hôtels Thérèse et Récamier. Les lignes classiques d'un mobilier élégant sont réchauffées par des couleurs douces qui invitent à la détente, éventuellement sur le balcon. Pour pousser le dépaysement à son degré le plus chic, les suites junior recréent l'atmosphère d'un appartement parisien. Au pied de l'hôtel, les mythiques Folies Bergères, la salle des ventes de l'hôtel Drouot, le majestueux Opéra Garnier... ainsi que des boutiques de créateurs et une myriade de tables inventives.

ঙ 🅿 ঞ ⛱ 🕍 – 60 chambres – Prix : €€

2 et 4bis cité Rougemont – ☎ 01 48 24 60 70

🛏 ATHÉNÉE   *Plus*

CLASSIQUE CONTEMPORAIN Non loin du théâtre de l'Athénée, cet hôtel chic assume un style néobaroque très "opéra"... signé Jacques Garcia. Draperies, velours pourpre, boiseries, chambres décorées sur un thème lyrique ("Traviata", "Faust"...), bar et fumoir. Chamarré et précieux !

ঞ - 20 chambres – Prix : €

19 rue Caumartin – ☎ 01 40 17 99 29

🛏 CHOUCHOU   *Plus*

DESIGN MODERNE À deux pas de l'Opéra, un hôtel abordable et élégant ! Ses chambres bénéficient de détails bien pensés et d'une déco chic et colorée. Et l'hôtel dispose d'espaces publics assez vastes, notamment une salle de restaura-tion de style "marché" avec un service au comptoir et des tables communes, ainsi qu'une salle de spectacles et le Bar Guinguette, avec comptoir en zinc et animation. Parfaitement parisien.

🅿 ⛩ 🍽 - 63 chambres – Prix : €€€

11 rue du Helder – ☎ 01 87 44 54 79

PARIS

PARIS

GRAND PIGALLE

AVANT-GARDE Au cœur du Pigalle branché, l'art de vivre parisien et la convivialité typiquement frenchie sont au programme de cet hôtel rétro-chic dont le lobby s'orne d'un long bar. Chambres design et confortables habillées de couleurs dans l'air du temps.

⚙ 🅿 🚲 ♿ ⵏ○ - 37 chambres – Prix : €€

29 rue Victor Massé – ☎ *01 85 73 12 00*

Frenchie Pigalle - Voir la sélection des restaurants

HÔTEL LE BALLU   *Plus*

DESIGN MODERNE Cet hôtel pas comme les autres s'inspire de la Syldavie, un pays des Balkans imaginé dans les Aventures de Tintin : décor fantaisiste, design des années 50 et accents d'Europe de l'Est, pour un résultat coloré, plein d'inventivité. Les chambres sont pourvues de kitchenettes et, pour certaines, de baignoires îlots et/ou de terrasses privatives. Sans oublier la piscine à l'ambiance de bains russes.

⚙ 🅿 🛏 ⌐ ♿ 🐾 ⵏ○ - 37 chambres – Prix : €€

30 rue Ballu – ☎ *01 86 54 21 21*

HÔTEL DE NELL

DESIGN MODERNE Un fort bel établissement voisin du Conservatoire national supérieur d'Art dramatique. Serait bien comédien celui qui se plaindrait de ses aménagements, au style affirmé, signés Jean-Michel Wilmotte. Bois brut, tons clairs, lignes épurées... ou tout l'esprit du luxe contemporain.

⚙ 🍳 🅿 ♨ ♿ ⵏ○ - 33 chambres – Prix : €€

7/9 rue du Conservatoire – ☎ *01 44 83 83 60*

HÔTEL DU TEMPS   *Plus*

CLASSIQUE CONTEMPORAIN On se sent ici comme à la maison – ou plutôt comme dans appartement luxueux du 9ᵉ arrondissement, installé dans une demeure du 18ᵉ s. adaptée à la vie d'aujourd'hui, divisée en 22 chambres confortables et une suite. L'intérieur est un brin kitsch mais absolument charmant – comme chez un ami qui aurait hérité quelques très beaux meubles anciens intégrés à une décoration moderne. Le bar de l'établissement n'a pas moins de charme avec ses canapés en cuir.

🅿 - 23 chambres – Prix : €

11 rue de Montholon – ☎ *01 47 70 37 16*

HOY PARIS   *Plus*

DESIGN MODERNE HOY Paris (entendez House of Yoga) est la fusion des deux passions de Charlotte Gomez de Orozco, hôtelière et professeure de yoga. Des cours de yoga donc, en salle chauffée avec lumière infrarouge. Mais aussi une table végétalienne au menu latino-américain, célébrant les racines mexicaines de la propriétaire. Également sur place, une fleuriste japonaise et un espace de soins basés sur l'énergie, l'ostéopathie et la gynécologie. Et bien sûr des chambres, où tout a été pensé pour le bien-être, de l'eau purifiée au charbon japonais binchotan jusqu'aux produits de beauté bio français en passant par la barre d'étirement.

⚙ ⵏ○ - 21 chambres – Prix : €€

68 rue des Martyrs – ☎ *01 77 37 87 20*

LE PIGALLE PARIS

AVANT-GARDE Dans une rue discrète du 9ᵉ arrondissement, en plein cœur de la Nouvelle-Athènes, cet "hôtel de quartier", comme il se présente, tient ses promesses : c'est un vrai lieu vie, dont le rez-de-chaussée accueille parfois les voisins de passage, pour un verre ou plus. Chambres sobres, aux murs blancs et parquets massifs, décorées de bibelots uniques, de disques et d'affiches.

 🛗 🅿 🔊 ♿ 🍽 - 40 chambres – Prix : €
9 rue Frochot – ☎ 01 48 78 37 14

PULITZER

DESIGN MODERNE Un mariage séduisant de chic façon 20ᵉ s. et de design contemporain, à la fois animé et intime. Les chambres au style 100% parisien sont un véritable modèle d'agencement : les Petites Mansardes, nichées sous les toits, extrêmement douillettes et parfaitement fonctionnelles, disposent d'un mobilier sur-mesure. Le décor est chic, classique et surprenant, jusque dans la salle des petits-déjeuners. Un bar accueillant propose cocktails et tapas dans un élégant espace aux allures de jardin.

♨ 🅿 🍽 - 44 chambres – Prix : €€€
23 rue du Faubourg Montmartre – ☎ 01 53 34 98 10

RÉSIDENCE NELL

DESIGN MODERNE Cette adresse revendique un esprit "contemporain mais parisien", en plein Faubourg Montmartre, à deux pas des Grands Boulevards. Davantage que sur le charme, le lieu mise sur sa grande fonctionnalité et une attention soutenue portée aux détails. Parquet en chêne massif, mobilier conçu sur mesure, salle de bain décorée de mosaïques en pâte de verre, kitchenette séparée par une cloison gainée de cuir... autant d'éléments qualitatifs qui contribuent à valoriser l'espace. Une carte de petit déjeuner ainsi qu'une formule de livraison depuis 13 restaurants permettent de vivre ici comme à l'hôtel, même si de nombreux clients de longue durée — voyageurs d'affaires ou touristes — préfèrent y cuisiner comme à la maison...

🛗 🅿 🔊 ⑨ - 17 chambres – Prix : €€
60 rue Richer – ☎ 01 53 24 98 98

PARIS

Gare de l'Est • Gare du Nord • Canal St-Martin

10ᵉ ARRONDISSEMENT

🙂 52 FAUBOURG ST-DENIS

MODERNE • CONVIVIAL Vous aimez les néobistrots ? Vous allez être ravis : béton brut et pierres apparentes, carte courte et efficace, accompagnée de jolis vins et de bière artisanale. Tout est là, tout est bon, jusqu'au café sélectionné et torréfié par le patron. Attention : pas de réservation. La rançon (et les raisons ?) du succès.

&. – Prix : €€

52 rue du Faubourg-Saint-Denis – ⓜ Strasbourg - Saint-Denis – ☏ 01 48 00 95 88 – www.faubourgstdenis.com

🙂 BRIGADE DU TIGRE

ASIATIQUE • CONVIVIAL Tous les deux passés chez William Ledeuil, tous les deux grands amoureux de l'Asie qu'ils ont arpenté, les compères de Eels ont uni leurs baguettes pour célébrer la joyeuse diversité de la cuisine asiatique dans un duplex d'esprit bistrot. Résultat : des petites pépites parfumées à grignoter seul ou à partager, concoctées à partir de produits de qualité...

&. – Prix : €€

38 rue du Faubourg-Poissonnière – ⓜ Bonne Nouvelle – ☏ 01 45 81 51 56 – www.brigadedutigre.fr – Fermé samedi et dimanche

🙂 CHEZ MICHEL

TRADITIONNELLE • BISTRO Masahiro Kawai, le chef japonais de Chez Michel, joue une partition traditionnelle joyeuse et goûteuse, sans rien s'interdire : du kig ha farz (la fameuse potée bretonne) au gibier en saison, en passant par le foie gras rôti, il célèbre les régions desquelles, la Bretagne – avec un soin et une générosité de tous les instants.

Prix : €€

10 rue de Belzunce – ⓜ Gare du Nord – ☏ 01 44 53 06 20 – www.restaurantchezmichel.fr – Fermé samedi et dimanche

BONHOMME ⓝ

MODERNE • CONVIVIAL De la bonhomie, ils n'en manquent pas, les trois bonhommes qui ont créé ce bistrot animé du faubourg Poissonnière ! Dans cette déco brut et tendance (murs grattés, guéridons de marbre, cave vitrée), le chef a l'intelligence de trousser une bistronomie gourmande sans effets de mode : chou farci vegan aux pleurotes, carottes et oignons confits ; joue de bœuf braisée ; tarte Tatin pomme et coing... Bonne ambiance assurée.

&. 🅰 🍸 – Prix : €€

58 rue du Faubourg-Poissonnière – ⓜ Poissonnière – ☏ 09 87 71 69 17 – bonhomme-resto.fr – Fermé lundi et dimanche

CHAMELEON

MODERNE • CONVIVIAL Mobilier chiné, luminaires post-industriels, cuisine bistronomique soignée et gourmande et terrasse donnant sur une rue semi-piétonne... Cette adresse s'inscrit tout droit dans la tendance urbaine et contemporaine (qui a dit bobo ?). Les deux associés, Valérie et Arnaud, sont passionnés de restauration et amoureux des bons produits. Et cela se sent !

🍸 – Prix : €€

70 rue René-Boulanger – ⓜ Strasbourg - Saint-Denis – ☏ 01 42 08 99 41 – www.chameleonrestaurant.fr – Fermé dimanche et samedi midi

CHOCHO ⓝ

CRÉATIVE • TENDANCE Chaud, chaud devant : passé par Top Chef, le chef Thomas Chisholm est désormais chez lui. Dans cette salle tendance, la cuisine célèbre le partage et la gastronomie durable ! Poissons ikejime, bocaux et fermentations, produits de l'agroforesterie... Dans un style créatif et parfois ludique, aux influences diverses, la petite musique du chef séduit : carottes rôties, émulsion d'ail et poudre de jaune d'œuf ; thon rouge, citron corse et dashi de betterave fumée...

♿ – Prix : €€

54 rue de Paradis – Ⓜ Gare de l'Est – ☏ 01 42 28 26 03 – chocho.becsparisiens.fr

DANTE ⓝ

MODERNE • TENDANCE Après une période de purgatoire, cette adresse tendance de la rue de Paradis a retrouvé des couleurs sous la houlette d'une jeune cheffe passionnée convertie à la gastronomie à la suite d'un stage chez Alain Passard. Elle envoie de petites assiettes bistronomiques efficaces et bien tournées, à l'image de ces ravioles de homard et gambas, ou de ce ris de veau croustillant à la courge et caramel de pomme. Quelques belles pièces à partager (pigeon, dorade en croûte de sel).

♿ – Prix : €€

14 rue de Paradis – Ⓜ Gare de l'Est – ☏ 01 45 23 57 98 – www.danterestaurant. info – Fermé lundi et dimanche

EELS

MODERNE • TENDANCE Entre Bonne Nouvelle et l'église Saint-Vincent-de-Paul, cette adresse est une bonne nouvelle. On n'y sert pas que de l'anguille (eel en anglais) ! Certes, l'anguille fumée, réglisse, vierge de pomme golden saupoudrée de chapelure frite est bien ancrée à la carte. Mais le chef a plus d'un tour dans sa... bourriche. Disciple de William Ledeuil, c'est un grand voyageur qui a parcouru l'Amérique du Sud et du Nord, et l'Asie. Épaulé par des complices solides, le chef fait preuve d'une précision, d'un souci du détail et du visuel qui épate dans chaque assiette. Cette cuisine d'auteur est servie dans une salle bistrot avec comptoir ouvrant sur la cuisine ouverte, des murs en pierre ou brique mises à nue, des lampes « suspension » design.

🍴 – Prix : €€€

27 rue d'Hauteville – Ⓜ Bonne Nouvelle – ☏ 01 42 28 80 20 – www.restaurant-eels.com – Fermé lundi et dimanche

LE GALOPIN

MODERNE • BISTRO Passé par quelques jolies maisons parisiennes (Ze Kitchen Galerie, Itinéraires, Porte 12) et bretonnes, Julien Simmonet régale avec une cuisine savoureuse, renouvelée au fil du marché. On y trouve son compte à tout heure, formule bistrotière à midi, plats plus élaborés le soir. Vins bien choisis, accueil charmant : on passe un super moment.

Prix : €€

34 rue Sainte-Marthe – Ⓜ Belleville – ☏ 01 42 06 05 03 – le-galopin.paris/fr – Fermé lundi, dimanche et du mardi au vendredi à midi

MÂCHE ⓝ

CRÉATIVE • TENDANCE Asperges vertes et sabayon mûre-lavande, lotte marinée à l'hibiscus et réduction de vinaigre de canneberge, kéfir et prunes au piment d'Espelette : il n'y a pas que de la mâche dans la cuisine inventive du chef Michaël Gamet (passé par l'Astrance), il y a aussi des couleurs et des saveurs qui percutent. Dans cette belle salle qui mêle éléments anciens et déco géométrique contemporaine, convivialité et service chaleureux vont aussi de pair.

🅰🅲 ⇔ – Prix : €€

61 rue de Chabrol – Ⓜ Poissonnière – ☏ 09 83 40 60 04 – mache.restaurant – Fermé lundi, dimanche et samedi midi

MAMAGOTO

MODERNE • CONVIVIAL Mamagoto, c'est dinette en japonais. Koji Tsuchiya, chef nippon aguerri, propose une savoureuse sélection d'assiettes à partager (ou pas !...) mêlant influences japonaises et basques – ainsi l'oursin au sayon de persil ou les encornets grillés au pesto, à accompagner de vins nature parfois pointus. Menu plus simple le midi.

AC ✧ – Prix : €€

5 rue des Petits-Hôtels – Ⓜ Gare du Nord – ℰ 01 44 79 03 98 – mamagoto.
paris – Fermé dimanche et samedi midi

POULICHE

MODERNE • CONTEMPORAIN Amandine Chaignot tient cette jeune table vivante et conviviale : elle y célèbre le marché, la spontanéité et la créativité, sans jamais trahir le goût des ingrédients, sélectionnés avec soin. Le mercredi, menu exclusivement végétarien. Le dimanche, esprit cuisine bourgeoise familiale. Une Pouliche dont on s'entiche .

Prix : €€

11 rue d'Enghien – Ⓜ Strasbourg - Saint-Denis – ℰ 01 45 89 07 56 – www.
poulicheparis.com – Fermé dimanche soir

LES RÉSISTANTS

MODERNE • CONVIVIAL Les Résistants ? Ceux qui luttent encore (fournisseurs, producteurs, cuisiniers etc.) contre les sirènes de l'agroalimentaire, et qui placent toujours, au centre de leurs préoccupations, goût et traçabilité. Tel le credo des associés de la maison : oui, il est possible de bien se nourrir, tout en respectant le bien-être animal et les cycles naturels. Ils le prouvent avec talent dans cette sympathique adresse où l'on déguste une cuisine du marché, qui change tous les jours. Carte des vins exclusivement nature, cela va de soi... Brunch le week-end.

& AC – Prix : €

16 rue du Château-d'Eau – Ⓜ République – ℰ 01 77 32 77 61 – www.lesresistants.
fr – Fermé lundi

TO

MODERNE • CONTEMPORAIN À deux pas du canal Saint-Martin, franchissez cette TO – porte en japonais – pour découvrir la cuisine fusion franco-japonaise du chef Ryo Miyazaki (passé chez Saturne) à travers une succession de 3 salles modernes aux ambiances bien distinctes. Assiettes inspirées aux dressages soignés, dans différents formats "omakase".

AC � ✧ – Prix : €€€

34 rue Beaurepaire – Ⓜ Jacques Bonsergent – ℰ 01 40 37 39 12 – to-restaurant.
com – Fermé lundi

25 HOURS TERMINUS NORD

AVANT-GARDE Face à la gare du Nord, cet hôtel de 1865 (premier établissement parisien du groupe hôtelier allemand 25 hours) joue désormais la carte cosmopolite d'une culture urbaine, pop et décomplexée, mélangeant graffiti et motifs africains – à l'image de ce quartier multicolore.

& 🄿 ✧ ৬৬ ꜚ◯ - 237 chambres – Prix : €

12 boulevard de Denain – ℰ 01 42 80 20 00

LE CITIZEN   *Plus*

DESIGN MODERNE Le designer Christophe Delcourt a tiré le meilleur parti des espaces restreints de cet immeuble typique de l'Est parisien. Dans les chambres et les salles de bains, la rigueur de son mobilier sur mesure, sa palette de bois clairs et de bleus sombres, ses grandes banquettes modulables ou ses têtes de lit-escalier font mouche, apportant luminosité et fluidité même aux chambres les plus mini (15 m²). En plus de l'esprit éco-friendly des installations, ce citoyen sait recevoir avec beaucoup d'élégance et d'attentions : literie premium, double vitrage efficace, pain succulent au petit déjeuner, fleurs fraîches et carafes d'eau filtrée, sélections de films et de musique.

  ♿ 🅿 ⛭ - 12 chambres – Prix : €€

96 quai de Jemmapes – ☏ 01 83 62 55 50

🛏 ## HÔTEL PARADIS   *Plus*

DESIGN MODERNE En phase avec son époque, l'Hôtel Paradis ressemble à son quartier : artiste, abordable, dynamique et au cœur du cool. Il brasse allègrement les styles — loft sous verrière, atelier récup', rétro scandinave — sans tomber dans le patchwork. Les chambres se révèlent chaleureuses, claires et agrémentées de touches de déco originales. À noter également la Suite Paradis du 6ᵉ étage, avec salon mansardé, salle de bain immaculée et vue parfaite sur le Sacré-Cœur. Les parties communes reflètent le même esprit voyage et mixité : comptoir en malles récupérées, châssis d'usine pour la verrière du lobby, Peter Tosh sur la platine vinyle du salon lecture, lui-même très axé mode du monde et design vintage.

  ♿ 🅿 ⛷ - 38 chambres – Prix : €

41 rue des Petites Écuries – ☏ 01 45 23 08 22

🛏 ## PROVIDENCE

AVANT-GARDE Dans une rue tranquille derrière les grands boulevards, un immeuble haussmannien joliment restauré accueille cet hôtel cosy et plutôt cossu. La déco sur mesure, le mobilier chiné, les chambres avec petit bar à cocktails : l'ensemble est soigné et très avenant !

  🅿 ☍ 🌐 �🍽 - 18 chambres – Prix : €€

90 rue René Boulanger – ☏ 01 46 34 34 04

PARIS

Nation • Voltaire • République

11ᵉ ARRONDISSEMENT

❀ **AUTOMNE**

Chef : Nobuyuki Akishige

MODERNE • BISTRO Le chef japonais Nobuyuki Akishige, qui peut s'enorgueillir d'un parcours impeccable (l'Atelier du peintre à Colmar, la Vague d'Or à St-Tropez, avec Arnaud Donckele, le K2 à Courchevel, la Pyramide à Vienne) signe une cuisine de saison, subtile et maîtrisée, autour de produits de très belle qualité. En guise d'écrin, le cadre simple d'un bistrot pour une partition lisible, aux saveurs harmonieuses nées de cuissons précises, à l'instar de ce magret de canard rôti, purée de racine de persil, olives kalamata. Le rapport prix/gourmandise est imbattable ! Une adresse comme on aimerait en découvrir plus souvent.

🅰🅲 – Prix : €€€€

11 rue Richard-Lenoir – Ⓜ Charonne – ℰ 01 40 09 03 70 – www.automne-akishige.com – Fermé lundi et mardi

❀ **FIEF**

Chef : Victor Mercier

MODERNE • CONTEMPORAIN FIEF comme Fait Ici En France : le chef Victor Mercier, découvert à la télé en 2018, met un point d'honneur à ne cuisiner QUE des produits français. Poivre du Sichuan du gersois, cacahouètes de Soustons, pigeon du Poitou, poissons bretons, yuzu montpelliérain, satay français, miso bourguignon... et même une crème glacée au mélilot qui remplace la vanille. À partir de ce lexique exigeant, le chef écrit un roman savoureux et plein de brio, parfaitement maîtrisé, des cuissons aux saveurs, en passant par les sauces profondes - une vraie personnalité. Installez-vous sans hésiter au comptoir d'hôtes pour y vivre l'expérience au plus près et échanger avec le chef et son équipe qui prodiguent en temps réel le pourquoi du comment sur chaque plat : passionnant !

🅰🅲 – Prix : €€€€

44 rue de la Folie-Méricourt – Ⓜ Oberkampf – ℰ 01 47 00 03 22 – www.fiefrestaurant.fr – Fermé lundi, dimanche et du mardi au samedi à midi

❀ **QUI PLUME LA LUNE**

MODERNE • COSY Qui plume la Lune, c'est d'abord un joli endroit, chaleureux et romantique qui s'est refait une beauté pour ses 10 ans... Sur l'un des murs de la salle trône une citation de William Faulkner : "Nous sommes entrés en courant dans le clair de lune et sommes allés vers la cuisine." Pierres apparentes et matériaux naturels (bois brut, branchages, etc.) complètent ce tableau non dénué de poésie...C'est aussi un havre de délices, porté par une équipe déterminée à ne sélectionner que de superbes produits – selon une éthique écologique, ainsi de beaux légumes bio – et à régaler ses clients d'assiettes tout en maîtrise et en précision : une véritable démonstration de vitalité, de fraîcheur et de senteurs. Très agréable moment, donc, sous la clarté de cette table aussi lunaire que terrestre...

Prix : €€€

50 rue Amelot – Ⓜ Chemin Vert – ℰ 01 48 07 45 48 – www.quiplumelalune.fr – Fermé lundi et dimanche

❀ **SEPTIME**

Chef : Bertrand Grébaut

MODERNE • BISTRO Des bonnes idées en pagaille, beaucoup de fraîcheur et d'aisance, de la passion et même un peu de malice, mais toujours de la précision et de la justesse : mené par le jeune Bertrand Grébaut, Septime symbolise le meilleur de cette nouvelle génération de tables parisiennes à la fois très branchées et... très épicuriennes. Au milieu de la rue de Charonne, le lieu exploite à fond les codes de la modernité : grande verrière d'atelier, tables en bois brut, poutres en métal... Une vraie inspiration industrielle, plutôt chic dans son aboutissement, d'autant que le service contribue à faire passer un bon moment. Comme on peut l'imaginer, tout cela se mérite : il faudra réserver précisément trois semaines à l'avance pour avoir une chance d'en profiter.

🕸 **L'engagement du chef :** Développement humain et respect de l'environnement sont au cœur de notre engagement. Les denrées maraîchères que nous cuisinons proviennent en majorité d'Île-de-France, les viandes et les poissons sont issus de l'élevage ou de la pêche responsables et durables, nous travaillons les produits entiers pour lutter contre le gaspillage et nos bio-déchets partent en plateforme de lombricompostage pour être recyclés.

Prix : €€€€

80 rue de Charonne – ⓂＣharonne – ℰ 01 43 67 38 29 – www.septime-charonne. fr – Fermé samedi et dimanche

---

AUBERGE PYRÉNÉES CÉVENNES

TRADITIONNELLE • AUBERGE Le chef Pierre Négrevergne s'épanouit à merveille dans cette maison qui a plus de 100 ans. Il régale avec une savoureuse cuisine "de grand-mère" qui met en valeur le patrimoine gastronomique français (terrine maison, blanquette de veau à l'ancienne et riz grillé, mille-feuille), servie en portions généreuses. Cette auberge régale toujours autant.

🅰🅲 – Prix : €€

106 rue de la Folie-Méricourt – Ⓜ République – ℰ 01 43 57 33 78 – www. auberge-pyrenees-cevennes.fr – Fermé dimanche, et lundi et samedi à midi

---

CLAMATO

POISSONS ET FRUITS DE MER • TENDANCE Inspiré des bars à huîtres de la côte Est des États-Unis, cette annexe de Septime doit son nom à un cocktail très populaire au Québec, sorte de Bloody Mary agrémenté d'un jus de palourdes... à découvrir ici, évidemment ! L'endroit a tout du "hit" bistronomique, avec ce décor tendance et cette carte courte qui met en avant la mer et les légumes, avec de jolies influences internationales. Les produits sont choisis avec grand soin et travaillés le plus simplement du monde, puis déclinés dans des assiettes à partager. Attention, la réservation est impossible : premier arrivé, premier servi !

🅰🅲 – Prix : €€

80 rue de Charonne – Ⓜ Charonne – ℰ 01 43 72 74 53 – www.clamato-charonne. fr

---

DOUBLE DRAGON

ASIATIQUE • DÉCONTRACTÉ Dans cette sympathique « cantine asiatique », les sœurs Katia et Tatania Levha proposent des petits plats d'inspiration diverses (Chine, Philippines, Thaïlande, etc.) dans un esprit "streetfood" amélioré. Une cuisine pleine de caractère, aux saveurs marquées, parfois délicieusement épicées. Une table ludique et savoureuse.

Prix : €

52 rue Saint-Maur – Ⓜ Rue Saint-Maur – ℰ 01 71 32 41 95 – www. doubledragonparis.com – Fermé lundi, dimanche et mardi midi

---

ALLUMA Ⓝ

MÉDITERRANÉENNE • CONTEMPORAIN Un ancien du Balagan, le chef Liran Tal, a relooké avec goût cette adresse tout de blanc vêtue. Il y propose une savoureuse cuisine méditerranéenne mâtinée d'influences israéliennes, au travers de menus dégustation au très bon rapport qualité-prix : délicieux houmous massabaha, crudo de sériole aux figues et épices, faux-filet d'agneau et condiment abricot-miso... Choix de vins en bio et biodynamie, notamment d'Italie, Espagne et Arménie.

🅰🅲 – Prix : €€

151 rue Saint-Maur – Ⓜ Goncourt – ℰ 09 85 11 88 33 – alluma-paris.com – Fermé lundi, dimanche et samedi midi

PARIS

BIEN FICELÉ

TRADITIONNELLE • CONTEMPORAIN Tenu par le même propriétaire que le Bien Élevé dans le neuvième arrondissement, ce bistrot contemporain propose à l'ardoise viandes rôties ou cuites à la braise, ainsi que des plats oscillant entre tradition et modernité : pâté en croûte ; épaule de porcelet rôtie ; poire pochée au vin épicé, glace pain d'épices et biscuit au gingembre. Le tout dans une ambiance décontracté en deux mots : "bien ficelé" !

🅰🅲 🍽 – Prix : €€

51 boulevard Voltaire – Ⓜ *Saint-Ambroise –* 📞 *01 58 30 84 88 – www.bienficele. fr – Fermé lundi et dimanche*

BIONDI

ARGENTINE • BISTRO Le talentueux chef a baptisé ce restaurant en souvenir de Pepe Biondi, célèbre clown argentin. L'Argentine est au menu : viandes et poissons cuits a la parrilla, empanadas et ceviche du jour... Des préparations soignées, servies par une équipe efficace. Bons vins et bonne humeur parachèvent le tableau.

♿ – Prix : €€€

118 rue Amelot – Ⓜ *Oberkampf –* 📞 *01 47 00 90 18 – www.biondi-restaurant. fr – Fermé dimanche*

BISTROT PAUL BERT

TRADITIONNELLE • BISTRO Sur la façade de ce sympathique bistrot s'affiche "Cuisine familiale". Traduisez : feuilleté de ris de veau aux champignons, cerf rôti aux airelles et purée de céleri... Des assiettes copieuses et goûteuses, préparées sans tralala. Vous en redemanderez, mais attention à bien garder de la place pour le baba au rhum !

🅱🅱 – Prix : €€

18 rue Paul-Bert – Ⓜ *Faidherbe - Chaligny –* 📞 *01 43 72 24 01 – Fermé lundi et dimanche*

BON KUSHIKATSU

JAPONAISE • ÉLÉGANT Pour un voyage express à Osaka, à la découverte de la spécialité culinaire de la ville : les kushikatsu (des minibrochettes panées et frites à la minute). Bœuf au sansho, foie gras poivré, champignon shiitaké : les préparations se succèdent et révèlent de belles saveurs. Et l'accueil délicat finit de transporter au Japon...

🅰🅲 – Prix : €€€

24 rue Jean-Pierre-Timbaud – Ⓜ *Oberkampf –* 📞 *01 43 38 82 27 – www. kushikatsubon.fr – Fermé mercredi, dimanche, et lundi, mardi, jeudi, vendredi et samedi midi*

LE CHARDENOUX

MODERNE • BISTRO Cyril Lignac a réinventé ce bistrot parisien historique, tout en conservant le cachet Art nouveau qui le caractérise. La carte est surtout tournée vers les produits de la mer, avec les incontournables signés Lignac (lobster roll, bar en croûte de sel, tartare de thon, avocat, ponzu, wasabi, sans oublier l'excellent millefeuille !). Gourmand et bien exécuté : un plaisir.

Prix : €€€€

1 rue Jules-Vallès – Ⓜ *Charonne –* 📞 *01 43 71 49 52 – restaurantlechardenoux. com*

LE CHATEAUBRIAND

MODERNE • BISTRO Le Basque Inaki Aizpitarte attire une clientèle gastronome internationale avec son bistrot "pur jus", véritable temple de la mouvance bistronomique, dont il fut l'un des initiateurs. D'hier, le lieu a conservé le décor – tel qu'on pouvait encore en trouver dans les années 1930 – jouant sur le mélange néo-rétro (zinc, ardoises, haut plafond et tables étroites). Cette institution cultive une formule inoxydable : celle d'un menu unique aux associations de saveurs originales. Produits et vins sont choisis avec soin chez des producteurs indépendants. Réservation indispensable.

ℬℬ – Prix : €€€

129 avenue Parmentier – Ⓜ *Goncourt –* ℰ *01 43 57 45 95 – www. lechateaubriand.net – Fermé lundi, dimanche et du mardi au samedi à midi*

DEUX RESTAURANT Ⓝ

MODERNE • BISTRO Tiphanie Mollard et Romain Casas, l'une savoyarde, l'autre béarnais, unissent leur joie de vivre contagieuse et leurs terroirs dans un lieu chaleureux et lumineux qui leur ressemble : cuisine ouverte, étagères remplies de bouteilles, des bibelots, des photos et des plantes. Tomates, crème de burrata, gelée de vinaigre ; sardines grillées, vierge, salade de haricots verts, pistou, pêche : c'est joyeux et gourmand, franc du collier, sans superflu. Tarifs doux et brunch le dimanche.

Prix : €€

58 rue de la Fontaine-au-Roi – Ⓜ *Goncourt –* ℰ *09 74 97 47 52 – www.deux-restaurant.fr – Fermé lundi, mardi midi et dimanche soir*

KORUS

DU MARCHÉ • BISTRO Ce petit bistrot contemporain situé entre Bastille et République est emmené en chœur par un duo de talent et un chef italien, Eugenio Anfuso, qui en a sous la botte. Excellente foccacia, douce crème d'artichaut, lait de chèvre, menthe ; cabillaud, petit pois, cresson, vin jaune ; rhubarbe, anis, riz au lait : franchise des goûts, mariage des saveurs, tout y est - y compris un rapport qualité-prix remarquable au déjeuner.

Prix : €€€

73 rue Amelot – Ⓜ *Chemin Vert –* ℰ *01 55 28 53 31 – restaurantkorus.com – Fermé lundi, mardi et mercredi midi*

MAGMA Ⓝ

MODERNE • CONTEMPORAIN Comme le magma, le chef japonais Ryuya Ono (ancien second chez Table) fusionne la gastronomie française, son inspiration sans cesse renouvelée et ses instincts gourmands, au fil d'une carte qu'il est capable de changer (parfois) tous les jours – au dessert, son vacherin tomates cerises, sorbet pêche de vigne est une petite pépite d'audace maîtrisée. Le décor est charmant avec son carrelage à motif, sa banquette olive, son mobilier en bois moderne, son miroir, son bar vintage...

Prix : €€€

9 rue Jean-Pierre-Timbaud – Ⓜ *Oberkampf –* ℰ *01 48 05 56 90 – www. restaurantmagma.com – Fermé lundi et dimanche*

MAISON

MODERNE • DESIGN Sota Atsumi, talent brut et beau CV (le Clown, Saturne, Toyo, Michel Troisgros à Roanne, etc), nous émeut avec sa cuisine française piquée de modernité, autour d'un menu fixe composé des meilleurs produits du marché. La salle à manger prend des allures de loft post-industriel avec son toit en v inversé, son immense table d'hôte centrale, sa cuisine ouverte, prolongée d'un comptoir. Des exemples ? Seiche crue et pesto de graines de citrouilles ; haricots beurre foie gras et pêche...

ᴬᶜ – Prix : €€€€

3 rue Saint-Hubert – Ⓜ *Rue Saint-Maur –* ℰ *01 43 38 61 95 – www.maison-sota. com – Fermé lundi, mardi, mercredi midi et dimanche soir*

MARCHON

MODERNE • CONTEMPORAIN Conversion réussie pour Alexandre Marchon, jeune chef patron autodidacte passionné de cuisine qui a quitté le monde de la publicité et de la communication pour enfiler la veste blanche de chef. Les recettes (plutôt légumières) décoiffent et étonnent par leur réelle personnalité, leur apparente simplicité au service du goût et de l'efficacité. Le midi, séduisant menu à prix doux, le soir, menu surprise unique sans choix en 5 ou 7 temps, dans l'esprit « retour du marché ».

🅐🅒 – Prix : €€

161 rue Saint-Maur – Ⓜ Goncourt – ℰ 01 47 00 63 97 – www.marchon-restaurant. fr – Fermé samedi et dimanche

OSTERIA FERRARA

ITALIENNE • OSTERIA Attention, refuge de gourmets ! L'intérieur est élégant mais c'est dans l'assiette qu'a lieu la magie. Le chef sicilien travaille une carte aux recettes italiennes bien ficelées, goûteuses et centrées sur le produit, ainsi cette longe de veau français à la Milanaise, et sa poêlée d'épinards. Un bistrot qui a une âme et une jolie carte des vins, ce qui ne gâche rien.

🕸 ♿ 🎍 – Prix : €€

7 rue du Dahomey – Ⓜ Faidherbe - Chaligny – ℰ 01 43 71 67 69 – www. osteriaferrara.com – Fermé dimanche

PIANOVINS

MODERNE • ÉPURÉ Deux anciens de chez Guy Savoy, Michel Roncière et Éric Mancio, unissent ici leurs forces : le premier au "Piano", le second aux "Vins". Les assiettes, sérieuses et appliquées, évoluent chaque jour au fil du marché ; elles se dégustent dans une salle intimiste de 20 couverts environ, avec cuisine ouverte et tables au coude à coude. Jolie carte des vins et patron-sommelier intarissable sur ses flacons.

🕸 🅐🅒 – Prix : €€

46 rue Trousseau – Ⓜ Ledru-Rollin – ℰ 01 48 06 95 85 – pianovins.com – Fermé lundi et dimanche

PIERRE SANG IN OBERKAMPF

CRÉATIVE • BRANCHÉ Qui est adepte de l'émission Top Chef connaît forcément Pierre Sang, finaliste de l'édition 2011. On retrouve toute la gentillesse du jeune homme, qui délivre, ici chez lui, une cuisine sensible et partageuse – particulièrement bon marché le midi ! Installez-vous au comptoir, face à la cuisine ouverte, et laissez-vous emporter.

🅐🅒 ⇦ – Prix : €€

55 rue Oberkampf – Ⓜ Parmentier – ℰ 09 67 31 96 80 – pierresang.com/ in-oberkampf – Fermé du lundi au vendredi à midi

PIERRE SANG ON GAMBEY

CRÉATIVE • TENDANCE Pierre Sang propose un menu unique au déjeuner et un autre plus élaboré en soirée. On retrouve l'attachement du célèbre chef aux beaux produits, travaillés avec soin et créativité, pour une carte gourmande réinventée très régulièrement. L'originalité n'est pas que dans l'assiette : ici, le client est invité à deviner ce qu'il vient de manger ! Un beau moment de partage dans un lieu chaleureux.

⇦ – Prix : €€

6 rue Gambey – Ⓜ Parmentier – ℰ 09 67 31 96 80 – pierresang.com – Fermé du lundi au vendredi à midi

ROBERT

MODERNE • BISTRO Dans ce néo-bistrot le végétal est roi. Cette cuisine tendance, désormais envoyée par le chef Jack Bosco, est émaillée de quelques touches gastropub, se nourrit des légumes qui arrivent en direct du potager berrichon du restaurant : ravioles de betteraves, courge confite et crème de parmesan... Carte des vins bio et nature.

Prix : €€€

32 rue de la Fontaine-au-Roi – Ⓜ Goncourt – ℰ 01 43 57 20 29 – robert-restaurant.fr – Fermé lundi, dimanche et du mardi au samedi à midi

LE SAINT-SÉBASTIEN

MODERNE • BISTRO Programme alléchant dans ce bar de quartier transformé en repaire bistronomique : petite carte respectueuse des saisons, très axée sur le végétal, choix judicieux dans les assaisonnements, jolie maîtrise des herbes et des épices qui apportent du caractère aux assiettes... sans oublier de bons vins nature. C'est tout bon.

⅋ ⅊ – Prix : €€

42 rue Saint-Sébastien – Ⓜ Saint-Ambroise – ℰ 06 49 75 27 90 – www. lesaintsebastien.paris – Fermé lundi, dimanche et du mardi au samedi à midi

LE SERVAN

MODERNE • BISTRO À l'angle de la rue St-Maur, le fief de Katia et Tatiana Levha est l'un des bistrots gourmands les plus courus de la place parisienne. L'endroit a fière allure, avec ses fresques d'époque ; Tatiana compose une cuisine fraîche et spontanée, et ne rechigne pas à tenter des associations inattendues. Avec succès !

Prix : €€

32 rue Saint-Maur – Ⓜ Rue Saint-Maur – ℰ 01 55 28 51 82 – leservan.fr – Fermé dimanche et samedi midi

SIAMSA

MODERNE • BISTRO Siamsa... A l'oreille, ce nom étrange évoque le royaume de Siam et la cuisine thaïlandaise, mais dans l'assiette, on goûte une cuisine contemporaine bien française, fraîche et équilibrée (ceviche de daurade à la framboise, légumes croquants ; poitrine de porc fumé, abricots, piment, etc.). L'origine de Siamsa, nom gaélique signifiant "divertir" est un clin d'œil aux origines d'un des associés (Simon Cuddy). Un bistrot de quartier et de qualité.

Prix : €

13 rue de la Pierre-Levée – Ⓜ République – ℰ 01 43 38 34 72 – www.siamsa.fr – Fermé lundi et dimanche

VANTRE

MODERNE • BISTRO Le "vantre" au moyen-âge signifiait "lieu de réjouissance". C'est aujourd'hui un lieu de réjouissance pour notre ventre dans un cadre néo-bistrot. Un ancien sommelier (le Bristol, Taillevent) et son chef japonais Masaki Nagao proposent une cuisine gourmande à base de produits sélectionnés comme cette savoureuse échine de cochon de Normandie fumée au foin et son condiment tonnato. Plus de deux milles références de vins, accueil sympathique et succès mérité.

⅋ Ⓜ – Prix : €€

19 rue de la Fontaine-au-Roi – Ⓜ Goncourt – ℰ 01 48 06 16 96 – www.vantre.fr – Fermé samedi et dimanche

LE VILLARET

TRADITIONNELLE • CONVIVIAL À deux pas d'Oberkampf, ce bistrot propose une cuisine traditionnelle gourmande et de saison réalisée par le chef passionné Olivier Gaslain. Avec sa compotée rhubarbe-verveine, gel de rhum, mousse mascarpone, l'original baba au rhum vous laissera bouche bée ! Superbe carte des vins avec plus de 1000 références, dont un échantillon vous est présenté dans une belle armoire à vins vitrée.

⅋ Ⓜ – Prix : €€€

13 rue Ternaux – Ⓜ Parmentier – ℰ 01 43 57 89 76 – www.levillaret-restaurant. fr – Fermé lundi et dimanche

FABRIC

DESIGN MODERNE Dans une ancienne fabrique de textiles, à mi-chemin de République et de Bastille, un bel hôtel qui a gardé un peu de son héritage industriel :

poutres et luminaires en métal, mobilier ancien, nuances de gris, belle hauteur sous plafond... Et des chambres design et élégantes, pour les amateurs !

- 33 chambres - Prix: €€

31 rue de la Folie-Méricourt - 01 43 57 27 00

MAISON BRÉGUET *Plus*

DESIGN MODERNE A deux pas de la place de la Bastille, cet hôtel de charme propose des chambres confortables et cosy, certaines avec petite terrasse. Espace bien-être avec bassin de nage à contre-courant, et restauration.

- 53 chambres - Prix: €€€

8 rue Bréguet - 01 58 30 32 31

LA NOUVELLE RÉPUBLIQUE *Plus*

DESIGN MODERNE Avec son charme rétro et ses intérieurs contemporains à la palette naturelle, cet hôtel invite à un séjour agréable, à la fois accessible et confortable, dans un quartier plus tendance que jamais. En plus de ses textures douillettes, on apprécie toutes les petites attentions qui améliorent le confort, comme le triple vitrage et les lampes de lecture. Petit-déjeuner servi au café de l'hôtel.

- 30 chambres - Prix: €

9 rue Moret - 01 47 00 15 09

Bastille • Bercy • Gare de Lyon

12e ARRONDISSEMENT

✿✿ TABLE - BRUNO VERJUS

Chef : Bruno Verjus

MODERNE • DESIGN Choisir les plus beaux produits, les cuisiner avec humilité et un respect absolu : tel est le credo de Bruno Verjus, étonnant personnage, entrepreneur, blogueur, critique gastronomique et même auteur désormais... devenu « chef autodidacte » comme il se baptise lui-même ! Dans sa cuisine ouverte face aux clients, il parle de ses fournisseurs avec un charisme certain, et l'envie de s'effacer devant l'artisan qui a produit la matière de son travail – d'ailleurs, qu'il s'agisse de recettes ou de produits, ce chef se considère avant tout comme un « passeur ». Tout est cuisiné à la minute avec des garnitures et des sauces qui n'ont qu'un but : magnifier le produit sans le dénaturer ! La carte, volontairement courte, présente des compositions atypiques (y compris le nom des plats) : homard à croquer presque vivant sur son rocher ; rouget farfouilleur Rossini (et sa sauce succulente) ; tarte aux pralines roses selon la recette d'Henry Cornil pour Alain Chapel...

✿ **L'engagement du chef :** Notre engagement au service d'une cuisine de l'instant nous engage dans un rapport direct avec nos producteurs locaux. Ils nous fournissent au quotidien ce que la nature est en mesure de leur offrir. Nous ne passons aucune commande de quantité, seule la qualité oblige. L'exemplarité de leur travail, sans pesticide et respectant la nature sauvage des sols, respecte la santé de nos clients et celle de notre terre.

🐚 ⇔ – Prix : €€€€

3 rue de Prague – Ⓜ *Ledru-Rollin –* ☎ *01 43 43 12 26 – www.table.paris – Fermé lundi, samedi et dimanche*

✿ VIRTUS

MODERNE • COSY À quelques pas du marché d'Aligre, cette belle façade bleu sombre abrite un intérieur vintage émaillé de touches Art Déco. C'est le fief d'un couple talentueux formé par Frédéric Lorimier aux fourneaux et Camille Gouyer en salle. Fort de son parcours parmi les grands (notamment chez Arnaud Donckele à Saint-Tropez), le chef cuisine au millimètre des produits de saison, délivre des cuissons au cordeau et de belles sauces parfumées, à l'image de ces langoustines rôties, broccolettis presque brûlés et jus des têtes, ou de ce ris de veau aux échalotes confites et jus de rôti citronné.

🅰🅒 – Prix : €€€

29 rue de Cotte – Ⓜ *Ledru-Rollin –* ☎ *09 80 68 08 08 – www.virtus-paris.com – Fermé lundi, dimanche et mardi midi*

☺ JOUVENCE

MODERNE • VINTAGE Située non loin de la rue de Cîteaux, cette ancienne pharmacie 1900 ne se repose pas sur ses lauriers décoratifs ; on y sert une cuisine actuelle et riche de produits de qualité, comme ces noix de Saint-Jacques en ceviche ou cette belle entrecôte Angus. Le chef n'oublie ni le goût ni la générosité, et le service est attentionné.

🅰🅒 – Prix : €€

172 bis rue du Faubourg-Saint-Antoine – Ⓜ *Faidherbe - Chaligny –* ☎ *01 56 58 04 73 – www.jouvence.paris – Fermé lundi et dimanche*

À LA BICHE AU BOIS

TRADITIONNELLE • RUSTIQUE De nombreux habitués se pressent dans ce discret restaurant, qui n'est pas sans rappeler les bons bistrots d'antan. Dans une ambiance animée, au coude-à-coude, on profite d'un condensé de tradition (terrine maison, coq au vin) et de gibier en saison : sanglier, civet de lièvre et... biche, bien entendu !

Prix : €

45 avenue Ledru-Rollin – Ⓜ Gare de Lyon – ℰ 01 43 43 34 38 – Fermé samedi et dimanche

AMARANTE

TRADITIONNELLE • BISTRO La façade vitrée annonce : "Cuisine de France". Tout est dit ! On décline ici une partition sans fioritures, au doux parfum d'antan, qui donne toute leur place à des produits bien choisis. Le décor est aussi simple et vintage que la cuisine : carrelage au sol, banquettes en skaï rouge, tables en bois. Pourquoi faire compliqué ?

🅰🅒 – Prix : €€

4 rue Biscornet – Ⓜ Bastille – ℰ 07 67 33 21 25 – www.amarante.paris – Fermé mercredi et jeudi

BISTRO S

MODERNE • BISTRO S comme secret, savoureux, sapide ou Spinoza, non pas le philosophe, mais le propriétaire, numismate spécialiste des monnaies grecques antiques et passionné de vin, qui couve des yeux son bistrot discret du quartier Ledru-Rollin. Un chef japonais talentueux y cuisine sain, juste et frais, fort d'une technique impeccable. S comme super !

Prix : €€

7 rue Saint-Nicolas – Ⓜ Ledru-Rollin – ℰ 01 43 43 49 40 – www.bistros.fr – Fermé lundi et dimanche

LE COTTE RÔTI

MODERNE • CONTEMPORAIN Un restaurant à l'image de son chef, convivial et bon vivant, qui revisite avec finesse la tradition bistrotière : au gré du marché et de l'humeur du jour, il compose des plats simples et fins, qui vont droit au cœur ! Et pour accompagner le tout, rien de tel que quelques bons crus de la vallée du Rhône...

🕸 – Prix : €€

1 rue de Cotte – Ⓜ Ledru-Rollin – ℰ 01 43 45 06 37 – lecotteroti.fr – Fermé samedi, dimanche et lundi midi

DERSOU Ⓝ

CRÉATIVE • ÉPURÉ Dans une agréable ruelle toute proche de la Bastille, Dersou propose une expérience inédite : associer mets et cocktails, dans une ambiance musicale branchée. Ainsi, les poireaux vinaigrette à la crème de moutarde à l'ancienne et oseille sont accompagnés d'un cocktail à l'aneth, yuzu, gin et granny smith, tandis qu'un cocktail whisky, porto et orange escorte judicieusement la pintade et sa purée de betterave acidulée. Les produits sont de première qualité et la mixologie tient ses promesses.

🅰🅒 – Prix : €€€

21 rue Saint-Nicolas – Ⓜ Ledru Rollin – ℰ 09 81 01 12 73 – www.dersouparis. com – Fermé lundi, dimanche et du mardi au samedi à midi

IL GOTO

ITALIENNE • TRATTORIA Sympathique, ce restaurant tenu par Marzia et Simone, un couple d'Italiens passionnés. Mozzarella di bufala et légumes aigre-doux ; tagliatelles au confit de veau et olives taggiasche ; "torta" à la crème de mascarpone et citron... Des créations goûteuses et soignées, que l'on accompagne d'un bon rouge transalpin !

🕭 – Prix : €€

212 bis rue de Charenton – Ⓜ Dugommier – ℰ 01 43 46 30 02 – www.ilgoto.fr – Fermé lundi et dimanche

NOUS 4

TRADITIONNELLE • BISTRO Cochon en crousti-fondant, lentilles, sauce moutarde ; œuf poché, chou, crème au lard : vous l'aurez peut-être compris, ici, on se régale sans chichis, et à un rapport plaisir/prix aussi aimable que le chef, avec qui vous pouvez échanger, grâce à la cuisine ouverte. Une adresse décidément bien sympathique comme on aimerait en voir plus souvent à Paris.

&. – Prix : €€

3 rue Beccaria – **Ⓜ** *Gare de Lyon –* ℰ *06 06 70 64 92 – www.nous4restaurant. com – Fermé lundi et dimanche*

PASSERINI

ITALIENNE • CONTEMPORAIN Dans son restaurant convivial, Giovanni Passerini nous régale de plats italiens soignés et goûteux, comme ces trippa alla romana qui sont un modèle du genre. Ici, primauté aux produits et à l'authenticité : les plats à partager sont une spécialité de la maison, comme l'agneau de lait Manech tête noire ou le pigeon entier en deux services. L'adresse est très courue, pensez à réserver !

&. 🄰🄲 – Prix : €€

65 rue Traversière – **Ⓜ** *Ledru-Rollin –* ℰ *01 43 42 27 56 – www.passerini.paris – Fermé lundi, dimanche et mardi midi*

QUINCY

TRADITIONNELLE • BISTRO Une ambiance chaleureuse règne dans ce bistrot indémodable, dominé par "Bobosse", son patron truculent et haut en couleurs. Depuis 50 ans (à la louche !), les amateurs de bonne chère s'y régalent des généreuses et savoureuses spécialités du Berry et de l'Ardèche. Une table comme on n'en fait plus.

🄰🄲 ⇗ – Prix : €€€

28 avenue Ledru-Rollin – **Ⓜ** *Gare de Lyon –* ℰ *01 46 28 46 76 – lequincy.fr – Fermé lundi, samedi et dimanche*

TOWA

MODERNE • CONTEMPORAIN Le chef japonais Shin Okusa est aux commandes de Towa, tout près du trépidant marché d'Aligre. Passionné par la tradition française, véritable disciple d'Escoffier, il reprend les grands classiques (navarin d'agneau, pithiviers de magret de canard) mais aussi les sauces, pâtés chauds et autres tourtes avec un aplomb imparable.

Prix : €€

75 rue Crozatier – **Ⓜ** *Ledru-Rollin –* ℰ *01 53 17 02 44 – www.towarestaurantparis. fr – Fermé lundi, mardi et mercredi midi*

 ## HÔTEL PARADISO *Plus*

DESIGN MODERNE MK2, acteur majeur du cinéma, dédie cet hôtel au 7ᵉ art. Chaque chambre est une salle privée : projecteur, écran, sonorisation de qualité et accès à quelque 10 000 films. Certaines sont moins spacieuses que d'autres, mais toutes sont élégantes et personnalisées de couleurs vives, de meubles modernes et d'œuvres d'art liées au cinéma. Et pour partager l'amour du grand écran, un cinéma "public", une salle de karaoké, un café et un bar sur le toit avec vue sur la ville (et son propre écran extérieur). La véritable capitale du cinéma est un hôtel.

⓲ 🍽 - 26 chambres – Prix : €€

135 boulevard Diderot – ℰ *01 88 59 20 01*

Place d'Italie • Gare d'Austerlitz • Bibliothèque Nationale de France

13e ARRONDISSEMENT

IMPÉRIAL CHOISY

CHINOISE • SIMPLE Au cœur du Chinatown parisien, un restaurant chinois apprécié par de nombreux Asiatiques qui en ont fait leur cantine. Dans une salle qui ne désemplit pas (service non-stop, voire un peu expéditif !), on se régale au coude-à-coude de belles spécialités cantonaises. Un vrai goût d'authenticité, sans se ruiner !
AC – Prix : €€
32 avenue de Choisy – **M** *Porte de Choisy –* ℰ *01 45 86 42 40*

PHO TAI

VIETNAMIENNE • SIMPLE Dans une rue isolée du quartier asiatique, ce petit restaurant vietnamien sort du lot : tout le mérite en revient à son chef, Monsieur Te, arrivé en France en 1968 et fort bel ambassadeur de la cuisine du Vietnam. Raviolis, poulet croustillant au gingembre frais, bo bun et soupes phô : tout est parfumé et plein de saveurs !
AC – Prix : €
13 rue Philibert-Lucot – **M** *Maison Blanche –* ℰ *01 45 85 97 36 – Fermé lundi*

SELLAE

MODERNE • BISTRO Avec Mensae dans le dix-neuvième arrondissement (table en latin), Sellae (chaise), est une autre adresse de Thibault Sombardier. Le chef y propose une cuisine moderne de saison, qui louche vers le Sud et surtout la gourmandise ! Dans cette salle à manger d'esprit bistrot, on se régale de beaux produits traités avec un savoir-faire certain : ravioles d'escargots au beurre d'herbe, speck croustillant, bouillon d'ail doux ; quasi de veau rôti, casarecce aux champignons, émulsion au vin jaune...
Prix : €€
18 rue des Wallons – **M** *Saint-Marcel –* ℰ *01 43 31 36 04 – sellae-restaurant. com – Fermé lundi et dimanche*

L'HOMMAGE

MODERNE • CONTEMPORAIN Dans ce quartier où fleurissent les cantines chinoises, cet établissement se démarque par sa partition bistronomique à la française, mais aussi par sa décoration épurée, façon loft nordique. Dans l'assiette c'est un sans-faute : produits de qualité, cuissons et assaisonnements maîtrisés, comme avec cette tartelette croustillante tomate et pastèque, ou la volaille moelleuse parfumée d'une savoureuse sauce au lait de coco et curry.
& AC – Prix : €€
36 avenue de Choisy – **M** *Maison Blanche –* ℰ *01 44 24 38 70 – www. lhommageparis.com – Fermé lundi et dimanche*

LAO LANE XANG 2

SUD-EST ASIATIQUE • SIMPLE L'histoire parisienne des Siackhasone, originaires du Laos, commence dans les années 1990 avec l'ouverture de deux adresses sur l'avenue d'Ivry. En 2007, Do et Ken – dignes héritiers du savoir-faire familial – ouvrent cette table qui marie spécialités laotiennes, thaïes et vietnamiennes : simplicité et parfums au menu !
& AC – Prix : €
102 avenue d'Ivry – **M** *Tolbiac –* ℰ *01 58 89 00 00 – Fermé mercredi et jeudi midi*

MARSO & CO

MÉDITERRANÉENNE • BRANCHÉ Tomy Gousset (Tomy & Co, près des Invalides) tient ici une table avant tout voyageuse : l'assiette pioche dans tout le bassin méditerranéen, de la Grèce au Portugal en passant par l'Italie et le Liban. Le résultat est réjouissant, les saveurs font mouche, la fraîcheur est au rendez-vous : on passe un bon moment.

Prix : €€

16 rue Vulpian – Ⓜ Glacière – ℰ 01 45 87 37 00 – www.tomygousset.com/marso-and-co – Fermé samedi et dimanche

NOSSO

ACTUELLE • CONTEMPORAIN La cheffe brésilienne Alessandra Montagne est tout sourire dans son nouveau restaurant contemporain et chaleureux de béton et de bois, entièrement ouvert sur l'extérieur avec ses grandes baies vitrées. Dans l'assiette, la recette du succès (et du plaisir) est au rendez-vous : dressages soignés, cuisine de saison locavore, pleine de saveurs et panachée d'influences multiples (du Brésil à l'Asie). 100% nature et zéro déchet.

&. Ⓜ – Prix : €€€

22 promenade Claude-Lévi-Strauss – Ⓜ Bibliothèque François-Mitterrand – ℰ 01 40 01 95 17 – www.nosso-restaurant.fr – Fermé samedi et dimanche, et lundi et mardi soir

SIMONE, LE RESTO... Ⓝ

DU MARCHÉ • BISTRO Une double adresse pour deux fois plus de plaisir, à la fois cave à vins orientée majoritairement en biodynamie, et bonne petite table de copains au coude à coude dans un décor de bistrot à la bonne franquette : telle est la promesse de Simone ! L'assiette se concentre sur une cuisine actuelle et locavore, saine et savoureuse (carte de saison aux intitulés séduisants et menu-déjeuner sans choix à tarif doux). Un exemple ? Une version originale du bœuf/carottes, traité ici en effiloché au chou de Pontoise, nappé d'une percutante sauce végétale à base de carottes fermentées et gingembre.

🕸 🏠 – Prix : €€

33 boulevard Arago – Ⓜ Les Gobelins – ℰ 01 43 37 82 70 – www.simonelerestolacave.com – Fermé lundi, dimanche et samedi midi

LE SIROCCO

MAROCAINE • ORIENTAL Le souffle chaud du Sirocco est monté jusqu'aux Gobelins apporter ses effluves de tajines, couscous et hariras dans les anciennes écuries du château de la Reine Blanche, où est installé ce restaurant marocain au décor typique. Le propriétaire importe lui-même l'huile d'argan qui parfume ses préparations traditionnelles. Bien entendu la semoule est maison, très fine comme il se doit.

Prix : €€

8 bis rue des Gobelins – Ⓜ Gobelins – ℰ 01 43 31 13 13 – restaurantlesirocco.fr – Fermé lundi

SOURIRE LE RESTAURANT

MODERNE • COSY Banquettes en velours bleu, tables bistrot rétro, producteurs triés sur le volet (veau rouge de Galice, agneau de Clavisy) : la recette est efficace et éprouvée, à l'image de ces coquilles Saint-Jacques de la Baie de Morlaix, variation de choux, citron confit. Menu à double choix le midi, et une seconde adresse dans le 5ᵉ arrondissement pour une offre de tapas le soir et brunch le week-end... de quoi donner le sourire !

Ⓜ – Prix : €€€

15 rue de la Santé – Ⓜ Gobelins – ℰ 01 47 07 07 45 – www.sourire-restaurant.com – Fermé lundi, dimanche et du mardi au jeudi à midi

TADAM

MODERNE • CONVIVIAL Cette petite adresse sympathique propose une courte carte de saison aux intitulés attractifs. Les assiettes vont à l'essentiel, avec de jolis produits travaillés sans chichis ni complication, à l'image de cette savoureuse tarte chaude aux champignons. Ambiance conviviale, brunch le dimanche. Un peu de fraîcheur dans le quartier des Gobelins !

Prix : €€

14 rue du Jura – 🅜 *Campo-Formio –* 🕿 *01 43 31 29 19 – www.tadam-paris.fr – Fermé dimanche soir*

C.O.Q HÔTEL PARIS   *Plus*

DESIGN MODERNE Community of Quality : voilà ce que cache le sigle de cet hôtel chic et décontracté, proche de la place d'Italie. Les chambres sont confortables et bien décorées, et l'on profitera aussi d'un agréable jardin d'hiver avec verrière et canapés...

🚻 🚲 - 50 chambres – Prix : €

15 rue Édouard Manet – 🕿 *01 45 86 35 99*

OFF PARIS SEINE   *Plus*

DESIGN MODERNE Montez à bord du premier hôtel flottant de France, arrimé au pied de la gare d'Austerlitz ! Une fois sur le pont, difficile de croire qu'on est sur l'eau, tant le confort des chambres est identique à celui d'un hôtel classique. Un lieu atypique et attachant.

🍽 - 58 chambres – Prix : €€

86 quai d'Austerlitz – 🕿 *01 44 06 62 65*

Montparnasse • Denfert Rochereau • Parc Montsouris

14ᵉ ARRONDISSEMENT

✿ MOSUKE

Chef : Mory Sacko

MODERNE • TENDANCE L'ex-candidat de Top Chef Mory Sacko fait désormais le show chez lui, dans l'ancien Cobéa, où la salle, repeinte en blanc, a gagné en luminosité grâce à son mobilier en bois clair et son parquet. Le nom du restaurant fusionne le prénom du chef et Yasuke, qui est le premier et seul samouraï africain ayant existé au Japon. Tout est dit : la référence à ses racines malienne et sénégalaise, sa fascination pour le pays du Soleil Levant et, bien sûr, sa passion pour la gastronomie française et ses techniques, nourrie auprès de Christophe Moret et Thierry Marx. Et c'est une vraie réussite dans l'assiette, toujours inspirée et originale. Le résultat est singulier, métissé, abouti : sticky rice au tama-miso et champignons ; picanha de bœuf sauce maté au tamarin...

𝕄 – Prix : €€€

11 rue Raymond-Losserand – 𝕄 *Gaîté –* ☎ *01 43 20 21 39 – www.mosuke-restaurant.com – Fermé lundi et dimanche*

☺ AUX PLUMES

MODERNE • CONVIVIAL Une cuisine inspirée, gourmande et généreuse, réalisée par un jeune chef japonais passé par l'Astrance et le Chamarré Montmartre : voici ce qui vous attend ici. Les produits émanent des meilleurs commerçants du quartier, et si le confort est un peu spartiate l'assiette régale à tous les coups : allez-y les yeux fermés.

𝕄 – Prix : €€

45 rue Boulard – 𝕄 *Mouton-Duvernet –* ☎ *01 53 90 76 22 – www.auxplumes. com – Fermé lundi et dimanche, et mercredi soir*

☺ BISTROTTERS

MODERNE • BISTRO Une bien jolie maison que ce Bistrotters installé dans le sud du 14 e , près du métro Plaisance. Le chef espagnol soigne son choix de produits – avec une préférence pour les petits producteurs d'Île-de-France – et y instille des influences variées (Asie, Méditerranée...). Service décontracté.

𝕄 – Prix : €€

9 rue Decrès – 𝕄 *Plaisance –* ☎ *01 45 45 58 59 – www.bistrotters.com*

☺ KWON 🆕

CORÉENNE • TENDANCE Cinéma, série et... cuisine ! La Corée n'en finit plus de s'inviter chez nous, pour notre plus grand plaisir. Décor épuré tendance industrielle et, dans l'assiette, les classiques coréens tels que barbecue et bibimbap, et surtout un sens du détail gourmand qui fait mouche. On apprécie notamment le soin apporté aux garnitures : incontournable kimchi, haricots croquants au goût fumé, fleur de lotus caramélisée, concombre au piment... Générosité et fraîcheur sont au rendez-vous, pour un très bon rapport qualité-prix-plaisir !

𝕄 – Prix : €

7 rue Ernest-Cresson – 𝕄 *Denfert-Rochereau –* ☎ *01 45 41 71 55 – Fermé dimanche et lundi midi*

☺ LES PETITS PARISIENS

TRADITIONNELLE • BISTRO De la nouveauté en cuisine avec Nathan Sindres, passé par quelques belles maisons (Anne-Sophie Pic, Gérald Passedat), qui assure avec brio la continuité de la maison. Toujours dans une veine généreuse et

gourmande, le chef au tour de main maîtrisé réalise une cuisine bistrotière modernisée et allégée de bel effet. Les gourmands se laisseront tenter par la mousse au
chocolat, huile d'olive et fleur de sel...

🅰🅲 – Prix : €€

49 avenue Jean-Moulin – 🚇 *Porte d'Orléans –* 📞 *01 45 43 72 97 – petits-
parisiens.fr – Fermé dimanche soir*

L'ASSIETTE

CLASSIQUE • BISTRO Une adresse franche et généreuse où l'on peut voir ce qui
se trame en cuisine. Cassoulet maison (aussi disponible à l'épicerie attenante),
crevettes bleues obsiblue façon tartare, crème caramel au beurre salé, soufflé au
chocolat... La cuisine de tradition prend l'accent bistrot chic.

Prix : €€

181 rue du Château – 🚇 *Mouton-Duvernet –* 📞 *01 43 22 64 86 – restaurant-
lassiette.paris*

AUX ENFANTS GÂTÉS

MODERNE • BISTRO Aux murs, des citations de grands chefs et quelques
recettes montrent que le patron est allé à bonne école... Il revisite la tradition de
belle manière, avec l'appui des bons produits de la saison. Une jolie petite maison.

🅰🅲 – Prix : €€

4 rue Danville – 🚇 *Denfert-Rochereau –* 📞 *01 40 47 56 81 – www.
auxenfantsgates.fr – Fermé lundi, dimanche et samedi midi*

BISTROT AUGUSTIN

TRADITIONNELLE • BISTRO Repris en main par Guy Martin en 2020, ce bistrot a
toujours les mêmes valeurs : cadre feutré, petite terrasse sur la rue Daguerre, et la
belle cuisine du marché à la gloire du produit : asperges blanches des Landes et œuf
poché ; quasi de veau fermier cuit au sautoir, légumes de saison au lard paysan...
Table d'hôte au fond de la salle et appétissant menu-carte.

♿🅰🅲🍽 – Prix : €€

79 rue Daguerre – 🚇 *Gaîté –* 📞 *01 43 21 92 29 – www.augustin-bistrot.
fr – Fermé dimanche*

LA CONTRE ALLÉE

MODERNE • TRADITIONNEL Le chef Matthieu Chabroux régale dans cette discrète contre-allée de l'avenue Denfert-Rochereau : cuisine du marché simple et
bien troussée, produits de qualité, le tout dans un cadre de bistrot chic, sobre et
chaleureux... Une bonne adresse.

🅰🅲🍽 – Prix : €€

83 avenue Denfert-Rochereau – 🚇 *Denfert-Rochereau –* 📞 *01 43 54 99 86 –
www.contreallee.net – Fermé samedi et dimanche*

LE CORNICHON

MODERNE • BISTRO Armé d'un CV très costaud (Atelier Guy Martin, Lucas
Carton, Grand Véfour), Sébastien Dagoneau fait des merveilles depuis sa reprise
du Cornichon en janvier 2020. Comme promis, il décline une pure cuisine de produit, fraîche et gourmande, néo-bistrot en diable, avec du gibier en saison et une
chouette carte de vins bio et nature. Le pari est remporté haut la main.

Prix : €€

34 rue Gassendi – 🚇 *Denfert-Rochereau –* 📞 *01 43 20 40 19 – www.lecornichon.
fr/fr – Fermé samedi et dimanche*

LE DUC

POISSONS ET FRUITS DE MER • VINTAGE On a beau être au cœur de la rive
gauche, on se croirait dans une cabine de yacht, où des fidèles de longue date
viennent prendre leur ration d'air marin... Le chef, Pascal Hélard, travaille des poissons et fruits de mer de premier choix, et connaît parfaitement ses standards : sole
meunière, homard breton à la nage, turbotin grillé... Embarquement immédiat.

– Prix : €€€

*243 boulevard Raspail – Ⓜ Raspail – ☎ 01 43 20 96 30 – restaurantleduc.com –
Fermé lundi et dimanche*

LA GRANDE OURSE

MODERNE • BISTRO Découvrez ce bistrot perdu, mais tout ce qu'il y a de terrien
avec son décor simple où le gris le dispute au prune et à l'orange. La carte gourmande, concoctée par un chef pro et carré fait la part belle au poisson, mais pas
seulement ; les cuissons sont bien maîtrisées, les saveurs franches, et les produits
de bonne qualité. Suivez votre bonne étoile.

✿ – Prix : €€

*9 rue Georges-Saché – Ⓜ Mouton-Duvernet – ☎ 01 40 44 67 85 – www.
restaurantlagrandeourse.fr – Fermé lundi, dimanche et samedi midi*

KIGAWA

TRADITIONNELLE • ÉLÉGANT Kigawa comme Michihiro Kigawa, le chef de
cet établissement tout simple. Fort de son expérience dans un restaurant français à Osaka, le voilà à Paris pour vous régaler de pâté en croûte, pigeon rôti et
autres beaux classiques de l'Hexagone... On se régale d'autant plus que le service
assuré par Junko, sa femme, est tout simplement parfait.

AC – Prix : €€€

*186 rue du Château – Ⓜ Mouton-Duvernet – ☎ 01 43 35 31 61 – www.kigawa.fr –
Fermé lundi et dimanche*

MONTÉE

MODERNE • ÉPURÉ Quand un chef japonais talentueux décide de partager son
amour de la gastronomie française, le résultat est là : assiettes graphiques, technique solide... Le tout dans un décor design et minimaliste.

Prix : €€€.

*9 rue Léopold-Robert – Ⓜ Notre-Dame-des-Champs – ☎ 01 43 25 57 63 –
restaurant-montee.fr – Fermé lundi et dimanche*

HÔTEL CABANE *Plus*

DESIGN MODERNE Le quartier historique de Montparnasse abrite un hôtel de
charme à l'ambiance bucolique, associant une sensibilité moderne décontractée
et des clins d'œil à la nature, malgré son environnement urbain. Les chambres sont
douillettes et confortables, parées de couleurs chaudes et de meubles fonctionnels,
et profitent au maximum de la lumière naturelle. Ce qui donne son nom à l'hôtel :
une cabane indépendante dans les arbres, plus luxueuse que les chambres inté-
rieures, que l'on rejoint au bout d'une passerelle.

🅿 - 42 chambres – Prix : €€

76 rue Raymond Losserand – ☎ 01 40 52 12 40

PARIS

Porte de Versailles • Vaugirard • Beaugrenelle

15ᵉ ARRONDISSEMENT

🕸 **NEIGE D'ÉTÉ**

Chef : Hideki Nishi

CRÉATIVE • CONTEMPORAIN Neige d'Été... Un nom d'une poésie toute japonaise, et pour cause : l'adresse est l'œuvre d'un chef nippon, Hideki Nishi, formé chez Taillevent et au George V, à Paris. Un nom en figure d'oxymore, surtout, qui annonce des jeux de contraste et une forme d'épure : telle est en effet la marque du cuisinier. Précision toute japonaise et répertoire technique hautement français s'allient donc à travers des recettes finement ciselées et subtiles, privilégiant les arrivages directs de Bretagne pour les légumes et les poissons, et les cuissons au charbon de bois. Un travail en justesse et en contrepoint, qui brille comme la neige en été...

🆉 – Prix : €€€€

12 rue de l'Amiral-Roussin – Ⓜ *Avenue Émile-Zola – ☏ 01 42 73 66 66 – www. neigedete.fr – Fermé samedi et dimanche*

😊 **L'ANTRE AMIS**

MODERNE • CONTEMPORAIN Entrez dans cet Antre, dont le chef-patron assure la cuisine avec passion. Avec des produits de saison, il compose une courte carte actuelle (asperges des Landes, viande des Grisons et œuf mimosa ; dos de cabillaud et risotto crémeux aux premiers petits pois) ainsi que des plats à partager façon tapas, le tout accompagné de quelques 200 références de vins. Agréable cadre contemporain et terrasse sur rue calme.

🆉 🍴 – Prix : €€

9 rue Bouchut – Ⓜ *Ségur – ☏ 01 45 67 15 65 – www.lantreamis.com – Fermé samedi et dimanche*

😊 **LE CASSE NOIX**

TRADITIONNELLE • BISTRO Vieilles affiches, pendules et meubles vintage : le décor est planté. Côté petits plats, l'authenticité prime aussi : délicieuse cuisine canaille, dont boudins blancs et pâtés en croûte, inspirés au chef par son papa, Meilleur Ouvrier de France à Orléans... Amusante collection de casse noix chinés par la maman du patron. Ce Casse Noix casse des briques !

Prix : €€

56 rue de la Fédération – Ⓜ *Bir-Hakeim – ☏ 01 45 66 09 01 – www.le-cassenoix. fr – Fermé samedi et dimanche*

😊 **LE RADIS BEURRE**

TRADITIONNELLE • BISTRO C'est boulevard Garibaldi, à Paris, que le chef Jérôme Bonnet a trouvé l'endroit dont il rêvait pour monter son propre restaurant. Il propose une cuisine goûteuse et bien ficelée, qui porte la marque de ses origines sudistes. Un exemple ? Cette échine de cochon avec endives braisées, vieille mimolette et jus perlé, qui mérite toute votre attention...

Prix : €€

51 boulevard Garibaldi – Ⓜ *Sèvres - Lecourbe – ☏ 01 40 33 99 26 – www. restaurantleradisbeurre.com – Fermé samedi et dimanche*

L'ACCOLADE

MODERNE • BISTRO Dans une ambiance franchement conviviale, le chef, un ancien prof de sport qui a bifurqué, propose une cuisine goûteuse, renouvelée chaque jour, dans laquelle on croise de nombreux produits du Sud-Ouest (poitrine de cochon, chou pointu et lentilles vertes), mais aussi quelques saveurs venues d'Asie (carpaccio de navet Tokyo, chair de crabe, coriandre et ail noir). Une adresse attachante.

Prix : €€

208 rue de la Croix-Nivert – Ⓜ Boucicaut – ℰ 01 45 57 73 20 – www. laccoladeparis.fr – Fermé samedi et dimanche

BEURRE NOISETTE

DU MARCHÉ • BISTRO Un bistrot savoureux, bien connu des habitués ! Thierry Blanqui puise son inspiration au marché : pâté en croûte de canard et pistache ; cabillaud au four, légumes crus et cuits, vinaigrette olive noire ; baba au rhum ambré, crème légère vanillée ! Un pied dans la tradition, l'autre dans la nouveauté : on se délecte... Une valeur sûre.

🍴 – Prix : €€

68 rue Vasco-de-Gama – Ⓜ Lourmel – ℰ 01 48 56 82 49 – www. restaurantbeurrenoisette.com – Fermé lundi, dimanche et samedi midi

BISCOTTE

MODERNE • CONTEMPORAIN Maximilien (au salé) et Pauline (au sucré), deux habitués de prestigieuses maisons parisiennes (Bristol, Lasserre, Arpège, George V) proposent une cuisine du marché, goûteuse et appliquée, qui évolue au gré des saisons et des approvisionnements. Ils ont toujours à cœur de favoriser les produits locaux ou les producteurs artisanaux. Une adresse comme on les aime.

Prix : €€

22 rue Desnouettes – Ⓜ Convention – ℰ 01 45 33 22 22 – www.restaurant-biscotte.com – Fermé lundi, dimanche et du mardi au samedi à midi

CAFÉ NOISETTE

DU MARCHÉ • BISTRO Cuisine du marché à l'ardoise le midi (filet de maigre poêlé, endives caramélisées ; poitrine de cochon, chou rouge braisé), assiettes façon tapas et plats à partager le soir (mention spéciale pour le pâté en croûte) dans ce bistrot signé Thierry Blanqui (qui a déjà démontré son savoir-faire au Beurre Noisette). Prix sages.

Prix : €€

74 rue Olivier-de-Serres – Ⓜ Convention – ℰ 01 45 35 86 21 – www. lecafenoisette.com – Fermé lundi, dimanche et samedi midi

LE CLOS Y

CRÉATIVE • DESIGN Élégamment disposés les uns à côté des autres, couverts à la française et baguettes à la japonaise symbolisent l'esprit du Clos. Produits de qualité, soin d'exécution, recherche de la subtilité : dans ses menus uniques, Yoshitaka Ikeda révèle, s'il le fallait encore, toutes les affinités des gastronomies française et japonaise.

♿ 🅰 ⇔ – Prix : €€€

27 avenue du Maine – Ⓜ Montparnasse - Bienvenüe – ℰ 01 45 49 07 35 – Fermé lundi et dimanche

IDA BY DENNY IMBROISI

MODERNE • COLORÉ Petite par la taille... mais grande par sa cuisine ! Dans un décor moderne, une cuisine inspirée du marché, qui parle l'italien sans accent : goûts francs, produits choisis, et spaghettoni alla carbonara, jaune d'œuf coulant, de haute volée. Un plaisir fou de bout en bout.

🅰 – Prix : €€

117 rue de Vaugirard – Ⓜ Falguière – ℰ 01 56 58 00 02 – www. restaurant-ida. com

ISCHIA - CYRIL LIGNAC

ITALIENNE • CHIC Table italienne au cadre glamour, très inspiré des années 1970, créé par le cuisinier-star Cyril Lignac. À la carte, on retrouve toutes les cuisines de la Botte – pâtes anolini de Parme, carpaccio de Venise, escalope de veau milanaise, pizzette et baba au limoncello...). L'assiette réjouit et les prix restent raisonnables.
🆎 ⇔ 🥘 – Prix : €€

14 rue Cauchy – Ⓜ Javel – ☏ 01 45 54 43 43 – restaurantischia.com

L'OS À MOELLE

TRADITIONNELLE • BISTRO Thierry Faucher est toujours aux manettes de cet Os à Moelle, où il s'affirma au début des années 2000 comme l'un des précurseurs de la bistronomie. Caviar d'aubergine, œuf mollet et jambon de pays ; gigot d'agneau et fricassée de légumes ; os à moelle ; soupe du jour... C'est simple, bon et généreux.
Prix : €€

3 rue Vasco-de-Gama – Ⓜ Lourmel – ☏ 01 45 57 27 27 – Fermé lundi, dimanche et samedi midi

PILGRIM

MODERNE • CONTEMPORAIN Hideki Nishi (propriétaire de Neige d'Été, à Paris) a confié à la cheffe Yurika Kitano les fourneaux de cette table près de Montparnasse. Dans une cuisine centrale et légèrement surélevée, elle met en oeuvre ses convictions culinaires et écologiques, sourçant avec soin ses produits pour présenter des assiettes raffinées et graphiquement séduisantes.
🆎 – Prix : €€€

8 rue Nicolas-Charlet – Ⓜ Pasteur – ☏ 01 40 29 09 71 – www.pilgrimparis.com – Fermé samedi et dimanche

YIDO

CORÉENNE • CLASSIQUE Yido est le roi de Corée se trouvant à l'origine de l'alphabet coréen. Ici s'écrit une page de la gastronomie coréenne à Paris. C'est authentique, familial, et savoureux. Un voyage culinaire au cœur du 15ᵉ arrondissement.
🆎 – Prix : €€

54 avenue Émile-Zola – Ⓜ Charles Michel – ☏ 01 83 06 17 10 – yido. fr – Fermé dimanche

HÔTEL AMI   *Plus*

DESIGN MODERNE Installé dans un bâtiment centenaire du quartier Saint-Lambert, l'Hôtel Ami offre désormais une option élégante et abordable dans un esprit à la fois moderne et danois. Les couleurs chaudes contrastent avec le bois blond, et les espaces sont animés par des œuvres d'art, de l'artisanat et des curiosités. Le salon intérieur-extérieur est un petit bijou agréable, et son emplacement à l'écart sentiers touristiques en fait un authentique représentant de la vie parisienne moderne.
🅿 ⌫ – Prix : €

7 rue du Général Beuret – ☏ 01 56 56 63 90

HÔTEL CLARISSE   *Plus*

DESIGN MODERNE Style industriel, matériaux de récupération et espaces communs plus "british" que parisiens : l'établissement renouvelle le vocabulaire hôtelier local. Ses chambres compactes affichent une tenue moderne et élégante, renforcée par une palette bleu marine et blanc. Quelques chambres triples et quadruples.
♿ 🅿 ⌫ - 27 chambres – Prix : €

159 boulevard Lefèbvre – ☏ 01 48 28 18 35

MAMA SHELTER PARIS WEST   *Plus*

AVANT-GARDE Pour transformer l'ouest de Paris façon west-coast, un rooftop esprit bord de mer avec vue panoramique sur la ville, un restaurant bariolé au parfum californien et une brochette de DJs. Dessinées par l'architecte Jean-Michel Wilmotte et le cabinet de design Dion & Arles, les chambres du groupe donnent toujours la pêche avec leurs motifs ethniques et leurs palettes gorgées de soleil.

ᵜ⌂✀⊨ - 207 chambres – Prix : €
20 avenue de la Porte de la Plaine – ☏ 01 75 77 52 52

VILLA M

Plus

DESIGN MODERNE Une végétation vivante et saisissante habille cette structure moderne, alors qu'à l'intérieur, atmosphère chaleureuse et nature font bon ménage. Les chambres exubérantes - et apaisantes - conçues par Ph. Starck répondent à des espaces publics très accueillants : un restaurant qui s'ouvre sur une terrasse extérieure , un bar "inversé" et un programme de musique live, plus un deuxième bar sur le toit-terrasse, avec vue sur la Tour Eiffel et les toits de la ville.

⌂🅿✀⊨ - 73 chambres – Prix : €€€
24 boulevard Pasteur – ☏ 01 70 61 70 40

Trocadéro • Étoile • Passy • Bois de Boulogne

16e ARRONDISSEMENT

❁❁❁ LE PRÉ CATELAN

CRÉATIVE • LUXE On doit à Pierre-Yves Rochon d'avoir révolutionné ce pavillon Napoléon III niché en plein cœur du bois de Boulogne, à grand renfort de mobilier design et de tons vert, blanc et argent. Aux commandes de cette illustre maison, on trouve un Meilleur Ouvrier de France à la passion intacte : Frédéric Anton. De ses mentors (dont Joël Robuchon), le chef a hérité la précision et la rigueur, auxquelles s'ajoute un goût certain pour les associations de saveurs inédites. Souvent centrées sur un produit de choix (le rouget, la morille, le pigeonneau, la langoustine), les assiettes allient équilibre, harmonie, générosité : chacune d'entre elles est un petit bijou de travail, jusque dans sa conception graphique. N'oublions pas, bien sûr, la cave irréprochable et l'accueil au diapason.

❀ 🍴&🅰️ 🔁🌿🅿️ – Prix : €€€€

Route de Suresnes - bois de Boulogne - 𝒞 01 44 14 41 14 – www.leprecatelan.com – Fermé lundi, mardi et dimanche

❁❁ L'OISEAU BLANC

MODERNE • CONTEMPORAIN Le restaurant de "gastronomie française contemporaine" du Peninsula, ce luxueux hôtel installé à deux pas de l'Arc de Triomphe. Son nom fait référence à l'avion avec lequel Nungesser et Coli tentèrent la première traversée de l'Atlantique nord en 1927 : une reproduction grandeur nature de l'appareil est suspendue au sommet de l'hôtel, comme si elle allait partir à l'assaut des cieux. Un bel hommage rendu aux deux pionniers autant qu'au ciel de Paris ! Sous sa verrière posée sur les toits, le restaurant semble en effet voler au-dessus de la capitale, et la terrasse offre une vue magistrale de la tour Eiffel au Sacré-Cœur. Un cadre parfait pour déguster la fine cuisine du chef David Bizet où tout tombe juste : cuissons, jus et sauces, visuels. En dessert, ce sont nos papilles qui prennent de la hauteur, grâce aux talents sucrés de la pâtissière Anne Coruble. Une réussite.

🍴&🅰️ – Prix : €€€€

19 avenue Kléber – Ⓜ Kléber – 𝒞 01 58 12 67 30 – www.peninsula.com/fr/paris/hotel-fine-dining/french-rooftop-loiseau-blanc

❁ ALAN GEAAM

Chef : Alan Geaam

CRÉATIVE • ÉLÉGANT On parle toujours du rêve américain... Alan Geaam, lui, préfère parler du rêve français ! Enfui de son Liban natal à l'âge de 10 ans, réfugié aux États-Unis avec sa famille, il a débarqué à Paris à 24 ans avec une idée en tête : intégrer le monde de la gastronomie, sa véritable passion. Successivement plongeur, puis commis, il intègre une école de cuisine et gravit un à un les échelons du métier. Désormais chez lui, il éclate au grand jour et réalise la synthèse de ce qu'il a appris tout au long de son parcours. Ses recettes originales marient le patrimoine français et des influences libanaises avec une grande justesse – le terme de "métissage" n'a jamais été aussi approprié –, et chaque assiette respire la passion et le travail. Une bien belle table.

🅰️ – Prix : €€€€

19 rue Lauriston – Ⓜ Charles de Gaulle - Étoile – 𝒞 01 45 01 72 97 – www.restaurant.alangeaam.fr – Fermé samedi et dimanche

❁ L'ARCHESTE

Chef : Yoshiaki Ito

CRÉATIVE • ÉPURÉ Devanture engageante et cadre épuré (peinture sombre effet brossé, structure en bois, grande vitre apportant de la luminosité) pour ce restaurant imaginé par un chef passionné de produit qui a officié dix-huit ans chez Hiramatsu, dont dix en tant que chef. Il émerveille son monde avec une cuisine française éclatante de modernité, précise et cohérente, qui fait la part belle à des produits d'excellente qualité tout en épousant les saisons de fort belle manière. Pas de carte ici : les menus évoluent chaque jour au gré des humeurs du chef. Au fait, pourquoi l'Archeste ? Dans ce nom, il faut voir un hommage à Alain Senderens et à son restaurant l'Archestrate, mais aussi un savant mélange d'artiste, d'artisanal, d'orchestre et d'art. Au final, l'important, c'est qu'on s'y régale... et figurez-vous que c'est le cas.

அ & ᴬᴷ – Prix : €€€€

79 rue de la Tour – Ⓜ Rue de la Pompe – ℰ 01 40 71 69 68 – www.archeste.fr –
Fermé lundi, dimanche, et mardi et samedi à midi

✿ **ASTRANCE** Ⓝ

Chef : Pascal Barbot

CRÉATIVE • **ÉLÉGANT** Pascal Barbot et son complice Christophe Rohat ont choisi de s'installer dans une adresse mythique qui fit les beaux jours de Joël Robuchon, au temps du Jamin : un pari audacieux ! Ils en ont fait un lieu empreint de sobriété et de modernisme, qui n'oublie pas de rendre hommage au grand chef avec le "salon Joël". Avec une passion intacte pour le produit, le chef élabore une cuisine innovante qui ne se refuse aucun détour, avec une prédilection particulière pour l'Asie et le végétal. En salle, on peut compter sur le talent du maître de maison pour mettre ses hôtes à l'aise... et leur trouver la perle rare parmi les crus qui garnissent la superbe cave vitrée.

அ ᴬᴷ ⇧ – Prix : €€€€

32 rue de Longchamp – Ⓜ Iéna – ℰ 01 40 50 84 40 – www.astranceparis.fr –
Fermé samedi et dimanche

✿ **BELLEFEUILLE - SAINT JAMES PARIS**

MODERNE • **ÉLÉGANT** Érigé en 1892, cet hôtel particulier a des airs de véritable petit château environné de verdure, en plein cœur de Paris. C'est au début des années 1990 qu'il devient hôtel, et en 2013 seulement que son restaurant s'ouvre à la clientèle extérieure... Un établissement parmi les plus exclusifs de la capitale ! Le chef Julien Dumas (ex Lucas Carton) propose une cuisine végétale et marine de grande qualité à l'image de ce homard de Chausey, rhubarbe et fleur de fenouil. Mais que les amateurs de viandes se réjouissent, son colvert, déclinaison de sarrasin et andouille de Guéméné, est absolument sublime. On se délecte d'une partition lisible et maîtrisée dans une salle à manger rénovée dans une ambiance de naturalité qui colle parfaitement à la cuisine du chef.

அ ⇆ ᴬᴷ ⇧ 🅿 – Prix : €€€€

5 place du Chancelier Adenauer – Ⓜ Porte Dauphine – ℰ 01 44 05 81 88 – www.
saint-james-paris.com – Fermé samedi, dimanche et du lundi au vendredi à midi

✿ **COMICE**

Chef : Noam Gedalof

MODERNE • **ÉLÉGANT** Un couple de Canadiens, Noam Gedalof de Montréal et Etheliya Hananova de Winnipeg, a eu l'excellente idée d'ouvrir leur premier restaurant à Paris, après de belles expériences internationales : le chef – ancien du French Laundry, en Californie – s'inspire des bases de la cuisine française, qu'il saupoudre de modernité. Son obsession : mettre en valeur des produits de la saison avec le plus grand soin, à travers un menu unique concocté au gré des trouvailles du chef. Cette séduisante partition se déguste dans une jolie salle moderne aux murs bleu profond, agrémentés de tableaux d'artistes contemporains (avec une cuisine ouverte au fond de la salle). Quant à l'accueil et au chaleureux service orchestrés par l'épouse du chef : ils font honneur à la réputation de ses compatriotes...

ᴬᴷ – Prix : €€€€

31 avenue de Versailles – Ⓜ Mirabeau – ℰ 01 42 15 55 70 – www.comice.paris –
Fermé samedi, dimanche et du lundi au vendredi à midi

✿ **DON JUAN II**

MODERNE • ÉLÉGANT Amarrée au pied de la passerelle Debilly, rive droite et face à la Tour Eiffel, un magnifique yacht Art déco, le Don Juan II, décorée de boiseries somptueuses et revêtue d'une moquette épaisse n'attend plus que vous. Embarquez pour une croisière touristique et gourmande de 2h30 sous la houlette d'un capitaine hors norme, Frédéric Anton ! Le chef du Pré Catelan a sélectionné quelques-unes de ses créations emblématiques (langoustines en ravioli, chevreuil rôti à la truffe d'automne, soufflé chaud au chocolat) pour régaler ses passagers. Au fil de la Seine défilent les plus beaux monuments de la Ville Lumière, dûment commentés par l'équipage, pendant ce voyage de luxe...

⬅ 🅰 🅿 – Prix : €€€€

*Port Debilly – ⓜ Trocadéro – ☏ 01 83 77 44 40 – www.donjuan2.yachtsdeparis.
fr – Fermé lundi, dimanche et du mardi au samedi à midi*

✿ **LA GRANDE CASCADE**

MODERNE • CLASSIQUE Transformé en restaurant pour l'Exposition universelle de 1900, le restaurant mêle les styles Empire, Belle Époque et Art nouveau : un charme incomparable se dégage de la rotonde, aménagé sous une grande verrière, et de la magnifique terrasse. La clientèle d'affaires vient y respirer le chic du Paris d'autrefois et l'air de la campagne en plein bois de Boulogne. Georges Menut veille amoureusement sur cette Grande Cascade, prenant soin de cultiver son image de grande dame. Mais l'établissement vit aussi avec son temps : pour preuve, la présence de Frédéric Robert, un chef brillant, passé par Le Grand Véfour, le Vivarois et Lucas-Carton (où il a travaillé aux côtés de Senderens pendant dix ans). Il a carte blanche pour imaginer une cuisine subtile, aux saveurs bien marquées, qui hisse cette maison parmi les belles adresses gourmandes de la capitale.

🕊 🍴 ✿ 🎴 🅿 – Prix : €€€€

*Bois de Boulogne – ☏ 01 45 27 33 51 – www.restaurantsparisiens.com/
la-grande-cascade*

✿ **NOMICOS**

Chef : Jean-Louis Nomicos

MODERNE • ÉLÉGANT Après avoir dirigé de nombreuses années durant les cuisines du restaurant Lasserre – l'un des temples de la cuisine classique –, Jean-Louis Nomicos est bien installé dans ce restaurant qui porte son nom. Pour ce chantre de la belle tradition, qui est né près de Marseille et a grandi dans le culte de la bouillabaisse, l'art et la technique doivent avant tout rester au service des sens et du plaisir. Telle est la condition pour révéler toutes les potentialités des grandes recettes et des produits de choix – méditerranéens, si possible ! On y retrouve notamment le plat signature : les macaroni aux truffes noires et foie gras de canard. Quant au décor contemporain, il se révèle parfaitement en phase avec le travail du chef.

🕊 🍴 🅰 🎴 – Prix : €€€€

*16 avenue Bugeaud – ⓜ Victor Hugo – ☏ 01 56 28 16 16 – www.nomicos.fr/lieu –
Fermé lundi et dimanche*

✿ **ŌRTENSIA** ⓝ

Chef : Terumitsu Saito

MODERNE • ÉLÉGANT On ne le dira jamais assez : le chef japonais est souvent l'un des meilleurs interprètes de la grande cuisine française, mâtinée ici de discrètes touches nippones, toujours distillées à bon escient (feuilles de kombu et discrète marinade au saké sur le carpaccio de daurade, infusion de feuilles de nori avec le turbot, granité de shiso rouge). Comme l'hortensia, une cuisine qui change de couleur(s), au diapason de la saison et du temps. Côté décor, on ne reconnaît plus l'ex-Astrance : le cadre intimiste contemporain joue l'épure et les tons clairs grâce à l'omniprésence du bois, tandis que les murs en miroir ouvrent l'espace. Réservation en ligne uniquement.

🅰 – Prix : €€€€

*4 rue Beethoven – ⓜ Passy – www.restaurantortensia.com – Fermé lundi,
dimanche et mardi midi*

PAGES

CRÉATIVE • ÉPURÉ La passion des chefs japonais pour la gastronomie française s'illustre une nouvelle fois à travers ce restaurant surprenant dont le décore épuré de briques fait une belle page blanche... Passé par de belles maisons, Ryuji Teshima, dit Teshi, propose une version contemporaine et très personnelle de la cuisine de l'Hexagone basée sur les plus beaux crustacés et poissons de Normandie et de Bretagne - il y a même une petite armoire à maturation pour le bœuf wagyu. Autour d'un menu "surprise", il imagine des mélanges coloré de saveurs qui peuvent paraître improbables sur le papier, mais qui fonctionnent dans l'assiette. Les cuissons sont au cordeau, et certaines préparations passent aussi sur le petit barbecue qui fait entendre sa note singulière. Les cuisines visibles depuis la salle permettront aux curieux de le voir s'affairer aux fourneaux...

Prix : €€€€

4 rue Auguste-Vacquerie – Ⓜ Charles de Gaulle - Étoile – ☎ 01 47 20 74 94 – www.restaurantpages.fr – Fermé samedi et dimanche

SHANG PALACE

CHINOISE • ÉLÉGANT Le Shangri-La, superbe palace parisien, évoque un voyage aux confins de l'Asie, vers un paradis luxueux et imaginaire. Situé au niveau inférieur de l'établissement, ce restaurant transporte ses hôtes dans un Hong Kong merveilleux, entre colonnes en pierre de taille, paravents sculptés et lustres en cristal. La cuisine cantonaise est à l'honneur ; on peut partager en toute convivialité un assortiment de plats servis au centre de la table. Les cuissons se révèlent précises, les parfums subtils. Les dim sum sont moelleux à souhait et un plat comme les aubergines braisées en cocotte, poulet et poisson séché est un modèle de gourmandise ! Le menu découverte est une aubaine : ravioli wonton frits aux langoustines, sauce aigre douce yuzu ; ha kao, siu mai, bouchée rubis, bouchée légumes & champignons ; bao Shang Palace au porc braisé, pickles de légumes...

🍷 ♿ 🅰🅲 ⇔ 🍽 – Prix : €€€€

10 avenue d'Iéna – Ⓜ Iéna – ☎ 01 53 67 19 92 – www.shangpalaceparis.com/?lang=fr – Fermé du lundi au mercredi

SUBSTANCE

MODERNE • CONTEMPORAIN Matthias Marc, chef au CV ciselé dans de belles maisons (Le Saint-James à Bouliac, Le Meurice et Lasserre à Paris), demi-finaliste de Top Chef 2021, propose un menu unique en 5,7 ou 9 services, qui privilégie les circuits courts et les beaux produits (turbot, bonite), évolue au gré des saisons, avec de jolies incursions jurassiennes, sa région d'origine. Gnocchi au charbon végétal, coulis de cresson fermenté et jus à la saucisse de Morteau ou homard, tomate cerise à la chapelure d'os à moelle et jus infusé au géranium illustrent bien sa patte créative et volontiers végétale. Très belle carte des vins de 1000 références (dont 200 champagnes), en majorité en bio ou nature. Une cuisine décomplexée, vivante : en substance, une excellente adresse.

🍷 – Prix : €€€€

18 rue de Chaillot – Ⓜ Alma - Marceau – ☎ 01 47 20 08 90 – www.substance.paris – Fermé samedi et dimanche

BRACH

MÉDITERRANÉENNE • CONTEMPORAIN Dans ce cadre luxueux qui s'est affranchi des codes, on se régale d'une cuisine sans chichis, qui offre une immersion au cœur des différentes traditions gastronomiques du bassin méditerranéen. C'est sain, équilibré, et c'est le MOF Yann Brys, qui signe les desserts. Partage, échange et convivialité, avec une affection particulière pour les entrées. Bien joué.

♿ 🅰🅲 🍽 – Prix : €€€

1-7 rue Jean Richepin – Ⓜ La Muette – ☎ 01 44 30 10 00 – www.brachparis.com

CARTE BLANCHE

MODERNE • COSY Entre Champs Elysées et Trocadéro, au sein de l'hôtel Sofitel, mais jouissant d'une entrée indépendante, cette table est un vrai bon plan, notamment son menu du marché au déjeuner. Dans ce décor feutré très réussi, la cuisine inspirée du chef se promène entre classiques et modernité, à grand renfort de produits frais soigneusement choisis : caillé de chèvre frais, courgette, crevette rose ; rascasse rôtie, semoule torréfiée tomate, menthe, sauce olives noires... Service avenant et pro, soucieux du bien-être de sa clientèle.

🅰🅲 ⇄ 🍽 – Prix : €€€

88 bis avenue Kléber – Ⓜ Boissière – ☎ 01 44 34 54 54 – www.sofitel-paris-baltimore.com/restaurant/carte-blanche – Fermé samedi et dimanche

LA CAUSERIE

MODERNE • ÉLÉGANT Le chef revisite ici la tradition avec grande fraîcheur à travers une carte aussi carrée que gourmande : au choix, le menu-carte alléchant ou les suggestions du moment (lièvre à la royale, Saint-Jacques en saison etc.). Quant à la déco, elle possède un agréable côté rétro : grand miroir, fresque en céramique, faïence de Sarreguemines, etc. Service attentionné.

Prix : €€

31 rue Vital – Ⓜ La Muette – ☎ 01 45 20 33 00 – www.lacauserie.fr – Fermé samedi et dimanche

CAVALIERI Ⓝ

MÉDITERRANÉENNE • CONTEMPORAIN Entre la place du Trocadéro et la Muette, un lieu chic et contemporain qui célèbre avec faste la grande Méditerranée, de l'Espagne à l'Italie en passant par la Grèce. Côté décor, des menuiseries en noyer sicilien, des marbres italiens bicolore, de la vaisselle peinte à la main qui s'inspire de la côte amalfitaine ; côté cuisine, légumes confits grillés et crus, tartare de veau comme un vitello, bar sauvage grillé, olives et câpres, rouget en tartare et son tarama, entre autres : des recettes goûteuses, bien ficelées, parfois originales, orchestrées par deux chefs... italiens.

🍽 – Prix : €€€

71 avenue Paul-Doumer – Ⓜ La Muette – ☎ 01 40 50 91 17 – www.cavalieri.paris/fr – Fermé lundi et dimanche

DISCIPLES

MODERNE • CONTEMPORAIN Le chef Jean-Pierre Vigato n'a rien perdu de sa passion de la transmission. La preuve, il adoube ici son "disciple" Romain Dubuisson, dans une salle à manger lumineuse et contemporaine à l'unisson de ce quartier chic. Au menu, une carte courte pour une cuisine gourmande et généreuse, des suggestions et de belles pièces de viande à partager (côte de veau, échine de cochon fermier...).

🏠 🍽 – Prix : €€€

136 boulevard Murat – Ⓜ Porte de Saint-Cloud – ☎ 01 45 27 39 60 – Fermé samedi et dimanche

DUCASSE SUR SEINE

MODERNE • CONTEMPORAIN Décidément, Alain Ducasse ne manque pas d'idées. La preuve une fois de plus avec Ducasse sur Seine : ce bateau électrique, amarré au quai du port Debilly, dans le très chic 16ᵉ, propose une promenade gastronomique écolo et silencieuse. En même temps que les monuments de Paris, on découvre une cuisine au goût du jour rondement menée par une brigade digne des grandes maisons.

⇐ 🅰🅲 ⇄ 🍽 – Prix : €€€€

Port Debilly – Ⓜ Trocadéro – ☎ 01 58 00 22 08 – www.ducasse-seine.com/fr – Fermé lundi et mardi

ÉTUDE

MODERNE • ÉLÉGANT Nourri par ses rencontres avec des petits producteurs situés dans un rayon de 100 km, le chef Keisuke Yamagishi propose un menu unique en 3 ou 5 services le soir, autour d'un concept : le produit principal est travaillé sur l'ensemble du menu (hors dessert) sans possibilité de changement.

🍸 🔲 – Prix : €€€€

14 rue du Bouquet-de-Longchamp – Ⓜ *Boissière –* ☎ *01 45 05 11 41 – www.restaurant-etude.fr – Fermé lundi, dimanche et samedi midi*

LILI

CHINOISE • ÉLÉGANT Créé par le groupe hôtelier de luxe hongkongais du même nom, le déjà célèbre hôtel Peninsula abrite comme il se doit une table asiatique. Dans un décor très théâtral, la longue carte, mise en musique par le chef révèle un large éventail de spécialités chinoises (certaines mises au goût européen). Une ambassade gastronomique pour l'Empire du Milieu.

♿ 🔲 🔄 🍽 – Prix : €€€

19 avenue Kleber – Ⓜ *Kléber –* ☎ *01 58 12 28 88 – www.liliparis.fr/fr/default – Fermé lundi et dimanche*

MAVROMMATIS - LE BISTRO PASSY

GRECQUE • CONTEMPORAIN L'une des adresses d'Andreas Mavrommatis, pape de la gastronomie méditerranéenne à Paris. On s'installe dans une salle, façon bistrot contemporain, décorée de photos de la collection de Nikos Aliagas, pour déguster carpaccio de veau, soupions au fenouil, ou poitrine de veau confite-rôtie. C'est frais et savoureux. Boutique traiteur et cave à vins.

🔲 – Prix : €€

70 avenue Paul-Doumer – Ⓜ *La Muette –* ☎ *01 40 50 70 40 – www. mavrommatis.com – Fermé lundi et dimanche*

MONSIEUR BLEU

MODERNE • ÉLÉGANT Comme emplacement dans Paris, on fait difficilement mieux que cette adresse... Nichée dans le palais de Tokyo, elle est superbe avec sa salle Art déco tout en gris, vert et or, et sa terrasse regardant la Seine et la tour Eiffel. L'assiette n'est pas en reste, sophistiquée et savoureuse. Un endroit très en vue !

♿ 🔲 🍴 🔄 – Prix : €€€

20 avenue de New-York – Ⓜ *Iéna –* ☎ *01 47 20 90 47 – www.monsieurbleu-restaurant.com*

LE PERGOLÈSE

TRADITIONNELLE • ÉLÉGANT Si le décor du Pergolèse a été entièrement repensé (tableaux contemporains, street art, assiettes de Aurélie Pergay), la cuisine continue de célébrer le classicisme, dans l'esprit d'une "belle maison bourgeoise où l'on reçoit les clients comme chez soi".

🍸 🔲 🍴 🔄 🍽 – Prix : €€€€

40 rue Pergolèse – Ⓜ *Porte Maillot –* ☎ *01 45 00 21 40 – www.lepergolese.com – Fermé samedi et dimanche*

LE PETIT RÉTRO Ⓝ

TRADITIONNELLE • BISTRO Le décor Art Nouveau de ce bistrot est une merveille : certaines boiseries et faïences qui ornent les trois salles figurent même sur la liste des Monuments historiques. Dans l'assiette, le chef trousse une cuisine traditionnelle plutôt bien fagotée. La gourmandise répond souvent présente, comme sur cette généreuse tranche de pâté en croûte ou encore cette crème brûlée réalisée dans les règles de l'art.

🍴 – Prix : €€

5 rue Mesnil – Ⓜ *Victor Hugo –* ☎ *01 44 05 06 05 – www.petitretro. fr – Fermé dimanche*

PLEINE TERRE

MODERNE • CONTEMPORAIN Derrière une devanture discrète, passé quelques marches vers le sous-sol, on découvre un chef passionné d'agrumes, d'épices et de poivre : il développe une cuisine au plus près des saisons, et met en valeur le travail de petits producteurs triés sur le volet. Une partition inventive, mise en musique par une équipe souriante et enthousiaste : bonne pioche.

🅰🅲 ⇄ – Prix : €€€

15 rue de Bassano – Ⓜ *Kléber – ℰ 09 81 76 76 10 – www.restaurant-pleineterre. com – Fermé lundi, dimanche et samedi midi*

PRUNIER Ⓝ

POISSONS ET FRUITS DE MER • ÉLÉGANT Imaginé par les plus grands mosaïstes, graveurs et sculpteurs de l'époque Art déco, le décor de Prunier vaut à lui seul le détour : c'est un régal pour les yeux. Une nouvelle époque s'ouvre ici avec l'arrivée de Yannick Alléno qui a signé la carte et placé en cuisine un homme de confiance, le chef Fabien François. La carte met évidemment le poisson, les crustacés et le caviar maison à l'honneur mais pas uniquement (il y a quelques viandes). Les grands classiques sont également revisités comme l'œuf Christian Dior ou les huîtres au lait d'amande à l'aneth.

🅰🅲 ⇄ 🍽 – Prix : €€€€

16 avenue Victor-Hugo – Ⓜ *Charles de Gaulle - Etoile - ℰ 01 44 17 35 85 – www. prunier.com – Fermé lundi et dimanche*

🛏 BRACH

AVANT-GARDE Un hôtel surprenant et séduisant : des chambres signées Starck, habillées d'un mélange de matières naturelles et industrielles – bois, cuir, béton, verre, marbre et métal –, mais aux couleurs chaudes, par l'apport d'influences africaines et asiatiques... sans oublier le jardin urbain sur le toit, avec vue sur Paris !

🕴🅿 ⇄ 🛁 🌐 🛋 ⅃⅂ 🏋 ⅱ◯ - 59 chambres – Prix : €€€€

1-7 rue Jean Richepin – ℰ 01 44 30 10 00

Brach - Voir la sélection des restaurants

🛏 HÔTEL BOTANISTE   *Plus*

DESIGN MODERNE L'Hôtel Botaniste offre un degré de tranquillité difficile à trouver dans les quartiers parisiens plus centraux. C'est aussi un endroit étonnamment verdoyant, en accord avec le nom : un joli jardin privé relie les deux bâtiments de l'hôtel. Les chambres sont chic d'une manière discrète, un peu bohème, sans jamais sacrifier le confort. Un petit-déjeuner impressionnant est servi dans la salle à manger ou dans le jardin, et des plats légers sont disponibles au salon toute la journée.

⇄ 🍴 - 42 chambres – Prix : €€

11 rue Molitor – ℰ 01 78 95 77 77

🛏 KEPPLER

CLASSIQUE CONTEMPORAIN Le décor, tout en luxe et raffinement, est signé Pierre-Yves Rochon. Que ce soit dans les salons, la bibliothèque ou les petites chambres, la magie opère... Hammam, sauna et fitness complètent cet ensemble pour le moins cosy.

🅿 ⇄ 🚲 🛋 ⅃⅂ 🏋 - 39 chambres – Prix : €€

10 rue Kepler – ℰ 01 47 20 65 05

🛏 MOLITOR   *Plus*

DESIGN MODERNE Véritable emblème de l'Ouest parisien depuis les années 1920, la piscine Molitor est réapparue sous la forme de cet hôtel de luxe au charme ravageur. Clins d'œil à l'histoire (façade bleue et jaune autour de la piscine, en particulier), épure ultramoderne dans les chambres : le mythe renaît sous nos yeux.

🕴🕴🅿 ⇄ 🌊 🌐 🛋 ⅃⅂ 🏋 ⅱ◯ - 124 chambres – Prix : €€

13 rue Nungesser et Coli – ℰ 01 56 07 08 50

SAINT JAMES PARIS *Plus*

AVANT-GARDE Ce superbe hôtel particulier de la fin du 19ᵉ s. bénéficie d'un décor signé Bambi Sloan. De superbes matières, des imprimés chatoyants : le style Napoléon III flirte avec une originalité toute british ! La délicieuse bibliothèque, le majestueux escalier, les volumes harmonieux : l'empreinte d'un lieu unique...

🅿 ◁ 🛏 ♨ 🏊 🐾 👓 ♨ ⚟ - 50 chambres – Prix : €€€€

5 place du Chancelier Adenauer – ☎ 01 44 05 81 81

❀ **Bellefeuille - Saint James Paris** - Voir la sélection des restaurants

Palais des Congrès • Wagram • Ternes • Batignolles

17ᵉ ARRONDISSEMENT

✿✿ MAISON ROSTANG

CLASSIQUE • ÉLÉGANT Le chef Nicolas Beaumann perpétue avec enthousiasme la tradition du goût pratiquée depuis toujours dans cette maison emblématique. Sa carte mêle les « classiques Rostang » à des assiettes plus personnelles. On se régale ainsi toujours de la quenelle de brochet soufflée au four, mais aussi d'un homard bleu laqué au barbecue ou d'une canette au sang, préparée en salle au pressoir d'argent dans les règles de l'art. Quant au décor, luxueux et insolite, il séduit nouveaux venus comme habitués de la maison : salon Art nouveau, salon Lalique, salon ouvert sur le spectacle des fourneaux, collection d'œuvres d'art...

🕸 🅰 ✿ 🏛 – Prix : €€€€

20 rue Rennequin – 🚇 *Ternes –* 🕽 *01 47 63 40 77 – www.maisonrostang.com – Fermé lundi et dimanche*

✿ ANONA

Chef : Thibaut Spiwack

MODERNE • CONTEMPORAIN Une jolie cuisine actuelle pour cette adresse d'un secteur animé et populaire. Le chef Thibaut Spiwack, au beau parcours étoilé, flatte avec talent et originalité le terroir d'Île-de-France, dans une démarche de développement durable et une volonté de bousculer les codes académiques. Menu attractif et courte carte au déjeuner ; en soirée, menu unique en plusieurs déclinaisons, réalisé au plus près du marché. Un beau moment de gastronomie.

✿ **L'engagement du chef :** Proposer une cuisine responsable est notre raison d'être : sourcing de produits locaux et saisonniers, réduction des déchets et de la consommation en eau, alimentation en énergie renouvelable, attention portée au bien-être de nos équipes, notre engagement est total. Notre mobilier est également le fruit du travail d'artisans franciliens et notre vaisselle est faite en matériaux naturels.

🕭 🅰 – Prix : €€€

80 boulevard des Batignolles – 🚇 *Rome –* 🕽 *01 84 79 01 15 – www.anona.fr – Fermé samedi et dimanche*

✿ LE FAHAM BY KELLY RANGAMA

Chefs : Jérôme Devreese et Kelly Rangama

MODERNE • CHIC Le faham est une orchidée endémique de l'île de la Réunion, connue pour son subtil arôme d'amande. C'est la fleur choisie par Kelly Rangama (ex-Top Chef 2017) pour symboliser son union civile et culinaire avec le pâtissier Jérôme Devreese, et leur création commune : cette table élégante et épurée, nichée au cœur des Batignolles, où la cheffe peut laisser libre cours à la cuisine qui lui ressemble : pleine de peps et de tonus, épicée mais toujours maîtrisée, avec la pointe d'exotisme qui fait la différence. Un exemple : cette légine (un poisson de la Réunion) aux carottes et gingembre en aigre-doux, avec concentration de tomates et riz croustillant... Un vrai bonheur.

🅰 – Prix : €€€

108 rue Cardinet – 🚇 *Malesherbes –* 🕽 *01 53 81 48 18 – www.lefaham.com – Fermé lundi, dimanche, et mardi et mercredi à midi*

✿ FRÉDÉRIC SIMONIN

Chef : Frédéric Simonin

MODERNE • ÉLÉGANT Frédéric Simonin a grandi au contact des belles tables et des grands chefs, de Ledoyen au Meurice, en passant par Joël Robuchon, avant de devenir Meilleur Ouvrier de France en 2019. Exit le noir et blanc et les lignes géométriques, il s'est créé un nouveau lieu bien à lui, tout en parquet, murs blancs et miroirs biseautés. Cet « appartement parisien » (selon son expression) sied parfaitement à sa cuisine, précise, fine et pleine de justesse – mention spéciale pour les jus et les sauces. Ne dédaignant pas les touches inventives et parfois japonisantes, il ose les associations originales qu'on découvre notamment à travers le menu dégustation vespéral (5 ou 8 plats). La formule déjeuner est une bonne affaire, tout comme les propositions de vins au verre.

🍃 🔢 🅿 – Prix : €€€€

25 rue Bayen – Ⓜ Ternes – ☏ 01 45 74 74 74 – www.fredericsimonin.com – Fermé lundi et dimanche

❀ JACQUES FAUSSAT

Chefs : Jacques Faussat et Geoffrey Rembert

TRADITIONNELLE · CONTEMPORAIN Jacques Faussat, Gersois et fier de l'être, n'aime rien tant que la simplicité inspirée de ses racines et de son enfance. Une simplicité également apprise auprès de Michel Guérard et surtout d'Alain Dutournier – sa rencontre avec cet homme de passion, qui partage les mêmes origines que lui, sera déterminante dans sa carrière, à commencer par dix années passées aux fourneaux du Trou Gascon. En duo avec le chef Geoffrey Rembert, il propose une cuisine pleine de saveurs, misant tout sur de bons produits travaillés pour en faire ressortir le meilleur. Bon rapport qualité-prix.

🍃 🔢 ⇄ 🍽 – Prix : €€€

54 rue Cardinet – Ⓜ Malesherbes – ☏ 01 47 63 40 37 – www.jacquesfaussat. com – Fermé dimanche

❀ MALLORY GABSI Ⓝ

Chef : Mallory Gabsi

MODERNE · ÉLÉGANT Demi-finaliste de Top Chef en 2020, le jeune chef bruxellois Mallory Gabsi fait ses premiers pas parisiens près de l'Étoile, dans une ambiance feutrée qui évoque un peu les luxueux paquebots d'antan (marqueteries claires vernissées, fauteuils en laine, appliques Art Déco). "Malou", l'idole d'une nouvelle génération de gourmets, signe "un menu turquoise" (sa couleur préférée) émaillé de savoureux clins d'œil au plat pays (sa version de l'anguille au vert, laquée à la bière) et ose des associations de saveurs détonantes comme cette poulette jaune aux huîtres pochées. Service souriant et détendu.

♿ 🔢 – Prix : €€€

28 rue des Acacias – Ⓜ Argentine – ☏ 09 52 96 09 99 – www.mallory-gabsi. com – Fermé lundi et dimanche

❀ OXTE

Chef : Enrique Casarrubias

MEXICAINE · TENDANCE Ce petit restaurant cosy et sympathique du quartier de l'Étoile propose une savoureuse cuisine au goût du jour, aux influences mexicaines. Les produits français sont travaillés avec des condiments, herbes et épices par un chef mexicain, talentueux et passionné, qui participe d'ailleurs au service. À l'image de la lotte et fenouil rôti, crumble de pastilla et nuage au pastis ou du thon blanc comme un ceviche, moules et poivrons, le maître des fourneaux signe des plats réfléchis, maîtrisés, aux justes cuissons et aux assaisonnements toniques. C'est coloré, punchy et bien condimenté. On se régale, on y retourne !

Prix : €€€

5 rue Troyon – Ⓜ Ternes – ☏ 01 45 75 15 15 – www.restaurant-oxte.com – Fermé samedi et dimanche

❀ LA SCÈNE THÉLÈME

MODERNE · CONTEMPORAIN Au 18 de la rue Troyon, l'art – et, particulièrement, le théâtre – rejoint la gastronomie. D'ailleurs, le nom du restaurant est un hommage à l'Abbaye de Thélème, une création utopique que l'on doit à Rabelais. On peut donc, certains soirs, assister entre 19h et 20h à une représentation théâtrale (attention, 50 places seulement) avant d'aller ensuite s'attabler

PARIS

pour dîner. Riche idée, qui devrait trouver son public à Paris ! Côté papilles, le chef japonais Yoshitaka Takayanagi signe avec son équipe une cuisine fine et subtile, pleine de personnalité, avec des produits de premier ordre. Un travail au cordeau, que l'on apprécie d'autant plus grâce au bon rapport qualité-prix. En scène !

&. 🅰🅲 ⇔ – Prix : €€€€

18 rue Troyon – ⓜ Charles de Gaulle - Étoile – ℰ 01 77 37 60 99 – www. lascenetheleme.fr – Fermé lundi, dimanche et samedi midi

😊 ## MOVA

TRADITIONNELLE · CONTEMPORAIN Le chef propose une cuisine qui fait la part belle à la tradition (chou farci, croustillant de pied de cochon, épaule d'agneau confite), mais dans une version plus moderne, propre à séduire toutes les bourses. Une attention particulière est portée aux saisons, aussi bien pour les légumes que pour les poissons.

🅰🅲 – Prix : €€

39 rue des Dames – ⓜ Place de Clichy – ℰ 01 45 22 46 07 – www.mova-paris.fr – Fermé samedi, dimanche et lundi midi

LE 703 ⓝ

TRADITIONNELLE · BISTRO Naviguant entre la France et le Japon, le chef Naomi Ogaki a été formé en Alsace chez Antoine Westermann et en Provence chez Christian Étienne. Dans son sympathique bistrot avec long comptoir, il sert une excellente cuisine française traditionnelle, aux fortes influences alsaciennes en automne-hiver et… méridionales aux beaux jours. Ici, on célèbre pâté en croûte, gibier, spaetzle, boudin noir maison, aïoli de poisson – sans oublier de vrais bons desserts classiques.

Prix : €€

9 rue Fourcroy – ⓜ Ternes – ℰ 01 71 20 47 63 – www.le703.fr – Fermé lundi, mardi midi et dimanche soir

AGAPÉ

MODERNE · ÉLÉGANT Dans cette salle en teintes douces, cosy et intimiste, parée d'œuvres d'artistes contemporains, la carte fait la fête aux beaux produits de saison, travaillés dans une veine plutôt créative par une cheffe brésilienne qui pare sa cuisine d'influences multiples (Amazonie, Japon, Italie…). Sélection pointue de vins bio et nature.

🕸 🅰🅲 🍷 – Prix : €€€€

51 rue Jouffroy-d'Abbans – ⓜ Wagram – ℰ 01 42 27 20 18 – www.agape-paris. fr – Fermé samedi et dimanche

LE BISTROT D'À CÔTÉ FLAUBERT

MODERNE · BISTRO Une salle chaleureuse, véritable petite bonbonnière, avec ses étagères en bois où trônent de jolies quilles (Côtes d'Auxerre des Goiko, Saumur-Champigny Les Roches) et quelques vieux Guides Michelin : pas de doute, on est bien dans un bistrot ! Le chef italien Flavio Lucarini est désormais aux commandes, après des expériences chez Giovanni Passerini et au Gabriel. Il revendique une cuisine d'auteur punchy où il convie avec doigté sur le fil de l'acidité des fruits et des légumes fermentés sur place - au dessert, sa tarte fine de tomates, vanille et gelato au whisky vise dans le mille -

🅰🅲 🍽 🍷 – Prix : €€€

10 rue Gustave Flaubert – ⓜ Ternes – ℰ 01 42 67 05 81 – www.bistrotflaubert. com – Fermé lundi et dimanche

CAÏUS

CRÉATIVE · CONVIVIAL Esprit arty et art déco modernisé pour cette adresse du chef Jean-Marc Notelet, qui exhume épices et produits oubliés, avec cet art de réinventer des recettes ordinaires. Impossible de se lasser, d'autant que l'atmosphère est agréable. Bon rapport qualité-prix.

🅰🄲 ⇄ – Prix : €€

6 rue d'Armaillé – Ⓜ Charles de Gaulle - Étoile – ☎ 01 42 27 19 20 – caius-restaurant.paris – Fermé samedi et dimanche

CAVES PÉTRISSANS

TRADITIONNELLE • VINTAGE La famille Allemoz (dont le fils, Jean-Jacques, représente la 5ᵉ génération dans cette maison) perpétue la tradition avec entrain : terrine maison, tête de veau sauce ravigote, rognon de veau flambé à l'armagnac, baba au rhum ou île flottante comptent parmi les nombreux classiques bistrotiers présents à la carte. Une maison éminemment sympathique.

🕭 🛱 ⇄ 🐾 – Prix : €€

30 bis avenue Niel – Ⓜ Pereire – ☎ 01 42 27 52 03 – www.cavespetrissans.fr/fr,1,13689.html – Fermé samedi et dimanche

COMME CHEZ MAMAN

MODERNE • CONVIVIAL Au cœur des Batignolles, près d'un square, un bistrot contemporain où l'on se sent... comme chez maman ! Le chef belge, Wim Van Gorp, joue la carte des jolies recettes contemporaines assaisonnées de touches créatives, dont certaines rendent de délicieux hommages à ses origines flamandes... A noter : Wim propose aussi une sympathique "gastronomie de bar" dans sa deuxième adresse "Wim à Table", un peu plus loin dans la rue.

Prix : €€

5 rue des Moines – Ⓜ Brochant – ☎ 01 42 28 89 53 – comme-chez-maman.com

CORETTA

MODERNE • DESIGN Dans le nouveau quartier Clichy-Batignolles, face au parc Martin-Luther-King (dont l'épouse s'appelait Coretta), cette table se veut éco-responsable. Décor design où domine le chêne, vue sur les cimes à l'étage et belle cuisine de produits signée par une équipe jeune et motivée. Le goût de la nature, oui !

🅖 🅰🄲 🛱 – Prix : €€

151 bis rue Cardinet – Ⓜ Brochant – ☎ 01 42 26 55 55 – www.restaurantcoretta.com – Fermé lundi et dimanche

DESSIRIER PAR ROSTANG PÈRE ET FILLES

POISSONS ET FRUITS DE MER • CHIC Contemporain, arty et chic : tel est le Dessirier, navire amiral de la famille Rostang. Le restaurant attache une importance capitale à la sélection de poissons : bouillabaisse et sole meunière font partie des incontournables du lieu...

🕭 🅖 🅰🄲 🛱 ⇄ 🐾 – Prix : €€€

9 place du Maréchal-Juin – Ⓜ Pereire – ☎ 01 42 27 82 14 – www.restaurantdessirier.com

FANFAN

MODERNE • CONTEMPORAIN Une cuisine fusion aux influences asiatiques autour d'un menu qui obéit à la loi du marché, des produits et des saisons. Le tout servi dans un cadre contemporain avec une salle sous verrière. Le menu déjeuner est une aubaine, le soir l'offre devient plus gastronomique avec deux menus à plusieurs séquences.

🅰🄲 ⇄ – Prix : €€€

18 rue Bayen – Ⓜ Ternes – ☎ 01 53 81 79 77 – www.fanfanlarome.com – Fermé lundi et dimanche

LA FOURCHETTE DU PRINTEMPS

MODERNE • BISTRO Dans cet élégant petit bistrot de quartier, on trouve un chef passé par de belles maisons. Il cultive le goût du produit de qualité (le menu évolue selon le marché), et prend plaisir à revisiter les classiques. Son lièvre à la royale est une réussite. Une bonne table.

AC – Prix : €€€

*30 rue du Printemps – ☉ Wagram – ☏ 01 42 27 26 97 –
lafourchetteduprintemps.com – Fermé lundi, dimanche et du mardi au samedi
à midi*

GARE AU GORILLE

MODERNE • BISTRO Marc Cordonnier a maintenant fait sa place aux Batignolles. Il
sait travailler les produits sans jamais les dénaturer et décline une cuisine franche et
originale, sans chichi, qui préfère la personnalité à la posture. Quant à son acolyte,
Louis Langevin, il conseille avec bienveillance un beau panel de vins nature.

Prix : €€

*68 rue des Dames – ☉ Rome – ☏ 01 42 94 24 02 – gareaugorille.fr/fr –
Fermé samedi et dimanche*

PETIT BOUTARY

MODERNE • BRASSERIE Ce Petit Boutary-là, frère cadet de celui de la rive
gauche, ne démérite pas ! Dans ce bistrot raffiné, avec son sol en damier, son
comptoir en zinc, ses banquettes en cuir et ses ampoules suspendues, un chef
talentueux, Kazunari Hara , laisse libre cours à son imaginaire culinaire moderne
et créatif avec de belles assiettes bien assaisonnées (comme ce délicieux cabillaud,
écume de satay, brocoli et artichauts poivrade).

& – Prix : €€

*16 rue Jacquemont – ☉ La Fourche – ☏ 01 46 27 76 23 – www.petitboutary.
com – Fermé lundi et dimanche*

PETIT GRIS

MODERNE • CONVIVIAL Jean-Baptiste Ascione, ex-Top Chef, rêvait d'ouvrir sa
propre adresse ! C'est chose faite avec cette salle chaleureuse (parquet en chêne,
tables en bois sablées, chaises bistrot...) qui célèbre les joies de la cuisine de partage
en puisant dans les beaux produits du terroir et le répertoire culinaire traditionnel.

AC – Prix : €€

*67 rue Rennequin – ☉ Pereire – ☏ 06 11 34 69 91 – Fermé dimanche et samedi
midi*

ROOSTER

MODERNE • BISTRO Formé chez les grands (de Passedat à Darroze), le marseillais
Frédéric Duca a trouvé son port d'attache dans une partie animée et populaire du
17ème arrondissement. En guise d'écrin, un ancien café en angle de rue : le chef
marseillais signe une cuisine de produits qui multiplie les clins d'œil à ses racines
méditerranéennes et provençales. Très bon rapport qualité-prix du menu du jour
au déjeuner. Carte plus ambitieuse le soir.

Prix : €€€

*137 rue Cardinet – ☉ Villiers – ☏ 01 45 79 91 48 – www.rooster-restaurant.com –
Fermé samedi et dimanche*

SORMANI

ITALIENNE • ROMANTIQUE Tissus tendus, lustres en verre de Murano, moulures
et miroirs : toute l'élégance de l'Italie s'exprime dans ce restaurant chic et feutré. La
cuisine rend un hommage subtil aux spécialités transalpines, avec une appétence
particulière, en saison, pour la truffe.

🕸 AC ⇄ 🍽 – Prix : €€€

*4 rue du Général-Lanrezac – ☉ Charles de Gaulle - Étoile – ☏ 01 43 80 13 91 –
www.sormaniparis.fr – Fermé samedi et dimanche*

LA TABLE DU CAVISTE BIO

MODERNE • ÉLÉGANT À quelques encablures du Parc Monceau, ce restaurant
offre l'agrément d'une salle d'esprit moderne, et d'une cuisine en phase avec son
époque, fraîche et raffinée, concoctée par la chef japonaise Junko Kawasaki. Le tout
au diapason avec les vins, exclusivement bio, eux aussi.

◇◇ Ⓐ ⛩ – Prix : €€
55 rue de Prony – Ⓜ Monceau – ℰ 01 82 10 37 02 – www.latable.bio –
Fermé lundi et dimanche

LES TABLES D'AUGUSTIN

TRADITIONNELLE • CONVIVIAL Le quartier des Épinettes accueille ce délicieux bistrot de poche, où officie un jeune chef à l'excellent parcours (George V, l'Ambroisie...) et à la démarche écolo sincère. Sa cuisine, gourmande et savoureuse, ne manque pas de caractère, avec – au déjeuner notamment – un excellent rapport qualité-prix ; le menu est renouvelé chaque semaine au gré du marché.

Prix : €€
44 rue Guy-Môquet – Ⓜ Guy Môquet – ℰ 09 83 43 11 11 – lestablesdaugustin.fr –
Fermé samedi, dimanche et du lundi au mercredi à midi

VIVE, MAISON MER Ⓝ

POISSONS ET FRUITS DE MER • ÉLÉGANT Le restaurateur alsacien Adrien Rech ouvre cette institution dédiée aux produits de la mer en 1925. Après Ducasse, c'est au tour des époux David et Stéphanie Le Quellec, dont le patronyme breton sent déjà l'iode, de célébrer la cuisine des poissons et des crustacés. Le décor est fastueux, avec son immense bar, sa salle à manger à l'étage et ses longues banquettes. David Le Quellec sert une cuisine de partage composée d'excellents produits ultra-frais en provenance des criées françaises, de l'Atlantique à la Méditerranée. Le ceviche de daurade au lait de coco citron vert et coriandre tient déjà son rang de classique de la maison – sans oublier les plats préparés à base de poissons maturés sur place dans la cave de maturation.

Ⓐ – Prix : €€€
62 avenue des Ternes – Ⓜ Ternes – ℰ 01 42 94 07 90 – www.vive-restaurant.
com – Fermé lundi et dimanche soir

🛏 TRIBE PARIS BATIGNOLLES   *Plus*

AVANT-GARDE Hors des sentiers battus, cette adresse est à l'image du quartier, décontractée et vivante. Esthétique et clair, l'intérieur a choisi l'option moderne, industrielle et chic, avec de beaux espaces lounge. Les chambres sont douillettes et colorées, certaines ont des petits balcons, et le confort est au rendez-vous. Le soir, l'ambiance studieuse du café devient plus festive.

⛐ 🅿 🛎 – 79 chambres – Prix : €
176 rue Cardinet – ℰ 01 42 63 50 00

Montmartre • Pigalle

18e ARRONDISSEMENT

ॐ ## L'ARCANE

Chef : Laurent Magnin

MODERNE • ÉLÉGANT Emmenée par Laurent Magnin, la jeune équipe de l'Arcane a quitté le 39 rue Lamarck pour prendre ses quartiers un peu plus haut, en lieu et place de l'ancien Chamarré Montmartre. Dans l'assiette, le jeune chef montre toutes les qualités qu'on lui connaissait déjà. Technicité et saveurs sont au rendez-vous – exemple parfait, cette belle mousse légère aux petits pois agrémentée de zestes de citron jaune et de poudre de citron noir – et on passe un excellent moment, que ce soit sous la forme d'un menu surprise ou à la carte. Enfin, n'oublions pas la jolie carte des vins, qui n'hésite pas à sortir des sentiers battus.

🕸 🖾 🛱 – Prix : €€€€

52 rue Lamarck – Ⓜ Lamarck - Caulaincourt – ℰ 01 46 06 86 00 – www. restaurantlarcane.com – Fermé lundi, dimanche et du mardi au jeudi à midi

(😊) ## OSE 🆕

MODERNE • BISTRO Deux chefs, deux pros passés par les grandes tables de New-York à Paris, alternent chacun leur place tous les quinze jours, un coup aux fourneaux, un coup en salle. Les plats sont donc présentés avec beaucoup de pertinence, et pour cause ! Dans ce bistrot du quartier des Abbesses avec cuisine ouverte, l'esprit de la bistronomie souffle sur l'ardoise du jour où tous les fondamentaux de la gourmandise répondent présents derrière l'apparente simplicité des recettes. On ose !

🛱 – Prix : €€

3 rue Durantin – Ⓜ Abbesses – ℰ 01 42 59 98 35 – oseabbesses.fr – Fermé lundi, dimanche, et mardi et mercredi à midi

A.LEA 🆕

MODERNE • VINTAGE Pas d'aléas chez a.lea, mais une séduisante bistronomie signée Léa Lestage, une jeune cheffe au parcours atypique qui a tâté de la sociologie en fac avant de mettre la main à la pâte dans les cuisines de Polisson et d'Épicure au Bristol. Œuf mollet crémeux à souhait, gourmande poêlée de champignons, pesto ail des ours ; impeccable maquereau rôti, polenta snackée, onctueuse sauce béarnaise ; bonne crème brûlée infusée au thé : les recettes de Léa tombent juste, dans un esprit retour du marché plus que séduisant (et au très bon rapport qualité-prix). En salle dans ce bistrot contempoorain, William Atlan, également chef, connaît la musique sur le bout de la fourchette. Au dîner, l'assiette devient un peu plus travaillée, et onéreuse. Prix : €€

39 rue Lamarck – Ⓜ Lamarck - Caulaincourt – ℰ 01 81 69 96 93 – www. alearestaurant.com – Fermé lundi et mardi, et dimanche soir

LE BISTROT DU MAQUIS

TRADITIONNELLE • BISTRO Dans la fameuse rue Caulaincourt, André Le Letty – ancien chef de l'Anacréon – célèbre les classiques du genre bistrotier : brandade de cabillaud à l'oseille, parfait glacé au Calvados... et, bien sûr, sa spécialité : le canard au sang en deux services (sur réservation).
Prix : €€

69 rue Caulaincourt – Ⓜ Lamarck - Caulaincourt – ℰ 01 46 06 06 64 – www. bistrotdumaquis.com – Fermé lundi et mardi

CHANTOISEAU

MODERNE • ÉPURÉ En 1765, Mathurin Roze de Chantoiseau ouvre le premier restaurant moderne (des tables individuelles et des plats à choisir sur un menu) dans le quartier du Louvre. En son hommage, les frères Nicolas et Julien Durand travaillent à 4 mains au bénéfice d'une jolie cuisine actuelle, qui s'inspire aussi des classiques et recourt parfois aux produits nobles à l'image de cette délicieuse tourte de palombe feuilletée.

  🏢 🍴 – Prix : €€€

63 rue Lepic – ⓜ Lamarck - Caulaincourt – ☎ 01 42 51 39 95 – www.chantoiseau-paris.fr – Fermé lundi et mardi, et dimanche soir

L'ESQUISSE

MODERNE • BISTRO Deux jeunes passionnés se sont associés pour créer ici ce bistrot vintage et accueillant : parquet massif, banquettes en bois... On y passe un bon moment autour de recettes volontiers voyageuses et originales. Au déjeuner, menu du jour sans choix et mini carte ; au dîner, choix plus étoffé.

Prix : €€

151 bis rue Marcadet – ⓜ Lamarck - Caulaincourt – ☎ 01 53 41 63 04 – Fermé lundi et dimanche

ETSI

GRECQUE • CONVIVIAL Mikaela, jeune cheffe d'origine grecque, est revenue à la cuisine de son enfance après un apprentissage dans des maisons reconnues. Ici, elle propose des mezzes percutants de fraîcheur et ponctués d'audaces. Feta, olives, câpres, charcuteries, fromages, huile d'olive proviennent tout droit de Grèce, et se dégustent dans une ambiance hyper-conviviale.

🍴 – Prix : €

23 rue Eugène-Carrière – ⓜ Place de Clichy – ☎ 01 71 50 00 80 – www.etsi-paris.fr – Fermé lundi, du mardi au vendredi à midi, et dimanche soir

JUJUBE ⓝ

CRÉATIVE • COSY Cette table – une petite salle chaleureuse revêtue de pierres blanches et de briques – va vous surprendre. Senda David Waguena , originaire d'Afrique de l'Ouest, y signe une étonnante et appétissante cuisine métissée. Il puise son inspiration dans ses racines togolaises, sa longue expérience professionnelle italienne et sa passion pour l'Asie. Ses recettes originales marient produits africains - bissap, manioc, banane plantin, moringa, etc - avec des ingrédients plus familiers de nos contrées (coquillages, bœuf de Salers, agneau, poulet fermier). A découvrir.

Prix : €€€

4 rue Dancourt – ⓜ Anvers – ☎ 09 74 97 40 02 – www.jujubemontmartre.fr – Fermé lundi, dimanche et du mardi au samedi à midi

LE MAQUIS ⓝ

MODERNE • BISTRO Paul Boudier et Albert Touton, deux anciens du Chateaubriand, proposent une cuisine goûteuse et sans chichis, au rapport qualité-prix imbattable! Une carte de bistrot pur jus : velouté, saucisse purée, crumble gourmand, à déguster dans un cadre rétro (comptoir en zinc et banquettes en simili cuir de rigueur) et une ambiance des plus conviviales... On ne résiste pas à l'appel du maquis !

Prix : €€

53 rue des Cloÿs – ⓜ Jules Joffrin – ☎ 01 42 58 87 82 – lemaquisrestaurant.fr – Fermé lundi et mardi

MOKKO

DU MARCHÉ • CONTEMPORAIN Formé sur le tard (il a d'abord travaillé dans la musique), Arthur Hantz ne nourrit pas le moindre complexe et tient au pied de la butte Montmartre un bistrot moderne qui va droit au cœur. Dans l'assiette (carte et ardoise uniquement), il applique une méthode diablement efficace : une cuisine du marché, créative et pleine de pep's avec quelques influences asiatiques. Quelques exemples : poêlée de coques et Saint-Jacques snackées, émulsion pho, condiment pimangue ; poulet fermier, crème vitelotte, chou-fleur violet, racine de persil rôtie, jus de veau au lait de sarrasin toasté.

✿ – Prix : €€

3 rue Francœur – Ⓜ Lamarck - Caulaincourt – ☎ 09 80 96 93 60 – mokko-restaurant.com – Fermé lundi, dimanche et du mardi au vendredi à midi

MONTCALM

MODERNE • BISTRO Voilà un sympathique bistrot de quartier, où le chef travaille de jolis produits sélectionnés, dans un esprit retour de marché. C'est bien troussé, avec des saveurs franches et travaillées. Menu déjeuner au choix limité, le soir, on choisit à la carte. Frais et bon.

Prix : €€

21 rue Montcalm – Ⓜ Lamarck - Caulaincourt – ☎ 01 42 58 71 35 – www.restaurant-montcalm.fr – Fermé dimanche, samedi midi et lundi soir

L'OUZERI Ⓝ

GRECQUE • BISTRO Fromage saganaki, merida giro, mizythropita, spanakopita : aucun doute, voici la nouvelle taverne hellénique de la cheffe franco-grecque Mikaela Liaroutsos, à deux pas du restaurant qui l'a fait connaître. En fond sonore, des chants traditionnels invitent presque à esquisser un pas de sirtaki après un verre d'ouzo... Dans l'assiette, une succession de petits plats grecs à déguster les yeux dans le bleu, avant les vacances au pays d'Homère.

Prix : €€

41 rue du Ruisseau – Ⓜ Jules Joffrin – ☎ 09 73 88 24 17 – www.etsi-paris.fr/l-ouzeri – Fermé lundi, mardi et mercredi à midi , et dimanche soir

POLISSONS

MODERNE • BISTRO Un peu à l'écart du Montmartre touristique, une table moderne qui célèbre les saveurs franches sous la houlette d'un couple de pros. La carte est renouvelée tous les mois, avec quelques incontournables, une dégustation en 5 temps le soir, des pièces à partager selon l'arrivage (côte de bœuf ou homard). Polissons ? L'adresse idéale pour encanailler votre palais !

Prix : €€

35 rue Ramey – Ⓜ Château Rouge – ☎ 06 46 63 57 50 – polissonsrestaurant.com – Fermé lundi et dimanche

LE RÉCIPROQUE

TRADITIONNELLE • CONTEMPORAIN Niché à deux pas de la mairie du 18 e , ce restaurant est l'œuvre de deux jeunes associés au beau parcours professionnel. L'un, en cuisine, se fend de recettes plutôt traditionnelles, savoureuses et maîtrisées ; l'autre assure un service vivant et courtois. A déguster dans un cadre de bistrot contemporain ou en terrasse côté rue piétonne. Prix plutôt sages.

🌣 – Prix : €€

14 rue Ferdinand-Flocon – Ⓜ Jules Joffrin – ☎ 09 86 37 80 77 – www.lereciproque.com – Fermé lundi et dimanche

SIGNATURE MONTMARTRE

FUSION • SIMPLE Dans ce coin très touristique, un restaurant de poche au cadre ultra-sobre, créé par un ancien ingénieur génie civil (!) passionné par la Corée. Avec sa petite équipe (dont Kim Young Rim, une cheffe pâtissière), il décline une cuisine franco-coréenne subtile et contrastée, où la gourmandise est la règle.

Prix : €€€

12 rue des Trois-Frères – Ⓜ Abbesses – ☎ 01 84 25 30 00 – signature-montmartre.fr – Fermé lundi, mardi et du mercredi au dimanche à midi

SUSHI SHUNEI

JAPONAISE • ÉPURÉ Une table entièrement dédiée aux sushis, dont le cadre élégant et épuré reprend les codes esthétiques des tables nippones : boiseries claires et long comptoir face au chef. Deux menus à choisir lors de la réservation, soit celui composé d'une succession de nigiri sushi, soit le omakase, agrémenté de tartares, sashimi et poisson grillé.

AC – Prix : €€€€

3 rue Audran – Ⓜ Abbesses – ℰ 06 44 66 11 31 – www.sushishunei.com –
Fermé lundi, dimanche et du mardi au samedi à midi

L'HÔTEL PARTICULIER MONTMARTRE · *Plus*

DESIGN MODERNE Un hôtel très… particulier. À l'issue d'un étroit passage mont-
martrois, on découvre une demeure Directoire au cœur d'un jardin luxuriant. Salons
raffinés, chambres élégantes au décor personnalisé. Charmant bar et délicieuse
véranda.

5 chambres – Prix : €€

23 avenue Junot – ℰ 01 53 41 81 40

MAISON SOUQUET · *Plus*

AVANT-GARDE Une authentique "maison de plaisir" de Pigalle transformée en
hôtel cinq étoiles par Jacques Garcia : le décorateur parisien a créé une fantaisie à
la fois opulente, mystérieuse et un brin surréaliste. Les chambres et les suites sont
tamisées et romantiques, luxueuses et raffinées, comme les espaces publics, et le
bar ressemble à une bibliothèque avec cheminée. Ici, le spa est à usage privé : pas
de vestiaire ou de salle d'attente, juste une clef qui ouvre l'endroit le plus fantas-
tique de la Maison. Un luxe flirtant avec la décadence, jamais avec l'ennui !

⇛ ⌁ 🕸 🕸 ⑩ - 20 chambres – Prix : €€

10 rue de Bruxelles – ℰ 01 48 78 55 55

La Villette • Buttes Chaumont • Gambetta & Père Lachaise

19e & 20e ARRONDISSEMENTS

ⓐ LES CANAILLES MÉNILMONTANT

TRADITIONNELLE • BISTRO En plein cœur de Ménilmuche, juste au-dessus du boulevard, deux associés ont pris place derrière cette façade colorée. Ils proposent de la belle tradition à tous les étages, une cuisine… canaille, bien sûr, travaillée et savoureuse, à l'instar de ce carpaccio de langue de bœuf tiède et sauce gribiche. Bon choix de vin au verre. On se régale.

✿ – Prix : €€

15 rue des Panoyaux – Ⓜ Ménilmontant – ☏ 01 43 58 45 45 – www. restaurantlescanailles.fr – Fermé samedi et dimanche

ⓐ CHEVAL D'OR

ASIATIQUE • TENDANCE On arrête volontiers sa monture devant cette façade rouge Chine des hauteurs de Belleville dans l'Est parisien, en ayant pris soin de réserver longtemps à l'avance à l'un des deux services du soir. Sous la houlette d'un authentique chef japonais en embuscade avec sa brigade derrière un long comptoir, on s'y régale avec de petits plats parfumés, inspirés des cuisines japonaises : binchotan (le barbecue japonais), ramen de soja maison et onigri. Service décontracté assuré par une équipe sympa et dynamique.

Ⓐ🄲 – Prix : €€

21 rue de la Villette – Ⓜ Pyrénées – ☏ 09 54 12 21 77 – chevaldorparis.com – Fermé lundi, mardi et du mercredi au dimanche à midi

ⓐ MENSAE

MODERNE • BISTRO Une cuisine de l'instant, pleine de fraîcheur, dans laquelle les saveurs tombent juste. Parmi les incontournables, proposés toute l'année, les cuisses de grenouilles, ail et persil ou la mousse au chocolat praliné provoqueraient des émeutes. Le décor a le bon goût de se faire discret. Petite terrasse trottoir bienvenue en été. Le menu déjeuner est une aubaine.

Ⓐ🄲 – Prix : €€

23 rue Melingue – Ⓜ Pyrénées – ☏ 01 53 19 80 98 – www.mensae-restaurant. com – Fermé lundi et dimanche

ⓐ LA VIERGE

MODERNE • BISTRO On s'attable avec plaisir dans ce décor rétro avec tables anciennes, chaises en bois, vieux carrelage et cuisine ouverte. Côté fourneaux, Jack Baker envoie des assiettes fraîches, efficaces et pétries de gourmandise : on se régale de bout en bout. Le menu déjeuner est une véritable aubaine.

Prix : €

58 rue de la Réunion – Ⓜ Buzenval – ☏ 01 43 67 51 15 – www.alavierge.com – Fermé du lundi au vendredi à midi

LE BARATIN

TRADITIONNELLE • BISTRO La bistronomie doit beaucoup à la chef argentine Raquel Carena et nombre de jeunes chefs reconnaissent son héritage. L'occasion de revenir aux sources de la gourmandise, avec ce bistrot dans son jus. L'ardoise est plaisante à lire, les prix sont sages et les vins séduisants. Réservation fort conseillée.

Prix : €€

3 rue Jouye-Rouve – Ⓜ Pyrénées – ☏ 01 43 49 39 70 – Fermé lundi, dimanche, mardi midi et samedi soir

LE CADORET

TRADITIONNELLE • BISTRO Cador de Cadoret ou crème de bistrot des hauts de Belleville avec vieux zinc, banquette moleskine et carrelage mosaïque : c'est bonnet blanc et blanc bonnet ! Une sœur et un frère, Léa Fleuriot (aux fourneaux) et Louis-Marie séduisent un public d'intermittents du spectacle et de hipsters gourmands. Léa envoie des plats bistrotiers twistés de belles trouvailles, réjouissants abats comme ces tripes fermières bien condimentées ou poulet rôti alangui sur son lit de kimchi et servi avec d'impeccables pommes dauphines bien dodues. Le pressé de pot au feu avec sa sauce tartare est aussi incontournable. Options végétariennes sur demande. Petite carte de vins 100% bio. Ambiance décontractée et animée sur fond de rap bien dosé.

Prix : €€

1 rue Pradier – **Ⓜ** *Belleville –* ☏ *01 53 21 92 13 – Fermé lundi et dimanche*

DILIA

CRÉATIVE • SIMPLE À l'ombre de l'église Notre-Dame-de-la-Croix, œuvre un jeune chef italien aux solides références. Ses assiettes modernes, inspirées du marché, sont parsemées de touches transalpines. Menu imposé à choisir en 4, 6 ou 7 temps, pour une jolie valse gourmande.

Prix : €€

1 rue d'Eupatoria – **Ⓜ** *Ménilmontant –* ☏ *09 53 56 24 14 – www.dilia.fr – Fermé mardi, mercredi et lundi midi*

LE GRAND BAIN

MODERNE • BISTRO Dans le cœur fourmillant de Belleville, on aime ce bistrot tendance aux airs d'ancien atelier industriel, avec son comptoir en îlot central, ses verrières, ses matériaux bruts (briques et béton) et ses tables numérotées. On y picore des plats en petites portions, à l'ardoise, qui sortent des fourneaux de la cheffe Emily Chia qui préfère les légumes et les céréales à la viande et au poisson. Ambiance musicale pointue pour mieux plaire au noctambule hipster et à la foodista pointu...

Prix : €€

14 rue Dénoyez – **Ⓜ** *Belleville –* ☏ *09 83 02 72 02 – www.legrandbainparis.com/fr – Fermé lundi, mardi et du mercredi au dimanche à midi*

LAO SIAM

ASIATIQUE • SIMPLE Lao Siam, une cantine asiatique de Belleville comme une autre ? Que nenni ! Créé par les parents de l'actuel patron, originaires de Thaïlande et du Laos, il met à l'honneur les cuisines de ces deux pays. Tout est fait maison, fin et parfumé. Nous voilà transporté en Asie – enfin presque ! En cas d'affluence, vous pouvez opter pour Ama Siam, la cantine contiguë qui propose une petite carte de suggestions.

Prix : €

49 rue de Belleville – **Ⓜ** *Pyrénées –* ☏ *01 40 40 09 68 – sioupla.it/laosiamrestaurant – Fermé mardi et mercredi midi*

LA MÈRE LACHAISE Ⓝ

TRADITIONNELLE • BISTRO Derrière ce joli bistrot contemporain à la mode vintage (tables en bois laqué blanc, banquettes de laine grise, parquet années 50, grand comptoir central) se cache le chef Guy Martin qui prend pied dans ce vingtième des confins parisiens. On y envoie avec sérieux une bonne petite cuisine traditionnelle, mitonnée avec des produits frais : tartelette de petits pois, menthe et nuage de feta ; paleron de bœuf braisé 8 heures, céleri, poire nashi et sauce au vin ; tarte aux pommes, amandes, poivre timut et glace vanille.

&. 🅰️🍴 – Prix : €€

78 boulevard de Ménilmontant – **Ⓜ** *Père Lachaise –* ☏ *01 40 30 26 00 – www.lamerelachaise.fr – Fermé dimanche*

QUEDUBON

TRADITIONNELLE • BISTRO Grâce à ce genre de bistrot/bar à vins, Paris demeure Paris ! Pensez donc : le taulier lui-même en personne, casquette vissée sur la tête et barbe en goguette, sympathique en diable, vous accueille et vous place à table avant de vous conseiller une bonne quille dont il connaît personnellement le producteur. Aux fourneaux, le chef Ollie Clark (ancien second de Bruno Doucet) dévoile une ardoise canaille (chouette : il y a souvent des abats) où il mitonne les bons produits triés sur le volet par le proprio : cèpes cuits à la plancha, crème de cèpe ; colvert sauvage, betterave en croûte de sel et chips de sauge...

🕸 – Prix : €€

22 rue du Plateau – ⓜ Buttes Chaumont – ☎ 01 42 38 18 65 – restaurantquedubon.fr/fr – Fermé samedi et dimanche

SADARNAC

MODERNE • CONTEMPORAIN Ce restaurant de poche se situe dans une rue semi-piétonne à l'atmosphère de village, en plein cœur du vingtième arrondissement. On s'installe dans une petite salle coquette pour apprécier les menus à l'aveugle composés au gré du marché par la toute jeune Lise Deveix. Une bien jolie adresse.

🕭 – Prix : €€

17 rue Saint-Blaise – ⓜ Maraichers – ☎ 01 72 60 72 06 – www.restaurantsadarnac.fr – Fermé lundi, dimanche, et mardi et mercredi à midi

SOCES ⓝ

MODERNE • BISTRO Un petit bijou de brasserie parisienne barrée par l'ancien chef du Clamato, Marius de Ponfilly, acoquiné avec Kevin Deulio, un ancien du bar Vendôme au Ritz, qui navigue en salle comme un poisson dans l'eau. Ces deux-là ont trouvé la formule, aussi irrévérencieuse que percutante : de belles pièces de viandes (cuites au binchotan, comme les poissons) et des assiettes à partager entre potes (soces en argot parigot), des attelages de saveurs originaux et malins (Saint-Jacques légèrement panées dans leur sauce pil pil sur un flatbread chaud et moelleux ; seiches justes saisies servies dans un aromatique consommé à l'huile de poireaux et grenobloise de légumes).

Prix : €€

32 rue de la Villette – ⓜ Jourdain – ☎ 01 40 34 14 30 – www.soces.fr – Fermé lundi, mardi et du mercredi au vendredi à midi

🛏 MAMA SHELTER PARIS EAST   *Plus*

AVANT-GARDE Philippe Starck a signé le décor, à la fois épuré, design et fantaisiste, de ce vaste hôtel moderne. Une ambiance jeune et urbaine, à l'image de ce quartier en plein renouveau. Restaurant ouvert jusqu'à minuit.

🅿 🛋 ♨ 🚲 🏋 ⑩ - 172 chambres – Prix : €

109 rue de Bagnolet – ☎ 01 43 48 48 48

🛏 SCARLETT   *Plus*

DESIGN MODERNE Entre le parc de Belleville et les Buttes-Chaumont, cette ancienne pension de famille a été reprise en main et rénovée avec goût. Les chambres, modernes et cosy, sont tout à fait dans l'esprit parisien, et l'accueil est charmant.

PARNAC

✉ 46140 – Lot – Carte régionale n° **22**–B1

LES JARDINS

CRÉATIVE • MAISON DE CAMPAGNE Ce restaurant de campagne fait les délices d'un paisible village vigneron situé dans une boucle du Lot. Dans les chais d'un ancien domaine viticole, le jeune chef Marius Halter réalise une jolie cuisine actuelle avec les bons produits des environs, non sans omettre des touches créatives bien maîtrisées et équilibrées (épices, sucré-salé). C'est juste et bon. Petite carte de vins bio, service plein de gentillesse et agréable terrasse-jardin.

🖾 ⅗ ⅏ 🄿 – Prix : €€

*1533 route du Port-de-l'Angle – 𝒞 05 65 23 58 24 – restaurant-lesjardins.fr –
Fermé mercredi et jeudi, et lundi, mardi et dimanche soir*

PAU

✉ 64000 – Pyrénées-Atlantiques – Carte régionale n° **18**–B3

❀ ### MAISON RUFFET - VILLA NAVARRE ⓝ

MODERNE • ÉLÉGANT Une grande villa dix-neuvième dans un parc à la française abrite cette adresse intimiste : six tables seulement, dans une salle au design épuré qui conserve son parquet à chevrons et ses moulures. Stéphane Carrade (Le Skiff Club au Pyla) y a conçu une carte qui met à l'honneur le Béarn et ses produits – le nom de cet établissement rend d'ailleurs hommage au restaurant de Jurançon où il obtint pour la première fois deux étoiles. C'est le chef Christophe Canati qui réalise le menu unique d'inspiration gasconne, ponctué de touches marines et de notes d'agrumes. Une cuisine de terroir revisitée qui joue autant sur la gourmandise que sur la précision : palombe rôtie au gras, sauce salmis ; sole aux cèpes et beurre de jurançon moelleux ; canon d'agneau et pieds-paquets... Que de délices !

⪡ 🖾 ⅗ 🄿 – Prix : €€€€

Hors plan – *59 avenue Trespoey – 𝒞 05 59 14 65 65 – www.maisonruffet.fr –
Fermé lundi, dimanche et du mardi au vendredi à midi*

L'INTERPRÈTE

CRÉATIVE • TENDANCE Deux interprètes de talent chantent les louanges d'une bistronomie créative et séduisent par leur répertoire gourmand exécuté dans un cadre bohème chic. Le jeune maestro Quentin Maysou s'en donne à cœur joie : foie gras au cacao et pain aux maïs ; Saint-Jacques, fruits de la passion et curry ; agrumes, amandes et camomille... En salle, Pauline Thubert accueille avec charme et courtoisie.

⅗ ⒶⒸ – Prix : €€

Plan : B2-1 – *8 rue des Orphelines – 𝒞 05 59 04 52 29 – www.linterprete-pau.
fr – Fermé lundi et dimanche*

MAYNATS

CRÉATIVE • CONTEMPORAIN Les Maynats (garçons en béarnais) sont en cuisine et entendent bien nous faire aimer leur cuisine à la fois instinctive et ludique, notamment avec ces associations terre/mer qui font mouche à l'image de ces asperges/ bœuf /bisque /rouille ou encore de cet agneau/poulpe /betterave /ail noir. Dans ce cadre épuré, on la joue cool et sympa. Ce mélange d'ambition dans l'assiette et de décontraction dans le service s'est taillé une place de choix dans le cœur des Palois (réservez bien en amont !). Menu surprise en plusieurs temps le soir. Carte des vins plutôt pointue en références bio.

⅗ ⅏ – Prix : €€

Plan : A1-3 – *3 rue du Hédas – 𝒞 05 59 27 68 65 – www.maynats.fr –
Fermé lundi, dimanche et mardi midi*

BORDEAUX, MT-DE-MARSAN,
DOMAINE DE SERS

MUSÉE NATIONAL
DES PARACHUTISTES

BOIS DE PAU, FORÊT DE BASTARD,
BAYONNE, TOULOUSE

OMNIVORE

TRADITIONNELLE • BISTRO Un bistrot gourmand et chaleureux avec zinc, boiseries et banquettes capitonnées. Les épicuriens palois aiment à s'y retrouver dans la bonne humeur pour déguster le poisson de la criée ou la pièce de bœuf confite au vin rouge. L'ardoise fait la part belle aux plats de tradition rehaussés parfois de touches d'agrumes ou de notes fumées bien balancées. Service plein de gaieté en prime.

🕭 🏠 🄿 – Prix : €€

Plan : A1-5 – *1 place Gramont* – 𝒞 *05 59 27 98 08* – www.omnivorepau.fr – *Fermé samedi, dimanche et lundi midi*

LES PIPELETTES

MODERNE • BISTRO Ici, les plats, gourmands, sont établis en fonction des produits du marché, et des récoltes d'une trentaine de producteurs proches de Pau. Le chef fait bien son métier, et c'est tout ce qui compte : Saint-Jacques et purée de céleri ; pavé de bar sauvage de Saint-Jean-de-Luz ; grenadin de porc, endives et pleurotes. Menus imposés, midi et soir, mais le rapport plaisir/prix est excellent. Les pipelettes n'ont pas usurpé leur nom, ça tchatche ferme...

Prix : €€

Plan : B1-6 – *3 rue Valéry-Meunier* – 𝒞 *05 59 98 88 06* – *Fermé lundi et mardi, et dimanche soir*

RESTO DIT VIN

TRADITIONNELLE • CONVIVIAL Dans une ruelle piétonne face à l'église Saint-Martin, au cœur de Pau, ce bistrot affiche complet à l'intérieur comme sur sa terrasse ensoleillée. La formule chimique est simple : accueil sympathique de la patronne (dont les parents maraîchers fournissent une partie des légumes) et savoureuse cuisine de son mari chef qui travaille les bons produits régionaux. La petite ardoise (œuf fermier poché, effiloché d'aile de raie, pintade grillée, beaux fromages, desserts maison gourmands) change régulièrement, sauf les incontournables pieds de cochon, sauce gribiche.

🅰 🍽 – Prix : €

Plan : A2-4 – *8 rue de Foix – 𝒞 05 59 60 00 14 – Fermé mercredi et dimanche, et mardi, jeudi et samedi soir*

🛏 PARC BEAUMONT   *Plus*

DESIGN MODERNE Ce bâtiment de style contemporain est proche du parc et du Palais des Congrès ; ses chambres sont confortables, élégantes et design. Un bel hôtel polyvalent où rien n'a été oublié pour la détente (piscine, jacuzzi, spa) et les affaires.

& 🏊 🅿 ⛱ 🍸 🧖 💆 🛎 – 80 chambres – Prix : €€

1 avenue Édouard VII – 𝒞 05 59 11 84 00

PAUILLAC
✉ 33250 – Gironde

🛏 CHÂTEAU CORDEILLAN-BAGES

CLASSIQUE CONTEMPORAIN Cette chartreuse du 17ᵉ s., alanguie au cœur du vignoble, est prolongée par une construction abritant des chambres agréables. Préférez celles qui ont été rénovées, plus élégantes et tout en sobriété. Nombreuses options loisir : piscine extérieure, salle de sport et sauna, et une table raffinée pour accompagner les 1 800 bouteilles de la cave.

& 🏊 🅿 ⛱ 🧖 🛎 – 28 chambres – Prix : €€€

Route des Châteaux – 𝒞 05 56 59 24 24

PAYRIN-AUGMONTEL
✉ 81660 – Tarn – Carte régionale n° **22**-C2

✿ VILLA PINEWOOD

Chef : Thomas Cabrol

CRÉATIVE • CONTEMPORAIN Couple de sommeliers passionnés, Thomas et Anne Cabrol, créateurs à Toulouse de l'un des bars à vins les plus célèbres du monde, accueillent dans un esprit table d'hôtes. Locavores, ils donnent une priorité absolue aux produits locaux et font tout pour limiter l'empreinte environnementale de l'établissement. Les assiettes profitent au mieux d'un environnement situé entre le terroir sec du Causse, avec ses truffes et plantes aromatiques, et la Montagne Noire humide, riche en espèces des sous-bois (baies, champignons, plantes sauvages). Au cours du dîner, le chef explique son univers culinaire créatif, très végétal, à l'aide d'un écran sur lequel défilent ses producteurs et ses cueilleurs. Multimédia et dégustation s'enrichissent mutuellement, soutenus tout au long par des accords mets et vins remarquables. Réservation uniquement par internet.

✿ **L'engagement du chef :** La démarche est avant tout locavore. Dans le menu unique, le meilleur des petits producteurs dans un rayon de quelques dizaines de kilomètres est allié à la cueillette (le terroir sec du versant méditerranéen des Causses apporte les herbes aromatiques et les truffes ; la Montagne Noire, au terroir humide, les champignons, racines et autres plantes sauvages). Les déchets alimentaires sont collectés pour le poulailler, les contenants des fournisseurs sont limités à des cagettes réutilisables.

&8 ⟵🔲P – Prix : €€€

328 chemin du Nègre – www.villapinewood.com – Fermé lundi, mardi et dimanche et du mercredi au samedi à midi

PEILLON
✉ 06440 – Alpes-Maritimes – Carte régionale n° **25**–E2

🐙 LES PLAISIRS

RÉGIONALE • RUSTIQUE Voilà tout ce qu'on aime : une bien sympathique petite auberge familiale perdue dans un village perché de l'arrière-pays niçois. Le jeune chef-patron, issu d'une famille de restaurateurs, cuisine des recettes provençales avec passion grâce à des produits régionaux qu'il sélectionne avec amour. Saveurs franches, sans chichi, assiettes goûteuses, à prix sages. Qui dit mieux ?
Prix : €€

2 rue Puada-dau-Gourguet – ☎ 04 93 87 06 01 – www.lesplaisirs-peillon.com – Fermé mercredi, et lundi, mardi, jeudi, vendredi, samedi et dimanche soir

PENMARCH
✉ 29760 – Finistère – Carte régionale n° **7**–A2

STERENN

POISSONS ET FRUITS DE MER • TRADITIONNEL Dans ce sympathique restaurant de la pointe de Penmarch, les poissons issus de la pêche côtière locale (port de Saint-Guénolé, pour être précis) sont préparés avec attention et joliment présentés dans l'assiette. Excellent rapport qualité-prix. Pour l'étape, quelques chambres avec vue sur la mer.
⟵&🔲🏠P – Prix : €€

432 rue de la Joie – ☎ 02 98 58 60 36 – www.hotel-sterenn.com – Fermé lundi, samedi midi et dimanche soir

PERI – Corse-du-Sud(20) ➜ Voir Corse

PÉRIGUEUX

✉ 24000 – Dordogne – Carte régionale n° **18**–C1

Quelle ville délicieuse ! Dans la préfecture du Périgord, le marché et la gourmandise sont élevés au rang de beaux-arts. Pas étonnant : la région compte une vingtaine d'appellations, ainsi qu'une kyrielle de labels rouges et autres IGP. Des marchés, il y en a donc un sur chaque place ou presque ! Le marché aux gras consacre le palmipède dans tous ses états : magrets, canards entiers, foie gras de canard ou d'oie, confits, carcasses, graisse, magrets fourrés au foie gras. En saison, il se double d'un marché aux truffes, aussi odorant que pittoresque. Ne négligez pas pour autant les délicieux petits fromages de chèvre comme le cabécou et le rocamadour, ainsi que la noix et la fraise du Périgord, la prune reine-claude ou le melon du Quercy.

🏵 **L'ESSENTIEL**

Chef : Éric Vidal

MODERNE • COSY Inutile de se perdre en conjectures, mieux vaut aller à L'Essentiel. Dans ce restaurant familial voisin de la cathédrale, le produit est roi... et Éric Vidal, le chef, son brillant (et humble) serviteur. Pour une trentaine de convives, il organise une véritable explosion de saveurs, en se concentrant sur la justesse des préparations. Turbot sauvage rôti à l'huile d'olive, pressé de céleri à la truffe noire ; tartare de mangue et ananas en fine gelée de passion et financier cuit minute... Une émoustillante partition, rehaussée par une sélection de vins qui l'est tout autant. Et un service attentionné, par-dessus le marché !

🐘 🆎 🍴 – Prix : €€€

Plan : B1-1 – 8 rue de la Clarté – ☎ 05 53 35 15 15 – www.restaurant-perigueux.com – Fermé lundi et dimanche

L'ATELIER

MODERNE • CONVIVIAL Cuisinier au parcours éloquent (il a notamment travaillé au côté de Thierry Marx, période Cordeillan-Bages), Cyril Haberland a ouvert avec son épouse cet Atelier dans le centre de Périgueux. Déco moderne et ambiance conviviale : on s'y sent tout de suite à l'aise. Dans l'assiette, le chef met à l'honneur les produits et les producteurs du Sud-Ouest qu'il affectionne comme les champignons des bois de ses ramasseurs locaux, la truffe noire mélanosporum du Périgord, les escargots du pays. Il travaille ces produits dans une veine moderne et bien tournée : pain perdu de volaille de cent jours à l'ail rose, ris de veau laqué au citron, butternut confit, ananas , cédrat confit et biscuit noix de coco...

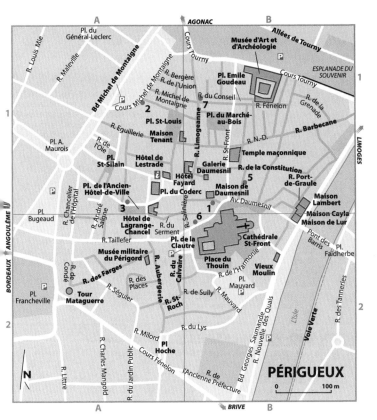

PÉRIGUEUX

0   100 m

吕 & 🄰🄺 🍴 – Prix : €€€

Plan : A1-2 – *2 rue Voltaire – ℰ 05 53 04 56 71 – www.restaurant-perigueux-atelier.com – Fermé lundi et dimanche*

CAFÉ LOUISE

ITALIENNE • **COSY** Sur une jolie place pavée où se tient la terrasse aux beaux jours, ce restaurant à l'allure de troquet chic offre tous les plaisirs d'une généreuse cuisine italienne : antipasti, mozzarella di buffala, charcuterie transalpine et pâtes sèches de choix, tagliatelles fraîches faites maison, tiramisu y sont associés au meilleur du terroir périgourdin comme la truffe, le magret ou le foie gras de canard.

& 🄰🄺 🍴 – Prix : €€

Plan : A1-3 – *10 place de l'Ancien-Hôtel-de-Ville – ℰ 05 53 08 93 85 – Fermé lundi, mardi et dimanche*

L'ÉPICURIEN

MODERNE • **HISTORIQUE** Tout le charme d'une vieille maison croquignolette, au cœur de Périgueux, pour une cuisine épicurienne signée Gilles Labbé. Des assiettes délicatement travaillées, une jolie inspiration légumière assortie de cuissons précises. Sur l'ardoise, de belles viandes d'Aubrac et de Salers maturées sur place pendant 6 semaines... ou comment allier finesse et gourmandise.

 🕭 AK 🛋 ✿ – Prix : €€

Plan : B1-7 – *1 rue du Conseil* – ✆ *05 53 09 88 04* – *www.lepicurien-restaurant. fr* – *Fermé mercredi et dimanche*

HERCULE POIREAU

MODERNE • TRADITIONNEL Au pied de la cathédrale Saint-Front et sous les voûtes de pierres blondes d'une salle périgourdine du 16ᵉ s., le célèbre détective mène l'enquête. Papilles en alerte, il a apprécié la cuisine sincère et dépoussiérée d'un terroir d'exception. Dans l'assiette, nul besoin de porter plainte à propos de la terrine de foie gras mi-cuit et gelée aux fruits de la passion ou du magret de canard poêlés et poires pochées au vin rouge qui sont redoutablement gourmands !

AK – Prix : €€

Plan : B1-5 – *2 rue de la Nation* – ✆ *05 53 08 90 76* – *www.restaurant-perigueux-hercule-poireau.fr* – *Fermé mardi et mercredi*

LA TAULA

RÉGIONALE • TRADITIONNEL À la Taula (prononcez taola qui signifie "table" en occitan), Christine Maurence nous concocte une cuisine familiale et sans chichi. Parmi ses spécialités, le rognon de veau cuit entier a la graine de moutarde , le cou de canard farci maison et le foie gras mi-cuit sont incontournables. Voilà une adresse authentique, située juste à côté de la cathédrale, où l'on ne badine pas avec les traditions !

AK – Prix : €€

Plan : B2-6 – *3 rue Denfert-Rochereau* – ✆ *05 53 35 40 02* – *restaurantlataula-perigueux.com* – *Fermé mercredi et lundi midi*

PERNAND-VERGELESSES

✉ 21420 – Côte-d'Or – Carte régionale n° **5**–A3

🔅 **LE CHARLEMAGNE**

Chef : Laurent Peugeot

CRÉATIVE • CONTEMPORAIN Au cœur de ce vignoble dédié au corton-charle-magne, Laurent Peugeot régale ses convives dans un intérieur zen et contempo-rain, propice à la gourmandise. La cuisine, entre France et Japon, est parcourue d'associations surprenantes mais qui fonctionnent toujours. Des créations aty-piques, éminemment personnelles, basées sur le potager du restaurant (mais aussi ses ruches) et sur des produits issus des circuits courts et sélectionnés avec soin. Le tout s'accompagne d'une carte des vins magnifique – ce n'est pas un hasard, notre hôte est lui-même un connaisseur... et un producteur de vin.

🐝 ⬸ 🕭 AK ✿ 🅿 – Prix : €€€€

1 route des Vergelesses – ✆ *03 80 21 51 45* – *www.lecharlemagne.fr* – *Fermé mardi, mercredi, et lundi, jeudi et vendredi midi*

LA PERNELLE

✉ 50630 – Manche – Carte régionale n° **17**–A1

LE PANORAMIQUE

TRADITIONNELLE • CONTEMPORAIN À côté de l'église du village, sur une col-line surplombant la mer et l'île de Tatihou, un restaurant tenu par la même famille depuis... 1966. À l'origine bar, puis crêperie, c'est désormais un agréable restaurant gastronomique, où la cuisine met joliment en avant le terroir normand, au rythme des saisons !

⬸ 🕭 🛋 ✿ 🅿 – Prix : €€

1 village de l'Église – ✆ *02 33 54 13 79* – *www.le-panoramique.fr* – *Fermé lundi et mardi, et mercredi, jeudi et dimanche soir*

PERNES-LES-FONTAINES

✉ 84210 – Vaucluse – Carte régionale n° **25**–E1

AU FIL DU TEMPS

DU MARCHÉ • BISTRO Dans un quartier piétonnier, juste en face de la vieille église – transformée en centre culturel –, cette ancienne épicerie est devenue un charmant petit restaurant. On y privilégie l'agriculture raisonnée, au gré de plats bien troussés, inspirés du marché. Charmante terrasse, située au bord d'une vieille fontaine.

🖩 🍽 – Prix : €€

51 place Louis-Giraud – ℰ 04 90 30 09 48 – Fermé lundi, dimanche et du mardi au samedi à midi

PERPIGNAN

✉ 66000 – Pyrénées-Orientales – Carte régionale n° **21**–B3

✿ LA GALINETTE

Chef : Christophe Comes

CRÉATIVE • DESIGN Une telle régularité fait toujours plaisir à voir – et à goûter. Étoilée depuis 2004, cette belle maison est le repaire de Christophe Comes, chef aux talents multiples. Locavore de la première heure, il élève dans son potager personnel (six hectares, qui dit mieux ?) les légumes et les fruits (agrumes et tomates, notamment) qui viendront rythmer sa cuisine. Mais il ne rechigne pas non plus à célébrer les poissons de la pêche locale ! Ajoutez à cela un excellent rapport qualité-prix, 33€ le menu complet à midi, vous obtenez une adresse qu'il ne faut manquer sous aucun prétexte...

🕸 ఉ 🖩 – Prix : €€€

Plan : A1-1 – *23 rue Jean-Payra – ℰ 04 68 35 00 90 – www.restaurant-galinette. com – Fermé lundi, mardi et dimanche*

😊 LE GARRIANE

MODERNE • SIMPLE "Garriane" pour Garry et Ariane... L'originalité est ici de mise ! Aux fourneaux, Garry, venu d'Australie, concocte une cuisine de saison ouverte sur le monde, dans laquelle le produit est roi. Midi et soir, dégustation autour d'un menu unique. Surtout, n'oubliez pas de réserver : la salle est toute petite...

🖩 – Prix : €€

Hors plan – *15 rue Valette – ℰ 04 68 67 07 44 – le-garriane-restaurant.eatbu.com – Fermé lundi, mardi, mercredi et dimanche, samedi midi, et jeudi soir*

LE 17

CRÉATIVE • CONVIVIAL Accolé à la cathédrale Saint-Jean-Baptiste, ce restaurant jouit d'une superbe cour pavée et ombragée, lovée contre l'église. Membre du collège culinaire de France, le chef, très à cheval sur les saisons, montre un goût certain pour la cuisine fusion et les saveurs exotiques. Il privilégie les poissons, et les produits locaux. Une adresse sympathique.

🍽 – Prix : €€

Plan : A2-5 – *1 rue Cité-Bartissol – ℰ 04 68 38 56 82 – Fermé dimanche et du lundi au mercredi soir*

LE DIVIL

VIANDES • CONVIVIAL Entre le Castillet et la préfecture, un spécialiste des belles viandes maturées : le client choisit sa pièce au détail (côte de bœuf, entrecôte, faux-filet), qui est en ensuite pesée, grillée et accompagnée de bonnes frites maison. 300 références de vins pour arroser le tout.

🕸 ఉ 🖩 – Prix : €€

Plan : A2-4 – *9 rue Fabriques-d'en-Nabot – ℰ 04 68 34 57 73 – www.restaurant-le-divil-66.com – Fermé dimanche*

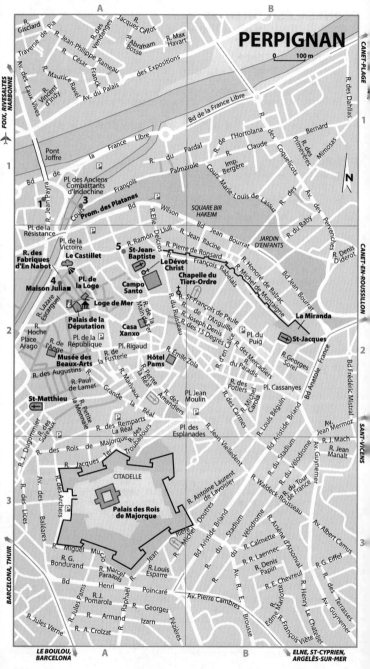

PERPIGNAN

0   100 m

FOIX, RIVESALTES
NARBONNE

R. Gisclard

Traverse de Pia

Av. des Eaux Vives

R. Jean-Philippe Rameau

R. César Franck

R. Maurice Ravel

R. Vincent d'Indy

R. des Vendanges

R. Jacques Callot

R. Abraham Bosse

R. Max Havart

des Expositions

CANET-EN-ROUSSILLON

R. des Dahlias

Bd de la France Libre

la France Libre

Pont Joffre

Bd

R. Jean Payra

Pl. des Anciens
Combattants
d'Indochine

Cours François

Prom. des Platanes

Bd

R. du Pardal

Palmarole

R. Elne

Wilson

R. de l'Hortolana

R. Claude

Imp. Bergère

Cours Marie-Louis de Lassus

SQUARE BIR
HAKEIM

Bd

Bernard

R. des Primevères

R. des Coquelicots

Mimosas

Av. des Pervenches

R. des

R. du Baby

N

1

Pl. de la
Résistance

Pl. de la
Victoire

Le Castillet

R. des
Fabriques
d'En Nabot

Maison Julia

Pl. de
la Loge

Loge de Mer

Palais de la
Députation

Casa
Xanxo

Musée des
Beaux-Arts

Pl. de la
République

R. Lazare Escarguel

R. de
l'Ange

Place
Arago

Hoche

R. des Augustins

R. Paul
de Lamet

St-Matthieu

R. des
Remparts
La Réal

R. J. Digommier

R. des
Sureaux

Av. des
Lices

R. des
Baléares

4

5

R. Ramón Llull

St-Jean-
Baptiste

D. Delcros

Le Dévot
Christ

R. Pierre de Ronsard

R. Jean Racine

François Rabelais

Chapelle du
Tiers-Ordre

Campo
Santo

R. de la Main de Fer

R. du Ruisseau

St-François de Paule

R. de
l'Anguille

R. Joseph Denis

R. des 15 Degrés

Hôtel
Pams

R. Émile Zola

Pl. Rigaud

R. de
la Fusterie

R. Marieux

R. Petite
la Réal

Grande

la Réal

R. des
Amandiers

Pl. Jean
Moulin

R. Petite
la Monnaie

Pl. des
Esplanades

R. Jean Vielledent

R. des
Rois de Majorque

R. Jacques 1er

R. des
Troubadours

CITADELLE

Palais des Rois
de Majorque

R. des Archers

R. Miguel

R. G.
Bondurand

MuCo

R. Marcel
Parazols

Jean

R. Louis
Esparre

Bd

Henri

R. Jules Pams

R. J.
Pomarola

Poincaré

R. R.
Armand

R. A. Croizat

R. Georges

Izarn

R. Jules Verne

JARDIN
D'ENFANTS

R. Honoré de Balzac

R. Michel de Montaigne

R. Denis
Diderot

Bd Jean Bourrat

La Miranda

St-Jacques

Pl. du
Puig

R. des Mercadiers

R. du Paradis

R. des
Potiers

R. Louis Béguin

R. St Michel
Carola

Pl. Cassanyes

R. Georges
Sorel

R. des
Carmes

Bd Anatole France

Bd Frédéric Mistral

Av.
Jean Mermoz

R. J. Mach

R. Jean
Manalt

Bd Aristide Briand

R. du Stadium

R. du Vélodrome

R. Antoine Laurent
de Lavoisier

Rière

Michel

Bd Aristide Briand

R. du
Stadium

R. Waldeck-Rousseau

Av. Guynemer

R. du Tour
de France

Vélodrome

Av. Arsène d'Asonval

R. Calmette

R. Laennec

R. Denis
Papin

R. E. Chevreul

Edme Mariotte R. François Viète

R. Henri Le Chatelier

Av. Guynemer

Av. Albert Camus

R. G. Eiffel

des Terrasses

Av. Pierre Cambres

Bd

R. Brousse

BARCELONA, THUIR

LE BOULOU,
BARCELONA

A

ELNE, ST-CYPRIEN,
ARGELÈS-SUR-MER

B

LA PASSERELLE

MODERNE • **ÉLÉGANT** Décor marin et mobilier moderne : ainsi va cette maison installée en bord de canal. À la criée, le chef déniche les bons poissons de la Méditerranée qu'il agrémente avec finesse dans ses assiettes, tandis que la patronne assure un service attentionné. Bon choix de vins de la région.

🔝 🛋 ↻ – Prix : €€€

Plan : A1-3 – *1 cours François-Palmarole – ℰ 04 68 51 30 65 – www.restaurant-lapasserelle.com – Fermé lundi, dimanche et mardi midi*

LE PERREUX-SUR-MARNE

✉ 94170 – Val-de-Marne – Carte régionale n° **15**–C2

LES MAGNOLIAS

CRÉATIVE • **ÉLÉGANT** Ces Magnolias se sont imposés en douceur auprès des gourmets du Perreux-sur-Marne. Le chef met un soin particulier dans la présentation de ses plats, goûteux et volontiers créatifs, à l'image de ce cabillaud mi-fumé à la sure de hêtre et artichauts en texture. Autour de lui, en cuisine et dans l'élégante salle, s'affaire une jeune équipe soucieuse de bien faire.

🔝 – Prix : €€€

48 avenue de Bry – ℰ 01 48 72 47 43 – www.lesmagnolias.com – Fermé lundi, dimanche et samedi midi

PERROS-GUIREC

✉ 22700 – Côtes-d'Armor – Carte régionale n° **7**–B1

☺ ### LA MAISON DE MARIE

DU MARCHÉ • **ÉPURÉ** Cette élégante maison en granit rose semble vibrer à l'unisson de la côte... Le chef a pour boussole les beaux produits de la région (Saint-Jacques des Côtes-d'Armor, huîtres de Lanmodez, etc.), qu'il agrémente dans le respect de la tradition et du marché - pour un menu qui ne cesse de changer en fonction de l'arrivage, au grand plaisir des nombreux habitués.

🕭 🔝 🅿 – Prix : €€

24 rue Gabriel-Vicaire – ℰ 02 96 49 05 96 – www.lamaisondemarie-laclarte.bzh – Fermé lundi et dimanche, et du mardi au samedi soir

LE BÉLOUGA

MODERNE • **CONTEMPORAIN** Cette table offre un panorama saisissant sur la côte et les sept îles. La cuisine est subtile et soignée, construite autour de produits de qualité ; les recettes se teintent parfois d'une pointe d'exotisme – le chef est originaire de la Réunion –, comme sur ce lieu jaune de petit bateau cuit juste nacré, patate douce texturée et émulsion aux saveurs de mon dernier voyage.

≼ 🕭 🕭 🔝 🅿 – Prix : €€€

12 rue des Bons Enfants – ℰ 02 96 49 01 10 – www.lagapa.com – Fermé lundi et dimanche

LE MANOIR DU SPHINX

TRADITIONNELLE • **TRADITIONNEL** De la salle à manger de cette maison, élégante et feutrée, on surplombe le jardin et la côte rocheuse. Depuis les deux vérandas, on jouit d'une vue panoramique, notamment sur l'archipel des Sept-Îles. Des plats privilégiant les produits locaux et une cuisine terre/mer traditionnelle.

≼ 🕭 🕭 ↻ 🅿 – Prix : €€

67 chemin de la Messe – ℰ 02 96 23 25 42 – www.lemanoirdusphinx.bzh – Fermé lundi, et mercredi et vendredi à midi

LE PETIT-PRESSIGNY

✉ 37350 – Indre-et-Loire – Carte régionale n° **8**–B3

❀ **LA PROMENADE**

Chef : Fabrice Dallais

MODERNE • ÉLÉGANT C'est une "promenade", certes, mais aussi une véritable aubaine que cette auberge de famille en pleine campagne ! Derrière les fourneaux, Fabrice, le fils du fameux Jacky parti à la retraite, joue une partition aux notes actuelles, à la fois savoureuse et festive, fortement enracinée dans le terroir local. Poulette et pigeon de Racan, géline de Touraine, gibier en saison, légumes de maraichers bio, brochet et produits nobles de l'Océan : que du bon, y compris les nombreux abats qu'on n'hésite pas ici à mettre régulièrement à la carte ! À déguster dans un cadre contemporain de belle facture. Une des meilleures tables de la région et l'une des meilleures cartes de vins en France, tant dans son choix que dans la douceur des tarifs.

❀ ㅑ 🄼 – Prix : €€€

11 rue du Savoureulx – ✆ 02 47 94 93 52 – www.restaurantdallaislapromenade. com – Fermé lundi et mardi, et dimanche soir

LA PETITE-PIERRE

✉ 67290 – Bas-Rhin – Carte régionale n° **10**–A1

AU GRÈS DU MARCHÉ

TRADITIONNELLE • CONVIVIAL Dans la partie ancienne du village, ce restaurant cosy vous réserve un accueil des plus sympathiques ! Le chef propose une cuisine traditionnelle à base de produits de saison et de viandes d'une fraîcheur remarquable, à l'image de cette biche de chasse locale travaillée en civet et en basse température accompagnée de cèpes et spaetzle. Il s'autorise aussi des plats plus dans l'air du temps, comme ce tataki de canard et sa salade de choucroute.

🄼 – Prix : €€

19 rue du Château – ✆ 03 88 70 78 95 – www.augresdumarche.fr – Fermé du lundi au mercredi, du jeudi au samedi à midi, et dimanche soir

LE PETIT-QUEVILLY

✉ 76140 – Seine-Maritime – Carte régionale n° **17**–D2

LES CAPUCINES

TRADITIONNELLE • CONTEMPORAIN Une maison rouennaise dans laquelle la famille Demoget cultive l'art de recevoir depuis trois générations ! Ici, on sert une cuisine traditionnelle et généreuse (épais filet de bœuf bien tendre et pommes Anna), parsemée de quelques touches de modernité comme l'émulsion de betterave bien onctueuse et le tataki de bœuf. Accueil très agréable.

ㅑ 🄼 🄼 ⇔ 🅿 – Prix : €€

16 rue Jean-Macé – ✆ 02 35 72 62 34 – www.les-capucines.fr – Fermé lundi et dimanche

PÉZENAS

✉ 34120 – Hérault – Carte régionale n° **21**–C2

❀ **RESTAURANT DE LAUZUN**

Chef : Matthieu De Lauzun

MODERNE • CONTEMPORAIN Pézenas n'est pas seulement la ville de Boby Lapointe : c'est désormais aussi celle de Matthieu De Lauzun. Installée au sein du domaine viticole, cette adresse permet au jeune chef de déployer tout son talent. Le beau cadre contemporain, de pierre, de bois et de cuivre, se révèle l'écrin idéal pour accueillir sa cuisine du sud, fine et savoureuse, à l'instar de la pastilla de volaille dans un cannelloni de betterave (sa spécialité), ou de ce superbe agneau en trois cuissons, dans l'esprit d'un tajine. Carte de vins étoffée. On se régale, avant une promenade dans le joli village, et une visite de l'A-Musée Boby Lapointe, dédié à l'enfant du pays.

🕸 🖘 🛏 ♿ 🅰🅒 🛱 ⇔ 🅿 – Prix : €€€

Route de Nizas – ☏ 04 99 47 63 91 – www.restaurant-delauzun.com – Fermé lundi et dimanche

LE PRÉ SAINT JEAN

MODERNE • BISTRO La devanture en Corten – un acier à l'aspect de rouille – s'inscrit dans une belle façade en pierre, sur le boulevard circulaire de la ville. En cuisine, beau-père et gendre réalisent une cuisine inspirée, goûteuse et gourmande, sur laquelle viennent se greffer quelques plats bistrotiers. Une réussite !

🕸 🅰🅒 🛱 – Prix : €€

18 avenue Maréchal-Leclerc – ☏ 04 67 98 15 31 – restaurant-leprestjean.fr – Fermé lundi, et jeudi et dimanche soir

L'ENTRE POTS

MODERNE • TENDANCE Voilà un jeu de mots justifié pour cet ancien entrepôt de vins dédié aux plaisirs du palais ! En cuisine, le chef mêle saveurs du terroir et touches créatives. En salle, les gourmands s'installent dans un cadre chaleureux à la lumière tamisée ou sur la terrasse aux beaux jours. Belle sélection de crus régionaux (mais pas uniquement). Le tout à prix doux.

🕸 🅰🅒 🛱 – Prix : €€

8 avenue Louis-Montagne – ☏ 04 67 90 00 00 – www.restaurantentrepots.com – Fermé lundi et dimanche

PEZENS

✉ 11170 – Aude – Carte régionale n° **21**-B2

L'AMBROSIA

MODERNE • ÉLÉGANT Sur la route de Toulouse, faites une étape dans cette maison moderne : la cuisine du chef se révèle soignée, cohérente et bien dans l'air du temps, d'autant qu'il s'appuie sur des produits de qualité. Ses pêchers mignons ? Foie gras, thon et soufflé au Grand Marnier. Original : réservez une table pour quatre personnes dans la cave réfrigérée située dans la salle à manger.

🛏 🅰🅒 🛱 🅿 – Prix : €€

Carrefour la Madeleine, sur D 6113 – ☏ 04 68 24 92 53 – www.ambrosia-pezens. com – Fermé lundi et mardi, et dimanche soir

PFAFFENHOFFEN

✉ 67350 – Bas-Rhin – Carte régionale n° **10**-B1

À L'AGNEAU

TRADITIONNELLE • AUBERGE Dans cette auberge alsacienne datant de 1769, la restauration est une affaire de famille depuis sept générations. Les deux sœurs à la tête de l'établissement servent une cuisine traditionnelle attentive aux saisons, parsemée de touches de modernité (on recommande la souris d'agneau confite pendant trois nuits, accompagnée d'un boulgour aux raisins secs et parfumé à la coriandre).

🛏 🅰🅒 🛱 – Prix : €€

3 rue de Saverne – ☏ 03 88 07 72 38 – www.hotel-restaurant-delagneau.com – Fermé lundi et mardi, et mercredi et jeudi soir

PFULGRIESHEIM

✉ 67370 – Bas-Rhin – Carte régionale n° **10**–B1

BÜRESTUBEL

ALSACIENNE • AUBERGE Cette ferme à colombages respire l'Alsace ! Joli décor régional et spécialités (très) locales : flammekueche, lewerknepfle, sirops et sorbets réalisés avec les fruits du verger... Ici, on aime la simplicité et le travail bien fait. Une adresse sûre.

&. 🛋 ✿ **P** – Prix : €€

Plan : A1-2 – *8 rue de Lampertheim –* 🕿 *03 88 20 01 92 – www.burestubel.fr – Fermé lundi et dimanche, et jeudi soir*

PHALSBOURG

✉ 57370 – Moselle – Carte régionale n° **12**–D2

LA TABLE DE L'AN 2 🟢

MODERNE • ÉLÉGANT Véritable institution locale, ce restaurant accueille ses hôtes sous la houlette de Philippe Jégo, MOF et ancien étoilé. Un chef qui a du métier, comme le prouvent son saumon Gravelax et asperges vertes, jaune d'œuf confit ou son bar cuit sur peau, lasagne de champignons, émulsion de foie gras de canard à la truffe. Un menu gastronomique et un menu bistronomique sont proposés dans une même salle à la belle charpente apparente, murs en pierre et tomettes.

&. 🖾 🛋 **P** – Prix : €€€

1 rue de Saverne – 🕿 *03 72 60 02 66 – www.lan2-delices.fr – Fermé mardi et mercredi*

PIGNA – Haute-Corse (2B) ➜ Voir Corse

LE PIN-AU-HARAS

✉ 61310 – Orne – Carte régionale n° **17**–C2

🙂 LA TÊTE AU LOUP

TRADITIONNELLE • AUBERGE La faim chasse le loup du bois... Si l'animal peuplait encore la région, on pourrait le pister – à pas de loup – pour découvrir cette auberge traditionnelle, voisine du célèbre haras du Pin. En vieux loup de mer, le chef concocte de bonnes terrines maison et autres spécialités de poissons... Que du bon !

🚲 🛋 **P** – Prix : €€

Lieu-dit la Tête-au-Loup – 🕿 *02 33 35 57 69 – www.lateteauloup.fr – Fermé lundi et mardi, et dimanche soir*

LE PIN-LA-GARENNE

✉ 61400 – Orne – Carte régionale n° **17**–C3

🙂 LA CROIX D'OR

TRADITIONNELLE • AUBERGE Une auberge accueillante comme une maison de famille... La demeure appartenait déjà à l'arrière-grand-mère du chef ! Après avoir fait ses classes dans de grands établissements, il est revenu au pays avec son épouse – originaire du Sud-Ouest comme l'indique son accent chantant – ; ensemble, ils ont créé un véritable repaire gourmand. La tradition a du bon !

🛋 ✿ **P** – Prix : €€

6 rue de la Herse – 🕿 *02 33 83 80 33 – lacroixdor.free.fr – Fermé mardi et mercredi, et lundi soir*

PINSAGUEL

✉ 31120 – Haute-Garonne – Carte régionale n° **22**–B2

LE GENTIANE

TRADITIONNELLE • SIMPLE Entre autres vertus, la gentiane est connue pour stimuler l'appétit... Comme cet endroit ! Nicolas Bachon, le fils de la famille, prend progressivement ses marques : à quatre mains avec son père, il décline des plats de tradition modernisés dans la forme, à l'image de cette belle caille désossée et farcie au foie gras... Miam.

&. 🅰 🍴 ⇔ 🅿 – Prix : €€

7 rue du Cagire – ☎ 05 62 20 55 00 – www.legentiane.fr – Fermé lundi et mardi, et dimanche soir

PIRÉ-CHANCÉ

✉ 35150 – Ille-et-Vilaine – Carte régionale n° **7**–D2

✿ LA TABLE DES PÈRES - DOMAINE DU CHÂTEAU DES PÈRES ⓝ

CRÉATIVE • DESIGN Au sein de ce vaste domaine, l'étonnement est à son comble : un château classique du 18ᵉ s., un château d'eau du 19ᵉ s., des œuvres d'art, un hôtel composé de bulles futuristes accrochées à une structure métallique et, enfin, ce restaurant circulaire en forme d'ovni au toit végétalisé posé au cœur d'un potager. Le chef Jérôme Jouadé y exerce son art avec une vraie sensibilité à la nature et au végétal. Il profite aussi d'une serre, d'un enclos à escargots, d'un verger et pratique lui-même la cueillette sauvage. Saint-pierre en gravlax et légumes ; cochon fermier et son délicieux jus aux noix ; thon de Saint-Brieuc en tataki et cocos de Paimpol : ses recettes inspirées du marché visent dans le mille. Belle carte des vins majoritairement bio ou en biodynamie.

🏵 ⇦ ⇆ 🖼 &. 🅿 – Prix : €€€

Route de Boistrudan – ☎ 02 23 08 00 08 – www.chateaudesperes.fr – Fermé lundi et mardi, et dimanche soir

LA PLAGNE-TARENTAISE

✉ 73210 – Savoie

🛏 ARAUCARIA   *Plus*

DESIGN MODERNE Au pied des pistes, cet établissement se révèle moderne et cosy, adapté à une clientèle jeune et connectée. Agréable spa, espace bien-être et piscine, complétée d'un bassin pour les enfants en bas âge. Sans oublier la table de jeux, le baby-foot, une scène pour les concerts... Un hôtel qui ne manque pas d'arguments !

🅿 ⇦ 🛁 🆂🅿🅰 🛐 🅰 �🅾 - 84 chambres – Prix : €€

D221 – ☎ 04 58 24 11 11

LA PLAINE-SUR-MER

✉ 44770 – Loire-Atlantique – Carte régionale n° **23**–A2

✿✿ ANNE DE BRETAGNE

Chef : Mathieu Guibert

CRÉATIVE • ÉLÉGANT Sur la rive sud de l'estuaire de la Loire, cette grande maison contemporaine fait face au petit port de Gravette. Aux fourneaux, Mathieu Guibert, un chef talentueux natif du pays de Retz et fils d'agriculteur, a su tisser des liens solides et respectueux des valeurs humaines avec des producteurs de la région aussi passionnés que lui. Sans surprise, les produits de la mer tiennent ici les premiers rôles. Au gré de la pêche du jour, merlan de petit bateau accompagné de coques gorgées d'iode ; lieu jaune délicatement confit et sa sauce cresson ; risotto "vialone nano" cuisiné à l'anguille fumée, langoustines bretonnes en épais carpaccio et émulsion au parmesan (le plat signature !). Service impeccable et souriant orchestré par Claire Bâcle. Un très beau moment !

🛏 ⇦ ⇐ ⟨⇧🐾⟩ ⇧ 🅿 – Prix : €€€€

Port de Gravette – ☏ 02 40 21 54 72 – www.annedebretagne.com – Fermé lundi et dimanche

🛏   **ANNE DE BRETAGNE**   *Plus*

DESIGN MODERNE Une grande bâtisse contemporaine, toute blanche, posée sur une dune. À l'horizon : le petit port de la Gravette et... rien que la mer ! Idéal pour une escale marine rassérénante, d'autant que le décor – au design épuré – repose les sens...

🅿 ⟲ ⫿ 🐾 🚲 ⤢ ⁑ – 20 chambres – Prix : €€

163 boulevard de la Tara – ☏ 02 40 21 54 72

✿✿ **Anne de Bretagne** - Voir la sélection des restaurants

PLAISIANS

✉ 26170 – Drôme – Carte régionale n° **2**-B3

AUBERGE DE LA CLUE

TRADITIONNELLE • AUBERGE En montant vers ce village montagnard, arrêtez-vous devant la jolie Clue, goulet d'étranglement où les cours d'eau s'emballent. On vient de loin pour savourer cette cuisine du terroir face au mont Ventoux : caillette aux herbes, pieds et paquets, terrine de fromage de tête... Attention : de novembre à mars, l'auberge n'ouvre que les weekends.

⇐ 🆔 🍴 🅿 ⤢ – Prix : €

Place de l'Église – ☏ 04 75 28 01 17 – Fermé lundi et dimanche soir

PLAISIR

✉ 78370 – Yvelines – Carte régionale n° **15**-B2

LA MAISON DES BOIS

TRADITIONNELLE • AUBERGE Dans la même famille depuis 1926, cette auberge typique, couverte de vigne vierge, arbore toujours son toit de chaume, au terme d'une jolie rénovation. Même esprit à la carte, avec des recettes traditionnelles et des suggestions du marché. Terrasse ombragée sous un vieux platane.

🐾🍴 🅿 – Prix : €€

1467 avenue d'Armorique, Sainte-Apolline – ☏ 01 30 54 23 17 – lamaisondesbois. fr – Fermé mardi et mercredi, et dimanche soir

PLAPPEVILLE

✉ 57050 – Moselle – Carte régionale n° **12**-B1

EMOTIONS

MODERNE • CONTEMPORAIN Au cœur du village, cette ancienne maison de vigneron a été transformée en un restaurant (ex la Vigne d'Adam) à la déco épurée qui marie bois, tissus et matériaux naturels. La cuisine épouse les saisons pour des noces gastronomiques aux invités prestigieux : lièvre à la royale à l'automne, menu truffe en hiver, asperges au printemps et homard en été ! Plus de 400 références de vins.

🛏 🍴 – Prix : €€€

50 rue du Général-de-Gaulle – ☏ 03 87 30 36 68 – restaurant-emotions.fr – Fermé lundi, dimanche et mardi midi

PLÉHÉDEL

⊠ 22290 – Côtes-d'Armor – Carte régionale n° **7**–B1

MATHIEU KERGOURLAY - CHÂTEAU DE BOISGELIN

MODERNE • ÉLÉGANT Après cinq années passées au Manoir de Lan Kerellec, le chef Mathieu Kergourlay a investi – et modernisé – ce petit château non loin de la mer. Dans l'assiette, produits de qualité, dressages soignés, et jolies surprises, comme ces filets de caille laqués d'une délicieuse réduction de canard aux épices.

 – Prix : €€

Domaine de Boisgelin – 𝒞 *02 96 22 37 67 – www.mathieu-kergourlay.com – Fermé mardi et mercredi*

 ### HÔTEL DE BOISGELIN   *Plus*

CLASSIQUE CONTEMPORAIN Entrez dans le tableau : un château du 15ᵉ s. avec sa tour d'angle, entouré d'un domaine de 400 ha (avec un golf), des touches anciennes dans la décoration des chambres (robinetterie rétro, meubles de style Directoire, scènes de chasse au mur)... Bref, du cachet !

🅿 ⅏ 🛏 ⅏ - 14 chambres – Prix : €

Domaine de Boisgelin – 𝒞 *02 96 22 37 67*

Mathieu Kergourlay - Château de Boisgelin - Voir la sélection des restaurants

PLÉNEUF-VAL-ANDRÉ

⊠ 22370 – Côtes-d'Armor – Carte régionale n° **7**–C1

⊛ LE BINIOU

TRADITIONNELLE • CONTEMPORAIN Le chef puise son inspiration dans la Bretagne à l'image de son velouté aux cocos de Paimpol et aux champignons. Mais il n'est pas fermé à d'autres influences, comme en témoigne son foie gras poêlé, bouillon de betterave et anguille fumée. Une cuisine soignée, un service souriant, une addition digeste et une adresse située à quelques encâblures de la plage. Chantez biniou !

Prix : €€

121 rue Clemenceau – 𝒞 *02 96 72 24 35 – restaurant-lebiniou.fr – Fermé du lundi au mercredi*

PLÉRIN

⊠ 22190 – Côtes-d'Armor – Carte régionale n° **7**–C2

❀ LA VIEILLE TOUR

Chef : Nicolas Adam

MODERNE • CONTEMPORAIN Le cadre contemporain, jouant sur la lumière et les matières (verre, wengé...), est en adéquation avec les saveurs fines et iodées de cette maison de pays, située face au chenal. Le cadre intime se prête à la dégustation de produits de qualité, aux cuissons justes. Le chef Nicolas Adam ne se contente pas de titiller les saveurs : il est aussi le créateur épanoui d'une boulangerie, et du festival Rock'n Toques qui propose, une fois l'an et en musique, de la street food de qualité. Jolie cave vitrée, riche de 350 références.

🕸 🅰🅲 ⅏ – Prix : €€€

75 rue de la Tour – 𝒞 *02 96 33 10 30 – www.la-vieille-tour.com – Fermé lundi, dimanche et samedi midi*

PLESCOP

✉ 56890 – Morbihan – Carte régionale n° **7**–A3

LÀ DN

DU MARCHÉ • COLORÉ Que cette zone commerciale ne vous empêche pas de réserver chez ce couple au patrimoine génétique professionnel irréprochable ! Vous goûterez un joli brin de menu dans l'esprit cuisine du marché plutôt bien tournée (y compris un pain au levain maison très bon). L'offre change toutes les semaines. Décor rustico-chic.

 🦽 🅰🅲 🍴 ⇄ 🅿 – Prix : €€

11 rue Blaise-Pascal – ℰ 02 97 13 74 73 – www.restaurant-ladn.bzh – Fermé samedi et dimanche, et du lundi au vendredi soir

PLEUDIHEN-SUR-RANCE

✉ 22690 – Côtes-d'Armor – Carte régionale n° **7**–C2

L'OSMOSE

MODERNE • CONVIVIAL Quand les huîtres rencontrent le yuzu, les oignons roses le macis, le chou-fleur le curcuma, le ris de veau les ormeaux, le magret de canard le miel et le soja... l'assiette célèbre alors l'osmose de la Bretagne et des saveurs venues d'ailleurs - à déguster dans une petite salle chaleureuse habillée de lattes de bois brut, de pierres du pays et d'une cheminée qui abrite désormais les armoires à vins.

Prix : €

7 place de l'Église – ℰ 02 96 83 38 75 – www.restaurant-losmose.com – Fermé mercredi et jeudi

PLOEMEUR

✉ 56270 – Morbihan – Carte régionale n° **7**–B2

LE VIVIER

POISSONS ET FRUITS DE MER • ÉPURÉ Dans cet établissement posé face au large, la cuisine est évidemment vouée à Neptune : les pieds presque dans l'eau, avec en toile de fond l'île de Groix, on fait le plein d'iode avec de beaux produits de la mer, servis par une cuisine ponctuée de quelques touches de modernité.

 ⇐ 🦽 ⇄ 🅿 – Prix : €€

9 rue de Beg-Er-Vir, Lomener – ℰ 02 97 82 99 60 – www.levivier-lomener.com – Fermé dimanche soir

PLOMODIERN

✉ 29550 – Finistère – Carte régionale n° **7**–A2

✿✿ L'AUBERGE DES GLAZICKS

Chef : Olivier Bellin

CRÉATIVE • ÉLÉGANT Cette ancienne maréchalerie, transformée en ferme-auberge par la grand-mère du chef, attirait autrefois ouvriers et habitants du coin, autour de menus simples et revigorants – soupe, bouchée à la reine, gigot d'agneau... C'est sous l'impulsion d'Olivier Bellin, de retour au pays en 1998, que l'Auberge familiale accomplit sa mue : inventif et touche-à-tout, le chef y est devenu lui-même, affirmant une personnalité culinaire de plus en plus forte. Il travaille avec un extraordinaire réseau de petits producteurs du Finistère, sélectionnés avec soin - sur chaque table, une carte recense l'origine de tous les ingrédients et l'identité de chaque producteur. Dans l'assiette, il marie la mer et la terre avec un naturel confondant : pomme de terre soufflée farcie au jus d'huître ; langoustine et pied de cochon ; tortellini de fromage et œufs de truite.

⅋ ⇔ ⌂ ఉ ✿ – Prix : €€€€

7 rue de la Plage – ℰ 02 98 81 52 32 – www.aubergedesglazick.com –
Fermé lundi, mardi, mercredi midi et dimanche soir

PLONÉVEZ-PORZAY

✉ 29550 – Finistère – Carte régionale n° **7**–A2

LA PLAGE

POISSONS ET FRUITS DE MER • **ÉLÉGANT** Depuis 1924, cette table domine la plage et le va-et-vient des marées. Le cadre est idyllique et la cuisine met à l'honneur de beaux produits, en particulier de la mer : exemple, ce tronçon de barbue, déclinaison de carottes d'antan, menthe, cromesquis de couteaux et beurre d'agrumes...

⌁ ⌂ 🅰🅒 🅿 – Prix : €€€

Lieu-dit Sainte-Anne-la-Palud – ℰ 02 98 92 50 12 – www.plage.com/fr

 ## HÔTEL DE LA PLAGE   *Plus*

DESIGN MODERNE Un emplacement superbe, directement sur la plage, au pied de la chapelle ! Les chambres, cossues comme toute la demeure, donnent sur la baie ou sur le jardin fleuri. Mobilier de famille, antiquités, esprit contemporain... Comment mieux profiter de la plage ?

🅿 ⌁ ⌁ ⌂ ⌁ 🎐 ⅋ - 19 chambres – Prix : €€

Sainte-Anne la Palud – ℰ 02 98 92 50 12

La Plage - Voir la sélection des restaurants

PLOUBALAY

✉ 22650 – Côtes-d'Armor – Carte régionale n° **7**–C1

🌣 LA GARE

TRADITIONNELLE • **TRADITIONNEL** Si vous parcourez les stations de la Côte d'Émeraude, faites donc un arrêt dans cette Gare gourmande ! À travers une cuisine personnelle et savoureuse, Thomas Mureau joue sans excès avec la tradition régionale, la mer et la terre bretonnes. Évidemment, les menus s'adaptent aux opportunités du marché... qualité oblige.

ఉ ⌗ ✿ – Prix : €€

4 rue des Ormelets, à Beaussais-sur-Mer – ℰ 02 96 27 25 16 – www.restaurant-la-gare-ploubalay.com – Fermé mercredi, et lundi, mardi et dimanche soir

PLOUFRAGAN

✉ 22440 – Côtes-d'Armor – Carte régionale n° **7**–C2

LE BRÉZOUNE

MODERNE • **CONTEMPORAIN** Un jeune couple formé à bonne école a repris cette adresse où l'on cuisine de manière plutôt traditionnelle : si les pierres et poutres demeurent, la déco a pris un virage contemporain. Au déjeuner, la clientèle d'affaire se jette sur le menu du jour sans choix. Le week-end, l'offre du dîner s'étoffe.

ఉ ⌗ 🅿 – Prix : €€

15 rue de la Poste – ℰ 02 96 01 59 37 – www.lebrezoune.fr – Fermé lundi, samedi midi, et mardi, mercredi, jeudi et dimanche soir

PLOUGASNOU

✉ 29630 – Finistère – Carte régionale n° **7**–B1

🙂 LA MAISON DE KERDIÈS

TRADITIONNELLE • ÉPURÉ Cette maison de la pointe du Trégor fut à l'origine un sémaphore, avant d'être transformée en colonie de vacances, puis en restaurant. De la salle, on profite d'une vue panoramique sur la baie de Morlaix... Mais on se recentre vite sur l'assiette qui balance entre plats régionaux (pêche du jour accompagnée de far noir) et cuisine plus traditionnelle (ballotine de volaille aux champignons).

≼ 👪 ⅙ ⊕ **P** – Prix : €

5 route de Perherel - à Saint-Samson – ℰ 02 98 72 40 66 – maisonkerdies. com – Fermé lundi

PLOUGONVELIN

✉ 29217 – Finistère – Carte régionale n° **7**–A2

✿ HOSTELLERIE DE LA POINTE ST-MATHIEU

Cheffe : Nolwenn Corre

MODERNE • ÉLÉGANT Attention, belle surprise à l'Ouest ! À Plougonvelin, Nolwenn Corre a repris les fourneaux de cette Hostellerie ouverte en 1954 par ses grands-parents, et reprise en 1988 par ses parents. Une affaire de famille, donc, qui a évolué tout en gardant son esprit originel : vieilles pierres, cheminée monumentale d'une part, mobilier franchement contemporain de l'autre. La jeune cheffe se montre tout à fait à son aise en cuisine, et surtout très déterminée. Ses assiettes doivent autant à son tour de main qu'aux bons produits 100% locaux qu'elle utilise : langoustines du Guilvinec, Saint-Jacques de la rade de Brest, poissons du Conquet, légumes d'un agriculteur voisin...

🐝 ⅙ – Prix : €€€

7 place Saint-Tanguy – ℰ 02 98 89 00 19 – www.pointe-saint-mathieu.com – Fermé lundi et mardi

🙂 BISTROT 1954

MODERNE • CONTEMPORAIN Face au décor grandiose de la Pointe Saint-Mathieu, ce bistrot met l'eau à la bouche : terrasse au grand air marin, décor contemporain qui marie le bois brut et le mobilier en rotin, et assiettes de la cheffe qui mitonne essentiellement la Bretagne des produits frais avec un vrai soin : coquillages, poissons, farz noir, algues...

≼ ⅙ 🍴 – Prix : €

7 place Saint-Tanguy – ℰ 02 29 00 03 28 – www.pointe-saint-mathieu.com

🛏 HOSTELLERIE DE LA POINTE ST-MATHIEU   *Plus*

DESIGN MODERNE Phare, sémaphores, vestiges d'abbaye... Pas de doute, c'est bien la pointe ouest de la Bretagne, et ses paysages de tempête. Heureusement, cette maison de pays élégante et contemporaine, tout en teintes douces, est un refuge de choix !

P ◔ ⟁ ⌁ 🌐 ♨ ⅋ – 33 chambres – Prix : €€€

7 place Saint-Mathieu – ℰ 02 98 89 00 19

✿ **Hostellerie de la Pointe St-Mathieu** • 🙂 **Bistrot 1954** - Voir la sélection des restaurants

PLOUGUERNEAU

✉ 29880 – Finistère – Carte régionale n° **7**–A1

À LA MAISON

MODERNE • SIMPLE Ici, on réalise une cuisine bistrotière de bel aloi, mettant en avant les produits de la région. Le chef affectionne travailler les plats en déclinaison, comme le cochon ou l'agneau. Parmi les spécialités maison : le boudin noir, l'œuf parfait, et l'andouille de Guéméné. Le petit restaurant ne paie pas de mine mais dispose d'une agréable terrasse sur l'arrière. Une adresse attachante.

&. 🏡 – Prix : €€

21 place de l'Europe – ☏ 02 98 01 76 21 – Fermé mercredi et jeudi, et lundi, mardi et dimanche soir

CASTEL AC'H Ⓝ

POISSONS ET FRUITS DE MER • ÉPURÉ Il y a des lieux bretons magiques et la région des Abers en est un ! À quelques encablures des phares de l'île Vierge et de celui de l'île de Wrac'h, cette grande maison au style néo-breton profite donc d'un emplacement remarquable, face à la charmante plage de Lilia. Dans l'assiette, une cuisine d'inspiration régionale avec de bons produits "terre et mer" ; le midi, menu du jour à prix sage. Au dîner, les deux menus et la carte jouent le registre bistronomie bretonnisante (huîtres, ormeaux, pêche du jour, légumes du potager, algues, sarrasin...). Grande salle à manger épurée aux murs blancs et terrasse...

∈&.🏡 ⊕ 🅿 – Prix : €€

Plage de Lilia – ☏ 02 98 37 16 16 – www.castelach.fr

PLOUIDER

✉ 29260 – Finistère – Carte régionale n° **7**–A1

✿ LA TABLE DE LA BUTTE

Chef : Nicolas Conraux

MODERNE • ÉLÉGANT Nicolas et Solenne Conraux sont la troisième génération de cet hôtel-restaurant. En cuisine, Nicolas garde un œil sur la mer et la baie de Goulven, qu'on aperçoit en contrebas, et l'autre sur la campagne bretonne. Huîtres, homard, cochon, ormeaux mais aussi algues, légumes et même le patrimoine fromager armoricain dessinent la carte de son Finistère gourmand. Chaque plat, ou presque, navigue entre mer et campagne à l'image de de ce pigeon des Monts d'Arrée, échalotes blondies, sauge et jus de volaille. Le pain (fabriqué dans la propre boulangerie du chef) est un délice, comme les différents beurres made in Bretagne (aux algues, cristaux de sel...). La Butte, un sommet de gourmandise !

✿ **L'engagement du chef :** Travailler avec la conscience de la nature, c'est être en vérité avec moi-même. A la Butte, nous avons un potager en permaculture, une serre bioclimatique et des ruches. Nous mettons en valeur nos producteurs (pêcheurs, maraîchers, éleveurs) et nos artisans locaux (assiettes en bois de récupération, verres fabriqués à base de coquilles d'ormeaux, uniformes en lin et coton bio) et nous sensibilisons nos équipes à l'éco-responsabilité.

🔁 ∈ 🍴 &. 🅿 – Prix : €€€€

12 rue de la Mer – ☏ 02 98 25 40 54 – www.labutte.fr – Fermé lundi, mardi et du mercredi au vendredi à midi

😊 LE COMPTOIR DE LA BUTTE

TRADITIONNELLE • CONTEMPORAIN L'annexe de la table gastronomique vaut aussi son pesant de gourmandise. Le cadre moderne, avec cuisine ouverte et boutique, met en appétit ; confirmation ensuite dans l'assiette avec une cuisine de tradition généreuse bien ancrée dans le Finistère, déclinée dans une formule efficace.

🍴 &. 🅿 – Prix : €

12 rue de la Mer – ☏ 02 98 25 40 54 – labutte.fr

LA BUTTE *Plus*

DESIGN MODERNE Une saga familiale débutée en 1952... et qui a les atouts pour durer. Les chambres, contemporaines et épurées, donnent toutes sur la mer, un spa est à disposition, et le petit-déjeuner se révèle excellent. Une maison idéale pour se ressourcer au grand air...

🅿 ◁ ⊼ ⊕ ⋒ ♨ ⚙ ⫙ - 33 chambres – Prix : €€€

12 rue de la Mer – ☏ 02 98 25 40 54

❀ **La Table de La Butte** • ⊕ **Le Comptoir de La Butte** - Voir la sélection des restaurants

PLOUMANACH

✉ 22700 – Côtes-d'Armor – Carte régionale n° **7**–B1

LA TABLE DE MON PÈRE - CASTEL BEAU SITE

MODERNE • CONTEMPORAIN Profiter, sur la plage de St-Guirec, des dernières lueurs du couchant, bien au chaud dans une salle design, en dégustant un menu dédié à un produit de saison (Saint-Jacques, homard, etc.)... Une cuisine au goût du jour, présentée avec soin, où l'on sent du sérieux et de l'application.

≼ ♿ 🅿 – Prix : €€€

Plage de Saint-Guirec – ☏ 02 96 91 40 87 – www.castelbeausite.com – Fermé les midis

LE POËT-LAVAL

✉ 26160 – Drôme – Carte régionale n° **2**–B3

LES HOSPITALIERS

MODERNE • CLASSIQUE Envie de déguster des ravioles du Dauphiné au beurre blanc ou un carré d'agneau laqué à la confiture d'olives de Nyons, le tout au pied de la Commanderie de l'ordre de Malte ? Direction les Hospitaliers ! L'immense terrasse, sur les toits, offre une vue à 360 degrés. L'assiette a du goût et de l'allure : une adresse charmante.

≼ ⟨🖶 🖻 – Prix : €€

Vieux village – ☏ 04 75 46 22 32 – www.hotel-les-hospitaliers.com/fr – Fermé lundi et mardi

POISSON

✉ 71600 – Saône-et-Loire – Carte régionale n° **5**–B3

LA POSTE ET HÔTEL LA RECONCE

MODERNE • CONTEMPORAIN Le Restaurant de la Poste est emmené par un jeune chef originaire du village, avec l'aide de sa compagne. Son ambition est claire : régaler ses convives avec une cuisine dans l'air du temps, et célébrer les bons produits locaux – cette entrecôte charolaise, avec ses légumes de saison, en témoigne ! Chambres coquettes et bien tenues pour l'étape.

⟨🖶 🄰🄲 🖻 – Prix : €€

Le Bourg – ☏ 03 85 81 10 72 – www.hotelreconce.com – Fermé lundi et mardi, et dimanche soir

POITIERS

✉ 86000 – Vienne – Carte régionale n° **20**–C1

LES ARCHIVES

TRADITIONNELLE • ÉLÉGANT Au cœur du vieux Poitiers, cette chapelle du 19 e s., tout en colonnes et arcs, a été transfigurée par un aménagement contemporain...

une réussite. On pourra même être témoin de la préparation des assiettes, car les cuisines sont ouvertes sur la salle.

& – Prix : €€

14 rue Édouard-Grimaux – ℰ 05 49 30 53 00 – www.lesarchives.fr

POLLIAT

✉ 01310 – Ain – Carte régionale n° **2**–B1

⊛ TÉJÉRINA - HÔTEL DE LA PLACE

TRADITIONNELLE • CONTEMPORAIN L'auberge familiale par excellence, où l'on vous sert avec le sourire une goûteuse et généreuse cuisine du terroir dans une salle à manger rénovée de frais. Tête de veau, poulet à la crème, soufflé aux foies de volaille et grenouilles sont à l'honneur ! Chambres bien tenues pour prolonger l'étape.

& 🅰🅲 ⛺ – Prix : €€

51 place de la Mairie – ℰ 04 74 30 40 19 – www.restaurant-tejerina-logis.fr – Fermé lundi, mardi midi et dimanche soir

POMEROL

✉ 33500 – Gironde – Carte régionale n° **18**–B1

LA TABLE DE CATUSSEAU

MODERNE • CONVIVIAL A la tête de ce restaurant, Kendji Wongsodikromo, chef-patron né en Nouvelle Calédonie, tombé amoureux du Sud-Ouest… et de Nadège, son épouse, en salle. Le couple, motivé, a du métier et cela se sent : témoigne la belle cuisine du marché, mitonnée avec soin, goûteuse et régionale. Un jolie adresse.

🅰🅲 ⛺ ⊕ – Prix : €€

86 rue de Catusseau – ℰ 05 57 84 40 40 – www.latabledecatusseau.fr – Fermé lundi et dimanche, et mercredi soir

POMMARD

✉ 21630 – Côte-d'Or – Carte régionale n° **5**–A3

AUPRÈS DU CLOCHER

MODERNE • CONTEMPORAIN Au cœur du village, ce restaurant contemporain donne sur… l'église ; c'est charmant, bien sûr, mais on vient et revient surtout pour la cuisine locavore (légumes bio, notamment) et la carte des vins de la région – le patron est sommelier de formation. Simple et agréable !

&& 🅰🅲 – Prix : €€

1 rue de Nackenheim – ℰ 03 80 22 21 79 – aupresduclocher.com – Fermé mardi, mercredi et jeudi midi

🛏 LE CLOS DU COLOMBIER   *Plus*

CLASSIQUE CONTEMPORAIN Une belle demeure de maître (1835) raffinée – beaux parquets et moulures, trumeaux, mobilier ancien – et pleine de personnalité. L'espace bien-être (jacuzzi, sauna) donne directement sur les vignes qui entourent la maison… Restauration sur réservation pour les hôtes.

& 🅿 🛏 🚲 ⛾ 🌐 🛁 🍽 - 11 chambres – Prix : €€

1 rue du Colombier – ℰ 03 80 22 00 27

PONCIN

✉ 01450 – Ain – Carte régionale n° **2**–B1

AINTIMISTE

MODERNE • **CONTEMPORAIN** On l'a repéré ce restaurant de poche, caché dans un joli petit village médiéval ! Un chef pro se dépense ici sans compter (en cuisine et en salle, heureusement aidé par sa compagne !) pour envoyer un menu surprise déclinable en plusieurs formules, avec fromages et vins. Il a même eu l'énergie de sourcer les produits locaux.

& 🏧 – Prix : €€€

4 rue de la Pompe – ℰ 04 74 38 06 66 – www.aintimiste.fr – Fermé lundi et dimanche

PONT-AVEN

✉ 29930 – Finistère – Carte régionale n° **7**–B2

❀ ### MOULIN DE ROSMADEC

MODERNE • **ÉLÉGANT** Premier restaurant à décrocher une étoile dans le Finistère (en... 1933 !), étape emblématique de la gastronomie bretonne, le Moulin de Rosmadec jouit d'un cadre enchanteur, avec sa terrasse fleurie au bord de l'Aven. Supervisée par le chef Christian Le Squer, la cuisine est tout à la gloire du terroir breton (sarrasin, lait ribot, fraises de Plougastel) et de la pêche locale (araignée de mer, langoustines, homard)... Assiettes fines et soignées, avec de jolies sauces et réductions, saveurs délicates : une partition de haute volée. Belle carte des vins, pour couronner le tout.

🦢 ⇦ ⇐ & 🏡 ✿ – Prix : €€€€

Venelle de Rosmadec – ℰ 02 98 06 00 22 – www.rosmadec.com – Fermé lundi et mardi

PONT-DE-L'ARCHE

✉ 27340 – Eure – Carte régionale n° **17**–D2

L'AUBERGE DE LA POMME

MODERNE • **CONTEMPORAIN** Un nom hautement normand, une façade à colombages typique de la région... mais l'image d'Épinal s'arrête là ! La maison cache un décor très contemporain, et des assiettes qui mettent bien en valeur les producteurs locaux : coquilles Saint-Jacques normandes juste poêlées, ris de veau fermier croustillant, tartelette au chocolat.

🍴 🏡 ✿ 🅿 – Prix : €€€

44 route de l'Eure – ℰ 02 35 23 00 46 – www.laubergedelapomme.com – Fermé lundi et mardi, et dimanche soir

PONT-DE-L'ISÈRE

✉ 26600 – Drôme – Carte régionale n° **3**–E2

MAISON CHABRAN - LE 45ÈME

MODERNE • **CONVIVIAL** Pourquoi ne pas s'arrêter dans ce cadre verdoyant avec son beau jardin sur la route des vacances ? Cette table est une sympathique alternative à la maison mère, véritable institution de la gastronomie régionale. On s'y régale avec des formules légères et décontractées : terrine de pintade au foie gras, chutney d'olive ; risotto aux légumes, émulsion de parmesan ; arlette aux framboises...

⇦ 🏧 🏡 – Prix : €€€

26 avenue du 45ème-Parallèle – ℰ 04 75 84 60 09 – www.chabran.com/fr

MAISON CHABRAN - LA GRANDE TABLE

CLASSIQUE • ÉLÉGANT Installée au bord de la mythique N7, cette maison familiale en a fait du chemin ! Le petit bistrot des années 1930 est devenu une étape entre Dauphiné et Provence, défendant une certaine idée de la tradition. Le classicisme y règne donc en maître, ponctué de quelques préparations aux notes plus actuelles.

🏵 ⇔🅺🆆 ⇔ 🅿 – Prix : €€€€

26 avenue du 45ème-Parallèle – ☏ 04 75 84 60 09 – www.chabran.com/fr –
Fermé du lundi au mercredi, jeudi midi et dimanche soir

PONT-DE-VAUX

✉ 01190 – Ain – Carte régionale n° **2**–B1

LE RAISIN

Chef : Frédéric Michel

MODERNE • CLASSIQUE Dans cette maison cossue et élégante, en plein cœur de Pont-de-Vaux, la tradition est entre de bonnes mains. Noix de Saint-Jacques au chou-fleur ; cuisses de grenouilles en persillade ; poulet de Bresse en deux façons... Les classiques sont revisités subtilement par un chef au métier solide, qui cultive autant la finesse que l'originalité, et qui renouvelle chaque mois son menu au fil de son inspiration et du marché. À noter que la carte des vins aussi vaut le coup d'œil, avec notamment un bon choix de bourgognes. Service attentif et souriant.

🏵 ⇔♿🅺 🅿 – Prix : €€€

2 place Michel-Poisat – ☏ 03 85 30 30 97 – www.leraisin.com – Fermé lundi,
dimanche et mardi midi

PONT-DU-CHÂTEAU

✉ 63430 – Puy-de-Dôme – Carte régionale n° **1**–B2

AUBERGE DU PONT

Chef : Rodolphe Regnauld

MODERNE • CONTEMPORAIN Au bord de l'Allier, l'un des derniers fleuves sauvages, Rodolphe Regnauld possède la fougue du vent breton (il a grandi dans la péninsule) et la passion des produits de sa région d'adoption - l'Auvergne. Il marie ces deux terroirs à grands renforts de petits légumes de producteurs du coin, de fruits rouges locaux, de poissons arrivés en direct de Bretagne, mais aussi de pieds de cochon ou de truite délicieusement auvergnats. On aime aussi ce décor joyeux et contemporain d'esprit loft.

🏵 ⇔♿🅺 ⇔ – Prix : €€€

70 avenue du Docteur-Besserve – ☏ 04 73 83 00 36 – www.auberge-du-pont.
com – Fermé lundi et mercredi, et dimanche soir

PONT-SAINTE-MARIE

✉ 10150 – Aube – Carte régionale n° **11**–B3

BISTROT DUPONT

TRADITIONNELLE • BISTRO Au bord de la Seine, ce sympathique bistrot traditionnel joue la carte des bonnes recettes à l'ancienne : blanquette, coq au vin, suprême de volaille, que l'on dévore dans une ambiance animée... Et ne ratez pas la spécialité de la maison : l'andouillette.

♿🅺🍴⇔ – Prix : €

5 place Charles-de-Gaulle – ☏ 03 25 80 90 99 – www.bistrotdupont.com –
Fermé lundi, et jeudi et dimanche soir

PONTARLIER

✉ 25300 – Doubs

 LA MAISON D'À CÔTÉ *Plus*

CLASSIQUE CONTEMPORAIN Miroirs dorés, commodes vernies, lustres, draps brodés et baignoires à pied confèrent une allure romantique chic à cette maison d'hôtes jurassienne nichée dans une demeure historique du centre-ville de Pontarlier. L'escalier 17e s. fut régulièrement emprunté par Rouget de Lisle qui logea au premier étage. Au dernier niveau, une chambre a conservé ses boiseries et son plafond sculpté. Elle s'ouvre comme un passage dans le temps, tapissée d'objets chinés qui évoquent des souvenirs de maison de famille. La deuxième se veut plus contemporaine, aux lignes franches et sombres réveillées par des notes orange. Une cuisine conviviale permet de louer l'ensemble.

🅿 ⤵ 🍴 - 2 chambres – Prix : €

11 rue Jules-Mathez – 𝒞 03 81 38 47 18

PONTCHARTRAIN

✉ 78760 – Yvelines – Carte régionale n° **15**–A2

BISTRO GOURMAND

MODERNE • CONVIVIAL Le chef de ce Bistro réalise une cuisine de jolie facture, franche et lisible, pleine de peps, à déguster dans un intérieur moderne où le rouge domine... ou en terrasse (au calme) à l'été venu.

🏠 ⇄ – Prix : €€

7 route du Pontel – 𝒞 01 34 89 25 36 – www.bistrogourmand.fr – Fermé lundi, et mercredi et dimanche soir

PONTCHÂTEAU

✉ 44160 – Loire-Atlantique – Carte régionale n° **23**–A2

LE 11 BISTROT GOURMAND

TRADITIONNELLE • CONTEMPORAIN Au cœur de Pontchâteau, ce bistrot urbain est mené par Gilles Charpy, un chef qui a du métier. Dans un cadre contemporain, il sert d'appétissantes recettes composées au gré du marché ; par exemple : velouté de panais à l'aiglefin ; cabillaud vapeur, patate douce, curry noir ; magret de canard rôti, riz basmati. Service tout sourire.

🖐 🆔 ⇄ – Prix : €€

11 rue de Verdun – 𝒞 02 40 42 23 28 – www.restaurant-le11.fr – Fermé lundi et dimanche, et mercredi soir

LE PONTET

✉ 84130 – Vaucluse – Carte régionale n° **25**–E1

AUBERGE DE CASSAGNE & SPA

CLASSIQUE • RUSTIQUE Poutres, tomettes, cheminée... Dans la tradition de ces auberges bourgeoises dédiées aux plaisirs de la table, le classicisme est ici de mise, de même les produits nobles et certaines recettes plus rustiques. Dans la cave, 700 références privilégient la vallée du Rhône méridionale.

🐾 ⇄ 🏠 🖐 🆔 🏠 ⇄ 🅿 – Prix : €€€

450 allée de Cassagne – 𝒞 04 90 31 04 18 – www.aubergedecassagne.com/fr

PONTIVY

✉ 56300 – Morbihan – Carte régionale n° **7**–C2

⚙ **HYACINTHE & ROBERT**

MODERNE • CONTEMPORAIN Damien Le Quillec, le chef, a baptisé sa table en hommage à ses deux grands-pères, Hyacinthe et Robert. Dans un cadre atypique - un ancien garage à pneus réinventé en loft contemporain ; une réussite - il cisèle avec talent des assiettes ambitieuses et bien dans l'air du temps... Au "Numéro 100" attenant, il a ouvert un petit "bistrot de copains", pour une cuisine version bistronomique.

&. ✿ – Prix : €€

100 rue Nationale – ℰ 06 43 68 26 45 – hyacinthe-et-robert.fr – Fermé lundi et mardi, et dimanche soir

PONTOISE

✉ 95000 – Val-d'Oise – Carte régionale n° **15**–B1

❀ **L'OR Q'IDÉE**

Cheffe : Naoëlle d'Hainaut

MODERNE • COSY La cheffe Naoëlle d'Hainaut a choisi cette petite rue du centre-ville de Pontoise, en contrebas de la jolie église, pour ouvrir son premier restaurant. Résultat : une vraie réussite, de l'élégant décor (style scandinave, couleurs claires, cave sous écrin de verre, cuisine visible) aux assiettes savoureuses et bien dans l'air du temps. Souvenirs savoureux d'un dos de cabillaud bien épais, préparé en cuisson lente et servi sur un caviar de lentilles, nappé d'une sauce légèrement crémée aux champignons. Partout, une même maîtrise technique, de belles harmonies gustatives, une cuisine franche. Service bien rythmé, décontracté et professionnel par une équipe jeune et efficace. Une adresse très recommandable.

❀ **L'engagement du chef :** Notre défi est de sublimer les produits de qualité que nos maraîchers, pêcheurs et vignerons passionnés nous fournissent au quotidien. Nous travaillons de plus en plus de produits de la région. Donner des lettres de noblesse à un produit commun par une cuisine subtile et complexe mais surtout goûteuse, afin que notre empreinte soit accessible à tous.

❀ &. 🛪 – Prix : €€€€

14 rue Marcel-Rousier – ℰ 01 34 35 47 10 – www.lorqidee.fr – Fermé lundi, dimanche, samedi midi, et mardi et mercredi soir

LES PONTS-DE-CÉ

✉ 49130 – Maine-et-Loire – Carte régionale n° **23**–C2

LES 3 LIEUX

CRÉATIVE • TENDANCE Sur les bords de Loire, on goûte volontiers cette cuisine créative pleine de fougue, réalisée par un chef qui propose un petit menu carte de 3 à 7 plats, où l'on appréciera par exemple une superbe blanquette de ris de veau revisitée, mais aussi un foie gras, cacao et orange, et un dessert chocolat, noisette et mousse au thym. Soigné et maîtrisé.

↩ 🄼 🛪 – Prix : €€

10 rue du Port-des-Noues – ℰ 02 14 03 03 53 – www.les3lieux.com – Fermé lundi, mardi et mercredi à midi , et dimanche soir

PORNIC

✉ 44210 – Loire-Atlantique – Carte régionale n° **23**–A2

⚙ **L'ORANGERIE** ⓝ

MODERNE • CONTEMPORAIN Formé à bonne école (Alain Dutournier, Jean-Michel Lorrain, Alain Ducasse), le chef Julien Lainé réalise chez lui une agréable cuisine qui surfe entre tradition (poireau vinaigrette ; vol au vent au veau ; riz au lait) et modernité (aile de raie et son sablé aux agrumes garni de mousse aux oursins ; noix de Saint-Jacques agrémentées d'un coulis clémentine et d'un confit de citron brûlé). Dans une ville touristique comme Pornic, c'est une aubaine que ces deux petites salles au cadre coloré avec cuisine ouverte.

🍽 – Prix : €€

9 rue de la Prépoise – ℰ 02 40 82 88 52 – www.restaurant-orangerie.com – Fermé lundi et mardi, et dimanche soir

PORSPODER

✉ 29840 – Finistère – Carte régionale n° **7**–A1

⍟ LA DUNE DU CHÂTEAU DE SABLE

MODERNE • **ÉLÉGANT** Après une expérience au service de la superstar Gordon Ramsay, et une autre, bistronomique, à Lausanne, le chef Anthony Hardy s'est vu confier les clés de ce Château de Sable. Avec une brigade acquise à sa cause, il a confirmé le virage du locavorisme et régale sans couper les cheveux en quatre : couteaux de plongée, crémeux à l'ail, salicorne et caviar Sturia ; homard de nos côtes bretonnes, navet glacé, blette, chorizo et sauce homard... Les beaux produits sont au rendez-vous et la qualité se maintient d'un bout à l'autre du repas dans cette salle à manger installée à l'étage sous une belle charpente...avec vue sur la côte.

⇆ ◁ 🖼 ⚄ ⌂ 🅿 – Prix : €€€€

38 rue de l'Europe – ℰ 02 29 00 31 32 – www.lechateaudesablehotel.fr – Fermé lundi, mardi, mercredi et jeudi à midi , et dimanche soir

LE RIVAGE DU CHÂTEAU DE SABLE

MODERNE • **ÉPURÉ** Oui, le rivage n'est pas loin dans cette longue salle bordée de larges baies vitrées tournées vers la côte, et notamment la petite presqu'île Saint-Laurent ! Le chef Julien Robert a concocté des plats dans l'air du temps au gré d'une carte bien ancrée dans la Bretagne : lieu jaune, sarrasin, pêche du jour, volaille...

⚄ 🅿 – Prix : €€

38 rue de l'Europe – ℰ 02 29 00 31 32 – www.lechateaudesablehotel.fr

🛏 LE CHÂTEAU DE SABLE   *Plus*

CLASSIQUE CONTEMPORAIN Face à la presqu'île St-Laurent – un lieu hors du temps –, un établissement à la pointe des préoccupations environnementale (bois, verre, etc.). Les chambres sont lumineuses, aux teintes douces et tournées en grande partie vers la côte sauvage et l'océan... Idéal pour se reposer entre deux châteaux de sable !

🅿 ⟲ 🖼 📶 🕸 ‖○ – 27 chambres – Prix : €€

38 rue de l'Europe – ℰ 02 29 00 31 32

❀ **La Dune du Château de Sable • Le Rivage du Château de Sable** - Voir la sélection des restaurants

PORT-EN-BESSIN

✉ 14520 – Calvados – Carte régionale n° **17**–B2

LE BOTANISTE - LA CHENEVIÈRE

MODERNE • **ÉLÉGANT** Boiseries, parquet, mobilier du 18 e s. : élégance et noblesse du cadre ! Menée par un chef sérieux qui puise son inspiration dans le potager du château et dans le panier des petits producteurs, la cuisine délicate multiplie les jolies variations autour du terroir normand et d'agréables mariages de saveurs. Des exemples ? Ris de veau sautés au beurre et citron vert, fèves et radis au bouillon de citronnelle, pesto de fanes de radis ; saint-pierre en vapeur, betterave glacée, blettes et coquillages, sauce safranée. Service de haute qualité, tout en prévenance.

⌘ ⇔ 🛏 ♿ 🍴 ❄ 🅿 – Prix : €€€

à Commes – ☎ 02 31 51 25 25 – www.le-botaniste.com – Fermé lundi, dimanche et du mardi au samedi à midi

LE PETIT JARDIN - LA CHENEVIÈRE ⓝ

MODERNE • **MAISON DE CAMPAGNE** Entre jardin et piscine, le bistrot du Château de la Chenevière est aménagé dans l'ancienne orangerie, décorée dans un style cottage anglais plein de charme. Sous une grande verrière, on déguste une bonne cuisine de saison bistronomique : œuf basse température, crème de céleri, coques, salicorne et moutarde à l'ancienne ; risotto au chèvre, pois gourmands, champignons et crème d'ail...

⇔ 🛏 🆎 🍴 🅿 – Prix : €€

à Commes – ☎ 02 31 51 25 22 – www.restaurantlepetitjardin.com – Fermé du mardi au jeudi, et lundi et vendredi à midi

PORT-GOULPHAR – Morbihan (56) → Voir Belle-Île

PORT-JOINVILLE – Vendée (85) → Voir Île d'Yeu

PORT-LESNEY

✉ 39330 – Jura – Carte régionale n° **6**–B2

✿✿ MAISON JEUNET

MODERNE • **ÉLÉGANT** Dans ce château élégant et cossu proche de la Loue, le chef flamand Steven Naessens perfectionne et revisite inlassablement les classiques qui ont fait la renommée de la table emblématique d'Arbois, en cherchant dans les produits du terroir toutes les nuances d'accords possibles avec les cépages jurassiens : escargots en bouillon de savagnin, volaille de Bresse et sa fameuse sauce au vin jaune et aux morilles, lièvre à la royale... Très belle carte des vins, qui ménage une place de choix à la Bourgogne et au Jura. Côté décor, les toiles monumentales et les arts de la table sont des créations exclusives de l'artiste-peintre bisontin Charles Belle.

⌘ ⇔ 🛏 🍴 🅿 – Prix : €€€€

Château de Germigney, rue Edgar-Faure – ☎ 03 84 73 85 85 – www.chateaudegermigney.com – Fermé du lundi au mercredi

🌿 BISTROT DE PORT-LESNEY

TRADITIONNELLE • **BISTRO** Au bord de la Loue, un grand bistrot foisonnant de bibelots chinés, une terrasse digne d'une guinguette et... une ode au terroir : comté, truite de rivière, etc. Évidemment, c'est sur une nappe à carreaux que l'on savoure le repas, généreux et canaille à souhait !

🍴 🅿 – Prix : €€

Place du 8-Mai-1945 – ☎ 03 84 37 83 27 – chateaudegermigney.com/fr/restaurant/le-bistrot-de-port-lesney.html – Fermé jeudi et mercredi soir

PORT-LOUIS

✉ 56290 – Morbihan – Carte régionale n° **7**–B2

✿ AVEL VOR

Chefs : Agathe Richou et Camille Lacome

MODERNE • **CONTEMPORAIN** Nouveau souffle sur l'Avel Vor ("vent de mer" en breton) depuis l'été 2022 ! Camille Lacome et Agathe Richou (autrefois étoilés à La Mère Germaine à Châteauneuf-du-Pape) ont repris la barre de ce restaurant situé à deux pas de la mer. Savoureuses recettes à l'ancrage régional affirmé (produits de la mer à la fraîcheur irréprochable, sarrasin, andouille de Guémené, gwell, lait ribot, etc) ponctuées de discrètes petites touches méditerranéennes (huile d'olive, thym, eau de tomate). Sage cadre contemporain et trois chambres pour l'étape.

⇔ ⩽ ⅏ ⇔ – Prix : €€€

25 rue de Locmalo – ℰ 02 97 82 47 59 – www.avelvor.com – Fermé lundi et mardi, et dimanche soir

PORT-NAVALO

✉ 56640 – Morbihan – Carte régionale n° **7**–A3

GRAND LARGUE

POISSONS ET FRUITS DE MER • **CLASSIQUE** À l'étage de cette villa, on savoure aussi bien la vue panoramique sur le golfe du Morbihan qu'une cuisine basée sur les beaux produits de la mer (homard, bar de ligne, coquillages). Au rez-de-chaussée, un vent marin souffle sur le bistrot Le P'tit Zeph.

⩽ ⅏ – Prix : €€€

1 rue du Phare – ℰ 02 97 53 71 58 – www.grandlargue.fr – Fermé lundi et mardi, et dimanche soir

PORT-VENDRES

✉ 66660 – Pyrénées-Orientales – Carte régionale n° **21**–B3

LE CÈDRE

MODERNE • **COSY** Ici, la cuisine met en valeur l'incontestable richesse du terroir catalan, et varie librement au fil des saisons : impossible de se lasser ! Quant au cadre, il appelle à la rêverie : la baie vitrée donne sur la belle terrasse et, au-delà, le port et la mer... Ce Cèdre ne manque décidément pas d'attraits.

⩽ Ⓜ ⅏ 🅿 – Prix : €€€

29 route de Banyuls – ℰ 04 68 82 62 20 – www.lesjardinsducedre.com – Fermé lundi et mardi

LES CLOS DE PAULILLES

RÉGIONALE • **CONVIVIAL** Entre vignes et mer, à deux pas de la plage, le site laisse rêveur ; la maison Cazes – de grands vignerons de la région – a pris les rênes de ce domaine de 90 ha, pour le ravissement de nos sens. Les recettes, régionales, n'utilisent que des produits locaux. Ne manquez pas la superbe terrasse face aux vignes...

⩽ ⅏ 🅿 – Prix : €€

Baie de Paulilles – ℰ 04 68 81 49 79 – www.lesclosdepaulilles.com – Fermé lundi, mardi, mercredi, jeudi et dimanche soir

LA CÔTE VERMEILLE

POISSONS ET FRUITS DE MER • **CONVIVIAL** Nouveau souffle sur La Côte Vermeille, une institution locale reprise au printemps 2022. Elle offre toujours une vue imprenable sur le port, notamment depuis la très belle terrasse située à l'étage. Cuisine de la mer aux recettes méditerranéennes (poissons de la pêche locale) mâtinées de discrètes touches de modernité.

⩽ ⅃ Ⓜ ⅏ ⇔ – Prix : €€

Quai du Fanal – ℰ 04 68 88 85 05 – www.restaurantlacotevermeille.com – Fermé lundi et dimanche soir

PORTICCIO – Corse-du-Sud(20) ➜ Voir Corse

PORTO-VECCHIO – Corse-du-Sud(20) ➜ Voir Corse

POUILLON

✉ 40350 – Landes – Carte régionale n° **18**–B3

🏠 L'AUBERGE DU PAS DE VENT

TRADITIONNELLE • **RUSTIQUE** L'Auberge du Pas de Vent : un nom splendide, digne de Tolkien. Cette authentique auberge des Landes propose une cuisine franche, habitée, loin des modes, où la carte rend hommage au terroir – bœuf des fermes de Chalosse, canard gras élevés en liberté, veau de lait sous la mer, fromage pur brebis d'un berger du village et pain au levain maison (sans additif). Ici la tradition n'est pas un mot désuet, échappé d'un vieux dictionnaire. Velouté de butternut et lomo séché, bouillon de seiche à la badiane, étuvée de poireau et dés de chorizo : les assiettes, généreuses, chantent la France de nos grands-mères. On se régale, pendant que dans la pièce voisine se dispute une partie de quilles de neuf... Accueil chaleureux, service à la fois attentif, pro et efficace. On ne demande rien de plus.
🌿 ⇄ 🅿 – Prix : €

281 avenue Pas-de-Vent – ☎ 05 58 98 34 65 – www.auberge-dupasdevent.com –
Fermé mercredi, et lundi, mardi et dimanche soir

POUILLY-SOUS-CHARLIEU

✉ 42720 – Loire – Carte régionale n° **2**–A1

🌸 RESTAURANT DE LA LOIRE

Chef : Fabien Raux

MODERNE • **CONTEMPORAIN** Dans cette auberge des bords de Loire, entièrement rénovée dans un goût contemporain, on retrouve avec plaisir Fabien Raux (ancien chef du 1741 à Strasbourg) et sa compagne alsacienne Marie Chabrier. Le chef propose une cuisine au goût du jour autour d'un menu fixe sans choix (en 3, 5 ou 7 temps) qui fait la part belle aux produits locaux de saison : tomates d'été, sandre de Loire, agneau, lapin. Simplicité et goût dans les assiettes, énergie en salle : une table recommandée ! L'été, très jolie terrasse sous les tilleuls côté jardin.
⇄ ♿ 🌿 ⇄ 🅿 – Prix : €€€

30 rue de la Berge – ☎ 04 77 60 81 36 – www.restaurantdelaloire.fr –
Fermé mardi et mercredi, et dimanche soir

PRADELLES-EN-VAL

✉ 11220 – Aude – Carte régionale n° **21**–B3

LA BOURDASSO

ITALIENNE • **VINTAGE** Cette belle bâtisse traditionnelle, perdue dans les Corbières, a été investie de la fougue d'une famille italienne, tombée amoureuse de la région. Au programme, mozzarella artisanale divine faite maison (avec du lait de bufflonnes ramenées d'Italie !), et pâtes et pains travaillés à partir de blés anciens cultivés par leurs soins. La large terrasse laisse apprécier la nature environnante.
♿ 🌿 🅿 – Prix : €€

La Bourdasse – ☎ 04 68 78 08 31 – www.bourdasso.com – Fermé lundi, mardi, du mercredi au vendredi à midi, et dimanche soir

PRADES

✉ 66500 – Pyrénées-Orientales – Carte régionale n° **21**–B3

LE GALIE

MODERNE • **CONTEMPORAIN** Ici, inutile de s'attarder au rez-de-chaussée : direction l'étage pour découvrir une salle moderne et confortable, où un jeune couple sympathique nous régale d'une cuisine du marché bien dans l'air du temps. La spécialité du chef ? La fricassée de homard en homardine et son vermicelle de riz...

 ⁂ – Prix : €€€

*3 avenue du Général-de-Gaulle – ☏ 04 68 05 53 76 – www.restaurantlegalie.
net – Fermé lundi et dimanche, et du mardi au vendredi soir*

PRATS-DE-MOLLO-LA-PRESTE
✉ 66230 – Pyrénées-Orientales – Carte régionale n° **21**–B3

BELLAVISTA

MODERNE • ÉLÉGANT Au pied des remparts, un plaisir sans cesse renouvelé... La
carte fleure bon le terroir régional, et pour cause : le chef met en valeur les petits
producteurs locaux, qui viennent dans la cité uniquement pour le livrer. Agneau
catalan, fromage des Pyrénées : plus qu'une simple carte, c'est une ode à nos
régions. Chambres pour l'étape.

⁂ ⁂ **P** – Prix : €€

*Place du Foiral – ☏ 04 68 39 72 48 – www.hotel-le-bellevue.fr – Fermé mardi et
mercredi*

PRAZ-SUR-ARLY
✉ 74120 – Haute-Savoie – Carte régionale n° **4**–F1

LES RONINS

MODERNE • MONTAGNARD Les ronins, dans la culture japonaise, sont des
"samouraïs sans maître" - façon de dire pour Anthony et Émilie à la fois leur liberté
et, bien évidemment, leur cuisine franco-asiatique joliment troussée, à l'image de
ce tataki de bœuf aux épices thaï et julienne de légumes, une entrée aussi fraîche
qu'agréable. Déco montagnarde à la page et bonne ambiance !

⁂ – Prix : €€

9 route de Megève – ☏ 04 50 21 90 31 – Fermé lundi et mardi

PRÉAUX-DU-PERCHE
✉ 61340 – Orne – Carte régionale n° **17**–C3

OISEAU - OISEAU

TRADITIONNELLE • MAISON DE CAMPAGNE Sven Chartier (ex-Saturne,
table étoilée parisienne) et son épouse Marianne ont bâti leur nouveau nid dans
ce petit village du Perche, face à une église plurieséculaire. Désormais loin de
l'agitation urbaine, le chef s'épanouit dans ce décor style campagne chic où il
régale avec simplicité dans le droit fil de la tradition. Pâté en croûte, poulette
fermière et ses légumes, tarte fine courge et coing : la précision et le goût du
temps retrouvé...

⁂ – Prix : €€

*5 place Saint-Germain – ☏ 02 33 73 51 24 – www.oiseau-oiseau.fr – Fermé lundi,
mardi, mercredi et dimanche*

PRENOIS
✉ 21370 – Côte-d'Or – Carte régionale n° **5**–C2

AUBERGE DE LA CHARME

Chefs : David Lecomte et Nicolas Isnard

CRÉATIVE • AUBERGE Dans un petit village bourguignon, proche du circuit automobile, une auberge à la fois rustique et épurée : murs aux pierres apparentes, plafond à la française, sol en dalles de pierre et vieux four à pain inséré dans un mur. Elle
est emmenée par deux cuisiniers complices, Nicolas Isnard et David Le Comte, qui

se sont rencontrés dans le restaurant de Gilles Goujon, à Fontjoncouse. Ils partagent la même passion pour la gastronomie et l'Asie, qu'ils sillonnent régulièrement. Ils proposent un concept de menu à l'aveugle susceptible de déconcerter, mais qui fonctionne à merveille : on se laisse emporter par une cuisine créative, généreuse et aux influences multiples, nourrie par les voyages de ces deux globe-trotteurs.

&& & ⇔ – Prix : €€€

12 rue de la Charme – ℰ 03 80 35 32 84 – www.aubergedelacharme.com/fr – Fermé du lundi au jeudi et dimanche soir

PRINGY

✉ 74370 - Haute-Savoie - carte régionale n° **4** -F1

LE CLOS DU CHÂTEAU

MODERNE • TENDANCE Comme son nom l'indique, le Clos du Château jouxte le château local, au cœur du village de Pringy. Côté papilles, une carte courte et alléchante, concoctée par un chef doué, un menu du marché à prix très doux... A déguster sur l'agréable terrasse, à l'ombre des platanes.

& 🛋 ⇔ 🅿 – Prix : €€

70 route de Cuvat – ℰ 04 50 66 82 23 – www.le-clos-du-chateau.com – Fermé lundi et dimanche

PRINGY

✉ 77310 – Seine-et-Marne – Carte régionale n° **15**–C2

LE K

TRADITIONNELLE • TENDANCE Le K, c'est le chef Kévin Kowal, ancien de la galaxie Ducasse, qui a repris en 2018 les fourneaux de cette maison installée non loin de Melun et surtout de la forêt de Fontainebleau. Il y propose deux offres distinctes, l'une bistronomique, l'autre gastronomique. Dans les deux K, sa cuisine a de forts accents classiques (en témoignent son pâté en croûte de volaille et son soufflé à la noisette du Piémont) avec quelques traits de modernité. Cuissons maîtrisées, saveurs marquées : du bon travail.

🅺 🛋 ⇔ 🅿 – Prix : €€€

20 avenue de Fontainebleau – ℰ 01 60 65 57 75 – restaurant-lek.fr – Fermé lundi, mardi et dimanche et mercredi midi

PROPRIANO – Corse-du-Sud (20) ➜ Voir Corse

PUJAUDRAN

✉ 32600 – Gers – Carte régionale n° **22**–B2

❀❀ LE PUITS SAINT JACQUES

Chef : William Candelon

CRÉATIVE • ÉLÉGANT Nul doute que Cyrano, croqué avec génie par Edmond Rostand, aurait apprécié cette maison gersoise, jadis relais sur la route de Compostelle, dans lequel ricochent les accents chantants du Sud-Ouest éternel ! Bernard Bach, chef historique de la maison et véritable Cyrano local, a transmis toute sa passion et sa science des produits régionaux à son neveu, le chef William Candelon, désormais seul maître à bord. Ce dernier relève le défi avec brio : tout en respectant l'ADN de la maison (le terroir sudiste est toujours à l'honneur), il ose des associations inattendues et percutantes, et son sens du dosage lui permet de nous entraîner sans difficulté dans son univers. Beaux dressages, beaux produits, maîtrise technique indéniable : le pari est remporté haut la main.

&& & 🅺 🛋 ⇔ – Prix : €€€€

Avenue Victor-Capoul – ℰ 05 62 07 41 11 – www.lepuitssaintjacques.fr – Fermé lundi et mardi, et mercredi et dimanche soir

PUJAUT

✉ 30131 – Gard – Carte régionale n° **21**–D2

❀ **ENTRE VIGNE ET GARRIGUE**

Chefs : Maxime et Serge Chenet

MODERNE • CLASSIQUE Tout près d'Avignon, cette ferme provençale isolée, entre falaise et vignoble, ne transige pas sur l'authenticité. La garrigue est là, avec ses effluves qui embaument une salle habilement rénovée, mélange harmonieux de l'ancien et du contemporain. En cuisine, Serge Chenet, Meilleur Ouvrier de France et Breton exilé, est aidé par Maxime, son fils. Tous deux partagent le même amour du naturel et du beau produit de saison que la région leur sert sur un plateau gorgé de soleil. Ils concoctent à quatre mains une savoureuse cuisine du marché d'inspiration provençale : filet de rouget de Méditerranée en rouille de fenouil, jus de bouillabaisse ; duo de fraises et olives noires confites, glace à l'huile d'olive, madeleine tapenade...

🕏 ⇔ 🛏 ♿ 🅰🅒 ⛲ 🅿 – Prix : €€€€

600 route de Saint-Bruno – ℰ 04 90 95 20 29 – www.vigne-et-garrigue.com – Fermé lundi et mardi

PULIGNY-MONTRACHET

✉ 21190 – Côte-d'Or – Carte régionale n° **5**–A3

LE MONTRACHET

MODERNE • ÉLÉGANT Classique et élégant : voilà qui qualifie à merveille ce restaurant – tout en poutres et pierres apparentes – et la cuisine de saison que l'on y sert... À noter également, la très belle cave de 1000 références dont plus de 200 grands crus.

🕏 🛏 ♿ 🅰🅒 ⛲ ⇕ 🅿 – Prix : €€€

10 place du Pasquier-de-la-Fontaine – ℰ 03 80 21 30 06 – www.le-montrachet. com – Fermé lundi et mardi

OLIVIER LEFLAIVE

MODERNE • CHIC Une maison cossue au centre du village, une magnifique cave vitrée, une salle chic et chaleureuse : bienvenue chez Olivier Leflaive ! Le célèbre vigneron de la Côte de Beaune a créé deux enseignes de restauration, le Bistrot d'Olivier qui offre un joli menu de saison et Klima, le soir en fin de semaine, aux ambitions plus gastronomiques. Belle carte des vins évidemment, grâce aux 80 climats du domaine.

🕏 ⇔ ♿ 🅰🅒 – Prix : €€

10 place du Monument – ℰ 03 80 21 95 27 – www.olivier-leflaive.com – Fermé lundi et dimanche, et du jeudi au samedi soir

 LE MONTRACHET *Plus*

DESIGN MODERNE Cet exceptionnel petit hôtel du 19ᵉ s. a su s'adapter aux normes de luxe du 21ᵉ s. La plupart des chambres se trouvent dans l'auberge, et l'hôtel n'a pas hésité à moderniser ses intérieurs dans un style contemporain discret. Autre option, la Villa Christine, une résidence indépendante contenant deux suites et une chambre.

🅿 ⇔ ♨ 🛏 🍴 - 28 chambres – Prix : €€

10 place du Pasquier de la Fontaine – ℰ 03 80 21 98 57

Le Montrachet - Voir la sélection des restaurants

PUPILLIN

✉ 39600 – Jura – Carte régionale n° **6**–B2

🙂 LE GRAPIOT

MODERNE • DESIGN Installé dans un village de vignerons renommé, ce restaurant chaleureux est le fief d'un passionné de saveurs et de beaux produits. Sa cuisine se prête idéalement aux accords avec les vins locaux – ça tombe bien, sa carte des vins du Jura est l'une des plus imposante du département. Bon rapport qualité-prix.

🦖 ᒼ 🄰🄲 🎐 ↻ 🅿 – Prix : €€

3 rue Bagier – ℰ *03 84 37 49 44 – legrapiot.com/fr – Fermé lundi et dimanche*

PUTEAUX

✉ 92800 – Hauts-de-Seine – Carte régionale n° **15**–B2

L'ESCARGOT 1903 PAR YANNICK TRANCHANT

MODERNE • COSY Le chef Yannick Tranchant travaille de bons produits et propose une cuisine franche, goûteuse et gourmande ; pour ne rien gâcher, le rapport qualité-prix se révèle attractif, et le service est rapide et efficace.

🎐 – Prix : €€

18 rue Charles-Lorilleux – ℰ *01 47 75 03 66 – www.lescargot1903.com – Fermé samedi, dimanche et lundi midi*

SAPERLIPOPETTE !

MODERNE • BRANCHÉ Cette ancienne brasserie a subi un sacré lifting, devenant un restaurant chaleureux et branché, sous la houlette d'une équipe experte en la matière. La cuisine, façon bistrot chic, est généreuse et bien tournée.

ᒼ 🄰🄲 🎐 ↻ 🥢 – Prix : €€

9 place du Théâtre – ℰ *01 41 37 00 00 – www.saperlipopette1.fr*

LE PUY-EN-VELAY

✉ 43000 – Haute-Loire – Carte régionale n° **1**–C3

🙂 L'ÉMOTION

MODERNE • DESIGN Deux chefs, Michaël Ruat et Mickaël Méjean, amis d'enfance originaires du Puy-en-Velay, ont uni leurs talents dans ce resto où la déco fait la part belle aux matériaux naturels dans un esprit design (belle cave vitrée). Quant à a cuisine, elle trace sa voie entre produits du terroir de Haute-Loire (lentille verte, bœuf Fin Gras du Mézenc) et un répertoire très actuel (tartare de thon rouge aux agrumes, sorbet fenouil et croustillant pesto).

ᒼ 🄰🄲 🎐 – Prix : €€

13 place Cadelade – ℰ *04 71 09 74 23 – www.restaurant-lemotion.fr – Fermé lundi et dimanche*

REGINA

TRADITIONNELLE • VINTAGE En plein centre-ville, cet hôtel-restaurant des années 1900 accueille en cuisine un chef exigeant sur la qualité des produits (viandes locales bien sûr mais également poissons de petit bateau de la Vendée). Il charme tranquillement avec une cuisine traditionnelle soignée, tandis qu'en salle, on pratique l'art de la découpe.

↩ 🄰🄲 – Prix : €€

34 boulevard Maréchal-Fayolle – ℰ *04 71 09 14 71 – www.hotelrestregina. com – Fermé dimanche*

PUY-L'ÉVÊQUE

✉ 46700 – Lot – Carte régionale n° **22**–B1

⊛ LE MÉDIÉVAL

MODERNE • COSY Le chef bourguignon Pierre Creuzet (ancien second de Jacques Lameloise), s'est installé dans cette petite adresse de la vieille ville, où il compose une attachante cuisine de qualité, entre recettes traditionnelles et préparations plus actuelles. En salle, son épouse Loren, sommelière de métier, l'épaule avec complicité. Rapport plaisir/prix imbattable !

🎴 – Prix : €

24 Grand'Rue – ☎ 09 86 31 80 88 – www.lemedieval-puyleveque.fr –
Fermé mercredi et dimanche

LE PUY-SAINTE-RÉPARADE

✉ 13610 – Bouches-du-Rhône – Carte régionale n° **24**–B3

⊛ HÉLÈNE DARROZE À VILLA LA COSTE

MODERNE • LUXE Aux portes du Lubéron, le Château La Coste, véritable œuvre d'art totale qui associe l'art contemporain et le vin, a séduit Hélène Darroze qui est venue y apposer son nom. Au cœur de la Provence, la cheffe a choisi de donner la parole au végétal. Les carottes ou les aubergines de Bruno Cayron, la cerise de Florent Lazare : chaque intitulé de plat rend hommage à son producteur. Le résultat ? Des assiettes empreintes de finesse, des produits d'exception joliment mis en scène sans sophistication inutile, et quelques clins d'œil aux recettes qui ont fait le succès de la célèbre cheffe du Sud-Ouest, comme les gamberoni aux épices tandoori ou le baba à l'armagnac Darroze.

🛏 ☟ 🖫 🕭 🎴 🍽 **P** – Prix : €€€€

2750 route de la Cride – ☎ 04 42 28 35 59 – www.villalacoste.com – Fermé lundi et mardi, et dimanche soir

FRANCIS MALLMANN AU CHÂTEAU LA COSTE

VIANDES • RUSTIQUE La philosophie du célèbre chef argentin est ici respectée à la lettre : entrecôte fumée lentement au bout de son fil, pomme de terre écrasée et chimichurri ; agneau à la flamme dans notre dôme, aubergine, poivrons au feu... à déguster dans un cadre étonnant, évoquant les haciendas argentines.

🖫 🕭 🜲 🎴 **P** – Prix : €€€

2750 route de la Cride – ☎ 04 42 91 37 37 – chateau-la-coste.com/fr –
Fermé lundi, mardi, du mercredi au vendredi à midi, et dimanche soir

L'ORANGERIE DU CHÂTEAU DE FONSCOLOMBE ⓝ

MODERNE • ÉLÉGANT Dans une extension moderne du château de Fonscolombe, l'Orangerie dévoile un décor... un décor sobre et chic, avec une belle charpente apparente et des baies vitrées donnant sur la terrasse et le parc. La cuisine du chef, élégante et bien tournée, fait de jolis clins d'œil à la Méditerranée.

🕭 🜲 🎴 **P** – Prix : €€€

Route de Saint-Canadet – ☎ 04 42 21 13 13 – www.fonscolombe.fr

LA TABLE DE L'ORANGERIE - CHÂTEAU DE FONSCOLOMBE

MODERNE • ÉLÉGANT Le restaurant gastronomique du Château de Fonscolombe a élu domicile au cœur des salons bourgeois et cossus du premier étage. L'été, la table est dressée sur le perron monumental, qui domine les jardins et les arbres du parc. Tomates, huîtres de Camargue, rouget, courgettes de Provence : un jeune chef plein de bonne volonté sert une cuisine moderne au plus près de la saison et de la région.

⌂&🅰🍴🅿 – Prix : €€€

Route de Saint-Canadet – 𝒞 04 42 21 13 13 – www.fonscolombe.fr – Fermé lundi, dimanche et du mardi au samedi à midi

CHÂTEAU DE FONSCOLOMBE

CLASSIQUE CONTEMPORAIN Ce château du 18ᵉ s., ancienne propriété des marquis de Saporta et Fonscolombe, offre désormais tout le confort et le luxe qu'on attend d'une telle ascendance. Les chambres provençales (de très bon confort) sont plus classiques et authentiques dans la partie ancienne, mais climatisées dans la récente. Belle piscine de plein air, balades en vélo, pétanque, fitness et beau hammam. Le parc classé, les arbres séculaires et la jolie chapelle inspirent la sérénité.

🅿⌂🔸🍴🚲🛶🕸🦽🍽 - 50 chambres – Prix : €€€

Route de Saint-Canadet – 𝒞 04 42 21 13 13

L'Orangerie du Château de Fonscolombe • La Table de l'Orangerie - Château de Fonscolombe - Voir la sélection des restaurants

VILLA LA COSTE

DESIGN MODERNE Frank Gehry, Oscar Niemeyer et Tadao Ando, pour l'architecture, Tracey Emin, Hiroshi Sugimoto, Louise Bourgeois, Richard Serra et Ai Weiwei pour les œuvres... Cet hôtel atypique, situé au cœur des vignes de Château La Coste, a des allures de musée d'art contemporain : les suites (certaines avec piscine privative) offrent une vue exceptionnelle sur le Luberon. La terrasse accueille une belle piscine entourée de pins. Spa de 750 m² avec parcours thermal. Vous ne trouverez aucun établissement comparable, ni en Provence ni ailleurs.

🅿🔸⌂⑱🚲🛶🕸🍽 - 28 chambres – Prix : €€€€

2750 route de la Cride – 𝒞 04 42 50 50 00

❀ **Hélène Darroze à Villa La Coste • Francis Mallmann au Château La Coste** - Voir la sélection des restaurants

PUYLAROQUE

✉ 82240 – Tarn-et-Garonne – Carte régionale n° **22**-C1

LES SENS

CRÉATIVE • AUBERGE Cette maison de village abrite un restaurant dont la cuisine créative et les beaux produits ne sauraient laisser indifférent. Le chef se plaît à travailler légumes, fleurs et herbes du potager situé en contre-bas de la terrasse ; sa source d'inspiration ! Carte des vins privilégiant le bio et le raisonné, et menus « carte blanche » aux mélanges ébouriffants qui mettront vos sens en éveil !

&🅰🍴 – Prix : €€€

2 place de la Libération – 𝒞 05 63 02 82 25 – www.restaurantlessens.com – Fermé lundi et mardi, et dimanche soir

PUYLAURENS

✉ 81700 – Tarn – Carte régionale n° **22**-C2

CAP DE CASTEL

MODERNE • COSY Sur l'agréable terrasse, toisant les Pyrénées lointaines et la Montagne noire toute proche, on déguste une cuisine moderne mâtinée de tradition, qui met joliment en valeur le terroir : de quoi passer un agréable moment.

⌂&🍴 – Prix : €€

36 rue Cap-de-Castel – 𝒞 05 63 70 21 76 – www.capdecastel.com – Fermé les midis

CAP DE CASTEL

Plus

CLASSIQUE CONTEMPORAIN Ici, tout est beau dans sa simplicité : l'accueil souriant, le charme d'une maison du pays, les chambres pleines de caractère réparties dans deux demeures historiques (16e et 18e s.)... Sans oublier la petite piscine et sa vue sur la campagne !

🅿 ⑩ - 11 chambres – Prix : €

36 rue Cap de Castel – ☎ *05 63 70 21 76*

Cap de Castel - Voir la sélection des restaurants

PUYLAUSIC
✉ 32220 – Gers – Carte régionale n° **22**–B2

LA MAISON DESPOUÈS ⓝ

MODERNE • ÉLÉGANT L'ancienne maison du chanteur Pierre Vassiliu ("Qui c'est celui-là ?", n°1 au hit-parade en 1973) chante désormais les louanges du pâté en croûte à la crème d'ail noir, du merlu de ligne, crème de piquillos et compotée de poireaux ou du vacherin, rhubarbe et noisette. Derrière le micro, le chef Julien Razemon, Landais qui a notamment fait ses classes chez la famille Coussau à Magescq, susurre une délicieuse mélodie gastronomique et raffinée, avec, comme panorama (pour certaines tables), les collines du Gers et la chaîne des Pyrénées (par temps clair).

♿ 🅰🅲 – Prix : €€

911 route de Montadet – ☎ *05 42 54 15 76 – www.lamaisondespoues.fr – Fermé du lundi au mercredi*

PUYMIROL
✉ 47270 – Lot-et-Garonne – Carte régionale n° **18**–C2

🏵 **MICHEL TRAMA**

Chef : Michel Trama

CRÉATIVE • ÉLÉGANT Michel Trama et Puymirol, c'est une longue histoire. Cet ex-champion de plongée et étudiant en Arts décoratifs à Montparnasse doit sa vocation à l'amour... de sa femme Maryse. C'est elle qui l'initie à la gastronomie. Celui qui multipliait les petits boulots se fixe et ouvre un bistrot rue Mouffetard, à Paris, avec la "Cuisine gourmande" de Michel Guérard en guise de référence. Puis en 1979 c'est l'installation dans cette maison du 13 e s. à Puymirol, dans le Lot-et-Garonne, un lieu splendide : on s'y installe sous les voûtes médiévales ou sur la plaisante terrasse, dans l'ancien cloître... Place aux agapes, entre tradition et invention, au gré d'une carte immuable qui multiplie les clins d'œil aux grandes heures de la maison.

🏖 ⬅ 🅰🅲 ❖ – Prix : €€€€

52 rue Royale – ☎ *05 53 95 31 46 – www.aubergade.com/fr – Fermé lundi, mardi midi et dimanche soir*

LA POULE D'OR

TRADITIONNELLE • BISTRO Au sein de sa maison mère – le fameux restaurant gastronomique de Michel Trama –, cette Poule d'Or a tout d'une auberge chic : vieux murs en pierre, longue table centrale en bois avec ses pieds à têtes de lion, lustres et tableaux de natures mortes... Le fils Trama est à la manœuvre en salle, assurant un service impeccable. Dans l'assiette, du grand classique de bistrot, dans le droit fil de la (belle) tradition française : parmentier de queue de bœuf, tête de veau sauce poulette, gros chou à la crème au caramel... Tout est parfaitement maîtrisé, savoureux et gourmand. Une adresse en or !

Prix : €€

52 rue Royale – ☎ *05 53 95 31 46 – www.aubergade.com/fr – Fermé lundi, mardi midi et dimanche soir*

🛏 **MICHEL TRAMA**   *Plus*

ÉLÉGANCE TRADITIONNELLE Drapés de soie, baldaquins, mobilier 19e s., tons cramoisi et pourpre, etc. Au cœur d'un village de la campagne agenaise, ce décor opulent et théâtral est signé Jacques Garcia. Étape luxueuse et onirique entre ces murs superbes des 13e-17e s. !

🅿 ⬥ 🛏 🍽 - 9 chambres - Prix : €€€

52 rue Royale – 📞 *05 53 95 31 46*

❀ **Michel Trama • La Poule d'Or** - Voir la sélection des restaurants

PUYMOYEN
✉ 16400 – Charente – Carte régionale n° **20**–C3

✿ AUMÌ

Chef : Mickael Clautour

MODERNE • ÉLÉGANT Haricots verts croquants, crème de citron et maquereaux marinés, un plat condimenté tout en fraîcheur ; savoureuse poêlée de cèpes du Périgord, noisette et jus de volaille ; tendre pièce de bœuf avec ses quelques lamelles de poire ; figue rôtie et charnue, vanille et glace au cognac : uniquement des beaux produits locaux mis en valeur sans effets de style superflus, avec des mariages de saveurs qui en mettent plein les papilles ! Derrière ce petit prodige, il y a le chef Mickael Clautour et sa compagne Laura Legeay, un couple au parcours international qui a restauré le lieu avec un subtil alliage d'ancien et de moderne.

♿ 🍽 – Prix : €€

6 chemin des Rochers – 📞 *05 45 70 76 19 – www.aumirestaurant.com –
Fermé lundi et mardi, et dimanche soir*

PYLA-SUR-MER - Gironde(33) ➜ Voir Bassin d'Arcachon

QUARRÉ-LES-TOMBES
✉ 89630 – Yonne – Carte régionale n° **5**–B2

LE MORVAN

MODERNE • TRADITIONNEL Une vraie ambiance de dimanche à la campagne... et une cuisine traditionnelle soignée, au plus près des saisons. L'été, attablez-vous dans le jardin fleuri et musardez au soleil ! Une bonne étape à l'entrée du Parc naturel régional du Morvan.

🛏 🅰🅲 🍽 🅿 – Prix : €€

6 rue des Écoles – 📞 *03 86 32 29 29 – www.le-morvan.fr – Fermé lundi et mardi*

QUÉVEN
✉ 56530 – Morbihan

🛏 MANOIR DES ÉPERVIERS   *Plus*

DESIGN MODERNE Dans un grand et élégant parc non loin de Lorient, on est accueilli à bras ouverts dans cette maison d'hôtes chaleureuse, décorée avec goût. Les chambres, qui portent des noms de bateaux – soling, dragon, requin, optimist, melges –, sont confortables et très chic. Espace bien-être.

♿ 🅿 🛏 🛁 - 5 chambres – Prix : €

1 rue Pierre Mendès France (Route de Lorient) – 📞 *06 77 45 63 44*

QUIMPER
✉ 29000 – Finistère – Carte régionale n° **7**–B2

✿ ALLIUM

Chef : Lionel Hénaff

CRÉATIVE • CONTEMPORAIN Avec l'aide des internautes (sous la forme d'un financement participatif), Frédérique et Lionel Hénaff ont créé ici le restaurant de leurs rêves. La cuisine inventive du chef, joue une partition privilégiant les produits de première fraîcheur, multiplie à l'envi les ingrédients (herbes, fleurs) et avoue un faible pour les sauces au siphon. On s'attable dans une atmosphère sobre et élégante, ou même au comptoir avec quelques places face à la cuisine ouverte.

&. 🍴 ♿ 🅿 – Prix : €€€

88 boulevard de Créac'h-Gwen – ℰ 02 98 10 11 48 – www.restaurant-allium.fr/fr – Fermé lundi et dimanche

🙂 TI-COZ

TRADITIONNELLE • COSY Une charmante auberge en pierre, à la fois rustique, élégante et moderne avec cet intérieur digne d'un club anglais. Le chef y prépare une savoureuse cuisine plutôt traditionnelle, qui fait la part belle aux meilleurs produits du terroir breton. Ancien sommelier , il accompagne ses recettes d'une belle carte des vins (500 références).

🏵 &. Ⓜ 🍴 ♿ 🅿 – Prix : €€

4 Hent-Koz – ℰ 02 98 94 50 02 – www.restauranttcoz.com – Fermé lundi et mardi, et dimanche soir

LA FERME DE L'ODET

MODERNE • COSY Situation privilégiée pour cette ferme bordant l'Odet ; la terrasse, en particulier, ouvre sur les berges et les bois voisins. Un cadre champêtre qui se prête à la dégustation d'une cuisine bien tournée, allant à l'essentiel avec des produits de qualité. Intéressante formule au déjeuner et recettes plus pointues le soir.

🍽 &. Ⓜ 🍴 🅿 – Prix : €€

74 chemin de la Baie-de-Kerogan – ℰ 02 98 95 63 13 – www.lafermedelodet.fr – Fermé mercredi, et lundi, mardi et dimanche soir

SAO 🆕

CRÉATIVE • CONTEMPORAIN Au bord des quais de l'Odet au centre-ville de Quimper, restaurant créé par Kevin Gourret, un chef précédemment au restaurant Le Goyen à Audierne. Dans un chaleureux cadre contemporain, il propose des recettes originales inspirées par les produits de la région (langoustine, pêche locale, algues, sarrasin, lait ribot) et sous influences asiatiques (yuzu, ponzu, gomasio, sésame, gingembre...).

&. – Prix : €€€

1 quai Neuf – ℰ 02 98 55 04 71 – www.saokevingourret.com – Fermé lundi, dimanche et mardi midi

🛏 GINKGO   *Plus*

DESIGN MODERNE Un établissement plein de charme, installé dans les pierres de l'ancien prieuré de Locmaria, au bord de l'Odet. Cadre historique préservé, vastes chambres décorées avec goût, espace détente et parking... Une étape de choix.

&. 🅿 🍽 🌀 🛁 – 20 chambres – Prix : €

1 rue du Chanoine Moreau – ℰ 02 30 99 75 35

QUIMPERLÉ

✉ 29300 – Finistère – Carte régionale n° **7**–B2

LA CIGALE ÉGARÉE

DU MARCHÉ • RUSTIQUE Une cigale en Bretagne plutôt cachée qu'égarée, dans son décor atypique d'esprit brocante et doté une jolie terrasse verdoyante. Séduisant menu du jour composé au gré du marché, de la pêche du jour et du potager, cultivé par un chef inspiré. Savoureuses recettes sans fard ni tralala (merlu rôti, petits légumes, jus de cuisson), mais rudement bien mitonnées.

♿ 🍴 **P** – Prix : €€

8 rue d'Athenry - ZA Villeneuve-Braouic – ☎ 02 98 39 15 53 – www.cigaleegaree. com – Fermé lundi et dimanche

QUINT-FONSEGRIVES

✉ 31130 – Haute-Garonne – Carte régionale n° **22**–B2

✿ **EN PLEINE NATURE**

Chef : Sylvain Joffre

MODERNE • CONTEMPORAIN Le chef-patron Sylvain Joffre vous accueille dans cette jolie maison en bordure de rond-point. Voici un chef appliqué, sérieux, qui n'a pas la folie des grandeurs. Son objectif est simple : proposer une cuisine haut de gamme tout en contenant les tarifs. Pari réussi ! En s'appuyant sur une liste de producteurs locaux longue comme le bras, il compose une cuisine généreuse et bien maîtrisée, avec des recettes renouvelées en permanence pour coller aux saisons. Côté décor, un intérieur sobre, ou une agréable terrasse à l'ombre des parasols : de quoi profiter du beau temps sans être accablé par le redoutable soleil toulousain... Très engagé dans le respect de la nature, le chef propose une boutique annexe avec viennoiseries, brioches et pains à la farine bio.

♻ ♿ **AC** 🍴 – Prix : €€€€

6 place de la Mairie – ☎ 05 61 45 42 12 – www.en-pleine-nature.com – Fermé lundi, mardi et dimanche

QUISSAC

✉ 30260 – Gard – Carte régionale n° **21**–C2

L'ARTYSAN

MODERNE • CONTEMPORAIN Yohann Boucard a transformé la gare de Quissac en un restaurant très agréable : lignes épurées, ferronneries d'artisans locaux... Dans l'assiette, la prestation se révèle tout aussi emballante, grâce à des produits bien choisis et des associations de saveurs toniques et originales. Service pro et efficace.

AC 🍴 **P** – Prix : €€

35 plan de la Gare – ☎ 04 66 77 02 45 – www.lartysan.com – Fermé mercredi et jeudi, et dimanche soir

RAMATUELLE

✉ 83350 – Var – Carte régionale n° **24**–C3

✿✿ **LA VOILE - LA RÉSERVE RAMATUELLE**

MODERNE • ÉLÉGANT Au sein de cet hôtel exclusif s'il en est, œuvre de l'architecte Jean-Michel Wilmotte qui l'a parfaitement intégré à son environnement naturel, ce restaurant jouit d'une vue sublime sur la mer. Natif de Manosque, le chef Éric Canino a été marqué par sa longue et fructueuse collaboration avec l'inventeur de la cuisine bien-être, Michel Guérard. Il s'inspire du maître pour composer sa propre partition provençale, avec fruits et légumes, poissons et fruits de mer (plus quelques volailles), relevés d'herbes aromatiques et d'huile d'olive – le beurre et la crème n'ont guère droit de cité ici. Du thon frotté aux épices de voyage à la volaille de Bresse associée subtilement au homard, chaque recette aspire à la santé et à la légèreté...

🛏 ✀ ♿ 🍴 **P** – Prix : €€€€

Chemin de la Quessine – ☎ 04 94 44 94 44 – www.lareserve-ramatuelle.com – Fermé les midis

BYBLOS BEACH

MÉDITERRANÉENNE • **TENDANCE** Sur la plage de Pampelonne, aujourd'hui entièrement réhabilitée dans une perspective durable, ce bibelot brillant tout de bois sablé et de coton n'est pas réservé aux seules bimbos ! Au programme : de délicieux poissons, des viandes grillées au feu de bois et des pâtes très prisées – à déguster les pieds dans le sable, face à la mer... sous le soleil exactement.

⇐ ᴊ ᴊ **P** – Prix : €€

Boulevard Patch – ℰ 04 94 43 15 00 – www.byblos-beach.com – Fermé soir

JARDIN TROPEZINA

MÉDITERRANÉENNE • **ÉLÉGANT** Intégré en douceur sur la mythique plage de Pampelonne, ce jardin-terrasse méditerranéen, où domine le bois et les plantes, tient ses promesses. Un cadre irrésistible face à la mer où l'on se régale grâce à une carte gourmande et généreuse qui fait la part belle aux viandes et aux poissons d'exception, ainsi qu'aux produits du soleil...

⇐ ᴊ ᴊ **P** – Prix : €€€

Route de Tahiti – ℰ 04 94 97 36 78 – www.jardin-tropezina.fr/fr

LA RÉSERVE À LA PLAGE

MÉDITERRANÉENNE • **DÉCONTRACTÉ** Voici la Réserve Ramatuelle, version plage de Pampelonne, sous les atours charmeurs de ce restaurant de plage, chic et décontracté, et signé... Philippe Starck. Aux fourneaux, le chef normand Nicolas Cantrel séduit une clientèle aux anges avec une cuisine d'esprit riviera, de belles viandes, la pêche du jour et toujours des produits de qualité.

⇐ ᴊ ᴊ – Prix : €€€€

Chemin de l'Épi – ℰ 07 85 14 72 90 – www.lareserve-plage.com – Fermé soir

🛏 VILLA MARIE   *Plus*

CLASSIQUE CONTEMPORAIN Raffinement, luxe et charme réunis sous le même toit en cette villa enchanteresse nichée dans une pinède dominant la baie de Pampelonne. Les chambres, soigneusement décorées dans un esprit de demeure bourgeoise provençale, ont un charme fou ! Ajoutez à cela un spa, véritable centre de soins, une superbe piscine aux reflets céladon creusée dans la roche, et une atmosphère décontractée.

🛁 **P** ᴊ ᴊ ᴊ ᴊ ᴊ ᴊ - 45 chambres – Prix : €€€€

1100 chemin de Val-de-Rian – ℰ 04 94 97 40 22

RAMBOUILLET

✉ 78120 – Yvelines – Carte régionale n° **15**–A2

L'ORANGERIE DES TROIS ROYS

POISSONS ET FRUITS DE MER • **ÉLÉGANT** Sculptures et plantes vertes sous la verrière, fauteuils club dans la salle à l'ambiance british, charmante terrasse ombragée... un ravissant cadre pour cette Orangerie où vous serez reçu comme un roi. Ici, poissons et fruits de mer sont à l'honneur : nage de lotte au curry vert et lait de coco, sole meunière à la cuisson parfaite. Pâtisseries signées Chez Francis (artisan rambolitain bien connu).

ᴊ ᴊ ᴊ – Prix : €€€

4 rue Raymond-Poincaré – ℰ 01 30 88 69 95 – www.lorangeriedestroisroys.fr – Fermé samedi et dimanche

RAMONVILLE-SAINT-AGNE

✉ 31520 – Haute-Garonne – Carte régionale n° **22**–B2

😊 LA TABLE DE LAURENT

MODERNE • CONVIVIAL Laurent Prat travaille de jolis produits (langoustine, lotte, etc.) dans des menus à prix serrés, entre recettes classiques et d'autres plus modernes, toujours bien ficelées, à l'image de ce carpaccio de veau, coques bretonnes, vinaigrette ponzu et feuille de nori...

&⬛🏠 – Prix : €€

28 rue Jacques-Prévert – ☎ 05 61 73 61 62 – latabledelaurent.com – Fermé lundi, dimanche, samedi midi et mercredi soir

RAYOL-CANADEL-SUR-MER

✉ 83820 – Var – Carte régionale n° **24**–C3

LE CAFÉ L'ENVOL

MODERNE • CONTEMPORAIN Véritable promontoire sur les hauteurs de Rayol-Canadel-sur-Mer, l'hôtel La Villa Douce offre un panorama à couper le souffle sur la Méditerranée et les îles d'Or. En cuisine, l'équipe compose des assiettes légères et soignées, au fort accent marin, comme ce dos de cabillaud sauce vierge aussi gourmand que maîtrisé. Ambiance décontractée, service aux petits soins.

≤&🏠◻ – Prix : €€

8 corniche de Paris – ☎ 04 94 15 30 30 – www.lavilladouce.com/fr – Fermé les midis

LE RELAIS DES MAURES

TRADITIONNELLE • RUSTIQUE Cette grande auberge cultive le goût du Sud. Le chef y réalise une cuisine pétrie de tradition, calée sur le marché et bien ficelée, pour un excellent rapport plaisir/prix. Quelques chambres pour prolonger le séjour, avec vue sur la mer au 2 e étage. Une adresse sympathique.

🛏&🏠◻ – Prix : €€

1 avenue Charles-Koecklin – ☎ 04 94 05 61 27 – www.lerelaisdesmaures.fr – Fermé lundi et dimanche soir

🛏 LE BAILLI DE SUFFREN   *Plus*

CLASSIQUE CONTEMPORAIN Superbe vue sur les îles d'Hyères depuis ce bel hôtel les pieds dans l'eau, entièrement rénové dans une veine contemporaine méditerranéenne jaune (sable, soleil) et bleu (mer, ciel). Plage privée, balcons et terrasses face aux flots... Ou comment vivre en intimité avec la mer ! Petit espace bien-être, avec salles de soins.

🛀◻☁♨🛏🌲♨🍴 - 55 chambres – Prix : €€€€

Avenue des Américains – ☎ 04 98 04 47 00

🛏 LA VILLA DOUCE

DESIGN MODERNE L'enseigne tient sa promesse de vie douce, mais d'un style plutôt moderne : presque nordique dans son minimalisme, décoré de bleus et de gris faisant écho aux paysages méditerranéens. Chambres et suites offrent des vues sur la mer, et leurs intérieurs contemporains sont animés d'œuvres d'art et des textiles aux motifs de faune et de flore. Les chambres standard sont douillettes mais confortables, avec des douches à l'italienne, tandis que les suites s'agrandissent aux dimensions généreuses, et la "Flat Suite" familiale à deux chambres ajoute une baignoire. Sous le bleu du ciel, piscine, solarium et une salle de soins pour le spa. Petit-déjeuner en terrasse face à la mer, bar à cocktails.

◻☁♨🛏🌲♨🏋🍴 - 31 chambres – Prix : €€

8 corniche de Paris – ☎ 04 94 15 30 30

Le Café L'Envol - Voir la sélection des restaurants

REIGNIER

✉ 74930 – Haute-Savoie – Carte régionale n° **4**–F1

LA TABLE D'ANGÈLE

TRADITIONNELLE • BISTRO Ce restaurant avec véranda propose une appétissante cuisine de bistrot dans un cadre contemporain. Au hasard de la carte : ris de
veau rôti, poêlée de girolles et lardons, sauce meurette ; entrecôte Angus et frites
fraîches des pays de Savoie... Terrasse calme sur l'arrière.

&⌂ – Prix : €€

*273 Grande-Rue – 𝒞 04 50 31 16 16 – www.tabledangele.com – Fermé lundi et
dimanche*

REIMS

✉ 51100 – Marne – Carte régionale n° **11**–B2

Des pierres et des bulles ! Parmi les trésors de Reims, il y a cette cathédrale, l'une des plus vastes de France, un joyau à contempler en fin d'après-midi, quand le soleil effleure sa grande rosace et ses milliers de sculptures... Il y a aussi les somptueuses caves des maisons de champagne, qui conservent jalousement leurs flacons au cœur des crayères de la colline Saint-Nicaise. Profondes et labyrinthiques, les caves de Reims jouissent d'une réputation mondiale.

Mumm, Taittinger, Veuve Clicquot-Ponsardin, Ruinart : la visite de l'une d'entre elles, au moins, s'impose. Autre visite incontournable : les halles du Boulingrin et leur voûte en béton armé des années 1920 – véritable prouesse architecturale. Au sol des étals fixes en faïence se couvrent de produits frais trois jours par semaine. À vous jambon de Reims, charcuteries des Ardennes et fromages comme le chaource ou le langres !

de sa chaise : près de 900 références sélectionnées avec soin, dans une recherche permanente de cohérence avec la cuisine. Au dessert, c'est le champion de France 2019 Yoann Normand qui signe une série de créations sucrées aussi belles que bonnes.

🕸 🐾 🖢 🕍 ⇄ 🖲 🅿 – Prix : €€€€

Hors plan – *64 boulevard Henry-Vasnier* – ☏ *03 26 24 90 00* – *www.lescrayeres.com – Fermé lundi et mardi*

✿✿ RACINE

Chef : Kazuyuki Tanaka

CRÉATIVE • ÉLÉGANT Au cœur de Reims, il se passe assurément quelque chose dans ce petit restaurant au ravissant cadre contemporain épuré dont les baies vitrées donnent sur un charmant jardin japonais. Un cadre en parfaite harmonie avec la cuisine de Kazuyuki Tanaka, chef japonais, ancien second de Régis Marcon. Il cisèle d'élégantes recettes créatives aux saveurs et influences multiples. On se laisse surprendre par chaque assiette tant par la qualité des ingrédients que par leur maitrise technique et leur esthétique. Il utilise avec malice herbes aromatiques, légumes, plantes, condiments... Très belle carte des vins avec notamment 250 champagnes.

🕸 ♿ 🖾 – Prix : €€€€

Plan : B2-3 – *6 place Godinot* – ☏ *03 26 35 16 95* – *www.racine.re* – *Fermé mardi, mercredi et jeudi midi*

✿ LE FOCH

Chef : Jacky Louazé

MODERNE • CONTEMPORAIN Dans cette maison sérieuse, installée au bord des fameuses Promenades (des cours ombragés), le chef Jacky Louazé attire à lui une clientèle fidèle, pour ne pas dire dévouée. Qu'est-ce qui lui vaut un tel succès ? Sans doute cette manière créative qui n'appartient qu'à lui, mais aussi plus généralement cette carte où les produits de qualité sont rois et notamment les poissons et crustacés : homard bleu, céréales aux épices, agrumes ; déclinaison autour de la mer ; bar entier cuit en croûte d'argile de Vallauris ; turbot au beurre demi-sel, pommes de terre de Noirmoutier...

🕸 🖾 – Prix : €€€

Plan : A1-4 – *37 boulevard Foch* – ☏ *03 26 47 48 22* – *www.lefoch.com* – *Fermé lundi, dimanche et samedi midi*

🌿 LE JARDIN LES CRAYÈRES

TRADITIONNELLE • TENDANCE La "petite adresse" du Domaine Les Crayères est située dans une dépendance du parc : une brasserie chic, très contemporaine, avec sa jolie véranda et sa terrasse. On y apprécie une savoureuse cuisine de saison réalisée avec de beaux produits.

🖢 ♿ 🖾 🍽 🅿 – Prix : €€

Hors plan – *7 avenue du Général-Giraud* – ☏ *03 26 24 90 90* – *www.lescrayeres.com*

LE CRYPTO

MODERNE • BISTRO En face du célèbre cryptoportique de Reims (une galerie souterraine datant de l'époque romaine), ce bistrot est tenu par Frédéric Dupont, cuisinier au parcours éloquent. Bons risottos, solide carte des vins, service attentionné : une belle adresse.

♿ 🖾 – Prix : €€

Plan : B2-8 – *14 place du Forum* – ☏ *03 26 25 27 81* – *restaurantlecrypto.eatbu.com/?lang=fr – Fermé lundi et dimanche*

LA GRANDE GEORGETTE 🆕

MODERNE • CONTEMPORAIN La Grande Georgette ? L'échelle des pompiers, baptisée du prénom de la femme du capitaine ! Dans ce bâtiment de style industriel

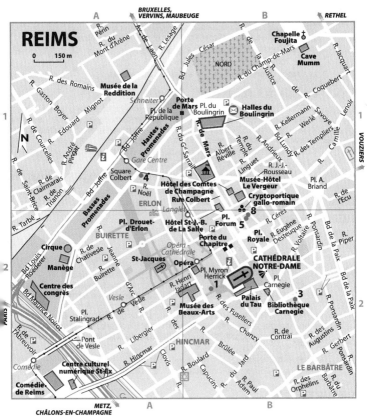

REIMS

0   150 m

BRUXELLES, VERVINS, MAUBEUGE

RETHEL

Chapelle Foujita

Cave Mumm

NORD

Musée de la Reddition

Porte de Mars

Pl. du Boulingrin

Halles du Boulingrin

Hautes Promenades

Gare Centre

Square Colbert

Pl. Noël

4

Hôtel des Comtes de Champagne

Rue Colbert

Musée-Hôtel Le Vergeur

Cryptoportique gallo-romain

8

ERLON

Basses Promenades

Pl. Drouet-d'Erlon

Hôtel St-J.-B. de La Salle

Pl. Forum

5

BUIRETTE

Cirque

Opéra Cathédrale

Porte du Chapitre

Pl. Royale

CATHÉDRALE NOTRE-DAME

Manège

St-Jacques

Opéra

Centre des congrès

Pl. Myron Herrick

1

Pl. Carnegie

Musée des Beaux-Arts

Palais du Tau

Bibliothèque Carnegie

3

HINCMAR

Pont de Vesle

Centre culturel numérique St-Ex

LE BARBÂTRE

Comédie

Comédie de Reims

METZ, CHÂLONS-EN-CHAMPAGNE

1900 accolé à l'ancienne caserne Chanzy, le jeune chef Julien Raphanel déroule une carte bistronomique de bon aloi : biscuit de brochet aux champignons et sauce Noilly-Prat, pigeon de Racan en cocotte et céleri confit à la vanille, clémentine corse façon Suzette... Depuis la terrasse avec vue imprenable, on ne se lasse pas d'admirer la façade de la cathédrale Notre-Dame.

– Prix : €€€

Hors plan – *18 rue Tronson-Ducoudray* – ℰ *03 26 83 18 18* – *www. lacasernechanzy.com*

LE MILLÉNAIRE

MODERNE • ÉLÉGANT Non loin de la place Royale, le Millénaire est emmené par le chef Hervé Raphanel, qui préserve les fondamentaux de la maison : technique solide, portions généreuses, produits de qualité, saveurs bien présentes.

– Prix : €€€€

Plan : B2-5 – *4 rue Bertin* – ℰ *03 26 08 26 62* – *www.lemillenaire.com* – *Fermé lundi et dimanche*

LA CASERNE CHANZY   *Plus*

DESIGN MODERNE Une caserne, cet édifice Art déco au teint blond ? Oui, mais occupée désormais par le seul hôtel de luxe de la ville. La plupart de ses chambres et suites donnent sur la majestueuse cathédrale Notre-Dame (14ᵉ s.). À l'intérieur, en revanche, elles sont purement contemporaines, avec leur nuancier Champagne, leurs matières nobles et leurs équipements ultramodernes. Dans les étages supérieurs, les suites sont remarquables pour leur vue, mais aussi pour leur taille généreuse. L'hôtel dispose d'un spa et d'un centre de fitness tout équipé.

 🦽 🐾 🅿 ○ ⟨ 🚲 🎣 🍷 📶 🐾 ⅃⅃ 🛁 ⅃⅂ⅈⅉ - 89 chambres – Prix : €€

18 rue Tronsson Ducoudray – ☏ 03 26 83 18 18

La Grande Georgette - Voir la sélection des restaurants

🛏 ### DOMAINE LES CRAYÈRES *Plus*

ÉLÉGANCE TRADITIONNELLE Dans un grand parc, un décor brillant comme… du champagne. Faut-il préciser que cette superbe demeure est entourée des caves les plus renommées ? Un vrai symbole du luxe à la française que cet établissement, tout en raffinement, tentures épaisses, mobilier bourgeois…

 🦽 🐾 🅿 ○ ⟨ 🚲 🚲 ⅃⅂ⅈⅉ - 20 chambres – Prix : €€€€

64 boulevard Henry Vasnier – ☏ 03 26 24 90 00

🌼🌼 **Le Parc Les Crayères** • 🌸 **Le Jardin Les Crayères** - Voir la sélection des restaurants

---

RÉMALARD-EN-PERCHE
✉ 61110 – Orne – Carte régionale n° **17**–C3

D'UNE ÎLE

DU TERROIR • MAISON DE CAMPAGNE L'annexe campagnarde de Septime. On y réalise une cuisine durable, saisonnière et rustique ancrée dans son environnement, ne se nourrissant que des produits de qualité des marchés environnants (Sarthe ou Normandie) - et dans une moindre mesure, de la récolte du potager de la ferme. Côté salle, un lieu rustique chic, décoré avec goût. Dans le même esprit, quelques chambres invitent à s'attarder sur cette colline boisée du Perche, avec arbres fruitiers, ruches ainsi qu'un sauna donnant sur la nature. Une démarche culinaire et humaine très louable.

⇔ 🚲 🍷 – Prix : €€

Domaine de l'Aunay, lieu-dit l'Aunay – ☏ 02 33 83 01 47 – www.duneile.com

---

REMIREMONT
✉ 88200 – Vosges – Carte régionale n° **12**–C3

LE CLOS HEURTEBISE

MODERNE • ÉLÉGANT À l'écart de l'agitation, cette maison bourgeoise tenue par un couple sympathique propose une cuisine dans l'air du temps – ainsi cet omble chevalier mariné aux agrumes et sa mousse de petits pois, ou cette pavlova aux fraises gariguette. La terrasse d'été offre une jolie vue sur les ballons des Vosges.

🚲 🍷 ⟳ 🅿 – Prix : €€

13 chemin des Capucins – ☏ 03 29 62 08 04 – www.leclosheurtebise.com – Fermé lundi et mercredi, et dimanche soir

---

RENESCURE
✉ 59173 – Nord – Carte régionale n° **13**–B2

LA TABLE DE ROMAIN

CLASSIQUE • CONVIVIAL Située au cœur du bourg, cette maison de village, typique de l'architecture locale est le quartier-général d'un chef qui propose un menu à tarif imbattable en semaine, et plus élaboré en fin de semaine - quelques produits nobles y pointent le bout de leur nez. Recettes et produits changent régulièrement… Le tout dans un intérieur chic et convivial.

🍷 ⟳ – Prix : €

1 rue Gaston-Robbe – ☏ 09 67 35 23 60 – tablederomain.kazeo.com – Fermé lundi, samedi midi, et mardi, mercredi, jeudi et dimanche soir

RENNES

✉ 35000 – Ille-et-Vilaine – Carte régionale n° **7**-D2

La capitale de la région Bretagne n'a pas encore l'image gastronomique d'une ville comme Bordeaux ou Toulouse. Pourtant, entre mer et campagne, la ville des Transmusicales est en train de devenir un rendez-vous de "foodies" ! Elle le doit beaucoup à l'emblématique marché des Lices dont les premières traces remontent à 1622. Chaque samedi, quelque 300 producteurs et marchands accueillent 10 000 visiteurs dans deux halles historiques. La proximité de la mer est une bénédiction pour les amateurs d'huîtres, qui trouveront de nombreux ostréiculteurs de Cancale et du Morbihan, ainsi que des coquilles Saint-Jacques en direct de la baie de St-Brieuc. Volailles, légumes, fruits ou encore cidres méritent aussi le détour. Évidemment, on ne quitte pas le marché sans avoir croqué dans une galette-saucisse, une tradition du pays.

⁣❀ **HOLEN**

Chef : Tugdual Debéthune

DU MARCHÉ • COSY "La saisonnalité dans l'assiette" : tel est le credo de ce chef talentueux, au parcours étincelant (Auberge de l'Ill, Michel Bras, Emile Jung). Ses recettes, aux influences bretonnes, confirment son attachement aux meilleurs produits : légumes de petits producteurs locaux cultivés en permaculture, poissons issus de petits chaluts côtiers et non de pêche intensive (ce qui lui vaut d'être labélisé Greenfood). Holen possède également son potager et réalise son compost. Dans l'assiette, une cuisine éthique et goûteuse, finement réalisée, autour de menus surprises. À déguster dans un cadre de bistrot relooké aux matières naturelles. Un petit bonheur.

❀ L'engagement du chef : Notre cuisine créative est inspirée par les produits de saison. Nous n'avons pas de stock pour éviter la péremption des denrées, nous faisons le marché trois fois par semaine. Maraîcher bio, pêche de petits bateaux, herbes aromatiques de mon jardin, compostage des déchets.

&. ✿ – Prix : €€€

Plan : B2-2 – *2 rue des Carmes* – ℰ *02 99 79 28 95* – *www.restaurant-holen.fr* – *Fermé lundi et dimanche*

⁣❀ **IMA**

Chef : Julien Lemarié

CRÉATIVE • CONTEMPORAIN "La cuisine a toujours été pour moi un moyen de voyager", explique le chef Julien Lemarié, qui a promené ses couteaux de Londres à Tokyo en passant par Singapour. Le nom de son restaurant, IMA, signifie "maintenant" en japonais. Une cuisine d'instinct et de technicien talentueux autour de menus dégustation surfant avec subtilité entre influences régionales et asiatiques. Le chef transcende chacun des plats à coup de bouillons, d'infusions, d'épices, de plantes aromatiques et d'algues. Ceux qui veulent vivre l'expérience à la japonaise s'installeront au comptoir. C'est désormais à vous de voyager !

❀ **L'engagement du chef :** Nos produits - œufs, beurre, crème, poissons, viande, légumes, herbes sauvages, algues pêchées à pied, tofu, miso - sont issus des circuits courts. Nous faisons également des commandes groupées avec plusieurs restaurants rennais, notamment pour les agrumes, certains poissons et bêtes sur pied. Nous réduisons le volume des déchets d'origine animale et végétale avec un déshydrateur-compacteur. Le substrat qui en est issu est donné à un producteur de légumes.

Prix : €€€€

Plan : A3-3 – *20 boulevard de la Tour-d'Auvergne* – ☏ *02 23 47 82 74* – *www.ima.restaurant* – *Fermé lundi, mardi et dimanche*

☸ ## RACINES

Cheffe : Virginie Giboire

MODERNE • ÉLÉGANT Quand une jeune cheffe rennaise pleine de talent, Virginie Giboire, flatte ses "Racines", cela donne une plaisante cuisine dans l'air du temps aux assiettes élégantes. Forte d'un CV en or massif (dont on retiendra seulement ses postes aux côtés de Guy Martin et de Thierry Marx qui, dit-elle "lui a tout appris"), elle compose une cuisine intelligente et limpide, qui tombe toujours juste, organisée autour d'une carte courte. Jeux de textures intéressants, subtilité des associations de saveurs, et toujours ces beaux produits, venus des nombreux petits producteurs bretons. Le tout dans un joli cadre moderne et lumineux.

&. 🅰🅒 ⇔ – Prix : €€€

Plan : A3-1 – *4 passage Antoinette Caillot* – ☏ *02 99 65 64 21* – *www.racines-restaurant.fr* – *Fermé lundi, dimanche et samedi midi*

☺ ## LA PETITE OURSE

DU MARCHÉ • CONTEMPORAIN De retour sur les lieux de leur rencontre, Charlotte et Germain ont ouvert ce restaurant à leur image : convivial et respirant la joie de vivre ! Le succès fut immédiat, et pour cause : produits choisis avec soin (maraîcher et volailles bio du coin, idem pour le pain paysan), assiettes pleines de goût et de bonnes idées, cuisine simple et efficace à des tarifs plus que raisonnables...

Prix : €

Plan : A2-6 – *48 boulevard de la Liberté* – ☏ *09 52 84 33 61* – *www.restaurantlapetiteourse.com* – *Fermé samedi et dimanche, et du lundi au vendredi soir*

BERCAIL

DU MARCHÉ • CONVIVIAL Dans un coin animé du vieux centre, deux jeunes pleins de talent, Sibylle et Grégoire, composent à quatre mains un menu surprise de premier ordre, à la gloire des petits producteurs et de la cueillette. Les assiettes pétillent de saveurs, on les accompagne d'un excellent pain au levain maison et de vins judicieusement choisis. Une adresse attachante.

Prix : €€€

Plan : B2-8 – *33 rue Saint-Melaine* – ☏ *02 99 87 50 25* – *bercail-penates.com* – *Fermé lundi, dimanche et du mardi au samedi à midi*

ESSENTIEL

MODERNE • CONTEMPORAIN Sur le pittoresque canal d'Ille-et-Rance, un bâtiment original, tout de verre vêtu. Bois, briques, structure métallique : le lieu évoque un loft urbain et se révèle charmant. Bien installée aux commandes, la cheffe Blandine Lucas revisite les classiques bistrotiers, et s'appuie sur des bons produits – on pense notamment aux nombreux légumes issus du potager maison.

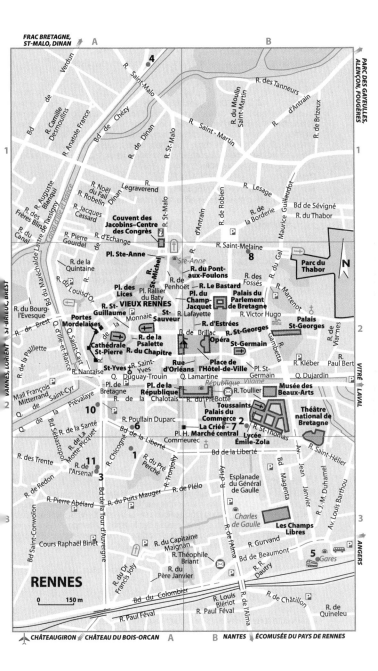

A   B

PARC DES GAYEULLES,
ALENÇON, FOUGÈRES

Verdun

R. Camille
Desmoulins

R. Saint-Malo

4

R. des Tanneurs

R. du Moulin
Saint-Martin

R. d'Antrain

R. de Brizeux

Bd de

R. Auguste
Bunau

R. des
Frères Blin

de Tassigny

R. Anatole France

Bd de Chézy

R. de Dinan

R. de Dinan

R. St-Malo

Saint - Martin

R. de Robien

R. Lesage

Bd de Sévigné

R. du Thabor

Maurice Guillaudot

1   1

Canal d'Ille-et-Rance

Bd du Maréchal de Lattre de Tassigny

R. Jacques
Cassard

R. Noël
du Fail

R. Robelin

R. St-Malo

Legraverend

R. de
Dinan

d'Antrain

R. de
la Borderie

R. du
Canal

R. Pierre
Gourdel

R. d'Echange

R. Saint-Melaine

R. du Gal

Parc du
Thabor

R. de la
Quintaine

Couvent des
Jacobins–Centre
des Congrès

Pl. Ste-Anne

Ste-Anne

8

R. des
Fossés

R. Martenot

N

R. du Louis d'Or

Pl. des
Lices

R. St-
Michel

R. du
Penhoët

R. du Pont-
aux-Foulons

R. Le Bastard

Palais du
Parlement
de Bretagne

R. du Bourg-
l'Evesque

R. de - Brest

Pl. Rallier
du Baty

VIEUX RENNES

Pl. du
Champ-
Jacquet

R. de la
Paillette

R. d'Ille-et-Rance

Q. Saint-Cast

R. St-
Guillaume

Monnaie

St-
Sauveur

R. Lafayette

R. Victor Hugo

Palais
St-Georges

R. de
Varnes

Portes
Mordelaises

la

R. de la
Psalette

de Brillac

R. d'Estrées

R. St-Georges

Opéra

St-Germain

Cambetta

2   2

R. Nantaise

Cathédrale
St-Pierre

R. du Chapitre

St-Yves

R. Saint-
Yves

Q. Duguay-Trouin

Place de
l'Hôtel-de-Ville

Rue
d'Orléans

Pl. St-
Germain

R. Kléber

R.
Paul Bert

Q. Dujardin

Mail François
Mitterrand

Q. de Saint-Cyr

de la
Prévalaye

Pl. de
Bretagne

Pl. de la
République

R. de la Chalotais

Q. Lamartine

R. du PréBotté

République

Vilaine

R. Toullier

Musée des
Beaux-Arts

10

Bd Sébastopol

R. de la Santé

de la Motte-Picquet

R. Poullain Duparc

6

R. Chicogné

Bd de la Liberté

R. du Pré
Perché

Palais du
Commerce

La Criée - 7

Pl. H. Marché central
Commeurec

Toussaints

2

R. St-Thomas

Lycée
Émile-Zola

Théâtre
national de
Bretagne

Av. Janvier

R. Saint-Hélier

11

R. de
l'Arsenal

3

1

Bd de la tour d'Auvergne

R. du Puits Mauger

R. Tronjolly

R. de Plélo

Bd de la Liberté

Aisy

Bd

Magenta

Jean Janvier

R. des Trente

R. de Redon

R. Pierre Abélard

Esplanade
du Général
de Gaulle

Charles
de Gaulle

Les Champs
Libres

R. J.-M. Duhamel

Av. Louis Barthou

3   3

Bd Saint-Conwoïon

Cours Raphaël Binet

R. du Capitaine
Maignan

R. Théophile
Briant

R. Gurvand

Bd de Beaumont

5

Gares

ANGERS

R. du Dr
Francis Joly

R. du
Père Janvier

R. R.
Dautry

R. de l'Alma

R. de Châtillon

RENNES

0   150 m

Bd du Colombier

R. Louis
Blériot

R. Paul Féval

R. Paul Féval

R. de
Quineleu

VANNES, LORIENT ➤ ST-BRIEUC, BREST

VITRÉ ➤ LAVAL

Quelques exemples de plats ? Raviole lard et champignons, émulsion parmesan ; dos de lieu noir, risotto de blé, crème de poireau.

🍽 ⅃ ☂ 🅿 – Prix : €€

Plan : A1-4 – *11 rue Armand-Rébillon* – 𝒞 *02 99 14 25 14* – *www. restaurantessentiel.com* – *Fermé lundi et dimanche, et mardi soir*

FEZI 🆕

MODERNE • BISTRO Oh le gentil bistrot de quartier à prix doux, comme il en faudrait à chaque coin de rue, avec autant d'animation que de décontraction ! Fezi signifie "fait maison" en "gallo". Cédric Bruneau, le jeune chef patron, prépare en effet une bonne cuisine du marché sans fioriture, privilégiant les produits de la région ; le jour de notre repas : beignets de légumes et houmous au citron ; cabillaud, poireau, courge, beurre blanc au cidre ; riz au lait, sureau, kiwi, orange sanguine. Vin nature ou en biodynamie.

Prix : €

Hors plan – *42 avenue du Sergent-Maginot* – 𝒞 *02 99 36 69 51* – *fezi-restaurant. fr* – *Fermé lundi, dimanche, samedi midi et mardi soir*

LES FRANGINS

ACTUELLE • CONTEMPORAIN Place de Bretagne, à deux pas du canal d'Ille et Rance, les deux frangins accueillent dans cette adresse moderne où le bleu domine. Gnocchettis, comté, huile de truffe, paleron de veau confit à la carotte : on vient ici pour déguster de bons petits plats mitonnés façon bistronomie, repérés sur une ardoise constamment renouvelée au gré du temps qu'il fait. Déjeuner à prix canon ; propositions plus ambitieuses le soir.

& 🅰🅲 ↔ – Prix : €€

Plan : A2-10 – *4 place de Bretagne* – 𝒞 *02 99 30 42 01* – *www.lesfranginsrennes. com* – *Fermé samedi et dimanche*

IMAYOKO

JAPONAISE • BISTRO Voici l'annexe de la table étoilée et japonisante du chef Julien Lemarié (IMA). Ce dernier propose au déjeuner un concept de donburi, ce plat nippon à base de riz agrémenté de différents ingrédients, au gré de la saison ou de l'inspiration. Le soir, la formule passe en version izakaya (l'équivalent de notre petit bistrot) avec des assiettes à partager. Petite salle contemporaine vert kaki, tables normales ou hautes, comptoir avec quelques tabourets.

Prix : €

Plan : A3-11 – *20 boulevard de la Tour-d'Auvergne* – 𝒞 *02 99 52 03 46* – *imayoko.restaurant* – *Fermé lundi, dimanche, et mardi et samedi à midi*

LE PARIS-BREST

MODERNE • CONTEMPORAIN La nouvelle gare de Rennes s'est choisie un cuisinier breton emblématique pour réinventer son "buffet de gare" : Christian Le Squer, chef du restaurant 3 étoiles du Cinq au Four Seasons Paris. Il revisite avec malice la cuisine traditionnelle de ses origines grâce à des touches contemporaines. Alliance du design (agence Jouin-Manku), de la bistronomie et d'une carte des vins élaborée par Eric Beaumard (sommelier breton). Une sympathique escale.

& 🅰🅲 ↔ – Prix : €€

Plan : B3-5 – *Gare de Rennes* – 𝒞 *02 99 53 59 89* – *parisbrest.bzh*

POF 🆕

CRÉATIVE • CONTEMPORAIN Le midi, menu du jour annoncé à l'ardoise ; au dîner, petite carte de « ty plats » à partager aux noms évocateurs et ludiques ("c'est de la boulette" ; "l'œuf de la mort qui tue" ; "ton tataki" ; "galette du coin-coin") : les associés, qui ont bourlingué sur la planète, aiment la convivialité, le métissage (sauce au satay ; fondue de poireaux au combava et lait de coco ; banana bread) et la cuisine du marché au goût du jour.

Prix : €

Hors plan – *35 boulevard Georges-Clemenceau – ℰ 02 99 77 88 88 – www.pof-resto.fr – Fermé samedi et dimanche, et du lundi au mercredi soir*

LA TABLE DU BALTHAZAR

MODERNE • CONTEMPORAIN Au sein du meilleur hôtel de la ville, un restaurant au cadre chic et contemporain. La cuisine, bien dans son époque, est déclinée sous forme de carte au fil des saisons. Fraîcheur de tomates cerise et melon, gelée de citron ; médaillons de lotte basse température, écume curry, courgettes et oignons nouveaux... Jolie cour-jardin.

&. 🅰 🈺 – Prix : €€

Plan : B2-7 – *28 rue Vasselot – ℰ 02 99 32 76 14 – hotel-balthazar.com – Fermé dimanche et du lundi au samedi à midi*

BALTHAZAR *Plus*

DESIGN MODERNE Depuis 2014, l'établissement s'est imposé comme le meilleur de la ville : derrière une belle façade classique, peinte de gris perle, les aménagements allient lignes élégantes et larges volumes, matières naturelles et ambiance feutrée, services de qualité et agréable spa... Un ensemble contemporain qui fait référence.

🈺 🅿 🛏 🍽 🚿 🌐 ♨ 🛁 ⑩ - 56 chambres – Prix : €

19 rue du Marechal Joffre – ℰ 02 99 32 32 32

La Table du Balthazar - Voir la sélection des restaurants

MAGIC HALL *Plus*

AVANT-GARDE Cet ancien bâtiment militaire, un temps transformé en cinéma, s'est réinventé en hôtel. Les chambres jouent sur l'originalité, autour de quatre thèmes : théâtre, cinéma, musique et danse. Il y a même un studio de répétition ! Le copieux petit-déjeuner achèvera de vous convaincre de la magie des lieux. Résolument atypique.

🅿 🚿 - 19 chambres – Prix : €

17 rue de la Quintaine – ℰ 02 99 66 21 83

MARNIE & MISTER H *Plus*

CLASSIQUE CONTEMPORAIN Le centre historique de Rennes cache un îlot à l'accent british dans une jolie maison de ville du 16ᵉ s. ornée de colombages. Au-delà de son nom choisi en référence à Alfred Hitchcock, l'esprit britannique des lieux est bien lisible : canapé Chesterfield, tapisseries fleuries, tissus écossais, tea time... mais dosé avec justesse, se glissant avec élégance dans un décor contemporain agrémenté d'objets vintage. Les cinq chambres pastel sont baignées de lumière, et la plus grande dispose d'une cuisine équipée et d'un coin salon. La terrasse ombragée est un délice.

🅿 🚿 - 5 chambres – Prix : €

3 rue du Chapître – ℰ 06 50 37 47 69

LE SAINT-ANTOINE *Plus*

DESIGN MODERNE Une grande façade de verre sur une avenue passante entre gare et centre-ville, pour cet hôtel récent. Le décor des chambres joue la sobriété et la modernité. Au sous-sol, le joli spa propose hammam et bassin de nage à contre-courant.

🅿 🛏 🚿 🍽 🌐 ♨ 🛁 ⅃♭ - 61 chambres – Prix : €

27 avenue Jean Janvier – ℰ 02 23 44 33 33

REPLONGES

✉ 01750 – Ain – Carte régionale n° **2**–B1

 LA HUCHETTE

Chef : Didier Goiffon

MODERNE • CONTEMPORAIN Après 19 ans passés à La Marelle, dans les environs de Bourg-en-Bresse, Sandra et Didier Goiffon ont pris leurs quartiers aux portes de Mâcon. L'auberge, datant des années 1950, a été joliment restaurée tout en conservant son cachet historique, et notamment ces fresques de chasse de la maison alsacienne Zuber. Là, le chef propose la cuisine qui lui ressemble : récréative et spontanée, basée sur des produits de choix (maraîchers du val de Saône, par exemple), avec juste ce qu'il faut de créativité. Bref, c'est un plaisir, que l'on peut même prolonger en réservant l'une des confortables chambres.

⛲ & 🍽 ⇄ 🅿 – Prix : €€€

1089 route de Bourg – ℰ 03 85 31 03 55 – www.la-huchette.com/fr – Fermé du lundi au jeudi à midi, dimanche soir

RETHONDES

✉ 60153 – Oise – Carte régionale n° **14**–C2

AUBERGE DU PONT DE RETHONDES

MODERNE • ÉLÉGANT Sa jolie façade traditionnelle exprime le charme de ce village des bords de l'Aisne. Elle cache une salle moderne et épurée, parfaite pour profiter d'un repas porté par l'imagination du chef et les bons produits de la saison. Terrasse côté jardin.

⛲ & 🍽 ⇄ – Prix : €€€

21 rue du Maréchal-Foch – ℰ 03 44 85 60 24 – aubergedupont-rethondes.fr – Fermé du lundi au jeudi et dimanche soir

REUGNY

✉ 03190 – Allier – Carte régionale n° **1**–B1

LA TABLE DE REUGNY

MODERNE • COSY Sur la route de Montluçon, cette maison vient d'être reprise par un jeune chef, Arnaud Paulus, ancien ingénieur reconverti qui a fait ses classes dans la région. Il s'inscrit dans la lignée de son prédécesseur, tout en imprimant sa marque : carte courte et de saison, cuisine aux bases classiques parsemée de touches plus modernes.

🅰🅲 🍽 ⇄ – Prix : €€

25 route de Paris – ℰ 04 70 06 70 06 – www.latabledereugny.fr – Fermé lundi et mardi, et mercredi et dimanche soir

REUILLY

✉ 36260 – Indre – Carte régionale n° **8**–C3

LES 3 CÉPAGES

MODERNE • CONTEMPORAIN En plein cœur du Berry, au centre du célèbre village viticole de Reuilly, cet ancien hôtel à la façade blanche a trouvé un second souffle sous la houlette d'un couple japonais passionné de cuisine française. On réalise ici une cuisine fine, savoureuse et bien maîtrisée, à partir de produits de belle qualité.

🕃 & 🍽 🅿 – Prix : €€

17 rue de la Gare – ℰ 02 54 03 23 13 – www.les-3-cepages.com – Fermé lundi et mardi, et dimanche soir

REXINGEN

✉ 67320 – Bas-Rhin – Carte régionale n° **10**–A1

LA CHARRUE

TRADITIONNELLE • AUBERGE Cet établissement familial (père et fille en cuisine, la mère en salle) propose une cuisine traditionnelle inspirée de jolis produits (foie gras de canard "origine Alsace" au Gewurztraminer, abricot et jus de clair de fraise ; homard de petite pêche aux girolles fraîches, mousseline de pomme de terre). Menu unique et plus simple le midi. Réservation fortement conseillée.

Prix : €€

13 rue Principale – ☏ 03 88 01 77 36 – Fermé lundi et mardi, et dimanche soir

LE RHEU

✉ 35650 – Ille-et-Vilaine – Carte régionale n° **7**–D2

LES TOURELLES - CHÂTEAU D'APIGNÉ

MODERNE • ROMANTIQUE Restaurant à l'atmosphère romantique niché dans un élégant château néo-Renaissance bâti en 1833 au cœur d'un vaste parc. Dans ses charmants salons on sert une appétissante cuisine d'aujourd'hui valorisant les produits locaux. En été, belle terrasse. Chambres pour prolonger l'expérience.

🗝🛗🐕🌿🅿 – Prix : €€

Route de Chavagne – ☏ 02 99 14 80 66 – www.chateau-apigne.fr – Fermé lundi, du mardi au samedi à midi, et dimanche soir

RHINAU

✉ 67860 – Bas-Rhin – Carte régionale n° **10**–B2

❀ ### AU VIEUX COUVENT

Chef : Alexis Albrecht

CRÉATIVE • CONTEMPORAIN On repère de loin cette engageante maison couleur terre, ornée de quelques colombages emblématiques du Bas-Rhin, et située près des berges fleuries du Brunnwasser : une ancienne dépendance de l'abbaye cistercienne de Koenigsbruck. Dans l'assiette, on profite du travail d'Alexis Albrecht, passé par de grandes tables (au Crocodile, chez les frères Pourcel et chez Jacques Maximin). Sa cuisine généreuse et respectueuse des saisons ne badine pas avec le terroir et les produits locaux. Ainsi, les poissons du Rhin et le gibier du Ried sont ici chez eux... sans oublier les nombreux légumes et autres herbes aromatiques du potager familial qu'il cultive avec son père.

❀ L'engagement du chef : Nous avons 60 ares de potager depuis la création du restaurant. Notre production nous rend autonome à 80%. Nous travaillons avec des pêcheurs professionnels sur le Rhin, des chasseurs locaux pour le gibier et des fermes locales pour le veau, les volailles, le cochon, les escargots, le lait...

🛗🅰🌿 – Prix : €€€€

6 rue des Chanoines – ☏ 03 88 74 61 15 – www.auvieuxcouvent.fr/fr – Fermé mardi et mercredi, et lundi soir

RIBEAUVILLÉ

✉ 68150 – Haut-Rhin – Carte régionale n° **10**–C2

😊 ### AU RELAIS DES MÉNÉTRIERS

MODERNE • COSY Le temps est loin où les ménétriers, ces violonistes itinérants, allaient d'auberge en auberge... mais l'hospitalité est toujours la règle en ce relais, comme les bons plats ! Le chef concocte une bonne cuisine dans l'air du temps, qui met en valeur le terroir alsacien. Le résultat est là : générosité et goût.

Prix : €€

*10 avenue du Général-de-Gaulle – 𝒞 03 89 73 64 52 – restaurant-menetriers.
com – Fermé lundi et jeudi, et dimanche soir*

AUBERGE DU PARC CAROLA

MODERNE • CONTEMPORAIN La jeune cheffe allemande, Michaela Peters,
continue de régaler les gourmands à quelques pas de la source Carola. Avec son
compagnon pâtissier, elle signe une cuisine sincère et inspirée, à l'instar de son œuf
bio d'Alsace à 64° aux truffes d'été, mousseline de pomme de terre nouvelle... Jolie
terrasse sous les arbres.

🚗♿🌂 – Prix : €€€

*48 route de Bergheim – 𝒞 03 89 86 05 75 – auberge-parc-carola.com –
Fermé mardi et mercredi, et lundi soir*

LE CAMMISSAR ⓝ

MODERNE • ÉLÉGANT En voilà un jeune chef qui n'a pas froid aux yeux. Dans
cette bâtisse rouge à colombages du 15ᵉ s. restaurée à grand frais, il sort le grand jeu
et convainc sans peine - la valeur n'attend pas le nombre des années ! Il signe une
cuisine moderne de saison en choisissant avec soin de beaux produits où cuissons
et textures se renforcent avec goût, comme sur cette noix d'entrecôte, pommes
dauphine, girolles et artichauts frits : simple et efficace.

🌂🛑 – Prix : €€€

81 Grand'Rue – 𝒞 03 89 86 60 87 – www.cammissar.fr – Fermé mardi et mercredi

WISTUB ZUM PFIFFERHÜS

ALSACIENNE • RUSTIQUE Cette charmante winstub est un modèle du genre
(boiseries, vieilles poutres, fresques) ; la convivialité règne, surtout lors du Pfifferdaj
(fête des ménétriers). Le chef tient à ce que tout soit fait maison et défend avec
amour la cuisine du terroir.

Prix : €

14 Grand'Rue – 𝒞 03 89 73 62 28 – Fermé mercredi et jeudi

RICHARDMÉNIL

✉ 54630 – Meurthe-et-Moselle – Carte régionale n° **12**–B2

😊 AU BON ACCUEIL

MODERNE • FAMILIAL Il y a d'abord le charme suranné de cette maison typique
des années 1960... il y a ensuite l'association d'un frère (aux fourneaux) et d'une
sœur (en salle), qui l'un et l'autre ne cessent de gagner en assurance. Cuisine dans
l'air du temps, jolie cave à vins, agréable terrasse pour les beaux jours : bingo.

🐾🌂🛑 – Prix : €€

*1 rue de Laval – 𝒞 03 83 25 62 10 – www.aubonaccueil-restaurant.com –
Fermé lundi, et mardi, mercredi et dimanche soir*

RICHERENCHES

✉ 84600 – Vaucluse – Carte régionale n° **24**–A2

O'RABASSE

MODERNE • FAMILIAL Repris par un jeune couple de la région, O'Rabasse continue de célébrer la gourmandise au cœur de la "capitale de la truffe". Tout est fait
maison par le chef, avec l'appui de fournisseurs locaux, et dans le respect scrupuleux des saisons. On passe un agréable moment, d'autant que l'accueil est souriant
et le service efficace.

🅰 🍴 – Prix : €€€

5 place de la Pompe – ℰ 09 52 97 34 93 – www.orabasse.com – Fermé mardi, mercredi, et lundi et jeudi à midi

RIEDISHEIM

✉ 68400 – Haut-Rhin – Carte régionale n° **10**-A3

MAISON KIENY

MODERNE • ÉLÉGANT Non loin de Mulhouse, ce chaleureux relais de poste (1850) occupe une imposante maison alsacienne au cœur du village. Dans cette grande salle cossue émaillée de plusieurs éléments d'époque (pierres et poutres apparentes, boiseries et porte en vitrail), la carte revisite les classiques alsaciens de manière contemporaine, avec des clins d'œil marqués au Japon. On termine par des desserts plus traditionnels, réalisés avec soin.

🕸 🅰 ↔ – Prix : €€€

7 rue du Général-de-Gaulle – ℰ 03 89 44 07 71 – restaurant-kieny.fr – Fermé lundi, mardi, mercredi midi et dimanche soir

RIEZ

✉ 04500 – Alpes-de-Haute-Provence

🛏 HÔTEL DES COLONNES   *Plus*

CLASSIQUE CONTEMPORAIN Pour le nez, la profusion de lavande des gorges du Verdon. Pour les yeux, un village typique de la région, enrichi d'un château des Templiers et bâti sur monticule piqué de cyprès. Pour profiter de la source thermale, un ancien hôtel particulier du 17ᵉ s. entièrement rénové. On y trouve désormais trois chambres modestes, imprégnées des couleurs de la région, ainsi qu'une table provençale, une piscine extérieure et un petit spa, thématique thermale oblige.

🚲 - 3 chambres – Prix : €

Rue René Cassin – ℰ 04 92 72 29 24

RIMBACH-PRÈS-GUEBWILLER

✉ 68500 – Haut-Rhin – Carte régionale n° **10**-A3

😊 L'AO - L'AIGLE D'OR

MODERNE • RUSTIQUE Cette maison célèbre toujours le terroir et la tradition, mais la jeune génération entend la faire entrer dans la modernité : quelques plats et dressages plus contemporains sont désormais à la carte. Chambres sobres pour prolonger l'étape.

🍴♿🍴↔🅿 – Prix : €€

5 rue Principale – ℰ 03 89 76 89 90 – hotelaigledor.com – Fermé lundi

RIOM

✉ 63200 – Puy-de-Dôme – Carte régionale n° **1**-B2

LE MOULIN DE VILLEROZE

MODERNE • ÉLÉGANT Dans la salle élégante de ce moulin bâti à la fin du 19 e s, près de la cheminée ou sur la terrasse, les gourmands apprécient des recettes dans l'air du temps. La carte est saisonnière. Une maison sérieuse dont la régularité ne se dément pas.

🍴↔🅿 – Prix : €€

144 route de Marsat – ℰ 04 73 38 62 23 – www.le-moulin-de-villeroze.fr – Fermé lundi, et mardi, mercredi, jeudi et dimanche soir

RIQUEWIHR

✉ 68340 – Haut-Rhin – Carte régionale n° **10**–C2

LA TABLE DU GOURMET

Chef : Jean-Luc Brendel

CRÉATIVE • CONTEMPORAIN À Riquewihr, Jean-Luc Brendel a construit tout un écosystème : en plus de son restaurant gastronomique, il possède une winstub moderne, ainsi que des chambres d'hôtes haut de gamme pour faire étape. À la Table du Gourmet, en plein cœur de la cité, le chef cuisine de supers produits de saison, avec du soin et ce qu'il faut de créativité pour sortir des sentiers battus. Son menu "Du jardin à l'assiette" met en valeur les produits de son potager bio, comme ce délicieux chou kale venu accompagner du gibier... alsacien, forcément. L'Alsace domine aussi la carte des vins, avec toutefois quelques touches de Bourgogne, et le tout se déguste dans un décor entre cachet ancien (la maison date du 16ᵉ s.) et notes plus contemporaines au niveau du mobilier et de l'éclairage. Une valeur sûre.

L'engagement du chef : À 500 m du restaurant, nous avons créé un jardin en permaculture avec plus de 350 variétés d'herbes, plantes, légumes et fruits, dont de véritables raretés. Une serre garantit une production de mi-février à fin décembre. Compostage et tri sélectif font partie de notre quotidien, un poulailler assure une partie de nos œufs et nos ruches produisent notre miel.

🕸 🅺 – Prix : €€€€

5 rue de la 1ère-Armée – ✆ 03 89 49 09 09 – www.jlbrendel.com/fr – Fermé mardi, mercredi et jeudi midi

---

AOR LA TABLE, LE GOÛT ET NOUS

MODERNE • DÉCONTRACTÉ Un ovni dans le monde de la gastronomie alsacienne... Cuisinier voyageur, Serge Burckel est aussi un chef poète et rocker – il y a des vinyles en guise de sous-assiette ! Il travaille en famille dans un cadre bohème et une ambiance cool.

🕭 🅿 – Prix : €€€

2 rue de la Piscine – ✆ 03 69 34 14 59 – www.table-aor.fr – Fermé lundi, du mardi au samedi à midi, et dimanche soir

---

AU TROTTHUS

JAPONAISE • CONVIVIAL Le cadre de ce restaurant, installé dans une maison vigneronne du début du 16ᵉ s. au décor typiquement alsacien, contraste avec la cuisine japonisante de Philippe Aubron qui a vécu plus de 20 ans entre le Japon et l'Australie. Désormais, sont proposés deux menus dont un, axé sur le bœuf wagyu. Uniquement sur réservation.

🕮 – Prix : €€€

9 rue des Juifs – ✆ 03 89 47 96 47 – trotthus.com – Fermé lundi, dimanche et du mardi au samedi à midi

---

LA GRAPPE D'OR

TRADITIONNELLE • RUSTIQUE Cette maison de 1554, joliment fleurie, vous invite à pousser sa porte. À l'intérieur, la décoration typique a tout le charme d'autrefois. Viennent ensuite les délices du terroir : choucroute, baeckeofe, jambonneau, paupiettes de truite... auxquelles viennent s'ajouter quelques préparations plus actuelles.

🅺 – Prix : €€

1 rue des Écuries-Seigneuriales – ✆ 03 89 47 89 52 – www.restaurant-grappedor. com – Fermé mercredi, et jeudi et vendredi à midi

---

🛏 ### LE B. SUITES *Plus*

CLASSIQUE CONTEMPORAIN Cette magnifique maison au cœur du village date de la Renaissance... mais cultive avec art le luxe contemporain ! Design, racé et confortable : un ensemble très réussi. Les familles et les amoureux de charme bucolique apprécieront aussi le B. Cottage, et sa déco rétro, à l'écart dans le luxuriant jardin où s'épanouissent herbes et légumes oubliés...

🅿 🍽 - 8 chambres – Prix : €€

48 rue du Général de Gaulle – 𝒸 03 89 86 54 55

RIVESALTES

✉ 66600 – Pyrénées-Orientales – Carte régionale n° **21**–B3

LA TABLE D'AIMÉ

MODERNE • **ÉLÉGANT** Dans cette adresse bucolique, installée dans les locaux d'une maison viticole, on se régale d'une cuisine du marché inspirée, privilégiant les produits bio, à arroser d'un des beaux vins du domaine – idéal pour une petite dégustation avant achat à la cave ! Aux beaux jours, la terrasse ouverte sur les chais invite à prolonger l'instant de gourmandise.

🄰🄲 🍃 ⇔ 🅿 – Prix : €€

4 rue Francisco-Ferrer – 𝒸 04 68 34 35 77 – www.latabledaime.com – Fermé lundi et dimanche

RIXHEIM

✉ 68170 – Haut-Rhin – Carte régionale n° **10**–A3

⁂ LE 7ÈME CONTINENT

Chef : Laurent Haller

MODERNE • **ÉLÉGANT** Un véritable continent gastronomique, à l'image de la décoration du restaurant (extérieure et intérieure) signée du peintre et décorateur François Zenner, naturaliste amateur passionné par le végétal. Autre passionné, marqué par son passage chez Bernard Loiseau, le chef Laurent Haller ne manque jamais d'idées pour partager son amour de la bonne chère. Il dispense notamment des cours de cuisine et multiplie les menus à thème. Il aime revisiter les grands classiques de la cuisine française et pratique les mariages terre-mer... Sa carte, une véritable ode au marché et aux produits, est renouvelée tous les mois.

♿ 🄰🄲 🍃 🅿 – Prix : €€€

35 avenue du Général-de-Gaulle – 𝒸 03 89 64 24 85 – www.le7ᵉmecontinent. com – Fermé lundi et dimanche

ROANNE

✉ 42300 – Loire – Carte régionale n° **2**–A1

😊 LE CENTRAL

MODERNE • **BRASSERIE** L'adresse bis gourmande de la famille Troisgros. Michel et Marie-Pierre ont imaginé ce "bistrot-épicerie" dans un hôtel des années 1920. Original et chaleureux : tel est son décor, inspiré d'une échoppe d'autrefois. On se délecte d'un court menu assorti de quelques suggestions à la carte, aux influences qui varient selon les jours (traditionnelles, indiennes, asiatiques etc). L'affaire ne désemplit pas : un succès amplement mérité

♿ 🄰🄲 ⇔ – Prix : €€

20 cours de la République – 𝒸 04 77 67 72 72 – www.troisgros.com – Fermé lundi et dimanche, et jeudi soir

😊 OMA 🆕

MODERNE • **DESIGN** Un décor d'un bon goût minimaliste - murs blanc, sol en béton ciré, mobilier scandinave en bois blond et acier, éclairage par suspensions design - comme pour mieux se concentrer sur l'assiette ? Qui se décline ici au gré de l'inspiration d'un chef voyageur qui enchaîne pâté en croûte de canard, asperges grillées, condiment livèche et jeunes pousses, assiette de falafels, et enfin biscuit vapeur au yaourt de brebis, confiture de lait, émulsion lait de chèvre et tuile lactée. Une cuisine intéressante, variée, à base de produits de saison, déclinée sous forme de menu-carte au prix très raisonnable.

Prix : €

6 place Georges-Clemenceau – ℰ 04 77 71 24 54 – www.omarestaurant.fr – Fermé lundi et dimanche

MAISON BOUQUET ⓝ

MODERNE • CONTEMPORAIN Au rez-de-chaussée de cet hôtel particulier 1900 entièrement restauré par les propriétaires d'Oma, on aime cette salle feutrée avec son bar, ses fauteuils et banquettes en velours, ses murs bleu canard tendance et ses tables en zebrano. Passé par les maisons étoilées, le jeune chef réalise une cuisine dans l'air du temps à l'image de cette huître, chou-fleur et caviar croustillant.

&. 🅰🅒 – Prix : €€

17 place du Marché – ℰ 04 77 69 07 26 – www.maisonbouquet.fr – Fermé lundi et dimanche

ROCAMADOUR
✉ 46500 – Lot – Carte régionale n° **22**–C1

JEHAN DE VALON

TRADITIONNELLE • CONTEMPORAIN Au cœur de la célèbre cité de pèlerinage, on déguste une plaisante cuisine traditionnelle et régionale, comme le gigot d'agneau du Quercy, découpé en salle au guéridon. Le tout accompagné (évidemment) de vins du Sud-Ouest ! En outre, les lieux offrent une jolie vue sur la vallée de l'Alzou.

⇦ ≼ &. 🅰🅒 🍽 – Prix : €€

Rue Roland-le-Preux – ℰ 05 65 33 63 08 – www.beausite-rocamadour.com

LA ROCHE-BERNARD
✉ 56130 – Morbihan – Carte régionale n° **7**–C3

🙂 AUBERGE DES DEUX MAGOTS

MODERNE • CONTEMPORAIN Deux anciens du domaine de la Bretesche (à Missillac) ont repris cette ancienne auberge. Ils y proposent une cuisine soignée, parfumée et sagement créative, à des prix défiant toute concurrence. Et, par-dessus le marché, le chef fait le pain lui-même... Fraîcheur, saveurs : une adresse appétissante !

&. 🍽 ⇆ – Prix : €€

1 place du Bouffay – ℰ 02 99 90 60 75 – www.aubergedesdeuxmagots.fr – Fermé lundi et dimanche soir

L'AUBERGE BRETONNE

MODERNE • CLASSIQUE Ne vous fiez pas aux apparences... Cette maison de granit n'a pas un cœur de pierre ! À l'image de la cuisine du chef, dans l'air du temps et respectant les saisons, qui console bien des gourmands. À cela s'ajoute le joli décor de la salle, donnant sur un petit jardin où poussent des herbes aromatiques. Attrayant !

Prix : €€

2 place Duguesclin – ℰ 02 99 90 60 28 – www.auberge-bretonne.com – Fermé lundi, dimanche et du mardi au jeudi à midi

LA ROCHE-L'ABEILLE

✉ 87800 – Haute-Vienne – Carte régionale n° **19**–B2

✿ LE MOULIN DE LA GORCE

Chef : Pierre Bertranet

CLASSIQUE • ÉLÉGANT Dans les années 1970, Jean Bertranet, pâtissier limougeaud de renom, transforme en hôtel-restaurant un superbe moulin Renaissance, avec son étang et son parc romantique. Ce chef, qui avait travaillé pour Vincent Auriol (toute une époque !), a fait de ce lieu une véritable institution dans le département. Aujourd'hui, son fils Pierre, avec un amour sincère des belles traditions gastronomiques, réalise une cuisine classique revisitée, d'une belle finesse et respectueuse des produits. Et dans cette belle bâtisse qui ne manque pas de cachet, il y a même des chambres cosy à souhait...

⽊ ⇦ ⇠ ⛳ ⇄ **P** – Prix : €€€€

La Gorce – ☎ 05 55 00 70 66 – www.moulindelagorce.com/fr – Fermé du lundi au mercredi

ROCHECORBON

✉ 37210 – Indre-et-Loire – Carte régionale n° **8**–B2

LES HAUTES ROCHES

CLASSIQUE • ÉLÉGANT Dominant la Loire, ce beau manoir du 18 e s. fait corps avec la falaise de tuffeau, creusée de belles chambres troglodytiques. Le chef expérimenté, au métier solide, déroule une cuisine classicisante de bon aloi. La carte, dominée par les produits de la mer, comporte des incontournables (turbot sauce béarnaise, asperges blanches et morilles). Autre incontournable, la terrasse au-dessus du fleuve...

⽊ ⇠ ⛳ **P** – Prix : €€€€

86 quai de la Loire – ☎ 02 47 52 88 88 – www.leshautesroches.com – Fermé lundi, dimanche et mardi midi

ROCHEFORT

✉ 17300 – Charente-Maritime

🛏 MERCURE LA CORDERIE ROYALE   *Plus*

DESIGN MODERNE Sur les berges de Charente, la fameuse Corderie Royale de Rochefort accueille cet hôtel superbe, rénové avec soin : vaste réception décorée de fresques coloniales, chambres cosy et élégantes, au grand calme, sans oublier le restaurant et sa verrière Eiffel... Une délicieuse plongée dans l'histoire.

♿ **P** ⇳ ⇦ ⛴ ⅋○ - 52 chambres – Prix : €

Rue Audebert – ☎ 05 46 99 35 35

ROCHEFORT-EN-TERRE

✉ 56220 – Morbihan – Carte régionale n° **7**–C2

L'ANCOLIE 🆕

MODERNE • COSY Vieilles pierres, maisons historiques à pans de bois, situation pittoresque sur une crête rocheuse : le village de Rochefort-sur-Terre ne manque pas de charme, tout comme cette belle fleur qui fleurit dans une bâtisse du 16 e s. à la déco chic et romantique. Dans l'assiette, le chef Kevin Hardy (Hélène Darroze, Taillevent) cultive une jolie cuisine gourmande, avec ses recettes carrées (comme ce dos d'aiglefin, beurre blanc, endive braisée), twistées parfois d'un trait créatif (comme l'huile de sapin sur les champignons).

‌ – Prix : €€

12 rue Saint-Michel – ℰ 02 97 43 33 09 – lancolie.restaurant – Fermé lundi et mardi, et dimanche soir

ROCHEGUDE

✉ 26790 – Drôme – Carte régionale n° **2**–B3

CHÂTEAU DE ROCHEGUDE

CLASSIQUE • ÉLÉGANT Châtelain, classique, élégant... Un cadre plaisant, au service d'une cuisine gastronomique de bon aloi, tenante d'un certain classicisme : pavé de bar aux asperges vertes, jus de coquillages ; filet de bœuf sauce Périgueux ; délice chocolat, figue de Piolenc et sorbet farigoulette citronnée...

⇔ 🛏 🅰 🍴 🅿 – Prix : €€€

Place du Colombier – ℰ 04 75 97 21 10 – www.chateauderochegude.com/ fr/hotel-luxe-provence-relais-chateaux-drome – Fermé lundi, mardi midi et dimanche soir

LA ROCHE-SUR-YON

✉ 85000 – Vendée – Carte régionale n° **23**–B3

☆ LES REFLETS

Chef : Nathan Cretney

MODERNE • COSY À deux pas de l'église Saint-André d'Ornay, cette jolie maison est le fief d'un chef natif du Pays de Galles, Nathan Cretney, et de sa compagne Solen Pineau. Teintes douces et pierre apparente forment un décor agréable, pile dans l'air du temps, pour cette salle intimiste (une douzaine de couverts, sans compter la table du chef face aux fourneaux) : c'est dire si l'on est choyé. La cuisine, elle, se veut le... reflet des beaux produits de la région et des producteurs dont on célèbre en salle les mérites. Les deux menus sans choix composés au gré du marché illustrent un registre plutôt créatif et savoureux d'une belle finesse.

‌ – Prix : €€

227 rue Roger-Salengro – ℰ 09 83 25 83 71 – www.restaurantlesreflets.fr – Fermé lundi, mardi, du mercredi au samedi à midi, et dimanche soir

L'OSMOSE 🆕

CRÉATIVE • VINTAGE Dénichée au nord de la ville dans une zone commerciale, cette table dévoile un surprenant intérieur chaleureux à l'image de la personnalité passionnée du chef : le décor, à la fois rural, viticole et vintage, mélange objets chinés et mobilier contemporain. Dans l'assiette, le chef, pâtissier de formation, se joue des accords et des saveurs, avec une créativité certaine à l'image de sa ratatouille (revisitée ou, en dessert, de son parfait glacé à l'estragon, citron caviar, nuage herbacé – une pépite rafraîchissante ! Seul en cuisine, ce pédagogue passionné prend le temps de servir lui-même. Une bien belle osmose !

‌ 🅿 – Prix : €€

54 rue Charles-Bourseul – ℰ 02 51 94 57 45 – www.losmoserestaurant.fr – Fermé lundi, mardi et dimanche, et mercredi soir

LA TABLE DU MOULIN

TRADITIONNELLE • BISTRO Au bistrot de l'hôtel-restaurant le Moulin de la Gorce, le chef régale ses commensaux de petits plats traditionnels et canailles qui fleurent bon le terroir. Pas de doute, la gourmandise est au rendez-vous !

‌ 🅰 ⇔ – Prix : €€

La Gorce – ℰ 05 55 00 70 66 – www.moulindelagorce.com/fr – Fermé du lundi au mercredi

ROXANE COULOMBEAU
PRIX DE L'ACCUEIL ET DU SERVICE

Restaurant La Maison dans le Parc à Nancy

Tétanisée à l'idée d'aller en salle au contact du client lorsqu'elle faisait ses études, Roxane Coulombeau a finalement pris goût au service, à sa mise en scène et au côté théâtral. Elle est aujourd'hui totalement épanouie dans son rôle.

C'est parce que vous aviez peur de la salle que vous avez commencé des études de cuisine ?

Effectivement, j'ai commencé par un BEP cuisine. L'idée du service ne m'avait jamais effleuré et cela me faisait même peur.
Un jour, dans le cadre de mon bac technologique, j'ai dû me rendre en salle. C'était au-delà de mes forces mais au final, j'ai adoré cette ambiance et j'y suis restée au point de pousser mes études jusqu'au BTS passé au lycée Appert à Orvault.

Vous êtes propriétaire de *La Maison dans le Parc* depuis 2021. Qu'avez-vous fait entre-temps ?

Après un stage au *Parc Victoria* à Saint-Jean-de-Luz, je suis allé chez les *Frères Ibarboure* à Bidart où j'ai rencontré Charles, mon futur mari. J'ai commencé commis et j'ai terminé chef de rang puis nous sommes allés chez Michel Guérard à Eugénie-les-Bains. Là encore, j'ai commencé commis puis je suis passé chef de rang et enfin premier chef de rang. Nous avons ensuite poursuivi notre parcours chez *Lameloise* à Chagny avant d'aller en Angleterre car j'avais une certaine frustration à ne pas suffisamment bien maîtriser l'anglais. C'était une belle maison, entre Londres et Brighton. J'ai poursuivi mon ascension pour terminer directrice de salle avec l'opportunité d'être formé au management et aux ressources humaines.

Qu'est-ce qu'un bon service au sein de votre restaurant ?

C'est un service qui s'est déroulé dans la bonne humeur, où des attentions particulières ont été portées. C'est la fluidité entre les équipes de salle et de cuisine. C'est le sourire du client quand il s'en va, ce sont les petits mots que nous recevons le jour même ou plusieurs semaines après.

Est-ce que vous partagez le ressenti des clients avec votre équipe ?

Oui c'est très important, les bons comme les mauvais. Un service qui s'est parfaitement déroulé, s'il est salué par les clients, je dois leur en faire part. Cela contribue aussi à les faire avancer. Un service, c'est un travail d'équipe. Je ne garde pas les louanges pour moi, je les partage. Chaque jour, nous avons un briefing avant chaque service et c'est cet instant que je choisis pour transmettre les messages positifs ou négatifs que nous avons reçus.

Quel serait le mot clé qui définit l'accueil et le service ?

L'adaptation. Chaque service est différent et aucun client ne se ressemble. Dans une même salle, vous avez un enfant qui fête son anniversaire en famille, des habitués, des personnes qui ont économisé pour s'offrir leur premier restaurant étoilé et chacun de ces clients a des attentes différentes qu'il faut déceler. On doit s'adapter, non pas à chaque table, mais à chaque client. On ne décrit pas de la même façon un même plat à un petit et à un habitué. Au final, il faut que le repas soit vécu comme un moment unique par chacun.

Avez-vous un souvenir de service qui vous a marqué ?

Quand Charles et moi travaillions chez M. et Mme Guérard, en plein service, il y a eu une coupure d'électricité générale. En salle, nous avons immédiatement allumé tous les bougeoirs que Mme Guérard avait à sa disposition. Mais je vous laisse imaginer l'angoisse en cuisine. Ils se sont adaptés et ont cuisiné au feu de bois dans les cheminées du restaurant. Il a fallu que chacun se surpasse, cache son émotion, ses sentiments ou ses difficultés.
Au final, nous avons assuré un service très différent de tout ce que l'on aurait pu imaginer mais je pense que les clients en gardent un souvenir ému. Cela prouve que rien n'est acquis, qu'il faut toujours trouver une solution même si, dans le cas présent, nous avions eu du mal à imaginer un tel scénario. Cela nous apprend que l'on peut tout traverser et qu'il n'y a rien de dramatique. ▪

937

ANNE-CHARLOTTE PÉROU
PRIX DE L'ACCUEIL ET DU SERVICE

Restaurant Le Manoir de la Régate à Nantes

Fille de restaurateurs, gérante avec son frère Mathieu, du Manoir de la Régate, Anne-Charlotte Pérou est tombée, petite, dans la marmite de la restauration. Même si elle s'est échappée un temps de la maison familiale, elle a toujours su qu'elle y reviendrait.

À quel moment avez-vous pensé qu'il était temps de rentrer au Manoir pour travailler avec votre frère ?

J'ai toujours su que je reviendrais au restaurant familial mais il fallait que je sois rassurée sur le fait que j'étais prête pour rentrer et assumer la direction de la salle et la cogérance du restaurant avec mon frère. Une personne m'a conforté dans ce choix, c'est Benjamin Aroua qui était le directeur du restaurant *Le Quinzième* de Cyril Lignac. Je suis entré dans ce restaurant en tant que commis de salle puis assistante maître d'hôtel. Je dois beaucoup à Benjamin qui m'a appris la rigueur, l'excellence. C'est lui qui m'a dit que j'étais prête et je suis revenu au *Manoir* en 2019.

Quel a été votre parcours avant ?

Des études au lycée Nicolas Appert à Orvault (44) avec un bac et un BTS en hôtellerie et restauration. J'ai enchaîné sur une licence en gestion commerciale à l'Enacom de Nantes parce que je souhaitais maîtriser à la fois le service en salle et l'accueil et parallèlement, être capable de tenir une maison pour les aspects administratifs et financiers. Avant, pendant et après ces études, je faisais quelques extras au *Manoir* puisque j'y ai toujours vécu et j'ai toujours baigné dans cette ambiance. Puis je suis parti en Australie pour parfaire mon anglais avant de revenir à Paris pour travailler chez Cyril Lignac.

Comment définiriez-vous le service en salle en 2022 ?

Sincère, chaleureux et personnalisé. Je n'aime pas le côté guindé d'un service. Il peut être approprié à certains établissements mais chez nous, entre mon frère et moi qui sommes très jeunes, nous avons

voulu instituer un service plus souple tout en restant extrêmement professionnels. Sans nous immiscer dans la vie de nos clients, on essaie d'obtenir quelques informations avant qu'ils n'arrivent pour apporter des petites attentions qui sauront les toucher. Les clients sont au restaurant pour un moment de bonheur. Parfois, nous le créons.

Quel rôle jouez-vous pour transmettre l'identité de la cuisine de votre frère en salle ?

Je connais mon frère comme personne. Je sais que c'est un grand créatif et en salle, nous nous devons de relayer ce qu'il a souhaité transmettre. Nous ne sommes pas simplement des passe-plats. Il y a un discours à connaître, à raconter et à transmettre avec douceur et conviction.

Est-ce que vous aimeriez en faire plus ?

Oui mais le moteur dans la maison, c'est Mathieu. Ses plats ne se prêtent pas forcément à des découpes en salle, des flambages ou des dressages mais rien n'est acté. Un jour peut-être un plat nous permettra de dévoiler d'autres aspects de notre métier.

Que représente à vos yeux ce Prix de l'Accueil et du Service ?

Il a une double signification. La première, à titre personnel, je ne m'y attendais pas. Je n'ai que 28 ans et je ne pensais pas que le tempo que je donne à chaque service était à la hauteur de ce prix. C'est une fierté d'autant que l'année précédente, nous avions eu l'Étoile et l'Étoile Verte. Nous ne pensions pas un instant avoir une distinction supplémentaire. La seconde, c'est un formidable message d'espoir pour notre profession. Sans se considérer comme la dernière roue du carrosse, le service n'était pas forcément valorisé. À une époque, que je n'ai pas vécue, les maîtres d'hôtel étaient plus connus que les chefs. Depuis, les choses se sont inversées mais petit à petit, notre métier est de nouveau sur le devant de la scène et c'est toute une équipe qui est récompensée. J'espère que ça participera à créer des vocations car nous en avons besoin. ■

FRANÇOIS LHERMITTE
PRIX DE LA SOMMELERIE

Restaurant Julien Binz à Ammerschwihr

Formé aux métiers du service avant de venir à la sommellerie, François Lhermitte, 37 ans, est à la fois maître d'hôtel et sommelier. Une bivalence importante pour un professionnel défenseur des vins naturels et en biodynamie.

Comment est apparu cet amour du vin pour vous qui êtes né loin de tout vignoble ?

Effectivement, je suis né à Asnières dans les Hauts-de-Seine mais j'ai beaucoup bougé au gré des mutations de mon père et c'est à Metz que j'ai suivi mes études, en salle puis en sommellerie. Avant, pendant et après, j'ai eu la chance avec mon père de pouvoir fréquenter de beaux établissements. C'était un hédoniste qui m'a donné goût aux bonnes choses et aux vins.

C'est pourtant le service en salle qui vous attire d'abord ?

Je dirais même que c'était la cuisine. Mais je me suis rapidement rendu compte que je n'étais pas fait pour ce métier. J'ai donc suivi des études de service en salle à Metz.

D'abord un BEP puis un bac pro arts de la table puis un BTS option arts culinaires et enfin une mention complémentaire en sommellerie. Des études longues mais qui m'ont permis de débuter dans de très belles maisons comme *Chez Michèle* à Languimberg en Moselle et l'*Arnsbourg* à Baerenthal auprès de Cathy, Nicolas et Jean-Georges Klein, des personnes humbles à qui je dois beaucoup.

Comment définiriez-vous votre métier de sommelier ?

Ne jamais être donneur de leçons. Beaucoup de clients se retrouvent en difficulté face à une carte des vins. Il faut tout de suite les aider à dissiper la problématique qui n'a pas lieu d'être. Il faut être à l'écoute de leurs souhaits, de leurs besoins. Comprendre pourquoi ils sont venus, quelle est l'humeur de la table. Il y a beaucoup de sensibilité dans notre métier. Je ne suis pas là pour vendre du vin, je suis là pour trouver une idée qui accompagne la cuisine du chef en restant à l'écoute des envies des convives.

Vous vous appuyez sur combien de références et quelle est la répartition par région viticole ?

Environ 1 000 références car j'ai la chance avec Julien Binz et son épouse Sandrine d'avoir un budget qui me permette de renforcer la cave. Évidemment, l'Alsace est au cœur de la carte avec 70 % des propositions. On se doit de mettre en avant notre terroir d'autant que nous sommes sur la Route des Vins. Et en Alsace, depuis quelques années, il y a une énergie dans le vignoble avec une jeune génération qui produit de très belles choses. Ce sont des hommes et des femmes que j'ai envie de pousser. Ensuite, la Bourgogne a une belle place puis la Savoie qui comme l'Alsace, est en plein renouveau. Il faut impérativement découvrir ou redécouvrir les vins de cette région.

Les trois-quarts de vos références sont des vignerons engagés dans le vin naturel ou en biodynamie. Pourquoi ce parti-pris ?

Le déclic a été la naissance de mes enfants. Je suis devenu plus mature et je me suis posé beaucoup de questions sur l'avenir de notre planète. J'avais sans doute des convictions écologiques mais un peu enfouies. Je me suis rapproché de vignerons respectueux de la nature, engagés pour un avenir plus propre, désireux de sortir d'un système conventionnel qui ne pourra pas continuer à travailler avec des pratiques aussi douteuses et dangereuses. Je l'explique aux clients. Eux aussi sont très réceptifs à ces engagements.

Trouvez-vous le temps d'aller à leur rencontre ?

C'est impératif. Pour l'Alsace, c'est facile, les vignes sont à portée de main. Pour les autres régions, une à deux fois par an, je pars à la rencontre de ces hommes et ces femmes. J'ai un immense respect pour eux. Ils travaillent beaucoup plus durement que moi et je ne peux pas raconter un vin si je n'ai pas rencontré le vigneron avant.

Avez-vous un accord mets et vin qui vous fascine ?

Le foie gras et le saké ! ■

LES VIGNES GRIMPENT VERS LE NORD

Changement climatique et nouvelle réglementation pourraient permettre à une grande partie du quart nord-ouest de l'Hexagone de renouer, pour certains, avec un passé viticole. Des vignerons tentent l'aventure du vin et ce qui était une utopie est sans doute en train de devenir réalité.

Depuis le 1er janvier 2016, un dispositif d'autorisation de plantations est entré en vigueur sur l'ensemble de l'Union européenne. Jusqu'alors, l'extension des vignobles était interdite et devait être justifiée par les demandeurs. Désormais les plantations sont autorisées à hauteur de 1 % du vignoble soit entre 7 500 et 8 000 hectares par an pour la France. Suffisant pour des normands, des bretons, des ch'tis ou des franciliens qui espèrent mettre sur le marché leurs premiers bons vins.

■ Verger de pommiers bretons

Du vin au pays du cidre

En **Bretagne**, bien avant la libéralisation européenne des droits de plantation, de nombreux passionnés à titre individuel ou sous forme associative avaient planté des vignes, pas pour en faire commerce mais pour l'expérience. 200 pieds de vigne de merlot à Carantec dans le nord du Finistère, quelques rangs de chenin à Saint-Suliac en Ille-et-Vilaine, 1 000 pieds du côté de Quimper, six hectares sur la presqu'île de Rhuys dans le Morbihan plantés en chardonnay à hauteur de 50 %, de chenin pour 25 % et de cabernet franc pour les 25 % restants, 600 pieds à Auray mais aussi à Pordic, dans les Côtes d'Armor, une centaine de pieds de vigne de caladoc, un cépage issu du croisement entre le malbec et le grenache noir. Un juste retour des choses puisque selon

les historiens, on comptait 2 000 hectares de vignes en Bretagne à la fin du 19e s. dont la très grande majorité se trouvait dans le Morbihan. Arrachées pendant la Seconde Guerre mondiale, les vignes renaissent et une cinquantaine de projets, déjà lancés ou en cours, sont suivis et soutenus notamment par l'Association pour la reconnaissance des vins bretons qui fédère les différentes initiatives et distille des conseils sur le choix des cépages, la conduite des vignes ou la climatologie. Parallèlement, l'association des vignerons professionnels bretons a vu le jour en 2021 et regroupe une quinzaine de professionnels dont l'objectif suprême, en dehors de proposer du bon vin, est de déposer un dossier pour obtenir une IGP (Indication géographique protégée).

À bon lin, bon vin

En **Normandie**, le vin le plus connu est celui des Arpents du soleil à Grisy, petit village à proximité de Saint-Pierre-sur-Dives. Relancé en

■ Le lin, spécialité normande

1995 sur un demi-hectare par Gérard Samson, il bénéficie d'une Indication géographique protégée depuis le millésime 2009 et s'étend aujourd'hui sur un peu moins de 7 hectares plantés en pinot noir, pinot gris, auxerrois, chardonnay, sauvignon, melon de Bourgogne et müller-thurgau. Ce vignoble ne sera bientôt plus seul car, comme en Bretagne, de nombreux projets voient le jour et certains vignerons se sont déjà regroupés au sein de l'association Les Vignerons de Normandie soutenue par la région Normandie et la Chambre d'Agriculture. Ils sont à ce jour une trentaine avec à leur tête, Edouard Capron du Domaine Saint-Fxpedit sur le terroir de Freneuse (Seine-Maritime), qui propose déjà un blanc d'assemblage, fromentel et chenin, un gris issu du fromentel et bientôt un rouge et des bulles.

Une alternative à la betterave

Dans les **Hauts-de-France**, les projets ne manquent pas et les vignerons aiment à dire que s'il y a du vin en Angleterre et en Belgique, il n'y a pas de raison qu'il n'y en ait pas dans leur région. C'est effectivement déjà le cas à Haillicourt sur le terril, colline de résidus miniers, avec un fort dénivelé sur lequel se complaît le chardonnay. Dans l'Aisne, où la vigne est déjà présente dans le sud du département, intégrée dans l'appellation champagne, des agriculteurs, désireux de sortir du système céréalier et betteravier, se mettent à planter des pieds de vigne essentiellement en chardonnay avec pour objectif des premières vendanges en 2023.

Renaissance du vignoble du bassin parisien

Enfin, en **Île-de-France**, qui hébergeait l'un des plus grands vignobles de France au 18e s., si les 150 vignes municipales ou associatives ont été préservées, elles sont aujourd'hui rejointes par des vignerons qui ont planté dans les Yvelines, dans le Val-d'Oise mais aussi en Seine-et-Marne et en Essonne. Et pour certains, les premières bouteilles ont déjà été commercialisées. ■

■ Raisin de Suresnes, Hauts-de-Seine

DANS LE LABYRINTHE DES DÉNOMINATIONS VITICOLES

Les vins français sont classés selon trois dénominations, VDF pour vin de France, IGP pour indication géographique protégée et AOP pour appellation d'origine protégée. Une hiérarchie qui ne signifie en aucun cas qu'une dénomination serait de meilleure qualité qu'une autre.

C'est par un décret-loi du 30 juillet 1935, relatif à la défense du marché des vins, que le gouvernement a créé les vins d'appellation d'origine contrôlée (AOC). Ils verront le jour officiellement le 15 mai 1936 et sont au nombre de six : Tavel, Arbois, Cognac, Cassis, Monbazillac et Châteauneuf-du-Pape rejoints quelques mois plus tard par des dizaines d'autres. Quant aux appellations VDQS pour vin délimité de qualité supérieure, elles font leur apparition en 1949 et il faut attendre 1968 pour la création des vins de pays.

En 2009, la réforme des appellations du vin en France a donné naissance à trois dénominations, les AOC/AOP, les IGP et les SIG (sans indication géographique) plus connus sous le nom de "vin de France".

Les vins en AOC/AOP

363 vins sont aujourd'hui en AOC/AOP auxquels il faut ajouter 17 boissons spiritueuses et 5 cidres et poirés. Ces dénominations représentaient au cours de la dernière décennie, 46 % de la récolte totale des vins en France devant les IGP (28 %). Signe officiel de qualité, l'AOC identifie une vigne cultivée et un vin élaboré sur un territoire défini, et dont les méthodes de production sont communes à tous les producteurs de l'appellation, selon un cahier des charges bien précis. À titre d'exemple, l'AOC Sancerre est réservée aux vins tranquilles blancs, rouges et rosés dont la récolte des raisins, la vinification, l'élaboration et l'élevage des vins sont assurés

Brume sur le vignoble bordelais, grande terre d'appelations

■ Cépages, terroirs et savoir-faire se conjuguent pour dessiner un paysage.

sur les territoires des communes du département du Cher : Bannay, Bué, Crézancy-en-Sancerre, Menetou-Râtel, Ménétréol-sous-Sancerre, Montigny, Saint-Satur, Sainte-Gemme-en-Sancerrois, Sancerre, Sury-en-Vaux, Thauvenay, Veaugues, Verdigny, Vinon. Les vins blancs sont produits exclusivement à partir du sauvignon blanc, les vins rouges et rosés sont issus du seul pinot noir. Viennent ensuite, dans le cahier des charges, des articles sur la conduite du vignoble (règles de taille, densité de plantation, rendements...). Et il en est ainsi pour chaque appellation !

Les vins en IGP

Apparue en 2009, cette dénomination regroupe aujourd'hui 75 vins présentés en 6 dénominations régionales (Ex : IGP Pays-d'Oc), 28 départementales (Ex : IGP Alpes-Maritimes ou IGP Isère) et 41 de petites zones locales (Ex : IGP Coteaux-de-Narbonne ou IGP Cévennes). Comme pour les vins d'appellation, un vin en IGP – anciennement "vin de pays" - signifie qu'il provient d'une zone géographique délimitée et que la production des vins est régie par un cahier des charges. Cependant,

les règles de production sont moins strictes qu'en AOC. Ainsi, il n'existe pas de délimitation parcellaire en fonction des types de sol. La liste de cépages autorisés est plus large que pour une AOC, comprenant des raisins non originaires de la zone géographique. Si les vins anciennement classés en VDQS ont tous demandé leur passage en AOC et l'ont obtenu, ce n'est pas le cas des vins de Lavilledieu (Tarn-et-Garonne) qui ont opté pour l'IGP.

Les vins de France

Créée en 2009, cette dénomination regroupe des vins vendus sous un cépage ou une marque et non une appellation. Appelés aussi vins sans indication géographique, les vins de France, en termes de production et de vinification, n'ont pas d'autres obligations que celles fixées par la réglementation européenne. Il s'agit essentiellement des règles relatives aux cépages pouvant être utilisés, au degré alcoolique minimum et maximum et aux pratiques œnologiques. Il n'y a donc pas de cahier des charges. Il est à noter que certains vignerons engagés en AOC ont pris la décision de sortir de leur appellation pour élaborer des vins sous étiquette vin de France pour retrouver leur liberté. ■

RACONTEZ-NOUS VOTRE CONCOURS DE
MEILLEUR OUVRIER DE FRANCE

Xavier Thuizat – Hôtel de Crillon à Paris

Coup double pour Xavier Thuizat, le chef sommelier de l'Hôtel de Crillon. Au cours du mois de novembre 2022, il remportait le titre de Meilleur sommelier de France et le concours de Meilleur ouvrier de France en sommellerie. Un doublé rare au cours d'une même année puisque seuls 3 sommeliers avaient réussi cet exploit avant lui.

À quand remonte votre envie de participer à ce concours de "MOF" ?

En 2011, j'avais 25 ans, j'étais sommelier chez Pierre Gagnaire depuis un an. Je savais que les résultats étaient proclamés au restaurant Le Pré Catelan. Je m'y suis rendu pendant ma coupure et j'ai assisté au sacre d'Antoine Petrus, Bruno Meril, Benjamin Roffet et Manuel Peyrondet. Sur le chemin du retour, sur mon scooter, je me suis dit qu'un jour, ce serait mon tour.

2022 est votre première tentative mais pas votre première inscription.

En 2017, je rejoins l'Hôtel de Crillon et je décide de m'inscrire pour le concours 2018. Je me prépare pendant un an et la veille des qualifications, alors que ma valise était prête et que j'avais mon billet de train, ma fille naît avec 3 semaines d'avance. Je ne me suis donc pas présenté aux épreuves et j'ai reporté ma participation à la session suivante.

Comment prépare-t-on une telle épreuve, notamment sur le plan physique ?

Chacun a ses propres techniques, la sophrologie, le yoga, le sport avec ou sans coach sportif. J'ai eu la chance d'être un triathlète de haut niveau. J'ai participé à des compétitions mondiales donc je sais gérer mon stress avant une grande échéance. S'entraîner pour prendre le départ d'un triathlon ou participer au MOF génère le même stress. Mais la réelle difficulté de ce concours, c'est de ne pas se mettre en retrait pour bachoter à la maison. Il faut en revanche, multiplier les services au restaurant. Chaque service est une épreuve. D'ailleurs au restaurant gastronomique de l'hôtel, je visais à chaque service, deux tables dont je considérais les convives comme les juges du concours. Bien entendu, ils n'en ont jamais rien su mais c'était une des façons de me préparer.

Le service au restaurant ne peut pas être le seul entraînement ?

Le soir, après le service, je rentrais à la maison vers minuit et demi et je travaillais sur la répétition de mes connaissances jusqu'à 2h. Le lendemain matin, après avoir géré les enfants dès 7h15, je reprenais l'entraînement de

9h à 11h, devant un miroir, en m'enregistrant en vidéo pour ensuite corriger ma diction, un geste, une tenue.

Comment avez-vous combiné la préparation des deux concours ?

Tout s'est enchaîné assez simplement. Le 11 avril 2022, j'ai participé aux qualifications du MOF. En mai, j'ai appris que je participerais à la finale. Le 16 septembre, j'ai reçu les sujets de la finale qui se déroulait les 16 et 17 octobre au Touquet. Pour le Meilleur sommelier de France, la demi-finale avait lieu le 9 septembre et la finale le 6 novembre.

Est-ce l'année la plus intense de votre carrière ?

Oui, ça demande beaucoup de sacrifices. J'ai la chance d'avoir une épouse qui m'a épaulé et, malgré deux enfants en bas âge qui nécessitent du temps et de l'attention, j'ai réussi à m'aménager des plages de travail et d'autres de repos.

Quelle bouteille avez-vous ouverte avec votre épouse pour fêter ces titres ?

Un saumur blanc 2018 de chez Thierry Germain. Thierry, qui est un vigneron que j'aime beaucoup, m'a accompagné pendant une des épreuves du MOF car dans le cadre de l'épreuve de service, je devais présenter, ouvrir et servir une bouteille de son Clos de l'Échelier. Après avoir parlé de l'homme, de ses vignes, de son travail, l'un des membres du jury, qui au départ, ne buvait pas, m'a demandé à la dernière seconde de lui servir un verre.

Est-ce qu'un jour, vous vous inscrirez au concours du Meilleur sommelier du monde ?

Être Meilleur sommelier de France et décrocher le concours de Meilleur ouvrier de France, c'était mon Graal.
Ces titres, ils se méritent quotidiennement et ils nous obligent. Je n'écarte pas cette possibilité mais pour le moment, je savoure. ■

LES ROSÉS DE L'HEXAGONE

Premier producteur de rosé au monde, la France est aussi le premier pays consommateur. Avec une moyenne annuelle de 150 millions de bouteilles de rosés, la Provence est la première région productrice de vin rosé en AOC. Une domination qui ne doit pas occulter le travail des autres vignobles.

En Provence, si 3 appellations majeures composent le vignoble, les Coteaux d'Aix-en-Provence, les Coteaux Varois en Provence et les Côtes-de-Provence, il ne faut pas oublier que l'on produit aussi du rosé à Bellet, à Palette et à Cassis. Seulement, les autres régions n'ont pas à rougir de leur production. De l'Alsace au Pays basque, des Corbières à Chinon en passant par la Corse, des milliers de vignerons proposent des rosés vifs et fruités, croquants et frais ou denses et vineux. Petit tour de l'Hexagone des rosés à consommer avec modération du printemps au cœur de l'automne.

Hors de Provence, le salut existe...

En Alsace où sa production reste confidentielle, le rosé est issu du seul pinot noir. Sa robe se décline dans des reflets framboise ou dans des nuances plus saumonées. Apprécié pour ses petits arômes de fruits rouges, il se sert à l'apéritif mais aussi sur des salades estivales et même, parole d'Alsacien, sur une tarte flambée. Un peu plus au sud, dans le Jura, le rosé est anecdotique mais certains vignerons s'emploient à en proposer en appellation Arbois ou en Côtes-du-Jura sur le cépage poulsard. En Savoie, les rosés sont essentiellement issus du gamay,

du pinot noir et de la mondeuse, seuls ou en assemblage. Dans le Beaujolais, inutile de chercher du rosé sur les appellations Chiroubles, Morgon, Juliénas, Chénas, Brouilly ou Fleurie pour ne citer qu'elles. Seules les appellations Beaujolais et Beaujolais Villages peuvent en produire. Issus du gamay noir à jus blanc, ces rosés sont de plus en plus prisés et ce sont près de 2 millions de bouteilles qui sont produites chaque année.

■ Typiquement français, mais aussi très saisonnier, le rosé est surtout consommé l'été

Une liste bien précise de cépages "à rosé"

Dans la Vallée du Rhône, une appellation a la particularité de ne produire que du rosé, Tavel dans le Gard. Vin d'appellation d'origine depuis 1936, ce rosé n'est produit que sur deux communes, Tavel et Roquemaure à partir de neuf cépages, le grenache noir qui sert de base à l'élaboration et des cépages secondaires comme la syrah, le mourvèdre, le cinsault, la clairette, le bourboulenc, le carignan, le picpoul et le rarissime calitor. Au nord de Tavel, le vignoble de Lirac propose également des rosés au même titre que Vacqueyras ou Gigondas même si les productions sont infimes contrairement au Luberon où le rosé tient une place prépondérante.

Plus au sud, dans l'aire géographique des AOC du Languedoc et du Roussillon, ce sont 38 appellations et dénominations qui participent à la vitalité d'un vignoble qui s'étend sur l'Hérault, le Gard, l'Aude et les Pyrénées-Orientales et elles sont nombreuses à produire du rosé à l'instar des AOC Terrasses-du-Larzac, Faugères, Saint-Chinian, Collioure ou les Côtes-du-Roussillon. Dans le sud-ouest, si l'on produit majoritairement du rouge sur le terroir d'Irouléguy, le rosé a son mot à dire comme en IGP Ariège ou en IGP Landes où il arrive devant les rouges en volume. En Côtes-du-Marmandais, le rosé est aussi présent comme en AOP Côteaux-du-Quercy et en AOP Brulhois.

Une carte de France toute en nuances de rosés

En remontant vers la Loire, petit détour par le Bordelais où seule l'appellation Bordeaux est autorisée pour les vins rosés issus du cabernet sauvignon, du petit verdot, du merlot, du carménère et du cabernet franc. Le long de la Loire, de nombreuses appellations proposent du rosé sur une surface en production de 850 hectares. C'est le cas notamment à Chinon, à Bourgueil, à Valençay et même à Sancerre et à Menetou. En Champagne, le prestigieux rosé des Riceys (une AOC à part entière), élaboré avec les pinots noirs de l'Aube, est un vin de garde et de gastronomie. Quant à la Bourgogne, le rosé est encore peu répandu mais il se développe du côté de Chablis et d'Auxerre. Preuve que le rosé est aujourd'hui présent presque sur l'ensemble du vignoble français et qu'il offre une palette de nuances et de goûts qui incite à la curiosité et à la découverte. ∎

NOUVELLES DES VIGNOBLES

Du mouvement dans les appellations, une montée en puissance du bio, mais aussi des valeurs sûres confirmées par les amateurs : ça bouge sur le front du vin, toujours à l'affût de nouvelles tendances, mais sans jamais précipiter les choses, le temps long étant le meilleur allié du vin.

L'appellation Gigondas désormais en blanc

Connue pour ses rouges et ses rosés, l'appellation Gigondas bordée par la ligne des Dentelles de Montmirail, dans le nord du Vaucluse pourra, à compter du millésime 2023, proposer des vins blancs qui jusqu'à présent, bénéficiaient simplement de l'appellation AOP Côtes-du-Rhône. En 1971, le vignoble de Gigondas obtenait son AOC – appellation d'origine contrôlée – pour ses vins rouges et rosés. Une récompense qui sacrait un cépage roi, le grenache noir qui peut, selon le cahier des charges, être associé à de la syrah, du mourvèdre ou du cinsault. Pour autant, certains domaines de l'appellation n'avaient pas abandonné les cépages blancs, et mettaient sur le marché un vin blanc en AOP Côtes-du-Rhône. Dès 2011, l'organisme de défense et de gestion de Gigondas a lancé différentes expérimentations sur l'appellation et après sept années d'essais a validé le projet de modification du cahier des charges. Il restait à patienter pour que l'INAO (Institut national de l'origine et de la qualité) valide la demande

■ Avec ses parcelles perchées entre les Dentelles, le vignoble de Gigondas voit ses blancs reconnus par une appellation spécifique.

d'extension de l'AOC Gigondas aux vins blancs. C'est chose faite depuis le 8 septembre 2022 et dès 2023, il sera possible de déguster un gigondas blanc. Il sera issu de la clairette blanche comme cépage principal, à hauteur de 70% minimum, pouvant être associé à du bourboulenc, de la clairette rose, du grenache blanc et gris, de la marsanne blanche, du piquepoul blanc ou de la roussanne.
Les vignerons déjà engagés dans la production de vins blancs se réjouissent de cette nouvelle qui consacre des vins droits et ciselés... comme les arêtes de Montmirail.

Vézelay passe de l'origine contrôlée à l'origine protégée

Articulé autour de la basilique Sainte-Marie Madeleine, le petit vignoble de Vézelay en appellation d'origine contrôlée depuis 2017 a accédé en 2022 à l'appellation d'origine protégée. Une belle récompense pour la vingtaine de vignerons qui mettent sur le marché environ 2 805 hectolitres d'un vin exclusivement en blanc et issu du cépage chardonnay.

En 2023, la France sur le podium des plus grands vignobles bios au monde

En 2018, la France possédait 65 300 hectares de vignes bio. Avec

■ Protégé depuis toujours par Sainte-Marie-Madeleine, le vignoble vézélien dispose désormais d'une AOP

les certifications et les conversions en cours, ce sont environ 115 000 hectares qui seront désormais en bio, ce qui place l'Hexagone derrière l'Espagne et devant l'Italie. Une augmentation des surfaces qui va avec l'engouement pour ces vins, dont la consommation est en constante progression. Alors que l'Allemagne dominait ce secteur depuis 2013, elle est désormais devancée par la France. Viennent ensuite les Etats-Unis et l'Angleterre.

Bordeaux, vignoble préféré des Français

Selon un baromètre réalisé par l'IFOP pour Cavissima, le vin rouge reste le vin préféré des Français à hauteur de 57 %. En termes d'origine, le vignoble favori reste le bordelais, même si le plébiscite est atteint grâce aux consommateurs de plus de 65 ans. Viennent ensuite la Bourgogne, la Champagne ex-aequo avec la vallée du Rhône et les vins du monde.
À noter que les plus âgés achètent, toutes régions confondues, plutôt des bouteilles à moins de 30 € quand les 25-34 ans sont les plus portés sur les bouteilles entre 30 et 100 € Une montée en gamme prometteuse ! ■

CES ÉTONNANTS SPIRITUEUX ARTISANAUX PRODUITS EN FRANCE

Au pays du cognac, de l'armagnac, du calvados ou de la Chartreuse, une tendance émerge depuis une quinzaine d'années : les "craft spirits", ce qui se traduit par spiritueux artisanaux. Partout en France, des distilleries indépendantes produisent du gin, de la vodka, du whisky, du rhum ou du saké pour une clientèle désireuse de sortir des sentiers battus.

En quête d'un goût unique, de nombreux consommateurs se tournent de plus en plus vers les spiritueux artisanaux produits localement par des hommes et des femmes passionnés. Leurs envies ? Soutenir un savoir-faire, une histoire, entretenir une relation authentique et se détacher de productions jugées sans âme pour au final, partager une expérience et se démarquer.

À Faronville dans le Loiret, Pauline et Paul-Henri Leluc se sont installés en 2007 pour prendre la suite de Jacques, le grand-père de Paul-Henri, spécialisé depuis des décennies dans les grandes cultures propres à la Beauce.

Vodka et whisky, des grands classiques en VF

Un an après leur installation, ils décident de diversifier leurs productions en cultivant des petits oignons blancs et des pommes de terre. Passionné par les spiritueux, Paul-Henri décide de produire une vodka à partir de la production de pommes de terre de la ferme en maîtrisant toutes les étapes de la production, de la plantation à l'embouteillage. Leur première vodka distillée sur place est mise sur le marché en 2018. Ils ont depuis élargi la gamme des vodkas mais surtout lancé en 2021 leur premier gin élaboré à partir d'une sélection de plantes botaniques

et la fleur des pommes de terre récoltée à la main. Rien ne se perd, tout se transforme.

Plus au sud, dans le Berry, à Ourouer-les-Bourdelins, Thomas Mousseau est passé en 2010 de l'administration à la bière puis de la bière au whisky bio. Sa marque Ouche Nanon signifierait "pré cultivé" ou "petit pré proche de la maison" en patois berrichon. Dans son alambic de 1936 chauffé au bois et installé au cœur du village, il distille et donne naissance à trois whiskies 100 % malt d'orge. Ces nectars seront vieillis 3 ans dans des caves voûtées, en fûts ayant contenu du bourbon, avec parfois une finition dans des fûts de chardonnay ou de madère. Et comme à Faronville, Thomas Mousseau s'est aussi récemment lancé dans la production de gin bio.

Un tiers passion, un tiers exotisme, un tiers audace

Si les producteurs de whisky et de vodka artisanaux sont nombreux en France, il n'en est pas de même pour le saké. À Pélussin dans la Loire, Grégoire Bœuf a créé en 2016, une sakagura, une fabrique de saké. Riz, kôji (ferment) et levures viennent tous du Japon et Grégoire produit une gamme de 4 sakés contenant uniquement du riz, de l'eau pure et locale et des levures : l'Aube, la Vague, le Tonnerre et le Vent. Dans le Pas-de-Calais, à une heure de Houlle où la famille Persyn maintient l'une des dernières distilleries de genièvre, le petit village de Bouin-Plumoison abrite un producteur d'hydromel pas comme les autres. Sébastien Therry, apiculteur, laisse ses hydromels secs et demi-secs vieillir deux ans minimum en foudres (quand d'autres patientent de cinq à dix ans) car d'une année à l'autre le miel de ses abeilles n'a pas le même goût. Il en résulte plusieurs hydromels qui peuvent être appréciés en apéritif ou en digestif, sur un foie gras ou sur un dessert. Plus étonnant encore, le distillat d'agave produit dans les Bouches-du-Rhône. Sur une partie du littoral de ce département, mais surtout sur les îles du Frioul, l'agave Americana, à la base de la production du mezcal au Mexique, a été considérée comme espèce végétale exotique envahissante menaçant la biodiversité. Une campagne d'arrachage a donc été ordonnée et un collectif a proposé de revaloriser ces végétaux en une eau de vie d'agave issue d'une double distillation, baptisée Josiane. Le nombre de bouteilles est extrêmement limité car dépendant des campagnes d'arrachage. ■

DIX VINS À GOÛTER
UNE FOIS DANS SA VIE

Ni un classement, ni un sondage, ni un esprit de rareté, simplement l'évocation de dix vins de rêve. Dix nectars dans lesquels on a envie de tremper ses lèvres au moins une fois, avec le secret espoir d'en reboire un jour.

Le Clos blanc de Vougeot – Vougeot 1ᵉʳ cru – Domaine de la Vougeraie

Appelé autrefois le Petit clos blanc de Cîteaux ou la Vigne blanche de Vougeot, ce vin issu de chardonnay étonne au milieu d'un océan de pinot noir. Travaillée en agriculture biodynamique depuis 2001, la parcelle voisine avec le mythique Clos de Vougeot. Après un élevage en fûts de 15 mois et 3 mois en cuves inox, le millésime 2020 a donné naissance à 18 168 bouteilles.

Clos Florentin – Saint-Joseph – Jean-Louis Chave

Évidemment chez Jean-Louis Chave, il y a les vins mythiques de l'appellation hermitage. Il y a aussi ses saint-joseph plantés en coteau

surplombant le petit village de Mauves. C'est de là-haut que l'on aperçoit le Clos Florentin orchestré comme un jardin de ville avec un bassin, un mini théâtre en pierre, une ribambelle de fleurs, d'herbes, d'arbres et des vignes pour un saint-joseph rare. Seulement 2 000 bouteilles chaque année.

Château Rayas – Châteauneuf-du-Pape

Dans les parcelles proches du village de Châteauneuf-du-Pape, les pieds de vignes semblent protégés par une immensité de galets. En arrivant à Rayas, changement de sol. Ici, dans une enclave boisée, le sable domine. Des sols qui donnent des vins clairs plus sur le rose que sur le noir comme aime à le dire le maître des lieux, Emmanuel Reynaud.

Château-Grillet

Pour la petite histoire, si les voisins de Condrieu avaient déposé leur dossier de demande d'appellation en 1936 et non en 1940, on peut penser que château-grillet aurait été en AOC condrieu. Château-Grillet est donc l'unique propriété sur l'appellation. Moins de 4 hectares subdivisés en terrasses plantés en viognier pour un grand vin de garde qui ne se livre pas facilement.

La Romanée – La Romanée Grand Cru Monopole – Domaine du Comte Liger-Belair

Sur le vignoble de la côtes-de-nuits, dans le village de Vosne-Romanée, des noms qui font rêver, Romanée-Conti, La Tâche, La Grande Rue, Romanée Saint-Vivant, Richebourg et La Romanée. 0,84 hectares en pinot noir pour une production moyenne de 3 600 bouteilles. Le fleuron du domaine.

Clos Windsbuhl – Riesling – Domaine Zind Humbrecht

Le nom Windsbuhl, "colline où tourne le vent" a été donné en 1668 à ce clos qui culmine à 350 m. Dans ces vignes travaillées en biodynamie, 4 cépages se côtoient, chardonnay, riesling, pinot gris et gewurztraminer. Le riesling est un vin de garde, d'une grande élégance.

Château Simone – Palette

Une appellation d'à peine 50 hectares à l'est d'Aix-en-Provence que se partage une poignée de

vignerons. C'est par les blancs que palette a fait sa réputation et au Château Simone : ils sont d'une étonnante complexité avec un assemblage de clairette, grenache blanc, bourboulenc, ugni blanc et muscat blanc.

Château Haut-Brion – Pessac-Léognan

Quatre vins pour un château de légende, La Clarté de Haut-Brion (sémillon et sauvignon), Le Clarence de Haut-Brion (merlot, cabernet franc et cabernet sauvignon), Le Château Haut-Brion blanc (sémillon et sauvignon) et Le Château Haut-Brion rouge premier grand cru classé (merlot à hauteur de 42,8 %, cabernet sauvignon et cabernet franc pour le millésime 2021).

Champagne Drappier – Grande Sendrée

Chez les Drappier, dans le département de l'Aube, on produit du champagne depuis 1808 et la maison n'est pas peu fière de posséder les 7 cépages : pinot noir, chardonnay, pinot meunier, pinot blanc, petit meslier, pinot gris et l'arbane. Assemblage de pinot noir et chardonnay, La Grande Sendrée s'apprécie en champagne de repas.

Les Vignobles de la Coulée de Serrant – Savennières

Trois vins sur le vignoble de Nicolas Joly pour appréhender les vins issus de chenin sur les appellations savennières et coulée-de-serrant. Les Vieux Clos, Le Clos de la Bergerie, vinifié en bois, et la mythique Coulée de Serrant sur 7 hectares de raides coteaux dominant la Loire. ∎

le magazine

LE CHAMPAGNE :
TOUT EST QUESTION DE DOSAGE

Brut nature, extra-brut, brut, extra-sec, sec, demi-sec, doux : le dosage dans les cuvées de champagne est régi par une législation qui a défini une échelle précise. Ce dosage est l'une des mentions obligatoires qui apparaît sur l'étiquette d'une bouteille de champagne.

Le dosage, c'est la touche finale qu'un vigneron ou un chef de cave souhaite donner à son champagne. Après un certain de nombres de mois passés dans les caves, les bouteilles sont dégorgées de façon à expulser le dépôt accumulé dans le goulot de la bouteille. Au cours du dégorgement, une partie du vin est perdue. Il faut alors la remplacer par une liqueur de dosage appelée aussi liqueur d'expédition, sauf, évidemment, pour les champagnes dits "non dosés".

Cette liqueur, propre à chaque vigneron ou maison de champagne, est le plus souvent composée de sucre de canne dissous dans du vin et c'est le dosage en grammes par litre qui va déterminer la cuvée et le style par l'apport de cette ultime touche d'arômes.

Au gramme près !

Brut nature, non dosé ou dosage zéro est une mention qui signifie que le vin n'a fait l'objet d'aucune adjonction de sucre. La partie du vin perdue pendant le dégorgement est remplacée par du vin identique à celui présent dans la bouteille. La mode est aujourd'hui clairement aux champagnes non dosés dans un contexte de diminution régulière de nos apports en sucre dans notre alimentation mais ces champagnes

reflètent aussi les progrès réalisés dans la vinification du champagne. L'extra-brut est un champagne dont la teneur en grammes de sucre par litre est comprise entre 0 et 6. Ce dernier connaît aussi un véritable essor que les vignerons soulignent par la volonté de proposer des champagnes qui révèlent l'identité de leur terroir. Un champagne brut est à moins de 12 grammes par litre. Il est le plus connu et le plus répandu, en France et dans le monde, et domine de la tête et des épaules le marché avec plus de 70 % en volume. Viennent ensuite l'extra-sec ou extra-dry (entre 12 et 17 grammes de sucre par litre), le sec (entre 17 et 32 grammes de sucre par litre), le demi-sec (de 32 à 50 grammes) et enfin, le doux avec plus de 50 grammes de sucre par litre.

Une palette infinie pour les mariages les plus subtils

Cette échelle précise des dosages s'applique pour tous les champagnes. Il existe donc des champagnes rosés non dosés ou demi-sec, des champagnes millésimés extra-brut, des 100 % meunier demi-sec, des 100 % chardonnay extra-brut ou des blancs de noirs demi-sec, sec ou nature.

Mais cette échelle est aussi un bon repère pour le choix des mets. Si les accords peuvent rester subjectifs, il n'est pas incongru de servir un champagne sec ou demi-sec sur un foie gras à condition qu'il ne soit pas poêlé ou de le réserver pour un dessert crémeux avec une mention particulière pour un champagne rosé demi-sec à proposer avec un dessert aux fruits rouges. Un 100 % chardonnay, autrement dit un blanc de blancs, non dosé ou extra-brut ira parfaitement avec des huîtres, un tartare de poissons ou un plateau de fruits de mer alors qu'un champagne brut non millésimé blanc de noirs, 100 % pinot noir ou 100 % pinot meunier ou un assemblage des deux, sera idéal sur une volaille. ■

■ Bouteille par bouteille, l'opération de dosage apporte la touche finale propre à chaque maison.

LE SUD-OUEST, UNE MOSAÏQUE DE CÉPAGES

En Bourgogne, le vignoble est dominé par le chardonnay et le pinot noir. À Bordeaux, le cabernet franc, le merlot, le cabernet sauvignon, le sémillon, le sauvignon blanc et la muscadelle donnent le La. Dans le sud-ouest, c'est une mosaïque de cépages qui donne naissance à des dizaines d'appellations.

De Bergerac à Irouléguy en passant par Cahors, Gaillac, Marcillac ou Fronton, le sud-ouest viticole fourmille d'AOC (appellation d'origine contrôlée) et d'IGP (Indication géographique protégée) avec des terroirs, des histoires et des cépages distincts. Un musée ampélographique à ciel ouvert que l'on ne trouve nulle part ailleurs et qui offre aux amateurs une diversité de couleurs et de types de vins (moelleux, effervescents, secs) dont certains sont produits à partir de cépages plus ou moins connus.

De riches nuances de rouges

Au nord de Toulouse et au sud de Montauban, le vignoble de l'AOP Fronton est dominé par la **négrette**, le cépage majoritaire dans l'assemblage final, qui apporte des arômes de fruits noirs, de violette, de fruits rouges et des notes poivrées. Plus au sud, sur l'appellation Madiran, c'est le **tannat**, cépage autochtone, qui domine. Né dans le piémont pyrénéen, il est ici chez lui, même s'il cohabite avec le **cabernet franc**, le **cabernet sauvignon** et le **fer servadou** - que l'on trouve sous le nom de mansois dans le vignoble de Marcillac. Le tannat est aussi présent en AOC Irouléguy. Contrairement à ce que son nom pourrait laisser penser, le **duras**

n'est pas le cépage de l'appellation Côtes-de-Duras qui s'appuie sur le **merlot**, le cabernet franc et le cabernet sauvignon. Il est en revanche plutôt présent dans le vignoble de Gaillac souvent assemblé avec la **syrah** et le **braucol**. À Cahors, le long des méandres du Lot, le vignoble est intimement lié au **malbec** dont on dit qu'il tiendrait son nom d'un propriétaire du Médoc, monsieur Malbeck, qui aurait contribué à sa diffusion. Sur l'appellation Côtes-du-Marmandais dont le vignoble se dessine sur les deux rives de la Garonne, on retrouve d'ailleurs un peu de malbec mais sur ce terroir, ce sont essentiellement le merlot, le cabernet franc et le cabernet sauvignon qui s'imposent en compagnie de la syrah et l'**abouriou**, cépage oublié dans les années 1990 à qui certains vignerons tentent de redonner ses lettres de noblesse.

Une belle gamme de blancs

Le **gros manseng** constitue le cépage de base des vins de Jurançon pour les secs et les moelleux jeunes, quand le **petit manseng** donne naissance aux moelleux de garde. Deux cépages que l'on retrouve dans l'élaboration des vins de Pacherenc du Vic-Bilh avec le **petit courbu** – présent aussi à Irouléguy - pour la rondeur et l'**arrufiac** pour la finesse.
Plus au nord, les appellations Bergerac sec, Côtes-de-Bergerac et Côtes-de-Montravel utilisent, quant à elles, la **muscadelle**, cépage fruité et floral et le **sémillon**, cépage

des vins moelleux. Si le **chenin** est présent en Côtes-de-Duras sec et en Côtes-de-Duras moelleux, on le retrouve également plus à l'est sur l'AOP Côtes-de-Millau dans l'Aveyron où il tente de se faire une place dans un vignoble très largement dominé par les vins rouges.
À Gaillac, l'**ondenc** n'a pas besoin de jouer des coudes pour l'élaboration des vins secs mais aussi et surtout des doux en vendanges tardives. Sur cette appellation, il voisine avec le **mauzac**, le cépage-roi des mousseux en méthode ancestrale souvent associé avec le **loin de l'œil** dont le nom vient du fait que la grappe, munie d'un long pédoncule, est éloignée du bourgeon. Enfin, à Saint-Mont dans le Gers, AOC depuis 2011, il est un cépage blanc méconnu que les vignerons soulignent comme étant indispensable, l'arrufiac, qui relève les expressions des deux autres cépages, le gros manseng et le petit courbu. ■

LA ROCHELLE

✉ 17000 – Charente-Maritime – Carte régionale n° **20**-A2

L'appel du large reste très fort dans ce port qui a vu partir tant d'explorateurs. Mais si la cité phare du nautisme continue de se tourner vers la mer, sa vieille ville déborde de charme et… de goût(s). Ses rues piétonnes, bordées d'arcades et d'hôtels aristocratiques, concentrent de nombreux commerces de bouche. L'animation bat également son plein sous la magnifique charpente du Marché central, qui vaut à elle seule le déplacement. On y trouve pommes de terre de l'île de Ré, beurre fermier et produits laitiers de la région ; mer oblige, les mareyeurs rivalisent de propositions, huîtres Marennes-Oléron, moules (dont on fait l'éclade et la mouclade) et bien sûr poissons d'une fraîcheur exceptionnelle – dont le chef étoilé Christopher Coutanceau est l'ambassadeur incontesté. Pour le dessert, tentez le tourteau fromager, reconnaissable à son dôme noir. La Rochelle est aussi le lieu idéal pour s'initier aux splendeurs du cognac.

❀❀ **CHRISTOPHER COUTANCEAU**

Chef : Christopher Coutanceau
POISSONS ET FRUITS DE MER • ÉLÉGANT Sur la plage de la Concurrence, la devanture du restaurant annonce la couleur : "Christopher Coutanceau, cuisinier et pêcheur". Tout est dit ! La pêche, voici une passion qui court dans la famille depuis longtemps – le grand-père, puis Richard, le père, étaient déjà passionnés par les produits de la mer. Christopher va plus loin : en plus d'être un pêcheur émérite, il milite en faveur de la pêche durable et contre le gaspillage. Sa cuisine est le prolongement de cet engagement : un bouquet de senteurs marines, une ode à l'océan. Les plus beaux produits de la mer (bar de ligne, turbot, sole, oursins, lotte et langoustines, huîtres, tourteaux et tant d'autres) sont travaillés avec tendresse et imagination, dans une veine créative.

❀ **L'engagement du chef :** Avec la conviction que le cuisinier est avant tout citoyen, notre démarche s'inscrit au-delà du restaurant, auprès de différentes associations de préservation des ressources marines. Seuls les poissons issus d'une pêche artisanale, durable et locale figurent sur notre carte. Nous travaillons main dans la main avec notre producteur de légumes à La Rochelle et pour éviter le gaspillage, nous utilisons les produits dans leur intégralité et nous valorisons les déchets.

❀ ⟨⟩♿Ⓜ⇆🅿 – Prix : €€€€

Plan : A2-1 – *Plage de la Concurrence* – ☏ 05 46 41 48 19 – *www.christophercoutanceau.com/fr* – *Fermé dimanche, lundi, mardi midi et mercredi midi*

ANNETTE ⓝ

MODERNE • BISTRO Elle est rhétaise de naissance, il est anglais de Bristol ; ils se sont rencontrés dans un restaurant d'Amsterdam avant d'ouvrir ce bistrot rochelais moderne - tables et mobilier en bois blond, cuisine vitrée au fond, pan de mur en zellige, et petite terrasse donnant sur une rue piétonne. Voilà pour le cadre. Dans l'assiette, une cuisine française tout en fraîcheur et en goût ! Le chef a de la technique et du talent comme l'atteste ce bar sauvage, sauce vin blanc, coques, purée de brocoli et chou vert légèrement grillé. Côté dessert, c'est la compagne du chef qui régale avec son gâteau au chocolat d'Annette (sa grand-mère), glace à la crème de marron - puissant et gourmand.

&. 綜 – Prix : €€

Plan : B2-7 – *14 rue Bletterie* – ☎ *06 82 24 86 77* – *www.bistrot-annette.fr* – *Fermé lundi et dimanche*

L'ASTROLABE ⓝ

FUSION • TENDANCE En forme d'assiette, l'astrolabe sert à déterminer les longitudes et les latitudes : voici donc une table qui invite à voyager d'un pays à l'autre (de la Finlande au Guatemala), d'une cuisine voyageuse à une autre, où chaque plat est inspiré d'une tradition culinaire différente – le poulet de Bresse tandoori est un bel exemple de cette fusion réussie. Un voyage immobile à savourer dans un lieu plaisant et très lumineux, dans une ambiance conviviale de bistrot chic.

&. 🄰🄲 – Prix : €€€

Plan : B2-8 – *35 rue Gambetta* – ☎ *05 46 41 52 55* – *www.restaurant-lastrolabe. com* – *Fermé lundi et dimanche*

LE BISTROT DES BONNES FEMMES

MODERNE • BISTRO Bistronomie pour tout le monde dans cette adresse branchée et conviviale ! Les produits sont au top (poissons de la criée, légumes des Halles voisines) et les préparations nettes et précises, sans superflu ni artifice. Une ambiance animée, une table de copains et une jolie sélection de vins biologiques et natures. Enfin, aux beaux jours, on profite d'un repas dans l'agréable patio.

&. 綜 – Prix : €€

Plan : B1-5 – *5 rue des Bonnes-Femmes* – ☎ *05 46 52 19 91* – *www. lebistrotdesbonnesfemmes.com* – *Fermé lundi et dimanche*

LE BOUILLON

MODERNE • ÉLÉGANT Jemmy Brouet, passé par le Jules Verne (Alain Ducasse), a ouvert ce bistrot chic aux briques rouges et couleurs ensoleillées, écrin d'un menu du marché goûteux, avec options végétariennes. Le soir, le chef propose des menus surprise dont le nombre de plats varie selon l'appétit et le budget des convives. Un peu excentré, mais facile d'accès. Terrasse au calme.

&. 綜 – Prix : €€

Hors plan – *15 rue du Docteur-Bigois* – ☎ *05 46 42 05 29* – *www.le-bouillon-larochelle.fr* – *Fermé dimanche, samedi midi et du lundi au mercredi soir*

LES FLOTS

POISSONS ET FRUITS DE MER • COSY Cet ancien estaminet possède bien des atouts : un emplacement idéal face au vieux port, une terrasse délicieuse, un service compétent et une cuisine raffinée où les saveurs de l'océan sont à l'honneur : bar de ligne en émulsion de jus de coquillages, sole de petit bateau cuite meunière, homard grillé au barbecue. Une adresse de choix.

⅋ ≪ 🄰🄲 綜 – Prix : €€€

Plan : A2-2 – *1 rue de la Chaîne* – ☎ *05 46 41 32 51* – *les-flots.com*

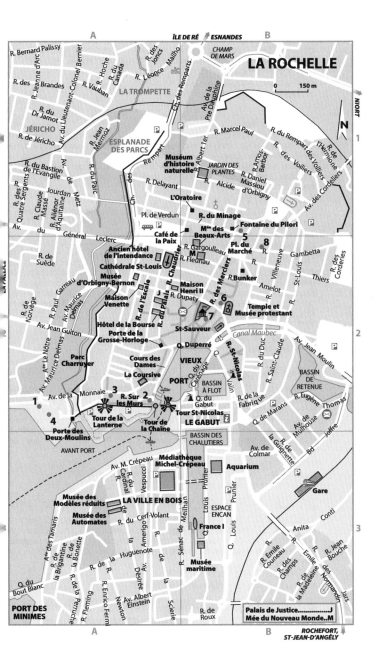

ÎLE DE RÉ ESNANDES

LA ROCHELLE

0 ———— 150 m

NIORT

ROCHEFORT,
ST-JEAN-D'ANGÉLY

Palais de Justice..............J
Mée du Nouveau Monde..M

IMPRESSIONS

MODERNE • CONTEMPORAIN Après 18 ans passés au Saison à côté de Rennes, David Etcheverry est venu s'installer avec son fidèle second Takashi Aoki au centre de La Rochelle. Conçu comme un atelier moderne, ce petit restaurant propose des assiettes épurées, et d'une gourmandise implacable. On se régale.

🍸 🛋 – Prix : €€€

Plan : B2-6 – *7 rue Saint-Michel* – ℰ *05 46 09 03 98* – *www.restaurant-impressions.fr* – *Fermé lundi et dimanche*

LE MAIL

MODERNE • CONTEMPORAIN Environnement délicieux (parterres de verdure et promenade sur l'océan), cadre charmant (mobilier dans l'esprit brasserie, luminaires métalliques, baies vitrées), cuisine simple et fraîche mettant en avant les poissons de la région (La Rochelle, La Cotinière, Royan) et les légumes de Charente-Maritime... La carte des vins, courte, précise et alléchante, est un modèle. Accueil courtois et chaleureux.

🤍 🍸 🛋 – Prix : €€

Hors plan – *16 allée du Mail* – ℰ *05 46 34 12 52* – *www.restaurant-le-mail.com* – *Fermé lundi et dimanche soir*

LES QUATRE SERGENTS

TRADITIONNELLE • ÉLÉGANT Un authentique jardin d'hiver, avec une élégante structure métallique, à deux pas du port : voilà qui est charmant... Le chef y cultive des plaisirs très naturels : produits locaux et bio, vins de petits viticulteurs indépendants (sans omettre les grands crus). L'espace Le Mess, situé au sommet de la verrière, est privatisable et doté d'un fourneau où le chef peut cuisiner un menu surprise devant quelques clients privilégiés.

🕸 🤍 🍸 ⇄ – Prix : €€

Plan : A2-3 – *49 rue Saint-Jean-du-Pérot* – ℰ *05 46 41 35 80* – *www. les4sergents.com* – *Fermé lundi et dimanche soir*

LA YOLE DE CHRIS

POISSONS ET FRUITS DE MER • ÉLÉGANT Cette pétillante adresse de Christopher Coutanceau offre deux plaisirs incomparables, celui des yeux et celui des papilles. Un long comptoir en forme de yole (embarcation légère, longue et étroite), abrite la cuisine ouverte où s'active la brigade. Ici, la carte fait la part belle aux produits de la mer (huîtres, coquillages et crustacés) et à la pêche du jour... à déguster sur la terrasse face à la mer, aux beaux jours. Réservation recommandée pour embarquer !

🥂 🤍 🅿 – Prix : €€€

Plan : A2-4 – *Plage de la Concurrence* – ℰ *05 46 41 41 88* – *christophercoutanceau.com*

🛏 ## LES BRISES   *Plus*

CLASSIQUE CONTEMPORAIN Construit à la fin des années 1960, entièrement rénové, le bâtiment bénéficie d'un superbe emplacement au bord de l'eau, entre la mer et l'entrée du vieux port de La Rochelle. Les chambres sont contemporaines et agrémentées de petites touches marines : demandez celles avec balcon, qui ouvrent sur la mer.

🅿 🌢 🦽 - 50 chambres – Prix : €

Chemin de la digue Richelieu – ℰ *05 46 43 89 37*

🛏 ## ENTRE HÔTES   *Plus*

CLASSIQUE CONTEMPORAIN Cette maison d'armateur du 18ᵉ s., avec un ravissant jardin à l'anglaise, se trouve à cinq minutes à pied du centre historique de la ville. Les chambres se révèlent élégantes et romantiques – l'une d'entre elles, insolite à souhait, est même installée dans l'ancienne cave voûtée !

⇾ - 5 chambres – Prix : €

8 rue Réaumur – ☎ 05 16 85 93 33

🛏 LA MONNAIE   *Plus*

CLASSIQUE CONTEMPORAIN Près de la tour de la Lanterne, un hôtel particulier du 17e s., où l'on frappait jadis la monnaie, d'où son nom. Il arbore aujourd'hui un décor contemporain : beaucoup de noir et blanc, des douches à l'italienne, un espace bien-être, une cour intérieure où l'on prend le petit-déjeuner l'été...

♿ 🅿 ⌂ ✆ ⇾ ♨ 🛁 - 36 chambres – Prix : €

3 rue de la Monnaie – ☎ 05 46 50 65 65

ROCHETOIRIN

✉ 38110 – Isère – Carte régionale n° **2**-C1

LE ROCHETOIRIN

CRÉATIVE • TENDANCE Dans une grande salle avec pergola, on se laisse séduire gentiment par un menu carte de style brasserie où le choix est roi : cuisses de grenouilles, caille de Bresse, tartare de bœuf, burger, fondant au chocolat, etc...

⚂ ♿ 🍽 🅿 - Prix : €€

Route du Village – ☎ 04 74 97 60 38 – www.lerochetoirin.fr – Fermé lundi, samedi midi, et mercredi et dimanche soir

RODEZ

✉ 12000 – Aveyron – Carte régionale n° **22**-C1

CAFÉ BRAS

AVEYRONNAISE • DESIGN Le café Bras, installé au cœur du musée Soulages, rend un bel hommage aux produits aveyronnais. Deux expériences à vivre ici (côté Comptoir pique-nique à emporter ou au restaurant), sans broyer du noir... L'équipe de cuisine offre une prestation ciselée, aromatique, légère mais généreuse, colorée et parfumée. Souvenirs émus des cucurbitacées à la grecque, coques, couteaux et jus iodé (un régal !) et d'un beau tronçon de filet de thon blanc de Saint-Jean-de-Luz. On apprécie l'attention portée aux saveurs, comme à l'accueil et à l'espace ; ce lieu épuré, chic et sobre en harmonie avec l'âme du grand peintre, qui partout, plane autour de nous. Une indéniable réussite, culinaire et artistique.

♿ 🎨 - Prix : €€

Jardin du Foirail – ☎ 05 65 68 06 70 – www.cafebras.fr/fr – Fermé lundi et mardi, et mercredi, jeudi, vendredi et dimanche soir

ROGNES

✉ 13840 – Bouches-du-Rhône

🛏 VILLA BAULIEU   *Plus*

ÉLÉGANCE TRADITIONNELLE Au sein du vaste domaine viticole du Château Beaulieu, un plus petit domaine spécialisé dans les vins biologiques haut de gamme : la Villa Baulieu (sans "e", orthographe du 17e s.), un surprenant château de style toscan. Ses onze chambres et suites arborent des styles variés (italien, anglais, Napoléon III, Louis XIV et Louis XVI), mais toutes partagent un haut niveau de confort et de vastes espaces. Jacuzzi au sommet d'une tour, dominant les jardins et la piscine, massages et soins, tennis et boulodrome : tous les signes du bien-être sont là !

♿ ♨ 🅿 ⇾ 🏊 🌐 ♨ 🛁 - 11 chambres – Prix : €€€€

Domaine de Beaulieu CD14C – ☎ 04 42 60 39 40

ROHAN

✉ 56580 – Morbihan – Carte régionale n° **7**–C2

L'EAU D'OUST

TRADITIONNELLE • RÉGIONAL Dans cette ancienne ferme située près de la rivière de l'Oust, la salle à manger sagement contemporaine, égayée de poutres apparentes, est une belle invite à s'attabler. Le chef propose une cuisine d'inspiration traditionnelle, mâtinée de quelques touches plus actuelles, réalisée à partir de produits frais de saison. Plaisante terrasse et service souriant.

&🏠🌿 – Prix : €€

6 rue du Lac – 𝒞 *02 97 38 91 86 – www.leaudoust.fr – Fermé mercredi, et lundi, mardi et dimanche soir*

ROLLEBOISE

✉ 78270 – Yvelines – Carte régionale n° **15**–A1

❀ LE PANORAMIQUE - DOMAINE DE LA CORNICHE

MODERNE • ÉLÉGANT Cet hôtel de charme perché sur une falaise de craie a été construit en 1908 par le roi belge Léopold II dans le but d'y accueillir son amour Blanche de Vaughan. Désormais, il accueille les amoureux de la bonne chère. Ici, place aux produits de proximité, dans une démarche locavore aboutie : Saint-Jacques de la baie de Seine, agneau fermier des fermes des environs, petits fruits et légumes de producteurs locaux. Il en résulte une cuisine pleine de fraîcheur, où les recettes débordent de goût et de saveurs marquées. Et aux beaux jours, on dîne en terrasse, face aux méandres de la Seine.

🏖 ⇔ ≪ 🛏 & 🏠 🅿 – Prix : €€€

5 route de la Corniche – 𝒞 *01 30 93 20 00 – www.domainedelacorniche.com – Fermé mardi et mercredi*

🛏 DOMAINE DE LA CORNICHE   *Plus*

DESIGN MODERNE Quelle "folie" Léopold II de Belgique ne fit-il pas pour son dernier amour ! Le résultat est cette jolie demeure dominant la Seine. Les amoureux d'aujourd'hui apprécieront son intérieur design, les chambres avec vue, la piscine panoramique et le superbe spa...

& 🅿 ⇔ 🌀 🛏 🛁 💯 🖐 🕮 - 44 chambres – Prix : €

5 route de la Corniche – 𝒞 *01 30 93 20 00*

❀ **Le Panoramique - Domaine de la Corniche** - Voir la sélection des restaurants

ROMANS-SUR-ISÈRE

✉ 26100 – Drôme – Carte régionale n° **3**–E2

L'INSTANT

MODERNE • ÉLÉGANT Excentrée dans un quartier résidentiel proche de la gare, cette belle maison bourgeoise – datant des années 1930 – vous accueille dans un joli décor contemporain ; on vous sert une délicieuse cuisine du marché, réalisée à partir de bons produits frais. Des assiettes qui s'avalent... en un Instant !

& 🕮 🏠 🌿 – Prix : €€

10 rue de Delay – 𝒞 *04 75 45 40 72 – www.restaurant-instant.com – Fermé lundi, mardi et dimanche, et mercredi et jeudi soir*

NATURE GOURMANDE

MODERNE • INTIME Entrez donc dans ce restaurant de poche et faites preuve d'une Nature Gourmande ! Madame reçoit avant de rejoindre monsieur, en cuisine, pour préparer les pâtisseries. Dans l'assiette, le menu surprise met à l'honneur les bons produits du marché. Un régal...

🔟 – Prix : €€

37 place Jacquemart – ☏ 04 75 05 30 46 – www.restaurant-naturegourmande. com – Fermé lundi, mercredi et dimanche et mardi, jeudi et vendredi midi

ROMORANTIN-LANTHENAY

✉ 41200 – Loir-et-Cher – Carte régionale n° **8**–C2

⍟ GRAND HÔTEL DU LION D'OR

Chef : Didier Clément

MODERNE • ÉLÉGANT Maison emblématique de la gastronomie en Sologne, le Grand Hôtel du Lion d'Or doit sa réputation à un couple de professionnels passionnés, Marie-Christine et Didier Clément. Véritable théoricien de son terroir, le chef a passé sa carrière à en révéler les épices et herbes oubliées : graine de paradis, rocambole, angélique et thym de bergère, mais aussi légumes comme le panais ou la pomme de terre vitelotte. Chez lui, expérience et curiosité vont de pair ; il régale dans une veine classique, sans afféterie, avec en particulier de succulents jus et sauces. C'est le cas par exemple de ce pigeon farci entre chair et peau, façon babylonienne, devenu un plat signature de la maison. Sans oublier une superbe carte des vins, où les plus belles maisons vigneronnes de la Loire sont représentées.

🕸 🗫 🛏 🅿 – Prix : €€€€

69 rue Georges-Clemenceau – ☏ 02 54 94 15 15 – www.hotel-liondor-romorantin. fr/fr – Fermé du mardi au jeudi à midi

ROPPENHEIM

✉ 67480 – Bas-Rhin – Carte régionale n° **10**–B1

AUBERGE À L'AGNEAU

TRADITIONNELLE • TAVERNE Généreuse table que celle de cette institution familiale datant de 1902, située dans une belle bâtisse à colombages du 17e s. En cuisine, les petits plats mijotent sous l'œil attentif du chef, amoureux de sa région. Dans l'assiette, on apprécie les spécialités du pays et de viandes. Une cuisine sans esbroufe, généreuse et authentique, servie dans un cadre chaleureux... et un accueil aux petits oignons !

♿ 🔟 🛏 🅿 – Prix : €€

11 rue Principale – ☏ 03 88 86 40 08 – www.auberge-agneau.com – Fermé lundi, dimanche et du mardi au samedi à midi

LA ROQUE-GAGEAC

✉ 24250 – Dordogne – Carte régionale n° **18**–D3

🐣 LA BELLE ÉTOILE

TRADITIONNELLE • CLASSIQUE Manger à La Belle Étoile en plein jour, c'est possible ! Rendez-vous donc dans cette demeure tournée vers la Dordogne... La cuisine réserve de belles surprises : savoureuse et gourmande, elle sait mettre le terroir en valeur et régale ! Et de petites chambres permettent de prolonger son séjour dans ce joli village.

⍟ 🔟 🛏 – Prix : €€

Le Bourg – ☏ 05 53 29 51 44 – www.belleetoile.fr – Fermé lundi et mercredi midi

O'PLAISIR DES SENS

MODERNE • COSY Cette jolie maison en pierre a su se faire un nom dans le Périgord noir. Lydie assure l'accueil en salle avec gentillesse, tandis que Bruno, chef passionné, imagine une cuisine actuelle qui fait ressortir le meilleur du terroir local : oie fermière, perdreau, viande achetée sur carcasse, fruits et légumes de maraîchers locaux... L'été venu, on profite de la charmante terrasse ombragée autour de la fontaine. Un vrai plaisir pour les sens, en effet !

&🅰🍴♿🅿 – Prix : €€€

sous la Grande-Vigne – ☎ 05 53 29 58 53 – www.restaurant-o-plaisirdessens. com – Fermé lundi et dimanche

ROQUEBRUNE-CAP-MARTIN

✉ 06190 – Alpes-Maritimes – Carte régionale n° **25**–E2

❀ CETO

POISSONS ET FRUITS DE MER • LUXE Il s'agit de l'un des projets hôteliers les plus attendus sur la Côte d'Azur ces dernières années : la réinvention complète de l'ancien Vista Palace, sur les hauteurs de Roquebrune, devenu Maybourne Riviera après un chantier titanesque de plus de quatre ans. Confiée au virtuose Mauro Colagreco (chef du Mirazur, à Menton), sa table gastronomique propose un voyage enivrant parmi les trésors de la Méditerranée. Assiettes précises, saveurs nettes, franches et sans artifices : on passe un moment délicieux dans un cadre épuré d'inspiration marine, en harmonie avec l'assiette, ou sur la terrasse qui offre une vue à couper le souffle sur la mer, Monaco et le cap Martin. Une expérience à part.

𝔹🛏✵&🅰🍴🅿 – Prix : €€€€

1551 route de la Turbie – ☎ 04 93 37 22 44 – www.maybourneriviera.com – Fermé lundi et mardi, et dimanche soir

🛏 MONTE-CARLO BEACH   *Plus*

DESIGN MODERNE Ce luxueux hôtel né dans les années 1930 dresse toujours sa belle façade couleur terracotta au-dessus de la mer... L'atmosphère des chambres, ouvertes sur les flots, évoque l'esprit des croisières (tons bleu et blanc, mobilier marin), qui prolonge les nombreux plaisirs balnéaires tout proche.

&🛏🅿☀🏊🌳⛱🐟🈂🍴🍸 - 40 chambres – Prix : €€€€

Avenue Princesse Grace – ☎ 04 93 28 66 66

🛏 THE MAYBOURNE RIVIERA   *Plus*

DESIGN MODERNE Cette curiosité ultra-moderne se dresse sur une falaise de Roquebrune-Cap-Martin comme une proue de paquebot. Mais un paquebot du luxe le plus extravagant ! Les vues sont spectaculaires, que ce soit depuis les chambres ou depuis la piscine à débordement, creusée dans le roc. Chambres et suites - souvent avec terrasses - sont d'un minimalisme blanc rehaussé de bleu azur.

🛏🅿☀🏊🈂🍴 - 69 chambres – Prix : €€€€

1551 route de la Turbie – ☎ 04 93 37 50 00

❀ **Ceto** - Voir la sélection des restaurants

ROSCOFF

✉ 29680 – Finistère – Carte régionale n° **7**–B1

❀ LE BRITTANY

MODERNE • RUSTIQUE Ce Brittany est bien élégant avec sa grande cheminée en pierre et ses fenêtres voûtées s'ouvrant sur le spectacle splendide de la baie. Au menu : une belle gastronomie marine, portée par l'extrême qualité et la fraîcheur océane des produits de la région. Les assiettes de Loïc Le Bail louchent aussi vers le pays de Mishima et Miyazaki, et ça ne doit rien au hasard : sa femme et son sous-chef sont Japonais tous les deux. Le cadre magnifique, en bord de mer, invite à la méditation.

𝔹🛏✵&🅿 – Prix : €€€€

22 boulevard Sainte-Barbe – ☎ 02 98 69 70 78 – www.hotel-brittany.com – Fermé lundi et du mardi au dimanche à midi

LE BRITTANY & SPA *Plus*

CLASSIQUE CONTEMPORAIN Ce beau manoir du 17e s. fut démonté puis reconstruit à l'identique sur le port de la petite cité corsaire ! Chambres au charme discret, salons cossus, spa avec piscine, sens de l'accueil : tout est mis en œuvre pour que l'on se sente bien.

🅿 ⌂ ⟰ 🅗 🍴 - 34 chambres – Prix : €€€

Boulevard Sainte-Barbe – ☎ 02 98 69 70 78

❀ **Le Brittany** - Voir la sélection des restaurants

ROSENAU

✉ 68128 – Haut-Rhin – Carte régionale n° **10**–B3

 AU LION D'OR - CHEZ THÉO

MODERNE • ÉLÉGANT Une auberge sympathique et élégante, tenue par la même famille depuis 1928, et c'est la cinquième génération qui prend la main ! Un monument historique ? Nullement, car le chef mêle avec brio saveurs d'aujourd'hui et richesses du terroir. La jolie salle, sobre et cosy, a tout pour séduire ; toutefois, aux beaux jours, on lui préfère la terrasse qui donne sur le jardin fleuri..

🕷 ⎛ & 🅐 🏠 ⇄ 🅿 – Prix : €€

5 rue Village-Neuf – ☎ 03 89 68 21 97 – www.auliondor-rosenau.com –
Fermé lundi et mardi

LA ROSIÈRE

✉ 73700 – Savoie

 ILY HÔTELS LA ROSIÈRE *Plus*

DESIGN MODERNE Cet hôtel haut de gamme, mariant harmonieusement contemporain et montagne chic, propose chambres confortables et suites d'exception, bénéficiant d'une superbe vue sur la vallée de la Tarentaise, digne d'une carte postale ! Agréable spa de 420 m², piscine, jacuzzi (intérieur et extérieur) , hammam et sauna.

⌂ - 69 chambres – Prix : €€

Les Eucherts – ☎ 04 79 04 12 34

ROUBION

✉ 06420 – Alpes-Maritimes – Carte régionale n° **23**–D2

AUBERGE QUINTESSENCE

MODERNE • MONTAGNARD Au col de la Couillole, en plein Mercantour, on trouve cet ancien refuge, aujourd'hui tenu par un jeune couple. Ces deux-là vous réservent une cuisine actuelle aux inspirations montagnardes (herbes, en particulier)… et proposent de jolies chambres pour l'étape.

⛷ & 🏠 🅿 – Prix : €€€

Route du Col-de-la-Couillole – ☎ 04 93 02 02 60 – auberge-quintessence.com –
Fermé mardi, mercredi, et lundi, jeudi, vendredi, samedi et dimanche midi

ROUEN

✉ 76000 – Seine-Maritime – Carte régionale n° **17**–D2

❀ ### L'ODAS

Chef : Olivier Da Silva

CRÉATIVE • **CONTEMPORAIN** Idéalement situé en plein cœur de la vieille ville, à deux pas de la cathédrale, ce restaurant est la création d'Olivier Da Silva. Il régale en toute décontraction : sa cuisine, bien de saison, est tout en justesse et en équilibre, avec des notes d'agrumes ici et là pour apporter du peps et de la vivacité. À travers un menu mystère, le végétal et les poissons sont à l'honneur. On pourra même observer le travail en cuisine depuis la salle, un spectacle toujours réjouissant. N'oublions pas enfin la terrasse agréable, à l'abri des regards, et le service aussi détendu que professionnel. De bout en bout, une expérience très plaisante.

&. 🅺 🏠 ⇔ – Prix : €€€

Plan : B2-2 – *4 passage Maurice-Lenfant* – ☏ *02 35 73 83 24* – *www.lodas.fr* – *Fermé lundi et dimanche*

L'EPICURIUS

MODERNE • **CONTEMPORAIN** Dans une charmante rue piétonne du vieux Rouen, ce bistrot dans l'air du temps propose une cuisine fine et savoureuse, à l'image du thon rouge et sa mousseline de petits pois, coques et émulsion haddock, ou de ce vacherin aux fruits rouges et sorbet aux herbes... Des produits sélectionnés avec soin, à déguster dans un intérieur contemporain. Accueil charmant.

&. 🏠 – Prix : €€

Plan : B2-5 – *31 rue Damiette* – ☏ *09 75 30 04 67* – *Fermé lundi et dimanche*

LES NYMPHÉAS

MODERNE • **ÉLÉGANT** Dans le vieux Rouen, cette maison historique connaît bien ses classiques... et ose même les réinterpréter avec brio, à l'image de ce civet de homard. L'intérieur ouvre sur une charmante terrasse intérieure très appréciée aux beaux jours.

&. 🏠 ⇔ – Prix : €€

Plan : A2-3 – *7 rue de la Pie* – ☏ *09 74 56 46 19* – *www.lesnympheas-rouen.fr* – *Fermé lundi et dimanche soir*

🛏 ### HÔTEL DE BOURGTHEROULDE   *Plus*

ÉLÉGANCE TRADITIONNELLE Tourelle gothique, meneaux, galerie Renaissance : ce monument historique (16ᵉ s.) est un joyau... Ses chambres et son spa superbes, son bar, son brunch du dimanche : tout contribue à un séjour d'exception.

&. ♨ 🅿 🕭 ⛱ 🚲 🛎 🎧 ♨ 🅵💪 🏊 🍽 - 78 chambres – Prix : €€

15 place de la Pucelle – ☏ *02 35 14 50 50*

ROUFFACH

✉ 68250 – Haut-Rhin – Carte régionale n° **10**–A3

RESTAURANT BOHRER

MODERNE • **ÉLÉGANT** Une belle demeure régionale à l'élégance bourgeoise et champêtre, pour une cuisine gastronomique associée à un judicieux choix de vins, notamment régionaux. Le chef prend plaisir (et nous avec lui!) à faire des appels de toque du côté du sud de la France et de l'Afrique du Nord : on pense à la salade niçoise ou au quasi de veau et condiment méchouia. Ambiance conviviale à la Brasserie Chez Julien, aménagée dans un ancien cinéma.

🥬 🅺 🏠 ⇔ 🅿 – Prix : €€€

Rue Raymond-Poincaré – ☏ *03 89 49 62 49* – *www.domainederouffach.com/fr* – *Fermé dimanche, et lundi et mercredi à midi*

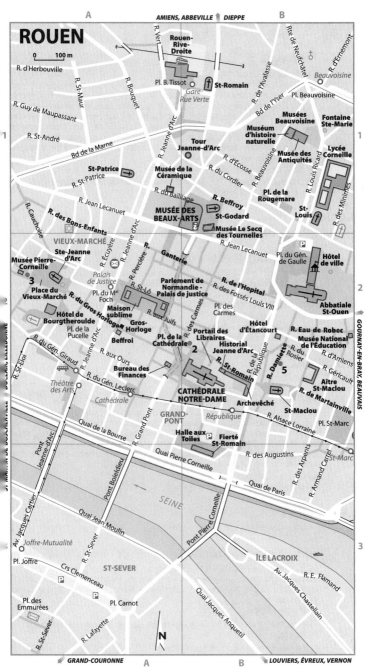

ROUFFIAC-TOLOSAN

✉ 31180 – Haute-Garonne – Carte régionale n° **22**–B2

⚙ Ô SAVEURS

Chef : David Biasibetti

MODERNE • COSY Dans un hameau pittoresque proche de Toulouse, David Biasibetti met joliment en valeur la production locale, mais il sait aussi s'affranchir de ses frontières et regarder au-delà : filet de canette, betterave et cerises acidulées, ou encore lieu jaune, jus coco-vanille et caviar d'aubergine au curry noir... On sent dans l'assiette tout le savoir-faire d'un artisan solide, jusqu'à des desserts chocolatés de très belle facture, et pour cause : le chef est pâtissier de formation, et confesse une véritable passion pour le chocolat. Une chose est sûre : on passe un excellent moment en sa compagnie.

🕸 🕮 🎄 ⇔ – Prix : €€€

8 place des Ormeaux – ☏ 05 34 27 10 11 – www.o-saveurs.com – Fermé lundi, dimanche et samedi midi

ROUGON

✉ 04120 – Alpes-de-Haute-Provence – Carte régionale n° **24**–C2

AUBERGE DU POINT SUBLIME

PROVENÇALE • RUSTIQUE Un point de vue... sublime, au cœur des gorges du Verdon ! Cette sympathique auberge familiale propose une cuisine qui fleure bon le terroir (soupe au pistou, pieds et paquets à la provençale, nombreuses salades), dans un cadre à l'ancienne. Pratique : les petites chambres pour l'étape.

⇐ 🎄 🅿 – Prix : €€

Point Sublime, D 952 – ☏ 04 92 83 60 35 – www.auberge-pointsublime.com – Fermé jeudi et dimanche soir

ROUILLAC

✉ 16170 – Charente

🛏 VILLA A   *Plus*

ÉLÉGANCE TRADITIONNELLE Ancien designer et architecte, Bernard Astor semble avoir laissé libre cours à ses rêves. La maison est charentaise mais la décoration s'inspire de l'Italie, emprunte à l'Empire et au Directoire avec des centaines de toiles et de sculptures. Salons richement meublés, home cinéma et salles à dîner (sur réservation) complètent le tableau. Le parc arboré de 6 ha qui descend vers la rivière abrite une piscine de nage. Une demeure d'esthète.

🅿 🚲 - 3 chambres – Prix : €

Les Petits Champs – ☏ 06 87 77 37 36

LE ROURET

✉ 06650 – Alpes-Maritimes – Carte régionale n° **25**–E2

LE CLOS SAINT-PIERRE

PROVENÇALE • MÉDITERRANÉEN Face à l'église de ce village dédié aux parfums, une charmante auberge où l'on propose des menus imposés (sans choix), développés avec les beaux produits du marché. Agréable terrasse, service rapide et efficace.

♿ 🎄 – Prix : €€€

Place de la Mairie – ☏ 04 93 77 39 18 – le-clos-saint-pierre.com – Fermé mardi et mercredi

HÔTEL DU CLOS *Plus*

DESIGN MODERNE Dans le haut du village, voilà bien un hôtel de charme... Un grand jardin planté d'oliviers centenaires et d'arbres fruitiers, des murs en pierre, des toits de tuiles, de jolies chambres toutes différentes, etc. : l'ensemble est résolument orienté côté Provence.

& 🅿 🕭 🛏 🏊 🍴 - 12 chambres – Prix : €

3 chemin des Écoles – ✆ 04 93 40 78 85

ROUSSILLON

✉ 84220 – Vaucluse – Carte régionale n° **25**–E1

DAVID - LE CLOS DE LA GLYCINE

MODERNE • CONTEMPORAIN Qu'il fait bon, le soir venu, s'installer dans cette belle maison de village ! Quand un chef réunionnais rencontre la Provence, cela donne des recettes qui jouent avec élégance le métissage culturel. Depuis la terrasse panoramique, on se régale aussi de la vue exceptionnelle sur les célèbres falaises ocres de Roussillon.

≼ 🎞 🏤 ⇄ – Prix : €€

38 place de la Poste – ✆ 04 90 05 60 13 – www.leclosdelaglycine. fr – Fermé mercredi

LE PIQUEBAURE

PROVENÇALE • CONTEMPORAIN Située au pied du village de Roussillon, cette jolie maison en pierres sèches propose une bonne cuisine d'inspiration provençale autour d'un menu séduisant, à base de produits frais. L'atout majeur du restaurant est sa seconde terrasse tournée vers la campagne du Luberon.

≼ 🏤 – Prix : €€

167 avenue Dame-Sirmonde – ✆ 04 32 52 94 48 – Fermé mardi, et lundi, mercredi, jeudi, vendredi, samedi et dimanche midi

ROYAN

✉ 17200 – Charente-Maritime – Carte régionale n° **20**–A3

LES FILETS BLEUS

TRADITIONNELLE • COLORÉ En léger retrait du front de mer, ce restaurant offre un sympathique décor marin : plancher en bois d'acajou, hublots, ancres marines, lampes-tempête... Dans l'assiette, l'esprit est le même, le chef s'appuyant largement sur les produits de l'Atlantique pour composer sa carte.

🎞 – Prix : €€

14 rue Notre-Dame – ✆ 05 46 05 74 00 – Fermé lundi et dimanche

ROYAT

✉ 63130 – Puy-de-Dôme – Carte régionale n° **1**–B2

LA FLÈCHE D'ARGENT

MODERNE • COSY La Flèche d'argent, surnom des Mercedes-Benz en Formule 1, évoque le circuit automobile de Charade. C'est dans un décor feutré que le chef Clément Lorente signe une cuisine actuelle avec touches créatives, déclinée sous forme de menus en 4 à 7 temps. Menu du marché le midi et brunch le dimanche.

🐜 & 🎞 🏤 ⇄ – Prix : €€€

Plan : A2-22 – *Hôtel Princesse Flore, 5 place Allard – ✆ 04 73 35 63 63 – princesse-flore-hotel.com – Fermé dimanche soir*

ROYE

⊠ 80700 – Somme – Carte régionale n° **14**–B2

😊 LE SAISONNIER

MODERNE • MAISON DE CAMPAGNE Un chef qui est capable d'associer un saumon gravelax, avec de la crème de magret de canard fumé mérite toute notre attention ! Dans la traversée du village, le chef au beau parcours et son épouse font vivre cette ancienne ferme avec panache. Dans l'assiette, des recettes bien ficelées, travaillées, aux présentations soignées, avec des associations de saveurs qui peuvent surprendre (voir le saumon). Une cuisine qui revisite parfois certains classiques mais propose également des plats bien ancrés dans la région, à base de produits de saison à l'image de la morille, émulsion au vieux comté et vin jaune. On prend son repas dans une salle moderne, ou sur l'agréable terrasse à l'arrière...

🍴 ♿ 🅰🅲 🎴 🅿 – Prix : €€€

56 rue de la Verrerie – ℰ 03 84 30 46 00 – restaurant-lesaisonnier.com –
Fermé lundi et mardi

LA FLAMICHE

MODERNE • COSY Rien d'étonnant à ce que ce restaurant, du nom de la fameuse spécialité locale, propose une cuisine à l'accent régional... mais pas seulement, à l'image de ces Saint-Jacques en coquille, crémeux d'ail fumé et jus de persil. Les menus changent tous les mois.

🅰🅲 – Prix : €€

20 place de l'Hôtel-de-Ville – ℰ 03 22 87 00 56 – www.laflamiche.fr –
Fermé lundi et mardi, et dimanche soir

LE ROZIER

⊠ 48150 – Lozère – Carte régionale n° **21**–D2

😊 L'ALICANTA

MODERNE • FAMILIAL On connaît depuis longtemps cette Alicanta, nichée au bord de la rivière Jonte, dans le cadre exceptionnel des gorges du Tarn... Son chef y exécute une partition solide, sa cuisine fait la part belle aux saveurs franches et ses assiettes se révèlent diablement bien ficelées. Tout ici est fait maison et la carte est renouvelée à chaque saison. Miam, miam et re-miam !

🍴 🅿 – Prix : €€

Route de Meyrueis – ℰ 05 65 62 60 25 – www.hotel-restaurant-gorgesdutarn.
com/fr-fr – Fermé du lundi au jeudi à midi

RUEIL-MALMAISON

⊠ 92500 – Hauts-de-Seine – Carte régionale n° **15**–B2

⁂ OCHRE

Chef : Baptiste Renouard

MODERNE • ÉLÉGANT Bienvenue dans l'univers de Baptiste Renouard, encore jeune et déjà un parcours de vieux briscard : en cuisine depuis ses 14 ans, passé en formation chez Lasserre, Robuchon, Alléno puis au Laurent et à L'Escargot 1903... voilà qui vous pose un cuistot ! Enfin à son compte, il régale avec une cuisine créative aux intitulés accrocheurs : les Pouilles renaissent de leurs cendres, Tendres aiguilles, le Chant chromatique du veau, Balade avec Nino Ferrer, et on en passe. Une cuisine enlevée, joyeuse, carrée techniquement, où le végétal joue un grand rôle : 70% des herbes et fleurs utilisées proviennent de la cueillette du chef sur l'île des Impressionnistes. Du beau travail.

🎴 ✧ – Prix : €€€€

56 rue du Gué – ℰ 09 81 20 81 69 – www.ochre.fr – Fermé lundi et dimanche, et jeudi midi

RUNGIS

✉ 94150 – Val-de-Marne – Carte régionale n° **15**–B2

 LA GRANGE DES HALLES

MODERNE • CONTEMPORAIN Rungis, ce n'est pas seulement le célèbre marché connu de tous les chefs, mais aussi un vieux bourg, où se trouve cette Grange au look atypique. Elle abrite un bistrot joliment décoré, où le chef, passé par le Crillon et le Plaza Athénée, propose des recettes du marché (forcément !) au gré de Rungis - le marché - et du potager maison. Très sympathique terrasse ombragée sur l'arrière.

🌳 🅿 – Prix : €

28 rue Notre-Dame – ℰ 01 46 87 08 91 – la-grange-des-halles.webnode.fr – Fermé lundi et dimanche

LES SABLES-D'OLONNE

✉ 85100 – Vendée – Carte régionale n° **23**–A3

 L'ABISSIOU N

Chef : Boris Harispe

MODERNE • CONTEMPORAIN Dans une ruelle discrète entre les halles et la belle église Notre-Dame-de-Bon-Port, le nom de cette table gastronomique évoque en patois sablais les petits poissons pêchés par les enfants dans le port. A la barre, l'équipage composé de Mélanie Roussy et de Boris Harispe, passé par plusieurs restaurants étoilés notamment à La Villa Madie (Cassis), s'est bâti un vaisseau contemporain à la hauteur de son talent. Au sein d'une carte iodée (mais pas seulement) renouvelée en permanence, le chef suit scrupuleusement les saisons, travaille de beaux produits frais, nobles ou pas, de la sardine à la poitrine de cochon, avec un sens affûté des cuissons et des sauces. Une réussite !

Prix : €€€

81 rue des Halles – ℰ 09 86 36 42 29 – www.labissiou.fr – Fermé lundi et mardi

CABESTAN

TRADITIONNELLE • COSY Sur le quai animé du port, ce restaurant au look contemporain et cosy propose une cuisine de la mer, élaborée selon le retour de la criée des Sables, mais aussi des spécialités du terroir vendéen, comme la célèbre volaille de Challans.

Prix : €€

17 quai René-Guiné – ℰ 02 51 95 07 50 – www.cabestan85.com – Fermé lundi et mardi, et dimanche soir

LA COTRIADE N

POISSONS ET FRUITS DE MER • BISTRO Sur les quais, face au port de pêche, le banc de poissonnier trône en majesté devant ce restaurant, avec ses poissons et ses crustacés. Dans la salle, à l'ambiance évidemment marine, le chef s'active dans sa cuisine ouverte. Au menu, plateaux de fruits de mer, poissons frais annoncés sur l'ardoise du jour, quelques plats plutôt traditionnels et des spécialités comme la daurade royale cuite dans sa feuille de bananier, citron vert et lait de coco, le bar entier rôti au fenouil et flambé à l'anis ou la... fameuse cotriade, cette manière de « bouillabaisse » bretonne. Quelques viandes sont également présentes.

🌳 – Prix : €

18 quai Emmanuel-Garnier – ℰ 02 51 32 58 92 – restaurant-la-cotriade.com – Fermé lundi et mardi

LA CUISINE DE BERTRAND

TRADITIONNELLE • COSY Face au port de pêche, cette discrète affaire entourée par de nombreux restaurants mérite que l'on s'y attarde. Le chef y réalise une cuisine traditionnelle assumée valorisant des produits frais de qualité autour de recettes allant à l'essentiel. Service attentionné.

& – Prix : €€

22 quai de Franqueville – ☎ 02 51 95 37 07 – Fermé mardi et mercredi

L'ESTRAN ⓝ

MODERNE • SIMPLE Asperges vertes rôties, lard de Colonnata, écume à l'ail des ours ; œuf parfait, crémeux de champignons à la truffe, croustillants au foie gras, pleurotes ; lieu jaune de ligne, fregola sarda, cébettes... Dans cette petite salle en bordure des quais, le chef Xavier Audren suit son inspiration bistronomique au gré de la saison et de la criée située à quelques encablures. Que demander de plus (sans compter que le premier menu offre un tarif des plus doux) ?

🌿 – Prix : €€

8 quai Emmanuel-Garnier – ☎ 02 51 95 44 67 – lestran-restaurant-les-sables-dolonne.eatbu.com – Fermé mardi et mercredi

LA FERME DE VILLENEUVE

MODERNE • COLORÉ Dans une zone pavillonnaire, il faut faire quelques kilomètres pour dénicher cette "Ferme" chaleureuse... On ne vient pas ici par hasard ! Chaque plat démontre la maîtrise de l'ancien second qui a repris les rênes. Il nous gratifie de recettes traditionnelles joliment revisitées et n'utilise que des produits soigneusement sélectionnés (comme ces pleurotes ou ce pigeon).

& 🅰 🌿 – Prix : €€

28 rue du Pré-Étienne – ☎ 02 51 33 41 83 – lafermedevilleneuve.com – Fermé lundi et mardi, et dimanche soir

LE QUAI DES SAVEURS ⓝ

CRÉATIVE • COSY Sur le port de pêche, Estelle et Maxime Dourdin vous accueillent chaleureusement. Passé par de grandes tables, parmi lesquelles le Four Seasons George V à Paris, le chef signe un menu unique évoluant fréquemment, au gré du marché. Des recettes au goût du jour, originales et soignées, à l'image de ce maigre de ligne façon grenobloise, risotto de petit épeautre et coulis d'herbes fraîches.

🅰 – Prix : €€

10 quai Guiné – ☎ 02 51 23 84 91 – www.lequaidessaveurs.net – Fermé mercredi et dimanche soir

LA SUITE S'IL VOUS PLAÎT

MODERNE • CONTEMPORAIN Située derrière le casino et les plages, cette table fait souffler un vent frais sur la restauration sablaise. Dans un décor de bistrot moderne, la jeune cheffe (ex-Robuchon) fait assaut de créativité : ses recettes, renouvelées au gré du marché, jouent habilement sur les textures et les saveurs.

& 🅰 – Prix : €€

20 boulevard Franklin-Roosevelt – ☎ 02 51 32 00 92 – www.lasuitesvp.com – Fermé lundi, mardi midi et dimanche soir

SABRAN

✉ 30200 – Gard – Carte régionale n° **21**-D1

BISTRO DE MONTCAUD

TRADITIONNELLE • BISTRO Le bistrot chic du château de Montcaud propose une cuisine traditionnelle méridionale, où la priorité est donnée aux produits. La terrasse face au parc est agréable, l'accueil comme le service sont sympathiques.

🛏 & 🅰 🌿 ♻ 🅿 – Prix : €€

Hameau de Combes – ☎ 04 66 89 18 00 – www.chateaudemontcaud.com – Fermé lundi et mardi, et du mercredi au dimanche soir

LE CÈDRE DE MONTCAUD

MODERNE • ÉLÉGANT La table gastronomique du Château de Montcaud est placée sous l'égide du talentueux Matthieu Hervé. On y déguste une cuisine régionale "terre et mer" dans une démarche locavore. Les préparations sont élégantes, minutieuses et travaillées. Le chef, normand d'origine, n'oublie pas les clins d'œil à sa région malgré son goût pour les produits de la Méditerranée (pommes, cidre, etc.). Un excellent moment, un repas foisonnant.

&�; – Prix : €€€€

Hameau de Combes – ☎ 04 66 89 18 00 – www.chateaudemontcaud.com/ restaurant/restaurant-de-montcaud – Fermé du lundi au mercredi et du jeudi au dimanche à midi

CHÂTEAU DE MONTCAUD   *Plus*

CLASSIQUE CONTEMPORAIN Cette noble demeure du 19ᵉ s., au cœur d'un parc arboré, est un havre de paix. Meubles de style et tons chauds rehaussent l'élégance des chambres. Avis aux amateurs de la note bleue : le brunch dominical s'accompagne de concerts de jazz en été.

♨ **18** - 29 chambres – Prix : €€€

Château de Montcaud – ☎ 04 66 33 20 15

Le Cèdre de Montcaud • Le Bistro de Montcaud - Voir la sélection des restaurants

SACHÉ

✉ 37190 – Indre-et-Loire – Carte régionale n° **8**–B2

AUBERGE DU XIIᵉME SIÈCLE

MODERNE • AUBERGE Dans ce village où aimait venir Balzac, cette Auberge fait figure d'incontournable. C'est Kévin Gardien, chef trentenaire, qui en tient les rênes, épaulé par sa compagne Stéphanie Marques en salle. Les produits du terroir ligérien sont à l'honneur, travaillés dans des assiettes modernes et gourmandes, à des tarifs raisonnables : on aurait tort de se priver.

☂ – Prix : €€

1 rue du Château – ☎ 02 47 26 88 77 – www.auberge12ᵉmesiecle.fr – Fermé lundi et mardi, et dimanche soir

SACY

✉ 51500 – Marne

CHÂTEAU DE SACY   *Plus*

ÉLÉGANCE TRADITIONNELLE Nichée au cœur des vignes sur les hauteurs de Reims, cette bâtisse de 1850 abrite des chambres décorées avec goût (entre vintage et Art déco), avec une salle de fitness et des bains norvégiens… Une belle étape.

P   - 12 chambres – Prix : €€€

Rue des Croisettes – ☎ 03 26 07 60 38

SAIGNEVILLE

✉ 80230 – Somme

AU PRESBYTÈRE DE SAIGNEVILLE   *Plus*

CLASSIQUE CONTEMPORAIN Cette petite maison d'hôtes de la baie de Somme ne fait pas mystère de son passé. Les bancs d'église, la façade au portique religieux et l'ancienne chambre du prêtre témoignent de son histoire. Les trois chambres et la suite, équipées chacune d'un coin salon, s'accompagnent de deux roulottes aux couleurs ensoleillées campées au fond du jardin. L'une d'elles dispose de sa propre cuisine. La propriété s'entoure d'une cour fleurie d'un cerisier du japon, d'un jardin et d'un terrain de pétanque. La baie de Somme, la campagne, le charmant village de Saigneville et la mer à 10km coloreront vos balades.

🅿 🛏 ⭤ - 4 chambres – Prix : €

3 rue de la Falise – 🕿 03 22 60 98 34

SAINT-AFFRIQUE

✉ 12400 – Aveyron – Carte régionale n° **22**–D2

LA TABLE DE JEAN

MODERNE • TENDANCE Il n'y a pas de secret : quand on fait bon, c'est le carton ! La gourmandise est au rendez-vous avec cette cuisine qui oscille entre plats de brasserie traditionnelle (filet de bœuf, tartare au couteau, carré de veau rôti, etc.) et touches méditerranéennes à l'image de risotto de pâtes aux chipirones, chorizo et jus de crustacés. Réservation vivement conseillée.

🆎 🍽 – Prix : €€

7 boulevard Émile-Trémoulet – 🕿 05 65 49 50 05 – Fermé lundi et dimanche soir

SAINT-AIGNAN

✉ 41110 – Loir-et-Cher – Carte régionale n° **8**–A2

LE MANGE-GRENOUILLE

TRADITIONNELLE • AUBERGE Un ancien relais de poste installé dans une ruelle à quelques encablures des rives du Cher, une agréable petite terrasse dans la cour, des salles à manger délicieusement rustiques avec pierres apparentes et tomettes... mais surtout une cuisine ambitieuse appuyée sur de solides bases traditionnelles. Le midi, un menu plus simple au très bon rapport qualité-prix. Sautez sur les cuisses de grenouilles en persillade !

♿ 🍽 – Prix : €€

10 rue Paul-Boncour – 🕿 02 54 71 74 91 – www.lemangegrenouille.fr – Fermé lundi et dimanche, et mercredi soir

SAINT-ALBAN-DE-ROCHE

✉ 38080 – Isère – Carte régionale n° **2**–B2

⌘ L'ÉMULSION

Chef : Romain Hubert

MODERNE • ÉLÉGANT Installé depuis 2011, le chef produit des assiettes de grande qualité : fondamentaux solides, dressages soignés, jeux étonnants (et pertinents) sur les textures... Une cuisine qui doit également beaucoup à des produits triés sur le volet, à 99% locaux et en direct, d'ailleurs la carte ne manque pas de citer les producteurs et éleveurs partenaires du restaurant. Une attention louable ! Quant au cadre, moderne et plutôt chic, il sied à merveille à cette partition. Une émulsion comme on aimerait en goûter plus souvent.

🐜 🅿 – Prix : €€€

57 route de Lyon, lieu-dit La Grive – 🕿 04 74 28 19 12 – www.lemulsion-restaurant.com – Fermé lundi, dimanche et mercredi midi

SAINT-ALBAN-LES-EAUX

✉ 42370 – Loire – Carte régionale n° **2**–A1

LE PETIT PRINCE

MODERNE • COSY Ce charmant restaurant n'est pas tombé d'un astéroïde : il a été fondé en 1805 par les arrière-grand-tantes de l'actuel patron ! En cuisine, son fils, passé par quelques belles maisons, concocte des menus en 4 à 8 temps et une formule plus courte le midi en semaine. Belle cave à visiter.

🐝 ♿ 🅰🅲 🏠 ☺ – Prix : €€€

Le Bourg – ☎ 04 77 65 87 13 – www.restaurant-lepetitprince.fr – Fermé lundi et mardi, et dimanche soir

SAINT-ALBAN-LEYSSE
✉ 73230 – Savoie – Carte régionale n° **4**-F2

L'ESCOUBILLE

MODERNE • CONTEMPORAIN Quelque part dans une zone d'activité en périphérie de Chambéry. Un restaurant dont le nom rend hommage à un ragoût traditionnel, spécialité de Gignac dans l'Hérault, que l'on concoctait dans la famille du chef. Ce dernier, qui a travaillé dans les belles maisons, concocte une bonne petite cuisine de saison à prix canon - pour notre plus grand plaisir.
♿ 🅰🅲 🏠 🅿 – Prix : €€

56 rue des Barillettes – ☎ 04 79 75 74 37 – Fermé lundi, dimanche et samedi midi

SAINT-AMOUR-BELLEVUE
✉ 71570 – Saône-et-Loire – Carte régionale n° **5**-C3

✿✿ AU 14 FÉVRIER
Chef : Masafumi Hamano

CRÉATIVE • CONTEMPORAIN Il est évidemment question d'amour au 14 Février : l'amour du produit, l'amour du geste, l'amour de la chose bien faite. Le chef japonais Masafumi Hamano cisèle des assiettes comme de véritables œuvres d'art : il trouve toujours l'ingrédient supplémentaire qui booste l'ensemble et fait la différence. Le voici maître de cérémonie d'un mariage en grande pompe entre la France et le Japon (encore une histoire d'amour !), mariage auquel nous assistons avec une gourmandise non dissimulée. Darne de saumon mariné relevé d'une crème d'ail aux anchois et purée de céleri-rave ; foie de canard poêlé avec quartiers de mangue et feuilles d'endives croquantes ; ou encore cette lotte en piccata servie sur une carbonara de citron et pois chiche... Vous laisserez-vous séduire ?
♿ 🅰🅲 – Prix : €€€€

Le Plâtre-Durand – ☎ 03 85 37 11 45 – www.sa-au14fevrier.com – Fermé du mardi au jeudi et dimanche soir

AUBERGE DU PARADIS

DU MARCHÉ • AUBERGE Deux restaurants en un ! Plateaux à partager et petite carte de suggestions chez Lucienne fait des siennes (crevettes cuites sur galet, tataki de bœuf au tandoori, tempura de mini carottes...) ; bar à vin avec entrées traditionnelles et plat du jour chez Joséphine à Table (jambon persillé, pâté croûte, brochette de poulet, riz au lait). Brunch le samedi. Dans les deux cas, terrasse plaisante, convivialité assurée et jolis flacons du mâconnais et du beaujolais.
♿ 🏠 – Prix : €€

Le Plâtre-Durand – ☎ 03 85 37 10 26 – aubergeduparadis.fr – Fermé lundi, mardi et dimanche

AUBERGE DU PARADIS *Plus*

CLASSIQUE CONTEMPORAIN Un petit paradis en effet, aux chambres originales et contemporaines, décorées avec goût comme l'ensemble de l'établissement. Autres atouts : le couloir de nage, le salon de lecture, l'exceptionnel petit-déjeuner, et le choix entre une restauration créative chez Lucienne, ou plus traditionnelle, au bistrot Joséphine à Table (pâté en croûte, etc.).
🅿 🗇 🛏 🛁 🍴 - 13 chambres – Prix : €€

Le Plâtre-Durand – ☎ 03 85 37 10 26

Auberge du Paradis - Voir la sélection des restaurants

SAINT-ANDRÉ-DE-CUBZAC

✉ 33240 – Gironde – Carte régionale n° **18**–B1

😊 **LA TABLE D'INOMOTO**

MODERNE • BISTRO Ancien du Pavillon des Boulevards, Seiji Inomoto tient désormais ce bistrot très attachant. Au programme, une cuisine franco-japonaise bien maîtrisée, où la "modestie" des produits est compensée par des cuissons parfaites et des assaisonnements bien sentis. C'est bon, souvent original, et le rapport qualité-prix laisse bouche bée. Courez-y.

& – Prix : €€

85 rue Nationale – ☎ 06 50 72 69 01 – www.latabledinomoto.fr – Fermé lundi et dimanche, et mardi et mercredi soir

SAINT-ANTONIN-DU-VAR

✉ 83510 – Var – Carte régionale n° **24**–C3

LA TABLE DE MENTONE ⓝ

PROVENÇALE • MAISON DE CAMPAGNE Le chef Sébastien Sanjou est venu en voisin (depuis son Relais des Moines aux Arcs-sur-Argens) superviser les fourneaux de cette table somptueusement installée dans le caveau de ce domaine viticole, l'un des plus beaux du Haut Var. Tandis que l'on profite d'un cadre séduisant (panorama naturel, vignes et oliviers à l'extérieur, grande salle design à l'intérieur), on déguste une bonne cuisine provençale de saison qui tire profit au maximum des nombreux produits du domaine (poulailler, verger, potager, oliveraies). Des exemples ? Tartare de concombre et fenouil aux herbes fraîches ; bonite de Méditerranée, salade gourmande quinoa/spaghettis de courgettes. On arrose le tout avec l'un des vins bio du domaine. Quelques chambres d'hôtes et gîtes pour prolonger en beauté le séjour.

⇐ 🏠 & 🎦 🛋 ✿ 🅿 – Prix : €€

401 chemin de Mentone – ☎ 04 94 04 42 00 – www.chateaumentone.com – Fermé du lundi au mercredi et dimanche soir

SAINT-ASTIER

✉ 24110 – Dordogne – Carte régionale n° **18**–C1

LES SINGULIERS ⓝ

MODERNE • TENDANCE Au cœur du Périgord blanc, une maison traditionnelle en pierre dissimule un lieu contemporain séduisant, avec sa rutilante cuisine ouverte, ses murs terre de Sienne, son sol en béton ciré et...son magnifique tronc de chêne en majesté au milieu de la salle. Le chef, issu d'un parcours étoilé, réalise un menu unique surprise (mais modulable en fonction de l'appétit) en envoyant des assiettes ludiques et spontanées inspirées par la saison : lentilles vertes du Puy préparées en trois façons, faux-filet de blonde d'Aquitaine au barbecue... Mon tout est parsemé de quelques touches asiatiques.

& 🎦 🛋 – Prix : €€

6 rue Montaigne – ☎ 05 53 45 72 07 – restaurantlessinguliers.fr – Fermé lundi et dimanche, et mardi et mercredi soir

SAINT-AUBIN

✉ 21190 – Côte-d'Or – Carte régionale n° **5**–A3

PROSPER ⓝ

MODERNE • CONTEMPORAIN Quand un vigneron de la côte de Beaune rencontre un chef étoilé, cela donne Prosper ! Un joli bistrot contemporain au sein du château de Saint-Aubin, fruit de la collaboration entre le domaine Prosper Maufoux et le restaurateur Édouard Mignot (Ed.Em à Chassagne-Montrachet). Le chef propose une carte inspirée par le terroir bourguignon, avec quelques touches asiatiques. Plaisante terrasse avec vue sur les vignes.

 🛗 🏠 🅿 – Prix : €€

3 rue des Lavières – 𝒫 03 80 20 23 82 – chateau-st-aubin.com/fr/restaurant – Fermé lundi et dimanche

SAINT-AVÉ

✉ 56890 – Morbihan – Carte régionale n° **7**–A3

⭐ LE PRESSOIR

Chef : Vincent David

CRÉATIVE • COSY Le chef Vincent David, natif de Saint-Brieuc, a fréquenté cette institution vannetaise en culotte courte avec ses grands-parents. C'est d'ailleurs là qu'il a pris goût à la cuisine des restaurants étoilés. Quelques décennies plus tard, après avoir convaincu de son talent des chefs comme Dominique Bouchet ou Marc Meneau, il a repris cette maison emblématique au décor désormais épuré. Passionné par les mariages terre-mer, il signe une cuisine d'auteur soignée, où des produits de belle qualité sont conjugués avec équilibre.

🏨 ⅏ 🛗 ⇔ 🅿 – Prix : €€€

7 rue de l'Hôpital – 𝒫 02 97 60 87 63 – www.le-pressoir.fr – Fermé lundi et mardi, et dimanche soir

SAINT-AVIT-SÉNIEUR

✉ 24440 – Dordogne – Carte régionale n° **18**–C1

🅐 LA TABLE DE LÉO

MODERNE • BISTRO Une maison en pierre au cœur du village, avec une belle terrasse au-dessus de la place de l'église… L'ensemble cache une vraie bonne petite adresse, dont le chef ose sortir des sentiers battus des recettes régionales, et démontre une vraie attention aux produits, aux dressages et aux cuissons. De la légèreté, du goût…

⅏ 🏠 ⇔ – Prix : €€

Le Bourg – 𝒫 05 53 57 89 15 – www.latabledeleo.fr – Fermé du lundi au mercredi

SAINT-BÉNIGNE

✉ 01190 – Ain – Carte régionale n° **2**–B1

LE SAINT BÉNIGNE

TRADITIONNELLE • RUSTIQUE Un vrai restaurant de campagne ! On vient ici pour les grenouilles au beurre et à la persillade, la spécialité de la maison, mais pas seulement : le chef, en bon artisan, travaille les produits locaux et maîtrise de nombreuses recettes de la région…

🛗 ⇔ 🅿 – Prix : €€

995 route de Saint-Trivier – 𝒫 03 85 30 96 48 – www.restaurant-le-saint-benigne.fr – Fermé lundi et mardi, et mercredi, jeudi, vendredi et dimanche soir

SAINT-BENOÎT-SUR-LOIRE

✉ 45730 – Loiret – Carte régionale n° **8**–C2

🅐 LE GRAND SAINT-BENOÎT

MODERNE • CLASSIQUE Une maison chaleureuse, avec une jolie terrasse, au cœur de ce village où repose le poète Max Jacob. Au menu, de délicieux petits plats joliment cuisinés, avec de subtils mariages de saveurs. De quoi trouver l'inspiration !

    ♿ 🅰 🍽 ♻ – Prix : €€

7 place Saint-André – ☏ 02 38 35 11 92 – www.restaurant-grand-saint-benoit.
com – Fermé lundi et dimanche

SAINT-BÉRON
✉ 73520 – Savoie – Carte régionale n° **2**–C2

LE PÉROU ⓝ

PÉRUVIENNE • COLORÉ Pulpo anticuchero, lomo saltado, tiradito, arroz cre-
moso et, bien sûr, les incontournables ceviches : tous les classiques de la cuisine
péruvienne sont ici réunis dans les Alpes par une cheffe et son équipe, tous natifs
du Pérou. Les produits sont aussi directement importés des Andes, via l'Espagne.
Ceux qui ont goûté cette cuisine en Amérique du Sud retrouveront avec plaisir
l'incroyable palette de saveurs et de goûts de cette gastronomie riche en aromates
et ingrédients originaux.

Prix : €€

341 rue Jules-Ferry – ☏ 04 76 66 35 05 – www.restaurant-leperou.fr – Fermé du
lundi au mercredi

SAINT-BONNET-LE-CHÂTEAU
✉ 42380 – Loire – Carte régionale n° **2**–A2

LA CALÈCHE

MODERNE • HISTORIQUE Cet hôtel particulier du 17 e s., au décor coloré, abrite
une table généreuse et habile à secouer les saveurs (escargots et grenouilles, crème
au raifort ; carré de veau du Haut Forez), avec juste ce qu'il faut de sophistication et
d'audace. Cette Calèche augure d'une jolie promenade en gourmandise !

♿ ♻ – Prix : €€

2 place du Commandant-Marey – ☏ 04 77 50 15 58 – www.restaurantlacaleche.
fr – Fermé lundi et mardi, et mercredi, jeudi et dimanche soir

SAINT-BONNET-LE-FROID
✉ 43290 – Haute-Loire – Carte régionale n° **1**–D3

✿✿✿ RÉGIS ET JACQUES MARCON

Chefs : Régis et Jacques Marcon

CRÉATIVE • DESIGN Chez les Marcon, je demande le père, Régis, auvergnat-
transalpin autoproclamé, cuisinier d'exception, entrepreneur et sommité gastronomique... et le fils, Jacques, qui assure la relève avec aplomb et occupe une place
grandissante dans la conception des assiettes. Ici, les choses sont claires : c'est le
marché et la cueillette qui dictent la carte. Il y en a pour tous les goûts : viandes du
plateau, lentilles vertes du Puy, asperges, fèves, agrumes... et surtout champignons,
la grande spécialité de la famille, qu'ils vont cueillir en automne dans l'intimité
des sous-bois rougissants. Une cuisine enracinée, à l'image de cette farinade aux
herbes potagères et bouillon à l'aspérule, ou ce feuilleton de veau aux senteurs
de noyer, embeurrée de chou rouge et sparassis. Sans oublier le beau plateau de
fromages où salers, fourme et saint-nectaire nous font les yeux doux !

✿ **L'engagement du chef :** Entre Haute-Loire et Ardèche, notre cuisine reflète
les liens forts que nous avons noués avec cette terre et cette culture. Mise en
avant des meilleurs produits locaux, réécriture hebdomadaire de notre carte,
réduction maximale des déchets, économies en électricité et en eau : le respect
et la promotion de notre terroir passent par la mise en place de tout un système
vertueux.

€ ⇔ ⇐ ♿ 🅰 – Prix : €€€€

Larsiallas – ☏ 04 71 59 93 72 – www.lesmaisonsmarcon.fr – Fermé mardi et
mercredi

BISTROT LA COULEMELLE

TRADITIONNELLE • RUSTIQUE Au cœur du village, voici la délicieuse "annexe bistrotière" du grand restaurant de Régis et Jacques Marcon. Le traditionnel pâté croûte "Richelieu", marbré d'aile de raie, chou-fleur rôti et champignons, fromages d'Ardèche et d'Auvergne : rien à dire, tout est généreux et diablement bon. Et les cuisines ouvertes ajoutent un côté chaleureux à l'ensemble...

🛬 ♿ 🎦 **P** – Prix : €€

2 rue du Fanget – ℰ 04 71 65 63 62 – www.lesmaisonsmarcon.fr – Fermé mardi et mercredi

SAINT-BON-TARENTAISE

✉ 73120 – Savoie

FAHRENHEIT SEVEN COURCHEVEL   *Plus*

DESIGN MODERNE Déjà implanté à Val Thorens, le Fahrenheit 7 prend d'assaut Courchevel, du haut de son grand chalet. A l'intérieur, la même recette : des teintes tranchées, des matières voluptueuses et quelques objets rétro, pour une identité bien marquée. Un design net, vibrant, cocooning et discrètement seventies, décliné en chambres et appartements. Le bar propose une carte d'alcools et des DJs qui font grimper le thermomètre.

P 🍴 🆗 🛁 🍽 - 66 chambres – Prix : €€€

Rue du Marquis – ℰ 04 86 15 44 44

SAINT-BRIEUC

✉ 22000 – Côtes-d'Armor – Carte régionale n° **7**–C2

AUX PESKED

Chef : Mathieu Aumont

POISSONS ET FRUITS DE MER • DESIGN En ville... et déjà à la campagne : décorée dans un style résolument contemporain, cette maison offre une vue plongeante sur les rives verdoyantes du Gouët. Logiquement, les pesked ("poissons" en breton) sont à l'honneur, très frais et cuisinés avec soin et tendresse par le chef Mathieu Aumont : ainsi les ormeaux sauvages sont-ils massés trois jours durant pour les rendre onctueux et d'une texture irréprochable. On profite aussi des conseils judicieux de madame pour les accords mets et vins. Une cuisine iodée, d'une justesse parfaite.

🐝 ⫷ ♿ 🎦 🏵 ⇄ **P** – Prix : €€€

59 rue du Légué – ℰ 02 96 33 34 65 – www.auxpesked.com – Fermé lundi, dimanche et samedi midi

Ô SAVEURS

MODERNE • CONTEMPORAIN Ce n'est probablement pas le charme du quartier, à proximité de la gare, qui vous attirera ici ; mais cela n'a pas d'importance, car cette adresse se suffit à elle-même. Qu'on en juge : tartare d'huître et saumon, courgettes croquantes, gelée au citron, écume crémeuse à l'aneth ; cabillaud en croûte, bisque de langoustine et cocos de Paimpol ; millefeuille, crème légère au poivre de Timut et ananas rôti...

♿ – Prix : €€

10 rue Jules-Ferry – ℰ 02 96 94 05 34 – www.osaveurs-restaurant.com – Fermé lundi et dimanche, et mardi et mercredi soir

L'AIR DU TEMPS

MODERNE • DESIGN Une jolie maison ancienne à la façade en granit gris au cœur de la ville, le mariage réussi du décor d'origine et d'éléments dans l'air du temps, un patio pour manger au calme : l'adresse a réussi son déménagement ! Côté fourneaux, la cheffe mitonne toujours des recettes traditionnelles proposées à des prix plutôt doux, pour la plupart servies en cocotte, comme l'échine de porc en longue cuisson.

🍽 ⇔ – Prix : €

6 rue Sainte-Barbe – 𝒞 02 96 68 58 40 – www.airdutemps.fr – Fermé lundi et dimanche

LA CROIX BLANCHE

MODERNE • ÉLÉGANT Deux frères : l'un en cuisine, l'autre en salle... On travaille en famille dans ce plaisant restaurant ouvert sur un joli jardin. La cuisine est gourmande et raffinée, à l'image de cette excellente pannacotta Dubarry à l'émietté de tourteau et émulsion de crustacés. Un rapport plaisir-prix à marquer d'une croix blanche.

🛏 & ⇔ – Prix : €€

61 rue de Genève, Cesson – 𝒞 02 96 33 16 97 – www.restaurant-lacroixblanche. fr – Fermé lundi et dimanche soir

SAINT-CANNAT

✉ 13760 – Bouches-du-Rhône – Carte régionale n° **24**–B3

❀ ## LE MAS BOTTERO

Chef : Nicolas Bottero

MODERNE • ÉLÉGANT Installé près d'Aix en Provence, le chef patron Nicolas Bottero (autrefois à Grenoble) propose une cuisine enthousiasmante, savoureuse et parfumée. Enfant, il venait dans la région chez sa grand-mère : il en a conservé la nostalgie des couleurs du sud, et un attachement au terroir. En témoignent le joli maigre de Méditerranée, minestrone aux coquillages, jus de rouille ou le dos d'agneau de Provence farci, asperges et morilles. Les producteurs des environs sont mis à contribution, un petit potager fournit les herbes aromatiques. La terrasse située sur l'arrière de la maison donne sur un petit jardin. Nicolas Bottero ? Discrétion, humilité, passion. Un coup de cœur.

🐝 🛏 & 🅰🅲 🍽 ⇔ 🅿 – Prix : €€€

2340 route d'Aix-en-Provence – 𝒞 04 42 67 19 18 – www.lemasbottero.com – Fermé lundi et mardi, et dimanche soir

SAINT-CÉRÉ

✉ 46400 – Lot – Carte régionale n° **22**–C1

❀ ## LES TROIS SOLEILS DE MONTAL

Chef : Frédérik Bizat

MODERNE • CLASSIQUE Le soleil brille sur ce domaine situé sur le causse de Gramat, tout près de Saint-Céré : un hôtel avec ses restaurants, un parc au calme, une piscine, un golf pas très loin... Le restaurant gastronomique séduit avec sa salle à manger élégante et bourgeoise, ouverte sur la terrasse d'été et le parc. Les toiles pré-impressionnistes sur les murs évoquent l'une des passions du chef, antiquaire dans une vie antérieure. Aujourd'hui, ce dernier ne se consacre qu'à la cuisine en régalant ses hôtes avec des produits de qualité et beaucoup de finesse d'exécution. Le tout pour un excellent rapport qualité-plaisir, sans oublier l'accueil attentionné de Madame Bizat.

🛏 & 🅰🅲 🍽 ⇔ 🅿 – Prix : €€€

Les Prés-de-Montal, Saint-Jean-Lespinasse – 𝒞 05 65 10 16 16 – www.3soleils.fr – Fermé lundi, mardi midi et dimanche soir

L'INFORMEL

TRADITIONNELLE • CONVIVIAL L'annexe gourmande du restaurant étoilé "Les Trois Soleils de Montal". Le chef propose une cuisine traditionnelle généreuse et goûteuse, concoctée à base de produits frais et de saison. On pense notamment au carré de veau de l'Aveyron, légumes et champignons sauvages, d'une belle qualité. Convivial et informel.

🚗 ♿ 🅿️ – Prix : €

Les Prés-de-Montal, Saint-Jean-Lespinasse – ☎ 05 36 48 00 30 – www.3soleils. fr – Fermé vendredi, et lundi et samedi à midi

🛏️ LES TROIS SOLEILS DE MONTAL   *Plus*

CLASSIQUE CONTEMPORAIN Dans cette campagne lotoise si bucolique, qui plus est dans un parc charmant, à deux pas du château de Montal : l'adresse est idéale pour voir la vie en vert ! Chambres spacieuses et confortables, dans une veine plutôt moderne.

♿ 🅿️ 🚗 ⚒ 🍽️ - 29 chambres – Prix : €

Les Prés-de-Montal, Saint-Jean-Lespinasse – ☎ 05 65 10 16 16

SAINT-CHAFFREY
✉️ 05330 – Hautes-Alpes – Carte régionale n° **24**-C1

LES PLANCHES

MODERNE • MONTAGNARD Situé face à la piste Luc Alphand, ce restaurant au sein du Grand Hôtel en met plein les yeux et les papilles : les produits régionaux sont mis à l'honneur autour de grands classiques revisités avec audace, et de plats de terroir modernisés avec originalité.

⪕ – Prix : €€

Place du Téléphérique – ☎ 04 92 24 15 16 – grandhotel.fr/hiver – Fermé soir

🛏️ GRAND HÔTEL SERRE CHEVALIER   *Plus*

DESIGN MODERNE Entièrement rénové, le Grand Hôtel mise sur une gamme imposante de services (spa avec jacuzzi, hammam, sauna et douche sensorielle, ski-shop, casiers à ski) et des chambres sobres et épurées, entre modernité et esprit montagnard.

🅿️ 🚗 ⚒ 🏋️ 🍽️ - 71 chambres – Prix : €

Place du Téléphérique – ☎ 04 92 24 15 16

Les Planches - Voir la sélection des restaurants

SAINT-CHAMAS
✉️ 13250 – Bouches-du-Rhône – Carte régionale n° **24**-A3

😊 LE RABELAIS

DU MARCHÉ • AUBERGE Installé dans la jolie salle voûtée du 17 e s. d'un vieux moulin à blé, un restaurant que n'aurait pas renié le héros de Rabelais, l'insatiable Gargantua ! On y sert une goûteuse cuisine, ancrée dans les saisons et préparée avec grand soin (le menu change plusieurs fois par semaine). Une adresse située à proximité immédiate de la poudrerie de Saint-Chamas fondée en 1690. Histoire, littérature, gourmandise: qui dit mieux ?

🎨 🍴 ♻ – Prix : €€

8 rue Auguste-Fabre – ☎ 04 90 50 84 40 – restaurant-le-rabelais.com – Fermé lundi et mardi, et mercredi et dimanche soir

SAINT-CIRQ-LAPOPIE
✉️ 46330 – Lot – Carte régionale n° **22**-C1

AUBERGE DU SOMBRAL - LES BONNES CHOSES

DU TERROIR • AUBERGE Dans cette maison, au pied du château des Lapopie, on sait ce que sont Les Bonnes Choses ! La preuve : on y savoure une sympathique cuisine du terroir où les produits locaux ont la part belle (agneau, foie gras, fromages...). Quelques jolies chambres pour prolonger la visite de ce village dominant le Lot.

🛏 – Prix : €

Place du Sombral – ℰ 05 65 31 26 08 – aubergelesombral.wordpress.com –
Fermé mercredi, et lundi, mardi, jeudi, vendredi, samedi et dimanche soir

SAINT-CRÉPIN
✉ 05600 – Hautes-Alpes – Carte régionale n° **24**-C1

✿ LES TABLES DE GASPARD
Chef : Sébastien Corniau

MODERNE • ROMANTIQUE On passe un excellent moment dans ce restaurant plein de cachet, installé dans une ancienne étable voûtée datant du 16 e s., où le fer et la pierre se marient harmonieusement. Après de nombreuses années passées à Bora Bora, Virginie Blampoix et Sébastien Corniau sont rentrés en métropole pour continuer leur aventure culinaire. Lui, en cuisine, célèbre de beaux produits (Saint-Jacques de plongée, par exemple) avec la manière : cuissons parfaites, saveurs bien équilibrées... C'est généreux, et les tarifs se révèlent plutôt raisonnables. Sans surprise, la formule séduit et le restaurant est souvent complet : pensez à réserver ! Trois chambres bien tenues pour l'étape.

⇔ ㅎ – Prix : €€

Rue Principale – ℰ 04 92 24 85 28 – www.lestablesdegaspard.com –
Fermé mardi, mercredi et jeudi midi

SAINT-CRICQ-CHALOSSE
✉ 40700 – Landes – Carte régionale n° **18**-B3

L'AUBERGE DU LAURIER
TRADITIONNELLE • AUBERGE Une jolie cuisine de tradition et de région : voici ce que l'on déguste dans cette auberge chaleureuse et lumineuse, dont la terrasse borde le jardin potager.

ㅎ 🛏 🅿 – Prix : €€

1459 route d'Amou – ℰ 05 58 75 08 05 – www.aubergedulaurier.fr –
Fermé mercredi, jeudi, et lundi et mardi à midi

🛏 LA PETITE COURONNE   *Plus*
DESIGN MODERNE Défenseurs de la planète, cette adresse est faite pour vous ! En pleine campagne, l'établissement, tout en bois, joue la carte écolo, et les chambres, confortables et bien tenues, respectent les normes environnementales. Petit-déjeuner copieux, servi face à la piscine.

🅿 ⇌ 🛏 ⛱ 🏊 ⁏🍽 - 11 chambres – Prix : €

Route d'Amou – ℰ 05 58 79 38 37

SAINT-CYPRIEN
✉ 66750 – Pyrénées-Orientales – Carte régionale n° **21**-B3

L'ALMANDIN
MODERNE • ÉLÉGANT Un site pour le moins étonnant que cette île artificielle – un complexe hôtelier avec piscine et spa – séparé de la Méditerranée par un cordon littoral. La terrasse au bord de l'eau séduit, tout comme la cuisine du chef, privilégiant les beaux produits du terroir catalan et de la pêche locale. Cuisine gourmande dans une version bistrot chic proposée en complément à L'Aquarama.

🐝 ⇔ ㅋ ㅎ 🎩 🛏 🅿 – Prix : €€€

Boulevard de l'Almandin, St-Cyprien Sud – ℰ 04 68 21 01 02 – www.almandin.
fr – Fermé mercredi, jeudi et vendredi midi

SAINT-CYR-AU-MONT-D'OR

✉ 69450 – Rhône

🛏 **L'ERMITAGE** *Plus*

CLASSIQUE CONTEMPORAIN Cet hôtel ne manque pas d'atouts : vue extraordinaire sur Lyon et les Monts-d'Or, cadre design et épuré pour une sérénité à son zénith.Et la terrasse suspendue est superbe.

♿ 🅿 🐾 🛌 ⚒ 🌐 ⚙ ⓘ - 26 chambres – Prix : €€

Chemin de l'Ermitage - Mont Cindre – ☎ *04 72 19 69 69*

SAINT-CYR-SUR-LOIRE

✉ 37540 – Indre-et-Loire – Carte régionale n° **8**–B2

L'ATELIER D'OLIVIER ARLOT

MODERNE • CONVIVIAL Installé par Olivier Arlot sur les quais de la Loire, L'Atelier joue la modernité sur les deux tableaux : dans le décor et dans l'assiette. Des créations savoureuses et bien pensées, comme le compressé de queues de bœuf et foie gras, un mariage heureux et fondant en bouche ! L'exemple même d'une bistronomie futée, vivante, avec un renouvellement très régulier de la carte.

♿ 🄰 🍴 ⇔ – Prix : €€

55 quai des Maisons-Blanches – ☎ *02 47 73 18 63 – Fermé lundi et dimanche*

SAINT-DENIS-D'OLÉRON – Charente-Maritime(17) ➔ Voir Île d'Oléron

SAINT-DENIS

✉ 50210 – Manche – Carte régionale n° **17**–A2

LA BARATTE

TRADITIONNELLE • AUBERGE Au cœur de la petite bourgade, cette maison en pierre du pays – ancien bar-épicerie – est devenue une coquette auberge familiale... totalement rénovée. Le cadre est contemporain et lumineux, avec une agréable terrasse pour les beaux jours, et désormais une rôtissoire dans l'entrée d'où sortent des plats du jour appétissants. La cuisine, dans l'air du temps, s'ancre sur de solides bases traditionnelles et les producteurs locaux. Aujourd'hui, au déjeuner (à prix doux) : terrine de volaille, andouille ; dos cabillaud au curry ; crème brûlée vanille.

♿ 🍴 ⇔ – Prix : €

Le Bourg – ☎ *02 33 45 45 49 – restaurant-labaratte.fr – Fermé mardi et mercredi, et lundi et dimanche soir*

SAINT-DENIS-LÈS-BOURG

✉ 01000 – Ain – Carte régionale n° **2**–B1

RACINES

MODERNE • VINTAGE La maison familiale a gardé tout son charme (belles tables fabriquées par le grand-père, poêle à bois, caisse enregistreuse), mais le temps de la modernité est venu ! Rentré au bercail, le chef a relancé l'affaire avec une cuisine goûteuse et lisible, au plus près des producteurs locaux. Un coup de cœur.

🐾 ♿ 🍴 🅿 – Prix : €€

1981 avenue de Trévoux – ☎ *04 74 52 40 63 – domainedulac-racines.fr – Fermé du mardi au jeudi, et lundi et dimanche soir*

SAINT-DIDIER-DE-LA-TOUR

✉ 38110 – Isère – Carte régionale n° **2**–C2

✿ AMBROISIE

Chef : André Taormina

MODERNE • CONTEMPORAIN D'abord, il y a ce lac, juste devant nous, qui nous saute aux yeux avec ses rives arborées : rien que l'emplacement vaut déjà le coup d'œil. Mais il y a surtout le remarquable travail du chef, puisqu'on est tout de même venu pour ça... Et il excelle à transformer les beaux produits (noix de Saint-Jacques façon petit pâté chaud ; homard breton avec framboises, caviar séché et mizuna ; poitrine de pigeon rôtie et fumée sur le barbecue). Ses desserts en trompe l'œil amusent et régalent (abricot, citron, marron selon la saison). À noter, pour les amateurs, que le chef propose un menu truffe toute l'année : on aurait tort de se priver.

🕸 ⇐ 🅰️ 🅿️ – Prix : €€€

64 route du Lac – ℰ 04 74 97 25 53 – www.restaurant-ambroisie.fr – Fermé lundi et mardi, et dimanche soir

SAINT-DIÉ-DES-VOSGES

✉ 88100 – Vosges – Carte régionale n° **12**–C3

LOGAN LAUG ⓝ

MODERNE • CONTEMPORAIN Cadre contemporain, murs de briques blanches ou papier peint vert à motifs, parquet flottant, verrières, caves à vins vitrées face au comptoir de service. Une chose est sûre : le chef et entrepreneur Logan Laug ne néglige aucun détail, passion oblige ! Avec sa brigade, il soigne chaque assiette de cette cuisine moderne et fusion qui porte l'empreinte des nombreux voyages du chef en Asie. Quelques exemples ? Pastilla au chou blanc ; pluma de cochon Ibérique façon teriyaki, betterave et mûre.

🅰️ 🅰️ – Prix : €€€

7 rue du 11-Novembre-1918 – ℰ 03 29 63 40 30 – www.loganlaug.fr – Fermé lundi et mardi, et dimanche soir

SAINT-DONAT-SUR-L'HERBASSE

✉ 26260 – Drôme – Carte régionale n° **3**–E2

CHARTRON

MODERNE • ÉLÉGANT Une institution locale au sein de ce village célèbre pour son festival Jean-Sébastien-Bach (en juillet). Les préparations, basées sur de bons produits, révèlent un savoir-faire certain ; on profite notamment de préparations de truffes en saison.

🕸 ⇐ 🍴 🅰️ 🅰️ – Prix : €€€

1 avenue Gambetta – ℰ 04 75 45 11 82 – restaurant-chartron.com – Fermé du lundi au mercredi

SAINT-ÉMILION

✉ 33330 – Gironde – Carte régionale n° **18**–B1

✿ ✿ LA TABLE DE PAVIE

MODERNE • ÉLÉGANT Yannick Alléno supervise avec exigence cette institution locale, ancien couvent où des nonnes offraient protection aux pèlerins et aux voyageurs. Le chef francilien a mis en place aux fourneaux une équipe de confiance qui peaufine une partition culinaire tournée vers le terroir du Sud-Ouest, avec toujours ces sauces et réductions qui sont sa marque de fabrique et sa signature. Ne manquez pas le spectaculaire (et délicieux) pigeon soufflé et rôti au feu de l'enfer. Bien évidemment, les plats s'accompagnent de superbes vins de Saint-Émilion, pour une expérience mémorable.

🕸 ⟵🖐 ♿ 🅼 🅿 – Prix : €€€€

5 place du Clocher – 𝒞 05 57 55 07 55 – www.hoteldepavie.com – Fermé lundi, dimanche et jeudi midi

---

🛞 **LES BELLES PERDRIX DE TROPLONG MONDOT**

Chef : David Charrier

MODERNE • CONTEMPORAIN Situé en haut d'une petite butte, point culminant de Saint-Émilion, ce château prestigieux a rouvert son restaurant après de longs travaux... et le résultat est à la hauteur des espérances ! Dans ce lieu à part, la salle épurée s'ouvre sur le magnifique vignoble. Ici, la préservation de la biodiversité est une priorité et tout est mis en œuvre pour respecter le milieu naturel. Le chef propose une cuisine dans la même philosophie, saine et précise dans les préparations, privilégiant les produits du domaine et de petits producteurs rigoureusement sélectionnés. Le service cultive une certaine joie de vivre. Demandez à visiter le magnifique chai pour prolonger le plaisir.

🌿 **L'engagement du chef :** Nous nous sommes engagés depuis plusieurs années à agir pour assurer la durabilité de notre écosystème. Nos potagers et notre verger sont cultivés selon les principes de la permaculture ; la gestion des énergies et de l'eau est une préoccupation constante ; nos fournisseurs s'engagent à privilégier les contenants réutilisables ; et le poulailler et l'enclos à cochons permettent une élimination des biodéchets.

🕸 ⟵ ⟨ 🍽 ♿ 🅼 🅿 – Prix : €€€€

Lieu-dit Troplong-Mondot – 𝒞 05 57 55 38 28 – www.troplong-mondot.com/ hospitality/les-belles-perdrix – Fermé lundi, dimanche et mardi midi

---

🛞 **LOGIS DE LA CADÈNE**

MODERNE • ÉLÉGANT C'est en plein cœur de St-Émilion, dans une petite cour piétonne, qu'on déniche le Logis de la Cadène. L'accueil charmant et sans fausse note, en tailleur et costume, met tout de suite dans l'ambiance. On s'installe dans un confortable fauteuil, au milieu d'une salle à manger à l'élégant cachet classique (pierre apparente, vieux parquet) : la fête peut commencer ! Cette cuisine met à profit le meilleur du terroir dans des assiettes fines et inventives. L'agneau est présenté sous différentes formes, le carré cuit minute est servi rosé, nappé d'un jus de carcasse bien réduit, la selle est farcie de petites girolles du médoc.... Ces douceurs s'arrosent de crus bien choisis : plus de 900 références à la carte.

🕸 🍽 ♻ – Prix : €€€

3 place du Marché-au-Bois – 𝒞 05 57 24 71 40 – www.logisdelacadene.fr – Fermé samedi et dimanche

---

CHÂTEAU GRAND BARRAIL

MODERNE • HISTORIQUE Au milieu d'un vignoble, ce château édifié en 1902, d'allure si romantique abrite une table non moins séduisante ! Recettes bistronomiques au déjeuner ; plus ambitieuses au dîner. Charmante terrasse tournée vers les vignes.

🕸 ⟨ 🅼 🍽 ♻ 🅿 – Prix : €€€

Route de Libourne – 𝒞 05 57 55 37 00 – www.grand-barrail.com

L'ENVERS DU DÉCOR

TRADITIONNELLE • BISTRO En plein cœur du village mythique, à quelques pas du clocher, cette jolie façade rouge de bistrot attire l'œil. À l'intérieur, un décor rétro raffiné (du comptoir en zinc aux banquettes en cuir). Et à la carte, on retrouve avec plaisir tous les classiques, du foie de veau au baba. Belle carte des vins à des tarifs raisonnables.

⊗ ⌂ – Prix : €€

11 rue du Clocher – ☏ 05 57 74 48 31 – www.envers-dudecor.com

L'HUITRIER PIE

MODERNE • COSY Sélection rigoureuse des produits, dressages élégants, saveurs marquées, finesse, générosité : l'enthousiasme et le talent des jeunes propriétaires Camille et Soufiane nous emportent au gré d'assiettes mordantes et contrastées, aux touches percutantes (épices, acidité maîtrisée, accords originaux). Aux beaux jours, on s'attable dans l'aimable courette arborée du célèbre village de vignerons.

⌖ ⌂ – Prix : €€€

11 rue de la Porte-Bouqueyre – ☏ 05 57 24 69 71 – www.lhuitrier-pie.com – Fermé du mardi au jeudi

LA TERRASSE ROUGE

TRADITIONNELLE • BISTRO Adossée à l'ancienne maison de maître, habillée de lames en inox rouge, cette cathédrale écarlate est signée Jean Nouvel. On déjeune dans une vaste salle panoramique, aux baies vitrées tournées vers les vignobles de Saint-Emilion et de Pomerol. Une expérience inédite.

⊗ ⌖ 🅐 ⌂ 🅿 – Prix : €€

Château La Dominique – ☏ 05 57 24 47 05 – www.laterrasserouge.com – Fermé mercredi, et lundi, mardi, jeudi et dimanche soir

LE TERTRE

MODERNE • TRADITIONNEL Dans une petite ruelle pavée du village, ce restaurant connaît depuis 2020 un nouveau souffle sous l'égide d'un couple de professionnel accompli. Les assiettes créatives sur des bases classiques sont inspirées et harmonieuses et les produits de la région sont à l'honneur : canard des landes, truite du pays basque, retour de pêche des ports aquitains. Dans le prolongement de la salle, la cave à vin creusée dans la pierre monolithe abrite une table de 4 personnes fort prisée le soir.

🅐 ⌂ – Prix : €€

5 rue du Tertre-de-la-Tente – ☏ 05 57 74 46 33 – restaurantletertre.com – Fermé mercredi et jeudi

🛏 CHÂTEAU GRAND BARRAIL *Plus*

CLASSIQUE CONTEMPORAIN Au milieu du vignoble, ce château, seulement édifié en 1902, est pourtant d'allure si romantique. Des chambres douillettes, raffinées et pleines de caractère dans la bâtisse principale, au parc verdoyant, sans oublier le spa et la piscine : tout ici a du cachet !

⌖ 🐎 🅿 ⌂ ◔ ⊜ 🚲 ⌒ 🌐 ♨ ⌗ ⌚ ⌀ - 46 chambres – Prix : €€

Route de Libourne – ☏ 05 57 55 37 00

Château Grand Barrail - Voir la sélection des restaurants

🛏 HOTEL DE PAVIE *Plus*

ÉLÉGANCE TRADITIONNELLE Cet hôtel de luxe est réparti sur trois sites : la maison principale, autrefois couvent, une annexe au bout du jardin et, à quelques km, le domaine viticole du Château Pavie. Les intérieurs sont frais et modernes, avec des meubles aux couleurs vives. Certaines chambres disposent d'un balcon et la plupart offrent une vue sur la vallée de la Dordogne ou sur les toits du village médiéval. Bar à vin avec cheminée, petit déjeuner copieux.

🐎 ⌀ - 21 chambres – Prix : €€

5 place du Clocher – ☏ 05 57 55 07 55

⊛⊛ **La Table de Pavie** - Voir la sélection des restaurants

🛏 LOGIS DE LA CADÈNE *Plus*

ÉLÉGANCE TRADITIONNELLE Sur une place du centre du village, impossible de ne pas succomber au charme de ces deux bâtisses anciennes (le logis et la maison), typiques de Saint-Émilion. Les chambres y ont du caractère (mobilier chiné, vieux plancher) et l'on profite d'un restaurant (partie logis) et d'un espace "remise en forme" avec sauna et hammam (partie maison).

🅿️ 🛋️ ⛲ 🛎️ ♨️ 🍴 - 9 chambres – Prix : €€€

3 place du Marché au Bois – 𝒞 *05 57 24 71 40*

❀ **Logis de la Cadène** - Voir la sélection des restaurants

🛏️ **LE RELAIS DE FRANC MAYNE** *Plus*

DESIGN MODERNE Installé dans un château du 16ᵉ s., ce domaine viticole est fier de ses caves où le cabernet franc vieillit en fûts de chêne. Si l'extérieur est très simple, l'intérieur multiplie les ambiances : murs jaune canari dans la chambre Pop Art, imprimés zébrés dans l'African Lodge, bois sculpté dans l'Indian Fusion, éclairage sophistiqué, soieries aux teintes audacieuses, billard luxueux, salle à manger ancienne...

9 chambres – Prix : €

14 La Gomerie – 𝒞 *05 57 24 62 61*

SAINT-ESTÈPHE

✉️ 33180 – Gironde – Carte régionale n° **18**–B1

LA MAISON D'ESTOURNEL

TRADITIONNELLE • COSY Cèpes fraîchement ramassés, agneau de St-Émilion, huîtres et crevettes du Médoc, produits de la chasse en saison... Ce sont d'abord les produits qui parlent ici, choisis et bichonnés par un chef qui possède même son propre potager. Et s'il fait beau, profitez de la terrasse avec vue sur le superbe parc et les vignes !

🛎️ ♿ 🅰️ 🅿️ – Prix : €€

Lieu-dit Leyssac, route de Poumeys – 𝒞 *05 56 59 30 25 – lamaison-estournel. com*

 LA MAISON D'ESTOURNEL

DESIGN MODERNE Au sein d'un joli parc entouré par les vignes, l'ex-Château Pomys (qui fut aussi l'habitation de Louis Gaspard d'Estournel) est devenu un hôtel charmant. L'élégance et le classicisme dominent dans les chambres : la garantie d'un séjour délicieux.

♿ 🅿️ ⛲ 🛎️ 🍴 - 14 chambres – Prix : €€

Lieu-dit Leyssac, route de Poumeys – 𝒞 *05 56 59 30 25*

La Maison d'Estournel - Voir la sélection des restaurants

SAINT-ÉTIENNE

✉️ 42000 – Loire – Carte régionale n° **2**–A2

À LA TABLE DES LYS

MODERNE • ÉLÉGANT Dans une bâtisse ultra contemporaine et lumineuse avec vue sur le green, le chef Marc Lecroisey garde son attachement à une cuisine éprise de fraîcheur, de légèreté et de finesse, attentive aux saisons et au choix des producteurs. Des Lys en délices.

❀ ♿ 🅰️ ⛲ 🅿️ – Prix : €€€

58 rue Saint-Simon – 𝒞 *04 77 25 48 55 – www.latabledeslys.fr – Fermé samedi et dimanche*

SAINT-ÉTIENNE-DE-BAÏGORRY

✉ 64430 – Pyrénées-Atlantiques – Carte régionale n° **18**–B3

RESTAURANT ARCÉ

TRADITIONNELLE • ÉLÉGANT L'Arcé : une halte verdoyante et gourmande au pied du col d'Ispéguy. Cette authentique maison basque abrite une jolie salle tout en longueur, dont la blancheur éclatante rappelle la tenue des joueurs de trinquet – la pelote basque – qui paradent sur les murs. La cuisine de marché varie au gré des saisons et fait la part belle aux produits du terroir. Ne manquez pas la truite au bleu, à la fraîcheur ultime, pêchée dans le... vivier du restaurant. L'été, on s'installe sur la terrasse bordée de platanes, puis on flâne sur la passerelle métallique parée de lierre, suspendue au-dessus de la Nive.

⇐ 🍴🍧 **P** – Prix : €€

Route du Col-d'Ispéguy – 𝒞 05 59 37 40 14 – www.hotel-arce.com/fr –
Fermé mercredi, et lundi et jeudi à midi

🛏 HÔTEL ARCÉ *Plus*

DESIGN MODERNE Une authentique maison basque au pied du col d'Ispéguy et de la Nive. Atouts charme : la passerelle métallique au-dessus de la rivière, permettant d'accéder à la piscine, et les bons produits basques au petit-déjeuner...

🌡 **P** 🌊 🍴 🏊 ♨ ⬛ - 20 chambres – Prix : €

Route du col d'Ispéguy – 𝒞 05 59 37 40 14

Restaurant Arcé - Voir la sélection des restaurants

SAINT-ÉTIENNE-DU-GRÈS

✉ 13103 – Bouches-du-Rhône – Carte régionale n° **25**–E1

EÏDRA

MODERNE • TENDANCE Dans un village situé entre Saint-Rémy-de-Provence et Arles, un jeune couple franco-australien (lui est même passé à Top Chef), propose une cuisine dans l'air du temps avec une orientation nature et locavore. Le cadre est à l'image de la cuisine, bucolique et champêtre. A la carte ou au menu dégustation (qui reprennent les plats de la carte), on goûte une truite pochée au ponzu, tatsoi en tempura, poireaux au barbecue, puis un onigiri au poulet des Alpilles, chou et saté, poulet fumé & gomasio. Accueil souriant et aimable.

🍴 🌡 ⬛ 🍧 – Prix : €€

3 avenue de Saint-Rémy – 𝒞 09 75 60 50 92 – www.eidra-restaurant.com –
Fermé mardi, mercredi, lundi, jeudi, vendredi et samedi midi , et dimanche soir

SAINT-ÉTIENNE-DU-VAUVRAY

✉ 27430 – Eure – Carte régionale n° **17**–D2

😊 LA FERME DE LA HAUTE CRÉMONVILLE

TRADITIONNELLE • RÉGIONAL Revoir la verte Normandie, admirer les chevaux du haras voisin, rêver d'une vie à la campagne : cette authentique ferme à colombages est si jolie qu'elle donne des envies de retraite provinciale au Parisien le plus irréductible. Bonjour veaux, vaches, cochons et... gourmandises traditionnelles : ravioles de cèpes à la crème de girolles, mille-feuille croquant à la vanille ; sans oublier les pièces de bœuf cuites au feu de bois. À peine parti, on a déjà hâte de retrouver tous ces beaux plats mijotés à la sauce bucolique.

🌡 ⬛ 🍧 **P** – Prix : €€

Route de Crémonville – 𝒞 02 32 59 14 22 – www.lafermedelahautecremonville.
com – Fermé dimanche, samedi midi et mercredi soir

SAINT-FÉLIX

✉ 17330 – Charente-Maritime – Carte régionale n° **20**–B2

AU CLOS GOURMAND

TRADITIONNELLE • CONTEMPORAIN Il était une fois, à l'orée du marais poitevin, un petit village. Et dans ce village, un jeune couple sympathique a transformé une maison régionale en joli endroit, agrémenté d'une terrasse sur jardin fleuri. On se régale des préparations du chef, qui met au maximum en avant le bio, des produits frais utilisés en cuisine jusqu'au vin.

🖙♿🌂🅿 – Prix : €€

51 rue du Marais-Poitevin – ☏ 05 46 26 52 06 – www.restaurantauclosgourmand.fr – Fermé lundi et mardi

SAINT-FÉLIX-LAURAGAIS

✉ 31540 – Haute-Garonne – Carte régionale n° **22**-C2

AUBERGE DU POIDS PUBLIC

TRADITIONNELLE • CLASSIQUE À la suite de ses parents, Céline Taffarello continue de mettre en avant les bons produits du terroir, avec en bonus un appétissant menu végétarien. Et on profite toujours de la terrasse panoramique, avec sa jolie vue sur la plaine du Lauragais. Chambres confortables.

🖙≼🖼🌂🖨 – Prix : €€€

Route de Toulouse – ☏ 05 62 18 85 00 – www.auberge-du-poids-public.fr – Fermé lundi et dimanche soir

SAINT-FLORENT – Haute-Corse (2B) ➜ Voir Corse

SAINT-FORGEUX-LESPINASSE

✉ 42640 – Loire – Carte régionale n° **2**–A1

L'ASSIETTE ROANNAISE

MODERNE • CONTEMPORAIN Voilà une table qui joue la carte de l'originalité ! À l'unisson de la déco, contemporaine, le chef est à l'affût des nouvelles tendances et techniques : ses assiettes se révèlent très esthétiques, privilégiant créativité et fraîcheur.

🖼🌂 – Prix : €€

Place de Verdun – ☏ 04 77 65 65 99 – www.restaurant-assiette-roannaise.fr – Fermé lundi et mardi

SAINT-FRONT-DE-PRADOUX

✉ 24400 – Dordogne

🛏 | ### CHÂTEAU LA THUILIÈRE | *Plus*

CLASSIQUE CONTEMPORAIN Dans son parc arboré, cet élégant châtelet dévoile de belles ambiances : très 19e s. (boiseries, stucs) ou résolument contemporaines (lignes épurées, grand confort), tout en grâce et équilibre. Et la table d'hôte sait jouer la carte des produits locaux et... de la créativité.

🅿🏊🖙⛵🍽 - 5 chambres – Prix : €€

La Thuilière – ☏ 06 45 35 36 82

SAINT-GALMIER

✉ 42330 – Loire – Carte régionale n° **2**–A2

❀ **LA SOURCE**

MODERNE • CONTEMPORAIN Originaire de Cuzieu, à... deux kilomètres de là, Antoine Bergeron est la définition même d'un enfant du pays. Ambitieux et passionné par son métier, il compose une balade gourmande surprise, délicate et créative en compagnie joyeuse, celle de ses producteurs. Bien installé dans une salle lumineuse et contemporaine, on profite de cette balade dans le terroir et les marchés locaux. Ce jour-là, tête de cochon et sauce gribiche, pickles à l'oignon ; pigeon d'Urfé et butternut ; noisette et citron dans l'esprit d'un paris-brest. Une Source de plaisir, rien de moins, avec une mention spéciale aux jus. De la belle ouvrage...

🏡 ♿ 🅰🄲 ⇔ 🄿 – Prix : €€€

8 allée de La Charpinière – ☎ 04 77 52 75 00 – www.lacharpiniere.com/fr –
Fermé lundi, mardi, mercredi midi et dimanche soir

🛏 **LA CHARPINIÈRE**   *Plus*

DESIGN MODERNE À l'entrée de la ville, dans un environnement verdoyant, cette ex-gentilhommière tapissée de vigne vierge a été transformée en hôtel contemporain, pour tourisme ou business. Chambres sobres et fonctionnelles, piscine, tennis et spa.

🄿 ⌂ ♨ 🏡 🚴 ⛱ ® 🛁 🅰🄲 ❙❙ - 57 chambres – Prix : €

8 allée de la Charpinière – ☎ 04 77 52 75 00

❀ **La Source** - Voir la sélection des restaurants

SAINT-GÉLY-DU-FESC

✉ 34980 – Hérault – Carte régionale n° **21**–C2

LE CLOS DES OLIVIERS

MODERNE • CLASSIQUE Du goût, de la simplicité, des produits de qualité bien travaillés : on apprécie ici une bonne cuisine, sans complications inutiles, et on se fait plaisir ! À noter : la carte des vins est réalisée avec le caviste voisin. L'été, on profite de la terrasse à l'ombre des canisses.

🐾 🏡 ♿ 🅰🄲 🛎 ⇔ 🄿 – Prix : €€

53 rue de l'Aven – ☎ 04 67 84 36 36 – www.clos-des-oliviers.com – Fermé lundi
et dimanche

SAINT-GEORGES-SUR-CHER

✉ 41400 – Loir-et-Cher – Carte régionale n° **8**–A1

❀ **FLEUR DE SEL**

MODERNE • CONVIVIAL Au cœur d'un joli village de la vallée du Cher, tout près du château de Chenonceau, un bistrot contemporain et convivial régale ses convives. Dans l'assiette ? Une cuisine de saison et de fraîcheur, ciselée par un chef de talent, Mickaël Renard, formé notamment à l'Hostellerie de Levernois (du temps de Jean Crotet), à la Côte d'Or à Saulieu (aux côtés de Bernard Loiseau) et à l'Auberge des Templiers. Aujourd'hui : œuf parfait au hareng et poireau ; dos de merlu de Bretagne à la crème de cumin, grenailles et champignons à l'huile d'herbes... Deux menus-cartes qui changent régulièrement, un menu du jour le midi en semaine, et des tarifs très doux !

♿ 🛎 – Prix : €

15 place Pierre-Fidèle-Bretonneau – ☎ 02 54 93 32 26 – www.fleurdesel41.com –
Fermé lundi, mardi midi et dimanche soir

SAINT-GEORGES-SUR-MOULON

✉ 18110 – Cher

🛏 **CHÂTEAU DE SAINT-GEORGES** *Plus*

CLASSIQUE CONTEMPORAIN A quelques minutes de Bourges, ce château du 18ᵉ s. a conservé tout son caractère, protégé par ses jardins. Les meubles de style s'harmonisent aux boiseries d'origine. La longue piscine et la table d'hôtes complètent les atouts de cette belle étape nature.

P 🛎 ⌘ ⑩ - 3 chambres – Prix : €

Le Château – ℰ 02 48 64 16 36

SAINT-GERMAIN

✉ 07170 – Ardèche – Carte régionale n° **2**–B3

🕸 **AUBERGE DE MONTFLEURY**

Chef : Richard Rocle

MODERNE • ÉLÉGANT Arrêtez-vous dans cette discrète auberge, presque anonyme, située en bord de route et face à la gare. C'est la maison d'un couple de professionnels passionnés, Angèle Faure et Richard Rocle. Elle assure un service à la fois efficace et chaleureux dans l'élégant cadre contemporain de la salle ; lui, aux fourneaux, mitonne une cuisine actuelle entre terroir et modernité, qui fait la part belle aux petits producteurs. Porcs fermiers élevés en plein air, escargots, safran, fromages de chèvre, herbes sauvages ramassées par un cueilleur : tout est produit aux alentours.

🕸 ⟁ 🏠 ⟲ **P** – Prix : €€€

200 route des Cépages – ℰ 04 75 94 74 13 – www.auberge-de-montfleury.fr/fr – Fermé mardi et mercredi, et dimanche soir

SAINT-GERMAIN-DES-VAUX

✉ 50440 – Manche – Carte régionale n° **17**–A1

LE MOULIN À VENT

MODERNE • TENDANCE Sur la route des Caps, on se réfugie avec plaisir dans cette ancienne auberge de pays : au menu, une carte courte, des produits locaux (pigeon, agneau, poisson, ormeaux) pour une cuisine inventive avec une attirance à peine dissimulée pour le Japon. A déguster dans une salle épurée, avec vue sur la mer face à l'Anse Saint-Martin.

⟁ 🛎 **P** – Prix : €€

10 route de Port-Racine – ℰ 02 33 52 75 20 – www.le-moulin-a-vent.fr – Fermé vendredi et samedi midi

SAINT-GERMAIN-EN-LAYE

✉ 78100 – Yvelines – Carte régionale n° **15**–B2

AU FULCOSA

MODERNE • CONVIVIAL Fulcosa signifie "fougère" en latin : la plante, en effet, tapissait les forêts alentour... Les propriétaires ont le sens de l'histoire et du... goût ! Dans le décor chaleureux de leur "bistrot culinaire", ils nous régalent d'une bonne cuisine de saison, entre tradition et innovation – à l'image de ce pressé de cochon aux légumes d'hiver, salade de mâche aux noix...

⟁ 🏠 – Prix : €€

2 rue du Maréchal-Foch, à Fourqueux – ℰ 01 39 21 17 13 – www.aufulcosa.fr – Fermé lundi et dimanche

CAZAUDEHORE

CLASSIQUE · ÉLÉGANT Ambiance chic et cosy, décor dans l'air du temps, délicieuse terrasse sous les acacias, cuisine soignée et belle carte des vins... Une vraie histoire de famille depuis 1928.

⇔ 🦴♿🅰🍴⇔🅿 – Prix : €€€

1 avenue du Président-Kennedy – 𝒞 01 30 61 64 64 – www.cazaudehore.fr – Fermé lundi et dimanche soir

LE WAUTHIER BY CAGNA

MODERNE · BISTRO Risotto du Piémont au homard et beurre blanc, escalopes de ris de veau braisées, mousseline de céleri et sauce Albufera... Une cuisine bien dans l'air du temps, réalisée avec de bons produits du marché : voilà la promesse de cette sympathique maison sangermanoise au joli intérieur de bistrot chic. Service attentionné.

⇔ – Prix : €€

31 rue Wauthier – 𝒞 01 39 73 10 84 – www.restaurant-wauthier-by-cagna.fr – Fermé lundi, dimanche et mercredi midi

SAINT-GERMAIN-LÈS-ARLAY

✉ 39210 – Jura – Carte régionale n° **6**–B3

HOSTELLERIE SAINT-GERMAIN

MODERNE · ÉLÉGANT Face à l'église, ce sympathique relais de poste du 17 e s. a été entièrement rénové avec élégance dans un style sobre et lumineux. Le chef travaille des produits du terroir – souvent bio – et concocte une cuisine gourmande, accompagnée de bons vins du Jura. Pour l'étape, des chambres confortables, plus calmes côté terrasse.

♿🅰🍴⇔🅿 – Prix : €€

635 Grande-Rue – 𝒞 03 84 44 60 91 – www.hostelleriesaintgermain.com – Fermé lundi, mardi midi et dimanche soir

SAINT-GERVAIS-LES-BAINS

✉ 74170 – Haute-Savoie – Carte régionale n° **4**–F1

❄ ### LE SÉRAC

MODERNE · CONTEMPORAIN Au centre de la station thermale, ce restaurant à l'entrée discrète dispose d'une grande salle lumineuse et épurée avec vue sur la montagne. Revendiquant une inspiration saisonnière, le chef réalise une partition fraîche et colorée, avec une attention particulière portée aux dressages. Pêche de lac du moment marinée au gin du Mont-Blanc ; tête de veau et foie gras poêlé, ravigote truffée et pommes macaire ; chaud-froid chocolaté aux noisettes du Piémont... Une sympathique adresse.

⟱ – Prix : €€€

22 rue de la Comtesse – 𝒞 04 50 93 80 50 – www.3serac.fr – Fermé lundi, dimanche et du mardi au samedi à midi

😊 ### LA FERME DE CUPELIN

RÉGIONALE · MONTAGNARD Non content d'arborer un CV en or massif (Senderens, Flocons de Sel, Murtoli), Romain Desgranges, le chef, est surtout un enfant du pays de Saint-Gervais : ça fait toute la différence. Il célèbre les produits de sa région dans des assiettes nettes et soignées, avec gibier en saison (cerf, faisan), terrines à l'ancienne et bon pain maison... Un bonheur.

⟱♿🍴⇔🅿 – Prix : €€

198 route du Château – 𝒞 04 50 93 47 30 – www.lafermedecupelin.com – Fermé mardi et mercredi

ROND DE CAROTTE

MODERNE • ÉPURÉ Elle, sommelière, vient de Nantes, tandis que lui, cuisinier, est originaire des Alpes. Ils emmènent en duo ce restaurant à la façade façon chalet, et à l'intérieur chaleureux. Carte courte réglée sur les saisons, assiettes savoureuses, fines et bien maîtrisées : une table qui ne manque pas d'atouts.

🍴 – Prix : €€

50 rue de la Vignette – 𝒞 04 50 47 76 39 – www.ronddecarotte.fr –
Fermé mercredi et dimanche, et lundi, mardi et jeudi soir

SOURCE

MODERNE • COSY Féra du Léman "fumée par nos soins" ; filet de bœuf sauce Larmes du Tigre, chou pak-choï : voilà un bistrot comme on les aime, qui cuisine bon et simple. Derrière ce bon plan du cœur de la station, on trouve deux pros venus d'Annecy, qui n'oublient pas de rendre hommage aux produits locaux.

♿ 🅼 – Prix : €€

43 avenue du Mont-d'Arbois – 𝒞 04 57 44 41 35 – source-restaurant-saint-
gervais.com – Fermé dimanche, et lundi et jeudi à midi

LA TABLE D'ARMANTE

MODERNE • CHIC Au sein d'un hôtel au luxe discret, ce restaurant de montagne chic et contemporain (bois, pierre, velours, cuisines ouvertes) est emmené par le chef Fabien Laprée, formé dans les belles maisons et finaliste MOF en 2018. Il propose une carte actuelle où se succèdent les beaux produits, essentiellement régionaux : omble chevalier aux girolles et cresson de fontaine ; quasi de veau de Chartreuse, carottes des sables et mélisse... À déguster l'été sur la jolie terrasse avec vue sur les Dômes de Miage.

🕸 ♿🍴 – Prix : €€€

L'Armancette, 4088 route de Saint-Nicolas – 𝒞 04 50 78 66 00 – www.
armancette.com/fr – Fermé mercredi et jeudi

🛏 L'ARMANCETTE

DESIGN MODERNE Un village charmant, une église baroque, un hôtel de montagne intimiste et luxueux aux matériaux choisis (pierre, bois, tissus précieux). Voilà pour la carte postale. On apprécie les chambres confortables, dont beaucoup sont adaptées à des familles (de 3 à 6 personnes), mais aussi le spa avec piscine intérieure et extérieure, le fitness dernier cri, ainsi que le bar à cocktails et le salon de thé.

♿ 🛁 🅿 🛏 🍽 🚲 ⛷ 🛁 ♨ 🧖 ♨ 🏋 ⛷ ⍟ - 17 chambres – Prix : €€

4088 route de Saint-Nicolas – 𝒞 04 50 78 66 00

La Table d'Armante - Voir la sélection des restaurants

🛏 LA FÉLINE BLANCHE   *Plus*

DESIGN MODERNE En matière de style alpin, ce petit hôtel de Saint-Gervais se revendique de l'école contemporaine : des chambres flambant neuves qui interprètent le motif montagnard avec fraîcheur et légèreté. Les salles de bain modernes cohabitent avec de solides planchers et la palette naturelle avec un lambris peint. Les chambres supérieures vous récompensent d'un balcon pour profiter de la chaîne des Aravis en humant l'air de la montagne, et les pâtisseries maison accompagnent le thé dans une atmosphère conviviale.

🛁 🅿 🍹 - 10 chambres – Prix : €

138 rue du Mont-Blanc – 𝒞 04 50 96 58 70

🛏 LA FERME DE CUPELIN   *Plus*

DESIGN MODERNE Sur les hauteurs de Saint-Gervais, avec vue sur le massif du Mont-Blanc, cette ferme datant de 1870 porte haut le flambeau de l'esprit montagnard : le feu crépite dans la cheminée, les tableaux de gibier et autres peaux de bêtes habillent l'espace... et l'accueil est charmant.

🅿 🛏 🖕 🚲 🍴 - 7 chambres – Prix : €€€
198 route du Château – ☎ 04 50 93 47 30
🍴 **La Ferme de Cupelin** - Voir la sélection des restaurants

SAINT-GERVAIS-SUR-MARE
✉ 34610 – Hérault – Carte régionale n° **21**–B2

L'ORTENSIA

MODERNE • ÉLÉGANT Lui manque-t-il un "h" ? Non : c'est ainsi que l'on orthographie cette plante en occitan. Le restaurant renaît une nouvelle fois grâce à un duo sœur-frère, Lise et Mathieu, dont la démarche est limpide : respect du client, vérité du produit (local), petite carte des vins bien composée, partage d'un plaisir simple. Le tour est joué.

≼ 🕭 🛦 🕭 ✿ 🅿 – Prix : €€
Domaine de la Pièce – ☎ 04 99 42 00 91 – lortensia.fr – Fermé lundi, mardi, mercredi midi et dimanche soir

SAINT-GILDAS-DE-RHUYS
✉ 56730 – Morbihan – Carte régionale n° **7**–A3

LE VERT D'O

MODERNE • CONVIVIAL Installez-vous sur la belle terrasse avec vue sur la mer de cette coquette maison, ou bien encore dans une petite salle au look de bistrot contemporain avec mobilier en bois et baies vitrées. On profite alors des jolies assiettes de la cheffe, mettant en valeur les produits locaux.

≼ 🕭 – Prix : €€
94 rue de Guernevé – ☎ 02 97 45 25 25 – www.levertdo.fr – Fermé du lundi au mercredi et dimanche soir

SAINT-GIRONS
✉ 09200 – Ariège – Carte régionale n° **22**–B3

L'AUBERGE D'ANTAN

TRADITIONNELLE • RUSTIQUE Dans l'ancienne grange du château, cette salle en impose par sa hauteur sous charpente ; jambons suspendus, pierres et poutres dégagent une belle atmosphère campagnarde. On retrousse ses manches au moment de s'attabler face à l'immense cheminée, où sont préparés grillades, plats traditionnels et cochons de lait...

🛏 🛦 🕭 🅿 – Prix : €€
Avenue de la Résistance – ☎ 05 61 64 11 02 – chateaubeauregard.net – Fermé lundi, samedi midi et dimanche soir

SAINT-GRÉGOIRE
✉ 35760 – Ille-et-Vilaine – Carte régionale n° **7**–D2

🕸 **MAISON RONAN KERVARREC**

Chef : Ronan Kervarrec

MODERNE • ÉLÉGANT Un hommage vivant et gourmand à la Bretagne ! Le chef breton, évidemment, Ronan Kervarrec (Hostellerie Plaisance à Saint-Émilion et La Chèvre d'Or à Eze), s'épanouit dans sa région natale pour raconter en cuisine son histoire, personnelle et professionnelle. Et elle vaut la peine d'être écoutée, pardon goûtée, cette histoire gourmande, ponctuée de sarrasin, lait ribot, poissons, coquillages, crustacés, beurre, algues, gavotte, chouchen et autre sablé breton... De larges baies vitrées donnent côté terrasse, face au charmant jardin. Chambres pour l'étape et petite boutique d'épicerie fine pour emporter un souvenir gourmand.

🐿 🛏 🕭 🖽 🖭 ⇩ **P** – Prix : €€€€

1 impasse du Vieux-Bourg – 🕾 *02 99 68 79 35 – www.le-saison.com/fr –*
Fermé lundi et dimanche

🛏   **LES PATIOS**   *Plus*

AVANT-GARDE Lassé par l'agitation de la ville ? Faites une pause dans cet hôtel situé à 6 km au nord de Rennes. Avec son joli jardin et son décor zen et épuré, l'endroit respire la sérénité. Et les chambres, immenses et très soignées, comptent incontestablement parmi les plus belles de la métropole rennaise...

& **P** ⊕ 🛏 🗲 ⪑🍴 - 5 chambres – Prix : €

1 impasse du vieux Bourg – 🕾 *02 99 68 79 35*

❀ **Maison Ronan Kervarrec** - Voir la sélection des restaurants

SAINT-HILAIRE-DE-BRETHMAS
✉ 30560 – Gard

🛏   **COMPTOIR SAINT-HILAIRE**   *Plus*

ÉLÉGANCE TRADITIONNELLE Les murs de pierre de ce mas du 17ᵉ s., au cœur des puissants paysages des Cévennes, dissimulent d'autres richesses : des chambres uniques et personnalisées, voyageant entre la Mongolie, l'Italie baroque, Central Park et l'Orient Express. Chandeliers sur fond de velours, salle de bain peuplée d'arbres ou sol en sable pour recréer une ambiance de plage en pleine garrigue, les partis-pris sont assumés. Dans le salon de massage aux riches étoffes, on embarque pour un autre voyage selon la technique retenue, entre Asie et Polynésie.

P ⊕ 🛏 🗲 🍴 - 10 chambres – Prix : €€

Saint-Hilaire – 🕾 *04 66 30 82 65*

SAINT-HIPPOLYTE
✉ 68590 – Haut-Rhin

🛏   **LE PARC**   *Plus*

CLASSIQUE CONTEMPORAIN Un hôtel cosy où les chambres sont à la fois tendance et raffinées. Pour décompresser, on profite de l'espace détente et de la piscine avant de se régaler au restaurant ou à la winstub. Un programme des plus plaisants !

P ⊕ 🛏 🗲 🆘 ⌂ 🏊 🧖 🍴 - 32 chambres – Prix : €€

6 rue du Parc – 🕾 *03 89 73 00 06*

SAINT-JEAN-AUX-BOIS
✉ 60350 – Oise – Carte régionale n° **14**–C2

❀   **AUBERGE À LA BONNE IDÉE**

Chef : Sébastien Tantot

MODERNE • TRADITIONNEL Le chef Sébastien Tantot (ancien chef exécutif de Gérald Passédat au Petit Nice à Marseille) s'épanouit dans cette jolie auberge (pierres, poutres, cheminée...) située sur la route de Pierrefonds, en pleine forêt de Compiègne, dans un village médiéval. Comme en attestent ces menus uniques très axés sur le végétal, le chef met particulièrement en valeur les légumes, les fruits et les herbes et plantes aromatiques de ses potagers au travers d'une cuisine esthétique, raffinée et équilibrée, à l'image de cet audacieux montage de lamelles de champignons de Paris crus et de foie gras, et cubes d'anguille.

⇦ 🍴 🏠 **P** – Prix : €€€€

3 rue des Meuniers – 🕿 03 44 42 84 09 – www.sebastien-tantot.com/fr – Fermé lundi et mardi, et dimanche soir

🛏 ## AUBERGE À LA BONNE IDÉE   *Plus*

ÉLÉGANCE TRADITIONNELLE En plein cœur de la forêt de Compiègne, cette charmante auberge s'articule autour d'un jardin fleuri aux beaux jours. L'intérieur se pare de belles touches rustiques (poutres apparentes, grande cheminée). Les chambres sont cosy et bien entretenues.

P 🕸 🍴 �🍽 - 23 chambres – Prix : €

3 rue des Meuniers – 🕿 03 44 42 84 09

❀ **Auberge À la Bonne Idée** - Voir la sélection des restaurants

SAINT-JEAN-CAP-FERRAT

✉ 06230 – Alpes-Maritimes – Carte régionale n° **25**–E2

❀ ## LE CAP

CRÉATIVE • LUXE Mettez le cap sur ce palace mythique du début du 20 e s. ! Situé tout au bout d'une péninsule magique face à la grande bleue, le Grand-Hôtel du Cap-Ferrat est caché au milieu de jardins luxuriants où les people du monde entier aiment à flâner. Pour vous attabler, vous aurez le choix entre la superbe salle à manger ou la terrasse rafraîchie par les immenses pins d'Alep... Aux fourneaux, on trouve le chef Yoric Tièche, natif d'Aix-en-Provence. Il puise son inspiration dans l'histoire de la Provence gourmande et met superbement en valeur les produits méditerranéens : sardines, crème de haddock fumé, pommes de terre et caviar ; homard bleu piqué à la menthe, aubergine, yaourt au ras-el-hanout ; lisettes marinées, crémeux de fenouil et soupe de poissons de roche...

❀ 👥 📺 🏠 🌳 ⤴ – Prix : €€€€

Grand Hôtel du Cap Ferrat, 71 boulevard du Général-de-Gaulle – 🕿 04 93 76 50 50 – www.fourseasons.com/fr/capferrat – Fermé lundi et dimanche

LA TABLE DU ROYAL

MÉDITERRANÉENNE • ÉLÉGANT On déguste ici une partition moderne, respectueuse des saisons et des saveurs. La carte qui met en valeur les produits locaux, le service au guéridon, tout est de bon goût. Imaginez-vous assis sur la terrasse, la mer à perte de vue...

⤴ 👥 📺 🏠 🌳 **P** – Prix : €€€€

Royal Riviera, 3 avenue Jean-Monnet – 🕿 04 93 76 31 00 – www.royal-riviera. com – Fermé mardi, mercredi, et lundi, jeudi, vendredi, samedi et dimanche midi

🛏 ## GRAND HÔTEL DU CAP-FERRAT   *Plus*

CLASSIQUE CONTEMPORAIN Époustouflant ! Le parc divin et ses superbes pins parasols, la vue sublime sur la côte, la somptueuse piscine à débordement, les suites avec leur piscine privée... L'élégance luxueuse d'un grand hôtel mythique, né en 1908. Tout ici est une invitation au farniente !

🌳 **P** 🕸 🍴 🚲 ⤴ 🛎 📶 💆 🍽 - 73 chambres – Prix : €€€

71 boulevard Général de Gaulle – 🕿 04 93 76 50 50

❀ **Le Cap** - Voir la sélection des restaurants

🛏 ## ROYAL RIVIERA   *Plus*

CLASSIQUE CONTEMPORAIN Une bâtisse construite en 1904, avec son beau jardin. La plupart des chambres donnent sur la Grande Bleue et, dans l'Orangerie, elles adoptent un style entre contemporain et provençal chic. Plage privée, belle piscine.

  🐕 🏊 🅿 🛏 🛎 🌊 📶 🛗 🅰 🍴 - 94 chambres – Prix : €€
3 avenue Jean Monnet – 𝒞 04 93 76 31 00
La Table du Royal - Voir la sélection des restaurants

SAINT-JEAN-D'ARVEY
✉ 73230 – Savoie – Carte régionale n° **4**–F2

LE SAINT JEAN

MODERNE • MONTAGNARD Comment ne pas autant se délecter ici du paysage comme de l'assiette ? Sur une route sinueuse du massif des Bauges, une ancienne auberge de village regarde en contrebas le bassin chambérien. Lui connaît bien la musique, apprise dans les belles maisons, elle, aime le vin et trouve les bons mots pour aiguiser l'appétit. Dans l'assiette, un véritable catalogue de produits locaux (poissons de lac, agneau du coin...) dont le chef révèle le goût et le caractère à travers une belle cuisine moderne de saison. Menus surprises qui invitent à "lâcher prise"...

⛵ 🏡 🅿 – Prix : €€
2496 route des Bauges – 𝒞 04 79 75 04 41 – lesaintjeanrestaurant.fr – Fermé lundi, dimanche, et mardi et mercredi à midi

SAINT-JEAN-DE-BLAIGNAC
✉ 33420 – Gironde – Carte régionale n° **18**–C1

L'AUBERGE SAINT JEAN

CRÉATIVE • ÉLÉGANT Un couple de professionnels préside aux destinées de cette auberge nichée au bord de la Dordogne que l'on aperçoit par les baies vitrées. Au programme : un menu qui marie avec les ingrédients d'ici (foie gras, colvert) et influences d'ailleurs...

♿ 🅰 – Prix : €€€
8 rue du Pont – 𝒞 05 57 74 95 50 – www.aubergesaintjean.com – Fermé mardi, mercredi, lundi midi et dimanche soir

SAINT-JEAN-DE-LUZ

✉ 64500 – Pyrénées-Atlantiques – Carte régionale n° **18**–A3

Face à l'océan, dotée d'une baie superbe, cette petite cité dégage une exquise douceur de vivre. On la savoure en farniente sur la Grande Plage ou en balades dans le petit port de pêche. Autour de la place Louis-XIV s'étalent de nombreuses terrasses. Lieu de rendez-vous des Luziens, cette place vit en été au rythme des manifestations et concerts. On y trouve la Maison Adam, dont les macarons, gâteaux basques, tourons et chocolats, mettent l'eau à la bouche ! On continue avec la Maison Thurin, qui déniche de part et d'autre de la frontière franco-espagnole des produits d'exception : jambon de Bayonne, fromages de brebis, piments d'Espelette, foie gras, et tant d'autres. Enfin, les superbes Halles, inaugurées en 1884, valent le coup d'œil ; elles accueillent des producteurs "indépendants" de la région, et notamment les poissons de la petite flotte luzienne.

🌸 **LE KAÏKU**

MODERNE • COSY Au cœur de la station qui vit les épousailles de Louis XIV et de l'infante d'Espagne Marie-Thérèse d'Autriche, on se réfugie avec plaisir dans la maison qui serait la plus ancienne de la cité corsaire (16ᵉ s.). Derrière ces hauts murs et ces fenêtres à meneaux se cache un restaurant cosy et élégant et rien de vieux cependant à la carte. Un basque de Bayonne, fils et petit-fils de rugbymen, Nicolas Borombo, s'y est installé après une solide expérience parisienne, à l'Hôtel Crillon avec Dominique Bouchet et Jean-François Piège, et au George V avec Philippe Legendre. Amoureux de son terroir, il signe une belle cuisine, originale et raffinée, qui valorise les produits régionaux.

Prix : €€€

Plan : B1-2 – *17 rue de la République* – ☎ *05 59 26 13 20* – *www.kaiku.fr* – *Fermé lundi et dimanche*

AHO FINA

MODERNE • ÉLÉGANT Sur la plage, face à l'océan Atlantique, ce Grand Hôtel de style empire en impose ! Le restaurant Aho Fina régale ses hôtes et ses clients avec une cuisine sage, mariage de bistronomie et de plats diététiques, le tout sous influence locavore.

🛏 ≼ & Ⓜ 🏠 ✿ – Prix : €€€

Plan : B1-3 – *43 boulevard Thiers* – ☎ *05 59 26 35 36* – *luzgrandhotel.fr*

L'ESSENTIEL

MODERNE • CONTEMPORAIN En retrait de l'agitation touristique, le chef Morgan Ortéga est allé à... l'essentiel : esprit loft industriel, avec cuisine ouverte, verrière, cave en transparence et banquettes en cuir. Et dans l'assiette : des produits du terroir métamorphosés grâce à une cuisine du marché où tous les fondamentaux répondent présents pour notre plus grand plaisir.

& ﾾ – Prix : €€

Plan : B1-5 – *3 rue Vincent-Barjonnet* – ✆ *05 47 02 41 47* – *lessentiel-saint-jean-de-luz.fr* – *Fermé lundi et dimanche*

ILURA

MODERNE • CONTEMPORAIN Au sein de l'hôtel La Réserve situé sur les hauteurs de St-Jean-de-Luz, avec une superbe terrasse en surplomb de l'Océan, cette table élégante promet un joli moment de gastronomie. On se délecte de beaux produits de la mer, d'une fraîcheur irréprochable, en provenance du port de Saint-Jean-de-Luz.

≤ ﾾ & ﾾ ﾾ 🅿 – Prix : €€€

Hors plan – *Rond-Point Sainte-Barbe* – ✆ *05 59 51 32 00* – *www.hotel-lareserve. com* – *Fermé lundi, mardi midi et dimanche soir*

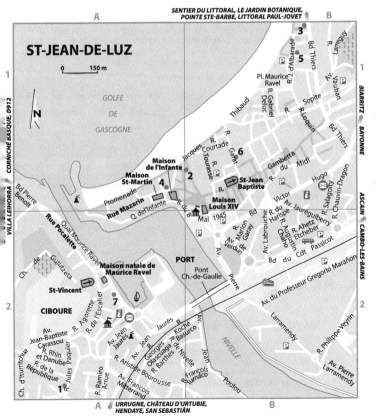

INSTINCTS

MODERNE • TENDANCE Belle surprise que cette jeune adresse, tenue par un couple dynamique qui s'en va revisiter la bonne gastronomie de bistrot, dans un lieu contemporain -briquette, bois, et cuisine ouverte. Tartare de thon, groseilles, fenouil ; bœuf maturé, courgette, olive noire : on se régale ! Un coup de cœur.
Prix : €€

Plan : B1-6 – 20 rue Joseph-Garat – ℰ 05 59 24 66 98 – restaurant-instincts. com – Fermé lundi et mardi, et dimanche soir

ZOKO MOKO

MODERNE • CONVIVIAL Dans l'ancien quartier de pêcheurs de la ville, cette table, une véritable institution locale, est bien connue des Luziens. On y propose une jolie cuisine actuelle dans un décor historique plein de charme (vieilles pierres et grande cheminée), ou sur la petite terrasse. Le soir, l'offre gastronomique prend du galon avec les menus dégustation proposés et leur florilège de produits nobles. Réservation obligatoire.
🛖 – Prix : €€

Plan : A1-4 – 6 rue Mazarin – ℰ 05 59 08 01 23 – www.zoko-moko.com – Fermé lundi et dimanche

🛏 GRAND HÔTEL THALASSO & SPA   *Plus*

DESIGN MODERNE Élevé en 1909 face à l'océan, cet hôtel balnéaire de la Belle Époque séduit par ses chambres très confortables, dans un esprit contemporain élégant, les plus prisées offrant un superbe panorama sur la baie de St-Jean-de-Luz. Au sous-sol, bel espace de thalassothérapie et spa de 1000 m², zen et cosy.
🛥 🅿 ⊗ ⊼ 🕭 🛁 ⼗ 🍴 - 52 chambres – Prix : €€

43 boulevard Thiers – ℰ 05 59 26 35 36

Aho Fina - Voir la sélection des restaurants

SAINT-JEAN-DE-SIXT
✉ 74450 – Haute-Savoie – Carte régionale n° **4**–F1

LE CAIRN ⓝ

MODERNE • MONTAGNARD Sur la route des stations de la chaîne des Aravis, entre la Clusaz et le Grand Bornand, ce petit chalet d'alpage est à marquer d'une pierre blanche...tel un cairn ! Dans une petite salle chaleureuse d'esprit montagnard, Adrien aux fourneaux et Charline (tout sourire) savent indéniablement y faire pour réjouir leurs fidèles. Dans l'assiette, le chef crée des assiettes bluffantes, pleines de saveurs et de fraîcheur : soupe froide de laitue à la crème de lard paysan, goûteuse à souhait ; médaillons d'agneau de lait fermier aussi rosés que tendres...
♿ 🅰 🛖 – Prix : €€

41 route de Thônes – ℰ 04 50 10 82 45 – www.lecairn-stjean.fr – Fermé lundi, dimanche et du mardi au jeudi à midi

---

SAINT-JEAN-DE-THOUARS
✉ 79100 – Deux-Sèvres – Carte régionale n° **20**–B1

HÔTELLERIE SAINT JEAN

TRADITIONNELLE • FAMILIAL Cette bâtisse des années 1970 cache une table tenue par un chef, soucieux de dénicher de bons produits et de les cuisiner avec soin. Aux beaux jours, on s'installe sur la terrasse pour profiter de la vue au loin sur la cité médiévale et le château des ducs de la Trémoille. Affaire familiale typique de l'hostellerie traditionnelle à la française.

&♿📶🏡🅿 – Prix : €

25 route de Parthenay – ☎ 05 49 96 12 60 – www.hotellerie-st-jean.com –
Fermé lundi et dimanche soir

SAINT-JEAN-DE-TRÉZY

✉ 71490 – Saône-et-Loire – Carte régionale n° **5**–C3

DOMAINE DE RYMSKA

MODERNE • COSY Le concept mêlant agriculture et hôtellerie fonctionne ici du
tonnerre : à table, on se régale d'un menu unique ultra-local, où les produits de
l'exploitation sont bien mis en valeur. Une cuisine de qualité, maîtrisée, sincère : on
se régale en toute simplicité.

🐷 🚗🏡⇄🅿 – Prix : €€€

1 rue du Château-de-la-Fosse – ☎ 03 85 90 01 01 – www.domaine-rymska.com

---

🛏 ### DOMAINE DE RYMSKA   *Plus*

CLASSIQUE CONTEMPORAIN Sur la route des vins, au cœur d'un domaine agricole de 80 ha, ce bel établissement a trouvé l'équilibre du luxe (vastes chambres
décorées avec goût, chacune portant le nom d'un cheval né sur l'exploitation) et
du naturel. Service attentionné, piscine extérieure chauffée.

&🅿 🛁🚗🍴 - 5 chambres – Prix : €€€€

1 rue du Château de la Fosse – ☎ 03 85 90 01 01

Domaine de Rymska - Voir la sélection des restaurants

SAINT-JEAN-EN-VAL

✉ 63490 – Puy-de-Dôme – Carte régionale n° **1**–C2

LA BERGERIE DE SARPOIL

MODERNE • CLASSIQUE Marie et Marc-Antoine Ichambe vous invitent à déguster une cuisine gourmande et moderne, à base notamment de produits locaux
(cèpe, cantal, carotte ou pomme de terre travaillés en différentes textures), dans
une agréable salle à manger ou sur la terrasse avec fontaine. Le chef réalise des
assiettes soignées et propose un menu unique déclinable selon vos envies, tout en
s'adaptant à ses fournisseurs au quotidien. Une référence dans la région.

&🏡🅿 – Prix : €€

Lieu-dit Sarpoil – ☎ 04 73 71 02 54 – www.labergeriedesarpoil.com –
Fermé mardi et mercredi, et dimanche soir

SAINT-JEAN-PIED-DE-PORT

✉ 64220 – Pyrénées-Atlantiques – Carte régionale n° **18**–B3

LES PYRÉNÉES

CLASSIQUE • FAMILIAL Une institution à St-Jean-Pied-de-Port. Dans le décor
comme dans l'assiette, ces Pyrénées cultivent le goût du Pays basque avec délicatesse et finesse. Renouvelées sur le fondement de produits de grande qualité, les
assiettes sont pleines d'allure.

⇦📶 – Prix : €€€

19 place Charles-de-Gaulle – ☎ 05 59 37 01 01 – hotel-les-pyrenees.com/fr –
Fermé lundi et mardi

SAINT-JOACHIM

✉ 44720 – Loire-Atlantique – Carte régionale n° **23**–A2

❀ LA MARE AUX OISEAUX

Chef : Eric Guérin

CRÉATIVE • **ÉLÉGANT** Grand voyageur, amoureux des oiseaux (qui s'ébattent en liberté dans son jardin), Éric Guérin s'est créé un univers qui n'appartient qu'à lui. Sur une île ceinturée de canaux circulaires, au cœur du parc naturel régional de Brière, il s'est immergé dans son terroir pour le réinterpréter de superbe façon. Avec des ingrédients de premier choix, il compose une cuisine "nature" qui a de la personnalité, de l'allure, de la délicatesse, de la fraîcheur... et confine même à la poésie par instants. Le charme des lieux, et notamment les chambres "exotiques" pour prolonger le séjour, la gentillesse et l'efficacité de l'accueil d'une jeune équipe enthousiaste font le reste !

🕸 🠔🖵 ♿ � 🅿 – Prix : €€€€

223 rue du Chef-de-l'Île-Fedrun – 𝒞 02 40 88 53 01 – www.mareauxoiseaux.fr – Fermé lundi, mardi et mercredi midi

SAINT-JOSSE

✉ 62170 – Pas-de-Calais – Carte régionale n° **13**–A2

AUBERGE DU MOULINEL

TRADITIONNELLE • **AUBERGE** Un petit air de campagne chic, non loin du Touquet. Turbot rôti sur arête et sauce hollandaise, cœur de ris veau poêlé, grenailles au beurre... Le chef réalise une alléchante cuisine traditionnelle. Tout est fait maison, y compris le pain et les glaces !

🠔🖾 🅿 – Prix : €€

116 chaussée de l'Avant-Pays, Le Moulinel – 𝒞 03 21 94 79 03 – www.aubergedumoulinel.com – Fermé lundi et mardi, et dimanche soir

SAINT-JOUIN-BRUNEVAL

✉ 76280 – Seine-Maritime

🛏 LES PINS DE CÉSAR   *Plus*

CLASSIQUE CONTEMPORAIN Proche d'Étretat et de ses célèbres falaises dont Arsène Lupin fit son refuge, au cœur d'un parc forestier de 20 ha, cette maison de famille et ses dépendances ont été transformées en un hôtel de charme. Au choix, les chambres, cosy et feutrées, ou le chalet, idéal pour les familles ; et pour tous, le très beau spa, assorti d'un insolite sauna nordique en pleine nature... Une adresse élégante, idéale pour se reposer, loin du bruit et de la pollution.

🅿 ♨ 🠔 🚲 ⌶ 🈺 ♨ ⚒ - 14 chambres – Prix : €€

1 chemin des Échos – 𝒞 02 32 73 69 10

SAINT-JULIEN-CHAPTEUIL

✉ 43260 – Haute-Loire – Carte régionale n° **1**–C3

⊛ VIDAL

TRADITIONNELLE • **ÉLÉGANT** Au sein de ce restaurant familial ouvert en 1984, les Vidal (père, fils et belle-fille en cuisine, madame en salle) proposent un répertoire gourmand qui joue la tradition intelligente : des plats goûteux qui mettent en valeur l'univers des petits producteurs locaux (agneau noir du Velay, bœuf fin gras du Mézenc, maraîchers...). Mention spéciale pour le pâté en croûte d'Aurélien, une belle prouesse technique.

Prix : €€
*Place du Marché – ☏ 04 71 08 70 50 – www.restaurant-vidal.com/fr –
Fermé lundi, et mardi, mercredi et dimanche soir*

SAINT-JULIEN-DE-CONCELLES

✉ 44450 – Loire-Atlantique – Carte régionale n° **23**–B2

CLÉMENCE

MODERNE • CLASSIQUE C'est en cette auberge ligérienne que Clémence Lefeuvre (1860-1932) créa le fameux beurre blanc ! L'histoire continue grâce à l'arrivée d'un jeune couple de propriétaires décidés à revivifier l'âme de la maison. La cuisine bien ficelée demeure classique. Les saveurs sont au rendez-vous tout comme les produits de la mer et ceux de la Loire. Une bonne étape où l'on se réjouit de trouver de l'anguille poêlée...

&. ⇄ 🅿 – Prix : €€

*91 Levée-de-la-Divate – ☏ 02 40 36 03 18 – www.restaurantclemence.com –
Fermé lundi et mardi, et dimanche soir*

SAINT-JULIEN-EN-VERCORS

✉ 26420 – Drôme – Carte régionale n° **2**–C2

☺ CAFÉ BROCHIER

MODERNE • VINTAGE Une institution dans ce village du Vercors que cette belle bâtisse de 1867 (reprise récemment par un jeune couple enthousiaste), qui abrite un café historique, orné de fresques de 1912. On y propose un menu de produits essentiellement sourcés sur le plateau du Vercors, qui change régulièrement. Le respect des saisons va de pair avec celui des produits, des cuissons et des goûts, bref, c'est du tout bon, y compris les 3 chambres simples à l'étage.

⇄ 🍽 – Prix : €

*4 place de la Fontaine – ☏ 04 75 48 20 84 – www.cafebrochier.com –
Fermé mardi et mercredi, et lundi soir*

SAINT-JUNIEN

✉ 87200 – Haute-Vienne – Carte régionale n° **19**–A2

LAURYVAN

MODERNE • COSY Dans le cadre verdoyant d'un petit bois tout proche de la Vienne, on profite d'une cuisine moderne et inventive, réglée sur les saisons. L'été, on pourra même s'installer sur la jolie terrasse pour profiter de la vue sur l'étang... Un régal.

🐝 🍴&. 🍽 ⇄ 🅿 – Prix : €€

*200 allée du Bois-au-Bœuf – ☏ 05 55 02 26 04 – www.lauryvan.fr – Fermé lundi,
et jeudi et dimanche soir*

SAINT-LANGIS-LÈS-MORTAGNE

✉ 61400 – Orne – Carte régionale n° **17**–C3

LES PIEDS DANS L'EAU 🆕

MODERNE • CONTEMPORAIN Construit au fond du bourg et au milieu des champs, cet ancien moulin se tient aussi près d'un étang : difficile de faire plus bucolique ! Un chef appliqué y envoie une cuisine de bistrot moderne à grand renfort de petits plats généreux à l'instar de ce filet mignon de porc, sauce foie gras ou de son dessert riz, fraise, pistache. Ambiance chaleureuse et décontractée, le regard perdu dans les prairies...

&. 🛏 – Prix : €

26 chemin de la Folle-Entreprise – 𝒞 02 33 25 31 44 – restaurant-lespiedsdansleau.com – Fermé lundi et dimanche, et mercredi soir

SAINT-LARY-SOULAN

✉ 65170 – Hautes-Pyrénées – Carte régionale n° **22**–A3

LA GRANGE

TRADITIONNELLE • RUSTIQUE Sur la route d'Autun, cette ancienne grange est aujourd'hui un restaurant chic et chaleureux, où règne une ambiance montagnarde. Dans l'assiette, une cuisine goûteuse et soignée, réalisée avec de beaux produits régionaux : tapas du terroir, côte de porc noir de Bigorre aux morilles... Une belle adresse.

&. 🛏 🅿 – Prix : €€

13 route d'Autun – 𝒞 05 62 40 07 14 – www.restaurant-saint-lary.com – Fermé mardi et mercredi

SAINT-LAURENT-DES-ARBRES

✉ 30126 – Gard

🛏 **APRÈS LA SIESTE** *Plus*

CLASSIQUE CONTEMPORAIN Imaginez les charmes d'une maison d'hôtes de 1850, logée dans un petit village médiéval classé, avec tout ce que cela implique d'oliviers, de vignes et de jolis murs en pierre, mariés à un design épuré et une philosophie du bien-être. Ici se rencontrent la Méditerranée et l'Asie, deux atmosphères, deux arts de vivre. Piscine, massages ayurvédiques. Une bulle zen au cœur de la Provence.

🅿 🛏 🏊 - 6 chambres – Prix : €

358 rue Alexis Martin – 𝒞 04 66 50 33 94

SAINT-LÉON-SUR-VÉZÈRE

✉ 24290 – Dordogne – Carte régionale n° **18**–D1

LE PETIT LÉON 🆕

MODERNE • MAISON DE CAMPAGNE Sud-africain, élevé en Nouvelle-Zélande et en Australie où il apprend la cuisine, Nick Honeyman prend goût à la France et à ses produits grâce à l'Arpège et surtout l'Astrance. Pascal Barbot l'a d'ailleurs orienté vers ce bistrot que notre globe-trotter a transformé en restaurant gastronomique. Portée par de jolis dressages, sa cuisine d'auteur joue des émulsions et des contrastes de saveurs réussis, avec beaucoup d'intelligence. Ouverte dans un village pittoresque, cette table saisonnière s'apprécie en terrasse face à un jardin à la pelouse manucurée. En salle et en sommellerie, l'épouse allemande du chef propose crus locaux, grands noms et quelques découvertes néo-zélandaises.

🛏 – Prix : €€€

Le Bourg – 𝒞 05 53 51 18 04 – lepetitleon.com – Fermé lundi, mardi et dimanche

SAINT-LIEUX-LÈS-LAVAUR

✉ 81500 – Tarn – Carte régionale n° **22**–C2

🍃 LE COLVERT

MODERNE • RUSTIQUE Longtemps, cette charmante maison de 1860, baignée de verdure, a été une boulangerie-épicerie ; aujourd'hui, c'est un repaire gourmand ! Le chef concocte une cuisine du marché au gré des saisons – canard colvert, suprême de pintade farci de brousse et trompettes de la mort –, et réserve de beaux crus pour accompagner ses plats.

⌂ & 🍽 ♻ **P** – Prix : €€

8 rue d'en Boyer – ☎ 05 63 41 32 47 – www.restaurantlecolvert.com –
Fermé lundi, samedi midi et dimanche soir

SAINT-LIZIER

✉ 09190 – Ariège – Carte régionale n° **22**–B3

🙂 **LE CARRÉ DE L'ANGE**

MODERNE • ÉLÉGANT Après une période de retrait, le chef Paul Fontvieille a
repris du service avec une passion intacte et une bonne humeur communicative :
tout feu tout flamme, il régale d'assiettes goûteuses et bien pensées (mention
pour la créativité des desserts), à déguster à l'intérieur ou sur la belle terrasse
surplombant le village...

  ⛪ ≼ & 🍽 ♻ **P** – Prix : €€

Palais des Évêques – ☎ 05 61 65 65 65 – www.lecarredelange.com – Fermé lundi
et mardi, et dimanche soir

SAINT-LÔ

✉ 50000 – Manche – Carte régionale n° **17**–A2

🍂 **INTUITION**

Chef : Mickaël Marion

MODERNE • CONTEMPORAIN À l'étage de la Brasserie Les Capucines (où la
cuisine est évidemment plus simple), il faut gravir quelques marches pour mériter
cette table intime et feutrée, qui fait face au château. Transfuge de Coutances où il
régalait déjà ses fidèles, Mickaël Marion retrouve sa ville natale pour mieux laisser
aller sa créativité. Défenseur depuis toujours des produits locaux, il aime herboriser
dans la campagne et les marais pour cueillir des plantes et des herbes. De retour
aux fourneaux, il en fait son miel à l'image de cette glace à la reine des prés, de ce
pesto d'herbes sauvages et de livèche. Puis, dans ses assiettes, il parvient à marier
avec subtilité d'excellents produits du terroir normand – Saint-Jacques, poissons
de petits bateaux – et saveurs exotiques. Une table qui ne laisse pas indifférent.

Prix : €€€

1 rue Alsace-Lorraine – ☎ 02 33 05 14 91 – www.restaurant-intuition.fr –
Fermé lundi, mardi, mercredi et dimanche

SAINT-LOUIS

✉ 68300 – Haut-Rhin – Carte régionale n° **10**–B3

YAM

THAÏLANDAISE • CONVIVIAL Le chef Chatchai Klanklong (chef patron de
L'Orchidée, 1 étoile à Altkirch) et son frère Kriankai proposent ici une cuisine thaï
pleine de saveurs à l'image de cette soupe de gambas au lait de coco (Tom Yam
Kung) ou ce filet de bœuf et son jus corsé aux épices. On utilise de beaux produits,
les saveurs sont franches et équilibrées, les cuissons maitrisées et les dressages
soignés.

& 🅰️ 🍽 **P** – Prix : €€

4 rue d'Altkirch – ☎ 03 89 91 27 28 – www.restaurant-yam.com – Fermé lundi et
dimanche

SAINT-LUNAIRE

✉ 35800 – Ille-et-Vilaine – Carte régionale n° 7–C1

COMÈTE ⓝ

MODERNE · BISTRO Au cœur de la station balnéaire et de la plage, le chef patron Victor Nicolas montre dans chaque assiette qu'il n'a rien oublié de son parcours étoilé parisien, et notamment de son passage chez Christophe Pelé : recettes plutôt créatives, qualité des ingrédients, préparations assez brutes jouant l'efficacité, sauces élégantes, condiments punchy comme cette purée d'agrumes sur la barbue rôtie. La déco de cette petite salle bistrot rétro (vieux parquet en pin, mobilier chiné et dépareillé, luminaires au look vintage) fait le reste.

🌴 – Prix : €€

35 rue de la Grève – ☎ 02 23 18 15 99 – cometesaintlunaire.com – Fermé du lundi au mercredi, du jeudi au samedi à midi, et dimanche soir

SAINT-LYPHARD

✉ 44410 – Loire-Atlantique – Carte régionale n° 23–A2

🏵 AUBERGE LE NÉZIL

MODERNE · AUBERGE Une façade blanche percée de petites fenêtres et coiffée d'un toit de chaume : voilà une auberge typique de la Brière ! Le chef concocte une cuisine soignée, parfois audacieuse mais toujours maîtrisée, comme le prouvent ces Saint-Jacques grillées, lentilles, Granny Smith et lard fumé ; canette de Vendée, purée d'olives à l'ail noir, croquettes de panais, vinaigrette passion... Recettes originales, bons produits (anguilles et grenouilles), associés à une grande générosité en font une adresse fort recommandable ! Cheminée, poutres et tomettes. Attention, réservé aux gourmands.

🦽🌴♿🅿 – Prix : €€

Route de Saint-Nazaire – ☎ 02 40 91 41 41 – aubergelenezil.fr – Fermé lundi et mardi, et dimanche soir

SAINT-MALO

✉ 35400 – Ille-et-Vilaine – Carte régionale n° **7**–C1

Ses toits d'ardoises jaillissent par-delà les remparts granitiques sur lesquels trône son chemin de ronde. Ouvrez grand vos sens : dans la Cité corsaire, tout se hume, se vit et se goûte. Visitez le comptoir des épices Roellinger, reflet de l'esprit voyageur du cuisinier cancalais. Goûtez les beurres d'un artisan réputé, Jean-Yves Bordier, familier de bien des tables étoilées. Un peu plus loin, découvrez le sarrasin, une petite graine bretonne qui a la cote, dans une boutique imaginée par le créateur des Breizh Café, Bertrand Larcher. Miels, biscuits, tuiles, bonbons... la diversité des produits est surprenante. Enfin, pour déguster les délices de la mer, poissons et surtout crustacés et coquillages (huîtres, coquilles Saint-Jacques, araignée de mer, praires, tourteaux et homards), rendez-vous sur les nombreux marchés !

✿ LE SAINT PLACIDE

Chef : Luc Mobihan

CRÉATIVE • CONTEMPORAIN En retrait de l'agitation touristique, dans ce quartier apprécié des Malouins, un bel écrin contemporain (courbes organiques, un peu de Fornasetti, suspensions Tom Dixon...). Il abrite le chef Luc Mobihan, grand spécialiste des produits iodés et des légumes du terroir, passé au Château de la Chenevière à Port-en-Bessin et à l'Amphitryon de Lorient, où il fut le second de Jean-Paul Abadie. Il concocte une jolie cuisine en prise avec son époque, à l'image de ce petit rouget avec chair d'araignée, choux de Bruxelles et safran de Bretagne. Quant à son épouse, Isabelle, elle donne libre cours à son goût pour les arts – ceux de la table – et à sa passion pour les bons vins (Champagne, Loire, Bourgogne...). Accueil prévenant.

&. 🅰🅲 – Prix : €€€

Plan : B3-1 – *6 place du Poncel, St-Servan-sur-Mer* – ☎ *02 99 81 70 73 – www. st-placide.com – Fermé lundi et mardi, et dimanche soir*

😊 COMPTOIR BREIZH CAFÉ

BRETONNE • CONTEMPORAIN Le Breizh Café est né d'une belle intuition : associer la tradition bretonne avec une mise en scène nippone. Chaleureux décor moderne dont un comptoir face à la cuisine ouverte comme au Japon. Produits locaux (blé noir 100% bio, huîtres de Cancale, beurre de chez Bordier) et quelques touches contemporaines, comme par exemple des galettes de sarrasin en "rolls" roulées façon maki. Bon choix de cidres.

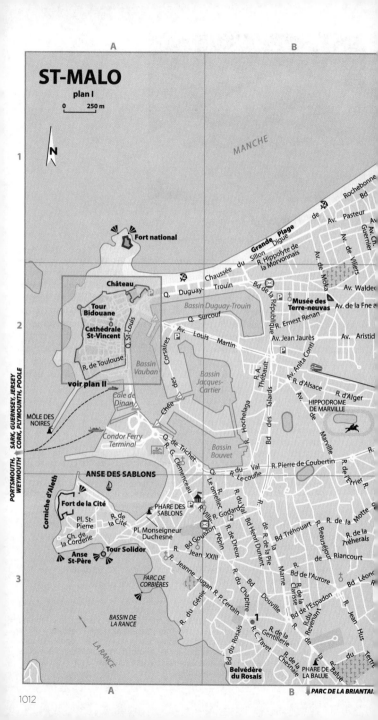

ST-MALO

plan I

0   250 m

N

MANCHE

Fort national

Château

Grande Plage

Sillon   Digue

R. Hippolyte de la Morvonnais

Chaussée du

Chaussée du Sillon

Tour Bidouane

Cathédrale St-Vincent

Q. Duguay- Trouin

Bd de la République

Musée des Terre-neuvas

Av. Walded

Bassin Duguay-Trouin

Q. Surcouf

R. Ernest Renan

Av. de la Fne a

Av. Pasteur

Av. Ch. Guernier

Av. de Moka

Av. de Villers

Rochebonne

Bd

R. de Toulouse

Q. St-Louis

voir plan II

Av. Louis Martin

Av. Jean Jaurès

Av. Aristid

Bassin Vauban

R. A. Thébault

Av. Anita Conti

R. d'Alsace

R. d'Alger

Corsaires

Cale de Dinan

Bassin Jacques-Cartier

HIPPODROME DE MARVILLE

des

Chée

Hochelaga

Av. Marville

MÔLE DES NOIRES

Q. de Trichet

Bassin Bouvet

Bd des Talards

R. de l'étrier

R. de

Condor Ferry Terminal

Q. R. G. Clemenceau

Q. du Val

R. du

R. Pierre de Coubertin

ANSE DES SABLONS

R. Le coufle

Fort de la Cité

Pl. St-Pierre

R. de la Cité

Le omellec

R. de la Ville

R. Godardu

Bd Henri Dunant

R. du Val

Bd Tréhouart

R. de la Motte

R. de la Tréherais

PHARE DES SABLONS

Ch. de la Corderie

Pl. Monseigneur Duchesne

Bd Gouazon

R. Godardu

R. de Dreux

de la Pie

R. Jean XXIII

de Beauséjour

Riancourt

Anse St-Père

Tour Solidor

Pépin

Bd de l'Aurore

Bd Léonc

R. Jeanne-Jugan

R. du Génie

R.P. Certain

R. du Chapitre

Douville

R. de la Marne

R. de la Clarté

Bd de l'Espadon

R. du Revenan

Jean Hus

PARC DE CORBIÈRES

R. P. Certain

R. C. Travet

R. de la Gentillerie

R. de la Chesnaie

1

BASSIN DE LA RANCE

R. du Rosais

Belvédère du Rosais

PHARE DE LA BALUE

du

Terr

LA RANCE

Corniche d'Aleth

PORTSMOUTH, SARK, GUERNSEY, JERSEY

WEYMOUTH, CORK, PLYMOUTH, POOLE

A

B

PARC DE LA BRIANTAI

1012

C   D

Pointe de
Rochebonne

Av. du Prés. Kennedy
R. du R. Père Lebret
R. de la Boulnaye
Av. de la Borderie
Av. E. des Herpin de
Av. Lorraine
Bd de Rochebonne
R. du Doris
du Lévy
Cartier
Portes
R. de St-Ideuc
R. de la Croix au Fèvre
R. du Pont-Toqué
R. de la V. de Grâce
R. du Pont
R. du Gesril du Papeu
R. du Col. Armand
La Vierge de Grâce
La Havardière
La Ville
Besnard
Bonne
Rencontre
D355
Moulin du Gué
D155

Hébert
Bd Chateaubriand
PARAMÉ
Pl. Poincaré
R. des Erables
R. R. Mette
Z.A. DE LA
CROIX
DÉSILLES

Av. du Révérend
Père Umbricht
ruger
R. de Rousse
R. H.C. Neuf
Pl. de la
Résistance
Pl. de la
Résistance
des Déportés
R. des Chênes
R. Henri-Lemarié
R. du Maréchal
Juin
Le
CANCALE,
FOUGÈRES, PONTORSON

R. M. Bérenger
Bd Augustin
R. Claude Bernard
ousseau
onhomme
Gambetta
Fresn
R. du Pont Pinel
Tannerie
R. de Beaulieu
R. des
Eglantines
R. Nominoé
Bois
Av. du
Robert
Les

ST-MALO

Plan II

0   100 m

PLAGE
MALO

REMPARTS

Tour
Quic-en-
Groigne

Château

Chaussée
du Sillon

Pl.
Vauban

Hôtel de
La Gicquelais
Cour de
La Houssaye
Pl.
Châteaubriand

2

Tour
Bidouane

R. de la Victoire
R. du Gras
Mollet
R. St-Benoist
R. Toullier
R. Ste-Anne

ESPL.
ST-VINCENT

Porte
St-Vincent

R. Garangeau
R. Saint-Vincent
Porcon de
la Barbinais
12
7

Q. Saint-Vincent

PORTE DES
CHAMPS-
VAUVERTS

Cathédrale
St-Vincent

Jacques
Cartier

PORTE
DES BÉS

Pl. Fr.
Lamennais

Grande Rue

R. Jacques Cartier

PLAGE DE
BON SECOURS

Pl. aux
Herbes
R. Vincent
de Gournay
R. de la Crosse

Pl. du
Pilori
R. Broussais

Pl. du Poids-
du-Roi

Q. Saint-Louis

Bassin
Vauban

BASTION DE
LA HOLLANDE

R. de la
Pie qui Boit
R. des
Bouchers
R. Saint-Sauveur

13

R. des Grands
Degrés
6
11
R. des Cordiers
R. de la
Fosse
10
R. d'Asfeld
R. de Chartres

PORTE ST-LOUIS

Demeure de Corsaire –
Hôtel Magon de la Lande

R. de Dinan
R. Robert
Surcouf
R. des Vieux
Remparts
Toulouse
9

Bastion
St-Louis

PLAGE
DU MÔLE

R. d'Estrées
Vauborel
de
R. d'Orléans

PORTE
DE DINAN

Esplanade de
la Bourse

Chaussée
Éric Tabarly

N

Bastion
St-Philippe

3

C   D

♻ – Prix : €

Plan : D3-6 – *6 rue de l'Orme* – ☏ *02 99 56 96 08* – *www.breizhcafe.com*

😊 FIDELIS

MODERNE • CONTEMPORAIN Face aux remparts, un couple de pro fait un carton plein avec une délicieuse cuisine de tradition exécutée avec élégance : soupe de petits pois frais, onctueuse et pleine de saveurs ; excellente volaille rôtie à la peau, croustillante et fondante, délicieuse purée de carottes avec une petite pointe de gingembre...

🍴 – Prix : €

Plan : D2-7 – *10 rue Jacques-Cartier* – ☏ *02 99 40 97 27* – *fidelis.metro. rest/?lang=fr* – *Fermé mardi et mercredi, et dimanche soir*

😊 LA FOURCHETTE À DROITE

ACTUELLE • COSY Caroline et Etienne Corson ont peut-être placé votre fourchette à droite, mais ils sont loin d'avoir deux mains gauches ! En témoignent l'accueil sympathique de la maîtresse de maison comme la cuisine du chef. Dans l'assiette, on apprécie une jolie leçon de choses qui met la Bretagne à l'honneur avec de beaux produits de saison : gravlax de lotte aux algues ; Saint-Jacques de plongée et déclinaison de courge ; pomme fondante, croustillant d'amande et caramel au cidre... N'oubliez pas de réserver, la petite salle à manger (chaleureuse) a un nombre de places limité.

Prix : €€

Plan : C3-13 – *2 rue de la Pie-qui-Boit* – ☏ *02 99 40 97 25* – *www.restaurant-lafourchetteadroite.fr* – *Fermé mercredi et jeudi, et lundi soir*

AR INIZ

MODERNE • CONTEMPORAIN Attention terrasse en vue ! Dans cette adresse un brin modeuse et décontractée, on ne voit qu'elle, face à la superbe grande plage de Saint-Malo et la mer turquoise. Les jours de pluie (il y en a !), on se réfugie dans une salle moderne pour choisir un plat dans une carte qui godille entre recettes traditionnelles, ingrédients bretons et touches actuelles.

⇔ 🍴 – Prix : €€

Plan : C1-2 – *8 boulevard Hébert* – ☏ *02 99 56 01 19* – *ariniz.com* – *Fermé lundi et mardi, et dimanche soir*

LE BISTROT DU ROCHER

DU MARCHÉ • BISTRO Un peu en retrait de l'animation malouine, une adresse simple et conviviale, emmenée par un jeune chef passionné. Sa cuisine fait la part belle au marché (rillettes de sardines ; daurade sauvage, poireaux et chou-fleur) avec pain maison et vins nature. Menu imbattable à midi en semaine, ardoise plus étoffée le soir et le week-end.

Prix : €€

Plan : D3-9 – *19 rue de Toulouse* – ☏ *02 99 40 82 05* – *Fermé mercredi, et lundi et mardi soir*

LE CAMBUSIER

MODERNE • CONTEMPORAIN Au cœur de la cité historique, bienvenue dans ce bar à vins lumineux. La patronne, sommelière, se dit "Bretonne 100% pur beurre", mais déniche de bons petits vins des quatre coins de la France ! En cuisine, son mari célèbre les produits de la côte : maquereaux marinés aux poireaux et gingembre, dos de cabillaud et jus d'huîtres...

Prix : €€

Plan : D3-10 – *6 rue des Cordiers* – ☏ *02 99 20 18 42* – *www.cambusier.fr* – *Fermé lundi et dimanche*

LE COUDE À COUDE

DU MARCHÉ • CONTEMPORAIN Autodidacte mais issu d'une famille de restaurateurs du Mont-Saint-Michel, le chef tient ici une table chaleureuse, pleine de charme avec sa grande salle lumineuse. Sa cuisine n'est pas en reste, aussi raffinée qu'inventive, à découvrir au gré d'une formule au bon rapport qualité-prix à midi, et d'une carte plus étoffée le soir.

இ – Prix : €€

Plan : C1-3 – *79 boulevard de Rochebonne – ℰ 02 99 20 85 52 – www. coudeacoude.fr – Fermé lundi et mardi*

CRÊPERIE GRAIN NOIR

BRETONNE • BISTRO Après une première expérience à Paris, Marie et Romain se sont lancés dans cette aventure en Bretagne Nord. La façade annonce clairement la couleur ("farine bio bretonne, charcuterie fermière bio, légumes du marché, cidres et vins nature") et les crêpes, gourmandes à souhait, tiennent toutes leurs promesses. Un super plan.

Prix : €

Plan : D3-11 – *16 rue de la Herse – ℰ 02 23 17 56 79*

MÉSON CHALUT

POISSONS ET FRUITS DE MER • ÉLÉGANT Dans sa "méson" (qui signifie bien "maison" en langue gallo de Haute-Bretagne), le chef propriétaire joue la carte bretonne en valorisant produits de la mer et autres ingrédients régionaux (sarrasin, lait ribot, coco de Paimpol, beurre salé…) avec fraîcheur, goût et respect de la nature, tout en s'approvisionnant localement.

🗛 – Prix : €€€

Plan : D2-12 – *8 rue de la Corne-de-Cerf – ℰ 02 99 56 71 58 – www.meson-chalut.bzh – Fermé lundi et mardi*

LES CHARMETTES   *Plus*

DESIGN MODERNE Cette ancienne pension pour jeunes filles a plutôt bien tourné. Métamorphosée en hôtel de charme ou "maison de famille" chaleureuse, elle propose des chambres à la décoration simple et colorée. Toutes différentes, elles puisent leurs motifs dans les thématiques marine ou végétale, selon que vous aurez choisi la villa côté jardin ou la villa côté mer. Un petit bistrot façon maison de plage rapporte dans ses épuisettes les arrivages terrestres et maritimes. Aux commandes, un restaurateur-navigateur qui alimente cette atmosphère conviviale de concerts et expositions.

🅿 ᪣ ⁕ - 16 chambres – Prix : €

64 boulevard Hébert – ℰ 02 99 56 07 31

GRAND HÔTEL DES THERMES   *Plus*

CLASSIQUE CONTEMPORAIN Sur le front de mer, le palace de Saint-Malo a le charme rétro des villégiatures bourgeoises du 19e s. Ses chambres et suites sont très douillettes (classiques ou contemporaines). Quant à son centre de thalasso (six piscines à l'eau de mer, soins de qualité), il est superbe !

🅿 ᪥ ⯑ ᪣ ⅃ ⊛ ⌘ ᪥ ᪣ ⁕ - 174 chambres – Prix : €€

100 boulevard Hébert – ℰ 02 99 40 75 00

SAINT-MARTIAL-DE-NABIRAT

✉ 24250 – Dordogne – Carte régionale n° **18**–D2

LE SAINT-MARTIAL

MODERNE • COSY Cette belle maison périgourdine fait la démonstration qu'un zeste de modernité peut magnifier l'authenticité des vieilles pierres ! Derrière les fourneaux, le chef réalise une cuisine en prise avec son époque : foie gras mi-cuit à la poutargue, salade de chou croquant aux noisettes ; cœur de ris de veau, barigoule d'artichauts poivrade et gnocchis aux épinards...

🕸 🎟 🍴 – Prix : €€€

Le Bourg – ☎ 05 53 29 18 34 – www.lesaintmartial.com/fr – Fermé lundi et mardi, et dimanche soir

SAINT-MARTIN-DE-BELLEVILLE

✉ 73440 – Savoie – Carte régionale n° **4**–F2

✿✿✿ RENÉ ET MAXIME MEILLEUR

Chefs : René et Maxime Meilleur

CRÉATIVE • MONTAGNARD René, le père, et Maxime, le fils. Meilleurs en duo, Meilleur tout court. Une combinaison d'exception, un yin et yang montagnard qui exprime l'âme d'un terroir et la quintessence d'une passion. Côté yin, une attention scrupuleuse au produit, comme les herbes et baies que René va cueillir au quotidien. Côté yang, la fougue et les inspirations de Maxime. Le résultat, une cuisine "intelligente mais compréhensible". Ici, tout est imaginé en famille, puisque mère, fille, belle-fille et gendre travaillent ensemble en salle et à l'intendance. Sachez enfin que l'on vous accueille aussi pour la nuit : dans un chalet mitoyen, chambres et suites du dernier chic montagnard vous tendent les bras.

🕸 ⇦ ⇔ ⇨ 🅿 – Prix : €€€€

Hameau de Saint-Marcel – ☎ 04 79 08 96 77 – www.la-bouitte.com/fr – Fermé lundi et mardi midi

🕸 SIMPLE ET MEILLEUR

SAVOYARDE • RÉGIONAL Truite au four, fondue de reblochon, charcuteries et fromages de la région, tarte aux myrtilles... ou encore ce sauté de lapin à la moutarde, estragon et polenta crémeuse. Les produits savoyard sont mis à l'honneur avec gourmandise dans cette chaleureuse adresse, imaginée par René et Maxime Meilleur, triplement étoilés à la Bouitte. La carte est une ode au terroir, à déguster dans une jolie salle habillée de bois clair, dont les grandes baies vitrées ouvrent sur les massifs. L'hiver, on accède ski aux pieds à ce délicieux bistrot rustico-savoyard... Tapas au rez de chaussée.

♿ ⇔ – Prix : €€

Place Notre-Dame, quartier de Caseblanche – ☎ 04 86 80 02 91 – www.simple-meilleur.com/fr – Fermé mardi

🛏 LA BOUITTE   *Plus*

DESIGN MODERNE Si vous avez fait la route pour profiter de l'excellence culinaire de la Bouitte, sachez que l'on vous y accueille aussi pour la nuit. Plusieurs chalets, huit chambres et sept suites du dernier chic montagnard vous attendent. Un véritable cocon !

🛁🅿⇦⇪⛄💊🕷🍽 - 15 chambres – Prix : €€€€

Hameau de Saint-Marcel – ☎ 04 79 08 96 77

✿✿✿ **René et Maxime Meilleur •** 🕸 **Simple et Meilleur** - Voir la sélection des restaurants

SAINT-MARTIN-DE-LONDRES

✉ 34380 – Hérault – Carte régionale n° **21**–C2

L'ACCENT DU SOLEIL

CLASSIQUE • ÉLÉGANT Ancien chef du Château de Mercuès, dans le Lot, Philippe Combet sert ici une bonne cuisine de saison, qui met en valeur les produits de la région. Menu truffe ou asperges, agneau du Quercy... le tout servi en salle par son épouse avec gentillesse et professionnalisme.

&♿ 🅺 – Prix : €€€

19 route des Cévennes – ☏ 04 67 55 23 10 – www.laccentdusoleil.fr – Fermé lundi et mardi, et dimanche soir

SAINT-MARTIN-DE-RÉ – Charente-Maritime(17) → Voir Île de Ré

SAINT-MARTIN-DU-TERTRE
✉ 89100 – Yonne – Carte régionale n° **5**–B1

LE MARTIN BEL AIR

MODERNE • COLORÉ Pour la petite (et la grande) histoire, Martin-Bel-Air est le nom donné à la commune de Saint-Martin-du-Tertre pendant la Révolution française. Ce bistrot de campagne est la première affaire d'un jeune chef passé par de bonnes maisons de la région : il compose une cuisine du marché moderne et enlevée, au bon rapport qualité-prix.

&♿ 🅺 🍴 🅿 – Prix : €€

3 place du 19-Mars-1962 – ☏ 03 86 66 47 95 – www.lemartinbelair.com – Fermé lundi et mardi, et dimanche soir

SAINT-MARTIN-SUR-LA-CHAMBRE
✉ 73130 – Savoie – Carte régionale n° **4**–F2

✿ LE CLOCHER DES PÈRES

Chef : Pierre Troccaz

CRÉATIVE • CONVIVIAL Perchée à 600 m d'altitude, cette maison logée dans une ancienne tour de guet toise la chaîne de Belledonne, dont le Clocher des Pères. Au cœur du village, c'est un lieu plein de cachet pour une cuisine séduisante, œuvre d'un couple discret et passionné, Éloïse et Pierre Troccaz. Ce chef, qui s'est construit patiemment à l'écart des voies toutes tracées, signe une cuisine fine et créative, ennemie de la routine et en partie improvisée grâce au retour du marché. Il multiplie aussi les clins d'œil à la tradition et aux produits savoyards – millefeuille de truite, homard et diot (saucisse), omble et crème de beaufort, biscuit de Savoie et myrtilles. Accueil charmant proche du client, jolies chambres pour la nuit.

◄► ◄ 🅺 🍴 🅿 – Prix : €€€

Le Mollard, 80 impasse du Four – ☏ 04 79 59 98 06 – www.chambres-d-hote-maurienne-le-clocher-des-peres.fr/fr/m_1_accueil.php – Fermé lundi, mardi, mercredi et dimanche

SAINT-MAURICE-DE-SATONNAY
✉ 71260 – Saône-et-Loire – Carte régionale n° **5**–C3

AUBERGE DES GRENOUILLATS

TRADITIONNELLE • BISTRO Face à l'église, une jolie bâtisse en pierre apparente, avec sa terrasse à l'ombre des platanes... voici comment se présente ce bistrot centenaire, tenu aujourd'hui par un couple sympathique et travailleur. Au menu : une cuisine généreuse et sans fioritures.

&♿ 🍴 – Prix : €

Le Bourg – ☏ 03 85 33 40 50 – Fermé mardi et mercredi

SAINT-MÉDARD

✉ 46150 – Lot – Carte régionale n° **22**–B1

 LE GINDREAU

Chef : Pascal Bardet

CRÉATIVE • ÉLÉGANT C'est un petit village surplombant les coteaux. Une ancienne école de village s'est réinventée en restaurant. Bienvenue au Gindreau, à Saint-Médard. Le chef Pascal Bardet, natif du Lot et ancien d'Alain Ducasse pendant 18 ans – notamment au Louis XV –, s'épanouit derrière les pianos. "En cuisine, rien n'est figé", glisse ce timide plein d'assurance. De fait, il met bien en valeur les produits du terroir – comme la truffe, en saison, dont il est un spécialiste. Installez-vous en terrasse sous les marronniers, et profitez du coucher de soleil sur le Quercy.

🐾 ⇐ ঌ 🆎 🏠 – Prix : €€€€

146 rue du Gindreau, le Bourg – ☎ 05 65 36 22 27 – www.legindreau.com – Fermé lundi et mardi, et mercredi soir

SAINT-MEXANT

✉ 19330 – Corrèze

🛏 **CYPRÈS SI HAUT** *Plus*

DESIGN MODERNE On peut difficilement faire plus privé que cette maison d'hôtes à chambre unique. D'autant plus que celle-ci est conçue comme une cabane de luxe pour citadins en manque chlorophylle. C'est dans une petite forêt de Corrèze que ce nid joue à cache-cache, perché à 4 mètres de haut, dans son manteau de pin et de mélèze. Il cache également bien son jeu : pas de meubles de fortune ici, mais une déco design, une cuisine équipée, une douche à l'italienne, avec terrasse, spa privé avec jacuzzi et sauna tropical en communion avec la végétation. L'exotisme est à son comble avec le choix de séjour sur-mesure : gourmand, romantique, culturel, cocooning, arrosé... Il faudra simplement prendre garde à ne pas tomber de votre perchoir.

🅿 🌐 🏠 - 1 chambres – Prix : €€€€

15 rue du Fond Bourg – ☎ 05 55 29 41 21

SAINT-MONT

✉ 32400 – Gers – Carte régionale n° **22**–A2

LA TABLE DU MONASTÈRE DE SAINT-MONT Ⓝ

MODERNE • HISTORIQUE Dire que c'est un lieu chargé d'histoire est un euphémisme : ce monastère, plusieurs fois reconstruit depuis le Moyen-Age, se trouverait sur l'emplacement d'un ancien oppidum romain. Protégé par le vignoble de Saint-Mont, il sert aujourd'hui d'écrin à la table gastronomique de Jean-Paul Tossens. Le chef y revisite la cuisine française à travers une cuisine de saison, émaillée de produits nobles, que l'on déguste dans un cadre élégant. Il est possible de prolonger le séjour grâce aux chambres, à la piscine et au spa.

🏠 🅿 – Prix : €€€

627 rue Bernard-de-Tumapaler – ☎ 06 32 86 46 11 – www. lemonasteredesaintmont.fr – Fermé lundi et mardi, et dimanche soir

SAINT-NEXANS

✉ 24520 – Dordogne – Carte régionale n° **18**–C1

LA CHARTREUSE DU BIGNAC

MODERNE • ÉLÉGANT L'ancienne grange abrite une salle à manger intime et cosy, augmentée d'une cuisine vitrée permettant d'observer le chef en train d'orchestrer une partition actuelle, rythmée par les saisons et présentée avec soin. Dégustez un dos d'esturgeon à la plancha coiffé d'une émulsion aux saveurs de Granny Smith, citronnelle et gingembre, face au somptueux panorama sur les vallons du Périgord pourpre.

⫷ 🏠 ᴝ 🍽 ♿ 🅿 – Prix : €€€

Le Bignac – 𝒞 05 53 22 12 80 – www.abignac.com/fr/hotel-4-etoiles-perigord-bergerac – Fermé mardi, et lundi, mercredi, jeudi, vendredi et samedi midi

SAINT-OMER
✉ 62500 – Pas-de-Calais – Carte régionale n° **13**–B2

BACÔVE

MODERNE • **CONTEMPORAIN** Le bacôve est une grande barque à fond plat qui était utilisée par les maraîchers du marais audomarois pour transporter leurs légumes. Voilà qui dit tout de l'inspiration de Camille Delcroix (vainqueur en 2018 de Top Chef) dans son restaurant à la déco nature et apaisante, où il concocte des menus rythmés par les saisons et les produits du terroir local.

♿ – Prix : €€€

8 rue Caventou – 𝒞 03 21 95 21 33 – restaurant-bacove.com/fr – Fermé lundi et mardi, et dimanche soir

SAINT-OMER-EN-CHAUSSÉE
✉ 60860 – Oise – Carte régionale n° **14**–A2

AUBERGE DE MONCEAUX Ⓝ

MODERNE • **COSY** Une belle table de campagne qui pousse au milieu des fleurs des champs, gardée dans son jus (tomettes, poutres, etc.) et dépoussiérée juste ce qu'il faut. Deux sœurs en salle et leurs compagnons en cuisine mettent toute leur passion dans cette affaire familiale qui donne le sourire. Tarte Tatin de tomates ; lotte sur l'arête, haricots verts et moules en marinière ; pavlova, feuille de figuier, figues et mirabelles : des assiettes léchées et colorées, où liberté et tradition vont de pair. Menu renouvelé régulièrement.

♿ 🅿 – Prix : €€

1 rue du Maréchal-Leclerc – 𝒞 03 44 84 50 32 – www.aubergedemonceaux.fr – Fermé lundi et mardi, et mercredi et dimanche soir

SAINT-OUEN
✉ 93400 – Seine-Saint-Denis

🛏 ## MOB HÔTEL PARIS LES PUCES   *Plus*

AVANT-GARDE Les bureaux de General Electric ont laissé place à cet établissement, en forme de U dans l'esprit Mama Shelter, avec terrasse végétalisée et potager sur le toit. Chambres confortables et standardisées. Au restaurant, cuisine bio et végétarienne, pizzas. Cinéma en plein air en été.

🅿 ⫸ ᴝ 🔞 ᴚ 🍽 – 92 chambres – Prix : €€

4-6 rue Gambetta – 𝒞 01 47 00 70 70

MOB HOUSE *Plus*

AVANT-GARDE L'objectif de MOB House est de créer un nouveau type d'hôtel résidentiel. Les espaces sont donc un peu plus grands qu'au MOB Hotel voisin : la plus grande suite est un palace de trois chambres et trois salles de bains avec une terrasse généreuse. Même les plus petites (environ 20 m²) bénéficient d'un plan ouvert, fonctionnel et confortable. On profite aussi d'un grand jardin avec une vraie piscine. Sans oublier la brasserie bio...

🔥 🅿 ⌂ ♨ 🚗 🏊 ⅃ 🄵 🕪 - 100 chambres – Prix : €€€€

70 rue des Rosiers – 𝒞 01 55 28 80 80

SAINT-OUEN-LES-VIGNES

✉ 37530 – Indre-et-Loire – Carte régionale n° **8**–A1

L'AUBINIÈRE

MODERNE • CONTEMPORAIN Une jolie salle à manger contemporaine et lumineuse s'ouvrant sur le parc arboré, une cuisine de saison qui ne triche pas sur la qualité des produits et une cave riche en vins régionaux : le restaurant de L'Aubinière a tout pour plaire. Et pour profiter pleinement des lieux, quelques chambres élégantes complétées d'un espace bien-être.

🏡 🚗 🔥 🎛 ♨ 🅿 – Prix : €€

29 rue Jules-Gautier – 𝒞 02 47 30 15 29 – www.aubiniere.com – Fermé lundi, mardi et mercredi à midi , et dimanche soir

 L'AUBINIÈRE *Plus*

DESIGN MODERNE Six nouvelles chambres contemporaines spacieuses et confortables, un espace bien-être (sauna, hammam, spa à débordement) et une piscine chauffée... L'auberge de l'Aubinière évolue avec son temps et demeure une étape idéale pour se ressourcer dans le Val de Loire.

🕪 - 12 chambres – Prix : €

29 rue Jules Gautier – 𝒞 02 47 30 15 29

L'Aubinière - Voir la sélection des restaurants

SAINT-PALAIS-SUR-MER

✉ 17420 – Charente-Maritime – Carte régionale n° **20**–A3

L'ARROSOIR

MODERNE • CONTEMPORAIN La situation magnifique, avec la belle terrasse donnant sur la plage de Nauzan, fait déjà de cette maison un lieu à part... mais on vient aussi pour découvrir le travail d'un chef passionné, qui célèbre la région dans des préparations soignées.

🏖 – Prix : €€

73 avenue de Pontaillac – 𝒞 05 46 02 12 41 – www.restaurant-l-arrosoir.net – Fermé mardi, lundi midi et dimanche soir

RESTAURANT DE LA PLAGE

MODERNE • CONTEMPORAIN Situé face à la plage du Bureau à Saint-Palais-sur-Mer, ce restaurant offre un décor lumineux et contemporain. Beaux produits frais issus des circuits courts, cuisine authentique, finesse et envie de bien faire qui se dévoilent dans chaque assiette : tout est réuni pour passer un agréable moment ! Quelques chambres simples pour l'étape.

Prix : €€

1 place de l'Océan – 𝒞 05 46 23 10 32 – hoteldelaplage-stpalais.fr – Fermé lundi et dimanche soir

SAINT-PATERNE

✉ 72610 – Sarthe

🛏 **CHÂTEAU DE SAINT-PATERNE**   *Plus*

ÉLÉGANCE TRADITIONNELLE Des toits élancés, de hautes cheminées : ce château est né entre Moyen Âge et Renaissance. De nos jours encore, il témoigne d'un certain art de vivre, car son décor plein de style a été porté à la pointe du goût contemporain... Le dîner est servi aux chandelles. Superbement romantique !
🅿 🍸 🛏 ⛱ 🐾 🍽 - 11 chambres – Prix : €€

Rue de la Gaieté – 𝓒 02 33 27 54 71

SAINT-PATRICE

✉ 37130 – Indre-et-Loire – Carte régionale n° **8**–A2

CHÂTEAU DE ROCHECOTTE

MODERNE • HISTORIQUE Un élégant château datant des Lumières et son parc somptueux, non loin des vignobles de Bourgueil. Ici, la cuisine se décline dans un esprit gastronomique. Dans la verrière au décor contemporain et tournée vers la nature ou dans la salle à l'allure plus classique, on déguste par exemple une fricassée d'anguille fumée dans son jus thaï à la citronnelle et coriandre.
🛏 & 🍽 🅿 – Prix : €€€

43 rue Dorothée-de-Dino, Saint-Patrice – 𝓒 02 47 96 16 16 – www.chateau-de-rochecotte.com

SAINT-PAUL-DE-VENCE

✉ 06570 – Alpes-Maritimes – Carte régionale n° **25**–E2

AU JARDIN DE LA VAGUE

MODERNE • DESIGN Côté jardin, la grande salle lumineuse et contemporaine, encadrée de baies vitrées, accueille la table de l'hôtel. Aux fourneaux (visibles depuis la salle), le chef compose une partition fraîche et savoureuse, à l'image du saint-pierre grillé au charbon, son plat signature ; elle s'accompagne d'une jolie carte des vins.
🍃 🛏 🅺 🍽 🅿 – Prix : €€€

*Chemin des Salettes – 𝓒 04 92 11 20 00 – www.vaguesaintpaul.com/fr –
Fermé lundi, mardi midi et dimanche soir*

LA TABLE DE PIERRE

MÉDITERRANÉENNE • ÉLÉGANT Le Mas de Pierre s'est mué en un resort intime et luxueux, et sa Table n'est pas en reste ! Maxime Leconte propose une cuisine méditerranéenne locavore et actuelle, traversée de subtiles influences internationales (le jeune chef est passé par l'Asie et l'Amérique du Sud). Une très belle cuisine ouverte sur une salle en véranda qui se découvre complètement aux beaux jours pour profiter du jardin.
🍃 🛏 & 🅺 🍽 🍷 🅿 – Prix : €€€€

*2320 route des Serres – 𝓒 04 93 59 00 10 – www.lemasdepierre.com –
Fermé lundi, dimanche et du mardi au samedi à midi*

🛏 **LES CABANES PERCHÉES D'ORION**   *Plus*

CLASSIQUE CONTEMPORAIN Difficile de faire son choix parmi les cabanes au charme épuré d'Orion. Niché dans un paisible bois, cet hôtel original compte quatre cabanes bâties dans les arbres, au-dessus d'un luxuriant jardin de roses et d'une piscine naturelle. Inondées de lumière et faites de bois naturel, elles disposent toutes d'une salle de bains privative et d'une grande terrasse. L'une abrite une magnifique baignoire en teck, une autre un romantique lit à baldaquin. Un somptueux petit-déjeuner est servi au bord de la piscine, ou bien dans votre cabane en cas de pluie.

Il peut être tentant de rester profiter toute la journée de ce havre de tranquillité, à écouter le chant des oiseaux ou à se détendre dans le sauna "tonneau"...

🅿 ⇗ 🖴 ⬧ 🕸 - 4 chambres – Prix : €€

Impasse des Peupliers 2436 chemin du Malvan – 𝒞 06 75 45 18 64

LE DOMAINE DU MAS DE PIERRE

CLASSIQUE CONTEMPORAIN Dans un parc de trois hectares, l'hôtel est un ensemble de fermes entourées de jardins et d'oliviers. Les chambres sont d'une beauté classique, alliant douces tonalités méridionales et mobilier d'époque, minutieusement collecté par les propriétaires de l'hôtel. Nombreuses possibilités de farniente : massages, traitements spa, sieste au bord de la piscine, bronzette sur balcon ou terrasse privée.

♿ 🐕 🅿 ⬡ ⇗ 🖴 🚲 ⬧ ⊕ 🕸 🅻🅰 ⬧ 🍴 - 54 chambres – Prix : €€€€

Route des Serres – 𝒞 04 93 59 00 10

La Table de Pierre - Voir la sélection des restaurants

LE SAINT-PAUL   *Plus*

ÉLÉGANCE TRADITIONNELLE Belles pierres, fresques champêtres, fontaine, chambres au charme classique décorées de meubles de style, tissus précieux, boiseries... Voilà le décor élégant de cette demeure provençale du 16ᵉ s. perchée dans le village médiéval.

⇗ 🅰 🍴 - 18 chambres – Prix : €€€

86 rue Grande – 𝒞 04 93 32 65 25

LA VAGUE DE SAINT-PAUL   *Plus*

DESIGN MODERNE Cette construction en forme de vague, conçue par André Minangoy dans les années 1970, laisse d'abord perplexe, puis séduit. À l'intérieur, grand hall lumineux très "seventies" ; belles chambres épurées et rehaussées de couleurs vives. Plaisant !

♿ 🅿 ⇗ 🖴 🚲 ⬧ ⊕ 🕸 🅻🅰 🅰 🍴 - 50 chambres – Prix : €

Chemin des Salettes – 𝒞 04 92 11 20 00

Au Jardin de la Vague - Voir la sélection des restaurants

SAINT-PAUL-EN-JAREZ

✉ 42740 – Loire – Carte régionale n° **2**–B2

ÉCLOSION

CRÉATIVE • CONTEMPORAIN Ayant fait son nid dans ce beau château 1905, le jeune chef Pierre Carducci propose une cuisine, aussi créative qu'audacieuse, où les produits bio, notamment les légumes de son père maraîcher, rayonnent particulièrement. On apprécie également cette carte des vins éclectique, à dominante bio. Chambres épurées portant des noms de plantes poussant dans le parc.

🐵 🚲 🖴 ♿ 🅰 🌭 ⬡ 🅿 – Prix : €€€

40 avenue du Château – 𝒞 04 77 61 99 09 – www.hotelrestauranteclosion.fr – Fermé lundi et mardi, et dimanche soir

SAINT-PAUL-LÈS-DAX

✉ 40990 – Landes – Carte régionale n° **18**–B3

LE MOULIN DE POUSTAGNACQ

MODERNE • CONVIVIAL Envie de manger au bord de l'eau ? Cet ancien moulin est l'endroit de vos rêves ! Le chef travaille les produits frais et livre une cuisine traditionnelle teintée d'un joli accent régional : sole meunière, cœur de ris de veau braisé et sa sauce aux morilles, filet de bœuf et frites à la graisse d'oie... Aux beaux jours, installez-vous sur la terrasse face au lac. Ambiance bucolique garantie.

&⌂ **P** – Prix : €€€
Chemin de Poustagnacq – ☏ 05 58 91 31 03 – poustagnacq.fr – Fermé lundi, mardi midi et dimanche soir

SAINT-PÉE-SUR-NIVELLE
✉ 64310 – Pyrénées-Atlantiques – Carte régionale n° **18**-A3

❀ **L'AUBERGE BASQUE**

Chef : Cédric Béchade

CRÉATIVE • ÉLÉGANT Tout près de Saint-Jean-de-Luz et de la côte, cette ancienne ferme basque abrite une aile contemporaine, ouverte sur la Rhune et la campagne. C'est ici, en plein cœur du Pays basque, que Cédric Béchade et son épouse Marion ont posé leurs valises. Lui est loin d'être un inconnu dans le monde des gastronomes : ancien second de Jean-François Piège au Plaza Athénée, formé à Biarritz à l'Hôtel du Palais sous la férule de Jean-Marie Gauthier, il a fréquenté les cuisines de l'Hostellerie de Plaisance après le départ d'un certain... Philippe Etchebest. En cuisine, ce créatif met en avant des produits basques de belle qualité, travaillés avec tout le soin qu'ils méritent !

器 ⇦🖢&🅰⌂⇔**P** – Prix : €€€€
745 vieille route de Saint-Pée - quartier Helbarron – ☏ 05 59 51 70 00 – www. aubergebasque.com – Fermé lundi et dimanche

🛏 **L'AUBERGE BASQUE** *Plus*

CLASSIQUE CONTEMPORAIN Non contente de réjouir nos papilles, L'Auberge Basque nous assure aussi des nuits douillettes : ses chambres se révèlent élégantes et décorées avec soin – lignées épurées, parquet ancien, etc. Petit-déjeuner locavore : brioche de St-Pée, gâteau basque maison...

P ⇗🖢⹂🍽 - 12 chambres – Prix : €€
745 vieille route de Saint-Pée quartier Helbarron – ☏ 05 59 51 70 00
❀ **L'Auberge Basque** - Voir la sélection des restaurants

SAINT-PÉRAY
✉ 07130 – Ardèche – Carte régionale n° **3**-E2

AUBERGE DE CRUSSOL

GRILLADES • AUBERGE Située sur les hauteurs de Saint-Péray, à deux minutes des ruines du château de Crussol, cette ancienne bergerie propose désormais une cuisine de terroir ardéchoise. Viandes, poissons et légumes sont cuits au feu de bois, ou dans une grande rôtissoire. Le chef met en avant les produits locaux, veau et cochon fermier d'Ardèche, œufs et légumes bio... Une adresse chaleureuse.

⌂**P** – Prix : €€
Chemin de Beauregard – ☏ 04 75 40 47 65 – aubergedecrussol.com

LA RUCHE

MODERNE • TENDANCE Au pays de la Marsanne et de la Roussanne (les deux cépages du Saint-Péray blanc), un bistrot contemporain comme on les aime ! Au menu, on découvre une cuisine bistronomique goûteuse et soignée, rythmée par les saisons, avec une belle carte des vins de côtes-du-Rhône septentrionaux. Réservation indispensable.

器 &🅰⌂ – Prix : €€
13 quai du Docteur-Jules-Bouvat – ☏ 09 82 40 44 38 – laruche-saintperay.com – Fermé lundi et dimanche

SAINT-PIERRE-DE-JARDS

✉ 36260 – Indre – Carte régionale n° **8**–C3

LES SAISONS GOURMANDES

TRADITIONNELLE • RUSTIQUE Avec ses poutres peintes en "bleu berrichon", l'endroit est éminemment sympathique et la gourmandise y est au rendez-vous, sous l'égide du chef qui puise son inspiration dans la tradition et les beaux produits... ainsi ce foie gras poché au Reuilly ou ce pigeon cuit au foin. Aux beaux jours, réservez une table en terrasse.

&. 🅰 ╦ – Prix : €€

Place des Tilleuls – ☏ 02 54 49 37 67 – www.lessaisonsgourmandes.fr –
Fermé lundi, et mardi, mercredi et dimanche soir

SAINT-PIERRE-QUIBERON

✉ 56510 – Morbihan – Carte régionale n° **7**–B3

❀

LE PETIT HÔTEL DU GRAND LARGE

Chef : Hervé Bourdon

MODERNE • BISTRO Décidément, la publicité mène à tout... à condition d'en sortir ! Hervé Bourdon, ancien directeur artistique parisien, et son épouse Catherine, ont tout plaqué pour reprendre et transformer ce petit hôtel-restaurant. À moins de vingt mètres de la mer, sur le pittoresque port de Portivy, l'emplacement est idyllique : air iodé, embruns et soleils rougeoyants... Autour d'un menu unique sans choix, on découvre des assiettes résolument locavores, avec poissons et coquillages, mais aussi herbes, fleurs et légumes de l'un des potagers bio du restaurant. Le chef travaille le poisson comme personne, grillé au teppanyaki, et, selon les arrivages, on savoure parfois des produits d'exception comme les pouces-pieds à décortiquer avec les doigts... une bouffée d'iode ! Et on ne raconte pas ça pour lui faire de la pub.

❀ **L'engagement du chef :** Notre carte fait la part belle aux produits de saison, issus de nos potagers ou de producteurs locaux. Les poissons dont l'espèce est menacée ou en voie de disparition sont retirés de nos menus et pour ceux que nous cuisinons, soucieux du respect animal, nous favorisons l'abattage selon la méthode ikejime.

🔄 ⩿ &. – Prix : €€€€

11 quai Saint-Ivy, à Portivy – ☏ 02 97 30 91 61 – www.lepetithoteldugrandlarge.
fr – Fermé mardi et mercredi, et dimanche soir

SAINT-POL-DE-LÉON

✉ 29250 – Finistère – Carte régionale n° **7**–B1

❀

LA POMME D'API

Chef : Jérémie Le Calvez

CRÉATIVE • RUSTIQUE Le restaurant de Jérémie Le Calvez a pris ses quartiers d'excellence au Clos Saint Yves, jolie maison en pierre datant du 17 e s. qui abritait un important atelier d'ébénisterie religieuse jusqu'à la fin du 19 e s. La cuisine du chef joue résolument la carte des recettes d'aujourd'hui et de la fraîcheur. Les assiettes, fines et inventives, mettent en valeur les meilleurs produits du terroir breton, le tout au rythme des saisons. La belle salle à manger aux pierres apparentes donne sur un petit jardin. En salle, Jessica donne le tempo. Les charmantes chambres d'hôtes invitent à prolonger le séjour et partir à la découverte de la région. Un jeune couple enthousiaste, pour une partition de haute volée.

⇔ ⌑ – Prix : €€€€

5 rue Saint-Yves – ☏ 02 98 69 04 36 – www.lapommedapi.com – Fermé lundi et dimanche

SAINT-POMPONT

✉ 24170 – Dordogne – Carte régionale n° **18**–D2

L'ENVIE DES METS

MODERNE • AUBERGE Un village pittoresque du Périgord, une bâtisse en pierre et sa terrasse ombragée au bord d'un ruisseau. Le menu unique, sans fioritures, change tous les jours au gré de l'inspiration : aujourd'hui, c'était gnocchi de pomme de terre, copeaux de brebis et coulis de cresson sauvage ; suprême de volaille fermière arrosée au beurre noisette, jus de carcasse et crème de volaille aromatisée au laurier. Une auberge moderne qui a tout pour faire envie!

� ᐟ ᠗ – Prix : €€

Le Bourg – ☏ 05 53 28 26 53 – Fermé lundi, mardi et dimanche et samedi midi

SAINT-PRIEST

✉ 69800 – Rhône – Carte régionale n° **3**–E2

LE RESTAURANT

TRADITIONNELLE • DE QUARTIER À dix minutes du parc technologique de Lyon Saint-Priest, on s'attable au Restaurant sous les œuvres de jeunes artistes pour apprécier une cuisine traditionnelle bien ficelée, twistée de quelques inspirations exotiques. Le menu s'ancre dans le terroir avec ses lentilles et œuf poché encore coulant et parfumé au lard ou ce saucisson chaud artisanal, poché au vin, et taillé en belles tranches généreuses !

ᴬᶜ – Prix : €

Plan : D3-87 – *9bis avenue de la Gare – ☏ 04 78 21 14 43 – www.le-restaurant-saintpriest.fr – Fermé dimanche, samedi midi et du lundi au mercredi soir*

SAINT-QUENTIN-DE-CAPLONG

✉ 33220 – Gironde

 ### LA GIRARDE   *Plus*

CLASSIQUE CONTEMPORAIN Tenue par un couple de Britanniques amoureux de la région, La Girarde est un petit paradis de campagne qui s'épanouit au milieu des vignobles bordelais. La splendide bâtisse en pierres dorées, impeccablement conservée, s'entoure d'un parc aux arbres majestueux et d'une piscine chauffée. À l'intérieur, quatre chambres cossues à la décoration personnalisée, entre classique et contemporaine, et tout en confort : draps en coton égyptien, produits de bain et mobilier fait main.

ᴾ ⌑ ᠍ - 4 chambres – Prix : €

La Girarde – ☏ 05 57 41 02 68

SAINT-QUENTIN-SUR-LE-HOMME

✉ 50220 – Manche – Carte régionale n° **17**–A3

LE GUÉ DU HOLME

TRADITIONNELLE • ÉLÉGANT Juste en face de l'église, au centre du bourg, cette maison en pierre du pays est pour le moins engageante. En bon professionnel, le chef met à profit le terroir et la saison : salade de langoustines aux tomates confites, filet de bœuf sauce périgourdine, fraisier et son coulis...

🍴🚭🍷 – Prix : €€

14 rue des Estuaires – ℰ 02 33 60 63 76 – le-gue-du-holme.com – Fermé lundi, samedi midi et dimanche soir

SAINT-QUIRIN
✉ 57560 – Moselle – Carte régionale n° **12**–D2

🐣 HOSTELLERIE DU PRIEURÉ

TRADITIONNELLE • FAMILIAL Dans cet ancien couvent du 18ᵉ s., le chef s'en donne à cœur joie avec les produits du terroir (mirabelles, perche de Vasperviller, etc.) ; les portions sont généreuses, et les desserts de Maeva, la fille des patrons, savoureux. Spécialité de la maison : le ballotin de pied de porc, farci au foie gras. Quelques chambres bien pratiques.

🚭🍷🔄🅿 – Prix : €€€

163 rue du Général-de-Gaulle – ℰ 03 87 08 66 52 – www.prieuresaintquirin.fr/ le-restaurant – Fermé mercredi, samedi midi et mardi soir

SAINT-RAPHAËL
✉ 83530 – Var – Carte régionale n° **24**–C3

✿ RÉCIF - LES ROCHES ROUGES

PROVENÇALE • MÉDITERRANÉEN Un lieu magique au sein d'un hôtel typique de l'architecture moderniste des années 1950 : le restaurant est installé sur un roof-top au-dessus de la grande bleue avec en ligne de mire l'île d'Or. Le chef, José Bailly, est un breton amoureux de la Provence, deux inspirations qu'il décline à travers deux menus distincts. "Cuisine provençale de tradition populaire" d'un côté, racines bretonnes et souvenirs d'enfance de l'autre (un maquereau ici, du caramel au beurre salé par là) - à noter qu'il n'y a plus de viandes à cette table. Dans tous les cas, le chef élabore des recettes modernes, parfois inventives, goûteuses et aux dressages précis.

🛋🍃🚭🍷🍽🅿 – Prix : €€€€

90 boulevard de la 36ème-Division-du-Texas – ℰ 04 89 81 40 60 – www. beaumier.com/fr/proprietes/hotel-les-roches-rouges/restaurants – Fermé lundi, mardi et du mercredi au dimanche à midi

LE BOUGAINVILLIER 🆕

MODERNE • ÉLÉGANT Quel cadre enchanteur que celui de La Villa Mauresque dont la terrasse, ouverte sur un jardin exotique, regarde la mer dans les yeux... Le lieu rêvé pour déguster une cuisine d'inspiration méditerranéenne franche en saveurs, aux cuissons précises, axée sur les produits locaux.

🍃🚭🍷🅿 – Prix : €€€

1792 route de la Corniche – ℰ 04 94 83 02 42 – www.villa-mauresque.com – Fermé lundi et dimanche soir

🛏 HÔTEL LE TOURING   *Plus*

DESIGN MODERNE Une belle renaissance pour cet hôtel à la situation idéale, au centre-ville, et décoré avec goût, dans le style Art Déco. Des tableaux d'art contemporain décorent couloirs et chambres, qui donnent toutes (exceptée la plus petite) sur le port de plaisance. Salle de fitness, hammam, et salle de massage. Une réussite.

🚭🅿🛎🔥♨🍽 - 12 chambres – Prix : €€

1 quai Albert 1ᵉʳ – ℰ 04 94 55 01 50

🛏 LES ROCHES ROUGES   *Plus*

DESIGN MODERNE Face à l'île d'Or, un hôtel les pieds dans l'eau. Les chambres aux intérieurs épurés (béton armé et mobilier scandinave) invitent à la méditation.

Plus qu'un hôtel, une philosophie. D'ailleurs, pas de télévision : elle empêcherait d'admirer la mer... Loin des ondes, plus près de l'onde.

 - 44 chambres – Prix : €€

90 boulevard de la 36ᵉ Division du Texas – ℰ *04 79 33 01 04*

❀ **Récif - Les Roches Rouges** - Voir la sélection des restaurants

SAINT-RÉMY

✉ 71100 – Saône-et-Loire – Carte régionale n° **5**–C3

✿✿ L'AMARYLLIS

Chef : Cédric Burtin

CRÉATIVE • **ÉLÉGANT** Bienvenue dans ce paisible moulin bordé par son bief et par un joli potager. Né dans les pâturages du Charolais, formé dans les plus grandes tables lyonnaises (Paul Bocuse, Pierre Orsi), le chef Cédric Burtin atteint aujourd'hui une maturité dans son exploration du terroir bourguignon. Empreinte d'une créativité parfaitement maîtrisée, sincère et délicate, sa cuisine sublime produits et recettes de la région avec finesse et malice. Faisons en particulier l'éloge de ses sauces superbes, qui donnent à elles seules envie de revenir (du classique beurre blanc à une admirable sauce au cumin et poivre voatsiperifery, aux subtils dosages). Service impeccable et agréable terrasse.

❀ & ⅧK ✿ ✾ 🅿 – Prix : €€€€

Chemin de Martorez – ℰ *03 85 48 12 98 – www.lamaryllis.com – Fermé lundi, mardi et dimanche*

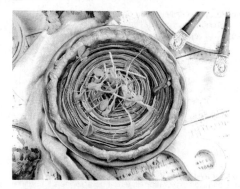

SAINT-RÉMY-DE-PROVENCE

✉ 13210 – Bouches-du-Rhône – Carte régionale n° **25**–E1

Au cœur des Alpilles, boulevards ombragés et ruelles de charme, terrasses caressées par le soleil, places ornées de fontaines, senteurs de thym et de romarin... Tout, dans ce village, invite à profiter du moment présent. Très touristique, le lieu a quand même conservé d'authentiques artisans de bouche. À la confiserie le Petit Duc, on célèbre les recettes anciennes (nougats, calissons, croquants aux amandes). Confiseur familial depuis 1886, Lilamand a conservé ses procédés artisanaux de fabrication de fruits confits. Quant au chocolatier Joël Durand, il demeure l'un des meilleurs de la région, célébré pour son alphabet tout chocolat et ses ganaches mémorables. Le marché reflète à merveille le terroir local : vous y trouverez les fromages de chèvre des Alpilles, fabriqués aux portes de la ville, mais aussi les légumes et les fruits de producteurs locaux, de l'huile d'olive et des miels. La Provence comme on l'aime.

🕸 **L'AUBERGE DE SAINT-RÉMY-DE-PROVENCE - FANNY REY & JONATHAN WAHID**

Chefs : Fanny Rey et Jonathan Wahid
MODERNE • ÉLÉGANT La cheffe Fanny Rey est aux fourneaux de cette vénérable Auberge située sur le boulevard circulaire et les anciens remparts de cette jolie cité. Elle y décline une savoureuse cuisine du marché, mettant joliment en valeur les produits des Alpilles. À ses côtés, Jonathan Wahid, son compagnon (et frère de Sylvestre), pâtissier émérite et ancien champion de France du dessert, sait mettre en valeur les bons produits du Sud gorgés de soleil comme la figue. On s'en délecte dans un décor très design (plafond blanc en forme ondulée, murs en pierre nue).
🕸 ⇇ & Ⓚ ⇆ – Prix : €€€€

Plan : B1-1 – *12 boulevard Mirabeau – 𝒞 04 90 92 15 33 – www. aubergesaintremy.com/fr – Fermé lundi, dimanche, et mardi et mercredi à midi*

🕸 **RESTAURANT DE TOURREL**

MODERNE • ÉLÉGANT C'est entre les murs de ce magnifique hôtel particulier que Charles Gounod fit entendre les premières mesures de son opéra Mireille à l'écrivain provençal Frédéric Mistral, auteur du livret... Aujourd'hui, dans une ambiance joliment rétro, avec quelques touches Art déco, on vient goûter une partition inspirée par les très beaux produits de la région : tomates de Provence de pleine terre, encornet et langoustine de Méditerranée, agneau de la Crau...

⇦ & 🆎 🛋 – Prix : €€€€

Plan : A1-2 – *5 rue Carnot* – ℰ *04 84 35 07 20* – *www.detourrel.com* –
Fermé lundi, dimanche et du mardi au samedi à midi

CHAPEAU DE PAILLE - BISTROT PROVENÇAL

PROVENÇALE • BISTRO Du Bourvil et du Piaf en fond sonore, des chapeaux de paille sur les murs, une ambiance brocante, c'est gai ! Dans ce bistrot rustique et provençal situé sur le boulevard circulaire, les produits du marché et de saison donnent le ton de l'assiette : terrine de cochon, escabèche, aïoli, côte de taureau de Camargues, caille flambée au pastis...

🛋 ✜ – Prix : €€

Plan : B1-4 – *29 boulevard Mirabeau* – ℰ *04 90 92 85 78* – *bistrot-chapeaudepaille.com* – *Fermé mercredi et dimanche*

LES TERRASSES DE L'IMAGE

MODERNE • CONTEMPORAIN Antoine Gras, le chef étoilé de la Table de l'Ours à Val d'Isère, se plaît aussi l'été dans les Alpilles. Il propose une jolie cuisine estivale influencée par la saison et la Provence. Ses assiettes précises et parfumées démontrent une indéniable maîtrise technique.

⇦ & 🆎 🛋 – Prix : €€

Plan : B2-3 – *36 boulevard Victor-Hugo* – ℰ *04 90 92 51 50* – *www.hotel-image.fr/fr/hotel-de-charme-saint-remy-de-provence* – *Fermé lundi et mardi*

LE VALLON DE VALRUGUES

MODERNE • ÉLÉGANT Une table d'une certaine élégance (cheminée monumentale, tables rondes) dont le chef, entouré d'une équipe motivée, propose une cuisine d'inspiration provençale, mâtinée de modernité. Esprit bistrot autour d'une carte saisonnière au déjeuner ; le soir, menu du jour un peu plus élaboré. On savoure surtout la très belle terrasse sous les mûriers-platanes dès les premiers beaux jours.

🍸 ⇦ ⇐ 🍴 🆎 🛋 ✜ 🅿 – Prix : €€€

Hors plan – *9 chemin Canto-Cigalo* – ℰ *04 90 92 04 40* – *www.vallondevalrugues.com/fr/hotel.html*

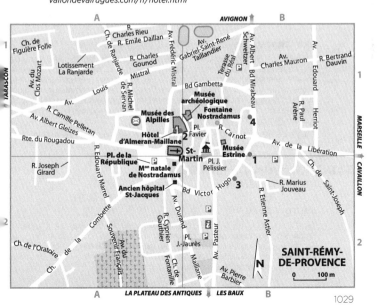

HÔTEL DE L'IMAGE   *Plus*

DESIGN MODERNE Joli destin que celui de cet ancien cinéma et music-hall méta-morphosé en hôtel design ! Les chambres, aux lignes épurées, disposent pour la moitié d'une terrasse. À noter : une originale suite-cabane dans un arbre et un amusant labyrinthe dans le parc.

🚶 ⛳ 🅿 📶 🛏 🛋 ♨ ⊚ - 32 chambres – Prix : €

36 boulevard Victor Hugo – 𝒞 04 90 92 51 50

Les Terrasses de l'Image - Voir la sélection des restaurants

HÔTEL DE TOURREL   *Plus*

DESIGN MODERNE Ce superbe hôtel particulier du 17ᵉ s., au confort raffiné, possède l'élégance d'un palace. Le luxe discret des chambres dissimule toujours un atout – ici, une charpente apparente, là, une vue sur les toits... Exceptionnel, tout simplement.

🚶 ⛳ 🅿 📶 ⑱ 🚲 ♨ ⊚ - 7 chambres – Prix : €€

5 rue Carnot – 𝒞 04 84 35 07 20

❀ **Restaurant de Tourrel** - Voir la sélection des restaurants

---

SAINT-RENAN

✉ 29290 – Finistère – Carte régionale n° **7**–A2

PARTAGE

MODERNE • CONTEMPORAIN C'est autour de la belle idée de plats à « partager » (de 2 à 4 pers.) que Julien Marseault a construit sa cuisine rudement bien ficelée ! Ce Breton au solide CV se révèle à l'aise dans tous les registres, du traditionnel (frites de pieds de cochon ou épaule de veau confite) au contemporain (tartare de bœuf et huître). Une régalade conviviale !

🚶 ⛲ ⇔ – Prix : €€€

16 rue Saint-Yves – 𝒞 02 98 84 21 14 – www.restaurantpartage.com – Fermé lundi, et samedi et dimanche à midi

SAINT-ROGATIEN

✉ 17220 – Charente-Maritime – Carte régionale n° **20**–A2

LA PIERREVUE

MODERNE • MAISON DE CAMPAGNE "Il y a six saisons dans l'année" : forte de cet adage, la chef Cécile Richard adapte ses recettes au gré des temps, avec une volonté créative qui se lit dans sa cuisine fraîche, nette et précise. Poisson de la pêche locale, fruits et légumes des maraîchers bio, herbes aromatiques et fleurs du jardin se dégustent dans cette ancienne ferme rénovée dans un style rustique plaisant. Jolie cave vitrée de 120 références. La carte change tous les deux mois.

🚶 🅰 ⛲ ⇔ – Prix : €€

2 place de la Mairie – 𝒞 05 46 31 67 08 – www.lapierrevue.com – Fermé lundi et dimanche, et mardi et mercredi soir

SAINT-ROMAIN-DE-COLBOSC

✉ 76430 – Seine-Maritime – Carte régionale n° **17**–C1

JUSTE À CÔTÉ

TRADITIONNELLE • BISTRO N'hésitez pas à franchir la porte de cet ancien « routier » transformé en bistrot convivial par le chef Olivier Foulon, épaulé en salle par son épouse Amandine. Sa cuisine bistronomique, rythmée par les saisons et les produits des maraîchers des environs, fait aussi la part belle aux poissons de la criée du Havre. Une adresse sérieuse.

P – Prix : €€

*18 avenue du Maréchal-de-Lattre-de-Tassigny – ☎ 02 35 20 15 09 –
Fermé samedi et dimanche*

SAINT-SAVIN

✉ 65400 – Haute-Pyrénées – Carte régionale n° **22**–A3

🕸 LE VISCOS

TRADITIONNELLE • CLASSIQUE Aux fourneaux, Alexis (la septième génération
de la maison !) régale avec des plats à la gloire du terroir, parsemés de touches
plus modernes. C'est fin, juste et toujours travaillé dans le respect du produit ; les
desserts, en particulier, se révèlent très bons.

🕭 🖾 🛱 **P** – Prix : €€

*1 rue Lamarque – ☎ 05 62 97 02 28 – www.hotel-leviscos.com – Fermé lundi,
jeudi midi et dimanche soir*

SAINT-SAVIN

✉ 38300 – Isère – Carte régionale n° **2**–B2

LES 3 FAISANS

MODERNE • CONVIVIAL Madame en cuisine, Monsieur en pâtisserie : après un
passage dans de belles maisons, ce couple passionné a posé ses valises dans ce
restaurant, situé aux pieds des vignes. On sert ici une belle cuisine de saison, savoureuse et mijotée - selle d'agneau cuite à basse température, déclinaison de choux
et jus court ; choux gourmands, banane compotée et crémeux chocolat 64 %, glace
à la banane rôtie. A déguster à l'été dans l'une des deux salles agréables ou sur la
terrasse ombragée. Après le repas, une promenade digestive sur les coteaux aura
fière allure, en chantonnant peut-être une chanson de Brel, "et quand vers minuit
passaient les notaires,qui sortaient de l'hôtel des Trois Faisans…"

🖾 🛱 **P** – Prix : €€

*100 rue des Auberges – ☎ 04 74 28 92 57 – www.les3faisans.fr – Fermé mardi et
mercredi, et dimanche soir*

SAINT-SERNIN-DU-BOIS

✉ 71200 – Saône-et-Loire – Carte régionale n° **5**–C3

LE RESTAURANT DU CHÂTEAU

MODERNE • TRADITIONNEL Au pied du château (11 e s.) et face au lac, ce restaurant accueille dans un intérieur joliment réinventé, avec deux ambiances : voûtes
historiques d'un côté ; style industriel et vue sur le plan d'eau de l'autre. Même
contraste dans l'assiette, qui oscille entre tradition et modernité. Un vrai plaisir.

🕭 🖾 – Prix : €€€

*2120 route de Saint-Sernin – ☎ 03 85 78 28 42 – lerestaurantduchateau71.com –
Fermé mardi et mercredi*

SAINT-SYLVESTRE-SUR-LOT

✉ 47140 – Lot-et-Garonne

🛏 LE STELSIA   *Plus*

DESIGN MODERNE Les origines du château remontent au Moyen Âge. Une fois les
grilles franchies, l'histoire laisse place à la féérie (façades chatoyantes, œuvres d'art,
etc.). À l'intérieur, l'univers très rococo abrite des chambres de contes de fées. Et
aussi : le plus grand mini-golf d'Europe (5000 m² et 18 trous), dans un parc de 27 ha.

🕭 🕭 **P** 🖙 🌤 🛱 🛋 🏧 ⑨ 🏵 🖾 🛁 🕪 - 31 chambres - Prix : €€€

Château de Saint-Sylvestre, lieu-dit Lalande – ☎ 05 53 01 14 86

SAINT-TROPEZ
✉ 83990 – Var – Carte régionale n° **24**–C3

✿✿✿ LA VAGUE D'OR - CHEVAL BLANC ST-TROPEZ

CRÉATIVE • **LUXE** Originaire de Normandie, Arnaud Donckele a trouvé à St-Tropez un cadre enchanteur – un hôtel sous les pins, face à la mer. Sa Vague d'Or promet chaque jour à ses clients une expérience exceptionnelle ! L'assiette, en premier lieu, vaut bien des superlatifs. Avec les meilleurs produits (légumes de maraîchers locaux, poissons et crustacés), Donckele rend un magnifique hommage à ces contrées ensoleillées. Accords de saveurs enivrants, jus et sauces parfaits, travail méticuleux sur les textures... Comment rester insensible devant tant d'inspiration et d'exigence ? On peut citer ce désormais classique tourton de légumes de Provence et sa langouste de Méditerranée, l'un des plats favoris du chef, où toute sa philosophie de cuisiner s'exprime librement. Si, avec cela, cette Vague d'Or n'emporte pas tout sur son passage...

🕸 ⇆ ⇇ 🖐 ⌨ 🅰🅲 🍽 🛋 🅿 – Prix : €€€€

Hors plan – *Plage de la Bouillabaisse* – ☎ 04 94 55 91 00 – www.chevalblanc. com/fr/maison/st-tropez – *Fermé mercredi, et lundi, mardi, jeudi, vendredi, samedi et dimanche midi*

✿ COLETTE

MODERNE • **CONTEMPORAIN** Tombée amoureuse de Saint-Tropez, Colette avait acheté une petite maison qui jouxte l'hôtel de Sezz et son restaurant, baptisé en son honneur. Auteur à la technique sûre, Philippe Colinet y signe une cuisine épurée et végétale qui honore les légumes et les saveurs méditerranéennes : pigeon rôti, jus corsé, pois chiche et huile de sésame ; huître grillée, crème d'échalotes, pulpe de cresson et charbon de pain. Attention, menu gastronomique uniquement le soir. Salle lumineuse au décor minimaliste à l'unisson de l'hôtel.

♿ 🅰🅲 🍽 🛋 ⇔ – Prix : €€€€

Hors plan – *Hôtel Sezz, 151 route des Salins* – ☎ 04 94 44 53 11 – www. colettesainttropez.com – *Fermé lundi et mardi*

LE BANH HOÏ

ASIATIQUE • **ROMANTIQUE** Quel joli décor ! Lumière tamisée, atmosphère romantique, murs et plafonds laqués de noir, bouddhas stylisés servent d'écrin à une sympathique cuisine parfumée, vietnamienne et thaïlandaise. L'adresse a beau multiplier les terrasses tout au long de cette ruelle sinueuse et jusque sur la ravissante place pavée, il est impératif de réserver : les terrasses qui essaiment le long de la ruelle sinueuse et sur la place pavée sont prises d'assaut...

🅰🅲 🍽 ⇔ – Prix : €€€

Plan : B1-4 – *12 rue Petit-Saint-Jean* – ☎ 04 94 97 36 29 – www.banh-hoi.com – *Fermé les midis*

BEEFBAR

VIANDES • **TENDANCE** Voici la version tropézienne, pleine de charme, du concept "beef bar" qui fait florès partout dans le monde. Sur cette terrasse enchanteresse qui domine la piscine de l'hôtel, le carnivore et l'amateur de cuisines exotiques s'attablent face à des viandes d'exception (bœuf wagyu ou black angus) et des plats sous influence sud-américaine et asiatique.

♿ 🍽 🛋 – Prix : €€€

Hors plan – *Chemin du Pinet* – ☎ 04 94 97 99 50 – www.loupinet.com

CUCINA BYBLOS

ITALIENNE • **TENDANCE** En lieu et place de Rivea, le restaurant du Byblos se réinvente toujours sous la houlette d'Alain Ducasse. Fort de son succès parisien, il adapte Cucina à la mode Saint-Tropez. Un endroit chic et convivial avec grande cuisine vitrée, murs végétaux et terrasse sous les platanes. Dans l'assiette, une cuisine italienne de partage généreuse, à base de produits transalpins de belle qualité.

&.AK 𝖅 – Prix : €€€€

Plan : B2-1 – *27 avenue du Maréchal-Foch* – ℰ 04 94 56 68 20 – www.byblos. com – *Fermé les midis*

GINA'S N

ITALIENNE • TENDANCE Gina's (hommage à Lollobrigida ?) ou la dolce vita amalfitaine face au port de Saint-Tropez : miroirs, plafond végétalisé, fauteuils en imprimés moirés d'un grand couturier, vases de Murano, mobilier inspirés des grands designers italiens. Une fête des yeux pour mieux apprécier une élégante cuisine italienne contemporaine (supervisée par maestro Éric Frechon), où les poissons et les crustacés jouent les stars dans l'assiette : crudo de loup « di gina », baies roses et aneth ; Gina's confidential linguini, homard bleu, beurre de corail et basilic...

𝒞&.AK – Prix : €€€€

Plan : B1-5 – *Quai Jean-Jaurès* – ℰ 04 89 81 61 91 – www.restaurantginas.com – *Fermé les midis*

LE PATIO

ITALIENNE • ÉLÉGANT Au sein de l'hôtel Yaca, refuge de charme des artistes et des célébrités (de Colette à BB) qui aiment ses tomettes et ses meubles anciens, le restaurant le Patio propose une cuisine italienne goûteuse et raffinée, qui doit beaucoup à d'excellents produits importés directement de la Botte. Un moment encore plus agréable lorsqu'on s'installe sur la terrasse ombragée, autour de la piscine...

AK 𝖅 ♨P – Prix : €€€

Plan : B1-2 – *1-3 boulevard d'Aumale* – ℰ 04 94 55 81 00 – www.hotel-le-yaca.fr/ fr – *Fermé les midis*

LA PETITE PLAGE

MÉDITERRANÉENNE • TENDANCE Dans ce restaurant du port du village, Eric Frechon signe la carte et la mer fait le reste. On se délecte d'une goûteuse cuisine méditerranéenne revisitée, les pieds dans le sable face aux yachts, objets de tous

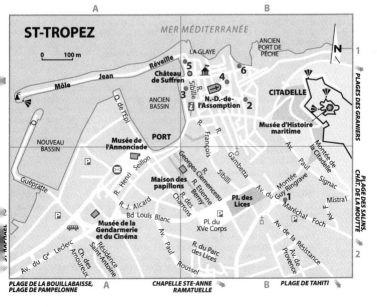

les commentaires. Le soir, en été, un DJ anime les lieux, Saint-Tropez oblige ! Et au milieu de tant d'agitation, le service attentionné tient le cap.

Prix : €€€

Plan : B1-3 – *9 quai Jean-Jaurès* – ℰ *04 94 17 01 23* – *restaurant-lapetiteplage-sainttropez.com*

LA PONCHE

MODERNE • MÉDITERRANÉEN Le chef Thomas Danigo (ancien du Laurent et du Sergent Recruteur) signe la carte du restaurant de cette maison emblématique de Saint-Tropez qu'est La Ponche, située dans le quartier éponyme face à la mer. Il signe ici une cuisine méditerranéenne en mettant à l'honneur la pêche du jour et les légumes de la région sans oublier quelques viandes de qualité. Ce jour-là, ceviche de daurade, agrumes et sorbet coriandre basilic et en dessert figues rôties au balsamique de pomme et myrte, crumble amande et crème glacée à la pistache.

≼ 🅰 🛋 ⇔ – Prix : €€€

Plan : B1-6 – *5 rue des Remparts* – ℰ *04 94 97 02 53* – *laponche.com*

LA BASTIDE DE SAINT-TROPEZ   *Plus*

CLASSIQUE CONTEMPORAIN Atmosphère chic et feutrée dans cette maison tropézienne et ses quatre mas : mobilier chiné, pointe de baroque et soupçon provençal relevés d'un luxuriant jardin méditerranéen. Un havre de paix et de charme à l'écart du centre-ville.

♿ 🐕 🅿 ⌕ 🖥 🚲 ⛱ 🌐 🏠 🍴 - 26 chambres – Prix : €€

Route des Carles – ℰ *04 94 55 82 55*

BYBLOS   *Plus*

CLASSIQUE CONTEMPORAIN Le palace mythique de St-Tropez, véritable village dans le village – un ensemble de maisons colorées entrelacées de jardins et de patios. Les chambres regorgent d'œuvres d'art, le spa est superbe, la boîte de nuit incontournable... L'alliance du luxe et de la convivialité.

🐕 🅿 ⌕ ⛱ 🌐 💆 🧖 🍴 - 91 chambres – Prix : €€€€

20 avenue Paul Signac – ℰ *04 94 56 68 00*

HÔTEL DE PARIS SAINT-TROPEZ   *Plus*

DESIGN MODERNE Le dernier-né des grands hôtels tropéziens n'a rien à envier à ses aînés. Ici triomphe la "design attitude", avec, par exemple, le patio, surmonté d'une piscine, avec vue sur le port. Les chambres, spacieuses, dévoilent des thématiques différentes : Paris, les arts, St-Tropez... Culte !

♿ 🐕 🅿 ⌕ 18 🚲 ⛱ 🌐 🏠 💆 🧖 🍴 - 90 chambres – Prix : €€

1 traverse de la Gendarmerie – ℰ *04 83 09 60 00*

HÔTEL LOU PINET   *Plus*

DESIGN MODERNE Réinventant un classique de Saint-Tropez, l'hôtel Lou Pinet rassemble une belle palette de talents : la famille d'hôteliers Pariente, les architectes Charles Zana et François Vieillecroze, le paysagiste Jean Mus et le restaurateur Riccardo Giraudi. Les chambres et suites jouent parfaitement d'une partition méditerranéenne, dans un style éclectique mi-bohème mi-moderne. Piscine, spa, terrasse et deux bars garantissent un séjour vraiment haut de gamme.

🐕 🅿 ⌕ ⌕ 🚲 ⛱ 💆 🍴 - 40 chambres – Prix : €€€€

70 chemin du Pinet – ℰ *04 94 97 04 37*

HÔTEL PASTIS   *Plus*

ÉLÉGANCE TRADITIONNELLE Fruit du talent d'un couple d'architectes transfuges de Londres, cette jolie maison face à la mer abrite une impressionnante collection de photos, gravures et œuvres d'art authentiques, aux accents pop. L'extérieur - une maison provençale classique - ouvre sur décoration intérieure associant des meubles d'antiquaire à des pièces ultra design, et la plupart des dix chambres jouissent à la fois d'un patio, d'un balcon ou d'une terrasse et d'une grande salle de bain. Un style classique et éclectique, qui leur confère le charme d'une résidence privée.

🅿 🛏 ⌁ ⑪ - 10 chambres – Prix : €€
75 avenue Général Leclerc – ☎ 04 98 12 56 50

🛏 **PAN DEI PALAIS** *Plus*

CLASSIQUE CONTEMPORAIN Une demeure construite en 1835, présent d'un général napoléonien à son épouse indienne. Ici règne un élégant parfum d'exotisme : tissus chamarrés, bois précieux, hammam, nombreux tableaux et autres bibelots... Un lieu pétri de charme, que l'on quitte à regret !
🛁 🅿 🛐 🛏 🚲 ⌁ ⑩ ⑪ - 12 chambres – Prix : €€
52 rue Gambetta – ☎ 04 94 17 71 71

🛏 **SEZZ** *Plus*

AVANT-GARDE Le Sezz à St-Tropez ? Un hôtel ultramoderne, design et ouvert au maximum sur l'extérieur pour profiter du climat... Dans chaque chambre, des matériaux naturels, une terrasse et une douche extérieure, voire une piscine privative. Un art de vivre très tendance !
♿ 🛁 🅿 🛐 🛏 🚲 ⌁ ⑩ ⑪ - 37 chambres – Prix : €€
151 route des Salins – ☎ 04 94 55 31 55
❀ **Colette** - Voir la sélection des restaurants

🛏 **VILLA COSY** *Plus*

CLASSIQUE CONTEMPORAIN Ne vous fiez pas à la modestie de son nom : il ne s'agit pas d'un bed and breakfast, mais d'un véritable hôtel de luxe, doté d'un spa et de trois villas, en plus de ses chambres et suites. Chacune dispose d'une terrasse privée et toutes combinent des textures naturelles, des tons neutres apaisants et un design contemporain haut-de-gamme. On y trouve également une piscine extérieure, ainsi qu'un "espace zen" réservé aux adultes dans le jardin, où des lits de jour entourent un jacuzzi de dix places.
♿ 🛁 🅿 🛐 🛏 ⌁ ⑩ ⑪ 🧖 ⑪ - 14 chambres – Prix : €€
Chemin de La Belle Isnarde – ☎ 04 94 97 57 18

SAINT-VALENTIN
✉ 36100 – Indre – Carte régionale n° **8**-C3

❀ **AU 14 FÉVRIER**

MODERNE • ÉLÉGANT Au Japon, deux musées célèbrent le talent de l'illustrateur Raymond Peynet, le créateur du fameux couple d'amoureux, immortalisé par un timbre. Certains de ses admirateurs japonais ont donc choisi le petit village de Saint-Valentin pour célébrer en cuisine la fête des amoureux. On s'attable dans un décor contemporain et raffiné, soit face au bar, soit le long de la véranda entre des murs blancs, parfois capitonnés de cuir rouge. Quelques affiches et lithographies de Peynet, ici et là... Une brigade 100% japonaise livre une réinterprétation tout en finesse de la cuisine française contemporaine, en l'agrémentant de subtiles touches nippones. Quant au sommelier, il joue son rôle à merveille.
🅰 – Prix : €€€
2 rue du Portail – ☎ 02 54 03 04 96 – www.sv-au14fevrier.com – Fermé lundi, mardi, du mercredi au vendredi à midi, et samedi et dimanche soir

SAINT-VALERY-SUR-SOMME
✉ 80230 – Somme – Carte régionale n° **14**-A1

BAIE

MODERNE • CONVIVIAL Ce restaurant de poche, qui n'accueille que deux tables d'hôtes, mise sur une carte courte ainsi qu'une sélection rigoureuse des fournisseurs dans un rayon de cent kilomètres. Le produit brut est travaillé sans artifice, à l'image de cette lotte rôtie sur l'os. Ajoutez à cela l'accueil souriant et vous obtenez l'une des meilleurs adresses de la ville. Succès oblige, pensez à réserver !

Prix : €€€

30 rue de la Ferté – ℰ 03 22 26 65 12 – www.restaurantbaie.fr – Fermé mardi, mercredi, et lundi et jeudi à midi

---

🛏 **LES CORDERIES** *Plus*

CLASSIQUE CONTEMPORAIN Un imposant hôtel blanc comme l'albâtre, sur les hauteurs de St-Valery. Sobriété, design et confort : quel plaisir de regagner sa chambre après un passage à l'espace bien-être ou une balade sur la plage... surtout si l'on a opté pour la vue sur la baie !

🅿 🛁 🛗 🌐 🛁 ⅲ○ - 18 chambres – Prix : €€€

214 rue des Moulins – ℰ 03 22 61 30 61

🛏 **LES PILOTES** *Plus*

DESIGN MODERNE On vient ici se ressourcer en profitant d'un environnement naturel relaxant. Les chambres, au doux parfum vintage, ressemblent à des boudoirs douillets où mobilier et objets rétro (téléphone à cadran, bureau sixties et papier-peint coloré) réveillent des lignes contemporaines. Produits du jour au bistrot, servis dans un cadre chic de moulures et miroirs. Le paysage invite aux longues balades, mais rien ne vous oblige à quitter ce doux cocon : les fenêtres offrent une vue parfaite sur la baie.

🅿 ⅲ○ - 25 chambres – Prix : €

62 rue de la Ferté – ℰ 03 22 60 80 39

SAINT-VÉRAN

✉ 05350 – Hautes-Alpes

🛏 **ALTA PEYRA** *Plus*

CLASSIQUE CONTEMPORAIN À 2000 m, sur les pentes dominant le petit village de Saint-Véran, l'Alta Peyra donne une relecture tout en panache du style alpin. Conçu comme un village — cinq chalets indépendants et un lodge central —, le lieu prend des libertés bienvenues avec l'hôtel-ski classique. Les chambres et suites sont contemporaines, stylées, et extrêmement confortables. Les pistes juste au pied de l'hôtel, comme le ski shop et le service de déchaussage rapide, permettent de filer au jacuzzi ou au massage à peine rentré.

♿ 🏊 🅿 ⌂ ⑱ 🛁 🌐 🛁 ⅲ○ - 59 chambres – Prix : €

Quartier La Ville – ℰ 04 92 22 24 00

SAINT-VINCENT-DE-COSSE

✉ 24220 – Dordogne – Carte régionale n° **18**-D3

LA TABLE DE MONRECOUR

MODERNE • CONTEMPORAIN Au sein de ce domaine dominant la campagne périgourdine, avec une véranda qui donne sur le château, une table cultivant l'air du temps à travers des recettes de bonne facture et savoureuses. Une formule plus simple est proposée à midi, les jours de semaine. A l'été, on s'installe sur l'une des plaisantes terrasses. Belles chambres dans le château.

🐾 🛁♿ 🆎 🍴 🅿 – Prix : €€

Lieu-dit Monrecour – ℰ 05 53 28 33 59 – monrecour.com – Fermé lundi midi

SAINT-VINCENT-DE-TYROSSE

✉ 40230 – Landes – Carte régionale n° **18**–B3

❀ **LE HITTAU**

Chef : Yannick Duc

MODERNE • RUSTIQUE Sur la route des plages, on remarque à peine cette ancienne bergerie lovée dans son écrin de verdure, avec sa charpente apparente. Elle cache pourtant bien son jeu... Le chef Yannick Duc y régale ses convives d'une

cuisine spontanée, pleine de vie, résolument moderne, qui privilégie les bons produits de saison et notamment la pêche du jour. Ce chef aime aussi manier les aromates, les épices et surtout le moulin à poivre, fouettant son pigeon aux betteraves
et potimarron d'un trait de poivre long rouge Kampot ou son ris de veau aux gambas d'un nuage de poivre vert de Malabar. À déguster en terrasse, aux beaux jours.

🐌 🖑♿🛋️🖏🅿 – Prix : €€€

*1 rue du Nouaou – ℰ 05 58 77 11 85 – www.lehittau.fr – Fermé lundi, dimanche et
samedi midi*

SAINT-VIT
✉ 25410 – Doubs – Carte régionale n° **6**–B2

PRÉLUDE 🆕

MODERNE • CONTEMPORAIN Plus qu'un prélude, un véritable morceau de
choix ! Dans cette belle demeure traditionnelle, Élodie Ouchelli et Thibault Étienne
connaissent déjà bien la musique, qu'ils ont apprises dans les meilleures tables
étoilées, et notamment celle de Romuald Fassenet. Ce chef au bon bagage technique sait faire chanter une assiette grâce à la note juste, entre produits locaux
de première fraîcheur et respects des fondamentaux. Petite musique agréable,
plusieurs tables donnent sur le... piano dans cette salle contemporaine.

♿🅰️🛋️ – Prix : €€

*5 place Simone-Veil – ℰ 03 81 40 53 50 – www.restaurantprelude.com –
Fermé lundi et mardi, et dimanche soir*

SAINT-VRAIN
✉ 91770 – Essonne – Carte régionale n° **15**–B2

LE DOYENNÉ 🆕

Chefs : James Henry et Shaun Kelly
MODERNE • CONTEMPORAIN Mais que font deux chefs australiens (passés
par Yard, Spring, Bones et Au Passage) au cœur du parc du château de Saint-
Vrain, plus précisément dans les anciennes écuries rénovées avec goût ? Eh bien,
ils nous offrent une cuisine pimpante directement tirée des fruits et des légumes du
grand jardin du domaine, cueillis au top de leur maturité – le potager a même été
créé avant le restaurant. On ne boude pas son plaisir à table, un plaisir bucolique
et gourmand, face à la campagne qui s'invite à travers les grandes baies vitrées.
Réservation obligatoire.

🌿 **L'engagement du chef :** Le projet lie profondément la gastronomie à
l'agriculture : le potager, nourri avec du compost organique, est l'inspiration de
la cuisine. Plus d'une centaine de variétés de plantes, fruits et légumes sont cultivés
en utilisant des techniques qui visent à améliorer l'écosystème : une méthode
appelée agriculture régénératrice. Les autres produits sont choisis avec la même
rigueur, et la philosophie zéro déchet encourage leur utilisation dans la globalité
(le peu de restes va aux animaux).

🖑♿🅿 – Prix : €€€

*5 rue Saint-Antoine – ℰ 06 58 80 25 18 – ledoyennerestaurant.com – Fermé du
lundi au mercredi, et jeudi et vendredi à midi*

SAINTE-ANNE-D'AURAY
✉ 56400 – Morbihan – Carte régionale n° **7**–A3

L'AUBERGE - MAISONS GLENN ANNA

MODERNE • TRADITIONNEL Ste-Anne-d'Auray est une ville pieuse et Jean-
Paul II se serait arrêté au restaurant de l'Auberge en 1996. On aurait tort de croire
la maison tournée vers le passé : la jeune génération propose des assiettes savoureuses, avec une priorité aux produits de la mer de qualité, comme ce saint-pierre,
pesto pistache et pamplemousse.

⅋ ⇦ 🛏 ♿ 📶 🅿 – Prix : €€€

56 rue de Vannes – ℰ 02 97 57 61 55 – www.hotel-maison-glenn-anna-auray.
com – Fermé lundi, et mardi et mercredi à midi

SAINTE-CÉCILE

✉ 71250 – Saône-et-Loire – Carte régionale n° **5**–C3

L'EMBELLIE

MODERNE • AUBERGE Un jeune couple motivé est aux commandes de ce restaurant installé dans une ancienne étable au cachet rustique – poutres, meubles
en frêne, cheminée. La cuisine, actuelle, revisite certains plats du terroir : ravioles
ouvertes d'escargots à l'ail des ours ; ris de veau au jus, pleurotes et émulsion au
vin jaune... Glaces et pain maison. Agréable terrasse d'été.

♿ 🌴 🅿 – Prix : €€

Le Bourg – ℰ 03 85 50 81 81 – www.restaurant-lembellie.net – Fermé mardi et
mercredi, et dimanche soir

SAINTE-CÉCILE-LES-VIGNES

✉ 84290 – Vaucluse – Carte régionale n° **24**–A2

CAMPAGNE, VIGNES ET GOURMANDISES

PROVENÇALE • COSY Avec son ambiance entre charme rustique (pierres apparentes, mobilier en bois peint) et modernité (tableaux contemporains), ce restaurant ne manque pas de cachet. Côté cuisine, le chef, Sylvain Fernandes, travaille des
produits frais et célèbre avec délicatesse les parfums du Sud. Et le service assuré
par Sylvia, l'épouse du chef, est d'une grande gentillesse !

📶 🌴 🅿 – Prix : €

629 chemin des Terres – ℰ 04 90 63 40 11 – www.restaurant-cvg.com –
Fermé lundi et mardi, et dimanche soir

SAINTE-COLOMBE

✉ 33350 – Gironde

CHÂTEAU DU PALANQUEY   *Plus*

CLASSIQUE CONTEMPORAIN Majestueuse demeure entourée de vignes de
Saint-Émilion, cet hôtel a su conserver le caractère architectural de toutes ses
chambres et suites. L'audace vient du mobilier radicalement moderne, mais les
délices du séjour sont dus au spa, à la salle de sport, à la piscine intérieure... et à la
table d'hôtes, réputée pour sa cave très bordelaise.

🌿 🅿 ⌂ ⇆ 🛏 🚲 ⚒ 🌐 🐾 ♨ 🏋 🍽 - 5 chambres – Prix : €€

2 lieu-dit Palanquey – ℰ 05 47 84 99 83

SAINTE-FOY-LA-GRANDE

✉ 33220 – Gironde – Carte régionale n° **18**–C1

CÔTÉ BASTIDE

MODERNE • CONVIVIAL Légèrement en retrait du centre-ville, voici le fief de
Laurence et Cédric : elle, en cuisine, réalise des plats gourmands réglés sur les
saisons ; lui, sommelier de formation, choisit les meilleurs vins – notamment de
Bordeaux – pour accompagner les plats concoctés par sa compagne. Un duo qui
fonctionne à merveille !

⅋ 📶 🌴 ♢ – Prix : €

4 rue de l'Abattoir – ℰ 05 57 46 14 02 – www.cote-bastide.org – Fermé lundi et
dimanche

SAINTE-LUCIE-DE-PORTO-VECCHIO – Corse-du-Sud (20) ➜ Voir Corse

SAINTE-MARIE-DE-RÉ – Charente-Maritime (17) ➜ Voir Île de Ré

SAINTE-MAURE
✉ 10150 – Aube – Carte régionale n° **11**–B3

AUBERGE DE SAINTE-MAURE

MODERNE • ÉLÉGANT Le jeune patron Victor Martin et son chef Julien Drapier forment un duo désormais bien rodé. Les assiettes tendent à une finesse indéniable, à l'image de cette langoustine rôtie, fenouil confit et jus de carapaces. Ajoutons-y le service souriant, le bon rapport qualité-prix, et l'agréable terrasse au bord de l'eau...

&. 🏡 ⇔ **P** – Prix : €€

99 route de Méry – ☎ 03 25 76 90 41 – www.auberge-saintemaure.fr – Fermé lundi et mardi, et dimanche soir

SAINTE-MAXIME
✉ 83120 – Var – Carte régionale n° **24**–C3

LA BADIANE

MODERNE • ÉLÉGANT À deux pas du marché couvert, que de charme dans cette salle épurée où le bois et la pierre convolent en justes noces au-dessus de tables en bois brut, joliment apprêtées ! Le chef Geoffrey Poësson (formé chez Vergé au Moulin de Mougins) s'épanouit tranquillement en signant une cuisine moderne et fine, où légumes et poissons dominent la partition (même si pigeon, son plat signature, côtoie l'agneau et le bœuf) : langouste /melon/miel ; rouget/poulpe ; homard bleu en deux services. Formule plus simple au déjeuner.

🆎 – Prix : €€€

6 rue Fernand-Bessy – ☎ 04 94 96 53 93 – www.restaurant-la-badiane.fr – Fermé dimanche, et lundi et mercredi à midi

SAINTE-PREUVE
✉ 02350 – Aisne – Carte régionale n° **14**–D2

LES ÉPICURIENS

MODERNE • ÉLÉGANT Voilà bien une table destinée aux épicuriens ! Sérieux professionnel, le chef signe une cuisine raffinée, mêlant inspiration traditionnelle et méridionale : les assiettes ravissent l'œil comme le palais... Quant au cadre, il est élégant et ouvre sur la verdure. Service attentif.

🕸 🖐&.🆎🏡**P** – Prix : €€€

Domaine de Barive – ☎ 03 23 22 15 15 – www.domainedebarive.com

 ### DOMAINE DE BARIVE   *Plus*

CLASSIQUE CONTEMPORAIN Une superbe bâtisse du 19e s. dans un immense parc : calme champêtre... Les chambres sont cosy (mansardées au 2e étage) et décorées avec soin. De nombreux services (sauna, jacuzzi, tennis, salle de remise en forme) et un accueil prévenant font du domaine une étape extrêmement agréable.

&.🐎**P**⌂◇🖐🍽🌀🕸♨🔆⑪◯ - 22 chambres – Prix : €

Domaine du Château de Barive – ☎ 03 23 22 15 15

Les Épicuriens - Voir la sélection des restaurants

SAINTE-SABINE-BORN

✉ 24440 - Dordogne - Carte régionale n° **18**-C2

ÉTINCELLES - LA GENTILHOMMIÈRE

CRÉATIVE • RUSTIQUE Une chaleureuse maison périgourdine, dans un jardin aux arbres majestueux. Le concept : on réserve au plus tard la veille, car le chef ne travaille que des produits frais. Avec cette délicieuse impression de se sentir immédiatement chez soi.

🚗🌳 – Prix : €€€

Le Bourg – ℰ 05 53 74 08 79 – www.gentilhommiere-etincelles.com/fr –
Fermé mardi, mercredi, lundi, jeudi, vendredi et samedi midi , et dimanche soir

SAINTE-SABINE

✉ 21320 – Côte-d'Or – Carte régionale n° **5**–C2

LE LASSEY - CHÂTEAU SAINTE-SABINE

MODERNE • ÉLÉGANT Dans le cadre historique du château Sainte-Sabine, né à la Renaissance, cette table élégante se distingue par le raffinement de sa cuisine. Omble chevalier des Cévennes cuit au sel et mariné à la betterave ; volaille de Bresse aux morilles, sauce vin jaune : voici quelques-unes des belles spécialités du chef Benjamin Linard, passé par des tables renommées. Formule plus simple au déjeuner. Les chambres invitent à un repos bucolique face au parc, ses biches et son plan d'eau...

🔗🌿🚗🛗🖭🍴🅿 – Prix : €€€

8 route de Semur – ℰ 03 80 49 22 01 – www.saintesabine.com/fr –
Fermé mercredi midi

SAINTES-MARIES-DE-LA-MER

✉ 13460 – Bouches-du-Rhône

🛏 MAS DE LA FOUQUE   *Plus*

DESIGN MODERNE À l'orée d'une réserve naturelle, le Mas de la Fouque est entouré de marais, de terres sauvages et d'une des nombreuses plages désertes de la Méditerranée. Ce petit hôtel de luxe — une « demeure d'exception » plus précisément — jouit pleinement de son cadre tranquille et idyllique. Les chambres donnent sur le parc ou sur le lac alors que les "caravanes" de luxe vous immergent dans la nature tout en confort. Aussi exceptionnelle que soit la demeure, c'est son secret : sa piscine, cernée par les pins, les tamaris et un mobilier design, qui s'impose comme la pièce maîtresse. Les autres espaces communs comptent une bibliothèque et un salon décorés de touches antiques, ainsi qu'un spa.

🅿🦆🚗🚲🛎💆🧖🛁🍴🍽 - 26 chambres – Prix : €€

D38 Route du Petit – ℰ 04 90 97 81 02

SAINTES

✉ 17100 – Charente-Maritime – Carte régionale n° **20**-B2

🍽 L'IØDE 🆕

POISSONS ET FRUITS DE MER • CONTEMPORAIN Fils de boucher né sur l'île d'Oléron, le chef Benjamin Girard (passé chez Philippe Etchebest) a choisi son camp : celui de la mer et l'enseigne dit vrai ! Dans cette longue salle moderne aux tons blanc et bleu, les recettes iodées s'enchaînent savoureusement comme ce gâteau d'huître à la crème de langoustine. Les prix restent sages, et l'on aime aussi la carte des vins d'obédience bio.

🖭🔄 – Prix : €€

89 avenue Gambetta – ℰ 05 46 90 72 94 – www.restaurantliode.fr –
Fermé mardi et mercredi

SAVEURS DE L'ABBAYE

DU MARCHÉ • **TENDANCE** À deux pas de l'abbaye aux Dames, devenue "cité musicale", ce restaurant au décor épuré propose une cuisine légère, fraîche et spontanée, privilégiant les beaux produits locaux du marché, arpenté tous les jours, panier en main, par le chef Vincent Coiquaud. Pour la nuit, des chambres sobres et agréables.

&. ☆ – Prix : €€

1 place Saint-Pallais – ☏ 05 46 94 17 91 – saveurs-abbaye.com – Fermé lundi et dimanche

29

MODERNE • **BRASSERIE** Il est anglais, tatoué, fan de rugby et... chef ! Passé dans les belles maisons là-bas et ici, Michael Durkin trousse une cuisine de bistrot moderne qui navigue entre tradition et touches créatives : ravioles de crabe, salicornes et coques, crème anglaise d'oursin et légumes grillés ; bar de ligne, légumes au curry, mousse légère au chou-fleur...Good job !

☆ – Prix : €

9 place Blair – ☏ 05 46 96 71 72 – www.restaurant29.fr – Fermé mardi et mercredi

LE DALLAISON

MODERNE • **ÉLÉGANT** Cette belle demeure du 18ᵉ s. lovée dans son parc cache bien son jeu : à l'intérieur, le 21ᵉ s. triomphe à travers les différentes petites salles à manger : mobilier design, luminaires originaux, murs blancs, armoires à vins. Un tel lieu ne peut qu'inspirer Jérôme Dallet, chef passé chez Emmanuel Renaut (Megève) et Anne-Sophie Pic (Valence). Les produits du terroir sont ici à l'honneur (mogettes, cagouilles, agneau de Confolens...). Aux beaux jours, on profite de la terrasse baignée de verdure.

⇔ &. Ⓜ ☆ ⇔ 🅿 – Prix : €€

30 rue du Bois-Taillis – ☏ 05 46 92 08 18 – www.ledallaison.com – Fermé lundi, mardi, mercredi midi et dimanche soir

LE PARVIS

MODERNE • **CONTEMPORAIN** Dans cette jolie maison en bord de Charente, tout près du centre-ville, Pascal Yenk concocte une cuisine attentive à l'air du temps, comme ce maki de langoustines aux oursins, bouillon gingembre et citronnelle ou le pigeon cuit au foin. Aux beaux jours, on profite de la terrasse jardin fort plaisante, au calme.

&. ☆ ⇔ – Prix : €€

12 quai de l'Yser – ☏ 05 46 97 78 12 – www.restaurant-le-parvis.fr – Fermé lundi et dimanche, et mercredi soir

LA TABLE DU RELAIS DU BOIS ST-GEORGES

MODERNE • **COSY** Dans ce restaurant installé dans une ancienne ferme à l'extérieur de Saintes et plébiscité par les gourmets du secteur, le chef aime travailler les beaux produits de saison (dont certains issus du jardin de plantes aromatiques situé dans le parc). La carte, oscillant entre bistronomie et gastronomie, se met au diapason des saisons. Côté décor, on profitera des baies vitrées ouvertes sur la terrasse, la fontaine et le petit étang.

⇐ ⇔ &. ☆ 🅿 – Prix : €€

132 cours Genet – ☏ 05 46 93 50 99 – www.relaisdubois.com – Fermé lundi et dimanche

RELAIS DU BOIS SAINT-GEORGES   *Plus*

CLASSIQUE CONTEMPORAIN Banquise, Tombouctou, Monte-Cristo, Cerisaie, Clé des Champs, Saint-Georges et le dragon... Les chambres, décorées par thèmes, se révèlent spacieuses et bien équipées. Si vous avez le temps, prenez le temps de vous promener dans le parc de 6 hectares, le long des étangs.

🐾 🅿 ⌂ ⊛ 🛏 ⌛ ⚒ ⁝⃝ - 30 chambres – Prix : €€€

Le Pinier 132 cours Genêt – 𝒞 05 46 93 50 99

La Table du Relais du Bois St-Georges - Voir la sélection des restaurants

SALEILLES
✉ 66280 – Pyrénées-Orientales – Carte régionale n° **21**–B3

L'ABSIX

MODERNE • CONTEMPORAIN Ne vous fiez pas à l'allure coloniale de la maison, faites confiance au chef, passé par de belles maisons, pour vous surprendre. Sur un menu unique changé chaque semaine, il réalise une cuisine moderne, rythmée par les saisons : opéra de foie gras à la cerise de Céret ; cochon de lait basse température caramélisé au miel...

♿ 🅰 🏡 🅿 – Prix : €€

2 rue de la Cerdagne – 𝒞 04 68 54 79 02 – www.restaurant-labsix.fr – Fermé lundi et dimanche

SALIES-DE-BÉARN
✉ 64270 – Pyrénées-Atlantiques – Carte régionale n° **18**–B3

RESTAURANT DES VOISINS

MODERNE • TENDANCE Le cachet de l'ancien sublimé par un esprit design (art contemporain, cuisine ouverte). Ici, on sert une cuisine bien ficelée et originale (thon blanc de ligne du Pays Basque mi-cuit, crème de courge au lait de coco ; raviole de cabillaud confit, bouillon aux aromates, œufs de truite et tuile aux épices douces), accompagnée d'une belle carte des vins. Ou comment mêler avec goût tradition et modernité, dans le décor comme dans l'assiette.

♿ 🅰 🏡 – Prix : €€

12 rue des Voisins – 𝒞 05 59 38 01 79 – www.restaurant-des-voisins.fr/fr – Fermé du lundi au mercredi, jeudi et vendredi à midi , et dimanche soir

SALLANCHES
✉ 74700 – Haute-Savoie

🛏 LE CERF AMOUREUX   *Plus*

DESIGN MODERNE Un beau chalet – tout de pierre et de bois vêtu – raffiné et très cosy. Les chambres, délicieuses, avec balcon, donnent sur les Aravis ou le mont Blanc... On peut aussi profiter de l'espace bien-être et de la "cuisine familiale améliorée" proposée (dixit le propriétaire). Est-ce l'amour qui rend ce Cerf si charmant ?

♿ 🅿 ⊛ 🛏 ⌛ ⊕ ⋔ ⁝⃝ - 12 chambres – Prix : €€€€

118 route de Barthoud – 𝒞 04 94 97 04 37

LA SALLE-LES-ALPES
✉ 05240 – Hautes-Alpes

🛏 ROCK NOIR   *Plus*

AVANT-GARDE Cet hôtel situé au pied des pistes de "Serre-Che" devrait séduire les skieurs – et les autres ! – avec sa décoration épurée mêlant bois brut, velours et fourrures, influences montagnardes et touches design... Confortable et original !

🅿 ⊛ ⌛ ⊕ ⁝⃝ - 32 chambres – Prix : €

Place de l'Aravet – 𝒞 04 92 25 54 90

SALON-DE-PROVENCE

✉ 13300 – Bouches-du-Rhône – Carte régionale n° **24**–B3

❀ VILLA SALONE

Chef : Alexandre Lechêne

MODERNE • ÉLÉGANT Redescendu des hauteurs alpestres (il a passé sept ans aux commandes du Roc Alto, à Saint-Véran), Alexandre Lechêne a investi cette jolie maison de maître en plein cœur de Salon-de-Provence. Il y régale avec une cuisine créative, pleine de bonnes surprises, déclinée dans des menus surprise, sans choix : un seul mot d'ordre, se laisser porter ! Les associations d'ingrédients sont parfois osées mais l'ensemble fonctionne très bien : on peut citer comme exemple cette crevette carabinero, jus des têtes, riz venere et cresson, un plat tout en équilibre. Côté décor, l'élégance est de mise : moulures, fresques au plafond, joli sol carrelé rétro...

   ❀ ⅋Ⅽ ⌂ ✿ – Prix : €€€

6 rue du Maréchal-Joffre – ☏ 04 90 56 28 01 – www.villa-salone.com –
Fermé lundi, mardi, du mercredi au samedi à midi, et dimanche soir

❀ ATELIER SALONE

MODERNE • CHIC Versant bistronomique de la Villa Salone, l'Atelier Salone bénéficie de toutes les attentions du chef Alexandre Lechêne, au parcours solide (Aux Lyonnais, Louis XV à Monaco) et ancien étoilé à Saint Véran, dans les Hautes Alpes. A la carte, ce jour-là, on trouve un civet de sanglier, gnocchi à la courge, coing confit et poire au vin rouge, un filet de daurade, courgettes crues et sautées ou encore un suprême de pintade rôti, haricots verts et figues. Le style original de la maison du début du vingtième siècle s'agrémente d'une touche contemporaine.

   ❀ ⅋Ⅽ ⌂ – Prix : €€

6 rue du Maréchal-Joffre – ☏ 04 90 56 28 01 – villa-salone.com – Fermé lundi et dimanche, et du mardi au samedi soir

LE SAMBUC

✉ 13200 – Bouches-du-Rhône – Carte régionale n° **24**–A3

❀ LA CHASSAGNETTE

Chef : Armand Arnal

CRÉATIVE • ÉLÉGANT Des taureaux paisibles, des flamants roses ensommeillés, des canaux, des rizières et le delta du Rhône : bienvenue en Camargue, et plus précisément à la Chassagnette, une ancienne bergerie réhabilitée en mas contemporain. Le chef jardinier Armand Arnal y a planté sa fourche(tte) au milieu d'un potager bio et du verger qui l'entoure. Outre les végétaux, le chef ne s'interdit rien, ni la viande de taureau des manades, ni les agneaux du voisin berger, ni les poissons de la criée du Grau-du-Roi... Le chef mitonne des recettes créatives souvent étonnantes, parfois déroutantes, jouant de notes acides en utilisant des vinaigres maison. Trois hectares de jardins, de potagers, de serres, de ruches, de vergers... et une somptueuse terrasse verdoyante. Quelle charme !

❀ **L'engagement du chef :** Notre cuisine essentiellement végétale met les fruits et légumes de notre jardin-potager bio au cœur de nos assiettes. Pour les produits que nous ne cultivons pas, ils proviennent de petites exploitations camarguaises situées aux alentours du restaurant et expriment avec caractère l'identité de notre terroir métissé.

   ⇔ ❀ ⅋Ⅽ ⌂ ✿ **P** – Prix : €€€€

Route du Sambuc – ☏ 04 90 97 26 96 – www.chassagnette.fr – Fermé mardi et mercredi, et lundi, jeudi et dimanche soir

LE MAS DE PEINT

DU TERROIR • RÉGIONAL Avec de bons produits – légumes du potager, riz de la propriété et taureau de l'élevage –, le chef concocte une belle cuisine du marché.

La terrasse sous la glycine est ravissante et ce Mas charmant... Cuisine à la plancha autour de la piscine en été. Une bonne adresse.

🛋 ☒ 🍴 **P** – Prix : €€€

Le Mas de Peint – 𝒞 04 90 97 20 62 – www.masdepeint.com/fr/hotel-luxe-camargue-arles – Fermé lundi, mardi midi et dimanche soir

🛏 **HÔTEL MAS DE PEINT**   *Plus*

DESIGN MODERNE Dans un vaste domaine, ce superbe mas du 17ᵉ s. cultive la tradition camarguaise (promenades à cheval, élevage taurin, arènes privées). La décoration est inventive et réussie, les chambres raffinées, la table réputée... Beaucoup d'élégance !

♿ 🏊 **P** 🛋 🐎 ☒ 🛗 ⚙ 🍴 - 11 chambres – Prix : €€

Route du Sambuc – 𝒞 04 90 97 20 62

Le Mas de Peint - Voir la sélection des restaurants

SAMPANS

✉ 39100 – Jura – Carte régionale n° **6**–B2

🏵 **CHÂTEAU DU MONT JOLY**

Chef : Romuald Fassenet

MODERNE • ÉLÉGANT Qu'elle est bien nommée, cette maison de maître du 18 e s. qui domine la vallée de la Saône, avec sa façade rose et ses colonnes à l'italienne ! Avec son épouse, sommelière et fille de vignerons, Romuald Fassenet a transformé cette bâtisse classique en écrin design et épuré où quelques chambres permettent de faire une étape de charme à proximité de Dole. Sa cuisine, franche et gourmande, révèle une passion authentique pour le terroir jurassien (il fut d'ailleurs le second du chef Jean-Paul Jeunet), et repose sur une grande maîtrise technique. Il réalise de superbes sauces au vin jaune du Jura ; le suprême de volaille de Bresse au vin jaune en vessie aux morilles, et la tourte de canard "MOF", font partie de ses classiques.

🌿 ⇆ 🛋 ♿ ☒ ⇔ **P** – Prix : €€€

6 rue du Mont-Joly – 𝒞 03 84 82 43 43 – www.chateaumontjoly.com/fr – Fermé lundi, mardi, et mercredi et jeudi à midi

SANARY-SUR-MER

✉ 83110 – Var

🛏 **HOSTELLERIE LA FARANDOLE**   *Plus*

DESIGN MODERNE Face aux rondeurs de la baie, sur la plage de la Gorguette (entre Sanary et Bandol), un bâtiment géométrique, tout en pierre, bois et verre. Inaugurée en 2011, cette luxueuse hostellerie associe esprit Côte d'Azur et art de vivre contemporain, entre plage et spa.

🏊 **P** 🍸 ⚙ 🛋 🛗 ⚙ ♨ 🍴 - 27 chambres – Prix : €€

140 chemin de la Plage – 𝒞 04 94 90 30 20

SANCERRE

✉ 18300 – Cher – Carte régionale n° **8**–D2

🏵 **LA POMME D'OR**

MODERNE • COSY Elle toujours bonne à croquer, cette pomme ! Un jeune couple originaire de Bretagne a repris en main ce restaurant, un ancien relais de poste, dont la salle a été légèrement reliftée. On y goûte une cuisine moderne qui navigue entre terroir sancerrois et racines bretonnes : légumes du potager, bouillon d'eau de tomate ; mignon de porc, légumes du moment. On voit tout de suite que le chef connaît son métier (cf. les dressages) et n'oublie jamais l'essentiel : le goût ! Épatant dessert que ce chocolat gianduja praliné, croustillant gavotte. La carte des vins, évidemment, donne la parole aux crus de Sancerre et ce n'est pas pour nous déplaire.

&. – Prix : €€

1 rue de la Panneterie – ℰ 02 48 54 13 30 – lapommedorsancerre.fr – Fermé lundi et mardi, et dimanche soir

LA TOUR

MODERNE • COSY Dans cette maison nichée au pied d'une tour du 14 e s., au cœur du Sancerrois historique, le chef concocte une cuisine de caractère, basée sur de bons produits. Le tout se déguste dans une salle élégante et contemporaine, avec quelques touches d'époque : poutres, plafond, moulures...

🕸 🖾 ⇄ – Prix : €€€

31 Nouvelle-Place – ℰ 02 48 54 00 81 – www.latoursancerre.fr – Fermé lundi, dimanche et mardi midi

LE PANORAMIC   *Plus*

CLASSIQUE CONTEMPORAIN Bonne nouvelle : le Panoramic a fait peau neuve ! Il offre toujours le plus beau point de vue du Sancerrois sur les vignes ; on y dort dans des chambres modernes et confortables, décorées sur le thème du vin. Bar à vins, boutique et belle piscine.

&. 🅿 ⇅ ⥿ - 58 chambres – Prix : €

Rempart des Augustins – ℰ 02 48 54 22 44

SAND

✉ 67230 – Bas-Rhin – Carte régionale n° **10**–B2

LA CHARRUE

MODERNE • CONTEMPORAIN Au sein d'une vénérable bâtisse de deux siècles d'âge, Nicolas Laurent (formé à bonne école du Chambard à l'Auberge de l'Ill en passant par le Vieux Couvent) fait ses débuts de chef seul aux fourneaux. Dans cette institution, il a privilégié sagement le changement dans la continuité. Si les classiques (filets de carpes et frites, salade, tarte flambée au lard paysan, presskopf) demeurent pour le plus grand plaisir des fidèles, il s'illustre aussi dans une veine plus moderne en choyant les produits nobles (homard, langoustine, etc.). Chambres pour l'étape.

&. 🖾 🛱 🅿 – Prix : €€

4 rue du 1ᵉʳ-Décembre – ℰ 03 88 74 42 66 – www.lacharrue.com – Fermé lundi, samedi midi et dimanche soir

SAN-MARTINO-DI-LOTA – Haute-Corse (2B) ➜ Voir Corse

SANTENAY

✉ 21590 – Côte-d'Or – Carte régionale n° **5**–A3

L'OUILLETTE

MODERNE • COSY Un jeune couple motivé est aux commandes de cette auberge familiale, installée sur la place centrale du village. En cuisine, Simon navigue entre bonne tradition (œufs en meurette, jambon persillé, coq au vin) et recettes plus actuelles ; Maude, en salle, assure un service attentif et efficace. On passe un excellent moment : longue vie à cette Ouillette !

&. 🖾 🛱 ⇄ – Prix : €€

Place du Jet-d'Eau – ℰ 03 80 20 62 34 – www.ouillette.fr – Fermé mardi et mercredi

LE TERROIR

TRADITIONNELLE • INTIME Au cœur du village, une maison pimpante et chaleureuse au service d'une cuisine régionale appétissante : escargots de Bourgogne, beurre, ail, persil et amandes ; coq au vin rouge ; ou encore crème brûlée au pain d'épices... Joli choix de vins au verre.

ॐ 🎴 🕭 ⇔ – Prix : €€

19 place du Jet-d'Eau – ℰ 03 80 20 63 47 – restaurantleterroir.com – Fermé jeudi, et mercredi et dimanche soir

SARE

✉ 64310 – Pyrénées-Atlantiques – Carte régionale n° **18**–A3

ARRAYA Ⓝ

MODERNE • RÉGIONAL Un délice de terrasse sous les platanes dans l'un des plus beaux villages de l'arrière-pays basque ; un décor traditionnel dans un ancien relais sur le chemin de Saint-Jacques de Compostelle tenu par la même famille depuis des décennies ; un chef fou de champignons (qu'il cueille lui-même) mitonnant les produits locaux avec soin et même créativité à l'image de ce chou farci revisité : vous l'aurez compris, voilà une adresse qui a tout bon. Formule bistro plus simple à midi.

⇆ 🎴 – Prix : €€€

Place du Village – ℰ 05 59 54 20 46 – www.arraya.com – Fermé lundi et du mardi au samedi à midi

OLHABIDEA

TRADITIONNELLE • FAMILIAL Une ferme basque du 16 e s. où l'on propose une cuisine goûteuse, élaborée avec finesse et passion, qui s'appuie largement sur les fruits et légumes du potager du chef. Autour, on flâne dans un parc de quatre hectares planté d'érables, de conifères et de camélias... Quel charme !

🖐 & 🎴 🅿 – Prix : €€

Quartier Sainte-Catherine – ℰ 05 59 54 21 85 – www.olhabidea.fr – Fermé lundi, mardi, du mercredi au vendredi à midi, et dimanche soir

SARGÉ-SUR-BRAYE

✉ 41170 – Loir-et-Cher – Carte régionale n° **8**–B2

🟢 ### OSMA Ⓝ

CRÉATIVE • BRANCHÉ « Osmazôme est un terme diffusé par le gastronome Brillat-Savarin pour définir le principe de sapidité des gibiers dans les bouillons » explique Valentin Barbera. Passé par le Lièvre Gourmand à Orléans et Christian Têtedoie à Lyon, ce jeune chef a pourtant choisi un village perdu au cœur du bocage percheron pour installer sa « table de copains » branchée. On pose les coudes sur d'anciens planchers de wagons de chemin de fer sous une kyrielle de jolies appliques design. Efficace, l'assiette fait uniquement son miel de produits locaux ou presque : lentilles, potimarron, oxalys ; œuf, pommes de terre, œufs de brochet ; navet, anguille. Carte de vins nature uniquement.

ॐ – Prix : €€

25 rue Roger Reboussin – ℰ 02 54 23 86 07 – www.osma.restaurant – Fermé du lundi au mercredi

SARREGUEMINES

✉ 57200 – Moselle – Carte régionale n° **12**–D1

🏵 ### AUBERGE SAINT-WALFRID

Chef : Stephan Schneider

TRADITIONNELLE • ÉLÉGANT Sur la route qui mène de Metz à Strasbourg, il était une fois une bien jolie auberge, ancienne dépendance agricole rattachée à l'église de Welferding. Stephan Schneider incarne aujourd'hui la cinquième génération d'une famille qui exerce ici depuis la fin du 19ᵉ s. Il a repris les rênes de cette maison que son père avait inscrite sur la carte régionale de la gastronomie. On s'attable dans une grande salle bourgeoise et chaleureuse au parquet ancien, parmi les vitrines où brille la faïence de Sarreguemines. Le chef est un défenseur de la belle tradition ! Il aime travailler avec les maraîchers de la région (il possède lui-même un potager), acheter des bêtes entières, pour les préparer lui-même – y compris les charcuteries. À la force du goût. Chambres spacieuses pour l'étape.

⇆ 🍴 ♿ 🎴 🎪 **P** – Prix : €€€€

58 rue de Grosbliederstroff – ℰ 03 87 98 43 75 – www.stwalfrid.fr/fr – Fermé lundi, mardi midi et dimanche soir

AUBERGE SAINT-WALFRID   *Plus*

DESIGN MODERNE À la sortie de la ville, une belle maison en pierre où, depuis cinq générations, la même famille cultive l'art de recevoir. Grandes chambres pleines de charme, dont plusieurs sont installées dans une extension contemporaine.

♿ **P** ⇆ ⬳ 🍴 ⅃🅾 - 22 chambres – Prix : €

58 rue de Grosbliederstroff – ℰ 03 87 98 43 75

❀ **Auberge Saint-Walfrid** - Voir la sélection des restaurants

SARZEAU

✉ 56370 – Morbihan – Carte régionale n° **7**–A3

LE MANOIR DE KERBOT

TRADITIONNELLE • CONTEMPORAIN Ce manoir du 16 e s. (et ancien orphelinat) s'est réinventé en repaire de gastronomes : on y déguste une cuisine plutôt traditionnelle – huîtres chaudes, foie gras mi-cuit, pêche du jour, pintade fermière farcie à l'andouille de Guémené, jus corsé, légumes bio : autant de recettes goûteuses et bien envoyées ! Le service est fort attentionné, et la terrasse donnant sur un étang très agréable, tout comme les belles chambres.

⇆ 🍴 ♿ 🎪 ❀ **P** – Prix : €€

Lieu-dit Kerbot – ℰ 02 97 26 40 38 – www.hotelrestaurantkerbot.com – Fermé lundi, mardi et mercredi midi

LE KERSTÉPHANIE

MODERNE • MAISON DE CAMPAGNE Cette ancienne ferme en pierre, recouverte de vigne vierge et entourée d'un parc arboré, propose une cuisine actuelle, joliment inventive. Turbot cuit à la vapeur, gomashio, pâtisson et pak choi ; agneau de Belle-Île-en-Mer, cocos de Paimpol façon curry à la bretonne... que l'on déguste, aux beaux jours, sur la terrasse ombragée.

🍴 ♿ 🎴 🎪 **P** – Prix : €€€

Route de Roaliguen – ℰ 02 97 41 72 41 – www.lekerstephanie.fr – Fermé mardi et mercredi

SAUBION

✉ 40230 – Landes

LES ÉCHASSES   *Plus*

DESIGN MODERNE Ces Échasses consistent en plusieurs "lodges" installée autour d'un étang : des maisonnettes en bois, confortables et design, avec poêle à bois et grandes baies vitrées donnant sur une terrasse au-dessus de l'eau... Une expérience insolite et tout à fait délicieuse.

P 🍴 ⌘ ❀ 🐾 ⅃🅾 - 8 chambres – Prix : €€

701 route de la Bruyère – ℰ 06 51 96 55 54

SAUGUES

⊠ 43170 – Haute-Loire – Carte régionale n° **1**–C3

LA TERRASSE

MODERNE • CLASSIQUE Le chef Benoît Fromager est bien installé aux fourneaux de cette Terrasse du centre du village, et ses intentions sont très claires : proposer une cuisine bien dans son temps, célébrant le terroir sans chercher à coller aux modes. Quant à l'intérieur, il est rustique et confortable...

🅰🅲 – Prix : €

11 cours du Docteur-Gervais – ℰ 04 71 77 83 10 – www.hotellaterrasse-saugues. com – Fermé lundi et dimanche soir

SAULES

⊠ 25580 – Doubs – Carte régionale n° **6**–C2

🕭 LA GRIOTTE

TRADITIONNELLE • AUBERGE Un clocher et des champs alentour, une véranda plongeant sur un jardin verdoyant... cette ferme revêt de forts jolis atours ! Tradition, saveurs de saison et spécialités régionales : voilà bien une belle Griotte, tendre et goûteuse. Cerise sur le gâteau : l'accueil souriant et l'addition sans acidité.

🚗 ⅋ 🎴 ✿ 🅿 – Prix : €

3 rue des Cerisiers – ℰ 03 81 57 17 71 – www.lagriotte.fr – Fermé lundi et mardi, et mercredi, jeudi et dimanche soir

SAULIEU

⊠ 21210 – Côte-d'Or – Carte régionale n° **5**–C2

✿✿ LA CÔTE D'OR

MODERNE • ÉLÉGANT Cela fait 40 ans que Patrick Bertron a posé ses valises au Relais Bernard Loiseau. C'est lui, en 2003, qui a repris les rênes en cuisine après la brutale disparition du maître. Il aura su rester fidèle à la philosophie de cette institution, tout en enrichissant la carte des plats de son invention. Il trouve son inspiration dans sa Bretagne natale, avec ses merveilleux produits de la mer (homard, langoustine, turbot), mais aussi en Bourgogne, dont il a appris à apprivoiser les trésors. Les nostalgiques iront se régaler de quelques grands "classiques" de l'époque de Bernard Loiseau...

𖣘 ⇦ 🚗 ⅋ 🅰🅲 – Prix : €€€€

Le Relais Bernard Loiseau, 2 avenue Bernard-Loiseau – ℰ 03 80 90 53 53 – www. bernard-loiseau.com – Fermé mardi, mercredi et jeudi midi

BISTROT LOISEAU DES SENS

MODERNE • COSY Dans un cadre zen et épuré, on déguste une "cuisine santé" fine et goûteuse, avec de nombreuses préparations bio ou sans gluten. Les cuissons sont maîtrisées, l'ensemble ne manque pas de subtilité ; on passe un bon moment.

🚗 ⅋ 🅰🅲 – Prix : €€

4 avenue de la Gare – ℰ 03 80 90 53 53 – www.bernard-loiseau.com – Fermé lundi, mardi et mercredi midi

🛏 LE RELAIS BERNARD LOISEAU   *Plus*

CLASSIQUE CONTEMPORAIN Un Relais dans la grande tradition française, qui fait honneur à l'hospitalité bourguignonne. Murs du 18ᵉ s., poutres et colombages patinés par les ans, sols en terre cuite, mobilier ancien... mais aussi spa imposant et piscine idyllique. Intemporel et furieusement chic !

🌐 ♨ ⌂ 🍽 - 33 chambres – Prix : €€€

2 avenue Bernard-Loiseau – ℰ 03 80 90 53 53

✿✿ **La Côte d'Or** • **Bistrot Loiseau des Sens** - Voir la sélection des restaurants

SAUMUR

✉ 49400 – Maine-et-Loire – Carte régionale n° **23**–C2

L'ALCHIMISTE

MODERNE • **DE QUARTIER** Dans ce petit restaurant contemporain, pas de cuisine
moléculaire ou alchimiste, mais de bons petits plats cuisinés avec savoir-faire. Le
rapport saveurs-prix est bon ! Mieux vaut réserver car l'établissement, bien que
discret, est souvent complet...

🛋 – Prix : €

Plan : A1-3 – *6 rue de Lorraine* – ☎ *02 41 67 65 18* – *www.lalchimiste-saumur.fr* –
Fermé lundi et dimanche

L'AROMATE

MODERNE • **CONVIVIAL** Herbes, épices, condiments... Le chef célèbre les aromates ! On travaille ici en famille, au service d'une jolie cuisine bistronomique qui
évolue avec les saisons, et se déguste dans une salle agréable. Sympathique et
chaleureux.

& 🅰 ⇔ – Prix : €€

Plan : A2-4 – *42 rue du Maréchal-Leclerc* – ☎ *02 41 51 31 45* – *www.laromate-
restaurant.com* – *Fermé lundi et dimanche*

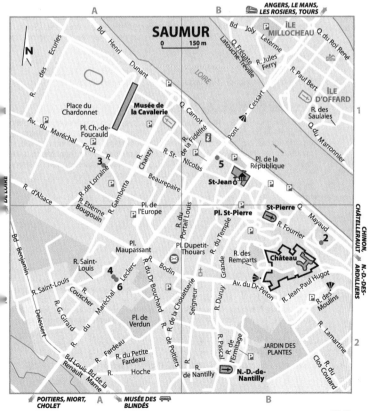

LE BOEUF NOISETTE

TRADITIONNELLE • BISTRO On s'installe dans une salle de style bistro vintage, avec banquettes, tables en marbre et miroirs pour déguster une carte courte et soignée, centrée autour de produits régionaux (notamment le bœuf rouge des prés). Placement idéal au centre-ville, derrière le théâtre, et parallèle aux quais de la Loire, proche d'un grand parking public. Produits de qualité et circuits courts. Goûteux.

✿ – Prix : €

Plan : B1-5 – *29 rue Molière – ✆ 09 81 73 73 10 – www.leboeufnoisette.fr – Fermé lundi et dimanche*

L'ESCARGOT

MODERNE • CONTEMPORAIN Agréable cadre contemporain pour une cuisine traditionnelle autour de plats phares comme les escargots farcis en coquilles à l'ail et au persil. Le chef-patron Dominique Dubert ponctuent ses recettes traditionnelles de touches plus actuelles (combava, gingembre, curry...). Un joli petit Escargot où prendre le temps de se restaurer sur la jolie terrasse, en été.

& 🛠 ✿ – Prix : €

Plan : A2-6 – *30 rue du Maréchal-Leclerc – ✆ 02 41 51 20 88 – lescargot49.fr – Fermé lundi et dimanche*

L'ESSENTIEL

MODERNE • ÉLÉGANT Blottie au pied du château, belle maison en tuffeau abritant de charmantes salles à manger et de paisibles petites terrasses. Le chef y propose une élégante cuisine dans l'air du temps et joliment présentée. Service aux petits oignons. Carte des vins faisant la part belle aux vins de la région. Un agréable moment !

🛠 ✿ – Prix : €€

Plan : B2-2 – *11 rue Raspail – ✆ 02 41 67 71 10 – www.restaurant-lessentiel-saumur.fr – Fermé lundi et dimanche*

LA TABLE DU CHÂTEAU GRATIEN

MODERNE • CHIC Dans le parc paysager des caves Gratien et Meyer, ce joli petit château de la fin du 19 ème siècle séduit par son cachet - parquet en point de Hongrie, lustres à pampilles et mobilier contemporain. La cuisine met en valeur les beaux produits de la région - champignons, bœuf de race Parthenaise, anguille de Loire - avec soin et sans superflu. Herbes du potager, excellent pain maison, madeleines tièdes servies avec le café... Une bonne adresse.

🍽 & ✿ 🅿 – Prix : €€€

Hors plan – *94 route de Montsoreau – ✆ 07 87 08 29 05 – www.restaurant-saumur-gratien.fr – Fermé mercredi, et lundi et mardi à midi*

SAUTERNES

✉ 33210 – Gironde – Carte régionale n° **18**–B2

LA CHAPELLE AU CHÂTEAU GUIRAUD

TRADITIONNELLE • RÉGIONAL Le cadre de ce restaurant, situé sur une propriété viticole, laisse sans voix. On s'installe sous de grosses poutres pour goûter à une cuisine française de tradition, basée sur les beaux produits du Sud-Ouest (agneau de Pauillac, bœuf de race bazadaise) et les légumes du potager maison. La terrasse, délicieuse, est au grand calme.

🕸 ⇜ & 🎦 🛠 ✿ 🅿 – Prix : €€

5 Château Guiraud – ✆ 05 40 24 85 45 – www.lachapelledeguiraud.com – Fermé mardi et mercredi, et lundi, jeudi et dimanche soir

LA SAUTERNAISE *Plus*

CLASSIQUE CONTEMPORAIN Au centre du célèbre village viticole, derrière la charmante église, cette demeure du 18e s. rénovée avec goût sous l'impulsion d'un couple de la région, offre le confort des vieilles maisons bourgeoises, du coquet salon, égayé de meubles chinés, aux quatre chambres, inspirées de styles différents, dont nous vous laissons découvrir les noms... et l'attention portée aux salles de bain. Un charmante étape.

P ⚙ - 4 chambres – Prix : €

22 rue Principale – ☏ 06 78 00 64 18

SAUVETERRE-DE-COMMINGES

✉ 31510 – Haute-Garonne – Carte régionale n° **22**–B3

L'HIBISCUS BY JÉRÉMY LASSERRE

MODERNE • ÉLÉGANT Au pied des Pyrénées, au sein de l'hôtel du Barry, voici un chef qui maîtrise bien son sujet : bien pensée, solide techniquement (cuissons basse température, espumas, bouillon dashi...), sa cuisine porte aussi la marque de ses quatorze ans passés en Asie. Service attentionné.

⇦ ⌂ 🅰 P – Prix : €€€

Hameau de Gesset – ☏ 05 62 00 46 93 – hoteldubarry.fr/fr – Fermé lundi, mardi midi et dimanche soir

SAUVETERRE-DE-ROUERGUE

✉ 12800 – Aveyron – Carte régionale n° **22**–C2

 LE SÉNÉCHAL

Chef : Michel Truchon

MODERNE • ÉLÉGANT Un poisson rouge en bocal sur chaque table, des œuvres d'art : le cadre sert à merveille la cuisine fine et délicate du chef, Michel Truchon. Il joue judicieusement sur les textures, proposant de beaux visuels, le tout avec des produits soigneusement choisis, à l'image de ce maquereau de St-Jean-de-Luz ou des légumes du marché qu'il utilise toujours à bon escient. Les saveurs sont nettes, franches, aussi directes que complémentaires : le chef ne s'embarrasse pas du superflu, et cela fonctionne ! Quelques chambres pour l'étape.

⇦ ⌂ ♿ 🅰 🏡 – Prix : €€€€

Le Bourg – ☏ 05 65 71 29 00 – www.hotel-senechal.fr/fr – Fermé lundi, mardi et jeudi à midi , et dimanche soir

SAUXILLANGES

✉ 63490 – Puy-de-Dôme – Carte régionale n° **1**–C2

LA TABLE SAINT-MARTIN

MODERNE • COSY Cette Table Saint-Martin propose une goûteuse cuisine au goût du jour, rythmée par les saisons. Produits de qualité, préparations maîtrisées, et saveurs marquées : on passe ici un fort agréable moment. Espace terrasse dans la cour intérieure.

🅰 🏡 ⇄ – Prix : €€

17 place Saint-Martin – ☏ 04 73 96 80 32 – latable-stmartin.com – Fermé mercredi, et mardi et dimanche soir

SAUZON – Morbihan(56) → Voir Belle-Île

SAVIGNY-LÈS-BEAUNE

✉ 21420 – Côte-d'Or – Carte régionale n° **5**–A3

LE 428

MODERNE • CONTEMPORAIN L'Ouvrée est la surface de vigne - 428 m² - qui pouvait être bêchée par un vigneron en une journée. Aux fourneaux, le chef Christophe Ledru accueille dans une salle contemporaine et épurée. Il propose une cuisine actuelle et soignée (uniquement des menus "surprise"), accompagnée d'une jolie sélection de vins du village (entre autres).

&. 🅰🅒 🏠 ⇄ 🅿 – Prix : €€

54 rue de Bourgogne – ☏ 03 80 21 51 52 – www.louvree.fr – Fermé mardi et mercredi

SAVONNIÈRES

✉ 37510 – Indre-et-Loire – Carte régionale n° **8**–B2

LA MAISON TOURANGELLE

MODERNE • CONTEMPORAIN Le rustique marié au moderne, une délicieuse terrasse sur le Cher et une belle cuisine de produits, gourmande et précise : voilà les atouts – et non des moindres – qui font de cette maison tourangelle l'une des tables les plus courues du département.

&. 🅰🅒 🏠 ⇄ – Prix : €€€

9 route des Grottes-Pétrifiantes – ☏ 02 47 50 30 05 – www.lamaisontourangelle. com – Fermé lundi et mardi, et dimanche soir

SCHERWILLER

✉ 67750 – Bas-Rhin – Carte régionale n° **10**–C1

AUBERGE RAMSTEIN

TRADITIONNELLE • AUBERGE Priorité à la tradition dans cette maison où l'on travaille en famille, au cœur du vignoble ! En cuisine, père et fils (Lucas, passé par de belles maisons) œuvrent de concert, avec toujours l'ambition de réinterpréter le terroir alsacien. On se régale avec le filet mignon de veau aux morilles, et autour de menus thématiques (principalement en hiver). Accueil et service prévenants, et chambres pour prolonger l'étape.

&. 🏠 🅿 – Prix : €€

1 rue du Riesling – ☏ 03 88 82 17 00 – hotelramstein.fr – Fermé lundi, du mardi au samedi à midi, et dimanche soir

SCHILTIGHEIM

✉ 67300 – Bas-Rhin – Carte régionale n° **10**–B1

❀ LES PLAISIRS GOURMANDS

Chef : Guillaume Scheer

MODERNE • CONTEMPORAIN Faites comme les locaux qui lui font fête, poussez la porte de ce restaurant discret, au cadre simple mais fraîchement rénové. Vous ferez connaissance avec un couple remarquable, Guillaume Scheer et sa compagne Charlotte Gate, lui en cuisine, elle en salle, l'efficacité souriante en personne. Ce cuisinier, qui a travaillé au Pavillon Ledoyen à Paris et au 1741 à Strasbourg, s'y connaît effectivement en plaisir de bouche. Sauces et jus, maîtrise de la cuisson des poissons, fraîcheur des produits : tout est réuni ! Asperges de Provence, truffe et exquis sabayon au curcuma et pointe de citron vert

🅰🅒 🏠 – Prix : €€€

Plan : B2-7 – *35 route du Général-de-Gaulle – ☏ 03 88 83 55 55 – www.les-plaisirs-gourmands.com – Fermé lundi, mardi et dimanche*

CÔTÉ LAC

MODERNE • CONTEMPORAIN Dans une zone d'activité du nord de la ville, on est surpris de découvrir ce parallélépipède de béton brut et de verre, posé au bord d'un petit lac. L'intérieur a tout du loft moderne, avec ses éclairages modernes et ses tableaux contemporains ; on y déguste une cuisine actuelle, soignée, qui évolue régulièrement.

&⬚⌂⟳▣ – Prix : €€

Plan : A2-3 – *2 place de Paris – ℰ 03 88 83 82 81 – www.cote-lac.com – Fermé dimanche, samedi midi et lundi soir*

SECLIN

✉ 59113 – Nord – Carte régionale n° **13**–C2

AUBERGE DU FORGERON

MODERNE • ÉLÉGANT Une auberge familiale pleine de charme. Côté restaurant gastronomique, la carte épouse l'air du temps, les saisons, les spécialités (et la créativité) du chef font mouche. À l'heure du repos, on profite de chambres confortables et bien tenues.

🐾 & – Prix : €€€

17 rue Roger-Bouvry – ℰ 03 20 90 09 52 – www.aubergeduforgeron.com/fr/ hotel-charme-lille – Fermé lundi et dimanche

SEIGNOSSE

✉ 40510 – Landes – Carte régionale n° **18**–B3

❀ ## VILLA DE L'ÉTANG BLANC

Chef : David Sulpice

MODERNE • INTIME L'étang Blanc est un délicieux petit plan d'eau protégé, peuplé d'oiseaux que l'on a tout loisir d'observer depuis la terrasse ou la salle grande ouverte : c'est simple, toute la salle ou presque s'absorbe dans la contemplation ravie de ce spectacle. La cuisine inspirée et précise du chef David Sulpice ressemble à une balade en barque à travers le meilleur du terroir landais, mise en scène avec raffinement : la ferme Darrigade pour les asperges et le canard, la pêche des petits bateaux en direct de Capbreton, le véritable fromage de brebis des Pyrénées, les agrumes de Thierry Dupouy à Eugénie-les-Bains. Cuissons au cordeau, jus et sabayons savoureux achèvent d'emporter la mise. Tous les produits sont valorisés des pieds à la tête pour éviter le gaspillage. Enfin, on apprécie une carte des vins maline, qui louvoie entre étiquettes prestigieuses et petits vignerons du Sud-Ouest.

🐾 ⟵ ≤ 🏠⌂▣ – Prix : €€€

2265 route de l'Étang-Blanc – ℰ 05 58 72 80 15 – www.villaetangblanc.fr/fr – Fermé du lundi au mercredi

SEILLANS

✉ 83440 – Var – Carte régionale n° **24**–C3

HÔTEL DES DEUX ROCS

DU MARCHÉ • ROMANTIQUE Dans cette belle bastide du 12ᵉ s. dominant un charmant village médiéval, Julien Beaudoire, fort d'un beau parcours et secondé par son frère pâtissier, propose une cuisine provençale faisant le grand écart entre le plat classique tel que les escargots et des préparations plus au goût du jour comme ce poulpe au curry tandoori. Un moment agréable dans un cadre authentique et champêtre, que l'on pourra poursuivre en prenant une chambre.

⌂ – Prix : €€

1 place Font-d'Amont – ℰ 04 94 76 87 32 – maisonsmalzac.com – Fermé lundi, et mardi et samedi à midi

SÉLESTAT

✉ 67600 – Bas-Rhin – Carte régionale n° **10**–C1

AU BON PICHET

TRADITIONNELLE • CONVIVIAL Il fait bon se restaurer dans cette maison tenue par la même famille depuis quatre générations ! Comme hier, le chef concocte de bonnes recettes traditionnelles : jarret de porc fumé en choucroute de pommes de terre, quenelles de sandre et sauce matelote... L'accueil convivial et le décor de winstub confirment que les règles du bien vivre sont indémodables !

🛠 – Prix : €€

10 place du Marché-aux-Choux – 𝒞 03 88 82 96 65 – aubonpichet.fr –
Fermé lundi et dimanche, et jeudi soir

SELLES-SAINT-DENIS

✉ 41300 – Loir-et-Cher

🛏 AUBERGE DU CHEVAL BLANC   *Plus*

CLASSIQUE CONTEMPORAIN Le calme vous attend dans cet ancien relais, une étape au décor classique qui affiche sa quête de développement durable sans sacrifier le confort et le plaisir du séjour. Livres, jeux, jardin, sont à disposition, et le parking est équipé de bornes de recharge pour tous véhicules électriques.

& 🅿 🕸 🖾 🚲 ⚡ 🔟 🕸 ⅈ❂ - 21 chambres – Prix : €

5 place du Mail – 𝒞 03 88 94 41 86

SEMBLANÇAY

✉ 37360 – Indre-et-Loire – Carte régionale n° **8**–B2

LA MÈRE HAMARD

MODERNE • COSY Une véritable institution que cette belle bâtisse en pierre née en 1903 ! Chaleureuse, elle se pare d'une coquette salle à manger, et d'une charmante terrasse sous les glycines. On y déguste des plats gourmands et délicats, teintés par endroits de notes exotiques. Accueil attentionné, quelques chambres pour prolonger l'expérience.

& 🛠 ✿ 🅿 – Prix : €€€

2 rue du Petit-Bercy – 𝒞 02 47 56 62 04 – www.lamerehamard.com/fr – Fermé
du lundi au jeudi à midi, dimanche soir

SEMUR-EN-AUXOIS

✉ 21140 – Côte-d'Or – Carte régionale n° **5**–C2

LA CUISINE DE LA FONTAIGNOTTE 🆕

MODERNE • AUBERGE Dans cette petite cité médiévale, il est un emplacement peut-être encore plus beau que les autres : c'est celui de cet hôtel particulier du 17ᵉ s., dont la véranda et la grande terrasse offrent une vue imprenable sur les remparts et la rivière Armançon. Si la ville est historique, la cuisine fraîche et tonique du chef Martin, elle, n'a rien de poussiéreux, à l'image de cet omble de fontaine fumé aux sarments de vigne, betterave en croûte de sel. Le chef suit la saison à la lettre et travaille avec les producteurs fermiers de l'Auxois et de la Bourgogne.

⪕ & 🛠 ✿ – Prix : €€

4 rue de la Fontaignotte – 𝒞 03 80 96 91 69 – www.lacuisinedelafontaignotte.
com – Fermé lundi, mardi et dimanche

SÉNAS

✉ 13560 – Bouches-du-Rhône – Carte régionale n° **25**–E1

😊 LE BON TEMPS

DU MARCHÉ • SIMPLE Au bord de l'ancienne nationale 7, cette petite adresse peut sembler anonyme, et pourtant ! On y mitonne en couple une cuisine du marché, gourmande et généreuse, à l'écoute des producteurs locaux. Blinis de pomme de terre aux pleurotes ; pluma de cochon grillée, sauce madère, gratin forézien... Fraîcheur des produits (légumes, en particulier), amour du travail bien fait, prix imbattables : il n'y a pas de mal à prendre un peu de bon temps...

 ♿ 🅺 🛋 🅿 – Prix : €€

2600 RD7 Est – 𝒫 04 90 73 24 47 – Fermé lundi et dimanche

SENLIS

✉ 60300 – Oise – Carte régionale n° **14**–B3

LE JULIANON

CRÉATIVE • BISTRO Dans cette charmante petite maison du 17ᵉ s. au décor contemporain lumineux, le chef propose une cuisine inventive, jouant avec tact sur les textures et les harmonies de saveurs, comme avec ce suprême de pintade, carotte fane et bisque de crevette. Le menu change quotidiennement.

Prix : €€

5 place Gérard-de-Nerval – 𝒫 03 44 32 12 05 – www.le-julianon.com – Fermé lundi, dimanche et samedi midi

SENONCHES

✉ 28250 – Eure-et-Loir – Carte régionale n° **8**–B1

😊 LA FORÊT

MODERNE • COSY Inspirée : voilà l'adjectif qui caractérise le mieux la cuisine de Nicolas Lahouati. Le jeune chef entremêle à merveille son itinéraire professionnel (Thaïlande, Mexique) et des produits locaux de qualité – viandes de la Charentonne, tome et féta du Perche... Ses assiettes sont aussi savoureuses que soignées : on se régale.

🛋 – Prix : €€

22 rue de Verdun – 𝒫 02 37 37 78 50 – www.hoteldelaforet-senonches.com – Fermé lundi et dimanche, et mardi soir

SENS

✉ 89100 – Yonne – Carte régionale n° **5**–B1

⛬ LA MADELEINE

Chef : Patrick Gauthier

MODERNE • CONTEMPORAIN Telle la proue d'un paquebot, la maison de Patrick Gauthier domine l'Yonne, posée sur la rivière à la pointe d'une petite île où l'on oublie la ville. Le design intérieur s'inspire de ses innombrables voyages en Scandinavie et en Asie. "Cuisinier avant tout", comme il se définit, ce chef passionné continue de présenter lui-même l'arrivage du jour et ses suggestions minute. Amoureux des marchés et des produits de la mer, il signe une cuisine authentique, enlevée et pleine de saveurs : carpaccio de sériole et légumes de saison ; Saint-Pierre à la cuisson millimétrée, beurre blanc aux agrumes ; cochon noir de Bigorre, jus corsé et ail confit. Et il y a non pas un mais bien quatre chariots de fromages, ainsi qu'une belle cave pour sublimer ce bon moment.

🐾 ♿ 📷 🎐 **P** – Prix : €€€€

35 quai Boffrand – 𝒞 03 86 65 09 31 – www.restaurant-lamadeleine.fr –
Fermé lundi, mardi et dimanche

SÉRIGNAN
✉ 34410 – Hérault – Carte régionale n° **21**–C2

L'HARMONIE

MODERNE • TENDANCE Une maison ocre (1800) avec une terrasse au bord de
l'Orb, à deux pas de la salle de spectacle La Cigalière. C'est dire qu'ici, on chante
toute l'année, avec ou sans bise, mais toujours le plaisir de savoureuses assiettes
aux notes méridionales. Et le rapport qualité-prix sait aussi contenter... les fourmis.
🐕 ♿ 📷 🎐 ⟲ **P** – Prix : €€

Chemin de la Barque, parking de la Cigalière – 𝒞 04 67 32 39 30 – www.
lharmonie.fr – Fermé lundi et mardi, et dimanche soir

SÉRIGNAN-DU-COMTAT
✉ 84830 – Vaucluse – Carte régionale n° **24**–A2

LE PRÉ DU MOULIN

TRADITIONNELLE • ÉLÉGANT D'abord moulin, puis école communale, cette
maison de village en pierre séduit par son atmosphère bucolique... et par sa cuisine déclinée en deux parties : une carte gastronomique d'une part, des plats de
bistrot d'autre part. La terrasse ombragée par de vieux platanes fleure bon, elle
aussi, la Provence.
🐕 ♿ 📷 🎐 ⟲ **P** – Prix : €€€

29 cours Joël-Estève – 𝒞 04 90 70 05 58 – www.predumoulin.com – Fermé lundi
et dimanche soir

SERVIERS-ET-LABAUME
✉ 30700 – Gard – Carte régionale n° **21**-D2

VOLVER.

MODERNE • CONTEMPORAIN Ancien sapeur-pompier arrivé à la cuisine sur le
tard, le chef Krishna Léger régale avec une cuisine bistronomique et locavore, dans
une démarche soucieuse de l'environnement – il est notamment signataire de la
charte Ethic Oceans. Produits ultra-frais, carte courte, assiettes gourmandes : une
jolie découverte.
🎐 **P** – Prix : €€

1 bis chemin de la Carcarie – 𝒞 04 66 20 48 99 – www.volver-restaurant.fr –
Fermé lundi, mardi, et mercredi et jeudi à midi

SERVON
✉ 50170 – Manche – Carte régionale n° **17**–A3

AUBERGE SAUVAGE

Chef : Thomas Benady
CRÉATIVE • ÉPURÉ Cet ancien presbytère du 16ᵉ s. abrite un restaurant au charme
rustique... et un riche potager, où le chef puise de nombreux produits et une partie
de son inspiration. Ses menus surprise reflètent une cuisine très moderne et épurée,
dont le visuel précis et minimaliste évoque parfois la manière japonaise. Sa tartelette au yaourt et jaune d'œuf confit devient une signature, qu'il décline en fonction
des saisons. Attention, le nombre de places est limité.

❀ **L'engagement du chef :** Nous privilégions les produits de la Baie du Mont-Saint-Michel. Nos menus sont imaginés à partir de la pêche du jour, de la récolte des maraîchers locaux et de notre potager, ainsi que de la cueillette sauvage. Tout est de saison et fait maison (vinaigres, fermentations, salaisons, confitures au petit déjeuner...) et les vins sont natures.

❀ 🛏 🏠 ℗ – Prix : €€€

3 place Saint-Martin – ℰ 02 33 60 17 92 – aubergesauvage.fr – Fermé mardi, mercredi, et lundi, jeudi, vendredi, samedi et dimanche midi

SESSENHEIM
✉ 67770 – Bas-Rhin – Carte régionale n° **10**–B1

AUBERGE AU BŒUF
Chef : Yannick Germain

MODERNE · COSY On est forcément séduit par cette auberge alsacienne, avec ses bancs d'église, ses murs revêtus de boiseries, son mobilier régional et son petit musée dédié à Goethe... Ce village offrit l'hospitalité aux amours de l'écrivain et de la fille du pasteur local. Quant au chef, incarnant la quatrième génération de la famille, il propose une délicate cuisine de saison, tout en finesse et en maîtrise, en se basant sur des produits choisis avec soin. Il a notamment mis sur pied une petite filière en direct qui lui permet d'avoir de magnifiques poissons de Plouguerneau, à l'image de cette barbue top fraîcheur accompagnée d'une variation sur l'asperge blanche. Présence d'une Stammtisch, table d'hôtes où l'on sert des plats du terroir, et de 4 chambres-suites haut de gamme.

❀ 🛏 ♿ Ⓚ 🏠 ✿ ℗ – Prix : €€€

1 rue de l'Église – ℰ 03 88 86 97 14 – www.auberge-au-boeuf.fr – Fermé lundi, mardi et mercredi midi

SÈTE
✉ 34200 – Hérault – Carte régionale n° **21**–C2

L'ARRIVAGE
Chef : Jordan Yuste

MODERNE · CONTEMPORAIN "Créer du plaisir en se faisant plaisir" : tel est le credo de Jordan Yuste, chef autodidacte passé par la case Top Chef en 2020 qui possède déjà son petit univers culinaire personnel, attachant et savoureux. Il régale avec un menu à l'aveugle plein de bonnes idées, créatif sans excès, basé sur de bons produits méditerranéens bio et locaux escortés de sauces d'une belle intensité – à l'image de ce jus de cochon travaillé comme une solera, qui vient arroser la poitrine de porc roulée. Très bon rapport qualité-prix au déjeuner ; jolie carte des vins. Réservation en ligne uniquement.

❀ ♿ Ⓚ – Prix : €€€

13-15 rue André-Portes – www.restaurant-larrivage.com – Fermé lundi, dimanche et mardi midi

THE MARCEL
MÉDITERRANÉENNE · TENDANCE Cette institution proustienne, ancien bistrot populaire, connaît une seconde vie sous la houlette de ses propriétaires. D'un côté, le Rio, lieu culturel qui régale de tapas et de concerts ; de l'autre, un restaurant gastronomique doté d'une grande salle à manger aux beaux volumes avec cuisine ouverte, comptoir et banquettes en skaï rétro, poutres et pierres apparentes, œuvres d'art aux murs. Aux manettes, le chef Denis Martin, qui se plaît à magnifier les trésors méditerranéens avec délicatesse, comme ces rougets de roche et leur

SÈTE

pain moelleux à l'encre de seiche, légumes croquants, coquillages et jus d'arête, ou encore ce poulpe aux tomates confites et olives, d'une finesse toute canaille...

🕊 ♿ 🆑 ⛱ – Prix : €€€

5 rue Lazare-Carnot – 𝒞 04 67 74 20 89 – www.the-marcel.fr – Fermé lundi, mardi et mercredi à midi , et dimanche soir

PARIS MÉDITERRANÉE

MODERNE • BISTRO L'enseigne rend hommage à Brassens, né à Sète, mais aussi au chef, originaire de Paris, ainsi qu'à son épouse sétoise. Ici, on réinvente les recettes locales selon l'humeur du chef et la pêche du jour. À deux pas, le bar à tapas Le Barbu, tenu par le même propriétaire, est très recommandable.

🆑 ⛱ – Prix : €

47 rue Pierre-Semard – 𝒞 04 67 74 97 73 – Fermé lundi, dimanche et samedi midi

QUAI 17

MODERNE • CLASSIQUE N'hésitez pas à pousser la porte de cet établissement, niché à l'intérieur d'un hôtel de charme, idéalement situé sur le canal. On s'installe dans une salle bourgeoise, sous des lustres à pampilles, pour déguster une cuisine actuelle aux accents méditerranéens, où le poisson, venu de la halle de Sète, est roi. On peut citer par exemple cette effilochée de raie en compression, cette bourride comme à Sète ou encore ce rôti de lotte, poutargue et artichauts... Quand la magie de Sète s'invite dans l'assiette.

🆑 ⇔ – Prix : €€

17 quai Maréchal-de-Lattre-de-Tassigny – 𝒞 04 67 74 71 91 – www.legrandhotelsete.com/fr/accueil – Fermé dimanche et samedi midi

LA COQUERIE

MODERNE • CONTEMPORAIN À côté du célèbre cimetière marin, une petite maison chic et contemporaine, avec la Méditerranée pour horizon. Cette table propose une cuisine de première fraîcheur, composée au gré du marché, à travers un menu unique en 6 temps, au déjeuner comme au dîner. Les recettes du chef Guilhem Blanc-Brude jonglent entre inspirations méditerranéennes et préparations plus inventives.

⇐ ♿ 🆑 ⛱ – Prix : €€€

1 chemin du Cimetière-Marin – 𝒞 06 47 06 71 38 – www.restaurantlacoquerie.com – Fermé du lundi au mercredi, jeudi midi et dimanche soir

SEVENANS

✉ 90400 – Territoire de Belfort – Carte régionale n° **6**–C1

LA TOUR PENCHÉE

MODERNE • ÉLÉGANT Au sein de cette charmante maison bleue, le chef Olivier Bruez, inspiré de ses nombreux passages au sein de tables étoilées en France et à l'étranger, signe une cuisine moderne, un brin créative et aux dressages soignés. Si vous avez un penchant pour les produits de la mer, sachez que le homard, la sole de Noirmoutier ou bien encore le thon de St-Jean-de-Luz sont ici à l'honneur.

🕊 🆑 🅿 – Prix : €€€

2 rue de Delle – 𝒞 03 84 56 06 52 – www.latourpenchee.com – Fermé lundi et mardi, et dimanche soir

SÉVÉRAC-LE-CHÂTEAU

✉ 12150 – Aveyron

 LA SINGULIÈRE *Plus*

ÉLÉGANCE TRADITIONNELLE Loin des hôtels aseptisés, la Singulière nous invite à partager une vie de famille, à la rencontre des générations qui l'ont animée et dont les visages et les noms égayent les portes des chambres. Un lieu débordant de souvenirs, à l'histoire et aux personnalités uniques, chaleureuses et conviviales. Elles nous ouvrent leur porte et leur grande tablée, dans un décor sur-mesure chiné par la propriétaire, styliste et décoratrice. Ses trouvailles sont en vente dans la boutique, aux côtés des tirages de son mari photographe.

🅿 ⟁ - 4 chambres – Prix : €

7 rue Émile Zola – 𝒞 05 65 62 61 30

SEYCHALLES

✉ 63190 – Puy-de-Dôme – Carte régionale n° **1**–C2

CHANTE BISE

TRADITIONNELLE • RUSTIQUE "La cigale, ayant chanté tout l'été, se trouva fort dépourvue quand la bise fut venue…" Contrairement à la fable de La Fontaine, ici, point de pénurie ! Toute l'année, les gourmands apprécient une agréable cuisine traditionnelle. Accueil chaleureux et menu déjeuner au tarif imbattable.

🦽 🏡 🅿 – Prix : €€

Lieu-dit Courcourt – 𝒞 04 73 62 91 41 – www.restaurant-chantebise63.com – Fermé lundi et mardi, et mercredi, jeudi et dimanche soir

LA SEYNE-SUR-MER

✉ 83500 – Var – Carte régionale n° **24**–B3

CHEZ DANIEL ET JULIA - RESTAURANT DU RIVAGE

POISSONS ET FRUITS DE MER • VINTAGE Julia est l'âme de cette institution centenaire, nichée dans une charmante crique. En terrasse, à l'ombre des tamaris, on déguste bouillabaisse, bourride – sur commande – ou poissons grillés. Le midi, on propose des plats plus simples, sardines grillées, soupe de roche, etc. En haute saison, on se régale avec d'authentiques barbecues de poissons tous les dimanches.

⟵ 🏡 🅿 – Prix : €€€

Route de Fabrégas, plage de Fabrégas – 𝒞 04 94 94 85 13 – www.chezdanieletjulia.com – Fermé lundi, et mardi, mercredi et dimanche soir

 GRAND HÔTEL DES SABLETTES PLAGE *Plus*

DESIGN MODERNE Une bien jolie renaissance pour cet hôtel du début du 19e s., tout de blanc immaculé, face à la grande bleue. Les chambres, de grand confort, offrent (pour la plupart) une vue sur la mer. Agréable suite avec jacuzzi particulier en terrasse. Une invitation au voyage de grande élégance.

🅿 ⟁ ⟁ 🛋 🏊 ♨ 🧖 💆 ♨ ⟐ - 74 chambres – Prix : €€€

575 avenue Charles de Gaulle – 𝒞 04 94 17 00 00

SIERENTZ

✉ 68510 – Haut-Rhin – Carte régionale n° **10**–A3

❀ **AUBERGE SAINT-LAURENT**

Chef : Laurent Arbeit

MODERNE • AUBERGE Ce relais de poste du 18e s., à la longue façade fleurie et avenante, est une institution familiale locale, authentique et élégante, plébiscitée aussi bien par les fidèles que par les nombreux voyageurs étrangers qui traversent l'Europe. Tous célèbrent à l'envi le sens de l'accueil et du service, les chambres mignonnes et douillettes, et bien sûr la bonne chère qu'on y sert. Aux fourneaux, on trouve le chef Laurent Arbeit, qui a étrenné ses couteaux chez Haeberlin et Ducasse. En véritable aubergiste des temps modernes, il compose une cuisine harmonieuse et fine, aux saveurs bien équilibrées. Une franche réussite.

⊗ ⟷ 🏠 🅰🅲 🛏 ✿ – Prix : €€€

1 rue de la Fontaine – ☎ 03 89 81 52 81 – www.auberge-saintlaurent.fr – Fermé lundi et mardi

😊 WINSTUB À CÔTÉ

RÉGIONALE • CONVIVIAL Dans le prolongement de l'Auberge St-Laurent, cette winstub joue la carte alsacienne – tarte flambée au saumon d'Écosse mariné, spaetzle maison façon "grand-mère" – dans un décor franchement contemporain (mobilier et luminaires design, comptoir en cuivre). Attention : c'est souvent complet.

🅰🅲 ✿ 🅿 – Prix : €€

2 rue Rogg-Haas – ☎ 09 83 37 16 80 – www.auberge-saintlaurent.fr – Fermé mardi et mercredi

SILLERY
✉ 51500 – Marne – Carte régionale n° **11**–B2

LE RELAIS DE SILLERY

TRADITIONNELLE • TENDANCE Une auberge élégante - un ancien relais de poste - dont la terrasse domine la Vesle. Le cadre est bucolique, la gastronomie classique : suprêmes de pigeon, girolles et rattes du Touquet et soufflé à la fine de champagne... La cave – aux prix étudiés – impressionne !

⊗ 🏠 & 🛏 ✿ – Prix : €€€

3 rue de la Gare – ☎ 03 26 49 10 11 – www.relaisdesillery.fr – Fermé lundi et mardi, et dimanche soir

SOCX
✉ 59380 – Nord – Carte régionale n° **13**–B1

AU STEGER

TRADITIONNELLE • AUBERGE Cette table traditionnelle s'est forgée une belle réputation dans la région, à raison : le chef est passionné par le vin et les terroirs. Parmi les spécialités maison, on se régale d'un potjeveesch, du waterzoï de poissons, ou d'un parfait glacé au spéculos, le tout dans un cadre contemporain et une ambiance conviviale. Une adresse pleine de dynamisme !

& 🅰🅲 🛏 ✿ 🅿 – Prix : €€

27 route de Saint-Omer – ☎ 03 28 68 20 49 – www.restaurant-lesteger.com – Fermé mardi, et lundi, mercredi, jeudi, vendredi et dimanche soir

SOLESMES
✉ 72300 – Sarthe – Carte régionale n° **23**–C1

GRAND HÔTEL DE SOLESMES

CLASSIQUE • ÉLÉGANT Ravioles d'escargots, jus en persillade, filet de volaille de Loué, polenta crémeuse aux champignons ou encore le soufflé chaud au Cointreau... Une solide adresse de famille qui défie les ans et propose une carte, une délicate cuisine classique qui séduit d'emblée ; on ne triche pas sur la qualité des produits. De plus, l'accueil et le service sont charmants !

💧&🏠▣ – Prix: €€
16 place Dom-Guéranger – ☎ 02 43 95 45 10 – www.grandhotelsolesmes.com/ fr – Fermé samedi mididimanche soir

SOLIGNAC-SOUS-ROCHE
✉ 43130 – Haute-Loire – Carte régionale n° **1**-C3

LOU PINATOU
MODERNE • RUSTIQUE Lui est né au Puy, elle est de Marseille. Il aime les beaux produits et les saveurs franches, elle a un penchant pour la pâtisserie. Ils tiennent ici un double repaire gourmand : dans les anciennes pierres de l'auberge, un bistrot attaché à la tradition ; dans une structure contemporaine, le restaurant gastronomique avec vue sur la vallée.
🏠 – Prix: €€
Le Bourg – ☎ 04 71 65 21 54 – www.auberge-loupinatou.fr – Fermé lundi et dimanche, et mercredi soir

SOLUTRÉ-POUILLY
✉ 71960 – Saône-et-Loire – Carte régionale n° **5**-C3

LA COURTILLE DE SOLUTRÉ
MODERNE • BISTRO Une jolie maison de pays, sa charmante terrasse à l'ombre d'un vieux marronnier… et ce jeune chef basque dynamique, qui travaille avec passion de fort bons produits, à accompagner d'une belle sélection de pouilly-fuissé ! Quelques chambres pour l'étape.
🐝 &🏠 – Prix: €€
Route de la Roche – ☎ 03 85 35 80 73 – www.lacourtilledesolutre.fr – Fermé lundi et mardi, et dimanche soir

SOMMIÈRES
✉ 30250 – Gard – Carte régionale n° **21**-C2

LE PATIO BY LOU CALÉOU
MODERNE • CONTEMPORAIN Cet ancien chai viticole, transformé en restaurant autour d'un charmant patio, est le fief de Guillaume Dercourt et Amandine Sabot, respectivement chef et cheffe pâtissière. Leur cuisine, résolument actuelle dans sa forme, puise avec malice dans le répertoire traditionnel : ravioles façon tielle sétoise, épaule de veau confite en basse température et sa garniture façon blanquette, ou encore ce délicieux paris-brest… Coup de cœur assuré !
&🅰🏠 – Prix: €
23 place de la Libération – ☎ 04 66 77 50 98 – www.le-patio-by-lou-caleou. com – Fermé lundi et dimanche

LES SORINIÈRES
✉ 44840 – Loire-Atlantique – Carte régionale n° **23**-B2

L'ÉPICURIEN - ABBAYE DE VILLENEUVE ⓝ
MODERNE • ÉLÉGANT La table gastronomique de cet hôtel de charme est menée avec adresse par un chef au beau parcours, Aymeric Depogny. Non sans avoir adopté les influences et les produits de la région (fruits de mer et poissons, algues, criste marine, gwell, fleur de sel, sarrasin…), il signe avec naturel une élégante et savoureuse cuisine d'aujourd'hui. En attestent ses recettes aussi équilibrées que dépouillées, où

chaque ingrédient trouve sa place – mention spéciale pour le superbe turbot et le dessert au sarrasin et miel. Les deux salles à manger offrent un cadre chic et feutré en bonne harmonie avec la cuisine. La carte des vins affiche quant à elle des premiers prix très raisonnables et un joli choix d'appellations régionales.

🕸 ⇦ 🖑 & 🅺 🅿 – Prix : €€€

Lieu-dit Villeneuve – 𝒞 02 55 59 05 91 – www.abbayedevilleneuve.com – Fermé lundi et mardi, et dimanche soir

LA BRASSERIE - ABBAYE DE VILLENEUVE ⓝ

TRADITIONNELLE • COSY Au sein de cet hôtel rénové de fond en comble avec goût, la brasserie est installée sous une belle verrière lumineuse ouverte sur la piscine et le parc. Le chef y présente une carte qui allie plats de tradition (pâté en croûte, œuf mayonnaise, raie au beurre blanc, quenelle de poisson de Loire à la bisque d'écrevisses...) et recettes plus modernes. Décor agréable et vins régionaux abordables.

⇦ 🖑 & 🅺 ⇄ 🅿 – Prix : €€

Lieu-dit Villeneuve – 𝒞 02 55 59 05 91 – www.abbayedevilleneuve.com

SORRUS

✉ 62170 – Pas-de-Calais

LE PRÉ RAINETTE   *Plus*

CLASSIQUE CONTEMPORAIN Tel un joli trompe-l'œil, le Pré Rainette est une antiquité montée de toutes pièces. Pour donner à cette bâtisse contemporaine l'allure d'une maison de campagne au long vécu, ses propriétaires sont allés fouiller les brocantes et fabriques de la région à la recherche d'objets anciens et de matériaux de récupération. Escalier et parquets grinçants, tapisseries, cadres et cuisine de grand-mère agencés avec raffinement distillent un parfum doux et familier. Au milieu des pâturages, un joli plan d'eau, un potager et une roseraie avoisinent une piscine chauffée et un terrain de pétanque. Le Touquet ne se trouve pourtant qu'à dix minutes de là, où vous attend votre propre cabine de plage.

🅿 ⇦ 🛋 - 3 chambres – Prix : €

1515 grande Rue – 𝒞 06 48 18 90 83

SOULTZ-SOUS-FORÊTS

✉ 67250 – Bas-Rhin – Carte régionale n° **10**–B1

AU SOLEIL ⓝ

MODERNE • CONTEMPORAIN Le chef Anthony Schauer, formé dans les belles maisons du nord de l'Alsace, accueille en compagnie de son épouse dans une maison au sobre cadre contemporain qui met bien en valeur sa cuisine bistronomique de saison, fraîche et goûteuse – à l'exemple de ce jambon persillé nappé d'une excellente sauce ravigote, ou de ce lieu jaune confit aux tomates, fenouil et basilic. Réjouissant !

🅺 – Prix : €€

34 rue des Barons-de-Fleckenstein – 𝒞 03 88 86 41 80 – Fermé mercredi et dimanche, et lundi et mardi soir

SOUSCEYRAC-EN-QUERCY

✉ 46190 – Lot – Carte régionale n° **22**–C1

⸙ AU DÉJEUNER DE SOUSCEYRAC

Chef : Patrick Lagnès

CLASSIQUE • TRADITIONNEL La maison sérieuse par excellence ! Patrick Lagnès, le chef, mène sa barque avec le plus grand professionnalisme... et un caractère bien trempé. Sa cuisine se révèle appliquée, avec de solides bases classiques, et se base sur des produits de grande qualité. Il ose même, au fil de son inspiration, quelques recettes plus actuelles ; quant aux desserts, ils sont assurés en cuisine par sa fille. Le tout se déguste dans un décor intimiste, petite salle à manger bourgeoise avec boiseries murales et mobilier classique. Bon rapport qualité-prix.

Prix : €€€

2 allée Gaston-Monnerville – 𝒞 05 65 33 00 56 – Fermé lundi et dimanche soir

SOUSTONS
✉ 40140 – Landes – Carte régionale n° **18**–B2

AUBERGE BATBY

TRADITIONNELLE • CONVIVIAL Un restaurant situé juste au bord du lac, où l'on favorise le terroir : ravioles de langoustine, poularde farcie au foie gras, pibales (alevins d'anguilles)... C'est goûteux, généreux, et les prix sont très doux. Quelques chambres agréables permettent de prolonger l'étape.

&. 🅼 🍴 – Prix : €€

63 avenue de Galleben – 𝒞 05 58 41 18 80 – www.aubergebatby.fr – Fermé lundi et dimanche soir

SOYAUX
✉ 16800 – Charente – Carte régionale n° **20**–C3

LA CIGOGNE

TRADITIONNELLE • CONTEMPORAIN Non loin d'Angoulême, cette Cigogne est installée au pied d'anciennes carrières de pierre... un emplacement plutôt insolite ! Cadre contemporain élégant, terrasse verdoyante, et une cuisine fraîche concoctée avec de bons produits locaux.

🍸 🍴 ♻ 🅿 – Prix : €€

5 impasse Cabane-Bambou – 𝒞 05 45 95 89 23 – www.la-cigogne-angouleme. com – Fermé lundi et mardi, et dimanche soir

SPELONCATO – Haute-Corse (2B) → Voir Corse

STEIGE
✉ 67220 – Bas-Rhin – Carte régionale n° **10**–C1

AUBERGE CHEZ GUTH

CRÉATIVE • COSY Dans la vallée de Villé, sur les hauteurs du village de Steige, cette ancienne ferme auberge est la toile sur laquelle le chef Yannick Guth déroule ses créations gastronomiques, à base de produits du terroir sans s'interdire d'y ajouter des touches plus exotiques. Des exemples ? Truite marbrée, chou-fleur, pois chiche, pastèque ou encore bœuf, petits pois, framboise, sarriette. Sa créativité est parfois surprenante, mais toujours audacieuse et colorée. Profitez aussi de la belle terrasse qui embrasse les massifs alentours : le tableau est alors complet.

🍸 &. 🅿 – Prix : €€€

5A rue des Bas-des-Monts – 𝒞 03 88 58 12 05 – www.auberge-chez-guth.fr – Fermé lundi et mardi, et dimanche soir

STIRING-WENDEL

✉ 57350 – Moselle – Carte régionale n° **12**–C1

LA BONNE AUBERGE

CRÉATIVE • ÉLÉGANT À la sortie de Forbach, aux confins de la Lorraine, de l'Allemagne et du Luxembourg, une adresse incontournable du bassin houiller. C'est l'antre des sœurs Egloff : Lydia œuvre en cuisine tandis qu'Isabelle supervise le service - bref, une adresse profondément féminine qui cultive une proximité attachante avec le client. Sans oublier une serre en guise de jardin d'hiver, une salle lumineuse et originale, ainsi qu'une belle carte des vins.

🕸 🅰🅲 � 🅿 – Prix : €€€€

15 rue Nationale – ✆ 03 87 87 52 78 – Fermé lundi, mardi, samedi midi et dimanche soir

STRASBOURG

✉ 67000 – Bas-Rhin – Carte régionale n° **10**–B1

Du salé au sucré, en passant par les grands vins, l'Alsace sait tout faire, et Strasbourg en est la preuve. Partez à la découverte de ses incontournables charcuteries comme la saucisse de Strasbourg, les jambons et bien sûr le délicieux presskopf, un fromage de tête de porc. La variété des plats donne le vertige : coq au riesling, truite des Vosges au bleu, carpe frite du Sundgau, matelote d'anguille, civet de marcassin ou de cerf à la confiture d'airelles – et, bien sûr, le foie gras, grand seigneur de la gastronomie alsacienne. Mais n'oublions pas non plus la choucroute, le baeckeofe et la tarte flambée ! Côté sucré, les becs fins ne seront pas déçus : le fameux kougelhopf (une brioche aux raisins secs et aux amandes) côtoie les pains d'épices et autres douceurs. Enfin, les vins d'Alsace comptent de nombreux grands crus répartis sur des terroirs d'exception.

🏵 **1741**

MODERNE • COSY Face au palais Rohan, chef-d'œuvre du classicisme achevé en 1741, cette table cultive un esprit boudoir aussi intime qu'élégant, à travers une décoration façon baroque chic, à l'éclairage tamisé. Aux fourneaux, Jérémy Page, fort d'une expérience de quinze ans dans le groupe de Joël Robuchon, entre Paris et Londres. Il signe une cuisine fine et précise, riche de clins d'œil à l'Alsace. Son inspiration trouve pleinement sa mesure dans les sauces et jus, à l'image de cette bisque de roche avec ses rougets juste raidis ou encore ce suprême de pigeonneau avec son jus corsé déglacé au Nusswasser. Le tout accompagné d'une belle sélection de vins d'Alsace (grands crus, bio, etc.).

இ 点 🅰 ⇕ – Prix : €€€€

Plan : D3-11 – *22 quai des Bateliers* – ☎ *03 88 35 50 50* – *www.1741.fr/fr/*
Restaurant – Fermé lundi, dimanche et mardi midi

🏵 **AU CROCODILE**

CLASSIQUE • ÉLÉGANT Trônant dans une vitrine, le Crocodile, rapporté par un grognard de retour d'Égypte, rappelle la dimension historique de cette fameuse maison strasbourgeoise, que le chef Émile Jung avait jadis couronnée de trois étoiles. Il brille aujourd'hui de mille feux, au terme d'une modernisation complète qui a su préserver l'état d'esprit des lieux. En cuisine, le chef Romain Brillat, ancien second de Gilles Goujon et lointain cousin du gastronome Brillat-Savarin, tient le juste milieu entre classicisme et sophistication. En témoignent un travail original et gourmand autour de la Saint-Jacques (noix, bardes et corail) et de la truffe noire et un plat plus classique comme cet épais tronçon de turbot à la grenobloise. Le service au guéridon est ici remis à l'honneur.

ॐ ᵹ 🅰 ⇔ – Prix : €€€€

Plan : D2-12 – *10 rue de l'Outre* – ℰ *03 88 32 13 02* – *www.au-crocodile.com/fr/ Restaurant* – *Fermé lundi, dimanche et mardi midi*

ॐ **BUEREHIESEL**

Chef : Eric Westermann

MODERNE • ÉLÉGANT Cette belle ferme à colombages du 17ᵉ s. a été remontée pierre à pierre dans le parc de l'Orangerie, à côté du Conseil de l'Europe. La salle en verrière et la terrasse offrent une vue toute bucolique sur ce havre de verdure. Éric, fils d'Antoine Westermann, poursuit avec vaillance l'œuvre paternelle. Les fidèles lui savent gré d'avoir gardé quelques classiques de la maison, comme les cuisses de grenouille poêlées au cerfeuil, accompagnées de leurs "schniederspaetle" (des ravioles inventées ici-même), ou encore la fameuse brioche, glace à la bière et poire rôtie, un dessert gourmand que l'on mange sans retenue. Le chef cultive sa propre patte à travers une cuisine actuelle qui caresse la tradition locale – mais sans s'y attarder.

ॐ ≼ ᵹ 🅰 🏠 🅿 – Prix : €€€€

Plan : F1-8 – *4 parc de l'Orangerie* – ℰ *03 88 45 56 65* – *www.buerehiesel.fr* – *Fermé lundi et dimanche*

ॐ **DE:JA** ⓝ

Chefs : David Degoursy et Jeanne Satori

MODERNE • ÉPURÉ Si jeunes, et déjà très talentueux ! Ce jeune couple, venu des lettres et de l'écologie, passé par les tables étoilées alsaciennes, cuisine autant avec la tête qu'avec le cœur. Le décor, très scandinave d'inspiration, laisse deviner la cuisine : créativité, extractions, fermentations, prédominance du végétal, souci du bien-être animal, carte des vins nature. Dans l'assiette, déjà une solide technique : jus et sauces au point, associations audacieuses qui fonctionnent bien (céleri/aspérule/vinaigre de miel ou encore échalote/noisette/miso). Réservation en ligne uniquement.

ॐ **L'engagement du chef :** Les producteurs, majoritairement locaux, pratiquent l'agriculture bio ou raisonnée. Le végétal est omniprésent dans les menus ; pour les viandes, volailles et poissons, on s'assure des bonnes conditions d'élevage et d'abattage. Les produits sont valorisés dans leur intégralité grâce à des techniques telles que salage et fermentation. La politique zéro déchet amène aussi à proposer le lundi midi un menu composé des surplus de la semaine précédente (annoncé sur les réseaux sociaux).

🅰 – Prix : €€€

Plan : F2-24 – *1 rue Schimper* – *www.deja-restaurant.com* – *Fermé lundi, mardi et dimanche*

ॐ **LES FUNAMBULES**

Chef : Guillaume Besson

MODERNE • CONTEMPORAIN Le chef Guillaume Besson n'a pas son pareil pour jongler avec les assiettes ! En guise de piste aux étoiles, une salle sobre de style contemporain aux murs blancs décorés de tableaux et de photos, parquet au sol et objets en bois dont un magnifique pied de table en teck noueux. Le "menu sur le fil" est une démonstration de dressages simples et nets, appuyé sur des produits impeccablement cuits. Un numéro bien dans l'air du temps, qui vaut pour sa limpidité et ses quelques audaces. Ces Funambules ont le sens de l'équilibre...

🅰 – Prix : €€€

Plan : F2-9 – *17 rue Geiler* – ℰ *03 88 61 65 41* – *www.restaurantlesfunambules. com* – *Fermé samedi et dimanche, et mercredi soir*

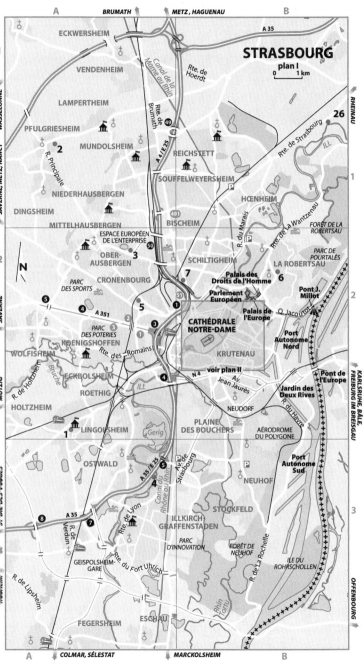

A 35

STRASBOURG
plan I

0   1 km

ECKWERSHEIM

VENDENHEIM

Canal de la Marne au Rhin

Rte. de Hoerdt

RHEINAU

LAMPERTHEIM

26

ILL

PFULGRIESHEIM

Rte. de Strasbourg

SAVERNE, METZ, NANCY

WASSELONNE

R. Principale

2

MUNDOLSHEIM

REICHSTETT

A 4 / E 25

Rte. de Brumath

49

SOUFFELWEYERSHEIM

NIEDERHAUSBERGEN

HOENHEIM

DINGSHEIM

R. du Marais

Rte. de la Wantzenau

FORÊT DE LA ROBERTSAU

MITTELHAUSBERGEN

491

BISCHEIM

ESPACE EUROPÉEN DE L'ENTERPRISE

50

SCHILTIGHEIM

PARC DE POURTALÈS

OBER-AUSBERGEN

3

LA ROBERTSAU

N

6

PARC DES SPORTS

CRONENBOURG

7

Palais des Droits de l'Homme

SAVERNE

5

4

A 351

51

5

1

Parlement Européen

Pont J. Millot

Q. Jacoutot

2

3

CATHÉDRALE NOTRE-DAME

Palais de l'Europe

Port Autonome Nord

PARC DES POTERIES

1

KOENIGSHOFFEN

Rte. des Romains

KRUTENAU

voir plan II

KARLSRUHE, BÂLE FREIBURG IM BREISGAU

WOLFISHEIM

R. de Holtzheim

Bruche

ECKBOLSHEIM

ILL

4

N 4

Av. Jean Jaurès

Pont de l'Europe

Jardin des Deux Rives

ROETHIG

HOLTZHEIM

NEUDORF

R. du Havre

1

LINGOLSHEIM

Gerig

PLAINE DES BOUCHERS

AÉRODROME DU POLYGONE

OSTWALD

A 35 / E 25

Canal du Rhône au Rhin

4

Av. de Strasbourg

Port Autonome Sud

NEUHOF

8

A 35

R. de Verdun

7

Rte. de Lyon

STOCKFELD

ILLKIRCH-GRAFFENSTADEN

GEISPOLSHEIM-GARE

Rte. du Fort Uhrich

PARC D'INNOVATION

FORÊT DE NEUHOF

ÎLE DU ROHRSCHOLLEN

OFFENBOURG

R. de Lipsheim

ESCHAU

Rhin Tortu

FEGERSHEIM

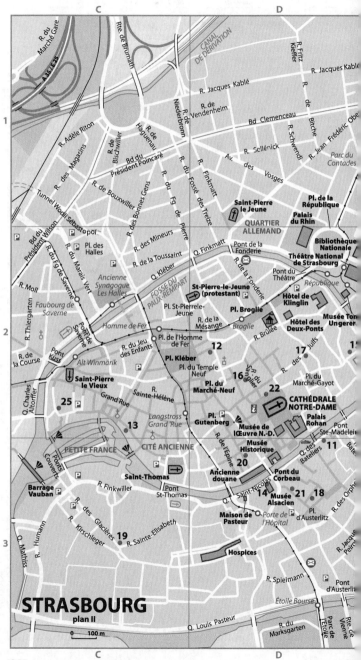

STRASBOURG

plan II

0 ——— 100 m

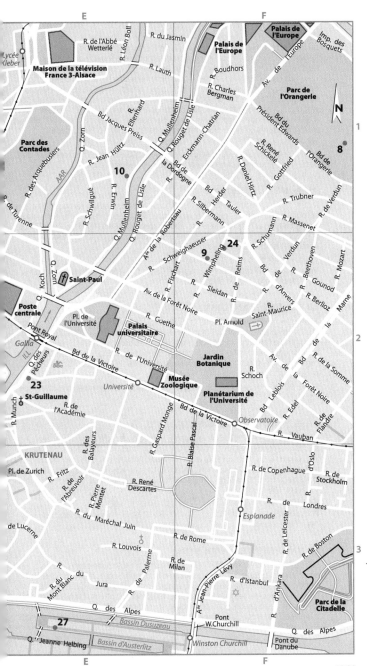

✿ UMAMI

Chef : René Fieger

CRÉATIVE • COSY Au cœur de la Petite France avec ses belles maisons à pans de bois, voici une adresse qui mêle l'ici et l'ailleurs comme son nom le suggère : l'umami est la cinquième saveur dans la gastronomie japonaise, aux côtés du sucré, du salé, de l'acide et de l'amer. Le chef René Fieger a beaucoup bourlingué avant de signer cette cuisine sous influences, solidement adossée à des bases classiques. Cette expérience gustative est d'autant plus remarquable que le chef est seul en cuisine pour régaler ses 16 convives. Un exemple ? Ses tranches de bœuf Black Angus, accompagnées d'une galette de pommes de terre, d'un shiitaké relevé d'ail, de magnifiques carottes des sables glacées et d'une sauce miso, onctueuse et puissante, dont l'arôme évoque presque le café. Unanime pour l'Umami !

🆎 – Prix : €€€

Plan : C2-13 – *8 rue des Dentelles* – 𝒞 *03 88 32 80 53* – *www.restaurant-umami. com* – *Fermé samedi, dimanche et du mardi au vendredi à midi*

😊 AU PONT DU CORBEAU

ALSACIENNE • WINSTUB À côté du Musée alsacien dédié à l'art populaire, une savoureuse manière de passer à la pratique ! Tout séduit dans cette authentique winstub tenue en famille : le décor traditionnel (éléments Renaissance, affiches), le choix de vins et, bien sûr, la cuisine alsacienne, appuyée sur un réseau de producteurs locaux... Coup de cœur !

🐿 🆎 🍽 – Prix : €

Plan : D3-14 – *21 quai Saint-Nicolas* – 𝒞 *03 88 35 60 68* – *www.aupontcorbeau. fr* – *Fermé samedi et dimanche midi*

😊 LE BISTROT D'ANTOINE

TRADITIONNELLE • BISTRO Près de la place Saint-Étienne et de la rue des Frères, un super bistrot qui réunit tous les ingrédients de la réussite : goûteux produits de saison et locaux de préférence, assiettes généreuses puisées dans la cuisine traditionnelle (kâseknepfle, schniederspaetle...), ambiance conviviale, carte de vins nature et en biodynamie... sans oublier le bon rapport qualité-prix. Prix : €€

Plan : D2-15 – *3 rue de la Courtine* – 𝒞 *03 90 24 93 25* – *www.lebistrotdantoine. com*

😊 CHEZ YVONNE - S'BURJERSTUEWEL ⓝ

ALSACIENNE • WINSTUB Atmosphère animée dans cette winstub où l'on mange au coude à coude. La carte respecte la plus pure tradition alsacienne (coq au riesling, choucroute, jarret braisé) avec quelques suggestions créatives, comme ces makis alsaciens aux saveurs harmonieuses. Laissez-vous tenter également par les joues de porc confites fondantes à souhait avec une sauce au pinot noir des plus soyeuses. Une institution.

🔄 – Prix : €€

Plan : D2-16 – *10 rue du Sanglier* – 𝒞 *03 88 32 84 15* – *www.chez-yvonne. net* – *Fermé lundi*

LE BANQUET DES SOPHISTES

MODERNE • TENDANCE Difficile d'obtenir une table dans cette adresse qui ne désemplit pas, située dans le quartier de la Krutenau. Succès mérité pour ce bistrot de bel aloi, qui propose un menu imbattable au déjeuner et une carte plus élaborée le soir à l'image de ces girolles, pancetta fumée et noisette ou bien encore ce travail autour de l'agneau, polenta snackée et condiment olive-harissa. Préparations travaillées, fraîches et parfumées, dans un esprit éclectique discrètement inventif, aux frontières de la cuisine fusion. Stimulant pour les papilles, et convivial. Qui dit mieux ?

AC 🏠 – Prix : €€

Plan : D3-21 – *5 rue d'Austerlitz* – ☏ *03 88 68 59 67 – le-banquet. com – Fermé dimanche*

BLUE FLAMINGO Ⓝ

MODERNE • **CONTEMPORAIN** A l'abordage ! Tout de bois, de verre, d'acier et d'aluminium, ce restaurant flottant au look de péniche moderne est amarré au bord de la presqu'île André-Malraux. Très lumineuse, la salle à manger à fleur d'eau regarde les cuisines ouvertes sur l'arrière. Quant au toit-terrasse, il y règne un esprit guinguette séduisant. Dans l'assiette, le chef Benoit Migeon, ancien sous-chef Au Crocodile, distille une cuisine teintée de saveurs du monde, toute en couleur et fraîcheur, à l'image de ce thon mi-cuit, pastèque, chimichurri et féta.

AC – Prix : €€

Plan : E3-27 – *Presqu'île André-Malraux* – ☏ *06 15 38 62 45 – www.blue-flamingo.fr – Fermé samedi et dimanche, et mardi soir*

LA BRASSERIE DES HARAS

MODERNE • **DESIGN** Sous la tutelle du grand chef Marc Haeberlin, une table élégante et raffinée, au sein des anciens haras nationaux construits sous Louis XV. On y apprécie de belles recettes traditionnelles, sans oublier quelques plats du terroir local. Et le superbe décor contemporain, avec cuisines ouvertes, vaut le coup d'œil !

& AC 🏠 ✿ 🖳 – Prix : €€

Plan : C3-19 – *23 rue des Glacières* – ☏ *03 88 24 00 00 – www.les-haras-brasserie.com*

LA CASSEROLE

MODERNE • **COSY** Ancien responsable de salle au Crocodile, le propriétaire des lieux officie ici dans un cadre contemporain et élégant mettant en valeur une cuisine raffinée, réalisée à l'aide de beaux produits. Si le tartare de bœuf "choco-beef" au caviar Kristal et œuf de caille, d'inspiration terre-mer, est l'un de ses plats le plus originaux, on ne négligera pas pour autant les crêpes Suzette préparées au guéridon dans les règles de l'art, accompagnée d'une glace vanille turbinée minute - un régal.

🕸 AC – Prix : €€€

Plan : D2-17 – *24 rue des Juifs* – ☏ *03 88 36 49 68 – www.la-casserole.fr – Fermé lundi et dimanche*

COLBERT

MODERNE • **COSY** Dans un décor de bistrot moderne, le jeune chef-patron concocte une cuisine bien dans l'air du temps, soignée et parfumée, avec des présentations originales et élégantes : citons ce pâté de chevreuil et foie gras en croûte, ce ris de veau sauce meunière ou encore ce savarin, crème montée, sirop aux agrumes... C'est tout simplement bon : rien d'étonnant à ce que le restaurant affiche souvent complet !

🏠 ✿ 🅿 – Prix : €€

Plan : A2-5 – *127 route de Mittelhausbergen* – ☏ *03 88 22 52 16 – restaurant-colbert.com – Fermé lundi et dimanche, et mardi soir*

GAVROCHE

MODERNE • **INTIME** Dans une discrète ruelle du centre historique, une petite salle au cadre intimiste. Le chef Alexy Fuchs y propose une cuisine française (tartare de boeuf Aberdeen plein de fraîcheur et ses frites de polenta aux saveurs niçoises) parfois mâtinée de touches asiatiques, comme avec ces grenouilles poêlées et pickles de daïkon ou encore cette tartelette fine au parmesan, tofu snacké et girolles.

[AC] – Prix : €€€

Plan : D3-18 – *4 rue Klein* – ☏ *03 88 36 82 89* – *www.restaurantgavroche.com* –
Fermé samedi, dimanche et mercredi midi

IN VINO VERITAS

ITALIENNE • BISTRO Situation superbe pour ce restaurant italien, situé au pied de
la majestueuse cathédrale. Carte courte pour préparations gourmandes et généreuses, au service de sa majesté le produit : vitello tonnato, antipasti, gnocchi,
tiramisu se bousculent sur l'ardoise... La terrasse est très prisée aux beaux jours.
Très belle carte des vins.

⅋ [AC] 🛋 ⇩ – Prix : €€

Plan : D2-22 – *25 place de la Cathédrale* – ☏ *03 88 32 75 85*

MADEMOISELLE 10

MODERNE • CONVIVIAL Père et fille travaillent de concert dans ce sympathique
bistrot, qui célèbre la tradition et régale ses convives à prix très raisonnables (surtout à midi). Terrine de volaille ; filet de merlu rôti, riz noir, cèpes et girolles ; millefeuille aux pommes et noix de pécan... aussi simple que gourmand.

[AC] – Prix : €€

Plan : E2-23 – *10 quai des Pêcheurs* – ☏ *03 88 35 10 60* – *www.mlle10.fr* –
Fermé lundi et dimanche midi

LA VIEILLE ENSEIGNE

ALSACIENNE • WINSTUB Vieille Enseigne mais... winstub récente ! Superbes
boiseries traditionnelles réalisées par un ébéniste, lithographies de Tomi Ungerer
aux murs, cuisine soignée et copieuse à base de produits locaux, plats traditionnels
du terroir (presskopf, choucroute, gibier...) : l'Alsace est à la fête, y compris à travers
une magnifique carte des vins essentiellement bio.

⅋ [AC] 🛋 ⇩ – Prix : €€

Plan : D3-20 – *9 rue des Tonneliers* – ☏ *03 88 75 95 11* – *lavieilleenseigne.com* –
Fermé lundi et mardi

LA VIEILLE TOUR

TRADITIONNELLE • DE QUARTIER Une vraie auberge comme on les aime, tenue
avec sérieux par un couple de professionnels. Cette table souvent généreuse, toute
proche de la Petite France, cultive le goût de la tradition (délicieuse poitrine de
volaille au jus), au gré du marché (ardoise). Décor simple, relevé d'affiches humoristiques sur l'Alsace signées par l'illustre Tomi Ungerer.

[AC] – Prix : €€

Plan : C2-25 – *1 rue Adolphe-Seyboth* – ☏ *03 88 32 54 30* – *Fermé lundi et
dimanche*

LE VIOLON D'INGRES

CLASSIQUE • INTIME Cette maison alsacienne est l'une des plus anciennes du
quartier de la Robertsau, par-delà le Parlement européen. À la carte, une cuisine
classique teintée de modernité, avec homard, foie gras, poisson, gibier en saison,
etc. À déguster dans l'élégante salle à manger ou en terrasse, à l'ombre d'un imposant marronnier...

🛋 – Prix : €€€

Plan : B2-6 – *1 rue du Chevalier-Robert* – ☏ *03 88 31 39 50* – *www.le-violon-
dingres.com* – *Fermé lundi, mardi et samedi à midi , et dimanche soir*

ZUEM YSEHUET

MODERNE • CONTEMPORAIN Dans un quartier au bord de l'Ill, cette auberge
recouverte de vigne vierge jouit d'une charmante terrasse au calme. Les recettes,
goûteuses, font la part belle aux produits de saison : légumes cultivés par le père

du chef, et intelligemment cuisinés par le fils. Comme en témoigne le filet d'agneau, légumes façon osso buco et condiment aux dattes. Belle carte des vins, notamment au verre.

🕭 ⛄ 🏠 ⇔ – Prix : €€

Plan : E1-10 – *21 quai Mullenheim* – ☏ *03 88 35 68 62* – *www.zuem-ysehuet. com/fr/accueil* – *Fermé samedi, dimanche et lundi midi*

COUR DU CORBEAU
Plus

CLASSIQUE CONTEMPORAIN Près du pont du Corbeau, cet hôtel s'épanouit dans plusieurs superbes maisons anciennes. Mais ce qui le distingue surtout, c'est sa cour intérieure Renaissance, avec ses coursives en bois héritées du temps jadis...

🕭 🄿 ⌁ 🅶 🅜 - 57 chambres – Prix : €€

6-8 rue des Couples – ☏ *03 90 00 26 26*

LE GRAFFALGAR
Plus

AVANT-GARDE Certains hôtels se déclarent "arty" après avoir accroché quelques œuvres ici et là. Radical, le Graffalgar a fait appel à des experts en la matière, une trentaine d'artistes de Strasbourg, pour s'attaquer à la décoration de ses chambres. Le mot d'ordre ? Il n'y en a pas. En résulte des chambres uniques : impression photo, fresque animalière, graphisme seventies, street art et ambiance dessin animé se partagent les lieux. Pour creuser encore plus le sujet, l'espace "Rencontres, Détente et Vautrage !" accueille des expositions, événements et ateliers.

⛄ 🄿 🍴 - 38 chambres – Prix : €

17 rue Déserte – ☏ *03 88 24 98 40*

HANNONG
Plus

DESIGN MODERNE Un hôtel familial sur le site de la faïencerie Hannong (18ᵉ s.). Façade néoclassique, salon sous verrière, décoration sur le thème des années 30 : l'ensemble est accueillant et parfaitement tenu. Agréable espace terrasse et élégant bar à vin.

🄿 ⌁ 🅜 - 72 chambres – Prix : €

15 rue du 22 Novembre – ☏ *03 88 32 16 22*

LES HARAS
Plus

DESIGN MODERNE Au cœur de Strasbourg, l'établissement, imaginé dans les anciens haras nationaux du 18ᵉ s., bénéficie d'un cadre exceptionnel, où le moindre détail est réfléchi. Les chambres, au décor épuré, sont spacieuses (17 à 35 m²). Un lieu rare.

⛄ 🄿 ⌁ 🅜 🍴 - 55 chambres – Prix : €

23 rue des Glacières – ☏ *03 90 20 50 00*

La Brasserie des Haras - Voir la sélection des restaurants

HÔTEL ROHAN
Plus

CLASSIQUE CONTEMPORAIN L'hôtel Rohan pourrait difficilement être mieux placé, jouxtant la magnifique cathédrale de Strasbourg. La façade alsacienne classique et les intérieurs contemporains répondent à l'architecture gothique rayonnante de la ville. Les chambres et les suites sont lumineuses, dotées d'élégants parquets, de pavages et d'accessoires modernes qui jouent avec des meubles anciens. Petit-déjeuner sur l'une des deux terrasses, restaurant, salon de thé : le choix est princier.

⛄ ⌁ - 37 chambres – Prix : €

17-19 rue du Maroquin – ☏ *03 88 32 85 11*

LÉONOR
Plus

DESIGN MODERNE Logé dans un bâtiment du 18ᵉ s., l'hôtel Léonor est aussi néoclassique à l'extérieur que moderne à l'intérieur : mobilier design ultra-chic, couleurs soigneusement pondérées et œuvres d'art contemporaines vibrantes. Les chambres et suites sont plus douces mais non moins inspirées et disposent de baies ouvertes sur la ville. La salle à manger sert à la fois de bar, de pâtisserie et de restaurant, dans le très agréable espace sous le toit.

🅿 ◁ 🛁 - 116 chambres – Prix : €€

11 rue de la Nuée-Bleue – ℰ 03 67 29 29 29

LE SUBDRAY

✉ 18570 – Cher – Carte régionale n° **8**-C3

LA FORGE

MODERNE • CONVIVIAL Dans ce petit village à une quinzaine de kilomètres de Bourges, un jeune couple tient cette table très recommandable : tout est fait maison, la plupart des légumes proviennent du potager familial, la fraîcheur est au rendez-vous dans l'assiette. Menu simple à midi en semaine, propositions plus élaborées le soir et le week-end.

& 🅼 🏠 🅿 – Prix : €€

1 rue de la Brosse – ℰ 02 48 59 64 31 – laforge.business.site – Fermé lundi, mardi, samedi midi, et mercredi et dimanche soir

SURESNES

✉ 92150 – Hauts-de-Seine – Carte régionale n° **15**–B2

😊 LES PETITS PRINCES

MODERNE • CONVIVIAL C'est une jolie petite maison d'angle, non loin du tram. Une vitre, façon atelier, offre un aperçu sur les cuisines. Ici, on concocte une cuisine actuelle et gourmande, jamais ennuyeuse – tartare de maigre aux agrumes, soupe de melon au gingembre frais et piment d'Espelette... À l'arrière, cour-terrasse avec verdure.

🅼 🏠 ♿ 🍽 – Prix : €€

26 rue du Val-d'Or – ℰ 01 41 47 87 61 – petits-princes.fr – Fermé lundi et dimanche

BISTRO LÀ-HAUT

MODERNE • CHIC Situé sur le mont Valérien, ce "bistrot d'altitude" offre une superbe vue sur Paris depuis sa salle de type loft. A la carte, une partition alléchante aux recettes actuelles ; filet de canette fumé au barbecue, mousseline de céleri, pommes rôties au miel et sésame, jus de canard... Vous avez dit "miam" ?

⟨ & 🅼 🏠 🍽 – Prix : €€

70 avenue Franklin-Roosevelt – ℰ 01 45 06 22 66 – www.bistrolahaut.fr – Fermé dimanche soir

ET TOQUE !

MODERNE • CONTEMPORAIN Au cœur de Suresnes, le chef Maxime Salvi réalise une cuisine au goût du jour, dans une veine bistronomique, bien ficelée et au très bon rapport qualité-prix le midi. Les préparations soignées mettent en avant des produits de saison et de bonne qualité - pâté en croûte, poulpe, cochon, citron et aneth ; rond de veau, crème de cèpes, pommes croquette, livèche et oignon doux. Le soir, carte plus ambitieuse et menus carte blanche selon les envies du chef.

& 🅼 🏠 – Prix : €€

7 rue Émile-Duclaux – ℰ 01 45 06 36 93 – www.restaurantettoque.com – Fermé lundi et dimanche

SURVILLE

✉ 27400 – Eure

🛏 **MANOIR DE SURVILLE** *Plus*

CLASSIQUE CONTEMPORAIN Au cœur de la Normandie, un jeune couple passionné propose "d'être au manoir comme à la maison", et ça fonctionne ! Un ancien corps de ferme du 16ᵉˢ., des chambres et suites luxueuses et cosy, un jardin pour flâner, un long bassin de nage, sans oublier l'espace bien-être...

& 🅿 ⌂ 🔈 🍽 ♨ ♨ 🛎 ⅃○ - 11 chambres – Prix : €€

82 rue Bernard Petel – ℰ 02 32 50 99 89

TAILLADES

✉ 84300 – Vaucluse – Carte régionale n° **25**–E1

☺ **L'ATELIER L'ART DES METS**

TRADITIONNELLE • CONTEMPORAIN Le jeune chef propose une cuisine actuelle et personnelle, dont l'acteur principal est l'herbe sauvage, qu'il a appris à connaître auprès d'une cueilleuse de la région. Chénopode, mélisse sauvage, pourpier, armoise... il y a de la poésie dans ses préparations- et du goût, à l'instar de ce suprême de poulet jaune fermier à l'Armoise, cuit à basse température, et artichauts en barigoule. On en redemande !

& 🅰🅲 🍽 🅿 – Prix : €€

500 route de Robion – ℰ 04 90 72 37 55 – www.latelierlartdesmets.fr –
Fermé mercredi et dimanche

TAIN-L'HERMITAGE

✉ 26600 – Drôme – Carte régionale n° **3**–E2

LA CAGE AUX FLEURS Ⓝ

MODERNE • BISTRO Des fleurs et des couleurs, il y en a partout dans ce pimpant bistrot ! Dans la déco (papier peint à motifs floraux, bibelots en porcelaine vernie), comme dans l'assiette : velouté de courge, œuf mariné et légumes croquants ; lentilles corail mijotées, curry au lait de coco et fruits secs ; cake au curcuma et gingembre, crémeux citron-yuzu... Cette cuisine épouse savoureusement l'air du temps grâce à un couple de pros, enfants de restaurateurs, qui travaille à quatre mains et n'oublie pas les classiques appréciés des vignerons (côte de bœuf charolaise grillée). Bonne sélection de vins au verre.

& 🅰🅲 🍽 – Prix : €€

13 avenue Jean-Jaurès – ℰ 09 73 88 29 35 – www.restaurant-lacageauxfleurs.
com – Fermé lundi et dimanche

LE MANGEVINS

MODERNE • BISTRO Ici, la déco mêle habilement esprit de bistrot et modernité. Quant à la cuisine, réalisée par un jeune couple d'autodidactes, elle célèbre le marché et se révèle soignée. Le menu unique change tous les jours et ce midi, on a testé l'échine de porc noir de Bigorre, jus à la graine de moutarde et un sablé breton au sarrasin, crémeux au chocolat, émulsion praliné. On nous explique les plats dans une ambiance conviviale ; comme il se doit dans un tel lieu, la carte s'accompagne d'une belle sélection de crus de la région.

🍶 & 🅰🅲 🍽 – Prix : €€

7 rue des Herbes – ℰ 04 75 08 00 76 – www.lemangevins.fr – Fermé samedi et
dimanche, et vendredi soir

LE QUAI

TRADITIONNELLE • BRASSERIE On pourrait rester à quai pendant des heures, à admirer le Rhône et les vignobles... En terrasse ou dans la salle, très lumineuse, on se croirait presque sur un paquebot ! Et dans ce bistrot des temps modernes, les assiettes sont généreuses.

⧼ 🅰 🍽 – Prix : €€

17 rue Joseph-Peala – 📞 *04 75 07 05 90 – www.chabran.com/fr*

TALLOIRES-MONTMIN

✉ 74290 – Haute-Savoie – Carte régionale n° **4**–F1

❀❀ L'AUBERGE DE MONTMIN

Chef : Florian Favario

CRÉATIVE • COSY Le col de la Forclaz (1147 m) n'est pas seulement le paradis des parapentistes, il est aussi celui des gourmets. Dans un cadre repensé et agrandi, qui garde toutefois son atmosphère montagnarde intimiste, le chef Florian Favario donne un tour de plus en plus créatif à sa cuisine, qui repose sur le meilleur des produits locaux (agneaux et porcelets, légumes potagers, fruits de saison). Fleurs, plantes et herbes sauvages sont associées avec mesure et talent : c'est un festival de thym serpolet, sauge, origan, agastache, hysope, fleur de menthe... qui apportent des parfums extraordinaires à des assiettes déjà très élaborées et techniquement redoutables. Ce travail d'orfèvre, présenté dans des récipients en noyer imaginés par le chef lui-même, est porté en salle par une équipe de choc emmenée par une douce et prévenante maîtresse de maison : Sandrine, l'épouse du chef. Pour l'apéritif, profitez de la terrasse avec vue sur les alpages.

❀ **L'engagement du chef :** Tous nos produits sont achetés chez nos producteurs locaux et sur les marchés des villages environnants, à moins de 30 km, ou encore issus de notre propre cueillette. Nous n'avons aucune livraison, nous nous déplaçons - zéro emballage. Nous faisons une cuisine « zéro déchets » : tout est produit en fonction du nombre de réservations et surtout en fonction des produits disponibles chez nos producteurs. C'est pourquoi nous proposons un menu unique. Nos déchets sont triés, réutilisés ou compostés.

🐌 ✿ 🅿 – Prix : €€€€

1199 route du Col-de-la-Forclaz – 📞 *04 50 63 85 40 – Fermé du lundi au mercredi et jeudi midi*

❀❀ JEAN SULPICE

Chef : Jean Sulpice

CRÉATIVE • LUXE L'Auberge du Père Bise est plus que jamais vivante, sous l'impulsion de Jean Sulpice et de son épouse Magali ! En sportif affûté, le chef propose une cuisine fine, saine et légère. Les herbes, fleurs et plantes sauvages apportent contrastes et couleurs à des assiettes créatives et incisives, qui dessinent une promenade pleine de gourmandise autour des poissons du lac. Ainsi l'omble chevalier et son étonnant beurre maître d'hôtel à l'épicéa, ou le travail autour de la féra fumée, tout en fraîcheur et en précision. La carte des vins comprend un livret indépendant entièrement consacré aux crus situés dans les limites de l'ancien duché de Savoie. Cette mise en scène poétique se déploie dans une élégante salle contemporaine ouverte sur la terrasse et les rives argentées du lac d'Annecy, le plus pur d'Europe. Un écrin d'exception pour une gastronomie épurée et audacieuse.

❀ **L'engagement du chef :** Faire déguster la Savoie, celle des lacs et de la montagne, est au cœur de notre ambition culinaire. Nous mettons ainsi en saveurs les produits issus de la pêche sur le lac d'Annecy, de notre jardin, de la cueillette sauvage ou du maraîchage et de l'élevage locaux. C'est ce lien intime à la nature savoyarde qui nous entoure que nous souhaitons exprimer.

🐌 ⇔ ⧼ 🐴 ♿ 🅰 🍽 🛏 🅿 – Prix : €€€€

303 route du Port – 📞 *04 50 60 72 01 – www.perebise.com – Fermé mardi, mercredi et jeudi midi*

1903

MODERNE • CONTEMPORAIN Au 1903 (année de création de l'Auberge du Père Bise), Jean Sulpice nous fait redécouvrir les plats emblématiques de la maison et les classiques régionaux revisités : gratin de queues d'écrevisses sauvages "autrement" ; féra en croustillant d'algues et sauce saté ; chocolat flambé à la Chartreuse et sorbet mûre... Le service, particulièrement attentionné, ne manquera pas de vous dévoiler les trésors de la cave à fromages. Superbe verrière en rotonde ouverte sur la mythique baie de Talloires.

⤆ 🗪 �е 🄰🄲 🅿 – Prix : €€€

Auberge du Père Bise, 303 route du Port – ☎ 04 50 60 72 01 – www.perebise. com – Fermé lundi et mardi

LE COTTAGE

MODERNE • ÉLÉGANT Un restaurant cossu et bourgeois, une belle terrasse sous les marronniers avec le lac pour horizon, une cuisine actuelle aux assaisonnements justes : on passe ici un agréable moment gastronomique. Le chef prépare ainsi un gravelax de truite aux asperges, une lotte laquée au jus de carottes et curcuma ou encore une picanha de bœuf Black Angus aux légumes croustillants.

⤆ 🗪 ⅆ 🗊 ⇄ 🅿 – Prix : €€€

390 route du Port – ☎ 04 50 60 71 10 – www.cottagebise.com

L'ABBAYE DE TALLOIRES   *Plus*

ÉLÉGANCE TRADITIONNELLE Cette abbaye a traversé l'histoire, au point fêter ses mille ans d'existence en 2018 ! Le calme et la vue sur le lac en sont les principaux atouts, sans oublier les chambres d'un classicisme raffiné, le jardin face aux flots avec ponton privé... Un dépaysement total.

🛁 🅿 🕭 ᗊ ⅆ 🗪 ᗢ 🕭 🕭 ᒻ ᒿ ⅉ 🕭 - 33 chambres – Prix : €

Chemin des Moines – ☎ 04 50 60 77 33

AUBERGE DU PÈRE BISE   *Plus*

CLASSIQUE CONTEMPORAIN Un environnement féerique, au pied du lac. L'âme de l'auberge est toujours présente, dans un cadre réaménagé avec goût. Tout y est feutré, et les chambres sont d'un luxe sobre, équipées pour la plupart de terrasses et balcons. Le tout bénéficiant de l'énergie d'un jeune couple à l'enthousiasme communicatif.

🛁 ᗢ 🕭 - 23 chambres – Prix : €€

303 route du Port – ☎ 04 50 60 72 01

✿✿ **Jean Sulpice • 1903** - Voir la sélection des restaurants

BEAU SITE   *Plus*

ÉLÉGANCE TRADITIONNELLE En plus d'une situation idéale – au bord de l'eau, avec plage privée et parc –, cet hôtel a bénéficié d'une rénovation d'ampleur : on y loge dans des chambres chaleureuses et naturelles, décorées avec goût, dont certaines donnent sur le lac.

ⅆ 🅿 ᗢ 🗪 ᗢ 🕭 - 32 chambres – Prix : €€

118 rue André Theuriet – ☎ 04 50 27 00 65

LE COTTAGE BISE   *Plus*

DESIGN MODERNE Face au débarcadère, ces cottages cossus des années 30 bénéficient d'une vue sur le lac, le jardin ou la montagne. Ils ont un intérieur élégant et de bon goût et des chambres délicieusement confortables, qui ont toutes leur propre charme.

🅿 ᗢ 🗪 ᒻ ᗢ 🕭 ᒻ 🕭 - 36 chambres – Prix : €

Le Port – ☎ 04 50 60 71 10

Le Cottage - Voir la sélection des restaurants

TARARE

✉ 69170 – Rhône – Carte régionale n° **2**–A1

JEAN BROUILLY

CLASSIQUE • ÉLÉGANT Dans un grand parc arboré bordant la route de Roanne, une belle maison bourgeoise datant de 1906 : un décor tout indiqué pour honorer la tradition. Le classicisme culinaire est ici de mise, comme la générosité et la gentillesse. Une valeur sûre.

🐾 ⇔ & 🅼 ⇔ 🅿 – Prix : €€

3ter rue de Paris – 𝒞 04 74 63 24 56 – www.restaurant-brouilly.com – Fermé lundi et mardi, et dimanche soir

TARASCON-SUR-ARIÈGE

✉ 09400 – Ariège – Carte régionale n° **22**–C3

SAVEURS DU MANOIR

MODERNE • BISTRO Sur la route qui va de Toulouse à l'Espagne, ce Manoir était jadis le restaurant attitré des cadres de l'usine Péchiney locale. On y revisite aujourd'hui la cuisine ariégeoise, avec du gibier en saison ; le pigeon en deux cuissons et la gratinée aux framboises sont les deux spécialités de la maison.

⇔ & 🅼 🏠 🅿 – Prix : €€

2 avenue Saint-Roch – 𝒞 05 61 64 76 93 – www.manoiragnes.com/manoir-hotel/index.php – Fermé lundi et mardi, et dimanche soir

TARBES

✉ 65000 – Hautes-Pyrénées – Carte régionale n° **22**–A3

L'ARPÈGE

CRÉATIVE • CONTEMPORAIN Ce couple de chefs japonais signe une jolie cuisine créative aux touches nipponnes, dans laquelle bouillons, algues et assaisonnements mettent en valeur des produits de bonne qualité. Le cadre est à l'image de l'assiette : élégant et contemporain.

& 🅼 🏠 – Prix : €€

22 place de Verdun – 𝒞 05 62 51 15 76 – larpege-tarbes-65.eatbu.com/?lang=fr – Fermé lundi, mardi midi et dimanche soir

L'EMPREINTE

MODERNE • CONTEMPORAIN Ce petit restaurant cosy, avec sa cuisine ouverte sur la salle, est désormais le repaire d'un chef-patron à la technique irréprochable, et dont la cuisine actuelle et de saison est bien plaisante – en témoigne ces joues de bœuf braisées, conchiglionis farcis, betteraves crémeuses, légumes verts, crème légère à l'estragon. Formule plus simple au déjeuner, plus ambitieuse au dîner.

& 🅼 ⇔ – Prix : €€

2 rue Gaston-Manent – 𝒞 05 62 44 97 48 – www.restaurant-empreinte.com – Fermé lundi et mardi, et dimanche soir

LE PETIT GOURMAND

MODERNE • BISTRO Sur une avenue proche du centre-ville de Tarbes, ce restaurant porte bien son nom. Derrière les fourneaux, le chef réalise une savoureuse cuisine du marché avec de beaux produits du terroir. On se régale du début à la fin !

🐾 🅼 🏠 – Prix : €€

62 avenue B.-Barère – 𝒞 05 62 34 26 86 – lepetitgourmand.eatbu.com/?lang=fr – Fermé lundi, dimanche et samedi midi

TARNAC

✉ 19170 – Corrèze – Carte régionale n° **19**-C2

HÔTEL DES VOYAGEURS

TRADITIONNELLE • CLASSIQUE Au bord du plateau de Millevaches, un chef autodidacte met la tradition dans tous ses états ! Dans l'assiette, c'est bon, généreux, résolument gourmand, notamment grâce aux fleurs et légumes du potager maison. L'accueil est du même tonneau, simple et agréable, et quelques chambres sont disponibles : les voyageurs seront ravis.

⇔ 🅐🅒 – Prix : €€

18 avenue de la Mairie – ☎ 05 55 95 53 12 – www.hotelcorreze.com – Fermé lundi, dimanche et du mardi au samedi à midi

TAVEL

✉ 30126 – Gard – Carte régionale n° **21**-D2

LA COURTILLE

TRADITIONNELLE • SIMPLE Cette ancienne magnanerie en pierre blanche propose une bonne cuisine canaille et régionale. Langue de veau sauce gribiche, rillettes de maquereau citron et aneth, rognons de veau... se dégustent avec bon appétit. En été, on prend place sur la jolie terrasse abritée sous un cèdre ancien. Prix imbattables à midi.

🅐🅒 🍽 🅿 – Prix : €€

208 chemin de Cravailleux – ☎ 06 59 40 47 11 – Fermé lundi et dimanche, et du mardi au jeudi soir

TENCIN

✉ 38570 – Isère – Carte régionale n° **4**-F2

LA TOUR DES SENS

CRÉATIVE • CONTEMPORAIN Sur les hauteurs de Tencin, cette Tour saura combler vos cinq sens ! Jérémie Izarn (vainqueur Top Chef 2017) se fend d'une cuisine créative et inspirée, proche de la nature, qui s'épanouit sous forme de menus (Inspiration, Tour d'Horizon, Diapason, Sensation). Et s'il fait beau, direction la terrasse avec sa vue superbe sur le massif de la Chartreuse...

⇔ ♿ 🅐🅒 🍽 🅿 – Prix : €€€

Route de Theys – ☎ 04 76 04 79 67 – www.latourdessens.fr – Fermé du lundi au mercredi, jeudi midi et dimanche soir

LA TESTE-DE-BUCH – Gironde(33) ➜ Voir Bassin d'Arcachon

THÉOULE-SUR-MER

✉ 06590 – Alpes-Maritimes – Carte régionale n° **25**-E2

L'OR BLEU

MODERNE • ROMANTIQUE Le chef Alain Montigny (MOF 2004), passé par de solides maisons étoilées en Suisse et à Chantilly, cuisine désormais dans le superbe hôtel Tiara Yaktsa, posé au-dessus de la mer face au massif de l'Estérel. Ses savoureuses recettes, influencées par la Méditerranée, changent (presque) tous les jours au gré des arrivages. Les plats sont équilibrés et parfumés avec subtilité grâce à des ingrédients irréprochables et une grande maîtrise technique – ainsi, le homard, caviar et crème de céleri ou ce remarquable maigre rôti, gnocchi de potimarron et cèpe. La terrasse dévoile une vue somptueuse sur les roches rouges de l'Estérel et la mer. Nos sens sont comblés.

⇦ ⇐ 🛋 🛗 Ⓜ 🛁 🏖 **P** – Prix : €€€€

6 boulevard de l'Esquillon – ℰ 04 92 28 60 30 – www.yaktsa.tiara-hotels.com – Fermé lundi, dimanche et du mardi au samedi à midi

LA MARÉA

POISSONS ET FRUITS DE MER • ÉLÉGANT Situé face à la mer et aux rochers ocres de l'Esterel, au-dessus de la plage et du port de la Figueirette, ce restaurant fondé dans les années 1950 par un pêcheur du coin a été repris avec bonheur par Jérôme Cervera, ancien poissonnier, associé à Jérôme Coustillas, un chef de cuisine au beau parcours étoilé, revenu en France après vingt ans passés à Moscou. A la carte, des produits de la mer de grande fraîcheur et des assiettes soignées, à l'instar de ce crudo de loup, huile de basilic. Au déjeuner et au dîner, l'attractif menu reprend les plats de la carte, à déguster en terrasse ou dans la salle coquette, avec vue sur la grande bleue.
🛗 Ⓜ 🛁 **P** – Prix : €€€

16 avenue du Trayas – ℰ 04 93 75 19 03 – www.lamarea.fr – Fermé lundi et mardi

🛏 ### TIARA MIRAMAR BEACH HÔTEL *Plus*

CLASSIQUE CONTEMPORAIN Au cœur du massif de l'Estérel et au creux d'une calanque de roches rouges, les pieds dans l'eau. Depuis les chambres, parées de couleurs chatoyantes et de touches orientales, on distingue la jolie plage privée, en contrebas… La Méditerranée (presque) pour soi seul.
🛗 🏖 **P** ⇦ ᐠ 🛋 🚲 ⏋ 🕸 🏨 🧖 ♨ 🍽 - 60 chambres – Prix : €€

47 avenue de Miramar – ℰ 04 93 75 05 05

🛏 ### TIARA YAKTSA *Plus*

CLASSIQUE CONTEMPORAIN Accrochée à la falaise, cette demeure abrite des chambres élégantes qui marient l'Orient et la Méditerranée. Un cadre sublime avec, notamment, une piscine à débordement entourée de lits balinais, une salle fitness et un espace bien-être, des jardins… d'où l'on profite d'une superbe vue sur le massif de l'Estérel.
🛗 🏖 **P** ⇦ 🛋 ⏋ 🕸 🧖 🍽 - 21 chambres – Prix : €€€

6 boulevard de l'Esquillon – ℰ 04 92 28 60 30

🌼 **L'Or Bleu** - Voir la sélection des restaurants

THIERS

✉ 63300 – Puy-de-Dôme – Carte régionale n° **1**–C2

LA TABLE DU CLOS

MODERNE • CONTEMPORAIN Jolie surprise que cette Table du Clos, qui propose une cuisine fine et soignée, réalisée à base de bons produits, toujours en phase avec les saisons : filet d'omble chevalier rôti, côtes de blettes et champignons des bois ; pintade fermière au beurre demi-sel, écrasé de patates douces aux épices… Agréable terrasse.
⇦ 🛗 Ⓜ 🛁 ⇆ **P** – Prix : €€

49 avenue du Général-de-Gaulle – ℰ 04 73 53 80 80 – www.clos-st-eloi.fr

THIONVILLE

✉ 57100 – Moselle – Carte régionale n° **12**–B1

AUX POULBOTS GOURMETS

CLASSIQUE • ÉLÉGANT On connaissait les poulbots de Montmartre, il faut désormais compter avec ceux de Thionville ! De grandes baies vitrées, des chaises Lloyd Loom et des lustres modernes participent au charme contemporain du lieu, où l'on dîne d'une salade de homard et légumes de saison, ou d'une poêlée de grenouilles…
🐌 🛁 – Prix : €€€

9 place aux Fleurs – ℰ 03 82 88 10 91 – www.poulbotsgourmets.com – Fermé lundi, mardi, samedi midi et dimanche soir

THIRON-GARDAIS

✉ 28480 – Eure-et-Loir – Carte régionale n° **8**–B1

AUBERGE DE L'ABBAYE

MODERNE • AUBERGE Un doux moment à la campagne... Deux frères sont installés dans cette jolie maison en pierre, qui jouxte l'abbaye et le collège royal de Thiron-Gardais. Dans l'assiette, plats de saison et recettes revisitées sans esbroufe, avec une bonne maîtrise des cuissons. Sympathiques chambres pour une étape.
🛏 & 🅿 – Prix : €

15 rue du Commerce – ℰ 02 37 37 04 04 – www.aubergedelabbaye.fr –
Fermé dimanche soir

THOIRY

✉ 78770 – Yvelines – Carte régionale n° **15**–A2

À TABLE ! CHEZ ÉRIC LÉAUTEY

MODERNE • CONVIVIAL On se sent bien chez Eric Léautey : le petit porche prépare à la dégustation, on s'aiguise les papilles devant la carte. Les suggestions, volontiers canailles, s'en vont taquiner les saisons et chatouiller le terroir, comme cette côte de veau, tendre et juteuse à souhait. Qu'attendez-vous donc ? À table !
& 🍽 ⇄ – Prix : €€

28 rue Porte-Saint-Martin – ℰ 01 34 83 88 73 – ericleautey.com – Fermé mardi
et mercredi

LE THOLONET

✉ 13100 – Bouches-du-Rhône – Carte régionale n° **24**–B3

� LE SAINT-ESTÈVE

MODERNE • ÉLÉGANT Entre vignes et oliviers, ce domaine luxueux tutoie la montagne Sainte-Victoire. Il accueille désormais le chef Julien Le Goff, arrivé de Porquerolles en 2019, qui déploie une partition dans l'air du temps, aux influences méditerranéennes. Une place particulière est accordée aux produits de la mer : langoustine, bar de ligne, homard. La terre n'est pas en reste qui offre pigeon, filet bœuf et chevreuil. On apprécie fort la terrasse avec une jolie vue sur la campagne.
🛁 ⇆ ⇆ & 🅺 🍽 ⇄ 🅿 – Prix : €€€€

2250 route Cézanne – ℰ 04 42 27 10 14 – www.leslodgessaintevictoire.com/fr

THORIGNÉ-SUR-DUÉ

✉ 72160 – Sarthe – Carte régionale n° **23**–D1

☺ LE SAINT-JACQUES

MODERNE • TRADITIONNEL Un jeune couple est aux commandes de cette maison où la décoration plutôt traditionnelle est rehaussée de touches actuelles. Le chef est passionné et cela se sent ! Sa cuisine, rythmée par les saisons, privilégie les produits du terroir local.
🛏 & 🍽 🅿 – Prix : €€

Place du Monument – ℰ 02 43 89 95 50 – www.hotel-sarthe.fr – Fermé lundi,
mardi midi et dimanche soir

LE THOU

✉ 17290 – Charente-Maritime – Carte régionale n° **20**–B2

L'INSTANT Z

MODERNE • CONVIVIAL L'Instant Z, comme... Zanchetta, le patronyme du chef. Avec le meilleur du marché et des petits producteurs bio du coin, il mitonne des assiettes aux influences métissées, avec, fait notable, du gibier en saison – le chef est un amateur. Le décor est chaleureux et convivial, le service sympathique : un vrai plaisir.

& 🅰 🗥 🅿 – Prix : €€

1 bis rue du Château-de-Cigogne – ℰ 05 46 68 58 87 – www.restaurant-linstantz. com – Fermé mardi et mercredi, et dimanche soir

THUIR

✉ 66300 – Pyrénées-Orientales – Carte régionale n° **21**–B3

🏵 ARBEQUINA

MODERNE · CONTEMPORAIN La cuisine du chef, méditerranéenne, parfumée et savoureuse, démontre son talent pour mettre en valeur le produit. Au hasard de la carte, on opte pour un maquereau mariné et brûlé, gaspacho au pimenton de la Vera et pistou, ou un merlu de ligne, jeunes courgettes grillées et crémeuses... à déguster dans un décor de bistrot contemporain.

& 🅰 🗥 – Prix : €€

21 rue de la République – ℰ 04 68 34 46 64 – www.arbequina-restaurant.com – Fermé lundi et mardi, et dimanche soir

TIGNES

✉ 73320 – Savoie – Carte régionale n° **2**–D2

❀ URSUS

Chef : Clément Bouvier

CRÉATIVE · CHIC Niché dans un bel hôtel de la station, ce restaurant aime la nature ! Déjà, son nom rend hommage à la dernière race d'ours de Savoie. Ensuite, la salle s'est muée en forêt avec ses troncs d'arbres séparant chaque table dans un bosquet, son plafond tendu d'une toile qui simule des feuillages, ses magnifiques tables en noyer... Enfin, son chef adore herboriser sur les chemins de montagne. Cet ancien second de Jean-François Piège signe ici une belle cuisine alpestre dans l'air du temps, à la fois généreuse, goûteuse et techniquement maîtrisée. Le tout dans le respect scrupuleux des saisons et la recherche permanente des meilleurs produits du terroir. Chariot de fromages tout Savoie, assorti d'une belle carte des vins.

🌾 **L'engagement du chef :** Se connecter complètement avec la riche nature de la Haute-Tarentaise, c'est l'ambition que nous nous fixons. Cela passe par le choix des produits que nous cuisinons dont 80% proviennent de notre département, par le respect de la saisonnalité mais aussi par l'architecture de notre restaurant qui reproduit, grâce à 380 arbres, les sensations d'une promenade forestière.

🏠 🖝 & 🍽 – Prix : €€€€

Maison Bouvier, rue du Val-Claret, au Val-Claret – ℰ 04 79 01 11 43 – www.les-suites-du-nevada.com/restaurant-ursus – Fermé dimanche et du lundi au samedi à midi

LE PANORAMIC

TRADITIONNELLE · MONTAGNARD On accède en funiculaire à ce restaurant d'altitude qui tutoie le ciel (3032 m !), pour un bol d'air et de gourmandise. Dans un intérieur chaleureux en bois, une équipe en costume traditionnel nous sert une authentique et goûteuse cuisine au feu de bois, dont de belles pièces à partager (côte de bœuf, épaule de cochon, turbot entier...). Dépaysement garanti.

🏠 🔽 🗥 🍽 – Prix : €€€

Glacier de la Grande-Motte – ℰ 04 79 06 47 21 – www.les-suites-du-nevada. com/le-panoramic-restaurant-tignes – Fermé le soir

LA TABLE DE JEANNE

SAVOYARDE · MONTAGNARD Cette agréable table montagnarde imaginée par la famille Bouvier (Les Suites, Ursus, Panoramic) propose une cuisine généreuse, mettant en valeur les produits du terroir, le tout dans une ambiance chaleureuse. Jolis vins et prix raisonnables.

Prix : €€

14 avenue de la Grande-Motte, au Val-Claret – ℰ 04 79 06 99 90 – www.les-suites-du-nevada.com/table-de-jeanne – Fermé les midis

MAISON BOUVIER - LES SUITES   *Plus*

CLASSIQUE CONTEMPORAIN Original, cet hôtel donne à voir l'univers montagnard dans le plus pur style contemporain : tronçons de bois massif, blocs de pierre, béton, tons sombres, etc. Le luxe à l'état brut, pour amateurs avertis : chambres et suites de 25 à 75 m², bar élégant, spa... et même un salon de coiffure !

🅿 ⌂ ⟳ ⌁ ⑩ ♨ ♨ ⬄ ⅃ ◯ - 24 chambres – Prix : €€

Val Claret – ℰ 04 79 41 68 30

⚙ **Ursus** - Voir la sélection des restaurants

TOULON

✉ 83000 – Var – Carte régionale n° **24**–C3

AU SOURD

POISSONS ET FRUITS DE MER • TENDANCE Une véritable institution toulonnaise, créée par un artilleur de Napoléon III, rendu sourd au combat ! Mais pas question de rester sourd aux arguments du chef : sa cuisine attire des bancs entiers d'amateurs de poisson (bouillabaisse et bourride sur commande, fritures de rougets, de girelles ou de cigalons suivant la pêche) dans une atmosphère chic et contemporaine...

🍽 ⇄ – Prix : €€€

Plan : A1-6 – *10 rue Molière – ℰ 04 94 92 28 52 – restaurantausourd.fr – Fermé lundi, mardi et dimanche*

BEAM !

MODERNE • TENDANCE Beam bam boum ! Ça déménage dans les cuisines du Télégraphe, haut-lieu de la vie culturelle toulonnaise... L'énergique Arnaud Tabarec, bourguignon passé par de prestigieuses maisons et ex-étoilé éphémère au Roof du Five hôtel à Cannes, enthousiasme ses hôtes grâce à sa cuisine légère, à dominante végétale et bien sûr locale, et aux associations bien senties.

&. 🍽 – Prix : €€

Plan : A1-4 – *2 rue Hippolyte-Duprat – ℰ 06 27 54 27 06 – www.letelegraphe. org/fr/notre/accueil – Fermé lundi, dimanche, samedi midi, et mardi et mercredi soir*

LE LOCAL

MODERNE • BISTRO Ce petit restaurant coloré, située face à la petite plage du Lido, au Mourillon, a des airs de vacances. Aux commandes, un jeune couple : monsieur en cuisine (3 m² !) et madame en salle élaborent une partition authentique, autour d'un menu aussi court que savoureux. Pensez à réserver quelques jours à l'avance car le chef limite sa capacité pour mieux vous servir. Un coup de cœur.

🅰🅲 🍽 – Prix : €€

Plan : B2-1 – *455 littoral Frédéric-Mistral – ℰ 04 94 20 61 32 – www.restaurant-lelocal.fr – Fermé lundi, dimanche et mardi midi*

RACINES

TRADITIONNELLE • SIMPLE Dans une rue pavée du vieux Toulon, on prend volontiers racine dans cette goûteuse cuisine de producteurs comme la désigne son chef. Défenseur du local et du terroir, il mitonne une bonne cuisine de saison, volontiers légumière, arrosée de crus nature et bio : déclinaison de tomates anciennes et poivrons ; demi-colvert, coffre rôti et cuisse confite...

🅰🅲 🍽 – Prix : €€

Plan : B1-7 – *9 rue Corneille – ℰ 04 22 80 27 39 – www.racines-restaurant-toulon.com – Fermé mercredi, samedi et dimanche*

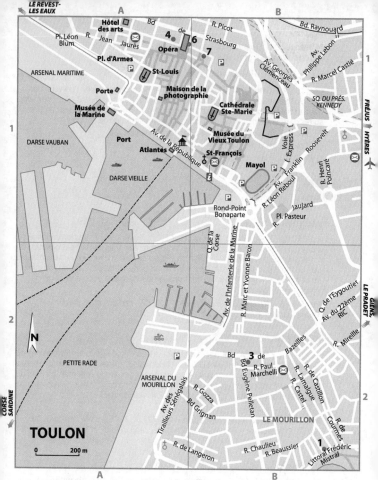

TOULON

0 — 200 m

TABLES ET COMPTOIR

TRADITIONNELLE • COSY Tenu par le même couple de pros depuis une décennie, ce restaurant attire les amoureux au dîner grâce à sa bande son jazzy et sa lumière tamisée. La carte change tous les mois, basée sur une sélection soigneuse de produits saisonniers. Le chef se révèle bon pâtissier – goûtez sa tartelette au citron, parmi d'autres douceurs. Formule douce au déjeuner.

AK – Prix : €€

Plan : B2-3 – *3 boulevard Eugène-Pelletan* – ℰ *04 94 10 83 29 – Fermé lundi, dimanche et du mardi au samedi à midi*

L'EAUTEL

AVANT-GARDE Comme son nom l'indique, l'Eautel mise sur le thème aquatique. La palette marine et les motifs nautiques sont utilisés avec subtilité, conférant au lieu une atmosphère à la fois ludique et magique. Les chambres de l'hôtel sont claires et lumineuses, et la plupart sont des doubles. Les dortoirs "Équipage" peuvent accueillir jusqu'à huit personnes, avec tout le confort moderne indispensable. Belle verrière du 19ᵉ s. qui proviendrait des ateliers de Gustave Eiffel.

♿ 🅿 🛎 🛏 ♨ 🍴 - 62 chambres – Prix : €

15 rue Victor Micholet – ℰ *04 89 51 90 90*

TOULOUSE

✉ 31000 – Haute-Garonne – Carte régionale n° **22**–B2

Marché des Carmes ou marché Saint-Cyprien ? Marché bio de la place du Capitole ou marché Victor-Hugo ? Ô Toulouse ! Ta générosité, comme ta cuisine, sont sans limite. La place Victor-Hugo est en quelque sorte le ventre de Toulouse : tout autour de la halle et de sa centaine de commerces, vous ne trouverez que des artisans de bouche ou presque. Ici, à côté du roi cassoulet, la saucisse fraîche s'impose par son excellence. On trouve aussi un succulent jambon noir de Bigorre, fabriqué sur les terres pyrénéennes. L'oie et le canard se savourent en foie gras et en confit, le pigeon du Lauragais est très recherché, tout comme les asperges du Tarn. Enfin, dans cette ville festive, on ne compte plus les cavistes de bon conseil qui sauront vous guider vers les meilleurs crus locaux.

❀❀ **PY-R**

Chef : Pierre Lambinon

MODERNE • DESIGN Quelle fougue, ce Pierre Lambinon ! À deux pas du Pont-Neuf, sa cuisine est aussi bouillonnante que les eaux de la Garonne par gros temps. Jamais à court d'idées, il improvise avec une maîtrise remarquable, des amuse-bouche (un vrai festival de saveurs) jusqu'au dessert, en mettant à profit le meilleur du marché du moment, et notamment les arrivages de poissons et de crustacés. C'est original, mais ça fonctionne toujours, d'autant que les tarifs restent mesurés pour une telle prestation. Côté décor, une superbe salle où le blanc domine, avec quelques tableaux d'artistes contemporains pour accrocher l'œil. Décidément, une table qui a de l'allure.

🦞 🄰🄲 ⇄ – Prix : €€€€

Plan : E2-15 – *19 descente de la Halle-aux-Poissons* – ☏ 05 61 25 51 52 – *www.py-r.com* – *Fermé samedi, dimanche, et lundi et jeudi à midi*

❀ **LE CÉNACLE**

MODERNE • ÉLÉGANT L'atmosphère feutrée – superbe cheminée, reproduction d'une toile du Caravage – invite à s'attarder dans ce Cénacle, et la cuisine n'est pas en reste. Savoir-faire indéniable, équilibre entre terroir régional et touches contemporaines, le tout basé sur des produits de première fraîcheur : on met ici un point d'honneur à nouer des partenariats solides avec les producteurs locaux (maraîcher bio du Gers, éleveurs, etc.). Le Chef aime particulièrement magnifier les produits simples, à l'image de ce carré de cochon des Monts Lagast rôti, paccheri farcies aux champignons bruns et trompettes de la mort . Enfin, pour les petits budgets, le menu déjeuner tombe à point nommé !

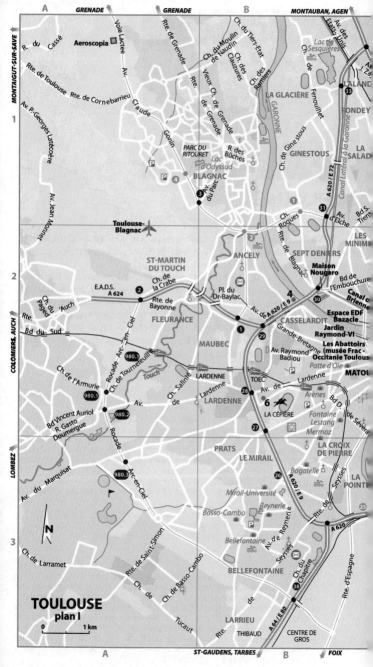

TOULOUSE
plan I

0   1 km

N

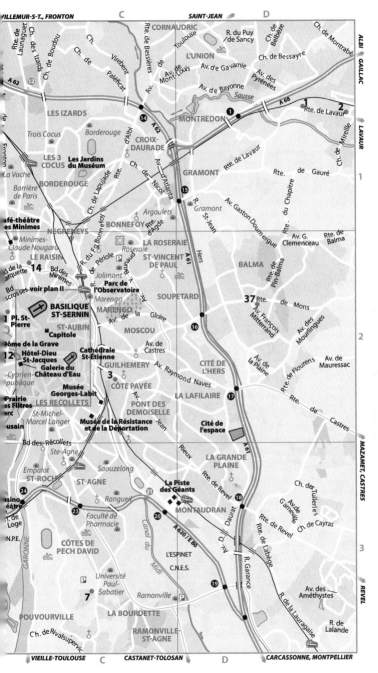

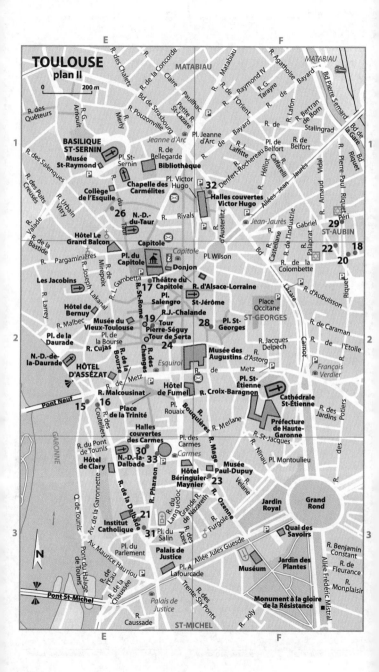

TOULOUSE
plan II

0   200 m

MATABIAU

R. des Chalets

R. de la Concorde

R. des Quêteurs

R.G. Arnoult

R. de Strasbourg

Bd de Strasbourg

R. Pouzonville

Petite R. St-Lazare

Paulhac

Pl. Jeanne d'Arc

Raymond IV

R.G. Taraye

Bertran de Born

Bd Pierre Semard

MATABIAU

R. Agathoise

Bayard

R. Merly

R. de l'Orient

R. Lafon

Stalingrad

Bd de la Gare

R. de Belfort

Pl. de Belfort

R. de Belfort

Pierre-Paul Riquet

Vérdi

BASILIQUE ST-SERNIN

Musée St-Raymond

R. des Salenques

R. des Puits Creuses

R. Urbain Vitry

Collège de l'Esquile

Pl. St-Sernin

R. de Bellegarde

Bibliothèque

Chapelle des Carmélites

Pl. Victor Hugo

32

Rivals

Halles couvertes Victor Hugo

Denfert-Rochereau

Héliot

Caffarelli

Allées Jean Jaurès

Jean-Jaurès

Gabriel

R. Arnaud

R. Pierre-Paul Riquet

Péri

29 ST-AUBIN

26

N.-D.-du-Taur

R. du Taur

Pl. Wilson

d'Austerlitz

Castellane

R. de l'Industrie

22

18

20

R. de la Bastide

Hôtel Le Grand Balcon

R. Pargaminières

R. de Mirepoix

Capitole

Pl. du Capitole

Donjon

Pl. Wilson

R. de la Colombette

Les Jacobins

R. Joseph Lakanal

Gambetta

Théâtre du Capitole

17

R. St-Rome

Pl. Salengro

R. d'Alsace-Lorraine

St-Jérôme

R. d'Aubuisson

R. Larrey

Hôtel de Bernuy

R. Malbec

Musée du Vieux-Toulouse

19

R.J.-Chalande

Tour Pierre-Séguy

28

Pl. St-Georges

Place Occitane

ST-GEORGES

R. de Caraman

Pl. de la Daurade

Pl. de la Bourse

R. Cujas

R. de la Bourse

Tour de Serta

24

Esquirol

R. de Metz

Musée des Augustins

R. d'Astorg

R. Jacques Delpech

Carnot

de

l'Etoile

N.-D.-de-la-Daurade

HÔTEL D'ASSÉZAT

Metz

François Verdier

Pont Neuf

R. Malcousinat

R. de Metz

Hôtel de Fumel

R. Croix-Baragnon

Pl. St-Étienne

Cathédrale St-Étienne

R. des Jardins

15

16

Place de la Trinité

Pl. Rouaix

R. Bouquières

R. Merlane

R. St-Jacques

Préfecture de Haute-Garonne

R. Ninau

GARONNE

R. du Pont de Tounis

Halles couvertes des Carmes

Pl. des Carmes

R. Mage

Pl. Montoulieu

Q. de Tounis

Hôtel de Clary

30

N.-D.-la-Dalbade

33

Carmes

R. de la Dalbade

Hôtel Béringuier-Maynier

23

Musée Paul-Dupuy

R. Ozenne

Velane

Jardin Royal

Grand Rond

Av. de la Garonnette

R. Pharaon

21

Institut Catholique

31

Pl. du Salin

R. du Languedoc

Grande R. de Nazareth

R. des Azes

R. Furgole

R. Benjamin Constant

R. de Fleurance

Av. Maurice Hauriou

Pl. du Parlement

Palais de Justice

Pl. A. Lafourcade

Allée Jules Guesde

Muséum

Jardin des Plantes

Allée Frédéric Mistral

R. de Monplaisir

N

Pont du Halage de Tounis

R. de l'Eau

R. de la Chaussée

Pont St-Michel

Palais de Justice

Trente-Six Ponts

R. des

R. Joly

Monument à la gloire de la Résistance

R. Caussade

ST-MICHEL

1088

   🔺 🅰🅲 🅿 – Prix : €€€

Plan : E2-16 – *46 rue des Couteliers –* 𝒞 *05 67 16 19 99 – www.cite-hotels.com/ fr/etablissements/restaurant-la-cenacle.html – Fermé dimanche et samedi midi*

❀ HEDONE

Chef : Balthazar Gonzalez

CRÉATIVE • ÉPURÉ Ne vous fiez pas au jeune âge de Balthazar Gonzalez, ni à son air tranquille : Hedone est la preuve qu'il n'a pas de temps à perdre, et qu'il sait où il va. Il développe un concept efficace : cinq tables seulement et un menu unique, à midi et le soir, qui lui permet de laisser libre cours à sa créativité. Il faut avoir le temps (on peut passer jusqu'à 3 ou 4h à table) mais l'expérience en vaut la peine ! Fraîcheur des produits excellente, voire exceptionnelle, avec une primauté du végétal et de la mer, saveurs explosives avec quelques vraies fulgurances : d'une bonne surprise à l'autre, on ne peut que saluer l'audace et la pertinence.

   🏵 🔺 🅰🅲 – Prix : €€€€

Plan : C2-3 – *2 impasse Saint-Félix –* 𝒞 *05 82 74 60 55 – www.hedone-restaurant.fr – Fermé lundi, mardi et dimanche*

❀ MICHEL SARRAN

Chef : Michel Sarran

CRÉATIVE • ÉLÉGANT Comme le dit Michel Sarran lui-même, "ici, c'est une maison plus qu'un restaurant" ! Avec ses deux salles, un rez-de-chaussée moderne et un étage plus feutré et bourgeois, c'est une maison où l'on aime recevoir pour manger et prendre le temps de vivre. D'origine gersoise, le chef a évolué entre Sud-Ouest et Méditerranée avant de s'installer à Toulouse, dont il est aujourd'hui l'un des ambassadeurs culinaires. Au gré de menus uniques qui valorisent les beaux produits de la région, il façonne une chaleureuse cuisine sudiste où les épices, marinades et confits se mêlent parfois à des influences plus lointaines (Maghreb, Asie, Caraïbes).

   🏵 🅰🅲 🍴 ♻ – Prix : €€€€

Plan : C2-11 – *21 boulevard Armand-Duportal –* 𝒞 *05 61 12 32 32 – www.michel-sarran.com/fr – Fermé samedi, dimanche, et lundi et mercredi à midi*

❀ STÉPHANE TOURNIÉ - LES JARDINS DE L'OPÉRA

Chef : Stéphane Tournié

MODERNE • ÉLÉGANT Salle à manger entièrement repensée (parquet, tables en bois clair, cave à vins), cour intérieure fleurie sommée d'une verrière : ce cadre enchanteur, si calme, si serein, surprend en pleine place du Capitole. Cette scène est occupée par un ténor de talent, Stéphane Tournié. Natif de la ville rose, ce cuisinier est passé chez Lucien Vanel à Toulouse, André Daguin à Auch, au Taillevent période Philippe Legendre et au Crillon époque Christian Constant. On aime sa façon d'aller à l'essentiel grâce à de beaux produits frais (bio et locaux de préférence), des recettes éprouvées et des cuissons maîtrisées – comme cet œuf de poule mollet à la truffe, ou ce pressé de ris de veau et langoustine rôtie.

   🅰🅲 🍴 ♻ – Prix : €€€

Plan : E2-17 – *1 place du Capitole –* 𝒞 *05 61 23 07 76 – www.lesjardinsdelopera.fr – Fermé lundi, dimanche et mardi midi*

🙂 L'AIR DE FAMILLE

TRADITIONNELLE • SIMPLE L'Air de Famille est un lieu délicieux, avec sa déco d'époque (affiches publicitaires, vieux comptoir) et son atmosphère sans prétention. La tradition et les saisons y font la loi, avec une attention particulière portée aux mariages de saveurs. Sans oublier une carte des vins bien achalandée ! Un authentique coup de cœur.

   🔺 🅰🅲 🍴 – Prix : €€

Plan : E2-19 – *6 rue Jules-Chalande –* 𝒞 *05 67 06 54 08 – airdefamilletoulouse.fr – Fermé lundi et dimanche, et mardi et mercredi soir*

⊗ CARTOUCHES

DU MARCHÉ • **TENDANCE** On ne compte plus les cartouches dans la gibecière de ce bistrot. Entre la carte des vins orientée nature, les cochonnailles à picorer, la pièce de viande à partager et surtout cette cuisine du marché, simple et goûteuse, c'est simple : on ne s'ennuie jamais en compagnie de Nicolas Brousse et de son épouse qui bichonnent leurs clients comme de vrais amis.

AC ⇔ – Prix : €€

Plan : F2-20 – 38 rue Pierre-Paul Riquet – ℰ 05 61 25 07 07 – www.cartouches-restaurant.fr – Fermé samedi, dimanche et mercredi midi

⊗ CÉCILE

MODERNE • **BRANCHÉ** Dans le quartier festif et bon vivant des Carmes, une véritable petite pépite emmenée par une équipe jeune et soudée. Les assiettes mettent dans le mille à tous les coups, de l'entrée au dessert : on n'est pas prêts d'oublier ce pâté en croûte veau, foie gras et morilles, tout simplement... parfait. Merci Cécile.

ᣵ AC ㎕ – Prix : €€

Plan : E3-33 – 43 place des Carmes – ℰ 05 34 25 75 65 – cecile-toulouse.fr – Fermé samedi et dimanche

⊗ UNE TABLE À DEUX

MODERNE • **SIMPLE** Formés à Toulouse, Morgane et Nicolas ont fait leurs valises, direction la Corée et la Malaisie, à la recherche de nouvelles saveurs. De retour au bercail, c'est dans Carmes qu'ils régalent avec une cuisine ludique, qui emprunte autant à la Méditerranée qu'à des contrées plus tropicales, avec une maîtrise et un équilibre remarquables. Rapport qualité-prix excellentissime, à midi surtout.

AC ㎕ – Prix : €€

Plan : F3-23 – 10 rue de la Pleau – ℰ 05 61 25 03 51 – www.unetableadeux.fr/fr – Fermé samedi et dimanche

L'ALOUETTE

DU MARCHÉ • **BISTRO** Nicolas Servant, ancien chef du Bon Servant, est aux fourneaux de cette vraie table de copains et de bons vivants. À vous belles viandes maturées et abats (oreilles de cochon, foie ou ris de veau), légumes des primeurs des halles voisines, desserts gourmands et bien maîtrisés. Une adresse canaille, jouisseuse, où l'on prolonge l'apéro avec bonheur...

㎕ – Prix : €€

Plan : F1-32 – 24 place Victor-Hugo – ℰ 05 62 89 13 96 – Fermé lundi et mardi, et dimanche soir

ANTIPODES

MODERNE • **BISTRO** Un bon petit restaurant monté par deux associés, anciens de l'école hôtelière de Toulouse. Le menu déjeuner est un vrai bon plan, composé au gré du marché ; le soir, on retrouve des recettes sensiblement plus voyageuses. C'est simple, c'est frais : ça nous plaît.

AC – Prix : €

Plan : C2-12 – 9 rue du Pont-Saint-Pierre – ℰ 05 32 02 24 92 – antipodes-restaurant.com – Fermé lundi, dimanche, samedi midi, et mardi et mercredi soir

AU POIS GOURMAND

MODERNE • **ÉLÉGANT** Agrandie et réaménagée, offrant une vue imprenable sur la Garonne, la terrasse du Pois Gourmand est un vrai coin de campagne en pleine ville. Et dans l'assiette, c'est aussi réjouissant : d'un foie gras de canard mi-cuit à l'abricot à un pavé de maigre de Méditerranée grillé et fenouil confit à l'orange, on passe un bon moment.

&. 🄼 🛆 ⟷ 🅿 – Prix : €€€

Plan : B2-4 – *3 rue Émile-Heybrard* – 𝒞 *05 34 36 42 00* – *www.pois-gourmand. fr* – *Fermé dimanche et samedi midi*

ÉMILE

DU TERROIR • **BISTRO** Belle carte des vins, solide cuisine traditionnelle 100 % maison – produits frais et producteurs locaux sont à l'honneur – et, cerise sur le gâteau, jolie terrasse sur une agréable place. Quant à la vedette des lieux, c'est le cassoulet, évidemment !

፠ 🄼 🛆 – Prix : €€

Plan : F2-28 – *13 place Saint-Georges* – 𝒞 *05 61 21 05 56* – *www.restaurant-emile.com* – *Fermé lundi et dimanche*

GENTY MAGRE

CLASSIQUE • **COSY** Dans la rue du même nom, on revisite joyeusement le terroir, non sans finesse, avec une mention particulière pour l'incontournable cassoulet avec confit et saucisses, à déguster dans des assiettes en céramique. Cuissons et assaisonnements au top, bon rapport qualité-prix.

🛆 – Prix : €€

Plan : E2-24 – *3 rue Genty-Magre* – 𝒞 *05 61 21 38 60* – *www.legentymagre. com* – *Fermé lundi, mardi et dimanche*

GRAM'S ⓝ

MODERNE • **BISTRO** Au cœur du quartier Saint-Aubin, la cheffe Laura Pelou revisite les recettes traditionnelles de l'Aveyron et les plats de ses grand-mères – auxquelles le nom du restaurant rend hommage ! Dans cette salle pimpante (joli parquet de chêne flammé, tables bien espacées), on se régale avec simplicité d'un poireau vinaigrette, râpée d'œuf dur et croûtons ou encore d'un houmous de lentilles, risotto d'épeautre et champignons - il y a souvent une entrée et un plat végétarien. La carte est renouvelée régulièrement.

Prix : €€

Plan : F2-18 – *64 rue de la Colombette* – 𝒞 *05 61 63 61 21* – *Fermé lundi et dimanche*

L'HIPPI'CURIEN

MODERNE • **SIMPLE** Dans une ancienne maison en galets et briques, ce petit restaurant décline une offre en deux temps : excellent rapport qualité-prix à midi, cuisine plus élaborée le soir autour d'un menu unique. Le nouveau chef, qui travaille les recettes classiques avec une touche de modernité, flatte le terroir du Sud-Ouest : pêche du jour, canon d'agneau, artichauts violets farcis - avec toujours de très beaux produits. Service attentionné.

&. 🛆 ⟷ 🅿 – Prix : €€

Plan : B2-6 – *62 chemin des Courses* – 𝒞 *05 61 31 88 43* – *lhippicurien.com* – *Fermé samedi et dimanche, et lundi soir*

HITO

CRÉATIVE • **SIMPLE** Le premier restaurant d'Hitoshi Araki (ancien de Yannick Delpech, à l'Amphitryon) est proche de la place des Salins. Seul aux fourneaux, le chef propose une cuisine française créative, bercée de clins d'œil au Japon. Précision d'exécution incontestable, cuissons remarquables et saveurs marquées ; que du (très) bon. Le menu déjeuner est une aubaine.

🄼 – Prix : €€

Plan : E3-21 – *26 rue de la Fonderie* – 𝒞 *05 61 22 42 92* – *Fermé samedi, dimanche et mercredi midi*

MANTESINO ⓝ

ITALIENNE • BISTRO Un ancien ingénieur, d'origine napolitaine, s'est reconverti avec passion dans la cuisine en ouvrant ce petit bistrot (baptisé "tablier") dans une rue proche de l'église Saint-Aubin. Il fait la part belle à ses racines en puisant dans la tradition gastronomique du Sud de l'Italie, de la Campanie aux Pouilles. Loin des adresses italiennes stéréotypées, sa cuisine bistrotière sans chichis file le sourire en travaillant uniquement des produits de saison goûteux et bien sélectionnés : mortadelle de Bologne, noisettes du Piémont, porc Ibaïama, mais aussi viandes de l'Aveyron et légumes de maraîchers locaux. Enthousiasmant.

🅰 🅰 – Prix : €

Plan : F2-22 – *8 rue Maury* – 𝒞 *05 31 54 13 29* – *www.mantesino.fr* – *Fermé samedi et dimanche, et du lundi au mercredi soir*

MAS DE DARDAGNA

TRADITIONNELLE • RUSTIQUE Voilà une cuisine respectueuse des produits (le chef se fournit au maximum en circuits courts), simple et bien faite... Aucun doute, cette ferme typiquement toulousaine est un joli repaire gourmand. Et aux beaux jours, on profite même d'une terrasse sous la glycine.

🅰 🆑 🅿 – Prix : €€

Plan : C3-7 – *1 chemin de Dardagna, Rangueil* – 𝒞 *05 61 14 09 80* – *www. masdedardagna.com* – *Fermé samedi et dimanche, et lundi soir*

LES PLANEURS

DU MARCHÉ • BISTRO Un chef japonais et son associé ont ouvert ce lieu atypique dans un décor volontiers bohème et décalé. On y déguste une cuisine française précise, originale, équilibrée et parfumée, à l'instar de ce risotto de volaille et coquillages au puissant goût iodé, ou de la fraîcheur d'une nage d'abricots rôtis au romarin et glace au yaourt faite maison. Bon rapport qualité-prix.

🆑 – Prix : €€

Plan : C2-14 – *56 boulevard des Minimes* – 𝒞 *09 86 51 56 95* – *Fermé samedi, dimanche et mercredi midi*

LES P'TITS FAYOTS

MODERNE • BRANCHÉ Ce restaurant cosy et élégant, disposé sur deux niveaux, propose une cuisine moderne et créative, au centre de laquelle trônent les bons produits du Gers. Le jeune chef-patron anime cette adresse de sa fougue, affairé dans sa cuisine bien en vue des clients : vous n'en manquerez pas une miette...

🅰 – Prix : €€

Plan : E1-26 – *8 rue de l'Esquile* – 𝒞 *05 61 23 20 71* – *www.lesptitsfayots.com* – *Fermé samedi, dimanche, et lundi et mardi à midi*

LES SALES GOSSES

MODERNE • BISTRO Ces Sales Gosses déclinent sur de grandes ardoises des plats qui revisitent le bistrot avec une créativité réjouissante. On les doit au chef Bruno, qui a troqué le bonnet d'âne pour une toque de premier de la classe ! Bref, un vrai bon plan, en particulier à midi. Et si c'est complet, place au plan B : le Bistrot, rue de l'Industrie.

🅰 – Prix : €€

Plan : F1-29 – *81 rue Riquet* – 𝒞 *09 67 15 31 64* – *www.lessalesgosses.fr* – *Fermé lundi, samedi et dimanche*

SOLIDES

MODERNE • BISTRO Face au marché, cette adresse se distingue d'abord par la bonne cuisine de bistrot de son chef, mais aussi par son excellente (et pertinente) carte de vins "nature". Service et ambiance très décontractés.

🅰️ – Prix : €€
Plan : E3-30 – *38 rue des Polinaires* – ℰ *05 61 53 34 88* – *www.solides.fr* –
Fermé lundi, dimanche et mardi midi

LES TÊTES D'AIL

MODERNE • BRANCHÉ La bistronomie tendance Sud-Ouest, c'est ici que ça se passe ! Cuisine du marché soignée et goûteuse, réglée sur les saisons, produits locaux bien choisis, super rapport qualité-prix... le tout dans une rue commerçante et animée, près de la place des Carmes. L'adresse ne désemplit pas, et ce n'est pas un hasard.
🅰️ – Prix : €€
Plan : E3-31 – *6 rue de la Fonderie* – ℰ *05 61 13 40 41* – *Fermé lundi et dimanche*

LA COUR DES CONSULS *Plus*

CLASSIQUE CONTEMPORAIN Dans un ancien hôtel particulier du 16ᵉ s. du quartier des Carmes, un beau mariage de styles ! Les éléments d'époque (parquets, cheminées) frayent avec une déco franchement contemporaine ; les chambres, spacieuses, témoignent d'un luxe sans faute de goût.
- 32 chambres – Prix : €€
46 rue des Couteliers – ℰ *05 67 16 19 99*
✿ **Le Cénacle** - Voir la sélection des restaurants

LE GRAND BALCON *Plus*

DESIGN MODERNE Ici firent escale les plus grandes légendes de l'Aéropostale. La déco – design et créative – leur rend hommage, et la chambre n° 32 reproduit fidèlement celle qu'occupait Saint-Exupéry dans les années 30. Une adresse mythique !
- 47 chambres – Prix : €
8 -10 rue Romiguières – ℰ *05 34 25 44 09*

HÔTEL DE BRIENNE *Plus*

DESIGN MODERNE À deux pas du canal du même nom, en bordure d'une avenue boisée, cet établissement contemporain offre un confort optimal. L'accueil est charmant, et particulièrement attentif pour les adeptes du cyclo-tourisme. Bref, on s'y sent bien !
- 77 chambres – Prix : €
20 boulevard du Maréchal Leclerc – ℰ *05 61 23 60 60*

MAISON SOCLO *Plus*

DESIGN MODERNE Dans le quartier du Capitole, la Maison Soclo combine le charme du 18ᵉ s. et le style du 21ᵉ s. Les chambres donnent une interprétation française du "cosiness" britannique : une impression d'ordre, combinée à des textures rustiques et brutes - et des ours en peluche. Il y a beaucoup d'espace pour se détendre dans le jardin au bord de la piscine, et le bar sert des cocktails et des plats légers jusqu'à tard dans la soirée, ainsi que le petit-déjeuner.
- 16 chambres – Prix : €€
34 bis rue Valade – ℰ *05 36 09 99 99*

MAMA SHELTER TOULOUSE *Plus*

AVANT-GARDE La version toulousaine du Mama Shelter regorge de références à l'architecture de la ville, mais aussi au street art et à la culture "jeune", et enfin au rugby. L'ancien cinéma dissimule 120 chambres dont le confort se concentre là où sa clientèle l'attend : les lits, les films gratuits et les produits de bain bio. Cinéma de 20 places, grill argentin, bar, scène de musique live et... l'incontournable rooftop !
- 120 chambres – Prix : €
54 boulevard Lazare Carnot – ℰ *05 31 50 50 05*

TOUQUES

✉ 14800 – Calvados – Carte régionale n° **17**–D2

CARPE DIEM

MODERNE • INTIME Cette auberge à colombages est le repaire d'un jeune couple enthousiaste et talentueux. Natif de la côte normande, le chef travaille au maximum en circuit court (pêcheurs de Trouville, volailles fermières, légumes bio...) et pratique lui-même la cueillette des plantes et herbes aromatiques. Une cuisine goûteuse et travaillée, aux accents créatifs pleins de vivacité.

🅰️ – Prix : €€

90 rue Louvel-et-Brière – ☏ 02 31 87 41 08 – deauville-restaurants.com – Fermé lundi et dimanche

LE TOUQUET-PARIS-PLAGE

✉ 62520 – Pas-de-Calais – Carte régionale n° **13**–A2

✿ LE PAVILLON - HÔTEL WESTMINSTER

CRÉATIVE • ÉLÉGANT Le Pavillon du Westminster, ce beau palace des années 1930, fleuron de la Côte d'Opale, offre une ambiance tamisée aux tons noir et ocre : on s'installe dans la salle à manger tendue de grandes tapisseries animalières pour déguster la cuisine créative de William Elliott. On apprécie les associations terre/mer, les plats équilibrés qui vont à l'essentiel, à l'instar du turbot sauvage, cerises, amandes et lait d'arêtes. Depuis la terrasse, vue sur le célèbre phare de La Canche.

🐾 🍽️ ♿ 🅰️ 🏠 ✿ 🍷 🅿️ – Prix : €€€€

Avenue du Verger – ☏ 03 21 05 48 48 – www.hotelsbarriere.com/fr/le-touquet/ le-westminster/restaurants-et-bars/le-pavillon.html – Fermé du lundi au mercredi et du jeudi au samedi à midi

LE PARIS

MODERNE • CONVIVIAL À quelques rues du bord de mer, une table en prise sur le marché et les saisons, très appréciée des gourmets de la station ! Les associations y sont heureuses et goûteuses. Une cuisine qui évolue entre recettes traditionnelles et d'autres plus modernes à l'image de ce carpaccio de Saint-Jacques au citron vert et radis noir. Accueil charmant.

🏠 – Prix : €€

88 rue de Metz – ☏ 03 21 05 79 33 – www.restaurant-leparis.com – Fermé mardi et mercredi, et dimanche soir

TOUR-DE-FAURE

✉ 46330 – Lot

🛏️ LE SAINT-CIRQ   *Plus*

ÉLÉGANCE TRADITIONNELLE Cet hôtel récent s'inspire d'un hameau quercynois : pierre, bois, tommettes au sol, parc planté d'arbres fruitiers, etc. Les chambres, confortables, donnent envie de s'attarder... tout comme la piscine et le beau spa avec hammam et sauna.

🅿️ 🛁 🏊 💆 ♨️ - 25 chambres – Prix : €

Face à Saint-Cirq-Lapopie – ☏ 05 65 30 30 30

TOURCOING

✉ 59200 – Nord – Carte régionale n° **13**-C2

LA BARATTE

TRADITIONNELLE • TENDANCE Une petite maison en briques dans un quartier résidentiel de Tourcoing. Surprise à l'intérieur : on découvre une salle résolument contemporaine et élégante, avec une agréable vue sur le jardin et sa terrasse en teck. Côté cuisine, le chef fait montre d'inventivité... pour le bonheur du produit frais !

  ♿ 🅰 🏠 ⇔ – Prix : €€

395 rue du Clinquet – ℰ 03 20 94 45 63 – www.la-baratte.com – Fermé lundi et mardi, et dimanche soir

TOURNEMIRE

✉ 15310 – Cantal – Carte régionale n° **1**-B3

😊 ### LA PETITE GRANGE ⓝ

RÉGIONALE • CONTEMPORAIN Dans ce beau village cantalien veillé par son château, le voyageur est plus qu'heureux de s'attabler dans cette grange traditionnelle (bois, pierre et lauzes) rénovée avec goût. Sous une magnifique charpente apparente, on contemple la vallée de la Doire à travers les baies vitrées. En cuisine, le chef Olivier Cloteau propose une cuisine de saison soignée qui fait la part belle au terroir (et aux producteurs) cantalous – sans oublier quelques clins d'œil à ses racines charentaises (une mouclade en amuse-bouche). Une adresse 100% plaisir.

  ❄ ♿ – Prix : €€

17 rue Edouard-Marty – ℰ 04 71 43 39 26 – www.lapetitegrange.fr – Fermé lundi et mardi

TOURNON-SUR-RHÔNE

✉ 07300 – Ardèche – Carte régionale n° **3**-E2

😊 ### LE CERISIER

MODERNE • CONVIVIAL La carte de ce petit restaurant à la déco contemporaine est alléchante en diable, à l'image de ses plats canailles et de la spécialité maison, le pâté en croûte, dont la recette varie au fil des saisons. Derrière les fourneaux, un couple bichonne une partition gourmande à quatre mains et met en valeurs les produits locaux comme la truite de l'Ardèche. Les desserts sont particulièrement soignés à l'image de la poire pochée au vin chaud, diplomate vanille et spéculoos, sorbet poire. Très belle carte des vins (600 références) avec un choix judicieux de vins au verre.

  🕸 ♿ 🏠 – Prix : €€

1 rue Saint-Joseph – ℰ 04 75 08 91 02 – www.lecerisier-restaurant.fr – Fermé lundi et mercredi, et dimanche soir

🛏 ### HÔTEL DE LA VILLEON   *Plus*

CLASSIQUE CONTEMPORAIN Au cœur du village, ce palais du 18ᵉ s. abrite un luxe sobre et discret, d'une élégance rare. On est particulièrement séduit par le jardin suspendu, sa glycine centenaire et ses terrasses avec vue sur le clocher de l'église de St-Julien et les collines de l'Hermitage... Superbe !

  🅿 ❄ 🛏 🚲 - 16 chambres – Prix : €€

2 rue Davity – ℰ 04 75 06 97 50

TOURNUS

✉ 71700 – Saône-et-Loire – Carte régionale n° **5**–C3

✿ AUX TERRASSES

Chef : Jean-Michel Carrette

MODERNE • CONTEMPORAIN Après la visite de l'abbaye Saint-Philibert, une étape s'impose sur ces terrasses de charme ! De grandes baies vitrées inondent de lumière ce décor de matériaux bruts (pierre et bois), ces grandes tables en chêne massif sans nappage. Sans oublier le jardin paisible et l'accueil attentionné de l'épouse du chef... Son mari, Jean-Michel, est un passionné capable de changer ses propositions gourmandes d'une table à l'autre au cours d'une même soirée. Seul lui importe le moment présent et l'émotion. Et d'émotion, sa cuisine n'en manque pas, entretenant une délicieuse complicité avec le terroir, notamment végétal, ne cédant rien sur la qualité des produits et la précision des cuissons.

🌱 L'engagement du chef : Nous travaillons avec un réseau de maraîchers bio et de pêcheurs locaux, ainsi que notre potager. Les vins sur notre carte sont en majorité confectionnés selon les règles de la biodynamie. Nous adhérons à la réservation responsable, et nous soutenons l'association l'Ecole Comestible. Nos déchets organiques sont déshydratés et transformés en engrais et nous récupérons les eaux de la cuisine pour arroser les fleurs.

🕸 ⇆ & 🅚 🅿 – Prix : €€€

18 avenue du 23-Janvier – 𝒞 03 85 51 01 74 – www.aux-terrasses.com/fr – Fermé lundi et dimanche

✿ L'ÉCRIN DE YOHANN CHAPUIS

Chef : Yohann Chapuis

CRÉATIVE • CONTEMPORAIN Sis entre les murs de cet ancien orphelinat rendu fameux par Jean Ducloux, ce restaurant offre un écrin de choix pour la cuisine de Yohann Chapuis, chef formé notamment chez Lameloise. Fini les "plats cultes" d'autrefois (mais qui retrouvent leur place au Bouchon Bourguignon, à côté), place à une cuisine "de goûts et d'émotions", avec une vraie identité et pas mal de personnalité. Le tout réalisé à partir de beaux produits de saison : écrevisses de Saône, turbot de petite pêche, bœuf charolais, servis par des dressages de haute volée. Très belle carte des vins et sommelier de bon conseil.

🕸 & 🅚 ⇆ – Prix : €€€€

1 rue Albert-Thibaudet – 𝒞 03 85 51 13 52 – www.restaurant-greuze.fr/fr – Fermé mardi, mercredi et jeudi midi

🏶 LE BOUCHON BOURGUIGNON

RÉGIONALE • CONTEMPORAIN L'annexe du restaurant gastronomique de Yohann Chapuis propose une cuisine d'inspiration bourguignonne généreuse et soignée, à savourer dans un cadre contemporain. On y retrouve avec plaisir les classiques régionaux : pâté croûte "Maison Greuze", œufs façon meurette, grenouilles fraîches en persillade, volaille de Bresse aux morilles et vin jaune, bœuf charolais... sans oublier les douceurs comme l'île flottante aux pralines roses ou les gaufrettes mâconnaises.

& 🅚 – Prix : €€

1 rue Albert-Thibaudet – 𝒞 03 85 51 13 52 – www.restaurant-greuze.fr/fr – Fermé lundi, dimanche et du mardi au samedi à midi

LE TERMINUS

MODERNE • CONTEMPORAIN À la carte de cet ancien buffet de gare 1900, une cuisine au goût du jour qui place la fraîcheur au-dessus de toutes les vertus ! On déjeune ou on dîne côté brasserie, dans une salle intime et cosy, pour se régaler de classiques régionaux qui font le succès de la maison (pâté en croûte, quenelle de brochet, grenouilles...). À l'étage, quelques chambres.

🅰️ 🍴 ✿ 🅿️ – Prix : €€

*21 avenue Gambetta – ✆ 03 85 51 05 54 – www.hotel-terminus-tournus.com –
Fermé mercredi, dimanche et jeudi midi*

🛏️ **AUX TERRASSES** *Plus*

CLASSIQUE CONTEMPORAIN Un hôtel familial aux chambres spacieuses,
confortables, fort bien tenues, et aux tarifs raisonnables. Pour un confort supérieur,
on peut dormir "sous les toits", dans de magnifiques chambres contemporaines.

♿ 🅿️ 🛋️ 🧺 🚲 🍴 - 20 chambres – Prix : €

18 avenue du 23 Janvier – ✆ 03 85 51 01 74

❀ **Aux Terrasses** - Voir la sélection des restaurants

🛏️ **LA TOUR DU TRÉSORIER** *Plus*

DESIGN MODERNE Dans cette belle maison médiévale, charme historique, épure
contemporaine et raffinement font bon ménage. Le magnifique jardin domine la
Saône. Riche de 250 références, la carte des vins se dévoile, en dégustant une
ardoise de fromages locaux.

🅿️ 🧺 - 5 chambres – Prix : €

9 place de l'Abbaye – ✆ 03 85 27 00 47

TOURRETTES

✉️ 83440 – Var – Carte régionale n° **24**-C3

🍀 **FAVENTIA**

MODERNE • LUXE Le luxueux domaine de Terre Blanche vous accueille dans un
cadre privilégié qui semble protégé du monde extérieur - cette terrasse face à la
nature et au soleil couchant est un enchantement ! Le chef Christophe Schmitt
(L'Almandin à Saint-Cyprien, Au Crocodile à Strasbourg, Maison Lameloise à
Chagny) signe une belle cuisine d'inspiration méditerranéenne qui met à l'honneur de superbes produits locaux. Chaque assiette bénéficie d'un soin remarquable, comme ce rouget de roche au lard de Colonnata, araignée de mer et
condiment tamarin. Menus uniques en plusieurs séquences (déclinables en version
végétarienne).

🐾 🛋️ ♿ 🅰️ 🍴 ✿ 🍽️ 🅿️ – Prix : €€€€

*3100 route de Bagnols-en-Forêt – ✆ 04 94 39 90 00 – www.terre-blanche.com –
Fermé lundi, dimanche et du mardi au samedi à midi*

🛏️ **TERRE BLANCHE** *Plus*

CLASSIQUE CONTEMPORAIN Sentiment d'exclusivité sur les hauteurs de l'arrière-pays, entre St-Raphaël et Cannes... Tout semble idyllique dans ce domaine de
300 ha, dédié au repos des sens : luxe sans ostentation (beaux matériaux naturels),
espace (vastes suites disséminées dans 45 villas), piscines, deux golfs 18 trous...
Mention spéciale au spa, sommet du genre !

♿ 🍽️ 🅿️ 🛋️ 🧺 🧖 🏊 🎾 💆 🍴 - 115 chambres – Prix : €€€

3100 route de Bagnols-en-Forêt – ✆ 04 94 39 90 00

❀ **Faventia** - Voir la sélection des restaurants

TOURRETTES-SUR-LOUP

✉️ 06140 – Alpes-Maritimes – Carte régionale n° **25**-E2

CLOVIS

MODERNE • BISTRO Dans ce bistrot au cœur du village médiéval, on peut commencer par boire un apéritif au bar à vins – en l'accompagnant de charcuterie
et autres grignotages. Le chef propose un concept original : il décline plusieurs
formules (entrée + plat) autour d'un produit dominant, végétal, viande ou poisson.
Accueil chaleureux.

♺ ⒶⓄ – Prix : €€€

21 Grande-Rue – ☎ 04 93 58 87 04 – clovisgourmand.fr – Fermé mardi, mercredi, samedi midi, et lundi, jeudi et dimanche soir

LE SANSOT

TRADITIONNELLE • MAISON DE CAMPAGNE Une cuisine du marché et de saison, simple et savoureuse : voici ce qui vous attend au Sansot, installé face à la jolie cité de Tourrettes-sur-Loup. Pomponette de homard et tourteau à la coriandre ; filet d'agneau au thym, pomme purée... Tradi et réconfortant.

↩ ⛺ – Prix : €€

700 route de Grasse – ☎ 04 93 59 03 94 – lesansot.com – Fermé lundi, mardi et dimanche, et mercredi et jeudi soir

SPELT

MODERNE • BISTRO Dans le cœur historique de la cité, Raphaël (côté salé) et Marion (côté sucré) régalent avec des créations bistronomiques franches et savoureuses : saumon rôti, asperges blanches au barbecue et sauce hollandaise ; quasi de veau rôti, légumes printaniers, chorizo et jus de volaille ; pannacotta fraise, coulis rhubarbe et sorbet basilic. Au dîner, un menu dégustation reprend le risotto d'épeautre au homard, plat signature de la maison.

↩ ⒶⓄ ⛺ – Prix : €€

6 Grand'Rue – ☎ 09 86 26 63 79 – www.spelt-restaurant.com – Fermé lundi, mardi et dimanche

TOURS

✉ 37000 – Indre-et-Loire – Carte régionale n° **8**–B2

La rue du Grand-Marché, avec ses nombreuses façades à colombages garnies de brique ou d'ardoise, est l'une des plus intéressantes du vieux Tours. Elle mène aux halles qui s'animent les mercredis, samedis et dimanches matin. Dans la capitale tourangelle, patrimoine et gastronomie sont étroitement liés ! La patrie de Rabelais est d'ailleurs à l'origine de l'inscription, par l'Unesco, du repas gastronomique à la française. Les halles, superbes, en témoignent à leur manière : on y trouve le meilleur de tout.

Des préparations charcutières comme les rillettes de porc ou d'oie (Vouvray et Tours s'en disputent la paternité), les rillons (des cubes de viande entrelardés) ou l'andouille de Jargeau. La Touraine est aussi une terre de fromages de chèvre dont le crottin de Chavignol et le sainte-maure-de-touraine, cette bûche cendrée traversée par une paille. Enfin, la ville de Balzac est entourée de très beaux vignobles dont vous trouverez les crus chez les cavistes de la ville.

LES BARTAVELLES

MODERNE • COSY Les Bartavelles : un hommage rendu à Marcel Pagnol par une fratrie de jeunes passionnés – Ghislain en cuisine, Véronique en salle. Dans l'assiette, on trouve une cuisine fraîche et colorée, des produits locaux à foison, de belles inspirations, le tout servi avec le sourire... que demander de plus ?

🅰️🅲️ – Prix : €€

Plan : B1-5 – *33 rue Colbert* – ☎ *02 47 61 14 07* – *www.bartavelles.fr* – *Fermé lundi, mercredi et dimanche*

CASSE-CAILLOUX

MODERNE • BISTRO Bistrot gourmand prisé (et souvent pris d'assaut ; réservation fortement conseillée !) dans ce quartier résidentiel proche du jardin des Prébendes, complété d'une petite terrasse d'été. Cuisine de saison sincère et gourmande proposée à l'ardoise, que l'on accompagne d'un joli vin de Loire.

🅰️🅲️ 🏮 – Prix : €€

Plan : A3-6 – *26 rue Jehan-Fouquet* – ☎ *02 47 61 60 64* – *Fermé samedi, dimanche et mercredi midi*

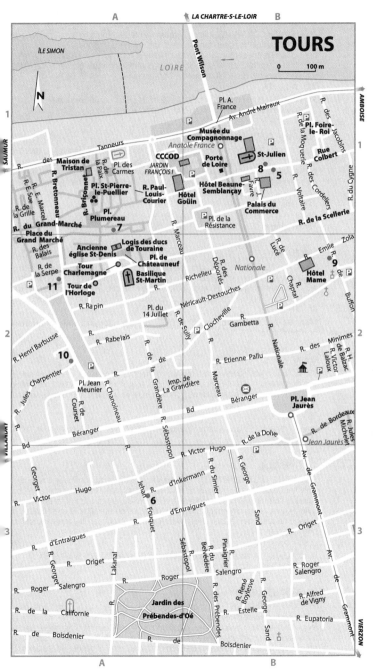

TOURS

0   100 m

ÎLE SIMON

N

LOIRE

Pont Wilson

SAUMUR

AMBOISE

Pl. A. France

Av. André Malraux

R. des Jacobins

Pl. Foire-le-Roi

R. de la Moquerie

Musée du Compagnonnage

Anatole France

Porte de Loire

St-Julien

Rue Colbert

Tanneurs

R. des

Maison de Tristan

R. de la Paix

Pl. des Carmes

CCCOD

JARDIN FRANÇOIS I

R. de Voltaire

R. des Cordeliers

R. du Cygne

R. Briçonnet

Pl. St-Pierre-le-Puellier

R. Paul-Louis-Courier

Hôtel Goüin

Hôtel Beaune-Semblançay

8

5

R. Bretonneau

R. E. Sue

R. E. Marceau

R. de la Grille

Pl. Plumereau

7

Favre

Palais du Commerce

R. de la Scellerie

R. du Grand-Marché

Place du Grand Marché

R. des Balais

Ancienne église St-Denis

Logis des ducs de Touraine

Pl. de Châteauneuf

Pl. de la Résistance

R. Marceau

R. de Lucé

R. du

Zola

Emile

R. de

9

R. de la Serpe

Tour Charlemagne

Basilique St-Martin

Richelieu

Nationale

R. des Déportés

R. Chaptal

Hôtel Mame

11

Tour de l'Horloge

R.

R. Rapin

Pl. du 14 Juillet

Néricault-Destouches

R. de Sully

Clocheville

Gambetta

Buffon

R. Henri Barbusse

R.

R. Rabelais

R. de la Grandière

R. des Minimes

R. H. de Balzac

R. Victor Laloux

10

R. de

de

R. Etienne Pallu

Nationale

R. Jules Charpentier

Pl. Jean Meunier

R. de Courset

R. Chanoineau

Imp. de La Grandière

Marceau

Béranger

Pl. Jean Jaurès

VILLANDRY

R.

Béranger

Bd

R. de la Dolve

R. de Bordeaux

R. Jules Michelet

Bd

R. Victor Hugo

Jean Jaurès

R.

Victor

Hugo

R. Jéhan Fouquet

R. Simier

R. George

R. George

Av. de Grammont

Georget

d'Inkermann

6

d'Entraigues

Sand

R. Origet

R.

d'Entraigues

Lakanal

Roger

Sébastopol

Pinaigrier

R. du Belvédère

R. Roger Salengro

R.

Georget

R.

Origet

Salengro

R. des Prébendes

R. René Boylesve

George

R. Alfred de Vigny

VIERZON

R. Roger

Salengro

Jardin des Prébendes-d'Oé

Estelle

R. Eupatoria

R. de la Californie

de

R. des

Sand

R. de Boisdenier

R. de

Boisdenier

A

B

LA DEUVALIÈRE

MODERNE • CONVIVIAL Julien et Alexandra mettent toute l'énergie de leur jeunesse pour séduire les gourmands de passage... et ils y parviennent sans problème ! Leur cuisine, réglée sur les saisons, réserve de jolies surprises. Le cadre, qui mêle le cachet rustique d'une maison ancienne (poutres, tommettes et cheminée) à des notes plus actuelles, ne fait qu'ajouter à notre plaisir.

🅰️🅒 – Prix : €€

Plan : A1-7 – *18 rue de la Monnaie* – ☏ 02 47 64 01 57 – *www.restaurant-ladeuvaliere.com/fr* – *Fermé samedi et dimanche*

MAISON COLBERT

MODERNE • BISTRO Bienvenue dans ce bistrot convivial en plein cœur de ville, où l'on affiche complet et où l'on se régale d'une cuisine du marché goûteuse et parfumée : lors de notre passage, paleron de bœuf confit au vin de chinon , écrasé de pomme de terre ; vol au vent sauce poulette... la patte d'un chef qui connaît ses gammes gourmandes.

🍽️ – Prix : €€

Plan : B1-8 – *26 rue Colbert* – ☏ 02 47 05 99 81 – *www.maisoncolbert.fr* – *Fermé lundi et dimanche*

NOBUKI

JAPONAISE • ÉPURÉ Un cadre zen et épuré, tout de bois clair, et une cuisine japonaise traditionnelle de saison, qui marque par sa fraîcheur et son originalité : assortiment d'entrées froides et de tempuras du moment, chirashi (plat traditionnel de poissons crus), plat chaud du jour et soupe miso. Réservation impérative.

🅰️🅒 – Prix : €€

Plan : B2-9 – *3 rue Buffon* – ☏ 02 47 05 79 79 – *www.nobuki.fr* – *Fermé samedi et dimanche, et du lundi au jeudi soir*

O&A

MODERNE • BISTRO Sympathique bistrot gourmand du vingt-et-unième siècle face aux Halles, où Olivier Arlot et ses équipes vous régalent dans une atmosphère conviviale d'une belle partition bistronomique, avec un menu-carte renouvelé au fil des saisons.

🅰️🅒 – Prix : €€

Plan : A2-10 – *29 place Gaston-Paillhou* – ☏ 02 47 55 87 73 – *Fermé samedi et dimanche*

LA RISSOLE

MODERNE • CONTEMPORAIN Le nom de ce bistrot rend hommage à un grand cuisinier du siècle passé, et célèbre les joies de la cuisson ! La courte carte met en valeur la saisonnalité et les produits de la région (asperges, escargots, poisson de rivière). Des assaisonnements maîtrisés pour une cuisine simple et goûteuse, à l'image de ces asperges blanches mimosa, brocoli, vadouvan. Il y a peu de tables, pensez à réserver !

♿🅰️🅒 – Prix : €€

Plan : A2-11 – *51 place du Grand-Marché* – ☏ 02 47 49 20 04 – *www.larissole.fr* – *Fermé lundi et dimanche*

LA ROCHE LE ROY

MODERNE • ÉLÉGANT Un joli petit manoir à la sortie de la ville, au cadre élégant et raffiné, complété d'une plaisante terrasse aux beaux jours. Maximilien Bridier, le jeune chef, travaille avec passion des produits de belle qualité (comme les Saint-Jacques de plongée de la criée de Granville) et présente des assiettes soignées, précises et sans superflu. Belle sélection de vins au verre et service attentionné.

⚟ 🚰 🔁 **P** – Prix : €€€

Hors plan – *55 route de Saint-Avertin –* ☎ *02 47 27 22 00 – larocheleroy.com – Fermé lundi et dimanche*

 OCEANIA L'UNIVERS *Plus*

DESIGN MODERNE Accueil en grande pompe, dans le hall, avec une fresque représentant les plus célèbres clients de l'hôtel : Fernandel, Gainsbourg, Piaf... Depuis 1846, le meilleur établissement de Tours reçoit dans un esprit "petit palace". Le must : profiter de l'espace bien-être avant d'aller siroter un cocktail au bar !

P ◯ ♼ 🏦 🎦 🧖 🧒 🍽 - 91 chambres – Prix : €
5 boulevard Heurteloup – ☎ *02 47 05 37 12*

TOURTOUR
✉ 83690 – Var – Carte régionale n° **24**–C3

🕵 **LA TABLE**

MODERNE • INTIME Charmant petit restaurant contemporain situé à l'étage d'une maison en pierre. La cuisine, savoureuse, valorise les produits du marché, notamment les légumes (excellent menu végétarien, à prix doux). À déguster sur la terrasse ombragée. L'accueil est aussi chaleureux que le service, dynamique.

🍽 – Prix : €€
1 traverse de Jas, Les Ribas – ☎ *04 94 70 55 95 – www.latable.fr – Fermé mardi*

TRAENHEIM
✉ 67310 – Bas-Rhin – Carte régionale n° **10**–A1

ZUM LOEJELGUCKER

TRADITIONNELLE • RUSTIQUE Dans un village viticole au pied des Vosges, cette ferme alsacienne du 18e s. ne manque pas de charme : bons plats régionaux avec quelques suggestions plus actuelles, boiseries sombres, fresques et cour fleurie l'été. Un style familial aussi chaleureux et convivial.

♿ 🎰 🍽 🔁 – Prix : €€
17 rue Principale – ☎ *03 88 50 38 19 – aubergedetraenheim.com – Fermé du lundi au mercredi soir*

TRANGÉ
✉ 72650 – Sarthe

 LA GROIRIE *Plus*

CLASSIQUE CONTEMPORAIN Adossé à un château du 17e s. ayant survécu aux guerres de Vendée, cet hôtel a été créé par des amoureux du patrimoine... et ça se voit ! Belles et vastes chambres, grand parc verdoyant, piscine : si ce n'est pas le paradis, ça y ressemble.

♿ **P** ◯ 🏡 🏦 🧒 - 13 chambres – Prix : €€
La Groirie – ☎ *09 70 37 24 59*

TRÈBES
✉ 11800 – Aude – Carte régionale n° **21**–B2

LE MOULIN DE TRÈBES

MODERNE • MAISON DE CAMPAGNE Quel charme, cet ancien moulin ! Sa terrasse donne directement sur le canal du Midi. Quant à la cuisine, elle se révèle simple et moderne, avec comme spécialité le ris de veau caramélisé au sésame et compote d'endives... Un vrai plaisir, qui s'arrose d'une jolie sélection de vins de la région.

⪻ 🛆 🅿 – Prix : €€

*1 rue du Moulin-de-Trèbes – ℰ 04 68 78 97 57 – www.lemoulindetrebes.com –
Fermé lundi, samedi midi et dimanche soir*

TRÉBEURDEN
✉ 22560 – Côtes-d'Armor – Carte régionale n° **7**–B1

☼ MANOIR DE LAN-KERELLEC

POISSONS ET FRUITS DE MER • ÉLÉGANT Un cadre magique : la salle est couverte d'une splendide charpente en forme de carène de bateau renversée, et la vue
porte sur la Manche et les îles. C'est désormais le jeune chef d'origine normande
Anthony Avoine, ex-second ici même, qui est à la barre de la table gastronomique
de ce beau manoir. Les produits bretons sont joliment mis en valeur au sein d'une
partition volontiers créative, jouant des associations terre et mer, à l'image du
saint-pierre, galette au sarrasin et pied de porc, ou encore de cette barbue côtière,
tortellini aux câpres, jeunes pousses d'épinards, coriandre et sauce charcutière.
Produits locaux, fraîcheur garantie.

⪼ ⪻ 🚪 ⇔ 🅿 – Prix : €€€€

*Allée centrale de Lan-Kerellec – ℰ 02 96 15 00 00 – www.lankerellec.com –
Fermé lundi, mardi et mercredi midi*

🛏 MANOIR DE LAN-KERELLEC   *Plus*

CLASSIQUE CONTEMPORAIN Dominant les îles de la Côte de Granit rose, ce
noble manoir breton du début du 20ᵉ s. est plein de charme : vastes chambres avec
balcon ou terrasse, jardin luxuriant et atmosphère familiale. Un lieu de plénitude,
propice à l'écriture et aux rêveries des promeneurs solitaires.

🅿 🕸 🚪 ⅠⅠⓄ - 18 chambres – Prix : €€

Allée centrale de Lan Kérellec – ℰ 02 96 15 00 00

☼ **Manoir de Lan-Kerellec** - Voir la sélection des restaurants

TRÉBOUL
✉ 29100 – Finistère – Carte régionale n° **7**–A2

TY MAD

POISSONS ET FRUITS DE MER • CONVIVIAL Sur les hauteurs de Tréboul, au
calme dans un quartier paisible de villas, on se délecte d'une cuisine fraîche, où la
loi du marché n'est pas un vain mot, ni l'amour du bio ! Et pour la sieste, profitez de
la petite plage, en léger contrebas, accessible par le chemin côtier. Menu végan.

⪻ 🚪 🅿 – Prix : €€

3 rue Saint-Jean – ℰ 02 98 74 00 53 – www.hoteltymad.com – Fermé mardi

TREFFORT
✉ 01370 – Ain – Carte régionale n° **2**–B1

😊 VOYAGES DES SENS

MODERNE • AUBERGE Après avoir côtoyé plusieurs chefs renommés, Nicolas
Morelle s'est installé dans ce charmant village. Au plus près des petits producteurs locaux, il propose une cuisine habile et subtile, et surtout rudement efficace, comme avec cette truite, émulsion raifort, légumes bio de saison. Dans une
ambiance familiale et chaleureuse, voyagez directement en cuisine en jetant un œil
derrière la belle baie vitrée qui permet de voir le chef à l'œuvre !

🛆 – Prix : €€

*33 rue Principale – ℰ 04 74 51 39 94 – www.voyagesdessens.com – Fermé lundi,
mardi, mercredi midi et dimanche soir*

TRÉGUIER

✉ 22220 – Côtes-d'Armor – Carte régionale n° **7**–B1

AIGUE MARINE

CRÉATIVE • CONTEMPORAIN Laissez-vous surprendre par la cuisine créative de Stanislas Laisney, jeune chef originaire de la Manche : sa signature culinaire s'exprime d'emblée au gré d'assiettes colorées et herbacées. Ses associations terre/mer, accompagnées d'audaces (comme ses desserts à base de légumes) témoignent d'une créativité certaine.

 ♿ 🅰 🍴 ⇔ 🅿 – Prix : €€€

5 rue Marcelin-Berthelot – ☎ 02 96 92 97 00 – www.aiguemarine-hotel.com – Fermé lundi et dimanche

LA TABLE DU MARCHÉ

TRADITIONNELLE • BISTRO Entre la rivière le Jaudy et la cathédrale Saint-Tugdual, une façade à la devanture bleue pétrole fait de l'œil au passant. À l'intérieur, une petite salle rustique avec poutres, vieilles pierres, murs crépis blanc et chaises de couleur bleue, et surtout une appétissante ardoise... du marché. Entre tradition et bistronomie, le chef au beau parcours mitonne des recettes inspirées par les produits régionaux.

 🍴 – Prix : €

30 rue Saint-André – ☎ 02 96 92 93 22 – www.latabledumarche.fr – Fermé dimanche et du lundi au jeudi soir

TREILLES

✉ 11510 – Aude – Carte régionale n° **21**–B3

L'ATELIER ACTE 2

MODERNE • CONVIVIAL Il y a bien sûr cette terrasse bordée de pins, en plein cœur du vignoble de Fitou... Mais il y a surtout la cuisine chantante du chef, un excellent artisan, qui célèbre les producteurs locaux de superbe manière : thon rouge de Méditerranée, huîtres et huile d'olive de Leucate, agneau El Xaï, légumes d'un maraîcher bio, etc. Vous allez vous régaler.

 ♿ 🅰 🍴 🅿 – Prix : €€

6 route des Corbières – ☎ 04 68 33 08 59 – www.atelier-acte2.com – Fermé lundi

TREMBLAY-EN-FRANCE

✉ 93290 – Seine-Saint-Denis

🛏 CITIZENM CHARLES-DE-GAULLE   *Plus*

DESIGN MODERNE Bonne surprise pour un hôtel d'aéroport : un design moderne et joyeux, des chambres ultra-fonctionnelles pour compenser leur taille, et un accès libre 24 heures sur 24 au salon et à la cantine (appellation revendiquée !). Une adresse à retenir, quitte à choisir un vol particulièrement tardif pour justifier une escale de nuit.

 ♿ 🅿 🛎 🍴 - 230 chambres – Prix : €

7 rue de Rome – ☎ 01 78 90 26 53

LE TREMBLAY-SUR-MAULDRE

✉ 78490 – Yvelines – Carte régionale n° **15**–A2

❀ NUMÉRO 3

MODERNE • DESIGN Voici un village jadis fréquenté par le célèbre marchand de tableaux Ambroise Vollard, mais aussi par Picabia, Picasso et surtout Cendrars qui y est enterré ! Julie et Laurent Trochain y tiennent une bonne table, un ancien relais de chasse qu'ils ont entièrement rénové. Quelle métamorphose ! Oubliées les poutres, la cheminée et même la façade traditionnelle ; place à un cadre éminemment contemporain, géométrique et design. Natif de Maubeuge, formé dans les belles maisons, et notamment chez Pierre Gagnaire, Laurent défend son terroir d'Ile-de-France à travers les produits de son propre jardin potager (légumes et herbes aromatiques) et ceux des petits producteurs qu'il affectionne. Son menu veggie, séduit d'ailleurs de plus en plus…une cuisine délicate et colorée. Tous les fondamentaux sont au rendez-vous : beaux produits, geste soigné et recettes nouvelles.

&. 🅰️ 🕭 ⇆ – Prix : €€€

3 rue du Général-de-Gaulle – ☏ 01 34 87 80 96 – www.restaurant-numero3.fr – Fermé lundi, mardi, du mercredi au vendredi à midi, et dimanche soir

TRÉMOLAT

✉ 24510 – Dordogne – Carte régionale n° **18**–C3

✿ LE VIEUX LOGIS

Chef : Vincent Arnould

MODERNE • ÉLÉGANT Une valeur sûre que cette table de tradition, dont le cadre – un ancien séchoir à tabac, tout en pierre et bois peint – est tout à fait charmant. Comme le reste de ces bâtisses en pierre de pays, une ancienne propriété agricole, où l'on devine les vestiges d'un ancien prieuré. En gardien éclairé de la tradition, voici le chef Vincent Arnould, Meilleur Ouvrier de France. Vosgien tombé amoureux du Périgord, il sait choisir ses produits afin de proposer une belle carte actuelle, assise sur de solides bases classiques. À midi, la maison propose un menu dans un esprit tapas périgourdin, à un prix intéressant. De la gastronomie en mouvement.

🕭 🕭 ⇆ 🅿️ – Prix : €€€€

Le Bourg – ☏ 05 53 22 80 06 – www.vieux-logis.com – Fermé mercredi et jeudi

BISTROT DE LA PLACE

RÉGIONALE • BISTRO Une adresse pour se restaurer dans le village où Claude Chabrol tourna le film Le Boucher (1970). Vieilles pierres, poutres et réjouissante cuisine régionale, avec notamment un menu-carte bien tourné où le canard a toute sa place (foie gras, confit grillé), ce qui ravira les amateurs du célèbre palmipède… Un moment très sympathique.

🕭 – Prix : €

Le Bourg – ☏ 05 53 22 80 69 – www.vieux-logis.com – Fermé lundi et mardi

🛏 LE VIEUX LOGIS   *Plus*

ÉLÉGANCE TRADITIONNELLE Cet ancien prieuré est le vivant récit de l'histoire de la famille des propriétaires, remontant à presque cinq siècles ! Les chambres sont meublées avec goût et le jardin est superbe. Un logis extrêmement chaleureux.

🐾 🅿️ 🔄 🍴 🕭 🏊 🍴 - 25 chambres – Prix : €€

Le Bourg – ☏ 05 53 22 80 06

✿ **Le Vieux Logis** - Voir la sélection des restaurants

LE TRÉPORT

✉ 76470 – Seine-Maritime – Carte régionale n° **17**–D1

LE GOÛT DU LARGE

MODERNE • BISTRO En léger retrait de l'agitation du port, on goûte à la cuisine généreuse et actuelle du jeune chef Jonathan Selliez (aidé par sa mère en pâtisserie), qui joue sur les textures et les saveurs. Les poissons sont issus de la pêche durable, comme ce superbe filet de bar de ligne de la côte d'albâtre à la cuisson impeccable avec sa déclinaison de carottes. On n'est pas près de prendre le large !

Prix : €€

4 place Notre-Dame – ☏ 02 35 84 39 87 – Fermé lundi et mardi

TRESSERVE

✉ 73100 – Savoie – Carte régionale n° **4**-F1

❀ **L'INCOMPARABLE**

MODERNE • CONTEMPORAIN Dans cette demeure de caractère dominant le lac du Bourget, le chef Antoine Cevoz-Mamy délivre une cuisine élégante et techniquement précise, pleine de punch et de saveurs, avec l'envie de privilégier les produits locaux : légumes du potager, truite, féra, veau fermier... Des assiettes qui ont du caractère, avec notamment un penchant affirmé pour les agrumes, et toujours un jeu de textures bien pensé – mention spéciale à la truite fario en croûte de pain et sa carotte aux saveurs lointaines. Depuis la terrasse, on profite d'une vue panoramique sur le lac et le mont du Chat.

⇆ ⪦ ⅙ 🎦 🎪 **P** – Prix : €€€€

68 chemin de Belledonne – ℰ 04 58 01 74 23 – www.hotel-lincomparable.com/ fr – Fermé du lundi au mercredi et dimanche soir

LA TRINITÉ-SUR-MER

✉ 56470 – Morbihan – Carte régionale n° **7**-B3

L'AZIMUT

MODERNE • COSY Ambiance maritime tous azimuts dans la salle à manger et agréable terrasse offrant une échappée sur le port... À la carte, poissons de petit bateau et fruits de mer, mais aussi viandes cuites à la braise. Joli choix de vins. Une valeur sûre.

🏵 🎪 ⇔ – Prix : €€

1 rue du Men-Du – ℰ 02 97 55 71 88 – www.lazimut-latrinite.com – Fermé mardi et mercredi

🛏 **LE LODGE KERISPER** *Plus*

CLASSIQUE CONTEMPORAIN Dans un quartier assez calme à deux minutes du port, une ancienne ferme du 19ᵉ s. rénovée avec beaucoup de goût : meubles chinés, touches design, tissus chaleureux... Ambiance cocooning dans les chambres, croissants et yaourts artisanaux au petit-déjeuner : un coup de cœur.

P ⵿ 🚪 🚲 ⅄ - 20 chambres – Prix : €

4 rue du Latz – ℰ 02 97 52 88 56

LA TRONCHE

✉ 38700 – Isère – Carte régionale n° **2**-C2

LA MAISON BADINE

CRÉATIVE • CONTEMPORAIN Dans cette table moderne et accueillante, on n'a rien à cacher, et surtout pas cette ambiance décontractée et sympathique. La cuisine est ouverte, tous les plats - qui mettent en valeur les produits de saison - sont dressés sur un petit îlot à la vue de tous. Aux fourneaux, le jeune chef Florian Poyet compose une cuisine actuelle et lisible, aux visuels alléchants et aux tarifs mesurés : une belle petite adresse. Quelques pépites dans la carte des vins.

🏵 ⅙ 🎦 🎪 – Prix : €€

2 rue du Pont-Prouiller – ℰ 04 76 01 03 33 – www.maison-badine.com – Fermé lundi, dimanche et samedi midi

LE TRONCHET

✉ 35540 – Ille-et-Vilaine – Carte régionale n° **7**-D2

LE JARDIN DE L'ABBAYE

MODERNE • ÉPURÉ Au cœur de la campagne bucolique de l'arrière-pays malouin, entre le Mont Saint-Michel, Saint-Malo et Dinan, cette ancienne abbaye du 12ᵉ s., transformée en hôtel et restaurant, abrite aussi une bonne table. Technicien doué, notamment sur les desserts, le chef Romain Verzi s'inspire du marché et de la saison comme sur ce mulet et sa belle déclinaison de petits pois. À déguster dans une salle à manger sobre ouverte sur la campagne et un étang, avant de retrouver une belle chambre confortable - silence garanti !

🛏 🖳 ⇔ 🅿 – Prix : €€€

L'Abbatiale – 𝒞 02 99 16 94 41 – www.hotel-de-labbaye.fr/le-restaurant – Fermé lundi, mardi et du mercredi au dimanche à midi

🛏 **L'ABBAYE**   *Plus*

DESIGN MODERNE En pleine campagne, au bord d'un étang, cette ravissante abbaye du 12ᵉ s. a été rénovée avec beaucoup de goût. Belle cour encadrée de bâtisses en pierre, chambres confortables et résolument modernes, qui ne manquent pas d'élégance, et dont certaines disposent d'une terrasse privative... Tout simplement charmant !

♿ 🅿 🐾 🛏 🍽 🦶 ⅱ○ - 45 chambres – Prix : €€

7 rue de L'Abbatiale – 𝒞 02 99 16 94 41

Le Jardin de l'Abbaye - Voir la sélection des restaurants

TROUVILLE-SUR-MER
✉ 14360 – Calvados

🛏 **CURES MARINES**   *Plus*

CLASSIQUE CONTEMPORAIN Cet hôtel, installé dans un imposant bâtiment néoclassique (1912) entre port et plage, en plein cœur de Trouville, signe le retour du balnéaire chic ! Tout y respire l'élégance et le confort, avec ce vaste hall superbement décoré, ces chambres lumineuses, et ce spa marin unique en son genre... Exceptionnel.

🏊 🅿 🗠 🐾 🍽 🌐 🦶 ⅱ○ - 103 chambres – Prix : €€

Boulevard de la Cahotte – 𝒞 02 31 14 26 00

🛏 **LE FLAUBERT**   *Plus*

ÉLÉGANCE TRADITIONNELLE Il suffit de poser un pied dehors pour fouler les célèbres "planches" : cette villa à colombages très romantique (1936) est quasiment posée sur la plage ! Les chambres, plutôt classiques, sont coquettes et disposent pour la moitié d'une jolie vue sur la mer.

🏊 🐾 - 31 chambres – Prix : €

Rue Gustave Flaubert – 𝒞 02 31 88 37 23

TROYES
✉ 10000 – Aube – Carte régionale n° **11**–B3

AUX CRIEURS DE VIN

MODERNE • BAR À VIN Briques nues, mobilier bistrot, concept branché : on choisit sa bouteille dans la cave, avant de l'accompagner d'un bon petit plat centré sur le produit (charcuterie artisanale, viande fermière, fromages de chez Bordier, etc.). Le patron s'adresse à chacun de ses clients, avec la jubilation non feinte du passionné de vins ! Un plaisir.

🍴 🏮 – Prix : €

4 place Jean-Jaurès – 𝒞 03 25 40 01 01 – www.auxcrieursdevin.fr – Fermé lundi et dimanche

CAFFÈ COSI - LA TRATTORIA DE BRUNO CAIRONI

ITALIENNE • FAMILIAL Cette trattoria à l'italienne a pris ses quartiers dans une ancienne galerie d'art, ouverte sur une cour pavée. Produits d'épicerie à emporter et terrasse appréciable aux beaux jours.

♿ 🍽 ↻ – Prix : €€

5 rue Marie-Pascale-Ragueneau – ℰ 03 25 76 61 34 – www.caffecosi-caironi. com – Fermé lundi et dimanche, et mardi et mercredi soir

CLAIRE ET HUGO

DU MARCHÉ • TENDANCE Un jeune couple autodidacte et passionné, auparavant à la tête d'un food-truck remarqué, s'est lancé avec succès dans l'aventure d'un vrai restaurant. Doté d'un décor sobre en matériaux bruts, le lieu est également une boulangerie-épicerie ouverte sur une plaisante terrasse et un jardin intérieur (dont une serre à agrumes). Les produits, à 95% bios, inspirent des préparations saines, savoureuses et équilibrées. A partir du jeudi soir, menu-carte où l'on peut piocher, selon ses envies. Une adresse bienvenue dans l'agglomération troyenne.

🍴 ♿ 🍽 – Prix : €€

77 avenue du Général-Galliéni, à Sainte-Savine – ℰ 09 73 14 18 69 – www. claireethugo.fr – Fermé du lundi au mercredi et dimanche soir

LE QUAI DE CHAMPAGNE

MODERNE • ÉLÉGANT Au bord du Ru de Cordé, une maison bourgeoise dix-neuvième rénovée avec goût dans un esprit contemporain et entourée d'un charmant jardin arboré : le chef Jean-Paul Braga y cisèle une jolie cuisine actuelle et de saison, non sans oublier quelques classiques (ris de veau braisé aux morilles, tournedos Rossini). L'adresse chic qui manquait à Troyes !

🍴 ♿ Ⓜ 🍽 ↻ – Prix : €€€

1 bis quai des Comtes-de-Champagne – ℰ 03 25 42 08 98 – www.le-quai-de-champagne.fr – Fermé lundi, mardi midi et dimanche soir

TULLE

✉ 19000 – Corrèze – Carte régionale n° **19**-C3

🙂 ## LES 7

MODERNE • SIMPLE Cette adresse de poche (25 couverts au maximum) est le fief d'un jeune couple plein d'allant. Les assiettes sont dressées avec beaucoup de soin, les saveurs et textures sont complémentaires. N'oublions pas de dire aussi un mot sur le service, absolument charmant.

♿ – Prix : €€

32 quai Baluze – ℰ 05 44 40 94 89 – restaurant-les7.fr – Fermé lundi et dimanche

LE BOUCHE À OREILLE

TRADITIONNELLE • CONVIVIAL On découvre ici le travail d'un chef aimable et discret, aussi modeste que bon cuisinier. Ses préparations font la part belle aux saisons (soupe de châtaignes de Corrèze et flan au foie gras) ainsi qu'aux beaux produits (magret de canard du sud-ouest, rôti rosé, façon bigarade). C'est goûteux et bien ficelé : on se régale, on y retourne.

♿ 🍽 – Prix : €€

39 avenue Charles-de-Gaulle – ℰ 05 44 40 40 30 – www.leboucheaoreille-tulle. com – Fermé lundi et dimanche

LA TURBALLE

✉ 44420 – Loire-Atlantique – Carte régionale n° **23**-A2

MAJU Ⓝ

MODERNE • CONTEMPORAIN Terminé le Terminus, MArine et JUlien ont métamorphosé ce lieu dans un esprit de bistrot contemporain fort élégant et chaleureux - sans oublier les baies vitrées donnant sur le port. De sa cuisine ouverte, le chef envoie une cuisine jeune et moderne, qui séduit au premier coup de fourchette à l'image de ce marbré de lieu jaune au miso, laitue de mer, butternut-cacahuète, citronnelle...

🍴 – Prix : €€

18 quai Saint-Paul – ℰ 02 40 23 30 29 – www.maju-restaurant.fr – Fermé du lundi au mercredi

LA TURBIE

✉ 06320 – Alpes-Maritimes – Carte régionale n° **25**–E2

❀❀ HOSTELLERIE JÉRÔME

Chef : Bruno Cirino

MÉDITERRANÉENNE • ÉLÉGANT Tout d'abord, il faut dire à quel point la table de Bruno Cirino, installée dans un ancien réfectoire d'une annexe de l'abbaye de Lérins, a de l'allure : vaste hauteur sous plafond, voûte peinte, fresques fruits et légumes façon Pompéi, beau carrelage et cheminée du 17ᵉ s... avec une petite terrasse fleurie profitant d'une échappée vers la mer. Quant aux assiettes, elles sont à l'image du chef : diablement méridionales, généreuses, pleines de caractère. On y retrouve des produits du terroir méditerranéen (pêche d'à côté, légumes des paysans voisins), avec un pied en France et l'autre en Italie. Le Sud comme terrain de jeu !

❀ **L'engagement du chef :** Une cuisine suspendue entre terre et mer, célébrant l'arrière-pays niçois et la Ligurie. Autant de trésors qui éclairent tout un territoire, et posent leur poésie au fil d'une partition marquée par l'instant et l'instinct. Un vibrant hommage aux saisons et aux cultures, une représentation de la nature au sens le plus pur.

❀ ⇔ ≼ 🅰🍴 – Prix : €€€€

20 rue Comte-de-Cessole – ℰ 04 92 41 51 51 – www.hostellerie-jerome.com – Fermé lundi, dimanche et du mardi au samedi à midi

☺ CAFÉ DE LA FONTAINE

TRADITIONNELLE • BISTRO Repas au coude-à-coude entre des habitués gouailleurs et des gourmands ravis, atmosphère très conviviale : pas de doute, on est dans un authentique café de village. Ode aux terroirs ensoleillés, la cuisine – bistrotière et généreuse à souhait – est réalisée avec les meilleurs produits du marché et cela se sent ! Réservation conseillée.

🅰🍴 – Prix : €€

4 avenue du Général-de-Gaulle – ℰ 04 93 28 52 79 – www.hostellerie-jerome. com – Fermé jeudi

UCHAUX

✉ 84100 – Vaucluse – Carte régionale n° **24**–A2

☺ CÔTÉ SUD

MODERNE • COSY Un jeune couple au beau parcours concocte une cuisine simple, et des recettes bien ficelées, aux inspirations régionales. Vous passerez un moment plaisant dans cette maison en pierre, son jardin et son agréable terrasse. On se régale d'un œuf parfait, artichauts et olives noires ou d'un râble de lapin farci aux champignons noirs, écrasé de pomme de terre et coulis de poivron rouge. La carte des vins fait la part belle au bio et à la biodynamie. Service charmant.

⇔ ₺ 🍴 🅿 – Prix : €

3395 route d'Orange – ℰ 04 90 40 66 08 – www.restaurantcotesud.com – Fermé mardi et mercredi

LE M - CHÂTEAU DE MASSILLAN

MODERNE • ÉLÉGANT Ce beau château du 16ᵉ s. est niché dans un vaste parc entouré de vignes. La cuisine met en valeur les produits du potager et du verger bio du domaine, déclinés en deux menus. À déguster avec un cru en biodynamie du Domaine de la Guicharde, qui produit aussi l'huile d'olive servie au restaurant. Service souriant et appliqué. En été, on s'installe dans la magnifique cour face au jardin, autour de la fontaine.

🖐 & 🅰 🛖 ⇔ 🅿 – Prix : €€€

730 chemin de Massillan – ℰ 04 90 40 64 51 – www.chateaudemassillan.fr – Fermé lundi, mardi et dimanche et du mercredi au samedi à midi

LE TEMPS DE VIVRE

PROVENÇALE • TRADITIONNEL Cette maison en pierre du 18 e s. – mais au décor contemporain – invite à prendre le temps de vivre, en particulier sur sa terrasse ombragée. Le chef et son épouse connaissent par cœur les lois de l'hospitalité. Au menu : la générosité de la Provence, avec les légumes du beau-père en saison, aïoli le vendredi midi en été, mais aussi un menu dédié à la truffe en hiver.

& 🅰 🛖 🅿 – Prix : €€

322 route de Bollène – ℰ 04 90 40 66 00 – www.letempsdevivre-uchaux.com – Fermé mercredi et jeudi

CHÂTEAU DE MASSILLAN   *Plus*

CLASSIQUE CONTEMPORAIN Ici, pas de surprise sur l'architecture (16ᵉ s.) et le paysage. L'étonnement survient à l'intérieur, avec ce décor chic et contemporain, imaginé par les propriétaires, décorateurs londoniens, qui ont exercé leur art libre et graphique dans la plupart des douze chambres du château.

⌣ 🖇 🍽 - 13 chambres – Prix : €€

730 chemin de Massillan – ℰ 04 90 40 64 51

Le M - Château de Massillan - Voir la sélection des restaurants

URIAGE-LES-BAINS

✉ 38410 – Isère – Carte régionale n° **2**-C2

✿✿ MAISON ARIBERT

Chef : Christophe Aribert

CRÉATIVE • DESIGN Christophe Aribert s'épanouit dans une belle maison du 19 e s. adossée à la colline, au cœur du parc d'Uriage. Cet amoureux de la nature a fait de l'éco-responsabilité l'alpha et l'omega de son établissement : traitement des déchets, chauffage à granulés, tissus en coton bio... Tout ici est pensé en fonction du respect de l'environnement. Le chef affirme plus que jamais son attachement aux herbes et racines des montagnes environnantes, qui accompagnent dans l'assiette les fruits, légumes et fleurs du potager maison. Sa cuisine compose également une véritable ode aux poissons de rivière. Enfin, n'oublions pas les confortables chambres, idéales pour prolonger le séjour.

✿ L'engagement du chef : La Maison Aribert s'inscrit dans une volonté de soutenir un territoire en tissant des liens forts avec ses artisans, ses ressources et ses acteurs locaux. Nous voulons être une vitrine des savoir-faire isérois qui répondent à des engagements responsables. Notre cuisine est le reflet de la richesse de la nature qui nous entoure et fait notamment la part belle au végétal et herbes de montagne.

⅋ ⌣ & 🅿 – Prix : €€€€

280 allée du Jeune-Bayard – ℰ 04 58 17 48 30 – www.maisonaribert.com – Fermé lundi, mardi, mercredi et jeudi à midi , et dimanche soir

✿ CAFÉ A

MODERNE • BISTRO Le café A, véritable lieu de vie de la maison Aribert, ouvert toute la semaine et du petit-déjeuner au dîner, ne dort jamais. Fidèle à sa thématique "café de village", qui revisite les recettes inspirées des mères et grand-mères, le chef propose une belle cuisine bistronomique à prix doux, simple et réalisée à partir de produits sélectionnés avec soin. Souvenirs gourmands d'une brioche perdue, glace et sauce caramel, simplement addictif. Une valeur sûre. Brunch le dimanche.

🛏️ ♿ 🅺 🌳 🅿 – Prix : €€

280 allée du Jeune-Bayard – ☎ 04 58 17 48 30 – www.maisonaribert.com

🛏️ | **MAISON ARIBERT** *Plus*

AVANT-GARDE Chacune des cinq chambres a été conçue de façon à se fondre dans son environnement, celui des pins et des reliefs enneigés du parc naturel d'Uriage-les-Bains, dont on s'imprègne depuis leurs terrasses. Un mobilier ancien chiné se mêle à des pièces design et des œuvres contemporaines pour un rendu doux et enveloppant, à l'image du cadre extérieur.

♿ 🅿 🛏️ ⅱ○ - 5 chambres – Prix : €€

280 allée du Jeune Bayard – ☎ 04 58 17 48 30

✿✿ **Maison Aribert** • **Café A** - Voir la sélection des restaurants

URMATT

✉ 67280 – Bas-Rhin – Carte régionale n° **10**–A2

LA POSTE

TRADITIONNELLE • **AUBERGE** Les amateurs de tradition seront heureux de découvrir cette auberge familiale installée en face de l'ancienne mairie. Gibier en saison, truite au bleu, tournedos de bœuf Rossini, foie gras d'oie et autres terrines de campagne... La cuisine est généreuse et l'ambiance sympathique.

🛏️ 🅺 🅿 – Prix : €€

74 rue du Général-de-Gaulle – ☎ 03 88 97 40 55 – www.hotel-rest-laposte.fr –
Fermé lundi et mardi, et dimanche soir

URRUGNE

✉ 64122 – Pyrénées-Atlantiques – Carte régionale n° **18**–A3

FERME LIZARRAGA

MODERNE • **CONTEMPORAIN** Dans un bel environnement naturel – lizarraga signifie "forêt de frênes" en basque –, une auberge du 17 e s. au caractère préservé, à la fois chic et champêtre. Le chef offre une version revisitée de la cuisine du marché : on en profite en terrasse, à l'ombre d'un noyer centenaire... Délicieux, tout simplement.

🛏️ ♿ 🌳 🅿 – Prix : €€

Chemin de Lizarraga – ☎ 05 59 47 03 76 – www.saint-jean-de-luz-restaurant.
com – Fermé lundi et mardi

URVILLE-NACQUEVILLE

✉ 50460 – Manche – Carte régionale n° **17**–A1

LE LANDEMER

MODERNE • **COSY** Dans cette belle maison en pierre, au toit en schiste et au charme indéniable, un jeune et sympathique chef hollandais concocte une cuisine moderne, un brin créative, attentive aux produits locaux, notamment poissons, légumes, herbes sauvage et fleurs. Précis et maîtrisé. Ne pas oublier de profiter des belles chambres face à la mer...

⪍ ♿ 🅿 – Prix : €€

2 rue des Douanes – ☎ 02 33 04 05 10 – www.le-landemer.com – Fermé lundi,
mardi et mercredi midi

USCLADES-ET-RIEUTORD

✉ 07510 – Ardèche – Carte régionale n° **2**–A3

FERME DE LA BESSE

TRADITIONNELLE • **RUSTIQUE** Les volailles, veaux et brebis de la ferme familiale sont la matière première d'un jeune chef sympathique et bosseur, qui ne ménage pas ses efforts. Des recettes pleines de fraîcheur et de peps, une ambiance naturelle et conviviale : un vrai plaisir.

🅿 – Prix : €€

La Besse – ☏ 07 72 37 27 39 – www.fermedelabesse.com – Fermé lundi et dimanche soir

USSEL

✉ 19200 – Corrèze – Carte régionale n° **19**–D2

AUBERGE DE L'EMPEREUR

TRADITIONNELLE • **VINTAGE** Au milieu de la verdure, cette ancienne grange est devenue une auberge coquette et chaleureuse. Cheminée, charpente en coque de bateau renversée : l'endroit a beaucoup de cachet ! Dans l'assiette, de jolis produits travaillés avec soin et générosité : morilles de l'empereur, carré d'agneau au foin...

🏠 – Prix : €€€

La Goudouneche – ☏ 05 55 46 04 30 – www.aubergedelempereur.fr – Fermé lundi et dimanche soir

UZERCHE

✉ 19140 · Corrèze

JOYET DE MAUBEC   *Plus*

DESIGN MODERNE Cet ancien hôtel particulier, redécoré avec beaucoup de goût et de très beaux matériaux, n'a rien perdu de son caractère d'antan. Le charme y est niché dans tous les coins, depuis le sol pavé de l'accueil jusqu'aux chambres spacieuses et délicieusement rétro.

♿ 🅿 ⛱ ⛤ 🛏 🛁 🍷 - 11 chambres – Prix : €€

Place des Vignerons – ☏ 05 55 97 20 60

UZÈS

✉ 30700 – Gard – Carte régionale n° **21**–D2

LA TABLE D'UZÈS

Chef : Christophe Ducros

MODERNE • **COSY** C'est LA table gastronomique des environs, aucun doute là-dessus : deux salles à manger cossues et élégantes, avec deux patios qui le sont tout autant, des tables dressées avec soin, mais surtout un chef épanoui et plein d'allant, Christophe Ducros. Sa cuisine est résolument méridionale, assemblage de saveurs franches et équilibrées. Des exemples ? Le fameux pigeon des Costières, rôti sur coffre ; biscuit de loup de Méditerranée, bourride ; poire/noisette en différentes textures, bergamote en dénominateur commun... La cohérence de l'ensemble est indéniable. On pourra même profiter de ces douceurs sur la terrasse, autour du tilleul : décidément, un vrai plaisir de gastronome.

🏠 – Prix : €€€

18 rue du Docteur-Blanchard – ☏ 04 66 20 07 00 – www.lamaisonduzes.fr – Fermé lundi et mardi, et dimanche soir

LE COMPTOIR DU 7

MODERNE • CONTEMPORAIN À l'entrée de la ville, dans un ancien tunnel où circulaient les fiacres, ce bistrot contemporain sert une cuisine décomplexée, à base de produits frais : cannellonis farcis de ratatouille, herbes fraîches ; joues de bœuf confites, purée de carotte au cumin, aubergines moelleuses et suprêmes d'orange... Une bonne adresse.

&🄰🛋 – Prix : €€

7 boulevard Charles-Gide – ☏ 04 66 22 11 54 – www.maisonsaintgeorges.com – Fermé lundi et dimanche

BOUTIQUE HÔTEL ENTRAIGUES

Plus

DESIGN MODERNE Fondé par un couple de restaurateurs d'édifices historiques, l'Hôtel Entraigues est évidemment un bâtiment de plus de 500 ans, jouxtant la majestueuse cathédrale néo-romane. L'extérieur, méticuleusement préservé, abrite un intérieur contemporain, avec un mobilier minimaliste et de somptueuses salles de bains en mosaïque. La terrasse panoramique et la piscine ajoutent au charme de l'endroit.

🅿 🌥 🛁 - 19 chambres – Prix : €

Place de l'Evêché – ☏ 04 66 72 05 25

DOMAINE DE FOS

Plus

DESIGN MODERNE Elle a de l'allure, cette bastide provençale nichée en pleine nature tout près d'Uzès, qui fait penser à une villa toscane. Un patio-cloître charmant, des chambres confortables, une piscine chauffée autour de laquelle on déguste une salade, l'été... Un vrai petit paradis.

🅿 🛁 - 5 chambres – Prix : €€

119 chemin de Fos – ☏ 04 66 62 34 38

LA MAISON D'UZÈS

Plus

CLASSIQUE CONTEMPORAIN Dans la vieille ville, cet hôtel particulier du 17ᵉ s. accueille les voyageurs dans une atmosphère cosy et feutrée. Les chambres, aux noms poétiques – L'Écrin, Les Trois Lucarnes, La Dérobée, etc. –, sont confortables. Une charmante étape !

🛀🅿 🕸 💮 🍽 - 12 chambres – Prix : €€€

18 rue du Docteur Blanchard – ☏ 04 66 20 07 00

✿ **La Table d'Uzès** - Voir la sélection des restaurants

VAGNEY

✉ 88120 – Vosges – Carte régionale n° **12**–C3

LES LILAS

MODERNE • COSY Dans cette localité au pied des Vosges, impossible de manquer la grande bâtisse rose saumon sur le bord de la route ! Vous serez chaleureusement accueillis par Armelle, dans la salle aux belles verrières Art déco tandis que Lionel, en cuisine, réalise de bons plats actuels, augmentés parfois de quelques touches créatives. Agréable terrasse.

&🛋🕸🅿 – Prix : €€

12 rue du Général-de-Gaulle – ☏ 03 29 23 69 47 – www.restaurantleslilas. fr/?lang=fr – Fermé mardi et mercredi, et lundi soir

VAILHAN

✉ 34320 – Hérault – Carte régionale n° **21**–C2

✿ ÄPONEM - AUBERGE DU PRESBYTÈRE

Cheffe : Amélie Darvas

MODERNE • ÉLÉGANT Äponem signifie "bonheur" en langue Pataxo. Amélie Darvas et Gaby Benicio, les deux associées, ont trouvé le leur dans cette auberge d'un ancien presbytère du 17ᵉ s., repérée presque par hasard pendant des vacances dans la région. "Se rapprocher de l'essentiel, revenir à nous-mêmes et aux produits sans intermédiaires", voici la volonté de la cheffe Darvas, originaire de Paris, qui travaille les produits du marché et du potager (sept potagers en permaculture !) avec une flamme sans pareil. Ses assiettes limpides et audacieuses sont complétées à merveille par le travail de Gaby, sommelière de formation, qui assure avec talent le service de beaux vins de la région. À déguster dans un cadre pimpant avec vue sur la campagne environnante ou sur la charmante terrasse, à l'ombre d'une glycine. Àponem : plus qu'un restaurant, un projet de vie.

🌱 **L'engagement du chef :** Cultiver la terre, cuisiner les légumes de nos potagers en permaculture, proposer des vins biodynamiques et mettre l'humain au cœur de notre projet, c'est le défi que nous relevons au quotidien pour tendre vers une gastronomie durable et responsable, en adéquation avec la nature qui nous entoure.

🐄 ⬧&🎏 – Prix : €€€€

4 rue de l'Église – 𝒞 04 67 24 76 49 – www.aponem-aubergedupresbytere.fr – Fermé du mardi au jeudi, vendredi midi et lundi soir

VAILLY

✉ 74470 – Haute-Savoie – Carte régionale n° **4**–F1

⭐ FRÉDÉRIC MOLINA AU MOULIN DE LÉRÉ

Chef : Frédéric Molina

MODERNE • RUSTIQUE Au cœur de la vallée du Brevon, cet ancien moulin du 17 e s. tourne grâce à deux passionnés : le chef Frédéric Molina, fils de viticulteur ayant promené ses couteaux dans toute l'Europe, et sa compagne Irene Gordejuela, originaire d'un petit village entre Pays basque et Rioja. Cette dernière accueille avec un délicieux accent et veille sur la carte des vins qui met en valeur les crus locaux et... espagnols. Leur philosophie commune, c'est l'éco-responsabilité : ils mettent en avant l'agriculture raisonnée locale, avec des producteurs triés sur le volet, et vont jusqu'à utiliser des contenants biodégradables. Le menu surprise en 4 ou 8 plats est un vrai régal ; on profite aussi d'un excellent pain local, au levain naturel bio.

🌱 **L'engagement du chef :** Soucieux de l'impact environnemental de notre cuisine, 90% des produits que nous utilisons sont issus d'exploitations artisanales et biologiques qui se situent dans un rayon de 30 km. En cuisine, nous nous efforçons également de réduire au maximum le gaspillage alimentaire en utilisant les produits dans leur intégralité.

🛏 🍴&🎏 ⌾**P** – Prix : €€€

270 route de Léré, Sous la Côte – 𝒞 04 50 73 61 83 – www.moulindelere.com – Fermé dimanche d'octobre à mai, mardi soir de juin à septembre, du mardi au jeudi à midi et lundi

VAISON-LA-ROMAINE

✉ 84110 – Vaucluse – Carte régionale n° **24**–A2

🏵 LES MAISONS DU'O - LE BISTRO PANORAMIQUE

DU MARCHÉ • CONTEMPORAIN Tomate et fruits du pays, épeautre et cochon du Ventoux : le chef emporte la mise avec une cuisine dans le vent, d'esprit provençal, à l'image de ce merlu de ligne, cocos de pays au pistou et chorizo des Barronnies. Menu à l'excellent rapport qualité/prix et vue superbe sur l'Ouvèze depuis la grande salle contemporaine.

⬧&🎏 – Prix : €€

Rue Gaston-Gevaudan – 𝒞 04 90 28 84 08 – www.maisonsduo.com – Fermé lundi et dimanche

LE BATELEUR

MODERNE • CONVIVIAL À un jet de lances du pont romain, aux pieds de la ville médiévale, le jeune chef propose une cuisine du marché, attentive aux saisons, souvent provençale, parfois matinées d'influences italiennes et mexicaines. À déguster en terrasse, sous des cieux cléments. Une belle étape pour découvrir une cuisine riche en saveurs !

🅰🅲 🍴 – Prix : €€

1 place Théodore Aubanel – 𝒞 04 90 36 28 04 – www.restaurant-lebateleur. com – Fermé lundi et dimanche

LES MAISONS DU'O - LA TABLE

MODERNE • CONVIVIAL La Table, c'est le restaurant gastronomique de ce petit univers d'hospitalité gourmande qui est situé dans la ville haute (et même dans les anciennes écuries du château de Vaison) et qui est tenue par... un duo complice. Elle en salle, lui aux fourneaux, cuisinant au plus près des saisons et des producteurs, à travers un menu surprise unique à 9 plats.

🅰🅲 – Prix : €€€

Rue Gaston-Gevaudan – 𝒞 04 90 41 72 90 – www.maisonsduo.com – Fermé lundi, dimanche et du mardi au vendredi à midi

VAL D'ISÈRE

✉ 73150 – Savoie – Carte régionale n° **2**-D2

L'une des stations phare de la Savoie, implantée sur le versant oriental de la Vanoise, Val-d'Isère s'est développée dans les années 1930. Réputée sportive et familiale, elle est devenue au fil du temps, comme sa consœur Courchevel, un spot gastronomique comme en témoigne notre sélection et les produits du terroir qu'on y trouve. Outre les fromages traditionnels (tomme de Savoie, raclette, etc.), il est facile de dénicher des salaisons mais aussi des vins de Savoie, du miel, des bières et des jus de fruits – qui évoquent, si besoin est, la splendeur de la montagne l'été. Côté table, la cuisine montagnarde atteint ici des sommets... évidemment.

⌘⌘ **MAISON BENOÎT VIDAL**

Chef : Benoît Vidal

CRÉATIVE • MONTAGNARD La vue des lieux laisse rêveur : un beau chalet au toit en lauze, tout droit sorti d'une gravure. Le restaurant dévoile un cadre rustique, boisé, organisé autour de la majestueuse cheminée centrale. Pas de doute, nous sommes à la montagne ! Le chef Benoît Vidal, natif de Perpignan, formé auprès de Michel Guérard et Michel Trama, concocte une cuisine savoureuse pleinement ancrée dans le présent : par exemple, écrevisses au sabayon de sapin ; truite de Savoie grillée à la flamme et poireaux confits ; lait de la Ferme de l'Adroit, crème glacée au foin..... suivies d'un digestif en mezzanine, dans le petit salon cosy. Délicieux. Deux menus dégustations (7 ou 11 séquences) le soir et un menu à 68€ le midi qui est assurément le bon plan des Trois Vallées.

🕏 ⇆&. – Prix : €€€€

Le Fornet – ℰ 04 79 00 00 82 – www.atelier-edmond.com – Fermé dimanche et lundi midi

---

⌘ **LA TABLE DE L'OURS**

MODERNE • ÉLÉGANT Sur les hauteurs de Val-d'Isère, un luxueux hôtel aux airs de chalet cossu héberge cette table gastronomique, désormais parée d'un nouvel écrin, entre bois, pierres et miroirs. Antoine Gras, jeune Auvergnat qui a exercé chez Arnaud Donckele et chez René et Maxime Meilleur à Saint-Martin-de-Belleville, est un fidèle de cette maison où il a fait ses preuves à différents postes. Passionné et consciencieux, il travaille dans le strict respect du produit, mis en avant dans des recettes savoureuses et sans chichis. Les accords de saveurs tombent juste, à l'image de cette féra, orange sanguine, noix et sauce maltaise. En salle, une jeune équipe déploie un enthousiasme contagieux et notamment la sommelière, porte-parole des vins de Savoie.

🏨 ⇆🕭 & – Prix : €€€€

Les Barmes de l'Ours, 100 montée de Bellevarde – 𝒞 04 79 41 37 00 – www. hotellesbarmes.com – Fermé lundi, dimanche et du mardi au samedi à midi

L'ALTIPLANO 2.0

PÉRUVIENNE • ÉLÉGANT La montagne ne se résume pas aux… Alpes ! À cette adresse, le chef Riccardo Berto célèbre les Andes et propose des plats inspirés par l'histoire et la cuisine péruvienne. Cuisine de braise, cuisine de condiments, cuisine à partager… un véritable voyage immobile à déguster dans un cadre chic, intimiste et convivial.

🍽 – Prix : €€€€

Le K2 Chogori, 143 avenue du Prariond – 𝒞 04 79 04 08 20 – lek2chogori.com/ fr – Fermé mardi, et lundi, mercredi, jeudi, vendredi, samedi et dimanche midi

BISTROT GOURMAND

TRADITIONNELLE • MONTAGNARD Le bistrot est situé au rez-de-chaussée de la Maison Benoît Vidal, le restaurant gastronomique, mais notre gourmandise, elle, atteint des sommets ! Le jeune chef, originaire de Perpignan, mijote une cuisine de grand-mère savoureuse à l'image de cet effiloché de canard aux noisettes grillées et champignons de Savoie. Et pour en profiter, une terrasse plein sud.

🍽🛋 – Prix : €€

Le Fornet – 𝒞 04 79 00 21 42 – www.atelier-edmond.com – Fermé lundi et du mardi au dimanche soir

🛏 LES 5 FRÈRES   *Plus*

ÉLÉGANCE TRADITIONNELLE Les deux jeunes femmes propriétaires des lieux ont su offrir une âme à cet hôtel, au décor contemporain et soigné, et aux chambres spacieuses. Ici, on ne renie pas boiseries ni héritage montagnard. Repos assuré… Une vraie maison de famille !

🅿 🛋 🕭 🍽 - 17 chambres – Prix : €€

Rue Nicolas Bazile – 𝒞 04 79 06 00 03

🛏 L'AIGLE DES NEIGES   *Plus*

DESIGN MODERNE Comme l'oiseau à qui il emprunte son nom, cet hôtel est perché au cœur de la station, à deux pas des pistes… Contemporain, confortable, disposant de nombreux services de qualité (espace enfants, piscine, salle de massage), il se révèle une étape fort agréable.

🍽🅿🛋🕭🍸⊕🛁🍽 - 109 chambres – Prix : €€

Place de l'Église – 𝒞 04 79 06 18 88

🛏 LES AIRELLES   *Plus*

CLASSIQUE CONTEMPORAIN Un véritable hôtel de station "skis aux pieds", mais étonnamment raffiné, son architecture et son décor combinant la chaleur classique des lodges alpins avec des touches de style Renaissance. Chambres, suites et appartements bénéficient d'espace et d'une vue spectaculaire. Spa, piscine de 20 m.

🍽🅿🛋🕭🍸⊕🛁🎮🍽 - 41 chambres – Prix : €€€€

Rue des Téléphériques – 𝒞 04 79 22 22 22

🛏 AVANCHER   *Plus*

DESIGN MODERNE En course depuis 1949, l'hôtel Avancher connaît une nouvelle jeunesse : de grandes chambres et appartements fonctionnels à l'allure discrète, légère et dans l'air du temps. Ses équipements modernes bien pensés - TV connectées, wifi très haut débit ou encore système d'insonorisation - ancrent l'hôtellerie alpine dans la modernité. Que les puristes se rassurent, l'esprit alpin est respecté : bois blond, matières douces et spa tout équipé avec vue sur les reliefs. Services de location de matériel et de forfaits. Un luxe à prix raisonnable.

🅿️ 🛏️ 🕸️ 🏨 🍴 - 37 chambres – Prix : €€

Avenue du Prariond – ☎️ 04 79 06 02 00

🛏️ AVENUE LODGE   *Plus*

AVANT-GARDE Noir, c'est noir : tel pourrait être le nom de ce chalet où dominent les couleurs sombres. Dans les chambres, tissus "peau de bête", bois wengé et petit coin salon semblent réinventer l'imaginaire de l'hiver... Bistrot, agréable bar et spa complet.

🏂 🅿️ 🛋️ 🛏️ 🕸️ 🏨 ⚒️ 🍴 - 54 chambres – Prix : €

Avenue Olympique – ☎️ 04 79 00 67 67

🛏️ LES BARMES DE L'OURS   *Plus*

ÉLÉGANCE TRADITIONNELLE Différentes ambiances dans cet hôtel idéalement situé au pied des pistes... une véritable invitation au voyage. Les aménagements sont luxueux et le confort à son apogée, depuis le bar au coin du feu jusqu'à la rôtisserie. Hibernation en vue !

🏂 🅿️ 🛏️ 🕸️ 🏨 🛁 🍴 - 76 chambres – Prix : €€€

100 montée de Bellevarde – ☎️ 04 79 41 37 00

❀ **La Table de l'Ours** - Voir la sélection des restaurants

🛏️ HÔTEL ORMELUNE   *Plus*

DESIGN MODERNE Voici un bel exemple d'hôtel-ski "fun et funky", qui prouve qu'un séjour à la montagne donne de vraies belles couleurs. Spacieuses et ludiques avec leur design vitaminé, mais parsemées de touches rustiques, les chambres respirent la simplicité et la joie de vivre. Salles de bain en béton vernis, exposition pistes ou village, le rapport entre le pratique et la fantaisie atteint son équilibre. Côté services : bar au coin du feu, table moderne, espace sauna et hammam, massage en chambre, tarif préférentiel sur le matériel de ski.

🅿️ 🛋️ 🕸️ 🏨 🍴 - 46 chambres – Prix : €€

Rue Noël Machet – ☎️ 04 79 06 12 93

🛏️ LE K2 CHOGORI   *Plus*

DESIGN MODERNE Les intérieurs du K2 Chogori sont élégants, mais aussi chaleureux et accueillants. Malgré toute son extravagance d'hôtel de luxe alpin (salles de bains habillées de pierre, tissus de créateurs), il garde une atmosphère familiale rare. Le spa offre une pause entre deux journées en montagne, tout comme le restaurant péruvien. Le thé de l'après-midi, les plats légers, apéritifs, cocktails et la musique live ont leur antre particulier.

🏂 🅿️ 🛏️ 🛋️ 🕸️ 🏨 🛁 🍴 - 21 chambres – Prix : €€€€

143 avenue du Prariond – ☎️ 04 79 04 20 20

L'Altiplano 2.0 - Voir la sélection des restaurants

🛏️ LE REFUGE DE SOLAISE   *Plus*

DESIGN MODERNE L'hôtel le plus haut de France, perché à 2551 m d'altitude et accessible uniquement en télécabine l'hiver, a été construit en partie dans l'ancienne gare du téléphérique datant de 1941. Matériaux nobles (pierre, bois et chaux), piscine de 25 m avec baies vitrées et vue superbe sur la vallée et le lac de Tignes. Pour une nuit ou un séjour un peu plus près des étoiles.

🛋️ 🕸️ 🏨 🛁 🍴 - 16 chambres – Prix : €€€€

Sommet de Solaise – ☎️ 04 58 83 00 90

🛏 **LE TSANTELEINA** *Plus*

CLASSIQUE CONTEMPORAIN Du nom du plus haut sommet au-dessus de Val-d'Isère, un agréable hôtel, au cœur de l'animation de la mythique station. Les chambres sont spacieuses et chaleureuses, avec, côté sud, vue sur la piste olympique de Bellevarde ! Superbe espace bien-être.

🏂 🅿 🍸 ⚒ 🌀 ♨ *Fá* 🔥 🍴 - 54 chambres – Prix : €€

Avenue Olympique – 𝄞 04 79 06 12 13

VAL THORENS
✉ 73440 – Savoie – Carte régionale n° **4**-F2

✿ **LES EXPLORATEURS - HÔTEL PASHMINA**

MODERNE • COSY Au cœur d'un sublime hôtel posé à 2 345 m d'altitude, cette table de haute volée vaut l'ascension. Le jurassien Josselin Jeanblanc a troqué ses montagnes natales pour jouer ici le sherpa inspiré. Il sait faire monter un repas crescendo au fil de créations simples et inspirées, basées évidemment sur des produits de haute qualité "sourcés" dans toute la France. Dès leur arrivée en salle, les dressages soignés annoncent la couleur (et le goût !). Le pâté en croûte, le ris de veau et gratin dauphinois, la pièce d'agneau en cocotte de foin ou la volaille et morilles montrent une évidente maîtrise technique (comme les desserts également) et la volonté forte de n'être pas qu'un "énième" restaurant d'hôtel de luxe. Menu végétarien. Pari réussi, notamment grâce à un service attentionné et souriant.

🕸 – Prix : €€€€

Place du Slalom – 𝄞 04 79 00 09 99 – www.hotelpashmina.com – Fermé lundi et du mardi au dimanche à midi

LE DIAMANT NOIR

MODERNE • ÉLÉGANT Dans ce récent hôtel perché au sommet de la station (2 400m), un Bistrot baigné de lumière, avec sa charpente en bois et ses hauts plafonds. Une carte actuelle, pas forcément régionale. Le diamant noir rend hommage à la truffe noire proposée sur de nombreux plats, à la carte toute la saison.

Prix : €€€

Koh-I-Nor, rue Gébroulaz – 𝄞 04 79 31 00 00 – www.hotel-kohinor.com/fr – Fermé lundi, dimanche et du mardi au samedi à midi

🛏 **ALTAPURA** *Plus*

DESIGN MODERNE Voici un hôtel moderne, confortable sans basculer dans le kitsch, et qui n'exclut pas l'accueil des familles au profit du style. D'inspiration nordique, il dépasse le bois blond pour une recréation post-moderne du chalet, avec des meubles dessinés par Nicolas et Jean-Louis Sibuet, des étoffes italiennes et même les traditionnels trophées de cervidés, en version contreplaqué. Toutes modernes qu'elles soient, les chambres associent la sobriété, la douceur et le confort : couettes boule de neige, literies douillettes, douches spacieuses... Le spa, avec ses sept salles, sa piscine chauffée et son espace igloo, devient une alternative tentante au forfait pistes.

♿ 🏂 🅿 🛎 🍸 ⚒ 🌀 ♨ *Fá* 🍴 - 88 chambres – Prix : €€

Rue du Bouchet – 𝄞 04 80 36 80 36

🛏 **LE FITZ ROY** *Plus*

DESIGN MODERNE Cette paisible institution, installée à 2 300 m d'altitude, a bénéficié d'un lifting complet ! Décoration en pierre et chêne dans les parties communes, style montagnard contemporain dans les chambres ; certaines d'entre elles donnent directement sur les pistes.

🏂 🅿 🍸 ⚒ 🌀 ♨ 🍴 - 58 chambres – Prix : €€€

Place de l'Église – 𝄞 04 79 00 04 78

HÔTEL 3 VALLÉES - VAL THORENS *Plus*

CLASSIQUE CONTEMPORAIN Propriété familiale depuis 1979, cet hôtel accorde toutes ses attentions au confort de ses résidents. Les surfaces augmentent à mesure que l'on monte en gamme, jusqu'aux suites pour cinq personnes. Mais elles se révèlent toutes particulièrement accueillantes au retour d'une journée au grand air. Le petit espace bien-être, composé d'un sauna, d'un hammam et d'un jacuzzi, participera lui aussi à votre remise en forme... comme le petit bar avec cheminée, idéal la nuit tombée.

🅿 🛉 🌐 🗠 �🍽 - 28 chambres – Prix : €

Grande Rue – ☏ 04 79 00 01 86

PASHMINA *Plus*

DESIGN MODERNE C'est un projet fou et insolite pour ceux qui associent la montagne au luxe. Les chambres, très spacieuses, offrent un confort absolu. Hammam privé dans certaines suites, superbe spa de 450m², piscine intérieure... et même la possibilité de passer une nuit à la belle étoile dans un igloo refuge !

🏖 🅿 🛋 🛂 🌐 🗠 ♨ 🏋 ⚡🍽 - 53 chambres – Prix : €€€

Place du Slalom – ☏ 04 79 00 09 99

❀ **Les Explorateurs - Hôtel Pashmina** - Voir la sélection des restaurants

LE VAL THORENS *Plus*

DESIGN MODERNE Au cœur de la station, cet établissement abrite des chambres spacieuses, toutes avec balcon, où l'esprit de la montagne se décline à travers de belles lignes contemporaines. L'espace bien-être ajoute à l'esprit chic et sport des lieux.

♿ 🏖 🅿 🛉 🛋 🌐 🗠 ⚡🍽 - 83 chambres – Prix : €€

Place de l'Église – ☏ 04 79 00 04 33

VALBONNE
✉ 06560 – Alpes-Maritimes – Carte régionale n° **25**–E2

LA TABLE BY RICHARD MEBKHOUT

MODERNE • BISTRO Toujours aussi attachant, ce petit établissement du cœur historique et piéton de Valbonne ! Jolie cuisine du marché d'un chef à la technique solide, service familial et convivial assuré par son épouse, cadre sobre et authentique, prix raisonnables...

🅰🅒 🏠 – Prix : €€

6 rue de la Fontaine – ☏ 04 92 98 07 10 – Fermé lundi et dimanche

VALDEBLORE
✉ 06420 – Alpes-Maritimes – Carte régionale n° **24**–D2

AUBERGE DE LA ROCHE Ⓝ

CRÉATIVE • AUBERGE En plein cœur du parc national du Mercantour, entre la vallée de la Tinée et celle de la Vésubie, un trio qui cherchait à se mettre au vert a jeté son dévolu sur cette auberge traditionnelle en pierre. Ils ont été séduits, comme vous le serez, par le calme et la beauté de la nature environnante. Dans l'assiette, une cuisine brute, créative et végétale, un menu unique, des produits locaux (y compris ceux du potager maison). Belle offre de bières et de vins nature.

🏠 ⚡ 🚗 ♿ 🏠 🅿 – Prix : €€€

La Roche – ☏ 04 93 05 19 07 – www.laubergedelaroche.com – Fermé mardi, mercredi, du jeudi au dimanche à midi, et lundi soir

VALENCE

✉ 26000 – Drôme – Carte régionale n° **3**–E2

Le jeudi et le samedi matin, les terrasses de la place des Clercs se replient pour permettre au marché de prendre ses aises. Les producteurs de la région viennent vendre le meilleur de leur ouvrage dans une ambiance conviviale. Les becs sucrés se régaleront de nougat de Montélimar, de pogne (une brioche aromatisée à la fleur d'oranger) et, en saison, de noix de Grenoble, de myrtilles et de marrons d'Ardèche.

Côté salé, faites le plein de ravioles, ces petites pâtes fraîches farcies de comté, de fromage blanc frais et de persil. Ajoutez une caillette, un petit pâté de porc aromatisé aux herbes et quelques fromages de chèvre comme le picodon et le saint-félicien. En saison, la truffe noire, dont la Drôme est le premier producteur, s'accorde à merveille avec les crus de la vallée du Rhône, saint-joseph ou crozes-hermitage…

🌼🌼🌼 **PIC**

Cheffe : Anne-Sophie Pic

CRÉATIVE • LUXE La Maison Pic, dans la Drôme, c'est d'abord une atmosphère particulière. Salle tamisée, où la lumière n'éclaire que l'assiette ; créations florales ; moquette épaisse qui suspend le pas de la brigade, mixte, en tenue classique. Ici, on sert à l'ancienne, à l'assiette clochée en porcelaine… On retrouve dans l'assiette les sublimes obsessions – culte du Japon, souci de l'assemblage inédit – de celle que l'on a surnommé "la funambule des saveurs". Anne-Sophie Pic propose désormais une invitation au voyage autour d'un menu unique en 10 haltes. Membre du club très fermé des femmes trois étoiles, très engagée, la célèbre cheffe dirige aujourd'hui la fondation "Donnons du goût à l'enfance". Au-delà de son talent débordant, un indispensable symbole.

🕸 ⛲ ♿ 🅰🅺 ❄ 🅿 – Prix : €€€€

285 avenue Victor-Hugo – ℰ 04 75 44 15 32 – www.anne-sophie-pic.com – Fermé lundi, dimanche et mardi midi

---

🌼 **LA CACHETTE**

Chef : Masashi Ijichi

CRÉATIVE • CONTEMPORAIN Dans la partie basse de Valence, cette Cachette très discrète est désormais encore mieux cachée depuis son déménagement dans l'impasse située derrière l'adresse d'origine. Le restaurant gagne toujours à être découvert ! Vous y ferez la connaissance d'un chef précis et inspiré, Masashi Ijichi, d'origine japonaise. Ses préparations fines et délicates organisent la rencontre irrésistible entre le terroir drômois et les fulgurances asiatiques dans un cadre moderne flambant neuf. Déclinaison de tomates et son mesclun de jeunes pousses ;

thon rouge cuit sur le charbon, sauce piquillos, padron et aubergine. On passe un excellent moment, notamment grâce à un service efficace et une belle carte des vins (superbe sélection de côtes-du-rhône septentrionaux).

🕸 ৬ 🕮 – Prix : €€€

20 rue Notre-Dame-de-Soyons – ℰ 04 75 55 24 13 – www.lacachette-valence.fr – Fermé lundi, dimanche, et mardi et mercredi à midi

✿ FLAVEURS

Chef : Baptiste Poinot

MODERNE • INTIME C'est au cœur de la vieille ville de Valence qu'on découvre cette belle table gastronomique lovée dans un décor coloré, avec sa moquette et ses tables en châtaignier... Un grand-père traiteur a peut-être décidé de la carrière du jeune chef Baptiste Poinot, qui a étudié à l'école hôtelière de Vienne, a reçu les leçons de Michel Chabran à Pont-de-l'Isère, d'Anne-Sophie Pic, ou encore de Joël Robuchon. Ce cuisinier sensible, qui cherche avant tout à transmettre une émotion, délivre des assiettes qui attestent une réflexion mûrie, avec des produits excellents et une technique soignée. Ces flaveurs – sensation provoquée conjointement par le goût et l'odeur d'un aliment – sont flatteuses.

🕮 – Prix : €€€

32 Grande-Rue – ℰ 04 75 56 08 40 – www.baptistepoinot.com – Fermé samedi, dimanche et lundi midi

☺ LE BAC À TRAILLE

MODERNE • DÉCONTRACTÉ Le chef japonais étoilé de la Cachette a réalisé son rêve : ouvrir un bistrot (le nom rend hommage à l'ancien bac qui franchissait le Rhône sur la "traille" juste à côté). Cette cuisine du marché, fraîche et très soignée, ne manque jamais de punch et de relief. Menu à partager aux saveurs française et japonaise, sélection de vins régionaux. Excellent rapport qualité/prix.

🥗 – Prix : €€

16 rue des Cévennes – ℰ 04 75 55 24 13 – www.lacachette-valence.fr/bistrot-bac-a-traille – Fermé lundi, dimanche et mardi midi

ANDRÉ

TRADITIONNELLE • CONVIVIAL Ce bistrot chargé d'histoire célèbre dans l'assiette les recettes phares de chaque génération de la famille Pic. On retiendra la mosaïque de rouget et foie gras de Jacques, une alliance entre terre et mer aussi audacieuse qu'esthétique à laquelle sa fille Anne-Sophie ajouta la gelée de bouillabaisse, ou encore la bouchée aux écrevisses, ris de veau et sauce Nantua.

🕸 ৬ 🕮 🥗 🅿 – Prix : €€€

Pic, 285 avenue Victor-Hugo – ℰ 04 75 44 15 32 – anne-sophie-pic.com

⊨ PIC   *Plus*

DESIGN MODERNE L'une des grandes maisons nées avec la N 7 et qui accueille aujourd'hui... une clientèle internationale, entre New York et Tokyo ! C'est le pouvoir d'attraction d'une cuisine d'exception et d'un art de l'accueil sans cesse renouvelé : les lieux sont d'un chic extrême, bréviaire complet des styles contemporains, tel le jardin, véritable îlot zen en ville...

🏊 🅿 🕭 🚪 🛁 🍴 - 16 chambres – Prix : €€€

285 avenue Victor Hugo – ℰ 04 75 44 15 32

✿✿✿ **Pic** • **André** - Voir la sélection des restaurants

VALENCIENNES

✉ 59300 - Nord - Carte régionale n° **13**-C2

LE MUSIGNY

MODERNE • ÉLÉGANT Si le chef, passé par de grandes maisons, a choisi ce discret point de chute valenciennois, sa cuisine délicate a rapidement conquis la ville.

Produits choisis et recettes joliment inspirées des saisons, le tout à déguster dans un décor entièrement rénové, ou sur la terrasse : la garantie d'un moment délicieux.

🖭 🛱 – Prix : €€€

90 avenue de Liège – 𝒞 03 27 41 49 30 – www.lemusigny.fr – Fermé lundi, samedi midi et dimanche soir

LA STORIA - ROYAL HAINAUT

ITALIENNE • ÉLÉGANT Au sein de l'ancien hôpital du Hainaut, édifié sous Louis XV, voici un écrin somptueux avec ses piliers majestueux, son plafond aérien, ses lustres suspendus et sa moquette épaisse. Soignez-vous avec cette excellente cuisine transalpine classique qui propose des spécialités de toute la botte. Le chef Italien y ajoute parfois des touches personnalisées, toujours bienvenues. Une réussite que l'on rencontre rarement en dehors d'Italie.

🛆 🖭 – Prix : €€€

6 place de l'Hôpital-Général – 𝒞 03 27 35 15 15 – royalhainaut.com – Fermé lundi, mardi, du mercredi au samedi à midi, et dimanche soir

🛏 **LE GRAND DUC** *Plus*

CLASSIQUE CONTEMPORAIN Cette maison bourgeoise a une âme d'artiste, comme son propriétaire. Non seulement elle mêle les styles avec goût (seventies, baroque...), mais elle accueille des soirées jazz et théâtre, sans oublier les cours de cuisine et la table d'hôte. Et le joli parc à l'anglaise se prête lui aussi à la fantaisie !

🅿 ⌂ 📶 ⑪ - 5 chambres – Prix : €

104 avenue de Condé – 𝒞 03 27 46 40 30

🛏 **ROYAL HAINAUT** *Plus*

ÉLÉGANCE TRADITIONNELLE Le Hainaut a son palace ! Édifié sous Louis XV, cet ancien hôpital ébahit par son architecture monumentale. Admirez cette cour d'honneur couverte d'une verrière, cette chapelle superbement restaurée, ce sous-sol majestueux qui abrite piscine et spa. Avec leur belle hauteur sous plafond et leur standing impeccable, les chambres sont au diapason du reste de l'établissement.

🅿 ⌂ ♨ ⛲ 💆 ♨ ⑪ - 79 chambres – Prix : €

6 place de l'Hôpital Général – 𝒞 03 27 35 15 15

La Storia - Royal Hainaut - Voir la sélection des restaurants

VALLAURIS

✉ 06220 – Alpes-Maritimes – Carte régionale n° **25**-E2

😊 **LES DILETTANTS**

MODERNE • CONVIVIAL Ancien commercial pour une grande marque de boules de pétanque, Thomas Filiaggi a changé de trajectoire à 30 ans pour assouvir sa passion de la cuisine. Il propose une cuisine personnelle pleine de fraîcheur, largement basée sur les légumes et produits aromatiques de son potager personnel. Une vraie pépite.

🛆 🛱 🅿 – Prix : €

1193 chemin de Saint-Bernard – 𝒞 04 93 33 99 59 – Fermé lundi, mardi et dimanche

VALLIÈRES-LES-GRANDES

✉ 41400 – Loir-et-Cher – Carte régionale n° **8**-A1

LES CLOSEAUX

MODERNE • TRADITIONNEL Sous l'Ancien Régime, ces Closeaux – avec leur domaine de 10 hectares – faisaient office de relais de chasse pour les rois de France. Aujourd'hui, le chef des lieux privilégie les producteurs locaux et les circuits courts, et réalise une goûteuse cuisine du marché.

🖓🕭🛁⇔🅿 – Prix : €€

Lieu-dit les Closeaux – ☎ 02 47 57 32 73 – www.lescloseaux.com – Fermé mardi et mercredi

VALLON-EN-SULLY

✉ 03190 – Allier – Carte régionale n° **1**–B1

AUBERGE DES RIS

MODERNE • AUBERGE Ici, tonneaux et pressoir font partie du décor. Derrière les fourneaux, le chef concocte une bonne cuisine, mêlant tradition et recettes dans l'air du temps, à base de produits choisis.

🆐 🕭 🅿 – Prix : €€

Lieu-dit Les Ris – ☎ 04 70 06 51 12 – aubergedesris.com – Fermé lundi et mardi

VALLON-PONT-D'ARC

✉ 07150 – Ardèche – Carte régionale n° **2**–A3

ARKADIA

CRÉATIVE • CONTEMPORAIN Le long des gorges de l'Ardèche, divine surprise : Marvin, chef d'origine bretonne, régale sans complexe avec les produits glanés dans les parages (légumes et fromages, notamment). Les assiettes sont limpides, ultra-gourmandes, le menu est renouvelé tous les quinze jours ; on profite aussi de la joie de vivre de Philippine, qui assure le service en salle. Irrésistible.

🕭 – Prix : €€

9 rue du Barry – ☎ 06 20 77 01 59 – arkadia-restaurant.business.site – Fermé mardi, mercredi, vendredi midi, et jeudi et dimanche soir

PREHISTORIC LODGE   *Plus*

CLASSIQUE CONTEMPORAIN On se croirait en pleine savane africaine, guettant le passage d'un rhinocéros. Et pourtant, vous êtes en Ardèche, aux portes des gorges du Verdon, dont les grottes préhistoriques vous ramènent aux origines de l'homme. Pour cette immersion au cœur de l'histoire et de la nature, huit lodges dressés comme des tentes de safari, et dotés de tout le luxe nécessaire : lit à baldaquin, baignoire en bois, baie vitrée face à la rivière, terrasse ou encore spa extérieur privé. Pour les plus timorés, quatre chambres jouent la carte de la sécurité.

🅿 ☁ 🛁 🖓 ⦿ - 4 chambres – Prix : €

Route des Gorges – ☎ 04 75 87 24 42

VALLOUX

✉ 89200 – Yonne – Carte régionale n° **5**–B2

AUBERGE DES CHENETS

TRADITIONNELLE • AUBERGE On oublie vite la route toute proche, lorsque l'on s'attable près de la cheminée de cette agréable auberge ! Au menu, de bons petits plats d'inspiration bourguignonne, joliment tournés et parfumés : œuf parfait et escargots en meurette, pièce de bœuf fermier au pinot noir, tarte fine aux pommes...

🆐 – Prix : €€

10 route Nationale 6 – ☎ 03 86 34 23 34 – auberge-des-chenets.edan.io – Fermé lundi et mardi, et dimanche soir

VALMONT

✉ 76540 – Seine-Maritime – Carte régionale n° **17**–C1

❀ **LA MAISON CAILLET**

Chef : Pierre Caillet

CRÉATIVE • CONTEMPORAIN Meilleur Ouvrier de France 2011, Pierre Caillet n'est pas seulement un technicien talentueux : il dévoile aussi une vraie sensibilité, et une énergie communicative. Créations originales (ces fougueuses noix de Saint-Jacques en croûte de passion en sont l'exemple parfait), jeux sur les textures et les saveurs, beaux produits du terroir normand... sans oublier l'utilisation judicieuse des herbes et légumes de l'imposant potager : le compte est bon. Dernier atout, cette auberge du 19 e s. propose aussi des chambres chaleureuses et cosy, avec terrasses privatives tournées vers l'étang.

❀ L'engagement du chef : 80% des aliments végétaux que nous utilisons proviennent de notre potager. Nous compostons les déchets organiques et travaillons main dans la main avec nos fournisseurs pour limiter et recycler les emballages. Les poissons que nous servons sont issus de la pêche durable et suivent les recommandations d'Ethic Ocean et de l'association Bon pour le climat.

⇔ 🏠 🖾 📶 🅿 – Prix : €€€

22 rue André-Fiquet – 𝒞 02 35 29 77 56 – www.lebecaucauchois.com – Fermé mardi et mercredi, et dimanche soir

VALRAS-PLAGE

✉ 34350 – Hérault – Carte régionale n° **21**–C2

😊 **SÉPIA** Ⓝ

MODERNE • CONTEMPORAIN A deux pas de la plage, cette petite adresse vaut le coup. Un couple de pros, madame en salle et son mari de chef passé par les belles maisons, accueille dans une salle à la déco marine ou sur la belle terrasse en bois. 100% maison (y compris les glaces et les pains buns), l'assiette va droit au but : une cuisine réjouissante et franche du collier, à l'exemple de ce bun, copeaux de Cantal, crème de galère.

🖾 🅰🅲 📶 – Prix : €€

28 rue Frédéric-Mistral – 𝒞 06 12 57 34 01 – www.restaurant-sepia-valras.fr – Fermé du lundi au mercredi et dimanche soir

VALS-LES-BAINS

✉ 07600 – Ardèche – Carte régionale n° **2**–A3

LE VIVARAIS

MODERNE • ÉLÉGANT Situé en plein cœur de ville juste à côté du casino, ce grand hôtel de style Belle Époque en impose. Sa table, à l'élégance toute classique, propose une cuisine française de saison, fondée sur de bons produits frais, souvent locaux. Service impeccable et sympathique. Spacieuse terrasse ombragée de platanes sur le côté de l'hôtel.

🕸 🅰🅲 📶 🅿 – Prix : €€€

Helvie, 5 avenue Claude-Expilly – 𝒞 04 75 94 65 85 – www.le-vivarais.com/fr – Fermé lundi, mardi et dimanche

🛏 **HÔTEL HELVIE**   *Plus*

ÉLÉGANCE TRADITIONNELLE À proximité du parc et du casino, cet hôtel Belle Époque conserve tout son éclat d'antan, chic et feutré. Chambres confortables, salon cossu, belle piscine et restaurant de qualité : le plaisir est complet !

🅰 🅿 🕸 🏠 ⅄ 🍽 - 27 chambres – Prix : €

5 avenue Claude-Expilly – 𝒞 04 75 94 65 85

Le Vivarais - Voir la sélection des restaurants

LA VANCELLE

✉ 67730 – Bas-Rhin – Carte régionale n° **10**–C1

✿ AUBERGE FRANKENBOURG

Chef : Sébastien Buecher

MODERNE • AUBERGE Dans ce petit village perché sur les contreforts des Vosges, cet hôtel-restaurant retient les voyageurs depuis le début du siècle dernier. Les frères Buecher, qui ont repris les rênes de cette maison familiale des mains de leurs parents, y officient avec un allant réjouissant. La cuisine de produits goûteuse et élégante de l'aîné, Sébastien, parvient à exprimer le meilleur de son terroir à travers une carte toujours en mouvement, et à dépasser la tradition grâce à créativité, à l'instar du dos de cerf rôti et sa déclinaison de maïs ou des langoustines saisies à la flamme et leur parmentier de pommes de terre et poireau... La plupart des fruits et légumes sont issus du jardin. En salle, le cadet, Guillaume, mène le jeu dans un décor mêlant boiseries et esprit zen. Quelques chambres pour prolonger l'étape.

✿ L'engagement du chef : Cela fait maintenant plus de 20 ans que nous avons une démarche éco-responsable. Mais, auparavant, il n'y avait pas de nom pour la nommer ! Nous travaillons avec des producteurs locaux ou du moins français, en fonction du produit. Si l'agneau vient du Quercy, le cochon vient de la vallée voisine, les cailles des Vosges, les pigeons d'Alsace, tout comme nos fruits et légumes qui sont exclusivement alsaciens, provenant soit de notre jardin, soit de notre maraîcher.

⇔ 🛏 ⑂ 🅼 🍽 – Prix : €€€

13 rue du Général-de-Gaulle – 𝒞 03 88 57 93 90 – www.frankenbourg.com/fr – Fermé mercredi et jeudi

VANDENESSE-EN-AUXOIS

✉ 21320 – Côte-d'Or – Carte régionale n° **5**–C2

L'AUBERGE DE GUILLAUME ⓝ

MODERNE • AUBERGE Après avoir été le lieutenant de Christophe Bacquié au Castellet, Meilleur Ouvrier de France en 2015 puis étoilé à la Bussière, Guillaume Royer est enfin chez lui ! Un retour aux sources pour cet enfant du pays. Dans cette auberge à moins d'une écluse du paisible canal de Bourgogne, il décline avec savoir-faire les produits de la région dans une veine bistronomique actuelle. Terrasse et jardin au calme sur l'arrière.

🍽 🅿 – Prix : €€

4 place de la Mairie – 𝒞 03 80 49 22 36 – laubergedeguillaume.com/fr – Fermé lundi, et mardi et dimanche soir

VANNES

✉ 56000 – Morbihan – Carte régionale n° **7**-A3

Vannes est la quintessence de la ville bretonne où il fait bon vivre, ou tout simplement flâner pour nous autres gourmets de passage. Des ruelles médiévales bordées de superbes maisons à colombages, jusqu'aux remparts fleuris en passant par la place des Lices et la cathédrale Saint-Pierre, l'appétit s'aiguise au fil de la promenade. Située en plein cœur de la ville, la halle aux poissons, datant de 1880, est un must dont l'animation culmine les mercredis,

vendredis et samedis. Les femmes des pêcheurs viennent y vendre le meilleur de la marée : étrilles, crevettes, maquereaux, merlans, seiches, rougets resplendissants. Complément indispensable, la halle des Lices accueille une trentaine de commerçants ainsi qu'une quinzaine de producteurs. Enfin, deux fois par semaine (mercredi et samedi), les places des Lices et du Poids-Public accueillent l'un des plus beaux marchés de France.

❀ **LA GOURMANDIÈRE - LA TABLE D'OLIVIER**

Chef : Olivier Samson

MODERNE • CONTEMPORAIN Comme tout Breton qui se respecte, Olivier Samson fut un grand voyageur, de La Réserve Beaulieu au Parc des Eaux Vives à Genève, en passant par Anne-Sophie Pic... Mais il arrive un jour où le marin et son épouse rentrent au port, en l'occurrence un corps de ferme du 19 e s. tout en pierre, à une vague de Vannes. Et le retour à la mer, Olivier, ça lui réussit, comme ses assiettes iodées en attestent (langoustines, pak choï, haricots verts, bouillon au kari gosse ou encore homard bleu, fleur de courgettes, cassis, jus des têtes). Il montre un talent certain à valoriser les beaux produits, de la sardine au pigeon, en passant par les légumes et fruits de saison...

❀ 🅰🅲 🅿 – Prix : €€€

Hors plan – *Rue de Poignant* – ☎ *02 97 47 16 13 – www.la-gourmandiere.fr – Fermé mardi et mercredi, et dimanche soir*

❀ **LA TÊTE EN L'AIR**

Chef : Clément Raby

CRÉATIVE • DESIGN Un jeune couple dynamique et accueillant, qui a bel et bien la tête... sur les épaules. Dans une ambiance décontractée, Clément Raby le parisien et Estelle Mercier la gardoise pratiquent, comme ils l'indiquent sur leur carte de visite, "une cuisine libre". C'est-à-dire une cuisine créative maîtrisée et originale, avec des associations pertinentes, des recettes qui tombent juste ! Dans leurs menus à l'aveugle, les plats ne sont annoncés qu'après leur dégustation - pour mieux mettre en éveil les sens des convives...

AC – Prix : €€

Plan : B1-3 – *43 rue de la Fontaine* – ☏ *02 97 67 31 13* – *www.lateteenlair-vannes. com* – *Fermé du lundi au mercredi*

🙂 LE SOUS-SOL

MODERNE • CONTEMPORAIN Une bien jolie mélodie (gourmande) en sous-sol, jouée par le jeune chef Thibaud Schouten ! Tataki de thon, toum, huile de coriandre et menthe ou encore merlu, risotto de blé vert fumé, petits légumes, sauce crevette : une super cuisine du marché, avec des ingrédients tip-top (et plutôt régionaux), servis à travers des recettes dans l'air du temps.

Prix : €€

Plan : A2-5 – *15 place Maurice-Marchais* – ☏ *02 97 47 69 82* – *www. restaurantlesous-sol.com* – *Fermé samedi, dimanche et lundi midi*

L'ANNEXE

MODERNE • CONTEMPORAIN Élise et David, deux jeunes professionnels pleins d'allant, tiennent les rênes de cette maison conviviale. La cuisine met l'accent sur la fraîcheur des produits, majoritairement issus de producteurs locaux, dont le nom est même affiché fièrement à la carte. Beaux accords mets et vins.

✿ – Prix : €€

Plan : A2-6 – *18 rue Émile-Burgault* – ☏ *02 97 42 58 85* – *restaurantlannexe. eatbu.com* – *Fermé lundi et dimanche*

BVAÑ ⓝ

MODERNE • CONTEMPORAIN Le chef Romain Le Cordroch a beaucoup bourlingué, de continents (Chine, Australie, Brésil) en belles maisons (Atelier de Rabanel, Atelier Robuchon, Violon d'Ingres...). Pour ce retour aux sources, il signe une cuisine nature végétale et iodée. Dans son travail, rien n'est jeté mais tout est transformé : il réalise par exemple son gomasio à partir d'écailles de poissons passées au four ! L'assiette fait toujours preuve d'un bon savoir-faire à l'image de cette truite en gravlax, fenouil, et chapeautée d'un puissant coulis oseille/fenouil.

Prix : €€€

Plan : B2-9 – *6 rue Alexandre-le-Pontois* – ☏ *02 97 67 98 30* – *www. restaurantbvan.fr* – *Fermé mercredi et dimanche, et mardi soir*

EMPREINTE

Chef : Baptiste Fournier

DU MARCHÉ • COSY Arrêtez-vous dans cette maison d'une petite place du centre-ville. À l'intérieur, une déco chaleureuse avec son parquet brut, ses tissus, sa porcelaine vintage... Baptiste et Marine Fournier travaillent avec le cœur pour servir une cuisine particulièrement léchée, réalisée grâce aux poissons des halles et aux légumes de producteurs. Menu-carte au déjeuner, menus surprise le soir. Vins naturels.

🌿 **L'engagement du chef :** Nous mettons en œuvre tout ce qui est utile, raisonnable et responsable pour valoriser notre territoire, ses producteurs et notre travail. Approvisionnements hyper locaux auprès de maraîchers engagés, avec une saisonnalité absolue sur les légumes et les fruits, majoritairement bio ; cueillette sauvage ; petite pêche côtière et responsable en direct ; tri sélectif ; valorisation des déchets organiques en compost ; épicerie achetée en vrac, sans emballage ; eau micro-filtrée.

Prix : €€

Plan : A2-4 – *15 place Valencia* – ☏ *02 97 46 06 42* – *empreinte-restaurant.fr* – *Fermé lundi, dimanche, samedi midi et du mardi au jeudi soir*

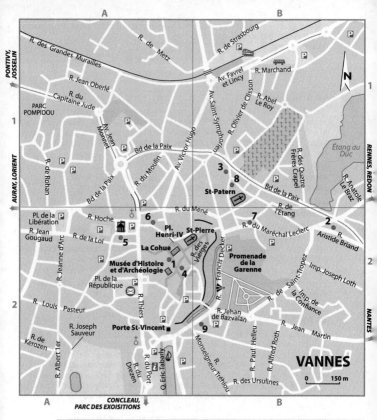

LA GOURMANDIÈRE - LE BISTR'AURÉLIA

MODERNE · CONVIVIAL Bienvenue dans la partie bistrot de la Gourmandière. Ouverte uniquement le midi, elle permet de profiter du savoir-faire d'Olivier Samson dans des menus simples et gourmands, dont un "retour du marché" qui porte bien son nom... le tout à prix raisonnables.

🅰🅒 🍴 🅿 – Prix : €

Hors plan – Rue de Poignant – ☎ 02 97 47 16 13 – www.la-gourmandiere.fr – Fermé mardi, mercredi, samedi et dimanche, et lundi, jeudi et vendredi soir

HOYA

MODERNE · TENDANCE Hoya (carnosa) ou fleur (asiatique) de porcelaine : clin d'œil musical aux nombreux séjours japonais (mais pas seulement) du chef Nicolas Hameury qui a posé ses valises et ses couteaux dans le Golfe du Morbihan. Dans un cadre contemporain boisé (lattes murales, tables), ce chef expérimenté croise les produits de la région et des influences voyageuses comme sur ces langoustines, eau de navet, caviar...

♿ – Prix : €€

Plan : B2-7 – 23 place du Général-de-Gaulle – ☎ 02 97 53 52 48 – hameurynicolas.wixsite.com/hoya-restaurant – Fermé lundi et mardi

IODÉ

CRÉATIVE • CONTEMPORAIN Sophie Reigner, cheffe bretonne autodidacte, a retrouvé sa région d'origine après un passage remarqué par les cuisines d'Alan Geaam, à Paris. Elle séduit avec des assiettes d'une grande finesse, dressées avec soin : foie gras, anguille fumée, blé noir et saké ; pigeon en deux façons et artichauts poivrade... Service attentionné.

ᝲ – Prix : €€€

Plan : B2-2 – *9 rue Aristide-Briand –* ☏ *02 97 47 76 14 – www.restaurant-iode-vannes.com – Fermé lundi et mardi*

ROSCANVEC

MODERNE • CONTEMPORAIN Nouvel écrin historique (et entièrement rénové) pour ce restaurant. Il s'agit d'un hôtel particulier édifié au 17ᵉ par le seigneur de Roscanvec, conseiller du roi. À l'intérieur, un cadre épuré pour un mobilier contemporain. La même équipe répond présent autour d'un chef cultivant une cuisine dans le goût de notre époque.

ᝲ ✿ – Prix : €€€

Plan : A2-1 – *19 rue des Halles –* ☏ *02 97 47 15 96 – roscanvec.com – Fermé lundi et dimanche*

RYOKO

RAMEN • TRADITIONNEL Les codes savoureux de la cuisine japonaise sont désormais tellement bien ancrés dans l'hexagone que l'on s'attable ici dans ce bistrot de poche à la façade noire, rouge et blanche, pour y déguster l'un des meilleurs ramens qui soit - à base de bouillon de porc (tonkotsu) ou de poulet (Tori chintan), au choix ! Concoctés à base de produits locaux (comme ce porc élevé au lin), les préparations s'inscrivent avec brio dans la plus pure tradition japonaise. Attention, on joue ici à guichet complet, et la réservation n'est pas possible.

Prix : €

Plan : B1-8 – *14 rue de la Fontaine –* ☏ *02 97 47 54 80 – www.ryoko.fr – Fermé lundi et dimanche*

LES VANS

✉ 07140 – Ardèche – Carte régionale n° **2**-A3

✿ LIKOKÉ

CRÉATIVE • DESIGN Likoké, c'est la plus internationale des tables ardéchoises ! Le Belge Cyriel Huysentruyt, en charge de la salle et des vins, travaille main dans la main avec le chef colombien Guido Niño Torres, qui respecte l'ADN globe-trotteur de la maison : au fil d'un menu unique, il décline des assiettes ludiques et colorées, comme des invitations au voyage, parfois inspirées d'un souvenir, d'une rencontre, d'un événement passé... On a même droit à quelques fulgurances, comme ce "cevi chicha", un fabuleux ceviche de truite maturée et alcool de maïs, plein de parfums. Tout est basé sur la production du coin -fromages et légumes de producteurs locaux, bœuf du Mézenc, etc. Une table bien dans sa peau, qui n'en finit pas de surprendre.

🕸 ᝲ 🅼 – Prix : €€€€

7 route de Païolive – ☏ *04 75 88 09 74 – www.likoke.fr – Fermé lundi, mardi et dimanche et mercredi midi*

VARADES

✉ 44370 – Loire-Atlantique – Carte régionale n° **23**–B2

😊 LA CLOSERIE DES ROSES

TRADITIONNELLE • CONTEMPORAIN Entouré de rosiers, ce restaurant ancré depuis 1938 en bord de Loire offre une jolie vue sur le fleuve et l'église abbatiale St-Florent-le-Vieil. Dans une agréable salle contemporaine, le chef sert une plaisante cuisine traditionnelle aux influences régionales (sandre, brochet, anguille, pigeonneau fermier, ris de veau) accompagnée de sauces au registre classique (beurre blanc, jus aux crustacés, sauce vineuse).

⟨ AC – Prix : €€

455 La Haute-Meilleraie – 𝒞 02 40 98 33 30 – www.lacloseriedesroses.com – Fermé mercredi, et lundi, mardi et dimanche soir

VAUDEVANT

✉ 07410 – Ardèche – Carte régionale n° **2**–B2

😊 LA RÉCRÉ

MODERNE • CONVIVIAL Installé dans l'ancienne école de garçons du village, dont il a conservé les vestiges – tableau noir, cartes de géographie –, ce restaurant ne pouvait mieux porter son nom. On y découvre des créations pétillantes, qui piochent allègrement dans les produits du terroir ; et c'est encore meilleur lorsqu'on est attablé dans la cour ombragée...

🍽 P – Prix : €€

70 route de Satillieu – 𝒞 04 75 06 08 99 – www.restaurant-la-recre. com – Fermé mardi

VAUGINES

✉ 84160 – Vaucluse – Carte régionale n° **25**–E1

INSITIO 🆕

MODERNE • SIMPLE Insitio signifie greffe... Une bouture qui est aussi une réussite pour ce chef italien originaire de la région milanaise ! Au sein d'un menu qui change chaque semaine, on se régale d'un œuf parfait, courgette et verveine ; d'un râble de lapin aux artichauts et menthe fraîche et d'un abricot rôti au miel de lavande et glace vanille. Avec sa petite terrasse ombragée qui ouvre sur la place d'un charmant village face à une fontaine, le lieu achève de nous retenir, et, qui sait, de nous ramener aux origines du goût...

🍽 – Prix : €€

33 place de la Mairie – 𝒞 04 90 77 11 08 – www.insitiorestaurant.com – Fermé lundi, mardi et dimanche

VAULT-DE-LUGNY

✉ 89200 – Yonne – Carte régionale n° **5**–B2

🌸 CHÂTEAU DE VAULT-DE-LUGNY

MODERNE • HISTORIQUE Dans l'un de ses romans, Michel Houellebecq met en scène la terrasse de ce château qui s'ouvre face à un vaste parc et un platane du 17ᵉ s. Le chef mauricien Franco Bowanee cisèle une fine cuisine actuelle qu'il émaille de petites touches d'exotisme. Ses assiettes franches et pleines de saveur mettent en valeur non seulement les produits nobles, mais aussi les légumes du magnifique potager du domaine. On s'attable dans un cadre majestueux propice à l'évasion culinaire.

⇦ 🛏 🏠 🅿 – Prix : €€€€

11 rue du Château – ☎ 03 86 34 07 86 – www.lugny.fr – Fermé mardi, mercredi et jeudi midi

🛏 **CHÂTEAU DE VAULT-DE-LUGNY** *Plus*

ÉLÉGANCE TRADITIONNELLE En lisière de la réserve naturelle du Morvan, un parc d'une centaine d'hectares, abrite le Château de Vault de Lugny, une résidence aristocratique du 17ᵉ s. qui a conservé son opulence en devenant un hôtel de luxe. Treize chambres - belles et parfaitement confortables, même mansardées - et trois suites, dont l'une était autrefois réservée au Roi. Parmi les activités : tennis, équitation, dégustations de vins et pêche au brochet dans les douves. Et bien sûr, un restaurant gastronomique, qui sert une cuisine française raffinée, aussi charmante que son cadre.

🅿 🛏 🚲 ⅃ ⅋ - 16 chambres – Prix : €€€€

11 rue du Château – ☎ 03 86 34 07 86

❀ **Château de Vault-de-Lugny** - Voir la sélection des restaurants

VAUVENARGUES

✉ 13126 – Bouches-du-Rhône – Carte régionale n° **24**–B3

LA TABLE DE L'HÔTEL SAINTE-VICTOIRE

CRÉATIVE • CONTEMPORAIN Le chef brésilien Mateus Marangoni propose une étonnante cuisine aux notes exotiques, fruit de sa culture sud-américaine et de ses expériences en Espagne. Les assiettes se révèlent équilibrées, pleines de fraîcheur ; aux beaux jours, elles se dégustent sur la terrasse, face à la Sainte-Victoire et au château de Vauvenargues.

⇦ 🛏 🕮 🏠 – Prix : €€€

33 avenue des Maquisards – ☎ 04 42 54 01 01 – www.hotelsaintevictoire.com/fr

🛏 **SAINTE-VICTOIRE**

DESIGN MODERNE Le nom de l'hôtel ne ment pas : les chambres, dont certaines ont une terrasse ou un balcon, offrent une vue imprenable sur la fameuse montagne Sainte-Victoire. On apprécie la déco design et chaleureuse, mais aussi une gamme de services assez complète : piscine exposée plein sud, espace de séminaire, parking privé fermé...

🛏 🅿 ⇦ ⬡ ⑱ 🚲 ⅃ 🧖 ⅋ - 15 chambres – Prix : €€

33 avenue des Maquisards – ☎ 04 42 54 01 01

La Table de l'Hôtel Sainte-Victoire - Voir la sélection des restaurants

VAUX-EN-BEAUJOLAIS

✉ 69460 – Rhône – Carte régionale n° **3**–E1

AUBERGE DE CLOCHEMERLE

MODERNE • CONTEMPORAIN On se sent bien, dans la salle à manger tout en sobriété de l'auberge de Clochemerle. Le menu surprise fait la part belle aux produits de saison, avec des assiettes élaborées avec soin. De quoi régaler les (nombreux) habitués, mais aussi les clients de passage. Quelques chambres confortables pour l'étape.

🍴 ⇦ 🛏 🏠 – Prix : €€€

173 rue Gabriel-Chevallier – ☎ 04 74 03 20 16 – www.aubergedeclochemerle.fr – Fermé mardi, mercredi, et lundi et jeudi à midi

VAYRES

✉ 33870 – Gironde – Carte régionale n° **18**–B1

LUNE

MODERNE • COSY Ce restaurant situé dans la petite cité vigneronne de Vayres
est une création de Pierre Rigothier chef au bon parcours parisien. L' alléchante
ardoise et le menu surprise révèlent des produits rigoureusement sélectionnés :
cochon kintoa, magret de canard fermier, sole meunière, thon en tartare ou grillé.
Cadre convivial, façon campagne chic.

& 🅰 🛋 – Prix : €€

56 avenue de Libourne – 𝒞 05 47 84 90 98 – restaurantlune.com – Fermé lundi,
dimanche, samedi midi et mardi soir

VELLUIRE

✉ 85770 – Vendée – Carte régionale n° **23**–B3

AUBERGE DE LA RIVIÈRE

MODERNE • AUBERGE Le frémissement du cours d'eau toute proche, le lierre
qui escalade la façade : dans cette auberge vendéenne, tout est charmant et bucolique, tout invite à la rêverie... et à la gourmandise ! De beaux produits, des herbes
aromatiques, des assaisonnements subtils : on sent la patte d'un vrai passionné de
gastronomie, et on ne résiste pas moins à la douceur des desserts, que l'on déguste
dans la jolie salle à manger. Le menu change toutes les deux semaines. Quelques
chambres pour des nuits au calme face à la rivière Vendée, et pour les esprits bala-
deurs, barques et VTT à la location. Le bonheur, quoi.

🐾 & 🛋 🔄 – Prix : €€€

Rue du Port-de-la-Fouarne – 𝒞 02 51 52 32 15 – www.hotel-riviere-vendee.com –
Fermé lundi, et mardi et jeudi à midi

VENCE

✉ 06140 – Alpes-Maritimes – Carte régionale n° **25**–E2

⁣�{ LE SAINT-MARTIN

MODERNE • LUXE Tout, ici, est un ravissement. Le cadre chic et raffiné de l'hôtel
Saint-Martin, dont les chambres offrent une vue à couper le souffle sur les collines
de Vence et la Méditerranée... et dont la table est une vraie fête pour les papilles !
Grand sportif, compétiteur-né, le chef peut se vanter d'un parcours varié, allant des
grands palaces à des maisons plus confidentielles. Fort de son expérience, il compose des assiettes fines et délicates, avec de jolies trouvailles dans les associations
de produits. Quant aux desserts, ils se révèlent un point fort du repas.

🐾 ⟨ & 🅰 🛋 🔄 🍽 – Prix : €€€€

2490 avenue des Templiers – 𝒞 04 93 58 02 02 – www.oetkercollection.com/
hotels/chateau-saint-martin

LES AGAPES

MODERNE • CONVIVIAL Le chef propose une cuisine moderne, lisible, attentive
aux saisons et sujette aux inspirations du chef, à découvrir à l'ardoise. Tartare de
saumon aux légumes croquants et gingembre frais ; sablé breton, mousseline de
citron jaune et framboises : on se fait plaisir en toute simplicité dans ce petit restaurant sympathique et contemporain.

🅰 🛋 – Prix : €€

4 place Clemenceau – 𝒞 04 93 58 50 64 – www.les-agapes.net – Fermé lundi et
dimanche

LA CASSOLETTE

PROVENÇALE • TRADITIONNEL Au cœur de la ravissante cité historique, en face de l'hôtel de ville, cette institution ne montre aucun signe de faiblesse. On s'installe dans une jolie salle intérieure ou sur la terrasse, pour se régaler d'une cuisine du marché goûteuse, aux accents provençaux, réalisée par un chef à la solide expérience.

🍽 – Prix : €€

9 place Georges-Clemenceau – ☎ 04 93 58 84 15 – www.restaurant-lacassolette-vence.com – Fermé mardi et mercredi

CHÂTEAU SAINT-MARTIN   *Plus*

CLASSIQUE CONTEMPORAIN Cadre d'exception pour ce luxueux hôtel provençal dominant Vence et la mer depuis son vaste parc planté d'oliviers. Les villas, nichées dans la verdure, sont d'un parfait confort. Les chambres et suites mêlent le contemporain au provençal. La superbe piscine et le spa délicieux parachèvent ce luxe sans ostentation : l'élégance, en somme.

🛎 🅿 🍸 🖿 🗲 🕭 🐾 ⅃⅃ 🎝 🍽 – 46 chambres – Prix : €€€

Avenue des Templiers – ☎ 04 93 58 02 02

✿ **Le Saint-Martin** - Voir la sélection des restaurants

LA MAISON DU FRÊNE   *Plus*

AVANT-GARDE Une belle demeure du 18ᵉ s., son escalier en fer forgé, ses tomettes superbes et, partout, des œuvres d'art contemporain... C'est pop et design, frais, atypique et très ludique. Le temps d'un séjour au chic décalé, les propriétaires – collectionneurs chevronnés – sauront vont faire partager leur passion.

🛎 🅿 - 4 chambres – Prix : €€

1 place du Frêne – ☎ 06 88 90 49 69

VENDÔME

✉ 41100 – Loir-et-Cher – Carte régionale n° **8**–B2

LE MALU

MODERNE • CONTEMPORAIN Cette ancienne caserne militaire sous Napoléon III a été reconvertie en lieu de bouche, et désormais, c'est le chef Ludovic Brethenoux qui fait parler la poudre. Originaire du Périgord, formé notamment à La Villa Madie à Cassis, il se plaît dans le Vendômois et sa cuisine actuelle, précise et soignée, en témoigne. On se régale.

🍽 🅿 – Prix : €€

Route de Tours – ☎ 02 54 80 40 12 – lemalu2.wixsite.com/restaurantlemalu – Fermé lundi et mardi, et dimanche soir

MORIS

MODERNE • CONTEMPORAIN Au bord du Loir, ce bistrot jouxte le pont qui mène à la vieille ville. Le chef ne jure que par les circuits courts et met les saisons à l'honneur dans sa cuisine, qu'on accompagnera de vins nature judicieusement choisis. À déguster, aux beaux jours, sur deux terrasses, dont une au premier étage, en surplomb de la rivière... Délicieux.

♿ 🍽 – Prix : €€

77 rue du Change – ☎ 09 83 48 30 13 – lemorisrestaurant.com – Fermé lundi, mardi et dimanche

VENTABREN

✉ 13122 – Bouches-du-Rhône – Carte régionale n° **24**–B3

❀ **DAN B.**

Chef : Dan Bessoudo

MODERNE • DESIGN Assurément l'un des restaurants les plus élégants de la région, au cœur de la charmante bourgade de Ventabren, pittoresque village perché. Le cadre frappe par sa modernité : mobilier scandinave, jeux de miroirs au plafond, sans oublier la superbe vue panoramique sur l'étang de Berre et la vallée de l'Arc. Dans l'assiette, le créativité est aussi au rendez-vous, sous la houlette du chef toulonnais Dan Bessoudo : cuisine colorée et fraîche, tout en contrastes, réalisée à base de produits locaux bien choisis et qui multiplie les tricks moléculaires, sphérifications, mousses et émulsions.

❀ ≼❀ – Prix : €€€€

1 rue Frédéric-Mistral – ☎ 04 42 28 79 33 – www.danb.fr – Fermé lundi et mardi

VERGONGHEON

✉ 43360 – Haute-Loire – Carte régionale n° **1**–C2

LA PETITE ÉCOLE

MODERNE • CONVIVIAL Ce restaurant a remplacé l'ancienne école du village voilà quelques années. La cuisine, fine et savoureuse, mérite un A sans hésitation. Copie parfaite pour ces créations précises et savoureuses, que l'on doit à un chef amoureux du bon produit. Une cantine de choix, sans fausse note, doublée d'un excellent rapport qualité-prix.

♿🍴 – Prix : €€

Rilhac – ☎ 04 71 76 97 43 – www.restaurant-lapetiteecole.com – Fermé du lundi au mercredi, du jeudi au samedi à midi, et dimanche soir

VERNEUIL-SUR-AVRE

✉ 27130 – Eure – Carte régionale n° **17**–C3

LE CLOS

MODERNE • ÉLÉGANT Deux élégantes et intimes salles à manger au cœur de ce luxueux castel : parquets anciens, tapis persans, moulures, trompe-l'œil, tables dressées dans les règles de l'art... Comme auparavant, l'assiette célèbre le terroir normand, avec une poignée de recettes plus audacieuses. L'hôtel propose des chambres agréables pour prolonger le séjour.

❀ 🛏🍴🅿 – Prix : €€€€

98 rue de la Ferté-Vidame – ☎ 09 64 00 30 85 – leclos-normandie.com/fr – Fermé lundi, mardi, et jeudi et vendredi à midi

LES VERRIÈRES DE JOUX

✉ 25300 – Doubs – Carte régionale n° **6**–C2

LA TABLE DU TILLAU

MODERNE • MONTAGNARD À quelques mètres de la frontière suisse, cette ferme franc-comtoise en pierre de bourgogne et bois ancien respire la sérénité, tout comme ses chambres élégantes décorées à la manière d'un chalet de montagne. Une cuisine moderne qui fait honneur aux produits régionaux, lesquels sont parfois agrémentés par quelques épices dont Jérémy Cheminade, ex-chef de Jiwan by Alain Ducasse au Qatar, a le secret.

🛏♿🍴🅿 – Prix : €€

Le Mont des Verrières – ☎ 03 81 69 46 72 – letillau.com – Fermé lundi, du mardi au vendredi à midi, et dimanche soir

VERSAILLES

✉ 78000 – Yvelines – Carte régionale n° **15**–B2

La table a toujours occupé une grande place dans la vie du roi Louis XIV et au sein du château qui fait la renommée de la ville royale. En témoigne le fameux Potager du roi, créé par Jean-Baptiste La Quintinie, où le jardinier et agronome avait réussi à faire pousser toutes les espèces de légumes et de fruits, notamment les figues, dont raffolait le Roi-Soleil. Mais Versailles, c'est aussi le marché des halles Notre-Dame, l'un des plus beaux d'Île-de-France, où commerçants historiques et producteurs des environs trônent en bonne place. Comme dynamisée par ces beaux produits, la scène gastronomique versaillaise, longtemps ensommeillée, s'épanouit chaque année un peu plus.

✾ GORDON RAMSAY AU TRIANON

CRÉATIVE • ÉLÉGANT Inauguré en 1910 à la lisière du parc du château, l'hôtel Trianon Palace impose sa silhouette autoritaire aux promeneurs qui s'en approchent. Un lieu tout indiqué pour accueillir le travail – et le caractère bien trempé ! – de Gordon Ramsay, déjà triplement étoilé à Londres. Le chef écossais supervise la mise à jour régulière de la carte, qui célèbre de beaux produits et joue principalement sur la simplicité et la pertinence des recettes. Une créativité bien maîtrisée, de jolies saveurs... on passe un très agréable moment en ces lieux, d'autant que le cadre n'est pas en reste : une élégante et lumineuse salle à manger baroque, dont les baies vitrées donnent directement sur le parc...

❀ ⇦ ⇪ ⛪ ♿ 🎴 ⛲ **P** – Prix : €€€€

Plan : A1-1 – *1 boulevard de la Reine* – ☎ *01 30 84 50 18 – www. waldorfastoriaversailles.fr/restaurants-et-bar/gordon-ramsay-au-trianon – Fermé lundi, dimanche et du mardi au samedi à midi*

✾ LE GRAND CONTRÔLE

CLASSIQUE • HISTORIQUE Cette adresse d'Alain Ducasse au sein de l'hôtel des Airelles est enfin ouverte au public après plus de cinq ans de travaux ! Cet établissement luxueux, chargé d'histoire et intimement lié au château de Versailles, mélange mise en scène théâtrale et cuisine sur mesure composée de préparations réalisées avec des produits de belle qualité, où l'ADN "naturalité" d'Alain Ducasse n'est jamais loin. En place, le chef Stéphane Duchiron fait preuve d'une belle maîtrise technique, avec des cuissons et des assaisonnements maîtrisés, des sauces et des jus d'une belle qualité aux saveurs franches et marquées.

🕸 🖭 🛋 ⴳ 🎥 ✿ 🍴 – Prix : €€€€

Plan : A3-6 – *12 rue de l'Indépendance-Américaine* – ℰ *01 85 36 05 77* – *airelles. com/fr/destination/chateau-de-versailles-hotel* – *Fermé dimanche midi*

ॐ ### LA TABLE DU 11

Chef : Jean-Baptiste Lavergne-Morazzani

MODERNE • CONTEMPORAIN Après l'obtention de l'étoile en 2016, le Chef Jean-Baptiste Lavergne-Morazzani a redoublé d'efforts, avec le soutien d'une équipe soudée et efficace, pour convertir toujours plus de gourmands dans la ville royale. Son credo : le naturel, à tous points de vue. Une carte courte et sans fioritures, une attention particulière aux saisons... et, dans l'assiette, une sélection de produits vraiment nature : bio en général, issus de la pêche et de l'élevage durables, mais aussi de son propre potager... La belle carte des vins comporte près de 700 références (avec beaucoup de vignerons propriétaires travaillant en biodynamie). Et, pour ne rien gâcher, le restaurant a pris ses quartiers dans la Cour des Senteurs, tout près du Château : voilà qui ajoute à l'exclusivité du moment...

🕸 ⴳ 🅰️ – Prix : €€€€

Plan : A2-2 – *8 rue de la Chancellerie* – ℰ *09 83 34 76 00* – *www.latabledu11. com* – *Fermé lundi et dimanche*

LE BISTROT DU 11

MODERNE • CONTEMPORAIN Vous l'avez deviné : l'équipe de la Table du 11 se cache derrière ce Bistrot du 11, installé dans une rue touristique piétonne non loin du château. De beaux produits sont déclinés sous la forme d'un menu-carte : œuf, lentilles et persil ; cabillaud, chou pointu et tarama ; tarte au chocolat chaud, vanille...

ⴳ 🎥 – Prix : €€

Plan : A3-3 – *10 rue de Satory* – ℰ *01 75 45 63 70* – *www.lebistrotdu11.com* – *Fermé lundi et dimanche*

LAFAYETTE

MODERNE • TENDANCE Contigu à son premier restaurant, le chef Xavier Pincemin vient d'ouvrir ce bistro contemporain, avec ses quelques salles en enfilade et son décor art Déco. Il s'amuse et nous régale avec une carte qui mixe plats de traditions et influences diverses (tacos, ceviche, bœuf tigre) et propose aussi une sélection de viandes d'exceptions maturées dans une cave.

ⴳ 🅰️ – Prix : €€

Plan : A2-7 – *10 boulevard du Roi* – ℰ *09 83 74 20 05* – *xavier-pincemin.com/ lafayette* – *Fermé lundi et dimanche*

ORE

CLASSIQUE • CONTEMPORAIN Ore, c'est la bouche, en latin. Un nom d'une simplicité désarmante pour cet endroit tout simplement exceptionnel : un pavillon du 17 e s. aménagé au cœur du château de Versailles. Alain Ducasse est le Roi Soleil de ces lieux, y faisant appliquer la loi culinaire qu'on lui connaît : celle de la naturalité, et d'un hommage sans cesse renouvelé au beau produit.

🛋 ⴳ ✿ – Prix : €€

Plan : A2-4 – *Place d'Armes* – ℰ *01 30 84 12 96* – *www.ducasse-chateauversailles.com* – *Fermé lundi, et mardi, mercredi, jeudi, vendredi et dimanche soir*

LE PINCEMIN

MODERNE • CONTEMPORAIN Ami des rappeurs et des people, véritable star des réseaux sociaux (et lointain gagnant de l'édition 2016 de Top-Chef), Xavier Pincemin fait presque de l'ombre au Roi-Soleil dans son restaurant versaillais. Il

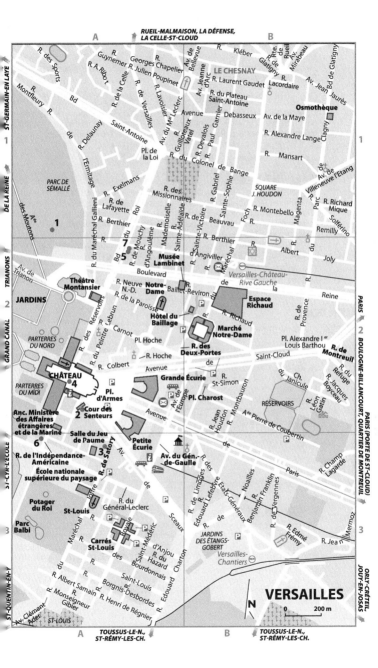

réconcilie toutes les générations et les nationalités – pour autant qu'on ait la chance de trouver une table libre. Sa cuisine de l'instant qui met en valeur le beau produit sans fioriture témoigne de ses ambitions et d'une passion intacte pour la gastronomie, comme en témoigne, par exemple, son merlu, verveine, pêche et courgettes.
Prix : €€€

Plan : A2-5 – *10 boulevard du Roi –* 📞 *09 83 50 29 64 – xavier-pincemin.com – Fermé lundi et dimanche*

🛏 **LE LOUIS VERSAILLES CHÂTEAU**   *Plus*

CLASSIQUE CONTEMPORAIN Protégé par son portail d'époque classé, à deux pas du château, cet hôtel élégant aux beaux volumes permet de découvrir en toute quiétude le domaine du Roi Soleil. Bon petit-déjeuner bio et sans gluten.
🕭 🖻 🏿 📶 ⻊ 🍽 - 157 chambres – Prix : €€€
2 bis avenue de Paris – 📞 *01 39 07 46 46*

🛏 **TRIANON PALACE**   *Plus*

CLASSIQUE CONTEMPORAIN Depuis la signature du traité de Versailles dans sa chambre Clémenceau, cet hôtel luxueux, à la lisière du parc du château, a connu une rénovation en profondeur, et le résultat est, derrière la façade minutieusement restaurée, tout à fait moderne : piscine intérieure chauffée, tennis, salle de sport et de spa, bar, salles de réunion. Avec ses très belles chambres, mariant l'élégance du design contemporain et le classicisme du lieu, il n'usurpe pas sa réputation !
🖻 🖻 🏊 🏿 ⻊ 🍽 - 199 chambres – Prix : €€
1 boulevard de la Reine – 📞 *01 30 84 50 00*
🏵 **Gordon Ramsay au Trianon** - Voir la sélection des restaurants

VERTOU
✉ 44120 – Loire-Atlantique – Carte régionale n° **23**–B2

🕸 **LE LAURIER FLEURI**

MODERNE • TRADITIONNEL Soyons franc l'environnement de cet ancien relais de diligence n'est pas des plus séduisant, mais une fois attablé on comprend mieux le succès de ce restaurant mené par un couple de professionnels. Après un solide parcours dans des maisons de renom, le chef mitonne une plaisante cuisine soignée et parfumée autour de recettes dans l'esprit bistronomie à prix sages.
🕭 ⎈ 🖻 – Prix : €€
460 route de Clisson – 📞 *02 51 79 01 01 – www.laurierfleuri.fr – Fermé samedi et dimanche*

VESC
✉ 26220 – Drôme – Carte régionale n° **2**–B3

CHEZ MON JULES

DU TERROIR • BISTRO Dans une salle où objets chinés, tables et chaises en bois font bon ménage, on se régale d'une savoureuse cuisine du terroir, tels la caillette maison au foie gras, ou cette poitrine de cochon de Dieulefit, laquée, légumes du coin. Aux beaux jours, profitez de la terrasse à l'ombre des canisses : le panorama vaut le coup d'œil...
🕭 🏠 – Prix : €€
5 rue Étienne-de-Vesc – 📞 *04 75 04 20 74 – www.chezmonjules.fr – Fermé lundi, mardi, du mercredi au vendredi à midi, et dimanche soir*

VEUIL

✉ 36600 – Indre – Carte régionale n° **8**–B3

☺ AUBERGE SAINT FIACRE

MODERNE • RUSTIQUE Le couple à la tête de cette auberge d'un petit village proche de Valençay réalise un travail admirable : en vrai "artisan" passionné, le chef privilégie les produits régionaux pour concocter des préparations fines et goûteuses, que l'on déguste dans un cadre rustique charmant ou sur la délicieuse terrasse fleurie, aux beaux jours. En raison du succès (et de l'excellent rapport qualité/prix), les réservations sont indispensables.

🍽 ✿ – Prix : €€

5 rue de la Fontaine – ☎ 02 54 40 32 78 – www.aubergesaintfiacre.com – Fermé lundi et mardi, et dimanche soir

VEUVES

✉ 41150 – Loir-et-Cher – Carte régionale n° **8**–A1

☺ LA CROIX BLANCHE

MODERNE • AUBERGE On ne porte pas sa croix dans cet ancien relais de poste ! On y profite de la cuisine actuelle du chef Jean-François Beauduin, formé dans les tables étoilées. Sa carte alléchante multiplie les belles choses, avec une vrai gourmandise, qui n'exclut pas la finesse à l'image de ce pâté chaud de canard au foie-gras, émincé de choux de Bruxelles, sauce langoustine. La saison et les produits locaux sont de rigueur. À noter, quelques préparations plus traditionnelles comme la beuchelle tourangelle. Service charmant assuré par l'épouse du chef dans un cadre rustique et coquet à souhait, avec mention spéciale à l'agréable terrasse à l'ombre des mûriers.

🍴 ♿ 🍽 🅿 – Prix : €€

2 avenue de la Loire – ☎ 02 54 70 23 80 – www.lacroixblanche41.com – Fermé lundi et mercredi, et dimanche soir

VEYNES

✉ 05400 – Hautes-Alpes – Carte régionale n° **24**–B1

LA SÉRAFINE

MODERNE • CONVIVIAL La chef, d'origine vietnamienne, réalise une cuisine moderne et instinctive, avec quelques plats de tradition. L'intérieur est élégant et raffiné, la carte des vins joliment construite (la cave est d'ailleurs visible en entrant), et la véranda se prolonge d'une agréable terrasse.

🐌 🍴 🍽 – Prix : €€

8 hameau Les Paroirs – ☎ 04 92 58 06 00 – www.restaurantserafine.com – Fermé mardi, mercredi, et lundi, jeudi et vendredi midi

VEYRAS

✉ 07000 – Ardèche – Carte régionale n° **2**–B3

LA BÒRIA 🆕

Chef : Florian Descours

MODERNE • TENDANCE La vue sur la vallée et les collines ardéchoises environnantes, une bâtisse tout en lattes de bois, les tables en châtaignier, le potager intérieur d'herbes aromatiques, l'étymologie du nom bòria (petite ferme cévenole en patois ardéchois) : le ton est donné ! Le chef Florian Descours rend hommage à ses racines terriennes en mitonnant uniquement du local (bœuf de Privas, cochon de Beaulieu, escargots de la vallée de l'Eyrieux, truite de Labatie-d'Andaure...) et du frais. On se régale du début à la fin, de la raviole de langue de bœuf et escargots à l'oseille jusqu'au citron de l'Ardèche, kiwis de Baix et faisselle de l'Areilladou. Qui dit mieux ?

✿ **L'engagement du chef** : Le produit d'ici, de saison, bien travaillé de la terre à l'assiette et à un prix raisonné : telle est la philosophie de La Bòria. La quasi-totalité des ingrédients est issue de cultures et d'élevages ardéchois, le pain au levain est fait sur place, tout comme les charcuteries. Le bâtiment produit sa propre électricité par panneaux solaires, on récupère l'eau de pluie, on privilégie les matériaux locaux pour la construction (charpente en châtaignier d'Ardèche), le mobilier et l'art de la table.

≼ & Ⓜ ✿ – Prix : €€

105 avenue du Ruissol – ℰ 04 75 66 84 04 – www.la-boria.com – Fermé lundi, dimanche et mardi midi

VEYRIER-DU-LAC

✉ 74290 – Haute-Savoie – Carte régionale n° **4**-F1

✿✿ YOANN CONTE

Chef : Yoann Conte

CRÉATIVE • ÉLÉGANT C'est en mer que le Breton Yoann Conte a découvert le sens de la fraternité et l'importance du "manger". Il porte comme un étendard la volonté de mettre la gastronomie au service de recettes "brutes" et sincères. Adepte de randonnées extrêmes, il cultive son jardin au bord du lac en herboriste avisé. Sa cuisine lui ressemble : physique, terrienne, avec un soupçon d'aventure et un sourire en coin. Entouré de disciples passionnés et désormais très présent en salle, il réalise des menus comme le Ty-Bihan, le Lenn-Braz et l'Ultime synthèse où la montagne vient à la rencontre de l'océan... Les accords mets et vins, judicieusement choisis par le chef et son sommelier complice, attestent de la dynamique vertueuse de cette table. Pour prolonger l'expérience, 11 belles chambres tournées vers le lac.

✿ **L'engagement du chef** : Bon sens paysan, curiosité et simplicité sont les maîtres mots de ma cuisine : à la montagne, assis sur un rocher, face à la nature, c'est cette simplicité que j'essaie d'insuffler à mes compositions, imaginées en fonction de ce que m'offre la nature au jour le jour et que je transmets ensuite à mon équipage.

🕸 ⇦ ≼ 📖 & Ⓜ ✿ 🥐 **P** – Prix : €€€€

13 vieille route des Pensières – ℰ 04 50 09 97 49 – www.yoann-conte.com – Fermé lundi, mardi et mercredi

LE ROC ⓝ

MODERNE • CHIC Menu dégustation Roc'n Roll et carte de saison (féra fumée et cresson de fontaine, volaille de la Dombes au vin jaune, millefeuille à la vanille...), plats du terroir réconfortants d'ici mais aussi d'ailleurs, belle carte des vins, salle contemporaine d'esprit chic montagnard et équipe jeune au taquet : le chef Yoann Conte n'a rien laissé au hasard dans son deuxième restaurant, situé au sein même de la célèbre maison bleue. Et, toujours la vue superbe sur le lac d'Annecy...

≼ ⇦ & Ⓜ 🍴 ✿ – Prix : €€€€

13 vieille route des Pensières – ℰ 04 50 09 97 49 – www.restaurant-leroc.com – Fermé samedi et dimanche

VÉZELAY

✉ 89450 – Yonne – Carte régionale n° **5**-B2

L'ÉTERNEL

MODERNE • CLASSIQUE Au pied de la colline qui mène à la basilique de Vézelay, haut lieu de pèlerinage spirituel, on sait aussi cultiver des nourritures bien terrestres. La modernité est de mise dans l'assiette (foie gras de canard à la fève tonka, gelée de fraise), le cadre est lumineux : parfait prélude avant de visiter, dans la foulée, l'étonnant musée Zervos.

�
 – Prix : €€€

Place du Champ-de-Foire – ℰ 03 73 53 03 20 – www.hplv-vezelay.com –
Fermé lundi, mardi et du mercredi au vendredi à midi

VÉZERONCE-CURTIN

✉ 38510 – Isère – Carte régionale n° **2**–C2

😊 L'ESPRIT BISTROT ⓝ

TRADITIONNELLE • SIMPLE Un village perdu dans le Nord de l'Isère, un petit bistrot anonyme : on se demande bien ce qu'on va trouver dans son assiette en franchissant le seuil. Réponse : une excellente cuisine troussée par un chef passionné, au solide talent qui a baroudé dans les tables étoilées (Gilles Goujon et Michel Kayser, notamment). La longue liste des producteurs locaux avec lesquels il travaille met l'eau à la bouche : que du bon ! En entrée, un foie gras frais au vin de noix, compotée de poires et brioche toastée, ou un pâté en croûte de cerf et veau, pickles de légumes ; en plat, un quasi de veau rôti aux salsifis en espuma, rôtis et en chips, arrosés au jus de veau. Excellent rapport qualité-prix au déjeuner en semaine.

�
 – Prix : €€

1 place Clodomir – ℰ 04 74 96 57 81 – Fermé mardi et mercredi

VIC-EN-BIGORRE

✉ 65500 – Hautes-Pyrénées – Carte régionale n° **22**–A2

LE RÉVERBÈRE

TRADITIONNELLE • CONVIVIAL Venez vous régaler à la lumière de ce plaisant Réverbère, dont l'intérieur –entièrement relooké – se révèle moderne et lumineux. On vient y profiter des créations du chef, au plus près du terroir : il travaille avec de nombreux producteurs locaux pour un résultat généreux et goûteux, plein de saveurs.

�
 – Prix : €

Rue d'Alsace – ℰ 05 62 96 78 16 – hotellereverbere.fr/restaurant – Fermé samedi et dimanche

VIC-SUR-CÈRE

✉ 15800 – Cantal – Carte régionale n° **1**–B3

😊 HOSTELLERIE SAINT-CLÉMENT

TRADITIONNELLE • CHAMPÊTRE Aucun bandit de grand chemin ne rôde autour de cet établissement posé sur le col de Curebourse. Pressé de porc et lentilles, marmite du pêcheur (rouget, lotte, daurade, crevettes) : père et fils concoctent une cuisine pleine de goût et de saveurs, précise et gourmande, où les cuissons sont toujours justes.

🛏
 – Prix : €€

Col de Curebourse – ℰ 04 71 47 51 71 – www.hotel-restaurant-cantal.fr –
Fermé lundi, mardi, mercredi midi et dimanche soir

VICHY

✉ 03200 – Allier – Carte régionale n° **1**–C1

✿ MAISON DECORET

Chef : Jacques Decoret

CRÉATIVE • ÉLÉGANT Une bâtisse du 19 e s., une grande véranda cubique jouant sur la transparence : tel est le décor voulu par Jacques Decoret. Recherche esthétique et finesse sont au rendez-vous dans l'assiette, autour de très beaux produits : le chef maîtrise son sujet, sans faire montre d'ostentation (ainsi le foie gras de canard des Landes, potimarron et orange). On apprécie aussi la personnalité qui se dégage des amuses bouches et de la sauce à la reine des prés. Pour ceux qui souhaitent prolonger le séjour, quelques chambres style maison d'hôtes rappellent agréablement l'esprit contemporain du lieu.

🕮 ⇆ 🕭 🔠 ⇔ – Prix : €€€€

15 rue du Parc – 𝒞 04 70 97 65 06 – www.maisondecoret.com/fr – Fermé du lundi au mercredi

😊 LA TABLE D'ANTOINE

MODERNE • CONTEMPORAIN Voyageur invétéré, le chef aime manier les épices et livre une cuisine gourmande et parfumée. On sent la générosité du passionné... Quant au décor, entre pierre de Volvic, verrière incrustée de motifs végétaux et cuir de Salers, il joue sur une évocation contemporaine de l'Auvergne. Original !

🕭 🔠 🕮 – Prix : €€

8 rue Burnol – 𝒞 04 70 98 99 71 – latabledantoine.com – Fermé lundi et jeudi, et dimanche soir

LES CAUDALIES

TRADITIONNELLE • CONTEMPORAIN Ces Caudalies vichyssoises ont tout pour plaire : une salle d'esprit Napoléon III rehaussée de notes plus contemporaines et d'un nouveau mobilier, une jolie carte des vins de près de 850 références sélectionnées par le chef Emmanuel Basset et son épouse Lucie... et dans l'assiette une cuisine goûteuse et généreuse, naviguant entre tradition et modernité. À noter, l'ouverture d'une salle située entre cave et cuisine dans l'esprit d'une cabane de vigneron.

🕮 🔠 – Prix : €€

7 rue Besse – 𝒞 04 70 32 13 22 – www.les-caudalies-vichy.fr – Fermé lundi et mercredi, et dimanche soir

L'HIPPOCAMPE

POISSONS ET FRUITS DE MER • CONTEMPORAIN Près du parc des Sources, cet Hippocampe-là a été repris en 2020 par le Breton Gilles Ruyet, épaulé de sa fille Marianne en cuisine. Ce chef est un digne représentant de la mer : homard breton, sole meunière, lieu jaune de ligne doré aux cocos de Paimpol... Tout est frais et bien préparé. Joli décor contemporain avec vue directe sur les cuisines.

🔠 – Prix : €€

3 boulevard de Russie – 𝒞 04 70 97 68 37 – www.hippocampe-vichy.fr – Fermé lundi, mardi midi et dimanche soir

VIENNE

✉ 38200 – Isère – Carte régionale n° **2**-B2

🏵🏵 LA PYRAMIDE - PATRICK HENRIROUX

Chef : Patrick Henriroux

MODERNE • ÉLÉGANT Modeste auberge créée en 1822, puis rendue célèbre par les mythiques Mado et Fernand Point au début du 20 e siècle, cette institution viennoise a été reprise en 1989 par Patrick Henriroux. Depuis la maison ne cesse d'évoluer : salle à manger au décor design, création d'un second restaurant (PH3), hôtel de charme, etc. Quant à la cuisine elle marie recettes classiques et touches contemporaines avec précision et sobriété. Homard à la vinaigrette d'orange à l'estragon ; omble chevalier cuit sous la flamme, pulpe d'oignon doux des Cévennes ; piano au chocolat, sauce au café grillé. A noter la bonne affaire du menu déjeuner, véritable aubaine, et un service aux petits oignons qui perpétue la tradition des grandes maisons françaises.

🕮 ⇆ 🕭 🔠 🕮 ⇔ 🅿 – Prix : €€€€

14 boulevard Fernand-Point – 𝒞 04 74 53 01 96 – www.lapyramide.com/fr – Fermé mardi et mercredi

L'ESPACE PH3

MODERNE • COSY Au sein de la Pyramide, voici la seconde table de la famille Henriroux. Décor sobre et chic, dans un esprit végétal, cuisine santé et bien-être... On l'aura compris, le lieu fait peau neuve. Et tout est mené tambour battant par une équipe dont la motivation est communicative. Que d'énergie, que de saveurs !

⅏ ⒶⒸ 🍴 🅿 – Prix : €€

14 boulevard Fernand-Point – ℰ 04 74 53 01 96 – www.lapyramide.com/fr

L'ESTANCOT

TRADITIONNELLE • BISTRO Une valeur sûre en ville que ce bistrot contemporain sympathique et généreux ! Les habitués apprécient les criques – des galettes de pommes de terre –, spécialités de la maison, garnies par exemple de foie gras poêlé ou de noix de Saint-Jacques et gambas.

🦽 – Prix : €€

4 rue de la Table-Ronde – ℰ 04 74 85 12 09 – Fermé lundi, dimanche et mardi midi

LES SAVEURS DU MARCHÉ

TRADITIONNELLE • BISTRO Un bistrot joliment moderne et très vivant... tout au service des saveurs du marché, bien entendu ! On aurait tort de se priver de cette cuisine très fraîche, soignée et savoureuse, rehaussée par une belle carte de vins de la vallée du Rhône. Et le couple de propriétaires est charmant...

⅏ 🦽 ⒶⒸ 🍴 – Prix : €€

34 cours de Verdun – ℰ 04 74 31 65 65 – lessaveursdumarche.fr – Fermé samedi et dimanche

VIGNIEU

✉ 38890 – Isère – Carte régionale n° **2**-B2

LE CAPELLA

MODERNE • CLASSIQUE Présentations soignées, jeux sur les textures, utilisation de bons produits : voici les savoureux arguments de ce Capella. Le cadre n'est pas en reste : deux salles voûtées en pierre, et une terrasse face à la piscine et au jardin. Carte des vins pointue, avec 450 références (surtout de la vallée du Rhône). Le château de Chapeau Cornu et ses dépendances offrent également des chambres délicieusement romantiques.

⅏ 🛏 🍴 ♻ 🅿 – Prix : €€€

312 rue de la Garenne – ℰ 04 74 27 79 00 – lecapella.com/fr – Fermé mercredi, lundi, mardi et jeudi midi , et dimanche soir

VILLARD-DE-LANS

✉ 38250 – Isère – Carte régionale n° **2**-C2

LA FERME DU BOIS BARBU

TRADITIONNELLE • FAMILIAL Non loin des pistes de ski de fond et des chemins de randonnée, dans un environnement préservé – que la région est pittoresque ! –, une adresse sympathique, montagnarde mais nullement rude : au cœur de l'hiver, par exemple, le bon feu de cheminée va si bien à la cuisine du terroir, tout comme la terrasse ombragée, très recherchée en été.

⛷ 🍴 🅿 – Prix : €

2381 route de Bois-Barbu – ℰ 04 76 95 13 09 – www.fermeboisbarbu.com

LES TRENTE PAS

MODERNE • COLORÉ À une trentaine de pas de l'église de Villard, un restaurant de poche au décor soigné. Dans une jolie salle à manger, l'œil s'attarde sur les tableaux d'un artiste local... Derrière ses fourneaux, le chef honore les produits (notamment du Vercors) au gré du marché et de son inspiration. Un travail soigné.

Prix : €€

16 avenue des Francs-Tireurs – 𝒞 04 76 94 06 75 – www.lestrentepas.com – Fermé lundi et mardi, et mercredi soir

VILLAROGER
✉ 73640 – Savoie

MINERAL LODGE *Plus*

DESIGN MODERNE À partir d'une ferme savoyarde, le Mineral Lodge a fait œuvre contemporaine, minimaliste, ouverte sur l'extérieur, aux plafonds hauts, au toit béton, aux baies immenses et aux perspectives étonnantes. Les espaces communs consistent en deux salles à manger et deux salons au design épuré — dont un panoramique avec cheminée —, et un sauna. Les chambres et la suite, toutes parfaitement silencieuses, mêlent l'élégance des lignes et des meubles anciens au confort moderne. Certaines disposent de terrasses privées. Pour les autres, la terrasse du lodge sera un excellent point de vue sur la vallée du Crôt, le glacier du Ruitor et la frontière italienne.

🅿 ⌲ ⋔ ⛄ ⚙ 🛁 ♨ ◯ - 5 chambres – Prix : €€

Le Pré-derrière – 𝒞 06 72 24 57 79

VILLARS
✉ 84400 – Vaucluse – Carte régionale n° **25**–E1

LA TABLE DE PABLO

DU MARCHÉ • CONTEMPORAIN Pour goûter une cuisine délicate et volontiers créative, à base de beaux produits régionaux, ce restaurant entre vignes et cerisiers est tout trouvé : en témoigne ce menu surprise composé au gré du marché et de ses petits producteurs locaux.... Le chef patron, qui travaille seul, assume toutes les fonctions, en salle et cuisine. Mention spéciale pour la paisible terrasse bercée par le chant des cigales.

& 🍽 🅿 – Prix : €€

Hameau Les Petits-Cléments – 𝒞 04 90 75 45 18 – www.latabledepablo.com/fr/index.php – Fermé mercredi, et jeudi et samedi à midi

LE VILLARS
✉ 71700 – Saône-et-Loire – Carte régionale n° **5**–C3

L'AUBERGE DES GOURMETS

MODERNE • AUBERGE Pari réussi pour l'enfant du pays, le chef Guillaume Laublanc, qui a repris avec un enthousiasme contagieux l'auberge de ce charmant village sur les hauteurs de la Saône. Asperges, œuf mollet, suprême de pintade, pigeon, escargots : une bistronomie tout sourire d'inspiration bourguignonne qui fait plaisir.

🆎 🍽 – Prix : €€

9 place de l'Église – 𝒞 03 85 32 58 80 – laubergedesgourmets.com – Fermé mardi et mercredi, et dimanche soir

VILLEBLEVIN

✉ 89340 – Yonne – Carte régionale n° **5**–A1

AUBERGE L'ESCALE 87

TRADITIONNELLE • COSY Une bien chaleureuse auberge au bord de l'ancienne N6, dont l'intérieur coquet se pare de divers objets agrestes et de mobilier rustique. La tradition est de mise dans les assiettes, goûteuses, colorées, et servies avec le sourire par-dessus le marché : on passe un moment très agréable. Plaisante terrasse sur l'arrière.

🅰️ 🍽 – Prix : €€

Lieu-dit Le Petit-Villeblevin – 𝄞 *03 86 66 42 56 – www.lescale87.fr –*
Fermé mardi et mercredi, et lundi, jeudi et dimanche soir

VILLE-D'AVRAY

✉ 92410 – Hauts-de-Seine – Carte régionale n° **15**–B2

⌘ LE COROT

CRÉATIVE • ÉLÉGANT À la manière du peintre Corot – qui immortalisa les étangs voisins –, Rémi Chambard s'inspire surtout de la nature et du terroir d'Ile-de-France pour élaborer sa cuisine : il ne propose d'ailleurs plus qu'un unique menu francilien qui met en exergue les différents villages d'où viennent ses produits, de Meaux à Choisy-le-Roi. Il va également lui-même faire sa "cueillette urbaine" au potager du Roi à Versailles... Cet excellent technicien, passé par des maisons de renom, prend toujours autant de plaisir à travailler le végétal, mais sans exclusive. Ses assiettes frappent par leur fraîcheur, leur légèreté et leur esthétisme : truite, citron caviar ; champignons, feuilles d'agastache, vin jaune ; ris de veau, arroche, moutarde. Le nouveau décor épuré et intimiste, à l'unisson de cette cuisine raffinée, sied à sa cuisine.

♿ 🅰️ 🅿️ – Prix : €€€€

55 rue de Versailles – 𝄞 *01 41 15 37 00 – www.etangs-corot.com – Fermé lundi, dimanche et du mardi au jeudi à midi*

LE CAFÉ DES ARTISTES

MODERNE • BISTRO Dans ce bistrot qui vient compléter idéalement la table étoilée de ce lieu ô combien bucolique aux portes de Paris, on sert une cuisine contemporaine, goûteuse et inspirée, réalisée avec de beaux produits – à l'instar du délicieux cabillaud, coco de Paimpol, chorizo, crème de homard. A déguster en terrasse, en contemplant le charmant jardin. Idyllique.

♿ 🅰️ 🍽 🅿️ – Prix : €€

53 rue de Versailles – 𝄞 *01 41 15 37 00 – www.etangs-corot.com*

🛏 LES ÉTANGS DE COROT   *Plus*

CLASSIQUE CONTEMPORAIN Ce ravissant hameau bâti au bord des étangs de Ville-d'Avray inspira le peintre Camille Corot. Il abrite aujourd'hui un hôtel de charme (élégantes chambres au décor soigné) et ses différents restaurants. Le spa est divin... vinothérapie oblige. Un charme bucolique unique aux portes de la capitale !

🌿 🅿️ 🛋 🍴 🚐 🚲 🔟 🛎 ⛾ 🍽 - 42 chambres – Prix : €

55 rue de Versailles – 𝄞 *01 41 15 37 00*

⚜ **Le Corot • Le Café des Artistes** - Voir la sélection des restaurants

VILLE-DU-PONT

✉ 25650 – Doubs – Carte régionale n° **6**–C2

L'ENTRE-ROCHES

MODERNE • ÉLÉGANT Au cœur du Saugeais (cette amusante "République" auto-proclamée à la frontière suisse), une maison que ses propriétaires soignent autant côté décor – contemporain et soigné – qu'en cuisine, où le chef propose une cuisine gourmande et savoureuse à l'image de cette déclinaison de truite du Haut-Jura et sa polenta au Mont d'Or ou encore cette ballotine de volaille au comté et jambon ibérique. A noter un accueil et service des plus charmants.

&⌂⇔▣ – Prix : €€€

1 rue Principale – ☎ 03 81 38 10 92 – restaurant-entreroches.fr – Fermé du lundi au mercredi

VILLEDIEU

✉ 84110 – Vaucluse – Carte régionale n° **24**–A2

🙂

LE BISTROT DE VILLEDIEU

PROVENÇALE • BISTRO Nouvelle aventure culinaire pour Laurent Azoulay installé dans ce village du Nord du Vaucluse depuis juin 2020. Ce chef patron au joli parcours, actuellement étoilé à L'EKrin à Méribel, mitonne une cuisine provençale dans un esprit de bistrot locavore. Les recettes, parfumées et soignées, ne manquent pas de caractère et certains plats sont cuits au feu de bois dans le four de la cuisine ouverte. Le tout est servi dans une salle façon bistrot contemporain ou aux beaux jours, sur la terrasse ombragée de la place du village.

⌂ – Prix : €€

Place de la Libération – ☎ 04 90 28 97 02 – www.azoulay-gastronomie.com/ le-bistrot-de-villedieu – Fermé mardi

VILLEFRANCHE-DE-ROUERGUE

✉ 12200 – Aveyron – Carte régionale n° **22**–C1

🙂

CÔTÉ SAVEURS

MODERNE • COSY Un joli restaurant contemporain installé dans un lieu atypique, une ancienne caserne ! Sous la houlette de Stéphane Amalric, Chef bien connu des Villefranchois, la cuisine célèbre le terroir aveyronnais de belle manière, avec des touches de créativité bien senties : ceviche de cabillaud et fine gelée de carotte des sables, brownie et billes chocolat blanc et myrtilles… Bref, l'assiette réjouit l'œil autant que les papilles.

⅋&Ⓜ⌂⇔ – Prix : €€

Place Louis-Fontanges – ☎ 05 65 65 83 64 – www.cote-saveurs.fr – Fermé lundi et dimanche

VILLEFRANCHE-SUR-MER

✉ 06230 – Alpes-Maritimes – Carte régionale n° **25**–E2

LA MÈRE GERMAINE

POISSONS ET FRUITS DE MER • RUSTIQUE Poisson frais et fruits de mer depuis 1938 : la Mère Germaine est une institution locale, où Cocteau avait ses habitudes. En été, la jet-set presse ses yachts à l'abordage du restaurant ; attablé en terrasse face au port, on passe effectivement un agréable moment… si l'on n'est pas trop regardant sur le prix.

≤&⌂⍟ – Prix : €€€

9 quai Amiral-Courbet – ☎ 04 93 01 71 39 – www.meregermaine.com – Fermé lundi et mardi, et mercredi, jeudi et dimanche soir

VILLEFRANCHE-SUR-SAÔNE

✉ 69400 – Rhône – Carte régionale n° **3**–E1

🐔 LA FERME DU POULET

TRADITIONNELLE • CONVIVIAL Joli endroit que cet ancien monastère, avec sa jolie terrasse sous la glycine. L'établissement est le repaire d'un couple de bons professionnels (le chef est champion du monde 2016 de pâté en croûte !), qui servent une cuisine réjouissante, axée sur les produits de la région.

&. 🍽 ♿ **P** – Prix : €€

180 rue Georges-Mangin – ☎ 04 74 62 19 07 – www.lafermedupoulet.com – Fermé lundi et dimanche

VILLEGENON

✉ 18260 – Cher – Carte régionale n° **8**–C2

LA RÉCRÉATION GOURMANDE

TRADITIONNELLE • CONVIVIAL Dans cette ancienne école du début du 20 e s., où trône un vieux poêle surmonté d'un bonnet d'âne, les mauvais élèves ne sont pas mis au pain sec et à l'eau ! Quel que soit le niveau de la classe, tout le monde se régale d'une cuisine de produits généreuse et goûteuse. Une agréable Récréation Gourmande...

&. 🎴 🍽 **P** – Prix : €

3 rue de l'Ancienne-École – ☎ 02 48 73 45 36 – www.la-recreation-gourmande. com – Fermé mercredi, et lundi, mardi, jeudi et dimanche soir

VILLEHERVIERS

✉ 41200 – Loir-et-Cher – Carte régionale n° **8**–C2

L'ÉPICURIEN ⓝ

MODERNE • CONTEMPORAIN Non loin de Romorantin-Lanthenay, cette petite auberge ne laisse pas indifférent. Jean-Charles Boulmier et Christelle Cauli, aux commandes depuis septembre 2021, proposent une cuisine savoureuse dans un cadre cosy. Les présentations sont appliquées, comme pour la lotte, poireaux, émulsion beurre noisette, ou la barre chocolat, purée de banane, sorbet citron. Terrasse aux beaux jours.

&. 🍽 ♿ – Prix : €€

20 route de Salbris – ☎ 02 54 96 22 75 – Fermé mardi et mercredi, et lundi soir

VILLEMAGNE-L'ARGENTIÈRE

✉ 34600 – Hérault – Carte régionale n° **21**–B2

AUBERGE DE L'ABBAYE

MODERNE • RUSTIQUE Un petit village médiéval. Dans un recoin, une tour du 12 e s. qui jette son ombre sur un mur en pierres. Et derrière ce mur, cette délicieuse auberge qui gagne à être connue. On y sert une bonne cuisine au goût du jour, qui privilégie les circuits courts. À déguster dans une atmosphère monastique.

&. 🍽 – Prix : €€

4 place de l'Abbaye – ☎ 04 67 95 34 84 – www.aubergeabbaye.com – Fermé lundi, mercredi, samedi midi, et mardi et dimanche soir

VILLENEUVE-DE-BERG

✉ 07170 – Ardèche – Carte régionale n° **2**-B3

LA TABLE DE LÉA

DU MARCHÉ • CLASSIQUE Dans cette ancienne grange, la chef élabore une cuisine du marché assez personnelle. Pendant ce temps-là, on profite de la belle terrasse sous les marronniers...

⇔ 🏠 **P** – Prix : €€

823 Plaine de Tournon – ℰ 04 75 94 70 36 – www.restaurant-table-lea.fr – Fermé mercredi, et lundi, mardi et jeudi midi

VILLENEUVE-LÈS-AVIGNON

✉ 30400 – Gard – Carte régionale n° **21**-D2

LE PRIEURÉ

MODERNE • ÉLÉGANT De l'autre côté du Rhône, face à Avignon et son Palais des Papes, la petite cité de Villeneuve-lès-Avignon collectionne elle aussi les monuments... et le Prieuré est l'un d'entre eux. Dans cet ancien cloître qui a du charme à revendre, on sert une plaisante cuisine méridionale basée sur de beaux produits. La paisible terrasse ouverte sur le jardin est un ravissement.

🕸 ⇔ ✚ 🅜 🏠 **P** – Prix : €€€€

7 place du Chapitre – ℰ 04 90 15 90 15 – www.leprieure.com – Fermé mardi et mercredi

🛏 ## LE PRIEURÉ   *Plus*

DESIGN MODERNE Le palais des Papes n'est pas si loin... Au cœur de la cité médiévale de Villeneuve, ce prieuré du 14ᵉ s. distille un je-ne-sais-quoi d'exclusivité. Vieilles pierres, dernier chic contemporain, superbe jardin... à l'écart du monde.

P ⌂ 🏊 ⇔ 🚲 ⚖ ⏻ - 36 chambres – Prix : €€€

7 place du Chapitre – ℰ 04 90 15 90 15

Le Prieuré - Voir la sélection des restaurants

🛏 ## LA SUITE   *Plus*

AVANT-GARDE Au cœur de la ville, ce petit hôtel de charme se niche dans une ancienne biscuiterie du 17ᵉ s. Les chambres et les suites ont chacune leur univers : ethnique, années pop, urbain... Bel espace détente et joli jardin. Une adresse à croquer !

P ⇔ ⚖ - 9 chambres – Prix : €

65-67 rue de la République – ℰ 04 90 21 51 07

VILLENEUVE-LOUBET

✉ 06270 – Alpes-Maritimes – Carte régionale n° **25**-E2

✿ ## LA FLIBUSTE

MODERNE • ÉLÉGANT Telle une vigie gourmande, ce restaurant entièrement vitré trône en plein cœur de la Marina Baie des Anges, au pied d'une imposante résidence blanche qui ondule comme une voile. Cadre élégant, moderne, aux couleurs apaisantes, et agréable terrasse permettant de profiter de la vue sur le port. Le chef concocte une délicieuse cuisine contemporaine valorisant avec talent les ingrédients de saison sélectionnés avec passion.

⚖ 🅜 🏠 🍽 – Prix : €€€

Avenue Jean-Marchand, Marina Baie des Anges – ℰ 04 93 20 59 02 – www. restaurantlaflibuste.fr/laflibuste – Fermé lundi et dimanche soir

VILLEREST

✉ 42300 – Loire – Carte régionale n° **2**–A1

CHÂTEAU DE CHAMPLONG

MODERNE • ÉLÉGANT Moments aussi gourmands que charmants dans cette demeure du 18 e s. nichée dans la verdure ; on dîne d'une cuisine actuelle dans la "salle aux peintures", sous les tableaux d'époque. Appétissante formule "servie en une heure" et belle carte des vins.

🕸 ♨♨🅰️♿🅰️⇔🅿️ – Prix : €€€

100 chemin de la Chapelle – ☏ 04 77 69 69 69 – www.chateau-de-champlong. com – Fermé lundi, du mardi au vendredi à midi, et dimanche soir

VILLERS-LE-LAC

✉ 25130 – Doubs – Carte régionale n° **6**–C2

LE FRANCE

MODERNE • ÉLÉGANT Entre Morteau et la Chaux-de-Fonds, à quelques enca-blures de la frontière franco-suisse, ce restaurant accueille les voyageurs au cœur des montagnes du Haut-Doubs. Dans cette maison familiale, le chef Hugues Droz y pratique l'hospitalité franc-comtoise héritée de son père, qui lui-même la tenait de ses parents. Adepte des saisons, il célèbre les épousailles du terroir et de l'invention. Il aime aussi les repas thématiques, à l'image de ce menu dédié à la morille : ce champignon accompagne le mangeur jusqu'au dessert.

🕸 ♿🅰️⇔ – Prix : €€€

8 place Maxime-Cupillard – ☏ 03 81 68 00 06 – hotel-restaurant-lefrance.com – Fermé lundi, mardi midi et dimanche soir

VILLERS-LÈS-NANCY

✉ 54600 – Meurthe-et-Moselle

🛏 LE CLOS JEANNON   *Plus*

DESIGN MODERNE Cette maison d'hôtes vaut à elle seule une escapade dans les environs de Nancy. Logé dans une bâtisse du 18e s., le Clos Jeannon abrite un véri-table cabinet de design où se mêlent les styles décoratifs. Entre les murs élégants de cette demeure classique, trois grands salons où cheminées en marbre, plafonds hauts et portes sculptées partagent les lieux avec des pièces design du 20e et 21e s. (Pierre Chapo, Jean Prouvé ou Pierre Guarriche). Les chambres, elles, se montrent plus douces et poétiques. Magnifique parc.

🅿️ ♤ - 5 chambres – Prix : €

2 rue Saint-Fiacre – ☏ 03 83 40 30 30

VILLESÈQUE-DES-CORBIÈRES

✉ 11360 – Aude – Carte régionale n° **21**–B3

PLACE DES MARCHÉS

TRADITIONNELLE • RUSTIQUE Dans ce village perdu des Corbières, une maison jaune abrite le bistrot d'Éric Delalande, passionné de fraîcheur, de produits locaux... et de vins des Corbières ! L'assiette se laisse porter par les humeurs du chef et du marché. Une cuisine vérité, généreuse et sans chichi particulièrement appréciée par les vignerons du coin.

♿🅰️🍴 – Prix : €€

8 avenue de la Mairie – ☏ 04 68 70 09 13 – Fermé lundi, mardi, mercredi midi et jeudi et dimanche soir

VILLEVIEILLE

✉ 30250 – Gard – Carte régionale n° **21**–C2

LA CANOPÉE

MODERNE • HISTORIQUE Dans cette ancienne salle d'armes voûtée de style Renaissance (5m de haut, tout de même !), on découvre une cuisine à la gloire des terroirs cévenol et camarguais. Elle s'accompagne d'une jolie sélection de petits vins de la région.

🍴🛖♻️🅿️ – Prix : €€

2 allée du Pigeonnier – ℰ 04 66 35 97 20 – www.chateaudepondres.fr/ le-restaurant – Fermé lundi

CHÂTEAU DE PONDRES   *Plus*

DESIGN MODERNE Tout proche du village médiéval de Sommières, un château d'aspect Renaissance entouré d'un joli parc de 15 ha et d'une rivière. Décoration "nature" et brute au restaurant (tommettes, luminaires en métal, bois), chambres dans l'esprit du lieu, avec vue sur le hameau ou les vignes et le pic Saint-Loup... un cachet indéniable.

♿🅿️🛖🍴🛋️🌊♨️🎵🍽️ - 11 chambres – Prix : €

2 allée du Pigeonnier – ℰ 04 66 35 97 20

La Canopée - Voir la sélection des restaurants

VINAY

✉ 51530 – Marne – Carte régionale n° **11**–B2

HOSTELLERIE LA BRIQUETERIE

MODERNE • CLASSIQUE À la sortie d'Épernay, sur la route de Sézanne, arrêtez-vous dans ce restaurant au cœur des vignes. En cuisine, le chef Benjamin Andreux (ancien de Stéphanie Le Quellec) propose une cuisine généreuse et sagement créative, à base de superbes produits à l'image de ce maquereau, vinaigrette yuzu et son pigeon cuit au barbecue japonais. Aux beaux jours, profitez de l'exquise terrasse. Chambres cossues pour l'étape dans ce havre de paix.

🛁🍴♿🗝️🛖🅿️ – Prix : €€€

4 route de Sézanne – ℰ 03 26 59 99 99 – www.labriqueterie.fr – Fermé samedi midi

VINCENNES

✉ 94300 – Val-de-Marne – Carte régionale n° **15**–B2

✿ L'OURS

Chef : Jacky Ribault

MODERNE • CONTEMPORAIN Jacky Ribault (Qui Plume La Lune, dans le 11 e) n'en fait pas mystère : cet Ours, installé près du château de Vincennes, représente l'aboutissement de sa carrière. Il l'a conçu à son image, jouant sur les espaces et les formes, dans un mariage réussi de bois, métal, pierre et cuir : un écrin formidable, en cohérence avec les créations culinaires dont il a le secret. Car dans l'assiette, on retrouve tout ce qu'on aime chez ce cuisinier d'expérience, volubile et passionné : le coup de patte instinctif, le visuel soigné, les inspirations brutes qui subliment des produits de premier choix. On trouvera par exemple à la carte de subtiles touches japonaises, mais aussi la plus traditionnelle pintade, ou encore cette barbue avec son risotto de riz vénéré à la betterave... Jacky Ribault est en pleine forme, et plus que jamais fidèle à lui-même.

🛁♿🗝️ – Prix : €€€€

12 rue de l'Église – ℰ 01 46 81 50 34 – www.loursrestaurant.com – Fermé lundi et dimanche

VIRE

✉ 14500 – Calvados – Carte régionale n° **17**–B2

😳 MANOIR DE LA POMMERAIE

MODERNE • CONTEMPORAIN Non loin de Vire, une maison du 18 e s. rustique en apparence, délicate en réalité, avec sa belle véranda qui ouvre sur le parc… Aux fourneaux œuvre un couple à la scène comme à la ville : Masako, japonaise et pâtissière, et Julien, qui affine d'année en année des créations tout en harmonie et en belles trouvailles. Une bonne table !

🛋♿🌿**P** – Prix : €€

L'Auvère – ℰ 02 31 68 07 71 – www.restaurant-pommeraie-vire.com – Fermé du lundi au mercredi, jeudi et vendredi à midi , et dimanche soir

VIRÉ

✉ 71260 – Saône-et-Loire – Carte régionale n° **5**–C3

FRÉDÉRIC CARRION CUISINE HÔTEL

MODERNE • COSY L'élégante salle à manger associe le cachet de cet ancien relais de poste (parquet, cheminée) à des notes plus cosy et feutrées. Le chef travaille les beaux produits régionaux dans des préparations volontiers créatives. On accompagne le tout d'une jolie sélection de vins, en particulier de viré-clessés. Jolies chambres et espace bien-être pour agrémenter un séjour d'oenotourisme.

🏵 ♿🅰 – Prix : €€€

Place André-Lagrange – ℰ 03 85 33 10 72 – www.hotel-restaurant-carrion.fr – Fermé lundi, mardi et du mercredi au dimanche à midi

VIUZ-EN-SALLAZ

✉ 74250 – Haute-Savoie – Carte régionale n° **4**–F1

LA TABLE D'ÉMILIE

MODERNE • SIMPLE À la barre de ce sympathique restaurant, Émilie et Yoann mettent en valeur de beaux produits, à travers un menu du marché au bon rapport qualité-prix au déjeuner, plus ambitieux le soir. Le chef a un bon tour de main, notamment sur les desserts. Par beau temps, profitez de l'agréable jardin-terrasse.

🅰🌿 – Prix : €€

1069 avenue de Savoie – ℰ 04 50 36 67 84 – latabledemilie.fr – Fermé mardi et mercredi, et lundi et dimanche soir

VOIRON

✉ 38500 – Isère – Carte régionale n° **2**–C2

BRASSERIE CHAVANT

TRADITIONNELLE • HISTORIQUE Sise dans une belle maison de maître, non loin des caves de Chartreuse, cette brasserie redécorée avec goût autour d'un bel escalier en bois (qui conduit aux chambres situées à l'étage) propose une bonne cuisine traditionnelle où les spécialités font honneur aux produits du Voironnais - ainsi le foie gras mi-cuit « maison » à la Chartreuse ou le parfait glacé à l'Antésite. Accueil et service très sympathiques.

🍸♿🅰🌿⇔ – Prix : €

72 avenue Léon-et-Joanny-Tardy – ℰ 04 76 93 19 11 – hotel-millepas.fr/fr/accueil

VOISINS-LE-BRETONNEUX

✉ 78960 – Yvelines – Carte régionale n° **15**-B2

LA FERME DE VOISINS

MODERNE · AUBERGE On accède à ce joli corps de ferme du 19 e s. par une cour fleurie, qui fait office de terrasse l'été venu. La carte, plutôt courte, met en valeur les incontournables de la maison – sucettes de gambas, tête de veau "irremplaçable", ou un dessert signature comme le baba bouchon maison orangé et rhum arrangé à l'orange – et recèle des plats goûteux et créatifs. Une belle adresse à découvrir au plus vite.

🛤 ✧ – Prix : €€€

4 rue de Port-Royal – ✆ 01 30 44 18 18 – www.lafermedevoisins.fr –
Fermé dimanche soir

VOLMUNSTER

✉ 57720 – Moselle – Carte régionale n° **12**-D1

L'ARGOUSIER

MODERNE · CONTEMPORAIN Dans ce restaurant à la jolie décoration contemporaine, la cuisine du jeune chef valorise les produits de saison. Les cuissons et assaisonnements sont justes, les présentations soignées, la cuisine en mouvement : on ne s'ennuie jamais ! Quant au service, il est aux petits oignons ! Très beau choix de vieux rhums.

🐸 🛤 – Prix : €€€

1 rue de Sarreguemines – ✆ 03 87 96 28 99 – www.largousier.fr – Fermé mardi et
mercredi, et lundi soir

VOLNAY

✉ 21190 – Côte-d'Or – Carte régionale n° **5**-A3

L'AGASTACHE

MODERNE · COLORÉ Le bouche-à-oreille a imposé progressivement cette table dans la région, et c'est mérité : le chef est très attentif à la qualité de ses produits (veau de l'Aveyron, pigeonneau de Pornic, produits des fermes aux alentours) et sa cuisine se révèle aussi gourmande que bien équilibrée.

♿ 🅼 🛤 – Prix : €€

1 rue de la Cave – ✆ 03 80 21 12 30 – lagastache-restaurant.com – Fermé lundi et
dimanche

VONNAS

✉ 01540 – Ain – Carte régionale n° **3**-E1

✿✿✿ GEORGES BLANC

Chef : Georges Blanc

CLASSIQUE · ÉLÉGANT Quel destin pour l'enfant de Bourg-en-Bresse, dont les ancêtres étaient limonadiers et marchands de charbon ! Il est vrai que sa propre grand-mère avait été sacrée meilleure cuisinière du monde par Curnonsky. Georges Blanc est aujourd'hui à la tête d'un petit empire à Vonnas. D'une demeure de 100 mètres carrés, il a bâti un domaine de plusieurs hectares : la mise en scène lumineuse des jardins et maisons du village le soir est magique. Mais le spectacle se trouve aussi dans l'assiette : on y retrouve la Bresse et son emblématique poularde AOP, les sauces aux goûts profonds et les cuissons savantes. La maison Georges Blanc est l'établissement le plus anciennement étoilé au monde, avec la première étoile acquise en 1929. Elle ravira aussi les amateurs de jolis crus, avec une carte des vins à damner Dionysos.

𝄪 ⟵ 🛏 🏧 🅿 – Prix : €€€€

Place du Marché – 𝄐 04 74 50 90 90 – www.georgesblanc.com/fr – Fermé du lundi au mercredi et jeudi midi

L'ANCIENNE AUBERGE

TRADITIONNELLE • AUBERGE Un décor rétro à la mémoire de l'auberge – ex-fabrique de limonade – ouverte par la famille Blanc à la fin du 19 e s. Photos d'époque, affiches anciennes, etc. Ici, on cultive une certaine nostalgie… qui sied à merveille aux spécialités bressannes proposées par le chef.

🏠 ⟷ – Prix : €€

Place du Marché – 𝄐 04 74 50 90 50 – www.georgesblanc.com/fr – Fermé lundi et dimanche soir

GEORGES BLANC   *Plus*

ÉLÉGANCE TRADITIONNELLE D'une génération à l'autre, Vonnas est devenu… Blanc. Cette hôtellerie de grande tradition cultive l'art de recevoir à la bressane ! Luxe sans ostentation, bois, pierre, superbe parc : une image du terroir qui sait vivre avec son temps.

🏊 🅿 ⟵ ⟷ 🛏 🏊 ⊕ 🐾 ⅃ઙ 🕸 🍴 – 30 chambres – Prix : €€

Place du Marché – 𝄐 04 74 50 90 90

✿✿✿ **Georges Blanc • L'Ancienne Auberge** - Voir la sélection des restaurants

VOUVRAY

✉ 37210 – Indre-et-Loire – Carte régionale n° **8**–B2

LES GUEULES NOIRES

TRADITIONNELLE • RUSTIQUE La salle à manger troglodytique, la cheminée crépitante en hiver, la terrasse sous la glycine aux beaux jours : on succombe tout de suite au charme discret de cette adresse. Au menu : une cuisine franche et goûteuse, basée sur les produits du terroir tourangeau et accompagnée de bons vins de Loire. Réservation conseillée.

𝄪 ♿ 🏠 🅿 – Prix : €€

66 rue de la Vallée-Coquette – 𝄐 02 47 52 62 18 – gueulenoirevouvray.wixsite. com/les-gueules-noires- – Fermé du lundi au mercredi et dimanche soir

WAMBRECHIES

✉ 59118 – Nord – Carte régionale n° **13**–C2

BALSAMIQUE

MODERNE • CONTEMPORAIN Qu'elle est agréable, la petite terrasse au calme du Balsamique, surtout les soirs d'été ! Le jeune chef a plus d'un tour dans son sac : sa cuisine créative, assez originale, s'appuie sur des produits impeccables (poisson de Boulogne-sur-Mer, par exemple) et se pare de belles influences asiatiques. Service efficace et beau choix de champagnes.

♿ 🏠 – Prix : €

13 place du Général-de-Gaulle – 𝄐 03 20 93 68 55 – www.balsamique-restaurant. com/fr – Fermé lundi et dimanche, et mercredi soir

LA WANTZENAU

✉ 67610 – Bas-Rhin – Carte régionale n° **10**–B1

LE JARDIN SECRET

Chef : Gilles Leininger

MODERNE • COSY Face à la petite gare, un secret à partager ! Dans cet accueillant restaurant où s'active une jeune équipe, le chef Gilles Leininger, finaliste des sélections au Bocuse d'or, témoigne de beaucoup d'ambition, d'expérience et de savoir-faire, à travers une cuisine du marché bien d'aujourd'hui : belle tranche de pâté en croûte et pickles de légumes ; quasi de veau rosé et bien doré, polenta crémeuse aux olives de Kalamata ; suave tartelette aux myrtilles sauvages des Vosges. L'autre secret de cette maison au cadre contemporain ? Son jardin-terrasse sur l'arrière de la maison !

🍽 ✿ – Prix : €€€

32 rue de la Gare – ℰ 03 88 96 63 44 – www.restaurant-jardinsecret.fr –
Fermé lundi, mardi, samedi midi et dimanche soir

✿ RELAIS DE LA POSTE

MODERNE • ÉLÉGANT Cette vénérable institution (depuis 1789) connaît une nouvelle jeunesse, à l'image de la salle à manger rénovée, aux touches contemporaines, tout en élégance avec sa véranda ouverte sur la terrasse. Loin d'être compassée, la cuisine qu'on y déguste est moderne en diable, gourmande, jouant la séduction : noix de Saint-Jacques à la truffe et topinambour ; poitrine de cochon fermier confite 12 h, jus corsé et déclinaison de choux... Service très professionnel et superbe carte des vins.

🛏 ⇆ ♿ 🅰🅲 🍽 ✿ 🅿 – Prix : €€€

21 rue du Général-de-Gaulle – ℰ 03 88 59 24 80 – www.relais-poste.com –
Fermé lundi, samedi midi et dimanche soir

AU MOULIN

CLASSIQUE • COSY Aux fourneaux et au moulin, Philippe Clauss, sérieux et appliqué, propose une carte gourmande s'inscrivant dans une tradition classique. Les amateurs de viande ne seront pas déçus par le jarret de veau confit pendant 48 h ou le chateaubriand de bœuf Aberdeen Angus, saisi à la perfection. Un cadre élégant et lumineux, dans les dépendances d'un ancien moulin posté au bord de l'Ill.

🛏 ⇆ ♿ 🅰🅲 🍽 ✿ 🅿 – Prix : €€€

Plan : B1-26 – *2 impasse du Moulin – ℰ 03 88 96 20 01 – www.restaurant-*
moulin-wantzenau.fr – Fermé lundi et mardi, et dimanche soir

LES SEMAILLES

MODERNE • COSY Jolie petite graine que cette maison alsacienne chatoyante, dressée dans une petite rue calme. Au menu : des produits de qualité, de justes cuissons, une association pertinente de saveurs et un art de la table qui maintient avec brio le service au guéridon (avec la découpe de la côte de veau ou la cuisson de la langoustine sur galet). Un plat qui nous a séduit ? Ces langoustines, justement, asperges, caviar, tout en finesse et gourmandise. L'été venu, profitez de la terrasse ombragée sous une glycine centenaire...

♿ 🅰🅲 🍽 🅿 – Prix : €€€

10 rue du Petit-Magmod – ℰ 03 88 96 38 38 – restaurant-semailles.fr –
Fermé mardi et mercredi, et dimanche soir

ZIMMER

TRADITIONNELLE • CLASSIQUE Indifférente aux modes, cette maison au glorieux passé continue de décliner une belle cuisine de tradition, teintée de notes plus actuelles : blanquette de poussin aux petits oignons et champignons, gratin de macaronis au parmesan ; matelote de poissons au riesling, fricassée de pâtes... Terrasse aux beaux jours.

🍽 – Prix : €€

23 rue des Héros – ℰ 03 88 96 62 08 – www.restaurant-zimmer.fr – Fermé lundi,
et jeudi et dimanche soir

WESTHALTEN

✉ 68250 – Haut-Rhin – Carte régionale n° **10**–A3

AUBERGE AU VIEUX PRESSOIR

TRADITIONNELLE • RUSTIQUE Au cœur du vignoble, cette maison de vigneron a bénéficié d'une modernisation bienvenue ; sa salle à manger garde toutefois son atmosphère d'autrefois, attachante et pleine de cachet. Cuisine du terroir et dégustations de vins de la propriété.

𝔐 ⇧⇔🅿 – Prix : €€€

Domaine de Bollenberg – 𝒞 03 89 49 60 04 – bollenberg.com – Fermé mardi et mercredi

AUBERGE DU CHEVAL BLANC

MODERNE • ÉLÉGANT Une maison cossue, tenue par la même famille depuis 1785. Dans la jolie salle contemporaine, le repas s'accompagne de charmants vins d'Alsace, dont une intéressante sélection au verre. Le style culinaire s'affine, les produits sont beaux, les dressages élégants. La volonté de bien faire est communicative : on en sort ragaillardis. Chambres pour l'étape.

𝔐 ⅗🅰🅿 – Prix : €€€

20 rue de Rouffach – 𝒞 03 89 47 01 16 – www.restaurant-koehler.com – Fermé lundi et mardi

WETTOLSHEIM

✉ 68920 – Haut-Rhin – Carte régionale n° **10**–C2

LA PALETTE

MODERNE • CONTEMPORAIN Le chef a beau être savoyard, on déguste ici une belle cuisine traditionnelle alsacienne qui ne dédaigne pas les clins d'œil à la modernité. La carte des vins est très complète et met à l'honneur les vignerons du village. Chambres claires et fraîches pour l'étape. Une bonne adresse.

𝔐 ⇘⅗🅰⇧⇔🅿 – Prix : €€€

9 rue Herzog – 𝒞 03 89 80 79 14 – www.lapalette.fr – Fermé lundi, mardi midi et dimanche soir

WEYERSHEIM

✉ 67720 – Bas-Rhin – Carte régionale n° **10**–B1

😊 ### AUBERGE DU PONT DE LA ZORN

ALSACIENNE • AUBERGE Marqueteries d'art de l'Atelier Spindler, objets anciens, poutres éclaircies et tables en bois brut : la salle s'éclaire de couleurs alsaciennes ! Dans l'assiette, de savoureuses spécialités régionales (à l'image de ce bœuf gros sel) et tartes flambées servies le soir. Bucolique terrasse en bord de Zorn. Une adresse au succès mérité où la qualité de l'accueil et du service est irréprochable.

⇘⇧🅿 – Prix : €€

2 rue de la République – 𝒞 03 88 51 36 87 – Fermé lundi, mardi et du mercredi au samedi à midi

WIERRE-EFFROY

✉ 62720 – Pas-de-Calais – Carte régionale n° **13**–A2

LA FERME DU VERT

MODERNE • AUBERGE Dans le cadre de cette ancienne ferme du 19 e s., sous l'égide de trois frères, une fromagerie artisanale en activité (vente à emporter) et cet agréable restaurant où l'on déguste des petits plats traditionnels soignés, rehaussés d'une pointe de modernité. Le tout à prix savoureux.

⇔ ⥬ ⇄ **P** – Prix : €€

Rue du Vert – & 03 21 87 67 00 – www.fermeduvert.com – Fermé lundi et dimanche soir

WIHR-AU-VAL

✉ 68230 – Haut-Rhin – Carte régionale n° **10**–C2

✿ LA NOUVELLE AUBERGE

Chef : Bernard Leray

MODERNE • AUBERGE À l'entrée de la vallée de Munster, cette "nouvelle auberge" est un ancien relais de poste retapé à neuf. Au rez-de-chaussée, un bistrot alsacien régale le midi en semaine. À l'étage, on trouve un restaurant gastronomique dans une belle salle à manger coiffée de poutres. Un Breton de Rennes, Bernard Leray, y officie avec brio. Son exil en Alsace ressemble à une idylle. Formé tout jeune chez Bernard Loiseau, le chef revisite avec finesse le terroir local. Chacune de ses assiettes montre beaucoup de travail et de technique, comme cette volaille de Bresse, bouillon de truffe noire intense et son gâteau de légumes fondant.

🕸 ⥬ ⇄ **P** – Prix : €€€

9 route Nationale – & 03 89 71 07 70 – www.nauberge.com – Fermé lundi et mardi, et mercredi et dimanche soir

WIMEREUX

✉ 62930 – Pas-de-Calais – Carte régionale n° **13**–A2

✿ LA LIÉGEOISE

Chef : Benjamin Delpierre

MODERNE • TENDANCE En étage, sur la digue : impossible d'échapper au panorama sur la mer ! Au sein de cet hôtel familial de la plus ancienne station balnéaire de la Côte d'Opale, on est d'emblée séduit par ce décor refait de frais dans un style vintage. Avant de s'ancrer face à la Manche, Benjamin Delpierre a posé ses filets chez Jean-Michel Lorain à la Côte Saint-Jacques puis au Ritz de Michel Roth, avant un cabotage du côté des Caraïbes avec son épouse, aujourd'hui en salle. Ici, les poissons et les fruits règnent sans partage dès l'entrée – rouget, escargots, huîtres, couteaux et moules – mis en valeur par une belle cuisine de la mer.

🕸 ⇖ & 🅰️ⓒ **P** – Prix : €€€

6 rue Notre-Dame – & 03 21 32 41 01 – www.atlantic-delpierre.com – Fermé lundi, mardi, du mercredi au vendredi à midi, et dimanche soir

🛏 ATLANTIC HÔTEL   *Plus*

CLASSIQUE CONTEMPORAIN Sur la digue du front de mer, cet hôtel toise la Manche ! On observe les flots à loisir depuis toutes les chambres, qu'elles soient romantiques, de style balnéaire chic ou très contemporaines. Espace bien-être.

P ⌂ 🌐 🎐 🍽 - 18 chambres – Prix : €€

6 rue Notre-Dame – & 03 21 32 41 01

✿ **La Liégeoise** - Voir la sélection des restaurants

WINGEN-SUR-MODER

✉ 67290 – Bas-Rhin – Carte régionale n° **10**–A1

✿✿ VILLA RENÉ LALIQUE

CRÉATIVE • LUXE Peu connu du grand public, René Lalique fut le joaillier le plus en vue du tournant du siècle et du mouvement Art nouveau. Son héritage perdure à Wingen-sur-Moder avec un musée, un hôtel de grand standing... et cette Villa, qui a fêté en 2020 ses cent ans, une table emmenée par Paul Stradner, influencé par ses passages en Autriche et en Allemagne ; émulsion de pommes de terre et lamelles de truffes (un grand classique de la maison) ; terrine de foie gras d'oie, gelée de raisin et chutney de potimarron ; bar, sauce cabernet, céleri et coquillage. Finesse, intelligence, créativité... jusqu'aux desserts signés Nicolas Multon : ce pâtissier, qui voulait faire les beaux-arts, réalise aujourd'hui de petits chefs-d'œuvre sucrés (mangue, riz au lait à la vanille et fruit de la passion). Ne passez pas à côté de la somptueuse cave à vin vitrée.

⊗ ⬌ ⬅ & 🅰 ⬌ 🅿 – Prix : €€€€

18 rue Bellevue – ℰ 03 88 71 98 98 – www.villarenelalique.com – Fermé mardi, mercredi et samedi midi

CHÂTEAU HOCHBERG

MODERNE • CHIC Au sein de cette majestueuse demeure du 19e s., le chef Arnaud Barberis interprète une goûteuse cuisine de saison avec quelques suggestions classiques : bouchée à la reine royale, coeur de ris de veau aux girolles. Une déco contemporaine parsemée de créations du maître verrier René Lalique dont le musée est situé juste en face. Agréable terrasse sur l'arrière du château, face au parc.

⬅ 🅰 🍴 🅿 – Prix : €€

2 rue de Château-Teutsch – ℰ 03 88 00 67 67 – chateauhochberg.com – Fermé lundi et mardi, et dimanche soir

CHÂTEAU HOCHBERG   *Plus*

DESIGN MODERNE Situé en face du musée Lalique, cette splendide demeure du 19e s. entièrement rénovée offre le confort de chambres raffinées, dont les plus personnalisées se déclinent en harmonies de couleurs, Ombelle, Venise et Dahlia. Un endroit à part.

🅿 ⬅ 🍽 - 15 chambres – Prix : €€

2 rue du Château Teutsch – ℰ 03 88 00 67 67

Château Hochberg - Voir la sélection des restaurants

WISSEMBOURG

✉ 67160 – Bas-Rhin – Carte régionale n° **10**–B1

AU PONT M

MODERNE • CONTEMPORAIN Au cœur de la Petite Venise, l'ancienne boucherie du coin est devenue un point de rendez-vous pour profiter des trouvailles du chef, un véritable amoureux du produit, qui rend hommage à ses fournisseurs en affichant leurs noms. Le nec plus ultra ? Prendre son repas sur la terrasse au bord de la Lauter, ou dans la salle avec vue sur l'église St-Pierre-et-St-Paul...

& 🅰 🍴 – Prix : €€

3 rue de la République – ℰ 03 88 63 56 68 – Fermé lundi et dimanche

HOSTELLERIE DU CYGNE

TRADITIONNELLE • CLASSIQUE Une salle classique largement boisée d'un côté, une salle de style alsacien Renaissance de l'autre, et dans les deux cas, une savoureuse cuisine traditionnelle à l'image de ce presskopf de joue de porc aux petits légumes ou ces côtelettes d'agneau et sa ratatouille au chorizo. Une chose est sûre, le chant du cygne n'est pas près de se faire entendre... et ce ne sont pas les gourmands qui s'en plaindront ! Quelques chambres confortables pour l'étape.

🅰 – Prix : €€

3 rue du Sel – ℰ 03 88 94 00 16 – www.hostellerie-cygne.com – Fermé mardi et mercredi, et dimanche soir

WŒLFLING-LÈS-SARREGUEMINES

✉ 57200 – Moselle – Carte régionale n° **12**–D1

😊 RESTAURANT DIMOFSKI

ACTUELLE • VINTAGE Julien Dimofski est un chef motivé, et son enthousiasme se découvre au gré d'assiettes soignées et savoureuses, humant l'air du temps. Décor rustique et lumineux, à une dizaine de kilomètres de Sarreguemines.

🕸 🍴🏠🅿 – Prix : €€€

2 quartier de la Gare – ☏ 03 87 02 38 21 – Fermé lundi, mardi, samedi midi et dimanche soir

WOLFGANTZEN

✉ 68600 – Haut-Rhin – Carte régionale n° **10**–C2

KASTENWALD

TRADITIONNELLE • CONTEMPORAIN Une cuisine classique sans fioritures, réalisée dans les règles de l'art, où les produits du marché sont bien mis en valeur : voilà ce qui vous attend dans cet ancien relais de poste installé en face de l'église. Les habitués s'y pressent... et on les comprend.

🏠 – Prix : €€

39 rue Principale – ☏ 03 89 27 39 99 – www.restaurant-kastenwald.com – Fermé lundi et mardi

YERRES

✉ 91330 – Essonne – Carte régionale n° **15**–B2

😊 BIRD

DU MARCHÉ • CONTEMPORAIN Au centre de cette charmante petite ville, sur une place piétonne proche de la mairie, un ancien salon de thé où le fils de famille, passé par de belles maisons, propose une cuisine du marché bien ficelée - betterave rouge, brocciu et bœuf séché... Salle épurée façon scandinave, terrasse face à la fontaine. Prix doux.

🏠 – Prix : €€

38 rue Charles-de-Gaulle – ☏ 01 79 93 28 81 – www.bird-restaurant.com – Fermé lundi et dimanche, et du mardi au jeudi soir

YGRANDE

✉ 03160 – Allier – Carte régionale n° **1**–B1

L & LUY - CHÂTEAU D'YGRANDE

CRÉATIVE • ÉLÉGANT L'élégant château Directoire (1835) domine le bocage bourbonnais... et le chef, Cédric Denaux, domine son sujet ! Sa cuisine, éminemment végétale, se révèle créative et bien en phase avec les saisons ; il y met en valeur les herbes aromatiques, plantes et légumes du jardin du château.

🍴🏠🅿 – Prix : €€

Le Mont – ☏ 04 70 66 33 11 – www.chateauygrande.fr/fr/hotel-charme-auvergne – Fermé lundi et mardi midi

YVOIRE

✉ 74140 – Haute-Savoie – Carte régionale n° **4**–F1

LES JARDINS DU LÉMAN

MODERNE • ÉLÉGANT Au cœur de la cité médiévale piétonne, cette belle maison sur plusieurs niveaux, agencée de manière contemporaine, propose une cuisine au goût du jour travaillée avec soin et gourmandise, arrosée des meilleurs vins de Savoie. Service et accueil prévenants. Pour profiter de la somptueuse terrasse panoramique sur le château et le lac Léman, pensez à réserver.

🕸 🏡 ⇔ – Prix : €€€

*Grande-Rue – 𝒞 04 50 72 80 32 – www.lesjardinsduleman.
com – Fermé mercredi*

LE PRÉ DE LA CURE

TRADITIONNELLE • CONVIVIAL Une plongée dans le Léman ! Évidemment, il y a la vue, superbe, mais pas seulement... Le chef réalise une cuisine axée sur les produits de la pêche : selon l'arrivage, brochets, truites ou encore perches peuvent être de la fête. Pour l'étape, chambres spacieuses et grande piscine couverte.

🏊 🛏 ⅏ 🏡 🅿 – Prix : €€

*1 place de la Mairie – 𝒞 04 50 72 83 58 – www.hotel-restaurant-piscine-haute-
savoie.com*

ZELLENBERG

✉ 68340 – Haut-Rhin – Carte régionale n° **10**–C2

🕸 **MAXIMILIEN**

Chef : Jean-Michel Eblin

MODERNE • ÉLÉGANT Jean-Michel Eblin, le chef-patron de cet établissement du joli village de Zellenberg, est clair là-dessus : jamais il ne vendra ! On comprend son attachement quasi viscéral à cette maison, qui est construite sur une parcelle de vignoble (du pinot noir) ayant appartenu à sa famille. Avec la régularité d'un métronome, il réalise une cuisine aux solides bases classiques, avec quelques notes plus modernes. Dans l'assiette, turbot, asperges vertes et morilles, ou encore effiloché de noix de Saint-Jacques, truffe et sucrine... Les produits sont frais et d'excellente qualité, l'ensemble est rehaussé d'une belle carte des vins : tous les ingrédients sont réunis pour passer un bon moment.

🕸 🍴 🛏 🄼 🏡 🅿 – Prix : €€€

*19A route d'Ostheim – 𝒞 03 89 47 99 69 – www.le-maximilien.com – Fermé lundi
et mardi, et dimanche soir*

AUBERGE DU FROEHN

TRADITIONNELLE • AUBERGE Orgueil de Zellenberg, le Froehn est l'un des grands crus alsaciens dont la complexité sied à merveille aux plus jolis plats, cuits à l'étouffée ou confits. Ancien de la Vieille Forge, à Kaysersberg, le jeune chef revisite ici la tradition à sa sauce (filet de bœuf Rossini, gratin dauphinois), en toute simplicité. L'accueil charmant : on passe un bon moment dans cette ancienne demeure viticole au cadre rustique.

🄼 – Prix : €€

*5 route d'Ostheim – 𝒞 03 89 47 81 57 – www.auberge-du-froehn-zellenberg.
com – Fermé mercredi et jeudi, et dimanche soir*

ZIMMERBACH

✉ 68230 – Haut-Rhin – Carte régionale n° **10**–C2

🐾 AU RAISIN D'OR

TRADITIONNELLE • CONVIVIAL Cette auberge à la bonne franquette est décidément une adresse attachante, où l'on déguste une savoureuse cuisine alsacienne à base de produits locaux. Les habitués sont toujours là et se régalent des propositions du jour et des classiques du chef (tête de veau, quenelles de foie, bœuf gros sel, etc.). Service aimable et prévenant.

& 🏠 **P** – Prix : €€

1 rue de l'Église – 𝒞 *03 89 71 05 69 – www.raisindor.fr – Fermé mardi et mercredi*

ZUYTPEENE

✉ 59670 – Nord – Carte régionale n° **13**–B2

AU KONING VAN PEENE ℕ

TRADITIONNELLE • CONVIVIAL Au cœur d'un petit village perdu des Flandres, une aubaine gourmande : le chef Kevin Barata et sa compagne Lucile Prevost accueillent le voyageur dans leur salle à manger conviviale de briques et de bois. En cuisinier sérieux qui connaît son affaire, le chef mitonne de bons petits plats, comme ce kefta de poisson qui nage dans une sauce soyeuse au yaourt à la menthe, twisté de quelques gouttes de sauce barbecue ou encore ce paleron crousti-fondant dans son jus au vin rouge, qu'on pourrait déguster à la cuillère, entouré d'une purée de chou-fleur, de carottes et de chips de pommes de terre.

🏠 – Prix : €€

8 contour de l'Église – 𝒞 *03 28 44 83 92 – www.aukoningvanpeene.fr –*
Fermé lundi et dimanche, et mardi et mercredi soir

CARNET GOURMAND

CARNET GOURMAND

CARNET GOURMAND

Index
généraux

LOCALITÉS

LOCALITÉS

LOCALITÉS

Saint-Jean-Cap-Ferrat	Le Cap ✿	1000
Saint-Jean-Cap-Ferrat	La Table du Royal	1000
Saint-Paul-de-Vence	Au Jardin de la Vague	1021
Saint-Paul-de-Vence	La Table de Pierre	1021
Théoule-sur-Mer	La Maréa	1080
Théoule-sur-Mer	L'Or Bleu ✿	1079
Tourrettes-sur-Loup	Clovis	1098
Tourrettes-sur-Loup	Le Sansot	1098
Tourrettes-sur-Loup	Spelt	1098
La Turbie	Café de la Fontaine ⊕	1110
La Turbie	Hostellerie Jérôme ✿✿ ✿	1110
Valbonne	La Table by Richard Mebkhout	1121
Valdeblore	Auberge de la Roche Ⓝ	1121
Vallauris	Les Dilettants ⊕	1124
Vence	Les Agapes	1134
Vence	La Cassolette	1135
Vence	Le Saint-Martin ✿	1134
Villefranche-sur-Mer	La Mère Germaine	1148
Villeneuve-Loubet	La Flibuste ✿	1150

ARDÈCHE (07)   AUVERGNE-RHÔNE-ALPES

Localité	Restaurant	Page
Annonay	Radicelles	163
Aubenas	L'Aubépine ⊕	178
Aubenas	Les Coloquintes ⊕	178
Aubenas	Notes de Saveurs	178
Aubenas	La Villa Tartary	178
Bessas	Auberge des Granges	226
Charmes-sur-Rhône	Le Carré d'Alethius ✿	351
Joyeuse	La Maison de Nany	547
Neyrac-les-Bains	Brioude	708
Saint-Germain	Auberge de Montfleury ✿ ✿	995
Saint-Péray	Auberge de Crussol	1023
Saint-Péray	La Ruche	1023
Tournon-sur-Rhône	Le Cerisier ⊕	1095
Usclades-et-Rieutord	Ferme de la Besse	1113
Vallon-Pont-d'Arc	Arkadia ⊕	1125
Vals-les-Bains	Le Vivarais	1126
Les Vans	Likoké ✿	1131
Vaudevant	La Récré ⊕	1132
Veyras	La Bòria ✿ Ⓝ	1141
Villeneuve-de-Berg	La Table de Léa	1150

ARDENNES (08)   GRAND EST

Localité	Restaurant	Page
Carignan	La Gourmandière	298
Charleville-Mézières	Amorini	350

| Charleville-Mézières | La Table d'Arthur R | 351 |
| Montcy-Notre-Dame | L'Auberge du Laminak ⑱ | 669 |

ARIÈGE (09)   OCCITANIE

Localité	Restaurant	Page
Arvigna	Le Clos Saint Martin - La Métairie ⑱	176
Pamiers	Bassas	736
Saint-Girons	L'Auberge d'Antan	998
Saint-Lizier	Le Carré de l'Ange ⑱	1009
Tarascon-sur-Ariège	Saveurs du Manoir	1078

AUBE (10)   GRAND EST

Localité	Restaurant	Page
Gyé-sur-Seine	Le Garde Champêtre ❀	520
Mesnil-Saint-Père	Au Vieux Pressoir	648
Pont-Sainte-Marie	Bistrot DuPont ⑱	897
Sainte-Maure	Auberge de Sainte-Maure	1039
Troyes	Aux Crieurs de Vin	1108
Troyes	Caffè Cosi la trattoria de Bruno Caironi	1108
Troyes	Claire et Hugo	1109
Troyes	Le Quai de Champagne	1109

AUDE (11)   OCCITANIE

Localité	Restaurant	Page
Aragon	La Bergerie	169
Camplong-d'Aude	Le Clos de Mauzac	286
Carcassonne	La Barbacane ❀	295
Carcassonne	Brasserie à 4 Temps	296
Carcassonne	Comte Roger	297
Carcassonne	Domaine d'Auriac	297
Carcassonne	La Table d'Alaïs	297
Carcassonne	La Table de Franck Putelat ❀❀	295
Fleury	La Tulipe Noire	486
Fontjoncouse	Auberge du Vieux Puits ❀❀❀	489
Lagrasse	Le Bastion ⑱	553
Lastours	Le Puits du Trésor ❀	558
Leucate	Le Grand Cap ❀	563
Limoux	ME.	572
Luc-sur-Orbieu	La Luciole	580
Narbonne	L'Art de Vivre	705
Narbonne	La Cave à Manger	705
Narbonne	Le Petit Comptoir	705
Narbonne	La Table - Cuisinier Caviste ⑱	705
Narbonne	La Table Lionel Giraud ❀❀	705
Pezens	L'Ambrosia	885

LOCALITÉS

AVEYRON (12) OCCITANIE

BOUCHES-DU-RHÔNE (13) PROVENCE-ALPES-CÔTE D'AZUR

LOCALITÉS

CALVADOS (14) NORMANDIE

Caen	Ivan Vautier ✿	279
Caen	Magma ⓝ	281
Caen	m-c.p ⓝ	281
Caen	Stéphane Carbone	281
Caen	La Vraie Vie ⓝ	281
Clécy	Au Site Normand	367
Courseulles-sur-Mer	Dégustation de l'Île	414
Deauville	L'Essentiel ✿	424
Deauville	Maximin Hellio ✿	424
Falaise	Ô Saveurs	480
Fleury-sur-Orne	Auberge de l'Île Enchantée	486
Grandcamp-Maisy	La Trinquette	508
Hérouville-Saint-Clair	L'Espérance - Stéphane Carbone 🏵	524
Honfleur	L'Âtre	527
Honfleur	Le Bréard	527
Honfleur	L'Endroit	527
Honfleur	Entre Terre et Mer	527
Honfleur	La Fleur de Sel 🏵	526
Honfleur	Huître Brûlée	527
Honfleur	Les Impressionnistes - La Ferme Saint-Siméon	527
Honfleur	Le Manoir des Impressionnistes	528
Honfleur	SaQuaNa 🏵	526
Houlgate	L'Éden 🏵	530
Houlgate	Les Passantes ⓝ	531
Houlgate	Les Terres Iodées ⓝ	531
Ouistreham	La Table d'Hôtes 🏵	734
Port-en-Bessin	Le Botaniste - La Chenevière	900
Port-en-Bessin	Le Petit Jardin - La Chenevière ⓝ	901
Touques	Carpe Diem	1094
Vire	Manoir de la Pommeraie 🏵	1153

CANTAL (15)   AUVERGNE-RHÔNE-ALPES

Localité	Restaurant	Page
Aurillac	Le Cromesquis	184
Aurillac	Les Quatre Saisons 🏵	183
Chaudes-Aigues	Serge Vieira ✿✿ ✿	358
Chaudes-Aigues	Sodade 🏵	358
Marcolès	Auberge de la Tour ✿	619
Murat	Le Jarrousset	692
Pailherols	L'Auberge des Montagnes 🏵	735
Tournemire	La Petite Grange 🏵 ⓝ	1095
Vic-sur-Cère	Hostellerie Saint-Clément 🏵	1143

CHARENTE (16)   NOUVELLE-AQUITAINE

Localité	Restaurant	Page
Angoulême	Les Sources de Fontbelle ✿	157
Bassac	L'Essille	201

LOCALITÉS

CHARENTE-MARITIME (17) NOUVELLE-AQUITAINE

Saintes	Saveurs de l'Abbaye ⌂	1041
Saintes	La Table du Relais du Bois St-Georges	1041
Le Thou	L'Instant Z	1081

CHER (18) CENTRE-VAL DE LOIRE

Localité	Restaurant	Page
Aubigny-sur-Nère	La Chaumière ⌂	179
La Borne	L'Épicerie ⌂	257
Boulleret	Maison Medard ✿	259
Bourges	Le Beauvoir ⌂	263
Bourges	Le Bourbonnoux	263
Bourges	La Suite	263
Bué	Momento	273
Chavignol	La Côte des Monts Damnés	359
Mornay-sur-Allier	Le Clos d'Émile	686
Sancerre	La Pomme d'Or ⌂	1044
Sancerre	La Tour	1045
Le Subdray	La Forge	1074
Villegenon	La Récréation Gourmande	1149

CORRÈZE (19) NOUVELLE-AQUITAINE

Localité	Restaurant	Page
Auriac	Les Jardins Sothys	183
Beaulieu-sur-Dordogne	Le Turenne	211
Brive-la-Gaillarde	Chez Francis	273
Brive-la-Gaillarde	En Cuisine ⌂	272
Brive-la-Gaillarde	La Table d'Olivier ✿	272
Brive-la-Gaillarde	La Toupine ⌂	272
Donzenac	Le Périgord	465
Goulles	Relais du Teulet	506
Lagarde-Enval	Mestre Restaurateurs 1869	553
Montgibaud	Le Tilleul de Sully ⌂❈	672
Tarnac	Hôtel des Voyageurs	1079
Tulle	Les 7 ⌂	1109
Tulle	Le Bouche à Oreille	1109
Ussel	Auberge de l'Empereur	1113

CORSE-DU-SUD (2A) CORSE

Localité	Restaurant	Page
Ajaccio	A Nepita	391
Ajaccio	L'Écrin	391
Ajaccio	Le Petit Restaurant ◍	392
Bastelicaccia	Auberge du Prunelli	392
Bonifacio	L'A Cheda	392
Bonifacio	L'An Faim	392
Bonifacio	Da Passano	393

LOCALITÉS

HAUTE-CORSE (2B)   CORSE

CÔTE-D'OR (21)   BOURGOGNE-FRANCHE-COMTÉ

LOCALITÉS

DORDOGNE (24)   NOUVELLE-AQUITAINE

Localité	Restaurant	Page
Bergerac	Le Bistro d'en Face ⊕	222
Bergerac	L'Imparfait	223
Bergerac	La Table du Marché Couvert	223
Brantôme	Le Moulin de l'Abbaye ✿	266
Le Buisson-de-Cadouin	Auberge de l'Espérance	274
Carsac-Aillac	Ô Moulin ⊕	301
Champcevinel	Le Bel'Art ⊕ ⓝ	347
Champcevinel	La Table du Pouyaud ⊕	347
Daglan	Le Petit Paris ⊕	422
Eymet	La Cour d'Eymet	477
Les Eyzies-de-Tayac-Sireuil	Le 1862 - Les Glycines ✿	478
Les Eyzies-de-Tayac-Sireuil	Le Bistro des Glycines ⊕	478
Les Eyzies-de-Tayac-Sireuil	Le Centenaire	478
Issigeac	L'Atelier	542
Issigeac	La Brucelière	542
Monbazillac	La Tour des Vents ✿	661
Monestier	Les Fresques - Château des Vigiers ✿	661
Monpazier	Éléonore	663
Nontron	L'Atelier des Sens ⓝ	723
Périgueux	L'Atelier	878
Périgueux	Café Louise	879
Périgueux	L'Épicurien	879
Périgueux	L'Essentiel ✿	878
Périgueux	Hercule Poireau	880
Périgueux	La Taula	880
La Roque-Gageac	La Belle Étoile ⊕	967
La Roque-Gageac	O'Plaisir des Sens	967
Saint-Astier	Les Singuliers ⓝ	980
Saint-Avit-Sénieur	La Table de Léo ⊕	981
Saint-Léon-sur-Vézère	Le Petit Léon ⓝ	1008
Saint-Martial-de-Nabirat	Le Saint-Martial	1015
Saint-Nexans	La Chartreuse du Bignac	1018
Saint-Pompont	L'Envie des Mets	1025
Saint-Vincent-de-Cosse	La Table de Monrecour	1036
Sainte-Sabine	Étincelles - La Gentilhommière	1040
Trémolat	Bistrot de la Place	1106
Trémolat	Le Vieux Logis ✿	1106

DOUBS (25)   BOURGOGNE-FRANCHE-COMTÉ

Localité	Restaurant	Page
Besançon	Le Manège	225
Besançon	Le Parc	225
Besançon	Le Saint Cerf ✿	225
Besançon	Le Saint-Pierre	225
Bonnétage	Le Bistrot	244

LOCALITÉS

DRÔME (26) AUVERGNE-RHÔNE-ALPES

LOCALITÉS

Valence	Le Bac à Traille ⊕	1123
Valence	La Cachette ❀	1122
Valence	Flaveurs ❀	1123
Valence	Pic ❀❀❀	1122
Vesc	Chez Mon Jules	1140

EURE (27) NORMANDIE

Localité	Restaurant	Page
Acquigny	L'Hostellerie d'Acquigny	134
Beaumesnil	L'Étape Louis 13	212
Bernay	Le Moulin Fouret ⊕	224
Évreux	La Gazette ⊕	476
Gasny	Auberge du Prieuré Normand	497
Giverny	Le Jardin des Plumes ❀	504
Giverny	La Musardière	504
Lyons-la-Forêt	Le Bistro du Grand Cerf	612
Lyons-la-Forêt	La Licorne Royale ❀	612
Pont-de-l'Arche	L'Auberge de la Pomme	896
Saint-Étienne-du-Vauvray	La Ferme de la Haute Crémonville ⊕	992
Verneuil-sur-Avre	Le Clos	1136

EURE-ET-LOIR (28) CENTRE-VAL DE LOIRE

Localité	Restaurant	Page
Chartres	Le Georges ❀	352
Chartres	Le Moulin de Ponceau	353
Chartres	Terra	353
Châteaudun	Aux Trois Pastoureaux ⊕	355
Cherisy	Le Vallon de Chérisy	361
Guainville	Les Chemins - Domaine de Primard ❀ ❀	516
Guainville	Octave - Domaine de Primard	516
Senonches	La Forêt ⊕	1055
Thiron-Gardais	Auberge de l'Abbaye	1081

FINISTÈRE (29) BRETAGNE

Localité	Restaurant	Page
Audierne	Orizhon ⊕ Ⓝ	180
Brélès	Auberge de Bel Air	267
Brest	L'Embrun ❀	268
Brest	Le M	269
Brest	Peck & Co ⊕	268
Carantec	Nicolas Carro - Hôtel de Carantec ❀	294
Carhaix-Plouguer	Erasmo ⊕ Ⓝ	298
Combrit	Bistrot du Bac	387
Combrit	Les Trois Rochers ❀	387

LOCALITÉS

GARD (30) OCCITANIE

Le Grau-du-Roi	Le Spinaker	510
Nîmes	Aux Plaisirs des Halles	720
Nîmes	Le Bistr'AU - Le Mas de Boudan	720
Nîmes	Duende ✿✿	719
Nîmes	Jérôme Nutile ✿	719
Nîmes	Le Lisita	721
Nîmes	La Pie qui Couette	721
Nîmes	Rouge ✿ 🅝	720
Nîmes	Skab ✿	720
Nîmes	La Table du 2	721
Nîmes	Vincent Croizard	722
Orsan	C'la Vie 🏵	732
Pujaut	Entre Vigne et Garrigue ✿	906
Quissac	L'ArtYsan	913
Sabran	Bistro de Montcaud	976
Sabran	Le Cèdre de Montcaud	977
Serviers-et-Labaume	Volver.	1056
Sommières	Le Patio by Lou Caléou 🏵	1061
Tavel	La Courtille	1079
Uzès	Le Comptoir du 7	1114
Uzès	La Table d'Uzès ✿	1113
Villeneuve-lès-Avignon	Le Prieuré	1150
Villevieille	La Canopée	1152

HAUTE-GARONNE (31)　　　OCCITANIE

Localité	Restaurant	Page
Aureville	En Marge ✿	183
Auzeville-Tolosane	La Table d'Auzeville 🏵	185
Balma	L'Équilibre 🏵	196
Castanet-Tolosan	La Table des Merville	302
Drudas	Le Verdurier - Château de Drudas	466
Fenouillet	Le Virgil	482
Lacroix-Falgarde	Le Bellevue	552
Martres-Tolosane	Maison Castet	634
Montrabé	L'Aparté ✿	683
Montrabé	L'Instant... 🏵	683
Pinsaguel	Le Gentiane	887
Quint-Fonsegrives	En Pleine Nature ✿	913
Ramonville-Saint-Agne	La Table de Laurent 🏵	915
Rouffiac-Tolosan	Ô Saveurs ✿	972
Saint-Félix-Lauragais	Auberge du Poids Public	993
Sauveterre-de-Comminges	L'Hibiscus by Jérémy Lasserre	1051
Toulouse	L'Air de Famille 🏵	1089
Toulouse	L'alouette	1090
Toulouse	Antipodes	1090
Toulouse	Au Pois Gourmand	1090
Toulouse	Cartouches 🏵	1090
Toulouse	Cécile 🏵	1090

LOCALITÉS

GERS (32)   OCCITANIE

GIRONDE (33)   NOUVELLE-AQUITAINE

LOCALITÉS

HÉRAULT (34)   OCCITANIE

Montpellier	Chez Delagare	681
Montpellier	Ébullition	681
Montpellier	Jardin des Sens ❀	677
Montpellier	Leclere ❀	677
Montpellier	Mahé	681
Montpellier	Pastis ❀	678
Montpellier	Le Petit Jardin	681
Montpellier	Reflet d'Obione ❀ ❀	678
Montpellier	La Réserve Rimbaud ❀	678
Montpellier	Soulenq	682
Montpellier	Terminal #1	682
Montpellier	Umami - La Cinquième Saveur ❶	682
Olargues	Fleurs d'Olargues	727
Palavas-les-Flots	Le Saint-Georges ❀	735
Pézenas	L'Entre Pots	885
Pézenas	Le Pré Saint Jean ❀	885
Pézenas	Restaurant De Lauzun ❀	884
Saint-Gély-du-Fesc	Le Clos des Oliviers	994
Saint-Gervais-sur-Mare	L'Ortensia	998
Saint-Martin-de-Londres	L'Accent du Soleil	1016
Sérignan	L'Harmonie	1056
Sète	L'Arrivage ❀	1057
Sète	La Coquerie	1058
Sète	Paris Méditerranée ❀	1058
Sète	Quai 17 ❀	1058
Sète	The Marcel ❀	1057
Vailhan	Āponem - Auberge du Presbytère ❀ ❀	1114
Valras-Plage	Sépia ❀ ❶	1126
Villemagne-l'Argentière	Auberge de l'Abbaye	1149

ILLE-ET-VILAINE (35)   BRETAGNE

Localité	Restaurant	Page
Cancale	Le Bistrot de Cancale ❶	287
Cancale	Le Bout du Quai	287
Cancale	Breizh Café	288
Cancale	Le Coquillage ❀ ❀ ❀	287
Cancale	Côté Mer	288
Cancale	L'Ormeau	288
Cancale	La Table Breizh Café ❀	287
Cesson-Sévigné	Cueillette ❶	310
Cesson-Sévigné	Zest	310
Dinard	Didier Méril	462
Dinard	Ombelle ❶	462
Dinard	Le Pourquoi Pas ❀	462
Dinard	La Vallée	462
La Gouesnière	La Gouesnière - Maison Tirel-Guérin ❀	505
Noyal-sur-Vilaine	Auberge du Pont d'Acigné ❀	724

LOCALITÉS

Piré-Chancé	La Table des Pères -	
	Domaine du Château des Pères ✿ ◐	887
Rennes	Bercail	922
Rennes	Essentiel	922
Rennes	Fezi ◐	924
Rennes	Les Frangins	924
Rennes	Holen ✿ ✿	921
Rennes	Ima ✿ ✿	921
Rennes	Imayoko	924
Rennes	Le Paris-Brest	924
Rennes	La Petite Ourse ⊕	922
Rennes	Pof ◐	924
Rennes	Racines ✿	922
Rennes	La Table du Balthazar	925
Le Rheu	Les Tourelles - Château d'Apigné	927
Saint-Grégoire	Maison Ronan Kervarrec ✿	998
Saint-Lunaire	Comète ◐	1010
Saint-Malo	Ar Iniz	1014
Saint-Malo	Le Bistrot du Rocher	1014
Saint-Malo	Le Cambusier	1014
Saint-Malo	Comptoir Breizh Café ⊕	1011
Saint-Malo	Le Coude à Coude	1015
Saint-Malo	Crêperie Grain Noir	1015
Saint-Malo	Fidelis ⊕	1014
Saint-Malo	La Fourchette à Droite ⊕	1014
Saint-Malo	Méson Chalut	1015
Saint-Malo	Le Saint Placide ✿	1011
Le Tronchet	Le Jardin de l'Abbaye	1107

INDRE (36) CENTRE-VAL DE LOIRE

Localité	Restaurant	Page
Châteauroux	Jeux 2 Goûts ⊕	356
Issoudun	La Cognette	543
Reuilly	Les 3 Cépages	926
Saint-Pierre-de-Jards	Les Saisons Gourmandes	1024
Saint-Valentin	Au 14 Février ✿	1035
Veuil	Auberge Saint Fiacre ⊕	1141

INDRE-ET-LOIRE (37) CENTRE-VAL DE LOIRE

Localité	Restaurant	Page
Amboise	Les Arpents ⊕	151
Amboise	Château de Pray ✿	151
Amboise	L'Écluse	151
Azay-le-Rideau	L'Aigle d'Or	193
Azay-le-Rideau	Auberge Pom'Poire ✿	193
Azay-le-Rideau	L'Épine ⊕ ◐	193
Céré-la-Ronde	Auberge de Montpoupon	309

ISÈRE (38) AUVERGNE-RHÔNE-ALPES

LOCALITÉS

JURA (39)   BOURGOGNE-FRANCHE-COMTÉ

Port-Lesney	Maison Jeunet ✿✿	901
Pupillin	Le Grapiot ✿	907
Saint-Germain-lès-Arlay	Hostellerie Saint-Germain	996
Sampans	Château du Mont Joly ✿	1044

LANDES (40)   NOUVELLE-AQUITAINE

Localité	Restaurant	Page
Capbreton	La Cuisine	293
Capbreton	Goustut	293
Capbreton	La Petite Table	293
Eugénie-les-Bains	La Ferme aux Grives	475
Eugénie-les-Bains	Les Prés d'Eugénie -	
	Michel Guérard ✿✿✿	475
Hossegor	Les Hortensias du Lac	529
Hossegor	Jean des Sables	529
Magescq	Côté Quillier	614
Magescq	Relais de la Poste ✿✿	613
Mont-de-Marsan	Les Clefs d'Argent ✿	663
Mont-de-Marsan	La Table Mirasol ✿	663
Mont-de-Marsan	Villa Mirasol - Bistrot 1912 ✿	664
Parentis-en-Born	Chez Flo	738
Pouillon	L'Auberge du Pas de Vent ✿	903
Saint-Cricq-Chalosse	L'Auberge du Laurier	986
Saint-Paul-lès-Dax	Le Moulin de Poustagnacq	1022
Saint-Vincent-de-Tyrosse	Le Hittau ✿	1036
Seignosse	Villa de l'Étang Blanc ✿	1053
Soustons	Auberge Batby	1063

LOIR-ET-CHER (41)   CENTRE-VAL DE LOIRE

Localité	Restaurant	Page
Blois	Amour Blanc ✪	240
Blois	Assa ✿ ✿	240
Blois	Bro's ✪	240
Blois	Brut maison de cuisine ✪	241
Blois	Christophe Hay - Fleur de Loire ✿✿ ✿	239
Blois	Le Médicis	241
Bracieux	Le Rendez-vous des Gourmets ✿	266
Cellettes	La Vieille Tour ✿	308
Chambord	Le Grand Saint-Michel	316
Chaumont-sur-Loire	Le Grand Chaume ✪	358
Cheverny	L'Auberge - Les Sources de Cheverny	362
Cheverny	Le Favori - Les Sources de Cheverny ✿	362
Contres	La Botte d'Asperges ✿	389
La Ferté-Saint-Cyr	La Diligence	483
Fougères-sur-Bièvre	Avarum ✪	491
Montlivault	Ezia ✿ ✪	674
Onzain	Bistrot des Hauts de Loire	728

LOCALITÉS

LOIRE (42)   AUVERGNE-RHÔNE-ALPES

HAUTE-LOIRE (43)   AUVERGNE-RHÔNE-ALPES

Saugues	La Terrasse	1048
Solignac-sous-Roche	Lou Pinatou🏛	1061
Vergongheon	La Petite École	1136

LOIRE-ATLANTIQUE (44) PAYS DE LA LOIRE

Localité	Restaurant	Page
Basse-Goulaine	Du Pont Ⓝ	201
Basse-Goulaine	Villa Mon Rêve	201
La Baule	14 Avenue	205
La Baule	Les Albatros Ⓝ	205
La Baule	Castel Marie-Louise	205
La Baule	Fouquet's	205
La Baule	Saint-Christophe	206
La Bernerie-en-Retz	Au G'Retz des Saisons Ⓝ	224
Carquefou	Auberge du Vieux Gachet	300
Carquefou	La Table du Marquis au Château de Maubreuil	300
Château-Thébaud	Auberge La Gaillotière🏛	355
Clisson	Villa Saint-Antoine	374
Couëron	Le François II	405
Le Croisic	L'Estacade🏛	416
Le Croisic	Le Lénigo	416
Le Croisic	L'Océan	416
Geneston	Le Pélican	500
Guérande	L'Agapé Bistrot Ⓝ	517
Guérande	brut.	517
Missillac	Le Montaigu - Domaine de la Bretesche	655
Nantes	L'Abélia	700
Nantes	L'Atlantide 1874 - Maison Guého ❀	697
Nantes	Le Bouchon	700
Nantes	Les Bouteilles	700
Nantes	Les Cadets ❀ Ⓝ	697
Nantes	Les Chants d'Avril	700
Nantes	ICI	701
Nantes	L'Instinct Gourmand	701
Nantes	L'Aménité	701
Nantes	Lamaccotte	701
Nantes	Le Lion et l'Agneau	701
Nantes	LuluRouget ❀	698
Nantes	Maison Bagarre Ⓝ	702
Nantes	La Mandale Ⓝ	702
Nantes	Le Manoir de la Régate ❀ ❀	698
Nantes	Meraki	702
Nantes	L'Océanide🏛	698
Nantes	Omija	702
Nantes	L'Ourse🏛 Ⓝ	700
Nantes	Pickles	702

LOCALITÉS

LOIRET (45) CENTRE-VAL DE LOIRE

LOT (46) OCCITANIE

Figeac	La Cuisine du Marché	483
Figeac	La Dînée du Viguier	483
Figeac	La Racine et la Moelle	484
Lacave	Château de la Treyne ✿	552
Lacave	Le Pont de l'Ouysse ✿	552
Lascabanes	Le Domaine de Saint-Géry	558
Martel	Saveurs des Halles	633
Mercuès	Le Duèze - Château de Mercuès ✿	645
Meyronne	La Terrasse	653
Parnac	Les Jardins	874
Puy-l'Évêque	Le Médiéval ⌂	908
Rocamadour	Jehan de Valon	932
Saint-Céré	L'Informel	984
Saint-Céré	Les Trois Soleils de Montal ✿	984
Saint-Cirq-Lapopie	Auberge du Sombral - Les Bonnes Choses	985
Saint-Médard	Le Gindreau ✿	1018
Souceyrac-en-Quercy	Au Déjeuner de Souceyrac ✿	1062

LOT-ET-GARONNE (47)   NOUVELLE-AQUITAINE

Localité	Restaurant	Page
Agen	L'Affranchi ⌂	135
Agen	La Table de Michel Dussau ⌂	135
Casteculier	Le Rouergat ⓝ	303
Casteljaloux	La Vieille Auberge	303
Lougratte	La Table des Sens	579
Marmande	Boat aux Saveurs	621
Moirax	Auberge Le Prieuré ✿	655
Puymirol	Michel Trama ✿	910
Puymirol	La Poule d'Or	910

LOZÈRE (48)   OCCITANIE

Localité	Restaurant	Page
Albaret-Sainte-Marie	Château d'Orfeuillette	144
Aumont-Aubrac	Cyril Attrazic ✿ ✿ ✿	181
Aumont-Aubrac	Le Gabale ⌂	182
Cocurès	La Lozerette	376
La Garde	Le Rocher Blanc	495
Mende	La Safranière ⌂	643
Le Rozier	L'Alicanta ⌂	974

MAINE-ET-LOIRE (49)   PAYS DE LA LOIRE

Localité	Restaurant	Page
Angers	L'Ardoise ⌂ ⓝ	154
Angers	Autour d'un Cep	155

LOCALITÉS

LOCALITÉS

Servon	Auberge Sauvage ☘	1056
St-Denis-le-Vêtu	La Baratte	987
Urville-Nacqueville	Le Landemer	1112

MARNE (51) GRAND EST

Localité	Restaurant	Page
Avize	Les Avisés	191
Bezannes	Bouche B	226
Châlons-en-Champagne	Au Carillon Gourmand	313
Châlons-en-Champagne	Jérôme Feck ☸	313
Champillon	Le Royal ☸	347
Chigny-les-Roses	Couvert de Vignes ⓝ	363
Épernay	Cook'in ⊕	470
Épernay	La Grillade Gourmande ⊕	471
Épernay	Symbiose	471
Épernay	Le Théâtre	471
Montchenot	Le Grand Cerf ☸	669
Reims	Assiette Champenoise ☸☸☸	917
Reims	Le Crypto	918
Reims	Le Foch ☸	918
Reims	La Grande Georgette ⓝ	918
Reims	Le Jardin Les Crayères ⊕	918
Reims	Le Millénaire	919
Reims	Le Parc Les Crayères ☸☸	917
Reims	Racine ☸☸	918
Sillery	Le Relais de Sillery	1060
Vinay	Hostellerie La Briqueterie	1152

HAUTE-MARNE (52) GRAND EST

Localité	Restaurant	Page
Colombey-les-Deux-Églises	Hostellerie la Montagne ☸	385

MAYENNE (53) PAYS DE LA LOIRE

Localité	Restaurant	Page
Fontaine-Daniel	La Forge ⓝ	488
Laval	L'Antiquaire	560
Laval	L'effet Papilles ⓝ	560
Mayenne	L'Éveil des Sens ☸	637

MEURTHE-ET-MOSELLE (54) GRAND EST

Localité	Restaurant	Page
Fontenoy-la-Joûte	L'Imprimerie	489
Lunéville	Château d'Adoménil ☸	581
Nancy	Le 27 Gambetta	694

LOCALITÉS

MEUSE (55)   GRAND EST

MORBIHAN (56)   BRETAGNE

Port-Louis	Avel Vor ❀	901
Port-Navalo	Grand Largue	902
La Roche-Bernard	L'Auberge Bretonne	932
La Roche-Bernard	Auberge des Deux Magots ⓐ	932
Rochefort-en-Terre	L'Ancolie ⓞ	933
Rohan	L'Eau d'Oust	966
Saint-Avé	Le Pressoir ❀	981
Saint-Gildas-de-Rhuys	Le Vert d'O	998
Saint-Pierre-Quiberon	Le Petit Hôtel du Grand Large ❀ ❀	1024
Sainte-Anne-d'Auray	L'Auberge - Maisons Glenn Anna	1037
Sarzeau	Le Kerstéphanie	1047
Sarzeau	Le Manoir de Kerbot ⓐ	1047
Sauzon	Café de la Cale	221
Sauzon	Hôtel du Phare	221
La Trinité-sur-Mer	L'Azimut	1107
Vannes	L'Annexe	1129
Vannes	Bvañ ⓞ	1129
Vannes	Empreinte ❀	1129
Vannes	La Gourmandière - Le Bistr'Aurélia	1130
Vannes	La Gourmandière - La Table d'Olivier ❀	1128
Vannes	Hoya	1130
Vannes	Iodé	1131
Vannes	Roscanvec	1131
Vannes	Ryoko ⓞ	1131
Vannes	Le Sous-sol ⓐ	1129
Vannes	La Tête en l'air ❀	1128

MOSELLE (57)   GRAND EST

Localité	Restaurant	Page
Abreschviller	Auberge de la Forêt	134
Ay-sur-Moselle	Le Martin Pêcheur	192
Baerenthal	L'Arnsbourg ❀	194
Bitche	Le Strasbourg	238
Delme	À la 12	426
Faulquemont	Toya ❀ ❀	480
Hagondange	Quai des Saveurs ❀	520
Languimberg	Chez Michèle ❀	555
Manom	Les Étangs	617
Metz	83 Restaurant	649
Metz	Chez Moi	649
Metz	Derrière	649
Metz	Le Jardin de Bellevue	649
Metz	La Lanterne	649
Metz	Quintessence	651
Metz	La Réserve	651
Montenach	Le K	670
Phalsbourg	La Table de l'An 2 ⓞ	886

LOCALITÉS

LOCALITÉS

Morbecque	Au Cœur d'Artichaut	685
Renescure	La Table de Romain	920
Seclin	Auberge du Forgeron	1053
Socx	Au Steger	1060
Tourcoing	La Baratte	1095
Valenciennes	Le Musigny	1123
Valenciennes	La Storia - Royal Hainaut	1124
Wambrechies	Balsamique ⊕	1155
Zuytpeene	Au Koning Van Peene ⓝ	1162

OISE (60)   HAUTS-DE-FRANCE

Localité	Restaurant	Page
Agnetz	Auberge du J'y Cours	135
Apremont	Auberge La Grange aux Loups ⊕	169
Beauvais	Autrement	218
Beauvais	Le Senso	218
Belle-Église	La Grange de Belle-Église ✿	220
Chantilly	La Table du Connétable - Auberge du Jeu de Paume	349
Chantilly	Le Verbois ✿	348
Compiègne	Rhizome	387
Étouy	L'Orée de la Forêt ✿	473
Le Meux	Auberge de la Vieille Ferme	653
Rethondes	Auberge du Pont de Rethondes	926
Saint-Jean-aux-Bois	Auberge À la Bonne Idée ✿	999
Saint-Omer-en-Chaussée	Auberge de Monceaux ⓝ	1019
Senlis	Le Julianon	1055

ORNE (61)   NORMANDIE

Localité	Restaurant	Page
Alençon	L'Alezan ⊕	146
Alençon	Au Petit Vatel ⊕	146
Alençon	La Suite	146
Argentan	La Renaissance ✿	172
Bagnoles-de-l'Orne	Le Manoir du Lys ✿	195
Bagnoles-de-l'Orne	Ô Gayot	195
La Ferrière-aux-Étangs	Auberge de la Mine ✿	482
Flers	Auberge des Vieilles Pierres ⓝ	486
Juvigny-sous-Andaine	Au Bon Accueil ⊕	549
Le Pin-au-Haras	La Tête au Loup ⊕	886
Le Pin-la-Garenne	La Croix d'Or ⊕	886
Préaux-du-Perche	Oiseau - Oiseau	904
Rémalard-en-Perche	D'une Île	920
Saint-Langis-lès-Mortagne	Les Pieds Dans l'Eau ⓝ	1007

LOCALITÉS

Clermont-Ferrand	Jean-Claude Leclerc ❀	369
Clermont-Ferrand	L'Ostal ❀ ❀	369
Clermont-Ferrand	Polypode	374
Clermont-Ferrand	Le Pré - Xavier Beaudiment ❀ ❀	368
Clermont-Ferrand	Le Saint-Eutrope ⌂	372
Clermont-Ferrand	Smørrebrød	374
Clermont-Ferrand	Un Grain de Saveur	374
Issoire	Agastache	543
Issoire	L'Atelier Yssoirien ❀	543
Issoire	Le P'tit Roseau	543
Lempdes	B2K6 ⌂	562
Maringues	Le Carrousel	620
Le Mont-Dore	La Golmotte	664
Orcines	Auberge de la Baraque ⌂	729
Orcines	Auberge de la Fontaine du Berger	729
Pont-du-Château	Auberge du Pont ❀	897
Riom	Le Moulin de Villeroze	929
Royat	La Flèche d'Argent	973
Saint-Jean-en-Val	La Bergerie de Sarpoil	1005
Sauxillanges	La Table Saint-Martin	1051
Seychalles	Chante Bise	1059
Thiers	La Table du Clos	1080

PYRÉNÉES-ATLANTIQUES (64)
NOUVELLE-AQUITAINE

Localité	Restaurant	Page
Ainhoa	Argi Eder	138
Ainhoa	Ithurria ❀	137
Arcangues	Gaztelur	170
Arcangues	Moulin d'Alotz ❀	170
Bayonne	Auberge du Cheval Blanc	209
Bayonne	Goxoki	209
Bayonne	La Grange	209
Bayonne	L'Inattendu	209
Bayonne	Relief ⓝ	210
Bayonne	La Table - Sébastien Gravé	210
Biarritz	AHPĒ ⌂ ⓝ	232
Biarritz	L'Atelier Alexandre Bousquet	232
Biarritz	Le Café Basque	232
Biarritz	Carøe ⓝ	232
Biarritz	Cheri Bibi ⓝ	232
Biarritz	L'Entre Deux	233
Biarritz	L'Impertinent ❀	229
Biarritz	Iqori	233
Biarritz	Léonie	233
Biarritz	Le Pim'Pi Bistrot	233
Biarritz	Les Rosiers ❀	229

HAUTES-PYRÉNÉES (65)   OCCITANIE

Bagnères-de-Bigorre	Le Jardin des Brouches	195
Bagnères-de-Bigorre	O2C⍟	194
Galan	Sandikala ⍟	494
Nestier	Relais du Castéra	707
Saint-Lary-Soulan	La Grange	1008
Saint-Savin	Le Viscos⍟	1031
Tarbes	L'Arpège	1078
Tarbes	L'Empreinte	1078
Tarbes	Le Petit Gourmand	1078
Vic-en-Bigorre	Le Réverbère	1143

PYRÉNÉES-ORIENTALES (66)   OCCITANIE

Localité	Restaurant	Page
Argelès-sur-Mer	La Bartavelle	172
Argelès-sur-Mer	Le Bistrot à la Mer	172
Banyuls-sur-Mer	Le Fanal	198
Bélesta	Domaine Riberach - La Coopérative ⍟	220
Céret	L'Atelier de Fred	309
Clara	Les Loges du Jardin d'Aymeric⍟	367
Collioure	Le 5ème Péché	379
Collioure	La Balette ⍟	379
Collioure	Mamma - Les Roches Brunes	379
Font-Romeu	La Chaumière⍟	490
Laroque-des-Albères	Côté Saisons⍟	557
La Llagonne	La Table du Capil	573
Molitg-les-Bains	Château de Riell	655
Montner	Auberge du Cellier	676
Perpignan	Le 17	881
Perpignan	Le Divil	881
Perpignan	La Galinette ⍟	881
Perpignan	Le Garriane⍟	881
Perpignan	La Passerelle	883
Port-Vendres	Le Cèdre	902
Port-Vendres	Les Clos de Paulilles	902
Port-Vendres	La Côte Vermeille	902
Prades	Le Galie	903
Prats-de-Mollo-la-Preste	Bellavista⍟	904
Rivesaltes	La Table d'Aimé	931
Saint-Cyprien	L'Almandin	986
Saleilles	L'AbSix	1042
Thuir	Arbequina⍟	1082

BAS-RHIN (67)   GRAND EST

Localité	Restaurant	Page
Altwiller	L'Écluse 16	150
Barr	Enfin ⍟ ⓝ	200
Blienschwiller	Le Pressoir de Bacchus⍟	239

LOCALITÉS

Strasbourg	1741 ❀	1065
Strasbourg	Au Crocodile ❀	1065
Strasbourg	Au Pont du Corbeau ☻	1070
Strasbourg	Le Banquet des Sophistes	1070
Strasbourg	Le Bistrot d'Antoine ☻	1070
Strasbourg	Blue Flamingo Ⓝ	1071
Strasbourg	La Brasserie des Haras	1071
Strasbourg	Buerehiesel ❀	1066
Strasbourg	La Casserole	1071
Strasbourg	Chez Yvonne - S'Burjerstuewel ☻ Ⓝ	1070
Strasbourg	Colbert	1071
Strasbourg	de:ja ❀ ❀ Ⓝ	1066
Strasbourg	Les Funambules ❀	1066
Strasbourg	Gavroche	1071
Strasbourg	In Vino Veritas	1072
Strasbourg	Mademoiselle 10	1072
Strasbourg	Umami ❀	1070
Strasbourg	La Vieille Enseigne	1072
Strasbourg	La Vieille Tour	1072
Strasbourg	Le Violon d'Ingres	1072
Strasbourg	Zuem Ysehuet	1072
Traenheim	Zum Loejelgucker	1103
Urmatt	La Poste	1112
La Vancelle	Auberge Frankenbourg ❀ ❀	1127
La Wantzenau	Au Moulin	1156
La Wantzenau	Le Jardin Secret ❀	1155
La Wantzenau	Relais de la Poste ❀	1156
La Wantzenau	Les Semailles	1156
La Wantzenau	Zimmer	1156
Weyersheim	Auberge du Pont de la Zorn ☻	1157
Wingen-sur-Moder	Château Hochberg	1159
Wingen-sur-Moder	Villa René Lalique ❀ ❀	1158
Wissembourg	Au Pont M	1159
Wissembourg	Hostellerie du Cygne	1159

HAUT-RHIN (68)   GRAND EST

Localité	Restaurant	Page
Altkirch	Auberge Sundgovienne	150
Altkirch	L'Orchidée ❀	150
Ammerschwihr	Julien Binz ❀	153
Beblenheim	Auberge Le Bouc Bleu	219
Bergholtz	La Petite Auberge	223
Berrwiller	L'Arbre Vert ☻	224
Cernay	Hostellerie d'Alsace	310
Colmar	À l'Échevin Ⓝ	383
Colmar	L'Atelier du Peintre ❀	381
Colmar	Aux Trois Poissons	383
Colmar	Bord'eau	383

LOCALITÉS

Sierentz	Auberge Saint-Laurent ✿	1059
Sierentz	Winstub À Côté ⏚	1060
Westhalten	Auberge au Vieux Pressoir	1157
Westhalten	Auberge du Cheval Blanc	1157
Wettolsheim	La Palette	1157
Wihr-au-Val	La Nouvelle Auberge ✿	1158
Wolfgantzen	Kastenwald	1160
Zellenberg	Auberge du Froehn	1161
Zellenberg	Maximilien ✿	1161
Zimmerbach	Au Raisin d'Or ⏚	1162

RHÔNE (69) AUVERGNE-RHÔNE-ALPES

Localité	Restaurant	Page
Anse	Au Colombier ⏚	164
Bagnols	1217	195
Belleville	Le Beaujolais ⏚	222
Caluire-et-Cuire	Restaurant Fond Rose	286
Cercié	L'Écume Gourmande	309
Charbonnières-les-Bains	La Rotonde ✿	350
Chasselay	Guy Lassausaie ✿	354
Collonges-au-Mont-d'Or	Paul Bocuse ✿✿	380
Dardilly	Bol d'Air	423
Écully	Saisons ✿	469
Fleurie	Auberge du Cep ✿	486
Joux	Le Tilia	547
Loire-sur-Rhône	Mouton-Benoit	574
Lyon (6ᵉ)	Agastache ⏚	601
Lyon (4ᵉ)	Alebrije ⏚ Ⓝ	593
Lyon (3ᵉ)	L'Alexandrin	603
Lyon (6ᵉ)	Les Apothicaires ✿	600
Lyon (6ᵉ)	L'Argot	604
Lyon (4ᵉ)	Aromatic	593
Lyon (2ᵉ)	L'Artichaut	593
Lyon (1ᵉ)	Arvine	594
Lyon (1ᵉ)	L'Atelier des Augustins	594
Lyon (5ᵉ)	Au 14 Février ✿	607
Lyon (7ᵉ)	Bergamote ⏚	602
Lyon (6ᵉ)	Bistro B	604
Lyon (4ᵉ)	Le Bistrot des Voraces	594
Lyon (6ᵉ)	Le Bouchon Sully	604
Lyon (4ᵉ)	Les Boulistes	594
Lyon (2ᵉ)	Brasserie le Sud	594
Lyon (5ᵉ)	Bulle Ⓝ	609
Lyon (2ᵉ)	Burgundy by Matthieu	594
Lyon (2ᵉ)	Café Terroir	595
Lyon (1ᵉ)	Canaima	595
Lyon (4ᵉ)	Le Canut et les Gones	595
Lyon (6ᵉ)	Cazenove	604

LOCALITÉS

Lyon (2ᵉ)	Thomas	598
Lyon (9ᵉ)	Le Tiroir 🏵	609
Lyon (2ᵉ)	Les Trois Dômes	598
Lyon (7ᵉ)	Veronatuti 🏵 🔘	603
Lyon (1ᵉ)	Victoire & Thomas	598
Lyon (6ᵉ)	Yka bar & ceviche	606
Lyon (6ᵉ)	Le Zeste Gourmand 🏵	603
Saint-Priest	Le Restaurant	1025
Tarare	Jean Brouilly	1078
Vaux-en-Beaujolais	Auberge de Clochemerle	1133
Villefranche-sur-Saône	La Ferme du Poulet 🏵	1149

HAUTE-SAÔNE (70)   BOURGOGNE-FRANCHE-COMTÉ

Localité	Restaurant	Page
Combeaufontaine	Le Balcon 🏵	386
Roye	Le Saisonnier 🏵	974

SAÔNE-ET-LOIRE (71) BOURGOGNE-FRANCHE-COMTÉ

Localité	Restaurant	Page
Bourgvilain	Auberge Larochette	264
Briant	Auberge de Briant	271
Buxy	L'Empreinte ✿	275
Chagny	Maison Lameloise ✿✿✿	311
Chagny	Pierre & Jean 🏵	311
Chaintré	La Table de Chaintré ✿	312
Chalon-sur-Saône	Aromatique	312
Chalon-sur-Saône	Le Bistrot	312
Chalon-sur-Saône	Les Gourmands Disent	313
Chalon-sur-Saône	Parcours	313
Charolles	Le Bistrot du Quai	352
Charolles	Frédéric Doucet ✿	351
Cluny	Hostellerie d'Héloïse 🏵	375
Cuiseaux	Le Bistrot Gourmand	421
Digoin	Auberge de Vigny	427
Dracy-le-Fort	La Garenne	466
Fuissé	L'O des Vignes ✿	493
Iguerande	La Colline du Colombier	532
Mâcon	Cassis	613
Mâcon	Ma Table en Ville	613
Mâcon	Pierre ✿	612
Montbellet	La Marande ✿	667
Montceau-les-Mines	Jérôme Brochot	668
Montcenis	Le Montcenis 🏵	668
Ozenay	Le Relais d'Ozenay	734
Paray-le-Monial	L'Apostrophe	737
Poisson	La Poste et Hôtel La Reconce	894
Saint-Amour-Bellevue	Au 14 Février ✿✿	979

LOCALITÉS

Saint-Amour-Bellevue	Auberge du Paradis	979
Saint-Jean-de-Trézy	Domaine de Rymska	1005
Saint-Maurice-de-Satonnay	Auberge des Grenouillats	1017
Saint-Rémy	L'Amaryllis ✿✿	1027
Saint-Sernin-du-Bois	Le Restaurant du Château	1031
Sainte-Cécile	L'Embellie ⊛	1038
Solutré-Pouilly	La Courtille de Solutré	1061
Tournus	Aux Terrasses ✿ ✿	1096
Tournus	Le Bouchon Bourguignon ⊛	1096
Tournus	L'Écrin de Yohann Chapuis ✿	1096
Tournus	Le Terminus	1096
Le Villars	L'Auberge des Gourmets	1146
Viré	Frédéric Carrion Cuisine Hôtel	1153

SARTHE (72) — PAYS DE LA LOIRE

Localité	Restaurant	Page
Arnage	Auberge des Matfeux	175
La Ferté-Bernard	Au Bistronome	483
La Ferté-Bernard	Restaurant du Dauphin ⊛	483
Fillé	Maison Nipa ⓝ	484
La Flèche	Le Moulin des Quatre Saisons	485
Le Grand-Lucé	Le Lucé ⓝ	507
Loué	Ricordeau	579
Le Mans	L'Auberge de Bagatelle ✿	618
Le Mans	Beaulieu La Suite	618
Le Mans	Le Grenier à Sel	618
Solesmes	Grand Hôtel de Solesmes	1060
Thorigné-sur-Dué	Le Saint-Jacques ⊛	1081

SAVOIE (73) — AUVERGNE-RHÔNE-ALPES

Localité	Restaurant	Page
Aillon-le-Jeune	Auberge d'Aillon et d'Ailleurs ⓝ	137
Aime	Union	137
Aix-les-Bains	Le 59 Restaurant	143
Aix-les-Bains	L'Estrade	143
Albertville	Million	145
La Biolle	La Table des Bauges	237
Le Bourget-du-Lac	Atmosphères ✿ ✿	264
Le Bourget-du-Lac	Lamartine ✿	264
Cevins	La Fleur de Sel	310
Chambéry	Le Bistrot ⊛	314
Chambéry	Le Carré des Sens	314
Chambéry	Folie Cuisine d'Émotions ⓝ	315
Chambéry	L'Orangerie du Château de Candie	315
Chambéry	Pinson	315
Courchevel	Le 1947 à Cheval Blanc ✿✿✿	408
Courchevel	L'Altiplano au K2 Altitude ⓝ	410

Courchevel	Azimut	410
Courchevel	Baumanière 1850 ✿	409
Courchevel	BFire by Mauro Colagreco	410
Courchevel	Le Bistrot du Praz	412
Courchevel	Le Chabichou by Stéphane Buron ✿✿	408
Courchevel	Le Farçon ✿	409
Courchevel	Le Montgomerie ✿✿	409
Courchevel	Le Restaurant de Cheval Blanc Courchevel	412
Courchevel	Le Sarkara ✿✿	409
Courchevel	La Saulire	412
Courchevel	Sylvestre Wahid - Les Grandes Alpes ✿	410
Hauteluce	La Ferme du Chozal	522
Hauteluce	Mont Blanc Restaurant & Goûter	522
Jongieux	Les Morainières ✿✿	546
Les Marches	Le K'ozzie	618
Méribel	Le 80	646
Méribel	Le Cèpe ✿	646
Méribel	La Coursive des Alpes	646
Méribel	L'Ekrin by Laurent Azoulay ✿	646
Monthion	Les 16 Clochers	673
Notre-Dame-de-Bellecombe	La Ferme de Victorine ✿	724
Saint-Alban-Leysse	L'Escoubille	979
Saint-Béron	Le Pérou ⓝ	982
Saint-Jean-d'Arvey	Le Saint Jean	1001
Saint-Martin-de-Belleville	René et Maxime Meilleur ✿✿✿	1016
Saint-Martin-de-Belleville	Simple et Meilleur ✿	1016
Saint-Martin-sur-la-Chambre	Le Clocher des Pères ✿	1017
Tignes	Le Panoramic	1082
Tignes	La Table de Jeanne	1082
Tignes	Ursus ✿ ✿	1082
Tresserve	L'Incomparable ✿	1107
Val Thorens	Le Diamant Noir	1120
Val Thorens	Les Explorateurs - Hôtel Pashmina ✿	1120
Val-d'Isère	L'Altiplano 2.0	1118
Val-d'Isère	L'Atelier d'Edmond ✿✿	1117
Val-d'Isère	Bistrot Gourmand	1118
Val-d'Isère	La Table de l'Ours ✿	1117

HAUTE-SAVOIE (74)   AUVERGNE-RHÔNE-ALPES

Localité	Restaurant	Page
Annecy	1er Mets ✿	159
Annecy	L'Auberge Sur-les-Bois	160
Annecy	Le Binôme	160
Annecy	Black Bass	161
Annecy	Le Bouillon	161
Annecy	Brasserie Brunet	162

LOCALITÉS

LOCALITÉS

Megève	La Dame de Pic - Le 1920 ✿	639
Megève	Flocons de Sel ✿✿✿	638
Megève	Flocons Village	639
Megève	Kaito	639
Megève	Le Refuge	640
Megève	Le Saint-Nicolas - Au Coin du Feu	640
Megève	La Table de l'Alpaga ✿	639
Menthon-Saint-Bernard	Le Confidentiel ⊛	643
Menthon-Saint-Bernard	Le Palace de Menthon	643
Morzine	L'Atelier	687
Morzine	La Ferme de la Fruitière	687
Nernier	La Table de Nernier ⊛ ⓝ	706
Praz-sur-Arly	Les Ronins	904
Pringy	Le Clos du Château	905
Pringy	Le K	905
Reignier	La Table d'Angèle	916
Saint-Gervais-les-Bains	La Ferme de Cupelin ⊛	996
Saint-Gervais-les-Bains	Rond de Carotte	997
Saint-Gervais-les-Bains	Le Sérac ✿	996
Saint-Gervais-les-Bains	Source	997
Saint-Gervais-les-Bains	La Table d'Armante	997
Saint-Jean-de-Sixt	Le Cairn ⓝ	1004
Talloires-Montmin	1903	1077
Talloires-Montmin	L'Auberge de Montmin ✿✿ ✣	1076
Talloires-Montmin	Le Cottage	1077
Talloires-Montmin	Jean Sulpice ✿✿ ✣	1076
Vailly	Frédéric Molina au Moulin de Léré ✿ ✣	1115
Veyrier-du-Lac	Le Roc ⓝ	1142
Veyrier-du-Lac	Yoann Conte ✿✿ ✣	1142
Viuz-en-Sallaz	La Table d'Émilie	1153
Yvoire	Les Jardins du Léman	1161
Yvoire	Le Pré de la Cure	1161

PARIS (75)   ÎLE-DE-FRANCE

Localité	Restaurant	Page
Paris (17ᵉ)	Le 703 ⓝ	862
Paris (8ᵉ)	Les 110 de Taillevent	811
Paris (8ᵉ)	114, Faubourg ✿	806
Paris (7ᵉ)	20 Eiffel ⊛	797
Paris (8ᵉ)	24 - Le Restaurant	812
Paris (8ᵉ)	Le 39V	812
Paris (10ᵉ)	52 Faubourg St-Denis ⊛	828
Paris (12ᵉ)	À La Biche au Bois	839
Paris (1ᵉ)	À l'Épi d'Or	759
Paris (18ᵉ)	a.lea ⓝ	866
Paris (9ᵉ)	Abri Soba ⊛	822
Paris (1ᵉ)	L'Absinthe ⓝ	760
Paris (8ᵉ)	L'Abysse au Pavillon Ledoyen ✿✿	805
Paris (2ᵉ)	Accents Table Bourse ✿	767

LOCALITÉS

Paris (2ᵉ)	Aux Lyonnais	770
Paris (14ᵉ)	Aux Plumes 🏵	845
Paris (6ᵉ)	Aux Prés	789
Paris (5ᵉ)	Baca'v 🏵	783
Paris (4ᵉ)	Baffo	779
Paris (5ᵉ)	Baieta ❀	781
Paris (6ᵉ)	Le Bar des Prés	789
Paris (20ᵉ)	Le Baratin	870
Paris (1ᵉ)	Le Baudelaire ❀	758
Paris (9ᵉ)	Belle Maison	823
Paris (16ᵉ)	Bellefeuille - Saint James Paris ❀	853
Paris (4ᵉ)	Benoit ❀	778
Paris (15ᵉ)	Beurre Noisette	849
Paris (11ᵉ)	Bien Ficelé	834
Paris (11ᵉ)	Biondi	834
Paris (15ᵉ)	Biscotte	849
Paris (12ᵉ)	Bistro S	840
Paris (14ᵉ)	Bistrot Augustin	846
Paris (17ᵉ)	Le Bistrot d'À Côté Flaubert	862
Paris (18ᵉ)	Le Bistrot du Maquis	866
Paris (3ᵉ)	Bistrot Instinct	775
Paris (8ᵉ)	Bistrot Marloe	812
Paris (11ᵉ)	Bistrot Paul Bert	834
Paris (14ᵉ)	Bistrotters 🏵	845
Paris (11ᵉ)	Bon Kushikatsu	834
Paris (6ᵉ)	Le Bon Saint-Pourçain	790
Paris (10ᵉ)	Bonhomme 🅝	828
Paris (7ᵉ)	Les Botanistes	798
Paris (8ᵉ)	Le Boudoir	813
Paris (9ᵉ)	Bouillon 47	823
Paris (2ᵉ)	La Bourse et la Vie	770
Paris (6ᵉ)	Boutary	790
Paris (16ᵉ)	Brach	855
Paris (8ᵉ)	Braise 🅝	813
Paris (1ᵉ)	Brasserie du Louvre - Bocuse	760
Paris (6ᵉ)	Brasserie Lutetia	790
Paris (10ᵉ)	Brigade du Tigre 🏵	828
Paris (19ᵉ)	Le Cadoret	871
Paris (2ᵉ)	Café Compagnon	770
Paris (7ᵉ)	Café des Ministères	798
Paris (7ᵉ)	Café Lignac	799
Paris (15ᵉ)	Café Noisette	849
Paris (2ᵉ)	Caffè Stern	770
Paris (9ᵉ)	Le Caillebotte 🏵	822
Paris (17ᵉ)	Caïus	862
Paris (20ᵉ)	Les Canailles Ménilmontant 🏵	870
Paris (9ᵉ)	Les Canailles Pigalle 🏵	822
Paris (4ᵉ)	Capitaine	779
Paris (16ᵉ)	Carte Blanche	856

LOCALITÉS

Paris (16ᵉ)	Don Juan II ❀	854
Paris (11ᵉ)	Double Dragon ⓐ	833
Paris (2ᵉ)	Drouant	770
Paris (14ᵉ)	Le Duc	846
Paris (16ᵉ)	Ducasse sur Seine	856
Paris (2ᵉ)	Dune ⓐ Ⓝ	769
Paris (6ᵉ)	Dupin	791
Paris (7ᵉ)	Eclipses	799
Paris (8ᵉ)	L'Écrin ❀	808
Paris (10ᵉ)	Eels	829
Paris (3ᵉ)	Elmer	775
Paris (3ᵉ)	Les Enfants Rouges	775
Paris (8ᵉ)	L'Envolée - La Demeure Montaigne Ⓝ	813
Paris (8ᵉ)	Épicure ❀❀❀	804
Paris (2ᵉ)	ERH ❀	767
Paris (7ᵉ)	ES ❀	796
Paris (18ᵉ)	L'Esquisse	867
Paris (18ᵉ)	Etsi	867
Paris (16ᵉ)	Étude	857
Paris (17ᵉ)	Le Faham by Kelly Rangama ❀	860
Paris (17ᵉ)	Fanfan	863
Paris (11ᵉ)	FIEF ❀	832
Paris (2ᵉ)	Fleur de Pavé ❀	767
Paris (5ᵉ)	Flocon	784
Paris (7ᵉ)	Florimond	799
Paris (17ᵉ)	La Fourchette du Printemps	863
Paris (17ᵉ)	Frédéric Simonin ❀	860
Paris (2ᵉ)	Frenchie ❀	767
Paris (9ᵉ)	Frenchie Pigalle	823
Paris (8ᵉ)	Le Gabriel - La Réserve Paris ❀❀	805
Paris (8ᵉ)	Galanga	813
Paris (10ᵉ)	Le Galopin	829
Paris (7ᵉ)	Garance	799
Paris (9ᵉ)	Le Garde Temps	824
Paris (17ᵉ)	Gare au Gorille	864
Paris (7ᵉ)	Gaya par Pierre Gagnaire ❀	796
Paris (7ᵉ)	Gemellus Ⓝ	799
Paris (7ᵉ)	Le Gentil	800
Paris (8ᵉ)	Le George ❀ ❀	808
Paris (20ᵉ)	Le Grand Bain	871
Paris (8ᵉ)	Le Grand Restaurant - Jean-François Piège ❀❀	805
Paris (1ᵉ)	Le Grand Véfour	761
Paris (4ᵉ)	GrandCœur	779
Paris (16ᵉ)	La Grande Cascade ❀	854
Paris (14ᵉ)	La Grande Ourse	847
Paris (1ᵉ)	Granite ❀	758
Paris (6ᵉ)	Guy Savoy ❀❀	787
Paris (1ᵉ)	Halle aux Grains	761

LOCALITÉS

Paris (17ᵉ)	Maison Rostang ✿✿	860
Paris (8ᵉ)	Maison Ruggieri ✿ Ⓝ	810
Paris (17ᵉ)	Mallory Gabsi ✿ Ⓝ	861
Paris (10ᵉ)	Mamagoto	830
Paris (8ᵉ)	Mandoobar ⊕	811
Paris (18ᵉ)	Le Maquis Ⓝ	867
Paris (11ᵉ)	Marchon	835
Paris (2ᵉ)	Marcore	771
Paris (8ᵉ)	Marius et Janette	814
Paris (6ᵉ)	Marsan par Hélène Darroze ✿✿	787
Paris (13ᵉ)	Marso & Co	843
Paris (5ᵉ)	Mavrommatis ✿	781
Paris (16ᵉ)	Mavrommatis - Le Bistro Passy	857
Paris (3ᵉ)	Le Mazenay	776
Paris (6ᵉ)	La Méditerranée ⊕	789
Paris (19ᵉ)	Mensae ⊕	870
Paris (20ᵉ)	La Mère Lachaise Ⓝ	871
Paris (8ᵉ)	Le Mermoz	814
Paris (9ᵉ)	Mieux	824
Paris (7ᵉ)	Milagro	800
Paris (18ᵉ)	Mokko	867
Paris (16ᵉ)	Monsieur Bleu	857
Paris (18ᵉ)	Montcalm	868
Paris (14ᵉ)	Montée	847
Paris (2ᵉ)	Mori Venice Bar	771
Paris (14ᵉ)	MoSuke ✿	845
Paris (17ᵉ)	Mova ⊕	862
Paris (7ᵉ)	Nakatani ✿	796
Paris (15ᵉ)	Neige d'Été ✿	848
Paris (9ᵉ)	NESO ✿	821
Paris (8ᵉ)	Néva Cuisine	815
Paris (1ᵉ)	Nhome Ⓝ	762
Paris (1ᵉ)	Nodaïwa	762
Paris (1ᵉ)	Nolinski	763
Paris (16ᵉ)	Nomicos ✿	854
Paris (13ᵉ)	Nosso	843
Paris (12ᵉ)	Nous 4	841
Paris (1ᵉ)	Odette	763
Paris (3ᵉ)	Ogata ✿	774
Paris (16ᵉ)	L'Oiseau Blanc ✿✿	852
Paris (5ᵉ)	OKA ✿	782
Paris (8ᵉ)	Okuda	815
Paris (1ᵉ)	Omar Dhiab ✿ Ⓝ	759
Paris (7ᵉ)	Les Ombres Ⓝ	800
Paris (8ᵉ)	L'Orangerie ✿	810
Paris (8ᵉ)	Origines Restaurant	815
Paris (16ᵉ)	Ortensia ✿ Ⓝ	854
Paris (15ᵉ)	L'Os à Moelle	850
Paris (18ᵉ)	Ose ⊕ Ⓝ	866

LOCALITÉS

LOCALITÉS

Paris (6ᵉ)	Quinsou ❀	787
Paris (2ᵉ)	Racines	772
Paris (7ᵉ)	Racines des Prés	801
Paris (15ᵉ)	Le Radis Beurre ⊛	848
Paris (18ᵉ)	Le Réciproque	868
Paris (1ᵉ)	La Régalade St-Honoré	763
Paris (6ᵉ)	Relais Louis XIII ❀	788
Paris (8ᵉ)	Le Relais Plaza	815
Paris (10ᵉ)	Les Résistants	830
Paris (1ᵉ)	Restaurant Le Dalí	763
Paris (2ᵉ)	Restaurant des Grands Boulevards	772
Paris (4ᵉ)	Restaurant H ❀	778
Paris (1ᵉ)	Restaurant Le Meurice Alain Ducasse ❀❀	757
Paris (9ᵉ)	Richer ⊛	822
Paris (11ᵉ)	Robert	836
Paris (17ᵉ)	Rooster	864
Paris (20ᵉ)	Sadarnac	872
Paris (6ᵉ)	Sagan	791
Paris (11ᵉ)	Le Saint-Sébastien	837
Paris (7ᵉ)	Sancerre Rive Gauche	802
Paris (8ᵉ)	La Scène ❀❀	806
Paris (17ᵉ)	La Scène Thélème ❀	861
Paris (13ᵉ)	Sellae ⊛	842
Paris (6ᵉ)	Semilla	791
Paris (11ᵉ)	Septime ❀ ❀	832
Paris (4ᵉ)	Le Sergent Recruteur ❀	779
Paris (11ᵉ)	Le Servan	837
Paris (2ᵉ)	Shabour ❀	768
Paris (16ᵉ)	Shang Palace ❀	855
Paris (8ᵉ)	Shirvan Café Métisse	815
Paris (6ᵉ)	Shu	791
Paris (11ᵉ)	Siamsa	837
Paris (18ᵉ)	Signature Montmartre	868
Paris (13ᵉ)	Simone, Le Resto... ❶	843
Paris (13ᵉ)	Le Sirocco	843
Paris (19ᵉ)	Soces	872
Paris (5ᵉ)	Sola ❀	782
Paris (5ᵉ)	Solstice ❀	782
Paris (17ᵉ)	Sormani	864
Paris (13ᵉ)	Sourire Le Restaurant	843
Paris (2ᵉ)	Spoon ⊛	769
Paris (16ᵉ)	Substance ❀	855
Paris (1ᵉ)	Sur Mesure par Thierry Marx ❀❀	757
Paris (2ᵉ)	Sushi B ❀	769
Paris (18ᵉ)	Sushi Shunei	868
Paris (12ᵉ)	Table - Bruno Verjus ❀❀ ❀	839
Paris (4ᵉ)	La Table Cachée par Michel Roth	780
Paris (5ᵉ)	La Table de Colette	785

LOCALITÉS

SEINE-MARITIME (76)   NORMANDIE

Le Havre	Le Bouche à Oreille🍴	523
Le Havre	Jean-Luc Tartarin ✿	522
Le Havre	Le Margote🍴	523
Le Havre	La Tablée🍴	524
Isneauville	Préambule ⓝ	542
Jumièges	Auberge des Ruines	548
Offranville	Le Colombier ✿	727
Le Petit-Quevilly	Les Capucines	884
Rouen	L'epicurius	970
Rouen	Les Nymphéas	970
Rouen	L'Odas ✿	970
Saint-Romain-de-Colbosc	Juste à Côté	1030
Le Tréport	Le Goût du Large	1106
Valmont	La Maison Caillet ✿✿	1126

SEINE-ET-MARNE (77)　　　ÎLE-DE-FRANCE

Localité	Restaurant	Page
Barbizon	L'Ermitage Saint-Antoine	198
Bourron-Marlotte	Les Prémices	265
Brie-Comte-Robert	La Fabrique	271
Couilly-Pont-aux-Dames	Auberge de la Brie ✿	405
Dampmart	Le Quincangrogne ✿	422
Donnemarie-Dontilly	La Croix Blanche	464
Ferrières-en-Brie	Le Baron	482
Fontainebleau	L'Axel ✿	488
Fontainebleau	Fuumi	488
Melun	La Bodega	642
Montigny-sur-Loing	Le DIV'20	673
Pringy	Le K	905

YVELINES (78)　　　ÎLE-DE-FRANCE

Localité	Restaurant	Page
Chevreuse	Le Clos de Chevreuse	362
Clairefontaine-en-Yvelines	Les Terrasses de Clairefontaine	367
Dampierre-en-Yvelines	La Table des Blot - Auberge du Château ✿	422
Gambais	Ruche ✿ ⓝ	494
Gazeran	Villa Marinette	499
Houdan	Le Donjon	530
Maisons-Laffitte	La Plancha	615
Maisons-Laffitte	Le Tastevin	615
Marly-le-Roi	Le Village Tomohiro ✿	621
Plaisir	La Maison des Bois	888
Pontchartrain	Bistro Gourmand	898
Rambouillet	L'Orangerie des Trois Roys	914
Rolleboise	Le Panoramique - Domaine de la Corniche ✿	966

LOCALITÉS

DEUX-SÈVRES (79)   NOUVELLE-AQUITAINE

SOMME (80)   HAUTS-DE-FRANCE

TARN (81)   OCCITANIE

Castelnau-de-Montmiral	Le Ménagier	304
Castres	Bistrot Saveurs⊕	306
Castres	Les Mets d'Adélaïde⊕	306
Castres	La Part des Anges⊕	306
Cuq-Toulza	Cuq en Terrasses	421
Gaillac	Vigne en Foule⊕	494
Lavaur	L'Œuf de coq	561
Payrin-Augmontel	Villa Pinewood ❁ ❁	876
Puylaurens	Cap de Castel	909
Saint-Lieux-lès-Lavaur	Le Colvert⊕	1008

TARN-ET-GARONNE (82) OCCITANIE

Localité	Restaurant	Page
Bardigues	Iris Café ⓝ	199
Bruniquel	Le Délice des Papilles	273
Montauban	Les 5 Bouchons ⓝ	666
Montauban	Du Bruit en Cuisine	666
Montauban	Nous	666
Montech	Bistrot Constant	669
Monteils	Le Clos Monteils	670
Puylaroque	Les Sens	909

VAR (83) PROVENCE-ALPES-CÔTE D'AZUR

Localité	Restaurant	Page
Les Arcs	Le Relais des Moines ❁	171
Aups	Le Saint Marc⊕	182
Bandol	Au Clair de la Vigne⊕ ⓝ	197
Bandol	L'Espérance	197
Bandol	Les Oliviers ❁	196
Bandol	Le Shardana ⓝ	197
Le Beausset	Auberge La Cauquière	217
Le Beausset	La Ferme Auberge - Domaine de La Font des Pères	218
Bormes-les-Mimosas	Le Jardin	257
Bormes-les-Mimosas	Mimosa	257
La Cadière-d'Azur	Le Bistrot de Jef	277
La Cadière-d'Azur	René'Sens par Jean-François Bérard ❁ ❁	277
Callas	Hostellerie Les Gorges de Pennafort	285
Le Castellet	San Felice	303
Cavalière	Smash Club	308
Cavalière	La Vieille Fontaine - Le Club de Cavalière & Spa	308
La Celle	Hostellerie de l'Abbaye de la Celle ❁	308
Cogolin	Grain de Sel	377
Cogolin	La Grange des Agapes	377
Cotignac	Jardin Secret ❁	404

LOCALITÉS

Saint-Tropez	La Vague d'Or -	
	Cheval Blanc St-Tropez ✿✿✿	1032
Sainte-Maxime	La Badiane	1039
Seillans	Hôtel des Deux Rocs	1053
La Seyne-sur-Mer	Chez Daniel et Julia -	
	Restaurant du Rivage	1059
Toulon	Au Sourd	1083
Toulon	Beam !	1083
Toulon	Le Local	1083
Toulon	Racines	1083
Toulon	Tables et Comptoir	1084
Tourrettes	Faventia ✿	1097
Tourtour	La Table ⊛	1103

VAUCLUSE (84) PROVENCE-ALPES-CÔTE D'AZUR

Localité	Restaurant	Page
Ansouis	La Closerie ✿	164
Avignon	Acte 2 ⊛ ⓝ	188
Avignon	L'Agape ⊛	188
Avignon	Avenio ⊛	188
Avignon	La Fourchette	190
Avignon	Le Goût du Jour	190
Avignon	Hiély-Lucullus	190
Avignon	Italie là-bas ⊛	190
Avignon	La Mirande ✿ ✿	187
Avignon	Numéro 75	190
Avignon	Pollen ✿	188
Avignon	Sevin	191
Avignon	La Vieille Fontaine ✿	188
Beaumettes	Domitia - Maison de Cuisinier	212
Bédoin	La Colombe ⓝ	219
Bonnieux	L'Arôme	245
Bonnieux	La Bastide ✿	244
Cadenet	Auberge La Fenière ✿ ✿	276
Cadenet	La Cour de Ferme	277
Cairanne	Coteaux et Fourchettes ⊛	284
Caromb	Le 6 à Table ⊛	299
Cavaillon	L'Envol	307
Châteauneuf-de-Gadagne	La Maison de Celou ⊛	355
Châteauneuf-du-Pape	Le Comptoir de la Mère Germaine	356
Châteauneuf-du-Pape	La Mère Germaine ✿	356
Crillon-le-Brave	La Madeleine	415
Cucuron	MatCha	421
Cucuron	La Petite Maison de Cucuron ✿	420
Fontaine-de-Vaucluse	Philip	488
Gargas	Les Vignes et son Jardin	496
Gigondas	Bistrot de l'Oustalet	504
Gigondas	L'Oustalet ✿ ✿	503

LOCALITÉS

VENDÉE (85) PAYS DE LA LOIRE

Localité	Restaurant	Page
Les Herbiers	L'Envers du Décor ⊛	524
Luçon	Au Fil des Saisons	580
Mareuil-sur-Lay	Maison Desamy ❀ Ⓝ	620
Montaigu	La Robe ❀	665
Montréverd	La Chabotterie ❀	684
Noirmoutier-en-l'Île	L'Assiette au Jardin ⊛	534
Noirmoutier-en-l'Île	L'Étier	534
Noirmoutier-en-l'Île	La Maison des Toqués	534
Noirmoutier-en-l'Île	Le Petit Banc	534
Port-Joinville	Vent Debout - Hôtel Les Hautes Mers Ⓝ	535
La Roche-sur-Yon	L'Osmose Ⓝ	934
La Roche-sur-Yon	Les Reflets ❀	934
Les Sables-d'Olonne	L'Abissiou ❀ Ⓝ	975
Les Sables-d'Olonne	Cabestan	975
Les Sables-d'Olonne	La Cotriade Ⓝ	975
Les Sables-d'Olonne	La Cuisine de Bertrand	975
Les Sables-d'Olonne	L'Estran Ⓝ	976
Les Sables-d'Olonne	La Ferme de Villeneuve	976
Les Sables-d'Olonne	Le Quai des Saveurs Ⓝ	976
Les Sables-d'Olonne	La Suite S'il Vous Plaît	976
Velluire	Auberge de la Rivière	1134

VIENNE (86) — NOUVELLE-AQUITAINE

Localité	Restaurant	Page
Availles-en-Châtellerault	L'Ouvrière	185
Availles-Limouzine	La Chatellenie ⊛	186
Coulombiers	Auberge Le Centre Poitou ⊛	405
Croutelle	La Chênaie ⊛	419
Dissay	Ô Dissay	463
Montmorillon	Le Lucullus	676
Poitiers	Les Archives	894

HAUTE-VIENNE (87) — NOUVELLE-AQUITAINE

Localité	Restaurant	Page
Limoges	Amphitryon	571
Limoges	L'Aparté	571
Limoges	La Cuisine du Cloître	572
Limoges	Martin Comptoir	572
Limoges	Philippe Redon	572
Nieul	La Chapelle Saint-Martin ❀	718
La Roche-l'Abeille	Le Moulin de la Gorce ❀	933
La Roche-l'Abeille	La Table du Moulin	934
Saint-Junien	Lauryvan	1007

LOCALITÉS

VOSGES (88)

Localité	Restaurant	Page
Ban-de-Laveline	Maison de Laveline	196
Chamagne	Le Chamagnon	313
Chaumousey	Maison Grandclaude ⓝ	359
Col de la Schlucht	Le Collet	378
Dommartin-lès-Remiremont	Le Karelian	464
Épinal	Les Ducs de Lorraine ✿	471
Gérardmer	Les Bas-Rupts	500
Gérardmer	La P'tite Sophie	500
Gérardmer	La Table du Rouan	500
Remiremont	Le Clos Heurtebise	920
Saint-Dié-des-Vosges	Logan Laug ⓝ	988
Vagney	Les Lilas	1114

YONNE (89)
BOURGOGNE-FRANCHE-COMTÉ

Localité	Restaurant	Page
Auxerre	L'Aspérule	184
Auxerre	Le Jardin Gourmand	184
Auxerre	Le Noyo ⓝ	185
Avallon	Les Cordois Autrement	186
Chablis	Au Fil du Zinc	311
Chablis	Les Trois Bourgeons ⓐ	311
Coulanges-la-Vineuse	J'MCA	405
Joigny	La Côte Saint-Jacques ✿✿ ✿	545
Quarré-les-Tombes	Le Morvan	911
Saint-Martin-du-Tertre	Le Martin Bel Air	1017
Sens	La Madeleine ✿	1055
Valloux	Auberge des Chenets ⓐ	1125
Vault-de-Lugny	Château de Vault-de-Lugny ✿	1132
Vézelay	L'Éternel	1142
Villeblevin	Auberge L'Escale 87	1147

TERRITOIRE DE BELFORT (90)
BOURGOGNE-FRANCHE-COMTÉ

Localité	Restaurant	Page
Belfort	Le Lien	220
Danjoutin	Le Pot d'Étain ✿	423
Sevenans	La Tour Penchée	1058

ESSONNE (91)
ÎLE-DE-FRANCE

Localité	Restaurant	Page
Boutervilliers	La Maison des Blés - Le Bouche à Oreille	265
Corbeil-Essonnes	Aux Armes de France	389

LOCALITÉS

Milly-la-Forêt	Les Coqs	654
Saint-Vrain	Le Doyenné ❀ ⓝ	1037
Yerres	Bird ⊕	1160

HAUTS-DE-SEINE (92)   ÎLE-DE-FRANCE

Localité	Restaurant	Page
Asnières-sur-Seine	Rhapsody	176
Boulogne-Billancourt	Le 3B Brasserie	259
Boulogne-Billancourt	Bonnotte	259
Boulogne-Billancourt	Jean Chauvel	259
Boulogne-Billancourt	La Machine à Coudes	259
Boulogne-Billancourt	PLANTXA	260
Boulogne-Billancourt	La Table de Cybèle	260
Colombes	Bistrot Pas Parisien	384
Courbevoie	L'Expérience Pierre Lambert	406
La Garenne-Colombes	Le Saint Joseph ⊕	495
Issy-les-Moulineaux	La Passerelle	544
Meudon	L'Escarbille ❀	652
Montrouge	La Table de Maïna	685
Nanterre	Cabane ⊕	696
Neuilly-sur-Seine	Ribote	707
Neuilly-sur-Seine	Yushin ⓝ	707
Puteaux	L'Escargot 1903 par Yannick Tranchant	907
Puteaux	Saperlipopette !	907
Rueil-Malmaison	Ochre ❀	974
Suresnes	Bistro Là-Haut	1074
Suresnes	Et Toque !	1074
Suresnes	Les Petits Princes ⊕	1074
Ville-d'Avray	Le Café des Artistes	1147
Ville-d'Avray	Le Corot ❀	1147

SEINE-SAINT-DENIS (93)   ÎLE-DE-FRANCE

Localité	Restaurant	Page
Aulnay-sous-Bois	Auberge des Saints Pères	180
Montreuil	Villa9Trois ❀ ⓝ	683
Noisy-le-Grand	Les Mérovingiens	723

VAL-DE-MARNE (94)   ÎLE-DE-FRANCE

Localité	Restaurant	Page
Maisons-Alfort	La Bourgogne	615
Le Perreux-sur-Marne	Les Magnolias	883
Rungis	La Grange des Halles ⊕	975
Vincennes	L'Ours ❀	1152

LOCALITÉS

VAL-D'OISE (95)

Localité	Restaurant	Page
Méry-sur-Oise	Le Chiquito ❀	647
Montmorency	Au Cœur de la Forêt	675
Pontoise	L'Or Q'idée ❀ ❀	899

PRINCIPAUTÉ DE MONACO

Localité	Restaurant	Page
Monaco	Beefbar	660
Monaco	Le Blue Bay ❀❀	657
Monaco	Elsa	660
Monaco	Le Grill ❀	658
Monaco	Le Louis XV -	
	Alain Ducasse à l'Hôtel de Paris ❀❀❀	657
Monaco	Maya Bay	660
Monaco	Pavyllon, un restaurant	
	de Yannick Alléno, Monte-Carlo ❀	658
Monaco	Song Qi	660
Monaco	La Table d'Antonio	
	Salvatore au Rampoldi ❀	658
Monaco	La Table d'Élise ⓝ	660
Monaco	Yoshi ❀	660

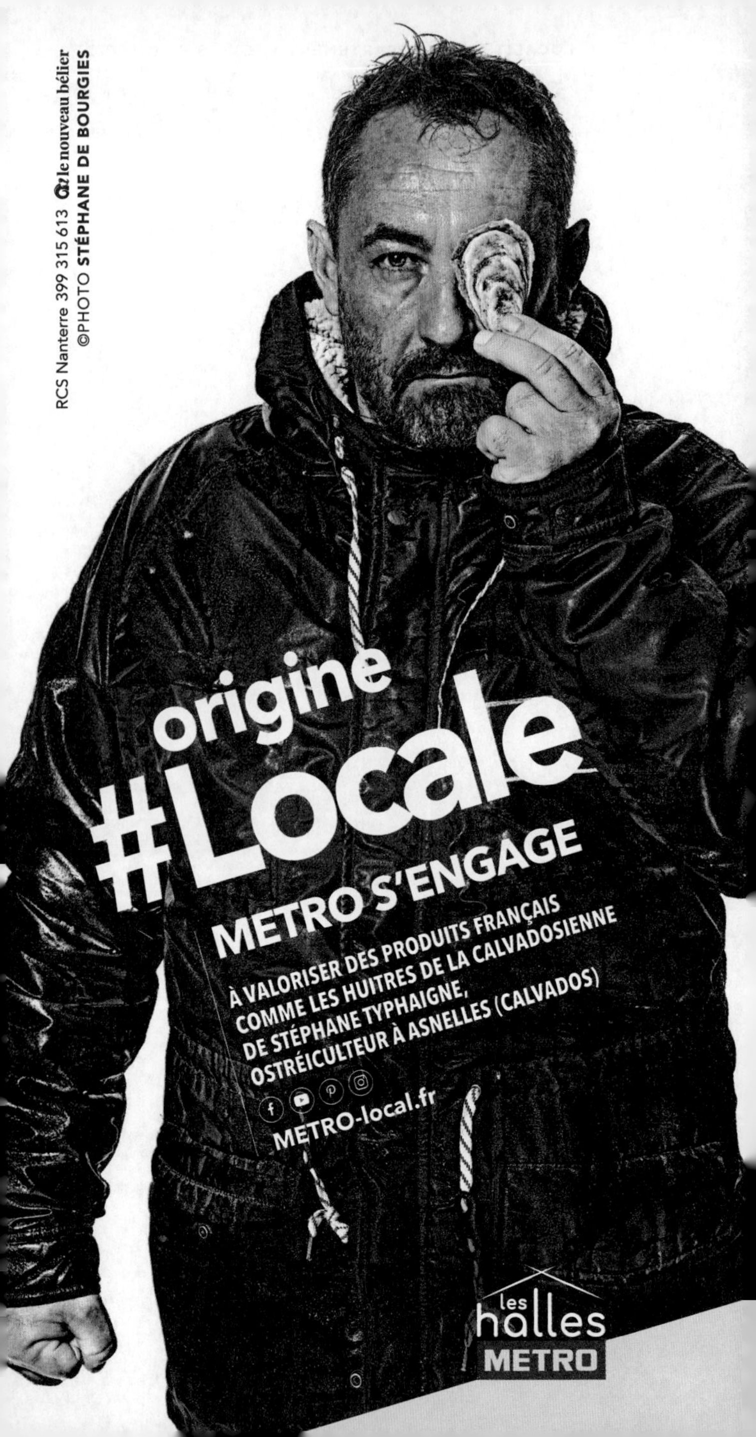

RCS Nanterre 399 315 613 le nouveau bélier
©PHOTO STÉPHANE DE BOURGIES
origine
#Locale
METRO S'ENGAGE
À VALORISER DES PRODUITS FRANÇAIS
COMME LES HUITRES DE LA CALVADOSIENNE
DE STÉPHANE TYPHAIGNE,
OSTRÉICULTEUR À ASNELLES (CALVADOS)
METRO-local.fr
les halles
METRO

origine
#Locale

METRO S'ENGAGE

À VALORISER DES PRODUITS FRANÇAIS
COMME LE MIEL DE FLORENT VACHER,
APICULTEUR À LA-FERTÉ-SAINT-AUBIN
(LOIRET)

METRO-local.fr

les
halles
METRO

INDEX DES HÉBERGEMENTS PAR LOCALITÉ

INDEX OF ACCOMODATION BY TOWN

Plus   Avantages " Plus" (voir page 10)
        " Plus" advantages (see page 18)

A

HÉBERGEMENTS

HÉBERGEMENTS

HÉBERGEMENTS

HÉBERGEMENTS

HÉBERGEMENTS

HÉBERGEMENTS

O

P

Paris (1ᵉ)	Cheval Blanc Paris	765
Paris (9ᵉ)	Chouchou	825
Paris (7ᵉ)	Le Cinq Codet *Plus*	802
Paris (10ᵉ)	Le Citizen	830
Paris (8ᵉ)	La Clef Champs-Élysées Paris	816
Paris (1ᵉ)	La Clef Louvre *Plus*	765
Paris (7ᵉ)	La Comtesse	802
Paris (4ᵉ)	Cour des Vosges *Plus*	780
Paris (8ᵉ)	Crillon *Plus*	817
Paris (8ᵉ)	Le Damantin *Plus*	817
Paris (5ᵉ)	Les Dames Du Panthéon	785
Paris (8ᵉ)	La Demeure Montaigne	817
Paris (4ᵉ)	Duo	780
Paris (2ᵉ)	Edgar & Achille	772
Paris (11ᵉ)	Fabric *Plus*	837
Paris (8ᵉ)	Fouquet's Barrière *Plus*	817
Paris (8ᵉ)	Four Seasons George V	817
Paris (1ᵉ)	Grand Hôtel du Palais Royal *Plus*	765
Paris (9ᵉ)	Grand Pigalle *Plus*	826
Paris (8ᵉ)	Grand Powers *Plus*	817
Paris (15ᵉ)	Hôtel Ami	850
Paris (9ᵉ)	Hôtel Le Ballu	826
Paris (6ᵉ)	Hôtel Baume	792
Paris (16ᵉ)	Hôtel Botaniste	858
Paris (8ᵉ)	Hôtel Bowmann *Plus*	817
Paris (14ᵉ)	Hôtel Cabane	847
Paris (15ᵉ)	Hôtel Clarisse	850
Paris (9ᵉ)	Hôtel de Nell *Plus*	826
Paris (8ᵉ)	Hôtel de Sers *Plus*	818
Paris (2ᵉ)	Hôtel des Grands Boulevards *Plus*	772
Paris (2ᵉ)	Hôtel du Sentier	773
Paris (9ᵉ)	Hôtel du Temps	826
Paris (6ᵉ)	Hôtel Louison	793
Paris (1ᵉ)	Hôtel Madame Rêve	765
Paris (3ᵉ)	Hôtel National des Arts et Métiers	776
Paris (10ᵉ)	Hôtel Paradis	831
Paris (12ᵉ)	Hôtel Paradiso	841
Paris (18ᵉ)	L'Hôtel Particulier Montmartre	869
Paris (6ᵉ)	Hôtel Pas de Calais	793
Paris (6ᵉ)	Hôtel Récamier *Plus*	793
Paris (8ᵉ)	Hôtel Vernet *Plus*	818
Paris (9ᵉ)	Hoy Paris	826
Paris (8ᵉ)	Hyatt Paris Madeleine	818
Paris (8ᵉ)	InterContinental Champs-Élysées Étoile	818
Paris (7ᵉ)	J.K. Place *Plus*	802
Paris (8ᵉ)	Les Jardins du Faubourg	818
Paris (16ᵉ)	Keppler *Plus*	858
Paris (9ᵉ)	Kimpton St-Honoré	773
Paris (6ᵉ)	L'Hôtel *Plus*	793

HÉBERGEMENTS

HÉBERGEMENTS

HÉBERGEMENTS

S

HÉBERGEMENTS

HÉBERGEMENTS

W

HÉBERGEMENTS

Ont contribué à ce guide :
Rédaction en chef : les équipes du Guide MICHELIN (inspection et rédaction) sous la
direction de Gwendal Poulennec
Édition : Marie-Pierre Renier
Magazine : Philippe Toisnard ;
Daniel R. (secrétariat d'édition-maquettage)
Iconographie: Marie Simonet
Cartographie : Costina-Ionela Lungu, Ecaterina-Paula Cepraga,
Composition : Bogdan Gheorghiu, Mihaita Constantin
Conception graphique : Benjamin Heuzé (couverture) ;
Laurent Müller ; Marie-Pierre Renier (maquette intérieure)
Fabrication : Sandrine Combeau ; Renaud Leblanc
Pilotage : Dominique Auclair ; Pascal Grougon
Remerciements : Philippe Sablayrolles ; Philippe Orain
Régie publicitaire et partenariats
contact.clients@editions.michelin.com
*Le contenu des pages de publicité insérées dans ce guide n'engage que la
responsabilité des annonceurs.*

MICHELIN Éditions

Société par actions simplifiée au capital de 487 500 €
57 rue Gaston Tessier - 75019 Paris (France)
R.C.S. Paris 882 639 354

©2023 **Michelin Éditions** – Tous droits réservés
Dépôt légal : janvier 2023
Imprimé en Italie - janvier 2023 sur du papier issu de forêts bien gérées

Plans et cartes : © MICHELIN 2022

Compograveur : MICHELIN Éditions, Voluntari (Roumanie)
Imprimeur-relieur : LEGO, Lavis (Italie)

L'équipe éditoriale a apporté le plus grand soin à la rédaction de ce guide et à sa vérification.
Toutefois, les informations pratiques (formalités administratives, prix, adresses, numéros
téléphone, adresses Internet...) doivent être considérées comme des indications du fait de l'évolution
constante de ces données : il n'est pas totalement exclu que certaines d'entre elles ne soient plus
la date de parution du guide, tout à fait exactes ou exhaustives. Avant d'entamer toutes démarches
(formalités administratives et douanières notamment), vous êtes invités à vous renseigner auprès
des organismes officiels. Ces informations ne sauraient de ce fait engager notre responsabilité.